江南進士藏書史

上册

陈心蓉 丁辉 著

国家社会科学基金项目（13BTQ040）研究成果

全国百佳图书出版单位
时代出版传媒股份有限公司
黄山书社

图书在版编目(CIP)数据

江南进士藏书史 / 陈心蓉, 丁辉著. —合肥：黄山书社, 2020.8
ISBN 978-7-5461-9402-8

Ⅰ.①江… Ⅱ.①陈… ②丁… Ⅲ.①江南(历史地名)-藏书-图书史 Ⅳ.①G259.29

中国版本图书馆 CIP 数据核字(2020)第 231745 号

江南进士藏书史
JIANG NAN JIN SHI CANG SHU SHI
陈心蓉　丁辉 著

出 品 人　贾兴权
责任编辑　刘　春
装帧设计　韩玉英
出版发行　时代出版传媒股份有限公司(http://www.press-mart.com)
　　　　　黄山书社(http://www.hspress.cn)
地址邮编　合肥市政务文化新区翡翠路 1118 号出版传媒广场 7 层　230071
印　　刷　安徽联众印刷有限公司
版　　次　2020 年 12 月第 1 版
印　　次　2020 年 12 月第 1 次印刷
开　　本　700mm × 1000mm　1/16
字　　数　1980 千字
印　　张　81.5
书　　号　ISBN 978-7-5461-9402-8
定　　价　168.00 元(上下册)

服务热线　0551-63533706
销售热线　0551-63533761
官方直营书店(http://hsssbook.taobao.com)

目 录

第一章　科举制度下的江南藏书文化

以进士科设立为标志的科举制是自隋唐以后中国历代封建王朝通过分科考试选拔人才任予官职的一种制度。学术界普遍认为，科举制始于隋炀帝时期，止于清朝光绪三十一年（1905）最后一科进士考试。至于其开始于隋炀帝时期的具体年份，学术界仍存在不同观点。商衍鎏先生说："炀帝好文学，大业中始试策置进士科，其科举考试文字之所始乎。"①刘海峰先生认为"狭义的、严格意义上的科举是以进士科出现作为起始标志的"②，"炀帝建进士科最有可能在大业元年闰七月与恢复国学同时进行"③。科举制在中国历史上存在了约1300年，"世之言科举者，谓其使草野寒畯，登进有路，不假凭藉，可致公卿。然究其旨，实欲举天下之贤智才能，咸纳于其彀中，舍是即难以自见"④。商衍鎏先生此言道出了科举制的功用：朝廷借其网罗人才，巩固统治；普通士子凭此展示才智，登进入仕。当然，科举成功取决于士人学问宏通，学问宏通则必须有书籍保障，"拥书百城，可资研讨。濡染既深，腹储自富。故宏通之学问家实多缥缃之贮"⑤。"然欲致力于学者，必先读书；欲读书者，必先藏书。藏书者，诵读之资，而学问之本也"⑥。整个社会的读书风气、藏书文化随之蔚起。江南科举发展过程有其时代特点。隋唐五代时期，江南科举相对全国而言比较落后，两宋以来，尤其是南宋以来则呈兴旺之势，明清两代江南科举在全国则持续占据重要地位。江南藏书文化与其科举发展相伴相生，经历了隋唐五代的初兴、宋元的崛起、明代的兴盛及清代的繁盛。

第一节　隋唐五代科举与初兴的江南藏书文化

隋炀帝首开进士科举，以策试取士，按考试成绩选拔官吏，这是中国历史上人事

① 商衍鎏著：《清代科举考试述录·序例》，生活·读书·新知三联书店1958年版，第1页。

② 刘海峰、李兵著：《中国科举史》，东方出版中心2004年版，第57页。

③ 刘海峰、李兵著：《中国科举史》，东方出版中心2004年版，第67页。

④ 商衍鎏著：《清代科举考试述录·序例》，生活·读书·新知三联书店1958年版，第2页。

⑤ 洪有丰：《清代藏书家考》，《图书馆学季刊》1926年第1—4期，第41页。

⑥ （清）张金吾著，郑永晓整理：《爱日精庐文稿》卷四《爱日精庐藏书志序》，凤凰出版社2015年版，第67页。

制度的重大变革和进步。隋朝开创的科举制度因该朝代统治时间短暂而远未完善，却在以后发展成为最宽阔的仕进主流，被认为是开创了一个科举时代[①]。

唐承隋制，武德四年(621)参照隋代成法开科取士。《唐摭言》卷一《统序科第》载："武德辛巳岁四月十一日，敕诸州学士及白丁，有明经及秀才、俊士、进士，明于理体，为乡曲所称者，委本县考试，州长重覆，取其合格，每年十月随物入贡。斯我唐贡士之始也。"[②]唐代将进士与明经、秀才等科并列考试，确立分科考试选拔各级人才的制度。初唐时，明经与进士科两科的地位相近，到贞观、永徽之际，进士科日渐崛起，"缙绅虽位极人臣，不由进士者，终不为美，以至岁贡常不减八九百人"[③]，科场中的进士考选逐渐成为争夺声望和政治资本的重要场所。到中唐时，进士科地位一路飙升，两者地位相当悬殊，士人重进士而轻明经，"进士在唐最重，公卿达官不以是仕者常怨"[④]。其原因是明经考试内容侧重对经典的记忆和解释，进士考诗赋文章要求较强的创造性思维能力和天赋，入选者甚少，"进士大抵千人得第者百一二，明经倍之，得第者十一二"[⑤]，其艰难有"三十老明经，五十少进士"[⑥]的比喻。特别是在重视文学的社会氛围中，进士科的声望不断提高，且科考选出的进士，一般能力较强，仕途较为顺畅，社会影响较大。中唐时期，不少政治家、文学家皆为进士科出身，如韩愈、柳宗元、刘禹锡、白居易等。随着进士科在仕途上占有越来越重要的地位，中唐以后进士科的竞争也越来越激烈，所谓"科第之设，草泽望之起家，簪绂望之继世；孤寒失之，其族馁矣；世禄失之，其族绝矣"[⑦]。进士虽难考，但社会地位很高，进士及第者赐宴琼林苑，赐御诗、袍笏，赐期集钱等。状元则赐紫裹、金带、靴笏，回归故里，则州县迎接设宴，立状元额牌于所居之侧。可见科名对权贵子弟和平民寒士皆十分重要。

五代改朝换代频仍，故其常举科目也兴废不一，各朝并不完全一致。这一时期的进士科，除了在几个全面停止的年份外，基本属于常设不废的科目。

隋唐五代时期，相对于政治文化中心地区的黄河流域，江南科举在全国处于欠发达的地位，登进士的人数相对较少。目前虽未查及这一时期江南科举状况、进士

① 刘海峰、李兵著：《中国科举史》，东方出版中心2004年版，第57页。

② （五代）王定宝撰：《唐摭言》卷一《统序科第》，中华书局编辑部：《丛书集成初编》555，中华书局2011年影印本，第313页。

③ （五代）王定宝撰：《唐摭言》卷一《散序进士》，中华书局编辑部：《丛书集成初编》555，中华书局2011年影印本，第315页。

④ （宋）洪适著：《盘洲文集》三十四卷《重编唐登科记序》，见（清）永瑢、纪昀等编纂：《四库全书》第1158册，上海古籍出版社1987年版，景印文渊阁本，第477页。

⑤ （唐）杜佑撰：《通典》卷十五《选举三》，中华书局1984年影印本，第84页。

⑥ （五代）王定宝撰：《唐摭言》卷一《散序进士》，中华书局编辑部：《丛书集成初编》555，中华书局2011年影印本，第315页。

⑦ （五代）王定宝撰：《唐摭言》卷九《好及第恶登科》，中华书局编辑部：《丛书集成初编》555，中华书局2011年影印本，第397页。

人数比例的确切资料，但从唐代唯一一次分地举行的开科考试中各地取士人数可窥一斑。据统计，唐至德二年(757)，科举分四处举行，分别在肃宗车驾所在地凤翔录取进士22人，玄宗所在的成都府录取进士16人，江淮科举录取进士6人，江东科举录取进士7人，合计51人①。江南(此处所谓的江东)进士人数仅占总数的13.7%。另据统计，唐五代共有状元73人，其中今江苏(当包括上海)8人，浙江无，皖、赣各3人(古徽州仅是皖赣局部，状元数极为有限)②，也即江南状元充其量仅占总数的一至两成。

隋唐五代时期江南科举的欠发达反映了江南政治、经济及文化尚未崛起。不过，江南运河的开凿，连接江浙与北京的南北交通大动脉——大运河的全线贯通，极大促进了江南与中原地区政治、经济和文化的交流，推动了江南社会经济的持续发展和江南运河流域的全面开发，江南经济已经逐渐兴旺，江南藏书文化亦开始在全国崭露头角。杨隋、李唐新政权建立后，朝廷采取了高度的重书政策，官府藏书逐渐充盈。五代十国是古代官府藏书凋敝的时代，散失的官府藏书却丰富了私家藏书。科举制的推行更为社会带来了读书、藏书的风尚。杜牧《冬至日寄小侄阿宜诗》是这一风尚的典型反映："愿尔一祝后，读书日日忙。一日读十纸，一月读一箱。朝廷用文治，大开官职场。愿尔出门去，取官如驱羊。吾兄苦好古，学问不可量。昼居府中治，夜归书满床。后贵有金玉，必不为汝藏。"③藏书并不局限于士大夫阶层，亦波及乡绅、豪门、商贾乃至一般读书人家，藏书人数大增。特别是私家藏书，通过借阅、抄书、刻书等活动，客观上对历史典籍的积累、保存、整理、再造与传播发挥了重要作用。

这一时期，科举制推动的读书、藏书风尚造就了一批藏书家。其中江南藏书家人数占总数的比例不大，但藏书成就不容小觑，反映出江南藏书文化已蓄势待发。据《中国藏书通史》统计，唐五代藏书家总计115人，江浙藏书家11人④。据笔者考证，具有藏书故实的唐五代进士藏书者有45人，江南进士藏书者有5人。所占比例不大，与这一时期江南科举欠发达、科举人才较少的状况具有较高的相关性。

第二节　宋元科举与崛起的江南藏书文化

宋代实行重文政策，重要标志之一就是大力改革发展科举事业。由隋代开始的

① 刘海峰、李兵著：《中国科举史》，东方出版中心2004年版，第103页。

② 韩茂莉、胡兆量：《中国古代状元分布的文化背景》，《地理学报》1998年第6期，第530页。

③ 中华书局编辑部点校：《全唐诗》卷五百二十《杜牧一》，第八册，中华书局2013年版，第5985页。

④ 傅璇琮、谢灼华主编：《中国藏书通史》，宁波出版社2001年版，第227页。

科举制度，虽为一般人士开设了一条入仕做官的新途径，但至唐末科举考试舞弊现象严重，屡屡出现寒门弟子落第、豪门富家子弟高中的现象。自宋太祖朝起，朝廷对科举考试进行改革，科举考试从二级考试增至三级考试，即地方乡试、礼部省试和殿试三级考试制，只有殿试中第，才能获得正式任官资格。正如宋太祖所言："昔者，科名多为势家所取。朕亲临试，尽革其弊矣。"①殿试虽然主要是确定进士排名，基本没有黜落，但在科举制中具有重要意义。它不仅强化了皇帝对科举选士的控制权，提高了科举地位，也为应试者设置了新的考试阶梯，增加了科举的难度。此措施减少了权势对科举的干预，寒门士人获举机会增多。

从北宋开始，随着考试竞争机制的完善，应考人数显著增多，虽然进士科举录取率也大幅度提高，但进士科举竞争依然激烈。为安抚贫寒年老的举子，从北宋初年起，除循前例应试及第的进士（正奏名进士）之外，朝廷设立了特奏名进士，赐与省试多次不第的举人。后又经太宗、真宗、仁宗与神宗时王安石变法，朝廷对科举制度不断加以发展、改革与完善。

南宋朝廷对北宋已经形成的科举制度进行了调整，期待在士人急剧增加的情势下达到公平、公正取士的目的。科举是南宋文官的主要来源，科举出身占据南宋官僚体系之主体，涌现出文天祥、赵汝愚、陆秀夫等治国之才，也提拔了许多有较高学术造诣的学者，南宋著名思想家朱熹、吕祖谦、陆九渊、陈亮、叶适等皆是进士出身。南宋科举侧重选拔出身寒微的士人，状元录取制度中规定，现职官员和皇族不得录取为状元。如宋代嘉兴平湖赵汝愚，孝宗乾道二年（1166）丙戌科进士第一，因是皇族子弟，取消状元资格，只能屈居第二。此制度，给普通士人提供了更多的夺魁机会。通过不断修补完善科举制度，不少人才脱颖而出，科举成为士人社会关注的焦点。

宋代钱塘进士洪迈记述了当时所流传的"得意失意诗"。《得意诗》云："久旱逢甘雨，他乡见故知。洞房花烛夜，金榜挂名时。"《失意诗》云："寡妇携儿泣，将军被敌擒。失恩宫女面，下第举子心。"②在时人看来，最得意之事有科举，最失意之事亦涉科举，科举已成为人们，尤其是士人生活中最重要的内容。

两宋时期的江南科举则更为火热，进士及第的竞争更为激烈。北宋时期，江南的经济发展水平在全国已经处于领先地位，随着宋室南迁，南宋建都临安，江南成为经济、政治、文化发达地区。北方士人自五代以前在科场中的优势逐渐丧失，至北宋中叶已出现了科场及第优势的南北易置。宋洪迈《容斋随笔》转载的吴孝宗《馀干县学记》云："古者江南不能与中土等，宋受天命，然后七闽二浙与江之西东，冠带

① （元）脱脱等撰：《宋史》卷一百五十五《选举一·科目上》，中华书局1977年版，第3606页。

② （宋）洪迈著，鲁同群、刘宏起点校：《容斋随笔》之《容斋四笔》，中国世界语出版社1995年版，第457页。

《诗》《书》，翕然大肆，人才之盛，遂甲于天下。”[①]据统计，在可考的北宋进士9630人中，南方诸路达9164人，占95.2%；北方诸路仅466人，占总数的4.8%。特别是两浙东、两浙西、江南东、江南西、福建等东南五路的进士很多，这五路共有进士7038人，占北宋进士总数的73%[②]。针对江南地区为主的南方举子占据科举优势地位的状况，司马光等提出旨在照顾北方及边远的科举弱势地区的分路取人，即各路均按同一比例取人的策略。而欧阳修则认为：“今东南取解者，二三千人处只解二三十人，盖已痛裁抑之。西北取解，至多处不过百人，而所解至十余人，比之东南，十倍假借。若至南省，又减东南而增西北，则是已裁抑者又裁抑之，已假借者又假借之。东南之士，初选已精，故至南省，所试多合格；西北之士，学业不及东南，初选已滥，故至南省，所试多不合格。今若一例以十人取一人，则东南合格而落选者多，西北不合格而得者多。”[③]双方观点虽有不同，但反映出江南士人科举的优势，以及江南士人进士及第竞争更为激烈的状况。

科举热直接导致了读书、藏书风气，江南地区更甚。宋朝皇帝真宗赵恒曾亲自作《劝学诗》，劝诱士子读书应举，中有“富家不用买良田，书中自有千钟粟。安房不用架高梁，书中自有黄金屋。娶妻莫恨无良媒，书中有女颜如玉。出门莫恨无人随，书中车马多如簇。男儿欲遂平生志，六经勤向窗前读”的诗句，鼓励读书人读书应举，考取功名，参政治国。宋蒙学课本《神童诗》云：“天子重英豪，文章教尔曹。万般皆下品，唯有读书高。”[④]北宋时有大量时文印售，南宋时更盛，正如浙江嘉兴的宋代藏书家岳珂称：“自国家取士场屋，世以决科之学为先，故凡编类条目、撮载纲要之书，稍可以便检阅者，今充栋汗牛矣！建阳书肆方日辑月刊，时异而岁不同，以冀速售。而四方转致传习，率以携入棘闱，务以眩有司，谓之怀挟，视为故常。……今此等书遍天下，百倍经史著录，盖有不胜其禁且毁者。”[⑤]朝廷的倡导，士人的追捧，整个社会读书蔚然成风，甚至连偏远的村落也不例外，“孤村到晓犹灯火，知有人家夜读书”[⑥]。

江南整个社会对于书籍的渴求，加之这一地区雕版印刷术的兴起，致使江南在宋代，尤其是南宋时期的藏书、刻书业快速崛起。

南宋建都临安之初，国家藏书几乎散失殆尽，无书可藏。宋高宗重视文化建设，多次向民间征书、购书。绍兴五年(1135)宋高宗下诏在临安建国家图书馆秘书省

---

① (宋)洪迈著：《容斋随笔》，上海古籍出版社2015年版，第376页。

② 刘海峰：《科举取才中的南北地域之争》，《中国历史地理论丛》1997年第1期，第158页。

③ (宋)欧阳修撰，李之亮笺注：《欧阳修集编年笺注(八)》，巴蜀书社2007年版，第465页。

④ 引刘益国编著：《元曲熟语辞典》，四川大学出版社1998年版，第413页。

⑤ (宋)岳珂撰，朗润点校：《愧郯录》卷九《场屋编类之书》，中华书局2016年版，第123—124页。

⑥ (宋)晁冲之著：《晁具茨先生诗集》卷之十二《夜行》，见中华书局编辑部：《丛书集成初编》480，中华书局2011年影印本，第369页。

与版本研究影响至深。

元起朔漠,得天下之初对于科举制度并不在意,后略有顾及,然争议不断。元代科举取士中采取了民族歧视政策,汉儒通过科举入仕异常艰难。有元一代,共计开科16榜,仅录取进士1139名,平均每榜的录取人数为71人[①],汉儒即使考中进士,往往也只能担任级别较低的地方官,正如叶子奇《草木子·克谨篇》中所言:"台、省要官皆北人为之,汉人、南人其得为者,万中无一二,不过州县卑秩,盖亦仅有而绝无者也。"[②]

元代江南藏书文化虽受改朝换代的战乱、江南士子科举受阻的负面影响,但在全国依然占据重要地位。一方面,前代江南业已崛起的藏书文化余绪尚存,江南之杭州也是当时出版业发达地区之一;另一方面,江南士人在科举入仕举步维艰之际,退而潜心读书和藏书。如家居岊山(今浙江天台县)的元代藏书家孔克齐就曾提及家训"宁存书种,无苟富贵"[③]。据统计,元代藏书数千卷以上,有事迹记载的藏书家就有127人,其中浙江35人,江苏25人,"私人藏书家的分布主要集中于江南"[④]。这一时期全国进士总量很低,进士藏书家仅程端学、杨维桢、刘基、贡师泰、裴梦霆、元好问、卫元凯等7人。不过其中江南进士藏书家就有4位:鄞县程端学、诸暨杨维桢、处州刘基及宣城贡师泰。杨维桢藏书至数万卷,特别注重藏以致用,强调为读而藏,为用而读。

第三节　明代科举与兴盛的江南藏书文化

明代建国初即着手恢复在元朝时期遭破坏的中华固有传统,洪武三年(1370)朝廷诏开科举,规定"中外文臣皆由科举而进,非科举者毋得与官"[⑤],将科举规定为选拔官吏的唯一途径。洪武四年(1371)开考,是年三月,会试录取120名,朱元璋亲制策问,试于奉天殿,标志着明代科举正式开始,"学校则储才以应科举者也"[⑥]。明代朝廷在借鉴前朝科举的基础上,订立了号称为"永制"的科举考试程式,将八股文作为一种固定的考试文体,并在南北分卷制度的基础上,形成分区域额取士的格局。

科举为明代士人入仕提供了最佳途径,进士成为高级官僚体系中的主体。明人陈于陛云:"古之选举专论行,今之进士专论文,似相背驰,然古以行举者未必便保其

① 进士人数参见刘海峰、李兵著:《中国科举史》,东方出版中心2004年版,第263页。

② 刘虹著:《中国选士制度史》,湖南教育出版社1992年版,第313页。

③ (清)叶昌炽著,王欣夫补正,徐鹏辑:《藏书纪事诗》卷二,上海古籍出版社1989年版,第88页。

④ 方建新、金达胜:《元代私家藏书考析》,载《文献》1996年第4期,第202—203页。

⑤ (明)王世贞撰,魏连科点校:《弇山堂别集》卷八十一《科试考一》,中华书局1985年版,第1539页。

⑥ (清)张廷玉等纂修:《明史》卷六十九《志第四十五·选举一》,中华书局1974年版,第1675页。

终如兹,科目虽以文进,而进士一科,尤为世所崇重。”[①]明代殿试后,一甲三人立即授官,状元授翰林院修撰(六品官),榜眼、探花授翰林院编修,一甲三人往往是宰辅的后备人选。“自隋设进士科,至宋则定甲第,其第一甲赐进士及第,或二十余人。及国朝我太祖高皇帝定制,进士第一甲例取三名,释褐日,即授翰林修撰编修等官,储之馆阁,以备台辅,其重无以加矣。”[②]如嘉靖壬戌科(1562),一甲申时行、王锡爵、余有丁;万历丁未科(1607),一甲黄士俊、张瑞图、施凤来;万历丙辰科(1616),一甲钱士升、林钎、贺逢圣等三科鼎甲都成为宰相[③]。二甲、三甲进士则参加翰林院的庶吉士考试,称之为“馆选”,被录取者入翰林院庶吉士馆学学习。庶吉士的升迁比一般进士快,出现了“非进士不入翰林,非翰林不入内阁,南、北礼部尚书、侍郎及吏部右侍郎,非翰林不任。而庶吉士始进之时,已群目为储相”[④]的局面,有明一代 172 名宰相中,由翰林出身的占了十分之九,明代“科举视前代为盛,翰林之盛则前代所绝无也”[⑤]。二甲、三甲进士没有考入翰林院者一般授给事、御史、主事、中书、行人、评事、太常、国子博士以及府推官、知州、知县等。通过殿试获得进士头衔者即使不入仕,在社会上也有很高的地位。

明代江南士人的登进士之路尤为艰辛,其原因在于包括江南在内的南方地区人文荟萃,而南北分卷造成江南士人登进士机会相对降低。明洪武、建文及永乐三朝的会试取士尚未区分南北,共取进士 2792 人,其中南方籍者 2228 人,占总数的 79%[⑥]。对此,北方士人强烈不满,导致洪熙后明朝廷在科举上采取南北分卷。南北分卷又使得人文渊薮的南方地区士人登第竞争更为激烈,又遭南方士人反对,因此科举取士的南北之争不断。丁文江先生《历史人物与地理的关系》称:“我曾拿《明代进士题名录》来做了两个表:一个是有明一代各省所出的进士的数目,一个是同一时代各省所出鼎甲的数目。进士是有额子限制,鼎甲是完全自由竞争的。所以前者是当日政府对于各省文化所定的一种标准,后者是各省自由竞争所得的成绩。……可见得若是当时进士没有限制,边远的省份,还要吃亏。”[⑦]表中显示,明代江苏进士 2627 人,占比 11.4%;浙江进士 3267 人,占比 14.0%。苏浙两省进士 5894 人,占比 25.4%。表中还显示,明代江苏鼎甲 48 人,占比 18.0%;浙江鼎甲 54 人,占比 20. 5%。苏浙两省鼎甲 102 人,占比 38.5%。考虑到明代江苏其他地区科举远不如苏南发达,其进士、鼎甲人数可忽略不计,以及明徽州进士、鼎甲人数尚未计入的因

---

① (明)谈迁著,张宗祥校点:《国榷》,中华书局 1958 年版,第 623 页。

② (明)陆楫:《蒹葭堂杂著摘抄》,见中华书局编辑部:《丛书集成初编》586,中华书局 2011 年影印本,第 326 页。

③ 刘海峰、李兵著:《中国科举史》,东方出版中心 2004 年版,第 293—294 页。

④ (清)张廷玉等纂修:《明史》卷七十《志第四十六·选举二》,中华书局 1974 年版,第 1702 页。

⑤ (清)张廷玉等纂修:《明史》卷七十《志第四十六·选举二》,中华书局 1974 年版,第 1702 页

⑥ 刘洪著:《中国选士制度史》,湖南教育出版社 1992 年版,第 346 页。

⑦ 丁文江著:《丁文江集》,花城出版社 2010 年版,第 63 页。

素,明代江南进士、鼎甲所占比例当与此相近。南北分卷政策大大限制了江南登进士人数,江南进士约占全国四分之一;而鼎甲的产生并无地区限制,江南鼎甲约占全国四成。

刘洪先生根据清黄大华《明宰辅考略》记载称,自永乐初至崇祯末,历任内阁大学士计 163 人,其中南直 28 人(今江苏省 20 人,安徽省 5 人,上海市 3 人)、浙江 26 人[①]。今江苏、浙江、上海就有 49 人,达总数的 30.1%。由此可以粗略看出历任内阁大学士中江南籍贯者具有很高比例。由于明代有非进士不入翰林、非翰林不入内阁的规定,内阁大学士当为进士,这就从一个侧面反映出明代江南进士的比例。

无论按照丁文江《历史人物与地理的关系》,还是按照黄大华《明宰辅考略》的数据,均体现出明代江南进士在全国占有较高比例,而且江南进士荣冠鼎甲和位居宰辅的比例远高于该地区进士的比例。倘若没有实施南北分卷,江南进士的比例当更高。相对而言,江南进士学识更高,科举能力更强,就是一个合理的推断。

明代南北分卷政策下江南进士人数比例依然突出,江南进士具有更高学识和科举能力的状况与江南读书风尚互为因果。此时的江南"好读书,虽三家之村必储经籍","田野小民皆教子孙读书"[②]。明代江南进士归有光有言:"吴为人材渊薮,文字之盛,甲于天下。其人耻为他业,自髫龀以上,皆能诵习举子,应主司之试。居庠校中,有白首不自已者。江以南,其俗尽然。"[③]江南士子对于科举之热衷引发了读书风尚之盛行、书籍需求之攀升,导致刻书业发达、藏书文化兴盛。明代藏书家胡应麟这样评说当时的刻书印刷业:"今海内书。凡聚之地有四。燕市也。金陵也。阊阖也。临安也。"[④]刻书印刷业四分天下江南有其三。明代江南藏书文化空前兴盛,呈现出官府藏书和私家藏书两旺的景象。

明代最初建都南京(当时的应天),洪武元年(1368),大将徐达率军攻破元朝都城大都(今北京)时,明太祖命徐达收元秘阁所藏图书典籍,运至南京。元朝的藏书,承袭了宋、辽、金三朝藏书,所以明朝把宋、辽、金、元的国家藏书全部承袭下来。建文帝朱允炆即位后,亦积极购求遗书旧典。成祖朱棣尤热衷搜求图书,认为"金玉之利有限,而书籍之利无穷"[⑤]。江南地区在明代前期是皇家藏书机构所在地,有明一代江南官府藏书在全国的地位也非常突出。今苏南、上海、徽州等江南部分地区在明代是南直隶的主体部分,今浙江省相当于当时的浙江布政司,两地官府藏书均很丰富。《中国藏书通史》称:"南直隶刊书总量远过北直隶,而其中的苏州府、常州府

---

① 刘洪著:《中国选士制度史》,湖南教育出版社 1992 年版,第 346 页。

② 祁茗田、陈立旭等著:《文化与浙江区域经济发展》,浙江人民出版社 2001 年版,第 159 页。

③ (明)归有光著,周本淳校点:《震川先生集》卷九《送王汝康会试序》,上海古籍出版社 2007 年版,第 191 页。

④ (明)胡应麟撰:《少室山房笔丛》卷四甲部《经籍会通四》,中华书局 1958 年版,第 55 页。

⑤ 门岿主编:《二十六史精要辞典》,人民日报出版社 1993 年版,第 2627 页。

等刊书尤多。”“浙江自宋以来为全国藏书、刊书重点地区，尤其杭州、宁波、嘉兴、绍兴等地，明代藏书名家辈出，浙江各府的刊书数量颇多，是与其时藏书风气之盛有关联的。”[①]《浙江藏书史》称：“其时在杭州的省级各衙署都有丰富的官藏，同时由于杭州为全国刻书中心之一，为丰富书籍的收藏流通，省级官府衙署也刻印了大量的书籍。官府刻书一般要求都很严格，故而质量相对较高，这些官府刻书从另外一个角度而言，则是使官府藏书大为增加，丰富了官藏。明代浙江各府、州、县教育制度完备，府、州、县学多有尊经阁以藏书。”[②]

明代江南私家藏书同样兴盛，据统计，明代藏书家总共 385 人，按照现今行政区划，其中江苏省 142 人，浙江省 114 人，上海市 19 人[③]。共计 275 人，占总数的 71.4%。考虑到明代江苏其他地区藏书文化远不如苏南发达，其藏书家人数可忽略不计，以及明徽州藏书家人数尚未计入的因素，明代江南藏书家所占比例当与此相近。笔者据《中国藏书家辞典》[④]统计，明代藏书家 202 人，进士藏书家 90 人，且占总数的 44.5%；江南进士藏书家 56 人，占进士藏书家总数的 62.2%。

又据各种史料考证，具有藏书故实的明代江南进士藏书者有 303 人，其中苏南 149 人，浙江 130 人，上海 21 人，徽州 5 人。而且万卷藏书者众多，藏书数万卷者就有 26 人[⑤]。其中祁承㸁藏书十余万卷，钮石溪藏书甚至达百万卷。明代江南进士藏书名家名楼众多，如明正统十年（1445）进士昆山叶盛及其菉竹堂，天顺八年（1464）进士台州谢铎及其朝阳阁，成化八年（1472）状元长洲吴宽及其丛书堂，嘉靖二年（1523）进士鄞县丰坊及其万卷楼，嘉靖十一年（1532）进士鄞县范钦及其天一阁，嘉靖二十年（1541）进士会稽钮石溪及其世学楼，嘉靖二十六年（1547）进士太仓王世贞及其小酉馆，弘治十八年（1505）进士上海陆深及其绿雨楼，嘉靖三十八年（1559）进士秀水沈启原及其存石草堂，嘉靖四十一年（1562）进士秀水项笃寿及其万卷楼，万历三十二年（1604）进士山阴祁承㸁及其澹生堂，万历十七年（1589）进士江宁焦竑及其五车楼与抱瓮轩，万历十七年（1589）进士华亭朱大韶及其经术堂，万历三十八年（1610）探花常熟钱谦益及其绛云楼，崇祯四年（1631）榜眼太仓吴伟业及其旧学庵，崇祯十年（1637）进士秀水曹溶及其倦圃，崇祯十三年（1640）进士嘉兴高承埏及其稽古堂。这些江南进士藏书名家不仅藏书数万卷，而且在考订、校雠、编目、鉴赏、著述方面成就卓著。昆山叶盛独笃于书，手抄雠至数万卷，所编《菉竹堂书目》为《四库全书总目提要》著录。山阴祁承㸁所编《澹生堂藏书目》较好地解决了学术分

① 傅璇琮、谢灼华主编：《中国藏书通史》，宁波出版社 2001 年版，第 551—552 页。

② 顾志兴著：《浙江藏书史》，杭州出版社 2006 年版，第 188 页。

③ 傅璇琮、谢灼华主编：《中国藏书通史》，宁波出版社 2001 年版，第 560 页。

④ 李玉安、陈传艺编：《中国藏书家辞典》，湖北教育出版社 1989 年版。笔者以是书名录为基础，所有藏书者的进士登科年及藏书故实均经笔者反复考证。

⑤ 参见本书第六章第二节附二。

类与图书分类、图书内容与图书形式间的矛盾，丰富了古典目录学理论，“是古典目录学中的重要理论贡献”①。从以上数据可知，藏书与科举相辅相成，进士藏书成为当时江南地区的重要文化现象。

第四节　清代科举与繁盛的江南藏书文化

清廷通过军事上的胜利入主中原，在实行思想意识领域专制主义的同时，在文化教育领域采取了一系列汉化政策，其中一项重要政策就是承袭明制以八股文取士，且不断调整和改善科举体制，以期为士人提供相对公平的竞争氛围，从而巩固其统治基础。是时，童生试比明代要求更严，院试规格升高，严格限制八股文字数，防止作弊措施更为严厉。士人依次通过童试、乡试、会试和殿试获得秀才、举人和进士称号的竞争异常激烈，梁启超曾有形象描写：“邑聚千数百童生而擢十数人为生员，省聚万数千生员而拔百数十人为举人，天下聚数千举人而拔百数人为进士，复于百数进士而拔数十人为翰林，此其选之精也。”②越来越多的士人参加到科考队伍，而会试中额有限，科举竞争激烈。

为了平衡地区之间的差异，朝廷在会试上采取南北分卷，分省取士的政策。清代江南省（后分为江苏、安徽两省）、浙江省物产丰富，商贾云集，且人文荟萃，是经济和文化大省，江南是经济和文化发达地区，如清代刘声木所说：“历代声明文物之盛，多在大河以北，即世称中原是也。自南宋偏安于杭，声明文物，转在江南。我朝学术之盛，超轶数代，综其人物，大约不外江浙数省，地实江南北一隅。”③康熙曾下诏：“朕计省之大小，人之多寡，按省酌定取中进士额数。”④针对有大臣提出会试不分省份而一概凭文取士的提议，清高宗称：“若据钱沣所奏，势必至于江浙大省，取中人数居其大半，而边远小省，或至一名不中，殊非就地取才之意。”⑤清廷深知人文渊薮之江南，士人科举的竞争实力极强，故通过分省取士以顾及全国范围的平衡，客观上使得江南科举竞争愈加激烈。面对激烈的科举竞争，有的江南士子甚至采取冒籍策略获得科举名额。据统计，清代进士籍贯明确者总共 26747 人，江苏省（当包含上海

---

① 来新夏著：《古典目录学》，中华书局 1991 年版，第 248 页。

② （清）梁启超著：《梁启超全集（一）》，北京出版社 1999 年版，第 162 页。

③ （清）刘声木撰，刘笃龄点校：《苌楚斋随笔续笔三笔四笔五笔》，中华书局 1998 年版，第 104 页。

④ 李春龙、江燕点校：《新纂云南通志（二）》卷十六《历代贡举辟表》，云南人民出版社 2007 年版，第 321 页。

⑤ 王洪兵《清代顺天府科举冒籍问题研究》，见刘海峰主编：《科举学的形成与发展》，华中师范大学出版社 2009 年版，第 627 页。

市）2920人[①]，浙江省2810人。苏、浙、沪清代进士合计5728人，占总数的21.4%。考虑到清代江苏其他地区科举远不如苏南发达，其进士人数可忽略不计，以及清徽州进士人数尚未计入的因素，清代江南进士所占比例当与此相近。可以认为，若非清代南北分卷、分省取士的政策，江南进士的比例当更高。换言之，江南进士相对全国进士而言，其学识更高、科举能力更强。关于这一点，清代江南巍科人物、状元占全国总数的比例可以作为佐证。

清代会试取士采取兼顾各地区平衡的政策，但在会元产生、殿试中确定等第时并未实行地区平衡政策。对商衍鎏《清代科举考试述录》“清代殿试、会试历科首选省份人数统计表”[②]进行统计分析后得出，在清代570位巍科人物中，江苏省（当包含上海市）184人，浙江省137人。苏、浙、沪共计321人，占总数的56.3%。考虑到清代江苏其他地区科举远不如苏南发达，其巍科人物人数可忽略不计，以及清徽州巍科人物人数尚未计入的因素，清代江南巍科人物所占比例当与此相近。宋元强《清朝的状元》[③]载有清代114位状元的具体籍贯，由此可以分析清代江南状元的比例。在清代114位状元中，苏南40人，浙江20人，上海4人，徽州4人，即清代江南状元共计68人，占总数的59.6%，也即清代江南地区无论是状元还是巍科人物均近全国总数的六成。

清代江南科举的发达与该地区流行的读书风尚、繁盛的藏书文化相生相成。清代江南进士人数在全国占有较大比例，江南进士在科举上展现出更强的能力，均离不开江南士子多年的寒窗苦读。整个社会对经典书籍趋之若鹜，藏书需求大增，藏书与刻书事业更超前代。

清湖州闵宝梁所纂《晟舍镇志》称：“我里向以读书为恒产，虽家无担石，亦兀兀穷年，间有垂老而未获一矜者，每以馆谷终其身。故夜半书声不绝。”[④]清龚自珍曾在苏州得到一本康熙年间刊刻的制举选本，感触良多，赋诗四首，其一曰：“红日柴门一丈开，不须逾济与逾淮。家家饭熟书也熟，羡杀承平好秀才。”其二曰：“耆旧辛勤伏案成，当年江左重科名。郎君座上谈何易，此事人间有正声。”[⑤]让今人似看到清代江南一派读书景象。

清代江南读书风气建立在这一地区丰富藏书的基础之上。承明代江南藏书兴盛之余绪，清代藏书业得到进一步发展。首先是刊刻印刷业更加兴旺，“仅只苏州和

① 吴炳棣著，徐泓译注：《明清社会史论》，联经出版事业股份有限公司2013年版，第284页。
② 商衍鎏著：《清代科举考试述录》，生活·读书·新知三联书店1958年版，第163—168页。
③ 宋元强著：《清朝的状元》，吉林文史出版社1992年版，第105—108页。
④ （清）闵宝梁纂：《晟舍镇志》，载《中国地方志集成（乡镇志专辑）》第24册，上海书店出版社1992年版，第998页。
⑤ （清）龚自珍著：《龚自珍集》，载于宋长琨编著：《中华文学百家经典》，时代文艺出版社2002年版，第77—78页。

南京所刻之书,就已占全国出售之书的 7/10,而且江南也因此而成为书籍的主要输出地区。清代江南出版印刷业比明代更盛,一直保持着在全国的领先地位"①。

清代江南官府藏书丰富,"清于江浙建文汇、文澜、文宗三阁,谕令士子愿读中秘书者就阁中传抄"②。皇家藏书机构南三阁之二阁在江南,镇江有文宗阁,杭州有文澜阁。江南各府学、县学、官办书院皆富藏书。官府藏书一般来源于朝廷颁赐,有官府自购和官吏捐献,江南经济和文化的发达使得这类藏书相对丰富。

这一时期江南藏书尤为突出的是私家藏书。江南私家藏书在全国之地位诚如清代藏书家孙从添所说:"大抵收藏书籍之家,惟吴中苏郡、虞山、昆山,浙中嘉、湖、杭、宁、绍最多。"③此处所列藏书之家最多的地区均属江南。清末民初藏书家杨守敬曾历数明末至清藏书名家名楼:"聿观常熟之毛、泰兴之季、昆山之徐、天一阁范氏、澹生堂祁氏、道古楼马氏、得树楼查氏、小读书堆之顾抱冲氏、五砚楼之袁寿皆氏、滋兰堂之朱文游氏、百宋一廛之黄荛圃氏、长塘鲍氏、楝亭曹氏、香岩书屋周氏、艺芸书舍汪氏、开有益斋朱氏,爱日之庐、碧凤之坊、楹书之录、行素之堂、孙氏之祠堂、影山之草堂、瓶花之斋、稽瑞之楼、拜经之楼、赐书之楼、铁琴铜剑之楼、观海之楼,为世宝称,后先继出。"④在此 28 家中,"泰兴之季"当指江苏泰兴之季振宜,"楝亭曹氏"当指旗籍曹寅,"楹书之录"当指山东杨以增,"影山之草堂"当指贵州莫友芝。藏书处名"赐书楼"者有江苏昆山叶重华、江苏江都蒋继轼、广东吴荣光诸家,此处指向不详。除此 5 家藏书名家外,其余 23 家均为江南名家名楼,占总数的 82.1%。当然,清代江南藏书名家名楼并不止以上所列。

清代江南藏书之巨亦可从乾隆编纂《四库全书》时的献书情况看出。"据黄爱平所作《各省进呈书籍总数统计表》,《四库全书》修书期间,江苏进呈书籍达四千八百零四种、浙江四千六百种、江西一千零四十二种、安徽五百十六种、山东三百六十六种、直隶二百三十八种、福建二百十三种、河南一百十三种,山西一百零三种,其余百种以下者不计。"⑤江苏、浙江分列前一、二位。江南地区进呈种数之多,其他地区无可望其项背。若论藏书家,以鲍士恭、范懋柱、汪启淑及马裕献书最多,而前三者均为江南藏书家。

清代江南藏书家数量远超其他地区,以杨立诚和金步瀛先生《中国藏书家考略》的数据为例,该专著列入秦汉至清末藏书家 740 余人,经俞运之校补,增添 134 人,共计 870 余人⑥。据统计,其中清代藏书家 382 人。清代藏书家中,浙江省 137 人,

① 李伯重:《明清江南的出版印刷业》,《中国经济史研究》2001 年第 3 期,第 95 页。

② 洪有丰:《清代藏书家考》,《图书馆学季刊》1926 年第 1—4 期,第 39 页。

③ (清)孙从添撰:《藏书纪要》,中华书局 1991 年版,第 2 页。

④ (清)杨守敬著:《藏书绝句序》,古典文学出版社 1957 年版,第 2 页。

⑤ 傅璇琮、谢灼华主编:《中国藏书通史》,宁波出版社 2001 年版,第 844 页。

⑥ 杨立诚、金步瀛合编,俞运之校补:《中国藏书家考略》,上海古籍出版社 1987 年版,《前言》第 3 页。

江苏省(当包含今上海市)133 人[①],共计 270 人,占总数的 70.7%。考虑到清代江苏其他地区藏书文化远不如苏南发达,其藏书家人数可忽略不计,以及清徽州藏书家尚未计入的因素,清代江南藏书家所占比例当与此相近。笔者据《中国藏书家辞典》统计[②],清代藏书家 526 人,进士藏书家 192 人且占总数 36.5%;江南进士藏书家 92 人,占进士藏书家总数的 47.9%。笔者据各种史料考证,具有藏书故实的清代江南进士藏书者有 396 人,其中苏南 146 人,浙江 216 人,上海 14 人,徽州 20 人。进士藏书者亦不乏数万卷藏书者,藏书逾十万卷者就有 13 人[③]。雍正二年(1724)进士钱塘汪由敦,乾隆四年(1739)进士钱塘袁枚,咸丰二年(1852)进士仁和王文韶,同治十年(1871)进士鄞县陈康祺,光绪六年(1880)进士嘉兴沈曾植,光绪二十四年(1898)海盐朱彭寿等,藏书甚至多达数十万卷。

历代典籍在流传中难免失真、散佚以及版本纷杂。发现讹误、恢复本真、辨别版本优劣,是保证典籍价值的必要措施。清代包括历代典籍在内的藏书积累已经相当丰富,藏书质量和价值成为一些藏书家的不懈追求。清代江南地区藏书积累尤为丰富,藏书家对藏书质量和价值的追求更为执着,这一地区汇聚了精通考订、校雠、版本目录之学的藏书家。

“藏书家有数等,钱少詹大昕、戴吉士震为考订家,卢学士文弨、翁阁学方纲为校雠家,鄞县范氏天一阁、钱塘吴氏瓶花斋、昆山徐氏传是楼为收藏家,吴门黄主事丕烈、邬镇鲍处士廷博为赏鉴家,吴门书估钱景开、陶五柳,湖南书估施汉英为掠贩家。”[④]洪亮吉此处所列各类典型藏书家均为享誉华夏的藏书名家,大多为江南藏书家。两位典型考订家是乾隆十九年(1754)进士嘉定钱大昕、乾隆四十年(1775)进士休宁戴震;两位典型校雠家之一是乾隆十七年(1752)探花杭州卢文弨;两位典型赏鉴家是清代长洲(今属江苏省苏州市)黄丕烈、浙江鲍廷博。近代学者梁启超在论及一种校勘法时称:“最专门名家者,莫如卢抱经文弨、顾涧苹广圻、黄荛圃丕烈,次则卢雅雨见曾、丁叔衢杰、陈仲鱼鳣、吴兔床骞、鲍以文廷博、钱警石泰吉、汪小米远孙、蒋生沐光煦、张叔未廷济、陆存斋心源、缪小山荃孙……”[⑤]此处所列校勘名家 14 人,除卢见曾外,其余 13 人均为江南藏书家。

---

① 宋元强著:《清朝的状元》,吉林文史出版社 1992 年版,第 134 页。

② 李玉安、陈传艺编:《中国藏书家辞典》,湖北教育出版社 1989 年版。笔者以是书名录为基础,所有藏书者的进士登科年及藏书故实均经笔者反复考证。

③ 参见本书第六章第二节附三。

④ (清)洪亮吉著:《北江诗话》卷三,中华书局 1985 年版,第 29 页。

⑤ 梁启超著:《中国近三百年学术史》,北京联合出版公司 2014 年版,第 228 页。

第二章　唐宋元江南进士藏书

第一节　唐代江南进士藏书

《新唐书·地理志》载："江南道，盖古扬州南境，汉丹杨、会稽、豫章、庐江、零陵、桂阳等郡，长沙国及牂柯、江夏、南郡地。润、昇、常、苏、湖、杭、睦、越、明、衢、处、婺、温、台、宣、歙、池、洪、江、饶、虔、吉、袁、信、抚、福、建、泉、汀、漳为星纪分，岳、鄂、潭、衡、永、道、郴、邵、黔、辰、锦、施、叙、奖、夷、播、思、费、南、溪、溱为鹑尾分。为州五十一，县二百四十七。"①

今苏南境相当于唐江南道之丹杨、会稽、润、昇、常、苏、湖、杭、睦、越、明、衢、处、婺、温、台、歙等地。

一、唐代江南(今苏南)进士藏书

《新唐书·地理志》载，"润州丹杨郡，望。武德三年以江都郡之延陵县地置，取润浦为州名"，县四：丹徒县、丹杨县、金坛县、延陵县。"昇州江宁郡，至德二载以润州之江宁县置，上元二年废，光启三年复以上元、句容、溧水、溧阳四县置"，县四：上元县、句容县、溧水县、溧阳县。"常州晋陵郡，望。本毗陵郡，天宝元年更名"，县五：晋陵县、武进县、江阴县、义兴县、无锡县。苏州吴郡，县七：吴县、长洲县、嘉兴县、昆山县、常熟县、海盐县、华亭县②。吴郡之嘉兴、海盐二县今属浙江省，华亭县今属上海市。

今苏南境相当于唐代江南道之润州丹杨郡、昇州江宁郡、常州晋陵郡及苏州吴郡局部。

关于今苏南境唐代进士藏书家，已查及其藏书故实者仅有丹徒马怀素、吴县陆馀庆和张籍。

---

① (宋)欧阳修、宋祁撰:《新唐书》卷四十一《志第三十一·地理志五》，中华书局1975年版，第1056页。

② (宋)欧阳修、宋祁撰:《新唐书》卷四十一《志第三十一·地理志五》，中华书局1975年版，第1056—1058页。

(一)马怀素

马怀素(659—718)　“字惟白,丹徒人。调露二年进士第,又应制举,中文学优赡科,补郿尉。累至户部侍郎,封常山县公,兼昭文馆学士侍读、秘书监。”[①]为官正直清廉,“是时秘书省典籍散落,条流无叙,怀素上疏曰:‘南齐已前坟籍,旧编王俭《七志》。已后著述,其数盈多,《隋志》所书,亦未详悉。或古书近出,前志阙而未编;或近人相传,浮词鄙而犹记。若无编录,难辩淄、渑。望括检近书篇目,并前志所遗者,续王俭《七志》,藏之秘府。’上于是召学涉之士国子博士尹知章等,分部撰录,并刊正经史,粗创首尾”。怀素病卒,“上特为之举哀,废朝一日,赠润州刺史,谥曰文”[②]。生平事迹参见《新唐书》卷一百九十九《列传第一百二十四·儒学中》。

马公嗜书且博学,又好藏书,据《旧唐书》载,其“少从事李善。家贫无灯烛,昼采薪苏,夜燃读书,遂博览经史,善属文”[③],“虽居吏职,而笃学,手不释卷,谦恭谨慎,深为玄宗所礼,令与左散骑常侍褚无量同为侍读”[④]。其藏书事迹,载于《故银青光禄大夫秘书监兼昭文馆学士侍读上柱国常山县开国公赠润州刺史马公墓志铭并序》:“公虽累登台阁,率身俭素,俸禄之资,赒赡亲友,及启手归全,家无赀产,唯有书数千卷以为燕翼。”[⑤]怀素身为帝师,而输财亲友,藏书著述,遗书子孙,诚明智也。正史中不载其藏书之事,可证藏书者未载经传多矣。

(二)陆馀庆

陆馀庆(生卒年不详)　唐初吴县人。陆长源[⑥]祖父。唐代(约684)进士。“以博学称。举制策甲科,补萧尉。累迁阳城尉。武后封嵩山,以办具劳,擢监察御史。……迁殿中侍御史、凤阁舍人。”[⑦]对“寒品晚进,必悉力荐藉”,如“荐富春孙逖、京兆韦述、吴兴蒋冽、河南达奚珣,后皆为知名士。迁大理卿。终太子詹事,谥曰庄”[⑧]。与陈子昂、宋之问等交游,《新唐书》记:“雅善赵贞固、卢藏用、陈子昂、杜审言、宋之问、毕构、郭袭微、司马承祯、释怀一,时号‘方外十友’。”[⑨]

其藏书之事,载于《新唐书·陆长源传》,中载馀庆孙长源“好谐易,无威仪,而

---

① (元)俞希鲁编纂:《至顺镇江志》卷十八,江苏古籍出版社1990年版,第716页。

② (后晋)刘昫等撰:《旧唐书》卷一百二《列传第五十二》,中华书局1975年版,第3164页。

③ (后晋)刘昫等撰:《旧唐书》卷一百二《列传第五十二》,中华书局1975年版,第3163页。

④ (后晋)刘昫等撰:《旧唐书》卷一百二《列传第五十二》,中华书局1975年版,第3164页。

⑤ 《故银青光禄大夫秘书监兼昭文馆学士侍读上柱国常山县开国公赠润州刺史马公墓志铭并序》,见周绍良主编:《唐代墓志汇编》之《开元〇七四》,上海古籍出版社1992年版,第1206页。

⑥ 按:陆长源,字泳。吴县人。《新唐书》记:祖馀庆,天宝中为太子詹事,有清誉。

⑦ (宋)欧阳修、宋祁撰:《新唐书》卷一百一十六《列传第四十一·陆馀庆传》,中华书局1975年版,第4239页。

⑧ (宋)欧阳修、宋祁撰:《新唐书》卷一百一十六《列传第四十一·陆馀庆传》,中华书局1975年版,第4239页。

⑨ (宋)欧阳修、宋祁撰:《新唐书》卷一百一十六《列传第四十一·陆馀庆传》,中华书局1975年版,第4239页。

清白自将。去汝州，送车二乘，曰‘吾祖罢魏州，有车一乘，而图书半之，吾愧不及先人’云”[①]。馀庆罢魏州，尝半车书随之，故知其拥有藏书。

（三）张　籍

张　籍（约768—830）　“字文昌，吴县人，贞元十五年进士，为太常寺太祝韩愈荐为国子博士，当时有名士皆与游而逾益重之。”[②]唐人张洎亦记云：“贞元十五年丞相渤海公下及第。历官太祝、秘书郎、国子博士、水部员外郎、国子司业。公为古风最善。梓李杜之后风雅道丧，继其美者唯公一人。”[③]《新唐书》及《旧唐书》、《正德姑苏志》卷五十四等有其传。

张籍出入韩愈门下，“为昌黎厚友。籍性狷直率，博闻好古”[④]。且“多收古器在书楼”[⑤]，又喜藏书，常至书铺买书，张籍有诗自嘲“得钱只了还书铺”[⑥]，可知张籍为藏书，常欠书铺购书钱。

二、唐代江南（今浙江）进士藏书

《新唐书·地理志》载：“湖州吴兴郡……武德四年，以吴郡之乌程县置。”县五：乌程县、武康县、长城县、安吉县、德清县。杭州余杭郡，县八：钱塘县、盐官县、余杭县、富阳县、於潜县、临安县、新城县、唐山县。“睦州新定郡……本遂安郡，治雉山。武德七年曰东睦州，八年复旧名。万岁通天二年徙治建德。天宝元年更郡名”，县六：建德县、清溪县、寿昌县、桐庐县、分水县、遂安县。“越州会稽郡，中都督府”，县七：会稽县、山阴县、诸暨县、余姚县、剡县、萧山县、上虞县。“明州余姚郡……开元二十六年，采访使齐澣奏以越州之鄮县置，以境有四明山为名”，县四：鄮县、奉化县、慈溪县、象山县。“衢州信安郡……武德四年析婺州之信安县置，六年没辅公祏，因废州，垂拱二年析婺州之信安、龙丘、常山复置”，县四：西安县、龙丘县、须江县、常山县。“处州缙云郡……本括州永嘉郡，天宝元年更郡名，大历十四年更州名”，县六：丽水县、松阳县、缙云县、青田县、遂昌县、龙泉县。婺州东阳郡，县七：金华县、义乌县、永康县、东阳县、兰溪县、武成县、浦阳县。“温州永嘉郡……高宗上元元年析括州之永嘉、安固置”，县四：永嘉县、安固县、横阳县、乐成县；“台州临海郡……本海

① （宋）欧阳修、宋祁撰：《新唐书》卷一百五十一《列传第七十六·陆长源传》，中华书局1975年版，第4822页。

② （明）张昶撰：《吴中人物志》卷七《文苑·张籍传》，（台北）学生出版社1969年版，第214页。

③ （唐）张洎《张司业集序》，见（唐）张籍著，中华书局上海编辑所编辑：《张籍诗集》附录二，中华书局1959年版，第110页。

④ （唐）刘成德《唐张司业张籍诗集序》，见（唐）张籍著，中华书局上海编辑所编辑：《张籍诗集》附录二，中华书局1959年版，第111页。

⑤ （唐）张籍著，中华书局上海编辑所编辑：《张籍诗集》卷四《赠王秘书》，中华书局1959年版，第45页。

⑥ （唐）张籍著，中华书局上海编辑所编辑：《张籍诗集》卷四《送杨少尹赴凤翔》，中华书局1959年版，第50页。

州，武德四年以永嘉郡之临海置”，县五：临海县、唐兴县、乐安县、黄岩县、宁海县①。

今浙江境相当于唐代江南道之湖州吴兴郡、杭州余杭郡、睦州新定郡、越州会稽郡、明州余姚郡、衢州信安郡、处州缙云郡、婺州东阳郡、温州永嘉郡、台州临海郡等。

关于今浙江境唐代进士藏书家，已查及其藏书故实者仅有婺州冯宿和越州朱庆馀。

（一）冯　宿

冯　宿（766—836）　字拱之，婺州东阳冯家楼人。唐“贞元八年（792）登进士第，任徐泗节度从事。……后入为工部侍郎，迁刑部、兵部侍郎。九年出为东川节度使。与韩愈、白居易等有诗文来往。尤长赋颂制诰。其《试百步穿杨叶赋》颇为传诵”②。新旧《唐书》有其传，冯宿与弟二人，皆幼有文学，“宿，贞元中与弟定，从弟审、宽并擢进士第，徐州张建封掌书记”③。“大和四年，入为工部侍郎。六年，迁刑部侍郎，修《格后敕》三十卷，迁兵部侍郎。九年，出为剑南东川节度使，检校礼部尚书。开成元年十二月卒，废朝，赠吏部尚书，谥曰懿。有文集四十卷。子图、陶、韬，三人皆登进士，扬历清显。”④《康熙浙江通志》卷三十三等有其传。

其藏书之事，《新唐书》本传载：“赠吏部尚书，谥曰懿。治命薄葬，悉以平生书纳墓中。”⑤由是而知，其拥有藏书。《新唐书》著录其文集一种。柳公权书冯宿碑存西安碑林。

（二）朱庆馀

朱庆馀（生卒年不详）　字可久，以字行。唐越州人。《登科记考》载：“《唐才子传》：‘宝历二年裴球榜进士及第，授秘书省校书。’《唐诗纪事》：‘庆馀遇水部郎中张籍知音，索庆馀新书篇什，留二十六章，置之怀袖，而推赞之。时人以籍重名，皆缮录讽咏，遂登科。’”⑥朱庆馀为唐代诗人，“《朱庆馀集》一卷。唐朱可久庆馀撰。以字行，受知于张籍。宝历二年进士”⑦。《新唐书·艺文志》亦著录《朱庆馀诗集》一卷。《全唐诗》收其诗177首，辑为二卷。

其藏书之事，载于牟融《题朱庆馀闲居四首》诗之三：“闲客幽栖处，潇然一草

---

① （宋）欧阳修、宋祁撰：《新唐书》卷四十一《志第三十一·地理志五》，中华书局1975年版，第1058—1063页。

② 钱仲联、傅璇琮等主编：《中国文学大辞典》，上海辞书出版社1997年版，第275页。

③ （宋）欧阳修、宋祁撰：《新唐书》卷一百七十七《列传第一百二·冯宿传》，中华书局1975年版，第5277—5278页。

④ （后晋）刘昫等撰：《旧唐书》卷一百六十八《列传第一百一十八·冯宿传》，中华书局1975年版，第4390页。

⑤ （宋）欧阳修、宋祁撰：《新唐书》卷一百七十七《列传第一百二·冯宿传》，中华书局1975年版，第5277—5278页。

⑥ （清）徐松著：《登科记考》卷二十《宝庆元至二年》，中华书局1984年版，第733页。

⑦ （宋）陈振孙撰，徐小蛮、顾美华点校：《直斋书录解题》卷十九《诗集类上》，上海古籍出版社2015年版，第570页。

庐。路通元亮[1]宅，门对子云[2]居。按剑心犹壮，琴书乐有馀。黄金都散尽，收得邺侯[3]书。”[4]由是而知，其大部分藏书，原为李泌所藏，泌之书散落民间后，为庆馀重金所购。保藏典籍文献，朱氏有功于后人[5]。

第二节　宋代江南进士世家大族藏书

《宋史·地理志》载：“两浙路。熙宁七年，分为两路，寻合为一；九年，复分……府二：平江，镇江。州十二：杭，越，湖，婺，明，常，温，台，处，衢，严，秀。县七十九。南渡后，复分临安、平江、镇江、嘉兴四府，安吉、常、严三州，江阴一军，为西路；绍兴、庆元、瑞安三府，婺、台、衢、处四州，为东路。”[6]江南东路，“府一：江宁。州七：宣，徽，江，池，饶，信，太平。军二：南康，广德。县四十三。南渡后，府二：建康，宁国。州五：徽，池，饶，信，太平。军二：南康，广德，为东路”。其中“徽州，上，新安郡，军事。宣和三年，改歙州为徽州。……县六：歙，休宁，祁门，婺源，绩溪，黟”[7]。

今江南境相当于北宋两浙路之平江、镇江二府；杭、越、湖、婺、明、常、温、台、处、衢、严、秀十二州，以及江南东路之江宁府和徽州，相当于南宋两浙路西路之临安、平江、镇江、嘉兴四府，安吉、常、严三州，东路之绍兴、庆元、瑞安三府，婺、台、衢、处四州，以及江南东路之建康府和徽州。

一、宋代无锡尤氏家族

（一）无锡尤氏家族源流与科举

尤玘《万柳溪边旧话》载：无锡尤氏“始迁祖赠待制公（讳叔保），自晋江避难入吴，往来吴中诸郡，未有定处。尝同王枢密康靖公游浮玉山，宿壮缪侯祠中，以卜居求梦。夜梦侯手赐锡器，器中书一‘成’字，觉以告康靖，康靖曰：‘器者，器皿也，皿上著一成字；锡者，常之西南有锡山，神明赐公锡器，意者俾公居无锡而子孙盛乎？’始祖遂领神意，定居锡之许舍山中，命子孙世世奉壮缪侯香火。待制公徒手入吴，以正直名世，搢绅多厚遇之。性最颖，善书，尤长方丈扁额字，间以绘画自娱，求者必厚

① 按：元亮，陶渊明，字元亮。
② 按：子云，汉扬雄，字子云。
③ 按：邺侯，李泌，封邺县侯，藏书甚富。
④ 牟融《题朱庆馀闲居四首》，见陈贻焮主编，陶敏等册主编：《增订注释全唐诗》卷四五六，第三册，文艺出版社2001年版，第728页。
⑤ 陈德弟著：《先秦至隋唐五代藏书家考略》，天津古籍出版社2011年版，第175页。
⑥ （元）脱脱等撰：《宋史》卷八十八《志第四十一·地理四》，中华书局1977年版，第2173页。
⑦ （元）脱脱等撰：《宋史》卷八十八《志第四十一·地理四》，中华书局1977年版，第2186—2187页。

价，然后落笔，故晚年颇雄于财。园亭池馆，为一时绝胜。许舍山中祖基，乃买江氏敝居而新之者也。东偏楠厅三间，壮伟高敞。玉蝶梅四十二树环绕之，待制公善书，书'环玉堂'三字于梁间，后文献公（讳辉）于绍圣元年毕渐榜登第，四十二岁而入玉堂，四十二树之兆也"①。据此可知，尤叔保（即袤高祖）由福建晋江迁居常州西禧里，再迁居无锡白石里（今苏州无锡梅园公墓附近），时为无锡书画名家。尤叔保为无锡尤氏始迁祖。

尤叔保定居无锡许舍山白石里后，因善写方丈匾额大字，尤善绘画，吴中富绅尤喜其字画，亦出资甚丰，叔保因之积资雄厚，于许舍山下筑园亭池馆，为一时绝胜之景。自尤叔保孙尤辉于宋绍圣元年（1094）甲戌科举入仕起，尤氏家族声望遂显，成为无锡望族。其中尤叔保孙尤辉、玄孙尤袤、鼏孙尤焴，均由科举入仕，仕至礼部尚书，祀浙江名宦。尤玘在《万柳溪边旧话》中总结尤氏家族以科举入仕起家盛况言：吾家"自文献公首出登第，工侍公继之，文简、博士、迪功、庄定，科名接武。庄定公尝筑圃临安之西湖，花木不繁而萧洒。宋度宗游湖上，幸其堂，御笔题楹间曰：'五世三登宰辅，奕朝累掌丝纶。'盖实录也。朝绅荣之"②。其中度宗所称三人指尤辉、尤袤、尤焴祖孙三代，功在朝廷。至宋元之际袤鼏孙尤玘，字君玉，"仕元，历官户部尚书，封魏郡。公博学多识，尝著《万柳溪边旧话》，多述先世遗事"③。《万柳溪边旧话》中曾提及孝宗推恩之情形："朝廷每大庆，必推恩于大臣，文献（尤辉）、文简（尤袤）祖孙各经推恩数次，往往力辞，然中亦有不能辞者。文献公上四代、庄定公（尤焴）以下五代，无一人不沐朝泽、列冠裳。"④据此可知尤氏家族之盛。

无锡尤氏以进士起家，亦受惠于科举考试。为其家族在科举中能胜出，尤氏甚为重视藏书。《康熙无锡县志》卷七载："锡麓书堂在秦皇坞下，宋尤文简袤读书地。初因文昌祠结庐数椽，杂植竹柏于四垂而不事华饰，终袤世历四传七十余年，无所改易。又有遂初堂，始于袤从祖文献公辉，初名依山，后改今名。宋崇陵尚手书遂初二字以赐。中藏书三万卷，所传公退手抄与其子弟诸婢不得暂辍者咸萃焉。后稍凌夷，至六世孙玘仕元归，尽复旧业，起重楼，树名花，为都人游观之地。后毁于火，而藏书亦无存者。"⑤尤氏成员中以尤袤最嗜书，为宋藏书名家，有"尤书橱"之称。朱文藻称：无锡"尤氏自晋江迁许舍，代有显人，而名位最著者，莫如文简，故凡国史图经，载之独详，然宋史称光宗属疾"⑥。

---

① （宋）尤玘撰：《万柳溪边旧话》，中华书局 1985 年版，第 1 页。

② （宋）尤玘撰：《万柳溪边旧话》，中华书局 1985 年版，第 10 页。

③ （清）裴大中、倪咸生修，（清）秦缃业等纂：《光绪无锡金匮县志》卷二十一《文苑》，见《中国地方志集成·江苏府县志辑》（24），江苏古籍出版社 1991 年版，第 353 页。

④ （宋）尤玘撰：《万柳溪边旧话》，中华书局 1985 年版，第 12 页。

⑤ 无锡市史志办公室编：《梁溪古园·遂初书堂》，方志出版社 2007 年版，第 220 页。

⑥ （清）朱文藻：《万柳溪边旧话序》，见（宋）尤玘撰：《万柳溪边旧话》卷末，中华书局 1985 年版，第 14 页。

附:宋代无锡尤氏家族中有文献可考登科年的进士名录①

姓　名	家族成员关系	登科年
尤　辉(一世)	尤大公子	宋绍圣元年(1094)甲戌科进士
尤　著(二世)	辉长子	宋绍兴二年(1132)壬子科榜眼
尤　袤(三世)	大成曾孙,辉侄孙	宋绍兴十八年(1148)戊辰科进士
尤　檠(四世)	袤次子	宋淳熙二年(1175)乙未科进士
尤　森(四世)	著孙	宋庆元五年(1199)己未科进士
尤　栋(四世)	著孙	宋景定三年(1262)壬戌科进士
尤　熔(五世)	袤长孙,棐长子	宋嘉定元年(1208)戊辰科进士

(二)无锡尤氏家族进士藏书

1.尤氏家族藏书溯源

尤　辉(一世)(1074—1158)　尤大公子,无锡许舍人。其“年二十一岁,登哲宗绍圣元年进士,以荐试学官高等,除教授,三转至礼部员外郎,权国子司业,迁司封郎,进太常卿、兼谕德,累除国子祭酒中书舍人给事中,久之拜兵部尚书,寻知枢密院事,除观文殿大学士,知建康府、加少保。致仕,年八十五,薨,赠少师,谥文献”②。归后,先居西禧里,为倾圮的觉林寺出资维修,后迁回无锡往東带河,建“逢辰堂”,世祠犹在许舍山。赐《寿殇绘图》,敕名“尤图”。

尤辉属尤氏家族第一位显贵致仕者,对于为学求书颇重视,收有义子,名平真,专供抄写书籍。尤玘记其事云:“文献公有抄写义子平真,自孩时即茹素,便利可喜,侍公颐指当意,公甚爱之。”③据此推测尤氏家族藏书应始于尤辉,其藏书可供家族科举之需。

尤　著(二世)(1105—?)　尤辉长子。字少蒙,号西僖居士。其“敏慧非人所能及。公为姑苏王寺丞婿,多游胥台、虎丘之间。二十八以苏籍登第”,即“绍兴二年第二名进士,有文名,尝主管吏部架阁文字,除太学录兼实录检讨官,擢博士,改宗正簿,累官兵部郎官,由礼部郎中为太子詹事,兼秘书监,权工部侍郎,以疾致仕。工侍公致仕后,徙居鹅湖,既创大第,复筑名园,以其余力改造觉林寺,寺傍创文献公祠堂

① 按:是书以进士尤辉算为一世起。此表参考文献:·(宋)尤玘撰:《万柳溪边旧话》,中华书局 1985 年版,第 1—14 页。·(清)赵宏恩等鉴修,黄之隽等编纂:《乾隆江南通志》卷一百十九至一百二十五《选举》、卷一百四十至一百七十《人物志》,见(清)永瑢、纪昀等编纂:《四库全书》第 510 册、第 511 册,上海古籍出版社 1987 年版。·(清)裴大中、倪咸生修,(清)秦缃业等纂:《光绪无锡金匮县志》卷十六《选举》,见《中国地方志集成·江苏府县志辑》(24),江苏古籍出版社 1991 年版。

② (宋)尤玘撰:《万柳溪边旧话》,中华书局 1985 年版,第 3—4 页。

③ (宋)尤玘撰:《万柳溪边旧话》,中华书局 1985 年版,第 4 页。

五楹，自为之记”①。

2.进士尤袤与遂初堂藏书

尤　袤(三世)(1127—1194)　字延之，小字季长，号遂初居士，晚年号乐溪、木石老逸民，无锡县许舍人。“少颖异，蒋偕、施垌呼为奇童。入太学，以词赋冠多士，寻冠南宫。绍兴十八年，擢进士第。尝为泰兴令”②，累迁枢密检正兼左谕德、太常少卿、礼部侍郎等职，至礼部尚书，以直言敢谏著声。其“尝取孙绰《遂初赋》以自号，光宗书扁赐之。有《遂初小稿》六十卷、《内外制》三十卷。嘉定五年，谥文简”③。卒后赠太师、金紫光禄大夫，葬于无锡城郊西孔山。尤袤学识渊博，善文能诗，尤侗《家谱本传》亦记云：“文简公讳袤，字延之，五岁能诗，十岁以神童荐。二十二岁礼部试第一，廷拟状元，以不呈卷，秦桧易之。登绍兴十八年进士，与朱文公同榜。杨文公同官馆中，有尤、杨之目。”④尤公读书又能触类旁通，“杨廷秀因举河鲀所原起，古书未见有载叙者，以问尤延之……廷秀检视之，言无殊，因叹曰：‘延之真书府也。人目为厨，何以胸中著数万卷书乎！予不及，予不及！’”⑤“所著有《梁溪集》、《遂初稿》若干卷。与杨廷秀、范德机、陆放翁相倡和，时号‘四诗翁’”⑥。又著有《周礼辩义》《老子音训》《乐溪集》《全唐诗话》，均已佚，仅《乐溪遗稿》存世。

尤袤“少从喻玉泉游，得龟山之学，门人李祥、蒋重珍，皆公造就为大儒。吴人推理学者，必曰喻、尤、李、蒋”⑦。至“晚年益嗜书，积至三万余卷”⑧。陆游言：延之“异书名刻堆满屋，欠伸欲起遭书围”⑨。家有“‘遂初堂’，藏书为近世冠”⑩。对尤袤藏书故实，文献亦多有记载。

《光绪无锡金匮县志》载，“锡麓书堂在秦皇坞介锡、惠两山之间，宋尤文简袤读书地。初因文昌祠结庐数椽，不事华饰。历四传无所改易。又，遂初书院又名依山

---

① (宋)尤玘撰：《万柳溪边旧话》，中华书局1985年版，第4—5页。

② (元)脱脱等撰：《宋史》卷三百八十九《列传第一百四十八·尤袤传》，中华书局1977年版，第11923页。

③ (元)脱脱等撰：《宋史》卷三百八十九《列传第一百四十八·尤袤传》，中华书局1977年版，第11929—11930页。

④ (宋)尤袤撰：《梁溪遗稿》之卷首尤侗《家谱本传》，见四川大学古籍所编：《宋集珍本丛刊》第46册，(北京)线装书局2004年版，第478页。

⑤ (明)陶宗仪等编：《说郛三种》卷十八《河鲀所起》，上海古籍出版社1988年版，第326页。

⑥ (明末清初)尤侗：《家谱本传》，见赵维平著：《尤袤年谱》附录三，上海三联书店2012年版，第250页。

⑦ (宋)尤袤撰：《梁溪遗稿》之卷首尤侗《家谱本传》，见四川大学古籍所编：《宋集珍本丛刊》第46册，(北京)线装书局2004年版，第478页。

⑧ (清)裴大中、倪咸生修，(清)秦缃业等纂：《光绪无锡金匮县志》卷二十一《儒林》，见《中国地方志集成·江苏府县志辑》(24)，江苏古籍出版社1991年版，第337页。

⑨ (宋)陆游撰：《陆游集》之《剑南诗稿》卷二十一《尤延之侍郎屡求作遂初堂诗诗未成延之去国因以奉送》，中华书局1976年版，第604页。

⑩ (宋)陈振孙撰，徐小蛮、顾美华点校：《直斋书录解题》卷十八《别集类下》，上海古籍出版社2015年版，第543页。

亭,袤取孙兴公《遂初赋》义以名。宋崇陵为御书‘遂初’二字以赐,中藏书三万卷。相传公退手抄,与其子弟及女婢计日分抄者,咸聚焉”。又有“乐溪居在西郊梁溪之上,后有高岗,眺望最得溪山胜概,题曰‘乐溪’。著有《乐溪集》五十卷。中有万卷楼、畅阁、来朱亭、二友斋。来朱者,曾与考亭讲道于此,后人因图其像于壁。二友即陈亮、杨万里也”①。

邹炳泰《午风堂集》载,“尤文简公藏书之富甲天下。于梁溪西置万卷楼,于惠山秦皇坞置锡麓书院,于读书台又置遂初书院,旧名依山亭,至文简改今额,原匾宋崇陵御笔,名遂初者,文简爱孙兴公《遂初赋》以自况也”②。

《直斋书录解题》载,尤袤编有“《遂初堂书目》一卷,锡山尤氏尚书袤延之,淳熙名臣,藏书至多,法书尤富”③。尤袤将其藏书分经、史、子、集4部44类,编成《遂初堂书目》,又名《益斋书目》,“该书目却流传至今,成为中国最早的版本目录之一”④。

毛开《遂初堂书目序》云:“晋陵尤延之始,自青衿迨夫白首,嗜好既笃,网罗斯备,日增月益,昼诵夕思,重之不以借人,新若未尝触手,耳目所及,有虞监之亲钞,子孙不忌,多杜侯之手校,表层楼而俪富,托名山而共久,不已盛乎!若其剖析条流,整齐纲记,则有目录一卷,甲乙丙丁之别,可以类知一、十、百、千之凡,从于数与仆,雅窃通书之好。”⑤

尤袤藏书详情皆已载其《书目》中,其著录著作3100余部,多钞本、善本,重史书。尤袤曾长期担任国史院编修及侍读、侍讲之职,借阅三馆秘阁藏书机会甚多,故能抄录一些稀见秘本。《光绪无锡金匮县志》载:“尤文简藏书最富,其《遂初堂书目跋》见《艺文》。又杨诚斋序其《益斋书目》云:‘延之每公退,则闭户谢客,日计手钞若干古书,其子弟及诸女亦钞书,谓子云:吾所钞书若干卷,将汇而目之,以代饥之肉,寒之裘,寂处之朋友,幽忧之金石琴瑟也。’”⑥可见尤袤藏书既富,爱书更切。遂初堂所收藏的善本书,经其标注者就有21种版本,47部之多。其中许多书,如旧监本诸经、川本史书、杭本及旧杭本经史等,均为善本。遂初堂所藏高丽本《尚书》、秘阁本《山海经》、朱墨本《神宗实录》和蜀石经等,均为之珍本。尤袤收藏的史料亦

① (清)裴大中、倪咸生修,(清)秦缃业等纂:《光绪无锡金匮县志》卷十四《古迹·锡麓书堂》,江苏古籍出版社1991年版,第196页。

② (清)邹炳泰撰:《午风堂集》卷一,《续修四库全书》编纂委员会、复旦大学图书馆古籍部编:《续修四库全书》第1462册,上海古籍出版社2003年版,第158页。

③ (宋)陈振孙撰,徐小蛮、顾美华点校:《直斋书录解题》卷八《书目类》,上海古籍出版社2015年版,第236页。

④ 江苏省地方志编纂委员会编:《江苏省志90·人物志》之《人物传一》,凤凰出版社2008年版,第193页。

⑤ 武汉大学图书馆系编:《目录学研究资料汇辑》第二分册《中国目录学史》,武汉大学出版社1983年版,第126—127页。

⑥ (清)裴大中、倪咸生修,(清)秦缃业等纂:《光绪无锡金匮县志》卷四十《杂议》,见《中国地方志集成·江苏府县志辑》(24),江苏古籍出版社1991年版,第667页。

多,尤重视当代史籍,故所收藏史料的数量中本朝史籍有 280 多部,约占所收藏史籍总数的三分之一。《遂初堂书目》所载,有关史部著录书籍达 978 部,“章奏类”中有 86 部宋代人章奏为其他宋代书目未收。“地理类”中著录宋代方志 130 部,其中许多方志也仅见于尤《书目》著录。可见尤袤史籍占其收藏书籍中数量最多,且版本齐全。

尤袤又以嗜藏书法碑刻及金石图录而著名于时。杨万里尝言:“遂初、欣遇,尤延之、沈虞卿自号也。二公与顺伯皆喜收碑刻,各自夸尚。”①尤袤对研究墨迹书法,亦颇具心得。其经常同杨万里等人一起研究书法,至夜不倦。《光绪无锡金匮县志》称:“尤文简书法,高古世不多觏,惟曾幼卿《凤墅帖》载有文简与其父无玷侍郎手牍一则云。”②朱熹曾评价称:“尤延之论古人笔法来处,如周太史奠世系,真使人无闲然。”③《遂初堂书目》所著录的书录、画录就有三十多部,故陈振孙称其“藏书至多,法书尤富”④。

尤袤尤好钞书,其挚友杨万里记云:“延之于书靡不观,观书靡不记……延之每退,则闭户谢客,日计手钞若干古书。其子弟亦钞书,不惟延之手钞而已也。其诸女亦钞书,不惟子弟钞书而已也。”⑤可见尤袤藏书之富,因得弟子、儿女及家人之助,抄书之量自然大增,其独力苦抄,确有略胜一筹之势,无怪乎陈振孙赞曰:“藏书为近世冠。”⑥尤袤嗜书之深,源于其视读书为人生的必修课。

3.尤氏家族藏书传承与散佚

尤　槩(四世)(生卒年不详)　尤袤次子。“字与平,文简公次子。淳熙二年进士,累官建康推官,擢左朝奉郎太常博士。因性闲雅,不乐仕宦,占仕籍十余年,半在告,未壮悬车,多方外之游。”“自筑室于万竹中,晏坐焚香,泊如也。未耆而殁,人共惜之。所撰有《绿云寮诗草》,人比之韦苏州。”⑦槩博学多闻,性好学皆似其父袤,故时人称为“真书橱子”。

尤　焴(五世)(1190—1272)　尤袤孙。字伯晦,号木石,“嘉定元年进士,尝出师

① (宋)杨万里著,王琦珍整理:《杨万里诗文集》卷二十四《诗·朝天集》六《跋王顺伯所藏欧公〈集古录序〉真迹·注语》,江西人民出版社 2006 年版,第 419 页。

② (清)裴大中、倪咸生修,(清)秦缃业等纂:《光绪无锡金匮县志》卷四十《杂议》,见《中国地方志集成·江苏府县志辑》(24),江苏古籍出版社 1991 年版,第 667 页。

③ 转引李国钧主编:《中华书法篆刻大辞典》,湖南教育出版社 1990 年版,第 222 页。

④ (宋)陈振孙撰,徐小蛮、顾美华点校:《直斋书录解题》卷八《书目类》,上海古籍出版社 2015 年版,第 236 页。

⑤ (宋)杨万里《益斋藏书目序》,见(清)沐云叟撰:《锡金志外》(全),(台湾)成文出版社 1983 年版,第 168—169 页。

⑥ (宋)陈振孙撰,徐小蛮、顾美华点校:《直斋书录解题》卷十八《别集类下》,上海古籍出版社 2015 年版,第 543 页。

⑦ (宋)尤玘撰:《万柳溪边旧话》,中华书局 1985 年版,第 11 页。

淮西，威惠并著，封毗陵郡侯，仕至礼部尚书、端明殿学士，与参政杨栋、卢钺俱负重望。为言者所中，乞休，时论惜之。卒，谥庄定，祀浙江名宦”[①]。善诗，《全宋诗》录其诗二首，“著《尤端明日历》十一卷，其文淳，其事奇，镂板至今盛行于天下”[②]。《咸淳毗陵志》卷十七及《南宋馆阁录》卷七有其传。

尤　栋(四世)(生卒年不详)　尤著孙。号率斋，“学最早，十岁通五经，十五已阅万卷矣。善为古文，累举不第。至度宗景定三年始登方山京榜进士”[③]。“历桐城、山阳令，寻告归。以荐补州教授，召为秘书正字，官终知广德军。二子焘(五世)、照(五世)高隐能文”[④]，“是时，江南郡邑金石文章，皆其父子之笔，至今名碑布满诸处，本邑中更多。刺史公年少于庄定而叔行也”[⑤]。史志亦称：“焘、照皆有文名，一时江南郡邑金石碑版，皆出其父子之笔。”[⑥]尤栋《重建五先生祠堂记》文中言及“今里中故宅尚有指为藏书之所”[⑦]，则尤氏藏书的传承颇为谨慎且知名，此归功于尤袤[⑧]。

尤　森(四世)(1161—?)　尤著孙。“字与茂，苦志力学。宁宗庆元五年，年三十九矣，始登进士高第，补扬州文学，擢迪功郎，监潭州南岳庙。父知宝庆府，致仕在家，时年七十，独公一子，遂乞归养承欢。竭力事宝庆公者十五年，亲终服除，公亦老矣，不复仕宦。兄弟中独公最贫，徒富图书古玩。”[⑨]《光绪无锡金匮县志》亦称：尤森于“宁宗庆元五年登曾从龙榜进士”[⑩]，又独喜图书古玩，颇近尤袤之嗜书。

关于无锡尤氏藏书之散佚，宋陈振孙《直斋书录解题》称尤氏藏书“尝烬于火，今其存无几矣”[⑪]。《光绪无锡金匮县志》载：“李晦初名燧卿，字显翁，咸淳六年乡荐。幼尝为外家尤后，尤抄书最富”[⑫]，“与文简埒。文简书烬于火，而此尤独全”[⑬]，“故晦得遍读。自经史子集、医卜、阴阳、算数、射覆、篆隶真草，下至稗官、小说释典

---

① (清)裴大中、倪咸生修，(清)秦缃业等纂：《光绪无锡金匮县志》卷十九《宦望》，见《中国地方志集成·江苏府县志辑》(24)，江苏古籍出版社1991年版，第299页。

② (宋)尤玘撰：《万柳溪边旧话》，中华书局1985年版，第11页。

③ (宋)尤玘撰：《万柳溪边旧话》，中华书局1985年版，第12页。

④ 曾枣庄、刘琳主编：《全宋文》卷八二五九《尤栋》，第356册，上海辞书出版社2006年版，第395页。

⑤ (宋)尤玘撰：《万柳溪边旧话》，中华书局1985年版，第12页。又按：栋年岁少于尤焴而以叔辈行。

⑥ (清)裴大中、倪咸生修，(清)秦缃业等纂：《光绪无锡金匮县志》卷二十一《文苑》，见《中国地方志集成·江苏府县志辑》(24)，江苏古籍出版社1991年版，第353页。

⑦ 浦学坤、赵永良主编：《无锡掌故大观》附录之(元)王仁辅《无锡县志》，(香港)天马图书有限公司2000年版，第150页。

⑧ 蔡文晋著：《古典文献研究辑刊初编》第七册《宋代藏书家尤袤研究》，花木兰文化工作坊2005年版，第12页。

⑨ (宋)尤玘撰：《万柳溪边旧话》，中华书局1985年版，第11页。

⑩ (清)裴大中、倪咸生修，(清)秦缃业等纂：《光绪无锡金匮县志》卷十六《选举》，见《中国地方志集成·江苏府县志辑》(24)，江苏古籍出版社1991年版，第242页。

⑪ (宋)陈振孙撰，徐小蛮、顾美华点校：《直斋书录解题》卷八《书目类》，上海古籍出版社2015年版，第236页。

⑫ (清)裴大中、倪咸生修，(清)秦缃业等纂：《光绪无锡金匮县志》卷二十一《文苑》，见《中国地方志集成·江苏府县志辑》(24)，江苏古籍出版社1991年版，第353页。

⑬ (清)叶昌炽著，王欣夫补正，徐鹏辑：《藏书纪事诗》卷一，上海古籍出版社1989年版，第55页。

道藏,无不毕览"①。魏了翁《遂初堂书目后序》跋云:"予生晚,不及拜遂初先生,闻储书之盛,又恨不能如刘道原所以假馆于春明者。宝庆初元冬,得罪南迁,过锡山访前广德使君,则书厄于火者累月矣。为之彷徨不忍去。因惟国朝以来,藏书之盛鲜有久而弗厄者,孙长孺自唐僖宗为榜书楼三字,国朝之藏书者莫先焉,三百年间再毁于火。……尤氏子孙,克世厥家,滋莫可哓,虽然是穮是蔉,虽有饥馑亦有丰年,吾知有穮蔉耳,丰凶非我知也。尤氏子孙其尚思所以弗替先志云。"②尤公后裔尤侗《家谱本传》亦云:"公平居无事,日取古人书录之,家人女子莫不识字,共录三千余部,建万卷藏书楼,又辟书堂于锡山之麓。久之,楼火,书焚其半,仅存书目。"③

二、宋代山阴陆氏家族

(一)山阴陆氏家族源流与科举

《嘉泰会稽志》载,南宋时"会稽今宦学最盛者,杜氏、石氏、陆氏、唐氏、诸葛氏"④。陆氏为陆贾后裔,汉初徙居吴郡,子孙繁衍,文治武功交相辉映,汉晋时为吴地四姓(朱、张、顾、陆)之一。陆氏家族陆齐望自唐代开元年间,从吴郡吴县徙居嘉兴,其曾孙陆贽之后裔称为宣公支,系吴郡陆氏 49 支之一。唐代"六宰相"——陆敦信、陆元方、陆象先、陆希声、陆贽、陆扆等为其家族的代表人物。陆氏孝忠"几及千年,轩冕无坠"⑤。至五代,宣公支之后裔,遍布大江南北,其在浙东者,为陆贽七世孙宋评事忻徙山阴,又肇绪 29 支为最盛。陆游追溯其家族的历史言:"吴郡陆氏,方唐盛时,号四十九枝,太尉枝最盛。唐末,自吴之嘉兴,东徙钱塘。吴越王时,又徙山阴鲁墟。"⑥"昔唐之亡也,天下分裂,钱氏崛起,吴越之间,徙隶乘时,冠屦易位。吾家在唐为辅相者六人,廉直忠孝,世载令闻。念后世不可事伪国苟富贵,以辱先人,始弃官不仕,东徙渡江,夷于编氓。孝悌行于家,忠信著于乡,家法凛然,久而弗改。宋兴,海内一统。祥符中,天子东封泰山,于是陆氏乃与时俱兴。"⑦"宋祥符中,赠太傅讳轸以进士起家,仕至吏部郎中,直昭文馆。太傅生国子博士赠太尉讳珪,太尉生尚书左丞赠太师楚国公讳佃,太师生中散大夫赠少师讳宲。少师八子,皆以文学政

---

① (清)裴大中、倪咸生修,(清)秦缃业等纂:《光绪无锡金匮县志》卷二十一《文苑》,见《中国地方志集成·江苏府县志辑》(24),江苏古籍出版社 1991 年版,第 353 页。

② 转引赵维平著:《尤袤年谱·宋理宗宝庆元年》,上海三联书店 2012 年版,第 207 页。

③ (宋)尤袤撰:《梁溪遗稿》之卷首尤侗《家谱本传》,见四川大学古籍所编:《宋集珍本丛刊》第 46 册,(北京)线装书局 2004 年版,第 478 页。

④ (宋)施宿、张淏等撰,李能成点校:《南宋会稽二志点校》之《嘉泰会稽志》卷三,安徽文艺出版社 2012 年版,第 67 页。

⑤ (唐)陆其衷:《陆氏族谱序》,见陆振之修:《海昌鹏坡陆氏宗谱·卷首》,民国三年(1914)希贤祠刻本。

⑥ (宋)陆游撰:《陆游集》之《渭南文集》卷三十五《奉直大夫陆公墓志铭》,中华书局 1976 年版,第 2329 页。

⑦ (宋)陆游撰:《放翁家训》,中华书局 1985 年版,第 1 页。

事自奋。”[①]“百余年间，文儒继出。有公有卿，子孙宦学相承，复为宋世家，亦可谓盛矣。”[②]陆游尝自豪称其家：“陆氏自汉以来，为天下名族，文武忠孝史不绝书。比唐亡，恶五代之乱，乃去不仕。然孝弟行于家，行义修于身，独有古遗法，世世守之，不以显晦易也。宋兴，历三朝数十年，秀杰之士毕出。太傅始以进士起家，楚公继之，陆氏衣冠之盛，寖复如晋唐时，往往各以所长见于世。”[③]

陆氏在山阴可谓诗书簪缨之族，亦为科举入仕人数较多的仕宦家族之一，家族重视藏书，充分发挥了家族书籍的价值。陆氏与诸葛氏一道应征捐献私家藏书，奠定了南宋国家秘阁藏书的基础。

附：宋代山阴陆氏家族中有文献可考登科年的进士名录[④]

姓　名	家族成员关系	登科年
陆　轸（一世）	琪、珪父，佖、佃、傅祖父	宋大中祥符五年（1012）壬子科进士
陆　佃（三世）	轸孙，珪子，寘、宰、实父	宋熙宁三年（1070）庚戌科探花
陆　傅（三世）	轸孙，珪子，佃弟	宋熙宁六年（1073）癸丑科进士
陆长民（四世）	轸曾孙，佖子，宰侄	宋政和五年（1115）乙未科进士
陆光之（五世）	长民子	宋绍兴十八年（1148）戊辰科进士
陆升之（五世）	长民次子	宋绍兴十八年（1148）戊辰科进士
陆　游（五世）	佃孙	宋绍兴三十二年（1162）赐进士出身
陆　洙（五世）	游弟	宋乾道五年（1169）己丑科进士
陆　洋（五世）	轸玄孙，佃孙，实子	宋淳熙十一年（1184）甲辰科进士
陆子愚（六世）	长民孙	宋淳熙八年（1181）辛丑科进士
陆　籊（八世）	佃五世孙	宋绍定五年（1232）壬辰科进士

① （宋）陆游撰：《陆游集》之《渭南文集》卷三十五《奉直大夫陆公墓志铭》，中华书局1976年版，第2329页。

② （宋）陆游撰：《放翁家训》，中华书局1985年版，第1页。

③ （宋）陆游撰：《陆游集》之《渭南文集》卷三十二《右朝散大夫陆公墓志铭》，中华书局1976年版，第2297页。

④ 按：是书以进士陆轸算为一世起。此表参考文献：·（宋）施宿、张淏等撰，李能成点校：《南宋会稽二志点校》之《宝庆会稽续志》卷五至卷六，安徽文艺出版社2012年版。·天一阁藏明代方志选刊：《万历新昌县志》，上海古籍出版社1964年版。·（明）萧良幹修，（明）张元忭、孙鑛纂，李能成点校：《万历绍兴府志》（点校本）卷三十至卷四十九，宁波出版社2012年版。·（清）嵇曾筠、李卫等修，（清）沈翼机等纂：《雍正浙江通志》（三）卷一百二十三至卷一百三十《选举》，浙江省地方志编纂委员会编：《中国地方志集成·省志辑·浙江》（5），凤凰出版社2010年影印本。·（清）李亨特修，（清）平恕、徐嵩纂：《乾隆绍兴府志》卷三十一《选举二·进士》，《中国地方志集成·浙江府县志辑》（39），上海书店出版社1993年版。·（清）徐元梅修，（清）朱文翰等纂：《嘉庆山阴县志》卷十《选举一》，《中国地方志集成·浙江府县志辑》（37），江苏古籍出版社1991年版。·陶晋生著：《北宋士族——家族·婚姻·生活》，中央研究院历史语言研究所2001年版。

(二)山阴陆氏家族进士藏书

北宋南宋之交,越州有陆氏、石氏、诸葛氏三大藏书之家,其中陆氏藏书尤为富盛。陆氏藏书,从陆轸起,经陆琮、陆佃、陆寘、陆宰、陆游、陆子遹,前后六代,百余年,而陆游集大成为最盛期,并建书巢、老学庵书屋等藏书处。《嘉泰会稽志》记曰:"越藏书有三家:曰左丞陆氏、尚书石氏、进士诸葛氏。中兴府始建,尝于陆氏就传其书。……三家图籍,其二氏尝更废迁,而至今最盛者惟陆氏。"①宋代越州山阴陆氏家族在中国藏书史上占有重要地位,对浙江乃至中国藏书事业做出了重要贡献。

1.陆氏家族藏书溯源

陆　轸(一世)(978—1054)　字齐卿,晚号自朝隐子。陆游高祖。《渭南文集》卷二《跋修心鉴》谓轸七岁时,"家贫未就学,忽自作诗,有神仙语,观者惊焉"②。"大中祥符五年徐奭榜进士"③,历官礼、工、刑三部郎中,谏议大夫,尚书左丞,直昭文馆,上柱国,赐紫金鱼袋,赠太子太傅。陆游亦记云:"先太傅皇祐中,以吏部郎中直昭文馆,自会稽移守新定,期年,请老,得分司西京以归。迨今百四十年。"④陆轸尝于宋大中祥符五年(1012)创建书院,后称为"陆太傅书院"。《万历绍兴府志》亦载,"陆太傅书院,宋陆轸也,在府城西六十里牛峰寺侧,岁久废,明正德间,郎中周礽重建"⑤。撰有《修心鉴》一篇,陆游刻板以传世,并以轸所作《七岁吟》及《自赞》附卷末,于孝宗隆兴二年(1164)七月二日作跋,文见《渭南文集》卷二十六。《乾隆绍兴府志》卷五十四等有其传。

陆轸"嗜书博学,多藏书,开启了业儒守官、诗书传家的家风"⑥。陆轸子珪、从子琮皆好藏书,传承其读书、藏书,诗书守家传家之风。

陆　佃(三世)(1042—1102)　陆轸孙,陆游祖父。字农师,号陶山。佃尝为尚书左丞,陆游于诗文中每以左丞称之。或以佃卒赠太师楚国公之故称之为楚公。《宝庆会稽续志》载:"熙宁三年叶祖洽榜,陆佃第三人。"⑦少年时"居贫苦学,夜无灯,映月光读书。蹑屩从师,不远千里。过金陵,受经于王安石。熙宁三年,应举入京"⑧。"礼部奏名为举首。方廷试赋,遽发策题,士皆愕然;佃从容条对,擢甲科。授蔡州推

---

① (宋)施宿、张淏等撰,李能成点校:《南宋会稽二志点校》之《嘉泰会稽志》卷十六《藏书》,安徽文艺出版社2012年版,第318页。

② (宋)陆游撰:《陆游集》之《渭南文集》卷二十六《跋修心鉴》,中华书局1976年版,第2225页。

③ (宋)施宿、张淏等撰,李能成点校:《南宋会稽二志点校》之《宝庆会稽续志》卷六《进士》,安徽文艺出版社2012年版,第461页。

④ (宋)陆游撰:《陆游集》之《渭南文集》卷二十七《先太傅遗像》,中华书局1976年版,第2240页。

⑤ (明)萧良幹修,(明)张元忭、孙鑛纂,李能成点校:《万历绍兴府志》(点校本)卷十八,宁波出版社2012年版,第371页。

⑥ 欧明俊著:《宋代文学四大家研究》第三章《陆游研究》,人民出版社2013年版,第184页。

⑦ (宋)施宿、张淏等撰,李能成点校:《南宋会稽二志点校》之《宝庆会稽续志》卷六《进士》,安徽文艺出版社2012年版,第462页。

⑧ (元)脱脱等撰:《宋史》卷三百四十三《列传第一百二·陆佃传》,中华书局1977年版,第10917页。

官。初置五路学，选为郓州教授，召补国子监直讲。”[①]累官礼部侍郎，迁吏部尚书，拜尚书右丞，转左丞，卒，“复追资政殿学士”[②]。《康熙浙江通志》卷三十二、《嘉庆山阴县志》卷十三等有其传。

陆佃事迹，其孙陆游《家世旧闻》记载甚多，“楚公尤爱《毛诗》，注字皆能暗诵。见门生或轻注疏，叹曰：‘吾治平中至金陵，见王介甫有《诗正义》一部在案上，揭处悉已漫坏穿穴，盖翻阅频所致。介甫观书，一过目尽能记，然犹如此。’”[③]陆佃师从王安石治经，以说《诗》得名，《四库全书总目提要》言：“盖佃以不附新法，故后入元祐党，籍其学问，则未尝有异于安石。”[④]可见其在学术上受王安石的影响颇深，时为著名的学者，亦为陆氏家族最杰出的学者，曾修《神宗实录》。家多藏书，利用其家藏书，著述颇丰，“著书二百四十二卷，于礼家、名数之说尤精，如《埤雅》《礼象》《春秋后传》皆传于世”[⑤]。今存《埤雅》《尔雅新义》《陶山集》，另有《鹖冠子注》《诗讲义》《尔雅注》《礼象》等数种，均已失传。

陆佃精于名物训诂，擅长典籍考据，其著述以《埤雅》最为著名，陆宰言其父佃作《埤雅》，经四十年，耗费了毕生精力，宰又言：“不独博极群书，而农父牧夫，百工技艺，下至舆台皂隶，莫不诹询，苟有所闻，必加试验，然后记录。”[⑥]

陆　宦（四世）（生卒年不详）　陆佃长子。字符长。官通直郎。宦不仅好藏书，尤好抄书，以左手作字，字法劲健。陆游记其：“右先楚公《使辽录》一卷，三十八伯父手书。伯父自幼被疾，以左手书，然笔力清健如此。平生凡抄书至数十百卷云。淳熙八年四月五日，某谨识。”[⑦]“世父大夫公自幼得末疾，以左手作字，性喜抄书，尝抄王岐公《华阳集》百卷，笔笔无倦意。岂特其书可贵重哉，亦可见其为人矣。”[⑧]

陆　寘（四世）（生卒年不详）　陆佃三子。字符法。庆历中，知明州，后历官淮南、江浙、荆湖发运判官，官至中散大夫，赠少师。陆寘“避建炎之乱，益东徙居明州鄞县之横溪，犹返葬山阴”[⑨]，即卒葬会稽县富盛乡。寘工书，喜篆隶，以藏书名世。项士元言：“绍兴陆寘，海盐许棐，皆南宋藏家。陆寘藏书，见于《朝野杂记》。”[⑩]宋李心传

---

① （元）脱脱等撰：《宋史》卷三百四十三《列传第一百二·陆佃传》，中华书局 1977 年版，第 10918 页。
② （清）李亨特修，（清）平恕、徐嵩纂：《乾隆绍兴府志》卷四十五《人物志五·乡贤二》，《中国地方志集成·浙江府县志辑》（40），上海书店出版社 1993 年版，第 61 页。
③ （宋）姚宽、陆游撰：《西溪丛语·家世旧闻》之《家世旧闻·上》，中华书局 1993 年版，第 194 页。
④ （宋）陆佃著，王敏红校注：《埤雅》之《四库全书·经部·埤雅》提要，浙江大学出版社 2008 年版，第 1 页。
⑤ （元）脱脱等撰：《宋史》卷三百四十三《列传第一百二·陆佃传》，中华书局 1977 年版，第 10920 页。
⑥ （宋）陆佃著，王敏红校注：《埤雅·陆宰序》，浙江大学出版社 2008 年版，第 1 页。
⑦ （宋）陆游撰：《陆游集》之《渭南文集》卷二十七《先左丞使辽语录》，中华书局 1976 年版，第 2235 页。
⑧ （宋）陆游撰：《陆游集》之《渭南文集》卷三十《跋世父大夫诗稿》，中华书局 1976 年版，第 2283 页。
⑨ （宋）陆游撰：《陆游集》之《渭南文集》卷三十五《奉直大夫陆公墓志铭》，中华书局 1976 年版，第 2329 页。
⑩ 项士元撰：《浙江历代藏书家考略》，《文澜学报》第三卷第一期，第 3 页。

亦云：绍兴"十三年，初建秘阁，又命即绍兴府借故直秘阁陆寘家书缮藏之。寘，农师子也"[①]。

陆寘不仅好藏书，尤喜抄书，"手抄经史，洎释老书，亲加签校数百卷"[②]。

陆　沅（五世）（1110—1194）　陆寘子。子元，"会稽山阴人。曾大父珪，国子博士，赠太尉。大父佃，中大夫，尚书左丞，赠太师楚国公。考寘，右中散大夫，赠少师。公于某为从父兄，某盖少公十五岁。方为童子时，公已学成行著，以两浙转运司进士，试礼部不中，试博学宏词，又不中，乃以世赏试礼部，再为第一人"[③]。历官太府寺丞，权尚书户部郎，仕至自修职郎至朝奉大夫。不媚权势，因恶同僚郑兴裔，得罪放归，闲居明州横溪，日诵《法华》达二三十年。

陆沅"为人夷雅旷远，与人言，惟恐伤之。然遇事必力行所知，无所挠屈"[④]。"所与交，多一时知名士。每见某，必谆谆道其所与共学，日夜磨砻浸灌，以希古人者，曰时然、进之"[⑤]。又嗜学，多藏书，所藏书多佛经，其"诵佛书，以夜继日，多至万卷，不复言再仕，亦绝口不及仇家，对客清谈而已。自束发至老，无一日废书，尤长于诗，闲澹有理致"[⑥]。

陆　宰（四世）（1088—1148）　陆佃四子，陆游父。字符钧，号千岩。累官京西路转运副使、淮南路计度转运副使等。著有《春秋后传补遗》一卷。陆宰退居乡里后，继承父志，专心于藏书、读书，家藏书籍极丰，达万余卷，名冠浙东，筑双清堂贮之，与石公弼、诸葛行仁并称。

陆宰好藏书，藏书巨富，据《会稽志》卷十六云："本朝《崇文总目》为书三万六百六十九卷。嘉祐中，从左正言、秘阁校理吴及之请，下诏购遗书，每卷支绢一匹，五百卷与文资。自是献书者甚众。及高丽来朝，亦数献书。至宣和中，册府所藏，充牣栋宇，而禁中藏书尤盛，设官校勘，谓之御前书籍。更变故丧亡略尽。至高宗巡幸至吴中，虽祖宗谥号亦亡之，但称庙号。建炎三年，因考求字训，而有司言止有《广韵》，俟求访得《集韵》，乃可尽见。其散亡乃至于是。绍兴十三年，始建秘书省于临安天进巷之东，仍诏求遗书于天下，首命绍兴府录朝请大夫、直秘阁陆宰家所藏书来上，凡万三千卷有奇，时置局于班春亭，命新信州教授虞仲琁、新江东安抚司准备差遣陆淞等数人校勘，书手百余人，再阅岁乃毕。今四库所藏，多其本也。先是有布衣诸葛行仁，亦会稽人，进所藏书八千五百四十六卷，赏以官，实绍兴五年六月也。陆氏书几

---

① （宋）李心传撰：《建炎以来朝野杂记》卷四《中兴馆阁书目》，中华书局2000年版，第114页。

② （宋）罗浚撰：《宝庆四明志》卷八《郡志八·叙人上》，见（清）永瑢、纪昀等编纂：《四库全书》第487册，上海古籍出版社1987年版，景印文渊阁本，第124页。

③ （宋）陆游撰：《陆游集》之《渭南文集》卷二丨四《陆郎中墓志铭》，中华书局1976年版，第2323页。

④ （宋）陆游撰：《陆游集》之《渭南文集》卷三十四《陆郎中墓志铭》，中华书局1976年版，第2324页。

⑤ （宋）陆游撰：《陆游集》之《渭南文集》卷三十四《陆郎中墓志铭》，中华书局1976年版，第2323页。

⑥ （宋）陆游撰：《陆游集》之《渭南文集》卷三十四《陆郎中墓志铭》，中华书局1976年版，第2323—2324页。

倍之。时秦桧当国，以其尝为李光所荐，故不复议褒录。”[①]可见陆氏藏书之富。

陆游尝于绍熙五年（1194）甲寅述及当时陆氏家族藏书故实云：“本朝藏书之家，独称李邯郸公、宋常山公，所蓄皆不减三万卷。而宋书校雠尤为精详，不幸两遭回禄之祸，而方策扫地矣。李氏书，属靖康之变，金人犯阙，散亡皆尽。收书之富，独称江浙。继而胡骑南骛，州县悉遭焚劫，异时藏书之家，百不存一。纵有在者，又皆零落不全。予旧收此书，得自京师，中遭兵火之余，一日于故箧中偶寻得之，而虫龁鼠伤，殆无全幅。缀缉累日，仅能成帙。乃命工裁去四周所损者，别以纸装背之，遂成全书。呜呼！……绍兴戊午[②]十月七日，双清堂书。后五十有七年，复脱坏不可挟。子聿亟装缉之，持以相示。方先少保书此时，某年十四，今七十矣，不觉老泪之濡睫也。绍熙甲寅闰月四日，第三男中大夫某谨识。”[③]从上文可以看出，陆宰对当时藏书界的情况非常熟悉，陆氏以藏书名世。是时，越州“三家图籍，其二氏尝更废迁，而至今最盛者惟陆氏”[④]，陆游曾自豪地称：“七世相传一束书。”[⑤]“经术吾家事。躬行更不疑。”[⑥]

其藏书处除双清堂外，还有千岩亭。

陆宰三子陆游在陆氏家学的影响下，成为陆氏家族藏书集大成者。陆游自觉以继承并“躬行”家学为己任，其嗜书、藏书、购书、借书、抄书、刻书、校书及研究书，终其一生与书结下不解之缘。

2.陆氏家族藏书集大成者——陆游

（1）陆游读书与藏书

陆　游（五世）（1125—1210）　字务观，号放翁，又自署笠泽翁、笠泽渔翁、九曲老樵、龟堂病叟、可斋，宋越州山阴人。绍兴二十三年（1153），赴临安应试擢第一名，奸相秦桧孙子秦埙次之，秦桧大怒，要治主考官的罪。二十四年（1154）殿试，陆氏为秦桧所黜，桧死后，“绍兴三十二年赐进士出身”[⑦]。《乾隆绍兴府志》载其科举曲折之路：“年十二能诗文，荫补登仕郎。锁厅荐送第一，秦桧孙埙适居其次，桧怒，至罪主司，年试礼部，复置前列，桧显黜之，由是为所疾。桧死，始赴福州宁德簿，以荐者除敕令所删定官。”历官迁“大理寺司直兼宗正簿。孝宗即位，迁枢密院编修官兼编类

---

① （宋）施宿、张淏等撰，李能成点校：《南宋会稽二志点校》之《嘉泰会稽志》卷第十六，安徽文艺出版社2012年版，第317—318页。

② 按：宋绍兴戊午，即宋绍兴八年（1138）。

③ （宋）陆游撰：《陆游集》之《渭南文集》卷二十八《跋京本家语》，中华书局1976年版，第2249—2250页。

④ （宋）施宿、张淏等撰，李能成点校：《南宋会稽二志点校》之《嘉泰会稽志》卷十六《藏书》，安徽文艺出版社2012年版，第318页。

⑤ （宋）陆游撰：《陆游集》之《剑南诗稿》卷六十一《园庐》，中华书局1976年版，第1469页。

⑥ （宋）陆游撰：《陆游集》之《剑南诗稿》卷六十三《自儆》其二，中华书局1976年版，第1508页。

⑦ （宋）施宿、张淏等撰，李能成点校：《南宋会稽二志点校》之《宝庆会稽续志》卷六《进士》，安徽文艺出版社2012年版，第465页。

圣政所检讨官。史浩、黄祖舜荐游善词章，谙典故，召见，上曰：'游力学有闻，言论剀切。'遂赐进士出身"①。"绍熙元年，迁礼部郎中兼实录院检讨官。嘉泰二年，以孝宗、光宗两朝实录及三朝史未就，诏游权同修国史、实录院同修撰，免奉朝请，寻兼秘书监。三年，书成；遂升宝章阁待制，致仕。"②著有《剑南诗稿》《老学庵笔记》《南唐书》《渭南文集》《放翁词》《入蜀记》《家世旧闻》《天彭牡丹谱》等。《雍正浙江通志》卷一百八十《人物六·文苑三》有其传。

陆游承其家风，尤嗜读书与藏书，尝自嘲云："清心不醉猩猩酒。省事那营燕燕巢。惟有著书殊未厌。暮年铁砚亦成凹。"③"专房一竹几。列屋万牙签。"④"老死爱书心不厌。来生恐堕蠹鱼中。"⑤读这些诗，可知陆游藏书万卷，读书万卷，最终成为大文豪及越中藏书大家。陆游《剑南诗稿》中涉及其为读书而藏书的诗句亦多，如："平生喜藏书。拱璧未为宝。归来稽山下。烂漫恣探讨。六经万世眼。守此可以老。多闻竟何用。绮语期一扫。幽居出户稀。衰病拥炉早。青灯照黄卷。作意勿草草。"⑥"挑灯夜读书。油涸意未已。亦知夜既分。未忍舍之起。人生各有好。吾癖正如此。所求衣食足。安稳住乡里。茅屋三四间。充栋贮经史。四傍设几案。坐倦时徙倚。无声九韶奏。有味八珍美。寝饭签帙间。自适以须死。岂惟毕吾身。尚可传儿子。此心何时遂。感叹岁月驶。"⑦"人生百病有已时。独有书癖不可医。"⑧"有酒一樽聊自适。藏书万卷未为贫。"⑨"此生生计愈萧然。架竹苫茅只数椽。万卷古今消永日。一窗昏晓送流年。"⑩"放翁白首归剡曲。寂寞衡门书满屋。藜羹麦饭冷不尝。要足平生五车读。校雠心苦谨涂乙。吟讽声悲杂歌哭。三苍奇字已杀青。九译旁行方著录。有时达旦不灭灯。急雪打窗闻簌簌。倘年七十尚一纪。坠典断编真可续。客来不怕笑书痴。终胜牙签新未触。"⑪又有追忆双亲读书："先亲爱我读书声。追慕慈颜涕每倾。"⑫怀念与友人分享读书喜悦："筇杖斜斜倚素屏。北窗遥夜冷如冰。何时得与平生友。作字观书共一灯。"⑬与儿孙同灯夜读：

---

① （清）李亨特修，（清）平恕、徐嵩纂：《乾隆绍兴府志（二）》卷四十六《人物志六·陆游》，见上海书店出版社编：《中国地方志集成·浙江府县志辑》（40），上海书店出版社 2011 年版，第 75 页。

② （元）脱脱等撰：《宋史》卷三百九十五《列传第一百五十四·陆游传》，中华书局 1977 年版，第 12058—12059 页。

③ （宋）陆游撰：《陆游集》之《剑南诗稿》卷六十八《自嘲》，中华书局 1976 年版，第 1624 页。

④ （宋）陆游撰：《陆游集》之《剑南诗稿》卷十二《初秋小疾效俳谐体》，中华书局 1976 年版，第 349 页。

⑤ （宋）陆游撰：《陆游集》之《剑南诗稿》卷十九《寒夜读书（一）》，中华书局 1976 年版，第 563 页。

⑥ （宋）陆游撰：《陆游集》之《剑南诗稿》卷十五《冬夜读书》，中华书局 1976 年版，第 444—445 页。

⑦ （宋）陆游撰：《陆游集》之《剑南诗稿》卷十九《冬夜读书》，中华书局 1976 年版，第 558 页。

⑧ （宋）陆游撰：《陆游集》之《剑南诗稿》卷二十二《示儿》，中华书局 1976 年版，第 636 页。

⑨ （宋）陆游撰：《陆游集》之《剑南诗稿》卷四十三《遣兴》，中华书局 1976 年版，第 1095 页。

⑩ （宋）陆游撰：《陆游集》之《剑南诗稿》卷二十六《题老学庵壁》，中华书局 1976 年版，第 713 页。

⑪ （宋）陆游撰：《陆游集》之《剑南诗稿》卷十四《读书》，中华书局 1976 年版，第 402 页。

⑫ （宋）陆游撰：《陆游集》之《剑南诗稿》卷四十九《读书》，中华书局 1976 年版，第 1221 页。

⑬ （宋）陆游撰：《陆游集》之《剑南诗稿》卷十三《有怀》，中华书局 1976 年版，第 381 页。

“自怜未废诗书业。父子蓬窗共一灯。”①“我钻故纸似痴蝇。汝复孳孳不少惩。父子更兼师友分,夜窗相对短檠灯。”②“更喜论文有儿子。夜窗相对短灯檠。”③“出户风霜欺短褐。读书父子共昏灯。”④“莫道归来却岑寂。小儿同守短檠灯。”⑤“白发萧萧年八十。依然父子短檠灯。”⑥又将读书视为享受天伦之乐的有:“借问城南老居士。新年乐事复何如。春寒催唤客尝酒。夜静卧听儿读书。”⑦“到家夜已半。伫立叩蓬户。稚子犹读书。一笑慰迟暮。”⑧“兰台遗漆书,汲冢收竹简。辛勤万卷读。不负百年眼。围座浩纵横,插架高巉岏。一笑顾吾儿。银艾何足绾。”⑨

陆游《渭南文集》中,有 286 篇题跋,其中四分之一涉及藏书,记述自己得书的经过,辨别、品评所藏古籍的真伪、版本的优劣以及校勘的水平等。范凤书先生称“藏书题跋这一文体的成熟应该说也起始于陆游,可以说它是今日书志、书话的滥觞”⑩。

陆游藏书,未见书目传世,然从其《渭南文集》所作的大批跋文及《剑南诗稿》中,概可见其所藏书的范围与鉴赏活动。如《跋老子道德古文》云:“右汉严君平著《道德经指归》古文。此经自唐开元以来,独传明皇帝所解,故诸家尽废。今世惟此本及贞观中太史令傅奕所校者尚传,而学者亦罕见也。予求之逾二十年,乃尽得之。玉笈藏道书二千卷,以此为首。渔隐陆某题。乾道二年十月十日。”⑪《跋释氏通纪》云:“予少时避兵东阳山中,有沈师者,丞相恭惠公之裔。近有僧来往天衣山,自言欧阳文忠公家。今又得修公所著《释氏通纪》观之,则建炎枢臣卢公诸孙也。近世不以世类求人,名门大家,散而为方外道人者多矣。如修公既弃衣冠,犹能博学强记,寓史氏法于是书,亦贤矣大夫!庆元丁巳重九日,放翁陆某务观识。”⑫《跋魏先生草堂集》云:“按国史,野,陕人。沈存中《笔谈》以为蜀人,居陕州,不知何所据也。予在蜀十年,亦不闻野为蜀人,《笔谈》盖误也。庆元戊午,得之书肆。十月十九日,龟堂病叟手识,时年七十有四矣。”⑬《跋东坡集》云:“此本藏之三十年矣,嘉泰甲子岁十二月,遗烬几焚之,予缉成编,比旧本差狭小,乃可爱,遂目之曰焦尾本云。十四日,

---

① (宋)陆游撰:《陆游集》之《剑南诗稿》卷二十六《白发》,中华书局 1976 年版,第 710 页。
② (宋)陆游撰:《陆游集》之《剑南诗稿》卷二十六《示子聿》,中华书局 1976 年版,第 719 页。
③ (宋)陆游撰:《陆游集》之《剑南诗稿》卷二十七《书室》,中华书局 1976 年版,第 749 页。
④ (宋)陆游撰:《陆游集》之《剑南诗稿》卷三十《乞奉祠未报食且不继》,中华书局 1976 年版,第 814 页。
⑤ (宋)陆游撰:《陆游集》之《剑南诗稿》卷四十七《出游暮归戏作》,中华书局 1976 年版,第 1181 页。
⑥ (宋)陆游撰:《陆游集》之《剑南诗稿》卷五十五《冬夜对书卷有感》,中华书局 1976 年版,第 1384 页。
⑦ (宋)陆游撰:《陆游集》之《剑南诗稿》卷十九《题南城堂(二)》,中华书局 1976 年版,第 568 页。
⑧ (宋)陆游撰:《陆游集》之《剑南诗稿》卷二十《夜出偏门还三山》,中华书局 1976 年版,第 586 页。
⑨ (宋)陆游撰:《陆游集》之《剑南诗稿》卷四十三《杂兴》,中华书局 1976 年版,第 1100 页。
⑩ 范凤书著:《中国私家藏书史》,大象出版社 2001 年版(2009 年 2 月修订),第 101 页。
⑪ (宋)陆游撰:《陆游集》之《渭南文集》卷二十六《跋老子道德古文》,中华书局 1976 年版,第 2227 页。
⑫ (宋)陆游撰:《陆游集》之《渭南文集》卷二十八《跋释氏通纪》,中华书局 1976 年版,第 2254 页。
⑬ (宋)陆游撰:《陆游集》之《渭南文集》卷二十八《跋魏先生草堂集》,中华书局 1976 年版,第 2254—2255 页。

山阴陆某书。”[①]《跋出疆行程》云：“此一书，盖陈鲁公出使时官属所记，不知为何人也。文词虽鄙浅，事颇详洽，故录之。淳熙己酉秋。”[②]

陆氏藏书处除书巢、老学庵书屋、可斋书外，还有玉笈斋，专门收藏道书，达两千卷之多。陆氏在其《书巢记》自称：

> 陆子既老且病，犹不置读书，名其室曰书巢。客有问曰：“鹊巢于木，巢之远人者。燕巢于梁，巢之袭人者。凤之巢，人瑞之。枭之巢，人覆之。雀不能巢，或夺燕巢，巢之暴者也。鸠不能巢，伺鹊育雏而去，则居其巢，巢之拙者也。上古有有巢氏，是为未有宫室之巢。尧民之病水者，上而为巢，是为避害之巢。……今子幸有屋以居，牖户墙垣，犹之比屋也，而谓之巢，何耶？”
>
> 陆子曰：“子之辞辩矣，顾未入吾室。吾室之内，或栖于椟，或陈于前，或枕藉于床，俯仰四顾，无非书者。吾饮食起居，疾痛呻吟，悲忧愤叹，未尝不与书俱。宾客不至，妻子不觌，而风雨雷雹之变，有不知也。间有意欲起，而乱书围之，如积槁枝，或至不得行，则辄自笑曰：此非吾所谓巢者耶？”乃引客就观之。客始不能入，既入又不能出，乃亦大笑曰：“信乎其似巢也。”
>
> 客去，陆子叹曰：“天下之事，闻者不如见者知之为详，见者不如居者知之为尽。吾侪未造失道之堂奥，自藩篱之外而妄议之，可乎？”因书以自警。淳熙九年九月三日，甫里陆某务观记[③]。

陆游不仅自己好书，亦希望后世子孙继承其家藏书、读书之家风，如《跋京本家语》云：“予旧收此书，得自京师……予老懒目昏，虽不复读，然嗜书之心，固未衰也。后世子孙知此书得存之如此，则其余诸书幸而存者，为予宝惜之。”[④]又有《诵书示子聿》云：“乃翁诵书舍东偏。吾儿相和山之巅。翁老且衰常早眠。儿声夜半方泠然。楚公著书数百编。少师手校世世传。”[⑤]

（2）陆游藏书的来源

部分传承其父陆宰所藏。陆游在其书跋中记述了部分旧藏，如《跋温庭筠诗集》云：“先君旧藏此集，以《华清宫》诗冠篇首，其中有《早行》诗，所谓‘鸡声茅店月，人迹板桥霜’者，久已坠失。得此集于蜀中，则不复见《早行》诗矣，感叹不能自已。淳

---

① （宋）陆游撰：《陆游集》之《渭南文集》卷三十《跋东坡集》，中华书局1976年版，第2275页。

② （宋）陆游撰：《陆游集》之《渭南文集》卷二十一《跋出疆行程》，中华书局1976年版，第2293页。

③ （宋）陆游撰：《陆游集》之《渭南文集》卷十八《书巢记》，中华书局1976年版，第2143页。

④ （宋）陆游撰：《陆游集》之《渭南文集》卷二十八《跋京本家语》，中华书局1976年版，第2249—2250页。

⑤ （宋）陆游撰：《陆游集》之《剑南诗稿》卷四十九《诵书示子聿》，中华书局1976年版，第1228页。

熙丙申重阳日，某识。”[1]《跋家藏造化权舆》云：“右《造化权舆》六卷，楚公旧藏，有九伯父大观中题字。淳熙壬寅[2]，得之故第废纸中，用别本雠校，而阙其不可知者。两本俱通者，亦具疏其下。六月四日，山阴陆某谨记。后十有四年庆元元年八月十二日重校，凡三日而毕。时年七十一。”[3]《跋韩非子》云：“右《韩非子》一卷，绍兴丁卯[4]，先君年六十时，传吴棫才老本。后四十有二年，淳熙己酉[5]，某重装而藏之，时年六十有五。十月九日，史院东阁手识。”[6]《跋苏氏易传》云：“此本，先君宣和中入蜀时所得也。方禁苏氏学，故谓之毗陵先生云。绍熙辛亥七月二十日，陆某识。”[7]《跋资暇集》：“吾家旧有此本，先左丞所藏，书字简朴，疑其来久矣。首曰‘陇西李匡文济翁编’，‘匡’字犹成文也。久已沦坠。忽尤延之寄刻本来，为之怆然。绍熙二年十一月二十九日，陆某识。”[8]《跋先楚公奏检》云：“旧有海陵时录白元本，巨编大字，有先左丞亲书更定处，今不复存。此本绍兴中先少师命笔史传录者。某识。”[9]从以上书跋中记述可知部分藏书是父辈旧藏及所藏书的缘由。

购买。陆游除继承先世藏书外，又补益不少。他在《渭南文集》中记云：“佣书人韩文持束纸支头而睡，偶取视之，刘随州集也。乃以百钱易之，手加装褫。绍兴二十五年正月八日，陆某记。”[10]“祠部叔祖诗文至多，今皆不传，此小集，得之书肆，盖石氏所藏也。”[11]74 岁时陆氏还于庆元四年(1198)于书肆购得魏野《草堂集》，“庆元戊午，得之书肆……龟堂病叟手识，时年七十有四矣”[12]。陆游曾在福建建安和江西抚州为官，搜集和购置了大批书籍，曾云：“予宦游四方，所获亦已百计。”[13]“今年自唐安别驾[14]来摄犍为(按：嘉州属县)，既画像(岑参像)斋壁，又杂取世所传公遗诗八十余篇刻之，以传知诗律者，不独备此邦故事，亦平生素愿也。”[15]又如乾道七年(1171)于巫山县得《砚录》《香法》，“《砚录》旧有本而亡之，《香法》盖未之见。师房者，济南卫昂也，娶婆娑先生崔德符女，晚官巴峡，死焉。乾道辛卯冬，予得此编于巫

---

① (宋)陆游撰：《陆游集》之《渭南文集》卷二十六《跋温庭筠诗集》，中华书局 1976 年版，第 2232 页。
② 按：淳熙壬寅，即宋淳熙九年(1182)。
③ (宋)陆游撰：《陆游集》之《渭南文集》卷二十七《跋家藏造化权舆》，中华书局 1976 年版，第 2237 页。
④ 按：绍兴丁卯，即宋绍兴十七年(1147)。
⑤ 按：淳熙己酉，即宋淳熙十六年(1189)。
⑥ (宋)陆游撰：《陆游集》之《渭南文集》卷二十七《跋韩非子》，中华书局 1976 年版，第 2244 页。
⑦ (宋)陆游撰：《陆游集》之《渭南文集》卷二十八《跋苏氏易传》，中华书局 1976 年版，第 2247 页。
⑧ (宋)陆游撰：《陆游集》之《渭南文集》卷二十八《跋资暇集》，中华书局 1976 年版，第 2247 页。
⑨ (宋)陆游撰：《陆游集》之《渭南文集》卷三十一《跋先楚公奏检》，中华书局 1976 年版，第 2292 页。
⑩ (宋)陆游撰：《陆游集》之《渭南文集》卷二十六《跋尹耘师书刘随州集》，中华书局 1976 年版，第 2224 页。
⑪ (宋)陆游撰：《陆游集》之《渭南文集》卷三十一《跋祠部集》，中华书局 1976 年版，第 2292 页。
⑫ (宋)陆游撰：《陆游集》之《渭南文集》卷二十八《跋魏先生草堂集》，中华书局 1976 年版，第 2254—2255 页。
⑬ (宋)陆游撰：《陆游集》之《渭南文集》卷二十七《跋续集验方》，中华书局 1976 年版，第 2235 页。
⑭ 按：唐安，县名，唐安别驾，即蜀州通判。
⑮ (宋)陆游撰：《陆游集》之《渭南文集》卷二十六《跋岑嘉州诗集》，中华书局 1976 年版，第 2229 页。

山县，师房手钞也。已腐败不可读，乃录藏之。后三年，淳熙之元二月三十日，蜀州漱玉南窗务观书”①。《嘉泰会稽志》亦记曰：“陆氏书特全于放翁家，尝宦两川，出峡不载一物，尽买蜀书以归，其编目日益巨。”②甚至“箭衣尽典仍耽酒。困米无炊尚买书”③，结果“儿因作诗瘦。家为买书贫”④。

借阅传抄。陆游的藏书除部分购自任职四川期间外，他还通过借阅选择抄录来增益其藏书。凡遇善本必设法亲自抄录，或请人代录，乾道二年（1166）任隆兴府通判时，就抄录了玉隆万寿宫道藏本《坐忘论》《天隐子》等道书。抄录临川王、韩、晁、曾诸藏书之家颇多，陆游作诗记述抄书情景：“书生习气重。见书喜欲狂。捣蘖潢剡藤。辛苦补散亡。且作短檠伴。未暇名山藏。故家借签帙。旧友饷朱黄⑤。皇坟探八索。奇字穷三苍。储积山崇崇。探求海茫茫。一笑语儿子。此是却老方。”⑥又有“尚嗟余习在。梦课吏钞书”⑦之诗句，甚至在梦中督吏抄书。陆游至老，无法亲自抄书，却命幼子陆子遹代抄，“吾友伯政持其先君子家问来，读之，累日不厌，使学者皆能如此，孰得而訾病之。虽有訾者，吾可以无愧矣。乃命子聿钞一通，置箧中，时览观焉。嘉泰壬戌十月二十三日，宗人某书”⑧。《剑南诗稿》载其抄书诗亦多，如：“新寒换衣典。闲日借书观。”⑨“村酒儿能取。农书手自钞。”⑩“眉间喜动君知否。借得丹经手自抄。”⑪“路入江村跨蹇驴。鞍前分挂两囊书。”“入市归村不跨驴。蝇头细字夜抄书。”⑫

朋友赠书。陆氏文集中，常有朋友馈赠书籍的记载，“右陵阳先生韩子苍诗草一卷，得之其孙籍。先生诗擅天下，然反覆涂乙，又历疏语所从来，其严如此，可以为后辈法矣”⑬。又“淳熙十六年四月二十六日，车驾幸景灵宫。予以礼部郎兼膳部检察，赐公卿食，讫事作假。会陵阳韩籍寄此集来，云东都旧本也”⑭。以上陆游跋文中所记是著名诗人韩驹⑮之孙籍曾馈赠陆游其祖所撰《诗草》与《松陵集》。又《陶靖

---

① （宋）陆游撰：《陆游集》之《渭南文集》卷二十六《跋砚录香法》，中华书局1976年版，第2230页。

② （宋）施宿、张淏等撰，李能成点校：《南宋会稽二志点校》之《嘉泰会稽志》卷十六《藏书》，安徽文艺出版社2012年版，第318页。

③ （宋）陆游撰：《陆游集》之《剑南诗稿》卷七十四《开岁愈贫戏咏》，中华书局1976年版，第1749页。

④ （宋）陆游撰：《陆游集》之《剑南诗稿》卷四十五《老民》，中华书局1976年版，第1143页。

⑤ 按：此诗句下自注云：“借书于王韩曹曾诸家。而吕周辅。宇文子友。近寄朱黄墨。”

⑥ （宋）陆游撰：《陆游集》之《剑南诗稿》卷十二《抄书》，中华书局1976年版，第350页。

⑦ （宋）陆游撰：《陆游集》之《剑南诗稿》卷四十一《老叹》，中华书局1976年版，第1057页。

⑧ （宋）陆游撰：《陆游集》之《渭南文集》卷二十九《跋陆子强家书》，中华书局1976年版，第2266页。

⑨ （宋）陆游撰：《陆游集》之《剑南诗稿》卷四十七《幽栖》，中华书局1976年版，第1178页。

⑩ （宋）陆游撰：《陆游集》之《剑南诗稿》卷二十一《雨后复小雪》，中华书局1976年版，第607页。

⑪ （宋）陆游撰：《陆游集》之《剑南诗稿》卷六十一《道室》，中华书局1976年版，第1464页。

⑫ （宋）陆游撰：《陆游集》之《剑南诗稿》卷四十一《病愈小健戏作》，中华书局1976年版，第1055页。

⑬ （宋）陆游撰：《陆游集》之《渭南文集》卷二十七《跋陵阳先生诗草》，中华书局1976年版，第2235页。

⑭ （宋）陆游撰：《陆游集》之《渭南文集》卷二十七《跋松陵集三》，中华书局1976年版，第2243页。

⑮ 注：韩驹（？—1135），字子苍，号牟阳，南北宋之交著名诗人，学者称陵阳先生。

节文集》:“张演季长学士自遂宁寄此集来。”[①]则尤袤与张演都曾寄书籍给陆游。

(3)陆游藏书的特色

陆游藏书中经书与史书甚多,尤其儒家经书是陆游藏书之首选,所藏六经即《诗经》《尚书》《礼记》《乐记》《易经》《春秋》外,又有《孝经》《论语》《孟子》等,还有研究经学之书,如苏轼的《易传》、朱熹的《易传》、郭雍的《易说》、王雱的《论语孟子解》等。陆游自称“茅屋三四间。充栋贮经史”[②],“遗经在椟传家学。大字书墙作座铭”[③],“万事忘来尚忧国。百家屏尽独穷经”[④],“六经万世眼。守此可以老”[⑤]。强调“六经如日月。万世固长悬”[⑥]。由此可见在其心目中儒家的经典万古长存,需毕生的精力探究,“六艺江河万古流,吾徒钻仰死方休”[⑦]。可见陆游十分重视经书的收藏。

陆游亦重视史书的搜藏,藏书有正史、野史、笔记等,有明确记载的有《左传》《史记》《汉书》《后汉书》《晋书》《唐书》《资治通鉴》《国史补》《吕氏杂记》《九域志》《吴越备史》《东京记》《夷坚志》《揽舆录》等。其诗云:“夜对遗编叹复惊。古来成败浩纵横。”[⑧]“自古论人多类此。简编千载判悠悠。”[⑨]其诗中以“读史”为题的诗就有 13 首,以“读史有感”为题的诗有 4 首,涉及史书的诗书目众多,难以统计。他又参与修撰《高宗圣政》《高宗实录》《孝光宗实录》,并撰成《南唐书》十八卷,《四库全书》称其“尤简核有法”,“叙述简洁”。是书史评色彩鲜明,史料价值甚高而盛传于世。其所撰《老学庵笔记》《入蜀记》《家世旧闻》成为后世史家研究历史的重要参考史料之一。

其藏书集部亦甚多,其中多唐人诗集,“挂墙多汉刻,插架半唐诗”[⑩]。所藏诗集有《渊明集》《陶靖节文集》《鲍参军文集》《唐御览诗》《中兴间气集》《岑嘉州诗集》《王右丞集》《孟浩然诗集》《李太白诗》《刘随州集》《柳柳州集》《皇甫先生文集》《樊川集》《温庭钧诗集》《丁卯集》《西昆酬唱集》《林和靖诗集》《魏先生草堂集》《三苏遗文》《东坡集》《半山集》《山谷先生三荣集》《淮海后集》《曾文清公诗稿》《周益公诗卷》等,还有词集《花间集》《金奁集》《后山居士长短句》等。同时其亦注重收藏本朝前辈及同时期名人著述,如朱敦儒、吕本中、曾几、杨万里、范成大、尤袤、朱熹、辛

---

① (宋)陆游撰:《陆游集》之《渭南文集》卷三十《跋陶靖节文集》,中华书局 1976 年版,第 2275 页。
② (宋)陆游撰:《陆游集》之《剑南诗稿》卷十九《冬夜读书》,中华书局 1976 年版,第 558 页。
③ (宋)陆游撰:《陆游集》之《剑南诗稿》卷四十七《自述》,中华书局 1976 年版,第 1170 页。
④ (宋)陆游撰:《陆游集》之《剑南诗稿》卷四十九《自咏》,中华书局 1976 年版,第 1223 页。
⑤ (宋)陆游撰:《陆游集》之《剑南诗稿》卷十五《冬夜读书》,中华书局 1976 年版,第 445 页。
⑥ (宋)陆游撰:《陆游集》之《剑南诗稿》卷三十八《六经示儿子》,中华书局 1976 年版,第 988 页。
⑦ (宋)陆游撰:《陆游集》之《剑南诗稿》卷五十四《六艺示子聿》,中华书局 1976 年版,第 1322 页。
⑧ (宋)陆游撰:《陆游集》之《剑南诗稿》卷四十九《读史》,中华书局 1976 年版,第 1221 页。
⑨ (宋)陆游撰:《陆游集》之《剑南诗稿》卷二十九《读史》,中华书局 1976 年版,第 774 页。
⑩ (宋)陆游撰:《陆游集》之《剑南诗稿》卷六十五《老态》,中华书局 1976 年版,第 1550 页。

弃疾、周必大、韩元吉等，其诗如《读近人集》《读前辈诗文有感》等。

在陆游的藏书中，还有大量的书画碑帖，《渭南文集》中涉及其家藏书画碑帖的语录有很多，如《真庙赐冯侍中诗》："某家旧藏孝严殿绘像，先正侍中冯公在焉。冠剑伟然，与太行黄河气象相埒。"①《跋山谷先生三荣集》："予集黄帖，得赠元师及王周彦三诗，甚爱之。有黄淑者，家三荣，见而笑曰：'绍兴中再刻本也，旧石方党禁时已磨毁矣。'乃出此卷曰：'是旧石本。'其笔力精劲盖如此。因录藏之。淳熙之元二月二日，务观书。"②《跋瘗鹤铭》："予亲至焦山摹之，止有此耳。残璋断玦，当以真为贵，岂在多耶！淳熙之元九月一日，蜀州重装。"③《跋蔡君谟帖》："近岁苏、黄、米芾书盛行，前辈如李西台、宋宣献、蔡君谟、苏才翁兄弟书皆废。此两轴，君谟真行草隶皆备，石在仙井，可宝也。淳熙元年九月八日，蜀州手装。"④《跋古柏图》："此图吾家旧藏。予居成都七年，屡至汉昭烈惠陵，此柏在陵旁庙中，忠武侯室之南，所谓'先主武侯同閟宫'者，与此略无小异，则画工亦当时名手也。淳熙六年龙集己亥六月一日，陆某识。"⑤《跋归去来白莲社图》："予在蜀得此二卷，盖名笔，规模龙眠，而有自得处。季子子聿手自装褫藏之。庆元丁巳中秋前三日，放翁识。"⑥《跋临帖》："此书用笔，霭霭多态度，如双钩钟王遗书，可宝藏也。笠泽陆务观跋。时年七十九，当嘉泰癸亥四月二十八日，居于六官宅老学行庵。"⑦《跋东坡书髓》："成都西楼下石刻东坡法帖十卷，择其尤奇逸者为一编，号《东坡书髓》。三十年间，未尝释手。去岁在都下，脱败甚，乃再装缉之。嘉泰三年岁在癸亥九月三日，务观老学庵北窗手记。"⑧《跋法书后》："法书一编付子遹，能熟观之，亦可得笔法之梗概矣。"⑨

（4）陆游校书与刻书

陆游藏书的目的是治学，因而亦好校书与刻书，在其《渭南文集》中多次涉及对校书重要性的认识及严谨认真和勤苦校书活动的记载，如淳熙二年（1175）《跋历代陵名》云："近世士大夫所至，喜刻书版，而略不校雠，错本书散满天下，更误学者，不如不刻之愈也。可以一叹。淳熙乙未立冬，可斋书。"⑩《跋柳柳州集》云："此一卷集外文，其中多后人妄取他人之文冒柳州之名者，聊且裒类于此。子京。右三十一字，

---

① （宋）陆游撰：《陆游集》之《渭南文集》卷二十六《真庙赐冯侍中诗》，中华书局1976年版，第2222页。
② （宋）陆游撰：《陆游集》之《渭南文集》卷二十六《跋山谷先生三荣集》，中华书局1976年版，第2230页。
③ （宋）陆游撰：《陆游集》之《渭南文集》卷二十六《跋瘗鹤铭》，中华书局1976年版，第2231页。
④ （宋）陆游撰：《陆游集》之《渭南文集》卷二十六《跋蔡君谟帖》，中华书局1976年版，第2231页。
⑤ （宋）陆游撰：《陆游集》之《渭南文集》卷二十六《跋古柏图》，中华书局1976年版，第2233页。
⑥ （宋）陆游撰：《陆游集》之《渭南文集》卷二十八《跋归去来白莲社图》，中华书局1976年版，第2254页。
⑦ （宋）陆游撰：《陆游集》之《渭南文集》卷二十九《跋临帖》，中华书局1976年版，第2267页。
⑧ （宋）陆游撰：《陆游集》之《渭南文集》卷二十九《跋东坡书髓》，中华书局1976年版，第2269页。
⑨ （宋）陆游撰：《陆游集》之《渭南文集》卷三十一《跋法书后》，中华书局1976年版，第2295页。
⑩ （宋）陆游撰：《陆游集》之《渭南文集》卷二十六《跋历代陵名》，中华书局1976年版，第2232页。

宋景文公手书，藏其从孙晸家。然所谓集外文者，今往往分入卷中矣。淳熙乙巳五月十七日，务观校毕。”[①]《跋唐卢肇集》云：“子发尝谪春州，而集中误作青州，盖字之误也。《题清远峡观音院》诗，作青州远峡，则又因州名而妄窜定也。前辈谓印本之害，一误之后，遂无别本可证。真知言哉！《病马》诗云：‘尘土卧多毛已暗，风霜受尽眼犹明。’足为当时佳句。此本乃以‘已’为‘色’，‘犹’为‘光’，坏尽一篇语意，未必非妄校者之罪也。可胜叹哉！庆元庚申二月三日，放翁灯下书。”[②]此外，陆游又有无暇或无力校书之烦恼之感叹，《跋晁以道书传》云：“晁以道著书，专意排先儒，故其言多而不通，然亦博矣。凡予家所录本，多得于以道孙子阖。子阖本自多误，予方有吏役，故所录失误又多，不暇校定。及谢事居山阴，欲得别本参考，又不能致，可恨也。壬戌四月十八日，老学庵记，时年七十八。”[③]陆游在其《剑南诗稿》中有多处咏校书之作，有诗云：“校雠心苦谨涂乙。”[④]“闭户闲雠插架书。”[⑤]“雠书千卷杂朱黄。”[⑥]“笠泽老翁病苏醒。欣然起理西斋书。十年灯前手自校。行间颠倒黄与朱。区区朴学老自信。要与万卷归林庐。”[⑦]甚至为年老体衰无力校书而慨叹不已，“老废雠书病废诗”[⑧]。

关于陆游所刻图书，在其文集所收录的书跋中多有记述。乾道九年(1173)，陆游摄嘉州事，搜辑世所传岑参遗诗八十余首，刊刻为《跋岑嘉州诗集》，并跋云：“予自少时，绝好岑嘉州诗。往在山中，每醉归，倚胡床睡，辄令儿曹诵之，至酒醒，或睡熟，乃已。尝以为太白、子美之后，一人而已。今年自唐安别驾来摄犍为，既画公像斋壁，又杂取世所传公遗诗八十余篇刻之，以传知诗律者，不独备此邦故事，亦平生素意也。乾道癸巳八月三日，山阴陆某务观题。”[⑨]淳熙七年(1180)，陆游以朝请郎提举江南西路常平茶盐公事(治所在今江西抚州)，期间刻印了家藏收集的医药验方《陆氏续集验方》。跋云：“予家自唐丞相宣公在忠州时，著《陆氏集验方》，故家世喜方书。予宦游四方，所获亦以百计，择其尤可传者，号《陆氏续集验方》，刻之江西仓司民为心斋。”曾刻其高祖陆轸《修心鉴》，跋云：“今惟此书尚存。某既刻版传世，并以七岁吟及自赞附卷末，庶几笃志方外之士读之，有所发焉，亦公之遗意也。”[⑩]淳熙十三年(1186)初，陆游出知严州(今浙江建德)，在此期间，陆游所刻图书有：《剑南

---

① (宋)陆游撰：《陆游集》之《渭南文集》卷二十七《跋柳柳州集》，中华书局1976年版，第2239页。
② (宋)陆游撰：《陆游集》之《渭南文集》卷二十八《跋唐卢肇集》，中华书局1976年版，第2257页。
③ (宋)陆游撰：《陆游集》之《渭南文集》卷二十九《跋晁以道书传》，中华书局1976年版，第2265页。
④ (宋)陆游撰：《陆游集》之《剑南诗稿》卷十四《读书》，中华书局1976年版，第402页。
⑤ (宋)陆游撰：《陆游集》之《剑南诗稿》卷二十《闲中戏书》，中华书局1976年版，第588页。
⑥ (宋)陆游撰：《陆游集》之《剑南诗稿》卷十七《初夏闲居即事》，中华书局1976年版，第511页。
⑦ (宋)陆游撰：《陆游集》之《剑南诗稿》卷十七《雨后极凉料简箧中旧书有感》，中华书局1976年版，第349页。
⑧ (宋)陆游撰：《陆游集》之《剑南诗稿》卷五十六《幽居春晚(二)》，中华书局1976年版，第1372页。
⑨ (宋)陆游撰：《陆游集》之《渭南文集》卷二十六《跋岑嘉州诗集》，中华书局1976年版，第2229页。
⑩ (宋)陆游撰：《陆游集》之《渭南文集》卷二十六《跋修心鉴》，中华书局1976年版，第2226页。

诗稿》二十卷、《南史》八十卷、《大字刘宾客》三十卷、《世说新语》十卷、《江谏议奏议》及其其祖陆佃所撰《春秋后传》二十卷、其父陆宰撰《春秋后传补遗》一卷。其中刊本《世说》有陆游“跋语”:“郡中旧有《南史》《刘宾客集》,版皆废于火,《世说》亦不复在。游到官始重刻之,以存故事。《世说》最后成,因并识于卷末。淳熙戊申重五日新定郡守笠泽陆游书。”①

其中《剑南诗稿》二十卷,收陆游诗作2500余首,刻于淳熙十四年(1187)。陆游应弟子要求刻,知建德县事苏林编次,郑师尹作序。郑师尹《剑南诗稿序》称:“太守山阴陆先生剑南之作传天下。眉山苏君林收拾尤富。适官属邑。欲锓本为此邦盛事。乃以纂次属师尹。亦既敛衽肃观。则浩渺闳肆。莫测津涯。掩卷太息者久之。独念吾侪日从事先生之门。间有疑阙。自公余可以从容质正。幸来者见斯文大全。用是不敢辞。剑南诗稿六百九十四首。续稿三百七十七首。苏君于集外得一千四百五十三首。凡二千五百二十四首。”②陆子虡《剑南诗稿跋》云:“尝为子虡等言蜀风俗厚。古今类多名人。苟居之。后世子孙。宜有兴者。宿留殆十载。戊戌春正月,孝宗念其久外,趣召东下。然心固未尝一日忘蜀也。其形于歌诗。盖可考矣。是以题其平生所为诗卷曰《剑南诗稿》,以见其志焉。盖不独谓蜀道所赋诗也。后守新定。门人请以锓梓,遂行于世。”③张镃证云:“见说诗并赋,严陵已尽刊。”④

《江谏议奏议》,此书为陆游集江公望⑤奏议而刊。陆游于乾道六年(1170)夏得《江谏议奏议》于临安,任职严州时在桐庐访江家遗属又得三表及赠告墓志,因合并于淳熙十三年(1186)刊印。

陆游卒后,藏书后由少子陆子遹递藏。

陆子遹(六世)(1178—1250)　一作子聿,字怀祖。嘉定间为溧阳令,任上,革除陋习,兴学校,习礼让,颇有政绩。又知平江军、严州,仕至吏部侍郎、中兴大夫。尝于宝庆二年(1226)知严州时,创钓台书院。陆游藏书活动对于子遹影响颇深,陆游对此深感欣慰,曾云:“子遹喜蓄书,至辍衣食,不少吝也。吾世其有兴者乎?”⑥可见陆子遹好藏书,喜藏书与刻书一如其祖、父。

---

① (宋)陆游撰:《陆游集》之《附录·跋世说新语》,中华书局1976年版,第2525页。

② (宋)郑师尹:《剑南诗稿序》,见(宋)陆游撰:《陆游集》之《剑南诗稿》,中华书局1976年版,第1968页。

③ (宋)陆子虡:《剑南诗稿序》,见(宋)陆游撰:《陆游集》之《剑南诗稿》,中华书局1976年版,第1969页。

④ (宋)张镃:《南湖集》卷四《觅放翁·剑南诗集》,见(明)解缙编:《永乐大典》(全新校勘珍藏版第一卷),人众文艺出版社2009年版,第191页。

⑤ 注:江望公,字民表,建中靖国初年(1101)由太常博士拜左司谏,抗疏极论时政,蔡京当权,编管南安军,后遇赦还。

⑥ (宋)陆游撰:《陆游集》之《渭南文集》卷二十九《跋子聿所藏国史补》,中华书局1976年版,第2266页。

三、宋代会稽新昌石氏家族

(一)会稽石氏家族源流与科举

宋新昌属于两浙路绍兴府,新昌石氏“周武王之弟康叔[①]封于卫,五世生靖伯[②],邑于石,是为石氏之始祖。而会稽新昌之石实自青之乐陵南徙”[③]。

宋代三百年间,新昌石氏因科举而名重一时,提及越中地区的科举世家,无能出其右者,其举族南渡的事迹可追溯至东晋。《成化新昌县志》载石氏迁徙之源流云:“始祖万石君而下十五世孙渊,建安太守,从晋元帝渡江,居丹阳。十八世孙弥之,青州刺史,居会稽。三十五世孙元遂[④],检校太保,居新昌。三十六世孙昉,镇东军节度使。渝,太子宾客,上柱国吏部尚书。延俸,司空右丞。渥,大理评事,居石溪。讳待旦,金紫光禄大夫。”又据《石氏宗谱》,石元遂于唐开成二年(837)由剡东上冈(今嵊州上东一带)徙石牛镇(今会稽新昌),石元遂为会稽新昌石氏始迁祖,自此石氏在新昌落地生根,传衍不绝。元遂,唐末进士,仕至兵部检校上柱国太保,卒后墓葬黄坛平顶山。元遂子石昉[⑤],唐咸通二年(861)进士,仕吴越镇东军节度使,加赠太保上柱国金紫光禄大夫,卒后,葬于平顶山灵柘。平顶、灵柘二墓,宋时名满江南,为石氏最佳阴宅。今为新昌沃洲山的景点。石元遂曾孙石渝(即石昉之子),仕吴越为吏部尚书;石渝长子石延俸(待旦祖父)仕吴越[⑥]。延俸弟延翰,隐沃洲,结庐于白云谷,以书史自娱。石氏之兴始于生活在宋初的石待旦、石待用、石待举、石待致兄弟。石元遂来孙石待旦登第前与父渥及兄待用于咸平中在县南石溪村设立义塾,称“石溪义塾”,“首创义塾三区,以上、中、下为别”[⑦]。尤其注重搜集图籍,建万卷堂以藏书,集贤讲道,供食宿,又亲自督教,登门受业者凡数百人,“儒学之盛,称于东南,石氏遂为闻名”[⑧],成为以教育发达、科第兴旺闻名于世的文化世家。在新昌地方史上,石氏为宋代士族中以科举入仕人数最多的家族之一。整个宋代300年,石氏家

---

① 注:康叔,周武王少弟。武王灭商后,把同母幼弟姬叔封在康,故称康叔。武王死后,成王即位,因年幼,由周公摄政,三监(管理商朝旧臣封地的管叔、蔡叔和霍叔)不服而叛乱,周公平定之后,将商故周边地区及殷民七族分封康叔统治,并改封康叔为卫君,建立卫国,故又称卫康叔。

② 注:靖伯,西周卫国第六代君主,卫康伯子,卫贞伯父。其孙公孙腊,字石,卫国贤臣,为石姓起源。

③ (宋)陆游撰:《陆游集》之《渭南文集》卷三十六《朝奉大夫石公墓志铭》,中华书局1976年版,第2340页。

④ 按:石元遂子石昉,进士,镇东军节度使。其孙石湘、石湛均赠上柱国太保;其曾孙石渝,为太子宾客、吏部尚书;其玄孙石延俸仕吴越,为吴越国司空右丞、太子太保;来孙文渥,赠刑部尚书。

⑤ 按:石元遂子石昉,镇东军节度使。其孙石湘、石湛均赠上柱国太保;其曾孙石渝,为太子宾客、吏部尚书;其玄孙石延俸仕吴越,为吴越国司空右丞、太子太保;来孙文渥,赠刑部尚书。

⑥ (宋)陆游撰:《陆游集》之《渭南文集》卷三十六《朝奉大夫石公墓志铭》,中华书局1976年版,第2340页。

⑦ 《浙江省教育志》编纂委员会:《浙江省教育志》,浙江大学出版社2004年版,第1017页。

⑧ 陈国灿、王遥江著:《宋代的绍兴》,参见李永鑫主编:《绍兴通史》第三卷,浙江人民出版社2012年版,第491页。

族子孙登第连绵不绝，直到宋庆元间仍有家族成员登第。陆游《石君墓志铭》："会稽之姓石为大。君讳允德，字迪之，会稽剡人。梁开平中，分剡为新昌，君之籍在焉，为新昌人。五世祖开府仪同三司待旦，以学行为范文正公所礼。子孙又多贤为闻人，而石氏益为名家。君曾祖景恭，祖端怡，父图南，独皆不列仕籍，然邑人皆推以为贤长者。至君，继以好学谨行，事后母至孝，举乡进士，亦每在选中，然卒不遇以死。……君乃生四子，皆不坠《诗》《书》之业……子孝本、孝施、孝闻、孝积，皆进士。"[①]《成化新昌志》载石氏有"状元 3 人，榜眼 2 人，进士 42 人，登显官者百二十人"[②]。《新昌乡村文化研究——百姓寻根录》[③]、新编《绍兴市志》[④]、新编《新昌县志》[⑤]统计："北宋石氏登进士第者 27 人，南宋 21 人，其中状元 3 人，榜眼 2 人，登乡试榜者 237 人，仕宦显要者 120 余人。"[⑥]明季户部尚书、翰林院大学士倪云璐所撰："同朝十学士，六部五尚书，跻跻冠裳夸石族；一门三状元，四代九御史，巍巍甲第羡名字。"[⑦]石氏"始祖万石君而下三十五世孙元遂，检校太保，始居新昌。氏族繁盛在宋三百年间，故家文献莫有能及者"[⑧]。北宋诗文家慕容彦逢曾在越州任职，为石景衡题写墓志云："石氏初徙新昌，茕然一身，而子孙蕃衍。自咸平以来，继以文辞行谊起家。于今官学愈盛，岁时归谒，章绶相耀。宗属于数十百人，弦诵洋洋，贡于乡，选于学。射策于庭，曾靡虚籍。以故为东南望族。"[⑨]慕容彦逢记述了石氏一族在北宋时期的发展历程与盛况，对此给予了高度赞扬。

总之，石氏家族赫奕辉煌，名满江南，理学诗书继美，簪缨鼎佳传芳，石氏家族能够维持其地位于不坠，是家族藏书不断，设书院及家塾，持续不断的科举教育的必然结果。

---

① (宋)陆游撰:《陆游集》之《渭南文集》卷三十七《石君墓志铭》，中华书局 1976 年版，第 2351—2352 页。

② 张其凡、陆勇强主编，暨南大学中国文化史籍研究所编:《宋代历史文化研究》，人民出版社 2006 年版，第 43 页。

③ 陈百刚、潘表惠主编，民主与建设出版社 1998 年版。

④ 任桂全总纂，绍兴市地方志编纂委员会编，《绍兴市志》，浙江人民出版社 1997 年版。

⑤ 《新昌县志》编纂委员会编，上海书店出版社 1994 年。

⑥ 《甲第美名字浩气镇中州》，见吴光主编:《中国文化世家・吴越卷》，湖北教育出版社 2004 年版，第 622 页。

⑦ 注:旧时石氏宗祠内有三副对联，其中为明季户部尚书、翰林院大学士倪云璐所撰，见吴光主编:《中国文化世家・吴越卷》，湖北教育出版社 2004 年版，第 622 页。

⑧ (民国)金城修，陈畬等纂:《民国新昌县志》卷六《氏族・石氏》，见上海书店出版社编:《中国地方志集成・浙江府县志辑》(38)，上海书店出版社 2011 年版，第 749 页。

⑨ (宋)慕容彦逢撰:《摛文堂文集》卷十五《朝奉大夫致仕骁骑尉赐绯鱼袋石景衡墓志》，见《丛书集成续编》集部，第 102 册，上海书店出版社 1994 年版，第 352 页。

附:宋代会稽新昌石氏家族中有文献可考登科年的进士名录①

姓　名	家族成员关系	登科年
石待旦(一世)	待举、待聘、待用、待致弟	宋天禧三年(1019)己未科进士
石待举(一世)	待旦兄	宋天圣五年(1027)丁卯科进士
石待致(一世)	待举弟	宋景祐元年(1034)甲戌科进士
石元之(二世)	待旦子	宋景祐元年(1034)甲戌科进士
石温之(二世)	待旦子	宋宝元元年(1038)戊寅科进士
石秀之(二世)	待旦子	宋宝元元年(1038)戊寅科进士
石亚之(二世)	待旦子,元之弟	宋庆历二年(1042)壬午科进士
石衍之(二世)	待举子	宋庆历二年(1042)壬午科进士
石牧之(二世)	待用子	宋庆历二年(1042)壬午科进士
石象之(二世)	待聘子	宋庆历二年(1042)壬午科进士
石麟之(二世)	待旦子	宋皇祐元年(1049)己丑科进士②
石深之(二世)	待举子,衍之弟	宋嘉祐二年(1057)丁酉科进士
石景渊(三世)	待聘孙,象之子	宋嘉祐二年(1057)丁酉科进士
石景衡(三世)	待举孙,衍之子	宋熙宁六年(1073)癸丑科进士
石景略(三世)	待举孙,深之子	宋熙宁六年(1073)癸丑科进士
石景術(三世)	待举孙,衍之子	宋元丰五年(1082)壬戌科进士
石景衎(三世)	待举孙,衍之子	宋元丰五年(1082)壬戌科进士
石公弼(四世)	原名公辅,赐名弼,衍之孙	宋元祐六年(1091)辛未科进士

① 按:是书以进士石待旦算为一世起。此表参考文献:·(宋)施宿、张淏等撰,李能成点校:《南宋会稽二志点校》之《宝庆会稽续志》卷五至卷六,安徽文艺出版社2012年版。·中华书局编辑部编:《宋元方志丛刊》之三《咸淳毗陵志》,中华书局1990年版。·(明)田管修,(明)屡光洵纂:《新昌县志》卷之十《宋甲科》,天一阁藏明代方志选刊,上海古籍书店1964年据宁波天一阁藏明万历刻本景印版。·(明)萧良幹修,(明)张元忭、孙鑛纂,李能成点校:《万历绍兴府志》(点校本)卷三十至卷四十九,宁波出版社2012年版。·(清)嵇曾筠、李卫等修,(清)沈翼机等纂:《雍正浙江通志》(三)卷一百二十三至卷一百三十《选举》,浙江省地方志编纂委员会编:《中国地方志集成·省志辑·浙江》(5),凤凰出版社2010年影印本。·(明)萧良幹修,(明)张元忭、孙鑛纂,李能成点校:《万历绍兴府志》(点校本),宁波出版社2012年版。·(清)李亨特修,(清)平恕、徐嵩纂:《乾隆绍兴府志》卷三十一《选举二·进士》,《中国地方志集成·浙江府县志辑》(39),上海书店出版社1993年版。·《新昌县志》编纂委员会编:《新昌县志》第十三编《人物》,上海书店出版社1994年版。·任桂全总纂,绍兴市地方志编纂委员会编:《绍兴市志》,浙江人民出版社1996年版。·政协新昌县文史委员会编:《新昌乡村文化研究·百姓寻根录》,民主与建设出版社1998年版。·陶晋生著:《北宋士族——家族·婚姻·生活》,中央研究院历史语言研究所2001年版。

② 按:商榷,据明《万历新昌县志》卷之十《宋甲科》中载,石麟之,宋嘉祐二年(1057)丁酉科进士。

续表

姓　名	家族成员关系	登科年
石端中(四世)	待旦曾孙	宋元符三年(1100)庚辰科进士
石端平(四世)	待旦曾孙	宋元符三年(1100)庚辰科进士
石彦和(四世)	待举曾孙,景略子	宋崇宁二年(1103)癸未科进士
石端诚(四世)	待旦曾孙	宋崇宁五年(1106)丙戌科进士
石公恕(四世)	待用曾孙,徽之孙	宋大观三年(1109)己丑科进士
石公揆(四世)	待举曾孙,衍之孙,景术子	宋政和二年(1112)壬辰科进士
石公辙(四世)	一作辄,衍之孙,公弼弟	宋绍兴二年(1132)壬子科特奏状元
石师能(四世)	象之孙	宋绍兴五年(1135)乙卯科进士
石公旦(四世)	先之孙	宋嘉定七年(1214)甲戌科榜进士
石嗣庆(五世)	象之曾孙,景渊孙	宋宣和三年(1121)辛丑科进士
石延庆(五世)	一作袭庆,景渊孙,嗣庆弟	宋绍兴二年(1132)壬子科进士
石　塾(六世)	亚之玄孙	宋绍兴十五年(1145)乙丑科进士
石斗文(六世)	公揆孙,宗昭从兄	宋隆兴元年(1163)癸未科进士
石宗昭(六世)	公揆孙	宋乾道八年(1172)壬辰科进士
石宗万(六世)	宗昭弟	宋淳熙十四年(1187)丁未科进士
石宗王(六世)	景術曾孙,宗昭弟	宋庆元三年(1197)丁巳科进士
石宗魏(六世)	景術曾孙	宋庆元三年(1197)丁巳科进士
石孝溥(七世)	宗昭子	宋庆元五年(1199)己未科进士
石继喻(七世)	石塾长子	宋嘉定四年(1211)辛未科特奏状元

(二)会稽石氏家族进士藏书

石氏自北宋迄南宋时代,藏书绵延不断,为著名的藏书世家。如待旦叔祖,石延俸弟延翰“专聚图书,好黄老术,以济物为务,乐爱山水,晚年居沃洲之西峰,结庐而居,曰白云谷,凄雾谷,自号云和子,人称羽林先生,后赠白云先生。宋初开国功臣石守信为其弟五子”①。石氏藏书至石待旦、待用兄弟,始筑万卷楼以蓄书供义塾使用,家族开始兴盛。石氏万卷堂位于新昌县东南八里石溪。家族后世子孙中好藏书者,尤以石公弼及其从子石邦哲、孙石继曾最盛。

石待旦(一世)(985—1042)　字季平,号石城,新昌人。天禧三年己未科王整榜进

① 陈百刚、潘表惠主编:《新昌乡村文化研究——百姓寻根录》,民主与建设出版社1998年版,第348页。

士[①],任大理评事。待旦却无意仕途,旋弃仕归里,隐居于石溪山水之间,仍以办学为业,延请各方名儒讲学,县内学风大盛。《乾隆绍兴府志》载:“登进士,志操不凡,隐居石溪,首创义塾,三区以上、中、下为别身,自督教”[②],所办义学的业绩闻于朝,特赐“待、之、景、公、向、宗、孝、正、奕、祖”十字作为其子孙辈分命名序列。义塾开设凡70年,“衣廪之所成就,多为当代名臣”[③]。如登相位四位大臣:文彦博、杜衍、吕公著和韩绛,官至侍从及登第者76人,“义塾宏开,造就七十二奇英,陶镕四宰相,德望浙中第一;儒林丕振,继起五百六进士,中兴三状元,科甲天下无双”[④]。其中石氏家族13人。石氏“儒学之盛,称于东南。石氏遂为闻家”[⑤]。“范仲淹知越州,聘为稽山书院山长,四方前来受业者甚众”[⑥]。《成化新昌志》卷五载,宝祐四年(1256),知县王世杰建“先贤祠”,奉石待旦、石公弼、石公揆、石敦、黄度、石斗文、石宗贻、文彦博、吕公著、杜衍、韩绛、林安宅等12人。此祠供奉的12人,石氏占一半。而文、吕等四位又出于石待旦的门下。生平事迹参见《雍正浙江通志》卷一百七十六《人物五·石待旦传》。

石待旦好藏书,石氏家族藏书至石待旦、待用兄弟,始筑万卷楼以蓄书。据《重修浙江通志稿》载:“万卷堂,在石溪乡。石待旦创以贮书,又为义学三区,号上、中、下书堂,使学者递升,旧有题名碑。韩玉汝记,自杜祁公而下登科第者七十二人。楼旁有善议阁。占山水之胜。”[⑦]

石亚之(二世)(生卒年不详)　石待旦之子。字潜夫,号石鼓主人。“石城先生之子。尝筑室读书于鼓山。景祐元年进士,唱第时年十七,丰神秀整,天子将以尚主,使卜其意,辞曰:‘父母老,愿奉甘旨。家已别议姻,王姬非敢偶也。’遂不强。仕至太常博士。”[⑧]时39岁弃官,归隐石鼓书院,以藏书、读书为乐。

石待用(一世)(生卒年不详)　石待旦兄。据《万历新昌县志》卷十一记:“石待

---

① (清)嵇曾筠、李卫等修,(清)沈翼机等纂:《雍正浙江通志》(五)卷一百二十三《选举一》,浙江省地方志编纂委员会编:《中国地方志集成·省志辑·浙江》(5),凤凰出版社2010年影印本,第564页。

② (清)李亨特修,(清)平恕、徐嵩纂:《乾隆绍兴府志(二)》卷五十三《人物志十三·石待旦》,见上海书店出版社编:《中国地方志集成·浙江府县志辑》(40),上海书店出版社2011年版,第234页。

③ (明)萧良幹修,(明)张元忭、孙鑛纂,李能成点校:《绍兴府志》(点校本)卷四十三,宁波出版社2012年版,第829页。

④ 注:旧时石氏宗祠内有三副对联,其中有一副为会稽郡守洪珠所撰,参见吴光主编:《中国文化世家·吴越卷》,湖北教育出版社2004年版,第622页。

⑤ 张其凡、陆勇强主编,暨南大学中国文化史籍研究所编:《宋代历史文化研究》,人民出版社2006年版,第43页。

⑥ (明)萧良幹修,(明)张元忭、孙鑛纂,李能成点校:《万历绍兴府志》(点校本)卷四十三,宁波出版社2012年版,第829页。

⑦ 浙江省通志馆编,浙江省地方志编纂委员会整理:《重修浙江通志稿·名胜古迹考·新昌》(标点本),第4册,方志出版社2010年版,第2334页。

⑧ (清)嵇曾筠、李卫等修,(清)沈翼机等纂:《雍正浙江通志》(五)卷一百九十一《人物九·石亚之》,浙江省地方志编纂委员会编:《中国地方志集成·省志辑·浙江》(7),凤凰出版社2010年影印本,第81页。

用,字用之,任大理评事、卫尉丞。治家饶裕,有东南筑室,聚书延师,以训子弟。二十年间,登第者凡二百人。”①

石牧之(二世)(生卒年不详) “字圣咨,越州新昌人。庆历二年进士,试秘书省校书郎,补杭州新城尉,移台州天台令。自初任已有能名,于时王安石知鄞县,陈襄令仙居,号江东三贤。用荐格改著作佐郎,九迁至朝议,凡知江宁、盐城、雍丘三县,通判温、湖、舒、建四州。后朝选知温州,增广天台县学,择乡先生居师授之任,以延俊造”。牧之“早厉士节,出处进退不蕲苟得。晚年通性命之理,视死生穷达为一。元祐八年卒,年七十有九。有遗书一编,疏五十余事,处理家政,至于庥敛之具、丧葬之节、宾客之礼、子孙之戒,纤悉无遗者。门人叶经叙其始末,为《往生录》”。“其著于笔札,则有《易论》解、经训传、杂文、歌诗,总七十卷”②。

石公弼(四世)(1061—1115) 石待举曾孙。字国佐,“初名公辅,徽宗以与杨公辅同名,改为公弼云”③。元祐六年辛未马涓榜进士④,“历任卫州司法参军,涟水丞,广德知县。大观二年(1108),拜御史中丞。喜收藏图籍及古器物”⑤,后因蔡京辅政,以屡劾蔡京罪恶,为蔡所迫。后蔡京被贬官后,进兵部尚书兼侍读。改述古殿直学士,知襄州。“蔡京再辅政,罗致其罪,责秀州团练副使,台州安置。逾年,遇赦归。卒,年五十五。后三岁,复其官。”⑥《康熙浙江通志》卷三十二、《乾隆绍兴府志》卷四十五等有其传。

石邦哲(五世)(生卒年不详) 石待旦玄孙、公弼从子。字熙明。绍兴初为大理评事,迁大理寺丞、大理正,出为福建路参议。南宋嘉泰版《会稽志》“石邦哲”作“石邦圻”。

石氏家族藏书至石邦哲时,除继承其父藏书外,“其藏书主要购于石公弼家藏,又增益之,凡二万卷,筑博古堂贮之”⑦。石氏又勤于校勘,所藏多有题跋,如明弘治十五年(1502)黄纹刊本及嘉靖四十四年(1565)杜思刊本徐干《中论》有石邦哲识语云:“绍兴二十八年戊寅清明日,假朱丞本校于博古堂,石邦哲识。《中论》二卷,汉司空军谋祭酒掾,属五官将文学北海徐干伟长撰,有序而无名氏。干邺下七子之一人也。建安之间,疾辞人美丽之文,不能敷散道教,故著《中论》,辞义典雅,当世嘉

---

① 李永鑫主编:《绍兴通史》第三卷,杭州出版社2012年版,第441页。

② (清)陆心源撰,吴伯雄点校:《宋史翼》卷十八《石牧之》,浙江古籍出版社2016年版,第390—391页。

③ (元)脱脱等撰:《宋史》卷三百四十八《列传一百七·石公弼传》,中华书局1977年版,第11033页。

④ (清)嵇曾筠、李卫等修,(清)沈翼机等纂:《雍正浙江通志》(三)卷一百二十四《选举》,浙江省地方志编纂委员会编:《中国地方志集成·省志辑·浙江》(5),凤凰出版社2010年影印本,第575页。

⑤ 钱仲联、马亚中主编,钱仲联校注:《陆游全集校注》之《渭南文集校注》卷三十六《朝奉大夫石公墓志铭》,浙江教育出版社2011年版,第375页。

⑥ (元)脱脱等撰:《宋史》卷三百四十八《列传第一百七·石公弼传》,中华书局1977年版,第11032页。

⑦ 《宋代私家藏家·石邦哲》,见任继愈主编:《中国藏书楼》之中编《中国藏书楼发展史》,辽宁人民出版社2010年版,第779页。

之。按唐志六卷今本二卷二十篇，宋大理正山阴石邦哲手校题识。邦哲字熙明，再世藏书，至治二年，得之钱塘仇远氏，明年夏五月己酉，平原陆友，字友仁平原陆友友仁记。"①叶昌炽"曾见明刻本徐干《中论》，有宋石邦哲跋，称'绍兴二十八年校于博古堂'"②。

石　塾（六世）（生卒年不详）　石待旦来孙。"字子重。其先新昌人，大父公孺始迁临海。先生少警悟不群。及长，刻意为学。与悔庵朱子（朱熹）交好，尝称其论仁之体要甚当，愿与长者各尽力于斯。又谓《心说》甚善，但更须收敛造约为佳。以绍兴十五年进士。历四县，知南康军。卒，年五十有五。悔庵志其墓。晚名其燕居之室曰'克斋'，读书其间，没身不懈，后生执业就正者多赖以知向方。陈耆卿修郡乘，谓里人自'克斋'知有《洛学》，车若水亦云：'克斋石公，所谓大人为己之学，深造而自得者也。'所集《周易》《大学》《中庸解》数十卷，《文集》十卷，传学者。"③生平事迹参见《雍正浙江通志》卷一百七十六《人物五·石塾传》及《宋史翼》卷二十四《列传第二十四·石塾传》。

晚年讲学西郊鼓山，从者如云，所著《中庸集解》甚得朱熹称道，为一代力学大儒。其子石继喻为状元。

石宗昭（六世）（生卒年不详）　石待举来孙。字应之，新昌人。《康熙浙江通志》载："登进士，历长洲丞，时相赵汝愚荐之，召试馆职，除秘书正字，直文华阁。平生好学朱熹，尝兴论，学人推其贤。"④

石氏藏书递藏至待举曷孙石继曾。

石继曾（七世）（1142—1199）　石邦哲孙。字兴宗，"左朝议大夫累赠正奉大夫讳端，中朝散大夫大理正出为福建路参议讳邦哲，迪功郎温州平阳县主簿累赠朝奉大夫讳祖仁，公之三代也"。"监潭州南岳庙，历临安县、新城县主簿，楚州司理参军，监行在编估打套局门，监建康府户部赡军西酒库，知饶州德兴县，两浙转运司主管文字，提辖行在文思院。未及造朝，以疾卒于家"⑤，葬山阴谢墅之原。继曾为官清廉，"守家法，以廉自励。俸入可以受，可以无受，必辞。馈赆可以取，可以无取，必却。徇公而忘私，约己而裕物，捐利而笃义。为主簿新城时，谨簿书，扼吏奸，以善其职闻。……缮治学宫，聚经史，丰缮羞，尊延耆老，而宾友其秀民，又创小学以诱进其童子，诵书之声，闻于行路。会科诏下德兴，与荐送者二十有三人，比他邑为最盛。

① （汉）徐干著，钱培名校补并附札记：《中论》卷下，中华书局1985年版，第37页。

② （清）叶昌炽著，王欣夫补正，徐鹏辑：《藏书纪事诗》卷一，上海古籍出版社1989年版，第52页。

③ 《知军石克斋先生》，见（清）黄宗羲原著，（清）全祖望补修，陈金生、梁运华点校：《宋元学案》卷四十九《晦翁学案下·晦翁讲友》，中华书局1986年，第1587—1588页。

④ （清）王国安等修，（清）黄宗羲、张衡纂：《康熙浙江通志（二）》卷三十二《人物·石宗昭》，见凤凰出版社编选：《中国地方志集成·省志辑·浙江（2）》，凤凰出版社2010年版，第252页。

⑤ （宋）陆游撰：《陆游集》之《渭南文集》卷三十六《朝奉大夫石公墓志铭》，中华书局1976年版，第2340页。

……公虽以任子入仕,然志在继世科,尝贡礼部,不合有司,退而力学著书。比卒,遗稿可次第者数十卷,多可行世”。“子三:曰正大、正谊、正权,皆举进士”①。

石继曾又好藏书,陆游亦推崇其藏书。陆游记云:“公幼颖异,入家塾,日诵千言,过目不再。寺正筑堂,名博古,藏书二万卷,每抚公叹曰:‘吾是书以遗尔,无恨矣。’”②

石继曾卒后,惜后代没能恪守,所藏书逐渐散去。

石氏家族有藏书之传统,时为越州藏书之世家。关于家族藏书,《嘉泰会稽志》亦有记载:“越藏书有三家:曰左丞陆氏(陆游家族),尚书石氏(尚书即石公弼),进士诸葛氏。中兴秘府始建,尝于陆氏就传其书。而诸葛氏在绍兴初,颇有献焉,可以知所蓄之富矣。(二事见《求遗书》门)……而石氏当尚书亡恙时,书无一不有。又尝纂集前代古器图记,亦无一不具。其后颇弗能克守。而从子大理正邦哲尽以金求得之,于是为博古堂。博古堂之所有众矣。其冥搜远取,抑终身不厌者。后复散出。而诸孙提辖文思院继曾稍加访寻,间亦获焉。”③可知,石氏家族藏书也是“屡经散衰,又屡为复兴,延续数代”④。

博古堂,今已不存,但有《博古堂帖》传世。绍兴年间,由石邦哲辑刻于会稽。清王澍《淳化秘阁法帖考正》卷一一著录,曰:“《闲者轩帖考》云,宋人集诸家善本为一帖。三代止周穆王坛山四字;汉止蔡中郎《石经·论语》二段;晋则右军《兰亭序》《笔阵图》《黄庭经》《乐毅论》《曹娥碑》《东方朔赞》,大令《三十行》及谢太傅书;唐人则虞、褚、欧、柳小楷,颜鲁公行楷书及白乐天书;宋止米元章末集汉隶千文,皆精工劲秀。盖宋去唐甚迩,名刻具在,故得以集其佳胜。”⑤

此外,石氏家族刻历代名帖,世称“越州石氏本”。其中石邦哲的博古堂收集历代名帖。石氏刻的字帖,收入《宝刻丛编》的几种都是精品。明人李诩《戒庵老人漫笔》卷一记曰:“陶南村《辍耕录》第六卷,载《兰亭集刻》一百一十七刻。壬集一十四刻中,江阴邱氏二。余借观友人《兰亭》一本,会萃十余刻,中一刻题云:《兰亭诗叙》,定武旧本既不易得,而世俗所传,类不强人意,模拓者多弱,临写者或杂以己意,甚者妄意。旧本转相模勒,字画寖瘦,遂作一等肥字,其波磔乃类今时人书,不知晋时人未有此法也。此本出于新昌石氏,虽不敢望定武旧本,而视今所传为近。故家

---

① (宋)陆游撰:《陆游集》之《渭南文集》卷三十六《朝奉大夫石公墓志铭》,中华书局1976年版,第2340页。

② (宋)陆游撰:《陆游集》之《渭南文集》卷三十六《朝奉大夫石公墓志铭》,中华书局1976年版,第2340页。

③ (宋)施宿、张淏等撰,李能成点校:《南宋会稽二志点校》之《嘉泰会稽志》卷十六《藏书》,安徽文艺出版社2012年版,第318页。

④ 范凤书著:《中国私家藏书史》,大象出版社2001年版(2009年2月修订),第101页。

⑤ 钱仲联、马亚中主编,钱仲联校注:《陆游全集校注》之《渭南文集校注》卷三十六,浙江教育出版社2011年版,第375页。

遗物,其有所自来耶。淳熙戊申二月五日邱寿儁书。”①

四、宋代鄞县西湖楼氏家族

(一)鄞县西湖楼氏家族源流与科举

明州楼氏祖籍本郡奉化县。先世出自浙西东阳,迁奉化始祖已不可考。关于楼氏源流,据袁燮记云:“公讳钥,字大防,旧字启伯,姓楼氏,著籍于明。明,为今庆元府。粤自周武王封有夏之后于杞,为东楼公,子孙因之以楼为氏。国朝家于婺,于明者最著,相传为明楼氏,由婺徙焉,本一族也。家于婺者,绍兴间,襄靖公炤,签书枢密院事,其门始大。家于明者,其盛久矣。公七世祖,讳皓,六世祖,讳杲,皆卓卓有贤行。至高大父郁,寖以昌大。自奉化徙鄞,卜居于郡城之南。儒学精深,为后进师。皇祐中擢第,得庐江主簿,以禄不逮亲,弗肯仕,赠正议大夫。太师,知兴化军、台州,皆有惠政。楚公当政和间,以才侍从,再牧乡邦,名所居坊曰昼锦。兖公历官中外,仁厚廉直,蔚有令闻。三世皆以公登廊庙,赠至极品,门第之盛,于是鲜俪矣。”②

楼钥亦记云:“楼氏自周武王封夏后氏之后东楼公于杞,实始得姓。后有食采于娄者,因以为氏,或著娄焉。东京雍邱县即杞之旧,故亦称杞县楼氏,以杞国为郡而望出东阳。虽闻吾族自婺而迁,不知所始。自钥一行推而上之,至八世祖而止。惟曾叔祖二十五助教墓志云:‘六世祖自婺迁于明,是钥之九世祖也,又不书其讳。”③楼钥所说的八世祖名讳已失载,唯知七世祖楼皓、六世祖楼杲,皆卓有贤行。又楼钥《高祖先生事略》亦曰:“楼某,字子文,其先婺人,不详徙居之始。居奉化县,世以财雄于乡。祖(楼皓)以选为县录事,有阴德及人。”④“祖宅”在奉化县东奉化乡明化院旁之西南的一个山坡,“陁数百亩畮,上世埋葬甚众,邑人号楼太婆墓”⑤。楼皓育有四子,次子杲,“笃厚种德”⑥,未入仕。楼杲有二子:为郁、郇。楼郁成为明州楼氏家族发展史上的关键人物,“楼氏自先生(郁)起家皇祐中,衣冠相传六七世矣,岂惟祖考积善所至,盖先生教授乡校三十余年,诸生皆当世名士,一门书种赖以不绝”⑦。

---

① 水赉佑编:《〈兰亭序〉研究史料集》,上海书画出版社2013年版,第171页。

② (宋)袁燮撰:《絜斋集》卷十一《资政殿大学士赠少师楼公行状》,中华书局1985年版,第165页。

③ (宋)楼钥撰:《攻媿集》卷六十《长汀庵记》,中华书局编辑部:《丛书集成初编》443,中华书局2011年影印本,第374页。

④ (宋)楼钥撰,顾大朋点校:《楼钥集》卷六十六《高祖先生事略》,浙江古籍出版社2010年版,第1168页。

⑤ (宋)楼钥撰:《攻媿集》卷六十《长汀庵记》,中华书局编辑部:《丛书集成初编》443,中华书局2011年影印本,第374页。

⑥ (宋)楼钥撰,顾大朋点校:《楼钥集》卷七十二《为赵晦之书金刚经口诀题其后》,浙江古籍出版社2010年版,第1289页

⑦ (宋)楼钥撰,顾大朋点校:《楼钥集》卷一百八《叔祖居士并张夫人墓志铭》,浙江古籍出版社2010年版,第1848页。

楼郁于宋仁宗皇祐五年(1053)癸巳科进士及第,开启明州楼氏以儒传家,书种不绝的家风。《宝庆四明志》称:楼郁"志操高厉,学以穷理为先。庆历中,诏郡国立学,其不置教授员者,听州里推择。公首应选,郡人翕然师尊之。俞公充、丰公稷、袁公毂、舒公亶,皆执经焉。荆国公王安石宰鄞,以书致之曰:'足下学行笃美,信于士友,某所仰叹。'"①《延祐四明志》赞云:"翁临西蜀,一化南闽。公以是教,作成吾鄞。逮今士子,儒学彬彬。收功贻厥,世有显人。"②袁桷称:楼郁先生"志操高厉,学以穷理为先,为乡人所尊。处穷约,屡空自乐。庆历中,诏郡县立学,延致乡里有文学行义者为之。先生掌教县庠者数年,又教授郡学,前后三十余年。学行笃美信于士友,一时英俊皆在席下。门人之知名者,清敏丰公稷、光禄袁公毂、天台罗公适也。"③其玄孙楼钥记其事迹甚详:"尤积善,以古学为乡人所尊。庆历中,州县立学,掌教县庠者数年。郡学寻又延请至十余年,遂居城中,为郡人。登皇祐五年进士第,调舒州庐江主簿。禄不及亲,不欲出官。以继母养,弟妹未成立,具见辞墓祝文。既归,遂致仕。授大理评事,其孝行节操如此。自后,又主郡庠十余年。为州县士子师,前后凡三十余年,号楼先生。四明五先生④,某其次也。成就一时人物甚众,丰尚书稷、舒中丞亶、俞待制充、袁知府毂等皆其门人。又罗提刑适自天台来学。诸公学业既成,舒公试乡里,袁公试开封,罗公试台州,一举三处皆魁选。其亡也,舒公为墓铭,丰公书丹,袁公篆额。罗公以仕北方不得预,后为浙东提刑,拜墓下,用阙里故事,手植数木,今有存者。祭文见《赤城先生集》中。郡邑学中皆立祠,碑志登载甚备,莫教授冠卿一书尤详。子常、光,孙弁、异,五世孙锷、铉、钥、镛,六世孙汶皆踵世科。"⑤

楼氏家族在楼郁的影响下,形成崇文重教的门风、家学。其门风、家学深远地影响了楼氏家族的未来发展,楼氏家族从政者、学者相继而出,"儒学师表乡里",其后世代相承。故而至孝宗乾道五年(1169),其玄孙楼钥依然感念不已:"吾门自高祖先生以儒学起家,衣冠六世,仕者以清白相传,学者以诗礼相勉,门内雍穆,虽总角之童,亦恂恂自守家法,遂为四明望族,亦知夫所以致此者乎?先生以古道为乡里师表,一时名士咸出其门,儒风蔚然。大父行以下以文鸣者相继,金紫孝友绝人,少时刻意学问,有古人闭门锥股之勤。少师宏才大度,为圣世名臣。……诸父承家学之传,尽洗膏粱习气,至不使人见有子弟态。吾曹今日不耕而食,不织而衣,生长以来,

① (宋)罗浚撰:《宝庆四明志》卷八《郡志八·叙人上》,见(清)永瑢、纪昀等编纂:《四库全书》第487册,上海古籍出版社1987年版,景印文渊阁本,第110页。

② 钱仲联、马亚中主编:《延祐四明志》卷第六《人物考下·西湖楼公先生》,见浙江省地方志编纂委员会编:《宋元浙江方志集成》第9册,杭州出版社2009年版,第4083页。

③ 钱仲联、马亚中主编:《延祐四明志》卷四之《城南楼先生》,见浙江省地方志编纂委员会编:《宋元浙江方志集成》第9册,杭州出版社2009年版,第4030页。

④ 按:四明五先生即楼郁与杨适、杜醇、王致、王说。

⑤ (宋)楼钥撰,顾大朋点校:《楼钥集》卷六十六《高祖先生事略》,浙江古籍出版社2010年版,第1168—1169页。

不知人间辛苦劳役事,正以上世书种不绝,故得为天之幸民。"①进而冀望族中少年见贤思齐,传承其家风:"吾之弟若从子皆宜自勉于学,以无负尉曹咏归之意"②,"懋进乎学,骎骎日新"以"取时名而振家声"③。正是其鉴戒勤勉的家学传统,使得楼氏家族成为宋代四明诗书传家的典范,楼氏家族的门风与家学也推动了宋代明州地方文教事业的进步,并由此奠定了其历史地位。此后,其子孙读书应举,连绵不断,特别是绍兴三十年(1160),楼异孙子锷、鋐双双考取进士,亦是楼氏子孙在南宋时首次的科场题名,揭开了明州楼氏在南宋科场近百年辉煌的序幕。如楼钥所言:"吾宗自高祖正议先生以儒学起家,仍三世登科者五人,最后伯祖宗子博士。元符三年锁厅以来,雁塔不书者,至于五纪。从兄编修景山(按即楼锷),始因太学舍选,与教授兄少虞(按即楼鋐)同上绍兴三十年进士第,又三年而后钥继之,大率群从中入上庠,蹑世科,登朝行,拥州麾,皆兄为之倡。"④《延祐四明志》云:"楼氏自庆历先生起家,子常、光,孙异、弁,五世孙锷、鋐、钥、鏞,六世孙汶、淮、潡,七世孙采,皆取世科。"⑤其中"五世钥德行文章为时名臣,仕至参知政事"⑥。楼氏家族兴盛于两宋,从皇祐五年(1053)至开庆元年(1259)的200年间,该家族进士及第者达47人,其中世系可考者42人,在甬上仅次于史氏家族。元代危素在《鄞塘楼氏宗谱·昼锦楼氏宗谱序》惊叹云:"即其谱考之,擢进士者廿有八人,右科一人,教官科、特官童子、特军功亦各一人,以门荫者四十七人,生封者二人,死封者廿有四人,乡贡者七人,监贡者四人,漕荐者七人,胄荐者二十二人,何其盛哉!"⑦

---

① (宋)楼钥撰,顾大朋点校:《楼钥集》卷六十六《咏归会讲说》,浙江古籍出版社2010年版,第1169页。

② (宋)楼钥撰,顾大朋点校:《楼钥集》卷六十六《咏归会讲说》,浙江古籍出版社2010年版,第1169页。

③ (宋)楼钥撰,顾大朋点校:《楼钥集》卷六十六《咏归会讲说》,浙江古籍出版社2010年版,第1169—1170页。

④ (宋)楼钥撰:《攻媿集》卷五十二《求定斋诗余序》,中华书局编辑部:《丛书集成初编》443,中华书局2011年影印本,第288页。

⑤ (元)袁桷撰:《延祐四明志》卷四之《楼异》,见浙江省地方志编纂委员会编:《宋元浙江方志集成》第9册,杭州出版社2009年版,第4039页。

⑥ (元)袁桷撰:《延祐四明志》卷四之《城南楼先生》,见浙江省地方志编纂委员会编:《宋元浙江方志集成》第9册,杭州出版社2009年版,第4030页。

⑦ 引《风范千秋·人物卷》,见宁波市鄞州区政协文史资料委员会编:《三江文存·〈鄞州文史〉精选》,宁波出版社2012年版,第17页。

附:宋代鄞县西湖楼氏家族中有文献可考登科年的进士名录①

姓　名	家族成员关系	登科年
楼　郁(一世)	楼杲子	宋皇祐五年(1053)癸巳科进士
楼　常(二世)	郁长子,异、弁父	宋治平二年(1065)乙巳科进士
楼　光(二世)	郁三子	宋熙宁九年(1076)丙辰科进士
楼　异(三世)	常三子	宋元丰八年(1085)乙丑科进士
楼　弁(三世)	常次子	宋元符三年(1100)庚辰科进士
楼　照(四世)	皓来孙,杲从玄孙	宋政和五年(1115)乙未科进士
楼　锷(五世)	郁玄孙,异孙,楼珌子	宋绍兴三十年(1160)庚辰科进士
楼　鋐(五世)	一作铉,异孙	宋绍兴三十年(1160)庚辰科进士
楼　钥(五世)	异孙	宋隆兴元年(1163)癸未科进士
楼　镛(五世)	弁孙,钥从弟	宋绍熙四年(1193)癸丑科进士
楼　汶(六世)	异曾孙,钥从子	宋庆元元年(1195)乙卯科进士
楼　淮(六世)	汶弟	宋嘉定四年(1211)辛未科进士
楼　溍(六世)	异曾孙	宋嘉定四年(1211)辛未科进士
楼　鑛(六世)	郁玄孙	宋嘉定十六年(1223)癸未科进士
楼　潡(六世)	异曾孙,淮胞弟	宋宝庆二年(1226)丙戌科进士
楼　濂(六世)	异曾孙	宋绍定五年(1232)壬辰科进士
楼　瀚(六世)	亦作翰,异曾孙	宋绍定五年(1232)壬辰科进士
楼　济(六世)	异曾孙,镆五子,潡兄弟	宋绍定五年(1232)壬辰科进士
楼　澤(六世)	异曾孙,镆四子,潡兄弟	宋绍定五年(1232)壬辰科进士
楼　漼(六世)	异曾孙,汶胞弟	宋端平二年(1235)乙未科进士

① 按:是书以进士楼郁算为一世起。此表参考文献:·(宋)张津等撰:《乾道四明图经》卷十二《进士题名记》,台北成文出版社1983年据清咸丰四年刊本影印。·(宋)罗浚纂:《宝庆四明志》卷八至卷十,见(清)永瑢、纪昀等编纂:《四库全书》第487册,上海古籍出版社1987年景印文渊阁本。·(元)袁桷撰:《延祐四明志》卷四至卷六,见浙江省地方志编纂委员会编:《宋元浙江方志集成》第9册,杭州出版社2009年版。·(清)嵇曾筠、李卫等修,(清)沈翼机等纂:《雍正浙江通志》(三)卷一百二十三至卷一百三十《选举》,浙江省地方志编纂委员会编:《中国地方志集成·省志辑·浙江》(5),凤凰出版社2010年影印本。·(清)钱维乔等纂,钱大昕等撰:《乾隆鄞县志》卷九《选举表》(上),见《续修四库全书》编纂委员会、复旦大学图书馆古籍部编:《续修四库全书》第706册,上海古籍出版社2003年版。·俞新芳撰:《鄞县楼氏研究中的若干难点试释》,见天一阁博物馆编:《天一阁文丛》第5辑,宁波出版社2007年版,第163页。·张如安等著:《鄞县望族》之《教先楼氏,子孙振耀》,杭州古籍出版社2009年版,第15—16页。·董笑笑撰《楼昉研究》,浙江大学2009年硕士论文,第7页等,对楼氏家族考取科举人物情况作了初步统计,有43位楼氏族人考中进士,另有4人的血缘未考出。

续表

姓　名	家族成员关系	登科年
楼　滮（六世）	异曾孙，钥从子，滓胞弟	宋淳祐七年（1247）丁未科进士
楼　洌（六世）	肖玄孙，鏞从子	宋淳祐七年（1247）丁未科进士
楼　航（七世）	滮侄	宋政和五年（1115）乙未科进士
楼　采（七世）	或作釆，汶从子	宋嘉定十年（1217）丁丑科进士
楼　昞（七世）	昉从弟	宋嘉定十六年（1223）癸未科进士
楼　桦（七世）	异玄孙	宋绍定五年（1232）壬辰科进士
楼　梓（七世）	异玄孙	宋绍定五年（1232）壬辰科进士
楼　榛（七世）	异玄孙	宋绍定五年（1232）壬辰科进士
楼　昭（七世）	昉弟	宋端平二年（1235）乙未科进士
楼　棁（七世）	异玄孙	宋端平二年（1235）乙未科进士
楼　条（七世）	异裔孙	宋嘉熙二年（1238）戊戌科进士
楼　梓（七世）	钥从孙	宋嘉熙二年（1238）戊戌科进士
楼　侃（七世）	异玄孙	宋嘉熙二年（1238）戊戌科进士
楼　楪（七世）	异玄孙，瀚子	宋淳祐七年（1247）丁未科进士
楼世仁（七世）	异玄孙，瀚长子	宋宝祐四年（1256）丙辰科进士
楼　极（七世）	异玄孙，瀚三子	宋开庆元年（1259）己未科进士
楼　楠（七世）	异玄孙	宋开庆元年（1259）己未科进士
楼　玮（八世）	航子	宋宣和元年（1119）己亥科进士
楼　昉（八世）	郁仍孙	宋绍熙四年（1193）癸丑科进士
楼　之（八世）	钥曾孙	宋绍定五年（1232）壬辰科进士
楼　橡（八世）	常来孙	宋端平二年（1235）乙未科进士
楼　枝（八世）	钥曾孙	宋淳祐七年（1247）丁未科进士

（二）鄞县西湖楼氏家族进士藏书

楼氏是南宋四明地区的名门望族，自楼郁起家以来，累代居官，仕历绵延，到楼钥更臻于高峰，是四明地区最具有代表性的士族之一。楼氏家族的发展得以长盛不衰基于读书习儒、科举仕宦基础上，源头得益于读书与藏书。楼钥云：七世祖楼皓，“以赀为奉化县录事，当咸平中，民俗富厚，一意奉佛，邑之告成、明化等塔庙多所营建。时杭州新印《华严经》，赎十部以归，又刊《法华经》板，造百部，皆以分施邑下诸寺,至今犹有存者"[①]。其家族藏书对后世浙东地区的藏书风气甚有影响,藏书盛著者有:楼郁与楼钥。清初著名学者全祖望称颂宁波月湖之畔的楼钥东楼藏书云:"登封阁下,嵩洛可抚。攻媿东楼,拂云高户。萧疏梅麓,在湖之浒。稍折而北,友恭有堂。萼华接叶,中为二汪。野处之记,雄文皇皇。谁移洞天,跨湖为薮。曰惟史氏,十据其九。……藏书之富,南楼北史。"[②]

1.楼氏家族藏书溯源

楼　郁(一世)(1008—1077)　"字子文,自奉化徙鄞,卜居城南"[③],自号"城南",学者称其为"西湖先生"。皓之孙,杲长子,常、棠、光、省、肖父。楼郁"登皇祐五年进士第,调庐江主簿。丁母忧。自叹禄不及亲,绝仕进意,以大理评事终于家。有《遗集》三十卷"[④]。著有《正议文集》三十卷,今已失传。撰于庆历七年(1047)四月的《春秋繁露序》因附《繁露》书中而流传于世。卒后,葬于奉化县东南八里龙潭山。生平事迹参见《雍正浙江通志》卷一百七十五《人物五·楼郁传》。

楼郁是楼氏家族登第第一人,其品德高尚,学问渊博,精于经学,旁贯史学,兼通诸子百家,深为乡人所尊重,王安石盛赞其:"某窃邑无状,每自隐度,宜得罪于贤者。敢图不遗,辱赐手笔,而副以褒扬之辞乎?此乃重某之不肖,使不得闻其过恶,而非所以望教诲之意也。足下学行笃美,信于士友,穷居海澨,自乐于屡空之内,此某所仰叹也。"[⑤]楼郁一生好学不倦,雅好藏书,其万卷之藏半数源于手抄。《鄞县志》载:"自六经至百家传记,无所不读。其讲解去取,必当于道德之意。发为词章,贯穿浃洽务极于理。好书不倦,家藏仅万卷,而手抄者居半。"[⑥]楼钥亦称:"正议好著书,手泽盈箧。兵火仓卒,居士尤为忧。夫人捐募窖藏,至今得为家宝。"[⑦]可见楼郁的藏书主要靠抄写蓄积。楼郁以其丰富的藏书为基础,对唐人著作进行系统的研究,撰成《唐书解题》,可称为四明学者所写的最早的断代目录学专著。

---

① (宋)楼钥撰,顾大朋点校:《楼钥集》卷七十二《为赵晦之书金刚经口诀题其后》,浙江古籍出版社2010年版,第1288页。

② (清)全祖望著:《鲒埼亭集》卷四《湖语》,见王云五主编:《万有文库》第二集(七百种),(上海)商务印书馆1936年版,第48—55页。

③ (元)袁桷撰:《延祐四明志》卷四之《城南楼先生》,见浙江省地方志编纂委员会编:《宋元浙江方志集成》第9册,杭州出版社2009年版,第4030页。

④ (宋)罗浚撰:《宝庆四明志》卷八《郡志八·叙人上》,见(清)永瑢、纪昀等编纂:《四库全书》第487册,上海古籍出版社1987年版,景印文渊阁本,第110页。

⑤ (宋)王安石著,唐武标校:《王文公文集》卷第四《与楼郁教授书》,上海人民出版社1974年版,第58—59页。

⑥ 《鄞县志》卷二十六,引自吴晗撰《江浙藏书家史略》之《浙江藏书家史略》,中华书局1981年版,第99页。

⑦ (宋)楼钥撰,顾大朋点校:《楼钥集》卷一百八《叔祖居士并张夫人墓志铭》,浙江古籍出版社2010年版,1848页。

楼　异(三世)(？—1123)　楼郁孙，楼常[①]三子。字试可，里人称“墨庄先生”。宋“元丰八年乙丑焦蹈榜”进士[②]，“进士高第，调汾州司理参军，徙永兴虞策幕府，监在京文绣院，知大宗正丞，迁度支员外郎。以养亲求知泗州，复为吏部右司员外郎、左司郎中、太府鸿胪卿，除直秘阁、知秀州。……加直龙图阁、秘阁修撰，至徽猷阁待制”[③]，进徽猷阁直学士，“积官至朝议大夫，赠太师，封楚国公”[④]。其孙楼钥亦记云：“受知陵，仕都司大卿，前后知泗、秀、苏州，再典乡郡，居书锦坊。宣和初，盗发青溪，攻陷旁郡，一惶扰。异调兵守备，军声甚振，群盗望风而退，郡境独全，以功进徽猷阁直学士。诸孙以门入仕者又数十人，有文集藏于家。”[⑤]著有《嵩山二十四峰诗》。《宋史》卷三百五十四《列传一百一十三》有其传。楼异次子楼璹[⑥](四世)、四子楼璩[⑦](四世)均好收藏。

楼璹继承其父楼异擅绘画的技巧，尤工人物。且璹尤好收藏名人书画，居住扬州时，家藏极富，藏品大多经其从子楼钥品题，如《跋先大父嵩岳图》：“大父为登封宰，家间旧有《嵩山图》，丹青故暗。扬州伯父设于云岫屏间，而书大父《二十四峰》诗于左右，某幼时犹及诵之。”[⑧]另详见楼钥《楼钥集》卷七十一《跋扬州伯父所藏魏元理画卷》、卷七十二《跋扬州伯父所藏张魏公帖》、卷七十四《跋扬州伯父耕织图》等。

楼璩雅好藏书，亦喜欢法书，收藏有大量名流翰墨，鉴赏水平甚高。璩及兄璹与刘岑[⑨]、徐竞[⑩]情谊甚笃，收藏不少刘、徐二人的作品。如曾藏有《刘杼山帖》，据楼钥

---

① 按：楼常(二世)(1033—1113)，字权中。郁长子，异、弁父。北宋大臣。英宗治平二年(1065)乙巳科彭汝砺榜进士，历衢州司理、楚州盐城县、鄂州江夏县、信州铅山县通判，兴化军知军事，元符三年(1100)七月到崇宁元年(1102)十二月，以朝奉大夫知台州，官至知兴化军，后以子贵追赠金紫光禄大夫。

② (清)嵇曾筠、李卫等修，(清)沈翼机等纂：《雍正浙江通志》(三)卷一百二十四《选举》，浙江省地方志编纂委员会编：《中国地方志集成·省志辑·浙江》(5)，凤凰出版社2010年影印本，第574页。

③ (元)脱脱等撰：《宋史》卷三百五十四《列传第一百一十三》，中华书局1977年版，第11163页。

④ (宋)罗浚撰：《宝庆四明志》卷八《郡志八·叙人上》，见(清)永瑢、纪昀等编纂：《四库全书》第487册，上海古籍出版社1987年版，景印文渊阁本，第111页。

⑤ (宋)楼钥撰，顾大朋点校：《楼钥集》卷六十六《高祖先生事略》，浙江古籍出版社2010年版，第1169页。

⑥ 按：楼璹(1090—1162)，字寿玉，一字国器，号仰啸。太学生。恩补将士郎，初为婺州幕僚，后累官至右朝议大夫。为政颇有政绩。

⑦ 按：楼璩(1107—1182)，字叔韫。郁曾孙，常孙。隆兴元年(1163)监进奏院，尝权工部郎，出知处州，终朝议大夫，累赠光禄大夫。以忠厚廉平著称于朝。居所名曰安遇堂，自号安遇居士。卒葬于奉化长汀祖庵。

⑧ (宋)楼钥撰，顾大朋点校：《楼钥集》卷七十四《跋先大父嵩岳图》，浙江古籍出版社2010年版，第1335页。

⑨ 按：刘岑(1087—1167)，字季高，号杼山居士，溧阳人，原为吴兴人。与璹太学同窗。绍兴三年(1133)，刘岑任秘书少监。刘岑喜收藏秦汉古刻，尤善书法，以书称誉世。朱熹赞刘岑书法“词意笔迹之妙，亦意其超然，非当世之士”。

⑩ 按：徐竞，字明叔，原为瓯宁县人。为宋初著名文人书法家徐铉后人。自幼喜书法，尤善绘画，楼钥赞“其画入神品，山水人物二俱冠绝”，徐竞的画被时人竞相收藏；其篆书，在两宋之际尤负盛名。

言："先子嗜书如嗜芰，平生富藏名流翰墨，而独谓杼山先生之书光前绝后，尤秘宝之。某自遭家难，文字散落，惟此二番宛然巾箱中，疑有神物为护持焉。谨帛其缦而新之，以续先子之志。"①可见楼氏家族收藏书画是家学、家风的组成部分，也为后代所传承。

2.进士楼钥与东楼藏书

楼　钥(五世)(1137—1213)　字大防，"其平日游息之地，曰'攻媿斋'，故自号攻媿主人"②。楼郁玄孙，楼异孙，楼璩三子。其母为汪思温③长女。"少警敏，书一再读能记诵，词章雅赡。隆兴初元擢进士第，明年又中教官，选后用大臣荐入朝，稍迁太常博士……更化初，以翰林学士召，迁吏部尚书，遂签书同书知枢密院事参知政事，以年乞身，薨，谥宣献。"④楼钥历仕宋孝宗、宋光宗、宋宁宗三朝，为官直言敢谏，言奏不避，为人方正，敢于挑战权臣，"侂胄尝副钥为馆伴，以钥不附己，深嗛之。……时论曰：'楼钥浑厚正大。'"⑤楼钥"学问赅博，文章淹雅，尤多为世所传述"⑥。真德秀称"公生于故家，接中朝文雅，博极群书，识古文奇字，文备众体，非如他人"；"方淳、熙间，鸿硕满朝，每一奏篇出，其援据该洽，义理条达者，学士大夫读之，必曰：'楼公之文也。'一诏令下，其词气雄浑，笔力雅健者，亦必曰：'楼公之文也。'""南渡以来，词人固多，其力量、气魄可与全盛时先贤并驱，惟巨野李公汉老、龙溪汪公彦章及公三人而已"⑦。著有《攻媿集》一百二十卷、《范文正年谱》、《北行日录》二卷、《乐书正误》等。又工书，"山经地志，星纬律历之学，皆欲得其门户。研精字书，偏旁点画，纤悉无差。世所承用，而于义未安者，亦必辨正之"⑧。《宋史》记曰：钥"年过七十，精敏绝人，词头下，立进草，院吏惊诧"⑨。惜流传至今甚少，传世书迹有《冬令帖》《梅天雨润帖》及《兰亭帖跋语》等，并有书学论作。其《冬令帖》藏于台北故宫博物院；另有绍熙元年(1190)和嘉定三年(1210)书写的《行书题徐铉篆书后》卷，现

① (宋)楼钥撰，顾大朋点校：《楼钥集》卷六十八《跋刘杼山帖》，浙江古籍出版社2010年版，第1204页。

② (宋)罗浚纂：《宝庆四明志》《郡志八·叙人上》，见(清)永瑢、纪昀等编纂：《四库全书》第487册，上海古籍出版社1987年版，景印文渊阁本，第111页。

③ 注：汪思温(1077—1157)字汝直，四明(今宁波市)人。汪洙长子，汪大猷之父。楼璩之妻为汪思温长女。徽宗政和二年(1112)进士，历知余姚县、知衢、湖二州，入为太府少卿。

④ (宋)罗浚纂：《宝庆四明志·郡志八·叙人上》，见(清)永瑢、纪昀等编纂：《四库全书》第487册，上海古籍出版社1987年版，景印文渊阁本，第111页。

⑤ (元)脱脱等撰：《宋史》卷三百九十五《列传第一百五十四·楼钥传》，中华书局1977年版，第12045页。

⑥ 沈冬梅、范立舟著：《宋代卷》第九章《南宋两浙教育、科技与文化》，见金普森、陈剩勇主编：《浙江通史》第五卷，浙江人民出版社2005年版，第466页。

⑦ (宋)楼钥撰：《攻媿集序》，中华书局编辑部：《丛书集成初编》442，中华书局2011年影印本，第137页。

⑧ (宋)袁燮撰：《絜斋集》卷十一《资政殿大学士赠少师楼公行状》，中华书局1985年版，第182页。

⑨ (元)脱脱等撰：《宋史》卷三百九十五《列传第一百五十四·楼钥传》，中华书局1977年版，第12045页。

藏故宫博物院，今宁波天一阁所藏明州碑林的《耕织图诗》残碑中有楼钥石碑刻。《康熙浙江通志》卷三十二等有其传。

楼钥“平生静专，琐琐尘务，不经于心，惟酷嗜书，潜心经学，旁贯史传，以及诸子百家之书。前言往行，博采兼取，森如武库”①。加之楼氏家族素有藏书之传统，受其影响，楼钥自幼好藏书，成年后对同里资政殿大学士赵彦逾的藏书非常向往，楼钥有诗云：“我欲效颦意方浓，一朝登眺若发朦。不愿侍公饮十钟，不愿舞女纷歌僮。插架三万牙签重，此身愿为书蠹虫。不然相陪夕阳春，与公凭栏送冥鸿。”②楼钥藏书除继承其父旧藏，后增益颇多，其东楼藏书超过万卷，藏书不仅甚丰且齐全，据《攻媿集》序跋中记述，仅收《宋代进士小录》的抄本，就藏有嘉祐年、治平二年、元丰八年、绍圣二年共四种。如《钦定天禄琳琅书目后编》卷六著录其所藏宋版《昌黎先生诗集》一函四册，钤有“四明楼钥”印（白文）③。史志称“钥时聚书东楼，逾万卷，皆手校雠，号善本”④。

楼钥穷其一生不断求书，尝自炫“书淫”⑤，《攻媿集·以六经左氏传庄子遗伯中弟有诗来谢次韵》记其收书、访书的生活：

手披欲究百家编，奴婢年来识郑玄。
顾我幸多千卷蓄，念君未有一经全。
诗书心醉不容醒，父子笔耕期有年。
此但古人糟粕尔，更须从此悟真筌。
书种传来直到今，读书几似孝标淫。
欲君终就九经库，与子平分一片心。
更向漆园穷妙旨，何殊清庙奏遗音。
中郎书籍付王粲，想得知余此意深⑥。

其诗中反映了读书、校书、藏书、写书、赠书等是楼氏家族的一个传统，一门书种世代传承。楼钥藏书楼名曰东楼，“东楼万卷架渠渠，知是楼三学士”⑦。其东楼藏

① （宋）袁燮撰：《絜斋集》卷十一《资政殿大学士赠少师楼公行状》，中华书局1985年版，第182页。
② （宋）楼钥撰，顾大朋点校：《楼钥集》卷四《赵资政建三层楼中层藏书》，浙江古籍出版社2010年版，第91页。
③ （清）彭元瑞等撰：《钦定天禄琳琅书目后编》卷六，见《清人书目题跋丛刊十》，中华书局1995年版，第311—312页。
④ （元）袁桷撰：《延祐四明志》卷第五《楼钥》，见浙江省地方志编纂委员会编：《宋元浙江方志集成》第9册，杭州出版社2009年版，第4059页。
⑤ 张伟等著：《宁波通史·宋代卷》，傅璇琮主编：《宁波通史》，宁波出版社2009年版，第166页。
⑥ （清）叶昌炽著，王欣夫补正，徐鹏辑：《藏书纪事诗》卷一，上海古籍出版社1989年版，第57—58页。
⑦ （清）全祖望撰，朱铸禹汇校集注：《全祖望集汇校集注》之《句余土音》卷中《双湖竹枝词》，上海古籍出版社2000年版，第2421页。

书，在南宋浙东早期藏书中亦享有盛名。是楼建于绍熙二年（1191），位于月湖（今月湖竹洲）之侧，“藏书既富，欲别贮之，营度累岁，执政之次年，东楼始成，有登临之快，丛古今群书其上，而累奇石于前，崭然有二十四峰之状。又取楚公（楼异）登封令时所藏《嵩岳图》石刻列屏其下，仍以‘仰嵩’旧名名之”，暇则“观书不辍”[①]。其藏书之富与同邑史守碧沚藏书媲美，地方文献与学者多有赞誉：“前王后楼，昼锦之府。双阙相仍，群公之祖[②]。余光莹莹，环桥如组。”[③]“宣献东楼……最有名。”[④]“四明古称文献之邦，宋元之世，攻媿楼氏、清容袁氏，藏书之富，甲于海内。”[⑤]叶昌炽有诗赞云：“闭户书淫似孝标，拂云高户竹洲桥。东楼兀与鸿禧并，插架三层耸丽谯。”[⑥]东楼与史鸿禧的藏书处碧沚并山月湖两岸，人称“南楼北史”，对后世浙东地区藏书之风的形成产生了深远影响。

楼　昉（八世）（生卒年不详）　楼郁仍孙。字旸叔，号迂斋，鄞人。“登绍熙四年进士”[⑦]，知兴化军，卒，赠直龙图阁。楼昉博学，袁桷记云：“与弟昞，俱以文名。少从吕成公于婺，其文汪洋浩博，宜于论议，援引叙说，小能使之大，而统宗据要，风止水静，泊然不能以窥其涘，故其从学者凡数百人，最显者郑清之、应繇、郑次申、赵与懽辈，尤善章表。李壁、黄裳为侍从，所为文俱出昉手。尝编历代文章为一编，业进士者咸诵之。宋世，鄞士善论策，台、越进士岁率数十人来相从，由昉始。守兴化军，以卒。清之既相，追赠直龙图阁，率其子弟祭于墓，复立甬东书院。”[⑧]所编集古文，“名曰《崇古文诀》三十五卷，编《东汉诏令》十一卷”[⑨]。编有《迂斋标注诸家文集》五卷，陈振孙云：“《迂斋古文标注》五卷，宗正寺簿四明楼昉旸叔撰。大略如吕氏《关键》，而所取自《史》《汉》而下至于本朝，篇目增多，发明尤精当，学者便之。”[⑩]另外，

---

① （宋）袁燮撰：《絜斋集》卷十一《资政殿大学士赠少师楼公行状》，中华书局1985年版，第184页。

② 全祖望注云：“楼楚公书锦堂，乃王司封周之故址。四明售乡郡者自王始。”见（清）全祖望著：《鲒埼亭集》卷四《湖语》，见王云五主编：《万有文库》第二集（七百种），（上海）商务印书馆1936年版，第47页。

③ 全祖望注云：“书锦坊在西湖之南首，其东有锦照堂，则竹洲也。堂与桥相隔达，《成化志》即以竹洲之桥当之。”见（清）全祖望著：《鲒埼亭集》卷四《湖语》，见王云五主编：《万有文库》第二集（七百种），（上海）商务印书馆1936年版，第48页。

④ （清）全祖望著：《鲒埼亭集》卷四《湖语》，见王云五主编：《万有文库》第二集（七百种），（上海）商务印书馆1936年版，第47—48页。

⑤ （清）钱大昕著，吕友仁校点：《潜研堂集·文集》卷二十一《抱经楼记》，上海古籍出版社2009年版，第349页。

⑥ （清）叶昌炽著，王欣夫补正，徐鹏辑：《藏书纪事诗》卷一，上海古籍出版社1989年版，第57页。

⑦ （清）王国安等修，（清）黄宗羲、张衡纂：《康熙浙江通志（二）》卷三十五《人物志·儒林》，见凤凰出版社编选：《中国地方志集成·省志辑·浙江（2）》，凤凰出版社2010年版，第380页。

⑧ （元）袁桷撰：《延祐四明志》卷第五《楼昉》，见浙江省地方志编纂委员会编：《宋元浙江方志集成》第9册，杭州出版社2009年版，第4066页。

⑨ 谭正璧编：《叙述文范》，中华书局1941年版，第63页。

⑩ （宋）陈振孙撰，徐小蛮、顾美华点校：《直斋书录解题》卷十五《总集类》，上海古籍出版社2015年版，第452页。

所纂《中兴小传》《宋十朝纲目》，已佚。

楼昉利用家族藏书于“嘉定十四年刻印过宗泽《宗忠简集》三卷”[①]。

南宋末年，元兵南下，楼氏藏书终随改朝换代而渐渐散失。至明末更全数败落，旧宅多归王家墩汤氏所有。

3.楼氏家族藏书特点

其一，楼氏家族的藏书构成以集部居多，对集部特为重视。楼钥撰文曰：“藏书以经史子集为四库，尚矣。国家中秘之储，士夫家塾之目，莫不由此。然惟集部必居十之七八，方来未已，充栋汗牛，不厌其多。非特玩其辞也，盖尚论古之人，史传铭志，不若家传最详，然必见其遗文而后得之。文章之作，出于胸臆，读其文则如亲见其人，考其言则如生其时，不可诬也。”[②]楼氏认为无论是史传铭志还是家传，都必须证明集部遗文才为可信。这一思想后来为黄宗羲所继承。

其二，楼氏家族藏书多善本。“聚书东楼，逾万卷，皆手校雠，号善本。”[③]如东楼藏书不乏精堑善本，如宋刻《昌黎先生诗集》，在清代进入天禄琳琅，《钦定天禄琳琅书目后编》记，“昌黎先生诗集(一函四册)书中卷赋诗两体外集遗诗，具载各句下并注考异，楼钥见前閤古鑰字”[④]，就保存有“四明楼鑰”的刻书章。楼氏曾得《华氏中藏经》闽中仓司刊本后，借姚江名医陆从老家藏钞本，进行校勘，改正闽中仓司刊本中存在的数十处、数百余个错字，又补全陆氏钞本的实缺，“始为善本，后为蕲春壬成甫据校本刊目，为医家所用”[⑤]。

楼钥为增益藏书，长期访求，凡精椠本、刻本、钞本，必一一收藏。且所藏书籍，多收集善本，校对尤精，所藏精椠善本、刻本、钞本，皆亲手校雠。如《跋春秋繁露》记载了楼氏晚年为得潘景宪的八十二篇《春秋繁露》，仍转辗访求，必欲得之而后快之事及其校书过程：“《繁露》一书凡得四本，皆有高祖正议先生序文。始得写本于里中，亟传而读之，舛误至多，恨无他本可校。已而得京师印本，以为必佳，而相去殊不远。又窥疑《竹林》《玉杯》等名与其书不相关，后见尚书程公跋语，亦以篇名为疑。又以《通典》《太平御览》《太平寰宇记》所引《繁露》之书，今书皆无之，遂以为非董氏本书，且以其名谓必类小说家，后自为一编，记杂事，名《演繁露》，行于世。开禧三年，今编修胡君仲方桀宰萍乡，得罗氏兰堂本刻之县庠，考证颇备，凡程公所引三书之言，皆在书中，则知程公所见者未广，遂谓为小说者，非也。然止于三十七篇，终不

---

① 瞿冕良编著：《中国古籍版刻辞典》之《楼昉》，苏州大学出版社2009年版，第887页。

② (宋)楼钥撰，顾大朋点校：《楼钥集》卷四十九《王文定内外制序》，浙江古籍出版社2010年版，第921页。

③ (元)袁桷撰：《延祐四明志》卷第五《楼钥》，见浙江省地方志编纂委员会编：《宋元浙江方志集成》第9册，杭州出版社2009年版，第4030页。

④ (清)彭元瑞等撰：《天禄琳琅书目后编》卷六《昌黎先生诗集》，见《清人书目题跋丛刊十》，中华书局1995年版，第331—332页。

⑤ 郑传杰、郑昕著：《楼氏家族》，宁波出版社2012年版，第264页。

合《崇文总目》及欧阳文忠公所藏八十二篇之数。余老矣，犹欲得一善本。闻婺女潘同年叔度景宪多收异书，属其子弟访之，始得此本，果有八十二篇。是萍乡本犹未及其半也。喜不可言，以校印本，各取所长，悉加改定，义通者两存之。……仲方得此，尤以为前所未见，相与校雠，将寄江右漕台长兄秘阁公刻之，而谓余记其后。”①后楼氏将所校之书寄给胡榘，由胡榘之兄胡槻主持刊刻。这部 82 篇宋刻本《春秋繁露》，是现在所知最全的刻本，今藏中国国家图书馆。

其三，楼氏家族藏书中，除他人作品外，也包括其家族成员的著述。如藏有深得世人推崇的楼钥名著《攻媿集》一百二十卷，《乐书正误》一卷，《范文正公年谱》一卷，《玉牒会要》《昌黎先生诗集》等书，其藏书皆钤有“四明楼钥”白文方印。如东楼所藏万卷书内有楼钥乾道间曾以随员身份随舅父汪大猷使金时所撰《北行日录》，按日记叙行程见闻，对于中原残破情况及人民生活均有反映。

其四，私藏公读。楼氏所藏“客有愿传录者，辄欣然启帙以授人”②。楼钥所藏不仅愿意与朋友、家中仆人共读，也供人传录与相互馈赠，或交换，楼氏曾言：“余家藏《白氏长庆集》久矣，近又得吴门大字者。周伯范模欲得旧本，以所藏《龙眠二马》遗余。古有以妾换马者矣，以书换马，自攻媿始，可博一笑。”③楼氏家族又以刻书实现其家族藏书“私藏公读”的藏书理念，如楼照（四世）承家学，于“绍兴二十七年（1157）知宣州时，刻印过南齐谢朓《谢宣城集》五卷”④。楼钥（五世）于“淳熙元年（1208）刻印过沈枢编《通鉴总类》二十卷，黄伯思《东观馀论》不分卷，另刻印过《温州进士题名录》一卷”⑤。其中《攻媿集》的初刻本是楼钥之子楼治（六世）所主持的家刻本，自宋代刻板以来，似未重刻，仅以抄帙流传。楼治家刻本今存 103 卷，现藏于北京大学图书馆。该书卷端题“攻媿先生文集”，一百二十卷，目五卷，四十八册，存一百零三卷，缺五处共十七卷。每页十行，行十八字，白口，左右双边。首有《真德秀序》一篇，字体隽秀清朗，印刷精美，为宋刻精品。

此外，楼氏家族素有收藏古籍、书画及碑帖之传统，楼钥亦喜收藏书画及碑帖，并具有很高的艺术鉴赏力，与当时的重要文臣及名士如周必大、朱熹、杨万里、袁说友、汪应辰、喻良能、汪逵等，均有深交。据郑传杰、郑昕统计，楼钥评题汪逵收藏的书画作品多达 36 件，其中图画有 9 幅，包括吴道子、李公麟（两幅）、王诜、魏野、范宽、燕文贵、米芾（两幅）、黄太史、蔡京、蔡襄、欧阳修、司马光（两幅）、赵明诚、富弼、

---

① （宋）楼钥撰，顾大朋点校：《楼钥集》卷七十五《跋春秋繁露》，浙江古籍出版社 2010 年版，第 1337—1338 页

② （元）袁桷撰：《延祐四明志》卷第五《楼钥》，见浙江省地方志编纂委员会编：《宋元浙江方志集成》第 9 册，杭州出版社 2009 年版，第 4059 页。

③ （宋）楼钥撰：《跋龙眠二马》，见曾枣庄、刘琳主编：《全宋文》卷五九五六，第 264 册，上海辞书出版社 2006 年版，第 225—226 页。

④ 瞿冕良编著：《中国古籍版刻辞典》之《楼昉》，苏州大学出版社 2009 年版，第 888 页。

⑤ 瞿冕良编著：《中国古籍版刻辞典》之《楼钥》，苏州大学出版社 2009 年版，第 887—888 页。

韩琦,以及高宗亲笔所书赐赠王应辰而为汪氏传家之宝的《廷试策问》与《中庸》两篇。另有唐代颜真卿与唐僖宗的书帖。传世的书法名作则有《兰亭序》两种及吴彩鸾的《唐韵》以及《乐毅论》。又如楼钥曾看过数十种不同版本的《兰亭序》,而汪逵藏有两种《兰亭序》,楼氏确认汪氏所藏为定武本品质夹生,“近亦得旧物,庶几窥典刑。此本更高胜,著语安敢轻”①。《攻媿集》中还保存了大量关于书画、碑帖的题跋。如《楼钥集》卷六十八《跋汪季路所藏书画》、卷六十九《跋汪季路书画》、卷七十一《跋龙眠二马》、卷七十四《跋汪季路所藏书帖》、卷七十六《跋汪季路所藏书画》。其题跋中所涉及的前朝、当朝书画作品达百余幅,不乏一些名家之作,如王羲之、米芾、苏轼等人的作品。所涉书画有些早已失传,有些却是流传有序,如《楼钥集》卷六十九《跋袁起岩所藏唐阎立本画萧翼取兰亭图》,所指画作现保存于辽宁省博物馆,《题汪季路家藏吴彩鸾唐韵后》中的画,现保存于台北故宫博物院。

五、宋代四明②城南袁氏家族

(一)四明城南袁氏家族源流与科举

四明袁氏有三大望族:城南袁氏、南湖袁氏和西门袁氏③。袁氏乃河南汝南袁安之后,世家开封。至北宋初有袁充,字晋谦,号清隐生。其祖上于唐乾符五年(878)因黄巢起义徙会稽避乱,居于奉川。后游历至慈溪剡岙(今余姚市三七市镇),遂定居慈溪之剡岙。卒葬凤凰山。袁充长子袁健在吴郡为官,有才干,清廉忠直,在乡里颇有声望。晚年辞官回剡岙养老,举家迁居鄞城(今宁波海曙一带),城南袁氏宗祠尊袁充为一世祖。袁健季子袁揆颇有祖父袁充之风范,性情淡泊,其家富裕,乐善好施,乡人称之为“明白先生”。袁揆长子袁毂,次子袁瞉;袁毂、袁瞉兄弟皆显。其中袁瞉一支以袁燮、袁甫而极盛;袁毂一支至袁韶、袁桷而极盛,楼钥言“惟袁氏四世五公,盛于东都,五世登科,望于乡闾”④。时有“师生秘书监官(秘书监袁燮,著作郎袁韶)”⑤,“父子侍从(袁燮,子甫)”⑥之美誉。

袁氏有“城南袁氏”与“鉴桥袁氏”之说。袁毂一支与袁瞉一支同居城南,称“城

---

① (宋)楼钥撰,顾大朋点校:《楼钥集》卷二《跋汪季路所藏修禊序》,浙江古籍出版社2010年版,第45页。

② 按:四明,浙江省旧宁波府(治所在鄞县,今浙江宁波市)的别称,以境内有四明山得名。又宋明州、庆元府,元庆元路,明、清宁波府的别称,以境内四明山得名。如宋有《乾道四明图经》、元有《延祐四明志》、清有《四明志补》等。

③ 按:西门袁氏的祖先袁子诚,祖籍江西南昌,因跟随宋高宗南渡,迁居于鄞县西郊新河塘之北一个叫柳庄之地。西门袁氏最著名的历史事件便是袁镛忠烈殉国、启孤一脉的故事。

④ (宋)楼钥撰:《攻媿集》卷八十四《祭袁通判章代仲舅同乡》,中华书局编辑部:《丛书集成初编》444,中华书局2011年影印本,第95页。

⑤ (元)袁桷撰:《延祐四明志》卷六之《人物考》,见浙江省地方志编纂委员会编:《宋元浙江方志集成》第9册,杭州出版社2009年版,第4086页。

⑥ (元)袁桷撰:《延祐四明志》卷六之《人物考》,见浙江省地方志编纂委员会编:《宋元浙江方志集成》第9册,杭州出版社2009年版,第4086页。

南袁氏”，其中袁毂来孙袁甫为其父袁燮在城南鉴桥建房舍，举家迁居鉴桥（今解放北路、苍水街交界处），后世亦称之为“鉴桥袁氏”。袁燮次子袁肃一脉居于慈溪竹江，竹江袁氏为城南袁氏的分支。清徐兆昺记云：“袁正献之先，居长春门外，故《族望表》称‘城南袁氏’。袁正献、正肃二公，始居城中鉴桥。见《九灵山房集》。兹录正献以下诸传。其自光禄大夫毂以下至正献之父文诸传，仍列于城南袁氏以下。”①又“戴九灵称絜斋、蒙斋二先生为‘鉴桥袁氏’，知竹江之谱有误”②。

袁充曾孙袁彀，以占籍开封考中进士长期寓居京都，后靖康之乱，其孙袁皋举家迁回甬上，起初与袁毂一支同居南城。至彀玄孙越国公袁韶时始迁南湖，故居在狮子桥西（今日湖一带），称之为“南湖袁氏”，袁毂则传承城南袁氏一脉。“南湖袁氏”成为望族，是从袁韶开始的。袁桷《先大夫行述》为证，“先大夫讳洪，字季源，姓袁氏。袁为明州著姓，州升为庆元。宋仁宗朝，诏外郡得籍开封，举进士。嘉祐初，为开封举首者讳毂，后通判杭州，苏文忠公时为郡太守，日论文史。典处州以终，赠光禄大夫。其宗讳彀，亦占籍开封，试进士，历官至祥符县丞，因家焉。为公六世祖。五世祖讳谓，赠少保。高祖讳皋，赠太保，靖康难作，随青州兵复归里，积善好施。……曾祖讳昇，为明州助教，赠太师、卫国公，树德力卑让，乡里尊信。……祖讳韶，幼学于族父正献公燮，登淳熙丁未第。嘉泰禁道学，自赵忠定以下皆入党，正献公坐废，越公为吴江丞，得罪苏师旦，俱家居避祸。嘉定改元，褒叙赵忠定公、朱文公，于是相次被召，先后为侍从，搢绅荣之。尹临安十年，神明恺悌，自辛弃疾、扬王休、马大同、丘密以后，推公次之。为同知枢密院事，以资政殿大学士、银青光禄大夫、奉化郡开国公致仕，赠太师、越国公。……考讳似道，中散大父、知严州，总核事物，能通达损益，然不乐仕进，守次江阴，将行，乞祠禄以归，理宗异之，赠中大夫。公严州次子，七岁能讽诵《诗》《书》《左氏》，通大义。以越公遗表恩，奏补承务郎。年十七，试吏部，铨监镇江府大军仓。”③袁桷《海盐州儒学教授袁府君墓表》又证之，墓表云：“维袁氏，四明大族。繇处州太守毂，试开封府第一，登嘉祐四年进士第，佐苏文忠守杭，文忠为同年生，后赠光禄大夫。生仓部郎中讳灼，得罪政和以归。生赠朝奉讳坰。朝奉生通议大夫讳文。通议生龙图阁学士赠少师讳燮，尝以礼部侍郎专史事，谥正献，天下称为絜斋先生。桷七世祖讳彀，试开封，以中书守当官，迁祥符县丞。生曾孙，为少傅、同知枢密院事讳韶，赠太师、越国公，受学正献公，于宗谱为族子，相踵登淳熙进士第，同入秘书省为史官，先后侍从，缙绅荣之。正献生子四，俱至名卿

① （清）徐兆昺著，桂心仪、周冠明等点注：《四明谈助》卷十二《北城诸迹·三下》，宁波出版社 2003 年版，第 351 页。

② （清）徐兆昺著，桂心仪、周冠明等点注：《四明谈助》卷十二《北城诸迹·三下》，宁波出版社 2003 年版，第 351 页。

③ （元）袁桷撰，王颋点校：《清容居士集》卷三十三《先大夫行述》，浙江古籍出版社 2015 年版，第 803—804 页。

尚书东宫官，而第三子最清显，嘉定七年进士第一。再任国子祭酒，仕至兵部尚书、给事中、实录史院修撰，讳甫，赠少傅，谥正肃，天下称为蒙斋先生。正肃次子讳傒，通判潭州。是生君，讳裒，字德平，以安定长授海盐州儒学教授。”①

四明城南袁氏一族因袁毂中进士起家，长期受惠于科举考试，以儒学、辞藻擅名于世，诗书礼仪传承悠远。城南袁氏崛起于北宋中叶，南宋中期成为陆学的重要继承人，称得上四明名族。《宝庆四明志》云：袁毂“子灼，曾孙章，玄孙燮、洽，六代孙肃、甫、商，七代孙衡，世科相踵。甫嘉定甲戌廷对为进士第一”②。袁燮《先公行状》言：“惟四明袁氏，自我曾祖以儒学辞藻起家，名震一时，历事四朝，直道寡合，卒老一州。”③全祖望在《甬上族望表》中列城南袁氏共七望，其望族寿祚绵延200年，可谓宋代甬上的文化世家。其累代为官，政治、学术地位都举足轻重，其实力令他族望尘莫及。其家族传承不绝源于家族弟子好学及其丰富的藏书，其中城南袁氏藏书有文献可考始于袁文，经袁燮、袁肃、袁涛等之传，毁于宋元易代之际的战火，而南湖袁氏自袁韶贮书以来，经袁似道、袁洪的护持，至袁桷乃以四世之传，富甲海内。

在袁氏家族藏书中，袁家人特别重视历代资料的搜集与整理，袁氏家族曾出过五个史官，亦可佐证其家族藏书甚富。袁桷记曰：“自念先高叔祖少傅正献公燮，尝嘉定间，以礼部侍郎、秘书监专修宋史，具有成书。曾祖太史师枢密越公韶，为秘书监著作郎，迁秘书丞，同预史事。曾叔祖少傅正肃公甫，吏部尚书商，俱以尚书修撰实录。”④“夫子作《春秋》，讥世卿，史非世官不能。两家子孙，凡五为史官。”⑤“昔司马迁、班固、皆以夫子相传，遂能成书。刘知几、刘餗、刘赞，咸以家世旧闻，撰成《史通》《史例》。”⑥

① （元）袁桷撰，王颋点校：《清容居士集》卷三十《海盐州儒学教授袁府君墓表》，浙江古籍出版社2015年版，第752—753页。

② （宋）罗濬撰：《宝庆四明志》卷八《郡志八·叙人上》，见（清）永瑢、纪昀等编纂：《四库全书》第487册，上海古籍出版社1987年版，景印文渊阁本，第116页。

③ （宋）袁燮撰：《絜斋集》卷十六《先公行状（代父作叙）》，中华书局1985年版，第268页。

④ （元）袁桷撰，王颋点校：《清容居士集》卷四十一《修辽金宋史搜访遗书条例事状》，浙江古籍出版社2015年版，第980页。

⑤ （元）袁桷撰，王颋点校：《清容居士集》三十《海盐州儒学教授袁府君墓表》，浙江古籍出版社2015年版，第752—753页。

⑥ （元）袁桷撰，王颋点校：《清容居士集》卷四十一《修辽金宋史搜访遗书条例事状》，浙江古籍出版社2015年版，第980页。

附：宋代四明城南袁氏家族中有文献可考登科年的进士名录①

姓　名	家族成员关系	登科年
袁　毂（一世）	毂兄	宋庆历二年（1042）壬午科进士
袁　毂（一世）	毂之弟，袁灼父，燮曾祖	宋嘉祐六年（1061）辛丑科进士
袁　灼（二世）	毂长子，袁埴、坰、堪、增父	宋元祐六年（1091）辛未科进士
袁　章（四世）	灼孙，毂曾孙、坰次子，文弟	宋乾道五年（1169）己丑科进士
袁　燮（五世）	灼曾孙，坰孙，文子，乔②父，桷高叔祖	宋淳熙八年（1181）辛丑科进士
袁　洽（五世）	毂四世孙，章侄、方③次子	宋庆元二年（1196）丙辰科进士
袁　韶（六世）	毂来孙，皋孙，昇子，袁桷曾祖	宋淳熙十四年（1187）丁未科进士
袁　肃（六世）	燮次子	宋庆元五年（1199）己未科进士
袁　甫（六世）	燮三子，袁衡父，桷曾叔祖	宋嘉定七年（1214）甲戌科状元
袁　商（六世）	燮四子，桷曾叔祖	宋嘉定十六年（1223）癸未科进士
袁　符（六世）	章孙	宋淳祐七年（1247）丁未科进士
袁　衡（七世）	燮孙，甫长子	宋宝庆二年（1226）丙戌科进士
袁　采（八世）	衡子	宋淳祐七年（1247）丁未科进士
袁士复（九世）	隶曾孙	宋宝祐元年（1253）癸丑科进士

（二）四明城南袁氏家族进士藏书

1.袁氏家族进士藏书

城南袁氏家族对于读书与藏书等保持着较高的热情，一门多出学者。袁毂师事教授楼郁，是城南袁氏家族业儒的开端。楼郁在月湖柳亭有讲舍（后为城南书院），袁毂曾为都讲生，楼郁迁走后，讲舍为袁毂所继承。袁毂受学于楼郁，不负楼郁所

① 按：是书以进士袁毂算为一世起。此表参考文献：·（宋）张津等撰：《乾道四明图经》卷十二《进士题名记》，台北成文出版社1983年据清咸丰四年刊本影印。（宋）罗浚纂：《宝庆四明志》卷八至卷十，见（清）永瑢、纪昀等编纂：《四库全书》第487册，上海古籍出版社1987年景印文渊阁本。·（元）袁桷撰：《延祐四明志》卷四至卷六，见浙江省地方志编纂委员会编：《宋元浙江方志集成》第9册，杭州出版社2009年版。·（清）嵇曾筠、李卫等修，（清）沈翼机等纂：《雍正浙江通志》（三）卷一百二十三至卷一百三十《选举》，浙江省地方志编纂委员会编：《中国地方志集成·省志辑·浙江》（5），凤凰出版社2010年影印本。·（清）钱维乔等纂，钱大昕等撰：《乾隆鄞县志》卷九《选举表》（上），所记载的宋代进士题名，见《续修四库全书》编纂委员会、复旦大学图书馆古籍部编：《续修四库全书》第706册，上海古籍出版社2003年版。

② 注：袁乔（六世），字崇谦，一字仲谦，为学勤笃，为乡进士，官宣义郎，新昌、溧阳知县。

③ 注：袁方（四世）（1143—1209），字诚之，师从乡先生郑锷、浙东签判沈公及从兄袁章讲学，服膺经训，尤精于《诗》，以特科补雍州文学，调迪功郎、镇江府丹阳县主簿，监潭州南岳庙。袁燮有《叔父迪功郎监潭州南岳庙行状》述其事迹。

望,“一程文于开封,两试于乡,皆第一。嘉祐六年,中进士第”①。全祖望有诗云:“在昔楼评事,于此辟榛荆。中有袁光禄,实为都讲生。评事既徙居,光禄乃绍承。薪传历三世,硕儒大其声。鸢飞而鱼跃,此心共清明。由来小天地,胡为常惺惺。精庐纷户屦,至教多所存。敏者或自得,钝者或涕零。嗣者有广徽,家学逾噌弘。王道在《尚书》,圣学在《孝经》。濒江几楹屋,繁星耀太清。科举日以盛,徽言日以零。千里生民业,但为温饱营。西瞻鄮山塾,亦复没蒿艿。”②若袁毂“博贯群书,擅名辞藻”③;袁灼“以儒学辞藻,擅名当世”④;袁垌“蚤夜孳孳,思所以不坠家声者,服儒业,充养德性”⑤;袁文“务学益勤,一书精通,始阅他书”⑥;袁章“自少至老,未尝废书”⑦;袁涛⑧“藏书满室,其乐有余”⑨,“嗜书如饥渴,严寒酷暑,披览讽诵,未尝暂辍”⑩;袁燮志气恢宏,博览群书,“自六经诸子百家及前代治乱兴亡之迹,暨国朝故事,靡不该贯。于先圣格言大训,玩索尤精,有契于心则终日讽咏”⑪;袁甫“夜再讲,率至二鼓,无倦容”⑫。传至袁裒⑬,宋亡入元。裒雅好经史,探索理学、心学以及浙东之学,使其家风仍得以传承。楼钥云:“袁氏四世凡五公,唐朝三相传家风。君家

---

① (宋)张津等纂修:《乾道四明图经》卷二,见浙江省地方志编纂委员会编:《宋元浙江方志集成》第7册,杭州出版社2009年版,第2897页。

② (清)徐兆昺著,桂心仪、周冠明等点注:《四明谈助》卷三十《西郭南郭·句余土音·城南古迹·过柳亭访袁正献公絜斋书院》,宁波出版社2003年版,第1023页。

③ (宋)罗浚撰:《宝庆四明志》卷八《郡志八·叙人上》,见(清)永瑢、纪昀等编纂:《四库全书》第487册,上海古籍出版社1987年版,景印文渊阁本,第116页。

④ (宋)袁燮撰:《絜斋集》卷十七《先祖墓表》,中华书局1985年版,第279页。

⑤ (宋)袁燮撰:《絜斋集》卷十七《先祖墓表》,中华书局1985年版,第279页。

⑥ (宋)袁燮撰:《絜斋集》卷十七《先公墓表》,中华书局1985年版,第282页。

⑦ (宋)袁燮撰:《絜斋集》卷十六《叔父承议郎通判常德府行状》,中华书局1985年版,第272页。

⑧ 按:袁涛(五世)(1138—1219)字巨济,鄞县人。袁毂玄孙,袁灼曾孙,袁堪孙,袁有年子。袁燮《絜斋集》卷二十《从兄学录墓志铭》:“君自幼不群,长嗜书如饥渴,严寒酷暑,披览讽诵,未尝暂辍,以能赋称。叔父(按即袁章)常德郡丞,以儒学教授里中,君亲炙焉。质疑请益,闻见日广。属辞典雅清壮,尤覃思经籍,叔父称美之。某君之再从弟也。年十七八时,共学于乡校。……君试庠序,屡占前列,至乡试辄不利”,自叹纵不得志于场屋,独不能免于进修。由于其博学,郡博士知其为贤士,延聘其为学录。袁涛好学,终身热忱不变,沉耽简策,服膺圣哲之言,潜心义理之学,至老不倦。著有《易说》《诗指意》《论语管窥》《孟子说》,余力所及,贯穿历代史,采摭诸子百代,于是乎有《三国笺辨》《记林》《遽庐丛编》等。

⑨ (宋)袁燮撰:《絜斋集》卷二十《从兄学录墓志铭》,中华书局1985年版,第343—344页。

⑩ (宋)袁燮撰:《絜斋集》卷二十《从兄学录墓志铭》,中华书局1985年版,第343—344页。

⑪ (清)冯可镛辑:《慈湖先生遗书补编》之《故龙图阁学士袁公墓志铭》,见王德毅主编:《丛书集成续编》第130册,(台北)新文丰出版公司1989年版,第448页。

⑫ (清)徐兆昺著,桂心仪、周冠明等点注:《四明谈助》卷十二《北城诸迹·三下》,宁波出版社2003年版,第353页。

⑬ 注:袁裒(八世)(1260—1320),字德平,自号眠鹿山人,袁甫之孙。年二十时,宋亡入元,不图仕进,熟谙台阁故事,后以安定书院授海盐州儒学教授,未拜。因袁燮留下的老宅发生火灾,遂留南城,乃与袁桷一起昼夜探求学问。雅好经史,探索理学、心学以及浙东之学。工书法,擅长小楷与行书,撰有《书学集要》。

九代擅儒业，高曾艺苑俱称雄。大父谦尊古君子，诸父名高表吾里。一门子弟更竟爽。”①

袁　轂（一世）（1037—1110）　毂之弟，燮曾祖。字容直，一字公济，谱记其号用载。“举进士，一试于开封，两试于乡皆第一。嘉祐六年中第”，“尉建安，历青州录事参军，所治狱无不尽其情。后以荐知邵武军”②，“移知处州，终朝奉大夫，赠光禄大夫”③。袁轂才气敏捷，学贯古今，“以文名天下。为人磊落明白，推诚自信，急人之所不足。著文集七十卷，藏于家。纂《通题》九十卷、《韵类》一百卷，行于世”④。袁燮称“惟四明袁氏，自我曾祖以儒学辞藻起家，名震一时，历事四朝，直道寡合，卒老一州”⑤。《雍正浙江通志》卷一百六十八有其传。

袁轂《韵类题选》分门别类科学合理，线索清晰，使用便利，学者楼钥对《韵类》最为推重，称：“自少学赋，最重《韵类》之书，穷以为古今类书第一。盖类书必须分门，虽多出名公，而事多重叠，又必有杂门。惟此书以韵别之。读者随字径取，一索而获，每一目之下，必有赋题，故以《题选》为名。况公编纂精确，诸经注疏，搜括无遗。”⑥惜今均佚。今仅存《多福院记》一文，系元祐二年（1087）二月所撰，其内容详见《延祐四明志》卷十九《集古考》⑦。

袁轂与苏轼同科进士，元祐八年（1093），东坡为杭州郡守，轂任通判。二人雅好诗词，相得益欢，唱酬颇多。《宝庆四明志》云：袁轂“通判杭州，其为开封举首也，苏文忠轼实为之亚。及贰郡而苏公为守，相得益欢，唱酬篇什甚富”⑧，若《次韵袁公济谢芎椒诗》《袁公济和刘景文登介亭诗复次韵答之》《九日袁公济有诗次其韵》等。轂玄孙袁燮言：“初东坡苏公守杭州，我曾大父宾佐之，志同道合，唱酬篇什甚众，流风遗韵被于后昆。”⑨

---

① （宋）楼钥撰：《攻媿集》卷四《送袁恭安赴江州节推》，见中华书局编辑部：《丛书集成初编》442，中华书局2011年影印本，第229页。

② （清）嵇曾筠、李卫等修，（清）沈翼机等纂：《雍正浙江通志》（四）卷一百六十八《人物三·袁轂》，浙江省地方志编纂委员会编：《中国地方志集成·省志辑·浙江》（6），凤凰出版社2010年影印本，第518页。

③ （宋）罗浚撰：《宝庆四明志》卷八《郡志八·叙人上》，见（清）永瑢、纪昀等编纂：《四库全书》第487册，上海古籍出版社1987年版，景印文渊阁本，第116页。

④ （宋）张津等纂修：《乾道四明图经》卷二，见浙江省地方志编纂委员会编：《宋元浙江方志集成》第7册，杭州出版社2009年版，第2897页。

⑤ （宋）袁燮撰：《絜斋集》见（宋）袁燮撰：《絜斋集》卷十六《先公行状（代父作叙）》，中华书局1985年版，第268页。

⑥ （宋）楼钥撰：《攻媿集》卷七十七《跋袁光禄轂与东坡同官事迹》，中华书局编辑部：《丛书集成初编》443，中华书局2011年影印本，第627页。

⑦ （元）袁桷撰：《延祐四明志》卷十九之《集古考》，见浙江省地方志编纂委员会编：《宋元浙江方志集成》第9册，杭州出版社2009年版，第4405—4406页。

⑧ （宋）罗浚撰：《宝庆四明志》卷八《郡志八·叙人上》，见（清）永瑢、纪昀等编纂：《四库全书》第487册，上海古籍出版社1987年版，景印文渊阁本，第116页。

⑨ （宋）袁燮撰：《絜斋集》卷十六《先公行状（代父作叙）》，中华书局1985年版，第268页。

袁　灼（二世）（1070—？）　袁轂长子。字光晦，一字子烈。“元祐六年辛未马涓榜”进士[1]，《宝庆四明志》载，轂子“灼，字子烈，仕于朝，为光禄寺丞、军器少监出知婺州……终朝议大夫”[2]。此时，袁氏家族人丁开始兴旺，袁灼以进士得官，进一步稳固并发展了袁家的基业，袁燮在《先祖墓表》中云：“光禄公以儒学辞藻，擅名当世。仓部公亦笃志遵业，无忝前人，而袁氏一门，于是始大。”[3]袁灼在城南袁氏家族的儒业发展中起到传承与奠基作用。

袁　坰[4]（三世）　袁灼次子。“清虚寡欲，惟以观书、赋诗、鼓琴自娱，诗律精严”[5]。重视家庭教育，尊师重道。其子袁文记其父坰云：“余家自建炎来稍衰，先父思有以大门庭，则惟以教子为急，择得一刘先生，名宏字彦博，命余兄弟师之。自入学后，未尝三日无馈遗，敬礼倍至。”[6]“为子择师，金先生彦博，授徒里中，时论归之。命公（即袁文）从学，而遇其师甚厚，殆罕其比。乡人谈及此事，皆云当以袁氏为法”[7]，以承续家族的文脉绵延不断。

袁　文[8]（四世）　袁坰长子。其“笃厚而聪警，方童丱时，不烦督促。自喜读书，仓部雅有知人之鉴，谓公与弟章，异于他孙，长必能以儒学奋发。爰取夫敏而好学、出言有章者，而命名焉。……以能赋称，且覃思经籍，学业日富”[9]。传承其父重视家庭教育的传统，“朝奉志尚高洁，恬于荣利，惟教子是急。金先生彦博，模范一乡，俾公受业，日侦伺颜色，惟恐毫发不当其意。未有室家，为之聘娶，饷遗无虚日”[10]。袁文尤好古图、书画、器玩，搜集庋藏，并环列左右，时时展对。晚年惟好书之意弥笃，日抄书数千字。尝自云：“平生无所嗜好，独于书画颇亦拳拳焉。故于所居之东偏，开一小轩，榜曰卧雪。每日徜徉其中，自读书作字之外，则取古书画展玩披览，未尝辄去手。虽德望之尊，爵位之崇，去彦猷远甚。然吾之乐，乃彦猷欲为而不可得者，愿不为幸欤。古诗云：‘老知书书画真有益，非过论也。’……所蓄书画，悉分与平日

---

① （清）嵇曾筠、李卫等修，（清）沈翼机等纂：《雍正浙江通志》（三）卷一百二十四《选举》，浙江省地方志编纂委员会编：《中国地方志集成·省志辑·浙江》（5），凤凰出版社2010年影印本，第574页。

② （宋）罗浚撰：《宝庆四明志》卷八《郡志八·叙人上》，见（清）永瑢、纪昀等编纂：《四库全书》第487册，上海古籍出版社1987年版，景印文渊阁本，第116页。

③ （宋）袁燮撰：《絜斋集》卷十七《先祖墓表》，中华书局1985年版，第279页。

④ 按：袁坰（1097—1155），字卿远，号敦孚。其淡泊名利，洁身自好，信奉儒业，又乐善好施，以德性闻名乡里。

⑤ （宋）袁燮撰：《絜斋集》卷十七《先祖墓表》，中华书局1985年版，第280页。

⑥ （宋）袁文撰：《瓮牖闲评》卷八，中华书局1985年版，第83页。

⑦ （宋）袁燮撰：《絜斋集》卷十七《先公墓表》，中华书局1985年版，第281页。

⑧ 按：袁文（1119—1190），字质甫，号逸叟。燮之父，为人亮直，不求仕进，专心学术，不事生产，平居惟读书不懈且博览群籍，上自经史子集，下至稗官小说，奥编隐轶，考订经史、古籍、尤精小学。有《名贤碎事》手抄三十巨帙，无一字不楷。杂著一编，名曰《瓮牖闲评》，搜抉隐微，辨正讹谬。生平事迹参见《宋史翼》卷二十八《文苑三·袁文传》。

⑨ （宋）袁燮撰：《絜斋集》卷十七《先公墓表》，中华书局1985年版，第281—282页。

⑩ （宋）袁燮撰：《絜斋集》卷十六《叔父承议郎通判常德府行状》，中华书局1985年版，第270页。

相知，二公可谓达矣。”①袁文“有园数亩，稍植花竹，日涉成趣。性不喜奢靡，居处服用率简朴。然颇喜古图画器玩，环列左右，前辈诸公遗墨尤所珍爱，时时展对，想见其人雅尚清致”。“晚岁泊然，平生所好，视之若无。圃亦茀不治，犹好书之意弥笃。自言：吾虽老，壮心犹在，观书作字，一如少时。平旦即起，日抄书数千字，端劲有力。自经史子集，下至稗官小说，奥编隐帙，多所记览。好观历朝故事，既录其大者，又掇其小者，为名《贤碎事余》三十卷。字百余万，皆手所自抄也。无惰笔，《杂著》一编，目曰《瓮牖闲评》，凡制度之沿革，事物之原本，传记之讹舛，风俗之变迁，先世之模范，与古今之善可法。”②其子燮亦记云：“古器图画则深好之，每获一物，欣然有喜，尤宝先贤遗墨，时时展对，想见其风度。自言：吾虽老，壮心犹在。年逾七十，盥栉才罢，抄录不辍。”③“广置书以借人”④。袁文卒后，楼钥挽词赞曰：“家学传三世，几间无二书。力行真勇猛，进取故舒徐。前辈多遗墨，先人袛故庐。后来窥瓮牖，志士为欷歔。坦坦幽人履，恂恂长者言。忧时见颜色，乐道竟丘园。隐行推同气，高贤萃一门。四明耆旧传，他日数诸袁。”⑤

城南袁氏继袁文之后真正迎来了人才辈出的盛况，才有了著名的“淳熙四先生”之一的絜斋先生袁燮。袁氏宗族子孙大多在袁文家的学堂受学，如南湖袁氏最重要的奠基人物——越国公袁韶，当年就是在此学堂受学。袁文妻戴氏亲自执教和影响袁氏家族的几代人。南湖袁氏中最具影响力的元代儒学家袁桷在其《清容居士集》中记云：“于时诸生从正献公凡数百人，公教之不及诸子，母夫人戴氏手模颜鲁公大字以教诸孙，宗盟之好实夫人启其议。故越公少年作字亦习此体，后伯祖通判、大父严州尤相与模学进修堂书体。”⑥

袁　章（四世）（1120—1199）　袁垌次子，毂曾孙，灼孙，文弟。字叔平。袁燮云：“公天资隽敏，十岁遍诵五经，十二能赋，翘然秀出，奇童之誉籍甚，而严重静深，不苟言笑，识者知其伟器。……公承亲志，逾自刻苦，日不足，继以夜，隐几而寐，觉复诵书，闻者异之。”⑦“入太学，交友皆英俊，有司程其艺能，屡为之最。公试高等，其选甚难，尝再得隽焉。自秦丞相柄朝，讳言程氏学，以雕琢靡丽相高，公介于其间人所不嗜。日哜嚅之，时见谓朴学，战或不利，公持之不变，退而授徒于乡。以所学淑后进，开明良心，消释鄙倍，从游者日盛，里中推为硕师。年几五十未脱韦布，磨砺不倦。尚书汪公应辰，以鸿儒领贡举，取士先本实，后词艺，公始得在选中，遂登乾道五

① （宋）袁文撰：《瓮牖闲评》卷八，中华书局1985年版，第85页。
② 见（宋）袁燮撰：《絜斋集》卷十六《先公行状（代叔父叙）》，中华书局1985年版，第266—267页。
③ （宋）袁燮撰：《絜斋集》卷十七《先公墓表》，中华书局1985年版，第281页。
④ （宋）袁文撰：《瓮牖闲评》卷六，中华书局1985年版，第56页。
⑤ （宋）楼钥撰，顾大朋点校：《楼钥集》卷八十七《挽词》，浙江古籍出版社2010年版，第1524页。
⑥ （元）袁桷撰，王颋点校：《清容居士集》卷四十七《书敬修堂往返尺牍》，浙江古籍出版社2015年版，第1100页。
⑦ （宋）袁燮撰：《絜斋集》卷十六《叔父承议郎通判常德府行状》，中华书局1985年版，第270页。

年进士第。左迪功郎、绍兴府诸暨县主簿”①,转承议郎。祀明堂,赐绯衣银鱼,主管台州崇道观,通判常德府。卒“葬于慈溪县西屿乡东岭之原”②。

袁章学识淹博,终其一生书不离手,问其古今事,对答如流。性笃孝,居官廉,非其义一概不取,又好藏书,袁燮记曰:公“既冠,志气弥坚,从李莫二先生,质疑请益,闻见日广,诸经皆通大义,尤邃于书”③。“公于博学,自少至老,未尝废书,虽疾病不去手,曰:‘吾每观书,不知沉疴之去体也。’对宾客无杂言,问古今事,其答如响,有一不知,深自愧怍。尝从人借书,手自抄之,蝇头细字,一一精谨,洽闻多识,殆少其比”④。楼钥在代其舅父汪大猷作的祭文中评价云:“惟袁氏四世五公,盛于东都;五世登科,望于乡闾。惟吾叔平,尤为耆儒。少鸣胶庠,文高行孤。中年漫仕,日著令誉。晚益倦游,有宅一区。安贫乐道,随时卷舒。古所谓笃信好学,守死善道,居处恭,执事敬,与人忠者,惟公兼之而有余。寿登八帙,皤鬓霜须。”⑤“尚复有全德笃行,博物洽闻之君子如吾叔平者乎。”⑥

袁 燮(五世)(1141—1224) 袁文次子,毂玄孙,乔⑦、肃⑧、甫、商⑨父。字和叔。袁燮酷嗜书,“少以名节自期,入太学,见陆先生九龄德容粹盎,亲炙之。同里沈、杨、舒三公皆聚于学,朝夕以道义切磨”⑩,“以舍选中,淳熙八年进士第,调江阴尉,召赴都堂审察不就。庆元初,擢太学正”⑪。累迁国子司业祭酒,“以秘书监兼崇政殿说书,迁礼部侍郎,侍讲,犹兼祭酒。讲《诗》二南,于先生正始之本,自身而家,自家而天下者,深寓规儆之意”⑫。其为官“立朝守正不阿,议者指为好名,遂奉祠以归,著述不倦,曰:‘吾以此为笙、镛、管、磬,不知其老也。’所著《絜斋集》五十卷。《四明文

---

① (宋)袁燮撰:《絜斋集》卷十六《叔父承议郎通判常德府行状》,中华书局1985年版,第271页。

② (宋)袁燮撰:《絜斋集》卷十六《叔父承议郎通判常德府行状》,中华书局1985年版,第272页。

③ (宋)袁燮撰:《絜斋集》卷十六《叔父承议郎通判常德府行状》,中华书局1985年版,第270—271页。

④ (宋)袁燮撰:《絜斋集》卷十六《叔父承议郎通判常德府行状》,中华书局1985年版,第272页。

⑤ (宋)楼钥撰:《攻媿集》卷八十四《祭袁通判章代仲舅同乡》,中华书局编辑部:《丛书集成初编》444,中华书局2011年影印本,第094页。

⑥ (宋)楼钥撰:《攻媿集》卷八十四《祭袁通判章代仲舅同乡》,中华书局编辑部:《丛书集成初编》444,中华书局2011年影印本,第095页。

⑦ 注:袁乔(六世),字崇谦,一字仲谦,为学勤笃,为乡进士,官宣义郎,新昌、溧阳知县。

⑧ 按:袁肃(六世)(生卒年不详),字广敬,一字晋斋,又字恭安。毂来孙,灼玄孙,袁燮次子。宋庆元五年(1199)己未科进士,为余姚令,迁江州观察推官,知衢州。嘉定九年(1216)杭州府教授袁肃,因学宫简陋,报请于朝,朝廷准奏,对杭州府学进行扩建,府学形制粗具规模。

⑨ 注:袁商(六世),字清夷,一字可斋。袁燮四子。嘉定十六年(1223)中进士。任承奉郎监临安府新城县税。端平三年(1236)自太常博士除秘书郎,进著作佐郎。官宝谟阁学士,仕至吏部尚书。

⑩ (元)袁桷撰:《延祐四明志》卷四之《絜斋袁先生》,见浙江省地方志编纂委员会编:《宋元浙江方志集成》第9册,杭州出版社2009年版,第4033页。

⑪ (宋)罗濬撰:《宝庆四明志》卷八《郡志八·叙人上》,见(清)永瑢、纪昀等编纂:《四库全书》第487册,上海古籍出版社1987年版,景印文渊阁本,第116页。

⑫ (元)袁桷撰:《延祐四明志》卷四之《絜斋袁先生》,见浙江省地方志编纂委员会编:《宋元浙江方志集成》第9册,杭州出版社2009年版,第4033页。

献志》堇山赞云:'学主存心,教先忠信。植德忤奸,再黜无愠。恬然著述,乐此笙镛。絜斋正献,称谥俱崇。'"[①]著有"《絜斋家塾书钞》十卷,《〈毛诗〉经筵讲义》四卷,《高宗宝训》七十卷,《孝宗宝训》六十卷,《絜斋集》二十六卷《后集》十三卷,《象山年谱》一卷(分上下)。《四库全书简明目录》云:《袁絜斋集》二十六卷,《后集》十三卷。原本久佚,今从《永乐大典》录出。絜斋亦传金溪[②]之学,而较杨敬仲为笃实。其文淳朴质直,不事雕绘。而剖析义理,敷陈政事,皆剀切详明"[③]。史浩称袁燮"学问醇明,性资端厚,守正而无矫激,久在庠序,士子推服"[④]。生平事迹参见《宋元学案》卷七十五《絜斋学案·正献袁絜斋先生燮》及《雍正浙江通志》卷一百七十五《人物五·袁燮传》。

袁燮工诗,"诗文大抵淳朴质直,不事雕绘,而真气流溢,颇近自然。其剖析义理,敷陈利病,凡议论为《语录》所未采,事迹为史传所未详者,亦多足证焉,固不徒以文章贵也"[⑤]。其书室名曰是亦楼。袁燮记云:"余筑小楼于敝庐之东,而以是亦楼名之,或疑焉。余告之曰:'直不高大尔,是亦楼也。人生天地间,所欲无穷,必求所以满足其欲,非道而取,何所不至。养其小而失其大,沦胥不仁不义之域,此余所甚惧而不敢也。楼之深广,寻有五尺,崇近广而杀,材甚朋,体颇具,故曰:"直不高尔,是亦楼也。"'"[⑥]《四明谈助》亦载:"是亦楼,开禧[⑦]正献公建小楼于庐东以自娱,有记,见《絜斋集》。全谢山谓是亦楼在城南,亦有记。今录其记于城南书院后。"[⑧]

作为南宋名臣的袁燮,尝受教于陆氏兄弟,《宋史》载,"燮初入太学,陆九龄为学录,同里沈焕、杨简、舒璘亦皆在学,以道义切磨。后见九龄之弟九渊发明本心之指,乃师事焉。每言人心与天地一本,精思以得之,兢业以守之,则与天地相似。学者称之曰絜斋先生。后谥正献"[⑨]。全祖望言:"宋乾淳以后,学派分而为三,朱学也、吕学也、陆学也。"[⑩]"吾乡前辈于三家之学并有传者,而陆学最先。"[⑪]袁燮在陆门

---

① (清)徐兆昺著,桂心仪、周冠明等点注:《四明谈助》卷十二《北城诸迹·三下》,宁波出版社2003年版,第352—353页。

② 注:金溪之学,即二陆(陆九渊、陆九龄)之心学。二陆为金溪人。

③ (清)徐兆昺著,桂心仪、周冠明等点注:《四明谈助》卷十二《北城诸迹·三下》,宁波出版社2003年版,第353页。

④ (宋)史浩《鄮峰真隐漫录》卷九《陛辞荐薛叔似等札子》,见(宋)史浩撰,俞信芳点校:《史浩集》,浙江古籍出版社2016年版,第183页。

⑤ 曾枣庄、李凯、彭君华编:《宋文纪事》卷八十八《袁燮》,四川大学出版社1995年版,第1311页。

⑥ (宋)袁燮撰:《絜斋集》卷十《是亦楼记》,中华书局1985年版,第160页。

⑦ 按:宋开禧年间(1205—1207)。

⑧ (清)徐兆昺著,桂心仪、周冠明等点注:《四明谈助》卷十二《北城诸迹·三下》,宁波出版社2003年版,第351页。

⑨ (元)脱脱等撰:《宋史》卷四百《列传第一百五十九·袁燮传》,中华书局1977年版,第12147页。

⑩ (清)全祖望著:《鲒埼亭集外编》卷十六《同谷三先生书院记》,见王云五主编:《万有文库》第二集(七百种),(上海)商务印书馆1936年版,第871页

⑪ (清)全祖望著:《鲒埼亭集外编》卷十六《同谷三先生书院记》,见王云五主编:《万有文库》第二集(七百种),(上海)商务印书馆1936年版,第871页。

弟子中官职最高,学生又多,遂成为发扬陆学的重要人物。“四先生中,长庚晓日最光,显于暮年者,文元与正献(燮)也,而文元之教不如正献之密。盖槐堂论学之宗旨,以发明本心为入门,而非全力。正献之言有曰:‘学贵自得,心明则本立,是其入门也。’又曰:‘深思而得之,兢业而守之,是其全力也。’”①袁燮的学生如《宋元学案》所述诸人有:朱元龙、胡谊、胡谦、朱震、徐愿、舒衍、孙枝、朱介、魏椝、洪扬祖、傅正夫、郑节夫、邵叔谊、袁韶外,其著作《絜斋集》中,尚有胡革、章麟、李雄飞、路康、汪敏中等。此外,继承其衣钵的状元儿子袁甫,将其学术发扬光大,全祖望曰:“有宋以来,大儒林立,其子弟能守其绪言者甚多,而再世并为大儒则不概见,盖前惟武夷胡氏、籍溪、致堂、五峰、茆堂,连枝接叶,以大文定之传。其后惟袁氏,实生正肃(袁甫),冠冕一时。黄提刑东发最主闽学,至于正肃,以为晚宋无先之者。”②章学诚亦言:“浙东之学,虽出婺源,然自三袁之流,多宗江西陆氏。”③三袁指袁燮、袁肃、袁甫父子三人。

袁　甫(六世)(1179—1257)　袁燮三子,毂来孙,灼玄孙,衡父,桷曾叔祖。字广微,号蒙斋。少承家学,又受学于“淳熙四先生”之一的慈湖先生杨简。甫嗜学,“自幼洎长,侍先君子侧。平旦集诸生及诸子危坐说书。夜再讲,率至二鼓,无倦容”④。“嘉定七年进士第一。签书建康军节度使判官厅公事,授秘书省正字”⑤。“嘉熙元年,选中书舍人。……权兵部尚书,暂兼吏部尚书,卒,赠通议大夫,谥正肃”⑥。《四明谈助》亦载:“公居官切爱民,所至有惠政。立朝正色,无所阿附。王深宁先生,谓近日科名有益世道者,惟公一人而已。所著《蒙斋文集》行世。”⑦又“有《孝说》《孟子解》《后省封驳》《信安志》《江东荒政录》《防拓录》《乐事录》及文集行世”⑧。生平事迹参见《延祐四明志》卷五《袁甫传》及《康熙浙江通志》卷三十二《袁甫传》。

《甬上耆旧诗》称:“公少服父训,知为学当师圣人,以立志为先。后问道于杨文元公,告之曰:‘学贵自得,此尊公之训也。心明则本立矣。’由是,慨然似斯道自任。居官切于爱民,所至有惠政;立朝正色无所阿附。王深宁先生谓:‘近日科名有益世

---

① (清)全祖望著:《鲒埼亭集外编》卷十六《城南书院记》,见王云五主编:《万有文库》第二集(七百种),(上海)商务印书馆 1936 年版,第 869 页。

② (清)全祖望著:《鲒埼亭集外编》卷十六《城南书院记》,见王云五主编:《万有文库》第二集(七百种),(上海)商务印书馆 1936 年版,第 870 页。

③ (清)章学诚著:《文史通义》卷五,上海书店出版社 1988 年版,第 65 页。

④ (清)徐兆昺著,桂心仪、周冠明等点注:《四明谈助》卷十二《北城诸迹·三下》,宁波出版社 2003 年版,第 353 页。

⑤ (元)脱脱等撰:《宋史》卷四百五《列传第一百六十四·袁甫传》,中华书局 1977 年版,第 12237 页。

⑥ (元)脱脱等撰:《宋史》卷四百五《列传第一百六十四·袁甫传》,中华书局 1977 年版,第 12241 页。

⑦ (清)徐兆昺著,桂心仪、周冠明等点注:《四明谈助》卷十二《北城诸迹·三下》,宁波出版社 2003 年版,第 354 页。

⑧ (元)脱脱等撰:《宋史》卷四百五《列传第一百六十四·袁甫》,中华书局 1977 年版,第 12242 页。

道者，唯公一人而已。’”①袁甫是甬上名气最响的一位状元，全祖望言：“吾乡由南宋以暨于今，抡大魁者不一，流传既久，即其子孙，或不知为何等之人，若后辈，则已有昧其姓氏者，彼其生前荣进之阶，几如飘风好鸟之过，虽欲藉此以望九品之下中，或不可得。而七百余年以来，独广微先生长，在人耳目，虽三家村老学究，罔不敛容肃拜，以为是淳熙正学之宗子，嘉定之人师也。盖自有进士一科，其以理学大儒膺此选者，横浦、玉川与广微而三，屹然相望于三江千里之间，而吾乡获居其一，斯则枌榆之嘉话也。”②清人徐兆昺称：“鉴桥之西，嘉定甲戌状元，兵部尚书袁甫所居，有状元坊。”③

袁甫通判湖州时，创办幼儿求助机构——婴儿局，收养弃婴及流浪儿童，是现知世界上最早的专业官营孤儿院之一。绍定三年（1230）兼任江东提点刑狱，后移司鄱阳，讲学学宫，修葺庐山白鹿洞书院，重建贵溪象山书院。袁甫于绍兴四年（1231）刻印过其父袁燮《絜斋家塾书钞》十二卷，袁甫《絜斋家塾书钞后序》云：“先君子之学源自象山，明白光粹，无一瑕疵，可谓不失本心矣。是编也，伯兄手抄，虽非全书，然发挥本心大旨具在。伯兄名乔，天资纯正，用志勤笃。尝宰溧阳，视民犹子，邑人德之。惜未尽行所学耳。甫悼先君子之殁，幸伯兄之有传，今又云亡，痛曷有已！遂刻是编，名曰《絜斋家塾书钞》，而纳诸象山书院，以与世世学者共之。绍定四年辛卯良月己未，男甫谨书。”④

关于城南袁氏藏书留存或散佚，因宋亡，史料缺失，今已无考。

2.袁氏家族藏书传承与散佚

袁毂传至袁韶时，袁氏以雄厚的经济实力作为支撑，成为一代藏书世家。袁韶举进士，官至秘书著作郎迁秘书丞，从秘阁及故家中传录大量书籍。绍定四年（1231）袁韶归里，构筑了藏书楼，将书贮于东西荣堂。其子袁似道又有增益，聚书至数万卷。到袁洪、袁桷父子，旧书已传有四世，正如《四库全书总目提要》卷六十八评价说：“桷先世在宋，多以文学知名，称东南故家遗献。”很好地说明了袁氏家族的文风渊源。

袁　韶（六世）（1161—1237）　毂来孙，皋孙，昇子，袁桷曾祖。“字彦淳。幼从正献公燮学于城南。淳熙癸卯，与乡书。明年，当赴礼部，愿卒受业。是年，阖郡上礼

---

① （清）胡文学辑选，（清）李邺嗣叙传，袁元龙点注：《甬上耆旧诗》卷二《少傅通奉大夫袁正肃公甫》，宁波出版社2010年版，第38页。

② （清）全祖望著：《鲒埼亭集》卷二十四《宁波府儒学进士题名碑》，见王云五主编：《万有文库》第二集（七百种），（上海）商务印书馆1936年版，第306页。

③ （清）徐兆昺著，桂心仪、周冠明等点注：《四明谈助》卷十二《北城诸迹·三下》，宁波出版社2003年版，第350页。

④ （清）徐兆昺著，桂心仪、周冠明等点注：《四明谈助》卷十二《北城诸迹·三下》，宁波出版社2003年版，第353页。

俱不第,公独以旧牒登淳熙丁未第。嘉泰中,为吴江丞。"[1]嘉定辛未,召为太常丞主簿。"嘉定庚辰,尹临安,自是几十年,理讼精简,道不拾遗,里巷争呼为佛子。所治疑狱,不可胜纪,至今遗老犹能言之。……绍定戊子,拜同知枢密院事",又拜浙西制置使,仍治临安以镇遏之。"端平初,奉祠,薨,时年七十有七,赠少傅。后以郊恩,累赠太师、越国公。"[2]袁韶卒后葬于鸣鹤解家村西双峰山南麓,此地翠竹森森,泉水淙淙,墓在竹径深处,现为慈溪市重点文物保护单位。生平事迹参见《宋史》卷四百十五《列传第一百七十四・袁韶传》、《康熙浙江通志》卷三十二《袁韶传》。

袁韶嗜书,早年因家贫无力购书,常抄书自读。参加考选进士时,多手抄入藏并强记之,袁韶曾往南宋中秘抄录秘籍,为官后不断访求古籍直至老。一生抄书、购书不辍。对于袁韶藏书始末,其曾孙袁桷《袁氏旧书目序》记其藏书经过甚详:"《袁氏旧书目》者,目袁氏旧书之存于今者也。始曾大父越公举进士时,贫不能得书,书多手抄强记。至用高祖妣齐国夫人鱼鱿冠学书,后官中都,凡二十有五年,乃务置书,以偿宿昔所志。其世所未有,则从中秘书及故家传录以归,于是书始备矣。于时,国家承平,四方无兵革之虞,多用文儒为牧守,公私闲暇,击鲜享醴会寮属,以校雠刻书为美绩。至于细民,亦皆转相模锓,以取衣食。而闽之建、蜀之益,其最著者也。绍定辛卯,公自宥府归里,遂累土为堂,贮所得书于东西荣。公日处其中,客至,不复道世事。顾嗜陈、黄诗,择其适意者,手书为编。寓物咏歌,与道游遨,休休焉不知其年之将耄。如是者七年而薨。旧书之传,距于今四世矣。桷幼闻公从学正献公时,有手校《九经》,旁说疑义,皆附书左右,最为精善。"[3]其中袁集应以采购福建、四川刊印者为主。至于罕见之书,便是至宫中及故家抄录。可见,袁韶晚年辞官归故里后,以贮书、校书为乐,所校《九经》为精善之本。

藏书处除东西轩外,又有贮书堂。所撰《钱塘先贤传》一卷,四库馆臣称该传记资料于事实"多得之故老流传,颇为详赡,修正史者因采以入传,故与《宋史》颇相吻合。传赞亦古雅可诵,固非后来地志家夸饰附会之比也"[4]。

---

① (元)袁桷撰:《延祐四明志》卷五之《袁韶》,见浙江省地方志编纂委员会编:《宋元浙江方志集成》第9册,杭州出版社2009年版,第4062页。

② (元)袁桷撰:《延祐四明志》卷五之《袁韶》,见浙江省地方志编纂委员会编:《宋元浙江方志集成》第9册,杭州出版社2009年版,第4063页。

③ (元)袁桷撰,王颋点校:《清容居士集》卷二十二《袁氏旧书目序》,浙江古籍出版社2015年版,第599页。

④ (清)永瑢、纪昀主编,周仁等整理:《四库全书总目提要》卷五十七《史部十三・传记类一・钱塘先贤传》,海南出版社1999年版,第327页。

袁韶子袁似道[①]（七世）　官严州知府，“与柄臣贾氏同名，遂退屏里居，益内治产业”[②]。继其父素业，筑南园以聚书，藏书数万卷。且精于鉴别，对碑帖、书画均较为精通，袁桷记云：大父“训范严密，居家治具毕举，区别工技，悉精其能。堂奥危坐无笑色。聚书至数万卷。图画鼎彝，鉴裁得源委，而先处州尊奉诫令，教子昼夜不废”[③]。“大父承绪展世，不赫赫以求高，命所居堂曰拙逸，曰得闲，殆见其雅志，将以俟于后矣”[④]。其藏书中，地方志占有相当的比重，江浙地区的图志，除了嘉兴府外皆有收藏。元嘉兴人郭晦《嘉禾志序》记述袁似道藏书：“嘉禾为志何昉乎。犹记袁似道为郡子治中[⑤]，其家富有古书，江浙图志无不备，独禾兴阙。然非阙也，禾兴经邑为州，才二百载，五代至宋初，皆倥偬不暇。真宗景德四年，尝诏诸道修图经，谨得海盐一志而已。”[⑥]明人李东阳所撰《嘉兴府志序》亦云：“嘉兴府古扬州域，历代之为县为州，郡沿革不同，五季以前未有图志。宋袁似衜为郡治中，家中多书江浙图志，惟此为焉阙。真宗诏诸道修图经，谨得海盐一志而已。”[⑦]

袁似道子袁洪[⑧]（八世）　入元后，辞官居家，以读书与藏书自娱，硕儒王应麟、胡三省、戴表元及诗僧圆至等都曾馆于其家。袁洪继承袁韶之藏书，成为其东轩图书的重要典藏部分，惜部分藏书毁于战火。袁氏家族书籍毁于战火后，袁洪曾领袁桷至南宋故都杭州购书，恢复旧藏，其子袁桷记云：“往年春，书毁于火，偃仰草茇，所失物不复追忆，而于书独不能忘怀。已乃思前之五失，一旦而悟，将从事与内以求自得之实。其年夏，大人过故都，复购遗阙，箧载以归。意者斯文之富，将过乎昔。而余又思旁搜远录，俾夫昔日之藏矣。”[⑨]可窥袁洪甚为重视家族藏书，并力图恢复家族藏书的旧观。

---

① 按：袁似道（1190—1257），字子渊，一字静寄。以父荫补承务郎，监无为县襄安镇。绍定四年（1231）为江南路安抚司干办。端平二年（1235）充沿海制置司机宜文字。淳祐七年（1247）通判嘉兴府，淳祐十年（1250）知严州，后因与柄臣贾似道同名，遂退归。

② （元）袁桷撰：《延祐四明志》卷五之《袁洪》，见浙江省地方志编纂委员会编：《宋元浙江方志集成》第9册，杭州出版社2009年版，第4075—4076页。

③ （元）袁桷撰，王颋点校：《清容居士集》卷三十三《西山阡表》，浙江古籍出版社2015年版，第800—820页。

④ （元）袁桷撰，王颋点校：《清容居士集》卷三十三《西山阡表》，浙江古籍出版社2015年版，第800—802页。

⑤ 《全元文》注：犹记袁似道为郡治中；“道”，《至元嘉禾志》作“衜”。袁似道于淳祐七年（1247）通判嘉兴府。

⑥ （元）郭晦撰：《嘉禾志序》，见李修生主编：《全元文》卷六百十二，第19册，江苏古籍出版社2000年版，第612页。

⑦ （明）李东阳撰：《怀麓堂集》卷二十八《嘉兴府志序》，见（清）永瑢、纪昀等编纂：《四库全书》第1250册，上海古籍出版社1987年版，景印文渊阁本，第293页。

⑧ 按：袁洪（1245—1298），字季源。袁桷父。宋咸淳九年（1273）通判建康府，阅事敏决，吏不敢欺。入元后，授朝列大夫、同知邵武路总管府事，改温州，并以疾作辞。袁洪好累善积德，帮扶乡人，其阴德尤著。卒，乡人莫不垂涕泣。

⑨ （元）袁桷撰，王颋点校：《清容居士集》卷二十二《袁氏新书目序》，浙江古籍出版社2015年版，第600页。

袁洪子袁桷(九世)(1267—1327)　字伯长,一字养直,号清容居士。元"至治元年,迁侍讲学士。泰定初,辞归"①。卒"追封陈留郡公,谥文清"②,"葬鄞县上水庆远墺之原"③。著"有《易说》若干卷,《春秋说》若干卷,《清容居士集》五十卷"④。

袁桷喜蓄典籍,其藏书渊源有自,承曾祖袁韶、祖袁似道、父袁洪之业,广蓄书卷,其间虽有散失,然卷帙之搜求,未或中断。至袁桷时名闻海内。元人苏天爵言:"袁氏自越公喜藏书,至公收览益富"⑤,故孔齐称"国朝以来甲于浙东"⑥。其自编《袁氏新书目序》云:"往者,书未模印时,争传写授读,较余所藏之书不能十一,而士以三年通一经,其自得之实,皆足以传世垂后。其视余之书多无成者,岂古人所谓'沃土无善民'之说与?"⑦可证其收藏之富。其《清容居士集》所收《袁氏旧书目序》及《袁氏新书目序》尚可揭示其聚书之源流。

藏书处有清容居,在今南湖学士桥。袁桷曾作有《定海县学藏书记》《袁氏新旧书目序》,是研究藏书史的重要文献。

袁桷卒后,藏书由其孙袁曮(十世)继藏,元惠宗至正初年,袁曮曾捐书数千卷以资宋史馆修史,元人苏天爵言:"公殁二十余年,今天子特敕大臣董撰三史,先朝故老存者无几,众独于公追思不忘。会遣使者分行郡国,网罗遗文故事,而江南旧家尚多畏忌,秘其所藏不敢送官。公之孙同知诸暨州事曮乃以家书数千卷来上。三史书成,盖有所助。"⑧又"孙男曮,以公荫入官,既进遗书于朝,遂擢秘书监著作郎"⑨。元人危素言:"至正四年,素奉使购求故翰林侍讲学士袁文清公所藏书于鄞,属其孙曮同知诸暨州事方以事往海中,待之,久而后还鄞之。士君子闻素至甚喜。无贵贱长少,日候素于寓馆。"⑩"至正六年,朝廷开局修宋辽金三史,诏求遗书,有以书献者予一

---

① (明)宋濂等撰:《元史》卷一百七十二《列传第五十九·袁桷传》,中华书局1976年版,第4025—4026页。

② (明)宋濂等撰:《元史》卷一百七十二《列传第五十九·袁桷传》,中华书局1976年版,第4026页。

③ (元)苏天爵著,陈高华、孟繁清点校:《滋溪文稿》卷九《元故翰林侍讲学士知制诰同修国史赠江浙行省参知政事袁文清公墓志铭》,中华书局1997年版,第134页。

④ (元)苏天爵著,陈高华、孟繁清点校:《滋溪文稿》卷九《元故翰林侍讲学士知制诰同修国史赠江浙行省参知政事袁文清公墓志铭》,中华书局1997年版,第136—137页。

⑤ (元)苏天爵著,陈高华、孟繁清点校:《滋溪文稿》卷九《元故翰林侍讲学士知制诰同修国史赠江浙行省参知政事袁文清公墓志铭》,中华书局1997年版,第136页。

⑥ (元)孔齐著:《至正直记》卷二《别业蓄书》,中华书局1991年版,第27页。

⑦ (元)袁桷撰,王颋点校:《清容居士集》卷二十二《袁氏新书目序》,浙江古籍出版社2015年版,第600页。

⑧ (元)苏天爵著,陈高华、孟繁清点校:《滋溪文稿》卷九《元故翰林侍讲学士知制诰同修国史赠江浙行省参知政事袁文清公墓志铭》,中华书局1997年版,第136页。

⑨ (元)苏天爵著,陈高华、孟繁清点校:《滋溪文稿》卷九《元故翰林侍讲学士知制诰同修国史赠江浙行省参知政事袁文清公墓志铭》,中华书局1997年版,第136页。

⑩ (元)危素撰:《说学斋稿》卷三《鄞江送别图序》,见(清)永瑢、纪昀等编纂:《四库全书》第1226册,上海古籍出版社1987年版,景印文渊阁本,第713页。

官。江南藏书多者止三家,庄其一也。继命危学士(太)仆特来选取。”[①]可见危素奉命赴江南为史馆求书,袁氏、庄氏二家,皆是其采选目标,故陶宗仪所言“江南三家”,袁氏亦其一也,可见袁氏藏书之富。因其新、旧书目已失传,其家藏书数量已难考知。

清人钱大昕《跋清容居士集》亦指出,将宋代史料数千卷赠与国家者,正是袁曮:“伯长以史学自负,其上修三史史状,勤勤以搜访遗书为先,可谓知本务矣。……厥后三史刊修,伯长已不及见。而其孙曮以家藏书数千卷上之史局,裒集之功,为不虚矣!”[②]

袁氏藏书至元末,兵燹四起,天下大乱,袁氏家族衰落,时袁曮已去世,其家族藏书逐渐散佚,陈炜舜先生认为袁家余书的散亡恐在惠宗后期。元人孔齐《至正直记》亦记有袁氏藏书散佚经过:“伯长殁后,子孙不肖,尽为仆干窃去,转卖他人。或为婢妾所毁者过半,且名画旧刻,皆贱卖异姓矣,悲夫!”[③]

袁氏家族自南宋绍定四年(1231)袁韶构藏书楼于四明,历经袁似道、袁洪、袁桷及桷孙袁曮等数代,至元覆亡(1368),袁氏藏书岿然东南百余年,与元祚相始终。

六、宋代四明忠谏里陈氏家族

(一)忠谏里陈氏[④]家族源流与科举

鄞县千年进士古村走马塘,始建于北宋端拱(988—989)年间,是江苏长洲陈氏迁居的所在地。陈氏“始祖矜[⑤],先世长洲人,北宋端拱间出守明州,卒葬城南茅山,子轩守先茔,遂家走马塘。自矜十九传至檠,明季始由走马塘迁南城元广益仓旧址,人称仓基陈氏”[⑥]。自宋至今逾 38 代之久[⑦],兴学重教,文化底蕴深厚。据宁波天一阁所藏的陈氏宗谱,宋以后历朝,这里出了 76 位进士,被誉为“中国进士第一村”,是宁绍平原古代农耕社会文明的典型代表。其中一支忠谏里陈氏有三望:“文介公禾,第一;学士曦藏书,第二;太常概使有声,第三。终宋之世,陈氏克昌,而大方微减家声,错矣。公之后,在明为漕抚都御史濂,见后表。共三望。”[⑧]即著名的有陈谧、陈

---

① (元)陶宗仪著,文灏点校:《南村辍耕录》卷二十七《庄蓼塘藏书》,文化艺术出版社 1998 年版,第 376 页。

② (清)钱大昕著:《潜研堂文集》卷三十一《跋清容居士集》,见王云五主编:《万有文库》第二集(七百种),商务印书馆 1935 年版,第 487 页。

③ (元)孔齐著:《至正直记》卷二《别业蓄书》,中华书局 1991 年版,第 27 页。

④ 按:清代史学家全祖望在他的《甬上族望表》中,将走马塘称为“忠谏里陈氏”:“文介公禾第一,学士曦藏书第二,太常概出使第三。终宋之后,陈氏克昌而大,方征减家声,惜矣,公之后再明为漕抚都御史濂,御史谥恭愍,良谟二望。”因此,自宋至清,陈氏一直受到世人的特别关注。

⑤ 按:陈矜,长洲人。北宋开宝四年(971)进士,官侍御史,守明州,谥庄靖公。

⑥ 毛上文、温芳编著:《陈姓起名通典》,气象出版社 2012 年版,第 133 页。

⑦ 徐炯明主编:《宁波历史文化名镇名村:走马塘》,宁波出版社 2008 年版,第 2 页。

⑧ (清)全祖望原著,袁元龙点注:《甬上族望表·忠谏里陈氏》,宁波出版社 2008 年版,第 16 页。

禾、陈曦祖孙三代,陈谧一门科举鼎盛,笔者据《延祐四明志》卷六《人物考》统计,登进士者有8人。其家族科举兴盛,得益于藏书,以陈谧、陈禾、陈曦三世藏书为代表,开创了宁波私家藏书之先河,且三代藏书递承有序,对后世影响深远。

现存有陈隆鏶等纂修《四明仓基陈氏宗谱》,民国二十三年(1934)木活字本。

附:宋代忠谏里陈氏家族中有文献可考登科年的进士名录[①]

姓　名	家族成员关系	登科年
陈　谧(一世)	秉、禾父	宋嘉祐八年(1063)癸卯科进士
陈　禾(二世)	谧子	宋元符三年(1100)庚辰科进士
陈　秉(二世)	谧子	宋政和八年(1118)戊戌科进士
陈　曦(三世)	谧孙,禾子	宋绍兴八年(1138)戊午科进士
陈　槩(五世)	禾曾孙	宋庆元五年(1199)己未科进士
陈大方(六世)	曦曾孙,概侄	宋绍定五年(1232)壬辰科进士
陈大震(六世)	大方弟	宋嘉熙二年(1238)戊戌科进士
陈伯鼎(七世)	曦玄孙	宋嘉定十年(1217)丁丑科进士

(二)忠谏里陈氏家族进士藏书

陈　谧(一世)(生卒年不详)　“字康公,博学,教子许将榜登第。而禾之子曦,黄公度榜登第。明自国朝以来,连三世科第者,陈氏而已,乡人以为甚荣也。”[②]《延祐四明志》卷四亦记云:“谧,登进士第。博学,教授乡里。禾、兄秉,入行举于乡,禾亦登进士第,乡人称其善教子。”[③]陈谧于宋元丰七年(1084)知华亭县[④]。陈谧倡议兴学,颇著政绩。

陈谧晚年归里后别无他物,舟中所载惟书而已。陈氏“居忠谏里,三世藏书,昌始于谧,谧以博学教授乡里,素喜聚书,及其卒也”[⑤]。“舒中丞亶作挽章有曰:尘埃

---

① 按:陈氏家族有76人,其进士名录见《走马塘名人录·进士篇》,是书以进士陈谧算为一世起,有血亲关系可考者。此表参考文献:·(元)袁桷撰:《延祐四明志》卷六之《人物考》,见浙江省地方志编纂委员会编:《宋元浙江方志集成》第9册,杭州出版社2009年版,第4092—4120页。·(清)嵇曾筠、李卫等修,(清)沈翼机等纂:《雍正浙江通志》(三)卷一百二十三至卷一百三十《选举》,浙江省地方志编纂委员会编:《中国地方志集成·省志辑·浙江》(5),凤凰出版社2010年影印本。

② (宋)张津等纂修:《乾道四明图经》卷二《陈谧》,见浙江省地方志编纂委员会编:《宋元浙江方志集成》第7册,杭州出版社2009年版,第2898页。

③ (元)袁桷撰:《延祐四明志》卷四《陈禾》,见浙江省地方志编纂委员会编:《宋元浙江方志集成》第9册,杭州出版社2009年版,第4039页。

④ 按:华亭,宋属嘉兴,元至今属上海松江。

⑤ 张传宝修,陈训正、马瀛纂:《民国鄞县通志·文献志》,见上海书店出版社编:《中国地方志集成·浙江府县志辑》(18),上海书店出版社2011年版,第552页。

满匣空鸣剑，风雨归舟只载书”①。

陈氏家族自陈谧起，至陈禾子陈曦，四世登科，其后代皆好藏书。

陈　禾(二世)(？—1129)　陈谧子。“字秀实，邑人也。元祐初，试国子监，擢第一。自课试上庠，累居前列，声名籍甚。中元符三年进士甲科，初调郓州司法，直死囚之冤。部使者列荐于朝，除潍州州学教授。以经术之学，讲明开悟后进，从者翕然，大变其俗。后由婺州教授入为太学正，迁辟雍博士。徽宗闻其才，召对甚喜，特旨改秩，擢监察御史。未几，迁殿院，随事献言，补益为多。上愈嘉其忠直，命为左正言，专以言责付之。”②奏论童贯、黄经臣与御史中丞卢航表里为奸，触怒徽宗，谪监信州酒。复起知广德军，移知和州。宣和末，官终知舒州。宋“嘉定初，孙立己请于朝，始赠中大夫，谥文介”③。卒后，葬于东钱湖二灵山。绍定二年(1229)，追赠颍川郡公。《宋史》载，陈禾“始崇尚义理，黜抑浮华”，“性不苟合，立朝挺挺有风操。……陈禾引裾尽言，有古谏臣之风，其行事在宣和之前，孝宗以后乃加褒谥云”④。陈禾读书勤勉，博览群书，为人正直、为官廉政，得益家学，“著书立言以垂世。有《论语》《孟子》《易》《春秋》四经解流行，侍郎高闶抑崇为之序，四明士大夫之解经者自禾始。其文集藏于家”⑤。《康熙浙江通志》卷三十二等有其传。

陈禾受父陈谧重学、藏书影响至深，亦好藏书，其藏书处为二灵山房，在东钱湖。《乾道四明图经》载：“东钱湖，在县东三十里。周回八十里，溉田八百顷。夏侯曾先《地志》云：其湖承钱埭水，故号钱湖。……湖之中，一山突然，水四环之，不能陆接。有庵曰二灵，盖以山而名之也。熙宁间，左正言陈禾，字秀实，筑以读书其中。……凡四方名人胜士往来其间，莫不以为东南之佳地也。”⑥可见，二灵山房是读书与藏书的绝佳处所。

陈　曦(三世)(生卒年不详)　陈禾子，陈谧孙。字符和，号雪窗。宋“绍兴八年进士。知休宁县，政尚清俭，守法不阿；改国子正，日夕与诸生恳恳言‘欲治人，先治己’

---

① (宋)张津等纂修：《乾道四明图经》卷二《人物·十六》，见浙江省地方志编纂委员会编：《宋元浙江方志集成》第7册，杭州出版社2009年版，第2898页。

② (宋)张津等纂修：《乾道四明图经》卷二《人物·十六》，见浙江省地方志编纂委员会编：《宋元浙江方志集成》第7册，杭州出版社2009年版，第2897—2898页。

③ (元)袁桷撰：《延祐四明志》卷四之《陈禾》，见浙江省地方志编纂委员会编：《宋元浙江方志集成》第9册，杭州出版社2009年版，第4039页。

④ (元)脱脱等撰：《宋史》卷三百六十三《列传一百二十二·陈禾传》，中华书局1977年版，第11354—11355页。

⑤ (宋)张津等纂修：《乾道四明图经》卷二《人物·十六》，见浙江省地方志编纂委员会编：《宋元浙江方志集成》第7册，杭州出版社2009年版，第2898页。

⑥ (宋)张津等纂修：《乾道四明图经》卷二《东钱湖》，见浙江省地方志编纂委员会编：《宋元浙江方志集成》第7册，杭州出版社2009年版，第2895页。

之要义。敢言直谏,不避权要,为高宗所称许。累官至翰林学士。……曾孙大振、玄孙伯鼎俱登翰林,时称‘祖孙三学士’”[①]。卒于官。葬于东湖二灵山麓,其父陈禾墓侧。著有《易传》《春秋传》《论语解》《孟子解》等数十卷,惜都未能传至今日。

陈曦嗜读书,“喜藏书,收藏甚富”[②]。自其祖陈谧藏书,中经其父陈禾筑室以藏,至陈曦,藏书达万余卷。全祖望《句余土音·陈文介公二灵山房》有句“滴露研朱点四经,佳儿聚书过万卷”[③],“佳儿”即指陈曦。

陈曦不但自己喜欢读书、藏书,作“《藏书记》,以告于后,俾勿坠素业也”[④]。陈氏家族也因此成为宁波较早见诸记载的藏书世家[⑤]。

陈　槩(五世)(生卒年不详)　陈禾曾孙。字少仪。宁宗庆元五年(1199)进士,“官至四川宣抚副使,以太常寺卿致仕,故以太常相称。卒谥文定”[⑥]。《康熙浙江通志》卷三十二有其传。

陈氏累世藏书,薪火相传,被学者赞誉为“甬上藏书第一家”[⑦]。惜陈氏藏书未能流传至今,且无藏书书目,今人只从全祖望《陈文介公二灵山房》一文,窥知其藏书逾万卷,可与楼钥东楼藏书相埒。《鄞县通志·文献志》记云:“自宋南渡以后,鄞多世家旧族,故收藏之风蔚起,其藏书最富者,宋元为楼、史、袁;明则丰、范;清则卢、徐、蔡。然大抵不百年而烟硝雾散,迄今仅范氏天一阁岿然尚存。亦可见私家藏书之不易久存矣”[⑧],而“鄞之藏书家今所知最早者当推北宋陈”[⑨]。陈氏祖孙藏书对明州文化传承影响甚远。

七、宋代鄞县史氏家族

(一)鄞县史氏家族源流与科举

鄞县史氏原居江苏溧阳,约北宋庆历年间(1041—1048)迁居鄞县,遂为鄞人,迁鄞始祖为史成。全祖望亦云:西湖“史氏,本居城中西湖之上,至八行先生诏始居东

---

① (清)全祖望原著,袁元龙点注:《甬上族望表·忠谏里陈氏》,宁波出版社2008年版,第17页。

② (清)全祖望原著,袁元龙点注:《甬上族望表·忠谏里陈氏》,宁波出版社2008年版,第17页。

③ (清)全祖望著,朱铸禹汇校集注:《全祖望集汇校集注》之《句余土音》卷中《陈文介公二灵山房》,上海古籍出版社2000年版,第2375页。

④ (宋)张津等纂修:《乾道四明图经》卷二《人物·十六》,见浙江省地方志编纂委员会编:《宋元浙江方志集成》第7册,杭州出版社2009年版,第2898页。

⑤ 傅璇琮主编,张伟、张如安、邢舒绪著:《宁波通史·宋代卷》第五章《宋代宁波的文化·教育》,宁波出版社2009年版,第155页。

⑥ (清)全祖望原著,袁元龙点注:《甬上族望表·忠谏里陈氏》,宁波出版社2008年版,第17页。

⑦ 虞浩旭著:《智者之香——宁波藏书家藏书楼》,宁波出版社2006年版,第149页。

⑧ 张传宝修,陈训正、马瀛纂:《民国鄞县通志·文献志》,见上海书店出版社编:《中国地方志集成·浙江府县志辑》(18),上海书店出版社2011年版,第551页。

⑨ 张传宝修,陈训正、马瀛纂:《民国鄞县通志·文献志》,见上海书店出版社编:《中国地方志集成·浙江府县志辑》(18),上海书店出版社2011年版,第552页。

湖[①]。及子孙贵，城外东湖之七十二山，城中西湖之十洲，归史氏者皆十七焉”[②]。宋末元初史氏后裔史蒙卿《宋咸淳年明州史氏谱序》记其家族源流甚详：

> 予家虽四明，原其所自昔帝高阳氏，有子曰称，称之子曰卷章，卷章之子曰黎，黎为火正，与重氏典司天地。黎之弟曰吴，回绍其职，历夏商世守之。太史佚其后也。子孙皆为周史，由是以官氏焉。周室东迁，鲁人请郊庙之礼于京师，天王命角往鲁止之，后仕于鲁，克作《駉駜》《泮闷》，以颂其君。汉之时恭生三子，曰高、曰曾、曰玄。高为大司马乐陵侯，高生二子曰术、曰丹，自鲁徙京兆，为左将军武阳侯。玄之孙均，均之子崇，封溧阳侯，遂为吴人。崇之裔孙环，事宋为乐乡令。环之八世孙曰务滋，有子曰惟肖，为清河令。惟肖之弟曰惟则，系万寿之子也。宋兴，游宦于东南，遂居于明之鄞邑。明州今升为庆元府。惟则公者，实明州之始祖。蒙卿溯流则九世祖也。旧谱残缺失次，不能考阅，蒙卿惧久而无闻，于是求诸遗编，因故辑新，以藏于家。……
>
> 宋咸淳五年己巳五月丙寅，迪功郎平江府教授迁明九世孙（三十八世子孙）蒙卿斋沐顿首书[③]。

史蒙卿曾叔祖史浩作骚辞云：“自杜陵而侯溧阳兮，舍溧阳而迁徙。既游宦于东南兮，遂卜荫鄞之桑梓。方躬耕于农亩兮，故韬晦而弗仕。”[④]元人危素《四明史氏谱序》亦佐证史氏家族源流：“唐衰，宗族分虞，自溧阳徙分四明，惟则行第六，自剡徙明曰六府君。初居慈溪县，公避世不屈，富人余氏奇之，妻以女。生二子：曰某，失其行。曰成，行十二，幼有学识，长有贤行，以孙才仕枢密，恩赠太子少保，配陈氏赠南昌郡夫人，继任氏赠咸宁郡夫人。生四子：曰十九，曰二十，曰简，曰翰。简字廉夫，行廿一。初为郡吏，以廉谨称。寿二十有三，以曾孙浩仕丞相，赠太师、冀国公娶慈溪叶氏，明敏有识，量通诗书。年二十有五，为冀国公殁，遂杜门自守。后郡守楼公异之，因其后贵，岁旦送夫人门帖。云：黄卷教成遗腹子，白头亲见起家孙。时孙才登补太学生，凡十八封，至冀国夫人。子诏，字升之。自幼屹然，以读书立志，为先母夫人亲教之以礼义。不为利达计，孝养于母，至老不少倦。

---

① 按：史氏始迁东钱湖畔，即今鄞县东钱湖下水村。

② （清）全祖望著，朱铸禹汇校集注：《全祖望集汇校集注》之《甬上族望表》卷上《西湖史氏》，上海古籍出版社2000年版，第2639页。

③ （宋）史蒙卿《宋咸淳年明州史氏谱序》，见史良书等纂修：《余姚史氏宗谱》卷首，1914年，上海图书馆家谱藏书。

④ （宋）史浩《鄮峰真隐漫录》卷四十一《葬五世祖衣冠招魂辞》，见（宋）史浩撰，俞信芳点校：《史浩集》，浙江古籍出版社2016年版，第737页。

大观二年,州县举八行科,乡以君行,合闻诸朝。君力辞不就,乃奉母避于鄞东七十里大田山。郡守迫上道,君援母誓辞益坚。徽宗赐书'八行高士'以旌之。乡人咸称曰八行先生。累赠太师、越国公。"①"四明衣冠之族,绍兴以来莫盛于史氏。自八行先生(史诏)以纯德奥学,积善馀庆,是生枢密公(按即史才)。吾乡之登政第者,实自公始。"②

鄞县史氏家族一世祖史惟传至四世为史诏(1058—1132),因事母极孝,拒绝入仕。史诏有五子:仲、才、木、光、禾。其中史才,登宋徽宗政和八年(1118)进士第,官至签书枢密院事兼参知政事,开创了史氏家族科举之始。全祖望云:"吾乡自南渡绍兴而后,方有登政府者,而史氏一门五人,相始终焉。史氏宰执自参政(按即史才)始,吾乡宰执亦自参政。"③史氏家族的繁荣基于科举基础之上,而开拓史氏"衣冠盛世,四世宰执"④的辉煌基业的当属南宋名相史浩。鄞县史氏家族以进士起家,在南宋短暂百余年间,通过科举逐步发展为名门望族、簪缨门第的显贵家族典范。清人叶熊为史氏画像题跋云:"吾郡有宋丰、楼、史、郑四大姓,惟史氏代有闻人,迄国朝犹为望族,七百年故家乔木,景仰系之。"⑤

"史氏"即南宋历史上最为显赫的政治家族四明史氏家族。元代袁桷《静清处士史君墓志铭》中直言"维鄞史族,号相门"⑥。"鄞史氏,故国世臣"⑦,后世有"一门三宰相,四世八公卿"⑧,"五尚书、七十二进士"⑨之谓。从史才登第始至驷孙六代,家族出现有"父子宰相(浩,子弥远)"⑩,"兄弟侍从(弥大,弟弥坚;宅之,弟宇

---

① 转引史美露著:《南宋四明史氏》三《庆传源流·四明史氏谱序》,四川美术出版社2006年,第184页。

② (宋)楼钥撰:《攻媿集》卷一百五《朝请大夫史君墓志铭》,中华书局编辑部:《丛书集成初编》444,中华书局2011年影印本,第447页。

③ (清)全祖望著,朱铸禹汇校集注:《全祖望集汇校集注》之《鲒埼亭集外编》卷四十五《简帖五·答万九沙编修问史参政遗事帖子》,上海古籍出版社2000年版,第1725页。

④ (元)袁桷撰:《延祐四明志》卷六之《人物考》,见浙江省地方志编纂委员会编:《宋元浙江方志集成》第9册,杭州出版社2009年版,第4085页。按:史氏"四世执宰":史才,枢密;侄浩,丞相越王;子弥远,丞相卫王;从侄嵩之,丞相永国公。

⑤ 参见史美露著:《南宋四明史氏》,四川美术出版社2006年,第81页。原画像册藏宁波市江东区档案局。

⑥ (元)袁桷撰,王颋点校:《清容居士集》卷二十八《静清处士史君墓志铭》,浙江古籍出版社2015年版,第719页。

⑦ (元)袁桷撰,王颋点校:《清容居士集》卷三十《史景贤墓志铭》,浙江古籍出版社2015年版,第745—746页。

⑧ (元)不著撰人:《排韵增广事类氏族大全》卷十三,见(清)永瑢、纪昀等编纂:《四库全书》第952册,上海古籍出版社1987年景印文渊阁本,第388页。

⑨ 陈爱平著:《浙江学术文化通史》,重庆出版社2008年版,第184页。

⑩ (元)袁桷撰:《延祐四明志》卷六之《人物考》,见浙江省地方志编纂委员会编:《宋元浙江方志集成》第9册,杭州出版社2009年版,第4085页。

之)”[1],且三代为相的盛况。戴表元尝言:“宋时宰相世家,多言韩、吕二氏之盛,皆蔓延至今……渡江以后,世家之盛独在史氏,遂欲与韩、吕为三。文惠开国,淳风粹猷,载在方册。生其门者,人怀卿辅之望,两制以下,或所不屑。”[2]鄞县史氏家族枝繁叶茂,家道昌兴,“越史氏数世显荣,胄系繁盛”[3],是其他家族所无法比拟的,其基础是科举兴家,出现了“兄弟同榜(弥忠,弟弥悆;弥应,弟弥忞)”[4]进士,“决取世科者累举不乏人”[5],登进士者有 20 人。从《四明史氏谱序》中足见其人才辈出、科举极盛,序云:

才第六十成舍法,政和八年,登王嘉榜进士。因官遂昌丞,不及见八行终。仕至左朝奉郎,佥书枢密院事,兼参知政事,赠金紫光禄大夫。娶孙乐,赠太守郡夫人。木第八十,两举进士。俄值八行以疾终,时君正病亟。后三日,起求带衰绖,一恸而终。命以衰绖敛,累赠太师,卫国公。……光第百六,为郡庠掌阁。娶蒋氏。初八行(史诏)与八十太师(史木)终浩号跌鬻先畴,尽送终之礼,两丧如一。事长抚幼,均给衣食,一门数百指无闲言。营度皆已就绪,而遂昌丞(史才)始归。人已觇浩致远而光耀史氏门户,复立教育,第十三人多成材,皆浩之力也。浩,太师丞相,保宁节度使,封越国王,谥忠定。渊,朝奉郎。溥,承议郎。源,修职郎。涓,承议郎。浚,朝散大夫,通判婺州。冲,宣议郎。湛,修职郎。渐,齐国公。溶,承奉郎。济,宣议郎。澄,登仕郎。浤,赠中散大夫。曾孙四十一人:弥大,乾道五年登郑侨榜进士,赠少傅,谥献文。弥端,宣议郎。弥正,赠少师。弥远,淳熙十四年登王容榜进士,历仕太师,中书令,右丞相,保宁节度使,封卫国王,谥忠献。弥坚,资政殿大学士,开国公,谥忠宣。弥高,奉直大夫。弥性、弥邵、弥广、弥宁、弥纶,太子宫各院准备差遣。弥亮,赠朝奉大夫。弥久,忠定令,象山管奉白岩智门寺香火。弥林,修职郎。弥厚,奉直大夫。弥逊,庆元二年登邹应龙榜进士。弥迥,朝散大夫。弥进,承务郎。弥迈,朝奉郎。弥忞,通直郎。弥章,迪功郎。弥忠,淳熙十四年登王容榜进士,封齐国公,谥文

---

① (元)袁桷撰:《延祐四明志》卷六之《人物考》,见浙江省地方志编纂委员会编:《宋元浙江方志集成》第 9 册,杭州出版社 2009 年版,第 4087 页。

② (元)戴表元撰:《剡源集》卷十八《跋史和旨诗卷》,见中华书局编辑部:《丛书集成初编》450,中华书局 2011 年影印本,第 346 页。

③ 《宋八行先生赠太师追封越国公史公表》,见史美露著:《南宋四明史氏》,四川美术出版社 2006 年,第 190 页。

④ (元)袁桷撰:《延祐四明志》卷六之《人物考》,见浙江省地方志编纂委员会编:《宋元浙江方志集成》第 9 册,杭州出版社 2009 年版,第 4087 页。

⑤ (宋)楼钥撰:《攻媿集》卷一百五《朝请大夫史君墓志铭》,中华书局编辑部:《丛书集成初编》444,中华书局 2011 年影印本,第 447 页。

> 靖。弥恕，朝奉大夫。弥悆，登王容榜进士。弥忞同弟弥应，登袁甫榜进士。弥年，判承节郎。弥谨，庆元五年登曾从龙榜进士。弥巩，嘉定十年登吴潜榜进士，乡人称独善先生。皇明崇祀名宦乡贤祠。玄孙而下，岩之，登吴潜榜进士。嵩之，登刘渭榜进士，封鲁国公，谥忠肃。佺之，登蒋重珍榜进士。望之、及之，同登王朴榜进士 。本之，登周坦榜进士。能之、胄之，同登徐俨榜进士。有之，登姚勉榜进士。即之、常之，同登文天祥榜进士。分之，登周震炎榜进士。俊卿，登方逢辰榜进士。唐卿、蒙卿，同登阮炳榜进士。駉孙，泰定元年登张益榜进士，国子发解进士。弥彰、弥厚、弥迈、举之、肖之、伟之、受之、肯之、育之、损之、持之、寀之、道之、鲁卿、卫卿、佑卿、伍卿、世卿、经卿，漕解进士，弥正、弥坚、峣之、百之、衍之、华之、申卿、愚卿、玠卿、同卿、瑜卿、瑚卿、舜卿、苏卿、伟卿、纪卿，御赐进士。宅之、宇之、周卿，发解进士。经孙、纪孙。吾史氏之居鄞者，位极人臣，仕宦满朝，不绝如缕，皆祖宗积德之所致也。岁月既远，一门盛事，渐至湮没①。

从上文可知，史氏家族是通过科举改变命运的典型的官宦大族兼书香世家，由于史氏家族人才众多，仕宦显赫，其家族对南宋的政治、文化及社会产生了重要影响。探之数代望族之根源，是基于家族成员“名德”拔萃，而流芳后世。其基础离不开家族成员数代好读书与藏书，全祖望总结其之望云：

> 史氏一门宰相三人，执政二人，视执政恩数大臣三人，侍从二人，卿监四人，其余不能悉数也。而不列于望者，则别有取焉。八行先生诏，第一；忠定推荐乾、淳诸大儒，有功儒林，第二；和旨先生不受忠定推恩之官，父子甘于隐退，第三；忠宣如荆公之有魏公，不阿其兄，第四；独善先生第五；自乐先生足与独善齐名，第六；文靖不护其子，第七；鸿禧君不阿其祖，第八；璟卿争夺情，以身殉之，第九；果斋先生力绍朱子之学，第十。诗人则友林先生，文人则蓬庐，共十二望②。

---

① 《四明史氏谱序》，见史美露著：《南宋四明史氏》，四川美术出版社 2006 年，第 184 页。

② （清）全祖望著，朱铸禹汇校集注：《全祖望集汇校集注》之《甬上族望表》卷上《西湖史氏》，上海古籍出版社 2000 年版，第 2639 页。

附:宋代鄞县史氏家族中有文献可考登科年的进士名录①

姓　名	家族成员关系	登科年
史　才(一世)	一作师才,诏次子	宋政和八年(1118)戊戌科进士
史　浩(二世)	诏长孙,师仲长子,才侄	宋绍兴十五年(1145)乙丑科进士
史弥大(三世)	浩长子,守之父	宋干道五年(1169)己丑科进士
史弥远(三世)②	浩三子,守之叔父	宋淳熙十四年(1187)丁未科进士
史弥忠(三世)	渐长子,浩从子,弥悆兄	宋淳熙十四年(1187)丁未科进士
史弥悆(三世)	渐三子,弥忠弟	宋淳熙十四年(1187)丁未科进士
史弥忞三世	渐四子,弥忠弟	宋淳熙十四年(1187)丁未科进士
史弥逊(三世)	才孙	宋庆元元年(1195)乙卯科进士
史弥谨(三世)	浩侄	宋庆元五年(1199)己未科进士
史弥应(三世)	渐幼子,弥忠弟	宋嘉定七年(1214)甲戌科进士
史弥巩(三世)	渐子,弥忠弟	宋嘉定七年(1217)丁丑科进士
史岩之(四世)	弥忠三子	宋嘉定十年(1217)丁丑科进士
史嵩之(四世)	弥忠子	宋嘉定十三年(1220)庚辰科进士
史佺之(四世)	弥忠侄	宋嘉定十六年(1223)癸未科进士
史望之(四世)	弥忠子	宋绍定二年(1229)己丑科进士
史及之(四世)	弥忠侄	宋绍定二年(1229)己丑科进士

① 按:是书以进士史才算为一世起。此表参考文献:·史良书等纂修:《余姚史氏宗谱》卷首《明州世系》,民国三年(1914)。·(宋)施宿、张淏等撰,李能成点校:《南宋会稽二志点校》之《宝庆会稽续志》卷六《进士》,安徽文艺出版社2012年版。·王信谦纂修:《鄞东莱村史氏支谱》卷一《四明世系图表》,民国二十年(1935)。·(宋)张津等撰:《乾道四明图经》卷十二《进士题名记》,台北成文出版社1983年据清咸丰四年刊本影印。·(宋)罗浚纂:《宝庆四明志》卷八至卷十,见(清)永瑢、纪昀等编纂:《四库全书》第487册,上海古籍出版社1987年景印文渊阁本。·(元)袁桷撰:《延祐四明志》卷四至卷六,见浙江省地方志编纂委员会编:《宋元浙江方志集成》第9册,杭州出版社2009年版。·(清)嵇曾筠、李卫等修,(清)沈翼机等纂:《雍正浙江通志》(三)卷一百二十三至卷一百三十《选举》,浙江省地方志编纂委员会编:《中国地方志集成·省志辑·浙江》(5),凤凰出版社2010年影印本。·(清)钱维乔等纂,钱大昕等撰:《乾隆鄞县志》卷九《选举表》(上),所记载的宋代进士题名,见《续修四库全书》编纂委员会、复旦大学图书馆古籍部编:《续修四库全书》第706册,上海古籍出版社2003年版。·史美露著:《南宋四明史氏》,四川美术出版社2006年版。·陈恩黎著:《四明史氏家族》,宁波出版社2010年版。

② 注:史弥远,字同叔,浩之子也。淳熙十四年(1187)丁未科进士。绍熙元年(1190),授大理司直。二年,迁太社令。三年,迁太常寺主簿,以亲老请祠,主管冲佑观。乃迁礼部尚书兼国史实录院修撰。拜同知枢密院事兼太子宾客,进封伯。迁知枢密院事,拜右丞相兼枢密使兼太子少傅,进开国公。理宗朝,拜太师、左丞相兼枢密使。卒,特赠中书令,追封卫王,谥忠献。《延祐四明志》卷五及《宋史》卷四百一十四《列传第一百七十三》有其传。

续表

姓　名	家族成员关系	登科年
史本之(四世)	诏玄孙	宋嘉熙二年(1238)戊戌科进士
史能之(四世)	弥巩子,弥谨嗣子	宋淳祐元年(1241)辛丑科进士
史胄之(四世)	弥巩子	宋淳祐元年(1241)辛丑科进士
史有之(四世)	弥巩子	宋宝祐元年(1253)癸丑科进士
史即之(四世)	诏玄孙	宋宝祐四年(1256)丙辰科进士
史常之(四世)	诏玄孙	宋宝祐四年(1256)丙辰科进士
史介之(四世)	诏玄孙	宋开庆元年(1259)己丑科进士
史俊卿(五世)	诏来孙	宋淳祐十年(1250)庚戌科进士
史唐卿(五世)	弥巩孙,有之子	宋咸淳元年(1265)乙丑科进士
史蒙卿(五世)	弥巩孙,肯之子	宋咸淳元年(1265)乙丑科进士

(二)鄞县史氏家族进士藏书

1.史氏家族藏书溯源与传承

史氏之碧沚是南宋时浙东著名的藏书楼,它与楼钥的东楼并峙月湖两岸,东楼在南,碧沚在北,史称"藏书之富,南楼北史"③。

史　才(一世)(1083—1162)　一名师才,字闻道。史才于"政和八年登王嘉榜进士"④,历官知县、御史台检法官、右正兼崇正殿说书、右谏议大夫等,官至签书枢密院事兼参知政事,于浙西兴太湖之利,有政绩。《宋史·秦桧传》中列举有22位执政,史才赫然名列其中,可知史才只是"世无一誉,柔佞易制者"⑤。史才虽官至副相,时秦桧一手遮天时,仅能"备员而已"。然史才为史氏家族首登进士第者,开创了史家科举之风,其意义重大,标志着史氏家族崛起之开端。其子史浚⑥(二世),亦嗜学,其"淡然一室,无他嗜好,惟取《礼记》《檀弓》《学记》《中庸》《大学》《祭义》《祭统》《儒行》《表记》等篇,《通鉴》《唐鉴》,朝夕从事。尤笃于教子,招延名士,宗族子弟

③ (清)全祖望著:《鲒埼亭集》卷四《湖语》,见王云五主编:《万有文库》第二集(七百种),(上海)商务印书馆1936年版,第55页。

④ (元)袁桷撰:《延祐四明志》卷六《进士》,见浙江省地方志编纂委员会编:《宋元浙江方志集成》第9册,杭州出版社2009年版,第4096页。

⑤ (元)脱脱等撰:《宋史》卷四百七十三《列传第二百三十二·秦桧传》,中华书局1977年版,第13765页。又按:据《宋史》载,"(秦)桧立久任之说,士淹滞失职,有十年不解者。附己者立与擢用。自其独相,至死之日,易执政二十八人,皆世无一誉。柔佞易制者,如孙近、韩肖胄、楼照、王次翁、范同、万俟卨、程克俊、李文会、杨愿、李若谷、何若、段拂、汪勃、詹大方、余尧弼、巫伋、章夏、宋朴、史才、魏师逊、施巨、郑仲熊之徒,率拔之冗散,遽跻政地。既共政,则拱默而已"。

⑥ 按:史浚(1129—1203),字尧翁,鄞县人。史弥逊父。以父荫入仕,监潭州南岳庙,历官福州古田尉、绍兴新昌知县,婺州通判,官至朝请大夫致仕。史浚与朱熹友善。其居官以廉节自励,好仁乐施。楼钥为其撰墓志铭。

之愿学者，皆预勉以修身之要，不徒望其取青紫也。长子中第，又二子入太学，未尝以为喜。盖所期望者，不止此。夜课童幼语：'孟为之讲大义。每曰洛诵之声，贤于丝竹远矣。庄谈梵帙，深究理趣。'"[①]楼钥《朝请大夫史君墓志铭》云："枢密兄之子，是为太师会稽郡王文惠公，位极人臣，而史氏益大。故君之高曾，皆重叠追赠者四十年。不惟赏延繁衍，而决取世科者，累举不乏人，其兴又未艾也。盛哉，君枢密之子也。"[②]

史　浩(二世)(1106—1194)　字直翁。鄮峰真隐为其别号，孝宗之所赐也。史诏孙，史才侄，弥大、弥正、弥远、弥坚父。"浩少卓荦有大志，敏悟绝人，力学至忘饥渴寒暑。叔父木，优于学，浩以为师，朝夕质问疑义，反复切到。读书一经目，终身不忘。自经史百家至浮屠、老子之书，靡不通贯。年四十，登绍兴十五年进士第，为余姚尉。"[③]历官尚书右仆射，同中书门下平章事，兼枢密使等。在对金国和、战问题上，与大将军张浚等意见不合，为言官所劾罢相。乾道四年(1168)复出，知绍兴府，兼两浙东路安抚使。淳熙三年(1176)，任少保，观文殿大学士。淳熙五年(1178)复为右丞相，历仕高宗、孝宗、光宗三朝。《宋史》记云："及自经筵将告归，乃于小官中荐江、浙之士十五人，有旨令升擢，皆一时选也。如薛叔似、杨简、陆九渊、石宗昭、陈谦、叶适、袁燮、赵静之、张子智，后皆擢用，不至通显者六人而已。十年，请老。除太保致仕，封魏国公。……光宗御极，进太师。绍熙五年薨，年八十九，封会稽郡王。宁宗登极，赐谥文惠，御书'纯诚厚德元老之碑'赐焉。嘉定十四年，追封越王，改谥忠定，配享孝宗庙庭。"[④]史浩嗜读书，著述甚勤，尝云："吾家每由儒业以兴，而忠孝世传，毋自懈怠。吾虽老矣，手不释卷，所撰《文集》五十卷《外集》二十卷、《尚书讲义》、《论语口义》、《周礼·天官地官讲义》等书传世。"[⑤]其传世著作《鄮峰真隐漫录》五十卷，全祖望赞曰："《鄮峰真隐漫录》五十卷……有昌明理学之功，实为南宋培国脉，而惜乎旧史不能阐也。"[⑥]史浩又工书，但其传世的书法真迹甚稀少，以致有学者把上石后之拓片当做唯一的书法来研究。史浩传世手迹有《抱痾帖》，今藏上海

---

① (宋)楼钥撰：《攻媿集》卷一百五《朝请大夫史君墓志铭》，中华书局编辑部：《丛书集成初编》444，中华书局2011年影印本，第452—453页。

② (宋)楼钥撰：《攻媿集》卷一百五《朝请大夫史君墓志铭》，中华书局编辑部：《丛书集成初编》444，中华书局2011年影印本，第447页。

③ (宋)罗浚撰：《宝庆四明志》卷九《郡志九·叙人中》，见(清)永瑢、纪昀等编纂：《四库全书》第487册，上海古籍出版社1987年版，景印文渊阁本，第130页。

④ (元)脱脱等撰：《宋史》卷三百九十六《列传第一百五十五·史浩传》，中华书局1977年版，第12068—12069页。

⑤ (宋)史浩撰，俞信芳点校：《史浩集》附录一《家训》，浙江古籍出版社2016年版，第922—923页。

⑥ (清)全祖望著：《鲒埼亭集外编》卷二十四《鄮峰真隐漫录题词》，见王云五主编：《万有文库》第二集(七百种)，(上海)商务印书馆1936年版，第979页。

博物馆,编号沪 1—0049[①]。其生平事迹参见《太师忠定王行略》《太师忠定王传》[②]等。

关于史氏家族藏书,研究者多认为其始于史浩,笔者认为从其父辈时家族就有藏书,史浩称:“我曾祖妣冀国夫人嫠居贫窘,以组绩而严教祖考读书业儒,尝诫之曰:‘纵观圣贤而操笔作语,为士者孰不能?要当慕古人之德行为贵耳。’于是克承母训,八行纯备,乡举于朝,得分大国,乃流庆于今日也。”[③]史氏家族建藏书楼应始于史浩,“时王年逾七十矣。引年请老,进太保,致仕归。治第于鄞之西湖[④]上建阁,奉两朝赐书。帝书‘明良庆会’以名其阁,‘旧学’以名其堂,御制《长春花》诗以示宠眷赓和,至再三焉。王力筑华封台,每夜焚香,告祝天地,报德国恩。王家居澹如也,不事华饰,布衣粝食,夷然自安。一如老书生,不知其三公者”[⑤]。藏书大家叶昌炽亦称其致仕后“治第鄞之西湖,建阁奉两朝赐书。上为书‘明良庆会’名其阁,‘旧学’名其堂,故有‘旧学’印章。其曰‘复隐’,盖在请老再归后也”[⑥]。

藏书楼名曰明良庆会、旧学。

藏书印有旧学、复隐、旧学史氏复隐书印等。

史浩藏书还有皇帝的赐书。关于史浩所藏赐书,其《鄮峰真隐漫录》卷三十六有《跋御书明良庆会之阁》《跋御草书旧学二字》《跋御真书旧学二字》等文详记其经过。楼钥亦云:“公晚治第西湖之左,裒两朝所赐御书建阁以奉之。因奏闻,孝宗书‘明良庆会之阁’以赐。公谢不敢当,孝宗曰:‘古人愿为良臣,卿辅联之久,日闻忠言,深悟朕心,尚何慊乎?’敕后苑造扁榜,命中使驰赐之。上尝以‘旧学’二字即政事堂赐公,同列咸曰:‘自古际遇,莫盛于此。’请镵诸石,为省中荣观。公又谢不敢。既归,以名其堂。”[⑦]

史弥忠(三世)(1161—1244) 字良叔,鄞县人。史渐[⑧]长子,史嵩父。“淳熙十四

---

① 《抱病帖》,今藏上海博物馆。据《中国古代书画目录》(上海分册),文物出版社 1993 年版。

② 参见史美露著:《南宋四明史氏》三《庆元源流·四明谱》,四川美术出版社 2006 年版,第 193—196 页。

③ (宋)史浩撰,俞信芳点校:《史浩集》附录一《家训》,浙江古籍出版社 2016 年版,第 923 页。

④ 按:西湖,又名月湖,位于宁波市城区西南,开凿于唐贞观年间,是宁波市区著名的风景名胜区,该湖呈狭长形,面积约 0.2 平方公里。宋元祐年间建成月湖十洲。南宋绍兴年间,广筑亭台楼阁,遍植四时花树,形成月湖上十洲胜景。这十洲分别是:湖东的竹屿、月岛和菊花洲,湖中的花屿、竹洲、柳汀和芳草洲,湖西的烟屿、雪汀和芙蓉洲。此外还有三堤七桥交相辉映。宋元以来,月湖是浙东学术中心,是文人墨客憩息荟萃之地。唐代大诗人贺知章、北宋名臣王安石、南宋宰相史浩、宋代著名学者杨简、明末清初大史学家万斯同等风流人物,或隐居,或讲学,或为官,或著书,都在月湖留下不可磨灭的印痕。

⑤ 《太师忠定王行略》,见史美露著:《南宋四明史氏》,四川美术出版社 2006 年,第 194 页。

⑥ (清)叶昌炽著,王欣夫补正,徐鹏辑:《藏书纪事诗》卷一,上海古籍出版社 1989 年版,第 62 页。

⑦ (宋)楼钥撰:《攻媿集》卷九三《纯诚厚德元老之碑》,中华书局编辑部:《丛书集成初编》444,中华书局 2011 年影印本,第 241—243 页。

⑧ 注:史渐(1124—1195),字进翁,号东皋。史浩堂弟,史嵩祖父。以太学生读书京城多年,后潜心教子,七子有五子皆登进士第,累封赠至太师齐国公。

年丁未科进士”[1]，“初为鄂州咸宁尉。……鉴文思院门。杨文元公署荐剡，曰质直而才，逊德无竞。宰庐陵，有能名”[2]。历守南安、吉州，提举福建平盐茶事，后“数告归，遂除资政殿学士，赐笏头球纹带，终于东湖之里第。赠少师、保宁军节度使、郑国公，谥文靖”[3]。生平事迹参见《宋元学案》卷七十四《慈湖学案·慈湖门人·文靖史自斋先生弥忠》。

史弥忠喜读书，好藏书，在鄂州咸宁尉时，“官满归里，橐中装视之官时良多，里人羡企之。其父惭怒，弥忠惧，召里人毕集，悉发箧以示，皆书帙也”[4]。

史弥巩（三世）（1170—1249）　号独善，“字南叔，弥远从弟也。好学强记。绍熙四年，入太学，升上舍。时弥远柄国，寄理不获试，淹抑十载。嘉定十年，始登进士第”。官知溧水县，入监都进奏院，出提点江东刑狱，“召为司封郎中，以兄子嵩之入相，引嫌丐祠，遂以直华文阁知婺州。时年已七十，丐祠，提举崇禧观。里居绝口不道时事”。著有《独善先生文集》二十卷，不传。事迹参见《至正四明续志》卷二。有“五子，长肯之，终刑部郎官，能之、有之、胄之俱进士。肯之子蒙卿，咸淳元年进士，调江阴军教授”[5]。

史弥大（三世）（？—1185后）　字方叔，号朴夫。《宝庆四明志》载，浩“长子弥大，字方叔，登乾道五年进士第。贤肖其父，终礼部侍郎”[6]，“进少傅，银青光禄大夫，追封奉化郡开国侯，谥献文”[7]。著有《易学旨要》《世家二篇》《史子朴语》《衍极图说》《朴斋外集》《昌黎集校注》，辑《镜庵丛书》。生平事迹参见《少傅银青光禄礼部侍郎奉化郡献文侯》[8]、《宝庆四明志》卷九《史弥大传》。

史弥大雅好藏书，所有藏书及书画等传其子史守之。

---

① （清）钱维乔等纂，钱大昕等撰：《乾隆鄞县志》卷九《选举表》（上），所记载的宋代进士题名，见《续修四库全书》编纂委员会、复旦大学图书馆古籍部编：《续修四库全书》第706册，上海古籍出版社2003年版，第180页。

② （元）袁桷撰：《延祐四明志》卷第五《人物考中·史弥忠》，见浙江省地方志编纂委员会编：《宋元浙江方志集成》第9册，杭州出版社2009年版，第4068—4069页。

③ （元）袁桷撰：《延祐四明志》卷第五《人物考中·史弥忠》，见浙江省地方志编纂委员会编：《宋元浙江方志集成》第9册，杭州出版社2009年版，第4068—4069页。

④ （元）袁桷撰：《延祐四明志》卷第五《人物考中·史弥忠》，见浙江省地方志编纂委员会编：《宋元浙江方志集成》第9册，杭州出版社2009年版，第4068页。

⑤ （元）脱脱等撰：《宋史》卷四百二十三《列传第一百八十二·史弥巩传》，中华书局1977年版，第12637—12638页。

⑥ （宋）罗濬撰：《宝庆四明志》卷九《郡志九·叙人中》，见（清）永瑢、纪昀等编纂：《四库全书》第487册，上海古籍出版社1987年版，景印文渊阁本，第139页。

⑦ （元）危素撰：《宋八行先生赠太师追封越国公史公表》，引史美露著：《南宋四明史氏》三《庆传源流》，四川美术出版社2006年版，第191页。

⑧ 参见参见史美露著：《南宋四明史氏》一《史弥大·少傅银青光禄礼部侍郎奉化郡献文侯》，四川美术出版社2006年版，第27页。

史弥大子史守之①(四世) 性颇耿介，不与时谐，敢于直言。《宋文纪事》载守之事迹言："仲父弥远当国，先生心弗善也。作《升闻录》以寓规谏，退居月湖之阳，遂以朝奉大夫致仕，宁宗御书'碧沚'二字赐之。弥远甚畏之，每有所作，辄戒其家，勿使十二郎知之。"②

史守之隐居家乡月湖之松岛，杜门藏书讲学，喜读书，"与慈湖诸先生讲肄不倦"③。文徵明云："守之，礼部侍郎弥大之子。弥大仕乾道、淳熙间，亦不以父越公为是，是宜守之之不得于弥远也。又谓其避势远嫌，退处月湖，与慈湖诸公讲肄为乐。宁宗书'碧沚'字赐之。今吾吴中藏书家所收古书有'旧学史氏'及'碧沚'印者，多其遗书。信清修好学之士也。"④若宋刻本"《九家集注杜诗》四函二十四册，有'史氏家传翰院收藏书画图章'朱文印"⑤；宋版《御题三礼图》一函四册，二十卷，"每册首末有史氏收藏图章，自称家传翰苑。考南宋时，史氏以四明眉山两派为盛，而四明尤著。浩及弥远、嵩之三世为相，弥大、弥坚、弥巩、弥宇、弥寍、能之、隽之、岩之多馆阁，或其家藏籍也。'史氏家传翰苑藏书画图章'朱文每册首末"⑥。又"《四明志》，有'旧学史氏复隐书印'"⑦。宋版"《三礼图》一函四册，同首部。曾藏史氏、赵氏，王英字时彦，金溪人，永乐甲申进士，累官南京礼部尚书，谥文安，有《泉坡集》，后入明内府，钤九迭篆印。每册首钤有'内府图书之印''史氏家传翰苑收藏书画图章''赵孟頫印'朱文"⑧印，可见是书传承有绪，明内府亦视为珍本。尝为黄丕烈所收藏的"徐度《却扫编》三卷，宋书棚本，有'旧学史氏复隐书印'一印、'碧沚'一印、'旧学图书'一印"⑨。《爱日精庐藏书志》著录"《艺文类聚》冯己苍跋曰：卷末有胡卢'碧沚'印，又'旧学图书'四字方印。叶昌炽按：此两书皆史氏物。"⑩以上古籍珍本均见史氏藏书之印。

---

① 按：史守之(1166—1224) 字子仁，晚号九六子。鄞县人，越国公浩孙，卫王弥远之侄，仕不甚显，人鲜知者。于淳熙十一年(1184)以祖荫补官，避叔父忠献嫌奉祠，主管玉局。后以嘉定十七年(1224)起倅嘉兴，力辞不就，以朝奉大夫致仕。守之持正不阿，以正直敢言著称，其叔弥远惧之。生平事迹参见《朝奉大夫主管绍兴府镜湖千秋鸿禧观事》、《南宋杂事诗》卷一及《宋人轶事汇编》卷三十六等。

② 曾枣庄、李凯、彭君华编：《宋文纪事》卷九十《史守之》，下册，四川大学出版社 1995 年版，第 1335 页。

③ (清)全祖望著：《鲒埼亭集外编》卷二十四《跋宋史史浩传后》，见王云五主编：《万有文库》第二集(七百种)，(上海)商务印书馆 1936 年版，第 1055 页。

④ (明)文徵明著，周道振辑校：《文徵明集》卷第二十二《跋宋通直郎史守之告身》，上海古籍出版社 2014 年版，第 588—589 页。

⑤ (清)于敏中等撰：《天禄琳琅书目》卷三，见《清人书目题跋丛刊十》十，中华书局 1995 年版，第 48 页。

⑥ (清)彭元瑞等撰：《天禄琳琅书目后编》卷一，见《清人书目题跋丛刊十》，中华书局 1995 年版，第 234 页。

⑦ (清)叶昌炽著，王欣夫补正，徐鹏辑：《藏书纪事诗》卷一，上海古籍出版社 1989 年版，第 62 页。

⑧ (清)彭元瑞等撰：《天禄琳琅书目后编》卷二，见《清人书目题跋丛刊十》，中华书局 1995 年版，第 255 页。

⑨ (清)黄丕烈著，潘祖荫辑，周少川点校：《士礼居藏书题跋记》卷五《集类》，书目文献出版社 1989 年版，第 140 页。

⑩ (清)叶昌炽著，王欣夫补正，徐鹏辑：《藏书纪事诗》卷一，上海古籍出版社 1989 年版，第 62—63 页。

"碧沚"既是史守之藏书之所，又是文人学士讲学、治学之所。全祖望在《碧沚杨文元公书院记》中云："淳熙四先生，而吾鄞得其三：沈端宪公自其父签判已迁鄞，杨文元公则鄞产而迁慈者，实与袁正献公鼎立。四先生之门墙皆极盛，而文元最高年，故道尤广，学宫中有自署慈湖肄业诸生者。暨其身后，庆元府学尚群聚焉。先公尝欲置书院于鄞，以复当年肄业之盛，县以志文元发祥之地，初拟在三江之口，文元之故宅也；顾其地嚣，不如碧沚之清胜，文元暮年所开讲也……文元之讲学于碧沚，以史氏也。先是，史忠定王馆端宪于竹洲，又延文元于碧沚，袁正献公时亦来预湖上四桥，游人如云，而木铎之声相闻。忠定既逝，端宪、正献亦下世。忠定之孙子仁，不满其叔弥远所为，退居湖上，复请文元讲学，故其居碧沚也甚久。……子仁受文元之教，终身不应召命。"①是时，守之为藏书大家，史氏家族藏书达到空前的规模，与同邑楼钥的东楼藏书相媲美，后人称其"碧沚牙签最富"②。全祖望《湖语》云："忠宣在北，鸿禧在东，绣衣长桥，碧沚芳丛。"③又云："藏书之富，南楼北史，宛委之山，不过尔尔，是皆西湖之著者也。注云：宣献东楼，鸿禧碧沚，最有名。"④又云："旧学甘盘，黑头潞国。三经笺故之书，为儒苑所矜式，而中兴大儒，俱荷翘车之辟。注云：史定忠相孝宗，御书'旧学'二字赐之。"⑤叶昌炽《藏书纪事诗》卷一记有其藏书故实。

史守之藏书印有碧沚、旧学图书、旧学史氏、旧学史氏复隐书印、史氏家传翰苑收藏书画图章等。

史弥巩之孙史蒙卿（五世）（1247—1306）　字景正，号果斋，又号静清处士，鄞县人。史肯之子。其"曾祖讳浤，蚤夭，赠中散大夫。祖弥巩，司封郎中，赠少师。司封以儒学致显，当贵盛时，独卑退自持，乡人称为独善先生"。自幼"善属文，年十二，入国子学，通《春秋》《周官经》，复兼词赋。江文忠公万里、常参政挺时为大小司成，器待之。咸淳元年登进士第，授迪功郎、复州景陵县主簿"，"改江阴教授，复改平江，至是，不复仕"⑥。其"蚤受业色川阳恪，为学淹博，著书立言，一以朱熹为法"⑦。"德

---

① （清）全祖望著：《鲒埼亭集外编》卷十六《碧沚杨文元公书院记》，见王云五主编：《万有文库》第二集（七百种），（上海）商务印书馆 1936 年版，第 870—871 页。

② （清）全祖望著：《鲒埼亭集外编》卷十六《碧沚杨文元公书院记》，见王云五主编：《万有文库》第二集（七百种），（上海）商务印书馆 1936 年版，第 870—871 页。

③ （清）全祖望著：《鲒埼亭集》卷四《湖语》，见王云五主编：《万有文库》第二集（七百种），（上海）商务印书馆 1936 年版，第 48 页。

④ （清）全祖望著：《鲒埼亭集》卷四《湖语》，见王云五主编：《万有文库》第二集（七百种），（上海）商务印书馆 1936 年版，第 55 页。

⑤ （清）全祖望著：《鲒埼亭集》卷四《湖语》，见王云五主编：《万有文库》第二集（七百种），（上海）商务印书馆 1936 年版，第 54 页。

⑥ （元）袁桷撰，王颋点校：《清容居士集》卷二十八《静清处士史君墓志铭》，浙江古籍出版社 2015 年版，第 719—720 页。

⑦ （元）脱脱等撰：《宋史》卷四百二十三《列传第一百八十二·史弥巩传》，中华书局 1977 年版，第 12638 页。

裕之变，虽罹厄穷，讲道不辍，得紫阳朱子道统之传焉。侨居天台八年，从者益众”①，“有《文集》二十卷，《易究》十一卷”②。袁桷赞其文云：“先生于诸经穷探微旨，证坠缉缺，不溺于谀闻，剖释正大，而折衷一归于前哲。论古今得失，必探情伪，以暴其罪，正色愤悱，若造庭而受其责也。为文邃古，不杂异说，手抄口讲，更仆不能以尽。”③史蒙卿为其家族编撰于咸淳五年(1269)的宗谱序云：“旧谱残缺失次，不能考阅，蒙卿惧久而无闻，于是求诸遗编，因故辑新，以藏于家。盖欲后之子孙读书尚礼，恒存乎水木本源之意也。”④《康熙浙江通志》卷三十二有其传。

史氏家族藏书延至史浩玄孙史徽孙(六世)(1224—1306)，字献父。袁桷称其“有诗文若干卷，晚读陶靖节诗，语近意远，视世德吻合，深自慕儗。平居无愠忤色，笔墨清艺，觞至辄就。放邵子《观物》，为诗数十篇。久更困约，益以理自得，清日危坐，道旧事，缓语不绝口，乡党赖焉”⑤。

藏书印仍沿用旧学史氏、碧沚、旧学、复隐、史氏等。

2.史氏家族藏书散佚

鄞县史氏家族碧沚藏书，应于宋元更迭之际已有散出，明张丑《清河书画舫》载：“宋人小楷《史记》真本，松雪翁物，计十帙。纸高四寸，字类半黍。不惟笔精墨妙，中间绝无讹谬。宋纸于明望之帘痕，每帙用‘旧学史氏’及‘碧沚’二印，帖尾有赵松雪楷书题跋。予镌《史记》时，悉取以证今本之误，乃知昔人所记匏史之异，良非虚语也。‘碧沚’字印，宋通直郎史守之所用。定之，越国公浩孙，礼部侍郎弥大子，卫王弥远之侄，仕终朝奉大夫。中年避势远嫌，退处月湖，与慈湖诸公讲肄为乐。宁宗御书‘碧沚’二字赐之，盖清修好古之士也。”⑥可知这部宋人精抄本散出后为元代赵孟頫所得。叶昌炽云：“‘丰华堂’者，宋建炎间，刘夫人掌内翰文字，善书画，上用‘丰华堂记’，见《书史会要》。此本南渡初当在禁闼。史氏懿戚，是以得之。”⑦元初，书为乌程人倪渊所得，故书上更钤“吴兴倪渊”印。至明代，史氏藏书散见于吴中，明文

---

① 《史家祖宗画像、传记及题跋》之《史蒙卿传》，史美露著：《南宋四明史氏》，四川美术出版社2006年版，第64页。

② (元)袁桷撰，王颋点校：《清容居士集》卷二十八《静清处士史君墓志铭》，浙江古籍出版社2015年版，第720页。

③ (元)袁桷撰，王颋点校：《清容居士集》卷二十八《静清处士史君墓志铭》，浙江古籍出版社2015年版，第719—720页。

④ (宋)史蒙卿撰：《宋咸淳年明州史氏谱序》，见史美露著：《南宋四明史氏》，四川美术出版社2006年版，第178页。

⑤ (元)袁桷撰，王颋点校：《清容居士集》卷三十《史献父葬记》，浙江古籍出版社2015年版，第755—756页。

⑥ (明)张丑撰，徐德明校点：《清河书画舫》之《波字号第十·元·赵孟頫》，《古代书画著作选刊》，上海古籍出版社2011年版，第510页。

⑦ (清)叶昌炽著，王欣夫补正，徐鹏辑：《藏书纪事诗》卷一，上海古籍出版社1989年版，第63页。

徵明言“今吾吴中藏书家所收古书有‘旧学史氏’及‘碧沚’印者，多其遗书”[1]，“其藏书至清代犹有存者”[2]。如北宋刻本“《资治通鉴考异》一函三册，宋司马光撰，三十卷，有‘丰华堂记’。又有‘史氏家传翰林收藏书画图书章’”印[3]，入清后流入清内府。今人史学家吴晗亦云：“守之尝自署九六子，牙签最富。吴中旧时书家有旧学史氏及碧沚印皆其遗书也。”[4]

第三节　宋代江南（今苏南）进士藏书

《宋史·地理志》载，宋南渡后，两浙路即“临安、平江、镇江、嘉兴四府，安吉、常、严三州，江阴一军，为西路；绍兴、庆元、瑞安三府，婺、台、衢、处四州，为东路”[5]。

今苏南境相当于宋代两浙路西路之平江、镇江二府及常州等地。

一、宋代平江府进士藏书

《宋史·地理志》载，“平江府，吴郡。太平兴国三年，改平江军节度。本苏州，正和三年，升为府”[6]。县六，即吴、长洲、昆山、常熟、吴江、嘉定。

（一）侍其玮

侍其玮（1022—1104）　侍其复姓，“字良器，世仕南唐李氏，祖显始自建邺，徙苏州之长洲。家世以武显，玮独习儒学。皇祐二年进士，调杭州主簿，改仕富阳”[7]。历知建德、固姑二县，通判全州，擢知化州，官至左朝散大夫，知池州军事。在知化州期间，其地僻陋，玮始筑校舍，亲为士子讲课。移知池州，遂乞致仕，归而不带岭南一物。生平事迹参见葛胜仲《朝散大夫致仕柱国赐紫金鱼袋侍其公墓志铭》。

其性靖退知足，孤立介特，以质谨自将，不肯妩媚权近，其“喜聚书，所藏颇富”[8]。葛胜仲《侍其公墓志铭》载，侍其公尤“嗜学问，喜聚书，自少迄老，未尝一日去篇籍不观，工草隶，善属文，赋诗尤多，时称佳笔。制续千文行于世”[9]。“吴中资

---

① （明）文徵明著，周道振辑校：《文徵明集》卷第二十二《跋宋通直郎史守之告身》，上海古籍出版社2014年版，第588—589页。

② 潘美月著：《宋代藏书家考》之四《南宋中兴时期藏书家》，（台北）学海出版社1980年版，第204页。

③ （清）于敏中等撰：《天禄琳琅书目》卷二，见《清人书目题跋丛刊十》，中华书局1995年版，第28页。

④ 吴晗撰：《江浙藏书家史略》之《浙江藏书家史略》，中华书局1981年版，第14页。

⑤ （元）脱脱等撰：《宋史》卷八十八《志第四十一·地理四》，中华书局1977年版，第2173页。

⑥ （元）脱脱等撰：《宋史》卷八十八《志第四十一·地理四》，中华书局1977年版，第2174页。

⑦ （清）陆心源撰，吴伯雄点校：《宋史翼》卷十九《循吏二·侍其玮》，浙江古籍出版社2016年版，第398页。

⑧ 王河主编：《中国历代藏书家辞典》，同济大学出版社1991年版，第269页。

⑨ （宋）葛胜仲撰：《丹阳集》卷十三《朝散大夫致仕柱国赐紫金鱼袋侍其公墓志铭》，见（清）永瑢、纪昀等编纂：《四库全书》第1127册，上海古籍出版社1987年版，景印文渊阁本，第525页。

产尽推与同族。晚无所归,徙贯宣城”[1],卒葬于宣城万松山之原。

(二)朱长文

朱长文(1039—1098) 字伯原,号乐圃,又号潜溪隐夫,吴县人。其先居郯,世仕吴越,遂徙苏州。《吴郡志》载:“原光禄卿公绰之子。年十九登嘉祐四年乙科进士第。公绰守彭长文不俟燕,归州人荣之。既冠授秘书省校书郎”,以病足免,隐居苏州乐圃坊。其“家居二十年,安贫乐道,无意仕进,筑室郡中。有山林趣”,志于著述,名动京师。元祐中召“为国子监丞,太平兴国二年,诏同翰林学士李昉等纂修《太平综类》,以八年书成,凡一千卷,名《太平御览》。天禧中,以职方员外郎、秘书校理,知舒州,秩满,主管郡之灵仙观。宰相王钦若言其恬于荣利,除直史馆”[2]。《吴郡志》述其事迹言:朱长文“光禄卿公绰之子。公绰,居凤凰乡集祥里,园亭甚古。长文擢第,号其居曰乐圃。时俊卿咸师仰之,号乐圃先生。米芾撰《墓表》略云:‘十九岁登乙科,病足,不肯从吏。筑室乐圃,有山林趣。著书阅古,乐尧舜道。郡守监司,莫不造请,谋政所急。士大夫过者,必奔走乐圃,以不见为耻。公卿荐以自代者甚众,天子贤之,起为本郡教授,又召为太学博士、秘书省正字。元符元年卒,乡人立祠于郡庠……天子知其清,特赐其家绢百匹。’”[3]《宋史》载:朱长文“有文三百卷,《六经》皆为辨说。又著《琴史》而序其略曰:‘方朝廷成太平之功,制礼作乐,比隆商、周,则是书也,岂虚文哉!’盖立志如此。”[4]其著述甚富,有《乐圃集》一百卷,今存《乐圃余稿》八卷及《吴郡图经续记》《琴史》并传于世。又工书法,作为北宋书法名家,其书法长于理论,编有《墨池编》《续书断》等。生平事迹参见明张杲《吴中人物志》卷六《儒林·朱长文传》、《吴中名贤传赞》有其传。

朱氏十岁能属辞,读书辄竟夕。及长,于书无所不知,尤邃于《春秋》,博闻强识,笃学力行。又好藏书,“既出仕,以田畴委诸弟。惟藏书二万卷,所集周穆王以来金石遗文、名人笔迹,作《墨迹》《阅古》二编,藏于家”[5]。其“家徒藏书万卷”[6]。书室名曰乐圃,《吴郡志》记云:“乐圃,朱长文伯原所居。在雍熙寺之西,号乐圃坊。圃中有高岗清池,乔松寿桧。此地钱氏时号金谷,朱父光禄始得之,伯原营以为圃。名

① (清)陆心源撰,吴伯雄点校:《宋史翼》卷十九《循吏二·侍其玮》,浙江古籍出版社2016年版,第399页。

② (明)张昶撰:《吴中人物志》卷六《儒林·朱长文传》,(台北)学生出版社1969年版,第163—164页。

③ (宋)范成大撰:《吴郡志》卷二十六《人物·朱长文传》,见(清)永瑢、纪昀等编纂:《四库全书》第485册,上海古籍出版社1987年版,景印文渊阁本,第195页。

④ (元)脱脱等撰:《宋史》卷四百四十四《列传第二百三·朱长文传》,中华书局1977年版,第13127页。

⑤ 蒋镜寰辑:《吴中先哲藏书考略》,见徐雁、王燕均主编:《中国历史藏书论著读本》下卷《导读》,四川大学出版社1990年版,第643页。

⑥ (宋)范成大撰:《吴郡志》卷二十六《人物·朱长文传》,见(清)永瑢、纪昀等编纂:《四库全书》第485册,上海古籍出版社1987年版,景印文渊阁本,第195页。

德所寓，邦人珍之，因号其巷曰乐圃坊。朱自有记。”①圃中有堂三楹，“堂之南又为堂三楹命之曰邃经，所以讲论六艺也”。圃中“池中有亭曰墨池，余尝集百氏妙迹于此而展玩也”。“予于此圃，朝则诵牺文之《易》，孔氏之《春秋》，索《诗》《书》之精微，明《礼》《乐》之度数。夕则泛览群史，历观百氏，考古人是非，正前史得失”②。

（三）章　甫

章　甫（1045—1106）　“字冠之，自号易足居士，又号转庵，鄱阳人，徙居真州（今江苏仪征）。少从张孝祥游，豪放不羁，著有《易足居士自鸣集》十五卷。”③《吴郡志》载：章甫，“字端叔，自建徙居于吴，其八世祖，本蒲城人。有西村、珠林二族，西村之裔多显仕，珠林至甫曾祖可法始登科。甫，熙宁三年进士，知寿春县。大臣以《孟子解义》进，诏付秘书省。除太府寺丞，召对称旨。除府界、提举平常事。崇宁初，除都官郎中。”④与时论不合，致仕归吴。寻请辞以归。卒葬于吴县光福长山乡社墟道士坞，杨时为铭。著有《自鸣集》《孟子解义》。生平事迹参见明《姑苏志》卷五十《人物・名宦》。

章氏寡嗜欲，惟“藏书万卷，校雠精密”⑤。章氏之遗书由子章宪递藏。章宪，“字叔度，居黄村。乐道好德，操履高洁，行有余力，而以文学，乡里谓之隐君子。其学师事王信伯，而与朱子发、吕居仁等游，尤邃于《春秋》，有《复轩集》十卷，曾文清公几为之序”⑥。有复轩在吴县之黄村，章宪自作记，谓“葺先人之庐，治东庑之轩，以贮经史百氏之书，名之曰复，以警其学。其后圃又有清旷堂，咏归、清閟、遐观三亭，以慕古尚贤，各有诗”⑦。

（四）曾　旼

曾　旼⑧（生卒年不详）　字彦和，龙溪人，寓居吴中。宋“神宗熙宁六年（1073）进士。七年，由吴县尉提举修撰经义所检讨。……曾官润州仓曹，知滁州”⑨，累迁

---

① （宋）范成大撰：《吴郡志》卷十四《乐圃记》，见（清）永瑢、纪昀等编纂：《四库全书》第485册，上海古籍出版社1987年版，景印文渊阁本，第99页。

② （宋）范成大撰：《吴郡志》卷十四《乐圃记》，见（清）永瑢、纪昀等编纂：《四库全书》第485册，上海古籍出版社1987年版，景印文渊阁本，第99—100页。

③ 曾枣庄、刘琳主编：《全宋文》卷六千五百二十五《章甫》，第287册，上海辞书出版社2006年版，第297页。

④ （宋）范成大撰：《吴郡志》卷二十六《人物・章甫传》，见（清）永瑢、纪昀等编纂：《四库全书》第485册，上海古籍出版社1987年版，景印文渊阁本，第197页。

⑤ （宋）范成大撰：《吴郡志》卷二十六《人物・朱长文传》，见（清）永瑢、纪昀等编纂：《四库全书》第485册，上海古籍出版社1987年版，景印文渊阁本，第197页。

⑥ （宋）范成大撰：《吴郡志》卷二十六《人物・章宪传》，见（清）永瑢、纪昀等编纂：《四库全书》第485册，上海古籍出版社1987年版，景印文渊阁本，第197页。

⑦ （宋）范成大撰：《吴郡志》卷十四《复轩》，见（清）永瑢、纪昀等编纂：《四库全书》第485册，上海古籍出版社1987年版，景印文渊阁本，第101页。

⑧ 按：宋张邦基《墨庄漫录》卷五作“旼”。其他文献作“旼”。

⑨ 张振雄著，苏州地方志办公室编：《苏州山水志》附录，广陵书社2010年版，第307页。

太常少卿。撰有《润州类集》十卷、《讲义》三十卷、《刑名断例》三卷、《永阳郡县图志》四卷等。《宋诗纪事》卷二十五及《宋元学案补遗别附》卷二有其传。

曾旼雅好藏书,其藏书之富,与宋藏书名家贺铸藏书相埒。据《宋史》载,贺铸"家藏书万余卷,手自校雠,无一误,以是杜门将遂其老"[①],据此推测,曾旼藏书既富又精,亦不下万卷。绍兴二年(1132)四月,权秘书少监王昂言:"本省承节次降下御府书籍四百九十二种,今又有曾旼家藏书二千六百七十八卷,未经校正。欲依故例,分库拨充秘阁,专人各行主管。"[②]又张邦基《墨庄漫录》卷五云:"藏书之富,如宋宣献、毕文简、王原叔、钱穆父、王仲志家及荆南田氏、历阳沈氏,各有书目。谯郡祁氏多书,号'外府太清老氏之藏室',后皆散亡。田、沈二家,不肖子尽鬻之。京都盛时,贵人及贤宗室往往聚书,多者至万卷。兵火之后,焚毁迨尽,间有一二流落人间,亦书史一时之厄也。吴中曾旼彦和、贺铸方回二家书,其子献之朝廷,各命以官,皆经彦和、方回手自雠校。非如田、沈家贪多务得,舛谬讹错也。"[③]上文所记曾氏、贺氏藏书并称。

(五)叶梦得

叶梦得(1077—1148)　字少蕴,号肖翁。原籍吴县,长期居住吴兴,以吴兴弁山石林谷为居所至老,故自号石林居士、石林山人、石林老人。其家族为师儒世家[④],四世祖、曾叔祖、祖父及父、外祖父及舅父皆登进士第。梦得"年二十一,中进士第。初为仪礼选编修官对便殿,徽宗异之,除祠部郎,累迁至翰林学士,诏令得体。建炎中召为户部尚书,上疏论金贼利害凡数万言,除左丞,再知建康,移军屯要害,立庐室,民皆复业。以崇庆军节度使致仕。尝筑室弁山,号石林,遂归老焉"[⑤]。为官皆有政绩。卒湖州,葬于弁山南岱太阳坞,赠检校少保。叶梦得"本晁氏之甥,犹及见张耒诸人,耳濡目染,终有典型,故文章高雅,犹存北宋之遗风。南渡以后,与陈与义可以

---

① (元)脱脱等撰:《宋史》卷四百四十三《列传第二百二·曾旼传》,中华书局1977年版,第13104页。

② (宋)陈骙《南宋馆阁录》卷三《储藏》,见(宋)陈骙、佚名撰,张富祥点校:《南宋馆阁录 续录》,中华书局1998年版,第21页。

③ (宋)王楙、张邦基撰,孔一、丁如明校点:《燕翼诒谋录·墨庄漫录》,上海古籍出版社2012年版,第103—104页。

④ 按:叶梦得四世祖叶参(964—1043),字次公或次清,咸平四年(1001)进士,历知宣州、苏州,知越州,以光禄卿致仕。曾祖叶刚,曾官著作佐郎,赠金紫光禄大夫,与虞靖友善。曾叔祖叶清臣(1000—1049),字道卿,北宋名臣。天圣二年(1024)榜眼,翰林学士。祖父叶义叟,官提举江南西路常平等事。叔祖叶温叟,与苏轼同年进士,官主客郎中。父叶助(约1047—1112),字天佑,熙宁三年(1070)陆佃榜进士,官达州司理参军。梦得母家晁氏家族世代为官,外祖父晁端友(1019—1075),字君成,山东巨野人。补之父。仁宗皇祐五年(1053)进士,知上虞。熙宁中为杭州新城(今富阳新登)县令,仕至改著作佐郎,有善政。善于文辞,有文集十卷别集一卷,与苏轼、黄庭坚友善。其舅父晁补之(1053—1110),字无咎,号归来子。元丰二年(1079)进士。北宋时期著名文学家。与黄庭坚、秦观、张耒联镳文苑,号称"苏门四学士"。

⑤ (宋)李景和等修,(宋)谈钥纂:《嘉泰吴兴志》卷十七《叶梦得》,见浙江省地方志编纂委员会编:《宋元浙江方志集成》第6册,杭州出版社2009年版,第2748—2749页。

肩随，尤、杨、范、陆诸人皆莫能及。固未可以其绍圣余党，遂掩其词藻也”①。其著述宏富，“有《易传》《书传》《春秋传》《春秋谳》《论语释言》《孟子通议》，又有《文集》《奏议》《自序》《燕语》《避暑录》《岩下放言》《家训》《金石类考》《老子解》《审是集》行于世”②。现传世尚有二十余种，一百一十余卷，如著有笔记《避暑录话》二卷，《石林燕语》十卷，《石林词》一卷，《石林诗话》三卷，《石林居士建康集》等，明藏书名家毛晋云：少蕴自号石林居士，“所撰诗文甚富。石林词一卷，与苏、柳并传，绰有林下风，不作柔语殢人，真词家逸品也”③。其裔孙叶廷管评论曰：“石林公以宏通渊雅之才，研求经义，撰述辞章，蔚为一代儒宗文伯。至于国故朝章，遗闻轶事，无不元元本本，各有纪载之文。而敷陈经济，阐扬理道，抒写物情，即于此见焉。著作繁富，前贤殆罕其匹。”④生平事迹参见《宋史》卷四百四十五《列传第二百四 · 叶梦得传》。

叶梦得性酷嗜藏书，为宋藏书大家。其家“在南渡之初，岿然耆宿。其藏书至三万余卷，亦甲于诸家”⑤。尝云：惜“余家旧藏书三万余卷，丧乱以来，所亡几半”⑥。随宋室南渡后，叶氏承父志，大力收藏，至晚年，其藏书“逾十万卷”⑦。尝云：“本朝公卿名家藏书，惟宋宣献最精好而不多，盖凡无用与不足观者，皆不取，故吾书每以为法也。”⑧其所藏“六经、诸史及诸子藏书数万卷，啸咏自娱。之善者，三千余卷”⑨。尝藏南唐徐锴《说文系传》，宋尤袤《说文系传跋》载，是书南宋初已不多见，《困学纪闻》卷八记云：此书得以刻印传世，“得于石林叶氏苏魏公（颂）本也”⑩。又其所藏如唐韩偓《韩偓诗集》（百余篇），《文献通考》卷二百四十三载；隋王通《元经薛氏传》十五卷，“此书始得于莆田，才三卷，止晋成帝。后从石林叶氏得全本，录成之”⑪。

---

① 曾枣庄、李凯、彭君华编：《宋文纪事》卷六十五《叶梦得》，下册，四川大学出版社 1995 年版，第 926 页。

② （宋）李景和等修，（宋）谈钥纂：《嘉泰吴兴志》卷十七《叶梦得》，见浙江省地方志编纂委员会编：《宋元浙江方志集成》第 6 册，杭州出版社 2009 年版，第 2749 页。

③ （清）上疆村民重编，唐圭璋笺注：《宋词三百首笺注》，人民文学出版社 2005 年版，第 163 页。

④ （清）叶廷管《吹网录》卷六《石林公著作存佚考》，见《清代笔记丛刊》，民国上海文明书局石印本。

⑤ （宋）叶梦得著：《避暑话录 · 提要》，见（清）永瑢、纪昀等编纂：《四库全书》第 863 册，上海古籍出版社 1987 年版，景印文渊阁本，第 629 页。

⑥ （宋）叶梦得撰，田松青，徐时仪点校：《石林燕语 · 避暑录话》之《避暑录话》卷一，上海古籍出版社 2012 年版，第 102 页。

⑦ （元）马端临著，华东师大古籍研所标校：《文献通考 · 经籍考》卷一，上册，华东师范大学出版社 1985 年版，第 34 页。

⑧ （元）马端临著，华东师大古籍研所标校：《文献通考 · 经籍考》卷一，上册，华东师范大学出版社 1985 年版，第 33 页。

⑨ （元）马端临著，华东师大古籍研所标校：《文献通考 · 经籍考》卷一，上册，华东师范大学出版社 1985 年版，第 33 页。

⑩ 黎皓经编：《许学考》卷四《徐氏锴说文系传》，（台湾）文海出版社 1987 年版，第 224 页。

⑪ （宋）陈振孙撰，徐小蛮、顾美华点校：《直斋书录解题》卷四《编目类》，上海古籍出版社 2015 年版，第 111 页。

唐崔国辅《崔国辅集》一卷,“诗凡二十八首。临海李氏本。后又得石林叶氏本,多六首”①。唐武元衡《武元衡集》一卷,“初用莆田李氏本传录,后以石林叶氏本校”②。

关于叶梦得藏书,历代学者多有称誉,周密云:“至若吾乡如石林叶氏,贺氏,皆号藏书之多,至十万卷。”③程俱赞云:“如公三万卷,磈磊贮心曲。”④宋王明清《挥麈录》记云:“承平时,士大夫家如南都戚氏、历阳沈氏、庐山李氏、九江陈氏、鄱阳吴氏,俱有藏书之名,今皆散逸。近年所至郡府多刊文籍,且易得本传录,仕宦稍显者,家必有书数千卷,然多失于雠校也。”⑤“靖康俶扰,中秘所藏与士大夫家者,悉为乌有。南渡以来,惟叶少蕴少年贵盛,平生好收书逾十万卷,置之霅川弁山山居,建书楼以贮之,极为华焕。”⑥胡应麟亦云:“前代书,但记卷帙重复,未分者。隋嘉则殿三十七万。唐弘文馆二十万。开元中一十二万。唐武德初、宋兴国初各八万。梁湘东王所收七万。宋谢康乐所校六万。荐绅先生惟叶少蕴称十万馀。则皆为实录矣。”⑦“魏晋以远。藏书家至寡。读南北史。但数千卷。率载其人传中。至唐书所载。稍稍万卷以上。而数万者尚希。宋世聚盛。叶石林辈。弁山之藏。遂至十万。”⑧《山西通志》卷一百七十五谈古今藏书之富者,谓叶梦得“少贵,博收,遂逾十万卷”,堪称宋藏书大家⑨,与宋宣献同为宋时藏书巨擘。

叶氏藏书颇多手抄本,自至老搜集书籍不懈,尤勤于手抄,“余家旧藏书三万余卷,丧乱以来,所亡几半。山居狭隘,余地置书囊无几。雨漏鼠啮,日复蠹败。今岁出曝之,阅两旬才毕。其间往往多余手自抄,览之如隔世事”⑩。

叶氏所藏除图书典籍外,前代金石器物、碑帖、书画等亦多,“卢鸿《草堂图》旧藏中贵人刘有方家。余往有庆历中摹本,亦名手精妙。犹记后载唐人题跋云:‘相国

---

① (宋)陈振孙撰,徐小蛮、顾美华点校:《直斋书录解题》卷十九《诗集类》,上海古籍出版社2015年版,第558页。

② (宋)陈振孙撰,徐小蛮、顾美华点校:《直斋书录解题》卷十九《诗集类》,上海古籍出版社2015年版,第567页。

③ (宋)周密撰,张茂鹏点校:《齐东野语》卷十二《书籍之厄》,中华书局1983年版,第217页。

④ (宋)程俱撰:《次韵和颖昌叶翰林七首》之二《目病废读书》,见傅璇琮主编:《全宋诗》卷一四一六,北京大学出版社1998年版,第16315页。

⑤ (宋)王明清撰,田松青点校:《挥麈录前录》卷一第18条《士大夫家藏书多失于雠校》,上海古籍出版社2012年版,第7页。

⑥ (宋)王明清撰,田松青点校:《挥麈录后录》卷七第242条《叶少蕴书火于弁山李泰发藏书火于秦》,上海古籍出版社2012年版,第112页。

⑦ (明)胡应麟著:《少室山房笔丛》卷一甲部《经籍会通一》,中华书局1958年版,1964年第三次印刷,第11页。

⑧ (明)胡应麟著:《少室山房笔丛》卷四甲部《经籍会通四》,中华书局1958年版,第53页。

⑨ 按:在整个宋代,据文献记载藏书达到十万卷的,只有叶梦得和魏了翁二家,此二人堪称为宋代之藏书大家。

⑩ (宋)叶梦得撰,田松青、徐时仪点校:《石林燕语·避暑录话》之《避暑录话》卷一,上海古籍出版社2012年版,第102页。

邹平段公家藏图书，并用所历方镇印记。咸通初，余为荆州从事，与柯古同在兰陵公幕下，阅此轴。今所历岁祀倏逾二纪，洊罹多难，编轴尚存。物在时迁，所宜兴叹。丁未年驾在岐山，涿郡子謩记。'"①其收藏碑帖一千多帙，辑成《金石类考》五十卷。

其藏书处为石林精舍。宋尤袤《遂初堂书目》著录有《叶石林书目》。周密云："叶氏石林，左丞叶少蕴之故居，在卞山之阳，万石环之，故名，且以自号。正堂曰兼山，傍曰石林精舍，有承诏、求志、从好等堂，及净乐庵、爱日轩、跻云轩、碧琳池，又有岩居、真意、知止等亭。"②

叶氏藏书散佚，应毁于皇统七年(1147)冬，其家遇火，"其宅与书俱荡一燎"③。次年叶梦得遂忧病卒。宋陈振孙《直斋书录解题》卷十八"石林总集"条云："尚书左丞吴郡叶梦得少蕴撰。绍兴四年进士。崇观间骤贵显，三十一岁掌外制，次年遂入翰林。中废，至建炎乃执政……晚两帅金陵，当乌珠临江，移三山平群寇，其功不可没也。秦桧秉政，欲令帅蜀，辞不行，忤桧意，以崇庆节度使致仕。其居在卞山，奇石森列，藏书数万卷。既殁，守者不谨，屋与书俱烬于火。'石林'二字，本出《楚辞·天问》。"④

作为藏书大家的叶氏"在建康知府任上创办的细书阁是中国第一座地方官府藏书楼"⑤。叶梦得又精于版本目录研究，所藏图书多亲自校勘，其《石林燕语》《避暑录话》所记载大量之藏书、出版史料，至今屡被引用，影响深远。其利用家藏对杭州、四川、南京、福建诸刻本进行比勘，提出雕版印书始于唐末的著名论断，为以后图书版本研究提供了丰富的经验和佐证资料。

(六)钱观复父子三进士

钱观复(1090—1154)　字知原，号正静居士，常熟琴川人。"由太学登政和五年进士第，邑人土著登科自观复始。调温州教授。……除国子监丞，改诸王教授、太常丞、秘书郎、户部员外郎"⑥。《正德姑苏志》载：钱观复，"字知原，于吴越为疏属，由太学生登进士乙科，常熟土著及第自观复始"，"官至朝散郎，赠紫光禄大夫。有《文集》十五卷、《论语解》二十卷。子俣"⑦。生平事迹参见《至正重修琴川志》卷八《叙人·钱观复传》。

---

① (宋)叶梦得撰，田松青、徐时仪校点：《石林燕语·避暑录话》之《避暑录话》卷一，上海古籍出版社2012年版，第103页。

② (宋)周密撰，王根林校点：《癸辛杂识前集·吴兴园圃》，上海古籍出版社2012年版，第6页。

③ (宋)王明清撰，田松青点校：《挥麈录后录》卷七第242条《叶少蕴书火于弁山李泰发藏书火于秦》，上海古籍出版社2012年版，第112页。

④ (宋)陈振孙撰，徐小蛮、顾美华点校：《直斋书录解题》卷十八《别集类下》，上海古籍出版社2015年版，第525页。

⑤ 王克文主编：《湖州市志》第九章《图书》，昆仑出版社1999年版，第1900页。

⑥ (清)高士鸃，杨振藻修，(清)钱陆灿等纂：《康熙常熟县志》卷十六《邑人·钱观复传》，见《中国地方志集成·江苏府县志辑》(21)，江苏古籍出版社1991年版，第373页。

⑦ (明)王鏊等纂：《正德姑苏志》卷五十《人物八·名宦》，台湾学生书局1986年版，第725—726页。

钱观复好书，“惟老不衰，无顷刻废书，或探内典究死生性命之说，自号正静居士。且明其所居之堂，以谕诸子甚笃，故俣、佃游太学为名士，试选屡优朋类敛衽知不敌，相继登第，里荣之。以为君操履之报君。邃于经，溢于文辞，尤喜为诗，有《文集》十五卷，《论语解》二十卷，藏于家”[①]，其书稿今已佚。

钱　俣（1119—1178）　钱观复长子，佃兄，“字廷硕，一字惟大，弱冠举于乡，考官徐良能见其文有本源意，必老儒，以为选首。及开卷，大惊异之。继补太学生，登绍兴二十一年进士第，授泰州教官，除太学正，从容学省敛，以静晦人，莫窥其际。除宗正寺簿、太府寺丞、宗正丞，知袁州，除秘书丞著作佐郎，迁将作少监，除福建路提举，终朝请郎”。钱俣“治诗赋”[②]，“于书无所不读，尤精于《易》。有《文集》五卷、《诸经讲解》十卷、《易说》三卷。崔紫微敦诗志其墓”[③]。生平事迹参见《吴中人物志》卷六《儒林·钱俣传》。

钱俣喜聚书，其聚书故实见于《至正重修琴川志》。钱俣“平生少嗜好，沉冥书史，藏书数千卷，朱墨精谨，皆手自雠校”[④]。《正德姑苏志》载其藏书故实云：钱俣“寡嗜好，惟藏书数千卷，朱墨精谨，皆所亲校，尤邃于《易》”[⑤]。

钱　佃（生卒年不详）　钱观复次子。“字仲耕，弱冠入太学，登绍兴十五年进士第，严州分水尉，池、真二州教授，改秩除诸王宫教授，迁大宗正丞，通判太平州太子尹、临安择寮采佃，独以外庸在选中，擢吏部郎中。对便殿言三事，上称善。累迁左右司检正，兼权吏兵工三侍郎，出为江西路转运副使”。淳熙八年（1181）知婺州，移粟赈饥，全活七十余万口，其救饥之政，亦为诸郡最。钱佃“忠信恭宽，根于天性。临政不求赫赫声，以子民为先务，所至得民。家不取盈，捐橐装买田合族名曰义庄。卒年六十二，终于中奉大夫，秘阁修撰。有《易解》十卷、《词科累要》二十卷、《文集》二十卷，诚斋杨文节万里志其墓”[⑥]。生平事迹参见《正德姑苏志》卷五十《人物八·名宦》及《康熙常熟县志》卷十六《邑人·钱佃传》。

钱佃雅好藏书，利用家藏之书，“刻印《荀子杨注》二十卷，自撰《荀子考异》一

---

① （宋）刘一止撰：《苕溪集》卷五十一，见（清）永瑢、纪昀等编纂：《四库全书》第 1132 册，上海古籍出版社 1987 年版，景印文渊阁本，第 270 页。

② （宋）陈骙《南宋馆阁录》卷七《官职上》，见（宋）陈骙、佚名撰，张富祥点校：《南宋馆阁录 续录》，中华书局 1998 年版，第 170 页。

③ （宋）孙应时、鲍廉，（元）卢镇纂修；陈其弟校注：《至正重修琴川志》卷八《叙人·钱俣》，方志出版社 2013 年版，第 79 页。

④ （宋）孙应时、鲍廉，（元）卢镇纂修；陈其弟校注：《至正重修琴川志》卷八《叙人·钱俣》，方志出版社 2013 年版，第 79 页。

⑤ （明）王鏊等纂：《正德姑苏志》卷五十《人物八·名宦》，台湾学生书局 1986 年版，第 726 页。

⑥ （宋）孙应时、鲍廉，（元）卢镇纂修；陈其弟校注：《至正重修琴川志》卷八《叙人·钱佃》，方志出版社 2013 年版，第 79 页

卷,《法言注》十三卷《音义》一卷,《孟子》七卷,《文中子》十卷”[①]。

(七)郑　时

郑　时(生卒年不详)　字是翁,常熟人。“枢密文肃公戬之后,宣和六年进士,改秩知太平州当涂县。律身廉介,抚民以宽。有讼在庭,训谕不悛,而后加罚,民多化之。秩满,通判建康府,留守晁尚书谦之待以君子长者。凡所赞画,言无不从。以疾奉祠而归,终于朝奉大夫”[②]。生平事迹参见《康熙常熟县志》卷十六《邑人·郑时传》。

郑时“性嗜学,至老不倦。自《左氏》《史记》《东西汉》《三国志》《南北志》,以至韩、柳、杜樊川、东坡诸文集,皆手抄编录,下至稗官小说,莫不经览焉”[③]。“性嗜书,文史书多手抄编录”[④]。明人张昶称其“嗜书札,自左氏、史、汉、六朝以至韩柳名家之文悉有成编,一时学者称之”[⑤]。清《康熙常熟县志》亦称,郑时喜抄书,“手抄编录者甚多”[⑥]。其藏书故实文献记载甚少,只见于地方志载录其为藏书家。

(八)严　焕

严　焕(生卒年不详)　字子文,宋常熟人。“登绍兴十二年进士第。调徽州临安教官,通判建康府,知江阴军,迁太常丞。出为福建市舶,终朝散大夫。”[⑦]与诗人范成大为至交,行迹载《宋会要辑稿·职官》。

严焕文章隽雅,工诗画,“长于书,笔法尤精”[⑧],亦好藏书,“乾道九年曾知江阴军,刻印过《脍炙集》一卷”[⑨]。《常熟先哲藏书考略》著录其名。

(九)李　衡

李　衡(1100—1178)　字彦平,号乐庵、安叟。李氏“其先江都人,高祖昭素侍御史,曾祖诘、祖处约、父预,至衡始居昆山。少博学,有局干,为文操笔立就,绍兴中

---

① 瞿冕良撰:《常熟先哲藏书考略》,见徐雁、王燕均主编:《中国历史藏书论著读本》下卷《导读》,四川大学出版社1990年版,第674页。

② (宋)孙应时、鲍廉,(元)卢镇纂修;陈其弟校注:《至正重修琴川志》卷八《叙人·郑时传》,方志出版社2013年版,第81页。

③ (宋)孙应时、鲍廉,(元)卢镇纂修;陈其弟校注:《至正重修琴川志》卷八《叙人·郑时传》,方志出版社2013年版,第81页。

④ 瞿冕良撰:《常熟先哲藏书考略》,见徐雁、王燕均主编:《中国历史藏书论著读本》下卷《导读》,四川大学出版社1990年版,第674页。

⑤ (明)张昶撰:《吴中人物志》卷七《文苑·郑时传》,(台湾)学生出版社1969年版,第225—226页。

⑥ (清)高士鸃、杨振藻修,(清)钱陆灿等纂:《康熙常熟县志》卷十六《邑人·郑时传》,见《中国地方志集成·江苏府县志辑》(21),江苏古籍出版社1991年版,第374页。

⑦ (宋)孙应时、鲍廉,(元)卢镇纂修;陈其弟校注:《至正重修琴川志》卷八《叙人·王广伯》,方志出版社2013年版,第81页。

⑧ (宋)孙应时、鲍廉,(元)卢镇纂修;陈其弟校注:《至正重修琴川志》卷八《叙人·王广伯》,方志出版社2013年版,第81页。

⑨ 瞿冕良撰:《常熟先哲藏书考略》,见徐雁、王燕均主编:《中国历史藏书论著读本》下卷《导读》,四川大学出版社1990年版,第674页。

第进士,授吴江主簿"[1]。隆兴二年(1164)金犯淮,官沿江者多送其孥于内地。衡独自浙右移家入县,民心大安。召对殿中,陈便民十事拜监察御史,遇事敢言,无所顾避,以循良著称。"历司封郎中、枢密院检详,出知温、婺、台三州,惟婺尝莅其治。加直秘阁,而衡引年乞身,恳恳不休,上累却其奏,除秘阁修撰致仕。"[2]明《姑苏志》载其"宣和间入太学,同舍生洛人赵孝孙劝衡熟读《论语》,且曰:'学非记诵词章,所以学圣贤耳,不可有丝毫伪。'孝孙之父颜子,实师程颐,衡心佩其训,故虽博涉群书,而以《论语》为主,本讲学明道,乐于教人"[3]。有"《乐庵语录》一集行于世"[4]。又所"著有《易说》《论语说》《易义海撮要》《乐庵文集》总若干卷行于世"[5]。有子应祥[6]、起宗[7],孙滔[8]相继登第。清《康熙昆山县志稿》卷十三有其传。

李衡嗜读书,尝自撰《乐庵初成》诗二首,自娱其读书之乐:"老子平生百不足,庵成那管食无肉。终朝闭户只读书,四面开窗都见竹。投老庵居百事宜,早眠晏起不论时。更长睡足披衣坐,倾耳林间听画眉。"[9]《乐庵先生遗事》云:"先生自幼讲明道学,中年以后,绝欲清修,惟二苍头侍侧。奉养极淡薄。居南宋末,久以言不得用,挂其冠而归于昆山南六里,架屋数间,种二亩,号'乐庵',往来其间,日取六经、论语、孟子读之,朝暮不少憩。尝语人曰:'吾读后世书耳。'每坐则焚香酌茗,与诸子及门弟谈道德性命之学,衮衮不休。聚书万卷,图书满室,每阅以寓意而已。家事悉付之子弟,不复关心。父子相视如师友,每言吾投老得官,身历清要,竭来此邦,且四十年,有田可耕,有庐可居。"[10]李衡又好藏书,"聚书逾万卷"[11]。《正德姑苏志》卷五十及《万历重修昆山县志》卷五皆载其藏书故实。李衡致仕后"归昆山园明野墅,日与门人讲解经义,聚书逾万卷,名其堂曰'乐庵',学者称为乐庵先生"[12]。

---

① (明)王鏊等纂:《正德姑苏志》卷五十《人物八·名宦》,台湾学生书局1986年版,第731页。
② (元)脱脱等撰:《宋史》卷三百九十《列传第一百四十九·李衡传》,中华书局1977年版,第11947—11948页。
③ (明)王鏊等纂:《正德姑苏志》卷五十《人物八·名宦》,台湾学生书局1986年版,第731页。
④ 徐秋明著:《昆山历代登科录》,江苏科学技术出版社2012年版,第80页。
⑤ (明)周世昌撰:《万历重修昆山县志》卷五《人物一·李衡传》,见刘兆佑主编:《中国史学丛书三编》第四辑,台湾学生书局1987年版,第504页。
⑥ 按:李应祥,字梦龙,衡子。宋淳熙十四年(1187)丁未科王容榜。《昆山郡志》云:淳熙十一年(1184)甲辰科进士。
⑦ 按:李起宗,字杨祖,衡子,应祥弟。宋绍熙元年(1190)庚戌科余复榜。安吉县丞。
⑧ 按:李滔,字晋甫,应祥子。宋淳祐元年(1241)特科,奏名第四等,宝应丞。
⑨ 鲁德俊编:《诗吟昆山》之《宋·李衡六首》,凤凰出版社2004年版,第61页。
⑩ (明)解缙编:《永乐大典》卷之一万四百二十二《四济·李衡》,全新校勘简体横排珍藏本,第8卷,大众文艺出版社2009年版,第2828页。
⑪ (元)脱脱等撰:《宋史》卷三百九十《列传第一百四十九·李衡传》,中华书局1977年版,第11948页。
⑫ (明)周世昌撰:《万历重修昆山县志》卷五《人物一·李衡传》,见刘兆佑主编:《中国史学丛书三编》第四辑,台湾学生书局1987年版,第503页;(明)王鏊等纂:《正德姑苏志》卷五十《人物八·名宦》,台湾学生书局1986年版,第731页。

(十)张　攀

张　攀(1154—1223)　字从龙,号益斋,常熟人。攀“由太学登淳熙十一年进士第。初调明之鄞县尉、楚州教授,知建康溧水县严州卒倅监登闻鼓院。庆元倅知兴国军,初将作监丞、太府寺丞、秘书丞,诠次中兴馆阁书目,凡万四千九百四十三卷,之上,兼权右曹郎官,除尚右郎官,改尚左军器监,同日再命拜殿中侍御史,兼侍讲。在宪府凡两年,除起居郎,兼崇政殿说书。卒年七十,赠通议大夫、集英殿修撰”。其“家世清白,持之益坚。仕州县以循良称,在朝廷以靖共著。类称为吉人淑士云。有《益斋集》《奏议》《汉唐论》共若干卷”①。生平事迹参见《吴中人物志》卷七《文苑·张攀传》。

张攀雅好藏书、读书,尝官秘书丞,掌参领书籍、国史、天文历数之事间,负责国家图书馆典籍的收藏、整理、搜集、修撰工作,编辑有《中兴馆阁续书目》,“得书七百五十二家、八百四十五部,凡一万四千九百四十三卷。嘉定十三年四月呈进。此书久佚,近人贵阳赵士炜(孟彤)于民国二十一年辑成《中兴馆阁续书目辑考》。赵氏自述:‘虽遗文寥寥,不成卷帙,然存十一于千百,略具其概要而已。’此书有国立北平图书馆、中华图书馆协会民国二十二年刊本”②。又编辑《孝宗皇帝宝训》七十卷、《宁宗皇帝会要》一百一十卷、《宁宗皇帝绍熙甲寅登报以后七年会要》一百一十五卷、《重修宁宗皇帝日历》五百卷等,《中国藏书家通典》及《常熟国家历史文化名城词典》均载其入宋代藏书家名录,其藏书故实文献缺失。

(十一)孔元忠

孔元忠(1159—1226)　“字复君,孔圣之裔,世远族,分莫详其谱。其先自棣之商,河南徙。曾祖、先祖佐赠武功郎,父道”,“官吴门,乐其风土,因家焉”③,居长洲鹊桥巷。《吴郡志》载,孔元忠,“庆元二年邹应龙榜”④进士,知金坛县,迁知徽州、抚州、处州诸州,嘉定甲申差主管绍兴府千秋鸿禧观,丙戌夏疾致仕。孔公官吏均有治声。为政“皆以宽厚勤慎得民,以疾奉祠。先生和平无所矫亢,而临事以果,尝曰:‘誉极而毁生,利形而害起。’又曰:‘溺名则违道,为利则忘义。’既致其事,题其燕居之室曰‘静乐’。其所著书曰《豫斋集》二十卷,《论语钞》十卷,《祭编》五卷,《编年通考》七十三卷,《书纂》二卷,《考古类编》四卷,《纬书类聚》二卷,藏于家”⑤。

---

①　(宋)孙应时、鲍廉,(元)卢镇纂修;陈其弟校注:《至正重修琴川志》卷八《叙人·张攀》,方志出版社2013年版,第77—78页。

②　顾志兴著:《南宋临安典籍文化》第二章《南宋官府著述》,杭州出版社2008年版,第65页。

③　(宋)刘宰撰:《漫塘文集》卷三十五《故长洲开国寺丞孔公行述》,见四川大学古籍所编:《宋集珍本丛刊》第72册,线装书局2004年版,第551页。

④　(宋)范成大撰:《吴郡志》卷二十八《进士题名·孔元忠》,见(清)永瑢、纪昀等编纂:《四库全书》第485册,上海古籍出版社1987年版,景印文渊阁本,第211页。

⑤　(清)黄宗羲原著,(清)全祖望补修,陈金生、梁运华点校:《宋元学案》卷五十五《水心学案下·知州孔静乐先生元忠》,中华书局1986年版,第1819页。

孔元忠“少嗜书，于书无所不读，尤粹于《论语》”[①]。“所至辟一室，环以图书，退食即覃思其间。凡唐艺文目所存于世者与本朝之书，搜罗殆尽，即所居建楼储之，研究无虚日。故洽闻强记为世所重”[②]。据此，孔公藏书不仅有博取者且有专精者。

（十二）赵　绯

赵　绯（生卒年不详）　字君善，昆山人。嘉泰壬戌科傅行简榜进士，官常州教授，出知吉州，乞祠归，以朝散大夫宝章阁致仕。其事迹见于《咸淳玉峰续志》：赵绯，“丞相忠简公之曾孙。父监，来赘范端明之女儿，因家焉。监终于知兴国军。绯读书好学，至老不倦，而兼恭退默，真世所谓吉人者。蚤由上庠登第，历官宗正丞、都官郎官，理皇尝谓执政曰：‘好一谏官。’有沮之者，出知吉州。不止，赋祠官禄六年，遂挂冠。除直秘阁，进直宝章，以朝议大夫终。自号顿庵，又号如舟”[③]。

赵绯博学善文，“读书至老不倦，藏书万卷，手自校雠”[④]。《咸淳玉峰续志》亦载，赵绯“清修寡欲，室无妾媵，家乏于财，非若历朝把麾者。惟藏书万卷，手自校雠，则人所难”[⑤]，所居名顿庵。

二、宋代镇江府进士藏书

《宋史·地理志》载，“镇江府，望，丹阳郡，镇江军节度，开宝八年改。本润州，政和三年，升为府”[⑥]。县三即丹徒、丹阳、金坛。

（一）刁　约

刁　约（？—1082）　“字景纯，丹徒人。少有盛名，擢天圣八年进士第，为诸王宫教授。时南班之制未立，宗子非遇殊恩，无迁官法。景祐中，宗室欲缘大礼推恩，命约草表。丞相王曾爱其文词，遂得旨，有南班之授。宗室酬以千缣，谢辞不受。宝元中，入为馆阁校勘。庆历初，与欧阳修同知太常礼院”。历“判度支院，假太常少卿、直史馆。四年，出为两浙运使。还，判三司盐铁院，出提点梓州路刑狱。八年，再判盐铁院，迁户部。治平中，出知扬州，移宣州。熙宁初，判太常寺。议讲读官当赐坐，与吕公著等合”[⑦]，告老回镇江。

---

① （宋）刘宰撰：《漫塘文集》卷三十五《故长洲开国寺丞孔公行述》，见四川大学古籍所编：《宋集珍本丛刊》第72册，线装书局2004年版，第551页。

② （宋）刘宰撰：《漫塘文集》卷三十五《故长洲开国寺丞孔公行述》，见四川大学古籍所编：《宋集珍本丛刊》第72册，线装书局2004年版，第553页。

③ （宋）谢公应修，边实纂，李勇先校点：《咸淳玉峰续志》，见《宋元珍稀地方志丛刊（乙编）》（二），四川大学出版社2009年版，第26页。

④ （明）周世昌撰：《万历重修昆山县志》卷六《人物一·赵绯传》，见刘兆佑主编：《中国史学丛书三编》第四辑，台湾学生书局1987年版，第517页。

⑤ （宋）谢公应修，边实纂，李勇先校点：《咸淳玉峰续志》，见《宋元珍稀地方志丛刊》（乙编），四川大学出版社2009年版，第26页。

⑥ （元）脱脱等撰：《宋史》卷八十八《志第四十一·地理四》，中华书局1977年版，第2175页。

⑦ （清）陆心源撰，吴伯雄点校：《宋史翼》卷一《刁约》，浙江古籍出版社2016年版，第5页。

刁约少苦学，博览群书，善文章。应举于京师，与欧阳修、富弼等名相埒。《宋史翼》赞曰："约实未尝一登权要之门。故同时辈流躐进骤迁，而约独四十年周旋馆学，天下士皆称之曰刁学士。前后如范仲淹、欧阳修、司马光、王安石、王存、苏轼皆爱敬之。其告老而归，存以诗送之。"①

刁约辞官后，不治产业，喜待宾客，佳宾盈门，于润州（今镇江）建藏书楼名曰藏春坞，广贮图书、字画，每日游息其中，或校勘，或品题。刁约与范仲淹、司马光、王安石、苏轼等人友善，一时名士多为藏春坞题咏。《宋史翼》云："约家世簪缨，故所居颇有园池之胜，至约更葺为一园，曰藏春坞。春坞西临流为屋，曰逸老堂。又西有山阜，植松其上，曰万松岗。凡当代名流，皆有诗。"其"兄绎，擢天圣二年进士第，授太常博士，历仕楚、蜀，最后通判扬州，卒。王安石时签书淮南节度、判官厅公事，有祭文"②。《中国藏书家辞典》载其藏书故实。宋司马光《寄题刁景纯藏春坞》诗云：

藏春在何许，郁郁万松林。
永日门阑静，东风花木深。
主公今素发，野服遂初心。
时与乡人醉，高歌散百金③。

（二）史正志

史正志（生卒年不详）　字守道，一作道志，"丹阳人，赋籍扬之江都。绍兴二十一年登进士第，历歙县尉，累迁至吏、刑、兵部侍郎，知建康、静江、宁国、赣州、庐州，朝议大夫、文安县男，居官奏疏甚多，议论精确，切中事机"④。史氏"孝宗朝，仕至右文殿修撰，知靖江府。归老姑苏，号吴门老圃"⑤。所著"《建康志》十卷，《菊谱》一卷。有《游朝阳岩》诸诗，清典可诵"⑥。其所修《乾道建康志》为南京历史上第一部方志，虽原书已佚，但佚文大量见录于《景定建康志》《舆地纪胜》《至正金陵新志》等书，极具史料价值。

史正志好藏书，"其奉祠家居也，治圃所居之南，号乐闲居士、柳溪钓翁。藏书至数万卷"⑦。其藏书之所即著名的万卷堂，其圃名曰"渔隐"。史正志当年所筑的万

---

① （清）陆心源撰，吴伯雄点校：《宋史翼》卷一《刁约》，浙江古籍出版社2016年版，第5页。
② （清）陆心源撰，吴伯雄点校：《宋史翼》卷一《刁约》，浙江古籍出版社2016年版，第6页。
③ （宋）司马光著，李之亮笺注：《司马温公集编年笺注》卷一十三《律诗八》，第2册，巴蜀书社2009年版，第388页。
④ （宋）卢宪纂修：《嘉定镇江志》卷十八《史正志传》，见《续修四库全书》编纂委员会、复旦大学图书馆古籍部编：《续修四库全书》第698册，上海古籍出版社2003年版，第533页。
⑤ （清）厉鹗辑撰：《宋诗纪事》卷五十《史正志传》，上海古籍出版社2013年版，第1266页。
⑥ 张连生编：《扬州名人传》，广陵书社2013年版，第158—159页。
⑦ （宋）卢宪修：《嘉定镇江志》卷十八《人物》，见《续修四库全书》编纂委员会、复旦大学图书馆古籍部编：《续修四库全书》第698册，上海古籍出版社2003年版，第534页。

卷堂，迄宋至清，历时数百年，园主易换数代，至清乾隆年间，光禄寺少卿宋宗元将其改建成园林，命名为“网师园”，仍取“渔隐”原意，自比渔父。网师园位于今苏州市阔家头巷，占地9亩。1997年12月4日被联合国教科文组织列入世界文化遗产名录。

（三）汤修年

汤修年（生卒年不详）　“字寿真，乔年弟，绍兴二十四年登进士第，终扬州教授”①。《梦溪笔谈》最早刊本，即南宋乾道二年（1166）汤修年在扬州州学教授期间主持刻印的扬州州学刊本。现存刊本为明代复本，汤氏所刻《梦溪笔谈》为各代的祖本。《京口耆旧传》卷五有其传。

汤修年雅好藏书，《历代藏书家辞典》录其名②，其藏书故实未考。

三、宋代常州进士藏书

《宋史·地理志》载，“常州，望，毗陵郡，军事。……县四：晋陵、武进、宜兴、无锡。熙宁四年，废江阴军为县，隶常州”③。

（一）张 墍

张　墍（？—1105）　字子厚，常州人，“治平四年甲科，调睦州清溪主簿。先生初无意于仕，又无兄弟之助，独养其亲，故力取科第以慰亲志”④。宋绍兴乙卯状元汪应辰亦记其事迹云：“毗陵张子厚先生早登第，以侍亲不出侍，既终养，遂家居。元祐间近臣屡荐，虽除官亦不就也。”⑤张墍“孝弟修于家，忠信行于友，声名闻于人，蹈中守常，从容不迫，为当时名流所慕，以不造门为耻。崇宁四年，卒。明年，诏以墍隐德邱园，声闻显著，赐谥曰正素先生”⑥。生平事迹参见宋范祖禹《范太史集》卷二十五《荐张墍札子·元祐七年四月二日》及卷三十三《手记》。

张墍“自少力学，于古书无所不窥，而时发为诗，语皆清新，出人意表。其善于笔札，天性也”⑦。又好藏书，自登进士甲科后，“闭户读书四十年，手校数万卷，无一字舛。穷经著书，至夜分不寐”⑧。叶昌炽《藏书纪事诗》载其藏书故实。

---

① （元）俞希鲁编纂：《至顺镇江志》卷十九《汤修年》，见《续修四库全书》编纂委员会、复旦大学图书馆古籍部编：《续修四库全书》第698册，上海古籍出版社2003年版，第739页。

② 参见梁战、郭群一编著：《历代藏书家辞典》，陕西人民出版社1991年版，第231页。

③ （元）脱脱等撰：《宋史》卷八十八《志第四十一·地理四》，中华书局1977年版，第2176页。

④ （宋）汪革《代吕侍讲作毗陵张先生哀辞并序》，见曾枣庄、刘琳主编：《全宋文》卷二九五八，第137册，上海辞书出版社2006年版，第200页。

⑤ （宋）汪应辰撰：《文定集》卷十《题吕子进集》，学林出版社2009年版，第109页。

⑥ （元）脱脱等撰：《宋史》卷四百五十八《列传第二百一十七·张墍传》，中华书局1977年版，第13455页。

⑦ （宋）汪革《代吕侍讲作毗陵张先生哀辞并序》，见曾枣庄、刘琳主编：《全宋文》卷二九五八，第137册，上海辞书出版社2006年版，第199页。

⑧ （元）脱脱等撰：《宋史》卷四百五十八《列传第二百一十七·张墍传》，中华书局1977年版，第13455页。

（二）慕容彦逢

慕容彦逢（1066—1117）　字叔遇，常州宜兴人，“少长锐志于学，痛自砥砺，穷经缀文不少懈出，与诸儒试常为魁首，弱冠登元祐三年进士第”①，“调主池州铜陵簿，迁知鄂州崇阳县。绍兴二年，中宏词科，改越州州学教授”。除秘书省校书郎，三迁至左司谏，擢中书舍人，除尚书兵部侍郎，出知汝州。“政和元年，复以吏部郎召。明年，擢刑部尚书”②。慕容彦逢受知徽宗，列禁近官侍从者十五年，一时典册，多出其手。所著“《文集》二十卷、《外制》二十卷、《内制》十卷、《奏议》五卷、《讲解》五卷，藏于家”③。其“孙纶，淳熙中知象州，搜访于兵火之后，编为《摛文堂集》三十卷”④。

慕容彦逢学识淹博，自幼笃学，尤嗜藏书，“至老不倦。家藏书数万卷，手亲是正，不惮寒暑”⑤。《慕容彦逢谥议》称：慕容“公天资颖悟人也，自初就传，其默识强记，固已过人，阅书一再过，辄不忘。既仕，益自力于学，藏书数万卷，退食即研精其间。自六经群史、诸子百家之学，靡不洽通。故其所蓄雄深闳博，放为词章，邃然根柢理致。代言西掖，摄直北门，凡所草定，援笔立成。温厚典雅，炳然可观。士大夫称之，号为近古”⑥。蒋瑎《墓志铭》亦记曰：公“自幼嗜学问，晚节益笃。藏书数万卷，朝夕翻阅不去手。自经史诸史百家之言，靡不洽通。故其所蓄，浑雄深博，发为词章，雅丽简古，无世俗气。尤长于辞令，典严温厚，褒贬无溢言。诏命或丛委，操笔立成，初若不经意，而轻重适当，文采粲然。每一篇出，多士口传以熟。上尤爱公文，以为有古风，进见往往摘训辞之善者称赏之”⑦。又“刊印三史，雠校精审，遂为善本，四方士大夫购求之，鬻以养士”⑧。

（三）孙　觌

孙　觌（1081—1169）　常州晋陵人。据《鸿庆公家传》载：“鸿庆公，孙姓，讳觌，字仲益，晋陵人也。尝提举鸿庆宫，故自号鸿庆居士。苏文忠公乞居常州，公时

---

① （宋）慕容彦逢撰：《摛文堂集》附录《慕容彦逢墓志铭》，见《丛书集成续编》第102册，集部，上海书店出版社1994年版，第359页。

② （清）陆心源撰，吴伯雄点校：《宋史翼》卷二十七《列传第二十七·慕容彦逢》，浙江古籍出版社2016年版，第628页。

③ （宋）慕容彦逢撰：《摛文堂集》附录《慕容彦逢墓志铭》，见《丛书集成续编》第102册，集部，上海书店出版社1994年版，第359页。

④ （清）陆心源撰，吴伯雄点校：《宋史翼》卷二十七《列传第二十七·慕容彦逢》，浙江古籍出版社2016年版，第629页。

⑤ （宋）慕容彦逢撰：《摛文堂集·序》，见《丛书集成续编》第102册，集部，上海书店出版社1994年版，第243页。

⑥ （宋）慕容彦逢撰：《摛文堂集》附录《慕容彦逢谥议》，见《丛书集成续编》第102册，集部，上海书店出版社1994年版，第358页。

⑦ （宋）慕容彦逢撰：《摛文堂集》附录《慕容彦逢墓志铭》，见《丛书集成续编》第102册，集部，上海书店出版社1994年版，第360页。

⑧ （宋）慕容彦逢撰：《摛文堂集》附录《慕容彦逢墓志铭》，见《丛书集成续编》第102册，集部，上海书店出版社1994年版，第360页。

甫五岁,能读书。文忠试以对句,出语便捷,大为文忠所器。二十九,登贾安宅榜进士第。时就试者,多宗王氏三经义,公独耻附和为文章,务自出新意,然竟以此获选。三十四,中词学兼茂科,累官翰林学士。《代高丽王谢赐燕乐表》,脍炙人口。其章、疏、制、诰、表、奏,明辨骏发,徽庙以此奇公才。""靖康元年,京既窜,以宰执荐为御史中丞,旋晋吏户二部尚书。公自度恩遇日渥,而时事无可为者,因乞居外,知秀州。未几,汴京陷。建炎中,改知温州,寻改知临安"①,以左朝奉郎龙图阁待制致仕。政和七年(1117)与著书郎倪涛、校书郎汪藻、刘彦适等编撰国家总书目《秘书总目》,该目较《崇文总目》著录多数百家、几万余卷,早佚。孝宗朝,洪迈修国史,命他编类蔡京、王黼事实,史称"颇多曲笔",不为史家所重。孙觌善属文,有《鸿庆集》行世,尤长四六,有《内简尺牍》传世。生平事迹参见周必大《左朝奉郎龙图阁待制孙公墓志铭》。

关于孙觌藏书故实,据周必大《鸿庆居士集》序载:"公博学笃志如韩退之,谓礼部所试,可无学而能者。第进士,冠词科,笔势翩翩,高出流辈。将及知命,靖康俶扰,为执法,为词臣。旋由琐闼历吏户长贰,连守大邦。其章、疏、制、诰、表、奏,往往如陆敬舆,明辨骏发,每一篇出,世争传诵。绍兴而后,遭值口语,斥居象郡(今广西崇左县),久之归隐太湖上。舍蛮蜑而狎鸥鹭,去茅苇而友松菊。于是翻北堂万卷之钞,袖明光起草之手。"②孙觌远离官场,居住在荒蛮地方,亲近沙鸥鹭鸶,或依傍茅苇,或与松菊为友,日夜孜孜读万卷书,袖手默默观四海,"吟咏情性,烟波万顷,纳之胸次;风云变态,日接于前。如是二纪所得,不可胜计,毋怪乎笔端之衮衮也"③。据此,孙觌能读万卷书,藏书至少万卷,可见孙觌藏书甚富。

第四节　宋代江南(今浙江)进士藏书

《宋史·地理志》载,宋南渡后,两浙路即"临安、平江、镇江、嘉兴四府,安吉、常、严三州,江阴一军,为西路;绍兴、庆元、瑞安三府,婺、台、衢、处四州,为东路"④。

今浙江境相当于宋代两浙路西路之临安、嘉兴二府,安吉、严二州,以及东路之绍兴、庆元、瑞安三府,婺、台、衢、处四州等地。

---

① (宋)汪应辰撰:《鸿庆公家传》,见孙觌纪念馆编纂:《孙觌研究文集》附,上海古籍出版社 2006 年版,第 4 页。

② (宋)周必大撰:《鸿庆居士集》序,见孙觌纪念馆编纂:《孙觌研究文集》附,上海古籍出版社 2006 年版,第 14 页。

③ (宋)周必大撰:《鸿庆居士集》序,见孙觌纪念馆编纂:《孙觌研究文集》附,上海古籍出版社 2006 年版,第 14 页。

④ (元)脱脱等撰:《宋史》卷八十八《志第四十一·地理四》,中华书局 1977 年版,第 2173 页。

一、宋代临安府(杭州)进士藏书

《宋史·地理志》载,“临安府,大都督府,本杭州,余杭郡。淳化五年,改宁海军节度。大观元年,升为帅府。旧领两浙西路兵马钤辖。建炎元年,带本路安抚使,领杭、湖、严、秀四州。三年,升为府,带兵马钤辖。绍兴五年,兼浙西安抚使”①。县九即钱塘,仁和,余杭,临安,富阳,於潜,新城,盐官,昌化。

(一)姚　铉

姚　铉(968—1020)　字宝臣、宝之,安徽庐州人②,寓居临安府。姚铉登“太平兴国八年进士甲科,解褐大理评事,知潭州湘乡县,三迁殿中丞,通判简、宣、升三州。淳化五年,直史馆,侍宴内苑,应制赋赏花钓鱼诗,特被嘉赏,翌日,命中使就第赐白金以奖之”③。累官两浙路转运使,因事贬至岭南连州文学。

其雅好藏书,“藏书至多,颇有异本”④,其官“两浙课吏写书”,亦是薛映弹劾姚氏“罪状”之一。“虽被窜斥,犹佣夫担荷以自随。有集二十卷。又采唐人文章纂为百卷,目曰《文萃》”⑤。姚铉藏书详情亦可从所编《唐文萃序》中窥其一二,其《唐文粹序》云:“铉不揆昧懵,遍阅群集,耽玩研究,掇菁撷华,十年于兹,始就厥志。得古赋、乐章、歌诗、赞、颂、碑、铭、文、论、箴、议、表、奏、传、录、书、序,凡为一百卷,命之曰《文粹》”⑥,收录唐人诗文二千零四十二篇,诗歌十卷,是宋初极为重要的大型总集。清人谭献在光绪十六年(1890)刻本《文粹·序》称:“姚宝臣氏当世显贵,手辑巨编,意在远。绍昭明不朽之盛事,披寻所及,殆不下数千卷。”⑦寥寥数语可见姚氏藏书之丰,据此推测姚氏所藏唐人诗文集甚广。

姚铉卒后,其子姚嗣复“以其书上献,诏藏内府,授嗣复为永城主簿”⑧。《藏书纪事诗》卷一、《中国藏书家考略》及《宋代藏书家考略》等载有其人。

(二)盛　度

盛　度(968—1041)　字公量,世居应天府,后徙杭州余杭县,遂为临安府人。“曾祖玙,仕钱氏为余杭县令。父豫,从钱俶入朝,终尚书度支郎中。度举进士第,补济阴尉。选为封丘主簿,改府仓曹参军,为光禄寺丞、御史台推勘官,改秘书省秘书

---

① (元)脱脱等撰:《宋史》卷八十八《志第四十一·地理四》,中华书局1977年版,第2174页。

② 按:《吴兴掌故集》卷二作“吴兴人”。

③ (元)脱脱等撰:《宋史》卷四百四十一《列传第二百·姚铉传》,中华书局1977年版,第13054页。

④ (元)脱脱等撰:《宋史》卷四百四十一《列传第二百·姚铉传》,中华书局1977年版,第13055页。

⑤ (元)脱脱等撰:《宋史》卷四百四十一《列传第二百·姚铉传》,中华书局1977年版,第13055页。

⑥ (宋)姚铉《唐文粹序》,见陈伯海主编:《唐诗学文献集粹·宋代部分》,上册,上海古籍出版社2016年版,第242—243页。

⑦ 引郭勉愈《〈唐文粹〉“诠释”〈文苑英华〉说辨析》,见共青团北京师范大学委员会编:《北京师范大学第十二届‘京师杯’学术论文邀请赛获奖作品集·研究生部分》,共青团北京师范大学委员2003年版,第165页。

⑧ (元)脱脱等撰:《宋史》卷四百四十一《列传第二百·姚铉传》,中华书局1977年版,第13055页。

郎。试学士院，为直史馆、三司户部判官，累迁尚书屯田员外郎”。“后迁右谏议大夫、权知开封府。以疾不拜，改会灵观判官，入翰林为学士，加史馆修撰。历兵部郎中、景灵宫副使”。“以太子少傅致仕，卒。赠太子太保，谥文肃”[①]。生平事迹参见《雍正浙江通志》卷一百七十八《人物六·盛度传》。

盛氏嗜学，好藏书。且“以清廉闻名，家居罗列图籍，入门满目皆书。每外出回归，每当公事闲暇，即埋头读书，手不释倦”[②]。盛度尤“好学，家居列图书，每归，未尝释手。敏于为文，而泛滥不精。尝奉诏同编《续通典》《文苑英华》，注释御集。真宗祀汾阴，仁宗在藩邸，诏掌起居笺奏及留司章奏。有《愚谷》《银台》《中书》《枢中》四集，又有《中书》《翰林》二制集”[③]。尝奉使陕西，绘《西域图》献于朝廷。景祐元年(1034)与王尧臣、宋祁等编撰《崇文总目》六十卷。

(三)关景仁父子进士

关景仁(生卒年不详)　字子开，又字彦长，钱塘人，关鲁之子。嘉祐四年(1059)进士[④]，英宗治平二年(1065)知丰县，政尚清简，与民休息，改四望亭为凫鹭亭，为游宴之所，自赋诗记之，仁爱之意，蔼然见乎其调。建炎前曾令钱塘县。以承议郎致仕，卒葬钱塘，入祀丰县名宦祠。

关景仁博学多才，“性多能，钟律、历数、草隶、图画，无所不学，尤长于诗”[⑤]，与苏轼尤善，曾以梅树为礼物相赠，苏轼将梅株栽于堂屋外面向阳的地方，写下《谢关景仁送红梅栽》二首以表感谢。《春渚纪闻》称：钱塘“关氏诗律，精深研妙，世守家法。子东二兄子容、子开，皆称作者”[⑥]。关景仁又“嗜学好古，藏书甚富”[⑦]。其原配妻周琬(1040—1065)，亦雅好藏书，曾巩曾为其撰写墓志铭：“夫人嫁关氏为徐州丰县令景仁之妻，为尚书职方员外郎，赠都官郎中，讳鲁之子妇。……夫人讳琬，字东玉，姓周氏，父兄皆举明经。独喜图史，好为文章，日夜不倦，如学士大夫，从其舅邢起学为诗。既嫁，无舅姑，顺夫慈子，严馈祀，谐属人，行其素学，皆应仪矩。有诗七百篇，其文静而正，柔而不屈，约于言而谨于礼者也。”夫人卒，“葬于杭州钱塘县履泰乡葛松原，实某年某月某甲子。关氏钱塘人也。铭曰：‘女有图史，传于师氏。其劝以乐，其康以礼。能此非他，由学而已。王政之兴，盖自此始。今孰登兹？维周之

① (元)脱脱等撰:《宋史》卷二百九十二《列传第五十一·盛度传》，中华书局1977年版，第9759—9760页。

② 李玉安、黄正雨编著:《中国藏书家通典·两宋》，中国国际文化出版社2005年版，第97页。

③ (元)脱脱等撰:《宋史》卷二百九十二《列传第五十一·盛度传》，中华书局1977年版，第9761页。

④ (清)厉鹗辑撰:《宋诗纪事》卷二十二《关景仁》，上海古籍出版社2013年版，第551页。

⑤ (宋)潜说友纂:《咸淳临安志》卷六十六《人物七》，见浙江省地方志编纂委员会编:《宋元浙江方志集成》第3册，杭州出版社2009年版，第1132页。

⑥ (宋)何远撰，张明华点校:《春渚纪闻》卷七《关氏伯仲诗甚妙》，中华书局1983年版，2007年第三次印刷，第106页。

⑦ (清)丁申著:《武林藏书录》卷中《关氏藏书》，古典文学出版社1957年版，第33页。

媛。学由自好,终之不倦。言循于矩,行循于典。尚配古人,辉光日远。'"①

关　注(生卒年不详)　关景仁子。"字东束,世为钱塘人。登绍兴五年进士,尝教授湖州,与胡瑗之孙涤裒瑗遗书,得《易解》《中庸义》,藏之学宫,又录瑗言行为一帙,汪藻为之序,称注之意在于美风俗新人才。官至太学博士。卒,自号香岩居士,有《关博士集》二十卷"②,是集久佚不传。《康熙钱塘县志》卷二十一《人物儒林》有其传。

关注承其家学,喜藏书,专心搜辑其父所藏而未备之书,增益颇多③。又"嗜学,若渴行己,诲人以先哲为师"④。其编纂胡瑗言行录,以宣扬胡瑗的教育思想。宋汪藻《浮溪集》卷十七《胡先生言行录序》云:"宋兴八十余年,至庆历、皇祐间,儒学无愧于古矣。……绍兴八年,钱塘关注子东主吴兴学,而先生之孙涤在焉,相与裒先生遗书,将以布之天下,慰学者之思,得先生《易书》若干篇,《中庸义》若干篇,既藏之学宫矣,又录先生言行若干条为一帙。"⑤

(四)沈　括

沈　括(1030—1094)　字存中,晚号梦溪丈人,钱塘人。其父"沈周,字望之,钱塘人。登大中祥符八年进士,历大理丞,累官江东按察使"⑥。沈括于"嘉祐中进士,累官太子中允,提举司天监置象器新,历转太常丞"⑦。《咸淳临安志》载,"括博览古今,于书无所不通,举进士,为扬州司理编校昭文馆书籍。熙宁间除太子中允后知制诰,权三司使,迁翰林学士……永乐事贬居京口,号梦溪翁,自叙甚详"⑧。"元祐初,徙秀州,继以光禄少卿分司居润八年"⑨。卒,葬于杭州市余杭区良渚镇太平山,其墓至今尚存。"括以文学著,尝上《熙宁奉元历》,编修《天下郡国图》。著述颇多,有

---

① (宋)曾巩《夫人周氏墓志铭》,见(北宋)曾巩著,祝尚节译:《曾巩诗文选译》,《古代文史名著选译丛书》,巴蜀书社1990年版,第264—265页。

② (宋)潜说友纂:《咸淳临安志》卷六十七《人物八》,见浙江省地方志编纂委员会编:《宋元浙江方志集成》第3册,杭州出版社2009年版,第1144页。

③ (清)丁申著:《武林藏书录》卷中《关氏藏书》,古典文学出版社1957年版,第33页。

④ (清)陆心源撰,吴伯雄点校:《宋史翼》卷二十四《列传第二十四·关注》,浙江古籍出版社2016年版,第549页。

⑤ (清)庄仲方编:《南宋文范》卷四十七《胡先生言行录序》,任继愈主编:《中华传世文选》,吉林人民出版社1998年版,第652页。

⑥ (清)陈璚修,(清)王棻纂;屈映光续修,陆懋勋续纂;齐耀珊重修,吴庆坻重纂:《民国杭州府志(三)》卷一百三十二《仕积一》,见《中国地方志集成·浙江府县志辑》(3),江苏古籍出版社1991年版,第248页。

⑦ (清)王国安等修,(清)黄宗羲、张衡纂:《康熙浙江通志(二)》卷三十二《人物·沈括》,见凤凰出版社编选:《中国地方志集成·省志辑·浙江(2)》,凤凰出版社2010年版,第221页。

⑧ (宋)潜说友纂:《咸淳临安志》卷六十六《人物七》,见浙江省地方志编纂委员会编:《宋元浙江方志集成》第3册,杭州出版社2009年版,第1132—1133页。

⑨ (清)陈璚修,(清)王棻纂;屈映光续修,陆懋勋续纂;齐耀珊重修,吴庆坻重纂:《民国杭州府志(三)》卷一百二十三《名臣一》,见《中国地方志集成·浙江府县志辑》(3),江苏古籍出版社1991年版,第101页。

《春秋机括》《笔谈》《长兴集》行于世。”[①]宋王称《东都事略》卷七十五、《康熙浙江通志》卷三十五《儒林志》等有其传。

沈括博学多闻，于天文、方志、律历、音乐、医药、卜算、数学、植物等无所不览，且精通科学，是我国历史上最卓越的科学家之一。沈括又笃好书画，曾广收遍阅，所得甚丰。其藏品数量可观且多精品。庆历八年（1048），青年沈括随父至江宁，在其住所发现腌肉用的方石上好像镌有文字，于是“取石洗濯，乃宋海陵王墓铭，谢朓撰并书，其字如钟繇，极可爱”[②]。此后十余年，都将此石刻带在身边。《梦溪笔谈》中载，沈括收藏阎立本《秦府十八学士图》、王维《袁安卧雪图》、董源《落照图》等名作。又如米芾著作中记及沈括的收藏有：王羲之的《笔精帖》，王献之的《日寒帖》，宋翼、羊欣的法帖，以及周昉的《五星图》，毕宏的《山水图》等珍品。据米芾《画史》记载，米芾曾在秀州沈括家中见到毕宏的《山水图》，“两幅一轴，上以大青和墨，大笔直抹不皴，作柱天高半峰满八分，一幅至向下作斜凿，开曲栏，约峻崖，一瀑落下，两大石塞路头。一幅作一圆平生半腰云遮，下碛石数块，一童抱琴，由曲栏转山去，一古木卧奇石，奇古”。作品之精美，使米芾“常在梦寐”[③]。其在《图画歌》言：“予家所有将盈车，百品高下难俱书。”[④]这盈箱满笈的书画，大多是其晚年在秀州和润州时之藏品。

（五）方蒙叔侄进士

方　蒙（1031—1090）　字逢源，桐庐白云源人。为晚唐著名诗人方干[⑤]之九世孙，方楷子。方蒙于“英宗治平四年，与弟鼎同登进士及第，时人荣之”[⑥]。官至吏科给事中，颇有政绩，哲宗钦赐殿中侍御使。

衣锦还乡后，在故里临溪建清芬阁，读书与藏书，颐养天年，惜藏书记载甚少，已无考。其书室清芬阁，得名于北宋景祐年间睦州刺史范仲淹访方干故里时，赠与方楷一首诗：“高尚继先君，岩居与俗分。有泉皆漱石，天地不生云。邻里多垂钓，儿孙半属文。幽兰在深处，终日自清芬。”[⑦]

方　悫（生卒年不详）　方蒙侄。字性夫，桐庐人。传王安石新学，治《礼记》，与马希孟、陆佃齐名。宋政和八年（1118）领乡荐，表进《礼记解义》二十卷于朝。赐

---

① （宋）潜说友纂：《咸淳临安志》卷六十六《人物七》，见浙江省地方志编纂委员会编：《宋元浙江方志集成》第3册，杭州出版社2009年版，第1132—1133页。

② 《梦溪笔谈》卷十五，第269条。海陵王为南朝齐人，沈括误记为宋人。《东观馀论》说：“志但云‘朓立’。”沈括记为“谢朓撰并书”，亦误。参见杭州大学宋史研究室：《沈括研究》，浙江人民出版社1985年版，第295页。

③ 引杭州大学宋史研究室编：《沈括研究》，浙江人民出版社1985年版，第286—296页。

④ 《长兴集》卷一，清人吴允嘉辑补本。

⑤ 按：方干（809—888），字雄飞，号玄英，门人私谥曰玄英先生。睦州青溪（今淳安）人。有《方干诗集》传世。

⑥ 申屠、丹荣编著：《桐庐与名人》，中国档案出版社2006年版，第25页。

⑦ 申屠、丹荣编著：《桐庐与名人》，中国档案出版社2006年版，第25页。

上舍进士及第，诏颁行《礼记解义》于天下。宋宣和元年（1119）进士[①]。《宋史翼》载：悳“性至孝，父死，庐墓三年。领乡荐，表进《礼记解》于朝。诏赐上舍释褐，而颁其书于天下，学者宗之”[②]。仕至礼部侍郎。居官以刚廉著称，后因忤逆奸臣童贯遂致仕。生平事迹参见黄宗羲《宋元学案》卷九十八《侍郎方先生悳》。

方悳“居官以刚廉称，家置万卷书堂，虽老手不释卷”[③]。致仕后，将其祖方楷建于芦茨的“东山书院”重新修葺，广收学子。

（六）洪皓父子三进士

洪　皓（1088—1155）　字光弼，饶州鄱阳人，迁至钱塘西溪，遂为钱塘人。南宋名臣。“少有奇节，慷慨有经略四方志。登政和五年进士第。王黼、朱勔皆欲婚之，力辞。宣和中，为秀州司录。”[④]南宋建炎三年（1129），擢升为徽猷阁待制，假礼部尚书，出使金国，羁留十五年，备受艰辛，持节不屈。绍兴十三年（1143），全节而归。回归后，除徽猷阁直学士，提举万寿观兼权直学士院，封魏国忠宣公。后因得罪秦桧，被流放岭南英州九年。“始复朝奉郎，徙袁州，至南雄州卒，年六十八。死后一日，桧亦死。帝闻皓卒，嗟惜之，复敷文阁直学士，赠四官。久之，复徽猷阁直学士，谥忠宣。”[⑤]著有“文集五十卷及《帝王通要》《姓氏指南》《松漠纪闻》《金国文具录》等书”[⑥]。其子“适、遵、迈相继登词科，文名满天下，适位极台辅，而迈文学尤高，立朝议论最多，所谓忠议之报，讵不信夫”[⑦]。

洪皓喜读书，博学强记，其子洪适记云：“先君天性强记，书无所不读。虽食不释卷，稗官小说亦暗诵连数千言。宣政间，《春秋》之学绝，先君独穷遗径，贯穿三传。”[⑧]洪皓长期在嘉兴秀州、杭州临安生活，其藏古籍与书画甚富，“善琴弈，好古，能别三代彝器，见书画不计直必得之，乃已有书万余卷，名画数百卷”[⑨]。绍兴间，金

---

① 桐庐县志编纂委员会编：《桐庐县志》辑余《杂记》，浙江人民出版社1991年版，第815页。

② （清）陆心源撰，吴伯雄点校：《宋史翼》卷二十四《儒林一·方悳》，浙江古籍出版社2016年版，第560页。

③ （清）嵇曾筠、李卫等修，（清）沈翼机等纂：《雍正浙江通志》（四）卷一百七十七《人物五·方悳》，浙江省地方志编纂委员会编：《中国地方志集成·省志辑·浙江》（6），凤凰出版社2010年影印本，第657页。

④ （元）脱脱等撰：《宋史》卷三百七十三《列传第一百三十二·洪皓传》，中华书局1977年版，第11562页。

⑤ （元）脱脱等撰：《宋史》卷三百七十三《列传第一百三十二·洪皓传》，中华书局1977年版，第11557页。

⑥ （元）脱脱等撰：《宋史》卷三百七十三《列传第一百三十二·洪皓传》，中华书局1977年版，11562页。

⑦ （元）脱脱等撰：《宋史》卷三百七十三《列传第一百三十二·洪皓传》，中华书局1977年版，第11574页。

⑧ （宋）洪适著：《盘洲文集》卷七十四《先君述》，见（清）永瑢、纪昀等编纂：《四库全书》第1158册，上海古籍出版社1987年版，景印文渊阁本，第750页。

⑨ （宋）洪适著：《盘洲文集》卷七十四《先君述》，见（清）永瑢、纪昀等编纂：《四库全书》第1158册，上海古籍出版社1987年版，景印文渊阁本，第750页。

人犯秀州时，“皆厄兵烬，居穷绝城”[①]。藏书虽遭兵烬，然其藏书之志未泯，后仍续事搜求，“复访求稛载以归。《四夷附录》所载西瓜，先君持以献，故禁圃及乡圃种之皆硕大，西瓜始入中国。有《文集》十卷、《春秋纪咏》三十卷、《輶轩唱和集》三卷、《帝王通要》五卷、《姓氏指南》十卷、《松漠纪闻》二卷、《金国文具录》一卷”[②]。“先臣以使，事久縶翼域”，被金国拘十五年间，其环境恶劣，乃“访求于廛市之间，换易于将帅之家”[③]。所得甚多，及放归，乃捆载以还。

洪皓藏书中有皇帝御赐之书，曾得北宋乾德、开宝间御府所编次太祖皇帝御笔数十卷，其子洪适记云：“前后所积，凡得乾德间宝中御府编次太祖皇帝御笔数十卷。”[④]洪皓在北廷日，曾得昭文馆原藏唐代姚康《科第录》前五卷，最为详尽，而亡其十有一卷。洪适《重编唐登科记序》中记述甚详：“进士在唐最重……于是有《登科记》等书。《艺文志》著录姚康、崔氏、李奕三家二十三卷，《会要》载郑氏上宣宗者十三卷，《崇文总目》有乐史修订者四十卷，今多亡矣。予家藏崔氏书，正元中校书郎赵儋为之序，大氏颛载进士。续之者自元和方列制科，讫周显德乃止。又从毗陵钱绅氏得一编，起武德尽大和，颇兼制科，而十遗五六。予尝考《会要》《续通典》诸书补正之。据唐人集增入策问及校中秘书，亦得一编，冠以赵序，殆与旧所藏略同而序次又不相类，盖后人损益，俱非崔氏本书。世所传《雁塔题名进士》存者鲜焉，独长庆一年不阙，以证诸本，皆异。唐去今不三百年，以最重之事，传数家之书，而矛盾如此，书果可尽信乎？先忠宣公还自朔庭，得昭文馆姚康书前五卷，最为详尽，而亡其十有一卷，所载高祖、太宗两朝进秀甲乙总二百六十三人，证此本，乃九人而已。故今所辑一以姚氏为正，天宝以后则以三本合为一，至其后先乖次，不可悉辨，为十有五卷云。”[⑤]这些书籍，原为北宋宫廷藏书，价值极高，金人攻破开封，尽辇至而北。

洪皓在北廷千方百计搜罗故国文献，已超越个人藏书爱好。“皓留金时，以教授自给。无纸则取桦叶写《论语》《大学》《中庸》《孟子》传之，时谓桦叶‘四书’”[⑥]，教授金人子弟，传播中原儒家文化。

洪皓学识渊博，精通经学、史学，擅诗文词赋，是著名的史学家和诗人。在金国

① （宋）洪适著：《盘洲文集》卷七十四《先君述》，见（清）永瑢、纪昀等编纂：《四库全书》第1158册，上海古籍出版社1987年版，景印文渊阁本，第750页。

② （宋）洪适著：《盘洲文集》卷七十四《先君述》，见（清）永瑢、纪昀等编纂：《四库全书》第1158册，上海古籍出版社1987年版，景印文渊阁本，第750页。

③ （宋）洪适著：《盘洲文集》卷五十《太祖皇帝御书奏状》，见（清）永瑢、纪昀等编纂：《四库全书》第1158册，上海古籍出版社1987年版，景印文渊阁本，第576页。

④ （宋）洪适著：《盘洲文集》卷五十《太祖皇帝御书奏状》，见（清）永瑢、纪昀等编纂：《四库全书》第1158册，上海古籍出版社1987年版，景印文渊阁本，第576页。

⑤ （宋）洪适著：《盘洲文集》卷三十四《重编唐登科记序》，见（清）永瑢、纪昀等编纂：《四库全书》第1158册，上海古籍出版社1987年版，景印文渊阁本，第477页。

⑥ 丁传靖辑：《宋人轶事汇编》卷十六引《一统志》，中华书局1981年版，第879页。

期间,“虽久在北廷,不堪其苦,然为金人所敬,所著诗文,争抄诵求锓梓”[①]。洪皓对金国的自然地理、历史沿革、经济社会、风土人情、礼仪制度、政治制度以及物产等都进行了较为全面的考察,撰为《松漠纪闻》。《四库全书》把此书著录在史部杂史类。此书记载金国杂事,后洪皓长子洪适收刊为正续二卷,再后次子洪遵又增补所遗漏的十一条,成为现今所传世的《松漠纪闻》一书。有关洪氏著书,其子洪适《跋先公忠宣鄱阳集》称:“先君以建炎己酉出疆,时年四十有二矣。平生著书多,悉留槜李。庚戌之春厄于兵,尽无一余者。绍兴癸亥还朝,入直玉堂,不旬日领乡郡去,明年而遭祖母之丧。复除未几,有岭表之谪,杜门避谤,不敢复为文章。谪九年而即世,故手泽之藏于家者,唯北方所作诗文数百篇乃独存。”[②]《四库全书总目·鄱阳集》云:“皓大节凛然,照映古今,虽不必文章为重,然其子适、迈、遵承籍家学,并擢词科,著述纷论,蜚声一代,渊源有自,皓实开之。”[③]

洪适(1117—1184)　洪皓长子。初名造,字温伯,又字景温,后改名适,字景伯,钱塘人。“幼敏悟,日诵三千言。皓使朔方,适年甫十三,能任家事。以皓出使恩,补修职郎。绍兴十二年,与弟遵同中博学宏词科”[④]。“赐进士出身,任宣教郎,除敕令所删定官。次年以敕令书成,拜秘书省正字”[⑤]。累官至尚书右仆射、同中书门下平章事兼枢密使,封魏国公,卒谥文惠。《乾隆绍兴府志》卷四十二等有其传。

洪适嗜书好古,喜收图籍、书画,尤喜藏金石、古器物。嗜“好收藏金石拓本,据以正史。尤善汉碑,穷数十年之力,搜罗靡遗”[⑥],自壮及老收藏汉碑,积三十年所得,约110多篇,虽不及赵明诚收藏多,而彼时新出者30余碑,赵亦未见,因集以成书。其上起东汉光武帝建武年间(25—56),下至魏文帝、明帝黄初、青龙年间(220—237),而以晋刻《张平子碑》殿后,前后200余年,书名《隶释》。周必大记云:洪适“耽嗜隶古,为《纂释》二十七卷,《隶续》二十一卷,屡加删润合为一书,将踵欧阳文忠公《集古录》,赵明诚而弗论也”[⑦]。洪适婿许及之亦称洪适“平生澹泊,老犹嗜书不倦。晚岁为文益古帙,出西京之上。尤好汉隶。略去笔墨畦径而落纸典型,深得东京用笔意。治越之暇,训释考证,博极古书,为《隶释》一书,廿七卷,嗣有附益,为《隶续》廿一卷。其后,时有删润,合《释续》为一,而是正之,以属越帅刊行。

---

① (元)脱脱等撰:《宋史》卷三百七十三《列传第一百三十二·洪皓传》,中华书局1977年版,11562页。
② 曾枣庄、李凯、彭君华编:《宋文纪事》卷七十一《洪皓传》,下册,四川大学出版社1995年版,第926页。
③ (清)永瑢、纪昀主编,周仁等整理:《四库全书总目提要》卷一百五十七《集部十·别集类十·鄱阳集》,海南出版社1999年版,第814页。
④ (元)脱脱等撰:《宋史》卷三百七十三《列传第一百三十二·洪适传》,中华书局1977年版,11562页。
⑤ 《江西省志人物志》编纂委员会编:《江西省志人物志》,方志出版社2007年版,第111页。
⑥ 王巍著:《中国考古学大辞典·概论编》,上海辞书出版社2014年版,第74页。
⑦ (宋)周必大撰:《盘洲文集附录·宋宰相赠太师魏国洪文惠公神道碑铭》,见(清)永瑢、纪昀等编纂:《四库全书》第1158册,上海古籍出版社1987年版,景印文渊阁本,第805页。

为书史失去不复存副本,公每以为恨。有《文集》一百卷藏于家”[①]。其《隶释》是先依碑释文著录全文,后附跋尾,具载论证,开金石学最善之体例,对后代有重大影响。

洪适主要致力于金石学研究,与欧阳修、赵明诚并称宋代金石学三大家。洪适又“以文学闻望”[②],著有《隶韵》《淳熙隶释》《隶纂》《盘洲集》《五代登科记》《登科记》等。

洪适在中国刻书史上有较大影响。其于孝宗乾道初在绍兴府兼浙东安抚使任内,刻书颇多,是知名的刻书家。其所刻书主要有《松漠纪闻》《隶释》《隶续》《论衡》《元氏长庆集》等。

洪　迈(1122—1202)　洪皓季子。字景庐,号野处,又号容斋,“绍兴十五年登第。兄文惠适、文安遵皆中博学宏词科,由是三洪名满天下。累迁吏、礼二部员外郎,寻进焕章阁学士,知绍兴。告老,以端明殿学士致仕,谥文敏。有《容斋》五笔、《夷坚志》《万首唐人绝句》《野处类稿》行世”[③]。又有《史记法语》《经子法语》《南朝史精语》《容斋诗话》《容斋四六丛谈》等,所辑《万首唐人绝句》一百一卷,绍熙三年(1192),太上皇孝宗降敕褒奖,有“选择甚精,备见博洽”[④]之谕。《乾隆绍兴府志》卷四十二等有其传。

洪迈,“幼读书日数千言,一过目辄不忘,博极载籍,虽稗官虞初,释老傍行,靡不涉猎”[⑤]。洪迈亦藏书,曾藏唐科举考试登第者的榜帖。《容斋续笔》记其榜甚详:“唐进士登科,有金花帖子,相传已久,而世不多见。予家藏咸平元年孙仅榜盛京所得小录,犹用唐制,以素绫为轴,贴以金花,先列主司四人衔,曰:‘翰林学士给事中杨,兵部郎中知制诰李,右司谏直史馆朱,皆押字……’别用高四寸绫,阔二寸,书‘盛京’二字,四主司花书于下,粘于卷首,其规范如此,不知以何年而废也。但此榜五十人,自第一至十四人,惟第九名刘烨为河南人,余皆贯开封府,其下又二十五人亦然。不应都人士忠选若是之多,疑亦外方人寄名托籍,以为进取之便耳。四主司乃杨砺、李若拙、梁颢、朱台符,皆只为同知举。”[⑥]洪迈“考阅典故,渔猎经史”,亦好抄书,曾抄写《资治通鉴》二百九十四卷,380 多万字,另有目录三十卷。此书通读一遍,已非

---

① (宋)许及之撰:《盘洲文集附录·宋尚书右仆射观文殿学士正议大夫赠特进洪公(适)行状》,见(清)永瑢、纪昀等编纂:《四库全书》第 1158 册,上海古籍出版社 1987 年版,景印文渊阁本,第 798—799 页。

② (元)脱脱等撰:《宋史》卷三百七十三《列传第一百三十二·洪皓传》,中华书局 1977 年版,11564 页。

③ (宋)周密《绝妙好词》卷一《洪迈》,见(宋)周密著,杨瑞点校:《周密集》,浙江古籍出版社 2015 年版,第 6 页。

④ (清)永瑢、纪昀主编,周仁等整理:《四库全书总目提要》卷一百八十七《集部四十·总集类二·万首唐人绝句诗》,海南出版社 1999 年版,第 1019 页。

⑤ (元)脱脱等撰:《宋史》卷三百七十三《列传第一百三十二·洪迈传》,中华书局 1977 年版,第 11570 页。

⑥ (宋)洪迈著,鲁同群、刘宏起点校:《容斋续笔》卷十三《金花帖子》,中国世界语出版社 1995 年版,第 240 页。

易事,"手书《资治通鉴》凡三"[①],抄三遍,1100 多万字[②],可见其用功之勤,刻苦向学,治学毅力之坚。

史载"三洪文名满天下"[③],即指洪适、洪遵及洪迈,尤其是洪迈,六经诸史各家文集无所不通,其"学问赅洽,为不数见"[④]。历高、孝、光、宁宗四朝,屡兼编修官,参与编纂各种体裁的史书。从日历到实录,从圣训到国史等,无不参与其事。洪迈对当朝事作有专门记述,著有《绍兴以来所见记》等。见于《宋史·艺文志》的就有近三十种之多。其《容斋随笔》至《五笔》,誉满天下,传之久远。《容斋随笔》是洪迈传世作品中最完整的一部,《随笔》之后,又有《续笔》《三笔》《四笔》《五笔》,共 74 卷,1215 条。内容极为博杂,广涉历史、文学、哲学、艺术等,上自朝廷典章制度、治乱得失、经史诸子百家之言,下至山川风物、诗词文翰,乃至文人学士的琐事轶闻之类,无不记载。引证详洽而多所辨订,非徒事倚摭者比,是宋代以考辨为主而杂采琐事类笔记的代表作。其考据之精湛与《梦溪笔谈》《困学纪闻》鼎立。

(七)赵汝谈

赵汝谈(?—1237) 字履常,号南塘。宋宗室后裔,"生而颖悟,年十五,以大父恩补将仕郎"[⑤]。"太宗皇帝八世孙,居余杭,登淳熙十一年进士甲科。周必大见其文异之。赵汝愚定大策多与参订。"[⑥]官至给事中权刑部尚书,谥文恪。为朱熹所赏识。据《咸淳临安志》载:"汝谈生乾、淳间,亲炙当时大儒,初见朱熹,订疑义十数条,首质《大学》,旁及群经,喜嗟异称赏。蔡元定愿为忘年交。又与吕祖俭、柴中行、项安世、辅广切磋,故问学沉著,仕进恬然。在温陵,又与陈孔硕、黄干交好为密,杨长孺时帅闽,亦使者来问政。为文有西汉风,其瑰琦精妙,又如琅玕瑶碧然,模仿者辄不逮。"[⑦]《康熙浙江通志》卷三十一、《民国杭州府志》卷一百二十三《名臣一》等有其传。

赵汝谈博学多才,遍注群经,尤以诗名著称于世,《后村诗话》云:"本朝全盛时,宗室贵显而负诗名者,有德麟。近岁有南塘兄弟。诗工而命穷者,有紫芝、仲白。而

---

① (元)脱脱等撰:《宋史》卷三百七十三《列传第一百三十二·洪皓传》,中华书局 1977 年版,第 11576 页。

② 按:《资治通鉴》,北宋司马光所撰,记载了一千三百多年历史,自周威烈王二十三年(前 403)至五代(后周显德六年,959 年),294 卷,380 多万字。

③ (元)脱脱等撰:《宋史》卷三百七十三《列传第一百三十二·洪皓传》,中华书局 1977 年版,第 11562 页。

④ (清)李慈铭著,由云龙辑:《越缦堂读书记》卷八《文学》,中华书局 1963 年版,第 948 页。

⑤ (元)脱脱等撰:《宋史》卷四百一十三《列传第一百七十二·赵汝谈传》,中华书局 1977 年版,第 12396 页。

⑥ (宋)潜说友纂:《咸淳临安志》卷六十七《人物八》,见浙江省地方志编纂委员会编:《宋元浙江方志集成》第 3 册,杭州出版社 2009 年版,第 1148 页。

⑦ (宋)潜说友纂:《咸淳临安志》卷六十七《人物八》,见浙江省地方志编纂委员会编:《宋元浙江方志集成》第 3 册,杭州出版社 2009 年版,第 1149 页。

南塘遂为一代骚人之宗。”[①]“所著有《易》《书》《诗》《论语》《孟子》《周礼》《礼记》《荀子》《庄子》《通鉴》《杜诗注》”[②]及《南塘先生四六》一卷,《介轩诗集》一卷等十余种。《四库全书总目》著录其《南塘先生四六》一卷,今台北“中央图书馆”藏有宋刻《三家四六》,收王子俊《格斋先生三松集》一卷,赵汝谈《南唐先生四六》一卷,李刘《梅亭先生四六》一卷,三本同装一函。赵氏所著书,今多佚。

其平生又酷爱藏书与读书,《宋史》称:赵汝谈“天资绝人,沈思高识,自少至老,无一日去书册”[③]。

(八)洪咨夔

洪咨夔(1176—1236)　字舜俞,号平斋,於潜人,后迁临安新溪。“父钺,号谷隐,有诗名。咨夔风骨颀秀,为文典丽该洽。登嘉泰二年进士第,继中教官,调饶州教授。”[④]历官通判成都府,秘书郎,迁金部员外郎,其为政直言敢谏,多有惠政。《宋史》载:“擢给事中,史嵩之入相,召赴阙下,进刑部尚书,拜翰林学士、知制诰。求去愈力,加端明殿学士,卒。御笔:‘洪咨夔鲠亮忠悫,有助亲政,与执政恩例,特赠两官。’其遗文有《两汉诏令揽抄》《春秋说》,外内制、奏议、诗文行于世。”[⑤]生平事迹参见黄震《端明殿学士洪咨夔》、《康熙浙江通志》卷三十一、《民国杭州府志》卷一百二十三《名臣一》等。

洪咨夔好藏书,“曾从崔与之入川,任龙州知事。及出,得书数千卷,藏于天目山保福院,与其子焘、熹考论讽诵,学益闳肆。……卒谥‘忠文’。理宗赐‘保福院’为其香火院,因改名‘褒忠院’。‘闻复阁’为其藏书之所,有书凡一万三千卷”[⑥]。对于洪氏藏书卷数,著名学者魏了翁称:“宝庆元年,吾友洪舜俞自考功郎言事罢归於潜,读书天目山下宝福寺。寺靓深,舜俞合新故书得万有三千余卷,藏之闻复阁下,如李氏庐山故事。而移书于靖,属余记之。”[⑦]魏了翁所谓“新故书”,“新书”是指洪咨夔在成都为官时所购的数千卷蜀板书;“故书”则是其家藏旧籍。宝庆元年(1225),洪咨夔归隐故里於潜(今临安),读书于天目山下宝福僧寺,“门巷萧然雀可罗,藏山万

---

① (清)厉鹗辑撰:《宋诗纪事》卷八十五《赵汝谈》,上海古籍出版社2013年版,第2054页。

② (元)脱脱等撰:《宋史》卷四百一十三《列传第一百七十二·赵汝谈传》,中华书局1977年版,第12396页。

③ (元)脱脱等撰:《宋史》卷四百一十三《列传第一百七十二·赵汝谈传》,中华书局1977年版,第12396—12397页。

④ (宋)潜说友纂:《咸淳临安志》卷六十七《人物八》,见浙江省地方志编纂委员会编:《宋元浙江方志集成》第3册,杭州出版社2009年版,第1147页。

⑤ (元)脱脱等撰:《宋史》卷四百六《列传第一百六十五·洪咨夔传》,中华书局1977年版,第12267页。

⑥ 程炳卿主编,西天目山志编纂委员会编:《西天目山志》第五编,附录一《栖逸与檀贤》,浙江人民出版社1991年版,第217页。

⑦ (宋)魏了翁撰:《渠阳集》卷七《洪氏天目山房记》,岳麓书社2012年版,第92页。

卷自研磨”①;“手披不厌熏沉水,心悟何妨涉贝多”②;“陈编贮山房,故事追康庐。欲共天下士,读尽人间书”③;“巨竹南墙清绝甚,一编孟子一瓯茶”④;“束发读连山,端倪识乾坤。欲辨南北戒,须窥越胡门。藏书探禹穴,乘槎穷灵源。平生蓬矢志,到处屐齿痕”⑤。

洪咨夔学问渊博,好学不倦,“研穷经史,驰骛艺文,蔚为近世词宗,自号平斋”⑥。在寺庙期间,其以书为友,潜心修学,“有《两汉诏令》三十卷,《揽抄》一百卷,《春秋说》三卷,《外内制及赋诗文》三十二卷,《奏议》三卷”⑦。还有《平斋词》一卷等诸多著作。今存《平斋文集》宋本,藏日本内阁文库,此本原为吕平坂学问旧藏,乃世间孤本。《全宋诗》中共收录洪咨夔诗歌 905 首及 3 条残句。此外,洪咨夔与很多好友都相互寄诗酬唱,如《和子有雨中抒怀》《次韵子有赋著图书所》《山房藏书万三千卷子有赋诗用韵》等,此类作品多达十数首。

洪咨夔著作丰富,涉猎范围犹广。其任饶州教授期间所撰《大冶赋》,深得吏部尚书楼钥的赏识,是迄今所见我国完整保存下来的最早的矿冶专著,反映了南宋金属采冶业的发展状况,为后人留下了宝贵的历史资料。

洪咨夔有三子,“勋、焘、洪憙,皆能绍其家学。勋,字伯鲁,以锁厅登淳祐四年进士第,少年为崔与之、魏了翁所知。仕至兵部尚书。……人称有父气骨,赠端明殿学士,谥文靖”⑧。次子焘累官朝奉大夫,兼知临安府,除户部侍郎。后升吏部尚书,出为浙西东安抚使。正如其词中所说“诸孙认取翁翁意,插架诗书不负人”⑨,可想见其世业之盛。

(九)邵桂子

邵桂子(生卒年不详) 字德芳,号玄同,“淳安人。咸淳七年进士。教授处州,

---

① (宋)洪咨夔撰:《山房藏书万三千卷子有赋诗用韵》,见傅璇琮主编:《全宋诗》卷二八九四,北京大学出版社 1998 年版,第 34551 页。

② (宋)洪咨夔撰:《再用陀字韵》,见傅璇琮主编:《全宋诗》卷二八九四,北京大学出版社 1998 年版,第 34552 页。

③ (宋)洪咨夔撰:《陈尉括水伤冒雨下朱陀出示两诗次韵》,见傅璇琮主编:《全宋诗》卷二八九四,北京大学出版社 1998 年版,第 34555 页。

④ (宋)洪咨夔撰:《追和及甫雪》,见傅璇琮主编:《全宋诗》卷二八九二,北京大学出版社 1998 年版,第 34510 页。

⑤ (宋)洪咨夔撰:《答及甫和》,见傅璇琮主编:《全宋诗》卷二八九一,北京大学出版社 1998 年版,第 34488 页。

⑥ (宋)潜说友纂:《咸淳临安志》卷六十七《人物八》,见浙江省地方志编纂委员会编:《宋元浙江方志集成》第 3 册,杭州出版社 2009 年版,第 1148 页。

⑦ (宋)潜说友纂:《咸淳临安志》卷六十七《人物八》,见浙江省地方志编纂委员会编:《宋元浙江方志集成》第 3 册,杭州出版社 2009 年版,第 1148 页。

⑧ (宋)潜说友纂:《咸淳临安志》卷六十七《人物八》,见浙江省地方志编纂委员会编:《宋元浙江方志集成》第 3 册,杭州出版社 2009 年版,第 1148 页。

⑨ 朱德才主编:《增订注释全宋词》卷三《鹧鸪天·为老人寿》,文化艺术出版社 1997 年版,第 487 页。

弃官,寓家松江。有《雪舟脞稿》”[①]。《两浙名贤录》载其事迹云:“安仁簿吴攀龙子也,鞠于所养,因从其姓。以博学宏词登进士第,授教授处州,弃官而归鋆池,构屋扁曰雪舟。晚年慕天随子之风,家于松江之修竹乡,殁乃迁葬。”[②]万斯同《宋季忠义录》卷十三有其传。

邵桂子“喜聚书,藏书多钤有:‘玄宅邵桂子一之父章’‘玄宅子邵桂子一之父’‘玄宅子’‘邵子’‘玄宅’‘云间寿乐行窝’‘玄之又玄’‘天根月窟’‘寿乐堂’‘古香’‘洞濑雪舟’‘乾坤一草亭’等印章”[③]。《天禄琳琅书目》载:“清溪邵桂子,字德芳,太学上舍,登咸淳进士,任处州府教授。宋亡避地云间,赘曹氏,居泖湖之燕溪,尝濒湖购亭,名雪舟,著述其间,有《脞稿》十卷、《脞谈》二十卷,皆以雪舟名之。”[④]藏有《东坡集》一百零二卷,《天禄琳琅书目》记述云:是书为“邵桂子藏本,明邵亨贞[⑤]、文徵明亦经收藏,‘翠竹斋’‘玉兰堂’诸印记”,钤有“亨贞”“邵氏复斋”“玄宅”“邵子”“玄之又玄”“元宅字邵桂子之父”“乾坤华亭”“云间寿乐行窝”诸朱文,“天根月窟”“玄宅子”朱白间文,“古香”“桐濑雪舟”“寿乐堂”诸朱文,“玄宅邵桂子一之父章”白文,“玄宅邵桂子之父章”[⑥]诸朱文印记。

(十)廖莹中

廖莹中(? —1275) 原名玉,字莹中,后以字为名,改字群玉,号药洲,邵武军邵武人,寓居杭州。《宋史翼》述事略云:廖氏“少有隽才,文章古雅。登进士。为贾似道客,似道赐第葛岭,吏抱文书就第署,大小朝政一切决于莹中,宰执充位署纸尾而已。似道自江上归,匿议和纳币之事,诡报诸路大捷。鄂围始解,莹中撰《福华编》称颂救鄂功。似道大悦,奏莹中筹幄之劳,比他人为最,转官外赐黄金百两。莹中遂用之铸匜器,勒铭自诩,以为不朽。尝于西湖滨建世彩堂、在勤堂、芳菲迳、红紫庄,园林擅一时之胜。及似道褫职之夕,与莹中相对痛饮,悲歌雨泣。莹中归舍,不复寝,命爱妾煎茶,服冰脑数握。妾觉之,夺救,已无及。翌日诏下,除名勒停,韶州羁管,而莹中已死”[⑦]。廖氏饮药自杀之事亦见于周密《癸辛杂识后集·廖莹中仰药》。廖莹中著有《江行杂录》一卷。贾氏虽为误国权奸,但精鉴别,尤其是其专权柄国时,御府珍秘多归其私家。贾似道藏书多“奇书”,廖莹中为之鉴定版本真伪等。

---

① (清)厉鹗辑撰:《宋诗纪事》卷七十五《邵桂子》,上海古籍出版社 2013 年版,第 1843 页。

② (明)徐象梅撰:《两浙名贤录》卷四十六《处州教授邵德芳桂子》,《浙江文丛》本,浙江古籍出版社 2012 年版,第 1184 页。

③ 王河主编:《中国历代藏书家辞典》,同济大学出版社 1991 年版,第 253 页。

④ (清)于敏中等撰:《天禄琳琅书目》卷六,见《清人书目题跋丛刊十》,中华书局 1995 年版,第 125 页。

⑤ 按:邵亨贞,据《松江志》载,邵桂子之孙亨贞,字复儒。博通经史,擅于文辞,凡阴阳、医卜、佛老之学,莫不究其奥。洪武间为府学训导,寻戍颍州,后归,卒年九十三。著有《蛾术集》。

⑥ (清)于敏中等撰:《天禄琳琅书目》卷六,见《清人书目题跋丛刊十》,中华书局 1995 年版,第 125—126 页。

⑦ (清)陆心源撰,吴伯雄点校:《宋史翼》卷四十《佞臣·廖莹中》,浙江古籍出版社 2016 年版,第 1074—1075 页。

廖莹中亦富藏书，且多书画，有悦生堂藏书楼；其香月邻别业，藏书甚多。

廖氏又有藏书、刻书处在杭州西湖，称世彩堂。莫友芝《宋元旧本书经眼录》著录宋世彩堂本《韩昌黎集》五十一卷，记云："明东雅堂徐氏翻刻廖氏世彩堂韩文，一仍旧式，而不著其所以来。今观此本，信然。每叶中缝下截悉有'世彩堂'字，徐氏悉以'东雅'字易之。传目后有'世彩堂廖氏刻梓家塾'篆字木印，徐氏各卷尾亦仿之。此初印本，纸墨精好，字体在欧、褚间，徐氏犹未能毕肖也。"①

廖氏在刻书方面颇有盛名，与赵淇、韩醇、陈起、岳珂、余仁仲、汪纲并称宋代著名的七大刻书家。除世彩堂外，其还建有在勤堂专为刻书之所。廖氏刻书甚多，极其精善，世为善本。咸淳间（1265—1274）尝翻刻《淳化阁帖》《世彩堂小帖》，皆逼真，廖莹中之世彩堂刻《五经》《韩柳集》，至今为人传诵。关于廖氏刻书之事，周密记其甚详：

> 廖群玉诸书，则始《开景福华编》，备载江上之功，事虽夸而文可采。江子远、李祥父诸公皆有跋。《九经》本最佳，凡以数十种比较，百余人校正而后成，以抚州萆钞纸、油烟墨印造，其装褫至以泥金为签，然或者惜其删落诸经注为可惜耳，反不若韩、柳文为精妙。又有《三礼节》《左传节》《诸史要略》及建宁所开《文选》诸书，其后又欲开手节《十三经注疏》，姚氏注《战国策》、注坡诗，皆未及入梓，而国事异矣②。

廖刻存于今者，有《春秋经传集解》三十卷，《天禄琳琅书目》卷一云："此书每卷末有木记曰世彩堂廖氏刻梓家塾，为长方椭圆亚字诸式，具篆文八分，而不载年表。"③《天禄琳琅续编》卷八《论语》一函三册："何晏集解，每卷末有'盱郡重刊廖氏善本'方印或亚字形。廖氏即廖莹中，世所传世彩堂，最为佳刻也。"④又《孟子》："赵岐注，每卷末亦有'盱郡重刊廖氏善本'各种印。"⑤又丰顺丁氏《持静斋书目》卷四《韩昌黎集》四十卷《外集》十卷《遗文》一卷附《集传》一卷，"宋廖莹中世彩堂精刊本，世所传东雅堂，即据此覆刊者，亦属善本。……相传刊书时用墨皆杂泥金、香麝为之。此本为当时初印，字一律皆虞欧体，纸宝墨光，醉心悦目。况藏经六七百年而

---

① （清）莫友芝《宋元旧本书经眼录》卷一，见（清）莫友芝著，张剑点校：《宋元旧本书经眼录　郘亭书画经眼录》，中华书局 2008 年版，第 39 页。

② （宋）周密撰，王根林校点：《癸辛杂识后集·贾廖刊书》，上海古籍出版社 2012 年版，第 46 页。

③ （清）于敏中等撰：《天禄琳琅书目》卷一，见《清人书目题跋丛刊十》，中华书局 1995 年版，第 14 页。

④ （清）彭元瑞等撰：《天禄琳琅书目后编》卷八，见《清人书目题跋丛刊十》，中华书局 1995 年版，第 331 页。

⑤ （清）叶昌炽著，王欣夫补正，徐鹏辑：《藏书纪事诗》卷一，上海古籍出版社 1989 年版，第 71 页。

展卷如新,手若未触,真天壤间第一秘宝也。项笃寿、汪士钟、郁松年均藏”[①]。清陈文述《西泠怀古集》卷五《香月邻咏廖莹中》称廖氏“精翰墨,刻《世彩堂帖》及陈简斋、姜尧章、任希夷、卢柳南四家遗墨十三卷,临《淳化帖》《玉枕兰亭》,为似道刊《全唐诗话》《悦生随抄》一百卷”[②]。有诗称莹中“福华编里奇勋少,世彩堂中善本多”[③],即指廖莹中藏书、刻书之事。廖莹中所刻书于版心下刻“世彩堂”三字,世称“世彩堂本”,被视为宋版书中的上品。所刻韩愈《昌黎先生集》《河东先生集》二种,经累世珍藏,现藏于中国国家图书馆,为宋刻中最珍善之本。

二、宋代嘉兴府进士藏书

《宋史·地理志》载,“嘉兴府,本秀州,军事。政和七年,赐郡名曰嘉禾。庆元元年,以孝宗所生之地,升府。嘉定元年,升嘉兴军节度”[④]。县四即嘉兴、华亭、海盐、崇德。

(一)闻人滋

闻人滋(生卒年不详)　字茂德,以字行,人称沙随先生,南宋秀州闻湖人。南宋“隆兴进士。官终江西进贤令。阐经不倦,发明极多。周必大《二老堂杂志》颇称之,尤邃于小学”[⑤]。绍兴三十一年(1161)归嘉禾,周必大以诗送之。宋绍兴五年(1135)状元汪应辰《送删定闻人丈归嘉禾》有“漫作中都士,柴门每自扃。遗经究终始,奇字讲声形。前辈今无几,微言世莫听”[⑥]之句。曾建草堂于嘉兴南湖居之,著有《闻人滋五说》《南湖草堂记》。

闻人滋喜藏书,陆游记云:嘉兴人“闻人茂德,名滋,老儒也。喜留食客,然不过蔬豆而已。郡人求馆客者,多就谋之。又多蓄书,喜借人。自言作门客牙,充书籍行,开豆腐羹店。予少时与之同在敕局,为删定官。谈经义衮衮不倦,发明极多。尤邃于小学云”[⑦]。施晋锡《鸳鸯湖棹歌》亦记云:“草堂湖上草萋菲,屐齿斑斑客款扉。几载令丞从事者,贮书满屋蠹鱼肥。”自注:“闻人茂德名滋,喜留客,又多蓄书。作德兴丞,终进贤令。曾为《南湖草堂记》。”叶昌炽咏闻人滋藏书云:

① (清)丁日昌撰,路子强、王雅新标点:《持静斋书目》卷四《集部》,上海古籍出版社 2008 年版,第 412 页。
② (清)陈文述著:《西泠怀古集》卷五,见王国平主编:《西湖文献集成》第 27 册,杭州出版社 2004 年版,第 254 页。
③ (清)陈文述著:《西泠怀古集》卷五,见王国平主编:《西湖文献集成》第 27 册,杭州出版社 2004 年版,第 254 页。
④ (元)脱脱等撰:《宋史》卷八十八《志第四十一·地理四》,中华书局 1977 年版,第 2177 页。
⑤ 周望森主编:《浙江古今人物大辞典·续编》,方志出版社 2001 年版,第 73 页。
⑥ (宋)汪应辰撰:《文定集》卷二十四,学林出版社 2009 年版,第 259 页。
⑦ (宋)陆游撰:《老学庵笔记》卷一,见《陆放翁全集》上,中国书店出版社 1986 年版,第 4 页。

门客牙兼书籍行，客来豆腐作羹汤。

如翁好事我何虑，日日南湖叩草堂①。

(二)娄　机

娄　机(1133—1211)　“字彦发，嘉兴人。乾道二年进士。宁宗朝，累官礼部尚书，兼给事中，权同知枢密院事，兼太子宾客，进参知政事，提举洞霄宫”②。卒，赠金紫光禄大夫。娄机“尤惜名器，守法度，进退人物，直言可否，不市私恩，不避谦怨”③。“所著有《帝王总要》《班马字类》《广干禄字书》《汉隶字源》”④。生平事迹参见《宋史》卷四百一十《列传第一百六十九·娄机传》。

娄机学识渊博，其《班马字类》序云：“世率亦班固《汉史》多假借古字，又时用偏旁，音释各异，然得善注易晓，遂为据依。机谓固作《西汉书》，多述司马迁之旧论，古字当自迁史始。以《史记正义》《索隐》《西汉音义》《集韵》诸书订正，作《班马字类》，互见各出，不没其旧，而音义较然，违舛尚多，更俟增易。淳熙辛丑夏至日，禾兴娄机书。”⑤从所撰《班马字类》所需海量的书籍作为参考，可推测其藏书亦多。娄机又工诗，《宋诗纪事》录其诗。尝“请续编《中兴馆阁书目》”⑥，“手书累朝事亲、修身、治国、爱民四事以献”，“尤深于书学，片纸尺牍，人皆藏之”⑦。

(三)赵汝愚父子进士

赵汝愚(1140—1196)　河南开封祥符籍，汝愚时始迁居嘉兴府崇德县洲钱(今桐乡洲泉镇)，称“崇德人，乾道二年进士”⑧。《宋史》载：其“字子直，汉恭宪王元佐七世孙，居饶之余干县。父善应，字彦远，官终修武郎、江西兵马都监”。“汝愚早有大志，每曰：‘丈夫得汗青一幅纸，始不负此生。’擢进士第一，签书宁国军节度判官。召试馆职，除秘书省正字。……迁著作郎、知信州，易台州，除江西转运判官，入为吏部郎兼太子侍讲。迁秘书少监兼权给事中”⑨，“光宗朝，累除同知枢密院事。宁宗朝，权参知政事，拜光禄大夫、右丞相。为韩侂胄所忌，责授宁远军节度副使，永州安

---

① (清)叶昌炽著，王欣夫补正，徐鹏辑：《藏书纪事诗》卷一，上海古籍出版社1989年版，第56页。

② (清)厉鹗辑撰：《宋诗纪事》卷五十三《娄机》，上海古籍出版社2013年版，第1351页。

③ (元)脱脱等撰：《宋史》卷四百一十《列传第一百六十九·娄机传》，中华书局1977年版，第12337页。

④ (明)刘应钶修，(明)沈尧中纂，嘉兴地方志办公室编校：《万历嘉兴府志》卷十八《乡贤一·嘉兴县》，上海古籍出版社2013年版，第317页。

⑤ 曾枣庄主编：《宋代序跋全编》卷一百五十五《题跋五十九·班马字类后序一》，齐鲁书社2015年版，第4418页。

⑥ (元)脱脱等撰：《宋史》卷四百一十《列传第一百六十九·娄机传》，中华书局1977年版，第12335页。

⑦ (明)刘应钶修，(明)沈尧中纂，嘉兴地方志办公室编校：《万历嘉兴府志》卷十八《乡贤一》，上海古籍出版社2013年版，第317页。

⑧ (明)刘应钶修，(明)沈尧中纂，嘉兴地方志办公室编校：《万历嘉兴府志》卷十五《荐举一·宋》，上海古籍出版社2013年版，第275页。

⑨ (元)脱脱等撰：《宋史》卷三百九十二《列传第一百五十一·赵汝愚传》，中华书局1977年版，第11981—11893页。

置，至衡州，暴薨”[①]，“谥忠定，赠太师，追封沂国公。理宗诏，配享宁宗庙庭，加封福王”[②]。史载赵汝愚“学务有用，常以司马光、富弼、韩琦、范仲淹自期。凡平昔所闻于师友，如张栻、朱熹、吕祖谦、汪应辰、王十朋、胡铨、李焘、林光朝之言，欲次第行之，未果”[③]。“所著诗文十五卷、《太祖实录举要》若干卷、类进《宋朝名臣奏议》一百五十卷。子崇宪，能守家法，所至惠政，终知靖江府，尝辑其父行实为一卷，而以嘉定更化，后昭雪，诬枉改正，史牒本末，皆附见焉”[④]。据《崇祯嘉兴县志》记载，宋时曾在府治西北为他立“忠辅坊”。生平事迹参见明刘元卿《江右名贤编》卷上、《康熙浙江通志》卷三十一等。

赵氏出身于藏书世家。其父赵善应（1118—1177），字彦远，号幸庵，“太宗七世孙，汝愚父，寓居崇德洲钱市”[⑤]，朱熹所撰《笃行赵君彦远墓碣铭》载其藏书故实云：赵君“好读书，所藏至三万卷。所著有《唐书遗录》三十卷，《幸庵见闻录》三卷，《台州劝谕婚葬文》一卷”[⑥]。赵汝愚亦好藏书，且能守护家族藏书，终身不失，并利用在秘书省工作之便，抄录内廷书籍，以增益家族藏书。《中国私家藏书史》记云：“父辈皆嗜读书，家已有藏书三万卷，至赵汝愚，增益至五万卷，其成为宋代著名藏书家之一。”[⑦]其孙赵必愿[⑧]于“淳祐十年在福建刻印过其祖赵汝愚编《国朝诸臣奏议》一百五十卷”[⑨]。

赵崇宪（1160—1219）　赵汝愚长子。字履常，崇德人。“淳熙八年以取应对策第一，时汝愚侍立殿上，降，再拜以谢。孝宗顾近臣曰：‘汝愚年几何？已有子如此。’越三年，复以进士对策，擢甲科”[⑩]。以朝议大夫直华文阁致仕。著有《赵丞相行实》一卷《附录》二卷。崇宪其学得于家庭，将其父汝愚与朱熹在余干琵琶洲讲学之处，请作忠定书院。史赞“汝愚父以纯孝闻，而子崇宪能守家法，所至有惠政，亦可谓世

---

① （清）厉鹗辑撰：《宋诗纪事》卷八十五《赵汝愚》，上海古籍出版社2013年版，第2053页。

② （明）刘应钶修，（明）沈尧中纂，嘉兴地方志办公室编校：《万历嘉兴府志》卷二十《乡贤三》，上海古籍出版社2013年版，第344页。

③ （元）脱脱等撰：《宋史》卷三百九十二《列传第一百五十一·赵汝愚传》，中华书局1977年版，第11989页。

④ （明）刘应钶修，（明）沈尧中纂，嘉兴地方志办公室编校：《万历嘉兴府志》卷二十《乡贤三》，上海古籍出版社2013年版，第344页。

⑤ （清）厉鹗辑撰：《宋诗纪事》卷八十五《赵孟坚》，上海古籍出版社2013年版，第2050页。

⑥ 郭齐、尹波点校：《朱熹集》卷九十二《笃行赵君彦远墓谒铭》，四川教育出版社1996年版，第4692—4693页。

⑦ 范凤书著：《中国私家藏书史》，大象出版社2009年版（修订），第120页。

⑧ 按：赵必愿，字立夫，南宋嘉定间人。知崇安县，历知泉、台诸州，擢户部尚书，淳祐间知福州兼福建安抚使。《康熙浙江通志》卷三十一有其传。

⑨ 瞿冕良编著：《中国古籍版刻辞典》之《赵必愿》，苏州大学出版社2009年版，第615页。

⑩ （元）脱脱等撰：《宋史》卷三百九十二《列传第一百五十一·赵崇宪传》，中华书局1977年版，第11990页。

济其美者已”①。

崇宪嗜藏书，承其家藏书五万卷外，“又筑篡金楼，用藏异书。三代致力于藏书，在宋室中特有树立”②。崇宪又雅好刻书，“任江西漕治时，刻印过朱熹《诗集传》二十卷，《诗序辨说》一卷”③。

(四)赵孟坚

赵孟坚(1199—1295)　“字子固，号彝斋，系出安定郡王，以父朝奉郎与采荫，登宝庆二年进士，历官集英殿修撰，知严州……景定初，迁翰林学士承旨，拜荣禄大夫。孟坚修雅博识，善笔札，工诗文。宋亡，入元不仕，隐居广陈④，时载一舟，中置琴书尊杓，泊蓼汀苇岸，以看夕阳，赋晓月为事。”⑤退隐后，赵氏以诗画藏书自娱。时有杨嗣翁善琴、赵仲文善棋、张温父(名即之)善书，世人遂以赵孟坚之画，合称四绝艺。有诗文集《彝斋文编》，已佚。生平事迹参见《万历嘉兴府志》卷十九《乡贤二・赵孟坚传》⑥及《雍正浙江通志》卷一百七十九《人物六・赵孟坚》。

赵孟坚富收藏，宋开庆元年(1259)曾得王羲之《兰亭帖》，甚宝之，《兰亭帖》卷首有赵孟坚两枚藏书印“子固”和“彝斋”。赵孟坚常坐一小船，载书籍、琴弦和饮食餐具，迎日出，挥毫作画。看夕阳，日下吟诗，与陶菊隐、殷澄并称“秀州三义”。《两浙名贤录》云：“赵孟坚字子固，海盐人。系出安定郡王。初以父荫入官。后登进士第。历官集英殿修撰，知严州，迁翰林学士承旨。孟坚修雅博识，善笔札，工诗文，酷嗜书法，多藏三代以来金石名迹，又善作梅花水仙兰竹，于山水尤奇，世皆珍之。襟度潇洒，有六朝诸贤风致，时比之米兰宫。晚徙居崇德，年九十七卒，谥文简。”⑦同时代周密在《齐东野语》中记其甚详：

> 诸王孙赵孟坚字子固，号彝斋，居嘉禾之广陈。修雅博识，善笔札，工诗文，酷嗜法书。多藏三代以来金石名迹，遇其会意时，虽倾囊易之不靳也。又善作梅竹，往往得逃禅、石室之妙，于山水为尤奇，时人珍之。襟度潇爽，有六朝诸贤风气，时比之米南宫，而子固亦自以为不歉也。东西薄游，必挟所有以自随。一舟横陈，仅留一席为偃息之地，随意左右取之，抚摩吟讽，至忘寝食。所至，识不

① (元)脱脱等撰：《宋史》卷三百九十二《列传第一百五十一・赵汝愚传》，中华书局1977年版，第11993页。

② 范凤书著：《中国私家藏书史》，大象出版社2009年版(修订)，第120页。

③ 瞿冕良编著：《中国古籍版刻辞典》之《赵崇宪》，苏州大学出版社2009年版，第621页。

④ 按：今浙江省嘉兴市海盐广陈镇。海盐广陈镇，明宣德五年(1430)划属平湖县，今平湖广陈镇北。

⑤ (明)胡震亨撰：《海盐县图经》第十二卷《人物篇》，浙江古籍出版社2009年版，第326页。

⑥ (明)刘应钶修，(明)沈尧中纂，嘉兴地方志办公室编校：《万历嘉兴府志》卷十九《乡贤一》，上海古籍出版社2013年版，第332页。

⑦ (明)徐象梅撰：《两浙名贤录》卷四十六《翰林承旨赵子固孟坚》，《浙江文丛》本，浙江古籍出版社2012年版，第1185页。

识望之，而知为米家书画船也。

庚申岁，客辇下，会菖蒲节，余偕一时好事者邀子固，各携所藏，买舟湖上，相与评赏。饮酣，子固脱帽，以酒晞发，箕踞歌《离骚》，旁若无人。薄暮，入西泠，掠孤山，舣棹茂树间。指林麓最幽处瞪目绝叫曰："此真洪谷子、董北苑得意笔也。"邻舟数十，皆惊骇绝叹，以为真谪仙人。

异时，萧千岩之侄滚，得白石旧藏五字不损本《禊叙》，后归之俞寿翁家。子固复从寿翁善价得之，喜甚，乘舟夜泛而归。至霅之升山，风作舟覆，幸值支港，行李衣衾，皆渰溺无馀。子固方被湿衣立浅水中，手持《禊帖》示人曰："《兰亭》在此，余不足介意也。"因题八言于卷首云：'生命可轻，至宝是保。'盖其酷嗜雅尚，出于天性如此。后终于提辖左帑，身后有严陵之命。其帖后归之悦生堂，今复出人间矣。噫！近世求好事博雅如子固者，岂可得哉[①]！

三、宋代安吉州（湖州）进士藏书

《宋史·地理志》载，"湖州，上，吴兴郡，景祐元年，升昭庆军节度。宝庆元年，改安吉州"[②]。县六即乌程、归安、安吉、长兴、德清、武康。

（一）莫君陈祖孙进士

莫君陈（？—1073） 一名君臣，字和中，归安月河人，家居湖州月河漾。莫氏"从安定先生学，登嘉祐二年第。熙宁中，新置大法科，首中其选，甚为王安石器重。御家严整如官府。东坡《西湖跳珠轩诗赠莫同年》即君陈也"[③]。著有《月河所闻集》一卷。生平事迹参见清黄宗羲《宋元学案》卷一《安定学案·进士莫先生君陈》及《雍正浙江通志》卷一百七十七《人物五·莫君陈传》。

莫君陈仲子莫砺，"字彦辅，有子曰伯镕，字器之，少有高世志，年五十即归休，以迎师教子为事。子三人，曰济、曰汲、曰冲，皆有俊声，擢进士第，时号三莫。后济、冲又中博学宏词科。济，温粹和易，而立朝鲠亮，毅然不可移，为给事中，封驳有声，尝知温州，以儒雅饰吏事，为明州长史，辅以正道，后知泉州，所至皆称循良。砺有孙曰澄，庚辰登进士第，亦知名于时"[④]。关于莫砺事迹，《雍正浙江通志》有其传[⑤]。其中

① （宋）周密撰，张茂鹏点校：《齐东野语》卷十九《子固类元章》，中华书局1983年版，第357—358页。

② （元）脱脱等撰：《宋史》卷八十八《志第四十一·地理四》，中华书局1977年版，第2175页。

③ （宋）李景和等修，（宋）谈钥纂：《嘉泰吴兴志》卷十七之《莫君陈》，见浙江省地方志编纂委员会编：《宋元浙江方志集成》第6册，杭州出版社2009年版，第2751页。

④ （宋）李景和等修，（宋）谈钥纂：《嘉泰吴兴志》卷十七之《莫君陈》，见浙江省地方志编纂委员会编：《宋元浙江方志集成》第6册，杭州出版社2009年版，第2751页。

⑤ （清）嵇曾筠、李卫等修，（清）沈翼机等纂：《雍正浙江通志》（四）卷一百七十八《人物六·莫砺传》，浙江省地方志编纂委员会编：《中国地方志集成·省志辑·浙江》（6），凤凰出版社2010年影印本，第672页。

君陈曾孙莫汲继承曾祖读书、藏书之好，喜藏书，且富藏书，南宋时名扬浙江。

莫　汲(1123—？)　莫君陈孙。字子及，号月河，归安月河人。“绍兴十八年进士”①，其“解试、省试、廷试，皆居前列，一时名声籍甚”②。绍兴二十五年(1155)为衢州学教授，以左从事郎为迁国子监学正。忤秦桧，谪化州(今属广东)。宋孝宗乾道元年(1165)，擢枢密院编修。清《同治湖州府志》卷七十四有其传。

有关莫陈君藏书史料甚少，只能从后世学者所撰的现存文献一探莫氏藏书。周密《癸辛杂识》所记月河莫氏，当即其人。周密云：“吾乡故石林叶氏、贺氏皆号藏书之多，至十万卷。其后齐斋倪氏、月河莫氏、竹斋沈氏、程氏、贺氏皆号藏书之富，各不下数万余卷。”③“月河莫氏”是指莫君陈及莫汲父子。潘美月《宋代藏书家考》亦认为，周密《齐东野语》所载藏书数万卷的“月河莫氏”即为他家。李宗莲云：“吾乡富于典籍者宋元之际月河莫氏不下数万卷。”④王国维亦云：“西吴藏书盖有端绪，自宋初沈东老夫子，始以收书知名。南渡后，叶石林退居弁山，复以藏书雄东南。其后若齐斋倪氏、月河莫氏、竹斋沈氏、直斋陈氏、随斋程氏、草窗周氏，藏书者号十万卷，少者亦三四万卷。”⑤

(二)沈偕祖孙进士

沈　偕(生卒年不详)　字君与，号太清子，归安县东林人。少入上庠，“元丰二年进士”⑥，“历左宣德郎，终知池州宣德县”⑦。

其父沈思嗜好藏书，尝在东林山和金盖山均建有别业，“藏书数万卷，有‘黄金散尽为收书’的赞誉”⑧。沈偕嗜藏书更胜于其父，买书出手大方，加之其家富于财，故藏书之富胜国子监。《齐东野语》卷十一称：“吴兴东林沈偕君与，即东老之子也，家饶于财。少游京师入上庠……既而擢第，尽买国子监书以归。”⑨《湖州市志》亦载：沈思“子沈偕，亦好藏书，尤多国子监书，颇为珍贵”⑩。

沈长卿(？—1160)　沈偕孙。“字文伯，号审斋居士，归安人。建炎二年进士，

---

① (清)宗源翰、郭式昌修，(清)周学浚、陆心源纂：《同治湖州府志(二)》卷七十四《文学传》，见上海书店出版社编：《中国地方志集成·浙江府县志辑》(25)，上海书店出版社2011年版，第502页。

② (明)董斯张撰：《吴兴备志》卷十一《莫汲传》，见《丛书集成续编》第49册，上海书店出版社1994年版，第635页。

③ (宋)周密撰，张茂鹏点校：《齐东野语》卷十二《书籍之厄》，中华书局1983年版，第217页。

④ 李宗莲《皕宋楼藏书志·序》，见(清)陆心源著，冯惠民整理：《仪顾堂书目题跋汇编》，中华书局2009年版，第564页。

⑤ 《传书堂记》，见王国维著：《观堂集林》(外二种)卷第二十三《缀林一》，河北教育出版社2003年版，第581页。

⑥ (清)陶元藻辑，蒋寅点校：《全浙诗话：外一种》卷十一《沈偕》，浙江古籍出版社2017年版，第251页。

⑦ (明)董斯张撰：《吴兴备志》卷十二《沈偕传》，见《丛书集成续编》第49册，上海书店出版社1994年版，第640页。

⑧ 王克文主编：《湖州市志》第九章《图书》，昆仑出版社1999年版，第1899页。

⑨ (宋)周密撰，张茂鹏点校：《齐东野语》卷十一《沈君与》，中华书局1983年版，第205—206页。

⑩ 王克文主编：《湖州市志》第九章《图书》，昆仑出版社1999年版，第1899页。

绍兴十八年以作通直郎添差通判常州,改判严州"[1],因得罪秦桧,贬和化州。秦桧死,"复左朝奉郎,主管台州崇道观。三十年,叶义问使金,辟为书状官。至燕而病,比还,卒于保州。著有《西汉总类》二十六卷,《春秋比事》二十卷"[2]。事迹详见陆心源《仪顾堂集·沈长卿传》。

沈偕子友直及孙长卿承其藏书,但沈氏家族后代藏书详情及何时散佚,因时已久,无考。

(三)鲍慎由

鲍慎由(生卒年不详) 《宋史》作鲍由,字钦止,原处州龙泉县人,其父始迁吴兴。少年随父居京都。"举进士。尝从王安石学,又亲炙苏轼,故其文汪洋闳肆,诗尤高妙。徽宗召对,除工部员外郎,居无何,以不合去,责监泗州转般仓。历河东福建路常平、广西淮南转运判官,复召为郎。以言者罢,提点元封观。起知明州,又知海州,复奉祠。卒,年五十六。尝注杜甫诗,有文集五十卷。"[3]《直斋书录解题》载:"《夷白堂小集》二十卷《别集》三卷。考功员外郎括苍鲍慎由钦止撰。元祐初以任子试吏部铨第一,复登六年进士乙科。甫脱选即为郎,然自是数坐累,官竟不进。其父粹始居吴,故葬于吴兴。"[4]皆佚。明董斯张《吴兴备志》卷十五及《雍正浙江通志》卷一百八十二有其传。

鲍氏好藏书,吕夏卿"《兵志》三卷,称得于宇文虚中季蒙。题其后曰:'夏卿修唐史,别著《兵志》三篇,自秘之。戒其子弟勿妄传。鲍钦止吏部好藏书,苦求得之。其子无为太守恭孙偶言及,因恳借钞,录于吴兴之山斋'云云"[5]。

(四)沈　介

沈　介(生卒年不详) "字德和,德清人。绍兴八年进士。十二年,中博学宏词科,除敕令所删定官。十三年,除秘书省正字。以秦熺奏,充本所编定书籍官。十五年,除校书郎。十七年,为司勋员外郎,进吏部郎中。二十六年,兼权秘书少监。请以提举秘书省印权纳礼部,所搜访书籍并归本省,官吏兼权者并罢。"[6]为政有声,召为秘书少监,权吏部侍郎,兼权礼部侍郎,除中书舍人。以左朝奉大夫知永州,改知平江,除敷文阁直学士、四川安抚制置使兼成都知府。"以兵部尚书为荆湖制置使,风采震耸边郡。再知平江,一知成都,皆繁剧郡,为政有余暇,豪猾敛避。平生奏

① (清)宗源翰、郭式昌修,(清)周学浚、陆心源纂:《同治湖州府志(二)》卷七十四《文学传》,见上海书店出版社编:《中国地方志集成·浙江府县志辑》(25),上海书店出版社2011年版,第501页。

② (清)陆心源撰,吴伯雄点校:《宋史翼》卷十一《沈长卿》,浙江古籍出版社2016年版,第237页。

③ (元)脱脱等撰:《宋史》卷四百四十三《列传第二百二·鲍由传》,中华书局1977年版,第13105页。

④ (宋)陈振孙撰,徐小蛮、顾美华点校:《直斋书录解题》卷十七《别集类中》,上海古籍出版社2015年版,第520页。

⑤ (清)永瑢、纪昀主编,周仁等整理:《四库全书总目提要》卷八十八《史部四十四·史评类存目·唐书直笔》,海南出版社1999年版,第460页。

⑥ (清)陆心源撰,吴伯雄点校:《宋史翼》卷十二《沈介》,浙江古籍出版社2016年版,第262页。

议及著述皆未编次。”[①]生平事迹参见《雍正浙江通志》卷一百六十八等。

沈介好藏书，其藏书事迹皆未见文献之中，今考见载于周密《癸未杂识·吴兴园圃》：“沈德和尚书园，依南城，近百余亩，果树甚多，林檎尤盛。内有聚芝堂藏书室，堂前凿大池几十亩，中有小山，谓之蓬莱。池南竖太湖三大石，各高数丈，秀润崎峭，有名于时。其后贾师宪欲得之，募力夫数百人，以大木构大架，悬巨絙，缒城而出，载以连舫，涉溪绝江，致之越第，凡损数夫。其后贾败，官斥卖其家诸物，独此石卧泥沙中。”[②]从上述文字及沈介宦游历程，知其在园圃之中专建有藏书室，惜文献鲜有记载。

（五）施元之父子进士

施元之（生卒年不详）　“字德初，长兴人。绍兴二十四年进士，乾道五年官左司谏，终赣州太守”[③]。“以文章著声，试馆除起居舍人，迁左司谏。有《注东坡诗》四十卷”[④]，又撰《东坡年谱》。

施氏雅好藏书，利用其所藏，刻之所好之书传世，叶德辉《书林清话》卷三《宋私宅家塾刻书》曾列其名，毛春翔《古籍版本常谈》则列施元之为两宋私家刻书最著名者之一。其三衢坐啸斋为南宋著名的私家刻书坊，“乾道六年（1170）任衢州刺史时，刻印过刘跂《学易集》二十卷。乾道七年（1171）刻印过苏舜钦《沧浪集》十五卷，苏颂《苏魏公集》七十二卷，王溥《五代会要》三十卷，范质《五代史通录》（卷数不详）。乾道八年（1172）刻印过苏颂《新仪象法要》三卷，马永易《皇朝新刊实宾录》二十卷”[⑤]。叶德辉《书林清话》亦载，“吴兴施元之三衢坐啸斋。乾道壬辰八年刻苏颂《新仪象法要》三卷，见《四库书目提要》，张《志》，瞿《目》。影写宋刊本”[⑥]，可想见施氏亦藏书不少。

施　宿（1164—1222）　“字武子，长兴人。元之长子。绍熙四年进士，庆元间知余姚县，始至珣究利害得其要领，于是百废具兴。”“其为政务大体不事细谨，尤加意风教，市天置书，教诲学者。”[⑦]后迁绍兴通判，修纂《嘉泰会稽志》，陆游为之作序。晚年迁居余姚施家山。《雍正浙江通志》卷一百六十八有其传。

---

① （宋）李景和等修，（宋）谈钥纂：《嘉泰吴兴志》卷十七《沈介》，见浙江省地方志编纂委员会编：《宋元浙江方志集成》第 6 册，杭州出版社 2009 年版，第 2755 页。

② （宋）周密撰，王根林校点：《癸辛杂识前集·吴兴园圃》，上海古籍出版社 2012 年版，第 3—4 页。

③ 浙江省通志馆编，浙江省地方志编纂委员会整理：《重修浙江通志稿·著述考》（标点本）第 6 册，方志出版社 2010 年版，第 3618 页。

④ （清）嵇曾筠、李卫等修，（清）沈翼机等纂：《雍正浙江通志》（四）卷一百七十九《人物六·施元之传》，浙江省地方志编纂委员会编：《中国地方志集成·省志辑·浙江》（6），凤凰出版社 2010 年影印本，第 693 页。

⑤ 瞿冕良编著：《中国古籍版刻辞典》之《田汝成》，苏州大学出版社 2009 年版，第 392 页。

⑥ （清）叶德辉撰：《书林清话》卷三《宋私宅家塾刻书》，上海古籍出版社 2012 年版，第 82 页。

⑦ （清）宗源翰、郭式昌修，（清）周学浚、陆心源纂：《同治湖州府志（二）》卷七十一《人物传政迹一》，见上海书店出版社编：《中国地方志集成·浙江府县志辑》（25），上海书店出版社 2011 年版，第 431 页。

施宿幼承家学，“好收藏，广收碑帖名帙，尤重苏轼墨迹碑帖”①，藏有《墓田丙舍帖》石刻及《淳化阁帖》释文②。作为金石学家，施宿尤留心金石，辨证训释详备，曾于嘉定六年(1213)刻王顺伯《石鼓诅楚音》。《居易录》卷三十四载：“施宿武子又尝参诸家本，订以石鼓籀文，刻于淮东仓司，辨证详备，见宋章樵《石鼓文释》。《吹景集》引之，以为奥衍奇博，可与郑渔仲争衡。亦一博雅好古君子也。”③尝以其父施元之所著《注东坡诗》刻之，请善欧书的书法家傅穉手写上板，大诗人陆游为该书作序，名注名书加名序，堪称三绝，史称“施顾注东坡先生诗”，可与南宋李壁的《王荆文公诗注》媲美，成为宋人注宋诗中最权威、最有学术价值的著作之一。施宿请陆游作序，助其流传，不料施宿晚年因事身败名裂，殃及是书，竟致传本极少，如今亦只存残帙。周密《癸辛杂识》记其甚详：“施宿字武子，湖州长兴人。父元之，绍兴张榜，乾道间为左司谏。宿晚为淮东仓曹，时有故旧在言路，因书遗以番葡萄。归院相会，出以荐酒，有问，知所自，憾其不己致也，劾之，无以蔽罪。宿尝以其父所注坡诗刻之仓司，有所识傅穉字汉孺，穷乏相投，善欧书，遂俾书之，锓板以赒其归。因摭此事，坐以赃私。”④

(六)沈　瀛

沈　瀛(1135—约1201)　“字子寿，号竹斋，归安人。绍兴三十年进士。”⑤乾道元年(1165)前后为太平州教授，历官国子录，淳熙四年(1177)知梧州，绍熙四年(1193)知江州。叶氏云：“吴兴沈子寿，少入太学，名闻四方。仕四十余年，绌于王官。再入郡，三佐帅幕，公私憔悴而子寿老矣。”⑥著有《竹斋词》《沈子寿文集》各一卷，又有《旁观录》一书，惜皆久佚不传。陆游《渭南文集》卷四十一有为其母撰《沈子寿母赵夫人哀辞》。《同治湖州府志》卷七十四及《宋诗纪事》卷五十一有其传。

沈氏好藏书，“其生平嗜文字，若性命在身，非外物也。甲乙自著，累百千首。呜呼，何其勤且多也”⑦。其藏书事迹见于周密《齐东野语》：“至若吾乡故家如石林叶氏、贺氏，皆号藏书之多，至十万卷。其后齐斋倪氏，月河莫氏，竹斋沈氏，程氏，贺氏，皆号藏书之富，各不下数万余卷。”⑧其中“竹斋沈氏”即沈瀛。

(七)倪　思

倪　思(1147—1220)　字正甫，号齐斋，归安人。宋“乾道二年进士，中博学宏

① 沈文泉编著：《湖州名人志》，杭州出版社2009年版，第112页。

② 注：楼钥《攻媿集》卷二十有《跋施武子所藏诸帖六首》，其一即钟繇《墓田丙音帖》。

③ 王绍曾、杜泽逊编：《渔洋读书记》之《施注苏文公诗集》，青岛出版社1991年版，第198页。

④ (宋)周密撰，王根林校点：《癸辛杂识前集·别集上·施武子被劾》，上海古籍出版社2012年版，第136页。

⑤ (清)宗源翰、郭式昌修，(清)周学浚、陆心源纂：《同治湖州府志(二)》卷七十四《文学传》，见上海书店出版社编：《中国地方志集成·浙江府县志辑》(25)，上海书店出版社2011年版，第503页。

⑥ (宋)叶适《沈子寿文集序》，见《叶适集》卷十二，中华书局1983年版，第205页。

⑦ (宋)叶适《沈子寿文集序》，见《叶适集》卷十二，中华书局1983年版，第205页。

⑧ (宋)周密撰，张茂鹏点校：《齐东野语》卷十二《书籍之厄》，中华书局1983年版，第217页。

词科。累迁秘书郎，除著作郎兼翰林权直。光宗即位，典册与尤袤对掌。故事，行三制并宣学士。上欲试思能否，一夕并草除公师四制，训词精敏，在廷诵叹”①。累官吏部侍郎，出知绍兴府。宁宗即位，累官“除宝文阁学士，提举嵩山崇福宫。嘉定十三年卒，谥文节”②。崇祀乡贤祠。倪思任兵部尚书、吏部尚书期间，主张抗金、反对议和，以直言敢谏著称。嘉定二年（1209）被史弥远两度罢官，赋闲双林，筑东庄别业，以诗酒为乐。其家族生产之绫绢专供朝廷奏本面用料，人称“倪绫”。《乾隆绍兴府志》载：倪思，“其先自青州扈迁吴兴。思于乾道二年中博学宏词科，官礼部侍郎兼直学士院。晚爱浙东山水，徙会稽，遂家焉”③。生平事迹参见宋魏了翁《显谟阁学士特赠光禄大夫倪公（思）墓志铭》，明《天启吴兴备志》卷十二，《康熙浙江通志》卷三十二等。

倪思好藏书，其藏书多达数万卷，与月河莫氏、竹斋沈氏等并称于时。其藏书事迹见于周密《齐东野语》：“至若吾乡故家如石林叶氏、贺氏，皆号藏书之多，至十万卷。其后齐斋倪氏，月河莫氏，竹斋沈氏，程氏，贺氏，皆号藏书之富，各不下数万余卷。”④其中“齐斋倪氏”即倪思。

藏书处为经鉏堂、玉湖园。周密称：“倪氏玉湖园，倪文节别墅，在岘山之傍，取浮玉山、碧浪湖合而为名。中有藏书楼，极有野趣。”⑤

倪思亦喜刻书，宋淳熙六年（1179）筠州军事判官倪思等所刊本《乐城集》，《天禄琳琅书目》卷三著录。

倪思博学多才，利用其家藏，著述宏富，著有《齐斋甲稿》二十卷，《齐斋乙稿》十五卷，《翰林前后稿》四十卷，《掖垣词草》二十卷，《兼山论著》三十卷附录《五经年谱》一卷，《齐斋奏议》三十卷，《掖垣缴论》四卷，《银台奏章》五卷，《昆命元龟说》一卷，《班马异同》三十五卷，《经鉏堂杂志》八卷，《迁史删改古书异辞》十二卷等。其所著《班马异同》，首创《史记》《汉书》比较之学，是最早和最系统的比较文学研究，影响较大。

其《经鉏堂杂志》一书，影响深远。倪思的读书名言为后人所道，陈继儒记云：“倪文节公云：‘颂声、涧声、山禽声、夜虫声、鹤声、琴声、棋子落声、雨滴阶声、雪洒窗声、煎茶声，皆声之至清者也。而读书声为最。闻他人读书声已极可喜，更闻子弟读

---

① （元）脱脱等撰：《宋史》卷三百九十八《列传第一百五十七·倪思传》，中华书局1977年版，第12113页。

② （清）宗源翰、郭式昌修，（清）周学浚、陆心源纂：《同治湖州府志（二）》卷六十八《人物传列传五》，见上海书店出版社编：《中国地方志集成·浙江府县志辑》（25），上海书店出版社2011年版，第387页。

③ （清）李亨特修，（清）平恕、徐嵩纂：《乾隆绍兴府志（二）》卷五十六《人物志十六·祁彪佳》，见上海书店出版社编：《中国地方志集成·浙江府县志辑》（40），上海书店出版社2011年版，第479页。

④ （宋）周密撰，张茂鹏点校：《齐东野语》卷十二《书籍之厄》，中华书局1983年版，第217页。

⑤ （宋）周密撰，王根林校点：《癸辛杂识前集·倪氏玉湖园》，上海古籍出版社2012年版，第6页。

书声，则喜不可胜言矣。’”①

（八）赵与懃

赵与懃②（1179—1260）　字德渊，号节斋，又号兰坡。“太祖十世孙，居湖州。嘉定十三年进士。理宗朝，历官吏部尚书，兼知临安府，终淮浙发运使，知平江府，致仕”③，卒赠少师，谥忠师。

赵与懃精鉴赏，收藏甚富，尝藏“《兵符图》一卷，曹弗兴画。旧藏韩太史存良家。绢本，笔意奇绝，兰坡赵都承故物。兰坡，宋宗室，富于书画，收罗不下千本，名卷多至三百外。其目首载《云烟过眼录》”④。黄宾虹亦云：“赵兰坡名懃宋宗室也，富于书画收罗不下千本，名卷多至三百外。”⑤据《赵兰坡所藏书画目录》序文称：“所记为赵与懃所藏书画目，记法书一百七十九卷，名画二百一十三卷。”后记又称：“所记只是手卷，大者不在此数，中多佳品，今散落人间往往皆是。”⑥南宋周密《云烟过眼录》卷三著录其所藏历代书画甚多，如王羲之、王献之、虞世南、梁元帝、李后主、陆探微、苏东坡等名家八十四人，作品一百八十三件⑦。赵氏所藏书画名录可考者，详见《画画录》⑧。

赵氏工书画，善临摹古人书法，几莫能辨，尤善作墨竹。创别业于苏湾，景物殊胜，后有石洞，名瑶阜，尝萃其家所藏法书，刻为《瑶阜帖》。

四、宋代庆元府进士藏书

《宋史·地理志》载，“庆元府，本明州，奉化郡，建隆元年，升奉国军节度。本上州，大观元年，升为望。绍兴初，置沿海制置使。……绍熙五年，以宁宗潜邸，升为府”⑨。县六即鄞、奉化、慈溪、定海、象山、昌国。

（一）王该祖孙三进士

王　该（生卒年不详）　字蕴之，庆元府鄞县人。王该为“桃源先生之弟，登庆历六年进士第。王荆公宰鄞时与友善，以诗章相唱酬，与兄齐名。官吉州安福尉。……熙宁中，终襄州邓城令。初，官舍旁有嘉木，叶长可尺许，每得一诗，取叶书

① （明）陈继儒等撰，王永智等注译：《读书十六观》，三秦出版社2006年版，第116页。
② 商榷：据考，赵与懃与范凤书先生所写的赵与勤应为一人。
③ （清）厉鹗辑撰：《宋诗纪事》卷八十五《赵与懃》，上海古籍出版社2013年版，第2045页。
④ （明）张丑撰，徐德明校点：《清河书画舫》之《莺字号第一·三国·曹弗兴》，《古代书画著作选刊》，上海古籍出版社2011年版，第8页。
⑤ 《赵兰坡所藏书画目录》，见黄宾虹、邓实编：《美术丛书》四集第10辑，神州国光社1936年版，第181页。
⑥ 赵与懃所藏书法及名画名录，参见黄宾虹、邓实编：《美术丛书》四集第10辑，神州国光社1936年版，第181—189页。
⑦ 《兰坡赵都丞与懃所藏》，见（宋）周密著：《云烟过眼录》卷上，中华书局1985年版，第1—13页。
⑧ （宋）赵与懃等藏，（元）王恽等撰：《画画录》之《赵兰坡所藏书画目录一卷》，（台北）世界书局股份有限公司2009年版，第1—9页。
⑨ （元）脱脱等撰：《宋史》卷八十八《志第四十一·地理四》，中华书局1977年版，第2175页。

之。归橐萧然，惟脱叶甚富。晚居广德湖中望春山”[①]。其兄王说（1010—1085），字应求，是著名的学者和教育家，人称“桃源先生”。袁桷《延祐四明志》载：“鄞江王大隐杨先生之门人。与弟该，皆著名，教授乡里三十余年。熙宁中，以特恩补州长史。无田以食，无麻桑以衣，怡然自得。子孙世其学。”[②]王说于宋熙宁九年（1076）创办了桃源书院，书院由王说的宅地酌古堂改建而成。王说孙勋考中进士后上书宋神宗，得御赐书额“桃源书院”，自此，鄞县学风大盛，人称“小邹鲁”，对明州文化发展影响甚大。

王氏家族自王说与王该兄弟始，便以经史传家，历数代而不绝，是明州藏书大族。王氏三代相继藏书，时称三大儒，藏书称富。

王　瓘（生卒年不详）　王说长子，“字符圭，元丰五年进士”[③]。瓘承其家风，“喜藏书，以文行称”[④]，家有酌古堂，富藏书。

王　勋（生卒年不详）　字上达。王该从孙，王瓘子，“宗正少卿（珩）[⑤]之从子，桃源先生之孙也。政和八年进士。高宗东巡，命为鄞令，终广东市舶司提举。以廉介自持，一钱之利，皆归有司；身为市舶主管，至家人不识洋货”[⑥]。为官清廉，“及卒，贾胡率钱二百万为赙，正己却之曰：‘吾父以廉直闻，虽贫犹能负丧以归，不愧廉叔度也。’清白之传，实先生家训”[⑦]。

其家藏书由勋之子王正己继承。宋楼钥记曰：正己“自少至老，聚书六万余卷，多自雠校，为之目甚详。名堂曰酌古，鼎彝古刻分列其下”[⑧]。

（二）丰　稷

丰　稷（1033—1107）　“字相之，鄞人。弱冠登嘉祐四年进士第，历襄州谷城令，韩维、曾巩相继守襄，奇之，荐于朝”[⑨]。“大臣荐其清修俭直，乃除监察御史里行。为御史三岁，弹劾不避权要。神宗尝谓台谏曰：‘惟丰稷论事最诚实。’后自成都府路提召为工部外郎，复以荐拜殿中侍御史，改国子司业，除起居舍人，权中书舍人，

---

① （清）徐兆昺著，桂心仪、周冠明等点校：《四明谈助》卷三十四《西护脉》，宁波出版社2003年版，第1116页。

② （元）袁桷撰：《延祐四明志》卷第四《桃源王先生》，见浙江省地方志编纂委员会编：《宋元浙江方志集成》第9册，杭州出版社2009年版，第4031页。

③ （清）徐兆昺著，桂心仪、周冠明等点校：《四明谈助》卷三十四《西护脉》，宁波出版社2003年版，第1116页。

④ （清）徐兆昺著，桂心仪、周冠明等点校：《四明谈助》卷三十四《西护脉》，宁波出版社2003年版，第1116页。

⑤ 按：王珩，字彦楚，宋徽宗大观三年（1109）己丑科进士。

⑥ （清）全祖望原著，袁元龙点按：《甬上族望表·桃源王氏》，宁波出版社2008年版，第12页。

⑦ （元）袁桷撰：《延祐四明志》卷第五《桃源王先生》，见浙江省地方志编纂委员会编：《宋元浙江方志集成》第9册，杭州出版社2009年版，第4031页。

⑧ （宋）楼钥撰，顾大朋点校：《楼钥集》卷四十九《酌古堂文集序》，浙江古籍出版社2010年版，923页。

⑨ （宋）罗浚撰：《宝庆四明志》卷八《郡志八·叙人上》，见（清）永瑢、纪昀等编纂：《四库全书》第487册，上海古籍出版社1987年版，景印文渊阁本，第115页。

迁太常少卿,国子祭酒,兼侍讲,刑部侍郎,以集贤院学士知颍州。自颍迁待制,移知广州。过关入觐,留拜吏部侍郎。丐出,累典大藩,召拜谏议中丞,工部尚书。责降叙复,提举亳州清宫以薨。被遇三朝,出入数十年,终始一节,清德重望,达于天下。"[①]"先生三任言责,每草疏,必密室,子弟亦不得见,推多焚稿,未尝以时政语人。所荐士如张庭坚、冯涓、陈瓘、陈师锡、邹浩、蔡肇,皆知名当世云。"[②]丰稷"识趣恬夷,标度凝远,好学如颜子,能克己以为人,养气若孟轲,不动心而勇义,精忠峻节,直道危言","不迩声色曰清,务时成志曰敏"[③],卒后,"追复枢密直学士,谥曰清敏"[④]。丰稷名德流泽久远,深受后世学者、诗人推重,为丰氏家族世代子孙的楷模。生平事迹参见宋代李朴撰、明丰庆辑《丰敏公遗事》,《宋史》卷三百二十一《列传第八十》,《宝庆四明志》卷八《郡志八·叙人上》,《康熙浙江通志》卷三十二等。全祖望赞曰:

十字荷花句就,千林莠草魂消。
试看炎威如许,依然风格孤高[⑤]。

丰稷终其一生,除勤政为民外,尤嗜读书与藏书,"性嗜学,逮老不衰。素恬静,寡言语,平居危坐终日,不跛倚,常若对大宾,虽见卒隶,必正衣冠,无倨惰容"[⑥]。著有《浑仪浮漏景表铭词》四卷等,其遗著多散佚,近人张寿镛辑有《丰清敏公遗书》六卷。

"唐宋八大家"之一曾巩赞其:

读书一见若经诵,下笔千言能立成。
精微自得有天质,操行秀出存乡评[⑦]。

其藏书故实文献亦多有记载,《宋元学案》载:"天性嗜学,逮老不衰。方在朝

① (宋)张津等纂修:《乾道四明图经》卷二,见浙江省地方志编纂委员会编:《宋元浙江方志集成》第7册,杭州出版社2009年版,第2896—2897页。
② (清)黄宗羲原著,(清)全祖望补修,陈金生、梁运华点校:《宋元学案》卷十九《范吕诸儒学案·清敏丰相之先生稷》,第1册,中华书局1986年版,第799页。
③ 《追复枢密直学士诰》(建炎三年正月二十六日),张寿镛辑:见《四明丛书》之《丰清敏公遗书·附录》第一集,第6册,民国四明张氏约园刊本。
④ (宋)张津等纂修:《乾道四明图经》卷二,见浙江省地方志编纂委员会编:《宋元浙江方志集成》第7册,杭州出版社2009年版,第2896—2897页。
⑤ (清)全祖望著,朱铸禹汇校集注:《全祖望集汇校集注》之《句馀土音》卷上《丰清敏公(稷)紫青观下看荷》,上海古籍出版社2000年版,第2255页。
⑥ (宋)张津等纂修:《乾道四明图经》卷二,见浙江省地方志编纂委员会编:《宋元浙江方志集成》第7册,杭州出版社2009年版,第2896—2897页。
⑦ (宋)曾巩撰:《曾巩集》卷五《古诗四十首》之《送丰稷》,中华书局1984年版,第71页。

廷，退朝还第，与在藩屏公事余闲，每燕坐一静室，前后书史，终日观阅。所至惟以书籍自随，衣衾之外，他无一物。”[①]宋袁燮《丰清敏词记》记曰：“内而退朝之后，外而公事之余，独处一室，恬无他好，惟以图史自娱。”[②]

丰氏又醉心翰墨，明安世凤《墨林轶事》云：“丰稷书《慈溪永明寺殿记》，海内少见，开大而不沓拖，谨密而不拘曲，驰聘于意象之先，从容于笔画之外，蔡、苏、黄、米之美无不挹取，而不用其一笔。”[③]

（三）王　欢

王　欢（生卒年不详）　“鄞县人。北宋元丰五年进士，以行文见称于时。三代相继藏书，时称三大儒，藏书甚富。”[④]

（四）史师雄

史师雄（生卒年不详）　象山人。“绍兴五年王应辰榜进士”[⑤]，曾任湖州教授。居象山县西，“一有所积，建楼名铁砚堂，藏书万卷，寝食其中”[⑥]。

（五）姜浩父子进士

姜　浩（1109—1185）　字浩然，“建炎、绍兴间来寓四明。至十年岁在庚申，公之弟涛以流寓名旧书。十二年，遂登进士第”[⑦]。积官至武节大夫。楼钥《攻媿集》载：“人争曰：‘是东都大家，能以举子业致身于兵火流离之余邪？’惟姜氏承平时富盛甲京师，婚姻多后妃侯王之家，声势翕赫。而最重儒学，藏书筑馆，延太学名士以训子弟。……入闽积俸置《大藏经》，归置家舍。结字端重，遂薄遽中，家书无一笔行草。手钞内典数十轴，首尾如一。”[⑧]晚年退休，“结庐百间，藏书万卷”[⑨]。

姜　柄（1151—1199）　姜浩子。字子谦，宋庆元府鄞县人。姜柄于“绍熙四年，转忠翊郎。是年登进士科，改授承务郎，知临安府於潜县丞。五年，覃恩转授承事

① （清）黄宗羲原著，（清）全祖望补修，陈金生、梁运华点校：《宋元学案》卷十九《范吕诸儒学案·清敏丰相之先生稷》，中华书局1986年版，第800页。

② （宋）袁燮撰：《絜斋集》卷九《丰清敏公祠记》，中华书局1985年版，第136页。

③ 田光烈著：《佛法与书法》，河北人民出版社1991年版，第150页。

④ 邓大鹏主编，《宁波图书馆志》编纂委员会编：《宁波图书馆志》卷一《历代藏书楼》，宁波出版社1997年版，第62页。

⑤ （宋）张津等纂修：《乾道四明图经》卷十二《进士题名记》，见浙江省地方志编纂委员会编：《宋元浙江方志集成》第7册，杭州出版社2009年版，第3054页。

⑥ 罗士筠修，陈汉章等纂：《民国象山县志》卷二十二《先贤一》，见《中国地方志集成·江苏府县志辑》（33），江苏古籍出版社1991年版，第700页。

⑦ （宋）楼钥撰，顾大朋点校：《楼钥集》卷一百十四《赠金紫光禄大夫姜公墓志铭》，浙江古籍出版社2010年版，第1977—1980页。

⑧ （宋）楼钥撰，顾大朋点校：《楼钥集》卷一百十四《赠金紫光禄大夫姜公墓志铭》，浙江古籍出版社2010年版，第1977—1980页。

⑨ 曹之著：《中国印刷术的起源》第十章《唐代发明雕版的旁证（下）》，武汉大学出版社1994年版，第388页。

郎。庆元三年，转宣教郎、知濠州钟离县。五年，转奉议郎，以疾卒于县治”①。

姜柄承父志，喜聚书，除承其父藏书万卷，后又续藏书数千卷。楼钥言：“君生长膏粱，而丰度高胜，简澹清苦，无声色之奉，又不喜饮酒。藏书数千卷，凝尘满室，萧然如物外人。即所居超莲堂池西累石创亭，名曰‘蹯坞’，时从雅士徜徉其中，坐无杂宾。尤工小楷，作诗清婉有思致。”②

（六）高文虎父子进士

高文虎（1134—1212）　字炳如，“四明人，礼部侍郎闶之从子。登绍兴庚辰进士第，调平江府吴兴县主簿”，兼国史院编修官，与修《四朝国史》，修《高宗实录》，修《神宗玉牒》及《徽宗玉牒》，考订宣和、崇、观以来尤为详审。宋“宁宗即位，迁军器少监兼将作监，迁国子司业兼学士院权直，迁祭酒、中书舍人，兼直学士院兼祭酒，升实录院同修撰、同修国史。……迁兵部侍郎兼中书舍人，又兼祭酒，拜翰林学士兼侍读、实录院修撰，修国史。除华文阁学士、知建宁府，力丐祠，提举太平兴国宫。以台臣言夺职，卒”③。生平事迹参见《雍正浙江通志》卷一百八十《人物六・高文虎传》。

《宋史》述：“曾几守官在吴，文虎从子游，故闻见博洽，多识典故。”④以台臣言夺职后，寓居嵊县。据《剡南高氏宗谱》卷三《内纪行传》载：“有《天官书集注》传世。博物洽闻，编修国史，性爱山水，庆元中入剡，建玉峰堂藏书寮于金波玉岑山，即明心寺之东麓也。卒葬其处，为南渡始祖。”⑤

高似孙（1158—1231）　高文虎子。宋“淳熙十一年进士，历官校书郎，出为徽州副职，迁守处州，晚年归故里余姚”⑥。据《剡南高氏宗谱》卷一《疏寮公行述》载：“公讳似孙，字续古，号疏寮，生于鄞，从父雪庐公来剡。自幼颖悟，嗜学。凡读书过目成诵，诗古文词，涉笔即工，不待思索。又属意寻山水胜，遇迹必考，遇物必详。剡中诸美，为所襟收。尝与舅氏周子瑞、周子章等同学，晨夕坐谈文艺，讨论典制，相契最厚。前守处州，有《纬略》《骚略》等作，所言皆道术权变、调剂文武之义。嘉定朝，剡令史安之亦鄞人，慕祖才名，以剡典故无稽，求之作志。乃为撰《剡录》十卷。凡山川、城社、人物、景迹，细及土产、风俗、茶品、泉味，有辨罔不详悉，剡邑为之发耀。家居宦任，著述极富，每为文士习诵。又善以孔孟之旨，借发于浅近之言，邑中名俊类

---

① （宋）楼钥撰，顾大朋点校：《楼钥集》卷一百十三《知钟离县姜君墓志铭》，浙江古籍出版社2010年版，第1963页。

② （宋）楼钥撰，顾大朋点校：《楼钥集》卷一百十三《知钟离县姜君墓志铭》，浙江古籍出版社2010年版，第1963页。

③ （元）脱脱等撰：《宋史》卷三百九十四《列传第一百五十三・高文虎传》，中华书局1977年版，第12033页。

④ （元）脱脱等撰：《宋史》卷三百九十四《列传第一百五十三・高文虎传》，中华书局1977年版，第12032页。

⑤ 引左洪涛、张恒著：《两宋浙东高氏家族研究》第三章，海洋出版社2010年版，第79页。

⑥ 仓修良著：《方志学通论》第二章《方志的发展・宋代方志述评》，方志出版社2003年版，第282页。

奉为宗法。”①“著作颇多，有《史略》《纬略》《子略》《骚略》《蟹略》《砚笺》《选诗句图》和《疏寮小集》等。晚年为嵊县令史之安作《剡录》十卷。”②还撰有《文苑英华纂要》《剡溪诗话》等。

高似孙著述涉及经、史、子、集四部，学术侧重于文献的编目、整理、辑录等，其中《剡录》为绍兴地区的第一部县志，亦是现存较早的宋代方志之一；《史略》为现存唯一一部史籍专目；《子略》为子部书籍的目录及提要；《纬略》集中体现了高似孙治学的主要特点。据此著述及学术成就，可推测家中藏书亦不少，惜藏书故实现无考。

（七）赵彦逾

赵彦逾（1130—1207）　字德先，宋庆元府鄞县人。赵“魏悼王后，崇简国公叔寓曾孙也。绍兴三十年登第”③。“淳熙五年，知秀州，改知镇江府，有惠政。迁户部、工部侍郎，尚书。与赵汝愚策立宁宗。帅蜀，尽以俸余聚九县之族分给之。嘉泰间，典明州乡郡，进观文殿大学士。嘉定间卒，赠太师吉国公。”④

赵氏好藏书，建三层楼，中层藏书，人谓赵资政重楼也，收藏颇富，宋楼钥有诗曰：“危楼杰立潭府雄，仰望惊瞿何穹窿。擎以八柱真良工，恍如木天移海东。扶栏三级横复纵，八窗交映光玲珑。更上一层迥不同，历览万象俱空蒙。东南太白金峩峰，西山千迭青芙蓉。环绕不断如屏风，平畴弥望禾芃芃。城郭市井聚蚁蜂，烟树高低知几丛。澄湖一片磨青铜，潮来江涨银在镕。”⑤又云：“插架三万牙签重，此身愿为书蠹虫。”⑥孙应时《和楼尚赋赵大资重楼柏梁体》诗赞云：“晨登做达夕鼓冬，有书满架酒不空。”⑦“寒生感公恩义重，草根窃亦吟秋虫。扁舟登门频宿春，敢逐炎凉如燕鸿。”可见赵氏有书满架，其藏书亦供给远道而来的寒士翻阅。

《鄞县通志》也载，筑赵资政“重楼”，中层藏书三万卷，世称赵资政重楼，楼在鄞县。

（八）王抟父子进士

王　抟（生卒年不详）　字谦父，“其先开封人，大父繇，建炎渡江，居于鄞。抟博学耿介，非其友不与语。幼学于里，师楼昉，为文醇深，善议论。壮岁试词学科，不中，辄弃去，自誓曰：‘它日必令二子业有成。’后登进士第。同年，余天锡参知政事，

---

① 引司马朝军著：《国故新衡》第二辑《专论·子略校证〈解题〉》，武汉大学出版社2018年版，第155页。
② 仓修良著：《方志学通论》第二章《方志的发展·宋代方志述评》，方志出版社2003年版，第282页。
③ （元）脱脱等撰：《宋史》卷二百四十七《列传第六·赵彦逾传》，中华书局1977年版，第8767页。
④ （民国）陈汉章总纂：《象山县志》卷二十一《名宦传》，方志出版社2004年版点校本，第1195页。
⑤ （宋）楼钥撰：《攻媿集》卷四《赵资政建三层楼中层藏书》，中华书局编辑部：《丛书集成初编》442，中华书局2011年影印本，第221页。
⑥ （宋）楼钥撰：《攻媿集》卷四《赵资政建三层楼中层藏书》，中华书局编辑部：《丛书集成初编》442，中华书局2011年影印本，第221页。
⑦ （宋）孙应时《烛湖集》卷十五《和楼尚书赋赵大资重楼》，见（清）永瑢、纪昀等编纂：《四库全书》第1166册，上海古籍出版社1987年版，景印文渊阁本，第704页。

属教其子弟，岁终致束脩以谢，坚不肯受拱”[①]。《雍正浙江通志》载：其登“嘉定进士，授安吉丞，摄令长兴，捐俸赈水灾，民赖以不饥，再摄新城”[②]，官至直秘阁知温州，赠正奉大夫。为徽州知州时，为官清廉，被徽州人称为清白太守。

王㧑曾参修四朝国史，撰《舆服志》四卷，宋理宗御笔赐其书“竹林汲古传忠”六字，为王氏传家之宝。王㧑遂命名其堂曰“汲古堂”，其文集曰《汲古文集》。王㧑善教子，以不中词科为耻，广借典籍供应麟、应凤[③]兄弟抄读，故家有图书甚富。《延祐四明志》卷五记云：王㧑“往借周益公、傅内翰、番阳三洪公暨往昔习词学者凡二十余家所藏书”[④]。

王应麟（1223—1296）　王㧑子。字伯厚，号深宁居士，晚号深宁老人，“庆元府人。九岁通《六经》，淳祐元年举进士，从王埜受学。调西安主簿，民以年少易视之，输赋后时。应麟白郡守，绳以法，遂立办。诸校欲为乱，知县事翁甫仓皇计不知所出，应麟以礼谕服之。差监平江百万东仓。调浙西提举常平茶盐主管帐司，部使者郑霖异待之。丁父忧，服除，调扬州教授。初，应麟登第，言曰：‘今之事举子业者，沽名誉，得则一切委弃，制度典故漫不省，非国家所望于通儒。’于是闭门发愤，誓以博学宏辞科自见，假馆阁书读之。宝祐四年中是科。应麟与弟应凤同日生，开庆元年亦中是科，诏褒谕之，添差浙西安抚司干办公事”[⑤]。累迁礼部尚书兼给事中。袁桷称：“先生晚岁自号深宁老人，自为志铭，有曰：其士其止，如偓如图。年七十四，终于家，官至翰林学士、礼部尚书。……学者尊之曰深宁先生。”[⑥]“卒，遗所著书数百卷行于世。”[⑦]生平事迹参见《雍正浙江通志》卷一百七十五《人物五・王应麟传》。

宋亡后，王应麟隐居王家府（今宁波市区县学街念书巷）不仕，读书治学，朝夕坐

---

① （元）袁桷撰：《延祐四明志》卷第五《王㧑》，见浙江省地方志编纂委员会编：《宋元浙江方志集成》第9册，杭州出版社2009年版，第4073页。

② （清）嵇曾筠、李卫等修，（清）沈翼机等纂：《雍正浙江通志》（四）卷一百六十八《人物三・王㧑》，浙江省地方志编纂委员会编：《中国地方志集成・省志辑・浙江》（6），凤凰出版社2010年影印本，第519页。

③ 按：王应凤（1223—1268），字仲仪，号默庵，鄞县人，㧑之子。其学淹博精切，刿心文囿，根抵左氏、班、马。父性严急，每授题，设巍坐，命与应麟坐堂下，刻烛以俟，少缓辄叱怒。由是为文称敏捷，援笔立就。淳熙十一年（1184），荫补将侍郎，登宝祐四年（1256）进士。廷对披腹尽言，以甲科第九人赐第，监通州狼山税。五年，为仪真郡文学掾。开庆元年（1259），中博学鸿词科。应麟亦先中是科，诏褒谕之。由架阁佐淮南，主管机宜文字。寻除军器监丞，时应麟方草制，以嫌改差淮西制置司参议官。未几，文天祥荐其学宜在翰墨之选。德祐元年（1275），召为太常博士，将以内制处之。甫入国门即死，年四十六。著有《默斋稿》，已佚。《雍正浙江通志》卷一百八十《人物六》有其传。

④ （元）袁桷撰：《延祐四明志》卷第五《王㧑》，见浙江省地方志编纂委员会编：《宋元浙江方志集成》第9册，杭州出版社2009年版，第4073页。

⑤ （元）脱脱等撰：《宋史》卷四百三十八《列传第一百九十七・王应麟传》，中华书局1977年版，第12987—12988页。

⑥ （元）袁桷撰：《延祐四明志》卷四之《王先生》，见浙江省地方志编纂委员会编：《宋元浙江方志集成》第9册，杭州出版社2009年版，第4034—4035页。

⑦ （清）王国安等修，（清）黄宗羲、张衡纂：《康熙浙江通志（二）》卷三十二《人物・王应麟》，见凤凰出版社编选：《中国地方志集成・省志辑・浙江（2）》，凤凰出版社2010年版，第230页。

堂上，取经史诸书，讲解论辩，以教授子孙，著书立说及藏书自娱。王应麟藏书承其父之汲古堂所藏之书，其曾主管南宋国家图书，利用担任图书整理、承担著作之职，为其藏书提供便利。每入秘府，以小册纳于袖中，凡见典籍遗文，则笔录之，以庋藏于家中，“蓄书万卷”①，全祖望在其《湖语》中也称：“四明累世之文献莫与伦也，而牙签之于王氏亦复并峙。”②

王应麟利用家中万卷藏书，著书立说，惠泽后世，“所著有《深宁集》一百卷，《玉堂类稿》二十三卷，《掖垣类稿》二十二卷，《诗考》五卷，《诗地理考》五卷，《汉艺文志考证》十卷，《通鉴地理考》一百卷，《通鉴地理通释》十六卷，《通鉴答问》四卷，《困学纪闻》二十卷，《蒙训》七十卷，《集解践阼篇》，《补注急就篇》六卷，《补注王会篇》四十卷，《小学绀珠》十卷，《玉海》二百卷，《词学指南》四卷，《词学题苑》四十卷，《笔海》四十卷，《姓氏急就篇》六卷，《汉制考》四卷，《六经天文编》六卷，《小学讽咏》四卷”③。尤以《困学纪闻》考订精详，为世所重，清时全祖望、钱大昕等学者作过笺注。其《三字经》旧时流传甚广，20 世纪 80 年代被联合国教科文组织定为世界性的启蒙教材。

王氏藏书自王㧑始，历王应麟、王昌世、王厚孙、王宁孙四代而不散，藏书达万余卷。

（九）黄　震

黄　震（1213—1280）　“字东发，庆元府慈溪人。宝祐四年登进士第。调吴县尉。吴多豪势家，告私债则以属尉，民多饥冻窘苦，死尉卒手。震至，不受贵家告。府檄摄其县。及摄长洲、华亭，皆有声。”“擢史馆检阅，与修宁宗、理宗两朝《国史》《实录》。”④通判广德军，寻通判绍兴府，知抚州，提点刑狱。“震为人清介自守，临川陆学传四明，震独崇朱氏学，其为文悉本之，又尊其门人黄干书，锓梓于抚。善论利害，奏疏明畅曲尽，人谓其甚似朱氏。”⑤“所著《日抄》一百卷。卒，门人私谥曰文洁先生。”⑥其墓位于鸣鹤乡钱家岙，1975 年，在今慈溪县鸣鹤镇西埠头村出土了黄震的墓志，上面详细记述了黄震的生平，现由慈溪县文管会收藏。生平事迹参见《雍正浙江通志》卷一百七十五《人物五·黄震传》。

---

① （清）全祖望著：《鲒埼亭集》卷四《湖语》，王云五主编：《万有文库》第二集（七百种），（上海）商务印书馆 1936 年版，第 57 页。

② 引范凤书著：《中国私家藏书史》（修订本），大象出版社 2009 年版，第 157 页。

③ （元）脱脱等撰：《宋史》卷四百三十八《列传第一百九十七·王应麟传》，中华书局 1977 年版，第 12991 页。

④ （元）脱脱等撰：《宋史》卷四百三十八《列传第一百九十七·黄震传》，中华书局 1977 年版，第 12991—12992 页。

⑤ （元）袁桷撰：《延祐四明志》卷第五《黄震》，见浙江省地方志编纂委员会编：《宋元浙江方志集成》第 9 册，杭州出版社 2009 年版，第 4075 页。

⑥ （元）脱脱等撰：《宋史》卷四百三十八《列传第一百九十七·黄震传》，中华书局 1977 年版，第 12994 页。

黄震宋亡不仕,深隐于定海灵绪乡泽山(今属慈溪田央乡),后寓居鄞城之日湖,居处曰"寓亭",藏书其中,著述讲学,自称"非圣人之书不可观,无益之诗文不作"①。"每阅经史文集,辄疏其精要辨论,曰《日抄》一百卷,《春秋》《礼记》皆为集传。其死也,里人私谥为文洁先生。"②元兵南下,避居杖锡、同谷,于是寓亭之图书法物逐渐散佚。《延祐四明志》载:"所居日湖,图籍器物争掠取,亦不问。"③

五、宋代绍兴府进士藏书

《宋史·地理志》载,"绍兴府,本越州,大都督府,会稽郡,镇东军节度。大观元年,升为帅府。旧领两浙东路兵马钤辖。绍兴元年,升为府"④。县八即会稽、山阴、嵊、诸暨、余姚、上虞、萧山、新昌。

(一)李　光

李　光(1077—1159)　字泰发,一字泰定,晚年自号转物居士,"越州上虞人。童稚不戏弄。父高称曰:'吾儿云间鹤,其兴吾门乎!'亲丧,哀毁如成人,有致赙者,悉辞之。及葬,礼皆中节。服除,游太学,登崇宁五年进士第。调开化令,有政声,召赴都堂审察,时宰不悦,处以监当,改秩,知平江府常熟县。朱勔父冲倚势暴横,光械治其家僮。冲怒,风部使者移令吴江,光不为屈。改京东西学事司管勾文字"⑤,累迁除司勋员外郎。钦宗即位,擢为右司谏、侍御史。高宗即位,任秘书少监,累迁吏部尚书,除参知政事,因遭秦桧嫉恨,贬琼州(今海南岛海口市),后移昌化军(今海南岛昌江县),秦桧死,复左朝奉大夫。卒"归葬章镇姜山,朱熹题写墓碑。孝宗即位,追复资政殿学士,赐谥庄简。著作有《读易详说》及《庄简集》十八卷"⑥。宋《宝庆会稽续志》卷第五、《康熙浙江通志》卷三十二等有其传。

李光好藏书,达数万卷,元人孔齐记云:"予至上虞,闻李庄简公光,无书不读。多蓄书册与宋名册数万卷。"⑦"喜藏书,于书无所不读。藏书数万卷,与学者叶梦得等藏书不相上下。"⑧

关于李光藏书散佚,文献多有记载。《系年要录》卷一五六"绍兴十七年十二月

---

① (元)脱脱等撰:《宋史》卷四百三十八《列传第一百九十七·黄震传》,中华书局1977年版,第12994页。

② (元)袁桷撰:《延祐四明志》卷第五《黄震》,见浙江省地方志编纂委员会编:《宋元浙江方志集成》第9册,杭州出版社2009年版,第4075页。

③ (元)袁桷撰:《延祐四明志》卷第五《黄震》,见浙江省地方志编纂委员会编:《宋元浙江方志集成》第9册,杭州出版社2009年版,第4075页。

④ (元)脱脱等撰:《宋史》卷八十八《志第四十一·地理四》,中华书局1977年版,第2174页。

⑤ (元)脱脱等撰:《宋史》卷三百六十三《列传一百二十二·李光传》,中华书局1977年版,第11335页。

⑥ 《上虞县志》编纂委员会编:《上虞县志·人物》,浙江人民出版社1990年版,第782页。

⑦ (元)孔齐著:《至正直记·别业蓄书》卷二,中华书局1991年版,第27页。

⑧ 李玉安、黄正雨编著:《中国藏书家通典》,中国国际文化出版社2005年版,第127页。

纪事”云:“言者论会稽士大夫家藏野史,以谤时政,于是李光家藏书万余卷,其家皆焚之。”①“李泰发家旧有万余卷,亦以是岁火,岂厄会自有时邪?”②王清明《挥麈录后录》记云:绍兴十七年(1147),“丁卯岁,秦桧之擅国,言者论会稽士大夫家藏野史以谤时政,初未知为李泰发家设也”③。《宋史・秦桧传》载李氏焚书缘由:“桧先禁私史,七月,又对帝言私史害正道。时司马伋遂言《涑水记闻》非其曾祖光论著之书,其后李光家亦举光所藏书万卷焚之。”④

(二)黄　度

黄　度(1138—1213)　字文叔,号遂初,新昌人。黄度“登隆兴元年进士。淳熙十六年,差监登闻鼓院。迁国子监主簿。绍熙四年九月,迁监察御史”⑤。曾知嘉兴、建康等地,多惠政。以集英殿修撰知福州,进龙图阁,知建康府兼江淮制置使,迁宝谟阁直学士、礼部尚书兼侍读,“谢病丐去,遂以焕章阁学士知隆兴府。归越,提举万寿宫。嘉定六年十月卒,进龙图阁学士,赠通奉大夫”⑥。生平事迹参见《万历绍兴府志》(点校本)卷四十《乡贤・黄度传》。

黄度藏图书亦多,其笃学穷经,且博学,“问学不倦”⑦,又“志在经世,而以学为本。作《诗》《书》《周礼说》。著《史通》,抑僭窃,存大分,别为编年,不用前史法。至于天文、地理、井田、兵法,即近验远,可以据依,无迂陋牵合之病。又有《艺祖宪监》《仁皇从谏录》《屯田便宜》《历代边防》行于世”⑧,今惟《书说》传于世。

(三)赵师龙

赵师龙(1142—1193)　字舜臣,一字德言。“太祖九世孙,父伯述武翼郎定居余姚。师龙蚤岁解《春秋》大义,筑室于姚江之上,号曰翠霞。著云赋甚工。隆兴二年,以锁试登丙科,授左丞务郎,监建康粮料……历知邵武、真州、温州、婺州,并以儒雅饰吏治。”“卒于官,有诗文数千篇。”⑨

---

① (元)马端临著,华东师大古籍研所标校:《文献通考・经籍考》卷一,上册,华东师范大学出版社1985年版,第34页。

② (宋)王明清撰,田松青点校:《挥麈录后录》卷七第242条《叶少蕴书火于弁山李泰发藏书火于秦》,上海古籍出版社2012年版,第112页。

③ (宋)王明清撰,田松青点校:《挥麈录后录》卷七第241条《王氏书为陈元则所得》,上海古籍出版社2012年版,第111页。

④ (元)脱脱等撰:《宋史》卷四百七十三《列传二百三十二・秦桧传》,中华书局1977年版,第13760页。

⑤ (宋)施宿、张淏等撰,李能成点校:《南宋会稽二志点校》之《宝庆会稽续志》卷五《人物・黄度》,安徽文艺出版社2012年版,第456页。

⑥ (元)脱脱等撰:《宋史》卷三百九十三《列传第一百五十二・黄度传》,中华书局1977年版,第12011页。

⑦ (明)萧良幹修,(明)张元忭、孙鑛纂,李能成点校:《万历绍兴府志》(点校本)卷四十《乡贤一・黄度传》,宁波出版社2012年版,第776页。

⑧ (元)脱脱等撰:《宋史》卷三百九十三《列传第一百五十二・黄度传》,中华书局1977年版,第12011—12012页。

⑨ (清)李亨特修,(清)平恕、徐嵩纂:《乾隆绍兴府志(二)》卷四十六《人物志六・赵师龙》,见上海书店出版社编:《中国地方志集成・浙江府县志辑》(40),上海书店出版社2011年版,第79页。

赵师龙虽为宗子，一生读书应举，藏书教子，写诗著书，宋楼钥称：公晚“笃于教子，虽吏道倥偬，公退必使之环侍讲贯经史，商榷人物，或通夕不倦。故皆有场屋之效。家素窭，忍贫如铁石，食不重味，衣无华彩，藏书外无他嗜好”。“作文若不经意，而援笔辄就。尝采史传治乱成败之迹为《博古摘华》三十卷。临江筑小室，号翠霞，有诗几千篇，以名其稿”①。

六、宋代婺州进士藏书

《宋史·地理志》载，“婺州，东阳郡，淳化元年，改保宁军节度使”②。县七即金华、义乌、永康、武义、江浦、兰溪、东阳。

（一）郑刚中

郑刚中（1088—1154）　字亨仲，一字汉章，号北山，又号观如，“金华人，绍兴二年进士”③。“累官为监察御史，迁殿中侍御史。刚中由秦桧荐于朝，桧主和议，刚中不敢言。移宗正少卿，请去，不许，改秘书少监”④。“累迁试礼部侍郎，后改川陕宣谕使，迁川陕宣抚副使。十七年，以忤秦桧罢。二十四年卒，年六十七。著有《北山集》《周易窥余》”⑤等。《康熙浙江通志》卷三十三等有其传。

郑刚中“自幼秀颖，嗜读书，不肯逐群儿嬉聚。既长，容貌伟然，气度磊落，博闻强识，词采焕发”⑥。性喜读书、藏书，藏书颇多，其作《自笑》诗以明藏书之志：“他人将钱买田园，尚患生财不神速。我今贷钱买癖书，方且贪多怀不足。较量缓急堪倒置，安得瓶中有储粟。自笑自笑笑我愚，笑罢颓然去书读。”⑦其《忆书》诗云：“先子晚漂泊，家藏无全书。屋壁零落者，雨坏鼠窃馀。余生苦嗜古，葺治十载逾。上自大父来，手泽之沾濡。下自予从学，笔力之传留。蓄积稍浩浩，签牌渐疏疏。去门闻盗兴，烈炬燃通衢。反复窃自计，萧然一先庐。茅茨盖空壁，下无金与珠。盗当知我贫，肯为留此居。方更埋书帙，显号缄锁鱼。”⑧

郑刚中所藏书亦难逃散佚之厄运，“谁知妖焰来，一燎邻里墟。家虽托南巷，屋火书亦无。万古圣贤语，随烟入空虚。所聚忽消散，肠热唯惊呼。吾怜衰蹇身，视人

---

① （宋）楼钥撰：《攻媿集》卷一百二《知婺州赵公（师龙）墓志铭》，中华书局编辑部：《丛书集成初编》444，中华书局2011年影印本，第400页。

② （元）脱脱等撰：《宋史》卷八十八《志第四十一·地理四》，中华书局1977年版，第2175页。

③ （清）嵇曾筠、李卫等修，（清）沈翼机等纂：《雍正浙江通志》（四）卷一百六十一《人物一·郑刚中》，浙江省地方志编纂委员会编：《中国地方志集成·省志辑·浙江》（6），凤凰出版社2010年影印本，第420页。

④ （元）脱脱等撰：《宋史》三百七十《列传第一百二十九·郑刚中传》，中华书局1977年版，第11512页。

⑤ 顾宏义、李文整理标校：《宋代日记丛编》，上海书店出版社2013年版，第643页。

⑥ （宋）何耕撰：《宋故资政殿学士郑公墓志铭》，见（宋）郑刚中著：《北山文集》卷之末，中华书局1985年版，第379页。

⑦ （宋）郑刚中著：《北山文集·自笑》，卷之二，中华书局1985年版，第41页。

⑧ （宋）郑刚中著：《北山文集·忆书》，卷之二，中华书局1985年版，第45—46页。

百无如。每幸对黄卷,白日聊自娱。今者坐穷寂,顿觉双眼孤。夜梦亦惊枕,忧心梗难舒。大虑费文字,浸久成顽疏。未免伴畦丁,冥然荷犂锄”①。

(二)王　淮

王　淮(1127—1190)　“字季海,婺州金华人。幼颖悟,力学属文。“登绍兴十五年进士第,为台州临海尉。郡守萧振一见奇之,许以公辅器。振帅蜀,辟置幕府。振出,众欲留,淮曰:‘万里将母,岂为利禄计。’皆服其器识,迁校书郎。”②“淳熙二年为同知枢密院事、参知政事,八年,拜右丞相、兼枢密使。”③为官居相位,竭力荐举贤才,淳熙“二年知礼部贡举。上俾择文学行谊之士,荐郑伯熊、李焘、程叔达三人,皆被进擢”④。卒,赠少师,谥文定。《康熙浙江通志》卷三十三有其传。

王淮自奉至薄,外物无所好,一意笃学,“聚书数万卷,日夜披览,手不释卷”⑤。楼钥记曰:“素不喜酒,外物一无所好。屏绝声色之奉,一意笃学。聚书数万卷,无所不观。虽机务丛委,退坐静室,饮食亦不释卷。夜则使子弟读而听之。制诰尤有提要,一时文学之士皆出衡鉴。上选词臣,必以密访之。有诗文制草奏议四十卷,藏于家。”⑥

(三)何　恪

何　恪(1128—1178)　字茂恭,号南湖居士,义乌东河官塘村人。“登绍兴三十年进士,初主永新簿,再调徽州录事参军未赴。诣阙上万言书及恢复十二策,与朝论不合,归治田园,筑亭奉母为乐。著有《南湖集》二十卷”⑦。《雍正浙江通志》卷一百八十《人物六》等有其传。

其父何渠,“为人忠勇刚直,为家教购置书籍数千卷”⑧。归里后,建藏书楼名为西楼,与喻良弼、陈炳等友善,切磋学问,被陈亮称为“乌程四君子”之一。何恪承其家学,“性好古,藏书至万余卷,博览而工于文,陈亮尝称其奇壮精致,反复开阖而卒能自阐其意”⑨。

(四)潘景宪

潘景宪(1134—1190)　字叔度,金华人。景宪“幼颖悟,日诵数万言,九岁以童

---

① (宋)郑刚中著:《北山文集·忆书》,卷之二,中华书局1985年版,第45—46页。
② (元)脱脱等撰:《宋史》卷三百九十六《列传第一百五十五·王淮传》,中华书局1977年版,第12069页。
③ (清)孙衣言撰:《瓯海轶闻》卷之五,上海社会科学院出版社2005年版,第120页。
④ (清)孙衣言撰:《瓯海轶闻》卷之五,上海社会科学院出版社2005年版,第120页。
⑤ 王河主编:《中国历代藏书家辞典》,同济大学出版社1991年版,第16页。
⑥ (宋)楼钥撰:《攻媿集》八十七《少师观文殿大学士鲁国公致仕赠太师王公行状》,中华书局编辑部:《丛书集成初编》444,中华书局2011年影印本,第140页。
⑦ (明)应廷育辑:《金华先民传》卷七《何恪》,见《四库全书存目丛书》编纂委员会编:《四库全书存目丛书》史部,第91册,齐鲁书社1996年版,第698页。
⑧ 李玉安、黄正雨编著:《中国藏书家通典·两宋》,中国国际文化出版社2005年版,第144页。
⑨ (明)应廷育辑:《金华先民传》卷七《何恪》,见《四库全书存目丛书》编纂委员会编:《四库全书存目丛书》史部,第91册,齐鲁书社1996年版,第697页。

子贡京师，通念十三书说、六经大义，作三体字，诏试礼部，赐束帛。后入太学，一时大官如汪应辰、芮晔、王十朋皆推重焉”①。登“隆兴元年进士，与吕祖谦同榜。敬服吕言行，虽年长于吕而师事之。因吕获交朱熹，朱以子埜交吕教育，吕转请潘教之，遂以女妻朱埜”②。曾官太平州教授等，遭父丧，归家守制，遂不复任。生平事迹参见《宋元学案》卷七十三《丽泽诸儒学案·教授潘先生景宪》、《康熙浙江通志》卷三十五等。

潘景宪性聚书，于书无不博览，《元史》记云：张枢“幼聪慧，外家潘氏蓄书数万卷，枢（外甥）尽取而读之，过目辄不忘”③。其藏书楼名曰可庵，楼左为“庶斋”，楼右为“省斋”，位于家乡金华叶山，藏书近万卷，且多有异书，颇多善本，韩元吉为之写有《可庵记》。潘氏为增加藏书，曾售良田百亩购书，以迎四方学者。“遭大中公之丧，庐于墓者三年……服除，遂不复仕。日游吕氏之门，躬执弟子之礼，诵诗读书，旁贯史氏，下至于兹，靡不该览，而尤于程氏之易为尽心焉。至它书史考订搜辑，日有程课，铅黄朱墨未尝去手。……买田储书以待四方之学者。”④潘景宪曾手抄八十二篇《春秋繁露》一书，后来为同邑楼钥辗转访求得之。此书是当今传世的唯一之本，《崇文总目》中所载只有三十篇。楼钥在《跋春秋繁露》云：“《繁露》行世者，皆不合《崇文总目》及欧阳文忠公所藏八十二篇之数。……闻婺州潘同年叔度景宪多收异书，属其子弟访之，始得此本，果有八十二篇，前所未见。”⑤楼钥得景宪藏本后，校为定本。又据《金华征献略》载：“张枢字子长，东阳人。父观光娶于金华潘氏。潘氏故多书，插架数万卷。枢就外家读书，遂居金华，刊定《三国志》六十五卷等。”⑥

（五）王厚之

王厚之（1132—1204）　字顺伯，号复斋，南渡后迁徙诸暨姚王村。王氏“世本临川人，左丞安礼⑦四世孙也。祖榕，始徙居于诸暨。绍兴二十六年，厚之以越乡荐为举首。寻入太学。登乾道二年进士第，由秘书郎出为淮南路转运判官。召为度支郎，两浙转运判官，知临安府，提点坑冶铸钱，提点江东刑狱。上章乞致仕，诏进直宝文阁”⑧，致仕。王氏学术上属象山学派，出入于朱熹和陆九渊之间。

---

① （清）王崇炳撰：《金华征献略》卷十一《文学传二》，见《四库全书存目丛书》编纂委员会编：《四库全书存目丛书》史部，第119册，齐鲁书社1996年版，第812页。

② 《金华县志》编纂委员会编：《金华县志》第二十四编《人物》，浙江人民出版社1992年版，第737页。

③ （明）宋濂等撰：《元史》卷一百九十九《隐逸·张枢传》，中华书局1976年版，第4478页。

④ 郭齐、尹波点校：《朱熹集》卷八十六至一百，第8册，四川教育出版社1996年版，第4731—4734页。

⑤ （宋）楼钥撰：《攻媿集》卷七十七《跋春秋繁露》，中华书局编辑部：《丛书集成初编》443，中华书局2011年影印本，第621页。

⑥ （清）王崇炳撰：《金华征献略》卷十一《文学传二》，见《四库全书存目丛书》编纂委员会编：《四库全书存目丛书》史部，第119册，齐鲁书社1996年版，第815页。

⑦ 按：王安礼（1035—1096），宋哲宗朝尚书左丞相，王安石之弟。

⑧ （宋）施宿、张淏等撰，李能成点校：《南宋会稽二志点校》之《宝庆会稽续志》卷五《人物·王厚之》，安徽文艺出版社2012年版，第455页。

王厚之在南宋孝宗和光宗时期因金石和藏书而名世。其家收藏丰富，且所收多古字奇文，其《钟鼎款识》所收三代彝器 59 件，铭文也多为古字。其中有不少古代珍贵的石刻文献和作品佚文。据《嘉泰会稽志》载："初荆国王文公，临川人，其从诸孙实来暨阳，今为直宝文阁厚之，平生淡泊无他好，独好聚金石刻，甚于嗜欲。又特精鉴，故所得尤多。自三代彝鼎款识，秦汉以降碑篆铭碣。悬崖断壁题字纪绩，收刓补缺，整辑漶灭，皆大备于所著《复斋金石录》。家世有右军蚕纸建安帖，尤所宝惜，常以自随，其他汗牛充栋矣。迨至晚年，遂谓无可欲者，盖爱之专，有之又丰，世共知之，当是为一家云。"①

王厚之尝喜获《石鼓文》拓本，亲自装订，并以薛尚功、郑樵二家音释参校异同，考核字书，书于帙后。"绍兴己卯岁，予得此本于上庠，喜而不寐，手自装治成帙，因取薛尚功、郑樵二音参校同异，并考核字书而是正之，书于帙之后。其不知者，姑两存之以俟博洽君子而质焉。"②"绍兴己卯岁"，即 1159 年。王氏在文中详细交代了自己收藏《石鼓文》拓本的经过，此文全篇载于《古文苑》卷一《石鼓文》后，亦见于《宝刻丛编》卷一。为保存其珍爱的《石鼓文》等古代石刻文献，王厚之在北宋孙洙所编《杂文章》的基础上扩展续编，最终编成《古文苑》。其"平生好古博物，尤注意金石刻文"③，"所著有《金石录》三十卷，《考异》四卷，《考古印章》四卷"④。《复斋碑录》名为佚书，实未全亡佚，《宝刻丛编》引《复斋碑录》多达 436 条。其《钟鼎款识》和《汉晋印章图谱》均由宋拓原件摹印而成，始开印谱先河。故清倪涛评价道："然古无印谱。有印谱，自宋宣和始。宣和谱今不传，而后王厚之顺伯亦谱之。"⑤

宋至清，诸公曾盛赞其金石学之成就，周必大《题修禊帖》于淳熙己酉（十六年、1189）正月五日题曰："朝士喜藏金石刻，且殚见洽闻者，莫如沈虞卿、尤延之、王顺伯。予每咨问焉。"⑥宋俞松赞道："王顺伯好古博雅，在二熙间为第一，所藏诸禊帖，尤遂初极称之。袁起岩所赋，兹其一也。"⑦好友楼钥《攻媿集》称赞其"博雅好古，蓄石刻千计，单骑赋归，行李亦数簏，家藏可知也。评论字法，旁求篆隶上下数千载，衮

① （宋）施宿、张淏等撰，李能成点校：《南宋会稽二志点校》之《嘉泰会稽志》卷十六《藏书》，安徽文艺出版社 2012 年版，第 318 页。

② （宋）章樵注，（清）钱熙祚校勘：《古文苑》，守山阁丛书，清道光二十四年（1844）刊本。

③ （清）嵇曾筠、李卫等修，（清）沈翼机等纂：《雍正浙江通志》（四）卷一百八十《人物六 · 王厚之传》，浙江省地方志编纂委员会编：《中国地方志集成 · 省志辑 · 浙江》（6），凤凰出版社 2010 年影印本，第 707 页。

④ （明）萧良幹修，（明）张元忭、孙鑛纂，李能成点校：《万历绍兴府志》（点校本）卷四十三，宁波出版社 2012 年版，第 830 页。

⑤ （清）倪涛著：《六艺之一录 · 顾氏集古印谱叙》卷二十一，见（清）永瑢、纪昀等编纂：《四库全书》第 830 册，上海古籍出版社 1987 年版，景印文渊阁本，第 358 页。

⑥ （宋）周必大撰：《周文忠公全集 · 题修禊帖》，见（清）永瑢、纪昀等编纂：《四库全书》第 1147 册，上海古籍出版社 1987 年版，景印文渊阁本，第 146 页。

⑦ （宋）俞松撰：《兰亭续考》卷二，见（清）永瑢、纪昀等编纂：《四库全书》第 682 册，上海古籍出版社 1987 年版，景印文渊阁本，第 358 页。

衮不能自休,而一语不轻发”①。《宝庆会稽续志》称其“好古博雅,富藏先代彝器及金石刻,与尤袤俱以博古知名于时。尝取古今碑刻参订而详著之,号《复斋金石录》”②。元陆友仁《研北杂志》卷上记载:“淳熙、绍熙间,尤常伯延之、王左曾顺伯两公,酷好古刻,以收储之富相角,皆能辨别真赝。”③“《题跋周宣王石鼓文后》《考订秦惠王诅楚文》,精鉴绝识,刻画浅深,笺辨无遗”④,“识者赏其博雅”⑤。全祖望对其评价甚高,称其“尤长碑碣之学。今传于世者,有《复斋碑目》。宋人言金石之学者,欧、刘、赵、洪四家而外,首数顺伯”⑥。

七、宋代瑞安府(温州)进士藏书

《宋史·地理志》载,“瑞安府,本温州,永嘉郡,太平兴国三年,降为军事。政和七年,升应道军节度。建炎三年,罢军额。咸淳元年,以度宗潜邸,升府”⑦。县四即永嘉、平阳、瑞安、乐清。

陈傅良(1137—1203)　字君举,号止斋,温州瑞安人。“年未三十,心思挺出,新语懋长,学者骇未曾有,由是文名擅天下。授徒仙岩,四方景从。……乾道八年廷对,文逼西汉,议论过之,殿胪定为第一,既而不果。调泰州教授,未上,除太学录。因议科举法不合,出通判福州,知桂阳军。召为吏部郎。”⑧除秘书监,兼嘉王府赞读,迁左史,兼中书舍人。“宁宗即位,召为中书舍人。会党论起,遂奉祠。久之起知泉州,以疾辞,除宝谟阁待制,卒谥文节。”著有“《毛氏诗解诂》二十卷,《周礼说》三卷,《春秋后传》十五卷,《左氏章旨》三十卷,《读书谱》一卷,《建隆编》一卷,《制诰集》五卷,文集三十卷”⑨。又有“《两汉文史钞》《止斋文集》,学者称止斋先生”⑩。生平事迹参见楼钥《宋故宝谟阁待制赠通议大夫陈公神道碑》、《宋史》卷四百三十

---

① (宋)董逌撰:《广川书跋》,中华书局1985年版,第364页。

② (宋)施宿、张淏等撰,李能成点校:《南宋会稽二志点校》之《宝庆会稽续志》卷五《人物·王厚之》,安徽文艺出版社2012年版,第456页。

③ (元)陆友仁著:《研北杂志》卷上,见中华书局编辑部:《丛书集成初编》581,中华书局2011年影印本,第174页。

④ (明)萧良幹修,(明)张元忭、孙鑛纂,李能成点校:《万历绍兴府志》(点校本)卷四十三,宁波出版社2012年版,第830页。

⑤ (清)嵇曾筠、李卫等修,(清)沈翼机等纂:《雍正浙江通志》(四)卷一百八十《人物六·王厚之传》,浙江省地方志编纂委员会编:《中国地方志集成·省志辑·浙江》(6),凤凰出版社2010年影印本,第707页。

⑥ (清)黄宗羲原著,(清)全祖望补修,陈金生、梁运华点校:《宋元学案》卷五十八《象山学案·宝文王复斋先生厚之》,中华书局1986年版,第1921页。

⑦ (元)脱脱等撰:《宋史》卷八十八《志第四十一·地理四》,中华书局1977年版,第2176页。

⑧ (明)王瓒、蔡芳编,胡珠生校注:《弘治温州府志》卷十,上海社会科学院出版社2006年版,第240页。

⑨ (宋)蔡幼学《宋故宝谟阁待制致仕赠通议大夫陈公行状》,见(宋)陈傅良著,周梦江点校:《陈傅良文集》附录二,浙江大学出版社1999年版,第697页。

⑩ (清)王国安等修,(清)黄宗羲、张衡纂:《康熙浙江通志(二)》卷三十四《人物·陈傅良》,见凤凰出版社编选:《中国地方志集成·省志辑·浙江(2)》,凤凰出版社2010年版,第353页。

四《列传第一百九十三·儒林四》等。

陈氏好藏书,博极群书。叶适称其“拥书如林,其乐欣欣”①。“受学于薛季宣,已而入太学,尚友张、吕。凡诸儒所讲克己竞畏、敬德集义之说,及文献相承所以垂世立国者,傅良得之,犹搜断简,采异闻,一事一物必稽其极而后止,千载之上,珠贯绳联,若目见而身折旋其间,吕伯恭以为长不独在文字也。其操术精,而致用远,施不竟,惜哉!”②

八、宋代台州进士藏书

《宋史·地理志》载,“台州,临海郡,军事”③。县五即临海、黄岩、宁海、天台、仙居。

(一)陈贻序兄弟进士

陈贻序(生卒年不详)　临海人。“字叔伦,治平三年彭汝砺榜进士,为苏文忠轼、曾舍人巩所知。终奉议郎湖南运判。子克,删定官,有《天台集》行于世,李察院庚为之序。”④生平事迹参见雍正朝《浙江通志》卷一百八十一《人物六·文苑四》、王梓材《宋元学案补遗》卷五《运判陈先生贻序》等。

陈贻范(？—1067)　临海人。“字伯谟,贻序之兄,治平四年许安世榜进士。为陈密学襄、胡安定瑗高弟,与罗提刑适友。历宗正丞,终朝奉郎通判处州,有《庆善集》行世。”⑤通判处州时,政绩显,“民怀其德,有‘道不拾遗剑,月照处州城’之谣。尝减食田数十亩以输学校,于是有司及闾阎好义者相继增给,士赖以养”⑥。“所著诗文曰《庆善楼集》,又有《千题适变录》十六卷”⑦。

陈氏兄弟皆好聚书,“累积万余卷”⑧,始建藏书楼,名曰庆善楼,为台州最早的私家藏书楼,明金贲亨云:陈贻范“好聚书,有《颍川庆善楼藏书目录》二卷,在中兴馆阁”⑨。据《民国临海县志稿》,其所“居县西松里,作楼藏书,有《庆善楼藏书目

---

① (宋)叶适著,刘公纯、王孝鱼、李哲夫点校:《叶适集》卷十六《宝谟阁待制中书舍人陈公墓志铭》,中华书局2010年版,第301页。

② (明)王瓒、蔡芳编,胡珠生校注:《弘治温州府志》卷十,上海社会科学院出版社2006年版,第243页。

③ (元)脱脱等撰:《宋史》卷八十八《志第四十一·地理四》,中华书局1977年版,第2176页。

④ (宋)陈耆卿纂修:《嘉定赤城志》卷第三十三《陈贻序传》,见浙江省地方志编纂委员会编:《宋元浙江方志集成》第11册,杭州出版社2009年版,第5434页。

⑤ (宋)陈耆卿纂修:《嘉定赤城志》卷第三十三《陈贻范传》,见浙江省地方志编纂委员会编:《宋元浙江方志集成》第11册,杭州出版社2009年版,第5434—5435页。

⑥ (明)金贲亨撰,徐三见点校:《台学源流》卷一,见(清)宋世荣辑:《台州丛书》乙集(5),上海古籍出版社2013年版,第7页。

⑦ 孙熙鼎、张寅修,何奏簧纂:《民国临海县志稿》卷二十一《人物传·儒林》,见上海书店出版社编:《中国地方志集成·浙江府县志辑》(46),上海书店出版社2011年版,第433页。

⑧ 范凤书著:《中国著名藏书家与藏书楼》,大象出版社2013年年版,第16页。

⑨ (明)金贲亨撰,徐三见点校:《台学源流》卷一,见(清)宋世荣辑.:《台州丛书》乙集(5),上海古籍出版社2013年版,第7页。

录》二卷”[①],《国史·经籍志》著录《庆善楼书目》为三卷,《通志·艺文略》著录《台州陈氏庆善楼书目》三卷,《宋史·艺文志》著录《陈贻范颍川庆善楼家藏书目》二卷。

陈贻范又嗜古钱,为北宋著名收藏家,如尝收藏有“万国钱”,“背文为星官、月兔、云鹤、龟形,庆善郎中守仪真,得之郡圃土中”[②],其中庆善郎中即陈贻范。

陈氏藏书传于后人,其后世代宦族,藏书不辍,均以藏书名世。至元代,后裔陈孚重建藏书楼,藏书多至万卷,因名万卷楼。至明时犹盛,陈孚之孙陈棋复有所增。故陈氏藏书楼为台州延续时间最长的藏书楼。

(二)罗　适

罗　适(1029—1101)　字正之,号赤城,台州溪南罗家村人。“治平三年彭汝砺榜进士。历五县,提点府界、两浙、京西刑狱。终朝散大夫。州言前辈大雅,以适为称首。有《易说》《赤城集》行于世。”[③]“从政三十四年,政绩卓著。罗适政声,以改革狱政、兴修水利著称。”[④]生平事迹参见舒亶《朝散大夫致政罗适墓志铭》、《宋元学案》卷一《安定学案·提刑罗赤城先生适传》。

罗适嗜读书,明金贲亨记其甚详:“自成童时好读书,乡无文籍,从乡先进朱绛得《论语》《毛诗》,皆无注解,手写读之,尚未知义理之罅隙。有二僧智贤、禹昭以儒、释二家自负,不少下人,先生因与之游,假其书,叩其论议,浸淫开发,闻此达彼,乃知圣贤之门墙有可入者。于是寻师访友,以卒所业。与徐德臣、陈伯模相友善,得闻安定之教,故其学术有本末。通于事务。”[⑤]喜藏书,“好古强学,虽老不废书。当嘉祐、治平间,学者方事声律,而公已能用意经传,然颇独嗜《易》,其所为注解,合其他歌、诗、章、疏、碑碣、杂文,仅百卷。雅意藏书,凡遗文古事与夫国朝新书,家多有之”[⑥]。《前贤小集拾遗·宋诗纪事》云:“金门秃笔积如山,黄阁磨煤夜不干。试借荐贤书稿看,应无一字及孤寒。”[⑦]“好古强学,虽老不废书。”“雅喜藏书,凡遗文、古事与夫国朝新书,家多有之。”[⑧]

---

① 孙熙鼎、张寅修,何奏簧纂:《民国临海县志稿》卷二十一《人物传·儒林》,见上海书店出版社编:《中国地方志集成·浙江府县志辑》(46),上海书店出版社2011年版,第433页。

② (宋)洪遵撰,杜斌校注:《泉志》卷十三《奇品》,山东画报出版社2013年版,第212页。

③ (宋)陈耆卿纂修:《嘉定赤城志》卷第三十三《罗适传》,见浙江省地方志编纂委员会编:《宋元浙江方志集成》第11册,杭州出版社2009年版,第5434页。

④ 《宁海城关镇志》编纂办公室:《宁海城关镇志》第二十三篇《人物传》,浙江人民出版社1989年版,第431页。

⑤ (明)金贲亨撰,徐三见点校:《台学源流》卷一,见(清)宋世荣辑.:《台州丛书》乙集(5),上海古籍出版社2013年版,第7页。

⑥ 政协三门县文史资料委员会编:《三门文史资料》第五辑《罗适史料·宋朝散大夫致政罗公墓志铭》,1991年内部发行,第36页。

⑦ 政协三门县文史资料委员会编:《三门文史资料》第五辑《罗适史料》,1991年内部发行,第27页。

⑧ (宋)舒亶《舒懒堂诗文存》卷三《宋故上护军致政罗公墓志铭》,参见冯晓霞:《浙东藏书史》,浙江工商大学出版社2013年版,第023页。

(三)李　庚

李　庚(生卒年不详)　字子长,临海人。“绍兴十五年刘章榜进士,历御史台主簿、监察御史、兵部郎中,继奉祠,提举江东常平,知南剑、抚二州,后知袁州,未上卒。有集号《诊痴符》,楼参政钥为之序。”①《民国临海县志稿》卷二十二等有其传。

李庚喜藏书,《直斋书录解题》载,《诊痴符》二十卷,御史临海李庚子撰。“庚,乙丑进士,以汤鹏举荐辟入台,家藏书甚富。”②归里后,买屋临海近郊,聚书万卷。宋楼钥记其事甚详:“客有以书一编示余曰:‘此赤城李公察院所为诗文,名曰《诊痴符》。公亡矣,莫晓其名书之意。’余曰:‘公于书无不读,此名殆不苟也。’”“余倅丹丘,始得拜公之门。公方买屋近郊,古木交阴,庭草错列,若隐士居。聚书数万卷于楼上,闭门不与人通。老矣,犹沉酣其中,里闾罕识其面。间与人接,虽微贱必与之抗礼。后生有以经史叩请,随即响答。诗文晚益高,时出一篇,即日传诵。哀挽之作,尤为凄惋,真可以泣鬼神也。”③

李庚搜辑有关台州之诗成《天台集》,是书是台州地区现存最早的一部区域性的诗歌总集。南宋嘉定元年(1208),台州太守李兼刻于临海的台州州学。

(四)陈　骙

陈　骙(1128—1203)　字叔进,或作叔晋,临海人。绍兴二十四年(1154)张孝祥榜。省试第一,历秘书郎、工部郎官、将作监、秘书少监、权中书舍人兼太子谕德。“奉祠,知宁国府、袁州,召除吏部侍郎、礼部尚书、同知枢密院、参知政事、知枢密院,以资政殿大学士知婺州,俄提举洞霄宫,进观文殿学士,薨赠少保,事见《国史》及蔡尚书幼学所为行状。有文集行于世,水心叶侍郎适为之序。”④《宋史》卷三百九十三《列传第一百五十二》有其传。

陈骙“谢归后,独处一室,勘整旧书,讲绎不少厌。著有《中兴馆阁录》十卷,《中兴馆阁书目》十七卷,《文》则二卷,祀乡贤祠”⑤。作为南宋图书馆官员、目录学家,陈骙主管国家藏书十余年,深谙目录之学,撰有《中兴馆阁书目》七十卷,《序例》一卷,凡五十二门,“现存书四万四千四百八十六卷,比《崇文总目》所载多一万三千八百十七卷。此目反映了南宋的国家藏书状况”⑥。此书为南宋第一部官修目录,亦

---

① (宋)陈耆卿纂修:《嘉定赤城志》卷第三十三《李庚传》,见浙江省地方志编纂委员会编:《宋元浙江方志集成》第11册,杭州出版社2009年版,第5439页。

② (宋)陈振孙撰,徐小蛮、顾美华点校:《直斋书录解题》卷十八《别集类下》,上海古籍出版社2015年版,第540页。

③ (宋)楼钥撰:《攻媿集》卷五十二《诊痴符序》,见中华书局编辑部:《丛书集成初编》443,中华书局2011年影印本,第717页。

④ (宋)陈耆卿纂修:《嘉定赤城志》卷第三十三《陈骙传》,见浙江省地方志编纂委员会编:《宋元浙江方志集成》第11册,杭州出版社2009年版,第5440页。

⑤ 孙熙鼎、张寅修,何奏簧纂:《民国临海县志稿》卷十九《人物传·名臣》,见上海书店出版社编:《中国地方志集成·浙江府县志辑》(46),上海书店出版社2011年版,第372页。

⑥ 申畅等编:《中国目录学家辞典》,河南人民出版社1988年版,第63页。

为南宋目录事业的重要成就之一,已佚,近人赵士炜作有《中兴馆阁书目辑考》五卷。另编纂《南宋馆阁录》,有李焘的序文为证,"乃淳熙四年秋,天台陈骙叔进与其僚所共编集"①。

(五)蔡　镐

蔡　镐(1143—1191)　字正之,蔡瑞孙,黄岩太平人。宋叶适《忠翊郎武博士蔡君墓志铭》记云:"君姓蔡氏,讳镐,字正之。初入武学,以信义称,两学生不幸死,辄请君属其后事。试屡入优等,恶逼同试者,以疾避不试,司业高之,上其行。及赐第,上识其名,曰:'此戴几先所荐耶?'顾宰相:'别与好官。'君无所求,以格授盐城尉,诏特用君,兴武学谕。"②后迁武学博士。《康熙浙江通志》卷三十三及清《嘉庆太平县志》卷十一等有其传。

其祖父蔡瑞喜藏书,建有石庵藏书楼,藏书五千卷,编有《石庵藏书目》,叶适为之序,序云:"石庵书若干卷,承奉郎蔡君瑞藏之。始,蔡君之伯父曰居士,葬母,因其地为庐居。绍兴十九年,大旱饥,谷石五千二百足钱。居士将以所余谷散之,而患无名。时庵傍有石,冒土而奋,如蟠根丛萌,欲发而尚郁者。遂为万夫拥,使出之。高二丈,广可三之,石温润如玉质,故名石庵云。蔡君念族人多贫,不尽能学,始买书置石庵。增其屋为便房,愿读者处焉,买田百亩助之食。呜呼!蔡君可谓能教矣!富者知损其赢,以益市书与田,而收恤其族人,则无富之过;贫者随聪明之大小,以书自乐,而不苟恃衣食,则无贫之患。教成义立,而族多材贤,则玉石之祥,其遂酬乎!君之从孙武学谕镐,与余同寮,以请而序之。"③《重修浙江通志稿》亦载:"蔡氏藏书处在白山。蔡镐从曾祖石庵居士建。""犹子承奉郎瑞更拓之,广市书以教族子弟。"④

蔡镐藏书传至孙辈蔡希点时,大多散佚,叶适曾作《赠蔡茂材贯之子与》诗云:

蔡家五千卷,藏向石庵中。
讲诵今几日,飘零随陨风。
隔垣孤响度,别井暗泉通。
安得无爻象,与将吾道东⑤!

---

① (宋)李焘撰:《南宋馆阁录》之《原序》,见(宋)陈骙、佚名撰,张富祥点校:《南宋馆阁录·续录》,中华书局1998年版,第3页。

② (宋)叶适著,刘公纯、王孝鱼、李哲夫点校:《叶适集》卷十四《忠翊郎武博士蔡君墓志铭》,中华书局2007年版,第255—256页。

③ (宋)叶适著,刘公纯、王孝鱼、李哲夫点校:《叶适集》卷十二《石庵藏书目序》,中华书局2007年版,第203—204页。

④ 浙江省通志馆编,浙江省地方志编纂委员会整理:《重修浙江通志稿·建置考名胜古迹考》(标点本),第4册,方志出版社2010年版,第2338页。

⑤ (宋)叶适著,刘公纯、王孝鱼、李哲夫点校:《叶适集》卷七《赠蔡茂材贯之子与》,中华书局2010年版,第102页。

关于蔡氏藏书之散佚，据《嘉庆太平县志》载：蔡氏“由唐季立族白山，十二世迨公始显，自后书业相乃为名族。明洪武间，经抄没，子孙遂转徙为氓隶。永乐后仅有一名恕者为村塾师，左图右册，恂恂犹然有先正之遗风云”①。

（六）谢采伯

谢采伯（1179—1251）　台州临海人。谢深甫②长子。“字符若。棐伯之兄。嘉泰二年傅行简榜进士，历知广德军、湖州、监六部门、大理寺丞，今为大理正”③，累迁“节度使，卒，以后贵赠魏国公，谥文靖。采伯老而不忘学，端平时，易班东归，著《密斋笔记》，杂论、经史文义五万余言”④。《淳熙严州图经》卷一有其传。

其父深甫“少颖悟，刻志为学，积数年不寐，夕则置瓶水加足于上，以警困怠。父景之识为远器，临终语其妻曰：‘是儿当大吾门，善训迪之。’母攻苦守志，督深甫力学”⑤。谢采伯受其父影响甚深，好渔猎书传，励志为学，老学而不倦，“耽玩书史，独以书籍示人”⑥。谢采伯在《密斋笔记自序》云：“余好渔猎书传，年六十有三，易班东归，天赐一闲，无以解日，书生结习未除。亦自粗有闻见，岂应以鹖弁泯没？遂著于篇，以示儿辈。曰或问者，儿辈所质问也。经史、本朝文艺杂说，几五万余言。”⑦嘉定元年（1208）刻印过宋姜夔《续书谱》一卷，淳祐元年（1241）刻印过自撰《密斋笔记》五卷、《续笔记》一卷。

谢采伯二子“奕修、奕恭俱善书，精鉴别，所居养浩斋收藏历代法书名画，甲于一时”⑧。

（七）丁　木

丁　木（生卒年不详）　字子植，黄岩人。“登嘉定四年进士，授池州青阳令……擢吏部郎，官右司讲转左，直言忤权，幸谪澧州通判，有守城捍敌功，致政家

① （清）庆霖修，（清）戚学标等纂：《嘉庆太平县志》卷十一《仕进》，见上海书店出版社编：《中国地方志集成·浙江府县志辑》（50），上海书店出版社 2011 年版，第 224 页。

② 按：谢深甫（1139—1204），字子肃，号东江，临海人。乾道二年（1166）丙戌科进士，历官端明殿大学士，签书枢密院事，御史中丞参知政事，封鲁国公，以右丞相兼提举国史。生平事迹参见《宋史》卷三百九十四《列传第一百五十三》、《康熙浙江通志》卷三十三及清《乾隆绍兴府志》卷四十二等。

③ （宋）陈耆卿纂修：《嘉定赤城志》卷第三十三《谢采伯传》，见浙江省地方志编纂委员会编：《宋元浙江方志集成》第 11 册，杭州出版社 2009 年版，第 5447 页。

④ 孙熙鼎、张寅修，何奏簧纂：《民国临海县志稿》卷十九《人物传》，见上海书店出版社编：《中国地方志集成·浙江府县志辑》（46），上海书店出版社 2011 年版，第 376 页。

⑤ （元）脱脱等撰：《宋史》卷三百九十四《列传第一百五十三·谢深甫传》，中华书局 1977 年版，第 12038 页。

⑥ 项士元撰：《浙江历代藏书家考略》，《文澜学报》第三卷第一期，浙江省立图书馆编印，民国二十六年（1937）三月，第 3 页。

⑦ （宋）谢采伯撰：《密斋笔记·续记》卷首《密斋笔记自序》，中华书局 1985 年版，第 1 页。

⑧ 孙熙鼎、张寅修，何奏簧纂：《民国临海县志稿》卷十九《人物传》，见上海书店出版社编：《中国地方志集成·浙江府县志辑》（46），上海书店出版社 2011 年版，第 376 页。

居。”[1]所著有《东屿稿》。《嘉定赤城志》卷第三十三及清《嘉庆太平县志》卷十一有其传。

丁木父丁世雄，继承其家丁园，其园位于温岭松山南麓，为世雄八世祖丁仲镒始创，至世雄时拓而大之，有诸亭池楼阁之胜。世雄喜藏书，叶氏称其：“无丝发公事，足不出门。藏屋以书，教子以师，雅乐不淫，赋咏有措。……手种之木，家蓄之书，皆善人之余也。尔后守之，岂曰弗逾，可以大厥闾也。”[2]

丁世雄藏书传至子丁木，丁木始辟藏书处名曰东屿山房，东屿山房又称东屿书院，成为丁氏读书处及教习乡里子弟之所。朱熹尝为赋《东屿山院》，诗云：“书房在东屿，编简乱抽寻。曙色千山晓，寒灯午夜深。江湖勤会面，坐卧独观心。秋浦瓜期近，何当寄此吟。”[3]又有叶适咏其山房诗云：“朝纳檽上光，千帙乱抽翻。夜挑窗下明，一字究本源。旧师蚤传习，新友晚闻见。邻里疏聚头，江海勤会面。勿爱好鸟羽，勿玩芳树林。书亦且置之，独自观此心。茫茫未生前，寂寂已死后。万变随云浮，朗月住中彀。何物粲陈列，所从定何时！孔颜虽去远，闻道命如丝。白屋无怨难，朱门不骄易。每留先人朴，不忝素士志。雁荡袭长麓，南北峙两门。委和被多稼，永祚延余昆。红蓼修岸容，冰雪净空界。蕙转兰亦回，谁赋书房外。”[4]叶适借诗描写了丁氏晨展一卷，或挑灯夜读，时为查询一字，翻遍典籍，甚至与朋友、邻居也多日不见；或抛卷静坐观心，体悟茫茫宇宙浩渺无穷之忘我情景。

（八）陈耆卿

陈耆卿（1180—1237）　字寿老，号篔窗，临海章安人。陈贻范、贻序后裔。“登嘉定七年进士，十年，以迪功郎为青田县主簿”，改庆元府教授，寻教授舒州。“宝庆二年，召试馆职，除秘书省正字，转校书郎”[5]，累官终国子司业。生平事迹参见宋《嘉定赤城志》卷第三十三《陈耆卿传》、《雍正浙江通志》卷一百七十六《人物五·陈耆卿传》。

其父陈昺（1145—1197），字叔明，临海人。平生勤学沈思，尤好藏书，尝“载籍累万卷”[6]，惜英年早逝，其藏书由陈耆卿所藏。陈耆卿博学多闻，著述甚富，利用家中

---

① （清）陈宝善、孙熹修，（清）王棻纂，（清）陈钟英、郑锡滜续修，（清）王咏霓续纂：《光绪黄岩县志》卷十四《选举》，见《中国地方志集成·浙江府县志辑》（51），上海书店出版社1993年版，第259页。

② （宋）叶适著，刘公纯、王孝鱼、李哲夫点校：《叶适集》卷十五《丁君墓志铭》，中华书局2007年版，第261—262页。

③ （宋）朱熹著，郭齐、尹波点校：《朱熹集》之《朱熹外集》卷一《诗书·题东屿书院》，四川教育出版社1996年版，第5718页。

④ （宋）叶适著，刘公纯、王孝鱼、李哲夫点校：《叶适集》卷七《丁氏东屿书房》，中华书局2007年版，第82页。

⑤ 孙熙鼎、张寅修，何奏簧纂：《民国临海县志稿》卷十九《人物传·名宦》，见上海书店出版社编：《中国地方志集成·浙江府县志辑》（46），上海书店出版社2011年版，第379页。

⑥ （宋）叶适著，刘公纯、王孝鱼、李哲夫点校：《叶适集》卷二十五《陈处士姚夫人墓志铭》，中华书局2010年版，第493页。

所藏之书，于嘉定十六年（1223）纂定《嘉定赤城志》四十卷，是书为最早的台州总志，堪称名志之一。又著有《论语记蒙》十八卷、《孟子记蒙》十四卷。

（九）黄　石

黄　石（生卒年不详）　“字曼卿，黄岩人。嘉定十年吴潜榜”①，“历官迪功郎，终邕州教授。从黄勉斋得考亭之传，与孙烛湖应时为友。在大学时，尝上书言事，宦归。创楼藏书数千卷，讲授里中，人称清湘先生，烛湖为题楼曰‘步云林’，昉有记”②。

（十）贾似道

贾似道（1213—1275）　字师宪，号悦生、秋壑，自号半闲老人。天台人。父亲贾涉曾官至淮东制置使。其“姊为理宗贵妃，诏赴廷对，登嘉熙二年进士。累拜少傅、右丞相。度宗朝，拜太师，平章军国重事。德祐初，元兵破鄂州，出督师，溃于鲁港，谪高州团练使，循州安置。至漳州木绵庵，监押郑虎臣拉杀之”③。贾似道虽为贵胄，亦博学多闻，精于文章，宋周密认为，贾似道治三学之横，“此其术亦有过人者”。“然其制外戚、抑北司、戢学校等事，亦是所不可及者，固不可以人而废也。”④戚学标评云：“贾师宪似道虽纨绔子，然好古书名帖，能诗，非韩平原（韩侂胄）全不识字。”⑤如《天竺山志》载其诗云：“山北山南雪未消，村村店店酒旗招。春风过处人行少，一树疏花傍小桥。”⑥《宋诗纪事》录其诗有十余首，如“西风落叶路漫漫，衣袂微生旦暮寒。只隔片云家便道，远山移入梦中看”⑦。清孙承泽评：“似道权奸望宋，遗恨千古，乃其风流博洽，使当日不为宰相而但终学士院，安见其不可传也？”⑧可见贾似道不仅博学，且能诗，戚评可谓符合实情。

贾似道又喜藏书，与其门人幕客廖莹中、胡三省等皆以藏书名世。据民国《说杭州》载，宋“景定三年，赐家庙第宅于葛岭（在西湖边），原御园集芳之地也。葛岭炼

---

① （宋）陈耆卿纂修：《嘉定赤城志》卷第三十三《黄石传》，见浙江省地方志编纂委员会编：《宋元浙江方志集成》第11册，杭州出版社2009年版，第5449页。

② （清）庆霖修，（清）戚学标等纂：《嘉庆太平县志》卷十《甲科》，见上海书店出版社编：《中国地方志集成·浙江府县志辑》（50），上海书店出版社2011年版，第178页。

③ （清）厉鹗辑，（清）桑调元勘定：《宋诗纪事》卷六十五《贾似道》，上海古籍出版社2013年版，第1635页。

④ （宋）周密撰，王根林校点：《癸辛杂识前集·后集·制外戚抑北司戢学校》，上海古籍出版社2012年版，第36页。

⑤ 引叶哲明著：《台州文化发展史》第六章《璀璨多姿的台州古代文学艺术》，云南民族出版社2006年版，第276页。

⑥ （清）管庭芬原辑：《天竺山志》卷七《题咏·天竺山行》，杭州出版社2007年版，第134页。

⑦ （清）厉鹗辑，（清）桑调元勘定：《宋诗纪事》卷六十五《贾似道·紫薇岭·在昌化县》，上海古籍出版社2013年版，第1636页。

⑧ （清）孙承泽撰，白云波、古玉清点校：《庚子消夏记》附录《世彩堂帖》，《中国艺术文献丛刊》，浙江人民美术出版社2012年版，第272页。

丹台附近有其自刻题记记其事。……似道则于赐第筑半闲堂”①。又有藏书楼名曰悦生堂,“搜藏图史、金石、书画富逾宋秘阁藏书②,有‘悦生’‘贤者而后乐此’‘秋壑’诸藏书印”③。“世传玉版兰亭及世彩堂刻韩柳文皆其遗物也”④。在贾似道的收藏中,有“官书”数千卷与南渡前金石刻拓片。

贾似道藏书多“奇书”,宋周密云:“贾师宪尝刻《奇奇集》,萃古人用兵以寡胜众如赤壁、淝水之类,盖自诧其援鄂之功也。又《全唐诗话》乃节唐《本事诗》中事耳。又自选《十三朝国史会要》。诸杂说之会者,如曾慥《类说》例,为百卷,名《悦生堂随抄》,板成未及印,其书遂不传。其所援引多奇书。”⑤明张岱《西湖梦寻》中尝记述贾似道爱书画胜过爱金钱之逸事:“三茅观在吴山西南。……相传观中有褚遂良小楷《阴符经》墨迹。景定庚申,宋理宗以贾似道有江汉功,赐金帛巨万,不受,诏就本观取《阴符经》以酬其功。此事殊韵,第不应于贾似道当之耳。余尝谓曹操、贾似道千古奸雄,乃诗文中之有曹孟德,书画中之有贾秋壑,觉其罪业滔天,减却一半。方晓诗文书画,乃能忏悔恶人如此。”⑥张岱认为,贾氏因爱书画,后人亦可减轻其罪孽。

贾氏不仅藏书,读书亦甚勤,所读多有心得,有读书笔记《悦生随抄》,原书一百卷,已佚。今《说郛》(宛委山堂本及涵芬楼本)、《五朝小说》、《五朝小说大观》有摘录。《说郛》二本收有此书序言及二十四则。其《悦生随抄》序云:“予老来观书,辄多遗忘,暇日随所披阅,约而笔之。寖盈编帙,因厘为百卷,题曰《悦生随抄》,起自国史,传以稗官小说,而六经诸史不及也。盖经既熟于诵说,正史又广于流传,独金匮石室之藏,世不多见。比岁叨典史局,遂得悉累朝之制度、典章,诸臣之论议、风节,纪纂一一,专用自娱,乃若百家之说,虽小道必有可观者焉。然大概非稍新于众目,则深会于予心,去取之间,此其义也。至于清谈雅谑,又所不废。譬之端坐燕席,而优伶时一杂进,聊以取微中之一捷云。半闲老人书。”⑦《说郛》只录其序言及《悦生随抄》二十四则:《白景咸传》《吴虔裕传》《张藏英传》《牛恩逻传》《孟昶传》《石中立传》《胡旦传》《李显宗传》《洛阳名园传》《北窗记异》《南部新书》《师友谈记》《漫浪野录》《浮休阅目录》《堇山巵史》《铁围山丛谈》《漫堂随笔》《石渠录》《近事会元》《曾公谈录》《道山清话》。《悦生随抄》原书一百卷,后人虽无从得知贾氏所藏全貌,

---

① 钟毓龙编著,钟肇恒增补:《说杭州》第十五章《说古籍·贾似道半闲堂遗址》,见王国平主编:《西湖文献集成》第11册,《民国史志西湖文献专辑》,杭州出版社2004年版,第800页。

② 按:陈骙撰有《中兴馆阁书目》七十卷,著录秘阁图籍44480卷。

③ 方建新著:《南宋藏书史》,人民出版社2013年版,第210页。

④ 郑丽军、何槐昌:《浙江宋代藏书家小传》,《图书馆研究与工作》2004年第4期,第71页。

⑤ (宋)周密撰,王根林校点:《癸辛杂识后集·贾廖刊书》,上海古籍出版社2012年版,第46页。

⑥ (明)张岱《西湖梦寻》卷五《西湖外景·三茅观》,见(明)张岱著,夏咸淳、程维荣校评:《陶庵梦忆 西湖梦寻》,上海古籍出版社2009年版,第301页。

⑦ (宋)贾似道《悦生随抄》,见(明)陶宗仪编:《说郛三种》卷十二,上海古籍出版社2012年版,第237页。

此二十四则中亦略窥之一斑。

贾氏藏书之印，那志良先生认为“在书画中常见的，贾似道印、悦生图书、似道、悦生、贾氏半闲堂书画印、秋壑珍玩、秋壑图书、秋壑、贤者而后乐此、长(以前记载多释为封字)、贾似道图书子子孙孙永保之”①等印，最为鉴赏家所注意的是“悦生”朱文葫芦印、“长”字朱文方印及“秋壑”二字朱文方印。“贤者而后乐此”一印，在闲章中也颇受收藏者注意。元吾衍云：“宋贾师宪所藏书画，皆有古玉一字印，相传是封字，又谓之屈角封，乃长字也。印大将及二寸，其篆法用李阳冰新意，盘屈成文。其前无此体，当是唐时所造。”②又有“‘悦生’葫芦印。悦生，贾堂名也”③。“书画《悦生别录》上，空存屈角印葫芦”④。明张丑云：“‘悦生’，葫芦印，贾相似道所用。都玄敬云：‘悦生乃其堂名也。’贾师宪似道收蓄书画，妙绝古今，不特搜访详备，尤是目力过人。盖其相业虽属误国，而鉴赏则称独步矣。”⑤清陈文述诗云：“葛岭虚堂吟蟋蟀，兰亭旧本印葫芦。”⑥

贾氏不仅好藏书，尤嗜法书及名画搜藏。一时家藏名迹多归其家，清卞永誉称“贾秋壑平章家藏晋唐法书万轴”⑦，元王恽《画画录》记云：“贾似道留心书画，家藏名迹多至千卷。其宣和、绍兴秘府故物，往往乞请得之。今除烜赫名迹载《悦生古迹记》者不录，第录其稍隐者著于篇。宋贾似道藏法书计四十二卷，名画计五十八卷。”⑧“法书：崔瑗《临史游急就草》、王廙《仲春帖》、王导《省示帖》、卫恒《往来帖》、王徽之《至节帖》、王珣《三月帖》、张翼《舅氏帖》、王濛《余杭帖》、张翰《思乡帖》、孔琳之《日月帖》、谢灵运《古诗帖》、梁武帝《异趣帖》、王筠《至节帖》、萧思话《奏事帖》、王僧虔《陈情帖》、蔡景历《寂然帖》、陆缮《稽古帖》、唐代宗《守岁诗》、裴行俭《千文》、李阳冰《篆书心经》、李白《乘兴帖》、徐峤之《天童经》、杜甫《秋日夔府咏怀一百韵》、白居易《丰年帖》、杜牧之《张好好诗》、张籍《希深帖》、李商隐正书《月赋》、陆希声《赠詧光诗》、许浑乌丝栏《诗稿》、杜光庭《诗帖》、杨庭《五蕴论》、薛涛《萱草诗》、韩偓《芝兰帖》、苏灵芝《达摩铭》、王仁裕《送王禹偁诗》、钱镠《贡枣帖》、欧阳修《赠苏子美诗》、石延年大字《诗帖》、陆经《武林谣》、陈景元《岩栖赋》、张九

① 那志良著：《鉩印通释》四《使用》，(台湾)商务印书馆1970年版，第97页。

② (元)吾衍撰：《闲居录》，中华书局1991年版，第10页。

③ (清)厉鹗等撰，虞万里校点：《南宋杂事诗》卷一，浙江古籍出版社1987年版，第49页。

④ (清)厉鹗等撰，虞万里校点：《南宋杂事诗》卷一，浙江古籍出版社1987年版，第48页。

⑤ (明)张丑撰，徐德明校点：《清河书画舫》之《花字号第四·唐二·吴道玄》，《古代书画著作选刊》，上海古籍出版社2011年版，第149页。

⑥ (清)陈文述撰：《西泠怀古集》卷五《半闲堂咏贾秋壑》，见王国平主编：《西湖文献集成》第27册，杭州出版社2004年版，第253页。

⑦ (清)卞永誉撰：《式古堂书画汇考》卷七，见(清)永瑢、纪昀等编纂：《四库全书》第827册，上海古籍出版社1987年版，景印文渊阁本，第338页。

⑧ (宋)赵与懃等藏，(元)王恽等撰：《画画录》之《悦生所藏书画别录一卷》，上册，(台北)世界书局股份有限公司2009年版，第11—14页。

成小字《黄庭经》、释法晖细书《经塔》。名画：卫协《毛诗图》、史道硕《八骏图》、梁元帝《番客入朝图》、顾野王《古贤像》、郑法士《读碑图》、杨宁《刘聪对戎图》、薛稷《二鹤图》、何长寿《西域图》、张谔《春山游赏图》、杨升《没骨山水》、曹霸《玉花骢图》、江都王《马图》、孙位《春龙起蛰图》、张志和《渔父词图》、韦偃《岁寒图》、范琼《大悲观音像》、李渐《三马图》、张南本《文殊部从图》、张元《十六罗汉图》、赵公祐《正坐佛》、钟隐《角鹰图》、勾龙爽《高士图》、支仲元《佛会图》、释贯休《大阿罗汉图》、杜子瓌《宝檀菩萨像》、滕昌祐《满堂春》、张图《紫微朝会图》、罗塞翁《画羊》、王齐翰《勘书图》、惠崇《江南春图》、张训礼《出猎图》、王居正《纺车图》、杜霄《吴王避暑图》、武宗元《朝元仙仗图》、邓隐白描《十二国图》、石恪《维摩说法图》、丘文播《田家移居图》、王士元《渔村暮雪图》、侯翌《问病维摩图》、吴淮《龙水图》、燕文贵《泊船渡海图》、刘常《杏林春色图》、厉归真《江堤放牧图》、孙梦卿《松石问禅图》、李得柔《南华真人像》、唐希雅《竹禽图》、赵邈《齪战沙虎》、易元吉《子母猿》、刘寀《落花游鱼》、梁楷《莲经变相》、王穀《洞庭晚照图》、李时雍《渭川晚晴图》、晁补之《莲溪图》、冯觐《金风万籁图》、童氏《六隐图》、李嵩《龙宫海藏图》、僧梦休《风竹图》、艳艳《春山图》。"①"其名迹标题见于《悦生别录》"②。由上所述，可见贾氏所藏法书及名画之一斑。

贾似道搜藏来源主要在理宗、度宗两朝，贾似道执掌大权，地位显赫，其所藏数千卷官书和金石刻拓片当为朝廷所赐。贾氏专权柄国时，常向朝廷乞请赐给其图籍、书画。明文徵明《甫田集》卷二十一《跋杨凝式草书》云："右杨少师《神仙起居法》八行，南宫《书史》、《东观馀论》、《宣和书谱》皆不载。余验有'绍兴'小玺及'内殿秘书'诸印，盖思陵故物。后有米友仁审定跋尾及御书译文四行。按：绍兴内府书画，并令曹勋、龙大渊等鉴定。其上等真迹，降付米友仁跋。而曹、龙诸人，目力苦短，往往剪去前人题识。此帖缝印十余皆不全，是曾经剪拆者；其源委受授，莫可得而考也。标绫上有曲脚'封'并'悦生'葫芦印，是尝入贾氏。盖似道柄国，御府珍秘，多归私家。"③

贾氏利用特殊地位，巧取豪夺，将御府珍秘多归其私家。周密《癸未杂识·向氏书画》中记述甚详："吴兴向氏，后族也。其家三世好古，多收法书、名画、古物，盖当时诸公贵人好尚者绝少，而向氏力事有余，故尤物多归之。其一名士彪者，所畜石刻数千种，后多归之吾家。其一名公明者，呆而诞，其母积镪数百万，他物称是，母死专资饮博之费。名画千种，各有籍，记所收源流甚详。长城人刘瑄，字囦道，多能而狡

① （明）张丑撰，徐德明校点：《清河书画舫》之《红字号第五·五代·释贯休》，《古代书画著作选刊》，上海古籍出版社2011年版，第238—239页。

② （清）沈嘉辙等撰，虞万里校点：《南宋杂事诗》卷一，浙江古籍出版社1987年版，第48页。

③ （明）文徵明撰：《甫田集》卷二十一《跋杨凝式草书》，见（清）永瑢、纪昀等编纂：《四库全书》第1273册，上海古籍出版社1987年版，景印文渊阁本，第147页。

狳。初游吴毅夫兄弟间,后遂登贾师宪之门。闻其家多珍玩,因结交,首有重遗。向喜过望,大设席以宴之,所陈莫非奇品。酒酣,刘索观书画,则出画目二大籍示之,刘喜甚,因假之归,尽录其副。言之贾公,贾大喜,因遣刘诱以利禄,遂按图索骏,凡百余品,皆六朝神品。遂酬以异姓将仕郎一泽公明,稛载之,以为谢焉。后为嘉兴推官,以赃败而死,其家遂荡然无孑遗矣。然余至其家,杰阁五间悉贮书画、奇玩,虽装潢锦绮,亦目所未睹。未论画也,佳研凡数百只,古玉印每纽必缀小事件数枚,凡贮十大合。有雪白灵璧石,高数尺,卧沙水道悉具,而声尤清越,希世之宝也。其他异物,不能尽数。然公明视之亦不甚惜,凡博徒酒侣至,往往赤手攫之而去耳。景定中,其祖若水墓为贼所劫,其棺上为一桶,尽贮平日所爱法书、名画甚多。时董正翁楷为公田,分得其《兰亭》一卷,真定武刻也。后有名士跋语甚多,其精神煜煜,透出纸外,与寻常本绝异,正翁极珍之。然尸气所侵,其臭殆不可近,虽用沉脑熏焙,亦不能尽去。或教之以檀香能去尸气,遂作檀香函贮之。然付之庸工装潢,颇为裁损,所谓金龟八字云。”①

此外,贾似道位高权重,皇亲国戚亦愿赠与其画,与其交好。如贾氏藏品中有宋太祖裔孙赵孟坚所赠的唐人《马上娇图》。从现存的赵孟坚《彝斋文稿》来看,尚有多首和贾酬唱的诗文,赵的每次升迁都与贾有直接的关系②。赵、贾二人,从身世、兴趣爱好到书画审美情趣亦相似,一为宋太祖后裔,一为贵妃之弟,同为皇亲国戚。赵孟坚(字子固)酷嗜法书收藏,精于书法绘画,贾似道亦尤嗜书画收藏,家藏名迹多至千卷,法书图籍御府所无,于是二人有诗画论交之作《送马上娇图与秋壑监丞》(《彝斋文稿》卷一)。上海博物馆亦藏有赵孟坚书于宝祐二年(1254)的行书《自书诗卷》,录诗五首,第一首就是送贾似道的诗《送上马娇图与贾秋壑》。另外,从周密的《齐东野语》《癸辛杂识》等笔记对于赵孟坚的记载来看,其与贾似道关系甚密。

贾氏鉴赏亦甚精,对名画碑刻独具眼光,若得珍本亦刻之。加之家中又有以鉴赏与刻书著称的门客廖莹中为之鉴定版本真伪,所摹刻法帖号“精绝”。所藏法书中,贾似道尤嗜搜藏王羲之各种版本《兰亭序》,得百余种。由廖莹中参校定武《兰亭》诸本,择其字之尤精者,辑成一帖,用婺源良工王用和刻之,经三年始成,“丝发无遗,以北纸古墨摹拓”,号至精③,即后世闻名的悦生堂本《兰亭》。宋周密记其事甚详:“贾师宪以所藏定武五字不损肥本禊帖,命婺州王用和翻开,凡三岁而后成,丝发无遗,以北纸古墨摹拓,与世之定武本相乱。贾大喜,赏用和以勇爵,金帛称是。又缩为小字,刻之灵璧石,号‘玉板兰亭’,其后传刻者至十余,然皆不逮此也。”④明王

① (宋)周密撰,王根林校点:《癸辛杂识后集·向氏书画》,上海古籍出版社2012年版,第42—43页。

② 按:如《乙未春初解漕幕兼职访秋壑西湖探韵得柳字》《秋壑纳室庆席诸友分韵》《谢泉使贾秋壑先生京状》《贺秋壑先生除总领仍兼泉使状》《改官谢总使贾秋壑先生启》《投泉使贾秋壑先生启》等。

③ (宋)周密撰,王根林校点:《癸辛杂识后集·贾廖碑帖》,上海古籍出版社2012年版,第46页。

④ (宋)周密撰,王根林校点:《癸辛杂识后集·贾廖碑帖》,上海古籍出版社2012年版,第46页。

世贞评云："古刻无繁于《兰亭》者，其石自隋唐二刻及定武后，何止数百千本。而所聚名刻，亦无繁于秋壑平章者。"[①]"壑相《兰亭》更绝尘。"[②]德祐元年（1275）"贾师宪窜逐时，朝廷命王孟孙簿录其家石刻《兰亭》多至八千匣"[③]。可见贾氏在传承《兰亭》文化中作用不可小觑。贾氏既有闻名于世的悦生堂本《兰亭》，廖莹中又"以《淳化阁帖》、《绛州潘氏帖》二十卷，并以真本书丹入石，皆逼真。又刻《小字帖》十卷，则皆近世如卢方春所作《秋壑记》，王茂悦所作《家庙记》《九歌》之类。又以所藏陈简斋、姜白石、任斯庵、卢柳南四家书为小帖，所谓《世彩堂小帖》者。世彩，廖氏堂名也"[④]。清孙承泽称："世彩堂帖，贾似道刻。其客廖莹中精于摹拓，王用和工于锈刻，翻本《淳化》《绛帖》几于乱真，又见其《家庙记》诸刻，俱精绝一时。"[⑤]又如俞寿翁[⑥]清闷堂本《禊帖》，是帖俞氏视为珍宝，后为贾似道所藏，至明代，其帖为明代嘉兴藏书世家沈大詹（李日华婿）所递藏。明李日华《味水轩日记》万历四十二年（1614）甲寅七月四日记曰：其"又有《禊帖》二种，其一贾平章悦生堂本，跋云：俞寿翁家蓄禊帖特多，所甚珍者有三。自言一以遗安晚，一以遗后村，徐清闷堂本最后则归之余，谓视前二帖更奇。余尝欲会二翁所得者参订之而无繇。留扬时，适得片石如玉，又适有善工至，因手拓清闷本。亲程视之，日刻一字，逾年而后成，精神肉骨不失毫发。楮以北帘，墨以廷珪，以是无有能悟其晚出者。书驵得一二，售之雅士，率获善价，识真之难乃如此。幸甚与后村同朝，得成前志。一日，携俞氏本相示，与予所得者同，益信寿翁所珍非妄。大较一段奇古意，如老成典型人，望之使人心庄气肃。而拟仿求似，只类河朔少年，举体沓拖不可耐，识真者病焉。然犹未见安晚本，逮扣其孙寺丞，则云初不甚惜，久弃置败楮断简中，搜讨无复存，此固有物司之耶？抑宝非所宝耶？余愿与后村各宝之勿失。后刻本并于鉴裁，有若夫虎贲中郎，自不难见。又焉知更数十年，祖刻销沉，此石颉颃，亦愿后村共宝之。景定壬戌重午，天台贾似道敬识"[⑦]。明张岱评贾氏云："余谓博洽好古，犹是文人韵事，风雅之列，不黜曹瞒，鉴赏之家，尚存秋壑。"[⑧]

---

① （明）王世贞撰：《弇州续稿》卷一百六十六《古兰亭选序》，见（清）永瑢、纪昀等编纂：《四库全书》第1284册，上海古籍出版社1987年版，第400页。

② （清）厉鹗等撰，虞万里校点：《南宋杂事诗》卷六，浙江古籍出版社1987年版，第252页。

③ （清）赵信等撰，虞万里校点：《南宋杂事诗》卷七，浙江古籍出版社1987年版，第287页。

④ （宋）周密撰，王根林校点：《癸辛杂识后集·贾廖碑帖》，上海古籍出版社2012年版，第46页。

⑤ （清）孙承泽撰，白云波，古玉清点校：《庚子消夏记》附录《世彩堂帖》，《中国艺术文献丛刊》，浙江人民美术出版社2012年版，第272页。

⑥ 按：俞庭椿，字寿翁，江西临川人。乾道八年（1172）进士，官古田令。庭椿有大志而廉介自将，见者莫不喜其才，服其敏，爱其清，曾出使金，归后著有《北辕录》。经学上著有《周礼复古编》，纪昀等称之为凿空谬说，为变乱古经的第一人。

⑦ （明）李日华著，屠友祥校注：《味水轩日记》卷四，上海远东出版社1996年版，第398—399页。

⑧ （明）张岱《陶庵梦忆》卷六《朱氏收藏》，见（明）张岱著，夏咸淳、程维荣校评：《陶庵梦忆 西湖梦寻》，上海古籍出版社2009年版，第102页。

贾氏收藏散佚于被革职后。咸淳九年(1273)年初,樊城、襄阳先后为蒙军所破。咸淳十年(1274)六月,元世祖颁灭宋诏令。七月初九,宋度宗逝。恭帝德祐元年(1275),元军沿江东下,贾似道被迫出师,“乙亥(1275)正月二十二,贾似道溃师于芜湖”①,南宋朝廷风雨飘摇,正所谓“芜湖师溃,国事已不可支”②,贾似道旋被革职。“乙亥七月十二日,合台奏贾似道丧师误国,内批贾似道专权误国,得罪公论”③。贾似道被革职放逐,“八月,似道至福建漳州木绵庵”④,为监送人郑虎臣所杀。“其收藏大部入于内府,元龚璛跋黄庭坚画寒山子庞居士诗云:‘此卷曾入绍兴甲库,后乃归秋壑,图记三:上为悦生,下长字,最下乃其姓名,卷首官印,德祐末,籍其家,凡入官者,皆有台州抵当库印云。’台州抵当库印虽非贾氏之印,但有此印者,都是贾氏收藏之入官者,也与贾氏有相当的关系。”⑤又贾似道许多藏品,在宋亡后文物北迁的过程中进入元内府。据《研北杂志》载:元翰林国史院有世祖时“所赐贾似道没官书数千卷,金石刻多宋渡江以前拓本”⑥。

(十一)胡三省

胡三省(1230—1302)　原名满孙,字身之,旧字景参,号梅磵,人称梅磵先生,宁海胡村人。曾受业于胡应麟。其子胡幼文回忆云:公“年十六,奉议公卒,居丧尽礼,以孝闻。登宝祐丙辰第,调吉州太和尉,以亲老不就。改庆元慈溪尉,刚直不阿,忤郡守罢去。会有以文学行谊荐者,遂授扬州江都丞。咸淳丁卯差充寿春府学教授,佐淮东幕府。考举及格,改奉议郎,知江陵县。丁母忧,服阕,改知安庆府淮宁县。甲戌差充主管沿江制置司机宜文字,官至朝奉郎”⑦。南宋末,“以贾似道辟从军芜湖,言辄不用。及败,隐居不仕”⑧,“自是隐居二十余年,屏谢人事,日著书为乐,既老,自号知安老人,扁所居堂为‘逸老’。晚营寿域,去舍南数十武。筑室西,扁曰‘读书林’,与诸孙徜徉其中。宾至,命酒赋诗,怡怡如也”⑨。生平事迹参见《雍正浙江通志》卷一百八十一《人物六·文苑四》等。

其父胡钥笃爱史学,尤重《资治通鉴》,有感于《通鉴》各注本谬误甚多,有期勘正《通鉴》之嘱。胡三省回忆说:“先君笃史学。淳祐癸卯,始患鼻衄,读史不暂置,洒血渍书,遗迹故在。每谓三省曰:‘史汉自服虔、应劭至三刘,注解多矣。章怀注范

① (元)刘一清撰:《钱塘遗事》卷七《芜湖溃师》,上海古籍出版社1985年版,第148页。
② (清)陆心源撰,吴伯雄点校:《宋史翼》卷十五《方大琮》,浙江古籍出版社2016年版,第330页。
③ (元)刘一清撰:《钱塘遗事》卷七《贬贾似道》,上海古籍出版社1985年版,第159页。
④ (元)脱脱等撰:《宋史》卷四百七十四《列传第二百三十三·贾似道传》,中华书局1977年版,第13787页。
⑤ 那志良著:《鉢印通释》四《使用》,(台湾)商务印书馆1970年版,第96页。
⑥ (清)丁丙著:《武林坊巷志》之《杭郡诗三辑》,第4册,浙江人民出版社1987年版,第232页。
⑦ (元)胡幼文《三省公墓碑文》,见林朝会编著:《胡三省》,宁波出版社1997年版,第12—13页。
⑧ (民国)柯劭忞等撰,余大钧标点:《新元史》卷二百三十三《列传一百三十一·儒林一·胡三省》,吉林人民出版社2005年版,第3393页。
⑨ (元)胡幼文《三省公墓碑文》,见林朝会编著:《胡三省》,宁波出版社1997年版,第12页。

史,裴松之注陈寿史,虽间有音释,其实广异闻,补未备,以示博洽。'"[①]宝祐丙辰胡三省登第之后,为实现父训,于公务之暇,作手注释《通鉴》,"大肆其力于是书。游宦远外,率携以自随,有异书异人,必就而正焉"。在杭时"依陆德明《经典释文》,厘为《广注》九十七卷,《著论》十篇。自周讫五代,略叙兴亡大致"[②]。其子胡幼文记其父三省注《通鉴》之故实云:"旧注司马公《通鉴》,中经散逸,购求他本为注解,手自抄录,虽祈寒暑雨不废。诸子以年高不宜为言,则曰:'吾成此书,死而无憾!'……所居狭小,涧旁多古梅,世称公为梅磵先生云。注《通鉴》二百九十四卷、《通鉴释文辩误》十二卷、《通鉴小学》一卷、《竹素稿》一百卷。"[③]德祐二年(1276),元军陷临安,宁海亦遭兵祸,胡三省携眷迁新昌,不幸《通鉴》文注稿在战乱中散佚。为实现其父训,变卖家产,再购《通鉴》,发愤重注,从此闭门绝客,日夜奋笔。《康熙浙江通志》记其事甚详:"因《资治通鉴音义释文》各本怪异,图刊正为《广注》九十七卷,《著论》十篇,散入《通鉴》各文之下,历法、天文则随目录,所书而附著焉。凡纪事之本末、地名之异,同州县之建置,杂合制度之沿革,损益悉疏其所以然,若释文之舛谬,悉而正之。另著《辨误》十二卷,今盛行于世。"[④]

宋亡后,袁桷之父袁洪慕胡三省之名,聘其为馆塾教席,而胡氏为校正与补充书稿,也欣然馆于袁氏,胡三省在《新注资治通鉴序》中自称,教学之余,日手自抄录,"讫乙酉冬,乃克彻编。凡纪事之本末,地名之同异,州县之建置离合,制度之沿革损益,悉疏其所以然"[⑤]。胡三省在袁氏之馆撰成《资治通鉴音注》稿二百九十四卷。时宁海杨镇龙起义,县内动荡,遂寓居鄞县城内袁桷家。胡氏有前车之鉴,为防兵乱,将书稿藏于袁家东轩石窖中,得以幸存。今日传世之作,即此稿也。胡氏之"藏书窖"成其笃于藏书之佳话。

关于胡氏注《资治通鉴》及藏书,全祖望《鲒埼亭集外编·梅磵藏书窖记》记载甚详:

> 南湖袁学士桥,清容之故居也,其东轩有石窖焉。予过而叹曰:"此梅磵藏书之所也。"宋之亡,四方遗老,避地来庆元者多,而天台三宿儒预焉。其一为舒阆风岳祥,其一为先生,其一为刘正仲庄孙,皆馆袁氏。

---

① (清)胡三省《新注资治通鉴序》,见雷敢选注:《中国历史要籍序论文选注》,岳麓书社1982年版,第159页。

② (清)胡三省《新注资治通鉴序》,见雷敢选注:《中国历史要籍序论文选注》,岳麓书社1982年版,第159页。

③ (元)胡幼文《三省公墓碑文》,见林朝会编著:《胡三省》,宁波出版社1997年版,第12—13页。

④ (清)王国安等修,(清)黄宗羲、张衡纂:《康熙浙江通志(二)》卷三十五《人物·儒林》,见凤凰出版社编选:《中国地方志集成·省志辑·浙江(2)》,凤凰出版社2010年版,第387页。

⑤ (清)胡三省《新注资治通鉴序》,见雷敢选注:《中国历史要籍序论文选注》,岳麓书社1982年版,第159页。

> 时奉化戴户部剡源亦在，其与阆风正仲和诗最富，而梅磵独注《通鉴》。按梅磵之注《通鉴》凡三十年，其自记，谓宝祐丙辰既成进士，即从事于是书，为《广注》九十七卷、《通论》十篇。咸淳庚午，从淮堧归杭都，延平廖公见而韪之，礼致诸家，俾以授其子弟，为著《雠校通鉴凡例》。廖荐之贾相国德祐。乙亥，从军江上，言辄不用，既而军溃，间道徒步归里。丙子，避地浙之新昌，师从之，以孥免，失其书，乱定反室，复购得他本注之。讫乙酉冬，始克成编。丙戌，始作《释文辨误》。梅磵以甲申至鄞，清容谓其日手钞定注。己丑，寇作，以书藏窖中，得免。……梅磵是书，成于湖上，藏于湖上，足为荷池竹墅之间增一掌故，而以带水之间，两宿儒之史学萃焉。薪传未替，湖上之后进所当自励也。先生所著《江东十鉴》《四城赋》，清容比之贾谊、张衡，后世不可得而见，而是书则其毕生精力之所注①。

其《资治通鉴音注》，于典章、地理考稽精详，订谬甚多，为后人研习"通鉴学"最完整的参考资料。《宋史翼》载："因《资治通鉴音义》《释文》各本乖异，刊正为《广注》九十七卷、《著论》十卷。以荐参贾似道军，言辄不用。归而遇乱，失前书，复购他本为之注。始以《考异》及所著者散入《通鉴》各文之下，历法天文则随目录所书而附著焉。若《释文》之舛谬，悉改正之。著《辨误》十二卷，复有《竹叶稿》一百卷。"②

其著作除《资治通鉴音注》外，还著有《通鉴小学》二卷、《通鉴辨误》十二卷、《竹素园稿》一百卷，后两部现已失传。

胡三省深受其父影响，自幼好学，有异人异书，必就正之，手自抄录，寒暑不废。在注释《资治通鉴》时，鉴于无藏书之苦，乃发愤藏书，片简尺牍尽在收罗之列。如宦游所至，见有不同版本之《通鉴》，务必搜罗，故其藏书多各种不同版本之《通鉴》，形成专藏。正如胡氏自己所云："大肆其力于是书，游宦远外，率携以自随，有异书异人，必就而正焉。"③

（十二）王　所

王　所（1220—1283）　字喻叔，号南峰，台州黄岩宁溪人。"宋咸淳元年进士。任高邮军知军。元兵南侵前，弃官隐居故里，在南山筑南峰书院，讲学授徒。"④宋亡，元廷下诏起用南宋故官，使者上门相请，被王所谢绝，一直执教书院。

---

① （清）全祖望著：《鲒埼亭集外编》卷十八《胡梅磵藏书窖记》，见王云五主编：《万有文库》第二集（七百种），（上海）商务印书馆1936年版，第906—907页。

② （清）陆心源撰，吴伯雄点校：《宋史翼》卷三十四《遗献一·胡三省》，浙江古籍出版社2016年版，第874—875页。

③ （清）胡三省《新注资治通鉴序》，见雷敢选注：《中国历史要籍序论文选注》，岳麓书社1982年版，第159页。

④ 黄岩县办公室编，严振非总纂：《浙江省黄岩县志》第十九篇《人物》，三联书店上海分店1992年版，第576页。

王所喜收书,“藏书甚富”[1],“收藏书1950册。卒后,黄超然题墓:宋进士元遗民”[2]。著有《五经类编》《南峰集》。

九、宋代衢州进士藏书

《宋史·地理志》载,“衢州,信安郡,军事”[3]。县五即西安、礼贤、龙游、信安、开化。

赵子昼(1089—1142) “字叔问,太祖六世孙,亦燕王后,大观元年宗子进士第一,刑部副郎,丰少卿,龙图学士,孙师蒲、希瀞登第。警敏嗜学。宣和初,编修《九域志》。南渡来居信安山中,车驾驻越。时礼籍伯亡,子昼讨论无遗。奉祀家居,为崇兰圃于城南,与程俱诸人唱和。”[4]《宋史》载:“燕王五世孙。少警敏强记。工书翰。累官宪州通判。宣和初,充详定《九域国志》编修官。出知泽州,改密州。诏为刑部员外郎,以忧去。建炎四年,迁吏部员外郎,寻用正宗士傒荐,迁尚书左司员外郎。兼权货务,岁收茶、盐、香钱六百九万余缗,以功进秩一阶。试太常少卿,集《太常因革礼》八十篇,为二十七卷。上言复春分祀高禖礼。除权礼部侍郎,迁徽猷待制、枢密都承旨。以公族为侍从,及改官制后都承旨用文臣,皆自子昼始。……迁徽猷阁直学士、知秀州。既而奉祠以归,寓于衢。”[5]

赵子昼自幼嗜读书,据其好友程俱记云:“叔问幼则端厚警敏,秀颖持异,中亮爱之甚。稍长,于读书如嗜欲。”其父赵令佥,为宋藏书名家。官中亮大夫,荣州防御使赠少保。程俱称:“中亮藏书三万卷,号书窟,叔问日肆习其间。沈涵熏浃,不舍昼夜。”[6]并有诗赞云:“纷华眩人剧朱碧,子独好书如好色。王孙被服甚寒生,射策君门先破的。荣州书窟三万卷,锦囊付此庞眉客。”[7]惜其父所藏图书,在宋室南渡时大多散佚。南渡后,赵子昼承父志,续藏书,藏书达万卷。《书史会要》载其藏书故实:“赵子昼,字叔问,宗室也。酝藉该洽,蓄书近万卷,多所亲校,过江篆字为第一。”[8]

---

① 王河主编:《中国历代藏书家辞典》,同济大学出版社1991年版,第13页。

② 黄岩县办公室编,严振非总纂:《浙江省黄岩县志》第十九篇《人物》,三联书店上海分店1992年版,第576页。

③ (元)脱脱等撰:《宋史》卷八十八《志第四十一·地理四》,中华书局1977年版,第2177页。

④ (明)叶秉敬纂,韩章训标点:《天启衢州府志》卷之十一《人物·赵子昼》,见衢州市地方志办公室编:《衢州府志集成》,西泠印社出版社2009年版,第534页。

⑤ (元)脱脱等撰:《宋史》卷二百四十七《列传第六·宗室(四)》,中华书局1977年版,第8746页。

⑥ (宋)程俱《宋故徽猷阁直学士左中奉大夫致仕常山县开国伯食邑九百户赠左通奉大夫赵公墓志铭》,见(宋)程俱撰:《北山小集》卷三十三,第2册,《四部丛刊续编》本,上海书店1985年据商务印书馆1923年版重印,第470页。

⑦ (宋)程俱《送赵子昼奉议睢阳用熊倅韵》,见(宋)程俱撰:《北山小集》卷四,第1册,《四部丛刊续编》本,上海书店1985年据商务印书馆1934年版重印,第118—119页。

⑧ (明)陶宗仪撰,徐美洁点校:《书史会要》卷六,浙江人民美术出版社2012年版,第182页。

赵希瀞(1194—1251)　赵子昼曾孙。刘克庄《墓志铭》述:“国朝自裕陵后,宗室始有擢进士,至显官。燕懿王五世孙子昼冠大观舍选,为建炎法从,忤桧去国,累召不至,居瞿之开化,迁西安,与北山程公、简斋陈公友善,终徽猷阁直学士。徽学生婺州通守伯昴,通守生赠中奉大夫师扆,公其次子,讳希瀞,字无垢。少苦学强记,登嘉定丁丑第,历永丰尉,邵武军司户、兴国军司理。”①历淮西提举、直秘阁,除工部郎官兼枢密院编修,进直龙图阁学士,官至福建安抚,除右文殿修撰。有《赵静斋诗卷》。明《弘治衢州府志》载:“字无垢,号静斋,登进士第,迁至九卿帅闽。早累得诏,航京粟二十万斛入闽,全活一路。”②

赵希瀞好藏书,刘克庄称其:“持身清苦,服用朴素,饮膳菲薄,门无苞苴,室无粉黛。却江阃迓新中金千星、楮十万。暂摄合肥,晚镇长乐,皆积镪巨万遣后人。养兵乡士外,卮酒一肉不妄费。及解麾钺,惟书万卷自随,视他贵人独无厚藏。曩予与公聊事江右,尝评公曰:‘真勤练廉俭人也。’”③

十、宋代处州进士藏书

《宋史·地理志》载,“处州,缙云郡,军事。……南渡后,增县一:庆元县”④。县六即丽水、龙泉、松阳、遂昌、缙云、青田。

(一)周启明

周启明(生卒年不详)　字昭回,其先江苏金陵人,后占籍处州。自幼聪敏好学,博览群书,以文才见称。“初以书谒翰林学士杨亿,亿携以示同列,大见叹赏,自是知名。四举进士皆第一。景德中,举贤良方正科,既召,会东封泰山,言者谓此科本因灾异访直言,非太平事,遂报罢。于是归,教弟子百余人。”⑤转运使陈尧佐盛称周启明的才学、操守,乞请褒奖,《宋史》载:“仁宗即位,除试助教,就加廪给。久之,特迁秘书省秘书郎,改太常丞,卒。启明笃学,藏书数千卷,多手自传写,而能口诵之。有古律诗、赋、笺、启、杂文千六百余篇。”⑥可见周启明所藏数千卷藏书多源于其手自抄录。

---

① (宋)刘克庄撰:《安抚殿撰赵公墓志铭》,见曾枣庄、刘琳主编:《全宋文》卷七六三〇,第331册,上海辞书出版社2006年版,第322页。

② (明)吾冔纂,韩章训标点:《弘治衢州府志》卷九《人物·赵希瀞》,见衢州市地方志办公室编:《衢州府志集成》,西泠印社出版社2009年版,第63页。

③ (宋)刘克庄撰:《安抚殿撰赵公墓志铭》,见曾枣庄、刘琳主编:《全宋文》卷七六三〇,第331册,上海辞书出版社2006年版,第326页。

④ (元)脱脱等撰:《宋史》卷八十八《志第四十一·地理四》,中华书局1977年版,第2176页。

⑤ (元)脱脱等撰:《宋史》卷四百五十八《列传第二百一十七·周启明传》,中华书局1977年版,第13441页。

⑥ (元)脱脱等撰:《宋史》卷四百五十八《列传第二百一十七·周启明传》,中华书局1977年版,第13441—13442页。

(二)胡　份

胡　份(1040—1104)　字子文,号嵩山,处州缙云人。"年二十补弟子员。元丰八年举进士,任国子司业,调礼部员外郎。后出知鄱阳"①。为官勤政爱民,究治不法,百姓称之为"胡青天"。任内积极倡办教育,为生员讲学考课。《雍正浙江通志》卷一百八十二有其传。

胡份"任满归京,年迈求退。晚年隐居上宕(今胡村乡),建屋百余间,开设学馆,广搜经籍图书",藏书处曰万友堂、万松书舍,"经史子集,无一不收,藏书甚富"②。其学馆又"选聘名儒讲学,文人学士云集,弦诵之声不辍。工书法,卢鸿堂《草图十志诗》其六即为胡份所书,遗墨有松阳'凌霄台'三字碑,黄龙山北海洞摩崖题记。著《胡份诗集》"③。

第五节　宋代江南(徽州)进士藏书

《宋史·地理志》载,江南东路,"府一:江宁。州七:宣,徽,江,池,饶,信,太平。军二:南康,广德。县四十三。南渡后,府二:建康,宁国。州五:徽,池,饶,信,太平。军二:南康,广德,为东路"。

关于宋代徽州,《宋史·地理志》载,"徽州,上,新安郡,军事。宣和三年,改设歙州为徽州。……县六:歙,休宁,祁门,婺源,绩溪,黟"④。

(一)聂冠卿

聂冠卿(988—1042)　"字长孺,歙州新安人。五世祖师道,杨行密版奏,号问政先生,鸿胪卿。冠卿举进士,授连州军事推官。杨亿爱其文章,于是大臣交荐,召试学士院,校勘馆阁书籍。迁大理寺丞,为集贤校理、通判蕲州。坐尝校《十代兴亡论》谬误落职。再迁太常博士,复集贤校理"⑤。累迁尚书工部郎中,入翰林学士,判昭文馆,兼侍读学士。《乾隆江南通志》卷一百六十七《文苑》、朱彝尊《词综》卷五《宋词》有其传。

《宋史》载:"冠卿嗜学好古,手未尝释卷,尤工诗,有《蕲春集》十卷。"⑥

---

① 缙云县志编纂委员会编:《缙云县志》第二十五篇《人物·胡份》,浙江人民出版社1996年版,第631页。

② 见郑丽军、何槐昌:《浙江宋代藏书家小传》,《图书馆研究与工作》2004年第4期(总第100期),第71页。

③ 《丽水地区人物志》编辑部:《丽水地区人物志》,浙江人民出版社1995年版,第122页。

④ (元)脱脱等撰:《宋史》卷八十八《志第四十一·地理四》,中华书局1977年版,第2187页。

⑤ (元)脱脱等撰:《宋史》卷二百九十四《列传第五十三·聂冠卿传》,中华书局1977年版,第9819—9820页。

⑥ (元)脱脱等撰:《宋史》卷二百九十四《列传第五十三·聂冠卿传》,中华书局1977年版,第9820页。

（二）王汝舟

王汝舟（1034—1112）　字公济，婺源人。“皇祐五年进士，历官南剑州、建州、虔州知州，京东路转运判官”①，以夔州路提点刑狱致仕。

王汝舟“生三岁而孤，不好戏弄。才冠登第”。“性豁达，以风节自喜，所不合，不肯降词色”。“自江西徙夔州路提刑，告老而归。历官十七任，余五十年，未尝有失。……晚号‘云溪翁’。有文百卷，手所校书万余卷”②。

（三）汪　藻

汪　藻（1079—1154）　字彦章，号浮溪，“婺源人，寓饶州。崇宁二年进士”③。历官著作佐郎、中书舍人、翰林学士，知湖州，显谟阁学士，知徽、宣二州，积官左太中大夫，爵新安开国侯。所著“有《浮溪集》六十卷行于世；《裔夷谋夏录》二卷，《青唐录》三卷，《古今雅俗字》四十四篇”④。

孙觌《端明殿学士汪公藻墓志铭》称：“公性乐易，不事藩饰以峙声名。至居官任职，则矫矫然不轻为然诺者也。不喜殖财利，荣贵三十年，无屋庐以居，有田阳羡，亦不足以卒岁。而嗜书学古，老且病犹不去手。”“搜览阙文，参稽众论，远至闽、蜀数千里外，近在寓公寄客之家，或具公移，或通私书，旁搜博采，远近毕至，分设科条，以类诠次。”⑤又称：“公博学强记，自六经、百家、太史之籍，先儒笺疏传注之书，兵家、族谱、方言、地志、星经、历法、佛老之众说，与夫万历海外蛮夷异域荒怪之序录，靡不记览。山阴贺铸方回，知名士也，亦寓晋陵，聚书万余卷，公日从之游，多得所未见者。凡伏腊衣食所须，尽以供笔札而录藏之，其辞章明于道德，达于世务，指事析理，引物托喻，驰聘古今，贯穿经传，该备众体，盖数十万言，自成一家。”⑥

（四）汪　杞

汪　杞（1106—1198）　字南美，婺源石田人。“父路，登绍圣丁丑进士第，终信州贵溪知县。杞继登建炎二年进士第，知英德、曲江两郡，仕至朝散大夫，知韶州府，

---

① 翟屯建主编：《徽州文化史·先秦至元代卷》第四章《五代北宋时期徽州土著文化与汉文化的完全融合》，安徽人民出版社2015年版，第159页。

② （宋）罗鄂州《王提刑汝舟传》，参见（明）程敏政辑撰，何庆善、于石点校：《新安文献志》卷八十四，黄山书社2004年版，第2019、2030—2031页。

③ （清）赵宏恩等鉴修，黄之隽等编纂：《乾隆江南通志》卷一百六十七《文苑·汪藻》，见（清）永瑢、纪昀等编纂：《四库全书》第511册，上海古籍出版社1987年版，第805页。

④ （宋）孙觌《宋显谟阁学士左太中大夫新安郡开国侯食邑一千五百户食实封一百户赠端明殿学士汪公藻墓志铭》，参见（明）程敏政辑撰，何庆善，于石点校、《新安文献志》卷九十四上，黄山书社2004年版，第2357页。

⑤ （宋）孙觌《宋显谟阁学士左太中大夫新安郡开国侯食邑一千五百户食实封一百户赠端明殿学士汪公藻墓志铭》，参见（明）程敏政辑撰，何庆善、于石点校：《新安文献志》卷九十四上，黄山书社2004年版，第2356、2354页。

⑥ （宋）孙觌《宋显谟阁学士左太中大夫新安郡开国侯食邑一千五百户食实封一百户赠端明殿学士汪公藻墓志铭》，参见（明）程敏政辑撰，何庆善、于石点校：《新安文献志》卷九十四上，黄山书社2004年版，第2353页。

所至有政绩。”①

闲居二十年，“筑室，治竹石，聚书万卷，以教子弟”②。

（五）宋松年

宋松年（—1138—）　“字德操，休宁人。绍兴进士”③，信州录参。宋松年精于史学，尤勤于唐代史料的搜集，对唐代历史、朝政典故最为熟谙，其藏书以唐代文献最为精全。建藏书处名曰“细书阁”。细书阁中，搜藏唐人文集、北宋所刻之书最多，以藏书与研究唐史著名于时。《徽州府志》称其：“与叔廓俱登进士第。耽嗜史学，于唐尤力。为严陵户曹，满调信州录参，即官所结阁，网罗百氏，关于唐者萃焉。公退，校雠寒暑不倦，名其阁曰‘细书’，证疑刊误，增遗约衍。尹贤良有《细书记》记其事。”④《乾隆江南通志》载：“字德操，休宁人。绍兴进士，嗜史学，于唐书功尤勤。调信州录参，即官所结阁，网罗百氏关于唐者萃焉，名其阁曰‘细书’，证疑刊误，书成将进上而卒。”⑤《徽州文化史》亦载：宋松年，“字德操，绍兴八年进士，酷嗜史学，尤精唐史，建细书阁藏书，以唐代文献最为精全”⑥。

（六）朱　熹

朱　熹（1130—1200）　字仲晦，号晦翁、晦庵、云谷老人、沧州遁叟。婺源人，其父“吏部公因仕入闽，至先生始寓建之崇安五夫里，今居建阳之考亭”。朱熹自少年起，“厉志圣贤之学，于举子业初不经意。年十八贡于乡，中绍兴十八年进士第，以左迪功郎主泉州同安簿。莅职勤敏，纤悉必亲，郡县长吏，事倚以决，苟利于民，虽劳弗惮。职兼学事，选邑之秀民充弟子员，访求名士以为表率，日与讲说圣贤修己治人之道。年方逾冠，闻其风者，已知学之有师而遵慕之”⑦。历知南康军、提举浙东常平茶盐公事、知漳州、知潭州、焕章阁待制兼侍讲等。朱熹博览群书，知识广博，“为宋大儒，讲学考亭，以斯道为己任。著书立说如日之丽天，水之行地，虽千载犹一

---

① （明）彭泽修：《徽州府志》卷八《人物二·宦业》，明弘治十五年（1502）刊刻，《明代方志选（一）》，（台北）台湾学生书局1965年版重印，第256页。

② （宋）韩元吉撰：《南涧甲乙稿附拾遗》卷二十二《韶州太守朝散大夫汪公墓志铭》，中华书局1985年版，第451页。

③ （清）赵宏恩等鉴修，黄之隽等编纂：《乾隆江南通志》卷一百六十七《人物志·文苑·宋松年》，见（清）永瑢、纪昀等编纂：《四库全书》第511册，上海古籍出版社1987年版，第806页。

④ （明）彭泽修：《徽州府志》卷八《人物二·宦业》，明弘治十五年（1502）刊刻，《明代方志选（一）》，（台北）台湾学生书局1965年版重印，第257页。

⑤ （清）赵宏恩等鉴修，黄之隽等编纂：《乾隆江南通志》卷一百六十七《人物志·文苑·宋松年》，见（清）永瑢、纪昀等编纂：《四库全书》第511册，上海古籍出版社1987年版，第806页。

⑥ 翟屯建主编：《徽州文化史·先秦至元代卷》第五章《南宋时期徽州文化的形成》，安徽人民出版社2015年版，第212页。

⑦ （宋）黄干《朝奉大夫文华阁待制赠谟阁直学士通议大夫谥文朱先生行状》，见（清）王懋竑撰，何忠礼点校：《朱熹年谱》附录一《传记资料》，中华书局1998年版，第490页。

日”①，有多种作品流传。所著书有：“《易本义》《启蒙》《蓍卦考误》《诗集传》《大学》《中庸章句》《论语》《孟子集注》《太极图》《通书》《四铭解》《楚辞集注》《辩证》《韩文考异》，所编次有：《语孟集义》《孟子指要》《中庸集略》《孝经刊误》《小学书》《通鉴纲目》《本朝名臣言行录》《古今家祭礼》《近思录》《河南程氏遗书》《伊洛渊源录》，皆行于世。先生著述虽多，于《语》《孟》《中庸》《大学》尤所加意，若《大学》《论语》，则更定数四，以至垂没，《大学》‘诚意’一章乃其绝笔也。”②其生平事迹参见《宋史》卷四百二十九《列传第一百八十八·朱熹传》、明戴铣《朱子实纪年谱》、明李默《紫阳文公先生年谱》、清王懋竑《朱子年谱考异》等。

作为宋明理学集大成者的朱熹，自入仕至卒，凡五十年，历事高宗、孝宗、光宗、宁宗四朝，“仕于外者仅九考，立于朝者四十日”③，其余四十年，大多都请辞居家，过着讲学与著述的生活。朱熹以研究理学著名，世称“朱子”。遍注典籍，对经学、史学、文学、乐律以及自然科学均有研究。亦建屋立舍，藏书授经，聚徒讲学，作诗：“老翁无物与儿孙，楼上牙签满架垂。”“个是侬家真宝藏，不应犹羡满籝金。”④体现了朱熹遗书给子孙重于“黄金满籝”的指导思想。其先后在白鹿洞书院、岳麓书院等地讲学，终身读书、教书、聚书、抄书、购书、访书、校勘等不遗余力，其学术得到门人的承续发扬，后学的争立表彰，帝王的奖赏推崇，刘宰赞叹云：“朱氏书年来盛行，今立要津者多自谓常登先生之门，承先生之教。而趋向舛差尚多有之，使人叹息。”⑤学者魏了翁称赞其：“书日传万纸而士皆束书不观，游谈无根。夫非书之罪也。书日多而说日明，俊慧者剿说浮道可以欺世，不必深体笃践也；多赀者广采兼畜可以辑文，不必穷搜博考也。今先生之书满天下，而其道无传焉，吾之忧，讵不信夫。”⑥可见理学大儒所虑之处，正是朱熹藏书理念与精神的延续。朱熹思想的形成与学术成就皆离不开大量的藏书，从其各种学术活动中窥其藏书踪迹，得知亦是当时藏书名家。

朱氏家族藏书始于朱熹父松，朱氏“为婺源著姓，以儒名家，世有伟人。吏部公甫冠，擢进士第，入馆为尚书郎，兼史事，以不附和议去国。文章行义为学者师，号韦斋先生，有文集行于世”。吏部公即指熹父朱松（1097—1143），字乔年，号韦斋，《宋

① （宋）朱熹《晦庵先生朱文公文集》附录一《序跋·天顺刊本朱子大全序》，见朱杰人、严佐之、刘永翔主编：《朱子全书》第25册，上海古籍出版社、安徽教育出版社2002年版，第5065页。

② （宋）黄干《朝奉大夫文华阁待制赠谟阁直学士通议大夫谥文朱先生行状》，见（清）王懋竑撰，何忠礼点校：《朱熹年谱》附录一《传记资料》，中华书局1998年版，第522页。

③ （宋）黄干《朝奉大夫文华阁待制赠谟阁直学士通议大夫谥文朱先生行状》，见（清）王懋竑撰，何忠礼点校：《朱熹年谱》附录一《传记资料》，中华书局1998年版，第516页。

④ （宋）朱熹《晦庵先生朱文公文集》卷四《寄题浏阳李氏遗经阁二首》，见朱杰人、严佐之、刘永翔主编：《朱子全书》第20册，上海古籍出版社、安徽教育出版社2002年版，第352页。

⑤ （宋）刘宰撰：《漫塘集》卷六《回汤德远镇》，见（清）永瑢、纪昀等编纂：《四库全书》第1170册，上海古籍出版社1987年版，第363页。

⑥ （宋）魏了翁撰：《鹤山集》卷五十五《朱文公五书问答序》，见（清）永瑢、纪昀等编纂：《四库全书》第1172册，上海古籍出版社1987年版，第622页。

史》载:朱熹"父松字乔年,中进士第。胡世将、谢克家荐之,除秘书省正字。赵鼎都督川陕、荆、襄军马,招松为属,辞。鼎再相,除校书郎,迁著作郎。以御史中丞常同荐,除度支员外郎,兼史馆校勘,历司勋、吏部郎。秦桧决策议和,松与同列上章,极言其不可。桧怒,风御史论松怀异自贤,出知饶州,未上,卒"①。朱松生平事迹参见黄宗羲、全祖望《宋元学案》卷三十九《豫章学案》、厉鹗《宋诗纪事》卷三十九等。朱松入仕后在政事之暇,工诗,著有《韦斋集》十二卷《外集》十卷,傅自得《韦斋集序》赞云:"故吏部员外郎韦斋先生朱公,建炎绍兴间,诗胜满天下,一时名公巨卿交口称荐,词人墨客传写讽诵如不及。"②又喜探究史事,"取经子史传,考其兴衰治乱,应时合变"③,朱松有诗云:"尔去事斋居,操持好在初。故乡无厚业,旧箧有残书。"④此诗说明朱氏家族是"以儒名家",朱松是"诗胜满天下",可见其家藏书亦不少,以供朱松读书之用。朱熹回忆云:先君"屏居建溪之上,日以讨寻旧学为事,手抄口诵,不懈益虔。盖玩心于义理之微而放意于尘垢之外,有以自乐淡如也"⑤。又云:"熹先君子少喜学荆公书,收其墨迹为多。其一乃《进邺侯家传奏草》,味其词旨,玩其笔势,直有跨越古今,开阖宇宙之气。……尝欲抄《日录》、李传本语附其后而刻之,使后之君子得以考焉而未暇也。"⑥

朱熹在家庭影响下,自幼攻读《大学》《中庸》《论语》及《孟子》等书。朱熹回忆云:"某自十四岁而孤,十六而免丧。是时祭祀只依家中旧礼,礼文虽未备,却甚齐整,先妣执祭事甚虔。及某年十七八,方考订得诸家礼,礼文稍备。"⑦"熹家有先人旧藏数篇,皆著当时记录主名,语意相承,首尾通贯,盖未更后人之手,故其书最为精善。后益以类访求,得凡二十五篇,因稍以所闻岁月先后,第为此书。"⑧可见其家藏有一定数量的礼书及二程理学著述,便于其随时研读,朱熹所编《程氏遗书》是以家藏二程之书为基础的,亦为其日后成为理学集大成者奠定了基础。

---

① (元)脱脱等撰:《宋史》卷四百二十九《列传第一百八十八·朱熹传》,中华书局1977年版,第12751页。
② (宋)朱松、朱槔、吕本中撰:《韦斋集附玉澜集 东莱先生诗集》卷首《傅自得·韦斋集序》,见《四部丛刊续编(六四)》集部,上海书店出版社1985年据商务印书馆1934年版重印,第1页。
③ (宋)周必大撰:《周文忠公全集》卷六十九《史馆吏部赠通议大夫朱公神道碑》,见(清)永瑢、纪昀等编纂:《四库全书》第1147册,上海古籍出版社1987年版,第744页。
④ 丰顺朱氏族谱修编委员会编:《朱氏族谱》(上)第四章《启示篇·松公勉文公从学五言诗》,1997年,第141页。
⑤ (宋)朱熹《晦庵先生朱文公文集》卷九十七《皇考左丞议郎守尚书吏部员外郎兼史馆校勘累赠通议大夫朱公行状》,见朱杰人、严佐之、刘永翔主编:《朱子全书》第25册,上海古籍出版社、安徽教育出版社2002年版,第4514—4515页。
⑥ (宋)朱熹《晦庵先生朱文公文集》卷三十八《与周益公》,见朱杰人、严佐之、刘永翔主编:《朱子全书》第21册,上海古籍出版社、安徽教育出版社2002年版,第1648页。
⑦ (宋)黎靖德编,杨绳其、周娴君校点:《朱子语类(三)》卷第九十《礼七·祭》,岳麓书社1997年版,第2081页。
⑧ (宋)朱熹《晦庵先生朱文公文集》卷七十五《程氏遗书后序》,见朱杰人、严佐之、刘永翔主编:《朱子全书》第24册,上海古籍出版社、安徽教育出版社2002年版,第3624页。

朱熹抄书始于少年时期，尝自云："熹儿时侍先君子官中秘书，是时和静先生[①]实为少监。熹尝于众中望见其道德之容，又得其书而抄之。"[②]"某旧时亦要无所不学，禅、道、文章、楚辞、诗、兵法，事事要学，出入时无数文字，事事有两册。"[③]"事事有两册"，可以推知朱熹勤于抄写，家中藏书录有副本。朱熹善于校勘，去伪存真，使之成为善本，如唐人陈昌晦《禆正书》三卷，"凡四十九篇，熹所校定，可缮写。初，熹被府檄访境内先贤碑碣事传，悉上之府，是后得此书及墓表于其家。表文猥近不足观，然述其世次为详。书杂晚唐偶俪之体，而时出奇涩，殆难以句读也。相传寖久，又多伪谬，无善本可相参校，特以意私定其一二，而其不可知者盖阙焉。……故熹因校其书"[④]。又如"同安学故有官书一匮……至熹始发视，则皆故敝残脱，无复次第，独视其终篇皆有识焉者，曰宣德郎、守秘书丞、知县事林姓，而名亡矣。按县治壁记及故庙学记，林君名涜，字道源，以治平四年为是县。明年，熙宁初元，始新庙学，聚图书。是岁戊申，距今绍兴二十五年乙亥才八十有八年，不幸遭官师之解驰，更水火盗穷之余，其磨灭而仅存者止是耳。而使之与埃尘虫鼠共敝于故箱败箧之间，以至于泯泯无余而后已，其亦不仁也哉！因为之料简其可读者，得凡六种一百九十一卷。又下书募民间得故所藏去者复二种，三十六卷，更为装褫，为若干卷。著之籍记而善藏之，如故加严焉。复具刻著卷目次第，阙其所失亡者揭之，使此县之人于林君之德尚有考也。而熹所聚书因亦附见其后云"[⑤]。

朱熹藏书数量多少，惜史料缺载，无考其藏书书目及数量。据其著作《晦庵集》记载，家有藏书楼，曾自为题写碑记，撰有《家藏石刻序》《藏书阁书橱字号铭》。其《藏书阁书橱字号铭》云："于穆元圣，继天测灵。出此谟训，惠我光明。永言宝之。匪金厥籯。含英咀实，百世其承。"[⑥]又诗云："藏书楼上头，读书楼下屋。怀哉千载心，俯仰数椽足。"[⑦]未标出藏书数量及书目，笔者推测朱熹藏书应四部皆备，而尤以儒家经典为最。明确标明"家藏"者，有《家藏石刻》一书。其《家藏石刻序》云："予少好金石文字，家贫，不能有其书，独时时取欧阳子所集录，观其序跋辨证之辞以为

① 按：和静先生即尹焞，字彦明，一字德充，洛阳人。靖康初召至京师，不欲留，赐号和靖处士。尹焞乃伊川先生之高足，道德学问为时人敬重。

② （宋）朱熹《晦庵先生朱文公文集》卷五十五《答王德修》，见朱杰人、严佐之、刘永翔主编：《朱子全书》第23册，上海古籍出版社、安徽教育出版社2002年版，第2631页。

③ （宋）黎靖德编：《朱子语类（四）》卷一百四《朱子一·自论为学工夫》，岳麓书社1997年版，第2358页。

④ （宋）朱熹《晦庵先生朱文公文集》卷七十五《禆正书序》，见朱杰人、严佐之、刘永翔主编：《朱子全书》第24册，上海古籍出版社、安徽教育出版社2002年版，第3607页。

⑤ （宋）朱熹《晦庵先生朱文公文集》卷七十五《程氏遗书后序》，见朱杰人、严佐之、刘永翔主编：《朱子全书》第24册，上海古籍出版社、安徽教育出版社2002年版，第3606—3607页。

⑥ （宋）朱熹《晦庵先生朱文公文集》卷八十五《藏书阁书橱字号铭》，见朱杰人、严佐之、刘永翔主编：《朱子全书》第24册，上海古籍出版社、安徽教育出版社2002年版，第3996页。

⑦ （宋）朱熹《晦庵先生朱文公文集》卷三《山斋》，见朱杰人、严佐之、刘永翔主编：《朱子全书》第20册，上海古籍出版社、安徽教育出版社2002年版，第317页。

乐。遇适意时,恍然若手摩挲其金石而目了其文字也。既又怅然,自恨身贫贱,居处屏远,弗能尽致所欲得,如公之为者,或寝食不怡竟日。来泉南,又得东武赵氏《金石录》观之,大略如欧阳子书,然诠序益条理,考证益精博,予心亦益好之。于是始胠其橐,得故先君子时所藏,与熹后所增益者凡数十种,虽不多,要皆奇古可玩,悉加标饰,因其刻石大小,施横轴悬之壁间。坐对循行卧起,恒不去目前,不待披筐箧,卷舒把玩而后为适也。盖汉魏以前,刻石制度简朴,或出奇诡,皆有可观,存之足以佐嗜古之癖,良非小助。其近世刻石,本制小者,或为横卷若书秩,亦以意所便也。盖欧阳子书一千卷,赵氏书多倍之,而予欲以此数十种者追而与之并,则诚若不可冀,然安知积之久,则不若其富也耶!"[①]可见,朱熹除藏书,家藏中还有大量法帖。

朱熹除藏书外,亦刻书,刻本种数达三十多种,闽、浙、赣、湘,宦迹所在,均有刻书。因此,朱熹实际上是一位相当有成就的出版家、刻书家,"嘉熙三年(1239)建安书院刻印朱熹《晦庵先生文集》一百卷"[②]。

朱熹藏书处,李方子《紫阳年谱》载:"先生自笠仕以至属纩,五十年间,历事四朝,仕于外者仅九考,立于朝者绕四十日而已。初,居崇安五夫,榜读书之室曰'紫阳书堂',识乡关常在目也。后筑室建阳、卢峰之巅,号曰'云谷',其草堂曰'晦庵',自号云谷老人,亦曰'晦庵',因自号'晦翁'。晚居考亭,作精舍曰'沧洲',号沧洲病叟。最后号遁翁。"[③]紫阳书堂为朱松、朱熹共有藏书之所。紫阳书堂中又设敬斋与义斋,此二斋建于乾道八年(1172),位于徽州潭溪,朱熹撰文叙述两斋之名之由来:紫阳山在徽州城南五里,"先君子故家婺源,少而学于郡学,因往游而乐之。既来闽中,故尝以'紫阳书堂'者刻其印章,盖其意未尝一日而忘归也"。又云:熹"不敢忘先君子之志,敬以印章所刻,榜其所居之厅事……先君子又每自病其卞急害道,尉尤溪时,取古人佩韦之义,榜其厅事东偏之室曰'韦斋',以燕处而读书焉"。紫阳书堂中又置敬斋、义斋,"堂旁两夹室,暇日默坐读书其间,名其左曰'敬斋',右曰'义斋'。盖熹尝读《易》而得其两言,曰'敬以直内,义以方外',以为为学之要,无以易此,而未知其所以用力之方也。及读《中庸》,见其所论修道之教,而必以戒慎恐惧为始,然后得夫所以持敬之本。又读《大学》,见其所论明德之序,而必以格物致知为先……因以'敬''义'云者名吾二斋,且历叙所以名夫堂室之意"[④]。并作《敬斋箴》,书于斋壁以自警。

朱熹藏书处除李方子所言紫阳书堂、晦庵、沧洲三处外,据朱熹著述中提及尚有

---

① (宋)朱熹《晦庵先生朱文公文集》卷七十五《家藏石刻序》,见朱杰人、严佐之、刘永翔主编:《朱子全书》第24册,上海古籍出版社、安徽教育出版社2002年版,第3608页。

② 方彦寿著:《建阳刻书史》第三章《宋代建阳刻书业的繁荣》,中国社会出版社2003年版,第59页。

③ (宋)李方子《紫阳年谱》,见束景南著:《朱熹年谱长编》,华东师范大学出版社2001年版,第1540—1541页。

④ (宋)朱熹《晦庵先生朱文公文集》卷七十八《名堂室记》,见朱杰人、严佐之、刘永翔主编:《朱子全书》第24册,上海古籍出版社、安徽教育出版社2002年版,第3730、3731—3732页。

牧斋、畏垒庵、困学斋、寒泉精舍、爱莲馆、拙斋、武夷精舍等。牧斋建于绍兴二十一年(1151),朱熹有《牧斋记》云:“余为是斋而居之三年矣。饥寒危迫之虑,未尝一日弛于其心。非有道路行李之劳,疾病之忧,则无一日不取六经百氏之书,以诵之于兹也。以其志之笃,事之勤如此,宜其智益加明,业益加进,而不知智益昏,而业益堕也。”①绍兴二十七年(1157),朱熹寓居县人陈良傑之馆时,名其藏书室曰畏垒庵,有《畏垒庵记》云:“自县西北折行数百步,入委巷中,垣屋庳下,无巨丽之观,然其中粗完洁,有堂可以接宾友,有室可以备栖息,诵书史,而佳花异卉、蔓草盆荷之属又皆列莳于庭下,亦足以娱玩耳目而自适其意焉。”②绍兴二十八年(1158),朱熹将书斋命名为“困学”,其解释云:“孔子曰:‘生而知之者上也,学而知之者次也,困而学之又其次也,困而不学,民斯为下矣。’夫生知者,尧、舜、孔子也。学知者,禹、稷、颜回也。困也者,行有不得之谓也。知其困而学焉,以增益其所不能,此困学之之事也,亦以卑矣。然能从事于斯,则其成犹不在善人君子之后;不能从事于斯,则靡然流于下民而不知反。均之困耳。……予尝以‘困学’名予燕居之室,而来吾室者亦未尝不以此告之。”③朱熹通过“困学斋”之名,表达其向慕先贤、学无止境的思想。寒泉精舍建于乾道六年(1170),精舍藏书亦甚多,以待学者,朱熹于此讲学著述。如《答蔡季通》书云:“别后二日,稍得观书,多所欲论者。幸会期不远。此只八九间下寒泉,十一二间定望临顾也。”④又《答范伯崇》书云:“熹比携二子过寒泉,招季通来相聚,更有一二朋友来相聚,初不废讲议。”⑤爱莲馆、拙斋,此二斋在南康郡署。淳熙六年(1179)八月,大儒周敦颐曾孙周直卿自九江来访,将周敦颐《爱莲说》墨本及《拙赋》刻本赠与朱熹,朱熹宝之并为之作跋,并建爱莲馆、拙斋典藏⑥。其两斋名由,朱熹云:“先生尝以‘爱莲’名其居之堂,而为是说以刻焉,熹得窃闻而伏读之有年矣。属来守南康,郡实先生故治。然寇乱之余,访其遗迹,虽壁记文书,一无在者,熹窃惧焉。既与博士弟子立祠于学,又刻先生象、《太极图》于石,《通书》遗文于版。会先生曾孙直卿来自九江,以此说之墨本为赠。乃复寓其名于后圃临池之馆,而刻其说

---

① (宋)朱熹《晦庵先生朱文公文集》卷七十七《牧斋记》,见朱杰人、严佐之、刘永翔主编:《朱子全书》第24册,上海古籍出版社、安徽教育出版社2002年版,第3699页。

② (宋)朱熹《晦庵先生朱文公文集》卷七十七《畏垒庵记》,见朱杰人、严佐之、刘永翔主编:《朱子全书》第24册,上海古籍出版社、安徽教育出版社2002年版,第3697页。

③ (宋)朱熹《晦庵先生朱文公文集》卷七十五《困学恐闻编序》,见朱杰人、严佐之、刘永翔主编:《朱子全书》第24册,上海古籍出版社、安徽教育出版社2002年版,第3617页。

④ (宋)朱熹《晦庵先生朱文公续集》卷二《答蔡季通》,见朱杰人、严佐之、刘永翔主编:《朱子全书》第25册,上海古籍出版社、安徽教育出版社2002年版,第4673页。

⑤ (宋)朱熹《晦庵先生朱文公文集》卷三十九《答范伯崇》,见朱杰人、严佐之、刘永翔主编:《朱子全书》第21册,上海古籍出版社、安徽教育出版社2002年版,第1784页。

⑥ 束景南著:《朱熹年谱长编》卷上,华东师范大学出版社2001年版,第635页。

置壁间,庶几先生之心之德,来者有以考焉。”[①]又云:“右濂溪先生所为赋篇,闻之其曾孙直卿,云近岁耕者得之溪上之田间,已断裂,然尚可读也。熹惟此邦虽陋,然往岁先生尝辱临之,乃辟江东道院之东室,榜以‘拙斋’而刻置焉。既以自警,且以告后之君子,俾无蹈先生之所耻者,以病其民云。”[②]从所撰二文中得知,此二斋专门为纪念与典藏先儒周敦颐遗书及遗文而建。又典藏朱熹本人著述,引四方学者来此阅读。武夷精舍又称紫阳书院、武夷书院、朱文公祠,位于隐屏峰下平林渡九曲溪畔,建于宋淳熙十年(1183),是朱熹著书立说、倡道讲学之所。陆游《寄题朱元晦武夷精舍》说:“先生结屋绿岩边。读易悬知屡绝编。不用采芝惊世俗。恐人谤道是神仙。”“蝉蜕岩间果是无。世人妄想可怜渠。有方为子换凡骨。来读晦庵新著书。”[③]

淳熙三年(1176),婺源县学藏书阁建成,朱熹将其所藏捐出,以充实县学藏书阁。洪嘉植考证这次所捐书目有:程氏遗书、外书、文集、经说、司马氏书仪、高氏送终礼、吕氏乡仪、乡约等书[④]。曹于汴《婺源朱氏藏书楼记》记云:“宋朱文公故有楼藏书,自为碑记,既罹兵火,夷为民居。胜国时建婺源学宫,适卜其地,今仍之皇朝崇重文公之学。其经书传注等,书家传户诵……公遗书犹众,公之十三世孙茂才崇沐,深虑散佚,乃尽搜遗书,为部若干,为卷若干,倾囊剞劂之,复建楼以贮。”[⑤]

(七)程大昌叔侄进士

程大昌(1123—1195)　徽州休宁会理人,寓居吴兴城东。“字泰之,徽州休宁人。十岁能属文,登绍兴二十一年进士第。主吴县簿,未上,丁父忧。服除,著十论言当世事,献于朝,宰相汤思退奇之,擢太平州教授。明年,召为太学正,试馆职,为秘书省正字。孝宗即位,迁著作佐郎”[⑥],历国子司业兼权礼部侍郎、直学士院,除浙东提点刑狱,进秘阁修撰,召为秘书少监,权刑部侍郎,升侍讲兼国子祭酒,累迁权吏部尚书,绍熙五年(1194),请老,以龙图阁学士致仕。《吴兴备志》称:大昌“自宦游去乡里,乐吴兴山水之胜而卜居焉。累迁权吏部尚书,谥文简”[⑦]。卒后葬于安吉县梅溪乡官邸阁山。“大昌笃学,于古今事靡不考究。有《禹贡论》《易原》《雍录》《易

---

① (宋)朱熹《晦庵先生朱文公文集》卷八十一《书濂溪先生爱莲说后》,见朱杰人、严佐之、刘永翔主编:《朱子全书》第24册,上海古籍出版社、安徽教育出版社2002年版,第3844页。

② (宋)朱熹《晦庵先生朱文公文集》卷八十一《书濂溪先生拙赋后》,见朱杰人、严佐之、刘永翔主编:《朱子全书》第24册,上海古籍出版社、安徽教育出版社2002年版,第3845页。

③ (宋)陆游撰:《陆游集》之《剑南诗稿》卷十五《寄题朱元晦武夷精舍》,中华书局1976年版,第439页。

④ 束景南著:《朱熹年谱长编》卷上,华东师范大学出版社2001年版,第563页。

⑤ (明)曹于汴撰:《仰节堂集》卷四《婺源朱氏藏书楼记》,见(清)永瑢、纪昀等编纂:《四库全书》第1293册,上海古籍出版社1987年版,第719页。

⑥ (元)脱脱等撰:《宋史》卷四百三十三《列传一百九十二·程大昌传》,中华书局1977年版,第12858—12859页。

⑦ (明)董斯张撰:《吴兴备志》卷十三《程大昌传》,见《丛书集成续编》第49册,上海书店出版社1994年版,第669页。

老通言》《考古编》《演繁露》《北边备对》行于世”①。以《禹贡论》二卷《后论》一卷、《山川地图》二卷、《演繁露》十四卷及《续》十卷为最著。还著有《书谱》二十卷、《程文简集》二十卷、《续文献通考卷》一百四十八卷、《诗论》一卷等，今存《诗论》《演繁露》《考古编》等。宋淳熙八年(1181)陈应行泉州州学刻《禹贡论》二卷《后论》一卷、《山川地图》二卷，现藏中国国家图书馆，这也是世界上有确切记载刊印年代的第一部印刷地图册②。生平事迹参见周必大《龙图阁学士宣奉大夫赠特进程公大昌神道碑》及《乾隆绍兴府志》卷四十二等。

致仕后，“杜门谢事，恬淡无求”，尤嗜藏书，尝在吴兴城东建有程文简尚书园，在城东宅之后，依东城水濠，有至游堂、鸥鹭堂、芙蓉泾等，周密云：“程氏园，文简公别业也，去城数里，曰河口。藏书数万卷，作楼贮之。”③宋周密《齐东野语》及明董斯张《吴兴备志》卷十五均有记其藏书事迹，可见藏书之富。

程氏尝主讲西山书院，博学多才，“其学富赡而不杂，其识精密而源深，其发为文章，则根柢六经，与韩退之、柳子厚相依仿，而驰骋笔力，骎骎上薄西汉，续作者之派流，立后学之准的，太常谥之曰‘文’，谁敢异议！……公才高而气劲，疑问、若不可附近，而接引后进，谆谆诱训不倦焉，苟有一善亹亹称道不厌焉。故在学校为师儒，诸生敬之，在州里为乡先生，乡之子弟慕之”④，“一时文柄举属公，其成就人才不可计算，凡今老师宿儒，多公门生也”⑤。

程　卓(1153—1223)　“字从元，休宁会理人。大昌从子。淳熙十一年，试礼部第一，授扬州司户参军。历崇仁、龙泉知县，政绩颇著。擢司农丞，礼部郎中”，“累官同知枢密院事，进封新安郡开国公。卒于任所，赠资政殿大学士，谥正惠”⑥。著有《使金录》一卷传于世。

宋傅伯成《资政殿大学士程公卓行状》称程卓“生而神姿高彻，颖悟绝人，纯静无他好，惟潜心经术”。“自奉极约，既贵，膳羞服用，无逾寒素。里第仍故居，仅创一楼贮图画，一堂燕坐而已。……《奏议》《文集》共二十卷，藏于家”⑦。《徽州文化

---

① (元)脱脱等撰：《宋史》卷四百三十三《列传第一百九十二·程大昌传》，中华书局1977年版，第12861页。

② 参见钱律进、夏海燕：《宋元时期的安徽刻书业略述》，《农业图书情报学刊》2012年第7期，第195页。

③ (宋)周密撰，王根林校点：《癸辛杂识前集·程氏园》，上海古籍出版社2012年版，第7页。

④ (宋)王埮撰：《龙图阁学士赠特进程公大昌覆谥文简议》，见(明)程敏政辑撰，何庆善、于石点校：《新安文献志》卷二十六《谥议》，《徽学研究资料辑刊》，黄山书社2004年版，第572—573页。

⑤ (宋)周必大撰：《宋故龙图阁学士宣奉大夫致仕新安郡开国公食邑二千一百户食实封一百户赠特进程公大昌神道碑》，见(明)程敏政辑撰，何庆善、于石点校：《新安文献志》卷六十八《行实·硕儒》，《徽学研究资料辑刊》，黄山书社2004年版，第1672页。

⑥ 万正中编撰：《徽州人物志》卷一《政事》，黄山书社2008年版，第25页。

⑦ (宋)傅伯成《大宋故正议大夫守同知枢密院事致仕新安郡开国候食邑一千三百户食实封二百户赠特进资政殿大学士程公卓行状》，参见(明)程敏政辑撰，何庆善、于石点校：《新安文献志》卷七十四，黄山书社2004年版，第1813、1824页。

史》载:“程卓,字从元,会理人,淳熙十一年礼部会试第一,曾在故居建楼藏书,四方学子不远万里投其门下求教。”①

(八)胡博兄弟进士

胡　博(生卒年不详)　字符举,婺源考川人。“少孤,兄弟三人,伯兄捐主家事。博与弟持刻励于学,自为师友。博登绍兴辛未进士第,教授杭州,改秩宰戈阳,再调吉之永丰。”胡博性孝友,一生无私,雅好藏书,又“为人慷慨,重义,贫贱时,与持馆乡校得礼币悉归于伯氏,以给伏腊及施俸入亦如之。死之日室无私储,唯古书及平生所为文而已”②。

胡　持(生卒年不详)　胡博弟。字符克,一字公操,婺源人。“登隆兴元年进士,初任鄱阳簿,升上元丞,改秩宰闽,乃求佥判南康,而归。二考乞以自逸。家藏书皆手自编及自校,有诗若干卷。持孙厚,字躬可,入太学,登开禧乙丑进士。”③胡持兄博,“字符举,考川人,一生无私储,唯古书和平生所为文”④。

(九)滕　璘

滕　璘(1150—1229)　字德粹,号溪斋,“世家徽之婺源。考讳洙,赠中奉大夫,其德善族系,见于子朱子之铭。公少笃学,诵书至丁夜弗倦。荐举于乡,入太学。淳熙八年,中南宫第四人。对策又中乙科,以恩升首甲,调鄞县尉,教授鄂州。居中奉及母令胡氏忧。服除,调四川制置司干官”⑤,历官庆元府节度判官、隆兴府通判,福建帅司参议官,以朝奉阿福致仕,赐紫金鱼袋。

宋真德秀撰《滕公璘墓志铭》称其“自少嗜学,老而弗衰。在蜀时得官书数千卷,载与俱东,益求平生所未见,即溪东为堂贮之,命曰‘博雅燕居’,无事蚤莫翻阅,间及浮屠、老子、稗官小说,惟意所适。竹间为亭,扁以‘清心’。风日恬畅,辄挟册相羊其间,自谓如鱼纵壑,乌脱笼,乐不胜。……其所为文曰《溪斋类稿》若干卷”⑥。

(十)程　珌

程　珌(1164—1242)　《至元嘉禾志》载:程珌,“字怀古,休宁人。先生本洺州,自号洺水遗民。绍熙四年进士。理宗朝累官礼部尚书、翰林学士,知制诰。历端

---

① 翟屯建主编:《徽州文化史·先秦至元代卷》第五章《南宋时期徽州文化的形成》,安徽人民出版社2015年版,第212页。

② (明)彭泽修:《徽州府志》卷八《人物二·宦业》,明弘治十五年(1502)刊刻,《明代方志选(一)》,(台北)台湾学生书局1965年版重印,第258页。

③ (明)彭泽修:《徽州府志》卷八《人物二·宦业》,明弘治十五年(1502)刊刻,《明代方志选(一)》,(台北)台湾学生书局1965年版重印,第258页。

④ 翟屯建主编:《徽州文化史·先秦至元代卷》第五章《南宋时期徽州文化的形成》,安徽人民出版社2015年版,第213页。

⑤ (宋)真德秀《朝奉大夫赐紫金鱼袋致仕滕公璘墓志铭》,见(明)程敏政辑撰,何庆善、于石点校:《新安文献志》卷六十九,黄山书社2004年版,第1696页。

⑥ (宋)真德秀《朝奉大夫赐紫金鱼袋致仕滕公璘墓志铭》,见(明)程敏政辑撰,何庆善、于石点校:《新安文献志》卷六十九,黄山书社2004年版,第1698页。

明殿学士致仕。卒，赠少师”[①]。嗜读书，“手不释卷”，“于书无所不读，发而为文，自成机杼，神韵绝出，故落笔妙天下，援引今昔，博学之士不能究知。其词雅健精深，追逮古作，根本谊理，扶植名教，有补于当世，学者夸传而争诵之”。著有“《洺水先生集》六十卷，《内制类稿》一十卷，《外制类稿》二十卷藏于家”[②]。生平事迹参见清《乾隆江南通志》卷一百六十七《人物志・文苑・程珌》、朱彝尊《词综》卷十四《宋词・程珌》。

《徽州府志》载：“万卷堂，在汊川，宋程端明珌建。”[③]程珌多蓄书，自称“以四十年游宦，顾须自安石屋之居，三万轴峥嵘”[④]，建万卷堂贮之。《徽州文化史》亦载：程珌，“在家乡汊川建万卷堂，可见藏书之富”[⑤]。

（十一）汪一龙

汪一龙（1230—1282）　字远翔，休宁城西人。“淳祐壬子、宝祐乙卯，年二十三、二十六，连以经甲乡荐。景定辛酉又领浙漕，贡值春官，有尚陆而疑朱者。壬戌由景庠升上庠，咸淳乙丑入礼部，丁父忧，戊辰廷对，赐进士出身，所以发誉早，而登名迟者，文衡不纯一也。初授瑞安县尉，改句容”[⑥]，官新安县令，以母老辞归故里，宋亡不仕。元至元间，主持紫阳书院，主讲正宗儒学，弘扬朱子学说，学者称定斋先生。其“诗文多散落，《句容策》三卷，《四六讲义》各二卷仅存”[⑦]。

元方回《定斋先生汪公一龙墓铭》载：其“文薮理窟，穷研深钩，当魁巨。沦丧之后，士所为随时汗下，浙学屏息，而江西之学犹稍鼓行，末既卑而本舛，朝廷乏儒相，场屋循偏私，濂络正论几壅。公固守紫阳之传，不少屈”。“家筑楼曰经畬，贮书万卷，弦诵之；室曰定斋，使究老寿浩涉渊，诣于道涯圣阈，未见其止也。”[⑧]《徽州文化史》载：“汪一龙，字远翔，咸淳四年进士，家筑经畬楼，储书万卷，其读书处曰‘定

---

① （元）单庆修，（元）徐硕纂，嘉兴市地方志办公室编校：《至元嘉禾志》卷第二十六《碑碣》，上海古籍出版社 2010 年版，第 279—280 页。

② （宋）吕左史《宋端明殿学士宣奉大夫致仕新安郡开国侯食邑一千五百户赠特进程公珌行状》，见（明）程敏政辑撰，何庆善、于石点校：《新安文献志》卷九十四下，黄山书社 2004 年版，第 2389—2390 页。

③ （明）彭泽、汪舜民纂修：《弘治徽州府志》卷十，见《四库全书存目丛书》编纂委员会：《四库全书存目丛书》史部，第 181 册，齐鲁书社 1996 年版，第 82 页。

④ （宋）程珌撰：《程端明公洺水集》卷二十一《万卷堂上梁文》，见四川大学古籍所编：《宋集珍本丛刊》第 71 册，线装书局 2004 年版，第 193 页。

⑤ 翟屯建主编：《徽州文化史・先秦至元代卷》第五章《南宋时期徽州文化的形成》，安徽人民出版社 2015 年版，第 212 页。

⑥ （元）方回《定斋先生汪公一龙墓铭》，见李修生主编：《全元文》卷二百二十八，第七册，江苏古籍出版社 1998 年版，第 441 页。

⑦ （元）方回《定斋先生汪公一龙墓铭》，见李修生主编：《全元文》卷二百二十八，第七册，江苏古籍出版社 1998 年版，第 442 页。

⑧ （元）方回《定斋先生汪公一龙墓铭》，见李修生主编：《全元文》卷二百二十八，第七册，江苏古籍出版社 1998 年版，第 441 页。

斋'。"①

第六节　元代江南进士藏书

据《元史·地理志》载,"江浙等处行中书省,为路三十、府一、州二,属州二十六,属县一百四十三"②。

今江南境系江浙行省之局部。

(一)程端学

程端学(1278—1334)　《积斋程君端学墓志铭》云:君端学,"其讳时叔,其字号积斋"。"君早岁不屑为举子业,朋友力劝之就试,乃再战再捷,素习者不能过之。会试经义策冠场,试官为惊叹,白于宰相曰:'此卷非三十年学问不能成。使举子得挟书入场屋,寸晷之下,未必能作。'请置通榜第一,后格于旧制,以冠南士置第二名。"③"通《春秋》,登至治辛酉进士第,授仙居县丞,寻改国子助教。动有师法,学者以其刚严方正,咸严惮之。迁太常博士,命未下而卒。后以子徐贵,赠礼部尚书。所著有《春秋本义》三十卷,《三传辨疑》二十卷,《春秋或问》十卷。"④生平事迹参见《雍正浙江通志》卷一百七十五《人物五·程端学传》、明徐象梅《两浙名贤录》卷四、《甬上先贤传》卷四十六及《至正四明续志》卷二等。

程端学家富藏书,利用其藏书,著书立学,"盖君之精神心术,尽萃是书,朝夕删改不已,寝食为废"。"宋乾、淳间,朱、陆之学并出,四明学者多宗陆氏,唯黄氏震、史氏蒙卿独宗朱氏,君与伯氏端礼敬叔师史先生,尽得朱子明体达用之指,于是'二难'自为师友,平居一举动必合礼法,时人以其方严刚正,以'二程'目之"。"君先与里中同志孙君友仁,慨念《春秋》在诸经中独未有归一之说,遍索前代说《春秋》者凡百三十家,折衷异同,续作《春秋记》,由是沈潜紬绎二十余年,乃作《春秋本义》三十卷,《三传辨疑》二十卷,《或问》十卷,以经筵官申请有司取其书锓梓传世"⑤。

其书室"江东精舍在钟山南。庆元程时叔博士端学居金陵时所拓之别业"⑥。

---

① 翟屯建主编:《徽州文化史·先秦至元代卷》第五章《南宋时期徽州文化的形成》,安徽人民出版社2015年版,第212页。

② (明)宋濂等撰:《元史》卷六十二《志第十四·地理五》,中华书局1976年版,第1491页。

③ (元)欧阳玄《积斋程君端学墓志铭》,见(明)程敏政辑撰,何庆善、于石点校:《新安文献志》卷七十一《行实·儒硕》,黄山书社2004年版,第1746—1749页。

④ (明)宋濂等撰:《元史》卷一百九十《列传第七十七·程端学传》,中华书局1976年版,第4343页。

⑤ (元)欧阳玄《积斋程君端学墓志铭》,见(明)程敏政辑撰,何庆善、于石点校:《新安文献志》卷七十一《行实·儒硕》,黄山书社2004年版,第1748页。

⑥ (清末民初)陈作霖,(民国)陈诒绂撰:《金陵琐志九种》,南京出版社2008年版,第428页。

(二)贡师泰

贡师泰(1298—1362)　“字泰甫,宁国之宣城县人。父奎,以文学名家,延祐、至治间,官京师,为集贤直学士,卒,谥文靖。师泰早肄业国子学为诸生。泰定四年,释褐出身,授从仕郎、太和州判官。”①《安徽人物志》载:其“元泰定四年(1327)进士。初授绍兴路推官,历任翰林待制、国子监司业,吏部侍郎,迁福建廉访使、礼部尚书,调任平江路总管”②。历两浙都转盐运使、户部尚书,诏为秘书卿。为官勤理事,善断狱,“以文学知名,而于政事尤长,所至绩效辄暴著。尤喜接引后士之贤,不问识不识,即加推毂,以故士誉翕然咸归之。有诗文若干卷行于世”③,如《诗经补注》《玩斋集》《东轩集》等。

元末,贡师泰曾率兵与张士诚部作战,因不敌而“遁匿还滨”,一度流寓松江一带,寓居海宁。明谈迁记云:“贡师泰,字太甫。宣城人。……师潜居海宁,与诸生谢肃、胡奎辈讲学,寓东野草堂。其诗曰:‘幽人海昌往,草屋向村墟。击竹频招鹤,分泉漫种鱼。梨花春巷冷,榆叶夜窗墟。细雨篝灯火,匡床正读书。’刘伯温先生题小桃源赠之。卒葬其里。”④余阙云:“泰甫故学士,仲章君之子。能诗文,少游太学,有时名,自贵重,不妄为,进取有所,不可交者亦不妄与交。故我二人者欢然相得,若鱼之沫于江、兽之走于林也。时泰甫为应奉翰林文字,因多暇日,即与聚榼,有蔬一品,鱼一盘,饮酒三行或五行,即相与赋诗论文,凡经史词章,上下治乱贤否,图书鼎器,亡不言者。”⑤《天禄琳琅书目后编》卷五在论及宋版《家语》二百十三册时,提及上有贡师泰藏印“宣城贡氏玩斋书画珍藏”朱文长印及“长宜子孙”白文方印,并称:“贡师泰,字泰甫,宣城人。元至正末江浙行省参知政事,召为秘书卿,著《玩斋集》。”⑥

(三)杨维桢

杨维桢(1296—1370)　字廉夫,初号梅花道人,又号铁崖,自号铁笛道人,晚年号东维子,别号抱遗叟等,世为绍兴会稽人。“元泰定四年成进士,署天台尹,改钱清场盐司令。狷直忤物,十年不调。会修辽、金、宋三史成,维桢著《正统辩》千余

---

① (明)宋濂等撰:《元史》卷一百八十七《列传第七十四·贡师泰传》,中华书局1976年版,第4294页。

② 安徽省地方志编纂委员会编:《安徽省志·人物志》第二章《政治军事人物传略》,方志出版社1999年版,第524页。

③ (明)宋濂等撰:《元史》卷一百八十七《列传第七十四·贡师泰传》,中华书局1976年版,第4296页。

④ (明)谈迁撰:《海宁珍稀史料文献丛书》编委会整理:《海昌外志》卷六《人物志·元·贡》(点校本),方志出版社2009年版,第188—189页。

⑤ (元)余阙《贡泰甫文集序》,见(明)谈迁撰:《海宁珍稀史料文献丛书》编委会整理:《海昌外志》卷六《人物志》(点校本),方志出版社2009年版,第189—190页。

⑥ (清)彭元瑞等撰:《天禄琳琅书目后编》卷五,《清人书目题跋丛刊十》,中华书局1995年版,第291页。

言"[1],"提举建德路总管,尝策蹇视事江南德之,历升江西等处儒学提举"[2]。避兵乱徙钱塘,后"徙居松江之上,海内荐绅大夫与东南才俊之士,造门纳履无虚日。酒酣以往,笔墨横飞。或戴华阳巾,披羽衣坐船屋上,吹铁笛,作《梅花弄》。或呼侍儿歌《白雪》之辞,自倚凤琶和之。宾客皆蹁跹起舞,以为神仙中人"[3]。拒不入仕,直至终老。杨维桢博学多才,在文学、经学、史学、书法艺术上都卓有成就,史称"诗名擅一时,号铁崖体,与永嘉李孝光、茅山张羽、锡山倪瓒、昆山顾瑛为诗文友,碧桃叟释臻、知归叟释现、清容叟释信为方外友。张雨称其古乐府出入少陵、二李间,有旷世金石声。宋濂称其论撰,如睹商敦、周彝,云雷成文,而寒芒横逸。诗震荡陵厉,鬼设神施,尤号名家云"[4]。"所著《春秋大意》《左氏君子议》《史钺》《丽则遗音》,及志、序、碑、铭、赞、颂、古乐府、近体、五七言诗、铙歌、鼓吹曲,凡若干卷,行于世"[5]。现知仅有《正统辩》一文因为陶宗仪录入《辍耕录》而得以保存,清代纂修《四库全书》时,乾隆皇帝谕命馆臣将其录入《东维子集》卷首。杨维桢是今存辞赋数量最多的大家之一,有《丽则遗音》《铁崖赋稿》等行世。杨维桢又是"元末最具艺术个性的诗人"[6]。今存有《铁崖先生古乐府》十卷、《铁崖先生复古诗集》六卷等诗歌专集。据宋濂《墓志铭》记载,杨维桢共有诗文与其他著作五百余卷,和现存著作相较,其作品散佚很多。生平事迹参见明宋濂撰《杨廉夫维桢墓志铭》、明过庭训《本朝分省人物考》卷四十九、明徐象梅《两浙名贤录》卷四十六、钱谦益《列朝诗集小传》甲前集、《康熙浙江通志》卷三十五、王昶《蒲褐山房诗话新编》卷下及清《嘉庆山阴县志》卷十三等。

关于其读书、藏书事,其所作《铁笛道人自传》自述曰:"铁笛道人者,会稽人,祖关西出也。初号梅花道人。会稽有铁崖山,其高百丈,上有绿萼梅数百株,层楼出梅花,积书数万卷,是道人所居也。泰定间,以春秋经学擢进士第,仕赤城令,转钱清海盐皆不。信其素志,辄弃官。""与永嘉李孝光、茅山张伯雨、锡山倪镇、昆阳顾瑛为诗文友;碧桃叟释臻、知归叟释现、清容叟释信为方外友。其文有警世者,有《三史统论》五千言,《太平纲目》二十策,《历代史钺》二百卷,诗有《琼台曲》、《洞庭杂吟》五

① (清)张廷玉等纂修:《明史》卷二百八十五《列传第一百七十三·杨维桢传》,中华书局1974年版,第7308页。

② (明)王兆云撰:《皇明词林人物考》卷一《杨廉夫维桢》,见《续修四库全书》编纂委员会、复旦大学图书馆古籍部编:《续修四库全书》第532册,上海古籍出版社2003年版,第452页。

③ (清)张廷玉等纂修:《明史》卷二百八十五《列传第一百七十三·杨维桢传》,中华书局1974年版,第7308—7309页。

④ (清)张廷玉等纂修:《明史》卷二百八十五《列传第一百七十三·杨维桢传》,中华书局1974年版,第7309页。

⑤ (明)贝琼《铁崖先生传》,见(明)程敏政编:《明文衡》卷六十,《中华传世文选》本,吉林人民出版社1998年版,第584页。

⑥ 袁行霈主编:《中国文学史》,高等教育出版社1999年版,第374页。

十卷,藏于铁崖山云。”[1]据此可知,杨氏家藏书籍甚多。

其藏书印有杨廉夫、廉夫等二印。

(四)刘　基

刘　基(1311—1375)　字伯温,青田人。《明史》载:“基幼颖异,其师郑复初谓其父爚曰:‘君祖德厚,此子必大君之门矣。’元至顺间,举进士,除高安丞,有廉直声。行省辟之,谢去。起为江浙儒学副提举,论御史失职,为台臣所阻,再投劾归。”[2]“后弃官归乡,隐于青田山中。朱元璋起兵,被征聘出山,成为朱元璋的重要谋士,为朱元璋策划方略,制定明初典章制度,为明代开国功臣之一。官至御史中丞兼太史令,封诚意伯。后遭宰相胡惟庸构陷,忧愤成疾,服药中毒而死。”[3]正德八年(1513),追赠太师,谥文成。刘基“博通经史,于书无不窥,尤精象纬之学。西蜀赵天泽论江左人物,首称基,以为诸葛孔明俦也”。“所为文章,气昌而奇,与宋濂并为一代之宗。所著有《覆瓿集》《犁眉公集》传于世”[4]。

刘基曾祖刘濠,官南宋翰林掌书,宋亡隐居家乡武阳。刘氏富藏书,《明史》载:“曾祖濠,仕宋为翰林掌书。宋亡,邑子林融倡义旅。事败,元遣使簿录其党,多连染。使道宿濠家,濠醉使者而焚其庐,籍悉毁。”[5]刘基有其祖风,喜聚书,在明朝建立之初,留心藏书,蓄书颇多,与吴宽、宋濂、杨士奇、陆深等人藏书不相上下。

藏书印有刘氏伯温等。尝藏宋绍兴二十二年(1152)瞿源蔡潜道宅墨宝堂刻本。是书有清陆贻典跋、清黄丕烈跋、清杨绍和跋,杨绍和《楹书隅录》卷三著录。是书自杨氏书散出后,傅增湘、叶恭绰、周叔弢、王子霖、郦承铨等名家均曾经眼。卷一后有木记云:“瞿源蔡潜道宅墨宝堂新雕印。”末卷后有木记云:“蔡潜道宅板行,绍兴壬申孟春朔题”,则为南宋初刻本,为宋椠珍品。卷首钤有“刘氏伯温”“黄氏”“汪氏”以及“以增之印”“绍和”“四经世史之斋”诸印,从卷首所钤藏印,窥知尝为海源阁杨氏所藏,今存俄罗斯国家图书馆。叶恭绰先生记云:“《管子》,宋本。二十四卷,十册,一函。半叶十行,行二十三字,《注》二十八字。陆贻典《识》、复翁《识》、杨绍和《识》,均在卷末。首卷有‘刘氏伯温’及黄氏、汪氏各印。锡山华氏家藏。”[6]

---

① 《铁笛道人杨维桢自传》,见(明)焦竑辑:《焦太史编辑国朝献征录》卷一百十五,《续修四库全书》编纂委员会、复旦大学图书馆古籍部编:《续修四库全书》第531册,上海古籍出版社2003年版,第503页。

② (清)张廷玉等纂修:《明史》卷一百二十八《列传第十六・刘基传》,中华书局1974年版,第3777页。

③ (清)吴楚材、吴调侯编,殷义祥按:《古文观止新注》,山东文艺出版社2012年版,第615页。

④ (清)张廷玉等纂修:《明史》卷一百二十八《列传第十六・刘基传》,中华书局1974年版,第3777、3782页。

⑤ (清)张廷玉等纂修:《明史》卷一百二十八《列传第十六・刘基传》,中华书局1974年版,第3777页。

⑥ 叶恭绰著,姜纬堂选编:《遐庵小品・聊城杨氏第一批运津书目》,北京出版社1998年版,第283页。

第三章　明代江南进士藏书

《明史·地理志》载，南京，禹贡扬、徐、豫三州之域。明永乐元年南京“统府十四，直州四，属州十七，县九十有七。北至丰、沛，西至英山，南至婺源，东至海”①。府十四即应天、凤阳、淮安、扬州、苏州、松江、常州、镇江、庐州、安庆、太平、池州、宁国、徽州；直州四即徐、和、滁、广德。

据《明史·地理志》载，浙江，禹贡扬州之域。明“洪武三年十二月置杭州都卫。八年十月改都卫为浙江都指挥使司。九年六月改行中书省为承宣布政使司。领府十一，属州一，县七十五”②。府十一即杭州府、严州府、嘉兴府、湖州府、绍兴府、宁波府、台州府、金华府、衢州府、处州府、温州府；州一即安吉州。

今江南境相当于明代应天、苏州、松江、常州、镇江、徽州、杭州、严州、嘉兴、湖州、绍兴、宁波、台州、金华、衢州、处州、温州及安吉州等地。

第一节　明代江南进士世家大族藏书

一、明代昆山雍里顾氏家族

（一）昆山雍里顾氏家族源流与科举

顾氏作为吴中四大著姓之一，《世说新语》言：“吴四姓，旧目云：张文，朱武，陆忠，顾厚。”③其中顾氏很早就享有厚愍仁爱之美誉。至明归有光在叙述其乡里顾氏时云：“顾氏自丞相肃侯始著于吴录，司马氏渡江，顾、贺、纪、薛，号称世胄高门，盖其来久矣。”④直至明清，吴中出现以顾鼎臣、顾巽、顾汝玉及顾济等为代表的各家族，其中顾鼎臣家族世居雍里村，即今江苏昆山市玉山镇。

---

① （清）张廷玉等纂修：《明史》卷四十《志第十六·地理一·南京》，中华书局1974年版，第910页。

② （清）张廷玉等纂修：《明史》卷四十四《志第二十·地理五·浙江》，中华书局1974年版，第1101页。

③ 李毓芙注：《世说新语新注》卷八《赏誉》，山东教育出版社1999年版，第352页。按：吴四姓：吴郡四大望族。张，张昭之族；朱，朱然、朱桓在吴，俱以武功显；陆，陆逊之族；顾，顾雍之族。

④ （明）归有光著，周本淳校点：《震川先生集》卷二十六《顾隐君传》，上海古籍出版社1981年版，第603页。

顾潜《先祖桂轩府君行实》云:"府君讳某字惟诚,别号桂轩,顾氏故吴中著姓,自晋以来多闻人世达,谱牒无传,高祖德璋,元万户,妣□氏,曾祖士恭,妣董氏,祖大本,妣蔡氏,父良,号耕乐道人,妣吴氏,世居昆山,积善乡雍里,俱隐德不仕,而孝义勤俭之风乡间推服。"[①]又据《皇明昆山人物传》载:"顾恂,字惟诚,父曰呆庵,翁名良。翁勇于为人,能震慑豪悍,令改步而悦服其心。世居雍里,旦起每之城市必拥数百钱,自卫务行其所欲为,有博而却者,翁挥退其人而辱数之,博者辟易去。……居家勤修孝悌之行,尝尽产让其兄士贤。独身居,约久之,赀乃大殖,以故所须卒办而仁义都焉。"[②]可见顾氏温良敦厚、仁爱侠义的品德在顾鼎臣家族中延续着,得到乡里的一致推崇。而顾良凭借勤俭自励,积累到丰厚的家产,从而给子孙打下了"行有余而学文"的经济基础。至良之子、顾鼎臣之父顾恂,即家族城居始祖,也是顾鼎臣家族转折之关键人物。

顾　恂(1418—1505)　字惟诚,号桂轩,顾潜记云:公"幼即秀朗整饬,与群儿殊,初从熟师吴廷实、沈诚学二先生学,终日庄座,诵读不辍,于一切戏玩皆无所好。稍长,习举子业益勤勉,骎骎有成。礼部主事吴公相虞乡称伟人,重许可。一日见府君于塾舍,即器爱焉,请于耕乐公纳以为婿,时宣德乙卯也"[③]。又云:"公出入无所私,蓄吴业益弘,然好学不倦,虽居阛阓中,少暇书不去手。"[④]"又复久之营第鳌峰里,令其周可坐百人,数苍头小具什一,而身吟诵不释卷,尝往来斯文延龄二社,闲捻髭练字,一时社家莫能易也。"[⑤]"所著有《鳌峰吟稿》数卷藏于家"[⑥]。生平事迹参见其孙顾潜《先祖桂轩府君行实》、《万历重修昆山县志》卷七《人物三》等。

顾恂有子三:顾式(字正夫,后自号有斋),顾左(字宜之,号自如),顾鼎臣。

顾恂不仅好书,又喜刻书,以铜活字印行过宋范成大《石湖居士集》三十四卷、明孙蕡《西庵集》十卷。

在顾恂好读书与刻书的影响下,顾氏家族是厚积以至于薄发,其家族最终凭借自己实力,登上吴中望族的地位,并在中兴之后,家族的辉煌得以延续。有明一代,顾氏继续在科考上保持着蓬勃的势头,科举人才辈出,登进士者 8 人,在顾鼎臣之

---

① (明)顾潜撰:《静观堂集》卷十三《先祖桂轩府君行实》,见《四库全书存目丛书》编纂委员会:《四库全书存目丛书》集部,第 48 册,齐鲁书社年 1997 年版,第 597 页。

② (明)张大复撰:《皇明昆山人物传》卷六《顾恂·父良》,见《续修四库全书》编纂委员会、复旦大学图书馆古籍部编:《续修四库全书》第 541 册,上海古籍出版社 2003 年版,第 600 页。

③ (明)顾潜撰:《静观堂集》卷十三《先祖桂轩府君行实》,见《四库全书存目丛书》编纂委员会:《四库全书存目丛书》集部,第 48 册,齐鲁书社年 1997 年版,第 597 页。

④ (明)顾潜撰:《静观堂集》卷十三《先祖桂轩府君行实》,见《四库全书存目丛书》编纂委员会:《四库全书存目丛书》集部,第 48 册,齐鲁书社年 1997 年版,第 597 页。

⑤ (明)张大复撰:《皇明昆山人物传》卷六《顾恂·父良》,见《续修四库全书》编纂委员会、复旦大学图书馆古籍部编:《续修四库全书》第 541 册,上海古籍出版社 2003 年版,第 600 页。

⑥ (明)周世昌撰:《万历重修昆山县志》卷七《人物三·顾恂传》,见刘兆佑主编:《中国史学丛书三编》第四辑,台湾学生书局 1987 年版,第 629 页。

后,荣登昆山乡贤榜的顾氏子孙达 7 人,真可谓堆笏满床,贤士辈出,其根源是家族重视读书及藏书。

附:明代昆山雍里顾氏家族中有文献可考登科年的进士名录①

姓　名	家族成员关系	登科年
顾鼎臣(一世)	恂子,左弟	明弘治十八年(1505)乙丑科状元
顾　潜(二世)	恂孙,左子,鼎臣侄	明弘治九年(1496)丙辰科进士
顾梦圭(三世)	潜长子	明嘉靖二年(1523)癸未科进士
顾允元(四世)	恂玄孙,鼎臣从曾孙	明万历十四年(1586)丙戌科进士
顾咸建(四世)	鼎臣曾孙	明崇祯十六年(1643)癸未科进士
顾天埈(五世)	梦圭孙	明万历二十年(1592)壬辰科探花
顾天宠(五世)	鼎臣玄孙	明万历四十四年(1616)丙辰科进士
顾锡畴(六世)	梦圭从曾孙,允元孙	明万历四十七年(1619)已未科进士

(二)昆山雍里顾氏家族进士家族藏书

顾鼎臣(一世)(1473—1540)　初名仝,字九和,号未斋,昆山县城厢玉山镇雍里村人。恂子。“数岁能属文,弘治乙丑举进士第一,授翰林修撰,转侍读。”②“弘治十八年进士第一。授修撰。正德初,再迁左谕德。嘉靖初,直经筵。进讲范浚《心箴》,敷陈剀切。帝悦,乃自为注释,而鼎臣特受眷。累官詹事。”后拜礼部右侍郎,改吏部左侍郎,掌詹事府。寻进礼部尚书,仍掌府事。以本官兼文渊阁大学士入参机务。寻加少保、太子太傅,进武英殿。卒,“赠太保,谥文康。鼎臣官侍从时,悯东南赋役失均,屡陈其弊,帝为饬抚按。巡抚欧阳铎厘定之。昆山无城,言于当事为筑城。后倭乱起,昆山获全,乡人立祠祀焉”③。著有《未斋集》《文康公集》等。其对医学颇有研究,尤擅长眼科,著有《医眼方论》及《经验方》。生平事迹参见严嵩《光禄大夫柱国少保兼太子太傅礼部尚书武英殿大学士赠太保谥文康顾公鼎臣神道碑》、明过庭训《本朝分省人物考》卷二十一《顾鼎臣传》、明张大复《皇明昆山人物传》卷六《顾鼎臣传》及明刘凤《续吴先贤赞》卷五《顾鼎臣传》。

① 按:是书以进士顾鼎臣算为一世起。此表参考文献:·(明)周世昌撰:《万历重修昆山县志》卷四《进士》,卷五至卷七《人物》,见刘兆佑主编:《中国史学丛书三编》第四辑,台湾学生书局 1987 年版。·(清)李铭皖、谭钧培修,(清)冯桂芬纂:《同治苏州府志(二)》卷六十至卷六十一《选举》,见《中国地方志集成·江苏府县志辑》(8),江苏古籍出版社 1991 年版。·(清)赵宏恩等鉴修,黄之隽等编纂:《乾隆江南通志》卷一百二十一至一百二十五《选举》、卷一百四十至一百七十《人物志》,见(清)永瑢、纪昀等编纂:《四库全书》第 510 册、第 511 册,上海古籍出版社 1987 年版。

② (明)周世昌撰:《万历重修昆山县志》卷六《人物二·顾鼎臣传》,见刘兆佑主编:《中国史学丛书三编》第四辑,台湾学生书局 1987 年版,第 591 页。

③ (清)张廷玉等纂修:《明史》卷一百九十三《列传第八十一·顾鼎臣传》,中华书局 1974 年版,第 5115—5116 页。

据《皇明词林人物考》载，顾鼎臣尝多次得皇帝赏赐，“前后所赐白玉金宝束带、麒麟飞鱼蟒服、御书、银章、金绮食物不可胜计”①。据此推测家中藏有御赐之书亦不少。

顾　潜(二世)(1471—1534)　字孔昭，号桴斋，别号西岩，昆山人。顾恂孙，顾左子，梦圭父。《万历重修昆山县志》载：“性耿介，不苟同于流辈，年十九领乡荐，举进士高第，改翰林庶吉士，授监察御史，屡上疏指切时政。尝辑唐虞以来事可为法者，附以论断，名《稽古治要》献之。提督京畿学校，励志作人，士皆畏服。群小嫉之，出为马湖知府，遂请致仕。所著有《静观堂稿》《读史新知》《云峰文献录》《昆山志》。”②顾潜工诗文，平正朴实，不事修饰，除著有上述著述外，还著有《林下纪闻》等数种。尤重视地方文献，其所辑《昆山县志》十四卷尤为简赅(存卷1—12，藏苏州博物馆)。生平事迹参见张大复《皇明昆山人物传》卷六《顾潜传》。

顾潜生平以礼自持，燕居如对宾客，时手一编，不问户外事。事亲十二年，于舍樽罍云泻，凿池叠山，为展桂堂娱之。又性喜聚书，藏书至万余卷，其藏书处为静观堂。《乾隆江南通志》载：其子梦川“性磊落，好读书，父遗书万卷，梦川取大白置两楹间，客至则沃之，抽架上书，相与扬搉古今，考订讹谬，焚膏继晷，未尝少倦”③。明人张大复记云：“顾梦川字禹祥，性磊落，读书无间寒暑，广轴高函每览必尽，首尾起伏皆手自注记，无所遗失。父侍御公爱其该达，推所藏书悉以相与，每一椟，必数十人举之品叙甲乙，略仿唐宋内库书目，有乾兑离震等号外，镌顾孔昭甫藏书字罗列于堂，公设胡床拥之而坐，绮疏玲珑案席芬洁，尝取大白架两楹间，客至则沃之，相与扬搉古今，兼订讹谬，焚膏继晷，樽罍云泻，未尝少倦。……曰吾拥先侍御万卷，何止南面百城。”④据此可知，其子梦川万卷藏书是来自其父顾潜所藏。

顾梦圭(三世)(1500—1558)　顾潜长子。归有光《江西右布政使顾公梦圭志》云：“公讳梦圭，字武祥，世居昆山之雍里，故以为号。高祖讳良，曾祖讳恂，皆以文康公贵，赠光禄大夫、柱国、少保兼太子太傅、礼部尚书、武英殿大学士。祖讳宜之，封山西道御史，文康公之兄也。父讳潜，御史，马湖府知府，进封中宪大夫。顾氏自中宪始登进士，文康公位至台辅，而公父子仍世登科贵显于时。”⑤张大复云：梦圭“十岁

---

① (明)王兆云撰:《皇明词林人物考》卷五《顾文康》，见《续修四库全书》编纂委员会、复旦大学图书馆古籍部编:《续修四库全书》第532册，上海古籍出版社2003年版，第555页。

② (明)周世昌撰:《万历重修昆山县志》卷六《人物二·顾潜传》，见刘兆佑主编:《中国史学丛书三编》第四辑，台湾学生书局1987年版，第590页。

③ (清)赵宏恩等鉴修，黄之隽等编纂:《乾隆江南通志》卷一百六十五《文苑一·顾梦川》，见(清)永瑢、纪昀等编纂:《四库全书》第511册，上海古籍出版社1987年版，第745页。

④ (明)张大复撰:《皇明昆山人物传》卷七《顾梦川》，见《续修四库全书》编纂委员会、复旦大学图书馆古籍部编:《续修四库全书》第541册，上海古籍出版社2003年版，第651页。

⑤ (明)归有光《中奉大夫江西右布政使致仕雍里顾公权厝(梦圭志)》，见(明)焦竑辑:《焦太史编辑国朝献征录》卷八十六，《续修四库全书》编纂委员会、复旦大学图书馆古籍部编:《续修四库全书》第529册，上海古籍出版社2003年版，第586页。

能文章，十七偕计吏对公车，不第辄下帷不肯见客。嘉靖癸未成进士，授刑部主事，浙江司主事改南京吏部稽勋司主事，迁验封郎中，时公年二十五，辄从海内尊宿吕仲木、邹谦之游，相交善。尝泛舟清溪，看梅花色香孤绝，仲木笑曰：'武祥如此花矣。'其见雅重如此。擢广东布政司参议"①，历官南京吏部郎中、河南提学副使、福建参政，升按察使，擢江西右布政使，致仕归。与王同祖、周复俊三人皆为昆山人，都活跃于嘉靖时期，以其才华而并称为"昆山三隽"，与"娄东三凤"前后辉映于吴中文坛。著有《入蜀稿》《北海集》《齐梁集》诸稿。生平事迹参见《万历重修昆山县志》卷六《人物二·顾梦圭》。

顾梦圭受其父影响甚深，与弟梦川皆好读书与藏书，归有光云："公为人敦重，言不能出口，所至阖户读书，绝无他好，而自奉如寒素，孝友恭逊乡人，称其厚德公。公在汴，文康公方柄用，人皆拟其峻擢，及闽藩之命，莫不叹息，谓公不扳家势以升也。"②

顾天埈(五世)(1562—1628)　顾梦圭孙，允默子。字升伯，号湛庵，昆山人。"万历壬辰进士，授编修，掌记注，管理制敕，从容敏辨，以左谕德致仕。"③天埈"敏秀通理，读书都于无味处得想"④，能发前人之未发，有独特的见解，其文章风格，沉博绝丽，著有《顾太史文集》八卷、《毁余稿》二卷等传世。明张大复《皇明昆山人物传》卷十有其传。

顾天埈晚年门馆清寂，潜心于刻书蓄书，收藏书籍达万余卷。《乾隆江南通志》载："谢归后，门馆清寂，丹黄卷籍至万余，咏歌自得，味道以老。"⑤"公读书多超乘之悟，然必使楷者手录之，乃肯寓目。朱黄烂漫，标位精入，积卷轴至万余。意不少怠诸楷者，请直都买金偿之。"⑥顾天埈因读书而藏书，然不善书法，雇人抄写以读，因此所积多为手抄本。

其宅第在昆山玉山镇玉峰山旁，卒葬昆山吴家桥四号区纲圩。

---

① (明)张大复撰:《皇明昆山人物传》卷七《顾梦圭》，见《续修四库全书》编纂委员会、复旦大学图书馆古籍部编:《续修四库全书》第541册，上海古籍出版社2003年版，第646页。

② (明)归有光《江西右布政使顾公梦圭志》，见(明)焦竑辑:《焦太史编辑国朝献征录》卷八十六，《续修四库全书》编纂委员会、复旦大学图书馆古籍部编:《续修四库全书》第529册，上海古籍出版社2003年版，第587页。

③ (清)李铭皖、谭钧培修，(清)冯桂芬纂:《同治苏州府志(三)》卷九十三《人物·顾允云》，见《中国地方志集成·江苏府县志辑》(9)，江苏古籍出版社1991年版，第440页。

④ (清)赵宏恩等鉴修，黄之隽等编纂:《乾隆江南通志》卷一百六十五《文苑一·顾天埈》，见(清)永瑢、纪昀等编纂:《四库全书》第511册，上海古籍出版社1987年版，第746页。

⑤ (清)赵宏恩等鉴修，黄之隽等编纂:《乾隆江南通志》卷一百六十五《文苑一·顾天埈》，见(清)永瑢、纪昀等编纂:《四库全书》第511册，上海古籍出版社1987年版，第746页。

⑥ (明)张大复撰:《皇明昆山人物传》卷十《顾天埈》，见《续修四库全书》编纂委员会、复旦大学图书馆古籍部编:《续修四库全书》第541册，上海古籍出版社2003年版，第722页。

顾天宠（五世）（生卒年不详）　顾鼎臣玄孙。字符锡，昆山人。万历十年（1572）“荐丙午乡试，又十年第进士，选知河南府卢氏县”①，历官遵化知县，官兵部主事衔致仕，其政绩斐然。《同治苏州府志》卷九十四有其传。

其继承顾氏家族忠厚孝义、好书之风，“读书敏疾多兼人之悟，析茧抽丝，便了然于手，而性特长厚，不务高亢斩截”②。

顾锡畴（六世）（1585—1646）　字九畴，号瑞屏，昆山人。梦圭从曾孙，允元孙。“天叙子，年十三，以诸生试南京，魏国公以女妻之。第万历四十七年进士，改庶吉士，授检讨。天启四年，魏忠贤势大炽，锡畴偕给事中董承业典试福建。程策大有讥刺魏忠贤党，遂指为东林。两人并降调，已更削籍。崇祯初，召复故官，历国子祭酒。”③历官詹事府少詹事、礼部左侍郎署尚书，南明福王时，先拜礼部尚书，后拜东阁大学士。历经万历、崇祯、永历三朝政权，不惧魏党等。清乾隆四十一年（1776）通谥节愍。著有《纲鉴正史约》三十六卷、《秦汉鸿文》二十五卷、《四书评说》十卷等。《明史》卷二百十六《列传一百四》有其传。

由于顾氏家族有藏书的传统，顾锡畴于天启间刻印过顾茂猷辑《迪吉录》八卷首一卷，崇祯间刻印过归有光辑《四大家文选》四十二卷。

二、明代昆山花浦顾氏家族

（一）昆山花浦顾氏家族源流与科举

全祖望《亭林先生神道表》记云：“顾氏世为江东四姓之一，五代时由吴郡徙徐州，南宋时迁海门，已而复归于吴，遂为昆山县之花浦村人。其达者，始自明正德间，曰工科给事中广东按察司佥事溱，及刑科给事中济。刑科生兵部侍郎章志。侍郎生左赞善绍芳，及国子生绍芾。赞善生官荫生同应，同应之仲子曰绛，即先生也。”④顾氏家族为明清昆山著名的官宦世家及书香门第，与其家世代藏书密切相关。

---

① （明）张大复撰：《皇明昆山人物传》卷十《顾天宠》，见《续修四库全书》编纂委员会、复旦大学图书馆古籍部编：《续修四库全书》第541册，上海古籍出版社2003年版，第723页。

② （明）张大复撰：《皇明昆山人物传》卷十《顾天宠》，见《续修四库全书》编纂委员会、复旦大学图书馆古籍部编：《续修四库全书》第541册，上海古籍出版社2003年版，第723页。

③ （清）李铭皖、谭钧培修，（清）冯桂芬纂：《同治苏州府志（三）》卷九十四《人物·顾锡畴》，见《中国地方志集成·江苏府县志辑》（9），江苏古籍出版社1991年版，第451—452页。

④ （清）全祖望著：《鲒埼亭集》卷十二《亭林先生神道表》，见王云五主编：《万有文库》第二集（七百种），（上海）商务印书馆1936年版，第143页。

而所得之书过于其旧，然绝无国初以前之板。而先曾祖每言："余所蓄书，求有其字而已，牙签锦轴之工，非所好也。"其书后析而为四。炎武嗣祖太学公，为侍郎公仲子，又益好读书，增而多之，以至炎武，复有五六千卷。自罹变故，转徙无常，而散亡者什之六七，其失多出于意外。二十年来赢滕担囊以游四方，又多别有所得，合诸先世所传，尚不下二三千卷。其书以选择之善，较之旧日虽少其半，犹为过之。而汉、唐碑亦得八九十通，又抄写之本别贮二簏，称为多且博矣。自少为帖括之学者二十年，已而学为诗、古文，以其间纂记故事。年至四十，斐然欲有所作。又十馀年，读书日以益多，而悔其向者立言之非也。

自炎武之先人皆通经学古，亦往往为诗文。本生祖赞善公文集至数百篇，而未有著书以传于世者。昔时尝以问诸先祖，先祖曰："著书不如抄书。凡今人之学，必不及古人也；今人所见之书之博，必不及古人也。小子勉之，惟读书而已。"先祖书法盖逼唐人，性豪迈不群，然自言少时日课抄古书数纸，今散亡之馀犹数十帙，他学士家所未有也。自炎武十一岁，即授之以温公《资治通鉴》，曰："世人多习《纲目》，余所不取。凡作书者，莫病乎其以前人之书改窜而为自作也。班孟坚之改《史记》，必不如《史记》也；宋景文之改《旧唐书》，必不如《旧唐书》也；朱子之改《通鉴》，必不如《通鉴》也。至于今代，而著书之人几满天下，则有盗前人之书而为自作者矣。故得明人书百卷，不若得宋书一卷也。"炎武之游四方十有八年，未尝干人。有贤主人以书相示者则留，或手抄，或募人抄之，子不云乎："多见而识之，知之，次也。"今年至都下，从孙思仁先生得《春秋纂例》《春秋权衡》《汉上易传》等书，清苑陈祺公资以薪米纸笔，写之以归。愚尝有所议于左氏，及读《权衡》，则已先言之矣。

念先祖之见背，已二十有七年，而言犹在耳，乃泫然书之，以贻诸同学李天生。天生今通经之士，其学盖自为人而进乎为己者也①。

此文详细记述了顾氏四代人之藏书、抄书、读书的经历。炎武高祖顾济，在明正德、嘉靖间，天下太平，其藏书达六七千卷；至曾祖顾章志时，藏书虽遭焚毁，因陆续购买，藏书数量亦超过去。至嗣祖顾绍芾，除购书、藏书外，又喜抄书。炎武遵嗣祖教导，在游走四方、转徙无常的生活中，读书、抄书、藏书成为其必不可少的功课。其文体现了一个文化世家把藏书、抄书及读书视为家族世代传承之根基，亦体现了顾氏家族"著书不如抄书""得明人书百卷，不若得宋人书一卷"之严谨的治学态度。

顾炎武(五世)(1613—1682)　本名绛，字忠清，后改名炎武、字宁人，亦自署蒋山佣，学者尊为亭林先生，昆山人。绍芾孙。明季诸生，一生以复明为志，终不仕清廷。

① (清)顾炎武《抄书自序》，见(清)顾炎武著，张兵选注评点：《顾炎武文选》，苏州大学出版社 2001 年版，第 39—40 页。

顾炎武为著名思想家、史学家、语言学家，与黄宗羲、王夫之并称为明末清初三大儒，其“天下兴亡，匹夫有责”之名言，可谓妇孺皆知。顾炎武学问渊博，于国家典制、郡邑掌故、天文仪象、河漕、兵农及经史百家、音韵训诂之学皆有研究，为明末清初朴学大师，晚年治经重考证，开创清一代考据学风，其功甚伟。编著《天下郡国利病书》《肇域志》，堪称读书用志的典范之作。生平事迹参见李元度《国朝先正事略》卷二十七《名儒 · 顾亭林先生事略》等。

顾炎武的毕生学问都从抄书入手，陈康祺云：“亭林先生自少至老，手不释书，出门则一簏二马，捆书自随。”每至一处，则“咨其风土，考其区域。若与平生所闻不合，发书详正，必无所疑乃已。马上无事，辄据鞍默诵诸经注疏，遇故友若不相识，或颠坠崖谷，亦无悔也。精勤至此，宜所诣渊涵博大，莫与抗衡与”[①]。梁启超对于顾炎武抄书之事尝举例作分析云：“如《天下郡国利病书》《肇域志》，全属抄撮未经泐定者，无论矣[②]。若《日知录》，实他生平最得意之作。我们试留心细读，则发表他自己见解者，其实不过十之二三，抄录别人的话最少居十之七八。故可以说他主要的工作，在抄而不在著。”[③]有人问顾炎武《日知录》又成几卷，顾氏答曰：“尝谓今人纂辑之书，正如今人之铸钱。古人采铜于山，今人则买旧钱名之曰废铜以充铸而已。所铸之钱既已粗恶，而又将古人传世之宝舂剉碎散，不存于后，岂不两失之呼？承问《日知录》又成几卷，盖期之以废铜。而某自别来一载，早夜诵读，反复寻究，仅得十余条，然庶几采山之铜也。”[④]梁启超言《日知录》一年工夫才做得十几条，“根据这种事实，可以知道，不独著书难，即抄也不容易了。须知凡用客观方法研究学问的人，最要紧是先彻底了解一事件之真相，然后下判断。能否得真相，全视所凭藉之资料如何。资料，从量的方面看，要求丰备；从质的方面看，要求确实。所以资料之搜罗和别择，实占全工作十分之七八”[⑤]。顾炎武所谓采山之铜与铜之分别何如，可理解顾氏抄书对于治学方法之重视。梁启超赞誉顾炎武言：“大学者有必要之态度二：一曰精慎，二曰虚心。亭林著作最能表现这种精神。”

---

① （清）陈康祺《郎潜纪闻初笔》卷三《顾亭林先生勤学》，见（清）陈康祺撰，晋石点校：《郎潜纪闻初笔二笔三笔》，中华书局1984年版，第58页。

② 按：《天下郡国利病书》自序云：“历览二十一史，以及天下郡县志书，一代名公文集，及章卷文册之类。有得即录，共成四十余帙。”《肇域志》自序云：“先取《一统志》，后取各省府州县志，后取二十一史，参互书中，凡阅书一千余部。本行不尽，则注之旁行；旁行不尽，则别为一集，日备录。”

③ 梁启超著：《中国近三百年学术史》六《清代经学之建设》，北京联合出版公司2014年版，第62页。

④ 唐敬杲选注，司马朝军校订：《顾炎武文》上编《与人书十》，崇文书局2014年版，第88页。

⑤ 梁启超著：《中国近三百年学术史》六《清代经学之建设》，北京联合出版公司2014年版，第62页。

三、明代太仓琅琊王氏家族

(一)太仓琅琊王氏家族源流与科举

太仓王氏家族“系出琅琊王氏”①,乃魏晋南北朝时世代簪缨的琅琊王氏的余脉。从汉代王吉始,几乎历代皆有名士,多有为官之人,又以儒业传家,至唐宋时,王氏家族曾长期定居浙江分水。王世贞亦自称:“吾王之先自即丘子讳览、诸孙文献公讳导,传其子讳某。世世显贵,至五季而有讳仁镐者,为吴越镇海节度衙推,居严之分水,遂为分水人。世孙宋左司谏讳缙有名臣称阙,传至讳梦声,薄元德,不肯取抚仕,仅应行省辟,为吾吴之昆山州学正,几四十年,遂为昆山人。后割隶太仓州,徙为太仓人。皇祖考讳倬,历官至南都少司马,以政术行宜为弘治、正德间名臣,赐祭予葬。皇考讳阙,至都察院右都御史,历督抚蓟辽诸军,更六大镇,为嘉靖名臣。”②文中的王梦声,字应甫,号顾川,北宋右司谏王缙六世孙。南宋咸淳间进士,曾授迪功郎,秘书省史馆检阅。宋元鼎革后不肯入仕,而行省强辟之,至元十三年(1276)被征辟为昆山州儒学正,著有《古川野叟集》。

明人陈继儒《王元美先生墓志铭》亦记云:“公先出琅琊王氏,自晋丞相始兴,公遵渡江而南世为浙人,后有昆山学正,讳梦声者,因家于官而太仓之王。自梦声始,又六世而为公大父质庵倬,仕至南京兵部侍郎。倬生南都察院右都御史兼兵部侍郎赠尚书思质公忬,配郁夫人实,生公,公又十岁而生敬美太常大司马,命之曰吾闻东海有凤洲、麟洲。”③

从上文可知,王梦声身兼州学正四十年,自然形成了以儒学为传家之风。以儒家为传家之风的主要内容之一是科举,科举也是儒家之风得以传承的重要保证,王侨、王倬兄弟双双登第,为王氏家族儒学传家的最好证明,亦为王氏家族子孙收藏书籍奠定了基础。

据《研堂见闻杂录》载:“娄东鼎盛,无如琅琊、太原。琅琊自王倬起家少司马,子忬亦少司马,被法。忬子世贞、世懋,一为南司寇,一为南奉常。世贞子士骐,为铨曹主事,四代甲科。”④王世贞家族的兴起在其祖父王倬。王倬(1447—1521),字用俭,号质庵,太仓人,以科举名世,“梦声七世孙,明成化十四年进士,授山阴知县”⑤,

① (明)王锡爵:《王文肃公文集》卷六《太子少保刑部尚书凤洲王公神道碑》,见《四库禁毁书丛刊》编纂委员会编:《四库禁毁书丛刊》集部,第7册,北京出版社1997年版,第159页。

② (明)王世贞撰:《弇州续稿》卷一百四十《亡弟中顺大夫太常寺少卿敬美行状》,见(清)永瑢、纪昀等编纂:《四库全书》第1284册,上海古籍出版社1987年版,第47—48页。

③ (明)陈继儒撰:《见闻录》卷五《王元美先生墓志铭》,见《四库全书存目丛书》编纂委员会:《四库全书存目丛书》子部,第244册,齐鲁书社1997年版,第200页。

④ (清)佚名氏撰,陈广宽整理:《研堂见闻杂录》,见车吉心总主编:《中华野史·清朝卷》,泰山出版社2000年版,第785页。

⑤ (清)王祖畬等纂:《宣统太仓州镇洋县志》卷十八《人物》,见《中国地方志集成·江苏府县志辑》(19),江苏古籍出版社1991年版,第290页。

官云南按察使,“时阉镇贪横,夷孽窃发。倬匡济之力居多,操持坚白,群议不能摇”①。官至南京兵部右侍郎,致仕归。王倬孝友天性,为人宽厚而练达、机警,所至有闻。好施予,旧僚故友有告必济,皆人所难,创家庙,“家产不能及中豪,而割其田千亩为义庄以赡族”②。编修《弘治兰溪县志》五卷。生平事迹参见明王鏊《通议大夫南京兵部右侍郎王公倬神道碑》、明刘凤《续吴先贤赞》卷五《王倬传》、明张大复《皇明昆山人物传》卷五《王倬传》。

附:明代太仓琅琊王氏家族中有文献可考登科年的进士名录③

姓　名	家族成员关系	登科年
王　侨(一世)	王倬兄,忬伯父	明成化十一年(1475)乙未科进士
王　倬(一世)	忬父	明成化十四年(1478)戊戌科进士
王　忬(二世)	倬次子,世贞父	明嘉靖二十年(1541)辛丑科进士
王世芳(三世)	侨孙,悌子	明正德十六年(1521)辛巳科进士
王世贞(三世)	倬长孙,世懋兄	明嘉靖二十六年(1547)丁未科进士
王世懋(三世)	世贞弟	明嘉靖三十八年(1559)己未科进士
王一诚(四世)	侨曾孙,世芳子	明隆庆二年(1568)戊辰科进士
王士骐(四世)	世贞子	明万历十七年(1589)己丑科进士

(二)太仓琅琊王氏进士家族藏书

1.王氏家族藏书溯源

王　侨(一世)　王倬兄,忬伯父。《皇明昆山人物传》载:王侨“字德高,其先昆山人,自洪武丁巳分籍太仓,而公与弟倬仍用先籍起家,中成化乙未礼部试,授江西武宁令。外艰服除,补山东曹令,皆有德于其民。然不肯依附上官,取声誉前后九载始入为南京工部营缮司主事,内艰归。服除补故官久之,进水部员外郎,复为营缮郎

① 江燕、文明元、王珏点校:《新纂云南通志》卷一百七十九《名宦传二》,第8册,云南人民出版社2007年版,第23页。

② (明)王世贞撰:《弇州续稿》卷一百五十一《·文部·像赞·琅琊先德赞》,见(清)永瑢、纪昀等编纂:《四库全书》第1284册,上海古籍出版社1987年版,第185页。

③ 按:是书以进士王侨算为一世起。此表参考文献:·(明)周世昌撰:《万历重修昆山县志》卷四《进士》,卷五至卷七《人物》,见刘兆佑主编:《中国史学丛书三编》第四辑,台湾学生书局1987年版。·(清)王祖畬等纂:《宣统太仓州镇洋县志》卷十《选举》,卷十七至卷二十《人物》,见《中国地方志集成·江苏府县志辑》(19),江苏古籍出版社1991年版。·(清)王昶等纂修:《嘉庆直隶太仓州志》卷十五《选举》、卷二十六至卷二十八《人物》,见《续修四库全书》编纂委员会、复旦大学图书馆古籍部编:《续修四库全书》第697册,上海古籍出版社2003年版。·(清)赵宏恩等鉴修,黄之隽等编纂:《乾隆江南通志》卷一百二十一至　百二十五《选举》、卷一百四十至一百七十《人物志》,见(清)永瑢、纪昀等编纂:《四库全书》,第510册、第511册,上海古籍出版社1987年版。按:王世懋玄孙王辑修(七世),清康熙二十三年(1684)甲子科进士;王世芳累孙王淑京(九世),清康熙五十一年(1712)壬辰科进士,未列入此表中。

中，授奉政大夫”[①]。久之以老疾致仕，恩进阶四品。

王侨为人“诚直详谨，悃愊无华，肮脏郎署间，无竿牍寒暄之，惟书史”，是淡泊如也。其“曾孙一诚，字明得，仍以昆山籍中嘉靖戊午乡试，乙丑成进士”[②]。

王　忬(二世)(1507—1560)　王倬次子，世贞父。字民应，号思质，太仓人。《明史》载：“父倬，南京兵部右侍郎，以谨厚称。忬登嘉靖二十年进士，授行人，迁御使。皇太子出阁，疏以武宗居青宫为戒。又劾罢东厂太监宋兴。出视河东盐政，以疾归。已，起按湖广，复按顺天。”[③]历官右佥都御史，出抚山东，提督军务，巡视浙江及福、兴、漳、泉四府，累官至兵部右侍郎、右都御使。因得罪严嵩及滦河兵败被斩首。墓在杨林塘西。明穆宗朱载垕即位，隆庆元年(1567)，王忬子世贞、世懋伏阙为父论冤，得以昭雪，王忬得复原官，并受抚恤。所著有《思质奏议》。生平事迹参见明李春芳《资善大夫都察院右都御使兼兵部左侍郎思质王公忬墓志铭》及明李攀龙《王忬传》。

王忬为人正直，不依附权贵，曾告诫其子：“士重始进，即名位当自致，毋濡迹权路。”[④]其永不依附权贵的家训，亦让王世贞谨记在心，成为其仕宦沉浮的座右铭，注定了王世贞仕宦生涯的曲折。王忬自幼不好玩乐，“每读书至夜分，伊吾声后管弦弗罢矣。府君方病消病可二载，其读书为文章益自力”，窥晓百家，尤笃精于经术，“益以宏博而湛邃于理旨”[⑤]。又雅好刻书，如刻印过宋曾巩《南丰先生元丰类稿》五十卷《附录》一卷，是书题“明嘉靖戊申王忬刻本，大黑口版，版心题‘南丰文集卷几’……每卷大题后第二行结衔称‘明进士巡按湖广监察御史、后学姑苏王忬校刻’”[⑥]。据此推测王氏家族藏书应从王忬始，受其父影响，至王世贞、王世懋兄弟时，王氏家族藏书至鼎盛。

2.进士王世贞藏书

王世贞(三世)(1526—1590)　字符美，号凤洲，又号弇州山人、弇山生、弇山居士、弇山人、天弢居士、天弢道人，明太仓人。“忬子，年十九，登嘉靖二十六年进士，授刑

① (明)张大复撰：《皇明昆山人物传》卷五《王侨》，见《续修四库全书》编纂委员会、复旦大学图书馆古籍部编：《续修四库全书》第541册，上海古籍出版社2003年版，第609页。

② (明)张大复撰：《皇明昆山人物传》卷五《王侨》，见《续修四库全书》编纂委员会、复旦大学图书馆古籍部编：《续修四库全书》第541册，上海古籍出版社2003年版，第609页。

③ (清)张廷玉等纂修：《明史》卷二百四《列传第九十二·王忬传》，中华书局1974年版，第5396页。

④ (明)王世贞撰：《弇州四部稿》卷九十八《文部·行状一·先考思质府君行状》，见(清)永瑢、纪昀等编纂：《四库全书》第1280册，上海古籍出版社1987年版，第571页。

⑤ (明)王世贞撰：《弇州四部稿》卷九十八《文部·行状一·先考思质府君行状》，见(清)永瑢、纪昀等编纂：《四库全书》第1280册，上海古籍出版社1987年版，第569页。

⑥ (清)叶德辉撰，杨洪升点校：《郋园读书志》卷八《集部·南丰先生元丰类稿》，上海古籍出版社2010年版，第377页。

部主事，历选员外郎中”①，“出为山东副使，以父难解官。补大名兵备，历浙江参政，山西按察使，入为太仆寺卿，以右副都御史，抚郧阳，迁行大理寺卿，历应天府尹，南京刑部侍郎，改兵部，进刑部尚书”②，移疾归。清查继佐亦记云：其“弱冠，成嘉靖丁未进士，补刑部曹郎，与李于鳞诸子相唱和，名籍公卿间。在官益博该，于昭代事实尤留意，所著述直追马迁，且有义存，而于吏事尤赡。……父质庵义田千亩。倍拓之。所著有《弇洲四部稿》《续稿》《弇洲别集》《觚不觚》若干卷”③。生平事迹参见明王锡爵《太子少保刑部尚书凤洲王公世贞神道碑》、《明史》卷二百八十七《列传第一百七十五・文苑三》、明过庭训《本朝分省人物考》卷二十四《王世贞传》、王兆云《皇明词林人物考》卷九《王世贞传》。

王世贞的古籍与书画收藏

王世贞为明代文坛盟主、史学巨匠，其成就源于读书甚勤，《玉剑尊闻》载其事迹云：“王世贞，字符美，晚自称弇州山人，太仓人。祖倬，南京兵部侍郎；父忬，总督蓟辽右都御使。世贞举进士，仕至刑部尚书。性弘厚恬和，博极群书，才气雄伟者《四部稿》《续稿》《别集》。在爽鸠署中，日与于鳞（李攀龙）手抄《史记》《文选》各一部，举觥抽诵以记否为赏罚。”④又“好为诗古文，官京师，入王宗沐、李先芳、吴维岳等诗社，又与李攀龙、宗臣、梁有誉、徐中行、吴国伦辈相倡和，绍述何、李，名日益盛”⑤。王世贞与李攀龙同为“后七子”领袖，主张“文必秦汉，诗必盛唐”，发起了一场文学复古运动，李攀龙殁后，其独主文坛二十年。又因其仕宦生涯曲折及家庭的影响，一生亦花较多的时间收藏图籍及书画。

王世贞因嗜读书，故大力购置书籍，藏书名著一时，清人云：“江南藏书，毗陵、琅玡，一代文献。鄞人范司马钦，字尧卿，号东明，喜购旧本，与凤洲家藏以书目相较。各钞所未见。”⑥王氏尝自称：“生平好古籍及诸书碑刻，至脱衣鬻之不惜。”⑦明人谢肇淛云：“王元美先生藏书最富。二典之外尚有三万余卷，其它即墓铭、朝报积之如

① （清）王祖畬等纂：《宣统太仓州镇洋县志》卷十九《人物三・王世贞》，见《中国地方志集成・江苏府县志辑》（19），江苏古籍出版社 1991 年版，第 304 页。

② （清）朱彝尊著，姚祖恩编，黄君坦校点：《静志居诗话》卷十三《王世贞》，人民文学出版社 2006 年版，第 328 页。

③ （清）查继佐著：《罪惟录・列传》卷之十九《武略诸臣列传总论・王倬・孙世贞传》，浙江古籍出版社 1986 年版，第 2382 页。

④ （清）梁维枢撰：《玉剑尊闻》卷三《文学》，见《续修四库全书》编纂委员会、复旦大学图书馆古籍部编：《续修四库全书》第 1175 册，上海古籍出版社 2003 年版，第 260 页。

⑤ （清）张廷玉等纂修：《明史》卷二百八十七《列传第一百七十五・文苑三・王世贞》，中华书局 1974 年版，第 7379 页。

⑥ （清）阮葵生撰，李保民校点：《茶语客话》卷十六《明藏书家》，历代笔记小说大观本，上海古籍出版 2012 年版，第 394 页。

⑦ （明）王世贞撰：《弇州续稿》卷二百七《答穆考功》，见（清）永瑢、纪昀等编纂：《四库全书》第 1284 册，上海古籍出版社 1987 年版，第 911 页。

山。其考核该博,故有自来"[1]。祁承㸁云:"云间陆文裕公、娄江王大司马、吴门刘子威,此其家藏书皆不下数万卷。更闻杨仪部君谦性最嗜书,家本素封,以购书故,晚岁赤贫。所藏书十余万卷,纂其异闻为奚囊手镜。若金陵之焦太史弱侯,藏书两楼,五楹俱满,余所目见,而一一皆经校雠探讨,尤人所难。婺州胡元瑞以一孝廉,集书至四万二千三百八十四卷,此皆近日士绅也安可以须眉。"[2]仅以宋版善本而言,王世贞的收藏都超过二千余卷。其中前后《汉书》又是最为稀有的镇宅之宝,明陈继儒云:"元美公有宋刻两汉书,皆大官板,长尺五许,后有赵文敏小像,盖赵魏公物也。元美亦画一小像在其后。"[3]《弇州四部稿》有两则王氏自跋云:

宋板前《汉书》后:此书余得之江南故家,末有倪元镇跋,当是元镇家藏北宋板也。惜阙目录及陈涉、项籍等传十馀卷。中有朱书,用唐抄本及南本舍人院本参校,系宋景文笔,字画妍好,无一字苟简。而考证评隲有出于诸注之外者,别作墨书,亦景文笔,盖录刘原父语也。前辈读书用心如此,令人汗下。

又前后《汉书》后:余生平所购《周易》《礼经》《毛诗》《左传》《史记》《三国志》《唐书》之类,过二千馀卷,皆宋本精绝,最后班、范二《汉书》尤为诸本之冠。桑皮纸匀洁如玉,四旁宽广字大者如钱,绝有欧、柳笔法,细书丝发肤致,墨色清纯,奚潘流渖。盖自真宗朝刻之秘阁,特赐两府,而其人亦自宝惜,四百年而手若未触者。前有赵吴兴小像,当是吴兴家物入吾郡陆太宰,又转入顾光禄,失一庄而得之。噫!余老矣,即以身作蠹鱼其间不惜,又恐兹书饱我而损也。识其末以示后人[4]。

阮葵生记其书云:"赵承旨家宋椠前、后《汉书》,纸为罗纹,字类欧阳率更,王弇州得之太宰陆水村(完)家,前有松雪小像,紫衣纱帽,神采如生,弇州亦作一像于后。后牧斋以千二百金购之新安贾人,复售于四明谢三象。牧斋常云:'此书去我之日,殊难为怀。李后主去国,听教坊杂曲,挥泪对宫娥,一段凄凉景色,约略相似。'此书后归新乡张坦公司马。康熙中,有人携至京中,索价甚高,梁苍岩大司马酬以五百

① (明)谢肇淛《五杂俎》,见袁咏秋、曾季光主编:《中国历代国家藏书机构及名家藏读叙传选》第三编《中华文化古籍之源流故实》,北京大学出版社1997年版,第270页。

② (明)祁承㸁《藏书训略·购书》,见(明)祁承㸁等撰:《澹生堂藏书约》外八种,上海古籍出版社2005年版,第15—16页。

③ (明)陈继儒《妮古录》卷三,见《四库全书存目丛书》编纂委员会:《四库全书存目丛书》子部,第118册,齐鲁书社1995年版,第673页。

④ (明)王世贞撰:《弇州四部稿》卷一百二十九《文部·杂文跋·宋板前后汉书后》,见(清)永瑢、纪昀等编纂:《四库全书》第1281册,上海古籍出版社1987年版,第168—169页。

金，不售。后不知所归云。”①是书后入清内府，有乾隆皇帝御题，云：“御题内府藏旧刻书甚多，而前后《汉书》雕镌、纸墨并极精妙，实为宋本之冠。览前人跋语，知旧为吴兴赵孟頫家物，展转流传一归王世贞，再归钱谦益。王钱辈，皆精于赏鉴而爱惜贵之，比之宝玉、大弓，良非虚语。每一翻阅楮墨犹香，古今之宝真有神物护持耶。乾隆甲子仲秋之月御题钤。”②此书归其子士骐递藏，惜王世贞殁后，《汉书》就脱手，其因缴纳国税，抵押入徽州人的典当中，故王士骐跋云：“此先尚书‘九友斋’中第一宝也。近为国税，新旧并急不免，归之质库中，书此志愧。”③后为常熟钱谦益以千金从典当中赎出，遂归钱氏。钱谦益《旧藏宋雕两汉书》跋云：“赵吴兴家藏宋椠两汉书，王弇州先生鬻一庄，得之陆水村太宰家，后归于新安富人。余以千二百金从黄尚宝购之。……司马得此十篋，乃今时书库中宝玉大弓。当令吴儿见之，头目眩晕，舌吐而不能收。不独此书得其所归，亦差足为绛云老人开颜吐气也。”④又如王世贞尝藏有钞本《金瓶梅》一书，明谢肇淛记云：“此书向无镂板，钞写流传，参差散失，唯弇州家藏者最为完好。余于袁中郎得其十三，于丘诸城得其十五，稍为厘正，而阙所未备，以俟他日。有嗤余诲淫者，余不敢知。然《溱洧》之音，圣人不删，则亦中郎帐中必不可无之物也。仿此者有《玉娇丽》，然而乖彝败度，君子无取焉。”⑤“弇州家藏”最为完好齐全，成为后世认定王世贞乃《金瓶梅》作者的理由之一。

王世贞编有《王世贞藏书目录》，已佚。

藏书印有贞元、伯雅、仲雅、季雅、五湖长、乾坤清赏、默然守吾口、天弢居士、太仆寺印、抚治郧阳等。

除藏书外，王世贞所藏法书及书画亦甚富，清初姜绍书记云：项元汴“出其绪余，购求法书名画及鼎彝奇器，三吴珍秘，归之如流。王弇州与之同时，主盟风雅，收罗名品，不遗余力，然所藏不及墨林远甚”⑥。又据明詹景凤《詹氏性理小辨》载王世贞与项元汴所藏书画之富云：“……士大夫家藏多不敢匿，天下大半入严氏（严嵩），又有为升官百计求中宦以摹本窃换秘府真迹而悦之者，于是公私所有多归严氏，及严氏败，没入时，朱成国弟号篁庵者（朱希孝），性酷嗜古，计欲得之，而世庙（嘉靖）不好书画，朱遂私布其意于中贵，中贵诡请着令朱上价，于是严氏所没入，尽归篁庵。

---

① （清）阮葵生撰，李保民校点：《茶语客话》卷十六《宋本前后汉书》，《历代笔记小说大观》本，上海古籍出版2012年版，第391页。

② （清）于敏中等撰：《天禄琳琅书目》卷二，见《清人书目题跋丛刊十》，中华书局1995年版，第22—23页。

③ （清）于敏中等撰：《天禄琳琅书目》卷二，见《清人书目题跋丛刊十》，中华书局1995年版，第24页。

④ （清）钱谦益撰，潘景郑辑校：《绛云楼题跋》之《旧藏宋雕两汉书》，上海古籍出版社2005年版，第14页。

⑤ （明）谢肇淛撰：《小草斋集》卷二十四《金瓶梅跋》，见《四库全书存目丛书》编纂委员会编：《四库全书存目丛书》集部，第176册，齐鲁书社1997年版，第279页。

⑥ （清）姜绍书著：《韵石斋笔谈》下《项墨林收藏》，中华书局1985年版，第27页。

箑庵因又遣使遍行天下，重价购求。既而张相（张居正）出，权势重于人主，天下士大夫争相购求以悦张相。张相与诸子并酷好异物，四方辐辏而至。张败箑庵死，诸名迹复出落海内好事五六家，如太仓王氏、槜李项氏皆酷好，又并挟高赀不惜重价购求。予尽得而寓目焉。"[①]可见王世贞所藏亦甚富，虽不如天下所藏最富的项元汴，但亦著名于世。

王世贞书画藏品的目录由汪砢玉首次编成，收录于《珊瑚网》中，名为《王弇州尔雅楼所藏法书》与《娄东王元美家藏画品》，后被《佩文斋书画谱》引录。以赵孟頫作品为例，《王弇州尔雅楼所藏法书》中有赵孟頫书法墨迹二十六件，拓本九件。嘉靖二十三年（1544），文徵明时正搜访观摩名迹，以资刻入《停云馆帖》，过王世贞寓所，观所藏唐人墨迹，并为小楷《出师表》。是年，王世贞年仅19岁。文徵明跋《海山仙馆藏真三刻》："嘉靖甲辰春日，偶过元美斋头，出示唐人墨迹。精绝可爱，不胜景仰。复以佳纸索前后《出师表》，余何敢望古人哉？勉为书此。以鱼目混夜光，觉我形秽多矣！徵明时年七十有五。"[②]可见，年少的王世贞已开始了书画收藏活动。王世贞曾藏怀素千文，自跋云："余家有怀素千文真迹，仅九百字，飞动奇逸，为诸法书冠。"[③]又尝藏有钱叔宝《纪行图》。王世贞跋曰："吾家太仓去神都为水道三千七百里，自吾过舞象而还往者十二，而水居其八，得失忧喜之事错或接淅，卜夜所经繇都会繁盛若云烟之过眼而已。去年春二月，入领太仆，友人钱叔宝以绘事妙天下，为余图，自吾家小祇园而起至广陵得三十二帧。盖余尝笑叔宝如赵大年，不能作五百里观也。叔宝上足曰张复，附余舟而北，所至属图之，为五十帧，以贻叔宝，稍于晴晦旦暮之间加色泽或为理其暎带轻重而已。昔宗少文图五岳名山于斋壁，曰'鼓琴动操欲令众山皆响'，吾请老之日，以此册置书斋，阿堵得之不自笑令泪出耶！然终南山有捷径，又安知长安道中之无隐沦也。吾与二子俱幸而不死，是不能为向子平，亦终当为少文矣。因题于后。"[④]此图现藏台北故宫博物院。

在王世贞的藏品中，有四件原属严嵩的收藏，在其失势后不久，即由王世贞从商贾手中购得，其中包括魏朝书法《荐关内侯季直表》、王诜《烟江叠嶂图》等。王世贞《钟太傅荐季直表》书跋云："华氏藏为大戎胁取，夤缘佐朱提，权相复见，法籍入天府，寻用代禄，转落缇帅家。缇帅没，余乃偶得之贾人手，亦云幸矣。好事者意此神

---

① （明）詹景凤撰：《詹氏性理小辨》卷四十二《真赏》，见《四库全书存目丛书》编纂委员会：《四库全书存目丛书》子部，第112册，齐鲁书社1995年版，第574页。

② 引周道振、张月尊纂：《文徵明年谱》卷六《海山仙馆藏真三刻》，上海百家出版社1998年版，第546页。

③ （明）王世贞撰：《弇州四部稿》卷一百三十《文部·墨迹跋上三十八首·宗室家怀素千文》，见（清）永瑢、纪昀等编纂：《四库全书》第1281册，上海古籍出版社1987年版，第173页。

④ （明）王世贞撰：《弇州四部稿》卷一百三十八《文部·画跋四十二首·钱叔宝纪行图》，见（清）永瑢、纪昀等编纂：《四库全书》第1281册，上海古籍出版社1987年版，第281页。

品。"[1]明文嘉《钤山堂书画记》载:《荐关内侯季直表》别本云:"初藏吴中张氏,后归石田先生家,复在王元美处,吴匏庵定为真迹,然非元常笔也。"[2]明张丑亦云:"王元美尚书家正书《荐季直表》,上有'书锦堂'等印及元人跋尾。此帖纸墨奇古,笔法深沉,而识者定为唐人模本,非真迹云。元美续收褚河南《哀册文》,细玩益见笔势飘举,姿态动人;颜平原《送裴将军北伐诗》,体兼正、行、草,虽出篆法,并属直笔。是二公生平最合作书也。"[3]又张丑云:"元美公藏王晋卿《烟江叠嶂图卷》,笔意古雅,墨晕精微,极得唐人遗法。后有东坡长歌一篇,淋漓委曲,尤为遒劲刺眼。原严分宜物,书画皆佳,第不知较徐容斋旧本可颉颃否耳。"[4]

王世贞藏书之所

关于王世贞藏书之所,《宣统太仓州镇洋县志》载:"万卷楼,尚书王世贞藏书处,在城中鼓楼铺"[5],是楼筑于嘉靖三十二年癸丑(1553),用作庋置图史。是年,王世贞只有28岁。王氏尝书梁公实[6]云:"方筑一室,未庋置图史,海寇猝发,仓皇避兵吴中。"[7]又书宗子相[8]云:"归后事小拔,构一楼,扁曰'万卷',拟了此事春夏。"[9]王氏为收藏古籍及书画,多次筑园建馆,嘉靖四十二年癸亥(1563),在太仓住处旁建园,名曰离赘园,王世贞记云:"因读屈氏骚,得离赘二语,取以名之。夫赘菉葹,所谓草之恶者也,屈氏离而弗服"[10],即政途险恶,不如远离之意。其园"右方为书室二楹,其左方种竹千馀竿,露翠风篁,时时琴酒适。……间寝之暇,辄携吾仲氏徙倚其

① (明)王世贞撰:《弇州四部稿》卷一百三十《文部·墨迹跋上三十八首·钟太傅荐季直表》,见(清)永瑢、纪昀等编纂:《四库全书》第1281册,上海古籍出版社1987年版,第169页。

② (明)文嘉著:《钤山堂书画记》之《法书·魏》,中华书局1985年版,第1页。

③ (明)张丑撰,徐德明校点:《清河书画舫》之《莺字号第一·三国·钟繇》,《古代书画著作选刊》,上海古籍出版社2011年版,第1页。

④ (明)张丑撰,徐德明校点:《清河书画舫》之《点字号第九·宋四·王诜》,《古代书画著作选刊》,上海古籍出版社2011年版,第426页。

⑤ (清)王祖畬等纂:《宣统太仓州镇洋县志》卷二《封域下》,见《中国地方志集成·江苏府县志辑》(19),江苏古籍出版社1991年版,第19页。

⑥ 按:梁公实,名有誉,号兰汀,顺德(今广东省)人,嘉靖二十九年(1550)进士,授刑部主事,后因病归乡,卒年仅36岁。明嘉靖间著名诗人,与李攀龙、王世贞等并称"后七子"。著有《比部记》。

⑦ (明)王世贞撰:《弇州四部稿》卷一百二十《文部·书牍三十一首·梁公实》,见(清)永瑢、纪昀等编纂:《四库全书》第1281册,上海古籍出版社1987年版,第46页。

⑧ 按:宗臣(1525—1560),字子相,号方城山人,江苏兴化人。嘉靖二十九年(1550)进士。历官刑部主事,改吏部考功司主事、文选司主事、吏部稽勋司员外郎。为严嵩所恶,出为福建参议,因抗倭有功,迁福建提学副使,卒于官,年仅36岁。宗臣为明文学家,"后七子"之一,著有《方城集》。《明史》卷二百八十七有传。

⑨ (明)王世贞撰:《弇州四部稿》卷一百十九《文部·书牍二十四首·宗子相》,见(清)永瑢、纪昀等编纂:《四库全书》第1281册,上海古籍出版社1987年版,第31页。

⑩ (明)王世贞撰:《弇州续稿》卷六十《文部·记·离赘园记》,见(清)永瑢、纪昀等编纂:《四库全书》第1282册,上海古籍出版社1987年版,第788页。

间,三四友生参之,浊酒一壶,束书数卷,佐以脯炙,间以谐谑,不自知其晷之易昃也”①。其间与彭年、章美中、刘凤、魏学礼、张凤翼、袁尊尼、周天球等人游,可见王世贞离赘园藏书、会友乐在其中,令人称羡。

后因其离赘园居县衙,环境甚噪,在太仓隆福寺西(今太仓市城厢镇北郊)另建弇山园,亦名曰弇州园、小祇园。据王世贞《弇山园记》记载,弇山园共分为六区,为小祇园区、弇山堂区、西弇、中弇、东弇及北区。“园之中,为山者三,为岭者一,为佛阁者二,为楼者五,为堂者三,为书室者四,为轩者一,为亭者十,为修廊者一,为桥之石者二,木者六,为石梁者五,为洞者、为滩若濑者各四,为流杯者二,诸岩磴涧壑,不可以指计,竹木卉草香药之类,不可以勾股计,此吾园之有也。园,亩七十而赢,土石得十之四,水三之,室庐二之,竹树一之,此吾园之概也”②,可知全园以山为骨。又云:“园所以名‘弇山’,又曰‘弇州’者,始余诵《南华》而至所谓‘大荒之西,弇州之北’,意慕之,而了不知其处。及考《山海》西经,有云:弇州之山,五彩之鸟,仰天,名曰‘鸣鸟’,爰有百乐歌舞之风。有轩辕之国,南栖为吉,不寿者乃八百岁,不觉爽然而神飞。仙仙傞傞,旋起旋止,曰‘吾何敢望是’,始以名吾园,名吾所撰集,以寄其思而已。”③园内建筑形式丰富,亭台楼阁应有尽有,其“平地起楼台,城市出山林”的园林境界堪称东南之首。《镇洋县志》亦载:“弇山园,尚书王世贞筑,俗呼王家山,在隆福寺西,广七十余亩,中矗三峰:曰东弇、中弇、西弇。极亭池卉木之胜为东南第一名园。世贞自为八记……园中有书室者四。”④

归里后,王世贞长年隐居弇山园内,园中藏经阁主要用来收藏佛道两典,西弇内有三座楼为王氏收藏之所,即小酉馆、尔雅楼与九友斋,另有“藏经阁”专门用于佛道经藏的保管。

小酉馆位于弇山园的凉风亭之后,内藏书三万余卷,为王世贞数十年集书的主要部分。胡应麟曾言:“王长公小酉馆。在弇州园凉风堂后。藏书凡三万卷。二典不与,构藏经阁贮焉。尔雅楼庋宋刻书皆精绝。余每读九友歌。辄泠然作天际真人想。次公(王世懋)亦多宋梓。一日,燕汪司马⑤。尽出堂中。并诸古帖画卷列左右,坐客应接不暇。司马谓此山阴道上行也。司马公尤好古,汇刻坟雅诗书,今盛传

---

① (明)王世贞撰:《弇州续稿》卷六十《文部·记·离赘园记》,见(清)永瑢、纪昀等编纂:《四库全书》第1282册,上海古籍出版社1987年版,第787页。

② (明)王世贞撰:《弇州续稿》卷五十九《文部·记·弇山园记一》,见(清)永瑢、纪昀等编纂:《四库全书》第1282册,上海古籍出版社1987年版,第767页。

③ (明)王世贞撰:《弇州续稿》卷五十九《弇山园记一》,见(清)永瑢、纪昀等编纂:《四库全书》第1282册,上海古籍出版社1987年版,第768页。

④ (清)王祖畬等纂:《民国镇洋县志》卷一《封域》,见《中国地方志集成·江苏府县志辑》(19),江苏古籍出版社1991年版,第5页。

⑤ 按:《明史》卷二百八十七《王世贞传》:“汪道昆,与王世贞同年进士。”

于世云。”①其三万卷藏书非胡应麟的夸张恭维，王世贞《弇山园记》中的自述亦可证王氏藏书之丰。

尔雅楼是王世贞读书治学与潜心艺事的场所，藏有宋椠元刊及珍本、法书、名画。王世贞与友人鉴赏古帖字画时，常在尔雅楼中聚会，尔雅楼所藏甚丰。关于王世贞在弇山园读书、藏书、鉴赏书画及名帖等日常生活，其《弇山园记七》记之甚详：弇山园中“一曰‘尔雅楼’，一曰‘九友’。所以称九友者，余宿好读书及古帖名迹之类，已而傍及画，又傍及古器、垆、鼎、酒鎗。凡所蓄书，皆宋梓，以班、史冠之；所蓄名迹，以褚河南《哀册》②、虞永兴《汝南志》③、钟太傅《季直表》④冠之；所蓄名画，以周昉《听阮》、王晋卿《烟江叠障》冠之；所蓄酒鎗，以柴氏窑杯托冠之；所蓄古刻，以《定武兰亭》《太清楼》冠之，凡五友。僭而上攀二氏之《藏》，以及山水，并不腆所著集合为九。郧中思归时，郁郁为歌以志寄，盖未几而遂纳节之请，九友居吾楼，始获昕旦矣。阁前俯方沼，下蓄金鱼数百头，饵之则群起，适得米元章所书‘墨池’二大字，勒石嵌于沼之阳。盖稚子时，时用涤砚，众实录也。楼西通一窦，稍迂之，后得三楹，中室以奉三教像，名之曰‘参同’。左室多藏宋梓书，名之曰‘少宛委’。右则暖室也，蕴火以御寒，名之曰‘藊云窝’。中庭数拳石，隐小穴，斞垣外水逸阶为流杯，西穿暗室，出猊口，注‘墨池’，瀌瀌盈耳。吾以穷腊栖‘藊云’，以深夏息‘凉风’。其他则朝夕坐‘尔雅’，随意抽一编读之，或展卷册取适。笔墨，天所以纵我者，滚滚不竭；酒，天所以酬笔墨者，数飞白不醒；亦足以老矣。……有楼五楹，藏书三万卷，榜之曰‘小酉’……”⑤

又有九友斋专藏最为精善之本两《汉书》，为购此书，王世贞不惜以一座庄园的代价购得，清人叶昌炽有诗云“得一奇书失一庄，团焦犹恋旧青箱”⑥，王世贞亦称此书为“诸本之冠。桑皮纸匀洁如玉，四旁宽广，字大者如钱，有欧柳笔法，细书丝发肤致，墨色精纯”⑦。王世贞又有《九友斋十歌》云：“斋何以名九友也？曰山，曰水，斋以外物也。曰古法书，曰古石刻，曰古法籍，曰古名画，曰二藏经，曰古杯勺，并余诗

① （明）胡应麟著：《少室山房笔丛》卷四甲部《经籍会通四》，中华书局1958年版，第65页。

② 按：褚河南即褚遂良（597—659），字登善，钱塘（今浙江杭州）人。唐初重臣，书法家。历官起居郎、谏议大夫、中书令。唐高宗时，封河南郡公，世称“褚河南”。精于书法，其《哀册》为唐太宗去世后所作，有原稿传世。

③ 按：虞永兴即虞世南（558—638），字伯施，唐越州余姚（今属浙江）人。唐政治人物、文学家、书法家。历仕陈、隋，入唐，官至秘书监，封永兴县子，世称“虞永兴”。其书法，与褚遂良、欧阳询、薛稷并称唐初四大家。编有《北堂书抄》等，有《汝南公主墓志铭》十余行传世。

④ 按：钟太傅即钟繇（151—230），字符常，三国颍川长社（今河南长葛东北）人。三国曹魏著名书法家、政治家。历仕中尚书仆射、侍中守司隶校尉、廷尉。魏明帝时迁太傅，人称“钟太傅”。

⑤ （明）工世貞撰：《弇州续稿》卷五十九《文部·记·弇山园记七》，见（清）永瑢、纪昀等编纂：《四库全书》第1282册，上海古籍出版社1987年版，第777页。

⑥ （清）叶昌炽著，王欣夫补正，徐鹏辑：《藏书纪事诗》卷三，上海古籍出版社1989年版，第219页。

⑦ （明）王世貞撰：《弇州四部稿》卷一百二十九《又前后汉书后》，见（清）永瑢、纪昀等编纂：《四库全书》第1281册，上海古籍出版社1987年版，第168页。

文而七，则皆斋以内物也。是九物者其八与余周旋而一，余所撰著故曰九友也。九友得之有早晚，亦有从余而游与留而不能从者。其不能从者既日思御，亦从者亦倦而思归矣。秋日山镇无事，每一及之，不胜莼鲈之感，乃成十歌。所以有十歌者，并余身而十，亦欧阳居士六一意也。"①在诗中王世贞交代了"九友斋"得名之由来，将"九友"分为"外物"和"内物"，"外物"包括弇山园中山、水，"内物"则为古法书、古石刻、古法籍、古名画、二藏经、古杯勺及所撰诗文，上述文字记述的藏品，都是"尔雅楼"中弥足珍贵的稀世之宝，而王世贞收藏的总量则无法完全统计清楚。

王世贞又有藏书处名小祇园，时人唐时升曾亲往小祇园观览藏书，其描述当时的情形云："时升童稚之岁，知诵公文，河漠无极，望洋徒勤。大匠之侧，寻尺纷纭；不鄙谓余，独行是敦。不求人知，高览方闻；出其藏书，俾以讨论。纵横翰墨，倾倒壶尊；江左之士，谓登龙门。"②据此，可见人们把能够进入当时文坛领袖王世贞的藏书楼观书，比喻为跃登龙门之幸。李维桢尝叙述其好书之状，言王世贞对自己所好异书，甚至到不顾世俗的日常生活所需，而不计书值求之，记云："先生家三世为九卿，八座巨富，而斥之供客及置图史、山园殆尽，衣表里恒差池不一。"③作为当代文柄的王世贞，喜散金聚书，为明代江南地区士人藏书风气树立了典范。

3.进士王世懋与澹园藏书

王世懋(三世)(1536—1588)　字敬美、季美，号麟洲，别号墙东居士，更署曰损斋，又号墙东生，李攀龙曾称其为"小美"。太仓人。世贞弟。"忬次子，嘉靖三十八年成进士，未几遭父难。隆庆初，从兄白父冤，二年荐授南京礼部主事，擢员外郎。母忧，服除，补郎中，迁尚宝司丞……陕西提学副使，请告归。居正卒，起浙江提学，辞。再起福建晋布政司参议，擢南京太常寺少卿，万历十五年，病归卒，年仅五十三"④。所著"《奉常集》若干卷，又《澹思子》《经臆解》《闽部疏》《三郡图说》《窥天外乘》《二酉委谈》《学圃杂疏》诸书，总名曰《损斋杂著》"⑤。生平事迹参见其兄王世贞《亡弟中顺大夫太常寺少卿敬美行状》及明王锡爵《南京太常寺少卿麟洲王公世懋墓志铭》、《明史》卷二百八十七《列传第九十二·文苑三》、明过庭训《本朝分省人物考》卷二十四《王世懋传》。

---

① (明)王世贞撰:《弇州四部稿》卷二十二《诗部·七言古体四十二首·九友斋十歌》,见(清)永瑢、纪昀等编纂:《四库全书》第1279册,上海古籍出版社1987年版,第280页。

② (明)唐时升撰:《三易集》卷十三《祭文·祭大司寇王弇州先生文》,(台湾)伟文图书出版社有限公司1977年版,第621—622页。

③ (明)李维桢撰:《大泌山房集》卷十一《弇州集序》,见《四库全书存目丛书》编纂委员会:《四库全书存目丛书》集部,第150册,齐鲁书社1997年版,第526页。

④ (清)王祖畲等纂:《宣统太仓州镇洋县志》卷十九《人物三·王世懋》,见《中国地方志集成·江苏府县志辑》(19),江苏古籍出版社1991年版,第307页。

⑤ (明)王兆云《皇明词林人物考》卷十《王敬美世懋》,见《续修四库全书》编纂委员会、复旦大学图书馆古籍部编:《续修四库全书》第532册,上海古籍出版社2003年版,第721—722页。

王世懋“好学，善诗文，名亚其兄。世贞力推引之，以为胜己，攀龙、道昆辈因称为‘美少’”①。“性嗜山水，所至必有以纪之”②。又专精古文辞，余事兼及笔札，善草书，喜收藏，与兄皆以藏书名世。胡应麟称：王世贞“藏书凡三万卷……次公（王世懋）亦多宋梓”③。王世懋亦好抄书以增益所藏，《文禄堂访书记》卷三及《藏园群书题记》卷六著录王世懋手抄《法书要录》十卷，《访书记》载，是书为明王敬美手钞本，有“王世懋”印，又有世懋跋云：“余颇慕好临池业，于友人处见《法书要录》，借归手自钞录，勒成此书。其间讹谬百出，或稍为改正，或便仍其故，略可备观矣。颇自宝爱。后得宋刻《书苑菁华》读之，既详其核，群疑释然。凡余所辛勤而得之者，一旦敝屣，为手笔不忍废，略为订正存之。世懋识。”④又喜刻书，刻印过卓明卿《卓氏藻林》八卷。

其藏书处因得传世玉觯，故名其藏室处曰宝觯斋，陈继儒记云：“王敬美藏一玉觯，有把长二寸，皆卧蚕纹，纯是青绿侵蚀，真奇宝也。敬美自题其斋曰‘宝觯’，而余尝一再饮酒。”⑤又筑澹园于城西南隅，王世贞撰有《澹园记》记云：“澹园者，吾弟敬美之所手创也。敬美自秦臬予告归，若蹙额于阛阓者，而不能远余而放于麋鹿鱼虾之地，念欲栖离赘，则太湫而狎器，栖弇山则大丽，而贾客皆厌之，行募地得城隅之坤维，其南望恬憺观三百武而近，北去弇山半里而遥，三方皆远市，右方虽小，迩而特荒落，亡贸易歌哭声，傍多沃野，稍远为乡人墅，饶嘉木美箭之属。敬美大乐之，曰：‘是可居也。’……中多贮三代彝鼎、孤桐浮玉、大令名墨、中散酒鎗之类，敬美恒以暇日焚香萧散其间，卧起师意殊适也。”⑥又有“�适轩”，名画及经史图籍充牣其中，多藏宋版书，王世贞记曰：“弟既以大司马公冤不白，与不穀皆绝意进取。治小圃居第之左，余名之曰‘离赘’。一轩曰‘鹖适’，庋经史古文图籍之类，充牣其中，盖又无一夕而不形影偕也。”⑦

王世懋除藏书外，尤好收藏书画，尝藏宋徽宗《雪江归棹图》绢画一卷，张丑云：“王敬美氏尝以百千购藏宋徽宗《雪江归棹图》卷，绢本细着色，御题玺押全。其布

① （清）张廷玉等纂修：《明史》卷二百四《列传第九十二·王世贞附世懋》，中华书局 1974 年版，第 7382 页。

② （清）查继佐著：《罪惟录·列传》卷之十九《武略诸臣列传总论·王倬·孙世贞传》，浙江古籍出版社 1986 年版，第 2383 页。

③ （明）胡应麟著：《少室山房笔丛》卷四甲部《经籍会通四》，中华书局 1958 年版，第 65 页。

④ 王文进撰，柳向春标点：《文禄堂访书记》卷第三，上海古籍出版社 2007 年版，第 170 页。

⑤ （明）陈继儒《妮古录》卷三，见《四库全书存目丛书》编纂委员会：《四库全书存目丛书》子部，第 118 册，齐鲁书社 1995 年版，第 672 页。

⑥ （明）王世贞撰：《弇州续稿》卷六十《文部·记·澹园记》，见（清）永瑢、纪昀等编纂：《四库全书》第 1282 册，上海古籍出版社 1987 年版，第 788—789 页。

⑦ （明）王世贞撰：《弇州续稿》卷一百四十《亡弟中顺大夫太常寺少卿敬美行状》，见（清）永瑢、纪昀等编纂：《四库全书》第 1284 册，上海古籍出版社 1987 年版，第 50 页。

景用笔大有晋唐风韵，当为宸翰中第一。向曾质于长兄伯含所，丑从府君东归屡经拜阅。”[①]又藏《赵吴兴真草千文》，有王世贞跋云：“永禅师书真草千文后，先散施江左僧寺，盖千余年，而余于会稽董文玉侍郎家睹八百本中之一本，自恨此生如值阿闳国，一见不再见。今年在敬美弟处获睹赵吴兴此纸，所谓焕如神明，顿还旧观者非耶。其结法遒劲圆润，工力悉敌，而波磔之际往往锋铩中发异趣，酸馅之气为之一洗，跋尾皆国初名士如宋承旨父子、王待制、胡山长、苏太史、吴殿学，名腕中有眼者，然不肯作仆此狂语，仆老矣，后必有以为知言者。”[②]又藏王诜《烟江叠障图》，“元美跋，有‘天弢居士’‘太仆寺印’‘抚治郧阳等处关防’三印。王世懋跋，有‘墙东居士’印，又前有‘有明王氏图书之印’”[③]。尝收藏有晋代书法《出师颂》，有鉴藏印记“太平公主梵文印”“永存珍秘”“绍兴”“内府秘书之印”“蓑笠轩印”“历代永宝”“监书画博士印”“书印”“刘完私印”“刘中守氏”“琅琊王敬美氏收藏图书”“安元忠印”，又有清乾隆、嘉庆、宣统内府诸印[④]。

藏书印有墙东居士、王印世懋、世懋、王氏敬美、王敬美印、王仲敬美、两京仪制、损斋居士、有明王氏图书等印。

4.王氏家族藏书的传承

王士骐(四世)(1557—?)　字冏伯，太仓人。“尚书世贞子。万历壬午乡试第一，己丑进士，由礼部主事，调吏部员外郎，坐妖书狱削籍。有《醉花庵诗选》。”[⑤]士骐秉承父辈，以风流传家，多为诗文见长，著有《醉花庵集》《四侯传》《醉花庵诗选》《苻秦书》《武侯全书》等，辑有《皇明驭倭录》九卷附略二卷等。生平事迹参见《明史》卷二百八十七《列传第一百七十五·文苑三》。

士骐受其父影响，亦好藏书，且继承其父所遗之书。陈继儒曾叙述其生活云：“经营乎花木台榭，旁及于鼎彝图史，心敞而志得。”[⑥]王氏深受其家爱藏书风习的影响，雅好贮书。清初查慎行云：“王元美所著《读书后》四本，捐馆后，公子吏部士骐于货郎担中重得，刻以行世。又有《毁论》十本，系先生手书，无副本，钱牧斋宗伯乞于吏部，秘不示人。辛卯九月，燔于绛云楼之一炬，惜哉！”[⑦]王士骐之子王瑞

---

① (明)张丑撰，徐德明校点：《清河书画舫》之《溜字号第六·宋一·徽宋》，《古代书画著作选刊》，上海古籍出版社2011年版，第262页。

② (明)王世贞撰：《弇州续稿》卷一百六十二《赵吴兴真草千文后》，见(清)永瑢、纪昀等编纂：《四库全书》第1284册，上海古籍出版社1987年版，第347页。

③ (清)叶昌炽著，王欣夫补正，徐鹏辑：《藏书纪事诗》卷三，上海古籍出版社1989年版，第221页。

④ 参见徐邦达撰：《古书画过眼要录》(晋、隋、唐、五代、宋书法)，湖南美术出版社1987年版，第49页。

⑤ (清)朱彝尊著，姚祖恩编，黄君坦校点：《静志居诗话》卷十六《王士骐》，人民文学出版社2006年版，第474页。

⑥ (明)陈眉公著，襟霞阁主校阅：《陈眉公全集》下，上海中央书店民国二十五年(1936)版，第71页。

⑦ (清)查慎行著：《人海记》卷下《毁论一炬》，北京古籍出版社1989年版，第61页。

国[①](五世)承祖风，“性高简，寡嗜好，研精书史，无晷刻闲，为古文，出入欧、曾二家。国朝顺治十年，授增城知县，三载归，筑瘗砚斋，著述以老”[②]。

关于王世贞藏书的散佚，查慎行亦云：“太仓王弇州书最富，再传而失。”[③]可见王氏家族部分藏书从王士骐始逐渐散佚。

王　鉴(五世)(1598—1677)　“字符照，一字园照，号湘碧，又号染香庵主，江苏太仓县人。世贞孙，崇祯癸酉科举人，兼祖荫，官历广东廉州府知府”[④]，世称王廉州。明亡不仕，退居娄东，在弇园故址建造画室，额曰“染香”，为娄东画派的开山鼻祖之一。与同宗王时敏论艺过从甚密，同是当时画坛领袖人物，与王时敏、王翚、王原祁合称“四王”，加吴历、恽寿平，称“清六家”。有《染香庵集》《染香庵画跋》。

王鉴“家富收藏，临摹益萃”[⑤]，又受家风家学之影响，其“山水于董巨尤为深诣。卒成大家。盖其祖鉴藏名迹，不减南面百城。鉴披览既久，心领神会，所得甚深”，知名海内，甚至“凡内府所藏者得邀睿鉴褒题焉”[⑥]。清初姜绍书《无声诗史》亦记云：鉴为“弇州先生孙也。弇州鉴藏名迹，金题玉躞，不减南面百城。鉴披阅既久，神融心会，领略为深，其舐笔和墨，盖有源流矣”[⑦]。王鉴承继其家先世所藏之部分书画而善加保护，且用是勤学，临摹既久，乃自成一家，此当沐浴先世收藏恩泽，成就蟫林的一段佳话。其后裔大多以书画传家。

四、明代秀水项氏家族

(一)秀水项氏家族源流与科举

潘光旦在考查嘉兴项氏的兴起时，以项宏度为始祖。关于项宏度，据《崇祯嘉兴县志》记载：“项居士宏度墓，在县东胥山上伍王庙右，有石台存焉。宏度，字秀，行八一，别号胥山居士。明尚书忠八世祖也。”[⑧]此志还附元赵孟頫所作《故泉石散人墓表》：“公讳冠，字仪甫，别号泉石散人。八世祖晋，由大理评事随宋驾南渡，自洛阳始迁于吴之嘉兴，遂为嘉兴人。父八一先生，讳宏度，号胥山居士，飘然物外，不以功名

---

① 按：王士骐子王瑞国，字子彦。世贞孙，士诚子，明天启元年(1621)举人。束脩砥行，吴门文震孟、姚希孟折辈行与交。

② (清)王祖畲等纂：《宣统太仓州镇洋县志》卷二十《人物四·王瑞国》，见《中国地方志集成·江苏府县志辑》(19)，江苏古籍出版社1991年版，第331页。

③ (清)查慎行著：《人海记》卷下《藏书之厄》，北京古籍出版社1989年版，第63页。

④ (清)李玉棻撰：《瓯钵罗室书画过目考》卷一，见《丛书集成续编》子部，第84册，上海书店出版社1994年版，第513页。

⑤ (清)李玉棻撰：《瓯钵罗室书画过目考》卷一，见《丛书集成续编》子部，第84册，上海书店出版社1994年版，第513页。

⑥ 教育部第二次全国美术展览会管理委员会编：《晋唐五代宋元明清名家书画集》之《晋唐五代宋元明清书画名家小传·清》，(北京)商务印书馆1937年印行，第47—48页。

⑦ (明)姜绍书《无声诗史》卷四《王鉴》，见《续修四库全书》编纂委员会、复旦大学图书馆古籍部编：《续修四库全书》第1065册，上海古籍出版社2003年版，第541—542页。

⑧ (明)罗炌修，(明)黄承昊等纂：《崇祯嘉兴县志》卷四《丘墓》，书目文献出版社1991年版，第141页。

富贵累其心志。每诲公曰:‘当今之世,但宜读书好礼,崇尚清雅耳,誓不许仕。’于是公托贸迁之术,迹乎四方,驰秦之楚,岁靡宁居,而卒以富称于吴,盖几与昔之陶猗者等……至大四年二月丙寅日翰林院承旨、荣禄大夫知制诰兼修国史吴兴赵孟頫撰并书。”[①]《崇祯嘉兴府志》又载:“项宏度,项钦之长子,别号胥山居士,以雄才高赀甲于里中。志行高洁,当宋之季隐居不仕,惟督教子孙读书,好礼作家规二十条。元贞元年,卒,是为襄毅公之一世祖。”[②]

项经之婿屠应埈所撰《明中奉大夫江西布政使右参政项公行状》云:“公讳经,字诚之,姓项氏。上世故洛阳人,曰宏度者,公九世祖也。宋室中乱,避地嘉兴,遂家嘉兴。盖嘉兴始有项矣。宏度生仪甫,仪甫生伯通,伯通生达卿,达卿生永原,永原生邦,邦生衡。世有令德,阏弗施而。生子忠。忠举进士,为刑部主事,土木之变,主事从,英皇帝让狩矣,归而进郎中,屡迁兵部尚书,有大功于西边还定荆,卒,谥襄毅。”[③]徐邦达的相关研究则从项铨开始。据项笃寿在万历乙酉元旦所述《子长公遗训》云:

余家世居洛阳,自宋大理寺宏斋公讳晋随驾南迁,始居嘉兴。三传至学士默庵公讳相及弟汝用讳栋,兄弟笃于孝友。绍定三年,筑堂于瓶山之右,西山真氏作为孝友堂记,载在郡志。七世传八一公讳宏度,是为新谱始祖。又五世传信人公讳永原,又三世传至大司马襄毅公讳忠、素臣公讳质、献臣公讳文,余之曾祖即素臣公也。其孝友堂为宗祠,缘曾伯祖襄毅公以韭溪老屋义让余曾祖独居,别构孝友堂之左右,结盖新居,而以孝友堂改为前厅,堂东另构祠宇,为合族奉祀烝尝之所。后世子孙登斯堂也,念先人遗族,诵先人之鸿文,光昭志乘,垂示无穷,其世世守之,毋替先人先儒之志。万历乙酉元旦,裔孙笃寿卧疴谨述[④]。

素臣公指项质(字素臣),项笃寿曾祖父,曾知山东昌邑、河南长葛,为官清廉。此即项氏家族定居嘉兴后到项笃寿曾祖一代延续的大致脉络。

自南宋至元,项氏一直为嘉兴的望族,其祖项冠以商起家,富甲一方。《嘉兴府志·孝义传》称冠“以富称,散财,助婚丧,蠲逋负,江浙称长者”[⑤]。明代中叶,项衡

① (明)罗炌修,(明)黄承昊等纂:《崇祯嘉兴县志》卷四《丘墓》,书目文献出版社1991年版,第141—142页。

② (明)罗炌修,(明)黄承昊等纂:《崇祯嘉兴县志》卷十四《隐逸》,书目文献出版社1991年版,第595页。

③ (明)屠应埈撰:《屠渐山兰晖堂集》卷十二《明中奉大夫江西布政使右参政项公行状》,见《四库全书存目丛书》编纂委员会编:《四库全书存目丛书》集部,第132册,齐鲁书社1997年版,第134—135页。

④ 注:(民国)项乃斌纂修《嘉禾项氏清芬录》六卷,稿本,毛装,中国国家图书馆藏。

⑤ 《明清两代嘉兴的望族·嘉兴望族》,见潘光旦撰:《中国伶人血缘之研究·明清两代嘉兴的望族》,商务印书馆2015年版,第295页。

“以子忠贵,赠尚书。衡生而倜傥,有大节。举三子,以忠、质文名之。忠为国朝名臣,经、锡、锜、治元、元深、承芳、季松、利宾,皆其后;质后有纲、笃寿、德桢、鼎铉;文后有元濂。嘉禾簪缨世胄,蔑以加矣,皆衡所贻也”①。可见,项氏家族从项忠始,在政治、经济、文化、艺术诸领域日趋辉煌。项氏科甲联第,盛于明末,登进士者11人,18人中举人,其中好收藏与刻书者10余人,当时海内收藏家必推嘉禾项氏为第一,是典型的簪缨世家、收藏世家。其中项忠、经、元深、铨、笃寿、元淇、元汴、德桢、梦原、鼎铉、声国等,皆以刻书或藏书及收藏书画而著名于世,明代秀水项氏为海内收藏鉴赏之冠。

附:明代秀水项氏家族中有文献可考登科年的进士名录②

姓　名	家族成员关系	登科年
项　忠(一世)	项衡子,质兄,经、绶父,纲③从父	明正统七年(1442)壬戌科进士
项　经(二世)	忠长子	明成化二十三年(1487)丁未科进士
项　锡(三世)	忠孙,经子,元治、元深父	明嘉靖二年(1523)癸未科进士
项　钶(三世)	忠孙,绶子,季松祖父	明嘉靖四十一年(1562)壬戌科进士
项元治(四世)	榜名元淙,忠曾孙,经孙,锡子	明嘉靖三十五年(1556)丙辰科进士
项笃寿(四世)	邦来孙,元淇弟,元汴兄,郑晓婿	明嘉靖四十一年(1562)壬戌科进士
项承芳(五世)	经曾孙,元涍子	明万历十一年(1583)癸未科进士
项德桢(五世)	笃寿长子,鼎铉、声国父	明万历十四年(1586)丙戌科进士
项梦原(五世)	原名德棻,笃寿仲子	明万历四十七年(1619)己未科进士
项鼎铉(六世)	笃寿长孙,德桢长子,声国兄	明万历二十九年(1601)辛丑科进士
项声国(六世)	笃寿孙,德桢子,鼎铉弟,朱国祚长婿	明崇祯四年(1631)辛未科进士

---

① (明)刘应钶修,(明)沈尧中纂,嘉兴地方志办公室编校:《万历嘉兴府志》卷十七《貤封》,上海古籍出版社2013年版,第303页。

② 按:是书以进士项忠算为一世起。此表参考文献:·(民国)项乃斌纂修:《嘉禾项氏清芬录》,稿本,毛装,中国国家图书馆藏。·(清)嵇曾筠、李卫等修,(清)沈翼机等纂:《雍正浙江通志》(三)卷一百二十三至卷一百二十八《选举》,浙江省地方志编纂委员会编:《中国地方志集成·省志辑·浙江》(5),凤凰出版社2010年影印本。(清)沈翼机等编修:《雍正浙江通志·选举》卷一百二十三至卷一百二十八,(上海)商务印书馆1934年。·(清)盛枫著:《嘉禾征献录》卷六《项忠》,己巳(1989)秋日江苏广陵古籍刻印社据清刊本影印本。·(清)许瑶光修,吴仰贤等纂:《光绪嘉兴府志》卷四十三至六十,见《中国地方志集成·浙江府县志辑》(13),上海书店出版社2011年影印本。·丁辉、陈心蓉著:《嘉兴历代进士研究》,黄山书社2012年版。·(明)刘应钶、沈尧中纂,嘉兴地方志办公室编校:《万历嘉兴府志》卷十三至卷二十一,上海古籍出版社2013年版。

③ 按:项纲(二世),字立之,质子,忠从子,经从弟,铨父,元淇、笃寿、元汴祖父。明成化辛卯(1471)与项经同中式。知山东昌邑、河南长葛县。

(二)秀水项氏家族进士藏书

1.项氏家族藏书与刻书的溯源

项　忠(一世)(1421—1502)　“字荩臣,号乔松,嘉善人。祖邦字景亮,洪武初举人,官孝感、同安、吴江三县丞。父衡,吴江丞署,时永乐四年辛丑也。”①项忠“第正统壬戌进士,历刑部员外郎。从英庙北狩,陷虏中。得还,迁广东按察副使。……寻转刑部尚书,改兵部,加太子太保”。“卒,谥襄毅。子经,御史,历知临江府,有惠政,秩满,乞休,进江西参政致仕。次子绶,蓟州卫指挥。经子锡,光禄寺卿;镛,锦衣卫”②。著有《藏史居集》。《明史》评:“忠倜傥多大略,练戎务,强直不阿,敏于政事,故所在著称。”③生平事迹参见李东阳《明故兵部尚书致仕进阶光禄大夫赠太子太保谥襄毅项公神道碑铭》。

项忠家居时“日与金礼梅江、戴佑、姜谅、伍方、包鼐、汤篪、陈蒙福檇李耆英会,江汇其先后《唱和诗》为一集”④。亦雅好刻书,尝于“天顺元年刻印过《唐陆宣公集》二十二卷”⑤,《浙江省出版志》著录,推测其家中亦有藏书,其藏书故实今已无考。

项　经(二世)(1452—1529)　项忠长子。字诚之,号怡庵。秀水人,寓居嘉善。“公生而哲灵,八岁即善记诵,少长即善文辞,一时之士学,记诵文辞者,无弗推服公也。比弱冠以荫入太学,遂就试太学,太学诸生又皆推服公也。为太学生者四年,而当成化辛卯是年举顺天乡试。凡为举人者十七年,而当成化丁未是年举进士,明年,授南京福建御史。……为御史者又七年,而升太平府知府”⑥。“以江西右参政致仕。经风度尔雅,美须髯,父产悉以遣幼弟,乡人诵之”⑦。生平事迹参见吕柟《明中奉大夫江西布政司右参政项公墓志铭》。

项经亦好刻书,于弘治十三年(1500)刻递修本《陶学士先生文集》二十卷,明陶安撰,《事迹》一卷,《美国哈佛大学哈佛燕京图书馆中文善本书志》《中国古籍版刻辞典》皆著录,今吉林省图书馆、吉林大学图书馆、中国国家图书馆有藏,是书被选入第二批国家珍贵古籍。

项　铨(三世)(1476—1562后)　项忠侄孙,项质孙。字近溪,号秉直。尤善经

---

① (清)盛枫著:《嘉禾征献录》卷六《项忠》,己巳(1989)秋日江苏广陵古籍刻印社据清刊本影印本。

② (明)刘应钶修,(明)沈尧中纂,嘉兴地方志办公室编校:《万历嘉兴府志》卷十九《乡贤二》,上海古籍出版社2013年版,第326页。

③ (清)张廷玉等纂修:《明史》卷一百七十八《列传第六十六·项忠》,中华书局1974年版,第4731页。

④ (清)盛枫著:《嘉禾征献录》卷六《项忠》,己巳(1989)秋日江苏广陵古籍刻印社据清刊本影印本。

⑤ 瞿冕良编著:《中国古籍版刻辞典》之《项忠》,苏州大学出版社2009年版,第598页。

⑥ (明)屠应埈撰:《屠渐山兰晖堂集》卷十二《明中奉大夫江西布政使右参政项公行状》,见《四库全书存目丛书》编纂委员会编:《四库全书存目丛书》集部,第132册,齐鲁书社1997年版,第135页。

⑦ (清)盛枫著:《嘉禾征献录》卷六《项忠》,己巳(1989)秋日江苏广陵古籍刻印社据清刊本影印本。

营,项氏至项铨已为巨富,铨虽无意仕宦,却亦捐了个吏部郎中的官职[①],明人方泽称铨:"翁自少已恂恂,治生臆算,盈缩无爽。然素长者故人多厚之,寔始大,其家以光昭于襄毅矣。翁为人意度冲远,稠人中颀然鹤立也……性恬静,非公事,未尝谒公符。诸贵显翕然奔走人,翁退然若罔闻也。"[②]

项铨从何时从事书画鉴藏,今史料甚少,只见《钤山堂书画记》载:"柳公权小楷《度人经》,李浦汀本,初疑经生书。细观年月题名,字字不苟,佳品也。别本云,项吏部所藏名迹也,亦曾摹刻停云馆帖中。"[③]文中项吏部即为项铨。由是观之,项氏家族有文献可考的书画鉴藏活动应始于项铨,惜有关项铨书画收藏的史料依据较少,只有今嘉兴地方文化学者傅逅勒先生考云:"明收藏家。项忠从孙,项质孙,项纲子,项元淇、项笃寿、项元汴父。鸿胪序班,富甲一方,收藏鸿富。"[④]项铨书画收藏,在其卒后,多为元汴继承。

项质曾孙元淇、笃寿、元汴三兄弟皆好藏书,或以刻书,或以收藏名闻天下。项氏三昆仑中,项元汴是明代收藏大家。其藏书楼天籁阁堪与宁波范钦天一阁相匹。

项元淇(四世)(1500—1572)　项铨长子。据《重修浙江通志稿·人物表传》载:"铨生元淇、笃寿、元汴。元淇,字子瞻,号少岳,以赀授上林苑录事,迁署丞。丁父忧,不复出。工诗词书画,与弟元汴并名于时。有《少岳山人集》。"[⑤]元淇为人宽厚豁达,是位风雅之士,时与同郡顾上林并称"就李两上林",声播当时[⑥]。其"生有至性,狷介寡俦,不治家人生产。居恒博学嗜古,于书无所不窥。工诗词,尤好临摹古法,善草圣,每戏翰墨,尺幅数行,人竞宝之。……季弟元汴,博物好古,尤精绘事,家藏丹青墨迹,每欣喜意得,辄摹临题咏其间,自命墨林山人"[⑦]。元淇工法书,明人冯梦祯云:"元淇好临摹法书,小楷严整,尤工草圣。"[⑧]亦喜藏书,藏书处为众山响斋。惜藏书情况失载。叶昌炽言"子瞻印曰'众山响斋'"[⑨]。

---

① 盛枫著《嘉禾征献录》:"铨字近溪,入资为鸿胪序班。"见(清)盛枫著:《嘉禾征献录》卷六《项忠》,己巳(1989)秋日江苏广陵古籍刻印社据清刊本影印本。董其昌《明故墨林项公墓志铭》称其为"吏部郎铨",见(明)董其昌撰:《容台集》第八卷,见《四库禁毁书丛刊》编纂委员会编:《四库禁毁书丛刊·集部·三十二》,北京出版社1997年版(据明崇祯三年董庭训刻本影印),第365页。

② (明)方泽撰,陆光祖选:《冬溪外集》下《寿近溪项翁八十》,见《禅门逸书》初编,第7册,台湾明文书局1981年版第63页。

③ (明)文嘉著,(清)刘体仁著:《钤山堂书画记》之《法书·唐》,中华书局1985年版,第3页。

④ 傅逅勒撰:《嘉兴历代人物考略》,香港天马出版有限公司2005年版,第56页。

⑤ 浙江省通志馆编,浙江省地方志编委会整理:《重修浙江通志稿·考选谱·人物表传》(标点本),第十四册,方志出版社2010年版,第9474页。

⑥ (明)陈懿典撰:《陈学士先生初集》卷六《送顾上林致仕南归叙》,见《四库禁毁书丛刊》编纂委员会编:《四库禁毁书丛刊·集部·七十九》,北京出版社1997年(据北京大学图书馆藏明万历四十八年曹宪来刻本)影印,第76页。

⑦ (明)刘应钶修,(明)沈尧中纂,嘉兴地方志办公室编校:《万历嘉兴府志》卷二十一《文苑》,上海古籍出版社2013年版,第365页。

⑧ 马宗霍辑:《书林藻鉴》卷第十一,文物出版社1984年版,第184页。

⑨ (清)叶昌炽著,王欣夫补正,徐鹏辑:《藏书纪事诗》卷三,上海古籍出版社1989年版,第248页。

项元汴（四世）（1525—1590）　项铨幼子。元淇、笃寿弟。初名笃周，字子京，号墨林山人，又号香岩居士、退密斋主人、惠泉山樵、古槜李狂儒等，别署桃花源里人家，自号大乘弟子。国子生。“少英敏，且席豪赀，工文章。自精书画，博雅好古，购法书名画鼎彝及诸玉石器玩，暇则临摹前人翰墨，尺寸皆见重于时。又遴选工匠，造诸器具，凡几榻架柜奁盒之属各为之铭加以章记。后人得之，珍惜如秦汉法物。海内风雅之士，取道嘉禾，必访元汴，而登其所谓天籁阁者，神庙闻其名，特赐玺书征之不赴。”[①]《重修浙江通志稿·人物表传》亦称其：“绝意仕进，家居奉母。席豪赀，法书、名画、鼎彝、玉石，不胫而至。获铁琴，池上有晋孙登铭‘天籁’二字，遂以颜其储藏之阁，辨别真赝，析及苗发。同时太仓王世贞，搜罗名品，亦不遗余力，然不逮远甚。嘉隆以还，宇内称鉴赏家第一，时人多艳称项三麻子云。……元汴书出入智永、赵孟頫，画山水学黄公望、倪瓒，尤醉心于瓒，得其胜趣，兼善墨竹梅兰。”[②]著有《墨林山堂诗集》《蕉窗九录》等。

受父项铨影响，元汴少时即醉心于图籍及书画收藏，藏书重各朝代旧本、精本。收藏唐代写本中著名者包括故宫博物院收藏的唐吴彩鸾写本《刊谬补缺切韵》、台北故宫博物院藏唐吴彩鸾写本《唐韵》册等。故宫本《刊谬补缺切韵》，《清河书画舫》载：“项氏宝藏吴彩鸾正书《唐韵》全部，原系鲜于伯机故物，后为陆太宰全卿所购，名迹也。”[③]台北故宫本《唐韵》册，《故宫书画录》载：“共三十八幅，每幅都有项元汴印。在后副页有项元汴跋。”

项元汴既是藏书大家又是书画鉴赏家、收藏家，其家天籁阁除富藏书外，所藏书法、名画以及鼎彝玉石甲于海内。项元汴自己懂得绘画原理，精于鉴赏、辨别真赝，析及毫发，当时无人可比，为明清以来海内八大鉴赏家之首。所藏金石碑拓、尺牍墨砚、书画等多方面文献，开创一代风气。项氏遴选能工巧匠制作的各种器具，凡几榻架柜奁盒等，镌以铭识，都极精巧，如同秦汉之物。项氏曾收藏的名画包括东晋顾恺之的《女史箴图》；唐韩滉的《五牛图》、唐韩干的《照夜白图卷》；宋扬无咎的《四梅图》、宋马和之的《唐风图》、宋徽宗的《瑞鹤图》；元赵孟頫的《鹊华秋色图》、王蒙的《稚川移居图》、钱选的《浮玉山居图》及张渥的《竹西草堂图》，等等。仅台北故宫博物院收藏的项元汴旧藏名画就有近200幅。根据台北翁同文先生的推测，项元汴旧藏书画概数约2900件。

其宋元旧本收藏富且精，独步天下。《天禄琳琅书目》及《续编》记载的200多种明以前的旷世珍籍中，钤有项氏鉴藏印的图书达37种，其中宋版图书22种，元版

① （清）盛枫著：《嘉禾征献录》卷六《项忠》，己巳（1989）秋日江苏广陵古籍刻印社据清刊本影印本。

② 浙江省通志馆编，浙江省地方志编委会整理：《重修浙江通志稿·考选谱·人物表传》（标点本），第十四册，方志出版社2010年版，第9476页。

③ （明）张丑撰，徐德明校点：《清河书画舫》之《红字号第五·唐三·吴彩鸾》，《古代书画著作选刊》，上海古籍出版社2011年版，第227页。

图书6种，明版图书9种。《天禄琳琅》是清宫所藏版本极品，可称为中国古籍中的奇珍，经明末浩劫后项氏所藏宋版图籍占比例之高，足见其宋版精籍收藏之富。胡应麟《少室山房笔丛·经籍会通》称，其时文坛巨匠王世贞小酉馆藏书三万，尔雅楼藏宋版书闻名天下，但与项元汴相比，时人皆以为"不及墨林远矣"。钱曾云："我闻墨林项氏，每遇宋刻即邀文氏二承鉴别之，故藏书皆精妙绝伦。虚心咨决，此又今人之师也，今人奈何不师之？"[①]可见项元汴藏书之精。"文氏二承"为著名画家文徵明之子，同为吴中藏书名家。"二承"知名当世，皆精古籍鉴定，而文嘉尤精鉴别宋本。项氏藏书得"二承"鉴定，无怪钱曾称其藏书皆"精妙绝伦"。又据姜绍书《项墨林收藏》称"三吴珍秘，归之如流"。叶昌炽《藏书纪事诗》卷三称：天籁阁所藏"海内珍异十九多归之"。天籁阁收藏的图书数量与范钦天一阁不相伯仲，而在品质上更精；收藏的历代书画及其他物品之精、之富则独步天下，无人能望其项背。

中国国家图书馆所藏宋宁宗庆元六年（1200）华亭县学刻《陆士龙文集》，卷首钤有"赵氏子昂""项元汴印""天籁阁"等藏书印，是本是现在最早的上海刻本；中国国家图书馆所存几种镇馆之宝，如宋陈起陈解元书籍铺所刻的《唐女郎鱼玄机诗》，宋咸淳廖氏世彩堂刻本《昌黎先生集》《河东先生集》等都曾为项氏珍藏。上海图书馆的镇馆之宝孤本宋版《东观馀论》，宋浙刻本《丁卯集》《重雕足本鉴诫录》等为宋本之极品，皆出自项氏所藏。据《天禄琳琅书目》及《后编》载，项元汴所藏宋版珍本如"《宋莱家塾读诗记》二函十六册，吕祖谦著，三十二卷，巾箱本。御题此吕氏家塾本也，'项墨林鉴赏章'白文"[②]。"《大戴礼记》一函四册，汉戴德撰。有'项子京家珍藏''高士奇图书记'"等印[③]。"《广韵》一函五册，不著人姓氏，书五卷，前孙愐《唐韵序》。有'项子京家珍藏'"等印[④]。"《前后汉记》四函二十册，宋版本。项元汴家藏本，有'槜李''项叔子'等印"[⑤]。"《汉隽》一函五册，宋林钺撰。槜李项氏藏本。有'项元汴印''子京父印''项墨林秘籍之印''平生真赏''墨林珍玩''项子京家珍藏''项墨林鉴赏章''槜李项氏士家宝玩''子孙世昌''天籁阁''子孙永保''墨林生'等印"[⑥]。"《自警编》二函十四册，宋赵善璙撰。大字本，槜李项氏藏，有'槜李''墨林秘玩''项子京家珍藏'"诸印[⑦]。"《楚辞补注》一函八册，汉王逸章句，

---

① （清）钱曾撰，丁瑜点校：《读书敏求记》卷四之《刘勰文心雕龙十卷》，书目文献出版社1984年版，第148页。

② （清）于敏中等撰：《天禄琳琅书目》卷一，见《清人书目题跋丛刊十》，中华书局1995年版，第12页。

③ （清）彭元瑞等撰：《天禄琳琅书目后编》卷二，见《清人书目题跋丛刊十》，中华书局1995年版，第355页。

④ （清）彭元瑞等撰：《天禄琳琅书目后编》卷三，见《清人书目题跋丛刊十》，中华书局1995年版，第271页。

⑤ （清）彭元瑞等撰：《天禄琳琅书目后编》卷三，见《清人书目题跋丛刊十》，中华书局1995年版，第275页。

⑥ （清）彭元瑞等撰：《天禄琳琅书目后编》卷四，见《清人书目题跋丛刊十》，中华书局1995年版，第285—286页。

⑦ （清）彭元瑞等撰：《天禄琳琅书目后编》卷五，见《清人书目题跋丛刊十》，中华书局1995年版，第300—301页。

宋洪兴祖补注。宋版本。项元汴家藏本,有'墨林项氏藏书之印'等印"[1]。

元汴所藏元版珍本如:"《汉书》八函八十册,汉班固撰,共一百卷。元版书,槜李项氏藏本,有'世济美堂项氏图籍''项子京珍藏'等印。"[2]"《朱子语类》八函九十六册,宋黎靖德辑,一百四十卷。槜李项氏藏本,有'墨林项氏秘籍图书'印。"[3]"《东坡先生奏议》二函十册,不著编人。槜李项氏藏本,有'项元汴印''墨林秘玩''项墨林鉴赏章''墨林山人'"诸印[4]。"《元包经传》一函五册,北周卫嵩撰。元版本。槜李项氏藏本,有'项氏书画藏珍'印"[5]。

其明代图籍的精品收藏,现存有天津图书馆镇馆之宝、被四库馆臣目为神品的《斗南老人诗集》,明胡奎撰,姚绶手抄本,卷末有项元汴跋称姚绶书法"当与赵松雪、张外史并驱争先";台北傅斯年图书馆藏《玉堂类稿》,宋周必大撰,明书法家王宠抄本;中国国家图书馆藏、明孝宗敕命太医院判刘文泰等人纂修的明代唯一的官定本草——《本草品汇精要》彩绘本等。若按收藏源流来考证,第一收藏人即是项元汴。据《天禄琳琅书目》及《后编》载:项元汴收藏明版精品如"《六经图》一函六册,宋杨甲撰,不分卷。明槜李项氏藏本。有'项子京家珍藏''项子京家藏印'"等印[6];"《窦氏联珠集》一函一册,唐窦常、窦牟、窦群、窦庠、窦巩著,五卷。《钦定天禄琳琅书目》卷十著录,明槜李项氏藏本,有'项子京家珍藏'"诸印[7];"《欧阳先生文粹》二函十二册,宋欧阳修著,《文粹》二十卷《遗粹》十卷。明槜李项氏、锡山安氏藏本,有'项子京家珍藏''世济美堂项氏图籍''安氏家藏'"等印[8];"《山谷老人刀笔》一函四册,宋黄庭坚著,二十卷,明版本。前山谷老人撰。明槜李项氏藏本,有'项子京图书记'等印"[9];"《昌黎先生集》四函三十二册,每叶版心俱刻东雅堂明徐时泰家刻也,是书乃宋廖莹中世彩堂原本。时泰仿刊时以莹中为贾似道党人不足重,削去每叶世彩堂字改题东雅堂,世遂称为东雅堂。……王宠藏本,宠字履吉,以书画接踵文徵明有声,故有古吴画史之章,后归槜李项氏。有'墨林''项氏'之印"[10]。又"《河东先生集》四函三十二册。唐柳宗元撰,四十五卷,凡《诗文》四十三卷《非国语》二

---

① (清)彭元瑞等撰:《天禄琳琅书目后编》卷六,见《清人书目题跋丛刊十》,中华书局1995年版,第306页。

② (清)于敏中等撰:《天禄琳琅书目》卷五,见《清人书目题跋丛刊十》,中华书局1995年版,第95—96页。

③ (清)于敏中等撰:《天禄琳琅书目》卷六,见《清人书目题跋丛刊十》,中华书局1995年版,第112—113页。

④ (清)彭元瑞等撰:《天禄琳琅书目后编》卷九,见《清人书目题跋丛刊十》,中华书局1995年版,第349页。

⑤ (清)彭元瑞等撰:《天禄琳琅书目后编》卷十,见《清人书目题跋丛刊十》,中华书局1995年版,第354页。

⑥ (清)于敏中等撰:《天禄琳琅书目》卷七,见《清人书目题跋丛刊十》,中华书局1995年版,第145页。

⑦ (清)于敏中等撰:《天禄琳琅书目》卷十,见《清人书目题跋丛刊十》,中华书局1995年版,第125—126页。

⑧ (清)于敏中等撰:《天禄琳琅书目》卷十,见《清人书目题跋丛刊十》,中华书局1995年版,第211页。

⑨ (清)于敏中等撰:《天禄琳琅书目》卷十,见《清人书目题跋丛刊十》,中华书局1995年版,第213页。

⑩ (清)彭元瑞等撰:《天禄琳琅书目后编》卷十八,见《清人书目题跋丛刊十》,中华书局1995年版,第434页。

卷又《外集》二卷《龙城录》二卷《附录》二卷《集传》二卷《后序》一卷，每叶版心刻济美堂与增广注释音辨唐柳先生集龙本，檇李项氏藏本。卷首有'项子京家珍藏'朱文"①。

元汴亦重稿本收藏，曾收藏而流传至今的最著名的稿本有今中国国家图书馆收藏的宋司马光《资治通鉴》残稿，辽宁省博物馆收藏的明祝允明②的《成化间苏材小纂》稿，安徽省博物院收藏的明吴宽③《吴匏翁手书诗稿》等。

其中《资治通鉴》残稿是现存的唯一宋代稿本，有珍贵文献价值及史料价值。《资治通鉴》稿有陈谢状 5 行，是司马光手迹，后有题跋，全篇有皇室及各家收藏印 100 余方，项元汴藏印遍布残稿的卷首、卷尾及卷中行文内，足见项氏对此稿本视为珍宝。《成化间苏材小纂》稿本书于木版书笺上，托裱成册，版心为单鱼尾纹，每页 20 行，行 20 字，计 43 页，钤有"墨林父""墨林山人""子京"等多方印章，项元汴为此稿第一收藏人。后被清末戴兆芬、周寿昌收藏并题跋；民国为张学良定远斋收藏。

现傅斯年图书馆收藏钤有项子京收藏印记的《六子全书》，明顾春编。嘉庆九—二十年，吴郡顾氏世德堂刊本，是书收藏印记有"天籁阁""墨林子""子孙世昌""檇李""宫宝世家""项子京家珍藏""项墨林鉴赏章""子孙永保""项元汴印""子京父印""项墨林父""秘籍之印""墨林山人""项叔子""子京"等，确为项氏天籁阁旧藏④。天禄琳琅藏明刻《春秋经传集解》《六臣文选》皆有"世美堂""古狂"二印，为元汴旧藏。今中国国家图书馆藏明抄本《增修复古编》二卷，卷内有世济美堂项氏图籍等印，亦是项氏旧物。

项元汴凭借卓越的眼光、雄厚的财力，使得项氏藏品的丰富程度和巨大价值在中国收藏史上空前绝后。《嘉兴市志》第五篇《杂记丛谈·天籁阁原藏书画之一斑》有载：明代著名书画家、鉴赏家项元汴的天籁阁收藏丰富，闪耀古今，无与伦比，是中国文物史上的璀璨明珠。

项元汴生前没有留下天籁阁的藏品目录，身后文物星散，无人能说出其全部珍藏的名目、数量与价值，后人对天籁阁的辉煌的认知，只能是管中窥豹。清人吴聚泉有诗云："城中天籁已灭阁，海内犹存项墨林。"天籁阁虽在清初乙酉兵事中惨遭抢掠，然不少珍品后又聚入清廷内府和著名藏家手中，得以保存，未致沦灭。其中的名画、法书，项氏都钤有印记，有的还有题跋，踪迹尚在，可资查证。

---

① (清)彭元瑞等撰：《天禄琳琅书目后编》卷十八，见《清人书目题跋丛刊十》，中华书局 1995 年版，第 435 页。

② 注：祝允明(1460—1526)，字希哲，号枝山，与唐寅、文徵明、徐祯卿号称"吴中四才子"。

③ 注：吴宽(1453—1504)，字原博，号匏庵，江苏长洲人。为诸生时，以文著名，书法宗眉山，为世所宝。成化十八年(1482)壬寅状元，官至詹事府礼部尚书。此稿始于成化庚子年(1480)，历辛丑、戊申，而终于庚戌年(1490)。原为两册，先由明项元汴"天籁阁"收藏，入清经吴国对"赐书楼"、吴中蒋氏、海昌陈氏等递藏。

④ 李宗焜：《傅图收藏的"项子京旧藏"古籍》，《古今论衡》，2003(10)。

据目前已查阅的资料，现存的天籁阁旧藏书画，主要在北京和台北故宫博物院收藏，有一些在辽宁博物馆和上海博物馆等省、市博物馆，也有一些流散到日本、美国、英国的收藏机构和私人收藏家手中，其总数甚为可观。仅《国宝》、《国宝大观》、《故宫藏宝录》、台北《故宫藏画精选》、《简明中国文物辞典》、《中国名画鉴赏辞典》等六书收录的天籁阁旧藏古书画总数就达数十种；而文物鉴定专家徐邦达《古书画经眼要录》（晋至宋代书法分册）载，天籁阁旧藏品则有74家129种，其中绝大部分尚存世。

元汴藏画处除天籁阁外，还有退密斋、白雪堂、净因庵、若水轩、墨林堂、世济堂、虚朗斋、幻浮斋、诚思斋、博雅斋、华雪斋、七者寮、樱宁庵、楞严精舍、世美堂等。释方泽有诗赞其藏书楼曰："甲第簪缨里，名园水石居。白云通窈窕，丹洞山空虚。谷窗初窥豹，潭明历见鱼。繁花迷杖履，香草藉衣裾。日转藤萝映，风吟竹树徐。客来疑入画，仙去尚藏书。世美天葩在，家羞露蕨初。从知公子赋，丽藻似相如。"①

藏书印有项元汴印、自京父、项氏子京、子京珍秘、子京父印、子京、项子京家珍藏、子京所藏、项子京精玩印、墨林父、墨林、墨林山人、项墨林印、项墨林父秘籍之印、墨林项季子章、墨林秘玩、项墨林鉴赏章、项氏家藏、古檇李狂儒林山房史籍印、漆园傲吏、檇李项氏家宝玩、天籁阁、檇李、桃李、子孙永保、子孙世昌、寄敖、退密、神游心赏、平生真赏、净因庵主、净因庵、会心处、沮溺之俦、西畴耕耦、鸳鸯湖长、墨林项氏秘籍图书、世济美堂项氏图籍、世济美堂、世美堂、古狂、天籁阁项墨林印记、传家永宝等40余方。

2.进士项笃寿与万卷楼藏书

项笃寿（四世）（1521—1586）　项铨仲子，质曾孙，元淇弟，元汴兄，郑晓婿。初名笃周，字子长，又字子昌、子嘉、子信，号少溪，别署兰石主人，城南耕隐。"原籍嘉善，后徙秀水。嘉靖壬戌进士，初授刑部主事，以母老乞南，历仪制考功郎。时遇京察，有周给事、姚御史者，以敢言忤柄臣，指或观望，欲置下考。笃寿坚持不为动。已进职方郎，多所建明。"②母丧后，调职赴京，屡与张居正相左，由兵部郎中贬为广东参议，寻致仕。《嘉禾征献录》载，笃寿"生而颖异，郑端简一见奇之，许为国器，因以女聘之而收为帷中弟子。端简邃于学，为儒林宗，远近多从游者，其高足弟子甚众，笃寿以髫龀居其间，既颖悟而好深湛之思，遂通经术、传奥指，洞镜故典，晓畅国章"③。"初名笃周，嘉靖戊午中式，后改焉，壬戌举进士，授刑部主事。母老乞南，改南仪制，

① （明）释方泽撰：《冬溪集外集》卷上《同项墨林游日涉园项如临适至》，见陆光祖撰：《禅门逸书》初编第七册，127，台北明文书局股份有限公司1981年（据明隆庆辛未刊本影印），第22页。

② （明）刘应钶修，（明）沈尧中纂，嘉兴地方志办公室编校：《万历嘉兴府志》卷十八《乡贤一》，上海古籍出版社2013年版，第324页。

③ （明）徐象梅撰：《两浙名贤录》卷二十五《广东左参议项子笃寿》，《浙江文丛》本，浙江古籍出版社2012年版，第668页。

请假。数年，转南考功进员外郎郎中”[①]。“笃寿性孝友，处诸昆犹子，抚爱备至。幼尝就学于外父郑端简公，故能博综古今，通达国体，未究其用而卒。所著有《路纪》《今献备遗》《奏草》《杂草》”[②]，又著有《全史论赞》《圣朝略论记》《考定舆地图》《东观馀论》《列卿年表》等。生平事迹详参明董份撰《广东布政使司左参议少溪项公笃寿墓志》、明过庭训《本朝分省人物考》卷十五《项笃寿传》。

项笃寿故居旧址在今嘉兴市秀洲区中山路北侧。1986 年，建楼动土时发现明万历十二年（1584）《火德、市曹二庙碑记》，为项笃寿书刻，碑移至揽秀园后遭毁。

项笃寿官宦之暇，雅好藏书，以藏书刻书著名于世。藏书处为万卷楼，是楼在明代名满天下。项笃寿所藏宋椠元刻及明版珍本甚富，所藏宋版如《春秋经传集传》三十卷[③]，《唐宋名贤历代确论》一百一卷[④]，《农蚕书》[⑤]，《容斋三笔》十六卷[⑥]，《楚辞》一函四册[⑦]，《九家集注杜诗》三十六卷[⑧]，《周易本义》十二卷[⑨]，《事类赋》二函十六册[⑩]，《韦苏州》一函三册[⑪]，《东观馀论》二卷[⑫]，《名臣碑传琬琰集》一百七卷[⑬]，《后汉书》一百二十卷[⑭]，《迂斋标注诸家文集残本》六册[⑮]，《昌黎先生集》四十卷《外集》十卷[⑯]；宋监本《周礼》十三卷[⑰]，麻沙小字宋本《增广注释音辨唐柳先生集》一函四册[⑱]；宋世彩堂本《韩昌黎先生集》五十一[⑲]，宋廖莹中注刻本《河东先生集》四十五卷

① （清）盛枫著：《嘉禾征献录》卷六《项忠》，己巳（1989 年）秋日江苏广陵古籍刻印社据清刊本影印本。
② （明）刘应钶修，（明）沈尧中纂，嘉兴地方志办公室编校：《万历嘉兴府志》卷十八《乡贤一》，上海古籍出版社 2013 年版，第 324 页。
③ （清）于敏中等撰：《天禄琳琅书目》卷一，见《清人书目题跋丛刊十》，中华书局 1995 年版，第 14 页。
④ （清）于敏中等撰：《天禄琳琅书目》卷二，见《清人书目题跋丛刊十》，中华书局 1995 年版，第 33 页。
⑤ （清）于敏中等撰：《天禄琳琅书目》卷二，见《清人书目题跋丛刊十》，中华书局 1995 年版，第 41 页。
⑥ （清）于敏中等撰：《天禄琳琅书目》卷二，见《清人书目题跋丛刊十》，中华书局 1995 年版，第 41 页。
⑦ （清）于敏中等撰：《天禄琳琅书目》卷三，见《清人书目题跋丛刊十》，中华书局 1995 年版，第 46 页。
⑧ （清）于敏中等撰：《天禄琳琅书目》卷三，见《清人书目题跋丛刊十》，中华书局 1995 年版，第 47 页。
⑨ （清）彭元瑞等撰：《天禄琳琅书目后编》卷二，见《清人书目题跋丛刊十》，中华书局 1995 年版，第 244 页。
⑩ （清）彭元瑞等撰：《天禄琳琅书目后编》卷五，见《清人书目题跋丛刊十》，中华书局 1995 年版，第 302 页。
⑪ （清）彭元瑞等撰：《天禄琳琅书目后编》卷六，见《清人书目题跋丛刊十》，中华书局 1995 年版，第 310 页。
⑫ （清）潘祖荫撰，叶昌炽编，潘承弼增补：《滂喜斋藏书记》卷二，见《续修四库全书》编纂委员会、复旦大学图书馆古籍部编：《续修四库全书》第 926 册，上海古籍出版社 2003 年版，第 445 页。
⑬ （清）潘祖荫撰，叶昌炽编，潘承弼增补：《滂喜斋藏书记》卷一，见《续修四库全书》编纂委员会、复旦大学图书馆古籍部编：《续修四库全书》第 926 册，上海古籍出版社 2003 年版，第 428 页。
⑭ 张元济，潘宗周撰：《宝礼堂宋本书录》之史部《后汉书》，见张元济著：《张元济全集》第 8 卷《古籍研究著作》，商务印书馆 2009 年版，第 39 页。
⑮ 张元济，潘宗周撰：《宝礼堂宋本书录》之集部《迂斋标注诸家文集残本》，见张元济著：《张元济全集》第 8 卷《古籍研究著作》，商务印书馆 2009 年版，第 133 页。
⑯ 王文进撰，柳向春标点：《文禄堂访书记》卷第四，上海古籍出版社 2007 年版，第 255 页。
⑰ （清）彭元瑞等撰：《天禄琳琅书目后编》卷二，见《清人书目题跋丛刊十》，中华书局 1995 年版，第 250 页。
⑱ （清）彭元瑞等撰：《天禄琳琅书目后编》卷六，见《清人书目题跋丛刊十》，中华书局 1995 年版，第 312 页。
⑲ （清）莫友芝《宋元旧本书经眼》卷一，见（清）莫友芝著，张剑点校：《宋元旧本书经眼录 郘亭书画经眼录》，中华书局 2008 年版，第 39 页。

《外集》二卷[①];宋建刻本《吕氏家塾读书记》三十二卷[②];宋刻本《周易本义》十二卷《五赞》一卷《筮仪》一卷,今藏辽宁省图书馆。影宋钞本《书传辑录纂注》,是书椠手精工,项笃寿万卷楼藏本。有“万卷楼图籍”之印[③]。其中《外台秘要方》,唐王焘撰,南宋初年刊。四十卷首目一卷。四十二册。是书汇集了初唐以前五六十家医学著作数千卷,分一千一百零四门。内容丰富,资料广博,颇具学术价值。藏书印有“武林高瑞南家藏书印”“浙右项笃寿子长藏书”“京口世家”“蒋氏彦恒子孙保之”“清宁东阁”“思济堂”“曹溶之印”“季振宜藏书”“胡惠孚印”“篴江”“当湖小重山馆胡氏篴江珍藏”“无事小神仙”“存斋四十五岁小像戊寅二月某石并刊”“臣陆树声”“归安陆树声叔桐父印”等。1981 年曾由东洋医学研究会为“东洋医学善本丛书之五、六”影印出版,今藏日本静嘉堂文库[④]。此外元刻明版亦为善本珍本,如元版《书传辑录纂注》六卷[⑤],元天历刻本《玉玉聚义》五卷[⑥],元大德刊本《白虎通德论》十卷[⑦];《重修政和经史证类备用本草》三十卷,是书为蒙古定宗四年(1249)平阳张存惠晦明轩刻,据《全国善本总目》的著录,明末清初为钱谦益所藏,乃钱氏绛云楼未焚之书,有钱谦益跋。此本递经名家收藏,藏印累累,清代海宁蒋光焴曾收藏。另外,中国国家图书馆、上海图书馆、上海中医学院图书馆分别藏有残本。《白虎通德论》十卷为“元大德刊本,项氏万卷堂藏书”[⑧]。明版《南唐书》三十卷[⑨],闻人铨校刊本《旧唐书》二百卷[⑩],明刊本《书传集解》十二卷[⑪]。所藏明版珍本如《初学记》四函三十二册[⑫];明版《旧唐书》六函四十册[⑬]。《嘉业堂藏书志》著录的“《后汉书》一百三十卷,范晔撰,唐章怀太子贤注。宋刻本。有‘浙西项笃寿子长藏书’‘项笃寿印’

---

① 王文进撰,柳向春标点:《文禄堂访书记》卷第四,上海古籍出版社 2007 年版,第 257 页。
② 王文进撰,柳向春标点:《文禄堂访书记》卷第一,上海古籍出版社 2007 年版,第 13 页。
③ (清)彭元瑞等撰:《天禄琳琅书目后编》卷八,见《清人书目题跋丛刊》十,中华书局 1995 年版,第 336 页。
④ 参见黄华珍著:《日藏汉籍研究:以宋元版为中心》之《附录》,中华书局 2013 年版,第 253 页。
⑤ (清)彭元瑞等撰:《天禄琳琅书目后编》卷八,见《清人书目题跋丛刊十》,中华书局 1995 年版,第 336 页。
⑥ 王文进撰,柳向春标点:《文禄堂访书记》卷第三,上海古籍出版社 2007 年版,第 169 页。
⑦ (清)张金吾撰,柳向春整理,吴格审定:《爱日精庐藏书志》卷二十四,上海古籍出版社 2014 年版,第 391 页。
⑧ (清)张金吾撰,柳向春整理,吴格审定:《爱日精庐藏书志》卷二十四,上海古籍出版社 2014 年版,第 391 页。
⑨ (清)于敏中等撰:《天禄琳琅书目》卷八,见《清人书目题跋丛刊十》,中华书局 1995 年版,第 162 页。
⑩ (清)彭元瑞等撰:《天禄琳琅书目后编》卷十四,见《清人书目题跋丛刊十》,中华书局 1995 年版,第 391 页。
⑪ (清)张金吾撰,柳向春整理,吴格审定:《爱日精庐藏书志》卷二,上海古籍出版社 2014 年版,第 37 页。
⑫ (清)于敏中等撰:《天禄琳琅书目》卷九,见《清人书目题跋丛刊十》,中华书局 1995 年版,第 195 页。
⑬ (清)彭元瑞等撰:《天禄琳琅书目后编》卷十四,见《清人书目题跋丛刊十》,中华书局 1995 年版,第 391 页。

‘少溪主人’等诸记”①。“《唐书》一百九十八卷目录二卷，宋刻本，有‘项氏万卷堂图籍记’‘项印笃寿’‘项子京家藏’‘少溪主人’‘少溪私印’诸记”②。

藏书印有项笃寿印、子长、万卷楼书、浙西世家、兰石主人、桃花村里人家、杏花春雨江南、万卷堂藏书记、紫玉玄居宝刻、项氏万卷楼图籍、项印笃寿、少溪主人、万卷堂印、项氏万卷堂图籍印、浙右项笃寿子长藏书、项子长父鉴定等20余方。

项笃寿藏书部分从其弟元汴处购得，清代藏书大家朱彝尊在《曝书亭集》卷五十三《万岁通天帖旧事》有详尽的记载：

> 性好藏书，见秘册辄令小胥传抄，储之舍北万卷楼。其季弟子京，以善治生产富，能鉴别古人书画、金石、文玩。所居天籁阁，坐质库估价。海内珍异，十九多归之。顾啬于财，交易既退，予价或浮，辄悔，至忧形于色，罢饭不啖。子长侦诸小童，小童告以实。子长过而问曰：“弟近收书画，有铭心绝品，可以霁心悦目者乎?”子京出其价浮者。子长赏击不已，如子京所与值偿焉，取以归，其友爱若是。子京子六人，无一达者。子长子德桢、万历丙戌进士；梦原，万历己未进士。德桢子鼎铉，万历辛丑进士；声国，崇祯甲戌进士。乡人以为厚德之报也③。

此外，元汴部分藏品乃笃寿花重金购买所赠，如《石渠宝笈三编》录项元汴题记：“元翰林学士雍国公虞文靖行书宋虞雍著《诛蚊赋》，项元汴真鉴之秘。明（按：当为‘嘉靖’）三十九年春日，购于无锡华氏，用价五十金。”④又吴升《大观录》卷九尾有项元汴题记：“虞雍公《诛蚊赋》刻石疏……此帖今藏余家，往在无锡荡口得于华氏中甫处，少溪家兄重购见贻之物，元汴。”⑤又“赵魏公楷书《道德经》真迹二卷……墨林山人得之仲兄少溪子长手授，其值七十金。元汴记”⑥。又元钱选《浮玉山居图》，项元汴记：“钱雪川画山居图咏，元诸名公品题词翰，姚侍御丹邱公墨妙，装潢成卷。项少溪主人授弟墨林子珍秘，原价三十金。”⑦叶昌炽在《藏书纪事诗》卷三咏：“仰屋

---

① （清）缪荃孙；吴格整理点校：《嘉业堂藏书志》卷二《史部·汉书》，复旦大学出版社1997年版，第190—191页。

② （清）缪荃孙；吴格整理点校：《嘉业堂藏书志》卷二《史部·汉书》，复旦大学出版社1997年版，第194—197页。

③ （清）朱彝尊撰：《曝书亭集》卷五十三《书万岁通天帖旧事》，见（清）永瑢、纪昀等编纂：《四库全书》第1318册，上海古籍出版社1987年版，第245页。

④ （清）英和等撰：《石渠宝笈三编》之《延春阁藏一六》，见《续修四库全书》编纂委员会、复旦大学图书馆古籍部编：《续修四库全书》第1077册，上海古籍出版社2003年版，第326页。

⑤ （清）吴升撰：《大观录》卷九上，见《续修四库全书》编纂委员会、复旦大学图书馆古籍部编：《续修四库全书》第1066册，上海古籍出版社2003年版，第462页。

⑥ （明）汪珂玉撰：《珊瑚网》卷八《法书题跋》，见卢辅圣主编：《中国书画全书》第5册，上海书画出版社1993年版，第781页。

⑦ （清）王杰等撰：《钦定石渠宝笈续编》之《淳化轩藏四》，见《续修四库全书》编纂委员会、复旦大学图书馆古籍部编：《续修四库全书》第1073册，上海古籍出版社2003年版，第538页。

微闻嚄唶声，千金享帚太痴生。铭心绝品原无价，出纳何妨让阿兄。”①

笃寿藏书声名虽不如其弟元汴，但所刻之书远远超过其弟，是明代著名的出版家。嘉靖间（1522—1566）刊书颇多。书室曰木石居，刻书室曰万卷堂。笃寿万卷堂与其子项德棻（梦原）宛委堂刻书在明代都享有盛名。万卷堂所刻之书数量多，质量高，多为精品。

现存项笃寿所刻图书有20多种，世称佳本。如北京师范大学图书馆藏明嘉靖四十五年（1566）项氏万卷堂刻本《全史论赞》八十二卷。其中最著名者有《郑端简公奏议》《东观馀论》等，前者字画精工，后者仿宋嘉定本，刻印极精。如万历十二年（1584）项氏万卷堂所刻宋邵武黄伯思撰《东观馀论》，项氏以南宋嘉定夏校勘本《东观馀论》为底本直接翻刻，遂成万卷堂翻宋本，可谓源出宋椠的佳本。卷首有“奎藻堂陶氏收藏”“云间陶氏藏书之印”朱文印等，卷尾则有“景炎私印”白文印、“别号云岫”朱文印，序及卷末均有“建安漕司刻梓”及“嘉禾项氏万卷堂梓”戳记等。傅增湘亦记云：“《东观馀论》二卷，宋黄伯思撰。明万历十二年甲申嘉禾项笃寿万卷堂刊本，九行十八字，大版心，白口，左右双阑，版心间记字数及人名。序后有‘嘉禾项氏万卷堂梓’图墨记。目后及法帖刊误后、上卷后亦有此八字木记。……有万历甲申项笃寿子长序，言翻宋本校而刻之（乙卯正月收于厂市）。”②项氏在《重校东观馀论引》中云：

> 黄长睿以博雅校秘书，可谓遭矣。宣政间，虏事日非，时方多故，无能有所建立而顾区区于校雠之末，无亦有托而逃者乎。先是兖国有《集古录》，赵明诚有《金石录》，续有《宝刻丛编》，考订精确，说者独推长睿，良足传也。南渡来周公谨廖莹中有《齐东野语》《癸辛杂识》《烟云过眼录》《世采堂集》，号称博综。而二子皆悦生堂客，即有文采，不足观也。已其书固在鲁，不齿悦生主人岂犹有存，不敢尽废耶。世固有盛谈周孔诡艳鞅灶者又密玉所不道矣，视云林子可同日语乎？闲居多暇，翻宋本文字校而刻之，传我同好语有云：“文词，艺也，道德，宝也，是编小道，艺林续余耳。长睿清修详慎，李忠定公雅重之。其人固足多也。”
>
> 万历甲申秋八月既望城南耕隐项笃寿子长甫书于木石居③。

项氏翻宋本校刻精美，字大清晰。明末毛晋刻《津逮秘书》即据此本。因其校刻精美，清代季沧苇竟然误认为是宋本。清丁丙《善本书室藏书志》卷十八著录此书

① （清）叶昌炽著，王欣夫补正，徐鹏辑：《藏书纪事诗》卷三，上海古籍出版社1989年版，第245页。
② 傅增湘撰：《藏园群书经眼录》卷九，中华书局1983年版，第735页。
③ （明）项笃寿撰：《东观馀论·重校东观馀论引》，万卷堂翻宋本，上海图书馆藏。

云:明万历项氏刊本,“此本前题秀水项笃寿重校并万历甲申笃寿重刊行,卷尾有嘉禾项氏万卷堂梓长圆方式木印。字画精工,流传绝少。内府天禄琳琅亦珍藏之”①。“文革”前县人倪禹功藏的项氏初刻本古籍数种,均未著录过,皆精美绝伦。

近代著名版本目录学家叶德辉《书林清话》卷五将其刻书列入明代刻书之精品。其《书林余话》卷下云:“嘉禾项笃寿万卷堂刻书精美,惜乎所刻甚少。前《清话》所列仅《郑端简奏议》十四卷、《东观馀论》三卷,如是而已。嘉靖丙寅刻有《廿四史论赞》八十卷,总目后有楷书长方牌记云:‘嘉禾项氏万卷堂梓。’《史记》目后有‘嘉禾项氏刊于万卷堂’一行。其书亦人所罕知者。”②

笃寿万卷堂刻本名录及流布,其刻书故实详见《嘉兴刻书史》。

3.万卷楼藏书之传承

项笃寿殁后,其子项梦原等继承藏书大业,在原有收藏的基础上又有增益,成为明末藏书名家。

项笃寿有二子三孙,五人中有四人为进士,一时传为佳话。清朱彝尊云:“长子德桢,万历丙戌进士;梦原,万历己未进士。德桢子鼎铉,万历辛丑进士;声国,崇祯甲戌进士。乡人以为厚德之报也。”③

项德桢(五世)　项笃寿长子,梦原兄,鼎锭、鼎铉、声国父。字庭坚,号元池。“明万历乙酉顺天举人,丙戌成进士,授屯田主事”④,官至河南副使。“著《皇明弼直录》《续名臣记》《宁攘要编》《大政志》《庐中草》等书”⑤,编有《项襄毅公年谱》五卷。

项梦原(五世)　项笃寿仲子。原名德棻,号元海,更名梦原,字希宪。明“万历壬子顺天乡试,己未科进士会试第二,廷试二甲二名,授刑部山西司主事”⑥。辛酉典贵州乡试,天启二年(1622)升都水员外历郎中,迁山东督学,山西副使,仕至刑部郎中。著有《宋史偶识》《石门避暑录》《项氏经笺》《云烟过眼录》《冬官纪事》等。《光绪嘉兴府志》卷五十二有其传。

据董其昌《明故墨林项公墓志铭》言:“犹子孝廉梦原,六龄失母,(元汴)鞠诲备至。孝廉蔚为名儒。”⑦可知梦原早岁丧母后,与其叔元汴一起生活,得其叔悉心关照,并受其影响,嗜好书画收藏,其藏书有部分得其父笃寿及叔元汴的收藏,藏古籍书画甚富。陈继儒记云,万历二十三年(1595)六月陈氏邀项梦原同在项德新处观其

---

① (清)丁丙撰:《善本书室藏书志》卷十八《东观馀论》,见《续修四库全书》编纂委员会、复旦大学图书馆古籍部编:《续修四库全书》第927册,上海古籍出版社2003年版,第379页。

② (清)叶德辉著:《书林清话》之《书林余话》卷下,上海古籍出版社2012年版,第314页。

③ (清)朱彝尊撰:《曝书亭集》卷五十三《跋十二·书万岁通天帖旧事》,见(清)永瑢、纪昀等编纂:《四库全书》第1318册,上海古籍出版社1987年版,第245页。

④ (清)盛枫著:《嘉禾征献录》卷六《项忠》,己巳(1989)秋日江苏广陵古籍刻印社据清刊本影印本。

⑤ (清)盛枫著:《嘉禾征献录》卷六《项忠》,己巳(1989)秋日江苏广陵古籍刻印社据清刊本影印本。

⑥ (清)盛枫著:《嘉禾征献录》卷六《项忠》,己巳(1989)秋日江苏广陵古籍刻印社据清刊本影印本。

⑦ (明)董其昌撰:《容台集》第八卷《明故墨林项公墓志铭》,见四库禁毁书丛刊编纂委员会编:《四库禁毁书丛刊·集部·三十二》,北京出版社1997年(据明崇祯三年董庭训刻本影印),第365页。

藏品，据陈继儒《妮古录》载，“柳诚悬度人经。藏项司马少溪家。今授仲子希宪。后题翰林学士谏议大夫知制诰赐紫金鱼袋柳公权书于上都昭成观。永充供养诵读。……后有赵严及冯子振奉皇姊大长公主命题。宋濂题。又有吾乡陆深与其师少宰蒲汀柬一封。押缝有大观印。宣和玺……”此法书曾为北宋宣和内府故物，后归元鲁大长公主祥歌剌吉，明代经项铨收藏后，归其子项笃寿，最后归项梦原，实为流传有绪。藏有“《吕氏家塾读诗记》三十二卷，宋吕祖谦撰。宋刊本，十二行二十二字，注双行同，细黑口，四周双栏，版心上记字数。……藏书印如后：‘项氏万卷楼图籍印’‘浙西项德校希宪藏书’‘辽西郡图书印’‘项氏希宪’‘万卷楼’”等①。文徵明《真赏斋卷》曾为项德棻藏，钤有“项印德棻”“兰石主人”“五一倩士”；清宋荦藏，钤有“宋荦审定”“纬萧草堂画记”；清内府藏，钤有“乾隆御览之宝”“三希堂精鉴玺”“养心殿鉴藏宝”“石渠宝笈”“嘉庆御览之宝”“宣统御览之宝”，此卷著录于《石渠宝笈初编》《溥仪赏溥杰书画目》，现藏上海博物馆。又有“赵子昂《秋兴赋》行书、王晋卿《瀛山图》、马和之《邠风图》、米友仁《云山卷》、陈居中《胡笳十八拍卷》、赵千里《丹青三味卷》、沈周《水墨山桧卷》、仇英《仿宋人花鸟山水册》一百幅……”②

藏书处为宛委堂。

藏书印有少溪私印、项氏万卷堂图籍印、浙西项德校希宪藏书、辽西郡图书印、项氏希宪、万卷楼等。

梦原刻书最著，刻书处仍为宛委堂。梦原为万历间（1573—1620）著名的刻书家，其宛委堂刻书与其父万卷堂刻书在明代齐名。梦原所刊之书被叶德辉目为明人刻书精品。

《研北杂志》二卷，元陆友仁撰，项氏宛委堂刻本，钱曾《读书敏求记》著录此书云：“友字友仁，苏州人。善为歌诗，工八分隶楷，博极群物。辟小室仅可容膝，清坐竟日。自号研北生。著《研北杂志》，檇李项氏刊行之。其原本今藏予家。”③又“《研北杂志》二卷，元陆友撰，明万历项德棻宛委堂刊本，八行十八字，版心有‘项氏宛委堂□笈’等字，有跋，称出自陈眉公抄本”④。丁丙跋云：“《研北杂志》二卷，明项氏刊本……《四库提要》云：钱氏《读书敏求记》载何柘湖校本、项药师刊本今皆未见。此即嘉禾项德棻宛委堂刊本也。后又寒玉堂、徐献忠、董子元、钱叔宝、林应桢、陈继儒、项德棻题记……洵为善本也。”⑤所刻《石林避暑录》四卷，“此明嘉禾项德棻宛委堂刊本，宋先少保《石林避暑录》四卷。每半页八行，每行十八字，每页版心左下方均

---

① 傅增湘撰：《藏园群书经眼录》卷一《经部一》，中华书局1983年版，第39—40页。

② 参见（明）汪砢玉撰：《珊瑚网》，见卢辅圣主编：《中国书画全书》第5册，上海书画出版社1993年版；（明）陈继儒撰：《妮古录》，见卢辅圣主编：《中国书画全书》第3册，上海书画出版社1993年版。

③ （清）钱曾撰，丁瑜点校：《读书敏求记》卷二《陆友墨史三卷》，书目文献出版社1984年版，第42页。

④ 傅增湘撰：《藏园群书经眼录》卷八，中华书局1983年版，第717页。

⑤ （清）丁丙撰：《善本书室藏书志》卷十九《研北杂志》，见《续修四库全书》编纂委员会、复旦大学图书馆古籍部编：《续修四库全书》第927册，上海古籍出版社2003年版，第388页。

有‘项氏宛委堂笈’六字，右下方均有字数。每卷首行大题‘石林避暑录’，卷一空一格，下题‘嘉禾项德棻宛委堂校’。前石林老人序，即接本文闲、衔刻，卷末有檇李项德棻记，盖得华亭陈仲醇钞本重梓者也”①。

项梦原宛委堂刻本名录及流布，其刻书故实详见《嘉兴刻书史》。

项鼎铉（六世）（1575—1619）　字孟璜，初字稚玉，号扈虚，又号魏斋、洪谟。项笃寿长孙，声国兄。“项德桢长子明万历丁酉以锦衣籍中式，辛丑成进士，选庶吉士”②，惜卒年45岁。著有《实录纪异》《呼桓日记》《学易堂笔记》等。

鼎铉喜藏书，收藏宏富，藏书处为易学堂。

项鼎铉娶沈德符妹沈瑶华为妻。沈瑶华能诗并擅书，亦好藏书，项鼎铉《呼桓日记》称沈瑶华“生平酷情砚笔，朝夕读书不休，所著诗文成帙”③。瑶华曾编刻《景樊集》。

同时代的嘉兴女书法家徐范跋《玉台名翰》云：“今春闻吾邑项氏家藏卫夫人一帧，长孙后一帧，为绝代翰宝。百计购求，终莫能得。因托至戚致其夫人，夫人怜范一段苦心，从更转赠，遂不惜倾橐酬之。”④《玉台名翰》为徐范辑古代闺秀善书者卫茂漪、薛涛等诸家书法，装成一卷。项氏家族诸媳妇中，能笃好书画而玉成徐范美事者，殆只有沈瑶华一人了，洵为艺林佳话。

项声国（六世）　项德桢子，项笃寿孙，朱国祚长婿。“初名鼎爰，字仲展，改今名，字敉公。崇祯庚午顺天中式，辛未成进士，授雅州知府。”⑤《光绪嘉兴府志》卷五十二有其传。

项声国亦喜藏书，“其藏书钤印有‘笃寿’‘梦原’颇有同者”⑥。其藏书大部是其祖笃寿及其父梦原所藏，藏书处为易学堂。

五、明代秀水长溪沈氏家族

（一）秀水长溪沈氏家族源流与科举

长溪沈氏，其先“家大梁，从宋南渡徙会稽，明兴徙云间再徙檇李，世尚隐德不仕，至公大父复始用子（沈谧）贵，封刑科给事中。父谧以名谏议迁为湖广参议，配盛

---

① （清）叶启勋《拾经楼紬书录》卷中，见湖南图书馆编：《湖南近现代藏书家题跋选》第2册，岳麓书社2011年版，第78页。

② （清）盛枫著：《嘉禾征献录》卷六《项忠附》，己巳（1989年）秋日江苏广陵古籍刻印社据清刊本影印本。

③ （明）项鼎铉撰：《呼桓日记》卷二，《北京图书馆古籍珍本丛刊》第20册，书目文献出版社，1998年，第453页。

④ （唐）薛涛著，张蓬舟笺：《薛涛诗笺·玉台翰跋》，人民文学出版社1983年版，第129页。

⑤ （清）盛枫著：《嘉禾征献录》卷六《项忠》，己巳（1989）秋日江苏广陵古籍刻印社据清刊本影印本。按：商榷：《崇祯七年甲戌科进士履历便览》中项声国为崇祯七年（1634）甲戌科进士，清人盛枫《嘉禾征献录》载为崇祯四年（1631）辛未科进士。

⑥ 梁战、郭群一编著：《历代藏书家辞典》，陕西人民出版社1991年版，第305页。

孺人嗣配盛恭人”[①]。《嘉禾征献录》载：沈谧“先世自松江七保赘入秀水，为秀水人。父复以积著起家”[②]。冯梦祯云：“江南沈最盛，而茂仁所出为长溪沈氏，其先故汴人，宋南渡后居会稽，寻徙华亭之七保。元季有庭芝者自华亭徙嘉兴，迁善乡。庭芝生瑾，字子厚，始赘秀水思贤乡之长溪，遂为长溪沈氏之祖。子厚生大用公（王裔），大用生竹隐公渊，竹隐生怡筠公度，是为茂仁高祖。曾祖东园（沈复）讳某，封征侍郎刑科给事中，祖石云公。”[③]“我禾以祖父孙曾科第一门者，有长溪之沈最著。其始为嘉靖己丑进士，讳谧号石云，官藩参；有子为嘉靖己未进士，讳启原，号霓川，官宪副；有孙为万历丁丑进士，讳自邠，号几轩，官修撰；有曾孙为万历戊午乡进士，始名麟祯，号景倩，先□其生戊寅故字虎臣。”[④]其家族沈谧、启原、自邠，祖孙三进士，“累世鼎贵，僮奴数千指，江以南名家，屈指长溪沈氏”[⑤]。

沈氏家族成员先后辉映，长稚齐名，一门风雅，彬彬称盛，至沈德符而集其家族文化之大成，以一部“明代野史，未有过焉者”[⑥]之《万历野获编》，享有盛誉。又因家族藏书甚富，家学濡染，有以诗名著称的“沈氏三才女”——沈凤华、沈瑶华、沈翠华。

附：明代秀水长溪沈氏家族中有文献可考登科年的进士名录[⑦]

姓　名	家族成员关系	登科年
沈　谧（一世）	复子，启原，启南父	明嘉靖八年（1529）己丑科进士
沈启原（二世）	谧子，自邠父，超宗祖父	明嘉靖三十八年（1559）己未科进士
沈自邠（三世）	启原子，超宗父	明万历五年（1577）丁丑科进士

（二）秀水长溪沈氏进士家族藏书

长溪沈氏家族以文采风流见称于世，以藏书为荣为乐。其家族藏书迄明代约嘉靖八年（1529）沈谧中进士始，至清道光七年（1827）同里祝氏火宅之厄，历经明清两代近三百年。自沈谧始藏书，历启原、启南，自邠、德符、凤等努力，“历世所藏，有多

---

① （明）陆可教撰：《陆学士先生遗稿》卷十二《明故中宪大夫陕西按察司副使霓川沈公墓志铭》，见《四库禁毁书丛刊》编纂委员会编：《四库禁毁书丛刊》集部，第 160 册，北京出版社 1997 年版（据上海图书馆藏明万历刻本影印影），第 445 页。

② （清）盛枫著：《嘉禾征献录》卷二《沈谧》，己巳（1989）秋日江苏广陵古籍刻印社据清刊本影印本。

③ （明）冯梦祯撰：《快雪堂集》卷十八《沈茂仁公行状》，见《四库全书存目丛书》编纂委员会编：《四库全书存目丛书》集部，第 164 册，齐鲁书社 1997 年版，第 294 页。

④ （明）姚士粦撰：《沈景倩孝廉行状》，见李文衡撰：《清代禁书版本丛谈——〈万历野获编〉专稿》，《四川图书馆学报》1990 年第 4 期（总第 56 期），第 76 页。

⑤ （明）冯梦祯撰：《快雪堂集》卷十五之《沈母王孺人墓志铭》，见《四库全书存目丛书》编纂委员会编：《四库全书存目丛书》集部，第 164 册，齐鲁书社 1997 年版，第 249 页。

⑥ （清）朱彝尊著，黄君坦校点：《静志居诗话》卷十七《沈德符》，人民文学出版社 1990 年版，第 515 页。

⑦ 按：是书以进士沈谧算为一世起。此表参考文献：·（清）沈翼机等编修：《雍正浙江通志·选举》卷一百二十三至卷一百二十八，上海商务印书馆 1934 年。·（清）盛枫著：《嘉禾征献录》卷二《沈谧》，己巳（1989）秋日江苏广陵古籍刻印社据清刊本影印本。·丁辉、陈心蓉著：《嘉兴历代进士研究》，黄山书社 1912 年版，第 123 页。

至八万余卷”①，延绵五世，之后藏书惠泽大詹（五世）、大遇（五世）、克家②（五世）、亿年③（六世）、莘士④（六世）、沈振⑤（八世）、宗煦⑥（九世）等九世。其家族藏书有功于中国的藏书事业。沈氏“惟日相羊长溪之上，芟葺先人林园，诛茅治屋，为偃息计。为堂有与闲、存石，为阁有紫芝、阆风，为斋有止观、徐于，为台有紫云、香雪，为亭有苍玉、点易”⑦。

沈　谧（一世）（1501—1553）　字靖夫，号石云，别号石山，秀水长溪人。“父复以积著起家，谧嘉靖戊子举人”⑧，“嘉靖己丑进士，授行人。尝使代藩，厚馈谢不受。迁刑科给事中”⑨，“转湖广参议致仕归。慕阳明之学，建文湖书院祀之，聚生徒讲习其中，有《石云家藏集》”⑩。沈谧内行醇笃，“建书院于文湖祀阳明，湖在秀水县北四

---

① 倪禹功著：《嘉秀藏家集录》卷一《明·存石草堂沈氏》，上海辞书出版社2011年据倪氏手稿影印，第12页。

② 按：沈克家，字庆仲，秀水人。德符次子，过庭训婿。顺治中诸生、著有《庆仲诗钞》。

③ 按：沈亿年，字秬承，号豳祁，秀水人。沈德符孙，沈克家子。清初著名词人。与其师蒋平阶、同门周积贤合著词集《支机集》三卷，各一卷。蒋平阶于顺治九年（1652）为《支机集序》云：“沈子（亿年）系出西豪，世称才子；家藏策府，手辑遗书。壮发方垂，即有冲冠之气；柔毫乍染，便高题柱之才。遂能作张俭之主人，更自引李膺之弟子。”参见（明）蒋平阶撰：《支机集序》，见赵尊岳辑：《明词汇刊》之《支机集序》，上海古籍出版社2012年版，第555页。

④ 按：沈莘士，字约安，又字榖园，号东田，别署郊居。启南玄孙，自邮曾孙。家住新溪庆元坊，与兄渭士读书般若精舍。据倪禹功《嘉秀藏家集录》记载，沈莘士晚年筑郊居草堂于老屋南，时与同里俊彦联诗文会。著述宏富，有《新锡文钞》四卷《长溪诗草》《郊居诗话》《敦素堂集》《婆罗林集》《江淮集》《北游集》《西行集》《甲外集》《新塍集》《汴泗集》《河岳集》武林集》《周甲集》《榖园文稿》《新溪古迹考》《长溪沈氏宗谱》等行世。卒后数十年草堂遭火，书稿尽焚。

⑤ 按：沈振，谧裔孙，德符来孙。致力于访求《万历野获编》佚稿，以桐乡钱枋藏本为基础，又抄附二百多条编为“补遗”，约抄成于康熙五十二年（1713），此即为《万历野获编》沈振辑补本。

⑥ 商榷：（1）范凤书先生《中国私家藏书史》大象出版社2001年版及武汉大学出版社2013年版皆载沈宗煦为沈启原曾孙。据嘉兴乡邦文化学者倪禹功考证，其手稿本《嘉秀藏家集录》记云：沈宗煦应为沈启原八世孙。（2）范凤书先生《中国私家藏书史》云：（沈启原）曾孙沈宗煦《跋长溪沈氏宗谱》语及郊居草堂藏弆甚富，万历丁亥（1587）春，同里有祝融之厄，殃及沈家，书籍版片，化为乌有，几代积存，毁于一旦，笔者以为有误。沈自邠卒于万历十七年（1589）己丑，沈德符卒于崇祯十五年（1642）壬午。据明人李日华《味水轩日记》卷一记云，沈自邠孙、沈凤子大詹于万历三十七年（1609）八月二十二日邀岳父李日华往沈氏祖宅检点先世遗留书籍，“不下八万余卷。散落浥烂十之四五。若金石绘事秘玩种种，悉汝胠箧手无孑遗矣。为之三叹”。又据倪禹功先生考，沈自邠从孙莘士乾隆三十七年（1772）壬辰重建藏书楼，能仁寺功德林碑记，倪氏认为丁亥被灾其在道光七年（1827）丁亥无疑。（3）倪禹功（1911—1964），字昌浚，斋名蕉簃，嘉兴人。出身书香门第，自有喜绘画，师从蒋世长。善山水、人物，笔墨工致劲峻古朴，自成画格。长期从事书画研究、考证、鉴定等工作，与沙孟海、朱其石、吴湖帆、钱镜塘、吴藕汀等游。载书画鉴定独具慧眼，收集、整理、编写了大量历代书画名家资料，尤其注重乡邦文化，对嘉兴的书画家、收藏家及文献史料研究颇深，著有《嘉秀近人书画搜铨》《嘉秀藏家集录》等五部手稿。

⑦ （明）焦竑撰：《澹园集》卷三十三《陕西按察司副使霓川沈先生行状》，中华书局1999年版，第539页。

⑧ （清）盛枫著：《嘉禾征献录》卷二《沈谧》，己巳（1989）秋日江苏广陵古籍刻印社据清刊本影印本。

⑨ （清）任之鼎修，（清）范正辂纂：《康熙秀水县志》卷五《先达》，见《中国地方志集成·浙江府县志辑》（31），上海书店出版社1993年版，第891页。

⑩ （清）盛枫著：《嘉禾征献录》卷二《沈谧》，己巳（1989）秋日江苏广陵古籍刻印社据清刊本影印本。

十里，与钱德洪、王畿、唐枢诸人往复切磋，学者翕然向风，称石山先生，入乡贤祠”①。生平事迹参见明徐象梅《两浙名贤录》卷二十五《广东按察司副使沈静夫谧》、明过庭训《明分省人物考》卷四十五《沈谧传》、《雍正浙江通志》卷一百七十五《人物五·沈谧传》。

沈谧喜藏书，家有“巢云馆，兴间堂，存石堂，紫芝阁，阆风阁，徐于斋，止观斋，万书楼（石云公藏书之所）……”②明人徐象梅称沈谧有“万书楼”为藏书处③，张萱则称其“旧有万卷藏书楼，三楹为石云公藏书处”④。沈氏家族藏书，自沈谧始著，并初具规模，开创了长溪沈氏家族藏书之风气。

沈启原（二世）（1526—1591） 沈谧长子。又名启源，或作启元，字道原、道初、道升，又字道卿，号霓川，别署巢云澄源居士、岷峨泰华主人，秀水长溪人。嘉靖二十五年（1546）丙午举人，“嘉靖己未进士”，累官“山东右参议，未几迁陕西关南道副使。丁丑子邠成进士，以庶吉士第一读中秘书，原闻报叹曰：‘予家世耕读，何修而受国恩三世哉，吾其归矣。’……绝口不谈世事，亦不复通谒贵显，惟日相羊。于长溪之上芟葺先人林园，诛茅治屋为偃息，计葛巾野服，与亲旧往来如山人。性澹朴无所纷华，辞受取予一禀于义，有请托辄逊谢之脱，冤抑不白毅然为之申理，虽遭物议不惜也”⑤。《万历秀水县志》称：沈启原居官廉谨，节操凛然，“家居杜门不入城，尝手一编咿唔至丙夜。虽医药、卜筮之书，靡不探讨，人称博物君子。……家世宦，以赀雄里中。启原慷慨好施。嘉靖间，邑有倭警之军兴，毅然捐千金佐之。居官廉谨，或有私干谒者立谢绝，与人和易不设城府，然节操不可夺”⑥。“著《麟经考》、《鹦园近草》四卷、《巢云馆诗纪》、《星卦论》等书”⑦，又辑有《谢康乐集》四卷、《沈隐侯集》四卷等。生平事迹参见明过庭训《本朝分省人物考》卷四十五《沈启源》、《康熙秀水县志》卷五《先达》。

沈启原“意而所笃好惟图籍，旧有万书楼为先人藏书处，至是所积滋多，复构楼

---

① （清）许瑶光修，吴仰贤等纂：《光绪嘉兴府志》卷五十二《秀水列传》，见《中国地方志集成·浙江府县志辑》（13），上海书店出版社 1993 年版，第 469 页。

② 倪禹功著：《嘉秀藏家集录》卷一《明·存石草堂沈氏》，上海辞书出版社 2011 年据倪氏手稿影印，第 11 页。

③ （明）徐象梅撰：《两浙名贤录》卷四十二《恬裕·广西按察副使沈道初启原》，浙江古籍出版社 2012 年版，第 1097 页。

④ （明）张萱辑：《西园闻见录》卷八《好学》，第 6 册，杭州古旧书店 1983 年影印本，第 24 页。

⑤ （明）徐象梅撰：《两浙名贤录》卷四十二《恬裕·广西按察副使沈道初启原》，浙江古籍出版社 2012 年版，第 1096—1097 页。

⑥ （明）李培修，（明）黄洪宪等纂：《万历秀水县志》卷六《人物志》，见《中国地方志集成·浙江府县志辑》（31），上海书店出版社 1993 年版，第 615 页。

⑦ （清）许瑶光修，吴仰贤等纂：《光绪嘉兴府志》卷五十二《秀水列传》，见《中国地方志集成·浙江府县志辑》（13），上海书店出版社 1993 年版，第 472—473 页。

贮之，名曰芳润，净几明窗，悠然翻阅，手不停披，寝餐具废，老而弥笃，竟以好学终所”[①]。明嘉兴姚士粦云：“有霓川扩为博赡四部七略，芳润有楼，前溯后沐。”[②]“藏经籍甚富，有《存石草堂书目》十卷。”[③]焦竑记其藏书故实甚详：启原“平生珍玩宝瑶声色狗马略不屑意，而所笃好惟图籍。上自金匮石室之藏，以至古今集，悉购无遗，或少缺略，借之储书家，务缮写完好乃已。旧有万书楼三楹，为云石公藏书处，至是所积兹多，复为楼贮之，名曰‘芳润’，净几明窗，悠然翻阅，手不停披，寝食俱废。虽乐收藏，不拘拘宋、元旧刻，惟求纸版精明，足供披览。人有惠先生书者，启封忻然，即百朋不啻也。平居不耐酬应，或谈经史，评法书，而阍人持刺以进，盖未启缄，眉为之攒矣。即当路诸公多门生故吏，先生绝迹不入城，不投谒。然当路推毂人才，必引以为重，先生视之泊如也。所为诗冲澹夷旷，气韵和平，一字不妥，中夜推敲，务求是当。文则疏鬯缜密，词足发意，所谓仁义之人，其言蔼如也，盖庶几近之。所著有诗文二集、公移杂著，藏于家。先生为俭约自饬，而赈穷周乏，虽多无所吝。接人温温，而义有不当，辄毅然不可回夺。平居呐呐似不能言，而上下古今评骘经史，如倒囊出物，愈出而愈不可竭。独其用未尽酬于世，而其文章议论又未施于郊庙朝廷，第为士民闾里所歌诵。其所歌诵者，不过以为有惠政，与笃行为君子长者之遗风而已”[④]。

筑存石草堂为藏书楼，是楼闻名于世，一时名士如欧大任[⑤]、屠隆[⑥]、潘志伊[⑦]等皆亲履其地并有歌赋题咏，流传至今，洵称佳话。朱彝尊《静志居诗话》称：“潘公从游吾乡沈石云先生之门，讲学之余，诗作不多。所题存石草堂一篇，即石云之书屋也。”[⑧]山东藏书名家焦竑与沈氏存石草堂渊源颇深，焦氏有诗赞云：“虚堂窈窕出岩阿，暂解朝衣洽薜萝。驾上图书今日满，望中云水向来多。”[⑨]沈启原孙德符曾记焦竑中状元前在其家读书情形：“焦久困公车，每岁必至吾家，留浃月，借观书籍。时焦贫窭，至手自节录，或遇巨函，则大父撤以贻之。先人少于焦十四年，而早登第，然每

① (明)徐象梅撰：《两浙名贤录》卷四十二《恬裕·广西按察副使沈道初启原》，浙江古籍出版社2012年版，第1096—1097页。

② (明)姚士粦撰：《沈景倩孝廉行状》，见李文衡撰：《清代禁书版本丛谈——〈万历野获编〉专稿》，《四川图书馆学报》1990年第4期(总第56期)，第76页。

③ (清)许瑶光修，吴仰贤等纂：《光绪嘉兴府志》卷五十二《秀水列传》，见《中国地方志集成·浙江府县志辑》(13)，上海书店出版社1993年版，第472—473页。

④ (明)焦竑撰：《澹园集》卷三十三《陕西按察司副使霓川沈先生行状》，中华书局1999年版，第540页。

⑤ 参见(明)欧大任撰：《欧虞部集十五种》之《痫馆集》卷一《存石草堂歌》，《四库禁毁书丛刊》编纂委员会编：《四库禁毁书丛刊》集部，第47册，北京出版社1997年(据北京大学图书馆藏清刻本影印)，第513页。

⑥ 参见(明)屠隆撰：《由拳集》卷七《存石草堂歌为沈观察先生赋》，见《明代论著丛刊》第3辑，上册，(台北)伟文图书出版社有限公司1977年影印本，第286—287页。

⑦ 按：潘志伊，字嘉征，吴江人。明嘉靖乙丑进士，除定州知州，升南京兵部员外，历郎中，出知九江府，谪知陈州，移绍兴府同知，转南康知府，以江西按察副使备兵袁州，以行太仆寺卿辖甘肃，迁广西参政。

⑧ (清)朱彝尊选编：《明诗综》卷四十四《题存石草堂》，中华书局2007年版，第2223—2224页

⑨ (明)焦竑撰：《澹园集》卷四十一《寄题沉沉少参座师存石草堂四首》，中华书局1999年版，第645页。

兄事之,焦亦不少降意。至己丑抡大魁,先大父喜甚,遣人贺之。先人因寓书令其勿循词林故套,必称昆弟如平日,焦复书云,兄高谊不可违,已不用晚字矣,其真率如此。”[①]又云:“此时焦尚未改字,而先人自幼同砚席,识其文甚稔。”[②]可见,焦竑日后能成为明代著名学者得益于其乡试房师沈启原的丰富藏书。

藏书印有长溪沈氏图书之印、存石草堂等,尝藏《高士传》三卷,晋皇甫谧撰,明嘉靖三十一年(1552)黄鲁曾刻本,钤有“长溪沈氏图书之印”“存石草堂”诸印[③]。

沈启原著有藏书书目《存石草堂书目》十卷,惜已亡佚。

沈启南[④](二世)　沈谧次子。有其父风雅,喜好藏书,陈懿典称其“闭户读书,博综载籍”[⑤]。冯梦祯赞其“于书无所不窥,书登北海之堂,诗进大历以上”[⑥]。冯梦祯《快雪堂日记》载:戊戌九月“十五,晴。超宗婿出法帖、名画相示,内有李北海《云麾将军》一帖颇佳。……遂赴道明叔太席。先憩书厅,索观珍玩,新得旧倭器数事,甚佳。又出法帖李北海《岳麓寺碑》,可为冠绝《云麾将军》,与超宗所藏称双璧矣”[⑦],以推其收藏亦甚富。

藏书楼名曰巢云馆,焦竑曾赋《访沈太学巢云馆留赠一首》云:“雨经草阁萦书带,月满绳床拂剑花。”[⑧]此外,有书室名为有竹居。

沈自邠(三世)(1554—1589)　沈启原独子。字茂仁,号几轩,秀水人。明万历元年(1573)癸酉举人,“丁丑进士,选庶吉士,授检讨,纂修《大明会典》,癸未会试充同考,册封德鲁二藩,丁亥《会典》成,升修撰充内书堂教习。未几为经筵展书兼管诰敕,其在京也割江陵故相宅僦居之”[⑨],其博学宏才驰誉词林,惜英年早逝,享年三十六。《万历嘉兴府志》载其事迹云:“自邠字茂仁,登万历丁丑进士,选庶吉士。纂修《大明会典》成,升修撰。自邠为人恂恂雅饬,如玉润水清。诗文亦如之,惜天不假年,士论惜焉。”[⑩]著有《沈修撰诗集》《尚书衷引》《归省述征》。

---

① (明)沈德符撰:《万历野获编》卷十四之《师弟相得》,《元明史料笔记丛刊》本,中华书局1959年版,第377页。

② (明)沈德符撰:《万历野获编》卷十四之《师弟相得》,《元明史料笔记丛刊》本,中华书局1959年版,第377页。

③ 参见吴希贤辑汇:《历代珍稀版本经眼图录》,中国书店出版社2003年版,第119页。

④ 按:沈启南(1543—1604),字道明,号志棠,晚年称巢云子,自署澄原居士,秀水人。太学生。以赀任光禄署丞。工书法。著有《市隐草》《游燕草》《溪居草》。

⑤ 陈懿典《沈澄源先生传》,《陈学士先生初集》卷十一,明万历刻本。

⑥ (明)冯梦祯撰:《快雪堂集》卷十三《光禄寺署丞志堂沈公洎配王孺人合葬墓志铭》,见《四库全书存目丛书》编纂委员会编:《四库全书存目丛书》集部,第164册,齐鲁书社1997年版,第232页。

⑦ (明)冯梦祯撰,丁小明点校:《快雪堂日记》卷十,凤凰出版社2010年版,第116页。

⑧ (明)焦竑撰:《澹园集》卷四十一《访沈太学巢云馆留赠一首》,中华书局1999年版,第654页。

⑨ (清)盛枫著:《嘉禾征献录》卷二《沈谧·自邠》,己巳(1989)秋日江苏广陵古籍刻印社据清刊本影印本。

⑩ (明)刘应钶修,(明)沈尧中纂,嘉兴地方志办公室编校:《万历嘉兴府志》卷十八《乡贤一》,上海古籍出版社2013年版,第325页。

自邠承父业，喜读书与藏书，“生而韶秀，嗜学，尽读家所藏书，而好窥大旨，发为文章，清素冠冕，无险巇诘曲态，故自诸生至入馆试辄高等。为人恂恂雅饰如冰清玉润，颇似其文”[①]。冯梦祯称其“于书无所不窥，为文辞援笔立就，不事搜讨而精意亹亹，深中尺度，诗不名一家，冲夷雅俊，类其为人。著作甚富”[②]。倪禹功称其“嗜学，尽读家所藏书”[③]。沈德符亦云：“今项太学希宪家柳公权《度人经》，极真极佳，在小楷中可当压卷，往年曾为先太史购得。”[④]可见其收藏甚精。

藏书处除祖、父辈遗存外，还有“旧乾坤，着眼楼，苍玉亭，点易亭，紫云台，清权堂，敝帚轩”[⑤]等。

藏书印有长溪沈氏图史之章等。

沈德符[(四世)]（1578—1642）　沈自邠长子。又名麟祯，字虎臣，号景倩、景伯，秀水人。明“万历戊午举顺天乡试”[⑥]举人。《嘉禾征献录》称其：“天资颖异，家藏书既富，日沉酣其中，所交皆名人献老。辑《万历野获编》载宫府颇为周悉，能诗，宗尚皮、陆及放翁、铁崖。”[⑦]《万历野获编》多记万历以前的朝章典故，里巷琐语，无不备载。该书还保存了一些有关戏曲、小说的资料，介绍了明代的社会风俗情况，自成一家，为研究明代中叶社会史的重要参考书。又著有《敝帚轩剩语》《飞凫语略》《秦玺始末》等。所著《顾曲杂言》一卷，中对杂剧南北曲的考证，为现代研究戏剧者重视。

德符生于藏书世家，嗜读书，喜藏书，其家藏书富甲江南，其清权堂藏书与钱谦益绛云楼相埒。其所著《清权堂集》多有记载其读书与藏书故实：“南面居然拥万签，闲眸诠物每掀髯”[⑧]；“盛取芸香辟蠹鱼，强将竹素实蜗庐”[⑨]；“达人屈指古今稀，

---

① （明）李培修，（明）黄洪宪等纂：《万历秀水县志》卷六《人物志》，见《中国地方志集成·浙江府县志辑》（31），上海书店出版社 1993 年版，第 621 页。

② （明）冯梦祯撰：《快雪堂集》卷十八之《沈茂仁行状》，见《四库全书存目丛书》编纂委员会编：《四库全书存目丛书》集部，第 164 册，齐鲁书社 1997 年版，第 295 页。

③ 倪禹功著：《嘉秀藏家集录》卷一《明·存石草堂沈氏》，上海辞书出版社 2011 年据倪氏手稿影印，第 11 页。

④ （明）沈德符撰：《万历野获编》卷二十六之《晋唐小楷真迹》，《元明史料笔记丛刊》本，中华书局 1959 年版，第 657 页。

⑤ 倪禹功著：《嘉秀藏家集录》卷一《明·存石草堂沈氏》，上海辞书出版社 2011 年据倪氏手稿影印，第 10—11 页。

⑥ （清）盛枫著：《嘉禾征献录》卷二《沈谧·德符》，己巳（1989）秋日江苏广陵古籍刻印社据清刊本影印本。

⑦ （清）盛枫著：《嘉禾征献录》卷二《沈谧·德符》，己巳（1989）秋日江苏广陵古籍刻印社据清刊本影印本。

⑧ （明）沈德符撰：《清权堂集》卷三《出塞闭关十二首》之三，见《续修四库全书》编纂委员会、复旦大学图书馆古籍部编：《续修四库全书》第 1377 册，上海古籍出版社 2003 年版，第 43 页。

⑨ （明）沈德符撰：《清权堂集》卷六《视书有感》，见《续修四库全书》编纂委员会、复旦大学图书馆古籍部编：《续修四库全书》第 1377 册，上海古籍出版社 2003 年版，第 73 页。

阅遍尘编独下扉”[①];“莞尔今宵一起予,蠹编穴尽尚为鱼”[②];“我今牙签万轴三冬馀,何羡东方千骑上头居”[③];“司空徙宅车三十,处士撑肠卷五千”[④]。尝藏有钞本《春渚纪闻》,藏书名家姚士粦记云:“余生平以淹洽骏敏,心所钦下者,惟沈虎臣家有异篇。得恣翻借,拓我见闻者,亦惟虎臣。此帙为宋浦城何薳著,虎臣签架所副。言自《野驼饮水》已上录自名旧,《墨记》已下更从《秘本》钞补。中虽知有遗脱,不妨作半璧宝藏也。加以句抹字窜,朱墨狼藉,质订不翅再三,而余从扫尘之后,更得一将敝帚,至于故阙难通,宁两置以俟佳本。”[⑤]毛晋《汲古阁书跋春渚纪闻》跋:“江南藏书家,指不易屈。姚叔祥谓沈虎臣多蓄隐异,遂抽伊架上何薳《春渚纪闻》与陈眉公梓入秘籍。”[⑥]又如瞿镛《铁琴铜剑楼藏书目录》卷十一著录《桂林风土记一卷》,系清人张位钞本,录多人题记,其中“有万历丁酉秋日拙修子跋云:‘此记为长溪沈氏藏本,项庭坚舅假出示余,因得录之。’……即竹坨老人所见本也。”又藏有南宋大臣卫泾所刻朱熹《周易本义》《诗集传》《四书章句集注》诸书,均为珍贵的宋版书[⑦]。沈氏在《万历野获编》中还提及其曾购得郑若庸的类书《类隽》,时为不易见之本[⑧]。

沈德符博洽多闻,尤精校雠之学,自幼至老,未尝稍衰。尝自云:“粉黛扫空春阁邃,铅黄刊勘夜灯微。”[⑨]“朱黄饶净本,差胜甫里贫。作蠹与绝韦,均此淫书身。”[⑩]“世事饱谙矣,何尚故纸钻。效陆刊净本,学曹设欹案。不缀宋律赋,即钉唐书判。”[⑪]其友人著名学者徐波跋其家藏《麈史》记云:“此书脱误独多,几不可读,当就

---

① (明)沈德符撰:《清权堂集》卷七《岁暮小室》之四,见《续修四库全书》编纂委员会、复旦大学图书馆古籍部编:《续修四库全书》第1377册,上海古籍出版社2003年版,第103页。

② (明)沈德符撰:《清权堂集》卷九《夜读》,见《续修四库全书》编纂委员会、复旦大学图书馆古籍部编:《续修四库全书》第1377册,上海古籍出版社2003年版,第119页。

③ (明)沈德符撰:《清权堂集》卷九《醉歌行》,见《续修四库全书》编纂委员会、复旦大学图书馆古籍部编:《续修四库全书》第1377册,上海古籍出版社2003年版,第122页。

④ (明)沈德符撰:《清权堂集》卷十三《读书》之一,见《续修四库全书》编纂委员会、复旦大学图书馆古籍部编:《续修四库全书》第1377册,上海古籍出版社2003年版,第168页。

⑤ (明)姚士粦撰:《春渚纪闻序》,见(宋)何薳撰,张明华点校:《春渚纪闻》,《唐宋史料笔记丛刊》,中华书局1983年版,第156页。

⑥ (明)姚士粦撰:《春渚纪闻序》,见(宋)何薳撰,张明华点校:《春渚纪闻》,《唐宋史料笔记丛刊》,中华书局1983年版,第156页。

⑦ 参见李文衡:《清代禁书版本丛谈——〈万历野获编〉专稿》,《四川图书馆学报》1990(4),第75页、第77页。

⑧ (明)沈德符撰:《万历野获编》卷二十五之《类隽类函》,《元明史料笔记丛刊》本,中华书局1959年版,第638页。

⑨ (明)沈德符撰:《清权堂集》卷七《春尽懒出追忆旧游四首》之四,见《续修四库全书》编纂委员会、复旦大学图书馆古籍部编:《续修四库全书》第1377册,上海古籍出版社2003年版,第85页。

⑩ (明)沈德符撰:《清权堂集》卷十一《感怀杂诗六首》之五,见《续修四库全书》编纂委员会、复旦大学图书馆古籍部编:《续修四库全书》第1377册,上海古籍出版社2003年版,第144页。

⑪ (明)沈德符撰:《清权堂集》卷十一《岁暮感怀》,见《续修四库全书》编纂委员会、复旦大学图书馆古籍部编:《续修四库全书》第1377册,上海古籍出版社2003年版,第155页。

沈景倩是正。辛未[①]初夏。顺治[②]癸巳仲夏，又阅于落小庵中。景倩下世十馀年，留心书史者绝无其人。牧翁所藏数万卷，辛卯二月四日一炬为尽。景倩书库，其子变化无遗，校雠路绝矣。”[③]陆启浤赞其：“古今史部，研求紬绎，丹铅五采，自少迄老，循环无已时。下至虫鱼小物，匹两微名，辨晰精审，不遗馀力。”[④]万历年间，沈德符与同邑名士沈德先合校陆游《入蜀记》四卷并付印，收入陈继儒辑《宝颜堂秘籍》，今中国国家图书馆等有藏。

沈德符的藏书楼除清权堂外，其书斋则名曰敝帚轩。其藏书后由其子沈克家(五世)及孙沈亿年(六世)递藏。

沈　凤(四世)(1581—1603)　沈自邠次子，德符弟，冯梦祯婿，李日华亲家。又名凤翔，字超宗，秀水人。监生。沈凤无心仕途，醉心书法、鉴藏，为晚明著名的青年鉴藏大家，冯梦祯云：“凤性姿清慧而失学，不乐攻苦，顾有好古之癖，客有持法书名画、旧陶玉器求市，不难高价得之，间售伪者。久之辄能自辨，递返伪者直值，客遂相戒，莫如长溪。”[⑤]李日华对沈凤亦推崇备至：“足下霞姿鲜令天韵标举，神晖所及，坐可映蔽薮，人不唯不辱，手中麈尾，而鉴古精深，辨物淹雅。即古名硕博大、卓然名家者，亦将拱手与之方驾。不佞十年江湖阅人多矣，不意得此于儿女肺腑之戚，欢喜宁可量也。……”[⑥]惜早卒，年仅23岁。《嘉庆嘉兴府志》云：“负隽才，早卒。”董其昌谓：“自凤亡，余书法无可传。”[⑦]

沈凤收藏甚富，书画名帖甚多，冯梦祯记云：戊戌九月“十五，晴。早，彦云先生。去。超宗婿出法帖、名画相示，内李北海《云麾将军》一帖颇佳”[⑧]。甲辰闰九月“二十四，早尚雨。同景倩查超宗倩遗书完三厨，借出京板李善《文选》对校”[⑨]。冯梦祯藏有陆柬之《兰亭诗卷》，冯氏言其收传经过甚详：“柬之为颜平原外甥，书法足当宅相，真迹绝少。昔年曾见《兰亭诗》五首于项子京宅，书法绝似定武禊帖。凡二百六十字，漫漶者廿馀字。墨气若新，精彩飞动，大是神物。后归余。前有‘赵’字，后有‘神品’二字印记。当是魏国故物。余宝之数年矣。余倩沈超宗雅好法书，从余借

---

① 按：辛未，即明崇祯四年(1631)。

② 按：顺治癸巳，即顺治十年(1653)。

③ 杨绍和辑：《楹书隅录续编·校旧钞本麈史三卷三册》，见王绍曾、崔国光等整理订补：《订补海源阁书目五种》(上)，齐鲁书社2002年版，第409页。

④ (明)陆启浤撰：《清权堂诗集序》，见(明)沈德符撰：《清权堂集》，《续修四库全书》编纂委员会、复旦大学图书馆古籍部编：《续修四库全书》第1377册，上海古籍出版社2003年版，第3页。

⑤ (明)冯梦祯撰：《快雪堂集》卷二十《太学沈生超宗墓志铭》，见《四库全书存目丛书》编纂委员会编：《四库全书存目丛书》集部，第164册，齐鲁书社1997年版，第332—333页。

⑥ (明)李日华撰：《李太仆恬致堂集》卷三十二《柬沈超宗》，见《四库禁毁书丛刊》编纂委员会编：《四库禁毁书丛刊》集部，第65册，北京出版社1997年(据北京大学图书馆藏明崇祯刻本影印)，第29页。

⑦ (清)许瑶光修，吴仰贤等纂：《光绪嘉兴府志》卷五十三《秀水文苑》，见《中国地方志集成·浙江府县志辑》(13)，上海书店出版社1993年版，第522页。

⑧ (明)冯梦祯撰，丁小明点校：《快雪堂日记》卷十《戊戌》，凤凰出版社2010年版，第116页。

⑨ (明)冯梦祯撰，丁小明点校：《快雪堂日记》卷五《甲辰》，凤凰出版社2010年版，第213页。

观,余不能廛。癸卯秋,携至白下,得疾而归。遂及大故,哀痛之馀,不忍搜其故箧,未卜在不。或有言已失者,将立赏格求之,未果。因循岁馀,顷以吊丧过长荡。因得视嫠女,二甥留信宿。会吴城韩氏索《孙过庭孝经书》迹于沈,余代为嫠女代搜,忽得《柬之兰亭诗》,至宝复归,欢喜无量。谚云:'张公饮酒李公醉。'信然。亦足占得失之有数有时矣。因记其岁月于舟中,万历乙巳新春八日书。"①

沈凤曾藏有宋张择端《清明上河图》,李日华《味水轩日记》卷一记云:明万历三十七年七月"七日,客持宋张择端文友《清明上河图》见示,有徽宗御书清明上河图五字,清劲骨立,如褚法。印盖小玺。绢素沈古,颇多断裂。……古今披阅此,如在上河春。又书赐钱贵妃印,内府宝图方长印。……又有水村道人及陆氏五美堂图书二印章。知其曾入陆全卿尚书笥中也。后又有长沙何贞立印,又余姻友沈凤翔超宗二印记。超宗化去五六年矣,其遗物散落殆尽,此卷适触余悲绪耿耿也"②。李氏认定为真迹。沈凤殁后多年,李日华追忆道:"余之与超宗根干附而枝蔓缀者耶。方辛丑冬,治西华之行,以扁舟造别超宗。斋中出所蓄鼎彝珣(王毚)诸古物与法书妙绘示余,甚珍甚富。超宗手为指画,品陟殿最甚辨甚核。余时惊喜,知超宗学问有成,故游艺该洽如此,诚不难鹊起以有闻于时耶!"③李日华是享有盛誉的书画鉴藏家,其如此盛赞沈凤,可见沈凤书画收藏甚富。

沈凤之子大詹于万历三十七年(1609)八月二十二日邀岳父李日华往沈氏祖宅检点先世遗留书籍,李氏所见满目凄凉:"沈甥大詹以舟迎余,往长溪祖宅,检先世遗书。自观察石云公(沈谧)、大参霓川公(沈启原)、编修几轩公(沈自邠)所积,与太学超宗君(沈凤)所续得,不下八万余卷。散落浥烂十之四五。若金石绘事秘玩种种,悉入胠箧手无孑遗矣。为之三叹。夜宿雪舫。""二十三日,午刻检书完,二鼓抵家。"④从李氏日记知,沈氏家族历四代所蓄,其中部分藏书为沈凤所藏,加之沈凤增补,多至八万卷,沈凤虽只终年23岁,却与同邑朱彝尊相媲美。

沈凤藏书印有长溪沈氏图史之章、超宗真赏等。

---

① (明)冯梦祯撰:《快雪堂集》卷三十一《跋唐陆柬之兰亭诗卷》,见《四库全书存目丛书》编纂委员会编:《四库全书存目丛书》集部,第164册,齐鲁书社出版1997年版,第443页。

② (明)李日华著,屠友祥校注:《味水轩日记》卷一,上海远东出版社1996年版,第29—30页。

③ (明)李日华撰:《李太仆恬致堂集》卷三十四《祭沈超宗亲家文》,见《四库禁毁书丛刊》编纂委员会编:《四库禁毁书丛刊》集部,第65册,北京出版社1997年(据北京大学图书馆藏明崇祯刻本影印),第80页。

④ (明)李日华著,屠友祥校注:《味水轩日记》卷一,上海远东出版社1996年版,第40页。

沈凤卒后，其藏书由其长子沈大詹①(五世)、次子沈大遇②(五世)递藏。大詹能文工书，与弟沈大遇并有声望，颇有父风，能济美家声。大詹岳父李日华《味水轩日记》卷六载：万历四十二年(1614)九月"二十八日，假得沈倩所藏唐张浮休(名鷟)《朝野佥载》，明莆阳林嵩原仲成《扫尘集》，俱抄本，精好，与世行本详略迥异，盖伯远尊人超宗厚赀购得者"③。

从沈谧到沈亿年已过100多年，且是明清易祚多年，沈氏家族仍不失故家藏书之规模，所藏典籍仍遗留不少。

长溪沈氏家族"历世所藏，有多至八万余卷"④，绵延五代的藏书世家沈氏家族藏书开始散佚于明清鼎革的翻天覆地的历史巨变中，正所谓"甲申之乱，古今书史图籍一大劫也"⑤。顺治十五年(1658)开始，清廷严申结社订盟，大开杀戒，江南地区所遭尤酷，长溪沈氏家族因介入反清活动，难以全身而退。加之顺治十八年，清开国以来的第一宗文字狱"明史案"，株连甚广，沈氏家族累世典藏损失惨重。

据倪禹功《嘉秀藏家集录》载："据康熙五十二年癸巳沈德符五世孙振《野获编补遗》云至崇祯末，长溪为萑苻之薮，流离播迁，累世琬琰俱已澌灭。迨及约安曾孙宗煦所跋《长溪沈氏宗谱》语及郊居草堂藏弆甚富。丁亥春同里有祝融之厄，故居毁焉，书籍版片无得免者，是知沈氏宝藏连遭兵火一再见厄，至道光丁亥后遂不复可睹。"⑥

---

① 按：沈大詹(1598—1674)，字伯远，明末清初秀水人。启原曾孙，沈凤长子，李日华婿。师从李日华，深得李氏喜爱。大詹晚年除遂昌训导。曾刻《禾城大社》。其家累世藏书，所蓄不下八万余卷。其藏书由其父沈凤所留，其中不乏善本。

② 按：沈大遇(1603—?)，字仲谋，诸生。沈凤次子。《康熙嘉兴府志》称其与兄大詹"皆推重士林"。承父风，雅好藏书，如今为美国纽约大都会博物馆约翰·克劳弗德收藏的《廉颇蔺相如列传》，是黄庭坚草书长卷的代表作，清初著名古董商吴其贞著录云："纸墨佳。书法潇洒，有当联处而断之，当断处而联之，为山谷绝妙作也。上有题识，亦有'项氏图书'。此二卷系墨林所集苏、黄、米、蔡四大家之内者。壬辰五月二日观于嘉禾沈仲谋家。"参见吴其贞著：《黄山谷草书廉蔺传一卷》，《书画记》卷三，上海人民美术出版社1963年版，第251—252页。

③ (明)李日华著，屠友祥校注：《味水轩日记》卷六，上海远东出版社1996年版，第414页。

④ 倪禹功著：《嘉秀藏家集录》卷一《明·存石草堂沈氏》，上海辞书出版社2011年据倪氏手稿影印，第12页。

⑤ 钱谦益著，钱曾笺注：《书旧藏宋雕两汉书后》，见《牧斋有学集》卷四十六，第12册，《四部丛刊》集部，嘉兴图书馆电子版。

⑥ 倪禹功著：《嘉秀藏家集录》卷一《明·存石草堂沈氏》，上海辞书出版社2011年据倪氏手稿影印，第12页。

附录:明至清江南进士世家大族藏书

一、明至清昆山叶氏家族

(一)昆山叶氏家族源流与科举

明清昆山叶氏代有人出,不仅世代簪缨,科第显耀,更因著述丰盛而闻名,为当地最为显赫的世家望族之一。

苏州府昆山叶氏,其祖先为宋代著名学者吴县叶梦得,其十三世孙叶苗于元朝延祐四年(1317)始由吴县徙居昆山县石浦沈安泾。其子孙遂世居昆山,叶苗为昆山叶氏始迁祖。其家族源流可见明彭时《侍郎叶文庄公神道碑》,记云:"公讳盛,字与中,姓叶氏,世为吴郡昆山人。五世祖秀实惇重好义,元季有暴僧聚徒事焚劫,为乡里害。秀实即图上其事于官,捕斩之,时称为义士。曾祖茂林、妣朱氏。祖明,赠通议大夫、吏部右侍郎;妣郭氏赠淑人。考春,封兵科都给事中,赠山西右参政,加赠通议大夫、吏部右侍郎;前母汤、母陈俱赠淑人,继母沈,封太淑人。"①魏禧《叶国华墓志铭》:"公讳国华,字德荣,别号白泉。年三十中万历乙卯举人。历官浙江定海县教谕、国子监学录、刑部司务,升四川司主事,补工部都水司主事,加一级,晋阶奉直大。""叶氏,宋丞相石林公以赐田在昆山之石浦,其子模遂家焉。五传为秀实公苗,元季以布衣定碛礇镇寺僧之乱。又五传为吏部左侍郎文庄叶公盛,景泰、天顺间称名臣,公之六世祖也。大父讳恭焕,乡贡进士。父绍祖,赠资政大夫。"②

叶氏家族自叶盛进入鼎盛,叶盛之父叶春极富藏书,据清叶长馥修《吴中叶氏族谱·醉耕公墓志铭》所记,叶春"综理有张,内外卓卓。建家塾,积书延师,以教诸子及里之子弟。尝阅先世所藏书,授诸子曰:'若辈行己,不悖于书,可无愧也。'"③可见叶盛父辈已有家族藏书,家族的兴盛亦得益藏书。

---

① (明)程敏政编:《明文衡》卷七十九《神道碑·侍郎叶文庄公神道碑》,《中华传世文选》本,吉林人民出版社1998年版,第730页。

② (明)魏禧《前奉直大夫工部都水司主事叶公墓志铭》,见上海图书馆编,陈建华、王鹤鸣主编,王铁整理:《中国家谱资料选编·传记卷》,上海古籍出版社2013年版,第318页。

③ 引江庆柏著:《明清苏南望族文化研究》,南京师范大学出版社1999年版,第228—229页。

附：明至清昆山叶氏家族中有文献可考登科年的进士名录①

姓　名	家族成员关系	登科年
叶　盛（一世）		明正统十年（1445）乙丑科进士
叶重华（七世）	盛鼻孙	明崇祯元年（1628）戊辰科进士
叶方恒（八世）	盛仍孙，重华长子	清顺治十五年（1658）戊戌科进士
叶豹文（八世）	盛仍孙，国华四子	清康熙三年（1664）甲辰科进士
叶方蔼（八世）	盛仍孙，重华次子	清顺治十六年（1659）己亥科探花
叶　淳（九世）	盛云孙，方蔼子	清康熙二十七年（1688）戊辰科进士

（二）昆山叶氏家族进士藏书

1. 明末清初叶氏家族藏书与传承

叶　盛（一世）（1420—1474）　字与中，号蜕庵，自号白泉，又号泾东道人、淀东老渔，明昆山人。叶明②孙，叶春子，叶益③兄。"正统乙丑进士，授兵科给事中，出为山西右参政，累官吏部左侍郎。卒，谥文庄。有《泾东稿》"④。叶盛"为人温雅简重，崇道谊，尚名节，言动思跂古人。居家惇孝友，莅官清慎勤恪，设施不苟。与僚友论事，不激不随，而言色自若。其取人，先行检而后才艺，然存心宽厚，终不及人之过恶，所寓门无杂客。……平生为文，师欧阳，而功业自期于韩、范。以范公为乡先正，尤景慕焉。惜乎大用未究而卒，所著诗文奏议，总若干卷，藏于家。"⑤《明史》亦赞其："清修积学，尚名检，薄嗜好，家居出入尝徒步。生平慕范仲淹，堂寝皆设其像。志在君民，不为身计，有古大臣风。"⑥所著有"《菉竹堂稿》《泾东小稿》《水东诗文稿》《开封纪行诗》《西垣奏草》《边奏存稿》《两广奏草》《上谷奏篇》《水东日记》《卫族考》若干卷，《叶氏书目》六卷《碑目》十卷"⑦。其所撰《水东日记》四十卷，主要内容是记述

① 按：是书以进士叶盛算为一世起。此表参考文献：·（明）周世昌撰：《万历重修昆山县志》卷四《进士》，卷五至卷七《人物》，见刘兆佑主编：《中国史学丛书三编》第四辑，台湾学生书局 1987 年版。·（清）赵宏恩等鉴修，黄之隽等编纂：《乾隆江南通志》卷一百二十一至一百二十五《选举》、卷一百四十至一百七十《人物志》，见（清）永瑢、纪昀等编纂：《四库全书》第 510 册、第 511 册，上海古籍出版社 1987 年版。·（清）李铭皖、谭钧培修，（清）冯桂芬纂：《同治苏州府志（二）》卷六十至卷六十一《选举》，见《中国地方志集成·江苏府县志辑》（8），江苏古籍出版社 1991 年版。

② 注：叶明，字敬明，昆山人。充乡正理赋役，隐德为乡人敬信。

③ 按：叶益，字与谦，别号桥东。春三子，盛弟。性敏好学，读书通大旨。叶氏谱至盛时只得十六世，五世以上逸而莫考。益极力采访，访得亡谱。著有《桥东诗草》。

④ （清）朱彝尊著，姚祖恩编，黄君坦校点：《静志居诗话》卷七《叶盛》，人民文学出版社 2006 年版，第 181 页。

⑤ （明）彭时《通议大夫吏部左侍郎谥文庄叶公盛神道碑》，见（明）焦竑辑：《焦太史编辑国朝献征录》卷二十六，《续修四库全书》编纂委员会、复旦大学图书馆古籍部编：《续修四库全书》第 526 册，上海古籍出版社 2003 年版，第 332 页。

⑥ （清）张廷玉等纂修：《明史》卷一百七十七《列传第六十五·叶盛传》，中华书局 1974 年版，第 4724 页。

⑦ （明）张大复撰：《皇明昆山人物传》卷四《叶盛》，见《续修四库全书》编纂委员会、复旦大学图书馆古籍部编：《续修四库全书》第 541 册，上海古籍出版社 2003 年版，第 592 页。

明代前期的典章制度。叶盛历仕正统、景泰、天顺、成化四朝，久居官场，见闻甚广，因而对各项制度及其沿革利弊等，言之甚详。《四库提要》称其“留心掌故，于朝廷旧典，考究最详”①，可补史之缺。所录宋元及明人的不少诗文、奏议等，有较高的参考价值，可与史传相参考。又称“家富图籍，其《菉竹堂书目》今尚有传本，颇多罕觏之籍。故引据诸书，亦较他家稗贩成编者特为博洽”②。生平事迹参见彭时《通议大夫吏部左侍郎谥文庄叶公盛神道碑》、明刘凤《续吴先贤赞》卷二、明王兆云《皇明词林人物考》卷二、明过庭训《本朝分省人物考》卷十九《叶盛传》及明周复俊《东吴名贤记》卷下《吏部侍郎叶文庄公盛》等。

叶盛父叶春（生卒年不详），字景春，昆山人。袭父业，益务为善。据《吴中叶氏族谱》记，叶春喜聚书，并延师以教诸子及乡里子弟，认为藏书不仅是家族的喜好，更是家族的责任。清潘介祉亦称叶春“喜积书，建家塾，延师教诸子及里中子弟”③。叶盛在其父影响下，于政务之外，无他嗜，惟笃爱书籍，每遇珍本奇书，欣喜之余，必倾囊购之；若残编蠹简亦收藏之。叶盛仕宦在外数十年，足迹遍及京都、中原和边陲。每到一地，公务之余，便悉心寻访异本卷帙，并且“手自雠录”以藏之。即使“持节边徼”，也“必携抄胥自随”。遇到自己未收藏的珍本，则借录手抄，然后用官印识于卷端。如《铁琴铜剑楼藏书目录》载：“《论语》一卷，元刊本，旧为叶文庄藏书。卷末有张栋记云：‘吾里签轴之富，首推文庄。自公殁后百十有余年，而其图书府扃钥未疏，盖先贤遗泽……’此帙有‘镇抚燕云关防’印。卷首有‘巡抚宣府关防印’‘雄于南面百城’‘大树轩’‘文庄七世孙张栋之印’‘木雁轩图书印’诸朱记。”④且每因公外出，一不忘其藏书之事，《明名臣言行录》中有述及其勤勉之状，云：“公旌节所至，辄访求古碑刻摹拓之，虽文字漫灭破碎者，亦收拾不辍不忍遗。久而集成三巨册，题其首简曰《五岭奇观》。”⑤经过数十年殚精搜索，文庄公“储藏之目，为卷止二万余，然奇秘者多亚于册府”⑥，钱大昕称：文庄公“藏书之富，甲于海内”⑦。清张栋云赞曰：“吾里钥轴之富，首推文庄，自公殁后，百十有余年，而其图书府扃钥未疏，盖

---

① （明）叶盛著：《水东日记》附录一《四库全书总目提要·水东日记》，花山文艺出版社 1986 年版，第 288 页。

② （明）叶盛著：《水东日记》附录一《四库全书总目提要·水东日记》，花山文艺出版社 1986 年版，第 288 页。

③ （清）潘介祉纂辑：《明诗人小传稿》卷十三，（台北）“中央图书馆”1986 年版，第 484 页。

④ （清）瞿镛撰：《铁琴铜剑楼藏书目录》卷第六《经部六》，见《清人书目题跋丛刊三》，中华书局 1990 年版，第 92 页。

⑤ （清）徐开任撰：《明名臣言行录》卷二十五《吏部侍郎叶文庄公盛》，见《续修四库全书》编纂委员会、复旦大学图书馆古籍部编：《续修四库全书》第 520 册，上海古籍出版社 2003 年版，第 649 页。

⑥ （清）朱彝尊著，姚祖恩编，黄君坦校点：《静志居诗话》卷七《叶盛》，人民文学出版社 2006 年版，第 181 页。

⑦ （清）钱大昕著，吕友仁校点：《潜研堂集·文集》卷三十一《跋江雨轩集》，上海古籍出版社 2009 年版，第 561 页。

先贤遗泽，人人不忍其抛散，非独为之。”[①]可见其聚书之勤与藏书之富。

关于叶盛藏书，历代学者多有赞誉，俞允文云：“公生平所居洁清，门无杂客，唯购书万卷，日耽玩以自颐，殆废寝食。故其它所著述，于诸公为多。”[②]俞允文诗云：“摩挲九流十万卷，欲构一楹终不成。先题菉竹堂集目，于今独有空堂名。公之玄孙俊且良，积风已至将翱翔。家藏遗书日编辑，好述祖德新为堂。”[③]朱彝尊称：“文庄中外扬历，不遑宁居。而见一异书，虽残编蠹简，必依格缮写，储藏之目，为卷止二万余，然奇秘者多亚于册府。二百年来，子姓蕃衍，瓜分豆剖，难以复聚。今披《菉竹堂书目》，譬诸商盘泗鼎，要非近代物，惜不可得而睹矣。”[④]

叶氏菉竹堂所藏二万余卷图书中，有许多是稀有之书，非常珍贵。如《天禄琳琅书目后编》著录宋版《广韵》五卷[⑤]，宋版《古史》二函十六册[⑥]，宋版《初学记》三十卷[⑦]，宋版《班马字类》一函五册[⑧]；《宝礼堂宋本书录》著录宋本《韵补》五卷[⑨]；《铁琴铜剑楼藏书目录》著录宋刊本《四书集成》二十卷[⑩]，影钞宋本《汉纪》三十卷[⑪]，旧钞本《李相国论事集》六卷《补录》一卷[⑫]，旧钞校本《揭文安集》十卷[⑬]；《文禄堂访书记》著录宋江西刻本《鬳斋考工记解》二卷[⑭]。

在叶盛藏书中，最有名气的为叶盛本人的手抄本。张元济《涉园序跋集录》称：“赵明诚《金石录》三十卷，宋椠久亡，世传抄本，以菉竹堂叶氏抄本为最善。”[⑮]叶氏抄本系棉纸，喜用绿墨二色格，版心有“赐书楼”三字。开卷有文庄名字官衔三印，或

---

① （清）瞿镛撰：《铁琴铜剑楼藏书目录》卷第六《经部六》，见《清人书目题跋丛刊三》，中华书局1990年版，第92页。

② （明）俞允文《水东日记序》，见（明）叶盛著：《水东日记》附录三，花山文艺出版社1986年版，第300—301页。

③ （明）俞允文《十三首·菉竹堂》，见鲁德俊编：《诗吟昆山》，凤凰出版社2004年版，第253—254页。

④ （清）朱彝尊著，姚祖恩编，黄君坦校点：《静志居诗话》卷七《叶盛》，人民文学出版社2006年版，第181页。

⑤ （清）彭元瑞等撰：《天禄琳琅书目后编》卷三，见《清人书目题跋丛刊十》，中华书局1995年版，第271页。

⑥ （清）彭元瑞等撰：《天禄琳琅书目后编》卷四，见《清人书目题跋丛刊十》，中华书局1995年版，第280页。

⑦ （清）彭元瑞等撰：《天禄琳琅书目后编》卷五，见《清人书目题跋丛刊十》，中华书局1995年版，第301—302页。

⑧ （清）彭元瑞等撰：《天禄琳琅书目后编》卷三，见《清人书目题跋丛刊十》，中华书局1995年版，第269页。

⑨ 张元济、潘宗周撰：《宝礼堂宋本书录》之经部《韵补》，见张元济著：《张元济全集》第8卷《古籍研究著作》，商务印书馆2009年版，第34页。

⑩ （清）瞿镛撰：《铁琴铜剑楼藏书目录》卷第六《经部六》，见《清人书目题跋丛刊三》，中华书局1990年版，第97页。

⑪ （清）瞿镛撰：《铁琴铜剑楼藏书目录》卷第九《史部二》，见《清人书目题跋丛刊三》，中华书局1990年版，第135页。

⑫ （清）瞿镛撰：《铁琴铜剑楼藏书目录》卷第十《史部三》，见《清人书目题跋丛刊三》，中华书局1990年版，第153页。

⑬ （清）瞿镛撰：《铁琴铜剑楼藏书目录》卷第二十二《集部四》，见《清人书目题跋丛刊三》，中华书局1990年版，第343页。

⑭ 王文进撰，柳向春标点：《文禄堂访书记》卷第一，上海古籍出版社2007年版，第18页。

⑮ 张元济著，顾廷龙编：《涉园序跋集录》，上海古典文学出版社1957年版，第156页。

者是楷字长方形“叶文庄公家世藏”印。叶盛手抄本藏书的珍贵，源于其选择版本的精良和摹录手抄的一丝不苟。叶氏在《叶文庄公书跋·书传家集后》云：“《司马温公传家集》八十卷，六十六至终卷初借录于同年进士浦宗源，广州见司马昌训导，又录得目录至四十卷，今年从大理正卿所录补四十一至六十五卷，始为全书也。夫以余历三人者之家，积二十余年之久，而后克成一书，亦难矣！吾后之人乃欲易视吾书，可乎？吾平生模录书册，其纸板字行多依原本，故讹字虽或未免，若脱行漏板则无之，如此书是已。”①“二十年摹录一书”。赐书楼之所藏钞本，“曰叶钞。先十八世族祖昆山文庄公赐书楼钞本也”，为“明以来钞本书最为藏书家所宝者”②之一。

叶盛认为，书难聚而易散，为防书籍散失，手自雠录数万卷，编成《菉竹堂书目》。著录家藏书 4600 余部，22700 多卷，且以多精秘本见著，藏书之富为前人所不及，时为江苏藏书之首，成为明代中期吴中藏书之大家、目录学家。明清两代，私家藏书之风日盛，多编有书目传世，叶盛《菉竹堂书目》堪称其中代表。

此外，叶盛亦嗜金石，在巡抚两广时，每有暇空，便游览名山大川，遍考碑刻铭文，收集金石拓片甚多，为便于保存精品，选编了《菉竹堂碑目》六卷，此目录以时代为序著录：第一卷从三代至秦朝，收录了坛山石刻等；第二卷从后汉至隋，收录沛县大风歌碑文等；第三卷从唐至五代，收录太原晋祠之铭文等；第四卷为宋、金二朝，收录开封国子监碑刻等；第五卷为元代碑文，收录有河津县建极宫碑文等；第六卷收各代集帖。

叶盛为了妥善保管好自己多年搜集的书籍，希望子孙爱护与精心保管其藏书，世代传承其藏书，做读书人，制定了严格的家训：“读必谨，锁必牢，收必审，阁必高。子孙子，惟学教，借非其人亦不孝。”③并尝欲自建书堂以藏之，起名为“菉竹堂”，惜未竟而卒，年仅五十五。其遗书由子叶晨继承。

叶晨(二世)(？—1510)　叶盛之子。字廷光，号一夔，昆山人。成化丙午(1486)顺天经魁。秉性廉介。卒于京邸。一生所得，书囊之外别无长物。归有光《太学生叶君墓志铭》：其父“文庄公讳盛，官至吏部右侍郎；是生乡进士讳晨，晨生衡州府同知讳孟淇。衡州先以公荫入太学，选台州府通判，其后稍迁，卒于衡州云，君之考也。君讳良材，字世德，为文庄公世嫡曾孙。而君母王氏，兵部右侍郎讳倬之女。君内外家皆贵显，而雅尚儒业。少长与寒士游处，略不见其有异。至读书为文章，独不肯后于人”④。将叶盛著作数百卷亲自校订，以类成帙。三传至叶梦淇⑤(三世)，仍不见其

---

① (清)叶昌炽著，王欣夫补正，徐鹏辑：《藏书纪事诗》卷二，上海古籍出版社 1989 年版，第 117 页。

② (清)叶德辉撰：《书林清话》卷十《明以来之钞本》，上海古籍出版社 2012 年版，第 226 页。

③ 《文庄公书橱铭》，见(明)叶盛编：《菉竹堂书目·自序》，商务印书馆 1935 年版，第 3 页。

④ (明)归有光著，周本淳校点：《震川先生集》卷十九《太学生叶君墓志铭》，上海古籍出版社 1981 年版，第 470 页。

⑤ 按：叶梦淇(1482—1530)，字尚源，号约斋，昆山人。叶晨之子。刻印过其祖叶盛《菉竹堂稿》八卷，又刻《西垣奏草》九卷《附录》一卷。

衰。张大复曰:“文庄子晨,乡进士。孙梦淇以荫入太学,历大名、台州通判,衢州同知。清严英敏,所至有声,好收刻先世遗书,倾囊不倦,君子以为不愧文庄后也。”①可见叶梦淇对叶氏家族的著作及藏书收藏、传播贡献甚大。

叶氏藏书传至叶良材②(四世),其“不复别治生,坐起室中,不能名室所有。而以岁时启文庄公书阁,校藏遗经籍,毫发无误”③。叶氏藏书致此已历四传,子孙仍以善守为第一要务,至叶良才将死之时,召其二子,云:“吾愧负书,夫叶氏自先文庄而来,四世矣,即亡过中寿者,何也? 且吾显不及先人,吾欲以所不及而私其余,乃今竟已矣,嗟哉! ……有子二人:恭焕,乡贡士;恭炫,诸生。”④

叶氏家族藏书传至叶恭焕⑤(五世)时,其祖父叶盛藏书达二万余卷,生前欲作堂以藏之,并将其取名菉竹堂。叶盛生前堂未建成,叶恭焕秉成其祖遗志,菉竹堂至恭焕始葺成。堂成聚藏其祖盛之遗书,益旁购古文奇帙至上万卷,置弟子一人守之。俞允文称:文庄公“之玄孙恭焕,文雅蕴藉,能遵其祖德”⑥。

菉竹堂的兴建颇费周折,中途因筹款欠缺等多种原因,无法竣工,直至叶氏玄孙叶恭焕,菉竹堂藏书楼始成。文人墨客欣喜赞叹,纷纷为之赋诗题字,如“歌云:‘昔我文庄公,敦诗景淇奥。比德于魏武,为堂颜菉竹。劲节标霜霰,高名等金玉。於戏《大雅》今亡矣,两字清风在人耳。图书尚挟琅玕色,轮奂那知无地起。千亩何须问子孙,一经要使素风存。清芬不歇五世泽,复有贤者高其门。左图右史万事足,隙地犹能结茅屋。神明顿使还旧观,韵态如闻著新绿。君不见侯家画阁迥参天,那数君家数尺椽? 须臾失势落人手,传舍徒为行路怜。又不见金谷园中树沙堂,名花更有平泉庄。山丘不带繁华去,草木难传姓氏香。朝菌由来夕成槁,何如日对此君好! 吁嗟文庄不可忘,五亩之宅君其保。’名臣叶文庄公旧以菉竹名堂,所蓄图史多用此印记,而堂以清贫未立。玄孙伯寅氏力学志古,思述祖德,爰辑故居,榜题旧号。余嘉乃志,为歌以咏其世德焉。隆庆壬申秋八月,墙东居士王世懋识”⑦。王世贞尝述其创建的过程曰:

---

① (明)张大复撰:《皇明昆山人物传》卷四《叶盛》,见《续修四库全书》编纂委员会、复旦大学图书馆古籍部编:《续修四库全书》第541册,上海古籍出版社2003年版,第592页。

② 按:叶良材(生卒年不详),字世德,昆山人。叶盛曾孙。明嘉靖二十二年(1543)乡贡。

③ (明)王世贞撰:《弇州四部稿》卷八十四《叶君传》,见(清)永瑢、纪昀等编纂:《四库全书》第1280册,上海古籍出版社1987年版,景印文渊阁本,第384页。

④ (明)王世贞撰:《弇州四部稿》卷八十四《叶君传》,见(清)永瑢、纪昀等编纂:《四库全书》第1280册,上海古籍出版社1987年版,景印文渊阁本,第385页。

⑤ 按:叶恭焕(生卒年不详),字伯寅,号括苍老人。盛玄孙,良才子。归有光弟子。嘉靖二十五年(1546)举人。

⑥ (明)俞允文《水东日记序》,见(明)叶盛著:《水东日记》附录三,花山文艺出版社1986年版,第300—301页。

⑦ 《吉云居书画续录·王麟洲书菉竹堂歌轴》,引(清)叶昌炽著,王欣夫补正,徐鹏辑:《藏书纪事诗》卷二,上海古籍出版社1989年版,第119页。

> 故吏部侍郎昆山叶文庄公,以学行政术高英宪间,为世名臣。公生平无他嗜好,顾独笃于书,手抄雠至数万卷,将为堂以藏之。意取《卫风·淇澳》,问学自修之义,名之曰"菉竹"。而公故洁廉,鲜羡装足润,又家于官以殁。公之诸子孙,曾教谕郡丞某某辈,虽代习公书,至称闻人,有官秩,而守公之清白,力不能任构。天下之士,因公书而望公之堂,比于鲁孔氏之壁,其"菉竹"比于召伯之荫,时想见其爽垲窈密青葱峭蒨之状,流润涵碧于茇縢缃素间,而不知公之所谓堂与"菉竹",固无有也。
>
> 盖公殁逾百年,而其玄孙乡进士伯寅,乃始因故居地而拓其右为堂,以居公之书,用公之旧署以榜之,独所谓竹者,尚未及树。而前轩后庑,其阳可以承日,其阴可以蔽风雨。盖至是而公之所遗书,始翼然得其职,而不辱于帷房侧扃之地。伯寅益旁购古文奇帙,得数百千卷副之,意未已也。诸与伯寅善者,登公堂而亲于其所谓爽垲窈密者,其青葱峭蒨,虽不可遽得,然睹榜署而思劲节栗色。至读其所遗书,则又未尝不若承公之謦咳而窥其寄也①。

可见叶盛子孙多能遵从祖训,热衷藏书,建菉竹堂藏其书,增益家藏。其玄孙叶恭焕爱书聚书,"购古文奇帙,得数百千卷",收归先世所出借之书,亲自抄录成副本。又爱惜藏书"胜于拱璧",叶氏藏书名扬后世的同时使菉竹堂藏书楼保持了"藏书甲当代"的美名,实现了叶盛的遗愿,在"文庄殁后百十有余年,而其图书府扃钥未疏"②。

叶氏藏书之名,因"菉竹堂"益增其光,因此叶恭焕对于叶氏藏书,可谓贡献卓越,而叶氏藏书亦即在家风的传承下屹力不摇,几与明祚相埒。归有光曾赞美叶氏子孙贤能云:"景泰天顺之间。有名臣曰叶文庄公。其事具国史。而其敦孝悌。厚风俗。以施于乡者。昆山之父老。类能言之。公之殁。至于今且百年。县人无不曰文庄公者。盖邑之为公卿显人多矣。久乃莫能知其子孙。而公门第无改。子孙不废儒学。所传图书数千卷。犹阁藏之。部帙宛然。封镐如故。可以见公之所以贻于后世者。然非其子孙之贤。亦莫能然也。"③王世贞亦赞曰:"文庄公之遗书,百年而益拓其副。所名堂,历五世而愈益显。固为公后者之才而贤,毋亦公不尽取天地之有以使可继,不遽为一时之满以使可加益耶?"④

---

① (明)王世贞《菉竹堂记》,见(清)薛熙纂:《明文在》卷六十二,《中华传世文选》本,吉林人民出版社1998年版,第380页。

② (清)叶昌炽著,王欣夫补正,徐鹏辑:《藏书纪事诗》卷二,上海古籍出版社1989年版,第116页。

③ (明)归有光著:《归震川全集》卷十九《太学生叶君墓志铭》,国学整理社1936年版,第249页。

④ (明)王世贞《菉竹堂记》,见(清)薛熙纂:《明文在》卷六十二,《中华传世文选》本,吉林人民出版社1998年版,第380页。

叶盛曷孙叶重华（七世）（1587—1654）　明“崇祯元年戊辰科刘若宰榜”进士①。陈梅湖先生记云：“叶重华，字德元，号香城，南直昆山人。吏部左侍郎总督两广军务文庄公盛六世孙也。少与兄刑部主事国华同有神童之目。登崇祯元年戊辰科进士，授工部主事，高傲不趋权势，以是浮沉郎署。丁艰起复，补礼部，迁本部员外郎、本部郎中，出为浙江布政司参议，分巡嘉湖道。久之，移河南，分巡睢陈。”“擢广东布政司参议，防海惠潮兼兵巡道。……升广西按察使，因乱未赴。内召太常少卿，辞不就。鼎革后杜门谢客”②，不复出。

叶重华继承家风，能守其家族藏书，亦富藏书，尤喜刻书，藏书与刻书楼名曰赐书楼，“刻印过叶盛《叶文庄公西垣奏草》九卷，又《上谷奏稿》八卷，又《边奏存稿》七卷，又《两广奏草》十六卷，又《水东日记》四十卷”③。生平事迹参见呼谷《叶太常传》。

叶重华兄叶国华（七世）（1584—1669）　“字德荣，别号白泉。年三十中万历乙卯举人。历官浙江定海县教谕、国子监学录、刑部司务，升四川司主事，补工部都水司主事，加一级，晋阶奉直大。”④明亡回乡，又精于诗，善书法，行草八分皆妙。著有《白泉诗》《雁木斋稿》等。其与弟重华承其祖藏书之好，喜藏书。尝修葺菉竹堂，凡叶盛所藏图籍或盛亲跋评等散佚之书，必不惜重金购回，又修葺蚕园，以藏书自娱。黄丕烈记云：“余借小读书堆所藏叶文庄钞本《金石录》，见有文庄六世孙国华跋，笔墨淋漓，其气溢于故纸，余绝爱之。”⑤《藏书纪事诗》卷二记其藏书故实⑥。

2. 清叶氏家族菉竹堂藏书与散佚

叶重华次子叶方蔼（八世）（1629—1682）　字子吉，号讱庵，昆山人。恭焕曾孙，方恒⑦（八世）弟，方蔚兄。《叶方蔼墓志铭》云：公讳方蔼，“字子吉，号讱庵，世籍苏州之昆山。自其七世祖赠尚书文庄公后。世有令望。至公王父讳绍祖，邑诸生。考讳重

① （清）赵宏恩等鉴修，黄之隽等编纂：《乾隆江南通志》卷一百二十三《选举》，见（清）永瑢、纪昀等编纂：《四库全书》第510册，上海古籍出版社1987年版，第642页。

② 陈梅湖纂：《陈公梅湖文献选十五之十三》附卷之三《明·叶重华》，见广东通志馆编纂，陈梅湖主纂修，陈端度点校：《浙江诸暨嵝岵张氏家谱及浙粤逸史》，广东通志馆2014年版，第610—611页。

③ 瞿冕良编著：《中国古籍版刻辞典》，苏州大学出版社2009年版，第152页。

④ （明）魏禧《前奉直大夫工部都水司主事叶公墓志铭》，见上海图书馆编，陈建华、王鹤鸣主编，王铁整理：《中国家谱资料选编·传记卷》，上海古籍出版社2013年版，第318页。

⑤ （清）黄丕烈著，屠友祥校注：《荛圃藏书题识》卷三，上海远东出版社1999年版，第215页。

⑥ （清）叶昌炽著，王欣夫补正，徐鹏辑：《藏书纪事诗》卷二，上海古籍出版社1989年版，第118页。

⑦ 按：叶方恒（生卒年不详），字嵋初，号学亭，昆山人。盛七世孙，叶重华长子，方蔼胞兄。清顺治十五年（1658）戊戌科进士，授贵阳府推官，由山东莱芜知县累迁至济宁河道。为官多惠政，政简刑清，废堕皆复。官莱芜知县时，尝邀请士绅共议，创办同善会，捐奉积粮，以备饥荒。重视教育，改善民俗风气，创建正率书院，亲自讲习，月试诸生。修成《莱芜县志》。熟悉河防，于河防利害、运道通塞多所论说，著有《山东全河备考》。

华，历官太常寺少卿”[①]。清“顺治十六年一甲三名进士，授编修。康熙十二年，充日讲起居注官。十四年三月，迁国子监司业”[②]。历官侍讲、左庶子、侍讲学士、侍读学士，充经筵讲官，入直南书房，迁翰林院掌院学士，兼礼部侍郎。历充《孝经衍义》《鉴古辑览》《皇舆表》总裁。康熙十八年（1679），与张玉书、徐元文同充明史馆总裁。著有《觚斋集》《读书斋偶存稿》《叶文敏公集》《独赏集》等。叶方霭为清顺治十六年（1659）己亥科殿试一甲三名进士探花及第，同榜状元徐元文亦为昆山人，时为昆山一段佳话。其居官清勤诚恪，卒年仅53岁，康熙皇帝特派人以茶酒奠祭，赐白银二百两，赐葬，谥文敏，为清朝唯一享誉此荣的昆山人。叶家旧客厅在昆山玉山镇东城桥，叶方蔼宅第在玉山镇宣化坊西。叶方蔼墓葬昆山县寒区五图洪家潭华圩。生平事迹参见李元度《国朝先正事略》卷六《名臣·叶文敏公方蔼》。

叶方蔼博学多才，“为人和平坦易，与之接，如坐春风，浑浑不见崖岸。而中自刻厉，取与一介不苟，临事断断守义，不可干以私”。闲暇时“坐卧一室，读书外无他嗜。在史局改窜搜讨无虚日，所撰述皆高文典册也”[③]。叶方蔼虽跻身清廷高官之列，身无余财，寓居“以板扉为卧榻，支以四瓮，布帐多补缀，无以为敛，见者以为难能”[④]。陈康祺赞云：“叶文敏公夙著清操，家无余财，以斯文为己任。诗宗苏、陆，文宗眉山，生平服膺王阮亭诗、汪钝翁文，而公实兼有二家之长。予告归昆山，有密陈其居乡不法者，上命苏抚田雯察之。雯以乡评之实入奏，上曰：‘朕固知叶方蔼不如是也。’”[⑤]所有积蓄除承其先世遗书数种外，多为购置图籍，家中有觚斋，又有读书斋，图籍满架。康熙二年（1663）至四年间汪琬于京师为叶氏撰《读书斋记》，记云：“编修叶子子吉在京师以好书著闻，尝积书数千卷，闭户读之，以自奋勉于学，因命其所居室曰读书斋。”又云：“盖三院所贮者，自太祖、太宗暨前明十三朝宝录而外，不闻有难购之书。翰林先生自翻习满字而外，亦不闻有卓然留意于书者。至于退而休沐，亦皆饮酒谐笑之时为多，然后知以读书为讳者，虽在翰林亦然。而叶子顾独不然，方其用心于是斋，孜孜矻矻，穷心尽夜，几不知异物之可以易其好者。”[⑥]叶方蔼亦为其斋作

---

① （清）徐秉义《皇清资政大夫经筵讲官翰林院学士兼礼部侍郎加礼部尚书管刑部右侍郎事訒庵叶公墓志铭》，见上海图书馆编，陈建华、王鹤鸣主编，王铁整理：《中国家谱资料选编·传记卷》，上海古籍出版社2013年版，第441页。

② 王钟翰点校：《清史列传》卷九《大臣画一传档正编六·叶方蔼》，第3册，中华书局1987年版，第653页。

③ （清）徐秉义《皇清资政大夫经筵讲官翰林院学士兼礼部侍郎加礼部尚书管刑部右侍郎事訒庵叶公墓志铭》，见上海图书馆编，陈建华、王鹤鸣主编，王铁整理：《中国家谱资料选编·传记卷》，上海古籍出版社2013年版，第442页。

④ 赵尔巽等撰：《清史稿》卷二百六十六《列传第五十三·叶方蔼传》，第33册，中华书局1977年版，第9944页。

⑤ （清）陈康祺《郎潜纪闻二笔》卷三《叶文敏之居乡》，见（清）陈康祺撰，晋石点校：《郎潜纪闻初笔二笔三笔》，中华书局1984年版，第369—370页。

⑥ （清）汪琬著：《尧峰文稿》卷二十《记一·读书斋记》，见（清）汪琬著，李圣华笺校：《汪琬全集笺校》之《钝翁续稿》卷四，人民文学出版社2010年版，第679—680页。

《读书斋记》云:"予以癸卯十月复补国史院编修,僦居顺城门外,老屋三楹,稍葺治之,以其西一楹贮书数千卷,而名之曰读书斋。予官号无事,平时上直,辰入巳出,既性疏拙,酬应俱绝,因得偃仰休息,手披口诵乎其间,意忻忻也。"①其编纂的《孝经衍义》一百卷,清康熙二十九年(1690)付梓刊行。

叶方蔼有子三:渟(九世)②、滂(九世)、湜(九世)③。

叶重华幼子叶方蔚(八世)(生卒年不详)　字敷文,号艮斋,昆山人。岁贡生。"博览经籍,肆力诗古文词。康熙十七年诏举博学鸿词,牍辞不赴"④。以读书、藏书、吟咏,以明经终,补辑其祖叶盛所撰《水东日记》。

叶国华次子叶奕苞⑤(八世)　隐居不仕。承继累世所藏,所居下学斋,蓄积书籍甚富。若《铁琴铜剑楼藏书书目》著录叶氏藏书数种,影钞宋本《汉书》三十卷⑥,宋刻本《西汉诏令》十二卷《东汉诏令》十一卷⑦,明刊本《元经薛氏传》十卷⑧,旧钞本《类编长安志》十卷⑨,明刊本《中吴纪闻》六卷⑩,旧钞本《李元宾文集》六卷补遗一卷⑪等,《读书敏求记》著录《东家杂记》二卷⑫,旧抄本《危素说学斋集》三十卷⑬,清王莲泾校清昆山叶氏钞本《云间清啸集桂轩诗集》不分卷⑭。

---

① (清)汪琬著:《尧峰文稿》卷二十《记一·读书斋记·笺》,见(清)汪琬著,李圣华笺校:《汪琬全集笺校》之《钝翁续稿》卷四,人民文学出版社2010年版,第681页。

② 按:叶渟(九世),字渊发。盛八世孙,方蔼长子。清康熙二十七年(1688)戊辰科进士,官翰林院检讨。性谨厚,不以门第炫耀乡里。

③ 按:叶湜(九世),字正叔,方蔼季子,渟弟。清康熙二十年(1681)辛酉科顺天副榜贡生,以文学称于时。

④ 郭秧全、蔡坤泉主编:《昆山历代艺文志》卷一《古代部分》,江苏科学技术出版社2012年版,第214页。

⑤ 按:叶奕苞(1629—1686),一名奕包,字九来,号二泉,别署群玉山樵,昆山人。监生。少负异才,博雅擅歌并能画。清康熙十八年(1679)己未荐试鸿博,会有忌之者匿卷不呈,罢归。家有茧园,与海内名流姜宸英、施闰章、陈维崧及同里徐开任、归庄等流连觞咏,文采辉映一时。著有《经鉏堂诗集》《续花间集》《金石小笺》《醉乡约法》十多部等。生平事迹参见《清史列传》卷七十一《文苑传》。

⑥ (清)瞿镛撰:《铁琴铜剑楼藏书目录》卷第九《史部二》,见《清人书目题跋丛刊三》,中华书局1990年版,第135页。

⑦ (清)瞿镛撰:《铁琴铜剑楼藏书目录》卷第九《史部二》,见《清人书目题跋丛刊三》,中华书局1990年版,第149页。

⑧ (清)瞿镛撰:《铁琴铜剑楼藏书目录》卷第九《史部二》,见《清人书目题跋丛刊三》,中华书局1990年版,第135页。

⑨ (清)瞿镛撰:《铁琴铜剑楼藏书目录》卷第十一《史部四》,见《清人书目题跋丛刊三》,中华书局1990年版,第170页。

⑩ (清)瞿镛撰:《铁琴铜剑楼藏书目录》卷第十一《史部四》,见《清人书目题跋丛刊三》,中华书局1990年版,第175页。

⑪ (清)瞿镛撰:《铁琴铜剑楼藏书目录》卷第十九《集部一》,见《清人书目题跋丛刊三》,中华书局1990年版,第284页。

⑫ (清)钱曾撰:《读书敏求记》卷二《牒谱·东家杂记》,书目文献出版社1984年版,第51页。

⑬ (清)钱曾撰:《读书敏求记》卷四《集·危素说学斋集》,书目文献出版社1984年版,第130页。

⑭ 王文进撰,柳向春标点:《文禄堂访书记》卷第五,上海古籍出版社2007年版,第345页。

叶奕苞尤嗜金石之书，广搜博求，增益其家之所藏，筑半茧园①，鉴别金石文物，“集秦汉以来金石碑刻辨证隶释最详”②。据《清代朴学大师列传》载：奕苞“尤酷嗜金石，始得墨拓数十通，即思传为一书以绍述宋赵明诚氏之《金石录》，于是遍访考古家，征集日富，久之，成《金石录补》二十七卷，续跋七卷，所论多具独见”③。叶氏藏书自叶春至叶奕苞，已累九世之传而未见散去，真可谓神物之护持，祖德之庇护，难能可贵，其历代子孙之贤孝可窥一斑。

叶国华四子叶豹文[八世]（生卒年不详） 字道子，号柱臣，昆山人。康熙三年（1664）甲辰科进士④。诰授怀远将军。著有《偶存草》。富藏书。《藏园群书题记》卷六《列子》，明抄蓝格本；《藏园群书题记》卷七《黄荛圃校宋本刘子注跋》，明抄蓝格本，黄荛圃以宋刊本、明活字本、《子汇》本、《道藏》本重校。收藏印记有“‘叶氏菉竹堂藏书’朱圆，‘叶印子寅’‘春王圃人’‘叶豹文印’均白文，‘叶国华氏’‘归高阳叶氏印’朱白文，‘高阳葵园藏书’‘葵阳’均白文”⑤诸印。

至此不难看出，叶氏子孙代代皆有以藏书名世者，令人称羡。《乾隆苏州府志》载：“昆山叶文庄公盛宅在东城桥西。公生平嗜书，手自雠录至数万卷，尝欲作堂以藏之。取《卫风·淇奥》学问自修之义，名曰‘菉竹’。至公之玄孙恭焕，堂乃克成，王世贞为记。恭焕又于宅东作茧园。其孙工部国华，拓地增葺。尝掘地得泉，味甘色白，因自号‘白泉’云。恭焕曾孙、本朝刑部侍郎方蔼犹居此。”⑥叶氏家族“守先绪，承后学”，绵延九代，构成了父与子之间、祖与孙之间接踵而起、前后相继的世系文化链，代代坚守并传续着家族的书香文脉。端赖于叶盛开创的叶氏收藏世家，成为明清时期江南地区家族藏书的一个缩影。

叶氏家族藏书虽传承九代，然随着明清易代，叶氏藏书后来仍然难逃合久必分的宿命。清人朱彝尊云：菉竹堂藏书“二百年来，子姓蕃衍，瓜分豆剖，难以复聚”⑦。

---

① 按：半茧园为明清时期江南名园之一，由昆山叶氏家族修建。据徐开任的《半茧园记》记载，叶盛之五世孙孝廉台山先生，始构屋四楹，地不满三亩，为栖息之所，名曰春玉圃。后孝廉之长孙工部白泉公叶国华，在春玉圃的基础上，扩地二十亩，用心修葺，更名为茧园。明崇祯八年（1635），叶国华在园中曾掘得一泉，味甘色白，因此自号“白泉”。将春玉圃更名为茧园，可见于叶国华仲子叶奕苞的《半茧园十叟图诗序》所载。清初，叶国华将茧园拆分为三，分与三子。仲子叶奕苞得东偏之半，遂将茧园更名为半茧园。

② （清）李铭皖、谭钧培修，（清）冯桂芬纂：《同治苏州府志（三）》卷九十六《人物二十三·昆山县·叶奕苞》，见《中国地方志集成·江苏府县志辑》（9），江苏古籍出版社1991年版，第489页。

③ 支伟成著：《清代朴学大师列传》之《金石学家列传第十八》，见周骏富辑：《清代传记丛刊·学林类（9）》，台湾明文书局1985年版，第545页。

④ 江苏省昆山县志编纂委员会编：《昆山县志》第二十七篇《人物》，上海人民出版社1990年版，第932页。

⑤ 傅增湘撰：《藏园群书题记》卷第七《子部二》，上海古籍出版社1989年版，第350页。

⑥ （清）叶昌炽著，王欣夫补正，徐鹏辑：《藏书纪事诗》卷二，上海古籍出版社1989年版，第116页。

⑦ （清）朱彝尊著，姚祖恩编，黄君坦校点：《静志居诗话》卷七《叶盛》，人民文学出版社2006年版，第181页。

钱大昕《江雨轩集跋》:"昆山叶文庄公藏书之富,甲于海内。服官数十年,未尝一日辍书,虽持节边徼,必携钞胥自随,每钞一书成,辄用官印识于卷端,其风流好事如此。今惟《菉竹堂书目》尚有钞本流传,而堂中图籍,散为云烟久矣。予所藏《江雨轩集》,卷首有巡抚宣府关防,卷末有公裔孙奕苞小印,知为菉竹堂钞本,虽字画潦草,却是三百年前旧物,可宝也。"[①]《读书敏求记》载:"壬戌冬日,叶九来过访草堂,云有宋椠本《东家杂记》,因假借缮写。"[②]王闻远《蜕庵集跋》:"蜕庵者,昆山先辈文庄叶先生别号也。开卷有'叶氏菉竹堂藏书印',乃叶孝廉白泉图记。文庄又号泾东道人,又号淀东老渔。"又"张栋所藏《论语》又云:'有雄于南面百城"大树轩""文庄七世孙"三印'……余所见有楷字长方印,其文曰'叶文庄公家世藏',则其后人所钤也。又有'下学斋图书记'一印,出叶九来"[③]。《傅忠堂书目》著录明袁华撰《耕学斋诗集》十二卷,菉竹堂钞本[④]。《藏书纪事诗》云:"九来藏印曰'南阳叔子苞印'白文印,'二泉'朱文方印,'下学斋图书记'朱文大方印。"欣夫案:"白泉诗,顺治十一年甲午七十推之,当及苞儿云云免则九来即白泉之子。此为叶先生所未知。叶奕苞《经鉏堂文稿·宾告篇》有一则云:'书之难难于说部,太腐则俚,太艳则妖,然而宁腐无艳。如《御览》《广记》卷帙最为浩博,不免流于荡佚。山园藏书无几,经史子集而外,择唐宋以来名人杂志有助见闻者,庋置翻阅,若猥亵鄙陋之词,未尝寓目。敢告无坊刻小说。'"[⑤]叶盛曾抄藏《中吴纪闻》六卷,有毛扆跋云:"中元前四日访昆山叶九来,以一册赠之。九来为文庄公后人,文庄藏书甲天下,天下所传菉竹堂书目者也。因访其藏本,答云此书尚属文庄故物,未遑遽检。时余将诣金陵,丁宁再三而别。秦淮返棹后造九来,申前请,则已检得矣。并指示是正者一百三十余处,且多补录一则,不觉狂喜叫绝。遂与借归,穷一日夜之功乃校毕焉。菉竹堂藏本系棉纸旧钞,行数字数俱无定准,每卷首尾间一行连写,开卷有文庄名字官衔三印,卷末一行云:'洪武八年从卢公武假本录传。'盖是书赖公武搜访之力表章至今,此从其借录者,焉得不善!余独念君藏书自精分析,廿年之间散为云烟,叶文庄子孙不啻数世,尚能守而弗失,健羡之余,感慨系之矣,后之读吾书者亦将有感于斯焉。己未重阳前四日毛扆识。"[⑥]

叶氏藏书自叶春始而至清初散佚,虽令人惋惜,不过叶氏图籍之富,传承之久,几乎与明代国祚相埒。

---

① (清)钱大昕著,吕友仁校点:《潜研堂集·文集》卷三十一《跋江雨轩集》,上海古籍出版社2009年版,第561页。

② (清)钱曾撰,丁瑜点校:《读书敏求记》卷一《牒谱·〈东家杂记〉二卷》,书目文献出版社1984年版,第52页。

③ (清)叶昌炽著,王欣夫补正,徐鹏辑:《藏书纪事诗》卷二,上海古籍出版社1989年版,第117页。

④ (清)周星诒撰:《傅忠堂书目》卷四,见《丛书集成续编》第71册,上海书店出版社1994年版,第342页。

⑤ (清)叶昌炽著,王欣夫补正,徐鹏辑:《藏书纪事诗》卷二,上海古籍出版社1989年版,第120页。

⑥ 傅增湘撰:《藏园群书经眼录》卷五《史部三》,中华书局1983年版,第426页。

二、明至清吴县洞庭东山王氏家族

（一）吴县洞庭东山王氏家族源流与科举

洞庭东山王氏，是明清苏州府吴县具有代表性的科举入仕的世家大族之一，其家族显著自王鏊始家族声誉日隆。王鏊《先世事略》记云：

王氏之先，自汴扈宋南渡，世家太湖之东洞庭山，至今人名其处曰王巷，事见《家谱》。鏊曾祖讳彦祥，字伯英。当元季，比巷陆子敬者，贾淮西不返，有女以贤闻，遂馆甥于陆。生五丈夫子，皆瑰伟绝人。乃谢陆氏去，家巷之西，与诸子戮力治生，家以日昌。府君以元至正某年生，卒于永乐十三年四月九日，始葬蒋坞之北隰。今赠光禄大夫、柱国、少傅、太子太傅、户部尚书、武英殿大学士。曾祖妣陆，赠一品夫人。

先祖府君讳逵，字惟道。宽厚长者，有器识。初，洞庭人不知学问，闻有为弟子员者，恐惧逃匿。府君独好学重礼，得朱子小学、"四书"，诵读不去手。浦江郑氏最名有家法，即仿其家规行之。居丧寝枕苫块，动必以礼。尝长乡税，不督赋而事集，山之人至今归其仁。府君生洪武二十三年闰四月十日，以景泰四年二月二日卒，春秋六十有四。初赠通议大夫、吏部左侍郎，加赠资德大夫、正治上卿，又赠户部尚书、文渊陶大学士，又赠光禄大夫、柱国、少傅、太子太傅、户部尚书、武英殿大学士。祖妣叶、继祖妣周，初赠淑人，加赠夫人，又赠一品夫人。

先考讳琬，字朝用，后以字行。年二十三，始入邑庠。自以质鲁学后，时发愤，彻夜诵读，至咯血不止。累举应天乡试不利，以贡入太学。久之，知湖广之光化县。……先考生以永乐十七年己亥七月十日，弘治十六年二月三日卒，春秋八十有五。初进阶文林郎，加封奉直大夫、右春坊谕德，又加中宪大夫、詹事府少詹事兼翰林院侍读学士。初赠通议大夫、吏部左侍郎，加赠资德大夫、正治上卿，又赠户部尚书、文渊阁大学士，又赠光禄大夫、柱国、少傅、太子太傅兼户部尚书、武英殿大学士。先妣叶，始封孺人，赠宜人，加赠恭人，又加淑人、夫人，至一品夫人。

王氏家洞庭，世以忠厚相承，盖十有一世矣，而未有显者。乃今发于不肖孙，位跻一品，封及三代，纶音下贲，光及泉壤。鏊之不肖，何以及此？今老矣，惧终无以报，因具列褒封之等于丽牲，以识其荣且遇，又以著圣恩所及皆先德之遗，而非不肖之所能致也①。

---

① （明）王鏊著，吴建华点校：《王鏊集》之《震泽先生集》卷第二十三《先世事略》，上海古籍出版社2013年版，第335—336页。

又据明王守仁《太傅王文恪公传》云："公讳鏊，字济之，王氏。其先自汴扈宋南渡。讳百八者，始居吴之洞庭山。曾祖伯英。祖惟道。考光化知县朝用。皆赠光禄大夫、柱国、少傅兼太子太傅、户部尚书、武英殿大学士，妣三代皆一品夫人。"①

《清代硃卷集成·王咏春》：

> 绮始祖彦祥，明诰赠光禄大夫；十三世祖逵，明诰赠光禄大夫；十二世祖琬，明吴庠岁贡生，授湖广襄阳府光化县知县，敕封文林郎，诰赠光禄大夫；十一世祖鏊，成化甲午解元、乙未会元、探花及第，太子太傅、武英殿大学士晋阶光禄大夫勋柱国，谥文恪；十世祖延喆，明庠生，荫补中书舍人，升大理寺副，诰赠奉政大夫，尚宝司卿；九世祖有壬，荫授尚宝司丞升，太常寺少卿，掌尚宝司事，敕授承德郎，诰封奉政大夫；八世祖禹声，万历戊子举人，己丑会魁，授工部主事，历升员外郎中，出知湖广承天府知府，因阉肆毒地方为民请命，遂落职，旋以事昭雪，擢按察司副使，湖广提督学政，未赴任，卒恤赠光禄寺卿，祀名宦乡贤祠；七世祖永寿，明长庠生；六世祖学伊，明长庠生，岁贡生；五世祖圣传，太学生，敕赠文林郎，陕西延安府宜川县知县；高祖纶，太学生；曾祖浚明，太学生；祖庚，嘉庆甲子科举人，拣选知县，道光元年，覃恩貤封江苏常州府晋江县教谕，例授文林郎，敕封修职郎；父鹤征，候选县佐例授登仕郎②。

据上文，可知王鏊家族为吴县洞庭东山望族，宋室南渡时，有千七将军者，自汴梁扈驾南迁，卜居姑苏洞庭东山，遂为洞庭东山始迁祖，后世尊为百三公。元末明初，王氏家族有名彦祥者，入赘陆家，始以经商发迹，遂成为富甲一方的富商巨贾。而科举上的兴盛是明清时期洞庭东山王氏发展壮大的最主要的原因，明代中期王彦祥的孙子王鏊高中探花使东山王氏家族崛起，而王鏊后世在科举上的不断成功则巩固和加强了东山王氏的社会地位。王氏家族的显赫其中家族的文化贡献尤为显著，自此书香不绝，清著名学者沈德潜称："吾乡王文恪公以名德著，成弘间诸子姓彬彬起，以能文世其家，三百年来，吴中言文献者，必首洞庭王氏。"③王鏊开始聊王氏家族的科举之路，重视家族的文化积累及文化教育，在明清时，其家先后登进士者 7 人，其中状元 1 人、探花 1 人，且学术大家辈出。

---

① （明）王守仁著，谢延杰辑刊：《王阳明全集》卷二十五外集《太傅王文恪公鏊传·丁亥》，中央编译出版社 2014 年版，第 825 页。

② 顾廷龙主编：《清代硃卷集成》第 21 册《王咏春》，台北成文出版社 1992 年版，第 435—440 页。

③ （清）沈德潜《橘巢小稿序》，引朱焱炜著：《明清苏州状元与文学》第四章《作家作品研究》，中国言实出版社 2008 年版，第 105 页。

附:明至清吴县洞庭东山王氏家族中有文献可考登科年的进士名录①

姓　名	家族成员关系	登科年
王　鏊(一世)		明成化十一年(1475)乙未科探花
王禹声(四世)	鏊曾孙、延喆孙	明万历十七年(1589)己丑科进士
王元位(八世)	禹声玄孙	清康熙四十二年(1703)癸未科进士
王奕仁(八世)	鏊仍孙	清康熙五十二年(1713)癸巳恩科进士
王世琛(九世)	禹声来孙	清康熙五十一年(1712)壬辰科状元
王关伯(十世)	禹声鼻孙	清乾隆十九年(1754)甲戌科进士
王咏春(十二世)	鏊裔孙,颂蔚叔伯祖	清咸丰九年(1859)己未科进士
王仁照(十三世)	鏊裔孙,颂蔚从堂伯	清道光三年(1823)癸未科进士
王仁俊(十三世)	鏊裔孙,熙宬独子	清光绪十八年(1892)壬辰科进士
王颂蔚(十四世)	鏊裔孙,季烈父	清光绪六年(1880)庚辰科进士
王季烈(十五世)	鏊裔孙,颂蔚长子	清光绪三十年(1904)甲辰科进士

(二)吴县洞庭东山王氏家族进士家族藏书

1. 明末清初洞庭东山王氏家族藏书与传承

王　鏊(一世)(1450—1524)　字济之,号守溪,晚号拙叟、碧山翁,世人尊称震泽先生,阳明先生谓其为"完人"。吴县洞庭东山镇陆巷村人。其"父琬②,光化知县。鏊年十六,随父读书,国子监诸生争传诵其文。侍郎叶盛、提学御史陈选奇之,称为天下士。成化十年乡试,明年会试,俱第一。廷试第三,授编修。杜门读书,避远权势。弘治初,迁侍讲学士,充讲官"。兼"谕德。寻转少詹事,擢吏部右侍郎"③。"正德元年,入内阁,进户部尚书、文渊阁大学士,加少傅,改武英。四年致仕"④。"世宗即位,举故事,遣行人存问。赐金币,益与廪。一时存问者将十人,公独上书进《讲

---

① 按:是书以进士王鏊算为一世起。此表参考文献:·顾廷龙主编:《清代硃卷集成》第21册《王咏春》,台北成文出版社1992年版,第435—439页;第47册《王颂蔚》,第337—348页;第165册《王颂蔚》,第101—108页;第90册《王季烈》,第391—400页;第201册《王季烈》,第302—308页。·(清)李铭皖、谭钧培修,(清)冯桂芬纂:《同治苏州府志(二)》卷六十至卷六十七《选举》,第2册,见《中国地方志集成·江苏府县志辑》(8),江苏古籍出版社1991年版。·(清)钱大昕《王关伯墓志铭》,见《东山进士》附文,广陵书社2011年版,第85页。·杨维忠,金本福编著:《东山进士》,广陵书社2011年版。

② 按:王琬(1419—1503),字朝用,号静乐,吴县洞庭东山镇陆巷村人。国学生。王鏊为王琬次子。授湖广襄阳光化县知县,颇具政绩,因拒贿不得志,后其子王鏊登第入翰林,遂致仕归乡。其后人故称光化公支。

③ (清)张廷玉等纂修:《明史》卷一百八十一《列传第六十九·王鏊传》,中华书局1974年版,第4825页。

④ (清)钱谦益著:《列朝诗集小传》丙集《王少傅鏊》,上海古籍出版社1959年版,第275页。

学》《勤政》二篇，优诏报闻”①，将召用而卒。赠太傅，谥文恪。王鏊“博学有识鉴，文章尔雅，议论明畅……少善制举义，后数典乡试，程文魁一代。取士尚经术，险诡者一切屏去。弘、正间，文体为一变”②。著有“《姑苏志》《震泽集》《震泽长语纪闻》《震泽编》”③等地方文献，又有《春秋词命》《孝宗宝录》《守溪笔记》《奏议》《史馀》《四书文集》《乡会殿试卷并窗课文》等传世。生平事迹参见邵宝《大明故光禄大夫柱国少傅兼太子太傅户部尚书武英殿大学士致仕赠太傅谥文恪王公墓志铭》、王守仁《太傅王文恪公传》、文徵明《太傅王文恪公传》、王世贞《王文恪公传》及周复俊《东吴名贤记》卷下《大学士王文恪公鏊》等。

其墓在今吴县洞庭东山梁家山，墓表坊上有唐寅书“海内文章第一，山中宰相无双”对联。

王鏊居官清廉，家无厚蓄，时人称之“天下穷阁老”。尤读书与藏书，不治生产，惟以看书著作为娱，旁无所好，兴致古澹，有悠然物外之趣。文震孟称：文恪公鏊“少颖异不凡，乡、会试俱第一，至今为制义之祖。廷试复拟第一，而执政或抑之，遂以第三人入翰林。公在翰林，日杜门读书，使阍者谢客勿通，通亦不轻谒。中中官，弟侄来请业者，益峻却不纳。以是，得简贵声。久之，望愈重，以学士侍经筵日讲”④。其好书之状如王同祖记云：“早际全盛，储备清华，编摹雠校，勒成一家。济济乎天禄石渠之彦，炳并乎兰台金匮之葩。”⑤致仕后，“盖归十有余年，日惟勘书著文，精奥演迤，极作者之趣而止”⑥。又据旧谱记云：“公性恬退，既归田，不复预闻世务，日惟耽玩书史，操弄文翰，朝夕坐起不离卷帙。暇则其乡里诸名士登山临水，遨游园林寺观。在山则有隐士东冈施凤、林屋蔡羽、五湖张本、弟秉之等，入城则有门下诸生祝允明、文徵明、唐寅、陆粲、黄省曾、王守、王宠、陈怡、杜璠等。相与谈说古今，花前月下，饮酒赋诗，挥毫染翰，竟日不厌。有所感触，每托之著述以自况，若《拟招》《短解》《谪解》《罪言》及《十三绝句》等篇是也。”⑦文震孟称：王文恪“归田也，阖门自重，不妄交与，惟进一时名士，与谈文史。给事贞山陆公方为诸生，折行与交，至读书

① （明）文震孟撰：《姑苏名贤小记》卷上《王文恪公》，见陈其弟点校：《吴中小志续编》，广陵书社2013年版，第29页。

② （清）张廷玉等纂修：《明史》卷一百八十一《列传第六十九·王鏊传》，中华书局1974年版，第4826—4827页。

③ 江苏省地方志编纂委员会编：《江苏省志90·人物志》之《人物传（夏商—公元1911）》第1册，凤凰出版社2008年版，第253页。

④ （明）文震孟撰：《姑苏名贤小记》卷上《王文恪公》，见陈其弟点校：《吴中小志续编》，广陵书社2013年版，第28页。

⑤ （明）王同祖撰：《五龙山人集》卷十《祭守溪王阁老文》，台北“中央图书馆”藏明嘉靖末年昆山王氏德实刊本，第6页。

⑥ （明）严嵩撰：《钤山堂集》卷十九《赠王子仪序》，见《四库全书存目丛书》编纂委员会：《四库全书存目丛书》集部，第56册，齐鲁书社1997年版，第173页。

⑦ 引刘俊伟著：《王鏊年谱》，浙江大学出版社2013年版，第177—178页。

相质难处,辄注闻之子馀文学云。故于时人士,彬彬多所兴起。其家富甲吴中,则皆子若孙所生息,天下不能以是为公损也”①。王守仁亦记云:“公既归吴,屏谢纷嚣,悠然山水之间,究心理性,尚友千古。至其与人,清而不绝于俗,和而不淆于时;无贵贱少长,咸敬慕悦服,有所兴起。平生嗜欲澹然,吴中士夫所好尚珍赏观游之具,一无所入。惟喜文辞翰墨之事,至是亦皆脱落雕绘,出之自然。中年尝作《明理》《克己》二箴,以进德砥行。及充养既久,晚益纯明,心有著述,必有所发”②。明人刘凤称:王鏊归里后居,“惟嗜书”③,“好学至老不倦,于书无所不通,而尤邃于经,文章简严雅,则多处于韩荆,所著《震泽集》《纪闻长语》行于世”④。又据《皇明泳化类编》载:王鏊“耽研书史不辍,作谪解以自嘲;尝手题其像云:‘嘻嘻!先生何如其人?穷年矻书,结发励行,白首于道,茫然无闻乎?’”⑤观此,王鏊致仕后,藉由博籍群经以自娱,闲暇则与乡里诸名士登山临水,游园林寺。

王鏊藏书中,应有部分为赐书,甚为珍贵。陆燕喆《王文恪公宅》云:“当时甲第盛歌钟,少傅文章四海宗。堂上旧巢新燕子,门前枯涧老芙蓉。赐书增得湖山重,绘竹依然笔墨浓。二百年来风景古,碧纱笼字有苔封。”⑥据此可知,王鏊得过皇帝的赐书。王鏊还利用职务之便,尝将皇室的秘阁藏书录出,如唐代郑谷的《云台编》。毛晋跋《云台编》云:“吴中所传《云台编》,乃王文恪公从秘阁钞出,凡三卷,又补遗一十有三首,前有郑都官自序,后有祖刺史墓表,童参军后序,洵是善本。”⑦藏有宋版《春秋经传集解》四函二十八册,“曾入明内府,王鏊、史余、文渊阁,有镀金银印,其文曰文渊阁,印篆非九迭独为,省文此印是也”⑧。又藏宋版《史记》,钱泰吉《王刻史记跋》:“文恪后人有居海昌者,假其家谱观之,延喆字子贞,为文恪长子。以荫入官,由中书舍人擢太常寺右寺副,出为兖州府推官,谢病归。子有壬,为尚宝寺丞,赠如其官。故王氏称子贞为尚宝公。今观跋尾述文恪语,谓吴中刻《左传》,郢中刻《国语》,闽中刻《汉书》,而《史记》尚未板行。延喆因取旧藏宋刊,重加校雠,翻刻于家塾。则宋本为文恪旧藏。又言工始于嘉靖乙酉腊月,迄丁亥之三月。则亦非一月

① (明)文震孟撰:《姑苏名贤小记》卷上《王文恪公》,见陈其弟点校:《吴中小志续编》,广陵书社2013年版,第29页。

② (明)王守仁著,谢廷杰辑刊:《王阳明全集》卷二十五外集《太傅王文恪公传·丁亥》,中央编译出版社2014年版,第826页。

③ (明)刘凤撰:《续吴先贤赞》卷五《王鏊传》,中华书局1985年版,第39页。

④ (明)王兆云撰:《皇明词林人物考》卷三《王文恪鏊》,见《续修四库全书》编纂委员会、复旦大学图书馆古籍部编:《续修四库全书》第532册,上海古籍出版社2003年版,第510页。

⑤ (明)邓球撰:《皇明泳化类编》卷五十二《王鏊传》,见《明代传记丛刊》,台北明文书局1991年版,第248页。

⑥ (清)金友理撰,薛正兴校点:《太湖备考》卷十,江苏古籍出版社1998年版,第425页。

⑦ (明)毛晋著,潘景郑校订:《汲古阁书跋》,上海古典文学出版社1958年版,第54—55页。

⑧ (清)彭元瑞等撰:《天禄琳琅书目后编》卷三,见《清人书目题跋丛刊十》,中华书局1995年版,第260页。

而成。子贞早岁豪放，世传其佚事，渔洋遂笔之于书。”[①]据《爱日精庐藏书志》卷三十一著录明初钞本《南兰陵孙尚书大全文集》七十卷，张金吾言：“此本为王文恪公旧藏，叶氏石君手校。每册首有‘济之’，王文恪公字。”[②]又有“叶氏手跋曰：‘右《孙尚书大全集》七十卷，王文恪公抄藏本。’”

王鏊藏书亦多善本，如藏宋版《玉台新咏》十卷，《天禄琳琅书目》载，是书“密行细字，清仿巾箱本式，而尺寸加盈制极精，雅其摹印亦属良工，故清朗照人，可谓合璧。明王鏊藏本，有济之印……又有御题‘文学侍从’，御书‘渭北春天树，江东日暮云。何时一樽酒，重与细论文’俱朱文，‘芳草王孙’‘广长閪主’‘济之’‘王禹声遵考甫一名倬字昭回’‘子孙永宝’”[③]等印。又藏明刻《六子全书》四册，有“吴趋”“三槐之裔”“大宗伯章”等藏印[④]。《妮古录》载：“《思陵草书》一卷，有‘王济之图书’及‘三槐堂’印。”[⑤]《红豆树馆书画记》载：“沈度《宝积图》，文恪跋，有‘震泽世家’印。”[⑥]邵宝《容春堂集》，文恪序引首用“颜乐堂”印。

王鏊藏书甚富，《震泽长语》前有王鏊自序云：“余久居山林，不能嘿嘿。阅载籍有得则录之，观物理有得则录之，有关治体则录之，有裨闻见则录之。久而成帙，名曰《震泽长语》云。吴郡王鏊济之。”[⑦]明支大可《震泽长语序》：“吾句吴守溪王文恪公，擅拔俗之资，湛紘줿之学，文章相业炳烺区宇无论已。年未稀龄，回车震泽，泛季鹰之棹，追白傅之踪，日相羊山水间，搜揽所至，辄染翰纪注，不蕲于浩瀚绮缋也。不佞受节三楚，时值燕闲，簡阅藩司藏籍，得其《长语》一帙，文不越数百篇，篇不溢十数语，上窥羲昊，下搜百家，迨宇宙间不尝有事，伙哉靡弗涉矣。尝一脔而知函鼎之味，岂所谓三家之市、寻丈之涔哉？商盘周球，世不多见，有识者皆以焉宝。景星卿云，世不多见，有目者皆以焉瑞。是编也，奚必充楝云乎哉？鉴赏之士，毋曰零璧碎锦，置无暇论也。时万历辛丑仲春既望，同郡后学简亭支可大书于阳春馆。”[⑧]《四库全书总目》亦载：“此本乃其退休归里时随笔录记之书，分经传、国猷、官制、食货、象纬、文章、音律、音韵、字学、姓氏、杂论、仙释、梦兆十三类。鏊文词醇正，又生当明之盛

① （清）叶昌炽著，王欣夫补正，徐鹏辑：《藏书纪事诗》卷二，上海古籍出版社 1989 年版，第 129 页。

② （清）张金吾撰，柳向春整理，吴格审定：《爱日精庐藏书志》卷三十一，上海古籍出版社 2014 年版，第 550 页。

③ （清）于敏中等撰：《天禄琳琅书目》卷三《玉台新咏》，见《清人书目题跋丛刊十》，中华书局 1995 年版，第 63 页。

④ （清）于敏中等撰：《天禄琳琅书目》卷十《六子全书》，见《清人书目题跋丛刊十》，中华书局 1995 年版，第 186 页。

⑤ （明）陈继儒《妮古录》卷四，见《四库全书存目丛书》编纂委员会：《四库全书存目丛书》子部，第 118 册，齐鲁书社 1995 年版，第 683 页。

⑥ （清）叶昌炽著，王欣夫补正，徐鹏辑：《藏书纪事诗》卷二，上海古籍出版社 1989 年版，第 130 页。

⑦ 王鏊《震泽长语序》，见（明）王鏊撰，吴建华点校：《王鏊集》，上海古籍出版社 2013 年版，第 553 页。

⑧ （明）支大可《震泽长语序》，见（明）王鏊著，吴建华点校：《王鏊集》附录一《诸家序跋》，上海古籍出版社 2013 年版，第 676—677 页。

时，士大夫犹祟实学，不似隆庆、万历以后聚徒植党，务以心性相标榜，故持论颇有根据。”①可见家中藏书多至万卷，尝作《得孙喜而有作》②，云：

> 七十年来始见孙，啼声一听便开眉。家藏万卷真堪托，庭植三槐夙所期。
> 膝上久拚文若坐，目前先慰右军思。三朝袍笏吾无用，付汝他年佐盛时。

此诗作于正德十一年（1516），时王鏊年已67岁，延喆夫妇生子，王鏊始得孙，自己万卷书籍有人可托，亦冀望孙儿青出于蓝而胜于蓝。

王鏊藏书处有招隐园、怡老园、燕喜堂等，《同治苏州府志》载：“王文恪公鏊宅在洞庭山别墅曰‘招隐园’，又有得月亭在湖滨，公父赠柱国惟道所构又有真适园③，文衡山有题真适园诗。”④又旧谱云：“又长君亦筑园于西城之关，名‘怡老’⑤。公入城，则与诸门生故人宴游其中，更相唱和，动盈卷帙。诸士子或因之以发誉，如吴文之、陆子余、黄勉之辈，能为后进推毂，士皆倾心焉。”⑥其“怡老园在城西桥，王文恪公鏊致政归，喜居山墅，子尚宝卿延喆命公仿山中景物为园以娱之，旁枕夏驾湖，临流筑室，雉堞环其前”⑦。正德“七年壬申，六十三岁。公初告归，长子建城西第适成。公嫌其宏丽，不乐居之。长君乃别建一室于第左，规制稍庳，类中人之家。公乃喜，入城则居之。或颜其堂曰‘燕喜’。后卒老于斯焉”⑧。又有藏书室名曰颜乐堂、宜晚轩，曾自称：“家世藏书，分散于数处，以防散佚、水火之虞也。”⑨。

王鏊的藏书印种类繁多，藏书印有吴趋、颜乐堂、御题文学侍从印、济之、王济之图书、大学士章、大宗伯章、三槐之裔大宗伯章、震泽世家诸印，又有一长印“渭北春天树，江东日暮云，何时一樽酒，重与细论文”。

---

① 杨翼骧编著：《增订中国史学史资料编年·元明卷》之《明世宗嘉靖三年、四年》，商务印书馆2013年版，第238页。

② （明）王鏊撰：《震泽集》卷七《得孙喜而有作》，见（清）永瑢、纪昀等编纂：《四库全书》第1256册，上海古籍出版社1987年版，第212页。

③ 按：真适园，在洞庭东山唐股村，实为王鏊所建。其范围延及山前山后，气势宏大。王鏊在京师做官时曾筑园名“小适”。告归之后在家乡筑此园。至此，其心愿始得满足，故园名“真适”。

④ （清）李铭皖、谭钧培修，（清）冯桂芬纂：《同治苏州府志（二）》卷四十五《宅第园林一》，第2册，见《中国地方志集成·江苏府县志辑》（8），江苏古籍出版社1991年版，第346页。

⑤ 按：怡老园，在吴趋坊西城下。此处本“夏驾湖”故处，相传为吴王避暑之地，后南北淤塞。王鏊辞官回到苏州后喜欢居住于山墅，其子遂命工匠仿山中景物在此建园，以娱其父，故园名“怡老”。

⑥ 引刘俊伟著：《王鏊年谱》，浙江大学出版社2013年版，第177页。

⑦ （清）李铭皖、谭钧培修，（清）冯桂芬纂：《同治苏州府志（二）》卷四十五《宅第园林一》，见《中国地方志集成·江苏府县志辑》（8），江苏古籍出版社1991年版，第346页。

⑧ 引刘俊伟著：《王鏊年谱》，浙江大学出版社2013年版，第177页。

⑨ 苏州市地方志编纂委员会：《苏州市志》第四十八卷《图书》，第3册，江苏人民出版社1995年版，第838页。

王鏊藏书由其长子延喆①(二世)、次子延素②(二世)、幼子延陵③(二世)递藏。

王延喆继承其藏书后，并多有增益，又筑恩褒四世之堂，喜藏宋元善本书，并精于校勘。据其家藏秘本宋椠，翻刻书颇多。所刻之书，可与宋版原书乱真。尝刻印《史记》一百三十卷，为《史记》中翻刻宋本的最佳之本，是书，在清代王士祯的《池北偶谈》中记其刻书逸事可证④。又尝于嘉靖六年(1527)刊刻《史记集解索隐正义》一百三十卷，"序后有隶书牌子，文曰'震泽王氏刻于恩褒四世之堂'……今吴中刻《左传》、郢中《刻国语》，闽中刻《汉书》，而《史记》尚未板行。延喆因取旧藏宋刊史记重加校雠，翻刻于家塾，与三书并行于世"⑤。是书被清著名版本学家叶德辉称之"明人刻书之珍品"。延喆又喜藏"珠玉、宝玩、尊彝、窑器、法书、名画，价值数十万元"⑥。此观，王鏊家族藏有奇文珍秘。陈继儒《妮古录》中有一段黄省曾对苏州收藏风气的评论："自顾阿瑛好蓄玩器书画，亦南渡遗风也。至今吴俗，权豪家好聚三代铜器、唐宋玉、窑器、书画，至有发掘古墓而求者。若陆完神品画累至千卷，王延喆三代铜器数倍于《宣和博古图》所载。"⑦

王鏊次子王延素(二世)，王鏊幼子王延陵(二世)均善守先世典籍。延素尝言："吾有先人之庐，足以托处；具区之田，足以自给；桑麻橘柚之饶，足以比户封；而邺架之书，可以委怀；湖山之胜，可以展眺。人生行乐，岂在一麾五马间哉？"⑧又据《崇祯吴县志》卷四十八载：延陵"为人温厚醇谨，举动一禀文恪家训，读父遗书，娱情缃素"。亦为善守先世典籍之藏书家。

王延喆长子王有壬(三世)(1518—1583)　王鏊长孙，"字克大，号文峰，明庠生，以祖荫授尚宝寺丞，迁太常寺少卿，掌尚宝寺事，诰授奉政大夫"⑨。承祖、父二世收藏

---

① 按：王延喆(1482—1541)，字子贞，号林屋，吴县人，明庠生，以荫补中书舍人，迁大理寺右寺副，出为兖州推官，未赴，卒，诰赠奉政大夫、尚宝寺卿。尤喜藏书，所藏之书印多沿用其父之藏印：震泽世家、颜乐堂、王济之图书、济之、恩褒四世之堂等朱印。又注：王延喆应为王鏊长子，据明邵宝《大明故光禄大夫柱国少傅兼太子太傅户部尚书武英殿大学士致仕赠太傅谥文恪王公墓志铭》载："子男四，长延喆，中书舍人；次延素，南京中军都督府都事；次延陵，郡诸生；次延昭。"

② 按：王延素(1492—1562)，字子仪，别号云屋，吴县人。王鏊次子，太学生，官南京中府都事。亦好藏书，与兄延喆、弟延陵均善守先世典籍。生平事迹参见皇甫汸《明中顺大夫思南府知府王公墓志铭》。

③ 按：王延陵(1506—1582)，字子永，号少溪，吴县人。王鏊季子。善诗文，擅丹青，在东山造招隐园与真适园等园林，在苏州园林史上占有一席之地，亦有一定的影响。生平事迹参见皇甫汸所撰《中书公王延陵墓志铭》。

④ (清)王士祯撰，勒斯仁点校：《池北偶谈》卷二十二《谈异三》，中华书局 1982 年版，第 536 页。

⑤ 傅增湘撰：《藏园群书经眼录》卷三《史部一》，中华书局 1983 年版，第 173—174 页。

⑥ (明)李绍文撰：《皇明世说新语》卷八，见《续修四库全书》编纂委员会、复旦大学图书馆古籍部编：《续修四库全书》第 1173 册，上海古籍出版社 2003 年版，第 603 页。

⑦ (明)陈继儒《妮古录》卷四，见《四库全书存目丛书》编纂委员会：《四库全书存目从书》子部，第 118 册，齐鲁书社 1995 年版，第 683 页。

⑧ (明)皇甫汸撰：《皇甫司勋集》卷五十三《明中顺大夫思南府知府王公墓志铭》，见(清)永瑢、纪昀等编纂：《四库全书》第 1275 册，上海古籍出版社 1987 年版，第 853 页。

⑨ 顾廷龙主编：《清代硃卷集成》第 165 册《王颂蔚》，台北成文出版社 1992 年版，第 104 页。

之业，贮书甚富。一改其父收藏之多，财力之雄厚，购置之奢华的收藏习性，仅独好蓄聚书籍图史，并且勤于校雠阅读。据《松石斋文集》载：王有壬“家故饶蓄古彝鼎图籍，悉掊不置目，曰：‘古迹自具简策中，蓄此徒炫人志耳。’自解组归，绝不干时事，顾独嗜书，尤湛好史学，常日杜门下键，手自编写者累数十家言，即大寒暑不废”①。王锡爵云：“公解官后，则锡爵尝再谒公于里第，图书堆案，苔草没阶，摄故蔽衣冠对客，居然有册瘽野老沉冥自足之意。暇则乘兴为小诗，自娱而已。游咏之外，独耽嗜史书，手自校录，累若干卷，藏于家。”②

王有壬之藏书由其子王禹声递藏。

王鏊曾孙王禹声(四世)(1524—1582)　其“原名倬，字遵考，号闻峰，万历戊子举人，己丑会魁，由工部都水司主事，累迁至广东肇庆父知府，改湖广承天府知府，因闻肆毒地方为民请命，遂落职，旋以事昭雪擢按察司副使、湖广提督学政，未赴任，卒。赠光禄寺卿，崇祀名宦、乡贤祠，府县志俱有传”③。撰有《续震泽纪闻》《郢事纪略》及《鹃音》《白社诗草》各一卷。

王禹声家有三槐堂，承守曾祖王鏊之遗书。王禹声有子永熙(五世)④、永焘⑤(五世)，

① (明)赵用贤撰：《松石斋文集》卷十七《太常寺少卿文峰王公行状》，见台北“中央研究院”藏清光绪二十八年赵氏承启堂重刊本，第23页。

② (明)王锡爵《太常公王有壬墓志铭》，参见杨维忠著：《莫厘王氏人物传·王鏊家族精英选》，苏州大学出版社2016年版，第69—70页。

③ 顾廷龙主编：《清代硃卷集成》第165册《王颂蔚》，台北成文出版社1992年版，第104—105页。

④ 按：王永熙(五世)(1577—1648)，字景雍，王鏊玄孙，禹声子，吴县人。诸生。有至性，不求闻达，笃于孝悌。弟永焘殁，公抚其7岁孤学伊，既长，分授如己子。明万历二十六年(1598)曾刊刻了自己所辑的《震泽先生别集》六卷，其中包括王鏊著《震泽长语》一卷、《震泽纪闻》二卷，王禹声著《续震泽纪闻》二卷，《郢事纪略》一卷。生平事迹参见王鎏《王永熙传》。

⑤ 按：王永焘(五世)(生卒年不详)，字景照。永焘生四子：曾(六世)，字文孙；瀚(六世)，字其仲；希(六世)，字公晋；学伊(六世)，字公似，即王艺孙五世祖也。学伊生五子，名圣友(七世)者，行三，字盍簪，太学生，是为艺孙高祖。圣友生二子：继(八世)，缵(八世)。缵，行二，字钦三，号振裘。貤赠修职郎、安徽宣城县教谕。缵生七子：世琪(九世)、世慎(九世)、世幅(九世)、世瑜(九世)、世瑚(九世)、世玖(九世)、世璋(九世)；是为艺孙曾祖。缵七子中，有世琪(十世)者，行三，字说岩，号澍堂。苏州府廪监生，乾隆丁卯顺天乡试中式，考充景山教习，历官安徽歙县、宣城县教谕。少以文名见称于金坛王步青、宜兴储大文、淳安方棨如、里中沈德潜。世琪覃精四子书，工制举文。生平尤自力于学行，奋然欲有所见于时，迄不得志，郁郁以卒。为艺孙祖父。世琪独子名寅熙(十一世)，字秩东，号小侠，为王艺孙之父。

王鏊家族藏书部分由王禹声孙王希(六世)[①]、曾孙王申苟[②](七世)及玄孙王铨[③](八世)递藏。

据清顾嘉誉《横山志略》卷五云:王申苟,"字咸中,号真山。文恪公鏊六世孙。读书不求无仕,筑山房于尧峰之石坞,与汪钝翁过从晨夕,以隐终身,有石坞山房投赠诗文,斐然盈帙,皆海内巨公也。"汪琬诗云:"好事如君少,山斋乃尔幽。异书逾万卷,名帖半双钩。"[④]看来确实藏书不少,并且其中不乏珍善之本。

2. 清洞庭王氏家族藏书与传承

王鏊裔孙王世琛(九世)(1680—1729)　《王世琛墓志铭》:"君讳世琛,字宝传,号艮甫,世居吴县之洞庭东山,后迁于与郡城西,前明太傅文恪公八世孙也。文恪生尚宝公延喆,尚宝生常少公讳有壬,常少生承天公讳禹声,万历己丑进士,恤赠光少,光少生永焘,永焘生希,希生赠公宪文,君祖也。三世为学生,皆不仕。君父给谏公讳铨,太恭人顾氏,生子三,君其次也。"[⑤]《国朝先正事略》亦载:世琛为"王文恪公鏊八世孙。父铨,字东发,康熙庚午乡举,官给事中。敦气谊,重然诺,工书,善绘事,为时名人。宝传举康熙壬辰进士,胪唱第一人,授修撰,历侍讲,督山东学政。崇实学,斥浮伪,青齐文体为一变。累迁少詹事,视学未竣,以劳疾卒官"[⑥]。惜终年49岁,诰赠中宪大夫。遗著有《橘巢小稿》留世。生平事迹参见冯金伯《国朝画识》卷十《王世琛传》。

王世琛幼得家传,其"风度恬雅,工诗文,兼善书画,得父笔法"[⑦],又好藏书。明万历刻钤印本《考古正文印数》,钤有"震泽王氏家藏""震泽""王世琛印""王宝传"诸印[⑧],此书现藏香港中文大学图书馆。

---

① 按:王希(?—1645),字公晋,号知我,吴庠生。饱读诗书,才华横溢。甚爱书画,收藏宋元名画甚多。明亡,殉国自缢。顾震焘《吴门表隐》载其事迹云:"王希,字公晋。文恪五世孙,吴庠生。乙酉除夕,不屈,整服自缢经死。"

② 按:王申苟(生卒年不详),字咸中,号真山。王希六子。廪贡生,山东布政司经历。师从汪琬,有文名,喜书画,筑石坞山房于尧峰山麓。汪琬作《石坞山房记》,汤斌作《石坞山房图记》。著有《东皋草堂诗》。

③ 按:王铨(1649—1707),字东发,号耳溪,王延喆裔孙。王禹声玄孙,王永焘曾孙,王希之孙,宪文长子。清康熙二十九年(1690)庚午科举人,授礼部给事中,秩满改京秩,授中书舍人,尝参与武英殿纂修《佩文斋书》。王铨精书画,其诗其画均为时人所重,书入晋贤之室。家中所藏诸名迹尤多。其先祖父王希甚爱书画,收藏宋元名画甚多。其子王世琛,清康熙五十年(1711)辛卯科举人,康熙五十一年(1712)壬辰科殿试第一,钦点状元,为东山历史上第二个状元。

④ 引杨维忠、薛利华主编:《东山大族》第十二《王氏:宰相门第教授之家》,广陵书社2008年版,第160页。

⑤ (清)徐葆光《王世琛墓志铭》,见上海图书馆编,陈建华、王鹤鸣主编,王铁整理:《中国家谱资料选编·传记卷》,上海古籍出版社2013年版,第512—513页。

⑥ (清)李元度著,易孟醇点校:《国朝先正事略》卷三十八《文苑·王世琛》,岳麓书社1991年版,第1057—1508页。

⑦ 曹允源、李根源纂:《民国吴县志(二)》卷六十八《上·列传六·王世琛》,见《中国地方志集成·江苏府县志辑》(12),江苏古籍出版社1991年版,第152页。

⑧ 沈津著:《书城挹翠录》,上海社会科学院出版社1996年版,第92页。

王鏊裔孙王芑孙①(十二世)　其父王寅熙②(十一世)。芑孙为时藏书名家,其"工诗古文,兼善书法,尝与法梧门、何兰士、张船山、杨蓉裳诸名流琴歌酒赋,为南北时望所推。所著有《四书通故》若干卷、《碑版文广例》十卷、《读赋卮言》一卷、《编年诗稿》二十卷《续》一卷、《惕甫未定稿》二十六卷《续稿》一卷、《诗外集》一卷、《文外集》四卷"③等数十种。王芑孙承祖遗风,尤好藏书,"有屋数楹,近葑门,拥书万卷"④。清石蕴玉赞云:芑孙"文章一代推能手,少作繁华老则否。积书万卷传者谁,舒祺最少知能守"⑤,可见藏书之多。

王鏊裔孙王仁俊(十三世)(1866—1913)　一名人俊,字扞郑、捍郑,号籀鄦,吴县人。清光绪十七年(1891)辛卯举人,"光绪壬辰进士,改庶吉士,散馆授吏部主事。……张文襄公招之入幕,改湖北知府,历署宜昌、黄州。文襄创存古学堂,罗致高材生,补史笺经,列为日程,以为教务长。苏州学古堂改建,存古学堂奏调回籍,主其事。又调充学部图书局副局长,兼大学堂教习。……所著《格致古微》六卷,进呈乙览,有'好学深思,周知时事'之褒"⑥。又著有《西夏文缀》《辽文萃》《说文解字引汉律今考》《敦煌石室真迹》《辽文萃》《西夏文缀》等数百种,藏于家。

王仁俊"秉性颖悟,自幼喜治经小学。既长,肆力考据。肄业学古堂,学以大进"。其"治经宗许、郑,尤以保存国粹、尊经卫道为己任,中年以后,邃于金石文字"⑦。蒋镜寰亦云:"家本素寒,通籍十余年,书籍碑版外无长物,中年邃于金石文字。"⑧鉴藏校勘亦精审,藏书数十箱,其搜访甚勤,所藏善本有明正德本《姑苏志》、

---

① 按:王芑孙(1755—1818),字念丰、沤波,号铁夫、惕甫、云房、楞伽山人,清吴县东山人。庠贡生,应乾隆四十五年南巡召试取列二等,赐大缎,复应乾隆五十三年天津召试,取列一等,钦赐举人考充,咸安宫教习,选授华亭县教谕,捐升国子监典簿,敕授征侍郎,著有《渊雅同全集》。生平事迹参见王鎏《族兄惕甫先生传》、李元度《国朝先正事略》卷四十三《文苑·王芑孙传》。芑孙尤好藏书,其藏书处为沤波舫、渊雅堂、楞伽山房等。藏印有惕甫、芑孙、铁夫鉴审、王铁夫审定、王铁夫阅过、县教谕、宫学教习、国学典籍、楞伽山人、楞伽山房、铁夫墨琴夫妇印记、渊雅堂藏书记、王芑孙、长洲王芑孙惕甫审定、沤波舫鉴藏、苏州渊雅堂王氏图书等。

② 按:王寅熙,字秩东,号小侠,吴县人。有文行,少读书为进士业,有志于功名,久之不得当,去而为游。事迹见秦瀛《小岘山人文集》卷三《王小侠六十寿序》。

③ 徐世昌等编著:《清儒学案》卷一百九十八《诸儒学案四·王先生芑孙》,第8册,中华书局2008年版,第7661页。

④ (清)秦瀛《王芑孙惕甫墓志铭》,见苏州博物馆编著:《苏州博物馆藏历代碑志》之《清代碑志》,文物出版社2012年版,第299页。

⑤ (清)石蕴玉撰:《独学庐四稿》卷二《读王惕甫遗书后》,见《续修四库全书》编纂委员会、复旦大学图书馆古籍部编:《续修四库全书》第1466册,上海古籍出版社2003年版,第633页。

⑥ 徐世昌等编著:《清儒学案》卷一百八十四《陶楼家学·王先生仁俊》,第7册,中华书局2008年版,第7128页。

⑦ 徐世昌等编著:《清儒学案》卷一百八十四《陶楼家学·王先生仁俊》,第7册,中华书局2008年版,第7128页。

⑧ 蒋镜寰《吴中藏书先哲考略》,见徐雁、王燕均主编:《中国历史藏书论著读本》,四川大学出版社1990年版,第670页。

嘉靖本《蠛蠓集》《百家唐诗》，日本刊《千金方》等[①]。王仁俊为朴学大师俞樾的弟子，张之洞门人，王仁俊辑佚的领域极广，《玉函山房辑佚书续编》《玉函山房辑佚书补编》和《经籍佚文》三部是在马国翰《玉函山房辑佚书》的基础上增辑而成。其重视汉学，特别是汉人的释经旧注，故辑成《十三经汉注四十种辑佚书》。王氏的辑佚特色是材料来源广博、注明出处。除辑佚以外，所撰目录学著作有《汉书艺文志校补》十卷、《隋书经籍志校补》、《补宋书艺文志》、《补梁书艺文志》、《辽史艺文志补证》、《西夏艺文志》等。

藏书处名曰籀鄦簃。有《籀鄦簃书目》一册，又有《拟汇刊周秦诸子校注辑补善本书录》。

藏书印有王仁俊、王氏籀鄦藏书记、王仁俊校勘经籍记等印。

王仁俊卒后，藏书亦随之散佚。叶昌炽记云："扞郑太守身后遗书出售，伯南以其簿录来，精奇无几，惟于家集如渊雅堂、壑舟园先后诸刻巨编，如《姑苏志》小册，至《橘巢》《二波》一家言略具，搜访不可为不勤。故人已矣，云烟散落，同在旦暮之间，何忍顾而闻之耶！"[②]伦明记云："吴县王捍郑仁俊，张之洞督粤日，曾校书广雅书局，张移湖广，又充存古学堂教习。及张管学部，又调为学部右丞。殁于辛亥后。庚辛间，书始散出。余得其著书全目一纸：《格致古微》五卷……以上未刊，共一百种。余按目求之，十得而二三。闻《说文》诸稿归徐菊人（徐世昌），《管子训纂》归阚霍初，余无可觅。《缘督室日记钞》载捍郑遗书出售，索值万金，系甲辰闰五月[③]，地在上海。故都遗稿之出，又后五年。据闻，捍郑有遗妾，嫁某湖北人，挟稿以行，诸稿由湖北人手价售云。霍初曾受业于捍郑，拟借余所有，先印行之。今霍初殁，此事不知谁属矣。"[④]

王鏊裔孙王颂蔚（十四世）（1848—1895）　原名叔炳，号芾卿，一作茀卿，又号蒿隐、笔佣，清长洲人。其"先世当宋南渡自汴随扈而南，卜居吴之洞庭东山。十三世祖讳鏊，谥文恪，仕明，官至大学士，乞休后，居郡城遂著籍焉。……丙子举于乡，庚辰成进士，改庶吉士"[⑤]。"散馆授户部主事，洊升郎中，充军机、章京、记名御史"[⑥]。中日甲午之役，多所建议，次年和议成，悲愤累月，遽以疾殁。"所著《写礼庼文集》《诗

① 雷梦水著：《书林琐记古书业与近代几位藏书家》，人民日报出版社1988年版，第73页。

② （清）叶昌炽著：《缘督庐日记》卷十五"民国三年（1914）甲寅闰五月三十日"条，台湾学生书局1964年版，第537页。

③ 商榷：伦明记"甲辰闰五月"，据《缘督庐日记》记民国三年（1914）甲寅六月三日，"初三日午后，伯南来，扞郑遗书，其家欲售一万金，此真敝帚之享矣，书目一册，即面交讫"。

④ 伦明著，雷梦水校补：《辛亥以来藏书纪事诗》，上海古籍出版社1990年版，第25—27页。

⑤ （清）王季烈《清故诰授资政大夫三品衔在任候选道记名御史军机处行走户部湖广司郎中先考芾卿府君事略》，见（清）王颂蔚撰：《写礼庼遗著》附卷首，《清代诗文集汇编》编纂委员会编：《清代诗文集汇编》767，上海古籍出版社2010年版，第135页。

⑥ 徐世昌等编著：《清儒学案》卷一百七十三《校邠学案·王先生颂蔚》，第7册，中华书局2008年版，第6670页。

集》《明史考证捃逸》《碑记》《古书经眼录》，均经其子刊行。《周礼义疏》残稿藏于家。”[①]《周礼义疏》残稿今藏于苏州图书馆。《清史稿》卷四百八十六《列传二百七十三·文苑三》有其传。

出身于书香门第之家的王颂蔚，“七岁就家塾，所读倍年长者。每自塾归，则为诸兄钞录文字，或翻检书籍，长益肆力于学。试紫阳、正谊各书院，受知于校邠。后校邠修《苏州府志》，聘先生任纂艺文、古迹诸门。与叶鞠裳交最笃，同受训诂之学于潘丒侯，又同为常熟瞿氏校定《铁琴铜剑楼书目》，左右采获，时望益隆。吴之学者，咸推王、叶齐名”。通籍后，“在官余暇，手不释卷，以昭代经学，超越宋、明，各经皆有补疏，《周礼》为历朝典章制度所由出，独无专书，毅然以疏义自任，发凡起例，实事求是，为平生最勤心力之一”[②]。尤“夙擅版本目录之学。且擅金石考证。于晁公武、陈直斋、欧阳永叔、赵德甫四家著述，极深研几。所著《古书经眼录》《读碑记》，足与莫子偲大令（友芝）《宋元本经眼录》、方小东观察（朔）《枕经堂金石跋》并驾齐驱”[③]。“又以前人谱录金石，皆致力唐、宋以前，惟辽、金、元建都北方，南省闻见窅远，记载每多失实，思以金石纠正之，乃有志搜罗近畿金石。”[④]光绪十三年（1887），“补军机章京入直，趋曹稍有余闲，辄从事著述。尝于方略馆故纸堆中，见殿板初印《明史》残本，眉上黏有黄签，审为乾隆朝拟撰未考证未竟之本。因多方搜求，逐条厘订，芟其繁冗，采其精要，成《明史考证捃逸》三十余卷”[⑤]。后经吴兴刘氏嘉业堂为之校刊印行。利用其家藏书，校定齐召南《二十三史考证》及汪辉祖《史姓韵编》，也前后付之印行。其所存稿本较多，有《隋书经籍志韵编》、《周礼义疏》、《王颂蔚遗稿》六十册，均藏上海图书馆。

王颂蔚又喜藏书，且好抄书。尝于清光绪二十一年（1895）抄《埜语秘汇》八卷，是书“素纸抄本，卷端钤朱文‘芝勘劫余’‘沈绍曾’‘沈氏韫玉斋珍藏印’等，卷末王颂蔚墨笔题”[⑥]。叶昌炽《缘督庐日记》多记至其斋观书之事。如光绪二年（1876）五月十一日记云：“访芾卿，携旧元本《晏子》一部，与吴刻行款悉合。乃知孙氏影钞之本，实出元刻非绵眇阁本也。……又见宋刻《老子》《文中子》，并小字本《老子纂图互注》，其如登春台，尚作如春登台不误。莫子偲跋谓校世德堂本订误八十余字，此

① 徐世昌等编著：《清儒学案》卷一百七十三《校邠学案·王先生颂蔚》，第7册，中华书局2008年版，第6670页。

② 徐世昌等编著：《清儒学案》卷一百七十三《校邠学案·王先生颂蔚》，第7册，中华书局2008年版，第6670页。

③ 王謇著，李希泌点注：《续补藏书纪事诗》，书目文献出版社1987年版，第8页。

④ 徐世昌等编著：《清儒学案》卷一百七十三《校邠学案·王先生颂蔚》，第7册，中华书局2008年版，第6670页。

⑤ （清）王颂蔚撰：《写礼庼遗著》附（清）王季烈《清故诰授资政大夫三品衔在任候选道记名御史军机处行走户部湖广司郎中先考芾卿府君事略》，见《清代诗文集汇编》编纂委员会编：《清代诗文集汇编》767，上海古籍出版社2010年版，第136页。

⑥ 苏晓君纂：《苏斋选目》八《近现代百五家抄稿本书目及留墨》，中国经济出版社2013年版，第340页。

可宝矣。又有《白虎通义》，卢抱经跋谓北宋刻本，细审之元本无疑。又有《风俗通义》，亦元刻。卢抱经《群书拾补》即据之。各书皆拜经楼故物”①。又有六月十四日记云：“访芾卿，见新得杨慎《韵经》，钱圆沙朱笔注其旁，援引颇赅备，其自跋有‘老人自娱，不借钞阅’之语，当是未刻书也。”②据叶昌炽《缘督庐日记》记载，王颂蔚曾经数次将大量经幢拓本赠予叶昌炽，得“芾卿都中书，又觅得经幢四十种”③。还专程托人为叶昌炽在朝鲜寻访经幢，可证“与叶鞠裳交最笃”，如“得芾卿函云盛伯希祭酒觅人至朝鲜拓碑，即顺道访经幢”④。

读书与藏书室名为写礼庼。尝编有书目，未刊，据梁鼎芬致缪荃孙函：“蒿隐各书，或为肯借寄，见时京中有总校，有分校，有钞写，待得蒿隐书目后，即当函复，就京录副。”⑤又屠寄致缪荃孙函云：王颂蔚“辛苦一生，未得实际，身后亦并无积蓄”⑥。所藏之书当在不久之后散出，所著诸书稿本统归上海图书馆⑦。

王颂蔚长子王季烈(十五世)（1873—1952）　字晋余，号君九，又号螾庐。鳌裔孙，长洲人。其《硃卷》载：“庚子辛丑恩正并科本省乡试中式第四十名，癸卯年应召试经济特科取列一等第十一名，会试中式第一百三十名，殿试第二甲第一百一名，赐进士出身。朝考入选钦点主事，签分刑部”⑧，官至学部专门司郎中，诰授通议大夫。中国近代科普翻译家和昆曲大师，著有《物理学》《螾庐曲谈》等。

王季烈“承其先业，著有《明史考证捃逸补遗》，又著《元明孤本杂剧提要》，上海涵芬楼为印行之。自藏曲本亦多”⑨。与刘凤叔编订《集成曲谱》，自撰《螾庐曲谈》，皆可传之作也。又尝刻其父《写礼庼遗著》《明史考证捃拾》等，又辑刻其父挚友叶昌炽著《奇觚庼诗集》五卷，将《缘督庐日记》稿本四十三巨册摘抄而成《缘督庐日记》十六卷，于1933年印行，有功于艺林。

藏书处名曰螾庐，藏书印有季烈长寿等。

王颂蔚次子王季点(十五世)（1800—?）　字琴希。鳌裔孙，长洲人。“君九太史之介弟也。留学日本，攻工科，大学毕业于日本。历任国内工业学校校长。又能填词，

---

① (清)叶昌炽著:《缘督庐日记》卷一“光绪二年(1876)丙子五月十一日”条，台湾学生书局1964年版，第31—32页。
② (清)叶昌炽著:《缘督庐日记》卷一“光绪二年(1876)丙子六月十四日”条，台湾学生书局1964年版，第33页。
③ (清)叶昌炽著:《缘督庐日记》卷四“光绪十二年(1886)丙戌十一月廿四日”条，台湾学生书局1964年版，第123页。
④ (清)叶昌炽著:《缘督庐日记》卷四“光绪十三年(1887)丁亥六月廿三日”条，台湾学生书局1964年版，第134页。
⑤ 顾廷龙校阅:《艺风堂友朋书札》(上)，《中华文史论丛》增刊，上海古籍出版社1981年版，第163页。
⑥ 顾廷龙校阅:《艺风堂友朋书札》(下)，《中华文史论丛》增刊，上海古籍出版社1981年版，第496页。
⑦ 王謇著，李希泌点注:《续补藏书纪事诗》，书目文献出版社1987年版，第9页。
⑧ 顾廷龙主编:《清代硃卷集成》第90册《王季烈》，台北成文出版社1992年版，第398页。
⑨ 王謇著，李希泌点注:《续补藏书纪事诗》，书目文献出版社1987年版，第25页。

熟谙宋人律吕,家去上声精义。见诸著作,盖取诸大家所作谱,絜短衡长,以折衷一是者。"①

王氏家族藏书始于王鏊,迄于季烈、季点,历经十五代,绵延不断,其藏丰富,在中国藏书史亦属凤毛麟角。王颂蔚之女王季常抗日战争爆发前后以2500银元买到宋版宋印《王状元集百家注编年杜陵诗史》,汇集了王禹偁、王安石、沈括、苏轼、秦观等七十余人的注释和评语。此书又遍钤明清两代藏书大家的收藏章和鉴赏印,流传有绪,如朱大韶、季振宜、徐乾学、宋荦及签有"拙翁文府"收藏章的日本人。是书为孤本,为藏家所珍惜,1974年王季常病逝后散出,现归苏州图书馆珍藏。

三、明至清太仓王氏家族

(一)太仓王氏家族源流与科举

王衡撰、王时敏补辑《王文肃公年谱》载:"吾先世出太原,自始祖求一公南迁居嘉定之南乡墅沟②,后其地割系太仓州,子孙遂为州人。"③据此,可知娄东太原王氏其先出自山西太原,由太原王氏的一支经迁徙而至嘉定墅沟。明弘治年间设州,墅沟从嘉定割出隶属太仓,王氏家族子孙遂为太仓人。据明焦竑《王先生锡爵行状》记云:"先生讳某,字元驭,别号荆石。其先从太原徙吴,自嘉定之南乡寺沟割隶太仓州,遂为州人。上世有讳谦者,为莆田县丞,以廉惠著。莆田公生侃,侃生自然公铣。自然公之仲子曰友荆公涌,先生大父也,娶于徐,生爱荆公梦祥,是为先生父,鸿胪寺序班,累封通议大夫、詹事府詹事、兼翰林院侍读学士,赠光禄大夫、太子太保、礼部尚书、武英殿大学士,配吴,封一品夫人。吴夫人举先生,有万爵飞鸣楼前,盘旋不去,遂命今名。"④上文记述了王锡爵为娄东太原王氏家族由科举入仕而发达起家的第一人,之后,该家族不断有人中榜得官,家族声望渐显,"族亦由是以大"。

又据清初太仓沙溪镇佚名氏《研堂见闻杂录》记云:"娄东鼎盛,无如琅琊、太原……太原自王文肃起家少保,鼎爵为学宪。文肃子衡,以廷试第二人为编修,早殁。子时敏为奉常,子最众,次子揆,举进士。"⑤据时人记载:"王奉常⑥公九子,发者五

---

① 王謇著,李希泌点注:《续补藏书纪事诗·王季点》,书目文献出版社1987年版,第26页。

② 按:墅沟后称寺沟,近浏河口,属乐智乡,明弘治十年(1497),割昆山、常熟、嘉定三县地置太仓州,乐智乡在其中。

③ (明)王衡撰,王时敏补辑《王文肃公年谱》,见北京图书馆编:《北京图书馆藏珍本年谱丛刊》第52册,北京图书馆出版社1999年版,第1页。

④ (明)焦竑撰,李剑雄整理:《澹园集》之《续集》卷十六《行状·光禄大夫少保兼太子太保吏部尚书建极殿大学士赠太保谥文肃荆石王先生锡爵行状》,中华书局1999年版,第1106—1107页。

⑤ (清)佚名氏撰,陈广宽整理:《研堂见闻杂录》,见车吉心总主编:《中华野史·清朝卷》,泰山出版社2000年版,第785页。

⑥ 按:奉常,官名,秦置奉常,为九卿之一,掌宗庙礼乐及文化教育的官员。西汉景帝改奉常为太常,《汉书·百官公卿表》颜师古注:"太常,王者旌旗也,画日月焉。王有大事建以行,礼官主奉持之,故曰奉常也,后改为太常,尊大之意也。"历代相沿,其职权则专为司祭礼乐,其官府称太常寺,其长官为卿、少卿。王时敏官太常寺少卿,故以称王奉常。

分。自崇祯乙卯至今乾隆壬午,甲榜八人,一榜十五人,副榜五人,而芝廛先生后居其大半。康熙丙子科,中丞公兄弟同登,先生惊忧不已,若过分者。然天道亏盈而益谦,宜其久而未艾也。”①娄东太原王氏家族,从王锡爵登明嘉靖四十一年(1562)壬戌申时行榜进士第二人榜眼及第,至王锡爵来孙王謩清康熙五十一年(1712)丙戌科登进士第,历经150年,登进士第者13人。明时锡爵、鼎爵兄弟进士,锡爵、衡父子榜眼,锡爵有官至首辅,时为江南佳话。入清,顺、康两朝家族成员相继登第10人,锡爵曾孙掞累迁至文渊阁大学士,官极一品,锡爵孙时敏及时敏孙愿相继各领画坛风骚数十载。该家族成为江南典型的清时以科举入仕,又自王时敏以下,世代以诗书画传家,以藏书为基础的闻名全国的诗书画世家。

附:明至清太仓王氏家族中有文献可考登科年的进士名录②

姓　名	家族成员关系	登科年
王锡爵(一世)	梦祥长子,鼎爵兄	明嘉靖四十一年(1562)壬戌科榜眼
王鼎爵(一世)	锡爵弟	明隆庆二年(1568)戊辰科进士
王　衡(二世)	锡爵独子	明万历二十九年(1601)辛丑科榜眼
王　揆(四世)	衡孙,时敏次子	清顺治十二年(1655)乙未科进士
王　掞(四世)	衡孙,时敏八子	清康熙九年(1670)庚戌科进士
王　抑(四世)	衡孙,时敏九子	清康熙十六年(1677)丁巳进士
王原祁(五世)	揆子	清康熙九年(1670)庚戌科进士
王奕清(五世)	掞长子	清康熙三十年(1691)辛未科进士
王昭祓(五世)	时敏孙,撝次子	清康熙四十五年(1706)丙戌科进士
王奕鸿(五世)	掞次子	清康熙四十八年(1709)己丑科进士
王　愿(五世)	时敏孙,抑子	清康熙五十年(1711)辛卯科进士
王遵扆(五世)	时敏孙	清康熙五十一年(1712)壬辰科进士
王　謩(六世)	原祁长子	清康熙四十五年(1706)丙戌科进士

① (清)龚炜撰,钱炳寰点校:《巢林笔谈》卷六《王奉常子孙》,中华书局1981年版,第164页。

② 按:是书以进士王锡爵算为一世起。此表参考文献:·(清)赵宏恩等鉴修,黄之隽等编纂:《乾隆江南通志》卷一百二十一至一百二十五《选举》、卷一百四十至一百七十《人物志》,见(清)永瑢、纪昀等编纂:《四库全书》第510册、第511册,上海古籍出版社1987年版。·(清)王昶等纂修:《嘉庆直隶太仓州志》卷十五《选举》、卷二十六至卷二十八《人物》,见《续修四库全书》编纂委员会、复旦大学图书馆古籍部编:《续修四库全书》第697册,上海古籍出版社2003年版。·(清)王祖畲等纂:《宣统太仓州镇洋县志》卷十《选举》,卷十七至卷二十《人物》,见《中国地方志集成·江苏府县志辑》(19),江苏古籍出版社1991年版。

(二)太仓王氏家族进士家族藏书

1. 明末太仓王氏家族进士藏书与传承

王锡爵(一世)(1534—1610)　字元驭,号荆石,“王锡爵,字元驭,太仓人。嘉靖四十一年举会试第一,廷试第二,授编修。累迁至祭酒。万历五年,以詹事掌翰林院。张居正夺情,将廷杖吴中行、赵用贤等。锡爵要同馆十余人诣居正求解,居正不纳。锡爵独造丧次切言之,居正径入不顾。中行等既受杖,锡爵持之大恸。明年进礼部右侍郎。居正甫归治丧,九卿急请召还,锡爵独不署名。旋乞省亲去。居正以锡爵形已短,益衔之,锡爵遂不出”①。张居正卒后,王锡爵历官詹事府少詹事、詹事府事兼侍读学士、礼部右侍郎寻转左兼官直讲、礼部尚书兼东阁大学士入赞机务寻从,官拜宰辅。卒,“赠太保,谥文肃,赐葬长洲县枫桥之凤凰墩。敕建专祠,天启初加赠太傅”②。著有《王文肃集》五十二卷。事迹参见焦竑《光禄大夫少保兼太子太保吏部尚书建极殿大学士赠太保谥文肃荆石王先生锡爵行状》、明过庭训《本朝分省人物考》卷二十四及朱彝尊《静志居诗话》卷十四等。

王锡爵家富藏书,尝藏宋本《六家注文选》六十卷,后由朱彝尊递藏,朱彝尊跋云:“宋崇宁五年镂板,至正和元年毕工。墨光如漆,纸坚致,全书完好。”③又藏有明刊本《黄太史精华录》八卷,明朱承爵刻本,有跋,“向来藏书家视为秘籍故存之,卷首有‘王时敏烟客’‘钱燕喜印’‘寿平’‘正叔’诸朱记”④。金端表《刘河镇纪略》卷七载:“读书楼,为文肃公读书处,在魁星阁后,藏书万卷,公日夜攻苦其中。”⑤其藏书至晚年益著,王时敏言其祖父里居时藏书生活云:“自垂髫至弱冠,晨昏于祖父膝下之赐也。余亲见祖父家庭燕问之状,非拥炉剪烛,对论坟典,即辨证书法,抵掌古今,或蒿目慨时事而已。未尝一言及于荣进浮华、生产琐屑也。”⑥王时敏天性聪颖,甚得祖父王氏钟爱,欲广其教,乃又筑园以藏书,园名曰“鹤来堂,大学士王锡爵第,以万历己亥立春曰有素鹤来集故名”⑦,亦供其恣意悠游观览。《国朝书画家笔录》载云:“文肃公(王锡爵)以暮年抱孙,钟爱弥甚,居之别墅,以优裕其好古之心,故所

---

① (清)张廷玉等纂修:《明史》卷二百十八《列传第一百六·王锡爵传》,中华书局1974年版,第5751—5754页。

② (清)王祖畲等纂:《宣统太仓州镇洋县志》卷十九《人物三·王锡爵》,见《中国地方志集成·江苏府县志辑》(19),江苏古籍出版社1991年版,第309页。

③ (清)朱彝尊《曝书亭序跋》卷十八《宋本六家注文选跋》,见(清)朱彝尊撰:《曝书亭序跋·潜采堂宋元人集目录·竹垞行笈书目》,上海古籍出版社2010年版,第266页。

④ (清)瞿镛撰:《铁琴铜剑楼藏书目录》卷第二十《集部二》,见《清人书目题跋丛刊三》,中华书局1990年版,第308页。

⑤ 引叶瑞宝主编:《苏州藏书史》第三章《苏州私家藏书》,江苏古籍出版社2006年版,第222页。

⑥ 《王烟客先生集·自述》,傅抱石编译:《明末民族艺人传》之《王烟客时敏》,商务印书馆1938年版,第207页。

⑦ (清)王祖畲等纂:《宣统太仓州镇洋县志》卷二《封域下》,见《中国地方志集成·江苏府县志辑》(19),江苏古籍出版社1991年版,第19页。

得有深焉者。家本富于收藏，及遇名迹，不惜多金购之，如李营邱（即北宋李成）《山阴泛学图》，费至二十镒。”①

藏书处名曰赐书堂，藏印有“王氏元驭”“锡爵”等。

王锡爵藏书以法书名画为主，因其善书画，小楷清整秀劲，骨重脉和，“尤深于唐碑，晚年犹悬碑刻满四壁，特不欲以书名耳”②。其晚年“园居时花种菊，间临晋唐帖，批评古书。客至款语移日，绝口不谈时事。微行山水间，不知其为贵人。有物色得之者，亟避去。自少不识衡量，室不蓄姬媵，古有三不惑，先生饶为之。集若干卷，藏于家。虽文笔妙天下，不欲与词人墨士争长，惟是感恩报国，则一片热肠未少实于怀也”③。

王锡爵子王衡（二世）（1562—1609）　又名元，字辰玉，号缑山，别署蘅芜室主人，太仓人。《宣统太仓州镇洋县志》载：“锡爵子，读书五行俱下。锡爵忤张居正，衡时年十三，《和归去来辞》以寄，锡爵叹曰‘不去将为孺子笑’，遂即日归，锡爵后柄用。万历十六年衡举顺天乡试第一，郎官高桂饶伸疏论有私，诏会午门，外复校衡通敏，人皆叹服。伸犹疏不已，上怒遣伸衡请，锡爵疏救，人更以此多之，锡爵归。二十九年会试，成进士，廷试第二，如其父，授编修，是岁，奉使江南，因请终养归。”④著有《缑山集》二十七卷等。生平事迹参见明焦竑《王辰玉太史哀辞并序》、《明史》卷二百十八《列传第一百六·王衡传》。

王衡能诗善书，名动海内，诗文俱为名家，尤喜读书及收藏书画，《玉剑尊闻》载：“王衡，字辰玉，太仓人。大学士锡爵子也。擢鼎甲，授翰林院编修，功文翰，天下称真翰林，请终养归。尝有游仙之志。每读书，自首逮尾，矻矻丹铅，虽数百卷中，苛细笺注不轻放一字。”⑤董其昌云：“昔颜平原《鹿脯帖》，宋时在李观察士衡家，今为辰玉所藏。”⑥关于《鹿脯帖》，又道：“犹忆辰玉初得此帖于蒙阴公氏，函报余，展玩如得连城。辰玉书法为之一变。今日重观于德偶斋，感慨系之矣。”⑦

王锡爵孙王时敏（三世）（1592—1680）　本名赞虞，字逊之，号烟客，又号西田主人、偶谐道人，晚号西庐老人、归村老农，人称西田先生，里人私谥恭孝先生，太仓人。时敏为“衡子，以祖荫授尚宝丞，奉使齐、豫、楚、闽藩封，天启四年，升正卿，丁母忧，

---

① （清）窦镇撰：《国朝书画家笔录》卷一《顺治朝》，见周骏富辑：《清代传记丛刊·艺林类》（22），台北明文书局1985年版，第082—050至051页。

② （明）董其昌著，屠友祥校注：《画禅室随笔》卷一《论法书》，江苏教育出版社2005年版，第51页。

③ （明）焦竑撰，李剑雄整理：《澹园集》之《续集》卷十六《行状·光禄大夫少保兼太子太保吏部尚书建极殿大学士赠太保谥文肃荆石王先生锡爵行状》，中华书局1999年版，第1113页。

④ （清）王祖畲等纂：《宣统太仓州镇洋县志》卷十九《人物三·王衡传》，见《中国地方志集成·江苏府县志辑》（19），江苏古籍出版社1991年版，第313页。

⑤ （清）梁维枢撰：《玉剑尊闻》卷三《文学》，见《续修四库全书》编纂委员会、复旦大学图书馆古籍部编：《续修四库全书》第1175册，上海古籍出版社2003年版，第261页。

⑥ （明）董其昌著，屠友祥校注：《画禅室随笔》卷一《论法书》，江苏教育出版社2005年版，第51页。

⑦ （明）董其昌著，屠友祥校注：《画禅室随笔》卷一《论法书》，江苏教育出版社2005年版，第51页。

服阙,迁太常寺少卿,仍筦尚宝事,又五年谢病归"①。《清史稿》载:"明大学士锡爵孙。以荫官至太常寺少卿。时敏系出高门,文采早著。鼎革后,家居不出,奖掖后进,名德为时所重。明季画学,董其昌有开继之功,时敏少时亲炙,得其真传。锡爵晚而抱孙,弥钟爱,居之别业,广收名迹,悉穷秘奥。于黄公望墨法,尤有深契,暮年益臻神化。爱才若渴,四方工画者踵接于门,得其指授,无不知名于时,为一代画苑领袖。"②著有《偶谐》《西庐》诸诗草。

作为独子的王时敏家藏本富,不仅守其祖父及父亲所遗,又有所增益。王时敏尝自谓:"及垂老归田,闲居无事,始涉猎群书,晚年病目,犹依檐映日,手不释卷。"③王氏藏书传至王时敏,可谓达于极盛。王时敏善守、善藏且善读。吴绮林《蕙堂集·王烟客八十诗》云:"彩衣棒杖多才子,宝阁藏书自上公。"④吴伟业《和王太常西田杂兴韵》其六云:"萧斋散帙知耽癖,高座谈经早解围。"⑤沈受宏云:"斑驳尊彝三代上,丹铅图史百家余。"⑥诗人梅鼎祚赞王氏藏书流传之盛云:"文孙文子,袭图书于户牖,依然映东壁,载见蓬山,绍鼎鼎为箕裘。"⑦王晫《今世说》亦载:"王烟客插架千卷,皆丹黄勘雠。每当宾朋杂坐,举史传中一事,辄援据出入,穿穴旧闻。"⑧宋版《重广补注皇帝内经素问》二十四卷,卷中记云:"太仓王氏藏本,王时敏字逊之,号烟客,官太常锡爵之孙、原祁之祖。有'娄东''埽华庵鉴赏''王印时敏''烟客''拜天〇士'"诸印⑨。元建刻本《新编音点性理群书句解》十八卷,是书"有'王时敏''烟客''王元锡''捷三''李盛铎''木斋''木樨轩藏书'印"⑩;元版《增入诸儒杜氏道典详节》四十二卷有"王时敏鉴赏书画记"白文方印⑪。明版《仪礼》有"烟客"白文方印、

---

① (清)王祖畲等纂:《宣统太仓州镇洋县志》卷十九《人物三·王时敏传》,见《中国地方志集成·江苏府县志辑》(19),江苏古籍出版社1991年版,第319页。

② 赵尔巽等撰:《清史稿》卷五百四《列传二百九十一·王时敏传》,第46册,中华书局1977年版,第13900页。

③ 《王烟客先生集·自述》,傅抱石编译:《明末民族艺人传》之《王烟客时敏》,商务印书馆1938年版,第205页。

④ (清)叶昌炽著,王欣夫补正,徐鹏辑:《藏书纪事诗》卷二,上海古籍出版社1989年版,第127页。

⑤ (清)吴伟业著:《吴梅村诗集笺注》卷十一《七言律诗·和王太常西田杂兴韵之六》,世界书局1936年版,第336页。

⑥ (清)沈受宏撰:《白溇集》卷一《王奉常烟客先生八十寿言四首》,见《清代诗文集汇编》编纂委员会编:《清代诗文集汇编》167,上海古籍出版社2010年版,第476页。

⑦ (明)梅鼎祚撰:《鹿裘石室集》之《文集》卷十七《寿太仓王相公七秩》,见《续修四库全书》编纂委员会、复旦大学图书馆古籍部编:《续修四库全书》第1379册,上海古籍出版社2003年版,第330页。

⑧ (清)王晫撰:《今世说》卷三,见周骏富辑:《清代传记丛刊·学林类》(22),台湾明文书局1985年版,第018—047页。

⑨ (清)彭元瑞等撰:《天禄琳琅书目后编》卷五,见《清人书目题跋丛刊十》,中华书局1995年版,第296页。

⑩ 王文进撰,柳向春标点:《文禄堂访书记》卷第三,上海古籍出版社2007年版,第160页。

⑪ (清)孙星衍撰,焦桂美、沙莎标点:《平津馆鉴藏记书籍》卷一《元版》,见《中国历代书目题跋丛书》第三辑,上海古籍出版社2008年版,第39页。

“埽华庵藏书”朱文方印[①]；明版《韵补》五卷，有“烟客”朱文方印[②]；明版《六子全书》八册，有“虞山汲古阁毛子晋图书”“王时敏印”“烟客”“宏载家藏”诸印[③]；明版《分类补注李太白诗集》三十卷，有“王时敏鉴赏书画记”白文、“烟客”朱文等藏印[④]；明刊本《黄太史精华录》八卷，朱承爵刻本，瞿氏跋云：“向来藏家视为秘籍，故存之。卷首有王时敏烟客”等印记[⑤]；明版《礼仪》二十卷，收藏有“烟客”白文方印、“埽华庵藏书”朱文方印[⑥]。

王时敏收藏之多样，号称当时博雅之冠，其来有自，尤以收藏书画著于世。《无声诗史》载：“王时敏，字逊之，号烟客，太仓人。文肃公孙，缑山先生子，仪度酝藉儒雅，风流翩翩佳公子也。写山水得宋元标格。”[⑦]《清画家诗史》赞其“为清朝画苑领袖，石谷、南田、渔山皆出其门。善分隶，富收藏，精鉴赏”[⑧]。可见王时敏收藏多为书画，兼及大量的古籍。自云：“绘画一事，尤余所癖好。见有古人真迹，辄不惜重价购藏。时取宋元诸名家摹仿之。”[⑨]据《明末民族艺人传》所载：“先生之家，本富收藏。至先生，遇名迹又不惜重金购之。如李营丘《山阴泛雪图》，竟多至二千镒。当其鉴别藏庋，若见一秘轴，辄闭阁深思，终日无语，既而心有所赏解，则绕床大叫，抵掌跳跃，如不自知其狂酣。尝择其所藏，古迹中法备气至者二十四幅，缩订一巨册。纳行笥中，出入必携与俱，以时模楷。”[⑩]沉浸其中，如痴如醉，颇自得其乐。

2. 清太仓王氏家族进士藏书

王　揆(四世)（1619—1689）　字瑞士，太仓人。王时敏次子，清“顺治十二年进士，以推官用不出。康熙十七年，诏举博学鸿儒，巡抚慕天颜，疏荐力辞。揆通籍四十年，虽未出仕而志切民生，如庐州说课，蠹弊力请当事厘之；刘河久淤，上书巡抚为之浚凿”[⑪]。善诗，有诗名，著有《芝廛集》，王士祯为之序。沈德潜《清诗别裁集》卷

---

① (清)孙星衍撰，焦桂美、沙莎标点：《平津馆鉴藏记书籍》卷二《明版》，见《中国历代书目题跋丛书》第三辑，上海古籍出版社2008年版，第50页。

② (清)孙星衍撰，焦桂美、沙莎标点：《平津馆鉴藏记书籍》卷二《明版》，见《中国历代书目题跋丛书》第三辑，上海古籍出版社2008年版，第54页。

③ (清)于敏中等撰：《天禄琳琅书目》卷九，见《清人书目题跋丛刊十》，中华书局1995年版，第186页。

④ (清)于敏中等撰：《天禄琳琅书目》卷十，见《清人书目题跋丛刊十》，中华书局1995年版，第206页。

⑤ (清)瞿镛撰：《铁琴铜剑楼藏书目录》卷第二十《集部二》，见《清人书目题跋丛刊三》，中华书局1990年版，第308页。

⑥ (清)孙星衍撰，焦桂美、沙莎标点：《平津馆鉴藏记书籍》卷二《明版》，见《中国历代书目题跋丛书》第三辑，上海古籍出版社2008年版，第50页。

⑦ (明)姜绍书《无声诗史》卷四《王时敏》，见《续修四库全书》编纂委员会、复旦大学图书馆古籍部编：《续修四库全书》第1065册，上海古籍出版社2003年版，第541页。

⑧ 李浚之编，毛小庆点校：《清画家诗史》之《甲上》，浙江人民美术出版社2014年版，第1页。

⑨ 《王烟客先生集·自述》，傅抱石编译：《明末民族艺人传》之《王烟客时敏》，商务印书馆1938年版，第207页。

⑩ 傅抱石编译：《明末民族艺人传》之《王烟客时敏》，商务印书馆1938年版，第209页。

⑪ (清)王祖畬纂修：《宣统太仓州镇洋县志》卷二十《人物四·古今人物传》，见《中国地方志集成·江苏府县志辑》(18)，江苏古籍出版社1991年版，第331页。

四有其传。

王揆因家中多藏书，自幼研读，尤善八股文。

王　掞(四世)(1643—1728)　字藻儒，号颛庵，王时敏八子。“江南太仓人，明大学士锡爵孙。康熙九年进士，选庶吉士，授编修，为掌院学士熊赐履所器。迁左赞善，充日讲起居注官。以病告八年，起右赞善。提督浙江学政，严剔积弊，所拔多宿学寒畯”。“累迁侍读学士。三十年，超擢内阁学士。三十三年，迁户部侍郎，直经筵”，擢刑部尚书。“累历工、兵、礼诸部，务总纪纲，持大体。五十一年，授文渊阁大学士，兼礼部尚书，直经筵如故”。因疏请立储事受责，应谪戍以年老免行，由子代戍西陲，至“雍正元年，以老乞休，世宗降旨褒嘉，以原官致仕”①。著有《西田集》，主持编辑《钦定春秋传说汇纂》《万寿圣典初集》《四书朱注发明》等。生平事迹参见袁枚《文渊阁大学士太仓王公传》、钱大昕《文渊阁大学兼礼部尚书王公掞传》、《清史列传》卷九《王掞传》。

王掞历官亦多惠政，如康熙帝以浙江人文之地，提学道不得人，故改用翰林官。康熙二十三年(1688)任王掞为浙江学政。其任期内，严剔积弊，取士公正，浙人有穷通翁之谣，意为“所拔多宿学寒畯”。又“校《刘宗周全集》刊之。表章启、祯忠节，立六贤讲院，修三江口黄尊素祠，使教谕以时致祭”②。尝奏请亲发学租以赈贫生，劝建义学以兴俊秀等。其采取多种举措，推动浙地文化事业的发展。王昶赞曰：王掞“好汲引善类，不植私人。屡主乡、会试事，均称得士。立朝从容风仪，不为崖异。及临大事，风节凛然”③。

王掞闲暇时，尤喜收藏，以古玩、瓷器甚多。《茶余客话》有一则王掞收藏逸事，王掞“有古瓷，直不赀。一日，李榕村先生索观，命奴捧之，历阶而上，失足倾跌而碎。李不觉失声，公怡然不动。安溪每举以称文肃雅量”④。

王掞长子奕清(五世)(1664—1737)　字幼芬，号拙园，太仓人。王锡爵孙，清“康熙三十年进士，选庶吉士。历官詹事。代父赴军，历驻忒斯、阿达拖罗海。奕清体羸善病，处之晏然。雍正四年，命赴阿尔泰坐台。又十年，乾隆元年，召还，仍以詹事管少詹事。乞假葬父，寻卒”⑤。善诗，工绘事，通音律，参与纂修《钦定词谱》《钦定曲谱》，编撰《历代词话》。生平事迹参见《清史列传》卷九《王奕清传》及《宣统太仓州

---

① 赵尔巽等撰：《清史稿》卷二百八十六《列传七十三·王掞传》，第34册，中华书局1977年版，第10209—10211页。

② (清)王昶著，陈明洁，朱惠国，裴风顺点校：《春融堂集》卷六十四《王掞传》，上海文化出版社2013年版，第1074页。

③ (清)王昶著，陈明洁，朱惠国，裴风顺点校：《春融堂集》卷六十四《王掞传》，上海文化出版社2013年版，第1075页。

④ (清)阮葵生撰，李保民校点：《茶余客话》卷八，《历代笔记小说大观》本，上海古籍出版社2012年版，第170页。

⑤ 赵尔巽等撰：《清史稿》卷二百八十六《列传七十三·王奕清传》，第34册，中华书局1977年版，第10211页。

镇洋县志》卷二十《人物四·王奕清传》。

王奕清"生长名阀，文采著闻。典试视学外，凡朝廷编修、校雠之役，多以畀之"①。

王时敏孙王原祁(五世)(1642—1715)　字茂京，号麓台，一号石师道人，太仓人。时敏孙，"揆子，康熙九年进士，观政吏部，充顺天乡试同考官，改除任县知"，"擢刑科给事中转礼科，特旨改中允入值南书房，历侍讲、侍读学士、詹事府詹事，升户部左侍郎"②，历官有声，人称王司农。卒于官，予祭葬，敕建特祠任县祀名宦。著有《万寿盛典初集》《雨窗漫笔》等。生平事迹见王昶《王侍郎原祁传》、《宣统太仓州镇洋县志》卷二十《人物四·王原祁传》。

王原祁"工诗文，尤精画法，臻神品"③。"时海内清晏，圣祖右文，几馀怡情翰墨，常召入便殿，从容奏对。或于御前染翰，上凭几观之，不觉移晷。命鉴定内府名迹，充《书画谱》总裁、《万寿盛典》总裁，恩礼特异"④。原祁与孙岳颁、宋骏业等人纂辑《佩文斋书画谱》，内容始自五帝而迄于元明，这是中国第一部集书画著作之成的工具书，卷帙浩繁，材料丰富，体例精密，引据翔实，极具参考价值。其与王时敏、王鉴、王翚并称"四王"。以其为中心，形成"娄东派"。原祁"没后丹青流布，寸缣尺素，宝若拱璧。自是江浙之工山水者，皆本原祁。而子孙以画知名者亦众"⑤。

王原祁长子王謩(六世)(1670—1756)　字孝征，"康熙四十五年进士，改清书庶吉士。己丑，授馆职。癸巳，奉旨养心殿行走。甲午，充河南乡试主考官。乙未，丁外艰。戊戌服阕，补原官。庚子冬，提督陕西学政"。"甲辰，升洗马。丁未，回京充会试同考官，又充日讲起居注官。升右庶子，旋擢侍讲学士"⑥。累迁广东巡抚，癸亥，归里十余年。辛未，南巡，奉旨加三品职衔。《宣统仓州镇洋县志》卷二十《人物四》有其传。

王原祁父子承其家风，雅好藏书，藏有《广陵先生文集》二十卷《附录》一卷，明钞本，王原祁藏书，有"王原祁印"等⑦；藏有旧钞本《孙尚书文集》七十卷，卷内有"虞

---

① (清)王昶著，陈明洁、朱惠国、裴风顺点校：《春融堂集》卷六十四《王掞传》，上海文化出版社2013年版，第1075页。

② (清)王祖畬等纂：《宣统太仓州镇洋县志》卷二十《人物四·王原祁》，见《中国地方志集成·江苏府县志辑》(19)，江苏古籍出版社1991年版，第336页。

③ (清)王昶著，陈明洁、朱惠国、裴风顺点校：《春融堂集》卷六十五《王祁原传附王謩》，上海文化出版社2013年版，第1076页。

④ 赵尔巽等撰：《清史稿》卷五百四《列传二百九十一·王原祁传》，第46册，中华书局1977年版，第13900页。

⑤ (清)王昶著，陈明洁、朱惠国、裴风顺点校：《春融堂集》卷六十五《王原祁传》，上海文化出版社2013年版，第1076—1077页。

⑥ (清)王昶著，陈明洁、朱惠国、裴风顺点校：《春融堂集》卷六十五《王祁原传附王謩》，上海文化出版社2013年版，第1077页。

⑦ (清)丁丙撰：《善本书室藏书志》卷二十七《广陵先生文集》，见《续修四库全书》编纂委员会、复旦大学图书馆古籍部编：《续修四库全书》第927册，上海古籍出版社2003年版，第478页。

山世家文靖公孙”“人生行乐尔”“王原祁印”[①]等印记，藏有旧钞本《诸史偶论》十卷，“不著纂辑人姓名，前有无名氏序，谓司马温公作核其书，乃备科举试策之用，当出南宋人所为托温公也。钞本甚旧，尚出明初人藏书家图记重重，皆以旧帙而宝之。卷首有‘吴岫’‘昆山葛鼒藏书之印’‘季振宜藏书’‘辛夷馆印’‘季振宜印’‘王原祁印’‘麓台’诸朱记”[②]，此本经名家递藏，流传有绪，可知此钞本之珍贵。

藏书室名曰埽华庵、期仙斋。

藏印有王印原祁、王茂京、麓台、麓台祁、苍润印、原祁之印、臣原祁、茂京氏、王原祁之印、古期斋、原祁茂京、石师道人、茂京父、太原麓台书画记、王麓台收藏书画记、西庐后人、麓台鉴藏、麓台珍玩，等等。

四、明至清常熟翁氏家族

（一）常熟翁氏家族源流与科举

据《翁氏族谱》[③]载：翁氏之先，出于姬姓。自周昭王封庶子于翁山，因以命氏。其后有称弘者，仕楚，官左丞，居于梁的原城。西晋末年，翁氏避石勒之乱，由原城南迁，定居于浙西钱塘、仁和、海盐、余姚一带。元代至元年间，钱塘翁氏一支迁居姑苏平江（今苏州）。命楚，该支之一居住姑苏长洲县相城里的翁寿一幼子翁景阳入赘常熟西南乡四十九都庙桥璇洲里村。翁景阳即为常熟翁氏的始祖，子三：世珍、世宝、务农；世宝有子三：廷秀、秋崖、力田；廷秀子瑞，字思隐；瑞子三：臣、卿、相。臣，字西江，为翁同龢世祖。

据《清代硃卷集成·翁曾源》载：常熟翁氏家族“始迁祖景阳，永乐间由长洲相城赘居常熟西南乡璇洲里庙桥；十二世祖瑞，乡饮宾；十一世祖臣；十世祖拱辰，诰赠中大夫分守河南道布政使司参政；九世祖万春，诰赠中大夫分守河南道布政使司参政；八世祖长庸，顺治丙戌举人，丁亥进士，历官户部山东司主事……河南道布政使司参政，顺治丁酉科山东乡试同考官，诰授中大夫；七世祖大中，康熙丁巳经魁，授内阁中书，丁丑进士，福建上杭知县，康熙壬午科福建乡试同考官，敕授文林郎入祀上杭县名宦祠；六世祖俸，早卒；本生六世祖倓，太学生；五世祖汝弼，早卒，诰赠光禄大夫，体仁阁大学士加三级；高祖谦，貤赠修职郎，江苏海州道直隶州学正，诰赠光禄大夫、体仁阁大学士；曾祖咸封，乾隆癸卯举人，江苏海州直隶州学正加一级，敕授修职郎，入祀海州名宦祠，诰赠光禄大夫、体仁阁大学士；祖心存，嘉庆丙子经魁，庚辰考

① （清）丁丙撰：《善本书室藏书志》卷二十九《孙尚书文集》，见《续修四库全书》编纂委员会、复旦大学图书馆古籍部编：《续修四库全书》第927册，上海古籍出版社2003年版，第495页。

② （清）瞿镛撰：《铁琴铜剑楼藏书目录》卷第十七《子部五》，见《清人书目题跋丛刊三》，中华书局1990年版，第251—252页。

③ 常熟市博物馆藏《翁氏族谱》有翁存心《序》；南京图书馆藏《海虞翁氏族谱》，翁心存辑，翁同龢辑定，同治十三年（1874）刊本，有翁同龢《族谱后序》。

取宗学教习,道光壬午恩科进士,翰林院庶吉士,散馆一等第一名,授职编修……户部尚书、协办大学士、体仁阁大学士管理户部事务、掌院学士;父同书,道光壬辰顺天举人,庚子进士,翰林院庶吉士……安徽巡抚督办军务”①。

又翁同书等《先文端公行述》:“府君姓翁氏,讳心存,字二铭,自号遂安。先世自明永乐中由长洲相城里迁常熟,遂为常熟人。五世祖玉于公讳长庸,顺治丁亥进士,河南布政司参政,分守河南道。四世祖林一公讳大中,康熙丁丑进士,福建上杭县知县,皆以廉惠为士民所颂。……考潜虚公讳咸封,乾隆癸卯举人,海州学政,祀海州名宦。”②

常熟翁氏家族,从翁宪祥登明万历二十年(1592)壬辰科进士时,至翁斌孙,清光绪三年(1877)丁丑科进士止,历经 280 多年,明清时期,常熟翁氏先后进士及第 11 人,中举人有 8 人。特别是翁心存、翁同龢父子两代为两朝宰相、再世帝师即同治、光绪帝师,三子公卿,四代翰苑,翁同龢、翁曾源叔侄状元,翁叔元为探花。翁氏家族科第联翩,簪缨不绝,可谓文脉旺盛。究其原因是翁氏世代重视家庭教育,重读书、藏书和为善,正如翁氏故居“彩衣堂”大厅壁挂对联:“绵世泽莫如为善,振家声还是读书。”常熟翁氏以读书、藏书绵延文脉,以科举入仕振家声,“远有代序,多闻人”③,跻身于统治阶层行列,成为海内闻名的世家望族,在晚清对中国社会产生过重大影响,在中国晚清文化史上占有一席之地。

附:明末至清常熟翁氏家族中有文献可考登科年的进士名录④

姓　名	家族成员关系	登科年
翁宪祥(一世)	翁瑞三子	明万历二十年(1592)壬辰科进士
翁愈祥(一世)	翁瑞五子,宪祥弟	明万历二十六年(1598)戊戌科进士
翁长庸(二世)	一名赓,宪祥侄	清顺治四年(1647)丁亥科进士
翁大中(三世)	长庸子	清康熙三十六年(1697)丁丑科进士
翁叔元(三世)	宪祥孙,长庸侄	清康熙十五年(1676)丙辰科探花
翁与之(四世)	晋子	清康熙三年(1664)甲辰科进士

① 顾廷龙主编:《清代硃卷集成》第 24 册《翁曾源》,台北成文出版社 1992 年版,第 93—101 页。

② (清)翁心存著,张剑整理:《翁心存日记》附录,第 4 册,《中国近代人物日记丛书》本,中华书局 2011 年版,第 1843 页。

③ (清)韩菼《经筵讲官刑部尚书翁公叔元神道碑》,见(清)钱仪吉纂,靳斯标点:《碑传集》卷二十一《乾隆朝部院大臣上之下·翁叔元》,第 2 册,中华书局 1993 年版,第 711 页。

④ 按:是书以进士翁宪祥算为一世起。此表参考文献:·顾廷龙主编:《清代硃卷集成》第 24 册《翁曾源》,台北成文出版社 1992 年版,第 93—104 页;《清代硃卷集成》第 43 册《翁斌孙》,台北成文出版社 1992 年版,第 115—130 页。·(清)李铭皖、谭钧培修,(清)冯桂芬纂:《同治苏州府志(二)》卷六十至卷六十七《选举》,见《中国地方志集成·江苏府县志辑》(8),江苏古籍出版社 1991 年版。

续表

姓　名	家族成员关系	登科年
翁心存(八世)	大中来孙，咸封次子	清道光二年(1822)壬午恩科进士
翁同书(九世)	心存长子	清道光二十年(1840)庚子科进士
翁同龢(九世)	心存三子	清咸丰六年(1856)丙辰科状元
翁曾源(十世)	同书次子	清同治二年(1863)癸亥恩科状元
翁斌孙(十一世)	同书孙，曾源子	清光绪三年(1877)丁丑科进士

(二)常熟翁氏家族进士藏书

常熟翁氏家族藏书从翁宪祥、应祥及万春[①]兄弟有藏书记录起，至翁万戈，翁氏家族藏书历经400多年，绵延不断。翁氏藏书被列为明清九大藏书之一，为江南典型的藏书世家。从翁万春，蕙祥、宪祥、懋祥、愈祥、应祥，始有藏书。积十多世，历时近400余年，上迄明万历间，下至现代，是我国藏书史上一颗耀眼的明珠，直至翁氏后人翁万戈于2000年通过中国嘉德国际拍卖有限公司将精品80种、542册转让给上海图书馆。翁氏家藏精品被誉为迄今为止我国从国外收购到的一批数量最多、品相最好、种类最全、价值最高的珍稀古籍善本书。此举被称为海外收藏的最后一批中国善本书的回归，标志着中国古代、近代私家藏书历史的终结。翁氏藏书的揭秘，为中国私家藏书史添写了新篇章。

1.明末清初翁氏家族藏书溯源

翁宪祥(一世)(1554—1617)　字兆隆，号完虚，明常熟人。明万历十九年(1591)辛卯科举人，“壬辰进士，历官浙江鄞县知县、礼科给事中，吏、户、刑三科都给事中，太常寺少卿，廷推湖广巡抚，诰赠光禄大夫、刑部尚书，祀乡贤鄞县名宦祠”[②]。据《康熙常熟县志》载：宪祥“幼有奇表，长尤魁岸。万历壬辰进士，授知鄞县……卒，赐谕祭，鄞县诸生张桂章等以名宦请于当事，得祀学宫。子汉麐(二世)，字子安，崇祯壬午举人，具悉邑中利弊，当事咸咨访之，与阁部史可法论东南赋役，书阁部赏之。孙叔元(三世)以游学隶籍永平，中康熙壬子顺天举人，丙辰进士探花及第。宪祥兄弟五人，兄蕙祥(一世)，邑诸生，有文行，老而教授诸生，弟皆贵，惟蕙祥两世诸生不兢。至孙需(三世)，顺治丙戌举人；曾孙与之(四世)，康熙甲辰进士”[③]。著有《平倭录》、《掖垣疏草》九卷、《翁宪祥奏疏》一卷。生平事迹参见《明史》卷二百三十四《列传第一

① 按：翁万春(一世)，字伯生，号芳庵，常熟人。拱辰子，攻苦积学，好为山泽之游，赠参政，无后，以赓为子。钱谦益《牧斋外集》卷十六有《翁芳庵合葬墓志铭》。

② (清)翁心存著，张剑整理：《翁心存日记》附录二《翁心存、翁曾源会试硃卷履历》，《中国近代人物日记丛书》本，第4册，中华书局2011年版，第1840页。

③ (清)高士鸃，杨振藻修，(清)钱陆灿等纂：《康熙常熟县志》卷十八《邑人·翁宪祥》，见《中国地方志集成·江苏府县志辑》(21)，江苏古籍出版社1991年版，第429页。

百二十二·翁宪祥传》。

翁愈祥(一世)(1567—1610)　“字兆和,美丰姿。少游金陵,曾拒奔女夜梦关武安来访。万历戊戌进士,授知邹平县”①,历官“山东邹平知县,浙江会稽知县,直隶清丰知县,江西东乡县知县,礼部主事,吏部勋司主事,祀邹平名臣祠”②。以为政清洁著称,《康熙常熟县志》称:翁愈祥“通籍数年,萧然四壁,常署其门曰:‘可容骖盖庭惟设鸟罗。’又曰:‘苞苴未许谁人到,清节由来此户知。’”③《光绪常昭合志稿》卷二十五有其传。

宪祥及愈祥兄弟“翁应祥(一世),字兆吉,万历庚子举人,授无锡县学教谕,与高忠、宪、蕙为道义,交翰林马文忠吏部、花允诚严事之,迁知光泽县……荐迁知朔州,州近边西师常入每过城下,辄敛刃钦其清正也。林居数载,五举饮宾,雅善诗歌古文,有《杭州集》《云朔集》《苜蓿斋集》《归田集》行世”④。“翁懋祥(一世),字兆嘉,万历乙卯举人,授知淳安县,迁知滨州,卒。孙嗣圣,字克凡,顺治丙戌举人,授无锡县学教谕,为人伉直,力复先祠。”⑤“翁蕙祥(一世),字兆庆,邑诸生,弱冠失怙,孝事祖母,及所生独肩家政,授经诸弟,诸弟皆成名,兄弟互相友爱。孙晋康熙庚戌贡于乡,廷对第二;需字云将,顺治丙戌科举人,选和州学正,迁福建上杭令,著《乡约讲旨》。晋之子与之(四世),康熙甲辰进士,人谓蕙祥食报独迟。”⑥“翁需(三世),字云将。性方严不苟笑言,中顺治丙戌举人,教谕和州,迁上杭令。兄翁晋(三世),字康成,岁贡生。晋子与之(四世),字日可,康熙甲辰进士,官澄海知县。需从弟嗣圣(四世),字克凡,懋祥孙也。顺治丙戌举人,官无锡教谕,为人伉直,力复先祠。”⑦

翁大中(三世)(1638—1706)　字林一,号山愚。翁长庸(二世)⑧子。清“康熙丁巳经魁,考授内阁中书,丁丑进士,福建上杭县知县,康熙壬午科福建乡试同考官,敕授文

---

① (清)高士鸃,杨振藻修,(清)钱陆灿等纂:《康熙常熟县志》卷十八《邑人·翁愈祥》,见《中国地方志集成·江苏府县志辑》(21),江苏古籍出版社1991年版,第429页。

② 顾廷龙主编:《清代硃卷集成》第24册《翁曾源》,台北成文出版社1992年版,第93页。

③ (清)高士鸃,杨振藻修,(清)钱陆灿等纂:《康熙常熟县志》卷十八《邑人·翁愈祥》,见《中国地方志集成·江苏府县志辑》(21),江苏古籍出版社1991年版,第430页。

④ (清)高士鸃,杨振藻修,(清)钱陆灿等纂:《康熙常熟县志》卷十八《邑人·翁应祥》,见《中国地方志集成·江苏府县志辑》(21),江苏古籍出版社1991年版,第429页。

⑤ (清)高士鸃,杨振藻修,(清)钱陆灿等纂:《康熙常熟县志》卷十八《邑人·翁懋祥》,见《中国地方志集成·江苏府县志辑》(21),江苏古籍出版社1991年版,第429页。

⑥ (清)高士鸃,杨振藻修,(清)钱陆灿等纂:《康熙常熟县志》卷二十《文苑·翁蕙祥》,见《中国地方志集成·江苏府县志辑》(21),江苏古籍出版社1991年版,第489页。/又注:翁与之(四世)(1635—1688),清康熙三年(1664)甲辰会魁,著有《翁曰可诗稿》一卷。

⑦ (清)郑钟祥、张瀛修,(清)庞鸿文等纂:《光绪常昭合志稿》卷二十五《人物五·耆旧·翁需》,见《中国地方志集成·江苏府县志辑》(22),江苏古籍出版社1991年版,第396页。

⑧ 按:翁长庸(二世)(1616—1681),一名赓,初字子虚,一字玉宇,又字山愚、若晚,号蓼野,自号惴安,常熟人。翁宪祥侄,清顺治四年(1647)丁亥科进士,历官河南道布政司参政,顺治丁酉山东乡试同考官,诰授中大夫。著《春秋》《蓼野集》。

林郎，入祀上杭县祠”①。《光绪常昭合志稿》卷二十六有其传。

翁氏家族藏书风气始于翁应祥、宪祥及从弟万春，翁同龢在万历刻本《皇明常熟文献志》书跋云：“光绪庚子十二月，从吾邑旧家得此书。反复观览，未审其义例之所在。惟传本甚稀，谈邑事者，要当收庋。卷端有‘升’字小印，疑吾家朔州公所藏也。公讳应祥（一世），万历庚子举人，无锡教谕，福建光泽县知县，山西朔州知州。罢归林下，为文酒之社。至崇祯辛巳卒，年七十七。计此书成时，公年不过四十耳，其曾入篋衍，固其宜也。同龢记。”②而翁宪祥（一世）于万历四十四年（1616）刻印过桑悦《思玄集》十六卷《附刻》一卷。翁万春（一世），字伯生，号芳庵，翁长庸父。攻苦积学，好为山泽之游，赠参政，无后，以赓为子。钱谦益《翁芳庵合葬墓志铭》：“子虚状考其曰：‘府君讳万春，世为南渡名家。曾祖思隐公瑞。江西公臣其祖，小江公拱辰其父也。翁自思隐公始大，诸孙鹊起，青紫映望。府君少负渊敏，思奋臂出其间。梦肠刻贤，攻苦绩学，屡阨童子科，垂老罢去。于是乎望尘息心，束身修行。横经籍史，以峙老学。作苦食淡，以治生产。夙夜曙戒，以教子姓。’……‘府君课句读，析文义，伊吾视毕，与孺子共之，唯恐其不速化也。府君没，家产益落，丹铅膏火，自母十指出。机杼轧轧然，与雒诵声相上下也。’”③《翁同龢书跋》云：“《战国策》三十三卷，汉高诱注，宋姚宏校正，清乾隆二十一年卢见曾刻雅雨堂丛书本，曩时吾兄祖赓（二世）督师邗上，得明人澹庵氏所评《战国策》，绝可爱，因手临一本。未几，原本毁失。今录此本以为副，将贻诸好事者。黄笔圈点，临刘海峰先生阅本。每章首紫色标点，则姚惜抱老人所选也。鲍校、黄校甚精，并录一二于下方。红笔圈点，购时本有，姑留之。同治四年六月同龢记。”④从钱氏《墓志铭》及翁氏书跋中，翁长庸考中进士，其受业师是其父万春，推测家中应有一定数量的供父子二人攻读举业的科举方面的藏书。而翁大中四子翁倖（四世），字天申。亦有藏书，《翁同龢书跋》云：“光绪十四年秋，余既得五世祖天申府君手校《国语》，踞而读之，然后叹少时所喜者文辞而已，于左氏之心，概乎未有得也。”⑤翁同龢书跋亦佐证其家有藏书。

2.清翁氏家族进士藏书与传承

翁宪祥孙翁叔元（三世）（1633—1701）　初名栴，字宝林，“自号铁庵，苏州府常熟县人。惟公氏远有代序，多闻人。曾祖讳拱极，诸生。祖讳宪祥，万历壬辰进士，历

---

① 顾廷龙主编：《清代硃卷集成》第24册《翁曾源》，台北成文出版社1992年版，第94页。

② 北京图书馆善本组辑录：《翁同龢书跋》，见北京图书馆文献丛刊编辑部编：《文献》第19辑，书目文献出版社1985年版，第223页。

③ （清）钱谦益著，（清）钱曾笺注，钱仲联标校：《牧斋杂著》之《牧斋外集·墓志铭二·翁芳庵合葬墓志铭》，上海古籍出版社2007年版，第774—775页。

④ 北京图书馆善本组辑录：《翁同龢书跋》，见北京图书馆文献丛刊编辑部编：《文献》第19辑，书目文献出版社1985年版，第219页。

⑤ 北京图书馆善本组辑录：《翁同龢书跋》，见北京图书馆文献丛刊编辑部编：《文献》第19辑，书目文献出版社1985年版，第219—220页。

任巡抚湖广、都察院右副都御史”[①]。翁叔元为“康熙壬子举人，丙辰会魁，殿试第一甲第三名及第，授翰林院编修，历官右春坊赞善兼翰林院侍讲、侍读，国子监祭酒，日讲官起居注，詹事府少詹事兼翰林院侍讲学士，内阁学士兼礼部侍郎、吏部左右侍郎，工部、刑部尚书，经筵讲官，诰授光禄大夫，祀乡贤祠”[②]。尝与修《明史》，著有《翁铁庵自叙年谱》《翁氏广族名贤合镌》《虞弦清韵》《翁太史传稿增补全集》《铁庵古文全集》《翁铁庵文集》《梵园诗集》等。生平事迹参见《清史稿》卷二百七十一《列传第五十八·翁叔元传》。

韩菼称翁公“所居官，必举其识，才无不可，皆以实心达之。性和平宽厚，而义理所在，亦屹不可夺也。学故优，在史馆，皆推其有笔，每奏一篇，上皆称善。国子生徒例有贽，公到即谢绝，皆翕然称允，而一无私焉”[③]。翁叔元暇则雅好藏书与刻书，清康熙十二年（1673）刻印曹禾《未庵初集》文稿四卷，《诗稿》四卷，书室名曰梵园，《历代藏书家辞典》录其名。

翁大中玄孙翁咸封[（七世）]（1750—1810）　字子晋，号紫书，晚号潜虚，常熟人。翁心存父。“幼有至性，读书夙明大义，乾隆癸卯举于乡，选海州学政”[④]，加一级，敕授修职郎，诰赠光禄大夫、体仁阁大学士。在海州（今连云港市）从政十二年，政绩卓著，尝创建石室书院、参修《海州志》，入祀海州名宦祠。著有《潜虚文钞》四卷《诗钞》三卷、《潜虚制义钞》、《翁咸封制艺》。翁咸封终生“讽咏不绝于口，丹黄不辍于手”[⑤]，可见有自己的藏书，其书室名曰困学斋。

翁咸封次子翁心存[（八世）]（1791—1862）　字二铭，号邃庵，一作遂庵，人称文端公，常熟人。大中来孙，翁同龢父。“嘉庆丙子经魁，庚辰考取宗学教习，道光壬午恩科进士，翰林院庶吉士，散馆一等第一名，授职编修”[⑥]，历国子监祭酒、内阁学士等，累官至工部尚书、户部尚书、国史馆总裁、上书房总师傅，三次值上书房，授读奕䜣、咸丰帝，后又任弘德殿行走，授读同治帝，为咸丰、同治两朝帝师。卒赠太保，入祀贤良祠，谥文端。翁文端“幼慧，七岁能属文，唐陶山见而奇之，使从授学。淹贯经史百家言，及贵，务持大体，尤以引拔人材为急，而不居其名。久赞讲帷，因事纳诲，计虑深远，发为歌吟，亦有吁谟定命气象。诸子并显，世比韦、平，系海内士望焉”[⑦]。其

---

① （清）韩菼《经筵讲官刑部尚书翁公叔元神道碑》，见（清）钱仪吉纂，靳斯标点：《碑传集》卷二十一《乾隆朝部院大臣上之下·翁叔元》，第2册，中华书局1993年版，第711—712页。

② 顾廷龙主编：《清代硃卷集成》第24册《翁曾源》，台北成文出版社1992年版，第94页。

③ 参见梁战、郭群一编著：《历代藏书家辞典》，陕西人民出版社1991年版，第321页。

④ （清）郑钟祥、张瀛修，（清）庞鸿文等纂：《光绪常昭合志稿》卷二十七《人物六·耆旧·翁咸封》，见《中国地方志集成·江苏府县志辑》(22)，江苏古籍出版社1991年版，第433页。

⑤ （清）翁心存《常熟璇洲里翁氏族谱序》，常熟市博物馆藏，第13页。

⑥ 顾廷龙主编：《清代硃卷集成》第24册《翁曾源》，台北成文出版社1992年版，第98页。

⑦ 徐世昌辑：《晚晴簃诗汇》卷一百三十《翁心存》，见《续修四库全书》编纂委员会、复旦大学图书馆古籍部编：《续修四库全书》第1632册，上海古籍出版社2003年版，第83页。

著述甚丰，著有《知止斋诗文集》《知止斋日记》及《知止斋遗集》二十二种不分卷，百十一册，辑有《钱漕杂钞》《粤东校士日录》《学海堂丁亥课士录》《江西校士录》《试差事宜》《国史馆签档》等，“校刊先祖潜虚公《文钞》四卷，《诗钞》三卷，《制义》一卷”①。生平事迹参见李元度《国朝先正事略》卷二十五《名臣·翁文端事略》、《清史稿》卷三百八十五《列传一百七十二·翁存心传》。

翁心存恪守“富贵不足保，惟诗书忠厚之泽，可及于无穷”②的祖训，又受其父影响甚深，自幼嗜读书，13岁时“遍诵十三经、三史、楚辞、唐宋文，先祖遂授以前明隆、万、天、崇人制义，于是始学为制义，下笔千余言”③。又喜聚书，虽贫，乃缩衣节食购书，无力购置则借抄装订成册。曾为常熟“爱日精庐”张月霄校勘书籍，又向“稽瑞楼”陈揆借其藏书而读之。其子翁同书记曰：20岁时，“馆山塘泾李氏，时与陈子准先生揆。讨论经义，假借稽瑞楼藏书读之，并为照旷阁张氏校勘书籍”④。“家既贫，尤尚朴素，恒布衣粝食无所嗜，所至惟以书卷自随”⑤。通籍后，其薪俸部分用于购书不辍，“聚书籍，校读无虚日。修族谱，手装先世手泽”⑥。同治十二年(1873)十一月翁同龢题瞿浚之《虹月归来图》云：“昔我先公好聚书，凡俸入必购书，甚至摽岁谷以易之。寒夜篝灯火手自黏补，而吾母加线辑治焉。故吾家图籍虽杂庋架阁中，自龢视之，较然识为翁氏书也。”⑦又《跋老学庵笔记》云：“龢家旧贫，先公爱书，储积甚富，庚申(1860)之警，化为劫灰。其在者只零星断简耳。此两册尚是先公手粘治者。”⑧翁心存与同郡陈揆甚密，陈揆殁后，其乃以重金购陈揆遗书十之三四。潘祖荫《稽瑞楼书目》序称：“嘉庆年间，陈(揆)子准先生及张氏金吾，并以藏书称。张氏藏书及身而散，陈子准无子，殁后书亦尽散。吾师翁(心存)文端公，与子准厚，既恤其身后，以重值收其藏本，仅得三四。”⑨陈揆稽瑞楼藏书，主要来自钱曾述古堂、毛晋汲古阁和黄丕烈士礼居，所藏不下十余万册，以藏抄本、名人校本著称于世，多罕

① (清)翁同书等《先文端公年谱》，见(清)翁心存著，张剑整理：《翁心存日记》附录，第4册，《中国近代人物日记丛书》本，中华书局2011年版，第1857页。

② 戈炳根主编，常熟市文化局编：《常熟国家历史文化名城词典》七《藏书》，上海辞书出版社2003年版，第441页。

③ (清)翁同书等《先文端公年谱》，见(清)翁心存著，张剑整理：《翁心存日记》附录，第4册，《中国近代人物日记丛书》本，中华书局2011年版，第1849页。

④ (清)翁同书等《先文端公行述》，见(清)翁心存著，张剑整理：《翁心存日记》附录，第4册，《中国近代人物日记丛书》本，中华书局2011年版，第1846页。

⑤ (清)翁同书等《先文端公行述》，见(清)翁心存著，张剑整理：《翁心存日记》附录，第4册，《中国近代人物日记丛书》本，中华书局2011年版，第1848页。

⑥ (清)翁同书等《先文端公年谱》，见(清)翁心存著，张剑整理：《翁心存日记》附录，第4册，《中国近代人物日记丛书》本，中华书局2011年版，第1856页。

⑦ 仲伟行等编著：《铁琴铜剑楼研究文献集》第九章《古今吟咏集录》，上海古籍出版社1997年版，第293—294页。

⑧ 引范凤书著：《中国著名藏书家与藏书楼》，大象出版社2013年版，第227页。

⑨ (清)潘祖荫《稽瑞楼书目序》，见(清)陈揆编：《稽瑞楼书目》，中华书局1985年版，第1页。

见之本，翁心存虽仅得其中三四，然分量已非常惊人，即三四万册藏书。这部分书构成翁氏藏书的重要部分，其中不乏宋元刻本和明清两代名贤手稿。此外，翁心存在京师又购得乐善堂部分藏书及邑人钱谦益部分藏书，由此奠定了翁氏藏书基础。翁心存与子同龢笃志聚书数年，家中图籍横列，其所“藏书颇丰，总数不下数万卷”①，“常熟惟翁氏可配爱日精庐”②。其子同书称：“吾常熟翁氏，自明万历间太常公宪祥兄弟四人以科第仕进。而吾先世独潜德弗耀。入国朝，参政公父子起家进士，为廉吏，家愈贫。其后门祚衰落，赖节母王孺人茹苦抚孤，以延世绪。”③

翁心存亦喜抄书，见诸记记载的有明焦玉《火龙神器阵法》一卷、宋魏了翁《毛诗要义》二十卷、《谱序要义》一卷、《尚书要义》二十卷、《序说》一卷、徐陵《玉台新咏》四卷、元贡奎《云林集》六卷、元张翥《蜕庵集》五卷、陈揆《稽瑞楼文草》一卷《补集》六卷、钱曾《也是园书目》十卷、翁咸封《潜虚制文钞》等二十余种。

翁心存因常年在外做官，其藏书一直藏于常熟故居彩衣堂内，藏书室名曰知止斋，又名陔华吟馆、震无咎斋，所藏甚富，尤多稿本、精钞本，藏书共4万余册。

编有《知止斋书目》（未刊），藏书印有二铭、心存、知止斋等朱文印。

翁心存之后，藏书为子嗣继承。翁心存有三子，即翁同书、翁同爵、翁同龢，翁氏兄弟均好藏书，翁心存殁后，藏书多由长子翁同书递藏。翁同书殁后，全部藏书由翁同龢递藏。翁氏家族大部分藏书在新中国成立后，由孙辈捐献给北京图书馆（今中国国家图书馆）。

翁心存长子翁同书（九世）（1810—1865）　同龢兄。字祖庚，号药房，常熟人。《清代硃卷集成·翁曾源》载：“道光壬辰顺天举人，庚子进士，授职编修，历官左右春坊中允，翰林院侍讲学士、侍读学士，詹事府詹事，帮办江北军务候补侍郎，赏穿黄马褂安徽巡抚督办军务，历充日讲官起居注官，武英殿协修纂修，国史馆协修纂修，本衙门撰文，道光癸卯科广东乡试正考官，提督贵州学政”④，卒赠右都御史，谥文勤。“长子曾文（十世），字绂卿，优廪生。喜藏书，为文敏捷，有家法。早卒。次子曾源，以钦赐进士，廷对第一，官修撰”⑤。著有《药房诗文集》《巽轩杂记》《巽斋奏稿》《使黔杂记》，与弟同爵、同龢合编《翁文端公行述》《年谱》。生平事迹参见翁曾源、翁曾桂《先文勤公行述》、《清史稿》卷四百二十七《列传二百十四·翁同书传》。

① 李万健主编：《开放的藏书楼 开放的图书馆》，浙江人民出版社2001年版，第183页。

② （清）杨守敬《藏书绝句》之序，见（明）祁承㸁等撰：《藏书记》，广陵书社2010年版，第64页。

③ （清）翁同书等《先文端公行述》，见（清）翁心存著，张剑整理：《翁心存日记》附录，第4册，《中国近代人物日记丛书》本，中华书局2011年版，第1846页。

④ 顾廷龙主编：《清代硃卷集成》第24册《翁曾源》，台北成文出版社1992年版，第101页。

⑤ （清）郑钟祥、张瀛修，（清）庞鸿文等纂：《光绪常昭合志稿》卷二十七《人物六·耆旧·翁同书》，见《中国地方志集成·江苏府县志辑》（22），江苏古籍出版社1991年版，第442页。

翁同书“十岁,始读《资治通鉴》诸书,竟日忘倦”[1],又“喜博览,读书过目成诵,尤长于史学”[2],嗜书如癖。曾时常至爱日精庐和稽瑞楼借书阅读。在京师时,读遍大学士朱栻家藏书。尝自云:“十四岁,父执陈子准先生揆笃行博览,家多藏书,以予好学,赠以书百余册,由是学稍进。”[3]通籍后,“虽在军中,丹黄不去手”[4]。在贵州学政任职期间,“夙奉庭训,用以博询,现在条教周详,意在策勉,边庠振兴实学,士心向慕甚殷”,“此间学政事宜舆论尚孚而战栗之心日慎一日”[5]。竭尽所能提振贵州的教育,由于翁氏的努力,时黔中“士民翕然向学”。虽政事甚勤,仍嗜书如癖,暇则悉心搜集当地名人学者著作多至数十百种,勤加披览与点校,未尝一日“废书”,“簏多藏籍,丹黄未曾离手”[6]。在扬州大营期间,虽在军营,未尝一日废辍书史,丹铅不离手。身边除几件日用衣物外,就是两大木箱书籍,“戎帐狭窄,几间除军事簿务之类外,无置茗碗处,卧室内除书籍外,几无他物”[7]。“朱庄新营过窄,而茅檐曝日,竹屋观书,颇胜于旧”,“平日戎事无废而讲诵不辍,如张yu明窗大几展卷观之亦一乐也”[8]。期间又广搜因战乱流转扬州的古籍善本,其中宋、元、明三朝的秘籍孤本甚多,总数不下数千卷,惜大营几次失守,惜“善本书数千卷俱赴劫灰矣”[9]。给翁同龢信中云:“兄辛苦所蓄善本书十余簏,画十余轴,绛帖六册,汪退谷诸公真迹尽付劫灰,而宋版《周礼疏校》本、《经典释文》尤可惜,恐天壤间无别本矣。”[10]翁同龢言:“先兄药房尤好古书,丹黄交下,多至数百种,然自粤寇肆乱,藏于家者荡焉无遗,而先兄携至军中一再焚佚,其在者不过十二三耳。故龢于今不忍言藏书。夫东南图籍之厄,迄今日而极矣。”[11]虽“箧中书悉付劫灰,危坐观空,转得少出囊中之资”[12],然仍焚佚不移购求志。再购之书即寄往京师家庋藏,或分寄其父翁心存,弟翁同爵、翁同龢及儿子翁曾源、曾荣、曾桂、曾翰等。咸丰八年(1858),一次所寄书达百余种。此后从清代著名学者秦蕙田后人处购得大批秦氏“石研斋”大批藏书:“今又得秦氏书

① (清)翁同书《舺斋自订年谱》,见谢俊美著:《翁同书传》附录,华东师范大学出版社1998年版,第251页。
② (清)郑钟祥、张瀛修,(清)庞鸿文等纂:《光绪常昭合志稿》卷二十七《人物六·耆旧·翁同书》,见《中国地方志集成·江苏府县志辑》(22),江苏古籍出版社1991年版,第442页。
③ (清)翁同书《舺斋自订年谱》,见谢俊美著:《翁同书传》附录,华东师范大学出版社1998年版,第252页。
④ (清)郑钟祥、张瀛修,(清)庞鸿文等纂:《光绪常昭合志稿》卷二十七《人物六·耆旧·翁同书》,见《中国地方志集成·江苏府县志辑》(22),江苏古籍出版社1991年版,第442页。
⑤ 《禀父母》,见(清)翁同书纂:《翁氏家书》(三),未刊,中国国家图书馆善本部藏。
⑥ 谢俊美著:《翁同书传》第五章《贵州学政任上》,华东师范大学出版社1998年版,第48页。
⑦ 《禀父母》,见(清)翁同书纂:《翁氏家书》(三),未刊,中国国家图书馆善本部藏。
⑧ 《禀父母》,见(清)翁同书纂:《翁氏家书》(六),未刊,中国国家图书馆善本部藏。
⑨ 《致玉甫、声甫两弟》,见(清)翁同书纂:《翁氏家书》(二),未刊,中国国家图书馆善本部藏。
⑩ 《致玉甫五弟》,见(清)翁同书纂:《翁氏家书》(四),未刊,中国国家图书馆善本部藏。
⑪ 谢俊美编:《翁同龢集》之《文录》,中华书局2005年版,第962页。
⑫ 《禀父母》,见(清)翁同书纂:《翁氏家书》(六),未刊,中国国家图书馆善本部藏。

绝佳，如《姓氏遥华韵》及《刘涓子遗方》《读千文篆注》之类皆精妙……秦敦夫家，其子孝廉，今其孙贫极矣，男当稍稍收其书。”①

翁同书藏书数量究竟多少，未编有书目，其详情无考。翁氏尝全部继承其父翁心存数万册藏书外，加之后来自己购藏之书，宋元明精椠有数十种，其况亦可见一斑。所藏《尔雅注》三卷，“元雪窗书院刻本，藏印有‘镛堂藏印’‘在东’‘在东手校’‘翁同书字祖庚’‘祖庚在军中所读书’‘文端文勤两世手泽同龢敬守’‘龙吟阁吏’‘翁斌孙因’‘何梦华曾观印’等。全书有臧镛朱笔点校。卷首有翁同书咸丰八年（1858）跋，卷末有清陈焯跋”②，现中国国家图书馆有藏。《梦粱录》二十卷，“宋吴自牧撰。钞本。有‘秦伯惇父’‘勤印恩复’‘石研斋秦氏印’三印，又‘翁同书字祖庚’‘祖庚在军中所读书’诸印。《曝书亭集》有《梦粱录跋》，云徐舍人镂板吴下，此本乃从宋椠景钞，当取刻本一勘之。翁同书考藏并志”③。明赵开美校刊本《新唐书纠谬》二十卷，“墨笔为翁同书校本，依知不足斋本校勘，并录钱竹汀大昕考证……咸丰十一年五月以知不足斋本校勘于寿春围城中。翁同书志”④。在常熟祖居设有藏书室名曰双桂轩。

藏书印有庚子翰林、祖庚在军中所读书、祖庚过眼、蠹鱼活计、从吾所好、常熟翁生生于郁洲长游京师、借一瓻馆等印。

翁同书卒后，所藏书传于次子翁曾源及孙辈翁斌孙

翁心存幼子翁同龢（九世）（1830—1904）　字声甫，又作笙甫，号叔平，别署均斋，又作韵斋，又署瓶笙，一作瓶生，晚号松禅、松禅老人、瓶庵、瓶居士、瓶庐居士、井眉居士等，别号天放闲人，常熟人。清“咸丰壬子顺天举人，丙辰进士，殿试第一甲第一名及第，授职翰林院修撰，升右春坊右赞善，历充宝录馆详校官，日讲起居注官，文渊阁校理、宝实录纂修、武英殿协修纂修，国史馆协修，本衙门撰文教习，庶吉士”⑤，典试陕甘，旋授陕西学政，乞病回京。同治年间累迁内阁学士。光绪年间，累迁刑部尚书，调工部。历官军机大臣，兼总理各国事务大臣。二十三年，以户部尚书协办大学士，参机务。先后为同治、光绪两代帝师。光绪戊戌（1898）以赞助德宗变法罢职，归后隐于萧寺，自号松禅老人，卒于家。宣统初复原官，谥文恭。学通汉宋，文宗桐城，诗近西江；书法遒劲，亦善绘事。遗著有《瓶庐诗稿》《文稿》《瓶庐文抄》《翁文恭公日记》等。生平事迹参见《清史稿》卷四百三十六《列传二十三・翁同龢传》、《清史列传》卷六十三《翁同龢传》。

---

① 《禀父母》，见（清）翁同书纂：《翁氏家书》（六），未刊，中国国家图书馆善本部藏。

② 刘纬毅主编：《山西文献总目提要》卷八《晋人著述（一）经部、史部》，山西人民出版社 1998 年版，第 343 页。

③ 邓邦述《群碧楼善本书录》卷五，见邓邦述撰，金晓东整理，吴格审定：《群碧楼善本书录 寒瘦山房鬻存善本书目》，《中国历代书目题跋丛书》第 4 辑，上海古籍出版社 2014 年版，第 168 页。

④ 傅增湘撰：《藏园群书经眼录》卷三《史部一》，中华书局 1983 年版，第 219 页。

⑤ 顾廷龙主编：《清代硃卷集成》第 24 册《翁曾源》，台北成文出版社 1992 年版，第 97 页。

作为清末著名政治家,也是著述家、校勘家、收藏家、鉴赏家、书画家的翁同龢,自幼受其父、兄影响甚深,嗜藏书,亦富藏书,部分藏书由父兄传藏。翁心存的书多半传给同书,而同书长同龢 20 岁,“长兄如父”,两人感情甚笃,同书所藏书转给同龢,翁同龢收藏印中有一方谓“文端文勤两世手泽同龢敬守”即可为证。如宋许浑《丁卯集》,此南宋临安府棚北大街陈宅经籍铺印行,明代曾为仇英、项子京、沈松递藏。入清沈松、季振宜、宋筠、黄丕烈、翁心存、翁同龢题跋记,孙京所藏,此帙以孤本仅存,外间罕见。钤印有“仇英”“墨林山人”“项元汴印”“墨林秘玩”“季振宜藏书”“商丘宋筠考藏善本”“北山沈松印”“荛夫”“烈”“稽瑞楼”“心存”“同龢”“常熟翁同龢藏本”“文靖公遗书”“龢”“均斋秘籍”“虞山翁同龢印”“文端文勤两世手泽同龢敬守”等[①]。翁氏在《翁同龢书跋》中回忆云:所藏宋朱熹撰《诗集传》不分卷,明芝兰室钞本,是书于“辛巳除夕,斌孙于厂肆破纸中得此残册。开卷即知是衡山先生手钞册末两行转疑为后人所加,识者当能辨也。长安度岁,俗事如海,而吾与斌孙乃以此等事为急,亦痴甚矣。然吾少日在父兄旁盖尝如此”[②]。

翁同龢藏书除部分来自父、兄所赠外,其大部分是通籍后为官所积累。居京师为官四十余年,时值清朝末年,战乱频仍,公私藏书多有散出。翁氏现存藏书的主要部分,皆为翁氏居官朝中期间购入。客居期间,凡京师博古斋、论古斋、丛古斋、积古斋、尊古斋、宝古斋以及宝文堂、三槐堂、积古堂等大小书铺皆有其足迹,时常去琉璃厂访书,陆续购进图籍精本甚多,有乾隆进士、嘉庆帝师彭元瑞的知圣道斋藏书,怡亲王死后流散出府的乐善堂旧藏,其中不乏极其珍贵的海内孤本。如宋刻本《集韵》《邵子观物内外篇》《长短经》《重雕足本鉴诫录》《会昌一品制集》《丁卯集》《施顾注苏诗》《嵩山居士集》等均为海内外孤本,百余年来国内学术界想望而不知其存否的孤本秘籍[③]。《翁同龢日记》详尽记述了得藏宋刻本《集韵》的过程,同治四年(1865)乙丑二月初十日:“得见宋本《集韵》,钱遵王家物,惊人秘籍也,酬以三十金,不售。(朱修伯有影宋抄,久在余处,即从此本出)。”[④]十一日:“到厂访求《集韵》,畀以四十金约送来,而贾人转欲居奇不售矣,可恨。”[⑤]十三日:“诣书肆问《集韵》。”十四日:“宋本《集韵》模糊处甚多,然确是也是园旧物,古香馥馥,遵王所谓巍巍然鲁灵光者也。修伯所藏抄本每叶皆有虞山钱遵王述古堂藏书一行,实从宋刊本影写,二百年后仍得并几校勘,又适在乡后学之室,亦奇缘矣。”十五日:“始定议以三十四金易《集韵》,此怡邸物也。曩尝与三兄(注:即翁同书)极力购求之不可得,今乃落吾手,

---

① 参见中国嘉德国际拍卖有限公司编:《常熟翁氏藏书图录》,上海科学技术文献出版 2000 年版,第 55 页。

② 北京图书馆善本组辑录:《翁同龢书跋》,见北京图书馆文献丛刊编辑部编:《文献》第 19 辑,书目文献出版社 1985 年版,第 217 页。

③ 参见中国嘉德国际拍卖有限公司编:《常熟翁氏藏书图录》卷首《常熟翁氏藏书介绍》,上海科学技术文献出版 2000 年版,第 1 页。

④ (清)翁同龢著,翁万戈编,翁以钧校订:《翁同龢日记》第一卷,中西书局 2012 年版,第 402 页。

⑤ (清)翁同龢著,翁万戈编,翁以钧校订:《翁同龢日记》第一卷,中西书局 2012 年版,第 402 页。

异日对床话雨，当增一段欣赏耳。”[①]日记中六天五次记载，把巧遇、多年寻求、几乎失之、摩挲审定及最后获得的心情及经过描述得生动感人，执着的聚书精神跃然纸上。在藏书题跋中，亦有翁同龢聚书的踪迹。宋刊本《注东坡先生诗》四十二卷，后有跋录云：“曩尝于叶润臣家得见嘉泰本《施顾注苏诗》，叹为瑰宝。一日坐殿庐中，桂侍郎以怡邸残书见视，忽睹此本，以二十金购之，前后缺八卷。此虽景定补本，然字画清劲，粲若明珠，恐人间无复数本矣。同治十年伏日，早退题于东华门酒家。”[②]陆心源《仪顾堂续跋·宋椠婺州九经跋》云：“怡贤亲王为圣祖仁皇帝之子，其藏书之所曰乐善堂，大楼九楹，积书皆满。绛云楼未火以前，其宋元精本大半为毛子晋、钱遵王所得。毛、钱两家散出，半归徐健庵、季沧苇。徐、季之书由何义门介绍，归于怡府。乾隆中，四库馆开，天下藏书家皆进呈，惟怡府之书未进，其中为世所罕见者甚多，如《施注苏诗》全本有二，此外可知矣。怡府之书，藏之百余年，至载垣以狂悖诛，而其书始散落人间。聊城杨学士绍和、常熟翁叔平尚书、吴县潘文勤、钱塘朱修伯宗丞得之为多。”[③]所藏南宋《松桂堂帖》，为明末睢阳袁枢（袁可立子）、袁赋谌父子家藏精品，得以流传至今。宋建刻巾箱本《荀子》二十卷，同治壬申八月翁同龢“手跋云：‘《荀子》旧本，钱、吕两刻皆不可见，所见者惟元椠《纂图互注》本耳。此宋刊巾箱本，钱警石《曝书亭杂记》中所谓小重山馆收商丘陈氏旧物者是也。……有‘东吴毛表图书’‘安乐堂藏书记’‘当湖’‘小重山馆’‘胡氏篴江珍藏’‘崇本’‘陈氏珍藏’‘赵宗建’‘伯恭’‘曾在旧山楼’‘非芸珍赏’‘翁同龢’‘徐坊’各印”[④]。1996年，江苏广陵印书社从其家藏十余种宋元刊本中，选择八种宋版首次出版《常熟翁氏世藏宋本丛书》。郑振铎称“常熟翁氏的书，没有一部不是难得之物”[⑤]。至清末（约1900年前后），翁同龢藏书已名列晚清九大藏书之一。故潘祖荫称：“今常熟藏书家，惟叔平及瞿君敬之（铁琴铜剑楼）。”[⑥]其所收藏的一批秘籍，被学界认为“学人仰望而不知其存否的有很高学术价值的善本，以国内标准论应属国宝级重要文物，是包括我国国家图书馆在内的国内外图书馆所无的珍籍”[⑦]。

翁同龢在京师有藏书处名曰均斋、宝匏斋、一经堂。翁同龢在戊戌变法后，被革职交地方官严加管束。归后筑室虞山鹁鸽峰，名曰瓶斋，专事书画、经籍、金石、拓本搜罗。王謇云：“翁叔平相国以戊戌政变遭钩党放归，筑室虞山鹁鸽峰，颜曰瓶斋。

① （清）翁同龢著，翁万戈编，翁以钧校订：《翁同龢日记》第一卷，中西书局2012年版，第403页。

② 傅增湘撰：《藏园群书经眼录》卷十三《集部二》，中华书局1983年版，第1172页。

③ （清）陆心源《仪顾堂续跋目录》卷一，见（清）陆心源著，冯惠民整理：《仪顾堂书目题跋汇编》，中华书局2009年版，第257页。

④ 王文进撰，柳向春标点：《文禄堂访书记》卷第三，上海古籍出版社2007年版，第154—155页。

⑤ 郑振铎著：《西谛书话》之《劫中得书续记·求书日录》，生活·读书·新知三联书店2005年版，第409页。

⑥ （清）潘祖荫《稽瑞楼书目序》，见（清）陈揆编：《稽瑞楼书目》，中华书局1985年版，第1页。

⑦ 中国出版年鉴社编辑：《中国出版年鉴2001》之《纪事·常熟翁氏藏书转让入藏仪式在上海举行》，中国出版年鉴社2001年版，第176页。

书画、经籍、金石、拓本，搜罗极精。”[1]

藏书印有常熟翁同龢藏本、叔平得金石文字、国卿图书、均斋秘箧、文端文勤两世手泽同龢敬守、翁同龢校定经籍记、常熟翁氏一经堂藏书、叔平、龢、同龢、松禅、松禅居士等。

翁同龢在被革职管束后，于光绪二十四年(1898)四月归里。侄孙翁斌孙于第二年将其存在宣武门外南横街京师寓的典籍字画手稿等，一部分移存天津自藏，后部分藏书传至今翁同龢五世孙翁万戈先生收藏。一部分运回常熟。

另外，通过翁同龢藏书印，各家书目、藏书志及题跋，亦得知翁同龢所藏宋椠元刻、明版旧钞的流布之一二：宋建刻巾箱本《荀子》二十卷，有同治壬申八月翁同龢跋云："《荀子》旧本钱、吕两刻皆不可见，所见者惟元椠《纂图互注》本耳。此宋刊巾箱本，钱警石《曝书杂记》中所谓小重山馆收商丘陈氏旧物者是也。”又一跋云："咸丰己未，先君子在内廷。一日，出《庄子》数本赐观。内有巾箱细字本，纸墨精古。先君归舍，命龢记之，意当时必不止《庄子》一种。今以唐氏所藏《老子》《文子》及此本证之，益信南宋时实有诸子之刻，惜无繇睹其全耳。同龢又记。”[2]有“翁同龢”印。《滂喜斋藏书记》卷三著录宋刻本《友林乙稿》一卷，有“同龢私印”。《资治通鉴》二百九十四卷，清季沧苇校明吴勉学刊本，有光绪丙申常熟翁同龢记，有“‘季振宜’‘沧苇’‘沈阳东山宝珣’‘同龢’‘巡按河东盐运’满汉文官印”之印[3]。旧钞本《宋著作王先生文集》八卷，“书衣翁氏题曰：‘南渡后理学通儒，伊川弟子。平江震泽人。’有‘常熟翁同龢’印”，书后又有翁氏手跋[4]。清严虞惇手抄书《大佛顶首楞严经》十卷，钤有“松禅过眼”“龢”“翁同龢观”“均斋收藏”诸印，又有翁同龢手跋[5]。翁同龢手抄本《吴郡图经续记》，有傅增湘跋云："原本上卷旧钞，中、下二卷则松禅师归田后所手写也。旧钞为巾箱本，半叶十行，行二十一字，笔致清隽，疑出清初名手。”“公《日记》，则言：‘庚子四月二十七日，汪侍郎与费屺怀自吴门来访，携此书相示，遂发兴钞书，日尽四五叶，至五月十四日录毕。’”[6]《中国国家图书馆古籍珍品目录》载《天发神签碑》，传皇象篆书，明拓本，卷轴装，有“同龢”等印。明钞本《南夷书》一卷，有“翰林院”“翁同龢校定经籍之记”等印[7]。上海图书馆藏有《山谷外集诗注》十七卷，明弘治九年(1496)陈沛刻本，翁同龢题记云："光绪元年七月，从伯寅假此苏斋

---

① 王謇著，李希泌点注：《续补藏书纪事诗》，书目文献出版社1987年版，第6页。

② 王文进撰，柳向春标点：《文禄堂访书记》卷三，上海古籍出版社2007年版，第154—155页。

③ 王文进撰，柳向春标点：《文禄堂访书记》卷二，上海古籍出版社2007年版，第81页。

④ 王文进撰，柳向春标点：《文禄堂访书记》卷四，上海古籍出版社2007年版，第302页。

⑤ 参见沈津著：《书城挹翠录》，上海社会科学院出版社1996年版，第145页。

⑥ 傅增湘撰：《藏园群书题记》卷第四《史部三·翁松禅师手钞吴郡图经续记书后》，上海古籍出版社1989年版，第205页。

⑦ 王文进撰，柳向春标点：《文禄堂访书记》卷第二，上海古籍出版社2007年版，第115页。

点本略翻一过。是日大热，伯寅退直，住东华门黄酒铺，与余居相望也。翁同龢挥汗题记。”①《四部丛刊》本中有梁刘孝标撰《世说新语注》，据明嘉靖十四年（1535）袁褧刻本影印，钤有“翁同龢”印。今上海图书馆藏有明朱儒撰《太医陵志》一卷，清初钞本，钤有“常熟翁同龢藏书”印。

翁同龢嗣子翁曾翰（十世）（1837—1878）　字海珊，同爵三子，咸丰八年（1858）举人，官内阁中书，又授内阁侍读，参与编校《国子监志》，著有《海珊自叙年谱》、《海珊日记》、《皇朝谱法考》、《吟雪山房诗草》一卷，日记手稿现存北京图书馆。翁同龢殁后，部分藏书由其嫡系继承人曾翰递藏，藏书后传至翁之廉（十二世）及翁之缮（十二世）。

曾翰喜藏书与抄书，少年时尝抄录《宋四家词选》，藏书处名曰松竹斋。曾翰藏书后归之廉收藏。傅增湘在宋刊《施顾注苏诗》题跋云：“忆癸丑、甲寅间，余侨居津门，与常熟翁敬之观察之廉衡宇相望，晨夕过从，谭宴欢洽，藉谂松禅师藏籍半归其守护。暇日敬请拜观，因出旧椠名钞十许部见示，其最珍秘者，宋刊《鉴诫录》及是书也。”②此两种珍秘古籍即翁同龢悉心搜集所藏，可证翁同龢存于天津藏书传给了翁之廉。

翁同书次子翁曾源（十世）（1834—1876）　字仲渊，号实斋，亦号旭斋，常熟人。“乙卯科乡试挑取誊录，咸丰丙辰钦赐举人，己未科考取国子监学正、录第十二名，奉直记名，同治壬戌钦赐进士，殿试第一甲第一名，朝考一等第二十二名，授职翰林院修撰。”③历官国史馆纂修，因有心疾归里，不复出。著有《后汉书评阅摘要》《翁文勤公（同书）行述》《记里鼓》《咸丰同治殿试策》《寔斋诗稿》《寔斋草》《集唐联语大观》《宋四六选》。

翁曾源能谨守父亲翁同书藏书，曾经常与叔父翁同龢游览书肆，购藏得明刻、清初刻本达三百余种，又继承了父辈藏书，藏书蔚为大观。尝手抄黄宗羲《今水经》一卷，顾祖禹《读书方舆纪要总论》不分卷、《水心镜》六卷，光绪二年（1876）手抄其父稿本《宋诗记事摘录》一百卷。

其藏书处名曰华严室。

藏书印有旭斋手痕、仲渊校读一过、仲渊手录、华严室词翰等。

翁曾源殁后，同书一支藏书归藏于孙之憙。

翁同书孙翁斌孙（十一世）（1860—1922）　字弢夫，又作韬夫、韬甫，号简斋，笏庵，又号廉访，清常熟人。清“乙亥挑取誊录第四十七名，乡试中式第二十九名，会试中式第一百四名，保和殿覆试二等第三十八名。殿试三甲第七名，朝考一等第十六名，

---

① 沈津著：《书城挹翠录》，上海社会科学院出版社1996年版，第193页。

② 傅增湘撰：《藏园群书题记》卷第十三《集部三・宋刊施顾注苏诗跋》，上海古籍出版社1989年版，第690页。

③ 顾廷龙主编：《清代硃卷集成》第24册《翁曾源》，台北成文出版社1992年版，第104页。

钦点翰林院庶吉士”[①]。散馆，授翰林院检讨，历功臣馆、国史馆、方略馆、会典馆协修、纂修、总纂，武英殿纂修，内阁侍读，大同知府，冀宁道、直隶提法使，是翁家在清末的最后一位大吏。翁斌孙支持并积极参与变法，曾加入强学会。后清帝退位，翁斌孙隐居天津，读书自娱。著有《湖楚行踪》《春闱小记》《笏斋所藏物》《一笏斋集》《会试朱卷》《殿历》等。

翁斌孙承其家学，“尤雅好藏书，曾以千五百金购得某宋本书。若斌孙者，实克绳祖武，不陨先人之业者矣”[②]。其叔祖同龢戊戌变法失败后，部分藏书由其递藏。通籍后，在祖父翁同书藏书基础上又有所增益，督学直隶时，尝将翁同龢藏书移庋于津沽间。尝以600元购宋本《古文关键》四册，以800元购明钞《古堂类范》三十二册等。又好抄书，经其手抄本有晋郭璞《穆天子传》六卷、明钱古训《百夷传》一卷、《五国故事》二卷。《藏园群书经眼录》卷八载翁斌孙藏《独醒杂志》十卷，明穴砚斋写本，有清王芑孙跋。《独醒杂志》十卷，旧写本，前有淳熙乙巳杨万里序，又有周必大、谢谔、楼伦、赵汝愚、陈傅良、尤袤各跋，钤有翰林院大官印，又有“周星诒印”“季贶”“柯逢时印”“翁斌孙印”[③]。《四当斋书目》载翁斌孙藏《焦山鼎铭考》，《苏州大学善本书目》有《晚唐诗纪》，钤有“翁斌孙印”。

藏书处名曰笏斋。常熟市图书馆古籍部藏有翁斌孙所著《笏斋所藏物》一册，著录收藏碑帖，每种帖下注明“家传旧物”“文勤公旧藏”“父亲藏”“叔祖赐”，或“购于某地”等。留在常熟彩衣堂内的藏书，或为京师带回，或为祖上遗藏，大多为精品。

翁斌孙卒后，由其子翁之缮[④]（十二世）、翁之憙[⑤]（十二世）及翁之廉[⑥]（十二世）等递藏。

3.清末翁氏家族藏书之散佚与归宿

翁之缮藏书散佚，见于其嗣子翁宗庆挚友郑逸梅先生《虞山翁氏丛钞跋》，跋云：“虞山翁氏，彪炳士林，椠书之多，为清一代冠冕。即其家之丛钞本，往往涉及艺文掌故，嘉惠后学，沾溉良多。而丛钞累累，难以数计，此册仅其所钞之一，出于松禅老人四世孙之缮及其宾从吕咏春之手笔。内容凡五种：一槐厅载笔征引书目，二府志摘

① 顾廷龙主编：《清代硃卷集成》第43册《翁斌孙》，台北成文出版社1992年版，第130页。

② 李少微《近代藏书家概略》，引郑伟章著：《文献家通考》卷二十二，中华书局1999年版，第1284页。

③ 傅增湘撰：《藏园群书经眼录》卷八《子部二》，中华书局1983年版，第701页。

④ 按：翁之缮（1874—1918），一作之善，字兰茝、柟士，晚号晦翁。心存玄孙，同爵曾孙。16岁入京随侍曾叔祖同龢，为正一品荫生。清末任直隶后补道，供职上海轮船招商局，后回乡时在翁同龢左右。同龢卒，之善不仕，以藏书、书画自娱，有《翁之缮日记》六册。家藏丛钞累累，内容凡五种：槐亭载笔征引书目，府志摘抄，张崇懿、钱志新编节录，汲古阁未刻宋元词目。未附诸跋语，则为之缮未刊之稿本。生平颇多撰述，惜历经变乱，散佚殆尽。其藏书处曰仪安室、石梅山房。

⑤ 按：翁之憙（1896—1972），字克斋，斌孙幼子。1918年毕业于天津新学书院大学院，1925年任欧美各国考察专使署秘书。新中国成立后，1956年受命筹建天津市医学图书馆（今天津市医学科学技术信息研究所），1957年开馆任副馆长。著有《岚霭词》《西山（虞山）胜迹图卷》《虞山游记诗钞》。

⑥ 按：翁之廉（1882—1919），字锦芝，一作字敬之。斌孙长子。受业于翁同龢门生孙雄之门，曾任观察，官直隶候补道。著有《戊申日记》《凤城仙馆词》。主持处理翁同龢后事，继承嗣祖父曾翰所藏翁同龢藏书。

钞，三张崇懿钱志新编节录，四汲古阁未刻宋元词目，末附诸跋语，则为之缮未刊之稿本。之缮，号兰茝，幼即颖慧，得松禅老人欢。及长，彬雅有文，能溯徽风而追逸躅。生平颇多撰述，惜历经变乱，散佚殆尽，而此数跋语，独留存于丛钞中，虽片缣零札，亦足令人想见其崖略。我友翁宗庆什袭以藏，一昨承出以见示，展读一过，爰识数语于此。宗庆乃之缮之哲嗣，于松禅老人为五世孙矣。”①

翁之憙继承了归翁曾源的部分翁同书藏书，典守藏书数十年，未曾流失。新中国成立后，1950年，翁之憙及其子翁开庆（十三世），曾将留存在国内的翁氏藏书中的古籍善本全部捐给了当时的北京图书馆，总数共2413册，宋金元刻本数种，明清刻本多种，而明清钞本最多。其中宋刻本6种，宋刻元明递修本1种，影宋刻本1种；蒙古定宗三年（1248）刻本1种，元刻本1种，元刻明修本8种；明刻本七19种，明递修本2种，明刻清修本3种；清刻本54种；影宋钞本5种，明钞本28种，影明钞本1种，清抄本281种；四库底本2种，稿本33种（内有翁氏先人稿本二十一种）。此书目以四部分类，则有经部49种，史部191种，子部89种，集部182种，共511种。半数以上是手稿本和精钞本，或未传未刊，或经名家写定，或早于刊本，甚为珍贵。翁开庆，曾写有《辑录北京图书馆善本书目中“翁捐”书目后记》中记云：“1950年夏，天津解放后不满半年，北京图书馆赵万里、高熙曾两先生来访，下榻我家，遴选家中所藏书籍，昼夜不息，历时半月有余。凡所选善本，父亲悉数以献交国家。事后赵万里先生编成《北京图书馆善本书目》，并将其中父亲所献缀以‘翁捐’字样。”郑逸梅先生《常熟翁氏捐献书目册》跋云：“常熟翁氏，清芬世泽，累奕不绝。文端公心存，文恭公同龢，父子藏书尤富，什九为手稿及精钞，沧海遗珠，同入珊网，文光照耀，彪外骊中。文恭公位极中枢，留寓京华者有年，左图右史，翻帙为乐。逮戊戌政变，退归田里，典籍碑帖，匆遽未克携行，而京邸旋由其侄孙弢夫居之。既而弢夫督学直隶，乃以所蓄移庋于津沽间，凡数十年。弢夫捐馆，其子之熹珍存遗泽又数十年。解放后，赵万里主持北京图书馆善本室。万里与之熹友善，劝之捐归公家，之熹慨焉允之。某岁，文恭公五世孙宗庆赴北京，万里导之一观翁氏所献图书，缥缃盈架，秩然有序，乃录一书目，以为它年证印。蒙宗庆出示，属识数语，爰草此以应之。”②

常熟翁氏老家藏书中，翁心存所著《知止斋遗集》稿本111册，翁同龢著《瓶庐丛稿》稿本26种30册等，为赵万里从常熟翁氏故居彩衣堂复壁中发现，为翁同书一支藏书，均为北京图书馆收藏。另有一批藏书捐献给江苏省立国学图书馆（今南京图书馆），该馆编有《江苏省立国学图书馆清点常熟翁氏捐献藏书书目》，封面题“清点常熟翁氏捐献书草目，一九五〇年十二月廿日起至卅一日止，共清理七千余册”，共

① 郑逸梅著：《郑逸梅选集》第五卷《逸梅文稿・虞山翁氏丛钞跋》，黑龙江人民出版社2001年版，第326页。

② 郑逸梅著：《郑逸梅选集》第五卷《逸梅文稿・常熟翁氏捐献书目册跋》，黑龙江人民出版社2001年版，第325—326页。

23箱，著录书名、册数、注明“残本”“钞本”，另有“杂书”778册。书目后注：“总共七千九百廿四册，一包小夹，三幅，十五束。”书目收书954部，另附《有关常熟地方文献书目》，共34部115册。常熟老家又有一批书400余种1712册，由翁氏后人捐献给常熟图书馆。其中有明刻本《贞观政要》《才调集》《羽庭集》《皇极经世》《今水注》等20种，清初刻本、钞本和稿本，以及翁同龢手校汲古阁刻本《后汉书》残本，翁斌孙抄校本《东华录》，翁曾源、曾荣、之润、之廉等翁氏家族成员藏书。常熟博物馆收藏有稿本《皇朝兵制考》《笏斋日记》，上海图书馆藏有稿本《蓼野自订年谱》《翁铁庵自叙年谱》等。

上述图书馆收藏之书，多为善本。翁开庆在《辑录北京图书馆善本书目中“翁捐”书目》后记中称：翁氏藏书历经六代人的维护保存及其先祖的校跋注释，二百多年来几经战乱，辗转流离，幸免于天灾、人祸、虫蚀、鼠咬，终于得能珍藏于国家的宝库，石室金匮，可以永久地保存下来，不能不深为庆幸。

另外，翁氏图书也有部分流失，北京琉璃厂懿古书店的张俊义就从翁家收得明王惟俭撰《宋史记》250卷，40册，是明末钞本，上有“彭元瑞”“翁同龢”藏书印，是书为翁同龢所得彭元瑞知圣道斋藏本，从元刊本流传，后归藏于中央民族大学[①]。上海图书馆藏有清初钞本《太医陵志》，明朱儒撰，钤有“常熟翁同龢藏书”印；有翁同龢跋文《书城挹翠录》，清严虞惇抄本，2册，以及他题记的《山谷外集诗注》十七卷，明弘治九年(1496)陈沛刻本。另外，《四部丛刊》中的《世说新语注》，以及其他一些古籍也曾是翁同龢的藏本[②]。

翁之廉藏书后归嗣子翁兴庆[③](十三世)递藏，兴庆继承翁同龢藏书的精品，其中包括宋代刻本11种，元代刻本4种，明代刻本12种，清刻本26种，名家清抄、稿本27种等珍本善本古籍。1947年，翁万戈将藏于天津的翁氏藏书精品通过上海到美国的轮船运到美国，并保存于纽约曼哈顿的贮藏公司。

翁氏藏书，多孤本秘籍。1985年，翁氏藏书突然在美国最为著名的大都会博物馆展览，立即引起国内外学术界和文物界的震惊，其在版本学术上的价值，远远超过了美国国会图书馆、哈佛燕京图书馆等美国各馆所藏中国宋元刊本水平。而随后经过中国嘉德国际拍卖有限公司的数年执着追求，由常熟翁氏后人翁万戈慨允合作，于2000年4月28日，整体购藏于上海图书馆，实现是书流落海外五十多后回归祖国和其吴地故乡。据傅熹年先生《常熟翁氏藏书图录》序言介绍，有5种是完整无缺的宋刊孤本：《集韵》十卷，南宋高宗时明州(宁波)所刊，为此书传世最早刊本。在

---

① 任继愈:《中国藏书楼》编《中国藏书楼发展史·近现代藏书》，辽宁人民出版社2010年版，第1797—1802页。

② 叶瑞宝主编:《苏州藏书史》第三章《苏州私家藏书》，江苏古籍出版社2000年版，第465—466页。

③ 按：翁兴庆(十三世)(1918—?)，字万戈。之憙第三子，过继为之廉嗣子。就读于上海交通大学机电工程专业，1938年赴美国留学，学习美术，为国际社会活动家、学者兼书画鉴赏家。

清代由钱曾、怡亲王府递藏，后归翁氏，亦为清代通行诸本的祖本。《邵子观物篇》六卷，《邵子渔樵问对》一卷，有“后学天台吴坚刊于福建漕治”牌记，为南宋度宗时建宁刊本，为仅存的孤本。《长短经》九卷，南宋高宗初年杭州净戒院刊本。杭州刊书在南宋时最为精谨，此帙既是传世最古刊本，又是《四库全书》底本，且卷首有乾隆帝题诗，当与《集韵》同属最高品位的宋刊孤本。《重雕足本鉴诫录》十卷，南宋中期浙江刊巾箱本，此书经明项元汴，清朱彝尊、顾广圻、黄丕烈递藏，《百宋一廛赋》著录，有项元汴、朱彝尊、王士禛、曹寅诸名家题识，是流传有绪的宋刊孤本名品，也是现行诸本的祖本。《丁卯集》二卷，南宋后期临安府陈宅书籍铺刊唐诗丛集之一，俗称“书棚本”。经明项子协、沈松，清季振宜、黄丕烈、陈揆递藏，由陈氏转归翁氏，为流传有绪的宋刊孤本。傅熹年先生称：“这八十种书中，有宋刊孤本七种，其中《集韵》《长短经》《邵子内经》《鉴诫录》《丁卯集》是完整的书，且秘藏一百六十年不为人知，是极为难得的。像《集韵》《长短经》《施顾注苏诗》这种学术价值极高、部帙巨大、保存完好的宋本书不论在任何图书馆中都可视为特藏的镇馆之宝，是不可再得的稀世珍品。中华人民共和国成立以来，国内善本已基本入藏于各图书馆，国外私人所藏中国善本珍籍，包括日本、美国也大都有所归属，翁氏所藏可以说是最后的、也是最重要的一批。1987 年我去美国看各图书馆所藏中国古籍善本，如就宋刊本而言，都是零星残册，没有一部可以和上述七种相比得。”①

此外，有《会昌一品制集》二十卷，今存十卷，南宋孝宗时浙江金华刊本。此书为重名的宋刊孤本。《注东坡先生诗》四十二卷，今存三十四卷，宋宁宗时淮东仓司刊、理宗景定三年修补本。此刻本传世只有三帙，一藏台北“中央图书馆”，存三十卷，较此少四卷。一帙在北京图书馆（今中国国家图书馆），只残存六卷。翁氏所藏帙卷数最多，保存完好，触手如数十年前物，是南宋雕版印刷精品代表。《新刊高山居士文全集》五十四卷，存四十二卷，南宋乾道四年四川嘉州刊本，为此书祖刻本，蜀刻本属于宋刊本中的珍品，此刊本为孤本秘籍。以上三种虽微有残佚，但或为传世最佳之本，或为孤本，具有极高的版本和文物价值。合之前举全帙五种，共为八种宋刊本，均为国内各图书馆所无，属于或近于国宝级文物。

翁氏书中难得的善本尚有：宋本《汉书》存七十八卷，宋本《首楞严经》全十卷，宋本《分门集注杜工部诗》全二十五卷，元本《南史》全八十卷，元本《隋书》全八十五卷，元本《汲冢周书》全十卷②。

翁氏藏书，自民国间（约二十世纪三四十年代）为避内外战火，转移至美国翁氏后人居地。至今这批藏书典藏六代，保存基本完好，未曾散失。美国普林顿大学著

---

① 中国嘉德国际拍卖有限公司编：《常熟翁氏藏书图录》卷首《傅熹年·序言》，上海科学技术文献出版社 2000 年版，第 2 页。

② 中国嘉德国际拍卖有限公司编：《常熟翁氏藏书图录》卷首《傅熹年·序言》，上海科学技术文献出版社 2000 年版，第 1—2 页。

名中国版本学家 S.Edgren 先生看到翁氏藏书后,为之编著目录并序,称:在一个家族中六代世藏古籍的确是很令人赞叹的①。上海市领导在入藏交接仪式上评价翁氏藏书的回归,“具有重要的政治意义与历史意义”。“上海市政府以 450 万美金从海外买回常熟翁氏六世所藏 80 种计 542 册古籍善本,再次表明中国共产党和政府对于文物保护政策的一惯性与连续性。”正如王世伟先生所言:“盛世聚书,乱世散书。中国数千年的文献聚散充分证明了这一点。翁氏藏书的整体转让入藏上海图书馆,将成为中国文化界的一件大事而载入史册。”②

第二节　明代江南(今苏南)进士藏书

《明史·地理志》载,“南京,禹贡扬、徐、豫三州之域。元以江北地属河南江北等处行中书省,又分置淮东道宣慰使司属焉;江南地属江浙等处行中书省。明太祖丙申七月置江南行中书省。洪武元年八月建南京,罢行中书省,以应天等府直隶中书省,卫所直隶大都督府。十一年正月改南京为京师。十三年正月己亥罢中书省,以所领直隶六部。癸卯改大都督府为五军都督府,以所领直隶中军都督府。永乐元年正月仍称南京。统府十四,直隶州四,属州十七,县九十有七。北至丰、沛,西至英山,南至婺源,东至海”③。府十四即应天、凤阳、淮安、扬州、苏州、松江、常州、镇江、庐州、安庆、太平、池州、宁国、徽州;直州四:徐、和、滁、广德。

今苏南境相当于明代应天、苏州、常州、镇江等地。

一、明代应天府进士藏书

《明史·地理志》载,“应天府元集庆路,属江浙行省。太祖丙申三月曰应天府。洪武元年八月建都,曰南京。十一年曰京师。永乐元年仍曰南京”④。县八即:上元、江宁、句容、溧阳、溧水、高淳、江浦、六合。

(一)孙本

孙　本(1403—1475)　“字仲立,先世浙之钱塘人。大父仁、父荣皆有隐德。洪武中,以赀殷徙实京师,遂为上元人。宣德乙卯登乡选,明年中春宫贰榜,授闽之武

---

① 中国嘉德国际拍卖有限公司编:《常熟翁氏藏书图录》卷首《常熟翁氏藏书介绍》,上海科学技术文献出版社 2000 年版,第 1 页。

② 王世伟著:《历史文献论丛》,上海社会科学院出版社 2004 年版,第 310 页。

③ (清)张廷玉等纂修:《明史》卷四十《志第十六·地理一·南京》,中华书局 1974 年版,第 910 页。

④ (清)张廷玉等纂修:《明史》卷四十《志第十六·地理一·南京》,中华书局 1974 年版,第 910 页。

平县学训导。"[1]擢荆府右长史,卒于官。著有《居诸集》《呵砚集》《仕学稿》藏于家。

孙本"问学恳笃,经书子史靡不研究,尤长治《易》,尝构一轩,轩外植梅,因号'梅窗读易',别号'养正',取《易》'蒙'卦易也,学者多从之游。"其"为人学博行醇,心平气和,持身以礼,接人以恕。平日于货利淡无所好,惟好蓄书籍,累千数百卷不已"[2]。

(二)张　瑄

张　瑄(1417—1494)　字廷玺,号古愚,晚号安拙翁,又号观庵,江浦县人。"正统七年进士。授刑部主事,历郎中,有能声。景泰时,赐敕为吉安知府。"[3]历仕广东右布政使,转左布政使,以右副都御史巡抚福建,寻迁南京刑部侍郎,官至南京刑部尚书,致仕卒。所著"《香泉稿》二卷,《粉署余闲稿》一卷,《凝清集》,《闽汴纪巡录》,《奏议》及《南征录》各若干卷藏于家"[4]。《乾隆江南通志》卷一百三十九等有其传。

张瑄幼"性识聪明,稍长,博极经史,履以学问师范于人。为诗文才思溢出,下笔立就,自成一家。且天性俭约,于物无所嗜好,惟聚书万卷。居官五十年,自奉如寒士,其视势利,盖泊如也"[5]。

(三)金　绅

金　绅(1434—1482)　"字缙卿,钱塘人。洪武初,徙至京师,遂家金陵之上元。景泰五年进士"[6]。丘浚记云:"公生而颖敏,读书数遍即成诵,甫成童,从石首汪弘初习进士业,年二十,以尚书蔡氏传领京闱荐,明年登进士第,选入翰林为庶吉士,会诏修天下地志,公充纂修官,书成,赐名《寰宇通志》,有白金采绮之赐,即拜刑科给事中。"[7]旋擢南京大理寺左少卿,继升刑部右侍郎,卒于官。著有《江西巡视稿》。生平事迹参见《南京刑部右侍郎金公绅传》。

其父润,号静虚,博雅好古,工诗善画,为时辈所重。金绅幼承家学,"性简静而

---

① (明)倪谦撰:《倪文僖集》卷二十九《明故奉政大夫修正庶尹荆府长右史孙公墓志铭》,见(清)永瑢、纪昀等编纂:《四库全书》第1245册,上海古籍出版社1987年版,景印文渊阁本,第568页。

② (明)倪谦撰:《倪文僖集》卷二十九《明故奉政大夫修正庶尹荆府长右史孙公墓志铭》,见(清)永瑢、纪昀等编纂:《四库全书》第1245册,上海古籍出版社1987年版,景印文渊阁本,第568—569页。

③ (清)张廷玉等纂修:《明史》卷一百六十《列传第四十八·张瑄传》,中华书局1974年版,第4366—4367页。

④ (明)过庭训撰:《本朝分省人物考》卷十一《张瑄》,见《续修四库全书》编纂委员会、复旦大学图书馆古籍部编:《续修四库全书》第533册,上海古籍出版社2003年版,第250页。

⑤ (明)童轩《资政大夫南京刑部尚书观庵张公瑄墓志铭》,见(明)焦竑辑:《焦太史编辑国朝献征录》卷四十八,《续修四库全书》编纂委员会、复旦大学图书馆古籍部编:《续修四库全书》第527册,上海古籍出版社2003年版,第505页。

⑥ (清)陈璚修,(清)王棻纂;屈映光续修,陆懋勋续纂;齐耀珊重修,吴庆坻重纂:《民国杭州府志(三)》卷一百三十三《仕绩》,见《中国地方志集成·浙江府县志辑》(3),江苏古籍出版社1991年版,第262页。

⑦ (明)丘浚著:《丘浚集》之《琼台诗文会稿》卷二十《传·金侍郎传》,海南出版社2006年版,第4383页。

慎交游,且官故乡,故旧有以私谒者,辄拒绝之。始虽不乐,终莫不信服其公。侍静虚翁家居者,几二十年,不以公务而废其私家之孝养,时人荣之。平生俭约,一无所好,惟好积书,号心雪”[①]。明过庭训亦言:其“入官以简约持己,待其属必厚。平生好贤不倦,勤于学问,冗剧弗废也。所有《心雪稿》《青琐献纳稿》《江西巡视稿》若干卷藏于家”[②]。

(四)梅　纯

梅　纯(1449—1520)　字一之,别号损斋,江宁人。“汝南侯之后,驸马都尉曾孙也。幼颖拔,以儒士领成化丁酉乡荐,辛丑登进士,授凤阳怀远知县。清介不阿,与当道失合,遂上章乞归,补荫孝陵卫指挥使。正德初,荐升中都留守司副,未三载,以母老恳乞致政。生平嗜学不倦,见奇书,尝解衣购之。”[③]性“狷介无与,虽一餐,必择其人与其致礼然后食。笃信程朱氏,不好文章家言。所藏书,皆手自抄校”[④]。其诗文博雅可传,著有《损斋集》。

(五)顾璘兄弟进士

顾　璘(1476—1545)　字华玉,号东桥,又号东桥居士,先世吴县人,徙居上元,遂为上元人。“弘治九年进士。授广平知县,擢南京吏部主事,晋郎中。正德四年出为开封知府,数与镇守太监廖堂、王宏忤,逮下锦衣狱,谪全州知州。秩满,迁台州知府。历浙江左布政使,山西、湖广巡抚,右副都御史,所至有声。迁吏部右侍郎,改工部。董显陵工毕,迁南京刑部尚书。罢归,年七十余卒。”[⑤]少即有才名,工于诗文,“二十一成进士,为歌诗与刘麟元瑞、朱应登升之其名,曰‘江东三才子’”[⑥]。所著“《浮湘集》四卷、《山中集》四卷、《凭几集》五卷《续集》二卷、《息园存稿》诗十四卷文九卷、《缓恸集》一卷”[⑦]。生平事迹参见明京学志《南京刑部尚书顾公璘传》、明过庭训《本朝分省人物考》卷十二《顾璘传》及清《道光上元县志》卷十五《仕绩·顾璘传》。

顾璘父顾纹(号愚逸)好藏书,明人储巏言其:“故家于金陵者,藏书千卷。”[⑧]在

---

① (明)丘浚著:《丘浚集》之《琼台诗文会稿》卷二十《传·金侍郎传》,海南出版社2006年版,第4385页。

② (明)过庭训撰:《本朝分省人物考》卷十一,见《续修四库全书》编纂委员会、复旦大学图书馆古籍部编:《续修四库全书》第533册,上海古籍出版社2003年版,第254页。

③ (明)王诰、刘雨纂修:《正德江宁县志》卷七《冢墓·副留守梅公纯》,见北京图书馆古籍出版编辑组编:《北京图书馆古籍珍本丛刊》24《史部·地理类》,书目文献出版社1990年版,第767页。

④ (明)张萱辑:《西园闻见录》卷十二《狷介·梅纯》,第10册,杭州古旧书店1983年据民国二十九年哈佛燕京学社影印。

⑤ (清)张廷玉等纂修:《明史》卷二百八十六《列传一百七十四·顾璘传》,中华书局1974年版,第7354—7355页。

⑥ (明)王兆云撰:《皇明词林人物考》卷四《顾华玉璘》,见《续修四库全书》编纂委员会、复旦大学图书馆古籍部编:《续修四库全书》第532册,上海古籍出版社2003年版,第536页。

⑦ 引(清)叶昌炽著,王欣夫补正,徐鹏辑:《藏书纪事诗》卷二,上海古籍出版社1989年版,第141页。

⑧ (明)储巏《柴墟文集》卷八《贺愚逸顾处士衷貤封序》,见《四库全书存目丛书》编纂委员会编:《四库全书存目丛书》集部,第42册,齐鲁书社1997年版,第479页。

父亲的影响下，顾璘致仕后，曾建息园，作为宴请宾客之所，并以藏书、刻书和著书自娱，朱绪曾赞云："明时金陵收藏家顾璘东桥、徐霖髯仙、黄琳蕴真、罗凤印冈、谢少南与槐，并著于时。"①编撰有《顾尚书书目》六卷，《千顷堂书目·簿录类》《国史经籍志》著录，佚。《爱日精庐藏书志》载：《晏子春秋》八卷，元刊本，吴方山藏书。"吴氏手跋曰：'顾英玉先生，南都清介丈夫也。以宪副罢官，而兄时为大司寇。家无长物。出宦日所得书，货以给日，躬叠册门左，颜无怍色。予重其所为，随所质得二书。呜呼！诵往哲之懿言，法时贤之景行。小子何幸，于此兼得。二书《晏子春秋》其一，《大唐六典》其一。苏郡后学吴岫笔。'"②又尝刻明人方孝孺的《逊志斋集》二十四卷，复刊杨士弘的《批点唐音》十五卷。

顾 瑮（1498—1553） 字英玉，号横泾，先世吴县人，隶籍应天，明吴县人，寓居上元。"正德甲戌举进士，授南京工部主事，旋改兵部。"③历温州府同知、山东按察佥事，官至河南按察副使。其居官正道直行，高自负许，耻谐于俗，终以谗罢归。《明史》载，顾璘弟瑮，"以河南副使归，居园侧一小楼，教授自给。璘时时与客豪饮，伎乐杂作。呼瑮，瑮终不赴，其孤介如此"④。著有《寒松斋稿》。生平事迹参见明过庭训《本朝分省人物考》卷十二《顾瑮传》、明王兆云《皇明词林人物考》卷四《顾瑮传》。

顾瑮"少驰文誉，藉有伯氏风，督学黄侍御如金亟称奇才"⑤，与顾璘被称为"江东双玉"，名著一时。为人清介端毅，又雅好藏书，"入官舍俸禄外，秋毫无所取，归时甫四十，囊资罄然无担石之储，先生亦不屑意，坐卧一小楼，颜曰'寒松'，日读书其中，……退居二十余年，里中罕识其面"⑥。罢归后"橐萧然无以供昕夕，乃息交绝游"⑦。"其楼'寒松'，教授自给"⑧，有时亦售籍以自给。尝绝粮，璘馈以斗粟，不受。霍韬为南宗伯，以废寺田百亩赀之，坚拒不纳。出宦日所得书，货以给日用，躬叠册门左，颜无怍色。

---

① （清）朱绪曾撰：《开有益斋读书志》卷三《金石·元牍记》，见《清人书目题跋丛刊七》，中华书局 1993 年版，第 53 页。

② （清）张金吾撰，柳向春整理，吴格审定：《爱日精庐藏书志》卷十三，上海古籍出版社 2014 年版，第 199 页。

③ （明）陈舜仁《河南宪副顾横泾先生瑮小传》，见（明）焦竑辑：《焦太史编辑国朝献征录》卷九十二，《续修四库全书》编纂委员会、复旦大学图书馆古籍部编：《续修四库全书》第 530 册，上海古籍出版社 2003 年版，第 238 页。

④ （清）张廷玉等纂修：《明史》卷二百八十六《列传一百七十四·顾瑮传》，中华书局 1974 年版，第 7355—7356 页。

⑤ （明）王兆云撰：《皇明词林人物考》卷四《顾英玉》，见《续修四库全书》编纂委员会、复旦大学图书馆古籍部编：《续修四库全书》第 532 册，上海古籍出版社 2003 年版，第 536 页。

⑥ （明）陈舜仁《河南宪副顾横泾先生瑮小传》，见（明）焦竑辑：《焦太史编辑国朝献征录》卷九十二，《续修四库全书》编纂委员会、复旦大学图书馆古籍部编：《续修四库全书》第 530 册，上海古籍出版社 2003 年版，第 239—240 页。

⑦ （明）王兆云撰：《皇明词林人物考》卷四《顾英玉瑮》，见《续修四库全书》编纂委员会、复旦大学图书馆古籍部编：《续修四库全书》第 532 册，上海古籍出版社 2003 年版，第 536 页。

⑧ （清）陈栻纂：《道光上元县志》卷十五《仕绩·顾瑮》，见《中国地方志集成·江苏府县志辑》（3），江苏古籍出版社 1991 年版，第 274 页。

(六)罗　凤

罗　凤(1465—?)　字汝文,一字子文,号印冈,先世为江西吉安府泰和县人,后附南京水军右卫籍,位在江苏上元县境内,遂为上元人。“弘治丙辰进士,除兴化推官,迁南监察御史,出为兖州知府,改镇远,再改石阡”①,请老,自号简翁。其中嘉靖二年(1523)因事被贬改守镇远府,有善政,致仕归。《贵州通志·宦迹志》载:“凤字子文,弘治丙辰(1496)进士,官御史,出守兖州。正德中属车屡动,传言将有事泰山,东抚欲额外征取,以备巡幸,凤不应,遂被劾,改守贵州镇远。复忤巡方,再移石阡,致仕。”②工诗,晚年尤擅书。著有《简斋家藏集》十卷。清《道光上元县志》卷十五《仕绩》等有其传。

罗凤“旧与周瑛善,先后出守,作怀周堂,又建德礼堂”③。家居二十余年,游悠闲适,尤好藏书,开延休堂以宴客,建芳澜堂以储书,与徐霖、黄琳、谢少南辈以收藏并称于时。《开有益斋读书志》记云:“明时金陵收藏家顾璘东桥、徐霖髯仙、黄琳蕴真、罗凤印冈、谢少南与槐,并著于时,后多散佚。惟印冈太守传至其元孙焘字原溥。”④盛时泰《玄牍记》中云:“吾乡印冈太守藏金石甲都城,元孙元溥许借观之。”⑤明人顾起元称:“南都前辈多藏书之富者,司马侍御泰、罗太守凤、胡太史汝嘉,尤号充栋。”⑥周晖云:“改守镇远,复忤巡史,再移石阡。在兖已有归志,乃三疏乞致仕。居家廿有余年,年逾八十而卒。博雅好古,所蓄法书、名画、金石遗刻多至千种,间为诗,与诸名胜相属和,老犹劬书。所著《延休堂漫录》数十卷,皆手自誊写云。赞曰:‘孰谓民寡,财惟厥心。身也可辱,为民则深。左图右书,惟以永日。优游大耋,畴得畴失。’”⑦有《金陵罗氏书目》四卷,《国史经籍志》《千顷堂书目》著录。

除藏书外,罗凤性博雅好古,“所蓄书法名画、金石遗刻数千种,盛时泰称其‘藏汉刻甚富’”⑧。《明诗纪事》载:“博雅好古,蓄法书名画、金石遗刻,多至千卷。所居在南京天印山下,又自号印冈。”⑨杨翩《苍润轩碑》跋云:“布置美茂,风神骨力反有一种韵度,学者可以观矣。原溥⑩乃祖印冈太守藏汉刻甚富,而犹兼收乎此,其亦有

---

① (清)陈田辑撰:《明诗纪事·丁签》卷七《罗凤》,上海古籍出版社1993年版,第1238页。

② 贵州省文史研究馆点校:《贵州通志·宦迹志》之《通纪·明部分》,贵州人民出版社2004年版,第231页。

③ 贵州省文史研究馆点校:《贵州通志·宦迹志》之《通纪·明部分》,贵州人民出版社2004年版,第231页。

④ (清)朱绪曾撰:《开有益斋读书志》卷三《金石·元牍记》,见《清人书目题跋丛刊七》,中华书局1993年版,第53页。又注:罗焘,字原溥,上元县人。罗凤玄孙,由岁贡生授光泽主簿,著有《渊泉集》。

⑤ (清)朱绪曾撰:《开有益斋读书志》卷二《传记·帝里明代人文略》,见《清人书目题跋丛刊七》,中华书局1993年版,第26页。

⑥ (明)顾起元撰,谭棣华、陈稼禾点校:《客座赘语》卷八《藏书》,中华书局1987年版,第253页。

⑦ (明)周晖《二续金陵琐事·太守印冈罗公凤》,见(明)周晖撰:《金陵琐事 续金陵琐事 二续金陵琐事》,南京出版社2007年版,第333页。

⑧ 范金民、杨国庆编:《南京通史·明代卷》第九章《南京的文化与科技》,南京出版社2012年版,第489页。

⑨ (清)陈田辑撰:《明诗纪事·丁签》卷七《罗凤》,上海古籍出版社1993年版,第1238页。

⑩ 注:罗焘,字原溥,号渊泉,罗凤玄孙。以岁贡授光泽县主簿。好音律。又能继承先辈的藏书而增益之,于是“旁蓄群籍,牙签满架”。曾把所藏的《急就帖》拿给盛时泰赏鉴,盛为之作了一篇题记。

取于斯也哉。”[①]其遗书及书法金石由其玄孙罗焘(字原溥)收藏。

(七)张　习

张　习(生卒年不详)　“字企翱,吴县人。成化己丑进士,授礼部主事,历员外郎,出为广东提学佥事。”[②]尝纂《苏州志》,未成而卒。《清河书画舫》谓其善画,有《兰香堂图》。清朱彝尊《明诗综》有其传。

张习平生致力于元明别集的搜集整理与刊刻,尤其是吴中先贤别集的整理、编刊、刊刻、抄录、补刻,七补刻明高启《槎轩集》等别集十多种,所刻印书以精雅称,部分别集成为传世最早的版本。刘凤云:张习“喜学问,文章尔雅,多取往闻佚遗者校而传之,故古之余多赖以存”[③]。尝抄录《东原集》七卷,明杜琼撰,中国国家图书馆有藏。卷终有“虞山钱曾遵王藏书”字。后有俞弁跋、黄丕烈三跋与邵渊耀跋,俞弁跋云:“近见《东原诗集》刊者,惜乎不及此本体制全备,精选尤工,盖出于吾乡佥宪张企翱先生手笔也。每卷后置一二叶空纸,欲复得更续书之耳。前辈之重耆旧如此。余避暑坐小亭,偶携乱书一箧至,以数金得之。予幼能识企翱先生手迹,故志之。时正德己卯六月五日后学俞弁书。”[④]王鏊称:“习喜为古文词,尤喜搜辑郡中遗文故实,一时号为博雅。前辈文集,多所梓行。”[⑤]如张习编刊有:明成化十三年(1477)刻本《槎轩集》十卷《附录》一卷,中国国家图书馆有藏。有翰林国史检讨张泰序:“吾苏高太史先生以诗鸣于国初,故称名能诗者,必以先生为之首。先生之诗有《缶鸣集》《姑苏杂咏》,行世已百年矣。又有《江馆》《凤台》《槎轩》三集,迨今未授寿诸梓。吾友仪部员外郎张君企翱,自幼得之乡长老所。兹于公暇,每诵而爱之,谓非他为诗者可及。爰为校录,合古今体制,类成十卷,总名之曰《槎轩集》。量节俸资,图欲与前二集并传,授余为之序。”[⑥]明成化二十一年(1485)刻本《眉庵集》十二卷《补遗》一卷,明杨基撰,中国国家图书馆有藏,有张习《眉庵集后志》,钤有“企翱”印。江朝宗《眉庵集序》云:“吴中张公企翱,以名进士累官广东佥宪,素重先生之诗,每遇公暇,辄研究之,补其缺略,次其先后履历之序,字之讹谬者,悉考证之,厘为十二卷,绣梓以广其传,其心亦厚矣哉!”[⑦]明成化二十三年(1487)刻本《北郭集》十卷,明徐贲撰,中国国家图书馆有藏,有“企翱”“提学佥宪”两印。闵珪《北郭集序》云:“先生之诗名《北郭集》,有乐府、五七言古体、近体、排律、五言六七言绝句、五言联句共十卷。先生去今百余年之久,集未有传。广东佥宪张君企翱始授诸梓,以予

---

① 李修生主编:《全元文》第60册,卷一千八百四十五《杨翮四》,凤凰出版社2004年版,第468页。

② (明)王鏊等纂:《正德姑苏志》卷五十四《张习》,台湾学生书局1986年版,第806页。

③ (明)刘凤撰:《续吴先贤赞》卷十《张习》,中华书局1985年版,第78页。

④ (元)萨都剌撰:《雁门集》卷末,明张习钞本。

⑤ (明)王鏊等纂:《正德姑苏志》卷五十四《张习》,台湾学生书局1986年版,第806页。

⑥ (明)高启撰,(清)金檀辑注,徐澄宇、沈北宗校点:《高青丘集》附录《张泰序》,上海古籍出版社2013年版,第987页。

⑦ (明)杨基撰:《眉庵集》卷首,明成化二十一年(1485)刻本。

吴兴人,知先生有素,书来请序于篇。”①明弘治四年(1487)刻本《静居集》一卷《附录》一卷,明张羽撰,中国国家图书馆有藏,后有“企翱”印。明弘治四年刻本《半轩集》十二卷《补遗》一卷,明王行撰,黄丕烈校补藏书,中国国家图书馆有藏。另有《楮园草》一卷,黄丕烈补。张习云:“迨官广东,重加厘正为十二卷,总名之曰《半轩集》。锲梓垂成,乡契许廷章寄来数十篇,作补遗于后。兹委政归,复于士友陈思耘、朱野航假有多者抄入。吴山陈文显,故儒家也,言其故祖允中尝从先生于书馆抄的,本因时有忌,久藏不出。近出示,簿帙已残毁,比城中诸稿多异题四五十首,遂欣录补完。”末署“弘治辛亥桂月望同郡后学张习谨识”②。明弘治八年(1495)刻本《夷白斋集》十二卷《补遗》一卷,元陈基撰,中国国家图书馆有藏。张习《刊夷白集录》云:“(基)有文集名《夷白》者三十四卷,留吴下士夫家,秘不传。习慕先生,尝钞数篇于卷册间。迩聆一士有而靳不肯假用,购之,犹逸其半。问陈思耘得先生手笔数十篇,又于友处借百篇并为十二卷,躬录锲诸梓,不惟襮乡先生,亦庶乎副欲观者之意也。”末署“弘治八年岁乙卯秋八月望吴下晚生张习志”③。明弘治九年(1496)刻书牍印本《侨吴集》十二卷《附录》一卷,元郑元祐撰,中国国家图书馆有藏。有“企翱”“提学佥宪”印。后有黄丕烈、顾千里、费念慈、叶昌炽诸跋。张习《刊侨吴集录》云:“遂昌郑明德先生为吴中硕儒,致声前元。其著述甚富,有《遂昌山人集》二十卷,仅分诗与文而无类叙,皆漫稿也。又有《侨吴集》者,编次固当,然多繁芜重出。生通录之,得其诗文之精纯者并为一十二卷,仍名《侨吴》,用梓以传。”末署“弘治丙辰秋八月望吴下晚生张习识”④。明弘治十六年(1503)金兰馆铜活字印本《西庵集》十卷,明孙蕡撰,中国国家图书馆有藏。卷首有弘治十六年张习序,卷末有顾恂题识,傅增湘跋。张习《西庵集序》云:“习承乏广之提学,遍求士夫家,尤以未获为慊。兹引老归,检旧箧得《西庵集》一帙,固未可遽谓之全,然有乐府、歌行、五七言古律绝,诸体稍备。大理寺正陈公以道过吴,取览而阅之,诿吾郡太守林公思绍图欲印行。二公皆先生乡人,故口之深而好之笃。林公仍属习校其亥豕,厘为十卷,俾序诸首。”末署“弘治十六年岁癸亥腊月朔赐进士广东按察司佥事致仕吴郡张习书”⑤。

张习除编刊元明刊本外,成化十九年(1483)张习任广东按察司佥事时刻有《啽呓集》一卷,元宋无撰,张习识《啽呓集》云:“予童时尝聆故老言吾乡陈必经恒资前哲王光庵议论为益。一日,陈谒王,不值,见案头一编,私视之,乃宋子虚先生所著《啽呓集》,退而遍求士夫家,得之。他日胥会,陈举其中一二为言,王失惊曰:‘若何

---

① (明)徐贲撰:《北郭集》卷首,明成化二十三年(1487)刻本。

② (明)王行撰:《半轩集》卷末《张习·刊半轩集后录》,见(清)永瑢、纪昀等编纂:《四库全书》第1231册,上海古籍出版1987年版,景印文渊阁本,第470页。

③ (元)陈基撰:《夷白稿》附录,明弘治八年(1495)刊本。

④ (元)郑元祐撰:《侨吴集》附录,明弘治九年(1496)刻书牍印本。

⑤ (明)孙蕡撰:《西庵集》卷首,明弘治十六年(1503)会兰馆铜活字印本。

已得吾底蕴耶?’盖光庵平素藉之为奇谈。后必经入翰林,以博学名海内。然予晚生,实犹未之见也。及官仪曹,图行先生《翠寒诗》。吾友凌序班季行袖之来,语予曰:‘子知子虚复有《啽呓语》乎? 当并行之。’季行未几谢世,予亦有岭南之命,遂携来锓诸梓。”末署“成化癸卯朔吴郡后学张习谨识”[①]。明成化二十年(1484)刻《雁门集》八卷,元萨都剌撰,中国国家图书馆有藏,卷末有张习题识。张习《雁门集题识》云:“元诗之盛唱自元遗山,而赵子昂、袁伯长辈附和之。继而虞、杨、范、揭者出,号为大家。间有奇才天授,开阖变怪,莫可测度,以骇人之视听。厥初则贯云石、冯子振、陈刚中,后则杨廉夫,而萨天锡亦其人也……锓梓完,书此以见前辈之诗不徒恃其才之奇,而必务乎学之笃功之精也。”末署“成化甲辰春如月朏苏台张习企翱识”[②]。《姑苏杂咏》一卷《附录》一卷,明高启撰,中国国家图书馆断为明成化二十二年(1486)张习刊本。《文禄堂访书记》著录云:“又明成化张习补刻本。行同。卷末增刊半叶十二行,行二十一字。洪武三十一年郡人周傅识。”[③]傅增湘跋云:“此本尚是洪武原刊早印,其附录六诗,为成化张习补刻,为敝藏本所无。”[④]从上述文中,可见张习为元末明初的文献名家,其编、刊、抄、补十数种元明别集,为研究元明之际别集流传居功至伟,亦为研究元明之际文化提供了宝贵的史料。

(八)王　暐

王　暐(生卒年不详)　字克明,别号克斋,句容人。其先本太原人,随宋室南渡,遂家句容。家甚贫,暐独念诸弟稚,无可担负者,乃释书册,代父什一以给。暇则手持一编,诵读不置。而每试辄冠,“正德丁丑进士,授吉安推官”[⑤],“从王守仁平宸濠,迁大理寺副。争‘大礼’,下狱廷杖。累迁右副都御史,巡抚江西。历两京户部侍郎,出督漕运,进尚书”[⑥],总督仓场等务,以两淮解银未核事,罢归。历官著清操。著有《克斋集》行于世。《明史》卷二百二《列传第九十》等有其传。

罢归时,“即日单骑趋里,日灌园城南,与二三昆弟暨微时知交,诗筒酒杯,徜徉自适,或携杖东皋,课耕织、话桑麻而已。世味一切无所好,顾独好书,购楼贮之,额曰‘藏书山房’,虽老,持一卷不废”[⑦]。

(九)司马泰

司马泰(1492—?)　字鲁瞻,一字西虹,晚号龙广山人,江宁人。“温国公之裔

---

① (元)宋无撰:《啽呓集》卷末,中国书店1990年版,《元人十种诗》本,第443页。

② (元)萨都剌撰:《雁门集》卷末,明成化二十年(1484)刻本。

③ 王文进撰,柳向春标点:《文禄堂访书记》卷第五,上海古籍出版社2007年版,第355页。

④ (明)高启撰:《姑苏杂咏》卷首,明成化二十二年张习补刻本。

⑤ (清)赵宏恩等监修,黄之隽等编纂:《乾隆江南通志》卷一百三十九《人物志》,见(清)永瑢、纪昀等编纂:《四库全书》,第511册,上海古籍出版社1987年版,第78页。

⑥ (清)张廷玉等纂修:《明史》卷二百二《列传第九十·王暐传》,中华书局1974年版,第5330页。

⑦ (明)过庭训撰:《本朝分省人物考》卷十三《王暐》,见《续修四库全书》编纂委员会、复旦大学图书馆古籍部编:《续修四库全书》第533册,上海古籍出版社2003年版,第285页。

孙,世业医,泰独习举子业,有文名。嘉靖癸未进士,授南道御史,按察湖广,核而不苛","出守怀庆府,调嘉兴,再调济南,皆有惠政"①。辑有《骚坛白战录》一卷。

司马泰"去官归而闭户著书,筑园种树,名曰'怀洛',不忘始也"②。尤嗜藏书,"与罗太守凤、胡参议汝嘉、焦太史澹园,俱号充栋"③。据《南京通史》载:"致仕归,筑'怀洛园',藏书极富。顾起元列南京藏书之富者,将其与罗凤、胡汝嘉三人并列,而且称司马泰家多有秘籍。"④时同乡顾起元称:"南都前辈多藏书之富者,司马侍御泰、罗太守凤、胡太史汝嘉,尤号充栋,其后人不能守,遂多散轶。司马家书目尤多秘牒,有东坡先生《论语解》抄本四卷。其家数有郁攸之变,此书亡矣。"⑤清人朱绪曾云:"维时姚汝循凤麓、司马泰西虹、黄甲首卿、李登如真、朱之蕃元价、黄居中明立,俱以收藏名。"⑥

司马泰藏书既富,编书甚勤,著作甚丰,"筑园名曰'怀洛',婚嫁遗孤内外子女十一人。藏书极富,编次《文献汇编》一百卷,《广说郛》八十卷,《古今汇说》六十卷,《再续百川学海》八十卷,《三续百川学海》三十卷。书多秘册,有东坡《论语解》四卷"⑦。辑有《史流十品》一百卷。又有《南都英华》《南都野记》《风雅汇编》《护龙河北杂言》《荫白堂稿》《杂识录》《西虹视履百录》《知次录》《山居百咏》《龙广山人小令》诸集。

(十)谢少南

谢少南(生卒年不详)　字应午,一字与槐,上元人。明嘉靖四年(1525)乡试中举,"嘉靖壬辰进士,除南刑部主事,迁春坊司直,历广西提学佥事、陕西提学副使、河南参政,终布政使。有《河垣稿》《谪台稿》《粤台稿》"⑧。撰有《全州志》七卷,朱彝尊《明诗综》卷四十六等有其传。

谢少南以文才显,藏书有名。《开有益斋读书志》记云:"明时金陵收藏家顾璘东桥、徐霖髯仙、黄琳蕴真、罗凤印冈、谢少南与槐,并著于时,后多散佚。"⑨其藏书

---

① (清)陈栻纂:《道光上元县志》卷十五《仕绩·司马泰》,见《中国地方志集成·江苏府县志辑》(3),江苏古籍出版社1991年版,第275页。

② (清)陈栻纂:《道光上元县志》卷十五《仕绩·司马泰》,见《中国地方志集成·江苏府县志辑》(3),江苏古籍出版社1991年版,第275页。

③ (清)朱绪曾《金陵诗征》卷十九,引自吴晗撰《江浙藏书家史略》之《江苏藏书家史略》,中华书局1981年版,第131页。

④ 范金民、杨国庆编:《南京通史·明代卷》第九章《南京的文化与科技》,南京出版社2012年版,第489页。

⑤ (明)顾起元撰,谭棣华、陈稼禾点校:《客座赘语》卷八《藏书》,中华书局1987年版,第253页。

⑥ (清)朱绪曾撰:《开有益斋读书志》卷三《金石·玄牍记》,见《清人书目题跋丛刊》七,中华书局1993年版,第53页。

⑦ (清)朱绪曾编:《金陵诗征》卷十九,引《隅卿日记选钞》,见马廉著:《马隅卿小说戏曲论集》,中华书局2006年版,第269页。

⑧ (清)陈田辑撰:《明诗纪事·戊签》卷十八《谢少南》,上海古籍出版社1993年版,第1760页。

⑨ (清)朱绪曾撰:《开有益斋读书志》卷三《金石·玄牍记》,见《清人书目题跋丛刊》七,中华书局1993年版,第53页。

与刻书室名曰有嘉堂，如辽宁省图书馆藏有谢少南有嘉堂钞本汉董仲舒《春秋繁露》十七卷，又藏宋曾慥辑《类说》五十卷，宋李昉等辑《太平广记》五百卷等钞本。还刻印过吕柟《吕泾野五经说》五种二十三卷，许论《九边图论》不分卷，及其父谢承举《谢子象诗集》十五卷，《中国版刻辞典》均著录。

（十一）黄 甲

黄 甲（生卒年不详） 字首卿，上元人，“嘉靖庚戌进士，除吏部主事。谪泰州运判，迁东郡监州，旋罢归。有《凤岩编年稿》二十六卷”①。以文章自负。清人朱绪曾云：“维时姚汝循凤麓、司马泰西虹、黄甲首卿、李登如真、朱之蕃元价、黄居中明立，俱以收藏名。”②

（十二）胡汝嘉

胡汝嘉（1529—1578） 字懋礼，一字沁南，又字茂禧，号秋宇，金陵人。嘉靖三十一年（1552）应天举人，“嘉靖乙丑进士。在翰林以言事忤政府，出为藩参”③。胡汝嘉书、画、诗、词、曲均擅长，“隶书师钟元常，草书师张伯英、崔子玉，常取三人书之在阁帖者，从宋拓本手摹刻之，较今所传阁帖，神检殊胜。张草中‘耳’字，长尺余，与阁帖异。今此本在中州”④。著有《沁南集》，西亭中尉为之序。又有小说及杂剧《红线记》等，著名于时。顾起元记曰：“胡秋宇先生在翰林日，以言忤政府，出为藩参。先生文雅风流，不操常律，所著小说书数种。”⑤生平事迹参见明王兆云《皇明词林人物考》卷十二《胡汝嘉传》。

胡汝嘉喜藏书，尤好收藏书画，陈田称其“能书，能画，能词曲，亦格律遒上。《诗综》不录一字，余亟补之。秋宇又富收藏书画，几与黄美之（黄琳）埒，如摩诘（王维）《江天霁雪卷》，宋拓《黄庭肥本》，为墨帖之冠，均在其家”⑥。顾起元称：“南都前辈多藏书之富者，司马侍御泰、罗太守凤、胡太史汝嘉，尤号充栋，其后人不能守，遂多散轶。……胡氏牙签锦轴，最为珍异。”⑦又云：“留都旧有金静虚润，王尚文徽，黄美之琳，罗子文凤，严子寅宾，胡懋礼汝嘉，顾清甫源，姚元白溯，司马西虹泰，朱正伯衣，盛仲交时泰，姚叙卿汝循，何仲雅淳之，或鉴赏，或好事，皆负隽声。黄与胡多书画，罗藏法书、名画、金石遗刻至数千种。”⑧又称：“王维《江天霁雪卷》为胡太史懋礼家藏。后其子没，冯开之（冯梦祯）先生以数十金购之，今尚在其长子骥子家。慕而

① （清）陈田辑撰：《明诗纪事·己签》卷十《黄甲》，上海古籍出版社1993年版，第2039页。

② （清）朱绪曾撰：《开有益斋读书志》卷三《金石·玄牍记》，见《清人书目题跋丛刊》七，中华书局1993年版，第53页。

③ （清）钱谦益著：《列朝诗集小传》丁集上《胡参议汝嘉》，上海古籍出版社1959年版，第456页。

④ （明）顾起元撰，谭棣华、陈稼禾点校：《客座赘语》卷八《秋宇先生著述》，中华书局1987年版，第257页。

⑤ （明）顾起元撰，谭棣华、陈稼禾点校：《客座赘语》卷八《秋宇先生著述》，中华书局1987年版，第257页。

⑥ （清）陈田辑撰：《明诗纪事·己签》卷十一《胡汝嘉》，上海古籍出版社1993年版，第2055页。

⑦ （明）顾起元撰，谭棣华、陈稼禾点校：《客座赘语》卷八《鉴赏》，中华书局1987年版，第253页。

⑧ （明）顾起元撰，谭棣华、陈稼禾点校：《客座赘语》卷八《鉴赏》，中华书局1987年版，第251页。

欲购者,悬予其直,且数百金矣。胡又有宋拓《黄庭经》肥本,最为墨帖之冠,今不知在何所。《金陵琐事》又记胡有《兰亭记》。"[①]《南京通史》亦载其"富收藏,其藏书与司马泰、罗凤俱号充栋,字画则有王维《江山霁雪图》"[②]等,惜"子孙式微,凋落市肆,尤为人所惋叹"[③]。

(十三)姚汝循

姚汝循(1535—1597) 初名理,以字行,改字叙卿,上元人。焦竑云:"先生浙之永康人,国初徙京师,为锦衣卫人。少警敏,能文辞。嘉靖乙卯,应天比士,学使者选高等应试,即中其科。明年丙辰,成进士,授河南杞县令,才弱冠耳。……庚申,迁南刑部主事。已,晋郎中。"[④]"出知大名府,谪嘉州知州,入观,坐假驿符罢归。老于秦淮之上,与名人韵士为弹筝邀笛之游。"[⑤]著有"《屏居集》八卷,《浪游集》六卷,《耕余集》八卷"[⑥]及"《归田集》。自以居近凤台,别号凤麓。留心乡里之事,有《丁粮议》。晚好讲学,年六十三卒。著有《锦石山房稿》,又选《金陵风雅集》七十卷"[⑦],又有《姚汝循诗集》,另有校书数种。生平事迹参见冯梦祯《前大名知府姚叙卿先生墓志铭》、明王兆云《皇明词林人物考》卷十《姚汝循传》。

姚汝循家故饶,而性简易,又安于俭素,"蓄古法帖、名书画甚多"[⑧]。清人朱绪曾云:"维时姚汝循凤麓、司马泰西虹、黄甲首卿、李登如真、朱之蕃元价、黄居中明立,俱以收藏名。"[⑨]焦竑称其:"迨归,益涵肆于典籍,而时寄怀于诗歌。又喜行草,书皆可爱玩。短章醉墨,落笔人多传之。"[⑩]明顾起元称:"留都旧有金静虚润,王尚文徽,黄美之琳,罗子文凤,严子寅宾,胡懋礼汝嘉,顾清甫源,姚元白淛,司马西虹泰,朱正伯衣,盛仲交时泰,姚叙卿汝循,何仲雅淳之,或鉴赏,或好事,皆负隽声。"[⑪]晚年居住秦淮之侧,"辟锦石山斋以储书及古法书名画,收藏极富"[⑫]。

---

① (明)顾起元撰,谭棣华、陈稼禾点校:《客座赘语》卷八《鉴赏》,中华书局1987年版,第252页。
② 范金民、杨国庆编:《南京通史·明代卷》第九章《南京的科技与文化》,南京出版社2012年版,第490页。
③ (明)顾起元撰,谭棣华、陈稼禾点校:《客座赘语》卷八《鉴赏》,中华书局1987年版,第251页。
④ (明)焦竑撰:《澹园集》卷二十七《中宪大夫直隶大明府知府凤麓姚公墓表》,中华书局1999年版,第386—387页。
⑤ (清)钱谦益著:《列朝诗集小传》丁集上《姚嘉州汝循》,上海古籍出版社1959年版,第460页。
⑥ (清)陈田辑撰:《明诗纪事·己签》卷十二《姚汝循》,上海古籍出版社1993年版,第2068页。
⑦ (清)陈作霖《凤麓小志》卷二《姚汝循》,见(清末)陈作霖,(民国)陈诒绂撰:《金陵琐志九种》,南京稀见文献丛刊本,南京出版社2008年版,第66页。
⑧ (明)冯梦祯撰:《快雪堂集》卷十二《前大名知府姚叙卿先生墓志铭》,见《四库全书存目丛书》编纂委员会编:《四库全书存目丛书》集部,第164册,齐鲁书社1997年版,第210页。
⑨ (清)朱绪曾撰:《开有益斋读书志》卷三《金石·玄牍记》,见《清人书目题跋丛刊七》,中华书局1993年版,第53页。
⑩ (明)焦竑撰:《澹园集》卷二十七《中宪大夫直隶大明府知府凤麓姚公墓表》,中华书局1999年版,第387页。
⑪ (明)顾起元撰,谭棣华、陈稼禾点校:《客座赘语》卷八《鉴赏》,中华书局1987年版,第251页。
⑫ 魏守馀辑:《秦淮夜谈》第14辑《秦淮人物志》,南京市秦淮区地方史志编纂委员会1999年,第80页。

姚汝循藏书，在其卒后散佚，顾起元亦有记载：若"姚叙卿藏宋拓《淳化阁帖》，纸墨光点如漆，而字肥，后为其姻家钟楞所得。今不知归何人手。叙卿有山谷书法《法华经》七卷，纸用澄心堂，光滑如镜，价至七百金。叙卿没后，曾有人持以质于余，余睹其字多沓拖疏慢，似非双井笔也，后竟为徽贾以重价购去"①。

姚公又喜刻书，尝刻印《至游子》二卷，元陈致虚《参同契经文分节解》三卷，《笺注分节解》三卷，《三相类》二卷等。

（十四）吴自新

吴自新（1541—1593）　字伯恒，号韫庵，自号中和山人，上元人。"幼警敏绝人，丰仪玉立。为诸生有声耿，天津督学首拔之，登隆庆戊辰进士，授工部都水主事"②，历员外郎中督工大内，官至南京刑部侍郎。好奖掖后进，多与名流交，所荐贤士大夫遍天下，其家教甚严，为时人所称道。著有《大受录集》《韫庵遗稿》，均佚。生平事迹参见明过庭训《本朝分省人物考》卷十二《吴自新传》。

吴自新嗜聚书，"晚而好《易》，宦邸构'洗心轩'，家起'万卷楼'以藏书。尤敦孝友，里人称其家法。好汲引名流，所推毂贤士大夫遍天下焉"③。"藏书于'万卷楼'，数量甚丰"④。吴公除藏书外，又雅好刻书，于万历十七年（1589）刊有李澄所编《李阳二子遗稿》十八卷，又刊有许谷的《许太常归田稿》十卷。

（十五）王尧封

王尧封（1543—1613）　字尔祝，号华冈，上元县人。《金陵通传》载："幼慧，父敬所爱异之。既补诸生，督学耿定向得所对策，拔置高等，授以为学宗旨。万历元年举于乡。十一年成进士。除户部主事，进郎中"⑤，出为南昌知府，进南京刑部主事，就转户部郎中，拜思南府知府，乞休归。"为文溪刻，非细味之不能句读，士有持行卷造门者，必束带倒屣迎之"⑥。著有《学惠斋摘稿》。

王尧封归田后，"购万竹园居之。尧封性好宾客，自守官以至归田，率以一日造请，一日赴客饮，一日召客。酷嗜书，翻阅购买无虚日。入其庭，后堂无丝竹，密室无裙屐，自架书外，酒鎗棋局而已。每戒子弟曰：'吾家世淳朴，勿流于浇；世清贫，勿污于利；世读书，勿于嬉。'时以为名言"⑦。

---

① （明）顾起元撰，谭棣华、陈稼禾点校：《客座赘语》卷八《鉴赏八则》，中华书局 1987 年版，第 252 页。

② （清）陈栻纂：《道光上元县志》卷十五《仕绩·吴自新》，见《中国地方志集成·江苏府县志辑》（3），江苏古籍出版社 1991 年版，第 281 页。

③ （清）陈栻纂：《道光上元县志》卷十五《仕绩·吴自新》，见《中国地方志集成·江苏府县志辑》（3），江苏古籍出版社 1991 年版，第 281 页。

④ 徐雁、谭华军著：《南京的书香》，南京出版社 1996 年版，第 48 页。

⑤ （清）陈作霖纂：《金陵通传》卷十八，（台北）成文出版社有限公司 1970 年版，第 527 页。

⑥ （清）陈作霖纂：《金陵通传》卷十八，（台北）成文出版社有限公司 1970 年版，第 528 页。

⑦ （清）陈作霖《凤麓小志》卷二，见（清末）陈作霖，（民国）陈诒绂撰：《金陵琐志九种》，南京稀见文献丛刊本，南京出版社 2008 年版，第 67 页。

（十六）状元焦竑

焦　竑（1540—1619）“字弱侯，号澹园，南京旗手卫人”①，祖籍日照市东港区西湖镇大花崖村。“为诸生，有盛名。从督学御史耿定向学，复质疑于罗汝芳。举嘉靖四十三年乡试，下第还。定向遴十四郡名士读书崇正书院，以竑为之长。及定向里居，复往从之。万历十七年，始以殿试第一人官翰林修撰，益讨习国朝典章。”②为东宫讲官，作《养正图解》以进，“谪福宁州同知，移太仆寺丞。后升南京司业”③。后“为同列所忌，南归。杜门，东南学者仰若山斗”④。焦竑“博极群书，束脩讲德，岿然负通人之望”⑤。所著有“《东宫讲义解》《易荃》《禹贡解》《考工记解》《老庄翼》《阴符经解》《支谈》《焦氏笔乘》《续笔乘》《焦氏类林》《澹园集》《澹园续集》《澹园别集》《经集志》《俗书刊误》《逊国忠节录》《京学志》《献征录》《词林历官表》《玉堂丛语》。以泰昌元年卒，得寿八十有一。讣闻，上念其讲幄功，予祭二坛，赠秩宫谕”⑥。“熹宗时，以先朝讲读恩，复官，赠谕德，赐祭荫子。福王时，追谥文端”⑦，后改文宪。学者称澹园先生。生平事迹参见清朱彝尊《静志居诗话》卷十六《焦竑传》及清查继佐《罪惟录·列传》卷之十八《文史诸臣列传》。

焦竑“生有异质，问道甚早而好学。虽至老不倦”⑧，且又“博极群书，自经史至稗官、杂说，无不淹贯。善为古文，典正驯雅，卓然名家。集名《澹园》，竑所自号也”⑨，在明代诸儒中号称淹博。顾起元赞焦竑：“吾乡澹园先生，负内圣外王之学，尚友千古，至于宏览博物。”⑩其尤嗜好藏书，号称“前代藏书之富，南中以焦澹园太史为最”⑪，为晚明藏书巨擘。尝自称：“宣德以来，世际具平，笃念文雅。广寒、清暑

---

① （清）黄宗羲著，沈芝盈点校：《明儒学案》卷三十五《泰州学案四·文端焦澹园先生竑》，中华书局1985年版，第829页。

② （清）张廷玉等撰：《明史》卷二百八十八《列传一百七十六·焦竑传》，中华书局1974年版，第7392页。

③ （清）黄宗羲著，沈芝盈点校：《明儒学案》卷三十五《泰州学案四·文端焦澹园先生竑》，中华书局1985年版，第829页。

④ （清）陈栻纂：《道光上元县志》卷十六《儒林·焦竑》，见《中国地方志集成·江苏府县志辑》(3)，江苏古籍出版社1991年版，第302页。

⑤ （清）钱谦益撰：《列朝诗集小传》丁集下《焦修撰竑》，上海古籍出版社1959年版，第623页。

⑥ （明）过庭训撰：《本朝分省人物考》卷十三《焦竑》，见《续修四库全书》编纂委员会、复旦大学图书馆古籍部编：《续修四库全书》第533册，上海古籍出版社2003年版，第295页。

⑦ （清）张廷玉等撰：《明史》卷二百八十八《列传一百七十六·焦竑传》，中华书局1974年版，第7393页。

⑧ （明）过庭训撰：《本朝分省人物考》卷十三《焦竑》，见《续修四库全书》编纂委员会、复旦大学图书馆古籍部编：《续修四库全书》第533册，上海古籍出版社2003年版，第294页。

⑨ （清）张廷玉等撰：《明史》卷二百八十八《列传一百七十六·焦竑传》，中华书局1974年版，第7393页。

⑩ （明）顾起元《升庵外集序》，见（明）杨慎著，王文才，张锡厚辑：《升庵著述序跋》，云南人民出版社1985年版，第58—59页。

⑪ （清）叶昌炽著，王欣夫补正，徐鹏辑：《藏书纪事诗》卷三，上海古籍出版社1989年版，第267页。

二殿，及东西琼岛，游观所至，悉置坟、典。委宛羽陵之有，方之蔑如矣。”[①]过庭训赞曰：焦竑“生平养深性定，无旁睇，无倚容，淡然于得失之场。家居廿载如一日，惟问奇之，履常满户外。拥书数万卷，日哦咏其中，有若寒生。副墨之传，得其片楮剩牍，争珍袭之”[②]。

焦竑藏书甚精，亦多宋槧元刻，《天禄琳琅书目》及《后编》著录其宋版数种，如《程氏演繁露》[③]、《唐英歌诗》一函二册[④]、《南轩先生文集》四十四卷[⑤]、《资治通鉴》二百九十四卷《目录》三十卷[⑥]、庆元刊本《离骚草木疏》四卷[⑦]。元版如《宋名臣言行录》二十四卷[⑧]。焦竑所藏除宋槧元刻外，还有明版《春秋经传集解》三十卷[⑨]、《初学记》三十卷[⑩]、《事类赋》三十卷[⑪]、《唐文萃》十二册[⑫]、《元丰类稿》一函六册[⑬]，亦多为精善之本。

焦竑家有园林为澹园，其书斋名曰欣赏斋，藏书楼有五车楼与抱瓮轩。黄宗羲云：“先生积书数万卷，览之略遍。金陵，人士辐辏之地，先生主持坛坫，如水赴壑，其以理学倡率，王弇州所不如也。”[⑭]焦竑撰有《焦氏藏书目》二卷，《千顷堂书目·簿录类》著录，今未见传本。

藏书印有澹园焦氏珍藏、子孙永保、漪南生、弱侯、抱瓮轩、竹浪斋品等，如宋刊本《六经正误》六卷，卷首有“弱侯”“漪南生”二朱记[⑮]。

焦竑卒后，其所藏之书渐散佚，为昆山徐氏、泰兴季氏递藏。明崇祯十四年（1641）黄宗羲在南京记云：“辛巳，余在南中，闻焦氏书欲卖，急往询之，不受奇零之值，二千金方得为售主。时冯邺仙官南纳言，余以为书归邺仙犹归我也，邺仙大喜。

---

① （明）焦竑辑：《国史经籍志》之《序》，中华书局1985年版，第1页。

② （明）过庭训撰：《本朝分省人物考》卷十三《焦竑》，见《续修四库全书》编纂委员会、复旦大学图书馆古籍部编：《续修四库全书》第533册，上海古籍出版社2003年版，第295页。

③ （清）于敏中等撰：《天禄琳琅书目》卷二，见《清人书目题跋丛刊十》，中华书局1995年版，第42页。

④ （清）彭元瑞等撰：《天禄琳琅书目后编》卷六，见《清人书目题跋丛刊十》，中华书局1995年版，第313页。

⑤ （清）彭元瑞等撰：《天禄琳琅书目后编》卷六，见《清人书目题跋丛刊十》，中华书局1995年版，第320页。

⑥ （清）彭元瑞等撰：《天禄琳琅书目后编》卷四，见《清人书目题跋丛刊十》，中华书局1995年版，第276—277页。

⑦ （清）张金吾撰，柳向春整理，吴格审定：《爱日精庐藏书志》卷二十九，上海古籍出版社2014年版，第459页。

⑧ （清）于敏中等撰：《天禄琳琅书目》卷六，见《清人书目题跋丛刊十》，中华书局1995年版，第106页。

⑨ （清）于敏中等撰：《天禄琳琅书目》卷七，见《清人书目题跋丛刊十》，中华书局1995年版，第141页。

⑩ （清）于敏中等撰：《天禄琳琅书目》卷九，见《清人书目题跋丛刊十》，中华书局1995年版，第195页。

⑪ （清）于敏中等撰：《天禄琳琅书目》卷七，见《清人书目题跋丛刊十》，中华书局1995年版，第198页。

⑫ （清）于敏中等撰：《天禄琳琅书目》卷十，见《清人书目题跋丛刊十》，中华书局1995年版，第227页。

⑬ （清）彭元瑞等撰：《天禄琳琅书目后编》卷十八，见《清人书目题跋丛刊十》，中华书局1995年版，第437页。

⑭ （清）黄宗羲著，沈芝盈点校：《明儒学案》卷三十五《泰州学案四·文端焦澹园先生竑》，中华书局1985年版，第829页。

⑮ （清）瞿镛撰：《铁琴铜剑楼藏书目录》卷第六《经部六》，见《清人书目题跋丛刊三》，中华书局1990年版，第91页。

及余归而不果,后来闻亦散去。”[①]朱彝尊称:“修撰晚掇巍科,仕虽不达,公望归之。亳州李文友仁卿诗云:‘文章南国多门下,翰墨西园集上才。’盖实录也。诗特寄兴,若储书之富,几胜中簿,多手自抄撮,惜今年俱散失矣。”[②]如宋刊本《书古文训》十六卷,焦竑、徐乾学递藏,翁方纲记云:“宋永嘉薛季宣士龙撰,纯以古字写之。何焯曰:‘焦氏家藏宋本,今归东海。’”[③]又《离骚草木疏》四卷,“宋庆元刊本,焦弱侯藏书,宋通直郎充国子录河南吴仁傑撰。焦弱侯、徐健庵俱有印记”[④]。

(十七)状元朱之蕃

朱之蕃(1548—1624)　字符介,又字“元价,号兰嵎,南京锦衣卫籍,茌平人,衣之子。万历甲午举人,乙未赐进士第一,授翰林修撰。奉使朝鲜,严重有体。故事使竣将行,国王例有馈赠,尽却之,朝鲜君臣无不敬服。使还,擢右春坊、右谕德,掌南翰林院事,迁右庶子掌坊印,升少詹事,晋南礼部右侍郎,历绾五部尚书印,寻改吏部右侍郎。以忧归,不复出。”[⑤]朝廷屡召,皆辞。卒赠礼部尚书。朱之蕃“幼即颖拔,甫数岁日诵千言,能文善书,群惊异之。天性尤淳笃,奉亲极孝,既贵悉以祖遗田让弟”。“通籍三十年,立朝之日无几归里,后开辟三径于永庆寺旁,名曰‘小桃园’,啸咏自乐”[⑥]。“诗才敏捷,张帜东国,与馆伴周旋,有倡必和。卒赠礼部尚书。著有《朝鲜稿》《南还纪胜》《南还杂著》《落花诗》诸集”[⑦]。生平事迹参见《乾隆江南通志》卷一百六十三《人物志·儒林·朱之蕃传》、清《金陵通传》卷十九《朱之蕃传》、清朱彝尊《静志居诗话》卷十六《朱之蕃传》。

其故居在今南京朱状元巷西头32、34号,朱状元巷以朱之蕃居此而得名。现存两座大厅及其他用房,均经清代重修,带轩,梁上雕有图案。现建筑保存完好。1992年被列为南京市文物保护单位。

朱之蕃性喜购书及收藏书画名迹,为明代著名的书画、古董收藏家,藏品多为所未见者。所积法书名画古器与“宝晋斋”相埒。清人钱谦益记云:朱之蕃,“字元价,金陵人。万历乙未状元,官终吏部右侍郎。元价为史官,出使朝鲜,尽却其赠贿。朝

---

① (清)黄宗羲撰:《天一阁藏书记》,见陈乃乾编:《黄梨洲文集》,中华书局1959年版(2009年重印),第401页。

② (清)朱彝尊著,姚祖恩编,黄君坦校点:《静志居诗话》卷十六,人民文学出版社2006年版,第467页。

③ (清)翁方纲:《通志堂经解目录》,中华书局1985年版,第5页。

④ (清)张金吾撰,柳向春整理,吴格审定:《爱日精庐藏书志》卷二十九,上海古籍出版社2014年版,第459页。

⑤ (清)梁廷楠撰,杨芷华点校:《艺文汇编》之《江南春词补传》卷上《朱之蕃传》,暨南大学出版社2001年版,第234页。

⑥ (清)陈栻纂:《道光上元县志》卷十六《儒林·朱之蕃》,见《中国地方志集成·江苏府县志辑》(3),江苏古籍出版社1991年版,第310页。

⑦ (清)梁廷楠撰,杨芷华点校:《艺文汇编》之《江南春词补传》卷上《朱之蕃传》,暨南大学出版社2001年版,第235页。

鲜人来乞书,以貂参为贽,橐装颇反厚,尽斥以买法书、名画、古器,收藏遂甲于白下"①。藏印有"朱之蕃印""状元天官"。尝藏有宋刊残本《栾城集》二十一卷,"当为光宗前刻本,旧藏士礼居黄氏,每卷有安节耕野、朱之蕃印诸朱记"②。

朱之蕃又工书善画,书尤精妙,其画宗米芾、吴镇,亦画竹石、花卉。真行书师法赵孟頫,得颜真卿、文徵明之笔意。《江宁府志》记云:朱之蕃"真行师赵魏公,间出入颜鲁公与文徵仲,日可万字,运笔若飞。小则绳头,大则径尺,咄嗟而办"③。朱之蕃是明代状元中唯一以画著称者。其于泰昌元年(1620)所作《君子林图》卷,现收藏于故宫博物院。

朱之蕃之藏书由其子从义递藏,朱从义,字无外,南京锦衣卫籍,居上元县。朱氏"性孝友,雅修自饬。以荫入国学,后官至浙江温台副使。居官勤慎,不染一尘,金石图书,摩挲不辍。诗书俱有父风"④。

(十八)探花顾起元

顾起元(1565—1628)　原名张始。字太初,又作邻初、璘初,因园之名又自号遁园居士,江宁人。起凤⑤兄。"起元以江宁籍举万历丁酉乡荐,明年会试第一,殿试及第第三人。历官国子监祭酒,擢吏部左侍郎,当轴欲引入政府,起元避居遁园,七征不起,友人题其居曰七召亭"⑥。居家绝迹公府,惟地方利弊,如兵部快船改马船、绝卫弁之科索、两县坊厢准里甲、为条编更定良法,军民称便。晚年益负重望,筑园于花露冈杏花村,名曰遁园,潜心著述。崇祯元年(1628)卒,葬于江宁云台山。福王时赠尚书,谥文庄。"著有《中庸外传》《顾氏小史》《遁园漫稿》《懒真草堂集》《归鸿馆稿》《武陵稿》"⑦,又著有《说略》《客座赘语》《尔雅堂家藏诗说》《蛰庵日录》《金陵卧游六十咏》等。生平事迹参见清《道光上元县志》卷十五《仕绩·顾元起传》。

顾起元勤奋好学,博涉广见,其博学与其家教甚严相关。其父顾国辅,万历二年(1574)甲戌科进士,官湖广襄阳府知府,吏事克勤,有能声,亦一时之俊彦。《江南

---

① (清)钱谦益著:《列朝诗集小传》丁集上《朱侍郎之蕃》,上海古籍出版社1959年版,第468页。

② (清)瞿镛撰:《铁琴铜剑楼藏书目录》卷第二十《集部二》,见《清人书目题跋丛刊三》,中华书局1990年版,第308页。

③ 郭皓政、甘宏伟编著:《明代状元史料汇编》之《万历二十三年乙未科状元朱之蕃》,武汉大学出版社2009年版,第1391页。

④ (清)陈作霖纂:《金陵通传》卷十九,(台北)成文出版社有限公司1970年版,第558页。

⑤ 按:顾起凤,字羽王,一字醒石,上元人。《凤麓小志》载:其"性孝友,事兄如父。明万历二十七年举于乡,明年成进士,除大理评事",出知嘉兴府,历湖广副使,寻擢鸿胪寺卿,乞归,筑园以居,为人外浑内刚,尤务节俭,而族亲有缓急则倾囊无德色。

⑥ (清)李福沂、汪堃等纂修:《光绪昆新两县续修合志》卷二十四《列传三·顾起元》,见《中国地方志集成·江苏府县志辑》(16),江苏古籍出版社1991年版,第383页。

⑦ (清)陈作霖《凤麓小志》卷二《顾起元》,见(清)陈作霖、(民国)陈诒绂撰:《金陵琐志九种》,《南京稀见文献丛刊》本,南京出版社2008年版,第69页。

通志》载:“顾国辅,字维德,上元人,万历甲戌进士,为刑部郎,谳囚有所矜释,张居正当国,不允,抱牍争之。居正无以夺。出守襄阳,会久旱,便宜赈济,中州流民就食者数万,多方活之,且资给遣归。晋浙江副使,绳诸将之耄而贪者,调守宝庆卒。”①顾国辅虽为官,然勤奋好学。顾起元自少深受其父影响,尝自云:“先大夫以《诗》起家,隆庆初读书永庆山房,尝手录诸家《诗》说,藏诸笥中。余少过庭,受而习之,而独惜《大雅》以下诸篇阙弗载。比长,诸家之说,粗所涉览,乃窃取其义续之。已,别为一编,存之家塾,用课儿辈。而门人周子辈迹而得之,心绝好,以为能蕞老师宿儒之标而提其要,遂板而行之。余不能止也。”②成年后,其“学问赅博,凡古今成败、人物贤否、诸曹掌故无不通晓”③。顾起元学富五车亦源于家中有书可读,其藏书之丰可与顾璘、焦竑媲美。万历三十三年(1605)七月顾起元辞官归里途中,遇河决舟坏,失所著《说略》稿,赋诗伤之。其一:“牙签坐拥百城专,忽漫销沉亦可怜。墨沁玄珠归象罔,检沈苍玉闭龙渊。求来亡箧惭安世,老去钞书娩稚川。遂喜生平闻道懒,夜窗支枕笑穷年。”其二:“只今万轴为谁雄,想象鸿波浩荡中。秘牒未登群玉府,真文应贮水晶宫。青天白浪吞孤树,落日寒云抱远洪。兀对残编重回首,凭嘲尔雅注鱼蠹。”④焦竑为“拥书数万卷,日哦咏其中”⑤,顾起元是“牙签坐拥百城”,“只今万轴”,顾公藏书之富,可想而知。顾起元家中藏书多,为其著述提供第一手资料,其在《说略》自序云:“昔在甲午、乙未之间,予端居多暇,案上庋说部书数十种,随手取一卷讽之,以代萱苏、陶日月。遇有可备考质者,苦其性善忘,辄取赫碲识之,以类黏尺二巨册上。时自哂其有掌录而无舌学,已离而为二十卷,名《说略》。”⑥《四库全书总目》给予《说略》很高的评价:“然明代类书大抵剽窃短饤,无资实用。起元所作,颇有体裁。凡所采摭,大抵多出自本书,不由贩鬻,其史别、典述诸门,尤为有益于考证。”⑦

藏书印有“邻初居士”“顾氏太初”等,如明万历三十八年为马仲履(大壮)《天都载》作序,钤有此二方印。同时还为马大壮校勘此书,卷首题“新都马大壮仲履撰,秣

---

① (清)赵宏恩等鉴修,黄之隽等编纂:《乾隆江南通志》卷一百三十九《人物志·顾国辅》,见(清)永瑢、纪昀等编纂:《四库全书》第511册,上海古籍出版社1987年版,第82页。

② 刘毓庆、贾培俊著:《历代诗经著述考·明代》三《万历年间著述·尔雅堂家藏诗说序》,中华书局2008年版,第157页。

③ (清)李福沂、汪堃等纂修:《光绪昆新两县续修合志》卷二十四《列传三·顾起元》,见《中国地方志集成·江苏府县志辑》(16),江苏古籍出版社1991年版,第383页。

④ (明)顾起元《懒真草堂集》卷十七《副舟既坏箧笥一空余生平所著书史遂无存者赋此伤之》二首,见王德毅主编:《丛书集成续编》第170册,文学类,(台北)新文丰出版公司1989年版,第629—630页。

⑤ (明)过庭训撰:《本朝分省人物考》卷十三《焦竑》,见《续修四库全书》编纂委员会、复旦大学图书馆古籍部编:《续修四库全书》第533册,上海古籍出版社2003年版,第295页。

⑥ (明)顾起元《刻说略序》,见《丛书集成续编》第94册,子部,上海书店出版社1994年版,第525页。

⑦ (清)永瑢、纪昀主编,周仁等整理:《四库全书总目提要》卷一百三十六《子部四十六·类书类二》,海南出版社1999年版,第698页。

陵顾起元太初、新都曹以植建父、秣陵焦尊生不害、秣陵焦周茂孝、豫章王嘉宾仲观、豫章王嘉弼青莲同校"，中国社会科学院图书馆藏明万历三十八年新都马氏南京刻本。

顾起元又留心桑梓文献，尤精金石之学，工书法，邹漪赞起元，"端静渊穆，不溷溷为同，不峣峣为异，胸中绝无畛城。而学问宏博，凡古今成败，人物臧否，以至诸曹掌故无不究心，口陈指画，历历如睹"①。清人朱绪曾称："焦竑弱侯有《金陵名贤帖》，顾起元邻初有《江宁古金石考》，尤为表著。"②顾起元还编有《金陵古金石考目》一卷，《千顷堂书目》著录。其《客座赘语》十卷，是有关南京地区掌故的杂记，内容涉及典章制度、方言俗语、民风民情和文人学士的逸闻，对南京一带山水风物的记叙尤其出色。自序云："余顷年多愁多病。客之常在座者，熟余生平好访求桑梓间故事，则争语往迹近闻以相娱，间出一二惊奇诞怪者以助欢笑，至可裨益地方与夫考订载籍者，亦往往有之。余惄置于耳，不忍遽忘于心，时命侍者笔诸赫蹄，然什不能一二也。既成帙，因命之曰《客座赘语》。万历丁巳夏五，遁园居士书。"③亦足见顾氏对地方文献之征集与保存之功。

（十九）丁明登

丁明登（？—1645）　字符龙，号莲侣，或作字莲侣，一字剑虹，江浦县籍，居上元县。"万历三十四年举人，四十四年进士，除泉州推官……迁户部主事，擢衢州知府"④。辞官后"筑园于乌龙潭，徜徉著书无间岁月，所撰有《莲漏清音》古今长编者，录《日有编》《春气录》《阴德登科录》《戒牛书》《益编》《决科要语》《赵清献淑清录》《苏意方》《安老书》《知源编》《蓉湾杂著》《雪鸿集》"等数种⑤。

丁氏家族藏书史，可追溯至其父丁玺。丁玺，字伯符，明万历年间贡生，著有《希山吟》，其"笃志力学，藏书万卷"⑥，开启丁氏家族藏书之始。至丁明登时，搜购藏书甚勤，所藏甚富，共有二十橱之多。清人曹森亦云："曾见胡恢《南唐书》十卷，为司马西虹泰家藏，后归丁莲侣家。"⑦其子雄飞尝自述云："十三岁，随先君子宦温陵，固文薮也，虽闭署中，先君子日搜典籍，予得肆披阅，灯尽鸡鸣，率以为常。凡手录者、童子录者，虽未等身，然已盈箸。……后先君子西去，遗书二十橱。"⑧丁明登子雄

---

① （清）邹漪纂：《启祯野乘》卷七《顾文庄传》，见《四库禁毁书丛刊》编纂委员会编：《四库禁毁书丛刊》史部，第40册，北京出版社1997年版，第485页。

② （清）朱绪曾撰：《开有益斋读书志》卷三《金石·元牍记》，见《清人书目题跋丛刊七》，中华书局1993年版，第53页。

③ （明）顾起元撰，谭棣华、陈稼禾点校：《客座赘语序》，中华书局1987年版，第1页。

④ （清）陈作霖纂：《金陵通传》卷二十一，（台北）成文出版社有限公司1970年版，第614页。

⑤ （清）陈作霖纂：《金陵通传》卷二十一，（台北）成文出版社有限公司1970年版，第614页。

⑥ （清）陈作霖纂：《金陵通传》卷二十一，（台北）成文出版社有限公司1970年版，第613页。

⑦ （清）朱绪曾撰：《开有益斋读书志》卷二《载记·南唐书注》，见《清人书目题跋丛刊七》，中华书局1993年版，第28页。

⑧ （清）陈作霖纂：《金陵通传》卷二十一，（台北）成文出版社有限公司1970年版，第615页。

飞,字菡生。嗜古乐善,“积书数万卷,每出必担簏囊,载图史以归,居乌龙潭心太平庵,与黄虞稷相互考订”,“庵凡三楹,两楹为书所据”[①]。丁氏家族至丁雄飞时藏书达顶峰,丁氏成为江南地区著名的藏书世家。

二、明代苏州府进士藏书

《明史·地理志》载,“苏州府元平江路,属江浙行省。太祖吴元年九月曰苏州府。领州一,县七”[②]。州一:即太仓州;县七:即吴、长洲、吴江、昆山、常熟、嘉定、崇明。

(一)探花陆子高

陆子高(1354—1431)　初名冠孝,以字行,号甫里,陆龟蒙十五世孙,“本长洲籍赘常熟孙氏,好学师事宋学士濂”[③]。“洪武辛未探花。以策忤权贵,劾以冒籍,论死,会同榜九十八人力救得免。靖难后,遂隐不出,卒乡谥忠隐,崇祀名贤祠”[④]。著有《天文会象》《虹霓书》《祭仪》《梅花诗评》等书传于世。生平事迹参见鱼侃《陆子高先生墓志》及《吴中名贤传赞·陆子高传》。

陆氏亦藏书,尝于洪武二年(1369)以献家藏古书入儒籍,可见其家有一定数量的藏书,但藏书故实今无考,《苏州藏书史》载其名。

(二)徐有贞

徐有贞(1407—1472)　字符武,初名珵,号天全,晚称天全翁,吴县人。祝允明外祖父。明“宣德八年进士,选翰林院庶吉士,授编修,历春坊谕德,以佥都御史治河张秋。天顺改元,用迎复功,即日拜华盖殿大学士,兵部尚书,掌内阁事,封武功伯。未几,下狱,编戍金齿,三年赦还,卒于吴”[⑤]。书法古雅雄健,山水画清劲不凡,撰有《武功集》。生平事迹参见明王世贞《武功伯徐公有贞传》、《明史》卷一百七十一《列传第五十九·徐有贞传》及明刘凤《续吴先贤赞》卷二《徐有贞传》。

据明王兆云记曰:“肆力用世之学,凡天官、舆地、刑狱、军陈、河渠、方略靡不探究。”“有贞之学,自经传子史、稗虞、百氏、天文、地理、释老、医卜下至星禄风角、奇遁异术无所不通,文章雄奇,诗效李白,书法出率更南宫,所著有《史断》及文集。”[⑥]过

---

① (清)陈作霖纂:《金陵通传》卷二十一,(台北)成文出版社有限公司1970年版,第614—615页。

② (清)张廷玉等纂修:《明史》卷四十《志第十六·地理一》,中华书局1974年版,第918页。

③ (清)高士鸃、杨振藻修,(清)钱陆灿等纂:《康熙常熟县志》卷十六《邑人·陆子高传》,见《中国地方志集成·江苏府县志辑》(21),江苏古籍出版社1991年版,第382页。

④ (清)顾震涛撰:《吴门表隐》卷十五,江苏古籍出版社1999年版,第212页。

⑤ (清)钱谦益著:《列朝诗集小传》乙集《徐武功有贞》,上海古籍出版社1959年版,第203—204页。

⑥ (明)王兆云撰:《皇明词林人物考》卷二《徐武功有贞》,见《续修四库全书》编纂委员会、复旦大学图书馆古籍部编:《续修四库全书》第532册,上海古籍出版社2003年版,第488、490页。

庭训亦称“有贞短小精悍，博学多能，有膂力，天官、地理、兵法、水利、阴阳、方术无不通贯，文雄奇诗亦遒劲”①。又雅好藏书，《天禄琳琅书目后编》卷十一载，元版《文心雕龙》有“武功伯印”“徐氏有贞”等藏印②。

（三）伊　侃

伊　侃（1417—1448）　乘③从父，“字士刚，直隶吴县人。正统元年进士，任行在工科给事中”④。惜年仅三十二竟卒，生平所著，多烬于火。

伊氏喜收藏，家富藏书，吴宽记云：“伊氏自沭阳徙吴中，岁久遂为著姓。其居城西之通波坊，吾幼犹及见其盛也。家喜藏书，多延接郡中儒流。正统初，有曰侃字士刚者，更擢甲科给事中。禁中一时宾客登其门者不绝，未几士刚卒，而家遂落。”⑤可见其藏书至侃卒后式微，或极可能毁于火。

其藏书处名曰奉远楼，《艺风藏书续记》卷八载明刻本《五色线》三卷，缪氏录书后跋云：“此书乃浩然翁邵文伯手钞于鹤城所寓之怡云轩，后于野亭先生处得此本，传于伊氏奉远楼读书处。”⑥

（四）莫　震

莫　震（1409—1489）　字廷威，吴江绮川人。明“正统戊午举于乡，明年登进士第，庚申除湖广嘉鱼知县，改知海盐，升建宁通判，蒙恩旌异，升延平同知，年六十二致仕”⑦。著有《由庵集》《诗文集》《石湖志》《日记》《家礼节要》等，撰有《嘉鱼县志》三卷。

莫震为官清廉，“有威严，吏民敬畏，不敢干以私”⑧。“自休致归，囊无余赀，葺先世之旧庐以居，左图右史，植以竹石花卉以自娱，尝效古人耆英故事，与乡人为石湖叙情会，优游二十年，甚适也。”⑨

---

① （明）过庭训撰：《本朝分省人物考》卷二十四《徐有贞》，见《续修四库全书》编纂委员会、复旦大学图书馆古籍部编：《续修四库全书》第533册，上海古籍出版社2003年版，第499页。

② （清）彭元瑞等撰：《天禄琳琅书目后编》卷十一，见《清人书目题跋丛刊十》，中华书局1995年版，第370页。

③ 按：伊乘，字德载，吴县人，侨居江宁。明成化十四年（1478）戊戌科进士，累迁四川按察佥事，每分巡郡县，视学举即审理冤滞，一方称神。三载乞养归，不复仕。

④ （明）萧彦等撰：《掖垣人鉴》卷九，见《四库全书存目丛书》编纂委员会编：《四库全书存目丛书》史部，第259册，齐鲁书社1996年版，第218页。

⑤ （明）吴宽撰：《家藏集》卷四十二《伊氏重修族谱序》，见（清）永瑢、纪昀等编纂：《四库全书》第1255册，上海古籍出版社1987年版，第370—371页。

⑥ （清）缪荃孙著，黄明、杨同甫标点：《艺风藏书续记》卷八，上海古籍出版社2007年版，第477页。

⑦ （明）莫震撰：《石湖志》卷四《大明进士奉政大夫福建延平府同知致仕由庵先生莫公震》，见（明）杨循吉等著，陈其弟点校：《中小志丛刊》，广陵书社2004年版，第360页。

⑧ （明）胡震亨撰：《海盐县图经》卷第九《官师篇第五之上》，浙江古籍出版社2009年版，第255页。

⑨ （明）莫震撰：《石湖志》卷四《大明进士奉政大夫福建延平府同知致仕由庵先生莫公震》，见（明）杨循吉等著，陈其弟点校：《中小志丛刊》，广陵书社2004年版，第361页。

(五)刘　昌

刘　昌(1424—1480)　字钦谟,号棕园,吴县木渎雁荡村人。杨循吉舅父。“读书过目成诵,正统甲子举南闱第一,乙丑会试第二”①,“以进士授南京工部主事。召预纂修秘阁,出为南按察副使兼学政”②,累官广东左参政。钱谦益记云:“昌,字钦谟,吴县人。早岁颖悟。过目不忘,尝避雨染肆,阅其簿籍,已而染肆火,书以畀之,不失毫发。举进士,对策忤时宰,抑置二甲,授南京工部主事。景泰初,诏选儒臣纂修宋元史,钦谟与昆山张和在选中。史事寝,复旧任。越五年,朝廷复敕宪臣提督学政,复与和俱拜按察副使以行。钦谟得河南,再考,擢广东布政司左参政。”③其“博学多闻,丰于文辞”④,为文典雅,诗尤温丽。又工书,王世贞《国朝名贤遗墨》有其手迹。生平事迹参见明陈颀《广东布政司左参政刘公昌墓志铭》、明刘凤《续吴先贤赞》卷三《刘昌传》、明王兆云《皇明词林人物考》卷五《刘昌传》。

刘昌尤好嗜书,且博览群籍,“少为诸生即立志不群,每旦升堂退辄掩户独坐,肆习常业外,博览群典不求人知,同门进业者亦莫测其所造。年十九举乡试高,学士縠读其文语诸同事曰:‘此必山林老宿。’置之第一,彻棘乃一白皙少年,耳叹赏不已。明年会试礼部第二,廷对后以疾乞假,大肆其力于学,造诣益深。景泰二年,授南京工部主事,与修《宋元通鉴纲目》,久之迁河南副使提督学政。才思华赡,文词尔雅,振笔可千百言常若”⑤。又“聪明过人,书一目辄能记,及习知当代典章前辈故实,叩之与谈亹亹不休”⑥。“在中州著《河南志》,以先代金石遗文,多在汴洛间,网罗放失,作《中州名贤文表》。他如《县笥琐探》《苏州续志》《五台集》《炎方恸哭记》,又数百卷,藏于家。钦谟为郎时,才情最著。《无题》五首,一时传诵。”⑦

刘昌又喜聚书,尤嗜搜罗乡邦文献,积至数万卷。《成化间苏材小纂》载:“先生状貌充伟,听远而征,性自信寡恩,一志文艺,归综绨缃,蓄积甚盛,谙记当朝故实尤富。文章绵茂华丽,熹尚纂辑,所撰著名《六台集》,以生长历仕之地有苏、越、凤、相、琼、滑诸古台也。”⑧明吴宽称:“故广东参政刘公钦谟,博学多闻,所蓄书殆与昆山叶

---

① (清)赵宏恩等鉴修,黄之隽等编纂:《乾隆江南通志》卷一百六十五《文苑一·刘昌》,见(清)永瑢、纪昀等编纂:《四库全书》第511册,上海古籍出版社1987年版,第737页。

② (明)王鏊等纂:《正德姑苏志》卷五十四《人物十三·儒林》,台湾学生书局1986年版,第805页。

③ (清)钱谦益著:《列朝诗集小传》乙集《刘参政昌》,上海古籍出版社1959年版,第205页。

④ (明)王鏊等纂:《正德姑苏志》卷五十四《人物十三·儒林》,台湾学生书局1986年版,第805页。

⑤ (明)过庭训撰:《本朝分省人物考》卷二十《刘昌》,见《续修四库全书》编纂委员会、复旦大学图书馆古籍部编:《续修四库全书》第533册,上海古籍出版社2003年版,第398页。

⑥ (明)张昶撰:《吴中人物志》卷七《文苑·刘昌传》,(台湾)学生出版社1969年版,第252—253页。

⑦ (清)钱谦益著:《列朝诗集小传》乙集《刘参政昌》,上海古籍出版社1959年版,第205页。

⑧ (明)祝允明《成化间苏材小纂》之《刘大参先生》,见(明)杨循吉等著,陈其弟点校:《吴中小志丛刊》,广陵书社2004年版,第93—94页。

文庄公等观。”[①]文震孟述其事迹云：“刘棕园公昌，字钦谟，吴县人。生而颖敏，读书过目辄诵。善属文，十九举解元。明年，会试第二人。廷试对策，颇忤时宰，抑不及第，授南曹郎。乙巳之岁，虏寇充斥，作《权论》。景泰史局开，首预抡选作《史论》。视学河南，搜集残碑，作《中州文表》，又作《河南志》。晚宦岭南，作《炎台记》。以家在吴中，作《苏州杂志》[②]。裒撮闻见，作《悬笥琐探》。记录海内人物，作《叙士》。平生所历，大都曰金台，南都曰雨花台，中州曰嵩台，岭南曰琼台，苏曰苏台，故有《五台集》。”[③]

（六）榜眼陈鉴

陈　鉴（1415—1471）“字缉熙，长洲人。父谪戍，鉴依父友范叔瓒，从老氏学。少有高资，穷好儒家言，能通其说，下笔为文辄有奇气。他日以事如浙市书而归，昼夜诵习，卒业其学而归于儒，以其余力治进士业，正统九年甲子乡试第二，明年会试中乙榜，入国学为李文忠弟子，文名益起，十三年廷试擢第一甲第二，授翰林院编修，充经筵讲官，进修撰”[④]，迁侍读，升国子监祭酒。祝允明亦记曰：鉴“父为黄冠。京师将亦遣先生。他日，以事如浙东，市儒书一箱归，父成其志。先生得益放意切磋，少年取进士第，授翰林、修撰。使朝鲜，朝鲜令妓女入侍，先生为诗却之。累迁国子祭酒”[⑤]。卒，谥僖敏，修《英宗实录》，著有《方庵集》。生平事迹参见明吴宽《朝列大夫国子祭酒陈公鉴墓志铭》、明刘凤《续吴先贤赞》卷二《陈鉴传》。

陈鉴“少有高资，穷好儒家，言能通其说，下笔为文章，辄有奇气，他日以事如浙东市书盈箧而归。书夜诵卒于儒”[⑥]。“问学该博，词文蒨丽，书宗晋唐，见辙临榻，及古器玩品嗜若饮食，人以米芾方之。”[⑦]张萱称其：“平居无声色之好，止藏书，并古书画器物而已。善笔札，至临抚古人真迹，殆不可辨。”[⑧]《正德姑苏志》载：“鉴平生无声色之奉，多藏法书名画。”[⑨]又《乾隆长洲县志》载：“平生无声色之奉，惟多藏法

① （明）吴宽撰：《家藏集》卷五十一《跋刘参政与杨君谦手简》，见（清）永瑢、纪昀等编纂：《四库全书》第1255册，上海古籍出版社1987年版，第471页。

② 按：《苏州杂志》，《吴中往哲记》作“《苏州续志》”，《成化间苏材小纂》作“《姑苏郡邑志》一百卷”。

③ （明）文震孟撰：《姑苏名贤小记》卷上《大中大夫刘公》，见陈其弟点校：《吴中小志续编》，广陵书社2013年版，第21—22页。

④ （明）张昶撰：《吴中人物志》卷七《文苑·陈鉴传》，（台北）学生出版社1969年版，第254—255页。

⑤ （明）祝允明撰：《成化间苏材小纂》之《陈祭酒先生》，见（明）杨循吉等著，陈其弟点校：《吴中小志丛刊》，广陵书社2004年版，第94页。

⑥ （明）过庭训撰：《本朝分省人物考》卷二十《陈鉴》，见《续修四库全书》编纂委员会、复旦大学图书馆古籍部编：《续修四库全书》第533册，上海古籍出版社2003年版，第399—400页。

⑦ （明）祝允明撰《成化间苏材小纂》之《陈祭酒先生》，见（明）杨循吉等著，陈其弟点校：《吴中小志丛刊》，广陵书社2004年版，第94页。

⑧ （明）张萱辑：《西园闻见录》卷之八《好学》，第6册，杭州古旧书店1983年据民国二十九年哈佛燕京学社影印。

⑨ （明）王鏊等纂：《正德姑苏志》卷五十二《陈鉴》，台湾学生书局1986年版，第769页。

书名画，其使朝鲜以妓女侍。作诗郄之彝人敬服，著有《方庵集》。”[①]明刘凤尝述陈鉴藏书云：“鉴操行无所污，特好古，嗜书，多蓄之。或为累，且为居室，侈之，未及献焉，而吊者在门，迄不能定也，至今甑皆流入他室。”[②]可见陈鉴为藏书不计代价，其嗜书至深。

陈鉴又喜法书，尝藏有宋人米芾墨迹《三吴诗帖》，钤有“陈缉熙书籍印”“贞元”“宋仪安周家珍藏”等鉴藏印，收入故宫博物院藏《宋四家墨宝》册。故宫博物院有影印本。

藏印有陈缉熙书籍印、陈缉熙图籍印、姑苏陈鉴家藏清完、翰林陈缉熙氏书画印章等[③]。

（七）程　宗

程　宗（1426—1489）　字原伊，一字源伊，号希轩，常熟人。程宗“登景泰辛未进士，初授刑部主事，阶员外郎中，擢吉安知府”[④]，丁父忧，服阕改知真定，以病未赴，改知武昌，擢四川左参议，进陕西右布政转左，所至皆有政绩，民多颂之。累官副都御使，巡抚云南，入为刑部侍郎、尚书，迁南京工部尚书。致仕归，居镇桥东巷内，祠在常熟东太平巷。著有《禹贡图说》《抚彝录》《归田录》《司空集》《宦游集》，并传世。清《康熙常熟志》卷十六《邑人》等有其传。

程宗雅好藏书，《历代藏书家辞典》只录其名。又喜刻书，尝翻刻宋庆元本《欧阳文忠公集》。据王岚博士称：“今传本中时代最早的则是天顺六年刻本。海虞（今江苏省常熟）人程宗，字源伊，天顺中知吉安府，得胡文穆公子永肃所献家藏内阁明本，遂捐资翻刻，嘱教授郑钢校其字画，并请郡人‘山东按察副使致仕’彭勖和出使交南路过庐陵的‘翰林侍读学士’云间（今上海市松江县）钱溥为新本撰序。”[⑤]可推测其藏书甚精，搜访甚勤，且惠泽后世。又据《中国文物艺术品拍卖二十年（1992—2011）》载：“宋欧阳修撰，西朝佐编次、孙谦益校正《欧阳文忠公集》，天顺六年刻本，四册，纸本，存卷九十三、九十四、九十五、九十六。此书原为揆叙谦牧堂旧藏，后归清宫天禄琳琅收藏，《天禄琳琅书目》《天禄琳琅书目后编》均有著录，误为元刻，实为明天顺六年程宗刻本，皇家五玺俱全：‘乾隆御览之宝’‘天禄琳琅’‘天禄继鉴’

---

① （清）李光祚修，（清）顾诒禄纂：《乾隆长洲县志》卷二十三《人物二·陈鉴》，见《中国地方志集成·江苏府县志辑》（13），江苏古籍出版社 1991 年版，第 266 页。

② （明）刘凤撰：《续吴先贤赞》卷二《陈鉴》，中华书局 1985 年版，第 18 页。

③ 参见叶子著：《中国历代收藏家图表》，上海中西书局 2013 年版，第 107 页。

④ （明）过庭训撰：《本朝分省人物考》卷二十《程宗》，见《续修四库全书》编纂委员会、复旦大学图书馆古籍部编：《续修四库全书》第 533 册，上海古籍出版社 2003 年版，第 400 页。

⑤ 王岚著：《宋人文集编刻流传丛考》，江苏古籍出版社 2003 年版，第 92 页。

‘五福五代堂宝’‘古稀天子之宝’‘八征耄耋之宝’‘太上皇帝之宝’。并钤有‘谦牧堂书画记’‘谦牧堂藏书记’印。版刻精良、墨色如漆，属明刻中的上品。”①成化四年(1468)刻宋苏轼《东坡集》，中国国家图书馆有藏。

(八)两榜眼陆釴

1.天顺甲申榜眼昆山陆釴

陆　釴(1439—1489)　字鼎仪，号静逸，又号凝庵，昆山人。《正德姑苏志》载：“陆釴字鼎仪，昆山人。天顺癸未会试第一，廷试第二，授翰林院编修，预修《英庙实录》，书成迁修撰。孝宗皇帝在东宫，釴侍讲读，进退间雅敷。”②《万历重修昆山县志》载：“天顺癸未会试礼部第一，廷试第二，授翰林院编修，历太常少卿兼侍读。宪宗尝妙选儒臣轮直进讲釴与焉。其敷陈详恳，礼度庄饬，上最善之，屡同考会试，品鉴甚精，号称得人。弘治初以疾乞归，卒，赐祭葬。……所著有《春雨堂稿》《春秋抄略》。”③又据《宣统太仓州镇洋县志》载：“陆釴字鼎仪，父晟育，于吴随其姓，后复今姓，天顺七年会试第一，明年廷试第二，授翰林院编修，预修《英宗实录》，书成迁修撰。孝宗在东宫，釴侍讲读，敷奏详恳，礼度庄饬。宪宗每瞩目称善，进太常少卿兼翰林院侍读，孝宗即位赐白金文绮，以病乞归，卒于家，诏赐祭葬。”④“所为诗若文务出人意表，书亦自成家法，有《春雨堂集》藏于家。”⑤李东阳序云：“先生尝自辑诗若干卷，题曰《春雨堂稿》；其子中书舍人爰并其续稿若干卷，将板刻以传。于是天下学者盖望之久矣。先生讳釴，字鼎仪，静逸其所自号，苏之太仓人。天顺甲申进士，官至太常少卿兼翰林侍读。宪庙时为东宫讲官，今上即祚，进经筵日讲。年止五十，与修撰张沧州先生同乡、同进，同以其学鸣，而皆未究其蕴以没，天下共惜之。”⑥又著有《识贤录》《病逸漫记》《守溪文集》《礼记参注约言》。生平事迹参见《明史》卷二百八十六《列出第一百七十四·陆釴传》、《正德姑苏志》卷五十二《陆釴传》、明张大复《皇明昆山人物传》卷五《陆釴传》。

---

① 赵榆著：《中国文物艺术品拍卖二十年(1992—2011)》(上)，文物出版社2013年版，第111页。

② (明)王鏊等纂：《正德姑苏志》卷五十二《人物八·名臣》，台湾学生书局1986年版，第775页。

③ (明)周世昌撰：《万历重修昆山县志》卷六《人物二·陆釴传》，见刘兆佑主编：《中国史学丛书三编》第四辑，台湾学生书局1987年版，第569—570页。/注：天顺七年(1463)癸未科会试，因试场焚毁，改至当年八月举行，殿试也推迟至次年(甲申、1464年)三月，故本科也称癸未科。

④ (清)王祖畬等纂：《宣统太仓州镇洋县志》卷十八《人物二·陆釴传》，见《中国地方志集成·江苏府县志辑》(19)，江苏古籍出版社1991年版，第288页。

⑤ (明)张昶撰：《吴中人物志》卷七《文苑·陆釴传》，(台北)学生出版社1969年版，第256—257页。

⑥ (明)李东阳撰，周寅宾、钱振民校点：《李东阳集·文后稿》卷三《春雨堂稿序》，岳麓书社2008年版，第959—960页。

陆釴“性冲默，聪明内蕴”[①]。“嗜学，亦工为文，自矜高人”[②]，李西涯言：“张亨父、陆鼎仪，少同笔砚，未第时，皆有诗名。”其学问渊博，驰名文坛，与陆容、张泰齐名，号“娄东三凤”。李东阳赞云：“先生自为诸生时，所为诗文已迥出流俗。及以省元及第，入翰林居史职，益肆为宏衍优裕之言。既乃刊落华靡，澡雪铅黛，深造远诣，超然有独得之妙。……先生之俭德雅操，清心寡欲，名满天下，位甫四品，未尝微见言面，端居静守，终其身而不少易。”[③]又“喜藏书，为当时著名藏书家之一”[④]。《历代藏书家辞典》亦载其名。

2.正德辛巳榜眼吴县陆釴

陆　釴（1496—1535）　字举之，号少石，吴县人。据明过庭训《本朝分省人物考》载：“陆釴，字举之，吴县人。副使偁季子。甫能言，母命之以字百试不爽，稍长慧智开发，一目辄数行下，为文精恪典雅大为时辈所宗。己卯举于乡，庚辰会试中式，辛巳廷对擢甲科第二，拜翰林编修。读书中秘，锐志问学，尽览经史百家，侪辈素以才名著者，皆诎下之。尤砥砺名节，以古人自期待。时议礼诸臣故倾心于釴，欲引以为重，釴卒不应，其人以为少已，遂衔之会预修《武皇实录》，成，进修撰。已而，大礼告成，议礼者秉枢，修宿憾，遂出为湖广按察司佥事”[⑤]，“迁江西参议司粮储，山东按察副使，职专学校”，见“山东旧无通志，叹然曰：‘海岱山川之宗也，孔孟人物之望也，六经文章之祖也，惟兹一方之志而天下，古今之事备焉，志何可废。’遂考古则令补遗，讹穷日夕不懈，比逾年志成，而釴病矣，遂上疏骸骨不报，遂卒”[⑥]。属文，凡簿书、文牒尽属首创。明人徐象梅称：“釴于书无不读，为文奥衍宏畅；诗则温醇而典婉，蓄而讽有晋唐之风，所著有《少石子集》十三卷藏于家。”[⑦]生平事迹参见明张时敏《山东提学副使陆公釴列传》。

陆釴亦喜藏书，曾“得宋本《吕氏家塾读诗记》于丰存叔，刻诸南昌”[⑧]。

---

① （明）周世昌撰：《万历重修昆山县志》卷六《人物二·陆釴传》，见刘兆佑主编：《中国史学丛书三编》第四辑，台湾学生书局1987年版，第569页。

② （明）刘凤撰：《续吴先贤赞》卷四《陆釴》，中华书局1985年版，第33页。

③ （明）李东阳撰，周寅宾、钱振民校点：《李东阳集·文后稿》卷三《春雨堂稿序》，岳麓书社2008年版，第959页。

④ 麦群忠主编，王雪光等编撰：《中国图书馆界名人辞典》，古代部分，广西民族出版社1987年版，第148页。

⑤ （明）过庭训撰：《本朝分省人物考》卷二十三《陆釴》，见《续修四库全书》编纂委员会、复旦大学图书馆古籍部编：《续修四库全书》第533册，上海古籍出版社2003年版，第457页。

⑥ （明）过庭训撰：《本朝分省人物考》卷二十三《陆釴》，见《续修四库全书》编纂委员会、复旦大学图书馆古籍部编：《续修四库全书》第533册，上海古籍出版社2003年版，第457页。

⑦ （明）徐象梅撰：《两浙名贤录》卷四十七《提学副使陆举之釴》，《浙江文丛》本，浙江古籍出版社2012年版，第1209—1210页。

⑧ 杨立诚、金步瀛合编，俞运之校补：《中国藏书家考略》，上海古籍出版社1987年版，第231页。

关于昆山陆釴（字鼎仪）、吴县陆釴（字举之）两人的籍贯，朱彝尊《静志居诗话》载："陆釴，字举之，鄞县人。正德辛巳赐进士第二，授编修，出为湖广按察使佥事，转江西督粮参议，山东提学副使。有《少石子集》。昆山陆鼎仪、鄞城陆举之，其名同。赐进士第二人同。一从史馆出为太常，一从史馆出为外台，适相合也。鼎仪盛有诗名，诗却平平。举之不以诗名，而诗似胜于鼎仪。其督学山东也。"①

杨立诚、金步瀛《中国藏书家考略》将"陆釴（字举之）"列为浙江鄞城藏书家之一，推测可能源于朱彝尊《静志居诗话》，而笔者倾向认同明过庭训《本朝分省人物考》载"陆釴（字举之）"为吴县人。

过庭训，嘉兴府平湖人。过庭训历官云南道御史时，于万历四十四年（1616）奉旨赴山东赈饥。天启初，历官任湖广参政、福建按察使等。而陆举之亦曾历官湖广按察使佥事、山东提学副使等。从时间推测，同为明代，吴县陆釴为正德十六年（1521）辛巳科榜眼，过庭训为明万历三十二年（1604）甲辰科进士，时间相距仅73年。嘉兴府与苏州府相邻，过庭训与陆举之都曾历官湖广、山东等。

（九）陆容父子进士

陆　容（1436—1494）　号式斋，太仓人。"字文量，先冒徐姓，诸生时为叶盛器识，以范文正行业期之，成化二年成进士，除兵部职方司主事，尝奉使籍畿内河南山东诸郡"②，"进职方郎中，内艰除，改武选，擢浙江右参政，以大计罢"③。"所著《式斋》《菽园》《州志》《兵录》诸书有传者"④。其《菽园杂记》，被王鏊称为明朝纪事书第一。生平事迹参见吴宽《浙江布政使司右参政陆公容墓碑》及明程敏政《参政陆公传》、《明史》卷二百八十六《列传第一百七十四·陆容传》、明张大复《皇明昆山人物传》卷四《陆容传》。

陆容性至孝，好藏书，其"家藏万余卷，皆手自雠勘"⑤。筑菽园，读书与藏书其中，明过庭训云：陆容"少治掌故业，而诵学诸经兼通之，人谓何多学"⑥。查继佐亦称："文量少年便喜著书，酷好经济，即小闻便笔定关治乱。"⑦"少与张泰、陆釴齐名，

① （清）朱彝尊著，姚祖恩编，黄君坦校点：《静志居诗话》卷十一，人民文学出版社2006年版，第295—296页。
② （清）王祖畬等纂：《宣统太仓州镇洋县志》卷十八《人物二·陆容传》，见《中国地方志集成·江苏府县志辑》（19），江苏古籍出版社1991年版，第289页。
③ （明）王兆云撰：《皇明词林人物考》卷四《陆文量容》，见《续修四库全书》编纂委员会、复旦大学图书馆古籍部编：《续修四库全书》第532册，上海古籍出版社2003年版，第524页。
④ （明）过庭训撰：《本朝分省人物考》卷二十一《陆容》，见《续修四库全书》编纂委员会、复旦大学图书馆古籍部编：《续修四库全书》第533册，上海古籍出版社2003年版，第420页。
⑤ （清）钱谦益著：《列朝诗集小传》丙集《陆参政容》，上海古籍出版社1959年版，第280页。
⑥ （明）过庭训撰：《本朝分省人物考》卷二十一《陆容》，见《续修四库全书》编纂委员会、复旦大学图书馆古籍部编：《续修四库全书》第533册，上海古籍出版社2003年版，第420页。
⑦ （清）查继佐著：《罪惟录·列传》卷之十三《谏议诸臣列传·陆容传》，浙江古籍出版社1986年版，第2002页。

时号娄东三凤"[①]。"所庐居凝然无喜愠色,若不可亲,而与人则深相恤。嗜书,多所博综"[②]。朱彝尊赞云:"参政与张亨父、陆鼎仪齐名,号'娄东三凤'。诗皆非所长,式斋则至登第后始为之,见所述《菽园杂记》。若其藏书之富,见闻之周洽,似非亨父、鼎仪所能及也。"[③]祝允明《甘泉陆氏藏书目录序》云:"故浙江参政式斋陆先生文量,以雅德硕学,伟才高识立功立言于宪、孝两朝间,平生蓄书甚富。"[④]可见,陆容藏书故实当世及后世学者多有记述。

陆容卒后,藏书由其子陆安甫汇列其目,即《式斋藏书目》,并将其所藏图籍全部收录,共为经史子集若干卷。陆氏父子俱藏书有成,且皆潜心于著述,《式斋藏书目》亦为父子合藏书目,《千顷堂书目·簿录类》著录。

陆　伸(?—1508)　后改名坤,字安甫,太仓人[⑤]。陆容子。"弘治五年举人,父丧服阕。……正德三年成进士,寻有匿名奏草,指斥刘瑾传旨,穷治伸,竟下狱死。嘉靖初,追赠评事。"[⑥]《明诗纪事·戊签》卷十有其传。

陆伸性喜聚书,其父遗书甚多,编有《式斋藏书目》。曾刻印过其父陆容《式斋先生文集》三十七卷《附录》四卷。

《太仓志》亦记云:"伸纵览群籍,日以修学著书为事。自先世积书数万卷,每书必疏其略于下方,间有考证,亦随笔之。人以书惠,必计诸籍籍名嘉惠,盖以表其所好在此,虽车马金玉弗嘉也。"[⑦]王鏊尝言陆伸"于父之书,无少散佚"[⑧],称赞其善守父书。祝允明亦称陆容平生积书甚富,"其子乡贡进士安甫(陆伸)汇列其目,并己所得者通系之,凡为经史子集,合若干卷"[⑨]。陆伸不仅善守父书,且将其编目,以方便管理。

---

① (清)钱谦益著:《列朝诗集小传》丙集《陆参政容》,上海古籍出版社 1959 年版,第 280 页。

② (明)过庭训撰:《本朝分省人物考》卷二十一《陆容》,见《续修四库全书》编纂委员会、复旦大学图书馆古籍部编:《续修四库全书》第 533 册,上海古籍出版社 2003 年版,第 420 页。

③ (清)朱彝尊著,姚祖恩编,黄君坦校点:《静志居诗话》卷八,人民文学出版社 2006 年版,第 215 页。

④ 参见(明)刘士鏻辑评:《明文霱》卷二《祝允明·甘泉陆氏藏书目录序》,见《四库禁毁书丛刊》编纂委员会编:《四库禁毁书丛刊》集部,第 93 册,北京出版社 1997 年版,第 465 页。

⑤ 按:陆伸本应昆山人,弘治四年(1491)昆山悉地改隶太仓州,陆容卒于该年,应为昆山人,而伸遂为太仓州人。

⑥ (清)王祖畲等纂:《宣统太仓州镇洋县志》卷十八《人物二·陆伸传》,见《中国地方志集成·江苏府县志辑》(19),江苏古籍出版社 1991 年版,第 296 页。

⑦ (清)王昶等纂修:《嘉庆直隶太仓州志》卷二十六《人物·列传一》,见《续修四库全书》编纂委员会、复旦大学图书馆古籍部编:《续修四库全书》第 697 册,上海古籍出版社 2003 年版,第 428 页。

⑧ (明)王鏊《式斋集序》,见陈文新主编,何坤翁卷主编:《中国文学编年史·明前期卷》第三章《成化元年乙酉至正德十五年庚辰(1465—1520)共 56 年》,湖南人民出版社 2006 年版,第 461 页。

⑨ (明)祝允明《祝氏诗文集》卷二十七《甘泉陆氏藏书目录序》,《明代艺术家集汇刊续集》,台北"中央图书馆"1971 年版,1664 页。

（十）徐　恪

徐　恪（1431—1503）　字公肃，一字主一，常熟人，原有都宪坊旧居，今废。“父讷，别有传。恪仪状俊伟，未冠窥览群籍，学成，中成化丙戌科进士。冢宰王忠肃公、叶文庄公更重之，擢工科给事中”①，“出为湖广左参议，迁河南右参政。陕西饥，当转粟数万石。恪以道远请输直，上下称便。弘治初，历迁左、右布政使”②，累官南京工部右侍郎。徐恪“祠号主一翁，有《主一斋集》三十卷，《奏议》二十卷”③。生平事迹参见明李东阳《南京工部右侍郎徐公恪神道碑》。

徐恪雅好藏书，尝藏有宋刊本《丽泽论说集录》十卷。据瞿氏《铁琴铜剑楼藏书目》载，《丽泽论说集录》“卷中有‘徐恪公肃图籍’朱记”④。过庭训记云：“恪器宇凝重，不事矫饰，而中所操执介介不苟，有诗文集、奏牍若干卷藏于家。”⑤

（十一）瞿　俊

瞿　俊（1436—1504）　字世用，常熟人。明“成化己丑进士，除崇仁知县，擢监察御史，终广东按察司副使。俊居官不修边幅，而有廉洁之操诗文清雅可取”⑥。明人郭棐《粤大记》记其事迹甚详：“状伟岸，不修边幅，而廉洁风威动人。成化己丑进士。为御史，出按江西，刺举不避权要，治赃吏无纵舍者。弘治四年，迁广东按察副使，兵备海南。先是，黎人时出寇掠，俊戒约群吏修军政，诸黎戢不敢出。尝有贵臣家挠法，俊治之。律己廉，不可干以私，人以为矫亢。……自江右还朝，县令祝献知其清苦，遗以装金，俊却之，祝益之，使吏馈于途。俊怒，欲执吏于官，吏亟驰去。入朝，以病乞致仕，诏允其请。家徒壁立，有图书数百卷而已。”⑦生平事迹参见清《康熙常熟县志》卷十七《邑人·瞿俊传》。

瞿俊性刚直，坦率而少容，家居四壁萧然，却雅好藏书，《万历广东通志·琼州府》记其藏书故实：“以病乞致仕。归，家徒壁立，有图书数百卷而已。世仰其清介。”⑧

---

① （清）高士鸏、杨振藻修，（清）钱陆灿等纂：《康熙常熟县志》卷十七《邑人·徐恪传》，见《中国地方志集成·江苏府县志辑》（21），江苏古籍出版社1991年版，第391页。

② （清）张廷玉等纂修：《明史》卷一百八十五《列传第七十三·徐恪传》，中华书局1974年版，第4904页。

③ （清）高士鸏，杨振藻修，（清）钱陆灿等纂：《康熙常熟县志》卷十七《邑人·徐恪传》，见《中国地方志集成·江苏府县志辑》（21），江苏古籍出版社1991年版，第391页。

④ （清）瞿镛撰：《铁琴铜剑楼藏书目录》卷第十三《子部一》，见《清人书目题跋丛刊三》，中华书局1990年版，第197页。

⑤ （明）过庭训撰：《本朝分省人物考》卷二十《徐恪》，见《续修四库全书》编纂委员会、复旦大学图书馆古籍部编：《续修四库全书》第533册，上海古籍出版社2003年版，第415页。

⑥ （明）王鏊等纂：《正德姑苏志》卷五十四《人物十三·儒林》，台湾学生书局1986年版，第806页。

⑦ （明）郭棐撰，黄国声、邓贵忠点校：《粤大记》卷十二《宦稽类》，广东人民出版社2014年版，第352页。

⑧ （明）郭棐纂修，谢晖点校：《万历广东通志·琼州府》之《藩省志·瞿俊》，海南出版社2006年版，第14页。

(十二)姜 昂

姜 昂(生卒年不详) 字恒頫,太仓人。姜龙[1]父。姜昂"生而端重介特,不苟言笑,数岁刻砺读书,成化间登进士,出知枣强,一意爱民"[2],"授御史。偕同官劾方士李孜省,杖午门外。以母老乞改南,寻出为河南知府。吏白事毕,退阖门读书,鞭棰悬不用"[3]。后改知宁波,擢福建布政司左参政,请终养归,服阕而卒。生平事迹参见明刘凤《续吴先贤赞》卷四《姜昂传》、清《嘉庆直隶太仓州志》卷二十六《人物·姜昂传》。

姜公为官清廉,《明史》记曰:"昂在官,日市少肉供母,而自食菜茹。子弟学书,不听用官纸笔,家居室不蔽风雨。"[4]又雅好藏书,"每晨吏白事,退终日闭阁观书"[5],若"暇辄闭户读书"[6],"所居仅敝风雨,积书千卷自绕,水竹萧然。足不踏公府,君子以仁孝廉静称之"[7]。

(十三)状元吴宽

吴 宽(1435—1504) 字原博,号匏庵,长洲人。居沧浪亭西,居所与韩雍亘古楼相对,名曰东庄。吴宽"诸生时欲尽读经史子籍,因弃科举,不应试。部使迫促,乃入锁院,乡试中第三。成化八年,会试、廷试皆第一,授修撰,迁德谕,进庶子,擢少詹事,进吏部右侍郎兼翰林院学士,掌詹事府直东阁,久之,进礼部尚书。时词臣望重者推宽与谢迁。迁入内阁,欲引宽共政。既引退,举宽自代。有阻抑者,不果用。年七十卒于位,赠太子太保,谥文定"[8]。钱谦益亦云:"吴人屈指先哲名贤,搢绅首称匏翁,布衣首推白石翁,其他或少次矣。《匏庵集》七十卷,手自编辑。匏庵者,先生之自号。"[9]生平事迹参见明王鏊《资善大夫礼部尚书兼翰林院学士掌詹事府事赠太

---

① 注:姜龙,字梦宾,明太仓人。正德三年(1508)戊辰科进士,历官礼部仪制郎中。因谏武宗南巡,杖几死,黜为建宁府同知。寻迁云南按察副使,在滇四年,制绩甚著。罢归二十年,著有《时川小稿》,已佚。《明史》卷一百八十九《列传七十七》有传。

② (明)过庭训撰:《本朝分省人物考》卷二十一《姜昂》,见《续修四库全书》编纂委员会、复旦大学图书馆古籍部编:《续修四库全书》第533册,上海古籍出版社2003年版,第420页。

③ (清)张廷玉等纂修:《明史》卷一百六十五《列传第五十三·姜昂传》,中华书局1974年版,第4476页。

④ (清)张廷玉等纂修:《明史》卷一百六十五《列传第五十三·姜昂传》,中华书局1974年版,第4476页。

⑤ (明)过庭训撰:《本朝分省人物考》卷二十一《姜昂》,见《续修四库全书》编纂委员会、复旦大学图书馆古籍部编:《续修四库全书》第533册,上海古籍出版社2003年版,第420页。

⑥ (明)张大复撰:《皇明昆山人物传》卷五《姜昂》,见《续修四库全书》编纂委员会、复旦大学图书馆古籍部编:《续修四库全书》第541册,上海古籍出版社2003年版,第607页。

⑦ (明)周世昌撰:《万历重修昆山县志》卷六《人物二·姜昂传》,见刘兆佑主编:《中国史学丛书三编》第四辑,台湾学生书局1987年版,第575页。

⑧ (清)李光祚修,(清)顾诒禄纂:《乾隆长洲县志》卷二十三《人物二·吴宽》,见《中国地方志集成·江苏府县志辑》(13),江苏古籍出版社1991年版,第269页。

⑨ (清)钱谦益著:《列朝诗集小传》丙集《吴尚书宽》,上海古籍出版社1959年版,第275页。

子太保谥文定吴公宽神道碑》、《明史》卷一百八十四《列传第七十二·吴宽传》、明王兆云《皇明词林人物考》卷三《吴文定宽》、明周复俊《东吴名贤记》卷下《太子太保礼部尚书吴文定公宽》。

吴宽"博览群籍"①,"宏厚廉靖,好古力学,文翰淳美。疏眉目,丰下而颀长,美髯鯈鯈,望而知为长者。于生平交,真能生死之。折节下士,布衣沈周辈皆因之而得名"②。尤嗜读书与藏书,文震孟称:"公好古力学,望实郁茂,邅回不进,意泊如也。居翰林时,葺小圃,莳花木,退朝,执一卷,日哦其间。客至,分题讽咏,清风穆然,如不知有官者。生平多雅游,而独不交富人。初第时,或请缔姻,公曰:'此文中子所谓夷虏我。'诗文淳美,书肖眉山,至今犹为吴珍。"③焦竑称赞云:"吴文定好古力学,至老不倦。于权势荣利,则退避如畏。在翰林时,于所居之东,治园亭,莳花木,退朝执一卷,日哦其中。每良辰佳节,为具召客,分题联句为乐,若不知有官者。"④吴宽藏书以宋椠元刻及钞本尤为珍宝,如宋嘉泰四年(1204)新安郡斋刊本《皇朝文鉴》一百五十卷《目录》三卷,是书摹印精善⑤;如吴宽藏书流入清廷内府中,被《天禄琳琅书目》及《后编》著录。宋椠元刻本多为罕见之本。如宋版《帝学》八卷⑥,宋版《春秋经传集解》四函三十册⑦,宋刻本《家语》⑧,宋刻本《淮海集》四十卷后集三卷⑨,宋版《六家文选》六函六十册⑩,宋版《六家文选》四函二十册⑪;元版《大广益会玉篇》三十卷⑫,元版本《博古图》⑬,元刻本《文心雕龙》十卷⑭,元版《文心雕龙》

---

① (明)过庭训撰:《本朝分省人物考》卷二十《吴宽》,见《续修四库全书》编纂委员会、复旦大学图书馆古籍部编:《续修四库全书》第533册,上海古籍出版社2003年版,第410页。

② (清)查继佐著:《罪惟录·列传》卷之十三《谏议诸臣列传上·吴宽传》,浙江古籍出版社1986年版,第2017页。

③ (明)文震孟撰:《姑苏名贤小记》卷上《吴文定公》,见陈其弟点校:《吴中小志续编》,广陵书社2013年版,第26页。

④ (明)焦竑撰,顾思点校:《玉堂丛语》卷之七《恬适》,中华书局1981年版,第233页。

⑤ 傅增湘撰:《藏园群书经眼录》卷十四《集部三》,中华书局1983年版,第1524页。

⑥ (清)于敏中等撰:《天禄琳琅书目》卷二,见《清人书目题跋丛刊十》,中华书局1995年版,第31页。

⑦ (清)彭元瑞等撰:《天禄琳琅书目后编》卷三,见《清人书目题跋丛刊十》,中华书局1995年版,第258—259页。

⑧ (清)彭元瑞等撰:《天禄琳琅书目后编》卷五,见《清人书目题跋丛刊十》,中华书局1995年版,第291页。

⑨ (清)彭元瑞等撰:《天禄琳琅书目后编》卷七,见《清人书目题跋丛刊十》,中华书局1995年版,第370页。

⑩ (清)彭元瑞等撰:《天禄琳琅书目后编》卷七,见《清人书目题跋丛刊十》,中华书局1995年版,第323页。

⑪ (清)彭元瑞等撰:《天禄琳琅书目后编》卷七,见《清人书目题跋丛刊十》,中华书局1995年版,第324页。

⑫ (清)于敏中等撰:《天禄琳琅书目》卷五,见《清人书目题跋丛刊十》,中华书局1995年版,第92页。

⑬ (清)于敏中等撰:《天禄琳琅书目》卷五,见《清人书目题跋丛刊十》,中华书局1995年版,第109页。

⑭ (清)彭元瑞等撰:《天禄琳琅书目后编》卷十一,见《清人书目题跋丛刊十》,中华书局1995年版,第319页。

一函八册[①]。

吴宽藏书中的钞本之精，被叶德辉赞为“明以来钞本书最为藏书家所宝者”[②]。其手抄卷帙，自署“吏部东厢书”字样，皆为其晚年手笔，甚为珍贵。其钞本用红印格抄写，版心有“丛书堂”三字。钱谦益云：“先生经明行修，颀然长德，学有根柢，言无枝叶。最好苏学，字亦酷似长公。而其诗深厚酴郁，自成一家。少壮好学，老而弥笃。所藏书多手钞，有自署吏部东厢书者，盖六十以后笔也。”[③]朱彝尊记云：“《尊前集》二卷，不著编次人姓氏。万历十年，嘉兴顾梧芳楼板以行，佥以谓顾氏书也。康熙辛酉冬，予留吴下，有持吴文定公手钞本告售。书法精楷，卷首识以私印，书肆索直三十金。取顾氏本勘之，词人之先后，乐章之次第，靡有不同，始之是集为宋初人编辑。”[④]又“余尝见公家遗书偶有流传者，悉公手录，以私印记之。前辈风流，不可及也”[⑤]。何焯云：“《金石录》三十卷，昆山叶文庄公故物，首尾二纸则公手所自书。余收得吴文定公写本亦皆然。乃知前贤事事必有体源，贵乎多见而识之也。康熙已丑五月何焯记。阙在京师心友书来，则又收得吴文定丛书堂本矣。”[⑥]又“匏庵手钞诸卷帙，自署‘吏部东厢书’者，皆晚年笔”[⑦]。叶昌炽云：“余所见丛书堂钞本，公手书者精采奕奕，笔法绝似苏长公。其藏印曰‘古太史氏’，曰‘延州来季子后’，曰‘双井村人’。”[⑧]又《藏书纪要》载：“匏庵钞本用红印格，其手书者佳。”[⑨]钞本《孟子注疏解经》十四卷，黄丕烈记云：“是书于辛亥岁从学余书肆中得来。始余于肆中见有是书，携归翻阅，见有残缺，心不甚喜，因还之。后偶检钱曾《读书敏求记》，其所载《孟子注疏》十四卷，是丛书堂录本，简端五行为匏翁[⑩]手笔。古人于注疏，皆命侍史缮写。好书之勤若是。……方悟所见之本为也是翁家故物，亟往索之，云已携至玉峰书籍街去矣。迨至书船返棹，而是书依然在焉。喜甚，携之归。开卷视此五行，果与后之笔迹迥殊，其为丛书堂录本无疑。至卷中钞写不全，想系照宋刻录出之故，容俟暇日取他本校对，以征此本之善。噫！遵王所藏，曾几何时而已入书贾之手，岂不可惜。然犹幸余之因《敏求记》中语而知是书而宝之，不亦快哉。”[⑪]《衍极》五卷，校旧

① (清)彭元瑞等撰：《天禄琳琅书目后编》卷十一，见《清人书目题跋丛刊十》，中华书局 1995 年版，第 370 页。

② (清)叶德辉撰：《书林清话》卷十《明以来之钞本》，上海古籍出版社 2012 年版，第 226 页。

③ (清)钱谦益著：《列朝诗集小传》丙集《吴尚书宽》，上海古籍出版社 1959 年版，第 275 页。

④ (清)朱彝尊《书〈尊前集〉后》，见(清)朱祖谋著：《尊前集附金奁集》，《百花洲文库》第 3 辑，江西人民出版社 1984 年版，第 142 页。

⑤ (清)朱彝尊著，姚祖恩编，黄君坦校点：《静志居诗话》卷八，人民文学出版社 2006 年版，第 219 页。

⑥ (清)黄丕烈著，屠友祥校注：《荛圃藏书题识》卷三，上海远东出版社 1999 年版，第 215 页。

⑦ (清)翁方纲撰，沈津辑：《翁方纲题跋手札集录》之《题吴匏庵沈石田诗草合卷》，广西师范大学出版社 2002 年版，第 336 页。

⑧ (清)叶昌炽著，王欣夫补正，徐鹏辑：《藏书纪事诗》卷二，上海古籍出版社 1989 年版，第 127—128 页。

⑨ (清)叶昌炽著，王欣夫补正，徐鹏辑：《藏书纪事诗》卷二，上海古籍出版社 1989 年版，第 127 页。

⑩ 注：匏翁即吴宽，号匏庵。

⑪ (清)黄丕烈著，屠友祥校注：《荛圃藏书题识》卷一，上海远东出版社 1999 年版，第 53 页。

钞本，黄丕烈跋云："康熙二年癸卯三月，予侨寓吴门半塘，偶过访金孝章，出示此书，犹是吴匏庵先生家藏本也。得未曾见，喜而借钞。"[①]《楹书偶录》载："校宋本《西湖林和靖先生诗集》四卷，此集为匏庵相国所藏，标题尚公手迹也。嘉靖戊申春友人礼部陆君子传购得之"，又有"卷首副叶标题《林和靖先生诗集》即匏庵先生手笔也。隆池跋用小楷书，亦极精妙，卷中有'原博''匏庵''古太史氏'"诸印[②]；"《吴氏遗集》不分卷，明吴宽撰。钞本。半叶十行，行二十字。黑格。板心下刊'丛书堂'三字，书衣题曰：'田庄屋宇东庄记，次日简寄庆贺。辞别慰问，书画赠送。'有'吴宽''吴氏家藏''潘叔润图书'"[③]印；"《孟子注释解经》十四卷，汉赵岐注，题宋孙奭疏，明吴氏丛书堂写本，九行二十字，版心有'丛书堂'三字。有黄丕烈跋，谓相传前五行为吴匏庵宽手写。"[④]《河东先生集》十六卷，旧钞本，"旧为吴文定钞藏本，板心有'丛书堂'三字"[⑤]。《铁琴铜剑楼藏书目录》载："《太玄集注》六卷《太玄解》四卷附《太玄历》一卷，宋钞本，卷首尾有吴氏家藏、吴宽原博、匏翁征仲、启南石田、张丑之印等"[⑥]朱记，后归藏于唐寅家。

此外，有文献可考吴宽所藏明刊本亦不少，《姑溪居士文集》五十卷《后集》二十卷，"明吴匏庵宽家写本，棉纸墨格，十行二十字，版心有'丛书堂'三字。吴氏原钞本得十六卷，余则后人补钞本也。余以新刻本校过，改正不少，洵堪珍秘"[⑦]。明正统刊本《鲁斋王文宪公文集》二十卷，"钤有'丛书堂印''红乐山房收藏私印'，明吴宽、清马秋乐递藏"[⑧]。吴宽所藏法书亦珍宝，尝藏有唐林藻《深慰帖》，明文嘉记云："吴文定家本，乃宣和内府所藏。别本云：'匏庵先生家物，宋宣和御府藏，林公书仅此帖耳。'"[⑨]

藏书楼名曰丛书堂，有《丛书堂书目》一卷，《千顷堂书目》《苏州府志·艺文类》著录，《近古堂书目》作《匏庵书目》，《旧山楼书目》作《吴文定公藏书目》（抄），今已佚。《丰顺丁氏持静斋书目》抄目有《千墨斋汇抄七家书目》八册，嘉庆丙子吴门赵光照手钞本，中有《吴文定公藏书目录》一册，《旧山楼书目》亦有《吴文定公藏书

---

① （清）黄丕烈著，潘祖荫辑，周少川点校：《士礼居藏书题跋记》卷三《子类》，书目文献出版社 1989 年版，第 105 页。

② （清）杨绍和撰：《楹书偶录》卷五，见《续修四库全书》编纂委员会、复旦大学图书馆古籍部编：《续修四库全书》第 926 册，上海古籍出版社 2003 年版，第 2 页。

③ 王文进撰，柳向春标点：《文禄堂访书记》卷第五，上海古籍出版社 2007 年版，第 382 页。

④ 傅增湘撰：《藏园群书经眼录》卷二《经部》，中华书局 1983 年版，第 95 页。

⑤ （清）瞿镛撰：《铁琴铜剑楼藏书目录》卷第二十《集部二》，见《清人书目题跋丛刊三》，中华书局 1990 年版，第 296 页。

⑥ （清）瞿镛撰：《铁琴铜剑楼藏书目录》卷第十五《子部三》，见《清人书目题跋丛刊三》，中华书局 1990 年版，第 220 页。

⑦ 傅增湘撰：《藏园群书经眼录》卷十三《集部二》，中华书局 1983 年版，第 1196 页。

⑧ 傅增湘撰：《藏园群书经眼录》卷十四《集部三》，中华书局 1983 年版，第 1278 页。

⑨ （明）文嘉撰：《钤山堂书画记》之《法书·唐》，中华书局 1985 年版，第 3 页。

目》,作二本。

藏书印有古太史氏、延州来季子后、双井村人、吴宽、匏庵、修竹、修竹书房等数种,《滂喜斋藏书记》卷一有金刻本《玉篇》三十卷,有“吴宽”印。

(十四)吴　瑞

吴　瑞(生卒年不详)　字德征,昆山人。“成化乙未进士,初授南京吏部考功司主事”[①],历官工部郎中总督河道。因病还乡,决意仕进。有别业在玉山西,自号西溪居士。喜《易》,工古文词。

吴公博洽群书,“以《易》学起家,迄于宦成,未尝一日废卷。既请罢”[②],“杜门谢客,日惟与文士款接论议,攻古文词,求者户履恒蒲尤切切,于怀贤吊古,所著有《西溪集》《宦游居闲》二稿藏于家”[③]。可推测其藏书亦不少,惜藏书故实无考。

(十五)徐　源

徐　源(1440—1515)　字仲山,号椒园道人,居长洲尹山之瓜泾,故以瓜泾自号。徐陶璋[④]、徐模祖父。“公少则好学工文,有名吴下。成化乙酉,占南畿乡荐。乙未,登进士第,授工部都水主事,理徂徕等处泉源。改兵部武库司主事,历职方员外郎、武选郎中、广东布政司左参政、浙江右布政、湖广左布政、都察院右副都御史、巡抚山东”[⑤]。其为人正直,敢于上疏直谏。知识渊博,诗文朴茂渊雅,著有《瓜泾集》二卷,李东阳为之序,序云:“《瓜泾集》诗文若干卷,都察院右副都御史徐公所著也。公世居苏之长洲,卜筑瓜泾之上,因地为号,集是以名。其门人监察御史贺君泰刻于福建。”[⑥]明过庭训《本朝分省人物考》卷二十有其传。

徐公嗜学,又工书法,李东阳云:“公在黉校时,已明经授徒,博涉群集,与文定上下论议。及登进士,历郎署藩宪,以政事名,而问学不辍。”[⑦]王鏊赞其“当官莅政,未

---

① (明)张大复撰:《皇明昆山人物传》卷四《吴瑞》,见《续修四库全书》编纂委员会、复旦大学图书馆古籍部编:《续修四库全书》第541册,上海古籍出版社2003年版,第602页。

② (明)张大复撰:《皇明昆山人物传》卷四《吴瑞》,见《续修四库全书》编纂委员会、复旦大学图书馆古籍部编:《续修四库全书》第541册,上海古籍出版社2003年版,第602页。

③ (明)周世昌撰:《万历重修昆山县志》卷六《人物二·吴瑞传》,见刘兆佑主编:《中国史学丛书三编》第四辑,台湾学生书局1987年版,第576—577页。

④ 按:徐陶璋(1674—1738),字端揆,号达夫,别号蘅圃。昆山人。清康熙四十年(1701)乙酉科乡试中举,康熙五十四年(1715)乙未科状元,授修撰。其人淡泊名利,雍正间居家不仕,闭门不出,潜心向学,昼夜不倦。乾隆帝登基应召入京,充任纂修实录官,分修《雍正朝实录》。其“晨入暮归,不言劳瘁”,乾隆三年(1738)卒于京城。其兄徐模,字文表,清康熙五十七年(1718)戊戌科进士,以文著名。

⑤ (明)王鏊著,吴建华点校:《王鏊集》之《震泽先生集》卷第三十《明故通议大夫都察院右副都御史徐公墓志铭》,《苏州文献丛书》第二辑,上海古籍出版社2013年版,第419页。

⑥ (明)李东阳撰,周寅宾、钱振民校点:《李东阳集·续集》卷之三《叙引十二首》,岳麓书社2008年版,第162页。

⑦ (明)李东阳撰,周寅宾、钱振民校点:《李东阳集·续集》卷之三《叙引十二首》,岳麓书社2008年版,第162页。

尝一日去书不观。文章博雅，尤喜为诗，力去近世尖新之习。书有米家父子风”[①]。

徐公与弟澄[②]皆好藏书，“有藏书数千卷”[③]，吴宽云：“徐子昔年官水部，匹马萧萧历齐鲁。运河水满万艘通，文泗交流天壅土。归来《泉志》手亲编，好与《河渠》书并传。不识当时陆鸿渐，齿牙空唯虎丘泉。”[④]徐氏家有望洋书屋，《吹网录》载：“《避暑录话》，瓜泾徐氏荷叶装旧钞本，与禾中项氏藏陈仲醇手钞本互有详略。”[⑤]《望洋书屋记》亦载：“出葑门而行，有浦、有泾、有江、有湖，望之渺然皆水也。人之相往非舟楫不通，非桥梁不渡，故吴自古称泽国，而禹贡纪扬州之成之水，而吴居其二焉。徐君季止乡校士之良者，家夹浦之南瓜泾之上，而松江、陈湖皆在其目睫间，盖尝聚书数千卷筑室而藏之，因题曰‘望洋书屋’。夫望洋者庄子寓言也。……日取孔孟之书读之，当自有得则海之为助也，多所谓大方之家，且归于子矣。”[⑥]

（十六）周　木

周　木（生卒年不详）　字近仁，号勉思，常熟人，家在县治南。学者称勉思先生。其“总角有高识，居小学或问读书，笑曰为事君，人皆异之。既壮举于乡，明年，举进士”[⑦]，以进士授“南京行人司左司副，吏部稽勋司郎中，擢浙江右参政，以忧归，遂不出。卒年七十二，从祀先贤言子祠”[⑧]。周木“潜心理学，表彰宋儒，敦崇孝友，蔚然名臣也”。著有“《易心逸说》若干卷，《文集》《奏疏》共若干卷”[⑨]及《朱丹溪素问纠答》等。

周木亦好藏书与刻书，瞿冕良《常熟先哲藏书考略》录其名。周木于“弘治间刻印过《五经》五卷，周敦颐《濂溪集》十三卷《事实》一卷，《年表》一卷，《褒崇礼制》一卷，朱熹辑《延平李先生师弟子答问》一卷，《后录》一卷，自辑《延平答问补》录一卷”[⑩]。

---

① （明）王鏊著，吴建华点校：《王鏊集》之《震泽先生集》卷第三十《明故通议大夫都察院右副都御史徐公墓志铭》，《苏州文献丛书》第二辑，上海古籍出版社2013年版，第420页。

② 按：徐澄，字季止，明弘治元年（1488）科贡，江西南昌府经历。少有文行，王文恪《送季止还南雍诗》云：“君家兄弟世所稀，文采风流尽孝友。”盖实录也。

③ 施金炎编著：《中国书文化要览·古代部分》，湖南教育出版社1992年版，第238页。

④ （明）吴宽撰：《家藏集》卷九《为徐仲山题虎丘观泉图》，见（清）永瑢、纪昀等编纂：《四库全书》第1255册，上海古籍出版社1987年版，第66页。

⑤ （清）叶昌炽著，王欣夫补正，徐鹏辑：《藏书纪事诗》卷二，上海古籍出版社1989年版，第132页。

⑥ （明）吴宽撰：《家藏集》卷三十二《望洋书屋记》，见（清）永瑢、纪昀等编纂：《四库全书》第1255册，上海古籍出版社1987年版，第262页。

⑦ （清）高士鸃，杨振藻修，（清）钱陆灿等纂：《康熙常熟县志》卷十七《邑人·周木传》，见《中国地方志集成·江苏府县志辑》（21），江苏古籍出版社1991年版，第397页。

⑧ （清）翁同龢《跋周氏诰命》，见谢波主编：《档案馆里的江苏：〈江苏经济报·江苏档案〉专版100期集萃二《兰台拾贝》，东南大学出版社2015年版，第216页。

⑨ （清）高士鸃，杨振藻修，（清）钱陆灿等纂：《康熙常熟县志》卷十七《邑人·周木传》，见《中国地方志集成·江苏府县志辑》（21），江苏古籍出版社1991年版，第397页。

⑩ 瞿冕良撰：《常熟先哲藏书考略》，见徐雁、王燕均主编：《中国历史藏书论著读本》下卷《导读》，四川大学出版社1990年版，第677页。

（十七）冯玘

冯　玘（生卒年不详）　字良玉，常熟人。明成化辛丑进士[①]。其“先世戎凤阳，子孙因家焉，至玘贵乃还常熟。玘治《春秋》，学有名，举进士，授知泌阳县”，“迁福建按察司副使，为台官不胜钟妒，因致仕，正德改元进其阶从三品。玘宽厚有容，未尝见喜愠，其履官修谨自奉甚约，将还故邑悉推其业予其弟。有《奏议》若干卷，号醒庵居士”[②]。《光绪常昭合志稿》卷二十四《人物三·耆旧》有其传。

冯氏家族是明末清初的藏书大族，《苏州藏书史》录有其名。其长子冠、其孙冯复京[③]及曾孙冯舒、冯班、冯知十及其玄孙冯武等皆承家学，好藏书，家藏书万卷。家有“空居阁”“孱守堂”藏书楼，宋元精本，俯拾即是，孤本秘册，插架多有。冯氏钞本，享誉一时。《天禄琳琅书目后编》卷十五著录明版《三辅黄圖》六卷，有“春草堂印”“冯舒之印”“季印振宜”“沧苇”“季振宜藏书”“冯氏藏本”“简翁”[④]等藏印；又卷十七著录明版《群书集事渊海》十函一百册，有“光表堂藏书”“星五氏”“心隐”“醒庵”[⑤]等藏印。

（十八）杨循吉

杨循吉（1458—1546）　“字君谦，吴中南濠人，因读书南峰山，自号南峰。少敏慧，从舅氏刘参政昌学《易》。弱冠领成化丁酉乡荐，甲辰成进士，授礼部主事。”“循吉以文士为诸公推毂，名籍甚，而会曹事烦，性不习，暇则笺《南华》篇以见意。俄病，请改教职，不允，遂乞致政，年仅三十一，辇下又翕然称循吉高尚。”[⑥]文震孟亦记云：“杨先生循吉，字君谦，吴县人。成化甲辰进士，授礼部主事，居曹事简，日惟矻矻读书。每读书得意，则手足狂舞不自禁，以是得‘颠主事’名。而最不喜者，人间应酬。因谢病归”，“遂乞致仕归，时年未三十也。结庐支硎南峰，日折松枝为筹课书，书益

---

① （清）高士鶴，杨振藻修，（清）钱陆灿等纂：《康熙常熟县志》卷十一《选举》，见《中国地方志集成·江苏府县志辑》（21），江苏古籍出版社1991年版，第229页。

② （清）高士鶴，杨振藻修，（清）钱陆灿等纂：《康熙常熟县志》卷十七《邑人·冯玘传》，见《中国地方志集成·江苏府县志辑》（21），江苏古籍出版社1991年版，第400—401页。

③ 注：冯复京（1573—1622），字嗣宗，明常熟人。承家学，喜聚书，藏书万卷，博学强记。少而治诗。其著有《圣明常熟先贤传略》十六卷，稿本，今南京图书馆有藏，又刻印过自撰《六家诗名物疏》。有三子：舒、班、知十，兄弟皆擅文学，校勘异同，极有识解。又皆酷嗜收藏，均以藏书著名，以“空居阁”为室。冯氏兄弟不仅喜藏书，且嗜抄书，《重修常昭合志》即称：“吾邑嗜手钞者，冯舒、陆贻典为最。”冯舒、冯班、冯知十皆有钞本传世。计有《唐杜荀鹤文集》三卷，《李太白集》四本，《许丁卯集》二卷《续集》二卷，《华阳国志》十二卷等。刻书甚富，所刻书纸栏外有“冯氏家藏”四字，为常熟著名刻本之一。

④ （清）彭元瑞等撰：《天禄琳琅书目后编》卷十五，见《清人书目题跋丛刊十》，中华书局1995年版，第403页。

⑤ （清）彭元瑞等撰：《天禄琳琅书目后编》卷十七，见《清人书目题跋丛刊十》，中华书局1995年版，第424页。

⑥ （明）杨循吉等著，陈其弟点校：《吴中小志丛刊》之《掌故人物篇·苏谈》附《崇祯吴县志·杨循吉传》，广陵书社2004年版，第37—38页。

博奥，内外典、稗官小说，机无不通。每岁辄持斋诵经，百日不出，以报其先人”①。《明史》亦载其事云：杨循吉，“字君谦，吴县人。成化二十年进士。授礼部主事。善病，好读书，每得意，手足踔掉不能自禁，用是得颠主事名。一岁中，数移病不出。弘治初，奏乞改教，不许。遂请致仕归，年才三十有一。结庐支硎山下，课读经史，旁通内典、稗官”。至晚岁落寞，益坚癖自好，“其诗文，自定为《松筹堂集》，他所作又十余种，几及千卷”②。生平事迹参见王兆云撰《皇明词林人物考》卷九《杨君谦循吉》、清《雍正江南通志》卷一百六十五《文苑一·杨循吉传》。

杨循吉自致仕后，长期隐居吴县家中，“筑室支硎山下，修葺旧闻，名《云峰广要》。检书既多，稍谙典故。然以笔耕度日，不作生业，有负郭田百亩，悉卖不存”。自云：“一向守默，性偶好书。结庐天峰院，折松枝为筹，课《麟》《葩》经，稍通章句，傍涉子史百家又及千卷。”③“朝夕所需惟藉笔耕。所纂辽、金二史，镂版已成。《宋纪》未意外，《皇明文宝》暨《通志》俱散亡，类书曰《云峰广要》亦未成，仅《奚囊手镜》尚存一二云。集曰《松筹》，曰《攒眉》等名五种，洎《金山志》俱梓行，《往哲记》《倚玉集》《故语》《苏谈》《谷应》诸刻别传于世最晚。”④《吴郡二科志》亦载：“循吉喜读书，居家，益得涉猎，盖无所不通。作文则淫思竟日，不肯苟，文用精绝。人有戏之者曰：‘祭酒每多更草，假令纸贵，奈何？’循吉曰：‘方辞雉尾，暇日常多，政当摛藻抽心，使洛阳纸贵耳！’”⑤杨循吉治学主张“古人法”“自己意”，读万卷书“聚材积料”，自成一家。钱谦益评其成就，“若刘昌谟、杨君谦、刘廷美之流，浮沉郎署，回翔藩臬，宏览博物，含英咀华，残编啮简，映照缃素”⑥，名扬吴中，与祝允明以文才并称“杨祝”。《崇祯吴县志》载：杨循吉终日以读书、著述及藏书自娱，“结庐天峰院，构野兴堂，折松枝为筹，课《麟》《葩》二经，余书益博奥，内外典、稗官杂说罔不通，亦罔不丹铅。后又奉诏举用隐逸，台察首以循吉荐，力辞不应。山居惟著书为乐，四方走币征文者踵相接”⑦。尝自撰《读书诗》一首，诗云：

---

① （明）文震孟撰：《姑苏名贤小记》卷上《杨仪部南峰先生》，见陈其弟点校：《吴中小志续编》，广陵书社2013年版，第30页。

② （清）张廷玉等纂修：《明史》卷二百八十六《列传一百七十四·杨循吉传》，中华书局1974年版，第7351—7352页。

③ （明）杨循吉《礼部郎中杨循吉生圹碑》，见（明）焦竑辑：《焦太史编辑国朝献征录》卷三十五，《续修四库全书》编纂委员会、复旦大学图书馆古籍部编：《续修四库全书》第526册，上海古籍出版社2003年版，第693页。

④ （明）杨循吉等著，陈其弟点校：《吴中小志丛刊》之《掌故人物篇·苏谈》附《崇祯吴县志·杨循吉传》，广陵书社2004年版，第38页。

⑤ （明）阎秀卿撰：《吴郡二科志·杨循吉》，见陈其第点校：《吴中小志续编》，广陵书社2013年版，第201页。

⑥ （清）钱谦益著，（清）钱曾笺注，钱仲联标校：《牧斋有学集》卷十八《范长倩石公集序》，上海古籍出版社1996年版，第792页。

⑦ （明）杨循吉等著，陈其弟点校：《吴中小志丛刊》之《掌故人物篇·苏谈》附《崇祯吴县志·杨循吉传》，广陵书社2004年版，第38页。

清晨起坐小茅堂，万事无关一炷香。
展卷细观前圣奥，驰名敢学世人狂。
也知老病年光促，争奈诗书意味长。
但愿桑榆粗有得，肯随流俗叹斜阳[①]。

杨循吉“居家好畜书，闻某所有异本，必购求缮写。结庐支硎山下，课读史经，以松枝为筹，不精熟不止，多至千卷”[②]。因嗜异书入魔，“每节口食以购，晚岁益贫”[③]。明刘凤记云：“杨循吉者，元敬同里人。少选于乡，肄于少胥。与郡人赵宽名皆擅多士。已而，宽先论上，循吉次起家，主事礼部，游诸王公间，益有名。然尚气好竞，性执而污，渐不偕于时。乃乞归。既少年无复之，惟玩弄文史自娱，自云：读书不善记，又不能远自引，日怔怔然。行已颇近怪，事皆类可笑。所撰者亦时杂阐谐。独购书甚富。既性所嗜，闻某有异本，即夙夜求之。亦是时有故家传藏之者，今悉散佚，阅其篇目，索之多不得矣。所著《辽金小史》最善，曰《金山》，曰《庐阳》二志，尝手授余而惟《手镜》一书极为博综。”[④]明祁承㸁云：“闻杨仪部君谦性最嗜书，家本素封，以购书故，晚岁赤贫。所藏书十余万卷，纂其异闻为《奚囊手镜》。”[⑤]吴翌凤称：“吾吴杨仪部循吉，好蓄异书，孜孜不及。……仪部著有《南峰文集》，笔意简古，志乘尤妙。”[⑥]

明弘治元年(1488)，杨循吉建“雁荡村舍”，所藏“多至十余万卷”[⑦]，家有松筹堂及卧读斋，钱谦益记云：杨循吉“诗文总目定为《松筹堂集》，会粹诸总类书曰《悉囊手镜》，多人间未见之书，最为该博。刘子威、王元美分得其稿，今散佚不存，可惜也”[⑧]！此文记述了杨氏书稿由刘凤及王世贞收藏。刘凤《续吴中先贤赞》记载杨氏藏书之盛况，云：

苏之藏书者，惟杨公循吉最多，盖其搜访竭其力。于时国初旧家尚多有所藏，故其出良多，若吴文定只好古迹图书字帖，故于书不好也。祝允明、黄省曾、

① (明)曹学佺编：《石仓历代诗选》卷四百二十《读书》，见(清)永瑢、纪昀等编纂：《四库全书》第1392册，上海古籍出版社1987年版，景印文渊阁本，第587页。
② (清)钱谦益著：《列朝诗集小传》丙集《杨仪部循吉》，上海古籍出版社1959年版，第280页。
③ (明)杨循吉等著，陈其弟点校：《吴中小志丛刊》之《掌故人物篇·苏谈》附《崇祯吴县志·杨循吉传》，广陵书社2004年版，第38页。
④ (明)刘凤撰：《续吴先贤赞》卷四《杨循吉》，中华书局1985年版，第38页。
⑤ (明)祁承㸁《藏书训略》，见(明)祁承㸁等撰：《澹生堂藏书约》外八种，上海古籍出版社2005年版，第16页。
⑥ (清)吴翌凤撰，吴格点校：《逊志堂杂钞》之《庚集》，中华书局1994年版，第88页。
⑦ (清)缪荃孙等撰，吴格整理点校：《嘉业堂藏书志》卷二《史部·旧钞本辽小史》，复旦大学出版社1997年版，第257—258页。
⑧ (清)钱谦益著：《列朝诗集小传》丙集《杨仪部循吉》，上海古籍出版社1959年版，第281页。

> 袁冀皆好书，不能如杨之多。徐侍郎缙亦多宋刻，都公穆尤好书，今有数种传者皆其力。而又云：徐武功书多出义门郑氏，昔尝见之，惜贫不能居，则不知是皆何归也？杨书之逸，予不能得，而为他人得，复不解徒蓄之。然今亦且散佚矣。杨所自著书，盖多不传，其曰《奚囊手镜》者，予得其数秩，所载多予所求而不得书[①]。

杨公尤好抄书，所藏之书钞本甚多，如校宋本《元氏长庆集》六十卷，"有杨循吉跋曰：'弘治元年，从葑门陆进士士修借得宋本元氏集，命笔生徐宗器模录……藏于雁荡村舍之卧读斋中，永为珍玩。且借得《白氏集》亦方在录，可谓联珠并秀，合璧同辉矣。'"[②]杨循吉所经眼之书，手抄一遍，化独为偶，亦为杨公增益藏书的途径之一。

其藏书印有雁村居士、循吉等，《式古堂书画考》载有"赵子固《梅竹谱》卷，循吉跋，后有'雁村居士'印"[③]；《天禄琳琅书目后编》卷五有宋刻本《家语》二函五册，其递藏原委亦甚详："明内府秘书，曾藏宋濂家，其长洲吴氏太史印，或吴宽家物。杨循吉字符敬，长洲人，嘉靖朝官礼部主事。至宋宗室三印不知主名。有'文渊阁印''金华宋氏景濂''景濂''皇宋宗室所藏''天水赵氏珍藏''太史氏印''长洲吴氏''循吉'朱文卷首"[④]诸印，可见杨氏藏书亦甚精。

其藏书在杨循吉卒后，"悉散佚，阅其篇目，索之多不得矣"[⑤]。《人海记》云："杨循吉既老，散书与亲故云：令荡子爨妇无复着手，亦一道也。"[⑥]

（十九）陆　完

陆　完（1458—1526）　字全卿，号水村，"长洲人。为诸生。中官王敬至苏，以事庭曳诸生。诸生竞起击之，完不与。恶完者中之，敬遂首列完名上闻。巡抚王恕极论敬罪，完乃得免。举成化二十三年进士"，拜御史。"正德初，历江西按察使。宁王宸濠雅重之，时召预曲宴，以金罍为赠。三年冬，擢右佥都御史，巡抚宣府。……召为左佥都御史。五年春，拜兵部侍郎"[⑦]。"正德七年，以都察院都御史讨流寇，蹙之于狼山，歼焉。拜兵部尚书，改吏部"[⑧]。著有《水村集》二十卷。生平事迹参见明过庭训《本朝分省人物考》卷二十二《陆完传》、明焦竑《焦太史编辑国朝献征录》卷

---

① （明）刘凤撰：《续吴录》卷下，见《丛书集成三编》第85册，（台北）新文丰出版公司1997年版，第150—151页。

② （清）瞿镛撰：《铁琴铜剑楼藏书目录》卷第十九《集部一》，见《清人书目题跋丛刊三》，中华书局1990年版，第287页。

③ （清）叶昌炽著，王欣夫补正，徐鹏辑：《藏书纪事诗》卷二，上海古籍出版社1989年版，第136页。

④ （清）彭元瑞等撰：《天禄琳琅书目后编》卷五，见《清人书目题跋丛刊十》，中华书局1995年版，第291页。

⑤ （明）刘凤撰：《续吴先贤赞》卷四《杨循吉》，中华书局1985年版，第38页。

⑥ （清）查慎行著：《人海记》卷下《藏书之厄》，北京古籍出版社1989年版，第63页。

⑦ （清）张廷玉等纂修：《明史》卷一百八十七《列传第七十五·陆完传》，中华书局1974年版，第4953—4955页。

⑧ （清）钱谦益著：《列朝诗集小传》丙集《陆少保完》，上海古籍出版社1959年版，第260页。

二十四《陆完传》。

陆完好藏书,其亲家顾潜《祭陆水村文》记云:"惟公湖山毓秀,诗礼名家,早掇科甲,晚位公孤。语显荣则出将入相,语博雅则左书右图,凡此皆若飞鸟之遗好音,浮云之过太虚矣"①,据"左书右图"之,可见藏书亦甚多,有藏印"全卿""物外奇宝""水村陆氏珍玩"等。陆完藏书中,精品当为宋椠,十分珍贵,如"宋刻《史记》,有'水村陆氏珍玩'"②白文朱记;宋版《隆平集》二十卷,"明亦藏陆完家",有"'水村校藏清玩''五忠刘氏收藏图书'"③等印;宋版《史记》一百三十卷,有"'叶氏家藏''水村陆氏珍玩'"④诸印;宋版《诸臣奏议》一百五十卷,有"水村陆氏珍藏"白文印⑤。

陆完藏书精品中除宋椠外,其明版藏书更为珍贵,且为后世递藏。明版《元氏长庆集》六十卷,为"明陆完、文徵明藏本……泰兴季氏亦经收藏,有'江左''春草堂印''季振宜藏书''季印振宜''沧苇''完'"⑥等藏印;《六家文选》六函六十一册,"明楚府藏本……有'楚府图书''翰林学士文节世家书画印''顾氏藏书''九华山房''水村陆氏珍藏''云间潘氏仲履父藏书''琅琊王氏珍玩'"⑦等藏印;又明版《六家文选》六十卷,有"水村陆氏书史珍玩图书"⑧印,据此推测亦应为陆完藏书。

陆完"博雅好古,精于鉴赏"⑨。又"颇读书,通晓文事,好集法书名画之类,其功名虽不终,尚为后进喜事者所称"⑩。钱谦益赞:陆公"少保才气雄杰,江海歼渠,勋在社稷,而不克以功名终"⑪。上海博物馆所藏之虞世南《汝南公主墓志铭》,曾为陆完收藏,后有李东阳于正德十一年(1516)所写的跋文:"今太宰水村陆公,尝见于吴中,购之不得,越三十余年,未始不往来于怀,比属其弟长卿,购至京师。"

陆氏家有水镜堂,清梁清远《雕丘杂录》卷三载:"吏部有水镜堂,冢宰长洲陆公所建,而毛少宰澄为之记,今之南大火房是也。"⑫又如台北故宫博物院所藏(传)王维《江干雪意图》卷中,后有明末顾从德跋,云:"唐王右丞《江干雪意卷》,乃妻大父陆太宰水村家物也。向与怀素《自叙帖》、周文矩《文会图》、刘松年四画同宝藏。曾

① (明)顾潜撰:《静观堂集》卷十四《祭陆水村文》,见《四库全书存目丛书》编纂委员会编:《四库全书存目丛书》集部,第48册,齐鲁书社1997年版,第625页。
② (清)彭元瑞等撰:《天禄琳琅书目后编》卷四,见《清人书目题跋丛刊十》,中华书局1995年版,第274页。
③ (清)彭元瑞等撰:《天禄琳琅书目后编》卷四,见《清人书目题跋丛刊十》,中华书局1995年版,第280页。
④ (清)彭元瑞等撰:《天禄琳琅书目后编》卷四,见《清人书目题跋丛刊十》,中华书局1995年版,第274页。
⑤ (清)彭元瑞等撰:《天禄琳琅书目后编》卷四,见《清人书目题跋丛刊十》,中华书局1995年版,第283页。
⑥ (清)于敏中等撰:《天禄琳琅书目》卷十,见《清人书目题跋丛刊十》,中华书局1995年版,第210页。
⑦ (清)于敏中等撰:《天禄琳琅书目》卷十,见《清人书目题跋丛刊十》,中华书局1995年版,第219页。
⑧ (清)于敏中等撰:《天禄琳琅书目》卷十,见《清人书目题跋丛刊十》,中华书局1995年版,第222页。
⑨ (清)钱谦益著:《列朝诗集小传》丙集《陆少保完》,上海古籍出版社1959年版,第260页。
⑩ (明)王世贞撰:《弇州续稿》卷一百四十七《文部·赞像》,见(清)永瑢、纪昀等编纂:《四库全书》第1284册,上海古籍出版社1987年版,第147页。
⑪ (清)钱谦益著:《列朝诗集小传》丙集《陆少保完》,上海古籍出版社1959年版,第260页。
⑫ (清)梁清远撰:《雕丘杂录》卷三,见《续修四库全书》编纂委员会、复旦大学图书馆古籍部编:《续修四库全书》第1135册,上海古籍出版社2003年版,第306页。

经裱工目，皆言于有力者夺取，惟此卷与张长史《濯烟帖》未经重裱，人未获睹，故尚存，从德以四十锭得之。嘉靖丙寅，秋，武陵顾仲子记。”①据台湾学者王裕民研究，陆完尝收藏唐怀素草书《自叙帖》，此帖自明代中叶开始，其收藏者历经徐泰、徐溥、吴淹等人，后至陆完收藏，再由陆完至陆修②委托文徵明父子摹刻上石，号为《水镜堂帖》，今藏于台北故宫博物院，明文嘉记云：“怀素《自叙帖》，旧藏宜兴徐氏，后归吾乡陆全卿氏，其家已刻石行世，以余观之，似觉跋胜。”③

张应文《清秘藏》记载明朝书画赏鉴家 30 人，陆完为其一。文献收藏甚富的收藏大家吴宽在其《家藏集》中，记其为陆完所藏米芾《雪景》、刘松年《香山四老图》、赵千里《卧雪图》、张择端《清明上河图》④、苏子美《草书老杜绝句》作跋。《清河书画舫》著录一本董源《溪山风雨图》，亦云其为“陆全卿太宰故物”。明陈继儒云：“若陆完神品画累至千卷”⑤，可见陆氏所藏古籍及书画皆著名于世。

（二十）苏　奎

苏　奎（生卒年不详）　字炳文，号虞庵，常熟人。“少好学，授徒自给。举进士，授新建令……历知清远、上虞，厌于吏务。解职归，治园居，广购书籍，掇其要略，荟萃成几百卷，多杂闻旧事。”⑥《常熟市志》记云：苏奎“明成化进士，新建令，历知清远、上虞。广购书籍，掇其要略，荟萃成书”⑦。

（二十一）皇甫録父子四进士

皇甫録（1470—1540）　字世庸，号近峰，其先由安定迁吴，为长洲人。张璧《皇甫君墓志铭》：皇甫君“领弘治壬子应天乡荐，登癸丑进士……号曰应斋，又有别业在虎丘左，既乃号近峰云。公初为工部都水主事，视吕梁洪焯有声称，改礼部祠主事，

---

① 台北故宫博物院编辑委员会编辑：台北《故宫书画图录》第 15 册，台北故宫博物院，1995 年，第 66 页。

② 注：据《吴郡甫里志》卷八《胄监》载，陆修，字子慎，号海滨，长洲人，以荫授中书舍人。完次子。

③ （明）文嘉撰：《钤山堂书画记》之《法书・唐》，中华书局 1985 年版，第 4 页。

④ 注：1101 年，张择端作《清明上河图》被收入御府，宋徽宗在卷首题五签，并加盖双龙小印（已佚）。靖康之变，《清明上河图》被卷入金人地区。金张著、张公药、郦权、张世积等题跋于图后。元朝建立后，《清明上河图》被收入秘府，为官匠装池者以赝本偷换出宫，售予某贵官，中途又为保管者偷售给杭州陈彦廉。后杨准从陈处购得，题长跋记述始末。后江西刘汉从杨准处获观，为之题跋，誉为“精艺绝伦”。明李东阳在图后两次题写长跋，详记画面内容和在明代流传始末；弘治以后，归华盖殿大学士徐溥所有。徐临终时赠李东阳，后又归兵部尚书陆完。陆作题记。陆完死后，其子售予昆山顾鼎臣，后归相国严嵩、严世蕃父子。严嵩败，图入宫廷，后由内府转入冯保之手。清以后，图先后为陆费墀、毕沅等人递藏。毕沅死后，图被收入清宫，并著录于《石渠宝笈三编》。1921 年，溥仪以赏赐溥杰为名，将《清明上河图》等文物偷运出宫，由天津转长春伪满皇宫。1945 年溥仪携图出逃，在通化被截获，将图存放于东北博物馆，后拨交故宫博物院。经过近千年的漫长岁月，《清明上河图》至今仍完好地保存在故宫博物院。

⑤ （明）陈继儒《妮古录》卷四，见《四库全书存目丛书》编纂委员会：《四库全书存目丛书》子部，第 118 册，齐鲁书社 1995 年版，第 683 页。

⑥ （清）郑钟祥、张瀛修，（清）庞鸿文等纂：《光绪常昭合志稿》卷二十四《人物三・耆旧・苏奎传》，见《中国地方志集成・江苏府县志辑》（22），江苏古籍出版社 1991 年版，第 358 页。

⑦ 江苏省常熟市地方志编纂委员会编：《江苏省常熟市志》第二十二编《藏书・著述》，上海人民出版社 1990 年版，第 829 页。

迁精缮员外郎与治。武皇命选大婚，徐扬间俱称意旨。会母丧归，终其制，改仪制员外郎，寻转郎中，逾年出知顺庆府”[①]等，封中宪大夫。皇甫録以博雅称，著述颇丰，张璧云：“公世居长洲孔圣里后，乃徙清嘉坊，所著有《苹溪》《容台》《果山》等集及《陴下纪谈》，归田有《近峰漫稿》传于世。”[②]《乾隆长洲县志》卷二十四《人物三》有其传。

皇甫録以藏书与刻书著名于正德间，尝藏宋版《春秋繁露》十七卷，“尝藏皇甫冲、毛晋、徐乾学、季振宜家。冲字子浚，长洲人，嘉靖戊子举人，与弟涍、汸、濂，号四皇甫。华亭朱氏乃明庶吉士朱大韶，嘉靖丁未进士，《静志居诗话》载其性好藏书，尤爱宋世镂版云”。又有“‘皇甫子孙’白文、‘华亭阳山人皇甫冲印’朱文、‘秋光何处堪消写，元晏先生满架书’朱文、‘宋本’朱文、‘乾学’白文、‘徐健庵’朱文、‘季印振宜’朱文、‘沧苇’朱文、‘经术堂印’朱文、‘季振宜藏书’朱文、‘华亭朱氏’白文、‘皇甫子孙’朱文、‘其永保用’白文、‘吉’白文”[③]等印记，是书流传有序，甚为珍贵。

皇甫録主要刻印祖先及名贤著作，以承续家族文脉，如皇甫録世业堂于正德十五年（1520）曾刻印《皇甫持正文集》六卷；嘉靖五年（1526）刻印皇甫信[④]《韦庵集》二卷，现藏中国国家图书馆。皇甫録序云：“富贵不可常，赖以世其家而不陨者，斯文而已。遂刻之藏于家，俾后之观是集者无忘世业云耳。”[⑤]

皇甫録有子四，《明史》载：皇甫録登“弘治九年进士。任重庆知府。生四子，冲、涍、汸、濂。冲、汸同登嘉靖七年乡荐，明年，汸第进士。又三年，涍第进士。又十三年，濂亦第进士。而冲尚为举子。兄弟并好学工诗，称‘皇甫四杰’”[⑥]。四皇甫“皆以科甲文学著”[⑦]。

皇甫汸（1498—1583）　字子循，号百泉，长洲人。嘉靖四年（1525）乙酉科举人，“嘉靖八年成进士，授国子博士，擢虞部郎，严嵩、夏言诸人皆与酬和。冠带相索

---

① （明）张璧撰：《阳峰家藏集》卷三十四《中宪大夫四川顺庆府知府皇甫君墓志铭》，见《四库全书存目丛书》编纂委员会编：《四库全书存目丛书》集部，第66册，齐鲁书社1997年版，第632页。

② （明）张璧撰：《阳峰家藏集》卷三十四《中宪大夫四川顺庆府知府皇甫君墓志铭》，见《四库全书存目丛书》编纂委员会编：《四库全书存目丛书》集部，第66册，齐鲁书社1997年版，第633页。

③ （清）彭元瑞等撰：《天禄琳琅书目后编》卷三，见《清人书目题跋丛刊十》，中华书局1995年版，第261—262页。

④ 注：皇甫信（1444—1489），字成之，号韦庵，明长洲人。弘治元年（1488）贡入太学，少负奇气，又工诗文，有《韦庵集》二卷。

⑤ （明）皇甫録《先大夫韦庵集序》，引自崔建英辑，贾卫民、李晓亚整理：《明别集版本志》之“1270”条，中华书局2005年版，第271页。

⑥ （清）张廷玉等纂修：《明史》卷二百八十七《列传第一百七十五·皇甫涍传》，中华书局1974年版，第7373页。

⑦ （明）王兆云撰：《皇明词林人物考》卷八《皇甫子安》，见《续修四库全书》编纂委员会、复旦大学图书馆古籍部编：《续修四库全书》第532册，上海古籍出版社2003年版，第647页。

时多忌者适劾"[①]。史称汸"官工部主事,名动公卿,沾沾自喜,用是贬秩为黄州推官。屡迁南京稽勋郎中,再贬开州同知,量移处州府同知。擢云南佥事,以计典论黜"[②]。后归吴不复出。晚年与吴子孝、何良俊、刘凤、王世贞、张献翼、黄姬水等诗酒唱和,诗名与王世贞埒。皇甫汸热心桑梓,参纂《隆庆长洲县志》,著有《皇甫司勋集》《解颐新语》《百泉子诸论》《岳游漫稿》等。生平事迹参见明王兆云《皇明词林人物考》卷八《皇甫子安》。

皇甫汸"七岁能诗,四子中最著者也。弱冠,御史许宗鲁按吴,奇其才",其得益于其父皇甫録好书家风,皇甫汸言:"先君闲居,公开径葺园,奉之以娱而代为家省。庆展俱存,情耽既翕然,日与诸弟商榷《易》义于世业堂。由是海内知有皇甫《易》矣。先王达恪公、吴文端公大器之,与仲氏谒乔司马于白下,一时名公如燕泉何司空、东桥顾司寇引为忘年交,不啻二陆入洛,江东士为减价也。"[③]"兄弟自相师友,扬搉探究,务求抵极。摅词发藻,迥出辈流。未数年,相继举于乡,而君(涍)与二弟(汸和濂)遂收甲科。一时文学之盛,三吴之士鲜其俪者。"[④]可见"皇甫四杰"成才得益于其父教育、兄弟间的相互摩抵,及丰富的藏书利用,即有书可读,有书可议。如皇甫汸藏有嘉靖周满滇中刻本《梁昭明太子集》五卷,周满跋言:"此本得于百泉皇甫公,升庵杨公、木泾周公正之,间以己意订补,盖所据仍为宋池州本,而周满宦滇中时付刊者也。卷首题'成都杨慎、周满、东吴周复浚、皇甫校刊'。"[⑤]明隆庆五年(1571)刻皇甫汸等撰《隆庆长洲县志》十四卷,明万历三年(1575)自刻《皇甫司勋集》六十卷,明隆庆六年(1572)自刻《岳游漫稿》一卷《附》一卷,嘉靖刻自辑《玉函堂诗选》十卷,隆庆元年刻白脱《白洛原遗稿》八卷,万历时刻杨维桢《史义拾遗》二卷。

皇甫家族的藏书状况可见于皇甫汸《华阳长公行状》,皇甫冲临终前,诸子泣问家事,"公以手指所枕书示之,曰:'无忘此业,足矣!'公有书癖,虽囊无金,而架满万轴也"[⑥]。其家"架满万轴",可谓藏书富矣。

皇甫涍(1497—1546)　字子安,号少玄,"长洲人。父録,弘治九年进士。任重庆知府。生四子,冲、涍、汸、濂。冲、汸同登嘉靖七年乡荐,明年,汸第进士。又三

① (清)李光祚修,(清)顾诒禄纂:《乾隆长洲县志》卷二十四《人物三·皇甫汸》,见《中国地方志集成·江苏府县志辑》(13),江苏古籍出版社1991年版,第282页。

② (清)张廷玉等纂修:《明史》卷二百八十七《列传第一百七十五·皇甫汸传》,中华书局1974年版,第7373页。

③ (明)皇甫汸撰:《皇甫司勋集》卷五十七《华阳长公行状》,见(清)永瑢、纪昀等编纂:《四库全书》第1275册,上海古籍出版社1987年版,景印文渊阁本,第885页。

④ (明)文徵明撰:《甫川集》卷三十三《浙江按察司佥事皇甫君墓志铭》,见(清)永瑢、纪昀等编纂:《四库全书》第1273册,上海古籍出版社1987年版,景印文渊阁本,第270页。

⑤ 傅增湘撰:《藏园群书题记》卷第十一《明嘉靖本昭明太子集跋》,上海古籍出版社1989年版,第560页。

⑥ (明)皇甫汸撰:《皇甫司勋集》卷五十七《华阳长公行状》,见(清)永瑢、纪昀等编纂:《四库全书》第1275册,上海古籍出版社1987年版,景印文渊阁本,第887页。

年，浡第进士。又十三年，濂亦第进士。而冲尚为举子。兄弟并好学工诗，称‘皇甫四杰’”①。浡登“嘉靖壬辰进士，除工部主事，调礼部”②，“历仪制员外郎，主客郎中。在仪制时，夏言为尚书，连疏请建储，皆浡起草，故言深知浡才。比简宫僚，遂用为春坊司直兼翰林检讨。言者论浡改官有私，谪广平通判，量移南京刑部主事，进员外郎，迁浙江佥事。大计京官，以南曹事论罢，邑邑发病卒。浡沈静寡与，自负高俊，稍不当意，终日相对无一言。居官砥廉隅，然颇操切，多忤物，故数被谗谤云”③。著有《皇甫少玄集》二十六卷《外集》十卷并传世。生平事迹参见明文徵明《浙江按察司佥事皇甫君浡墓志铭》、明王兆云《皇明词林人物考》卷八《皇甫子安浡》。

皇甫浡博学，好学不倦，工诗，负有才名，又“雅性闲靖，慕玄晏先生④所为，自号少玄子，作《续高士传》，以著志。居常问学之外，他无所事。群经子史，莫不贯综，而酷喜左氏，著《春秋书法纪原》，选《唐文粹》为《文粹》，(阙)为文必古人为师，自两汉而下，咸有所择，见诸论撰，居然合作。诗尤沉蔚伟丽，早岁规仿初唐，旋入魏晋，晚益玄造，铸词命意，直欲窥曹刘之奥而及之”⑤。皇甫濂称其兄：“宏览载籍，研精雅颂，沉思旁索，日无怠晷，夜或忘寝。九流众技之书，海上名山之旨，石壁金匮之藏，真文鸿宝之秘，罔不游心博摠，斯固通人之所难，而独兼之。能不头颅早白，形神易槁者哉?”⑥

皇甫浡并利用家族藏书以著述，如续作《高士传》时云：“予读《晋书》，感其所著《高士传》者，而于他书往往见之，窃有慕焉。庚辰秋，尝续其书十卷，藏于笥。”⑦其序云：“往年，浡考求宗系，旁览缺文，慨然幕之，遂续其书十卷。自晋迄宋凡九十九人，学既疏脱，鉴亦乖迷，竟无以卒业。故别为编目，书之一册，朝夕览焉，以示素风之不忘。”⑧又刻书，嘉靖十九年(1540)刻印过晋释支遁《支道林集》一卷，《中国古籍版刻辞典》著录。

---

① (清)张廷玉等纂修：《明史》卷二百八十七《列传第一百七十五·皇甫浡传》，中华书局1974年版，第7373页。

② (清)朱彝尊著，姚祖恩编，黄君坦校点：《静志居诗话》卷十三，人民文学出版社2006年版，第373页。

③ (清)张廷玉等纂修：《明史》卷二百八十七《列传第一百七十五·皇甫浡传》，中华书局1974年版，第7373页。

④ 按：即指皇甫谧(215—282)，幼名静，字士安，自号玄晏先生，西晋安定朝那(今甘肃灵台人县朝那镇)人。著名医家，撰有《历代帝王世纪》《高士传》《逸士传》《列女传》《元晏先生集》等书，其著作《针灸甲乙经》是我国第一部针灸学的专著，其在医学史和文学史上都负有盛名。

⑤ (明)文徵明撰：《甫田集》卷三十三《浙江按察司佥事皇甫君浡墓志铭》，见(清)永瑢、纪昀等编纂：《四库全书》第1273册，上海古籍出版社1987年版，景印文渊阁本，第271页。

⑥ (明)皇甫浡撰：《皇甫少玄集》卷首《皇甫濂序》，见(清)永瑢、纪昀等编纂：《四库全书》第1276册，上海古籍出版社1987年版，景印文渊阁本，第496页。

⑦ (明)皇甫浡撰：《皇甫少玄集》卷二十三《华阳兄编采高士传序》，见(清)永瑢、纪昀等编纂：《四库全书》第1276册，上海古籍出版社1987年版，景印文渊阁本，第645页。

⑧ (明)皇甫浡撰：《皇甫少玄集》卷二十三《续高士传编目序》，见(清)永瑢、纪昀等编纂：《四库全书》第1276册，上海古籍出版社1987年版，景印文渊阁本，第642页。

皇甫濂(1508—1564)　字子约,一字道隆,号理山,长洲人。明嘉靖十三年(1534)甲午科举人,“嘉靖二十三年进士,授工部主事”①,“母丧除,起故官,典惜薪厂。贾人伪增数罔利,濂按其罪。贾人女为尚书文明妾,明召濂切责之。濂抗言曰:‘公掌邦政,纵奸人干纪,又欲夺郎官法守邪?’明为敛容谢。大计,谪河南布政司理问,终兴化同知”②。“入觐投劾不赴,里居数年卒,有《水部集》十二卷”③,又有《皇甫理山集》《逸民传》《老子道德经辑解》等。生平事迹参见明皇甫汸《皇甫水部君濂墓志铭》。

皇甫濂归里后,以藏书、著述及鼓琴自娱,“游心坟典,多所撰述”④。其兄皇甫汸言:“子约不畏简书,眷念桑梓。”⑤明刘凤亦言濂“游思典坟,多所撰述,闲居散斋,辄不通谒,又昼喜睡,谨谢客不令前,余每欲从之学不肯云,非师所授外皆已润色之故亦不可传也”⑥。清初钱谦益称:其“里居数年,闲居散斋,不通宾客。少学琴于云间张氏,晚更精诣,撰述之暇,鼓琴一二行,谓足玩世遗荣也”⑦。史称皇甫濂“兄弟与黄鲁曾、省曾为中表兄弟,文藻亦相似。其后,里人张凤翼、燕翼、献翼并负才名。吴人语曰:‘前有四皇,后有三张。’凤翼、燕翼终举人。而献翼为太学生,名日益高,年老矣,狂甚,为雠家所杀”⑧。

(二十二)王献臣

王献臣(1469—?)　“字敬止,其先吴人,隶籍锦衣卫。弘治六年举进士。授行人,擢御史。巡大同边”。巡视大同时,“尝令部卒导从游山,为东厂缉事者所发,并言其擅委军政官。征下诏狱,罪当输赎。特命杖三十,谪上杭丞”⑨,“再谪为广东驿丞。武宗立,迁永嘉知县,量移高州通判,致仕”⑩。正德四年(1509),罢官还乡后,购园造林,取晋朝潘岳《闲居赋》中“拙考之为政也”之意,园名为“拙政园”,居苏州园林之首。其“拙政园在娄、齐二门之间。嘉靖中,王御史献臣因大宏寺废地营别

---

① (清)李光祚修,(清)顾诒禄纂:《乾隆长洲县志》卷二十四《人物三·皇甫濂》,见《中国地方志集成·江苏府县志辑》(13),江苏古籍出版社1991年版,第283页。

② (清)张廷玉等纂修:《明史》卷二百八十七《列传第一百七十五·皇甫濂传》,中华书局1974年版,第7374页。

③ (清)李光祚修,(清)顾诒禄纂:《乾隆长洲县志》卷二十四《人物三·皇甫濂》,见《中国地方志集成·江苏府县志辑》(13),江苏古籍出版社1991年版,第283页。

④ (明)王兆云撰:《皇明词林人物考》卷八《皇甫子约》,见《续修四库全书》编纂委员会、复旦大学图书馆古籍部编:《续修四库全书》第532册,上海古籍出版社2003年版,第647页。

⑤ (明)皇甫汸撰:《皇甫司勋集》卷五十七《水部君墓志铭》,见(清)永瑢、纪昀等编纂:《四库全书》第1275册,上海古籍出版社1987年版,景印文渊阁本,第882页。

⑥ (明)刘凤撰:《续吴先贤赞》卷六《皇甫濂》,中华书局1985年版,第58页。

⑦ (清)钱谦益著:《列朝诗集小传》丁集上《皇甫同知濂》,上海古籍出版社1959年版,第415页。

⑧ (清)张廷玉等纂修:《明史》卷二百八十七《列传第一百七十五·皇甫濂传》,中华书局1974年版,第7374页。

⑨ (清)张廷玉等纂修:《明史》卷一百八十《列传第六十八·王献臣传》,中华书局1974年版,第4801页。

⑩ (清)李铭皖、谭钧培修,(清)冯桂芬纂:《同治苏州府志(三)》卷八十《人物七·王献臣》,见《中国地方志集成·江苏府县志辑》(9),江苏古籍出版社1991年版,第151页。

墅。其子以樗蒲一掷失之,归里中徐氏”[①]。《明史》卷一百八十《列传第六十八》及《同治苏州府志》卷八十《人物七》皆有其传。

王献臣雅好藏书,藏有宋刊本《押韵释疑》五卷,“卷首有‘王献臣藏书印’‘王氏敬之’”诸朱记[②];宋刻《国语补音》三卷,“二方印曰‘相台岳氏’,曰‘经远堂藏书’印,盖岳倦翁旧藏也。附藏印‘汲古阁’‘己丑父印’‘临顿书楼’‘吴门王献臣藏书印’‘王印献臣’‘王氏藏书子二孙二永宝藏’‘虞性堂书画印’”[③];元刊本“《北史》残五十一卷,三十四册,王献臣旧藏。藏印:‘王印献臣’‘王氏图书子子孙孙永宝藏’‘虞性堂书画印’”[④]等;明初刊本《北史》一百卷,“每卷钤有‘王献臣印’‘王氏图书’‘子子孙孙永宝之’‘虞性堂书画印’各印”[⑤];明版《经籍考》七十六卷,收藏印有“‘吴门王献臣家藏书印’朱文长方印,‘诗礼传家’朱文长方印,‘王氏图书子子孙孙永宝之’朱文方印,‘虞性堂书画记’朱长方印”[⑥]。

其家有临顿书楼以藏书籍,另建虞性堂专为贮书、画之室。

藏书印有吴门王献臣家藏书印、诗礼传家、王氏图书子子孙孙永宝之、虞性堂书画记、王氏藏书、己丑父印、临顿书楼、王氏敬之等。

王氏藏书,在其卒后,子孙保管不善,藏书散佚,少数藏书后为缪荃孙、孙星衍等递藏。

(二十三)状元朱希周

朱希周(1473—1556) 《姑苏名贤小记》载:朱公希周,“字懋忠,其先自昆徙吴,故号玉峰。弘治丙辰,擢进士第一人,拜翰林修撰,修《会典》成,迁侍读。中人谨衔公远已,矫诏夺公侍读。公惇谨诚厚,性自规矩,以状元及第六品,二十年不迁,意澹如也。佐礼部属大礼垂成,诸旧臣相继罢去,公犹持议帝兴献非是,屡忤上旨,乃出为南京礼部尚书。……再疏乞致仕归,归凡三十余年,中外荐者百疏,竟不起”[⑦]。卒赠太子少保,谥恭靖。著有《明伦大典》二十四卷传世。生平事迹参见《明史》卷一百九十一《列传第七十九 · 朱希周传》、明张衮《资政大夫南京吏部尚书赠太子太保谥恭靖朱公希周墓志铭》、明周复俊《东吴名贤记》卷下《吏部尚书恭靖朱公希

---

① (清)叶昌炽著,王欣夫补正,徐鹏辑:《藏书纪事诗》卷二,上海古籍出版社 1989 年版,第 139 页。

② (清)瞿镛撰:《铁琴铜剑楼藏书目录》卷第七《经部七》,见《清人书目题跋丛刊三》,中华书局 1990 年版,第 114 页。

③ (清)潘祖荫撰:《滂喜斋藏书记》卷一,见《续修四库全书》编纂委员会、复旦大学图书馆古籍部编:《续修四库全书》第 926 册,上海古籍出版社 2003 年版,第 427 页。

④ 张元济《涵芬楼烬余书录》史部《北史》,见张元济著:《张元济全集》第 8 卷《古籍研究著作》,商务印书馆 2009 年版,第 235 页。

⑤ 傅增湘撰:《藏园群书经眼录》卷三《史部一》,中华书局 1983 年版,第 180 页。

⑥ (清)孙星衍撰:《平津馆鉴藏记书籍》卷二《明版》,见(清)孙星衍撰:《平津馆鉴藏记书籍 · 廉石居藏书记 · 孙氏祠堂书目》,上海古籍出版社 2008 年版,第 78 页。

⑦ (明)文震孟撰:《姑苏名贤小记》卷下《朱恭靖公》,见陈其弟点校:《吴中小志续编》,广陵书社 2013 年版,第 37 页。

周》。

朱公因疾乞休，归里后林居三十年。朱公性恭谨，一循古礼，又以善事亲孝闻乡里，尤以盛德为天下师表。又雅藏书，亦善书，明王世贞《国朝名贤遗墨跋》评其书曰："公生平不作一行草笔，书极谨细。"[①]尝藏有王行铭砚，右侧印"朱希周印"[②]。晚年"结庐阳抱山先墓之侧（吴县锡山），日惟山水、文籍自娱，诸非所好也。雅不尚产业，不畜姬媵。居乡治家犹极敦厚，有万石君不言躬行之遗意焉"[③]。过庭训记云：玉峰先生于"田庐闺阈偎事一不置念，老隐阳山几三十载，未尝一日去书不观，所著诗文评史论议总若干卷。《阳山大石赋》一篇尤为吴人所传"[④]。

（二十四）都　穆

都　穆（1459—1525）　字玄敬，一作元敬，吴县南濠里人。都穆"七岁能诗，及长，不习章句，泛滥群籍，杜门笃学者凡二十年，屡空，晏如。绝意进取，名声大噪吴下。巡抚都御史何公某、提学御史林公某，忻其名，强之应举，公乃出，以是秋乙卯领应天乡荐，己未第进士。甲子，授工部都水司主事阶承德郎。……仕为礼部主客司郎中，年五十有四即上书乞骸骨归。许之，加太仆寺少卿致仕"[⑤]。其致仕后，家居苏州阊门南濠街，故号南濠居士。其"文祖韩欧，诗宗陶孟，故长于纂述。又郡人称为南濠先生"[⑥]。都穆尤嗜学，吴翌凤云："吾郡都少卿穆居南濠，既贵，犹好读书。相传有娶妇者，夜大风雨烛灭，遍乞火无应者。众皆曰：'南濠都少卿家当有读书灯在。'扣其门，果得火。"[⑦]因其清修博学，为时所重。"所著书甚富"，"与游皆一时才俊杨君谦、祝允明及浙王守仁，皆与善，故一时称籍甚"[⑧]。又"著有《南濠诗略》《文跋》《诗话》《宾话》《玉壶冰》《听雨纪谈》《周易考异》《史外类钞》《金薤琳琅学》，士大夫争购而藏之，以为帐中秘"[⑨]。顾璘述其事迹云：都穆"清修博学，网罗旧闻，考订疑义，多所著述。好游山水，虽居官曹，奉使命，有间即临赏名胜，骋其素怀。所得必撰一记，辑成巨帙。又广录古金石遗文为《金薤琳琅集》。斋居萧然，乐奉宾客，衎

---

① 梁披云主编：《中国书法大辞典》，广东人民出版社 1984 年版，第 770 页。

② 台北故宫博物院编辑委员会编辑：《兰千山馆名砚目录》之七《明·朱希周藏王行铭砚》，台北故宫博物院 1987 年版，第 28 页。

③ （明）周世昌撰：《万历重修昆山县志》卷六《人物二·朱希周传》，见刘兆佑主编：《中国史学丛书三编》第四辑，台湾学生书局 1987 年版，第 589 页。

④ （明）过庭训撰：《本朝分省人物考》卷二十一《朱希周》，见《续修四库全书》编纂委员会、复旦大学图书馆古籍部编：《续修四库全书》第 533 册，上海古籍出版社 2003 年版，第 432 页。

⑤ （明）胡缵宗《明太仆寺少卿都穆墓志铭》，见（明）杨循吉等著，陈其弟点校：《吴中小志丛刊》之《游记篇》附，广陵书社 2004 年版，第 430 页。

⑥ （明）胡缵宗《明太仆寺少卿都穆墓志铭》，见（明）杨循吉等著，陈其弟点校：《吴中小志丛刊》之《游记篇》附，广陵书社 2004 年版，第 431 页。

⑦ （清）吴翌凤撰，吴格点校：《逊志堂杂钞》之《丙集》，中华书局 1994 年版，第 38 页。

⑧ （明）刘凤撰：《续吴先贤赞》卷四《都穆传》，中华书局 1985 年版，第 37 页。

⑨ （明）王兆云撰：《皇明词林人物考》卷九《都玄敬》，见《续修四库全书》编纂委员会、复旦大学图书馆古籍部编：《续修四库全书》第 532 册，上海古籍出版社 2003 年版，第 673 页。

杯道古，以永终日。不植生产，或至屡空，辄笑曰：‘天地之间，当不令都生馁死。’日晏如也。文简古有法，诗虽过尔冲泊，竟非俗具”①。卒时，家中一贫如洗，唯有藏书数百卷。生平事迹参见明过庭训《本朝分省人物考》卷二十二《都穆传》、钱谦益《列朝诗集小传》丙集《都少卿穆》。

吴县南濠都氏乃赵宋时由丹阳迁徙而来，原为望族，世代以诗书传家，多出贤孝义士，好蓄古籍及名家书画。都穆自幼曾从沈周学诗，成年后与祝允明一并以古文名震吴中。都穆尝言：“予家高祖南翁以来，好蓄名画。闻之家君云，妙品有吴道子《鱼篮观音像》、王摩诘《辋川图》、范宽《袁安卧雪图》，惜今不存。予近所收，有唐人画《牛图》，滕玉霄、白廷玉诗，李升画《杨通老移居图》，马兴祖《胡人击球图》《胡人雪猎图》，马远《折枝榴花栀子》小幅，龙眠画《君臣故实八事》，伯玉跋李唐《春江不老图》……皆往好事者所得，不留意也。”②都穆受其家风熏陶及其师沈周影响甚深，以藏书与鉴赏金石名世。其所撰《寓意编》记录成化、弘治年间苏州地区重要的书画收藏，为后世研究成化、弘治间苏州书画鉴藏史提供了重要的史料。

都穆喜藏书，明胡缵宗记曰：“吴有大雅君子，博物洽闻，砥节砺行，渊澄玉洁，蔚为纯儒，盖都公其人也。”③杨循吉称：“循吉居濠上久矣，有积书数千卷，而能得当世名公翰墨累累者谁家哉？盖惟有都氏而已矣。”④尝“奉使至秦中，访问其山川灵胜、古建国形势、故宫遗壤，作《西使记》，搜访金石遗文，摹拓缮写，作《金薤琳琅录》。归老之日，斋居萧然，日事雠讨，或至乏食，辄笑曰：‘天壤间，当不令都生饿死。’日晏如也”⑤。明文嘉《何水部集》跋云：“杨、祝、都、唐，每得一异书，则争相夸示以为集。故其所成，皆卓然名世。今异书间出，而学者视之漠然，前辈不可及也。”⑥都穆所藏宋椠元刻本有宋周氏家刻本《草窗韵语》六稿，宋周密撰，有新都罗文瑞跋文，“此宋板家刻，世所罕见，当为法帖中求也。……有‘都穆’‘吴郡都玄敬’‘罗文瑞’”⑦等印；宋刊本《杏溪傅氏禹贡集解》二卷，“此本为王止仲所藏，后归都元敬。……卷中有‘王止仲’‘元敬’‘刘体仁印’‘颍川刘考功藏书记’‘乾学’‘徐健庵’诸朱记”⑧。中国国家图书馆有藏《童蒙训》三卷，宋绍定间刻本，卷首有“都氏玄敬”“南濠居士”印记；元版《博古图》，宋徽宗御撰三十卷，经“元赵孟頫、鲜于枢，明都穆、吴宽、文嘉

---

① （明）顾璘撰：《国宝新编·太仆少卿都穆》，中华书局1985年版，第11—12页。
② （明）都穆撰：《寓意编》篇尾《自跋》，中华书局1985年版，第9页。
③ （明）胡缵宗《明太仆寺少卿都穆墓志铭》，见（明）杨循吉等著，陈其弟点校：《吴中小志丛刊》之《游记篇》附，广陵书社2004年版，第430页。
④ （清）叶昌炽著，王欣夫补正，徐鹏辑：《藏书纪事诗》卷二，上海古籍出版社1989年版，第142页。
⑤ （清）钱谦益著：《列朝诗集小传》丙集《都少卿穆》，上海古籍出版社1959年版，第301—302页。
⑥ （清）叶昌炽著，王欣夫补正，徐鹏辑：《藏书纪事诗》卷二，上海古籍出版社1989年版，第142页。
⑦ 王文进撰，柳向春标点：《文禄堂访书记》卷第四，上海古籍出版社2007年版，第314页。
⑧ （清）瞿镛撰：《铁琴铜剑楼藏书目录》卷第二《经部二》，见《清人书目题跋丛刊三》，中华书局1990年版，第34页。

俱经收藏”[①]，钤有“都穆”白文藏印。所藏明版亦多，如明正德刻本《陆士衡文集》四卷，晋陆机撰，后有正德己卯都穆记：“庆元中刻，岁久不传，予家旧有藏本，吴士陆元大为重刻之。”[②]明钞《乐府古题要解》，有跋云：“通观诸人序跋，知原本出于灌甫中尉，灌甫得之李苑马子中，子中得之都工部玄敬。”[③]明柳佥钞本《贞居先生诗集》四卷词一卷，卷首有柳佥题记云：“《贞居先生集》有板行者，比斯钞本十之二耳，近得此本于南濠都太仆家。借归录之。”[④]明正德十四年(1519)罗文殊刊本《尔雅翼》三十二卷，“前有正德十四年己卯都穆序。按：此书宋元均有刊本，都元敬藏宋刊本后归李工部彦夫”[⑤]。《贞观政要集论》十卷，“元戈直撰，明刊本，钤印录后：‘都穆之印’白，‘吏礼兵三部尚书’朱大方”[⑥]二印记；旧写本“《唐太宗文皇帝集》一卷，题‘淮海朱应为订梓’。前有嘉靖戊子闻人铨序。末有弘治甲子都穆题识，称此本得之边太常廷实”[⑦]。又藏有周东村《满目云山图》，有都穆题诗云：“满目云山秋不碍事，草桥流水曲通村。雨翁清话林堂静，俗客何由得到门。”[⑧]

都穆“尤长于鉴古，图籍甚富，而秦汉石刻尤多，其或鱼鲁，辄就窜正”[⑨]。其为官清廉、淡泊名利，致仕归里时，囊无余赀，晚年生活甚为清贫。胡缵宗言，都穆致仕南归时，“京师士大夫见公之归，无留资于囊，无田庐圃墅于乡，萧然戒行，亲弃官爵如土唾，无毫发顾藉心，争挽之，不得，莫不交叹，以公为真贤远于人。归而攻苦食淡，寝卧图籍，与相知婆娑嬉游。屏车斥驺，扫迹公门，以著书为业。或放逐山水，冥搜遐寄，如是者十余年”[⑩]。故宫博物院现藏一封都穆《行书致存礼札》，反映了都穆晚年刻碑及校书的清苦生活：

> 使节道苏，偶以远出，不得一面，殊为怏怏。所云《石鼓文》等因与《李后主墨竹》及他碑帖等物同典，其银颇多，一时不能取赎。明年夏间欲将鼓文翻刻，

---

① (清)于敏中等撰：《天禄琳琅书目》卷五，见《清人书目题跋丛刊十》，中华书局1995年版，第108页。

② (清)丁丙撰：《善本书室藏书志》卷二十三《陆士衡文集》，见《续修四库全书》编纂委员会、复旦大学图书馆古籍部编：《续修四库全书》第927册，上海古籍出版社2003年版，第431页。

③ 傅增湘撰：《藏园群书题记》卷第二十《集部十·诗文评类》，上海古籍出版社1989年版，第995页。

④ (清)瞿镛撰：《铁琴铜剑楼藏书目录》卷第二十二《经部四》，见《清人书目题跋丛刊三》，中华书局1990年版，第347页。

⑤ 傅增湘撰：《藏园群书经眼录》卷二《经部二》，中华书局1983年版，第127页。

⑥ 傅增湘撰：《藏园群书经眼录》卷四《史部二》，中华书局1983年版，第285—286页。

⑦ (清)孙星衍撰：《平津馆鉴藏记书籍·续编·写本》，见(清)孙星衍撰：《平津馆鉴藏记书籍·廉石居藏书记·孙氏祠堂书目》，上海古籍出版社2008年版，第157页。

⑧ (清)卞永誉撰：《式古堂书画汇考》卷五十二《周东村满目云山图》，见(清)卞永誉撰，(清)厉鹗辑：《式古堂书画汇考·南宋院画录》，第3册，上海古籍出版社1991年版，第419页。

⑨ 陈冠至著：《明代的苏州藏书》第二章，花木兰文化出版社2007年版，第18页。引崇祯《吴县志》卷四十一。

⑩ (明)胡缵宗《明太仆寺少卿都穆墓志铭》，见(明)杨循吉等著，陈其弟点校：《吴中小志丛刊》之《游记篇》附，广陵书社2004年版，第430页。

拓以传世，此亦存礼之志也。《武氏祠堂画像》仆有其字刻，已及之，但急欲秘藏者录本一校对耳。《雁塔题名》乃《金薤》中不可少者，如欲留原本，乞次第某岁月、名氏，急录寄示，幸甚幸甚！《汉度尚魏》《夫子庙》二碑及《金薤》一册奉将远意，苦寒惟以道自爱。

腊月廿三日，穆拜手。存礼吏部大人老弟侍右。

施子中收碑银四两，馀二两纳去，使云碑不用原价可索也。灯下目昏作字潦草，恕之。

馀素①。

明人王兆云言，都穆“先生为郎，数奉使必游，游必凌幽险，探奇胜，考穷掌故，探金石古文，摹拓抄录，亡少挂漏。归老之日，门无杂宾，灶不突烟，意澹如也，惟日以雠讨著述为事。卒之日，家唯藏书数百十卷”②。据此推断，都穆藏书中当以金石碑版刻文为主。都穆撰有《都氏书目》若干卷，其中金石目录《金薤琳琅录》二十卷，仿洪适《隶释》之例，取金石文字，搜辑编次，各为辨证；《吴下冢墓遗文》专录吴中铭志之文，凡34首，皆诸家集中所没有收录的，故谓之遗文。

（二十五）丁　仁

丁　仁（生卒年不详）　字明德，号梅谷居士。常熟人。“登进士，授行人，升司正，册封庆符王坚却馈遣，升南京工部郎中”③，历广西布政司左参议。皆有惠政。

丁仁雅好藏书，“冲静寡嗜好，蚤即勤学，壮岁多病，终日卧帷中，以是该览载籍。癸卯举于乡，上礼部不第，入南雍，李文安公傑时为祭酒，得其文异之。己未举进士，授行人司行人，考满升司正，柴薪岁折例有羡银数十两，仁取购书千卷庋于司中，诸行人无事得相与披阅，以为他日专对之助。正德中持节册封庆符王，使还藩府馈遗，皆峻谢”④。据此可知，丁仁尝以其俸禄购书相与披阅，以泽惠他人。

（二十六）钱仁夫

钱仁夫（1446—1526）　字士宏，晚号东湖居士，常熟古里村人。“苏元孙，少学于陈九畴，阅性理之学，举进士，年五十四矣”⑤。授都水司主事，分司临清，官工部员外郎，以刘瑾擅权，遂引疾归。《康熙常熟县志》载：仁夫“为文雅赡有体裁，不事

---

① 参见故宫博物院藏都穆《行书致存礼札》墨迹。

② （明）王兆云撰：《皇明词林人物考》卷九《都玄敬穆》，见《续修四库全书》编纂委员会、复旦大学图书馆古籍部编：《续修四库全书》第532册，上海古籍出版社2003年版，第673页。

③ （清）郑钟祥、张瀛修，（清）庞鸿文等纂：《光绪常昭合志稿》卷二十四《人物三·耆旧·丁仁传》，见《中国地方志集成·江苏府县志辑》（22），江苏古籍出版社1991年版，第358页。

④ （清）高士鸃，杨振藻修，（清）钱陆灿等纂：《康熙常熟县志》卷十七《邑人·丁仁传》，见《中国地方志集成·江苏府县志辑》（21），江苏古籍出版社1991年版，第408页。

⑤ （清）郑钟祥、张瀛修，（清）庞鸿文等纂：《光绪常昭合志稿》卷二十四《人物三·耆旧·钱仁夫传》，见《中国地方志集成·江苏府县志辑》（22），江苏古籍出版社1991年版，第354页。

雕篆,诗和婉有唐人风,所著有《归闲文纂》八卷、《水部诗历》八卷、《和高季迪吴中百咏》一卷和《鸣鹤余音》一卷。字学四体,皆善隶,尤精画山水、竹石,有逸致,号东湖居士"①。曾在虞山东麓筑"钱公读书堂"。

钱公喜聚书,且"博综群籍,览已辄记,老犹不忘"②,东湖书院为钱仁夫藏书室名,今中国国家图书馆藏书《春秋集注》为南宋德祐元年(1275)卫宗武华亭义塾刻本,有钱仁夫"天游轩印"。"所藏书另有'钱仁夫''言以达其心''自成一家'"③等钤记。东湖书院藏书,所藏传至子璠后即散失。

(二十七)陈　察

陈　察(生卒年不详)　字原习,一作元习,号虞山,又号扬清子,常熟人。陈寰④兄。其"先世弋阳人。宋丞相康伯子安节为防御使,巡海至常熟卒,子幼遂家焉,是为县南陈氏之祖。曾祖芳,字继芳。祖璇,字叔维,号市南清隐,皆有义行。璇弟玉,字叔英,亦积善好义。父稷,字允材,秉性淳懿,好以礼容自摄。平生耻言人过,喜愠不形。察弘治十五年进士,授南昌推官"⑤。《康熙常熟县志》载:陈察,"弘治末举进士,除南昌推官,满三载高第,拜南京山东道御史,召改湖广道","累迁浙江按察司佥事、副使,又三迁入为南光禄卿,寻以左佥都御史巡抚南赣督军务"⑥。察居官清廉,性耿直言,"以言事忤旨,斥为民。察居官廉,既归,敝衣砺食而已"⑦。卒葬报慈里。所著有《名贤行略》,《义慈集》前集四卷、后集四卷,《虞山奏议》十卷,《陈虞山先生集》十三卷附一卷,《名臣观感集》二卷,《奕世清风录》六卷等。生平事迹参见《明史》卷二百三《列传第九十一·陈察传》、明过庭训《本朝分省人物考》卷二十二《陈察传》。

陈察喜藏书,"插架万卷,多地方和民族文献。与杨仪、赵用贤、赵琦美等人藏书齐名"⑧。"尝请简儒臣一二尽校天下书,非掌故业者无得蓄,时尤怪之"⑨。于县治

---

① (清)高士鸃,杨振藻修,(清)钱陆灿等纂:《康熙常熟县志》卷十七《邑人·钱仁夫传》,见《中国地方志集成·江苏府县志辑》(21),江苏古籍出版社1991年版,第408页。

② (清)高士鸃,杨振藻修,(清)钱陆灿等纂:《康熙常熟县志》卷十七《邑人·钱仁夫传》,见《中国地方志集成·江苏府县志辑》(21),江苏古籍出版社1991年版,第408页。

③ 戈炳根主编:《常熟国家历史文化名城词典》,上海辞书出版社2003年版,第417页。

④ 按:陈寰,字原大,号琴溪,常熟人。察弟。明正德六年(1511)辛未科进士。据《重修常昭合志》载:寰少警敏,登进士,选庶吉士,授检讨。嘉靖初预修《武宗实录》,以荐为经筵将官,迁南京国子监思业,官至国子监祭酒。著有《琴溪集》二十卷。

⑤ (民国)丁祖荫、徐兆玮总纂,常熟市地方志编纂委员会办公室标校:《重修常昭合志》卷二十《人物志·陈察》,上海社会科学院出版社2002年版,第1015页。

⑥ (清)高士鸃,杨振藻修,(清)钱陆灿等纂:《康熙常熟县志》卷十七《邑人·陈察传》,见《中国地方志集成·江苏府县志辑》(21),江苏古籍出版社1991年版,第409—410页。

⑦ 江燕、文明元、王珏点校:《新纂云南通志》卷一百七十九《名宦传二》,第8册,云南人民出版社2007年版,第23页。

⑧ 李玉安、黄正雨编著:《中国藏书家通典·明》,中国国际文化出版社2005年版,第217页。

⑨ (明)刘凤撰:《续吴先贤赞》卷五《陈察传》,中华书局1985年版,第47页。

南建虞山精舍、至乐楼以贮书，搜罗图书颇多，有宋本《乐书》三十册，“是书卷首有长方朱文‘苏州常熟虞山精舍至乐楼主人河南道御史陈察原习之记’”①；明刊本《旧唐书》二百卷，“闻人铨、杨循吉、文徵明序此本。旧藏稽瑞楼陈氏传录叶石君校本，目录后有题记云‘辛丑岁三月十九日借得钱遵王所藏至乐楼钞本校’”②；明正德刊本《道乡先生邹忠公文集》四十卷，“卷首有巨印，其文曰‘苏州常熟虞山精舍至乐楼主人河南道御史陈察原习之印’”③；《道乡先生邹忠公文集》四十卷，“明正德刊本，季沧苇藏书，宋邹浩撰。后附《谏哲宗立刘后疏》一篇，为续集。同里陈御史察、泰兴季御史振宜俱有印记”④。据此可知，陈察藏书亦甚精。

陈察亦好抄书与刻书，其钞本有后晋刘昫《唐书》二百卷，《十七史商榷》记载，常熟钱敏求名逸，藏有至乐楼钞本，至乐楼钞本即是绍兴本⑤。又抄有唐沈亚之《沈下贤文集》十二卷。正德十五年(1520)刻印过邵宝《学史》十三卷，又辑刻《义慈集》前集四卷、后集四卷，《奕世清风录》六卷等。

(二十八)陆　经

陆　经(生卒年不详)　字载道，常熟人。明“弘治十五年壬戌康海榜进士，云南大理卫籍，官行人”⑥。《正德云南志》载：“陆经载道，弘治壬戌进士。”⑦“由进士任严州推官，时捐俸分散六邑，积谷备赈，造读书楼五间于署之东，储书一百部于上。”⑧

(二十九)徐　缙

徐　缙(1482—1548)　字子容，号崦西，俗呼“徐天官”，吴县西山东河人。“幼即敏异，出语惊人。王文恪鏊有女通经史，为择婿，一见缙，奇之曰：‘西山乃是儿郎？’遂以女许之。携至京师，命受《易》于靳贵，得其传。弘治乙丑成进士，选庶吉士，授编修。奉命册封辽藩，赠遣悉却。乙亥进侍读，兼日讲。嘉靖乙酉典应天乡

---

① (清)曹元忠著：《笺经室所见宋元书题跋》，江苏省立苏州图书馆，1940年版，第3页。

② (清)瞿镛撰：《铁琴铜剑楼藏书目录》卷第八《史部一》，见《清人书目题跋丛刊三》，中华书局1990年版，第132页。

③ (清)瞿镛撰：《铁琴铜剑楼藏书目录》卷第二十《集部二》，见《清人书目题跋丛刊三》，中华书局1990年版，第315页。

④ (清)张金吾撰，柳向春整理，吴格审定：《爱日精庐藏书志》卷三十，上海古籍出版社2014年版，第513页。

⑤ 参见(清)王鸣盛撰，黄曙辉点校：《十七史商榷》卷六十九《旧唐书各种本不同宜择善而从》，上海古籍出版社2013年版，第961—962页。

⑥ (清)李铭皖、谭钧培修，(清)冯桂芬纂：《同治苏州府志(二)》卷六十《选举二》，见《中国地方志集成·江苏府县志辑》(8)，江苏古籍出版社1991年版，第612页。

⑦ (明)周季凤纂修：正德《云南志》卷十《武定军民府》，见方国瑜主编，徐文德等纂录校订：《云南史料丛刊》第六卷，云南大学出版社2000年版，第197页。

⑧ 蒋镜寰辑：《吴中先哲藏书考略》，见徐雁、王燕均主编：《中国历史藏书论著读本》下卷《导读》，四川大学出版社1990年版，第657页。

试，得人独盛，擢少詹事兼学士，迁礼部右侍郎，充经筵讲官”[①]，官至吏部左侍郎摄尚书事，其勤学好问，应事有功，卒赐葬祭，谥文敏。著有《经筵讲义》六卷、《徐文敏公文集》五卷。《同治苏州府志》卷八十《人物七》有其传。

关于徐缙藏书故实见于《士礼居藏书题跋记》所载影宋钞本《书苑菁华》二十卷，缙子徐玄佐跋：“《书苑菁华》，其原本乃先君文敏公所遗，宋朝佳刻也。仲兄珍藏箧笥，宦游携行已经三十年余。近兄物故，犹子不暇检阅，径失去第十六卷至终一册。余甚惜之，复恐他日并其所有而亡，遂取过摹写，藏于斋阁。后闻五芝龚君亦有是书，且不吝假人，又得请归续录完之。噫！凡物聚散得失，固有时也，亦由乎人也。今偶留心典籍，以全古人之书，以存先子遗书之意也，岂不快哉！万历七年七月既望东海徐玄佐谨识。”[②]宋版《六臣注文选》，明王世贞跋云：“余所见宋本《文选》，亡虑数种。此本缮刻极精，纸用澄心堂，墨用奚氏。旧为赵承旨所宝，往见于同年生朱太史家，云得之徐太宰所，几欲夺之，义不可而止。”又周天球跋云：“余少时尝见是书于崦西公家，后有文敏跋语数十字，当是松雪斋中物，今五十余年。年复见于仲嘉处，纸墨如新，良可宝也。”又张凤翼跋云：“予尝见此书于徐文敏嗣君架上，云是文敏所钟爱，以贻其后之人者。其纸墨精好，神采焕发，令人不忍去手。且其间有赵文敏识数语，则知此书尝入松雪斋中。夫前后相去二百年而遥，而去一文敏，复归一文敏，岂《文选》之为文也，固自有夙缘耶？”[③]明刊本《注解章泉涧泉二先生选唐诗》五卷，宋赵蕃、韩淲辑，钤有“‘徐缙珍赏’‘徐氏珍藏’‘玉堂学士’‘徐玄佐印’，皆朱文，‘经筵日讲官’白文，‘汪士钟印’白，‘阆源真赏’朱各印。是书刊印精美，为徐文敏旧藏，玄佐其子也”[④]。

徐缙藏书后由其子徐玄佐[⑤]递藏。徐玄佐，明藏书家，其《才调集跋》云：“蜀韦縠《才调集》十卷，本朝所未刊，诸公所未睹者也。先君文敏公素有此书，盖宋刻佳本，惜分授之时，匆忙失简，逸去其半。后逾三十年，幸交符君望云，获闻其亲钱复正氏有钞本家藏，因而假归，特浼知旧马公佐照其款制摹以配之，共计一百十有六幅，凡二千七十三行。装池甫毕，展卷焕然，顿还旧观矣。后之人勿视为寻常物也。万历甲申腊月十日，华亭徐玄佐记。”

（三十）魏　校

魏　校（1483—1543）　字子才，一作子材，昆山人。母为徐有贞之女。“其先本

① （清）金友理撰，薛正兴校点：《太湖备考》卷八，江苏古籍出版社1998年版，第361页。

② （清）黄丕烈著，潘祖荫辑，周少川点校：《士礼居藏书题跋记》卷三《子类》，书目文献出版社1989年版，第103—104页。

③ （清）于敏中等撰：《天禄琳琅书目》卷三，见《清人书目题跋丛刊十》，中华书局1995年版，第56—57页。

④ 傅增湘撰：《藏园群书经眼录》卷十八《集部七》，中华书局1983年版，第1517页。

⑤ 按：徐玄佐，徐缙子，明藏书家。其藏书印有“徐氏玄佐”“震泽草堂图书”“孺子后人”三印。

李姓,居苏州葑门之庄渠,因自号‘庄渠’。弘治十八年成进士。历南京刑部郎中。守备太监刘琅藉刘瑾势张甚,或自判状送法司,莫敢抗者。校直行己意,无所徇。改兵部郎中,移疾归。嘉靖初,起为广东提学副使。丁忧,服阕,补江西兵备副使。累迁国子祭酒,太常卿,寻致仕。”[①]卒“赠礼部侍郎,赐葬吴县阳山,谥恭简,有司建祠与贤里春秋致祀”[②]。魏校“才敏而好学,一目四行俱下,弱冠高第”。“移疾家居,倡为复性之学,讲道星溪,从游者尝百人。……所著书甚多,《五经》《大学》皆有纂述盛于世。又尝谓六典让于秦后世不能行,则惟以秦为师,作《周礼沿革传》;六书变于秦后世不能知,亦惟以秦为师,作《六书精蕴》二书”[③]。《信义志》载其所著有“《体仁说》《大学指归》《六书精蕴》《春秋经世书》《周礼沿革传》《师说语录》等书”[④],又有《经世策》《官职会通》《庄渠遗书》等传世。生平事迹参见明焦竑《焦太史编辑国朝献征录》卷七十《太常寺卿魏公校传》、明万历《重修昆山县志》卷六《人物二·魏校传》及明周复俊《东吴名贤记》卷下《太常卿赠礼部侍郎恭简魏公校》。

魏校博览群籍,“私淑居仁,贯诸儒之说,择执尤精,而自言所得要以主静为功,至于天文、地纪、人伦、物理、器数之要,礼乐之原,靡不悉其条理,天下贤士大夫翕然宗之,称为庄渠先生,从游者尝百人。唐顺之、王应电、王敬臣、归有光皆其弟子,有光又侄婿也”[⑤]。魏校与李承勋、胡世宁、余佑善,并称“南都四君子”。《皇明词林人物考》亦载,魏氏“恬静端确,笃志学问,始而肆力坟典,继而反之身心内外交养,盖非一偏之学也。自历官以至居乡,自持瞿瞿事必先依成法,俨然朝夕守而勿渝。历官堂卿,而澹若寒士,盖亦士林中不几见者。东南人品此其第一流者矣,至今士林无不仰慕之”[⑥]。

魏校好藏书,其藏书故实见于《信义志》卷三《宅第园亭》:魏恭简公校第在星溪,中有讲堂,为庄渠先生讲学之所。魏稷臣[⑦]和归庄诗韵曰:“讲堂颓垣近若堂,君来寻访话连床。陇沙犹带云雷气,坛树常留剑履光。遗后有书推国献,乱余无壁问家藏。寒烟漠漠落霞起,俯仰先畴吊夕阳。落星溪上赐书堂,断碣惟馀拜石床。我

① (清)张廷玉等纂修:《明史》卷二百八十二《列传第一百七十·魏校传》,中华书局1974年版,第7250页。

② (清)陈至言纂,于炳炎重订:《信义志》卷五《人物》,见《中国地方志集成》之《乡镇志专辑》(8),江苏古籍出版社1992年版,第401页。

③ (明)张大复撰:《皇明昆山人物传》卷六《魏校》,见《续修四库全书》编纂委员会、复旦大学图书馆古籍部编:《续修四库全书》第541册,上海古籍出版社2003年版,第631—632页。

④ (清)陈至言纂,于炳炎重订:《信义志》卷五《人物》,见《中国地方志集成》之《乡镇志专辑》(8),江苏古籍出版社1992年版,第401页。

⑤ (清)陈至言纂,于炳炎重订:《信义志》卷五《人物》,见《中国地方志集成》之《乡镇志专辑》(8),江苏古籍出版社1992年版,第401页。

⑥ (明)王兆云撰:《皇明词林人物考》卷五《魏恭简校》,见《续修四库全书》编纂委员会、复旦大学图书馆古籍部编:《续修四库全书》第532册,上海古籍出版社2003年版,第559页。

⑦ 参见(清)诸世器撰:《菉溪志》,见《中国地方志集成》之《乡镇志专辑》(8),江苏古籍出版社1992年版,第349页。

祖音徽谁接响，君家著作又重光。程门揖让风流远，鹿洞衣冠月影藏。高唱不堪巴里和，深惭萤火答秋阳。”①据此，可知魏校藏书甚丰。

魏校亦刻书，曾“刻印方鹏《矫亭存稿》十八卷《续稿》八卷”②。其子魏希明（1502—1540），字诚甫，昆山人。归有光之妹婿。魏氏受其家庭影响，笃嗜藏书，归有光论其藏书事迹曰：“诚甫生平无弟子之好，独购书数千卷，及古法书名画，苟欲得之，辄费不赀。其乐善慕义，常忻忻焉。以故郡中名士，多喜与诚甫交。每之郡，从之游者，率文学儒雅之流也。去其家数里，地名高墟，诚甫乐其幽胜，筑别业焉。枝山祝允明作《高墟赋》，以著其志。诚甫补太学，三试京闱不第，以病自废。居家，犹日哀聚图史。……客至，出所藏翻阅，比罢去，未尝有倦容。终已不改其所好。至于生产聚畜，绝不膺于心。固承藉祖父，亦其性有以然也。”③

（三十一）丁　奉

丁　奉（1480—1543）　字献之，号南湖，又号仅庵，常熟人，居尚湖南，故号之。“少孤贫，淬励举子业，治毛诗，通诸经史，工诗文”④，与方鹏、陈察相善。登“正德戊辰进士。官司封郎中。年三十九致仕”⑤。薛应旂云：“海虞丁南湖先生举进士，历官南验部封郎中，正德中以诖误去。既谏垣白其事，诏复登用，时值其舅氏陆水村位冢宰，累遗书促之起，先生辞不赴，雅志艺文，多所著述。”⑥致仕后，丁俸筑室于尚湖之滨，建教堂、乐愚斋、三角亭、代胜山等，曾撰写脍炙人口的《尚湖赋》《虞山赋》等，现今常熟尚湖公园便刻有其《尚湖赋》。丁奉卒后，葬虞山，列祀于乡贤祠。《重修常昭合志》卷二十《人物》有其传。

丁奉以藏书著述为娱，喜购书藏之，利用所藏之书著述数种。志书称其仕至后“寄傲湖山，沉酣六籍，训注五经”⑦，“有《通鉴节要》《丁吏部文选》”⑧。瞿景淳言其“悠然物外，闭门著书，所述作甚富”⑨，“著《五经臆言》四十卷，《通鉴节要》五十卷，

---

① （清）陈至言纂，于炳炎重订：《信义志》卷三《宅第园亭》，见《中国地方志集成》之《乡镇志专辑》（8），江苏古籍出版社1992年版，第386页。

② 瞿冕良编著：《中国古籍版刻辞典》，苏州大学出版社2009年版，第963页。

③ （明）归有光著，赵伯陶选注评点：《归有光文选》之《魏诚甫行状》，苏州大学出版社2001年版，第53页。

④ （清）高士鸃，杨振藻修，（清）钱陆灿等纂：《康熙常熟县志》卷十七《邑人·丁奉传》，见《中国地方志集成·江苏府县志辑》（21），江苏古籍出版社1991年版，第411页。

⑤ （明）朱国祯著：《涌幢小品》卷之十三《蚤致仕》，中华书局1959年版，第291页。

⑥ （明）丁奉撰：《南湖先生文选》附（明）薛应旂《南湖留稿序》，见《四库全书存目丛书》编纂委员会.：《四库全书存目丛书》集部，第65册，齐鲁书社1997年版，第192—193页。

⑦ （清）高士鸃，杨振藻修，（清）钱陆灿等纂：《康熙常熟县志》卷十七《邑人·丁奉传》，见《中国地方志集成·江苏府县志辑》（21），江苏古籍出版社1991年版，第411页。

⑧ 瞿冕良撰：《常熟先哲藏书考略》，见徐雁、王燕均主编：《中国历史藏书论著读本》下卷《导读》，四川大学出版社1990年版，第678页。

⑨ （明）丁奉撰：《南湖先生文选》附（明）瞿景淳《南湖逸稿序》，见《四库全书存目丛书》编纂委员会.：《四库全书存目丛书》集部，第65册，齐鲁书社1997年版，第191页。

作《赞断》千余条,《南湖留稿》十二卷”①。方鹏赞云:“公平生著述,自时文而下有《阅史迂论》《五经臆言》《通鉴》《赞断》等书,皆无虑万言,类能发前人所未发,已为好事者梓行矣。然皆矩趋法步,不能尽其才者,而此稿则其纵辔横奔,出入绳墨,大可为词人典则,虽传之天下,将无有弗爱而弗珍者矣。噫,公去而稿留,《留稿》固所以留公也。”②

(三十二)方 鹏

方 鹏(1470—1542) 字子凤,一字时举,号矫亭,昆山人。“自幼岐嶷能记忆生事,人甚异之。”③“正德戊辰进士,授南礼部主事。改南刑部,历员外、郎中,改南兵部、礼部,出为浙江参议,历山西副使。用荐改右春坊右庶子,兼翰林修撰,迁南太常卿。”④“以疾告归。屡荐不起,高卧南渎者十余年,足迹不入城府,自重之操人所难及。为诗文典雅,不尚雕琢,有《矫亭集》《责备余谈》《续观感录》《昆山志》。”⑤卒葬于昆山朱塘乡新渎里。生平事迹参见明张大复《皇明昆山人物传》卷六《方鹏传》及明过庭训《本朝分省人物考》卷二十二《方鹏传》。

方鹏告归后,与弟凤⑥同居南渎里,以藏书与著述为事,家居十年,足迹不入城市,家中有逸我园⑦,在昆山南星渎。方鹏记云:“逸我园者,先君辟之,予状而葺之,老而名之者也。中有堂三楹,扁曰‘溪南书屋’。左为先祠曰‘著存’,右为精舍曰‘待尽’。……临流对桥有门,大树曰‘逸我园’,所谓老而名之者也。予每旦度桥涉园,肃揖先祠,退就精舍,或读书,或赋诗,或焚香独坐。客至,或沦茗,或呼酒,非其人则辞。倦则或临池,或卧石,或命童子扫叶,或督畦丁艺蔬。日既暮则返于室。盖老于是,逸于是,以毕吾生而已。”⑧园中溪南书屋为方鹏藏书处。方鹏亦尝自云:“予性无他好,惟书癖,常积书共若干卷,类而藏之溪南书屋。一曰时制,二曰经传,三曰史,四曰文集,五曰诗集,六曰杂集,凡六等也。”⑨

---

① (清)郑钟祥、张瀛修,(清)庞鸿文等纂:《光绪常昭合志稿》卷二十五《人物四·耆旧·丁奉传》,见《中国地方志集成·江苏府县志辑》(22),江苏古籍出版社1991年版,第365页。

② (明)丁奉撰:《南湖先生文选》附(明)方鹏《南湖留稿序》,见《四库全书存目丛书》编纂委员会:《四库全书存目丛书》集部,第65册,齐鲁书社1997年版,第191页。

③ (明)周世昌撰:《万历重修昆山县志》卷六《人物二·方鹏传》,见刘兆佑主编:《中国史学丛书三编》第四辑,台湾学生书局1987年版,第597—598页。

④ (清)陈田辑撰:《明诗纪事·丁签》卷十六《方鹏》,上海古籍出版社1993年版,第1383页。

⑤ (明)周世昌撰:《万历重修昆山县志》卷六《人物二·方鹏传》,见刘兆佑主编:《中国史学丛书三编》第四辑,台湾学生书局1987年版,第597—598页。

⑥ 注:方凤,号改亭,以经术艺文与兄齐名,正德三年(1508)戊辰与兄鹏同登进士,天下艳称“二方”,授行人,转南京御史,寻出视广西学政,引疾不起,《本朝分省人物考》卷二十二有其传。

⑦ 按:是园为赠礼部主事方麟辟,子方鹏增葺。园已废,址亦失考。相传镇南之中巷浜,即当时之荷花池,浜南民家竹园内尚有湖石埋没其间,乡人至今呼浜南为园上。

⑧ 连德英修:《民国昆新两县续补合志》卷七《宅第园亭》,见《中国地方志集成·江苏府县志辑》(17),江苏古籍出版社1991年版,第392页。

⑨ (明)方鹏撰:《矫亭存稿》卷三《家藏书目序》,《四库全书存目丛书》编纂委员会编:《四库全书存目丛书》集部,第61册,齐鲁书社1997年版,第549页。

藏书室名曰矫亭。“《曹公威昆山图书馆书目》序云,方鹏矫亭氏藏书甚富。”[①]

(三十三)周　坤

周　坤(生卒年不详)　字顺卿,号承斋,遂子,太仓人。“正德三年戊辰吕柟榜,官宁波知府”[②],因不善奉迎而去官归,辟后乐园,徜徉其间二十年。其藏书处曰昭远楼。张寰《登昭远楼》云:“高楼凭野缘,落日敛霞红。万卷书何富,千年道不穷。瑞芝征世裔,乔木振高风。结社兹堪老,忘机共海翁。”[③]

(三十四)卢　雍

卢　雍(1474—1521)　字师邵,号古园,明吴县横金人。“正德辛未进士,授御史”[④],出按四川,有惠政,迁擢四川提学副使,未仕卒。卢雍“天资有大过人者,性尤嗜学,平居手不释卷,程文若拟古诗词清润圆融,不事刻削而新意层出。少受知于太保吴文定公、太傅王文恪公、都御史瓜泾徐公,入朝尤为太师李文正公所喜,有相见恨晚之叹。所著有《方舟联舫》二集及奏疏、诗文稿总若干卷藏于家”[⑤]。卢雍曾出数十金于茶磨山右购置张姓地数亩,建石湖书院,祀范文穆公。

卢雍雅好藏书与抄书,尝校旧钞本《衍极》五卷,跋云:“宏(弘)治丙辰十月十二日,吴山卢雍谨录于长洲乌鹊桥寓所。”[⑥]又“弘治九年抄过元郑杓《衍极》二卷;弘治十八年补抄过宋司马光《温国文正司马公文集》九卷”[⑦]。此外,卢雍还校雠刻印过《永嘉八面锋》《董仲舒集》《松陵集》等。

(三十五)周　震

周　震(生卒年不详)　“字世亨,别号半塘。其先自吴兴徙昆山,有高年公寿谊,年百十六年。”[⑧]寿谊六世孙震,“正德庚午领乡荐,明年成进士,授江西饶州府鄱阳县知县”[⑨],“姚源贼起,震协剿有功。时属邑近姚源者得蠲租,独鄱阳不与。震一鄱去姚源虽远,而以饷援,故民实不胜劳疲,力请得如例。公暇与诸生讲经课业,治声大著。擢监察御史,疏论豫储、广孝、懋学、勤治、选将、练士、信赏、必罚八

---

① 梁战、郭群一编著:《历代藏书家辞典》,陕西人民出版社1991年版,第21页。

② (清)李铭皖、谭钧培修,(清)冯桂芬纂:《同治苏州府志(二)》卷六十《选举二》,第3册,见《中国地方志集成·江苏府县志》(8),江苏古籍出版社1991年版,第612页。

③ 叶瑞宝主编:《苏州藏书史》第三章《苏州私家藏书》,江苏古籍出版社2000年版,第196页。

④ (清)李铭皖、谭钧培修,(清)冯桂芬纂:《同治苏州府志(三)》卷八十《人物七》,第3册,见《中国地方志集成·江苏府县志》(9),江苏古籍出版社1991年版,第153页。

⑤ (明)邵宝撰:《容春堂续集》卷十三《明故四川按察司提学副使卢君墓表》,见(清)永瑢、纪昀等编纂:《四库全书》第1258册,上海古籍出版社1987年版,景印文渊阁本,第616—617页。

⑥ (清)黄丕烈著,潘祖荫辑,周少川点校:《士礼居藏书题跋记》卷三《子类》,书目文献出版社1989年版,第105页。

⑦ 瞿冕良编著:《中国古籍版刻辞典》,苏州大学出版社2009年版,第156页。

⑧ (明)张大复撰:《皇明昆山人物传》卷六《周震》,见《续修四库全书》编纂委员会、复旦大学图书馆古籍部编:《续修四库全书》第541册,上海古籍出版社2003年版,第622页。

⑨ (明)张大复撰:《皇明昆山人物传》卷六《周震》,见《续修四库全书》编纂委员会、复旦大学图书馆古籍部编:《续修四库全书》第541册,上海古籍出版社2003年版,第622—623页。

事。……辛巳，巡按河南，寻迁浙江佥事，转广东参议。以不能逢迎，罢归”①。归，“囊中萧然”②。“有《半塘稿》《南巡录》《章奏》若干卷藏于家”③。

周氏子孙多寿考，后人名其堂曰世寿堂，陈全之云：“昆山周寿谊年一百一十三岁，生于宋而乡饮于洪武五年，子孙皆百岁，家建世寿堂，六世孙震正德中鄱阳，出世寿卷，士大夫题咏之。”④

（三十六）王同祖

王同祖（1497—1551）　字绳武，号飞泉道人，又号前峰，昆山人。文徵明之甥。“正德己卯举于乡，庚辰举于礼部会，武宗南巡未及廷试，以嘉靖辛巳赐进士出身，选翰林院庶吉士，授编修。”⑤因议礼与张敬孚不合被斥逐。后为春坊校书，迁南京国子司业。嘉靖二十一年（1542）以上疏言事忤旨落职。王氏通籍三十年，立朝仅五年，时论惜之。王同祖“善行书，结构润密，波润焕发，不减古人”⑥。《佩文斋书画谱》载：王同祖，“字绳武，昆山人，文太史甥。为诗清丽，有唐人风。善草隶。二十四，荐南宫，明年始廷试，改翰林，授编修，终国子司业”⑦。撰有《五龙山人集》六十卷、《载笔录》，辑《东吴水利考》。

王同祖才智过人，诗、文、书法皆名擅一时，与同里顾梦圭、周复俊并称“昆山三俊”。张大复云：“公既绩学有闻，读书中秘，益事宏博，六经子史外，阴阳律历，山经地志，下至稗官、小说，无不记览。为文章操纸笔立书，融畅尔雅。”⑧受舅父文徵明影响，喜收藏，好刻书，尝刻印过自撰《五龙山人集》十卷。

（三十七）张　寰

张　寰（1468—1561）　字允清，号石川，明昆山人。“登嘉靖元年辛巳榜进士第，知济宁州，旋改濮州，内服阕，又补开州，所至多惠劳……寻升刑部山西清吏司员外郎，尚书以公才摄浙江司郎中事，独循宽法，人以无冤。刑部考满，封父祁州公奉

① （清）张鸿、王汝缘修，王学浩等纂：《道光昆新两县志》卷二十二《政绩·周震》，见《中国地方志集成·江苏府县志辑》（15），江苏古籍出版社1991年版，第334—335页。

② （清）李铭皖、谭钧培修，（清）冯桂芬纂：《同治苏州府志（三）》卷九十二《人物十九》，第3册，见《中国地方志集成·江苏府县志》（9），江苏古籍出版社1991年版，第414页。

③ （明）张大复撰：《皇明昆山人物传》卷六《周震》，见《续修四库全书》编纂委员会、复旦大学图书馆古籍部编：《续修四库全书》第541册，上海古籍出版社2003年版，第622页。

④ （明）陈全之著，顾静标点：《蓬窗日录》卷六《纪事二》，上海书店出版社2009年版，第286页。

⑤ （明）张大复撰：《皇明昆山人物传》卷七《王同祖》，见《续修四库全书》编纂委员会、复旦大学图书馆古籍部编：《续修四库全书》第541册，上海古籍出版社2003年版，第644页。

⑥ （明）朱谋垔《续书史会要》，见（明）陶宗仪，（明）朱谋垔撰，徐美洁点校：《书史会要·续书史会要》，浙江人民美术出版社2012年版，第361页。

⑦ （清）王原祁纂辑，孙霞整理：《佩文斋书画谱》卷四十二，第3册，文物出版社2013年版，第1767页。

⑧ （明）张大复撰：《皇明昆山人物传》卷七《王同祖》，见《续修四库全书》编纂委员会、复旦大学图书馆古籍部编：《续修四库全书》第541册，上海古籍出版社2003年版，第644页。

直大夫，再疏乞终养”[①]，“后以通政参议致仕。性质坦夷，议度潇丽，平生未尝谈人之过”[②]，以读书自娱。著有《耆龄考终录》《两山（庐山、武夷山）游录》《张通参议》，校刊《庐溪先生文集》五十卷。生平事迹参见明刘凤《续吴先贤赞》卷六《张寰传》。

其父张安甫（1454—1537），字汝勉，昆山人。《万历重修昆山县志》卷六载：其为“和侄，性旷达，由进士授祁州知州，凡四载时称循吏，内艰服阕，即乞退休，铨部高其恬退，特嘉奖，劳进四川参议职衔服色致仕”[③]。致仕时，年未五十也。先业在横塘，凿方池，作亭其上，因自号“天方”。其“性敏好学，垂髫时，为文章颖彩葩流”[④]。好登览，吴越名胜无不游，游辄有题咏。声利宠辱，不足以没其心。卒后，乡人私谥贞简先生。著有《燕寿堂集》、《天方集》二十卷。

张寰受其父影响，嗜读书，又好聚书，“筑崇古楼，聚书甚富”[⑤]。张寰致仕后，“则日以图史自娱，临摹法书，挥翰竟日不倦。而好游名山，凡东南有佳胜处，屐齿屡遍。置义田以赡宗族，少年有善，推奖逾分，人多依归之”[⑥]。《苏州府志》亦称其“致仕归，惟以图史自娱。人望之，萧然有神仙之气”[⑦]。所藏书多钤有其藏印：石川张氏崇古楼珍藏印、石川张氏崇古楼收藏印、张氏允清、石川世居。

《涵芬楼烬余书录》载，张氏藏有宋刊本《圣宋名贤五百家播芳大全文粹》四十册，为南宋绍熙建阳崇化魏齐贤富学堂刻本，钤有“石川张氏崇古楼珍藏印”[⑧]，此书入清又为季振宜所有，以其钤有“季振宜藏书”印记可证。又有“涵芬楼”“海盐张元济经收”等印记。今藏中国国家图书馆。宋版《汉隽》十卷，记云“延陵张氏、泰兴季氏、北平邵氏藏本。张寰字宇清，号石川，昆山人，正德辛巳进士，嘉靖间官通政司参议。有‘扬州季氏’‘沧苇’‘振宜之印’‘延陵张氏三凤堂印’‘北平邵氏家藏’‘江左’‘新夷馆印’‘石川张氏崇古楼珍藏印’‘芝园’‘宜斋文府’‘竹坞’‘古吴王氏’‘梅溪精舍’”等印[⑨]。傅增湘《藏园群书经眼录》有其宋刊本《汉隽》十卷，傅氏按：“清宫藏书，付厂市装订，因得见之。”“钤有‘徐乾学’‘季振宜’‘三凤堂’‘玉兰堂’

---

① （明）张大复撰：《皇明昆山人物传》卷七《张寰》，见《续修四库全书》编纂委员会、复旦大学图书馆古籍部编：《续修四库全书》第541册，上海古籍出版社2003年版，第643页。

② （明）周世昌撰：《万历重修昆山县志》卷六《人物二·张寰传》，见刘兆佑主编：《中国史学丛书三编》第四辑，台湾学生书局1987年版，第601页。

③ （明）周世昌撰：《万历重修昆山县志》卷六《人物二·张安甫传》，见刘兆佑主编：《中国史学丛书三编》第四辑，台湾学生书局1987年版，第586页。

④ （明）张大复撰：《皇明昆山人物传》卷五《张安甫》，见《续修四库全书》编纂委员会、复旦大学图书馆古籍部编：《续修四库全书》第541册，上海古籍出版社2003年版，第618页。

⑤ 瞿冕良编著：《中国古籍版刻辞典》，苏州大学出版社2009年版，第311页。

⑥ （明）过庭训撰：《本朝分省人物考》卷二十三《张寰》，见《续修四库全书》编纂委员会、复旦大学图书馆古籍部编：《续修四库全书》第533册，上海古籍出版社2003年版，第475页。

⑦ （清）叶昌炽著，王欣夫补正，徐鹏辑：《藏书纪事诗》卷二，上海古籍出版社1989年版，第145页。

⑧ 张元济《涵芬楼烬余书录》集部《圣宋名贤五百家播芳大全文粹》，见张元济著：《张元济全集》第8卷《古籍研究著作》，商务印书馆2009年版，第442页。

⑨ （清）彭元瑞等撰：《天禄琳琅书目后编》卷四，见《清人书目题跋丛刊十》，中华书局1995年版，第286页。

‘张允清’‘石川张氏崇古楼珍藏印’‘敬胜堂’‘桐轩’各印。又‘宜斋文府’‘北平邵氏家藏’印。”①又有《圣宋名贤五百家播芳大全文粹》,存一百卷,目录七卷,宋刊印本,钤有“吴江徐氏记事”“季振宜藏书”“石川张氏崇古楼珍藏印”诸印②。《式古堂书画考》载:“解祯期《临兰亭序》,有张寰跋,用‘张氏允清’‘石川世居’朱记。”③曾藏有“《雪楼集》,卷首有‘石川张氏崇古楼珍藏印’”④。

张寰不仅好藏书,亦喜刻书,嘉靖五年(1526)刻印过宋刘辰翁《须溪记钞》八卷,嘉靖三十九年(1560)刻印过杨麒《杨司空文集》二卷《外集》二卷,《中国古籍版刻辞典》均著录。

(三十八)陆　粲

陆　粲(1494—1551)　字子馀,一字浚明,一作子潜,人称贞山先生,自号烟霞山人,长洲甫里镇人。陆完从弟。查继佐云:“粲故家陈湖,未遇时,读书贞山中,人称贞山先生,久以名节自砥。”⑤黄佐亦称陆粲“尝读书贞山,远近闻其学行,称为贞山先生”⑥。陆粲幼颖悟绝人,“少谒同里王鏊,鏊异之曰:‘此子必以文名天下。’嘉靖五年成进士,选庶吉士。七试皆第一。张璁、桂萼尽出庶吉士为部曹、县令,粲以才独得工科给事中。劲挺敢言”⑦。后“坐劾张、桂,谪都匀驿丞,迁永新知县。有《贞山集》”⑧。陆粲早入词馆,颇负盛名。粲研心经史,学问宏博,著有《陆子馀集》《左氏春秋镌》《庚巳编》等。生平事迹参见黄佐《贞山先生给事中陆公粲墓表》、王世贞《前工科给事中赠太常寺少卿贞山陆公墓碑》、明过庭训《本朝分省人物考》卷二十三《陆粲传》、明文震孟《姑苏名贤小纪·给谏贞山先生陆公》。

陆粲嗜书,尝谪丞贵州都镇驿,“公抵谪所,旦夕读书如常,时士子执经请业,与之讲授,有掇科第者”⑨。藏书始于归里后,《皇明词林人物考》记述陆粲致仕归里后之情形云:“杜门无事,多购异书,习读之。于刘向所谓《七略》者,其校雠几遍,以至

---

① 傅增湘撰:《藏园群书经眼录》卷四《史部四》,中华书局1983年版,第522页。

② 傅增湘撰:《藏园群书经眼录》卷十八《集部七》,中华书局1983年版,第1525页。

③ (清)叶昌炽著,王欣夫补正,徐鹏辑:《藏书纪事诗》卷二,上海古籍出版社1989年版,第146页。

④ (清)叶昌炽著,王欣夫补正,徐鹏辑:《藏书纪事诗》卷二,上海古籍出版社1989年版,第146页。

⑤ (清)查继佐著:《罪惟录·列传》卷之十三《谏议诸臣列传中·陆粲传》,浙江古籍出版社1986年版,第2069页。

⑥ (明)黄佐《贞山先生给事中陆公粲墓表》,见(明)焦竑辑:《焦太史编辑国朝献征录》卷八十,《续修四库全书》编纂委员会、复旦大学图书馆古籍部编:《续修四库全书》第529册,上海古籍出版社2003年版,第348页。

⑦ (清)张廷玉等纂修:《明史》卷二百六《列传第九十四·陆粲传》,中华书局1974年版,第5448页。

⑧ (清)朱彝尊著,姚祖恩编,黄君坦校点:《静志居诗话》卷十二《陆粲》,人民文学出版社2006年版,第326页。

⑨ (明)黄佐《贞山先生给事中陆公粲墓表》,见(明)焦竑辑:《焦太史编辑国朝献征录》卷八十,《续修四库全书》编纂委员会、复旦大学图书馆古籍部编:《续修四库全书》第529册,上海古籍出版社2003年版,第349页。

老释、方技、黄衣、稗官之书，无不通晓。尤精先朝（元朝）掌故家言，与客谈，绳绳若冠珠。”[①]陆粲“嗜学，无不通，尤悉本朝典章，叩之若引绳贯珠，绳绳不可穷也。诗不多，独出机杼，不落窠臼，文尤雅健典则，自成一家，少受《春秋》，所著《春秋左氏镌》附注胡传辨疑，皆可观”[②]。陆粲尝述其弟陆采[③]藏书事迹云：“独好闻国朝故实，所至延访勤切，率多闻所未闻者。他如幽冥物恠，黄治变化之言，靡不采获，著之编录，黠者或谩言以中其意，君亦倾听弗疑。闻有奇人异书，不远数十百里走求之，其笃好如此。余与君俱侍吾伯兄子征，议论下上，自相师友，而嗜好略同。”[④]可见陆粲与陆采皆好藏书，家庭之内，意气相同，自相师友，借以好学博雅见重于后世。

粲子陆延枝，承其父藏书，又能读父书，“尤习知国朝典故，客有讯及者，洒洒谈如贯珠。独坐小楼，置万卷其中，日手一编不释”[⑤]。

（三十九）王　守

王　守（1492—1550）　字履约，号涵峰、九华山人。长洲人。王宠[⑥]兄。其“先世本章姓，父贞，赘郡之王氏，遂冒其姓。守为人端重，有蕴藉。嘉靖五年成进士，授宁波府推官，奏最，擢刑科给事中，寻转户科左给事，进吏科都给事”[⑦]。迁太常少卿，“转大理少卿，又转南光禄卿，寻进右佥都御史巡抚郧阳。改督南京粮储，又改理河道。进右副都御史，召还，守历数大官事，皆无可见，而宽简清静，未尝有所变更，卒亦无不治，人谓其令望足以镇之”[⑧]。王守与汤珍、祝允明、唐寅、文徵明辈交，诗宗盛唐，善书法，工治印。著有《石湖集》《履约集》《王蔡青蓝集》等。明王兆云《皇明词林人物考》卷九、明刘凤《续吴先贤赞》卷六及清《同治苏州府志》卷八十《人物七》等有其传。

王守与弟王宠（履吉）皆好藏书，宋本《元丰类稿》五十卷《续附》一卷，有“王履

---

① （明）王兆云撰：《皇明词林人物考》卷七《陆子馀粲》，见《续修四库全书》编纂委员会、复旦大学图书馆古籍部编：《续修四库全书》第532册，上海古籍出版社2003年版，第627页。

② （清）钱谦益著：《列朝诗集小传》丁集上《陆永新粲》，上海古籍出版社1959年版，第396页。

③ 按：陆采（1497—1537），名灼，更名采，字子玄，号天池山人，长洲人。

④ （明）陆粲撰：《陆子馀集》卷三《天池山人陆子玄墓志铭》，见（清）永瑢、纪昀等编纂：《四库全书》第1274册，上海古籍出版社1987年版，第619页。

⑤ （清）褚亨奭撰：《姑苏名贤后记·陆延枝传》，见陈其弟点校：《吴中小志续编》，广陵书社2013年版，第72页。

⑥ 注：王宠（1494—1533），字履仁、履吉，号雅宜山人，吴县人。明中叶著名书法家。太学生。王宠博学多才，雅好藏书，且藏书甚富，以藏宋椠元刻著于世，藏书印有王履吉、古吴王氏、王宠履吉、王印履吉、王履吉印等。又工篆刻，善山水、花鸟，其诗文在当时声誉很高，而尤以书名噪一时，书善小楷，行草尤为精妙。著有《雅宜山人集》，传世书迹有《诗册》《杂诗卷》《千字文》《古诗十九首》《李白古风诗卷》等。明过庭训《本朝分省人物考》卷二十三、明王兆云《皇明词林人物考》卷五及《同治苏州府志》卷八十《人物七》等有其传。

⑦ （清）周之桢纂：《同里志》卷十一《仕宦》，见沈春荣等点校：《同里志（两种）》，广陵书社2011年版，第126页。

⑧ （清）周之桢纂：《同里志》卷十一《仕宦》，见沈春荣等点校：《同里志（两种）》，广陵书社2011年版，第126—127页。

吉印”印[①]；元版本《通鉴总类》二十卷，“明文徵明文伯、王宠藏本，有玉兰堂、五峰樵客、王履吉印”等印[②]；元版《北户录》及《乐城集》九十六卷，皆有王履吉印[③]；元刊本《汉泉曹文贞公诗集》十卷，“卷首有‘王宠履吉’‘东海氏昆仑草堂记’二朱记”[④]。清道光十九年（1839）吴县人赵文麟获明文彭撰《文三桥诗稿》不分卷，原稿本，一册，书后钤有“吴门王守”“王履约印”。《涵芬楼烬余书录》子部明成化本《管子》，有“王履约印”；明版《黎昌先生集》二函十六册，“王宠藏本，字履吉，以书画接踵文徵明，有声，故有‘古吴画史’之章，后归檇李项氏。有‘履吉之印’‘古吴画史’‘墨林项氏’”[⑤]等藏印。

（四十）传胪袁袠

袁　袠（1502—1547）　字永之，号胥台山人，吴县人。“七岁赋诗，有奇语。十五试应天，即驰声场屋中。乙酉举乡试第一，明年成进士。时永嘉为学士，读先生卷，欲首荐，同事者恶其揽权，抑置二甲，改翰林院庶吉士。”[⑥]“张璁恶之，出为刑部主事，累迁广西提学佥事。两广自韩雍后，监司谒督府，率庭跪，袠独长揖。无何，谢病归”[⑦]，“有《胥台集》”[⑧]。生平事迹参见明文徵明《广西按察司佥事袁公袠墓志》。

---

① （清）杨绍和撰：《楹书偶录》卷五，见《续修四库全书》编纂委员会、复旦大学图书馆古籍部编：《续修四库全书》第926册，上海古籍出版社2003年版，第8页。

② （清）于敏中等撰：《天禄琳琅书目》卷五，见《清人书目题跋丛刊十》，中华书局1995年版，第100页。

③ 参见（清）于敏中等撰：《天禄琳琅书目》卷六，见《清人书目题跋丛刊十》，中华书局1995年版，第117、126页。

④ （清）瞿镛撰：《铁琴铜剑楼藏书目录》卷第二十二《集部四》，见《清人书目题跋丛刊三》，中华书局1990年版，第340页。

⑤ （清）彭元瑞等撰：《天禄琳琅书目后编》卷十八，见《清人书目题跋丛刊十》，中华书局1995年版，第434页。

⑥ （明）文震孟撰：《姑苏名贤小记》卷下《世学宪袁先生》，见陈其弟点校：《吴中小志续编》，广陵书社2013年版，第48页。

⑦ （清）张廷玉等纂修：《明史》卷二百八十七《列传第一百七十五·袁袠传》，中华书局1974年版，第7363页。

⑧ （清）朱彝尊著，姚祖恩编，黄君坦校点：《静志居诗话》卷十二《袁袠》，人民文学出版社2006年版，第328页。

袁褧与胞兄弟及堂兄弟袁衮[①]、袁裘[②]、袁褧[③]、袁表[④]、袁褒[⑤]，皆以藏书刻书名世，时称“袁氏六俊”。

文震孟亦述其事云：袁袠“自翰林出司曹，即以明法自任，已司武选，益务搜剔，不以显晦为意。既盛年，林居筑列岫楼于横塘，俯临湖山之盛胜。祛箧读书，群经子史，无不该览。所著撰，咸足为世用。年仅四十六而卒。子尊尼，亦为宪臣，视学政，以诗文世其家”[⑥]。钱谦益尝述袁氏兄弟之藏书事迹，言袁袠“归田后，读书横山别业，著《皇明献实》《吴中人物志》，甫脱稿而卒。伯兄表、仲兄褧，皆博学多藏书。子尊尼，字鲁望，嘉靖乙丑进士，授南礼部主事，历考功，升山东提学副使，好学能书，有集十二卷”[⑦]。文震孟亦述其事云：公归，“既盛年，林居筑列岫楼于横塘”。

袁氏后世子孙至清代乾嘉年间尚有袁廷梼（1764—1810），字又凯，一字寿阶，号绶阶，吴县人，“蓄书万卷，皆宋元椠刻，及金石牌版、法书名画之属”[⑧]。袁氏子孙之善守先世藏书，于此更可见其伟。故文徵明尝言袁氏“至君（袠）昆弟数人，藻发兢秀，突起闾阎，声生势长，隐然为文献之族”[⑨]，而表、褧、袠三兄弟，更为袁氏藏书之奠基者。

（四十一）杨　仪

杨　仪（1488—1564）　字梦羽，号五川舫子、七桧山人，常熟人。“嘉靖五年登进士，授工部主事，转礼、兵二部郎中”[⑩]，升山东按察副使，称病辞官归里，居住在迎恩桥东北忠胜巷。著有《格物通考》、《高坡异纂》、《南宫集》、《明良记》附《保孤记》、《螭头密语》、《金姬传》等，辑有《骊珠随录》十卷，编《七桧山房古虞文录》《文章表录》等。《光绪常昭合志稿》卷三十二有其传。

---

① 按：袁衮（1499—1548），据《同治苏州府志》卷八十《人物七》载：“字补之，嘉靖戊戌进士，授庐陵知县，勤于吏事……擢礼部主事，升员外郎，引疾归。衮长身玉立，美鬓髯，性和雅谦，下与母弟裘同居，终身不析产。历官十余年，家益落，然周恤亲党，不以有无为作辍也，殁后，庐陵人祀之名宦。”

② 按：袁裘（1509—1558），字绍之。吴县学生，屡试不利，益博涉经史及汉唐以来名家之文，所作诗歌古文词皆蕴藉醇雅。居家有孝行，晚循资贡礼部，未仕卒，有《志山诗集》。

③ 按：袁褧（1495—1573），字尚之，室名嘉趣堂。刻书以底本精良、善校细雕著称。其传世刻本主要有嘉靖十四年（1535）刻《世说新语》、嘉靖二十八年（1549）刻《六家文选注》以及《金声玉振集》等。

④ 按：袁表（1488—1553），字邦正，号宝华山人，晚号陶斋。太学生，授西城兵马司指挥，嘉靖十二年（1533）改南京中城兵马司副指挥。为人耿直，后以事忤权贵，致仕归，以藏书自娱，其藏书处为陶斋。

⑤ 按：袁褒（1499—1576），字与之，号镜机子。太学生。轻财好施，潜心读书。性恶佛老，晚卜居桃花坞，以吟咏自娱。又喜藏书，据《天禄琳琅书目》载，《文选》一书中钤其藏书印。著有《东窗笔记》《括囊稿》。室名“昌安堂”。藏印有“与之父”“镜机子”“袁与之氏”“袁季子”等。

⑥ （明）文震孟撰：《姑苏名贤小记》卷下《世学宪袁先生》，见陈其第点校：《吴中小志续编》，广陵书社2013年版，第48页。

⑦ （清）钱谦益著：《列朝诗集小传》丁集上《袁佥事袠》，上海古籍出版社1959年版，第397页。

⑧ （清）李元度著，易孟醇点校：《国朝先正事略》卷三十六《经学》，岳麓书社1991年版，第1028页。

⑨ （明）文徵明撰：《甫田集》卷三十三《广西提学佥事袁君墓志铭》，见（清）永瑢、纪昀等编纂：《四库全书》第1273册，上海古籍出版社1987年版，景印文渊阁本，第273页。

⑩ （清）高士鸃、杨振藻修，（清）钱陆灿等纂：《康熙常熟县志》卷二十《文苑·杨仪》，见《中国地方志集成·江苏府县志辑》（21），江苏古籍出版社1991年版，第487页。

杨仪高祖杨福，与黄钺[①]友善，黄钺有《赠贻谷杨兄名福》云："钺少与贻谷杨兄，同事笔砚，探讨古今。风晨月夕靡不相俱，兄才德十倍于钺，而不乐仕进，故前后与钺联名而辟于县者，三举于郡者，再皆以痼疾辞免。钺不才叨拜官谏垣，诏许归省两过寻旧游，因追谈往事濒别聊赋此以赠：'爱子茆堂静不尘，扁舟莫厌往来频。如兰自觉心情古，似梦还惊岁月新。架上经书千轴富，窗前花木一林春。严陵自是轻台鼎，相对惭为献纳臣。'"[②]其中诗句"架上经书千轴富"，可见杨仪高祖时，家中亦富藏书。其祖父杨集，字浩然，"景泰五年进士"[③]，除知安州，坐事落职归。其父杨舫，成化十三年(1477)举人，官莒州知州，"秩满致仕家居，多蓄古书，校雠不倦"[④]。"作贤贤堂，亲聚士以教。工古文词，其文明整，善述事情。著有《水利书》一卷，言水利者多取之，多记邑中故事，有集若干卷"[⑤]。

杨仪在家族影响下，尤嗜聚古籍，藏书多宋椠元刻及旧钞本，构七桧山房，别建万卷楼以贮之，以藏书著称于江南。杨仪藏书处位于常熟虞山镇迎恩桥东北原忠胜巷内。《康熙常熟县志》载："移疾归，惟以读书著述为事，构万卷楼，多聚宋元旧本、名人墨迹、鼎彝古器之属，江左推为博雅。"[⑥]《同治苏州府志》载："杨副使仪宅在迎恩桥东北，有万卷楼，插架万卷，手自校雠，楼凡三楹，旁有菖蒲。"[⑦]又冯班跋《钝吟杂录》云："俗人读书不多，好以意改古书。如邑人五川杨仪，号为多读书名士也。得其万卷楼所藏书，雌黄处皆不足据，他人可知矣。"[⑧]"其所藏杨梦羽氏、华阴世家、杨仪梦羽收藏图书之记、海虞杨仪梦羽图书诸朱印。"[⑨]今知杨仪藏书故实文献亦记载，其精品藏书钤有其藏书之印，如宋刻本《刘子》十卷，钤有"华阴世家""杨氏梦羽""甲居""海虞杨仪梦羽图书记"等皆为朱文藏印[⑩]；宋刊本《愧郯录》十五卷，"旧为杨氏万卷楼藏书。卷首尾有'杨梦羽氏''华阴世家''宏道''天官冢宰''天水赵

---

① 按：黄钺(？—1403)，字叔扬，常熟人。少好学，钺从友人家借书，窃读不废。县举贤良，授宜章典史。建文元年(1399)，举湖广乡试。明年，赐进士，授刑科给事中。国变，杜门不出，燕师入南京，其友人姚善被杀，钺亦投水死。

② (清)高士鸃、杨振藻修，(清)钱陆灿等纂：《康熙常熟县志》卷二十四《集诗》，见《中国地方志集成·江苏府县志辑》(21)，江苏古籍出版社1991年版，第580页。

③ (清)高士鸃、杨振藻修，(清)钱陆灿等纂：《康熙常熟县志》卷十六《邑人·杨集》，见《中国地方志集成·江苏府县志辑》(21)，江苏古籍出版社1991年版，第387页。

④ 叶瑞宝主编：《苏州藏书史》第三章《苏州私家藏书》，江苏古籍出版社2001年版，第169页。

⑤ (清)郑钟祥、张瀛修，(清)庞鸿文等纂：《光绪常昭合志稿》卷二十四《人物·杨集》，见《中国地方志集成·江苏府县志辑》(22)，江苏古籍出版社1991年版，第347页。

⑥ (清)高士鸃、杨振藻修，(清)钱陆灿等纂：《康熙常熟县志》卷二十《文苑·杨仪传》，见《中国地方志集成·江苏府县志辑》(21)，江苏古籍出版社1991年版，第487页。

⑦ (清)李铭皖、谭钧培修，(清)冯桂芬纂：《同治苏州府志(二)》卷四十八《宅第园林四》，见《中国地方志集成·江苏府县志辑》(8)，江苏古籍出版社1991年版，第409页。

⑧ 引王红蕾著：《钱谦益藏书研究》，南开大学出版社2013年版，第83页。

⑨ (清)郑钟祥、张瀛修，(清)庞鸿文等纂：《光绪常昭合志稿》卷三十二《人物·藏书家》，见《中国地方志集成·江苏府县志辑》(22)，江苏古籍出版社1991年版，第557页。

⑩ (清)彭元瑞等撰：《天禄琳琅书目后编》卷五，见《清人书目题跋丛刊十》，中华书局1995年版，第299页。

氏珍藏’‘杨仪梦羽收藏图书之记’诸朱记”[①]；宋刊本《愧郯录》十五卷，瞿氏跋云：“旧为杨氏万卷楼藏书，卷首有‘杨梦羽氏’‘华阴世家’‘杨梦羽收藏图书之记’”等朱记[②]；校宋本《吴郡图经续记》三卷，“此从杨五川影钞宋本校过”[③]；《资治通鉴纲目》五十九卷，“元刊本，是本板印精好，不减宋刻，惜原序已失，旧为杨五川万卷楼藏书，卷首有‘杨梦羽氏朱记”[④]。又旧钞本《甘泽谣》一卷，旧为杨五川藏本，有杨仪二跋[⑤]；《蓬窗类记》五卷，明黄暐撰，“明钞本，一册，杨梦羽、黄荛圃校藏。旧藏杨梦羽家，前三卷经黄荛圃手校。黄荛圃跋：‘道光辛巳，郡中方有修志之举，思广搜遗籍，以助多闻。适估人以钞本各种相示，唯此册最旧，因购之。在明人著述中，不多得也。向为杨五川所藏，尤足珍重。’……藏印有‘礼部员外郎吴郡杨仪校’‘海虞杨仪梦羽图书记’‘五川居士’”[⑥]等；《艇斋诗话》一卷，“旧钞本，杨梦羽万卷楼藏书。宋南丰曾季狸裘甫撰。是书《直斋书录解题》《文渊阁书目》《读书敏求记》俱著录，近则罕有传本”[⑦]，后为虞山瞿绍基递藏，《铁琴铜剑楼藏书目录》卷二十四著录[⑧]。黄丕烈尝藏有杨氏七桧山房旧藏钞本《珩璜新论》一卷，经立斋相国手校，黄氏跋云：“七桧山房者，海虞杨梦羽家书斋名也。其藏书所曰万卷楼，人所共知，七桧山房则罕知矣。……《珩璜新论》岂奇书，汲古珍藏至宝如。识是立斋相公笔。”[⑨]又云：“余向藏七桧山房钞本，有《支遁集》，支硎吾与山居曾借本刊行，余本后亦转归他所，此本又后得，同系七桧山房所钞。顷检唐人集部，有《李义山诗集》为杨五川所钞校者，五川手迹止此二本矣。”[⑩]此外，杨仪藏书中明代刊本亦甚精，如明沈与文繁露堂刊本《钟嵘诗品》，此帙后有旧人录杨五川跋，“钟参军《汉魏六朝诗品》三卷为品诗之祖，世不概见，赏鉴家当置之瑶函玉轴之中。五川子记。宋椠《钟嵘诗品》。足本秘

---

① (清)瞿镛撰:《铁琴铜剑楼藏书目录》卷第十六《子部四》,见《清人书目题跋丛刊三》,中华书局 1990 年版,第 242 页。

② (清)瞿镛撰:《铁琴铜剑楼藏书目录》卷第十六《子部四》,见《清人书目题跋丛刊三》,中华书局 1990 年版,第 242 页。

③ (清)瞿镛撰:《铁琴铜剑楼藏书目录》卷第十一《四部四》,见《清人书目题跋丛刊三》,中华书局 1990 年版,第 167 页。

④ (清)瞿镛撰:《铁琴铜剑楼藏书目录》卷第九《史部二》,见《清人书目题跋丛刊三》,中华书局 1990 年版,第 140 页。

⑤ (清)瞿镛撰:《铁琴铜剑楼藏书目录》卷第十七《子部五》,见《清人书目题跋丛刊三》,中华书局 1990 年版,第 258 页。

⑥ 张元济《涵芬楼烬余书录》子部《蓬窗类记》,见张元济著:《张元济全集》第 8 卷《古籍研究著作》,商务印书馆 2009 年版,第 364—365 页。

⑦ (清)张金吾撰,柳向春整理,吴格审定:《爱日精庐藏书志》卷三十六,上海古籍出版社 2014 年版,第 752 页。

⑧ (清)瞿镛撰:《铁琴铜剑楼藏书目录》卷第二十四《集部六》,见《清人书目题跋丛刊三》,中华书局 1990 年版,第 377 页。

⑨ (清)黄丕烈著,潘祖荫辑,周少川点校:《士礼居藏书题跋记》卷四《子类》,书目文献出版社 1989 年版,第 136 页。

⑩ (清)黄丕烈著,潘祖荫辑,周少川点校:《士礼居藏书题跋记》卷四《子类》,书目文献出版社 1989 年版,第 137—138 页。

册。明杨五川先生藏善本"[①]。又明刻本《东观馀论》二卷,有"海虞杨仪梦羽图书记"朱文印[②];《储光羲集》五卷,"明活字本,杨梦羽藏书,杨梦羽、叶石君俱有印记"[③];《刘随州集》十卷,"明活字本,杨梦羽藏书"[④]。

杨仪尤好抄书,所抄称为"杨钞"。"杨钞"颇为有清一代藏书之家青睐。叶德辉将"杨钞,常熟杨梦羽仪七桧山房钞本"列为"明以来钞本书最为藏书家所秘宝者"[⑤]之一。黄丕烈跋所得杨氏旧藏钞本"《蓬窗类记》二卷云:道光辛巳,郡中方有修志之举,思广收遗籍,以助多闻。适估人以钞本各种相示,惟此册最旧,因购之。在明人著述中,不多得也。向为杨五川所藏,尤足珍重云"[⑥]。莫棠跋杨仪七桧山房钞本《支遁集》二卷云:"此盖吴下最古最著之钞本也。无意遇之,欣赏曷已!"[⑦]杨氏抄书用纸版心上方有"嘉靖乙未七桧山房"或"万卷楼杂录"字样。如铁琴铜剑楼所藏宋孔平仲撰《珩璜新论》,也有版心作"万卷楼杂录"五字。铁琴铜剑楼所藏晋郭璞注本《穆天子传》六卷,"旧钞本,向为杨五川藏书,依元刊本传录,叶心有'万卷楼杂录'五字,后为冯巳苍得之,以锡山秦氏钞本校过"[⑧]。

杨仪天性简亢,旋为世家所欺,忿悒以死。其死后,"万卷楼""七桧山房"的大部分藏书精品归外孙莫是龙城南精舍收藏,剩余散失殆尽。关于杨仪藏书之散佚,明人李诩《戒庵老人漫笔》记云:"予目睹藏书之家,若常熟钱水部东湖先生、杨宪副五川先生,真令之邺架也。……五川死,尸未及寒,而万卷楼之积先为松江莫甥是龙携其珍袭者以去,而余所存者半为好事赂苍头所得,半为亲友散漫袖穷,乃膏粱之子懵然不知也。予后依栖于余乡周氏,有见其以绣囊宋墨供木工,以祖父敕命纻面与家人妇,令人不为五川公出涕者几希?嗟嗟,东湖、五川皆先达中人豪也。广储典籍又士林盛事也,而皆不能永其传。若此,两家颠宋可作戒。"[⑨]《康熙常熟县志》载:其"性高亢,傲睨一世,与乡缙绅会饮鄙其无文,据席假寐,不交一言,为时所嫉。同邑

① 傅增湘撰:《藏园群书题记》卷第二十《集部十·诗文评类》,上海古籍出版社1989年版,第994页。
② (清)于敏中等撰:《天禄琳琅书目》卷九,见《清人书目题跋丛刊十》,中华书局1995年版,第194页。
③ (清)张金吾撰,柳向春整理,吴格审定:《爱日精庐藏书志》卷二十九,上海古籍出版社2014年版,第466页。
④ (清)张金吾撰,柳向春整理,吴格审定:《爱日精庐藏书志》卷二十九,上海古籍出版社2014年版,第468页。
⑤ 参见(清)叶德辉撰:《书林清话》卷十《明以来之钞本》,上海古籍出版社2012年版,第226页。
⑥ (清)黄丕烈著,屠友祥校注:《荛圃藏书题识》卷六《蓬窗类记·明钞本》,上海远东出版社1999年版,第475页。
⑦ (晋)释支遁撰:《支遁集二卷》,明杨仪七桧山房钞本,上海图书馆有藏。
⑧ (清)瞿镛撰:《铁琴铜剑楼藏书目录》卷第十七《子部五》,见《清人书目题跋丛刊三》,中华书局1990年版,第256页。
⑨ (明)李诩撰:《戒庵老人漫笔》卷五,见《续修四库全书》编纂委员会、复旦大学图书馆古籍部编:《续修四库全书》第1173册,上海古籍出版社2003年版,第744—745页。

钱某构祸，家赀荡然。仪遂忿悒卒。外孙云间莫是龙能读外家书，尽发所贮以归”①。《光绪常昭合志稿》记述杨仪冤情甚详：杨仪“高亢恃才，傲睨为时所妒，与钱籍不协，籍家奴为盗，事发当道以问仪，仪不为隐，钱家人遂诬仪子杀人，困辱至毙，仪亦愤恨暴卒。外孙莫是龙白其冤，于巡按捕籍子亡死狱中，而仪之藏书尽归松江莫氏矣”②。正如黄丕烈所言：“七桧山房万卷楼，杨家书籍莫家收。”③

（四十二）陈　儒

陈　儒（生卒年不详）　字子醇，昆山人。嘉靖四年（1525）乙酉科举人，“嘉靖八年己丑罗洪先榜进士”④，官至南刑部主事。著有《宗道集》。

陈儒雅好藏书，其遗书传至子嘉猷。陈儒因英年早逝，文献罕有记载，仅明张大复《梅花堂集》所记其子陈嘉猷传中知陈儒有藏书故实。据《皇明昆山人物传》载：“公父儒，盖己丑进士，司理兴化，挺劲有气骨，其后终刑部主事云。”⑤又云：“陈嘉猷，字盟之，五岁丧父，从母侨居郡城之兄舍，族人终龇之……公归，发父书传，昼夜读膝抵柜至穿，十八补郡弟子，为巡抚御史陈道基所器重。”“万历丙午举顺天府，乡试第二人，庚戌子世埈登第，乃谒选，授桐城教谕。”⑥此文中“发父书传”可知陈儒有藏书传至嘉猷。

（四十三）王榖祥

王榖祥（1501—1568）　字禄之，号酉室，长洲人。“父敏，字时勉，为名医。榖祥始读书，登嘉靖八年进士，选庶吉士，改工部主事，转吏部代郎中，司选事，尚书汪鋐秉铨不公，榖祥执法不阿”⑦，“因数与忤意，忽忽不乐。念母老，乞归养，而其兄故在尚书，用例格先生谪倅真定，遂归养母”⑧。著有《苏州府学志》十二卷、《酉室集》等。今中国社会科学院历史研究所藏有明嘉靖间王榖祥撰《王酉室手撰典类》不分卷，四册。书后有作者亲笔签写“榖祥”二字，名下钤有“酉室”印章一方。此书世无印本。

---

① （清）高士鸃、杨振藻修，（清）钱陆灿等纂：《康熙常熟县志》卷二十《文苑·杨仪传》，见《中国地方志集成·江苏府县志辑》（21），江苏古籍出版社1991年版，第487页。

② （清）郑钟祥、张瀛修，（清）庞鸿文等纂：《光绪常昭合志稿》卷三十二《人物·藏书家》，见《中国地方志集成·江苏府县志辑》（22），江苏古籍出版社1991年版，第557页。

③ （清）黄丕烈著，潘祖荫辑，周少川点校：《士礼居藏书题跋记》卷四《子类》，书目文献出版社1989年版，第136页。

④ （清）李铭皖、谭钧培修，（清）冯桂芬纂：《同治苏州府志（二）》卷六十《选举二》，见《中国地方志集成·江苏府县志辑》（8），江苏古籍出版社1991年版，第614页。

⑤ （明）张大复撰：《皇明昆山人物传》卷十《陈嘉猷》，见《续修四库全书》编纂委员会、复旦大学图书馆古籍部编：《续修四库全书》第541册，上海古籍出版社2003年版，第716页。

⑥ （明）张大复撰：《皇明昆山人物传》卷十《陈嘉猷》，见《续修四库全书》编纂委员会、复旦大学图书馆古籍部编：《续修四库全书》第541册，上海古籍出版社2003年版，第716页。

⑦ （清）李光祚修，（清）顾诒禄纂：《乾隆长洲县志》卷二十四《人物三·王榖祥》，见《中国地方志集成·江苏府县志辑》（13），江苏古籍出版社1991年版，第281页。

⑧ （明）文震孟撰：《姑苏名贤小记》卷下《王吏部先生》，见陈其第点校：《吴中小志续编》，广陵书社2013年版，第49页。

《明史》卷二百八十七《列传第一百七十五·文苑三》、《乾隆长洲县志》卷二十四《人物三》等有其传。

王穀祥归里后，“养母者凡三十年，持身峻洁，不妄交一人”，又好藏书，“手录古文集至数百千卷，咸精好，不忍触手。以词翰征者不辄应，杜门却扫，焚香而坐，一室之内，琳琅金薤，谧如也”[①]。有关王公嗜好藏书事迹，明学者过庭训亦记云：王穀祥归里后“杜门却扫，委怀图史，绝念纷华。有田在东郭外，课农自给，与田父野老谈笑，移日不知为吏部郎也。……晚抱书癖，手自抄录无间寒暑，雠校虽大亮之，百卷缮写子孺之三箧刊亡曷过焉，所纂郡学志并诗文若干卷行于世”[②]。王兆云亦记云：“先生有书癖，所抄录古文集至数百千卷，咸精好。令人不忍触手，以书画求者不肯辄应。杜门却扫，一室之内琳琅金薤，谧如也。”[③]

王穀祥博学多才，“为诗冲澹而不尚绮靡，文亦典雅有则，书仿晋人不坠右军大令之风，寄与丹青追工摩诘之技，篆籀八体并臻妙品”[④]。《乾隆长洲县志》称其“善书画，词致清雅”[⑤]。其鉴赏古籍水平甚高，如钱穀手录王穀祥《南唐书》为今存最早版本，今藏于中国国家图书馆，《四库丛刊》本即据此影印。王穀祥跋云：“余尝阅宋马令《南唐书》，未及见陆放翁书也。闻陆子虞家藏宋刻本，借而读之，夏日课农田舍，携之箧笥，因手录一帙，计百五十有六页，昉五月十三日迄六月十三日，间尝还家数日，置而不录，实二十日而告成。……嘉靖二十九年岁在庚戌夏六月十五日，王穀祥识于娄东别业适志轩。”[⑥]书中涉宋室用字如“太祖”“国朝”等均空格。王公所藏书钤“穀祥”“王穀祥珍藏”等印，如明嘉靖四十一年（1562）穀祥刻其十世祖世懋著《野客丛书》三十卷，王穀祥以诸家藏本校其家所藏宋钞本，以锓梓也。此刊本末附穀祥跋云：“家藏宋钞本不全，偶于寮友处见全帙，亦钞本，借归命史录之。壬戌夏付工缮写锓梓。辱太史文公徵明、仪部陆君师道、乡进士袁君尊尼先后雠校，又借黄门顾君寸仁、太学金君思所藏钞本，以资勘订云云。”[⑦]又《铁琴铜剑楼藏书目录》卷二十二有《揭文安公文粹》明天顺五年沈琮刻本，“旧为王禄之藏本，卷中有‘穀祥’‘铁

① （明）文震孟撰：《姑苏名贤小记》卷下《王吏部先生》，见陈其第点校：《吴中小志续编》，广陵书社2013年版，第49页。

② （明）过庭训撰：《本朝分省人物考》卷二十八《王穀祥》，见《续修四库全书》编纂委员会、复旦大学图书馆古籍部编：《续修四库全书》第533册，上海古籍出版社2003年版，第581页。

③ （明）王兆云撰：《皇明词林人物考》卷九《王穀祥》，见《续修四库全书》编纂委员会、复旦大学图书馆古籍部编：《续修四库全书》第532册，上海古籍出版社2003年版，第674页。

④ （明）皇甫汸撰：《皇甫司勋集》卷五十六《明吏部文选清吏司员外郎王君墓表》，见（清）永瑢、纪昀等编纂：《四库全书》第1275册，上海古籍出版社1987年版，景印文渊阁本，第878—879页。

⑤ （清）李光祚修，（清）顾诒禄纂：《乾隆长洲县志》卷二十四《人物三·王穀祥》，见《中国地方志集成·江苏府县志辑》（13），江苏古籍出版社1991年版，第281页。

⑥ （宋）陆游撰：《陆氏南唐书》，见《四部丛刊续编》史部（十五），上海书店出版社1984年据商务印书馆1934年版重印，第809页。

⑦ 傅增湘撰：《藏园群书题记》卷第八《子部三·明刊野客丛书跋》，上海古籍出版社1989年版，第411—412页。

兰居''宝研堂'诸朱印"[1]。《文禄堂访书记》卷三有元延祐刻本《新笺决科古今源流至论》前集十卷、后集十卷、续集十卷、别集十卷,目后王氏题曰:"嘉靖三年春,在武陵赵氏书棚得此。保之王穀祥珍藏。"卷中有"穀祥""王穀祥珍藏"印[2]。

王公传世至今的画及书法亦钤有"禄之"(朱)、"穀祥"(朱)、"王禄之印"(白)诸印,今藏于上海博物馆。王穀祥书《庾信马射赋》小楷,今藏于故宫博物院的《桂石图》轴,今藏于广州美术馆的《花卉图》卷,今藏于故宫博物院的《花卉图册》《松梅兰石图》轴,今藏于中国美术馆的《水仙图》卷,今藏于上海博物馆的《翠竹黄花图》,今藏于美国明尼阿波利斯艺术馆的《红白梅花涂卷》,等等。

(四十四)钱　籍

钱　籍(生卒年不详)　字汝载,号海山,常熟人。"嘉靖壬辰进士,钱氏入明以进士登科自籍始,除严州、遂安知县。分考拔名士茅坤。拜南京御史,清理屯田,穷治齐庶人狱,过当,中蜚语,罢归"[3]。治有声迹,"负才气,豪诗酒。罢官归,治田宅,构园亭"[4],以自愉快。著有诗集《海山集》六卷附《诗余》《杂著》。《光绪重修常昭合志稿》卷二十《人物志》有其传。

钱籍好聚书,归里后,"于虞山最险绝处盘石开一门,以其岑崎不减蜀道,名之曰'剑门',创楼三楹,复作亭于其上","载籍家富,而性好读书,每把卷独坐则寝食俱忘"[5]。

《康熙常熟县志》载:钱籍,"初登第,赋江南春词,为宰相夏言所赏,同里杨仪亦以词知桂溪,遂相妒老相谤也。诗有《海山集》,皇甫司勋辈咸推之。子审,亦能诗,好聚异书"[6]。

(四十五)周复俊

周复俊(1496—1574)　字子吁,有馆于木人泾之旁,尝自号木泾子,人称焉。昆

---

① (清)瞿镛撰:《铁琴铜剑楼藏书目录》卷第二十二《集部四》,见《清人书目题跋丛刊三》,中华书局1990年版,第343页。

② 王文进撰,柳向春标点:《文禄堂访书记》卷第三,上海古籍出版社2007年版,第205页。

③ (清)高士鸃、杨振藻修,(清)钱陆灿等纂:《康熙常熟县志》卷二十《文苑·钱籍传》,见《中国地方志集成·江苏府县志辑》(21),江苏古籍出版社1991年版,第487页。

④ (清)钱谦益《牧斋晚年家乘文·族谱后录下篇》,见(清)钱谦益著,(清)钱曾笺注,钱仲联标校:《牧斋杂著》,上海古籍出版社2007年版,第181页。

⑤ (清)郑钟祥、张瀛修,(清)庞鸿文等纂:《光绪常昭合志稿》卷二十五《人物四·耆旧·钱籍传》,见《中国地方志集成·江苏府县志辑》(22),江苏古籍出版社1991年版,第367页。

⑥ (清)高士鸃、杨振藻修,(清)钱陆灿等纂:《康熙常熟县志》卷二十《文苑·钱籍传》,见《中国地方志集成·江苏府县志辑》(21),江苏古籍出版社1991年版,第487页。

山人。在子[①],玄暐祖[②]。《万历重修昆山县志》载:“敏笃信,有操执,由进士历官工部郎中,进四川提学副使,校士一以至公谢请托,缙绅不乐,颇典谤议,历云南左布政使,回翔远地不获迁,转三载考绩得南京太仆寺卿,致仕。”[③]“周复俊任云南按察副使及左布政使,皆有政绩”,“在官三十年,贞介严明,始终一节。滇中岁课黄金、宝石、藩臬掌之,一无所染”[④]。复俊少游方鹏之门,精研理要,性孝友,学问赅博,与王同祖、顾梦圭并称“昆山三杰”。至滇中,交杨慎,雅相矜许。“所著有《元史弼违》《玉峰诗纂》《东吴名贤记》及《泾林诗集》若干卷行于世,别有《诗》十卷及《泾林杂记》《泾林类记》《四书解》各若干卷藏于家。”[⑤]生平事迹参见明于慎行《谷城山馆文集》卷二十《周公墓志铭》。

《新纂云南通志》载:复俊“两奉命采青滇南,谢绝例赠。惟爱其山川之秀,图一卷以归”[⑥]。归里后,“深居寡出,日惟以读书、著述为事,更不问生产作业,士论高之”[⑦]。又雅好刻书,刻印过杨慎《升庵七十行成稿》二卷,又《丹铅续录》十二卷,自编《南中忠烈遗迹》,自撰《泾林诗集》,又《元史弼违》二卷,又《东吴名贤录》二卷,与皇甫汸合刻梁萧统《昭明太子集》五卷。

(四十六)陈　鎏

陈　鎏(1508—1581)　字子兼,号雨泉,别号金芝山人,明吴县人,居葑门外,即今陈佥事巷。其为陈祚[⑧]玄孙,登“嘉靖十七年戊戌茅瓒榜进士”[⑨]。文震孟记其事云:方伯雨泉公鎏,“丁酉,以《易》魁于乡。戊戌成进士,授工部,榷荆川木一年,课

---

① 按:周在(1463—1519),字承德,号除庵,昆山人,明朝贤士。举弘治壬子(1492)乡荐,授广西养利知州,以疾辞。周在曾献田八百亩,置义庄,立义塾,以教本族子弟。又善楷书,言貌有古人风。所著有《古今诗纂》。

② 按:周玄暐(?—1615),字叔懋,一字缄吾,号青阳,明昆山人。复俊孙。明万历十四年(1586)进士,授广东电白知县,累官云南道御史。以所作《泾林续记》中有刺语,逮系京狱死。著有《东吴名贤录》《泾林类记》二种,《昆新两县续修合志》卷四十九著录,惜已佚。

③ (明)周世昌撰:《万历重修昆山县志》卷六《人物二·周复俊传》,见刘兆佑主编:《中国史学丛书三编》第四辑,台湾学生书局1987年版,第604页。

④ 江燕、文明元、王珏点校:《新纂云南通志》卷一百七十九《名宦传二》,第8册,云南人民出版社2007年版,第25页。

⑤ (明)于慎行《谷城山馆文集》卷二十《明故南京太仆寺卿进阶通议大夫木泾周公墓志铭》,见《四库全书存目丛书》编纂委员会:《四库全书存目丛书》集部,第147册,齐鲁书社1997年版,第591页。

⑥ 江燕、文明元、王珏点校:《新纂云南通志》卷一百七十九《名宦传二》,第8册,云南人民出版社2007年版,第25页。

⑦ (明)周世昌撰:《万历重修昆山县志》卷五《人物二·周复俊传》,见刘兆佑主编:《中国史学丛书三编》第四辑,台湾学生书局1987年版,第604页。

⑧ 按:陈祚(1382—1456),字永锡,吴人。明永乐九年(1411)进士,擢河南参议,以言建都北京非便,谪均州太和山佃户,仁宗立,诏选用,宣德初迁监察御史,巡按福建,以劝宣宗勤学,下狱五年,父瘐死狱中,英宗立,复官,累官福建按察佥事。史载,祚天资严毅,虽子弟罕接其言笑,独重里人邢量。量博学士,隐于卜,敝屋数椽,或竟日不举火。祚数挟册就质疑,往往至暮。著有《小学辨惑》。《明史》卷一百六十二《列传第五十》有其传。

⑨ (清)李铭皖、谭钧培修,(清)冯桂芬纂:《同治苏州府志(二)》卷六十《选举二》,见《中国地方志集成·江苏府县志辑》(8),江苏古籍出版社1991年版,第615页。

不登,而尚书察公廉,亡能难也。累迁臬副”[①],“擢四川按察佥事,提督学校,转湖广右参议河南按察副使,以御史孙昭论调归里中。积数载起家,补云南迁四川右参议,遂为其省按察使”[②],以廉洁闻于时,累仕至四川右布政使。著有《己宽堂集》《别本续千字文》等,其稿本有《陈子兼文稿》不分卷,现藏中国国家图书馆。生平事迹参见明茅坤《陈先生鎏墓表》、《同治苏州府志》卷八十《人物七》。

陈鎏诗文冲远有致,“书法尤精绝,笺疏榜署,得者以为荣”[③]。又好收藏书画及古籍,尝藏有唐高適撰《高常侍集》十卷,明刊本。丁丙注云:“前后无序跋,惟赋与诗八卷,文二卷。四库全书影宋钞本十卷本七绝无《听张立本女吟》一首,七律无程俱所作《重阳》一首,此皆有之。‘天禄琳琅’所收者即此本也。每叶廿行,行十八字,有‘春莺灌木草堂’印,又‘雨泉’一印颇旧,疑即万历间苏州陈方伯鎏[④]所藏。”[⑤]又收藏《汉高祖入关图》卷,《书画鉴影》卷二著录,此画卷曾经宋高宗内府收藏,后由乔篑成、谢应芳、明宣宗内府、陈鎏、张士万递藏,今藏于美国波士顿美术馆。今影印本著录于《波士顿美术馆支那画帖》《支那名画宝鉴》《域外所藏中国古画集》。陈公又好刻书,隆庆六年(1572)辑刻过《皇明历科状元录》不分卷。

其藏书室名曰“春莺灌木草堂”与“己宽堂”。过庭训云:陈鎏归里后,“构一堂广袤仅寻丈而扁之曰‘己宽堂’,善八法,精行草,其于榜署书尤妙,所撰诗文洒洒”[⑥]。收藏印有“陈鎏之印”“雨泉”“颍川陈鎏”“金芝山人”等[⑦]。

(四十七)陆师道

陆师道(1510—1573) “字子傅,始号元洲,归田后别号五湖道人,学者尊而不以官名,因称之曰五湖先生”[⑧],世籍长洲人。有诗云:“修竹藏精舍,香林绕化城。窗中九峰秀,门外五湖平。”[⑨]《同治苏州府志》载:陆公“弱冠举嘉靖辛卯乡试,戊戌成进士,太傅李时阅《师道卷》绝赏称其文章贾董,笔法钟王,已拟第一,而首揆欲识之,使人邀致,弗往,遂置二甲。授工部主事,改礼部制司,首揆必欲罗致门下,师道

① (明)文震孟撰:《姑苏名贤小记》卷下《方伯陈公》,见陈其弟点校:《吴中小志续编》,广陵书社 2013 年版,第 52 页。
② (明)王兆云撰:《皇明词林人物考》卷九《陈子兼鎏》,见《续修四库全书》编纂委员会、复旦大学图书馆古籍部编:《续修四库全书》第 532 册,上海古籍出版社 2003 年版,第 671 页。
③ 马宗霍编:《书林藻鉴·书林记事》之《书林藻鉴》卷第十一,文物出版社 1984 年版,第 183 页。
④ 注:陈方伯鎏,其“方伯”一词乃明清间对布政使之通称,人遂以“方伯”称之。
⑤ (清)丁丙撰:《善本书室藏书志》卷二十四《高常侍集》,见《续修四库全书》编纂委员会、复旦大学图书馆古籍部编:《续修四库全书》第 927 册,上海古籍出版社 2003 年版,第 439 页。
⑥ (明)过庭训撰:《本朝分省人物考》卷二十二《陈鎏》,见《续修四库全书》编纂委员会、复旦大学图书馆古籍部编:《续修四库全书》第 533 册,上海古籍出版社 2003 年版,第 446 页。
⑦ 参见上海博物馆编:《中国书画家印鉴款识》,文物出版社 1978 年版,第 1093 页。
⑧ 《尚宝司少卿陆先生师道行状》,见(明)焦竑辑:《焦太史编辑国朝献征录》卷七十七,《续修四库全书》编纂委员会、复旦大学图书馆古籍部编:《续修四库全书》第 529 册,上海古籍出版社 2003 年版,第 189 页。
⑨ (清)朱彝尊辑录:《明诗综》卷四十二《陆师道》,中华书局 2007 年版,第 2101 页。

弗屑,以母老乞归”[①]。“归而游徵明门,称弟子。家居十四年,乃复起,累官尚宝少卿。……平居不妄交游,长吏罕识其面。女字卿子,适赵宧光,夫妇皆有闻于时。”[②]著有《五湖集》《左史子汉镌》《陆尚宝遗文》等,卒葬于虎邱花泾。生平事迹参见明过庭训《本朝分省人物考》卷二十三《陆师道传》、明文震孟《姑苏名贤小记》卷下《陆尚宝五湖先生》及《乾隆长洲县志》卷二十四《人物三·陆师道传》。

陆师道“善诗文,工小楷古篆绘事。人谓徵明四绝,不减赵孟頫,而师道并传之,其风尚亦略相似”[③]。与之游者文徵明、王宠、陈道复、王穀祥、彭年、周天球、钱穀之属,亦“皆以词翰名于世”[④]。陆师道嗜读书,好藏书,“无一日去书不观,博极群籍,钩微抉精,下及星经地纪稗杂家之言,悉入记览”[⑤]。明王兆云云:陆公“肆力于学,其学自九流、七略、稗官、黄衣之属,亡所不窥。手抄典籍,后先积数百千卷,丹铅俨然。益工歌诗及古文辞,又益习书,小楷以至古隶皆精绝”[⑥]。钱谦益称:“自仪部归,已负重名,文待诏方里居,北面称弟子,手抄典籍,积数千卷,丹铅俨然。”[⑦]明末清初查继佐称:“时文待诏徵明者居里,亦善诗文及书与绘事,师道造门,用师礼礼之。与所知交,评隲文字,考校金石,茗盌垆香,翛然竟日。”[⑧]清初姜绍书亦记云:“先生雅不欲近相臣,因母陈宜人病,请急归,侍久之,陈宜人病渐剧,会所予告过期,遂不肯出。……手抄典籍,后先积数百千卷,丹铅俨然……又傍晚绘事,骎骎逼宋元。”[⑨]如明钞本《墨庄漫录》十卷,俞子容家藏,唐寅校跋,卷尾陆师道题记云:“嘉靖乙巳借守约《墨庄漫录》看一过,此书讹舛甚多。云云。”[⑩]又藏有“赵子固《墨兰图》,陆师道跋。有‘陆氏子传’‘五芝元涧’二印”[⑪]。

为增益藏书,嘉靖三十一年抄宋娄机《汉隶字韵》五卷、《碑目》一卷(嘉靖三十

---

① (清)李铭皖、谭钧培修,(清)冯桂芬纂:《同治苏州府志(三)》卷八十《人物七·陆师道》,见《中国地方志集成·江苏府县志辑》(9),江苏古籍出版社1991年版,第158页。

② (清)张廷玉等纂修:《明史》卷二百八十七《列传第一百七十五·陆师道传》,中华书局1974年版,第7364页。

③ (清)张廷玉等纂修:《明史》卷二百八十七《列传第一百七十五·陆师道传》,中华书局1974年版,第7364页。

④ (清)张廷玉等纂修:《明史》卷二百八十七《列传第一百七十五·陆师道传》,中华书局1974年版,第7363页。

⑤ (明)《尚宝司少卿陆先生师道行状》,见(明)焦竑辑:《焦太史编辑国朝献征录》卷七十七,《续修四库全书》编纂委员会、复旦大学图书馆古籍部编:《续修四库全书》第529册,上海古籍出版社2003年版,第190页。

⑥ (明)王兆云撰:《皇明词林人物考》卷八《陆子傅师道》,见《续修四库全书》编纂委员会、复旦大学图书馆古籍部编:《续修四库全书》第532册,上海古籍出版社2003年版,第666页。

⑦ (清)钱谦益撰:《列朝诗集小传》丁集中《陆少卿师道》,上海古籍出版社1959年版,第474页。

⑧ (清)查继佐著:《罪惟录·列传》卷之十八《文史诸臣列传下·陆师道传》,浙江古籍出版社1986年版,第2332页。

⑨ (清)姜绍书《无声诗史》卷二《陆师道》,见《续修四库全书》编纂委员会、复旦大学图书馆古籍部编:《续修四库全书》第1065册,上海古籍出版社2003年版,第514页。

⑩ 参见傅增湘撰:《藏园群书题记》卷七《子部二》,上海古籍出版社1989年版,第385页。

⑪ (清)叶昌炽著,王欣夫补正,徐鹏辑:《藏书纪事诗》卷三,上海古籍出版社1989年版,第198页。

一年影宋本)、宋张邦基《墨庄漫录》十卷。蒋凤藻考证云,师道在明嘉靖时为文徵明影写元舒天民《六艺纲目》二卷。又与金城刻印过张谦辑《六朝诗汇》一百十四卷《目录》九卷《诗评》一卷。

收藏印有"陆师道印""传父""陆氏子传""五湖陆师道""五湖师道"等。

(四十八)赵承谦父子进士

赵承谦(1487—1568)　字德光,号益斋,常熟人。用贤父。"其先江阴人,祖宝赘常熟钱氏,因家焉。父玭字永遑,敦善好义,岁饥罄家以赈乡里。承谦少贫苦力学,年逾四十始举于乡。"①"嘉靖戊戌进士,谒选江西赣郡理官……承谦厘革宿弊,国课罔缺而商旅便焉,擢南吏部,与同曹郑澹泉、杨椒山诸公游。又擢广东布政司参议,与兵备佥事尤瑛合策抚安岭,冠李文彪等。归田后,集盛唐诗名家,取司马通鉴,朱子纲目及濂洛家言,手编成录,以遗家塾。卒,年八十有二。子用贤。"②

赵承谦辞官归里后,以读书、藏书自娱,"取《司马通鉴》《朱子纲目》及濂洛家言手编成录"③,如《脉望馆书目》"宇字号·编年门"类下《老老爷手摘钞〈纲目〉》十二册,"老老爷"即赵承谦,并将生平所读之书编写成目录,供晚辈读书之用。《康熙常熟县志》卷十七《邑人》有其传。

赵用贤(1535—1596)　字汝师,号定宇,常熟人。"先世为宋宗室,有士鹏者守江阴军事,因家焉,后徙常熟。少有才名,登隆庆辛未进士,官翰林检讨,丁丑江陵不奔丧,台省保留,用贤抗疏言夺情"④,"杖六十为民。江陵殁,召为春坊赞善,历官坊局,出为南京祭酒、礼部侍郎。久之召还北部,改吏部左侍郎"⑤。"为文博达详赡,尤长奏议。有《松石斋》三十六卷、《三吴文献志》、《国朝典章因革录》若干卷。卒年十六有二,赠礼部尚书,赐祭,谥文毅。天启三年加荫子及孙凡三人。其生平忠节,盖久而益著云。子琦美、祖美、隆美。"⑥钱谦益称其"为文章博达详赡,少年颇訾謷弇州,晚而北面称弟子,弇州亦盛相推挹,作续五子诗及之,而末五子居首焉"⑦。赵用贤与李维桢、魏允中、屠隆和胡应麟四人并称明"末五子"。生平事迹参见明瞿汝稷《嘉议大夫吏部左侍郎定宇赵公用贤行状》、《明史》卷二百二十九《列传一百十

① (清)郑钟祥、张瀛修,(清)庞鸿文等纂:《光绪常昭合志稿》卷二十五《人物四·耆旧·赵承谦传》,见《中国地方志集成·江苏府县志辑》(22),江苏古籍出版社1991年版,第368—369页。

② (清)高士鸃、杨振藻修,(清)钱陆灿等纂:《康熙常熟县志》卷十七《邑人·赵承谦传》,见《中国地方志集成·江苏府县志辑》(21),江苏古籍出版社1991年版,第415—416页。

③ (清)高士鸃、杨振藻修,(清)钱陆灿等纂:《康熙常熟县志》卷十七《邑人·赵承谦传》,见《中国地方志集成·江苏府县志辑》(21),江苏古籍出版社1991年版,第416页。

④ (明)毛宪撰,吴亮增补:《毗陵人品记》卷十《赵用贤》,见《续修四库全书》编纂委员会、复旦大学图书馆古籍部编:《续修四库全书》第541册,上海古籍出版社2003年版,第202页。

⑤ (清)钱谦益著:《列朝诗集小传》丁集上《赵侍郎用贤》,上海古籍出版社1959年版,第443页。

⑥ (清)高士鸃、杨振藻修,(清)钱陆灿等纂:《康熙常熟县志》卷十八《邑人·赵用贤传》,见《中国地方志集成·江苏府县志辑》(21),江苏古籍出版社1991年版,第424页。

⑦ (清)钱谦益著:《列朝诗集小传》丁集上《赵侍郎用贤》,古典文学出版社1957年版,第443页。

七·赵用贤传》、明过庭训《本朝分省人物考》卷二十四《赵用贤传》及《康熙常熟县志》卷十八《邑人·赵用贤传》。

赵用贤“少入县学,刻励诵读,寒夜篝火帷中,暑则置足于瓮以避虫”①。又性嗜藏书,在其父赵承谦藏书基础上,节衣缩食,搜罗与续藏达两千余种,上万册,且许多书是他亲手缮抄而成。其藏书楼名曰松石斋。作为吏部左侍郎兼翰林学士的赵用贤,利用职务之便,得见皇家秘阁藏书,凡秘本、善本、假抄无虚日,以增益家中藏书,所藏之书多为博藏精校之书。其又编定《赵定宇书目》。是书原本系赵定宇手稿,为世人所未见,仅在《楝亭书目》中有收录,庆幸的是上海市文物保管委员会发现此手稿,系海内孤本,上钤有“楝亭曹氏藏书”“长白敷槎堇斋昌龄图书印”“听雨楼查氏有圻珍赏图书”“韩氏藏书”等印,说明该书经过名家曹寅、富察昌龄、查莹、韩泰华递藏。1957 年 12 月,上海古典文学出版社将钞本影印出版,公之于世,为目录学及古典文学界提供了重要的稀见资料。

《赵定宇书目》著录赵家所藏书籍共计约 3300 余种,4900 余册。所藏珍稀善本书甚多,其中颇多宋、元珍本和前代碑帖。如“宋板大字”下的《东坡子由和陶诗》《启札渊海》《启札会元》等共计 65 种,“元板书”下的《麻沙板五代史》《禅林类序》《木草元命苞》等共计 32 种;官刻本如《礼记集说》《晋书》《资治通鉴》《唐人诗集》等计 98 种。尤其值得称道的是,用贤不仅好稽古,而且颇重时人著述和杂史笔记的收藏。其阅藏的唐宋元人文集约 60 余种,即“六朝文集”类 2 种、“唐人文集”类 17 种、“宋人文集”类 24 种、“元人文集”类 7 种、“晋人文集”类 1 种及“本朝文集”类多达 188 种;众多前代碑帖,即晋人碑帖 6 种,唐人 42 种,宋人 34 种,多被藏书家视作珍宝②。其所藏笔记稗钞和杂史野乘更属丰盛。书目中还记载了今已失传的大型笔记小说丛书《稗统》《稗统后编》和《稗统续编》。又赵用贤藏书中又记载了《大同嫖院新谈》一本,此可能是《游龙戏凤》一书最初书名。赵公藏书为后世学者探究图书版本源流提供了便利。

《赵定宇书目》附《稗统目录》,著录有 244 册,千种之多,又有《稗统后编》《稗统续编》共约 500 种,其中部分在清初以后就已佚。各家藏书目录包括丛书目录无记载,只有孙从添《藏书纪要》有记载。在《稗统目录》下小注“黄葵阳家藏”五字,考黄葵阳为黄洪宪号,黄曾与用贤同科进士。可知,这部分藏书在黄氏在世时已转至赵用贤名下,在用贤之手,又有所增益。《赵定宇书目》从第二百三十六册《野记》下注云“用刻本”,第二百三十七册《靖难记》下注云“用钞本”,“用”即赵用贤,赵公收藏之勤可见一斑。

---

① (清)高士鸏、杨振藻修,(清)钱陆灿等纂:《康熙常熟县志》卷十八《邑人·赵用贤传》,见《中国地方志集成·江苏府县志辑》(21),江苏古籍出版社 1991 年版,第 424 页。

② 参见(明)赵用贤著:《赵定宇书目》,上海古典文学出版社 1957 年版。

赵公卒后，所藏之书尽数传至长子赵琦美，赵琦美编有《脉望馆书目》，如“玄子号·史”类《老爷批点〈前汉书〉》《老爷批点〈后汉书〉》，“列字号·子”类下《老爷批点〈艺文类聚〉》，“暑字号·子”类下《老爷乡会墨卷》，“秋字号·总诗”类下《选诗》有小注云“甲即《〈选诗〉补注》，老爷批点”，“收字号·集”类下《韩文》有小注云“甲，老爷批点”，“藏字号·集”类下《李空同集》有小注云“并四大本，老爷看过”，等等。这里的“老爷”就是对赵用贤的尊称。

赵用贤又勤于校勘，开虞山一地对所藏之书的校勘之风，对校勘之事可谓孜孜以求。钱谦益赞其“强学好问，老而弥笃，午夜摊书，夹巨烛，窗户洞然，每至达旦”①。王士祯称：“常熟赵定宇少宰，阅《旧唐书》，每卷必有朱字数行。或评史，或阅之日所遇某人某事，一一书之。”②赵用贤为重刊《管子》，历时22年进行校勘，自称：“《管子》旧书凡三百八十九篇……几二十年，始得之友人秦汝立氏。其大章仅完整，而句字复多纠错，乃为正其脱误者逾三万言，而阙其疑不可考者尚十之二，然后《管子》几为全书。”③明人王世贞为《管子》作序称：“悉其赀力，后先购善本凡数十，穷丹铅之用，而后授梓。”④潘承弼《家刻》赞其校勘媲美宋本：“知赵氏此书盖汇校各本而付梓者，非重刻旧本也，宋本以下推此本为佳。”⑤除重刊《管子》外，还重刊《韩非子》二十卷，俱据旧本名椠，号称善本，被后人视为研究《管子》《韩非子》的最佳版本，后世刻本、校注本也多以此为底本。赵公在南京任国子祭酒时，还补刊过监本史书和王应麟的《玉海》。经赵用贤刊刻过的《五经》白文，尤为珍贵，可乱宋本。赵用贤精校刊刻、编目撰跋，表现出其藏书致用、流通古籍的思想。通过编印家藏书目来传播藏书信息，或以刻书为己任来广传秘籍，或提供借用以共享私藏，对整个虞山派学者也产生重要影响，为后人树立了榜样。

赵琦美（1563—1624）　赵用贤子。原名开美，字仲朗，一字如白，号玄度，一作元度，自号清常道人，常熟人。以父荫补官太仆丞，南京都察院照磨、太常寺典簿、都察院都事，迁刑部郎中。《康熙常熟县志》卷十八《邑人·附赵用贤传后》有其传。

琦美“天性颖发，博闻强记，下笔数千言”⑥，继其父嗜书之性，亦好藏书，多至数万卷。除继承其父用贤所藏之书及九万圩的松石斋藏书楼外，琦美又在虞山镇南赵弄建有藏书楼曰“脉望馆”，并在其父藏书基础上，将家藏书扩至五千余种，两万余

---

① （清）钱谦益著：《列朝诗集小传》丁集上《赵侍郎用贤》，古典文学出版社1957年版，第443页。

② （清）王士祯著：《香祖笔记》卷七，商务印书馆1934年版，第70页。

③ 赵用贤《管子书序》，见蔡元培著：《诸子集成》（6），岳麓书社1996年版，第1页。

④ 潘承弼、顾廷龙纂：《明代版本图录初编》卷六《家刻》，《民国丛书》编纂委员会编：《民国丛书》第五编（100），上海书店出版社1996年，第71页。

⑤ 潘承弼、顾廷龙纂：《明代版本图录初编》卷六《家刻》，《民国丛书》编纂委员会编：《民国丛书》第五编（100），上海书店出版社1996年，第71页。

⑥ （清）高士鸃、杨振藻修，（清）钱陆灿等纂：《康熙常熟县志》卷十八《邑人·附用贤传后》，见《中国地方志集成·江苏府县志辑》（21），江苏古籍出版社1991年版，第424页。

册,宋椠珍本近百部。《光绪常昭合志稿》亦载赵琦美之藏书事迹云:“生平损衣削食,假书缮写,朱黄雠校,欲见诸实用,得善本,往往文毅公(赵用贤)序而琦美刊之。其题跋自署清常道人,有藏书之室曰‘脉望馆’。”[①]旧钞本《数书九章》十八卷,脉望馆藏书,赵琦美手跋云:“《数书九章》十八卷,宋淳祐间鲁郡秦九韶撰,会稽王应遴堇父借阁钞本而录也,予转假录之。”[②]赵琦美曾著《脉望馆书目》,以述其所藏。

对赵琦美藏书事迹,钱谦益所作《墓表》记之其详:琦美“天性颖发,博闻强记,落笔数千言。居恒厌薄世之儒者,以谓自宋以来,九经之学不讲,四库之书失次,学者皆以治章句取富贵为能事,而不知其日趋于卑陋。欲网罗古今载籍,甲乙铨次,以待后之学者。损衣削食,假借缮写,三馆之秘本,兔园之残册,刓编啮翰,断碑残壁,梯航访求,朱黄雠校,移日分夜,穷老尽气,好之之笃挚,与读之之专勤,盖近古所未有也。而君之于书,又不徒读诵之而已,皆思落其实而取其材,以见其用于当世。诸凡天官、兵法、谶纬、算历,以至水利之书,火攻之谱,神仙药物之事,丛杂荟蕞,见者头目眩晕,君独能闇记而悉数之”[③]。琦美曾对钱谦益自叙其藏书志向云:“武康之山,老屋数间,庋书数千卷,吾将老焉。子有事于宋以后四史,愿以生平所藏,供笔削之役。书成而与寓目焉,死不恨矣。”[④]赵琦美藏书,乃为修撰北宋、南宋、元、明四代历史,壮志未酬却已年迈体衰,闻钱谦益亦有此意,遂以其书托付,以了宿愿。

(四十九)金世龙

金世龙(生卒年不详) 字孟阳,号冰崖,长洲人。“嘉靖辛丑成进士,归乘车,盖误触里人,即下车请罪,后遂徒步终身。”历官严州府推官、大理评事、四川佥事、贵州参议、湖广副使,“所在皆以廉谨闻”[⑤]。

金世龙喜藏书,尤嗜读书,文震孟云:宪副冰崖金公,“自谓早登第,有官守不得,精研六经之旨,因乞致仕归。归而家无一椽,下榻萧寺,闭户攻苦,不交一客。考索经文奥旨而精思之,穷日夜不厌。日食饼糜一二片、腐汤一杯而已”。“没时谓其子曰:‘我虽贫,生平不假人一钱,惟张幼于书一簏,读览未遍,犹在床头,可亟返之。’所著有《六经字原》三十卷,又有《预约》以敕子孙,皆真实语”[⑥]。

---

① (清)郑钟祥、张瀛修,(清)庞鸿文等纂:《光绪常昭合志稿》卷三十二《人物·藏书家》,见《中国地方志集成·江苏府县志辑》(22),江苏古籍出版社1991年版,第558页。

② (清)张金吾撰,柳向春整理,吴格审定:《爱日精庐藏书志》卷二十三,上海古籍出版社2014年版,第379页。

③ (清)钱谦益著,钱曾笺注,钱仲联标校:《牧斋初学集》卷六十六《墓表一·刑部郎中赵君墓表》,上海古籍出版社2009年版,第1537页。

④ (清)钱谦益著,钱曾笺注,钱仲联标校:《牧斋初学集》卷六十六《墓表一·刑部郎中赵君墓表》,上海古籍出版社2009年版,第1536页。

⑤ (明)文震孟撰:《姑苏名贤小记》卷下《宪副冰崖金公》,见陈其弟点校:《吴中小志续编》,广陵书社2013年版,第55页。

⑥ (明)文震孟撰:《姑苏名贤小记》卷下《宪副冰崖金公》,见陈其弟点校:《吴中小志续编》,广陵书社2013年版,第55页。

(四十九)严　讷

严　讷(1511—1584)　“字敏卿,号养斋。曾祖昌,自吴县来徙,业医市药”[①],遂家焉。生有奇质,幼即善骈语,通古文奇字。少益覃精问学,文誉翱起。明嘉靖十六年(1537)举应天乡试,“嘉靖二十年辛丑沈坤榜进士”[②],“为翰林院庶吉士,授编修,满九载进侍读,超拜学士,寻进太常寺卿建学士,再进礼部左侍郎,改吏部,前后兼学士,如故加太子太保,进武英殿大学士,亡以病予告归”[③]。卒谥文靖,赐祭葬。严讷为官任人惟贤,治绩斐然,尝参与修《承天大志》《永乐大典》,著有《皇明名臣经济录》、《春秋国华表奏》十七卷、《严文靖公集》十二卷,均传世。生平事迹参见《明史》卷一百九十三《列传第八十一·严讷传》及《康熙常熟县志》卷十八《邑人·严讷传》。

严讷雅好藏书,家藏典籍甚多,藏有建安余仁仲校刊本《左传》等。钱谦益《跋宋板左传》云:“宋建安余仁仲校刊《左传》,故少保严文靖所藏,其少子中翰道普见赠者。脱落图说并隐公至闵公五卷,昭公二十一卷至二十四卷,却以建安江氏本补足。纸墨差殊,每一翻阅,辄摩娑叹息。今年贾人以残阙本五册来售,恰是原本失去者。卷尾老僧印记亦复宛然。此书藏文靖家可六十年,其归于我,亦二十年矣。”[④]

严讷又好刻书,万历三年(1575)刻印过自撰《春秋国华表奏》十七卷。其子治、澄、澍、泽、济均好藏书刻书[⑤],为藏书世家,并以琴、书等著称。其孙严栻、严祚[⑥]承其家学。严栻(生卒年不详),字子张,晚号髻珠头陀,文震孟婿,严“文靖之孙,中书泽次子。少颖悟,工书画、篆刻,有臂力,善骑射。崇祯甲戌进士,授知信阳州”[⑦],官至兵部职方司员外郎。著有《严髻珠先生印稿》一册。

(五十)刘　凤

刘　凤(1517—1600)　字子威,长洲人。“汀州司李梅子也。嘉靖二十三年进

---

① (民国)丁祖荫、徐兆玮总纂,常熟市地方志编纂委员会办公室标校:《重修常昭合志》卷二十《人物志·严讷》,上海社会科学院出版社2002年版,第1022页。

② (清)李铭皖、谭钧培修,(清)冯桂芬纂:《同治苏州府志(二)》卷六十《选举二》,见《中国地方志集成·江苏府县志辑》(8),江苏古籍出版社1991年版,第615页。

③ (明)王兆云撰:《皇明词林人物考》卷九《严文靖讷》,见《续修四库全书》编纂委员会、复旦大学图书馆古籍部编:《续修四库全书》第532册,上海古籍出版社2003年版,第680页。

④ (清)钱谦益著,钱曾笺注,钱仲联标校:《牧斋初学集》卷八十五《跋三》,上海古籍出版社2009年版,第1780页。

⑤ 按:严治,字道隆,以举人选授文渊阁中书舍人。万历十五年(1587)刻印其父《严文靖公集》;严澄(1547—1625),字道澄,号天池,以荫官至邵武知府,创立虞山琴派。著有《恬畅斋琐述》一卷、《蒙史》一卷、《松弦馆琴谱》二卷、《一言半句》、《寤语》、《云松巢集》等,与弟泽刻印瞿汝稷《水月斋指月录》三十二卷,参与刻印释道世《法苑珠林》;严澍,字道时,能诗善书,参与刻印《法苑珠林》;严泽,字开宇,曾任中书舍人,工书法,参与刻印《法苑珠林》;严济,字道行,亦工书法,参与刻印《法苑珠林》。

⑥ 按:严祚(1583—1643),字子若,常熟人。喜聚书,聚书千卷。

⑦ (清)高士鷄、杨振藻修,(清)钱陆灿等纂:《康熙常熟县志》卷十七《邑人·严栻传》,见《中国地方志集成·江苏府县志辑》(21),江苏古籍出版社1991年版,第440页。

士，由中书舍人拜监察御史，左迁兴化司李，移吴兴，升河南按察司佥事，事罢归以老寿终。”[①]刘凤“学问奥博，苦心复古”[②]，钱谦益称其“博览群籍，苦心钩索，著骚赋古文数十万言，观者惊其繁富，惮其奥僻，相与骇掉栗眩，望洋而叹，以为古之振奇人也”[③]。著述颇丰，著有《刘子威集》五十二卷、《续吴中先贤赞》十五卷、《澹思集》、《太霞集》、《杂俎》等，朱彝尊赞其："所著澹思、太霞二集，类一时显名者序之，盛相杨诩。"[④]生平事迹参见明王世贞《刘侍御集序》及明过廷训《本朝分省人物考》卷二十四《刘凤传》。

刘公嗜好藏书，尝自云："性所嗜书，书何嗜而使余不觉老焉者。"[⑤]魏学礼称"刘子威先生者，超绝有奇质。家多藏书，学勤博记，安世之三箧，不足称焉"[⑥]。余寅亦记刘凤云："夫人世诸闷记，不足属先生目也。使天上有菉，若霞宫丹甲诸等，先生尽耿诸其胸矣。使地下有藏若汲冢覆釜诸等，先生又尽耿诸其胸矣。"[⑦]刘凤藏书甚多，除搜购外，往往随手搜访纂录，勉力补缀之，所累其终身所积，庋藏甚富。明人江盈科赞叹云："余闻之古柱下史掌藏书，故老聃称博大真人，然则若子威者，谓之柱下史可也。"[⑧]刘凤曾自称其好录金石书云："余嗜书，余尝游四方，每所遇必录，散遗不可读者，亦补缉缀之，故所载虽无复往古之盛，其在于今，庶几哉为赡完已乎？"[⑨]特别是致仕后，刘凤"绝意仕进，日驰骋典坟，以文章自娱，而间从诸宾客徜徉佳山水"[⑩]。明中后期，唐顺之、王世贞、刘凤、钱穀、沈节甫、茅坤等江南藏书家均名著一时，"云间陆文裕公、娄江王大司马、吴门刘子威，此其家藏书皆不下数万卷"[⑪]。

刘凤藏书也可从明人江盈科《刘子威杂俎序》中窥之一二，序云："柱史刘子威

① （清）李光祚修，（清）顾诒禄纂：《乾隆长洲县志》卷二十四《人物三·刘凤》，见《中国地方志集成·江苏府县志辑》(13)，江苏古籍出版社 1991 年版，第 283 页。

② （清）李光祚修，（清）顾诒禄纂：《乾隆长洲县志》卷二十四《人物三·刘凤》，见《中国地方志集成·江苏府县志辑》(13)，江苏古籍出版社 1991 年版，第 283 页。

③ （清）钱谦益著：《列朝诗集小传》丁集中《刘佥事凤》，上海古籍出版社 1959 年版，第 484 页。

④ （清）朱彝尊著，姚祖恩编，黄君坦校点：《静志居诗话》卷十二《刘凤》，人民文学出版社 2006 年版，第 354 页。

⑤ （明）刘凤撰：《刘侍御集》卷十五《枞庑记》，见《丛书集成三编》文学类《文别集·明》，第 48 册，（台北）新文丰出版公司 1997 年版，第 50 页。

⑥ （明）魏学礼《刘子威文集序》，收入（明）刘凤《刘侍御集》卷首，见《丛书集成三编》文学类《文别集·明》，第 47 册，（台北）新文丰出版公司 1997 年版，第 635 页。

⑦ （明）余寅《刘子威先生文集序》，收入（明）刘凤《刘侍御集》卷首，见《丛书集成三编》文学类《文别集·明》，第 47 册，（台北）新文丰出版公司 1997 年版，第 638 页。

⑧ （明）江盈科《雪涛阁集》卷之八《序文·刘子威杂俎序》，见（明）江盈科纂，黄仁生辑校：《江盈科集》(1)，《湖湘文库甲编》，岳麓书社 2008 年版，第 270 页。

⑨ （明）刘凤撰：《刘侍御集》卷十五《枞庑记》，见《丛书集成三编》文学类《文别集·明》，第 48 册，新文丰出版公司 1997 年版，第 50 页。

⑩ （明）徐学谟撰：《归有园稿》卷八《刘子威室顾宜人墓表》，见《四库全书存目丛书》编纂委员会编：《四库全书存目丛书》集部，第 125 册，齐鲁书社 1997 年版，第 569 页。

⑪ （明）祁承㸁《藏书训略》，见（明）祁承㸁等撰：《澹生堂藏书约》外八种，上海古籍出版社 2005 年版，第 15—16 页。

先生出所辑一书示余，题曰《杂俎》……先生所著诗文若干卷，所辑他书凡若干种，至不可胜读。即今《杂俎》一书中所采述，不知其几百家，骤而观之，譬如入石季伦室中，睹十尺红珊瑚，便知其富敌国。岂必尽发其藏为耶？”①又云：“逾贪则逾富，逾富则逾见为不足。人之贪嗜于学也，亦犹是也。余睹传载所记，若中垒广览，茂先生博闻，边笥善簏之类，代不数人，至我明二百余年号称博洽者，惟蜀杨用修②、吴王元美最著，与子威先生而三称鼎足焉。”③从其侧面反映刘凤的学识，来之于其多藏书、多珍本，及博览群书之中。叶昌炽有诗云：“丹甲霞宫秘道经，虚廉为庋户持扃。红蟫日饲神仙字，待尔丹成降列星。”④如是可推测刘凤必藏足资为傲的珍籍。

藏书处名曰厞载阁，其《厞载阁记》：“厞者何？癖也。载者何？载籍也。载籍则何言乎癖？束而载之乎癖也。户牖之间为扆，内谓之家，大者谓之栱，长者为之阁，阁谓有所置也。何言乎置？当余之世，有所谓简策者，则未知其为韦竹之绝欤？科斗之目欤？予何以嗜？嗜者，邃古之遗尚，于是乎征，则因以求之也。……实之一四方之书，其言乎阁不足乎载也。曰：可矣乎？未乎？则求之乎方来者之辞也。”⑤《玉剑尊闻》：“《酉阳杂俎》：蠹鱼三食神仙字，则化为脉望，状如发卷，规四寸许。得此者夜持向天，从规中望星，星便立降，可乞丹度世。刘子威聚仙经，令童于他书中取蠹鱼置其上，每日检视，冀有仙名被食者。皇甫子循谓之曰：‘我当刻一印记赠子，曰“蠹鱼弟子”。’”⑥又有藏书楼名曰清举楼，其《清举楼记》：“予居循郭之西，左控河渠，诸川汇焉，四方之所走集也。右招西南山，经带络绎，有若圜卫然。间葺余绪，为楼北址，名之‘清举’，以藏古籍，且以游目放志焉。”⑦

刘凤无子，卒后藏书散出。钱谦益云：“余尝得子威所诵读遗书，观其丹铅，考索大概，于篇中撷句，于句中撷字，而所撷之字，自一字至数字而止，如唐人所谓碎金荟蕞者耳。”⑧

---

① (明)江盈科《雪涛阁集》卷之八《序文·刘子威杂俎序》，见(明)江盈科纂，黄仁生辑校：《江盈科集》(1)，《湖湘文库甲编》，岳麓书社2008年版，第269—270页。

② 按：杨慎(1448—1559)，字用修，号升庵，四川新都人。正德六年(1511)以殿试第一夺魁天下，年仅23岁。授翰林院修撰，后任经筵讲官。嘉靖三年(1524)即其36岁时，因抗疏言事，耻与桂萼等人为伍，辞不就翰林院学士任，激怒明世宗，廷杖下狱，远戍云南边陲，卒于戍地。明穆宗隆庆初年，追赠光禄寺少卿，明熹宗天启时追谥文宪。其博学多才，明代著名的文学家、诗人。有《升庵集》。

③ (明)江盈科《雪涛阁集》卷之八《序文·刘子威杂俎序》，见(明)江盈科纂，黄仁生辑校：《江盈科集》(1)，《湖湘文库甲编》，岳麓书社2008年版，第269—270页。

④ (清)叶昌炽著，王欣夫补正，徐鹏辑：《藏书纪事诗》卷三，上海古籍出版社1989年版，第210页。

⑤ (明)刘凤撰：《刘侍御集》卷十五《厞载阁记》，见《丛书集成三编》文学类《文别集·明》，第48册，(台北)新文丰出版公司1997年版，第43页。

⑥ (清)叶昌炽著，王欣夫补正，徐鹏辑：《藏书纪事诗》卷三，上海古籍出版社1989年版，第211页。

⑦ (明)刘凤撰：《刘侍御集》卷十五《清举楼记》，见《丛书集成三编》文学类《文别集·明》，第48册，(台北)新文丰出版公司1997年版，第46页。

⑧ (清)钱谦益著：《列朝诗集小传》丁集中《刘佥事凤》，上海古籍出版社1959年版，第484页。

(五十一)缪　宣

缪　宣(1499—1564)　字时化,号东洲,常熟人。嘉靖癸卯(1543)举人,"嘉靖二十三年甲辰秦鸣雷榜进士,泰和知县"①。时值岁饥,盗贼充斥,缪宣不忍动兵,下令安抚,招致谗言,遭解职。著有《瑞鹤堂稿》四卷。

缪宣免官归里后,专心治亭圃,购藏书,以课子为乐。瞿景淳《明故泰和令东洲缪公墓志铭》述其嗣子可贞有俊才,缪宣为其购书屋几楹,积书万卷②。《皇明常熟文献志》卷五亦载:其"免官,归志落落,无所自耗,乃治亭园,植嘉卉,行觞敖弄,藉以自娱,乃购书可万卷"③。

(五十二)钱之选

钱之选(生卒年不详)　字舜臣,号复轩,常熟人。嘉靖二十八年(1549)顺天乡试举人,"嘉靖二十九年庚戌唐汝楫榜进士"④。《光绪常昭合志稿》载:钱之选"父表,以事系狱。之选走控上官莫能解,乃代父系狱。父远诉京师,母卒于家。哀恳差押视殓毕复就系,居囹圄,日手一编,咿唔不辍。父归出狱,则又躬樵采以给朝夕。追父戍辽左,之选随往,有千户延为师,遂补铁岭卫诸生,乡会连捷,释褐知晋江县,以搏击为治,为巨姓所螫。调固始县,擢刑部主事,寻晋兵部郎中。上书讼父冤得雪,封父如其官,遂告终养。父子衣绣归里,吴中传为佳话"⑤。《洛阳万安桥志》载其政绩云:"钱之选,字舜臣,江苏常熟人,嘉靖庚戌进士,知晋江县事。聪敏善摘,片言而决。捐俸募死士编伍,躬自操练,以御海寇而保邑人。任满调去,民留其衣冠,祠之城东门外。今祠毁圮无存。时与袁承源同为此记立石。"⑥《康熙常熟县志》卷十九《孝友》、《乾隆江南通志》卷一百五十七有其传。

钱之选上书讼父冤得昭雪,遂归里读书与藏书自娱,《涵芬楼烬余书录》经部有《纂图互注礼记》二十卷,南宋刻本,有"钱之选印"记⑦。江西省图书馆藏有王廷辑《两汉书抄》十六卷,为嘉靖四十三年(1564)钱之选刻本。

(五十三)周后叔

周后叔(生卒年不详)　字胤昌,昆山人。后叔登"嘉靖二十九年进士,授工部

---

① (清)李铭皖、谭钧培修,(清)冯桂芬纂:《同治苏州府志(二)》卷六十《选举二》,见《中国地方志集成·江苏府县志辑》(8),江苏古籍出版社1991年版,第615页。

② (明)瞿景淳《明故泰和令东洲缪公墓志铭》,是碑于1994年8月虞山南麓烧香浜发掘出土,现藏常熟市碑刻博物馆。

③ 引叶瑞宝主编:《苏州藏书史》第三章《苏州私家藏书》,江苏古籍出版社2001年版,第204页。

④ (清)李铭皖、谭钧培修,(清)冯桂芬纂:《同治苏州府志(二)》卷六十《选举二》,见《中国地方志集成·江苏府县志辑》(8),江苏古籍出版社1991年版,第616页。

⑤ (清)郑钟祥、张瀛修,(清)庞鸿文等纂:《光绪常昭合志稿》卷二十五《人物四·耆旧·钱之选》,见《中国地方志集成·江苏府县志辑》(22),江苏古籍出版社1991年版,第375页。

⑥ 刘浩然编著:《洛阳万安桥志·洛阳万安桥兴有关碑记石刻》,香港华星出版社1993年版,第99页。

⑦ 张元济《涵芬楼烬余书录》经部《纂图互注礼记》,见张元济著:《张元济全集》第8卷《古籍研究著作》,商务印书馆2009年版,第190页。

都水主事，视榷荆州政务，简戢商人便之，既还朝，从白云司诸贤，饮刻烛相娱乐，俊声蔚然，迁屯田员外郎”①。因其骑与严士蕃争，被谪武冈州同知。寻迁金华府同知。为诗清雅俊逸，著有《楚游篇》《越中稿》等。生平事迹参见王世贞《明中顺大夫金华知府汉浦周君墓志铭》。

周后叔亦喜藏书，其家“尝藏嘉靖间《大狱招拟》几二十卷”②等。

（五十四）陈　瓒

陈　瓒（1518—1588）　常熟人，居河东街。“字廷祼，号雨亭。祖复，字一阳，号一鹤。弘治甲子举人，历知长兴、大庾二县，即致仕。生平沉笃慈信，居官亦多惠政。叔谏，字信可，号爱鹤，嘉靖庚戌进士，授刑部主事”③。瓒登“嘉靖三十五年进士。授江西永丰知县。治最，擢刑科给事中。劾罢严嵩党祭酒王才、谕德唐汝楫。迁左给事中。劾文选郎南轩，请录建言废斥者。帝震怒，杖六十除名。隆庆元年起官吏科”，擢太常少卿。万历中，累官刑部左侍郎。“卒官，赠右都御史，谥庄靖”④。墓在桃源涧，著有《济美堂集》《海虞世家碑铭志传》等传世。《康熙常熟县志》卷十八《邑人》有其传。

陈瓒好藏书，藏书室济美堂位于常熟虞山镇河东街。其家古书多，孔广陶刊《北堂书钞》序称，陈瓒有充栋宇汗牛马之蓄。《天禄琳琅书目后编》载，陈瓒藏有明版《旧唐书》四十册，“后归项笃寿万卷楼”，钤有“陈瓒”朱文印⑤。陈瓒遗书由其子陈禹谟继承。

陈禹谟（1584—1618）　“字锡玄，号抱冲，庄靖长子，万历辛卯举人，授获喜县学教谕，累升兵部郎中，迁四川按察司佥事”，官至贵州布政参议。“博识强记，贯穿经史，尤好捃摭四部中俪事骈语。”⑥著有《经籍异同》《类字判草》《禹贡图说》《获嘉县志》《秦游记事》《左氏兵略》《学半斋集》等。家多藏书，其能继之。曾据其父所得旧钞本《北堂书钞》翻刻，并作补注。又刻印徐广《谈冶录》十二卷、穆文熙《七雄策纂》八卷、罗伦《周易说旨》四卷，自辑刻《骈志》二十卷、《经言枝指》丛书五种九十九卷、《说储》八卷《二集》八卷、《广滑稽》三十六卷等。

---

① （明）张大复撰：《皇明昆山人物传》卷八《周后叔》，见《续修四库全书》编纂委员会、复旦大学图书馆古籍部编：《续修四库全书》第541册，上海古籍出版社2003年版，第668页。

② （明）张大复撰：《皇明昆山人物传》卷八《周后叔》，见《续修四库全书》编纂委员会、复旦大学图书馆古籍部编：《续修四库全书》第541册，上海古籍出版社2003年版，第669页。

③ （清）高士鸃、杨振藻修，（清）钱陆灿等纂：《康熙常熟县志》卷十八《邑人·陈瓒传》，见《中国地方志集成·江苏府县志辑》（21），江苏古籍出版社1991年版，第421—422页。

④ （清）张廷玉等纂修：《明史》卷二百二十一《列传第一百九·陈瓒传》，中华书局1974年版，第5821—5821页。

⑤ （清）彭元瑞等撰：《天禄琳琅书目后编》卷十四《旧唐书》，见《清人书目题跋丛刊十》，中华书局1995年版，第391页。

⑥ （清）高士鸃、杨振藻修，（清）钱陆灿等纂：《康熙常熟县志》卷十八《邑人·陈禹谟传》，见《中国地方志集成·江苏府县志辑》（21），江苏古籍出版社1991年版，第428页。

（五十五）葛邦典

葛邦典（生卒年不详）　字叙卿，号育庵，常熟人。居常熟镇海门内，其地后名葛家街。《康熙常熟县志》载：其为“嘉靖乙卯举人，丙辰进士，初任工部主事”[①]，外艰归，补知汝宁府。《重修常昭合志》卷二十《人物志》有其传。

葛邦典喜藏书，藏书室名曰赐锦堂。丁丙《善本书室藏书志》载，《贞观政要》十卷，明嘉靖葛氏藏书，“成化丙申崇府重刊本木记，有‘赐锦堂收藏图书’‘嘉靖丙辰进士育庵葛邦典印’”[②]诸印记。《天禄琳琅书目后编》著录明版《旧唐书》四十册，记曰：“葛邦典，常熟人，嘉靖丙辰进士，后归项笃寿万卷楼”，钤有“嘉靖丙辰进士育庵葛邦典印”[③]朱文印。

（五十六）状元申时行

申时行（1536—1614）　吴县人，“讳时行，字汝默，别号瑶泉，晚号休休居士，因病起，又号苏庵主人。公之祖秉城公，育于外兄徐翁所，遂从其姓。逮公及第，始奏复申”[④]。登“嘉靖四十一年进士第一，授修撰，历左庶子，掌翰林院事。万历五年，由礼部右侍郎改吏部”[⑤]，万历六年（1578），以左侍郎兼东阁大学士入预机务。已，进礼部尚书兼文渊阁，累进少傅兼太子太傅、吏部尚书、建极殿。四维忧归，时行为首辅。力求罢，诏驰驿归。万历“四十二年，时行年八十，帝遣行人存问。诏书至门而卒。先以云南岳凤平，加少师兼太子太师、中极殿大学士，诏赠太师，谥文定”[⑥]。著有《赐闲堂集》[⑦]。生平事迹参见明焦竑《特进光禄大夫左柱国少师兼太子太师吏部尚书中极殿大学士赠太师谥文定申公时行神道碑》、明过庭训《本朝分省人物考》卷二十四《申时行传》及钱谦益《列朝诗集小传》丁集中《申少师时行》。

申时行墓坐落在吴山东麓周家桥西，俗称申家坡。在苏州历代陵墓中，规模最大，保存较完整，1982 年被列为苏州市文物保护单位，1995 年被列为江苏省文物保护单位。

申时行“十岁能文，为陆贞山先生所赏。试诸生，辄冠。所著《尚书解会编》，海

---

① （清）高士鸃、杨振藻修，（清）钱陆灿等纂：《康熙常熟县志》卷十八《邑人·葛邦典传》，见《中国地方志集成·江苏府县志辑》（21），江苏古籍出版社 1991 年版，第 420 页。

② （清）丁丙撰：《善本书室藏书·志》卷八《贞观政要》，见《续修四库全书》编纂委员会、复旦大学图书馆古籍部编：《续修四库全书》第 927 册，上海古籍出版社 2003 年版，第 254 页。

③ （清）彭元瑞等撰：《天禄琳琅书目后编》卷十四《旧唐书》，见《清人书目题跋丛刊十》，中华书局 1995 年版，第 391 页。

④ （清）褚亨奭撰：《姑苏名贤后纪·申时行》，见（明）文震孟等撰，陈其弟点校：《吴中小志续编》，广陵书社 2013 年版，第 72 页。

⑤ （清）李铭皖、谭钧培修，（清）冯桂芬纂：《同治苏州府志（三）》卷八十《人物七·申时行》，见《中国地方志集成·江苏府县志辑》（9），江苏古籍出版社 1991 年版，第 162 页。

⑥ （清）张廷玉等纂修：《明史》卷二百十八《列传第一百六·申时行传》，中华书局 1974 年版，第 5750 页。

⑦ （清）朱彝尊著，姚祖恩编，黄君坦校点：《静志居诗话》卷十三，人民文学出版社 2006 年版，第 366 页。

内宗之。尝作《祛倦鬼文》,甚警发。后公在讲筵上见之,问谁所作,左右以公对。御笔改鬼为魔,命书之屏。辛酉,举乡试第三。明年,成进士。廷对,阁拟第二,肃皇帝拔置第一,授修撰,数为坐师”[①]。又雅好收藏书画及古籍,“归而治圃于第之南,颜其堂曰‘赐闲’”,“丹铅笔墨”[②],“所著撰亦甚富”[③]。又好藏书,所藏书有“瑶泉”“申时行印”“大学士章”“壬戌状元”“赐闲堂主人”“大学上印”“时行”等印。宋刻本《六家文选》三十卷,为“吴郡申氏、泰兴季氏藏本,‘申时行印’‘赐书堂主人’白文俱卷首”[④]等印记。王宠书法《离骚经》,钤有“申时行印”“甄雅堂印”“周大文印”诸印[⑤]。又有《明仇英白描罗汉卷》,有“乾隆鉴赏”“三希堂精鉴玺”“宜子孙”等玺,卷端神品墨林子、子京所藏。又黄丝栏,上行草书四行,款“瑶泉”“申时行”“大学士章”朱文[⑥]。

(五十六)归有光

归有光(1506—1571)　字熙甫,又字开甫,别号震川,世称“震川先生”,昆山宣化里人。“嘉靖乙未以选贡第一名入太学,庚子乡荐第二名”[⑦],“嘉靖乙丑,始举进士,授长兴知县。每厅讼,辄引其人吴语,事解,立纵去。间有所断击,直行其意。举大吏忤,中蜚语,量移顺德府通判。忽忽不乐,乃上疏乞致仕”。“隆庆四年,入觐,又乞改国子监官,俾以《五经》训诲学者。会新郑高文襄公拱、内江赵文肃公贞吉相次在内阁,雅知有光,引为南京太仆寺丞,留掌制敕,与修《世宗实录》。未逾年,卒官”[⑧]。“所著《复古堂稿》《大雅堂集》《三吴水利录》《史记录》《文震川经义》行于世。又有《两汉诏令》及遗文千余篇藏于家”[⑨],又有《震川先生集》四十卷传世。明王兆云《皇明词林人物考》卷十一有其传。

归有光“居昆山城之宣化里,唐宣公崇敬之后。九岁,能属文;弱冠,尽通经、史及唐、宋七大家诸书,师同县魏恭简公校,得其传,蔚为名儒。举乡试第二,屡上礼部不第。退居安亭江上内家王氏宅中,四方来学者常数十百人,共推东南大师,别自号

---

① (清)褚亨奭撰:《姑苏名贤后纪·申时行》,见陈其弟点校:《吴中小志续编》,广陵书社2013年版,第72页。

② (清)钱谦益撰:《列朝诗集小传》丁集中《申少师时行》,上海古籍出版社1959年版,第544页。

③ (清)申时行撰:《赐闲堂集》卷首二冯时可《文定申先生赐闲堂集序》,见《四库全书存目丛书》编纂委员会编:《四库全书存目丛书》史部,第134册,齐鲁书社1997年版,第5页。

④ (清)彭元瑞等撰:《天禄琳琅书目后编》卷七,见《清人书目题跋丛刊十》,中华书局1995年版,第323页。

⑤ 参见单国强主编:《中国书画投资与鉴藏》彩图版,大象出版社2005年版,第174页。

⑥ 参见(民国)何煜纂:《内务部古物陈列所书画目录》(4)之第五卷《书画目录》,京华印书局1925年,第42页。

⑦ (明)周世昌撰:《万历重修昆山县志》卷六《人物二·归有光传》,见刘兆佑主编:《中国史学丛书三编》第四辑,台湾学生书局1987年版,第606页。

⑧ (清)陈树德编纂,朱瑞熙标点:《安亭志》卷十六《归有光传》,上海古籍出版社2003年版,第278—288页。

⑨ (明)周世昌撰:《万历重修昆山县志》卷五《人物二·归有光传》,见刘兆佑主编:《中国史学丛书三编》第四辑,台湾学生书局1987年版,第605—606页。

‘震川’,海内称‘震川先生’,不以名氏”①。归有光读书尤勤,终其一生,“沉潜简默,与俗寡合,日惟闭门啜茗,取群经子史读之。及长益赅博贯穿,上自典、坟、骚、选,由历代以至国朝诸大家文,次弟披阅,无不了悟,尤酷好太史公书,不忍释手,其为文不事雕琢而议论奇特,气雄辞健,远近宗之”②。陈文烛谓归有光之嗜书,“先生扫蓬户,读书萧然忘老。……先生嗜书如饥渴之饮食也,寒暑之裘葛也。家四壁立,不问生产。为文根本六经鼓铸,百家绝翰墨畦经必传”③。王世贞赞云:“生而美风仪,性渊沉,于书无所不读,而尤邃经术,长于制科之业。……先生于古文词,虽出之自《史》《汉》,而大较折衷于昌黎、庐陵。当其所得,意沛如也。不事雕饰,而自有风味,超然当名家矣。”④清人陈树德评述归氏云:“有光之学,原本《六经》,而好司马迁书,得其风神脉理,故为文超然俊逸,可配古大家云。……治经尤深于《易》,作《易图论》,学《易》者宗之。举子业与德清胡友信、归善扬起元、临川汤显祖先后齐名,以配同郡王鏊,武进唐顺之、薛应旂,常熟瞿景淳,所谓八大家也。”⑤《明史》载其事迹称:归有光,“字熙甫,昆山人。九岁能属文,弱冠尽通《五经》《三史》诸书,师事同邑魏校。嘉靖十九年举乡试,八上春官不第。徙居嘉定安亭江上,读书谈道。学徒常数百人,称为震川先生。四十四年始成进士,授长兴知县。用古教化为治。每听讼,引妇女儿童案前,刺刺作吴语,断讫遣去,不具狱。大吏令不便,辄寝阁不行。有所击断,直行己意。大吏多恶之,调顺德通判,专辖马政。明世,进士为令无迁倅者,名为迁,实重抑之也。隆庆四年,大学士高拱、赵贞吉雅知有光,引为南京太仆丞,留掌内阁制敕房,修《世宗实录》,卒官”。“有光制举义,湛深经术,卓然成大家。后德清胡友信与齐名,世并称归、胡”。时王世贞主盟文坛尤为推重,赞其“千载有公,继韩、欧阳。余岂异趋,久而自伤”⑥。

归有光嗜藏书,尝藏有宋刻本《邓析子》二卷,“卷末有朱文方印曰‘世美堂印’,又有长方印曰‘魏国文正公二十二代女’,疑为震川先生配王夫人印记。震川先生有云居安亭时,夫人尝属里媪访求古书也”⑦。又明版《六家文选》第二部上有“琅琊王

① (清)陈树德编纂,朱瑞熙标点:《安亭志》卷十六《归有光传》,上海古籍出版社2003年版,第278页。

② (明)周世昌撰:《万历重修昆山县志》卷五《人物二·归有光传》,见刘兆佑主编:《中国史学丛书三编》第四辑,台湾学生书局1987年版,第605页。

③ (明)臣文烛撰:《二酉园续集》卷十九《归震川先生墓表》,见《四库全书存目丛书》编纂委员会:《四库全书存目丛书》集部,第139册,齐鲁书社1997年版,第590页。

④ (明)王世贞《归太仆赞并序》,见(明)归震川著,段承校选注评析:《归震川诗文选》附录二《归有光传记及评论资料选录》,江苏古籍出版社2002年版,第300页。

⑤ (清)陈树德编纂,朱瑞熙标点:《安亭志》卷十六《归有光传》,上海古籍出版社2003年版,第278—279页。

⑥ (清)张廷玉等纂修:《明史》卷二百八十七《列传第一百七十五·归有光传》,中华书局1974年版,第7382—7383页。

⑦ (清)瞿镛撰:《铁琴铜剑楼藏书目录》卷第十四,见《清人书目题跋丛刊三》,中华书局1990年版,第205页。

氏珍玩”朱文长方印[①]，第五部上有“世美堂”朱文方印[②]，叶昌炽认为“‘琅琊王氏珍玩’‘一往有情深’诸朱记，亦王夫人印也”[③]。叶德辉亦记云：“明版《文选》，有世美堂琅琊王氏珍玩朱记。世美堂为归有光妻曾大父致谦藏书处，震川有《世美堂后记》。”[④]又钞本《说学斋稿》，前一册后有归有光跋：“前三十年从吴纯甫借观，今问其家半帙矣。命童子录而存之。”后一册有叶文庄孙恭焕跋云：“嘉靖辛酉震川师从予觅太仆文不得，自隆庆丁卯后乃获此卷，实先文庄钞存。师已仙去，不获见可憾也。”[⑤]又“《史记》一百三十卷，明刻本。宋裴骃《集解》。字体在正德、嘉靖之间。惟单刻《集解》，实为罕见之本。收藏有‘归印震川’朱文方印、‘归子慕’白文方印”[⑥]。如今藏于日本静嘉堂文库的宋嘉定年间岳珂撰《愧郯录》十五卷，卷中有明人修补，此本原系朱卧庵、周季贶、陆心源皕宋楼等旧藏，卷七后有“世美堂印”朱文方印等朱记[⑦]。

有藏书处名曰世美堂，自作《世美堂后记》，记云：“余妻之曾大父王翁致谦，宋丞相魏公之后。自大名徙宛丘，后又徙余姚。元至顺间，有官平江者，因家昆山之南戴，故县人谓之南戴王氏。翁为人倜傥奇伟。吏部左侍郎叶公盛、大理寺卿章公格，一时名德，皆相友善，为之连姻。成化初，筑室百楹于安亭江上，堂宇闳敞，极幽雅之致。题其扁云曰‘世美’。四明杨太史守址为之记。嘉靖中，曾孙某以逋官物鬻于人。余适读书堂中，吾妻曰：‘君在，不可使人顿有《黍离》之悲。’余闻之，固已恻然。然亦自爱其居闲靓，可以避俗嚣也，乃谋质金以偿鬻者；不足，则岁质贷。五六年，始尽雠其值。安亭俗呰窳，而田恶。先是县人争以不利阻余。余称孙叔敖请寝之丘，韩献子迁新田之语以为言。……以余好书，故家有零落篇牍，辄令里媪访求，遂置书无虑数千卷。”[⑧]后“倭奴犯境，一日抄掠数过，而宅不毁，堂中书亦无恙。然余遂居县城，岁一再至而已”[⑨]。又称“余家有《星槎胜览》，辞多鄙芜，上海陆子渊学士家刻《说海》，中有其书，而加删润。然余性好聚书，独以为当时所记虽不文，亦不失真，存之以待班固、范晔之徒为之可也。凡书类是者，予皆不惮雠校，卷帙垢壤，必命童子

---

① （清）于敏中等撰：《天禄琳琅书目》卷十，见《清人书目题跋丛刊十》，中华书局1995年版，第219页。

② （清）于敏中等撰：《天禄琳琅书目》卷十，见《清人书目题跋丛刊十》，中华书局1995年版，第220页。

③ （清）叶昌炽著，王欣夫补正，徐鹏辑：《藏书纪事诗》卷三，上海古籍出版社1989年版，第253页。

④ （清）叶德辉撰：《书林清话》卷十《藏书偏好宋元刻之癖》，上海古籍出版社2012年版，第240页。

⑤ （清）潘祖荫撰，叶昌炽编，潘承弼增补：《滂喜斋藏书记》卷三，见《续修四库全书》编纂委员会、复旦大学图书馆古籍部编：《续修四库全书》第926册，上海古籍出版社2003年版，第463页。

⑥ （清）缪荃孙等撰，吴格整理点校：《嘉业堂藏书志》卷二《史部》，复旦大学出版社1997年版，第185页。

⑦ 严绍璗著：《日本藏汉籍珍本追踪纪实——严绍璗海外访书志》之八《在静嘉堂文库访“国宝”》，上海古籍出版社2005年版，第318页。

⑧ （明）归有光著，周本淳校点：《震川先生集》卷十七《记·世美堂记》，上海古籍出版社2007年版，第423页。

⑨ （明）归有光著，周本淳校点：《震川先生集》卷十七《记·世美堂记》，上海古籍出版社2007年版，第424页。

重写，盖余之笃好于书如此”[①]。又《题金石录后》云：“余少见此书于吴纯甫家，至是，始从友人周思仁借抄，复借叶文庄公家藏本校之。观李易安所称，其一生辛勤之力，顷刻云散，可以为后世藏书之戒。然予生平无他好，独好书，以为适吾性焉耳，不能为后日计也。文庄公书，无虑万卷。至今且百年，独无恙。翻阅之余，手迹宛然，为之敬叹云。”[②]又《题隶释后》云：丙辰岁，关陕地震，秦雍之间，碑石多摧碎，“然则欧阳公、赵德夫、洪景伯所录，恐今不可复见也，因钞《洪氏隶释》附记于此”[③]。归有光曾藏《瀛涯胜览》《何博士备论》《金陀粹编》等三十五篇，皆见《震川先生集》卷五。

昆山有项脊泾，亦为归氏旧居所在，归公又号项脊生。归有光作《项脊轩志》，记曰：“项脊轩，旧南阁子也。室仅方丈，可容一人居。百年老屋，尘泥渗漉，雨泽下注，每移案，顾视无可置者。又北向，不能得日，日过午已昏。余稍为修葺，使不上漏；前辟四窗，垣墙周庭，以当南日；日影反照，室始洞然。又杂植兰桂竹木于庭，旧时栏楯，亦遂增胜。借书满架，偃仰啸歌，冥然兀坐，万籁有声，而庭阶寂寂……余自束发，读书轩中。”[④]又“沉酣六籍，牢落公车前后不下四十余年，未尝一日释卷帙，每著一书，吴中英、沈世麟、张自新辈争传宝之，谓金石气”[⑤]。

其藏书印有世美堂印、世美堂、琅琊王氏珍玩、一往情深、魏国文正公二十二代女[⑥]等。

归有光之遗书传至其孙归昌世[⑦]，昌世善守祖父之书，归氏藏书至此仍无散佚。

（五十七）王执礼

王执礼（生卒年不详） 字子敬。昆山人。秩[⑧]孙。据《安亭志》载：王公“少孤贫力学，从归太仆受经，旁及子史百家，太仆每曰：‘可与评论古今者，独子敬一人而

---

① （明）归有光著，周本淳校点：《震川先生集》卷五之《题跋·题星槎胜览》，上海古籍出版社2007年版，第115页。

② （明）归有光著，周本淳校点：《震川先生集》卷二《题跋·题金石录后》，上海古籍出版社2007年版，第113页。

③ （明）归有光著，周本淳校点：《震川先生集》卷二《题跋·题隶释后》，上海古籍出版社2007年版，第114页。

④ （明）归有光著，周本淳校点：《震川先生集》卷十七《记·项脊轩志》，上海古籍出版社2007年版，第429—430页。

⑤ （明）张大复撰：《皇明昆山人物传》卷八《归有光》，见《续修四库全书》编纂委员会、复旦大学图书馆古籍部编：《续修四库全书》第541册，上海古籍出版社2003年版，第666页。

⑥ 注：归有光妻王氏，为魏国公后，《世美堂记》有记载，故此印当为归有光妻之印。

⑦ 按：归昌世（1573—1644），字文休，号假庵，昆山人，后移居常熟。明末著名书画篆刻家，以诗闻名，被称为“才子”，其擅草书，更精墨竹。昌世承继归有光遗书而世守之。据《静志居诗话》卷十九载：昌世尝为诗云：“壁蛩收残音，哀蝉振余乡。图书盈座隅，览古叹其往。扬子千载知，钟期并时赏。穷通非巧拙，徒为增俯仰。”以善守祖父之书而读之，以是归氏藏书，至此仍无散佚。

⑧ 注：王秩，字循伯，昆山人。成化二十三年（1487）丁未科进士，授永康知县，历官南京兵部主事、刑部员外郎、广东按察司佥事、江西兵备副使、按察使，官至云南布政使。

已。'嘉靖乙丑,同登进士第,授建宁府推官"[1],"转南京刑部主事,寻迁北漕,既三年,赠封父母如其官。即上疏乞终养。万历壬午服阕,转仪曹,寻升尚宝丞,丙戌转光禄寺少卿,戊子转大理寺寺丞,己丑以五品考绩还家,升应天府府丞"[2]。

王执礼自幼嗜学,又好藏书与刻书,"公在告十年,官陪京三年,未尝一日释卷。每有雠校,按甲证乙笔墨纷然,虽复乱抽卷帙,触手而是未尝浪掷光阴,苟安疑义。而十年养母,医学尤精"。又于其居之西,构为书室,题曰清梦轩。张大复曰:"予尝谒京兆于'清梦轩'中,即隆冬盛夏必手一编。"[3]尝刻过宋苏辙《栾城集》五十卷《后集》二十四卷《三集》十卷、《应诏集》十二卷等。

(五十八)周　铎

周　铎(生卒年不详)　字子振,明太仓人。"嘉靖四十四年成进士,授南京兵部武库司主事,历迁员外郎、郎中,不受要津请托,出为严州知府。为政廉平,中蜚语,谪汾州府同知。严州士民卧辕拥泣,稍迁福州府同知"[4],累官南京刑部山西司郎中,移疾归。

周铎归里后,"筑数椽,罗列图史,座右揭,'静以修身,俭以养德'八字为箴"[5]。

(五十九)韩世能

韩世能(1528—1598)　字存良,号敬堂,长洲人,"世居齐门外云和里。隆庆二年进士,官至礼部左侍郎,掌翰林院事,老疾请归,赐白金文绮弛传归"[6]。《明史》载:其"由庶吉士授编修。与修世宗、穆宗《实录》,充经筵日讲官。历侍读、祭酒、礼部侍郎、教习庶吉士。馆阁文字,是科为最盛。世能尝使朝鲜,赠遗一无所受"[7]。后以疾归,卒,墓在岐龙山麓。谕葬,祠在沙河塘。有《云东拾草》十四卷传世。《同治苏州府志》卷八十七《人物十四》有其传。

韩公好藏书,《临川先生文集》一百卷《目录》三卷,"元刊本,韩世能藏书",卷内

① (清)陈树德编纂,朱瑞熙标点:《安亭志》卷十八《王执礼》,上海古籍出版社 2003 年版,第 324—325 页。

② (明)张大复撰:《皇明昆山人物传》卷八《王执礼》,见《续修四库全书》编纂委员会、复旦大学图书馆古籍部编:《续修四库全书》第 541 册,上海古籍出版社 2003 年版,第 674 页。

③ (明)张大复撰:《皇明昆山人物传》卷八《王执礼》,见《续修四库全书》编纂委员会、复旦大学图书馆古籍部编:《续修四库全书》第 541 册,上海古籍出版社 2003 年版,第 674 页。

④ (清)王昶等纂修:《嘉庆直隶太仓州志》卷二十七《人物·列传二·周铎传》,见《续修四库全书》编纂委员会、复旦大学图书馆古籍部编:《续修四库全书》第 697 册,上海古籍出版社 2003 年版,第 446 页。

⑤ (清)王昶等纂修:《嘉庆直隶太仓州志》卷二十七《人物·列传二·周铎传》,见《续修四库全书》编纂委员会、复旦大学图书馆古籍部编:《续修四库全书》第 697 册,上海古籍出版社 2003 年版,第 446 页。

⑥ (清)李光祚修,(清)顾诒禄纂:《乾隆长洲县志》卷二十四《人物三·韩世能传》,见《中国地方志集成·江苏府县志辑》(13),江苏古籍出版社 1991 年版,第 288 页。

⑦ (清)张廷玉等纂修:《明史》卷二百十六《列传第一百四·韩世能传》,中华书局 1974 年版,第 5701 页。

有"'宗伯学士之印''韩印世能''玉山世家''潜夫'诸印"①。《皇朝文鉴》一百五十卷《目录》三卷,"宋嘉泰四年新安郡斋刊本",钤有吴氏丛书堂、叶盛、韩世能、张丑、项药师、毛晋诸印②。

有"韩世能印""韩氏存良""云东藏室""宗伯学士之印""宗伯氏章""世能"诸印。

韩世能又"以鉴藏书画名一时,张丑所辑南阳书画表也。考董其昌《洛神赋十三行跋》,称馆师韩宗伯"③。藏于天津市艺术博物馆的《寒切帖》,又名《谢司马帖》。此帖为王羲之尺牍,草书五行,后有明人董其昌、娄坚两跋。此帖曾藏宋绍兴内府,经明人韩世能传至清初王时敏家,辗转入李霨诸人手。曾刻入《淳化阁帖》《大观帖》《澄清堂》《宝贤堂》《玉烟堂》《邻苏园》诸帖。此帖纸墨斑斓,精神奕奕,实为研究王羲之书法和各种刻本之宝贵资料。又有《胡母帖》,王羲之尺牍,草书五行,为《十七帖》之一,又名《永兴帖》。真迹明时在韩世能家,刻入《郁冈斋帖》《余清斋帖》《戏鸿堂帖》,清刻入《快雪堂帖》。

(六十)顾大典

顾大典(1541—1596)　字道行,号衡寓,吴江人。"少读书过目成诵,隆庆二年成进士,年未及壮丰神秀美望之若仙。授绍兴府教授,迁处州府推官。万历二年,擢刑部主事,改南京兵部,迁吏部郎中。"万历十二年,"升山东按察使,改福建提学副使。请托一无所徇,忌者追论其为"④,谪禹州知州,遂自免归,再起开州不就。居乡,工书画,著有《海岱吟》《闽游草》《园居稿》《清音阁集》等,所作传奇有《清音阁四种》并传世。

顾大典好收藏,家有"谐赏园",馆舍中收藏彝、鼎、樽、罍、琴剑、经史、内典、法书、名画。园中自然景色与文物古玩、琴棋书画交相辉映,朴雅古茂。园中有阁名"清音",因其环境"竹树交戛,不风而鸣,琮琮琤琤,天籁自发"⑤而得名。顾大典以所藏法书、名画及古籍甚富而著名一时。顾大典作《谐赏园记》记云:"余家在城之西北隅,前临渠,后负郭,左有琳宫、别墅、乔木丛林之胜,远市而僻,因割其左之半以为园。园在世纶堂、春晖楼之后……台之左,筑室三楹,扁曰'云萝馆'。左楹为寝

① (清)丁丙撰:《善本书室藏书志》卷二十七《临川先生文集》,见《续修四库全书》编纂委员会、复旦大学图书馆古籍部编:《续修四库全书》第927册,上海古籍出版社2003年版,第477页。

② 傅增湘撰:《藏园群书经眼录》卷十八《集部七》,中华书局1983年版,第1524页。

③ (清)永瑢、纪昀主编,周仁等整理:《四库全书总目提要》卷一百七十九《集部三十二·别集类存目六·云东拾草》,海南出版社1999年版,第966页。

④ (清)沈彤等纂:《乾隆震泽县志》卷十九《文学·顾大典》,见《中国地方志集成·江苏府县志辑》(23),江苏古籍出版社1991年版,第182页。

⑤ (清)沈彤等纂:《乾隆震泽县志》卷三十六《谐赏园记》,见《中国地方志集成·江苏府县志辑》(23),江苏古籍出版社1991年版,第326页。

室，贮彝、鼎、樽、罍、琴、剑之属。右为便坐，贮经史、内典、法书、名画之属。”①王稚登《谐赏园赋并序》云：“顾道行先生谢闽学政归，葺治其中顺公园庐，署曰‘谐赏’。其五亩之宅，凿山穿池，雕林锼石，艺竹种鱼，清流崇冈，濯足振衣，或建书阁，或树佛庐。”②

（六十一）马玉麟

马玉麟（生卒年不详）　字德征，昆山人。“友直裔孙，万历丁丑成进士”③，累迁云南参政，罢归。著有《静观堂稿》三十八卷④。生平事迹参见明张大复《皇明昆山人物传》卷十《马玉麟传》。

马玉麟在昆山西门外仓北建有鹦适园，“中有万卷楼，为藏书之所”⑤。

（六十二）邵　鏊

邵　鏊（？—1619）　字麟武，号莲城，常熟人。“万历丙戌进士，初任武昌府推官，戊子分校湖广乡试，寻告终养。内艰，服除，补保定府推官，迁南京兵部主事，晋郎中，致仕。”⑥撰有《莲虚集》《麟武集》⑦。潘介祉《明诗人小传稿》卷十四有其传。

其父邵圭洁，“字伯如，世居虞山之北麓，学者称北虞先生。瞿文懿、严文靖辈结社会文，时称十傑社，圭洁为领袖。北川孙楼其高弟也。工制举业，名满江左，尤工策论、古文辞。不斤斤绳削而清婉凄切参轨名家。嘉靖己酉举于乡。……辑《经济录》若干卷、《北虞集》若干卷，行于世。崇祀乡贤祠”⑧。受其父影响，邵鏊好书，尝藏有《重修琴川志》十五卷，影元钞本。《铁琴铜剑藏书目录》卷十一录龚立本跋云：“此书邵兵部麟武初得于兴福寺，而失去一卷，予从借观，兵部别以钞本相示。”⑨又于万历三十四年（1606）刻印其父邵圭洁《北虞先生遗文》六卷。

---

① （清）沈彤等纂：《乾隆震泽县志》卷三十六《谐赏园记》，见《中国地方志集成·江苏府县志辑》（23），江苏古籍出版社1991年版，第326页。

② （清）沈彤等纂：《乾隆震泽县志》卷三十六《谐赏园赋并序》，见《中国地方志集成·江苏府县志辑》（23），江苏古籍出版社1991年版，第327页。

③ （清）李铭皖、谭钧培修，（清）冯桂芬纂：《同治苏州府志（三）》卷九十三《人物二十·马玉麟传》，见《中国地方志集成·江苏府县志辑》（9），江苏古籍出版社1991年版，第439页。

④ （清）万斯同撰，张云、王盼整理：《二十五史艺文经籍志考补萃编》第二十四卷《明史艺文志》，清华大学出版社2014年版，第504页。

⑤ 叶瑞宝主编：《苏州藏书史》第三章《苏州私家藏书》，江苏古籍出版社2000年版，第230页。

⑥ （清）高士鸃、杨振藻修，（清）钱陆灿等纂：《康熙常熟县志》卷二十《儒林·邵圭洁附后》，见《中国地方志集成·江苏府县志辑》（21），江苏古籍出版社1991年版，第479页。

⑦ （民国）丁祖荫、徐兆玮总纂，常熟市地方志编纂委员会办公室标校：《重修常昭合志》卷二十《人物志·邵圭洁》，上海社会科学院出版社2002年版，第1026页。

⑧ （清）高士鸃、杨振藻修，（清）钱陆灿等纂：《康熙常熟县志》卷二十《儒林·邵圭洁》，见《中国地方志集成·江苏府县志辑》（21），江苏古籍出版社1991年版，第478页。

⑨ （清）瞿镛撰：《铁琴铜剑楼藏书目录》卷第十一《史部四》，见《清人书目题跋丛刊三》，中华书局1990年版，第170页。

(六十三)孙文龙

孙文龙(生卒年不详)　字明卿,号见田,常熟支塘人。孙"忠子,由太仓籍第,万历己丑进士"①,"授仪封知县,考最,擢南工部主事,升郎中,出为承天知府"②。其父孙忠,字虞阳,万历七年(1579)太仓州学贡。"少贫困,与父同作《苦儒贾杂奏》,而文学益娴,凡子史百家及天文地理,内外典籍,靡不博综。"③原家无藏书,多借读,各拥架,手制辑录,积至数百卷。著有《二十一纂》《历朝捷录》《诸子百家辑要》藏于家。

《苏州藏书史》载其名。刻印过唐杜甫《集千家注杜工部诗集》二十卷。

(六十四)葛锡番

葛锡番(1579—?)　一作蟠,字鲁生,号中括,昆山人。鼎④、鼐⑤、鼒⑥、鼏父。"先生先世自勾曲迁邑之兵墟。锡蟠为两浙运使纶从孙。年十九举于乡,万历辛丑成进士。授刑部主事,迁员外郎"⑦,擢河南按察副使,进山东兖西道参政未行,升河南按察使。闻父病亟,请终养,归卒。"居家勤约,自持门庭萧然,邑中言家法者必推葛氏。南都建,赠太常寺卿"⑧。著有"《留耕堂集》、《省心微言录》一卷"⑨。据《同治苏州府志》载:"四贤祠在荐严寺前七塔之南,旧为葛家园,明太常卿葛锡蟠读书处,后废为尼庵,国朝乾隆乙丑新阳知县张子介改今祠祀。明监察御史朱栻、刑部尚

---

① (民国)丁祖荫、徐兆玮总纂,常熟市地方志编纂委员会办公室标校:《重修常昭合志》卷十八《艺文志》,上海社会科学院出版社 2002 年版,第 705 页。

② (清)郑钟祥、张瀛修,(清)庞鸿文等纂:《光绪常昭合志稿》卷三十《人物九 · 文学 · 孙忠附孙文龙》,见《中国地方志集成 · 江苏府县志辑》(22),江苏古籍出版社 1991 年版,第 498 页。

③ (清)郑钟祥、张瀛修,(清)庞鸿文等纂:《光绪常昭合志稿》卷三十《人物九 · 文学 · 孙忠附孙文龙》,见《中国地方志集成 · 江苏府县志辑》(22),江苏古籍出版社 1991 年版,第 498 页。

④ 注:葛鼎,锡番长子,字谦调。除藏书外,尤好刻书,书室名曰永思堂,刻书甚多,如葛鼎、金蟠辑《史记汇评》一百三十卷,崇祯间葛鼎永思堂刻印,南京图书馆有藏;葛锡番汇评《汉书汇评》一百卷,崇祯十二年(1639)葛鼎刻本,中国社会科学院图书馆有藏;葛鼎、沈云翔辑《后汉书汇评》,葛鼎刻本,顾锡钧序,《昆山历代艺文志》著录;唐房玄龄注、明刘绩补注,葛鼎按《管子》二十四卷,崇祯十一年(1638)葛鼎翻刻赵用贤《管韩合刻》本,《中国善本书提要》著录。

⑤ 葛鼐,锡番次子,葛鼐辑《古文正集》二编,明崇祯金阊叶聚甫刻本,辽宁省图书馆有藏。

⑥ 葛鼒,锡番三子,字靖调,亦好藏书,《铁琴铜剑楼藏书目录》卷第二十二著录明刊本《临川吴文正公集》四十九卷《外集》三卷,《学基学统》一卷,卷首有"葛鼒""葛氏"等朱记。尤好刻书,著名一时,书室名曰永怀堂,明天启间葛鼒永怀堂刻印自撰《战国策考正》十卷,《西谛书目》著录,中国国家图书馆有藏;明天启间葛鼒永怀堂刻印明高濂撰《弦雪居重订遵生八笺》十九卷,《明代版刻综录》卷一著录;崇祯间永怀堂刻葛鼒辑《古文正集》十卷,上海图书馆有藏;崇祯十二年(1639)永怀堂刻明金蟠编、葛鼒校《十三经古注》二百九十一卷,《昆山历代艺文志》著录。

⑦ (清)李福沂、汪堃等纂修:《光绪昆新两县续修合志》卷二十四《列传三 · 葛锡蟠》,见《中国地方志集成 · 江苏府县志辑》(16),江苏古籍出版社 1991 年版,第 385 页。

⑧ (清)李福沂、汪堃等纂修:《光绪昆新两县续修合志》卷二十四《列传三 · 葛锡蟠》,见《中国地方志集成 · 江苏府县志辑》(16),江苏古籍出版社 1991 年版,第 386 页。

⑨ 江苏省昆山县志编纂委员会编:《昆山县志》第二十二篇《文化》,上海人民出版社 1990 年版,第 687 页。

书周康僖公、震川先生归有光、太常寺卿葛锡蟠,今废。”①

葛锡番雅好藏书,《昆山历代艺文志》载:“锡蟠富藏书,有八子,皆好学,尽以书界诸子。”②《苏州藏书史》亦载其“家有藏书,后传其子”③。其中葛鼐藏书数万卷。

葛　鼐(1612—?)　葛锡番四子。字端调,明昆山人。崇祯三年(1630)举人。好藏书,在其父藏书基础上,“鼐益购所未备,所藏达3万卷”④,书室内所触皆书,藏有旧钞本《诸史偶论》十卷,“不作纂辑人姓名,前有无名氏序,谓司马温公作核其书,乃备科举试策之用,当出南宋人所为托温公也。钞本甚旧,尚出明初人藏书家图记重重,皆以旧帙而宝之。卷首有昆山葛鼐藏书之印”⑤。又出所藏,尝辑所评骘自《左》《国》《史》《汉》迄唐宋八家外,复辑二十二家,刻印刊行,因刻印质量高,“海内号称‘葛板’”⑥。如《家庭实行录》一卷、《永怀堂日录》二卷、《古文正义选》、《古文续集》二十二卷,惜已佚,《昆新两县续修合志》卷四十九著录。

葛氏兄弟藏书与刻书处名曰永怀堂与永思堂,刻印过的书甚多,至今仍有入藏国内各大图书馆。

(六十五)缪国维

缪国维(1566—1626)　字四备,又字尔张,号西垣,吴县人,家太平桥南。清康熙乙未榜眼缪曰藻之曾祖父。其“家贫苦学,万历辛丑成进士,授南安知县。念母老不便就养,乞改宁国府教授,迁国子博士,升营缮主事,晋虞衡郎中,出知温州府。多善政,擢贵州副使”⑦,仕至贵州右参政。卒葬光福官山南麓。著有《缪西垣文集》十卷。生平事迹参见李孙宸《吴门派九世缪国维(族称西垣公)墓志铭》、《康熙苏州府志》卷六十六及《乾隆吴县志》卷五十四等。

缪氏家有藏书,据其后人缪楷《经余随笔》载:“苏州府治西北太平桥南养育巷,即西垣公旧第也。……吴门世泽石桥头,家有赐书藏小楼。”⑧据此,可见缪氏因朝廷赐书而筑楼藏书。

---

① (清)李铭皖、谭钧培修,(清)冯桂芬纂:《同治苏州府志(二)》卷三十八《坛庙祠宇三》,见《中国地方志集成·江苏府县志辑》(8),江苏古籍出版社1991年版,第190页。
② 郭秧全、蔡坤泉主编:《昆山历代艺文志》卷一《古代部分》,江苏科学技术出版社2012年版,第155页。
③ 叶瑞宝主编:《苏州藏书史》第三章《苏州私家藏书》,江苏古籍出版社2000年版,第247页。
④ 郭秧全、蔡坤泉主编:《昆山历代艺文志》卷一《古代部分》,江苏科学技术出版社2012年版,第155页。
⑤ (清)瞿镛撰:《铁琴铜剑楼藏书目录》卷第十七《子部五》,见《清人书目题跋丛刊三》,中华书局1990年版,第252页。
⑥ 郭秧全、蔡坤泉主编:《昆山历代艺文志》卷一《古代部分》,江苏科学技术出版社2012年版,第155页。
⑦ (清)李铭皖、谭钧培修,(清)冯桂芬纂:《同治苏州府志(三)》卷八十一《人物八·缪国维》,见《中国地方志集成·江苏府县志辑》(9),江苏古籍出版社1991年版,第171页。
⑧ (清)缪楷撰:《经余随笔》卷二,见王德毅主编:《丛书集成续编》第25册,(台湾)新文丰出版公司1988年,第68页。

(六十六)钱时俊

钱时俊(1565—1634)　字用章,号仍峰,张家港塘桥镇鹿苑人。“少力学贯通《春秋》四传,登进士,以工部主事差北关,除苛剔弊,正供而外不名一钱,终湖广按察副使,所至以清惠闻”[①]。《康熙常熟县志》载:时俊登“万历甲辰进士,以工部主事差北新关正供而外,不名一钱,商人立祠以祀之,为德于乡如其父。终湖广按察使副使。子五人,长裔肃,万历乙卯举人,次裔穆、裔忠、裔文、裔僖。僖顺治丁亥进士,肃子召丙戌举人,忠子祖寿丁亥进士,文子延宅壬辰进士”[②]。著有“《春秋胡传翼》三十卷”[③]。卒葬张家港市塘桥镇金村东北。

钱时俊曾祖庶,字国征,明嘉靖二十九年(1550)庚戌科进士及第,仕至行人司行人。钱庶父岱,“字汝瞻,吴越武肃王之后,少为诸生,文誉籍甚。中隆庆五年辛未科进士,授广州府理刑,秩满召为御史,按察山东……所至有声,然竟以江陵座主之故,牵累罢官,后人追论之者谓江陵未尝不知岱,岱则未尝附江陵也”。归里后,筑小辋川园,率族人、友朋读书吟诗及饮酒乐在其中,“所著两晋合纂等书”[④]。其后裔子孙中尤嗜藏书者为时俊。

钱时俊受其家族影响,嗜读书,又好藏书,钱谦益《春秋胡传翼序》云:“使君钱先生,业世青缃,《春秋》家夙称龙象。兹取《大全》一书,淘汰而斟酌之。上自三传,下迄诸子百家,繁芜者芟,精核者存。他如外传及笺疏,与胡传相发明者,亦附见错出,令人开卷洞了。其于康侯,如车之辅,如鸟之翮,真可相御而行者矣。不佞少治《易》,于《春秋》家言,独有深嗜。追承之楚、闽,时获与诸名家商确疑义,辄津津有合也。归来夙好不忘,遂以是经课孙儿辈。每欲一洗剿袭之陋,为穷经指南,适钱先生《胡传翼》成,征序于余。余窃观之,微显阐幽,广大悉备。宣尼千百载以上心事,恍然旦暮遇之。方今经术大明,其以治《春秋》名家者,又不啻如董如刘。若而辈更得先生为之表章,诸儒之大成,功令在是,童而习之,用以郛众说、断国论,不犹贤于说铃书肆乎哉?”“余少不自量,欲网罗百家,推明孔氏笔削之指,未三载而以懒废。令余深湛如用章,岂遂逊古人哉!姑书之,以志余愧而已”[⑤]。从钱谦益序文中,其

---

① (清)郑钟祥、张瀛修,(清)庞鸿文等纂:《光绪常昭合志稿》卷二十五《人物四·耆旧》,见《中国地方志集成·江苏府县志辑》(22),江苏古籍出版社1991年版,第380页。

② (清)高士鸃、杨振藻修,(清)钱陆灿等纂:《康熙常熟县志》卷十八《邑人·钱时俊》,见《中国地方志集成·江苏府县志辑》(21),江苏古籍出版社1991年版,第426—427页。

③ (民国)丁祖荫、徐兆玮总纂,常熟市地方志编纂委员会办公室标校:《重修常昭合志》卷十八《艺文志》,上海社会科学院出版社2002年版,第702页。

④ (清)高士鸃、杨振藻修,(清)钱陆灿等纂:《康熙常熟县志》卷十八《邑人·钱岱》,见《中国地方志集成·江苏府县志辑》(21),江苏古籍出版社1991年版,第426—427页。

⑤ (清)钱谦益《春秋胡传翼序》,(民国)丁祖荫辑:《牧斋集补》,见(清)钱谦益著,(清)钱曾笺注,钱仲联标校:《牧斋杂著》,上海古籍出版社2007年版,第860页。

家应是“摩研削柿，丹铅满家”①。

其藏书处名曰知止堂，藏书印有家在云间、知止堂等。尝刊《春秋胡传翼》三十卷，十四册，“原题：明后学海虞钱时俊用章甫辑。卷内有‘家在云间’‘知止堂’等印记”②，《中国善本书提要·经部·春秋类》著录，北京大学图书馆有藏。

钱时俊所藏之书由子裔肃及孙钱曾递藏。

钱裔肃（1589—1646），钱时俊子，钱曾之父。字嗣美，常熟人，居城西虹桥。万历四十三年（1615）乙卯科举人，藏书名家，收藏珍贵图籍善本甚多。钱谦益《族孙嗣美合葬墓志铭》述其藏书故实云：“从孙嗣美闻风慕悦，亦好聚书，书贾多挟策潜往。余心喜其同癖，又颇嗛其分吾好也。天启间，官史局，与中州王损仲商订《宋史》。损重言王偁《东都事略》藏李少卿家，搜箧中获之，缮写以归。人言嗣美家有宋刻善本，而未信也。辛丑（顺治十八年）春，从其子曾见之，刻画精好，阙文俱在，则其捐馆舍已十有六年矣。嗟乎！以余之斯文，穷年尽气，搜讨不可谓不力，而宋代遗文颉颃《长编》者，近在家门，而不克知，余之阙漏谀闻，良可以自愧。”③

钱曾（1629—1701），字遵王，号也是翁，常熟人。少学于族祖钱谦益。所居述古堂，多善本藏书，沉潜书史，因自号述古堂人。又有藏书处名曰也是园，所藏书得之其父裔肃与钱谦益藏书，其藏书聚至4100余种，所藏多宋元刻本和精钞本，成为继钱谦益绛云楼和毛晋汲古阁之后的江南藏书名家。辑有《述古堂藏书书目》《也是园书目》，选其中珍本撰《读书敏求记》。

（六十七）探花钱谦益

钱谦益（1582—1664）　“字受之，号牧斋，武肃二十五世孙，祖顺时，嘉靖己未进士；父世扬，辛卯副榜。钱谦益年二十一中万历丙午举人，庚戌进士，殿试赐第三人及第，授翰林院编修，管理诰敕撰文，浙江典试转右春坊右中允，补左春坊、左谕德，经筵日讲官、詹事，修《神宗实录》。陪祀定陵，升礼部右侍郎兼翰林院侍读学士，升礼部尚书加太子太保。国朝授内秘书院学士兼礼部右侍郎致仕。”④雍正元年（1723）进士郑力坤记云：钱谦益，“常熟人。为明万历庚戌科进士，以名鼎甲，迥翔禁林，声华喧赫，莫与为比。俄而巨珰用事，诛锄正人略尽，牧斋以东林眉目，削籍归里。崇祯改元，召起田间，不数月，洊登学士，掌内制，骎骎且大用。会梅卜议起佥

① （清）钱谦益著，（清）钱曾笺注，钱仲联标校：《牧斋有学集》卷三十一《族孙嗣美墓志铭》，上海古籍出版社1996年版，第1148—1149页。

② 王重民撰：《中国善本书提要·经部·春秋类》，上海古籍出版社1983年版，第29页。

③ （清）钱谦益著，（清）钱曾笺注，钱仲联标校：《牧斋有学集》卷三十一《族孙嗣美合葬墓志铭》，上海古籍出版社1996年版，第1148页。

④ （清）高士鸃、杨振藻修，（清）钱陆灿等纂：《康熙常熟县志》卷十八《邑人·钱谦益传》，见《中国地方志集成·江苏府县志辑》（21），江苏古籍出版社1991年版，第442页。

壬,力齮龁之,竟罢去"[1]。《清史稿》载,钱谦益"为文博赡,谙悉朝典,诗尤擅其胜。明季王、李号称复古,文体日下,谦益起而力振之。家富藏书,晚岁绛云楼火,惟一佛像不烬,遂归心释教,著《楞严经蒙钞》。其自为诗文,曰《牧斋集》,曰《初学集》《有学集》。乾隆三十四年,诏毁板,然传本至今不绝"[2]。晚年以藏书、著述自娱,文名极盛,号为一代文宗,与吴伟业、龚鼎孳并称"江左三大家",而谦益为冠。黄宗羲称赞:"先生之世,几与王弇州相承,为儒者宗。"[3]又著"《开国群雄事略》三十卷,《金刚蒙钞》三卷,《心经蒙钞》一卷,《内典文藏》一百卷,《关壮缪集》三卷,《列朝诗集小传》一百卷,《开国功臣事略》未成毁于火"[4]。生平事迹参见葛万里《牧斋先生年谱》、清《康熙常熟县志》卷十八《邑人・钱谦益传》、《清史稿》卷四百八十四《列传二百七十一・文苑一・钱谦益传》。

钱谦益一生与书有缘,尤嗜藏书,以著述与藏书著名于明末清初,钱氏尝云"余家居访遗书,残编落简,捐衣食无所恤"[5],特别是"入北未久,称疾告归。居红豆山庄,出所藏书,重加缮治,区分类聚,栖绛云楼上,大椟七十有三。顾之自喜曰:'我晚而贫,书则可云富矣!'"[6]顾苓记云:"为艺绛云楼于半野堂之后,房栊窈窕,绮疏青琐,旁龛古金石文字,宋刻书数万卷。列三代秦汉尊彝、环璧之属,晋唐宋元以来法书名画,官哥定州宣成之瓷,端溪灵璧大理之石,宣德之铜,果园厂之髹器,充牣其中。"[7]"牧斋惜书成癖,牙签缥轴,分别部居,珍如拱璧,世间孤本,辄秘不示人。《绛云楼书目》所载宋、元善本,皆中乘,绝佳之品。"[8]其"晚年好佛,曾笺释藏经,采拾极博,宜若收藏弘富矣"[9]。钱谦益藏书楼之绛云楼名响吴中,与钱曾述古堂、毛晋汲古阁齐名,甚而过之此二家,藏书之丰已不亚于内府,皆是吴人仰慕的对象。钱谦益到过钱曾的述古堂,观赏其所藏宋版书,认为只不过是自己藏书中的十分之三[10]。钱氏记云:"辛丑暮春,过遵王述古堂观所藏宋刻书,缥青介朱,装潢精致,殆可当我绛

---

① (清)郑力坤《东涧诗钞・文学一》,见上海师范大学图书馆编,陈金林、齐德生、郭曼曼编辑:《清代碑传全集・补集》卷四十四《钱谦益》,上海古籍出版社1987年版,第1915页。

② 赵尔巽等撰:《清史稿》卷四百八十四《列传二百七十一・钱谦益传》,第44册,中华书局1977年版,第13324页。

③ 黄嗣艾编著:《南雷学案》卷四《先正・尚书钱受之先生》,正中书局1947年版,第244页。

④ (清)高士鸃、杨振藻修,(清)钱陆灿等纂:《康熙常熟县志》卷十八《邑人・钱谦益传》,见《中国地方志集成・江苏府县志辑》(21),江苏古籍出版社1991年版,第443页。

⑤ (清)钱谦益著,(清)钱曾笺注,钱仲联标校:《牧斋有学集》卷三十一《族孙嗣美合葬墓志铭》,上海古籍出版社1996年版,第1148页。

⑥ (清)曹溶《绛云楼书目题词》,见(清)钱谦益藏并撰:《绛云楼书目》卷首,见《续修四库全书》编纂委员会、复旦大学图书馆古籍部编:《续修四库全书》第920册,上海古籍出版社2003年版,第322页。

⑦ (清)顾苓撰:《塔影园集》集一《河东君传》,见《丛书集成续编》集部,第123册,上海书店出版社1994年版,第514页。

⑧ (清)徐珂编撰:《清稗类钞・鉴赏类・钱牧斋藏书于绛云楼》,第9册,中华书局2010年版,第4215页。

⑨ (清)徐珂编撰:《清稗类钞・鉴赏类・钱牧斋藏书于绛云楼》,第9册,中华书局2010年版,第4215页。

⑩ (清)钱谦益著,(清)钱曾笺注,钱仲联标校:《牧斋有学集》卷四十六《题跋・述古堂宋刻书跋序(一)》,上海古籍出版社1996年版,第1512页。

云楼之什三。纵目流览，如见故物。”又云：“吴儿穷眼，登‘汲古阁’，相顾愕贻，如入‘群玉’之府。今得睹‘述古堂’藏书，又复如何？”[①]曹溶赞云：“自宗伯倡为收书，虞山遂成风俗。冯氏、陆氏、叶氏，皆相效尤，毛晋、钱曾最著，然皆不及宗伯。”[②]“藏书之富，必推绛云楼为第一。”[③]

1.绛云楼藏书特色

钱谦益尤好宋椠元刻，“所收必宋元版，不取近人所刻及钞本，虽苏子美、叶石林、三沈集等，以非旧刻，不入目录中”[④]。皆因“板本之所以贵乎北宋者，非徒以其古也。其字体之端严，刊刻之精良，实为各种刊本之冠”[⑤]。若自己所喜宋椠元刻，其“更不惜重资购古书，书贾闻风奔赴，捆载无虚日”，钱氏所藏《后汉书》终为完璧。据《牧斋遗事》载：“初牧斋得此书仅出价三百余金，以《后汉书》缺二本，售之者固减价也。牧翁宝之如拱璧，遍属书贾，欲补其缺。一书贾停舟于乌镇，买面为晚食，见铺土人于败篚中取书二本作包裹，谛视，则宋板《后汉书》也。贾心动窃喜，因出数枚钱买之，而首叶已缺。贾向主人求之，主人曰：‘顷为对邻裹面去，索之可也。’乃并其首叶获全。星夜来常，钱喜欲狂，款以盛筵，予之廿金，是书遂为完璧，其纸质墨色炯然夺目，真藏书家不世宝也。”[⑥]又如钱谦益《旧藏宋雕两汉书》跋云：“赵吴兴家藏宋椠两汉书，王弇州先生鬻一庄，得之陆水邨太宰家，后归于新安富人。余以千二百金从黄尚宝购之。……司马得此十箧，乃今时书库中宝玉大弓，当令吴儿见之，头目眩晕，舌吐而不能收。不独此书得其所归，亦差足为绛云老人开颜吐气也。”[⑦]晚清学者叶德辉《书林清话》中记其事更为详细：“明王世贞《弇州山人四部稿》（一百二十九卷）。前后《汉书》后略云：‘余生平所购《周易》《礼经》《毛诗》《左传》《史记》《三国志》《唐书》之类，过二千馀卷，皆宋本精绝。最后班、范二《汉书》尤为诸本之冠，前有赵吴兴小像，当是吴兴家物。入吴郡陆太宰，又转入顾光禄，失一庄而得之。’其书后归钱谦益，《初学集》载《跋》略云：‘赵文敏家藏前后《汉书》为宋椠本之冠，前有文敏公小像，太仓王司寇得之吴中陆太宰家。余以千金从徽人赎出，藏弆二十余年，今年鬻之于四明谢象三。癸未中秋日书于半野堂。’以一书而破中人之产，似乎近于

---

① （清）钱谦益著，（清）钱曾笺注，钱仲联标校：《牧斋有学集》卷四十六《题跋·述古堂宋刻书跋序（一）》，上海古籍出版社1996年版，第1512页。

② （清）曹溶《倦叟再书》，见（清）钱谦益藏并撰：《绛云楼书目》卷首，见《续修四库全书》编纂委员会、复旦大学图书馆古籍部编：《续修四库全书》第920册，上海古籍出版社2003年版，第322页。

③ 郑伟章著：《文献家通考》卷一《钱谦益》，中华书局1999年版，第1页。

④ （清）曹溶《绛云楼书目题词》，见（清）钱谦益藏并撰：《绛云楼书目》卷首，见《续修四库全书》编纂委员会、复旦大学图书馆古籍部编：《续修四库全书》第920册，上海古籍出版社2003年版，第322页。

⑤ （清）徐珂编撰：《清稗类钞·鉴赏类·丁善之仿宋板》，第9册，中华书局2010年版，第4297页。

⑥ （清）佚名撰：《牧斋遗事》，见《丛书集成续编》史部，第37册，上海书店1994年版，第736页。

⑦ （清）钱谦益撰，潘景郑辑校：《绛云楼题跋》之《旧藏宋雕两汉书》，上海古籍出版社2005年版，第13—14页。

好事,然裒然两巨部,又重以文敏、弇州之藏,犹非太过。”[①]此书数十年后归于内府,嘉庆十三年(1808),昭仁殿火,遂毁焉[②]。又如宋本《钱谦益高诱注战国策跋》云:“天启中[③],以二十千购之梁溪安氏,不啻获一珍珠船也。无何,又得善本于梁溪高氏,楮墨精好,此本遂次而居乙。每一摩挲,不免以积薪自哂。要之,此两本实为双璧,阙一固不可也。”[④]又《苏眉山书金刚经》,“偶在苕溪僧舍,觅得苏眉山所书《弥勒下生经》一卷。嗣后逢人说项,即片纸只字,亦以白镪易归。数年间,所得全卷,十仅二三。徐孺安之长君圣禾,持眉山手书《金刚经》一卷授余,余以赤金一握赠之”[⑤]。又宋拓《圣教序》,“近世绛云楼藏本为最,后入泰兴季沧苇家,价六百金”[⑥]。

绛云楼以藏书名满天下,其藏书究竟有多少?据王红蕾博士统计,黄永年藏《绛云楼书目》著录藏书最多2951种。台北故宫博物院藏《牧斋书目》著录藏书3939种。上海图书馆藏《虞山钱牧斋绛云楼书目》,即曹溶词本,著录3680种;《粤雅堂丛书》本,即陈景云注本,著录3499种;《鲍钞亚谷丛书》本,著录3427种。其中据《牧斋书目》统计,标记“宋版”“宋刻”“元版”“元刻”者,凡104目。何义门《读书敏求记跋》云:“‘绛云’未烬之先,藏书至三千九百余部。而遵王所记凡六百有一种,皆纪宋版元钞及书之次第完阙,古今不同。”[⑦]其所藏“宋淳化之校刊三史,乃淳化甲午七月,诏选官分校《史记》、前后《汉书》。杜镐、舒雅、吴淑、潘谟修校《史记》,朱节再校;陈充、况思道、尹少连、赵况、赵安仁、孙可校前后《汉书》也。据陈仲鱼艺文元本《后汉书》跋,则淳化本卷末有‘右奉淳化五年七月二十五日敕重刊正’一行,景德中又加修改。牧斋所藏前后《汉书》,比于宝玉大弓者,绍兴末年重刊景德本也,是为宋监中摹印之最精者。”[⑧]正如清人所云:“大江以南,藏书之富无过于钱。”[⑨]叶德辉云:“自钱牧斋、毛子晋先后提倡宋元旧刻,季沧苇、钱述古、徐传是继之。流于乾、嘉,古刻逾希,嗜书者众,零篇断叶,宝若珠琳,盖已成为一种汉石之窑,虽残碑破器,有不惜重赀以购者矣。”[⑩]由此可见钱谦益专收宋元旧刻,成其所藏书的一大特色。

---

① (清)叶德辉撰:《书林清话》卷六《宋元刻本历朝之贵贱》,上海古籍出版社2012年版,第138—139页。
② 参见金鹤冲《暗泾杂录》卷一,见常熟市政协文史资料委员会:《常熟文史》第22辑,1994年,第91页。
③ 按:天启,明熹宗年号(1621—1627)。
④ 何建章注释:《战国策注释》附录四《历代战国策序跋》,下册,中华书局1990年版,第1373页。
⑤ (清)钱谦益著,(清)钱曾笺注,钱仲联标校:《牧斋杂著》之《牧斋集补·苏眉山书金刚经跋》,上海古籍出版社2007年版,第904页。
⑥ (清)郑燮著,吴可校点:《郑板桥文集》之《序跋碑记文·题宋拓圣教序》,巴蜀书社1997年版,第142页。
⑦ (清)叶德辉撰:《书林清话》之《书林余话》卷上,上海古籍出版社2012年版,第259页。
⑧ (清)徐珂编撰:《清稗类钞·鉴赏类·钱牧斋藏书于绛云楼》,第9册,中华书局2010年版,第4215页。
⑨ (清)佚名撰:《牧斋遗事》,见《丛书集成续编》史部,第37册,上海书店1994年版,第736页。
⑩ (清)叶德辉撰:《书林清话》卷十《藏书偏好宋元刻之癖》,上海古籍出版社2012年版,第240页。

2.绛云楼藏书来源

钱谦益一生尤嗜藏书，搜购甚勤，先后搜购明末清初常熟刘凤、钱允治[①]、杨仪、赵用贤等故家所藏之书，撰有《绛云楼书目》。曹溶有题词云："虞山宗伯，生神庙盛时，早岁科名，交游满天下。尽得刘子威、钱功父、杨五川、赵汝师四家书。更不惜重赀购古板本。书贾闻风奔赴，捆载无虚日，用是所积充牣，几埒内府，视叶文庄、吴文定及西亭王孙[②]或过之。中年，构拂水山房，凿壁为架，庋置其中。"[③]明末清初"海内书。凡聚之地有四。燕市也。金陵也。阊阖也。临安也"[④]。书坊之多，以燕京（今北京）、苏浙为盛，北京、南京、苏州、杭州为明中后期书籍的四大集散之地，商贾云集，为钱氏搜购书籍提供得天独厚的地理便利。明万历四十七年（1619），钱谦益搜藏苏州故家黄省曾《五岳集》，钱曾记云："东川居士孙允伽跋云：'此书序见黄公《五岳集》久矣。往来于胸中者三十年。岁己未，钱受之搜秘册于郡城故家，得黄公手稿，归以贻予，遂命童子录之。此书初未入梓，自稿本外，只此册耳。'"[⑤]明末清初的北京"海内舟车辐辏。筐篚走趋。巨贾所携。故家之蓄。错出其间。故特盛于他处"[⑥]。"年年谪宦束书频，部帙襬褷卷未匀"[⑦]，钱氏尝九次往来京城，前后寓居近七年，在其寓居京城期间，搜讨尤勤。张金吾记云："《杜工部集》二十卷附补遗，影写宋刊本，绛云楼藏书"[⑧]；又"张说之集残本十卷，影写宋本……钱牧翁从宋本抄补。"[⑨]。明天启二年（1622），钱氏"得司马文正公神道碑刻于长安肆中，纸敝墨渝，深加宝重"[⑩]。《跋营造法式》一文描述钱氏搜藏是书前后二十余年的艰辛过程，跋

---

① 按：钱允治，字功甫，明长洲人。其父钱穀，字叔宝。父子二人为吴中著名藏书家，据叶昌炽《藏书纪事诗》记载："功甫老屋三间，藏书充栋，白日检书必秉烛缘梯上下，所藏多人间罕见之本。"其在藏书界地位甚为后人所称誉："功甫殁，无子，其遗书皆散去，自是吴中文献无可访问，先辈读书种子绝矣。"另刘凤、杨仪、赵用贤藏书故实见本书。

② 按：朱睦㮮（1517—1586），字灌甫，号西亭。酷爱搜求古书，时明朝藏书之富，首推江都葛氏、章丘李氏，后均被朱睦㮮倾资购入，并建万卷堂，一时学者名流云集于此讲学，学者称朱氏为西亭先生。万历五年（1577），因其学识渊博，被推为周藩王府宗正，执教宗学，著有《五经稽疑》《授经图传》《韵谱》《明帝世表》《周国世系表》《建文逊国褒忠录》《河南通志》《开封郡志》等数十种。朱氏及后代所刻书甚多，均被命名周藩刻本。

③ （清）曹溶《绛云楼书目题词》，见（清）钱谦益藏并撰：《绛云楼书目》卷首，见《续修四库全书》编纂委员会、复旦大学图书馆古籍部编：《续修四库全书》第920册，上海古籍出版社2003年版，第321页。

④ （明）胡应麟著：《少室山房笔丛》卷四甲部《经籍会通四》，中华书局1958年版，第55页。

⑤ （清）钱曾撰，丁瑜点校：《读书敏求记》卷二《黄省曾西洋朝贡典录》，书目文献出版社1984年版，第67页。

⑥ （明）胡应麟著：《少室山房笔丛》卷四甲部《经籍会通四》，中华书局1958年版，第55页。

⑦ （清）钱谦益著，钱曾笺注，钱仲联标校：《牧斋初学集》卷七《赠书》，上海古籍出版社2009年版，第202页。

⑧ （清）张金吾撰，柳向春整理，吴格审定：《爱日精庐藏书志》卷二十九，上海古籍出版社2014年版，第465页。

⑨ （清）张金吾撰，柳向春整理，吴格审定：《爱日精庐藏书志》卷二十九，上海古籍出版社2014年版，第465页。

⑩ （清）钱谦益著，钱曾笺注，钱仲联标校：《牧斋初学集》卷二十六《记温国司马文正公神道碑后》，上海古籍出版社2009年版，第814页。

云："《营造法式》三十六卷，予得之天水长公。初得此书，惟二十余卷，遍访藏书家，罕有蓄者。后于留院得残本三册，又于内阁借得刻本，而阁中却阙六七数卷。先后搜访，竭二十余年之力，始为完书。图样界画，最为难事，用五十千购长安良工，始能厝手。长公尝为予言，购书之难如此。长公殁，此书归于予。赵灵均又为予访求梁溪故家镂本，首尾完好，始无遗憾。恨长公之不及见也。灵均尝手钞一本，亦言界画之难，经年始竣事云。"①

清初，明季丧乱，故家藏书散出，钱谦益是时正供职于京城，于残垣断壁间搜检遗集。清顺治三年（1646），所得古本《列女传》，"乱后入燕，得于南城废殿中，皆仅免于劫灰。此则内殿本也"②。"长安兵火后，有竖子以稻草为标，持宋刻《兰亭》三十余纸求售。胡井研以三十钱易之。乃游丞相家经进本也。于攘得四纸"③。据钱曾记云："乱后，牧翁得北宋刻《微之全集》于南城废殿，向所阙误，一一完好，遂校之于此本。牧翁云：'《微之集》残阙四百余年，一旦复为全书，宝玉大弓，其犹有归鲁之征欤。'"④"淳熙九经椠本，元人俞石礀所藏，后归徐子容侍读。余得之于锡山安氏。孝经、易经后俱有王文恪题字。此书楮墨尊严，古香袭人，真商周间法物。可作吾家宗彝也。"⑤又据周亮工《因树屋书影》载："昔人云，唐人诗有八百家；宋洪景庐集万首唐绝，仅见五百家。若今日流传于世者，不过二百家耳。虞山先生尝为予言：丙戌在都门，于从灰烬中检出宋刻唐诗数册，乃宋人赵氏所汇辑，分门别类，无体不备，自序言其家藏唐人诗集千家，汇成此书，计全书约五百余册。"⑥此书是明仁宗朱高炽在东宫时所阅，上有"鉴国之宝"印，可见钱氏在乱后所搜多为罕秘可珍之书。

清顺治间，钱氏因黄毓祺案，至江宁诉辨，期间客居江宁，编撰《列朝诗集小传》，"戊子中秋，余以锒铛隙日，采诗旧京，得《金陵社集诗》一编，盖曹氏门客所撰集也"⑦。

钱谦益一生嗜书成癖，搜访书籍不遗余力。据文献记载，钱氏钞本有《元氏长庆集》六十卷，《真诰》二十卷，《三朝北盟会编》二百五十卷，《楞严经蒙钞》六十卷等，数量多达四百六十卷⑧。曹溶云："昔予游长安，堂上列书六七千册，宗伯间日必来，

---

① （清）钱谦益著，（清）钱曾笺注，钱仲联标校：《牧斋有学集》卷四十六《跋营造法式》，上海古籍出版社1996年版，第1526页。

② （清）钱谦益著，（清）钱曾笺注，钱仲联标校：《牧斋有学集》卷四十六《跋列女传》，上海古籍出版社1996年版，第1519页。

③ （清）钱谦益著，（清）钱曾笺注，钱仲联标校：《牧斋外集》，卷二十五《题跋·毛黼季所藏定武兰亭》，第8册，上海古籍出版社2003年版，第846页。

④ （清）钱曾撰，丁瑜点校：《读书敏求记》卷四《元氏长庆集六十卷》，书目文献出版社1984年版，第124页。

⑤ （清）钱谦益撰，潘景郑辑校：《绛云楼题跋》之《淳熙九经一》，上海古籍出版社2005年版，第8页。

⑥ （清）周亮工著：《书影》（十卷本）卷一，上海古籍出版社1981年版，第37页。

⑦ 陈文新主编：《中国文学编年史·明中期卷》，湖南人民出版社2006年版，第391页。

⑧ 参见赵林平《明代苏州藏书家抄书活动研究》，扬州大学硕士学位论文，2010年，第29—30页。

来则遍翻架上,遇所乏,恒借抄写,如是数四。"[①]明天启四年(1624),钱谦益以太子谕德兼翰林院编修充经筵日讲官,纂修《神宗实录》,期间利用史馆之便,抄写罕见珍贵古籍甚多,"余于内阁钞李焘长编,只卷初五大本,余不可得"[②]。又请典籍等内阁官员在阁中抄录内阁藏本,"天启乙丑牧翁削籍南还,托锦衣胡岐山于内阁典籍钞《昭示奸党三录》。是时逆奄用命,标题有'奸党'二字,缮写者摇手咋舌,早晚出入阁门,将钞书夹置裤裆中而出"[③]。由于所抄之书内容上有犯党禁之嫌,抄书者居然要将其夹置裤裆中带出内阁,可证钱氏所藏多为世人罕见之书。

所抄书纸用墨格或绿格,版心有"绛云楼"三字,"曰钱钞,常熟钱牧斋绛云楼钞本",为"明以来钞本最为藏书家所秘宝者"之一[④],"《袁簿》:墨格本《开国群雄事略》残稿本三册,绿格本《双陆谱》一卷,《玄玄棋经》一卷,合装一本"[⑤]。《书东都事略后》云:"河南王损仲数为余言,《东都事略》于宋史家为优。长安吕少卿家有钞本,遂假借缮写。"[⑥]又如《草莽私乘》,"江阴李君如一家多藏书,有陶宗仪九成《草莽私乘》,余从借得之,《圣序》所作二传及君实挽诗序,皆具载焉。……手自缮写,不敢以属侍史,渍泪彻纸,不数行辄掩卷罢去也"[⑦]。又云:"立夫所辑《桑海遗珠》,既不可得而见,而其序幸存。今又得《圣序》二传,则其书犹不亡也。余故录写一通,藏之箧衍,题之曰《重辑桑海遗录》。"[⑧]《真诰》"此钞依金陵焦氏本缮写"[⑨]。陆心源记云:"《九灵山房三十卷》,明洪武刊正统修本,曹倦圃旧藏,无名氏手跋曰:'我里蒋之翘字楚雅,隐廛市间,有藏书之癖。'虞山钱牧斋宗伯编《国朝诗集》尝就其家借书。此卷首甲乙题字,宗伯真迹也。"[⑩]尝钞《张说之文集》二十五卷,涩江全善《经籍访古志》亦著录枫山宫库藏《张说之文集》十卷,记云:"崇祯己卯用钱牧斋钞本校,

---

① (清)曹溶《倦叟再书》,见(清)钱谦益藏并撰:《绛云楼书目》卷首,见《续修四库全书》编纂委员会、复旦大学图书馆古籍部编:《续修四库全书》第920册,上海古籍出版社2003年版,第322页。

② (清)钱谦益撰,潘景郑辑校:《绛云楼题跋》之《东都事略二》,上海古籍出版社2005年版,第16页。

③ (清)钱曾撰,管庭芬、章钰校证:《钱遵王读书敏求记校证》,中华书局1990年版,第231页。

④ (清)叶德辉撰:《书林清话》卷十《明以来之钞本》,上海古籍出版社2012年版,第226页。/按:叶德辉曾论述,明代以来最为藏书家所珍视的钞本有23家,其中包括钱氏家族的钞本。"常熟钱牧斋谦益绛云楼钞本,谦益从子钱遵王曾述古堂钞本、合之谦益从弟履之谦贞竹深堂钞本,皆谓之钱钞也",钱氏钞本精善,世称钱钞本。

⑤ (清)叶德辉撰:《书林清话》卷十《明以来之钞本》,上海古籍出版社2012年版,第229页。

⑥ (清)钱谦益著,钱曾笺注,钱仲联标校:《牧斋初学集》卷八十五《书东都事略后》,上海古籍出版社2009年版,第1784页。

⑦ (清)钱谦益著,钱曾笺注,钱仲联标校:《牧斋初学集》卷二十八《重辑桑海遗录序》,上海古籍出版社2009年版,第847页。

⑧ (清)钱谦益著,钱曾笺注,钱仲联标校:《牧斋初学集》卷二十八《重辑桑海遗录序》,上海古籍出版社2009年版,第848页。

⑨ (清)钱谦益撰,潘景郑辑校:《绛云楼题跋》之《真诰(二)》,上海古籍出版社2005年版,第37页。

⑩ (清)陆心源撰:《皕宋楼藏书志》卷一百八《九灵山房三十卷》,见《续修四库全书》编纂委员会、复旦大学图书馆古籍部编:《续修四库全书》第929册,上海古籍出版社2003年版,第532页。

共增四叶，十月十日。”①

此外，其藏书中也有来自于晚辈后学及友人的馈赠之书。钱谦益名满天下，其交游亦满天下，“四方从游之士，不远千里，行滕修贽，乞其文刻系牲之石，为先世光荣者，络绎不绝门外。自王弇州、李大泌以还，此事殆希见也”②。其友人及晚辈后学也多有所赠，如钱氏记曰：“《奚川八景图》，石田翁为七世祖理平公及其兄理容公作也。二公家世耕读，隐于奚川，撮其胜概，厘为八景。学士大夫咸歌咏之，石田为补图而系之以诗。然而家谱失载，家人宗老亦罕知者。则其去吾家久矣。广陵李沮修见之于金陵王氏，询知为吾家故物，购以见诒。百三十年之后，顿还旧观。”③又《黄子久画》，“此幅为四明谢象山所贻。精妙入神至此。夫子久相去三百年。人得其片纸。辄珍如拱璧。今象山不远千里。邮致此图”④。又宋版《左传》，“宋建安余仁仲校刊《左传》，故少保严文靖公所藏，其少子中翰道普见赠者”⑤。

3.钱氏藏书之所及藏书印

钱氏藏书处有荣木楼（或称荣木堂）、佛水山庄、半野堂、绛云楼、红豆山庄、含晖阁等。荣木楼为钱氏早年读书、藏书之所，陈寅恪考证云：“牧斋虽藏书甚富，但此时尚未建‘绛云楼’，故此楼自不能指‘绛云楼’。依江南气候潮湿多雨之通例推之，书籍之藏储，宜在楼阁。颇疑牧斋此时家中之‘荣木楼’，不仅为陶庵授读孙爱之处，亦是牧斋藏书之所。”⑥钱曾云：“‘荣木堂’牙签万轴。”⑦即使钱氏后来建成“拂水山庄”“半野堂”及‘“绛云楼”，其荣木楼仍有藏书，绛云楼灾后，“惟故第在东城，其中书籍无恙，北宋本前后《汉书》幸存焉”⑧。明崇祯七年（1634），作《高诱注战国策跋》，尾署：“崇祯庚午七月曝书于荣木楼。牧翁谨识。”⑨文莹《玉壶野史》十卷，牧斋“盖居荣木楼时手校本也”⑩。

拂水山庄是钱谦益青少年时期读书论学之所⑪，“少年结隐虞山麓，把酒看山每

---

① 引万曼著：《唐集叙录》之《张说之集》，河南大学出版社2008年版，第49页。

② （清）曹溶《绛云楼书目题词》，见（清）钱谦益藏并撰：《绛云楼书目》卷首，见《续修四库全书》编纂委员会、复旦大学图书馆古籍部编：《续修四库全书》第920册，上海古籍出版社2003年版，第321页。

③ （清）钱谦益著，钱曾笺注，钱仲联标校：《牧斋初学集》卷十《石田翁画奚川八景图歌》，上海古籍出版社2009年版，第312页。

④ （清）钱谦益撰，潘景郑辑校：《绛云楼题跋》之《前后汉书一》，上海古籍出版社2005年版，第13页。第58—59页。

⑤ （清）钱谦益撰，潘景郑辑校：《绛云楼题跋》之《宋版左传》，上海古籍出版社2005年版，第13页。第2页。

⑥ 陈寅恪著：《陈寅恪集》之《柳如是别传》，生活·读书·新知三联书店2001年版，第559页。

⑦ （清）钱曾撰，丁瑜点校：《读书敏求记》卷二《王偁东都事略一百三十卷》，书目文献出版社1984年版，第29页。

⑧ （清）佚名撰：《牧斋遗事》，见《丛书集成续编》第37册，史部，上海书店1994年版，第736页。

⑨ 何建章注释：《战国策注释》附录四《历代战国策序跋》，下册，中华书局1990年版，第1373页。

⑩ （清）钱曾撰，丁瑜点校：《读书敏求记》卷三《文莹玉壶野史十卷》，书目文献出版社1984年版，第80页。

⑪ 金鹤冲《钱牧斋先生年谱》载：“乙巳，二十四岁。衢式耜从先生读书拂水山庄。式耜时年十六。”

日暮。……我昔读书此山中，丙舍连山抱丘墓。每指虞山夸似人，此是大痴真画具”①。拂水山庄初为邑人瞿纯仁所筑读书、文会之所，曰“拂水山房”。钱氏于万历三十年(1612)前后购得，拂水山庄在常熟虞山拂水岩下。据《康熙常熟县志》载：“拂水岩者，下临山阿，崖壁峭立，悬瀑两石间，南风激而倒溅，微若喷珠，盛如飞练，故名。”②其山房归钱氏后，明崇祯二年(1629)，钱氏延请明末垒石大家张南垣重加擘划营建，修缮颇具特色，“凿壁为架，庋其中”③。黄宗羲云：“余数至常熟，初在拂水山房，继在半野堂、绛云楼下，后公与其子孙贻同居，余即住于其家拂水，时公言韩、欧乃文章之六经也。见其架上八家之文，以作法分类，如直叙，如议论，如单序一事，如提纲，而列目亦过十余门。”④是年，钱氏出都门南归。次年归家后，即自荣木楼移居拂水山庄。

半野堂⑤位于常熟城内北门大街邵巷，原为明正德间张文麟⑥所建，后为钱氏所得，园地甚广，南至邵巷，西北至北门街，北至椐树弄，照旷阁⑦居北。明崇祯十三年(1640)，钱氏移居半野堂，作诗《移居八首》，描述其整理藏书之乐，其二云：

未剪茅茨一亩宫，崭新书架插西东。
褵褷自笑般姜鼠，堆积人嗤蛃蝂虫。
典库收藏三箧在，巾箱装载五车同。
缥囊缃帙纷如画，好着移居物色中⑧。

---

① (清)钱谦益著，(清)钱曾笺注，钱仲联标校：《牧斋有学集》卷一《广陵舟中观程端伯画册戏为作歌》，上海古籍出版社1996年版，第18页。

② (清)高士鸃、杨振藻修，(清)钱陆灿等纂：《康熙常熟县志》卷二《山》，见《中国地方志集成·江苏府县志辑》(21)，江苏古籍出版社1991年版，第20页。

③ (清)曹溶《绛云楼书目题词》，见(清)钱谦益藏并撰：《绛云楼书目》卷首，见《续修四库全书》编纂委员会、复旦大学图书馆古籍部编：《续修四库全书》第920册，上海古籍出版社2003年版，第321页。

④ (清)黄宗羲《思旧录》，见(清)黄宗羲著：《黄宗羲全集》第1册，浙江古籍出版社1985年版，第375页。

⑤ 按：清康熙间钱氏以半野堂卖于蒋陈锡，其地称蒋家牌楼，后又称含辉阁。乾隆四十三年，张氏后裔张承浩买回此园，重行修建。民国时，为菱花馆曹大铁所得，拟购思复建“后绛云楼”，未果。1949年后，收归国有，移作中医院，2004年全部被拆除。

⑥ 按：张文麟(1482—1548)，字公瑞，号端岩，江苏常熟人。张海鹏九世祖。明弘治十八年(1505)进士，与修《孝宗实录》，授刑部主事，迁吉安、建宁知州。致仕后归乡，创名臣祠学堂，在常熟步道巷建半野堂，又有诗礼堂，读书其中三十年。著有《端岩公年谱》一卷、《时义通检》。好刻书，其刻书早于毛晋汲古阁。明正德十六年(1521)刊《孔子家语》。又于正德十五年至嘉靖元年(1522)刊《真西山集》五十一卷。

⑦ 按：照旷阁，为张文麟七世孙张朝绩藏书室。

⑧ (清)钱谦益著，钱曾笺注，钱仲联标校：《牧斋初学集》卷十七《移居八首·其二》，上海古籍出版社2009年版，第585页。

其四诗云：

装轻使鹤移家具，僮乏教猿守库书。
回首墓门初日裹，杏园如雪柳烟疏[①]。
是时绛云楼尚在建造中。

绛云楼在半野堂后西北处，金鹤冲云："绛云别在邵巷，其后门为椐树弄，绛云之西为半野堂。"[②]明崇祯十六年(1643)秋，绛云楼落成，有《绛云楼上梁以诗代文》八首。其三有句云"层楼新树绛云题"，原注："紫薇夫人诗云：'乘飙俦衾寝，齐牢携绛云。'故以绛云名楼。"[③]其楼五楹三层，枕山带水，曲槛台榭，"栋梁榱桷及窗户栏槛皆香楠上选，制度精巧，初无粉泽，淡雅无匹。四周版(板)壁皆暗藏书厨于内，每格藏书一套，四周空处实为以蕲艾辟蠹之物，而书套皆沉楠，其签皆金玉也"[④]。《牧斋遗书》亦载："牧斋于虞山北麓，构楼三楹，匾曰绛云，取真诰绛云仙姥下降，仙好楼居以况柳以媚柳也。牙签万轴充牣其中。下置绣帷琼榻，相与日夕晤对。钱集中所云，争先石鼎联句名，薄暮银灯算劫棋，盖纪实也。牧斋披吟之好，晚而益笃，图史校雠惟河东君是识。临文或有探讨，柳辄上楼翻阅，虽缥湘盈栋，而某书某卷随手抽拈，百不失一。或用事微讹。旋为辨正，牧翁悦其慧解，益加怜重。"[⑤]是时钱谦益有诗云："宝架牙签傍绮疏，仙人信是好楼居。风飘花露频开卷，月照香婴对校书。"[⑥]正如清人郑方坤所云："筑室拂水之隈建绛云楼，其上积图书万卷，拥艳姬柳如是，焚香论茗、校勘赓酬，修赵德甫、李易安故事。当是时虞山之名满天下。王夷甫琼树瑶林、韩昌黎泰山北斗不是过也"[⑦]，过着羡煞世人的居家园林式藏书生活。惜好景不长，清顺治七年(1650)，半野堂与绛云楼并毁于火。

红豆山庄在常熟县东三十里白茆江口，是钱谦益外祖父顾玉柱别业，为元初顾

---

① (清)钱谦益著，钱曾笺注，钱仲联标校：《牧斋初学集》卷十七《移居八首·其四》，上海古籍出版社2009年版，第586页。
② 金鹤冲《暗泾杂录》卷三，见常熟市政协文史资料委员会：《常熟文史》第22辑，1994年，第113页。
③ (清)钱谦益著，钱曾笺注，钱仲联标校：《牧斋初学集》卷二十《绛云楼上梁以诗文八首·其三》，上海古籍出版社2009年版，第740页。
④ 金鹤冲《暗泾杂录》卷三，见常熟市政协文史资料委员会：《常熟文史》第22辑，1994年，第109页。
⑤ (清)佚名撰：《牧斋遗事》，见《丛书集成续编》史部，第37册，上海书店出版社1994年版，第735页。
⑥ (清)钱谦益著，钱曾笺注，钱仲联标校：《牧斋初学集》卷二十《绛云楼上梁以诗文八首·其七》，上海古籍出版社2009年版，第741页。
⑦ (清)钱谦益撰：《绛云楼题跋》卷首《郑方坤·东涧诗钞小传》，见《清人书目题跋丛刊十》，中华书局1995年版，第470页。

玉柱九世祖顾细二所建①。绛云楼毁后,钱柳夫妇移居红豆山庄,是时亦有部分藏书,钱氏有诗云:“今年中秋日,十轴粗告蒇。暇日理素书,秋阳晒残卷。”②钱氏有多篇诗文尾署作于红豆山庄。

含晖阁,址在常熟虞山东麓,与椐树弄邻,其阁可见于钱氏《九日宴集含晖阁醉歌》一首之中③。含晖阁所藏多为钱氏珍爱之宝,钱谦益云:“余平生所宝,惟北苑《夏山》、巨然《听瀑》、摩诘《春山云树》、米南宫《楚山晴晓》并黄大痴、赵文敏卷册,同此经(按:《苏眉山书金刚经》),秘藏含晖阁中,皆希世之珍,而聚萃一堂,真人间奇遇也。”④

钱谦益藏书印有如来真子天子门生、牧斋、惜玉怜香、钱谦益、牧翁蒙叟、蒙叟谦益、牧翁、鸿朗籛龄、白头蒙叟、牧斋藏书、青藜阁、家在万岁楼前、正和、钱受之、东涧等。

4.绛云楼藏书散佚

钱氏藏书亦逃脱不了毁散之宿命,曹溶记云:顺治七年(1650)十月,“其幼女中夜与乳媪嬉楼上,剪烛灺,误落纸堆中,遂燧。宗伯楼下惊起,焰已涨天,不及救,仓皇出走。俄顷,楼与书俱尽”⑤。“火发之夕,牧斋命家人但抢运书本,其余尊彝古鼎悉置不问,然亦荡然无遗也。”⑥顾景星言,“当绛云楼火时,亲见有绯衣者,指挥烈焰上,乃大叫曰:‘天能烧我屋内书,不能烧我腹内书!’吾当再为笔之,指其所撰《国史》也”⑦。查慎行亦记云:“常熟钱宗伯牧斋,非流散则灰烬矣。”⑧又云:“钱牧斋撰《明史》,共二百五十卷,辛卯九月晦,甫毕。越后日,绛云楼火作,见朱衣人无数出入烟焰中,只字不存。”⑨叶昌炽案:“绛云灾在庚寅,查云辛卯,误也。”⑩“凡宋元精本、

① 按:元至正年间,支溪顾氏先世顾细二义不仕元,弃上虞故里,避地琴川之补溪(即今日白茆古湫浜),编茅结屋,耕读相安,曾赋《行乐歌》行世。明洪武间,其裔孙顾松庵知云和县,以亲民廉政著,人咸颂之。归田后始建庄园,因庄园内芙蓉数百株,故名芙蓉庄。明嘉靖间,裔孙山东按察副使顾玉柱致仕后,扩建芙蓉庄,增植梧桐。嘉靖二十三年(1544),其子顾耿光,从海南移来红豆树,植于庄内,称庄为“碧梧红豆庄”。钱谦益外祖父卒后,外祖母顾氏来依女儿,遂老于钱氏,时在明万历三十四年(1606)。后庄园归顾玉柱之外孙钱谦益,始易名为“红豆山庄”。

② (清)钱谦益著,(清)钱曾笺注,钱仲联标校:《牧斋有学集》卷八《秋日曝书得鹤江生诗卷题赠四十四韵》,上海古籍出版社1996年版,第368页。

③ (清)钱谦益著,钱曾笺注,钱仲联标校:《牧斋初学集》卷十七《九日宴集含晖阁醉歌》,上海古籍出版社2009年版,第610页。

④ (清)钱谦益著,(清)钱曾笺注,钱仲联标校:《牧斋杂著》之《牧斋集补·苏眉山书金刚经跋》,上海古籍出版社2007年版,2009年第3次印刷,第905页。

⑤ (清)曹溶《绛云楼书目题词》,见(清)钱谦益藏并撰:《绛云楼书目》卷首,见《续修四库全书》编纂委员会、复旦大学图书馆古籍部编:《续修四库全书》第920册,上海古籍出版社2003年版,第321页。

⑥ 金鹤冲《暗泾杂录》卷三,见常熟市政协文史资料委员会:《常熟文史》第22辑,1994年,第109页。

⑦ (清)叶名丰撰:《桥西杂记》,见《续修四库全书》编纂委员会、复旦大学图书馆古籍部编:《续修四库全书》第1181册,上海古籍出版社2003年版,第26页

⑧ (清)查慎行著:《人海记》卷下《藏书之厄》,北京古籍出版社1989年版,第63页。

⑨ (清)查慎行著:《人海记》卷下《牧斋明史》,北京古籍出版社1989年版,第63页。

⑩ (清)叶昌炽著,王欣夫补正,徐鹏辑:《藏书纪事诗》卷四,上海古籍出版社1989年版,第336页。

图书玩好，及所裒辑《明史稿》一百卷，论次昭代文集百余卷，悉为煨烬。”[①]又云：“己丑之春，余释南囚归里，尽发本朝藏书，裒辑史乘，得数百帙，选次古文，得六十余帙，州次部居，遗搜阙补，忘食废寝，穷岁月而告成。庚寅孟冬，不戒于火，为新宫三日之哭，知天之不假我以斯文也。息心栖神，皈依内典，世间文字，眇然如尘沙积劫矣。”[②]又《与王阮亭书》：“衰迟潦倒，卖身空门，旧学无几，遗忘殆尽，惟有日翻贝叶，销闲送老。世间文学茫然，如前尘积劫；门下散华落藻，如卿云在天，有目共睹。”[③]“绛云楼”被火烧后，钱氏藏书毁于一炬，其损失惨重，其悲伤可想之。经年以后，钱谦益感念言：“劫火余烬，不复料理，蓬心茅塞，依然昔我。每谓此火非焚书，乃焚吾焦腑耳。”[④]尝悲伤云：“呜呼！甲申之乱，古今书史图籍一大劫也。庚寅之火，江左书史图籍一小劫也。今吴中一二藏书家，零星捃拾，不足当吾家一毛片羽。见者夸诩，比于酉阳羽陵。书生饿眼，见钱但不在纸裹中，可为捧腹。”[⑤]以举甲申之乱与庚寅之火作对比，可谓是钱氏一生最痛的两件事。而钱氏曾以修一代之史为己任，而此火烧毁其耗尽心血所修的长达二百五卷《明史稿》，钱氏为此痛哭：“白首有期，而汗青无日也！”[⑥]

顺治七年（1650）十月，绛云楼劫后，烬余诸书渐之散出，举其大者，一归其族孙钱曾所有，一归松陵潘柽章所有。曹溶言：“予闻趋甚，特过唁之。谓予曰：‘古书不存矣。尚有《明臣志传》数百本，俱厚四寸余在楼外。我昔年志在国史，聚此。今已灰冷，子便可取去。’予心艳之，长者前未敢议值，则应曰诺诺。别宗伯，急访叶圣野，托其转请，叶圣以稍迟。越旬日，已为松陵潘氏购去，叹息而已。”[⑦]徐珂亦记云：“曹秋岳在京时，与牧斋交，时相过从，翻检牧斋架上，得奇书，便借钞。秋岳请假南归，欲假其所藏之路振《九国志》、刘恕《十国纪年》，牧斋诺。及秋岳居苏州，时牧斋亦难旋，谈次，及前约，牧斋遽曰：‘我安得有此书，曩言妄耳。’不敢诘。及绛云楼灾，谈次，牧斋忽叹曰：‘我昔有惜书癖，畏有人借而展转失之。子前欲借《九国志》《十国

① 金鹤冲《钱牧斋先生年谱》，见（清）钱谦益著：《钱牧斋全集》之《附录》，第8册，上海古籍出版社2003年版，第943页。

② （清）钱谦益著，（清）钱曾笺注，钱仲联标校：《牧斋有学集》卷十七《赖古堂文选序》，上海古籍出版社1996年版，第768页。

③ （清）王士祯著，赵伯陶点校：《古夫于亭杂录》卷三《钱吴书四通》，中华书局1988年版，1997年第2次印刷，第74页。

④ （清）钱谦益著，（清）钱曾笺注，钱仲联标校：《牧斋有学集》卷二十二《赠别胡静夫序》，上海古籍出版社1996年版，第898页。

⑤ （清）钱谦益撰，潘景郑辑校：《绛云楼题跋》之《旧藏宋雕两汉书》，上海古籍出版社2005年版，第13—14页。

⑥ （清）郑力坤《东涧诗钞·文学一》，见上海师范大学图书馆编，陈金林、齐德生、郭曼曼编辑：《清代碑传全集·补集》卷四十四《钱谦益》，上海古籍出版社1987年版，第1519页。

⑦ （清）曹溶《绛云楼书目题词》，见（清）钱谦益藏并撰：《绛云楼书目》卷首，见《续修四库全书》编纂委员会、复旦大学图书馆古籍部编：《续修四库全书》第920册，上海古籍出版社2003年版，第321页。

纪年》，我诚有之，今已成广陵散矣。使钞本尚在，可转钞也。’”①其中“绛云楼”烬余所存之赵琦美脉望馆旧藏本，尽归钱曾，使得钱曾述古堂藏书遂为一时之冠。章钰记云：“绛云楼既以藏书名东南，遵王一支鼎贵在先。父嗣美，与牧翁齿相等，亦闻风慕悦，书贾多挟册就之。所藏《东都事略》既为牧斋所艳称，尤留心史事，搜访秘籍。遵王承父余业，又侍牧斋左右者有年，绛云烬后且举赵清常遗书为赠。累得柳大中佥、陆孟凫铣手写善本。同时往还者有族祖求赤孙保及毛子晋、斧季扆父子，冯巳苍舒、定远班昆弟、陆敕先贻典、冯研祥文昌、叶林总奕、季沧苇振宜、叶九来奕苞、徐健庵乾学、顾伊人湄诸人，皆以藏弆校订名者，左右采获，积有岁年。”②可见钱曾子承父业，皆好藏书，又随侍牧翁左右，所以得到绛云楼烬余之书，亦在情理之中。钱曾亦言：“然绛云一烬之后，凡清常手校秘钞书，都未为六丁取去，牧翁悉作蔡邕之赠，天殆留此以佽助予之诗注耶？何其幸哉，又何其幸哉！”③钱曾又于康熙十四年（1675）一月八日作《寒食行》诗以纪念钱谦益，诗云：

绛云脉望收余烬，缃帙缥囊喜充牣。
尽说传书与仲宣，只记将车呼子慎。
此日真过一百六，悲啼直欲枯湘竹。
泪点繁花杂乱飘，洒向江天红簌簌。
斜行小字丛残纸，笺注蠹鱼愧诗史。
未及侯芭为起坟，不负公门庶在此。

《寒食行》自注：“绛云一烬之后，所存书籍大半皆赵玄度脉望馆校藏旧本，公悉举以相赠。”④关于钱氏烬余之书的流布，王士禛记其甚详：“钱先生藏书甲江左，绛云楼一炬之后，以所余宋椠本尽付其族孙曾，字遵王。《有学集》中跋述古堂宋版书，即其人也。先生逝后，曾尽鬻之泰兴季氏，于是藏书无复者。闻今又归昆山徐氏矣。”⑤

在这之后，黄丕烈亦庋藏钱谦益之著述及藏书。其《国初群雄事略》卷十四《东莞伯何真》，黄丕烈识：“钱谦益《国初群雄事略》稿本十四卷，向藏憩桥巷顾五痴家，

---

① （清）徐珂编撰：《清稗类钞·鉴赏类·钱牧斋藏书于绛云楼》，第9册，中华书局2010年版，第4214—4215页。

② （清）章钰《读书敏求记校证补辑类记》，见（清）钱曾著，章珏、管庭芬校订，畲彦炎标点：《读书敏求记校证》，《中国历代书目题跋丛书》（第二辑），上海古籍出版社2007年版，第4—5页。

③ （清）钱曾撰，丁瑜点校：《读书敏求记》卷二《杨衒之洛阳伽蓝记五卷》，书目文献出版社1984年版，第57页。

④ 谢正光笺校，严志雄编订：《钱遵王诗集笺校增订版》，台湾“中央研究院”中国文哲研究所2007年版，第261页。

⑤ （清）王士禛撰，张世林点校：《分甘馀话》卷四《钱谦益之藏书》，中华书局1989年版，第91—92页。

后转入香岩书屋。予思传录，奈香岩丈久客山左，未能遂愿。一日，香丈奉讳南还，便道过访，谈及是书，知予欲传录未果，欣然辍赠。此书遂为士礼居士物矣。”①

（六十八）瞿式耜

瞿式耜（1590—1650） 字起田，一字伯略，别号稼轩，常熟人。“礼部侍郎景淳孙，湖广参议汝说子也。举万历四十四年进士。授吉安永丰知县，有惠政。天启元年调江陵。永丰民乞留，命再任。以忧归。崇祯元年擢户科给事中”，因与其师钱谦益搏击豪权，被废于家。福王立于南京，“起式耜应天府丞。已，擢右佥都御史，代方震孺巡抚广西”。唐王监国，擢式耜兵部右侍郎，进“吏部右侍郎、东阁大学士，兼掌吏部事”②，清兵破汀州，式耜与丁淮楚等拥立桂王于肇庆，后留守桂林，封临桂伯。清兵破桂林，与总督张同敞等不屈死，清谥忠宣。著有《忠宣公集》《槐林漫录》《掖恒疏草》《云涛集》《松丸集》等。生平事迹参见刘湘客撰《明光禄大夫左柱国太保兼太子太师留守桂林武英殿大学士吏兵二部尚书临桂伯瞿公传》、《康熙常熟县志》卷十八《邑人 · 瞿式耜传》。

瞿式耜祖父瞿景淳（1507—1569），字师道，号昆湖，常熟五渠人。“少有大度，不事生产，教授里中。自给所得辄委之比邻，使益市薪米，终不问出入铢两之数，家四壁立日缺无储意豁如也，惟下帷攻制科之业，自以为天下莫能当顾”。中“嘉靖癸卯举人，甲辰进士第一，殿试赐第二及第，授翰林院编修。迁侍讲，转左春坊左谕德，掌坊事，经筵日讲官，侍读学士掌院事，太常寺卿，南京国子祭酒，吏部右侍郎兼左侍郎，摄吏礼工三部尚书，晋北京吏部左侍郎兼翰林院学士，食禄正二品，病乞骸骨，卒于家。官给葬祭，赠礼部尚书，谥文懿”③。墓在实岩西，赐葬。祠在拂水岩西。瞿景淳以制义名一时，与王鏊、唐顺之、薛应旂齐名号，为“王唐瞿薛”，有“时文四大家”之称。瞿景淳与邵圭洁、严讷、孙楼等人在邵巷旁的三元堂结“十杰社”，以文会友，成为当时常熟文坛领袖。著有《瞿文懿制敕稿》《制科集》《诗文集》传世。生平事迹参见明王世贞《瞿文懿公景淳》、施闰章《瞿景淳传》、《明史》卷二百十六《列传第一百四 · 瞿景淳传》。

瞿式耜父瞿汝说（1565—1623），字星卿，号达观，常熟人。其“五岁文懿殁，以太仆为师，苦志诵读。每构文一篇，辄荐文懿神主前。与邵濂、顾云鸿、瞿纯仁结社，拂水以清言名理相矜尚。中万历丁酉举人，辛丑进士，授工部营缮司主事”④。历官湖

---

① （清）钱谦益撰，张德信、韩志远点校：《国初群雄事略》卷十四《东莞伯何真》，中华书局 1982 年版，第 305 页。

② （清）张廷玉等纂修：《明史》卷二百八十《列传第一百六十八 · 瞿式耜传》，中华书局 1974 年版，第 7179—7183 页。

③ （清）高士鸃、杨振藻修，（清）钱陆灿等纂：《康熙常熟县志》卷十八《邑人 · 瞿景淳》，见《中国地方志集成 · 江苏府县志辑》（21），江苏古籍出版社 1991 年版，第 418—419 页。

④ （清）高士鸃、杨振藻修，（清）钱陆灿等纂：《康熙常熟县志》卷十八《邑人 · 瞿汝说》，见《中国地方志集成 · 江苏府县志辑》（21），江苏古籍出版社 1991 年版，第 432 页。

广按察司佥事兼督学，升江西布政司参议，"请归，筑东皋别业，颜其堂曰'浣溪'，尝语人'此一片空明，是吾晚年得意文字也'"①。汝说为官以刚正闻，著有《皇明臣略》百卷。式耜尝刻印其祖父景淳《瞿文懿公集》一卷、施策编《崇正文选》十二卷。《明史》卷二百十六《列传一百四》、明刘凤《续吴先贤赞》卷六有其传。

瞿氏家族为明清之际常熟的名门望族，藏书颇富。式耜曾藏校宋本《易林》四卷，有瞿氏跋云："此明吴郡陆翀之辨疑馆刊本。讹字甚多。家昙谷假得绛云楼所得宋本校改，致为精善。惟昙谷尝语陆敕先云，宋本有全注，未及举录，绛云一炬，而其书不传为憾。然幸有此校本，犹存古书真面目。昙谷名玄锡，忠宣公长子也。卷首有'临桂世伯''瞿元锡'②'昙谷''瞿昌文印''寿明'诸朱记。"③明刻本《藏密斋集》二十四卷，有海虞瞿式耜跋④；明刻《龙溪陈先生文集》五卷，有"瞿印式耜"⑤等藏印。

瞿氏家族至式耜时，不仅藏书，亦喜刻书，所刻书甚精，室名曰耕石斋，又有小东皋草堂。崇祯八年(1635)所刊钱谦益《初学集》，别具风格。刻印过沈周《石田先生诗钞》八卷《文钞》一卷《事略》一卷，今美国国会图书馆藏明崇祯间刻本《石田先生诗钞》九卷，五册，即其所选刻。书前有钱谦益序云："稼轩苦爱石翁画(即沈石田)，一缣片纸，搜访不遗余力，名其斋曰耕石，遂刻诗钞，藏于斋中，并汇其古文若干篇及余所辑事略附焉。刻成，属余序之。"⑥又曾刊其父汝说辑《皇明臣略纂闻》十二卷。

(六十九)孙朝肃兄弟进士

孙朝肃(1584—1635)　字恭甫，更字功父，号晔芝，明常熟人。"七政孙，林长子，登万历四十四年进士，授官刑部主事"，"迁广东布政使司布政使，每以刘大夏却进自励，以大夏曾为此官，有却金故事也。失巡抚意，几中考功法通士大夫以为冤讼言之，吏部镌一级归⑦。朝肃为人伉爽负气，至性孝友。守其家学，善诗文"⑧。著有《军兴善后牍》《五芝堂集》。

孙朝肃喜搜书，家多藏书。孙氏家族是常熟著名的藏书世家，朝肃高祖孙艾，学

① (清)高士鸃、杨振藻修，(清)钱陆灿等纂：《康熙常熟县志》卷十八《邑人·瞿汝说》，见《中国地方志集成·江苏府县志辑》(21)，江苏古籍出版社1991年版，第432页。

② 按：瞿元锡，瞿式耜长子，瞿文昌之父。

③ (清)瞿镛撰：《铁琴铜剑楼藏书目录》卷第十五《子部三》，见《清人书目题跋丛刊三》，中华书局1990年版，第223页。

④ 参见(清)缪荃孙等撰，吴格整理点校：《嘉业堂藏书志》卷四《集部》，复旦大学出版社1997年版，第1087页。

⑤ (清)潘祖荫撰，叶昌炽编，潘承弼增补：《滂喜斋藏书记》卷三，见《续修四库全书》编纂委员会、复旦大学图书馆古籍部编：《续修四库全书》第926册，上海古籍出版社2003年版，第465页。

⑥ (清)钱谦益著，钱曾笺注，钱仲联标校：《牧斋初学集》卷四十《石田诗钞序》，上海古籍出版社2009年版，第1076页。

⑦ (清)高士鸃、杨振藻修，(清)钱陆灿等纂：《康熙常熟县志》卷十八《邑人·孙朝肃》，见《中国地方志集成·江苏府县志辑》(21)，江苏古籍出版社1991年版，第436页。

⑧ (清)郑钟祥、张瀛修，(清)庞鸿文等纂：《光绪常昭合志稿》卷二十五《人物四·耆旧·孙朝肃传》，见《中国地方志集成·江苏府县志辑》(22)，江苏古籍出版社1991年版，第386页。

诗于沈周,与昆山周诗、长洲吴宽等友善。喜收藏,精品鉴,工绘画,有《林泉高士孙西川诗稿》一卷,后其子耒将其诗稿于嘉靖十五年(1536)刊刻行世,中国国家图书馆有藏,常熟市图书馆藏有清钞本。耒之子、朝肃祖父孙七政(1528—1600),字齐之,号三川先生,自号沧浪生。《苏州府志》载:"七政字齐之。七岁能诗,与王世贞、汪道昆主人游,才名籍甚。所居西爽楼、清晖馆,蓄古彝鼎书画。客至,觞咏其中。"①著《松韵堂集》行世。卒后,其藏书遗留给后代,保存完好。七政之孙朝肃、朝让先后及第,继承其父遗风,甚爱藏书。孙朝肃在其祖藏书的基础上,有建藏书与刻书处名曰五芝堂,亦以刻书、藏书名一时。北宋本《李义山集》三卷,《爱日精庐藏书志》著录旧钞校本《李义山集》三卷引冯定远跋云:"乙亥六月十五日,孙方伯功父丈以一本见示,焕然若披云雾,凡钱本之可疑,一朝冰释……孙本三大帙,为无锡华氏物,卷凡三,分上中下,遘、桓诸字俱不避,其为北宋无疑也。"②陈鸿跋云:"丙戌正月借孙孝若家北宋版校。"③叶昌炽云:孙孝若为孙朝肃之子,"其所藏北宋本《李集》,即功父所得华氏之本,盖其家楹书也"④。宋绍兴刻本《后汉书》一百二十卷,有"孙印朝肃""恭父"二印⑤。宋刻本《荀子》二十卷,顾广圻跋,有"孙印朝肃""士礼居""汪印士钟"等藏印,今藏中国国家图书馆。宋刊本《六臣注文选》六十卷,傅氏跋云:"字画中犹见木板纹,是建本初印之最精。钞补二十余叶。"钤印有"陈淳私印""五芝堂印""孙朝肃印""恭父""孙孝若图书记"等⑥。宋建刻本《六臣注文选》六十卷,有"孙朝肃""恭生""孙孝茗园图书记"等藏印⑦。

藏书印有孙朝肃恭甫、孙印朝肃、恭父等。

孙朝肃又于明万历四十五年(1617)刻印其祖孙七政《刻孙齐之先生松韵堂集》十二卷,中国国家图书馆有藏,常熟市图书馆藏钞本。孙朝肃藏书由子鲁⑧、蕃递藏,父子三人皆以藏书名世。孙朝肃次子蕃(1632—1685),字孝维,号留松,其宅在常熟主司巷。弱冠即以文章知名,能诗,善画山水。撰有《贻燕集》,已佚。能守家书,藏书室名曰慈封堂,所藏多宋元善本。其藏书颇多,有"虞山孙仲孝维考藏图书""虞

① (清)李铭皖、谭钧培修,(清)冯桂芬纂:《同治苏州府志(三)》卷九十九《人物二十六》,见《中国地方志集成·江苏府县志辑》(9),江苏古籍出版社1991年版,第554页。

② (清)张金吾撰,柳向春整理,吴格审定:《爱日精庐藏书志》卷二十九,上海古籍出版社2014年版,第475页。

③ (清)张金吾撰,柳向春整理,吴格审定:《爱日精庐藏书志》卷二十九,上海古籍出版社2014年版,第476页。

④ (清)叶昌炽著,王欣夫补正,徐鹏辑:《藏书纪事诗》卷三,上海古籍出版社1989年版,第212页。

⑤ 张元济《涵芬楼烬余书录》史部《后汉书》,见张元济著:《张元济全集》第8卷《古籍研究著作》,商务印书馆2009年版,第231页。

⑥ 傅增湘撰:《藏园群书经眼录》卷十七《集部六》,中华书局1983年版,第1472页。

⑦ 王文进撰,柳向春标点:《文禄堂访书记》卷第五,上海古籍出版社2007年版,第365页。

⑧ 按:孙鲁(1620—1682),字孝若,号沂,常熟人。清顺治九年(1652)壬辰科进士,授衢州府推,官至大同知府。多藏书、多善本。

山孙蕃仲孝维考藏图书”“主司巷人家”“孝维印”“虞山孙氏慈封堂丙舍图书”“孙仲孝维收藏”等印。曾藏宋刊本《国语》二十一卷，有“虞山孙仲孝维考藏图书”朱文方印、“主司巷人家”朱文长印[①]。又藏宋版《纂图互注尚书》一函六册，钤有“虞山孙蕃夔王氏之印”白文印记[②]。还藏有元刻本《重刊明本集传附音释》六卷，“每卷有‘虞山孙仲孝维收藏图书’朱记”[③]。

孙朝让(1593—1682)　“字光甫，号本芝。祖七政，父林，兄朝肃。朝让少受封公执教言，攻苦食淡，早夜镞厉，与兄齐名。补诸生，试冠其曹，中崇祯庚午举人，辛未进士，由刑部主事、员外出为福建泉州府知府。丁内艰，服阕复补任泉州，升兵巡建南道副使，本省按察司按察使，升江南布政司左布政”[④]，未赴而明亡，时年未五十。所撰《喜雨诗》《自幸诗》等，均不传。

明亡后，孙朝让不仕，优游林泉 40 年，以读书、藏书自娱。藏书室名曰大石山房。所藏书有“朝让”“孙光父”“孙印朝让”“孙氏朝让”“本芝翁”钤记[⑤]。宋抚州刻本《春秋公羊传解诂》十二卷附释文一卷，钤有“孙氏朝让”方印[⑥]；明正德陆元大刻《陆士衡文集》十卷本，是书为“旧藏大石山房孙氏，卷首有‘朝让’‘孙光父’‘大石山房’诸印记”；《吉云居书画续录·明张翰宸手书金刚经册》有“康熙庚申，孙朝让年八十有八”跋，钤“大石山房”“孙印朝让”“本芝翁”三印[⑦]。

(七十)探花陈仁锡

陈仁锡(1579—1634)　字明卿，别号芝台，又号澹退居士，长洲人。仁锡“父允坚，进士。历知诸暨、崇德二县。仁锡年十九，举万历二十五年乡试。闻武进钱一本善《易》，往师之，得其指要。久不第。益究心经史之学，多所论著。天启二年以殿试第三人授翰林编修。时第一为文震孟，亦老成宿学。海内咸庆得人。明年丁内艰，庐墓次。服阙，起故官，寻直经筵，典诰敕”[⑧]。仁锡秉性梗直，为人正派，以讲官负重望。因拒绝为魏忠贤起草世券诏书而获罪，削籍归乡。“崇祯改元，召复故官。旋进右中允，署国子司业事，再直经筵。以预修神、光二朝实录，进右谕德乞假归，越三

---

① (清)陆心源撰《皕宋楼藏书志》卷二十四《史部》，见《续修四库全书》编纂委员会、复旦大学图书馆古籍部编：《续修四库全书》第 928 册，上海古籍出版社 2003 年版，第 254 页。

② (清)彭元瑞等撰：《天禄琳琅书目后编》卷二，见《清人书目题跋丛刊十》，中华书局 1995 年版，第 274 页。

③ (清)瞿镛撰：《铁琴铜剑楼藏书目录》卷第二《经部二》，见《清人书目题跋丛刊三》，中华书局 1990 年版，第 36 页。

④ (清)高士鸃、杨振藻修，(清)钱陆灿等纂：《康熙常熟县志》卷十八《邑人·孙朝让》，见《中国地方志集成·江苏府县志辑》(21)，江苏古籍出版社 1991 年版，第 446 页。

⑤ (清)瞿镛撰：《铁琴铜剑楼藏书目录》卷第十九《集部一》，见《清人书目题跋丛刊三》，中华书局 1990 年版，第 271 页。

⑥ 张元济《涵芬楼烬余书录》经部《春秋公羊传解诂》，见张元济著：《张元济全集》第 8 卷《古籍研究著作》，商务印书馆 2009 年版，第 202 页。

⑦ 引(清)叶昌炽著，王欣夫补正，徐鹏辑：《藏书纪事诗》卷三，上海古籍出版社 1989 年版，第 214 页。

⑧ (清)张廷玉等纂修：《明史》卷二百八十八《列传第一百七十六·陈仁锡传》，中华书局 1974 年版，第 7394—7395 页。

年，即家起南京国子祭酒，甫拜命，得疾卒。福王时，赠詹事，谥文庄。”①

陈仁锡宅第在苏州葑门下塘，有远耀堂、白松堂、南轩辕台、白松河等建筑。清代苏州虎邱二山门竹亭东，有“三讲官祠”，即祀明末东阁大学士文震孟、詹事府少詹事姚希孟及国子祭酒陈仁锡。

陈仁锡少笃志好学，博览经史，“讲求经济，有志天下事，性好学，喜著书，一时馆阁中博洽者鲜其俦云”②。其著述甚丰，“所编纂，如《皇明世法录》《经济八编》《续大学衍义》《赋役全书》《潜确类书》皆有益庙谟，便于后学。经学有《四书语录》《衍义补》《义经易简录》《渊□□易》等书。通洽理学，所批阅评选者，如《资治通鉴》尝进御览，《正史纲目》《五经》《周礼性理》《古文奇赏》等，是非极确，动数百卷”③。又著《陈明卿别集》《陈明卿集》等，乾隆时皆定为全毁书。

陈仁锡除喜著书外，又好藏书，藏书楼名曰白松堂。《涵芬楼烬余书录》经部载：“《春秋公羊传解诂》十二卷附释文一卷，汉何休注，唐陆德明音义，宋抚州刻本，七册。毛子晋曹楝亭旧藏。……藏印：‘陈氏明卿’‘宋本’‘毛晋之印’‘楝亭曹氏藏书’‘孙氏朝让’”④等。又“《春秋公羊释文》一卷，唐陆德明撰，宋抚州刊绍熙四年重修本，附抚州本公羊解诂后。半叶十行，每行大小约十八九字，白口，四周双栏。……收藏钤有陈明卿氏白文印”⑤。《五经图》六册，明万历四十年(1612)后梁氏刻本，收藏有“白松堂明卿氏”“两朝讲官陈仁锡”“春草阁鉴赏图书印”等印记，据孙星衍先生言：“皆书贾伪造。此书本无足存，因尚未变乱石本，并为前人珍秘，故录之，而辨其伪如此。”⑥明刻本《海录碎事》，有“两朝讲官陈仁锡”朱文、“甘松堂明卿氏”白文、“春草阁鉴赏图书印”朱文等印记⑦。

陈仁锡又好刻书，刻书室名曰阅帆堂，刻印过自撰《易经疏义统宗》三卷，《四书备考》二十八卷，宋真德秀《大学衍义》四十三卷，明丘濬《大学衍义补》一百六十卷等数十种两千余卷。万历四十三年(1615)陈仁锡阅帆堂刻《陈白阳集》与《石田先生集》，字体仿赵雪松，写刻甚精，自具特色。

---

① (清)李光祚修，(清)顾诒禄纂：《乾隆长洲县志》卷二十四《人物三·陈仁锡》，见《中国地方志集成·江苏府县志辑》(13)，江苏古籍出版社1991年版，第297页。

② (清)张廷玉等纂修：《明史》卷二百八十八《列传第一百七十六· 陈仁锡传》，中华书局1974年版，第7395页。

③ (清)查继佐著：《罪惟录·列传》卷之十八《文史诸臣列传下·陈仁锡传》，浙江古籍出版社1986年版，第2348页。

④ 张元济《涵芬楼烬余书录》经部《春秋公羊解诂》，见张元济著：《张元济全集》第8卷《古籍研究著作》，商务印书馆2009年版，第202页。

⑤ 傅增湘撰：《藏园群书经眼录》卷一《经部一》，中华书局1983年版，第74页。

⑥ 孙星衍撰：《平津馆鉴藏记·附补遗续编》卷二《五经图》，中华书局1985年版，第24页。

⑦ (清)彭元瑞等撰：《天禄琳琅书目后编》卷十七，见《清人书目题跋丛刊十》，中华书局1995年版，第422页。

（七十一）状元文震孟

文震孟（1574—1636）　“初名从鼎，字文起，号湛持，南直长洲人。父元发，同知，为博士彭之孙，翰林待诏徵明之曾孙也。世以道德文雅冠冕海内。……震孟以万历中贤书，东躬砥操，为东林所推重。登天启壬戌及第第一，盖为孝廉者三十余年矣。授编修。”[①]因上疏陈勤政讲学，忤魏忠贤意，被贬调外，遂归。崇祯元年（1628）以侍读召，改左中允，充日讲官，连劾忠贤遗党王永光。擢右庶子，“以少詹事拜礼部侍郎，兼东阁大学士，与首辅乌程不相能。时方撤镇守中官，罢内操，外庭多归功于震孟。乌程遂以居功谮上，与香山何吾驺同日罢去”[②]。卒赠礼部尚书，赐祭葬。福王时，追谥文肃。文震“生平律身清介，历宦以来，负郭不满数顷。身没未几，诸子已家徒壁立。诗文秀达庄雅，楷隶行草，规模家法，而隶书尤入汉人室”[③]，其书法几乎可与文徵明媲美。著有《姑苏名贤小记》二卷、《药园全集》等。生平事迹参见《明史》卷二百五十一《列传第一百三十九·文震孟传》、徐枋《文肃公墓志铭》及《乾隆长洲县志》卷二十四《文震孟传》。

文震孟高祖文林（1445—1499），字宗儒，明衡山人。系籍长洲，不忘故里，自号衡山。子徵明[④]。文林中成化八年（1472）壬辰科进士。《乾隆长洲县志》载：“洪[⑤]子，与父同上计，偕洪得乙榜，林中进士，知温之永嘉县，后改博平，有廉平声，升南京太仆寺丞，建言时政十四事，既而告病归。数年温人思之不忘，用荐为温州府，卒于官。”[⑥]文林宅中有停云馆，盖为其藏书、读书之所，“文温州林宅在条桥西北曹家巷中，有停云馆，子待诏徵明亦居此所，勒停云馆帖十二卷，世甚珍之”[⑦]。盖文氏藏书应始于文林。

---

① （清）查继佐著：《罪惟录·列传》卷之十三《谏议诸臣列传下·文震孟传》，浙江古籍出版社1986年版，第2142—2143页。

② （清）查继佐著：《罪惟录·列传》卷之十三《谏议诸臣列传下·文震孟传》，浙江古籍出版社1986年版，第2145页。

③ （清）邹漪纂：《启祯野乘》卷一《文文肃传》，见《四库禁毁书丛刊》编纂委员会编：《四库禁毁书丛刊》史部，第40册，北京出版社1997年版，第337页

④ 按：文徵明（1470—1559），初名壁，42岁起以字行，更字仲征。因先世为衡山人，故号衡山居士，世称“文衡山”，南直隶长洲人。明代画家、书法家、文学家。与沈周共创“吴派”，与沈周、唐伯虎、仇英合称“明四家”（“吴门四家”）。自幼习经籍诗文，喜爱书画，文师吴宽，书法学李应祯，绘画宗沈周。少时即享才名，与祝允明、唐寅、徐祯卿并称“吴中四才子”。

⑤ 按：文洪，字公大，幼好学，家贫膏火不继，夜坐默诵所习，补博士弟子，为经师从游振日众。经其指授多得巍科。洪独屡试不售，成化元年（1465）始中应天乡试，再上礼部中乙榜，官涞水教谕。

⑥ （清）李光祚修，（清）顾诒禄纂：《乾隆长洲县志》卷二十三《人物二·文林》，见《中国地方志集成·江苏府县志辑》（13），江苏古籍出版社1991年版，第270页。

⑦ （清）李铭皖、谭钧培修，（清）冯桂芬纂：《同治苏州府志（二）》卷四十五《第宅园林一》，见《中国地方志集成·江苏府县志辑》（8），江苏古籍出版社1991年版，第345—346页。

其祖父国子博士文彭①、父卫辉同知元发②皆为明吴中文化名流，“世以道德、文雅冠冕海内”，震孟“十五出应童子试，名噪一时。年二十一，举于甲午贤书。束躬砥操，日手一编咿唔，绝迹城市。尤严竿牍之戒”③。文林自幼喜藏书，其藏书达万卷之多。文氏家族藏书，自文林至文震孟已历经五世的传承，虽于震孟之父文元时一度呈现衰退势，然文震孟时并未全失，故仍能守而读之。邹漪《启祯野乘》中记述文震孟致仕后家居的藏书生活云：“公天性恬淡，夷犹旷远。归后惟与子弟谈艺读史，品古法名画、金石鼎彝，位置香茗几案，亭馆花木，以存门风雅事，丘壑之好，老而不衰。佳辰令节载酒湖山，徜徉赋咏，陶情写意，不废丝竹。”④震孟尝自述家藏元刊本《资治通鉴》二百九十四卷，跋云：“此书向在亨弟⑤所，天启丙寅⑥闰六月，偶念祖父手泽，思欲一观，因以‘师古斋’所刻一部易之，藏于‘石经堂’。三世藏书，家不多有，遗书能读，乃足贵耳。”⑦又递藏其父所藏元影钞本《草堂雅集》十三卷，瞿镛跋云：“元刊本向藏郡中文氏，卷首标目犹出三桥国博手迹，文肃有跋，称竺坞帐中秘帙，钱受之、王淑士曾借录一部，耳后藏爰日张氏，近归郡人吴敏思其书舆。”⑧又递藏其父元刻《韵府群玉》二十卷，此书亦钤有“文彭之印”“文寿承印”“三桥居士”“文氏震孟”诸印⑨。宋刊本《周易》十卷，前后有“玉兰堂藏书记”“元宰文震孟印”诸朱记⑩。

文震孟青年时代藏书往往皆有题款，署从鼎之名。明人翻宋刻本《剧谈录》二

---

① 按：文彭（1498—1573），字寿承，号三桥、三桥居士、渔阳子、国子先生，明长洲人。文徵明长子。明代画家、书法家、文学家。其书、画、诗、文、篆刻源自家学，名重一时。其篆刻成就远超前人，被后人奉为篆刻艺术的开山祖师。

② 按：文元发（1529—1602），字子悱，别号清凉居士、湘南老人，明长洲人。文徵明孙，隆庆二年（1568）恩贡，授浦江知县，迁卫辉府同知，有《清凉居士集》、《学圃斋随笔》《续笔》等。喜抄书，钞本有《孝经》一卷、宋文天祥《文山先生指南录》一卷《后录》三卷。

③ （清）邹漪纂：《启祯野乘》卷一《文文肃传》，见《四库禁毁书丛刊》编纂委员会编：《四库禁毁书丛刊》史部，第40册，北京出版社1997年版，第335页。

④ （清）邹漪纂：《启祯野乘》卷一《文文肃传》，见《四库禁毁书丛刊》编纂委员会编：《四库禁毁书丛刊》史部，第40册，北京出版社1997年版，第337页。

⑤ 按：文震亨（1576—1645），字启美，震孟弟。天启五年（1625）恩贡，授武英殿中书舍人，与纂大典。监造御屏图九边厄塞。明亡，寓阳城，忧愤投水死。撰有《长物志》十卷，现被园林建筑家奉为圭臬。亦喜藏书，其藏书处曰水嬉堂。藏有其祖父文彭所藏元刻《资治通鉴》二百九十四卷，其兄震孟用师古斋刻本对调之。明天启二年（1622），文震亨水嬉堂刻其自撰《秣陵竹枝词》一卷、《清溪新咏》一卷。

⑥ 按：天启丙寅即天启六年（1626）。

⑦ （清）瞿镛撰：《铁琴铜剑楼藏书目录》卷第九《经部六》，见《清人书目题跋丛刊三》，中华书局1990年版，第137页。

⑧ （清）瞿镛撰：《铁琴铜剑楼藏书目录》卷第二十三《集部五》，见《清人书目题跋丛刊三》，中华书局1990年版，第372页。

⑨ （清）丁丙撰：《善本书室藏书志》卷二十，见《续修四库全书》编纂委员会、复旦大学图书馆古籍部编：《续修四库全书》第927册，上海古籍出版社2003年版，第404页。

⑩ （清）瞿镛撰：《铁琴铜剑楼藏书目录》卷第一《经部一》，见《清人书目题跋丛刊三》，中华书局1990年版，第7页。

卷，瞿镛记云："旧藏郡中文氏，继归叶氏，卷末有文从鼎题识一行，云万历戊子仲冬漫阅"[①]，时文震孟年仅虚岁十五。震孟兄弟初以从字排行，后改震字排行。名从鼎时，字为定之。如《天禄琳琅书目后编》著录元版《战国策》云："长洲文氏藏本，书中墨迹三处，凡例后楷书，万历戊子七月望日手装于愿贤堂，定之笔，钤印一'定之'；卷五后八分书戊子八月一阅于心远阁，钤印二'文从鼎''定之'；卷十后八分书戊子十月惜阴斋漫阅，钤印一'文从鼎'；又楷书庚戌三月十八日悟言室阅过，从鼎字定之，万历甲午举人，徵明曾孙、嘉之孙也[②]。有'定之''文从鼎''字定之''文印从鼎''阁内侯印''文定之氏''文从鼎'"[③]诸印。此书上题"庚戌三月"，应是万历三十八年（1610）三月，时震孟为37岁，可见震孟治学严谨，反复批阅。

藏书之所有两处，其一在竺坞，其藏书万卷，为仕官之前的读书与藏书之所。其二在药园得石经堂，为后期藏书处。清彭启丰至竺坞，有诗《访文肃公读书处》云：

竺坞窈且深，篮舆暂停止。绝壁锁烟霞，清芬袭兰芷。
山阿缅英灵，星斗临尺咫。委鬼昔披猖，乌程复奸宄。
公出屡颠蹶，归来贞素履。小筑避喧尘，万卷横绨几。
上瞰巉巉峰，下挹泠泠水。相访来素心，偶谈时泰否。
岂不念苍生，投林非得已。身未殉膺滂，名肯侪黄绮。
云仍竟寥落，瓦墁翳荆杞。过客重欷嘘，往事征青史[④]。

藏印有"石经堂""两月平章""药园逸史""竺坞山史""世纶堂""五湖漫郎""竺坞草庐""状元"等。

此外文震孟对昆山归有光《老庄评注》十二卷加以订正，于天启四年（1624）加以刻版行世。曾手写《金刚般若波罗蜜经》一卷，今藏故宫博物院。

（七十二）榜眼吴伟业

吴伟业（1609—1672）　字骏公，号梅村，别署鹿樵、灌隐主人，太仓人。先世皆以科第文行著闻，伟业"幼有异质，笃好《史》《汉》。张溥见而其奇之，遂为弟子。崇祯四年，会试第一，怀宗批其卷，曰：'正大博雅，足式诡靡。'殿试第二，授翰林院编修。……充湖广乡试主考官，升南京国子监司业"[⑤]，晋中允、谕德，转庶子。"福王

① （清）瞿镛撰：《铁琴铜剑楼藏书目录》卷第十七《子部五》，见《清人书目题跋丛刊三》，中华书局1990年版，第258页。

② 按：应是文彭之孙，非文嘉之孙。

③ （清）彭元瑞等撰：《天禄琳琅书目后编》卷九，见《清人书目题跋丛刊十》，中华书局1995年版，第347页。

④ （清）彭启丰撰：《芝庭诗稿》卷十二《访文肃公读书处》，见《四库未收书辑刊》编纂委员会编：《四库未收书辑刊》玖辑·贰拾叁册，北京出版社1997年影印本，第714页。

⑤ （清）王昶著，陈明洁、朱惠国、裴风顺点校：《春融堂集》卷六十四《吴伟业传》，上海文化出版社2013年版，第1073页。

时，授少詹事，与大学士马士英、尚书阮大铖不合，请假归”①。入清后，“国初，总督马国柱疏荐，授秘书院侍讲，奉敕纂修《孝经演义》，升祭酒。丁嗣母忧，圣祖亲赐丸药，抚慰甚至。旋以江南奏销议处，适遂初志焉。所居梅村，名曰‘鹿樵精舍’，本王士骐贲园，花木翳然，因取以自号。居十余年卒，年六十三”②。吴伟业“学问博赡，或从质经史疑义及朝章国故，无不洞悉原委。诗文工丽，蔚为一时之冠，不自标榜”③。清顾湄称：“先生之学，博极群书，归于至精。有问经史疑难、古今典故、与府著作原委，旁引曲证，洞若指掌，多先儒之所未发。”④常以仕清为恨，与钱谦益、龚鼎孳并称“江左三大家”。又“雅善书，尽蹄便面，人争藏弆以为荣。所著《梅村集》四十卷、《春秋地理志》十六卷、《春秋氏族志》二十四卷、《绥寇纪略》十二卷，又乐府杂剧三卷”⑤。生平事迹参见陈廷敬《吴梅村先生墓表》、程穆衡《娄东耆旧传吴伟业传》。

吴伟业“凡经史百家、稗官小说、山经地志、释典道藏以及酉阳之典、羽陵之蠹、珠囊玉笈之遗、赤文绿字金匮石室之秘，自十五六岁时，即已原原本本兼综共贯”⑥。可见家中亦有一定的藏书。通籍后，其藏书数万卷，自称“三万卷”，尝作诗《病中别孚令弟》为证，诗云：“稚子称奇俊，迎门笑语忙。挽须怜尚幼，摩顶喜堪狂。小辈推能慧，新年料已长。吾家三万卷，付托在儿郎。”⑦宋绍兴刻本《临川先生文集》一百卷，有“吴澄序。有‘吴伟业’‘梅村藏’”⑧等印。吴氏搜访亦甚勤，尝至毛晋斋中读吴匏庵手抄之宋谢翱《西台恸哭记》，咏诗记其事云：“扁舟访奇书，夜月南湖宿。主人开东轩，磊落三万轴。别庋加收藏，前贤矜手录。北堂学士钞，南宋遗民牍。言过富春渚，登望文山哭。”⑨

梅村西偏筑旧学庵，为图史所藏之处，吴公记曰：“余梅村西偏有地数弓，盖废屋之趾，予斥而宫之，缭以土垣，而筑屋三楹，名之曰‘旧学庵’。庵成，而图史之所藏，

---

① 王钟翰点校：《清史列传》卷七十九《贰臣传乙·吴伟业》，第20册，中华书局1987年版，第6552页。

② （清）王昶著，陈明洁、朱惠国、裴风顺点校：《春融堂集》卷六十四《吴伟业传》，上海文化出版社2013年版，第1074页。

③ 赵尔巽等撰：《清史稿》卷四百八十四《列传二百七十一·吴伟业传》，第44册，中华书局1977年版，第13326页。

④ （清）顾湄《吴先生伟业行状》，见（清）钱仪吉纂，靳斯标点：《碑传集》卷四十三《翰詹上之上·吴伟业》，第4册，中华书局1993年版，第1203页。

⑤ （清）顾湄《吴先生伟业行状》，见（清）钱仪吉纂，靳斯标点：《碑传集》卷四十三《翰詹上之上·吴伟业》，第4册，中华书局1993年版，第1203页。

⑥ （清）郑方坤撰：《本朝名家诗钞小传》卷一《梅村诗钞小传·吴伟业》，见《丛书集成续编》第256册，（台北）新文丰出版公司1988年版，第88页。

⑦ （清）吴伟业著，李学颖集评标校：《吴梅村全集》卷十二《诗后集四·病中别孚令弟十首之十》，上海古籍出版社1990年版，第326页。

⑧ 王文进撰，柳向春标点：《文禄堂访书记》卷第四，上海古籍出版社2007年版，第283页。

⑨ （明）吴伟业著，李学颖集评标校：《吴梅村全集》卷一《诗前集一·毛子晋斋中读吴匏庵手抄宋谢翱西台恸哭记》，上海古籍出版社1990年版，第10页。

讲论之所集，朝夕宴处，宾游往来，皆于是乎在。”①

（七十三）张　溥

张　溥（1602—1641）　初字干初，后字天如，号西铭，太仓州人。伯父辅之乃南京工部尚书。崇祯元年（1628）以选贡入京，名满京都。崇祯三年举人，“崇祯辛未进士，改庶吉士”②。尝集郡中名士相与复古学，名其文社曰复社。明亡后，拒不仕清。一生著作宏丰，编述有百种，三千余卷，涉及文、史、经学各个学科，精通诗词，尤擅散文、时论。代表作《七录斋集》《五人墓碑记》，辑有《汉魏六朝百三名家集》，明徐汧称张溥“著书百种”③。《嘉庆直隶太仓州志》卷二十七《人物·列传二》有其传。

张溥少即嗜秦汉文字，搜集、阅目秦汉至隋代文集达一百四五十种。《明史》载：“溥幼嗜学。所读书必手钞，钞已朗诵一过，即焚之，又钞，如是者六七始已。右手握管处，指掌成茧。冬日手皲，日沃汤数次。后名读书之斋曰‘七录’，以此也。与同里张采共学齐名，号‘娄东二张’。”④张采亦记云：“公日夜取成书，断章收录，其后同采读书时，将所录本篇篇投火，复日夜手录，及十日或半月，同采高吟一过，又复投火。采问曷存斯。曰：‘聊用强记，奈何留滞心路。’余笑谓：‘世间节录本，侈行公如存者，充栋矣。’用是，右手握管处，大指及掌心，咸成茧，五六日须割去。冬日且皲，日数沃盥。其勤学殆天性。”⑤张溥成年后，诗文敏捷，名高一时，读书必手钞，成书甚众，张溥去世后的次年，崇祯十五年（1642），诏征其遗书，“有司先后录上三千余卷，帝悉留览”⑥。其读书室名曰七录斋。

关于藏书故实，张采记曰：“公延余读书七录斋，公晨出，夜分入，两人扃户下帷。公上自皇古，下迄今兹，凡治乱典废，贤愚是否，亡不殚厥理要。”⑦“所庋书不下数万卷，丹黄由释，无寒暑间，海内学者争及门。”⑧宋刻《通志略》残本十七卷，有潘祖荫跋云：“旧为海上潘氏、娄东张氏藏书，附藏印‘豫国主人’‘云间潘氏仲履父图书’

---

① （明）吴伟业著，李学颖集评标校：《吴梅村全集》卷三十九《文集十七·旧学庵记》，上海古籍出版社1990年版，第826页。

② （清）朱彝尊著，姚祖恩编，黄君坦校点：《静志居诗话》卷十九《张溥》，人民文学出版社2006年版，第574页。

③ （明）张溥撰：《春秋三书》附（明）徐汧《春秋三书序》，见《四库全书存目丛书》编纂委员会编：《四库全书存目丛书》经部，第125册，齐鲁书社1997年版，第1页。

④ （清）张廷玉等纂修：《明史》卷二百八十八《列传第一百七十六·张溥传》，中华书局1974年版，第7404页。

⑤ （明）张采撰：《知畏堂文存》卷八《庶常天如张公行状》，见《四库禁毁书丛刊》编纂委员会编：《四库禁毁书丛刊》集部，第81册，北京出版社1997年版，第641页。

⑥ （清）张廷玉等纂修：《明史》卷二百八十八《列传第一百七十六·张溥传》，中华书局1974年版，第7404页。

⑦ （明）张采撰：《知畏堂文存》卷八《庶常天如张公行状》，见《四库禁毁书丛刊》编纂委员会编：《四库禁毁书丛刊》集部，第81册，北京出版社1997年版，第641页。

⑧ （明）张采撰：《知畏堂文存》卷八《庶常天如张公行状》，见《四库禁毁书丛刊》编纂委员会编：《四库禁毁书丛刊》集部，第81册，北京出版社1997年版，第642页。

‘臣溥’‘天如’。”[1]其藏书是为著述,以便博览通观与考证,如编辑《汉魏六朝百三名家集》时为每一家撰写了《题辞》为证:

千余年间,文士辈出,彬彬极盛,而卷帙所存,不满三十余家.藏书五厄,古今同慨。晋挚仲洽总钞群集,分为流别。梁昭明特标选目,举世称工。澄汰之余,遗亡弥众,至逸书编于豫章,古文抄自会稽,巨源宝经龛之帙,容斋发故簏之藏,赵宋诸贤,勠力稽古,不能追续。坠简铺扬,词苑亦惟委之,时运抱痛,河海而已。余少嗜秦汉文字,苦不能解,既略上口,遍求义类,断自唐前,目成掌录,编次为集,可得百四五十种。近见闽刻七十二家,更服其搜扬苦心,有功作者。两京风雅,光并日月,一字获留,寿且亿万。魏虽改元,承流未远,晋尚清微,宋矜新巧,南齐雅丽,擅自萧梁,英华迈俗。总言其概,椎轮大路,不废雕几,月露风云,无伤气骨,江左名流,得与汉朝大手同立天地者,未有不先质后文,吐华含实者也[2]。

余自贾长沙以下,迄隋薛河东,随手次第,先授剞劂,凡百三家。卷帙重大,余谋踵行。古人诗文,不容加点,随俗为之,聊便流涉,无当有亡。评骘之言,惧累前人,何敢复赘。每集序首,本末微见,送疑取难,冀代筵叩尔。别集之外,诸家著书,非文体者,概不编入,其它断篇逸句,虽少亦贵,期于毕收[3]。

从《题辞》可知,张溥不仅搜书甚勤,且随手抄录并校勘,读书、搜书皆为著书立说,惠泽后人。其《题辞》具有很高的价值,张溥“对百三家其人其文,都提出了他自己的看法,家家有题辞,人人有论述,分之为作家各论,合之则为文学史。在十七世纪中叶,出现了这样一部具有文学史规模的作品,是值得我们研究与重视的”[4]。

(七十四)归起先

归起先(生卒年不详)　常熟人。“字裔兴,号律庵,晚著《易闻》成,又自号易民,德明子也。”“府县试第一,趋督学使者试又第一,年十九补邑博士弟子员,崇祯十年以《诗经》举于乡,十六年中杨廷鉴榜下进士”,选翰林院庶吉士,授刑部主事。所著“有《诗经通解》行世,《易闻》若干卷,《学庸语孟大旨》,《老庄略》,《参同契》,《悟

① (清)潘祖荫撰,叶昌炽编,潘承弼增补:《滂喜斋藏书记》卷一,见《续修四库全书》编纂委员会、复旦大学图书馆古籍部编:《续修四库全书》第926册,上海古籍出版社2003年版,第427页。

② (明)张溥《汉魏六朝百三名家集叙》,见(明)张溥编:《汉魏六朝百三名家集叙》第1册,江苏广陵古籍出版社1990年版,第1—2页。

③ (明)张溥《汉魏六朝百三名家集叙》,见(明)张溥编:《汉魏六朝百三名家集叙》第1册,江苏广陵古籍出版社1990年版,第3页。

④ (明)张溥编:《汉魏六朝百三名家集·出版说明》第1册,江苏广陵古籍出版社1990年版。

真篇考证》若干卷,自著《古文诗集》若干卷藏于家"①。

明亡,归氏归隐田园,杜门不出,以著述课子为事,又以藏书与刻书自娱,其子归允肃为清康熙十八年(1679)己未科状元。归启先"其所考订及手录本千余卷"②。与归庄校刻归有光《震川先生集》三十卷《别集》十卷,清顺治十五年(1658)刻徐奋鹏《诗经解注》四卷,陆化熙《诗通》不分卷,以及自辑《诗序》。

三、明代常州府进士藏书

《明史·地理志》载,"常州府元常州路,属江浙行省。太祖丁酉三月丁亥曰长春府,己丑曰常州府。万历末,避讳曰尝州府。领县五"③。县五即武进、无锡、宜兴、江阴、靖江。

(一)盛　颙

盛　颙(1418—1492)　号冰壑道人,"字时望,常之无锡人。正统辛酉,以《尚书蔡氏传》,得隽京闱。在太学十年,所交皆海内知名士,景泰辛未,始登进士第,首擢河南道监察御史,寻以老成掌道事"④,因"抗论石亨骄恣,谪知束鹿",立法规,均徭役,善理民讼,"时人有'水清镜明'之谣。四境之外,闻风趋附,荒落顿成邑聚,至今称清官店。累迁左副都御史"⑤。左副都御史任上,时山东饥,往巡抚,黜暴除苛,民德之,"乞休归,建方塘书院老焉"⑥。著有《冰壑集》,《千顷堂书目》著录。生平事迹参见《明史》卷一百六十二《列传第五十·盛颙传》、明过庭训《本朝分省人物考》卷二十七《盛颙传》。

盛颙以老上章乞仕,"公自家食时,家事一以付其弟颐,至是抵家,伯仲怡怡,友爱加笃,公家事一不闻。颐为之构方塘书院,叠山凿池,时花植竹,以为娱老之地。公静坐一室,焚香读书以自适,泊如也"⑦。曾藏《石鼓文》中权本,为北宋拓本,钤有"冰壑"朱文长方印、"盛颙之印"白文印记⑧。

---

① (清)高士鸃、杨振藻修,(清)钱陆灿等纂:《康熙常熟县志》卷十八《邑人·归起先传》,见《中国地方志集成·江苏府县志辑》(21),江苏古籍出版社1991年版,第444页。

② (清)高士鸃、杨振藻修,(清)钱陆灿等纂:《康熙常熟县志》卷十八《邑人·归起先传》,见《中国地方志集成·江苏府县志辑》(21),江苏古籍出版社1991年版,第444页。

③ (清)张廷玉等纂修:《明史》卷四十《志第十六·地理一》,中华书局1974年版,第921页。

④ (明)丘浚著:《丘浚集》之《琼台诗文会稿》卷二十三《墓志铭·明故都察院左副都御史盛公墓志铭》,海南出版社2006年版,第4494页。

⑤ (清)查继佐著:《罪惟录·列传》卷之十七《循谨诸臣列传·盛颙传》,浙江古籍出版社1986年版,第2283页。

⑥ (明)毛宪撰,吴亮增补:《毗陵人品记》卷七《盛颙》,见《续修四库全书》编纂委员会、复旦大学图书馆古籍部编:《续修四库全书》第541册,上海古籍出版社2003年版,第167页。

⑦ (明)丘浚著:《丘浚集》之《琼台诗文会稿》卷二十三《墓志铭·明故都察院左副都御史盛公墓志铭》,海南出版社2006年版,第4496页。

⑧ 参见茅子良著:《艺林类稿》卷一《艺林新知》,上海书画出版社2009年版,第17页。

(二)邵　宝

邵　宝(1460—1527)　字国贤,别字泉斋,亦曰二泉,无锡人。"成化二十年进士,知许州,入户部,历郎中,出为副使,以副都御史总漕江北。再起,巡抚贵州,升户部侍郎,请养母归。升南礼部尚书,再请终养。母丧阕,请致仕,不允,卒谥文庄。"①邵宝博学,性度端雅,"一时儒硕并以天下士称之",又"所著《学史》《端简》二书,巡抚吴廷举上于朝,又有《容春堂集》若干卷"②。"视学江西,山舆水舫,紬释经史,欣然有会,日记月盛,复名《日格子》十二卷。……其经书所得,载诸简端,名《简端录》。"③生平事迹参见明杨一清《资善大夫南京礼部尚书赠太子少保谥文庄邵公宝神道碑》、《明史》卷二百八十二《列传一百七十·邵宝传》、明毛宪《毗陵人品记》卷八《邵宝传》。

邵宝居官清廉自持,又好藏书,"箧无长物,惟图书、金石遗文,畜之甚富"④,又"文庄第有'容春精舍',庋藏书万卷其中"⑤。据《中国书文化要览》载,邵宝"于无锡城东南隅冉泾之上,建容春精舍,前堂五间,中为厨二十,庋古今书籍万余卷"⑥。在邵宝藏书中有不少为宋椠元刻,如宋刻本《春秋经传集解》四函二十八册,彭元瑞云:是书"曾入明内府,王鏊、史余、文渊阁,有镀金银印,其文曰文渊阁,印篆非九迭独为,省文此印是也。宋濂字景濂,浦江人,明初佐命官承旨。邵宝字国贤,号二泉,无锡人,正德礼部尚书,钤有'文渊阁印''金华宋氏景濂''万卷楼收藏书画印''二泉邵宝'白文俱每册首"⑦诸印记;宋刻残本《白氏文集》十七卷,"旧为顾五痴藏书,嘉庆丙辰,五痴之子南雅通政以归荛圃。虽残珪断璧,弥可宝贵","附藏印'金华宋氏景濂''二泉邵宝''南阳彦智''丕烈私印''荛圃''无双''汪士钟藏''汪印振勋''某泉'"等⑧;元版本《史记》十六册,"锡山邵宝、安国俱经收藏……'檇李郁氏家藏''锡山二泉邵氏家藏'"等印⑨;元版本《大广益会玉篇》三十卷,有"吴宽""二泉""钱印谦益"⑩等藏印。

除宋椠元刻外,所藏明版亦为精善之本,如明版《三礼考注》六十四卷,"明邵宝

---

① (清)钱谦益著:《列朝诗集小传》丙集《邵尚书宝》,上海古籍出版社1959年版,第271页。
② (明)过庭训撰:《本朝分省人物考》卷二十七《邵宝》,见《续修四库全书》编纂委员会、复旦大学图书馆古籍部编:《续修四库全书》第533册,上海古籍出版社2003年版,第566页。
③ (清)查继佐著:《罪惟录·列传》卷之十五《清介诸臣列传下·邵宝传》,浙江古籍出版社1986年版,第2206页。
④ (明)邓球编:《皇明泳化类编列传(二)》卷四十四《邵二泉先生谥文庄》,见周骏富辑:《明代传记丛刊·综录类(4)》,第80册,台北明文书局1991年版,第79页。
⑤ 引(清)叶昌炽著,王欣夫补正,徐鹏辑:《藏书纪事诗》卷二,上海古籍出版社1989年版,第138页。
⑥ 施金炎编著:《中国书文化要览·古代部分》,湖南教育出版社1992年版,第247—248页。
⑦ (清)彭元瑞等撰:《天禄琳琅书目后编》卷三,见《清人书目题跋丛刊十》,中华书局1995年版,第260页。
⑧ (清)潘祖荫撰:《滂喜斋藏书记》卷三,见《续修四库全书》编纂委员会、复旦大学图书馆古籍部编:《续修四库全书》第926册,上海古籍出版社2003年版,第453页。
⑨ (清)于敏中等撰:《天禄琳琅书目》卷五,见《清人书目题跋丛刊十》,中华书局1995年版,第94页。
⑩ (清)于敏中等撰:《天禄琳琅书目》卷五,见《清人书目题跋丛刊十》,中华书局1995年版,第92页。

藏本，有锡山邵氏家藏印。有‘容春堂’‘锡山邵氏家藏’‘天福陈氏承雅堂图籍’‘陈书崖读书记’”[①]等印；明版《古今合璧事类备要》十八册，有“锡山邵氏家藏”印[②]；明版《晋二俊文集》一函六册，原为明府秘藏，后由邵宝等递藏，有“文渊阁印”“宝藏”“南浔董氏”“诒晋斋印”“二泉邵宝”“万卷楼收藏书画印”“子孙永保”等藏印[③]。

（三）张　恺

张　恺（1453—1538）　字符之，号企斋，后更以其所居为号，曰东洛。“先世居江阴，至公始徙无锡，故今为无锡人。公以成化甲辰中进士，遭父丧，服除授兵部职方司事守山海关，任满改刑部主事，落职为顺德府管马通判，历知东平州，黎平府知府，又落职家居。用言官起知太原府，未任，转福建都转远监使，致仕归。”又“著诗文若干卷，及《备遗录》《补赞四臣事评》《蝖窍余音》诸书，共若干卷，藏于家”[④]，又撰有《常州府志续集》八卷。生平事迹参见明文徵明《企斋先生传》、明过庭训《本朝分省人物考》卷二十七《张恺传》。

张恺“为人狷介，自植于不洁，一无所屑。其居官所至，公廉执法，不肯小有所诎其志”。且好藏书，“公归于家，四壁故庐。闭门终日，左图右书。繁华满前，公一不好。……三十余年，不出户庭”[⑤]。明毛宪亦记云：“以疾归，行李萧然，清峭壁立，人不敢以一介溷之。居家三十余年，拥书闭户，屏迹公府。”[⑥]

（四）秦　金

秦　金（1467—1544）　字国声，号凤山，无锡人。“弘治六年进士。授户部主事，历郎中。正德初，迁河南提学副使，改右参政。守开封，破赵鐩于陈桥。历山东左、右布政使”。迁户部右侍郎。“世宗即位，改吏部。言官论金无人伦鉴，复改户部，转左，署部事”[⑦]。嘉靖二年（1523），擢南京礼部尚书，寻就改兵部。嘉靖六年（1527），又召为工部尚书，加太子太保，改南京兵部，致仕归。于惠山东麓筑凤谷行窝（即寄畅园）。卒赠少保，谥端敏。正德三年（1508），秦金任河南按察司副使，提督学校，“以身范士，严立课程，凡所甄拔，率多享用”。于是“朝绅之士，自郎署至公

---

① （清）于敏中等撰：《天禄琳琅书目》卷七，见《清人书目题跋丛刊十》，中华书局1995年版，第137页。

② （清）于敏中等撰：《天禄琳琅书目》卷九，见《清人书目题跋丛刊十》，中华书局1995年版，第200页。

③ （清）彭元瑞等撰：《天禄琳琅书目后编》卷二十，见《清人书目题跋丛刊十》，中华书局1995年版，第454页。

④ （明）唐顺之《张运使墓志铭》，见（清）薛熙纂：《明文在》卷七十九，《中华传世文选》本，吉林人民出版社1998年版，第491—492页。

⑤ （明）唐顺之《张运使墓志铭》，见（清）薛熙纂：《明文在》卷七十九，《中华传世文选》本，吉林人民出版社1998年版，第491—492页。

⑥ （明）毛宪撰，吴亮增补：《毗陵人品记》卷八《张恺》，见《续修四库全书》编纂委员会、复旦大学图书馆古籍部编：《续修四库全书》第541册，上海古籍出版社2003年版，第175—176页。

⑦ （清）张廷玉等纂修：《明史》卷一百九十四《列传第八十二・秦金传》，中华书局1974年版，第5142—5143页。

卿,翘翘然而贤者,半为公之门人"[1]。秦金历孝宗、武宗、世宗三朝,"为人乐《易》,及居官一以廉正自持,在户部尤孜孜为国"[2]。生平"志在经济而守之以正,居常询询乐易,及当职毫发不可夺。奖善覆恶荐宠后进,人称为巨德"[3]。著有《凤山诗集》《凤山奏稿》《抚湘政要》《安楚录》《通惠河志》等。

秦金读书甚勤,"自童时即颖秀不群,见群儿戏,每却避之,端默自"[4]。其"少勤敏读书,昼夜不辍"。终其一生"手不释卷,至忘饥渴寒暑"[5]。归隐居家后,与邵宝辈结社山中,以读书与藏书自娱。"每晨起,正襟危坐,令两青衣展大板四书、五经、史册一道相对朗诵。公凭几听之。耄而好学以自儆如此"[6]。其家藏书后由其子汴[7]及孙柄[8]、柱[9]递藏。叶启倬《拾经楼细书录》卷中秦氏雁里草堂钞本《广川书跋》条云:"暇检常熟瞿氏《铁琴铜剑楼书目》,载《酒经》三卷,宋刻本,云:卷首有'雁里草堂',卷末有'雁里子柄'印记。又载《禅月集》二十五卷,明雁里草堂钞本,云卷末有'秦柄图书''雁里草堂'二朱记。乃知雁里草堂为秦柄藏书处也,柄为秦端敏公金之孙、汴之子。金字国声,无锡人,明弘治进士,官刑部尚书,谥端敏。汴字思宋,即刻《锦绣万花谷》之绣石书堂主人也,藏书甲海内,一门好事,风雅相尚。柄儒然家学,故其钞本古雅可爱,讹舛绝少。"[10]《童溪王先生易传》三十卷,宋王宗传撰,宋开禧元年(1205)建安刘日新宅三桂堂刻本。此本钤有"俞贞木""锡山秦汴""次山秦子思宋""少保秦端敏公仲子""唐伯虎""立安图书""毛晋私印""汲古阁主人""乾学""徐健庵""五福五代堂宝""八征耄念之宝""太上皇帝之宝""乾隆御览之宝""谦牧堂藏书记"等印,现藏中国国家图书馆。

(五)谈　恺

谈　恺(1503—1568)　字守教,号十山。无锡人。"父一凤,字文瑞,弘治五年举人,官应山知县,决疑狱平巨贼,移官平江归。恺嘉靖五年进士,历官户部员外郎,

---

① (明)秦金《凤山诗集》附录《秦氏三府君集》,民国十八年(1929)味经堂印行,木活字本。

② (清)裴大中、倪咸生修,(清)秦缃业等纂:《光绪无锡金匮县志》卷十九《人物·宦望》,见《中国地方志集成·江苏府县志辑》(24),江苏古籍出版社1991年版,第305页。

③ (明)周邦杰修,秦梁纂:《万历无锡县志》卷十五,明万历二年(1574)刻本。

④ (明)周邦杰修,秦梁纂:《万历无锡县志》卷十五,明万历二年(1574)刻本。

⑤ (明)周邦杰修,秦梁纂:《万历无锡县志》卷十五,明万历二年(1574)刻本。

⑥ (清)秦云锦纂修:《先城集补·先城》,清乾隆六十年(1795)刻本。

⑦ 按:秦汴(1511—1581),字思南,号次山。著有《三才通考》《怀李斋集》。家有绣石书堂,嘉靖十五年(1536)刻《锦绣万华谷》一百二十卷,三十五年(1556)刻宋谢淮所辑《古今合璧事类备要》全书。

⑧ 按:秦柄(1527—1582),字汝操,生平抄书颇多,除《广川书跋》外,尚有《毛诗名物解》《春秋诸国统纪》《寓简》《铁围山丛谈》《穆天子传》等。《四库全书总目》引《读书敏求记》以《汉武故事》为"秦汝操绣石书堂"所藏,此因父子藏书相承,遂为后世藏家所误解。

⑨ 按:秦柱(1536—1585),字汝金,号余山。金孙,柄弟。万历五年(1577)贡生。授中书舍人,后以忤张居正罢官,生平事迹参见《明史》卷一百九十四《列传第八十二·秦金传附》。亦富收藏。赵用贤曾从之得《管子》善本而刻之,王世贞曾见其旧藏《二王小楷帖》。家富藏书,其藏书处曰绣石书堂、穴砚斋,传抄之书,名重后世。崇祯十六年(1643)曾刻《草窗梅花集句》《竹浪亭集补梅花集句》。

⑩ 叶启勋、叶启发撰,李军整理:《二叶书录》,上海古籍出版社2014年版,第75页。

出为山东副使”①，转四川副使，历广东布政，擢副都御史巡抚南赣汀漳，拜兵部右侍郎移镇两广，镇压大藤峡瑶、僮民及大罗山起义军，进右都御史。以母老乞致仕。“所著有《孙武子》十三卷，《虔台续志》五卷，《平粤录》三卷，《奏议文集》若干卷”②。生平事迹参见明李春芳《都察院右都御史十山谈公恺墓志铭》、明过庭训《本朝分省人物考》卷二十八《谈恺传》。

谈家为无锡城区的书香门第，其家有“延恩楼，藏书万卷”③。“自致政归，筑圃九龙山麓，多积图书其中。日召故所，与游者置酒赋诗，其旷达文雅，乡人咸起敬焉”④。谈恺又喜刻书，利用家藏万卷图书校雠、刊刻善本，如刻《绝妙古今》四卷，《广州五先生诗》五卷，《孙子集注》十三卷，《太平广记》五百卷。谈恺校刊本《太平广记》为谈氏利用家藏校雠刊刻的善本之书，是继宋刻之后的最早刊本，谈本卷二百六十五其识语云：“余闻藏书家有宋刻，盖阙七卷云。其三卷，余考之得十之七，已付之梓；其四卷，仅十之二三。博洽君子，其明以语我，庶几为全书云。隆庆改元秋七月朔日十山谈恺志。”⑤谈本卷二百七十亦有谈恺识语，语云：“此卷宋板原阙，予考家藏诸书得十一人补之。其余阙文尚俟他日。十山谈恺志。”⑥

此外，谈氏还建有万备堂，在惠山又建惠麓小圃，开设私塾授课，培育门生，其中最著名的是状元孙继皋。

（六）传胪唐顺之

唐顺之（1507—1560）　字义修、应德，号荆川、襄文，“武进人。祖贵，户科给事中。父宝，永州知府。顺之生有异禀。稍长，洽贯群籍。年二十三，举嘉靖八年会试第一，改庶吉士。座主张璁疾翰林，出诸吉士为他曹，独欲留顺之”⑦。《静志居诗话》载：“嘉靖己丑进士，除兵部主事，改吏部，寻改翰林编修，历右春坊司谏，上疏请朝东宫，夺职为民。起兵部郎中，巡视蓟镇，还视师浙直，超拜，佥都御史，巡抚淮扬。天启中，追谥襄文。”⑧“公材高意广，包络今古，于书无所不读，自六经、诸子，以至甲兵、钱毂、象纬、讥笑、阴阳小技，无不研究，其文辞足以擅名一家。所著有《荆川先生

---

① （清）裴大中、倪咸生修，（清）秦缃业等纂：《光绪无锡金匮县志》卷十九《宦望》，见《中国地方志集成·江苏府县志辑》(24)，江苏古籍出版社1991年版，第306页。

② （明）李春芳撰：《李文定贻安堂集》卷七《都察院右都御使史十山谈公墓志铭》，见《四库全书存目丛书》编纂委员会：《四库全书存目丛书》集部，第113册，齐鲁书社1997年版，第196页。

③ 中国人民政治协商会议无锡市锡山区委员会编：《锡山名人》，凤凰出版社2009年版，第61页。

④ （明）李春芳撰：《李文定贻安堂集》卷七《都察院右都御使史十山谈公墓志铭》，见《四库全书存目丛书》编纂委员会：《四库全书存目丛书》集部，第113册，齐鲁书社1997年版，第196页。

⑤ 《〈太平广记〉校勘札记》，见宋一夫主编，中华书局编辑部编：《文史》2000年第3辑（总第52辑），中华书局2000年版，第135页。

⑥ 《〈太平广记〉校勘札记》，见宋一夫主编，中华书局编辑部编：《文史》2000年第3辑（总第52辑），中华书局2000年版，第135页。

⑦ （清）张廷玉等纂修：《明史》卷二百五《列传第九十三·唐顺之传》，中华书局1974年版，第5422页。

⑧ （清）朱彝尊著，姚祖恩编，黄君坦校点：《静志居诗话》卷十二，人民文学出版社2006年版，第331页。

集》,所辑有诸儒文要、语要,儒编、左编、右编、文编、稗编等书"[①]。所辑《荆川稗编》一百二十卷,另左、右、文、武四编,合称"荆川五编"。生平事迹参见明过庭训《本朝分省人物考》卷二十八《唐顺之传》、明王兆云《皇明词林人物考》卷七及钱谦益《列朝诗集小传》丁集上等。

唐顺之嗜藏书与读书,以多藏书雄视东南。其子鹤征,其孙宇昭,其四世孙婿季振宜,皆以藏书名于世。藏有《唐褚遂良黄庭经》,有清代书法大家王澍题跋,跋云:"前后有吴兴园印,当是赵子昂所收。子昂宝此书,形神逼肖,吾向自此为子昂所自出,不误也。有明嘉靖以来,为晋陵唐氏所世守,卷首有'唐顺之'印,卷末有'冰庵'印。冰庵讳鹤征,荆川先生之子也。此本之流传有绪如此。"[②]至清有"江南藏书,毗陵、琅琊,一代文献"[③]之说。清人吴伟业有《汲古阁歌》赞云:"嘉隆以后藏书家,天下毗陵[④]与琅琊。整齐旧闻汲妆放失,后来好事知谁及。"[⑤]唐氏后裔唐鼎元所作《荆川公藏书楼歌》云:"突兀破屋官衢旁,曩者比禹宛委庄。插架充栋十万卷,天下争说毗陵唐"[⑥],称其家藏书有"十万卷"之多。

唐顺之家藏书籍数万卷,能"于书无所不窥。自天文、乐律、地理、兵法、弧矢、勾股、壬奇、禽乙,莫不究极原委。尽取古今载籍,剖裂补缀,区分部居,为左、右、文、武、儒、稗六编传于世,学者不能测其奥也。为古文,洸洋纡折有大家风"[⑦],"闳揽百家,靡不融会"[⑧]。查继佐称唐顺之"于书无所不读,而历算尤精,有《四部稿》行世"[⑨]。其弟子万士和记云:"余笠仕至今几四十年,初荆川先生,唐先生者博物君子也。其家之书无所不有,先生无所不读。余从之游,穷怪浩漫无极,汗牛而充栋也。父而听其言论时至夜分,或举经册典要,或讨之教异同,或尚论古人,遍及二十一史,而上下其人物,先生诵说如流,余对之无以应也。叹曰:此非韩愈氏所谓马牛而襟裾者,于是始有蓄书之志。"[⑩]彭文勒公《知圣道斋读书跋》:"余见季沧苇所藏正德年初

① (明)毛宪撰,吴亮增补:《毗陵人品记》卷九《唐顺之》,见《续修四库全书》编纂委员会、复旦大学图书馆古籍部编:《续修四库全书》第541册,上海古籍出版社2003年版,第191页。

② 《虚舟题跋》卷四《原第七》,见(清)王澍著,李文点校:《虚舟题跋 竹云题跋》,浙江人民美术出版社2015年版,第122页。

③ (清)阮葵生撰,李保民校点:《茶语客话》卷十六《明藏书家》,《历代笔记小说大观》本,上海古籍出版2012年版,第394页。

④ 按:毗陵为古地名,今常州一代印藏书家唐顺之为常州武进人,故以"毗陵"代称唐氏藏书楼。

⑤ (清)吴伟业撰:《梅村集》卷四《汲古阁歌》,见(清)永瑢、纪昀等编纂:《四库全书》第1312册,上海古籍出版社1987年版,景印文渊阁本,第39页。

⑥ (清)唐元鼎撰:《明唐荆川先生年谱》,见北京图书馆编:《北京图书馆藏珍本年谱丛刊》第48册,北京图书馆出版社1999年版,第175页。

⑦ (清)张廷玉等纂修:《明史》卷二百五《列传第九十三·唐顺之传》,中华书局1974年版,第5424页。

⑧ (清)朱彝尊著,姚祖恩编,黄君坦校点:《静志居诗话》卷十二,人民文学出版社2006年版,第331页。

⑨ (清)查继佐著:《罪惟录·列传》卷之十八《文史诸臣列传下·唐顺之传》,浙江古籍出版社1986年版,第2319页。

⑩ (明)万士和撰:《万文恭公摘集》卷十《分诸子书目》,见《四库全书存目丛书》编纂委员会编:《四库全书存目丛书》集部,第109册,齐鲁书社1997年版,第432页。

印《尽忠录》，尚无《补录》二卷，有沧苇手跋。其夫人唐氏，乃毗陵孔明父之女，荆川四世孙也。以是见贻，朱墨皆荆川笔云。细阅书中，绝无批评，但有圈抹，不能得其读书之意。既取荆川右编勘之，圈者皆入右编，抹者节去。始知即其纂右编时脚本，沧苇之言益信。”①

藏书印有唐顺之印、唐氏应德、应德荆川等。

其藏书处曰纯白斋。其少年读书处名曰陈渡草堂，目前常州尚留有唐荆川故宅等唐家遗迹，列名“唐氏八宅”供后人瞻仰。

唐顺之所藏之书，卒后由其玄孙唐宇昭②继承，《藏书纪事诗》载：“唐宇昭字孔明，家富藏书。毛斧季尝闻其有宋椠赵孟奎《分类唐诗》一百卷，辗转借之而未得。”③又《天禄琳琅书目后编》著录宋岳珂荆溪家塾刻本《孝经》，有“‘毗邻唐良士藏书’‘晋昌秘籍记’‘唐’‘于辰’‘唐辰’‘士良’”④诸印记。《涵芬楼烬余书录》著录唐杜甫撰，宋刘辰翁批点《须溪批点杜工部诗注残十八卷》，“元刊本，六册，唐荆川唐六如旧藏”，藏印有“唐荆川印”等⑤。

（七）薛应旂

薛应旂（1500—1576）　字仲常，“号方山，武进人。中嘉靖乙未会试第二，授慈溪令。试诸生首拔袁炜，许其大魁天下，后果如其言，转南京吏部寻升浙江按察司副使，提督学政”⑥，“改陕西。有《方山集》”⑦。因得罪严嵩，屡遭迫害，被迫辞职归里。明毛宪《毗陵人品记》卷九、明王兆云《皇明词林人物考》卷八及朱彝尊《静志居诗话》卷十二等有其传。

薛公嗜藏书，家富图籍，尝云：“自鼓箧以致入仕，凡我昭代之成宪典章，或纪载馆阁，或传报于邸舍，见辄手录，历有岁年，几于充栋，妄意当可为之际，或可以备参考，竟以迂愚抵牾当路，归卧穷山。”⑧藏书后遭寇劫，毁灭殆尽，薛公仍告及友人云：“寒家所积，别无长物，唯书千卷。五月三日，已尽为寇毁。荃蹄糟粕，固宜其罹此变

---

① 引自（清）叶昌炽著，王欣夫补正，徐鹏辑：《藏书纪事诗》卷二，上海古籍出版社1989年版，第182页。

② 按：唐宇昭（1602—1672），字孔明，号半园、雪毂、云客，后自号半园居士，亦号半园外史。武进人。清书画家、藏书家。明崇祯九年（1636）举人，生逢鼎革之际，国变不出。

③ （清）叶昌炽著，王欣夫补正，徐鹏辑：《藏书纪事诗》卷二，上海古籍出版社1989年版，第182页。

④ （清）彭元瑞等撰：《天禄琳琅书目后编》卷三，见《清人书目题跋丛刊十》，中华书局1995年版，第263页。又注唐士良，名唐仁，又字于辰，常州人。唐顺之五世孙、唐鹤征四世孙、唐效纯曾孙、唐献可孙、唐于昭子，清诗人。

⑤ 张元济《涵芬楼烬余书录》集部《须溪批点杜工部诗注》，见张元济著：《张元济全集》第8卷《古籍研究著作》，商务印书馆2009年版，第379页。

⑥ （明）过庭训撰：《本朝分省人物考》卷二十八《薛应旂》，见《续修四库全书》编纂委员会、复旦大学图书馆古籍部编：《续修四库全书》第533册，上海古籍出版社2003年版，第596页。

⑦ （清）朱彝尊著，姚祖恩编，黄君坦校点：《静志居诗话》卷十二，人民文学出版社2006年版，第346页。

⑧ （明）薛应旂撰：《宪章录》序，见《续修四库全书》编纂委员会、复旦大学图书馆古籍部编：《续修四库全书》第352册，上海古籍出版社2003年版，第1页。

矣！畏涂坐懒，不能东归一视。”[①]清初姜绍书《韵石斋笔谈》称，其藏书可与吴宽、茅坤、王守仁等人并论。又喜刻书，刻印古籍数十种，如刻印自撰《宋元资治通鉴》外，尚刻有《六朝诗集》二十四种五十五卷、《四书人物备考》四十卷、《宪章录》四十六卷等。

薛应旂博学好书，归居后，利用家中所藏之书为参考，专事著述，如所撰写《宋元通鉴》一百五十七卷时，薛公自序云：自放归“居闲无事，得以研精竭虑，熟复四史，于凡宋元名人文籍、家记、野史，罔不抉擿幽隐，究悉颠末，日夜手书，五六年间，积草缀稿，堆几盈箧”[②]。除《明史·艺文志》所著录的《宪章录》及《宋元资治通鉴》外，尚有《皇明人物考》七卷，《甲子会记》五卷，《隐逸传》二卷，《高士传》四卷，《浙江通志》七十二卷，《考亭渊源录》二十四卷，《苏子庸语》十二卷，《方山集》六十八卷，《方山诗说》八卷等，“堪与弇州山人媲美”[③]。过庭训赞曰：应旂“一时文名与唐顺之相埒，故语文章宗匠必曰：‘王、唐、瞿、薛云。’两浙壬子试录前后场皆出其手。两浙通志之成皆应旂所裁定。生平著述甚多，而《文献通考》一书更为补于后学”[④]。

(八)华　云

华　云(1488—1560)　字从龙，号补庵，无锡人。明“嘉靖二十二年三甲一百八十名进士”[⑤]，授户部主事，官至南刑部郎中。诚直豪爽，善引荐人才，严嵩柄权，不附辞官。著有《锡山先贤录》《绿云窝集》《勾吴集》《真休集》《剑光阁文集》等。

华云工文辞，少师事邵宝，后师王守仁。好藏书，筑真休园，蓄法书名画甚富，《无锡金匮县志》称其“一时往来翰墨之富，几甲于江左”[⑥]，“所愿交者文章德行之贤，清朝书卷白首林泉，一斋一榻，同道义三四友，半醒半醉，效陶韦一两篇”[⑦]。据《梁溪古园》载：“真休园，华户部云筑。云翰墨之富，几甲江左。园即其萃古法书名画处也。绿云窝，华户部云读书处。在望湖门外铁柱桥，旧址在堠阳，云五世祖所建。后云徙居铁柱，即以颜其书室。今为僧居。”[⑧]真休园在菰川庄内。菰川山庄，

---

① (明)薛应旂撰：《方先生薛先生全集》卷七《答张水南光禄》，见《续修四库全书》编纂委员会、复旦大学图书馆古籍部编：《续修四库全书》第1343册，上海古籍出版社2003年版，第112页。

② (明)薛应旂《宋元通鉴·自序》，见(明)卜大有辑：《明刻珍本史学要义》，中华全国图书馆文献缩微复制中心1999年版，第526—527页。

③ 吴丰培《宪章录序》，见(明)薛应旂著，吴丰培整理：《宪章录》第1册，全国图书馆文献缩微复制中心1988年版。

④ (明)过庭训撰：《本朝分省人物考》卷二十八《薛应旂》，见《续修四库全书》编纂委员会、复旦大学图书馆古籍部编：《续修四库全书》第533册，上海古籍出版社2003年版，第597页。

⑤ 潘荣胜主编：《明清进士录》，中华书局2006年版，第417页。

⑥ 江苏省无锡市政协南长区文史资料工作委员会编：《南长文史资料选编》第2辑，1994年版，第218页。注：江左，是长江以东各地。

⑦ (明)万士和撰：《万文恭公摘集》卷十《祭华补庵郎中文》，见《四库全书存目丛书》编纂委员会编：《四库全书存目丛书》集部，第109册，齐鲁书社1997年版，第420—421页。

⑧ 无锡市史志办公室主编：《梁溪古园》之《山庄别墅园林》，方志出版社2007年版，第347页。引自《锡金考乘》卷三《第宅园林考》。

也称菰川庄、菰川圃，为华云所建。规模较大，约占地40多亩。庄内有剑光阁、水竹居、独对台、涵巘亭、薜荔堂、卧游堂等，“槐柏翳如，花竹分列，池馆亭榭，胜甲梁溪”①，为无锡最大的庄园，百姓称为“大庄”，至今仍沿用“大庄里”的名称。

华云又有剑光阁专贮古籍，至上万卷，其藏书详见明人王永积《锡山景物略》卷七：“《菰山庄》，今改福城庵矣。仍书菰庄者，存旧也。山南关一里而近，为菰渎桥，去桥三百武，补庵华公庄焉。公名云，为邵文庄公高弟，建剑光阁，藏书万余卷，皆手自校雠，法书名画，盈箱累牍，悉与文衡山、沈石田诸名家品题鉴赏，无一赝本。读书得暇，则于菰山一行乐焉。后废，仅存楼房数楹，曾孙时亨，舍为佛地。僧佛音先建藏经阁五间，极高爽，继盖寮舍数十间，乃于楼前建大殿，供大士，甫建基而佛音已荼毗竟，其徒闻文续成之。”②如张蓉镜尝藏有《跋重刊增广分门类林杂说》，其跋云：“首行边有‘华补庵藏’长方印，是册曾入锡山华氏。华氏所藏奇籍，几于充栋，曾刻《真赏斋法帖》行于世，其鉴别不在项氏下。观此则是书在前朝已为世重。入我朝，为孙庆增购得，庆增印著《藏书纪要》者。”③

藏印有“华补庵氏”，孙文川《淞南随笔》载：“昨日得米元章字卷，纸系宋纸，字亦极佳。前有‘高启私印’‘高季迪’‘夏时正’三印，后有‘子孙永保’‘华补庵氏’‘江氏收藏图书’三印，书五律一首，款云‘襄阳米芾’，后有‘楚国米芾’方印。共二十三行，只有‘岸’字、‘塘’字，皆一字为一行。可宝也。（同治三年正月廿八日）”④又如今藏台北故宫博物院《关山密雪图》轴，款署：许道宁学李咸熙《关山密雪图》，《式古堂书画汇考》卷三十一、《石渠宝笈初编》及《故宫书画录》卷五著录，鉴藏玉玺印有“三玺全”“嘉庆御览之宝”“宣统御览之宝”“宣统鉴赏”“无逸斋精鉴玺”。收传印记有：“正和”“明昌御览”“沈周宝玩”“启南”“华补庵氏”“卞令之鉴定”“令之”“仙客”“式古堂”“式古堂书画印”“式古堂书画”“刘炳图印”。

华云亦好刻书，室名太华书院，正德十年(1515)刻印过邵宝《泉斋简端录》十二卷，嘉靖二十七年(1548)刻印过唐韦应物《韦刺史诗集》十卷《附录》一卷，嘉靖三十一年(1552)刻印过王慎中《王遵岩家居集》七卷，嘉靖三十九年(1560)刻印过张含《升庵选禺山七言律诗》一卷，如《韦江州集》十卷前有明嘉靖二十七年(1548)华云《刻〈韦江州集〉叙》：“兹视榷江州，携之书箧，时时朗诵，以淑性灵。历览序传，知韦公曾刺是邦，世称名宦。问之邦人，莫有智者，而郡志亦不载也。文献之不足征，有如是乎？适中丞印台傅公，拊循之暇，命郡守重刻陶集，予庸重有感焉。爰缄书儿

---

① 江苏省无锡市政协南长区文史资料工作委员会编：《南长文史资料选编》，第2辑，1994年版，第218页。

② （明）王永积撰：《锡山景物略》卷七《菰川庄附剑光阁》，广陵书社2003年版，第573页。

③ （金）王朋寿撰：《重刊增广分门类林杂说》附《重刊增广分门类林杂说跋》，见《续修四库全书》编纂委员会、复旦大学图书馆古籍部编：《续修四库全书》第1219册，上海古籍出版社2003年版，第365页。

④ 张小庄著：《清代笔记、日记中的书法史料整理与研究》，中国美术学院出版社2012年版，第665页。

曹,校刻是编,俾与彭泽共垂不朽。得代遄归,喜见全帙,漫题简端,识所以刻之之意。因告浔士,后有贤守如韦公者,慎勿遽遗忘之。”①

(九)万士和

万士和(1516—1586)　号履庵,“字思节,宜兴人。父吉,桐庐训导,有学术。士和成嘉靖二十年进士,改庶吉士,授礼部主事。父丧除,乞便养母,改南京兵部。累迁江西佥事,岁裁上供瓷器千计。迁贵州提学副使,进湖广参政”;“迁江西按察使,之官逾期,劾免。起山东按察使,再行广东左布政使”。“召拜应天府尹,道迁右副都御史。督南京粮储,奏请便民六事。隆庆初,进户部右侍郎,总督仓场。寻改礼部,进左。引疾归。神宗立,起南京礼部侍郎,署国子监事”②,仕至南京礼部尚书。卒赠太子少保,谥文恭。著有《履庵集》十二卷,“是集凡诗、词三卷,杂文九卷,其官江西、贵州、湖广、山东以至为宗伯时事迹,颇散见于其中”③。生平事迹参见明许国《资政大夫正治上卿礼部尚书赠太子少保谥文恭履庵万公士和神道碑》、明毛宪《毗陵人品记》卷九《万士和传》及《明诗纪事·戊签》卷二十一《万士和传》。

万公幼师从唐顺之,受其师影响,亦雅好藏书,《四库全书总目》载:“盖士和受业唐顺之,能不染七子雕绘之习。”④尝自称:“万历乙亥冬,由宗伯致仕家居,检点平生所积而编次之,仅有一二千卷,每部一套,无有重复,聚于一处足备查考。散在各室则彼有此无,此盈彼缺,猝然取究其何便乎,故余昔年盖一小楼,悉贮其中。遇有疑难则命诸子按号翻阅,向来无异。”⑤可见藏书亦不少。又刻有《二妙集》。

(十)蒋　孝

蒋　孝(生卒年不详)　字维忠,一字惟忠,号移斋,又号顺斋,“毗陵人,名孝,登嘉靖甲辰进士。盖好古博雅之士也,其书多不传”⑥。曾官户部主事,罢归。有《蒋户部集》,已佚。又编纂《旧编南九宫词谱》,是现存南曲格律谱中最古老的一种。

据顾起纶《国雅品》云:“蒋户部维忠,才情绮丽,颇任侠气。早岁罢官,即放浪自适,筑山穿池,遍列舞台歌榭。是游燕名处,每临赏,辄酣畅忘还,所憩阁贮书颇

---

① (明)华云《韦江州集叙》,见(唐)韦应物撰:《韦江州集》卷首,(北京)商务印书馆1929年影印本(上海涵芬楼藏嘉靖戊申华云江州刊本原书版)。

② (清)张廷玉等纂修:《明史》卷二百二十《列传第一百八·万士和》,中华书局1974年版,第5783—5784页。

③ (清)永瑢、纪昀主编,周仁等整理:《四库全书总目提要》卷一百七十七《集部三十·别集类存目》,海南出版社1999年版,第956页。

④ (清)永瑢、纪昀主编,周仁等整理:《四库全书总目提要》卷一百七十七《集部三十·别集类存目》,海南出版社1999年版,第956页。

⑤ (明)万士和撰:《万文恭公摘集》卷十《分诸子书目》,见《四库全书存目丛书》编纂委员会编:《四库全书存目丛书》集部,第109册,齐鲁书社1997年版,第432页。

⑥ 引周维培著:《曲谱研究》第三章《南曲格律谱论略(上)》,江苏古籍出版社1999年版,第92页。

富。与荆川(即唐顺之)素雅,过必酬论竟日,攻难不乏,所作《刀歌》,想见豪爽。"①蒋公藏书颇丰,其本人在《中唐诗序》中亦云:"予性嗜古人书,见书辄手录,以故家多书。"②又"喜谈诗,多蓄古书名画,后复喜谈兵"③。尝于嘉靖二十五年(1546)校刊宋汤汉所笺《陶靖节集》十卷,二十九年辑刻《中唐十二家诗集》。

(十一)秦　禾

秦　禾(1517—1566)　字子实,号文桥,无锡人。嘉靖十九年(1540)庚子应天乡试,登"嘉靖三十二年进士,知武康县",因抗倭有功,使倭寇"不敢窥武康,历南京户部郎中,出知金华府,调永昌,祀永昌、武康名宦"④。卒于官,以子耀赠中宪大夫,太常寺少卿。

嘉靖三十五年(1556),秦禾在武康令任内,曾刻过《孟东野诗集》。何焯《义门先生集》卷十《杂录》云:"己丑九月十八日,见听云室所藏黄鹤山樵《元武修真图》,又出宋拓李括州《云麾碑》一册,汪邻几旧物,万历己未傅圣陶题其后。虽不及锡山秦氏所收唐荆川藏本(戊戌秋,见丹徒蒋亦厚所藏可与此本相埒,独有碑额),然近时拓本俱不逮也。"⑤同卷又记:"江阴徐子扩得石氏帖,仅有七种,后有文文水题识,今藏锡山秦氏。"⑥

其子秦耀,"字道明,隆庆五年进士,选庶吉士,改兵科给事中。母丧,起补刑科,历吏科都给事中。耀会试出张居正之门"⑦,累迁都察院右佥都御史,巡抚南赣,升右副都御史,巡抚湖广,后为忌者所讦,被污解职。

秦耀归隐后,将先人秦金所建的园林——凤谷行窝改建,取名"寄畅园","雅得泉石池之胜,每集名流佳客觞咏其中"⑧,寄畅园终成江南名园。

(十二)周子义

周子义(1529—1586)　字以方,号儆庵,无锡人。"嘉靖四十四年登第,选翰林院庶吉士。隆庆初,授编修,分校会试,与修《世宗实录》,理制诰。六年迁南国子监

① (明)顾起纶撰:《国雅品》之《蒋户部维忠》,见丁福保辑:《历代诗话续编》,中华书局1983年版,第1117页。

② (明)蒋孝《中唐诗序》,见陈伯海主编,查清华等编撰:《历代唐诗论评选》之《唐人八家诗序·附录》,河北大学出版社2003年版,第754页。

③ 程华平著:《明清传奇编年史稿》,齐鲁书社2008年版,第43页。引《万历武进县志》卷五。

④ (清)裴大中、倪咸生修,(清)秦缃业等纂:《光绪无锡金匮县志》卷十九《人物·宦望·秦禾》,见《中国地方志集成·江苏府县志辑》(24),江苏古籍出版社1991年版,第309页。

⑤ (清)何焯《义门先生集》卷十,见《续修四库全书》编纂委员会、复旦大学图书馆古籍部编:《续修四库全书》第1420册,上海古籍出版社2003年版,第247—248页。

⑥ (清)何焯《义门先生集》卷十,见《续修四库全书》编纂委员会、复旦大学图书馆古籍部编:《续修四库全书》第1420册,上海古籍出版社2003年版,第248页。

⑦ (清)裴大中、倪咸生修,(清)秦缃业等纂:《光绪无锡金匮县志》卷十九《人物·宦望·秦耀》,见《中国地方志集成·江苏府县志辑》(24),江苏古籍出版社1991年版,第311页。

⑧ (清)秦彬撰:《锡山秦氏诗钞·前集》卷七,道光十九年(1839)刻本。

司业。官终吏部左侍郎，掌詹事府，教习庶吉士”[①]，十年，迁礼部右侍郎兼侍读学士，历吏部左侍郎，掌詹事府事，卒于官。清人施闰章记云：“子义周公主乡会试，教习庶吉士，历南北国子监，蔚为人师。而木强，不竟仕进，独好言国家掌故。纂辑《会典》为总裁，书成将上而卒。神宗悯其劳，赠礼部尚书，谥‘文恪’。”[②]天启二年（1622），加赠太子少保。其“居官默然自守，无所左右，所著有《中书直阁记》《国朝故实》等书”[③]。生平事迹参见明过庭训《本朝分省人物考》卷二十八《周子义传》。

周公“性澹薄，生平无鼎彝图书珍奇之好，顾独嗜书，书积万余卷，多公手迹”[④]。施闰章称其：“家藏书万余卷，著有《日录见闻》《中书直阁记国朝故实》等书二百卷。”[⑤]曾辑刊《子汇》二十四种三十四卷。

（十三）顾宪成

顾宪成（1550—1612）　字叔时，别号泾阳，学者称泾阳先生，无锡人。明“万历四年举乡试第一。八年成进士，授户部主事。大学士张居正病，朝士群为之祷，宪成不可。同官代之署名，宪成手削去之。居正卒，改吏部主事，请告归三年，补验封主事”[⑥]。“后起为南京光禄寺少卿，不赴，崇祯初，赠吏部侍郎，谥端文”[⑦]。顾氏因直言削籍归乡，从事著述、讲学。与弟允成及高攀龙、安希范、刘元珍、叶茂才、钱一本、薛敷教等讲学于东林书院，时称“东林八君子”。顾宪成任首任主讲，并撰有“风声雨声读书声声声入耳，家事国事天下事事事关心”的著名对联。他们讲学之余，讽议朝政，裁量人物。并受到士大夫的支持，形成清流集团，被称为东林党。终被魏忠贤阉党所害。崇祯初，赠吏部右侍郎，谥“端文”。后人在无锡惠山听松坊建有“顾端文公祠”。著有《小心斋札记》《泾皋藏稿》《毗邻人物志》《顾端文公遗书》等。明毛宪《毗陵人品记》卷十、《乾隆江南通志》卷一百三十八等有其传。

顾宪成亦好藏书，善本《东南返取舆地通鉴》为其所藏[⑧]。书室名曰小心斋，有《小心斋札记》。《历代藏书家辞典》亦载其名。

---

① （清）施闰章撰，何庆善、杨应芹点校：《施愚山集》第4册之《补遗一·吴子义传》，黄山书社1992年版，第150页。

② （清）施闰章撰，何庆善、杨应芹点校：《施愚山集》第4册之《补遗一·吴子义传》，黄山书社1992年版，第151页。

③ （明）毛宪撰，吴亮增补：《毗陵人品记》卷十《周子义》，见《续修四库全书》编纂委员会、复旦大学图书馆古籍部编：《续修四库全书》第541册，上海古籍出版社2003年版，第201页。

④ （明）张萱辑：《西园闻见录》卷之八《著述·周子义》，第6册，杭州古旧书店1983年据民国二十九年哈佛燕京学社影印。

⑤ （清）施闰章撰，何庆善、杨应芹点校：《施愚山集》第4册之《补遗一·吴子义传》，黄山书社1992年版，第151页。

⑥ （清）张廷玉等纂修：《明史》卷二百三十一《列传第一百十九·顾宪成传》，中华书局1974年版，第6029页。

⑦ （明）顾宪成撰：《泾皋藏稿》卷首《陆费墀·泾皋藏稿提要》，见（清）永瑢、纪昀等编纂：《四库全书》第1292册，上海古籍出版社1987年版，景印文渊阁本，第1页。

⑧ 蔡贵华编著：《中国文献学资料通检》，中国文史出版社2004年版，第222页。

（十四）徐常吉

徐常吉（生卒年不详）　字士彰，号儆弦，武进人。“家贫，籍馆谷养母。嘉靖甲子举于乡，绝迹干请贫益甚，属教上海。癸未成进士，授中书舍人，选南户科给事中”[①]，官至浙江佥事。“所著有《四书原旨》《诗翼说》《遗经四解》《六经类雅》”[②]及《医家正典》。《乾隆武进县志》卷九《人物志·宦绩》、《乾隆江南通志》卷一百四十二等有其传。

徐常吉善文辞，著名一时，其友赵用贤言：“晋陵儆弦徐先生，当嘉、隆之末，以文学高吴中，所构制义，学者争相传法。余为诸生时，每读其文，未尝不艳称而服膺之也已。……文辞之尔雅，海内人士目不向慕。”[③]明万历万卷楼校刻徐常吉辑《新纂事词类奇》三十卷，南京图书馆、山东图书馆、美国哈佛大学哈佛燕京图书馆、美国普林顿大学葛思德东方图书馆等有藏。

徐氏以清廉闻，又好藏书与刻书，《毗陵人品记》载，“管湖册，号称脂膏之地，不一染指。第令诸胥录书数百卷而已。平生下帷攻苦寤寐诗书，薪水之余辄以攻镌刻”[④]。常吉尝刻印过宋林希逸《庄子口义》三卷。

（十五）李应昇

李应昇（1593—1626）　字次见，号仲达，“江阴人。万历四十四年进士。授南康推官。[⑤]。其政绩甚著，官“司理南康，为平反二十八年滞狱，以非罪得白者颇众。有所兴革，于军政民瘼两裨。尤加意文学，修复朱紫阳白鹿洞书院，率诸生肄业其中。在官止饮勺水，诸办悉输于家。天启三年，以考最，擢监察御史”[⑥]。以劾魏忠贤削籍。魏忠贤恨未已，于天启六年（1626）三月“假李实劾周起元疏，入应昇名。遂逮下诏狱，酷掠，坐赃三千。寻于闰六月二日毙之，年甫三十四”[⑦]。“崇祯改元，忠贤败，曹钦程论辟，李永贞首正典刑。赠应昇太仆寺卿，谥忠毅，荫一子入监读书，予祭

① （明）毛宪撰，吴亮增补：《毗陵人品记》卷十《徐常吉》，见《续修四库全书》编纂委员会、复旦大学图书馆古籍部编：《续修四库全书》第541册，上海古籍出版社2003年版，第199页。

② （明）毛宪撰，吴亮增补：《毗陵人品记》卷十《徐常吉》，见《续修四库全书》编纂委员会、复旦大学图书馆古籍部编：《续修四库全书》第541册，上海古籍出版社2003年版，第199页。

③ （明）赵用贤撰：《松石斋集·文》卷九《送给事中徐儆弦先生擢浙江佥宪叙》，见《四库禁毁书丛刊》编纂委员会编：《四库禁毁书丛刊》集部，第41册，北京出版社1997年（据北京大学图书馆藏明万历刻本影印），第119页。

④ （明）毛宪撰，吴亮增补：《毗陵人品记》卷十《徐常吉》，见《续修四库全书》编纂委员会、复旦大学图书馆古籍部编：《续修四库全书》第541册，上海古籍出版社2003年版，第199页。

⑤ （清）张廷玉等纂修：《明史》卷二百四十五《列传第一百三十三·李应昇传》，中华书局1974年版，第6364页。

⑥ （清）查继佐著：《罪惟录·列传》卷之十三《谏议诸臣列传下·李应昇传》，浙江古籍出版社1986年版，第2138页。

⑦ （清）张廷玉等纂修：《明史》卷二百四十五《列传第一百三十三·李应昇传》，中华书局1974年版，第6366页。

葬,祀乡贤,亦祀名宦。南康又祀之白鹿先贤祠。有《落落斋文集》行世。”[①]清朱彝尊《静志居诗话》卷十七及《明季北略》等有其传。

李应昇亦喜藏书,尝有“归读父书”之语[②],可见家中原有藏书,其藏书处名曰落落斋。藏书印有“江阴赤岸李氏落落斋藏书记”。《大戴礼记》,“明李应昇藏本。有‘江阴赤岸李氏落落斋藏书记’朱文”[③]方印。李应昇遗书传至其子李逊之[④]。

(十六)周诗雅

周诗雅(生卒年不详) 字廷吹,武进人。“明万历四十七年三甲二百一十五名进士。授宝坻知县,多释囚狱。愤时政,著《指鹿为马辩》,诋魏忠贤,贬官”[⑤]。魏败,起历官户部员外郎、湖广参议。著有《南北史钞》,辑有《文苑英华钞》。又撰《周廷吹先生静文堂稿》四卷,苏州博物馆有藏。

周诗雅亦藏书,宋刊蜀大字本《春秋经传集解》三十卷,卷中有“‘周氏藏书之印’朱文长方印,‘诗雅之印’白文方印,‘廷吹氏’朱文印”[⑥]。并撰刻过《谟觞随笔》二卷,美国哈佛燕京图书馆有藏本。崇祯十三年(1640)补辑并刻梁释僧佑辑《弘明集钞》四卷。

四、明代镇江府进士藏书

《明史·地理志》载,“镇江府元镇江路,属江浙行省。太祖丙申年三月曰江淮府,十二月曰镇江府。领县三”[⑦]。县三即丹徒、丹阳、金坛。

(一)杨一清

杨一清(1454—1530) 镇江人。“字应宁,号邃庵。先世云南安宁州。州有石淙渡,公凡撰述题识,皆以石淙系之文字之间。故时人又称为石淙先生。父讳景,永乐癸卯乡进士。初判霸州,改澧州,迁广东化州同知。”[⑧]其父“携之居巴陵。少能文,以奇童荐为翰林秀才。宪宗命内阁择师教之。年十四举乡试,登成化八年进士。父丧葬丹徒,遂家焉。服除,授中书舍人。久之,迁山西按察佥事,以副使督学陕西。

---

① (清)查继佐著:《罪惟录·列传》卷之十三《谏议诸臣列传下·李应昇传》,浙江古籍出版社1986年版,第2140页。

② (清)查继佐著:《罪惟录·列传》卷之十三《谏议诸臣列传下·李应昇传》,浙江古籍出版社1986年版,第2138页。

③ (清)于敏中等撰:《天禄琳琅书目》卷七,见《清人书目题跋丛刊十》,中华书局1995年版,第138页。

④ 按:李逊之,字肤公,应昇独子,好读书,蓄书,能承父业,读书二十余年,坚守父志不忘,以诗文自娱,入其斋,书帙纵横。明亡后,绝意仕进,筑听鹂轩,藏书、赋诗见志,以终其身。著有《三朝野记》七卷,黄宗羲云,足以传世。又撰《李忠毅公年谱》。

⑤ 潘荣胜主编:《明清进士录》,中华书局2006年版,第670页。

⑥ (清)陆心源撰:《皕宋楼藏书志》卷八《经部》,见《续修四库全书》编纂委员会、复旦大学图书馆古籍部编:《续修四库全书》第928册,上海古籍出版社2003年版,第86页。

⑦ (清)张廷玉等纂修:《明史》卷四十《志第十六·地理一》,中华书局1974年版,第922页。

⑧ (明)谢纯撰:《重茸杨文襄公事略》,见《丛书集成续编》史部,第31册,上海书店出版社1994年版,第498页。

一清貌寝而性警敏,好谈经济大略。在陕八年,以其暇究边事甚悉。入为太常寺少卿,进南京太常寺卿”①。历侍成化、弘治、正德、嘉靖四朝,“拜左副都御史,巡抚陕西,历户部尚书,入直内阁,进少师,兼太子太师,吏部尚书,华盖殿大学士。卒,赠太保,谥文襄”②。葬于镇江市润州区蒋乔乡芦湾村,其墓1987年被公布为镇江市文物保护单位。杨公博学,著有《关中奏议》《石淙类稿》《西征日录》《制府杂录》《明伦大典》《辅臣赞和诗集》《车驾幸第录》。生平事迹参见谢纯《特进光禄大夫左柱国少师兼太子太师吏部尚书华盖殿大学士赠太保谥文襄杨公一清行状》。

杨公博学好古,“六经、百氏,无所不窥。官制兵本朝故事,历历详晓”③。其官场几起几落,每在闲居之时,奋力蓄书,“收藏至数万卷。家有别墅‘石淙精舍’,专门辟藏书室为‘邃庵’”④。杨慎“尝奉使过镇江,谒杨一清,阅所藏书。叩以疑义,一清皆成诵。慎惊异,益肆力古学。既投荒多暇,书无所不览”⑤。史称:“以慎之博雅,史称为明代第一,而其始乃由一清启之,则一清之博学多才,抑尤可见矣。”⑥又据吕柟《石楼李公七十寿序》云:李瀚喜藏书,“嗜书如饮食,所积典册,汗牛充栋,翻阅检抽,无时少暇,然卷帙整洁,如手未触,遇人叩问,即举颠末。大学士邃庵先生,海内博雅,亦数从公借抄,访所未见闻”⑦。

2000年,上海博物馆购得赵构《真草嵇康养生论书卷》,即是为其收藏过的国宝。杨公又于明弘治年间刊刻的《孟东野诗集》,至今仍是研究唐代诗人孟郊的重要文献。今传世的唐代李石等我国现存最古老的兽医专著《司牧安骥集》五卷,为明弘治十七年(1504)杨一清督理陕西马政时所刻。此外还有《鬻子》《尹文子》《公孙龙子》,有明弘治九年杨一清刊《五子本》。

(二)史　学

史　学(1454—1513)　字文鉴,溧阳人。“成化丙午举于乡,丁未中进士第,弘

① (清)张廷玉等纂修:《明史》卷一百九十八《列传第八十六·杨一清传》,中华书局1974年版,第5225页。

② (清)朱彝尊著,姚祖恩编,黄君坦校点:《静志居诗话》卷八《杨一清》,人民文学出版社2006年版,第219页。

③ (明)李元阳《少师太保华盖殿大学士吏部尚书文襄杨公墓表》,见(明)焦竑辑:《焦太史编辑国朝献征录》卷十五,《续修四库全书》编纂委员会、复旦大学图书馆古籍部编:《续修四库全书》第525册,上海古籍出版社2003年版,第526页。

④ 李玉安、黄正雨编著:《中国藏书家通典》,(香港)中国国际文化出版社2005年版,第209页。

⑤ (清)张廷玉等纂修:《明史》卷一百九十二《列传第八十·杨慎传》,中华书局1974年版,第5083页。

⑥ 引昆明市地方志编纂委员会办公室编:《文明的步履——昆明历史文化简明读本》之《人物》,云南人民出版社2013年版,第221页。

⑦ (明)吕柟著,米文科点校整理:《吕柟集·泾野先生文集》卷三《石楼李公七十寿序》,西北大学出版社2015年版,第110页。

治辛亥授户部主事”①,迁郎中,官终山东左参政。著有《埭溪集》《金渊节孝录》《溧阳人物记》。

史学“资禀和平温粹,乐善好贤,不言人过。勤于问学,本朝诸名家文集,访收无遗,下至公文吏牍,因簿乐录,有关世道,无不采摭,当代故实,问无不知”②。尝于明弘治元年(1488)刊刻《朝野类要》,是书今藏上海图书馆,是现存唯一的《朝野类要》明刊本。卷末跋文云:“先五世祖元教授和卿府君,尝建湖埭义学一区于始祖溧阳侯祠左,藏书数万卷,以教里族之俊秀。继罹壬申兵变,荡覆无遗。唯藏书流人间者仅见,皆首书‘溧阳湖埭史氏义学书籍’十字以别子。若是编《朝野类要》,亦其一也。迄今百八十年余,手泽犹新。学得而捧诵之,感愧交集,因重刻之,庶几存先世之饩羊云。若夫兴衰起废,以图缵承前烈,则深有望于吾宗之杰然者焉。弘治改元春三月望,嗣孙进士学谨志。”③

(三)王肯堂

王肯堂(1549—1613)　字宇泰,一字损仲,号损庵,自号念西居士,金坛人。祖王皋,父王樵④,均进士。“举万历十七年进士,选庶吉士,授检讨。倭寇朝鲜,疏陈十议,愿假御史衔练兵海上。疏留中,因引疾归”⑤。后荐补南京行人司副,终福建参政。“肯堂好读书,尤精于医”⑥,所著《证治准绳》,分杂病、类方、伤寒、疡医、幼科、女科,故亦称《六科准绳》,“该博精粹,世竞传之”⑦。著《尚书要旨》。尝搜集历代医籍,编成《古今医统正脉全书》,又撰《肯堂医论》《重订灵兰要览》诸书。

---

① (明)王鸿儒《山东左参政史公学墓志铭》,见(明)焦竑辑:《焦太史编辑国朝献征录》卷九十五,《续修四库全书》编纂委员会、复旦大学图书馆古籍部编:《续修四库全书》第530册,上海古籍出版社2003年版,第374页。

② (明)王鸿儒《山东左参政史公学墓志铭》,见(明)焦竑辑:《焦太史编辑国朝献征录》卷九十五,《续修四库全书》编纂委员会、复旦大学图书馆古籍部编:《续修四库全书》第530册,上海古籍出版社2003年版,第374页。

③ 按:据王瑞来教授考证《中国古籍善本书目》与《现代存宋人著述总目》著录为“赵学”刊刻,均误。又:明代邵宝《容春堂集》前集卷十五《史直庵传》载,史氏自东汉被封为溧阳侯之后,世居溧阳。至明代,“族繁衍满乡邑,居湖埭者且百余家”,蔚为当地大族。唐宋以下的谱系,可排列至少七世:史大用→史和卿→史彦刚→史舜安→史仲和→史埙→史学。其中,史大用和史和卿均任过教授,见于《史直庵传》记载。

④ 注:王樵(1521—1599),字明逸,号方麓,金坛人。父皋,兵部主事。谏武宗南巡,被杖。终山东副使。樵明嘉靖二十六(1547)丁未科进士,授行人,迁刑部主事,升员外郎,数以执法与严嵩忤。累官光禄大理寺卿、刑部侍郎、右都御使,致仕。樵恬澹诚悫,温然长者。邃经学,《易》《书》《春秋》皆有纂述。卒,赠太子太保,谥恭简,祀七贤祠。著有《方麓集》。生平事迹参见明焦竑《澹园集》卷三十三所作行状及《明史》卷二百二十一《列传一百九》。

⑤ (清)张廷玉等纂修:《明史》卷二百二十一《列传第一百九·王樵附王肯堂》,中华书局1974年版,第5818页。

⑥ (清)张廷玉等纂修:《明史》卷二百二十一《列传第一百九·王樵附王肯堂》,中华书局1974年版,第5818页。

⑦ (清)张廷玉等纂修:《明史》卷二百二十一《列传第一百九·王樵附王肯堂》,中华书局1974年版,第5818页。

王肯堂自称“幼而好博览，九流百家无弗探也，遇会心处，欣然至忘寝室”①。考中进士后，“选读中秘书，备员史馆，委校廿一史”②，为其提供博览群籍的绝佳机会。王公雅好藏书，藏书室名曰郁冈斋。“所藏书甚富，钞书用纸印墨格，版心刻‘郁冈斋藏书’五字”③。旧钞本《广卓异记》二十卷，“旧为金坛王氏钞本，每叶板心有‘郁冈斋藏书’五字”④，是书后为海宁周春递藏。又《尘史》不分卷，傅增湘跋云：是书为“明延陵王肯堂郁冈斋写本，板心有‘郁冈斋藏书’五字”⑤。

王氏校书尤精，《郁冈斋笔麈》卷二记云：“文渊阁藏书皆宋元秘阁所遗，虽不甚精，然无不宋版者。因典籍多，赀生既不知爱重，阁老亦漫不检省，往往为人取去。余尝于溧阳马氏楼中，见种类甚多，每册皆有文渊阁印。己丑既入馆阁，师王荆石先生，谓余与焦弱侯曰：‘君等名为读中秘书而不读中书，何为？吾命典籍以书目来，有欲观者，可列其目以请。’少顷典籍以书目来，仅四册，凡余所见马氏书，已去其籍矣。及按目而索，则又十无一二存者，又多残缺。讯之，则曰：丙戌馆中诸公领出未还故也。”⑥可见王氏在参与校订史籍的过程中，发现古籍散佚现象，甚是痛惜。有鉴于此，王肯堂在力所能及的范围内，捡选自己认为甚好的前朝医籍，整理与校勘并刊刻，如重刻李杲著《医说》。又于万历十九年（1591）刻《郁冈斋帖》，半木半石，后并入《真赏斋帖》，凡十卷。此帖为名手管驷卿所刻，为明代精刻汇帖。

（四）贺世寿

贺世寿（生卒年不详）　初名烺，字山甫，改名世寿，字函伯，丹阳人。明“万历庚戌进士，授户部主事，升郎中。时顾宪成、高攀龙讲学东林，当事弗善也，力排之，世寿年少负气，意气两疏，争之语侵太宰赵焕，焕不自安引去，坐是镌一级，调外。光宗即位，用邹元标，荐起为刑部主事，调礼部，逆珰用事，遂归。忠贤诛，复起户部主事，改礼部旋擢光禄寺少卿，转太仆少卿，累迁通政使、兵部侍郎兼佥都御史、巡抚天津，甲申，晋户部尚书致仕”⑦。撰有《净香池稿》《诗稿》《清音集》等。

贺世寿雅好藏书，“《皕宋志》又有《芦浦笔记》十卷，谢兆申录于丹阳贺进士烺家。即《池北偶谈》所称‘丹阳贺氏本’也”⑧。又好刻书，刻印过后汉（不著译人）

---

① （明）王肯堂撰：《郁冈斋笔麈》自序见《续修四库全书》编纂委员会、复旦大学图书馆古籍部编：《续修四库全书》第1130册，上海古籍出版社2003年版，第1页。

② （明）王肯堂著，吴唯等校注：《证治准绳·自叙》，中国中医药出版社1997年版，第3页。

③ 梁战、郭群一编著：《历代藏书家辞典》，陕西人民出版社1991年版，第41页。

④ （清）瞿镛撰：《铁琴铜剑楼藏书目录》卷第十《史部三》，见《清人书目题跋丛刊三》，中华书局1990年版，第155页。

⑤ 傅增湘撰：《藏园群书经眼录》卷八《子部二》，中华书局1983年版，第674页。

⑥ （明）王肯堂撰：《郁冈斋笔麈》卷二，见《续修四库全书》编纂委员会、复旦大学图书馆古籍部编：《续修四库全书》第1130册，上海古籍出版社2003年版，第62页。

⑦ （清）姜璘等纂：《光绪丹阳县志》卷十九《人物·贺世寿》，《中国地方志集成·江苏府县志辑》(31)，江苏古籍出版社1991年版，第208页。

⑧ （清）叶昌炽著，王欣夫补正，徐鹏辑：《藏书纪事诗》卷二，上海古籍出版社1989年版，第149页。

《佛说受十善戒经》《佛说阿阁王经》《佛说净业障经》，北凉释昙无谶译《菩萨戒本经》，唐释玄奘译《菩萨戒羯磨文》，唐释菩提流支译《文殊师利宝藏陀罗尼经》，萧齐释求那毗地译《百喻经》，以上均《径山藏》本。还刻有自撰《净香池稿》《诗稿》及《清音集》三卷。

其子贺王盛（生卒年不详），字周兼，“号无党……以进士应官县令，内擢兵部主事，转太仆寺少卿，尝抗疏论阁臣温体仁、阁臣王坤，直声震天下。旋奉命巡视海道，为济漕计未复命，壮烈帝已殉。社稷乙酉南都不守，故相黄道周奉永历监国，召为兵部侍郎，未及赴事发，不屈死，自题词，云：‘悲歌慷慨说天祥，浩气凌虚反帝乡。从此十人离紫荆，相随地下拜高皇。’时同殉者十人也”①。著有《春秋说约》《亦政堂诗文集》等。可见何氏藏书皆散佚。

第三节　明代江南（今浙江）进士藏书

《明史·地理志》载：“浙江，禹贡扬州之域。元置江浙等处行中书省，治杭州路。又分置浙东道宣慰使司，治庆元路。属焉。太祖戊戌年十二月置中书分省。治宁越府。癸卯年二月移治严州府。丙午年十二月罢分省，置浙江等处行中书省。治杭州府。洪武三年十二月置杭州都卫。八年十月改都卫为浙江都指挥使司。九年六月改行中书省为承宣布政使司。领府十一，属州一，县七十五。”②府十一即：杭州府、严州府、嘉兴府、湖州府、绍兴府、宁波府、台州府、金华府、衢州府、处州府、温州府；州一即：安吉州；县七十五。

一、明代杭州府进士藏书

《明史·地理志》载，“杭州府元杭州路，属江浙行省。太祖丙午年十一月为府。领县九”③，即钱塘县、仁和县、海宁县、富阳县、余杭县、临安县、於潜县、新城县、昌化县。

（一）王　羽

王　羽（生卒年不详）　字仪之，钱塘人。明“洪武庚午举于乡，试第一；二十四年登进士”④。据《西湖游览志馀》载：“王羽，字仪之，预修《五经四书》《性理大全》，

---

① （清）姜璘等纂：《光绪丹阳县志》卷二十一《忠节·贺王盛》，《中国地方志集成·江苏府县志辑》（30），江苏古籍出版社1991年版，第239页。

② （清）张廷玉等纂修：《明史》卷四十四《志第二十·地理五·浙江》，中华书局1974年版，第1101页。

③ （清）张廷玉等纂修：《明史》卷四十四《志第二·地理五》，中华书局1974年版，第1101页。

④ （清）魏嵋修，（清）裘琏等纂：《康熙钱塘县志》卷二十二《人物·文苑》，见上海书店出版社编：《中国地方志集成·浙江府县志辑》（4），上海书店出版社2011年版，第413页。

历官太常少卿，乞归，改余杭学教谕。”[①]《杭州府志》入《名臣传》。

王羽雅好藏书，且“为人端重简静，文章悉根义理。家富藏书，鉴别最精”[②]。

（二）洪　钟

洪　钟（1443—1523）　字宣之，余杭人。魏国公洪皓后裔。其以《易经》“领成化戊子乡试第，登二甲第二名进士，授刑部江西司主事，进员外郎，绰有声誉，为一时公卿所敬重”[③]。“弘治初，再迁四川按察使”，历官“江西，福建左、右布政使。十一年擢右副都御史，巡抚顺天”[④]。任时整饬蓟州边备，自山海关至居庸关一带，修缮城堡270余所，抵御外来入侵，明朝北方防御得以加强。正德间，督漕运兼巡抚江北，并浚孟渎对江夹河，连通白塔河，便利苏、松、浙河运，累迁刑部尚书，后加太子少保兼左都御史，掌院事，封太子太保，“乞归，赐驰驿还乡，仍进荣禄大夫，其孙一人入胄监。既归，筑两峰书院于西湖之上，自号两峰居士。嘉靖改元，诏进光禄大夫柱国，赐玄纁羊酒，遣有司劳问寻，卒于家，谥襄惠”[⑤]。洪钟为官颇有政绩，明世宗赐葬于钱塘东穆坞，并三次派使者前来吊祭。《西溪梵隐志》载，“东穆有太保洪钟神道，松楸列植五里。嘉靖三年九月谕祭，赐谥襄惠，赐钱塘穆坞之阡。王文成守仁铭曰：‘桓桓襄惠，巍然人杰。自其始仕，声闻已揭。于臬于藩，圻漕是督。亟命于南，亟召于北。司空司寇，邦宪是肃。帝曰司寇，尔总予师。寇贼奸宄，惟尔予治。既搜既遏，豕豨狐逸。暨其成功，坚以老乞。圣化维新，聿怀旧臣。公已不作，维时之屯。’”[⑥]生平事迹参见王守仁《光禄大夫柱国太子太保刑部尚书谥襄惠洪公钟墓志铭》及《康熙钱塘县志》卷十九《人物・名宦・洪钟传》。

其父洪薪（1413—1463），字汝林，别号淡庵。官徽州监副使，赠承德郎，刑部江西清吏司主事，授惠州府街口批验所大使。因洪钟名望而获赠尚书衔，卒葬西溪湿地祖茔。洪薪传承家族藏书的传统，亦藏书，明屠勋记云：“承德公，讳薪，字汝林，别号淡庵。其先江西乐平之洪岩人。系出忠宣公之后，忠宣四世孙。……卒，天顺癸未八月七日也。徽之士夫皆闻讣哀奠，皆曰：‘磊落如洪公而位不尽其才，寿不满其德，天胡为哉！’归橐肃然，惟图书书卷而已。”[⑦]洪薪殁后，姚氏尝教诲其子洪钟云：

---

① （明）田汝成著：《西湖游览志馀》卷二十二《委巷丛谈》，东方出版社2012年版，第414页。

② （清）丁申著：《武林藏书录》卷中，古典文学出版社1957年版，第112页。

③ （明）屠勋撰：《屠康僖公文集》卷之六《赠承德郎刑部主事洪公封太安人姚氏行状》，见《四库全书存目丛书》编纂委员会编：《四库全书存目丛书》集部，第40册，齐鲁书社1997年版，第254页。

④ （清）张廷玉等纂修：《明史》卷一百八十七《列传第七十五・洪钟传》，中华书局1974年版，第4957—4958页。

⑤ （明）过庭训撰：《本朝分省人物考》卷四十三《洪钟》，见《续修四库全书》编纂委员会、复旦大学图书馆古籍部编：《续修四库全书》第534册，上海古籍出版社2003年版，第130页。

⑥ （清）吴本泰撰，褚树青等标点：《西溪梵隐志》卷一《东穆坞》，见王国平主编：《西湖文献集成》第18册《历代西湖文选专辑》，杭州出版社2004年版，第18页。

⑦ （明）屠勋撰：《屠康僖公文集》卷之六《赠承德郎刑部主事洪公封太安人姚氏行状》，见《四库全书存目丛书》编纂委员会编：《四库全书存目丛书》集部，第40册，齐鲁书社1997年版，第252—254页。

"汝父存时,见汝聪明过人,每喜语人曰:'人以积金以遗子孙,吾惟教子以一经耳。'每得当代名公文稿,必亲手录以为汝式。又尝私语汝曰:'吾家自安抚公以来,累世积德,然未有显发者,虽吾祖与父大负才美,而不获见用,吾亦偃蹇若是。所以显发而昌大门户者,尚望于尔曹也。汝能记之乎?'钟拜泣受命惟谨。用是大肆问学。"①洪钟受其父洪薪影响至深,自幼勤奋好读,喜藏书与刻书。其有赠子诗云:"汝父慕清白,遗无金满籝。望汝成大贤,惟教以一经。经书宜博学,无惮历艰辛。才以博而坚,业由勤而精。"②洪钟尝整理与刊刻其岳祖父魏骥③《南斋先生魏文靖公摘稿》十卷,保存与传承中华文化,为当今研究明代社会历史提供了有价值的参考史料。

洪钟重教化,文武兼备,辞官后筑书院于西湖涌金门之南,教授子女及贫困子弟读书。晚年创建两峰书院,教书育人,自号两峰居士。

(三)田汝成

田汝成(1501—1563 后)　字叔禾,号豫阳、药洲先生,钱塘人。"嘉靖五年进士。授南京刑部主事,寻召改礼部","屡迁祠祭郎中,广东佥事,谪知滁州。复擢贵州佥事,改广西右参议,分守右江"。"迁福建提学副使"④,"分守左江,及归里,乃盘桓湖山间,探禹穴,上四明,穷雁荡,泛吴淞邗江,遨游河洛五六年,疾卒。所著《乐洲学政》《杨园九略》《炎徼纪闻》《西湖游览志》《九边志》《唐诗乐苑》等集,凡一百六十余卷"⑤,其中"《西湖游览志》《炎徼纪闻》,为时所称"⑥。现存的田汝成著作如《叔禾集》《炎徼纪闻》《辽记》《西湖游览志》《西湖游览志馀》等,亦达七十余卷之多。生平事迹参见明王兆云《皇明词林人物考》卷七《田叔禾汝成》及清《康熙钱塘县志》卷二十二《人物·文苑·田汝成传》。

田汝成"在仪制肇举、南郊耤田、亲蚕、西苑省耕、课桑诸大典,各有颂述"⑦,又好学不辍,至年逾六旬,仍手不释卷,加之"博学强记,浏览百家言,覃思作述。为文

---

① (明)屠勋撰:《屠康僖公文集》卷之六《赠承德郎刑部主事洪公封太安人姚氏行状》,见《四库全书存目丛书》编纂委员会编:《四库全书存目丛书》集部,第 40 册,齐鲁书社 1997 年版,第 254 页。

② (清)丁申著:《武林藏书录》卷中,上海古典文学出版社 1957 年版,第 44 页。

③ 按:魏骥,字仲房,号南斋,萧山人。永乐三年(1405)乡试举人,以进士副榜任松江训导,曾奉诏参与编修《永乐大典》,历官太常寺博士,官至南京吏部尚书,卒谥文靖。魏骥善属文,"千百言,下笔立就","积累岁月,篇章甚富",其子魏完曾将其父骥遗文"编次成帙,将图梓行",不幸"赍志而没"。作为魏骥孙婿的洪钟,对遗文"拜观而遍阅",拍案称奇,在魏完所编初稿基础上,"再阅原稿",挑选其中"有补于事"者,"摘取以刻诸梓",命名为《南斋先生魏文靖公摘稿》。

④ (清)张廷玉等纂修:《明史》卷二百八十七《列传第一百七十五·田汝成传》,中华书局 1974 年版,第 7372 页。

⑤ (明)过庭训撰:《本朝分省人物考》卷四十三《田汝成》,见《续修四库全书》编纂委员会、复旦大学图书馆古籍部编:《续修四库全书》第 534 册,上海古籍出版社 2003 年版,第 151 页。

⑥ (清)钱谦益著:《列朝诗集小传》丁集上《田参议汝成》,上海古籍出版社 1959 年版,第 387 页。

⑦ (清)嵇曾筠、李卫等修,(清)沈翼机等纂:《雍正浙江通志》(四)卷一百七十八《人物六·田汝成传》,浙江省地方志编纂委员会编:《中国地方志集成·省志辑·浙江》(6),凤凰出版社 2010 年影印本,第 673 页。

沉涵浓郁，有齐梁风，尤善为记事。书其叙事，理缅缅多雅致。两为督学使者，盛有文誉。杭士自弘正来，扬声艺苑者，若许给谏相卿、吴少参鼎、许右使应元暨，汝成为最”①，时称大儒。《清史稿》评：田汝成“博学工古文，尤善叙述。历官西南，谙晓先朝遗事，撰《炎徼纪闻》。归田后，般桓湖山，穷浙西诸名胜，撰《西湖游览志》，并见称于时。他所论著甚多，时推其博洽”②。

田汝成喜藏书，尝得宋罗泌《路史》，曰：“盖泌之著书当宋之季叶，虽尝锓行，而流布人间者不广，至今好古之家鲜有全帙。顷岁得是书于晋江杨士中所，而缺其前纪二卷，予购完之。艺衡请家塾重锓焉，予因以属之，而为之叙其首简也。”③盖藏书亦精。田汝成利用家中所藏，校刻书籍多种，尝“刻印过自撰《西湖游咏》1 卷、自撰《炎徼纪闻》4 卷、《武夷游咏》1 卷、《西湖游览志》、《断藤峡记》1 卷。又刻印过汉袁康《越绝书》15 卷，唐李善等《文选注》30 卷，夏言《桂洲诗集》24 卷、又《桂洲奏议》20 卷，《药洲先生文集》6 卷，《药洲诗集》6 卷，《学约》3 卷，《讲章》2 卷，《学政集》4 卷等”④。

田汝成遗书由其子艺蘅传承，田艺蘅事迹参见《雍正浙江通志》卷一百七十八《人物六》⑤。

（四）张　瀚

张　瀚（1511—1593）　字子文，别号元洲，仁和人。“嘉靖四十年进士，授南京工部主事，历员外郎，出知江南庐州府”⑥，“累迁陕西左布政使，擢右副都御史，巡抚其地。甫半岁，入为大理卿。进刑部右侍郎，俄改兵部，总督漕运。隆庆元年，改督两广军务”。“迁南京右都御史，就改工部尚书。万历元年，吏部尚书杨博罢，召瀚代之。秩满，加太子少保”⑦。“所至辄有声绩。自少至老，猾猾宦途者四十余年，中间

---

① （明）徐象梅撰：《两浙名贤录》卷四十七《田督学汝成》，浙江古籍出版社 2012 年版，第 1214 页。

② （清）张廷玉等纂修：《明史》卷二百八十七《列传第一百七十五·田汝成传》，中华书局 1974 年版，第 7372 页。

③ （明）田汝成：《田叔禾小集·路史序》，见《四库全书存目丛书》编纂委员会编：《四库全书存目丛书》集部，第 88 册，齐鲁书社 1997 年版，第 410 页。

④ 瞿冕良编著：《中国古籍版刻辞典》之《田汝成》，苏州大学出版社 2009 年版，第 158 页。

⑤ （清）嵇曾筠、李卫等修，（清）沈翼机等纂：《雍正浙江通志》（四）卷一百七十八《人物六·田艺蘅传》，浙江省地方志编纂委员会编：《中国地方志集成·省志辑·浙江》（6），凤凰出版社 2010 年影印本，第 673 页。

⑥ （清）陈璚修，（清）王棻纂；屈映光续修，陆懋勋续纂；齐耀珊重修，吴庆坻重纂：《民国杭州府志（二）》卷一百二十四《名臣二》，见《中国地方志集成·浙江府县志辑》（3），江苏古籍出版社 1991 年版，第 116 页。

⑦ （清）张廷玉等纂修：《明史》卷二百二十五《列传第一百十三·张瀚传》，中华书局 1974 年版，第 5911—5912 页。

再居忧、一谢归,而最后以南工部尚书入为冢宰"①。"卒,赐祭葬,赠太子少保,谥恭懿"②。"公善书法,兼工点染,诗若文庄严典则,归之尔雅,有《奚囊蠹余》二十卷《续集》二十卷、《松窗梦话》八卷、《台省奏议》十四卷藏于家。"③生平事迹参见明焦竑《吏部尚书张恭懿公瀚传》、明王兆云《皇明词林人物考》卷十二及清《康熙钱塘县志》卷十九等。

张瀚高祖张翱尤喜藏书,藏书遂富,为武林诸藏书家之首。《嘉靖仁和志》载:张翱"自幼颖异,气宇冲粹,尝业儒,探索隐奥,五经六史,靡不究心,尤精《周易》,暇则涉猎九流百家之书。至于推步天文,往往奇中,或时占风望气,其应立见,若神授者。家世厚积,传及乃父彬,富甲里干。翱志出尘,视财若浼,其所应得者,悉以归兄,惟知进修,日益渊邃,以故时多推重。……晚岁垂情著述,多散逸不存"④。张翱后代颇多好读书与藏书而知名者,尤以张瀚著,清人丁申云:张氏家族"延至今日,科第联芳,各自期待。如张应祺以进士而随授主事,张应祜以乡荐而为通判,皆曾孙也。张瀚以进士而擢知府,张濂以进士而擢通政使,张洽以进士而任主事,张洵、张溥则又以乡荐而候春官,皆玄孙也"。又云:"张瀚官至吏部尚书,谥恭懿。迄恭懿公而下,繇科甲登仕籍百余人。郡城北司前石阙上书'恩荣世美'四字,而以官阀题名其右。惜道光甲辰之夏,毁于火,今惟驻防营中大纳言坊尚屹然峙也。"⑤王士祯《居易录》云:杭州"孝廉高式青说:其乡张氏藏书甚富,造楼水中,庋置甲乙,悉有次第,以小舟通之,晡后即禁往来。一日,忽有烟气出楼窗,大惊,往视之,则门扃如故,比登楼,烟亦不见,如是者三。最后细检视,烟自书橱中出,开橱,则凡天文奇遁之书悉为烬,惟空函存焉,馀书无恙"⑥。自此张氏一族至清近四百年而不衰,日积月累,所藏之富,甲于武林,为杭州著名的藏书世家,所藏一为经史子集四部书,二为族人著述。据清末丁申考察,仁和张氏"流泽既长,藏书遂富。即张氏名人著述,如《东川集》《不惑堂文集》《宠寿堂诗》《燕台文稿》《西园诗集》《青林文集》《河清集》《秦亭集》《白云集》《冰崖诗》《两峰诗》《见心堂诗》《两间书屋集唐诗》《林溪集》《盖翁诗钞》诸籍,指不胜屈。自明迄今,几四百年,历数武林阀阅之家,必以张氏为巨擘。而储藏之

---

① (清)丁丙《张太宰恭懿公传》,见(明)张瀚著,盛冬铃点校:《松窗梦语》卷首,中华书局1985年版,第2页。

② (清)陈璚修,(清)王棻纂;屈映光续修,陆懋勋续纂;齐耀珊重修,吴庆坻重纂:民国《杭州府志(三)》卷一百二十四《名臣二》,见《中国地方志集成·浙江府县志辑》(3),江苏古籍出版社1991年版,第116页。

③ (明)过庭训撰:《本朝分省人物考》卷四十三《张瀚》,见《续修四库全书》编纂委员会、复旦大学图书馆古籍部编:《续修四库全书》第534册,上海古籍出版社2003年版,第153页。

④ (清)丁申著:《武林藏书录》卷中《张氏藏书》,古典文学出版社1957年版,第42页。

⑤ (清)丁申著:《武林藏书录》卷中《张氏藏书》,古典文学出版社1957年版,第43页。

⑥ (明)王士祯撰:《居易录》卷二十九,见(清)永瑢、纪昀等编纂:《四库全书》第869册,上海古籍出版社1987年影印文渊阁本,第673页。

富，日积月累，遂为武林诸藏书家之冠”[①]。

张瀚守祖脉，承祖志，“最喜读书，卷帙不释手”[②]，“泛览群书，尤酷嗜左、国、庄、骚，至寝室俱废，遂烨然成名当世”[③]。又好藏书。今学者顾志兴云：“张氏藏书楼建于水中以防火，其内按经史子集四部排列，井然有序，进楼则以小舟渡水而入。申时（下午三至五时）后即严禁进入藏书楼，以防火。”[④]

（五）方九叙

方九叙（？—1540）　字承天，一字禹绩，号十洲，钱塘人。“嘉靖甲辰进士，除兵部主事，守山海关，知承天府，以伉直忤巨奄，罢归。”[⑤]其“易绮丽入冲雅。为人高朗，善论事，负经济之才，不究其用，世共惜之。所著有《方承天遗稿》”[⑥]。事迹见明徐象梅《两浙名贤录》卷四十七《方太守九叙》、《民国杭州府志》卷一百三十四《仕积》等。

方九叙“少慕于古，冀托不朽，长与海内诸名家倡和，甚有称”[⑦]。又喜藏书，“多购群书，勤为士子讲析。比行，群下泣送载路”[⑧]。丁申称方氏“天性毅直，屡忤巨珰，罢归。益讨故业，聚书至数万卷”[⑨]。《藏园群书经眼录》载：“《文房四谱》四卷，宋苏易简撰附《治安乐石》一卷，有‘钱塘十洲方九叙曾校’墨谱后。”[⑩]

（六）徐　桂

徐　桂（？—1605）　字茂吴，明余杭人。“目偏盲，性警敏，读书一过目辄上口。博综经史，工古文辞，登隆庆辛未进士第，授袁州府推官，坚正不阿，每执法，失上官指，遂投劾归。”[⑪]徐桂好诗，“兴至发为诗歌，竟响汉魏六朝间，尤长咏物，锻炼句字无不工”[⑫]。著有《大涤山人诗集》及杂稿数十卷行于世。生平事迹参见《嘉靖

---

① （清）丁申著：《武林藏书录》卷中《张氏藏书》，古典文学出版社1957年版，第43页。

② （清）丁丙《张太宰恭懿公传》，见（明）张瀚著，盛冬铃点校：《松窗梦语》卷首，中华书局1985年版，第3页。

③ （明）过庭训撰：《本朝分省人物考》卷四十三《张瀚》，见《续修四库全书》编纂委员会、复旦大学图书馆古籍部编：《续修四库全书》第534册，上海古籍出版社2003年版，第153页。

④ 顾志兴著：《浙江藏书史》，杭州出版社2006年版，第169页。

⑤ （清）钱谦益著：《列朝诗集小传》丁集上《方承天九叙》，上海古籍出版社1959年版，第394页。

⑥ （清）魏嵘修，（清）裘琏等纂：《康熙钱塘县志》卷二十二《人物·文苑》，见上海书店出版社编：《中国地方志集成·浙江府县志辑》（4），上海书店出版社2011年版，第414页。

⑦ （清）丁申著：《武林藏书录》卷中《方承天》，古典文学出版社1957年版，第48页。

⑧ （民国）周庆云：《灵峰志》卷三，见王国平主编：《西湖文献集成·西湖山水志专辑》，第21册，杭州出版社2004年版，第495页。

⑨ （清）丁申著：《武林藏书录》卷中《方承天》，古典文学出版社1957年版，第48页。

⑩ 傅增湘撰：《藏园群书经眼录》卷七《子部一》，中华书局1983年版，第643页。

⑪ （明）徐象梅撰：《两浙名贤录》卷四十七《袁州司理徐茂吴桂》，《浙江文丛》本，浙江古籍出版社2012年版，第1217页。

⑫ （清）嵇曾筠、李卫等修，（清）沈翼机等纂：《雍正浙江通志》（四）卷一百七十八《人物六·徐桂》，浙江省地方志编纂委员会编：《中国地方志集成·省志辑·浙江》（6），凤凰出版社2010年影印本，第673页。

浙江通志》卷一百七十八《人物六・文苑一・徐桂传》及《列朝诗集小传》丁集下《徐推官桂》。

徐桂好藏书，归里后，“僦居杭城之东隅，地幽僻，有亭池竹木之胜。亭中列古图史，金石遗文，与商彝、周鼎，杂诸法书名画，日婆娑其中”①。《郭西小志》记述其故事云：徐桂，“字茂吴，余杭人。中万历丁丑进士，授袁州推官。守正不阿，失上指，投劾归，就居杭州之东隅。地幽僻，擅池亭竹木之胜。多蓄彝鼎书画，日婆娑其中。有洁癖，客过者，先使人觇冠服鲜楚，方与接对。人以是怪之。与冯开之、屠长卿同榜，皆罢官家居。扁舟双屐往来吴越间，著有《大涤山人集》”②。

（七）陈与郊

陈与郊（1544—1611）　字广野，号隅阳、禺阳，一作玉阳，别署玉阳仙史，亦署高漫卿、任诞轩等，海宁盐官人。陈与郊“本姓高，海宁人。万历二年进士，授河间府推官。……以宽和人称陈佛子。征拜吏科给事中，迁都给事中……擢太常寺少卿提督四夷馆，母忧，居家不复出”③。隐居盐官隅园。生平事迹参见明李维桢《明故翰林院提督四夷馆太常寺少卿陈公墓志铭》（拓片海宁博物馆有藏）、《康熙浙江通志》卷三十一及《康熙海宁县志》卷十一等。

陈与郊归里后，购置隅园，以藏书、刻书、著述为乐。隅园位于盐官镇西北隅，为浙西园林之冠。隅园即清代江南名园安澜园之前身。清乾隆帝下江南驻跸隅园后，更名“安澜园”。明清时期，该园与南京瞻园、苏州狮子林、杭州小有天园并称为“江南四大名园”。据《海宁州志稿》记载其隐居乡里情景：“太常少卿寻免，益闭门著述，凡数万言。性嗜学自六籍外，留心太玄潜虚，好屈、宋、扬、马、张、左诸家赋，考订梓之。其藻思播之歌愉，被管弦以自娱。”④学识渊博，剧作以文词取胜，有杂剧《昭君出塞》《文姬入塞》《袁氏义犬》和传奇《诊痴符》四种等。纂有《卮言倪》八卷，《中国古籍善本书目》著录，仅存云南大学图书馆所藏孤本。

陈与郊亦好藏书，其藏书处、刻书处为赐绯堂，惜藏书目失载。陈氏刻著书以增藏书。如尝刻印过自撰《蘋川集》八卷、《方言类聚》四卷、《麒麟罽》二卷、《鹦鹉洲》二卷等。其中辑刻《古名家杂剧》六十五种六十五卷，题作“玉阳仙史刊”，未署年份，但万历十七年（1589）已有泥蟠斋刊本陈与郊编《古名家杂剧》（不分卷）刊本。

---

① （明）徐象梅撰：《两浙名贤录》卷四十七《袁州司理徐茂吴桂》，《浙江文丛》本，浙江古籍出版社 2012 年版，第 1217 页。

② （清）姚礼撰辑，周膺、吴晶点校：《郭西小志》卷九《查伊璜》，浙江工商大学出版社 2013 年版，第 151 页。

③ （清）陈璚修，（清）王棻纂；屈映光续修，陆懋勋续纂；齐耀珊重修，吴庆坻重纂：《民国杭州府志（三）》卷一百三十四《仕绩》，见《中国地方志集成・浙江府县志辑》（3），江苏古籍出版社 1991 年版，第 280 页。

④ （清）李圭修，（清）许传霈纂；刘蔚仁续修，朱锡恩续纂：《民国海宁州志稿》卷二十九《人物志・文苑・陈与郊》，见上海书店出版社编：《中国地方志集成・浙江府县志辑》（22），上海书店出版社 2011 年版，第 848 页。

据此推算陈与郊的自刊本至少早于万历十七年(1589),比臧懋循万历四十三年(1615)刊《元曲选》要早二三十年,是一份珍贵的文学遗产,对保存古代戏曲资料贡献甚大。

(八)虞淳熙

虞淳熙(1553—1621)　字长孺,一字澹然,号德园,又号甘园净居士,多异梦,因自号六梦居士,学者则称德园先生,钱塘右卫人。万历七年(1579)己卯乡试举人,"万历癸未进士,授兵部职方主事。东西方用兵,所条上皆有条理……迁主客员外。会稽勋郎吕胤昌以孙冢宰甥引去,冢宰从物望,推长孺改补。癸巳内计,冢宰与赵考功尽黜宰执之私人,党人力攻孙、赵,指摘长孺不当补吕阙,以撼冢宰。冢宰争之,强朝士持清议者言台谏议非是,并攻执政。上震怒,冢宰罢去,长孺与赵削籍,而诸言者皆得重谴。万历间之党论,坚持不可拔,自此始也"①。殁后,"墓(西溪)七十二贤峰下,黄汝亨作墓志"②。雍正朝所编《浙江通志》称在雷峰下,有虞淳熙陵墓,今难考。著有《德园先生集》《孝经集灵》《孝经迩言》等,另著《阴符经演》《今文孝经说》《大学繁露》《埙篪音》《栎丘集》等,今皆未见。《灵隐寺志》载:虞淳熙,"号德园,钱塘人。官吏部员外。博学有文名,著述甚富。集内有《理工塔铭》《代飞来峰石言》。公尝赎石窟以还僧舍,其高致非近世士大夫所有也。二子大赤、仲皜,皆以名德见重于时"③。生平事迹参见《雍正浙江通志》卷一百七十八《人物六·虞淳熙》。

虞淳熙自幼嗜书,"少见知于李于鳞、王元美,赋才奇谲,搜抉奇字僻句,务不经人弋获,以为绝出"。又因"家贫无书,与其弟淳贞字僧孺者,搜奇猎秘,闭门抄写,方术阴符,靡不通晓"④。罢官归隐,更喜藏书,清人丁申称:淳熙"以耿介见嫉,削职归隐。回峰别业,曰读书林。力不能购异书,与弟闭门抄书,昼夜不止。有武库行秘书之目。著《德园先生集》"⑤。虞淳熙又雅好刻书,"刻有《德园集》六十卷"⑥。"天启六年刻印过自撰《虞德园集》二十五卷《诗集》八卷"⑦。中国国家图书馆藏有天启六年(1626)虞氏壦务山馆刊本⑧。其书室兼刻书室为壦务山馆。南开大学图书馆藏有虞淳熙撰《虞德园先生集》二十六卷壦务山馆刊本⑨。

其弟虞淳贞,字僧孺,明钱塘人。有藏书楼曰八角团瓢。史记明代万历间,杭州

---

① (清)钱谦益撰:《列朝诗集小传》丁集下《虞稽勋淳熙》,上海古籍出版社1959年版,第619页。
② 杨立诚、金步瀛合编,俞运之校补:《中国藏书家考略·虞淳熙》,上海古籍出版社1987年版,第281页。
③ (清)孙治初辑,徐增重修:《武林灵隐寺志》卷五下《历代人物·虞淳熙》,杭州出版社2006年版,第90页。
④ (清)钱谦益撰:《列朝诗集小传》丁集下《虞稽勋淳熙》,上海古籍出版社1959年版,第619—620页。
⑤ (清)丁申著:《武林藏书录》卷中《虞长孺僧孺两先生》,古典文学出版社1957年版,第49页。
⑥ (清)嵇曾筠、李卫等修,(清)沈翼机等纂:《雍正浙江通志》(四)卷一百七十八《人物六·虞淳熙》,浙江省地方志编纂委员会编:《中国地方志集成·省志辑·浙江》(6),凤凰出版社2010年影印本,第673页。
⑦ 瞿冕良编著:《中国古籍版刻辞典》之《虞淳熙》,苏州大学出版社2009年版,第966页。
⑧ 《浙江省出版志》编纂委员会办公室编:《浙江历代版刻书目》,浙江人民出版社2008年版,第157页。
⑨ 参见南开大学图书馆编:《南开大学图书馆馆藏古籍善本书目》,南开大学图书馆1986年印本,第212页。

有虞淳熙、淳贞昆仲的读书林与八角瓢藏书楼著名一时。《东城杂记》云："万历中，里人虞司勋长孺为佛事碑版疏颂，照耀东城长明、莲居二禅窟。贞石犹存。其弟仲孺、淳贞，终身不娶，结庐灵隐寺侧名猿狖居，仅一老仆人。建八角团瓢，每角藏书。上有楼，可眺远。冯祭酒开之尝曰：于陵子犹余辟纑之妻，仲孺足称今之逸士矣。"①

(九)祝以豳

祝以豳(1551—1632)　字耳刘，号惺存，又号灵苑山人，海宁袁花镇人。以豳自幼以奇慧闻名，其父祝世廉②卒后，侍奉母亲同时，日夜精进。读其父遗留藏书，数年如一日，名誉日隆。《民国海宁州志稿》载："祝以豳字耳刘，号惺存。万历丙戌进士，知随州，入为兵部郎中。时关白(日本)攻朝鲜，大司马主招抚。以豳曰：'日本勍贼，朝鲜属国，今遣招抚是弃朝鲜也。东藩折于日本，势必及我。'朝议是之。"③朝廷采纳他的主张，派兵跨过鸭绿江，制止了日本侵略。祝以豳曾以海门为重点，筹粮募兵，击退荷兰侵略者。后居乡十六年，起江西按察使，寻擢应天府尹，进工部左侍郎致仕。卒后"墓袁花塘北。崇祯□年谕葬"④。著有《贻美堂集》《天人合脉》《五篁约》等。《海昌艺文志》云："祝以豳号惺存，又号灵苑山人，著《贻美堂集》。有李氏本宁、董氏其昌、陈氏继儒、沈氏德符序。"⑤尝万历间刊印《刘随州集》十卷本⑥。《康熙浙江通志》卷三十一等有其传。

祝以豳"擅济才，早孤，事母至孝，人称孝祝。少好图史，老不废学，著述成一家言"⑦。雅好藏书，除继承其父遗留藏书外，筑万古楼为藏书之所，复又聚书万卷，名著于时。藏书处又有赐书堂、贻美堂。《海宁市志》亦载：本邑"万古楼、赐书堂，位于今袁花镇东一市里处，为明万历十四年进士祝以幽所建"⑧。

藏书印有祝以豳印、龙山祝氏等。

关于祝氏藏书散佚，见于同邑查慎行《人海记》，记云："吾乡祝侍郎耳刘之万古楼……非流散则灰烬。"⑨

---

① (清)厉鹗撰：《东城杂记》卷下《虞长孺、仲孺》，中华书局1985年版，第32页。

② 按：祝世廉，字子隅，号存溪。海宁袁花镇人。嘉靖三十二年(1553)癸丑科进士，官通政司政、刑部主事、员外郎中、汝宁知府。

③ (清)李圭修，(清)许传霈纂；刘蔚仁续修，朱锡恩续纂：《民国海宁州志稿》卷二十八《人物志名宦·祝以豳》，见上海书店出版社编：《中国地方志集成·浙江府县志辑》(22)，上海书店出版社2011年版，第811页。

④ (明)谈迁撰：《海宁珍稀史料文献丛书》编委会整理：《海昌外志》卷七《丛谈志·丘墓》(点校本)，方志出版社2009年版，第223页。

⑤ (清)叶昌炽著，王欣夫补正，徐鹏辑：《藏书纪事诗》卷三，上海古籍出版社1989年版，第267页。

⑥ 《浙江省出版志》编纂委员会编：《浙江省出版志》，浙江人民出版社2007年版，第181页。

⑦ (清)王国安等修，(清)黄宗羲、张衡纂：《康熙浙江通志(二)》卷三十一《人物·祝以豳》，见凤凰出版社编选：《中国地方志集成·省志辑·浙江(2)》，凤凰出版社2010年版，第195页。

⑧ 《海宁市志》编纂委员会：《海宁市志》第二十七编《文化》，汉语大辞典出版社1995年版，第977页。

⑨ (清)查慎行著：《人海记》卷下《藏书之厄》，北京古籍出版社1989年版，第63页。

(十)翁汝遇兄弟进士

翁汝遇(生卒年不详)　字子先,仁和人。“万历二十六年进士,授广东东莞令,榷江南芜湖关,最后知河南卫辉府,俱有惠政。”①《海南史传与碑传汇纂》载其事迹云:“翁汝遇,浙江仁和进士。万历三十七年知府事。兴利厘弊,施药赈贫,训课士子,安集流离;建桥梁以免厉揭,谨烽堠而亲守望;旱祷格天,抚黎向化。四十一年调河南卫辉府去任。《贾府志》祀名宦。”②《西湖三祠名贤考略》亦记云:“万历进士。初授东莞令,改榷芜湖。两典名郡,后守朝歌,具有惠政。所在尸祝,以勤劳卒于官。”③《康熙浙江通志》卷三十一等有其传。

翁汝进(生卒年不详)　字献甫,仁和人。汝遇弟。“万历乙未进士,授新化令。疏通河道四百余丈,东入海,建四门石关以防汛。历官至山东参议,以忤逆珰归。”④《民国杭州府志》卷一百三十四等有其传。

翁汝遇好藏书,与弟汝进构置藏书楼庋藏图书,积书甚多,翁氏书阁即翁氏兄弟的藏书阁,位于安乐山下古永兴寺前,临永兴湖,是西溪著名藏书楼之一。《中国藏书家考略》载其兄弟藏书故实,《武林藏书录》称:“翁氏书阁在安乐山下(今杭州市余杭区临平镇安乐山),永兴寺前,临永兴湖。崇祯初,翁氏兄弟构书阁于此。陈颐道《文述诗》云:‘钱氏有书藏,翁氏有书阁,可惜所藏书,今日已零落,樵人识遗址,一峰指安乐。……阁建于崇祯初,正当两先生归天田也。’”⑤

(十一)何允中

何允中(生卒年不详)　字文开,号点苍,“仁和人。天启二年进士”⑥。何氏亦藏书,曾“辑刊《汉魏丛书》八十种四百五十一卷”⑦。《汉魏丛书》先后三刻,首程荣本,次何允中,又次王谟。“是书辑目括苍何镗。旧目原有百种。新安程氏版行。仅梓三十七种,武林何氏允中,又兹搜益其半。合七十六种”⑧,共二百五十四卷。时“汉魏古书本多散佚,何氏只都为一集,而经、史、子籍略备。其于嘉惠艺林,功非浅鲜”⑨。

---

① (清)陈璚修,(清)王棻纂;屈映光续修,陆懋勋续纂;齐耀珊重修,吴庆坻重纂:《民国杭州府志(三)》卷一百三十四《仕绩》,见《中国地方志集成·浙江府县志辑》(3),江苏古籍出版社1991年版,第284页。

② 周伟民、唐玲玲编:《海南史传与碑传汇纂》明代《翁汝遇传》,知识出版社2013年版,第399页。

③ (清)戴启文《西湖三祠名贤考略·明河南卫辉府知府翁公汝遇》,见王国平主编:《西湖文献集成·西湖祠庙志专辑》,第25册,杭州出版社2004年版,第1146页。

④ (清)嵇曾筠、李卫等修,(清)沈翼机等纂:《雍正浙江通志》(四)卷一百六十七《人物三·翁汝遇附》,浙江省地方志编纂委员会编:《中国地方志集成·省志辑·浙江》(6),凤凰出版社2010年影印本,第504页。

⑤ (清)丁申著:《武林藏书录》卷中《翁氏书阁》,古典文学出版社1957年版,第49—50页。

⑥ 中华书局编辑部编:《丛书集成初编目录》之《丛书百部提要·汉魏丛书》,中华书局1983年版,第19页。

⑦ 瞿冕良编著:《中国古籍版刻辞典》之《何允中》,苏州大学出版社2009年版,第366页。

⑧ 中华书局编辑部编:《丛书集成初编目录》之《丛书百部提要·汉魏丛书》,中华书局1983年版,第20页。

⑨ 《汉魏丛书·凡例》,引李春光著:《古籍丛书述论》第三章《明代的丛书》,辽沈书社1991年版,第59页。

(十二)吴太冲

吴太冲(约1600—?) "字若谷,号默真,邑之路仲乡人,祖始迁钱塘。"①居仁和青波门孩儿巷。明天启七年(1627)丁卯登贤书,"崇祯四年进士,选庶吉士,授检讨,以词臣侃侃直言"②,"累官南京司业,方其立朝也。当国步艰难之日,每直讲筵,凡治本乱萌痛彻敷陈,屡上封,事多关军国大计,南都授礼部侍郎,力辞。清初,三征坚卧不起,所著有《息心窝全集》"③。《康熙浙江通志》卷三十一及《两浙輶轩录》卷四等有其传。

太冲父吴继志,字惺阳,海宁籍,寓居仁和青波门孩儿巷。曾官云南越州卫经历。"好聚书,且勤掌录,秘阁之钞逾万卷。及子宫允(吴太冲)鼎贵,则家益有赐书,轴带帙签,至与山阴祁氏、海虞钱氏埒"④。

吴太冲受其父影响,"弱龄沉酣六籍,天启丁卯登贤书,崇祯辛未成进士,选翰林院庶吉士,授检讨,改编修,量移南国子监司业,转右春坊右中允" ⑤。太冲藏书亦甚富,后由其子递藏。其藏书处为梧园。《浙江通志》记其子吴农祥云:"家有赐书,键户伏读,茹经涵史,驰骋百家。"⑥"购楼于别业之梧园,储书其上。"⑦徐珂称:农祥"家多藏书,盖其祖继志实聚之,且勤于掌录,秘阁之钞逾万卷,轴带帙签,至与山阴祁氏、常熟钱氏埒。于是农祥既长,构楼于别业之梧园,储书其上。与弟农复登楼,去其梯,戒不闻世上语,尽发所藏书读之,朱墨句稽,识其大者"⑧。《杭郡诗辑》载:"国初,老屋入圈屯中,惟图籍无恙,因移于孩儿巷之梧园。"⑨

从明万历至清康熙间杭州吴氏三世藏书——吴继志、吴太冲、吴农祥,声名颇著。

---

① (清)李圭修,(清)许传霈纂;刘蔚仁续修,朱锡恩续纂:《民国海宁州志稿》卷二十九《人物志·文苑·吴太冲》,见上海书店出版社编:《中国地方志集成·浙江府县志辑》(22),上海书店出版社2011年版,第849页。

② (清)陈璚修,(清)王棻纂;屈映光续修,陆懋勋续纂;齐耀珊重修,吴庆坻重纂:《民国杭州府志(三)》卷一百二十四《名臣二》,见《中国地方志集成·浙江府县志辑》(3),江苏古籍出版社1991年版,第120页。

③ (清)李圭修,(清)许传霈纂;刘蔚仁续修,朱锡恩续纂:《民国海宁州志稿》卷二十九《人物志·文苑·吴太冲》,见上海书店出版社编:《中国地方志集成·浙江府县志辑》(22),上海书店出版社2011年版,第849页。

④ (清)丁申著:《武林藏书录》卷中《宝名楼》,古典文学出版社1957年版,第50页。

⑤ (清)丁申著:《武林藏书录》卷中《宝名楼》,古典文学出版社1957年版,第50页。

⑥ (清)嵇曾筠、李卫等修,(清)沈翼机等纂:《雍正浙江通志》(四)卷一百七十九《人物六·吴农祥》,浙江省地方志编纂委员会编:《中国地方志集成·省志辑·浙江》(6),凤凰出版社2010年影印本,第667页。

⑦ (清)阮元、杨秉初辑,夏勇等整理:《两浙輶轩录》卷九《吴农祥》,浙江古籍出版社2012年版,第721页。

⑧ 徐珂编撰:《清稗类钞·鉴赏类·吴农祥藏书于梧园》,第9册,中华书局1986年版,第4220页。

⑨ (清)丁申著:《武林藏书录》卷中《宝名楼》,古典文学出版社1957年版,第50页。

（十三）徐　灏

徐　灏（生卒年不详）　字大津，仁和人。明“崇祯甲戌进士，知武陵县”[①]。因早逝，文献记载甚少。“徐故仁和贵族，甲第蝉联，家塘西之落瓜里，有田有庐，有图书金石彝器，遭乱散失”[②]。其子孝直，字孝先，亦有藏书名，承其父藏书及金石彝器，遭乱散失后，“自落瓜走河渚，爱其清幽，遂寄栖施相之家，易名介，更自号狷庵，积书千卷”[③]，皆秘籍孤本。教授童子，生平不妄交一人。

（十四）钱喜起

钱喜起（生卒年不详）　“字赓明。生而感大幔亭仙宴，又字五山。仁和褚塘里人。祖立，广西副使。父养度，刑部主事。喜起八岁通《左氏传》，九岁习《史记》，能属文。伯父吏部郎养度廉丧子，语所知曰‘此儿成就不凡，他日必不经生老’，遂立嗣。崇祯庚辰进士”[④]，授南工部屯田司主事，视芦政。出知南昌府，“有善政。丁母忧归。甲申闻变，一恸而绝，弟起力救起苏。不戒于火，室庐灰烬。瓦砾中构一小楼，坐卧其间，三十六年不释卷。征之不出”[⑤]。所著“有《家居笔记》《升堂日注》《南曹疏稿》《年谱记事》若干卷”[⑥]，据此推测，家中有一定的藏书，供其读书与著述自娱。

二、明代嘉兴府进士藏书

《明史·地理志》载，“嘉兴府元嘉兴路，属江浙行省。太祖丙午年十一月为府，直隶京师。十四年十一月改隶浙江。领县七”[⑦]，即嘉兴县、秀水县、嘉善县、崇德县、桐乡县、平湖县、海盐县。

（一）姚　绶

姚　绶（1422—1492）　字公绶，号丹邱生、谷庵子、桂轩、忆松、醉六居士等，嘉善人。景泰四年（1453）癸酉科举人，《崇祯嘉兴县志》载：姚绶“少工古文辞，天顺中进士第，为监察御史。巡监两淮，钩剔积弊，饥画策赈流民，赖以全活。玺书褒奖，出

---

① 中国人民政治协商会议浙江省余杭县委员会文史资料委员会：《余杭文史资料》第4辑《余杭历代人士选录·落瓜诸生徐孝直》，1988年印，第148页。

② （清）丁申著：《武林藏书录》卷下《徐孝先先生》，古典文学出版社1957年版，第55页。

③ 《余杭县志》编纂委员会编：《余杭县志》第十四编《文化·图书档案》，浙江人民出版社1990年版，第744页。

④ （清）赵一清撰，罗仲辉校点：《东潜文稿》卷上《明江西参议钱喜起传》，辽宁教育出版社1998年版，第32—33页。

⑤ （清）姚礼撰辑，周膺、吴晶点校：《郭西小志》卷九《钱喜起楼居》，浙江工商大学出版社2013年版，第151页。

⑥ （清）赵一清撰，罗仲辉校点：《东潜文稿》卷上《明江西参议钱喜起传》，辽宁教育出版社1998年版，第33页。

⑦ （清）张廷玉等纂修：《明史》卷四十四《志第二·地理五》，中华书局1974年版，第1103—1104页。

知永宁,以母老辞归。作沧江虹月舟,游泛甚适”[①]。官归里后,居大云寺之东,尝云:“有松有竹,维乔维清,有泉有石,维冽维贞。滥柱史列,得吏隐名。青山峨峨,白云英英。违道干誉,饰貌矫情。予曷以而自宁。敬事君亲,诚交友兄。或庶几乎,予之平生。”[②]悠闲自在,其“诗文畅逸。所著有《大易天人合旨》及杂集若干卷行世”[③],又有《谷庵集》《云东集》等。明过庭训《本朝分省人物考》卷四十四、明徐象梅《两浙名贤录》卷四十七及《雍正浙江通志》卷一百七十九《人物六》等均有其传。

姚绶受其父收藏名家姚瀫影响甚深。姚瀫,字廷章,号松云。《光绪嘉兴府志》卷二十五载:姚瀫工草书,尤擅山水之画,又生性好古,富藏储,筑室数楹,列鼎彝金石法书名画,优游自乐,人皆以闲先生称之。姚绶承父志,喜藏书,藏书甚富,“积书万卷”[④],其书室名曰丹邱室。清嘉兴学者盛枫记云:姚绶“工诗,善画摹赵孟頫、王蒙,称神似。家有丹邱室、振衣亭,出乘沧浪虹月之舟,粉窗翠幕吹竹弹丝,望者以为水仙,自称丹邱生,又号兰台逸史、天田老农、上清仙吏、懒仙、仙痴、紫霞碧月翁。藏异书古玩于层楼”[⑤]。姚绶曾手抄《斗南老人诗集》四卷,明胡奎[⑥]撰,白皮纸,每半叶十行,字数不等,无栏格,卷末有项元汴题识一册,徐沅题识一册。卷端及卷末钤有“季振宜”“季氏家藏”“项子京家珍藏”“竹南珍玩”“寒中马思之印”诸印章。《四库提要》载:“今世所传奎集皆出天籁阁钞本,止有四卷,前有项元汴题识而无宁王原序。此本为明初宁王府文英馆所刊,见于宁藩书目。昆山徐氏传是楼又从原刻影抄,实分六卷,凡诗一千九百余首。”[⑦]朱彝尊称:“吾乡云东逸史曾手录其稿(即胡奎《斗南老人诗集》),旧藏项氏天籁阁,继归高氏稽古堂[⑧],后为花山马思赞[⑨]所藏。”[⑩]

---

① (明)罗犴修,(明)黄承昊纂:《崇祯嘉兴县志》卷十三《乡达·姚绶》,书目文献出版社1991年版,第523页。

② (明)姚绶撰:《谷庵集选》卷十《自赞》,台湾学生书局1973年版,第315页。

③ (明)罗犴修,(明)黄承昊纂:《崇祯嘉兴县志》卷十三《乡达·姚绶》,书目文献出版社1991年版,第523页。

④ (明)姚惟芹撰:《东斋稿略》之《附录·范言·家传》,台北“中央研究院”藏明嘉靖三十六年(1557)嘉兴姚氏刊本。

⑤ (清)盛枫著:《嘉禾征献录》卷二十三《姚绶》,己巳(1989)秋日江苏广陵古籍刻印社据清刊本影印本。

⑥ 按:胡奎,字虚白,号斗南老人,海宁人,明初为宁王府教授。学诗于元代著名散文家贡师泰,与贝琼、高启等有诗文往来。洪武六年(1373),以儒学征至京师。永乐初,为宁王府教授,六年(1408)以年迈归,次年卒。胡、姚供职宁王府时,多有交游。

⑦ (明)胡奎撰:《斗南老人集》卷一,见(清)永瑢、纪昀等编纂:《四库全书》第1233册,上海古籍出版社1987年版,景印文渊阁本,第353—354页。

⑧ 按:详见明代嘉兴府进士藏书“竹林高氏父子”条。

⑨ 按:马思赞,字寒中,号衎斋,又号南楼、鱼村,海宁人。性喜藏书,筑有藏书楼“道古楼”“红药山房”等,所藏多宋元善本。管庭芬《海昌艺文志》称:“所居道古楼,插架悉宋元旧本,为东南藏书之冠。”

⑩ (明)胡奎撰:《斗南老人集》卷一,见(清)永瑢、纪昀等编纂:《四库全书》第1233册,上海古籍出版社1987年版,景印文渊阁本,第354页。

姚绶“书画妙绝一时”[①],嗜收藏如命,尤嗜收藏书画鼎彝,除继承其父姚黻收藏的书画外,自藏书画之富亦名闻当时。文徵明云:“监察御史嘉禾姚公早以文学知名,继起高科登显仕,一言忤物,即自解归。归若干年,年逾七十,虽系名仕籍,而山林之日居十之九。家有园池之胜,室庐靓深,花竹秀野,所蓄□图书器物,不下乙品,左右陈列,鉴赏评骘,乐以忘世。”[②]文彭言:“姚氏为嘉禾巨族,虽代有文人,而其大实始于谷庵。谷庵起家进士,为名法从,未几即解官而归,优游林下者四十余年,时以扁舟往来吴越间,携所蓄法书名画以自随,名山胜境无所不至,飘飘然望之如神仙,至今吴人犹道之不置,盖虽龟蒙之笔床茶灶不足多也。”[③]朱彝尊《静志居诗话》卷八载:“先生初号谷庵,居大云寺之东,亦号云东逸史,又自称兰台逸史、天田老农、上清仙吏、懒仙、仙痴、紫霞碧月翁。家有振衣亭,出乘沧江虹月之舟,粉窗翠幕,吹竹弹丝,望者以为水仙。书画诗皆逸品……先生吟情甚敏,今《谷庵集》所载不及什一。吾宗寒中上舍,购得先生七律多至二百余,又从书画家储藏真迹所未见尤不少。”[④]惜姚绶收藏大部未能流传下来,据《槜李诗系》载:其“构地一方洿为池,池中筑台,台上营室,夜不通火。一日大雷雨,火作,姚方踞厕,闻报急叩所藏古迹。应者曰:‘皆火矣,书画化成为灰烬。’姚绶惊惋,遂不能起,得疾卒”[⑤]。

其流传至今的部分收藏作品有:巨然《秋山图》,现藏台北故宫博物院;钱选《浮玉山居图》卷,现藏上海博物馆。其善书画,长山水、竹石,宗法元人,受吴镇影响较深。与杜琼、刘珏、谢缙等明代早期文人画家,为明代中期吴门派的勃兴起到了承前启后的作用,堪称吴门派的前期画家。姚氏书法古朴淡然,劲婉咸妙,加上纸墨精妙,钤印讲究,明清收藏家皆视之为神品,可谓流传有序。此书明胡奎撰明姚绶写本四册,今藏天津图书馆。还画有《秋江渔隐图》,故宫博物院藏;《三绝图册》《松荫醉翁》,上海博物馆藏;《竹石图》,辽宁博物馆藏;行书《洛神赋卷》,上海博物馆藏。

藏书处为丹邱室、云东仙馆、玄同轩等。

藏书印有先世金陵、紫霞碧月山堂、姚氏藏书、兰台逸叟、紫霞沧州、云东逸史等。

(二)吴　昂

吴　昂(1470—?)　字德翼,号南溪,海盐人。“弘治乙丑举进士,授宜城知县……寻转南刑部主事,以持法谨不协于上官,请告归六年。起南武选员外郎,擢福

---

① (明)罗狂修,(明)黄承昊纂:《崇祯嘉兴县志》卷十三《乡达·姚绶》,书目文献出版社1991年版,第523页。

② (明)文徵明《重刻谷庵集叙》,见(明)姚绶撰:《谷庵集选》卷首,台湾学生书局1973年版,第1　2页。

③ (明)文彭《谷庵集选题后》,见(明)姚绶撰:《谷庵集选》卷首,台湾学生书局1973年版,第11页。

④ (清)朱彝尊著,姚祖恩编,黄君坦校点:《静志居诗话》卷八《姚绶》,人民文学出版社2006年版,第202页。

⑤ (清)沈季友辑:《槜李诗系》十卷,清康熙四十八年(1709)敦素堂刻本,嘉兴市图书馆藏。

建按察佥事”①,累官福建左参政、福建右布政使等职。吴昂性和易,所至皆著善政,“尤究心乡曲利害,疏陈于朝。所著有《周礼音释》等稿”②。吴昂在宜城为政期间,“廉介自持,教民耕织,有官庄老亩税,为民患,昂调停其法,宜城民感而祀之”③。昂对乡事颇关心,曾上奏论筑海塘疏。著有《南溪集》等。明戚元佐《吴方伯昂传》、明张萱《西园闻见录》卷六及《雍正浙江通志》卷一百六十七《循吏一》等有其传。

吴昂性端颖,嗜读书,“闻海宁祝先生萃者,履方笃行,以员外郎予告,家居教授,往从之学,四方学者多从之。公短褐草鞋,从一老苍头,负书走数十百里。及其门,就江滨濯足,更儒衣冠以进,谒者以告,祝先生大惊曰,此非可以常人目也。既见。拜而请曰:昂,鲁人,窃慕先生,不敢请,愿受高足弟子学。……日夜诵不辍,其精悍深造,盖纨绮群弟子所不及也”④,“储书满架,览究不废”⑤。“上疏请老,疏三上始得致仕。先生归携图书数卷……先生归溪上居故庐。力耕数年稍有积田谷,构万卷楼积古今书,日坐楼中。远览旁搜,赞幽诠谬,契悟既深,率履尤笃,若乃。”⑥自称:“不佞幸先人所遗宅一区,近水田数顷。他日,又尝破内子玑缟之饰,买书数千卷,箧贮其中,甚可饶吾岁时宾客伏腊之费,而与诸弟子诵说为乐也。”⑦《光绪海盐县志》亦载其藏书故实:“家多藏书,积书万卷,储书满箧,遍读之。尤好《周礼》,参订诸家见解,附以己见,易数稿而成《周礼音释》。”⑧

在县城虎尾浜筑馀春园(一名小瀛洲),与陈鉴、朱朴等结十老诗社,以读书、藏书及吟诗为乐,今存《小瀛洲十老图》。

吴氏亦好刻书,于明嘉靖元年(1522)刻印过程本立《巽隐程先生文集》四卷,中国国家图书馆、福建图书馆有藏。又刻印过湛若水《圣学格物通》一百卷。

(三)赵　汉

赵　汉(1478—?)　字鸿逵,号渐斋,平湖人。赵宋宗室后裔。明正德二年(1507)丁卯举人,“正德六年进士。授建昌推官。擢南京户科给事中,改兵科”。

---

① (明)过庭训撰:《本朝分省人物考》卷四十四《吴昂》,见《续修四库全书》编纂委员会、复旦大学图书馆古籍部编:《续修四库全书》第534册,上海古籍出版社2003年版,第183页。

② (明)刘应钶修、(明)沈尧中纂,嘉兴地方志办公室编校:《万历嘉兴府志》卷十九《乡贤二》,上海古籍出版社2013年版,第334页。

③ (明)胡震亨撰:《海盐县图经》第十三卷《人物篇》,浙江古籍出版社2009年版,第342页。

④ (明)朱国祯著:《涌幢小品》卷之十七《吴先生》,中华书局上海编辑所编:《明清笔记丛刊》,中华书局1959年版,第376—377页。

⑤ (明)刘应钶修、(明)沈尧中纂,嘉兴地方志办公室编校:《万历嘉兴府志》卷十九《乡贤二》,上海古籍出版社2013年版,第334页。

⑥ (明)郑晓撰:《端简郑文公文集》卷五《南溪先生传》,见北京图书馆古籍出版编辑组编:《北京图书馆古籍珍本丛刊》109《集部・明别集类》,书目文献出版社1989年影印本,第445页。

⑦ (明)茅坤撰:《茅鹿门先生文集》卷一《与董浔阳内翰书》,见《续修四库全书》编纂委员会、复旦大学图书馆古籍部编:《续修四库全书》第1344册,上海古籍出版社2003年版,第466页。

⑧ (清)王彬修,(清)徐用仪纂:《光绪海盐县志》卷十五《人物传》,见上海书店出版社编:《中国地方志集成・浙江府县志辑》(21),上海书店出版社2011年版,第824页。

"历吏科左给事中。以疾去。起故官，迁工科都给事中"，"寻出为陕西右参政，告归。久之，以故官起山西。不数月复致仕"①。赵汉为官"廉正公明，录重囚，有冤必释，不拘成案，匿死者，务廉得其情，不轻从，贤誉著闻"②。敢于直言，不避权贵，其在武宗朝上疏三次、世宗朝上疏十四次，责回话者二，奉诏逮狱受杖者一。"章数十上。其大者，若清治源，消火变忠邪"③。卒后祀乡贤祠。所著有《渐斋集》《赵谏议疏稿》《圣朝文命录》等。生平事迹参见明张凤翼《赵谏议汉传》、明过庭训《本朝分省人物考》卷四十四《赵汉传》。

赵汉辞官后，在东湖构园居曰序芳亭，又曰常足窝，海内名人作歌赠之。如郑晓作《常足窝文》记之。赵氏又乐山水园林，好隐居，制一舟名平查，优游林壑。善绘事，工画兰，好藏书，诗酒藏书自娱。郑晓《当湖里居记》云："当湖里居者渐斋赵先生之庐也。……已仕给省，请告归，益徙近湖舍，东辟隙地垒石栽花，构数椽，游息其中，名其石窗曰：'吾将于兹老焉！'比再起，再归，益辟后圃湖上，杂植竹树花草无虑百种。川湖奇石不问巨细、阏径、溏隍，高下罗列。就中为序芳亭，亭中有书万卷。"④嘉靖二十七年（1548）刻印过自辑《圣朝文命录》不分卷。

（四）钟　梁

钟　梁（生卒年不详）　字彦材，号西皋，海盐人。"正德甲戌进士，授刑部郎，谏止南巡，廷杖几死，世宗嗣位"⑤，官至南昌知府。钟梁"才识敏达而禀性端介，不以名位屑意"，"自叙贫不屈身，仕不易节，隐不干誉，老不妄求"，"年仅四十，即疏请致仕。筑室郊西，与林居诸贤及布衣、衲子辈结文酒社"⑥，读书自乐，人称"西皋老人"。著有《西皋集存逸》十卷。《万历嘉兴府志》卷十九《乡贤二》及《雍正浙江通志》卷一百六十七《循吏一》等有其传。

钟梁好藏书，藏书逾万卷，吴兴顾箬溪《题梁长春亭》诗云："亭中蓄书三万轴，夜则高眠昼还读。希夷山人西华西，少陵野老曲江曲。翠竹苍梧手自栽，四时无日无花开。鸿儒下榻谈玄理，骚客题诗逞逸才。世路风尘竞奔走，英雄几个能回首。富贵浮云未足论，浩歌且进杯中酒。"⑦

---

① （清）张廷玉等纂修：《明史》卷二百六《列传第九十四·赵汉传》，中华书局1974年版，第5454页。

② （明）刘应钶修、（明）沈尧中纂，嘉兴地方志办公室编校：《万历嘉兴府志》卷十九《乡贤二》，上海古籍出版社2013年版，第338页。

③ （明）刘应钶修、（明）沈尧中纂，嘉兴地方志办公室编校：《万历嘉兴府志》卷十九《乡贤二》，上海古籍出版社2013年版，第338页。

④ （明）郑晓《端简郑公文集》卷七《当湖里居记》，见北京图书馆古籍出版编辑组编：《北京图书馆古籍珍本丛刊》109《集部·明别集类》，书目文献出版社1989年据万历四十五年丰建刻本影印原书，第513页。

⑤ （清）王彬修，（清）徐用仪纂：光绪《海盐县志》卷十五《人物传》，见上海书店出版社编：《中国地方志集成·浙江府县志辑》（21），上海书店出版社2011年版，第825页。

⑥ （明）胡震亨撰：《海盐县图经》第十三卷《人物篇》，浙江古籍出版社2009年版，第345页。

⑦ （明）胡震亨撰：《海盐县图经》第十三卷《人物篇》，浙江古籍出版社2009年版，第346页。

梁孙钟祖保,"博学能诗,尤精茶理。种竹千竿,为一楼临之,日夕披咏其上,不见客近二十年,恬素有祖风焉。刘世教尝赠诗云:湾环清泚带危楼,剥琢从多懒未酬。茗战渐疏三雅旧,书淫真拥百城游"①。除继承祖父藏书外,又喜刻书,刻书室曰复初斋。崇祯元年(1628)钟祖保复初斋刊其祖钟梁撰《西皋集存逸》十卷,上海图书馆、南京图书馆有藏。还刻其父钟夏撰《钟贵溪先生四体诗集》一卷,朱之弼撰《达隐先生独醉庵集》六卷《补遗》一卷。

(五)许相卿

许相卿(1479—1547) 字伯台,一字台仲,号九杞,自署云村老人。世居海宁黄山,因喜爱海盐紫云村山水胜地,"隐居茶磨山,以鹾籍乞隶海盐鲍郎场,得允,遂为澉浦人。更号云村病翁"②。"正德丁丑进士,授兵科给事中。嘉靖初,上书言事,大阉张锐、张忠,既论而赎。张钦,舍人李贤袭锦衣卫,指挥林司寇俊被螫,相卿争之力。寻自免……隐紫云山中,不迹城市。王阳明、湛甘泉诸先生雅慕重,往还劘切。"③"相卿为人豪迈,正直高视,一世林居三十年,海内咸倾仰之中,中外荐者以十数。嘉靖己亥以礼科给事中召起于家,部使者临门敦逼士道,相卿力以疾辞"④。"其卒也,闻人嘉言挽以诗云:'平生城市无双屐,何物荣衰到两眉。'盖实录也。"⑤"覃思坟籍,游心艺术"⑥,"所著《革朝志》《云村贻谋四则》行世"⑦。又"有《云村集》十卷"⑧。生平事迹参见《明史》卷二百八《列传第九十六·许相卿传》、明过庭训《本朝分省人物考》卷四十三《许相卿传》。

归里后隐居海盐茶磨山(即紫云山)中,筑舍名紫云居,屡召不应。清朱彝尊称:"云村澹于宦情,居紫云山四十年,风花雪瀑,游屐遍于岩椒,而不一入城市。"⑨其"高洁不群,博学好古,文章鸣世"⑩。又"喜读书,攻文词,于书无所不窥,而尤喜读

---

① (明)胡震亨撰:《海盐县图经》第十三卷《人物篇》,浙江古籍出版社2009年版,第346页。
② (明)董穀纂修:《续澉水志》卷七《隐逸》,见《四库全书存目丛书》编纂委员会:《四库全书存目丛书》史部,第186册,齐鲁书社1996年版,第469页。
③ (明)谈迁撰:《海宁珍稀史料文献丛书》编委会整理:《海昌外志》卷六《人物志·许相卿》(点校本),方志出版社2009年版,第176页。
④ (明)徐象梅撰:《两浙名贤录》卷四十三《给谏台伯仲相卿》,《浙江文丛》本,浙江古籍出版社2012年版,第1115页。
⑤ (清)朱彝尊著,姚祖恩编,黄君坦校点:《静志居诗话》卷十一《许相卿》,人民文学出版社2006年版,第295页。
⑥ (明)徐象梅撰:《两浙名贤录》卷四十三《给谏台伯仲相卿》,《浙江文丛》本,浙江古籍出版社2012年版,第1115页。
⑦ (明)谈迁撰:《海宁珍稀史料文献丛书》编委会整理:《海昌外志》卷六《人物志·许相卿》(点校本),方志出版社2009年版,第176页。
⑧ (清)钱谦益著:《列朝诗集小传》丁集上《许给事相卿》,上海古籍出版社1959年版,第406页。
⑨ (清)朱彝尊著,姚祖恩编,黄君坦校点:《静志居诗话》卷十一《许相卿》,人民文学出版社2006年版,第295页。
⑩ (明)董穀纂修:《续澉水志》卷七《隐逸》,见《四库全书存目丛书》编纂委员会:《四库全书存目丛书》史部》,第186册,齐鲁书社1996年版,第469页。

秦汉间书,凡忠臣孝子、悌弟贞妇,辄心存笔记藏之紫云山中,郡邑志多采录者”[①]。“筑室紫云山中,食力咏志,殚思坟籍”[②],“谢客隐居三十余年,收藏图书万卷”[③]。《万历嘉兴府志》载,明万历东阁大学士于慎行有诗赞云:

紫云峰下石为闾,尚想幽人旧隐居。
避谷青春违禁闼,移家白首寄樵渔。
名标吴国先贤传,手校西京太史书。
此日绨囊余谏草,台郎封事满公车[④]。

许氏藏书处曰明德堂。其遗书由其子闻造所收藏。

相卿子许闻造(1538—?),字长儒,号星石,海盐人。明万历四年(1576)丙子举人。任河间推官,擢贵州道监察御史。著有《地理纂要》《许氏家乘》《盈缶集》《蚕谱》等。继承其父藏书,“又购图籍万余卷”[⑤]。“嘉靖二十九年刻印其父许相卿《云村集》十四卷”[⑥]及自撰《先谏议云村府君遗事》《浙许云村先生年谱》《贲隐存编》等。

(六)郑晓父子进士

郑　晓(1499—1566)　字窒甫,号淡泉,一号名臣,海盐武原镇人。履准、履淳父,项笃寿岳父。“生有异资,十二遍读经传诸史”[⑦]。“自少尝游九边要害”[⑧]。“嘉靖元年举乡试第一。明年成进士,授职方主事。日披故牍,尽知天下厄塞,士马虚实强弱之数。尚书金献民属撰《九边图志》,人争传写之。以争‘大礼’廷杖。大同兵变,上疏极言不可赦。张孚敬柄政,器之,欲改置翰林及言路,晓皆不应。父忧归,久之不起”[⑨]。历官吏部左侍郎、南京吏部尚书、右都御史、刑部尚书,官至兵部尚书。为严嵩所恶,落职归。据《明史》载:“晓通经术,习国家典故,时望蔚然。为权贵所扼,志不尽行。既归,角巾布衣与乡里父老游处,见者不知其贵人也。既卒,子履淳

---

① (明)许闻造撰:《礼科给事中许公相卿行述》,见(明)焦竑辑:《焦太史编辑国朝献征录》卷八十,见《四库全书存目丛书》编纂委员会:《四库全书存目丛书》史部,第104册,齐鲁书社1996年版。第401页。

② (明)刘应钶修,(明)沈尧中纂,嘉兴地方志办公室编校:《万历嘉兴府志》卷十九《乡贤二》,上海古籍出版社2013年版,第334页。

③ 李玉安、黄正雨编著:《中国藏书家通典·明》,中国国际文化出版社2005年版,第217页。

④ (明)于慎行《读许村先生小传有述》,见(明)谈迁撰:《海宁珍稀史料文献丛书》编委会整理:《海昌外志》卷六《人物志·许相卿》(点校本),方志出版社2009年版,第176页。

⑤ 李玉安、黄正雨编著:《中国藏书家通典·明》,中国国际文化出版社2005年版,第217页。

⑥ 瞿冕良编著:《中国古籍版刻辞典》之《许闻诰》,苏州大学出版社2009年版,第273页。

⑦ (明)胡震亨撰:《海盐县图经》第十三卷《人物篇》,浙江古籍出版社2009年版,第347页。

⑧ (清)盛枫著:《嘉禾征献录》卷九《郑晓》,己巳(1989)秋日江苏广陵古籍刻印社据清刊本影印本。

⑨ (清)张廷玉等纂修:《明史》卷一百九十九《列传第八十七·郑晓传》,中华书局1974年版,第5271—5272页。

等讼晓御倭功于朝,诏复职。隆庆初,赠太子少保,谥端简。……亦不愧名臣云。"①郑晓精通经学、术数,"谙悉掌故,博洽多闻,兼资文武,所在著效"②,善诗,著作颇丰,传世佳作亦不少。"所著有《吾学编》《古言》《今言》《奏议》《文集》《诸经解》行于世"③。其中《吾学编》仿正史体例,为纪传体史书,记洪武以迄嘉靖各朝史事,分纪、传、表、述、考,共十四篇六十九卷。计有《大政记》《建文逊国记》《同姓诸王表传》《异姓诸侯表传》《直文渊阁诸臣表》《两京典铨尚书表》《名臣记》《逊国臣记》《天文述》《地理述》《百官述》《四夷考》《北虏考》等。《吾学编》统记一代史事,"颇为简便,材料亦丰富翔实,谈迁著《国榷》,对此书多有所称引"④。《吾学编》一书,清代列入禁毁书目。另曾校定《皇明名臣言行录后集》,参订贺钦所撰《医闾先生集》等。郑晓的著作大都传世,据王重民《中国善本书提要》,许多原刻本均流散到美国国会图书馆收藏。生平事迹参见明戚元佐《刑部尚书端简郑公晓传》、明过庭训《本朝分省人物考》卷四十五《郑晓传》。

郑晓"博览群籍,性喜收藏,故淡泉书屋、独寤园之内,所藏图籍颇为丰富"⑤。致仕归故乡海盐武原镇后,居百可园,以著述藏书为乐,所藏图书典籍甚富,藏书达万卷。清人张宗柟曰:"吾乡前辈,在明神庙时,推孝辕先生(胡震亨)为博雅第一。储藏古籍与郑端简公(郑晓)埒,遗编流转,印记宛然。愚少时尚及睹其一二,今尽散入《云烟过眼录》中矣。"⑥尝藏有明覆元本《元文类残》六十九卷,张元济云:"考卷末钤印,知为吾邑郑端简旧藏。端简名晓,字淡泉,嘉靖癸未进士,官至刑部尚书,忤严嵩落职,著有《吾学编》《今言类编》《古言类编》等书行世。藏印:'淡泉''大司寇章'"等⑦;明版《吕氏春秋》二十六卷,"明郑晓藏本,有'淡泉''大司寇章'二印,晓字窒甫,号淡泉,海盐人。嘉靖元年举乡试第一,明年成进士,由职方主事,历官刑部尚书,以忤严嵩之故,坐事落职。隆庆初赠太子少保,谥端简,《明史》有传"⑧;明嘉靖十二年(1533)嘉定张沂重刊本《皇明风雅》四十卷,有嘉靖癸未徐泰自序,"刻本精雅。钤有'淡泉''大司寇章'二印,明郑晓藏书"⑨;又明弘治辛亥刻本《嘉祐集》

---

① (清)张廷玉等纂修:《明史》卷一百九十九《列传第八十七·郑晓传》,中华书局1974年版,第5274页。

② (清)张廷玉等纂修:《明史》卷一百九十九《列传第八十七·郑晓传》,中华书局1974年版,第5274页。

③ (明)刘应钶修、(明)沈尧中纂,嘉兴地方志办公室编校:《万历嘉兴府志》卷十九《乡贤二》,上海古籍出版社2013年版,第334页。

④ 傅璇琮、谢灼华主编:《中国藏书通史》,宁波出版社2001年版,第710页。

⑤ 《明代的私人藏书·郑晓与淡泉书屋、独寤园》,见任继愈:《中国藏书楼》中编《中国藏书楼发展史》,辽宁人民出版社2010年版,第997页。

⑥ (清)叶昌炽著,王欣夫补正,徐鹏辑:《藏书纪事诗》卷三,上海古籍出版社1989年版,第275页。

⑦ 张元济《涵芬楼烬余书录》史部《编年通载》,见张元济著:《张元济全集》第8卷《古籍研究著作》商务印书馆2009年版,第446页。

⑧ (清)于敏中等撰:《天禄琳琅书目》卷九,见《清人书目题跋丛刊十》,中华书局1995年版,第185页。

⑨ 傅增湘撰:《藏园群书经眼录》卷十八《集部七》,中华书局1983年版,第1545页。

十五卷,“顾千里校宋本有跋,明郑端简所藏。有‘淡泉’朱文长方印、‘大司寇章’朱文大方印、‘凝云深处清暇奇观’朱文大长方印、‘海濒逸民平泉郑履准凝云楼书画之印’”等印①;明正德四年(1509)司礼监刊本《大明会典》一百八十卷,明徐溥等奉敕编撰,李东阳等重校,日本御茶之图书馆有藏,为郑晓旧藏,初刊初印,白棉纸本,卷中有“淡泉”“大司寇章”朱文印记②。今美国国会图书馆藏明嘉靖间刻本《古言二卷》二册,原题“海盐郑晓”;又该馆藏明司礼监刻本《新编古今事文类聚》前集六十卷、后集五十卷、续集二十八卷、别集三十二卷、新集三十六卷、外集十五卷,一百三十册,此书为就元版翻刻者,卷内有“淡泉”“大司寇章”“凝云深处清暇奇观”“海濒逸民平版凝云楼书画之印”等藏书印,可知是郑晓所藏之物。今中国国家图书馆所藏善本古籍《嘉靖事例》,明范钦编订,明钞本,卷内有“淡泉”“大司寇章”“浙西郑晓图书印”“凝云深处清暇奇观”“海濒逸民平泉郑履准凝云楼书画之印”“秀水朱氏潜采堂图书”等印章;今中国国家图书馆藏《西域行程记》《北虏事迹》《西番事迹》二书,皆郑晓独寤园钞本,下书口亦刻“淡泉书屋”四字,后归秀水朱彝尊。由此可知,郑晓所藏书中,自钞本占有一定比重。

其百可园、淡泉书屋、独寤园是明代著名的藏书楼。

郑晓藏书印有浙西郑晓图书印、淡泉、大司寇章等。

郑履淳(1536—?)　初名贤录,字伯寅,一字叔初,海盐人。“端简公晓长子,海盐人。嘉靖壬戌进士,授刑部主事,转尚宝司丞。隆庆中,上疏指乘舆刺城社,廷杖。系狱,释为民”③,“万历改元,起尚宝承,寻迁光禄寺少卿。会有德藩差,便道归省,卒于家。所著有《衡门》”④,《郑少卿文集》四卷,《郑端简公年谱》八卷《附录》一卷。《明史》卷二百十五《列传第一百三》、明徐象梅《两浙名贤录》卷二十五等有其传。

履淳承父业,亦喜藏书。居家时,“杜门却轨,拥书一编自娱。乡人罕见其面”⑤。郑氏父子藏书处除百可园外,还有凝云楼、淡泉书屋、独寤园等。

郑履准(生卒年未详)　晓次子。字叔平,亦有藏书楼为凝云楼。因继承其父遗书,故郑氏许多藏书中,先后钤有淡泉及凝云楼的藏书印记。据《藏园群书经眼录》载:“《晋溪奏议》八卷,明王琼撰,四厚册。明写本,棉纸蓝格,十三行二十二字,郑晓藏书。……钤明印三方:‘浙西郑晓图书’‘海濒逸民平泉郑履准凝云楼书画之

---

① (清)缪荃孙著,黄明、杨同甫标点:《艺风藏书记》卷六,上海古籍出版社2007年版,第412页。

② 严绍璗编著:《日藏汉籍善本书录·史部·政书类》,中华书局2007年版,第67页。

③ (明)过庭训撰:《本朝分省人物考》卷十五《补遗·郑履淳》,见《续修四库全书》编纂委员会、复旦大学图书馆古籍部编:《续修四库全书》第534册,上海古籍出版社2003年版,第216页。

④ (明)刘应钶修、(明)沈尧中纂,嘉兴地方志办公室编校:《万历嘉兴府志》卷十九《乡贤二》,上海古籍出版社2013年版,第335页。

⑤ (明)刘应钶修、(明)沈尧中纂,嘉兴地方志办公室编校:《万历嘉兴府志》卷十九《乡贤二》,上海古籍出版社2013年版,第335页。

印''凝云深处清暇奇观'朱文大长印。"①

另有藏书印即凝云深处清暇奇观、海濒逸民平泉郑履准凝云楼书画之印等。

（七）闻人铨

闻人铨（生卒年不详）　一作闻人诠，字邦正，号北江，嘉兴人，寓居余姚。闻氏为王"守仁姑表弟。守仁在江西时，诠与兄闰致书问学，守仁均复之"②。登"嘉靖丙戌进士，除宝应知县，擢山西道御史"③，"巡视山海关，缮修城堡，以大计者四万余，民不知劳。为南京提学御史"④，累官至湖广副使。著有《芷兰集》《东关图》《南畿志》等。编纂《宝应县志略》，嘉靖十七年（1538）是书刊行于世，今海内仅宁波天一阁藏书楼存一孤本。《乾隆绍兴府志》卷四十八、《嘉庆山阴县志》卷十四等有其传。

闻氏雅好藏书，任南畿提学御史期间，利用其藏书，"以士无实学，校刻《五经》《三礼》《旧唐书》行于世。随与钱德洪等定《阳明文录》"⑤，并刻印行世，"为明代著名刻书家，刊刻之书为明刻书之精品"⑥。朱彝尊亦称：闻公"邦正著录阳明之门，撰《饮射图解》，又雕刘昫《旧唐书》行世，津津好古，不易得也"⑦。其刻《旧唐书》二百卷，又称《唐书》，与北宋欧阳修等撰《新唐书》对称，改称《旧唐书》。是书初刊于北宋咸平三年（1000），嘉靖十七年（1538）闻人铨以宋残本互补、重刊，书复得以流传。目录至卷三为前人墨笔抄补，小字精整，叶德辉称为明人刻书之"精品"。此本一出，恒受重视，历经数百年，品相颇佳，原装函套，颇显珍贵。此书四十册，蒋光焴衍芬草堂旧藏，今藏浙江图书馆。曾参与《阳明文录》的校订和刊印，今美国国会图书馆藏明嘉靖间刻本《周礼注疏》四十二卷，四十册，即为其校正。此外所刻之书尚有《甘泉文集》《艺文类聚》《礼记集说》等。

（八）钱　薇

钱　薇（1502—1554）　字懋垣，一字采之，别号海石，嘉兴人。登"嘉靖壬辰进士，除行人。擢礼科给事中，转右给事中"⑧，为疏南巡，斥为民，既归，"杜门著书，授徒讲学，海戍苦于飞挽，陈议当道蠲之倭寇，陈亡积尸千余，舍田葬之，有屯田、法河、

---

① 傅增湘撰：《藏园群书经眼录》卷四《史部二》，中华书局 1983 年版，第 332 页。

② 余姚市地方志编纂委员会编：《余姚市志》，浙江人民出版社 1993 年版，第 939 页。

③ （清）朱彝尊著，姚祖恩编，黄君坦校点：《静志居诗话》卷十二《闻人铨》，人民文学出版社 2006 年版，第 327 页。

④ （清）嵇曾筠、李卫等修，（清）沈翼机等纂：《雍正浙江通志》（四）卷一百六十九《人物六·闻人铨》，浙江省地方志编纂委员会编：《中国地方志集成·省志辑·浙江》（6），凤凰出版社 2010 年影印本，第 534 页。

⑤ （清）王国安等修，（清）黄宗羲、张衡纂：《康熙浙江通志（二）》卷三十二《人物·闻人铨》，见凤凰出版社编选：《中国地方志集成·省志辑·浙江（2）》，凤凰出版社 2010 年版，第 265 页。

⑥ 余姚市地方志编纂委员会编：《余姚市志》，浙江人民出版社 1993 年版，第 939 页。

⑦ （清）朱彝尊著，姚祖恩编，黄君坦校点：《静志居诗话》卷十二《闻人铨》，人民文学出版社 2006 年版，第 327 页。

⑧ （清）陈田辑撰：《明诗纪事·戊签》卷十八《钱薇》，上海古籍出版社 1993 年版，第 1753 页。

市舶诸奏议,卒后,追赠太常少卿"[①]。受业湛若水,其"泊然自守。与同年生蒋信辈朝夕问学"[②],"所著有《承启堂稿》《国朝名臣事实》《备辽策》《河套议》《海防略》藏于家"[③]。《明史》卷二百八《列传第九十六》、明徐象梅《两浙名贤录》卷二十五及《雍正浙江通志》卷一百五十八《人物一》等有其传。

钱薇为政"独秉法守礼,坦然从事,故牍如麻,手自校勘,终日不倦",又好藏书,"退即展玩书史集"[④]。又"集乡里晚进与讲学,足迹不及公府。倭患起,请于巡抚王忬,集兵为备。乡人德之"[⑤]。

其藏书处为承启堂,有《承启堂稿》(又名《海石集》)二十九卷,由《四库总目》行于世。

(九)胡宪仲

胡宪仲(1514—1553)　初名宪,字文征,号仰崖、仰厓,世居嘉兴海盐县城虹桥里。颜[⑥]子。"少倜傥负大志,尝上书督学使者求试,书千言,引韩退之、苏子瞻自况。"[⑦]《万历嘉兴府志》载,宪仲"资禀豪迈,才识绝人。晓畅经史,旁及古文诗赋。从郑端简公游,公一见奇之,文日益有名"[⑧]。中"嘉靖丁酉举人,改名宪仲,庚戌进士"[⑨]。官南京刑部主事,惜翌年卒于官,"所著《仰崖集》《四书讲义》藏于家"[⑩]。《光绪海盐县志》卷十五等有其传。

胡宪仲博览今古,雅好藏书,"少博雅,工古诗文,浸淫秦汉晋魏,风骨挥洒之誉一时。……闲曹仲益喜读书,邸舍下帷篝灯如诸生,贷子钱买古载籍淫诵之"[⑪]。又

---

① (明)过庭训撰:《本朝分省人物考》卷四十五《钱薇》,见《续修四库全书》编纂委员会、复旦大学图书馆古籍部编:《续修四库全书》第534册,上海古籍出版社2003年版,第196页。

② (清)张廷玉等纂修:《明史》卷二百八《列传第九十六·钱薇传》,中华书局1974年版,第5508页。

③ (明)戚元佐《钱薇传》,见(明)焦竑辑:《焦太史编辑国朝献征录》卷八十,《续修四库全书》编纂委员会、复旦大学图书馆古籍部编:《续修四库全书》第529册,上海古籍出版社2003年版,第331页。

④ (明)蒋信《礼科给事中迁右给事中钱公薇墓表》,见(明)焦竑辑:《焦太史编辑国朝献征录》卷八十,《续修四库全书》编纂委员会、复旦大学图书馆古籍部编:《续修四库全书》第529册,上海古籍出版社2003年版,第330页。

⑤ (清)张廷玉等纂修:《明史》卷二百八《列传第九十六·钱薇传》,中华书局1974年版,第5509页。

⑥ 按:胡颜(约1488—1572),字希仁,"布衣,教授里中,独好吟咏,晚而性益豪"。谓嗜诗如命。在举世醉心科举之明代社会,胡颜安于淡泊,不慕荣利,极其难能可贵。胡震亨一生于利禄不大热衷,与其祖父胡颜不无渊源。

⑦ (清)嵇曾筠、李卫等修,(清)沈翼机等纂:《雍正浙江通志》(四)卷一百七十九《人物六·胡仲宪》,浙江省地方志编纂委员会编:《中国地方志集成·省志辑·浙江》(6),凤凰出版社2010年影印本,第683页。

⑧ (明)刘应钶修,(明)沈尧中纂,嘉兴地方志办公室编校:《万历嘉兴府志》卷十九《乡贤二》,上海古籍出版社2013年版,第335页。

⑨ (清)盛枫著:《嘉禾征献录》卷二十四《胡宪》,己巳(1989)秋日江苏广陵古籍刻印社据清刊本影印本。

⑩ (明)徐象梅撰:《两浙名贤录》卷四十《刑部主事胡文征宪仲》,《浙江文丛》本,浙江古籍出版社2012年版,第1029页。

⑪ (明)徐象梅撰:《两浙名贤录》卷四十《刑部主事胡文征宪仲》,《浙江文丛》本,浙江古籍出版社2012年版,第1029页。

曾"游郑端简之门,博览今古,益留心经济。在都手抄列圣史录,搜览六曹百司掌故奏议方乘诸书,蕲悉概于中见之行事"[①]。尝藏影钞宋本《春秋繁露》十七卷,汉董仲舒撰,四册。张元济记曰:"是书旧藏吾邑胡宪仲家。按宪仲字文征,嘉靖庚戌进士,御俺答倭寇有功,官终南京刑部主事。胡震亨之祖也。藏印'胡宪仲印''庚戌进士''西泖陈氏家藏''略观大意'"等[②]。

藏书处曰好古堂,其《好古堂书目》,分经、史、子、集四类,已佚。胡宪仲所藏之书皆传至其子彭述及孙震亨。

胡宪仲子胡彭述,字信甫,海盐武原镇人。因所藏多为秘册异书,名噪一时,编有《好古堂书目》,《海盐县志》载:"家世为塾师,自诚斋府君讫仰厓府君(胡宪仲)凡四世,虽隐显不同,而其雅好均类于华,以故藏书几至万卷,亦云盛矣!"[③]

胡宪仲孙震亨,"字孝辕,海盐人。才识通敏,为诸生即以经济自负。万历丁酉,举于乡,数上公车,不遇,知合肥县。吏治之余,留意韬钤,尝与刘綎论兵,老将心折。时议举震亨边才,不果。崇祯季年,荐补定州知州,以城守功擢兵部职方司员外郎,乞归"[④]。震亨承其家学,"才高学博,于书无所不读,尤好究心治术"[⑤]。一生嗜书如命,除先世旧藏外,自己有所增益,"藏书万卷,日夕搜讨,凡秘册僻本,旧典佚事,遗误鲁鱼漫漶者不可句读者,无不补掇扬推,称博物君子。所著《唐诗统签》《海盐图经》《续文选》《靖康咨鉴录》,凡海虞毛氏书,多震亨所编定也"[⑥]。其藏书详见《嘉兴藏书史》。

胡震亨刻书之名尤著,以其为代表的一批嘉兴刻书家刊印的丛书,世人瞩目。其刊刻的图书有《秘册汇函》《道德指归图》《幽兰居士东京梦华录》《海盐图经》《读书杂记》《闰余》《唐诗丛谈》《续文选》《靖康咨鉴录》等。

(十)包柽芳祖孙进士

包柽芳(1534—1596) "字子柳,别号瑞溪,先世为郡之嘉兴人。自唐包佶以诗

---

① (清)嵇曾筠、李卫等修,(清)沈翼机等纂:《雍正浙江通志》(四)卷一百七十九《人物六·胡仲宪》,浙江省地方志编纂委员会编:《中国地方志集成·省志辑·浙江》(6),凤凰出版社2010年影印本,第683页。

② 张元济《涵芬楼烬余书录》,见张元济著:《张元济全集》第8卷《古籍研究著作》,商务印书馆2009年版,第207页。

③ (清)王彬修,(清)徐用仪纂:《光绪海盐县志》卷十八《人物四·孝义》,见上海书店出版社编:《中国地方志集成·浙江府县志辑》(21),上海书店出版社2011年版,第929页。

④ (清)嵇曾筠、李卫等修,(清)沈翼机等纂:《雍正浙江通志》(四)卷一百七十九《人物六·胡震亨传》,浙江省地方志编纂委员会编:《中国地方志集成·省志辑·浙江》(6),凤凰出版社2010年影印本,第685页。。

⑤ (清)王彬修,(清)徐用仪纂:《光绪海盐县志》卷十五《人物传》,见上海书店出版社编:《中国地方志集成·浙江府县志辑》(21),上海书店出版社2011年版,第837—838页。

⑥ (清)嵇曾筠、李卫等修,(清)沈翼机等纂:《雍正浙江通志》(四)卷一百七十九《人物六·胡震亨传》,浙江省地方志编纂委员会编:《中国地方志集成·省志辑·浙江》(6),凤凰出版社2010年影印本,第685页。

名显，而宋孝肃以忠直称名臣，包氏遂为海内甲族，入国朝簪缨益盛。高祖俊封南京礼部郎中，曾祖鼎池州知府，祖漶赠湖广按察使司佥，父汴四川布政司参议。”①明嘉靖三十四年（1555）乙卯“与父汴同举于乡，旋成进士，知魏县，迁刑部主事，徙仪制员外郎，转郎中”②，擢贵州按察副使督学政，致仕归。“子世杰，万历壬午登科。孙鸿逵，己酉省元，庚戌进士。文献之盛，诸名族无与比者。”③生平事迹参见明徐象梅《两浙名贤录》卷四十二《池州府知府包汝调鼎附》。

包氏雅好藏书，读书成癖，归里后，“在家则扫一室，左右图书，日娱其中”④。《玉剑尊闻》云：“包柽芳字子柳，嘉兴人。喜书，闻有异本，即僻巷环堵，必徒步相访。得之，则分命左右传写，手自摘录，垂丙夜不休。客至，散帙纵横，几案间几无所布席，而了不为异。”⑤“既为诸生，读书东塔僧舍，齑监自怡，一灯丙夜，诵读不休。”⑥

包柽芳不仅藏书，亦喜刻书，在浙江的刻书史上有一定地位。明嘉兴刻本《大慧普觉禅师年谱》一卷，卷末刊有“嘉兴包柽芳施银十两刻年谱一卷”⑦两行。

包柽芳藏书由其孙包鸿逵递藏。

包鸿逵（生卒年不详）　字振端，号仪甫，嘉兴人。“万历己酉顺天乡试第一，登庚戌会魁进士。授湘潭令，时湘潭积弊选人多避焉，鸿逵至”⑧，察访民情，兴利除弊，为乡里尽力。又为地方主修《县志》，人称“万历志”或“包志”。《玉剑尊闻》载：“包柽芳字子柳，嘉兴人，位至学宪。孙鸿逵，登进士，为湘潭令”⑨，“有《治潭纪事录》，重修《湘潭志》，壬子、乙卯两充本省同考，行取兵科给事中，未赴，卒于官”⑩。《康熙浙江通志》卷三十一有其传。

鸿逵才性敏慧，有祖父之风，喜藏书，于“理学、经济、诗文、内典无不欲踞上流。

---

① （明）冯梦祯撰：《快雪堂集》卷十八《贵州按察司副使提督学校包瑞溪先生洎配曹宜人行状》，见《四库全书存目丛书》编纂委员会编：《四库全书存目丛书》集部，第164册，齐鲁书社1997年版，第296页。

② （清）许瑶光修，吴仰贤等纂：《光绪嘉兴府志》卷五十《嘉兴列传·包柽芳》，见《中国地方志集成·浙江府县志辑》（13），上海书店出版社1993年版，第388页。

③ （明）李绍文著：《云间人物志》卷之四《包瑞溪》，见柳永翔等整理：《明清上海稀见文献五种》，人民文学出版社2006年版，第216页。

④ （明）冯梦祯撰：《快雪堂集》卷十八《贵州按察司副使提督学校包瑞溪先生洎配曹宜人行状》，见《四库全书存目丛书》编纂委员会编：《四库全书存目丛书》集部，第164册，齐鲁书社1997年版，第299页。

⑤ （清）叶昌炽著，王欣夫补正，徐鹏辑：《藏书纪事诗》卷三，上海古籍出版社1989年版，第303页。

⑥ （明）冯梦祯撰：《快雪堂集》卷十八《贵州按察司副使提督学校包瑞溪先生洎配曹宜人行状》，见《四库全书存目丛书》编纂委员会编：《四库全书存目丛书》集部，第164册，齐鲁书社1997年版，第296—301页。

⑦ 王文进撰，柳向春标点：《文禄堂访书记》卷第三，上海古籍出版社2007年版，第230页。

⑧ （明）罗炌修，（明）黄承昊纂：《崇祯嘉兴县志》卷十三《包鸿逵》，书目文献出版社1991年版，第541页。

⑨ （清）梁维枢撰：《玉剑尊闻》卷三《文学》，见《续修四库全书》编纂委员会、复旦大学图书馆古籍部编：《续修四库全书》第1175册，上海古籍出版社2003年版，第265页。

⑩ （清）盛枫著：《嘉禾征献录》卷十九《包鸿逵》，己巳（1989）秋日江苏广陵古籍刻印社据清刊本影印本。

卒以是疲包氏。自宪副汴、学宪柽芳、泗守世杰,至鸿逵四世蝉联,而绝无贵介习。每以真实廉慈为民,真家有治邑之谱者,未授言路而卒,舆论惜之”[①]。

(十一)黄䆫祖孙四进士

黄　䆫(1522—1578)　字崇文,号邃泉,秀水人,居嘉之蒯塔坊。“其先人豫章人,洪武中自新淦谪戍广洋卫,改籍隶嘉兴千户所,数传生盛。成化丁酉举人,官礼部司务,䆫祖也”[②]。嘉靖丙午举于乡,“嘉靖丙辰进士,初主兵部事,里人为太宰,觊䆫祖址,啖以美官,䆫执不从,人称其劲。出守皖,毫无染,擢湖广副使。时有竹筒河之役,䆫实董之,汉、沔获安。寻改贵州,上疏乞归”[③]。其“子正色、洪宪,孙承玄、承幹、承昊皆以显官著名当时”[④]。《崇祯嘉兴县志》卷十三、《康熙浙江通志》卷三十一等有其传。

归里后,“居家以节俭闻”,“以图籍自娱”[⑤],“尝诫诸子曰:‘不大节者不大廉,不薄享者不厚余。’人以为名言。子正色,宪副;洪宪,少詹事。孙承玄,漕河大参;承幹,中万历庚子顺天乡试。簪缨相继,俱有令名”[⑥]。

黄洪宪(1541—1600)　黄䆫子。字懋忠,别号葵阳,别署碧山居士,人称葵阳先生。“秀水人,居嘉兴之蒯塔坊,举隆庆丁卯省第一,辛卯礼部试第二,选翰林院庶吉士,授编修,满九年考升侍读,寻升右春坊、庶子兼侍读。间岁,升詹事府少詹事兼侍读学士,予告归。”“归十余年,颜其堂曰硕宽,以志不通长安书,不为人开说,不治家人业,笃撰著甚富,已行者有《碧山学士集》《左传释附輶轩录》及举业诸书。尤怜才多鉴识,一经许可百计培持,师友子姓无不藉以成名。”[⑦]“晚年斫轮枝痒,犹时复游戏,刻有黄学士宦中稿,当在副使公忧中,有《易说》、《春秋左传释》附《老子解》、《蒙庄独契》、《读礼日抄》诸书,迨归田后,有《秀水邑志》《碧山学士集》《皇明文宪》俱杀青,未竟藏于家。”[⑧]《万历嘉兴府志》载,“所著有《皇朝文宪》《朝鲜典志》《銮坡制

---

① (明)罗炌修,(明)黄承昊纂:《崇祯嘉兴县志》卷十三《包鸿逵》,书目文献出版社1991年版,第541页。

② (清)盛枫著:《嘉禾征献录》卷二《少詹詹事府黄䆫》,己巳(1989)秋日江苏广陵古籍刻印社据清刊本影印本。

③ (明)刘应钶修,(明)沈尧中纂,嘉兴地方志办公室编校:《万历嘉兴府志》卷十八《乡贤一》,上海古籍出版社2013年版,第325页。

④ (清)任之鼎修,(清)范正辂纂:《康熙秀水县志》卷五《先达·黄䆫》,见《中国地方志集成·浙江府县志辑》(31),上海书店出版社1993年版,第891页。

⑤ 倪禹功著:《嘉秀藏家集录》卷一《明·硕宽堂黄氏》,上海辞书出版社2011年据倪氏手稿影印,第17页。

⑥ (明)刘应钶修,(明)沈尧中纂,嘉兴地方志办公室编校:《万历嘉兴府志》卷十八《乡贤一》,上海古籍出版社2013年版,第325页。

⑦ (明)罗炌修,(明)黄承昊纂:《崇祯嘉兴县志》卷十四《文苑·黄洪宪》,书目文献出版社1991年版,第573页。

⑧ (明)王兆云撰:《皇明词林人物考》卷十二《姓氏补遗·黄懋忠洪宪》,见《续修四库全书》编纂委员会、复旦大学图书馆古籍部编:《续修四库全书》第532册,上海古籍出版社2003年版,第773页。

草》《学易详说》《学诗多识》《碧山学士稿》各若干卷。今祀乡贤”①。生平事迹参见明王锡爵《少詹葵阳黄公洪宪神道碑》、明过庭训《本朝分省人物考》卷十五《黄洪宪传》及《雍正浙江通志》卷一百七十九《人物六·黄洪宪传》。

黄洪宪“少善病，攻苦绩学，于书无所不窥，足不出户，人不知为世胄也。隆庆丁卯乡试第一。又三年，举南宫，授中秘，文章冠天下”。晚年“日与故人门生读书谈道，杜门却轨，又十余年，卒。宪端谨醇厚，生平不设城府，至其取予严于一介。初为编修，时使朝鲜归正，止携图书数卷。诸牢醴庭，实皆籍记，遗译者，谢却之，朝鲜人为立却金亭”②。特别是归里后，以读书、藏书、刻书、著书为乐，“购书都市中，后沈骐《咏碧山居诗》有相传学士独藏书之句，故知硕宽堂中亦多收贮”③。“曾购藏大型笔记小说《稗统》及其后编和续编，后归常熟赵用贤松石斋。万历二十六年刻印过自撰《碧山学士集》二十一卷、《别集》四卷”④。

藏书处为硕宽堂。黄洪宪编有《黄葵阳家藏书目》，佚，《脉望馆书目》著录。

黄承玄（1564—1614后）　一作名承元，字履常，一字宇参，明秀水人。“洪宪之子，登万历丙戌进士，以水部郎治河张秋，总河杨服其能，特疏移之中河，而河以治满，九年考晋湖广参知，以熟谙河事调济宁。会黄流南徙运道复塞，玄周咨荒度，尽得源委，浚泇之议实经故焉。以忧归，服阙。补湖西分巡”⑤，“以右副都御史巡抚福建，赠工部左侍郎”⑥。著有《河漕通考》二卷、《两台奏草》、《盟鸥堂集》十四卷、《安平镇志》十一卷等⑦。

承玄承父志，喜藏书，藏书室名曰盟鸥堂，“刻印过冯惟讷辑《诗纪》一百三十卷《前集》十卷《附录》一卷《外集》四卷《别集》十二卷，尹台《洞麓堂集》三十八卷”⑧。

藏书处有硕宽堂、碧山居、礼石轩、明鸥堂等。

黄承昊（1576—约1645）　黄洪宪次子。字履素，号闇斋，自号乐白道人。明秀水人。万历三十七年（1609）己酉科应天举人，“万历丙辰进士，官大理事评”⑨，选授吏科给事中，转刑科右参，河南驿监副使，南瑞参政，官至闽海副使进广东按察使。

---

① （明）刘应钶修，（明）沈尧中纂，嘉兴地方志办公室编校：《万历嘉兴府志》卷十八《乡贤一》，上海古籍出版社2013年版，第325页。

② （明）刘应钶修，（明）沈尧中纂，嘉兴地方志办公室编校：《万历嘉兴府志》卷十八《乡贤一》，上海古籍出版社2013年版，第325页。

③ 倪禹功著：《嘉秀藏家集录》卷一《明·硕宽堂黄氏》，上海辞书出版社2011年据倪氏手稿影印，第17页。

④ 瞿冕良编著：《中国古籍版刻辞典》之《黄洪宪》，苏州大学出版社2009年版，第533页。

⑤ （明）罗炌修，（明）黄承昊纂：《崇祯嘉兴县志》卷十三《乡达·黄承玄》，书目文献出版社1991年版，第534页。

⑥ （清）盛枫著：《嘉禾征献录》卷二《少詹詹事府黄综》，己巳（1989）秋日江苏广陵古籍刻印社据清刊本影印本。

⑦ 倪禹功著：《嘉秀藏家集录》卷一《明·硕宽堂黄氏》，上海辞书出版社2011年据倪氏手稿影印，第18页。

⑧ 瞿冕良编著：《中国古籍版刻辞典》之《黄承玄》，苏州大学出版社2009年版，第532页。

⑨ （清）许瑶光修，吴仰贤等纂：《光绪嘉兴府志》卷五十二《秀水列传》，见《中国地方志集成·浙江府县志辑》（13），上海书店出版社1993年版，第481页。

"功业之外,修县志,补家乘,著有《律例析微》《读律参疑》《律例互考》三书,及《阐幽录》、《闇斋吟稿》、《乐白道人集》、《折肱漫谈录》九卷,评辑《薛立斋内科》十卷。承昊德配沈氏纫兰,亦工诗,有《效颦集》"①。

黄氏承其父业,好藏书,"家有秘书万卷,皆前人从西清异本手自校雠缮写成帙,而舅家项氏所藏唐宋名人手迹卷握之物,价值千金,今悉化为煨烬"②。倪禹功称:黄氏家族"至学士(黄洪宪)曾孙观只解元时,其家尚有秘书万卷,吴梅村祭酒谓其皆前人从西清异本校雠写成"③。倪氏《嘉秀藏家集录》载:"江苏国学图书馆藏有《碧山小学士集》,内计诗文十九卷,《承明应制稿》一卷,《中秘读书稿》上下二卷,《銮坡制草》四卷(一作《使朝鲜稿》,又名别集,卷数同),唯使《大梁稿》《归田稿》均不附入。共和丙子秋,嘉兴文献会中陈有书馆未刊稿钞本十二册。乾隆中八世孙浩曾录有副本,嘉兴县立图书馆藏有再钞本。"④

藏书处有白乐轩、闻籁轩,黄承昊又在春波里桥东筑有素园以藏书。

黄承昊亦刻书,曾刻《老子》,黄卯锡刻《明诗绝妙》,署名黄氏刻《铜人图经》等,《嘉兴市志》均著录。

(十二)严从简

严从简(生卒年不详)　字仲可,号绍峰,嘉兴人。"嘉靖己未进士。初游郡庠,每试辄优。督学孔文谷有'瑚琏明堂'之称。既登第,初仕行人,有事乐安王府,以金币馈,悉却不受。上敕以素有风力,转工科给事中"⑤,管盔甲厂,稽核严密,奄竖衔之,谪扬州同知,解绶归。《雍正浙江通志》卷一百九十《人物九》有其传。

严从简好藏书,喜刻书,其"为人坦率淳粹,真诚廉洁,嗜书不释卷,不事家产,没无所遗。生平嗜书不释卷,郡守王公请修郡志,业已就稿未及梓行,有《殊域周咨录》二十卷行世"⑥。辑刻过《使职文献通编》正编十卷外编十二卷。

(十三)沈元华

沈元华(1535—?)　一作玄华,字邃伯。秀水人。"嘉靖壬戌进士,除礼部主

---

① 倪禹功著:《嘉秀藏家集录》卷一《明·硕宽堂黄氏》,上海辞书出版社2011年据倪氏手稿影印,第18页。

② (清)吴伟业撰:《梅村集》卷二十五《黄观只五十寿序》,见嘉兴市数字图书馆电子版。

③ 倪禹功著:《嘉秀藏家集录》卷一《明·硕宽堂黄氏》,上海辞书出版社2011年据倪氏手稿影印,第18页。

④ 倪禹功著:《嘉秀藏家集录》卷一《明·硕宽堂黄氏》,上海辞书出版社2011年据倪氏手稿影印,第18页。

⑤ (明)罗炌修,(明)黄承昊纂:《崇祯嘉兴县志》卷十三《严从简》,书目文献出版社1991年版,第527—528页。

⑥ (明)罗炌修,(明)黄承昊纂:《崇祯嘉兴县志》卷十三《严从简》,书目文献出版社1991年版,第528页。

事。历官南太常卿，迁大理卿"①，"仕至南京大理寺"②。著有《舆地图志》《竹叶轩稿》等。《雍正浙江通志》卷一百七十九《人物六》、《万历嘉兴府志》卷十八等有其传。

沈元华"少嗜学，不事家人产。登第后，屡告休沐。杜门著述，性善饮，尝左持觞，右执卷，伊吾至丙夜，得意处，辄引满浮白，自适也。凡天文、地理靡不综究，尝考古今方舆，自唐虞三代以至国朝，其形胜、阨塞、要害皆有图说"③。由此记载可推测其家中藏书亦多。清王原祁《佩文斋书画谱》卷四十三有其传。

（十四）屠元沐

屠元沐（生卒年不详）　字沂春，嘉兴人。"嘉靖乙丑进士，授工部。万历乙亥转正郎，督理南河。丁外艰，起补张秋，节省多方具有成效。壬午升山东大参，赴任，屏去鼓吹所经郡邑，竟不知为宪使也。"④转广西按察使，益厉清节。进本省右布政使，乞休，加太仆寺卿致仕。生平事迹参见《雍正浙江通志》卷一百九十《人物九·屠元沐传》。

屠元沐致仕归里后，"杜门谢客，不异寒素。上令有司具礼存问。卒年八十有九，检其遗箧，只有残书数卷与敝袍断革带而已"⑤。

（十五）沈懋孝

沈懋孝（1537—1612）　字幼真，号晴峰，平湖人。嘉靖三十四年（1555）乙卯举于乡，"嘉靖壬戌会试以待养归，隆庆戊辰廷试二等改庶吉士，授编修，升修撰，甲午分考礼闱，拔沈尚实璟。壬午副考南京，拔王吏部士骐，迁南司业"⑥，"以科场伤事谪判两淮，遂拂衣归"⑦。"起河南巡抚，未任"⑧。致仕归里，退居淇林之上，以授徒讲学与著述为乐。其自言称："自二十五岁脱科举之习，侍养七年，无一日不探群籍，故入馆时已洞知作者门路。在馆二十五年，亦无一日不诵览，而力尝分。五十挂冠，

---

① （清）陈田辑撰：《明诗纪事·己签》卷十四《沈元华》，上海古籍出版社1993年版，第1205页。

② （明）罗炌修，（明）黄承昊纂：《崇祯嘉兴县志》卷十四《文苑·沈玄华》，书目文献出版社1991年版，第572页。

③ （明）罗炌修，（明）黄承昊纂：《崇祯嘉兴县志》卷十四《文苑·沈玄华》，书目文献出版社1991年版，第572页。

④ （明）罗炌修，（明）黄承昊纂：《崇祯嘉兴县志》卷十三《屠元沐》，书目文献出版社1991年版，第548页。

⑤ （明）罗炌修，（明）黄承昊纂：《崇祯嘉兴县志》卷十三《屠元沐》，书目文献出版社1991年版，第548页。

⑥ （清）彭润章等修，叶廉锷等纂：《光绪平湖县志》卷十五《人物·列传一·沈懋孝》，见上海书店出版社编：《中国地方志集成·浙江府县志辑》（20），上海书店出版社2011年版，第359页。

⑦ （明）过庭训撰：《本朝分省人物考》卷四十五《沈懋孝》，见《续修四库全书》编纂委员会、复旦大学图书馆古籍部编：《续修四库全书》第534册，上海古籍出版社2003年版，第207页。

⑧ （清）朱彝尊著，姚祖恩编，黄君坦校点：《静志居诗话》卷十五《沈懋孝》，人民文学出版社2006年版，第436页。

始一意勒成一家言，且忘其衰老矣。纂辑甚富，颇多散佚。”[①]“所著有《滴露轩藏稿》一卷，《洛诵编》二卷，《石林賁草》二卷，《四馀编》二卷，《贲园草》四卷，《水云绪编》三卷，《诗集》十卷名《淇林雅咏》。”[②]今北京图书馆藏其著《长水先生文钞》十卷，十册，为明万历间刻本。生平事迹参见明徐象梅《两浙名贤录》卷四十七《翰林院修撰沈懋孝》。

沈懋孝淹贯博学，同邑过庭训记其甚详：沈懋学“自幼明敏绝伦，读书数行俱下，一过目辄不忘，为文洋洋绕绕，宿学睹之皆避席。年十九举嘉靖乙卯乡试，列名第七，御史以不获冠”。“隆庆戊辰入对大廷，选翰林院庶吉士，馆中无簿书忧益得肆力于古文辞，历翰林院修撰，殿试南畿，所隽士最号得人，而程序亦脍炙人口。”[③]沈懋孝返回故里后，“退居淇林之上，授徒讲学，晚岁产益落，庭户萧然，拥书万卷，日丹黄其间，寒暑不辍，故学问博洽近代无比”[④]。又因博闻强记，为文豪拓，挥笔立就，人称“长水先生”。过庭训亦记云：“生平无他嗜，惟笃嗜图史，自金匮石室之书，以至名山大川之藏，无不搜罗，研究其博洽近代无比，故属文最富丽。典则每有乞其文者，辄伸纸疾书，不经构思、不加点窜，视其纸之长短竟纸乃已。与客谈古今事及品评子史，则议论风生，抵掌不倦，赋性超尘。外不问家人生产，即百金在前，顷刻散尽，以故家日落。里居近三十年，户外事绝不与闻，朝夕苦吟不减诸生时，所著有《长水集》行于世。”[⑤]尝自撰《滴露轩藏书记》云：“余年四十以事挂冠，亲老不得禄养，乃始坐轩中晨夕披诵，穷古作者之志，明古圣人之道。若乃左丘明、庄周、屈原、司马迁此四公，余心慕之，畏之，恐终不及矣。今年六十七始束书不观。弥览要妙轩中，但置竹几素琴小□青蒲如此而已。总平生书目，椟而缄之，乃为之记，忘其身之将老也，不知年数之不足也，自兹剩岁月听令乎玄宰，吾不知也，不问也。癸卯[⑥]三月三日记。”[⑦]

藏书与读书处为滴露轩、贲园。编有《平湖沈氏书目》一卷。

明万历间(1573—1620)沈懋孝刻印自撰《沈司成先生集》一卷、《沈司成先生全

① (清)嵇曾筠、李卫等修，(清)沈翼机等纂：《雍正浙江通志》(四)卷一百七十九《人物六·沈懋孝传》，浙江省地方志编纂委员会编：《中国地方志集成·省志辑·浙江》(6)，凤凰出版社2010年影印本，第685页。

② (清)彭润章等修，叶廉锷等纂：光绪《平湖县志》卷十五《人物·列传一·沈懋学》，见上海书店出版社编：《中国地方志集成·浙江府县志辑》(20)，上海书店出版社2011年版，第359页。

③ (明)过庭训撰：《本朝分省人物考》卷四十五《沈懋孝》，见《续修四库全书》编纂委员会、复旦大学图书馆古籍部编：《续修四库全书》第534册，上海古籍出版社2003年版，第207页。

④ (清)彭润章等修，叶廉锷等纂：光绪《平湖县志》卷十五《人物·列传一·赵汉》，见上海书店出版社编：《中国地方志集成·浙江府县志辑》(20)，上海书店出版社2011年版，第359页。

⑤ (明)过庭训撰：《本朝分省人物考》卷四十五《沈懋孝》，见《续修四库全书》编纂委员会、复旦大学图书馆古籍部编：《续修四库全书》第534册，上海古籍出版社2003年版，第207页。

⑥ 按：癸卯，即明万历三十一年(1603)癸卯年。

⑦ (明)沈懋孝撰：《滴露轩藏书记》，见(清)黄宗羲编：《明文海》卷三百三十四《记》，第4册，中华书局1987年版，第3433页。

集》十六卷,中国国家图书馆均有藏。所著有《淇林雅咏》《滴露轩藏稿》《洛诵编》《水云绪编》《贲园草》《四馀编》《石林蒉草》《长水集》《类苑总目》《文林合璧》《周易程朱传义笺》《周易四圣象辞》《周易博议》《沈太史文钞》《引导图诀》等。

(十六)会元冯梦祯

冯梦祯(1548—1605)　字开之,号具区,又号景纯,别署真实居上,"秀水人,居家之北版坊。万历丁丑会试第一。为文一洗时荃,独追作者,文运为之一变,选庶吉士,谢病归。补编修,癸未分校礼闱,所得多名士。起广德州判,历南行人司副、南尚宝丞、司业,右谕德掌南院、南院南祭酒,教敕诸生甚严"[①]。又"与同年进士沈懋学、屠隆,以文章意气相豪。时相不说……为南曹郎劾免,遂不复出"[②],隐居杭州,过着典型的隐士生活。朱彝尊称:冯公"儒雅风流,名高三席,归田后,间娱情声伎,筝歌酒宴,望者目为神仙中人"[③]。卒后,葬于西溪的梅坞。冯梦祯"为诗文疏朗通脱,不以刻镂为工"[④],撰有《历代贡举志》《快雪堂集》《快雪堂漫录》;编订有《西湖竹枝集》《文选删注旁训》《春草吟庐外史》《东坡禅喜集》《先秦诸子合编十六种》;所刻史书有《两汉纪》《史记》《三国志》;佛经有《楞伽阿跋多罗宝经注解》《妙法莲华经合论》等。生平事迹参见明过庭训《本朝分省人物考》卷十五《冯梦祯传》。

冯梦祯好藏书,搜罗宏富,精品甚多,如万历十八年(1590)庚寅二月十六日,"得宋板《文选》,是方十洲家物,上有'太子太保傅文穆公收藏图书'"[⑤]。如尝藏元版《分类补注李太白诗》一函八册,唐李白撰,宋杨斋贤集注,元萧士赟删补,为"冯氏快雪堂藏本,有'冯氏图书''冯印文昌''茅屋纸窗笔精墨妙''文昌之印''快雪堂图书印''文字之祥君家其昌''冯氏三余堂收藏''茅斋玩赏'"诸印[⑥]。明版《六家文选》六十卷,"明冯梦祯藏本,有冯开之印。考浙江通志梦祯字开之,秀水人,万历丁丑进士,历官南京国子监祭酒"[⑦]。北京图书馆今藏周密撰宋代笔记小说集《癸辛杂识》,有冯梦祯写校本仅前后二集。

关于冯梦祯藏书来源,从其《快雪堂日记》《快雪堂集》中可窥一斑,有自购、托购、受赠、互易、索书、抄书及刻书等。如自购:明万历十六年(1588)戊子三月二十七

① (明)罗炌修,(明)黄承昊纂:《崇祯嘉兴县志》卷十四《文苑·冯梦祯》,书目文献出版社1991年版,第573页。

② (清)钱谦益撰:《列朝诗集小传》丁集下《冯祭酒梦祯》,上海古籍出版社1959年版,第620页。

③ (清)朱彝尊著,姚祖恩编,黄君坦校点:《静志居诗话》卷十五《冯梦祯》,人民文学出版社2006年版,第447页。

④ (清)嵇曾筠、李卫等修,(清)沈翼机等纂:《雍正浙江通志》(四)卷一百七十九《人物六·冯梦祯传》,浙江省地方志编纂委员会编:《中国地方志集成·省志辑·浙江》(6),凤凰出版社2010年影印本,第684页。

⑤ (明)冯梦祯撰,丁小明点校:《快雪堂日记》卷四,凤凰出版社2010年版,第51页。

⑥ (清)彭元瑞等撰:《天禄琳琅书目后编》卷十《分类补注李太白诗》,见《清人书目题跋丛刊十》,中华书局1995年版,第360—361页。

⑦ (清)于敏中等撰:《天禄琳琅书目》卷十,见《清人书目题跋丛刊十》,中华书局1995年版,第221页。

日,“自钱塘门至家,途中买得《礼经会元》《都元敬诗话》《王常宗集》,即率两儿至书舍”①;明万历十六年(1588)戊子四月九日,“买《宋史新编》、《通鉴续编》、《朱晦庵全集》、《宋名臣琬琰集》、《医说》、东坡《地理指掌》、《救荒本草》、《梅宛陵诗集》、《二程集》、《全唐诗集》、王十朋注《东坡律诗》、《陈简斋诗》、《金陵古今图》、《刘静修集》、《程雪楼集》、《李古廉集》、《愚庄集》、《林公辅集》、《苏平仲集》、《程梅屋集》、《郑麟溪家集》、《祝枝山集》,共二十二集”②。又明万历十六年(1588)戊子七月“二十四,晴。同子晋至来九山寓,同行市肆买书。得宋陈子兼《扪虱新话》十五卷,共四帙,钞本;宋汪彦章《浮溪文粹》十五卷,二帙;《古今逸史》二十六种,二套;《孔丛子》二帙;何元朗《四友斋丛说》八帙;《事物纪元》十卷;《菊坡丛话》二帙;宋《李泰伯集》五帙;宋陈莹中《尊尧集》一帙;宋杨诚斋《易传》四帙;《唐一庵语录》一帙;旧板《庄子》三帙”③。从此文中可知,此次在书肆,冯梦祯一次便购入书籍十二种,约三十五帙。又万历十七年(1589)己丑三月十五日,“午后,同子晋游书肆觅书,得钞本《医垒元戎》《伤寒宝鉴》《唐韵》《绘事指蒙》《考古图》,共五种”④。万历二十六年(1598)戊戌十二月十三日,“收汪河史书,大《宋书》一部,小《宋书》三部,大《魏书》一部,《史记》《三国》各一部,又《汉纪》一部”⑤。托购:如《答茅荐卿》尺牍云:“山东有《王氏农书》,并李中麓先生所刻《金元人杂剧》数十种,惟搆寄各一帙为感。”⑥受赠:万历二十八年(1600)庚子,“四月初五日,雨。张喆门自南都至,饷罗小华墨绿石子研,是司马太守家物,得之半山寺者;宋板《唐书门目》《南都野纪》《活人心》三书”⑦。互易:如《答田子艺先生》尺牍云:“留足下《刘子通论》《藏微馆集》《六书泝源》《唐六典》《正阳所读雪楠诗》计二十五帙,易以《庄子副墨》《名贤诗评》二部,计二十四本。《诗评》为俞仲莲所编,杂以宋人议论,如架上无此书,可存之,今俱付汪生肆中矣。”⑧索书:如《报杨公亮》尺牍云:“闻熊陆海尊公有《周易象指诀(录)》一书,甚佳。足下倘索得,不妨速寄。弟近颇留意经术,闽中士大夫家多藏书,官中抄录稍易,觅寄一二尤感,诸惟珍重。”⑨抄书:明万历十六年(1588)戊子十一月,“二十八,长午见省卧内,因诵茂仁南归篇什,约二十余首,甚清美惬人,命僮录

---

① (明)冯梦祯撰,丁小明点校:《快雪堂日记》卷二,凤凰出版社2010年版,第15页。

② (明)冯梦祯撰,丁小明点校:《快雪堂日记》卷二,凤凰出版社2010年版,第16页。

③ (明)冯梦祯撰,丁小明点校:《快雪堂日记》卷二,凤凰出版社2010年版,第22页。

④ (明)冯梦祯撰,丁小明点校:《快雪堂日记》卷三,凤凰出版社2010年版,第36页。

⑤ (明)冯梦祯撰,丁小明点校:《快雪堂日记》卷十,凤凰出版社2010年版,第121页。

⑥ (明)冯梦祯撰:《快雪堂集》卷三十八《答茅荐卿》,见《四库全书存目丛书》编纂委员会编:《四库全书存目丛书》集部,第164册,齐鲁书社1997年版,第552页。

⑦ (明)冯梦祯撰,丁小明点校:《快雪堂日记》卷十二,凤凰出版社2010年版,第152页。

⑧ (明)冯梦祯撰:《快雪堂集》卷三十九《答田子艺先生》,见《四库全书存目丛书》编纂委员会编:《四库全书存目丛书》集部,第164册,齐鲁书社1997年版,第564页。

⑨ (明)冯梦祯撰:《快雪堂集》卷四十三《报杨公亮》,见《四库全书存目丛书》编纂委员会编:《四库全书存目丛书》集部,第164册,齐鲁书社1997年版,第621页。

之。茂仁索余《引语》"①。

冯梦祯所藏书有经、史、子、集四大类，唐、宋、元、明四朝书籍皆有，尤以宋椠元版及钞本居多，据《快雪堂日记》可知，如宋陈子兼《扪虱新话》钞本，宋汪彦章《浮溪文粹》，宋《李泰伯集》，宋陈莹中《尊尧集》，宋杨万里《易传》，宋版《文选》《唐书门目》《南都野纪》《活人心》，等等。此外，其收藏明人诗文集及佛书亦多。内容涉及经学、历史、地理、文学、佛书、时艺，甚至卜筮、堪舆、医学、小说、戏曲等。

藏书印有冯氏藏书、真实居士、真实斋图书记、冯氏开之、冯氏图书、冯氏快雪堂藏书记、孤山草堂等。

冯梦祯藏书处有槜李拙园的净业堂、武林知非庵的郁金堂、西湖蒲园的真实斋、西湖孤山的快雪堂。

冯梦祯一生主要居住在槜李、武林、孤山三地。槜李即嘉兴，为冯氏故居，冯梦祯宅第名拙园，有净业堂。据冯梦祯《答朱长午》言："经籍俱在拙园，茂仁所须，此中无以应之，当俟东还耳。"②"拙园藏经如故，三年内曾晒一次。"③则知净业堂藏有诸多经籍，是冯梦祯重要藏书处。其《知非庵记》记云："会武林清宁巷宅，起屋十数间初成，有堂有轩有室……各有名，总名之曰知非庵。"④在武林兴建知非庵宅，郁金堂为其中一室。可见武林兴建知非庵宅的郁金堂，亦为藏书处之一。顾起元《具区先生快雪堂集序》言："吾师具区先生以万历戊戌解大司成印，归筑蒲园于西湖之上……"⑤据冯梦祯《戊戌》日记所载：八月十七日"遂卖轻舆，鱼服还家，起居外母周观新建楼居，回翔真实斋，柳大，几数拱，绕池七树，垂垂可爱，名曰蒲园，不虚矣"⑥。在西湖蒲园尚有真实斋，冯梦祯曾作《真实斋课士第二草序》《真实斋常课记》，此处应有部分藏书⑦。

作为鉴赏家的冯梦祯，尤以名画、书帖著名于世。钱谦益称冯氏归田后，"筑室孤山之麓，家藏《快雪时晴帖》，名其堂曰'快雪'"⑧，据此，快雪堂不仅藏书，所藏名画、书帖亦多。在冯氏收藏书画中尤以王维的《江山雪霁图》最为冠绝，时为屈指可数的王维真迹之一，海内推为墨王。此画的收藏奠定了冯梦祯鉴藏家的盛名，故冯

---

① （明）冯梦祯撰，丁小明点校：《快雪堂日记》卷二，凤凰出版社 2010 年版，第 29 页。

② （明）冯梦祯撰：《快雪堂集》卷三十四《答朱长午》，见《四库全书存目丛书》编纂委员会编：《四库全书存目丛书》集部，第 164 册，齐鲁书社 1997 年版，第 490 页。

③ （明）冯梦祯撰：《快雪堂集》卷三十九《报净源师兄》，见《四库全书存目丛书》编纂委员会编：《四库全书存目丛书》集部，第 164 册，齐鲁书社 1997 年版，第 554 页。

④ （明）冯梦祯撰：《快雪堂集》卷二十八《知非庵记》，见《四库全书存目丛书》编纂委员会编：《四库全书存目丛书》集部，第 164 册，齐鲁书社 1997 年版，第 416—417 页。

⑤ （明）顾元起《具区先生快雪堂集序》，见（明）冯梦祯撰：《快雪堂集》卷首，见《四库全书存目丛书》编纂委员会编：《四库全书存目丛书》集部，第 164 册，齐鲁书社 1997 年版，第 1 页。

⑥ （明）冯梦祯撰，丁小明点校：《快雪堂日记》卷十，凤凰出版社 2010 年版，第 113 页。

⑦ （明）冯梦祯撰，丁小明点校：《快雪堂日记》卷二，凤凰出版社 2010 年版，第 21 页。

⑧ （清）钱谦益撰：《列朝诗集小传》丁集下《冯祭酒梦祯》，上海古籍出版社 1959 年版，第 620 页。

梦祯珍之如头目脑髓。其《跋王右丞霁雪卷》记载:"得此数月以来,每一念及,辄狂走入丈室,饱阅无声。出户见俗中纷纭,殊令人捉鼻也。"[①]董其昌对此画赞不绝口,跋云:"画家右丞如书家右军,世不多见。余昔年于嘉兴项太学元汴所见《雪江图》,多不皴染,但有轮廓耳。后世所传摹本,若王叔明《剑阁图》,笔法类李中舍,疑非右丞画格。又余至长安,得赵大年临右丞《林塘清夏图》,亦不细皴,稍似项氏所藏《雪江》卷,而窃意其未尽右丞之致。盖大家神品,必于皴法有奇。大年虽俊爽,不耐多皴,遂为无笔,此得右丞一体者也。最后复得郭忠恕《辋川》粉本,乃极细谨。相传真本在武林,既称摹写,当不甚远。然余所见者庸史本,故不足以定其画法矣。……今年秋,闻金陵有王维《江山霁雪图》一卷,为冯开之宫庶所收,亟令友人走武陵索观。宫庶珍之,自谓如头目脑髓。以余有右丞画癖,勉应余请。清斋三日,始展阅一过,宛然吴兴小帧笔意也,余用是自喜。且右丞自云:'宿世谬词客,前身应画师。'余未尝得睹其迹,但以想心取之,果得与真有合。岂前身曾入右丞之室而亲揽其盘礴之致,故结习不昧乃尔耶?庶子书云:此卷是京师后门拆古屋于折竿中得之,凡有三卷,皆唐宋书画也。"[②]张照《石渠宝笈》卷六《明沈周仿倪瓒画一卷》记载:卷中幅押缝有"墨林秘玩""墨林""子京所藏"三印,前隔水有"彤云阁吴氏珍藏印""真实斋图书记"二印[③]。嘉兴项氏所藏唐陆柬之《兰亭诗卷》亦为冯梦祯所得,此卷"墨气若新,精彩飞动,大是神物"[④]。冯氏尝得右军《快雪堂时晴帖》真迹,于西湖孤山之麓筑馆快雪堂藏之,钤有藏书印"金石录十卷人家"。《快雪堂帖》(涿拓本)现藏于故宫博物院。其中,颜真卿《鹿脯帖》、苏轼《登临览观帖》、米芾《珊瑚帖》均是木刻版(入内府后改为石刻)。此拓本托裱经折装6册,六卷全,每册首端有"乐善堂图书记"印一方。快雪堂帖刻石今存北京北海公园松坡图书馆。

冯梦祯除藏书外,亦喜校书与刻书:万历二十八年(1600)庚子,"十月二十六日,晴,西北风如昨。天明解维,一二里校《汉纪·桓纪》一卷,又完《灵纪》"[⑤]。又万历三十年(1602)壬寅,五月"二十四,晴,热,夜稍凉。对完《旧唐书》阙数,凡阙二十余号"[⑥]。又《与何士抑》尺牍云:"新刻《听雨草》及《门人稿》各寄一帙。夙业所牵,

① (明)冯梦祯撰:《快雪堂集》卷三十《跋王右丞霁雪卷》,见《四库全书存目丛书》编纂委员会编:《四库全书存目丛书》集部,第164册,齐鲁书社1997年版,第441页。

② 徐邦达著:《徐邦达集十》,见故宫博物院编:《古书画伪讹考辨·唐》(1),故宫出版社2015年版,第145—146页。

③ (清)张照撰:《石渠宝笈》卷六《明沈周仿倪瓒画一卷》,商务印书馆2005年版,《文津阁四库全书》本,第156页。

④ (明)冯梦祯撰:《快雪堂集》卷三十一《跋唐陆柬之兰亭诗卷》,见《四库全书存目丛书》编纂委员会编:《四库全书存目丛书》集部,第164册,齐鲁书社1997年版,第443页。

⑤ (明)冯梦祯撰,丁小明点校:《快雪堂日记》卷十二,凤凰出版社2010年版,第165页。

⑥ (明)冯梦祯撰,丁小明点校:《快雪堂日记》卷十三,凤凰出版社2010年版,第175页。

复有此等伎俩,知可发足下一鼓掌耳。"[①]又"万历八年秀水冯梦祯绵眇阁刻明屠隆《由拳集》二十三卷,浙江图书馆、上海图书馆、南京图书馆有藏;又有秀水冯梦祯刊世锦堂重修本,北京大学图书馆、上海图书馆、南京图书馆、国家图书馆有藏"[②]。又刊刻"《先秦诸子合编》十六种三十五卷,明万历三十年壬寅绵眇阁刊本,十行二十字,板心下方有'绵眇阁'三字"[③]。关于冯梦祯校书、刻书及所刻之书流传情况,可详见《嘉兴历代进士藏书与刻书》。

冯梦祯生性儒雅,好鉴古论道,且有诗名,重气节,"颇以圣贤之道激砺"[④]。且信佛甚笃,一生交友甚广,不仅局限于嘉兴地区,在当时苏南,甚至皖南一带颇具名望,在其周围逐渐形成了一个不小的交游圈,如汤显祖、屠隆、沈懋学、高濂、臧懋循、袁黄、李维桢、梅鼎祚、凌蒙初、茅坤、王衡、潘之恒、沈德符、田艺蘅、紫柏、憨山,等等,其中不乏著名的曲家、鉴赏家、书画家以及佛教居士和一代高僧,凌蒙初则与他是亲家。顾起元在《具区先生快雪堂集序》中云:"吾师具区先生以万历戊戌解大司成印,归筑蒲园于西湖之上,日与友人啸咏于其中。间命轻舫载歌儿吹箫度曲,荡漾六桥三竺间。人望之飘飘然若神仙也。"[⑤]冯氏为官端直严毅,潇洒疏放,勤于写日记,身后留下《真如居士集》若干卷,其《快雪堂日记》则是一部了解他生活真貌的翔实可靠的资料,是其游山玩水、登临览胜、交朋结友、谈经论道、品鉴字画、读书著述、探寻精神世界的一种体现。

冯梦祯卒后,其藏书由其孙冯文昌递藏。冯文昌,字砚祥,一字文元,嘉兴人,后移居杭州塘栖水南。承祖志,好藏书,收藏甚富。钱曾《读书敏求记》卷一《金石录》跋云:"《金石录》清照序之极详,其搜访可谓不遗余力。而予所藏宋拓《章仇府君碑》,明诚所未见,信乎碑版之难穷矣。昔者吾友冯砚祥有不全宋椠本,刻一图记,曰'金石录十卷人家'。长笺短札,帖尾书头,每每用之,亦艺林中一美谈也。"[⑥]

冯文昌藏书处为快雪堂、三余堂。

冯文昌藏印除"金石录十卷人家"外,还有"冯印文昌、字砚祥、冯氏三余堂收藏、冯子元家藏印、平安馆印,又冯氏图书、冯印文昌、文字之祥君家其昌、快雪堂图书印、茅斋玩赏、清旷之域、茅屋纸窗笔墨精妙诸印"[⑦]。

---

① (明)冯梦祯撰:《快雪堂集》卷三十二《与何士抑》,见《四库全书存目丛书》编纂委员会编:《四库全书存目丛书》集部,第164册,齐鲁书社1997年版,第460页。

② 陈心蓉著:《嘉兴刻书史》,黄山出版社2013年版,第450页。

③ 傅增湘撰:《藏园群书经眼录》卷七《子部一》,中华书局1983年版,第528页。

④ (清)许瑶光修,吴仰贤等纂:《光绪嘉兴府志》卷五十二《秀水列传·冯梦祯》,见《中国地方志集成·浙江府县志辑》(13),上海书店出版社1993年版,第475页。

⑤ (明)顾元起《具区先生快雪堂集序》,见(明)冯梦祯撰:《快雪堂集》卷首,见《四库全书存目丛书》编纂委员会编:《四库全书存目丛书》集部,第164册,齐鲁书社1997年版,第1页。

⑥ (清)钱曾撰,丁瑜点校:《读书敏求记》卷一《金石录三十卷》,书目文献出版社1984年版,第24页。

⑦ 汪訚编著:《明清蟫林辑传·冯文昌》,中华图书馆协会1932年《图书馆学季刊》抽印本,第74页。

(十七)马维铭

马维铭(1556—?)　字新甫,号弘衢,平湖人。马嘉植[①]叔祖。万历己卯举人,"明万历八年庚辰进士。官兵部职方司主事。晚岁筑枚圃于东湖上,自号羼提生"[②]。著"《史书纂略》二百二十卷,《经略朝鲜疏》,《池塘草》,《广文选》二十五卷,《诗选》六卷"[③]。

其父马千里,好学善思,讲究义理,为明藏书家,"终身授徒,家内图书满室"[④]。维铭承父志,喜藏书,"归里在东湖畔筑枚圃,以藏图书为乐"[⑤]。马氏雅好刻书,刻书室曰衢原草堂。其刻书故实详见《嘉兴刻书史》。

(十八)状元朱国祚

朱国祚(1559—1624)　字兆隆,号养淳,秀水人。藏书大家朱彝尊曾祖父。国祚"少随父京邸,就学内阁申时行宅。年二十三,以太医籍中万历壬午顺天乡试,癸未登进士,廷试第一,授翰林院修撰"[⑥],"进洗马,为皇长子侍班官,寻进谕德"[⑦]。"历官户部尚书,兼武英殿大学士,加少傅。卒,赠太傅,谥文恪"[⑧],赐祭葬。崇祀忠贤祠,敕建"清师百世"坊,墓在嘉兴城区塘汇乡百花庄,今已毁,宅在嘉兴城内碧漪坊塔弄。朱国祚为文醇雅宏畅,善书法,笔力遒劲,著述等身,著有《介石斋集》《孝宗大纪》《册立疏草》等。与杨起元辑有《皇明百家文选》十七卷。生平事迹参见《明史》卷二百四十《列传第一百二十八·朱国祚传》及《雍正浙江通志》卷一百五十八《人物一·朱国祚传》。

朱国祚"持己清介,僦居无第宅,门人有以草堂赀馈者坚却之。袍带时,时在质

---

① 按:马嘉植,榜名葛嘉植,字培原,号木山,自号铁雪道人,平湖人。马维铉孙,马维铭侄孙。明官员。明天启七年(1627)丁卯科举人,崇祯七年(1634)甲戌科进士。官武进知县、吏部给事中,工部右给事中调吏科左给事中,督饷江西福建,仕至广东岭西道副使。国破为陀,自号铁雪道人,名行旦。著有《浮生集》。马嘉植曾刊有马维铭《衢原草堂刊广文选》二十五卷、《诗选》六卷,《嘉禾征献录》卷十七、《明代版刻综录》著录。

② (民国)陆惟鍌撰,郭杰光、陆松筠整理:《平湖经籍志》卷五《马维铭》,平湖市史志办公室 2011 年编印,第 53 页。

③ 浙江省平湖县县志编纂委员会编:《浙江省平湖县志》第三十三编《文献书目》,上海人民出版社 1993 年版,第 825 页。

④ 浙江省平湖县县志编纂委员会编:《浙江省平湖县志》第三十二编《文化》,上海人民出版社 1993 年版,第 783 页。

⑤ 浙江省平湖县县志编纂委员会编:《浙江省平湖县志》第三十二编《文化》,上海人民出版社 1993 年版,第 783 页。

⑥ (清)盛枫著:《嘉禾征献录》卷巳《朱国祚》,己巳(1989)秋日江苏广陵古籍刻印社据清刊本影印本。

⑦ (清)张廷玉等纂修:《明史》卷二百四十《列传第一百二十八·朱国祚传》,中华书局 1974 年版,第 6249 页。

⑧ (清)朱彝尊著,姚祖恩编,黄君坦校点:《静志居诗话》卷十五《朱国祚》,人民文学出版社 2006 年版,第 456 页。

库中，怡然不以屑意也”[①]。以宰辅归田之后，“墓田外无半亩之产”[②]，如是清白传家，实属罕见。其学问淹雅，言行醇笃，曾为江南文坛的巨擘。曹洁躬云：“吾乡巨公若吕文懿、项襄毅、屠康僖、朱文恪，俱研心风雅，而不与作者争名。文恪诗尤婉秀，轩轩霞举，一无俗尘，望而知其品之清也。”[③]又雅好藏书，家藏书颇富，惜于清初毁于兵祸，所藏钤有“朱国祚印”[④]。《中国历代藏书家辞典》载其藏书故实，惜藏书目不详。

朱国祚子孙繁茂，代有名人，人各有集。“诸子大兢、大烈、大观、大定，历尚书郎，二千石郡丞，皆以仕显，大猷举人，大治不仕；孙茂曙，崇祯庚戌进士，令宜春；孙彝尊，康熙己未年以博学弘词征召，授翰林院检讨，辛酉江南主考，号称得人”[⑤]。朱氏家族文脉绵延得益于朱氏家族藏书影响。至曾孙朱彝尊，藏书八万卷。

（十九）陈于王父子进士

陈于王（1554—1615）　字伯襄，一字用宾，号颖亭，嘉善胥山人。少攻苦理学，中明万历壬午举人，“登万历十四年进士，初宰魏县，有能声。父忧，服阕，补句容”[⑥]，“授广东廉州司马，历任广西西平乐、荔浦、修仁县尹，升永安州”[⑦]。寻升湖广参政，晋四川按察使，仕致四川按察使。为官“尤多惠政，士民戴之，特登贤祠以祀，丐宗伯朱兰嵎文其右以志不朽。子山毓、龙正具有传”[⑧]。生平事迹参见明过庭训《本朝分省人物考》卷四十五《陈于王传》。

陈于王喜藏书，其子陈山毓曰：“吾邑陋，文献故罕，以故藏书家无闻云，独坤仪先生（袁黄）耽精典籍。爰自蚤岁，迄乎曳杖之年，卷弗去手，故所得书称富。而吾先君（陈于王）雅同斯好，裒聚万卷，然以视藏书家，无俟望洋向若，而始旋其面目矣！窃谓古藏书难，今易，古经籍不易得，有宋人之盛，昔人犹云非手录不得，盖用力如此其难也。”[⑨]

陈氏藏书由其子陈龙正及陈山毓续藏。

---

① （清）任之鼎修，（清）范正辂纂：《康熙秀水县志》卷五《先达》，见《中国地方志集成·浙江府县志辑》（31），上海书店出版社1993年版，第885页。

② 引郭皓政、甘宏伟编著：《明代状元史料汇编》，武汉大学出版社2015年版，第1335页。

③ （清）朱彝尊辑录：《明诗综》卷五十四《朱国祚》，中华书局2007年版，第2716页。

④ 参见陈心蓉著：《嘉兴藏书史》，国家图书馆出版社2010年版，第41页。

⑤ （清）任之鼎修，（清）范正辂纂：《康熙秀水县志》卷五《先达》，见《中国地方志集成·浙江府县志辑》（31），上海书店出版社1993年版，第885页。

⑥ （清）江峰青修，（清）顾福仁纂：《光绪重修嘉善县志》卷十九《人物一·宦业》，见《中国地方志集成·江苏府县志辑》（19），江苏古籍出版社1991年版，第604页。

⑦ （清）王彬修，（清）徐用仪纂：光绪《海盐县志》卷十五《人物传》，见上海书店出版社编：《中国地方志集成·浙江府县志辑》（21），上海书店出版社2011年版，第858页。

⑧ （清）江峰青修，（清）顾福仁纂：《光绪重修嘉善县志》卷十九《人物一·宦业》，见《中国地方志集成·江苏府县志辑》（19），江苏古籍出版社1991年版，第604页。

⑨ （明）陈山毓撰：《陈靖质居士文集》卷五《陈氏藏书总序》，见《四库禁毁书丛刊》编纂委员会编：《四库禁毁书丛刊》集部，第14册，北京出版社1997年（据北京大学图书馆藏明天启刻本影印），第620页。

陈龙正(1585—1645)　初名龙致,字惕龙,别字发交,号龙致、几亭,“嘉善人。父于王,福建按察使。龙正游高攀龙门。崇祯七年成进士,授中书舍人”。“时政尚综核,中外争为深文以避罪,东厂缉事尤冤滥”。龙正连上四疏,弹劾东厂制造冤假错案。后又上疏弹劾朝中不良风气,得罪上司,崇祯“十七年正月,左迁南京国子监丞。甫抵家而京师陷。福王立于南京,用为祠祭员外郎,不就”[①]。其“闭门纂辑”,所辑“《朱子详本》《朱子经说》《语类》《王子要书》《高子遗书》《皇明儒统》《垦荒作行》《救荒策会》《陶书衍》行世”[②]。后人又编有《几亭全集》。生平事迹参见《雍正浙江通志》卷一百七十五《人物五·陈龙正传》。

陈龙正“师从高攀龙,为梁溪之学”[③],与其兄山毓皆喜好读书,自少至老,“读书不辍”[④],“读书必数过乃成诵,既成诵,则终身不忘。旅次解装,扁舟小憩,不废研寻,遂于书无所不读”[⑤]。亦喜藏书,陈龙正曾作《评家藏书总序》以训诫其子孙,云:“可得善藏者之苦心,可砭漫藏者之锢疾。近世多笑弃书为俗,不知收书庸遂免俗乎?目不识丁,身不行道,出金帛易载籍,自谓清流。载籍蠹于笥,舆金帛死于橐,果当何异?”[⑥]据《重修嘉善县志》卷二十载,其留心于经世致用之学,为人忠爱至诚,操履冰洁,“学者称‘几亭先生’,门人私谥曰‘文洁’。龙正貌癯眸炯炯,善理财耳好施予,风波世路中读书不辍,所辑程朱遗书皆在杜门候旨时。著有学言、政事、文录三种,子揆汇编《几亭全集》六十卷行世”。

陈龙正兄山毓[⑦]“幼受经于吴志远,自幸得其师,与弟龙正,潜心制义,举明万历四十六年浙闱第一人。其学务在洗涤嗜欲,不愧衾影。尤善骚赋,为世所宗。中岁咯血疾,读书不辍,作自祭文,极旷达之概”[⑧]。“敦伦好善,所居左右图书数千卷,扫

---

① (清)张廷玉等纂修:《明史》卷二百五十八《列传第一百四十六·陈龙正》,中华书局1974年版,第6681—6684页。

② (清)查继佐著:《罪惟录·列传》卷之十《理学诸臣列传·陈龙正传》,浙江古籍出版社1986年版,第1628页。

③ (清)查继佐著:《罪惟录·列传》卷之十《理学诸臣列传·陈龙正传》,浙江古籍出版社1986年版,第1628页。

④ (清)江峰青修,(清)顾福仁纂:《光绪重修嘉善县志》卷二十《人物二·理学》,见《中国地方志集成·江苏府县志辑》(19),江苏古籍出版社1991年版,第633页。

⑤ (清)陈揆《陈祠部公家传》,见(明)陈龙正撰:《几亭全书》附录卷一,清康熙四年(1665)陈氏云书阁刻本。

⑥ (明)陈龙正撰:《几亭外书》卷三《家藏·评家藏书总序》,见《续修四库全书》编纂委员会、复旦大学图书馆古籍部编:《续修四库全书》第1133册,上海古籍出版社2003年版,第327页。

⑦ 按:陈山毓(1584—1621),字贲闻,嘉善人。明万历四十六年(1618)乡试解元。中岁咯血疾,读书不辍,自作祭文,极旷达之概,年三十八卒,门人私谥靖质。著有《赋略》《靖质居士集》《诗略》《文略》《周诗纪事》《诗摭》《诗说订误》《廉宪公年谱》等数十种。所著《赋略》三十四卷《绪言》一卷《列传》一卷《外篇》二十卷,是一部选赋、论赋与辑录赋学资料相结合的赋学专著,对赋体文学进行了最为全面系统的研究,其编纂体例及学术观点值得后人借鉴。

⑧ (清)江峰青修,(清)顾福仁纂:《光绪重修嘉善县志》卷二十四《人物六·文苑》,见《中国地方志集成·江苏府县志辑》(19),江苏古籍出版社1991年版,第700页。

室焚香，穆然有深沉之思”，“门人私谥靖质”①。

（二十）袁　黄

袁　黄（1533—1606）　“初名表，字坤仪，号了凡，吴江赵田人，与嘉善接，因入嘉善籍。曾祖颢、祖祥、父仁具有著述。黄少负异才，十三乘四部星杂诸书无不研究，声誉甚籍。”“隆庆二年举于乡，万历五年会试拟第一，策忤主试，被改名，黄至十四年始第。”②“除宝坻知县，迁兵部主事”③，卒后，赠尚宝司少卿。其博学尚奇，涉猎甚广，凡河洛、象纬、律吕、水利、戎政，旁及勾股、堪舆、星命之学，莫不究涉。著有《两行堂集》等数十种著述，与盛唐合撰《嘉善县志》十二卷。晚年编纂有《游艺塾文规》《游艺塾续文规》。还编纂并出版举业用书《荆川疑难题意》《四书删正》《书经删正》等十余种。《雍正浙江通志》卷一百六十七《循吏一》及清查继佐《罪惟录》卷之十八等有其传。

其雅好藏书，同县陈山毓曰：“吾邑陋，文献故罕，以故藏书家无闻云，独坤仪袁先生耽精典籍，爰自蚤岁，迄乎曳杖之年，卷弗去手，故所得书称富。”④其藏书处名曰“万卷楼”，“在赵田，袁了凡司马黄藏书之所，天启时毁烬于火”⑤。

袁黄子袁俨（1581—1672），原名天启，字素永，号若思。“天启乙丑进士，广东高要知县。卒于任，崇祀名宦”⑥。袁俨少承家学，博览群书，尤留心经济，书室名曰抱膝斋，著有《抱膝轩集》《尚书百家汇解》，注有其父袁黄所撰《增订二三群书备考》四卷。

（二十一）陈懿典

陈懿典（1554—1638）　字孟常，号如刚，明末秀水人。“万历中会试第二，选庶常，授编修。博洽古今，著述巨丽，一时高文典册多出其手，与纂修《实录》，分撰《同姓诸王传》。时神宗皇储未建，忽传三王并封之论，典具疏引祖，闻并未有元子可并封之例，指斥官闱归。”⑦崇祯中，晋詹事府少詹事，诏补掌院学士，辞不就。陈懿典博洽今古，为人清介，博览群籍，居家闭门著述。其“所著有《吏隐斋集》《论孟贯义》

---

① （清）江峰青修，（清）顾福仁纂：《光绪重修嘉善县志》卷二十四《人物六·文苑》，见《中国地方志集成·江苏府县志辑》（19），江苏古籍出版社1991年版，第700页。

② （清）江峰青修，（清）顾福仁纂：《光绪重修嘉善县志》卷十九《人物六·名宦》，见《中国地方志集成·江苏府县志辑》（19），江苏古籍出版社1991年版，第595页。

③ （清）朱彝尊著，姚祖恩编，黄君坦校点：《静志居诗话》卷十六《袁黄》，人民文学出版社2006年版，第466页。

④ （明）陈山毓撰：《陈靖质居士文集》卷五《陈氏藏书总序》，见《四库禁毁书丛刊》编纂委员会编：《四库禁毁书丛刊》集部，第14册，北京出版社1997年（据北京大学图书馆藏明天启刻本影印），第620页。

⑤ （清）李铭皖、谭钧培修，（清）冯桂芬纂：《同治苏州府志（二）》卷四十八《宅第园林》，见《中国地方志集成·江苏府县志辑》（8），江苏古籍出版社1991年版，第414页。

⑥ （民国）周斌编，柳亚子校阅：《柳溪诗征》卷一《袁俨》，（上海）中华书局1937年版，第28页。

⑦ （清）王国安等修，（清）黄宗羲、张衡纂：清《康熙浙江通志（二）》卷三十一《人物·陈懿典》（二），见凤凰出版社编选：《中国地方志集成·省志辑·浙江（2）》，凤凰出版社2010年版，第215页。

《左陛纪略》《圣政》《圣学》诸书”[①]。又撰有《陈孟常学士初集》《老庄二经精解全篇》《锲南华真经三注大全》《玉堂校传如刚陈先生二经精解全篇》《读史漫笔》《读左漫笔》等数十种。生平事迹参见《雍正浙江通志》卷一百七十九《人物六·陈懿典传》。

陈懿典喜藏书，“里居三十余年，佣书万卷”[②]。书室名吏隐斋，“刻印过自撰《陈孟常学士初集》三十六卷，又《老庄二经精解全编》三十四卷”[③]。

（二十二）李日华

李日华（1565—1635） 字君实，一字九疑，号竹懒、冏卿，别署湤俗主人、松雨斋主人，嘉兴人。“嗜学博古，诸生时即以古文辞著声。万历辛卯举于浙，出楚人郝敬之门。首场不录，以二三场古奥渊博见收。壬辰联捷，授江州司理，声誉鹊起。”[④]后“征迁南京礼部主事，升尚宝司丞，历太仆少卿”[⑤]。李日华笃学嗜古，“性恬退，不乐仕进，曾遇异人指玄功秘籍，业有所得，视功名犹腐鼠也。时亨途正启，竟借差归矣，不复出”。“自赋归来，缄户著述，时与门人、子侄辈课执，谈文津津不倦，更善书画，人得片楮珍为球璧。邑令汤侯慕之，造请修邑功，过半竟不及竣而卒”[⑥]。其“著述最富，有文集若干卷，《味水轩日记》二十二卷，《书画想象录》四十卷，《挂角编》四卷，《槜李丛谈》四卷，《紫桃轩杂缀》八卷，《六砚斋笔记》十二卷，《画媵》四卷，《礼白岳纪》一卷，《玺召录》一卷，《蓟旋录》一卷，《雅笑录》十卷，《倭变志》一卷”[⑦]等数十种著述。其曾孙李含澛回忆称：曾祖“所著《恬致堂文集》《六砚斋笔记》《紫桃轩杂缀》《又缀》《蓟旋录》《画媵》《礼白岳纪》《篷窗夜话》《琴言阁诗》诸书，祖父辈已梓行世。其未刻者，尚有《味水轩日记》八卷，《挂角录》一卷，《书画想象录》一卷，《苏逸》二卷，《槜李丛谈》四卷。今止存《味水轩日记》稿、《苏逸》稿、《槜李丛谈》稿三种，馀稿鼎革时散失。”[⑧]天启四年（1624）李日华参与纂修《嘉兴县志》。生平事迹

① （清）王国安等修，（清）黄宗羲、张衡纂：清《康熙浙江通志（二）》卷三十一《人物·陈懿典》（二），见凤凰出版社编选：《中国地方志集成·省志辑·浙江(2)》，凤凰出版社 2010 年版，第 215 页。

② （清）嵇曾筠、李卫等修，（清）沈翼机等纂：《雍正浙江通志》（四）卷一百七十九《人物六·陈懿典》，浙江省地方志编纂委员会编：《中国地方志集成·省志辑·浙江》（6），凤凰出版社 2010 年影印本，第 685 页。

③ 瞿冕良编著：《中国古籍版刻辞典》，苏州大学出版社 2009 年版，第 182 页。

④ （明）罗炌修，（明）黄承昊纂：《崇祯嘉兴县志》卷十四《文苑·李日华》，书目文献出版社 1991 年版，第 574 页。

⑤ （清）朱彝尊著，姚祖恩编，黄君坦校点：《静志居诗话》卷十六《李日华》，人民文学出版社 2006 年版，第 477 页。

⑥ （明）罗炌修，（明）黄承昊纂：《崇祯嘉兴县志》卷十四《文苑·李日华》，书目文献出版社 1991 年版，第 574 页。

⑦ （明）罗炌修，（明）黄承昊纂：《崇祯嘉兴县志》卷十四《文苑·李日华》，书目文献出版社 1991 年版，第 574 页。

⑧ （明）李日华著，屠友祥校注：《味水轩日记》附录一《李含澛录味水轩日记后序》，上海远东出版社 1996 年版，第 563 页。

参见《明史》卷二百八十八《列传第一百七十五·李日华传》及《雍正浙江通志》卷一百七十九《人物六·李日华传》。

李日华“生平无他嗜，惟有书淫，凡所读书，必手丹铅，句比字栉，即音释中语，无漫置者，盖于书无所不窥，故所为诗文奇石奥博，骎骎直追秦汉，文章家推为主盟，一时莫及”①。尝自称“不佞自幸得一第以后，缪有嗜书之癖。结辙里居者三十年余，辱乡闾秀颖执艺就问者一二百余人”②。叶昌炽亦云：陆元厚，明万历时人，为童子师，喜蓄异书，学奉多为书尽，藏有《周礼》《国策》《离骚》《拾遗记》等书，皆精本，后归李日华③。“藏书不下八万余卷”④。如其所藏宋版珍本“《山谷老人刀笔》一函八册，宋黄庭坚撰，书二十卷。六砚斋鹤梦轩乃嘉兴李日华家藏印，有‘六砚斋’‘嘉禾李氏鹤梦轩珍藏书画记’等印”，《天禄琳琅书目后编》卷六著录⑤。明版《杜氏通典》二十函一百册，是书为吴鹏刊，记云：“李日华字君实，嘉兴人。万历壬辰进士，官至太仆寺少卿，有《恬致堂集》”，有“李印日华”“臣诗私印”⑥诸印。

李日华喜购书，尤喜到杭州购书，每年总有数次前往杭州昭庆寺边集市及各书坊，如《中国藏书楼·藏书论》记有：“万历三十七年五月初六。‘偕遇陈良卿，相与阅市，购得罗长源《路史》全帙十六本’。同年七月二十日，又‘购得杨南峰逸稿十种’。万历四十一年十一月二十二日，‘购得宋板《大戴礼》一帙四本’。万历四十四年九月初四，‘阅市，购得钟绍京楷书五经残帖，又宋人牡丹诗帖’”⑦。

藏书处为六砚斋、鹤梦轩、紫桃轩、恬致堂、味水轩等，六砚斋因藏名砚六方得名。

藏书印有日华、竹懒、君实、君实父印、李君实鉴定、竹懒人间、冏卿、观斋、日华君实之章、嘉禾李氏鹤梦轩珍藏书画记、六砚斋、李印日华、六砚斋书画印等。

李日华精鉴赏，以藏庋书籍及书法、绘画作品而闻名于世。朱彝尊称：李太仆“恬澹自持，居官日浅，优游田里，以法书名画自娱。家近春波桥，为吴仲圭旧里，暇写墨竹，兼擅云山”⑧。钱谦益亦言：君实“和易安雅，恬于仕进，先后家食二十余年。

---

① （明）罗炌修，（明）黄承昊纂：《崇祯嘉兴县志》卷十四《文苑·李日华》，书目文献出版社1991年版，第574页。

② （明）李日华撰：《李太仆恬致堂集》卷三十二《答年家俞企延茂才》，见《四库禁毁书丛刊》编纂委员会编：《四库禁毁书丛刊》集部，第65册，北京出版社1997年（据北京大学图书馆藏明崇祯刻本影印），第45页。

③ （清）叶昌炽著，王欣夫补正，徐鹏辑：《藏书纪事诗》卷三，上海古籍出版社1989年版，第293页。

④ 梁战、郭群一编著《历代藏书家辞典》，陕西人民出版社1991年版，第160页。

⑤ （清）彭元瑞等撰：《天禄琳琅书目后编》卷六，见《清人书目题跋丛刊十》，中华书局1995年版，第318页。

⑥ （清）彭元瑞等撰：《天禄琳琅书目后编》卷十五，见《清人书目题跋丛刊十》，中华书局1995年版，第405页。

⑦ 《藏书来源·购买》，见任继愈：《中国藏书楼》上编《藏书论》，辽宁人民出版社2010年版，第81页。

⑧ （清）朱彝尊著，姚祖恩编，黄君坦校点：《静志居诗话》卷十六《李日华》，人民文学出版社2006年版，第477页。

能书画,善赏鉴,一时士大夫风流儒雅、好古博物者,祥符王损仲、云间董玄宰为最,君实书画亚于玄宰,博雅亚于损仲,而微兼二公之长,落落穆穆,韵度颓然,可谓名士矣"①。《浙江通志》赞评称:"日华和易安雅,恬于仕进,后先家食二十余年。能书画,善赏鉴。一时士大夫风流儒雅好古博物,祥符王惟俭、云间董其昌为最。日华书画亚于其昌,博雅亚于惟俭,而征兼二公之长。落落穆穆,韵度颓然,可称名士"②。现存的《味水轩日记》,共计八卷,为自万历三十七年(1609)正月至万历四十四年(1616)十二月八年间逐日书写的日记,记录李日华在嘉兴隐居的日常生活,其中包括他本人大量的书画活动及对绘画的认识。其子李肇亨③总结云:

> 其间所纪,翻阅书画,评骘翰墨,十居八九。而时事、异闻奇物、酒荈花鸟、寄情触目者,附之。所绝不涉入者,月旦雌黄,升除宠辱,种种俗虑。亦可仰见先大夫笃嗜之旷怀、卓品之一二矣。

李日华卒后,遗书由其子李肇亨④传承,其故居在嘉兴春波门外螺蛳浜,即今嘉兴城内解放路螺蛳浜,筑有恬致堂,均已毁。

(二十三)沈孚先

沈孚先(1597—?) 字白生,秀水人。沈"思孝从子。万历二十六年进士,以工部主事,分司济宁协理泇河工务。闻父病,弃官归"。寻起,"擢吏部郎中,历四司,门无私谒。三十八年佐察典,疏曰:'一清不足以尽天下之才,一浊足以概天下之不肖。'时已为名言。编《人才录》,凡京朝林下,大官长吏,皆朱墨札记。每言参苓乌附尽入药笼驱使,乃见国手。所著有《尚白斋诗文》"⑤。

沈孚先"幼而警敏,沉酣六籍。父子兄弟自相师友"⑥。性喜藏书与刻书,与兄

---

① (清)钱谦益撰:《列朝诗集小传》丁集下《李少卿日华》,上海古籍出版社1959年版,第638页。

② (清)嵇曾筠、李卫等修,(清)沈翼机等纂:《雍正浙江通志》(四)卷一百七十九《人物六·李日华传》,浙江省地方志编纂委员会编:《中国地方志集成·省志辑·浙江》(6),凤凰出版社2010年影印本,第685页。

③ (明)李日华著,屠友祥校注:《味水轩日记·题识》,上海远东出版社1996年版,第1页。

④ 按:李肇亨(1592—1664),字亨,号珂雪,别署爽溪钓士,僧名常莹,嘉兴人。明末清初学者。承其父志,喜刻书、藏书,精画理,擅山水及书法,工诗文。著有《妇女双名记》《醉鸥长短句》《学易堂笔记》《琴言阁新咏》《写山楼草》《率圃吟稿》《梦余草》《墨君画语》《率圃草》等。

⑤ (清)赵惟嵛修,(清)石中玉、吴受福纂:《光绪嘉兴县志》卷二十一《列传一·沈孚先》,见《中国地方志集成·江苏府县志辑》(15),江苏古籍出版社1991年版,第477页。

⑥ (明)罗炌修,(明)黄承昊纂:《崇祯嘉兴县志》卷十三《乡达·黄承玄》,书目文献出版社1991年版,第539页。

德先[①]以刻书名著于时，尚白斋为沈氏兄弟刻书室兼藏书室。尝与兄沈德先校刻《尚白斋秘籍》，海盐姚士粦作《尚白斋秘籍叙》云："此刻为友人沈天生及其弟水部白生斋头所藏，亦以不传为虑，爰检小史、学稗诸海所无者，自梁、宋、辽、元至今，凡得二十种，昆季手校，授之剞劂。"[②]"可谓以传布为藏，真能藏书者矣！"[③]沈氏尚白斋曾刊刻明陈继儒所辑《宝颜堂秘籍》，内含《正集》《续集》《广集》《普集》《汇集》《密集》六种二百四十四卷。

（二十四）过庭训

过庭训（1578—1629）　字尔韬，号成山，又号西溪，平湖人。"万历甲辰进士，授湖广江陵县知县"[④]，当时江浒有淤田数万亩，为楚藩所占。过庭训上任后，将所占田地收回，全部分给百姓。并酌量起科，减通邑税，平反冤狱，整治吏政等，由是邑无缺事，卓有政绩，升为云南道御史。后历官应天提学御史，以疾乞归，补江西参政。天启五年（1625），补湖广参政，迁福建按察使，"升为应天府丞，未任而卒。崇祯戊辰特恩予祭加赠府尹。著有《直省分郡人物考》一百十五卷"[⑤]。

过庭训好藏书，"藏书甚富。喜读书，好濂洛之学。嘉靖中其家藏书遭倭寇焚掠，继又毁于火，所藏尽失。万历初年，因授经于南大司寇孙简肃和佑山冯给谏家，始得博览群籍"[⑥]。正如其在《本朝分省人物考》自序中回忆云："余家世修诗书之业，自先孝子（宗一）以来，多购简册贻子孙，先王父庞滨公益恢宏之，嘉靖中年，沿海诸邑，多受倭夷焚掠，余家亦被其祸，历二百年来所积遗书，尽为煨烬。"[⑦]

过庭训平生嗜读书，利用闲暇，博览群籍，"做官以后，仍利用闲暇，广采博录，随笔札记，未曾间断。著述较多，有《直省分郡人物考》《圣学嫡派》《性理翼明》《平平草》《名臣类编》等书"[⑧]。又善画兰竹，尤工画蟹，与施南荣有"南兰西蟹"之称。

（二十五）贺万祚

贺万祚（1577—1639）　字孝延，号立庵，贺侃修嗣父，朱彝政外祖父。"海盐人，

---

① 按：沈德先，字天生，秀水人。孚先兄。万历三十七年（1609）己酉顺天举人，官上海教谕、国子学录转桂蕃审理，升刑部河南司主事。德先为明刻书家、藏书家。曾馆项穉玉家，益得搜其秘。《美国哈佛大学哈佛燕京图书馆中文善本书志》记载陈万言云："天生乃益富搜览，悉综合书秘籍，凡椑官小史之所不及备者，麓而存之，而先为流通其什一……"

② 引《玉照新志点校说明》，见（宋）王明清撰，朱菊、汪新森校点：《投辖录・玉照新志》，上海古籍出版社2012年版。

③ （清）叶昌炽著，王欣夫补正，徐鹏辑：《藏书纪事诗》卷三，上海古籍出版社1989年版，第273页。

④ （清）彭润章等修，叶廉锷等纂：《光绪平湖县志》卷十五《人物・列传一・过庭训》，见上海书店出版社编：《中国地方志集成・浙江府县志辑》（20），上海书店出版社2011年版，第365页。

⑤ （清）彭润章等修，叶廉锷等纂：《光绪平湖县志》卷十五《人物・列传一・过庭训》，见上海书店出版社编：《中国地方志集成・浙江府县志辑》（20），上海书店出版社2011年版，第366页。

⑥ 浙江省社会科学院编著：浙江简志之二《浙江人物简志》（中册），浙江人民出版社1986年版，第180—181页。

⑦ （清）朱壬林辑：《当湖文系初编》卷六，清光绪十五年（1889）刊本。

⑧ 浙江省社会科学院编著：浙江简志之二《浙江人物简志》（中册），浙江人民出版社1986年版，第180—181页。

入郡庠，遂徙居嘉之北版坊。少英异，好学博古，试辄高等，文声籍甚。登万历庚戌进士，授部曹，以母老乞南，得比部南比部冷曹之最，祚不择也。寻晋南礼部正郎”①，“历迁山东按察使佥事，提督学政。妖贼徐鸿儒倡白莲教，远近煽惑。万祚佐巡抚指画，卒以决胜。迁广西布政司参政，分守左江道。土寇胡扶记为乱，万祚以方略获之。招降莫敬龙所部千人，置之内地。别部帅扶、黎三以兵出掠，敬龙生擒以献，群蛮慑服，境内盗贼悉平”。“转江西右布政使，分守岭北道。流贼方肆焚劫，围定安，破安远”②。贺万祚“持身廉介，行己端方，言笑不苟，官至方伯，没有余赀，释褐后，日探讨经济诸书，手不释卷，一一丹黄，诠注期为名臣，为文古劲追班马，称一时作者。所著有《大业斋集》若干卷，及《名臣品骘》《提刑通要》《仪部条议》《兵垣疏略》诸书”③。《光绪海盐县志》卷十五、清沈德潜《明诗别裁集》卷十有其传。

贺万祚好藏书，尝藏宋版《童溪王先生易传》三十卷，“是书传流印记甚多，俞贞本，字有立，吴县人。永乐初，以劝苏州守姚善举兵论死。秦汴，字思宋，无锡人，秦金仲子，金字国声，弘治进士，官刑部尚书，谥端敏。又曾入唐寅、毛晋、徐乾学家。毛褒，字甫伯，晋之子。立庵，贺万祚号，秀水人，天启朝布政使。有‘宋本’‘陈元中’‘乾学’‘徐健庵’‘锡山秦汴’‘立庵图书’”诸印④。

（二十六）高道素父子进士

高道素（1583—1629）　初名斗光，字明水，更名道素，字玄期，一字如晦，号恬智居士，嘉兴竹林乡人。“弱冠之时，试县、府督学皆第一。学使洪启睿奇其才，不待再试，即给俸禄。万历癸卯，浙榜中举”⑤，“万历己未进士”⑥，“以进士授虞衡司主事，调营缮，偕太监黄用监造桂邸，分界督造，邸成迁郎中”。所督桂府殿倾，论死。后子承埏上书讼冤，复原官。“为诸生时，倡建仁文书院，并置义田。善诗文，工书画，著有《景元堂集》《明水轩笔记》”⑦及《药房随笔》《高氏诗选英华》《顺心庵碑》等。朱彝尊《静志居诗话》卷十七有其传。

高道素好藏书，“曾筑造南园于白苎村，蓄图书鼎彝之属”⑧。卒后，藏书后由子

---

① （明）罗炌修，（明）黄承昊纂：《崇祯嘉兴县志》卷十三《贺万祚》，书目文献出版社1991年版，第540页。

② （清）嵇曾筠、李卫等修，（清）沈翼机等纂：《雍正浙江通志》（四）卷一百七十一《人物四・贺万祚传》，浙江省地方志编纂委员会编：《中国地方志集成・省志辑・浙江》（6），凤凰出版社2010年影印本，第575页。

③ （明）罗炌修，（明）黄承昊纂：《崇祯嘉兴县志》卷十三《贺万祚》，书目文献出版社1991年版，第541页。

④ （清）彭元瑞等撰：《天禄琳琅书目后编》卷二，见《清人书目题跋丛刊十》，中华书局1995年版，第246页。

⑤ 新丰镇编纂办公室：《新丰镇志・知名人物》，安徽美术出版社2008年版第451—452页。

⑥ （清）沈德潜、周准编：《明诗别裁集》卷十《高道素》，上海古籍出版社1979年版，第262页。

⑦ （清）许瑶光修，吴仰贤等纂：《光绪嘉兴府志》卷五十《嘉兴列传・高道素》，见《中国地方志集成・浙江府县志辑》（13），上海书店出版社1993年版，第396页。

⑧ 新丰镇编纂办公室：《新丰镇志・知名人物》，安徽美术出版社2008年版，第452页。

承埏继承。

高承埏(1602—1647)　字泽外,号寓公,又字九遐,晚号鸿一居士,嘉兴竹林乡高家埭人。少好读书,有文名,崇祯十二年(1639)己卯举人,“崇祯庚辰进士,授迁安令。锄豪强,招流散,设法济急饷,省费万计。改江南泾县,数月政成。民有清高之谣。迁工部主事,上书白父道素之冤,即乞养母归。泾人奉祀水西王文成书院”①。高承埏为官清惠明敏,恩威并重,对百姓广施恩德,对不法豪强毫不手软,是明末清初著名的清官。其宅曾悬明崇祯帝所赐“功在封疆”匾额。明亡,曾率民抵御清兵,及清师南下,遂隐居不出,深居竹林村窝,拒不仕清。顺治四年(1647)卒,祀迁安、宝坻、泾县名宦祠。著有《稽古堂集》《自靖集考略》《外编》《五十家诗义裁中》《鸿一亭笔记》《南部闻见记》《宝坻全城记》《彤管流芳录》《崇祯贞节录》等数十种,辑有《稽古堂丛刊》十一种四十三卷。

作为明末藏书大家、刻书家、学者的高承埏喜蓄图书鼎彝,闭门读书、藏书、校勘、著书及刻书,乐此不倦。其“藏书数万卷,博学强记,虽簿书鞅掌不废涉览”②。其藏书除递藏其父藏书外,又有增益,聚书八十椟,多至七万余卷,藏书于稽古堂。稽古堂名闻江浙,其藏书可与天籁阁、万卷楼相匹敌。今美国国会图书馆藏明刻本《六书正讹》五卷,卷内有“醉里高承埏字八遐家藏书记”“南山主人寓公”两印记。黄宗羲《天一阁藏书记》附记:康熙三年(1664)“甲辰,馆语溪,槜李高氏以书求售二千余,大略皆钞本也。余劝吴孟举收之。余在语溪三年,阅之殆遍。此书固他乡寒故也”③。朱辰应记云:“公亦好聚书,多至数万卷。寝处其中,校勘不倦。时复卒卷掩抑,曰:‘先人有知,魂魄犹应眷此也。’”④又朱彝尊称:“聚书万椟,多至七万卷。”⑤又云:“先生家藏书八十椟,与项氏万卷楼争富。虽干戈俶扰,不辍吟哦。其《病中述志》云:‘惟将前进士,惨澹表孤坟。’读者比之泽畔行吟,西台恸哭。”⑥叶昌炽《藏书纪事诗》卷三有诗云:

---

① (清)嵇曾筠、李卫等修,(清)沈翼机等纂:《雍正浙江通志》(四)卷一百六十七《人物三·高承埏》,浙江省地方志编纂委员会编:《中国地方志集成·省志辑·浙江》(6),凤凰出版社2010年影印本,第511页。

② (清)嵇曾筠、李卫等修,(清)沈翼机等纂:《雍正浙江通志》(四)卷一百六十七《人物三·高承埏》,浙江省地方志编纂委员会编:《中国地方志集成·省志辑·浙江》(6),凤凰出版社2010年影印本,第511页。

③ (清)黄宗羲撰:《天一阁藏书记》,见陈乃乾编:《黄梨洲文集》,中华书局1959年版(2009年重印),第401页。

④ (清)叶昌炽著,王欣夫补正,徐鹏辑:《藏书纪事诗》卷三,上海古籍出版社1989年版,第303页。

⑤ (清)朱彝尊撰:《曝书亭集》七十二卷《前进士高公墓表》,见(清)永瑢、纪昀等编纂:《四库全书》第1318册,上海古籍出版社1987年版,第455页。

⑥ (清)朱彝尊著,姚祖恩编,黄君坦校点:《静志居诗话》卷十九《高承埏》,人民文学出版社2006年版,第583页。

杉青闸畔表孤忠，父子南湖世考工。
八十楼书前进士，西台泪洒杜鹃红。

藏书处为稽古堂，自编《稽古堂书目》。

藏书印有槜李李高承埏字八遐家藏书记、稽古堂记、高承埏印等。

高承埏除藏书外，还是明末浙江著名的刻书家及出版家，对浙江的藏书及出版做出杰出的贡献。刻印古籍多种，计有《稽古堂日钞》十七种，《稽古堂丛刻》十一种，《稽古堂新镌群书秘简》二十二种。其被叶德辉列为全国二十六家之一，所刻之书，被叶德辉《书林清话》卷五列为“明人刻书之精品”。

（二十七）曹　溶

曹　溶（1613—1685）　字洁躬，又字鉴躬，号秋岳、倦圃，又号金驼老圃，别署白学先生，晚号金驼老人，祖籍平湖，后居秀水。“明崇祯丁丑进士，官御史。本朝起副都御使，升户部侍郎，出为广东布政使，左迁山西阳和道”[①]。清康熙初，裁缺归，“还里。甲寅，逆藩叛，阁臣荐为边才，隋征福建。丁母忧，不受职而归”[②]。康熙十八年（1679），“举鸿博，丁忧未赴，学士徐元文荐修《明史》”[③]，“俱辞不赴。晚年自号‘锄菜翁’，筑室范蠡湖，颜曰‘倦圃’，时花种竹，置酒唱和无虚日。爱才若渴，四方之士倚为风雅宗主四十年。家多藏书，勤于咏览，尝辑《续献征录》六十卷、《五十辅臣传》五卷、《静惕堂诗文集》三十卷”[④]。曹溶“肆力于文章，尤工尺牍，长笺小幅，人共宝之。诗与合肥龚鼎孳齐名，人称龚曹。晚筑室范蠡湖，名曰倦圃。多藏书，勤于诵览。辑《续献征录》六十卷、《崇祯五十辅臣传》五卷，外有《静惕堂诗文》三十卷”[⑤]，又有《静惕堂尺牍》四卷，时称江东独步。其《明人小传》是自明洪武至崇祯年间，入传3000余人的汇传集，收录人物众多，是了解明代人物重要的参考工具书。所“辑《学海类编》，唐宋秘本综四百种”[⑥]。此丛书分经翼、史参、子类、集余四类，史部多稗史，子部多宋、明人实用著作。皆海内士大夫家藏钞本，世所稀见者，至今为学林所宝。生平事迹参见《清史列传》卷七十八《曹溶传》、郑方坤《本朝名家诗钞小传》卷一《静惕堂诗钞小传》。

---

① （清）阮元、杨秉初辑，夏勇等整理：《两浙輶轩录》卷一《曹溶》，浙江古籍出版社2012年版，第55页。

② 引（清）阮元、杨秉初辑，夏勇等整理：《两浙輶轩录》卷一《曹溶》，浙江古籍出版社2012年版，第56页。

③ 赵尔巽等撰：《清史稿》卷四百八十四《列传二百七十一·曹溶传》，第44册，中华书局1977年版，第13326页。

④ 引（清）阮元、杨秉初辑，夏勇等整理：《两浙輶轩录》卷一《曹溶》，浙江古籍出版社2012年版，第56页。

⑤ （清）嵇曾筠、李卫等修，（清）沈翼机等纂：《雍正浙江通志》（四）卷一百七十九《人物六·曹溶传》，浙江省地方志编纂委员会编：《中国地方志集成·省志辑·浙江》（6），凤凰出版社2010年影印本，第687页。

⑥ （清）杨钟羲撰集，刘承幹参校：《雪桥诗话续集》卷一，北京古籍出版社1991年版，第62—63页。

作为明末清初朝廷官吏的曹溶，尤嗜藏书，吏余则以藏书和著述为荣，在京为官时，堂上列书六七千册，人多往其家抄读。尝自称："余家所藏唐、宋人经解最多，大半为昆山徐氏所刻。"①晚年在家乡嘉兴南湖之滨，原岳飞后人岳珂的读书处金陀坊旧地上修治倦圃（今嘉兴城南范蠡湖畔）别业，称静惕堂。《雪桥诗话续集》称其"与竹垞（朱彝尊）邮亭官舍，更唱迭和。晚自蜀归，筑倦圃，自号种菜翁。辑《学海类编》，唐宋秘本综四百种。生平著述上之史馆者：《崇祯疏钞》《五十宰相传》。藏之家者：《续献征录》六十卷，起万历中叶，讫崇祯甲申；《古林金石表》《静惕堂诗古文词》"②。关于倦圃，朱彝尊撰有《倦圃图记》云：曹公"倦圃距嘉兴府治西南一里，在范蠡湖之滨。宋管内劝农使岳珂倦翁，尝留此著书，所谓金陀坊是已，地故有废园。户部侍郎曹先生洁躬，治之以为别业，聚文史其中，暇则与宾客浮觞乐饮。其以倦圃名者，盖取倦翁之字以自寄。予尝数游焉，乐之而不能去于怀也"③。钱泳《履园丛话》记其甚详："嘉兴府城西门内有倦圃，即宋岳鄂王孙倦翁珂故宅也，圃甚宽广，岩若山林。嘉庆甲子三月，尝同家恬斋过，圃中荒废久矣。近为陈氏所购，葺而新之，据朱竹垞曝书亭集所载，有丛菊径、积翠池、浮岚、范湖草堂、静春轩、圆谷、采山楼、狷溪、金陀别馆、听雨斋、橘田、芳树亭、溪山真意轩、容与桥、潜山、锦淙洞、留真馆、澄怀阁、春水宅诸胜，俱仍旧题，为嘉禾胜地。"④

曹溶藏书极富，甲于东南，杨钟羲称：黄俞邰"藏书至八万余卷，与山阴祁氏澹生堂、钮氏世学楼、禾中项氏、倦圃曹氏埒"⑤。徐珂称曹氏"静惕堂，在其别业倦圃中，入其门，皆书也"⑥。藏书大家朱彝尊跋《文选》云："遇故人项氏子称有万卷楼残帙，畀以二十金购之。时曹侍郎洁躬、徐尚书原一皆就予传钞。"⑦清人称：时"山阴祁氏澹生堂，钮氏世学楼，禾中项氏，倦圃曹氏，皆东南文苑渊薮也。朱竹垞检讨撰《经籍存亡考》，亦得力于书架"⑧。曹溶"以好结纳。富藏书。为一时胜流所归"⑨，可见藏书之富。叶昌炽有诗云："一纸书传锄菜翁，山潜冢秘与人同。古人慧命从今续，尽向金陀拜下风。"⑩

---

① （清）曹溶撰：《学海类编·原序·辑书大意》，见（清）曹溶辑，陶樾增订：《学海类编·序》，江苏广陵古籍刻印社1994年版，第1页。

② （清）杨钟羲撰集，刘承幹参校：《雪桥诗话续集》卷一，北京古籍出版社1991年版，第62—63页。

③ （清）朱彝尊撰：《曝书亭集》卷六十六《记二·倦圃图记》，见（清）永瑢、纪昀等编纂：《四库全书》第1318册，上海古籍出版社1987年版，第397页

④ （清）钱泳撰，孟裴校点：《履园丛话》卷二十《倦圃》，上海古籍出版社2012年版，第367页。

⑤ （清）杨钟羲撰集，刘承幹校：《雪桥诗话》卷二，北京古籍出版社1989年版，第77页。

⑥ 徐珂编撰：《清稗类钞·鉴赏类·曹秋岳藏书于静惕堂》，第9册，中华书局1986年版，第4223页。

⑦ （清）朱彝尊著，叶元章，钟夏选注：《朱彝尊选集》之《文选三十篇·曝书亭著录序》，上海古籍出版社1991年版，第446页。

⑧ （清）阮葵生撰，李保民校点：《茶余客话》卷十六《明藏书家》，《历代笔记小说大观》本，上海古籍出版2012年版，第394页。

⑨ 邓之诚撰：《清诗纪事初编》卷七《丙编·浙江》，上海古籍出版社2013年版，第741页。

⑩ （清）叶昌炽著，王欣夫补正，徐鹏辑：《藏书纪事诗》卷四，上海古籍出版社1989年版，第352页。

曹溶藏书尤以宋元人集为多,近千种。其中宋元各种文集,宋人集部最多,在清初与吕晚村(留良)、黄梨洲(宗羲)称三鼎足。杨钟羲称:"曹秋岳记诵淹博,收宋元人文集至三百余家,明三百祀,词学失传,搜集南宋遗集,表而出之。"①叶德辉记其所藏宋元文集甚详:"王文简《池北偶谈》云:'曹秋岳侍郎好收宋元人文集,尝见其《静惕堂书目》所载宋自柳开以下,凡一百八十家,元自耶律楚材以下,凡一百十五家,可谓富矣。今按此本,宋自徐铉《骑省集》以下,凡一百九十六家;元自元好问《遗山集》以下,凡一百三十九家,较文简所见,共多四十家,盖后编最足之本。乾隆时修《四库全书》,此目所载十九著录,斯固两朝文人精爽之所凭依,故得长留于天地间也。'"②宋版《公是先生七经传》,"为北宋本,传庋唐寅、曹溶、徐乾学、朱彝尊家,末有'唐寅藏书'四字。溶字洁躬,号秋岳,秀水人。崇祯丁丑进士,入本朝,官户部侍郎,左迁山西阳和道,好聚书,汇刻古籍为《学海类编》。有'徽国经史之章''留真馆''唐白虎''曹溶''乾学''徐健庵''竹垞藏本''庐私印'"③等印记。元刊本《重刻宋朝南渡十将军传》十卷,"此本为曹倦圃藏书,后有黄荛圃跋,卷首有'槜李曹氏藏书、曹蓉之印'二朱记"④。元刻本《山海经》十八卷,"此本字仿欧体,用笔整严,刻手虽未能尽得其妙,摹印清朗,在元刻中洵为善本。御题《山海经》一书,流传最古而近世无善本,是本笔法刻画清峭,当为元版之佳者。明吴郡黄氏省曾合刊《水经》《山经》,为上下集,其字迹仿佛相同,盖以是刻为蓝本也。乾隆御识钤",有"曹溶私印""洁躬"等印⑤;元江西刻本《新刊履斋示儿编》二十三卷,有"曹溶""洁躬""槜李蒋石林藏书""海源阁杨氏家藏"等印⑥;元延祐刻本《新笺决刻古今源流至论前集》十卷《后集》十卷《续集》十卷《别集》十卷,"目后王氏题曰:'嘉靖三年春,在武陵赵氏书棚得此。保之王穀祥珍藏。''穀祥'印。'嘉靖庚午六月,楞伽山人王芑孙观。''芑孙'印。有'朱文石史''王子裕''王穀祥珍藏''项墨林秘籍''子京''贻典''曹溶鉴藏''虞山张蓉镜''芙川''方氏若衡''陈征芝''蒋凤藻'各印"⑦。

曹溶所藏钞本与明刊书亦不少,如旧钞本《忧古诗话》一卷,"卷首尾有'槜李曹

① (清)杨钟羲撰集,刘承幹参校:《雪桥诗话续集》卷一,北京古籍出版社1991年版,第62页。

② 转引(清)叶德辉《静惕堂书目序》,(清)曹溶辑:《静惕堂书目宋人集一卷元人文集一卷》卷首,见《丛书集成续编》第71册,上海书店出版社1994年版,第477页。

③ (清)彭元瑞等撰:《天禄琳琅书目后编》卷三,见《清人书目题跋丛刊十》,中华书局1995年版,第265—266页。

④ (清)瞿镛撰:《铁琴铜剑楼藏书目录》卷第十《史部三》,见《清人书目题跋丛刊三》,中华书局1990年版,第157页。

⑤ (清)于敏中等撰:《天禄琳琅书目》卷五《山海经》,见《清人书目题跋丛刊十》,中华书局1995年版,第107页。

⑥ 王文进撰,柳向春标点:《文禄堂访书记》卷第三,上海古籍出版社2007年版,第197页。

⑦ 王文进撰,柳向春标点:《文禄堂访书记》卷第三,上海古籍出版社2007年版,第205页。

氏藏书印’‘曹蓉’二朱记”[①]。又旧钞本《诚斋诗话》一卷,“卷首尾有‘槜李曹氏藏书印’‘曹蓉’‘璜川吴氏收藏图书’诸朱记”[②]。明钞本《李元宾文集》五卷,“板心下刊‘平庵’二字。天顺元年陆希声序。有‘槜李曹氏’‘曹溶’‘洁躬’‘白堤钱听默经眼’”印[③];旧钞本《了斋易说》不分卷,有“曹溶私印”“洁躬”朱文两方印,及“翰林院”官印[④];旧钞本《刑统赋解》二卷,为曹倦圃藏书[⑤];《李原宾文集》五卷,“旧钞本,曹倦圃藏书,唐李观撰,卷首有‘槜李曹氏’印记”[⑥];钞本《韩山人诗集》一卷,有“倦圃”“曹溶之印”“洁躬”诸印[⑦];《庆湖遗老诗集》九卷《拾遗》一卷,宋贺铸撰。傅增湘跋云:“清初钞红格本,八行十八字。钤有‘曹溶之印’‘洁躬’‘安乐堂藏书记’‘王原祁印’‘明善堂览书画印记’各印,又‘海源阁’‘杨绍和’各印。”[⑧]《傅忠肃公文集》三卷,宋傅察撰。傅增湘跋云:“经鉏堂写本,十一行二十五字。有周必大序。钤有‘曹溶’‘洁躬’等藏印。”[⑨]明刊本《宋林和靖先生诗集》四卷,宋林逋撰,“前皇祐五年梅尧臣序,后有拾遗诗一首、词一首。钤有‘曹溶’朱、‘结一庐藏书’朱各印”[⑩]。明刻本《菊径漫谈》十四卷,“有‘徐(火勃)’‘徐兴公’‘曹溶’‘槜李曹氏藏书’印”[⑪]。

此外,曹溶还喜藏碑帖与书画名迹,汪璐称曹氏“多藏书,尤富于金石文字,号称赏鉴家”[⑫]。尝藏碑帖800余本,且藏书装帧精整,分寸一律,每册必手书其签而校勘之,世称“曹签”。朱彝尊称其“博征文献,集三百年名公卿手书墨迹,装潢成册,多至七百家”[⑬]。所藏书画名迹,如顾复《平生壮观》中记载有唐僧高闲的千字文残卷:

---

① (清)瞿镛撰:《铁琴铜剑楼藏书目录》卷第二十四《集部六》,见《清人书目题跋丛刊三》,中华书局1990年版,第376页。

② (清)瞿镛撰:《铁琴铜剑楼藏书目录》卷第二十四《集部六》,见《清人书目题跋丛刊三》,中华书局1990年版,第378页。

③ 王文进撰,柳向春标点:《文禄堂访书记》卷第四,上海古籍出版社2007年版,第259页。

④ (清)缪荃孙等撰,吴格整理点校:《嘉业堂藏书志》卷一《经部》,复旦大学出版社1997年版,第125页。

⑤ (清)张金吾撰,柳向春整理,吴格审定:《爱日精庐藏书志》卷二十一,上海古籍出版社2014年版,第337页。

⑥ (清)张金吾撰,柳向春整理,吴格审定:《爱日精庐藏书志》卷二十九,上海古籍出版社2014年版,第473页。

⑦ 《古籍善本经眼录》集部《别集类(明清)》,见王雨著,王书燕编纂:《王子霖古籍版本学文集》第2册,上海古籍出版社2006年版,第113页。

⑧ 傅增湘撰:《藏园群书经眼录》卷十三《集部二》,中华书局1983年版,第1199页。

⑨ 傅增湘撰:《藏园群书经眼录》卷十三《集部二》,中华书局1983年版,第1202页。

⑩ 傅增湘撰:《藏园群书经眼录》卷十三《集部二》,中华书局1983年版,第1123页。

⑪ 王文进撰,柳向春标点:《文禄堂访书记》卷第三,上海古籍出版社2007年版,第201页。

⑫ (清)汪璐辑:《藏书题识·金石录跋》,见《丛书集成续编》第71册,上海书店出版社1994年版,第184页。

⑬ 何鸿著:《浙江历代书画鉴藏及鉴藏家印鉴》,中国美术学院出版社2010年版,第133页。

“千字文后半卷,宣和诸玺印钤记,在嘉兴曹秋岳侍郎家。”①又上海图书馆原馆藏有一残本大字唐颜真卿《麻姑山仙坛记》,为“唐拓本”,当属珍贵,其上有“曹溶私印”“秋岳生”“曹溶鉴定书画印”“铜鼓斋珍赏印”“嘉兴张廷济,字叔未,行三,乾隆戊子生,嘉庆戊午科浙江乡举第一”“嘉兴张廷济,字叔未,行贰,居履仁乡张屯里,藏经籍金石书画印”“敕印张廷济”等印记。宋代米芾《多景楼诗册》,擘窠大行书,墨迹,淡牙色纸本,今藏上海博物馆,钤有“黔宁王子子孙孙永保之”“征南将军图书”“左史江氏”“曹溶私印”“仪周鉴赏”等印。宋代吴琚《杂诗帖》卷,纸本,鉴藏印有“曹溶之印”“洁躬”“张伯驹印”“京兆”等。此帖曾为清代张应甲、曹溶收藏,后归张伯驹。1956年由张伯驹夫妇捐献故宫博物院。

曹溶所抄之书及所刊之书在版心印有“槜李曹氏倦圃藏书”八字字样,曾刻宋、元、明各家著作40余种数百卷。如《藏春诗集》六卷,“旧钞本,曹倦圃藏书,元刘秉忠撰。胡菊圃重从天顺刊本校,并补录天顺五年马伟、黎近两序。版心有‘槜李曹氏倦圃藏书’八字” ②。《说学斋稿》二卷,曹溶家写本,版心有“槜李曹氏倦圃藏书”八字,有“衎斋”“石研斋秦氏印”“恩复”“秦伯敦父”诸印③。《参寥子诗集》十二卷,宋释道潜撰,后为海源阁杨氏所藏,傅增湘记云:“清初写本,十一行二十四字,板狭行密字小,盖从宋刻傅写也。钤有‘安乐堂藏书记’‘槜李曹氏倦圃藏书’‘曹溶之印’‘洁躬’诸印,又海源阁杨绍和各印。”④《演山文集》六十卷,宋黄裳撰。“旧写本,十行二十字。钤有明善堂、安乐堂、‘彝尊’‘曹震子和印’‘曹溶私印’‘洁躬’各印,又海源阁杨绍和各印。”⑤《姑溪居士文集》五十卷,宋李之儁撰。“清初写本,九行二十一字。前天台吴黄序。又附录东坡、少游、初寮诸人题语。钤有曹溶、秦恩复藏印。”⑥今知曹氏倦圃写本有宋张栻撰《南轩易说》十一卷(存三册)、宋林栗撰《周易经传集解》三十六卷、元赵采撰《周易折衷》二十三卷,《古籍珍稀版本知见录》均著录。

另外,均被《中国古籍善本书目》著录的曹溶钞本有《大雅集》八卷,元赖良辑,元杨维桢评;《贡文靖公云林诗集》六卷,元贡奎撰,《附录》一卷;《鼓枻稿》十卷,明虞堪撰;《倦圃莳植记》三卷《总论》二卷;《王梅边集》一卷,宋王炎午撰,黄丕烈校并跋,戴光曾跋;《玉山草堂集》一卷,元顾瑛撰,清赵之谦校补;《知非堂稿》六卷,元何中撰。被《古籍珍稀版本知见录》著录的有《春秋五礼例宗》七卷,宋大亨撰;《江月

---

① (清)顾复撰:《平生壮观》,见卢辅圣主编:《中国书画全书》第4册,上海书画出版社1993年版,第890页。

② (清)张金吾撰,柳向春整理,吴格审定:《爱日精庐藏书志》卷三十二,上海古籍出版社2014年版,第603页。

③ 傅增湘撰:《藏园群书经眼录》卷十六《集部五》,中华书局1983年版,第1381页。

④ 傅增湘撰:《藏园群书经眼录》卷十三《集部二》,中华书局1983年版,第1190页。

⑤ 傅增湘撰:《藏园群书经眼录》卷十三《集部二》,中华书局1983年版,第1195—1196页。

⑥ 傅增湘撰:《藏园群书经眼录》卷十三《集部二》,中华书局1983年版,第1196—1197页。

松风集》十二卷《补遗》一卷，元钱惟善撰，版心有槜李曹氏倦圃藏书，末有吴石仓跋。

藏书处除静惕堂外，又有邀月榭、金陀别馆、采山堂、真意轩等。

编有《静惕堂书目》存世。又有《静惕堂藏宋元人集目》一卷。曹溶辑《学海类编》丛书，录古今书计四百二十种，皆海内士大夫家藏钞本，人世所稀见者。桐乡藏书名家吴之振就曾利用曹溶的藏书，编纂了《宋诗钞》；朱彝尊编纂《词综》时，多从曹溶家藏宋人遗籍中录出。据唐圭璋先生《宋词版本考》一文，《佳趣堂书目》有《梅溪词》一卷，"曹秋岳选定"；《稼轩词》四卷，"曹秋岳选定"，《白石词》一卷，"曹秋岳手阅"等记载，说明曹溶曾选辑过宋代词人的别集。

其藏书印有白学先生、曹溶之印、曹氏私印、曹溶秘藏、槜李曹氏收藏、曹溶、洁躬、槜李曹氏、槜李曹氏倦圃藏书、两河使者、锄菜翁、槜李、秀州、槜李曹氏收藏图书记、槜李曹氏藏书印、曹溶鉴定书画印、相赏松石闲意、秋岳生、曹溶私印、槜李曹溶、曹、曹溶鉴藏、曹溶秘玩、倦圃、真意轩、洁躬氏、文隐堂、古林书屋等。

关于曹溶藏书流散，后人亦有记载。据何小山《法书考跋》记："先生殁后，将旧钞宋元版五百册质之高江村（即高士奇），竹垞先生倍其值而有之。"[①]又陆陇其《三鱼堂日记》载："至郡寓曹园，会秋岳次子敬胜，讳彦桓，言有宋版书一大橱，俱为成德取去，盖不敢不应也。"[②]管庭芬《花近楼丛书序跋记》卷上李富孙云："曹秋岳家有宋元版书几近千种，其甲部尽为容若（纳兰性德）侍卫取去，《经解》之刻，半资于此也。"[③]据此，曹氏精藏主要流归于朱彝尊和纳兰性德两家，其倦圃亦成废园。

三、明代湖州府进士藏书

《明史·地理志》载，"湖州府元湖州路，属江浙行省。太祖丙午年十一月为府，直隶京师。十四年十一月改隶浙江。领州一，县六"[④]，即安吉州、乌程县、归安县、长兴县、德清县、武康县、孝丰县。

（一）陈　霆

陈　霆（？—1550）　字声伯，号水南居士，德清新市人。清李锡龄记云："先生讳霆，字声伯，号水南，德清人。弘治壬戌（1502）进士，刑科给事中，正德初，谪判六安州，历山西提学佥事"[⑤]，致仕后居渚山。陈霆"以师道自任，士习丕变，致仕归，嘉

① 郑伟章著：《文献家通考》卷一《曹溶》，中华书局1999年版，第41页，引王大隆补正叶昌炽《藏书纪事诗》。

② （清）陆陇其撰：《三鱼堂日记》卷下，中华书局1985年版，第142页。

③ 郑伟章著：《文献家通考》卷一《曹溶》，中华书局1999年版，第41页，引（清）管庭芬《花近楼丛书序跋记》卷上。

④ （清）张廷玉等纂修：《明史》卷四十四《志第二·地理五》，中华书局1974年版，第1104页。

⑤ （清）李锡龄《两山墨谈序》，见（明）陈霆著：《两山墨谈》卷首，中华书局1985年版，第1页。

靖中屡荐不出，进阶朝议大夫，隐居渚山四十年，著述百余卷”[①]。《四库全书总目》著录其《唐馀纪传》《两山墨谈》《山堂琐语》《水南稿》《渚山堂词话》，又有《绿乡笔林》《宣靖备史》《闲居录》《草堂遗音》。另编有《德清县志》《仙潭志》，堪称宏富。生平事迹参见明凌迪知《万姓统谱》卷八《陈霆传》及徐象梅《两浙名贤录》卷二十四《山西提学佥事陈霆》。

陈霆归里后，在渚山筑“绿乡”花园隐居，并构万雨轩，中设木榻二、棐几一，旁无长物，惟置书庋，积缃素数千卷。李檗云：“水南先生既谢尘鞅，结庐两山之间，居左右图书，放情山水，锐意著述，作世俗胶泊淡然也。”[②]朱彝尊称其“博洽著闻，留心风教”[③]。正德六年(1511)官山西提学佥事时在家乡创办柳溪书院、水南书院。

(二)唐　枢

唐　枢(1497—1575)　字惟中，号一庵，归安人。嘉靖五年(1526)进士。“少即矢志求道，从湛竹泉游。嘉靖丙戌会魁，授刑部主事”，“以疏论李福达忤旨，罢归。讲学著书垂四十载，以‘讨真心’三字，从游者甚众”[④]。以授徒、聚书、著述相伴一生。唐枢“少学于湛若水，深造实践。又留心经世略，九边及越、蜀、滇、黔险阻厄塞，无不亲历。蹑屩茹草，至老不衰。隆庆初，复官。以年老，加秩致仕”[⑤]。所著有“《木钟台集》三百卷《续集》一百卷行于世”[⑥]。又有“《易修墨守》一卷，《周礼因论》一卷，《春秋读意》一卷，《国琛集》二卷，《宋学商求》一卷附《附录》一卷，《疑谊偶述》一卷，《一庵杂问录》一卷，《嘉禾问录》一卷”[⑦]等。其中《易修墨守》一书，尤为后人所推重。借安定书院讲学，声名远播，四方来学者众多，桃李满园，名士许孚远、钱镇皆出其门下。后湖州知府张邦彦奉巡抚浙江监察御史张宪之意，为唐枢建立书院，额题“吴兴唐一庵书院”。生平事迹参见《康熙浙江通志》卷三十二《唐枢传》。

唐枢好藏书，于湖州东门外营建木钟台，旁屋数十楹，储古今书籍。嘉靖四十一年(1562)，知府张邦彦在湖城东北隅择地建吴兴唐一庵书院，为其会讲之所十余年，

---

① (清)宗源翰、郭式昌修，(清)周学浚、陆心源纂：《同治湖州府志(二)》卷七十五《文学传》，见上海书店出版社编：《中国地方志集成·浙江府县志辑》(25)，上海书店出版社2011年版，第509页。

② (明)李檗《两山墨谈序》，见(明)陈霆著：《两山墨谈》卷首，中华书局1985年版，第1页。

③ (清)朱彝尊著，姚祖恩编，黄君坦校点：《静志居诗话》卷九《陈霆》，人民文学出版社2006年版，第254页。

④ (清)嵇曾筠、李卫等修，(清)沈翼机等纂：《雍正浙江通志》(四)卷一百七十五《人物五·唐枢传》，浙江省地方志编纂委员会编：《中国地方志集成·省志辑·浙江》(6)，凤凰出版社2010年影印本，第629页。

⑤ (清)张廷玉等纂修：《明史》卷二百六《列传第九十四·唐枢传》，中华书局1974年版，第5441页。

⑥ (明)过庭训撰：《本朝分省人物考》四十六《唐枢》，见《续修四库全书》编纂委员会、复旦大学图书馆古籍部编：《续修四库全书》第534册，上海古籍出版社2003年版，第229页。

⑦ (清)宗源翰、郭式昌修，(清)周学浚、陆心源纂：《同治湖州府志(二)》卷五十八《艺文志》，见上海书店出版社编：《中国地方志集成·浙江府县志辑》(25)，上海书店出版社2011年版，第201页。

三吴之地不少名士皆出其门。卒后，家无私产，“惟图书四壁而已”①。唐枢勤奋好学，学风朴实严谨。毕生注重调查，云游四方，至老不衰。在方志纂修上，亦多有实践，一生主纂了多部志书，如《嘉靖乌程县志》二卷、《嘉靖归安县志》二卷、《万历桐乡县志》十四卷及《孝丰县志》三卷。大都亡佚，仅见《雍正浙江通志》《千顷堂书目》《万卷堂书目》《内阁藏书目录》等著录，却不见传本。

(三)施　峻

施　峻(1505—1561)　“字叔平，归安人。嘉靖乙未进士，授南刑部主事，历郎中，出知青州，以内计罢官。有《琏川诗集》八卷。时推其七言今体，谓可方唐应德云。”②施峻“以晓畅典刑而掌封事。刚毅自持，既不畏强御，又不避嫌，凡议有不合即欲投劾去”③。生平事迹参见明徐献忠《青州府知府施公峻行状》、明过庭训《本朝分省人物考》四十六《施峻传》。

施峻归里后，“家居楼栖如斗，典籍甚具，署曰甲秀，非同调不与登。歌诗欢饮以终其身”④。“自言外不问家人产，然能置田以赡其族之贫者”⑤。又“喜聚书，藏书印曰‘施峻之印’”⑥。明人徐中行《天目先生集》亦称：“公归，不与公事，视里中阀阅若邑屋而不为屈。间至郡合与会，当座而短长之，不屑与之往返，莫不惮其庄。城居楼如斗，典籍敦彝甚具，署之曰‘甲秀’，非莫逆不与登。”⑦

(四)沈应龙

沈应龙(生卒年不详)　字翔卿，乌程人。“鉴子，嘉靖十四年进士。由刑部主事，历四川副使”⑧，“升广东布政司参政。时有事安南，应龙留心边圉，参谋指画，安插莫正中、莫浤瀷之位，崖、万黎叛，应龙言崖、万与琼相去数百里，止一兵备不足以办，合设参将于崖州、参议于万州，专任责成，协力共济。地方赖以安静”⑨，累迁南

---

① 王增清、龚景兴、李学功等著：《苕水悠悠芸香远——湖州藏书文化研究》，杭州出版社2010年版，第36页。

② (清)嵇曾筠、李卫等修，(清)沈翼机等纂：《雍正浙江通志》(四)卷一百七十九《人物六·施峻传》，浙江省地方志编纂委员会编：《中国地方志集成·省志辑·浙江》(6)，凤凰出版社2010年影印本，第693页。

③ (清)宗源翰、郭式昌修，(清)周学浚、陆心源纂：《同治湖州府志(二)》卷七十二《政绩二》，见上海书店出版社编：《中国地方志集成·浙江府县志辑》(25)，上海书店出版社2011年版，第447—448页。

④ (清)嵇曾筠、李卫等修，(清)沈翼机等纂：《雍正浙江通志》(四)卷一百七十九《人物六·施峻传》，浙江省地方志编纂委员会编：《中国地方志集成·省志辑·浙江》(6)，凤凰出版社2010年影印本，第693页。

⑤ (清)宗源翰、郭式昌修，(清)周学浚、陆心源纂：《同治湖州府志(二)》卷七十二《政绩二》，见上海书店出版社编：《中国地方志集成·浙江府县志辑》(25)，上海书店出版社2011年版，第448页。

⑥ 梁战、郭群一主编：《历代藏书家辞典》，陕西人民出版社1991年版，第300页。

⑦ (明)徐中行著，王群栗点校：《徐中行集》卷十六《明故中顺大夫青州府知府琏川施公暨配安人沈氏合葬墓志铭》，《浙江文丛》本，浙江古籍出版社2012年版，第303页。

⑧ (清)宗源翰、郭式昌修，(清)周学浚、陆心源纂：《同治湖州府志(二)》卷七十二《政绩二》，见上海书店出版社编：《中国地方志集成·浙江府县志辑》(25)，上海书店出版社2011年版，第448页。

⑨ (清)阮元总裁：《道光广东通志·琼州府》之《宦绩录》，海南出版社2006年版，第657页。

京刑部右侍郎。生平事迹参见焦竑辑《焦太史编辑国朝献征录》卷四十九《南京刑部侍郎沈应龙传》、《道光广东通志》之《琼州府・宦绩录・沈应龙传》、《光绪崖州志》卷十七《宦绩志・沈应龙传》。

沈应龙"性修洁,取严一介,宦装出入,惟图书数卷而已。在山东特荐诸城令杨继盛,在广东识拔海瑞,于诸生识者以为有人伦"①。居官尽职,明过庭训云:沈公"每退食,惟翻阅书史。宦装出入,惟图书数卷而已。所著有《恤邢录》《平番议》《安南议》《抚黎议》《山东奏议》,及诗文集藏于家"②。

(五)茅坤父子进士

茅 坤(1512—1601) "字顺甫,别号鹿门先生,归安之花溪人也。公少负高才"③,"性警颖,日诵千言,年十六,补邑诸生。自其为诸生,眈眈有驰骋千古之思,抱卷吾伊,尽丙夜不少辍。甲午举于乡"④,"嘉靖十七年进士。历知青阳、丹徒二县。母忧,服阕,迁礼部主事,移吏部稽勋司,坐累,谪广平通判。屡迁广西兵备佥事,辖府江道。……迁大名兵备副使,总督杨博叹为奇才,特荐于朝。为忌者所中,追论其先任贪污状,落职归。时倭事方急,胡宗宪延之幕中,与筹兵事,奏请为福建副使。吏部持之,乃已"⑤。嘉靖三十四年(1555),44岁的茅坤从大名兵备副使任上遭弹劾落职归隐乡里,以藏书、读书、著述自娱。其"善古文,最心折唐顺之。顺之喜唐、宋诸大家文,所著文编,唐、宋人自韩、柳、欧、三苏、曾、王八家外,无所取,故坤选《八大家文钞》。其书盛行海内,乡里小生无不知茅鹿门者。鹿门,坤别号也"⑥。茅坤"于书无所不读,于文特嗜班、马、欧、苏,人为诠次品藻。所著《白华楼稿》《玉芝山房稿》《耄年稿》"⑦。明王兆云《皇明词林人物考》卷九、《雍正浙江通志》卷一百七十九《人物六》及钱谦益《列朝诗集小传》丁集上等有其传。

茅坤罢归居乡里,农桑之余,在双林经营集市"赛双林",成为里中首富。万历十年(1582)迁居练溪(今练市)玉芝山房。万历二十九年(1601)在练市去世,葬于德清上柏山。入祀镇政府和丹徒县名宦祠。

---

① (清)宗源翰、郭式昌修,(清)周学浚、陆心源纂:《同治湖州府志(二)》卷七十二《政绩二》,见上海书店出版社编:《中国地方志集成・浙江府县志辑》(25),上海书店出版社2011年版,第448页。

② (明)过庭训撰:《本朝分省人物考》四十六《沈应龙》,见《续修四库全书》编纂委员会、复旦大学图书馆古籍部编:《续修四库全书》第534册,上海古籍出版社2003年版,第230页。

③ (明)冯梦祯撰:《快雪堂集》卷十七《鹿门先生洎配姚孺人墓表》,见《四库全书存目丛书》编纂委员会编:《四库全书存目丛书》集部,第164册,齐鲁书社1997年版,第273页。

④ (明)朱赓撰:《明河南按察司副使奉敕备兵大名道鹿门茅公墓志铭》,见(明)茅坤著,张梦新、张大芝点校:《茅坤集・附录一》,浙江古籍出版社2012年版,第1450页。

⑤ (清)张廷玉等纂修:《明史》卷二百八十七《列传第一百七十五・茅坤传》,中华书局1974年版,第7374—7375页。

⑥ (清)张廷玉等纂修:《明史》卷二百八十七《列传第一百七十五・茅坤传》,中华书局1974年版,第7375页。

⑦ (明)过庭训撰:《本朝分省人物考》四十六《茅坤》,见《续修四库全书》编纂委员会、复旦大学图书馆古籍部编:《续修四库全书》第534册,上海古籍出版社2003年版,第233页。

茅坤尤嗜读书，屠隆称其“幼有大志，欲尽读古人书。夏日纳双足瓮中，冬拥败絮读，率夜漏至五鼓”[①]。嘉靖二十五年(1546)丙午，“及徭吏部左迁，稍益发愤，间陈古六艺及庄、荀、晁、贾、百家之言而伏读之”[②]。嘉靖二十六年丁未，因故迁广平府通判，“郡斋多暇，于是意肆力尽读向所未尽书，篝灯荧荧，达曙不休”[③]。又以聚书与著述名于海内，茅坤因嗜藏书，其夫人倾囊助之，茅公“娶于姚氏，为高邮守庐溪公女，慧而知书，念公好古，尽脱簪珥衣襦，益市《坟》《典》《丘》《索》，而身不难椎缟，以成公淹博”[④]。茅坤藏书，经数年积累，已达数万卷，其藏书楼名曰白华楼，撰有《白华楼书目》，《吴兴藏书录》著录，佚。清人郑元庆称：“鹿门茅先生藏书甲海内，练市新构书楼凡数十间，至于充栋不能容。其孙大将军止生，编为九学十部目，自序云：‘九学者，一曰经学，二曰史学，三曰文学，四曰说学，五曰小学，六曰兵学，七曰类学，八曰数学，九曰外学。十部者，即九学之部而加世学，世学不可以示来世。然时王之制，吾先人以兹名于世，吾敢忽诸。’”[⑤]后人只能从清郑庆元《吴兴藏书录·白华楼藏书目》所记录的短文中，窥见其藏书不似一般士大夫藏书，而比较注重当时不受重视的数学、外学和世学等。

茅氏在归隐期间“感倭变，究极兵家之学，其书多秘诸枕中”[⑥]，尤其注重兵学类书籍的搜藏，此类书成为白华楼的特藏。其孙茅元仪据家藏历代两千余种军事书籍编纂了《武备志》。《武备志》是中国明代大型军事类著作，是中国古代字数最多的一部综合性兵书。又名《武备全书》，二百四十卷，二百余万字，图七百三十八幅，卷首有李维桢、顾起元、张师绎、朗文焕、宋献、傅汝舟诸序。宋献序曰：“其所采之书二千余种，而秘图写本不与焉；破先人之藏书垂万卷，而四方之搜讨传借不与焉。”[⑦]全书分五门：《兵诀评》十八卷，《战略考》三十三卷，《阵练制》四十一卷，《军资乘》五十五卷，《占度载》九十三卷。五门又分为一百八十六个子目，纲目明晰。本书自成体系地对中国军事理论进行集大成的总结，特别是对当时的国防形势作了较详细的介绍，对于研究明代后期的交通、地理、兵力、武器、海外关系均有很大的参考价值，

---

① (明)屠隆撰：《明河南按察司副使奉敕备兵大名道鹿门茅公行状》，见(明)茅坤著，张梦新，张大芝点校：《茅坤集·附录一》，浙江古籍出版社2012年版，第1445页。

② (明)茅坤著，张梦新，张大芝点校：《茅坤集》之《茅鹿门先生文集》卷五《与王敬所少寇书》，浙江古籍出版社2012年版，第293页。

③ (明)屠隆撰：《明河南按察司副使奉敕备兵大名道鹿门茅公行状》，见(明)茅坤著，张梦新，张大芝点校：《茅坤集·附录一》，浙江古籍出版社2012年版，第1456页。

④ (明)屠隆撰：《明河南按察司副使奉敕备兵大名道鹿门茅公行状》，见(明)茅坤著，张梦新，张大芝点校：《茅坤集·附录一》，浙江古籍出版社2012年版，第1454页。

⑤ (清)郑元庆著，(清)范锴辑：《吴兴藏书录·茅坤白华楼书目》，见(清)郑元庆等著：《吴兴藏书录·皕宋楼藏书源流考》，上海古典文学出版社1957年版，第12页。

⑥ (明)顾起元撰：《武备志序》，见《中国兵书集成》编委会：《中国兵书集成》第27册，(明)茅元仪撰：《武备志·序》，第1册，解放军出版社、辽沈书社1989年版，第12页。

⑦ (明)宋献撰：《武备志序》，见《中国兵书集成》编委会：《中国兵书集成》第27册，(明)茅元仪撰：《武备志·序》，第1册，解放军出版社、辽沈书社1989年版，第48页。

被白寿彝称为“军事学的百科全书”。

是时茅氏的“白华楼”与宁波范氏的“天一阁”、秀水项氏的“天籁阁”、乌程沈氏的“玩易楼”并称为“明代四大藏书楼”。

白华楼的盛名与茅坤的文名皆享誉江南。对于茅氏藏书之富甲海内，时任礼部尚书兼东阁大学士的朱赓赞云：

东壁星辰写绛河，藏书二酉讵云多。
虫鱼正满乌皮几，金石饶传白雪歌。
竹书已来诸作者，斟酌嫿妍归大治。
淋漓结撰遍人间，一代文章属风雅。
年来华发映修髯，九十莺花春正酣。
宁诧称觞反玉树，还怜戏彩盛朝簪。
白华楼高照苕水，东望岘山直一矢。
此是江南大隐居，何须更问庞公里①。

又清代学者严允肇作《白华楼歌》称云：

胜朝作者称嘉隆，晋江毗陵两巨公。
吾乡崛起茅副宪，豪迈卓有两贤风。
肃皇制作好稽古，翩翩才俊好景从。
公独龃龉投散地，归来著作天下雄。
白华楼前衣带水，涟漪十里芙蕖红。
楼上藏书富金匮，牙签玉轴名山秘。
兴剧挥毫势不停，马迁班掾无轩轾。
江东倭寇风雨来，默林制之如儿戏。
功成不免后车缚，上书宰相持公议。
华亭相公雅好贤，微嫌不合终沦弃。
忆昔髫年过公宅，舫棱白版看题额。
药圃花源绕坏墙，青箱万卷贻先泽。
当时列卿尚无恙，宋史删成从汉格。
惜哉兵火半销沉，残篇蠹简人间厄。

① (明)朱赓撰:《朱文懿公文集》卷七《鹿门歌为茅宪副九十赋》,见《四库全书存目丛书》编纂委员会编:《四库全书存目丛书》集部,第149册,齐鲁书社1997年版,第320页。

鹿门旧第今安在，遗础荒凉草深碧。
斜阳芳草自年年，唯有文章后世传①。

严允肇以白华楼为题材，对茅坤的藏书、读书、治学、仕途、晚节作了赞颂式的描写，白华楼以及茅坤成为文人士子心中的一种文化象征，乃至一种文化人格，其藏书及治学精神等受到读书人的敬仰，可见其影响的深远。

白华楼除用于藏书、读书及著书外，茅坤还时常与文友唱和其中，如与唐顺之、董份、慎蒙等著名学者及姚翼、沈节甫、闵氏、凌氏等湖州藏刻之家交往甚密，屠隆记曰：茅公“晚节愉快，已筑圃宅东，山水清旷，花竹秀野，日偕二三朋好，游息其中，卷帙棋评，殆忘其老”②。

茅坤曾作《夏日友人见访白华楼》诗云：

画帘初卷坐楼台，五月冰霜霄汉开。
一片云花江上落，逍遥仙佩隔溪来③。

茅坤《书郡斋左壁》记述自己藏书、读书、游学及为官的经历：“尝贮书数千卷，甚可赡。吾岁时伏腊之，废而诵说于中也。吾将以间去官，当闭门独息，取所尝扣古六经、诸子疏义而沉覆之，次及律历、兵赋、天文、舆地、卜算、仙释之书而搜猎其旨。”④

其白华楼藏书为其孙茅元仪继承，并编有《白华楼藏书书目》（已佚），《吴兴藏书录》著录。

藏书印有桐园、墨香亭、茅坤等。

茅坤藏书楼除白华楼外，茅坤又于明万历壬午（1582），在练溪筑玉芝山房，为自己读书、著书及部分藏书之所，收藏宋元刻本较多。

茅坤不仅好藏书，亦好刻书。“明代湖州境内织里晟舍闵、凌两氏和长兴臧懋循的刻书始于万历中叶，而茅氏刻书则始于嘉靖中叶，约早了半个世纪。”⑤茅坤在练

---

① （清）严允肇撰：《白华楼歌》，见（明）茅坤著，张梦新、张大芝点校：《茅坤集·附录一》，浙江古籍出版社2012年版，第1510页。

② （明）屠隆撰：《明河南按察司副使奉敕备兵大名道鹿门茅公行状》，见（明）茅坤著，张梦新、张大芝点校：《茅坤集·附录一》，浙江古籍出版社2012年版，第1458页。

③ 引夏春锦著：《茅坤的读书生活》，见朱晓剑等主编：《读者风景文丛系列·悦读散记·读者风景文丛系列》，天地出版社2012年版，第76页。

④ （明）茅坤著，张梦新、张大芝点校：《茅坤集》卷三十《书郡斋左壁》，浙江古籍出版社2012年版，第804页。

⑤ 王增清、龚景兴、李学功等著：《苕水悠悠芸香远——湖州藏书文化研究》，杭州出版社2010年版，第41页。

溪花林(今练市朱家兜村施家村)所设刻书坊是茅氏雕版、印刷和书铺的集中场所,后因茅坤刻书成市,这个刻书的自然村也改称书街,且一直沿袭至今。

在书街,茅坤于万历三年(1575)刻印自编《史记钞》一百二卷,万历十七年(1589)刻印过自编《汉书钞》九十三卷,此外又刻印过《墨子》六卷、郭正域《解庄》十二卷,《中国古籍版刻辞典》皆著录。

茅氏白华楼的藏书由其后人迁至金陵,不幸毁于明清交替的社会动乱之际①。

茅国缙(1555—1607)　字荐卿,号二岑,归安花溪人。蔡汝楠②长婿,"坤仲子。少承家学,操笔立就。诗入盛唐阃奥"③。"十七补武康博士弟子员,明年娶母蔡夫人,又明年而大父春秋垂称老矣,为筑居苕上,与名士刘公宪宠、黄公汝亨、范公应宾辈结秋水社,名大噪。二十入国学,至壬午举于乡,明年成进士。"④任章丘令,历监察御史,谪河南淅川知县,官至南京工部郎中。因积劳成疾,卒于官。明过庭训《本朝分省人物考》卷四十六及《同治湖州府志》卷七十二等有其传。

国缙承家学,终生好书,亦继承其父之藏书,尝曰:"平生顾独喜读书,尝手一卷谓孤曰:'吾以子女玉帛、宫室歌舞之乐、金紫鱼袋之侈,方诸六艺,未足愉。'"万历十八年(1590)庚寅,去台省归家,筑"薮园",同"黄公汝亨讲易斋中,肆志古文词,时与布衣吴君梦旸、李君仲芳、吴君鹤、温君博、金君朗辈唱和歌咏,著有《薮园诗草》若干卷行于世,其存笥者诗若干卷、古文若干卷。大父故以公车业冠冕海内,府君亦蚤擅文誉"⑤。万历二十七年(1599),官留都时,"与张鹤鸣、曹学佺辈结社'删史',期共千秋业"⑥。万历三十年(1602)"壬寅,府君忧居,始出故所删者卒,《东汉》《两晋》已行世,《南北史》方付梓人,《五代》《三国》《唐书》存箧中,迁、固史以大父有钞

① 参见(清)郑元庆著,(清)范锴辑:《吴兴藏书录·茅坤白华楼书目》,见(清)郑元庆等著:《吴兴藏书录·皕宋楼藏书源流考》,上海古典文学出版社1957年版,第12页。

② 按:蔡汝楠,字子木。《明史》卷二百八十七载:"年十八,成嘉靖十一年进士,授行人。从王慎中、唐顺之及叔嗣辈学为诗。寻进刑部员外郎,徙南京刑部。善皇甫涍兄弟,尚书顾璘引为忘年友。廷议改归德州为府,擢汝楠知其府事。以母忧归,聚诸生石鼓书院,与说经。治民有惠政,既去,士民祠祀之。历官江西左、右布政使,擢右副都御史,巡抚河南。召为兵部右侍郎,从诸大僚祝厘西宫,世宗望见其貌寝,改南京工部右侍郎,未几卒。汝楠始好为诗,有重名。中年好经学,及官江西,与邹守一、罗洪先游,学益进。"

③ (清)宗源翰、郭式昌修,(清)周学浚、陆心源纂:《同治湖州府志(二)》卷七十二《政绩二》,见上海书店出版社编:《中国地方志集成·浙江府县志辑》(25),上海书店出版社2011年版,第458页。

④ (明)茅元仪撰:《石民四十集》卷三十六《先考工部都水司郎中二岑府君行实上》,见《四库禁毁书丛刊》编纂委员会编:《四库禁毁书丛刊》集部,第109册,北京出版社1997年版(据北京图书馆藏明崇祯刻本影印),第296页。

⑤ (明)茅元仪撰:《石民四十集》卷三十七《先考工部都水司郎中二岑府君行实下》,见《四库禁毁书丛刊》编纂委员会编:《四库禁毁书丛刊》集部,第109册,北京出版社1997年版(据北京图书馆藏明崇祯刻本影印),第307—308页。

⑥ (明)茅元仪撰:《石民四十集》卷三十七《先考工部都水司郎中二岑府君行实下》,见《四库禁毁书丛刊》编纂委员会编:《四库禁毁书丛刊》集部,第109册,北京出版社1997年版(据北京图书馆藏明崇祯刻本影印),第307—308页。

本，故不复及。独宋、元未竟，赍志而卒也，悲乎！”[1]。黄汝亨称：“荐卿事亲孝、兄弟友，与朋僚交披衷蹈信服，官惠而勤，为德于族里与故人子弟。甚博，所著诗文有《萩园草》《删汉晋史》行世，俱简琢，有骨干近古作者，诸公碑志传记详哉言之矣。”[2]

茅国缙雅好刻书，刻印过陈徐陵辑《玉台新咏》十卷，董嗣成《青棠诗集》八卷，自撰《萩园诗草》六卷，自校删《东汉史删》三十三卷。

（六）徐中行

徐中行（1517—1578）　字子舆，号龙湾，长兴人。读书天目山下，又自称天目山人。“少能古文词，十六补邑诸生，嘉靖庚戌成进士，授刑部主事。当是时，济南李攀龙、娄江王世贞同为诸曹郎，以古文词名，中行交两人甚欢，而同年中若梁有誉、宗臣、吴国伦咸来相劘切。中行遂取旧章悉焚之，自是诗非开元而上，文非西京而上，无述也。出知汀州，补汝宁，中察归。久之，得长芦转运判官，擢山东佥事、云南参政、福建按察使、江西布政使。一夕卒。中行宽然长者，于诗格高调逸，近体弘丽悲壮，读之神耸；文步趋古昔，所立卓尔。有《青萝馆集》《续集》、《天目山堂集》行于世。”[3]生平事迹参见明王世贞《江西布政使司左布政徐公中行墓碑》、《明史》卷二百八十七《列传一百七十五・徐中行传》、朱彝尊《静志居诗话》卷十三《徐中行》。

徐中行喜藏书，官“参议云南，迁副使福建。所携书数千卷，远不能归，质滇库”[4]。卒后，“检其遗橐萧然图书而已，所负子钱籍诸赙遗仅仅足偿。仕宦垂三十年至方岳，家不留一钱。所著有《青萝馆诗集》，后又有《天目山全集》梓行”[5]。

中行又好刻书，于明万历三年（1575）刻印过晋王叔和《脉经》十卷，李攀龙《沧溟先生集》三十卷《附录》一卷《补遗》一卷。万历六年（1578）刻印过赵曜辑《古隽》十六卷。此外，又刻印过郭万里《郭子长集》四卷、王世贞《拟古诗》一卷。

（七）凌迪知祖孙进士

凌迪知（1529—1600）　字稚哲，号绎泉，湖州府乌程人。嘉靖三十四年（1555）乙卯科举人，“嘉靖三十五年进士，授工部郎中”，历官大名府判，升迁为常州府同知，官至兵部员外郎，以循吏闻名。凌氏以文学和雕版印书著名，著述宏富，著有“《大学

---

① （明）茅元仪撰：《石民四十集》卷三十七《先考工部都水司郎中二岑府君行实下》，见《四库禁毁书丛刊》编纂委员会编：《四库禁毁书丛刊》集部，第 109 册，北京出版社 1997 年版（据北京图书馆藏明崇祯刻本影印），第 307—308 页。

② （明）黄汝亨撰：《寓林集》卷十一《茅荐卿传》，见《四库禁毁书丛刊》编纂委员会编：《四库禁毁书丛刊》集部，第 42 册，北京出版社 1997 年版（据北京图书馆藏明崇祯刻本影印），第 270 页。

③ （清）嵇曾筠、李卫等修，（清）沈翼机等纂：《雍正浙江通志》（四）卷一百七十六《人物六・徐中行传》，浙江省地方志编纂委员会编：《中国地方志集成・省志辑・浙江》（6），凤凰出版社 2010 年影印本，第 694 页。

④ （清）查继佐著：《罪惟录・列传》卷之十一下《经济诸臣列传下・徐中行传》，浙江古籍出版社 1986 年版，第 1735 页。

⑤ （明）过庭训撰：《本朝分省人物考》四十六《徐中行》，见《续修四库全书》编纂委员会、复旦大学图书馆古籍部编：《续修四库全书》第 534 册，上海古籍出版社 2003 年版，第 235 页。

衍义补英华》十八卷,《史记评林》一百三十卷,《万姓统谱》一百四十六卷附《氏族博考》十四卷,《历代帝王姓系统谱》六卷,《文林绮绣》五十九卷,《名世类苑》四十六卷"[1]等。《晟舍镇志》卷五等有其传。

凌迪知祖父凌震(1471—1535),字时东,号练溪。以廪贡生谒选黔阳县学训导,提督宝山书院,以德行学识名闻乡里。时称"练溪先生"。归里后,"扫迹城府,杜门自养,图书左右,亹亹不倦。兴到则独步林壑,寻芳讨胜,风度悠然。清修之范,彼世罕闻"[2]。迪知父凌约言(1504—1571),字季默,号藻泉。以史学著称。官至南京刑部员外郎,归田后,于晟舍盘潴溇建凤笙阁,"飞阁流丹,凭栏挹翠,藏书数万卷,为士人觞咏之所"[3]。凌迪知罢官归里后,闭户著书林下三十余年,以藏书、校书、刻书为乐,日校群书,雕版印行。其藏书多承祖父凌震及父约言藏书。又建书林楼,后来专门为藏书板之所。《同治湖州府志》载:凌迪知"罢归,奉父读书终老,校刻《万姓统谱》《名世类苑》诸书传布天下。天下无不知有凌氏书,与其子润初、蒙初自相师友,以文章世其业"[4]。

凌义渠(1593—1644)　凌迪知从孙。"字骏甫,号茗柯,浙江乌程人。刑部员外约言之曾孙。甲子中省试。乙丑成进士,为行人,以选授礼科给事中。时温体仁为大学士,义渠与同闬有连,言论卒不旁体仁。转右给事中、户部左给事中,主考山东。"[5]晋"迁兵科都给事中……义渠居谏垣九年,建白多。……寻迁按察使,转山东右布政使,所至有清操。召拜南京光禄寺卿,署应天尹事。十六年入为大理卿"[6]。次年京城陷落,帝崩,自缢死,"年五十二。赠刑部尚书,谥忠清。本朝赐谥忠介"[7]。"所著有《湘烟录》《使岷诗》及奏疏八卷"。[8] 生平事迹参见《雍正浙江通志》卷一百六十三《人物二・凌义渠传》及《同治湖州府志》卷六十九《人物传列传六・凌义渠》。

---

① (清)宗源翰、郭式昌修,(清)周学浚、陆心源纂:《同治湖州府志(二)》卷五十八《艺文志》,见上海书店出版社编:《中国地方志集成・浙江府县志辑》(25),上海书店出版社2011年版,第205页。

② (明)刘麟撰:《黔阳县学训导凌公震墓志铭》,见(明)焦竑辑:《焦太史编辑国朝献征录》卷八十九,《续修四库全书》编纂委员会、复旦大学图书馆古籍部编:《续修四库全书》第530册,上海古籍出版社2003年版,第118页。

③ 引王增清、龚景兴、李学功等著:《苕水悠悠芸香远——湖州藏书文化研究》,杭州出版社2010年版,第51页。

④ (清)宗源翰、郭式昌修,(清)周学浚、陆心源纂:《同治湖州府志(二)》卷七十五《文学传》,见上海书店出版社编:《中国地方志集成・浙江府县志辑》(25),上海书店出版社2011年版,第512页。

⑤ (清)朱溶撰:《忠义录》卷一《凌义渠传》,见高洪钧编:《明清遗书五种》,北京图书馆出版社2006年版,第401页。

⑥ (清)张廷玉等纂修:《明史》卷二百六十五《列传第一百五十三・凌义渠传》,中华书局1974年版,第6853页。

⑦ (清)张廷玉等纂修:《明史》卷二百六十五《列传第一百五十三・凌义渠传》,中华书局1974年版,第6853页。

⑧ (清)查继佐著:《罪惟录・列传》卷之九上《抗运诸臣传・凌义渠传》,浙江古籍出版社1986年版,第1517页。

凌义渠"性嗜书，举子业，与时人独隽永"①。又"天性清弱，居官二十载，自读书论文而外，淡然无营"②。承其家风，雅好藏书。崇祯帝自缢后，国亡，凌氏听闻，"据几端坐，取生平所好书籍尽焚之，曰：'无使贼手污也。'旦日具绯衣拜阙，作书辞父。已，自系，奋身绝吭而死"③。

（八）沈节甫

沈节甫（1533—1601）　初名之銮，字以安，号锦宇，别号太仆主人，乌程人。"嘉靖三十八年进士。授礼部仪制主事，历祠祭郎中。诏建祠禁内，令黄冠祝厘，节甫持不可。尚书高拱恚甚，遂移疾归。起光禄丞。会拱掌吏部，复移疾避之。万历初，出补尚宝丞，量移本司少卿，旋转南京尚宝卿，江陵母入都，取道秣陵，送迎倾都邑，节甫独不出，竟致仕归。江陵卒，诏起南京通政司右参议，进光禄卿，升南京大理卿、南京刑部右侍郎，诏为工部左侍郎，摄部事。"④曾上疏制止浮夸滥造之风，被贬官为江浙织造。卒谥端清，赠都察院右都御史。"所著《由醇录》行于世，所集《琬炎广录》《西吴琬炎录》《记录汇编》《古文类钞》，并他疏议、碑记、杂诗文若干卷藏于家。"⑤沈节甫有两子沈漼、沈演，同登万历二十年（1592）进士，均为明朝重臣。生平事迹参见《明史》卷二百一十八《列传第一百六·沈节甫传》、明过庭训《本朝分省人物考》卷四十六《沈节甫传》、《雍正浙江通志》卷一百五十九《人物一·沈节甫传》。

沈节甫食不兼味，衣不华绮，惟嗜书，拥书一室，尤喜购书，所搜罗的书籍皆藏于玩易楼，撰有《玩易楼藏书目录》三卷，佚，《千顷堂书目》著录。常自谓："余性迂拙，无他嗜好，独甚爱书。每遇货书者，惟恐不余售；既售且去，惟恐其不复来也。顾力不足，不能多致，又不能得善本，往往取其直（值）之廉者而已。即有残阙，必手自订补，以完成帙。丙寅在告，偶阅陆文裕公藏书序，讶其言有类余者。噫！薄富贵而厚于书，苏长公所以自笑也。寓意则乐，留意则病，今予得无病乎？虽然，予癖已成，未之能革也。养厥灵根，脱去华叶，请俟他日，因仿佛文裕公之意，更为编次如左。"⑥可窥其对藏书的嗜好与对学问的追求。

---

① （清）朱溶撰：《忠义录》卷一《凌义渠传》，见高洪钧编：《明清遗书五种》，北京图书馆出版社 2006 年版，第 401 页。

② （清）查继佐著：《罪惟录·列传》卷之九上《抗运诸臣传·凌义渠传》，浙江古籍出版社 1986 年版，第 1517 页。

③ （清）张廷玉等纂修：《明史》卷二百六十五《列传第一百五十三·凌义渠传》，中华书局 1974 年版，第 6853 页。

④ （清）宗源翰、郭式昌修，（清）周学浚、陆心源纂：《同治湖州府志（二）》卷六十九《人物传列传六》，见上海书店出版社编：《中国地方志集成·浙江府县志辑》（25），上海书店出版社 2011 年版，第 401—402 页。

⑤ （清）宗源翰、郭式昌修，（清）周学浚、陆心源纂：《同治湖州府志（二）》卷六十九《人物传列传六》，见上海书店出版社编：《中国地方志集成·浙江府县志辑》（25），上海书店出版社 2011 年版，第 401—402 页。

⑥ （清）郑元庆著，（清）范锴辑：《吴兴藏书录·沈节甫玩易楼藏书目录》，见（清）郑元庆等著：《吴兴藏书录·皕宋楼藏书源流考》，上海古典文学出版社 1957 年版，第 12—13 页。

沈节甫的玩易楼与宁波范钦的天一阁、归安茅坤的白华楼、秀水项元汴的天籁阁齐名,为明代嘉隆年间浙江四大藏书楼之一。

沈氏利用家藏丰富的藏书,辑有明代大型丛书《纪录汇编》一百二十三种,共二百十六卷,均为明初至嘉靖年间野史杂记,如记载英宗被瓦剌所俘和景帝监国时事及明中叶边事等著作,有特殊价值,是书辑入《四库存目丛书》,明万历四十五年(1617)宜兴陈宁廷有刊本。另辑有《由醇录》,编录宋秦观、元吴亮、明姚儒等人著述十二种三十三卷,此书有明万历二十四年(1596)忠恕堂刊本。

沈氏嗜书之深,已融入其生活和居家园林的乐趣中,自作诗云:

钞书与读书,日日爱楼居。
窗下满池水,萍间却饵鱼。
时名随巧拙,天道以盈虚。
莫信村居好,山居乐有余①。

(九)臧懋循

臧懋循(1550—1620)　字晋叔,因居顾渚之南,故号顾渚山人,长兴鼎甲桥人。"幼绝颖敏,甫三岁能诵《孝经》、古诗。封公大奇之。九岁操觚,其师逊避,弗敢当其席也。日诵千言腹成笥。"②明万历元年(1573)举人,"万历八年进士,授荆州府教授,擢南国子监博。懋循生而敏颖,读书数行下,博闻强记,畋渔民百代,高才逸韵,不屑屑一官。祭酒南中,时与名人隽士览六朝遗迹,命题分赋,或至丙夜,被劾归。慕黄山白岳之胜,策杖往游,徜徉云壑,赋诗满志。已而念金陵旧游地,挈家居焉"③。有"《负苞堂稿》九卷,《古诗所》五十六卷,《唐诗所》四十七卷,《古逸词》二十四卷,《金陵社集》八卷,《元曲选》一百卷。又:删改《玉茗堂四梦》,改定《昙花记》,校正《荆钗记》"④。生平事迹参见明章嘉桢《南京国子监博士臧顾渚公暨配吴孺人合葬墓志铭》、《雍正浙江通志》卷一百七十九《人物六·臧懋循传》。

臧懋循出生于为长兴鼎甲桥科举望族,臧氏家族在明一代从高祖臧琼⑤起登进士第可考者6人。家族藏书甚多,臧氏亦好藏书,其藏书处名为负苞堂。

---

① (清)黄丕烈著,屠友祥校按:《尧圃藏书题跋》,(上海)远东书版社1999年版,第350页。

② 据1934年甲戌重修《臧氏族谱》载章嘉祯《南京国子监博士臧顾渚公暨配吴孺人合葬墓志铭》,参见徐朔方著:《晚明曲家年谱》第二卷《臧懋循年谱》,浙江古籍出版社1993年版,第446页。

③ (清)宗源翰、郭式昌修,(清)周学浚、陆心源纂:《同治湖州府志(二)》卷七十五《文学传》,见上海书店出版社编:《中国地方志集成·浙江府县志辑》(25),上海书店出版社2011年版,第513页。

④ (清)宗源翰、郭式昌修,(清)周学浚、陆心源纂:《同治湖州府志(二)》卷五十八《艺文志》,见上海书店出版社编:《中国地方志集成·浙江府县志辑》(25),上海书店出版社2011年版,第210页。

⑤ 按:臧琼,字文瑞,号澹庵。天顺三年(1459)己卯举人,成化五年(1469)己丑进士。授南工科给事中,出为河南参政。

所藏书，多校勘，“自《三百篇》迄唐中晚，搜遗订讹，厘别体类，为《古诗所》《唐诗所》。选元人杂剧一百种，并为骚坛大观”①。其藏书中，尤精戏曲类收藏，是明代著名的戏曲杂剧收藏家。致力于元曲收藏与整理，潜心元曲研究，曾借抄二三百种宫廷御戏监的元人杂剧钞本，在其《元曲选》序中自述：“予家藏杂剧多秘本。顷过黄从刘延伯借得二百种。云录之御戏监。与今坊本不同。因为参伍校订。摘其佳者若干。以甲乙厘成十集。藏之名山而传之通邑大都。必有赏音如元朗氏者。”②尤其在归隐后，历时三十余年，从山东王氏、湖北刘氏、福建杨氏和家藏300余种杂剧中精选《窦娥冤》《汉宫秋》等100部作品，加以修订，使其科白完整，并附有音注，于万历四十三年（1615）和四十四年（1616）精工刻印一百卷《元曲选》（又名《元人百种曲》），所选元曲占现存元杂剧三分之二，为元杂剧流传贡献甚大，为研究元曲的一部重要资料，流传甚广。今学者徐朔方言：“《元曲选》一百种，包括元杂剧九十多种。在各种同类选本中作品质量最高，数量之多则仅次于《也是园古今杂剧》。……也是园所藏数量虽多，而名作很少，流传不广，影响不能和《元曲选》相比。《元曲选》所收作品中《灰阑记》《陈州粜米》《虎头牌》《谢金吾》《冻苏秦》《昊天塔》《救孝子》《伍员吹箫》《东坡梦》《秋胡戏妻》《抱妆盒》《神奴儿》《争报恩》《冯玉兰》《来生债》等十五种是孤本。没有《元曲选》，它们就不能流传到现在。此外《薛仁贵》《竹叶舟》二种，如果没有《元曲选》，那就只有科白不全的元刊本。”③

臧懋循亦是位著名的刻书家，尝在雉城创办印刷工厂，命名为“雕虫馆”，自选、自编、自刻并亲自主持书籍的发行，先后编纂出版的著作有《六博碎金》八卷，《古逸词》二十四卷，《古诗选》五十六卷，《唐诗选》四十七卷，《校刻兵垣四编》以及《玉茗堂四梦》（汤显祖编著）、《校正古本荆钗记》、《改定昙花记》和弹词《仙游录》《侠游录》《梦游录》等，堪称卷帙浩繁④。万历四十三年（1615）刻有自编《唐诗所》《历代名氏爵里》等。

臧氏寓居乡里时，与同郡茅维、吴稼竳、吴梦旸并称“苕溪四子”。万历二十九年（1601），与曹学佺、陈邦瞻等名士结集金陵诗社，合辑有《金陵社集》八卷。臧氏诗作在其亡故后，子臧尔炳以其藏书馆负苞堂为名，将其诗词编为《负苞堂诗文集》二十六卷。

（十）骆骎曾

骆骎曾（生卒年不详）　“字象先，号沆瀣，武康人。文盛曾孙。万历二十六年进士，知瓯宁县。勤敏爱民，建读书林于光孝寺之左，公余载酒馔课其中，与诸生讲

---

① （清）宗源翰、郭式昌修，（清）周学濬、陆心源纂：《同治湖州府志（二）》卷七十五《文学传》，见上海书店出版社编：《中国地方志集成·浙江府县志辑》(25)，上海书店出版社2011年版，第513页。

② （明）臧晋叔编：《元曲选》之《序一》，中华书局1958年版，第3页。

③ 徐朔方著：《晚明曲家年谱》第二卷《臧懋循年谱》，浙江古籍出版社1993年版，第441—442页。

④ 李士杰撰：《臧懋循和他的臧氏家族》，见《长兴新闻报》第6版《文体》，2014年6月16日，星期一。

论至夜分而罢，一时名俊多出其门，迁侍御史，敢言无所讳，有《疏草》四卷，传海内。"[①]著有《爱日堂集》《骆骎曾疏草》，尝续辑牛渚矶谪仙楼题咏为《谪仙楼集》。

骆骎曾祖父骆文盛(1496—1554)，字质甫，号两溪、云道人，武康德清人。嘉靖十四年(1535)乙未科进士。《康熙浙江通志》载：文盛"进士，廷试御批其策，授编修。严嵩秉政，引身而退，结屋石城山麓，读书其中。直指杨鹤，刻《武康四先生文集》，沈约、孟郊、沈彬及文盛也"[②]。著有《两溪集》十五卷。骆骎曾受祖父影响，尤好藏书，且富藏书，以藏书名其乡。查慎行《人海记》载："藏片之厄，如浦江郑氏，八万卷毁于火。义乌虞守愚侍郎、德烨参政父广，筑楼藏书万卷……开封中尉睦㮮之万卷堂，会稽钮氏之万卷楼，吾乡祝侍郎耳刘之万古楼，武原骆侍御骎曾，平湖马孝廉茂远，常熟钱宗伯牧斋，非流散则灰烬矣。"[③]从此文可知藏书不下万余卷。还"刻印过元马端临《文献通考纂》二十四卷"[④]。

(十一)闵洪学父子进士

闵洪学(1567—1644)　"字周先，号曾泉，织里镇晟舍人，闵如霖[⑤]曾孙，闵世翔子。""万历二十六年戊戌进士，主持刑部政"，历官佥都御史巡抚云南，升右都御史，后加太子少保，赐大红飞鱼朝服。崇祯三年(1630)，"改任太子太保、吏部尚书，充典试读卷官"[⑥]。崇祯五年(1632)，又上疏乞归，允准回籍。

闵洪学好藏书，归籍后建有藏书楼名曰浣香斋，"在谨四圩，留经堂后。闵从隆《怀陈编》称其浣香斋'藏书甚富'。植牡丹百余种，其大红、粉红二种移自滇南，花开时香闻数里。顺治三年毁"[⑦]。

闵及申(生卒年不详)　"字生甫，号园客，乌程人。尚书洪学子。崇祯元年进士，知福建松溪县。清介明达，不以门望自高，兢兢守职，豪猾惮之。又严禁邪教，妖人敛迹，时有冰清之号。"[⑧]官至礼部精膳司郎中，请假归。明亡后，隐居湖州金盖山不仕，与董说交游。《光绪乌程县志》卷十六有其传。

---

① (清)宗源翰、郭式昌修，(清)周学浚、陆心源纂：《同治湖州府志(二)》卷七十二《政绩二》，见上海书店出版社编：《中国地方志集成·浙江府县志辑》(25)，上海书店出版社2011年版，第462页。

② (清)王国安等修，(清)黄宗羲、张衡纂：《康熙浙江通志》卷三十二《人物·陆文盛》(二)，见凤凰出版社编选：《中国地方志集成·省志辑·浙江(2)》，凤凰出版社2010年版，第225页

③ (清)查慎行著：《人海记》卷下《藏书之厄》，北京古籍出版社1989年版，第63页。

④ 瞿冕良编著：《中国古籍版刻辞典》苏州大学出版社2009年版，第666页。

⑤ 按：闵如霖(1503—1559)，字师望，号午塘。明大臣、书法家。明嘉靖七年(1528)戊子举人，嘉靖十一年(1532)壬辰科进士，选翰林院庶吉士。由翰林院编修升右春坊右中允兼修撰，官至南京礼部尚书。乞归，倡议募民平倭寇。卒于家，赠太子少保，葬长兴水口，入乡贤祠。曾纂修《宋史》《会典》。著有《午塘先生集》十六卷、《师望》、《修南城门记》。

⑥ 参见叶银梅、嵇发根主编：《人文织里》第三章《古今人物》，方志出版社2004年版，第65页。

⑦ (清)闵宝梁纂：《晟舍镇志》，载《中国地方志集成(乡镇志专辑)》第24册，上海书店1992年版，第980页。

⑧ (清)宗源翰、郭式昌修，(清)周学浚、陆心源纂：《同治湖州府志(二)》卷七十二《政绩二》，见上海书店出版社编：《中国地方志集成·浙江府县志辑》(25)，上海书店出版社2011年版，第467页。

关于闵及申藏书，董说云："村西三十里，晟舍有高贤。其人姓闵氏，字客冠以园。有子与同隐，图史许分笺。五日遣奚奴，十日寄樵船。倾箱发秘异，胡为独缠绵。死无报恩期，吟与后人传。"①闵、董二人，因同好藏书结缘，情谊深厚，可窥闵及申藏书之富。

闵氏经常借书给董说，董说有《感园客先生借书漫成二律》：

借书前度雁初去，此日寒村叶又黄。
解帙正当听雨处，酬恩欲寄捣香方。
不知何事谬心许，相见无缘只断肠。
幸有先人敝庐在，几时来访蓼花塘。

旧本亲钞墨尚新，新寄来研北暂忘贫。
风流罪过曾何损，泉水膏肓有几人。
两世借书成故事②，一家知遇似前因③。
罍山集望重抽架，料得先生不厌频④。

（十二）王继贤

王继贤（生卒年不详）　字引若，号笠云，长兴人。万历二十二年（1594）举人，"万历二十九年进士，历武昌、晋江、蒙城知县。清慎自持，不附权贵，迁南京刑部郎中，多所平反给假。归不与外事。卒，祀乡贤。晋江、蒙城两邑祀名宦"⑤。其弟继廉⑥、侄孙祚振⑦皆登进士。工书法，善画人物，不让陈洪绶。著有《笠泽堂集》。

王氏家多藏书，藏书处为笠泽堂。其子王道明编《笠泽堂书目》二卷。此目仅见王修《诒庄楼书目》著录。山东张镜夫千目庐旧藏钞本一部，归山东大学图书馆。北京图书馆（今中国国家图书馆）亦藏钞本一部。该目著录图书 2500 余种，即经部 625 部，史部 429 部，子部 625 部，集部 859 部。每书不注卷数，亦不注版本，仅记册数。于明人诗文集多称字号官爵。

---

① （明）董说著：《丰草庵诗集》卷五《今日日南至》，见《丛书集成续编》第 122 册，上海书店出版社 1994 年版，第 30 页。

② 董说自按：先君昔从园翁借书。

③ 董说自按：湘人为园翁令嗣，亦屡假余旧本。

④ （明）董说著：《丰草庵诗集》卷五，见《丛书集成续编》第 122 册，上海书店出版社 1994 年版，第 27—28 页。

⑤ （清）宗源翰、郭式昌修，（清）周学浚、陆心源纂：《同治湖州府志（二）》卷七十二《政绩二》，见上海书店出版社编：《中国地方志集成·浙江府县志辑》（25），上海书店出版社 2011 年版，第 465 页。

⑥ 王继廉，字矜古，号铭韬，王继贤弟，长兴人。万历三十七年（1609）己酉科举人，天启二年（1622）壬戌科进士，授松江推官，擢刑科给事中，升福建兵巡。

⑦ 王继廉孙王祚振，顺治十四年（1657）丁酉科举人，顺治十八年（1661）辛丑科进士，户部观政。

其簿录类著录私家藏书目录20种，对研究私家藏书史有参考价值。

（十三）潘曾纮

潘曾纮（1588—1636） 一名曾竑，“字昭度，乌程人。仲骖曾孙。万历四十四年进士，知新蔡县”①，历商城知县、直隶高阳知县，擢兵部主事，升员外郎，迁河南学政，有政声。崇祯元年（1628），迁河南布政使司右参政，崇祯四年（1631），擢闽中宪长，调江西按察使，兼管南瑞道事，升左布政使、晋都察院右佥都御史，“崇祯七年，巡抚南赣。九年，羽书征天下勤王，曾纮提兵入卫，独先诸道渡江。以劳成疾，卒于军。赐祭葬”②，谥赠兵部左侍郎。著有《芳荪馆遗稿》《春秋确》，辑有《李温陵外纪》五卷。

曾纮平生好聚书，广储典籍，所藏尤以宋室野史为富，如汤若士、王损仲的《宋史》草稿等。钱谦益《跋东都事略》云：“《宋史》既成，卷帙繁重，百年以来，有志删修者三家：昆山归熙甫，临川汤若士，祥符王损仲也。……今闻损仲草稿与临川《宋史》旧本并在苕上潘昭度家。”③黄宗羲《天一阁藏书记》亦记云：“语溪吕及父，吴兴潘氏（指潘曾纮）婿也。言昭度欲改《宋史》，曾弗人、徐巨源草创而未就。网罗宋室野史甚富，缄固十余簏在家。约余往观，先以所改历志见示，未几而及父死矣。此愿未遂，不知至今如故否也？”④闵元衢《贵耳集跋》：“潘昭度中丞尝语余言：‘古人恐无表见而著书，使不传，何假于著？吾辈爱书，拥而不使之传，亦岂真爱？今而后，宜以郡之藏书而不一借者为戒。’”⑤

潘氏藏书于明清易代时，遭劫，士卒将其藏书扔于溪中叠桥为渡。清人郑元庆《湖录》言：“中丞公曾纮，有意汲古，广储缥缃，视学中州，罗致更多。鼎革时遭劫，士兵至以书于溪中叠桥为渡，以搬运什物。书之受厄至此，书目已不复存。”⑥

藏书处名曰芳荪馆。编有《后林潘氏书目》，今已佚。

四、明代严州府进士藏书

《明史·地理志》载，“严州府元建德路，属江浙行省。太祖戊戌年三月为建安府，寻曰建德府。壬寅年二月改曰严州府。领县六”⑦，即建德县、桐庐县、淳安县、遂安

---

① （清）宗源翰、郭式昌修，（清）周学浚、陆心源纂：《同治湖州府志（二）》卷七十二《政绩二》，见上海书店出版社编：《中国地方志集成·浙江府县志辑》（25），上海书店出版社2011年版，第465页。

② （清）叶昌炽著，王欣夫补正，徐鹏辑：《藏书纪事诗》卷三，上海古籍出版社1989年版，第289页。

③ （清）钱谦益著：《钱牧斋全集》（6）《牧斋有学集》下卷四十六《跋东都事略》，上海古籍出版社2003年版，第1514页。

④ （清）黄宗羲著：《天一阁藏书记》，见陈乃乾编：《黄梨洲文集》，中华书局1959年版（2009年重印），第401页。

⑤ 转引（清）叶昌炽著，王欣夫补正，徐鹏辑：《藏书纪事诗》卷三，上海古籍出版社1989年版，第290页。

⑥ （清）郑元庆著，（清）范锴辑：《吴兴藏书录·后林潘氏书目》，见（清）郑元庆等著：《吴兴藏书录·皕宋楼藏书源流考》，古典文学出版社1957年版，第14页。

⑦ （清）张廷玉等纂修：《明史》卷四十四《志第二·地理五》，中华书局1974年版，第1102—1103页。

县、寿昌县、分水县。

"三元"商辂

"三元"是指古代科举考试的三种第一名，亦即乡试第一名称解元、会试第一名称会元、殿试第一名称状元。三种考试皆第一名则称为"三元及第"或"连中三元"。在中国科举时代，"高中状元""大魁天下"是每位读书人最高的理想与目标。而其中能"连中三元"者，可谓凤毛麟角。"自有科第以来，中式三元者，十有一人：唐张又新、崔元翰，宋孙何、王曾、宋庠、杨寘、王严叟、冯京，金孟宗献，元王宗哲，明商辂，本朝则钱棨和陈继昌二人而已。"①此乃明朝科举甚或整个中国科举史上的大事。湛甘泉②曾说："商辂，浙江严州淳安人，乡试亦第一。宋朝举三元者凡三人，而我朝取三元者，惟商辂。况官至内阁，秩一品事，为一时名臣。岂非浙省山川气运之盛致然欤？盖国初文运惟江西独盛。故有翰林多吉水，朝内半壁江西之谣。此后浙省遂盛于天下，江西韶不及矣。"③商辂是明朝仅有的"三元"人物。刘体元赞曰："国朝商文毅公，起于越之淳安。宣德中，以英怀冠浙录。正统乙丑年，试南宫，大对彤庭，皆首唱焉。三捷魁名，绝遴于二百年余，海内倾谭，历今犹振耳颊。"④

商　辂(1414—1486)　字弘载，一字尚质，号素庵，严州府淳安县芝山村人。明宣德十年(1435)夺浙江乡试第一名为解元，正统十年(1445)，商辂进京参加会试，"典文衡⑤者，翰林学士钱公习礼⑥，侍讲学士马公愉⑦，取公会元"⑧。殿试时英宗亲擢商辂为第一甲第一名，即为状元。赐冠服银带，授翰林院修撰。《明史》载："举乡试第一。正统十年，会试、殿试皆第一。终明之世，三试第一者，辂一人而已。除修撰，寻与刘俨等十人进学东阁。辂丰姿瑰伟，帝亲简为展书官。郕王监国，以陈循、高谷荐入内阁，参机务。"⑨官至少保，历任兵部、吏部尚书，"奉敕修《续资治通鉴纲目》。乙未夏，进兼文渊阁大学士。丙申，加太子少保，改吏部，赐冠冠带一品服。……丁酉，兼谨身殿大学士。时内臣汪直创西厂刺事，权倾中外。公与同寅指斥激切，即为革罢。公亦决于去，遂得辞。……先后蒙赏赍金币、冠服、书籍、鞍马、

---

① (清)钱泳撰，孟裴点校：《履园丛话》卷十三《科第·元》，上海古籍出版社2012年版，第233页。

② 按：湛若水(1466—1560)，字符明，表字民泽，号甘泉，谥号文简。弘治十八年(1505)乙丑科进士，为明朝哲学家、教育家、书法家。

③ (明)商振伦：《商文毅公年谱》，见《北京图书馆藏珍本年谱丛刊》第39册，北京图书馆出版社1999年版，第183页。

④ (明)刘体元撰：《商文毅公文集序》，见(明)商辂著，孙福轩编校：《商辂集》，浙江古籍版社2012年版，第5页。

⑤ 按：文衡为掌管一省教育的官。

⑥ 按：钱习礼(1373—1461)，名干，以字行，吉水人。永乐九年(1411)进士。

⑦ 按：马愉(1395—1447)，字性和，号澹轩，山东临朐人。宣德二年(1427)状元。

⑧ (明)商振伦撰：《商文毅公年谱》，见《北京图书馆藏珍本年谱丛刊》第39册，北京图书馆出版社1999年版，第179页。

⑨ (清)张廷玉等纂修：《明史》卷一百七十六《列传第六十四·商辂传》，中华书局1974年版，第4687页。

饮食之类，频腆而自处泊然，尝一主考会试，五为廷试读卷官，皆称得士”[①]。“成化丙戌冬，诏起前兵部左侍郎兼翰林院学士商公于淳安山中，至则复职，仍参密务。公辞，不允，乃感激就任。累迁太子少保、吏部尚书兼谨身殿大学士。丁酉，以疾恳休，上察其诚，从之。升少保，兼职如故，赐玺书、金币袭衣宝镪，给驿以归。抵家十载始卒。”“讣闻，深见悼惜，赠特进荣禄大夫、太傅，谥文毅，遣官谕祭者四，命有司葬如制。”[②]商辂开创了我国明代历史上绝无仅有的“连中三元”，且历任英宗、代宗、宪宗三朝重臣，后人誉为“一代贤相”。《明史》称“辂为人，平粹简重，宽厚有容，至临大事，决大议，毅然莫能夺”[③]。明著名学者李贽[④]称：“辂丰仪山峙，与王文、陈循、高谷、彭时、万安、刘吉先后共共事。马钧阳曰：‘我朝贤相，商公第一，杨文贞（士奇）、李文达（贤）不及也。”[⑤]有《商文毅疏稿略》《商文毅公集》《蔗山笔麈》等著作传世，主修《宋元通鉴纲目》，参修《寰宇通志》一百十九卷等。生平事迹参见实录《少保吏部尚书兼谨身殿大学士商公辂》、明廖道南《殿阁词林记》卷二《殿学·谨身殿大学士商辂》、明过庭训《本朝分省人物考》卷五十五《商辂传》及《康熙浙江通志》卷三十四《商辂传》。

商辂“于书无所不读，为文浑厚雅赡，诗主平淡，不雕刻。有集若干卷藏于家”[⑥]。家中藏有皇帝赐书，“先后蒙赉金币、官服、鞍马、书籍、饮食之类”[⑦]。其门生王献记云：辞官归里后，“优游闾里，日以歌咏太平为事。去家百步，命工见楼椽，以为藏修之所。凡上所赐玺敕、书画、服饰之类，咸庋其中”[⑧]。编有《商文毅公家藏书目》，已佚，《脉望馆书目》《也是园书目》著录，惜所藏书无考。

---

① （明）尹直《少保吏部尚书兼谨身殿大学士赠太傅谥文毅商公辂墓志铭》，见（明）焦竑辑：《焦太史编辑国朝献征录》卷十三，《续修四库全书》编纂委员会、复旦大学图书馆古籍部编：《续修四库全书》第525册，上海古籍出版社2003年版，第426页。

② （明）尹直《少保吏部尚书兼谨身殿大学士赠太傅谥文毅商公辂墓志铭》，见（明）焦竑辑：《焦太史编辑国朝献征录》卷十三，《续修四库全书》编纂委员会、复旦大学图书馆古籍部编：《续修四库全书》第525册，上海古籍出版社2003年版，第425页。

③ （清）张廷玉等纂修：《明史》卷一百七十六《列传第六十四·商辂传》，中华书局1974年版，第4689页。

④ 按：李贽（1527—1602），初姓林，名载贽，后改姓李，名贽，字宏甫，号卓吾，别号温陵居士、百泉居士等。福建泉州人。明官员、思想家、文学家，中古自由学派鼻祖，泰州学派的一代宗师。嘉靖三十一年（1552）举人，官国子监博士、姚安知府，旋弃官，于麻城讲学，著有《焚书》《续藏书》《藏书》等。

⑤ （明）李贽著：《续藏书》卷十一《太傅商文毅公》，第5册，中华书局1974年版，第650页。

⑥ （明）尹直《少保吏部尚书兼谨身殿大学士赠太傅谥文毅商公辂墓志铭》，见（明）焦竑辑：《焦太史编辑国朝献征录》卷十三，《续修四库全书》编纂委员会、复旦大学图书馆古籍部编：《续修四库全书》第525册，上海古籍出版社2003年版，第426页。

⑦ （明）尹直《少保吏部尚书兼谨身殿大学士赠太傅谥文毅商公辂墓志铭》，见（明）焦竑辑：《焦太史编辑国朝献征录》卷十三，《续修四库全书》编纂委员会、复旦大学图书馆古籍部编：《续修四库全书》第525册，上海古籍出版社2003年版，第426页。

⑧ （明）王献《荣禄大夫少保吏部尚书兼谨身殿大学士赠特进光禄大夫太傅谥文毅商公行实》，见（明）商辂著，孙福轩编校：《商辂集》附录一《传记》，浙江古籍出版社2012年版，第565页。

五、明代宁波府进士藏书

《明史·地理志》载，“宁波府元庆元路，属浙东道宣慰司。太祖吴元年十二月为明州府。洪武十四年二月改宁波。领县五”①，即鄞县、慈溪、奉化、定海、象山。

（一）杨守陈祖孙进士

杨守陈（1425—1489）　字维新，号晋庵，人称镜川先生，明鄞县栎社杨家人。“举乡试第一，景泰二年进士，以庶吉士授编修。成化初，充讲官，多谠言，升侍讲。《英宗实录》成，迁司经局洗马”②，“寻进侍讲学士，同修《宋元通鉴纲目》。母忧服阕，起故官。孝宗出阁，为东宫讲官。时编《文华大训》，事涉宦官者皆不录。守陈以为非，备列其善恶得失。书成，进少詹事”③，累官吏部右侍郎，兼詹事府，专事史馆。卒谥文懿，赠礼部尚书。尝参与《大明一统志》《宋元通鉴纲目书》《文华大训》的编纂及校正《通鉴纲目》。其“所著有《晋庵稿》《桂坊稿》《镜川稿》《东观稿》《金坡稿》《铨部稿》行世”④。生平事迹参见何乔新《嘉议大夫吏部右侍郎兼詹事府丞谥文懿杨公墓志铭》。今鄞州区西杨村，仍有庆祝杨守陈中解元而建的“聚魁里”牌坊。

杨守陈博学多识，“自在儿时，作诗辄能吐奇语，在史馆遂以文章名世。李文正公称其博采深诣，典则沉厚，自成一家言。而爱君忧国、感事写物，则得诸三百篇者深。盖公诗裒然大家，为宗匠所推重，固如此矣”⑤。杨守陈尤嗜学，“为五经、四书私抄，常以所见立说，务求其是，不尽从先儒传注，文章力追大家”⑥。

杨守陈又好藏书与抄书，“五经四书时有独见，不泥古说，录为私抄，凡数百卷”⑦。又尝“私抄晋庵镜川诸集行世”⑧。曾将古籍中有典故的字词摘录分类，合辑成《钩玄类聚》，“见经史子集之字句有伟奇而可喜者，辄分类而抄之，并抄其本注，积久滋多乃净录为若干卷，名曰《钩玄类聚》，以备赋之用也”⑨。曾作《割锦类编》，

① （清）张廷玉等纂修：《明史》卷四十四《志第二·地理五》，中华书局1974年版，第1108—1109页。

② （清）查继佐著：《罪惟录·列传》卷之十三《谏议诸臣列传上·杨守陈传》，浙江古籍出版社1986年版，第2005页。

③ （清）张廷玉等纂修：《明史》卷一百八十四《列传第七十二·杨守陈传》，中华书局1974年版，第4875页。

④ （清）胡文学辑选，（清）李邺嗣叙传，袁元龙点注：《甬上耆旧诗》卷八《礼部尚书杨文懿公守陈》，宁波出版社2010年版，第210页。

⑤ （清）胡文学辑选，（清）李邺嗣叙传，袁元龙点注：《甬上耆旧诗》卷八《礼部尚书杨文懿公守陈》，宁波出版社2010年版，第210—211页。

⑥ （清）胡文学辑选，（清）李邺嗣叙传，袁元龙点注：《甬上耆旧诗》卷八《礼部尚书杨文懿公守陈》，宁波出版社2010年版，第210页。

⑦ （清）查继佐著：《罪惟录·列传》卷之十三《谏议诸臣列传上·杨守陈传》，浙江古籍出版社1986年版，第2006页。

⑧ （清）王国安等修，（清）黄宗羲、张衡纂：《康熙浙江通志（二）》卷三十二《人物·杨守陈》，见凤凰出版社编选：《中国地方志集成·省志辑·浙江（2）》，凤凰出版社2010年版，第233页。

⑨ （明）杨守陈撰：《杨文懿公文集》卷一《钩玄类聚引》，见《丛书集成续编》集部，第112册，上海书店出版社1994年版，第427页。

"取五经并传注,分类而抄之,萃成六卷,庶可备临文之采用耳"①。其弟守址有诗云:"先世本儒宗,环堵图书半。传家峄阳桐,一唱而三叹。吾兄博群书,礼乐勤服玩。开口韶钧鸣,下笔云雾散。一举冠同乡,结交青云伴。制策对天人,名声腾月旦。朝趋金马门,日食青玉案。汗简手编摩,一一书治乱。诗文驰四方,应酬失栉盥。先后十余年,一阶迁陟缓。节操冰霜同,忠诚日月贯。"②廖道南云:"予读《碧川文稿》,其论天下事,若指诸掌,略无依阿腆?而耿直孤抗,盖其得于家庭者多矣。赞曰:谠言不讳,国是惟贤。直气不回,士节则坚。金紫盈门,图书满筵。谁珥彤管,愿续青编。"③可见杨氏家中藏书甚富。

杨守陈撰有《杨守陈家藏书目》,此书目《鄞县通志·文献志》著录,惜佚。

杨美益(1515—1578)　杨守陈孙。字以谦,号受堂,自镜川徙居于城中南湖的桂芳桥。嘉靖二十五年(1546)中乡举,嘉靖二十六年(1547)进士,授行人司行人,授山东道监察御史,巡按山西,曾负责乡试事,是科得人最盛,士民为其立祠以祀。嘉靖四十年(1561),提督北直学政,其甄拔皆知名士。杨美益执法公正严明,升大理寺丞,故因蜚语中伤左迁江西按察佥事。寻转贵州左参议,升大仆寺少卿。致仕居家六年而卒,从祀名宦贤祠。《甬上耆旧诗》载:"美益,官太仆卿。少有异质,嗜书,尤喜读班、马二史,工于诗。"④又重视文献整理,有《西巡稿》,并与孙铨选合编《新刻古文选正叙》,刻印《刘氏二书》、《新序》十卷、《说苑》二十卷,万历间刻印过龚廷贤辑《小儿推拿方脉活婴秘旨全书》三卷。

(二)丰熙父子进士

丰　熙(1468—1537)　字原学,号五溪,晚年自号一斋。鄞县人。稷后裔,"生而颖异,志趣超卓,读书精舍,尝署其壁曰:'立志当以圣人为的,逊第一等事于人,即非夫也。'十六岁遭母丧,水浆不入口者数日,倚庐三年,郡守姜昂器之,曰:'此吾郡颜子也。'举宏(弘)治乙卯乡荐,己未廷对,孝庙亲阅卷大奇之,置第一,已而易置第二,特赐状元,袍带嘉宠之。授翰林院编修,升侍讲,与修《孝宗实录》,转春坊右谕德","出掌南京翰林院事"⑤。正德十四年(1519)任礼闱同考官,主持顺天武举。"嘉靖改元,进学士。三年,上主张璁之说,欲考兴献帝,举朝争之不得。公与同里翰

① (明)杨守陈撰:《杨文懿公文集》卷一《割锦类编序》,见《丛书集成续编》集部,第112册,上海书店出版社1994年版,第423页。

② (清)胡文学辑选,(清)李邺嗣叙传,袁元龙点注:《甬上耆旧诗》卷八《大兄和东坡龙钟三十九诗见寄,次韵奉答》,宁波出版社2010年版,第224。

③ (明)廖道南、黄佐撰:《殿阁词林记》卷五《侍讲学士拜兵部尚书杨守阯》,见(清)永瑢、纪昀等编纂:《四库全书》第452册,上海古籍出版社1987年版,景印文渊阁本,第216页。

④ (清)胡文学辑选,(清)李邺嗣叙传,袁元龙点注:《甬上耆旧诗》卷二十二《杨恒溪先生承鲲》,宁波出版社2010年版,第645—646页。

⑤ (明)徐象梅撰:《两浙名贤录》卷四十《翰林院学士丰原学熙子坊附》,《浙江文丛》本,浙江古籍出版社2012年版,第1021页。

林王公相、陆公鈛等招举朝大小诸臣二百余人，同跪文华门外哭谏。声闻大内。上大怒，命系为首者八人。此日拷讯。俱以公为举者。谪戍镇海卫。公在戍，唯杜门著书，绝口不言时事，凡十三年，竟卒于戍所。”①隆庆初年，赠官赏赐抚恤。后人评其事赞叹曰：“嘉靖三年，诸臣谏大礼者二百二十余人，其谪戍者八人，以丰学士熙举首；杖杀者十九人，以王翰林相举首，大节俱出吾乡。然丰氏尤为世家，自宋学士清敏公稷以直谏名，至洪武中，国子司业寅初以谏观灯，谪德化教谕。靖难师入，即日弃官归。子给事庆，景泰中以易储系狱，历官布政。至学士，即布政孙也。诚可为世家矣。”②生平事迹参见《明史》卷一百九十一《列传第七十九·丰熙传》、明过庭训《本朝分省人物考》四十八《丰熙传》、《康熙浙江通志》卷三十二《丰熙传》。

丰熙“博极群书，而尤潜心《六经》，为文古雅”，“至金石之作，尤其所长。所著有《鲁诗正说》《古易传仪》《礼教仪节》《白庵集》《一斋集》”③。丰熙承其家学，好收藏，又好书法，曾收藏四明本《汉延熹西岳华山庙碑》拓本，此碑为东汉桓帝延熹八年（165）立石。额篆书“西岳华山庙碑”六字，碑文 22 行，行 38 字。碑文反映当时祭山岳、修神庙、祈求降雨之事。石毁于明嘉靖三十四年（1555）地震中，现仅存拓本。《华山碑》现存四种流传有绪的著名拓本：长垣本，明曾藏长垣王文荪家，1929 年为日本中村不折收藏，现藏于日本东京上野书道博物馆；华阳本，明为华州东肇商、云商兄弟家物，为吴乃琛所藏，1959 年归故宫博物院；顺德本，曾为清金农所藏，今藏香港中文大学文物馆；四明本，曾为丰熙、全谢山和宁波天一阁范氏递藏，后为钱大昕、阮元、完颜崇实、端方、潘复所藏，1975 年归故宫博物院。又《石渠宝笈》卷二十九著录丰熙《跋宋儒遗墨》云：“范文正公、司马温公二帖，林文安所藏，传少司马、议部郎三世，什袭犹新。熙燥发知慕二贤，今获睹手墨，如承颜色。后学四明丰熙谨识。”④

丰熙好藏书，《历代藏书家辞典》录其名。其藏书室名万卷楼。又有书室名曰一斋，清全祖望言：“学士之宗旨，以居敬为要，故其别署曰‘一斋’，殆有见于后来儒者之必趋于狂禅，而思所以障之欤。”⑤

藏书印有丰熙私印、南厓、己癸等⑥。

---

① （清）徐兆昺著，桂心仪、周冠明等点校：《四明谈助》卷三十《西郭南郭》，宁波出版社 2003 年版，第 1003 页。

② （清）胡文学辑选，（清）李邺嗣叙传，袁元龙点注：《甬上耆旧诗》卷十二《礼部右侍郎丰白庵先生熙》，宁波出版社 2010 年版，第 377 页。

③ （明）徐象梅撰：《两浙名贤录》卷四十《翰林院学士丰原学熙子坊附》，《浙江文丛》本，浙江古籍出版社 2012 年版，第 1022 页。

④ （清）范能濬编辑：《范仲淹全集》附录二《范文正公集续补》卷三《题跋》，凤凰出版社 2004 年版，第 1298 页。

⑤ （清）全祖望著：《鲒埼亭集外编》卷十九《丰学士画像记》，见王云五主编：《万有文库》第二集（七百种），（上海）商务印书馆 1936 年版，第 918 页。

⑥ 梁战、郭群一编著：《历代藏书家辞典》，陕西人民出版社 1991 年版，第 51 页。

丰　坊(1492—1563)　初名枋,字存礼,号南禺外史,鄞县人。《明史》载:丰熙“子坊,字存礼。举乡试第一。嘉靖二年成进士。出为南京吏部考功主事”①。时“值世庙议崇兴献礼,人翁与父学士熙,同哭谏,受杖阙下,改南考功主事。坐事,谪同知通州。罢归”②,“家居,坐法窜吴中,改名道生,字人翁,有《南禺集》”③。丰坊“博学工文,兼通书法,而性狂诞。熙既卒,家居贫乏,思效张璁、夏言片言取通显。十七年诣阙上书,言建明堂事,又言宜加献皇帝庙号称宗,从配上帝,世宗大悦。未几,进号睿宗,配飨玄极殿。其议盖自坊始,人咸恶坊畔父云。明年复进《卿云雅诗》一章,诏付史馆。待命久之,竟无所进擢,归家悒悒以卒。晚岁改名道生”④。丰坊“生而颖异,九岁学古诗文,长益淹贯”⑤,“南、北二京,苏、杭二州,才子之出群拔萃者,今有几人。仄闻本府丰解元,诗也文也为当世第一”⑥。于十三经皆别为训诂。擅长诗书画,皆有造诣。著述宏丰,著有《书诀》《童学书程》《金石遗文》《淳化帖书评》《华氏真赏斋赋注》《古易世学》《古书世学》《易辨》《春秋世学》《帖笺》《辨帖笺》《宦游琐记》等,后人辑有《南禺先生诗选》等十余种。明王兆云《皇明词林人物考》卷七、钱谦益《列朝诗集小传》丁集上等有其传。

丰氏家族世代为官,从清敏公唯读书、藏书为始,世代于书无所不读,收藏传承不绝如缕,从宋元祐始藏书延续至明代。丰坊是位有名于时的收藏家与鉴赏家,其万卷楼成为东南地区藏书世家中的翘楚,亦为中国藏书史上所罕见。现存最久的天一阁藏书楼部分藏书也向其借观和传抄,中国现存最完好的古代私家藏书楼——范钦天一阁藏书重要来源之一是丰坊藏书。

丰坊自幼浸淫于书籍,嗜读书,黄宗羲云:丰坊晚年“更名道生,字人翁,别号南禺外史”,“当其读书,注目而视,瞳子尝度眶外半寸,人有出其左右不知也”⑦。丰坊又喜藏书,“其自成童,耽书已浸淫焉,十行并下,一目不忘”⑧。至七八岁时已嗜书

---

① (清)张廷玉等纂修:《明史》卷一百九十一《列传第七十九·丰熙附坊》,中华书局1974年版,第5071页。

② (清)徐兆昺著,桂心仪、周冠明等点校:《四明谈助》卷三十《西郭南郭》,宁波出版社2003年版,第1004页。

③ (清)朱彝尊著,姚祖恩编,黄君坦校点:《静志居诗话》卷十二《丰坊》,人民文学出版社2006年版,第324页。

④ (清)张廷玉等纂修:《明史》卷一百九十一《列传第七十九·丰熙附坊》,中华书局1974年版,第5071—5072页。

⑤ (明)陆釴撰:《少石集》卷八《赠南禺子序》,见《四库全书存目丛书》编纂委员会编:《四库全书存目丛书》集部,第76册,齐鲁书社1997年版,第282页。

⑥ (明)策彦撰:《初渡集》嘉靖十八年(1539)九月二十五日条下,引宁波市鄞州区地方文献整理委员会编著:《鄞州文史》第8辑,陈斐蓉《丰坊与策彦周良》,2009年,第198页。

⑦ (清)黄宗羲《丰南禺别传》,见(清)黄宗羲著,宁波师范学院黄宗羲研究室编.:《黄宗羲诗文选》,华东师范大学出版社1990年版,第356—357页。

⑧ (明)徐时进撰:《刻南丰禺先生遗稿序》,见(明)丰坊撰:《万卷楼遗集》卷首,北京图书馆古籍出版编辑组编:《北京图书馆古籍珍本丛刊》109《集部·明别集类》,书目文献出版社1989年据明万历四十五年(1617)丰建刻本影印,第2页。

如命，二十七岁时即明正德十五年(1520)丰坊有诗云:“浩然驱马归，育德向丘园。古书三万卷，可以正乾坤。”①又自称:“家故藏书万卷，甫入仕籍，悉以奉入购书，又积万卷。”②罢官归乡后，丰坊更是爱书如命，藏书成癖，“绝家务，简交游，锁阁而读之，参互考订，书习夜思。”时人笑他“弃官著书，劳心致疾，不亦蠢乎，覆瓿而已”，丰氏闻而笑答曰:“天地之间，物必同归于尽，区区幻形，且非吾有矧，身外之物，知其必尽，无可奈何，则亦从吾所好而已矣。”③如林集虚④曾经收藏过一本丰坊旧藏，此书为明嘉靖间汪文盛等校刻的《后汉书》残帙，卷首有“鄞丰氏万卷楼图书”朱文长方印。特别是丰坊在任职期间，留心搜集各地古籍善本，归里后，在其祖辈的基础上扩建藏书楼，名曰万卷楼，藏书“多宋元两代珍贵的刻本、抄书和碑帖”⑤。以“藏书至数万卷”⑥名闻遐迩。《鄞县通志》记载:“丰坊家有万卷楼，蓄书数万卷”，“好藏书……聚书五万卷，因名‘万卷楼’”⑦。全祖望撰《天一阁藏书记》记云:“是阁肇始于明嘉靖间，而阁中之书不自嘉靖始，固城西丰氏万卷楼旧物也……盖万卷楼之储，实自元祐以来启之。”⑧闻名海内的范钦天一阁藏书“虽未能复丰氏之旧，然亦雄视浙东焉”⑨。丰氏万卷楼是明代著名私家藏书楼之一，丰氏万卷楼藏书，远胜过当初天一阁。

藏印有丰清敏公家、发解出身、南禺外史、四明、人翁、丰氏存叔、丰氏人叔、丰氏人季、天官考功大夫印、土木形骸仙风道骨、笔研精良人生一乐、碧玉堂下吏、文王孙子、人生一乐等十余种。

现有丰坊的《万卷楼遗集》六卷，由其曾孙丰建于万历四十五年(1617)刻印，今藏于中国国家图书馆。另丰坊为无锡收藏巨富华夏作的《真赏斋赋》，在明代鉴藏史

---

① (明)丰坊撰:《万卷楼遗集》卷三《自金陵归次白土镇述怀》，见北京图书馆古籍出版编辑组编:《北京图书馆古籍珍本丛刊》109《集部·明别集类》，书目文献出版社1989年据明万历四十五年(1617)丰建刻本影印，第63页。

② (明)丰坊撰:《万卷楼遗集》卷一《世统本序》，见北京图书馆古籍出版编辑组编:《北京图书馆古籍珍本丛刊》109《集部·明别集类》，书目文献出版社1989年据明万历四十五年(1617)丰建刻本影印，第5页。

③ (明)丰坊撰:《万卷楼遗集》卷一《世统本序》，见北京图书馆古籍出版编辑组编:《北京图书馆古籍珍本丛刊》109《集部·明别集》，书目文献出版社1989年据明万历四十五年(1617)丰建刻本影印，第6页。

④ 按:林集虚，名昌清，字乔良，号心斋，宁波鄞县人。民国藏书家，藏书颇丰。1928年，曾经为范氏天一阁编辑《目睹天一阁书录》四卷。藏书印有鄞林氏藜照庐图书等。刊印有《藜照庐丛书》，印行宋至清人著述10余种。

⑤ 郑伟章、李万健著:《中国著名藏书家传略》，书目文献出版社1986年版，第32页。

⑥ (清)叶昌炽著，王欣夫补正，徐鹏辑:《藏书纪事诗》卷二，上海古籍出版社1989年版，第176页。

⑦ 宁波市地方志编纂委员会:《宁波市志·人物传略》，中华书局1995年版，第2929页。

⑧ (清)全祖望著:《鲒埼亭集外编》卷十七《天一阁藏书记》，见王云五主编:《万有文库》第二集(七百种)，(上海)商务印书馆1936年版，第883页。

⑨ (清)全祖望著:《鲒埼亭集外编》卷十七《天一阁藏书记》，见王云五主编:《万有文库》第二集(七百种)，(上海)商务印书馆1936年版，第884页。

上具有十分重要的意义。

万卷楼始于宋而传至明，延绵十六代，其存在时间甚至要长于范氏天一阁，万卷楼所藏古籍、碑帖称誉一时，在中国古代藏书史上具有重要地位，就藏书数量或藏书质量，丰氏家族不愧为“藏书巨族”。然与大多数藏书楼一样，最终无法逃脱文献散佚的命运。徐兆昺记云：“人翁家有‘万卷楼’，所藏书画金石刻甚富。毁于火。其临摹能夺真。”[①]黄宗羲亦云：“自考功迁谪，失职而归。书淫墨癖，无所不知，亦遂目空今古，滑稽玩世，淌洋自恣而已。”[②]万卷楼藏书大量流失。据全祖望《天一阁藏书记》云：“迨熙子道生晚得心疾，潦倒于书淫墨癖之中，丧失其家殆尽，而楼上之书，凡宋椠与写本，为门生辈窃去者几十之六。其后又遭大火，所存无几。”[③]叶昌炽有诗云：

> 潦倒书淫墨癖中，滑稽世乃有人翁。
> 紫清旧宅归来日，元祐图书一旦空[④]。

丰坊“博学工文，兼通书法，而性狂诞”[⑤]。其为增加藏书，造作伪书，以实所藏。精通篆、隶、行、草、楷等各种书体，利用其书法临摹家藏古碑刻而作伪；利用他人请其撰定法书之便，以伪易真。刘继庄《广阳杂记》云：“丰熙，鄞人，与其子坊皆善造伪书。”“道生自以家有储书故，谬作《河图》石本、《鲁诗》石本、《大学》石本，则以为清敏得之秘府；谬作朝鲜《尚书》、日本《尚书》，则以为庆得之译馆。贻笑儒林，欺罔后学，皆此万卷书为之厉也。”[⑥]如已被证实的伪书有《春秋世学》《鲁诗世学》《尚书》等。吴焯《绣谷亭熏习录》云：“其著述未免欺人，其翰墨洵可传世也。”丰坊传世书迹较多，书迹碑刻《底柱行》等十余种今存天一阁。

丰坊好收藏金石书画，尤嗜碑帖，其家所藏古籍、碑帖称誉一时。全祖望《天一阁碑目记》：“范侍郎（钦）之喜金石，盖亦丰氏之余风，但丰氏万卷楼石刻，有为世间所绝无者，如唐秘书贺公《章草孝经》《千字文》是也。而今不可复见，惜矣。”[⑦]闻性

---

① （清）徐兆昺著，桂心仪、周冠明等点校：《四明谈助》卷三十《西郭南郭》，宁波出版社2003年版，第1004页。

② （清）黄宗羲《丰南禺别传》，见（清）黄宗羲著，宁波师范学院黄宗羲研究室编：《黄宗羲诗文选》，华东师范大学出版社1990年版，第356—357页。

③ （清）全祖望著：《鲒埼亭集外编》卷十七《天一阁藏书记》，见王云五主编：《万有文库》第二集（七百种），（上海）商务印书馆1936年版，第884页。

④ （清）叶昌炽著，王欣夫补正，徐鹏辑：《藏书纪事诗》卷二，上海古籍出版社1989年版，第177页。

⑤ （清）张廷玉等纂修：《明史》卷一百九十一《列传第七十九·丰熙传》，中华书局1974年版，第5071页。

⑥ （清）叶昌炽著，王欣夫补正，徐鹏辑：《藏书纪事诗》卷二，上海古籍出版社1989年版，第179页。

⑦ （清）全祖望著：《鲒埼亭集外编》卷十七《天一阁碑目记》，见王云五主编：《万有文库》第二集（七百种），（上海）商务印书馆1936年版，第888页。

道纂《康熙鄞县志》亦有其记载:“丰氏万卷楼向藏唐贺秘书监《千字文》《章草孝经》《龙瑞宫记》。楼毁,三帖无传。”①家传古帖中有王羲之书《嵇康绝交书》,丰坊目之为“余家世宝一拓本”②。为收藏碑帖,“尽卖祖传田产千亩购求书帖”③。如《星凤楼帖》为宋曹士冕所刻,共十卷;以《淳化阁帖》为蓝本,有所增益,基本上汇集了历代各家的书法。丰坊认为其“备钟(繇)王(羲之)之妙”,且“忧虞帖所谓铭石,《星凤楼》第一”④,丰坊通过书商沈复魁得之于宁波袁尚宝家。《雪溪堂帖》为元王庭筠摹刻士大夫家藏的前贤墨迹,传世稀少,佚失较早,后丰坊也通过书商沈复魁得之⑤。

从上海图书馆藏《丰南禺书画目》⑥中可知除古籍、名画外,珍稀的碑帖始终是丰坊收藏的重点,且数量上也最为可观。此书目是研究丰坊收藏活动珍贵的原始资料。手卷前有文彭隶书题引首“书画目”,有清道光丁亥(1827)张廷济跋,张氏在题跋中称“丰氏书籍碑刻今存于天一阁中,尚得十之三四,其书画则尽散佚不可问。此卷若梓以寿世,当为四明增一掌故”⑦,道出此书目作为地方史料的重要性。此书目曾为吴江王任堂、嘉兴金传声、归安章紫伯所递藏。《丰南禺书画目》的主体部分为丰坊罗列的欲购买的书画碑帖目录,共计 800 件。还记述了丰坊请范大澈购买《法书要录》《名画记》《隶释》《隶纂》《隶续》等五种古籍及元代吾衍、康里巎巎、胡长孺、曹永、黄溍、方从义、宣昭、陈德永和明代宋璲、杨基等书家的作品,十余种碑帖等,如颜真卿的楷书《干禄字书》、王献之的《洛神赋》小楷全文,丰坊提到“石扬休刻,今无锡华中父收”⑧。钟繇的《力命表》,王羲之的小楷《道德经》《临宣示帖》《安西帖》《官奴帖》,陶弘景的《瘞鹤铭》,欧阳询的小楷《千文》等,都曾为丰氏递藏。

另外,现藏台北故宫博物院《宋元人真迹图册》《顾瑛蔬果册页》,现藏美国弗利尔美术馆《宋龚开中山出游图卷》,皆有丰氏题跋。丰氏在穷困潦倒之际将宅第碧沚园售与范钦⑨。旧藏于丰坊碑帖中,如清乾嘉以来被金石家视为瑰奇之物的《宋拓石鼓文》后归于范钦,世所宝之的《西岳华山庙碑》也归范氏,故称四明本。此外,《英光堂帖》《万卷楼帖》等都流入范钦之手。范大澈收藏的《唐化度寺邕禅师碑》

---

① (清)徐兆昺著,桂心仪、周冠明等点校:《四明谈助》卷三十《西郭南郭》,宁波出版社 2003 年版,第 1007—1008 页。
② (明)李日华著,屠友祥校注:《味水轩日记》卷一,上海远东出版社 1996 年版,第 56 页。
③ 宁波市地方志编纂委员会:《宁波市志·人物传略》,中华书局 1995 年版,第 2929 页。
④ 卢辅圣主编:《中国书画全书》第 3 册,上海书画出版社 1993 年版,第 845 页。
⑤ 陈斐蓉:《丰南禺书画目卷初探》,《中国书画》2010 年第 10 期,第 64 页。
⑥ 此手卷具体释文可参见:上海图书馆历史文献研究所所编:《历史文献》第 13 辑,上海古籍出版社 2009 年版,第 1—15 页。
⑦ 白谦慎、陈斐蓉整理,薛龙春教读:《南禺书画目》,见上海图书馆历史文献研究所编:《历史文献》第 13 辑,上海古籍出版社 2009 年版,第 15 页。
⑧ 卢辅圣主编:《中国书画全书》第 3 册,上海书画出版社 1993 年版,第 847 页。
⑨ 按:丰坊出售时有卖契云“碧园丰氏宅,今与范侍郎为业,南禺笔”。见(清)徐兆昺著,桂心仪、周冠明等点校:《四明谈助》卷十八,宁波出版社 2003 年版,第 604 页。

《十七帖》《庆历长沙帖》皆从丰坊处得之。

（三）孙胜祖孙进士

孙　胜（1468—？）　字敏中，号竹庄，“奉化人。弘治十八年进士，授直隶完县令，以优调知江西分宜，擢刑部主事。长于诗文，有《竹庄集》等行世”①。又著有“《学步稿》及《竹庄诗话》”②等。

孙胜“一生嗜好图书典籍，特意修筑竹庄书屋用来藏书。后来因倾慕岑参‘联步趋丹陛，青云羡鸟飞’中的意境，在村中建造了联步青云坊”③。《光绪奉化县志》载，孙胜“性嗜坟典，在奉化县西北二十里泉口构竹庄书屋储之，因以自号。后卒于京师，书多散亡。其曾孙能传，欲修复之，而旋为火所毁”④。孙胜卒后，其遗书由其孙能传递藏。

孙能传（约1590—1665）　“字一之，号心鲁，奉化长寿泉口人。父钿，号再峰，萍乡县丞。能传十年举人，二十六年，谒选授中书”⑤，“受知于太宰李公，授中书，沈肩吾相公时与擘画成败，商榷古今，及中外机宜……丙午，榷荆关，廉名益著”⑥。万历四十四年（1516）始登进士第⑦，“以父丧归。服阕，竟不出，扃户著书，续卢思道《劳生论》以自解。有《谥法纂》《益智编》《剡溪漫笔》”⑧。《雍正宁波府志》卷二十二有其传。

孙能传“服官之暇，时手一编”⑨。辞官归里后，以藏书与著书为事，明邬鸣雷云：“予友孙一之先生，敦德博古，渊宏广肆，于书无所不窥，而尤好谈古今成败得失，如指诸掌。间以暇遍采古人临事应变之妙，汇成一编，题曰《益智》。”⑩清王家振《重刊〈益智编〉序》云：“予观古今著作如林，求其当乎实用者盖鲜；当乎实用矣，而择焉不精，语焉不详，识者无取焉。孙公泛览博观，钩玄提要，极古今，穷事变，举以为经世之用，而使蹈常处顺者皆知范我驰驱；即遘遇非常，亦不至纬缰而偾事。聚掖而成

---

① （清）李前泮修，（清）张美翊等纂：《光绪奉化县志》卷三十五《人物传二·孙胜》，见《中国地方志集成·浙江府县志辑》（31），江苏古籍出版社1991年版，第325页。
② 周望森主编：《浙江古今人物大辞典续编》，方志出版社2001年版，第24页。
③ （明）孙能传编著，王玉亮译按：《益智编·前言》，中华书局2010年版，第1页。
④ （清）李前泮修，（清）张美翊等纂：《光绪奉化县志》卷三十五《人物传二·孙胜》，见《中国地方志集成·浙江府县志辑》（31），江苏古籍出版社1991年版，第325页。
⑤ （清）李前泮修，（清）张美翊等纂：《光绪奉化县志》卷三十五《人物传二·孙胜》见《中国地方志集成·浙江府县志辑》（31），江苏古籍出版社1991年版，第329页。
⑥ （明）孙能传编撰，沈习康、张跃中、陈士虎等校译：《益智编》附录《明·邬鸣雷·益智编序》，见夏咸淳主编：《全译四大智书》，中州古籍出版社1999年版，第1511页。
⑦ 申畅等编：《中国目录学家辞典》，河南人民出版社1988年版，第112页。
⑧ （明）孙能传编撰，沈习康、张跃中、陈士虎等校译：《益智编》附录《明·邬鸣雷·益智编序》，见夏咸淳主编：《全译四大智书》，中州古籍出版社1999年版，第1511页。
⑨ （明）孙传能撰：《剡溪漫笔》卷首《剡溪漫笔小叙》，见《续修四库全书》编纂委员会、复旦大学图书馆古籍部编：《续修四库全书》第1132册，上海古籍出版社2003年版，第316页。
⑩ （明）孙能传编撰，沈习康、张跃中、陈士彪等校译：《益智编》附录《明·邬鸣雷·益智编序》，见夏咸淳主编：《全译四大智书》，中州古籍出版社1999年版，第1508页。

珍裘,庀材而立云台,渊渊乎史家之蓍蔡也。”①其所著《剡溪漫笔》,万历四十一年(1613),其弟能正跋,称“是编虽屑越于训诂名物之辨,搜校于耳目謦欬之余,往往出入经史,错综古今,遗文旧说,纠传习之讹,奥义微辞,补注疏之阙,进之博雅”②。从上文推测,其家藏书亦甚富。

孙能传官中书时,与张萱、秦焜等人共编校内阁藏书,与张萱、吴大山等同编《内阁藏书目录》八卷,此目亦名《新定内阁藏书目录》《内阁书目》《文渊阁书目》。该目仿陆深《江东藏书目》、孙楼《博雅堂藏书目录》、沈节甫《玩易楼藏书目录》三家分类体例,废除小类,略加变通,一律以“部”相称,共分圣制、典制、经、史、子、集、总集、类书、金石、图经、乐律、字学、理学、奏疏、传记、技艺、志乘、杂部等18部类。仿私人藏书分类,编纂宫廷内阁藏书书目的做法,实属孙能传的一大创举。

(四)张邦奇

张邦奇(1484—1544)　字常甫,一字秀卿,号甬川,别号兀涯,鄞县人。“少资性绝人,于书无所不读;精思善学,期造为圣贤。年十四即能著作,十七举明经,计偕。中弘治乙丑进士,选庶吉士”③,“授翰林院检讨,升湖广提学副使,父之病免。起四川提学副使,又免。起福建提学副使,迁春坊庶子、国子监祭酒、南京吏部右侍郎,以洞云公忧去。起吏部右侍郎进左侍郎,乃兼翰林院学士掌院事,加太子宾客掌詹事府事;九年满考升礼部尚书改南京吏部尚书,又改南京兵部参赞机务”,病卒,“赐谕祭营葬,赠太子太保,谥曰‘文定’”④。著有《易说》《书说》《诗说》《春秋说》《中庸传》《大学传》《释国语》《观颐录》《昭事录》《觐光楼集》《纡玉楼集》《环碧堂集》《养心亭集》《靡悔轩集》《四友亭集》《甬川集》”等数十种⑤。生平事迹参见《明史》卷二百一《列传第八十九·张邦奇传》。

关于张邦奇藏书多少,目前无文献可考,其《环碧堂集》卷十四《跋东垣用药指掌》云:“往岁读先儒书,至为人子者不可不知医,剔然欲究医道,蓄其书颇多,自《素问》《难经》以下无虑数十百种。及官翰林,观中秘所藏圣贤经传、子史百家又极繁博,皆书之大且要者,不可以不读。而医非专门则势不能精。子夏曰:‘致远恐泥。’若有所不屑焉者。意谓但得领其要,略不为庸医所治,亦庶乎其可耳。后得一书,曰

---

① (明)孙能传编撰,沈习康、张跃中、陈士彪等校译:《益智编》附录《王家振·重刊〈益智编〉序》,见夏咸淳主编:《全译四大智书》,中州古籍出版社1999年版,第1510页。

② (明)孙传能撰:《剡溪漫笔》卷首《孙能正·刻剡溪漫笔小引》,见《续修四库全书》编纂委员会、复旦大学图书馆古籍部编:《续修四库全书》第1132册,上海古籍出版社2003年版,第316页。

③ (清)徐兆昺著,桂心仪、周冠明等点校:《四明谈助》卷三十五《西副脉·太保兵部尚书张文定公邦奇》,宁波出版社2003年版,第1164页。

④ (明)张时彻撰:《芝园定集》卷三十七《张尚书传》,见《四库全书存目丛书》编纂委员会编:《四库全书存目丛书》集部,第82册,齐鲁书社1997年版,第228页。

⑤ (清)徐兆昺著,桂心仪、周冠明等点校:《四明谈助》卷三十五《西副脉·太保兵部尚书张文定公邦奇》,宁波出版社2003年版,第1164页。

《东垣指掌珍珠囊》者，简要明白，时置左右，爱之不啻若珍珠。然每欲刻此书以便儒者。及官湖广，见岷府已尝刊行，因敬叹为泽物之仁云”[①]。“儒而不知医不备知，医而不知儒不精”[②]。据此推测张邦奇藏书颇富，其中医书为其藏书的特色之一。

张邦奇利用家中藏书，著述亦甚富。又于明嘉靖八年（1529）主持刻印过元脱脱等修《辽史》一百十六卷，南监本；嘉靖九年（1530）刻印过《史记集解索隐正义》，南监本；唐颜师古《汉书注》，南监本；唐李贤《后汉书注》，南监本；元脱脱等修《金史》一百三十五卷，南监本等，《中国古籍版刻辞典》均著录。

（五）李循义

李循义（1487—1542）　字时行，鄞县人。学者称六峰先生。“县学生，以明《易》，举正德丙子科乡试，登嘉靖癸未科姚涞榜进士第三甲。初授直隶池州府推官，钦取授山东道监察御史，巡按江西，升湖广衡州府知府，致仕。”[③]著有《郧溪集》《珠玉遗稿》，传于世。

李循义好藏书，李邺嗣称“先生无他嗜，独喜积书。遇典籍善本，虽家有此编，重副必得。闻人工诗、善书法，远购极千里”[④]。

家有耕读堂，亦称李氏耕读堂，在五乡镇楝塘，为其父李正华所筑，人称楝堂先生。建耕读堂之初“绕屋凿渠，绕渠筑垣，二楝于塘上，曰：‘楝，苦木也，吾以示子孙。’”李六峰自题耕读堂诗云：“吾家世授有遗经，五亩东田束带耕。盘谷新秋香稻熟，墨庄深夜短檠明。门回绿水怀先泽，坐仰高山得自名。祖训须知栽苦木，人生勤业岂无成。”[⑤]

又筑有郧峰草堂为读书及藏书之所。

（六）张时彻

张时彻（1500—1577）　字维静，号东沙，又号九一，鄞县布政张家潭人。年“二十举于乡，嘉靖癸未成进士。历官兵部右侍郎”[⑥]，累官右副都御史、巡抚四川，官终南京刑部侍郎。其归隐时，“时年五十五，尚茂齿”，正值精力富强，“既不为世用，乃

① （明）张邦奇撰：《环碧堂集》卷十四《跋东垣用药指掌》，见《续修四库全书》编纂委员会、复旦大学图书馆古籍部编：《续修四库全书》第1336册，上海古籍出版社2003年版。

② （明）张邦奇撰：《纡玉楼集》卷一《松谷集要序》，见《续修四库全书》编纂委员会、复旦大学图书馆古籍部编：《续修四库全书》第1336册，上海古籍出版社2003年版。

③ 李邺嗣《杲堂文续钞》卷五《李氏家传》，见（清）李邺嗣著，张道勤校点：《杲堂诗文集》，浙江古籍出版社1988年版，第709页。

④ 李邺嗣《杲堂文续钞》卷五《李氏家传·中宪大夫前侍御六峰公传》，见（清）李邺嗣著，张道勤校点：《杲堂诗文集》，浙江古籍出版社1988年版，第716页。

⑤ （清）徐兆昺著，桂心仪、周冠明等点校：《四明谈助》卷四十一《东四明护脉（下）》，宁波出版社2003年版，第1407—1408页。

⑥ （清）胡文学辑选，（清）李邺嗣叙传，袁元龙点注：《甬上耆旧诗》卷八《兵部尚书东沙张先生时彻》，宁波出版社2010年10月，第281页。

益精思著撰，为诗、古文词及他说林家言，凡数十卷”[①]。其《闲居》自称“著书故有康成癖”，与屠大山、范钦并称“东海三司马”，一起主导甬上文坛。搜集从明初至嘉靖时期共442位作者的诗文，编纂《皇明文苑》九十六卷。李邺嗣称：“吾乡前辈风流可师者若大司马东沙张公，自解组归，为天下文章司命数十年”，“诸贤荐绅名流望风景附，声调相结，并极笔墨之林”，“集海内名家讯答赤牍，凡四册，刻之家塾，艺林以为盛事”[②]，足见其在文坛中的影响力。生平事迹参见《明史》卷二百一《列传第八十九·张时彻传》。

张时彻利用家中藏书，著书不辍，据《四明谈助》载：“东沙先生著述书目：《老子解》一卷，《说林》二十四卷，《急救良方》二卷，《摄生众妙方》二卷，《东沙史论》四卷，《善行录》八卷，《善行续录》二卷，《宁波府志》四十二卷，《定海县志》十三卷，《槎湖张氏谱》一卷，《芝园全集》八十五卷，《奏议》五卷，《公移》六卷，《胜游录》六卷，《明文范》六十八卷，《四明风雅》四卷”[③]。范钦《祭大司马东沙张公文》赞曰：“蕴奇握粹，颖拔天成，傲睨往代，王勃祢衡。囊括竹素，百氏群经。”“归即杜门，覃精著书。说侔中垒，论配潜夫。细书深刻，汗牛充车。问奇讲德，屡隘门枢。言念昭代，家擅操觚。文称三变，宜范驰驱。梯山采璞，绠海拾珠。纂萃成编，统铉同符。于昭汗青，人也则亡。呜呼悲哉！”[④]

张时彻尤留心医学文献的搜集，每见愈病之方，随手抄录，将录藏的药方分门别类，编为《摄生众妙方》二卷；又殚精搜索，专为荒村僻壤不谙医术者编纂成《急救良方》，共分39门。从以上著述中，可窥其家藏图籍亦甚富，其中地方文献、志书及医书收藏，为其家藏书的特色之一。

(七)陈　束

陈　束(1508—1540)　“字约之，号后冈，鄞人。幼颖异绝伦”[⑤]，“会稽侍郎董玘官翰林时，闻束才，召视之。束垂髫而前，试词赋立就，遂字以女，携至京，文誉益起。嘉靖八年廷对，世宗亲擢罗洪先、程文德、杨名为一甲，而置唐顺之及束、任瀚于二甲，皆手批其卷。无何，考庶吉士，得胡经等二十人，以束及顺之、瀚曾奉御批，列经等首。座主张璁、霍韬以前此馆选悉改他曹，引嫌，亦议改，乃寝前命，束授礼部主

---

① (清)胡文学辑选，(清)李邺嗣叙传，袁元龙点注：《甬上耆旧诗》卷八《兵部尚书东沙张先生时彻》，宁波出版社2010年10月，第281页。

② (清)李邺嗣撰：《杲堂文续钞》卷一《友声集序》，见《丛书集成续编》第124册，集部，上海书店出版社1994年版，第218—219页。

③ (清)徐兆昺著，桂心仪、周冠明等点校：《四明谈助》卷三十五《西副脉·兵部尚书东沙张先生时彻》，宁波出版社2003年版，第1162页。

④ (明)范钦著，袁慧点校：《天一阁集》卷二十八《祭大司马东沙张公文》，浙江古籍出版社2012年版，第463—464页。

⑤ (清)王国安等修，(清)黄宗羲、张衡纂：《康熙浙江通志(二)》卷三十五《人物·儒林》，见凤凰出版社编选：《中国地方志集成·省志辑·浙江(2)》，凤凰出版社2010年版，第381页。

事。时有‘嘉靖八才子’之称,谓束及王慎中、唐顺之、赵时春、熊过、任瀚、李开先、吕高也。四郊改建,都御史汪鋐请徙近郊居民坟墓,束疏谏,不报。迁员外郎,改编修”。“出为湖广佥事。分巡辰、沅,治有声。稍迁福建参议,改河南提学副使”,卒于官,年仅33岁。史称,“当嘉靖初,称诗者多宗何、李,束与顺之辈厌而矫之。束早世,且稿多散逸,今所传《后冈集》,仅十之一二云”①。生平事迹参见《康熙浙江通志》卷三十五《人物·儒林·陈束传》、《甬上耆旧诗》卷十《按察副使陈后冈先生束》。

陈束“生而聪慧绝伦,好读古书”②,“为童子时,已泛滥百家”③,至京师科考时已文誉鹊起。陈束通籍后,在月湖之东筑陈太史第,“第左右罗图史,置酒一壶,且诵且饮”④。又刻印过高叔嗣《苏门集》八卷,昔英年早逝,其藏书与刻书故实鲜有记载。《四库总目》:“束与唐顺之为同年,共倡为初唐、六朝之作,以矫李、何之习。而所学不逮顺之,年仅三十余而卒,文章亦未成就。故顺之终以古文鸣,而束无称焉。”⑤

(八)范钦祖孙进士

范　钦(1506—1585)　字尧卿,一字安卿,号东明,鄞县人。嘉靖七年(1528)举人,“嘉靖十一年进士,知随州,有治行,迁工部员外郎”,“迁按察副使,备兵九江,历广西、福建、云南、陕西诸藩臬,进副都御史巡抚南赣诸郡”⑥。又“迁兵部右侍郎,解组归。张时彻、屠大山亦里居,人称东海三司马”⑦。嘉靖四十年(1561)宦归故里后,建祖祠、置祀产、恤亲族、训宗学,以著述及藏书为乐。著作甚多,如《天一阁集》、《范司马奏议》、《古今谚》一卷(今已佚),均为天一阁刻本;《明文臣爵谥》一册,手书稿本(今已佚);辑编有《歌谣谚语》《明贡举录》《抚掌集》《遗文类抄》《天一阁书目》《天一阁碑目》《革朝遗忠录》等数种,所辑《建安七子集》,稿本,今藏上海图书馆。生平事迹参见沈一贯《明通奉大夫兵部右侍郎东明范公墓志》。

1.嘉靖壬辰进士范钦与天一阁藏书

作为明末享有藏书盛名的范钦,性喜藏书,每至一地,必广搜图书,藏书处为东

---

① (清)张廷玉等纂修:《明史》卷二百八十七《列传一百七十五·陈束传》,中华书局1974年版,第7370—7371页。

② (清)张廷玉等纂修:《明史》卷二百八十七《列传一百七十五·陈束传》,中华书局1974年版,第7370页。

③ (清)查继佐著:《罪惟录·列传》卷之十八《文史诸臣列传中·陈束传》,浙江古籍出版社1986年版,第2328页。

④ (明)过庭训撰:《本朝分省人物考》卷四十八《陈束》,见《续修四库全书》编纂委员会、复旦大学图书馆古籍部编:《续修四库全书》第534册,上海古籍出版社2003年版,第300页。

⑤ (清)陈田辑撰:《明诗纪事·戊签》卷九《陈束》,上海古籍出版社1993年版,第1538页。

⑥ (清)胡文学辑选,(清)李邺嗣叙传,袁元龙点注:《甬上耆旧诗》卷十七《兵部右侍郎范公钦》,宁波出版社2010年版,第481页。

⑦ (清)钱维乔修,(清)钱大昕纂:《乾隆鄞县志》卷十六《人物》,见《续修四库全书》编纂委员会、复旦大学图书馆古籍部编:《续修四库全书》第706册,上海古籍出版社2003年版,第331页。

明草堂、宝书楼。范钦自嘉靖十一年(1532)壬辰科27岁中进士后,历宦海近三十余年便利,宦迹遍于江西、广西、云南、福建、陕西、河南等大半个中国,收集到书籍近数万卷,"邺架虚称万卷书"①。"生平孜孜,惟书籍是嗜。远构近集,旦录夕抄,积之岁月,仅盈箧笥,乃勉构天一阁以贮之,其用心良苦且久矣"②。特别是归里后,"居乡以诗文山水为娱,友爱诸弟。博雅好古"③,购书、藏书、读书、校书、抄书、刻书、著述构成了其人生活动的主要内容,于是"筑居在两湖深处,舍径窅曲,林木翳然,不知在城市中"④。其藏书至晚年所藏日富,东明草堂已难敷用,在鄞县西南月湖深处,建藏书楼天一阁,庋藏图籍约七万余卷。《乾隆鄞县志》载:范钦归里后,"筑居在月湖,深处林密翳。然性喜藏书,起天一阁,购海内异本,别为四部,尤善收说经诸书及先辈诗文集未传世者。浙东藏书家以天一阁为第一"⑤。《康熙宁波府志》亦载:"聚书天一阁,至数万卷,尤多秘本,为四明藏书家第一。"⑥朱彝尊赞:"其藏书最富,今浙中旧族,若山阴钮氏、祁氏,吴兴潘氏、沈氏,槜李项氏、郁氏、高氏、胡氏,遗书尽散,惟范氏签帙尚存。惜未能溯江就阅也!"⑦清学者钱大昕云:"四明古称文献之邦,宋元之世,攻媿楼氏、清容袁氏,藏书之富,甲于海内,明代储藏家则有天一阁范氏,而四香居陈氏、南轩陆氏次之。然聚多易散,唯范氏之书,岿然独存,浙东西故家莫能逮焉。"⑧清藏书名家吴翌凤称:"浙江藏书之家,前明如昆山叶氏菉竹堂、鄞县范氏天一阁、山阴祁氏澹生堂,缥湘之富,甲于海内。本朝则常熟绛云楼、毛氏汲古阁,其尤著者也。它如昆山传是楼,多至七十二椟;秀水朱氏曝书亭,多至八万余卷。今惟天一阁犹存者,余则散如云烟矣。"⑨清胡文学云:范钦"性喜藏书,于舍中起天一阁,尽购海内异本,列为四部,尤善收说经诸书及先辈诗文集未传世者。与吴门王凤洲家,岁以书目取较,各钞所未见相易,故浙东藏书家以范氏天一阁为第一。公天一阁所藏书最有法,至今百余年,卷帙完善。适余选里中耆旧诗,公曾孙光燮为余扫阁,尽开四部书使从观,因得郑荣阳、黄南山、谢廷兰、魏松云诸先生集诗,录入选中,

---

① 《天一阁集》卷二,明万历刻本。

② 骆兆平著:《书城琐记》,上海古籍出版社2000年版,第63页。

③ 马瀛、陈训正纂,张傅保修:《民国鄞县通志(三)》之《列传·范钦》,见上海书店出版社编:《中国地方志集成·浙江府县志辑》(18),上海书店出版社2011年版,第582页。

④ (清)胡文学辑选,(清)李邺嗣叙传,袁元龙点注:《甬上耆旧诗》卷十七《兵部右侍郎范公钦》,宁波出版社2010年版,第481页。

⑤ (清)钱维乔修,(清)钱大昕纂:《乾隆鄞县志》卷十六《人物》,见《续修四库全书》编纂委员会、复旦大学图书馆古籍部编:《续修四库全书》第706册,上海古籍出版社2003年版,第331页。

⑥ 《康熙宁波府志范钦传》,见(明)范钦著,袁慧点校:《范钦集》附录,浙江古籍出版社2012年版,第563页。

⑦ (清)朱彝尊著,姚祖恩编,黄君坦校点:《静志居诗话》卷十二《范钦》,人民文学出版社2006年版,第338页。

⑧ (清)钱大昕著,吕友仁校点:《潜研堂集·文集》卷二十一《抱经楼记》,上海古籍出版社2009年版,第349页。

⑨ (清)吴翌凤撰,吴格点校:《逊志堂杂钞》庚集,中华书局1994年版,第90页。

俱前此选家所未见者,其有功吾乡文献为甚大矣”①。

关于范钦所建天一阁,学者徐珂《清稗类钞》中记之甚详:

鄞县范氏天一阁藏书处曰天一阁,在范氏宅东,坐北向南,左右砖甃为垣,前后檐上下设窗,梁柱皆以松杉为之。凡六间,西偏一间设楼梯,东偏一进以近墙壁,恐受湿气,不贮书,惟中三间,列大橱十,内六橱前后有门,两面贮书,取其透气,后列中橱二、小橱二。又西一间排列中橱十二,橱下各置英石一块,以收潮湿。阁前凿池,其东北隅又为曲池。阁六间,取地六成之义,是以高下深广及书橱数目、尺寸,俱合六数。

阁之初建也,凿一池于其下,环植竹木,然尚未署名也。及搜碑版,忽得吴道士龙虎山天一池石刻,元揭文安公傒斯所书,而有记于其阴,大喜,以为适与是园凿池之意相合,因即移以名阁。范氏立法尽善,其书不借人,子孙有志者,就阁读之,故无散佚之患。其阁四面皆水,读者不许夜登,不许吸烟,故永无火厄。

阁之书,明人无过而问者。康熙初,黄梨洲始破例登之,于是昆山徐健庵尚书闻而来钞。其后登斯阁者,万征君季野、冯处士南耕,而海宁陈詹事广陵纂《赋汇》,亦尝求之阁中。

阁之藏书,自明至国朝,历四百年,海内收藏家可首屈一指②。

今学者郑伟章先生称:“范钦耽心典籍,历官中外,旁求遗书,府库旧藏,故家流散,兼收并蓄,载与俱归。优游林下垂 20 年,以搜罗书籍、金石,刊布奇书为务。于是,在月湖深处,林木翳然,筑天一阁,储藏四部书。”③所藏之书,保管极严,秘不示人,是我国私人藏书最久的,达 400 余年。明清以来,其藏书为文人学者所倾慕,黄宗羲、阮元、赵万里等均登阁为之记。

范钦藏书印甚多,据叶昌炽《藏书纪事诗》记有四明范氏书记、甬东范氏家藏图书、古司范氏、东明人、东明草堂、七十二峰一吾庐、万古同心之学、和鸣国家之盛等。又据陆兆平《天一阁史事琐考》一文考,范钦藏书印有范钦私印、范氏尧卿、东明山人之印、东明山人、天一阁、天一阁主人、万司勋大夫、范氏图书之记、四明范氏图书记、四明山水野人手印、尧鼎、范氏安卿、甬东范尧卿氏、东明、东明外史、一吾庐、七十二峰、壬辰进士、壬辰子大夫、司马之章、甬东范氏家藏、四明范氏家藏、子子孙孙永传

① (清)胡文学《甬上耆旧诗·范钦传》,见(明)范钦著,袁慧点校:《范钦集》附录,浙江古籍出版社 2012 年版,第 562 页。

② 徐珂编撰:《清稗类钞·鉴赏类·范氏藏书于天一阁》,第 9 册,中华书局 1986 年版,第 4212—4213 页。

③ 郑伟章著:《书林丛考》(增补本),岳麓书社 2008 年版,第 447 页。

宝之、人生一乐、范氏看画记等30个藏书印。《象山县志》[①]十五卷，明毛德京、杨民彝纂修，嘉靖三十五年（1556）刻本，隆庆五年（1571）增补本，海内孤本。是现存最早的象山县志。首有毛德京序云："邑旧有志，荒废已久，事迹罔稽，欲览无由也。"[②]计二册，每册首钤有"范氏天一阁藏书"朱文方印。

范钦藏书不是柜藏，是用心藏，穷其一生心血之所萃，为博物君子难以做到。范钦《书本事诗后》写其晚年居家读书生活，文曰："此为唐棨作，世罕传布。伏日偃仰天一阁中，池林过雨，凉飔荐爽，四望无人，蝉鸣高树，遂披襟散帙，漫书此篇。已而云影低昂，新月初照，欣焉会于予心。据胡床，披鹤氅，停麈尾，抚无弦琴，歌白云之章，清商之曲，啜杯茗而寝，殊忘其为盛暑，顾成楼已下二鼓矣。晨起，即题其后。"明人沈一贯[③]云："司马公于书无所不畜，虽晚暮，常诵读至夜分，声唠唠然振林末，惊其四邻。"[④]其"平生好古图书，所购书不让邺架，匪匮韫之，殆心藏之，博物君子佥以为难。晚益习国家典章，尝窃焉喟叹，以为近事多非祖宗旧。某等造请洋洋洒洒，盈耳豁目，必属餍而归，真士林之翘楚，后学之领袖。居常就剞劂最多，著述最富。即其藏稿，大都精核，非泛泛为名而已"[⑤]。沈一贯言："丰存礼先生博极群籍，尤精法书，而性与俗忤，人避之。虽藏获无复存，往往赖三司马举火。辄尽辄复输，直为三公临池耳，已庀其后事，综遗文，付剞劂，始知橐盖为丰先生聚不朽也。其怜才而笃于谊若此。比两司马之社寒，士独籍翁，翁益购天下奇书藏之，而复取不经见者副墨以广同好，于是四方又争受范司马嘉惠。"[⑥]其藏书"大都精核，非泛泛为名"，"复取不经见者副墨以广同好"，可反映范钦归里后读书、藏书、休憩、做学问学者生活状态。

---

① 按：象山县今属浙江宁波市。

② 虞浩旭主编：《天一阁论丛》，宁波出版社1996年版，第69页。

③ 按：沈一贯（1531—1615），字肩吾，又字不疑、子唯，号龙江，又号蛟门。鄞县栎社沈家（今宁波）人。明朝万历年间首辅及诗人。隆庆二年（1568）成三甲进士，选庶吉士，授职检讨，参修《世宗实录》《穆宗实录》。万历二年（1574）任会试同考官，后历任翰林院编修、日讲官兼经筵讲官、左春坊左中允兼翰林院编修、侍读学士、右春坊右谕德、吏部左侍郎兼侍读学士，加太子宾客。万历十二年（1584）升詹事府少詹事，兼翰林院侍读学士，教习庶吉士，为郭正域师。万历二十二年（1594）任南京礼部尚书、正史副总裁；协理詹事府，未赴任。不久晋尚书兼东阁大学士，入阁参与机务，万历二十九年（1601）成为当朝首辅。万历三十二年（1605）告病请退。后寻起晋太子太保兼少师，复受劾，辞归家居。归乡杜门不出十年之久，整日埋头诗书著述。卒赐太傅，谥文恭。著有《诗经纂注》《易学》《道德经解》《庄子通》《陈善集》《叙倭入东南事》《经世宏词》《喙鸣文集》《敬事草》等。现存著作较多，《续修四库全书》收录其《易学》《庄子通》《敬事草》《喙鸣文集》《喙鸣诗集》。

④ （明）沈一贯撰：《喙鸣文集》卷四《天一阁集序》，见《续修四库全书》编纂委员会、复旦大学图书馆古籍部编：《续修四库全书》第1357册，上海古籍出版社2003年版，第178　179页。

⑤ （明）沈一贯撰：《喙鸣文集》卷二十一《为范司马贻抚按书》，见《续修四库全书》编纂委员会、复旦大学图书馆古籍部编：《续修四库全书》第1357册，上海古籍出版社2003年版，第503页。

⑥ （清）沈一贯撰：《少司马范东明八十序》，见（明）范钦著，袁慧点校：《范钦集》附录，浙江古籍出版社2012年版，第574—575页。

2.天一阁藏书之特色

天一阁庋藏原有七万多卷,以宋元以来刊本、钞本与稿本为多,而明刻尤为突出,其中有不少海内孤本。如宋建阳刻本《十七史百将传》、元李氏建安书堂活字本《元诗前后集》、明弘治八年(1495)铜活字本《会通堂印辑补古今合璧事类》、明刻李凤纂修《正德云南志》、明刻唐锦纂修《弘治上海志》、明刻管律纂修《嘉靖重修宁夏新志》等,都是国内罕见的珍本。天一阁所藏明代文献,史料多有记载,如阮元《天一阁书目》著录天一阁藏书 3658 种,其中明代文献 2351 种;刘喜海《天一阁见存书目》著录天一阁藏书 2288 种,其中明代文献 1425 种;薛福成《天一阁见存书目》著录天一阁藏书 2209 种,其中明代文献 1544 种。明代文献占天一阁藏书的六七成,为天一阁藏书的主体。康熙间钞本《天一阁书目》、《玉简斋丛书》本《四明天一阁藏书目录》、阮目、刘目、薛目、骆兆平《新编天一阁书目》和其他相关诸目,得出天一阁藏明代文献的总数大约是 3313 种,这是一个不完全的数字,但其中许多是《明史·艺文志》所没有著录的。如天一阁藏明人奏议 123 种,其中仅 11 种被《明史·艺文志》著录;天一阁藏明代地方志 435 种,其中仅 95 种被《明史·艺文志》著录;天一阁藏明代科举文献 528 种,其中无一种被《明史·艺文志》著录;天一阁藏明代传记 180 种,其中 46 种被《明史·艺文志》著录;天一阁藏明代政书 172 种,其中 21 种被《明史·艺文志》著录;天一阁藏明人别集 570 种,其中 128 种被《明史·艺文志》著录;天一阁藏明代总集 245 种,其中仅 38 种被《明史·艺文志》著录。《明史》开创了正史艺文志著述一代文献的先例,它将《千顷堂书目》删繁就简,著录有明一代著述 4633 种,是研究者查找图书文献、进行明代学术文化研究的重要工具书。天一阁藏明代文献则以实物向人们展示被遗忘却未曾被历史湮没的有价值的文献,是明史研究的直接史料,也是中国传统文化的宝贵财富。

天一阁典籍中多明钞本,《天一阁明钞本闻见录》首次比较全面准确地反映了这一阁藏特色。现存最早记载天一阁钞本的目录是嘉庆十三年(1808)阮元等编辑的《天一阁书目》。为便于查核,骆兆平在《天一阁明钞本闻见录》中参照阮目分类编排,并对阮目的集部作了适当调整。

在天一阁藏明代文献中,史部文献最多,明代地方志和科举文献占了绝大多数,共计 963 种;集部次之,也有 897 种;经部最少,仅 95 种。史部中,以诏令奏议类、地理类(包括地方志)、传记类(包括科举文献)、政书类文献居多,集部的别集类和总集类文献数量庞大,子部的医家类、杂家类、小说家类、道家类文献也有不少。范钦因从政多年,重视法律、邸抄、揭帖、招供、政书、奏议、实录、律令、军令、律例、营规、国子监规、地方志、科举录、时人诗文集等当代文献的收集。

此外,范钦收藏的碑帖数量在明时也属翘楚,沈家本称:“明代好金石者,世称都、杨、郭、赵四家,而不及范氏。岂知天一阁碑刻之富远过四家,特无人为之鉴赏,遂沉没于尘封蛛网之中耳。阁之碑，先未有目，全谢山作碑目一通，而为之记。迨乾隆丁未，钱竹汀偕海盐张芑堂燕昌，及范氏裔孙苇舟、懋敏同登是阁，则谢山之目已不知流落何所矣，因相约撰次碑目，苇舟任斯役，成碑目一卷。竹汀序之。"①钱大昕序云："四明范侍郎天一阁藏书，名重海内久矣。其藏弆碑刻尤富，顾世无知之者。……自三代迄宋、元，凡五百八十余通。……明代好金石者，唯都、杨、郭、赵四家，较其目录，皆不及范氏之富。"②

3.天一阁藏书的来源

其一：购藏。《茶余客话》记云："鄞人范司马钦，字尧卿，号东明，喜购旧本，……故两浙藏书，以天一阁为第一。"③《雪桥诗话续集》记云："范尧钦侍郎钦，性喜藏书，于舍中起天一阁，尽购海内异本，列为四部。尤善收说经诸书，及先辈诗文集未传世者。与吴门王凤洲家藏，以书目取较，各钞所未见相易。故浙东藏书家以范氏天一阁为第一。因人传诗，因诗传人，多足采者。"④全祖望《天一阁藏书记》记云：天一阁属"城西丰氏万卷楼旧物也。丰道生晚得心疾，楼上之书为门生辈窃去，又遭大火，所存无几。范侍郎钦素好购书，先时尝从道生抄书，且求其作藏书记，至是以其幸存之余⑤，归于是阁。又稍从弇州⑥互抄以增益之，虽未能复丰氏之旧，然亦雄视浙东焉"⑦。明嘉靖四十年（1561）至四十五年间，范钦又从当地王弇州等处购得一批藏书，另外还购藏了从袁忠彻静思斋等各故家散出之书。

其二：利用职务及宦游留心收集。范钦做过多地方的知州、知府，多省的布政、按察，特区的巡抚，还历官工部郎中和兵部侍郎，其获得各种官私刻本信息相对较易。如范钦在江西，任袁州知府，主持刊刻《熊士选集》《海叟集》《阮嗣宗集》，任江西按察使，又拥有江西按察司刊刻的《桂洲奏议》《忠烈编》《江西通志》等，而九江府刊刻的《石钟山志》《天池寺志》等，南昌府刊刻的《徐苏传》《大儒奏议》《群忠录》等，弋阳府刊刻的《三士录》《臞仙文谱》《臞仙诗谱》《神奇秘谱》《救命索》《活人心法》等，均为范钦所获得。如范钦还收藏有云南布政司刊刻的《经义模范》《风雅逸

① 《天一阁碑目跋》，见骆兆平编著：《天一阁藏书史志》，上海古籍出版社2005年版，第177页。

② （清）钱大昕著，吕友仁校点：《潜研堂集·文集》卷二十五《天一阁碑目序》，上海古籍出版社2009年版，第413—414页。

③ （清）阮葵生撰，李保民校点：《茶语客话》卷十六《明藏书家》，历代笔记小说大观本，上海古籍出版社2012年版，第394页。

④ 杨钟羲撰集，刘承幹参校：《雪桥诗话续集》卷一，北京古籍出版社1991年版，第56—57页。

⑤ 按：梁启超在《古书真伪及其年代》指出："范氏天一阁所藏之书多半从丰氏得来。"参见宁波市地方志编纂委员会：《宁波市志》，中华书局1995年版，第2934页。

⑥ 按：弇州即王世贞，字符美，号凤洲，江苏太仓弇州人。嘉靖二十六年（1547）丁未科进士，官至南京刑部尚书。王世贞与范钦同时之藏书家，家有小酉馆、九友斋、藏经阁等藏书处，藏书30000卷，所藏宋版书精绝过人，尤以宋刻班固《汉书》、范晔《后汉书》为诸本之冠。

⑦ （清）全祖望著：《鲒埼亭集外编》卷十七《天一阁藏书记》，见王云五主编：《万有文库》第二集（七百种），（上海）商务印书馆1936年版，第884页。

篇》《皇明诗抄》等,陕西布政司刊刻的《张太微诗集》《碧山乐府》《康旻斋诗集》《何仲默集》《雍大记》《陕西通志》等。范钦在京城部门任职,获取《皇明祖训》《孝慈录》《稽古定制》《礼仪定式》《教民榜文》《大诰》《存心录》《大明集礼》《明伦大典》等制书的内府刻本,以及礼部、兵部、工部和都察院的一些刻本也较为容易。加以范钦历官各地,于河南等数省,搜访、购买、传抄许多善本珍籍。特别是在浙江,几乎访遍藏家与坊肆,购得许多宋、元、明时期的刻本、钞本,亦乏孤本、善本,极为珍贵。宋建阳刻本《十七史百将传》、元李氏建安书堂活字体《元诗前后集》、元至正刻本《古乐府》十卷,明弘治八年(1495)铜活字本《会通馆印辑补古今合璧事类》,明刻李凤纂修《正德云南志》、明刻唐锦纂修《弘治上海志》、明刻管律纂修《嘉靖重修宁夏新志》等,都是国内罕见的孤本及珍本。

明代共开八十九科,天一阁藏有首科洪武四年(1371)会试录和进士登科录,又有极为罕见的建文二年(1400)的会试录和进士登科录。自宣德五年(1430)至万历十三年(1585)连续五十余科的会试录和登科录也全都齐全,宣德五年(1430)以前也仅缺十种。科举录中也有少量系明钞本,如《宣德八年会试录》《成化二年浙江乡试录》《永乐十二年福建乡试录》等。目前天一阁尚存明代科举录370种,占全国现存明代科举录总数的8%,其中绝大部分为海内外孤本。

其三:向藏书之家借抄,曾抄有1147种书,约占藏书总量的五分之一,钞本甚丰。曾向同邑丰氏万卷楼①借抄,又与江苏王世贞订立藏书互抄之约,并陆续"从弇州互抄以增益之"②。由范钦编订的钞本《嘉靖事例》现藏中国国家图书馆,书中有16处范钦同时代嘉兴海盐郑晓父子的藏书印,此书可能是当年郑氏从天一阁抄录而去。如嘉靖三十年(1551)辛亥,范钦从扬州知府抄得《吹剑录外集》,江苏国学图书馆第三年刊《善本书题跋辑录》,文曰:"是书,余借之扬州守芝山,冗病相缠,委置几阁,亦且数月,夏五下旬,乃抽暇录之,四日而就。念予善忘,掷笔固不能一一忆也。辛亥岁甬东范钦识。"③可见范钦带病抄书,其爱书甚深。骆兆平先生在《书城琐记》中记有一例,天一阁原藏《玉壶清话》一书,只存五卷,后辗转借抄补足十卷,范氏在《玉壶清话》书中跋云:"嘉靖四十五年秋七月,余从吴门方山吴君岫借录后五卷,于是为完书矣!"④

据骆兆平《天一阁明钞本闻见录叙》考证,有据可查的天一阁明钞本有1147种之多。其钞本除少量得自故家旧藏外,主要通过借抄互抄而得。范钦又与王世贞、顾起经、姚咨和秦柱等人互抄书籍。范钦曾去信向王世贞提议互抄所未藏,得到王

① 按:天一阁虽创于嘉靖末年,但其藏书远早于此时,因丰氏家族藏书可溯源于南宋。

② (清)全祖望著:《鲒埼亭集外编》卷十七《天一阁藏书记》,见王云五主编:《万有文库》第二集(七百种),(上海)商务印书馆1936年版,第884页。

③ 戴光中著:《天一阁主——范钦传》,浙江人民出版社2006年版,第97页。

④ 陆兆平著:《书城琐记》,上海古籍出版社2000年版,第90页。

氏认可，“所谕欲彼此各出书目，互补其阙失，甚盛心也。家旧无藏书，自不佞之嗜之，颇有所著蓄，二藏外，亦不下三万卷。而戊辰[①]后，薄宦南北，旋置旋失，未暇整理。今春构一书于弇山园庋之，长夏小闲，当如命也。闻古碑及钞本，毋逾于邺架者；若家所有宋梓及书画名迹，庶足供游目耳”[②]。钱大昕亦云：“予尝读《弇州续稿》中《答范司马小简》有书籍互相借抄之约，今检《国圉令赵君碑》背面有侍郎手书‘凤洲送’三字，风流好事，令人叹慕不置。顾弇山园书画不五十年尽归它姓，而范氏所藏阅二百余年，手泽无恙，此则后嗣之多贤，尤足深羡者矣。”[③]如天一阁旧藏明蓝丝栏钞本《春秋五论》和《漫堂随笔》都是姚氏茶梦斋钞本[④]，旧藏明蓝丝栏钞本《竹岩集》为光泽堂钞本。据现实资料记载，百卷以上的钞本就有 15 种。其中《三朝北盟汇编》《古今合璧事类备要》《周益文忠公集》均在二百卷以上，《太平御览》《册府元龟》各一千卷、《三才广志》一千一百八十四卷。可见当年抄书规模大，耗资费力多。所抄内容广泛，为当时罕见或不易得到之传本，其中以道家类书抄录种数最多。

其四：得自友朋所赠[⑤]。范钦还与友人王世贞、朱睦㮮、顾起经、李开先等人互换图书。天一阁藏书中有这些友人的印记。阮元《天一阁书目》著录藏书上其他藏家的印记有尚宝少卿袁氏忠彻、静思斋、钦文之玺、广运之宝、礼部官书、董丘万卷堂、方山、吴岫、姑苏方山、濂洛风雅、德辉、哦翠、三友堂、项氏子仲、少华、羲皇上人、涵养斋、清白传家等五十方之多。冯贞群在《鄞范氏天一阁书目内编》中云：“阁中藏书有诸家印记者。”[⑥]可见与范钦互赠书籍者，当不止以上数家。

范汝梓（生卒年不详）　范钦从孙，大澈[⑦]从子。字君材，由大澈抚养。“鄞县人。万历甲辰进士，除工部主事，谪西阳宣抚司经历，累迁任襄阳推官，入为刑部主事，历员外、郎中，出知延平府拾遗，谪襄阳同知，寻守襄阳。卒于官。”[⑧]以政绩卓著南漳。其博学有文名，著有《落迦山房集》，天一阁有藏。

其从父范大澈为明藏书名家，郑梁称：“鄞邑好古藏书之家，丰氏而后推范氏。

① 按：1568 年即明隆庆二年。

② （明）王世贞撰：《弇州续稿》卷一百七十五《答范司马》，（清）永瑢、纪昀等编纂：《四库全书》第 1284 册，上海古籍出版社 1987 年版，景印文渊阁本，第 519 页。

③ （清）钱大昕著，吕友仁校点：《潜研堂集·文集》卷二十五《天一阁碑目序》，上海古籍出版社 2009 年版，第 414 页。

④ 张人凤编：《张元济古籍书目序跋汇编》，商务印书馆 2003 年版，第 417、633 页。

⑤ 中国第一历史档案馆：《纂修四库全书档案》，上海古籍出版社 1997 年版，第 21 页。

⑥ 冯贞群编：《鄞范氏天一阁书目内编》附二，1940 年铅印本。

⑦ 按：范汝梓从父范大澈（1524—1610），亦称彻，字子宣，又字子静，号讷庵，别号南海钓者、句章灌园叟。范钦从子，明藏书名家。《乾隆鄞县志》卷十六《人物》载，其自幼读书好古，国子生，尝为名士袁炜延聘为塾师，大学士徐阶引为章记室，徐阶对其颇为倚重，故一时声名籍甚。随仲父范钦游京师，以太学生补鸿胪寺序班，多次奉命出使域外邻国、辽东、九边等地。著有《碑帖纪证》《灌园丛谈》《卧云山房遗稿》《沧瀛外史漫稿》《史记摘丽》《范氏集古印谱》。范大澈受其家族与叔父影响，好藏书，藏书甚富，不亚于范钦。

⑧ （清）朱彝尊辑录：《明诗综》卷五十九《范汝梓》，中华书局 2007 年版，第 2995 页。

然人知司马东明公之所藏特富。而不知鸿胪讷庵公为其犹子，其所藏不止如南北阮也。百余年以来，故家皂隶，华屋山丘，司马天一阁之书名天下。然至论其签题装辑，奕世如新，则鸿胪手泽，拟诸司马。正如石崇之于王恺矣。”[①]可见大澈藏书实不亚于其叔天一阁主范钦。

范汝梓自幼受家族藏书文化的熏染，又好藏书，其藏书处为落迦山房。其藏书部分得之从父大澈。据《光绪鄞县志》卷三十八《人物十三・范汝梓传》载：“尤好奇古文僻字，贮盈腹笥。”“性嗜学，所积四部与司马、鸿胪略等，里中士大夫藏书家必推范氏焉。”[②]惜汝梓的藏书至今已经湮灭无闻。

范汝梓雅好刻书，刻印过杨慎《异鱼图赞》四卷及自撰《落迦山房集》六卷，今藏浙江图书馆。

（九）全元立祖孙进士

全元立（1499—1565）　字汝礼，一字汝德，号九山，明鄞县人。明“嘉靖乙未进士，改庶吉士，授检讨。辛丑充会试同考官，已同修会典秩满，进修撰充经筵讲官”[③]，迁侍讲学士，出迁南京太常寺卿，兼署光禄寺，“再迁南工部右侍郎。会岁旱，两都大臣俱自劾，相嵩从中持之，遂听公乞归”[④]。归里后，晚年心慕四明山鹿亭、樊榭之胜，筑双韭山房于大雷，以花乳石镌私印“第九洞天”，学者称九山先生。申时行称其“守史官二十年，以文章为职业，宏蔚尔雅，登作者之坛，有集若干卷藏于笥”[⑤]。生平事迹参见明申时行《嘉议大夫南京工部右侍郎全公元立神道碑》。

全元立平生喜藏书，其藏书大半抄自城西丰坊“万卷楼”。全元立充任明世宗经筵日讲官时，获大量赐书，后称全元立阿育山房藏本为“阿育王山房藏本”。全祖望亦言：“吾家自明季丧乱以来，累世之图章法物，丧失殆尽，独先侍郎尚留一牙笏，曾王父而降，珍之以为宗器。呜呼，是郑公甘棠之遗也。”[⑥]

全元立卒后，古籍、法物及玩器多归长子宗人公少愚之手，全祖望的五世祖和州公全少微仅得十分之一。而全元立孙子中以全天叙最负盛名，即全少微之子。

全天叙（1566—1618）　全元立“孙天叙，字伯典，号玄洲。万历丙戌进士，官翰

---

① （明）郑梁《为陈怡庭寿范简岩七十序》，见（清）叶昌炽著，王欣夫补正，徐鹏辑：《藏书纪事诗》卷二，上海古籍出版社 1989 年版，第 187 页。

② （清）胡文学辑选，（清）李邺嗣叙传，袁元龙点注：《甬上耆旧诗》卷二十七《知府范公汝梓》，宁波出版社 2010 年版，第 791 页。

③ 马瀛、陈训正纂，张傅保修：《民国鄞县通志》（三）《列传・全元立》，见上海书店出版社编：《中国地方志集成・浙江府县志辑》（18），上海书店出版社 2011 年版，第 582 页。

④ （清）胡文学辑选，（清）李邺嗣叙传，袁元龙点注：《甬上耆旧诗》卷十七《工部右侍郎全元立》，宁波出版社 2010 年版，第 484 页。

⑤ （明）申时行撰：《嘉议大夫南京工部右侍郎全公元立神道碑》，见（明）焦竑编：《国朝献征录》卷五十三，台湾学生书局 1984 年版，第 2254—2255 页。

⑥ （清）全祖望著：《鲒埼亭集外编》卷十五《先侍郎（全元立）笏铭》，见王云五主编：《万有文库》第二集（七百种），（上海）商务印书馆 1936 年版，第 860—861 页。

林编修。甲午皇长子出阁充日讲官”[①]，讲筵五载，兢慎不解，深受太子的爱重。后升太子左、右中允，左庶子兼侍读，仕至詹事府少詹事兼侍读学士，赠礼部右侍郎。全元立、全天叙祖孙对掌南北翰林，堪比稍前的镜川杨氏兄弟。且杨、全两家有联姻关系，天叙之妻便是杨守阯的孙女。因此时人徐时进云：“自成弘之际，两杨先生以伯仲并署南北院，今独宫詹全伯典嗣其家九山先生为祖孙相继而已矣。”[②]全天叙晚年以主持甬上的风雅社而著称，善书法，楷书学唐欧阳询《九成宫醴泉铭》，工整清遒，又能篆书、行书，娴熟秀逸。万历二十四年(1596)曾为《宁波郡侯邹公希贤遗爱祠碑记》书丹、篆额。著有《禹贡略》《尚书发》《史记事尚书疑问》《铁庵焚余集》等。

全天叙素好藏书，尝购得宋代史浩在月湖的真隐观遗址，改称“平淡斋”，题阙“洞天行宫”。《清稗类钞》中记述全天叙藏书故实云：“全谢山太史祖望家富藏书，非一世矣。其庋藏之处曰双韭山房。尝曰：自先侍郎公藏书，大半抄之城西丰氏，其直永陵讲筵，赐书亦多，世所称阿育王山房藏本者是也。侍郎身后，归于宗人公之手，以其为长子也。先和州公仅得其十之一，宗人子孙尽以遗书为故纸，权其斤两而卖之，无一存者。先宫詹平淡斋亦多书，诸孙各分而有之，遂难复集。”[③]可见全天叙的平淡斋亦多藏书，后来诸孙分而藏之，遂难以聚集。

(十)戴　鲸

戴　鲸(1481—1567)　《余文敏公文集》载，“先生讳鲸，字时鸣，别号南江，系出宋戴公后，其裔散处浙东”[④]。“戴槚之子也。登嘉靖进士，授番禺令，历任部曹，升江西佥事。有考功郎况维垣者，欲毁庠垣为庐舍，托李御史为之请，鲸曰：‘况君非孔子徒乎？不可以蜚语。’谪邓州通判，倅屡迁至福建左参议，丁外艰归。”[⑤]戴鲸“持操廉白，历官三十年，唯余薄田一顷。居家以孝友名，自先世伏腊祭器，俱为增修”[⑥]。“所著有《闽广集》《东白楼稿》《郡志征》《四明文献》《四明雅集》藏于家”[⑦]。

---

① 马瀛、陈训正纂，张傅保修：《民国鄞县通志》(三)《列传·全元立》，见上海书店出版社编：《中国地方志集成·浙江府县志辑》(18)，上海书店出版社2011年版，第582页。

② (明)徐时进撰：《啜墨亭集》卷二《寿全母杨太恭人七十序》，见《四库禁毁书丛刊》编纂委员会编：《四库禁毁书丛刊》集部，第45册，北京出版社1997年(据中国社会科学院文学研究所图书馆藏明崇祯刻清嘉庆补刻本影印)，第462页。

③ 徐珂编撰：《清稗类钞·鉴赏类·全谢山藏书于双韭山房》，第9册，中华书局1986年版，第4228—4229页。

④ (明)余有丁撰：《余文敏公文集》卷九《朝议大夫福建布政司左参议南江戴公墓志铭》，见《续修四库全书》编纂委员会、复旦大学图书馆古籍部编：《续修四库全书》第1352册，上海古籍出版社2003年版，第537页。

⑤ (清)王国安等修，(清)黄宗羲、张衡纂：《康熙浙江通志(二)》卷三十二，见凤凰出版社编选：《中国地方志集成·省志辑·浙江(2)》，凤凰出版社2010年版，第239页。

⑥ (清)胡文学辑选，(清)李邺嗣叙传，袁元龙点注：《甬上耆旧诗》卷十一《参议戴南江先生鲸》，宁波出版社2010年版，第354页。

⑦ (明)余有丁撰：《余文敏公文集》卷九《朝议大夫福建布政司左参议南江戴公墓志铭》，见《续修四库全书》编纂委员会、复旦大学图书馆古籍部编：《续修四库全书》第1352册，上海古籍出版社2003年版，第540页。

惜多不存,今存诗11首。

戴氏祖先本为台州黄岩人,其祖先戴阳到四明游玩,因喜四明,徙家于鄞。戴氏兄弟祖父戴浩,历任东昌府通判,雷、永、巩昌三府知府,进阶亚中大夫。父亲戴樌,任连城县学教谕,封南京刑部员外郎,进阶奉直大夫。其母杜氏,为通渭县学教谕杜谟之女。嘉靖壬戌探花鄞人余有丁云:"奉直公生五子,长鳌,寻甸知府;次鲤,宣议郎;次即公;次鱀,都察院副御史;次鳌,工部主事,皆起家进士"[①],且有诗作品传世,戴氏兄弟皆为甬上诗人,其藏书显者为戴鲸。

戴鲸在谪邓州通判时,"公处之裕如日,维雠校经史若儒林"[②]。归里后,以著述与藏书自娱,其藏书室名曰东白楼。《浙江通志》载其"垂老犹好学,日坐东白楼,手一编不置。成化以后,郡志阙然,因续为搜补,考诸先辈所言,述而不断,名曰《四明志征》。又见高士宋弘之所辑《四明雅集》,因增所未备,序而传之。又合为《四明文献录》"[③],俱有功学者。其尤留心乡邦文献,余有丁云:先生"投牒杜门,独坐东白楼,绝口不谈荣进事。日夕手一卷,寒暑无所斁,古今经疏疑细靡倦,间商时政,斤斤论辩,率皆有益。于民尝搜猎郡乘之遗,辑为成书,名曰《志征》"[④]。还刻印过唐杜甫《杜工部诗集》二十卷《文集》二卷。

(十一)探花余有丁

余有丁(1526—1584)　字丙仲,号同麓,鄞县人。嘉靖四十年(1561)举顺天乡试,"嘉靖壬戌赐进士第三,除编修,累迁户部尚书,兼武英殿大学士,终少傅,兼太子太傅,建极殿大学士。卒,赠太保,谥文敏"[⑤]。葬于东钱湖畔,其墓残碑尚存。任南京国子祭酒,颇多建树,生平校书严谨,南监本《二十一史》经其校勘重印,多其题识。所著《余文敏公集》十二卷,天一阁收藏。生平事迹参见明许国《光禄大夫少傅兼太子太傅户部尚书建极殿大学士赠太保谥文敏同麓余公有丁墓志铭》、明过庭训《本朝分省人物考》卷四十八《余有丁传》。

余有丁"父永麟,举嘉靖戊子乡荐,授昆山教谕,擢苏州府通判。有丁生而秀异,

---

① (明)余有丁撰:《余文敏公文集》卷九《朝议大夫福建布政司左参议南江戴公墓志铭》,见《续修四库全书》编纂委员会、复旦大学图书馆古籍部编:《续修四库全书》第1352册,上海古籍出版社2003年版,第537页。

② (明)余有丁撰:《余文敏公文集》卷九《朝议大夫福建布政司左参议南江戴公墓志铭》,见《续修四库全书》编纂委员会、复旦大学图书馆古籍部编:《续修四库全书》第1352册,上海古籍出版社2003年版,第538页。

③ (清)嵇曾筠、李卫等修,(清)沈翼机等纂:《雍正浙江通志》(四)卷一百八十《人物六·戴鲸传》,浙江省地方志编纂委员会编:《中国地方志集成·省志辑·浙江》(6),凤凰出版社2010年影印本,第702页。

④ (明)余有丁撰:《余文敏公文集》卷九《朝议大夫福建布政司左参议南江戴公墓志铭》,见《续修四库全书》编纂委员会、复旦大学图书馆古籍部编:《续修四库全书》第1352册,上海古籍出版社2003年版,第538页。

⑤ (清)朱彝尊著,姚祖恩编,黄君坦校点:《静志居诗话》卷十三《余有丁》,人民文学出版社2006年版,第367页。

强记敏悟就学辄能文，从其父于昆山学舍……未遇时已有盛名，嘉靖壬戌殿试第三人及第，授翰林院编修”①，“与吴门申公（申时行）、娄江王公（王世贞）廷对俱一甲，三人并入相，前此所未有也”②。其少时随父宦苏州，甚慕归有光的学问及富藏书。查慎行曾记述余氏苏州一段经历：“鄞县余相国文敏有丁。父永麟，幼丧父，育于小江里余氏，后乡举，历苏州通生义敏。既贵，当赠三代，不知所自出，不得已，赠永麟所后父爔，及爔父镗。而命子孙家祭，则自苏州公始。文敏少从其父官苏州，慕昆山归有光名，将师之。不果。嘉靖乙丑，文敏以编修分闱，拔有光第二。”③有丁受归氏影响，雅好藏书，其藏书处名曰“觉是斋”，后人称为“余相书楼”。房屋七楹一间，一楹专一藏书，李邺嗣《竹枝词》咏其事云：“藏书高阁揽湖烟，御笔曾题一洞天。沿有白鸥庄外柳，风流宰相至今传。”④

余有丁辞官回乡后，于东湖一古洞外构筑亭榭，门外种五棵柳树，故名五柳庄，明神宗御书“名山洞府”四字赐之为坊，林园之美，盛极一时，余有丁撰有《五柳庄记》。余氏喜游览山水，遇有名园佳著，则绘册成帙。与范钦友善，范钦有《游余同麓太史舒园》一诗和《祭余文敏公文》一文。

（十二）屠　隆

屠　隆（1543—1605）　字长卿，号纬真，别号赤水，又号溟涬子、冥寥子、由拳山人、蓬莱仙客、一衲道人等，晚号鸿苞居士，鄞县人。明万历四年（1576）举人，《明史》有传曰：“屠隆者，字长卿，明臣同邑人也。生有异才，尝学诗于明臣，落笔数千言立就。族人大山、里人张时彻方为贵官，共相延誉，名大噪。举万历五年进士，除颍上知县，调繁青浦。时招名士饮酒赋诗，游九峰、三泖，以仙令自许，然于吏事不废，士民皆爱戴之。迁礼部主事。”⑤因刑部主事俞显卿的妒忌，挟私陷害，被罢官，“隆归，道青浦，父老为俭田千亩，请徙居。隆不许，欢饮三日谢去”⑥。“罢归，纵览关塞，遨游吴越七闽间，啸傲赋诗，长篇短什，信心矢口”⑦。屠隆少以才华超群闻名甬

① 张传宝修，陈训正、马瀛纂：《民国鄞县通志（三）》卷十七《列传·余有丁》，见上海书店出版社编：《中国地方志集成·浙江府县志辑》(18)，上海书店出版社 2011 年版，第 588 页。

② （清）胡文学辑选，（清）李邺嗣叙传，袁元龙点注：《甬上耆旧诗》卷十八《太保余文敏公有丁》，宁波出版社 2010 年版，第 504—505 页。

③ （清）查慎行：《人海记》卷下《余有丁》，北京古籍出版社 1989 年版，第 58 页。

④ 虞浩旭著：《智者之香——宁波藏书家藏书楼》，宁波出版社 2006 年版，第 037 页。

⑤ （清）张廷玉等纂修：《明史》卷二百八十八《列传第一百七十六·屠隆传》，中华书局 1974 年版，第 7388 页。

⑥ （清）张廷玉等纂修：《明史》卷二百八十八《列传第一百七十六·屠隆传》，中华书局 1974 年版，第 7388 页。

⑦ （清）嵇曾筠、李卫等修，（清）沈翼机等纂：《雍正浙江通志》（四）卷一百八十《人物六·屠隆传》，浙江省地方志编纂委员会编：《中国地方志集成·省志辑·浙江》(6)，凤凰出版社 2010 年影印本，第 702 页。

上，屠大山、张时彻为之延誉。《康熙浙江通志》称其“肆力于文，诗则颉颃于嘉靖七子”[①]。屠隆学问淹博，尤精通曲艺，是活跃于明后期隆万年间的诗文家、戏曲家，是当时甬上文坛的领袖人物之一，与同里沈明臣、余寅、沈一贯并称“甬上四杰”。事迹参见《甬上耆旧诗》卷十九《礼部屠长卿先生隆》、《乾隆鄞县志》卷十六等。

屠隆归乡后居鄞城江北王家汇，破屋三间，稍加修葺，名曰栖真馆，又构皃园、飞仙馆，以读书、藏书与著述自娱。其藏书之处为古裟罗馆，自号“裟罗居士”，源于万历十六年（1588）从阿育王寺移裟罗树一株，植之栖真馆前，因名“古裟罗馆”，自号裟罗居士，藏书其中。屠隆读书破万卷，经史百家，稗官杂谈、佛典道藏，无书不读，藏书范围甚广。虞浩旭在《智者之香——宁波藏书家藏书楼》中言：因其“精于论诗、论文、论画，善于词曲，故所藏又以戏曲、诗文、书画为特色”[②]。可见作为明代著名戏曲家、文学批评家的屠隆，其戏曲成就与其藏书亦甚密。屠氏“见解精当，议论公允，文辞华美”[③]。传世戏曲有《彩毫记》《昙花记》《修文记》三种各二卷，当以《彩毫记》为其代表作。天一阁未收藏《修文记》，中国国家图书馆藏有明刻本。

屠隆藏印有纬真氏、屠氏纬真、屠纬真氏、三宝弟子、屠隆之印、飞仙阁、古裟罗馆珍藏等。

屠隆一生著述宏富，“其著述有《由拳集》十卷、《白榆集》十二卷、《栖真集》十卷、《绛雪集》文部十卷诗部十卷、《泠然草》二卷、《横塘集》二卷、《南游草》二卷、《破迷论》一卷、《发蒙编》一卷、《考槃余事》一卷、《荒政考》一卷、《裟罗馆清语》一卷”。又有《鸿苞节录纪略》，“是书乃公晚年萃精力所成，名曰《鸿苞》，遂自号鸿苞居士。其书上下古今，纵横宇宙，包罗万象，囊括三才。为卷四十有八目六百十二”[④]。此外有《篇海类编》《却西番记》《补陀洛伽山志》《读易便解》《归田词》《观音考》《游具雅编》《茶说》《汉魏丛书》等，另选评《巨文》《历代翰墨选注》《明七明公尺牍》《虞初志》等。如天一阁藏屠隆作品的早期刻本有《白榆集》、《由拳集》、《栖真馆集》（或作《栖真集》）、《鸿苞集》、《彩毫记》、《昙花记》，姚燮[⑤]辑《复庄今乐府选》蓝格稿本。该稿本由姚氏亲笔手校，原稿五百卷，现存二百二十五卷，虽非全帙，为海内孤本，仍弥足珍贵。上述六种刻本并姚燮《复庄今乐府选》稿本均系天一阁所藏善本。

屠隆刻书多种，“刻印过高棅《唐诗品汇》九十卷《拾遗》十卷《诗人爵里详节》一

① （清）王国安等修，（清）黄宗羲、张衡纂：《康熙浙江通志（二）》卷三十五《人物·儒林》，见凤凰出版社编选：《中国地方志集成·省志辑·浙江（2）》，凤凰出版社2010年版，第382页。

② 虞浩旭著：《智者之香——宁波藏书家藏书楼》，宁波出版社2006年版，第38页。

③ 蔡镇楚著：《中国文学批评史》，中华书局2005年版，第281页。

④ （清）屠继烈撰：《鸿苞节录纪略》，见（明）屠隆著，汪超宏主编：《屠隆集》第12册，浙江古籍出版社2012年版，第501页。

⑤ 按：姚燮（1805—1864），字梅伯，号大梅山民、复庄，宁波镇海人。戏曲家、书画家和诗人。所编辑的《今乐府选》五百卷，为研究我国古戏曲的宝库，惜尚未整理出版。

卷、陈耀文《天中记》六十卷、陈徐陵《徐孝穆集》十卷、北周庾信《庾子山集》十六卷、《董解元西厢记》二卷、王稚登《竹箭编》二卷《明月篇》二卷、自撰《栖真馆集》三十一卷”①。另刻有《春秋繁露》等。屠氏曾辑刊《汉魏丛书》,惜今不存。

屠隆对古董收藏鉴赏、文娱清玩、造园陈设等颇有研究,著有《考槃余事》四卷,后出的本子分为《书笺》《帖笺》《画笺》《琴笺》《香笺》《茶笺》《纸墨笔砚笺》《斋清供笺》《起居器服笺》等。

屠隆因好藏书、刻书及书画,对纸张工艺亦多有研究,其《考槃余事》和高濂的《遵生八笺》、项元汴《蕉窗九录》即为最有名的介绍纸张加工工艺的三部书,为后人留下了颇有价值的技术史料。

(十三)陈朝辅

陈朝辅(生卒年不详)　字燮五、平若,一字苇庵,鄞县人,居鄞城竹湖。“万历四十四年丙辰钱士升榜”②进士,累官至监察御史,晋太仆寺少卿。著有《苇庵集》。

据《鄞县通志》记载,其嗜藏书,筑藏书楼名曰四香居、云在楼、桂松轩等,极林泉之胜,晚年隐退于云在楼,以藏书自娱。袁钧云:“里中范氏天一阁、陈氏南轩、陈氏云在楼多藏书。”③其云在楼藏书,仅次于天一阁。全祖望云:“先生藏书最富多善本,吾乡之以藏书名者天一阁范氏,次之四香居陈氏,又次之则南轩之书也。”④郑梁言:陈君讳自舜,“字同亮,别号尧山。父朝辅,明万历丙辰进士,太仆寺少卿。君始为秋水社,继为澹园社。其间捧盘执耳,皆极一时之选。而当世之耳而目之者,多指云在楼之公子为不可少……云在楼者,太仆(陈朝辅)所建以为游息之所,所蓄图书玩好颇富,手口之泽亦多。君一一珍藏,每遇名流鉴赏,辄求题识。”全祖望称其“储藏为范氏天一阁之亚”⑤。

关于陈朝辅藏书故实,见其子陈自舜跋《古今纪要逸编》:“东发先生,《黄氏日抄》,合经史子集,凡九十七卷,自宋以来,通行天下矣。其《古今纪要》,起自三皇,至宋神宗止,卷凡十九。叶文庄云:《古今纪要》十九卷,当与曾先之史略并传,是文庄之所见者,亦止神宗也。及见邵宏斋简录序,则云:黄震之修宁、理二朝记,多散佚不传,文献无征,后之作者,有志而不逮,悲夫悲夫。又知日抄之纪要,不止于神宗,宏斋亦付之无可如何矣。先大夫留心史志,搜购遗书,抄得郑千之所辑《四明文献》,

---

① 瞿冕良编著:《中国古籍版刻辞典》,苏州大学出版社2009年版,第832页。

② 张传宝修,陈训正、马瀛纂:《民国鄞县通志(三)》卷十《选举考·进士》,见上海书店出版社编:《中国地方志集成·浙江府县志辑》(18),上海书店出版社2011年版,第405页。

③ (清)阮元、杨秉初辑,夏勇等整理:《两浙輶轩录》卷二十二《全祖望》,浙江古籍出版社2012年版,第1550页。

④ (清)全祖望著:《鲒埼亭集》卷十四《碑铭·中条陆先生墓表》,见王云五主编:《万有文库》第二集(七百种),(上海)商务印书馆1936年版,第168页。

⑤ (明)郑梁《陈尧山墓志铭》,见(清)叶昌炽著,王欣夫补正,徐鹏辑:《藏书纪事诗》卷四,上海古籍出版社1989年版,第394—395页。

内有东发《两朝纪要》。余阅之狂喜,天下固有湮没数百年,而一旦复出者乎。非有郑荥阳之稽古采葺,先大夫之好学广搜,则此卷亦终于销灭矣。"①陈朝辅尤留心地方文献,尝于崇祯十四年(1641)刻印过宋魏岘《四明它山水利备览》二卷,杨德周、陈朝辅编《甬东诗话》十二卷。

陈氏藏书后由其子陈自舜②传藏。袁钧曰:"陈自舜为前明御史朝辅子。为人强毅方严,于名教所在,持之甚笃。隐居终身。黄宗羲讲学甬上,自舜从之。终日辑耆经学,兰丝牛毛,不遗余力。喜购书,所藏为天一阁范氏之亚。"③陈自舜老而不倦,尤精于小学,校勘精审,"凡《字汇》《正字通》《古今韵略》诸书,有一字未经收入者,悉为补辑"④。左臣黄云:"吾友同亮,笃志好学,积有岁年,博通经史,于子集诸书靡不穷究,凡遇字疑义,必手自搜讨注释而后已,或得古人断简残编,亦必珍而藏之,以备订补。因出其先太仆公所抄,理、度两朝纪要,得之荥阳郑氏者,受之梓人。而是编之散者以收,断者以续,俾学者习其书而信其传,抑可谓洁之功臣矣。顾哲宗以后,理、度以前,尚有徽、钦、高、孝、光、宁,未备。同亮心用为怵,凡物必聚于所好,以同亮之笃志好学如是也。"⑤又有赵俞序云:"宋黄东发《古今纪要》第二十卷,明四明陈夔五太仆,得之其乡郑千之所,辑《四明文献》,太仆子同亮,谋镂板以广其传,此卷自前代叶文庄、邵宏斋,皆云未见,盖逸编也。历四百余年,而后出入人间,学者宝之。"⑥

(十四)朱 陛

朱 陛(生卒年不详) 字伯升,号圆峤,鄞县天封桥人。"天启二年壬戌科文震孟榜"进士⑦,授安福知县,后知休宁令,兴学宫,礼贤士,决讼明敏,颇有政绩。

朱陛祖居宁波天封桥,其家为鄞县世家旧族,其曾祖朱源,字本卿,号澄溪,好儒术,多积经史,以训子孙。朱陛父朱勋与王世贞为至交,素性嗜古。为明藏书名家,有藏书楼名为五岳轩。五岳轩收藏先代彝鼎名物甚多,为一代藏书名楼。全祖望《甬上耆旧传》云:"五岳轩图书法物甲于天下。"⑧可见朱勋当时收藏之富。

---

① (清)陈自舜《刻古今纪要逸编跋》,见(清)黄震撰:《黄氏日抄古今纪要逸编》卷首,中华书局1985年版,第1页。

② 按:陈自舜(1634—1711),字小同,一字同亮,别号尧山。县诸生。师从黄宗羲。

③ (清)阮元、杨秉初辑,夏勇等整理:《两浙輶轩录》卷五《陈自舜》,浙江古籍出版社2012年版,第394页。

④ (清)叶昌炽著,王欣夫补正,徐鹏辑:《藏书纪事诗》卷四,上海古籍出版社1989年版,第395页。

⑤ (清)左臣黄《古今纪要逸编序》,见(宋)黄震撰:《黄氏日抄古今纪要逸编》卷首,中华书局1985年版,第1页。

⑥ (清)赵俞《古今纪要逸编序》,见(宋)黄震撰:《黄氏日抄古今纪要逸编》卷首,中华书局1985年版,第1页。

⑦ 张传宝修,陈训正、马瀛纂:《民国鄞县通志(三)》卷十《选举考·进士》,见上海书店出版社编:《中国地方志集成·浙江府县志辑》(18),上海书店出版社2011年版,第405页。

⑧ 邓大鹏主编,宁波图书馆志编纂委员会编:《宁波图书馆志》第二章《历代藏书楼简介》,宁波出版社1997年版,第68页。

朱陛继承朱氏家族的藏书，惜藏书详情今无考。朱陛卒后，葬于鄞州区集士港四明山村。墓前牌坊建于明末崇祯年间，称为朱陛牌坊。该墓保存较好，2002 年 10 月 13 日被公布为区级文物保护单位①。

朱陛藏书传至其子朱釴，曾孙洞，皆能守成朱陛之藏书。朱釴，字君赏，一作君爽。尤其鉴别古玩，仅看半面皆知其然，特具神眼，亦为鉴赏收藏名家。吴晗先生记曰：《续耆旧传》载："先生家世多储藏书，其所谓五岳轩者，图书甲于天下。吴中好事家簿目有云：'是物藏甬上朱氏不可屈指。'"②"其鉴别古玩，半面了然。尤具神眼，拟之前宋遗民，则固草窗一辈也"③。其所藏古鼎法书名画甚多，"惜朱氏数代所藏法物图书迄清顺治间遭大火尽丧"④。

（十五）谢三宾

谢三宾（1593—？）　字象三，号研北，晚号寒翁，鄞县人。明"天启五年进士。知嘉定县，为均田以均役，浚吴淞江，西南乡民田皆受其利，擢陕西道御史。崇祯五年，李九成等围莱州，三宾疏言，成事在人，了此不过数月，即敕巡按监军。至昌邑，请斩逃帅王洪、刘国柱，诏逮治之。兵部尚书熊明遇坐主抚误国罢去，三宾复抗疏请绝口勿言抚事。未几，莱州围解，明年，登州平，叙功进太仆少卿，丁忧归。晚年与钱肃乐等为难，为乡评所薄"⑤。崇祯十七年（1644）清兵至，随阮大铖降清，晚节未保。全祖望《鲒埼亭集外编》十二《七贤传》述："吾乡所最不齿者，无如故太仆谢三宾，其反复无行，构杀故国忠义之士无算。三宾一子早死，顾有四孙，曰为辅、为霖、为宪、为衡，皆善读书，闻其大父之事，黯然神丧，自是遇故国忠义子弟，则深墨其色，曲躬自卑，不敢均齿，以视屈抑。三宾遗金尚不赀，兄弟日以哦诗为事，一切不问，未几荡然，亦不以为意也。于是故国子弟，稍稍引而进之，谢氏复育簪缨之列，盖吾乡清议之重如此云。"⑥

谢氏擅画山水，亦喜藏书，所藏富甲甬上，"其所藏经兵乱丧失后尚以数十万计，所埋葬不可屈指"⑦。辞官归来后在月湖滨筑天赐园，其藏书楼名曰博雅堂，专辟为藏书之所，颇负盛名。收藏之富几与其师钱谦益的绛云楼相埒，尤以所藏宋版赵孟頫旧藏《汉书》闻名。钱谦益晚年家贫，谢氏多出资购钱氏藏书，多为宋元精槧。知名者如钱谦益所藏宋版前后《汉书》，原是"松雪文斋"赵文敏故物，后因钱谦益贫

---

① 鄞州区集士港镇镇史编纂委员会编：《罂湖沧桑集士港》五《墓葬·西岙朱陛》，宁波出版社 2011 年版，第 222 页。

② （清）阮元、杨秉初辑，夏勇等整理：《两浙輶轩录》卷三《朱釴》，浙江古籍出版社 2012 年版，第 186 页。

③ 吴晗撰：《江浙藏书家史略》，中华书局 1981 年版，第 16 页。

④ 邓大鹏主编，宁波图书馆志编纂委员会编：《宁波图书馆志》第二章《历代藏书楼简介》，宁波出版社 1997 年版，第 68 页。

⑤ （清）钱维乔修，（清）钱大昕纂：《乾隆鄞县志》卷十六《人物》，见《续修四库全书》编纂委员会、复旦大学图书馆古籍部编：《续修四库全书》第 706 册，上海古籍出版社 2003 年版，第 349 页。

⑥ （清）全祖望原著，黄云眉选注：《鲒亭文集选注》之《七贤传》，齐鲁书社 1982 年版，第 295—296 页。

⑦ 虞浩旭著：《智者之香——宁波藏书家藏书楼》，宁波出版社 2006 年版，第 42 页。

故,其《汉书》后归三宾所递藏。

关于《汉书》递藏,《天禄琳琅书目》卷二所录最为详明:“宋版史部,《汉书》,五函四十四册,明王世贞跋:‘余平生所购《周易》《礼经》《毛诗》《左传》《史记》《三国志》《唐书》之类,过三千余卷,皆宋本精绝。最后班、范二《汉书》,尤为诸本之冠。桑皮纸白洁如玉,四旁宽广,字大者如钱,绝有欧、柳笔法,细书丝发肤致,墨色精纯。溪潘流沖。盖自真宗朝刻之秘阁,特赐两府,而其人以宝惜,四百年而手若未触者。前有赵吴兴小像,当是吴兴家入吾郡陆太宰,又转入顾光禄,失一庄而得之。噫,余老矣,即心身作蠹鱼,其间不惜,又恐兹书之饱,我而损也。识其末,以示后人,琅琊王世贞元美。”[①]钱谦益《跋宋版前后汉书》云:“赵文敏家藏前、后《汉书》,为宋椠本之冠,前有文敏公小像。太仓王司寇得之吴中陆太宰家。余以千金从徽人赎出,藏弆二十余年,今年鬻之于四明谢象三。床头黄金尽,生平第一煞风景事也,此书去我之日,殊难为怀。李后主去国,听教坊杂曲‘挥泪对宫娥’一段,凄凉景色,约略相似。癸未中秋日书于半野堂。”[②]又跋:“景山李维柱,字本石,本宁先生之弟也。书法极颜鲁公,尝语余:‘若得赵文敏家《汉书》,每日焚香礼拜,死则当以殉葬。’余深愧其言。右《汉书》二跋载在《初学集》中,坦公司马既得此书,属余重录于此。又跋:‘赵吴兴家藏宋椠《两汉书》,王弇州先生鬻一庄得之,陆水村太宰家后归于新安富人,余以千二百金从黄尚宝购之,崇祯癸未损二百金售诸四明谢氏。庚寅之冬,吾家藏书为六丁取去,此书却在人间。然其流落不偶,殊可念也。今年游武林,坦公司马携以见示。’”[③]“呜呼!佛言‘昔年奇物,经历年岁,忽然复睹,记忆宛然,皆是藏识变现’,良非虚语。”“文敏《汉书》今归天府,以上诸跋,藏弆源流,厘然可考,故详录之。”[④]

《鄞县通志》亦记:其所藏海内珍本宋版前后两《汉书》,虽传其后代子孙,但终于辗转流入清朝廷藏书阁,今不复见。再如今美国国会图书馆藏明崇祯间刻本《古今考三十八卷》十二册,卷一题“宋鹤山魏了翁华父撰、紫阳方回万里续、明四明谢三宾象三定”,卷内有藏印四平谢氏藏书印、谢宝树印、珊峤等印记。另据李玉安《中国藏书家通典》所记,宁波卢址亦收购其精品藏书十数种。

其博雅堂藏书之精,仅次于范氏天一阁、郑氏二老阁。
藏书印有四明谢氏博雅堂藏书、天赐园等。

---

① (清)于敏中等撰:《天禄琳琅书目》卷二《汉书》,见《清人书目题跋丛刊十》,中华书局1995年版,第23页。
② (清)钱谦益撰,潘景郑辑校:《绛云楼题跋》之《前后汉书一》,上海古籍出版社2005年版,第13页。
③ (清)于敏中等撰:《天禄琳琅书目》卷二《汉书》,见《清人书目题跋丛刊十》,中华书局1995年版,第24页。
④ (清)叶昌炽著,王欣夫补正,徐鹏辑:《藏书纪事诗》二,上海古籍出版社1989年版,第80页。

谢氏藏书散佚于明清易代之际，甲申（1644）战乱时，谢氏将博雅堂藏书迁至其父墓所在翠山。清兵入关之后，山寇蜂起，把书迁于密林山寨，将长编大册图书蘸油，短小图书棉花包之，一炬了之，插架万签，顿时星散。“其所藏海内珍本如宋版前后两《汉书》，虽传其后代子孙，但终于辗转流入清廷藏书阁”①。

谢氏《一笑堂诗集》有诗述其所藏书的散佚及晚年生活状况：“春水湖边小隐居，十年于此囊残书。遗编散失兵戈后，古木离披搜牢余。径绝求羊荒草合，巷无王谢夕阳虚。伤心霜露清秋下，黄叶萧萧落满除。”②此诗描述谢氏在明亡后十余年离群索居的凄凉生活。

六、明代温州府进士藏书

《明史·地理志》载：“温州府原温州路，属浙东道宣慰司。洪武初，为府。领县五”③，即永嘉县、瑞安县、乐清县、平阳县、泰顺县。

（一）章　纶

章　纶（1413—1483）　“字大经，初名仑，乐清人。正统十年进士，为主事南京礼部。景泰初，为仪制郎中，屡有论建”④，累迁南京礼部左侍郎，以内艰致仕。“纶性戆，好直言，不为当事者所喜。为侍郎二十年”⑤，于“成化十二年，在制，自陈衰老，乞致仕，凡三上乃方许之。宪宗诏辞，谓公有及黯之刚直，范镇之笃忠，因以‘笃忠’名其堂，始悟适符初生之梦”⑥。卒，“帝嘉叹，赠南京礼部尚书，谥恭毅”⑦。谢铎称其“性质直坦，易与人，无贵贱疏戚，一笑之间，洞见肺腑。至其临大事，决大议，则凛不可夺。自号戆夫”⑧。所著“《拙稿》《困志集》《进思录》藏于家。为文以理为主，不务谐世之好请，平淡温雅，不为雕刻之句，皆可传世”⑨。生平事迹参见尹直《章恭毅公神道碑》、王瓒《章恭毅公庙碑》及《康熙浙江通志》卷三四《章纶传》。

章氏性好嗜学，昼夜诵读不倦，“好藏书，其聚书数万卷”⑩。何乔新《明尚书章

---

① 邓大鹏主编，宁波图书馆志编纂委员会编：《宁波图书馆志》卷一《历代藏书楼》，宁波出版社1997年版，第76页。

② 引赵会娟：《谢三宾小议》，《古典文学知识》2015年第3期（总第180期），第188页。

③ （清）张廷玉等纂修：《明史》卷四十四《志第二·地理五》，中华书局1974年版，第1115页。

④ （明）过庭训撰：《本朝分省人物考》卷五十六《章纶》，见《续修四库全书》编纂委员会、复旦大学图书馆古籍部编：《续修四库全书》第534册，上海古籍出版社2003年版，第536页。

⑤ （清）张廷玉等纂修：《明史》卷一百六十二《列传第五十·章纶传》，中华书局1974年版，第4412页。

⑥ （明）王复礼《明尚书章纶公传》，见（明）章纶著，沈不沉编注：《章纶集》附录二《传记》，（北京）线装书局2009年版，第339页。

⑦ （清）张廷玉等纂修：《明史》卷一百六十二《列传第五十·章纶传》，中华书局1974年版，第4412页。

⑧ （明）谢铎撰，林家骊点校：《谢铎集》卷五十六《侍郎章公墓志铭》，《浙江文丛》本，浙江古籍出版社2012年版，第474页。

⑨ （明）何侨新《明尚书章纶公行状》，见（明）章纶著，沈不沉编注：《章纶集》附录二《传记》，（北京）线装书局2009年版，第332页。

⑩ 李玉安、黄正雨编著：《中国藏书家通典·明》，中国国际文化出版社2005年版，第197页。

纶公行状》云:“公初名仑,八岁入社学读书,刻苦自励,夜则燃枯竹以继晷。稍长,从兵部主事黄岩章仲寅先生举学子业。时予先君为温州太守,患乐清东乡濒海俗犷戾,思有以变其习,乃选良家俊秀补郡庠弟子员,公亦在选中。先君问其业甚习,为易今名。因留府署躬教之。府掾南昱亦颖敏好学,先君免其治簿书,俾与公同学。政暇,即召至后堂,为讲析议礼,教之作文,由是学业大进。公正统己未登进士第,庚申秋除南京礼部主客司主事。……至官,月俸仰事俯育外,尽以市书,积书至万卷,诵读讨论,孜孜无少怠。自六经诸史以至九流之说,莫不探其要旨。南畿士子从学者甚众,经其指授者,往往擢科跻仕。”[①]“居第之东有岩屿,西小湖泉石可爱,乃建小轩数楹。临其上,右瞰石桥大路,公每携客觞咏其中,竟日忘归,且赋诗题为十四景传焉,号‘栎斋’。”[②]又成化十三年(1477),“筑楼于西隙地,广置图书充栋”,所藏自六经子史及星历医卜,皆搜罗。章纶“登临四顾,溪山烟云皆檐槛间,闲则危坐观书,倦则藤床倚徙。世虑翛然,有终焉之志,号广漠野人”[③]。谢铎记云:“公自少辄嗜学,不事家人生产,尝截枯竹继晷,昼夜诵不休。久之,出从春官主事黄岩章先生陬学,及为郡学生,则又从郡守何公文渊参质疑义,既历官南北,聚书几万卷,自六经子史以至星历医卜皆搜抉,务达其要,以为文之有关世教者,莫先告君之词。故平生之文,奏议为多,而间发为诗,亦不事雕琢,而自成一家。有《拙稿》《困志集》《进思录》,凡若干卷,藏于家”[④]。

又有藏书、读书之所名曰马屿书堂,为雁荡山南阁八景之一。

(二)张 璁

张 璁(1475—1539) “字秉用,永嘉县人。别号罗峰,既晋辅戢,皇上赐名孚敬,字茂恭。尝蒙召对,上有张罗山之称,更号罗山。早有异质,克励问学,气度端毅,不与众同。少游郡庠,弘治戊午以《诗经》中省试,正德丙寅建罗峰书院。于姚溪聚徒讲学,造诣益充。七试春官,始中庚辰会试时廷议。”[⑤]明“正德十六年登第,年四十七矣”[⑥]。嘉靖壬午授南京刑部主事,甲申以议礼未决,再上疏,召至京廷议,升翰林院学士,乙酉进庙御,议疏升詹事府詹事,乃兼学士,丙戌擢兵部右侍郎,经筵讲

---

① (明)章纶著,沈不沉编注:《章纶集》附录二《传记》,(北京)线装书局2009年版,第328—329页。

② (明)王复礼《明尚书章纶公传》,见(明)章纶著,沈不沉编注:《章纶集》附录二《传记》,(北京)线装书局2009年版,第339页。

③ (明)王复礼《明尚书章纶公传》,见(明)章纶著,沈不沉编注:《章纶集》附录二《传记》,(北京)线装书局2009年版,第339页。

④ (明)谢铎《通议大夫南京礼部左侍郎赠南京礼部尚书谥恭毅章公纶墓志铭》,见(明)焦竑辑:《焦太史编辑国朝献征录》卷三十七,《续修四库全书》编纂委员会、复旦大学图书馆古籍部编:《续修四库全书》第527册,上海古籍出版社2003年版,第4页。

⑤ (明)过庭训撰:《本朝分省人物考》卷五十六《张璁》,见《续修四库全书》编纂委员会、复旦大学图书馆古籍部编:《续修四库全书》第534册,上海古籍出版社2003年版,第539页。

⑥ (清)张廷玉等纂修:《明史》卷一百九十六《列传第八十四·张璁传》,中华书局1974年版,第5173页。

书，累官华盖殿大学士，卒赠太师，谥文忠。所著有“《礼记章句》《杜律训解》《贞义书院文集》《罗山奏疏》《罗山文集》《金滕要辨》《大礼奏议》《大礼要略》《周礼仪礼注疏》《敕谕录》《钦明大狱录》《正孔子祀典》《郊祀议》《温州府志》诸书”①。生平事迹参见王世贞《太师张文忠公传》、灵宝许《特进光禄大夫柱国少师兼太子太师吏部尚书华盖殿大学士赠太师谥文忠罗山张公墓志铭》。

张璁性好聚书，搜罗颇富，尝得皇帝赐书，“公事世宗几二十年，所获赐制敕、御札、银印记、图书、冠服、金玉带、书集、缯币、蟒衣，侈盛一时。子孙籍其数，存于家。赐御书名字暨御题皇考手泽荣恩堂在京师长安第。赐建宝纶楼、一品家庙在郡城。赐建贞义书院、抱中堂、敬一亭在原籍瑶溪”②。有“钦赐孚敬字茂恭”③之藏印。

张璁又好刻书，弘治六年（1493）刻印过高棅辑《唐诗品汇》九十卷《拾遗》十卷，嘉靖间刻印过自撰《论对录》三十四卷、《敕谕录》二卷，自订《罗山奏议》七卷。

（三）传胪王光经

王光经（1570—1627）　字景济，一字雨进，号黄石，永嘉人。明万历二十八年（1600）中举人，“万历丁未二甲第一，授礼部主事，册封淮府转刑部郎，勘问陈槐冒认皇亲，悬案十四载，一言剖析，封爵遂定。恤刑山西，豁疑狱二百三人。擢陕西关西道”④，迁广东南道副使，卒于官。著有《黄石藏稿》。生平事迹参见王一中《宪副王公行状》、《瓯海轶闻》卷二十七《万历戊戌至国朝康熙壬戌进士履历所载吾乡诸公》及《光绪永嘉县志》卷十五《王光经传》。

王光经出身于科举世家，明一代人文鼎盛，科甲蝉联，登进士者十三人，举人数十人。王氏承其家学，性好藏书，所到一地，辄搜集地方文献和先贤逸闻，先后收藏典籍万余卷，闲暇则抱书诵读。王理孚《黄石藏稿》跋云：“生平无他玩好，止藏书万卷，手不废简，尝曰：‘士大夫一日不读书，则性情疏散，义理荒错，致君将凭何术？’时以为名言。此本依家祠抄藏本录出，所为文多在商州时作，当非全本，而实高华，处处足以见真性情。”⑤

七、明代绍兴府进士藏书

《明史·地理志》载，“绍兴府元绍兴路，属浙东道宣慰司。太祖丙午年十二月为府。

① （明）葛守礼《太师张文忠公神道碑》，见（明）张璁撰，张宪文校注：《张璁集》附录一，上海社会科学院出版社2003年版，第507页。

② （明）葛守礼《太师张文忠公神道碑》，见（明）张璁撰，张宪文校注：《张璁集》附录一，上海社会科学院出版社2003年版，第507页。

③ 王河主编：《中国历代藏书家辞典》，同济大学出版社1991年版，第238页。

④ （清）张宝琳修，王棻、戴咸弼总纂，王志邦、应海龙、徐顺旗标点：《永嘉县志》卷十五《人物志三·王光经》，中华书局2010年版，第665页。

⑤ 王理孚撰，张禹、陈盛奖编注：《王理孚集》卷四《杂著》，上海社会科学院出版社2006年版，第149页。

领县八”①，即山阴县、会稽县、萧山县、诸暨县、余姚县、上虞县、嵊县、新昌县。

（一）孙陞祖孙四进士

孙　陞（1501—1560）　亦称昇，字志高，号季泉。余姚人。“御史燧季子也。万历十四年进士及第，授编修，累官至礼部侍郎。严嵩枋国，升其门生也，独无所附丽，会南京礼部尚书缺众，不欲行，昇独请往，卒赠太子少保，谥文恪。尝父死宸濠之难，终身不书宁字，亦不为人作寿文，居官不言人过，时称笃行君子。四子：鑨、鑛、铤、錝。铤南京礼部右侍郎，錝太仆卿。”②“鑨、鑛皆尚书。”③有《孙文恪集》二十卷。生平事迹参见吕本《大宗伯文恪孙公行状》。

孙陞父孙燧，号一川，“字德成，余姚人。弘治六年进士。历刑部主事，再迁郎中。正德中，历河南右布政使”。擢右副都御史，巡抚江西，“宁王宸濠有逆谋，结中官幸臣，日夜诇中朝事，幸有变。又劫持群吏，厚饵之，使为己用。恶巡抚王哲不附己，毒之，得疾，逾年死。……燧以才节著治声，廷臣推之代”④。世宗即位，赠礼部尚书，谥忠烈，与逵祀南昌，赐祠名旌忠，燧子堪闻父讣，率两弟墀、陞赴之，兄弟庐墓蔬食三年，服除，以父死难，更墨衰三年，世称三孝子。堪为嘉靖五年（1526）武状元，墀官至尚书宝卿。

出生于科举家族的孙陞，居家除读书与考古外，虽好奇字名画、珍玉古玩却不沉迷。孙陞于诗书之外，亦擅长音律，与当时曲家陈鹤、何良俊友善，时常探讨音韵声律。以购置、传抄等方式收藏大量曲谱、剧本和纬书，进一步增益家族藏书。妻杨文俪助其“收藏剧本，如当时已属甚为珍贵的金宋元杂剧，其家藏有三百多种”⑤。其兄孙堪无所不学，精通音律，《光绪余姚县志》卷二十三称，其尤“工古文词，书学颜真卿，边防、兵制及天文、地理、律历、医卜，诸家靡不通晓”，“又工画绘事，为世人而珍藏”⑥。著有《孙孝子集》《忠烈编》《穹考》等，孙堪可谓文武全才。

孙　鑛（1543—1613）　孙陞之子。字文融，号月峰，别署热在、化之、二百八十二峰樵徒，余姚人。明过庭训记云：明万历“甲戌会试第一，二甲四名授兵部主事，调礼部寻吏部，历稽勋、验封考文选，管内外大计，区别精详，舆情贴服，甲申升太长少卿，丁忧，服除常少右通政，擢都御史，巡抚山东，升刑部左侍郎，改兵部经略，蓟辽加

① （清）张廷玉等纂修：《明史》卷四十四《志第二・地理五》，中华书局1974年版，第1107页。
② （清）李亨特修，（清）平恕、徐嵩纂：《乾隆绍兴府志（二）》卷四十八《人物志・乡贤・孙陞》，见《中国地方志集成・浙江府县志辑》（40），上海书店出版社1993年版，第126页。
③ （清）张廷玉等纂修：《明史》卷二百八十九《列传第一百七十七・孙燧传》，中华书局1974年版，第7427页。
④ （清）张廷玉等纂修：《明史》卷二百八十九《列传第一百七十七・孙燧传》，中华书局1974年版，第7427页。
⑤ 殷亚林《明清江南家族与曲文化研究》，苏州大学博士论文，2011年，第46页。
⑥ 横河镇志编纂委员会编著：《横河镇志》第四卷《人物》，方志出版社2007年版，第165页。

升右都御使，升南京兵部尚书，丙午加太子少保，回籍”①。孙鑛为政“烂然有声，而虚怀自下，以孟秋、雷士贞为直友，唐鹤征、赵南星为谅友，余寅、周弘祄禴为多闻友。接引后学町畦，人称月峰先生”②。孙鑛生平研虑尽注古诗文，“向嗜读《左》《国》《史》《汉》百家等书”③。生平事迹参见邵廷采《思复堂文集》卷三《姚江孙氏世传》。

其归里后，隐居县东月山，以藏书与著述讲学为乐，《康熙浙江通志》称：“鑛读书寒暑不彻，字栉句比，一书至四、五过丹铅。”④孙鑛利用宦游期间，购置不少藏书，黄宗羲《天一阁藏书记》云：“吾邑孙月峰亦称藏书而无异本，后归硕肤。丙戌之乱（顺治三年），为火所尽，余从邻家得其残缺实录，三分之一耳。”⑤全祖望有“月峰尚书，喜储书四部，甲于姚江”⑥之说。郑伟章先生记云：“冯贞群《伏跗室藏书题记选辑》有其手批《史记》百三十卷，明崇祯九年冯元仲刻本。又有其手批明崇祯七年冯氏天益山堂刻本《汉书》；又知有其手批本《诗》《书》《礼》三经，未访见。”⑦

孙鑛除藏书外，尤精书画鉴赏，作《书画题跋》凡六卷，《四库全书总目提要》谓之“所论时有精理”“亦鉴赏家所当取证”⑧，为书画家所重。

孙鑛有读书与藏书处，据《光绪余姚县志》载：“月山旧庐在烛湖，兵部尚书孙鑛读书处。”⑨

藏印有孙氏文融、游心太玄、衡门可曰山人、冰心等。

孙鑛利用家族大量藏书，一生撰述不辍，并考证评点了大量古代典籍，编选修订了众多经学和史学著作。今可考者约有百余种，一千多卷。其存世著作共 12 种：《月峰先生居业》《月峰先生居业次编》《月峰先生居业余编》《姚江孙月峰先生全集》《铨曹东省经略南枢奏议》《人杰编》《后越绝》《书画题跋》《会心案晶盘雪里居乐事》《孙氏文稿》《举业要言》《老子古今本考正》。现存或存目的古籍批评有 61 种，囊括经、史、子、集四部，内容涉及四书、五经、正史、编年史、杂史、儒家、法家、杂

① （明）过庭训撰：《本朝分省人物考》卷五十一《孙鑛》，见《续修四库全书》编纂委员会、复旦大学图书馆古籍部编：《续修四库全书》第 534 册，上海古籍出版社 2003 年版，第 416 页。

② （清）嵇曾筠、李卫等修，（清）沈翼机等纂：《雍正浙江通志》（四）卷一百八十《人物六·孙鑛传》，浙江省地方志编纂委员会编：《中国地方志集成·省志辑·浙江》（6），凤凰出版社 2010 年影印本，第 711 页。

③ （清）邵廷采著，祝鸿杰点校：《思复堂文集》卷三《姚江孙氏世传》，浙江古籍出版社 1987 年版，第 158 页。

④ （清）王国安等修，（清）黄宗羲、张衡纂：《康熙浙江通志（二）》卷三十二《人物·孙鑛》，见凤凰出版社编选：《中国地方志集成·省志辑·浙江（2）》，凤凰出版社 2010 年版，第 266 页。

⑤ （清）黄宗羲撰：《天一阁藏书记》，见陈乃乾编：《黄梨洲文集》，中华书局 1959 年版（2009 重印），第 402 页。

⑥ （清）全祖望著：《鲒埼亭集外编》卷四《碑铭一·明兵部尚书兼东阁大学士赠太保谥忠襄孙公神道碑铭》，见王云五主编：《万有文库》第二集（七百种），（上海）商务印书馆 1936 年版，第 681 页。

⑦ 郑伟章著：《文献家通考》卷一《孙鑛》，中华书局 1999 年版，第 31 页。

⑧ 张潜超主编：《中国书法论著辞典》，上海书画出版社 1990 年版，第 76 页。

⑨ （清）周炳麟修，（清）邵友濂、孙德祖纂：《光绪余姚县志》卷十四《古迹》，见《中国地方志集成·浙江府县志辑》（36），江苏古籍出版社 1991 年版，第 511 页。

家、道家、别集、总集、词曲等各类别。特别是以文学批评的方法来品评《诗》《书》《礼》等儒家经典,开辟了经学研究的新视野。曾手评《战国策校注》十卷(元至正刊本)。

孙鑛与山阴张元忭[①]合编的《万历绍兴府志》五十卷,修于万历十四年(1586),次年刊,有万历十四年(1586)张元忭序,萧良幹后序。半叶十行,行二十字,小字双行,白中,左右双边,有刻工,凡十六书,中国国家图书馆、江苏地理研究所、南京大学图书馆、浙江图书馆等各藏有一部,上海图书馆、绍兴鲁迅图书馆、中国科学院、天一阁等藏有残本。《四库全书总目提要》评称:"是书分十八门,每门以图列于后,较他志易于循览,体例颇善。末为序志一卷,凡绍兴地志诸书,自《越绝书》《吴越春秋》以下,一一考核其源流得失,亦为创格。"[②]作为方志学历史派的代表人物,孙鑛不仅才学双全,且史识高瞻,所撰写的这一卷"序志",开创了后世方志有"旧志源流考"的新体例。另辟蹊径,自成一家。

孙鑛学问旁及百家,淹博精深,学识之广,文才武略世所罕见,素有"姚江奇才"之誉。又孙鑛精通曲学,亦工古文,晚明曲坛的三位论理巨匠沈璟、王骥德、吕天成都曾得到其指点。鑛又精于鉴赏,所提出的"南戏十要"可谓品评剧本的真知灼见,被吕天成收入《曲品》,成为公认的衡量传奇作品的艺术标准。

孙如法(1559—1615) 孙陞孙。字世行,号俟居,别号柳城,"余姚人,鑨之子,万历癸未进士,授刑部主事"[③],"以谏阻郑贵妃进封,贬潮阳典史。久之,移疾归。廷臣累荐,悉报寝。卒,赠光禄少卿"[④]。著有《春秋古四传》《广战国策》,惜今俱散佚。生平事迹参见陈继儒《赠光禄寺少卿余姚俟居孙公暨元配史宜人合葬墓志铭》及钱槚《光禄卿俟居孙公传》。

孙如法归里后,"遂杜门不出,时居柳城,以图史自娱。雅精字学,喜校雠,自经史诸子而外,尤加意声律"[⑤]。如法精于词曲,深得家传,惜作品无流传。又与沈璟[⑥]往来甚密,沈璟的戏曲作品都曾呈阅、指正于如法,而如法"观其所著论词、曲谱等

---

① 按:张元忭字子荩,号阳和,山阴人,隆庆五年(1571)辛未科状元,尝从王畿游,是王阳明的再传弟子。

② 浙江省通志馆编,浙江省地方志编纂委员会整理:《重修浙江通志稿·著述考》(标点本),第7册,方志出版社2010年版,第3374页。

③ (清)李亨特修,(清)平恕、徐嵩纂:《乾隆绍兴府志》卷四十九《乡贤·孙如法》,《中国地方志集成·浙江府县志辑》(40),上海书店出版社1993年版,第150页。

④ (清)张廷玉等纂修:《明史》卷二百二十四《列传第一百十二·孙鑨传》,中华书局1974年版,第5897页。

⑤ (明)王骥德撰:《曲律》卷四,见《中国古典戏曲论著集成》第4册,中国戏曲出版社1959年版,第171页。

⑥ 按:沈璟(1553—1610),字伯英,晚字聃和,号宁庵,别号词隐。吴江(今属江苏)人。明代戏曲家、曲论家。万历二年(1574)甲戌科进士,累官光禄寺丞,曾充任顺天乡试同考官,因科场舞弊案受人攻击,辞官回乡。后家居三十年,潜心研究词曲,考订音律,与当时著名曲家王骥德、吕天成等探究、切磋曲学,并在音律研究方面有所建树。

书，悦之，遂取其新旧传奇数十帙，皆改正韵句”①。除沈璟传奇外，“尝悉取新旧传奇，为更正其韵之讹者，平仄之舛者，与阴阳之乖错者，可数十种，藏于家塾”②。

孙嘉绩（1604—1646）　孙鑛从玄孙。原名光弼，字辅之，后改名嘉绩，余姚人。全祖望《忠襄孙公神道碑铭》云：“忠襄公讳嘉绩，字硕肤，烛湖先生应时之后，烛湖，宋乾淳间硕儒也。忠烈公燧之五世孙，尚宝司卿堳之玄孙，上林苑丞鑨之曾孙，大学士文恭公如游之孙，工部郎中樽之子”③。“崇祯十年进士。授南京工部主事，召改兵部”。清兵南下，“尚书杨嗣昌以嘉绩知兵，调为职方员外郎，进郎中”。清军入关，进攻浙江，亲率邑中子弟抗清。“福王时，起九江兵备佥事，未赴。鲁王监国绍兴，擢右佥都御史，累进东阁大学士。王航海，嘉绩从至舟山。其年遘疾卒”④。年仅四十三岁。赠太保，谥忠襄，著有《五世传赞》《存直录》等，生平事迹参见《康熙浙江通志》卷三十二《孙嘉绩传》、《思复堂文集》卷三《姚江孙氏世传·孙嘉绩》。

孙嘉绩为宋末硕儒，南明抗清人物。全祖望言：“公少嗜读书……及冠，应以门资得官。公不欲也。成崇祯丁丑进士，授南京工部主事。”⑤亦好藏书，全祖望称：“先世自月峰尚书，喜储藏四部，甲于姚江，至是，尽归于公（指孙嘉绩）。按其首尾而读之，不以膏粱废攻苦。”⑥据此可知，孙鑛藏书亦甚富，甲于一方，传至孙嘉绩仍存。惜孙氏藏书于“清顺治三年毁于火”⑦。

关于孙氏家族藏书的流布，今人童银舫撰文记云：入清后“祖先的千卷著作和上万卷藏书，也早已荡然无存，只有孙氏宗祠——燕翼堂还在”⑧。

（二）钮石溪

钮石溪（1518—1579）　原名纬，字仲文，号石溪，绍兴人。祖上本是吴兴人，客居会稽，遂占籍焉。嘉靖十三年（1534）甲午科举人，“嘉靖二十年辛丑科沈坤榜进士，钮纬佥事清之孙”⑨。由祁门知县选礼科给事中，升江西佥事，寻以事降常熟县

---

① 《姚江孙氏世乘》卷六，钱横《光禄卿侯居孙公传》，清嘉庆刻本。

② （明）王骥德撰：《曲律》卷四，见《中国古典戏曲论著集成》第4册，中国戏曲出版社1959年版，第171页。

③ （清）全祖望著：《鲒埼亭集外编》卷四《碑铭一·明兵部尚书兼东阁大学士赠太保谥忠襄孙公神道碑铭》，见王云五主编：《万有文库》第二集（七百种），（上海）商务印书馆1936年版，第681页。

④ （清）张廷玉等纂修：《明史》卷二百四十《列传第一百二十八·孙嘉绩传》，中华书局1974年版，第6255页。

⑤ （清）全祖望著：《鲒埼亭集外编》卷四《碑铭一·明兵部尚书兼东阁大学士赠太保谥忠襄孙公神道碑铭》，见王云五主编：《万有文库》第二集（七百种），（上海）商务印书馆1936年版，第681页。

⑥ （清）全祖望著：《鲒埼亭集外编》卷四《碑铭一·明兵部尚书兼东阁大学士赠太保谥忠襄孙公神道碑铭》，见王云五主编：《万有文库》第二集（七百种），（上海）商务印书馆1936年版，第681页。

⑦ 虞浩旭著：《智者之香——宁波藏书家藏书楼》，宁波出版社2006年版，第040页。

⑧ 童银舫著：《梦田集》之《千年孙家境》，宁波出版社2012年版，第18页。

⑨ （清）董钦德辑：《浙江省康熙会稽县志》卷二十《选举志·进士》，见《中国方志丛书·华中地方·第五五三号》，（台湾）成文出版社1983年据清康熙二十二年（1683）董钦德辑，民国二十五年（1925）绍兴县修志委员会校刊铅印本影印，第437页。

丞,历山东佥事,以忧归里。

钮氏归里后,在绍兴城内东郭门筑藏书楼,以储其藏书,是楼名为世学楼,为明代著名的藏书楼。其楼寓意为继承家学,不坠先人之意,且希望后人能世代传承学问。徐渭有《世学楼赋》,称其"运群籍于旧藏,出繁缃于新论,牙签万只,色摇徽轸之囊,玉轴千头,光映卮彝之橐。既招文史,亦集豪贤,挥成雨注,辩类河县。乃具壶觞,遂设几筵,倚南窗而寄傲,望东郭以兴叹。……回视芳园,景迁致迈,蔼拂云之嘉禾,集鸣候之珍禽,叶翻书而映字,音激牖以流琴"①。这里的"东郭"指世学楼位置东郭门,2002 年,市政部门拓宽环城东城东路,在与鲁迅路河交接处新建一桥称东郭门桥,即东郭门旧址。

越中藏书六家,以钮氏世学楼为首。《居易录》载,"唐王定保《摭言》足本,凡十五卷,宋嘉定中柯山郑昉刻。今会稽商氏刻仅十分之一耳。商刻《稗海》,多得之浙东钮石溪家"②。钮氏藏书极富,著名学者商浚、黄宗羲、徐渭等,曾登其书楼借览,仅见其"小说家目录亦数百种"③。明钞本《云笈签语》一百二十二卷,有"会稽钮氏世学楼图籍"印④;明正德刻本《欧阳行周文集》十卷,有"会稽钮氏世学楼"印⑤;《抱朴子外篇》五十卷,存卷一至二十九,"明会稽钮氏世学楼写本,十行二十五字。钤有'会稽钮氏世学楼图籍'朱文方印,'虞山钱曾王藏'"⑥。全祖望在《梨洲先生神道碑文》中亦云:黄宗羲年轻时"愤科举之学,锢人生平,思所以变之。既尽发家藏书读之,不足,则抄之同里世学楼钮氏、澹生堂祁氏"⑦。据《续修四库全书提要》记云:"世学楼钮氏藏书著名明代,叶昌炽《藏书纪事诗》考其家世颇详。商氏为之流传刊布,秘籍珍本赖以不损,其功甚伟。"⑧《茶余客话》云:"江南藏书……若山阴祁氏澹生堂,钮氏世学楼,禾中项氏,倦圃曹氏,皆东南文苑渊薮也。朱竹垞检讨撰《经籍存亡考》,亦得力于书架。"⑨明会稽商浚辑大型丛书《稗海》,曾从世学楼抄录大量书籍以实是编。《稗海》记曰:"吾乡黄门钮石溪先生,锐情稽古,广购穷搜,藏书世学楼者,积至数千函,百万卷。余为先生长公馆甥,故时时得以纵观焉。每苦卷帙浩繁,

① (明)徐渭撰:《徐渭集》之《徐文长三集》卷一《赋·世学楼赋》,《中国古典文学基本丛书》,中华书局1983 年版,第 43 页。

② (清)叶昌炽著,王欣夫补正,徐鹏辑:《藏书纪事诗》卷三,上海古籍出版社 1989 年版,第 290 页。

③ (清)查慎行著:《人海记》卷下《藏书之厄》,北京古籍出版社 1989 年版,第 63 页。

④ 王文进撰,柳向春标点:《文禄堂访书记》卷第三,上海古籍出版社 2007 年版,第 238 页。

⑤ 王文进撰,柳向春标点:《文禄堂访书记》卷第四,上海古籍出版社 2007 年版,第 259 页。

⑥ 傅增湘撰:《藏园群书经眼录》卷十《子部四》,中华书局 1983 年版,第 908 页。

⑦ (清)全祖望著:《鲒埼亭集》卷十一《梨洲先生神道碑文》,见王云五主编:《万有文库》第二集(七百种),(上海)商务印书馆 1936 年版,第 11 页。

⑧ 《续修四库全书提要》,见(明)商浚辑:《稗海·原序》,第 1 册,大化书局 1985 年据振鹭堂刻本影印,第 1 页。

⑨ (清)阮葵生撰,李保民校点:《茶余客话》卷十六《明藏书家》,《历代笔记小说大观》本,上海古籍出版2012 年版,第 394 页。

又书皆手录，不无鱼鲁之讹，因于暇日撮其记载有体、议论的确者，重加订正。更旁收缙绅家遗书，校付剞劂，以永其传，以终先生惓惓之夙心。凡若干卷，总而名之曰《稗海》。"①"上下千百载，涉阅百端，牢笼百态。从汉魏以下，种种名笔，罔不该载，谓之稗海大观也固宜。"②郑振铎《西谛书话·劫中得书记》亦记："商濬《稗海》为甚易得之书。其版片殆至清代犹存，故刷印甚多，流传颇广。惟初印本却极难得。余尝于中国书店以廉值得《稗海》（缺《龙城录》一种），顷复于石麒案上，见有明刊白棉纸书一堆，题作《稗海大观》者。平贾阴宏远正在翻阅，云：似是《稗海》零种。余略略一阅，即惊其为罕见之秘籍。即告石麒云：余欲得之。数日后，全书送至。即与《稗海》细校，果为初印本之《稗海》；无续编，且中阙数种，然无伤也。《稗海》之初名《稗海大观》，实无人曾论及者。首册且多出'序''凡例'及编校姓氏等；此种重要'文献'，后印本皆已佚去。'总校'之钮纬（字仲文，浙江会稽人），即明代有名之世学楼主人，藏书极富。《稗海大观》中各书，殆皆出钮氏之藏。'分校'为商濬及陈汝元二人；故各书或题濬校，或题汝元校不等。'同校'为谢伯美及钮承芳。承芳殆亦世学之裔（即钮石溪之孙）。'总校'中尚有陶望龄，则为当时之名流，亦会稽人。"③

钮氏亦好抄书，如《读书敏求记》卷三所记钞本《墨子》十五卷、《天禄琳琅书目》所载宋本《汉书》有"会稽钮氏世学楼图籍"印；明写本《程氏续考古编》十卷，钤有"会稽钮氏世学楼图籍"朱文印④。

钮氏编有《会稽钮氏世学楼珍藏图书目》，据黄宗羲《天一阁藏书记》记，乃民国间钞本，中国国家图书馆、山东大学图书馆有藏。此书目共著录钮氏九十四部藏书，有大量宋元善本，如北宋刊本《春秋左氏传》十五卷。世学楼藏书除一般经史子集以外，尤重历代稗史野记，特别以子部小说家类影响为大。黄宗羲《天一阁藏书记》称："越中藏书之家，钮石溪世学楼其著也。余见其小说家目录，亦数百种，商氏之《稗海》皆从其借刻。"⑤今存《会稽钮氏世学楼珍藏图书目》钞本，已印入《明代书目题跋丛刊》中。

其藏书处除世学楼外，还有万卷楼。

藏印有"会稽钮氏世学楼图籍印""世学楼藏书记"等。

关于钮氏世学楼藏书散佚，黄宗羲《天一阁藏书记》载："古今书籍之厄，不可胜计，以余所见者言之：越中藏书之家，钮石溪世学楼其著也。"明崇祯三年（1630），

---

① （明）商濬辑：《稗海·原序》，第1册，大化书局1985年据振鹭堂刻本影印，第2页。

② （明）商濬辑：《稗海·原序》，第1册，大化书局1985年据振鹭堂刻本影印，第2页。

③ 郑振铎著：《西谛书话·稗海大观》，生活·读书·新知三联书店1998年版，第306页。

④ 傅增湘撰：《藏园群书经眼录》卷八《子部二》，中华书局1983年版，第699页。

⑤ （清）黄宗羲撰：《天一阁藏书记》，见陈乃乾编：《黄梨洲文集》，中华书局1959年版（2009年重印），第401页。

“庚午间，其书初散，余仅从故书铺得十余部而已”[①]。查慎行云：“会稽钮氏之万卷楼……非流散则灰烬矣。”[②]查慎行生活于康熙、雍正间海宁，可见钮氏万卷楼藏书在康雍间已流散。《丁氏藏书志》亦载：“越中藏书最富，有世学楼藏书，崇祯庚午间，其书始散。”[③]清钱曾亦藏有世学楼散出之书，钱氏在《读书敏求记》卷三记有其事：“予藏弘治己未旧钞本，卷篇之数，恰与其言合（按：指宋濂《诸子辨》）。又藏会稽钮氏世学楼本，共十五卷、七十一篇。内亡《节用》等九篇。盖所谓《馆阁书目》本或即此欤。”[④]从以上记载可推测，钮氏藏书始散佚于明末崇祯间，至清初康熙间亦流散殆尽。

钮氏经四百余年幸存至今者，有中国国家图书馆所藏的明陶宗仪编《说郛》一百卷、宋王楙撰《野客丛书》三十一卷、宋程大昌撰《程氏续考古编》十卷、宋王辟之撰《渑水燕谭录》十卷等；上海图书馆收藏的宋李昉辑《太平御览》一千卷、明都印撰《三余赘笔》一卷、明许浩撰《两湖尘谈录》一卷、明李默撰《孤树裒谈》二十卷、明姜南撰《蓉塘诗话》一卷等；中国科学院图书馆收藏的宋李季撰《干象通鉴》一百卷、北京市文物局收藏的晋葛洪撰《抱朴子外篇》五十卷等，均为世学楼钞本，有着极高的文物与文献价值。尤其是元陶宗仪撰《说郛》，堪称稀世珍宝。

（三）胡安祖孙三进士

胡　安（生卒年不详）　字仁夫，号乐山，余姚人。胡轩[⑤]子。《余姚县志》载，“兄完，嘉靖间贡士，官句容教谕，与安并有异质，好读书，所得见之躬行。安幼颖异，读书一目数行，嘉靖二十三年进士，知衡州府，兴起斯文，择士秀者与辩论经义，于石鼓书院月课之士为歌曰：‘前有白石，后有乐山。’白石谓蔡汝楠，乐山安别字也，终陕西参政。著有《说约篇》《钩玄篇》《趋庭集》《乐山集》”[⑥]。《乾隆绍兴府志》卷五十三等有其传。

胡安尤好藏书，好抄书，尝手抄一部《文苑英华》藏于家。其子胡维新记云：“《文苑英华》者，为宋学士李昉、宋白辈奉敕辑次。书出于雍熙初，暨孝朝更命删校，反滋讹舛。至嘉泰之再雠，乃称全本。中所纪述肇梁陈迄唐季，数百年名家网罗略尽，丽宸奎而资睿，览宋叶之所隆也。余家大夫尝抡纂手录，授余于童年而诵之，窃幸窥班之见焉。然句有遗妍篇残故籍是犹足寸珠而忘玄圃，其所未概者多也。故

① （清）黄宗羲撰：《天一阁藏书记》，见陈乃乾编：《黄梨洲文集》，中华书局1959年版（2009年重印），第401页。

② （清）查慎行著：《人海记》卷下《藏书之厄》，北京古籍出版社1989年版，第63页。

③ 汪訚编著：《明清蟫林辑传·钮石溪》，中华图书馆协会1932年《图书馆学季刊》抽印本，第45页。

④ （清）钱曾撰，丁瑜点校：《读书敏求记》卷三《墨子十五卷》，书目文献出版社1984年版，第76—77页。

⑤ 按：胡轩，字仕荣，号辱斋，又号南湖，明弘治十四年（1501）举人，弘治十五年（1502）壬戌科进士，除山西潞州知州，历擢两淮盐运使，终河南参政。

⑥ （清）周炳麟修，（清）邵友濂、孙德祖纂：《光绪余姚县志》卷二十三《列传第十一·胡安传》，见上海书店出版社编：《中国地方志集成·浙江府县志辑》（36），上海书店出版社2011年版，第840页。

余尝欲购其全编梓而传之，且有未逮者。丙寅岁（嘉靖四十五年），余衹命按闽，遘侍御颜君冲宇论文于武林道中，因语之曰：‘苑之传也，宋有刻也，然藏之御府，昔非掌中秘之书者不获见，而今并逸之矣。儒林家传有善本，又以卷帙繁灏，缮录非经年不可，故寒畯之士慕而观之且弗能也，又何暇录而传也。余是行其将梓之。’”①涂泽民《刻文苑英华序》云：“侍御云屏胡君按部闽事，不浃月，既彬彬然衹于浚矣。乃尤雅意文教，购《文苑英华》缮本，檄福泉胡守帛、万守庆庀梓之。盖侍御童时，大中公乐山先生曾摘录口授，今犹能诵说。”②胡安尝作诗云：“闲中诗卷愁中酒，不向残春惜落花。栽柳已多陶令宅，藏书未及邺侯家。莓痕受雨初行屐，潮候兼风欲泛槎。历历青山湖上路，似从游子共年华。”③在此诗中，胡安自夸自家宅院与陶渊明相比柳树更多，家中藏书仅未赶上韩愈的“邺侯家多书，插架三万轴”之多，可见藏书之丰，嗜书之甚。

对于明隆庆元年（1567）胡维新等刻本《文苑英华》，今学者李致忠持有不同的看法，认为胡维新所藏传钞本《文苑英华》，仅是武人弄墨，附庸风雅，沽名钓誉而已。李先生还以1939年冬天，傅增湘先生曾见过宋刻《文苑英华》卷二七一—二八〇一册百叶，并以此校隆庆本，结果校正了1181字，平均每叶有18处错误，以证明明本之伪劣④。

胡维新（1534—1606）　胡安子。字文化，又字文隆，号云屏，余姚人。明嘉靖三十七年（1558）举人，“嘉靖三十八年己未科丁世美榜”⑤，授行人司行人，历官江西巡按御史、宣大巡按御史、福建巡按御史、宁州通判、扬州推官、南京刑部广西司主事、南京刑部员外郎广东司主事。累官陕西布政使司右参政、肃州兵备副使。

胡维新受家学渊源浸润，自幼嗜书如命，勤学不辍。通籍后入行人司，尝利用职务之便，携《永乐大典》数册藏于家。隆庆戊辰（二年）涂泽民《刻趋庭集引》，曰：“余姚乐山胡先生以礼经起家，谈经者谓先生独步。……观先生之长于礼，当知其启钥于诗，觌先生之得于诗，当信其正席于礼矣。兹圣门庭训，所为亹亹互发，而侍御君手录服膺者，固余之所捧腹而涵咏者也。然则先生之学于道其庶几矣，乃刻趋庭集。先生名安，余同举进士，侍御名维新，登己未上第，盖先生冢子云。”⑥

胡维新亦好藏书与刻书，曾藏《记纂渊海》。宋潘自牧《记纂渊海》一百卷，有万

---

① （明）胡维新《刻文苑英华序》，见（宋）李昉等编：《文苑英华》卷首，第1册，中华书局1966年版，第3—4页。

② （明）涂泽民《刻文苑英华序》，见（宋）李昉等编：《文苑英华》卷首，第1册，中华书局1966年版，第1页。

③ （清）胡安著：《趋庭集》卷四《客馆·七言律诗十二首》，见《四库未收书辑刊》编纂委员会编：《四库未收书辑刊》伍辑·贰拾册，北京出版社1997年影印本，第598页。

④ 参见李致忠著：《肩朴集》卷二《关于文苑英华》，北京图书馆出版社1998年版，第119页。

⑤ 多洛肯著：《明代浙江进士研究》附录《浙江进士名录与小传》，上海古籍出版社2004年版，第331页。

⑥ （明）涂泽民《刻趋庭集引》，见（清）胡安著：《趋庭集》卷首，见《四库未收书辑刊》编纂委员会编：《四库未收书辑刊》伍辑·贰拾册，北京出版社1997年影印本，第570—571页。

历七年(1579)胡维新序:"余先世强恕公、牧石诸公求之闽蜀,得其前编。周流吴越,复购后编,宝玩盖几百年所矣。中叶有至续,蠹鱼残阙。余自通籍时,业有志续之。践更南北,竟无完书。今戊寅冬,承乏畿南,公暇谬为补注。剥落太甚者,属别驾蔡公、司理顾公、学博吴君采辑诸书,补阙序次。一日,示诸太守越峰王公、邑令吴君……太守滕阳王君梓既竣,入谓不佞。"①由序知,是书为胡氏宝藏百年之书,据此推测胡氏家族乃为藏书世家。

胡维新又与戚继光于明隆庆元年(1567)刻有《文苑英华》一千卷,宋李昉等辑,重庆图书馆、鲁迅美术学院、河南大学图书馆均有藏;万历间胡维新刊刻汉董仲舒撰《春秋繁露》十七卷;万历七年(1579)胡维新刊有自编《皇明制书》二十卷、《两京遗编》十二种六十五卷。

胡维新藏书后由其子胡敬辰递藏。

胡敬辰(生卒年不详)　胡维新子。字直卿,号青莲,余姚人。明万历四十年(1612)举人,"天启壬戌进士,由江西驿传道,历官光禄录事。有《檀雪斋集》四十卷"②。

胡敬辰亦藏书,其藏书主要来之祖及父,张岱《石匮藏书》"艺文志序"载:"自《大典》一成,谓古今事物莫备于此,后子孙朝遂不复以积书为事,輶轩之使不复再出。……烈皇帝再抄一部,所费不支,遂尔中止。且闻管库官吏多私窃携归,简其卷数,遗失必多。余于仪部胡敬辰家所见有二十余本,而四支韵中一字尚不能完,其书之汗牛充栋可胜计哉!"③张岱曾在胡敬辰家看过《大典》二十余册,且明确记录为《大典》支韵的内容。张岱《嫏嬛文集》卷一亦记其事云:"诗韵确序"载:"大部如先大父《韵山》,多至数千余卷,册籍浩繁,等身数倍。踵而上之,更有《永乐大典》一书。胡仪部青莲先生尊人,曾典禁中书库,携出三十余本,一韵中之一字犹不尽焉。世宗盖一便殿以藏此书,堆砌几满。烈皇帝时,廷议再抄一部,计费十余万金,遂寝其议。"④

关于胡敬辰藏书故实从明末清初史学家张岱《陶庵梦忆》卷六《韵山》一文中可窥知一二:"大父至老,手不释卷,斋头亦喜书画、瓶几布设。不数日,翻阅搜讨,尘堆砚表,卷帙正倒参差。常从尘砚中磨墨一方,头眼入于纸笔,潦草作书生家蝇头细字。日晡向晦,则携卷出帘外,就天光爇烛,檠高光不到纸,辄倚几携书就灯,与光俱俯,每至夜分,不以为疲。常恨《韵府群玉》《五车韵瑞》寒俭可笑,意欲广之。乃博

① 引王国强著:《中国古籍序跋史》第六章《古籍序跋在图书出版和流传方面的文献价值》,武汉大学出版社2015年版,第306页。

② (清)潘介祉纂辑:《明诗人小传稿》卷十一,台北"中央图书馆"1986年版,第408页。

③ 引张升著:《〈永乐大典〉流传与辑佚研究》第一章《〈永乐大典〉正本的流传》,北京师范大学出版社2010年版,第33页。

④ (明)张岱著,栾保群注:《嫏嬛文集》卷之一《序·诗韵确序》,故宫出版社2012年版,第41页。

采群书，用淮南大、小山义，摘其事曰《大山》，摘其语曰《小山》，事语已详本韵而偶寄他韵下曰《他山》，脍炙人口者曰《残山》，总名之曰《韵山》。小字襞积，烟煤残楮，厚如砖块者三百余本。一韵积至十余本，《韵府》《五车》不啻千倍之矣。正欲成帙，胡仪部[①]青莲携其尊人所出中秘书，名《永乐大典》者，与《韵山》正相类，大帙三十余本，一韵中之一字犹不尽焉。大父见而太息曰：'书囊无尽，精卫衔石填海，所得几何！'遂辍笔而止。以三十年之精神，使为别书，其博洽应不在王弇州、杨升庵下。今此书再加三十年，亦不能成，纵成亦力不能刻。笔冢如山，只堪覆甓，余深惜之。丙戌兵乱，余载往九里山，藏之藏经阁，以待后人。"[②]文中"尊人"系张岱对胡青莲父亲的尊称。所谓"中秘书"，此处指宫廷秘藏书。胡青莲之父即胡维新。

（四）祁清祖孙三进士

祁　清（？—1570）　字子扬，号蒙泉，山阴人。嘉靖十九年（1540）浙江乡试举人，"嘉靖丁未进士，任保宁推官"，升南京礼科给事中，后出知福州府，擢贵州副使，"历迁湖广参政、陕西右布政，卒于官，贫无以殓，时论嘉之，祀乡贤"[③]。所任皆有政绩，以清正、廉洁、直谏显名，祀乡贤。承爜记述其祖父："先大父性沉贯，绝不喜孚华。其于种种嗜好，澹如也。操行峭直，不善为貌。交与之契，终身为异趋，临事挺挺有执持，一切毁誉是非，俱不能动。"[④]生平事迹参见《雍正浙江通志》卷一百七十九《循吏三·祁清传》。

祁清好藏书，开启了祁氏家族藏书事业，"在仕二十余年，有遗书五七架"[⑤]，是祁氏家族文化发展的关键人物。虽所藏书籍仅"五七架"，却为祁氏家族发展为著名藏书世家立下了基石，祁氏家族藏书至其孙祁承爜及曾孙祁彪佳时，祁氏家族位于山阴柯桥的梅墅村藏书名楼澹生堂，与宁波藏书名楼范氏的天一阁齐名。

祁承爜（1563—1628）　字尔光，初号越凡，更号夷度，自号旷翁、密园老人，绍兴山阴人。祁清孙。明万历二十八年（1600）顺天举人，"万历甲辰进士，授宁阳知县，调长洲，迁南刑部主事，副使，历员外、郎中，出知吉安府，京察，谪沂州同知，稍迁宿州知州，入为兵部员外，历河南按察佥事，副使，江西右参政。有《澹生堂集》"[⑥]。

---

① 按：胡仪部青莲，仪部，礼部主事及郎中的别称。

② （明）张岱《陶庵梦忆》卷六《韵山》，见（明）张岱著，夏咸淳、程维荣校注：《陶庵梦忆 西湖梦寻》，上海古籍出版社2009年版，第97—98页。

③ （清）徐元梅修，（清）朱文翰等纂：《嘉庆山阴县志》卷十四《乡贤二·祁清》，见上海书店出版社编：《中国地方志集成·浙江府县志辑》（37），上海书店出版社2011年版，第695页。

④ （明）祁承爜著：《澹生堂集》卷十五《先祖考通奉大夫陕西布政使司右布政使蒙泉府君暨先祖妣金太夫人行实》，第4册，国家图书馆出版社2012年版，第88—89页。

⑤ （明）祁承爜《澹生堂藏书约》，见（明）祁承爜等撰：《澹生堂藏书约》外八种，上海古籍出版社2005年版，第3页。

⑥ （清）朱彝尊著，姚祖恩编，黄君坦校点：《静志居诗话》卷十六《祁承爜》，人民文学出版社2006年版，第495页。

1.进士祁承㸁与澹生堂藏书

祁承㸁自幼好古，尤嗜藏书，祁承㸁在《澹生堂藏书约》中自述其嗜藏书甚详："余十龄背先君子时，仅习句读，而心窃慕古。通奉公在仕二十余年，有遗书五七架，庋卧楼上。余每入楼，启钥取观，阅之尚不能举其义，然按籍摩挲，虽童子之所喜，吸笙摇鼓者，弗乐于此也。先孺人每促之就塾，移时不下楼，继之以呵责，终恋恋不能舍。比束发就婚，即内子奁中物，悉以供市书之值。时文士竞尚秦汉，语为比耦，益沾沾自喜。每至童子试不前，亦夷然不屑也。及舞象而后，更沉酣典籍，手录古今四部，取其切近举业者，汇为一书，卷以千计，十指为裂。然性尤喜史书，生欲得一全史，为力甚艰。……凡试事过武林，遍问坊肆所刻，便向委巷深衢。觅有异本，即鼠余蠹剩，无不珍重市归，手为补缀。十余年来，馆谷之所得，饘粥之所余，无不归之书者。合之先世，颇逾万卷，藏载羽堂中。丁酉冬夕，小奴不戒于火，先世所遗及半生所购，无片楮存者。……自入白门，力寻蠹好，询于博雅，觅之收藏，兼以所重易其所阙，稍有次第，然汉唐人之著述，则不能得十一于千百也。癸丑偶以行役之便，经岁园居，复约同志，相互裒集，广为搜罗。夏日谢客杜门，因率儿辈手自插架，编以综纬二目，总计四部，其为类者若干，其为帙者若干，其为卷者若干，以视旧蓄，似再倍而三矣。"①可见其好书如此。

祁承㸁一生虽宦迹甚多，以沉酣典籍为乐，自言"抄来简帙供馋蠹，解去衣冠免沐猴"②，可谓淡泊名利而嗜书成癖，搜书藏书成瘾，至万历三十一年（1603）祁氏澹生堂藏书数量约二三万卷，万历三十二年（1604），藏书又增至五六万卷，最盛时九千多种，十万余卷，其数量堪称"富甲东南"，"规模在当时比天一阁藏书还多三万余卷"③。赵昱记云："先君（东白）尝假馆澹生堂，其时祁五先生尚存，藏书充五楹之楼，望若琅嬛秘府云。"④"澹生堂藏书十万卷，悉人间罕觏密册。"⑤"尔父馆甥澹生堂，及见牙签缥帙，连屋百城。"⑥尝藏"《国朝名臣事略》十五卷。蓝格本《勿轩集》八卷。《周益公集》二百卷。元吴海《闻过斋集》四卷。《澹生堂藏书谱》八册。《藏书训略》二卷。原本每叶十六行。蓝格竹纸本。版心刊有澹生堂藏书目。又蓝格白纸《广笔畴》一卷。蓝格纸钞《许白云先生文集》四卷。"⑦明刻《刘屏山集》二十卷，

---

① （明）祁承㸁《澹生堂藏书约》，见（明）祁承㸁等撰：《澹生堂藏书约》外八种，上海古籍出版社2005年版，第3—4页。

② 转严倚帆：《祁承㸁及澹生堂藏书研究》，花木兰文化工作坊2005年版，第205页。

③ 《明代的私人藏书·祁承㸁与澹生堂》，见任继愈：《中国藏书楼》中编《中国藏书楼发展史》，辽宁人民出版社2010年版，第1098页。

④ 引黄裳著：《银鱼集》之《澹生堂二三事》，安徽教育出版社2006年版，第219页。

⑤ （清）赵昱撰：《爱日堂吟稿》卷十五《春草原小景分记·旷亭》，见《清代诗文集汇编》编纂委员会编：《清代诗文集汇编》265，上海古籍出版社2010年版，第553页。

⑥ （清）赵昱撰：《爱日堂吟稿》卷十五《春草原小景分记·旷亭》，见《清代诗文集汇编》编纂委员会编：《清代诗文集汇编》265，上海古籍出版社2010年版，第554页。

⑦ （清）叶德辉撰：《书林清话》卷卷十《明以来之钞本》，上海古籍出版社2012年版，第270页。

"附藏印'董印其昌''玄赏斋''澹生堂藏书记''旷翁手识''山阴祁氏藏书之章''子孙永珍''萧印梦松''静君'"①等;明刻《刘屏山集》二十卷,附藏印"董印其昌、玄赏斋,澹生堂藏书记、旷翁手识、山阴祁氏藏书之印、子孙永珍,萧印梦松、静君,楝亭曹氏藏书"等②;明刻本《刘屏山集》二十卷,"前后有朱子跋,附以谥议、墓志。明华亭董氏、山阴祁氏、国朝曹楝亭、萧静君皆有藏印。祁氏、萧氏各有藏书铭,以朱文方印钤于卷首。祁氏铭曰:'澹生堂中储籍,主人手校无朝夕。读之欣然忘饮食,典衣市书恒不给。后人但念阿翁癖,子孙益之守勿失。旷翁铭。'……附藏印'董印其昌''玄赏斋''澹生堂藏书记''旷翁手识''山阴祁氏藏书之章''子孙永珍''萧印梦松''静君'"③等;《龙云先生文集》三十二卷,存卷七至十六,"明成化刊本,十行十九字,黑口双栏。钤有'山阴祁氏藏书之章''澹生堂藏书记''旷翁手识'各印"④。《傅忠肃公集》三卷,"明末山阴祁氏澹生堂写本,十一行二十字。宋讳小字旁注,提行空格一循旧式。此北京图书馆藏书"⑤。《茶余客话》云:"江南藏书,毗陵、琅玡,一代文献。……他若山阴祁氏澹生堂,钮氏世学楼,禾中项氏,倦圃曹氏,皆东南文苑渊薮也。朱竹垞检讨撰《经籍存亡考》,亦得力于书架。"⑥《南疆逸史》称:"忠敏世为山阴巨室,其'澹生堂'藏书最富,为江南冠。"⑦足见澹生堂藏书之富,名于时,其藏书在江南藏书史上的地位,是不容忽视的。祁承㸁对于自己藏书之富,亦尝自豪言:"我一生功名富贵,皆不能如人。而独于藏书一事,颇不忝七八代之簪缨。……即海内之藏书者不可知,若以两浙论,恐定无逾于我者。以此称文献世家,似为不愧。"⑧

祁承㸁藏书之处名曰澹生堂,澹生堂实为一个概括的名称。祁承㸁在山阴梅市建有密园,澹生堂为其大楼,而藏书、读书之所则有输廖楼、夷轩、快读斋、脉望窝及紫芝轩等处,游息之处名曰旷亭。后其子彪佳又于澹生堂西五里处之寓山筑别墅,其中之烂柯山房、远山堂、东书堂及丰庄等均为藏书之处。其孙理孙则以藏书楼名藏书之所。故三代藏书之所,名称皆不相同,然世皆以澹生堂称之,故今亦以澹生堂

---

① (清)潘祖荫撰,叶昌炽编,潘承弼增补:《滂喜斋藏书记》卷三,见《续修四库全书》编纂委员会、复旦大学图书馆古籍部编:《续修四库全书》第926册,上海古籍出版社2003年版,第457页。

② (清)潘祖荫撰,叶昌炽编,潘承弼增补:《滂喜斋藏书记》卷二,见《续修四库全书》编纂委员会、复旦大学图书馆古籍部编:《续修四库全书》第926册,上海古籍出版社2003年版,第457页。

③ (清)潘祖荫撰,叶昌炽编,潘承弼增补:《滂喜斋藏书记》卷三,见《续修四库全书》编纂委员会、复旦大学图书馆古籍部编:《续修四库全书》第926册,上海古籍出版社2003年版,第457页。

④ 傅增湘撰:《藏园群书经眼录》卷十三《集部二》,中华书局1983年版,第1195页。

⑤ 傅增湘撰:《藏园群书经眼录》卷十三《集部二》,中华书局1983年版,第1202页。

⑥ (清)阮葵生撰,李保民校点:《茶余客话》卷十六《明藏书家》,《历代笔记小说大观》本,上海古籍出版2012年版,第394页。

⑦ (清)温睿临著:《南疆逸史》卷十四《列传八·祁彪佳》,见《台湾文献史料丛刊》第一百三十二种,台湾大通书局1987年版,第197页。

⑧ (明)祁承㸁《手启一通·藏书事宜书付(二郎·四郎)奉行》,见黄裳著:《银鱼集》之《澹生堂二三事》,安徽教育出版社2006年版,第216页。

概括之。

祁承㸁除拥有藏书楼外，还有一件卧读书架，“初登榻无不视之为榻，障者徐而次第启之，则百卷环列矣……翕而藏之，见壁不见书，启而辟之，见书不见壁”[①]。这是一种“创自唐初，有赋无制”[②]的书架，祁氏友人叫人复制出来，使祁承㸁拥有了这件宝贝。

澹生堂藏书书目有《澹生堂藏书目》《澹生堂明人集部目》等，其中《澹生堂藏书目》著录了自藏书九千余种十万余卷。各项著录都很完备，尤以分类详细确当著称。他对历代沿用四分法和冲破四分法的书目做了比较研究，然后对四分法的传统类目做了较为合理的增删调整，形成了更为符合当时图书实际的分类体系[③]。

藏书印有澹生堂藏书记、山阴祁氏藏书之章、子孙永珍、宪章昭代、旷翁手识、旷园、夷度先生自号也、旷翁、延陵世家、澹生堂经籍印、承㸁敬识、山阴祁氏之章、山阴澹生堂藏书等。又有“澹生堂中储经籍，主人手校无朝夕。读之欣然忘饮食，典衣市书恒不给。后人但念阿翁癖，子孙益之守弗失”[④]一印。《止斋先生文集》五十二卷、宋陈傅良撰《附录》一卷，明弘治翻宋本，“钤有‘澹生堂藏书记’‘旷翁手识’‘山阴祁氏藏书之章’，又有‘旷翁铭’大方印。铭文别记”[⑤]。《宋宝章阁直学士忠惠铁庵方公文集》四十五卷，宋方大琮撰，明正德刊本，“前有正德癸酉南海病夫张诩廷实序。钤有‘澹生堂藏书记’‘旷翁手识’‘山阴祁氏藏书之章’各印”[⑥]。

2.澹生堂藏书来源

首先是先世遗书，其祖及父遗留藏书“遗书五七架”，祁氏为其整理，“日肆力于古，聚先世藏书，自先秦两汉以迨隆万，经史子集昼夜抄诵，积百余帙，号为古今四大籍”[⑦]，祖传遗书是澹生堂藏书的重要组成部分。

其次是购买，“十余年来，馆谷之所得，饘粥之所余，无不归之书者。合之先世，颇逾万卷，藏载羽堂中”[⑧]。甚至连“内子奁中物，悉以供市书之值”[⑨]。终以购书为

---

① (明)祁承㸁撰:《澹生堂集》卷十一《卧读书庋》，第3册，国家图书馆出版社2012年版，第33—34页。

② (明)祁承㸁撰:《澹生堂集》卷十一《卧读书庋》，第3册，国家图书馆出版社2012年版，第34页。

③ 《明代的私人藏书·祁承㸁与澹生堂》，见任继愈:《中国藏书楼》中编《中国藏书楼发展史》，辽宁人民出版社2010年版，第178页。

④ (清)蒋光煦撰，梁颖校点:《东湖丛记》卷六《藏书印记》，辽宁教育出版社2001年版，第158页。

⑤ 傅增湘撰:《藏园群书经眼录》卷十四《集部三》，中华书局1983年版，第1234页。

⑥ 傅增湘撰:《藏园群书经眼录》卷十四《集部三》，中华书局1983年版，第1256页。

⑦ 《明代的私人藏书·祁承㸁与澹生堂》，见任继愈:《中国藏书楼》中编《中国藏书楼发展史》，辽宁人民出版社2010年版，第1097页。

⑧ (明)祁承㸁《澹生堂藏书约》，见(明)祁承㸁等撰:《澹生堂藏书约》外八种，上海古籍出版社2005年版，第3页。

⑨ (明)祁承㸁《澹生堂藏书约》，见(明)祁承㸁等撰:《澹生堂藏书约》外八种，上海古籍出版社2005年版，第3页。

乐,“遍问坊肆所到,便向委巷深衢,觅有异本,即鼠余蠹剩,无不珍重市归”[①]。“奇书未获,虽千里必以求,异本方来,即片笺之必宝。近而渔唱,远及鸡林(指朝鲜),往往聚海外之编摩,几不减域中之著作。”[②]如在河南按察佥事副使任上时,公事余暇,大肆搜罗书籍,曾购买书籍八簏,“内有河南全省志书二簏,不甚贵重,此外皆好书也”[③]。在祁承㸁购藏书中,也有其弟祁承勋任上所购买,如“有一簏特于陕西三十八叔印来者”[④]。由祁承勋协助从陕西印来的书,也占了其中一簏。关于祁氏购书史略,当代藏书家黄裳论述甚详。此处不赘述,参见黄裳《书林一枝·关于祁承㸁》[⑤]。祁氏多年购买的书籍,构成澹生堂藏书的主体。

再是抄书。澹生堂藏书来自于祁承㸁亲自或组织人力所抄之书。曾“抄录了经史子集各类图书中同科举有关的书籍,汇编一部书,共1000多卷。《国朝征信丛录》《澹生堂余苑》二书中,其中有600多卷是手钞本”[⑥]。在河南做官时,见到百余种图书,皆为罕见之本,“若我近所抄录之书,约一百三四十种,共两大卷箱,此是至宝,自家随身携之回也。我仕途宦况,遗汝辈者虽少,而积书已在二千余金之外,汝辈不知耳。只如十余年来所抄录之书,约二千余本”[⑦]。天启三年(1623)祁氏在给家人信中言:“此番在中州所录书,皆京内藏书家所少,不但坊间所无者也,而内中有极珍极重大之书,今俱收备。”[⑧]

祁承㸁抄书事略,后世学者及文献亦多有记载,在南京时有《致管席之》一书。略云:“白下山川自佳丽,寒暑自寂寞,惟堪闭门读书,自快蠹鱼之癖。日来喜阅古人嘉言懿行,意欲自三代至国朝,将名哲品格之可采者,辑为《古今范》,勒成一书,藏之名山,吾意足矣。但业须遍索之正史稗史之间,偶于记闻得数种,皆此中藏书家所绝无者。或宅上邺架中一检,不妨借阅。录竟即专人函璧。”[⑨]又《与郭青螺书》中记述:“书架中所收者,乃古人之蠹简残篇,无不珍重藏之。……今所收古人稗官野史之类,颇不下千种,至于记载朝政之书,更不易得,凡老公祖邺架所藏,如宋元人之文

---

① 引《明代的私人藏书·祁承㸁与澹生堂》,见任继愈:《中国藏书楼》中编《中国藏书楼发展史》,辽宁人民出版社2010年版,第1097页。

② 引顾志兴著:《浙江藏书家藏书楼》,浙江人民出版社1987年版,第122页。

③ (明)祁承㸁《手启一通·藏书事宜书付(二郎·四郎)奉行》,见黄裳著:《银鱼集》之《澹生堂二三事》,安徽教育出版社2006年版,第217页。

④ (明)祁承㸁《手启一通·藏书事宜书付(二郎·四郎)奉行》,见黄裳著:《银鱼集》之《澹生堂二三事》,安徽教育出版社2006年版,第217页。

⑤ 参见黄裳著:《书林一枝·关于祁承㸁》,山西古籍出版社1998年版,第77页。

⑥ 《明代的私人藏书·祁承㸁与澹生堂》,见任继愈:《中国藏书楼》中编《中国藏书楼发展史》,辽宁人民出版社2010年版,第1098页。

⑦ (明)祁承㸁《手启一通·藏书事宜书付(二郎·四郎)奉行》,见黄裳著:《银鱼集》之《澹生堂二三事》,安徽教育出版社2006年版,第217页。

⑧ 按:此信手迹未刊,原件为黄裳收藏,详见(明)祁承㸁《手启一通·藏书事宜书付(二郎·四郎)奉行》,见黄裳著:《银鱼集》之《澹生堂二三事》,安徽教育出版社2006年版,第217页。

⑨ 引黄裳著:《书林一枝·关于祁承㸁》,山西古籍出版社1998年版,第73页。

集，除耳目常见之外，或前代与国朝记载及小史之类，俱烦命掌记者录一目见示。如向所未曾经目，则当借抄。在宋朝如刘须溪诸公，皆贵乡人，其遗集定有副本也。外一单皆贵乡前辈名公也，其集有存于其子孙者，并一查示之。”①又《与徐季鹰》一书，云：“弟以半生食字鱼，改作牛马走。驽步屡顿，钝退同于六鹢，仅此蠹鱼之癖，日老日肥。跽跽焉访求异书，搜辑残编者，二十年如一日也。然苦于僻居海滨，闻见有限。必须相结同志者五六人，各相物色，而又定之以互易之法，开之以借录之门，严匿书之条，峻稽延之罚。奇书秘本，不踵而集。”②从上述文字可知，祁氏因著书而向人借书后即抄成副本，每移一地任职，总是搜访遗书或借抄，同时感到个人力量有限，又联合同志者相互借抄，因此澹生堂的抄书本陆续积累终为巨观。

澹生堂所抄书，版心有“澹生堂钞本”五字，称之为“祁钞”。据文献记载，《咸平集》三十卷，宋田锡撰，“明祁氏澹生堂写本，十行二十字，竹纸蓝格，版心有‘澹生堂钞本’五字。前有苏轼序，范仲淹撰墓志铭，司马光碑阴”③。又《国朝名臣事略》十五卷④。又《周益公文集》二百卷，“宋周必大撰自序，山阴祁氏藏本，有朱字校过，旷翁笔也。板心有澹生堂钞本五字，卷首有山阴祁氏藏书之章，旷翁手识，子孙世珍及王昶德甫别字兰泉诸朱记”⑤。又《闻过斋集》四卷，“旧为山阴祁氏藏书，板心题澹生堂钞本，卷首有‘山阴祁氏藏书之章’‘旷翁手识’二朱记”⑥。又《南诏野史》一卷，“板心下刊‘澹生堂钞本’五字，有‘邓尉山樵’‘叔坡过眼’‘淹西草堂’印”⑦。又《滇载记》一卷，“板心下刊‘澹生堂钞本’五字”。后为吴县潘志万递藏⑧。又《类说》五十卷，“板心下刊‘澹生堂钞本’五字。有‘项墨林鉴赏’‘天一阁’‘健庵’‘珊瑚阁珍藏’印”⑨。又《咸平集》三十卷，“蓝格。板心下刊‘澹生堂钞本’五字。苏轼序”⑩。又《师山先生文集》八卷《遗文》五卷。“板心下刻‘澹生堂钞本’五字。程文序，洪武三年王祎序。有‘澹生堂经籍记’‘御儿’‘吕氏讲习堂经籍图书’印”⑪。又

① 引黄裳著：《书林一枝·关于祁承㸁》，山西古籍出版社1998年版，第73—74页。
② 引黄裳著：《书林一枝·关于祁承㸁》，山西古籍出版社1998年版，第74页。
③ 傅增湘撰：《藏园群书经眼录》卷十三《集部二》，中华书局1983年版，第1118页。
④ （清）黄丕烈著，屠友祥校注：《荛圃藏书题识》卷二《国朝名臣事略》，上海远东出版社1999年版，第127页。
⑤ （清）瞿镛撰：《铁琴铜剑楼藏书目录》卷第二十一《集部三》，见《清人书目题跋丛刊三》，中华书局1990年版，第324页。
⑥ （清）瞿镛撰：《铁琴铜剑楼藏书目录》卷第二十二《集部四》，见《清人书目题跋丛刊三》，中华书局1990年版，第348页。
⑦ 王文进撰，柳向春标点：《文禄堂访书记》卷第二，上海古籍出版社2007年版，第112页。
⑧ 王文进撰，柳向春标点：《文禄堂访书记》卷第二，上海古籍出版社2007年版，第113页。
⑨ 王文进撰，柳向春标点：《文禄堂访书记》卷第三，上海古籍出版社2007年版，第202页。
⑩ 王文进撰，柳向春标点：《文禄堂访书记》卷第四，上海古籍出版社2007年版，第277页。
⑪ 王文进撰，柳向春标点：《文禄堂访书记》卷第五，上海古籍出版社2007年版，第342页。

《玉堂嘉话》八卷，“是本较为完善，旧钞之可贵以此。板心有‘澹生堂钞本’五字”①；卷三十一著录“勿轩先生文集六卷，澹生堂钞本，宋熊禾撰。卷首有‘山阴祁氏藏书之章’‘澹生堂经籍记’，板心有‘澹生堂钞本‘五字’”②，等等。

祁氏澹生堂抄书质量甚精，袁同礼言：“承㸁精于校勘，沉酣典籍，所抄之书，多世人未见者。”③傅增湘赞其：“多旧抄秘本，流传至今，为世宝重。”④如上海图书馆所藏的《澹生堂丛钞》纸张精良，字迹清楚，版心刊有“澹生堂”三字，前面有“澹生堂经籍记”“山阴祁氏藏书之章”“旷翁手识”“子孙永珍”等朱印，十分珍贵。祁氏抄书，清代学者全望祖评价甚高，全氏称：“忠敏公之尊人少参夷度先生，治旷园于梅里，有澹生堂，其藏书之库也，有旷亭，则游息之所也，有东书堂，其读书之所也。夷度先生精于汲古，其所钞书，多世人所未见，校勘精核，纸墨俱洁净。”⑤

此外，著述增益藏书。祁承㸁利用家藏之书，著书立说，亦增益其家藏书。尝自谓：“生平无他嗜，惟喜据案搔发，玩弄残编，辑亡寒暑。”⑥著有《牧津》四十四卷，崇祯六年（1633）刊本，《四库全书总目提要》存目著录；《两浙名贤著作考》四十六卷，《澹生堂藏书目》及《千顷堂书目》均著录，是书已佚，黄裳尝藏有一部祁氏家传《两浙古今著述考》稿本；《诸史艺文钞》三十卷，《澹生堂藏书目》著录；《澹生堂藏书谱》不分卷，原写本曾藏于八千卷楼，后归江苏省图书馆；《澹生堂明人集部目录》，汪辟疆《目录学研究》据邓氏《风雨楼丛书》著录；《国朝武功杂录》卷数不详，《澹生堂藏书目》国朝史类著录；《诗集详节》十二卷，《澹生堂藏书目》史钞类著录；《世苑》十四则，卷数不详，《澹生堂集》卷十四载其大概内容；《宋西事案》二卷，天启元年辛酉自序刻本，台北“中央图书馆”有藏；《宋贤杂佩》一卷，台北“中央图书馆”有长洲俞氏紫芝堂藏本；《皇明征信丛录》二百二十卷，载于《澹生堂藏书目》国朝史类及丛书类；《澹生堂馀苑》六百四卷，《澹生堂藏书目》丛书类及小说类均著录；《澹生堂初集》《澹生堂集》中载有旧序若干篇；《澹生堂外集》，黄裳藏有是书残卷；《澹生堂集》二十一卷，明崇祯祁氏家刻本，台北故宫博物院有藏。因其著作在清初列为禁书，流传下来甚少，其中《澹生堂藏书谱》，丁丙《善本书室藏书志》著录云：“是书为山阴祁承㸁所编，此则旷翁原本。每叶十六行，上截载书名，下截分两行，载卷册撰人姓氏。

① （清）张金吾撰，柳向春整理，吴格审定：《爱日精庐藏书志》卷二十四，上海古籍出版社 2014 年版，第 405 页。

② （清）张金吾撰，柳向春整理，吴格审定：《爱日精庐藏书志》卷三十一，上海古籍出版社 2014 年版，第 588 页。

③ 袁同礼著，国家图书馆编：《袁同礼文集》之《文献研究编》，北京图书馆出版社 2010 年版，第 84 页。

④ 《明代的私人藏书·祁承㸁与澹生堂》，见任继愈：《中国藏书楼》中编《中国藏书楼发展史》，辽宁人民出版社 2010 年版，第 1098 页。

⑤ （清）全祖望著：《鲒埼亭集外编》卷二十《旷亭记》，见王云五主编：《万有文库》第二集（七百种），（上海）商务印书馆 1936 年版，第 936 页。

⑥ （明）祁承㸁撰：《澹生堂集》卷十四《夏辑记（三）》，国家图书馆出版社 2012 年版，第 663—664 页。

蓝格竹纸，版心刊澹生堂藏书目，下有‘澹生堂经籍记’‘旷翁手识’‘山阴祁氏藏书之章’‘子孙世珍’等印。前有郭子章、周汝登、沈漼、李维桢、杨鹤、马之骏、商家梅、钱允治、姜逢元、陈元素、管珍、朱篁叙跋，且摹其书而钤以图章焉，并有旷翁自序。”①

祁氏曾想修河北三郡地方志，请阮太冲主持编辑，合河北三郡为一志，名《河朔外史》，体例不同于郡乘，祁氏在《与陶公望书》信中详述其著述计划：

弟今老矣……惟好裒辑古人之遗书，表彰前哲之遗范。……故如《绍兴文献志》《两浙先辈盛德录》《越中隐佚考》之类，皆有志而未能者也。如《世苑》、如《友鉴》、如《前贤大事案》之类，皆已辑而未就者也。惟自通籍二十余年来，回环郡邑之间，曾辑有古今守令之事，足为后人取法，名曰《牧津》五十卷，分为三十类，于弥变安民化导肃法之事，颇为详尽。此书或于世有小补乎。至于两浙著作之考，为卷亦六十有四，于吾乡前辈之著述，无不备载其名目，第尚恐有遗于耳目闻见之外。此二书者虽已成卷，然更当请裁于兄者也②。

从祁氏已成未成的著作中可以看出，其著述旨趣为重史及地方史乘为多。

3.澹生堂藏书传承人——进士祁彪佳

澹生堂藏书九千多种，十万多卷，分为 4 部 46 类 243 目，其数量多且质量甚有特色。收藏全面，据《澹生堂藏书目》统计，全部藏书的种数：经部占 13%、史部占 27%、子部占 36%、集部占 24%。不仅四部重要的书籍收集基本无遗，而且数量的分配比较平衡③。重视地方文献收藏，其所藏地方志数量可观，府志 94 种，县志 320 种。尤为突出是戏曲及小说的收藏，有《古今杂剧》20 册、《名家杂剧》16 册，价值甚高。版本精良，抄校出众。澹生堂所藏宋元版本亦多，南监北监齐备。有关祁氏藏书特色的研究，学界研究者研究甚多，论述甚详，此处不再赘述。

为了更好传承其藏书，撰写《澹生堂藏书约》，制定《读书训》《聚书训》《购书训》《鉴书训》，对其藏书规定了藏规，训示儿孙云：

夫余之嗜书，乃在于不解文义之时，至今求之，不得其故，岂真性生者乎！昔人饥以当食，寒以当衣，寂寥以当好友，余岂能过之？第所谓胸中久不用古今浇灌，便尘俗生其间，照镜则面目可憎，对人则语言无味，殆为是耳。然而聚散自是恒理，即余三十年来聚而散，散而复聚，亦已再见轮回矣。今能期尔辈之有

---

① （清）丁丙撰：《善本书室藏书志》卷十四《澹生堂藏书谱》，见《续修四库全书》编纂委员会、复旦大学图书馆古籍部编：《续修四库全书》第 927 册，上海古籍出版社 2003 年版，第 318 页。

② 引黄裳著：《书林一枝·关于祁承㸁》，山西古籍出版社 1998 年版，第 76 页。

③ 参见任继愈：《中国藏书楼》中编《中国藏书楼发展史》，辽宁人民出版社 2010 年版，第 1098—1099 页。

聚无散哉！要以尔辈目击尔翁一生精力，耽耽简编，肘敝目昏，虑衡心困，艰险不避，讥诃不辞，节缩饔餐，变易寒暑，时复典衣销带，犹所不顾，则尔辈又安忍不竭力以守哉！至竭力以守而有非尔辈之所能守者，夫固有数存乎间矣。

今与尔辈约：及吾之身，则月益之；及尔辈之身，则岁益之。子孙能读者，则以一人尽居之。不能读者，则以众人递守之。入架者不复出，蠹啮者必速补。子孙取读者，就堂检阅，阅竟即入架，不得入私室；亲友借观者，有副本则以应，无副本则以辞，正本不得出密园外。书目视所益多寡，大较近以五年、远以十年一编次，勿分析，勿覆瓿，勿归商贾手，如此而已①。

祁承㸁五子中，科举上最为出色的是四子彪佳，十七岁中举，二十一岁登进士第，也是其藏书事业的传承者。

祁彪佳（1602—1645）　“字幼文，号世培，一字虎子。得姓于晋大夫祁奚，世居汴，岁宋南渡，徙浙东越。入明居梅里者，六传为司员，名御史，改守池州。再传清，为彪佳曾祖，以进士历官名谏，至方伯。”②“年十七，举于乡。又四年，第天启壬戌成进士，授兴化推官。生而英特，丰姿绝人。胥吏易其年少；及视事，剖决精敏，民间情伪无不洞知，始惊复。”③“外艰归。崇祯四年，起御史。”④后为权奸所挤，乞休，不允，便道还家。明亡，福王南下避乱，彪佳与史可法等人迎福王入南京称监国，彪佳为大理寺丞，升为右佥都御史，转任苏、松巡抚，因其秉性刚直，力主上疏革除厂卫，奸佞小人所嫉，遂引疾归。崇祯十七年（1644）甲申五月，南都失守，六月杭州继失，清军以书礼聘，为保名节，自沉寓园，葬亭山之阳。卒后，谥忠敏，清追谥忠惠。彪佳著述甚丰，居家期间承父志，继续搜购图书、整理藏书及编纂工作。崇祯八年，将其父所著《澹生堂集》编梓。崇祯十年因流寇滋事，乃博采古今守城之法有成效者，编写《御寇》一书，十三年辑《古今救荒书》，另有《祁忠惠公遗集》八卷。生平事迹参见《明史》卷二百七十五《列传第一百六十三・祁彪佳传》、《乾隆绍兴府志》卷五十六《祁彪佳传》。

祁墓今为绍兴市重点文物保护单位。民国二十五年（1936）绍兴县修志委员会为编纂县志，访得“祁彪佳殉节纪念碑”，字书“明祁世培先生殉节处”，绍兴县修志委员会专门制成拓片，长180厘米，宽54厘米，该拓片现存绍兴市图书馆。

---

① （明）祁承㸁《澹生堂藏书约》，见（明）祁承㸁等撰：《澹生堂藏书约》外八种，上海古籍出版社2005年版，第4—5页。

② （清）查继佐著：《罪惟录・列传》卷之十二《致命诸臣列传下・祁彪佳传》，浙江古籍出版社1986年版，第1943页。

③ （清）温睿临著：《南疆逸史》卷十四《列传八・祁彪佳传》，见《台湾文献史料丛刊》第一百三十二种，台湾大通书局1987年版，第192页。

④ （清）张廷玉等纂修：《明史》卷二百七十五《列传第一百六十三・祁彪佳》，中华书局1974年版，第7051—7052页。

祁彪佳受父影响，喜聚书，尝藏《学易记》五卷，明金贲亨撰，明嘉靖三十九年(1560)刻本，清冯登府跋云："此山阴祁氏澹生堂藏书也，为半浦郑氏二老阁遗书，耐生以余五十之年诒此，其意甚厚，当与曝书亭所藏《十三经注疏》本同宝之。旷翁号夷度，虎子(即彪佳)之父。黄梨洲尝访虎子于梅市，入公书室，朱红小榻数十张，顿放书籍，每本皆有牙签，风过铿然。公问佳否，梨洲曰：'此等书皆阊门市肆所有，腰缠数百金便可一时暴富。惟夷度先生所积真稀世之宝也。'夷度先生所积，真稀世之宝也。'见《思旧录》，道光乙未八月，江南老柳记于甬上。"①彪佳在其《八求楼》中自述道："郑渔仲论求书之道有八。一即类以求。二旁类以求。三因地以求。四因家以求。五曰求之公。六求之私。七因人以求。八因代以求。先子每师其意。穷搜博采，凡积书十万余卷。……顾予性虽喜书。苦健忘。不获如王仲任向市门倚椟翻阅。辄能记忆。即欲学魏甄琛秀才发愤研习。亦不能也。自吴中乞身归。计得书三万一千五百卷。庋置丰庄之后楼。镇日摩挲。亦仅得我先君子购书聚书似而已。……丁觊有曰：'吾聚书多矣。必有好学者为子孙。'以先君一生孜孜矻矻。青缃世继。予不敢为他日之可勉也。庶以望之后人云耳。"②此应即当时八求楼所藏三万余卷。

祁彪佳还建有自己的藏书楼——八求楼。全祖望云："祁氏自夷度先生以来，藏书甲于大江以南，其诸子尤豪喜结客，讲求食经，四方簪履，望以为膏粱之极选，不胫而集。……家居山阴之梅墅，其园亭在寓山，柳车踵至，登其堂复壁大隧，莫能诘也。"③又全祖望《旷亭记》称："忠敏亦喜聚书，尝以朱红小榻数十张，顿放缥碧，诸函牙签如玉，风过有声铿然，顾其所聚，则不若夷度先生之精。忠敏殉难，江南尘起，几二十年。旷园之盛，自此衰歇。今且陵夷殆尽，书卷无一存者，并池榭皆为灌莽，其可感也。"④又黄云眉亦记云："明季浙东藏书家，以范氏天一阁、祁氏澹生堂为巨擘。天一阁为明兵部侍郎范钦所筑，黄南雷、全谢山皆有藏书记，备载甚详。至今三百余年，虽历经六厄，犹屹然雄峙于浙东。澹生堂则山阴祁氏藏书之库也。祁氏自承㸁精于汲古，其所抄书，多世人所未见，校勘精核。子忠敏公彪佳亦喜聚书，尝以朱红小榻数十张，顿放缥碧诸函，牙签如玉，风过有声铿然。全谢山《句馀土音集》有《西江书屋》一诗云：'浙东藏书家，首推天一阁，其后澹生堂，牙签最审榷，于今有鹳浦，善在精且博。我观古著录，诸家亦棼错，藏书不择书，糠秕混精凿，藏书不读书，庋置怜寂寞，读之或不善，丧志空作恶，南溪真书仓，万选钱在索，收拾南雷书，门墙幸有

① 陈先行、郭立暄整理：《上海图书馆善本题跋选辑(经部)》，见上海图书馆历史文献研究所编：《历史文献》第一辑，上海社会科学院出版社1999年版，第74页。

② (明)祁彪佳撰：《祁彪佳集》卷七《寓山注·八求楼》，中华书局1960年版，第169—170页。

③ (清)全祖望著：《鲒埼亭集》卷十三《祁六公子(班孙)墓志铭》，见王云五主编：《万有文库》第二集(七百种)，(上海)商务印书馆1936年版，第164页。

④ (清)全祖望著：《鲒埼亭集外编》卷二十《旷亭记》，见王云五主编：《万有文库》第二集(七百种)，(上海)商务印书馆1936年版，第936页。

托，反疑过高妙，一切弃糟粕。我生苦谀闻，渔猎久荒落，何时得假馆，疑义相弹搏，直溯西江波，以济枯鱼涸。’盖即述澹生堂藏书之转徙情况。”①

祁彪佳藏书虽不如其父藏书之精，其八求楼有中国私家藏书史上最为丰富的曲藏，收藏戏曲书籍颇多，达 800 余种。这 800 余种亦是朱彝尊《静志居诗话》所记之书，“参政富于藏书，将乱，其家悉载至云门寺，惟遗元、明来传奇，多至八百余部，而《叶儿乐府》散套不与焉”②。祁承㸁《澹生堂藏书目》著录戏曲有《古今杂剧》二十册、《名家杂剧》十六册，而其子祁理孙《奕庆藏书楼书目》却著录《名剧汇》七十二本（凡二百七十种）、《杂剧》十四本，未订杂剧二帙，钞本《杂剧》十二本，应是彪佳后来购藏的。可惜的是彪佳曲藏已佚，只有两本稿本《远山堂曲品》《远山堂剧品》保留下来。这两部是祁彪佳据家藏戏曲作品而撰，其价值颇高。两品所著录剧曲，共六百七十七种。黄裳撰文言：“这是一个值得重视的发现，拿来和明代的吕天成、清中叶的姚梅伯和近人王静安的著录比较一下，保留了未经著录的剧曲达三百七十六种。《也是园旧藏古今元明杂剧》的发现，为元明杂剧（主要是元人）增添了一百三十五种孤本，那么《远山堂曲品剧品》的发现，就为明人剧曲增添了更多的著录，虽然那原本大抵是失传了的”③。

彪佳夫人商景兰（1605—1676），字媚生，吏部尚书商周祚长女。商氏亦为山阴著姓望族，世有名德，赡才藻而兼善诗画。出嫁之前已有诗名，为著名的闺阁诗人，而“祁、商作配，乡里有金童玉女之目，伉俪相重”④，共同致力于书籍收藏、子女教育以及诗歌创作、戏曲观演等各种活动。朱彝尊称：“公怀沙日，夫人年仅四十有二，教其二子理孙、班孙，三女德渊、德琼、德茝及子妇张德蕙、朱德蓉。葡萄之树，芍药之花，题咏几遍，过梅市者，望之若十二瑶台焉。”⑤在其教导之下，彪佳儿女、子媳均善诗为文，称颂一时。

祁彪佳有三子，即同孙（出继麟佳，早卒）、理孙、班孙，理孙、班孙皆能秉承家风，亦藏书。彪佳殉节后，其次子祁理孙管理澹生堂遗书，并建有自己的藏书楼——奕庆楼。

祁理孙（1627—1675）　祁彪佳次子，族中排行第五，人称“祁五公子”。字奕庆，号杏庵，法名智昙。十五岁考中秀才。自父殉节后，绝意仕进，家居，与弟班孙俱闭门读书，受制尽礼。有《诗学内传》六卷，今已佚。《越风》：“先生为忠敏冢嗣，与

① 黄云眉著：《史学杂稿续存·解放前公私图籍之聚散概况》，齐鲁书社 1980 年版，第 144—145 页。

② （清）朱彝尊著，姚祖恩编，黄君坦校点：《静志居诗话》卷十六《祁承㸁》，人民文学出版社 2006 年版，第 495 页。

③ 黄裳著：《书林一枝·山阴祁氏家难始末》，山西古籍出版社 1998 年版，第 82—83 页。

④ （清）朱彝尊著，姚祖恩编，黄君坦校点：《静志居诗话》卷二十三，人民文学出版社 2006 年版，第 727 页。

⑤ （清）朱彝尊著，姚祖恩编，黄君坦校点：《静志居诗话》卷二十三，人民文学出版社 2006 年版，第 727 页。

弟奕喜俱以才藻自豪。”①有《诗学内传》《寓山诗稿》《藏书楼诗稿》藏于家。善画，但不多，故不传。

理孙好读书，手不释卷，或遇善本，尤加意校雠，其藏书大部分继承其父之藏书，后又继续搜购，有所增益，并建有自己的藏书楼奕庆楼，“将四部汇编(即丛书)升与经、史、子、集并列的一集类目，为中国图书分类之首创”②。所藏之书达四万二千卷，一千六百余种，以诗文集为多。又藏戏曲杂剧颇富，金石碑帖四十种近三百卷。

藏书印有理孙、理孙之印、奕庆等。

理孙晚年信佛，人称“五先生”，令后人叹惜的是，由于理孙佞佛导致澹生堂藏书的零星散佚。因彪佳殉节前，为避战乱，将澹生堂藏书迁址花鹿寺。而骏佳及理孙皆好佛，迁寺之书，视若土苴，部分为沙门持去卖钱。祁氏姻亲赵昱在《春草园小记》中记曰：“吾母见之，复凄然曰，六舅父坐事遣戍沈阳，旋出家为僧，终于戍所。五舅父暮齿颓龄，嗜书弥笃。焚香讲读，守而不失。惜晚岁以佞佛，视同土苴，多为沙门赚去。”③

祁氏家族藏书散佚是易代之必然结果，朱彝尊云：“参政富于藏书，将乱，其家悉载至云门寺……予犹及见之。其手录《群书目》八册，今存古林曹氏寺中，所储已尽流转于姚江御儿乡矣。《闻警》一律，云：‘医巫闾下水东流，填尽枯骸剩作邱。当局岂皆肉食鄙，傍观宁尽杞人忧。既知残弈惟争劫，坐视危樯欲覆舟。可是枢臣饶远策，故将镇静作良谋。’”④诗中描写明朝末期朝廷兵败后金(清军未入关的前身)，时朝中对东北边防束手无策，主战派与主和派争论不休，引发了祁承爜对时局的悲观，表现了祁氏的忧国忧民及愤懑之情，亦预测国与家将不存，所储之书的命运也就可想而知了。

(五)张天复祖孙三进士

张天复(1513—1574)　字复亨，号内山，山阴人。明嘉靖二十二年(1543)中举，“嘉靖丁未进士，礼部主事，历升仪制司郎中，遇嘉善公主下嫁，穆宗大婚景王就国，诸大典奉职皆称，督学湖广，称得人，调云南副使”⑤。官至甘肃道行太仆卿。《雍正浙江通志》载其事迹云：张天复，“字复亨，嘉靖进士，授礼部主事，历升云南副使，佩臬司篆。沐氏不法，以祖制戒之。武定苗蛮乱，诏进讨，监左军。用象战之法，

① (清)阮元、杨秉初辑，夏勇等整理：《两浙輶轩录》卷三《祁理孙》，浙江古籍出版社2012年版，第243页。

② 吴光主编：《中国文化世家·吴越卷》，湖北教育出版社2004年版，第644页。

③ (清)赵昱撰：《爱日堂吟稿》卷十五《春草原小景分记·旷亭》，见《清代诗文集汇编》编纂委员会编：《清代诗文集汇编》265，上海古籍出版社2010年版，第553页。

④ (清)朱彝尊著，姚祖恩编，黄君坦校点：《静志居诗话》卷十六《祁承爜》，人民文学出版社2006年版，第495页。

⑤ (清)徐元梅修，(清)朱文翰等纂：《嘉庆山阴县志》卷十四《乡贤二·张天复》，见上海书店出版社编：《中国地方志集成·浙江府县志辑》(37)，上海书店出版社2011年版，第695页。

杂以毡衫、铁铠,出入洞箐间,擒伪王凤继祖,俘名酋以十数。沐氏欲冒功,不许。赂当事者龁之,因被逮。云南父老、蛮獠辈,投台省为陈枉状,得免归。子元忭及第,请以已官赎父职,复原官,卒”①。“著有《鸣玉堂集》《广舆图考》及《湖广通志》”②。张天复博洽工文,除上述著述外,其玄孙张岱《家传》云:“居庐,修《绍兴府志》及《会稽县志》。《山阴志》则向出太仆公手。三志并出,人称谈、迁父子。”③又于万历间刻印过王埜编《越咏》十二卷。《乾隆绍兴府志》卷四十八等有其传。

山阴张天复家族既为官宦世家,又是文化世家,科举兴盛。天复玄孙张岱言:“先世故绵竹人,为宋相魏公后,徙家山阴。入国朝,而父太仆公天复以仕显。”④其父张耀芳(1575—1632),字尔弢,号大涤。“为诸生时,有文名,中副榜,为鲁府右长史。”⑤张岱云:“先子善歌诗,声出金石,太守厚赉之。十四补邑弟子,遂精举子业。大父教之,惟读古书,不看时艺。先子独沉埋于帖括中者四十余年,双瞳既眊,犹以西洋镜挂鼻端,漆漆作蝇头小楷,盖亦乐此不疲也。”⑥张氏家族三世藏书数万卷,其藏书故实,从张岱所撰著述中可窥之。

> 余家三世积书三万余卷。大父诏余曰:“诸孙中惟尔雅好书,尔要看者,随意携去。”余简太仆、文恭大父丹铅所及有手泽者存焉,汇以请,大父喜,命儿去,约二千余卷。天启乙丑,大父去世,余适往武林,父叔及诸弟门客匠指臧获巢婢辈乱取之,三代遗书一日尽失。余自垂髫聚书四十年,不下三万卷。乙酉避兵入剡,略携数簏随行,而所存者,为方兵所据,日裂以吹烟,并儿至江干,籍甲内,挡剑弹,四十年所积,亦一日尽失望。此吾家书运,亦复谁尤⑦!

又《石匮书自序》云:“余家自太仆公以下,留心三世,聚书极多。余小子苟不稍

① (清)嵇曾筠、李卫等修,(清)沈翼机等纂:《雍正浙江通志》(四)卷一百七十三《人物四·张天复传》,浙江省地方志编纂委员会编:《中国地方志集成·省志辑·浙江》(6),凤凰出版社2010年影印本,第599页。

② (清)徐元梅修,(清)朱文翰等纂:《嘉庆山阴县志》卷十四《乡贤二·张天复》,见上海书店出版社编:《中国地方志集成·浙江府县志辑》(37),上海书店出版社2011年版,第695页。

③ (明)张岱《琅嬛文集》卷四《家传》,见(明)张岱著,栾保群点校:《琅嬛文集:张岱著作集》,浙江古籍出版社2013年版,第123页。

④ (明)罗万化《明奉直大夫左春坊谕德兼翰林院侍读阳和张公墓志表》,见(明)张元忭撰,钱明编校:《张元忭集》卷首,阳明后学文献丛书,上海古籍出版社2015年版,第14页。

⑤ (清)徐元梅修,(清)朱文翰等纂:《嘉庆山阴县志》卷十四《乡贤二·张耀芳》,见上海书店出版社编:《中国地方志集成·浙江府县志辑》(37),上海书店出版社2011年版,第712页。

⑥ (明)张岱《琅嬛文集》卷四《家传》,见(明)张岱著,栾保群点校:《琅嬛文集:张岱著作集》,浙江古籍出版社2013年版,第127页。

⑦ (明)张岱《陶庵梦忆》卷二《三世藏书》,见(明)张岱著,夏咸淳、程维荣校注:《陶庵梦忆 西湖梦寻》,上海古籍出版社2009年版,第37—38页。

事纂述，则茂先家藏三十余乘，亦且荡为冷烟，鞠为茂草矣。”①其中太仆即张天复、文恭即张元忭、大父即张汝霖。

张元忭（1538—1588） “字子荩，号阳和，其先蜀人，徙家山阴。父天复，官太仆卿。元忭好读书，负意气。会杨忠愍谏死，遥为诔词，泣下沾襟，太仆奇之。尝读书至朱子格致篇，辄覆卷沉思。已闻王文成良知之说，遂潜心理学。嘉靖戊午举于乡。”②明“隆庆五年，元忭以廷试第一，授修撰”③。“元忭尝抗疏救御史胡涍，又请进讲《列女传》于两宫，修《二南》之化，皆不省。万历十年奉使楚府还，过家省母，既行心动，辄驰归，仅五日，母卒。元忭奉二亲疾，汤药非口尝弗进，居丧毁瘠，遵用古礼，乡人多化之。服阕，起故官，进左谕德，直经筵”。“得疾卒。天启初，追谥文恭”④。“元忭自未第时即从王畿游，传良知之学，躬行实践，矩矱俨然，著有《云门志略》《山游漫稿》《槎间漫笔》《不二斋稿》《志学录》《读尚书考》《读诗考》《明大政记》”⑤。“元忭子汝霖，江西参议。汝懋，御史”⑥。生平事迹参见王锡爵《明奉直大夫左春坊左谕德兼翰林院侍读阳和张公墓志铭》、朱赓《明奉直大夫左春坊谕德兼翰林院侍读阳和张公行状》、明过庭训《本朝分省人物考》卷五十一《张元忭传》。

张元忭“生有异质，好读书，素羸弱，母戒勿过劳，乃藏灯幕中，俟母寝，始诵”⑦，可窥家中藏书亦不少，且信手拈来。明隆庆二年（1568）戊辰科状元罗化云：“嗜学，诵读不倦，而慷慨负意气，论议侃侃。”“读朱子‘格致’篇，辄覆卷沉思，务求所安。……戊午举于乡。时太仆公督学湖湘，子盖罢计偕往觐，逾年始归，筑融真堂于龙山阳，讲学其中。”后“既入中秘，自以释跻取上第，期有以自树，无愧科名，称圣明之遇，日弭笔馆下，搜金匮石室之藏而研究之。词臣雍容文墨，率捷户简出为高，子盖独聚徒讲求世务人材，有得辄籍记之”⑧。万历十年（1582），因使事入长沙，应兵

---

① （明）张岱《琅嬛文集》卷一《石匮书自序》，见（明）张岱著，栾保群点校：《琅嬛文集：张岱著作集》，浙江古籍出版社2013年版，第3页。

② （清）嵇曾筠、李卫等修，（清）沈翼机等纂：《雍正浙江通志》（四）卷一百七十六《人物五·张元忭传》，浙江省地方志编纂委员会编：《中国地方志集成·省志辑·浙江》（6），凤凰出版社2010年影印本，第640页。

③ （清）徐元梅修，（清）朱文翰等纂：《嘉庆山阴县志》卷十四《乡贤二·张元忭》，见上海书店出版社编：《中国地方志集成·浙江府县志辑》（37），上海书店出版社2011年版，第697页。

④ （清）张廷玉等纂修：《明史》卷二百八十三《列传第一百七十一·张元忭传》，中华书局1974年版，第7289页。

⑤ （清）徐元梅修，（清）朱文翰等纂：《嘉庆山阴县志》卷十四《乡贤二·张元忭》，见上海书店出版社编：《中国地方志集成·浙江府县志辑》（37），上海书店出版社2011年版，第697页。

⑥ （清）张廷玉等纂修：《明史》卷二百八十三《列传第一百七十一·张元忭传》，中华书局1974年版，第7289页。

⑦ （清）徐元梅修，（清）朱文翰等纂：《嘉庆山阴县志》卷十四《乡贤二·张元忭》，见上海书店出版社编：《中国地方志集成·浙江府县志辑》（37），上海书店出版社2011年版，第697页。

⑧ （明）罗万化《明奉直大夫左春坊谕德兼翰林院侍读阳和张公墓志表》，见（明）张元忭撰，钱明编校：《张元忭集》卷首，阳明后学文献丛书，上海古籍出版社2015年版，第14—15页。

备道李天植的敦请，“主讲岳麓，士风翕然丕变，湖南正学，绝而复苏”①。自从张元忭讲学岳麓后，则开讲学之风，扬以张栻为代表的湖湘学派的学术传统。张元忭被称之为“大贤”，是明代著名的理学家。

张汝霖（1561—1625）　字肃之，号雨若，晚年号研园居士，山阴人。万历时大学士朱赓②婿，“元忭之子。万历乙未进士，知广昌县，升兵部郎，副考山东以诖误去，再入仕籍，升广西参议。……寻以病归，卒。著有《易经因指》《四书荷珠录》《郊居杂记》。弟汝懋，万历癸丑进士，知休宁，有惠政，擢御史，官至大理寺丞”③。其孙张岱《明越人三不朽名贤图赞》中小传云：“张雨若公汝霖，先文恭公子。笃学嗜古，乡荐为李九我所识拔，大著时名。万历连捷进士，官至兵部郎中，去官，再起仕参议，以妇翁当国不出。著有《郊居杂记》《易经因指》《四书荷珠录》行世。”④《乾隆绍兴府志》卷四十九及清《嘉庆山阴县志》卷十四等有其传。

张岱《家传》云：大父“幼好古学，博览群书……少不肯临池学书，字丑拙，试有司辄不利，遂输粟入太学。淹蹇二十年，益励精古学，不肯稍袭占毕，以冀诡遇。文恭捐馆，家难渐至，县官修旧隙，鱼肉人。大父读书龙光楼，辍其梯，轴轳传食，不下楼者三年”⑤。又云：“大父至老，手不释卷，斋头亦喜书画、瓶几布设。不数日，翻阅搜讨，尘堆砚表，卷帙正倒参差。⑥ 特别是在“辛亥，朱恭人亡后，乃尽遣姬侍，独居天镜园，拥书万卷，日事细绎。暇则开山九里，每日策杖于猿崖鸟道间，作《游山檄》，遍游五泄、洞岩、天台、雁宕、玉甑诸峰，诗文并进”⑦。黄汝亨记张汝霖归里云：“冬日如春好放舲，逶迤晴野泊烟汀。光澄一水云俱白，秀落千岩镜共青。阁有图书分禹穴，池饶竹石半兰亭。此中未许尘客到，徙倚沧浪唱独醒。”⑧长洲文震孟赞曰：“嗟君少时，跌宕书史，佶屈鳌牙，上规姚姒。堪补注疏，《荷珠》《因指》，虽冠进贤，心唯乐此。纂辑《韵山》，冢笔廪纸。张华海凫，子夏亥豕，大江以南，读书种子。”⑨

---

① 朱汉民主编：《岳麓书院》之《元明延续·王学传播》，湖南大学出版社2011年版，第25页。

② 按：朱赓（1535—1608），字少钦，号金庭，山阴人。为张岱祖父张汝霖之岳父。明隆庆二年（1568）戊辰科进士，改庶吉士，授编修，历礼部左、右侍郎，累官礼部尚书，加少保兼太子太保，进吏部尚书、文华殿大学士。及卒，赠太保，谥文懿。著有《经筵奏疏》《朱文懿文集》。

③ （清）徐元梅修，（清）朱文翰等纂：《嘉庆山阴县志》卷十四《乡贤二·张汝霖》，见上海书店出版社编：《中国地方志集成·浙江府县志辑》（37），上海书店出版社2011年版，第699页。

④ （明）张岱撰：《有明于越三不朽名贤图赞·立言文学》，清光绪十四年（1888）凤嬉堂刻本。

⑤ （明）张岱《琅嬛文集》卷四《家传》，见（明）张岱著，栾保群点校：《琅嬛文集：张岱著作集》，浙江古籍出版社2013年版，第124—125页。

⑥ （明）张岱《陶庵梦忆》卷六《韵山》，见（明）张岱著，夏咸淳、程维荣校注：《陶庵梦忆 西湖梦寻》，上海古籍出版社2009年版，第97—98页。

⑦ （明）张岱《琅嬛文集》卷四《家传》，见（明）张岱著，栾保群点校：《琅嬛文集：张岱著作集》，浙江古籍出版社2013年版，第124　125页。

⑧ （明）黄汝亨撰：《寓林诗集》卷五《天镜园作》，见《四库禁毁书丛刊》编纂委员会编：《四库禁毁书丛刊》集部，第43册，北京出版社1997年版，第100页。

⑨ （明）张岱纂：《明越人三不朽图赞》第一百五十一条《张雨若公像》，见周骏富辑：《明代传记丛刊》之《综合类48和51合订本》之（51），（台湾）明文书局1991年印行，第720页。

张汝霖又好刻书，尝与丁宾合刻过王畿《尤溪王先生全集》二十二卷、汤显祖《问棘邮草》二卷，与弟汝懋合刻印过其父张元忭《张阳和先生不二斋文选》七卷《附录》一卷，又刻《不二斋稿》十六卷。

张氏家族藏书后由元忭曾孙张岱递藏。张岱(1597—1679)，字宗子，又字石公，号陶庵，别号蝶庵居士。汝霖孙，"山阴人。年六岁，云间陈继儒命属对，奇之。及长，文思坌涌，好结纳海内胜流。家世通显，服食豪侈，日聚诸名士度曲征歌，谐谑杂进。及间以古事挑之，则自四部、《七略》，以至唐宋说家丛残琐屑之书，靡不该悉"①。受其祖父影响，平生淡泊功名，落拓不羁，博洽广闻，尝云："余幼遵大父教，不读朱注。凡看经书，未尝敢以各家注疏横据胸中。"②顺治二年(1645)，清兵入杭州，张岱以布衣，毁家产，举义旗，投身抗清。晚年因素不治生产，家道日落，然益发奋著书，至老不辍，著述甚富，尤以史、文见长，所著有《石匮藏书》《石匮藏书后集》《史阙》《义烈传》《张氏家谱》《四书遇》《陶庵梦忆》《西湖梦寻》《快园道古》《夜航船》《明越人三不朽图赞》等十余种。《浙江通志》称：明末，张岱"避乱剡溪山，家益落，意绪苍凉，语及少壮秾华，自谓梦境。著书十余种，率以梦名，而《石匮记》纪前代事尤备"③。其《石匮藏书》从高祖太仆公始搜集明朝史料，又经曾祖文恭、祖父汝霖及父亲耀芳几代人的搜罗和积累，聚集了大量的史料，为张岱撰写明一代历史奠定了坚实的基础，是书二百二十卷，分本纪、志、世家、列传四大部分。

山阴张氏家族藏书虽由张岱递藏，无奈明清易代，藏书亦随之散佚。

(六)刘　毅

刘　毅(生卒年不详)　字健甫，山阴人。明"万历己丑科进士，累官至广西右布政使"④。著有《宝纶堂遗稿》八卷。

刘毅学问渊博，雅好藏书，其书室名曰宝纶堂。《绍兴志》本传称"其少负才，自喜多用古文词。年二十六始补诸生，既成进士，为部曹，督学山左，所拔士多累大科，性孝友。藏书颇富，人有以典故叩者，必曰：此某集某卷，无讹也"⑤。

(七)探花陶望龄

陶望龄(1562—1609)　字周望，号石篑，晚号歇庵居士，会稽人。"父承学，南京

---

① (清)嵇曾筠、李卫等修，(清)沈翼机等纂：《雍正浙江通志》(四)卷一百八十《人物六·张岱传》，浙江省地方志编纂委员会编：《中国地方志集成·省志辑·浙江》(6)，凤凰出版社2010年影印本，第712页。

② (明)张岱《琅嬛文集》卷一《四书遇序》，见(明)张岱著，栾保群点校：《琅嬛文集：张岱著作集》，浙江古籍出版社2013年版，第8—9页。

③ (清)嵇曾筠、李卫等修，(清)沈翼机等纂：《雍正浙江通志》(四)卷一百八十《人物六·张岱传》，浙江省地方志编纂委员会编：《中国地方志集成·省志辑·浙江》(6)，凤凰出版社2010年影印本，第712页。

④ 浙江省通志馆编，浙江省地方志编纂委员会整理：《重修浙江通志稿·著述考》(标点本)，第6册，方志出版社2010年版，第3912页。

⑤ 浙江省通志馆编，浙江省地方志编纂委员会整理：《重修浙江通志稿·著述考》(标点本)，第6册，方志出版社2010年版，第3912页。

礼部尚书。望龄少有文名。举万历十七年会试第一,殿试一甲第三,授编修,历官国子祭酒。笃嗜王守仁说,所宗者周汝登。与弟奭龄皆以讲学名。卒谥文简。"[①]著有《解庄》十二卷、《天水阁集》十三卷、《歇庵集》二十卷等。《康熙会稽县志》卷二十四、查继佐《罪惟录》卷十三、沈德潜《明诗别裁》卷九等有其传。

陶望龄好书,与李生弟奭龄等"终日论学,寒暑勿辍"[②],得奇书共读之,而析其所疑。藏有《淮南鸿烈解》二十一卷八册,"汉河东高诱注,明刊本。江苏第一图书馆覆校善本书,陶石篑藏书。陶石篑藏、陶颙之印,少微山房藏书印,陶文简朱蓝笔评校"[③]。

藏书室名曰石篑山房、少微山房。

藏印有"石篑藏书""陶望龄之印""少微山房藏书印""石篑山房"等。

(八)倪元璐

倪元璐(1593—1644)　字汝玉,又字玉汝,号鸿宝,又号园客,"上虞人。父涷[④],历知抚州、淮安、荆州、琼州四府,有当官称"。"天启二年,元璐成进士,改庶吉士,授编修。册封德府,移疾归。还朝,出典江西乡试"[⑤]。寻进侍讲。历迁南京司业,右中允。天启四年(1624)进右谕德,充日讲官,进右庶子,迁国子监祭酒,曾遭忌落职。后再起兵部右侍郎兼侍读学士,拜户部尚书兼翰林院学士,充日讲官。明崇祯十七年(1644),"李自成陷京师,元璐整衣冠拜阙,大书几上曰:'南都尚可为。死吾分也,勿以衣衾敛。暴我尸,聊志吾痛。'遂南向坐,取帛自缢而死。赠少保,吏部尚书,谥文正。本朝赐谥文正"[⑥]。著有《倪文贞集》《儿易内外仪》。

倪氏雅好藏书,"道光末,仙居杨氏藏《明思宗实录》七十六轴,修录者为元璐。其录皆以青布写之,坚厚光洁,炫耀人目。每轴长二丈五尺,写三千字。两端裱以锦,如卷子然。黄国琦刊《册府元龟》,曾借元璐家藏钞本勘证"[⑦]。倪氏亦工诗文、书画,擅行、草书,师法颜真卿、王羲之、王献之,以雄深高浑见魄力,书风奇伟。其画长于山水,丘壑磊落,林木苍郁。有《疏林竹石图》等传世。

---

① (清)张廷玉等纂修:《明史》卷二百十六《列传第一百四·陶望龄传》,中华书局1974年版,第5712—5713页。

② (清)董钦德辑:《浙江省康熙会稽县志》卷二十四《人物志三·陶望龄》,见《中国方志丛书·华中地方·第五五三号》,(台湾)成文出版社1983年据清康熙二十二年(1683)董钦德辑,民国二十五年(1936)绍兴县修志委员会校刊铅印本影印,第507页。

③ 郭翠轩:《淮南子注本考略》,《河南大学文学院学术丛刊》1941年第1期,第180页。

④ 按:倪涷(1549—1614),字霖仲,号雨田,原籍浙江上虞县,官山阴遂徙居焉。明万历二年(1574)甲戌科进士,历官江西抚州、江苏淮安、湖北荆州和海南琼州知府等,所到之处,人皆称颂。著有《船政新书》四卷。

⑤ (清)张廷玉等纂修:《明史》卷二百六十五《列传第一百五十三·倪元璐传》,中华书局1974年版,第6835页。

⑥ (清)张廷玉等纂修:《明史》卷二百六十五《列传第一百五十三·倪元璐传》,中华书局1974年版,第6841页。

⑦ 梁战、郭群一主编:《历代藏书家辞典》,陕西人民出版社1991年版,第349页。

室名曰竹轩、白云居、水明庵等。

藏印有素心、山水中人、一琴一鹤、月竹邻、别号园客、半窗华雨、蕉窗夜雨、尊莱桥西处亦家、太史氏、文学侍从之臣等。

八、明代金华府进士藏书

《明史·地理志》载,“金华府元婺州路,属浙东宣慰司。太祖戊戌年十二月为宁越府。庚子年正月曰金华府。领县八”①,即金华县、兰溪县、东阳县、义乌县、永康县、武义县、浦江县、汤溪县。

(一)虞守愚

虞守愚(1483—1569)　字惟明,号东崖,义乌华溪人。明正德八年(1513)举人,“由进士初宰嘉鱼,调万安,怀民以惠,擢御史……转大理寺丞,寻升都御史,提督南赣、汀、漳军务,所辖吏悉鉴其才,鄙勇怯而兼容之,是以鼓舞,众职吏无不称最,为欧阳南野所推重。历大理寺卿,以南京刑部侍郎谢政归。平生淳笃孝谨,立朝居乡并以厚德见称。所著有《经书一得录》《虔台拙稿》《东崖文集》”②。又辑《虔台志》。

虞守愚自幼刻苦攻读经书,文才出众,又性喜积书,搜罗宏富,聚书万卷,构筑藏书楼名曰东崖书舍藏之。终日在书斋正襟危坐,从事著述。虞氏又致力印其上祖虞传遗著《医学正传》八卷、《方脉发蒙》六卷及《证治真铨》《苍生司命复真方》《半斋稿》等。尝“刻印过章懋《枫山章先生文集》四卷《实纪》一卷、元黄溍《重刊黄文献公文集》十卷”③。

关于虞氏藏书散佚,查慎行《人海记》云:“义乌虞守愚侍郎、德烨参政父子,筑楼藏书万卷,署曰:‘楼不延客,书不借人。’后兰溪胡孝廉应麟贱直得之,随亦散佚。”④由此文可知,虞氏所藏书后归于兰溪胡应麟。

(二)胡　僖

胡　僖(生卒年不详)　“字伯安,兰溪人。幼颖异,己酉举于乡,己未成进士,内艰服阙,授刑部主事,转主客郎中,进仪制郎”⑤,“会诸王袭封,次子欲得郡王封。僖以制不合,持不可。王子以数万金贿大珰,互相煽诱,僖不为动。珰乃授指吏部,出僖为湖广参议。楚比岁大水,僖廉得虚税,蠲额十之四,民感悦。升云南副使。莅

---

① (清)张廷玉等纂修:《明史》卷四十四《志第二·地理五》,中华书局1974年版,第1112页。

② (明)过庭训撰:《本朝分省人物考》卷五十三《虞守愚》,见《续修四库全书》编纂委员会、复旦大学图书馆古籍部编:《续修四库全书》第534册,上海古籍出版社2003年版,第463—464页。

③ 瞿冕良编著:《中国古籍版刻辞典》,苏州大学出版社2009年版,第893页。

④ (清)查慎行著:《人海记》卷下《藏书之厄》,北京古籍出版社1989年版,第63页。

⑤ (清)王国安等修,(清)黄宗羲、张衡纂:《康熙浙江通志(二)》卷三十三《人物·胡僖》,见凤凰出版社编选:《中国地方志集成·省志辑·浙江(2)》,凤凰出版社2010年版,第322页。

滇四载,桁杨不设,囹圄若洗,深山穷谷闻胡使君名,辄呼佛子。后以忤权要,拂衣归里"①。著有《胡副宪集》《崇祯书院志》行世。

胡僖好藏书,在京时官卑而俸禄薄,甚至变卖家产购书,人称其"毁家藏书"②,其藏书之富可与明初宋濂媲美。其子胡应麟亦记其在京师为官期间的聚书过程,言:"燕中四方都会,故鬻书薮也。副宪公亦雅负兹好,每退食,诸贾人以籍来,先生辄从臾其旁,市得,辄取尽读。而是时肃皇帝末年,旱蝗迭见,先生大父母复就养京邸,俸入不足,恒乞贷乡里。以故帙繁而价重者率不能致,问值异书,顾非力所办,则相对太息。"③卒后,所藏书为子胡应麟所继承。

胡僖子胡应麟(1551—1602),"字元瑞,兰溪人,自号少室山人"④,晚更字明瑞,因慕其乡人皇初平叱石成羊事,更号曰石羊生。又号曰芙蓉峰客、壁观子。外祖宋震亦饱学之士,宋氏家族为世代书香、科甲相连的著族。宋震为明代大藏书家,"筑别墅曰雪溪堂,聚书万轴卧其中,经史子集环向恣读之,间发为诗歌楹帙"⑤。其母"警颖殊绝,虽不谙笔砚,而诸史百家稗官小说,下逮传奇词曲,属于耳者终身不忘。众妯娌杂坐,亹亹谈说不去口"⑥。胡应麟自幼"好学性成,在垂髫时即知嵩心经籍。尝自言:'始余受性颛蒙,于世事百无一解,独偏嗜古书籍。七龄侍家大人侧,闻诸先生谈说文典,则已心艳慕之,时时窃取翻阅。'"⑦明万历四年(1576)举于乡,曾"携诗谒世贞,世贞喜而激赏之"⑧。受时为文坛领袖王世贞提携得名。钱谦益记云:"少从其父宦游燕中,从诸名士称诗,归而领乡荐,数上公车不第。"⑨从此无意仕进,淡泊功名,投身于著述与藏书之中,曾作小传云:"性尤好纂述,所著书有《寓燕还越》《计偕》《岩栖卧游》《抱膝三洞》《两都华阳》《兰阴畸园》《邯郸养疴》《娄江白榆》《湖上》等集六十余卷、《诗薮》内外杂编二十卷、《笔丛》三十六卷、《丹铅新录》八卷、《艺林学山》八卷、《弇州律选》六卷。他未行世者:《六经疑义》二卷、《诸子折衷》四卷、《史蕞》十卷、《婺献》十卷、《皇明诗统》三十卷、《皇明律范》十二卷、《明世

① (清)嵇曾筠、李卫等修,(清)沈翼机等纂:《雍正浙江通志》(四)卷一百七十《循吏四·胡僖传》,浙江省地方志编纂委员会编:《中国地方志集成·省志辑·浙江》(6),凤凰出版社2010年影印本,第547页。

② 曹月堂主编:《中国文化世家·吴越卷》,湖北教育出版社2004年版,第734页。

③ 北京市历史学会主编:《吴晗史学论著选集》第一卷《胡应麟年谱》,人民出版社1984年版,第375页。

④ (清)嵇曾筠、李卫等修,(清)沈翼机等纂:《雍正浙江通志》(四)卷一百七十《循吏四·胡僖传》,浙江省地方志编纂委员会编:《中国地方志集成·省志辑·浙江》(6),凤凰出版社2010年影印本,第547页。

⑤ 北京市历史学会主编:《吴晗史学论著选集》第一卷《胡应麟年谱》,人民出版社1984年版,第372页。

⑥ (明)胡应麟《类稿》卷九十一,转引自陈丽媛《胡应麟文艺思想研究》,福建师范大学2007年博士论文,第19页。

⑦ 北京市历史学会主编:《吴晗史学论著选集》第一卷《胡应麟年谱》,人民出版社1984年版,第374页。

⑧ 参见(清)张廷玉等纂修:《明史》卷二百八十七《列传第一百七十五·胡应麟传》,中华书局1974年版,第7382页。

⑨ (清)钱谦益著:《列朝诗集小传》丁集上《胡举人应麟》,上海古籍出版社1959年版,第446页。

说》十卷、《古韵考》一卷、《二酉山房书目》六卷、《交游纪略》二卷、《兜玄国志》十卷、《酉阳续俎》十卷、《同姓名考》十卷。搜辑诸书有《群祖心印》十卷、《方外遐音》十卷、《两司马录》二卷、《考盘集》十卷、《谈剑编》二卷、《采真游》二卷、《会心语》二卷。类萃诸书有:《经籍会通》四十卷、《图书博考》十二卷、《诸子汇编》六十卷、《虞初统集》五百卷。"①共计九百五卷,其中最著名的为《少室山房笔丛》《少室山房类稿》《少室山房续稿》和《诗薮》。朱彝尊《静志居诗话》卷十四、查继佐《罪惟录·列传》卷之十八《文史诸臣列传下》等有其传。

胡应麟在父亲的影响下,自幼嗜书,辛勤搜藏,积书历时三十载。据《雍正浙江通志》载:"元瑞九龄时,从里社师习经生业,而心厌之,悉胠副使篋,得诸书读之,遂能为歌诗。已得荐乡书,然意不在一第,先后购经、史、子、集四万余卷,手抄集录凡十之三。筑室曰二酉山房,旦夕坐卧其间。所著有诗八十卷,文四十卷,《诗薮》十八卷,《笔丛》四十八卷,行于世。"②胡氏尝自言:"余自髫岁。夙婴书癖。稍长。从家大人宦游诸省。遍历燕、吴、齐、赵、鲁、卫之墟。补缀拮据。垂三十载。近辑山房书目。前诸书外。自余所获。才二万余。大率穷搜委巷。广乞名流。录之故家。求诸绝域。中间解衣缩食。衡虑困心。体肤筋骨。靡所不惫。收集仅兹。至释、道二藏,竟以非力所及,未能致也。"③《胡应麟年谱》亦载:"胡氏所涉历金陵、吴会、钱塘,皆通都大邑,文献所聚,必停舟缓辙,搜猎其间,小则旬余,大或经月,视家所无有,务尽一方而已。""先生癖嗜古籍,遇有稀刻,虽解衣典质所不惜。"④"先生藏书,虽大半集自燕都,而在故乡搜得者亦复不少。"⑤"义乌虞守愚侍郎、德烨参政父子,筑楼藏书万卷,署曰:'楼不延客,书不借人。'后兰溪胡孝廉贱直应麟得之。"⑥"所交皆海内贤,豪性孤介,厌薄荣利,一切泊如;晚年益肆力于学,筑室城隅,号二酉山房,购书四万余卷。"⑦祁承㸁记云:"婺州胡元瑞以一孝廉,集书至四万二千三百八十四卷,此皆近日士绅也。"⑧其好友王兆云称"元瑞最好藏书"⑨,"筑室山中,构书四万余卷,

---

① (明)胡应麟《石羊生小传》,见陈兰村编:《中国古代名人自传选》,中国青年出版社1997年版,第226—227页。

② (清)嵇曾筠、李卫等修,(清)沈翼机等纂:《雍正浙江通志》(四)卷一百七十《循吏四·胡僖传》,浙江省地方志编纂委员会编:《中国地方志集成·省志辑·浙江》(6),凤凰出版社2010年影印本,第547页。

③ (明)胡应麟著:《少室山房笔丛》卷四甲部《经籍会通四》,中华书局1958年版,第55页。

④ 北京市历史学会主编:《吴晗史学论著选集》第一卷《胡应麟年谱》,人民出版社1984年版,第383页。

⑤ 北京市历史学会主编:《吴晗史学论著选集》第一卷《胡应麟年谱》,人民出版社1984年版,第382页。

⑥ (清)查慎行著:《人海记》卷下《藏书之厄》,北京古籍出版社1989年版,第63页。

⑦ 汪訚编著:《明清蟫林辑传·胡应麟》,中华图书馆协会1932年《图书馆学季刊》抽印本,第39页。

⑧ (明)祁承㸁《藏书训略》,见(明)祁承㸁等撰:《澹生堂藏书约》外八种,上海古籍出版社2005年版,第15—16页。

⑨ (明)王兆云撰:《皇明词林人物考》卷十二《姓氏补遗·胡元瑞应麟》,见《续修四库全书》编纂委员会、复旦大学图书馆古籍部编:《续修四库全书》第532册,上海古籍出版社2003年版,第773页。

手自编次,多所撰著"[1],成为著名的藏书大家。

王世贞所作《二酉山房记》记述胡应麟嗜书、购书、藏书、读书生活及建设藏书楼过程甚详:"余友人胡元瑞。性嗜古书籍。少从其父宪使君京师。君故宦薄。而元瑞以嗜书故。有所购访。时时乞月俸。不给则脱妇簪珥而酬之。又不给则解衣以继之。元瑞之橐。无所不罄。而独其载书。陆则惠子。水则米生。盖十余岁而尽毁其家以为书。录其余赀以治屋而藏焉。屋凡三楹。上固而下隆其阯。使避湿。而四敞之。可就日。为庋二十又四。高皆丽栋,尺度若一。所藏之书为部四。其四部之一曰经。为类十三。为家三百七十。为卷三千六百六十。二曰史。为类十,为家八百二十。为卷万一千二百四十四。三曰子。为类二十二。为家一千四百五十。为卷一万二千四百。四曰集。为类十四。为家一千三百四十六。为卷一万五千八十。合之四万二千三百八十四卷。元瑞自言。于他无所嗜。所嗜独书。饥以当食。渴以当食。温以当饮。诵之可以当韶頀。览之可以当夷施。忧藉以释。忿藉以平。病藉以起色。而是三楹者无他贮。所贮亦独书,书之外。一榻、一几、一博山、一蒲团、一笔、一研、一丹铅之缶而已。性既畏客。客亦见畏。门屏之间。剥啄都尽。亭午深夜。坐榻隐几。焚香展卷。就笔于研。取丹铅而雠之。倦则鼓琴以抒其志。"[2]从王世贞的记述中,可知胡氏藏书,除部分继承其父遗书外,绝大多数是胡氏长期购访千辛万苦积累所至。为了更好地保存藏书,归里后又刻意于藏书楼的建设,充分考虑采光、避潮,且楼内设备极为讲究。

胡氏一生涉及学术领域甚广,在文学、史学、版本学诸方面均卓有建树,与焦竑、杨慎、陈耀文齐名,是万历四大博学家之一。其诗文之名,与李维桢、屠隆、魏允中、赵用贤等称"末五子"。胡氏成就与其读尽所藏之书,且利用其藏书密切相关,胡应麟藏书为了实用,即为自己编纂、考证、写作而藏书。其《石羊生小传》为证,自叙云:"生性喜静寂,恶纷华。于世味声色狗马、轩冕玉帛泊然,独偏嗜古书籍,所购经史子集,其世自洪荒以至昭代[3],其梓自吴越以至燕闽[4],插架几四万卷,治屋三楹贮之。黎惟敬大书其楣,曰'二酉山房',而司寇为记。生日坐卧其中,毋论里中。儿虽同室,罕睹其面。又少慕尚子平为人[5],而禀赋孱弱,乏济胜具[6],因绘图斋壁,缀诗其

① (清)张廷玉等纂修:《明史》卷二百八十七《列传第一百七十五·胡应麟传》,中华书局1974年版,第7382页。

② (明)王世贞《二酉山房记》,见(明)胡应麟著:《少室山房笔丛》卷二甲部《经籍会通二》,中华书局1958年版,第33—34页。

③ 按:洪荒,指远古时代。昭代,指政治清明的时代,对本朝的美称。

④ 按:吴越,泛指江浙。燕闽,指北京、福建。

⑤ 按:尚子平,又作尚平、向子平,汉代隐士。

⑥ 按:济胜具,指身体强健,具备登临揽胜的条件。

上,曰'卧游室'以自遣。"[①]王世贞称赞其:"负高世之才。竭三余之晷。穷四部之籍。以勒成乎一家之言。上而皇帝王霸之猷。贤哲圣神之蕴。下及乎九流百氏。亡所不讨核。以藏之乎名山大川。间以余力游刃。发之乎诗若文。又以纸贵乎通邑大都。不胫而弛乎四裔之内。其为力之难。殆不啻百倍于前代之藏书者。盖必如元瑞而后可谓之聚。如元瑞而后可谓之读也。噫。元瑞于书,聚而读之几尽矣。"[②]对胡氏读尽自所藏之书赞美有加。

九、明代台州府进士藏书

《明史·地理志》载,"台州府元台州路,属浙东道宣慰司。洪武初,为府。领县六"[③],即临海县、黄岩县、天台县、仙居县、宁海县、太平县。

(一)郑 华

郑 华(1372—1402) 字思孝,临海人。"洪武丁丑进士,对策陈时宜切中,读卷官器而藏之,书榜忘其所,太祖怒,少顷奏获,疑其代补益,震怒,召面覆稿,无差误,乃悦,命置首选,奏榜已成,叹曰:'何薄福也。'初授行人,奉使川广。"[④]因事谪东平州吏目。时闻朱棣北京起兵,遂将妻相托于乡人无锡县丞赵次进,到东平与燕军作战,城破绝食而卒,谥贞壮,祀乡贤祠。

郑华曾于巾子山结庐读书,读书与藏书处名曰"郑行人别业",金华王绅题《郑行人巾山别业图卷》,有句云:"若人结庐在山麓,炯炯虚明夜生屋。生来不喜弄绮纨,插架邺侯千万轴。"[⑤]明人陶瑾《题郑行人南山读书处》:"象齿签悬插架书,帻峰深处是轩居。壁经字古存科斗,缃帙芸残落蠹鱼。万花昭融心境净,一尘不到竹窗虚。致身已在云霄上,应与鸿生论石渠。"[⑥]

(二)林 鹗

林 鹗(1422—1476) 字一鹗,别号畏斋,黄岩泉溪人。"从翰林检讨陈先生璲游,景泰庚午,遂以《诗经》领乡荐,明年登进士第,拜江西道监察御史。天顺丁丑,擢镇江知府。壬午,调苏州。甲申,擢江西按察使。成化丁亥,迁右布政使,寻转左布政使。庚寅,拜南京刑部右侍郎。未几,丁内艰,服阕,召为刑部右侍郎。所至有声,

---

① (明)胡应麟《石羊生小传》,见陈兰村编:《中国古代名人自传选》,中国青年出版社1997年版,第226—227页。

② (明)王世贞《二酉山房记》,见(明)胡应麟著:《少室山房笔丛》卷二甲部《经籍会通二》,中华书局1958年版,第34—35页。

③ (清)张廷玉等纂修:《明史》卷四十四《志第二·地理五》,中华书局1974年版,第1110页。

④ (民国)张寅等修,何奏簧纂:《临海县志》卷二十四《忠义》,台北成文出版社有限公司1975年据民国二十三年(1934)重修铅印本影印,第1909页。

⑤ 项士元撰:《巾子山志》,中国文史出版社2005年版,第135页。

⑥ 项士元撰:《巾子山志》,中国文史出版社2005年版,第135页。

人皆推服焉。"[①]林鹗"动有礼法，卫身甚严，雅好文学，学以儒饰吏，未尝为上官一屈膝焉。对胥吏小民，言必涉经史。威仪之盛，望之肃然。"[②]林鹗为官清廉，两袖清风，除"图籍外，囊橐萧然，同邑谢文肃、黄文毅典治其丧，同声叹曰：'官至三品，而家无百金之积，产无一亩之增，古所谓居官廉，虽大臣无厚蓄者，公真其人矣。'"[③]明徐象梅亦记其事曰：林公卒时，"贫无以为殓，黄文毅、谢文肃二公经纪归其丧。嘉靖二十二年御史赵大佑上鹗节行，赠刑部尚书，谥恭肃"[④]。明人赞其"无储积产，唯旧业。古所谓居官廉，虽大臣无厚蓄者，鹗真其人也"[⑤]。著有《畏斋存稿》。《明史》卷一百五十七《列传第四十五》、明张萱《西园闻见录》卷八十九及《乾隆江南通志》卷一百十四等有其传。

林鹗博学多识，工书，公务之暇即翻阅书史与临古帖，其友黄孔昭称："公精勤不懈，公次未尝设床榻，稍暇则危坐阅书史，或临古名帖，作楷书，每夜分乃止，至五鼓则辄起，以为常。晚年博洽，与人言辄历举以成诵。凡为诗文，务在理胜，及用字有根据，虽朋友往来尺牍亦不苟，然恒自以其意所不满，出必削之，故鲜有存者。"[⑥]林鹗"尤好辑乡邦遗事，每一言一善必惓惓焉，曰：'此吾后人之责也。'"[⑦]

林鹗嗜藏书，其藏书达数万卷。其藏书故实见于好友黄孔昭、谢铎及明人所存文献，黄孔昭云："公酷爱古书籍，兼副毕具，务极精致乃已，缺必传录，录已辄手校，虽朱墨点画亦未尝见其参差小大。"[⑧]谢铎亦言："公博学好古，聚书几万卷。"[⑨]王鏊称："擢持宪节江右，临行，有书万卷。"[⑩]明王锜亦云："林公名鹗，字一鹗，台州人。……有书万卷。"[⑪]

---

① （明）黄孔昭《定轩存稿》卷十二《亚卿林公行状》，见（清）金嗣献辑刊，徐三见点校：《赤城遗书汇刊》，巴蜀书社2011年版，第523页。

② （明）王鏊等纂：《正德姑苏志》卷四十《宦迹四》，台湾学生书局1986年版，第559页。

③ （清）卿霖修，（清）戚学标等纂：《嘉庆太平县志》卷十一《仕进·林鹗》，见上海书店出版社编：《中国地方志集成·浙江府县志辑》（50），上海书店出版社2011年版，第236页。

④ （明）徐象梅撰：《两浙名贤录》卷二十八《镇江府知府林一鹗》，《浙江文丛》本，浙江古籍出版社2012年版，第743—744页。

⑤ （明）张弘道、张凝道辑：《皇明三元考》卷五，见鲁小俊，江俊伟著：《贡举志五种》，武汉大学出版社2009年版，第812页。

⑥ （明）黄孔昭《定轩存稿》卷十二《亚卿林公行状》，见（清）金嗣献辑刊，徐三见点校：《赤城遗书汇刊》，巴蜀书社2011年版，第525页。

⑦ （明）黄孔昭《定轩存稿》卷十二《亚卿林公行状》，见（清）金嗣献辑刊，徐三见点校：《赤城遗书汇刊》，巴蜀书社2011年版，第525页。

⑧ （明）黄孔昭《定轩存稿》卷十二《亚卿林公行状》，见（清）金嗣献辑刊，徐三见点校：《赤城遗书汇刊》，巴蜀书社2011年版，第525页。

⑨ （明）谢铎撰著，林家骊点校：《谢铎集》卷七十六《读畏斋存稿》，《浙江文丛》本，浙江古籍出版社2012年版，第657页。

⑩ （明）王鏊等纂：《正德姑苏志》卷四十《宦迹四》，台湾学生书局1986年版，第559页。

⑪ （明）王锜《寓圃杂记》卷三，见（明）叶子奇等撰，吴东昆等校点：《草木子》（外三种），上海古籍出版社2012年版，第97页。

(三)陈　选

陈　选(1429—1486)　“字士贤,号克庵,浙江临海人。宋国子司业左辅之后。父员韬,以进士宰新城,擢御史,按福建,迁广东布政使,所至余恩在民。选自幼端静,不妄言笑。天顺四年,试礼部,考官丘浚得其卷,以为古君子,置第一。及见,貌不扬,浚益喜曰:‘圣贤不相。’以监察御史出按江西。”[①]“尽黜贪残吏。时人语曰:‘前有韩雍,后有陈选。’”[②]“及督学南畿,敷德屏威,日与诸生讲明正学,谓圣人之道,必自小学始,特注释以颁赐,使学者知所从入。每巡历,减驱从,刻日期,居止学宫,谈经习礼,时或同膳饩,若家人焉。诸生翕然咸服,两地士气聿为之变。转河南按察使,寻以忧归,服阕,擢广东左布政使,犹眷眷旧徒,刻《宋史道学传》以遗之。……自河南丧还,行李萧然,车一辆而已。及之广东,骑驴出都门,其清约有寒士所不及者。俸馀则置义田,周宗族人困饿者焉。”[③]历官皆有政绩,以廉政著称。其刚直耿介,罢黜贪官,弹劾大臣,无所畏惧,名著一时。卒后,正德中,追赠光禄卿,谥忠愍。“所注《小学》《孝经》《冠祭》《礼仪》等书行于世”[④]。生平事迹参见明谢铎《广东左布政使陈君墓志铭》及明黄孔昭《广东布政使陈公行状》、《明史》卷一百六十一《列传第四十九·陈选传》、《雍正浙江通志》卷一百七十六《人物五·陈选传》。

明金贲亨言:“先生自小有文名,比长,笃志圣贤之学,以克己求仁为要,读书不资文词,遇格言即手录于册,为力行之助。”[⑤]“学博而深于经”[⑥],又喜聚书,其藏书印曰克庵。“有《丹崖集》若干卷,藏于家”[⑦]。《中国历代藏书辞典》亦录其名。

(四)黄孔昭父子进士

黄孔昭(1428—1491)　初名曜,字孔昭,以字行,改字世显,号定轩,晚号洞山迂叟,太平县人。“举天顺四年进士,授屯田主事。奉使江南,却馈弗受,进都水员外郎。”[⑧]明成化九年(1473),进文选郎中,累迁南京工部右侍郎,以疾卒。“孔昭嗜学

---

① (清)查继佐著:《罪惟录·列传》卷之十五《清介诸臣列传上·陈选传》,浙江古籍出版社1986年版,第2187页。

② (清)张廷玉等纂修:《明史》卷一百六十一《列传第四十九·陈选传》,中华书局1974年版,第4388页。

③ (明)金贲亨撰,徐三见点校:《台学源流》卷七,见(清)宋世荣辑.:《台州丛书》乙集(5),上海古籍出版社2013年版,第42页。

④ (明)过庭训撰:《本朝分省人物考》卷五十四《陈选》,见《续修四库全书》编纂委员会、复旦大学图书馆古籍部编:《续修四库全书》第534册,上海古籍出版社2003年版,第493页。

⑤ (明)金贲亨撰,徐三见点校:《台学源流》卷七,见(清)宋世荣辑.:《台州丛书》乙集(5),上海古籍出版社2013年版,第41页。

⑥ (明)谢铎撰著,林家骊点校:《谢铎集》卷五十七《广东布政使陈君墓志铭》,浙江古籍出版社2012年版,第478页。

⑦ (明)谢铎撰著,林家骊点校:《谢铎集》卷五十七《广东布政使陈君墓志铭》,浙江古籍出版社2012年版,第478页。

⑧ (清)张廷玉等纂修:《明史》卷一百五十八《列传第四十六·黄孔昭传》,中华书局1974年版,第4325页。

敦行，与陈选、林鹗、谢铎友善，并为士类所宗。弘治四年卒。嘉靖中，赠礼部尚书，谥文毅。子俌，亦举进士，为文选郎中。俌子绾，以议'大礼，至礼部尚书。"①谢铎为其撰写墓志铭，赞曰："祖孙相继登进士第者，亦惟公而已。公读书不事章句，往往能穷前人所未至，精思之余，下笔沛然，而尤长于诗，与吾叔父王城山人慨诗道中绝，将力振之，有《定轩集》若干卷藏于家。性恬静，寡嗜好，平生无所苟取，而亦不以一毫苟费。虽官至三品，居室服食无所增。"②其孙黄绾记述其德行："前辈皆以立名尚气节为事。惟吾祖文毅公自为秀才诗，退然以圣人为师，不在于言语章句之间，深造躬行，有得于圣人之至谦至定，至一至诚。"③与谢铎同编方孝孺著作《逊志斋集拾遗》及《赤城论谏录》等。生平事迹参见明吴宽《南京工部右侍郎黄公孔昭传》、明过庭训《本朝分省人物考》卷五十四《黄孔昭传》、《康熙浙江通志》卷三十三《黄孔昭传》。

黄氏一族世代书香，其六世祖黄珂建有读书堂，高祖、曾祖又创松桂轩作为藏书处，积书以教习子弟。其父黄彦俊④时为俊才，登正统元年（1436）进士。及至孔昭嗜书尤甚，访求遗帙至数万卷，至其子黄俌时专建藏书楼以贮孔昭之藏书，名曰业书楼。夏鍭记曰："文选黄君建重屋于正寝之北，即成，尽升前后，所蓄卷帙于其上，而字之曰'业书'之楼。予闻而叹曰：'世禄之家，不赀奢淫计，黄氏之以官显者，父子孙三世于今矣。又是楼之制特为宏丽，然不以助歌舞，而以壮图籍，不以狎丝竹，而以呻占哗。舍逸乐而事勤苦，由绮纨而践儒素，可谓在流不随恶而去之，超然而远慕者矣。'又闻黄氏之先世服儒业，爰始都监公七世祖珂，至以读书名其堂。高曾世创松桂轩为师友讲集处。继是后，连用以显（即孔昭），而定轩先生尤孳孳焉，益求遗帙至数万卷，故吾乡称聚书必曰'黄氏'。"⑤黄孔昭善读书，好校书，"每得一书，'皆亲手目过'"⑥。明张萱言："黄孔昭平生好学不倦，公暇辄手一册，日求古书多自校正，辑乡里前辈文词为《赤城论谏录》，并《赤城录诗集》板刻行世。其所自著质实而理胜，有《定轩集》若干卷。定轩者公之别号也。谥文毅。"⑦

---

① （清）张廷玉等纂修：《明史》卷一百五十八《列传第四十六·黄孔昭》，中华书局 1974 年版，第 4326 页。

② （明）谢铎撰著，林家骊点校：《谢铎集》卷五十九《南京工部侍郎黄公墓志铭》，浙江古籍出版社 2012 年版，第 496 页。

③ 容肇祖著：《容肇祖集》之《王守仁的门人黄绾·黄绾传》，齐鲁书社 1989 年版，第 249 页。

④ 按：黄彦俊（1405—1446），字昌瑜，号慎斋，以字行。明正统元年（1436）丙辰科进士。官兵部主事，居官有政声。卒赠工部侍郎。著有《职方集》，已佚，仅有遗诗 4 首。

⑤ （清）陈宝善修，（清）孙憙、王棻纂，陈锺英、郑锡滜续修，（清）王咏霓续纂：《光绪黄岩县志》卷三十三《古迹志·业书楼》，见上海书店出版社编：《中国地方志集成·浙江府县志辑》(51)，上海书店出版社 2011 年版，第 644 页。

⑥ 徐三见撰：《台州藏书家传略》，虞浩旭主编：《天一阁论丛》，宁波出版社 1996 年版，第 251 页。

⑦ （明）张萱撰：《西园见闻录》卷八，见《续修四库全书》编纂委员会、复旦大学图书馆古籍部编：《续修四库全书》第 1168 册，上海古籍出版社 2003 年版，第 197 页。

黄　俌(生卒年不详)　黄孔昭子。字汝修,号方麓,太平县人。登"成化辛丑进士,授职方主事,改武选。癸卯,被命往乐清营章侍郎,论葬事,以疾在告,且数年,改营缮,丁文毅忧,服阕补车驾主事",后"改文选郎,由员外郎外,历郎中,守职任法如其父,以内艰去,再起为稽勋,未几乃为文选郎,当路者不便其所为,遂致事归,著《方麓集》"①。"俌生五子,绍、绎、绾、约、紒,而绾居中最贤"②。

黄孔昭孙绾③承其家学,好藏书,其藏书为祖及父遗书,藏书楼仍为业书楼,惜藏书书目未考,有"《嘉庆太平县志》卷十五书目,有《久庵文选》,注云:'遗稿数百卷,以海寇残毁散佚。'"④

(五)谢　铎

谢　铎(1435—1510)　字鸣治,原号方山,更号方石,台州太平县桃溪人。"天顺中己卯乡试第二,登甲申进士,入翰林,为庶吉士,授编修。奉旨校勘《通鉴纲目》,成化丁亥预修《英宗实录》,迁侍讲,以外艰归。既免丧,谢病不起。弘历初,台谏交荐为征修《宪宗实录》,擢南京国子祭酒,以身为教,上疏请增杨时从祀而黜,吴澄复垦乞致仕归,以迁起,擢礼部右侍郎,掌国子监祭酒。"⑤谢铎"性介特,力学慕古,讲求经世务"⑥。弘治三年(1490)在南京国子监祭酒任上,作《论教化六事疏》,提出六项教育改革措施:择师儒、慎科贡、正祀典、广载籍、复会馔、均拔历。《明史》评其:"铎经术湛深,为文章有体要。两为国子师,严课程,杜请谒,增号舍,修堂室,扩庙门,置公廨三十余居其属。诸生贫者周恤之,死者请官定制为之殓。家居好周恤族党,自奉则布衣蔬食。"⑦归里家居十余年期间,对教育甚为重视,立乡约数事,在太平县创办方岩书院,开义学以教乡里子弟。正德庚午,卒于家,"赠礼部尚书,谥文肃"⑧。其在"老居田里,有以自乐。每闻朝政改革,君子、小人进退消长之机,未尝

---

① (清)卿霖修,(清)戚学标等纂:《嘉庆太平县志》卷十一《仕进·黄俌》,见上海书店出版社编:《中国地方志集成·浙江府县志辑》(50),上海书店出版社2011年版,第240页。

② 容肇祖著:《容肇祖集》之《王守仁的门人黄绾·黄绾传》,齐鲁书社1989年版,第249页。

③ 按:黄绾(1480—1554),字宗贤,号石龙,又自号久庵山人、久庵居士、石龙山人等,后世学者称久庵先生、久翁先生。台州黄岩县人。少时求学于谢铎,刻苦治学,卓有所得。后承祖荫官后军都督府都事,明正德五年(1510),经友人引荐结识王守仁,订终生共学之盟,官至南京礼部右侍郎、礼部尚书兼翰林学士。博极群书,于五经皆有论著,尤善经理事务,为海内重。著有《明道编》十二卷、《石龙集》三十卷、《久庵文选》十六卷、《庙制考义》二卷,以及《中庸古今注》《思古堂笔记》《石龙奏议》《云中疏稿》等数百卷遗稿。

④ 容肇祖著:《容肇祖集》之《王守仁的门人黄绾·黄绾传》,齐鲁书社1989年版,第248页。

⑤ (清)王国安等修,(清)黄宗羲、张衡纂:《康熙浙江通志(二)》卷三十五《人物·儒林》,见凤凰出版社编选:《中国地方志集成·省志辑·浙江(2)》,凤凰出版社2010年版,第388页。

⑥ (清)张廷玉等纂修:《明史》卷一百六十三《列传第五十一·谢铎传》,中华书局1974年版,第4431页。

⑦ (清)张廷玉等纂修:《明史》卷一百六十三《列传第五十一·谢铎传》,中华书局1974年版,第4432页。

⑧ (清)庆霖修,(清)戚学标等纂:《嘉庆太平县志》卷十一《仕进》,见上海书店出版社编:《中国地方志集成·浙江府县志辑》(50),上海书店出版社2011年版,第238页。

不感慨深嗟而掩袂也。于书无不读,其所为文甚多,尤长于诗,盖其精识绝人,论议归于一是。所著有《桃溪集》《续真西山读书记》《伊洛遗音》《伊洛渊源续录》《四子择言》《元史本末》《宰辅沿革》《国朝名臣事略》《尊乡录》《赤城志》,及《文集》《诗集》《论谏录》《缌山集》百余卷"①。生平事迹参见明李东阳《通议大夫礼部右侍郎管国子监祭酒事赠礼部尚书谥文肃谢公铎神道碑》、明过庭训《本朝分省人物考》卷五十四《谢铎传》及《雍正浙江通志》卷一百七十六《人物五·谢铎传》。

谢铎喜藏书,"以中秘图书以及四方所购藏置于阁中,分类藏之,藏书达数万卷"②。又列圣训诰六经子史及汉、唐、宋诸名家之作,达数千卷,如《西汉书》《韩柳李杜集》等。编有《朝阳阁书目》,今已无考。谢氏其先人有藏书处名为朝阳阁。谢氏续补先人朝阳阁藏书。其《朝阳阁藏书目·自序》,云:

> 成化戊子冬,我先人既作贞则堂,以祗奉先大母之训则,特于其东,辟藏书之阁曰"朝阳阁"。盖念先高祖孝子府君之遗书无几,而深有俟吾子孙于无穷也。越十有二年庚子,先人弃诸孤,铎归自官,遂以中秘暨四方所得书,置阁中。遗书独《尚书》《西汉书》,韩、柳、李、杜集各一册,皆残缺不完。忆为儿时尚及见先曾祖德一府君在庐州效杜子美《七歌诗》,皆墨稿,而今不可得矣。於乎惜哉!昔人谓积书以遗子孙,子孙未必能读。铎固未能读者,而并其书失之,岂不重可惜哉!乃以所存与今书类藏之。盖自我列圣训诰、六经子史以及汉唐宋诸名家之作俱在已,无虑数千百卷矣。……铎从诸父太守先生与一时海内诸名士,读书四十年,日有愧乎此,而未知所以终。姑次其卷帙目录如左,以不忘吾祖父之志,以俟吾之子孙于无穷而已矣③。

谢铎又重视乡邦文献整理,每遇"乡郡先哲行义、著述,靡不搜辑表阐,或求其祠墓缮祀之"④。主持编修《赤城新志》,是志据《赤城志》《续志》《三志》兼采增损而成。记事起于宋嘉定,迄于明弘治。因有别于《赤城志》故名《赤城新志》,是台州市重要文献。

(六)陈 绮

陈 绮(生卒年不详) 字干章,号得闲,太平金清闸头人。"宋提刑任玉之后。成化戊戌登进士第,授中书舍人,升工部副郎,抽分芜湖,悉循旧额于己无所入,大家

① (明)黄绾撰:《黄绾集》卷二十四《谢文肃公行状》,上海古籍出版社 2014 年版,第 442—443 页。
② 李玉安、黄正雨编著:《中国藏书家通典·明》,中国国际文化出版社 2005 年版,第 205 页。
③ (明)谢铎撰著,林家骊点校:《谢铎集》卷四十九《朝阳阁书目序》,浙江古籍出版社 2012 年版,第 403—404 页。
④ (明)黄绾撰:《黄绾集》卷二十四《谢文肃公行状》,上海古籍出版社 2014 年版,第 442—443 页。

宰三原王公谓其行事通敏，持身刻，刻以名检为众，升本部都水清吏司郎中”[①]，历官四川松潘粮储参议，后为同事者所忌，罢归。陈绮既归，“萧然一室，惟以书史自适。谢文肃公深敬礼之”[②]。

（七）叶良佩

叶良佩（生卒年不详） 字敬之，号海峰，台州太平人。“嘉靖癸未进士，授新城令改贵溪。时权珰督造真人府，怙势横敛，良佩一绳以法，率敛迹不敢肆。案牍丛委，谈笑而立决之，廷无留狱。擢南京刑部主事”，“再转河南郎中。任久法益精，诸司有纷讼难解者，咸咨良佩而行。良佩精究典坟，以作述名世，所著凡数百卷”[③]。“有《海峰堂前稿》十八卷”[④]，《周易义丛》《春秋测义》《洪范图解》《地理粹言》等。生平事迹见秦鸣雷撰《海峰叶公墓志铭》。

叶良佩喜游历，遍游东南山川名胜，寄情著述与藏书，与图籍为伍，家中藏书“不下数千卷”[⑤]，“日惟兀坐一室，翻阅校雠，思以述作名世”，“益究坟典，史汉及星历、图纬、百家之言，无不披览”，“修《赤城郡志》《太平县志》，自著书尤富，巡道胡为梓行”[⑥]。《嘉庆太平县志》记云：“《读书记》，叶良佩著此书，采辑卷帙甚多，今但存有目录。”[⑦]

（八）王宗沐父子进士

王宗沐（1524—1592） 字新甫，号敬所，临海人。“少受学于欧阳文庄公，深契文成‘良知’之旨”[⑧]，学业愈进愈精。登“嘉靖二十三年进士。授刑部主事。与同官李攀龙、王世贞辈，以诗文相友善。宗沐尤习吏治。历江西提学副使。修白鹿洞书院，引诸生讲习其中。三迁山西右布政使”。寻改广西左布政使，再补山东。“迁南京刑部右侍郎，召改工部。寻进刑部左侍郎，奉敕阅视宣、大、山西诸镇边务。母丧

---

① （清）卿霖修，（清）戚学标等纂：《嘉庆太平县志》卷十一《仕进·陈绮》，见上海书店出版社编：《中国地方志集成·浙江府县志辑》（50），上海书店出版社2011年版，第239页。

② （清）卿霖修，（清）戚学标等纂：《嘉庆太平县志》卷十一《仕进·陈绮》，见上海书店出版社编：《中国地方志集成·浙江府县志辑》（50），上海书店出版社2011年版，第239页。

③ （清）嵇曾筠、李卫等修，（清）沈翼机等纂：《雍正浙江通志》（四）卷一百六十九《人物三·叶良佩传》，浙江省地方志编纂委员会编：《中国地方志集成·省志辑·浙江》（6），凤凰出版社2010年影印本，第540页。

④ （清）陈田辑撰：《明诗纪事·戊签》卷十五《叶良佩》，上海古籍出版社1993年版，第1685页。

⑤ （清）卿霖修，（清）戚学标等纂：《嘉庆太平县志》卷十五《书目》，见上海书店出版社编：《中国地方志集成·浙江府县志辑》（50），上海书店出版社2011年版，第322页。

⑥ （清）卿霖修，（清）戚学标等纂：《嘉庆太平县志》卷十一《仕进·叶良佩》，见上海书店出版社编：《中国地方志集成·浙江府县志辑》（50），上海书店出版社2011年版，第242—243页。

⑦ （清）卿霖修，（清）戚学标等纂：《嘉庆太平县志》卷十五《书目》，见上海书店出版社编：《中国地方志集成·浙江府县志辑》（50），上海书店出版社2011年版，第322页。

⑧ 孙熙鼎、张寅修，何奏簧纂：《民国临海县志稿》卷十九《人物传·名臣》，见上海书店出版社编：《中国地方志集成·浙江府县志辑》（46），上海书店出版社2011年版，第397页。

归。九年，以京察拾遗罢，不叙。居家十余年卒。赠刑部尚书。天启初，追谥襄裕。"[①]所著有"《敬所文集》三十卷、《奏议》四卷"[②]，又著有《海运详考》《海云志》《漕抚奏疏》《宋元资治通鉴》《嘉靖江西省大志》等十数种。还收集有关宗禄、水利、陶冶等史料，撰写《江西大志》，内分赋书、均书、藩书、实书、险书、陶书、溉书七大类，意在提供各方面考证、借鉴和引用，是书一直到清代都被奉为规范。生平事迹参见《明儒学案》卷十五《侍郎王敬所先生宗沐》。

王宗沐为官时，重视教育，任按察司佥事督学政期间，修建宣成书院，建造崇迪堂，上书复建田州学，聘请鸿儒经师教育士子。任广东参议，分守惠州、潮州期间，搜集史料，编撰《宋元资治通鉴》。任江西按察副使及江西参政期间，修建王阳明祠堂，刻印阳明《传习录》，重建正学书院、怀玉书院，并亲自督课，勉励学子进学。又重新修建日趋冷落的白鹿洞书院，亲自执鞭上课，"诸生三百余人，质疑问难其中"[③]。编校、刊刻欧阳德遗著《欧阳南野先生文集》三十卷。

王宗沐博览群籍，尝自云："嘉靖甲辰，余结发登朝，始去举子业，专意为古文章，为追心惟，冀以挽复典雅传六经，下且薄秦汉。"[④]晚年建有畸园藏书楼，以藏书读书自娱，藏书至万卷，供家族弟子科举研读。其藏书后由三子士昌递藏。

王士昌（1556—？）　王宗沐三子。字永叔，号斗溟，临海人。登"万历丙戌进士，授潜山知县，调龙溪以贤能著声，行取授兵科给事中"[⑤]，左迁镇远府典史，官至右佥都御史巡抚福建。工书善画，著有《三垣摘疏》《镜圆藏草》等传世。王士昌有《自题畸园》诗云："蓬蒿何地可藏名，一亩宫开傍子城。门对巾峰全面目，家余万卷惬神情。烟和烂漫花光湿，雾净檀栾竹气清。稍喜春来晴日好，林间长御板舆行。"[⑥]由此得知，家有万卷书应是其父王宗沐遗藏。

王氏家族乃为台州科举望族，其家科举大盛亦得益于藏书，王宗沐"子士崧、士琦、士昌，从子士性，皆进士"[⑦]。王宗沐与其二子士琦、士昌均官至巡抚，有"父子四进士，一门三巡抚"之誉，其家族盛极一时。

---

① （清）张廷玉等纂修：《明史》卷二百二十三《列传一百十一·王宗沐传》，中华书局1974年版，第5876—5878页。

② 孙熙鼎、张寅修、何奏簧纂：《民国临海县志稿》卷十九《人物传·名臣》，见上海书店出版社编：《中国地方志集成·浙江府县志辑》(46)，上海书店出版社2011年版，第397页。

③ 孙熙鼎、张寅修、何奏簧纂：《民国临海县志稿》卷十九《人物传·名臣》，见上海书店出版社编：《中国地方志集成·浙江府县志辑》(46)，上海书店出版社2011年版，第395页。

④ （明）王宗沐撰：《敬所王先生文集》卷五《白华楼集序》，见《四库全书存目丛书》编纂委员会编：《四库全书存目丛书》集部，第111册，齐鲁书社1997年版，第124页。

⑤ 孙熙鼎、张寅修、何奏簧纂：《民国临海县志稿》卷十九《人物传·名臣》，见上海书店出版社编：《中国地方志集成·浙江府县志辑》(46)，上海书店出版社2011年版，第398页。

⑥ 临海市历史文化名城办公室，临海市诗词楹联学会合编：《诗词卷·中国历史文化名城临海》，浙江台州印刷厂1997年版，第142页。

⑦ （清）张廷玉等纂修：《明史》卷二百二十三《列传一百十一·王宗沐传》，中华书局1974年版，第5878页。

十、明代处州府进士藏书

《明史·地理志》载,“处州府元处州路,属浙东道宣慰司。太祖己亥年十一为安南府,寻曰处州府。领县十”①,即丽水县、青田县、缙云县、松阳县、遂昌县、龙泉县、庆元县、云和县、宣平县、景宁县。

(一)应　槚

应　槚(1493—1553)　字子材,号警庵,遂昌县应村人。应槚“少即端重殊异,刻厉于学,长益肆力经典,工文词,为督学柏斋何公所器重。嘉靖乙酉举于乡,登丙戌进士,授刑部主事”②,精刑律,善决狱。“累迁山东布政使,擢兵部右侍郎,总督两广军务。论降樊家屯、马江、破七山诸瑶”③。颇有政绩,尤以治军果敢闻名。病卒于广西苍梧军次,赠兵部尚书。归葬遂昌原籍桃溪烟铺(今北界镇),按尚书墓制建筑。“公之学根据六经,而尤研精理性,究心经济大略,而于法律章程极探讨,著有《六经四书明释》及《大明律例》《谳狱稿》若干卷行于世”④,又“著有《大明律释义》《警庵书疏》《苍梧军门志》《慎独录》等”⑤,辑有《苍梧总督军门志》,记舆图、兵防、奏议、规制。

应槚亦藏书和刻书,《历代藏书家辞典》有载。辽宁省图书馆馆藏古籍精品有《医闾先生集》九卷《附录》一卷,明贺钦撰,明嘉靖二十年(1541)齐宗道刻本,钤有“有妫之后”“怡怡堂珍藏”等印记。今美国国会图书馆藏明刻本《周礼注疏》四十二卷,四十册,明嘉靖间刻本,“原题:朝散大夫行太学博士弘文馆学士臣贾公彦奉敕撰,国子博士兼太子中允赠齐州刺史吴县开国男臣陆德明释文,提督直隶学政监察御史余姚闻人铨校正,直隶常州府知府遂昌应槚刊行”。是书刻于常州知府任内,时当嘉靖十三年至十六年。卷内有“怡怡堂珍藏”印记。明万历间刻本《笔山崔先生文集》十卷,卷内有“怡怡堂珍藏”“郑燮之印”“郑印谟伟”等印记⑥。

藏书室名怡怡堂。

应槚刻印过宋程颐、朱熹《周易传义》十六卷、《上下篇义》一卷、《周易朱子图

---

① (清)张廷玉等纂修:《明史》卷四十四《志第二·地理五·处州府》,中华书局1974年版,第1114页。

② (明)唐汝楫撰:《小渔先生遗稿》卷之十《明故兵部右侍郎兼都察院右佥都御史赠兵部尚书警庵应公墓志铭》,见《四库全书存目丛书》编纂委员会编:《四库全书存目丛书》集部,第124册,齐鲁书社1997年版,第185页。

③ (清)汪森编辑,吴中任、梁超然校注:《粤西丛载校注》卷八《总督军务·应槚》,广西民族出版社2007年版,第371页。

④ (明)唐汝楫撰:《小渔先生遗稿》卷之十《明故兵部右侍郎兼都察院右佥都御史赠兵部尚书警庵应公墓志铭》,见《四库全书存目丛书》编纂委员会编:《四库全书存目丛书》集部,第124册,齐鲁书社1997年版,第187页。

⑤ 《丽水地区人物志》编辑部:《丽水地区人物志》第一编《人物传》,浙江人民出版社1995年版,第31页。

⑥ 王重民《美国国会图书馆藏中国善本书录订补》,见范邦瑾编著:《美国国会图书馆藏中文善本书续录》,上海古籍出版社2011年版,第426页。

说》一卷、《卦变图》一卷、《易五赞》一卷、《筮仪》一卷，汉郑玄、唐贾公彦等《周礼注疏》四十二卷，又《仪礼注疏》十七卷、元陈澔《礼记集说》三十卷、宋朱熹《四书集注》四十卷，又辑刻过《大明律释义》三十卷，《中国古籍版刻辞典》均著录①。

（二）何　镗

何　镗（1507—1585）　字振卿，号宾岩，丽水县人。明"嘉靖二十六年进士，授进贤令，用法不阿权贵，量移开封府丞，厘奸别弊，强宗为之敛手，以能擢守潮阳。……迁云南参政，以乞养归。抚按屡荐异才，擢广东按察使、河南布政使不起。投闲数十年而没"②。何镗为人刚直，不畏权贵，除弊政，惩奸民，恤孱弱，颇有政声。生平著作甚多，采史记文集游览之文，所撰有《古今游名山记》《中州人物志》《修攘通考》《翠微阁集》等，郡人祀于乡贤。万历七年（1579），总纂《括苍汇纪》，辑《汉魏丛书》100 种。

何镗亦藏书，《历代藏书家辞典》有载。何镗以刻书著名于世，尝辑刻《汉魏丛书》，《丛书集成初编目录》载："《汉魏丛书》86 种 448 卷，明程荣、何允中，清王谟辑刊。……何镗字振卿，号宾岩，处州卫人。嘉靖二十六年进士。官至江西提学佥事。"③刻印过自辑《古今游名山记》十七卷《总隶》三卷，辑唐韩愈《韩文》四十卷《外集》十卷《遗文》一卷《集传》一卷，宋林钺《汉隽》十卷、刘基《郁离子》二卷、宋濂《龙门子凝道记》一卷、吕祖谦编《卧游录》不分卷、徐文沔《涧滨先生文集》六卷《附录》一卷；万历六年（1578）刻印过自编《修攘通考》六卷。

十一、明代衢州府进士藏书

《明史・地理志》载，"衢州府元衢州路，属浙东道宣慰司。太祖己亥九月为龙游府。丙午年为衢州府。领县五"④，即西安县、龙游县、常山县、江山县、开化县。

徐应秋（？—1621）　字君义，号云林，衢州府西安县人。四川巡抚徐可求次子。"万历丙辰进士，有惠政。擢仪部郎，为魏忠贤所衔，削夺归里"⑤。主持粤东乡试，所举皆国家栋梁之才，其政迹煊赫，刚正不阿，归里后，杜门授徒，著书立说。其"著

---

① 参见瞿冕良编著：《中国古籍版刻辞典》，苏州大学出版社 2009 年版，第 397 页。

② 孙寿芝纂：《浙江省丽水县志》卷十《人物志二・何镗》，见《中国方志丛书・华中地方・第二二〇号》，（台湾）成文出版社 1975 年据民国李钟岳等修，孙寿芝纂，民国十五年（1926）铅印本影印，第 860—861 页。

③ 中华书局编辑部编：《丛书集成初编目录》之《丛书百部提要・汉魏丛书》，中华书局 1983 年版，第 19—20 页。

④ （清）张廷玉等纂修：《明史》卷四十四《志第二・地理五・衢州府》，中华书局 1974 年版，第 1113 页。

⑤ （清）嵇曾筠、李卫等修，（清）沈翼机等纂：《雍正浙江通志》（四）卷一百八十一《人物六・徐应秋传》，浙江省地方志编纂委员会编：《中国地方志集成・省志辑・浙江》（6），凤凰出版社 2010 年影印本，第 727 页。

书甚富，其已行世者：《谈荟》《雪艇麈余》《古文藻海》《古文奇艳》《骈字凭霄》等集”[①]。所著“《玉芝堂谈荟》三十六卷，《四库全书》著录，轶事旧闻，兼收并蓄。虽或失之琐屑，其博赡亦未可没。”[②]此书亦可称考证之书。

徐应秋“年轻时两度为山东剧县（今寿光县南）知事，皆有惠政。擢升礼部仪制司，因不媚魏忠贤奸党，削职闲居，闭户勤学，博览群书，专心著作。后被召任广东主考，继则巡视闽海，因平海盗刘香功著，升福建左布政，虽政迹炫赫，终因不遂权贵要挟而遭谗罢官”[③]。徐应秋少时即手不释卷，尝云：“玉芝主人无他嗜好，喜读未见之书，雅慕博综，乐称稀有之事。”[④]“有书癖，充栋之藏，渔猎殆尽……延里中时彦结社于足园，授餐角艺，手为丹黄，户外事泊如也。”[⑤]

其藏书处曰玉芝堂、蓓园。

其藏书颇为其所用，崇祯间刻印过自撰《玉芝堂谈荟》三十六卷。

第四节　明代江南（今上海）进士藏书

据《明史·地理志》载，“松江府元直隶江浙行省。太祖吴元年正月因之。领县三”[⑥]，即华亭县、上海县、青浦县。

今上海境相当于明代松江府。

（一）钱　溥

钱　溥（1408—1488）　字原溥，号九峰，别号瀛州遗叟，松江华亭人。钱博[⑦]兄。“正统四年进士，试蔷薇露诗，称旨授检讨”[⑧]，“擢春坊左赞山，仍兼检讨，修《寰

① （清）嵇曾筠、李卫等修，（清）沈翼机等纂：《雍正浙江通志》（四）卷一百八十一《人物六·徐应秋传》，浙江省地方志编纂委员会编：《中国地方志集成·省志辑·浙江》（6），凤凰出版社2010年影印本，第727页。

② 金沛霖主编：《四库全书》子部精（中）之《玉芝堂谈荟》，天津古籍出版社、中国世界语出版社1998年版，第143页。

③ 《衢县志》编纂委员会编：《衢县志》第二十四篇《人物·徐应秋》，浙江人民出版社1992年版，第553页。

④ （明）徐应秋撰：《玉芝堂谈荟·自序》，上海古籍出版社1993年版，第3页。

⑤ （清）嵇曾筠、李卫等修，（清）沈翼机等纂：《雍正浙江通志》（四）卷一百八十一《人物六·徐应秋》，浙江省地方志编纂委员会编：《中国地方志集成·省志辑·浙江》（6），凤凰出版社2010年影印本，第727页。

⑥ （清）张廷玉等纂修：《明史》卷四十《志第十六·地理一·松江府》，中华书局1974年版，第920页。

⑦ 按：钱博，字原溥，华亭人。明代书法家。明正统十年（1445）乙丑科进士，授南京刑部主事，升四川按察使。工古文词，善楷书、行草，笔画柔秀，字形方扁，时出以隶体。学宋克与沈度，与兄溥并称为“二钱”。传世作品有楷书《滕王阁序》轴，现藏故宫博物院。

⑧ （清）谢庭熏纂修，（清）陆锡熊协纂：《乾隆娄县志》卷二十一《人物·钱溥》，见《中国地方志集成·上海府县志辑》（5），上海书店出版社1991年版，第238页。

宇通志》成，盛左谕德兼编修，天顺丁丑改尚宝司少卿，升侍读学士，赐二品服充东宫讲读官，壬午奉使安南国，赐一品服，甲申坐内侍王伦事，出知广东顺德县，成化丙戌复故官闲住，癸巳掌南京翰林院事，秩满赴京擢南京吏部左侍郎"[①]，以南京吏部尚书致仕。卒，赐祭葬，谥文通。著有《朝鲜杂志》《使交录》等。生平事迹参见《南京吏部尚书钱公溥》。

钱溥"少有文名，既擢第声誉勃起，尝上书杨文贞公论学，文贞题之"[②]。亦藏书，《中国藏书家通典》载其名。钱溥曾入内阁整理国家藏书，作有《内阁书目》一卷，另撰有《秘阁书目》二卷，今已佚无考。今据《四库全书提要存目》所载，为《内阁书目》作序。钱溥雅好刻书，明天顺六年（1462）刻印过宋欧阳修《欧阳文忠公集》一百五十三卷、附录五卷、年谱一卷。

（二）郁文博

郁文博（1417—1496）　字文博，以字行，上海人。明"景泰进士，官湖广副使"[③]。以廉洁称。

郁文博好藏书，"致仕，归居万卷楼"，"以藏书为乐"[④]，专心校勘典籍。清人刘声木云："上海郁氏藏书颇负盛名，而罕见有知其藏书之所本者，大概郁氏之书得于□□胡□□[⑤]，胡又得之于其舅平湖钱梦庐上舍天树[⑥]。钱系监生，收藏旧书、金石、书画甚富，为浙西一路风雅主盟。中落后，其所珍秘，大抵为其婿胡□□所得，由胡转入上海郁氏。同一藏书，今人知胡□□、钱天树者几无一人。"[⑦]嘉兴平湖钱天树味梦轩藏书及婿胡惠墉小重山馆藏书皆著名于时，可见郁氏藏书亦甚多。

郁文博又好校书，《藏书纪事诗》载：居万卷楼，"年七十有九，丹铅校核不去

① （明）过庭训撰：《本朝分省人物考》卷二十五《钱溥》，见《续修四库全书》编纂委员会、复旦大学图书馆古籍部编：《续修四库全书》第533册，上海古籍出版社2003年版，第507页。

② （明）过庭训撰：《本朝分省人物考》卷二十五《钱溥》，见《续修四库全书》编纂委员会、复旦大学图书馆古籍部编：《续修四库全书》第533册，上海古籍出版社2003年版，第508页。

③ （清）李元度修纂，（民国）王香余、欧阳谦增补，（民国）王香余续增，刘建平校点：《南岳志》之《续增南岳志·诗集卷二·明》，岳麓书社2013年版，第978页。

④ （清）叶昌炽著，王欣夫补正，徐鹏辑：《藏书纪事诗》卷二，上海古籍出版社1989年版，第120页。

⑤ 按：胡惠墉，一名惠孚，字篴江、荻江、笛江，自署小西山第一闲人，居平湖南庙桥胡氏芝瑞堂。为藏书名家钱天树之婿，道光年间藏书家。工诗文，其诗与古文清逸超脱，海内名流往顾之，觞咏无虚日。虽只是监生，但天分极高，因年少体弱，放弃科举，惟古人秘籍搜访不遗余力。精鉴赏，喜古书金石，藏书多以精品见称。凡书画碑碣以及鼎彝尊壶之类，一眼即辨真伪。不惜重金收集宋元精刻及当时名人所校之册，费资二万余两建藏书楼。据马承昭《续当湖外志》卷六称："迩来我湖藏书之富，邑中推陈氏简香斋，朱氏三万卷楼，东乡推棣雨徐氏绍德堂、全亭项氏乐闲居最富，而精者莫如胡氏小重山馆。咸丰时尚存四十九橱，且钞本士居六七，多秘籍……"所藏多宋元善本、珍本、钞本。

⑥ 按：钱天树（1778—1841），字承培，一字子嘉、仲嘉，号梦庐，嘉兴籍，平湖人。清画家、藏书家。继承祖辈收藏的不少书籍与字画，以搜集和浏览家中古籍书画为乐，其画以墨竹著称。尤精鉴别，收藏书画各数万卷，几与曝书亭、天籁阁相埒。

⑦ （清）刘声木《苌楚斋随笔》卷八《上海郁氏藏书原委》，见（清）刘声木撰：《苌楚斋随笔续笔三笔四笔五笔》，《清代史料笔记丛刊》本，中华书局1998年版，第169页。

手”。又云:“文博家居,校刊陶九成《说郛》一百二十卷。”[1]郁氏尝“自赋诗云:‘白头林下一耆儒,终岁楼间校《说郛》。目力心思俱竭尽,不知有益后人无。’”[2]成化间刻印过自撰《和杜律》十卷。

(三)传胪陆深

陆　深(1477—1544)　初名荣,字子渊,号俨山,华亭人。弘治十四年(1501)辛酉应天举人,“弘治乙丑进士,繇庶吉士,授编修,以祭酒充讲官”,“左迁延平府同知,历副使布政使,召还,以太常卿兼侍读学士,扈从世庙南巡,掌行在翰林院印,御笔抹去‘侍读’二字,进詹事府詹事,致仕。谥文裕”[3]。赠礼部右侍郎。著有《俨山集》一百卷,《玉堂漫笔》。明过庭训《本朝分省人物考》记云:陆深有“遗文凡一百卷,又著《诗微书》,辑《道南三书》《河汾燕间录》《史通会要》《蜀都杂抄》《平胡录》诸种博而核,皆足传世”[4]。生平事迹参见谢赞《通议大夫詹事府詹事兼翰林院学士赠礼部右侍郎谥文裕陆公深墓表》、《明史》卷二百八十六《列传第一百七十四·文苑二·陆深传》。

陆深出入馆阁凡四十年,练达朝章,兼通博古,尤以文章见长。卒后葬于上海后乐园侧畔的东洋泾河北岸陆氏祖茔。墓室规模宏大,后成为上海浦东著名景观。

钱谦益称:陆深“少与徐昌国善,切磨为文章,有名于时。工书,仿李北海、赵承旨。品骘古今,鉴赏书画,博雅为词林之冠”[5]。好读书,尤好藏书,以藏书为乐,尝于奏疏中宣称:“臣本农家,僻居江海之上,兼有藏书可资考索,衣食所余,足备笔札之费。”[6]祁承㸁称“云间陆文裕公、娄江王大司马、吴门刘子威,此其家藏书皆不下数万卷”[7]。其家有绿雨楼为藏书处,“每朝暾初起,则浮绿满楼,动摇不散,因摘古诗绿槐疏雨之句,命之曰‘绿雨’,盖将此息焉”[8]。绿雨楼分上下两层,上层楼东有一室,名曰“素轩”,其“后为一小室,启一户与轩通,中设木榻一、棐几一、古琴一、香鼎一,左居图,右架史”。书房北面有西窗,窗外巨槐遮荫,夏季高温时,主人尤喜在书房内读书纳凉。上层楼北有一室,名曰“潜室”,取“潜毓德”之义。上层楼的中间

---

① (清)叶昌炽著,王欣夫补正,徐鹏辑:《藏书纪事诗》卷二,上海古籍出版社 1989 年版,第 120 页。

② 薛明剑《上海藏书史料片断》,见上海文史馆编:《上海地方史资料》(四),上海人民出版社 1986 年版,第 187 页。

③ (清)钱谦益著:《列朝诗集小传》丙集《陆詹事深》,上海古籍出版社 1959 年版,第 278 页。。

④ (明)过庭训撰:《本朝分省人物考》卷二十五《陆深》,见《续修四库全书》编纂委员会、复旦大学图书馆古籍部编:《续修四库全书》第 533 册,上海古籍出版社 2003 年版,第 521 页。

⑤ (清)钱谦益著:《列朝诗集小传》丙集《陆詹事深》,上海古籍出版社 1959 年版,第 278 页。

⑥ (明)陆深撰:《俨山外集》(外三种)卷二十八《同异陆录上·进同异录序》,上海古籍出版社 1993 年版,第 162 页。

⑦ (明)祁承㸁《藏书训略》,见(明)祁承㸁等撰:《澹生堂藏书约》外八种,上海古籍出版社 2005 年版,第 15—16 页。

⑧ (明)陆深撰,陆起龙编:《陆文裕公行远集》卷四《绿雨楼记》,见《四库全书存目丛书》编纂委员会编:《四库全书存目丛书》集部,第 59 册,齐鲁书社 1997 年版,第 227 页。

有藏书处名曰“书窟”，“广可五尺，长丈有咫，穴北壁以取明，杂藏书三千卷，斯楼之大观云”①。又据清人戴璐《藤阴杂记》记云：“绿雨楼，陆文裕深旧邸，在正阳、宣武二门之间，东曰素轩，北曰澹室，中为书窟，今失其处。见改虫斋杂疏。公裔孙耳山锡熊，藏有嘉靖中经筵所赐宫扇，邀程鱼门晋芳、汪厚石孟鋗、赵损之文哲、阮吾山葵生、曹习庵仁虎、吴白华省钦联句，有楼添槐雨凉，屏引梧飓飐。绿雨、槐雨，未知孰是？”②

陆深编有《文裕江东藏书目录》，《经籍会通》卷二载其书目序云：“余家学时喜收书，然覼觑屑屑，不能举群有也。壮游两都，多见载籍，然限于力，不能举群聚也。间有残本不售者，往往廉取之，故余之书多断阙。阙少者或手自补缀，多者幸他日之偶完而未可知也。正德戊辰夏六月，寓安福里，宿疴新起，命僮出曝，既乃次第于寓楼。数年之积与一时长老朋旧所遗，历历在目，顾而乐焉。余四方人也，又虑放失，是故录而存之，各系所得，倘后益焉，将以类续入焉。深识。”③叶昌炽称：“文裕《书目》，世无传本。此序见《式古堂书画考》。其著录之例，《十三经》第一，理性第二，史第三，古书第四，诸子第五，文集第六，诗集第七，类书第八，杂史第九，诸志第十，韵书第十一，小学、医药第十二，杂流第十三。以小学、医药合为一类，为诸家所未有。其言云：‘不幼教者不懋成，不早书者不速起，其道一也。’”④

陆深十分注重对古籍、书画的购买、整理与收藏，从给儿子的书信中可窥其爱书之一斑：“朝廷每有大事必令与议，但乏书考校，此间亦复置买数部，兼抄得奇书亦有数种，四川板《礼记纂言》便寄一部来。家内藏书可晒晾收束，再做数厨柜亦不难，此传子孙至宝也。可倩山立辈并桂魁等识字人逐一清楚，作一书目寄来，残阙查卷数，明注其下，只作经史子集分类，标出宋元板并近刻，分作三四等，有重本者亦注出，此间可损益也。画卷字册亦须架阁，古人重收藏也。”⑤“吾集文稿旧曾清出三册，是丙子(1516)以前所作，是姚天霁写清放在浦东楼上西间壁橱内。丁丑(1517)以后，文字俱散漫，稿簿俱留在家。可乘闲清出，令人写净，须我自删定编次。”⑥又言：“书画是我一生精力所收，俱各散漫不曾收拾，不知汝有暇清理否？我重入翰林，屡有朝廷文字应酬，苦无书检阅。此间有人事书，亦复收买几种。今写书目去，来时可带得紧要的数种。若宋元板，除此间所有，尽可收束，做书橱夹板载来。我平生文字稿簿可

① （明）陆深撰，陆起龙编：《陆文裕公行远集》卷四《绿雨楼记》，见《四库全书存目丛书》编纂委员会编：《四库全书存目丛书》集部，第59册，齐鲁书社1997年版，第227页。

② （清）戴璐著：《藤阴杂记》卷五《中城南城》，北京古籍出版社1982年版，第46页。

③ （明）胡应麟《经籍会通》卷二，见（明）胡应麟等著：《经籍会通》外四种，北京燕山出版社2008年版，第23页。

④ （清）叶昌炽著，王欣夫补正，徐鹏辑：《藏书纪事诗》卷二，上海古籍出版社1989年版，第147页。

⑤ （明）陆深撰：《俨山集》卷九十七《京中家书二十二首》，《四库明人文集丛刊》本，上海古籍出版社1993年版，第631页。

⑥ （明）陆深撰：《俨山集》卷九十九《京中家书二十四首》，《四库明人文集丛刊》本，上海古籍出版社1993年版，第643页。

一一收束，一字不可失也。交游书札自可作一柜藏起，楼上俱可架阁也。画成堂者不必带，只唐宋单幅，可携十数轴。卷册都可带来。字帖有古而好者，量携之。"[①]信中"汝"是指陆楫（1515—1552），字思豫，受其父影响，好读书，亦藏书，自云："每见馆阁诸先达，对后学缕缕道国朝典故。先文裕公出入馆阁，前后几四十年，每见国朝前辈，抄录得一二事，便命不肖熟读而藏之。"[②]

（四）李　儒

李　儒（1473—1537）　字宗文，号宣教，华亭人。《西园见闻录》载："正德庚午始举于乡，明年辛未会试，又病不能廷对，至甲戌始第进士"[③]，以时事不合己意，谢病家居。明世宗嘉靖初，始就建宁府推官，摄知府事，尽心职守，处理政务雷厉风行，迁南京礼部主事，南京刑部郎中，遂请老归。生平事迹参见明唐顺之《刑部郎中李君儒墓志铭》。

李儒"请老而归，时年五十七耳，儒貌古而气清恒，居以簪笏为柴栅，自建宁归行李萧然，惟破簏贮书数卷而已，俭朴寡欲、粝饭敝衣，终身以为常。归卧林皋极幽居之胜，以自肆于园池竹居之间，悠游以至终老"[④]。唐顺之言："公俭朴而寡欲粝食敝衣终身常，然虽在官中亦然。自建宁归不载行李，惟破簏贮书数卷而已。"[⑤]

（五）沈　霁

沈　霁（生卒年不详）　字子公，号东海老人，华亭人。"正德辛未进士，授行人，擢御史，嘉靖癸未迁福建副使，丙戌改贵州副使加参政致仕。"[⑥]又"平生雅有著述不自暴，一日检旧所著书尽焚之，止存语录四卷"[⑦]。明张萱《西园闻见录》卷九十七等有其传。

沈霁少年有美质，语出惊人，读书过目成诵，通籍后，尤嗜读书，"平生无私蓄，虽历任不受一物，行李萧然惟图书数卷而已。家居十七年，屏绝人事，日诵"四书六经"

---

① （明）陆深撰：《俨山集》卷九十九《京中家书二十四首》，《四库明人文集丛刊》本，上海古籍出版社1993年版，第643—644页。

② （明）陆楫撰：《蒹葭堂杂著摘抄》，中华书局1985年版，第12页。

③ （明）张萱辑：《西园闻见录》卷之二十《恬退》，第17册，杭州古旧书店1983年据民国二十九年（1940）哈佛燕京学社影印本。

④ （明）过庭训撰：《本朝分省人物考》卷二十六《李儒传》，见《续修四库全书》编纂委员会、复旦大学图书馆古籍部编：《续修四库全书》第533册，上海古籍出版社2003年版，第525页。

⑤ （明）唐顺之《刑部郎中李君儒墓志铭》，见（明）焦竑辑：《焦太史编辑国朝献征录》卷四十九，《续修四库全书》编纂委员会、复旦大学图书馆古籍部编：《续修四库全书》第527册，上海古籍出版社2003年版，第565页。

⑥ （明）过庭训撰：《本朝分省人物考》卷二十六《沈霁传》，见《续修四库全书》编纂委员会、复旦大学图书馆古籍部编：《续修四库全书》第533册，上海古籍出版社2003年版，第526页。

⑦ （明）过庭训撰：《本朝分省人物考》卷二十六《沈霁传》，见《续修四库全书》编纂委员会、复旦大学图书馆古籍部编：《续修四库全书》第533册，上海古籍出版社2003年版，第527页。

《性理大全》诸书并《闽洛语录》”①。

（六）孙承恩

孙承恩（1481—1561）　字贞父，号毅斋。华亭人。孙衍②子。“弘治甲子举人，正德辛未进士，殿试二甲，钦点翰林院庶吉士，授职编修，世宗朝充安南正使，迁左春坊左中允，充经筵讲官，辛卯应天正考官，丁酉顺天正考官，升南京翰林院侍读学士，寻召为北京詹事府少詹事，晋吏部右侍郎，充经筵日讲官转吏部左侍郎掌詹事府事，同修玉牒，充会典副总裁，丁未会试总裁，擢礼部尚书，乃掌詹事府事，加太子少保，卒赠太子太保，赐谥文简。”③“所著有《使交纪行稿》《使郢稿百像赞》《瀼溪草堂全集》。”④生平事迹详参见明徐阶《太子少保礼部尚书兼翰林院学士掌詹事府事赠太子太保谥文简孙公承恩墓志铭》、《乾隆娄县志》卷二十二《孙程恩传》。

孙承恩平生博稽宏览，为文纯正恬雅，有明初作者之遗。又好读书与藏书，其门生杨豫生记云：“窥公色而真娱图书一室，宅柳五株杜门屏累绩学忘劬。”⑤其藏书由其子孙克宏递藏。孙克宏（1533—1611），字允执，号雪居，华亭人。以荫，官至汉阳知府，罢归，以收藏书画、金石及古籍自娱。陈继儒云：宏客罢归后，“自此无复仕进意，遂于东郊故居修案精舍，辇奇石，置庭除，环列鼎彝金石、法书名画，摩挲其中”⑥。

（七）潘恩父子三进士

潘　恩（1496—1582）　字子仁，号笠江，一号湛川，上海县人。“嘉靖二年进士。授祁州知州，调繁钧州。钧，徽王封国也，宗戚豪悍，恩约束之。擢南京刑部员外郎。迁广西提学佥事，署按察使事。有大猾匿靖江王所，捕之急，王不得已出之。憾恩，诬以事，按无实得免。累迁山东副使”。又“迁浙江左布政使，以右副都御史巡抚河南”。后“由刑部尚书改左都御史”⑦，致仕归。“卒讣闻卒赐祭葬，赠太子少保，谥恭定。二子皆成进士，长允哲学宪、次允端方伯”⑧。潘恩为官一方，造福当地教育，提携人才，推动当地重文风气的形成。潘恩官刑部员外郎时，“天下当乡试，执政者议

---

① （明）过庭训撰：《本朝分省人物考》卷二十六《沈霁传》，见《续修四库全书》编纂委员会、复旦大学图书馆古籍部编：《续修四库全书》第533册，上海古籍出版社2003年版，第527页。

② 按：孙衍，字世延，号雪岑，成化乙酉举人，戊戌进士，历任湖广沔阳州知州，南京兵部员外郎、车驾郎中，福建延平府知府，以子贵加赠资政大夫、太子少保、礼部尚书兼翰林院学士。

③ 顾廷龙主编：《清代硃卷集成》第410册《孙骐》，台北成文出版社1992年版，第253—254页。

④ （明）谈迁撰：《国榷》卷六十三《世宗嘉靖四十年》，中华书局1958年版，第3964页。

⑤ （明）孙承恩撰，杨豫生、董宜阳、朱大韶编辑：《孙文简公瀼溪草堂稿》之《毅斋先生小像赞》，见北京图书馆古籍出版编辑组编：《北京图书馆古籍珍本丛刊》102集部，书目文献出版社1998年版，第128页。

⑥ （明）陈继儒撰：《晚香堂集》卷九《孙汉阳太守传》，见《四库禁毁书丛刊》编纂委员会编：《四库禁毁书丛刊》集部，第66册，北京出版社1997年版，第664页。

⑦ （清）张廷玉等纂修：《明史》卷二百二《列传第九十·潘恩传》，中华书局1974年版，第5342页。

⑧ （明）过庭训撰：《本朝分省人物考》卷二十六《潘恩》，见《续修四库全书》编纂委员会、复旦大学图书馆古籍部编：《续修四库全书》第533册，上海古籍出版社2003年版，第536页。

遣京朝郎出典其事,公得河南。所拔多知名士,若少傅郭公朴、尚书刘公自强、魏公尚纯、侍郎喻公时,咸公所进,至与公并贵而同声。迁广西按察佥事,提督学政。广以西故密箐大藤壤,其俗多椎不文。公至,则躬先教化,增益秩文,而尤拳拳以士务华绝根为戒。西人彬彬兴起,至今兰台石室、九列百司诸贤时有之,遂与上国埒”①。著有《潘笠江先生集》十二卷近稿十二卷附录,修《祁州志》六卷。生平事迹参见屠隆《资政大夫督察院左都御史进阶荣禄大夫赠太子太保谥恭定笠江潘公神道碑》。

潘恩好藏书,与子允端均富藏书,致仕后手不释卷,一室之中唯见图书。《弇州续稿》载:“公既归,阖门养威重。顾生平无他嗜,独嗜书,而晚年弥笃,未尝一日释手。自六经子史以及国家典故,毋论金匮石室之藏,即虞初小黄衣所纂,靡不手录而汇之,一室萧然,唯图书自环而已。”②如宋版《史记》一百三十卷,有“潘印允端”白文、“御史大夫章”白文等印③。

藏书处为其子允端所建,名曰“豫园”,是“取阅老亲”之意。园中有世春堂、乐寿堂。清叶梦珠记云:世春堂,“在北城安仁里,潘方伯充庵所建也。方伯为尚书恭定公仲子,学宪衡斋之弟,奕叶簪缨,一时贵盛,故建第规模,甲于海上”④。乐寿堂,“在世春之西,亦潘氏所建以为游宴之地。环山临水,嘉树扶疏,高阁中堂,丹楹刻桷,园林之胜,冠绝一时,犹郡郊之有顾园也”⑤。

藏印有御史大夫章、豫园主人等。

潘恩除藏书外,亦好刻书,嘉靖三十三年(1554)任浙江参政时,刻印过万表辑《皇明经济文录》四十一卷,次年(1555)刻印过自撰《笠江集》十二卷。另以活字印过《玄览堂诗钞》四卷,隆庆间刻印过自撰《诗韵辑略》五卷。

其子潘允端、潘允哲皆好藏书。

潘允端(1526—1601) 潘恩子。字仲履,号充庵,上海人。明“嘉靖壬戌进士,官四川右布政使。即作豫园乐寿堂以奉其父者。其父恩,以南京工部尚书、都御使致仕,故有‘御史大夫章’”⑥。著有《玉华堂日记》,全稿除万历二十六年(1598)戊戌残去正月及二月前半月外,前后十六年,基本完备可阅,是研究上海乡土文献的珍贵史料。

潘允端生平擅诗文、通园艺、爱好戏曲、收藏古玩。《天禄琳琅书目》著录宋版

① (明)屠隆《白榆集》卷十七《神道碑铭·资政大夫督察院左都御史进阶荣禄大夫赠太子太保谥恭定笠江潘公神道碑》,见(明)屠隆著,汪超宏主编:《屠隆集》第4册,浙江古籍出版社2012年版,第538—539页。

② (明)王世贞撰:《弇州续稿》卷一百三十九《资政大夫都察院左都御史进阶荣禄大夫赠太子少保谥恭定笠江潘公行状》,见(清)永瑢、纪昀等编纂:《四库全书》第1284册,上海古籍出版社1987年版,第44页。

③ (清)彭元瑞等撰:《天禄琳琅书目后编》卷四,见《清人书目题跋丛刊十》,中华书局1995年版,第273页。

④ (清)叶梦珠撰,来新夏点校:《阅世编》卷十《居第二》,上海古籍出版社1981年版,第214页。

⑤ (清)叶梦珠撰,来新夏点校:《阅世编》卷十《居第二》,上海古籍出版社1981年版,第215页。

⑥ (清)彭元瑞等撰:《天禄琳琅书目后编》卷四,见《清人书目题跋丛刊十》,中华书局1995年版,第273页。

《汉书》一百卷，收藏诸印中有“鼎元、伯雅、钱谦益、潘印允端、顾印从德、黄印正宾”等①；藏宋版《史记》一百三十卷，有“潘印允端、御史大夫章”诸印②；宋版《通志略》残本十七卷，“旧为上海潘氏、娄东张氏藏书。附藏印豫园主人、云间潘氏仲履父图书、臣溥、天如”等印③；明刻本《六家文选》六十卷，有“云间潘氏仲履父图书印”。④现存潘允端61岁后写的《玉华堂兴居记》中，记有收购古书、文物事，且有价格。如“‘万历十四年十二月十三日，成杜凤林宋刻通鉴一部，计一百六十本，共价八十两’。‘万历十四年七月十八日成文王鼎、哥窑白宝炉等物，共银二十四两’。‘万历十六年十月初五，成杜凤林子昂画一幅，价五十七两五分’”⑤。

晚年居豫园，有遵训阁、征阳楼等地为藏书处；又有容与堂，藏有琴、书、鼎、彝等。

潘允哲（1526—1601）　潘恩长子。允端孪生兄，“字伯明，号衡斋。登乙丑进士，为新蔡令。高等调烦，义乌令，囹圄中缧囚为空。青草蔽地，征为南御史。所建白大计，皆著为令”⑥，出知湖广黄州府，擢山东副使督学关中。丁母忧，弃官归隐。

潘允哲归隐后，承父志，好藏书，万历十年（1582）刻印过康海《康对山先生集》四十六卷，北京大学图书馆有藏。

（八）莫如忠

莫如忠（1509—1589）　字子良，号中江，华亭人，居府城蓬莱巷东之东明桥畔。嘉靖十三年（1534）甲午顺天乡试第二名举人，“嘉靖戊戌进士，授南虞衡主事，改仪制，擢贵州提学副使，道远不能将母，投劾归。家居十五年，补湖广副使。历河南参政，陕西按察使，浙江布政，乞归”⑦。“洁修自好。夏言死，经纪其丧。善草书，诗文有体要”⑧，精于赏鉴，“书法以二王为宗，尤工草，圣势若虎卧龙蟠，一时词翰双绝，终进翕然向风，得公只字片语者，辄藏之以为卅”⑨。生平事迹参见明林景旸《明故通奉大夫浙江布政使中江莫公行状》、明何三畏《云间志略》卷十五《人物·莫如忠传》。

莫如忠笃志好学，师从唐顺之，读书废寝忘食，老而不倦。明过庭训称“其性尚玄泊，简薄世好而恬于仕进，通籍以来，数引疾家卧，敛神用以一意著述。晚解藩政

---

① （清）于敏中等撰：《天禄琳琅书目》卷二，见《清人书目题跋丛刊十》，中华书局1995年版，第25页。

② （清）彭元瑞等撰：《天禄琳琅书目后编》卷四，见《清人书目题跋丛刊十》，中华书局1995年版，第273页。

③ （清）潘祖荫撰：《滂喜斋藏书记》卷一，见《续修四库全书》编纂委员会、复旦大学图书馆古籍部编：《续修四库全书》第926册，上海古籍出版社2003年版，第427页。

④ （清）于敏中等撰：《天禄琳琅书目》卷十，见《清人书目题跋丛刊十》，中华书局1995年版，第219页。

⑤ 马承源主编：《上海文物博物馆志》第四编《人物》，上海社会科学院出版社1997年版，第466页。

⑥ （明）范濂撰：《云间据目抄》卷一《纪人物·潘云哲》，上海进步书局1948年版，第40页。

⑦ （清）钱谦益著：《列朝诗集小传》丁集上《莫布政如忠》，上海古籍出版社1959年版，第402页。

⑧ （清）张廷玉等纂修：《明史》卷二百八十八《列传第一百七十六·莫如忠传》，中华书局1974年版，第7397页。

⑨ （明）何三畏：《云间志略》卷之十五《人物·莫方伯中江公传》，台湾学生书局1987年版，第1097页。

归，杜门扫轨，游神竹素里邑”①，又好藏书，《天禄琳琅书目》卷五著录元版《说文解字》三十卷，“有‘莫印如忠’”②等藏印。曾刻有自撰《崇兰馆集》二十卷，过庭训云：“如忠撰著皆缘本经术，博综群籍，检括名理，渐涵蕴藉，尚体要而发之藻蔚，故其文深厚。”③可见家藏书亦甚多。藏印有“莫氏子良”“莫印如忠”等。

莫如忠姻亲为藏书名家常熟杨仪。所藏万卷书，后归莫如忠子莫是龙。莫是龙（1537—1587），“字云卿，后以字行，更字廷韩。十岁能文，长善书。皇甫汸、王世贞辈亟称之。以贡生终”④。莫是龙喜聚书，有城南精舍。藏印有“莫云卿印”“云间莫氏城南精舍藏书”“莫印是龙”“莫生秋水”。黄丕烈《士礼居藏书题跋记》卷四载：《珩璜新论》一卷，旧钞本，海虞杨五川七桧山房钞本。“七桧山房者，海虞杨梦羽家书斋名也。其藏书所曰万卷楼，人所公知，七桧山房则人罕知矣。是书后有墨笔题识，出莫廷韩云卿手，始犹谓是云卿偶得耳。顷常熟友人陈子准来，观书于百宋一廛，欲访海虞故家藏本，述及是书，云五川身后，因事被累，举所藏书归诸莫氏，盖云卿为五川之甥故也。此一段故实，惟海虞人知之。……七桧山房万卷楼，杨家书籍莫家收。”⑤

（九）何良傅

何良傅（1509—1562）　字叔度，号大壑，华亭柘林人。“良俊弟。嘉靖辛丑进士，除行人。迁刑部主事，改南礼部，历员外、郎中。有《礼部集》十卷。”⑥何良傅与何良俊均好读书与藏书，尤善诗文，均为俊才，并称“二何”。何良俊（1506—1573），“字元朗，松江华亭人。嘉靖中贡生，以荐授南翰林孔目。有《柘湖集》二十八卷”⑦。《明史》卷二百八十七《列传第一百七十五·文苑三》有其传。

何氏家有藏书楼名曰“清森阁”与“望洋楼”，其兄何良俊尝言：“吾有清森阁在海上，藏书四万卷，名画百签，古法帖彝鼎数十种”，“海上中倭，复居金陵者数年，更买宅居吴阊”⑧，年七十始返故里。

---

① （明）过庭训撰：《本朝分省人物考》卷二十六《朱大韶传》，见《续修四库全书》编纂委员会、复旦大学图书馆古籍部编：《续修四库全书》第533册，上海古籍出版社2003年版，第540页。

② （清）于敏中等撰：《天禄琳琅书目》卷五，见《清人书目题跋丛刊十》，中华书局1995年版，第91页。

③ （明）过庭训撰：《本朝分省人物考》卷二十六《朱大韶传》，见《续修四库全书》编纂委员会、复旦大学图书馆古籍部编：《续修四库全书》第533册，上海古籍出版社2003年版，第539页。

④ （清）张廷玉等纂修：《明史》卷二百八十八《列传第一百七十六·莫如忠传》，中华书局1974年版，第7397页。

⑤ （清）黄丕烈著，潘祖荫辑，周少川点校：《士礼居藏书题跋记》卷四《子类》，书目文献出版社1989年版，第136页。

⑥ （清）陈田辑撰：《明诗纪事·戊签》卷八《何良傅》，上海古籍出版社1993年版，第1527页。

⑦ （清）陈田辑撰：《明诗纪事·戊签》卷八《何良俊》，上海古籍出版社1993年版，第1525页。

⑧ （清）张廷玉等纂修：《明史》卷二百八十七《列传第一百七十五·何良俊传》，中华书局1974年版，第7364—7365页。

(十)陆树声

陆树声(1509—1605)　字与吉,号平泉,华亭朱家角人。树德[①]兄,彦章父。陆树声为明"嘉靖辛丑会试第一人,选庶吉士,授编修,请告还里,即拜国子司业,晋祭酒,历迁吏部右侍郎,起掌院教习,皆不赴,即家拜礼部尚书。江陵当国,引礼不少假,抗疏请告"[②]。《明史》称陆树声"端介恬雅,翛然物表,难进易退。通籍六十余年,居官未及一纪。与徐阶同里,高拱则同年生。两人相继柄国,皆辞疾不出。为居正所推,卒不附也。已,给廪隶如制,加太子少保。再遣存问"[③]。卒,谥文定。陆氏入仕途数十年,历正德、嘉靖、隆庆、万历四朝,居官守法严劲,屡辞朝命,高风亮节,为士论所重。其"所著有《诗文全集》《汲古丛语》《清暑笔谈》《耄馀杂识》《陆学士题跋》《善俗裨议》《乡会公约》《陆氏家训》《适园杂识》《病榻寤言》《长水日抄》《禅林馀藻》"[④]等数种。生平事迹参见明王慎行《资政大夫太子少保礼部尚书兼翰林院学士赠太子太保谥文定平泉先生陆公树声墓志铭》、明孙鑛《资政大夫太子少保礼部尚书兼翰林院学士赠太子太保谥文定陆公神道碑》、明过庭训《本朝分省人物考》卷二十六《陆树声传》。

陆树声晚年归乡,居朱家角后,闭门谢客,与笔砚为伍,读书自娱,著述繁丰。如《明史·艺文志》著录陆氏晚年所撰《清暑笔谈》,自序云:"余衰老退休,端居谢客,属长夏掩关独坐,日与笔砚为伍。因忆曩初见闻积习,老病废忘,闻存一二,偶与意会,捉笔成言,时一展阅,如对客谭噱,以代抵掌,命之曰《清暑笔谈》。"[⑤]又《耄馀杂识叙》云:"余性资寡僻,例简应缘,居尝燕间,颇亲记籍。今迫衰暮,两目昏眊,艰于披阅,第平生所接交知谈议,及䌷绎旧闻,一之半解,注之臆想,题撕仅存。每日栉沐之余,南荣就明,笔砚粗设,间录一二,以备遗忘。"[⑥]又《长水日抄小引》记云:"余自请谢归,年衰病积,居尝燕间息,屏绝思虑,塞兑忘言。然时中不觉念起,或追忆见闻,偶与心会,抑塞未能间。一操翰染楮汗漫成帙。尝忆石林子有言以无知求有知易,以有知入无知难,穷有味其言,鬴当焚弃笔砚,求入无知,而业已成敝扫矣。会友人见者藏去,谓余心思所寄,出之以付剞劂,曰:'日抄者,以余积日所得也。'"[⑦]查继佐《罪惟录》记云:先生"自释褐在官不十年,林居五十年。喜读书,尤邃于《易》。每

---

① 按:陆树德,字与成,华亭人。陆树声之弟。明嘉靖四十四年(1565)进士,历官严州推官、礼部礼科给事中,迁尚宝卿,太常少卿,南京太仆卿,以右佥都御史巡抚山东,后乞休归卒。陆氏为官清严,有直声,《明史》卷二百二十七《列传第一百十五》有其传。

② (清)钱谦益撰:《列朝诗集小传》丁集中《陆宫保树声》,上海古籍出版社1959年版,第545页。

③ (清)张廷玉等纂修:《明史》卷二百十六《列传第一百四·陆树声传》,中华书局1974年版,第5695页。

④ (清)王昶著,周维德校辑:《蒲褐山房诗话新编》卷下,齐鲁书社1988年版,第232页。

⑤ (明)陆树声著:《清暑笔谈》,中华书局1985年版,第1页。

⑥ (明)陆树声著:《耄馀杂识》,中华书局1985年版,第1页。

⑦ (明)陆树声著:《长水日抄》,中华书局1985年版,第1页。

言世法中惟廉取薄享,可迓寿命之原。著有《陆学士丛著》《善俗毗议》《乡会公纳》《陆氏家训》,谈蔬理甚精,传者揭之为铭”[①]。

从上述文字中,可见陆氏家中有书可读,亦可推为有一定藏书,藏书故实见于其撰《逸鼠记》:“陆子自丙寅岁[②]谢病归,束书不展置阁者五年矣!是岁夏暑溽,出所藏书暴之,则鼠曹其中,检之残啮者,盖十之五六,苴藉浥腐败脱者过半焉,无完帙矣。”[③]明初刻本《列子注》十卷,钤有“陆树声、璜川吴氏各印”[④]。日本静嘉堂文库藏本《白氏六帖事类集》,为白居易原著与晁仲衍所作《注》的合刊本,系北宋仁宗年间(1023—1063)刊本,是书全一百卷,此本今存一至三十八卷。卷中有“宋本”“东海”“传是楼”“徐仲子”“别号自强”“章仲”“徐氏章仲”“壬戌”“臣炯”“花磎”“徐章仲所读书”“徐炯珍藏秘籍”“陈氏秋鸿”“汪士钟印”“阆源真宝”“友菊轩”“雅庭”“骏昌”“士勋”“祖庭”“臣陆树声”诸印[⑤],可见是书流传有序,可谓珍宝。

陆树声所藏书为其子陆彦章所递藏。

陆彦章(1566—1630),字伯达,华亭人。莫如忠婿。幼师从董其昌,“万历己丑进士,仕至光禄寺卿”[⑥]。工诗文,书法研雅,小楷尤工。除继承其父藏书外,又于万历十四年(1586)刻其父陆树声所撰《陆文定公集》二十六卷。有“圃如草堂”印。

(十一)朱大韶

朱大韶(1517—1577) 字象元,一作象玄,别号文石,“其先自吴兴徙华亭,七世祖尚德公赘乌溪里,家焉,遂为乌溪人”。“癸卯,以《诗经》魁南畿。明年,对公车报罢。归即砥节为古文词。博闻强识,学无所不窥。丙午,游南雍,松溪程公以祭酒试而奇之,合六余士为文会,令公司其雌黄,悉精验。丁未成进士,选庶吉士,棲中书秘”[⑦]。授翰林院检讨,册封襄藩,分校礼闱。时倭寇起东南,大韶以亲老乞南雍,遂得司业。未几解归。著有《经术堂集》《耀典中星考》《月令中星考》等,辑录有《皇明名臣墓铭》不分卷,现今台北“中央图书馆”有藏是书钞本。明过庭训《本朝分省人物考》卷二十六及明徐象梅《两浙名贤录》卷四十等有其传。

大韶祖父朱恩,字汝承,号旅溪,华亭人,居莘庄。明“成化二十年进士,授行人,

---

① (清)查继佐著:《罪惟录·列传》卷之十五下《清介诸臣列传下·陆树声传》,浙江古籍出版社1986年版,第2218页。

② 按:即嘉靖四十五年(1566)。

③ (明)陆树声撰:《陆文定公集》卷十二《逸鼠记》,(台北)“中央研究院”藏明万历四十四年(1616)华亭陆氏家刊本,第24页下。引陈冠至著:《明代的苏州藏书》第二章,花木兰文化出版社2007年版,第23—23页。

④ 傅增湘撰:《藏园群书经眼录》卷八《子部一》,中华书局1983年版,第561页。

⑤ 严绍璗著:《日本藏汉籍珍本追踪纪实——严绍璗海外访书志》之八《在静嘉堂文库访“国宝”》,上海古籍出版社2005年版,第247页。

⑥ (清)王原祁等纂辑,孙霞整理:《佩文斋书画谱》卷四十四,第3册,文物出版社2013年版,第1861页。

⑦ (明)王弘诲著,王力平点校:《天池草》卷十八《南司业朱文石公行状》,海南出版社2004年版,第393—394页。

迁刑部郎中，谨曹事，不通门谒。孝宗朝，擢河南副使，历布政使”①。时都下有矿利，中官廖某欲以奇羡自盈，唉当路开，恩抗章止之。擢南京副都御史，累迁南京吏部侍郎，进礼部尚书，寻坐事罢归。家居三十年，以法书、名画及藏书自娱。生平事迹参见费寀《资善大夫南京礼部尚书旅溪朱公恩墓志铭》。

朱大韶在祖父影响下，尤嗜藏书，回乡后在故乡东马桥西筑精舍，构文园。园中建有快阁、熊祥阁、横经阁、味道斋、经术堂等藏书处，明王弘诲记云：“归构楼于城东北隅，置图史，朝夕观览，左右远眺自适，取名‘快阁’。岁时行圃，召所厚故人，从命觞弈，谈说乡里事为乐，绝不问门外事。四方造请碑志序记，履满户外。公投甓而应之，有余功。虽幽居里巷中，而名称藉藉，实无异朝省时。公负才倜傥，意不可一世，而勇于任事，诚以待人，有古君子风。事其二尊人，尤极孝养，甘脆非先进不敢尝，诞辰必盛供具，会亲朋乐饮，娱二亲意。”②阁中藏有钟鼎彝器等长物，收藏大量名画和法书，以及众多珍贵的宋椠元刻明版善本图籍。对于朱大韶归里后的生活，明《云间志略》记其甚详：“公之归，筑精舍，辟文园一，以吟咏燕乐为事，盖公有文翰材，而性亦豪侠轩举。第宅林泉、酒肴声妓，其奢华壮丽可称甲于江南者。然亦藉有尚书旅溪公之故业而拓之。非以寒素骤致者也。公晨起即科头，坐‘快阁’上，用五色笔批点古书数叶，侍儿进清茶一瓯、点心一二品，即下楼梳洗。梳洗毕，进早膳，小菜亦多佳味，所盛碟皆宣窑、成化窑。膳毕，始出‘燕超堂’见宾客，凡四方游士挟荐牍而来，及以古玩、绮币诸物求售者，公一一应之，各厌所欲而去。至午，中饭后即把玩古彝鼎、展名画法书，或临帖，或赋诗，或书扇，或游览后园，视见童浇花灌竹，如是者率以为常。至下午，则设席款客，盛陈犀玉酒具于筵前，令家乐演戏登场，艳舞娇歌，无所不备。虽性不能饮，而喜人饮，流连彻夜，终不见其倦色惰容也。即是日偶不设客，而清士骚人至，亦未尝不为款留，真所谓座上客常满，尊中酒不空者矣！”③从上文看，归里后的朱大韶将常课分为上午、中午、下午、晚间四个段落，上午读书、饮茶、点心、见客，中午鉴赏、临帖、赋诗、书扇、游园、浇花、灌竹，下午至午夜设席、演戏、歌舞、饮酒。上午至中午是朱氏常课时段，下午至午夜是朱氏休闲娱乐时段，朱氏神仙般的归隐生活羡煞了众多士人。

藏书印有经术堂、朱文石氏、朱氏图书、朱象玄氏、横经阁收藏图籍印、华亭朱氏文石山房藏书印、华亭朱文石氏横经阁收藏图籍印、文石朱象玄氏、天然图画楼收藏书籍印、唐室分封肇姓皇明科甲世家诸印，而肇姓皇明实隐示一“朱”字。

撰有《横经阁收藏书籍记》，惜藏书目已佚。

朱大韶藏书多为珍本、善本，得之名家，又为名家所递藏，甚为珍宝，宋椠元刻珍

① （清）杨开第修，（清）姚光发等纂，郭时羽、李剑雄点校：《重修华亭县志》卷十四，见上海市地方志办公室，上海市松江区地方志办公室编：《松江县卷》中册，上海古籍出版社2011年版，第990页。

② （明）王弘诲著，王力平点校：《天池草》卷十八《南司业朱文石公行状》，海南出版社2004年版，第395页。

③ （明）何三畏编：《云间志略》卷之十五《人物·朱司成文石》，台湾学生书局1987年版，第1126—1128页。

本尤多。其中被清廷《天禄琳琅书目》及《后编》著录的罕见宋椠元刻本有九种:宋刻《六臣注文选》[①],宋版《春秋繁露》十七卷[②],宋版《史记》一百三十卷[③],宋版《诸臣奏议》一百五十卷[④],宋版《初学记》三十卷[⑤],宋版《重广补注皇帝内经素问》二十四卷[⑥],宋版《山谷老人刀笔》二十卷[⑦],宋版《六家文选》四函三十二册[⑧],宋版《古文苑》一函六册[⑨]。此外,被其他书目著录的有:宋庆元六年寻阳郡斋刊本《輶轩使者绝代语释别国方言解》十三卷[⑩],宋绍定刻本《礼记集说》一百六十卷[⑪],宋刊本《通鉴外纪详节》十卷[⑫],宋刊残本《资治通鉴》七十七卷[⑬],宋刊宋印本《鸡峰普济方》二十四卷[⑭],宋刊本《杜工部草堂诗笺》(残本)三十三卷[⑮],宋刊本《三国志魏书》三十卷[⑯],南宋中叶建阳最佳坊刻本《应氏类编西汉文章》十八卷[⑰],宋刻本《三国志》六十

---

① (清)于敏中等撰:《天禄琳琅书目》卷三,见《清人书目题跋丛刊十》,中华书局 1995 年版,第 57 页。
② (清)彭元瑞等撰:《天禄琳琅书目后编》卷三,见《清人书目题跋丛刊十》,中华书局 1995 年版,第 261—262 页。
③ (清)彭元瑞等撰:《天禄琳琅书目后编》卷四,见《清人书目题跋丛刊十》,中华书局 1995 年版,第 273 页。
④ (清)彭元瑞等撰:《天禄琳琅书目后编》卷四,见《清人书目题跋丛刊十》,中华书局 1995 年版,第 273 页。
⑤ (清)彭元瑞等撰:《天禄琳琅书目后编》卷五,见《清人书目题跋丛刊十》,中华书局 1995 年版,第 301—302 页。
⑥ (清)彭元瑞等撰:《天禄琳琅书目后编》卷五,见《清人书目题跋丛刊十》,中华书局 1995 年版,第 296 页。
⑦ (清)彭元瑞等撰:《天禄琳琅书目后编》卷七,见《清人书目题跋丛刊十》,中华书局 1995 年版,第 318 页。
⑧ (清)彭元瑞等撰:《天禄琳琅书目后编》卷七,见《清人书目题跋丛刊十》,中华书局 1995 年版,第 324 页。
⑨ (清)彭元瑞等撰:《天禄琳琅书目后编》卷七,见《清人书目题跋丛刊十》,中华书局 1995 年版,第 328 页。
⑩ 傅增湘撰:《藏园群书经眼录》卷二《经部二》,中华书局 1983 年版,第 122 页。
⑪ 王文进撰,柳向春标点:《文禄堂访书记》卷第一,上海古籍出版社 2007 年版,第 29 页。
⑫ (清)瞿镛撰:《铁琴铜剑楼藏书目录》卷第九《史部二》,见《清人书目题跋丛刊三》,中华书局 1990 年版,第 139 页。
⑬ (清)瞿镛撰:《铁琴铜剑楼藏书目录》卷第九《史部二》,见《清人书目题跋丛刊三》,中华书局 1990 年版,第 137 页。
⑭ (清)陆心源撰《皕宋楼藏书志》卷四十五《史部》,见《续修四库全书》编纂委员会、复旦大学图书馆古籍部编:《续修四库全书》第 928 册,上海古籍出版社 2003 年版,第 500 页。
⑮ 张元济《涵芬楼烬余书录》子部《杜工部草堂诗笺》,见张元济著:《张元济全集》第 8 卷《古籍研究著作》,商务印书馆 2009 年版,第 379 页。
⑯ 张元济《涵芬楼烬余书录》史部《三国志魏书》,见张元济著:《张元济全集》第 8 卷《古籍研究著作》,商务印书馆 2009 年版,第 232 页。
⑰ 张元济、潘宗周撰:《宝礼堂宋本书录》之集部《应氏类编西汉文章》,见张元济著:《张元济全集》第 8 卷《古籍研究著作》,商务印书馆 2009 年版,第 134 页。

五卷①,宋龙舒郡斋刻本《金石录》三十卷②,宋刊宋印《方言》十三卷③,宋乾道间绍兴学府刊本《诸史提要》十五卷④,宋刊本《帝王经世图谱》十卷⑤,宋刊本《韩集举正》十卷《外集并叙录》一卷⑥,宋蜀中刊本《盘洲文集》八十卷⑦,宋刊本《放翁先生剑南诗稿》六十七卷《目录》⑧,宋刻本《王状元集百家注编年杜陵诗史》三十二卷(现藏于苏州市图书馆),宋孝宗江西大字本《曹子建集》(海内孤本,今藏上海图书馆,宋新定郡斋刻本《礼记集说》,宋版《重校添注音辨唐柳先生文集》二十至二十二卷,今均藏于中国国家图书馆。元大德九路本《三国志注》六十五卷⑨,元刊本《北山录注》十卷⑩,元大德九路刻本《三国志》六十五卷⑪,元刊本《北山录注解随函》二卷⑫,元延祐刻本《新笺决刻古今源流至论前集》十卷《后集》十卷《续集》十卷《别集》十卷⑬。

此外,所藏明刊本有明绵纸蓝格写本《新刊监本册府元龟》一千卷《目录》十卷,存七百九十四卷,明时藏印有"'横经阁收藏图籍印''朱文石史''华亭朱氏'"⑭等;明墨格写本《三孔先生清江文集》四十卷《孔氏杂说》一卷,"钤有'华亭朱氏文石山房藏书印''文石朱象玄氏''泰峰所得善本''钱大昕印'"⑮等。

(十二)秦嘉楫

秦嘉楫(1521—?) 字少说,号凤楼,上海人。明"嘉靖三十八年己未科进士,出为浙江佥事,终南京工部主事。著有《凤楼集》"⑯。《浦东人物百题》有其传。

秦嘉楫致仕家居,以藏书与校书自娱。宋刊本《资治通鉴纲目》残二十七卷,有

---

① (清)缪荃孙等撰,吴格整理点校:《嘉业堂藏书志》卷二《史部》,复旦大学出版社1997年版,第192页。

② (清)潘祖荫撰,叶昌炽编,潘承弼增补:《滂喜斋藏书记》卷一《宋刻金石录十卷》,见《续修四库全书》编纂委员会、复旦大学图书馆古籍部编:《续修四库全书》第926册,上海古籍出版社2003年版,第430页。

③ 傅增湘撰:《藏园群书题记》卷第一《经部》,上海古籍出版社1989年版,第51页。

④ 傅增湘撰:《藏园群书经眼录》卷六《史部四》,中华书局1983年版,第520页。

⑤ 傅增湘撰:《藏园群书经眼录》卷十《子部四》,中华书局1983年版,第825页。

⑥ 傅增湘撰:《藏园群书经眼录》卷十二《集部一》,中华书局1983年版,第1056页。

⑦ 傅增湘撰:《藏园群书经眼录》卷十四《集部三》,中华书局1983年版,第1239—1240页。

⑧ 傅增湘撰:《藏园群书经眼录》卷十四《集部三》,中华书局1983年版,第1245页。

⑨ 傅增湘撰:《藏园群书经眼录》卷三《史部一》,中华书局1983年版,第203页。

⑩ 傅增湘撰:《藏园群书经眼录》卷十《子部四》,中华书局1983年版,第874页。

⑪ 王文进撰,柳向春标点:《文禄堂访书记》卷第二,上海古籍出版社2007年版,第73页。

⑫ (清)莫友芝撰,傅增湘订补,傅熹年整理:《藏园订补郘亭知见传本书目》卷十一下《子部十·补》,中华书局2009年版,第882页。

⑬ 王文进撰,柳向春标点:《文禄堂访书记》卷第三,上海古籍出版社2007年版,第205页。

⑭ 傅增湘撰:《藏园群书经眼录》卷十《子部四》,中华书局1983年版,第821页。

⑮ 傅增湘撰:《藏园群书经眼录》卷十八《集部七》,中华书局1983年版,第1529页。

⑯ 张元济《涵芬楼烬余书录》史部,见张元济著:《张元济全集》第8卷《古籍研究著作》,商务印书馆2009年版,第247页。

秦嘉楫跋文,“下钤‘秦印嘉楫’‘休休居士’二朱文方印”①。《沙川县志》载:“家居校辑群书,手自抄录”②,手抄书甚多,抄有《吴冢志》三卷,“宋懋澄曾在秦钞《吴冢志》书后题曰:‘此秦侍御手书,盖先辈之惓惓于文献者。’”③《涵芬楼秘籍》第三集载:“《孙氏书画钞》无卷数,亦无撰人名字。据万历间人旧跋,谓出于孙凤。凤字鸣岐,长洲人,以装潢为业,颇喜读书。人有以古昔书画求装潢者,则录其诗文跋语,积久成帙,名之曰《孙氏法书名画钞》,上海秦凤楼录而传之。”④

(十三)王　圻

王　圻(1530—1615)　字符翰,号洪洲,上海人。王昶云:“国子监题名碑载先生上海人,盖其时青浦未建也。先生居诸翟,为上海、嘉定、青浦三县接壤处,宅第当属上海境,故本贯如此。”⑤“嘉靖乙丑进士,除清江知县,调万安,擢云南道御史,出为福建按察佥事,谪邛州判官,两知进贤、迁开州知州,历官湖广提学佥事,升陕西布政司参议。有《洪州类稿》。洪州拜分陕之命,即请告终养。”⑥王圻学识广博,著作甚丰,所撰“《续文献通考》《谥法通考》《两浙盐志》《海防志》《三吴水利考》《稗史汇编》”⑦等数百卷。王昶《蒲褐山房诗话新编》卷下有其传。

王圻于万历二十三年(1595)隐居松江之滨梅花源(今诸翟、江桥间大宅里),朝廷赐建十进九院府第,以聚书与著述为事。又植梅万株,谓之“梅花源”,自号“梅花居士”。“筑室淞江之滨,种梅万树,目曰‘梅花源’。以著书为事,年逾耄耋,犹篝灯帐中,丙夜不辍,所撰《续文献通考》诸书行世”⑧。朱彝尊称:“既归松江之滨,种梅万树,目曰‘梅花源’。仰屋梁著书,门溷皆安席砚。”⑨明人陆应阳称:“方先生承命分陕,春秋甫艾耳！令尊人奉政分年且老,遂乞终老,自定省外,日惟究心竹素,上下千百家,穷寒暑不少倦,识者羡先生拥书万卷。”⑩

王圻又利用家中所藏,纂《稗史汇编》一百七十五卷,乃上起古初,下逮万历中期

---

① 张元济《涵芬楼烬余书录》史部,见张元济著:《张元济全集》第8卷《古籍研究著作》,商务印书馆2009年版,第247页。

② 朱鸿伯主编:《上海市川沙县志》卷三十三《人物》,上海人民出版社1990年版,第943页。

③ 麦群忠主编,王雪光等编撰:《中国图书馆界人名辞典》上《古代部分·明代》,广西民族出版社1987年版,第181页。

④ 引柳和城著:《孙毓修评传》附录一《孙毓修序跋辑录》,上海人民出版社2011年版,第396页。

⑤ (清)王昶著,周维德校辑:《蒲褐山房诗话新编》卷下,齐鲁书社1988年版,第236页。

⑥ (清)朱彝尊著,姚祖恩编,黄君坦校点:《静志居诗话》卷十三《王圻》,人民文学出版社2006年版,第371页。

⑦ (清)朱彝尊著,姚祖恩编,黄君坦校点:《静志居诗话》卷十三《王圻》,人民文学出版社2006年版,第371页。

⑧ (清)张廷玉等纂修:《明史》卷二百八十六《列传第一百七十四·文苑二·王圻》,中华书局1974年版,第7358页。

⑨ (清)朱彝尊著,姚祖恩编,黄君坦校点:《静志居诗话》卷十三《王圻》,人民文学出版社2006年版,第371页。

⑩ (明)陆应阳《续刻王侍御先生类稿序》,见《四库全书存目丛书》编纂委员会:《四库全书存目丛书》集部,第140册,(明)王圻撰:《王侍御类稿》,齐鲁书社1997年版,第107—108页。

的古今稗史分类汇编，书中荟萃了千种野史笔记的精华，堪称我国古代社会的百科全书、文史知识的分类辞典汇编，亦是今日学人研读二十四史的重要参考。与其子思义合编《三才图会》一百六卷，十四门，其中考证历代宫室、器用、服饰、珍宝，绘制成图，为后世研究古物、古建筑者提供了重要参考资料。主纂《青浦县志》，为青浦县第一部县志。

王圻卒后，其遗书由其孙昌会①及昌纪②递藏。

（十四）传胪董其昌

董其昌（1555—1636）　字玄宰，一字符宰，号思白，别署香光居士，华亭人，人称“董华亭”。《罪惟录》载：董其昌“以万历己丑进士，选庶常，补编修。丁酉主考江西，出封楚藩，历督学湖广，拾遗，奉旨留用，补福建副使，四十五日评归。福清向高当国，起太常少卿，旋管国子监司业事。奉命纂修泰昌《实录》，其昌取河南道所藏故牍，摘其未奉旨者，装成三百本，以备史官取材。……历礼部侍郎，请告，特拜尚书，掌詹事府事，致仕归”③。卒赠太子太傅。福王时谥文敏。著有《画禅室随笔》《画旨》《画眼》《容台文集》九卷《诗集》四卷《别集》四卷。生平事迹参见《乾隆娄县志》卷二十三《董其昌传》、钱谦益《列朝诗集小传》丁集下《董尚书其昌》。

董其昌少年时即负盛名，好读书，尤善书画，其书画为明末之冠。又“精书法，泛滥诸家，而独宗米氏”④。清初姜绍书云：“崇祯间晋礼部尚书，年近大耋，犹手不释卷，灯下读蝇头书，写蝇头字，盖化工在手，烟云供养，故神明不衰乃尔。其书无所不仿，最得意在小楷，而懒于拈笔，但以行草行世，亦多非作意书，第率尔应酬耳，若使当其合处，直可追踪晋魏。画仿北苑、巨然、千里、松雪、大痴、山樵、云林，精研六法，结岳融川，笔与神合，气韵生动，得于自然，所谓云峰石迹，迥出天机，笔意纵横，参乎造化者也。”⑤《明史》赞誉：“其昌天才俊逸，少负重名。初，华亭自沈度、沈粲以后，南安知府张弼、詹事陆深、布政莫如忠及子是龙皆以善书称。其昌后出，超越诸家，始以宋米芾为宗。后自成一家，名闻外国。其画集宋、元诸家之长，行以己意，潇洒生动，非人力所及也。四方金石之刻，得其制作手书，以为二绝。造请无虚日，尺素短札，流布人间，争购宝之。精于品题，收藏家得片语只字以为重。性和易，通禅理，萧闲吐纳，终日无俗语。人儗之米芾、赵孟頫云。同时以善书名者，临邑邢侗、顺天

① 按：王昌会，字嘉侯，上海人。《嘉庆松江府志》卷五十五《古今人传七》载：“圻孙，万历四十三年（1615）举人，屡试不第，遂绝意进取，杜门读书，晚年筑室松原，门无杂宾，广堂宏敞，前列图书。”

② 按：王昌纪，字永侯，昌会之弟，上海人。生逢鼎革之际，乱后避居吕港，博学多藏书，著述亦甚富。李放《皇清书史》卷十六载：“明诸生。手辑藏书万余卷，蝇头细书，至老不衰。”

③ （清）查继佐著：《罪惟录·列传》卷之十八《文史诸臣列传上·董其昌传》，浙江古籍出版社1986年版，第2342页。

④ （清）查继佐著：《罪惟录·列传》卷之十八《文史诸臣列传上·董其昌传》，浙江古籍出版社1986年版，第2342页。

⑤ （明）姜绍书《无声诗史》卷四《董其昌》，见《续修四库全书》编纂委员会、复旦大学图书馆古籍部编：《续修四库全书》第1065册，上海古籍出版社2003年版，第531页。

米万钟、晋江张瑞图，时人谓刑、张、米、董，又曰南董、北米。然三人者，不逮其昌远甚。"[①]其家中收藏甚丰，藏有五代董源、"元四家"等名家的精品力作，对书画鉴赏也极为精通。沈德符评述晚明收藏之风，赞叹董其昌"名最重"："嘉靖末年。海内晏安。士大夫富厚者。以治园亭。教歌舞之隙。间及古玩。如吴中吴文恪之孙。溧阳史尚宝之子。皆世藏珍秘。不假外索。延陵则嵇太史应科。云间则朱太史大韶。吾郡项太学锡山、安太学、华户部辈。不吝重赀收购。名播江南。南都则姚太守汝循、胡太守汝嘉亦称好事。若辇下则此风稍逊。惟分宜严相国父子。朱成公兄弟。并以将相当途。富贵盈溢。旁及雅道。于是严以势劫。朱以货取。所蓄几及天府。未几冰山既泮。金穴亦空。或没内帑。或售豪家。转眼已不守矣。今上初年。张江陵当国。亦有此嗜。但所入之途稍狭。而所收精好。盖人畏其焰，无敢欺之。亦不旋踵归大内。散人间。时韩太史世能在京。颇以廉值收之。吾郡项氏。以高价钩之，间及王弇州兄弟。而吴越间浮慕者。皆起而称大赏鉴矣。近年董太史其昌最后起。名亦最重。人以法眼归之。箧笥之藏。为时所艳。山阴朱太常敬循，同时以好古知名。"[②]

董其昌除收藏名画及法书外，收藏古籍甚富，查继佐云："性清敏，好汲引，家藏古图籍甚备。"[③]《天禄琳琅书目》宋版《南华真经》十卷，载为华亭董其昌藏本，有"董印其昌"白文印为证[④]。明版《金薤琳琅》二十卷，有"博雅好古""古狂生""董印其昌"[⑤]等藏印；明刻本《刘屏山集》二十卷，"附藏印'董印其昌''玄赏斋''澹生堂藏书记''旷翁手识''山阴祁氏藏书之章''子孙永珍''萧印梦松''静君'"[⑥]等。清吴尺凫校明钞本《琴史》六卷，"'此卷旧钞，长洲文氏、华亭董氏并有图记，良可爱玩。'有'文氏家藏''董其昌''吴焯''尺凫'"[⑦]等藏印；明钞本《观象玩占》五十卷附《太乙玉鉴风雨全书》一卷，现藏美国哈佛大学燕京图书馆。据沈津先生考证，传世似皆钞本，而以明钞本为多。最早者为明成化二年(1466)钞本，今藏上海图书馆。哈佛大学燕京图书馆所藏为明许明元手钞本，十册。此本所附《太乙玉鉴风雨全书》一卷，为他本所无。钤印有"董印其昌""吴城"诸印。

其室名曰画禅室、玄赏斋等。

---

① (清)张廷玉等纂修：《明史》卷二百八十八《列传第一百七十六·文苑四》，中华书局1974年版，第7396—7397页。

② (明)沈德符撰：《万历野获编》卷二十六《好事家》，中华书局1997年版，第654页。

③ (清)查继佐著：《罪惟录·列传》卷之十八《文史诸臣列传上·董其昌传》，浙江古籍出版社1986年版，第2342页。

④ (清)于敏中等撰：《天禄琳琅书目》卷二，见《清人书目题跋丛刊十》，中华书局1995年版，第39页。

⑤ (清)彭元瑞等撰：《天禄琳琅书目后编》卷十六，见《清人书目题跋丛刊十》，中华书局1995年版，第415页。

⑥ (清)潘祖荫撰，叶昌炽编，潘承弼增补：《滂喜斋藏书记》卷三，见《续修四库全书》编纂委员会、复旦大学图书馆古籍部编：《续修四库全书》第926册，上海古籍出版社2003年版，第457页。

⑦ 王文进撰，柳向春标点：《文禄堂访书记》卷第三，上海古籍出版社2007年版，第176页。

藏印有思白、玄宰、董玄宰、太史氏、画禅、玄赏斋等。

（十五）范允临

范允临（1558—1641）　字至之，别号长倩，华亭县四泾里人，祖籍吴县阊门。系北宋范仲淹十七世孙，必英父。祖父范北溪始迁松江泗泾，遂为华亭人。父范惟丕，明嘉靖三十八年（1559）已未科进士，终光禄寺少卿。允临“蚤孤赘吴门徐氏，因家焉。善属文，尤工书法。万历二十三年进士，授工部主事，历云南提学佥事，福建参议。夫人徐淑亦工诗翰，倡和成集。尝筑园天平山，凡范氏义庄、先祠靡不兴葺”①。《妙峰山志》载，其“迁福建参议，未赴而归。归而筑室姑苏天平山之阳，全家迁居，流连词文”②，与友朋遨游山水间，不复意仕进。范允临工书画，尤工书法，与董其昌齐名，远近争购之。其画作少见，存世有《仿米氏云山》扇面，此件作于明天启五年（1625），现藏故宫博物院。著有《范石工输寥馆集》八卷传世。

范允临又好藏书与刻书，惜藏书故实无考。韩菼称其子必英“所居芝兰堂三楹，后万卷楼，藏书遍满，购犹未已，日吟讽其间，自得也”③。从其子范必英有万卷楼藏书，可窥其藏书甚富。刻印过杨慎《异鱼图赞》四卷、《希姓录》五卷、妻徐媛《络纬吟》二卷，《中国古籍版刻辞典》著录。

藏印有范允临印、长倩、范叔、训忠之家、前身净如、吴会诗书之族、石公、鲒琦居、萧斋等④。

范允临子必英（1631—1692），字龙仙，又字秀实，号伏庵。“初名云威，字秋涛，江南长洲人。顺治丁酉举人，康熙己未召试博学鸿辞，官翰林院检讨。”⑤“分纂《明史》毕，即谢病归。自号杜圻山人。居乡廉静，足不履公府。”⑥“筑万卷楼，藏书二十四椟，皆手自校订。工诗文词，好汲引后进，弟子著录者数百人。”

范必英继承范氏家风，好藏书，储书万卷，“先生自是坚不欲出矣，自称野野翁，又称杜圻山人。……易箦之前，为大柜二十四，以贮所藏书，皆手自整此，谓他日可以乐此而忘老。乃未几而病，病未一月遂不起。书卷之手泽犹新，丹黄之遗墨尚在，而斯人已不可复作矣”⑦。

---

① （清）谢庭熏纂修，（清）陆锡熊协纂：《乾隆娄县志》卷二十三《人物·范允临》，见《中国地方志集成·上海府县志辑》（5），上海书店出版社1991年版，第255页。

② 政协大姚县委员会编：《妙峰山志》卷四《人物·名士》，云南人民出版社2008年版，第70页。

③ （清）韩菼撰：《有怀堂文稿》卷十八《翰林院检讨范先生行状》，见《清代诗文集汇编》编纂委员会编：《清代诗文集汇编》147，上海古籍出版社2010年版，第243页。

④ 上海博物馆编：《中国书画家印鉴款识》上册，文物出版社1978年版，第700页。

⑤ （清）沈德潜编：《清诗别裁集》卷十二，上海古籍出版社2013年版，第490页。

⑥ （清）李元度著，易孟醇点校：《国朝先正事略》卷三十九《文苑·范必英》，岳麓书社1991年版，第1070页。

⑦ （清）韩菼撰：《有怀堂文稿》卷十八《翰林院检讨范先生行状》，见《清代诗文集汇编》编纂委员会编：《清代诗文集汇编》147，上海古籍出版社2010年版，第243页。

（十六）徐光启

徐光启（1562—1633）　字子先，号玄扈，上海人。《明史》载："万历二十五年举乡试第一，又七年成进士。由庶吉士历赞善。从西洋人利玛窦学天文、历算、火器，尽其术。遂遍习兵机、屯田、盐策、水利诸书。"[①]历官少詹事兼河南道御史、礼部右侍郎、左侍郎理部事、礼部尚书，寻加太子太保，进文渊阁，卒赠少保，谥文定。有《徐光启集》等，其毕生致力于数学、天文、历法、水利等研究，勤奋著述，尤精晓农学，译有《几何原本》《泰西水法》，著有《农政全书》，是沟通中西文化的先行者。

徐光启好藏书，其藏书颇富，有万卷之多，惜清兵南下毁于火灾。藏书处名曰"九间楼"，藏印"徐光启印"。清叶梦珠记云："桃园，在北郊之东二三里，故相徐文定公任子龙与所辟。初北郊传露香园桃种，岁获美利，于是家栽户植，每当仲春，桃花盛开，游人出郊玩赏，不减玄都、武陵之胜。……土石之旁。层峦叠嶂，构堂榭，施丹垩，诛茆覆轩，环以柏墙，曰平江一笠；截棕为亭，踞山临水曰翼然；土山下瞰大浦，危崖壁立，天风海涛，石洞虚中曲折，人可小憩曰徐文定公藏书处……崇祯癸未、甲申之间，遂为一邑名胜，经营正未艾也。"[②]《同治上海县志》第宅园林下亦载："桃园载北门外，东北近吴淞江，光启子龙与所辟，多植桃，叠石凿池，其胜处有曰平江一笠亭、曰翼然洞、曰徐文定公藏书处。后毁。国朝改为演武之地。后为军工厂。"[③]

（十七）张泰阶

张泰阶（约 1588—？）　字爰平，号放言子，明华亭人。"明万历四十七年二甲二十一名进士"[④]，授上党县令，累迁温庭副使，被劾归。著有《北征小草》十二卷，崇祯间刻印过自撰《宝绘录》二十卷。

其曾祖张鹗翼[⑤]，"字习之，号须野，由进士历官贵州巡抚，晚号晚林居士"[⑥]。著有《答郡守论民瘼书》《须野集》《易说辩讹》等。张泰阶受其曾祖影响甚深，喜藏书与金石、书画，尤多蓄图画，筑宝绘楼藏之。《北征小草》自叙言："笥中有稗官杂说辙取阅之，数日而稗官尽。又有各国朝秦汉以下诸史书，间多病缺失饮而存若不下

---

① （清）张廷玉等纂修：《明史》卷二百五十一《列传第一百三十九·徐光启传》，中华书局 1974 年版，第 6493 页。

② （清）叶梦珠撰，来新夏点校：《阅世编》卷十《居第二》，上海古籍出版社 1981 年版，第 217—218 页。

③ 引祝鹏著：《上海市沿革地理》第五章《上海市区史迹》，上海学林出版社 1989 年版，第 206 页。

④ 潘荣胜主编：《明清进士录》，中华书局 2006 年版，第 669 页。

⑤ 按：张鹗翼，明嘉靖二十年（1541）辛丑科进士。授兵部职方司主事，改吏部稽勋司主事、文选郎中，升为太常少卿、通政司右通政，都察院右佥都御史，奉敕巡抚贵州等处地方提督军务、前南京通政司右通政、翰林院提督四夷馆太常寺少卿等，可谓文武双全。哈佛大学燕京图书馆藏有张鹗翼校正的《全唐诗话》，书首有张鹗翼序言："《全唐诗话》，宋尤文简公所录诸名家诗也。始自贞观，迄于龙纪，上下二百年余。淑芳艺苑说者以博洽许之，余独喜其说诗也。约而旨详而有体，而庙堂之赓和暨夫孝节忠规，一篇之中三致意焉，可以存风雅于当季，昭劝戒于后世，而仅以博洽称者，浅乎观矣。"

⑥ （清）张春华、秦荣光、杨光辅著，许敏、吕素勤标点：《沪城岁事衢歌 上海县竹枝词 淞南乐府》，上海古籍出版社 1989 年版，第 63 页。

万卷，日可进十余卷，两阅月而史书亦尽。”[①]在其《北征小草》卷一回忆云：“余尝忆幼时，有琵琶秋怀悼亡诸赋，俄皆散佚人间，不可复得。庚午之岁，余自上党旋里，偶闻治若唐君处尚有副本，亟命子墨抄录，置之简端，屈指散去之期，业已三十余年，一旦获之，不胜剑合之幸，而余作则竟付之逝波矣，可胜慨哉！”[②]

张氏暇时常临摹，其藏名画真迹甚多，《北征小草》卷二有“下马歇长林，遗碑近前读。赵宋多名流，词源涌百斛。仆夫亟伸纸，摹取藏诸匮”[③]的记载。卷八有“至鹿泉，遣二仆摹拓本愿寺古碑时，因大雪，二仆惫甚几不能从”[④]之语句。其《宝绘录》，录自藏及他人所藏六朝至元明名画近五百件，并录历代诸家题跋。此书所录书画题跋，存疑，《四库全书总目提要》载：张泰阶，“字爱平，上海人。万历己未进士。其家有宝绘楼，自言多得名画真迹，操论甚高。然如曹不兴画，据南齐谢赫《古画品录》，已仅见其一龙首，不知泰阶何缘得其《海戍图》。又顾恺之、陆探微、展子虔、张僧系，卷轴累累，皆前古之所未睹……几以多而见轻矣，揆以事理，似乎不近。且所列历代诸家跋语，如出一手，亦复可疑也”[⑤]。

（十八）黄淳耀

黄淳耀（1605—1645）　初名金耀，字蕴生、松厓，号陶庵，又号水镜居士，嘉定人。“为诸生时，深疾科举文浮靡淫丽，乃原本《六经》，一出以典雅。名士争务声利，独澹漠自甘，不事征逐。崇祯十六年成进士”。辞授职，“归益研经籍，缊袍粝食，萧然一室。京师陷，福王立南都，诸进士悉授官，淳耀独不赴选。及南都亡，嘉定亦破。忾然太息，偕弟渊耀入僧舍”[⑥]，缢于僧舍，门人私谥贞父。吴伟业亦云：“陶庵为诸生二十年，与其弟伟恭、其徒侯几道，俱昼夜讲性命之学。晚而后遇，不肯就官。城破之日，师友兄弟同日并命。”[⑦]乾隆四十一年（1776）清廷追谥“忠节”。著有《陶庵集》《山左笔谈》等。沈德潜《明诗别裁集》卷十一、陈田《明诗纪事·辛签》卷五等有其传。

黄淳耀弱冠即著《自监录》《知过录》，有志圣贤之学。晚而造诣益深，归而益致

---

① （明）张泰阶撰：《北征小草》卷首《自叙》，《四库禁毁书丛刊》编纂委员会编：《四库禁毁书丛刊》集部，第176册，北京出版社1997年版，第602—604页。

② （明）张泰阶撰：《北征小草》卷一，《四库禁毁书丛刊》编纂委员会编：《四库禁毁书丛刊》集部，第176册，北京出版社1997年版，第621页。

③ （明）张泰阶撰：《北征小草》卷二，《四库禁毁书丛刊》编纂委员会编：《四库禁毁书丛刊》集部，第176册，北京出版社1997年版，第639页。

④ （明）张泰阶撰：《北征小草》卷八，《四库禁毁书丛刊》编纂委员会编：《四库禁毁书丛刊》集部，第176册，北京出版社1997年版，第689页。

⑤ （清）永瑢、纪昀主编，周仁等整理：《四库全书总目提要》卷一百十四《子部二十四·艺术类存目·宝绘录》，海南出版社1999年版，第593页。

⑥ （清）张廷玉等纂修：《明史》卷二百八十二《列传第一百七十·黄淳耀传》，中华书局1974年版，第7258页。

⑦ （明）黄淳耀撰：《陶庵集》卷首《吴伟业·陶庵集序》，见《丛书集成续编集部》第121册，上海书店出版社1994年版，第5页。

力于学问，博通经史，尤精经术，其诗文亦卓然名家。朱彝尊云："陶庵精于书义，融会九经诸史审择而出之。当崇祯之季，方以骈丽相尚，不知者以为陈言。予叔父芾园先生，独赏心击节，尽以其稿授予读之，久之而渐有称焉者。"①黄淳耀雅好藏书，吴伟业云：陶庵"深沉好书，于学无所不窥，居常独坐一室，不交当世，迁、固以下诸史，朱黄钩贯，略皆上口；其于考据得失，训诂异同，在诸儒不能通其条要，陶庵顿五指而数之，首位通涉，铢两历然，虽起古人面与之雠问，莫能难也"②。如元刊本《新刊丽则遗音赋程序》四卷，"黄荛公假周香严所藏元钞本补。卷中有'黄淳耀''蕴生''陶复庵'诸朱记"③；明钞本《刘子》，有"陶复庵"印记④。

其藏书室名曰陶复庵、陶庵。藏印有淳耀、蕴生、陶复庵等。

第五节　明代江南（徽州）进士藏书

据《明史·地理志》载，"徽州府元徽州路，属江浙行省。太祖丁酉年七月曰兴安府。吴元年曰徽州府。领县六"⑤，即歙县、休宁、婺源、祁门、黟县、绩溪。

（一）榜眼程敏政

程敏政（1444—1499）　字克勤，号篁墩，休宁人。"南京兵部尚书信子也。十岁侍父官四川，巡抚罗绮以神童荐。英宗召试，悦之，诏读书翰林院，给廪馔。学士李贤、彭时咸爱重之，贤以女妻焉。成化二年进士及第，授编修，历左谕德，直讲东宫。翰林中，学问该博称敏政，文章古雅称李东阳，性行真纯称陈音，各为一时冠。孝宗嗣位，以宫僚恩擢少詹事兼侍讲学士，直经筵"。其为"名臣子，才高负文学，常俯视侪偶，颇为人所疾"⑥，招致御史王嵩等人弹劾，被勒致仕，归休宁老家，"读书南山中"。弘治六年（1493），复原职，进太常卿兼侍读学士，掌院事，官至礼部右侍郎，专典内阁诰敕。后因弘治己未会试"鬻题"案，被冤入狱，"以致愤恨而死，有知者至今

---

① （清）朱彝尊著，姚祖恩编，黄君坦校点：《静志居诗话》卷二十《黄淳耀》，人民文学出版社2006年版，第628页。

② （清）吴伟业著，李学颖集评标校：《吴梅村全集》卷二十七《黄陶庵文集序》，上海古籍出版社1990年版，第652页。

③ （清）瞿镛撰：《铁琴铜剑楼藏书目录》卷第二十二《集部四》，见《清人书目题跋丛刊三》，中华书局1990年版，第351页。

④ 傅增湘撰：《藏园群书题记》卷第七《子部二·黄荛圃校宋本刘子注跋》，上海古籍出版社1989年版，第350页。

⑤ （清）张廷玉等纂修：《明史》卷四十《志第十六·地理一》，中华书局1974年版，第928页。

⑥ （清）张廷玉等纂修：《明史》卷二百八十六《列传第一百七十四·程敏政传》，中华书局1974年版，第7343页。

多冤惜之”①。卒，追赠礼部尚书。《馆阁漫录》云：“敏政为人秀眉长髯，风神清茂，善谈论，性复疏爽。于书无所不读，文章为时辈所推。所著述有《皇朝文衡》《瀛贤奏对录》《新安文献志》《咏史诗》《宋遗民录》《真西山心经附注》《程氏统宗谱》《程氏贻范集》《宋纪受终考》《道一编》《礼议经》《大学》及《篁墩稿》若干卷藏于家。”②《集部四库家藏：典籍概览》记其“《篁墩集》九十三卷，两淮马裕家藏本，明程敏政撰。敏政有《宋遗民录》，已著录。是集为敏政所自订。据《千顷堂书目》，尚有《外集》十二卷，《别集》二卷，《行素稿》一卷，《拾遗》一卷，《杂著》一卷”③。

程敏政为官之暇，以藏书与刻书为事，据《韵石斋笔谈》载：“昭代藏书之家，亦时聚时散，不能悉考。就其著述之富者，可以类推。时则有若宋文宪濂、刘诚意基、杨文贞士奇、李文正东阳、王文恪鏊、吴文定宽、史明古鉴、陆文裕深、程篁墩敏政……以上诸公皆当世名儒，翱翔艺苑，含英咀华，尚论千古。其所收典籍，纵未必有张茂先之三十乘、金楼子之八万卷，然学海词源，博综有目，亦可见其插架之多矣。”④所刻书据《明史》《四库总目》《安徽文献书目著录》及蒋元卿《皖人书录》记载：有《贻范录》《唐氏三先生集》《休宁县志》《休宁陪郭程氏宗谱》《程氏贻范录》《礼仪逸经》《瀛贤奏对录》《心经附注》《礼经补逸》《大学复位本》《篁墩先生文粹》《宋纪受终考》《宋遗民录》《新安文献志》《道一编》《篁墩全集》《皇明文衡》《咏史诗选》《新安程氏统宗世谱》等，在传播学术文化、保存历史文献的同时，亦宣传了其学术思想。

（二）王献芝

王献芝（生卒年不详）　字德仁，歙县人。献芝登“明嘉靖十一年进士。为御史，风裁严峻。坐诬，谪理建昌。迁南户部郎，领遵化铁冶。为官廉正，然意蕴懑，不得发抒，于是寄酒为迹，集诸音家诨玩之观，士论惜之”⑤。著有《使信使楚使浙诸稿》《台宪法评》《归田录》《八阵合变图说》诸书。《民国歙县志》卷六《人物志·宦迹》有其传。

王献芝“家有东皋草堂，贮书万卷，著有《信使》《使楚》《使浙》诸稿等，又尝刊《泾野先生周易说翼》”⑥。

---

① （明）张元忭撰：《馆阁漫录》之《弘治十二年》，见余来明，潘金英校点：《翰林掌故五种》，武汉大学出版社2009年版，第479页。
② （明）张元忭撰：《馆阁漫录》之《弘治十二年》，见余来明、潘金英校点：《翰林掌故五种》，武汉大学出版社2009年版，第479页。
③ （清）永瑢等撰，张新奇等整理：《集部四库家藏：典籍概览（二）》卷二十四《别集类二十四·0823条》，山东画报出版社2004年版，第506页。
④ （清）姜绍书著：《韵石斋笔谈》卷上《名贤著述》，商务印书馆1937年版，第2页。
⑤ 黄山市徽州区地方志编纂委员会编：《黄山市徽州区志》第二十八章《人物·王献芝》，黄山书社2012年版，第1054页。
⑥ 刘尚恒、郑玲著：《安徽藏书家传略》，黄山书社2013年版，第31页。

（三）汪道昆

汪道昆（1525—1593）　字伯玉，号太函，又号南溟，歙县人，迁居杭州。“嘉靖丁未进士，除义乌知县，历官兵部左侍郎。有《太函集》”①。与“世贞同年进士。大学士张居正亦其同年生也，父七十寿，道昆文当其意，居正亟称之。世贞笔之《艺苑卮言》曰：‘文繁而有法者于鳞，简而有法者伯玉。’道昆由是名大起。晚年官兵部左侍郎，世贞亦尝贰兵部，天下称‘两司马’”②。朱彝尊云：“闻伯玉晚年林居，乞诗文者填户，编号松碑，以次给发，享名之盛，几过元美。”③生平事迹参见俞均《明通议大夫兵部左侍郎汪南明先生墓志铭》、《万历歙志》卷五《汪道昆传》、《万历野获编》卷二十五《汪南溟文》。

其家设大雅堂，藏书不乏精品。其家藏宋版《六臣注文选》后流入清大内。《天禄琳琅书目》著录宋版本“《六臣文选》二函二十册。是书不载刊刻年月，而大小字皆有颜平原法。按明董其昌跋，《颜真卿书送刘太冲序》后有宋四家书派皆宗鲁公之语，则知北宋人学书竞习颜体。故摹刻者亦以此相尚，其镌手于整齐之中寓流动之致，洵能不负佳书。至于纸质如玉，墨光如漆，无不各臻其妙。在北宋刊印中亦为上品（在其目录、卷一处有“汪道昆印”白文方印）”④。

（四）胡　宥

胡　宥（生卒年不详）　“字子仁，号金峰，徽州休宁人。隆庆辛未进士，授长垣知县。练达世务，长于《易》学，往往与诸生竟日发明其义，且给以饩膳，士贫者多待举火焉。修学校，建尊经阁，他若子路祠、伯玉祠、学堂岗、城公署，皆次第修建，百废具举。捐俸不足，佐以赎锾义簿，故工役繁而民不知劳。”“居官极廉，食脱粟饭菜羹，不备鱼肉。至于赈给穷乏，存问故人，常恐不给。行取擢南京福建道御史，复补河南道外转按察司佥事。”⑤生平事迹参见穆文熙《长垣县胡公去思碑》、《康熙安徽府志》卷四十《胡宥传》、《贵州通志·宦迹志·胡宥传》。

《徽州府志》有其传，称其曾“率诸父老改学宫，竖尊经阁，出藏书贮之”⑥。《安徽人物志》亦载：“万历初，丁母忧归。改建学宫，建尊经阁，并捐家藏图书入存，供士子阅读。服满，补河南道，代守苍梧（今属广西），兼摄广东盐法，卓有政绩，赐尚方金

---

① （清）朱彝尊著，姚祖恩编，黄君坦校点：《静志居诗话》卷十三，人民文学出版社2006年版，第391页。
② （清）张廷玉等纂修：《明史》卷二百八十七《列传第一百七十五·汪道昆传》，中华书局1974年版，第7382页。
③ （清）朱彝尊著，姚祖恩编，黄君坦校点：《静志居诗话》卷十三《汪道昆》，人民文学出版社2006年版，第391页。
④ （清）于敏中等撰：《天禄琳琅书目》卷三，见《清人书目题跋丛刊十》，中华书局1995年版，第56—59页。
⑤ 长垣县地方史志编纂委员会编：《明清民国长垣县志》第十卷《循政·嘉庆本》，整理本，长垣县地方史志编纂委员会1993年，第263页。
⑥ （清）马步蟾修，夏銮纂：《徽州府志》卷十二之二《人物志·宦业》，参见《中国方志丛书·华中地区·第二三五号》，（台北）成文出版社有限公司1975年据清道光七年（1827）刊本影印，第1026页。

印。后谏阻裁废天下书院忤旨，徙贵州佥事，以劳瘁卒于黔。”①

（五）汪以时

汪以时（生卒年不详）　“字太易，婺源人。万历己丑进士，知嵩县，岁饥倡赈毙大猾以安民，擢御史，督理河东。鑛使张忠奏开采南池，征收盐课，以时累疏抗阻，遂为所诬被逮，以辅臣救得释。巡按山西，以廉治名著，迁南太仆卿。”②著有《河东奏议》《豁冤录》等。《安徽人物志》卷一《政事》有其传。

汪以时亦藏书，曾家藏有明版《妙绝古今》，藏印有“太易”印，后入清大内，《天禄琳琅书目后编》著录③。

① 万正中编撰：《徽州人物志》卷一，黄山书社 2008 年版，第 58 页。

② （清）何治基等撰：《安徽通志》卷二百八十五《人物志·宦绩》，清光绪三年（1877）重修本，台湾京华书局 1967 年版，第 2115 页。

③ 参见（清）彭元瑞等撰：《天禄琳琅书目后编》卷二十，参见《清人书目题跋丛刊十》，中华书局 1995 年版，第 454 页。

江南進士藏書史

下册

陈心蓉 丁辉 著

国家社会科学基金项目（13BTQ040）研究成果

全国百佳图书出版单位
时代出版传媒股份有限公司
黄山书社

第四章　清代江南进士藏书

《清史稿·地理志》载,“江苏:禹贡扬及徐、豫三州之域。明为南京。清顺治二年改江南省,设布政使司,置两江总督[①]。及江宁巡抚。……康熙六年,江南更今名,改左布政使为安徽布政使司,驻江宁。右布政使为江苏布政使司,治苏州。统江宁、苏州、常州、松江、镇江、扬州、淮安府七。徐州直隶州一。雍正二年,升太仓、邳、海、通四州为直隶州”[②]。

《清史稿·地理志》载,浙江即为禹贡扬州之域。明设布政使司。清初为浙江省,“顺治十五年,置浙江总督。雍正五年,改巡抚为总督。驻温州。康熙元年移驻杭州。……领府十一,直隶厅一,州一,厅一,县七十五”[③]。府十一即:杭州、嘉兴、湖州、宁波、绍兴、台州、金华、衢州、严州[④]、温州、处州;直隶厅一即:定海[⑤];州一即:海宁。

《清史稿·地理志》载,“松江府:隶苏松太道。江南提督驻。领厅一,县七”[⑥]。“明,徽州府,属江南。顺治初因之,属江南左布政使司。康熙六年,分隶安徽省”[⑦]。

今江南境相当于清代江苏之江宁、苏州、常州、镇江四府及太仓州等地,清代浙江全境,清代松江府、徽州府等地。

---

① 注:辖江南、江西,驻江宁。

② 赵尔巽等撰:《清史稿》卷五十八《志三十三·地理五·江苏》,第8册,中华书局1977年版,第1983—1984页。

③ 赵尔巽等撰:《清史稿》卷六十五《志四十·地理十二·浙江》,第8册,中华书局1977年版,第2127—2128页。

④ 按:《清史稿·地理志》载:严州府,隶金瞿岩道。乾隆二十五年(1760)裁卫,并入杭州府。领县六:建德县、淳安县、桐庐县、遂安县、寿昌县、分水县。

⑤ 按:定海直隶厅康熙二十七年(1688)改县。道光二十一年(1841)升直隶厅。

⑥ 赵尔巽等撰:《清史稿》卷五十八《志三十三·地理五·江苏》,第8册,中华书局1976年版,第1994页。

⑦ 赵尔巽等撰:《清史稿》卷五十九《志三十四·地理六·安徽》,第8册,中华书局1976年版,第2009页。

第一节　清代江南进士世家大族藏书

一、清代苏州娄关蒋氏家族

(一)清代苏州娄关蒋氏家族源流与科举

苏州娄关蒋氏家族原籍广陵,后迁居宜兴。北宋时有蒋堂者,在苏州为官,其子孙遂定居于吴县。蒋堂(980—1054),字希鲁,号遂翁,本宜兴人,家于苏州。大中祥符五年(1012)进士。《宋史》载:“擢进士第,为楚州团练推官。满岁,吏部引对,真宗览所试判,善之,特授大理寺丞、知临川县。县富人李甲多为不法,前令莫能制,堂戒谕不悛,白州以兵索其家,得僭乘舆物,置于死。历通判眉、许、吉、楚州,以太常博士知泗州,召为监察御史。”①“庆历初,诏天下建学。汉文翁石室在孔子庙中,堂因广其舍为学宫,选属官以教诸生,士人翕然称之。杨日严在蜀,有能名,堂素不乐之。于是节游宴,减厨传,专尚宽纵,颇变日严之政。又建铜壶阁,其制宏敞,而材不预具,功既半,乃伐乔木于蜀先主惠陵、江渎祠,又毁后土及刘禅祠,蜀人浸不悦,狱讼滋多。久之,或以为私官妓,徙河中府,又徙杭州、苏州。以尚书礼部侍郎致仕,卒,特赠吏部侍郎。堂为人清修纯饬,遇事毅然不屈,贫而乐施。好学,工文辞,延誉晚进,至老不倦,尤嗜作诗,有《吴门集》十卷。”②蒋堂死后,其裔孙主要分布在吴县与长洲。明清时期,蒋堂之后裔散居于吴县、长洲、元和、常熟等地。《乾隆长洲县志》载:蒋廷贵,“字原用,宋有春官侍郎(蒋)堂守苏,子孙家于吴,居吴松江之滨。廷贵为诸生,通义易理,成化七年举南畿,又七年成进士,授永平乐亭知县。方视事,岁适大饥,民剥树皮以食物,廷贵曰:‘我虽位卑,然救民,我责也。’请大吏亟具疏,奏免什六七,民恃以不转徙”③。越二年,县大治,以劳卒于官。蒋梦龙,“字子征,号鲁山,乐亭令廷贵从侄。登嘉靖四十四年进士,除临川知县”,迁浙江金华府同知,署兰溪县、东阳县知县及署金华府知府,有政声。南京刑部郎中,出为湖广按察使司佥事,“迁浙江布政司参议,母老请终养,免母丧,两台疏荐以十数皆不应。居家二十余年卒。次子镄字公鸣,中万历乙酉乡试,知宁远县,化徭民,读孔子书,徭建祠,县中称

---

① (元)脱脱等撰:《宋史》卷二百九十八《列传第五十七·蒋堂传》,中华书局1977年版,第9912页。

② (元)脱脱等撰:《宋史》卷二百九十八《列传第五十七·蒋堂传》,中华书局1977年版,第9913—1194页。

③ (清)李光祚修,(清)顾诒禄纂:《乾隆长洲县志》卷二十四《人物三·蒋廷贵》,见《中国地方志集成·江苏府县志辑》(13),江苏古籍出版社1991年版,第272页。

蒋父子云”①。

据《乾隆元和县志》载：“吴中甲族，云礽蕃衍，人材辈出，百五十年不替者，首推蒋氏，而皆自明天津兵备道雉园公启佑之。公崇祯戊辰进士，授浙江余姚县知县。……公之文章、政事卓卓千古，允合祀典。康熙五十五年学校之士，以公行绩请祀乡贤，曾孙光禄卿文澜皆其族。”②蒋氏明中期起就居住苏州娄门外附郭，故称为“娄关蒋氏”，文中提及的天津兵备道雉园公，即娄关蒋氏第五世蒋灿（1593—1658），一作弢仲，“字韬仲，父育馨，清流知县，以廉惠称。灿中崇祯元年戊辰进士，除余姚县知县，调上蔡县，修城闸岩，严保伍练壮勇，为守御备，流贼不敢犯，升兵部主事，历员外郎、郎中，擢天津兵备参议”③，后坐事谪戍福建，遇赦归家。明亡后，杜门不出。其子蒋垓，字兆侯，顺治十四年（1657）丁酉科举人。孙蒋之逵，字云九，庠生，授知县，未任。蒋之逵后以孙蒋元益贵，赠荣禄大夫。

《清代硃卷集成·蒋彬蔚》：蒋氏家族“明成宏间，由菿溪徙居娄关。九世祖育馨，明隆庆丁卯举人，福建清流县知县。八世祖灿，明天启辛酉举人，崇祯戊辰会魁，历官兵部武选司主事、职方员外郎、武选司武库司郎中，天津兵备道布政司参议加服俸一级，累授中顺大夫，祀名宦乡贤祠。七世祖垣，明庠生；本生七世祖圻，岁贡生，诰赠奉政大夫、奉天府治中。六世祖之逵，恩贡生，即选知县，敕圭徵仕郎、中书科中书。五世祖文澜，康熙丁巳举人，中书科掌印中书，己巳廷试科道一等，兵部职方司主事，候补按察司副使，雍正戊申助修江南水利，特恩加光禄寺少卿。高祖梁，河南安阳县知县，推升刑部四川司员外郎。曾祖耀宗，广东石城县知县，调海阳县知县，升澳门海防同知，改补湖南邵阳县知县，调武陵县知县，历署广东保昌、南海、番禺、湖南祁阳县知县，茶陵州知州。祖元复，乾隆丁酉顺天举人，丁未大挑一等，浙江西安县知县，改补山西蒲县知县，调太谷榆次知县，历署浙江武义定海、象山、丽水知县，衢州府同知。父兆鸿，山东宁阳县知县、直隶元氏县知县，特调安徽芜湖县知县，以办理赈务倡修堤工义仓，钦加同知衔调补蒙城县知县，历署山东滋阳菏泽安徽贵池等县知县兼署太平府江防同知”④。

苏州娄关蒋氏家族在清时人文鹊起，代有英才，清一代有文献可考的进士有 19 人，为官者及文人学士不计其数，是当地著名的簪缨世家，是名副其实的科举家族，成为苏州一大望族。后人中蒋杲、蒋重光、蒋曾莹、蒋恭棐、蒋应焻等，俱以藏书

---

① （清）李光祚修，（清）顾诒禄纂：《乾隆长洲县志》卷二十四《人物三·蒋梦龙》，见《中国地方志集成·江苏府县志辑》（13），江苏古籍出版社 1991 年版，第 287 页。

② （清）陆桂馨《明天津兵备道蒋公祠堂记》，（清）许治修，（清）沈德潜，顾诒禄纂：《乾隆元和县志》卷三十四《艺文》，见《续修四库全书》编纂委员会、复旦大学图书馆古籍部编：《续修四库全书》第 696 册，上海古籍出版社 2003 年版，第 465 页。

③ （清）李光祚修，（清）顾诒禄纂：《乾隆长洲县志》卷二十四《人物三·蒋灿》，见《中国地方志集成·江苏府县志辑》（13），江苏古籍出版社 1991 年版，第 300 页。按：天津兵备道台。

④ 顾廷龙主编：《清代硃卷集成》第 19 册《蒋彬蔚》，（台北）成文出版社 1992 年版，第 3—9 页。

著名。

附:清代苏州娄关蒋氏家族中有文献可考登科年的进士名录①

姓　名	家族成员关系	登科年
蒋德埈(一世)	灿侄	清顺治十八年(1661)戊戌科进士
蒋　埴(一世)	灿子	清康熙二十四年(1685)乙丑科进士
蒋文淳(三世)	灿曾孙,文澜②兄弟	清康熙四十八年(1709)己丑科进士
蒋　杲(四世)	灿玄孙,文涵子	清康熙五十二年(1713)癸巳恩科进士
蒋恭棐(四世)	灿玄孙,鉌孙	清康熙六十年(1721)辛丑科进士
蒋应焻(五世)	文淳侄孙,观光子	清乾隆七年(1742)壬戌科进士
蒋曾煌(五世)	彬蔚曾叔祖	清乾四十三(1778)戊戌科进士
蒋元益(六世)	文涵孙,杲子	清乾隆十年(1745)乙丑科进士
蒋国华(六世)	灿裔孙,应焻侄	清乾隆二十二年(1757)丁丑科进士
蒋　基(六世)	观光孙、应焻子	清乾隆四十年(1775)乙未科进士
蒋万凝(六世)	亦作万宁,应焻侄	清嘉庆六年(1801)辛酉恩科进士
蒋泰阶(六世)	基从弟,彬蔚胞叔祖	清嘉庆十四年(1809)己巳科进士
蒋庆均(六世)	泰阶弟,应焻侄	清嘉庆十九年(1814)甲戌科进士
蒋元封(六世)	灿裔孙、重光孙	清嘉庆二十四年(1819)己卯科进士
蒋锡宝(七世)	灿裔孙	清道光二十四年(1844)甲辰科进士
蒋超曾(八世)	国华孙,彬蔚兄	清嘉庆十六年(1811)辛未科进士
蒋彬蔚(八世)	超曾弟	清咸丰六年(1856)丙辰科进士
蒋德馨(九世)	初名德福,灿裔孙	清道光十五年(1835)乙未科进士
蒋炳章(十世)	灿裔孙	清光绪二十四年(1898)戊戌科进士

① 按:是书以进士蒋德埈算为一世起。此表参考文献:·顾廷龙主编:《清代硃卷集成》第19册《蒋彬蔚》,台北成文出版社1992年版,第3—9页;《清代硃卷集成》第184册《蒋楙熙》,第171—181页;《清代硃卷集成》第186册《蒋东培》,第37—50页;《清代硃卷集成》第188册《蒋炳章》,第273—287页;《清代硃卷集成》第382册《蒋锡绶》,第45—54页。·(清)李铭皖、谭钧培修,(清)冯桂芬纂:《同治苏州府志(二)》卷六十至卷六十七《选举》,第2册,见《中国地方志集成·江苏府县志辑》(8),江苏古籍出版社1991年版;·参见:施晓平著:《苏州城门城墙那些事》,古吴轩出版社2015年版,第216—220页。

② 按:蒋文澜(三世),字葭友,娄关人。蒋杲兄,康熙十六年(1677)丁巳科举人,授兵部职方司主事,官至候补按察使司副使。雍正五年(1726)因助修水利有功,加光禄寺少卿。《光绪苏州府志》载:蒋文澜"锐志理学,汇濂洛关闽诸书之旨,著有《尚书讲义》《性理正说》。先世创立义庄,文澜益推广之"。

（二）清代苏州娄关蒋氏家族进士藏书

蒋德埈（一世）（1630—1677）　字公逊，号淳庵，长洲县娄关人。蒋育馨孙，蒋灿之侄。“世业儒，德器凝重，无疾言倨色，读书穿穴经传，不惮寒暑。中顺治辛丑进士，不乐仕进，归而授徒里中，风雨晨夕咿哦不辍。”③其先居城内曹胡徐巷，因生性恬淡，归隐甫里（今吴县市角直镇）太平桥西上塘。著有《公逊文稿》等。祀于乡贤祠等。

蒋　杲（四世）（1683—1731）　蒋灿玄孙，涵子，元益父。字子遵，号篁亭，别署香岩小隐，长洲人，居饮马桥北史家巷蒋司马宅。“为诸生务根柢学，不与时趋舍中，康熙癸巳进士，历户部郎中，凡有关赋税漕运度支利弊无不殚心经画，出知廉州府”④，为官“宽厚持大体，而剖决明锐，庭无滞讼，上官皆重其才。以诖误罢用荐监，修海神庙，工垂竣而卒”⑤。“少从何焯游，文学博赡，兼长吏事，未竟其用，人多惜之”⑥。《娄关蒋氏家谱》：“杲，文涵第四子，号篁亭。生于康熙癸亥，卒年四十九。著有《挹秀》《于京》诸集。”⑦

蒋杲藏书多古本，如宋刻《三谢诗》《新序》《画鉴》《嘉祐集》等，版本精良。其旧藏吕无党钞本《栟榈集》二十五卷，颇精雅⑧；又有校旧钞本《汪水云诗》不分卷⑨及旧钞本《东山赵先生文集》十一卷⑩。明钞本《云台编》，傅增湘跋云：“蒋生子遵所收，叶丈九来家书中有之。”⑪明黄鲁曾刻本《刘向古列女传》八卷，蒋杲跋云：“辛卯于义门师处见宋本《列女传》，图画则顾虎头遗制，衣冠器物俱简朴有古意。……师处乃自述古堂购得，装褫俱绝等事，尤可贵重。前有牧翁题语，亦古质有味，继又得一本，无纤毫异者，至今赉研斋宝藏之，如双璧。古书难得亦难见，故识于此，使流传览远，遂以是本为子，政本书遗误后学，岂少哉！康熙癸巳五日书。蒋杲。”⑫黄丕烈曾论及蒋杲之赐书楼，其《汪刻衢本郡斋读书志跋》云：“吾吴多藏书家，康雍之间，如碧凤坊顾氏、赐书楼蒋氏，皆坐拥厚赀，而又与文人学士游，如何义门昆仲辈为之师友，故鉴别皆真，无时刻恶钞以厕其间，一时藏书之盛几与绛云、传是埒，特深自韬

---

③ （清）李光祚修，（清）顾诒禄纂：《乾隆长洲县志》卷二十五《人物四·蒋德埈》，见《中国地方志集成·江苏府县志辑》（13），江苏古籍出版社1991年版，第313页。

④ （清）李光祚修，（清）顾诒禄纂：《乾隆长洲县志》卷二十五《人物四·蒋杲传》，见《中国地方志集成·江苏府县志辑》（13），江苏古籍出版社1991年版，第323页。

⑤ （清）李铭皖、谭钧培修，（清）冯桂芬纂：《同治苏州府志（三）》卷八十八《人物十五·蒋杲传》，见《中国地方志集成·江苏府县志辑》（9），江苏古籍出版社1991年版，第320页。

⑥ （清）李铭皖、谭钧培修，（清）冯桂芬纂：《同治苏州府志（三）》卷八十八《人物十五·蒋杲传》，见《中国地方志集成·江苏府县志辑》（9），江苏古籍出版社1991年版，第320页。

⑦ （清）叶昌炽著，王欣夫补正，徐鹏辑：《藏书纪事诗》卷四，上海古籍出版社1989年版，第431页。

⑧ （清）黄丕烈著，屠友祥校注：《荛圃藏书题识》卷八，上海远东出版社1999年版，第635页。

⑨ （清）黄丕烈著，屠友祥校注：《荛圃藏书题识》卷八，上海远东出版社1999年版，第662页。

⑩ （清）黄丕烈著，屠友祥校注：《荛圃藏书题识》卷九，上海远东出版社1999年版，第737页。

⑪ 傅增湘撰：《藏园群书题记》卷第十二《集部二》，上海古籍出版社1989年版，第639页。

⑫ 王文进撰，柳向春标点：《文禄堂访书记》卷第二，上海古籍出版社2007年版，第105页。

晦,故世鲜知为藏书家耳。”①

蒋杲曾为著名学者何焯弟子,潘景郑云:“何义门先生所校则据旧钞本。此本子遵先生即临何义门原校,依样录写。卷末有跋语,称义门为师者。考子遵先生名杲,康熙癸巳进士,历户部郎中,出知廉州府,著有《挹秀》《于京》诸集,其藏书处曰赐书楼,在吾饮马桥北,俗称蒋司马宅者是。尝览《士礼居藏书题跋记》,载郡中赐书楼蒋氏有宋刻《三谢诗》,楮墨古雅,审为宋刻上驷云云。据是亦吾吴藏书名家耳。”②蒋杲好校书,所校之书,“得者藏弆以为宝”。校宋本《新序》十卷,杲跋云:“康熙庚寅,借义门师校正本对勘,师本乃从憩桥巷李氏借得阳山顾大有旧藏宋椠本校定也。”③《嘉祐集》十五卷,瞿镛跋云:“是书郡人蒋篁亭有校宋本。”④黄丕烈有蒋氏亲笔手校之宋本《嘉祐集》十五卷⑤;《困学纪闻》二十卷,王文进跋云:“清蒋篁亭校明初刻本。”⑥《谢宣城诗集》五卷,杲跋云:“康熙庚寅二月,借义门师处校正《宣城诗集》手录一册,香岩小隐,蒋杲。”⑦元泰定刊本《困学纪闻》二十卷,阎百诗、何义门批,蒋篁亭校,“卷末有孙厚孙宁孙校正,庆元路儒学学政胡禾监印二条。每卷有‘彭氏甘亭’印记。”⑧

蒋杲又好钞本,以增益所藏,《皇甫持正集》为蒋杲赐书楼钞本。沈津跋云:“赐书楼为蒋杲藏书楼名。……有《挹秀集》《于京集》。此集即为蒋杲家钞本。”⑨

藏书处为贮书楼、赐书楼。何焯曾在贮书楼教经授学、鉴定古籍。学者陈汝楫观其藏书,为其题有“好友频来书满屋,人间得失总悠悠”⑩之句。沈岩《蒋篁亭稿序》:“吾友蒋君篁亭,为前明宪副雉园先生玄孙。早岁标觚雕绘满月,亦复豪儁驰骤无所不可。及戊子秋试报罢,乃大悔其少作。……屏迹其家贮书楼,益肆力于六根柢之学。”⑪清文献学家叶昌炽有诗云:“三径家风比杜暹,赐书高拥邺侯签。荒凉松菊图重绘,想见廉州太守廉。”⑫

---

① (清)黄丕烈著,屠友祥校注:《荛圃藏书题识》附录一《汪刻衢本郡斋读书志跋》,上海远东出版社1999年版,第890页。

② 潘景郑著:《著砚楼读书记·蒋子遵手校弘治本陈后山集》,辽宁教育出版社2002年版,第467页。

③ (清)瞿镛撰:《铁琴铜剑楼藏书目录》卷第十三《子部一》,见《清人书目题跋丛刊三》,中华书局1990年版,第193页。

④ (清)瞿镛撰:《铁琴铜剑楼藏书目录》卷第二十《集部二》,见《清人书目题跋丛刊三》,中华书局1990年版,第306页。

⑤ (清)黄丕烈著,屠友祥校注:《荛圃藏书题识》卷八,上海远东出版社1999年版,第608页。

⑥ 王文进撰,柳向春标点:《文禄堂访书记》卷第三,上海古籍出版社2007年版,第193页。

⑦ 王文进撰,柳向春标点:《文禄堂访书记》卷第四,上海古籍出版社2007年版,第244页。

⑧ 王雨著,王书燕编纂:《王子霖古籍版本学文集》第2册《古籍善本经眼录》子部,上海古籍出版社2006年版,第68页。

⑨ 沈津著:《书城挹翠录》,上海社会科学院出版社1996年版,第172页。

⑩ 《海虞诗苑》卷十六《陈太学汝楫·送蒋子遵下第东归》,见(清)王应奎,(清)瞿绍基编,罗时进,王文荣点校:《海虞诗苑 海虞诗苑续编》,苏州文献丛书第二辑,上海古籍出版社2013年版,第348页。

⑪ (清)沈岩《蒋篁亭稿序》,见(清)顾沅辑:《吴郡文编》第6册,上海古籍出版社2011年版,第361页。

⑫ (清)叶昌炽著,王欣夫补正,徐鹏辑:《藏书纪事诗》卷四,上海古籍出版社1989年版,第431页。

藏书印有篁亭墨迹、贮书楼藏书等。

蒋杲藏书由子蒋元益递藏。

蒋元益(五世)(1708—1788) 蒋杲子。字汉卿,又"字希元,号时庵,长洲人,廉州知府杲之子。乾隆十年会试第一"①,选翰林院庶吉士,授编修,擢陕西道监察御史,历官提督山西学政、兵科给事中、山东提督学政、光禄寺与太仆寺少卿、顺天府府尹,晋都察院左副都御史,内阁学士兼礼部侍郎,官至兵部侍郎。归田后,主娄东书院,"生平有知人之鉴,衔命典试,拒绝苞苴,推毂寒畯,率至通显。江西刘侍郎凤诰、胡抚军克家、浙江翁观察元圻,皆特拔士也"②。卒于家。墓葬苏州东渚镇龙山,已毁。著有《清雅堂诗馀》《志雅斋诗钞》等,王昶《湖海诗传》卷十有其传。

蒋元益承其家风,继承其父遗书,《苏州府志》:"蒋司马宅在饮马桥北,兵部侍郎蒋元益所居。中有贮书楼,何焯尝授经于此。元益之父,廉州太守杲,焯弟子也。"③

蒋杲父子藏书散佚于乾嘉之际,彭兆荪跋所购蒋氏之校藏《困学纪闻》云:"篁亭先生手校诸经史不下数十百种,类皆丹黄精谨,艺林所称贮书楼本,得者藏弆以为善宝。此深宁叟《纪闻》六册,予甫冠时,外舅时庵先生曾举以授读,二十年来□□江湖,盖无日离左右也。今贮书楼遗籍十佚八九,存者亦多蟫损,而此编在予行箧尚完好如故。今春里居,为重装而庋之,片玉零玑,弥可珍惜矣。"④黄丕烈有蒋氏旧钞本《闲闲老人滏水文集》跋云:"饮马桥贮书楼藏书,始见时物主因是何批本,故索重值,未之买。后闻其家书籍散失,已恝置之。春夏之交,有书友携来,未及收",为周锡瓒所购去⑤;又校宋本《新序》十卷,跋云:"向藏史家巷赐书楼蒋氏,今分支居西白塔子巷者,家不甚贫,却爱财而不爱书。"⑥又校旧钞本《画鉴》一卷,"此册余旧藏有年矣,历经名家收藏,并手校一过。顷从坊间又获一旧钞本,出自郡中赐书楼蒋氏"⑦;又旧钞本《绍兴内府古器评》二卷,黄氏跋云:"顷书友携蒋氏赐书楼一单,中有是书钞本。"⑧又旧藏并手识宋刻《三谢诗》一卷,黄氏跋云:"郡中赐书楼蒋氏,余素闻其有宋刻《三谢诗》,去秋向主人索观,以赝本相混,其真本则未之见也。今乙卯

---

① 《吴门补乘》卷五《人物补·蒋元益》,见(清)钱止庵辑,(清)孙鸣庵辑:《吴门补乘 苏州织造局志》,上海古籍出版社2015年版,第242页。

② 《吴门补乘》卷五《人物补·蒋元益》,见(清)钱止庵辑,(清)孙鸣庵辑:《吴门补乘 苏州织造局志》,上海古籍出版社2015年版,第242页。

③ (清)李铭皖、谭钧培修,(清)冯桂芬纂:《同治苏州府志(二)》卷四十五《第宅园林一》,见《中国地方志集成·江苏府县志辑》(8),江苏古籍出版社1991年版,第358页。

④ 王文进撰,柳向春标点:《文禄堂访书记》卷第三,上海古籍出版社2007年版,第193页。

⑤ 引韦力著:《书楼寻踪》,河北教育出版社2004年版,第121页。

⑥ (清)黄丕烈著,屠友祥校注:《荛圃藏书题识》卷四,上海远东出版社1999年版,第236页。

⑦ (清)黄丕烈著,潘祖荫辑,周少川点校:《士礼居藏书题跋记》卷三《子类》,书目文献出版社1989年版,第104页。

⑧ (清)黄丕烈著,屠友祥校注:《荛圃藏书题识》卷五,上海远东出版社1999年版,第321页。

五月，书友吕邦惟携此宋刻本来，楮墨古雅，洵为宋刻中上驷。卷端有'郭氏木叶斋鉴定宋本'九字，不知谁何所书。卷末有蒋篁亭墨迹数行，叙述是书原委颇悉。盖其为篁亭所藏，子孙故秘不肯出，而兹忽介书友以示余者，殆将求善贾而沽诸乎。"①黄氏得是书，为作再续得书十二图，名曰《三径就荒图》，"犹不忘篁亭之遗也"。可见，蒋氏藏书散出后陆续归于黄丕烈、周锡瓒等家。

蒋恭棐(四世)(1690—1754)　蒋灿玄孙。字惟御、维御，一字迪甫，长洲人。其"先世由广陵徙苏州，高祖灿由进士官至天津兵备道。恭棐四岁即通四声，读书过目不忘，十岁为文章，有奇气。十四入学时，华亭张文敏公照，亦以五经受知于学使者，江左文士衿奇炫异，而张蒋两人独守先正矩矱，所为文流传都下，安西李文贞公见而叹曰：'是今日之思泉震川也。'康熙五十四年会试即中式，以廷试违式落第，归益肆力于古，康熙六十年成进士，入翰林充玉牒馆纂修官，以父老乞归里居"②。制诰典策，多出其手。《清稗类钞·考试类》载："长洲蒋太史恭棐中康熙乙未进士。未授职，后缘事被黜。越六年辛丑，捷南宫，入词苑两宴琼林，世称奇遇。"③乾隆初再至京供职，充大清会典、五朝国史馆纂修官，旋乞归，休致，以经学精深主扬州安定书院，卒于席。著有《西原草堂集》行于世。《清史列传》卷七十一、沈德潜《清诗别裁集》卷二十四等有其传。

蒋恭棐精于经学，工诗文，家富藏书，"藏书数千卷，皆手评数过"④。杨钟羲《雪桥诗话》云："王西庄日下集怀人二十首，其长洲蒋西原前辈恭棐云：一脱朝衫卧稻塍，生涯雪屋纸窗灯。识来奇字扬南仲，钞就遗闻范致能，西原两应廷试，以辛丑入翰林，里居频年，藏书数千卷，皆手校数过。少与张文敏齐名。所为时艺，李文贞叹为思泉、震川。晚主安定书院，诸生咸虚往实归。"⑤

藏书处为西原草堂。

蒋应焻(五世)(1699—1754)　又名应期，原名焘，字符揆，一字季昌，清吴县洞庭东山武山人。《芝庭先生集》载：蒋应焻"先世自扬徙吴县东山。高祖之逵，赠奉政大夫。祖文原，县廪生。父观光(四世)，举人，赠征仕郎、内阁中书舍人。乾隆四年会魁，因祖父母逾八十，未及朝考。而大父母相继即世，遂无四方之志，筑书室，购书数万卷，自经史子集、百家九流之书，靡不手自钩校甚乐也"⑥。

① (清)黄丕烈著，潘祖荫辑，周少川点校：《士礼居藏书题跋记》卷五《集类》，书目文献出版社1989年版，第186页。

② (清)李铭皖、谭钧培修，(清)冯桂芬纂：《同治苏州府志(三)》卷八十八《人物十五·蒋恭棐传》，见《中国地方志集成·江苏府县志辑》(9)，江苏古籍出版社1991年版，第322页。

③ (清)徐珂编撰：《清稗类钞·考试类·蒋恭棐两宴琼林》，第2册，中华书局2010年版，第262页。

④ (清)李铭皖、谭钧培修，(清)冯桂芬纂：《同治苏州府志(三)》卷八十八《人物十五·蒋恭棐传》，见《中国地方志集成·江苏府县志辑》(9)，江苏古籍出版社1991年版，第322页。

⑤ 杨钟羲撰集，刘承幹参校：《雪桥诗话三集》卷七，北京古籍出版社1991年版，第287页。

⑥ (清)彭启丰《芝庭先生集》卷十五《征仕郎内阁中书舍人蒋君墓志铭》，见《清代诗文集汇编》编纂委员会编：《清代诗文集汇编》296，上海古籍出版社2010年版，第594页。

清一代苏州娄关蒋氏，一门风雅，且代相蝉联，文人辈出。除以藏书著名一时外，此家族亦涌现了众多的诗人、词人、戏曲名家，如蒋重光、蒋坦、蒋垓、蒋麟征等俱有文名，特别是蒋重光编《昭代词选》，影响甚深。

二、清代长洲彭氏家族

（一）长洲彭氏家族源流与科举

有清一代，“彭宋潘韩”在苏州民间并称为四大家族，世居长洲县十全街的彭氏科甲功名最盛，位居其首。长洲彭氏，其祖先源出庐陵，派出江西临江府清江县，明洪武四年（1371），彭学一随军徙隶苏州卫左千户所，归于军籍，成为苏州彭氏始祖。《吴门表隐》载其家源流云：“彭学一，江西清江人，元末，练兵卫乡里。明初，官苏州卫，家于吴。无子，以姊子杨仲英，继承袭职。孙淳，慷慨著。曾孙时、昉，后为吴中首姓。”[①]彭氏在吴县落籍，其后裔清时改籍长洲县籍。至四世彭淳时，其家风由尚武向尚文转变，以正德六年（1511）次子彭昉中进士为先导，长子彭时支脉成为转型成功的骨干[②]。吴宽《彭至朴墓表》：“彭氏之先江西人也，元季有讳海忠者倡义兵为一乡保障。入国初，随其长归附，例籍为兵，隶苏州卫，遂家于苏。……至朴善治生家，以赀雄里中。”[③]沈周《彭至朴墓志铭》谓其“性不喜华靡，然于延师训子则不吝。尝云：吾家世习武，子孙当由文显。故遣其仲子为吴庠生，朝夕督厉”[④]。彭至朴（1441—1488），名淳，字至朴，号澹庵，以字行。经商有道，以赀重于里中，而诫以读书为业。至朴长子时（1464—1552），字中之，号南窗，以家重弃举业。隐居读书，博览史传，尤精字书音切，著有《闻见录》及诗集若干卷。至朴次子彭昉（1469—1528），字寅之，号西枝。“正德六年进士，知公安县”[⑤]。彭昉长子年“日取六经、诸子、史、两汉、古金石言读之，读之且遍”[⑥]。彭时孙汝谐登“万历丙辰进士”[⑦]，彭氏科名之胜，从彭昉始，代有其人，彭氏始走上科举发家之道路。罗有高《彭公定求行状》云：“先世江西临江府清江县人也，明洪武初，从军至苏州，隶卫籍。数传为梧山公，讳天秩，嘉靖间举人，修行明经，乡邦师之，是为公高祖，曾祖讳汝谐，字蓼蔚，万历四

---

① （清）顾震涛撰：《吴门表隐》卷十五，江苏古籍出版社 1999 年版，第 209—210 页。

② 王国平著：《苏州史纲》第五章《清朝时期》三《长洲彭氏》，古吴轩出版社 2009 年版，第 395 页。

③ （明）吴宽《彭至朴墓表》，见彭文杰修，彭钟岱纂：《长洲彭氏宗谱》卷四，民国十一年（1922）苏州彭氏刻本，苏州大学图书馆有藏。

④ 朱焱炜著：《明清苏州状元与文学》第六章《清代苏州状元彭启丰》，中国言实出版社 2008 年版，第 161 页。

⑤ （清）李光祚修，（清）顾诒禄纂：《乾隆长洲县志》卷二十四《人物三·彭昉》，见《中国地方志集成·江苏府县志辑》（13），江苏古籍出版社 1991 年版，第 279 页。

⑥ （明）文震孟撰：《姑苏名贤后记》卷下《隆池彭翁》，见陈其第点校：《吴中小志续编》，广陵书社 2013 年版，第 51 页。

⑦ （清）李光祚修，（清）顾诒禄纂：《乾隆长洲县志》卷二十五《人物四》，见《中国地方志集成·江苏府县志辑》（13），江苏古籍出版社 1991 年版，第 279 页。

十四年进士。祖讳德先，字敬舆，诸生，贡太学。考讳珑，字云客，大清顺治十六年进士，官广东长宁知县，以廉直忤上官，归里讲学，士类趋风，学者私谥仁简先生，赠吏部右侍郎。”①王芑孙《兵部尚书致仕彭公墓铭碑》：“其始出江西之清江，自洪武中始迁苏州，为长洲县人。世有休问，公祖侍讲讳定求，以笃行大儒显名，康熙中，苏州之彭遂称天下。”②

长洲彭氏家族进入清之后，凭着上百年的家族文化积淀，日益隆兴。据《清代硃卷集成·彭泰士》：“始祖学一，明洪武自江西清江县崇学乡迁吴隶籍苏州卫；九世祖珑，顺治丁酉顺天乡试南元，己亥进士，广东长宁县知县，敕封翰林院修撰，国子监司业，诰赠光禄大夫吏部右侍郎加二级；八世祖定求，康熙壬子举人，丙辰会元、状元，日讲起居注，官翰林院修撰，国子监司业、翰林院侍讲，丁巳顺天乡试正考官，诰赠光禄大夫、吏部右侍郎加二级奉，旨入祀乡贤祠；七世祖正乾，考授州同知，乡饮大宾，诰赠光禄大夫吏部右侍郎加二级；六世祖启丰，雍正丙午举人，丁未会元、状元，日讲起居注，官翰林院修撰，南书房行走，历官至经筵讲官、兵部尚书，历充雍正己酉河南壬子、云南乙卯、江西乾隆丙辰、山东辛酉、江西壬午、浙江乙酉、顺天乡试正副考官，雍正癸丑会试、乾隆戊午顺天乡试同考官，两次提督浙江学政，乾隆乙丑、辛未、癸未、丙戌殿试读卷官，奉旨入祀乡贤祠，晋赠光禄大夫武英殿大学士；五世祖绍咸，增贡生，诰赠荣禄大夫、刑部右侍郎加一级，晋赠光禄大夫、武英殿大学士；高祖希洛，乾隆癸卯举人，丁未进士，兵部职方郎中，福建道监察御史，奉旨入祀乡贤祠，貤赠光禄大夫、武英殿大学士；本生高祖希涑，乾隆丙午举人，貤赠奉政大夫、礼部祠祭司主事加二级，诰赠光禄大夫武英殿大学士；曾祖蕴辉，嘉庆戊午南元，己未进士、翰林院编修，国史馆、文颖馆纂修，诰赠资政大夫三品衔浙江补用道署绍兴府知府加五极；本生曾祖蕴章嘉庆戊寅举人，乙未进士，官至武英殿大学士，管理工部、户部三库事务，经筵讲官、上书房总师傅、军机大臣、文渊阁领阁事、国史馆总裁，稽察钦奉上谕事件处，赏戴花翎，赐紫禁城骑马……御赐祭葬，予谥文敬；祖慰高，道光癸卯经魁，丁未考取景山官学教习，庚戌考取国子监学正，录二品顶戴盐运，便衔浙江候补道，历任温州府同知、国子监助教、学正，历署绍兴府知府、国子监博士，充咸丰戊午浙江乡试同考官，赏戴花翎，貤封资政大夫、湖北巡抚；父翰孙，附贡生三品衔，广东候补知府，历署广州府知府、惠州府知府、嘉应直隶州知州、东莞县知县、龙门县知县，赏戴花翎，特旨交部从优议叙。”③

彭汝谐孙珑为清己亥科进士，汝谐曾孙定求登康熙十五年丙辰科会元、状元，曾

① （清）罗有高《奉政大夫翰林院侍讲赠光禄大夫吏部右侍郎加一级彭公定求行状》，见（清）钱仪吉纂，靳斯标点：《碑传集》卷四十四《翰詹上之中·彭定求》，第4册，中华书局1993年版，第1238页。

② （清）王芑孙《清故光禄大夫经筵讲官兵部尚书致仕彭公墓铭碑》，见（清）彭启丰撰：《芝庭先生集》附录，《清代诗文集汇编》编纂委员会编：《清代诗文集汇编》296，上海古籍出版社2010年版，第641页。

③ 顾廷龙主编：《清代硃卷集成》第86册《彭泰士》，台北成文出版社1992年版，第285—294页。

孙宁孙康熙壬戌科探花，科名之盛，冠绝清代。彭定求、彭宁求两兄弟以科名名世，其后人皆恪守家风，彬彬向学。雍正五年(1727)会试，彭定求之孙启丰状元及第，时年27岁，创祖孙会、状之佳话，成为吴中盛事。彭氏家族鼎甲之盛世所稀见，一时“家门鼎贵，贺者填里闾”①。至此，“苏州之彭遂称天下”②。《清稗类钞·门阀》载：“苏州彭氏有南畇者，以孝友称。其孙大司马某复中魁，祖孙状元，世所罕见。司马之子绍观、绍升、绍咸③，孙希郑、希洛、希曾，曾孙蕴辉，皆成进士，科目之盛，为当代冠。”④钱泳在《履园丛话》中言：彭一庵，“名珑，字云客，长洲人。方言矩行，士林推重。举京兆试，谒选留都，忽心动，急南还，父病正笃，阅五昼夜而殁，人谓诚孝所感。服阕，补长宁令。洁己爱民，以不善事上官，受诬被揭。其子定求闻难赴粤，焚香吁天，事得白。公回籍，殡葬父母毕，悬亲遗像于书室中，寝兴出入必拜告，终其身如此。后定求中会元、状元，曾孙启奉亦会元、状元，官至兵部尚书。启奉子绍观、绍升，孙希濂、希洛、希郑，曾孙蕴辉俱中进士，科甲不绝”⑤。“吴中会、状连元者凡六人：韩菼、彭定求、陆肯堂、彭启丰、钱棨、吴廷琛也。惟彭氏一家，祖孙会、状。”⑥

长洲彭氏的科名自明正德六年(1511)第五世彭昉考中辛未科进士到光绪二十四年(1898)彭泰士考中戊戌科进士，绵延近四百年不绝。清代彭氏家族有脉络可考：2个会元兼状元，1个探花，且是全国唯一的祖孙连中会元、状元的家族；共有进士14人，其中明代2人，清代12人，因此，彭宅大厅对联上写有“昭代科名第一家”之句。民国初彭氏裔孙所撰《长洲彭氏宗谱序》称：“有清一代，家道寖昌，人文蔚起，科第鼎盛，为江南冠。谈家世者，孰不知吾长洲彭氏哉！”⑦

彭氏家族每逢喜庆，均用四扇衔牌：“武英殿大学士”“军机大臣”“五子登科”“祖孙会壮”，可见彭氏家族为“科甲世家”“官宦世家”，是实至名归。

---

① 王国平著：《苏州史纲》第五章《清朝时期》，苏州古吴轩出版社2009年版，第395页。转引彭文修撰：《彭氏宗谱》卷五《彭贻令先生墓志铭》。

② (清)王艺孙《清故光禄大夫经筵讲官兵部尚书致仕彭公墓铭碑》，见(清)钱仪吉纂，靳斯标点：《碑传集》卷三十五《乾隆朝部院大臣下之上·彭启丰》，第3册，中华书局1993年版，第1041页。

③ 按：此处有误，据《彭氏宗谱》载，绍咸早逝，为增贡生，非进士。

④ (清)徐珂编撰：《清稗类钞·门阀类·彭氏甲科传家》，第5册，中华书局2010年版，第2125页。

⑤ (清)钱泳撰，孟裴点校：《履园丛话》卷十三《科第》，上海古籍出版社版2012年版，第228页。

⑥ (清)钱泳撰，孟裴点校：《履园丛话》卷十三《科第》，上海古籍出版社版2012年版，第233—234页。

⑦ 《长洲彭氏宗谱》十二卷首一卷，彭文杰修，彭钟岱纂，民国十一年(1922)苏州彭氏刻本，苏州市博物馆，苏州大学图书馆有藏，苏州市图书馆藏有残本。

附:清代长洲彭氏家族中有文献可考登科年的进士名录①

姓　名	家族成员关系	登科年
彭　珑(一世)		清顺治十六年(1659)己亥科进士
彭定求(二世)	珑子	清康熙十五(1676)丙辰科会元、状元
彭宁求(二世)	定求堂弟	清康熙二十一年(1682)壬戌科探花
彭启丰(四世)	定求孙	清雍正五年(1727)丁未科会元、状元
彭绍观(五世)	启丰子	清乾隆二十二年(1757)丁丑科进士
彭绍升(五世)	启丰四子	清乾隆二十六年(1761)辛巳科进士
彭希濂(六世)	启丰孙	清乾隆四十九年(1784)甲辰科进士
彭希洛(六世)	启丰孙,希濂弟	清乾隆五十二年(1787)丁未科进士
彭希郑(六世)	希濂弟,希洛兄	清乾隆五十四年(1789)己酉科进士
彭蕴辉(七世)	希洛子	清嘉庆四年(1799)己未科进士
彭蕴章(七世)	启丰曾孙,希涑子	清道光十五年(1835)乙未科进士
彭泰士(十世)	蕴辉曾孙	清光绪二十四年(1898)戊戌科进士

(二)长洲彭氏家族进士藏书

1.彭氏家族藏书溯源

《乾隆长洲县志》载:彭珑叔父彭行先,字务敏,号贻令。先行“父汝谐万历丙辰进士,未释褐卒。先行淬志于学,欲借科第自奋,会友以场屋事被讦荫援。……甲申后,志不求进,肆力于古,尤善书法,万年从孙定求、宁求相继入翰林,家门鼎贵,处之淡如,键户谢客,以图书自娱。与郑敷教、金俊明俱以矩人长德见推,士大夫时称吴中三老”②。可见彭氏家族从先行起有一定的藏书。彭珑虽有惠政,却被诬劾归后,隐居乡里,潜心理学,开创了长洲彭氏理学之端。所居志矩斋,“陈《四子书》《五经》及宋儒诸书,寻绎点注,夜以继日,自称‘信好老人’。集诸生课八股文,引而进之于道,弟子著录者百有余人”③。徐元文为其撰《墓志铭》记云:“吾吴自明季复社之兴,海内望风景附,竟以清节相尚,久之而余风未泯。然或病其道广,易杂也。于是吾党数子者出订为慎重交,一主于讲道考业,敦本笃行,非求以广声援,立门户标榜也。

① 按:是书以进士彭珑算为一世起。此表参考文献:·彭文杰修,彭钟岱纂:《长洲彭氏宗谱》,民国十一年(1922)苏州彭氏刻本,苏州大学图书馆有藏。·顾廷龙主编:《清代硃卷集成》第86册《彭泰士》,台北成文出版社1992年版,第285—294页;《清代硃卷集成》第92册《彭希郑》,第367—370页。·(清)李铭皖、谭钧培修,(清)冯桂芬纂:《同治苏州府志(二)》卷六十至卷六十七《选举》,第2册,见《中国地方志集成·江苏府县志辑》(8),江苏古籍出版社1991年版。

② (清)李光祚修,(清)顾诒禄纂:《乾隆长洲县志》卷二十五《人物四·彭先行》,见《中国地方志集成·江苏府县志辑》(13),江苏古籍出版社1991年版,第308页。

③ (清)江藩、方东树著,徐洪兴编校:《汉学师承记:外二种》卷下,中西书局2012年版,第193页。

……云容彭先生实吾党宗主。尝自署所居书屋曰‘志矩斋’，又自号曰‘信好老人’。每月朔望集里中诸生文星阁，相讲论义理之学与科举业，兼事遇人扣击，款曲开导，必待其领悟，然后已。远近负笈来学者，凡三百人。凡经指授，文行必有可观。或谓徒自劳苦，非老人所宜，则曰：吾不忍斯人之无闻也。盖其好成就人才如此。”①江藩赞云：“彭氏在明时，仕不过七品，自珑以后，一门鼎贵，为三吴望族。珑治家整肃，至今子弟恪守庭训，不逾归巨，有万石之遗风。江南世禄之家，鲜克由礼，当以彭氏为矜式焉。”②

彭　珑（一世）（1613—1689）　字云客，长洲人。“顺治十六年进士，授广东长宁县知县，有惠政。以廉直不为太守所容，被诬劾归。归，益力于学，反本守约，要于自得。晚年，得梁溪高、顾二子书，一主敬为宗。署所居曰志矩斋，中悬高子所书程子四箴，手题其上曰：‘师承俨在。’”③卒后，门人私谥仁简先生。以子定求贵，赠国子监司业，著有《志矩斋集》《孝经纂注》。生平事迹参见《乾隆长洲县志》卷二十五《人物四·彭珑传》。

彭定求（二世）（1645—1719）　彭珑子。“字勤止，又字南畇，长洲人。父珑授以梁溪高氏之学，又尝师事汤斌。”④定求“禀承家学，键户揣摩，丙辰会试、殿试皆第一，授翰林院修撰”⑤，“于是斋静思，研极性命。久之，慨然以道自任。既入都奉职，擢司业，设教条，正文体，杜请托，诸堂肃然。以八旗子弟为人材所出自，宜豫教，乃集《孝经》古义为旁训，译以国书，颁诸教习，以训于官学”⑥。迁“翰林院侍讲，充日讲起居注官。前后在翰林才四年”⑦，后谢病归。彭定求性修洁，恬于荣利，又耿直自遂，遂不复出，“葺舍旁兰园数椽。读书静坐课子孙其中，自号南畇老人。倡修长洲学宫、先贤徐文靖旧祠，镌刻同里王仁孝语，录节中州汤潜庵斌遗书，民间政事有不便者，必言于官”。卒后“数年，孙启奉复、会试、殿试皆第一，称吴中盛事”⑧。著《学易纂录》、《儒门法语》、《密证录》、《姚江释毁录》（即《阳明释毁录》）、《周忠介遗事》及《南畇文稿》等数十种，曾编《汤潜庵先生文集节要》八卷。奉敕编纂《全唐诗》九

---

① 彭文杰修，彭钟岱纂：《长洲彭氏宗谱》卷五，民国十一年（1922）苏州彭氏刻本，苏州大学图书馆有藏。

② （清）江藩、方东树著，徐洪兴编校：《汉学师承记：外二种》卷下，中西书局2012年版，第193页。

③ （清）李元度著，易孟醇点校：《国朝先正事略》卷三十《名儒·彭南畇先生事略》，岳麓书社1991年版，第869页。

④ 赵尔巽等撰：《清史稿》卷四百八十《列传第二百六十七·彭定求传》，第43册，中华书局1977年版，第13115页。

⑤ （清）李光祚修，（清）顾诒禄纂：《乾隆长洲县志》卷二十五《人物四·彭定求》，见《中国地方志集成·江苏府县志辑》（13），江苏古籍出版社1991年版，第317页。

⑥ （清）李元度著，易孟醇点校：《国朝先正事略》卷三十《名儒·彭南畇先生事略》，岳麓书社1991年版，第869—670页。

⑦ 赵尔巽等撰：《清史稿》卷四百八十《列传第二百六十七·彭定求传》，第43册，中华书局1977年版，第13115页。

⑧ （清）李光祚修，（清）顾诒禄纂：《乾隆长洲县志》卷二十五《人物四·彭定求》，见《中国地方志集成·江苏府县志辑》（13），江苏古籍出版社1991年版，第317页。

百卷等。生平事迹参见罗有高《奉政大夫翰林院侍讲赠光禄大夫吏部右侍郎加一级彭公定求行状》、《清史列传》卷六十六《儒林·彭定求传》。

彭定求晚年好讲学授徒，享誉乡里，乾隆年间状元钱棨、石韫玉等均出其门下。其门生王艺孙云："其生平坦阔，得过失不自知，多类此。在翰林久，所奏进文字多切于治体，后当有论其世而知之者。诗、古文集二十余卷，具有家法，其碑版文尤推重于世。公既老寿，家居十余年，掌紫阳书院，与起后进，如其为学政、主考官时不懈。所居十泉街，仍世通华，子孙皆列官内外，而门馆萧间，帘阁据几，一灯讽卷，如老诸生。"①"其为学，以不欺为本，以践行为要。初好宋五子《近思录》，已而遍读先儒学，辑其要为《儒门法语》……四十四年，圣祖南巡，大吏称先生学行。首赐御书，命开局扬州，与诸词臣共校《全唐诗》。"②彭氏家族世代好学不倦，有南畇草堂为藏书处，南畇草堂在今苏州葑门内十全街尚书4号。如明弘治十四年(1501)杨璋刻本《司马温公经进稽古录》二十卷，有清叶万、黄丕烈跋，钤有"万经""荛圃""艺溪""讷夫""定求私印""韵溪"诸印③。

彭宁求(二世)(1649—1700)　彭珑从子，彭汝谐曾孙，定求堂弟。字文洽，又字瞻庭，号约斋，长洲人。"康熙二十三年，赐进士及第第三人，由编修历侍讲。勤于其职。"④康熙二十四年(1685)分校礼闱，历仕日讲起居注官，官至左春坊中允兼翰林院侍读。彭宁求"恬淡寡欲，兼工古文辞，善晋唐小楷及宋元诗。居母丧，朝夕哭泣，即丧次罗列礼经，编纂成帖，服阙入都，升中允，分纂殿阁诸书，以劳卒官，年仅五十"⑤。所著有《历代山泽征税记》一卷。《乾隆长洲县志》卷二十五、沈德潜《清诗别裁集》卷十三有其传。

《纲目赘言》十卷，清张如锦撰，手写本，"卷首有'拜经楼藏书''鶄安校勘秘籍'印，卷首有彭宁求跋云：'同年友张君倬安以谒选入都，视余所撰《纲目赘言》凡十卷，盖其登第后，里居需次，取五乡先正陈文庄公所评点纲目，晨夕丹黄缀述以备遗忘，抒蕴蓄者也。《纲目》一书，文约事赅，视司马温公《资治通鉴》才十之四五，合前续编，仅有百余帙耳。然士子自束发受经，以逮通籍，帖括在前，簿书在后，虽雅意汲古之儒，罕能卒业，或间涉猎艺文，则又皆留意于风云月露，以篆刻鞶悦为能，盖有驰誉为通人，登朝为达官，而不睹纲目之全部者，又况于历代史之汗牛充栋者乎。……

---

① (清)王艺孙《清故光禄大夫经筵讲官兵部尚书致仕彭公墓铭碑》，见(清)彭启丰撰：《芝庭先生集》附录，《清代诗文集汇编》编纂委员会编：《清代诗文集汇编》296，上海古籍出版社2010年版，第641页。

② (清)李元度著，易孟醇点校：《国朝先正事略》卷三十《名儒·彭南畇先生事略》，岳麓书社1991年版，第870页。

③ 傅增湘撰：《藏园群书经眼录》卷三《史部一》，中华书局1983年版，第230页。

④ (清)李元度著，易孟醇点校：《国朝先正事略》卷三十《名儒·彭南畇先生事略附宁求》，岳麓书社1991年版，第871页。

⑤ (清)李光祚修，(清)顾诒禄纂：《乾隆长洲县志》卷二十五《人物四·彭宁求》，见《中国地方志集成·江苏府县志辑》(13)，江苏古籍出版社1991年版，第317页。

康熙辛未夏五月同年弟彭宁求书于燕台邸舍。'有'彭宁求印''瞻庭'二方印。又，唐鹪安跋云：'此为倬庵大令手稿。彭瞻庭跋是手书，可宝也。为乡盛秦川《柚堂集》中引其书，当有刻本行世，俟再访。'《拜经楼藏书题跋记》著录"①。

2.彭氏家族藏书传承

彭启丰(四世)(1701—1784)　彭定求孙。字翰文，号芝庭，尝与"香山九老会"，遂自号香山老人，长洲人。其"先世由江西迁苏郡之长洲。祖定求，康熙丙辰会试、殿试俱第一。父正乾②(三世)，考授州同知。三世皆以公贵，诰赠光禄大夫吏部右侍郎"③。启丰为"定求孙，乡举之岁，芝生庭中，故自号之芝庭。雍正丁未会试第一，殿试卷列第三，世宗亲擢第一，授修撰，旋直南书房。历充河南、江西、山东乡试主考官。乾隆三年迁翰林院侍讲"④。"三迁右庶子。乾隆六年，充江西乡试副考官，再迁左佥都御史"⑤。历仕浙江学政、刑部侍郎、吏部侍郎、兵部尚书，致仕归，以教书、读书及藏书自娱。"先后主讲紫阳书院十五年，乐育群英，甲科踵接"⑥。为官四十年，"以醇德朴行著于朝野，而性耽风雅，使节所至，遇佳山水，必游历乃去"⑦。彭公又工诗古文，著有《芝庭诗文集》。其"子绍升，语在《文苑传》。孙希濂，乾隆四十九年进士，官至刑部右侍郎，左迁福建按察使。曾孙蕴章，自有传"⑧。《清史列传》卷十九有其传。

彭启丰"少逮事南畇先生，受儒家言。自入翰林，刻苦如诸生。鲜食寡欲，畏远权势，简交游，莅官，以谨慎见称，不好激言畸行，而介然时有所不为。所奏进《经史讲义》，皆切于治体"。袁枚称："公乞养归，为娱奉太夫人，故辟园圃，树华林。至是再归，林壑益幽，华药日茂，公拥书万卷，啸哦其间。虽大耋，聪强不衰"⑨。居所堂，

① 王雨著，王书燕编纂：《王子霖古籍版本学文集》第2册《古籍善本经眼录·编年类》，上海古籍出版社2006年版，第24—25页。

② 按：彭定求之子彭正乾(三世)(生卒年不详)，字存诚，号惕斋，长洲人。《乾隆长洲县志》卷二十五《人物四》载：正乾"恂恂自下，绝去贵介习，独处一室，校辑先儒诸书，屡试省闱不售，人为扼腕，正乾怡怡自得也。教子孙当首立本行，次求学术本行，端学术醇则独善兼善，随穷达而施之，吴中人士奉为格言。邑行乡饮酒礼延主宾席，观者咸谓能称其实。以子启奉贵赠刑部侍郎"。

③ (清)袁枚《光禄大夫经筵讲官兵部尚书彭公神道碑》，见(清)彭启丰撰：《芝庭先生集》附录，《清代诗文集汇编》编纂委员会编：《清代诗文集汇编》296，上海古籍出版社2010年版，第644页。

④ (清)李铭皖、谭钧培修，(清)冯桂芬纂：《同治苏州府志》卷八十九《人物·彭启丰》，见《中国地方志集成·江苏府县志辑》(9)，江苏古籍出版社1991年版，第326页。

⑤ 赵尔巽等撰：《清史稿》卷三百四《列传九十一·彭启丰传》，第35册，中华书局1977年版，第10503页。

⑥ (清)袁枚《光禄大夫经筵讲官兵部尚书彭公神道碑》，见(清)彭启丰撰：《芝庭先生集》附录，《清代诗文集汇编》编纂委员会编：《清代诗文集汇编》296，上海古籍出版社2010年版，第644页。

⑦ (清)王昶著，周维德校辑：《蒲褐山房诗话新编》卷上，齐鲁书社1988年版，第16页。

⑧ 赵尔巽等撰：《清史稿》卷三百四《列传九十一·彭启丰传》，第35册，中华书局1977年版，第10504页。

⑨ (清)袁枚《光禄大夫经筵讲官兵部尚书彭公神道碑》，见(清)彭启丰撰：《芝庭先生集》附录，《清代诗文集汇编》编纂委员会编：《清代诗文集汇编》296，上海古籍出版社2010年版，第644页。

上赐额“慈竹春晖”,“公拥万卷,日哦其中”①。尝自著诗云:“高馆谢尘喧,拥书百城乐。”②“其碑版文尤推重于世。”③尝抄有《佛说大乘胜无量寿决定光明王如来陀罗尼经》一卷。宋易元吉《猴猫图》卷,本幅绢本,“收传印记:宣和中秘。梁清标。华泷收藏诸印。葑溪彭氏珍藏。清乾隆诸玺”④。乾隆三十七年(1772),清廷开馆编纂《四库全书》,“三十八诏求遗书,大吏开局紫阳书院,府君(彭启丰)总之,岁周而毕,得书千八百部,奏进御览”⑤。其子亦献书于四库馆数种。

藏书印有臣彭启丰、翰文、经筵讲官、蓬莱第一峰、芝庭、彭启丰印、南圃、兰郯主人等。据叶瑞宝先生考,《珍本善本书目》著录旧钞本《乐轩先生集》八卷,钤有“山寿堂”“葑溪彭氏”“彭启丰印”等。

彭绍升(五世)(1740—1796)　彭启丰四子。字允初,号尺木,又自号知归子、二林居士,长洲人。“父启丰,号芝庭。雍正丁未一甲一名进士,官至兵部尚书。晚归林下,学兼禅悦,世称清德。先生承累世家学,工于文,成乾隆己丑进士。家居不仕”⑥。“读儒先书,尤喜陆、王之学。及与吴县汪绅大缙、瑞金罗有高台山、同县薛家凤皆三游,乃大阅《藏经》,究出世法,绝欲素食,持戒甚严”⑦。钱泳回忆云:“吴门彭尺木先生名绍升,自号二林居士,前兵部尚书启丰第四子。乾隆丁丑科,与其兄绍观同中进士,为殿试。迨尚书公殁后,遂闭关城东文星阁,精心禅理,禅扬净业,不复与人间事。著书甚多,如《居士传》《善女人传》诸作,大半皆释氏劝世普济众生之言。古文宗法归震川。有《二林居士集》二十四卷,内有《国朝名臣小传》二十篇,曾以上诸史馆。余尝谒先生于文星阁,必从门外击磬三声,而后延入,挥麈谭文,终日不倦。”⑧又著有“《一行居集》《测海集》《观河集》。其文集多载本朝名臣事状。又有《儒行述》《良吏述》,皆裨掌故”⑨。《清史稿》卷四百八十《列传第二百六十七》及《吴中名贤传赞》等有其传。

---

① (清)李元度著,易孟醇点校:《国朝先正事略》卷十六《名臣·彭芝庭尚书事略》,岳麓书社 1991 年版,第 485—486 页。

② (清)彭启丰撰:《芝庭先生集》卷三《环荫书屋》,《清代诗文集汇编》编纂委员会编:《清代诗文集汇编》296,上海古籍出版社 2010 年版,第 445 页。

③ (清)王艺孙《清故光禄大夫经筵讲官兵部尚书致仕彭公墓铭碑》,见(清)彭启丰撰:《芝庭先生集》附录,《清代诗文集汇编》编纂委员会编:《清代诗文集汇编》296,上海古籍出版社 2010 年版,第 641 页。

④ 江兆申著:《灵沤类稿》之《故宫读画札记》,台北世界书局 1997 年版,第 185 页。

⑤ (清)彭启丰撰:《芝庭先生集》附录《皇清光禄大夫经筵讲官兵部尚书致仕先考彭府君事状》,见《清代诗文集汇编》编纂委员会编:《清代诗文集汇编》296,上海古籍出版社,2010 年版,第 639 页。

⑥ 徐世昌等编著:《清儒学案》卷四十二《南畇学案·彭先生绍升》,第 4 册,中华书局 2008 年版,第 1640 页。

⑦ (清)李元度著,易孟醇点校:《国朝先正事略》卷三十《名儒·彭南畇先生事略·彭定求弟宁求孙绍升》,岳麓书社 1991 年版,第 871 页。

⑧ (清)钱泳撰,孟裴校点:《履园丛话》卷六《耆旧·二林居士》,上海古籍出版社 2012 年版,第 99 页。

⑨ 徐世昌等编著:《清儒学案》卷四十二《南畇学案·彭先生绍升》,第 4 册,中华书局 2008 年版,第 1640 页。

绍升“少负经世志，思有所建树，既以王路荡平，庶职就理，诸兄仕内外故，遂韬伏家弄，一意读宋元明诸儒先书，由程朱而陆王，以其余力为诗古文辞，久之折而入佛，断肉食，严戒律，究心于内典最深”①。《清史稿》评云：“颇传家学，述儒行，有《二林居集》。然彭氏学兼朱、陆，识兼顿渐，启丰、绍升颇入于禅。休宁戴震移书绍升辨之。绍升又与吴县汪缙共讲儒学。缙著《三录》《二录》，尊孔子而游乎二氏。此后江南理学微矣。”②

彭绍升好藏书与金石书画，尤好收集金石碑版，“修净业，好读古德书，间作汉隶，收弆金石文字，尝谓江藩曰：‘朱子亦爱金石碑板，《论语》所谓游于艺，非玩物丧志也。’”③吉林省图书馆藏有宋拓《黄庭内景经》，有其题跋，钤有“彭印绍升”“绛云楼钱氏收藏经背纸”“牧斋秘籍”诸印④。绍升又“留心当世掌故，所为碑志、事状、述传之文，居集中太半。尝博观清初诸大吏遗书，考其行事，订传闻之失，补志传之遗，重撰魏象枢、李之芳、汤斌、熊赐履、徐元文、于成龙、李光地、陆陇其、赵申乔、蒋伊、张伯行、陈鹏年、杨名时、孙嘉淦、沈起元、雷鋐诸人事状，共十六篇，分载是集卷十二至十八，叙述翔实，繁而不芜，足以羽翼国史，与全祖望《鲒埼亭集》中碑传之作，可相颉颃也”⑤。

藏书室名曰二林居、一行居；藏印有彭印绍升、允初等。

彭蕴章（七世）（1792—1862）　彭启丰曾孙。字琮达，又字咏莪。长洲人。“由举人入赀为内阁中书，充军机章京。道光十五年，成进士，授工部主事，仍留直军机处。累迁郎中，历鸿胪寺少卿、光禄寺少卿、顺天府丞、通政司副使、宗人府丞。督福建学政，迁左副都御史”，擢工部侍郎，仍留学政任。“咸丰元年，命在军机大臣上行走。四年，调礼部，寻擢工部尚书。五年，协办大学士。六年，拜文渊阁大学士，管理工部及户部三库事务，充上书房总师傅”⑥。八年（1858）改武英殿大学士，十一年（1861）署兵部尚书兼左都御史。同治元年（1862）病归，不久殁，谥号文敬。彭蕴章“精于易学、理数兼为发明，旁及篆隶、碑版，靡不研穷。凡为《松风阁诗钞》二十六卷、《归朴龛丛稿》十二卷、《续稿》十卷、《老学庵读书记》十卷《制艺》及《年谱》附焉”⑦。

---

① （清）李铭皖、谭钧培修，（清）冯桂芬纂：《同治苏州府志》卷八十九《人物·彭绍升》，见《中国地方志集成·江苏府县志辑》（9），江苏古籍出版社1991年版，第330页。

② 赵尔巽等撰：《清史稿》卷四百八十《列传二百六十七·彭绍升传》，第43册，中华书局1977年版，第13115—13116页。

③ （清）徐珂编撰：《清稗类钞·鉴赏类·彭尺木收弆金石文字》，第9册，中华书局2010年版，第4327页。

④ 吴爱云主编：《吉林省图书馆珍本图录》，吉林人民出版社2009年版，第172页。

⑤ 张舜徽著：《清人文集别录》卷八《二林居集》，中华书局1963年版，第223页。

⑥ 赵尔巽等撰：《清史稿》卷三百八十五《列传一百七十二·彭蕴章传》，第38册，中华书局1977年版，第11682—11683页。

⑦ （清）罗惇衍《松风阁诗钞序》，见（清）彭蕴章撰：《松风阁诗钞》卷首，《续修四库全书》编纂委员会、复旦大学图书馆古籍部编：《续修四库全书》第1518册，上海古籍出版社2003年版，第330页。

《清史列传》卷四十五有其传。

彭氏家族成员从小受儒家思想熏陶，孝亲尊师，师承家学，一门仍世通华，子孙皆得列官，好学弗倦。《四库全书总目提要》赞曰："彭定求之学出于汤斌，斌之学出于孙奇逢，奇逢之学出于鹿善继，盖理学，宏儒心传相接。世所称南畇先生者也，自是而后代有贤哲，芝庭、尺木两先生，尤为后学敦昀越五世而相国文敬公出焉。公承儒宗一脉之延，笃守家学，道德之华。"①

三、清代吴县潘氏家族

（一）吴县潘氏家族源流与科举

清苏州民间流传着"苏州两个潘，占城一大半"说法，是指清苏州两大潘氏家族：一是长于经商，财富著于江南的"富潘"；一是簪缨继美，拥有状元、探花、四朝元老，官宦及文化世家的"贵潘"。

"贵潘"先世居安徽歙县，先世由荥阳迁入闽中，唐末潘名为歙州刺史，任满致仕，遂定居安徽歙县篁墩，是为歙县潘氏始祖。明传至第十六世祖潘佑，徙居大阜山南，创立宗祠，该支遂称大阜潘氏。至明末清初，二十四世祖潘仲兰②业于浙盐，往来于吴中，先侨居钱塘，后侨寓苏州南濠，清康熙初年，潘仲兰独子景文③正式卜居苏州城厢黄鹂坊桥巷，成为大阜潘氏迁徙苏州后始迁祖，但自其蔚以上，都归葬歙县。乾隆三十四年（1769）潘奕隽为潘氏家族第一进士及第后，潘氏由浙江商籍改入吴县籍。潘景文生有九子，以长房敷九公支人丁最旺，科第最盛，清潘氏九个进士有八个进士出自该支。迨至潘景文曾孙冕（贡湖公）一支，成为苏州大阜潘氏家族的骨干④。乾隆以后该支迁苏的潘氏家族潘奕隽于乾隆三十四年（1769）己丑科进士及第后，开启了苏州潘氏家族甲科留名之先河。其侄潘世恩状元及第，官至大学士、军机大臣加太子太傅，潘世恩声名显赫，以状元宰相享盛名于时，陈康祺《郎潜纪闻初笔》评云："本朝耆臣生加太傅者五人，重宴琼林者八人，状元做宰相者八人，唯潘文恭兼之。又大拜不阶协办，枢廷不始学习，皆异数也。富贵寿考，子孙继武，公之福祉，三百年一人已。"⑤而潘祖荫为"贵潘"的后继者，登咸丰二年（1852）进士，官刑部

① （清）罗惇衍《松风阁诗钞序》，见（清）彭蕴章撰：《松风阁诗钞》卷首，《续修四库全书》编纂委员会、复旦大学图书馆古籍部编：《续修四库全书》第1518册，上海古籍出版社2003年版，第329页。

② 按：潘仲兰（1609—1677），字筠友，以业浙盐往来吴皖间。

③ 按：潘景文（1639—1706），号其蔚，《大阜潘氏支谱》称"其蔚公"，为苏州潘氏始迁祖。占籍钱塘，杭州府岁贡生，诰授奉直大夫、候选主事加一级。潘景文子兆鼎（敷九公）、孙祖暄（闲斋公）、曾孙冕（贡湖公），冕长子奕隽、季子奕藻。

④ 详见徐茂明著：《江南士绅与江南社会：1368—1911年》，商务印书馆2004年版，第204—205页。

⑤ （清）陈康祺《郎潜纪闻初笔》卷一《潘文恭福祉》，见（清）陈康祺撰，晋石点校：《郎潜纪闻初笔二笔三笔》，中华书局1984年版，第21页。

尚书、军机大臣署兵部尚书，加太子太保，与其祖潘世恩称“祖孙一品”[①]，传为士林佳话。“贵潘”“从乾隆中期至光绪末年的一百二十余间，以乡会试科名而言，潘氏先后约三十五人金榜题名，包括一甲一名的状元和两位一甲三名的探花；以服官从政而言，二品以上的有尚书侍郎三人，巡抚一人，中下级官员则是屈指难数”[②]。该支中举者 26 人，成进士者 8 人[③]，潘氏家族遂成为苏州门第煊赫的官宦世家兼文化世族，簪缨继美、翰墨流芳。同治元年（1862），李鸿章巡抚江苏时，为潘氏题匾“状元宰辅祖孙父子伯侄兄弟翰林之家”[④]，至今尚存。

《救灾福报》载其《潘氏厚德》云：“苏州巨族以潘姓为最，有富潘、贵潘两派。然富潘不必贵，而贵者乃兼富，即文恭公之家是也。其先世封翁居乡有盛德，凡扶危济困，矜孤恤寡之事，莫不本志诚恻怛以为之。乾隆丙午年江南大饥，竭力捐资赈济，全活无数。榕皋、铁华先后进士。癸丑芝轩即文恭公大魁天下。乙卯榕皋之子理斋榜眼及第。文恭公三子皆登科文，孙祖荫探花及第。至今簪缨不绝。”[⑤]其《八十生辰纪恩述怀诗》云：“芸窗世业本青箱，科第蝉联被宠光。东阁簪毫辉棣萼（子曾沂、曾绶先后直内阁，曾绶以纂修玉牒赏加侍读升衔），西清接武晋芝坊（世恩嘉庆戊午大考一等，由修撰涛升庶子。曾莹道光丁未大考一等，由修撰洊升庶子）。碧鸡旧壤荣持节（世恩嘉庆己未视学云南，曾莹道光丙午简放云南正考官），仙蝶新篇纪奉常（曾玮丙午补太常寺博士）。小草幸承膏泽渥，全家同祝寿无疆。”[⑥]可见“贵潘”弟侄子孙，科甲联绵，蔚为奇观，家门日臻鼎盛。

苏州潘氏之所以成为“贵潘”的重原因之一是积德行善的家风，而使家族文脉兴盛的重要原因是以读书、藏书为基础，科举入仕导向。江南有藏书传统，潘氏家族自然也融入这一传统中。潘氏藏书从潘奕隽藏书楼“三松堂”起，传递至第六代潘博山的“宝山楼”，六代藏书，“积书卅万卷，石墨二万通”[⑦]，潘奕隽三松堂，潘曾沂东津馆，潘曾莹小鸥波馆，潘遵祁香雪草堂，潘祖同竹山堂，潘祖荫滂喜斋，潘祖年拙速斋，潘介繁桐西书屋、渊古楼，潘承厚、承弼兄弟的宝山楼，六世其昌，传承有序，堪称中国藏书史上重要的藏书世家之一。其后世中潘遵祁、潘祖荫、潘承厚、潘承弼等，

① （清）朱彭寿《旧典备征》卷三《世家》，见（清）朱彭寿撰，何双生点校：《旧典备征 安乐康平室随笔》，中华书局 1982 年版，第 70 页。

② 苏精著：《近代藏书三十家》（增订本），中华书局 2009 年版，第 202 页。

③ 按：苏州潘氏从乾隆中期的 1769 年至光绪中期的 1889 年，在整整一百二十年的时间内，苏州潘氏先后有 35 人考中举人，其中 9 人连捷进士及第。本书所指范围是潘奕隽与潘奕藻兄弟及其子孙中举人 26 人，进士 8 人，另有潘景文裔孙尚志，字心存，光绪十五年（1889）己丑科进士。苏州潘氏进士 9 人。

④ （清）陈其元著，杨璐点校：《庸闲斋笔记》卷十一《科第世家》，中华书局 1989 年版，第 286—287 页。

⑤ （清）郑官应辑：《救灾福报·潘氏厚德》，见李文海、夏明方、朱浒主编：《中国荒政书集成》第 8 册，天津古籍出版社 2010 年版，第 5268 页。

⑥ （清）梁章钜，（清）朱智撰，何英芳点校：《枢垣记略》卷二十五《诗文六·潘世恩诗十三首》，中华书局 1984 年版，第 298—299 页。

⑦ 潘景郑著：《著砚楼书跋·自序》，上海古籍出版社 2006 年版，第 1 页。

均为藏书名家，在藏书史上，亦属罕见。其家族大量持久的古籍、金石、书画收藏，成为家族富有的文化资源，成为中国文化史上科举与藏书互动的典范家族之一。潘氏家族中的潘祖荫“从年轻时即受北京文化中心的熏陶，不只是科名中人，仕宦中人，而且是学问中人。一生除做官外，讲求金石，讲求藏书，成为19世纪中后期极有影响的金石家、藏书家。因为他官大，影响大，当时许多著名学者，都围绕在他周围，其成就和影响，不只是他个人的，而且是时代的，历史的”①。

附：清代吴县潘氏家族中有文献可考登科年的进士名录②

姓　名	家族成员关系	登科年
潘奕隽(一世)		清乾隆三十四年(1769)己丑科进士
潘奕藻(一世)	奕隽弟	清乾隆四十九年(1784)甲辰科进士
潘世恩(二世)	奕隽胞侄、奕基子	清乾隆五十八年(1793)癸丑科状元
潘世璜(二世)	奕隽子	清乾隆六十年(1795)乙卯恩科探花
潘曾莹(三世)	世恩三子	清道光二十一年(1841)辛丑科进士
潘遵祁(三世)	奕隽孙、世璜子	清道光二十五年(1845)乙巳科进士
潘祖荫(四世)	世恩孙，曾绶子	清咸丰二年(1852)壬子科探花
潘祖同(四世)	奕基曾孙、曾莹长子	清咸丰六年(1856)丙辰科进士

（二）吴县潘氏家族进士藏书

1.进士潘奕隽藏书

潘奕隽(一世)(1740—1830)　字守愚，号榕皋，又号水云漫士、三松居士、粉垣逸客、花桥老圃、香雪道人，晚号三松老人，吴县人。潘冕长子。“少聪颖，年十六，以商籍补仁和县学生。中乾隆壬午乡榜，己丑成进士，及殿试，名列第七，以引见不到，降附三甲末，追御试保和殿，钦定第十名，以内阁中书用。”③“典籍协办侍读，本衙门撰文，文渊阁检阅，内廷方略馆总校，四库全书馆分校，户部贵州司主事加二级，丙午科贵州乡试主考官”④，典试黔中后，旋即归故里。潘氏“自此林居四十余年，读画评诗，游心物外，怡然乐也。道光壬午岁，重赴鹿鸣。己丑岁，又将重赴琼林，时年已九十矣。以两江总督、大学士蒋公攸铦奏陈，奉旨加四品卿衔，着加恩免其进京，以示

① 邓云乡著：《云乡丛稿·苏州“贵潘”四题》，河北教育出版社2004年版，第230页。

② 按：是书以进士潘奕隽算为一世起。此表参考文献：·顾廷龙主编：《清代硃卷集成》第12册《潘曾莹》，台北成文出版社1992年版，第35—40页；第17册《潘祖荫》，第129—140页；第99册《潘遵祁》，第45—51页；第135册《潘希甫》，第361—366页。·(清)李铭皖、谭钧培修，(清)冯桂芬纂：《同治苏州府志(二)》卷六十至卷六十七《选举》，第2册，见《中国地方志集成·江苏府县志辑》(8)，江苏古籍出版社1991年版。

③ (清)钱泳撰，孟裴点校：《履园丛话》六《耆旧·榕皋先生》，上海古籍出版社版2012年版，第103页。

④ 顾廷龙主编：《清代硃卷集成》第99册《潘遵祁》，台北成文出版社1992年版，第47页

体恤耆儒之至意。是年适遇覃恩，胞侄世恩以所得一品封典典貤封光禄大夫，先生生一子名世璜，中乙卯探花”①。王昶记云：“榕皋家门鼎盛，科第联绵。通籍后，即膺馆职，兼奉皇华，而遽辞簪黼，归卧山林，乡闾重以里头，士类藉以青眼，琴樽裙屐，望影趋风，佥以为洛社之耆英，玉山之佳会也。”②潘奕隽又“工书法，尤擅古隶，嗜吟咏，以诗文名世。善引后进，如太史陈锺麟、蒋泰阶、陶梁皆高弟也。曾修郡学，屡昌善堂。岁饥必赈恤邻里”③。著有“《三松堂诗文集》三十卷、《说文蠡笺》十四卷、《居易金箴》一卷”④及《自订年谱》一卷。生平事迹参见潘遵祁《祖考榕皋府君行述》。

潘奕隽登乾隆己丑科进士，开潘家金榜题名的记录，为潘氏家族进入显族奠定基础，而潘奕隽又开创了其家族的藏书风气。今学者郑伟章先生称：“苏州潘氏为藏书世家，前后十数人，实自奕隽始。”潘奕隽博览群籍，好学深思，所藏古籍、金石、书画甚富，特别是归隐后，与黄丕烈、袁寿阶等优游林下，以藏书、赏书品画为乐，颇多唱和之作。如黄丕烈两次迁居，奕隽分别赠以《担书图》《载书图》及《题祭书图》。《担书图》有诗云：“缘阴阴绕舍书沉沉，傍架斋签走白蟫。一笑奚奴真解事，不妨人唤作书淫。炳烛馀龄习未初，摩挲老眼注虫鱼。携节暇月远乘兴，竹屋来雠善本书。”⑤又《载书图》有诗云：“往年君移居，担书复携子。今君又移居，弄孙忧文史。写图更作记，七稔流光驶。城西避纷华，城东慕醇美。欲以耕读弃，世守贻令轨。吾闻古人言，读书在明理。孟氏收放心，孔门训克己。语焉不厌详，无非为心耳。……鄙人工诗惟，取辞达已洽。闻世所尚玩，物吾方耻书。讲习期素心，陈编有征旨。”⑥又《题祭书图》诗云：“芸编秘册罗秩秩，敢曰糟粕神明离？礼缘义起即祭法，一任下士嘲书痴。新图长篇妙摹写，苦茶庵画贞蕤诗。”⑦从以上诗中可窥，潘黄二人友谊深厚是建立在共同的兴趣之中。其裔孙潘承弼言其祖云：“三松堂为五世祖潘榕皋公斋名，公当清乾、嘉之际，优游林泉，藏箧至富。曾与士礼居主人结庐访书，虽无百宋之珍，而精抄名校，所获亦多，惜其《目》著录不详，未能悉窥精蕴耳。”⑧叶景葵亦

---

① （清）钱泳撰，孟裴点校：《履园丛话》卷六《耆旧·榕皋先生》，上海古籍出版社版 2012 年版，第 103 页。

② （清）王昶著，周维德校辑：《蒲褐山房诗话新编》卷上，齐鲁书社 1988 年版，第 117 页。

③ （清）顾震涛撰：《吴门表隐》卷十八，江苏古籍出版社 1999 年版，第 302 页。

④ （清）顾震涛撰：《吴门表隐》卷十九，江苏古籍出版社 1999 年版，第 302 页。

⑤ （清）潘奕隽撰：《三松堂集》卷十三《黄荛圃移居担书图》，见《续修四库全书》编纂委员会、复旦大学图书馆古籍部编：《续修四库全书》第 1460 册，上海古籍出版社 2003 年版，第 681 页。

⑥ （清）潘奕隽撰：《三松堂集》卷十六《黄荛圃移居载书图》，见《续修四库全书》编纂委员会、复旦大学图书馆古籍部编：《续修四库全书》第 1461 册，上海古籍出版社 2003 年版，第 12 页。

⑦ （清）潘奕隽撰：《三松堂集》卷十四《题祭书图为黄荛圃》，见《续修四库全书》编纂委员会、复旦大学图书馆古籍部编：《续修四库全书》第 1460 册，上海古籍出版社 2003 年版，第 696 页。

⑧ 潘景郑著：《著砚楼读书记·三松堂书目》，辽宁教育出版社 2002 年版，第 229 页。

记其事:“季孺之曾祖三松先生,与荛夫莫逆,朝夕过从,所藏黄校黄跋善本,不下百余种。”①

潘氏家有藏书楼名曰三松堂,其藏书有百余种是经黄丕烈校跋过。另有须静斋为其憩息之处。其子潘世璜著有《须静斋云烟过眼录》,以日记形式著录与其父共同鉴赏古籍、金石书画的种种见闻,是三松堂藏书活动的珍贵记录。王昶《三松堂集序》云:“三松堂者,君迁居临顿里,庭有松苍翠可爱,日夕吟啸其下,因以名堂,且以名集,欲自比岁寒也。”②另有藏书处水芝仙馆、湘佩斋等。编有《三松堂书目》二册。后入藏于其孙遵祁之香雪草堂。潘奕隽之后最有名的是潘祖荫的滂喜斋,其次是潘祖同的竹山堂及潘祖颐藏书等,其中潘祖荫最重要。

藏书印有闲来无事不从容、三松居士、己丑进士、奕隽私印、榕皋、潘奕隽印、一壑自娱、一扈木兰两登泰岱再游黄海三宿五台等25枚③。

潘奕隽三松堂曾刻其自撰《说文蠡笺》十四卷,清徐杕仜撰《妇婴至宝》,《平江区志》著录。

潘奕隽三松堂藏书由孙潘遵祁、希甫兄弟递藏,各得数万卷。

2.探花潘世璜藏书与传承

潘世璜(二世)(1764—1829)　初名世璋,字黼堂,号理斋,又号定庵学人,吴县人。潘奕隽独子。《清代硃卷集成》载:“乾隆己酉恩科举人,乙卯恩科一甲三名,赐进士及第,翰林院编修,户部浙江云南司主事加三级④,因父老,请假弃官归里养亲,侍父三十年,不离左右。诰授朝议大夫,奉旨崇祀乡贤。《吴门表隐》称:“天性诚孝,为人谦和,动止不苟,绩学好古,尤穷心卫养之术。”⑤晚年日课《首楞严咒》,与画禅寺主佛公重刻天如禅师《楞严会解》。撰有《湖山杖履录》二卷,《不远复斋遗书》六种。苏州图书馆藏《不远复斋见闻录》稿本卷四至卷十。

潘世璜仕宦不长,即乞养归里,奉父终身。因其父嗜书,随父赏鉴摩挲金石书画甚多,家有三松堂,所藏经籍甚富。尤藏名钞名校甚多,辑有《须静斋云烟过眼录》一书。可见三松堂藏书的整理、评校诸事实出其手。是书所记多系潘世璜侍其父期间与潘奕隽共同之藏书。

关于潘世璜藏书故实,其子遵祁记之甚详:“家藏经籍,排比修整,遇善本手自评校。大父精鉴别金石书画,与外大父陆谨庭先生契最深,府君每侍坐,所见益广。友

① 叶景葵著,顾廷龙编:《卷盦书跋·苏学士文集》,古典文学出版社1957年版,第127页。

② (清)王昶《三松堂集序》,见《续修四库全书》编纂委员会、复旦大学图书馆古籍部编:《续修四库全书》第1460册,上海古籍出版社2003年版,第453页。

③ 参见上海博物馆编:《中国书画家印鉴款识》“1083”条,文物出版社1987年版,第1467—1468页。

④ 顾廷龙主编:《清代硃卷集成》第17册《潘祖荫》,台北成文出版社1992年版,第130页。

⑤ (清)顾震涛撰:《吴门表隐》卷十九,江苏古籍出版社1999年版,第312页。

人有收藏名迹辄往观,悉札记其原委款识。"①又云:"先大父侍养家居,娱情翰墨。四方之士,以古今书画、图籍、碑版请质于大父者,咸侍坐获观焉,外大父谨庭先生,为吴中艺林正法藏眼。先大父每至松下清斋,必出所藏相示,以是生平鉴别益多。暇时偶劄,记其梗概,以志欣赏不能尽载也。遵祁谨检遗墨,汇钞成帙,已不下百数十种。其中偶有一二,展转归三松堂者,别而识之。先大父尝言:'世间宝物,所在必有神物护持。而一时寓目,等之过眼云烟,不知他日流传何处,此生得再遇否。'爰姑记之,因谨题曰《须静斋云烟过眼录》。盖亦犹手泽存焉之意,且以俟墨缘印证之资尔。咸丰五年乙卯七月三日,遵祁谨识。"②潘氏尝藏汲古阁刻本《西溪丛语》二卷,黄丕烈从其处借是书校黄氏所藏明钞本《西溪丛语》③;明稿本《四书内外传》残本四十册,"有'兔床''九杞山人''竹下草堂''真率会''梦祯''潘世璜印''琇斋'诸印"④。明文然刻本《甫田集》三十五卷,钤有"潘世璜理斋"之印⑤。

潘世璜因早卒于其父,三松堂藏书传给其子潘遵祁及潘希甫等。

藏书印有潘世璜印、理斋等。

潘遵祁(三世)(1808—1892)　潘世璜长子。"字觉夫,别字顺之,自号西圃。潘氏其先自歙迁吴,世为吴著姓。君为榕皋先生之孙,理斋先生之子……潘氏科名甲吴下,由君振兴之也。"⑥《清代硃卷集成》载:遵祁"吴县廪膳生,道光丁酉拔贡,癸卯顺天举人,乙巳恩科进士,翰林院编修,国史馆协修"⑦,加侍读衔。潘遵祁淡于仕进,授官不久即迄假归里,退隐林下年四十,俞樾记云:"以拔贡生就职教谕,捐内阁中书。二十三年,入都供职。应京兆试,中式。二十五年,成进士,改庶吉士。二十七年,授编修。才望既崇,门第又盛,佥谓跬步公卿乃转瞬事,而君淡于仕进,即有归隐之志。时补之君亦官中书,所寓目曰'涵秋阁',朱野云山人鹤年旧居也。僻在城南,隔绝埸埃,乐其清旷,居此销夏。八月即乞假归,自镌小印曰'四十归田',自此不复出矣。"⑧秉承祖父潘奕隽及父潘世璜之遗命,捐田千亩,得叔父肯首,设立"松麟义庄",倡议赈灾,惠及乡亲。道光二十九年(1849),"吴中大水,君倡议捐以拯灾黎,

---

① (清)潘遵祁撰:《西圃集》卷三《先府君先妣先生妣行实》,见《清代诗文集汇编》编纂委员会编:《清代诗文集汇编》629,上海古籍出版社2010年版,第761页。

② (清)潘遵祁《须静斋云烟过眼录序》,见(清)潘世璜撰,彭向阳校点:《须静斋云烟过眼录》卷首,中国美术学院出版社2000年版,第1—2页。

③ (清)黄丕烈著,屠友祥校注:《荛圃藏书题识》卷五,上海远东出版社1999年版,第350页。

④ 谢维扬,房鑫亮主编,本卷房鑫亮主编:《王国维全集》第9卷《传书堂藏善本书志上》之《经部》,浙江教育出版社2010年版,第78页。

⑤ (清)缪荃孙等撰,吴格整理点校:《嘉业堂藏书志》卷四《集部》,复旦大学出版社1997年版,第825页。

⑥ (清)俞樾《西圃潘君家传》,见杨镜如主编:《紫阳书院志(1713—1904)》之《书院人物二十七潘遵祁卷》,苏州大学出版社2006年版,第371页。

⑦ 顾廷龙主编:《清代硃卷集成》第17册《潘祖荫》,台北成文出版社1992年版,第132页。

⑧ (清)俞樾《西圃潘君家传》,见杨镜如主编:《紫阳书院志(1713—1904)》之《书院人物二十七潘遵祁卷》,苏州大学出版社2006年版,第371页。

亲至各乡，稽夫家籍户口，见贫民无力养牛，牛羸且死，乃纠合同志者，于盘门外青阳地，设厂质牛”，来岁农事得无废，“又设粥厂，以食饿者”①。太平军占领苏州，避居上海，主讲蕊珠书院，晚年“主讲州紫阳书院二十余年，造就尤广”②。其“著有《西圃文集》五卷、《词诗集》十五卷、《题画诗》二卷，此外诗赋及《卫生要录》《节饮集说》各若干卷”③。晚年与吴中耆旧结为九老会，放怀山水，寄志书画，名倾一时。

其祖父潘奕隽卒时，析产，将三松堂藏书分藏于遵祁及其弟希甫各数万卷。光绪十二年(1886)作《拥书》诗云：“坐拥春巢叠叠书，长恩守护意如何。少时未解百回读，今后难求千卷储。”④其藏书处建于邓尉山中的光福镇，名曰香雪草堂，有《香雪草堂书目》和《西圃藏书目》留世。一为草稿，一为正稿，今藏天津南开图书馆。又有书室名曰四梅花阁，俞樾为之作《潘简缘香雪草堂记》云：“简缘先生筑室邓尉山中，曰香雪草堂。堂之西尚有隙地，治为圃，曰西圃。盖先生城中所居，旧有西圃，故山居亦袭其名。六十以后遂自号西圃老人。堂之东有小阁，阁中藏宋杨逃禅《四梅花卷》，因颜之曰四梅阁。钱塘戴文节为绘《山居图》《四梅阁图》《湖山偕隐图》各一。……庚申、辛酉间，东南沦陷，山中亦无乐土。大难毁夷，市廛榛莽，而入山访旧，则草堂岿然独存，逃禅《四梅卷》及文节三阁亦皆无恙。先生因赋《还山诗》，云：‘天留茅屋老余生’，海内闻之，无不为先生庆。”⑤《苏邻遗诗》卷上云：潘遵祁载香雪草堂之东，“新筑四梅阁，藏杨补之画梅卷，柯九思题”⑥。

潘遵祁尝抄其父《须静斋云烟过眼录》，家藏古今书画、图籍碑版甚多。编有《西圃藏书目》一册，《香雪草堂书目》两册，均系稿本，今藏南开大学图书馆。

其藏书印有香雪草堂、西圃所藏、四十归里等。

潘遵祁藏书于太平天国时损失几尽。乱后又致力于藏书，见前人手批书辄抄录于别册。遵祁自云：“余筑室郑尉山中，曰香雪草堂。……余爱蓄古书画，锦赙缥囊，必什袭精整，惟宜，人是谊。”⑦余“家藏楹书数十架……迨避乱申浦，书籍荡然，余借书读之，必侍于旁，闲有书估携书来，若猩猩之见酒，屐不能去时，余虽力不能收

---

① (清)俞樾《西圃潘君家传》，见杨镜如主编：《紫阳书院志(1713—1904)》之《书院人物二十七潘遵祁卷》，苏州大学出版社2006年版，第371—372页。

② (清)俞樾《西圃潘君家传》，见杨镜如主编：《紫阳书院志(1713—1904)》之《书院人物二十七潘遵祁卷》，苏州大学出版社2006年版，第372页。

③ (清)俞樾《西圃潘君家传》，见杨镜如主编：《紫阳书院志(1713-1904)》之《书院人物二十七潘遵祁卷》，苏州大学出版社2006年版，第372页。

④ 潘遵祁撰：《西圃集诗集补遗·拥书》，见《清代诗文集汇编》编纂委员会编：《清代诗文集汇编》629，上海古籍出版社2010年版，第687页。

⑤ (清)俞樾撰：《春在堂杂文续编》卷一《潘简缘香雪草堂记》，见《续修四库全书》编纂委员会、复旦大学图书馆古籍部编：《续修四库全书》第1551册，上海古籍出版社2003年版，第196页。

⑥ (清)李鸿裔撰：《苏邻遗诗》卷上《香云草堂歌为潘西圃遵祁年丈七十寿》，见《清代诗文集汇编》编纂委员会编：《清代诗文集汇编》718，上海古籍出版社2010年版，第342页。

⑦ (清)潘遵祁撰：《西圃集》卷四《亡室汪宜人行略》，见《清代诗文集汇编》编纂委员会编：《清代诗文集汇编》629，上海古籍出版社2010年版，第764页。

书，犹勉为购一二善本，见前人手批书辄手录一过于副册，未尝始作中止”①。香雪草堂所蓄书再传后陆续散佚，至民国二十三年（1934），剩余数百种藏书终被后人全部出售，潘承厚兄弟曾以千余元收回其中数十部。

潘遵祁卒后，藏书由其子潘康保②（四世）、潘睦先③（四世）递藏。其中潘睦先继承父所遗书，有藏书处名曰养闲草堂，收藏其曾祖父三松堂旧书不少，其中有黄丕烈校本、题跋善本不下百余种。惜潘氏藏书在抗日战争时期损失惨重。曾藏有黄跋《苏学士文集》，叶景葵《过录何焯校本跋》云：“旧得白华书屋本，有朱笔传录何校，颇有讹字。又有墨笔校语三条，未署名，非何校。戊寅春暮，假得老友潘季孺所藏黄荛夫传录顾千里临何校本，又以宋刊《丽泽集》校诗，因对校一过，概用蓝笔以别于旧有之朱墨笔，凡讹夺处悉与改正。季孺之曾祖三松先生，与荛夫莫逆，朝夕过从，所藏黄校跋善本，不下百余种。百年以来，陆续散失，仅存此本。倭兵入苏州，季孺居室为炸弹所中，是书已沦入瓦砾灰烬之中。季孺避难来沪，凡先世遗留珍物，概未携出。炮火甫定，赖有健仆不避艰危，出入兵间，将烬余运出一箧，均已残破。惟是书首尾完好，俾余有展读之机会，不胜欣幸！三月廿四日，景葵记。”④又有吴大澂亲笔篆书的《论语》两卷，赠睦先箧藏四十年，亦是健仆从瓦砾中找出。后请邓邦述写题识，“久而未报，正闇故物，无可追寻。苏城书友于众碧残籍中发见，慨然赠之，于是延津复合。俭庐珍重携归，将与辛苦保存之先代图书并传孙子”⑤。此事亦为艺林珠还璧合的一段佳话。

经过抗日战争，潘氏父子所藏书尚余数十箧，存放在香雪草堂，潘睦先所剩部分藏书后赠与苏州图书馆。

三松堂藏书半数归潘世璜次子潘希甫⑥（三世）所藏，故希甫藏书亦多，苏精云：“奕隽因独子世璜先卒，所藏分传给遵祁、希甫两孙各约数万卷。”⑦

---

① （清）潘遵祁撰：《西圃集》卷四《冢孙志诒事略》，见《清代诗文集汇编》编纂委员会编：《清代诗文集汇编》629，上海古籍出版社 2010 年版，第 766 页。

② 按：潘康保（1834—1881），原名贵生，字秋谷，吴县人。潘遵祁次子。清咸丰九年（1859）己未恩科并补咸丰五年（1855）乙卯科举人，历知湖北嘉鱼、钟祥、麻城等县，后署浙江诸暨县知县，补用知府。著有《迦兰陀室诗钞》一卷。

③ 按：潘睦先（1871—1963），字季孺，号少圃，一号俭庐，吴县人。潘遵祁四子。附贡生，官湖北布政司照磨，升知府。

④ 叶景葵著，顾廷龙编：《卷盦书跋·苏学士文集》，古典文学出版社 1957 年版，第 126—127 页。

⑤ 叶景葵著，顾廷龙编：《卷盦书跋·吴窸斋篆文论语真迹》，古典文学出版社 1957 年版，第 12 页。

⑥ 按：潘希甫（1811—1858），字补之，号保生，吴县人。潘世璜次子。吴县廪膳生，道光乙未恩科举人，官内阁中书，惜不永其年，勋业未展。撰有《花隐庵词》，未得见。

⑦ 苏精著：《近代藏书三十家》（增订本），中华书局 2009 年版，第 204 页。

潘希甫递藏三松堂藏书，后传至其子介繁①(四世)、介祉②(四世)兄弟。

潘介繁所藏书由其子潘志万③(五世)递藏。潘志万继承藏书并全力守藏，所藏明刊明钞及清刊清钞多为精本，且流传有绪，甚为珍贵。如今藏苏州博物馆古籍善本室的清钞本《圭美堂集》二十六卷，明蓝格写本《浣花集》十卷④，明成化十一年项璁刊本《存复斋文集》十卷⑤，明嘉靖元年祝銮刊本《渊颖吴先生集》十二卷⑥，又明成化刊本《重锓诚意伯文集》二十卷⑦，明祁承㸁钞本《滇载记》一卷⑧，清毛奏叔据宋校汲古阁刻本《丁卯集》二卷《续集》一卷⑨，清康熙席启寓琴川书屋刊唐人百家诗本《贾长江集》十卷⑩，古吴潘笏盦手钞校本《辽金正史纲目》⑪，等等。令人遗憾的是潘介繁藏书一部分毁于太平天国战事，一部分在咸丰十年(1860)遭遇大火后，被焚毁不少。胡凤丹曾有题诗曰："厄运超尘劫，残编僧蠹鱼。洞庭波缥缈，林屋树萧疏。可是龙威丈，精灵护秘书。"⑫

潘介祉嗜书不下其曾祖潘奕隽，藏书甚多，所藏元明刻及写本、钞本等多为善本，钤有潘氏藏印。又扩建渊古楼和桐西书屋两藏书室，所得三松堂遗书精本颇多，如珍善之本有《高士传》《事物纪原》《文心雕龙批评音注序》《朝野新声太平乐府》《避暑录话》等，有彭行先手稿本《心赏笔随》。叶德辉《正统本事物纪原题记》："潘叔润介祉，吴县人，潘文勤祖荫族子，喜藏书，余居苏城数年，恒于书肆见其家散出之书，均有印记。曾在友人莫楚生观察堂案上见所藏宋濂《文粹》《续文粹》二书，有其藏印，知所藏秘册古本正不少也。比之前哲，犹钱牧翁之遵王乎！"⑬《芳椒堂钞本皇元征缅刻录》跋云："此本旧为吾族桐西书屋藏书，藏印累累可证。桐西书屋者，吾族祖玉荀公讳介祉藏书斋名也，三松堂遗书归公珍弆者为多，身后子姓不知书，间斥阅

① 按：潘介繁(四世)(1829—1893)字谷人，号茮坡，亦作椒坡、菽坡，又号桐西，吴县人。潘希甫长子，介祉兄，志万父。清咸丰二年(1852)顺天举人，候选国子监学正，任湖北咸宁、麻城知县，迁直隶州知州，湖南茶陵知州等职。撰有《桐西书屋诗文钞》一卷。潘介繁与弟介祉继承其父希甫遗箧，藏书颇富，家有藏书楼名曰桐西书屋。

② 按：潘介祉(1840—1891)，原名潘念慈，字玉笋，号叔润。吴县人。介繁弟。吴县庠生，候选训导，议叙员外郎。著《藕花香榭吟草》、《明代诗人小传稿》十四卷，其手稿十四卷现收藏于台北"中央图书馆"。

③ 按：潘志万(五世)(1849—1899)，字子侯，号笏盦、硕庭，吴县人。著有《苏州金石志》《书籍碑版题跋偶录》等。

④ 傅增湘撰：《藏园群书经眼录》卷十二《集部一》，中华书局1983年版，第209页。

⑤ 傅增湘撰：《藏园群书经眼录》卷十五《集部四》，中华书局1983年版，第1335页。

⑥ 傅增湘撰：《藏园群书经眼录》卷十五《集部四》，中华书局1983年版，第1337页。

⑦ 傅增湘撰：《藏园群书经眼录》卷十六《集部五》，中华书局1983年版，第1379页。

⑧ 王文进撰，柳向春标点：《文禄堂访书记》卷第二，上海古籍出版社2007年版，第113页。

⑨ 王文进撰，柳向春标点：《文禄堂访书记》卷第四，上海古籍出版社2007年版，第269—270页。

⑩ 傅增湘撰：《藏园群书经眼录》卷十二《集部一》，中华书局1983年版，第1084页。

⑪ (清)缪荃孙等撰，吴格整理点校：《嘉业堂藏书志》卷二《史部》，复旦大学出版社1997年版，第222页

⑫ 李玉安、黄正雨编著：《中国藏书家通典》，中国国际文化出版社2005年版，第637页。

⑬ (清)叶德辉撰，杨洪升点校：《郋园读书志》卷六《子部·事物纪原十卷》，上海古籍出版社2010年版，第262页。

殆尽。近年藏家著录善本,有公藏印者,时有所见。叶鞠裳先生辑《藏书纪事诗》,于公未获人录,诚艺林一憾事耳!”①

潘介祉藏书在卒后,惜身后子女不知书,至光绪时已斥卖一空。关于潘奕隽藏书散佚,潘景郑记云:“公遗书,析产后分藏曾伯祖顺之公,暨曾叔祖补之公处。补之公遗箧,传至玉荀叔祖,别署桐西书屋,殊多精本,光绪中即散去。顺之公子姓甚繁,大半亦经后人散佚,尚余数十箧,存光福之香雪草堂,十年前乃流入吴市。其中虽无宋元之本,而旧刻精钞及明清佳椠,犹不下数百种,余与伯兄竭力收得什之二三,为吾宝山楼中增色不少。岂意战事骤作,山楼一角,殃及池鱼,毁失数十箧。今避兵沪上,行箧零星,已无什一存之,旅绪乡梦,中心惘然。”②介繁、介祉的部分藏书后来几经辗转,分别归莫伯骥、傅增湘、王大隆和商务印馆涵芬楼等藏家,有的还保存至今。

3.状元潘世恩藏书与传承

潘世恩(二世)(1769—1854)　字芝轩,号槐堂,一作槐庭,吴县人。冕孙,奕基③次子,奕隽侄,世荣④弟。乾隆五十八年(1793)癸丑科状元,年仅24岁。《清史稿》载:潘世恩“乾隆五十八年一甲一名进士,授修撰。嘉庆二年,大考一等,擢侍读”及侍讲学士,“迁至内阁学士,历礼部、兵部、户部、吏部侍郎,督云南、浙江、江西学政。十七年,擢工部尚书,调户部。母忧归,服除,以父老乞养,会其子登乡举,具疏谢,坐未亲诣京,降侍郎。帝鉴其孝思,仍允终养,居家十载”。“道光七年,父丧服阕,补吏部侍郎,迁左都御史。再授工部尚书,调吏部。十三年,超拜体仁阁大学士,管理户部。寻命为军机大臣,兼翰林院掌院学士。晋东阁大学士,调管工部。充上书房总师傅,加太子太保”,晋武英殿大学士、太傅⑤。道光二十九年(1849),引疾归,咸丰四年(1854),卒,入祀贤良祠,谥文恭。潘世恩“次子曾莹,道光二十一年进士,由编修官至吏部侍郎。孙祖荫,自有传”⑥。《国朝先正事略》赞云:“古今儒臣,备五福者众矣,然率有阙而未全之处。若夫名魁天下,位极人臣,直枢廷几三十年,赏花翎、紫缰、黄马褂,生加太傅,享遐龄,两蒙赐寿,温旨予告,食全俸,优游京邸者四年,弱冠

① 潘景郑著:《著砚楼书跋·芳椒堂钞本皇元征缅录及女贞招捕总录》,上海古籍出版社2006年版,第60页。

② 潘景郑著:《著砚楼读书记·三松堂书目》,辽宁教育出版社2002年版,第229页。

③ 按:潘奕基(1745—1834),字汝勤,奕隽、奕藻弟。清乾隆十五年(1750),应县试,以幼童拔前列;年二十,以商籍补杭州府学生员,后改为吴县籍。乾隆三十九年(1774),顺天乡试,挑取誊录、四库全书馆誊录。后因有疾,遂弃举业。

④ 按:潘世荣(二世),字锦堂,号树庭,清吴县人。世恩胞兄。清乾隆五十九年(1794)甲寅恩科举人,《清代朱卷集成·潘祖荫》载其:“乾隆甲寅恩科举人,拣选知县,内阁中书加四级,例授奉直大夫,诰赠朝议大夫即选郎中加一级。”因伯父潘奕藻无子,嗣之。

⑤ 赵尔巽等撰:《清史稿》卷三百六十三《列传一百五十·潘世恩传》,第38册,中华书局1977年版,第11418—11419页。

⑥ 赵尔巽等撰:《清史稿》卷三百六十三《列传一百五十·潘世恩传》,第38册,中华书局1977年版,第11419页。

登第，后乞假归娶，晚年重赴鹿鸣，琼林恩宴，子若孙科第踵武，当再宴琼林之岁，孙以一甲第三人赐及第，身后崇祀贤良祠，极人爵之荣，无微弗备，本朝二百余年来，未有如吴县潘文恭者也。”[①]著有《读史镜古编》《有真意斋文集》《思补斋诗集》《思补老人自订年谱》等多种，其《亦吾庐随笔》稿本，上海图书馆藏。撰有《潘世恩日记》（道光十八年至二十六年）稿本不分卷，苏州博物馆藏。生平事迹参见《清史列传》卷四十《大臣传续编五·潘世恩传》。

潘世恩居家尽孝十三年，购苏州玄妙观东钮家巷凤池园西部修为宅第，仍称“凤迪园”，大厅额题“留余堂”。在留余堂遍读群书，研究学问。石韫玉《独学庐五稿·临顿新居图记》卷一载：“苏城东北隅有临顿里，里中有銮驾巷，今人呼钮家巷，即古之凤池乡也。有凤池园在焉。园初为顾氏别业，康熙间故宗人府丞顾汧葺而新之。后其园入唐氏，而后归于今尚书潘芝轩先生。令子功甫绘临顿新居图，征予为之记。予披图而揽园之胜，清流饶屋，花竹交映，有亭翼然，背山面水，曰凤池亭。燕居之室，环拥图书。……枕水作屋，中贮法书名画，曰烟波画船。”[②]又《独学庐四稿》卷四载潘世恩藏《乾隆癸丑同馆图》，有石韫玉跋。

潘世恩有四子：潘曾沂[③]（三世）、潘曾绶[④]（三世）、潘曾莹（三世）、潘曾玮[⑤]（三世）。

潘世恩长子潘曾沂，“丙子举人，官中书。性瞻远，善诗古文，归里后，茹斋纳坐不喜接见宾客。然里閈中凡事之有益与可行者，悉倡为之”，时人誉为“第一流人物”[⑥]。好藏书，其藏书数栋，惜毁于咸丰战火。《陟冈楼丛刊》之潘祖年《拙速诗存》中有诗云：“绝怜野竹山房稿，早共图书付劫灰。”小字注曰：“先伯父小浮山人拟建藏书楼，嘉惠里中，后进积图书充数栋，庚申前，已为丙丁摄去。”[⑦]

潘曾莹（三世）（1808—1878）　潘世恩次子，字申甫，别字星斋，一作惺斋，吴县人。

---

① （清）李元度著，易孟醇点校：《国朝先正事略》卷二十三《名臣·潘文恭事略·潘世恩》，岳麓书社1991年版，第700—702页。

② （清）石蕴玉撰：《独学庐五稿》卷一《临顿新居图记》，见《续修四库全书》编纂委员会、复旦大学图书馆古籍部编：《续修四库全书》第1467册，上海古籍出版社2003年版，第89页。

③ 按：潘曾沂（1792—1852），字企曾，号功甫，又号春泉、瑟庵、小浮山人，吴县人。潘世恩长子。嘉庆二十一年（1816）丙子科举人。历内阁中书，国史馆分校。虽出自科第世家，但其仕途不顺，五试礼部均不受，于三十三岁归里。其著述有《江山风月集》《东津馆文集》《船庵词》等十余种。苏州图书馆大多收藏。

④ 按：潘曾绶（1810—1883），字若甫，一字绂庭，吴县人。潘世恩季子。清道光二十年（1840）举人，官内阁侍读。工词。著有《陔兰书屋词集》。

⑤ 按：潘曾玮（1818—1885），字宝臣，号玉泉，又号玉洤、季玉，自号养闲居士，吴县人潘世恩幼子。国学生丁酉、庚子两科呈荐，道光癸卯乡试挑取内廷誊录太常寺博士加三级，任刑部四川员外郎随带加二级记录七次，授奉政大夫，官至福建司郎中等。撰有《自镜斋文钞》《诗钞》《玉洤词》等，辑有《养闲草堂记》《横塘乏月图记》。潘曾玮在闲暇之余留心经世之学，致力于诗占文辞，以读书为要务。受其父影响，雅好藏书，藏书室名曰自镜斋。

⑥ （清）陈奂撰：《师友渊源记》，见《丛书集成续编》史部，第36册，上海书店出版社1994年版，第109页。

⑦ 引郑伟章著：《文献家通考》卷十四《潘曾沂》，中华书局1999年版，第764页。

清道光十四年(1834)甲午顺天举人,“辛丑恩科进士,钦点翰林院庶吉士、翰林院编修,丁未大考一等,特旨以庶子升用詹事府右春坊右庶子,左春坊左庶子,日讲起居注官、翰林院侍讲学士,翰林院侍读学士署国子监祭酒,内阁协同批本,国史馆协修纂修,起居注协修,咸安宫总裁,功臣馆纂修,本衙门撰文,咸丰壬子大考二等……光禄寺卿,丙午科云南乡试主考官,庚戌科会试同考官,丁未、庚戌、壬子科教习庶吉士”①,官工部左侍郎,监管三库事务。著有《小鸥波馆文钞·诗钞·词钞》《红蕉馆诗钞》《芸馆簪毫集》《丙午使滇日记》等,另有《小鸥波馆画识·画寄》《墨缘小录》。苏州博物馆藏古籍善本潘曾莹撰《小鸥波馆诗钞》稿本十五卷,存六卷。生平事迹参见俞樾《吏部左侍郎潘公墓志铭》。

潘曾莹学有根柢,工诗文词,亦善绘画,尤长史学。吴汝纶云:曾莹“吴潘文恭公子也。少承门轨,续闻趾华,蚤有嘉问,以道光廿一年成进士,改庶吉士,授编修。宣宗皇帝以公宰相子,能用儒业自进,召见,嘉叹”。“道光之季,国家席太平久矣。天子好文,公卿用儒雅雍容登进士。文恭公于时久录机事,作傅皇子,文学尤重于朝廷,而公又以名三公家子,能诗善画,文采毫翰,辉映门阀,中朝名德,皆慕与交游。……文宗御极,加礼师傅家,眷遇弥笃,珍器秘玩,宠赉相属”②。尤富收藏,精品鉴。有藏书楼名小鸥波馆,尤以收藏书画著名。又有赐锦堂、红蕉馆、红雪山房、鹦鹉帘栊等。

藏印有星斋、潘曾莹、潘曾莹印等。

潘祖同(四世)(1829—1902)　字桐生,号谱琴,吴县人。潘曾莹长子,祖荫从兄,承弼祖父。“初以荫得主簿,旋赐举人,考授国子监学正。文恭薨,以恩赐进士。后二岁,改翰林院庶吉士,充国史馆协修。”咸丰九年(1859)七月,因涉嫌顺天乡试弊案免官居家,事白得释。“惩于仕途艰巇,自是绝意进取,以文史自娱,犹侍吏部处京邑者二十年。”“有《竹山堂随笔》《国朝人物征》《疑年总录》《校勘随笔》《提要便检》及诗文若干卷,唯诗行世。”③徐世昌《晚晴簃诗汇》卷一百五十五有其传。

潘祖同居家后,以藏书自娱,章太炎亦记其事云:丁母忧,其母“既归葬,杜门读礼,不交人事。比祥除,家无余财,以田二顷自给。而蓄书至四万余卷,皆手自钩校,分部而处。始文恭在时,受赐内府宝玩甚众。吏部又善绘事,藏法书名画亦不訾。君悉推与诸弟,独取书数簏。曰:‘此我所好也。’竟是成书藏焉”④。其“藏书既多,

---

① 顾廷龙主编:《清代硃卷集成》第17册《潘祖荫传》,台北成文出版社1992年版,第131页。

② (清)吴汝纶撰,施培毅、徐寿凯校点:《吴汝纶全集》之《文集第一·前工部侍郎潘公神道碑》,黄山书社2002年版,第29—30页。

③ 上海人民出版社编,黄耀先等点校:《章太炎全集·太炎文録续编》卷五之下《清故翰林院庶吉士潘君墓志铭》,上海人民出版社2014年版,第310—311页。

④ 上海人民出版社编,黄耀先等点校:《章太炎全集·太炎文録续编》卷五之下《清故翰林院庶吉士潘君墓志铭》,上海人民出版社2014年版,第311页。

岁辄一暴之,断编虫蚀,手自补治"[①]。郑逸梅先生记云:"潘祖同为画家吴湖帆之外舅,我获得其因拓,有'旧史氏''梅逸道人''还读书堂''万五千卷书屋''吟兰书屋图记''同是天涯沦落人''春冰竞畅秋水澄鲜'"[②]。又记云:"潘氏为吴中望族,世代书香,自潘芝轩(世恩)以下三世,入翰苑者凡若干人,潘谱琴(祖同)镌有一印'祖孙父子兄弟叔侄翰林之家',盖有清三百年中未有能及之者。"[③]

建藏书楼名曰竹山草堂。

4.探花潘祖荫滂喜斋藏书

潘祖荫[(四世)](1830—1890) 字伯寅,小字东镛,号少棠,又号郑盦,吴县人。潘世恩孙,曾绶长子,祖年兄。"大学士世恩孙。咸丰二年一甲三名进士,授编修。迁侍读,入直南书房,充日讲起居注官。累迁侍读学士,除大理寺少卿。""光绪改元,授大理寺卿,补礼部右侍郎。数迁工部尚书,加太子少保。……入直军机,父忧归。服阕,起权兵部尚书,调补工部,兼管顺天府尹事"[④],晋太子太保,卒,赠太子太傅,谥文勤。潘祖荫"少精楷法,中年以后好临书谱,日必数纸,至今为世所宝也"[⑤]。"先后数掌文衡,典会试二、乡试三,所得多真士。时与翁同龢并称翁潘云"[⑥]。著有《奏疏》《秦輶日记》《沈阳纪程》《西陵日记》《东陵日记》《芬陀利室词》《郑庵诗文存》等数种。生平事迹参见李慈铭《潘文勤墓志铭》、《清史列传》卷五十八《新辨大臣传二·潘祖荫》。

潘祖荫"在朝数十年,持躬清介,屏绝馈遗,所藏商周珍器、宋元精椠,皆罄廉俸购之四方"[⑦]。"祖荫嗜学,通经史,好收藏,储金石甚富"[⑧],"甲于吴下"[⑨]。潘祖荫所藏善本亦多得之名家,如得自怡王府乐善堂如宋刻《增修校正押韵释疑》、宋刻《楚词后语》、元刻《增修互注礼部韵略》、元刻残本《难经本义》、明刻巾箱本《五经》等,皆有怡府藏印。潘景郑言:"吾家《滂喜斋书目》著录有怡府藏印者,不下二三十种,皆其精本也。其藏印可证者,有'怡府世宝''安乐堂藏书记''明善堂览书画印

---

① 上海人民出版社编,黄耀先等点校:《章太炎全集·太炎文録续编》卷五之下《清故翰林院庶吉士潘君墓志铭》,上海人民出版社 2014 年版,第 310 页。

② 郑逸梅著:《艺林散叶续编》之第 1763 条,中华书局 2005 年版,第 200 页。

③ 郑逸梅著:《艺林散叶续编》之第 2051 条,中华书局 2005 年版,第 230 页。

④ 赵尔巽等撰:《清史稿》卷四百四十一《列传二百二十八·潘祖荫传》,第 41 册,中华书局 1977 年版,第 12415—12416 页。

⑤ (清)李慈铭《潘文勤公墓志铭》,见闵尔昌录:《碑传集补》卷四,台湾文海出版社 1980 年版,第 299 页。

⑥ 赵尔巽等撰:《清史稿》卷四百四十一《列传二百二十八·潘祖荫传》,第 41 册,中华书局 1977 年版,第 12416 页。

⑦ (清)潘祖荫撰:《滂喜斋藏书记》卷首《王季烈·滂喜斋藏书记序》,见《续修四库全书》编纂委员会、复旦大学图书馆古籍部编:《续修四库全书》第 926 册,上海古籍出版社 2003 年版,第 417 页。

⑧ 赵尔巽等撰:《清史稿》卷四百四十一《列传二百二十八·潘祖荫传》,第 41 册,中华书局 1977 年版,第 12416 页。

⑨ (清)叶昌炽著,王欣夫补正,徐鹏辑:《藏书纪事诗》卷六,上海古籍出版社 1989 年版,第 690 页。

记’诸印,皆精劲悦目。”[①]潘氏又有得自成府永瑆所藏者,如宋刻《司马氏书议》,此书书品极佳,纸墨清朗,似未曾触者。另外还得自黄丕烈所藏,自云:“得先生藏书不及十种。”[②]如宋刻《白氏文集》残本,《后村先生文集》残本,《葛归愚集》、《淮海居士长短句》等。明覆刻宋本《友林乙稿》一卷,有“大兴朱笥河”“朱筠”“坦之秘籍”“叶名沣”“润臣”“翁同龢”“潘祖荫”印[③]。

其藏书处有滂喜斋、郑盦、八求精舍、八囍斋、功顺堂、澄怀堂、芬陀利室、汉学居、龙自然室、小脉望馆等。

藏印有吴县潘氏郑盦藏、伯寅藏书、祖荫、伯寅经眼、如愿、攀古楼、滂喜斋、金石录十卷人家、佞宋斋、潘祖荫藏书、潘祖荫藏书记、九涛十八涧中人、八求精舍、龙威洞天、分廛百宋、移架千元等。

光绪十年(1884),潘祖荫与叶昌炽将其苏寓故居所藏最珍本一百三十五种编成《滂喜斋书目》,其中宋元本即有五十八部。又有《滂喜斋宋元本书目》,著录其收藏的宋元本一百二十七种[④]。潘祖荫曾手编《滂喜斋读书记》三卷,后由其门人叶昌炽刊行传世。《滂喜斋藏书记》著录一百四十一种,皆宋元刻本、明初本、日本刻本,可视为善本藏书志。又有《滂喜斋藏书目录》,精钞本,著录一百六十种,多系名人批校收藏本,间有宋元本,得自乐善堂者甚多。每书且计价格,疑亦由书肆检点遗书所编别一目。又有《八囍斋随笔》,潘氏于《钱竹汀日记抄》上批注所见善本,李少微录出刊行之。

潘祖荫耽嗜汉学,又好刻书,陈介祺记云:“先生尚义而有力,以故好刻先贤遗著及时人所著书。先后刻吴玉搢别雅、钮匪石日记、许印林遗书、程稚蘅吴郡金石目、吕氏百砖考、韩氏宝铁斋金石跋、陈簠斋传古别录、鲍臆园手札等。后将旧刻诸书汇为滂喜斋丛书,复汇刻功顺堂丛书。先生得簠斋书札,甚珍重之,坚欲合鲍、王、吴诸先生所得书刻而传之。体例商定,且已写版一卷,或云三卷。卒未成书,实属憾事,亦可感矣。”[⑤]潘祖荫又辑刻《士礼居藏书题跋记》六卷,跋云:“吾乡黄荛圃解元好藏书,尤好宋、元本,与先祖文恭公相善。嘉庆时曾刻《四元唱和诗》,字仿宋刻,甚工致,与其所刻影宋《国语》《国策》书数种盛行于时,所谓《黄氏丛书》是也。其子同叔茂才寿凤,善篆刻,其篆专师钱十兰,与先世父小浮先生最相得。犹记道光甲辰、己酉,荫归里时,无日不见于凤池园座上,园中楹联扁额皆其所篆,先世父‘梦印’三十

---

① 潘景郑著:《著砚楼读书记·怡府书目》,辽宁教育出版社2002年版,第227页。

② (清)潘祖荫《士礼居藏书题跋记跋》之《附录》,见(清)黄丕烈著,潘祖荫辑,周少川点校:《士礼居藏书题跋记》之《附录》,书目文献出版社1989年版,第327页。

③ 王文进撰,柳向春标点:《文禄堂访书记》卷第四,上海古籍出版社2007年版,第314页。

④ 参见(清)□□撰:《滂喜斋宋元本书目》,见《丛书集成续编》第68册,史部,上海书店出版社1994年版,第1107—1111页。

⑤ (清)陈介祺著,陈继揆整理:《秦前文字之语》卷一《致潘祖荫书》,齐鲁书社1991年版,第2页。

六方，亦所刻也。未几下世，荛圃先生所藏书，晚年尽归之汪阆源观察，汪之冢妇，荫姑母也，其所藏，荫犹及见之，前年曾为刻其《宋元本书目》。未几，汪氏亦渐散佚。道光辛亥、壬子间，往往为杨致堂河督所得，至庚申而尽出矣。今吴平斋丈、陆存斋观察亦颇得之。咸丰庚申三月，荫所藏书存申衙前汪氏义庄，书四十箱既失；八月中，澄怀园之所藏亦尽，于是荫之书荡然矣。而结习未忘，又复时时收之。得先生藏书不及十种，因思先生一生精力尽在于是，乃从杨致堂河督之子孙协卿太史录得先生手跋百余条，又从平斋、存斋录寄跋若干条，柳门侍读、筱珊太史、茀卿太史助我搜辑若干条，聚而刻之。古书面目，赖以以存，荛圃之书，虽散犹不散也。且以见吾乡承平时士大夫耽书好古，其风尚类如是也。可慨也夫。"①潘祖荫"所刻书几及百种，皆有功学者"②。

关于潘祖荫藏书之散佚，"咸丰庚申三月，荫所藏存申衙前汪氏义庄，书四十箱既失；八月中，澄怀园之所藏一尽，于是荫之书荡然矣"③。在咸丰藏书散毁后，"而结习未忘，又复时时收之"④，同治十年（1871），潘祖荫"与赵扔叔（之谦）、胡甘伯（澍）访求古笈，得宋元椠本甚多"⑤。特别是同治"九年十二月十七日得宋刻《金石录》即《敏求记》所称冯研祥家本也"⑥。尝跋《泾林续记》云："亡友韩小亭观察，家有玉雨堂，藏书甚富。余所得残宋本《金石录》十卷及明周元玮《泾林续记》，皆其物也。"⑦潘祖年记其事云："国朝乾隆间为扬州江氏所藏递，归赵晋斋、阮文达，最后入韩小亭观察玉雨堂。兄从韩氏得此书即仿冯氏刻一印曰'金石录十卷人家'，以前流转之家相承皆用此印。"⑧杨钟羲亦记云："国初嘉兴诸生冯文昌研祥，有宋椠《金石录》刻一图记曰：金石录十卷人家。嗣为仪征江立玉屏所有，因以题其斋。张燕昌为用飞白书刻印以赠。后归赵魏晋斋。继为阮文达所得，自抚浙至入阁，恒携以自随。翁覃溪诗：'阮公积古迈欧赵，苏斋快与论墨缘。恰逢叶子仿篆记，宛如旧日冯家镌。叶子篆样又摹副，其一畀我苏斋筵。'韩泰华小亭得之，亦刻金石录十卷人家小印。

① （清）潘祖荫《士礼居藏书题跋记跋》，见（清）黄丕烈著，潘祖荫辑，周少川点校：《士礼居藏书题跋记》之《附录》，书目文献出版社1989年版，第327页。

② （清）李慈铭《潘文勤公墓志铭》，见闵尔昌录：《碑传集补》卷四，台湾文海出版社1980年版，第299页。

③ （清）潘祖荫《士礼居藏书题跋记跋》，见（清）黄丕烈著，潘祖荫辑，周少川点校：《士礼居藏书题跋记》之《附录》，书目文献出版社1989年版，第327页。

④ （清）潘祖荫《士礼居藏书题跋记跋》，见（清）黄丕烈著，潘祖荫辑，周少川点校：《士礼居藏书题跋记》之《附录》，书目文献出版社1989年版，第327页。

⑤ （清）潘祖年撰：《潘文勤公年谱》，见北京图书馆编：《北京图书馆藏珍本年谱丛刊》第171册，北京图书馆出版社1999年版，第62页。

⑥ （清）潘祖年撰：《潘文勤公年谱》，见北京图书馆编：《北京图书馆藏珍本年谱丛刊》第171册，北京图书馆出版社1999年版，第60页。

⑦ （清）潘祖荫《郑盦诗文存》，引郑伟章著：《文献家通考》卷十八，中华书局1999年版，第1011页。

⑧ （清）潘祖年撰：《潘文勤公年谱》，见北京图书馆编：《北京图书馆藏珍本年谱丛刊》第171册，北京图书馆出版社1999年版，第60—61页。

复归潘郑庵师，尝倩人作拜书图。”①是书为冯文昌、江立、鲍廷博、阮元、汪诚、韩泰华等著名藏家递藏，有余集、江藩、洪颐煊、汪喜孙、沈涛等题词，又有清高宗曾孙奕绘题词，名家印章累累，可谓难得一见之本。潘氏得此书，极为宝之，是书今藏上海图书馆。

潘祖荫藏书前后有两三次散毁，所余部分，因卒后无子，其藏书由家眷携归南下，其后部分藏书流入书肆，叶昌炽云：“残编啮翰，流落毫芒，人皆奉为至宝。”②部分藏书由其弟祖年递藏，祖年卒后，其藏书由族侄孙潘承厚递藏。

5.潘氏家族藏书流布

潘曾绶次子潘祖年（四世）（1870—1925）　字西园，号仲午、拙速。吴县人。祖荫弟。选补刑部云南司郎中兼福建司行走记名，加盐运使衔，不久辞官归里，年才二十有五。其“归三十余年，杜门瑟居，谢绝宾客，尤耻与当事通尺一。春秋佳日闲与诸昆季赋诗唱和为乐，其于慈善公益知无不为，为无不力，倾囊施予，不尸其名，人比之先德小浮山人云”③。著有《拙速诗存》，编其兄祖荫《潘文勤公年谱》一卷。

潘祖年秉性冲淡，不求闻达，惟图史自娱，能慎守其兄藏书。潘祖荫卒时，嗣子尚幼，祖年闻耗驰往，“则悍奴方鸠集书贾持目议价，公杖去之。点校遗书，已稍稍散失矣。后仲午公尽室南归”④。又潘承弼《拙速诗存跋》云：“文勤公清俸所遗，彝器珍椠而已，公爱护维力，虽权贵觊觎，宵小窥伺，屹不为动。谨守固藏，迨四十年。”⑤又记云：“从祖文勤公藏书甲吴下，庚申之乱毁于火，后所存者烬余耳，然多宋元精椠。光绪癸未，公奉讳居里时，叶鞠裳先生客公所授。公弟仲午从祖读公出示所藏书，先生精于目录之学，因记其刊行源流成《滂喜斋藏书记》二卷。”⑥潘祖荫滂喜斋藏书至今尚能多存于国内各大图书馆，潘祖年功不可没。

潘祖年淡泊名利，尊师重道，其“同县许鹤巢部郎，长洲叶鞠裳侍讲为府君受业师，一生学问经济多得力于两先生。迨两先生卒，校梓遗集，居一小楼，伏案勘订，丹

---

① （清）杨钟羲撰集，刘承幹参校：《雪桥诗话余集》卷八，北京古籍出版社1992年版，第495页。

② （清）叶昌炽《奇觚庼诗前集·题张孝达制军尺牍》，见（清）叶昌炽著：《叶昌炽诗集》，华东师范大学出版社2012年版，第243页。

③ 曹允源《诰授通议大夫盐运使衔刑部云南司郎中加四级潘府君墓志铭》，见苏州市地方志编纂委员会办公室编：《苏州史志资料选辑》（总第二十八辑），《苏州史志资料选辑》编辑部2003年内部发行，第136—137页。

④ 潘承弼《滂喜斋藏书记序》，见（清）潘祖荫，叶昌炽编，潘承弼增补：《滂喜斋藏书记》，《续修四库全书》编纂委员会、复旦大学图书馆古籍部编：《续修四库全书》第926册，上海古籍出版社2003年版，第469页。

⑤ 潘景郑著：《寄沤剩稿·拙速诗存跋》，齐鲁书社1985年版，第30页。

⑥ 潘承弼《滂喜斋藏书记序》，见（清）潘祖荫、叶昌炽编，潘承弼增补：《滂喜斋藏书记》，《续修四库全书》编纂委员会、复旦大学图书馆古籍部编：《续修四库全书》第926册，上海古籍出版社2003年版，第469页。

黄杂陈,虽盛暑严寒不辍。其笃于风义类如此"①。从上文中得知,在其师去世后,为老师许玉瑑刻成《诗契斋诗集》五卷,又刊刻老师叶昌炽《奇觚庼文集》《文外》《寒山寺志》《辛臼簃诗讔》等。

潘氏家族藏书在潘祖荫之后,卓有成就的是潘承厚、承弼兄弟。二人系潘祖同之孙,祖荫之侄孙。祖同好读书,博山、景郑兄弟继承了其祖潘祖同竹山堂全部藏书四万卷外,又收回三松堂散佚书十之二三。其他曹元忠的笔经室、莫棠的铜进文房、孙毓修的小绿天等藏书,亦尽为潘氏兄弟所得,藏书至三十万卷,为潘氏藏书之最。

潘祖同长孙潘承厚(六世)(1904—1943) "君讳承厚,字温甫,号博山,别号蘧庵。其先于清初自歙迁苏,乾隆时始以科第贵显。高祖世恩,由翰林院修撰仕至武英殿大学士,赐谥文恭,生子四:曾沂、曾莹、曾绶、曾玮。曾莹生子四,伯曰祖同。曾玮生子四,叔曰祖畴。祖同无子,立胞侄成穀为嗣。又知祖畴之次子亨穀贤而才,立为次子,即君之父也成穀早卒……遂立君为成穀之次子。而亨穀②又早卒,君甫十五龄,侍奉重闱,居丧尽礼如成人。"③惜早卒,年仅 40 岁。

潘承厚祖父潘祖同竹山堂藏书达四万卷,另有大量金石书画。因潘承厚父亲潘亨穀早卒,其金石图籍皆由潘承厚继承。潘承厚为保遗藏,不遗余力,又续购图书,以增益家族藏书。"历世所藏,手泽口泽,与彝鼎、图籍、金石、书画之类,苦心保存,补遗余力。""又颖悟过人,博闻强记,酷嗜典籍。"④潘承弼云:"先兄自幼喜集名贤手翰,于家藏先世遗札,装褫标识,卷帖精好,盖童龄已具夙契。弱冠后,阅肆搜罗,见闻益广,暇居辄以自娱。偶得一笺,玩索考镜,穷及毫芒。吴江沈氏古华山馆藏明季先贤尺牍最多。兄所得几逮十之七八,由是博稽晚明史传,于遗闻逸事,了如指掌,虽残篇断啮,或帖尾仅具一名者,必考其文辞。"⑤又云:"先兄妮古善鉴,与有同嗜,力所未及,辄为援手,积累二十年,藏箧卅万卷,列架插签,虽不敢自比于通都豪富之藏,然以之考览优游,无阅肆借瓻之苦。先兄尤留心裒访逸典,及名人手校之帙,其区别雅俗,别裁其伪,余愧不如也。"⑥

---

① 曹允源《诰授通议大夫盐运使衔刑部云南司郎中加四级潘府君墓志铭》,见苏州市地方志编纂委员会办公室编:《苏州史志资料选辑》(总第二十八辑),《苏州史志资料选辑》编辑部 2003 年内部发行,第 136—137 页。

② 按:潘亨穀(五世)(1876—1918),字仲衢,号子嘉,吴县人。潘祖同嗣子,戊戌应童子试,补吴县学生。科举废岁,杜门养亲,绝意进取,后弃儒而业商。

③ 叶景葵著,顾廷龙编:《叶景葵杂著》之《卷盦文存·吴县潘君博山传》,上海古籍出版社 1986 年版,第 286 页。

④ 叶景葵著,顾廷龙编:《叶景葵杂著》之《卷盦文存·吴县潘君博山传》,上海古籍出版社 1986 年版,第 287 页。

⑤ 潘景郑著:《寄沤剩稿·明清画苑尺牍跋》,齐鲁书社 1985 年版,第 53 页

⑥ 潘景郑著:《寄沤剩稿·陟岗楼丛刊序》,齐鲁书社 1985 年版,第 55 页。

其藏书处与其弟潘承弼①（六世）皆为宝山楼。

藏书既继承祖父竹山堂之遗箧，又有“潘氏先族滂喜斋、香雪草堂之旧藏；既有购自群碧楼、邨园、缃素楼、怀辛斋、笺经室、铜井文房、小绿天散出之书，又有搜罗乡邦及先人遗泽之片纸只字”②。尝自云：“余生薄祜，十二丧父，上袭先祖余荫，有书四万卷。稍知人事，颇喜涉猎，自经史子集以逮百家杂说，辄复流览，贪多务得，每为塾师所非斥，而余怡然自乐，未尝以他嗜少分其好。弱冠以还，节衣缩食，穷搜坟典，于时求备而已，秘册精椠，不暇计及。”③又云：“学艺而外，耽嗜图书金石。才十五六龄时，便节衣缩食，有志穷搜遐方绝域，尽天下古文奇字之志。自壬戌迄丙子，十五年中，积书三十万卷，石墨二万通，簿录甲乙，丹黄纷披，甘老是乡矣。”④其藏书处有宝山楼、著砚楼、陟岗楼、宋韵金篇之居。

藏书印有景郑收藏、曾在潘景郑等。

潘氏藏书散佚，在其所著《寄沤剩稿》中有迹可寻，抗日战争爆发后，“东南焚突之余，楹书之厄，一毁于兵火，再罹于胠箧，收拾余烬，什存六七”⑤。“丁丑之役，故乡麋鹿，奔命沪上，不遑盈箱满箧之藏，迨收拾余烬，狼藉去半”⑥。尝感叹：“第念三十年来，箧衍所存，一毁于兵，再罹于胠箧，其仅存者比悉论斤于犹子之手，历劫荡然，固不免恋恋怅怅。”⑦潘氏在《跋先泽鳞羽》中云：“吾家三百年中文字因缘，堪称大备。丁丑倭变骤起，朴被来沪，行笈所携先世遗泽数十件，卷轴而外，只此书翰二十四册”，苏州旧居被日寇炮火，毁失数十箧，“余则零星片帙不及并存。故乡麋鹿，狼藉箧衍，迨抗战胜利后，遄返检点，所存不一二矣。庚寅来沪滨，不遑收拾，即所存故乡者，悉为嵘侄论斤斥卖以尽，固知聚散之飘忽，及身而见，能无怆然”⑧。

经过战乱劫难后，潘承弼认识到若要使文献永存，只有化私为公，惠泽后世，是藏书者最高境界，也是珍贵文献的最好归宿。其所藏宋元善本捐归北京图书馆，滂喜斋遗书、钞稿本及金石拓本捐归上海合众图书馆，今皆在上海图书馆。郑逸梅云：“所藏明清刻本，都四万余卷，有《岁可堂书目》。景郑为之编写成书，捐献上海图书馆。”⑨《著砚楼读书记》中记录有许多潘氏捐献藏书的记录。如稿本《五百经幢馆碑

① 按：潘承弼（1907—2003）又名潘景郑，字良甫，号盉宀，别署寄沤，吴县人。祖同孙，承厚弟。潘氏出身名门，家族世代藏书。其幼承家学，少时曾师事曲学大师吴梅学习戏曲，后受业于国学大师章太炎治经史，修训诂学。抗战中就职于上海合众图书馆。新中国成立后，就职于上海图书馆。著有《敝帚存痕》《寄沤剩稿》等。潘承弼学问渊雅，为苏州潘氏藏书世家之后裔，故藏书之名播于当代。

② 郑伟章著：《文献家通考》卷三十，中华书局1999年版，第1703页。

③ 潘景郑著：《寄沤剩稿·陟岗楼丛刊序》，齐鲁书社1985年版，第55页。

④ 潘景郑著：《寄沤剩稿·著砚楼书跋·自序》，齐鲁书社，1985年版，第69页。

⑤ 潘景郑著：《寄沤剩稿·陟岗楼丛刊序》，齐鲁书社1985年版，第56页。

⑥ 潘景郑著：《寄沤剩稿·著砚楼书跋·自序》，齐鲁书社1985年版，第69页。

⑦ 潘景郑著：《寄沤剩稿·著砚楼书跋·自序》，齐鲁书社1985年版，第70页。

⑧ 潘景郑著：《寄沤剩稿·跋先泽鳞羽》，齐鲁书社1985年版，第85—86页。

⑨ 郑逸梅著：《艺林散叶续编》之第“2116”条，中华书局2005年版，第239页。

目》跋曰："按叶氏藏箧，旋向伯渊购得，并聚学轩所藏，都万数千种，近已悉数捐诸上海市历史文献图书馆矣。"[①]又《蒋香生至叶鞠常手札》跋曰："《藏书纪事诗》及《语石》手稿已残缺不具。余为装治成帙，捐诸合众图书馆中，今入上海图书馆。"[②]又钞本《梵麓山房笔记》跋曰："余得诣玄妙观文庐书庄，兹检赠合众图书馆。"[③]20 世纪 50 年代，先将所藏古石墓刻经幢砖瓦以及书画等百余件珍藏捐献给苏州市文管会，随即又将珍藏的近一万七千种金石拓片及一千三百多种古籍和近代文献捐给了当时的上海历史文献图书馆。80 年代初，潘先生又将仅存的百余种善本连同老师章太炎的手稿赠与上海图书馆。如今上海图书馆雄视海内的历史文献珍藏，正是由潘先生等众多藏家化私为公的义举逐渐积累起来的。

总之，潘景郑捐献藏书的义举不仅使大量珍贵的文献典籍得以永保，而且为我们继承与传播传统文化创造了条件。

6.潘氏家族进士藏书特点

其一，滂喜斋所藏多宋元椠本及钞校本。潘祖荫倾尽廉俸购藏四方图书金石，滂喜斋所藏多宋元椠本及钞校本。如其所藏"宋刊《诗本义》，宋刊张九成《孟子传》，宋刊《北周书》，宋刊《唐律疏义》，元刊《辍耕录》，宋刊《张乖崖全集》，宋刊《竹友集》，庄廷鑨《明史钞》等八种宋元本及稿本，后至民国被张元济所借刊入《四部丛刊》续编，其借摄而未及付印者，尚有十余种。迨抗战事起，丛刊辍业，不复能从事矣"[④]。潘祖荫曾请赵之谦刻"汉学居""八求精舍""龙自然室""金石录十卷人家"诸印，其志趣可知。叶昌炽言：潘文勤师"藏书印曰'八求精舍'，曰'龙威洞天'，曰'分廛百宋，移架千元'。癸未奉讳归吴，延昌炽馆于滂喜斋，尽窥帐秘。宋刻《金石录》十卷，即《敏求记》所称冯研祥家本，宋刻《白氏文集》残本、《后村先生集》残本、《葛归愚集》、《淮海居士长短句》，皆士礼旧藏；北宋本《广韵》，则泽存张氏所刊祖本也。其他高编大册，断璧零缣，皆世间希有之秘，每睹一书，辄为解题，成《滂喜斋读书记》二卷，赏析之乐，宛如昨日"[⑤]。陈乃乾称："潘文勤图书之富甲于吴中，其藏书印曰分'廛百宋，移架千元'，意气之盛可谓壮哉。"[⑥]《清稗类钞》载："吴县潘文勤公祖荫之藏书亦甚富。……宋刻《金石录》十卷，即《读书敏求记》所称冯研祥家本，宋刻《白氏文集》残本，《后村先生集》残本，《葛归愚集》、《淮海居士长短句》，皆黄荛圃旧藏；北宋本《广韵》，则张泽存所刊祖本也。其他高编大册，断璧零缣，皆世间希

① 潘景郑著：《著砚楼读书记·五百经幢馆碑目稿本》，辽宁教育出版社 2002 年版，第 285 页。
② 潘景郑著：《著砚楼读书记·蒋香生至叶鞠常手札》，辽宁教育出版社 2002 年版，第 331—332 页。
③ 潘景郑著：《著砚楼读书记·钞本梵麓山房笔记》，辽宁教育出版社 2002 年版，第 285 页。
④ 潘景郑著：《寄沤剩稿·跋张菊生丈遗札》，齐鲁书社 1985 年版，第 112 页。
⑤ （清）叶昌炽著，王欣夫补正，徐鹏辑：《藏书纪事诗》卷六，上海古籍出版社 1989 年版，第 690 页。
⑥ 陈乃乾《滂喜斋藏书记序》，见（清）潘祖荫著，潘宗周编，俞彦焱、柳向春标点：《滂喜斋藏书记》附录，上海古籍出版社 2007 年版，第 113 页。

有之秘。”[①]潘氏购藏的宋元秘籍达近百种，与张之洞、刘喜海、李慈铭等知名学者有深交。尝自咏《检书》诗云：“佞宋真成癖，年来不可寻。偶然珍一帙，直欲抵兼金。角折芸香蔚，签残蠹吻侵。海源今宛委，万轴自森森。”[②]张之洞和其《检书》诗云：“丽色若可餐，佳墨若可啜。亦如旧椠书，未读神先悦。”“掇拾甘破产，收买及断缺。借观君其许，一瓻吾已设。”[③]其《滂喜斋宋元本书目》一卷，著录其收藏的宋元本一百二十七种。

其二，攀古楼购藏金石钟鼎彝器甲于吴中。潘祖荫自幼即有金石之好，其滂喜斋所藏图书金石充栋，李慈铭记潘氏云：“尤留心金石文字，自咸丰甲寅，辑朝鲜碑刻，附以日本，为《东海金石录》二十四卷。其后搜香益勤，闻有彝器出土者，倾囊购之，至罄衣物不恤，所得有郘钟、四齐镈、史颂鼎、匽厚鼎、盂鼎、善夫克鼎皆世之殊绝。尝辑《攀古楼金石款识》，仅止二卷而未成。”[④]潘氏尝述其搜藏钟鼎彝器之经历曰：“余八岁，即见阮文达于兵马司后街之邸，以齐侯罍拓本为赐。后为陈颂南师弟子，始为钟鼎文字之学。洎通籍交海内名流，如刘丈燕庭、陈丈寿卿、吴丈子苾，皆好金石者也，稍稍得闻绪余。同治辛未、壬申年间，官农曹，以所得俸入，尽以购彝器及书。彼时日相商榷者，则清卿姻丈、廉生太史、香涛中丞、周孟伯丈、胡石查大令，无日不以考订为事，得一器必相传观，致足乐也。”[⑤]又自称：“余性嗜金石，然汉石在世有数，无从搜牢请益，比年来专力吉金，每有所得，摩挲研思略辨瘢肘，必加推按至没字而后已。相与商榷者，莱阳周孟伯、南皮张孝达、福山王正孺、吴县吴清卿。图状、释文先成此集，后有所得随时附焉。计今日所有，止数十器，诚不可谓多，然无智取，无豪夺，又皆慎择详审，必不使一作伪者羼厕其中，以是为无悖于考古证经之意而已。若夫赏其采色，玩其刻镂，溢案充帏，裘佩等玩，其蔽也陋；轻财慕古，以为名高，沿袭人云，不论文字，其蔽也懵；执楷说篆，释甲忘乙，某商某周自欺欺世，其蔽也妄。余虽不敏，于三蔽不敢蹈也。”[⑥]可见，与潘氏志同道合者有周悦让、张之洞、王懿荣、吴大澂等当世著名学者，所藏每件藏器的款识文字各自进行诠释，其学术价值甚为可观。在鉴赏金石文字上，潘祖荫有自己的见解，提出收藏者有“三蔽”，提倡藉青铜器铭文研究文字，“考古证经”。认为“钟鼎金石款识，国邑大夫之名，可补经传；偏

① 徐珂编撰：《清稗类钞·鉴赏类·潘文清藏书于滂喜斋》，第9册，中华书局1986年版，第4279—4280页。

② （清）潘祖荫等撰：《壬申消夏诗》，中华书局1991年版，第2页。

③ （清）张之洞著：《张文襄公全集》卷二百二十五《诗集二·检书》，第四册，中国书店1990年版，第973页。

④ （清）李慈铭《潘文勤公墓志铭》，见闵尔昌录·《碑传集补》卷四，台湾文海出版社1980年版，第299—300页。

⑤ 顾廷龙著：《顾廷龙文集》上编《吴县潘氏攀古楼吴氏愙斋两家藏器目叙》，上海科学技术文献出版社2002年版，第172页。

⑥ （清）潘祖年撰，薛贞芳点校：《潘文勤公年谱》，见薛贞芳主编：《清代徽人年谱合刊》下册，黄山书社2006年版，第1006页。

旁篆籀之字,可补《说文》"①。诚如陈介祺所说:"多不如真,真不如精,古而精足矣,奚以多为。得可存者十,不如得精者一。"②

其藏室名曰攀古楼,所藏钟鼎彝器之类达数百件。当时最著名的三件西周青铜器为大盂鼎、大克鼎及毛公鼎,其藏有两种——大盂鼎、大克鼎,刻有"天下三宝有其二"之印。又有二十钟山房,所藏三代吉金著名于晚清。所撰金石著作及金石编目有《攀古楼彝器款识》《攀古楼金石目》《吴郡金石器目》《东海金石录》等。清陈介祺记述甚详:"先生自幼即有金石文字之好。廿五岁,辑录朝鲜碑刻为《东海金石录》,勒成一书,又作两汉碑表成卷。其后搜集益勤,闻有彝器出土者,辄倾囊购之。所得既多。遂辑成《攀古楼款识》若干卷。同治十一年,得郘钟八及史颂、匽侯诸鼎。十三年,左宗棠自关中辇致盂鼎。鼎乃嘉道间岐山出土,初为当地宋氏所得,后为周氏豪夺以去。左氏购以重资,拟舁送关中书院,置之中天阁上,旋闻伯寅爱之,即慨然持赠。文凡二百九十五字,世间殊绝之品也。先生搜集金石文字,品类繁多,自钟鼎至于石刻砖瓦。山左陶文发现,先生倩人往赴其地,广为收集,所藏亦多。"③杨钟羲亦称潘祖荫"藏古器六百余品,盂鼎、克鼎、齐侯镈其最著者,有攀古楼彝器款识。其汉夏承碑、梁永阳王肃敷及敬太妃墓石,皆孤本"④。

潘家女婿顾廷龙1933年在《吴县潘氏攀古楼吴氏窸斋两家藏器目叙》中,对潘祖荫所藏青铜器统计云:"盛伯羲尝云:同治、光绪以来,士大夫收蓄古器之富,以吴县潘文勤师为最多,所刻《攀古楼款识》特百分之一耳。文勤购集甚力,间有轶出,乃为清卿前辈所得。清卿北使吉林,南抚广东,余与福山王太史始获一二。……两氏积年收储,汇为巨观,攀古楼之盂鼎、克鼎、齐镈尤为宇内重宝,非其他藏家所能望其项背。""潘氏器,未有人编其目,余亦就所见拓本而钤有其藏印者,录为一册,计四百数十器,秦汉物及其杂器则尚未在焉,洵足为藏家之冠。至所藏总数,未由访悉,惟褚礼堂尝谓藏六百余品,则余所辑录者三之二耳,余者得非即秦、汉物及其他杂器也耶?所见狭漏,绖良多,大雅宏达,如不吝教益,以所知见告,实所企望也。一九三三年二月二日,顾廷龙于平西晚成堂。"⑤

其三,潘氏家族重视书画收藏及藏书目录的编撰。潘氏家族除藏书外,又以庋藏法书名画甚富闻名于世。潘奕隽三松堂所藏宋元明以来名家书画,琳琅满目,盛极一时。潘曾莹的藏书楼小鸥波馆,亦尤以收藏书画著名。潘氏有《潘氏三松堂书

---

① 黄宾虹著,赵志钧编:《黄宾虹金石篆印丛编》丙编《虹庐笔乘·古金七厄》,人民美术出版社1999年版,第276页。

② (清)陈介祺著,陈继揆整理:《簠斋鉴古与传古·存真汰伪·致潘祖荫书》,文物出版社2004年版,第60页。

③ (清)陈介祺著,陈继揆整理:《秦前文字之语》卷一《致潘祖荫书》,齐鲁书社1991年版,第1—2页。

④ (清)杨钟羲撰集,刘承幹参校:《雪桥诗话余集》卷八,北京古籍出版社1992年版,第495页。

⑤ 顾廷龙著:《顾廷龙文集》上编《吴县潘氏攀古楼吴氏窸斋两家藏器目叙》,上海科学技术文献出版社2002年版,第173页。

画记》目录稿本，今藏苏州图书馆。为潘氏所藏宋元以来书画目录，著录潘奕隽所藏历代书画名迹 180 件，其中绘画 162 件，书法 18 件。每件著录作者、题材、形式、风格、质地、印鉴、流传情况以及历代品题等。潘志万跋称："此三松堂所藏书画目也，当时分授各房，自经兵火大半零落，所存者盖十不及二焉。今秋检得稿本一册，手录副本，略存梗概。"潘承弼跋称："吾五世伯祖榕皋公，生当乾、嘉承平之日，解组归田，优游图史，文彩风流，照耀吴下。等身著述，已早传播士林，所居三松堂，藏庋法书名画甚富，有《书画目》二册，著录宋、元以来名迹数百家。原稿藏公曾孙俭庐叔祖处，余曾假以录副，未遑校理。此本为公玄孙先曶莽伯父选录本，邑人钦氏其宝，据以重写者。往岁吾友王君佩诤所贻，携行存箧，时获展玩。兹录所选，虽不逮原目之半，要其菁英及有题咏之作，甄录靡遗。琳琅珍秘，已见一斑。"①

潘奕隽撰《三松堂书目》，潘世璜撰有《须静斋云烟过眼录》，后由其子潘遵祁从潘世璜日记中摘录有关书画碑帖等记述并略加鉴考汇成。潘祖荫编有《滂喜斋书目》，又有《滂喜斋宋元本书目》一卷，手编《滂喜斋读书记》三卷（后由其门人叶昌炽刊行传世《滂喜斋藏书记》三卷），潘遵祁撰有《西圃藏书目》和《香雪草堂书目》，潘承弼据其祖潘祖同藏书旧目整理为《岁可堂藏书目》等。

第二节　清代江南（今苏南）进士藏书

《清史稿·地理志》载："江苏：禹贡扬及徐、豫三州之域。明为南京。清顺治二年改江南省，设布政使司，置两江总督②。及江宁巡抚。十八年，分府九：安庆、徽州、宁国、池州、北平、庐州、凤阳、淮安、扬州，直隶州西：徐、滁、和、广德，属安徽，江南左布政使领之。康熙元年，安徽设巡抚。三年，分江北按察使往治。五年，扬州、淮安、徐州复隶江南。康熙六年，江南更今名，改左布政使为安徽布政使司，驻江宁。右布政使为江苏布政使司，治苏州。统江宁、苏州、常州、松江、镇江、扬州、淮安府七。徐州直隶州一。雍正二年，升太仓、邳、海、通四州为直隶州。十一年，徐州升府，邳还为州，属之。乾隆二十五年，移安徽布政使司驻安庆，增设江宁布政使司，析江宁、淮安、徐、杨四府，通、海二直隶州属之，与江苏布政使司对治。三十二年，增海门直隶厅，属江宁。光绪三十年，又设江淮巡抚，驻清江浦。寻复故。宣统三年，领府八，直隶州三，直隶厅一，州三，厅四，县六十。"③

---

① 潘景郑著：《著砚楼读书记·潘氏三松堂书画记》，辽宁教育出版社 2002 年版，第 325 页。

② 注：辖江南、江西，驻江宁。

③ 赵尔巽等撰：《清史稿》卷五十八《志三十三·地理五·江苏》，第 8 册，中华书局 1977 年版，第 1983—1984 页。

今苏南境相当于清代江宁、苏州、常州、镇江四府及太仓州等地。

一、清代江宁府进士藏书

《清史稿·地理志》载,“江宁府:隶江宁道。明应天府。顺治初,因明制,县八,雍正八年,改溧阳属镇江。领县七”①,即上元、江宁、句容、溧水、江浦、六合、高淳。

(一)笪重光

笪重光(1623—1692)　字在辛,号君宜,又号江上外史、郁冈、扫叶道人,句容人。顺治八年(1651)辛卯举人,“顺治九年进士。自刑部郎中考选御史。巡按江西,与明珠忤,罢归。初,郑成功犯镇江,重光缒城乞援。事平,赐御书榜。卒,祀乡贤”②。著有《江上诗集》十卷,“其诗不甚经意,而有闲旷之思,议论时复可取”③。工书画,与著名画家王翚、恽寿平友善。书法苏、米,笔意超逸,与姜宸英、汪士鋐、何焯齐名,号“四大家”,著有《画筌》《书筏》等。

笪重光罢官归乡,隐居茅山之麓,建有扫叶楼,读丹书,潜心于道教。改名传光、蟾光,署逸光,号逸叟。精鉴赏,书画名重一时。孙家振《笪重光轶事》记云:“笪在辛太守重光,一号郁冈,别篆江上外史,亦曰扫叶道人,句容人,清顺治壬辰进士。尝一麾出守,筮仕江西,以读书种子现宰官身,治政余闲好弄柔翰,书法苏、米,画山水兰竹,缙绅之乞者咸争宝之。”④有《书筏》《画筌》传世。《艺人小志》载其事迹云:“隐居林下,宦囊萧然,鬻书画以自给,四方不远千里,争求墨迹,户履常满。先生藉以自娱,不论润笔之有无,皆应之,无不满意。每岁初,笔耕有余,尽赒穷之,囊中不留一钱,人以是高之。”⑤句容名士王辂尝访笪重光茅山扫叶楼,有诗云:“道士住幽谷,欣然汗漫游。陡岩悬老树,横水障虚舟。细草分残照,孤松立素秋。桂花香冷处,知是读书楼。”⑥

笪重光亦好藏书,宋刊本《波罗蜜经》一卷,宋嘉熙二年刊本,卷内钤有“郁冈精舍”白文方印、“笪”字朱文圆印、“江上外史”朱文方印诸印⑦,《皕宋楼藏书志》载,旧钞《唐会要》即为其藏本。曾藏《元赵孟頫书道经生神章卷》,“笺首有‘乾隆御览

---

① 赵尔巽等撰:《清史稿》卷五十八《志三十三·地理五·江苏》,第8册,中华书局1977年版,第1984—1985页。

② 赵尔巽等撰:《清史稿》卷二百八十二《列传六十九·笪重光传》,第33册,中华书局1977年版,第10170页。

③ 邓之诚撰:《清诗纪事初编》卷四《甲编中·江南》,上海古籍出版社2013年版,第494页。

④ 孙家振著:《退醒庐笔记》上卷《笪重光轶事》,上海书店出版社1997年版,第9页。

⑤ 黄鸿初主编,丁翔熊编:《蜗牛居士全集·艺人小志下卷》,上海丁寿世草堂1940年版,第79页。

⑥ (清)王辂《访扫叶楼怀笪江上先生》,见句容市地方志办公室:《句容茅山志》第六章《文化》,黄山书社1998年版,第355页。

⑦ 〔日〕高桥智撰,杜轶文译:《关于〈京师图书馆善本简明书目〉及其稿本》,见全国高等院校古籍整理研究工作委员会主办;《中国典籍与文化》编辑部编:《中国典籍与文化论丛》第15辑《中国典籍与文化·增刊》,凤凰出版社2013年版,第479页。

之宝’‘秘殿珠林’二玺。下有‘笪印重光’‘江上外史’二印”。又第一幅后押缝有“江上外史”印；第三幅下有“笪印重光”印，幅后押缝有“江上光”印；第四幅后押缝有“江上外史”印；第五幅后押缝有“重光”印；第六幅后押缝有“笪在辛父”印；第九幅后押缝有“笪印重光”印；第十幅后押缝有“江上外史”印；第十一幅后押缝有“三希堂精鉴玺”“宜子孙”二印，下有“笪”字及“道号奉真”二印。引首蓝绢端有“松子阁”“笪印重光”“直指之章”三印，绢尾有“笪”字及“道号奉真”“勾曲山光”三印等①。

藏书室名郁冈精舍。藏印有郁冈精舍、笪、江上外史、直指啸衣御史章、笪印重光、江上、润州笪重光鉴定印、笪重光在辛父印、直指之章、江上笪氏图书印、铁瓮城西逸叟等。

（二）熊赐履

熊赐履（1635—1709）　字青岳，一字敬修，号素九，别号愚斋，湖北孝感人，留寓江宁。清顺治十四年（1657）举于乡，“顺治十五年进士，由庶吉士授检讨。十七年，充顺天乡试副考官。康熙二年，迁国子监司业。四年，迁弘文院侍读”。康熙九年（1670），“擢国史院学士。十月，改内三院为内阁，设翰林院，以赐履为掌院学士。会复设起居注日讲官，命赐履充之，又充经筵讲官”②。康熙十五年，因事革职，“遂罢归，家江宁。二十三年，上南巡，赐履迎驾，召对良久，遣侍卫斋御书及食物赐之，寻御题‘经义斋’匾额以赐”③。康熙二十七年，起授东阁学士兼吏部尚书，预修《圣训》《实录》《方略》及《明史》，并充总裁官。典会试者五，以年老累疏乞休，乞归江宁，卒于家。祭葬如制，赠太子太保，谥文端。“著有《学统》五十六卷，《闲道录》三卷，《下学堂札记》三卷，《经义斋集》十八卷，《澡修堂集》十六卷，及《朴园迩语》《学辨》《学余》等书。”④生平事迹参见彭绍升《故东阁大学士吏部尚书熊文端公状》、李元度《国朝先正事略》卷六《熊文端公事略》、《清史稿》卷二百六十二《列传四十九·熊赐履传》。

熊赐履嗜藏书，自通籍后居京师，搜购甚勤，十余年间仅二万余卷。及去职，留寓金陵，遂肆力购求图籍，或就人家假归手录之，拥书至十万卷。康熙二十一年（1682），乃筑下学堂三楹以藏之。熊赐履《下学堂书目题词》述自藏书甚详：“予生平无他好，惟独嗜书，尝盎中无担石储，见有异书必买。虽典称贷弗，惜务得之而后已。……顾自戊戌通籍，宦游京师，京师坊间书少，且价值特贵，以故十余年间，才积

① （清）金梁撰，祁晨越点校：《盛京故宫书画录》卷之属三，浙江人民美术出版社2014年版，第105—106页。

② 王钟翰点校：《清史列传》卷七《大臣画一传正编四·熊赐履》，第2册，中华书局1987年版，第503—504页。

③ 王钟翰点校：《清史列传》卷七《大臣画一传正编四·熊赐履》，第2册，中华书局1987年版，第504页。

④ 徐世昌等编著：《清儒学案》卷三十八《孝感学案·熊先生赐履》，第2册，中华书局2008年版，第1428页。

得二万余卷。丙辰秋被放，买舟载归。时楚中多事，留寓金陵。金陵藏书甲天下，多人所未见者。予遂极力购求，七年之中，积书有八万卷，合前共十万卷有奇。大惧卷帙散佚，爰分别门类缮写目录一函，构房五间，额曰'下学堂'，依次架阁，其中以便翻阅。嗣有所积，将别成一录。"①章学诚《丙辰札记》云："蒋春农舍人宗海，跋下学堂书目录为孝感前大学士熊公赐履之书，曾于扬州见之。海宁故大学士陈文勤公世倌，属蒋购得之，为六册，一百三十四卷。六册之书乃有如许卷帙，大约分类繁多，或每类为一卷也。……收载至十余万卷之多。而时代先后朱少伦次，宋元以前旧椠及钞本俱在。而目所未列者，岂所云嗣有所得。将别成一录，而此特其草创者耶。""时熊公书目题辞自在全集，陈文勤本出熊孝感之门，蒋又出文勤公门。"②

（三）张敦仁

张敦仁（1754—1834）　字古愚，一字古余，山西阳城人，侨居秣陵（今南京）之中正街。"乾隆戊戌进士，由知县历官江宁、扬州、南昌、吉安知府，擢云南盐法道，勤于吏事"③，有循声，寻以病乞致仕。敦仁"学无所不窥，尤精算术"④，"晚去官侨居江宁，与李尚之锐为友，精研算学，著有《辑古算经细草》三卷，《求一算术》一卷附《通论》一卷，《开方补记》六卷。他又有《盐铁论考证》《通鉴补识误》《通鉴补略》"⑤等，惜著书遭乱多佚。

张敦仁居官不废学，"暇即研究群籍，访求善本"⑥。官扬州知府时，搜藏尤勤，藏书最富，"于郡廨东偏，葺六一堂"，"储图籍其中，设小史掌之"⑦。后筑与古楼于中正街，顾广圻《顾千里集》卷六有《与古楼记》⑧。其家又有"省训堂"以藏书。彭兆荪《扬州郡斋杂诗》咏张氏藏书云："维扬剧郡雄财赋，太守清寒似我曹。绝学《九章》都探遍，只输能吏算钱刀。""牙签压架万琳琅，官阁新开'六一堂'。我有贪心同脉望，神仙二字要分尝。"⑨藏书印有张敦仁读过、文章太守、阳城张氏省训堂经籍

① （清）于成龙修纂：康熙《江宁府志》（四）卷三十四《国朝大学士熊赐履下学堂书目题词》，见《金陵全书》甲编《方志类·府志》，南京出版社2011年版，第223页。

② （清）章学诚《丙辰札记》，见（清）章学诚著，冯惠民点校：《乙卯札记 丙辰札记　知非日札》，《学术笔记丛刊》本，中华书局1986年版，第92页。

③ 徐世昌等编著：《清儒学案》卷一百二十五《思适学案·张先生敦仁》，第5册，中华书局2008年版，第4989页。

④ （清）彭兆荪：《小谟觞馆诗集》卷八《扬州郡斋杂诗二十五首》，见《清代诗文集汇编》编纂委员会编：《清代诗文集汇编》492，上海古籍出版社2010年版，第89页。

⑤ 徐世昌等编著：《清儒学案》卷一百二十五《思适学案·张先生敦仁》，第5册，中华书局2008年版，第4990页。

⑥ 徐世昌等编著：《清儒学案》卷一百二十五《思适学案·张先生敦仁》，第5册，中华书局2008年版，第4990页。

⑦ （清）彭兆荪：《小谟觞馆诗集》卷八《扬州郡斋杂诗二十五首》，见《清代诗文集汇编》编纂委员会编：《清代诗文集汇编》492，上海古籍出版社2010年版，第89页。

⑧ 顾广圻著，王欣夫辑：《顾千里集》卷六《与古楼记》，中华书局2007年版，第87—88页。

⑨ （清）彭兆荪：《小谟觞馆诗集》卷八《扬州郡斋杂诗二十五首》，见《清代诗文集汇编》编纂委员会编：《清代诗文集汇编》492，上海古籍出版社2010年版，第89页。

记、古余珍藏子孙永保、阳城张氏与古楼收藏经籍记等。

张敦仁藏书不仅“牙签压架万琳琅”，且宋椠元刻、明本及旧写本亦多，构成张氏藏书的显著特色。如宋刊本《周礼》，钤有“陈于王印”“纬萧草堂藏书记”“张敦仁读过”诸印①；宋蜀中刊本《盘洲文集》八十卷，是书有“张敦仁读过”诸印②；宋刊本《盘洲文集》八十卷，有“张敦仁读过”印③；清钱氏述古堂影宋钞本《韩非子》二十卷，黄荛圃跋文，首列“张敦仁读过”一印④；影写元刊本《元朝秘史》十卷《续集》二卷，钤有“古余珍藏子孙永保”“张敦仁读过”“阳城张氏省训堂经籍记”“阳城张氏与古楼收藏经籍记”“文章太守”诸印⑤；旧写本《大金国志》十卷，收藏印有“张敦仁读过”“阳城张氏省训堂经籍记”等，全书朱笔校字皆张敦仁笔⑥；旧写本《珊瑚木难》八卷，钤有“张敦仁读过、阳城张氏省训堂经籍记、开卷一乐、艺学轩”各印⑦；旧写本《全芳备祖前集》二十七卷《后集》三十一，有“阳城张氏省训堂经籍记”“张敦仁读过”“约轩”等藏印⑧；影钞明洪武刊本《元朝秘史》十卷《续集》二卷，顾千里校，钤印有“张敦仁读过”“古余珍藏子孙永保”“阳城张氏省训堂经籍记”“阳城张氏与古楼收藏经籍记”“文章太守”诸印⑨；明嘉靖十三年开封刊本《事类赋注》三十卷，钤印“阳城张氏省训堂经籍记、张敦仁读过、阳城张氏与古楼收藏经籍记、艺学轩”等⑩；明毛氏汲古阁刻本《孔子家语》十卷，有“张敦仁读过”“阳城张氏省训堂经籍记”“文章太守”等印⑪；明刻本《春秋经传集解》三十卷，钤有“张敦仁读过”“阳城张氏省训堂经籍记”等印⑫；明刻本《校正重刊官板宋朝文鉴》一百五十卷，钤有“张敦仁读过”“阳城张氏省训堂经籍记”等印⑬；今中国国家图书馆有《礼仪》十七卷，明嘉靖吴郡徐氏刻《三礼》本，张敦仁校并录，钤有“张敦仁读过”“阳城张氏省训堂经籍记”。

张氏藏书除宋椠元刻、明刊旧写本外，还藏有清刻清钞本及自钞本，清吕无党手写本《后村居士集》五十卷，钤有“张敦仁读过”“阳城张氏省训堂经籍记”“古余珍藏

① 傅增湘撰：《藏园群书题记》卷第一《经部·朝鲜刊本纂图互注周礼跋》，上海古籍出版社1989年版，第19页。
② 傅增湘撰：《藏园群书经眼录》卷十四《集部三》，中华书局1983年版，第1240页。
③ 张元济《涵芬楼烬余书录》集部，见张元济著：《张元济全集》第8卷《古籍研究著作》，商务印书馆2009年版，第410页。
④ 张元济《涵芬楼烬余书录》子部，见张元济著：《张元济全集》第8卷《古籍研究著作》，商务印书馆2009年版，第312页。
⑤ 傅增湘撰：《藏园群书经眼录》卷四《史部二》，中华书局1983年版，第302页。
⑥ 傅增湘撰：《藏园群书经眼录》卷四《史部二》，中华书局1983年版，第298页。
⑦ 傅增湘撰：《藏园群书经眼录》卷七《子部一》，中华书局1983年版，第621页。
⑧ 傅增湘撰：《藏园群书经眼录》卷十《子部四》，中华书局1983年版，第832页。
⑨ 张元济《涵芬楼烬余书录》史部，见张元济著：《张元济全集》第8卷《古籍研究著作》，商务印书馆2009年版，第258页。
⑩ 傅增湘撰：《藏园群书经眼录》卷十《子部四》，中华书局1983年版，第809页。
⑪ 山东省图书馆编：《山东省图书馆藏海源阁书目》子部《儒家类》，齐鲁书社1999年版，第128页。
⑫ 山东省图书馆编：《山东省图书馆藏海源阁书目》经部《春秋类》，齐鲁书社1999年版，第27页。
⑬ 山东省图书馆编：《山东省图书馆藏海源阁书目》集部《总集类》，齐鲁书社1999年版，第204页。

子孙永保""文章太守"诸印①；清乾隆刻本《关中胜迹图志》三十卷，有"张敦仁读过""阳城张氏省训堂经籍记"等印②；清乾隆中镇洋毕氏刊本《经训堂丛书》，有"张敦仁读过"印③；清钞本《读史方舆纪要》一百三十卷，张敦仁批校，有"张敦仁读过""阳城张氏省训堂经籍记""子实寓目"诸印④。今中国国家图书馆有《礼仪要义》五十卷，清嘉庆十一年(1806)张敦仁家钞本，张敦仁校跋并录，有严元照、顾广圻题识，钤有"张敦仁读过""阳城张氏省训堂经籍记"诸印；《毛氏稽古编》三十卷，张敦仁校清钞本，卷内钤有"张敦仁读过""阳城张氏省训堂经籍记"等印；《周易虞氏义》九卷，清嘉庆八年(1803)扬州阮氏琅环仙馆刻本，藏印有"阳城张氏经训堂经籍记""张敦仁读过"等。

"敦仁博学，精考订"⑤，所"校刊《礼仪》《礼记》《盐铁论》诸书，并为学者所重"⑥。如校读《资治通鉴》，脱字以千计，正讹字以百计⑦。官江宁时得元刊本《玉海》，校雠讹误两万余字，梓行之⑧。其"所刻书多称善本"⑨，官南昌时，刊刻所藏影钞宋本《礼记郑氏注》二十卷。钱泰吉记其事云："嘉庆十一年，阳城张古余太守敦仁，影钞吴门顾之逵抱冲所藏宋本《礼记郑氏注》二十卷，付梓。""此书张公官南昌太守时，以赠润斋叔父，父得有之。"⑩《光绪续纂江宁府志》载："以进士官抚州府，所校刊《礼记郑注》为海内最善之本。晚居金陵中正街，门无杂宾。元和李锐与谈算刊《求一算术》《辑古算经细草》，则自以天元一术之者，又刊《盐铁论》，亦佳妙。君所刊书，皆不用坊人宋体字，故尤为世所重。"⑪

张敦仁后因家贫，所藏书多易米。何绍基有《金陵杂述诗》云："古余张子旧庭阶，瑜珥瑶环韵自佳。插架遗书多易米，芬留翠墨在吾斋。"自注曰："每到张家，书声

① 傅增湘撰：《藏园群书经眼录》卷十四《集部三》，中华书局1983年版，第1268页。

② 山东省图书馆编：《山东省图书馆藏海源阁书目》史部《地理类·古迹》，齐鲁书社1999年版，第95页。

③ 山东省图书馆编：《山东省图书馆藏海源阁书目》丛书《自著类》，齐鲁书社1999年版，第398页。

④ 山东省图书馆编：《山东省图书馆藏海源阁书目》史部《专志·总志》，齐鲁书社1999年版，第92页。

⑤ 赵尔巽等撰：《清史稿》卷四百七十八《列传二百六十五·张敦仁传》，第43册，中华书局1977年版，第13050页。

⑥ 徐世昌等编著：《清儒学案》卷一百二十五《思适学案·张先生敦仁》，第5册，中华书局2008年版，第4990页。

⑦ 张敦仁《资治通鉴刊本识误序》，引郑伟章著：《文献家通考》卷十，中华书局1999年版，第516页。

⑧ (清)钱泰吉撰：《曝书杂记》卷上，见中华书局编辑部：《丛书集成初编》013，中华书局2011年影印本，第278页。

⑨ 赵尔巽等撰：《清史稿》卷四百七十八《列传二百六十五·张敦仁传》，第43册，中华书局1977年版，第13050页。

⑩ (清)钱泰吉撰：《曝书杂记》卷上，见中华书局编辑部：《丛书集成初编》013，中华书局2011年影印本，第268页。

⑪ (清)蒋启勋、赵佑宸修，(清)汪士铎等纂：《光绪续纂江宁府志》(二)卷十四《人物·寓贤·张敦仁》，见《金陵全书》甲编《方志类·府志》，南京出版社2011年版，第394页。

盈耳。然遗书尽散,吾得其金石拓数种。”①

(四)唐仲冕父子进士

唐仲冕(1753—1827) 字六枳,一字陶山,湖南善化人,寓居江宁。唐鉴父。清“乾隆五十八年进士。历任江南荆溪、奉献、吴江、吴县知县,一以洁己爱民为事,严察奸蠹,使不得逞,吏有去而徙业者。以圣朝乐器残,出资补制。清理韩敬堂坟地,重修桃花庵六如先生墓。刊刻《六如全集》,赋诗四章,一时和者至数百家,刻为《花坞联吟》三卷,附集后。宦迹所至,勤求民瘼,振兴士气,举利除弊,措理裕如。公余之暇,搜访名迹,接礼贤畯,义趣超然轩冕外”②。累官至陕西布政使,三权巡抚篆,以病乞归,侨寓金陵。其“性至孝。以父官平陵贫甚,母殁不能归,葬之肥城之陶山,因以‘陶山’自号。尝结庐墓侧,孜孜著述不倦,撰《岱览》三十二卷,拟辑《湖南诗徵》未就。著有《陶山文集》、《诗集》若干卷”③。又“所著尚有《仪礼蒙求》《家塾蒙求》等书,政事文学,著名一时。……陶山子即太常卿确慎公,父子继为布政,其号陶山者,因其父宰山东,卒葬陶山也。”④王昶《湖海诗传》卷十四、徐世昌《晚晴簃诗汇》卷一百八有其传。

唐仲冕嗜藏书,藏书达数万卷,尝有南宋钞本《太玄集注》十卷以赠黄丕烈。在金陵有“十笏园”“憩书楼”专藏古籍。其《请假杂诗五首》之四称:“昔作憩书楼,万卷置高阁。全家入官舍,斯楼长键钥。启匣蠹鱼穿,开窗蛛网络。”⑤《光绪续纂江宁府志》亦载:“唐仲冕,字陶山,善化人。有别墅在小彩霞街,曰‘十笏园’,言其狭也。然石洞山桥皆具有梓树一株,金陵所无也。公为确慎公尊人,确慎晚年筑冶城山后,依山为堂,储书甚富,今无一存矣。”⑥

唐仲冕殁后,其藏书由子唐鉴递藏。

唐　鉴(1778—1861) 唐仲冕子。字栗生、泽翁,号镜海或敬楷,又称小岱山人,湖南善化人,侨居金陵。“先世自江西丰城徙居湖南之善化,四传至讳焕者,以举人官至山东平度州知州,公之祖也。生子仲冕,以进士即用知县,官至陕西布政使,公之父也。……布政君及配宁夫人皆踵葬肥城。公以父命,徙籍山东,故又为肥城人焉”。“以廪生入赀为临湘县训导。嘉庆十二年举于乡,十四年成进士,改翰林院庶吉士。又二年,授职检讨。又六年,补浙江道监察御史,充甲戌科会试同考官,戊

---

① (清)何绍基著,曹旭校点:《东洲草堂诗集》卷二十六《金陵杂述四十绝句》,上海古籍出版社2006年版,第746页。

② (清)叶衍兰著,谢永芳校点:《叶衍兰集》,上海古籍出版社2015年版。第315页。

③ (清)叶衍兰著,谢永芳校点:《叶衍兰集》,上海古籍出版社2015年版。第315页。

④ (清)李慈铭著,由云龙辑:《越缦堂读书记》卷八《文学·陶山文录》,中华书局1963年版,第808页。

⑤ (清)邓显鹤编纂,沈道宽等校订,欧阳楠点校:《沅湘耆旧集》卷第一百十八《唐布政仲冕·请假杂诗五首之四》,第四册,岳麓书社2007年版,737页。

⑥ (清)蒋启勋、赵佑宸修,(清)汪士铎等纂:《光绪续纂江宁府志》(二)卷十四《人物·寓贤·唐仲冕》,见《金陵全书》甲编《方志类·府志》,南京出版社2011年版,第394页。

寅科顺天乡试同考官。……拜山西按察使，迁贵州按察使，擢浙江布政使，迁江宁布政使。扬历于外，盖二十年。”①所至革除陋规，以清廉著称一时。其父布政君仲冕解组东归，侨居金陵，又闻母病，引疾去官。致仕南归，主讲金陵书院。道光二十年(1840)，内召为太常寺卿。时值鸦片战争爆发，唐鉴力主抗英，上疏“弹劾总督琦善、耆英等，直声震天下。以老告归”②。病殁，谥确慎。曾国藩评价云：“公潜研性道，宗尚洛闽诸贤，所至以是敕其躬，亦以牖于人，亦时时论著以垂于后。在翰林时，著《朱子年谱考异》《省身日课》《畿辅水利》等书；在广西著《读易反身录》，居丧著《读札小事记》。官平乐时，延纳人士入署，亲与讲授。设立义塾，诲诱寒畯。官贵州时亦如之，官江宁亦如之。及入为九卿，又著《易牖》《学案小识》等书。扶掖贤俊，倡导正学。时如今相国倭仁艮峰、侍郎吴廷栋竹如、侍御窦垿兰泉、何文贞桂珍辈，皆从公考德问业。国藩亦追陪几杖，商榷古今。观其陋室危坐，精思力践，年近七十，斯须必敬。盖先儒坚苦者亚，时贤殆不逮也。”③郭象升赞云：“确慎公鉴(即唐鉴)在道光朝称第一真儒，曾文正诸公均尊为人伦楷模，所谓‘镜海先生’也。所著《学案小识》，读书多矣，自非开远之比。”④

唐鉴“少而迈异精勤，嗜学如渴”⑤，其父仲冕公尝撰《题万卷书屋图示鉴儿》云：“家无负郭田，架有悬签轴。不惜罄俸钱，渐已充栋屋。先世颇富藏，贪嗜苦未足。薄宦包山庭，快意屠门肉。且喜百城拥，何妨高阁束。所愿子孙传，汝辈岂能读。余日诵千言，老大徒秉烛。汝不及百言，少小已刻鹄。屈尽虽云多，淹洽京谁属。况彼饶记珠，或乃讥书簏。近时尚考订，栉比致豪秃。达者工词章，华赡夸锦簇。数事非所能，我言维可服。从来万卷通，不如一经熟。穷经务远大，掩卷思往复。《禹贡》治河渠，《春秋》断疑岳。如此荣稽古，不然诮拘曲。汝方补诸生，忘自期令仆。出身重廉能，居家先孝睦。能收已放心，自拓无穷目。求之贵有恒，戒之在欲速。读书善提纲，藏书真式谷。吾年且衰矣，终日勤案牍。汝能任诒谋，吾当返耕牧。”⑥而“确慎晚年筑冶城山后，依山为堂，储书甚富，今无一存矣”⑦。

---

① (清)曾国藩《唐确慎公墓志铭》，见(清)曾国藩著，王澧华校点：《曾国藩诗文集·文集》卷四，上海古籍出版社2005年版，第387—388页。

② (清)李元度著，易孟醇点校：《国朝先正事略》卷三十一《名儒·唐先生鉴》，岳麓书社1991年版，第886页。

③ (清)曾国藩《唐确慎公墓志铭》，见(清)曾国藩著，王澧华校点：《曾国藩诗文集·文集》卷四，上海古籍出版社2005年版，第389页。

④ 袁长江主编，王开学辑校，山西省图书馆编：《郭象升藏书题跋》集部《陶山诗录十二卷》，山西古籍出版社2007年版，第390页。

⑤ (清)曾国藩《唐确慎公墓志铭》，见(清)曾国藩著，王澧华校点：《曾国藩诗文集·文集》卷四，上海古籍出版社2005年版，第388页。

⑥ 徐世昌辑：《晚晴簃诗汇》卷一百八《唐仲冕》，见《续修四库全书》编纂委员会、复旦大学图书馆古籍部编：《续修四库全书》第1631册，上海古籍出版社2003年版，第417页。

⑦ (清)蒋启勋、赵佑宸修，(清)汪士铎等纂：《光绪续纂江宁府志》(二)卷十四《人物·寓贤·唐仲冕》，见《金陵全书》甲编《方志类·府志》，南京出版社2011年版，第394页。

(五)甘　熙

甘　熙(1797—1852)　字实庵,一作石安,号石安居士,江宁人。“少颖悟,善属文。年十七补县学生,道光十八年领乡荐,十九年成进士,以知县签分广西。二十二年家居,以预海防保卫事评议改官郎中;二十三年签分礼部仪制司;二十七年选户部广东司兼云南司主稿。”①甘煦言:“弟著有《金石题咏汇编》四十八卷、《白下琐言》八卷、《日下杂识》十四卷、《桐阴随笔》十卷、《寿石轩诗文钞》四卷,皆未刻。《重修灵谷寺志》十二卷,《忠义孝悌词传赞》四卷已刻。”②《续纂江宁府志》载:甘熙“洎官辇毂,获交当代名德,自朝章、政典、民俗、沿革暨嘉言美行,随所睹记,录成巨帙,曰《白下杂录》。尤嗜金石,辑三代秦汉以下彝器、珉石、题咏之作,为书四十八卷。道州何绍基叙谓‘金石文字,以有韵者为重,且先《春秋》之三传、《礼经》之记、《尔雅》之训诂,半皆韵语也。事归翔实,义兼讽咏,无过是书’。”③

甘熙喜好藏书源于其祖甘国栋、父甘福及兄长甘煦。

甘熙祖父甘国栋,字遴士,江宁人,居南捕厅十五至十九号、大板巷四十二号九十九间半即友恭堂。“家有津逮楼,积书至十万卷。教子严而有法,筑友恭堂,长洲王芑孙为作《记》。”④其父甘福(1768—1834),字德基,号梦六,“生平嗜学慕古,蓄书极富,至今谈收藏者,犹称甘氏津逮楼焉”。著《保彝斋日记》及《钟秀录》。甘熙云:“家大人性嗜书,往来吴越间,遍搜善本,积至十余万卷,于宅之东筑津逮楼以藏之。”⑤“前贤著述有关乎是邦考证者,近多失传。家大人留心掌故,凡此类之书,搜访尤殷。”⑥所藏宋赵明诚原版《金石录》作为国宝现藏于中国国家图书馆。甘福晚年即道光十二年(1823)筑藏书楼,名曰津逮楼,是楼为清代江宁最大的藏书楼。另有藏书室名保彝斋。

甘福撰有《甘氏津逮楼藏书目录》十八卷,记其所藏书达十余万卷。朱琦为作《甘氏津逮楼藏书目录序》云:“余来金陵,博咨询,约举所知,祇寓公数人。如方伯唐六枳师,暨方茶山廉访,张古余观察,俱颇富(藏),而土著殊寡。今乃得之甘君梦六翁之津逮楼。翁性喜书画,工赏鉴,于典籍尤癖嗜,凡市肆陈弃,旁及穷乡僻壤,蟫蚀鼠啮之余,靡不珍重购归,躬为补缀。复节衣食,买舟游吴越间,觅善本。盖辛勤逾三十年,楼之藏经史子集积十万卷有奇,可谓笃矣。知古如翁,而哲嗣畸人明经又

---

① 《续纂江宁府志·人物传·文苑》,见(清)甘熙撰:《白下琐言》,南京出版社2007年版,第187页。
② (清)甘熙撰:《白下琐言》卷首,南京出版社2007年版,第4页。
③ 《续纂江宁府志·人物传·文苑》,见(清)甘熙撰:《白下琐言》,南京出版社2007年版,第188页。
④ 南京市建邺区地方志编纂委员会编:《建邺区志》第二十八编《人物·第一章人物传略》人物,方志出版社2003年版,第1123页。
⑤ (清)甘熙撰:《白下琐言》卷七,南京出版社2007年版,第120页。
⑥ (清)甘熙撰:《白下琐言》卷五,南京出版社2007年版,第80页。

能矢精力钻研考录，此岂尚因仍侪俗哉。”①可见家中藏书之富。

甘福卒后，津逮楼藏书皆传于其子甘熙及甘煦。甘熙兄甘煦(生卒年不详)，字耆壬，一字祺壬。道光十三年(1833)举人，曾任安徽太平教谕。“祺壬藏书数万卷”②，以藏书名于时。

甘熙“博学强记，勤事纂述，与同里金鳌、朱绪曾善，同搜辑乡邦文献，证析异同”③。精研金石地学，尤精勘舆星相之术。承其家学，在其父津逮楼旧藏基础上广为购置，注重对乡邦文献的搜藏，兼有金石鼎彝入藏，且多宋元旧刻、明刻善本及孤本秘籍。如明正德刊本《陶靖节集》十卷，钤有“津逮楼”“金陵甘氏藏书”“有谷”“闇然居士”等印④。朱绪曾云：“实庵家有藏书数万卷，金石鼎彝充牣璀璨。”⑤津逮楼在甘熙时发展至极盛，名闻海内。甘熙又“喜搜乡邦掌故及金石雅训之学”⑥，以津逮楼藏书为基础，撰写《白下琐言》等。《白下琐言》原本八卷，光绪十六年(1890)，后人又以甘氏佚文补续二卷。卷首有道光二十七年方俊序，卷尾有光绪十六年甘元焕、傅绳祖跋和民国十五年(1926)邓邦述、魏家骅及仇继恒跋。方俊序云：“吾乡为六朝名胜之区……顾风土人情，恒数十年而一变，非有心者随时收拾，续为编摩，恐无以绍前徽而贻后进。甘石安仪部家多藏书，网罗事迹，自嘉庆中年以迄于兹，编成《白下琐言》八卷，轶事旧闻，开卷斯在。异日贤令重修志乘，征文考献，必将有取于是书。”⑦是书记金陵地理、人事的严革和利弊，广涉山水城宅、名胜古迹、经济状况、文化生活、风俗人情和逸事趣闻，是研究明清江南城市历史与风貌的重要文献，对江宁的乡邦文化事业贡献颇多。

上元梅曾亮伯言题诗云：

> 君家藏书过三万，得取图经自讨论。偶为金陵增琐事，如从石室订方言。
> 真长免使惊吴语，介甫应难改谢墩。十载乡风如梦寐，客窗喜藉一编温⑧。

又有兄甘煦哭弟诗云：

---

① (清)朱珔《小万卷斋文稿》卷九《甘氏津逮楼藏书目录序》，见《清代诗文集汇编》编纂委员会编：《清代诗文集汇编》494，上海古籍出版社2010年版，第162页。

② (清)朱绪曾撰，宋一明整理，吴格审定：《开有益斋读书志》卷二，上海古籍出版社2015年版，第34页。

③ 《续纂江宁府志·人物传·文苑》，见(清)甘熙撰：《白下琐言》，南京出版社2007年版，第187页。

④ 傅增湘撰：《藏园群书经眼录》卷十二《集部一》，中华书局1983年版，第997页。

⑤ (清)朱绪曾撰：《开有益斋读书志》卷三《杂记·灵谷寺志》，见《清人书目题跋丛刊七》，中华书局1993年版，第39页。

⑥ 甘元焕《读书续志跋》，见(清)叶昌炽著，王欣夫补正，徐鹏辑：《藏书纪事诗》卷六，上海古籍出版社1989年版，第651页。

⑦ (清)甘熙撰：《白下琐言》卷首《方俊序》，南京出版社2007年版，第1页。

⑧ (清)甘熙撰：《白下琐言》卷首《方俊序》，南京出版社2007年版，第2页。

平生爱著述，长自手一编。赏奇与析疑，姜被床相联。尤嗜金石学，考订心力专。三代秦汉下，钟鼎刀剑泉。凡有题咏者，探讨穷丹铅。几案累数尺，力疾犹钻研。其他杂纪载，本本而元元。相将理残帙，异日成雕镌。没世不称名，君子恒耻焉。掩泪视残墨，君其千秋传。

其藏书处有津逮楼、寿石轩、筑野堂等。

藏书印有金陵甘氏藏书、甘氏藏书、津逮楼、子孙永保等。

甘熙藏书散佚于咸丰三年(1853)春，津逮楼与甘氏住宅同毁于兵火，其藏书大多化为灰烬。其兄甘煦所著《贞冬诗录》中记载咸丰三年春天，太平军攻占南京城以后，其家津逮楼楼上“充栋庋藏”的宋、元、明、清版本和楼下所藏的“充牣璀璨”的鼎彝文物“悉成灰烬”的史实。为此伤感赋诗一首：“津逮楼边风水虚，听秋阁下竹梧疏。伤心十万题签处，半付秦灰半蠹鱼。”①其子甘城均编集遗稿，仅存《寿石轩诗文集》八卷，藏于家。津逮楼毁于战火，所遗残书堆积在九房二楼(今南捕厅15号大院第五进)。其中就有今中国国家图书馆所藏海内孤本宋龙舒斋刻本《金石录》三十卷足本，幸免此劫。

尽管津逮楼的传人多次企图恢复“往昔藏书之盛”，然皆付诸梦影，最后甚至连“小津逮楼”的一室都不可得。1951年尚存藏书3卡车之多，后连同刻板、柏木书框全部赠与江苏省图书馆，所藏名著颇多。

(六)陈　立

陈　立(1809—1869)　字卓人，又字默斋，句容人。清“道光二十一年进士，二十四年，补应殿试，选翰林院庶吉士。散馆改刑部主事，升郎中，授云南曲靖府知府”②。从梅植之、凌曙、刘文淇学，尽通东汉许慎《说文》、《春秋公羊传》、郑玄《礼》，旁及诗古文词。于《春秋公羊传》致力尤深，搜集唐以前阐释《公羊传》旧说，并采清代孔广森、刘逢禄等人考证训释，成《公羊义疏》。又著有《尔雅旧注》《白虎通疏证》《说文谐声孳生述》《句读杂著》等。

陈立好藏书，其《箬帽园记》云：“余所居东南隅有邱焉，高不盈二丈，广仅亩，土人呼箬帽山，山之西有池曰箬帽塘，池之南有场曰箬帽场，皆因山得名曰箬帽者。谓其狭小如箬帽尔。山之北有隙地焉……构屋三楹，其中右楹蓄书三万卷，左楹为子

① 徐雁、谭华军著：《南京的书香》，南京出版社1996年版，第98页。

② 赵尔巽等撰：《清史稿》卷四百八十二《列传二百六十九·陈立传》，第43册，中华书局1977年版，第13293—13294页。

弟课读许。"[①]"归里,复检所弃数万卷,悉成灰烬。槁坐斗室,耳同枯寂。"[②]

藏书读书处名为箸帽园。

(七)郑嵩龄

郑嵩龄(生卒年不详)　字芝岩、芝麓,江苏上元人。郑兆杞孙,彤子。清"同治三年举人,七年进士,以编修主河南乡试转御史,擢给事中,放浙江粮道,卒于官"[③]。嵩龄先世以盐业居仪征,其祖父郑兆杞为嘉庆十五年举人,嘉庆十九年(1814)甲戌科进士。其父郑彤书,字伟士,"由举人考取太常博士,俸满得同知,分发浙江借备,补嘉兴通判。生平坦易,无城府,好藏书,购至五万卷,终日展玩,官舍如水,时人谓之吏隐云"[④]。

郑嵩龄尤工书,其书法见称于时,亦藏书,其藏书为其郑彤所遗。

(八)邓邦述

邓邦述(1868—1939)　字正闇,号孝先,别署正闇学人、正闇居士、沤梦、群碧道人,晚号群碧翁,又号沤梦老人,江宁人。光绪十七年(1891)辛卯科乡试举人,光绪戊戌进士[⑤],散馆选庶吉士,授翰林院编修。光绪二十七年(1901)入湖北巡抚端方幕,随往周游欧美各国,是端方派往欧美诸国考察宪政的诸大臣之一。归国后外放,宣统二年(1910)官吉林民政司使,官从二品。民国元年(1912)任东北盐运使,后入清史馆,与金兆蕃同撰太祖至世宗五朝本纪。自民国十年弃官寓居江苏吴县。著有《群碧楼诗钞》《沤梦词》《六一消夏词》等。

1.邓邦述藏书活动及特色

邓邦述出身名门望族,曾祖父邓廷桢[⑥],官至两广、闽浙总督。据《金陵通传·邓廷桢》载:"公暇之余,与幕中诸名士会食八箴堂,考订训诂,讽咏诗歌",显示其博学考订。祖父邓尔咸[⑦],官知县。父邓嘉缜[⑧],官奉天警道等。邓氏家族原有青藜阁

---

① (清)陈立撰:《句溪杂著》卷六《箸帽园记》,见《清代诗文集汇编》编纂委员会编:《清代诗文集汇编》632,上海古籍出版社2010年版,第414页。

② (清)陈立撰:《句溪杂著》书首自序,见《清代诗文集汇编》编纂委员会编:《清代诗文集汇编》632,上海古籍出版社2010年版,第368页。

③ (清)陈作霖等纂:江苏《金陵通传(三)》卷四十《叶声扬传第一百七十五》附笔,见《中国方志丛书·华中地方·第三八号》,(台湾)成文出版社1970年据清光绪三十年刊本影印,第1177页。

④ (清)陈作霖等纂:江苏《金陵通传(三)》卷四十《叶声扬传第一百七十五》附笔,见《中国方志丛书·华中地方·第三八号》,(台湾)成文出版社1970年据清光绪三十年刊本影印,第1177页。

⑤ 江苏省地方志编纂委员会编:《江苏省志90·人物志》之《人物传二》,凤凰出版社2008年版,第833页。

⑥ 按:邓廷桢,字维周,号嶰筠,清嘉庆六年(1801)辛酉恩科进士,历官宁波、延安知府,湖北按察使,江西布政使,安徽巡抚,两广总督等职,《清史稿》有其传。

⑦ 按:邓尔咸,字子京,邓廷桢子,知县。《花笺录》:"子京,嶰筠先生第三子。英年倜傥,卓尔不群,诗笔词笺,具有家法。"

⑧ 按:邓嘉缜(1845—1915),字季垂,江宁人。邓廷桢之孙。光绪元年(1875)乙亥举人,官奉天巡警道。善楷隶,工词。有《晴花暖玉词》一卷。

藏书，毁于太平天国兵燹。邓邦述藏书除受家族影响外，其外舅影响甚深，加之又见端方收藏极富，遂发藏弆之愿。长洲吴梅云："邓君孝先，世为金陵望族，少时就婚常熟赵氏，得读天方楼书，慨然有志收蓄。通籍后广事搜罗，辄倾囊不倦。及从海外归，始尽收宋元旧刻与精钞本，积书至二万余卷，而逋负亦山积，又得荛圃旧藏《群玉》《碧云》二集，因以'群玉'名其楼。顾君之所藏，非尽宋廛旧贮也。君得一书，必躬加题记，蚕眠细书，录稿盈箧。昔王铁夫戏荛翁云'积晦明风雨之勤，夺饮食男女之欲'，以沉冥其中。君亦有同悦焉。既寓居吴下，朋旧过从，踪观不吝。余尝私语同人，君生于金陵，而移家吴郡，两地文献集于一人，他日继津逮、滂喜诸家而传者，必在君矣。"①宗舜年云："吾友邓君正闇为元昭先生嫡嗣，青藜阁累世之藏既不克保，遂有志于收书。君家虽仍世贵显，顾贫甚。君通籍后，犹为疆吏掌记，见异书必倾囊收之。"②如傅增湘云：《老学庵笔记》十卷，"明穴砚斋写本，邓孝先邦述藏书，余尝借校"③。在服官东北时，只要邓氏回京师，"酬接之余，辄延书友，户外屦满，床上书连，乐莫甚焉"④！又云："辛亥去官，家无一陇之植，惟载书兼辆，辄以自豪。旧椠名钞，必躬加题帖，详著其始末。频年旅食，船唇马背间不废校录，舍馆未定，丹黄狼藉，往往至漏尽。"⑤所藏甚富，其"积书至数万卷，充箱盈笥"⑥。至光绪三十二年（1906），"时藏书达4万卷，多为珍本，其中1000余卷为宋刻本"⑦。

辛亥"国变"，邓氏原有的仕途及经济来源被阻断，藏书不再旺盛，"不一年，避居津门，几无以为活，乃举宋本七八种出以易米，收书之兴于是乎大衰。后数年，见有善本，亦稍稍搜集，而宋刻日昂，视同辈插架日富，余乃日瑟缩而不敢问鼎"⑧。民国十年（1921），邓氏跋宋刊残本《苏文忠公文集》言："辛亥国变，其明年三月，余自大连移家天津，先君就养，居一隘巷中，饔飧几不继矣，而嗜古之念未衰。昔之京肆书友，犹联翩挟书就余，不知余之无力以举也。一日客携此帙并《苏文定集》及宋刻

① 吴梅《群碧楼善本书录》序，见邓邦述撰，金晓东整理，吴格审定：《群碧楼善本书录 寒瘦山房鬻存善本书目》，《中国历代书目题跋丛书》第4辑，上海古籍出版社2014年版，第7—8页。

② 宗舜年《群碧楼善本书录》序，见邓邦述撰，金晓东整理，吴格审定：《群碧楼善本书录 寒瘦山房鬻存善本书目》，《中国历代书目题跋丛书》第4辑，上海古籍出版社2014年版，第5页。

③ 傅增湘撰：《藏园群书经眼录》卷八《子部二》，中华书局1983年版，第701页。

④ 邓邦述：《寒瘦山房鬻存善本书目》卷四《圣宋名贤五百家播芳大全文粹》，见邓邦述撰，金晓东整理，吴格审定：《群碧楼善本书录 寒瘦山房鬻存善本书目》，《中国历代书目题跋丛书》第4辑，上海古籍出版社2014年版，第410页。

⑤ 宗舜年《群碧楼善本书录》序，见邓邦述撰，金晓东整理，吴格审定：《群碧楼善本书录 寒瘦山房鬻存善本书目》，《中国历代书目题跋丛书》第4辑，上海古籍出版社2014年版，第5页。

⑥ 邓邦述《群碧楼善本书录序》，见邓邦述撰，金晓东整理，吴格审定：《群碧楼善本书录 寒瘦山房鬻存善本书目》，《中国历代书目题跋丛书》第4辑，上海古籍出版社2014年版，第3页。

⑦ 江苏省地方志编纂委员会编：《江苏省志90·人物志》之《人物传二》，凤凰出版社2008年版，第833页。

⑧ 邓邦述《群碧楼书目序》，见邓邦述撰，金晓东整理，吴格审定：《群碧楼善本书录 寒瘦山房鬻存善本书目》，《中国历代书目题跋丛书》第4辑，上海古籍出版社2014年版，第3页。

小字《册府元龟》二册俱来。皆蝴蝶旧装,是宫中物,但无'古稀天子之宝'耳。余爱之不能割,不得已唯留二苏,以《册府》经多人著录,此则人间未见之秘也。文忠尚有文一卷,为好书贵人所索,余故只以'三坡六颍'名其居尔。十年以来,余为鲜民,穷且益甚,虽再有饷余古书者,固将掉头不顾,然亦竟无来饷者。"①事实上邓氏虽穷,遇心爱之书还是少量地购藏,但购藏盛况不再。如民国十五年(1926)又获购明初刊本贾岛《贾浪仙长江集》,此时邓氏已经"不必宋椠名钞,然后足餍欲望"了。

邓氏藏书以史、集部为主,多宋元古本和明嘉靖本。与同时陶湘、吴梅竞以收藏百部嘉靖刊本为目标,藏书近二万五千余卷。其收藏甚精,颇多宋元古本及明本、旧钞本。其宋本已达八百余卷,元本二千七百余卷,明本约万五千五百卷,钞本五千余卷,批校本约八百五十卷。所藏之尤者为宋刻唐朝三李之书。光绪三十二年从欧美返国,路经上海时获得原黄丕烈士礼居藏宋刊本《李群玉诗集》前后五卷、李中《碧云集》三卷,二书皆为南宋临安府陈宅书籍铺刊行的唐人诗集。是书经文徵明、徐乾学、季沧苇、安岐、黄丕烈等递藏,均钤有递藏名家诸印,且黄丕烈题跋皆满。黄丕烈曾在《百宋一廛赋》中咏题珍,且刻一方"碧云群玉之居"之印章,因此邓氏得书后大为欣喜,自号藏书处名曰为群碧楼。另收一部为唐李咸用《披沙集》六卷,亦为南宋临安府陈宅书籍铺刊行。民国初年又经傅增湘作介,辗转自张元济手中获得一部杨守敬从日本带回。

邓邦述"先后编著注录收藏目录4部,《双沤居藏书目初编》《群碧楼书目》《寒瘦山房鬻存善本书目》,以及《书衣题识》"②。《双沤居藏书目初编》一册,为手写本,录宋元本只十二种,所录明本一百二十种,钞校本六十五种,清代刻本三百六十二种,悉为初印精椠之本③。《群碧楼书目初编》九卷,所收宋本八百十六卷,元本二千七百四十三卷,钞本五千三百三十八卷,明本一万五千四百八十八卷,批校本八百四十九卷,都二万四千九百六十四卷④。为邓氏前期藏书之总结,后附《书衣杂识》一卷,仍邓氏置书后所写题跋。是书收录的明本亦甚为精彩,收明刊本至嘉靖,嘉靖本一百五十种左右,号称"百靖斋"。书目初编特辟嘉靖刊本专卷,亦为书目中一大特色。

《群碧楼善本书录》六卷,为民国十六年(1927)邓邦述向中央研究所历史语言研究所让售藏书时所编,邓氏尝自云:"适遇研究院者兼搜故籍,嫏嬛之储,请自兹

---

① 邓邦述《寒瘦山房鬻存善本书目》卷一《苏文忠公文集》,见邓邦述撰,金晓东整理,吴格审定:《群碧楼善本书录 寒瘦山房鬻存善本书目》,《中国历代书目题跋丛书》第4辑,上海古籍出版社2014年版,第275页。

② 江苏省地方志编纂委员会编:《江苏省志90·人物志》之《人物传二》,凤凰出版社2008年版,第833页。

③ 潘景郑著:《著砚楼书跋·双沤居藏书目初编稿本》,上海古籍出版社2006年版,第135—136页。

④ 邓邦述《群碧楼书善本录旧序》,见邓邦述撰,金晓东整理,吴格审定:《群碧楼善本书录 寒瘦山房鬻存善本书目》,《中国历代书目题跋丛书》第4辑,上海古籍出版社2014年版,第9页。

始，从此不忧散佚，得慰初衷，永获保存，并叨荣问，此又一幸也。前目都二万四千九百六十四卷，今目总一万三千一百八卷，鬻已过半。若宋本则前目只八百十六卷，尚有审定而剔除者，今目得九百五十九卷，又加增焉。”①《群碧楼善本书录》著录宋本三十四部、元本三十六部、明刻本一百零三部、明嘉靖刻本四十七部、钞本二百零五部，凡“一万三千一百八卷，鬻已过半”。邓氏引以为豪之宋本《碧云集》《群玉诗集》《披沙集》《书学会编》，元中统本《史记》等，均著录其中。

邓邦述“鬻而未尽者，别为《寒瘦山房鬻存善本书目》七卷，附此并印，以公于世。书非吾有。必印此目者，以目经手写，而书衣杂识日积月多，并录于各目之次，不欲废此编校之勤，期与世之好古君子一证其得失也”②。是书编订于民国十五年(1926)六月，系辛亥后边鬻边购所存书，为邓氏民国十六年(1927)鬻书后，根据寓中遗存之书编成。此目中收录邓氏两部精本，一为弘治刊的孟郊《孟东野诗集》，一为明初刊的贾岛《贾浪仙长江集》，于是取“郊寒岛瘦”的典故，名其藏书处曰寒瘦山房。此目多收为宋元递修本、明本、钞本及自校本。其中自校本中有邓邦述用力最勤的一部钱曾《读书敏求记》。此目宋元旧椠虽少，所录仍多珍本，对明刻本、穴砚斋钞本、季沧苇《全唐诗》钞本等，论断精到，记述详审。

藏书处有群碧楼、寒瘦山房、三李庵、双沤居、百靖斋、三坡六颍等。

藏书印有邓邦述、群碧楼、群碧楼主人、群碧楼藏、群碧楼印、群碧校读、群碧翁、正闇、正闇居士、三李庵、寒瘦山房、正闇审定、正闇学人、正闇收藏、正闇秘籍、披玉云斋、从吾所好、沤梦词人、邦述、百靖斋等数十枚。

2.邓邦述藏书散佚与归宿

邓氏藏书在辛亥后不断散佚。应开始于1926年前后年，“迄丙寅元月，闭门谢客，家无余财，又举债买一宅于城南隘巷，困支一年，逋负山积，遂不克举火矣。丁卯春，茹痛持一单向人求鬻，至五月始遇孑民(蔡元培)前辈，收而庋之研究院中。前序所谓昔借债以买书，今鬻书以偿债者，乃竟验焉”③。此次以五万元售与中央研究院史语所，包括宋本“三李”唐人集在内。宗舜年云：邓氏“丁戊间，迫于生事，书始尽出。今年春，予访君吴下，慨然语予曰：‘吾精力耗于此者三十年，书亡而所余书后稿盈尺，将理而董之，并书目刊以行世。’”④吴梅亦云：“闻君书尽出。余未之信也。亟叩君，君曰：‘昔借债以买书，今鬻书以偿债，事本平常，无足为异。独念三十年雠

① 邓邦述《群碧楼善本书录序》，见邓邦述撰，金晓东整理，吴格审定：《群碧楼善本书录 寒瘦山房鬻存善本书目》，《中国历代书目题跋丛书》第4辑，上海古籍出版社2014年版，第4页。

② 邓邦述《群碧楼善本书录序》，见邓邦述撰，金晓东整理，吴格审定：《群碧楼善本书录 寒瘦山房鬻存善本书目》，《中国历代书目题跋丛书》第4辑，上海古籍出版社2014年版，第4页。

③ 邓邦述《群碧楼善本书录序》，见邓邦述撰，金晓东整理，吴格审定：《群碧楼善本书录 寒瘦山房鬻存善本书目》，《中国历代书目题跋丛书》第4辑，上海古籍出版社2014年版，第3页。

④ 宗舜年《群碧楼善本书录》序，见邓邦述撰，金晓东整理，吴格审定：《群碧楼善本书录 寒瘦山房鬻存善本书目》，《中国历代书目题跋丛书》第4辑，上海古籍出版社2014年版，第5页。

校考订之勤，丛残旧稿，弃之可惜，又鬻书而未尽诸书，亦颇有可录者，当别成一目，汇刊行世，则书虽亡而题识目录具在也。'"①所剩寒瘦山房藏书至抗日战争前被王体仁购去一批，其剩余在邓邦述去世后，1940 年以四万元售予苏州集宝斋和北京景文阁、东莱阁、文殿阁②等及上海孙伯渊诸家，大部皆刻钞校本，其中最著者有穴砚斋钞本六种及汲古阁影宋钞本《南宋十六家集》。此批书后归中央图书馆，共计一千一百种，一万五六千册，善本约三百种，包括孟郊《孟东野诗集》、贾岛《贾浪仙长江集》及《全唐诗》底本在内。后又零星散出者，叶景葵亦得善本十余种，后捐入上海合众图书馆，可见其《卷盦书跋》。潘景郑亦记及其事云：邓先生"身后遗书散入沪市，余皆见之。善本仅叶丈揆初所得十余种，藏合众图书馆，时得摩挲流览，恍亲砚席耳"③。

叶景葵记述邓邦述散佚甚详："孝先故后，其家议售书，以维生计。先托某君持朱印《寒瘦目》经孝先以所得价详记目内者，带至上海，属余估价，久而不至，余驰书往询，又另托某君持一草簿来，详细考校，知精本未列内者甚多，无凭估计。盖所托之某君，将簿内精本抽去两页，故不符也。时京苏书估麇集，闻已有零本流入苏肆，余急驰书告其家曰：'来目不足凭，兹就《寒瘦目》除去王绶珊所购，约略估计尚值二万元，其余普通书，似亦可值一万元，倘购主允八折，即可脱手。'幸孝先如君因应得宜，竟实得三万二千元。购者苏州集宝斋，北京景文阁、东莱阁、文殿阁诸家，其中费闻亦达七八千元。前所记某君某君，皆在分润之列。若辈出价既巨，则转售之价必越常轨，闻《全唐诗》底本拟批价一万元以上，孝先九泉有知，必拈髯一笑，自诩鉴赏不虚也。所奇者，《寒瘦目》全部两批售出，皆以余导引人。余所借校本《华阳国志》两部，龚校《韩诗外传》，及明钞《洪武圣政记》一册，共四种，幸未交还，决为保存于合众图书馆，将请孝先知己之知书价者二三人，公同估价，偿还其家，以了经手，亦不负死友之谊也。己卯除夕，揆初记。""某君所持之红印《寒瘦目》，索之不得，亦狠矣哉！闻不入《寒瘦目》之精本，有王雅宜手抄《陶集》，王西庄校《晋书》，吴云甫注《顾亭林诗集》，大约后来所得，不知尚有其他秘籍否？盖已一扫而空矣！《群碧目》内之书，皆售于中央研究院，售价五万元，实得四万五千元，以五千为经手某君寿，盖非某君之力，则研究院断不购此古籍也。"④邓邦述生前及身后散出之两大宗书，其善本于 1949 年被运至台湾，现藏于台湾南港中研究院和台北"中央图书馆"，系台湾地区保存较完整的近现代藏书家藏书之一⑤。

---

① 吴梅《群碧楼善本书录》序，见邓邦述撰，金晓东整理，吴格审定：《群碧楼善本书录 寒瘦山房鬻存善本书目》，《中国历代书目题跋丛书》第 4 辑，上海古籍出版社 2014 年版，第 8 页。

② 叶景葵著，顾廷龙编：《卷盦书跋·群碧楼善本书目》，古典文学出版社 1957 年版，第 61 页。

③ 潘景郑著：《著砚楼书跋·双沤居藏书目初编稿本》，上海古籍出版社 2006 年版，第 136 页。

④ 叶景葵著，顾廷龙编：《卷盦书跋·群碧楼善本书目寒瘦山房鬻存善本书目》，古典文学出版社 1957 年版，第 60—61 页。

⑤ 苏精著：《近代藏书三十家》（增订本），中华书局 2009 年版，第 78 页。

二、清代苏州府进士藏书

《清史稿·地理志》载,“苏州府:分巡苏州道治所。顺治初,因明制,州一,县七。雍正二年,升太仓为直隶州,割崇明、嘉定属之。又析长洲置元和,昆山置新阳,常熟置昭文。吴江置震泽。乾隆元年,又设太湖厅。光绪三十年,设靖湖厅,隶府。光绪三十年,领厅二,县九”①。厅二即:太湖、靖湖;县九即:吴、长洲、元和、昆山、新阳、常熟、昭文、吴江、震泽。

(一)顾予咸父子进士

顾予咸(1613—1669)　字小阮,一字以虚,号松交,长洲人,居史家巷,为雅园主人。“顺治三年进士,授宁晋县”②,“调知山阴,举卓异,擢刑部主事,调吏部,迁考功员外郎,移疾归”③。历知宁晋(今属河北省)、山阴(今属浙江省)两县,皆有政绩。升考功员外郎,移疾归,开创了顾家由普通士人步入仕宦的路途。顺治十八年(1661)顾予咸因“哭庙案”牵连,志气颓落,精神疲倦,年五十七辞世,殁后里人立祠祀之。所著有《雅园居士自叙》《李昌谷集注》《温飞卿诗集笺注》等。

顾予咸以读书起家,雅好藏书,因“哭庙案”被抄家时,“凡古玩、器皿、书画、册子攫取无遗”④,由此推知,顾氏家族从顾予咸始已藏书。

顾嗣立(1665—1724)　字侠君,号闾丘,长洲人。顾予咸子。康熙三十八年(1699)己卯顺天乡试举人,康熙五十一年(1712)壬辰科会试,“特赐进士,改翰林院庶吉士,散馆仍留教习。五十三年,复以荐入武英殿,纂辑《鸟兽虫鱼广义》,会新例当授中书,不就。五十四年,散馆,改知县。以需次,移疾归”⑤。尝分纂《宋金元明四朝诗选》《皇舆全览》等书。顾氏“笺注韩昌黎、温飞卿二家诗,皆极赅洽,而《诗林韶濩》《闾丘辨囿》二书,亦所论定。自著有《秀野集》《闾丘集》”⑥。曾辑《元文选》未果,杨复吉云:“载考国朝康熙中,吴门顾侠君曾辑《元诗选》初、二、三集共三百家,最为繁富,其阐发幽微,表章前哲,洵乎不遗余力,惜未并元文论次,寿诸梨枣,遂致日就湮灭。”⑦乾隆《江南通志》评价:“嗣立博学有才名,尤工诗。所居秀野草堂,常集四方知名士,它觞咏无虚日。轻财好义,家以日贫,而风流文雅,照映一时。所

① 赵尔巽等撰:《清史稿》卷五十八《志三十三·地理五·江苏》,第8册,中华书局1977年版,第1992页。
② (清)李光祚修,(清)顾诒禄纂:《乾隆长洲县志》卷二十五《人物四·顾予咸》,见《中国地方志集成·江苏府县志辑》(13),江苏古籍出版社1991年版,第310页。
③ (清)叶德辉撰,杨洪升点校:《郎园读书志》卷七《集部·李昌谷诗集三卷》,上海古籍出版社2010年版,第355页。
④ (清)顾予咸《雅园居士自叙》节录,见孙中旺编:《金圣叹研究资料汇编》甲编附二《“哭庙案”资料》,广陵书社2007年版,第85页。
⑤ 王钟翰点校:《清史列传》卷七十一《文苑传二·顾嗣立》,第18册,中华书局1987年版,第5824页。
⑥ 王钟翰点校:《清史列传》卷七十一《文苑传二·顾嗣立》,第18册,中华书局1987年版,第5825页。
⑦ (清)蒋光煦撰,梁颖校点:《东湖丛记》卷二《元文选》,辽宁教育出版社2001年版,第44页。

选诗集，皆盛行于世。"[①]邓之诚《清诗纪事初编》卷三等有其传。

1.顾嗣立藏书活动

顾嗣立"性嗜书，尤耽吟咏。弟兄六人，如汉鱼、迂客辈皆振藻扬声，名满上国。秀野颉颃其间，称白眉焉"[②]。又迂疏，"视世俗委琐龌龊与夫邻里子弟纨绔膏粱之习，夷然不屑也。乃于舍之东偏买宅一区，后有隙地通闾丘坊，爰某卜筑书舍，为十年读书之计"[③]。康熙二十七年(1688)戊辰三月草堂落成，次年八月，"以秀野颜堂，盖取诸东坡独乐园句也"[④]。"读书其中，染翰题笺，往往自署秀野，人亦以秀野呼之，故秀野之名满天下。"[⑤]居秀野，暇则读书、藏书、抄书、校书、编书，颇得乡居之雅。其《四十生日自述诗》云："爱客尝储千日酒，读书曾破万黄金，泰州缪湘芷沅极击赏，以为秀野先生实录。"[⑥]

顾嗣立曾有祭书之举，其嗜书尤深至痴迷。康熙二十八年(1689)己巳"除夕，取架上手自校勘诸书陈列草堂，清香桦烛，酒脯具设，再拜祝之。因作《祭书行》。亦陶、犀月、大临、日容并属和焉"[⑦]。《祭书行》序曰："贾长江尝于岁除取一岁所作诗以酒脯祭之，曰：'劳吾精神，以此补之。'余仿其意，因取架上手自校勘诸书，罗列秀野草堂，清香桦烛，酒脯具设，再拜祝之。并邀亦陶、犀月、大临、日容同作祭书行。"[⑧]序中有言，其所祭祀之书均为"手自校勘"之书，《祭书行》诗云："《六经》丽日月，百家列珷玞。龙门长叙事，纸上露眉须。《离骚》多愁苦，痛饮高天呼。庄生善寓言，蝶梦自蘧蘧。《文选》字诘屈，熟读常嗫嚅。风雅云谁师，浣花有狂夫。韩公状《南山》，白傅绘西湖。昆体情绮靡，香奁语丽都。但求性所爱，不狥俗毁誉。宋元亦涉猎，出类惟髯苏。陶冶夺天工，黄陈堪作奴。时或翻新曲，镂错天花敷。临川游戏笔，字字等圆珠。凡兹架上书，百城南面如。"[⑨]可见读书复祭书，诚古君子之遗

① (清)赵宏恩等鉴修，黄之隽等编纂：《乾隆江南通志》卷一百六十五《文苑传》，见(清)永瑢、纪昀等编纂：《四库全书》第511册，上海古籍出版社1987年版，第756页。

② (清)郑方坤撰：《本朝名家诗钞小传》卷三《秀野草堂诗钞小传·顾嗣立》，见《丛书集成续编》第256册，(台湾)新文丰出版公司1988年版，第157页。

③ (清)顾嗣立《闾丘先生自订年谱》"康熙二十六年(1687)丁卯"条，见张爱芳、贾贵荣选编：《清代民国藏书家年谱》，北京图书馆出版社2004年版，第281页。

④ (清)顾嗣立《闾丘先生自订年谱》"康熙二十八年(1689)己巳"条，见张爱芳、贾贵荣选编：《清代民国藏书家年谱》，北京图书馆出版社2004年版，第283页。

⑤ (清)郑方坤撰：《本朝名家诗钞小传》卷三《秀野草堂诗钞小传·顾嗣立》，见《丛书集成续编》第256册，(台湾)新文丰出版公司1988年版，第157页。

⑥ (清)顾嗣立《闾丘先生自订年谱》"康熙四十三年甲申(1704)条"，见张爱芳、贾贵荣选编：《清代民国藏书家年谱》，北京图书馆出版社2004年版，第295页。

⑦ (清)顾嗣立《闾丘先生自订年谱》"康熙二十八年(1689)己巳条"，见张爱芳、贾贵荣选编：《清代民国藏书家年谱》，北京图书馆出版社2004年版，第283页。

⑧ (清)顾嗣立《秀野草堂诗集》卷三《祭书行并序》，见《清代诗文集汇编》编纂委员会编：《清代诗文集汇编》214，上海古籍出版社2010年版，第36页。

⑨ (清)顾嗣立《秀野草堂诗集》卷三《祭书行并序》，见《清代诗文集汇编》编纂委员会编：《清代诗文集汇编》214，上海古籍出版社2010年版，第37页。

风也。

其藏书楼名曰秀野草堂，朱彝尊作有《曝书亭集·秀野草堂记》："长洲顾侠君筑堂于宅之北，闾丘坊之南。……于是，插架以储书，叉竿以立画，置酒以娱宾，极朋友昆弟之乐。暇取元一代之诗甄综之，得百家焉，业布之通都矣。侠君乃梦有客愉愉，有客瞿瞿，一一十十，容色则殊，或俯而拜，或立而盱。觉而曰：是其为元人之徒与？将林有遗材，而渊有遗珠与？乃借钞于藏书者，复得百家焉。未已也，博观乎书画，旁搜乎碑碣，真文梵夹，靡勿考稽，又不下百家，而元人之诗乃大备矣。"①王原祁、禹之鼎等为之画有《秀野草堂图》，一时名士题吟百余人，是图现藏于中国国家图书馆。

藏书处除秀野草堂外，又有饱经斋、读书斋、梧语轩等。

藏书印有秀野草堂藏书印、顾嗣立印、顾印嗣立、秀野草堂顾氏藏书印、秀野草堂、秀野草堂顾氏藏、长洲顾嗣立珍藏图书、顾侠君、侠君、闾邱小圃、顾嗣立曾藏等。

顾嗣立又雅好刻书，"王文简士祯《居易录》云：'顾氏秀野草堂刻有曾益注《李昌谷诗集注》三卷，又《温八叉集注》四卷。此二书向不经见，诸藏书目亦鲜著录。'"②

2.顾嗣立藏书特色及来源

顾嗣立性喜藏书与抄书，且手自校雠，其藏书特色即以宋元文集为多，以钞本为主。据文献可考，现知顾氏所藏元人别集有十八种，如旧钞本有陈深《宁极斋稿》一卷附《慎独斋稿》一卷，杨载《翰林杨仲弘诗集》八卷，杨弘道《小亨集》六卷，张庸《全归集》，安熙《默庵安先生文集》五卷《附录》一卷，张弘范《淮阳集》一卷《附录》一卷，钱惟善《江月松风集》十二卷，何中《知非堂稿》十七卷，杜本《清江碧嶂集》一卷；旧校钞本有周权《周此山诗集》四卷；顾侠君钞本有苏天爵《滋溪文稿》三十卷；清钞本有吕诚《吕敬夫诗集》不分卷；元刊本有释至仁《澹居稿》二卷，范梈《范德机诗集》七卷；元版元印有曹伯启《汉泉曹文贞公诗集》五卷；元至元间刊明初印本有宋无《啽呓集》一卷；明刻本有杨维桢《杨铁崖先生文集》十一卷，周砥《荆南唱和集》一卷等。顾氏藏书不仅搜藏他人所抄，自己抄书尤勤。据顾嗣立《余以足疾卧床适屺公使从秀水至发书知入春多病索莫之况与余略同赋此寄之》诗注，其曾于周斯胜处借得元好问《中州集》，积 36 日就抄毕，还之③。顾氏为辑《元诗选》，借抄未藏之书，"自元遗山而下，汇为百家，又广为三百家，凡四集，合千二百卷，网罗浩博"④，所收

---

① （清）朱彝尊《秀野堂记》，见陈从周、蒋启霆选编：《园综》之《江苏》，同济大学出版社 2011 年版，第 218 页。

② （清）叶德辉撰，杨洪升点校：《郎园读书志》卷七《集部》，上海古籍出版社 2010 年版，第 354 页。

③ （清）顾嗣立撰：《闾丘诗集》卷四，见《四库全书存目丛书》编纂委员会编：《四库全书存目丛书》集部，第 266 册，齐鲁书社 1997 年版，第 196 页。

④ 王钟翰点校：《清史列传》卷七十一《文苑传二·顾嗣立》，第 18 册，中华书局 1987 年版，第 5825 页。

各家均有小传，并附评语。顾氏尝自记云：清康熙三十年(1691)辛未“始与犀月诠次元人诗集，亦陶出手钞本六十余种，因以甲乙分编，人各为一小传。盖窃取遗山《中州集》、牧翁《列朝诗集》例为之也”①。康熙三十一年(1692)壬申，又“从传是楼、培林堂、含经堂及藏书家，借得元人文集百余种，与犀月朝夕编选不辍”②。康熙三十八年(1699)己卯，康熙上巡行江浙。车驾至苏州，“因进《元百家诗》九卷，奏曰：‘此是元朝一代之诗，向无刻本，臣以甲乙次序分编，留心数年，始得成书。’复进《韩愈诗集注》十一卷，奏曰：‘此书悉照李汉所编，后以集外诗附焉。’上心甚悦，手加翻阅，命十三皇子将所进书一一留览”③。康熙三十九年(1700)庚辰秋八月，“移居大小雅堂，访朱检讨竹垞先生于小长芦，借得元人小集，复编辑《元诗二集》”④。至“四十一年壬午，《元百家诗二集》告成”⑤。沈德潜云：“秀野选元人诗集，搜罗殆遍，使百年文献不致沦没，皆其功也。”⑥郑方坤感叹言：“诗本天籁，人藉以道性情，是以历千百劫，光景常新。自明人倡谓唐以后无诗，欧、梅、苏、陆，概从芟薙，又何论乎大德、元贞以还，及玉山、铁厓诸君子哉！因锐意搜辑元人诗集，自元遗山而下汇为百家未已也。又广之为三百家，凡四集，合千二百卷，次第刊布。几于家有其书，石室礼堂，借钞翻阅。诸生都讲，给值酬庸，以至梨枣之资，装潢之费，计不下数万金。秀野固雄于赀，至是而耗散殆尽。然元人之真面目至是乃出，一代才士之英华，不至与陈根宿草同归澌灭，亦可谓功在百世也已。”⑦

顾嗣立藏书源于借抄“吴下藏书家”⑧之书，所抄内府秘本及南北游历访求所得之书。如康熙四十四年(1705)应诏入京于四朝诗馆选《宋金元明诗》时，所抄存内府秘本亦多，自云：“余留滞诗馆二年于兹矣，内府所藏以及四方购求秘本、四朝遗集不下万余卷。”⑨康熙五十九年(1720)庚子秋八月，顾氏再记云：“余自壬午，广搜博采，凡吴下藏书家靡有所遗。乙酉应诏入都，分编《四朝诗选》，因得尽窥内府秘本，

---

① (清)顾嗣立《闾丘先生自订年谱》“康熙三十年(1691)辛未”条，见张爱芳、贾贵荣选编：《清代民国藏书家年谱》，北京图书馆出版社2004年版，第284页。

② (清)顾嗣立《闾丘先生自订年谱》“康熙三十一年(1692)壬申”条，见张爱芳、贾贵荣选编：《清代民国藏书家年谱》，北京图书馆出版社2004年版，第284页。

③ (清)顾嗣立《闾丘先生自订年谱》“康熙三十八年(1699)己卯”条，见张爱芳、贾贵荣选编：《清代民国藏书家年谱》，北京图书馆出版社2004年版，第290页。

④ (清)顾嗣立《闾丘先生自订年谱》“康熙三十九年(1700)庚辰条”，见张爱芳、贾贵荣选编：《清代民国藏书家年谱》，北京图书馆出版社2004年版，第293页。

⑤ (清)顾嗣立《闾丘先生自订年谱》“康熙四十一年(1702)壬午条”，见张爱芳、贾贵荣选编：《清代民国藏书家年谱》，北京图书馆出版社2004年版，第293页。

⑥ (清)沈德潜编：《清诗别裁集》卷二十三，上海古籍出版社2013年版，第916页。

⑦ (清)郑方坤撰：《本朝名家诗钞小传》卷三《秀野草堂诗钞小传·顾嗣立》，见《丛书集成续编》第256册，(台湾)新文丰出版公司1988年版，第157页。

⑧ 参见罗鹭著：《〈元诗选〉与元诗文献研究》第二章《元诗别集流传考·顾嗣立所借江南藏书家元诗别集考》，巴蜀书社2014年版，第102—109页。

⑨ (清)顾嗣立《秀野草堂诗集》卷二十四《论宋元明诗三十首并序》，见《清代诗文集汇编》编纂委员会编：《清代诗文集汇编》214，上海古籍出版社2010年版，第178页。

钞存行箧。乙未假还，南溯潇湘，北登嵩、岱，访求遗佚，裒益滋多。倦游归，辄合二十年所得，重加诠次，得一百六十余家，其所传诗未满数首者，编入《癸集》，共计三千余人，欲悉付梓，而力有未逮，因以质诸海内焉。"①从顾氏文中，可知其藏书源于"吴下藏书家"所抄之书及南北游历访求所得之书。

（二）钱朝鼎

钱朝鼎（生卒年不详）　字禹九，号黍谷，常熟人，后居张家港凤凰镇。"少而补邑博士弟子员，以文见知"。"二十九岁中乙酉举人，逾年中丁亥吕宫榜进士，授刑部主事，奏当平充，为大司寇党崇雅所器重，秩满以正郎出为广东提学道，整饬学政，作兴人才，崇祀本省名宦，礼部居上考，晋二级升浙江按察司按察使"②，迁副都御史，丁父忧，补任鸿胪卿，升任大理寺少卿。著有《山满楼》等集，今未见，又著有《水坑石记》。《光绪常昭合志稿》卷二十五有其传。

钱朝鼎亦好藏书，"归田之后，筑室湖滨，读书种花，奉母课子"③。苏州图书馆藏《牧斋初学集》一百十卷，明崇祯十六年（1643）瞿式耜刻本。卷一钤有"钱朝鼎印""帚庵"二朱印，疑帚庵为钱朝鼎号。

（三）孙　鲁

孙　鲁（1620—1682）　"字孝若，号沂水，父朝肃梦鲁子而生。顺治壬辰进士，授衢州府推官"④，累升大同知府，以母老，乞终养。撰有《许闲堂诗选》七卷，已佚。

其父孙朝肃为前明藏书家，孙鲁承父志，多藏书，且多善本，《钱遵王读书敏求记校正》卷四中载《李商隐诗集》三卷原校云："后有丙戌三月太邱陈鸿手跋，云借孙孝若家北宋板本对正，皆三卷。"⑤孙朝肃藏北宋《李义山集》及宋刻本《六臣注文选》，后为孝若所递藏。吴伟业赞曰："孝若姿神吐纳，警速风流，好属文，工词翰，交天下贤豪长者，以名节气谊砥砺。……孝若博物君子，雅擅收藏，而于先世所遗，尤能护持手泽。"⑥

孙鲁亦好抄书，尝"手写内经积二百余卷"⑦，钞本有《大方广佛华严经》八十卷、

---

① （清）顾嗣立《闾丘先生自订年谱》"五十九年（1720）庚子条"，见张爱芳、贾贵荣选编：《清代民国藏书家年谱》，北京图书馆出版社2004年版，第316—317页。

② （清）高士鸃、杨振藻修，（清）钱陆灿等纂：《康熙常熟县志》卷十八《邑人·钱朝鼎传》，见《中国地方志集成·江苏府县志辑》（21），江苏古籍出版社1991年版，第447页。

③ （清）高士鸃、杨振藻修，（清）钱陆灿等纂：《康熙常熟县志》卷十八《邑人·钱朝鼎传》，见《中国地方志集成·江苏府县志辑》（21），江苏古籍出版社1991年版，第447页。

④ （清）高士鸃、杨振藻修，（清）钱陆灿等纂：《康熙常熟县志》卷十九《循吏·孙鲁》，见《中国地方志集成·江苏府县志辑》（21），江苏古籍出版社1991年版，第456页。

⑤ （清）钱曾撰，管庭芬、章钰校证：《钱遵王读书敏求记校证》卷四，中华书局1990年版，第202页。

⑥ （清）吴伟业著，李学颖集评标校：《吴梅村全集》卷五十九《补遗·孙母郭孺人寿序》，上海古籍出版社1990年版，第1162—1163页。

⑦ （清）高士鸃、杨振藻修，（清）钱陆灿等纂：《康熙常熟县志》卷十九《循吏·孙鲁》，见《中国地方志集成·江苏府县志辑》（21），江苏古籍出版社1991年版，第457页。

《人不思议解脱境界普贤行愿品》一卷。

(四)汪　琬

汪　琬(1624—1690)　“字苕文,别自号钝庵,长洲人。晚居尧峰之麓,学者称尧峰先生”①,私谥文清。幼孤力学,随其族舅徐汧②习制举业,陈廷敬云:“先生以孤童自奋读书,一目能五行俱下,尽三遍不忘。顺治十一年,经魁其乡,明年举进士。时进士观政于诸曹,先生以二甲得通政。”③“授户部主事,升员外郎,降西城兵马司分司大通桥榷龙江关税,以博学鸿词荐授编修,与修《明史》,在馆六十日,称疾归”④,遂不出。“为文章法律谨严,未第时,已岿然揽古文魁柄,自立标望,抗前行二排后劲。既通籍,与新城王士祯、睢阳汤斌、宛陵施闰章辈交相鏃厉,蕴酿深醇,久而益茂,根柢乎‘六经’,浸淫乎《史》《汉》,反复乎欧曾以下诸子,遂为文章楷模,四方贤士大夫为金石镂刻传叙之作、示后裔附不朽者,惟琬是归”⑤。时魏禧、侯方域并以古文擅名,与琬称三大家。汪琬“为文原本《六经》,疏畅类南宋诸家,叙事有法。公卿志状,皆争得琬文为重”⑥,辑“诗文为《类稿》六十二卷,先刊板置之尧峰皆山阁;归田后十年,为《续稿》三十卷,又取《明史·列传》稿、汪氏族谱及其父行略,为《别集》二十六卷刻之。后复取其惬意者,为《尧峰诗文钞》,嘱门人林佶缮之,惠周惕序之”⑦。生平事迹参见陈廷敬《翰林编修汪先生琬墓志铭》、计东《钝翁生圹志》、宋荦《汪钝翁本传》、李元度《国朝先正事略》卷三十七《文苑·汪尧峰先生事略》、《乾隆江南通志》卷一百六十五《人物志·文苑·汪琬传》。

汪琬“于书,无所不窥,而尤粹于《六经》,为文出入庐陵、震川间,而碑版之作尤工,海内翕然推之”⑧。《清史稿》称:汪琬“自奋于学,锐意为古文辞。于《易》《诗》《书》《春秋》《三礼》《丧服》咸有发明。性狷介。深叹古今文家好名寡实,鲜自重特

---

① (清)郑方坤撰:《本朝名家诗钞小传》卷二《尧峰诗钞小传·汪琬》,见《丛书集成续编》第256册,(台湾)新文丰出版公司1988年版,第112页。

② 按:徐汧,字九一,号勿斋,长洲人。崇祯元年(1628)戊辰科进士,累迁右谕德,以复社眉目名倾东南。

③ (清)陈廷敬《翰林编修汪先生琬墓志铭》,见(清)钱仪吉纂,靳斯标点:《碑传集》卷四十五《翰詹上之下·汪琬》,第4册,中华书局1993年版,第1262页。

④ (清)李光祚修,(清)顾诒禄纂:《乾隆长洲县志》卷二十五《人物四·汪琬》,见《中国地方志集成·江苏府县志辑》(13),江苏古籍出版社1991年版,第312页。

⑤ (清)李光祚修,(清)顾诒禄纂:《乾隆长洲县志》卷二十五《人物四·汪琬》,见《中国地方志集成·江苏府县志辑》(13),江苏古籍出版社1991年版,第312页。

⑥ 赵尔巽等撰:《清史稿》卷四百八十四《列传二百七十一·汪琬传》,第44册,中华书局1977年版,第13337页。

⑦ 王钟翰点校:《清史列传》卷七十《文苑传一·汪琬》,第18册,中华书局1987年版,第5732页。

⑧ (清)郑方坤撰:《本朝名家诗钞小传》卷二《尧峰诗钞小传·汪琬传》,见《丛书集成续编》第256册,(台湾)新文丰出版公司1988年版,第112页。

立,故务为经世有用之学”[①]。以疾假归,“研古纂辞”[②],“结庐尧峰山,闭户撰述,不交世事,学者称尧峰先生”[③],以藏书自娱。《乾隆长洲县志》称其:“解组居乡,筑圃丘南,每皋比谭经,篮舆载酒,人比之安昌靖节。吴中大夫竞以制举文相尚,自琬出而始知学古。”[④]有苕华书屋,在苏州阊门外陆宅巷,此处传为明正德间尚书陆完故居,清初汪琬归后建书屋于此。地不甚广,有老屋二十余间,庖湢略具。汪琬晚年,妻死友亡,颇感寂孤,唯以此园为守。其《苕华书屋记》中言:“及其还也,环顾耳目之前,井市半已改易,亲旧半已凋丧。故时所藏琴尊图籍,玩弄爱好之物,半已零落,不知所在。而予亦遂老矣,幸而有此一楹,以为读书歌咏之地,自分可以少休,顾犹驰驱奔走,役役而不止,不亦大可太息哉!然则予固困而思归矣,幅巾布袍,从容偃息于陵苕之下,必不久且远矣。故记之。”[⑤]汪琬又在苏州西南尧峰山麓胡巷村,筑别业名曰尧峰山庄,以“读书修行”[⑥],山庄内建有御书阁、锄云堂、梨花书屋、墨香廊、羡鱼池、瞻云阁、东轩、梅径、竹坞、菜畦等,并自撰《尧峰山庄记》记其事。宋荦称先生“既归,屏居尧峰麓,益读书著述,书夜手一编,咿唔如诸生时。自从游弟子外,即方面大吏躬造请,罕见其面,以是望逾起”[⑦]。陈廷敬称其:“自登仕籍,前后退而闲居者二十余年。虽其不合于流俗,亦先生泊然有以自乐于中也。自史职归也,日犹手一编书,穷年矻矻,若为诸生攻苦者。客问之,曰:‘吾老,犹冀有所得也。’四方贤士从游请业者日益众,为设科以诲之,使学者悠然以得,快然以解,如春风时雨也。”[⑧]“琬力学,于书无所不窥,而尤邃于《六经》。其为文,出入庐陵、震川间,务疏通经传,阐身心性命之旨,海内以文章大家推之,而碑版之文尤见重于世。”[⑨]通籍前,“岁时从塾中归,以门人脡脯所入购书读之,虽宗党有拥多赀自憙者,公不一顾

---

① 赵尔巽等撰:《清史稿》卷四百八十四《列传二百七十一·汪琬传》,第 44 册,中华书局 1977 年版,第 13336 页。

② (清)陈廷敬《翰林编修汪先生琬墓志铭》,见(清)钱仪吉纂,靳斯标点:《碑传集》卷四十五《翰詹上之下·汪琬》,第 4 册,中华书局 1993 年版,第 1262 页。

③ 赵尔巽等撰:《清史稿》卷四百八十四《列传二百七十一·汪琬传》,第 44 册,中华书局 1977 年版,第 13336 页。

④ (清)李光祚修,(清)顾诒禄纂:《乾隆长洲县志》卷二十五《人物四·汪琬》,见《中国地方志集成·江苏府县志辑》(13),江苏古籍出版社 1991 年版,第 312 页。

⑤ (清)汪琬《尧峰文稿》卷二十一《记二》,见(清)汪琬著,李圣华笺校:《汪琬全集笺校》之《钝翁前后类稿》卷三十三,人民文学出版社 2010 年版,第 696 页。

⑥ (清)汪琬《尧峰文稿》卷二十一《记二》,见(清)汪琬著,李圣华笺校:《汪琬全集笺校》之《钝翁前后类稿》卷三十三,人民文学出版社 2010 年版,第 697 页。

⑦ (清)宋荦《汪钝翁本传》,见(清)汪琬著,李圣华笺校:《汪琬全集笺校》附录一《碑传志铭》,第 5 册,人民文学出版社 2010 年版,第 2252 页。

⑧ (清)陈廷敬《翰林编修汪先生琬墓志铭》,见(清)钱仪吉纂,靳斯标点:《碑传集》卷四十五《翰詹上之下·汪琬》,第 4 册,中华书局 1993 年版,第 1264 页。

⑨ (清)宋荦《汪钝翁本传》,见(清)汪琬著,李圣华笺校:《汪琬全集笺校》附录一《碑传志铭》,第 5 册,人民文学出版社 2010 年版,第 2252 页。

也”①。通籍后,“凡职事之余,觞咏之次,无时不以古文自娱。而四方贤士大夫,苟知文之可贵,求为金石镂刻传叙之作以示后裔,附不朽者,惟先生是归”②。尝得御书,康熙二十三年(1684),“甲子冬,圣驾东巡至苏,吴门在籍诸臣……谕曰:‘汪琬久在翰苑,文名甚著。近又闻其居乡,不与闻外事,可嘉。特赐御书一轴。’”③宋版《古史》二函十六册,“小字本。汪琬家藏……有‘听秋斋’‘汪琬印’‘笔研精良人生一乐’‘苕文氏’‘玉遮’‘汪’‘琬’”④等印;宋版《常建诗集》二卷,“卷末刻临安府棚北大街睦亲坊南陈宅刊印即陈道人书坊也。钤有‘谦牧堂书画记’白文与朱文印,‘山庄’‘尧峰山庄’‘平阳季子珍赏图书记’”等藏印⑤。

(五)许　虬

许　虬(生卒年不详)　榜姓顾,后复姓许,字竹隐,昆山籍,长洲甫里人。清“顺治十五年进士。官思州府推官,升思南府同知,调绍兴府同知,终永州知府。撰《万山楼诗集》二十四卷”⑥。许虬弱冠好读书,即交当世名士。通籍后,工诗,多拟古之作。其制艺文稿,家弦户诵。其名与陆寿在、蒋植埒齐。晚年与汪琬、尤侗辈相善,著述见称文苑。沈德潜《清诗别裁集》卷五有其传。

许虬祖父许自昌,字玄佑,号霖环,又号去缘居士,别署梅花墅主人。“少读书即好渔猎传记、两汉四唐之业,筑仓而藏之,饮食其中,不屑为经生言”⑦。又“聚书连屋,雅好刻书,有家乐,善度曲”⑧,有梅花墅藏书万卷。刻有《太仆广记》等,著有传奇《水浒记》《桔浦记》《灵犀记》等数种,为明代著名的戏曲家。许虬父元溥,字孟宏,自号“千卷生”。与黄宗羲约有钞书社,黄宗羲《思旧录》云:孟宏,长洲人。“余与刘伯宗及孟宏约为钞书社。是时藏书之家,不至穷困,故无轻出其书者,间有宋集一二,则争得之矣。”⑨

许虬承其家风,亦好藏书,藏书之所为万山楼,撰《藏书旧庐序》。

---

① (清)计东《钝翁生圹志》,见(清)汪琬著,李圣华笺校:《汪琬全集笺校》附录一《碑传志铭》,第5册,人民文学出版社2010年版,第2250页。

② (清)陈廷敬《翰林编修汪钝翁墓志铭》,见(清)汪琬著,李圣华笺校:《汪琬全集笺校》附录一《碑传志铭》,第5册,人民文学出版社2010年版,第2247页。

③ (清)宋荦《汪钝翁本传》,见(清)汪琬著,李圣华笺校:《汪琬全集笺校》附录一《碑传志铭》,第5册,人民文学出版社2010年版,第2252页。

④ (清)彭元瑞等撰:《天禄琳琅书目后编》卷四,见《清人书目题跋丛刊十》,中华书局1995年版,第280页。

⑤ (清)彭元瑞等撰:《天禄琳琅书目后编》卷六,见《清人书目题跋丛刊十》,中华书局1995年版,第309页。

⑥ 邓之诚撰:《清诗纪事初编》卷三《甲编上·江南》,上海古籍出版社2013年版,第324页。

⑦ (明)董其昌《容台集·容台文集》卷之八《中书舍人许玄佑墓志铭》,见严文儒、尹军主编:《董其昌全集》第1册,上海书画出版社2013年版,第278页。

⑧ 江苏省地方志编纂委员会编:《江苏省志90·人物志》(一)《人物简介》,凤凰出版社2008年版,第299页。

⑨ 引(清)叶昌炽著,王欣夫补正,徐鹏辑:《藏书纪事诗》卷三,上海古籍出版社1989年版,第299—300页。

(六)状元徐元文

徐元文(1634—1691)　字公肃,号立斋,昆山人,居马鞍山北遂园。徐应聘①曾孙,开法子,乾学、秉义弟,顾炎武外甥。其兄弟“同胞三及第,前明三百年所未有也”,号称“昆山三徐”。昆山徐氏三昆仲皆以嗜书藏书而著称,亦诚为清初蟫林盛事。徐元文“年十四,为诸生。时吴中盛为文社,公偕两兄,家庭间讲闻切究,独倡为古学,泛滥于百家,而根柢六经,务于明理致用。特肆其馀,为举子家言,辄倾其侪,可为度程。顺治甲午,举于乡。己亥,成进士第一人”②。“授修撰。圣祖仁皇帝初御极,元文以名列江南逋赋籍中,降銮仪卫经历。乞假归里,辩释其事,得旨,复修撰。康熙八年,充陕西乡试正考官。寻迁秘书院侍读。九年,擢国子监祭酒,充经筵讲官”③。康熙称:“徐元文为祭酒,规条严肃,满洲子弟不率教者,辄加挞责,人人敬畏。后人不能及也。”④迁刑部尚书,调户部,康熙二十八年(1689)拜文华殿大学士兼翰林院掌院学士,寻充《政治典寻》《平定三逆方略》《大清一统志》总裁官。徐氏善书,“书法瘦硬入神,见者藏弆。所著书若干卷,奏疏若干卷,又《明史稿》及杂文若干卷”⑤。著有《含经堂集》《得树园诗集》。生平事迹参见《清史稿》卷二百五十《列传三十七·徐元文传》、李元度《国朝先正事略》卷六《名臣·徐立斋相国事略》。

徐元文父徐开任(1610—1694),字季重,昆山人。明诸生,好藏书,《涵芬楼烬余书录》集部明嘉靖刻本《万首唐人绝句》一百一卷,钤有“徐印开任”方印。徐元文受其父影响,虽身居高位,却寡嗜欲,一如其兄好学善藏。“在翰林无事,益刻厉问学,不专务为辞章,而穷探本原,晓畅故实,折衷裁削,度其不悖于古而于今宜者,俟时而措,优如也。尝命进《孚斋说》一篇,世祖读书所也,览而称善,为刻之,读者皆以为知要。”⑥平生“无他嗜好,独喜购书,皆自整比精好”⑦。宦业虽显,然居官清廉,囊无私贮,惟喜藏书而已,以故清名颇著。张玉书云:公“退食之暇,匡坐读书而已。积书万卷,皆手自校雠,卷帙率精好。与后进常若不及,与客议论古今,终日无狎言侮色,而

---

① 按:徐应聘(1554—1616),字伯衡,明昆山人。明嘉靖刑部主事徐申曾孙,徐申《明史》卷二百七有其传。应聘明万历十一年(1583)癸未科进士,选庶吉士,授检讨,在馆搜讨朝章典故。坐累家居十余年,后起行人司副,进尚宝丞,升光禄少卿,擢太仆少卿,卒于官。《明史》卷二百七及明张大复《皇明昆山人物传》卷十皆有其传。

② (清)韩菼《资政大夫文华殿大学士户部尚书掌翰林院事徐公行状》,见(清)钱仪吉纂,靳斯标点:《碑传集》卷十二《康熙朝宰辅中·徐元文》,第1册,中华书局1993年版,第301页。

③ 王钟翰点校:《清史列传》卷九《大臣画一传档正编六·徐元文》,第3册,中华书局1987年版,第644页。

④ 关庆祯编著:《数字百科知识大全》之《昆山三徐》,河北人民出版社2010年版,第322页。

⑤ (清)韩菼《资政大夫文华殿大学士户部尚书掌翰林院事徐公行状》,见(清)钱仪吉纂,靳斯标点:《碑传集》卷十二《康熙朝宰辅中·徐元文》,第1册,中华书局1993年版,第316页。

⑥ (清)韩菼《资政大夫文华殿大学士户部尚书掌翰林院事徐公行状》,见(清)钱仪吉纂,靳斯标点:《碑传集》卷十二《康熙朝宰辅中·徐元文》,第1册,中华书局1993年版,第301页。

⑦ (清)韩菼《资政大夫文华殿大学士户部尚书掌翰林院事徐公行状》,见(清)钱仪吉纂,靳斯标点:《碑传集》卷十二《康熙朝宰辅中·徐元文》,第1册,中华书局1993年版,第316页。

门无杂宾，晏如也。处尚书、中允伯仲间，虽极尽和爱之道，然恒以道义相规，故其兄弟皆通显。而海内之推重者，以其文章风节，不以其门阀之贵重也”①。罢归之时，“公辞朝谢恩。轻舟首涂过临清榷关者，何止之谓，相君归装，必有赢余，可构以罪，登舟大索，至酱瓿之属，无不发视，而公舟中衣服什器外，惟图书数千卷及光禄馔金三百而已，皆嚄啨叹好官不置”②。黄丕烈《荛识》卷五有其手小旧钞本《珩璜新论》一卷，黄氏跋云：“《珩璜新论》岂奇书，汲古珍藏至宝如。识是立斋相公笔。”③《铁琴铜剑楼藏书目录》卷十五著录旧钞本《大宋宝祐四年丙辰岁会天万年具注历》一卷，瞿氏跋云：“旧为昆山含经堂徐氏所藏。”④

藏书处为含经堂、得树园，有《含经堂藏书目》四卷四册，钞本。“依四库分部类，约五千种，有宋元本二百余种，钞本尤多。”⑤

（七）徐与乔

徐与乔（生卒年不详）　字扬贡，一字退山，昆山人。与岗从兄⑥。清顺治十四年（1657）中举，十八年成进士。“以奏销案诖误免官，不自辨。弃官后，杜门著述终其身”⑦。著有《周易定本》《五经读法》《易安斋文集》《山阳草堂文集》《诗集》《三苏辨体》等。

徐与乔与兄徐与岗“少从朱集璜游，肆力经史，每读一书，必参互考订，通以训诂，丝分缕析而后止”⑧。置书数千卷，闭门雠校，旁行侧注，朱黄烂然。

（八）状元缪彤与榜眼缪曰藻父子

缪　彤（1627—1697）　“字歌起，国维孙。父慧隆，以校友称。彤少异敏，早擅文誉。康熙丁未殿试第一，授修撰，升侍讲。父艰归，澹于宦情，遂不复出。家居二十年，杜门不与世事，惟率乡之后进讲学课文。尝立三畏书院，刊明儒曹月川《家规》、采虚斋《密箴》、刘念台《证人会约》以为标准，学者称双泉先生。巡抚汤斌内召，奏吴中荐绅以道义自持者，彤为首”⑨。缪彤工诗文，著有《双泉堂集》《胪传纪

① （清）张玉书《文华殿大学士户部尚书掌翰林院事徐公神道碑》，见（清）钱仪吉纂，靳斯标点：《碑传集》卷十二《康熙朝宰辅中·徐元文》，第1册，中华书局1993年版，第323页。

② （清）韩菼《资政大夫文华殿大学士户部尚书掌翰林院事徐公行状》，见（清）钱仪吉纂，靳斯标点：《碑传集》卷十二《康熙朝宰辅中·徐元文》，第1册，中华书局1993年版，第314页。

③ （清）黄丕烈著，潘祖荫辑，周少川点校：《士礼居藏书题跋记》卷四《子类》，书目文献出版社1989年版，第136页。

④ （清）瞿镛撰：《铁琴铜剑楼藏书目录》卷第十五《子部》，见《清人书目题跋丛刊三》，中华书局1990年版，第218页。

⑤ 郑伟章著：《文献家通考》卷二《徐元文》，中华书局1999年版，第89—90页。

⑥ 按：徐与岗，字子威，昆山人。《道光昆新两县志·徐与乔传》卷二十七载：“应时曾孙，开祎子。与乔从弟。诸生。置书数千卷，闭门雠校，旁行侧注。朱黄烂然。”

⑦ 郭秩全等主编：《昆山历代艺文志》卷一《古代部分》，江苏科学技术出版社2012年版，第207页。

⑧ 郭秩全等主编：《昆山历代艺文志》卷一《古代部分》，江苏科学技术出版社2012年版，第207页。

⑨ （清）李铭皖、谭钧培修，（清）冯桂芬纂：《同治苏州府志（三）》卷八十二《人物八·缪彤》，见《中国地方志集成·江苏府县志辑》（9），江苏古籍出版社1991年版，第185页。

事》。《国朝先正事略》卷三十八《文苑》有其传。

缪彤收藏书画、碑帖甚富，善鉴别。著名的《苏东坡行书答谢民师论文卷》即曾为其所有。

缪曰藻（1682—1761）　缪彤子。"字文子，晚年号南有居士。其先从常熟迁吴。曾祖国维，万历辛丑进士，官贵州参政，生慧隆。慧隆生彤，官翰林侍讲。"①"彤子。康熙乙未殿试第二，授编修，迁司经局洗马。视学粤东，以失察所属镌辞。高宗登极，诏复原官。以母老辞，遂不出。凡官禁近十八年，校京兆试者三，校礼部试者一，与纂修者三。为人苍颜秀眉。善鉴法书名画，力又足以致之，人望之若云林清闳。"②著有《文经要语》《寓意录》等。

缪曰藻所撰《寓意录》四卷，五万六千余字，在中国古代书画著录书籍中较为著名。前有缪曰藻雍正十一年（1733）自序，序云："余总角时，即喜书与画，先君子每手一卷赐予，予谨受之，退而悬诸壁，必摩挲不置。日就傅读书，夜必秉烛以观，不少倦。然尔时徒心好之，于书理画趣茫然未解也。迨年加长，好益笃，里中故多收藏家，过从无虚日，即未谋面，闻蓄某迹，必造访请观。或有难色，秘不轻示，必多方婉转以出之。虽一日数至，不惮烦也。后官京师，获与朝中士大夫游，有稔予好者，每至春秋佳日，幽窗棐几，茗椀炉香，则争出所藏以相娱乐，故自晋唐以迄胜国法书名画，数十年来蓄诸心，形诸梦寐，而以为希世难观者，时一遇焉。视曩所见，不啻倍蓰过之矣。于是钞其诗文，详其款识，积久成帙，名之曰《寓意录》。"③序中述及生平酷嗜书画及纂写此书之历程，并录其所藏所见之书画、碑帖，自唐以迄明代五十余家稀世名品，凡一百五十余种，其于流传、真伪，间有考证，是书画鉴定重要的参考书籍。《书城挹翠录》收录缪氏的另一部稿本《敬朱斋笔记》不分卷，此笔记记述其平时所见书画。《明清稀见史籍叙录》收录《寓意录》不分卷，稿本，清缪曰藻撰，徐渭修订，钤有"曰藻""文子""云生馆""安雅堂""友华""绍武""叙美""佛弟子"诸印。

（九）徐乾学父子三进士

徐乾学（1631—1694）　字原一，号健庵、碧山，学者称玉峰先生，又称东海公，居昆山马鞍山北的遂园。顺治十七年（1660）庚子科顺天乡试举人，"康熙九年一甲三名进士，授编修。十一年，充顺天乡试副考官"④，寻迁左春坊左赞善，充日讲起居注官，历明史总裁官、翰林院侍讲、侍讲学士、右赞善、吏部侍郎、詹事、内阁学士、左都

① （清）袁枚《吴门派十二世缪曰藻（族称文子公）墓志铭》，见缪幸龙主编：《江阴东兴缪氏家集·传记篇》卷一《传状》，上册，上海古籍出版社2014年版，第155—156页。

② （清）李铭皖、谭钧培修，（清）冯桂芬纂：《同治苏州府志（三）》卷八十二《人物八·缪曰藻》，见《中国地方志集成·江苏府县志辑》（9），江苏古籍出版社1991年版，第190页。

③ （清）缪曰藻《寓意录序》，见缪幸龙主编：《江阴东兴缪氏家集·艺文篇·内集》卷三《文》，上册，上海古籍出版社2014年版，第966—967页。

④ 王钟翰点校：《清史列传》卷十《大臣画一传档正编七·徐乾学》，第3册，中华书局1987年版，第678页。

御史,官至刑部尚书。先后奉命为《明史纂辑》《鉴古辑览》《古文渊鉴》等各馆总裁,大清会典馆、大清一统志馆副总裁。徐乾学学贯古今,尤精经史之学,“常言学问须有根柢,浮辞剿说,最足误人。故所为文章,源本经史,旁通诸子百家,开辟变化,肖物命义,敛其海涵地负、出神入天之惊才,而融液于章妥句适间。内外制诸作,典雅蕴藉,得王言之体;奏疏表启,忠爱之意蔼然也”①。辑《春秋尊王发微》十二卷及《遂园褉饮集》《石埭学博张汉章传》一卷等。“所著《读礼通考》一百二十卷、《文集》二十四卷、《外集》四卷,诗有《虞浦集》《词馆集》《碧山集》,共十卷。其奉命纂辑之书不与焉。又著《历代宗庙考》《舆地备考》《舆地纪要》诸书,未卒业。”②生平事迹参见李度元《国朝先正事略》卷九《徐尚书乾学》、《清史稿》卷二百七十一《列传五十八·徐乾学传》。

1.徐氏父子进士与传是楼藏书

徐乾学尤嗜读书,“每于退朝之暇,簪履满堂,先生口酬辨问,手缮简笺,耳受陈禀,兼施并给,曾不错误。宾退则书卷随身,辄亲铅椠,即饮阑寝倦,曾无休息之时”③。韩菼记述乾学收藏之富云:“公自少至老,书无日不与手目偕,一过不忘。”藏书甚富,“坐拥万余卷”④。“宋元经解之刻,实足津逮来贤,肇起熙朝朴学。其私家藏书,曰‘传是楼’。”⑤传是楼“藏书甲天下”⑥。徐釚称:“吾吴藏书之富,数十年来推海虞钱氏、泰兴季氏,近则吾玉峰司寇氏。海虞自绛云楼一炬,锦轴牙签都归劫火;泰兴殁后,编简亦多散亡。惟司寇传是楼所藏,插架盈箱,令观者相顾怡愕,如入群玉之府,为当今第一。”⑦清康熙二十五年(1868),康熙帝颁旨搜购民间珍本,徐乾学将传是楼所藏《大易集义》等十二种图书进呈,又在苏城筑憺园。其传是楼供庋藏图史及碑帖,“所藏书极富,圣祖诏求遗书,公疏进十有二部,温旨留览。今《传是楼书目》犹行世”⑧。徐乾学以进呈方式入宫中,其在《恭进经籍疏》中云:“谨将家藏善本有关六经诸史者,共十二种,或用缮写,或仍古本装潢成帙,仰尘乙夜之观。臣葵

---

① (清)韩菼《资政大夫经筵讲官刑部尚书徐公乾学行状》,见(清)钱仪吉纂,靳斯标点:《碑传集》卷二十《康熙朝部院大臣下之中·徐乾学》,第2册,中华书局1993年版,第690页。

② (清)韩菼《资政大夫经筵讲官刑部尚书徐公乾学行状》,见(清)钱仪吉纂,靳斯标点:《碑传集》卷二十《康熙朝部院大臣下之中·徐乾学》,第2册,中华书局1993年版,第691页。

③ (清)郑方坤撰:《本朝名家诗钞小传》卷一《澹园诗钞小传·徐乾学》,见《丛书集成续编》第256册,(台湾)新文丰出版公司1988年版,第105页。

④ (清)韩菼《资政大夫经筵讲官刑部尚书徐公乾学行状》,见(清)钱仪吉纂,靳斯标点:《碑传集》卷二十《康熙朝部院大臣下之中·徐乾学》,第2册,中华书局1993年版,第690页。

⑤ (清)陈康祺《郎潜纪闻初笔》卷四《昆山徐氏传是楼》,见(清)陈康祺撰,晋石点校:《郎潜纪闻初笔二笔三笔》,中华书局1984年版,第71页。

⑥ (清)叶昌炽著,王欣夫补正,徐鹏辑:《藏书纪事诗》卷四,上海古籍出版社1989年版,第390页。

⑦ (清)徐轨撰:《南州草堂集》卷二十《菊庄藏书目录自序》,见《清代诗文集汇编》编纂委员会编:《清代诗文集汇编》141,上海古籍出版社2010年版,第392页。

⑧ (清)李元度著,易孟醇点校:《国朝先正事略》卷九《名臣·徐健庵尚书事略》,岳麓书社1991年版,第260页。

藿微忱毫无补报，藉兹卷册冀以少赞，高深所有恭，进书籍具列于后……以上共计三十六套一百九十二册。”①所进呈唐宋元人典籍共十二种：宋朱震《汉上易传并图说》共十五卷，宋张浚《紫岩易传》九卷附《读易杂说》一卷、《通为》一卷，宋魏了翁《大易集义》六十四卷，宋曾穜《大易粹言》十卷，宋吕祖谦《东莱书说》十卷，元金履祥《尚书表注》十二卷，宋李樗、黄櫄《毛诗集解》三十六卷，宋赵鹏飞《春秋经筌》十六卷，宋王与之《周礼订义》八十卷，宋蔡节《论语集说》十卷，宋李焘《续资治通鉴长编》一百六十八卷，《唐开元礼》一百五十卷等。徐乾学所献之书，皆为精善之珍本，可见徐氏藏书之富，足供人备览。尝自言：“江南藏书家有金陵焦氏、虞山钱氏、四明范氏。钱氏绛云半野之藏甚富，惜厄于火。漪园先生之后，所藏亦多散佚。惟范氏天一阁尚存。予亦有聚书之癖，半生所得，庋之一楼，曰传是楼。然较之诸家所藏，多有目无书，殊足撼也。”②

徐乾学撰有《传是楼书目》行世，其藏书管理甚为考究，常在公事之余，整理其所藏。《传是楼书目》又有不分卷本、四卷本、八卷本、十卷本，记载其藏书以千字文编号，凡五十六橱，每橱分四格，著录藏书约七千种，可谓富矣。又有《传是楼宋元版书目》一卷，著录宋元版书 429 部。

藏书印有乾学、徐健庵、昆山徐氏家藏、乾学之印、健庵、憺园、健庵真赏、东海徐氏、御史之章、昆山徐乾学健庵藏书、黄金满籯不如一经、传是楼、健庵收藏图书、清白之遗、徐氏珍玩、传是楼印等。

此外，亦喜收碑帖与刻书，礼部尚书兼翰林院掌院学士康熙癸丑状元韩菼及清著名学者李元度皆记其事，韩菼云：“尝与姜孝廉宸英同观古碑，碑甚高，公令人扶掖升高横阅之，已，又横阅其中间，复俯而横阅其下，遂能尽举其辞。孝廉大惊，以为绝才无对也。然公自常若不足，益喜读未见书，坐拥万余卷，‘传是楼’中，晨夕雠比，学益博以精。其于经学，凡唐、宋以来先儒经解，世所不常见者，靡不搜览参考，雕版行世。”③徐氏《新刊经解序》曰：“因悉予兄弟家所藏本覆加校刊，更假曹秋岳、无锡秦对岩、常熟钱遵王、毛斧季、温陵黄俞邰及秀水朱竹垞家藏旧版书，若钞本厘敦是正。总若干种，谋雕版行世。门人纳兰容若尤怂恿史举，捐金倡始，次第开雕。经始于康熙癸丑逾二年讫工，藉以表章先哲，嘉惠来学。”④徐氏藏书部分由次子徐炯、幼子徐骏所递藏。

---

① （清）徐乾学《憺园文集》卷十《恭进经籍疏》，见《清代诗文集汇编》编纂委员会编：《清代诗文集汇编》124，上海古籍出版社 2010 年版，第 381 页。

② （清）徐乾学《憺园文集》卷三十四《叶石君传》，见《清代诗文集汇编》编纂委员会编：《清代诗文集汇编》124，上海古籍出版社 2010 年版，第 702 页。

③ （清）韩菼《资政大夫经筵讲官刑部尚书徐公乾学行状》，见（清）钱仪吉纂，靳斯标点：《碑传集》卷二十《康熙朝部院大臣下之中·徐乾学》，第 2 册，中华书局 1993 年版，第 690 页。

④ （清）徐乾学《憺园文集》卷二十一《新刊经解序》，见《清代诗文集汇编》编纂委员会编：《清代诗文集汇编》124，上海古籍出版社 2010 年版，第 533 页。

徐　炯(约1661—1731)　徐乾学次子,树谷[1]弟,骏兄。字章仲,号闇斋,又号自强、花溪,昆山人,居马鞍山北遂园。清康熙壬戌科会魁[2],授行人司行人,曾典试福建,历仕工部主事、贵州司员外郎、刑部郎中、直隶巡道。丁父忧,服阕,出为山东提学佥事,累官至直隶巡道,寻罢归,卜居苏州之花溪,筑春晖堂,奉母居之。著有《李义山文集笺注》《使滇记》《使闽记》《诗稿》《五代史注》《花溪纪闻》等,又《补五代史记艺文记》三卷,著录一百六十六种,各书下凡有足资考证者皆备录,并注明出处,此种体例在乾嘉以后的各个补志中,常被采用。

徐炯承其父传是楼藏书,亦好藏书,朱彝尊《淳熙三山志跋》云:"闽中多藏书家,康熙壬子过福州,访梁丞相《三山志》,无有也。后三十年睹武进庄氏书书目有之,借观不得。又六年而昆山徐学使章仲以白金一镒购之,予遂假归录焉。"[3]藏有宋刊宋印本《肇论中吴集解》三卷,"序首有'传是楼''徐仲子''臣炯''宋本',序末有'壬戌',卷上首叶有'东海别号自强''拜经楼吴氏藏书',末页有'徐章仲所读书',卷中首叶有'徐炯章仲',末页有'徐炯收藏书画',卷下首叶有'二澞书屋',末页有'徐炯珍藏秘籍',《集解》题辞后有'章仲徐炯之印''徐氏章仲'诸印"[4]。《经籍跋文》著录翻宋相台岳氏刻本《孝经》一卷,"此宋刻本向藏昆山徐氏,前有传是楼及徐炯珍藏秘籍二印。后有徐仲子及彭城仲子审定二印。今本为桐乡金氏翔和书塾精摹翻刻"[5]。《荛圃藏书题识》有其所藏明刻毛晋手校本《王建诗集》八卷,由唐寅、徐乾学、徐炯递藏,毛校底本系明监察史河中刘成德刻本,后为黄丕烈所得。黄氏跋云:是书"幸得子晋手校,加以题跋,且屡经名家收藏。其所知者,'南京解元六如居士',为吾吴唐伯虎图章,'玉峰徐炯',即传是楼后人,曾住我郡齐门内花溪,竹垞《播芳文粹》云:丙戌(康熙四十五年,1706)三月,留徐学使章仲花溪别业,观宋椠本。即其人也"[6]。《持静斋书目》有旧钞本《泰西人身说概》二卷,"卷首有徐炯珍藏秘籍、南阳学子徐子晋诸印"[7]。日本静嘉堂文库藏本《白氏六帖事类集》,为白居易原著与晁仲衍所作《注》的合刊本,系北宋仁宗年间(1023—1063)刊本,是书全一百卷,此本今存一至三十八卷,凡三十八卷。卷中有"宋本""东海""传是楼""徐仲子""别号自强""章仲""徐氏章仲""壬戌""臣炯""花溪""徐章仲所读书""徐炯珍

---

① 按:徐树谷,字艺初。清昆山人。乾学长子。康熙二十四年(1685)乙丑科进士,官山东道监察御史。尝疏请修国史,条陈便宜事,皆见施行。三十二年,以乡官在里受赃,议绞,帝不欲穷治,改处赎罪。

② 徐秋明著:《昆山历代登科录·进士传略》,江苏科学技术出版社2012年版,第70页。

③ 黄镇伟著:《中国圣贤论读书明志》之《淳熙三山志跋》,云南人民出版社1997年版,第268—267页。

④ 王国维编:《大云书库藏书目》,见罗振玉撰述,萧文立编校:《雪堂类稿》之《戊长物簿录》戊之四《藏书目录题识》,辽宁教育出版社2003年版,第1015页。

⑤ (清)陈鳣著:《经籍跋文》之《宋本孝经注跋》,中华书局1985年版,第25页。

⑥ (清)黄丕烈著,屠友祥校注:《荛圃藏书题识》卷七《王建诗集》,上海远东出版社1999年版,第543页。

⑦ (清)丁日昌撰,路子强、王雅新标点:《持静斋书目》卷三《子部》,上海古籍出版社2008年版,第276页。

藏秘籍”诸印①。《艺风藏书记》卷一《孝经》一卷，“影钞相台岳氏刻本。摹写极精。昆山徐氏藏书。收藏有‘传是楼’朱文长印、‘徐炯珍藏秘籍’朱文长方印、‘彭城中子审定’朱文长印、‘徐仲子’朱文长印、‘御赐’”诸印②。

藏书处仍为传是楼，藏书印有传是楼、彭城仲子审定、徐仲子、御赐、忠孝堂、徐炯收藏秘籍、徐炯收藏书画、徐章仲所读书、徐仲子别号自强、玉峰徐炯等。

徐炯又喜刻书，康熙四十七年（1708）徐氏花溪堂刻徐树谷、徐炯注《李义山文集笺注》十卷。

徐　骏（？—约1723）　徐乾学幼子。字观清，号坚蕉，昆山人，居马鞍山北遂园。清康熙癸巳恩科进士③，选庶吉士，二旬而归。后坐法死。据《清代文瀫纪略》载：“庶吉士徐骏，字冠卿，是司寇徐健庵的幼子，少年聪慧，狂放不羁，捷南宫后，以庶吉士入词馆，有一次上书言事，偶然把陛下的陛字误写为犴狴的狴字，清世宗恨他的粗心，立予斥革，放归乡里，后来检查他的诗集有‘清风不识字，何得乱翻书’。”④后被处死。徐骏天才隽逸，诗承家学，著有《石帆轩初集》十一卷《续集》二卷、《坚蕉续稿》不分卷（钞本）。生平事迹参见邓之诚《清诗纪事初编》卷三甲编上江南《徐骏传》。

徐骏承其父传是楼藏书外，还有清景山楼、五塘别墅。徐骏好读书，今多见其所撰藏书题跋。黄丕烈有其校本《五代史补》，黄氏跋云：“甲戌冬孟，以旧钞本校，每叶十八行，每行二十二字，末有徐骏跋，系手迹，谓之徐本云。老荛。”⑤旧藏明写本《优古堂诗话》一卷，傅增湘题识云：“录此书已经三百年矣，钞本之难得者。康熙丁酉立夏日，清景山楼披阅一过。先君所藏书，恨牵于物欲，不能尽读之。徐骏。”⑥

徐乾学藏书楼“传是楼”，“贮书若干万卷”⑦，名闻海内。《昆新两县续修合志》载：“尚书第在半山桥西，有冠山堂、传是楼，楼中藏书万卷，后有园，名憺园。中有怡颜堂、看云亭诸胜。其左有青林堂。”⑧徐珂云：“昆山徐健庵尚书乾学筑楼于所居之

---

① 严绍璗著：《日本藏汉籍珍本追踪纪实——严绍璗海外访书志》之八《在静嘉堂文库访“国宝”》，上海古籍出版社2005年版，第247页。

② （清）缪荃孙著，黄明、杨同甫标点：《艺风藏书记》卷一，上海古籍出版社2007年版，第13页。

③ 徐秋明著：《昆山历代登科录·进士传略》，江苏科学技术出版社2012年版，第70页。

④ 沈云龙主编：《近代中国史料丛刊》第64辑《清代文瀫纪略》第三章《雍正八案》之七《徐骏诗句案》，台文海出版社1973年版，第70页。

⑤ （清）黄丕烈著，屠友祥校注：《荛圃藏书题识》卷二《五代史补》，上海远东出版社1999年版，第107页。

⑥ 傅增湘撰：《藏园群书经眼录》卷十九《集部八》，中华书局1983年版，第1575页。

⑦ （清）汪琬《尧峰文稿》卷十《记·传是楼记》，见（清）汪琬著，李圣华笺校：《汪琬全集笺校》之《钝翁续集》卷十八，人民文学出版社2010年版，第1488页。

⑧ （清）李福沂、汪堃等纂修：《光绪昆新两县续修合志》卷十三《第宅园亭二》，见《中国地方志集成·江苏府县志辑》（16），江苏古籍出版社1991年版，第221页。

后，凡七楹，斫木为橱，贮书若干万卷，部居类汇，各以其次，素缥缃帙，启钥烂然。”①是时许多著名学者前往访书，黄宗羲、汪琬、邵长蘅、彭士望均尝为文记之，万斯同又有《传是楼藏书歌》长诗咏之。黄宗羲《传是楼藏书记》记述传是楼藏书过程：“健庵先生乎。丧乱之后，藏书之家，多不能守。异日之尘封未触，数百年之沉于瑶台牛箧者。一时俱出，于是南北大家之藏书，尽归先生。先生之门生故吏遍于天下，随其所至，莫不网罗坠简，搜抉缇帙。而先生为之海若，作楼藏之，名曰‘传是’。昔人称藏书之盛者，谓与天府相埒，则无以加矣。明室旧书，尽于贼焰。新朝开创，天府之藏未备。朝章典故，制度文为，历代因革，皆于先生乎取之。是先生之藏书，非但藏于家也。”②又云：“先生主持文运，当必有以处此，人将指此楼也，与白鹿争高矣。”③

邵长蘅《传是楼记》云：“大司寇徐公健庵先生，名其藏书之楼曰‘传是’，吴门汪钝翁、甬东黄梨洲皆为之记。钝翁之言曰，先生召诸子登楼而诏之曰，吾先世故清白起家，吾无美田宅园池台榭金玉玩好之物以传后。所传者惟是耳矣，遂名其楼，曰‘传是’。而梨洲则以谓‘世之藏书者未必能读，读者未必能文章，而先生兼是三者而有之，非近代藏书家所及。”④又云徐“公家居构传是楼，贮书数万卷，视其乡前辈藏书家太仓、虞山，殆为过之”⑤。

彭士望在《传是楼藏书记》中介绍了徐氏传是楼之规模：“兹庚申暮春，予因顾子景范、陆子拒石，乃得登昆山徐公健庵先生之传是楼。楼十楹，跨地亩许，特远人境，无附丽，启后牖，几席与玉峰相接。烟云、卉木、奇石、桑麻、阡陌、宫观、亭沼、园林之属，皆来献伎。中置庋阁七十有二，高广径丈有五尺，以藏古今之书，装潢精好，次第胪序，其为之亦既勤且笃矣。首经史，以宋板者正位南面；次有《明实录》《奏议》，多钞本；又次诸子百家、二氏方术、稗官野乘齐谐，虽极幽秘，人世所未尝有者，靡不具备。曲直纵横，部勒充四阿，各有标目，如拥百城，如控驭数十万士卒，整肃嵯峨，珠联璧合，罔或失次，洵寓内之大观也。”⑥又云“公既为家督尤嗜书，贪多务得，细大不捐，几欲备一代之文献”⑦。

---

① （清）徐珂编撰：《清稗类钞·鉴赏类·徐健庵藏书于传是楼》，第9册，中华书局2010年版，第4221页。

② （清）黄宗羲撰：《传是楼藏书记》，见陈乃乾编：《黄梨洲文集》之《记类》，中华书局1959年版，第403页。

③ （清）黄宗羲撰：《传是楼藏书记》，见陈乃乾编：《黄梨洲文集》之《记类》，中华书局1959年版，第404页。

④ （清）邵长蘅撰：《青门剩稿》卷五《传是楼记》，见《清代诗文集汇编》编纂委员会编：《清代诗文集汇编》145，上海古籍出版社2010年版，第482页。

⑤ （清）邵长蘅撰：《青门剩稿》卷四《憺园文集序》序，见《清代诗文集汇编》编纂委员会编：《清代诗文集汇编》145，上海古籍出版社2010年版，第472页。

⑥ （清）彭士望撰：《耻躬堂文钞》卷八《传是楼藏书记》，见《清代诗文集汇编》编纂委员会编：《清代诗文集汇编》32，上海古籍出版社2010年版，第141页。

⑦ （清）彭士望撰：《耻躬堂文钞》卷八《传是楼藏书记》，见《清代诗文集汇编》编纂委员会编：《清代诗文集汇编》32，上海古籍出版社2010年版，第142页。

万斯同《传是楼藏书歌》赞云：

东海先生性爱书，胸中已贮万卷余。更向人间搜遗籍，直穷四库盈其庐。
先生珍奇百不好，闻书即欲探其奥。故此网罗遍东南，犹复采访穷远道。
楼高百尺势矗天，两楼并峙如比肩。左右以书为垣壁，中留方丈容人旋。
光华入夜烛天汉，斗府东壁在户牖。嫏嬛秘藏不足奇，鸡林贾人都惊走。
即今海内藏书家，残编散落如春花。钱氏绛云归一炬，祁国缃帙亦堪嗟。
但闻白下黄氏室，亦有吾乡范氏楼。两家卷帙盈数万，高视亦足霸一州。
此皆小邦自倔强，中原初未当强侯。若将此楼相絜量，何异八百归西周。
玉峰当代盛人物，君家昆弟真英杰。论才宇内原无双，积书囊中亦第一。
忆昔汉代有曹曾，石仓置书何峥嵘。邺侯之架唐世羡，牙签万轴亦足称。
放翁嗜书有书巢，作文自记意颇骄。遥遥今古千百载，仅此数者擅名高。
先生后起书亦富，彼哉自欲呼儿曹。只此风流当世绝，眼前何人堪并豪。
昨年招我置其下，亦欲啜醨还铺糟。恍如上林看春卉，目不给视徒郁陶。
奇篇异本多未见，到此翻令人意乱。宝山身入还空回，至今追想足流汗。
何日重来此室居，拓我心胸启我愚。欧九不学虽自愧，犹愿其中作蠹鱼①。

从万氏赞歌中，可见徐氏传是楼在清代藏书界的地位之高及规模之大。

2.徐氏传是楼藏书来源

徐乾学尤喜藏书，弱冠即嗜学收书，其《寄曹秋岳先生》诗云：“嗟予才绾发，屈首事诵习。博赡服茂先，弇陋愧难及。发愤购遗书，搜罗探秘籍。从人借钞写，甋甋日不给。侧闻曹氏仓，积书如堵立。装以绀琉璃，重以锦绣袭。漆文既发鲁，残竹或穿汲，昔称三十乘，较书惭搜葺。纲予保残缺，尝苦心力涩。愿言解缨组，藤策自负执，一窥未见书，为解饥渴急。”②可见徐氏嗜书尤深，亦道出其藏书早年主要来自搜购与借抄。

徐乾学所处正是明清易代之际，诸多私家藏书散佚于战乱之中，或因家庭经济窘迫而出卖先人之藏书。嗜书如命的徐乾学乘此良机，勤搜密访。明代秀水项笃寿家族、苏州文徵明家族、唐寅及江宁王献臣等藏书名家所藏之书，散佚于明清易代之际，徐乾学在此时期，闻有珍本异书即大量购藏。王士祯云：“《长短经》十卷，总六十三篇，唐梓州郪县草莽臣赵蕤撰。其文亦《申鉴》《论衡》之流。……此书流传绝

① （清）万斯同撰：《石园文集》卷一《传是楼藏书歌》，见《清代诗文集汇编》编纂委员会编：《清代诗文集汇编》161，上海古籍出版社2010年版，第467—468页。

② （清）徐乾学《憺园文集》卷七《寄曹秋岳先生二首》，见《清代诗文集汇编》编纂委员会编：《清代诗文集汇编》124，上海古籍出版社2010年版，第351页。

少，徐健庵过任城得之市中者，宋刻也。”[①]又云：“昔在京师，士人有数谒予而不获一见者。以告昆山徐尚书健庵，徐曰：此易耳，但值每月三五于慈仁寺书摊候之，必相见矣。如其言，果然。”[②]《朱庆诗集》一卷，黄氏云：“末有临安府睦亲坊陈宅经籍铺印，墨书一行，所云书棚本者也。旧为文氏藏本，故有玉兰堂诸印，徐健庵、季振宜亦藏之。惟张隽[③]之印、一字文通二图记，余未知其人。”[④]宋庆元刊本《陆士龙文集》十卷，藏印有“玉兰堂”“梅溪精舍”“辛夷馆”“翠竹斋”“五峰樵客”“项印元汴”“天籁阁”“季振宜字诜兮号沧苇”“振宜之印”“沧苇”“徐健庵”“乾学”“朱学勤印”“修伯读过”“结一庐藏书印”等[⑤]；宋刻本《参寥子诗集》十二卷，“向为季振宜藏书，徐健庵右图记，则又传是楼中物也”[⑥]。宋本《文粹》，“得于缪宜亭进士家，通体完善”，序文后有“宋本”“玉兰堂”“季振宜”“沧苇”“乾学”“徐健庵”诸印[⑦]；宋刊残本《周礼注》六卷，“旧藏泰兴季氏、昆山徐氏，卷首有‘季印振宜’‘沧苇’‘季振宜读书’‘徐健庵’”诸朱记[⑧]；宋刊本《押韵释疑》五卷，“旧为传是楼藏书，卷首有‘西云蔡昭宗文印章’‘王献臣藏书印’‘王氏敬之’‘乾学徐健庵’”诸朱记[⑨]；宋刊本《朱庆馀诗集》一卷，“此南宋书棚本，卷末有临安府睦亲坊陈宅经籍铺印一行。……末有泰兴季振宜沧苇氏珍藏一行，当是侍御手书，卷首有‘张隽之字文通’‘季振宜藏书’‘乾学徐健庵’诸朱记，末又有‘玉兰堂’‘铁研斋’‘梅溪精舍’‘辛夷馆印’‘扬州季氏御史振宜之印’”诸朱记[⑩]；宋刊本《书古文训》十六卷，焦竑、徐乾学递藏，翁方纲记云：“宋永嘉薛季宣士龙撰，纯以古字写之。何焯曰：‘焦氏家藏宋本，今归东海。’”[⑪]

---

① （清）王士禛《居易录》卷十四《长短经》，见王绍曾、杜泽逊编：《渔洋读书记·子部》，青岛出版社1991年版，第114页。

② （清）王士禛著，赵伯陶点校：《古夫于亭杂录》卷三《慈仁寺书摊》，中华书局1988年版，第68页。

③ 按：张隽（约1593—1633），字非仲，又字文通，号西庐，吴江人。明末诸生，曾助庄廷鑨修《明史》，《明史》案发后，张隽投水自尽。著有《三部略》《易序测义》《西庐诗草》《古今经传序略》等。（清）黄丕烈《百宋一廛书录》，见《续修四库全书》编纂委员会、复旦大学图书馆古籍部编：《续修四库全书》第923册，上海古籍出版社2003年版，第694。

④ （清）黄丕烈《百宋一廛书录》，见《续修四库全书》编纂委员会、复旦大学图书馆古籍部编：《续修四库全书》第923册，上海古籍出版社2003年版，第692页。

⑤ 张元济、潘宗周撰：《宝礼堂宋本书录》之集部《陆士龙文集》，见张元济著：《张元济全集》第8卷《古籍研究著作》，商务印书馆2009年版，第103页。

⑥ （清）黄丕烈《百宋一廛书录》，见《续修四库全书》编纂委员会、复旦大学图书馆古籍部编：《续修四库全书》第923册，上海古籍出版社2003年版，第693页。

⑦ （清）黄丕烈《百宋一廛书录》，见《续修四库全书》编纂委员会、复旦大学图书馆古籍部编：《续修四库全书》第923册，上海古籍出版社2003年版，第694。

⑧ （清）瞿镛撰：《铁琴铜剑楼藏书目录》卷第四《经部四》，见《清人书目题跋丛刊三》，中华书局1990年版，第54页。

⑨ （清）瞿镛撰：《铁琴铜剑楼藏书目录》卷第七《经部七》，见《清人书目题跋丛刊三》，中华书局1990年版，第114页。

⑩ （清）瞿镛撰：《铁琴铜剑楼藏书目录》卷第十九《集部一》，见《清人书目题跋丛刊三》，中华书局1990年版，第290页。

⑪ （清）翁方纲：《通志堂经解目录》，中华书局1985年版，第5页。

徐氏出宦四方，更是大肆购藏，朱彝尊云："中麓撰述，潦倒粗疏。然最为好事，藏书之富，甲于齐东。诗所云'岂但三车富，还过万卷余'，又云'借抄先馆阁，博览及瞿昙'是也。先时边尚书毕泉，刘太常西桥，亦好收书，边家失火，刘氏散佚无遗，独中麓所储，百年无恙。近徐尚书原一购得其半，予尝借观，爰签帙必精。研朱点勘，北方学者，能得斯趣，殆无多人也。"[①]王士祯《山谷精华录跋语》记云："予与李中麓太常为乡里后进，曾购其藏书目录，累年不可得。仅于京师慈仁寺市得小册《西汉文鉴》一种，朱印宛然。后数年，闻其书尽捆载昆山徐司寇矣。康熙戊寅，司寇次子章仲为工部郎中，以宋椠本《山谷精华录》八卷见贻，即中麓印记在焉，与《文鉴》无异。此书藏济南李氏二百年而归于江南，又十余年而后归济南，似亦有焉。因感而志之。"[②]"中麓"即李开先（1502—1568），字伯华，号中麓子、中麓山人及中麓放客，山东章丘绿原村（今埠村街道东鹅庄）人。嘉靖八年（1529）己丑科进士，历官户部主事、吏部考功主事、员外郎、郎中，后升提督四夷馆太常寺少卿。与王慎中、唐顺之、赵时春等并称八才子。王士祯云："李中麓氏藏书百六十年未散，近始归昆山徐宫赞健庵乾学。后闻其书尽捆载昆山徐司寇矣。"[③]可见徐氏购藏部分来自藏书大家李中麓百年所储。常熟毛氏汲古阁，"既开藏书家刻书之风，更不惜重资，网罗宋椠元刊，其有藏诸他处，为毛氏不能得者，则选善手墨者抄之，今日毛氏'影宋钞'犹为海内所艳称。当时毛氏藏书，固闻一时也。康熙五、六年间，毛氏之书，亦多散出，季沧苇、徐健庵得之最多"[④]。宋版《春秋左氏音义》五卷后附宋闻人模《经传识异》，"琴川毛氏、昆山徐氏两家藏本，有印记。'毛晋之印'朱文，'汲古主人''毛氏子晋'朱文，'昆山徐乾学健庵藏书'白文"[⑤]等印记；宋刊本《冲虚至德真经》八卷，卷首有"玉兰堂""辛夷馆""竹坞""王印履吉""古吴王氏""毛晋""季印振宜""沧苇""乾学徐健庵""百宋一廛"诸朱记[⑥]；金平水刻本《栖霞长春子丘神仙磻溪集》三卷，"有'毛子晋''汲古主人''乾学''健庵''东武刘喜海燕庭所藏'"等印[⑦]；宋刊本《周易》十卷，前后有"玉兰堂藏书记""元宰文震孟印""叔介伯符""关氏收藏图书印""约斋子晋""汲古阁主人""海虞毛晋""子晋图书记""乾学徐健庵"诸朱记，可见是书由文氏、毛氏及徐氏递藏[⑧]。潘景郑亦云，余廿年前所得晒印钞本《怡府书目》一

---

① （清）朱彝尊著，姚祖恩编，黄君坦校点：《静志居诗话》卷十二，人民文学出版社2006年版，第332页。

② （清）王士祯撰，陈乃乾校辑：《重辑渔洋书跋》，中华书局1958年版，第48页。

③ （清）王士祯：《池北偶谈》卷十七《谈艺七·蜀鉴》，中华书局1982年版，第395页。

④ 刘阶平《杨氏海源阁藏书概略与劫后之保存》，见曹景英、马明琴主编：《海源阁研究资料》，山东友谊出版社1990年版，第84页。

⑤ （清）于敏中等撰：《天禄琳琅书目》卷一，见《清人书目题跋丛刊十》，中华书局1995年版，第16页。

⑥ （清）瞿镛撰：《铁琴铜剑楼藏书目录》卷第十八《子部六》，见《清人书目题跋丛刊三》，中华书局1990年版，第265页。

⑦ 王文进撰，柳向春标点：《文禄堂访书记》卷第三，上海古籍出版社2007年版，第238页。

⑧ （清）瞿镛撰：《铁琴铜剑楼藏书目录》卷第一《经部一》，见《清人书目题跋丛刊三》，中华书局1990年版，第7页。

册，目中著录，多宋元秘籍。有陆心源跋《宋椠婺州九经》云：“怡贤亲王为圣祖之子，其藏书之所乐善堂，大楼九楹，积书皆满。绛云未火以前，其宋元精本大半为毛子晋、钱遵王所得，毛、钱两家散出，半归徐健庵、季沧苇；徐、季之书由何义门介绍，归于怡府。”①康熙十三年(1674)，季振宜殁，其藏书大部旋即散佚，多数归徐乾学所得。如宋刻宋印《北山小集》四十卷，由钱氏绛云楼、泰兴季沧苇、传是楼主徐健庵递藏，后归黄丕烈②。《五臣注扬子法言》十卷，校宋本，“绛云楼旧藏李注扬子法言……后转入泰兴季氏，又归传是楼”③。北宋本《孟东野诗集》十卷，有“季沧苇图书记”“季振宜印”“沧苇”“徐健庵乾学”诸印；宋本《元丰类稿》五十卷《续附》一卷，有“徐健庵”“乾学”“季振宜号沧苇”诸印④；宋本《春秋经传集解》三十卷，有“藏印‘季振宜印’‘沧苇’‘御史之章’‘季振宜读书’‘乾学’‘徐健庵’”等⑤；宋本《春秋公羊经传解诂》十二卷，有“藏印‘季振宜印’‘季振宜读书’‘沧苇’‘乾学’‘徐健庵’”等⑥。

其次，门生故吏、亲朋好友馈赠之书亦多。作为当朝名臣，徐乾学“倾心以延后进，东南文学之士，思自见者，莫不依倚之以取功名，为众所奉，号为党魁”⑦。韩菼云：“公故负海内望，而勤于造进，笃于人物，一时庶几之流，奔走辐辏如不及，山林遗逸之老，亦不惜几两屐远千里乐从公，公迎致馆餐而厚资之，俾至如归，访问故实，商榷僻书，以广见闻。后进之才隽者，延誉荐引无虚日，即片言细行之善，亦叹赏不去口。荜门寒畯，或穷困来投，揪然同其忧，辄竭所有资助，不足更继之，即质贷亦不倦。以故京师邸第，客至恒满不能容，多僦别院以居之，登公之门者甚众。当在馆教习时，惟含华佩宝，讲让知耻，谆谆灌灌，以是多成材。……当公盛时，四海奉公以为主盟。”⑧“先生之门生故吏遍于天下”，为感谢恩师或谢蒙恩，又深知徐氏尤嗜古籍，其门生故友为其访求秘籍，不惜千里，“随其所至，莫不网罗坠简。搜抉缇帙，而先生为之海若”⑨。黄宗羲撰：《天一阁藏书记》言：“天一阁书，范司马所藏也。……癸丑

---

① 潘景郑著：《著砚楼读书记·怡府书目》，辽宁教育出版社2002年版，第227页。

② (清)黄丕烈《百宋一廛书录》，见《续修四库全书》编纂委员会、复旦大学图书馆古籍部编：《续修四库全书》第923册，上海古籍出版社2003年版，第690页。

③ 瞿良士辑：《铁琴铜剑楼藏书题跋集录》卷三，上海古籍出版社2005年版，第127页。

④ (清)杨绍和撰：《楹书偶录》卷五，见《续修四库全书》编纂委员会、复旦大学图书馆古籍部编：《续修四库全书》第926册，上海古籍出版社2003年版，第7—8页。

⑤ 张元济、潘宗周撰：《宝礼堂宋本书录》之经部《礼记正义》，见张元济著：《张元济全集》第8卷《古籍研究著作》，商务印书馆2009年版，第23页。

⑥ 张元济、潘宗周撰：《宝礼堂宋本书录》之经部《春秋公羊经传解诂》，见张元济著：《张元济全集》第8卷《古籍研究著作》，商务印书馆2009年版，第25页。

⑦ 邓之诚撰：《清诗纪事初编》卷三《甲编上江南》，上海古籍出版社2013年版，第368页。

⑧ (清)韩菼《资政大夫经筵讲官刑部尚书徐公乾学行状》，见(清)钱仪吉纂，靳斯标点：《碑传集》卷二十《康熙朝部院大臣下之中·徐乾学》，第2册，中华书局1993年版，第689—690页。

⑨ (清)黄宗羲撰：《传是楼藏书记》，见陈乃乾编：《黄梨洲文集》之《记类》，中华书局1959年版，第404页。

(1613),余至甬上,范友仲破戒引余登楼,悉发其藏。余取其流通未广者钞为书目。……荏苒七年,未蹈前言。然余之书目,遂为好事流传。昆山徐健庵使其门生誊写去者,不知凡几。"[①]《东越文苑传》:"林佶字吉人,号鹿原。康熙三十八年举于乡,五十一年钦赐进士,授内阁中书。家多藏书,徐乾学锓《通志堂经解》,朱彝尊选《明诗综》,皆就传钞。"[②]当然亦有部分含有"雅贿"之赠与"豪夺"之嫌。何焯《跋孟子音义》曰:"《孟子》篇叙,自世彩堂下诸刻皆阙,毛斧季为东海司寇购得章邱李中麓少卿所藏本宋本乃有之。"[③]何焯《跋中州集》云:"毛氏刻此书时,所见严氏重开之本,其行款俱卜古。毛斧季丈曾从都下得蒙古宪宗五年刊本,为东海司寇豪夺以去。今汲古阁止有壬癸及闰集三卷耳。[④]"徐乾学所藏多为购买名家名楼散佚之书及门生故吏所赠精善之本,如山东李开先、泰兴季振宜、常熟钱曾(钱曾所藏精本得之钱谦益),等等。从徐乾学所流传下来的藏书所钤印章,亦可窥其藏书多为名家名楼所递藏之源流,若苏州叶氏藏印"菉竹堂藏书",唐氏藏印"唐寅藏书""唐白虎",文氏藏印"玉兰堂""辛夷馆""翠竹斋""梅溪精舍""江左""鱼阳子""清白堂"等;秀水项氏藏印"檇李项笃寿""项笃寿字子加",朱氏藏印"竹垞藏本",曹氏藏印"曹溶";常熟毛氏藏印"毛子晋""汲古主人";云间莫氏藏印"云间莫氏城南精舍藏""城南精舍""莫氏云乡",等等。瞿镛记云,元刊本《程史》十五卷,"为吴文定(吴宽)藏书,又归传是楼"[⑤]。

另外,若无从搜购,则抄书以充实藏书。在刊刻《通志堂经解》时,采用了大量所藏钞本。"因悉予兄弟家所藏本覆加校勘,更假秀水曹秋岳、无锡秦对岩、常熟钱遵王、毛斧季、温陵黄俞邰及秀水朱竹垞家藏旧版书,若钞本厘择是正。"[⑥]黄宗羲《天一阁藏书记》:"天一阁书,范司马所藏也。……昆山徐健庵使其门生誊写去者,不知凡几。"[⑦]全祖望《天一阁碑目记》云:"是阁之书,明人无过而问者,康熙初黄先生太

① (清)黄宗羲撰:《天一阁藏书记》,见陈乃乾编:《黄梨洲文集》,中华书局1959年版(2009年重印),第402页。

② 引(清)叶昌炽著,王欣夫补正,徐鹏辑:《藏书纪事诗》卷四,上海古籍出版社1989年版,第425—426页。

③ (清)何焯撰:《义门先生集》卷九《跋孟子音义》,见《清代诗文集汇编》编纂委员会编:《清代诗文集汇编》207,上海古籍出版社2010年版,第228页。

④ (清)何焯撰:《义门先生集》卷九《跋中州集》,见《清代诗文集汇编》编纂委员会编:《清代诗文集汇编》207,上海古籍出版社2010年版,第233页。

⑤ (清)瞿镛撰:《铁琴铜剑楼藏书目录》卷第十七《子部五》,见《清人书目题跋丛刊三》,中华书局1990年版,第255页。

⑥ (清)徐乾学《憺园文集》卷二十一《新刊经解序》,见《清代诗文集汇编》编纂委员会编:《清代诗文集汇编》124,上海古籍出版社2010年版,第533页。

⑦ (清)黄宗羲撰:《天一阁藏书记》,见陈乃乾编:《黄梨洲文集》,中华书局1959年版(2009年重印),第402页。

冲始破例登之，于是昆山徐尚书健庵闻而来钞。”①

今学者郑伟章先生总结说：“徐乾学收集图书的最盛时期是他为官后的二十年。此时正是明末战乱结束、社会日趋安定的清初。明朝末年，战争使得许多藏书家的藏书散落四方。到了清初，许多战乱中散失的珍贵图籍开始流传。徐乾学趁此时机广为搜购流散的图书。当时，在全国各地，到处都有他的学生和部属，他经常委托这些人在各地为他收集图书。徐乾学的学生、部属都知道他是个嗜书如命的人，深知能为他找到一部好书，要比给他送任何贵重的礼物都更为珍贵。所以，每年他都能收到从各地收集到的大批图书。徐乾学所藏之书，大部分是花钱购买的，实在买不到，他就借抄。为收藏图书他花费了很大精力和财力，以至于‘甁甒日不给’。”②因日积月累而家富图籍，在清初以藏书著称。

3.徐氏传是楼藏书特色

徐乾学藏书多以宋刊秘籍为主，多为罕见之本，吴翌凤记云：“余家藏宋宝祐四年《会天历》一本，初名‘题天’，宝祐改元，更名‘会天’。保章正荆执礼、谭玉、云台郎杨旗、相师尧判、太史局提点历书邓宗文等算造，具注颁行。宝祐，理宗年号，是年岁在丙辰，元日立春。款式与今不尽同，藏书家鲜著录者，惟昆山徐氏有之。朱竹垞钞其副本，余又传朱氏本也。”③《唐僧弘秀集》十卷，“‘临安府棚北大街睦亲坊南陈解元宅书籍铺刊行。’卷十后有幡式丹色木印记：‘嘉兴崇德凤鸣世医蔡济公家无甒石之储，惟好蓄书于藏以为子孙计，因书此传之不朽。’钤有‘蔡氏公惠’‘乾学’‘徐健庵’‘季振宜藏书’‘濮阳李廷相双桧堂书画私印’”诸印④。

其次，所藏宋刻宋刊多为名家递藏且流传有绪，为后世学者所珍爱。如苏州文氏、嘉兴秀水项氏、常熟毛氏、常熟钱氏、泰兴季氏，等等。如苏州文氏家族“辛夷馆”“梅溪精舍”等藏书，宋刊本《李贺歌诗编》四卷《外集诗》一卷，“全书用宋乾道间宜州官文书纸印。钤有‘玉兰堂’‘梅溪精舍’‘铁研斋’‘辛夷馆’‘翠竹斋’‘季振宜字诜兮号沧苇’‘扬州季氏’‘沧苇’‘振宜之印’各印。又‘乾学’‘徐健庵’二印”⑤。宋本《李群玉诗集》三卷《后集》五卷，后有“‘临安府棚北大街睦亲坊南陈解元斋书籍铺印’一行。有‘宋本’‘玉兰堂’‘竹坞’‘辛夷馆’‘春草堂印’‘梅溪精舍’‘江左’诸印，又‘乾学’‘徐健庵’两印，又‘张隽之印’‘一字文通’两印，又‘季印振宜’

① （清）全祖望《天一阁碑目记》，见骆兆平编纂：《天一阁藏书史志》之三《碑帖志》，上海古籍出版社2005年版，第175页。

② 郑伟章、李万健著：《中国著名藏书家传略》之《以书传后的徐乾学》，书目文献出版社1986年版，第88页。

③ （清）吴翌凤撰，吴格点校：《逊志堂杂钞》之《丁集》，中华书局1994年版，第50页。

④ 傅增湘撰：《藏园群书经眼录》卷十八《集部七》，中华书局1983年版，第1516页。

⑤ 傅增湘撰：《藏园群书经眼录》卷十二《集部一》，中华书局1983年版，第1087页。

‘沧苇’‘季振宜藏书’‘季沧苇图书记’‘扬州季氏御史振宜之印’‘吾道在沧州’诸印”等①；宋本《吕太尉经进庄子全解》十卷，有文彭、吴元恭、季振宜、徐乾学等藏印②；宋绍兴小字刻本《白氏文集》七十一卷，“有‘赵宋本’‘徐健庵’‘乾学’‘季振宜’‘玉兰堂’‘汪士钟’‘虞山瞿绍基’印”③；宋刊本《附释文互注礼部韵略》五卷，“嘉定六年四月望锓版于云间洞天。钤有‘玉兰堂’‘梅溪精舍’‘季振宜读书’‘沧苇’‘乾学’‘王云私印’诸印记”④；宋刊本《汉隽》十卷，“钤有‘徐乾学’‘季振宜’‘三凤堂’‘玉兰堂’‘张允清’”诸印⑤。嘉兴项氏“万卷堂”及“天籁阁”藏书名天下，散佚于明清易代，庋藏于徐氏如宋刻《东观馀论》二卷，附藏印“宋本”“竹坞”“江左”“玉兰堂”“梅溪精舍”“辛夷馆印”“翠竹斋”“铁研斋”“五峰樵客”“放情山水之间”“王印履吉”“项元汴印”“墨林秘玩”“墨林子”“天籁阁”“项氏万卷楼图籍印”“子京父印”“项墨林父秘籍之印”“乾学”“徐健庵”“韩氏藏书”“金石录十卷人家”“韩印泰华”“小亭”等⑥。常熟毛氏“汲古阁”藏书，宋本《史记》一百三十卷，每册有“毛子晋”“季沧苇”“徐健庵印”⑦；宋本《汉书注》一百二十卷，毛奏叔、季振宜、徐乾学递藏，有“虞毛氏奏叔图书记”“御史振宜之印”“季振宜印”“沧苇”“季振宜读书”“扬州季氏”“乾学”“徐健庵”诸印⑧；宋本《后汉书注》一百二十卷，华亭朱氏、周良金、汲古阁毛晋、毛扆、季振宜、徐乾学递藏，有“华亭朱氏珍藏”“汲古阁世宝”“汲古阁毛姓秘玩”“季振宜印”“乾学”“徐健庵”“毗陵周氏”“九松迂叟藏书记”“周良金印”诸印⑨；宋刻本《孙子算经》三卷《张邱建算经》三卷《残本九章算经》五卷，附藏印有“季振宜印”“沧苇”“宋本”“毛晋私印”“子晋”“海虞毛子晋图书记”“传是楼”“徐乾学印”“健庵收藏图书”等⑩；宋麻沙刻本《纂图重言重意互注周礼》十二卷，有“‘毛褒’‘华伯’‘徐健庵’‘乾学’‘陈广绶茗霭图书’‘完颜景贤鉴藏’印”⑪，宋本

---

① 邓邦述《群碧楼善本书录》卷一，见邓邦述撰，金晓东整理，吴格审定：《群碧楼善本书录 寒瘦山房鬻存善本书目》，上海古籍出版社 2014 年版，第 61 页。

② （清）杨绍和撰：《楹书偶录》卷三，见《续修四库全书》编纂委员会、复旦大学图书馆古籍部编：《续修四库全书》第 926 册，上海古籍出版社 2003 年版，第 658 页。

③ 王文进撰，柳向春标点：《文禄堂访书记》卷第四，上海古籍出版社 2007 年版，第 267 页。

④ 傅增湘撰：《藏园群书经眼录》卷二《经部二》，中华书局 1983 年版，第 153 页。

⑤ 傅增湘撰：《藏园群书经眼录》卷四《史部四》，中华书局 1983 年版，第 522 页。

⑥ （清）潘祖荫撰，叶昌炽编，潘承弼增补：《滂喜斋藏书记》卷二，见《续修四库全书》编纂委员会、复旦大学图书馆古籍部编：《续修四库全书》第 926 册，上海古籍出版社 2003 年版，第 445 页。

⑦ （清）杨绍和撰：《楹书偶录》卷二，见《续修四库全书》编纂委员会、复旦大学图书馆古籍部编：《续修四库全书》第 926 册，上海古籍出版社 2003 年版，第 593 页。

⑧ （清）杨绍和撰：《楹书偶录》卷二，见《续修四库全书》编纂委员会、复旦大学图书馆古籍部编：《续修四库全书》第 926 册，上海古籍出版社 2003 年版，第 596 页。

⑨ （清）杨绍和撰：《楹书偶录》卷二，见《续修四库全书》编纂委员会、复旦大学图书馆古籍部编：《续修四库全书》第 926 册，上海古籍出版社 2003 年版，第 604 页。

⑩ （清）潘祖荫撰，叶昌炽编，潘承弼增补：《滂喜斋藏书记》卷二，见《续修四库全书》编纂委员会、复旦大学图书馆古籍部编：《续修四库全书》第 926 册，上海古籍出版社 2003 年版，第 442 页。

⑪ 王文进撰，柳向春标点：《文禄堂访书记》卷第一，上海古籍出版社 2007 年版，第 16 页。

《建康实录》二十卷,有“汲古阁图书记”“虞山毛氏汲古阁收藏”“季振宜印”“沧苇”“徐健庵”“乾学之印”等印①。秀水项笃寿“万卷堂”藏书,宋本《大广益会玉篇残本》一册,有“江左”“玉兰堂”“竹坞”“项氏万卷堂图籍印”“万卷堂图籍章”“子长”“少溪主人”“紫云轩”“季振宜藏书”“振宜之印”“沧苇”“乾学”“徐健庵”“徐氏仁卿”诸印②。常熟钱谦益“绛云楼”藏书,据王士祯云:“钱先生藏书甲江左,绛云楼一炬后,以所余宋椠本尽付其族孙曾……先生逝后,曾尽鬻之泰兴季氏,于是藏书无复者。闻今又归昆山徐氏矣。”③康熙五、六年前后,钱谦益“举家藏宋刻之重复者,折阅售之泰兴季氏”④。泰兴季氏即藏书名家季振宜,季氏藏书闻名天下,江南故家之书多归之,精本最多,“插架盈箱,类多人间未见之籍,尤嗜宋雕善本,饼金悬购,收藏之富,甲于江南”⑤。季振宜殁后,藏书逐渐散佚,其书散出后,多归徐氏传是楼及清廷内府。而季氏藏书部分来之于常熟毛氏汲古阁。“毛氏汲古阁,当时欲售之潘稼堂太史耒,以议价不果,后遂归季沧苇御史振宜”⑥。钱曾跋北宋镂版《考古图》十卷《续考古图》五卷《释文》一卷云:“沧苇殁,此书归之徐健庵。予复从健庵借来。”⑦北宋本《新序》十卷,“卷中有‘宋本’‘张孝仲友张翁’‘钱谦益印’‘季沧苇藏书’‘乾学徐健庵’‘华亭朱氏’‘东吴顾氏家藏’”诸多藏印⑧;宋刊本《金壶记》三卷,“钤有‘钱受之’‘牧翁’‘季振宜印’‘沧苇’‘乾学’‘徐健庵’”等印⑨;宋本《晋书》一百三十卷,有“宋本荣庆堂”“松郡朱氏”“华亭朱氏珍藏”“大宗伯印”“广乘山人”“季振宜印”“沧苇”“季振宜藏书”“季振宜读书”“御史振宜之印”“徐印乾学”“徐健庵”各印⑩。

徐氏对所珍藏之宋椠多钤有各式藏书印记,使后世藏家和学者可考之递藏源流。宋本《咸淳临安志》九十五卷,泰兴季振宜沧苇珍藏,在卷尾有“季振宜藏书”

① (清)杨绍和撰:《楹书偶录》卷二,见《续修四库全书》编纂委员会、复旦大学图书馆古籍部编:《续修四库全书》第926册,上海古籍出版社2003年版,第614页。

② 张元济,潘宗周撰:《宝礼堂宋本书录》之经部《大广益会玉篇残本》,见张元济著:《张元济全集》第8卷《古籍研究著作》,商务印书馆2009年版,第33页。

③ (清)王士禛撰,张世林点校:《分甘余话》卷四《钱谦益之藏书》,中华书局1989年版,第91—92页。

④ (清)钱曾《述古堂藏书目序》,见(清)钱曾撰:《述古堂藏书目·附宋版书目》,中华书局1985年版,第1页。

⑤ (清)顾崧《书唐诗目录后》,引孙方《扬州诗局是怎样编校刊刻〈全唐诗〉》的》,河南大学学报(社会科学版),1985年第5期,第41页。

⑥ (清)叶德辉撰:《书林清话》卷七《明毛晋汲古阁刻书之四》,上海古籍出版社2012年版,第194页。

⑦ (清)钱曾撰,丁瑜点校:《读书敏求记》卷二《考古图十卷续考古图五卷释文一卷》,书目文献出版社1984年版,第41页。

⑧ (清)杨绍和撰:《楹书偶录》卷三,见《续修四库全书》编纂委员会、复旦大学图书馆古籍部编:《续修四库全书》第926册,上海古籍出版社2003年版,第633页。

⑨ 傅增湘撰:《藏园群书经眼录》卷七《子部一》,中华书局1983年版,第629页。

⑩ (清)杨绍和撰:《楹书偶录》卷二,见《续修四库全书》编纂委员会、复旦大学图书馆古籍部编:《续修四库全书》第926册,上海古籍出版社2003年版,第609页。

“季沧苇图书记”“健庵”“徐乾学”“珊瑚阁珍藏印”各印记①；宋本《周易本义》十二卷，有“振宜之印”“季振宜藏书”“昆山徐氏家藏”“徐健庵乾学之印”等②；宋刊本《史记集解》一百三十卷，“旧为传是楼藏书，卷首有‘尚志斋’‘乾学’‘徐健庵’”诸朱记③；宋刻本《王右丞文集》十卷，黄丕烈跋云：“即所谓山中一半雨本也，余得诸五柳书居，盖传是楼旧物。”④《昌黎先生集》残本，“存卷二十二至卷二十六，宋刻宋印纸背皆有小朱印，盖宋纸之佳者，卷二十二下有‘梁国公之裔’一印，又有‘乾学’‘徐健庵’二印。……为传是楼藏书”⑤；宋本《圣宋文选》，“是书藏自昆山徐立斋相国，原本宋刻甚工，今卷二十三尾有‘司寇之章’一印，当必徐健庵图章，其为昆山徐氏本”⑥；宋刊本《古今绝句》三卷，卷首有“乾学”“楝亭曹氏藏书”二朱记⑦；宋本《荀子》二十卷，卷首有“徐健庵乾学、百宋一廛”诸印⑧；宋本《五百家注音辨唐柳先生集》四十五卷《外集》二卷，“临安府陈解元书棚本也，有‘黄氏太冲梨洲’‘乾学徐健庵’‘东海传是楼’‘平阳汪氏藏书印’”等藏印⑨；宋本《添注重校音辨唐柳先生文集》四十五卷《外集》二卷，宋椠大字本，“乃传是楼故物，此本又秀水朱氏潜采堂图书，则竹垞旧藏也”⑩；宋刻本《诸儒鸣道集》七十二卷，“此书函犹原库装也，至今不蠹不脱，触手如新，昆山徐氏旧藏。附藏印‘昆山徐氏家藏’‘乾学之印’‘健庵’”等⑪；宋刊本《西汉诏令》十二卷《东汉诏令》十一卷，“旧为叶九来、沈椒园藏书，卷中有‘叶氏藏书’‘南阳讲习堂光轮印’‘玉峰’‘徐氏藏书’”等印⑫；宋临安刻本《备全

---

① （清）杨绍和撰：《楹书偶录》卷二，见《续修四库全书》编纂委员会、复旦大学图书馆古籍部编：《续修四库全书》第926册，上海古籍出版社2003年版，第625页。

② （清）杨绍和撰：《楹书偶录》卷一，见《续修四库全书》编纂委员会、复旦大学图书馆古籍部编：《续修四库全书》第926册，上海古籍出版社2003年版，第556页。

③ （清）瞿镛撰：《铁琴铜剑楼藏书目录》卷第八《史部一》，见《清人书目题跋丛刊三》，中华书局1990年版，第119页。

④ （清）黄丕烈《百宋一廛书录》，见《续修四库全书》编纂委员会、复旦大学图书馆古籍部编：《续修四库全书》第923册，上海古籍出版社2003年版，第687页。

⑤ （清）黄丕烈《百宋一廛书录》，见《续修四库全书》编纂委员会、复旦大学图书馆古籍部编：《续修四库全书》第923册，上海古籍出版社2003年版，第687页。

⑥ （清）黄丕烈《百宋一廛书录》，见《续修四库全书》编纂委员会、复旦大学图书馆古籍部编：《续修四库全书》第923册，上海古籍出版社2003年版，第694。

⑦ （清）瞿镛撰：《铁琴铜剑楼藏书目录》卷第二十三《集部五》，见《清人书目题跋丛刊三》，中华书局1990年版，第365页。

⑧ （清）杨绍和撰：《楹书偶录》卷三，见《续修四库全书》编纂委员会、复旦大学图书馆古籍部编：《续修四库全书》第926册，上海古籍出版社2003年版，第630页。

⑨ （清）杨绍和撰：《楹书偶录》卷四，见《续修四库全书》编纂委员会、复旦大学图书馆古籍部编：《续修四库全书》第926册，上海古籍出版社2003年版，第679页。

⑩ （清）杨绍和撰：《楹书偶录》卷四，见《续修四库全书》编纂委员会、复旦大学图书馆古籍部编：《续修四库全书》第926册，上海古籍出版社2003年版，第680页。

⑪ （清）潘祖荫撰，叶昌炽编，潘承弼增补：《滂喜斋藏书记》卷二，见《续修四库全书》编纂委员会、复旦大学图书馆古籍部编：《续修四库全书》第926册，上海古籍出版社2003年版，第439页。

⑫ （清）瞿镛撰：《铁琴铜剑楼藏书目录》卷第七《史部二》，见《清人书目题跋丛刊三》，中华书局1990年版，第149页。

总效方》四十卷，“有‘徐乾学’‘健庵’‘季振宜’‘沧苇’”等印[①]；宋汀州刻本《五曹算经》五卷附《数术记遗》一卷《算学源流》一卷，“有‘徐乾学’‘健庵’‘传是楼’”等印[②]；宋刊本《帝王经世图谱》十卷，存卷一至八，钤有“朱象玄印、季沧苇、徐健庵各印”[③]。宋临安刻本《密庵语录》一卷，“有‘季振宜藏书’‘徐健庵’‘玉峰’印”[④]。宋庆元刻本《清波杂志》十二卷，“有‘乾学’‘健庵’‘昆山徐氏藏书’‘汪士钟’‘虞山瞿氏绍基藏书’”等印[⑤]；宋本《重校鹤山先生大全文集》三十二册，有“藏印‘乾学之印’‘健庵’‘汪士钟印’”等[⑥]。

除以上宋椠外，所藏元刻、钞本及明版亦流传有绪，有迹可循，为后世藏家所追捧。元刊本《程史》十五卷，“为吴文定藏书，又归传是楼。卷首有‘吴宽’‘乾学徐健庵’‘王澍印’”诸朱记[⑦]；元本《东坡乐府》二卷，有“竹坞”“辛夷馆”“玉兰堂”“古吴王氏”“梅溪精舍”“季沧苇藏书”“振宜之印”“沧苇”“乾学”“徐健庵”等印[⑧]；明本《苏老泉嘉祐集》十四卷，“徐氏传是楼藏”[⑨]；元刻《纂图分门类题五臣注杨子法言》二十卷，“前有鼎元、季雅印，王元美旧藏也，弇州藏书多有伯雅、仲雅季雅印。自明竹坞文氏及王、雅、宜皆经藏弆入，国朝归泰兴季氏，延令书目著录法言五臣注十卷四册，即此本也。附藏印‘苏公’‘鼎元’‘季雅’‘江左’‘竹坞’‘梅溪精舍’‘玉兰堂’‘五峰樵客’‘辛夷馆’‘王印履吉’‘季因是珍藏印’‘季因振宜’‘沧苇’‘御史振宜之章’[⑩]”等；《说类》五十卷，明祁承㸁钞本，“版心下刊‘澹生堂钞本’五字。有‘项墨林鉴赏’‘天籁阁’‘健庵’‘珊瑚阁珍藏’印”[⑪]；明刻本《西京杂记》六卷，“清黄丕烈校明万历陕西布政司刻本。有‘牧斋藏书’‘季振宜’‘荛圃手校’‘士礼居’”诸印[⑫]；《萍州可谈》三卷，“清徐氏传是楼钞本。有‘徐乾学’‘健庵’‘昆山徐氏藏书’”等印[⑬]。

---

① 王文进撰，柳向春标点：《文禄堂访书记》卷第三，上海古籍出版社2007年版，第168页。
② 王文进撰，柳向春标点：《文禄堂访书记》卷第三，上海古籍出版社2007年版，第168页。
③ 傅增湘撰：《藏园群书经眼录》卷十《子部四》，中华书局1983年版，第825页。
④ 王文进撰，柳向春标点：《文禄堂访书记》卷第三，上海古籍出版社2007年版，第229页。
⑤ 王文进撰，柳向春标点：《文禄堂访书记》卷第三，上海古籍出版社2007年版，第209页。
⑥ 张元济、潘宗周撰：《宝礼堂宋本书录》之集部《重校鹤山先生大全文集》，见张元济著：《张元济全集》第8卷《古籍研究著作》，商务印书馆2009年版，第126页。
⑦ （清）瞿镛撰：《铁琴铜剑楼藏书目录》卷第十七《子部五》，见《清人书目题跋丛刊三》，中华书局1990年版，第255页。
⑧ （清）杨绍和撰：《楹书偶录》卷五，见《续修四库全书》编纂委员会、复旦大学图书馆古籍部编：《续修四库全书》第926册，上海古籍出版社2003年版，第38页。
⑨ （清）杨绍和撰：《楹书偶录》卷五，见《续修四库全书》编纂委员会、复旦大学图书馆古籍部编：《续修四库全书》第926册，上海古籍出版社2003年版，第10页。
⑩ （清）潘祖荫撰，叶昌炽编，潘承弼增补：《滂喜斋藏书记》卷二，见《续修四库全书》编纂委员会、复旦大学图书馆古籍部编：《续修四库全书》第926册，上海古籍出版社2003年版，第438页。
⑪ 王文进撰，柳向春标点：《文禄堂访书记》卷第三，上海古籍出版社2007年版，第202页。
⑫ 王文进撰，柳向春标点：《文禄堂访书记》卷第三，上海古籍出版社2007年版，第206页。
⑬ 王文进撰，柳向春标点：《文禄堂访书记》卷第三，上海古籍出版社2007年版，第208页。

4.徐氏传是楼藏书散佚

徐乾学传是楼藏书至康熙二十至二十八年(1681—1699)期间达顶峰,“藏书丰富,名满天下”①,各方学人慕名而至,登楼观书,正如全祖望所言:“徐尚书善下士,又多藏书,大江南北宿老争赴之。”②然而康熙二十九年以后,随着徐氏乞归归里,至康熙三十七年,徐氏逝世,徐氏家族渐渐没落,是时,“徐氏子孙式微,所藏善本书籍,大都流落他家,而楼亦废,今遗址已渺不可寻”③。可见徐氏藏书散佚的根本原因是“子孙式微”不能守。徐氏藏书散佚除家族衰落外,另外传是楼尝遭火灾,楼毁也是其中原因之一。徐乾学后裔徐蘅叙及此事:“承征刻先世《传是楼宋元书目》,甚感甚善。此楼于康熙中即不戒于火,嗣是烽燧频仍,播迁漂丧,仅余旧本二十余种及书目两大册。”④足见传是楼藏书经过一次火灾,损失巨大,藏书基本殆尽。所剩藏书仍被子孙续藏,其中部分藏书或出售,或赠送他人,或为强人所夺,渐渐散佚。正如清人黄廷鉴《藏书家之聚散无常》云:“国初以来,大江南北藏书者踵起,而吾虞之钱氏毛氏,实为称首,然皆不再传而失之。他如昆山徐氏、泰兴季氏、维扬马氏、澹生之祁,小山之赵,皆随聚随散。”⑤《非云日记》:“书贾钱听默云:‘传是楼藏书大半归明珠,而其家人安麓村所藏亦有善本。’又:黄荛圃家观北宋本《孟东野集》,上有徐健庵、季沧苇及安岐印,每本卷末有‘安麓村’椭方图记。”⑥部分罕见宋椠精本如宋版《监本纂图重言重意互注点校毛诗》十册⑦等流入清廷内府,著录于《天禄琳琅书目》及《后编》有24种之多。

(十)状元韩菼

韩　菼(1637—1704)　字符少,号慕庐,先世自凤阳迁至长洲,遂为长洲人。朱彝尊记云:“公以康熙十一年由国子监生中顺天乡试,明年,会试、殿试皆第一。授翰林院修撰,纂修《孝经衍义》。旋充日讲官,知起居注,主乙卯顺天乡试。历右春坊右赞善,进翰林院侍讲。乞归改葬其亲。事毕,补原官,转侍读,升翰林院侍讲学士,仍充日讲官,知起居注。未逾月,擢内阁学士兼礼部侍郎。”⑧康熙三十三年(1695),充

---

① 刘禺生撰,钱实甫点校:《世载堂杂忆》卷二,中华书局1960年版,第20页。

② (清)全祖望著:《鲒埼亭集》卷二十八《刘继庄传》,见王云五主编:《万有文库》第二集(七百种),(上海)商务印书馆1936年版,第355页。

③ 刘禺生撰,钱实甫点校:《世载堂杂忆》卷二,中华书局1960年版,第20页。

④ (清)徐蘅《附录徐君圣秋来书》,见《中华大典》编纂委员会编纂:《中华大典·文献目录典·文献学分典·目录总部》,广西师范大学出版社2013年版,第471页。

⑤ (清)张金吾著,郑永校整理:《爱日精庐文稿》附录二《黄廷鉴·藏书二友记》,凤凰出版社2015年版,第103页。

⑥ 徐兆玮著,苏醒整理:《徐兆玮杂著·黄车掌录》(七种),凤凰出版社2014年版,第261页。

⑦ (清)于敏中等撰:《天禄琳琅书目》卷一,见《清人书目题跋丛刊十》,中华书局1995年版,第11—12页。

⑧ (清)朱彝尊《礼部尚书兼掌翰林院学士长洲韩公菼墓碑》,见(清)钱仪吉纂,靳斯标点:《碑传集》卷二十一《康熙朝部院大臣下之下·韩菼》,第2册,中华书局1993年版,第698页。

纂修《一统志》总裁官。“凡馆阁制诰、饶歌郊祀诸作,多出其菼手。升少宰掌翰林院,领袖儒林,提携弘奖同官后进,各尽所长”①。卒于官,“上念菼种学绩文,湛深经术,制义开风气之先,因谥文懿”②,人称韩文懿公。“所著《有怀堂文集》若干卷,诗若干卷”③。苏州娄门内唐家巷有韩文懿公祠堂,沈德潜撰《故礼部尚书韩文懿公祠堂碑记》。墓葬在吴县光福南凤凰山。生平事迹参见方苞《礼部尚书韩公墓表》及李元度《国朝先正事略》卷十《名臣·韩文懿公事略》、《清史列传》卷九《韩菼传》。

韩菼家居娄门内直街开云堂,东北街41—51号,旧称迎春坊。“父酚字诵先,少为名诸生,酚妻母老而贫,悉籍囊时奁具归之,曰故非婿物也,时称为笃行君子。菼少侍父读书山中,日命抄录《五经》、《史记》、《汉书》、唐宋八大家文。酚之言曰,书本须手录,昔人有巾箱五经,谓一经钞写,终身不忘,故须手录一过也。”韩菼“夙禀庭训,更遭多难,未尝暂废”④。由于自“少从父受学研精经史,故其为文根柢六籍,贯穿百家”⑤。以其文才博颇受乾隆帝器重,曾召入弘德殿进讲《大学》,主纂《孝经衍义》百卷,乾隆称:“菼雅学绩文,湛深经术,所撰制义清真雅正,开风气之先,为艺林楷。”⑥又好读书与藏书,康熙二十六年(1687),“以疾给假,里居八载,点勘六经。凡汉儒笺故,汤儒义疏,宋儒章句,靡不采获而裁其中。于史称司马迁、班固、陈寿;文宗临海朱右所集唐、宋六家;诗尚唐音,然不喜作台阁之体。时昆山徐尚书乾学解任出都,领书局于洞庭山,公谊敦师友,兼有山水之好,恒往助其讨论排纂。又于六十坊闲房得渔村,将著书以老矣,天子忽召公,有司敦促就道,乃行。”⑦惜未能读书著述以老,“平生服膺朱检讨彝尊,常曰:‘身跻九列不如秀水朱十,以七品官归田,读书万卷,闲居置酒饮醉,兀然其胸抱可想见矣。’”⑧方苞称其“博极群书。而与人居,久之,皆忘其为文名贵人;乍接之,不知其蓄学问也。公夙好余文,得余笔札,必命诸子

① (清)李光祚修,(清)顾诒禄纂:《乾隆长洲县志》卷二十五《人物四·韩菼》,见《中国地方志集成·江苏府县志辑》(13),江苏古籍出版社1991年版,第315页。

② (清)李光祚修,(清)顾诒禄纂:《乾隆长洲县志》卷二十五《人物四·韩菼》,见《中国地方志集成·江苏府县志辑》(13),江苏古籍出版社1991年版,第315页。

③ (清)郑方坤撰:《本朝名家诗钞小传》卷一《有怀堂诗钞小传·韩菼》,见《丛书集成续编》第256册,(台湾)新文丰出版公司1988年版,第122页。

④ (清)王藻编,(清)钱林辑:《文献征存录》(一)卷三,见周骏富辑:《清代传记丛刊·学林类》(8),(台湾)明文书局1985年版,第393页。

⑤ (清)李光祚修,(清)顾诒禄纂:《乾隆长洲县志》卷二十五《人物四·韩菼》,见《中国地方志集成·江苏府县志辑》(13),江苏古籍出版社1991年版,第315页。

⑥ 赵尔巽等撰:《清史稿》卷二百六十六《列传五十三·韩菼传》,第33册,中华书局1977年版,第9956页。

⑦ (清)朱彝尊《礼部尚书兼掌翰林院学士长洲韩公菼墓碑》,见(清)钱仪吉纂,靳斯标点:《碑传集》卷二十一《康熙朝部院大臣下之下·韩菼》,第2册,中华书局1993年版,第698—699页。

⑧ (清)李光祚修,(清)顾诒禄纂:《乾隆长洲县志》卷二十五《人物四·韩菼》,见《中国地方志集成·江苏府县志辑》(13),江苏古籍出版社1991年版,第315页。

藏之”[①]。尝自云:“与往顾先生亭林尝劝余……凡宋元说经诸书,毋论常以否,宜悉储之。余窃韪其言。”[②]宋刻本《标题徐状元补注蒙求》三卷,有“韩菼之印”“元少王印”[③]。又有藏有御赐之书,有《宝翰堂记》云:“蒙上恩得御书甚多,有匾额,有卷轴,有法帖,不特妙尽,六书皆格言大训恭为堂,以藏拟以宝翰名之,熏沐手书,以识荣幸。堂中首列御书,次东宫殿下,睿笔以及诸皇子书,又购古名臣遗迹秘本,皆具金题玉躞,牙签锦槊如也,善体圣文之教,推而广之,邸第优游,即艺林书圃王能慎守宝矣。”[④]

(十一)蒋伊父子三进士

蒋　伊(1631—1687)　字谓公,号莘田,“世居苏州常熟县。父讳棻,崇祯中进士,除南海知县,犹归,再补建安县,以廉干擢礼部主事,未赴官。明亡,老于家。公为诸生,即负经世志。康熙五年,举于乡。十二年,成进士。甫释褐,即具疏上所著《玉衡》《臣鉴》二录。《玉衡》者,言君道;《臣鉴》者,言臣道。上自唐虞,下至元明,采其事要,备法戒,昭劝惩,为卷凡二十四。有旨留览,选庶吉士,十四年,散官,授监察御史,巡视中城”[⑤]。“充督学任,九卿以伊荐,迁河南按察副使,提督学政……为学兼通儒释,戒子孙行功过格,无故不得特杀。著有《蒋氏家训》一卷、《疏稿》一卷、《莘田文集》。卒后,士请立祠祀之。”[⑥]子二:陈锡,官至云贵总督;廷锡,官至文华殿学士。自辑《万世玉衡录》四卷,由其子蒋陈锡刻印,南京图书馆有藏。生平事迹参见王廷璧《督学蒋公德政碑》及徐世昌《清儒学案》卷三十八《孝感学案·蒋先生伊》。

蒋伊“居家孝友,笃于亲故,兼好西方之教。诫子孙读儒书,暇诵《金刚》《华严》《法华》诸经”[⑦]。又雅好藏书与刻书,《历代藏书家辞典》录其为藏书家。尝于康熙十四年(1675)刻印自著《臣鉴录》二十卷,南京图书馆有藏。又刻印过王梦兰辑《济人自济经验诸方》三卷。

蒋廷锡(1669—1732)　蒋伊子。字扬孙,一字酉君,号西谷,又号南沙、青桐居士,常熟人。康熙三十八年(1699)己卯科举人。“初由举人供奉内廷。康熙四十二

---

① (清)方苞《礼部尚书韩公墓表》,见(清)钱仪吉纂,靳斯标点:《碑传集》卷二十一《康熙朝部院大臣下之下·韩菼》,第2册,中华书局1993年版,第702页。

② (清)韩菼撰:《有怀堂文稿》卷二《诗经广大全序》,见《清代诗文集汇编》编纂委员会编:《清代诗文集汇编》147,上海古籍出版社2010年版,第82页。

③ 邓邦述《寒瘦山房鬻存善本书目》卷一,见邓邦述撰,金晓东整理,吴格审定:《群碧楼善本书录 寒瘦山房鬻存善本书目》,《中国历代书目题跋丛书》第4辑,上海古籍出版社2014年版,第272页。

④ 引叶瑞宝主编:《苏州藏书史》第三章《苏州私家藏书》,江苏古籍出版社2006年版,第298页。

⑤ (清)彭绍升《故提督河南学政按察使副使蒋公伊事状》,见(清)钱仪吉纂,靳斯标点:《碑传集》卷五十三《科道上之上·蒋伊》,第5册,中华书局1993年版,第1521页

⑥ 王钟翰点校:《清史列传》卷七十《文苑传一·蒋伊》,第18册,中华书局1987年版,第5767页。

⑦ (清)彭绍升《故提督河南学政按察使副使蒋公伊事状》,见(清)钱仪吉纂,靳斯标点:《碑传集》卷五十三《科道上之上·蒋伊》,第5册,中华书局1993年版,第1523页。

年三月，诏以举人汪灏、何焯与廷锡皆学问优长，会试下第，令一体殿试，赐进士，改庶吉士。明年，未散馆，即授编修，历左、右春坊赞善，迁侍讲、侍读、庶子、少詹事”①。“屡迁转至内阁学士。雍正元年，擢礼部侍郎，世宗赐诗贤之”。累官文华殿大学士，兼领户部尚书，充《圣祖实录》总裁，加太子太傅。卒，“赐祭葬，谥文肃。廷锡工诗善画，事圣祖内直二十余年。世宗朝累迁擢，明练恪谨，被恩礼始终”②。传世著作主要有《尚书地理今释》《青桐轩诗集》《坡山集》《秋风集》《片云集》《西山爽气集》③。生平事迹参见李元度《国朝先正事略》卷十三《名臣·蒋文肃公廷锡》④、《光绪常昭合志稿》卷二十六《蒋廷锡传》。

蒋廷锡博览群书，尤酷爱古籍，任《大清会典》副总裁和《明史》总裁。北京图书馆藏明钞本《演繁露》十六卷《续集》六卷，卷十末有何仲子跋，仲子名煌，何焯弟也，跋语：“康熙辛丑，假马寒中宋本校。马为查编修夏仲所赠，查得之吉水李氏。尝宗伯列显日；蒋学士扬孙下第滞京华，贫窭不振，出其囊中宋板书三百余册求售。吉水闻而取之，索直不得，攘而据有，扬孙几不能还；今其子用以媚巡抚。夏仲在彼地修省志，其巡抚所不为贵者，查编修因得乞数十本归，就中检残编以赠寒中，因得借校也。十一月十六仲子记。”并详细记载了“查编修乞得之本，所知者为《新唐书纠谬》《唐书直笔》，所见者残本《育德堂外制》三册（一至五），《育德堂奏议》二册（二至五）。《外制》《奏议》即赠寒中，寒中以七金售同门友李秉诚。秉诚先有《奏议》第一、第二暨六、七、八卷，今为全本矣。又记。”⑤傅增湘亦记其事，《藏园群书题跋记》著录宋本《演繁露》，收藏有“蒋扬孙考藏记”“平阳汪氏藏书”诸印，傅氏跋云：“此书钤有‘蒋扬孙考藏记’一印，扬孙即蒋文肃公廷锡之别号也，世居海虞，家富藏书。康熙初，公以下第滞京师，流落殆不能归，因出箧中宋板书三百余册，将藉措资斧。时吉水李宗伯振裕方贵显，闻而取之，索直不得，竟攘为己有。文肃坐是几不能还乡。未几，宗伯奄逝，子孙不肖，献其书于巡抚，以干媚求进。”⑥

清代江浙藏书之家不惜巨资，刻意搜求宋版书籍，佞宋成风，每得一本，则沾沾自喜，目为至宝。如乾隆年间苏州黄丕烈，购得宋刻百余种，即名其藏书室为“百宋

① 王钟翰点校：《清史列传》卷十一《大臣画一传档正编八·蒋廷锡》，第 3 册，中华书局 1987 年版，第 785 页。

② 赵尔巽等撰：《清史稿》卷二百八十八《列传七十六·蒋廷锡传》，第 34 册，中华书局 1977 年版，第 10250 页。

③ 参见孙殿起撰：《贩书偶记》，上海古籍出版社 1999 年版，第 356 页。

④ （清）李元度著，易孟醇点校：《国朝先正事略》卷十三《名臣·蒋文肃公廷锡》，岳麓书社 1991 年版，第 392—395 页。

⑤ 引王重民撰：《中国善本书提要·子部·杂家类》，上海古籍出版社 1983 年版，第 332 页。

⑥ 傅增湘撰：《藏园群书题记》卷八《子部三》，上海古籍出版社 1989 年版，第 408 页。按：按跋中“辛丑”为康熙六十年（1721），“马寒中”名思赞，清海宁人，也是著名的藏书家。李振裕，字维饶，号醒斋，江西吉水人。顺治庚子，年十九举于乡，康熙九年（1670）庚戌科进士，改庶吉士，授编修，官至户部尚书，有《白石山房集》。因官礼部尚书，故称“大宗伯”。

一廛”。光绪年间陆心源,因藏有宋版书二百部,自名其藏书处为“皕宋楼”。蒋廷锡因下第滞留京城,后为生活所困,一次出售随身所带的宋版书即有“三百余册”,由此可见,蒋氏家中收藏宋版书之多,善本之富。何焯也曾亲见蒋廷锡的藏书,在铁琴铜剑楼所藏《中兴间气集》二卷,校宋本,后跋语中写道:“康熙戊戌十月望,以事往南海淀,借宿蒋西谷寓舍。架上有钞本唐《中兴间气集》一册,视其行数、字数,似从宋雕影写。问之,乃述古堂故物也。因借归,呵冻是正,遂成善本。”[①]跋中所记“康熙戊戌”年为康熙五十七年(1718),是年蒋廷锡50岁,任内阁学士,充经筵讲官,“西谷”为蒋廷锡号,“述古堂”为钱曾的藏书室名。何焯与蒋廷锡同为康熙四十二年特选进士,二人交往密切,因此何焯借宿蒋家,能借回珍本校勘自己收藏的旧本。于此也可窥见蒋氏藏书的来源。

蒋廷锡的藏书主要以宋版为主,兼收旧钞、明版。宋本《新唐书纠谬》《唐书直笔》二种宋版书,并称“本朝大学士蒋廷锡、编修查慎行俱经收藏。廷锡字扬孙,江南常熟人,康熙癸未进士,选庶吉士,授编修,官至东阁大学士,谥文肃”。有“蒋扬孙读书记”“蒋扬孙收藏记”“廷锡”“蒋廷锡印”“扬孙”等藏书印[②];宋本《唐书直笔新例》,本朝蒋廷锡、查慎行藏本,有“得书楼藏书”“蒋扬孙读书记”“查慎行一字悔余”“廷锡”“蒋廷锡印”“扬孙”等藏书印[③]。古里瞿氏铁琴铜剑楼所藏影宋钞本《圣宋皇祐新乐图记》三卷,瞿氏跋云:“旧藏邑中蒋氏,卷首有‘蒋氏家藏图书印、廷锡、扬孙’诸朱记。”[④]瞿氏所藏另一部校宋本《陆宣公集二十四卷》也为蒋氏旧藏,卷首有“蒋廷锡印”“青桐居士”藏书印,另有吾邑藏书家钱孙保、钱兴祖等藏书印[⑤]。《挥麈录》残宋本,有“臣伊私印”“酉君”等藏书印[⑥]。明刻本《缶鸣集》,邑人黄琴六跋云:“国朝蒋文肃、汪东山、冯二痴、曹彬侯、赵秋谷皆有收藏鉴定印。其‘臣伊’一印,则文肃公尊人也。”[⑦]此书历经蒋伊、蒋廷锡、汪绎、冯班、曹彬侯等人递藏,后归藏于铁琴铜剑楼,两百多年不出故地,虽为明刻,亦属十分罕见。

综上所述,蒋廷锡藏书中不乏宋椠旧刻及影钞等善本珍本,其家藏书应始于蒋伊,部分为家传,部分则收购邑中钱曾述古堂、钱孙保怀古堂、钱兴祖在兹阁等散佚

① (清)瞿镛撰:《铁琴铜剑楼藏书目录》卷第二十三《集部五》,见《清人书目题跋丛刊三》,中华书局1990年版,第355页。
② (清)于敏中等撰:《天禄琳琅书目》卷二,见《清人书目题跋丛刊十》,中华书局1995年版,第33页。
③ (清)于敏中等撰:《天禄琳琅书目》卷二,见《清人书目题跋丛刊十》,中华书局1995年版,第34页。
④ (清)瞿镛撰:《铁琴铜剑楼藏书目录》卷第六《经部六》,见《清人书目题跋丛刊三》,中华书局1990年版,第99页。
⑤ (清)瞿镛撰:《铁琴铜剑楼藏书目录》卷第十九《集部一》,见《清人书目题跋丛刊三》,中华书局1990年版,第271页。
⑥ 张元济、潘宗周撰:《宝礼堂宋本书录》之子部《挥尘录残本》,见张元济著:《张元济全集》第8卷《古籍研究著作》,商务印书馆2009年版,第100页。
⑦ (清)潘祖荫撰,叶昌炽编,潘承弼增补:《滂喜斋藏书记》卷三,见《续修四库全书》编纂委员会、复旦大学图书馆古籍部编:《续修四库全书》第926册,上海古籍出版社2003年版,第464页。

之书。

藏书室名曰青桐轩。

藏书印有蒋印廷锡、蒋扬孙考藏记、蒋氏家藏图书印、廷锡、扬孙等。

蒋　溥(1708—1761)　蒋廷锡子。字质甫,号恒轩,常熟人。“雍正七年,赐举人。八年,进士,改庶吉士,直南书房,袭世职。廷锡卒,溥奉丧归,命葬毕即还京供职。十一年,授编修。四迁内阁学士”①。历官湖南巡抚、吏部侍郎、军机处行走,擢户部尚书,加太子少保,屡迁至东阁大学士,兼领户部尚书。卒,赠太子太保,赐祭葬,谥文恪,入祀贤良祠。著有《恒轩诗钞》。子檙,进士,自编修累迁兵部侍郎②。生平事迹参见李元度《国朝先正事略》卷十三《名臣·蒋文恪公溥》。

蒋溥雅好藏书,钞本有汉释摩胜、法兰译《四十二章经》一卷。

(十二)探花徐秉义

徐秉义(1633—1711)　初名与仪,字彦和,号果亭,清昆山人,居昆山马鞍山北的遂园。开法子,顾炎武之甥,乾学弟。“康熙十二年一甲三名进士。十四年,充浙江乡试正考官。二十一年,迁右春坊右中允。寻乞假归里。乾学既卒后,又召补原官。累迁侍读庶子、少詹事”③,擢礼部侍郎,旋调吏部,皆兼管詹事府,充经筵讲官,官至内阁学士,乞休归。卒于家,赐祭葬如例。时人评为“文行兼优”。康熙四十四年(1705)康熙帝南巡时,其陪同登玉峰,游徐乾学家遂园。康熙帝赐御“恭谨老成”匾额于徐秉义,对其一生予以肯定。著有《易经识解》五卷及《耘圃培林堂代言集》、《明末忠烈纪实》二十卷等。

徐秉义归里后,家居杜门以藏书、著述为事,据《同治苏州府志》:“秉义通籍后,以兄弟并在华省,深怀谦退,杜门却扫,购求古书,或借稿本抄录。”④嘉善柯光禄称:“宫詹性恬荣进,称疾家居,筑室山南曰耘圃。榱桷朴素,列贮缥湘,竹坞萧森,莲池淡荡,游其门者倏然有遗世之思。”⑤与名儒黄宗羲、万斯同等切磋,且留心桑梓。《同治苏州府志·陆陇其〈三鱼堂日记〉》:“会徐果亭。徐言学问不在多积书,然书可以备查考;书亦不必皆宋版,然宋版可以资校对。”⑥其抄本有元吴师道《礼部集》二十卷。

---

① 赵尔巽等撰:《清史稿》卷二百八十八《列传七十六·蒋廷锡传》,第34册,中华书局1977年版,第10252页。

② 赵尔巽等撰:《清史稿》卷二百八十八《列传七十六·蒋廷锡传》,第34册,中华书局1977年版,第10253页。

③ 王钟翰点校:《清史列传》卷十《大臣画一传档正编七·徐乾学附秉义》,第3册,中华书局1987年版,第684页。

④ (清)李铭皖、谭钧培修,(清)冯桂芬纂:《同治苏州府志(三)》卷九十五《人物二十二·徐元文》,见《中国地方志集成·江苏府县志辑》(9),江苏古籍出版社1991年版,第481页。

⑤ (民国)天台野叟著,许朝元点校:《大清见闻录》中《名人逸事·昆山徐氏昆季》,中州古籍出版2000年版,第96页。

⑥ (清)叶昌炽著,王欣夫补正,徐鹏辑:《藏书纪事诗》卷四,上海古籍出版社1989年版,第394页。

藏书处名曰培林堂,《昆新两县续修合志》卷十三载:"吏部侍郎徐秉义第在富春桥西,有培林堂,后有耘圃。"①编有《培林堂书目》,依四库分部类甚详,奏议不入于史而入于集。子部有丛书11种。著录约3300种。有元版数种。多自抄本,不少尚未装订。

(十三)尤　珍

尤　珍(生卒年不详)　"字谨庸,江南长洲人。康熙壬戌进士"②,改庶吉士,授编修,官至右春坊右赞善。著有《沧湄诗钞》。《晚晴簃诗汇》卷四十七有其传。

其始祖尤袤有藏书处遂初堂,"藏书三万卷",后有"万卷楼"③。《乾隆长洲县志》亦载:其父"尤侗,字展成,号悔庵。先世家无锡,始祖袤以文学政事著。南渡后徙居长洲之斜塘。侗生而警敏,博闻强记有才名,以贡谒选除永平府推官,法绳旗丁降调,后以博学鸿词征授翰林院检讨,分修《明史》,撰志传多知《三百篇》。子珍成进士,改庶吉士,乃告归。家居以诗文缣素请者盈庭户,挥洒不倦"④。尤氏家学门风是以藏书为基础,以读书传其家族文脉,绵延不断。

(十四)张如锦

张如锦(1661—?)　字倬庵,长洲人。张"汉孙,壬戌中式知县,康熙二十四乙丑陆肯堂榜"⑤。彭定求云:"倬庵弱冠成进士,年力富强,足以读等身书。而有承年伯循斋先生之教,余每过介石堂中,见其一室图书,左右环列,父子兄弟间相与称先道古,如素心师友,尝叹羡其乐,以为不可致。兹以暇日研精古史,其所论断,以视尹氏之发明,刘氏之书法,未知何如,要以参订得失,综贯首尾,上下四千余年,了然若列眉指掌。"⑥

(十五)张尚瑗

张尚瑗(生卒年不详)　字弘遽,号损持,清吴江人。清"康熙戊辰进士,官翰林院庶吉士。改江西兴国知县"⑦。为官清正,得民爱戴,与宋程珦、卢宁,明海瑞知兴,先后媲美县史,不愧为一代名宦。主修《潋水志林》,颇获时誉,是兴国现存古方

---

① (清)李福沂、汪堃等纂修:《光绪昆新两县续修合志》卷十三《第宅园亭二》,见《中国地方志集成·江苏府县志辑》(16),江苏古籍出版社1991年版,第223页。

② (清)沈德潜编:《清诗别裁集》卷十三,上海古籍出版社2013年版,第524页。

③ (清)裴大中、倪咸生修,(清)秦缃业等纂:《光绪无锡金匮县志》卷十四《古迹·锡麓书堂》,见《中国地方志集成·江苏府县志辑》(24),江苏古籍出版社1991年版,第196页。另卷四十《杂识》有尤袤书法内容,第667页。

④ (清)李光祚修,(清)顾诒禄纂:《乾隆长洲县志》卷二十五《人物四·尤侗》,见《中国地方志集成·江苏府县志辑》(13),江苏古籍出版社1991年版,第313页。

⑤ (清)李光祚修,(清)顾诒禄纂:《乾隆长洲县志》卷二十《科目》,见《中国地方志集成·江苏府县志辑》(13),江苏古籍出版社1991年版,第224页。

⑥ 王雨著,王书燕编纂:《王子霖古籍版本学文集》第2册《古籍善本经眼录·编年类》,上海古籍出版社2006年版,第24—25页。

⑦ (清)沈德潜编:《清诗别裁集》卷十七,上海古籍出版社2013年版,第670页。

志中最完备、最具地方特色、最有历史价值的志书，历为方志界所推崇。又主修《康熙赣州府志》七十八卷首一卷，“本志以资料丰富见称，黄汝铨序称：‘张君更为旁搜绍远，盖求前志之所未逮。人物增者有什四五，人物之姓名具而事迹未备，增者有什二三，异闻轶说、典章制度增有什六七；诗文简牍增者不啻什之八九。举旧删较之，大有径庭，若河汉焉。’本志与明天启谢志，后人并称‘名笔’”①。生平事迹参见清郑方坤《本朝名家诗钞小传》卷三《石里诗钞小传·张尚瑗》。

张尚瑗好藏书，“去官后，笺疏诸经甚富，已镌者有《三传折诸》”②，可见家中藏书不少。杨复吉后发现其遗著《石里杂识》，刻入《昭代丛书》第二十七册，跋云：“损持先生藏书甲于吾邑，著作亦复等身。不数十年，飘零散佚，与子姓而俱尽矣。生前付梓惟《三传折诸》《潋水志林》，余皆湮没不彰。今得此编，虽卷帙寥寥，而粒珠寸绵仅存者，亦作者之鲁灵光壁也。”③杨复吉《梦阑琐笔》云：“宋汪彦章藻《浮溪文萃》十五卷，明初板，用兰纸印，颇工致，首有旷翁及山阴祁氏家藏印，后附刊罗鄂州《遗文》二篇，乾隆庚辰，购之张太史损持后人。周霆震《石初集》十卷，较他本多几倍蓰，损持先生任兴国时所钞。壬寅岁，鲍渌饮过访，见而爱之，余因持赠。后有《元文选》之役，向禄饮索之。久无以报，存亡不可必矣。”④

（十六）惠周惕父子进士

惠周惕（1641—1697）　初名恕，字元龙，号砚溪，亦作研溪，吴县东渚人，后迁居苏城东葑门冷香溪之北。清“康熙十八年，举博学鸿儒科，丁忧，不与试。三十年，成进士，改翰林院庶吉士，散馆以知县用，选直隶密云县知县，卒于官。周惕邃于经学，为文章有深度。著有《易传》二卷、《诗说》三卷、《三礼问》六卷、《春秋问》五卷、及《砚溪诗文集》”⑤。“清二百余年谈汉儒之学者，必以东吴惠氏为首。惠氏三世传经，周惕其创始者也”⑥。生平事迹参见清郑方坤《惠吉士周惕小传》及《砚溪诗钞小传》、《清史稿》四百八十一《列传二百六十八·惠周惕传》。

惠周惕“父有声⑦，字朴庵，明岁贡生，与同里徐枋友善，以九经教授乡里，尤精于时。研溪先生少传家学，又从徐枋、汪琬游，工诗文词。既壮，阨于贫，遍游四方，

---

① 郑克强总主编：《赣文化通典·方志卷》，第九章，江西人民出版社2013年版，第517页。

② （清）沈德潜编：《清诗别裁集》卷十七，上海古籍出版社2013年版，第670页。

③ 引郑伟章著：《文献家通考》卷二《张尚瑗》，中华书局1999年版，第108页。

④ （清）杨复吉《梦阑琐笔》癸集，见王德毅主编：《丛书集成续编》第23册，（台湾）新文丰出版公司1988年，第703页。

⑤ 王钟翰点校：《清史列传》卷六十八《儒林传下一·惠周惕子士奇孙栋》，第17册，中华书局1987年版，第5467页。

⑥ 赵尔巽等撰：《清史稿》卷四百八十一《列传二百六十八·惠周惕传》，第43册，中华书局1977年版，第13179页。

⑦ 按：惠有声（1608—1677），字律和，号朴庵，明岁贡生。与同里徐枋友善，以《九经》教授乡里，尤精于《诗》。有《左传补注》一卷、《百岁堂书目》四卷等，皆不传。

与当代名士交，秀水朱彝尊亟称之，文名益著”[①]。又好聚书，藏书颇多，其藏书处名曰红豆书屋。《县志》云：“居近东禅寺，寺故有红豆树数十年一花，沈处士周、文待诏徵明所觞咏处也。花时，周惕折一枝插于庭，树遂成荫，因名红豆山房。”[②]朱彝尊《题惠周惕红豆书庄图》：“一入画图看便好，城居僻似沈尤村。”又云：“他日招邀葑田北，一帆风饱似张弓。”[③]清吴翌凤云：惠周惕“所居在吴城东南冷溪之北，有红豆山房。先是，东禅寺有红豆树，相传为白鸽禅师所种，砚溪移一株于庭，因自号红豆主人。子士奇，字仲孺，一字天牧；孙栋，字定宇，并以经学史其家。砚溪、天枚两先生皆入翰林，人称‘老小红豆’云”[④]。《荛圃藏书题识》卷一著录旧钞本《徐陶园存友札小引》不分卷，黄氏跋云：“是书向储郡中惠红豆山房，惠砚溪。先生婿于徐，故陶园著述留于婿家，红豆后人陵替，其三代所藏书半归散佚。余收得甚多，此其一也。”[⑤]

惠氏又有藏书室名曰百岁堂，据《苏州府志》载《惠氏百岁堂书目》三卷，今原书已散佚。百岁堂者，惠栋曾祖有声之堂名也，有声因其祖惠洪寿至105岁，故建百岁堂以纪念之，并请徐枋为之记。《浒野关志》卷十七载惠周惕编《百岁堂书目》四卷，可见有声时藏书已甚多，祖孙相继，直至惠栋，此堂名仍存。《荛圃藏书题识》卷二有其旧藏元本《蜀鉴》十卷，黄氏跋云：“昨岁五柳主人以残刻本见遗，缺首二卷，楮墨古雅，洵为旧刻，卷端有红豆书屋印，因检惠氏《百岁堂藏书目》，于史部云：《蜀鉴》十卷。李文子刻，元椠。知为松崖先生家藏本，惜所缺无由补全，心甚怅怏。”[⑥]上海图书馆藏《汉书纂录》，惠士奇、惠栋批校，劳格钞本。据钞本所记，叙例上方尚有“惠印士奇”“半农”诸印。惠栋题记曰：“此先曾王父百岁堂藏书也。朱笔为先君阅本，墨笔及注乃栋添也。余家世通汉学，尝谓乱《左传》者杜预，乱《汉书》者颜籀，故《左传》扶贾、服，《汉书》用古注，一经一史，淆乱已久，他日当为两书删注以存古义、诏后学耳。”[⑦]又卷六明刻本《史通》二十卷，每册皆有“砚溪”“检亭藏书”印记[⑧]；明陆包山手写稿本《孔子家语》十卷，有春草闲房、春草闲房手定、惠印周惕、元龙、红豆

---

① （清）江藩《惠吉士记》，见（清）钱仪吉纂，靳斯标点：《碑传集》卷四十六《翰詹中之上·惠周惕》，第4册，中华书局1993年版，第1294页。

② （清）李光祚修，（清）顾诒禄纂：《乾隆长洲县志》卷二十五《人物四·惠周惕》，见《中国地方志集成·江苏府县志辑》（13），江苏古籍出版社1991年版，第317页。

③ （清）叶昌炽著，王欣夫补正，徐鹏辑：《藏书纪事诗》卷四，上海古籍出版社1989年版，第420页。

④ （清）吴翌凤撰，吴格点校：《逊志堂杂钞》之《己集》，中华书局出版1994年版，第79页。

⑤ （清）黄丕烈著，屠友祥校注：《荛圃藏书题识》卷三《徐陶园存友札小引》，上海远东出版社1999年版，第144—145页。

⑥ （清）黄丕烈著，屠友祥校注：《荛圃藏书题识》卷二《蜀鉴》，上海远东出版社1999年版，第91页。

⑦ 引漆永祥《东吴三惠著述考》，见袁行霈主编：《国学研究》第14卷，北京大学出版社2004年版，第378页。

⑧ 邓邦述《寒瘦山房鬻存善本书目》卷六，见邓邦述撰，金晓东整理，吴格审定：《群碧楼善本书录 寒瘦山房鬻存善本书目》，《中国历代书目题跋丛书》第4辑，上海古籍出版社2014年版，第473页。

村庄、惠栋之印、定宇、王鸣盛印、西庄居士诸印①。

惠士奇(1670—1741) 惠周惕次子。字天牧,一字仲孺,晚自号半农居士,海内学者称红豆先生,吴县东渚人,后徙居苏州葑门唐家巷,宅名冷香别馆。清"康熙五十年进士,选翰林院庶吉士,授编修。两充会试同考官。圣祖尝问廷臣,谁工作赋,内阁学士蒋廷锡以王顼龄、汤右曾及士奇三人对"。康熙"五十九年,充湖广乡试正考官,寻提督广东学政,以经学倡多士,三年之后,通经者多"②,士风大振。因病辞官后,在家研究经史,晚年尤精于经。古音古字,皆分别注疏,援引诸史百家之文,以为佐证。史称:士奇"盛年兼治经史,晚尤邃于经学,撰《易说》六卷,《礼说》十四卷,《春秋说》十五卷"。又"著《交食举隅》三卷,《琴笛理数考》四卷"③及《红豆斋小草》《咏史乐府》《南中集》《采蓴集》《归耕集》《人海集》《时术录》等。生平事迹参见李元度《国朝先正事略》卷三十三《经学·惠天牧先生事略》、杨超曾《翰林院侍读学士惠公墓志铭》及江藩《惠吉士记·侍读士奇》。

惠士奇承家学渊源,嗜读书、著述及藏书,"少时读《廿一史》,皆手自抄写"④。门生杨超曾记其学术贡献甚详:"公承朴庵、研溪两公之后,以古学世其家,自少笃志经术。及官翰林,公暇日手一编,孜孜矻矻,无须臾之闲。迨其晚年,学益精粹。著《易》《礼》《春秋》诸说,大抵以经为纲领,以传为条目,以周、秦诸子为左证,以《两汉》诸儒为羽翼。信而好之,择其善而从之。疑则阙之,遐搜博考。极深研几,无所不通,无所不贯。盖《五经》自周、秦以后,儒分为八,七十子之流风未沐。汉当绝续之交,去古未远,屋壁所藏,女子所献,老生所口述,尚得其宝。历汉四百余年,授受源流,各有家法。至东晋而其学始亡。自是以后,旧闻放失,俗师失读,人用其私。公独倡绝学于数千百年之后,蔚然一代儒宗。使雅言古训,粲然复明于世,潘瀾戋余,犹足沾溉后学,故曰公之学非一世之学也。"⑤明崇祯十七年(1644),毛氏汲古阁刻本《三国志注》六十五卷,有傅增湘跋云:"假季父所藏惠半农先生阅本临校一过,黄笔少年,墨笔晚年。"⑥惠氏又好藏书,旧钞本《昭德先生郡斋读书志》四卷《后志》二卷《考异》一卷《附志》一卷,"世所谓'袁本读书志'是也。有公武自序,杜鹏举、黎安朝序。钤有'惠印士奇'朱文方印,'红豆书屋'朱文长方印,'臣栋'白文,'松崖'

---

① 叶景葵著,柳和城整理:《卷盦藏书记》,见上海图书馆历史文献研究所编:《历史文献》第17辑,上海古籍出版社2013年版,第20—21页。

② 赵尔巽等撰:《清史稿》卷四百八十一《列传二百六十八·惠士奇传》,第43册,中华书局1977年版,第13179页。

③ 赵尔巽等撰:《清史稿》卷四百八十一《列传二百六十八·惠士奇传》,第43册,中华书局1977年版,第13179页。

④ (清)杨超曾《翰林院侍读学士惠公墓志铭》,见(清)钱仪吉纂,靳斯标点:《碑传集》卷四十六《翰詹中之上·惠士奇》,第4册,中华书局1993年版,第1310页。

⑤ (清)杨超曾《翰林院侍读学士惠公墓志铭》,见(清)钱仪吉纂,靳斯标点:《碑传集》卷四十六《翰詹中之上·惠士奇》,第4册,中华书局1993年版,第1308页。

⑥ 傅增湘撰:《藏园群书经眼录》卷三《史部一》,中华书局1983年版,第204页。

朱文连珠印,‘红豆村庄’朱文方印”[①]。《金石录》三十卷,惠氏红豆山房校本,有“红豆山房校正善本”“惠士奇”“春草阁手定”“红豆书屋”“臣栋”“松崖”等印[②];明成化间刊本《三礼考注》六十四卷,卷内有“惠印士奇”“号曰半农”“中吴陈满字祖虞珍藏书画印”“王连石珍赏”等印记,今藏北京大学图书馆。《持静斋书目》著录《吕氏春秋》二十六卷,“明天启丁卯刊本,又经训堂刊本,乾隆癸丑朱邦衡秋崖以惠半农批本校过”[③]。

藏书处为红豆书屋,藏书印有惠印士奇、红豆村庄、号曰半农等。

惠氏父子又好刻书,如康熙间惠氏红豆斋刻惠周惕撰《砚溪先生诗说》三卷,复旦大学图书馆有藏;惠周惕撰《砚溪先生全集》十一卷,南京图书馆有藏;《半农先生集》三卷,惠士奇撰,惠氏红豆斋刻本,中国国家图书馆藏。

惠士奇有七子,栋最知名。惠氏自有声始,精研汉学,代有藏书。传经四世,至惠栋总其大成。惠氏三代藏书皆由惠栋递藏。惠栋(1697—1758),字定宇,号松崖,人称小红豆先生。“元和学生员。自幼笃志向学,家多藏书,日夜讲诵。于经、史、诸子、稗官野乘及七经毖纬之学,靡不津逮。小学本《尔雅》,六书本《说文》,馀及《急就章》,《经典释文》,汉、魏碑碣,自《玉篇》《广韵》而下勿论也。乾隆十五年,诏举经明行修之士,陕甘总督尹继善、两江总督黄廷桂交章论荐。会大学士、九卿索所著书,未及呈进,罢归”[④]。生平事迹参见王昶《惠定宇先生墓志铭》。

惠栋为清著名汉学家,藏书名家。据江藩云:“初,研溪先生由东渚村迁居郡城东南香溪之北,郡城东禅寺有红豆一株,相传白鸽禅师所种,老而枯矣。至是时,复生新枝,研溪先生移一枝植阶前,生意郁然。僧睿、目存为绘红豆新居图,自题五绝句。又赋《红豆词》十首,和者二百余人。四方名士过吴门者,必停舟访焉,因自号红豆主人。所以乡人称研溪先生曰‘老红豆先生’,半农先生曰‘红豆先生’,松崖先生曰‘小红豆先生’。”[⑤]栋承家学,“自幼笃志向学,家多藏书,日夜讲诵,自经史、诸子、百家、杂说、释道二藏,靡不津逮”。“中年课徒自给,陋巷窭空,处之坦如。雅爱典籍,得一善本,倾囊弗惜,或借读手钞,校勘精审,于古书之真伪,了然若辨黑白”[⑥]。收藏善本甚多,如中国国家图书馆藏有明嘉靖四年(1532)辽藩朱宠瀼梅南书屋重刻

① (清)缪荃孙著,黄明、杨同甫标点:《艺风藏书记》卷五,上海古籍出版社2007年版,第115页。

② (清)翁方纲撰,吴格整理:《翁方纲纂四库提要稿》史部《目录类》,文化局澳门中央图书馆2005年版,第439页。

③ (清)丁日昌撰,路子强、王雅新标点:《持静斋书目》卷三《子部》,上海古籍出版社2008年版,第316页。

④ 赵尔巽等撰:《清史稿》卷四百八十一《列传二百六十八·惠栋传》,第43册,中华书局1977年版,第13180页。

⑤ (清)江藩《侍读惠士奇》,见(清)钱仪吉纂,靳斯标点:《碑传集》卷四十六《翰詹中之上·惠士奇》,第4册,中华书局1993年版,第1298页。

⑥ (清)钱大昕著,吕友仁校点:《潜研堂集·文集》卷三十九《惠先生栋传》,上海古籍出版社2009年版,第698页。

弘治袁宏本，有惠栋批点，徐时栋、邓邦述跋。有红豆斋收藏、重远书楼、惠栋之印、城西草堂、徐时栋秘籍印等印。

其藏书处乃为红豆书屋、百岁堂、九曜斋。

藏书印有小红豆、惠定宇手校本、红豆村庄、臣栋、松崖、红豆山房所收善本、红豆定宇、惠栋印信、惠定宇借观、红豆斋等。

（十七）会元、传胪汪士鋐

汪士鋐（1658—1723）　字文升，号退谷，又号秋泉，长洲人。汪琬从子，汪份弟[①]，受学于兄。其兄弟四人俱有文名，时号“吴中四汪”。又与姜宸英齐名。称“姜汪”。康熙三十五年（1696）丙子科顺天进士，“康熙三十六年二甲一名进士，授翰林院修撰，官至右中允，入直南书房”[②]。丁父忧期间，“遂奉旨在扬州校刊《全唐诗》。服除，补官，以四十六年夏赴京，特升右春坊右中允，兼翰林院编修，充日讲官起居注”[③]，入直南书房。生平著述甚富，尤勤考古，“陈鹏年出《瘗鹤铭》于江，士鋐为《考》一卷，时称详核”[④]。又“工诗古文辞。著述多考证金石古迹制度之作”[⑤]。撰有《皇舆全览》《陕西省志》《近光集》《余集》《四六金桴》《赋体丽则》《全秦艺文志》《三秦纪闻》《玉堂掌故》《华岳志》《元和郡县志补阙》《长安宫殿考》等数十卷，皆藏于家。其自著《秋泉居士集》若干卷亦家藏未刻[⑥]，又尝奉敕纂修者《全唐诗》。生平事迹参见沈彤《右春坊右中允汪先生鋐行状》。

其兄汪份，“字武曹，祖希汲、父网。少随希汲沂州牧任，希汲以官逋系狱，份侍侧，读书昼夜不休，狱吏奇之。康熙癸未成进士，选庶吉士，授编修。留心掌故，其《黄河考》一书尤关河治，又增订《四书大全》，艺林所推传。时《文选》本转以此掩其实学也。视学云南未行而卒。弟钧，字右衡，康熙壬午举人。除句容教谕，课士有程，著有《诒白轩文钞》。士鋐，字文升，工诗文，尤善书法，康熙丁丑会试第一，授编修，官至左中允”[⑦]。汪士鋐“少受学于份，与份暨兄钧、弟倓，俱知名，时称‘吴中四

① 按：汪份，字武曹，清长洲人。康熙四十三年（1704）甲申科进士，改翰林院庶吉士，散馆授编修。奉命督学云南，事迹见《清史列传》卷七十一《文苑二》。

② 王钟翰点校：《清史列传》卷七十一《文苑传二·汪份弟士铉》，第18册，中华书局1987年版，第5813页。

③ （清）沈彤《右春坊右中允汪先生鋐行状》，见（清）钱仪吉纂，靳斯标点：《碑传集》卷四十七《翰詹中之中·汪士鋐》，第4册，中华书局1993年版，第1318页。

④ 王钟翰点校：《清史列传》卷七十一《文苑传二·汪份弟士鋐》，第18册，中华书局1987年版，第5813页。

⑤ 邓之诚撰：《清诗纪事初编》卷三《甲编上·江南》，上海古籍出版社2013年版，第328页。

⑥ （清）沈彤《右春坊右中允汪先生鋐行状》，见（清）钱仪吉纂，靳斯标点：《碑传集》卷四十七《翰詹中之中·汪士鋐》，第4册，中华书局1993年版，第1319页。

⑦ （清）李光祚修，（清）顾诒禄纂：《乾隆长洲县志》卷二十五《人物四·汪份》，见《中国地方志集成·江苏府县志辑》（13），江苏古籍出版社1991年版，第320页。

汪'。士鋐善诗古文词,尤工书法,与姜宸英齐名,号'姜汪'"[①]。书法与姜宸英并称"姜汪",与笪重光、姜宸英、何焯并称康熙四大家。清康熙四十七年(1708),"以丁继母忧去官,遂不复补。闲居无事,卜宅于京师之日南坊,疏泉种树,日赋诗著文,临古书法于其间以自娱"。其"为书有奇势,横纵自放,而分间布白无分寸失,名公卿碑版多出其手"[②]。

除以书法著名外,收藏古籍亦为知名,所收藏古书数千册,上万卷。《张先生校正杨宝学易传》二十卷,宋刊本,卷首有"夷白轩""真宝斋图书记""汪士鋐印""文升""民部尚书""平阳汪氏藏书印"诸朱记[③];《礼经会元》四卷,元至正二十五年(1365)刊本,"书叶签题署'夷白轩藏',有'夷白轩'印,卷二、三有'汪士鋐印''文升'二印"[④]。明钞本《皇明献宝》三十九卷,有"'汪士鋐考藏''小仓山房袁氏''韩小亭''石莲盦''章钰'"[⑤]诸藏印。

其藏书处有夷白轩、松南书屋、宝苏堂等,藏有宋元名椠数种。

藏书印有夷白轩藏、退谷汪士鋐、越国王孙、宝苏堂、松斋、秋泉、吴郡等。

(十八)榜眼严虞惇

严虞惇(1650—1713)　字宝成,一作赞成,号思庵居士,别号草亭主人、无辙道人等,常熟人。"裔出唐给事中讳悦,后累迁居常熟。明世宗朝,文靖公讳讷,起嘉靖辛丑进士,历官太子太保、吏部尚书、武英殿大学士,赠少保,为名相,是先生高祖也。曾祖讳泽,中书舍人。祖讳栻,崇祯甲戌进士,官兵部职方司员外郎,即髻珠先生也。"[⑥]虞惇登"康熙三十六年一甲二名进士,授翰林院编修。虞惇生有异禀,《九经》《三史》,幼即成诵。官翰林,馆阁文字,多出其手"[⑦]。康熙三十八年,以顺天科场事牵连革除归里。康熙四十八年,起"充四川乡试副考官,五十二年,充湖广乡试正考官,皆称得人。累迁至太仆寺少卿"[⑧]。"癸巳典试湖广,搜闱牍万余卷,榜发虽被放,皆厌服,竟以劳卒"[⑨]。著有"《诗经质疑》数十卷、《文献通考详节》二十四卷。

---

① 王钟翰点校:《清史列传》卷七十一《文苑传二·汪份弟士鋐》,第18册,中华书局1987年版,第5813页。

② (清)沈彤《右春坊右中允汪先生鋐行状》,见(清)钱仪吉纂,靳斯标点:《碑传集》卷四十七《翰詹中之中·汪士鋐》,第4册,中华书局1993年版,第1318页。

③ (清)瞿镛撰:《铁琴铜剑楼藏书目录》卷第一《经部一》,见《清人书目题跋丛刊三》,中华书局1990年版,第20页。

④ 罗振常撰,汪柏江、方俞明整理:《善本书所见录》卷一《经部》,上海古籍出版社2014年版,第10页。

⑤ 王文进撰,柳向春标点:《文禄堂访书记》卷第二,上海古籍出版社2007年版,第109页。

⑥ (清)杨绳武《诰授中宪大夫太仆寺少卿严先生虞惇墓表》,见(清)钱仪吉纂,靳斯标点:《碑传集》卷四十一《内阁九卿中·严虞惇》,第4册,中华书局1993年版,第1133页。

⑦ 王钟翰点校:《清史列传》卷七十一《文苑传二·严虞惇》,第18册,中华书局1987年版,第5807页。

⑧ 王钟翰点校:《清史列传》卷七十一《文苑传二·严虞惇》,第18册,中华书局1987年版,第5807页。

⑨ (清)郑钟祥、张瀛修,(清)庞鸿文等纂:《光绪常昭合志稿》卷二十六《人物五·耆旧·严虞惇》,见《中国地方志集成·江苏府县志辑》(22),江苏古籍出版社1991年版,第407页。

其所辑《易经》及《通鉴提要》，惜未成帙”[①]。生平事迹参见李元度《国朝先正事略》卷四十《文苑·严虞惇》、郑方坤《本朝名家诗钞小传》卷三《太仆诗钞小传》、《清史稿》卷四百八十四《列传二百七十一·严虞惇传》。

虞惇父严熊，字武伯，号白云，常熟人。“明诸生，鼎革后不复出，人称白云先生”[②]。严熊学问淹博，谙熟地方掌故，尤工法书及诗文，“晚年里居，与名流酬唱，楷书的外家文待诏（文徵明）之传，与修邑志及《江南通志》，有诗集”[③]。著有《严白云诗集》《怀旧续集》。在其父影响下，虞惇“其学原本经史，旁及百家，尤精于毛、郑之学，折衷群说，著《读诗质疑》三十一卷，《附录》十五卷，《删定文献通考详节》二十四卷。诗古文详赡有体，经义以理气胜，后学多师尊之。居闲曹，萧然四壁，而士之贽文字就品题者趾相周属。客退既兀坐一室，丹黄不去手，至老弥笃，列祀乡贤”[④]。又喜藏书且富藏书，早年曾得文震孟家旧藏，所藏颇为精审。元刻本《资治通鉴》二百九十四卷，有虞惇跋文，卷末钤有“严虞惇读书记”诸朱记[⑤]；元刊本《增广注释音辨唐柳先生集》四十三卷《别集》二卷《外集》二卷《附录》一卷，瞿氏跋云：“旧为严氏藏本，卷末题云：康熙岁次壬戌秋八月二十有三日戊戌严虞惇阅记，卷首有‘严虞惇印’‘正学图书’‘凤凰草堂’诸朱记。”[⑥]严虞惇尝亲手笔抄《大佛顶首楞严经》十卷，二册，唐释般剌密帝、弥迦释迦译。封面题签“严思庵先生楞严经真迹，裔孙钟瑞竹君氏谨藏，戊子大暑同里后学卫铸署笺”。是书钤印有严印虞惇、宝成、思庵居士、文靖后裔、松禅过眼、和、翁同龢观、均斋收藏、太平苏氏等[⑦]；张金吾《爱日精庐藏书志》卷三有严氏校阅和手识明嘉靖刊本《吕氏家塾读诗记》三十二卷[⑧]。

家有藏书楼名曰白醉楼、遗安堂、愿贤堂等。

藏书印有虞惇、严虞惇读书记、严印虞惇、宝成、思庵居士、文靖后裔等。

严虞惇卒后，其遗书由子严鎏递藏，《香港中文大学图书馆古籍善本书录》有

---

① （清）杨绳武《诰授中宪大夫太仆寺少卿严先生虞惇墓表》，见（清）钱仪吉纂，靳斯标点：《碑传集》卷四十一《内阁九卿中·严虞惇》，第4册，中华书局1993年版，第1135页。

② （清）杨绳武《诰授中宪大夫太仆寺少卿严先生虞惇墓表》，见（清）钱仪吉纂，靳斯标点：《碑传集》卷四十一《内阁九卿中·严虞惇》，第4册，中华书局1993年版，第1133页。

③ （清）郑钟祥、张瀛修，（清）庞鸿文等纂：《光绪常昭合志稿》卷二十六《人物五·耆旧·严虞惇》，见《中国地方志集成·江苏府县志辑》（22），江苏古籍出版社1991年版，第406页。

④ （清）郑钟祥、张瀛修，（清）庞鸿文等纂：《光绪常昭合志稿》卷二十六《人物五·耆旧·严虞惇》，见《中国地方志集成·江苏府县志辑》（22），江苏古籍出版社1991年版，第407页。

⑤ （清）瞿镛撰：《铁琴铜剑楼藏书目录》卷第九《史部二》，见《清人书目题跋丛刊三》，中华书局1990年版，第137页。

⑥ （清）瞿镛撰：《铁琴铜剑楼藏书目录》卷第十九《集部一》，见《清人书目题跋丛刊三》，中华书局1990年版，第283页。

⑦ 沈津著：《书城挹翠录》，上海社会科学院出版1996年版，第143—145页。

⑧ （清）张金吾撰，柳向春整理，吴格审定：《爱日精庐藏书志》卷三，上海古籍出版社2014年版，第42页。

《严太仆先生集》十二卷，清乾隆元年（1736）严有禧绳武堂刻本，杨绳武[①]序云："故太仆严先生……遗书甚富，子鎏能保守不失，距今几二十年，孙有禧始克谋授梓，而以力不足爰取诗古文刻以行世，其余著作将次第刊焉。"[②]藏书印有严鎏印、逸农、碧繅等。

严虞惇孙有禧，字厚载，号韦川，累官至河南按察使。有藏书、刻书处名曰绳武堂，刻印图书十余种。

（十九）何　焯

何　焯（1661—1722）　"初字润千，以哭母改字屺瞻。先世当元元统间，有义行旌门者，先生取以名其书塾，学者称义门先生。长洲人，补崇明县学生，选入太学。名声彰彻，乡先生诸公要人争欲出门下。"康熙四十一年"壬子，圣祖南巡，以安溪李文贞公（李光地）荐，召试直南书房。赐举人，偕试礼部，不第。又赐进士，对策高等，改庶吉士，命侍读八贝勒府。久之散馆，不授职，得旨再教习三年。先后丁外、内艰，服阕，又以文贞公荐赴阙，授编修，时甲午岁也"[③]。因性耿介，廉于财，每面斥人过，为忌者构飞语所中，至兴讼狱，病卒，赠侍讲学士。何焯"书法精妙，与吴县汪退谷中允齐名，与人尺牍，世争藏弆之以为宝贵。生平书不去前，闳观博考，大抵以经史为主盟。"著述不多，"其门人陆君锡畴曰：'吾师最矜慎。不肯轻著书。苟有所得，再三详定。以为可者，则约言以记之。积久遂成《道古录》若干卷。'"[④]又著有《困学纪闻笺》《义门读书记》《何义门集》等数十卷，其"所著诗古文词数百篇，《语古斋识小录》十数卷。方簿录时，门弟子恐中有振触语，悉烧之，无一篇存者"[⑤]。生平事迹参见李元度《国朝先正事略》卷三十三《经学·何义门先生事略》、《乾隆长洲县志》卷二十五《何焯传》。

1.何焯藏书与校书活动

何焯"少读书数行齐下，为文才思横发。及长，博学强识，敦气节，善持论，名重吴中"[⑥]。自少至老，口不绝吟，于经学、史学、诗文等都有深湛的造诣。又好藏书，所居小屋三间，藏书充栋，"蓄书数万卷"[⑦]，中多宋元旧椠，明版及钞本甚精。《临川先生文集》一百卷《目录》二卷，"宋王安石撰，明嘉靖翻宋本，何义门焯评点，略有校

---

① 按：杨绳武（1713前后在世），字文叔，吴县人。杨廷枢孙，杨无咎子，清康熙五十二年（1713）癸巳恩科进士，官翰林院编修。秉志节，通经术，不以诗人鸣也。著有《古柏轩文集》。

② 香港中文大学图书馆系统编：《香港中文大学图书馆古籍善本书录》之《集部》，香港中文大学出版社1999年版，第261页。

③ （清）吴翌凤撰，吴格点校：《逊志堂杂钞》之《己集》，中华书局出版1994年版，第80页。

④ （清）全祖望《翰林院编修赠学士长洲何公墓碑铭》，见（清）何焯著，崔高维点校：《义门读书记》附录，中华书局1987年版，第1279页。

⑤ （清）吴翌凤撰，吴格点校：《逊志堂杂钞》之《己集》，中华书局出版1994年版，第80页。

⑥ （清）沈彤《翰林院编修何先生焯行状》，见（清）钱仪吉纂，靳斯标点：《碑传集》卷四十七《翰詹中之中·何焯》，第4册，中华书局1993年版，第1324页。

⑦ 王钟翰点校：《清史列传》卷七十一《文苑传二·何焯传》，第18册，中华书局1987年版，第5816页。

定。……钤有'傲惰娇轻''吴下狂生''义门何氏家藏''何焯屺瞻''德符堂印',皆义门藏印也"①。《欧阳詹集》,黄裳跋云:"此明刻《欧阳詹集》,何义门、严长明两家旧藏,绵纸初印精丽,颇罕传本,惜失去五、六两卷。旧有休宁汪氏古香楼故物,明抄此本,即从此本初出。"②康熙四十九年(1710)蒋杲手写本,"有'康熙庚寅二月借义门师处校正诗集手录一册',题识二行"③。《清史稿》称何焯"通经史百家之学。藏书数万卷,得宋、元旧椠,必手加雠校,粲然楹帙。学者称义门先生,传录其说为《义门读书记》"④。何焯校勘考订古籍尤其所长,开清初考据之风气。对于何焯藏校并举,学者多有赞誉,全祖望称何焯笃志于学,"其读书,茧丝牛毛,旁推而交通之。必审必核,凡所持论,考之先正,无一语无根据"⑤。"圣祖闻其姓名,召直南书房,寻特赐甲乙科,入翰林。是时诸王皆右文,朱邸所聚册府,多资其校勘"⑥。吴翌凤称其"书签压架,以善本相互校雠,至再三不倦"⑦。方粲如亦称:"先生书不去前,闳观博考,而贯之以一,大抵经史为主盟。……书签压架,以善本对共校雠至再三。必如刘中壘所云'杀青'可缮写者乃已。"⑧顾广圻评价云:"义门手阅书及门下士所过最盛,往往有源流,盖见旧本多耳。"⑨傅增湘云:"义门勘正群书,致力甚勤,生平所见不下数百帙。其巨编流传者,如《文苑英华》一千卷藏沧州刘仲鲁家,《津逮秘书》十六集藏丰顺丁雨生家,其余若《元丰类稿》、《苏子美集》、《唐人选唐诗》八种、《中州集》,咸移录副本。敝箧所藏则有《史通》《文心雕龙》《李翰林别集》《元氏长庆集》《温飞卿集》,皆精审可诵。"⑩"尝考义门生平踪迹,在乡时得交毛斧季,入都后识徐健庵,故得多见古本秘籍。此南宋本《昌谷集》即从斧季假校者也。追櫜笔王府,供奉内廷,又获窥天禄、石渠之藏,而廉亲王在当时亦号为风雅,多藏善本,因益得穷搜博采,肆力丹铅。"⑪李葆恂云:"余酷嗜名人批点之书,谓能启发人神智。而义门先生

---

① 傅增湘撰:《藏园群书经眼录》卷十三《集部二》,中华书局1983年版,第1157—1158页。

② 黄裳著:《梦雨斋读书记》,岳麓书社2005年版,第84页。

③ 傅增湘撰:《藏园群书经眼录》卷十二《集部一》,中华书局1983年版,第1000页。

④ 赵尔巽等撰:《清史稿》卷四百八十四《列传二百七十一·何焯传》,第44册,中华书局1977年版,第13368页。

⑤ (清)全祖望《翰林院编修赠学士长洲何公墓碑铭》,见(清)何焯著,崔高维点校:《义门读书记》附录,中华书局1987年版,第1278页。

⑥ (清)徐珂编撰:《清稗类钞·鉴赏类·何义门雠正旧椠钞本》,第9册,中华书局1986年版,第4228页。

⑦ (清)吴翌凤撰,吴格点校:《逊志堂杂钞》之《己集》,中华书局出版1994年版,第80页。

⑧ (清)方粲如《翰林院编修赠侍读学士义门何先生墓圭铭》,见(清)钱仪吉纂,靳斯标点:《碑传集》卷四十七《翰詹中之中·何焯》,第4册,中华书局1993年版,第1327页。

⑨ 傅增湘撰:《藏园群书经眼录》卷十三《集部二·明弘治本〈后山先生集〉三十卷》,中华书局1983年版,第1182页。

⑩ 傅增湘撰:《藏园群书题记》卷第十二《集部二·题何义门校宋本李长吉诗集》,上海古籍出版社1989年版,第623—624页。

⑪ 傅增湘撰:《藏园群书题记》卷第十二《集部二·题何义门校宋本李长吉诗集》,上海古籍出版社1989年版,第624—625页。

尤为服膺。”[①]“其校定《两汉书》《三国志》最有名。乾隆五年，写其本付国子监，为新刊本所取正。”[②]全祖望云：“年来颇有嗜吾师之学者，兼金以购其所阅经史诸本。吴下估人多冒其迹，以求售，于是有何氏伪书而人莫之疑。”[③]故其所校书最有名，“手所校书，人争传宝”[④]。如尝校钞本《张来仪先生文集》一卷，黄丕烈跋云：“义门手校旧钞本《张来仪先生文集》，余于去秋友人钱塘何梦华介归海虞张君月霄。”[⑤]《猗觉寮杂记》二卷，何焯校旧写本，有何焯跋语[⑥]；《容斋随笔》十六卷《续集》十六卷《三笔》十六卷《四笔》十六卷《五笔》四卷，明崇祯三年(1630)马元调刊，清何复斋临何焯校评本[⑦]；《世说新语注》三卷，明嘉靖十四年(1535)袁褧嘉趣堂刊本，何焯据宋本校勘并跋[⑧]；卷十二有《台阁集》一卷，“汲古阁刊本。何义门焯据宋本手校，又以墨笔再校。有跋文”[⑨]。旧写本《宾退录》十卷，“卷末有‘临安府睦亲坊南宋陈宅经籍铺印’一行。后有宝祐五年千峰陈宗礼跋。何义门焯手校”[⑩]。明末毛氏汲古阁刊唐人八家诗本《薛许昌诗集》十卷，“何焯据宋本手校，用朱笔”[⑪]。《李文山诗集》三卷，“汲古阁刊本。何义门焯手校，补佚诗三首”[⑫]。《后山先生集》三十卷，明弘治十二年(1499)马暾刊本，顾广圻临何焯校跋[⑬]；旧写本《滏水文集》二十卷，有何义门焯手校并跋[⑭]。

其藏书处为赍砚斋、承筐书塾、语古小斋。

藏书印有何焯之印、太学何生、吴下狂生、义门藏书、家在桃花西坞、香案小吏何焯、义门何氏家藏、德符堂印、屺詹、玉堂清夏、心好异书性乐酒德、语古等数十枚[⑮]。

2.何焯藏书散佚与藏校本流布

关于何焯藏书散佚，黄丕烈跋《张来仪文集》云：“顷书友携故书数种来，中有

---

① 傅增湘撰：《藏园群书经眼录》卷八《子部一》，中华书局1983年版，第693页。

② (清)沈彤《翰林院编修何先生焯行状》，见(清)钱仪吉纂，靳斯标点：《碑传集》卷四十七《翰詹中之中·何焯》，第4册，中华书局1993年版，第1325页。

③ (清)全祖望《翰林院编修赠学士长洲何公墓碑铭》，见(清)何焯著，崔高维点校：《义门读书记》附录，中华书局1987年版，第1279—1280页。

④ 赵尔巽等撰：《清史稿》卷四百八十四《列传二百七十一·何焯传》，第44册，中华书局1977年版，第13369页。

⑤ (清)黄丕烈著，屠友祥校注：《荛圃藏书题识》卷九《张来仪文集》，上海远东出版社1999年版，第759页。

⑥ 傅增湘撰：《藏园群书经眼录》卷八《子部一》，中华书局1983年版，第684页。

⑦ 傅增湘撰：《藏园群书经眼录》卷八《子部一》，中华书局1983年版，第694页。

⑧ 傅增湘撰：《藏园群书经眼录》卷九《子部二》，中华书局1983年版，第748页。

⑨ 傅增湘撰：《藏园群书经眼录》卷十二《集部一》，中华书局1983年版，第1039页。

⑩ 傅增湘撰：《藏园群书经眼录》卷八《子部一》，中华书局1983年版，第708页。

⑪ 傅增湘撰：《藏园群书经眼录》卷十二《集部一》，中华书局1983年版，第1096页。

⑫ 傅增湘撰：《藏园群书经眼录》卷十二《集部一》，中华书局1983年版，第1114页。

⑬ 傅增湘撰：《藏园群书经眼录》卷十三《集部二》，中华书局1983年版，第1182页。

⑭ 傅增湘撰：《藏园群书经眼录》卷十五《集部四》，中华书局1983年版，第1289页。

⑮ 郑伟章著：《文献家通考》卷三《查昇》，中华书局1999年版，第144页。

《张来仪先生文集》，虽残毁已甚，余诧为得未曾有，因出重直购之。至于书之霉烂破损，系经水湿蒸润，故裱托为之。此又何义门归舟落水故事，余所见宋元旧籍，其藏本往往如是，固不待中有义门手校朱文而始信之也。"[①]所藏所校之书后为常熟瞿氏递藏的有：影钞宋本《吟窗杂录》五十卷，"卷首有何焯之印、臣荣之印、文宁诸朱记"[②]；校宋本《中兴气集》二卷，卷首有"何焯之印"朱记[③]；旧钞本《闲闲老人滏水文集》二十卷，"卷首有'髯''何焯之印'二朱记"[④]。旧钞本《程氏续考古编》十卷，瞿氏跋云："旧为何义门藏书。卷首有'何焯之印''惕甫借观'二朱记。"[⑤]关于《程氏续考古编》，傅增湘民国二十二年（1933）癸酉九月二十有二日记云："今春薄游南中，过海虞瞿氏书斋，得见旧钞全帙，为何义门藏书，惊为创获。"[⑥]流入内府有明版《帝学》八卷，"本朝何焯藏本，有印记，焯字屺瞻，长洲县人。翰林院编修，赠侍读学士。钤有'何焯之印'白文、'屺瞻'朱文、'义门何门家藏朱文'"[⑦]等印记。

（二十）宋　至

宋　至（1656—1725）　字山言，号方庵，又号纬萧散人，河南商丘人，寓居苏州，宋权[⑧]孙，宋荦次子，筠之兄。清康熙三十八年（1699）己卯科举人，"康熙四十二年进士，选庶吉士，授翰林院编修。曾典贵州乡试，督学浙江，所拔擢多名士。后以忧归，不复出仕，放情山水"[⑨]。尝入武英殿纂修大型辞书《佩文韵府》，工行楷，常为其父宋荦代笔。诗冲淡似香山，尤饶风趣。著有《牂牁集》《纬萧草堂诗集》。《中州先哲传·文苑》有其传。

---

① （清）黄丕烈著，屠友祥校注：《荛圃藏书题识》卷九《张来仪文集》，上海远东出版社 1999 年版，第 757—758 页。

② （清）瞿镛撰：《铁琴铜剑楼藏书录》卷第二十四《集部六》，见《清人书目题跋丛刊三》，中华书局 1990 年版，第 376 页。

③ （清）瞿镛撰：《铁琴铜剑楼藏书目录》卷第二十三《集部五》，见《清人书目题跋丛刊三》，中华书局 1990 年版，第 355 页。

④ （清）瞿镛撰：《铁琴铜剑楼藏书目录》卷第二十二《集部四》，见《清人书目题跋丛刊三》，中华书局 1990 年版，第 336 页。

⑤ （清）瞿镛撰：《铁琴铜剑楼藏书目录》卷第十六《子部四》，见《清人书目题跋丛刊三》，中华书局 1990 年版，第 238 页。

⑥ 傅增湘撰：《藏园群书题记》卷第七《子部二·钞本续考古编跋》，上海古籍出版社 1989 年版，第 385 页。

⑦ （清）于敏中等撰：《天禄琳琅书目》卷八，见《清人书目题跋丛刊十》，中华书局 1995 年版，第 169 页。

⑧ 按：宋权（1598—1652），字雨恭，一字平公，号梁园，又号元平，河南商丘人。天启元年（1621）辛酉科举人，天启五年（1625）乙丑科进士，累官翰林国史院大学士致仕。居原籍，召故友门人，以文字自娱，号曰"归德老农"，卒赠少保兼太子太保，谥文康。

⑨ 胡迎建主编：《鄱阳湖历代诗词集注评·清代》，江西人民出版社 2015 年版，第 547 页。

宋氏家族世代书香，从宋至高祖时已颇有藏书积蓄，至宋荦①及其子宋至与宋筠②兄弟藏书皆甚富，凡名人书画、宋元珍本，广事搜求，在江南购得大批秘书名画。汲古阁宋元秘本，多为宋氏所得。有《西陂书目》，计已著录数万卷，又有《青纶馆藏书目录》和《青纶馆宋元人集目》两种。

宋至受其父影响甚深，好藏书，其《买书》诗云："自分生涯逐蠹鱼，畏人止合就闲居。妻孥笑我迂疏甚，元日街头先买书。"③又有《书室初成有怀青门翁子湘兼赠李百药》诗，句云："我葺室两间，前与沧浪对。屋角树丛篁，间之以杂卉。蒲墩竹茶垆，位置风帘界。中颇蓄图史，稗说亦少备。庶几共晨夕，藉以开荒昧。"④

其藏书处名曰纬萧草堂、青纶馆。

有《青纶馆藏宋元人集目》一册，所录为所藏宋元人文集专目。此《书目》，潘景郑记之甚详："至字山言，为漫堂先生之子，登康熙癸未进士，授编修，官至浙江提学道，著有《纬萧堂诗集》。此册录所藏宋元专集编次子，当非全豹也。丁氏《持静斋书目》著录《青纶馆藏书录》一卷，国朝宋□□撰。后有跋云：'宋兰挥侍御，即满堂中丞之子。'盖误山言、兰挥为一人。叶氏《藏书纪事诗》，遂沿其失，竟以此目为宋筠所撰。然至、筠乃昆弟行，非一人也。余历年所见藏家著录善本，兰挥藏印，时一寓目，而《青纶》旧物，迄无一觏；二百年后，岂尽付劫灰耶？又漫堂所藏宋嘉泰残本《施注苏诗》十二卷，曾补阙付雕，今《目》中未见著录，是山言所守，犹未尽漫堂遗篋耳。《纬萧堂诗集》，余曾得之，写刻甚精，惜放置故乡，未及携来，遂付尘劫。展玩此编，怅惘何似！庚辰四月望日。"⑤

（二十一）陈祖范

陈祖范（1676—1754）　字亦韩，号见复，常熟人。雍正元年（1723）癸卯科会试中式，未殿试，因足疾告归，遂不复出。《光绪常昭合志稿》载：国华元孙，祖煌图。"祖范生而颖异，年十二赋锦衣归故里诗，落句云：'缊袍吾亦适，长揖对公卿。'足概其一生行检。为举子业，得江都郭嗣龄、长洲韩菼、同里严虞惇指授，而祖范意在抉经之心，见道之卓，其形于言者，允修而践之，而非徒外之文也。雍正癸卯年四十八，

---

① 按：宋荦（1634—1713），字牧仲，号漫堂、号西陂老人，别号绵津山人，河南商丘人。以荫入仕，官至吏部尚书。工诗词古文，精鉴赏，富收藏，亦能画。有《西陂类稿》四十二卷、《绵津山人诗集》二十四卷等数种，藏书极富，购书不遗余力，尤以获汲古阁藏书为珍秘，其藏书、读书处有西园，有《商丘宋氏西陂藏书目》。

② 按：宋筠（1681—1760），字兰挥，号晋斋，河南商丘人。清康熙四十八年（1709）进士，授翰林院检讨，官至奉天府尹，著有《商丘宋氏家乘》二十卷、《绿波园诗集》《使滇录》等。家富藏书，其藏书处名曰鱼麦堂、藏真精舍。

③ （清）宋至《纬萧草堂诗集》卷三，见《四库全书存目丛书》编纂委员会编：《四库全书存目丛书》集部，第225册，齐鲁书社1997年版，第678页。

④ （清）宋至《纬萧草堂诗集》卷三《书室初成有怀青门翁子湘兼赠李百药》，见《四库全书存目丛书》编纂委员会编：《四库全书存目丛书》集部，第225册，齐鲁书社1997年版，第681页。

⑤ 潘景郑著：《著砚楼书跋·钞本青纶阁藏宋元人集目》，上海古籍出版社2006年版，第127页。

春乡秋会,连捷中式,遽以足蹇告归,僦居华汇,研究经传,于时天下闻。"①"居数年,有诏天下设书院以教士,诸大吏闻先生通儒,争先延请为师,先生勉应之。在苏州紫阳书院三年,训课有法,士子至今思之。"②又历主徐州之云龙、安庆之敬敷、扬州之安定等书院。乾隆十六年(1751)荐举经学,授国子司业衔。曾与修《江南通志》,"著有《经咫掌录文稿》,皆经进呈。又诗文集、《昭文志》,今并行世"③。生平事迹参见《清史稿》卷四百八十《列传二百六十七·陈祖范传》。

其祖父陈煌图(1618—1694),字鸿文,乳名兰荪,曾改名为鸿,常熟人。明末清初时以书画、藏书名世。"少受业杨庭枢之门。崇祯壬午中副车,授翰林院典籍。归隐西湖北山草堂。顺治甲午,征前时仕宦之家居者,煌图年甫壮,以亲老不起。晚举乡饮宾,亦不赴。工篆隶,著有《隶释篆韵》六卷、《诗集》十卷、《从年随笔》六卷、《印可》四卷。"④明亡后,煌图于杭州西湖修"北山草堂""鸳啸斋",为起居、藏书处所。"喜藏书"⑤,又酷嗜旧本书,遇到明人先哲遗书,影写手抄,重金以购。藏书印有海虞陈氏永宝图书、鸳啸斋藏本等。其藏书由其子逢午⑥及孙祖范递藏。

陈祖范承其家学,"僦屋华汇之滨,健户读书,生徒裹粮相从,与吟社诸老唱和,月一宴集"⑦。又好藏书,"平生于六经三史及唐宋以下诸儒论者,披寻研味,纂抄不倦"⑧。其钞本有《尚书》不分卷,宋陈襄《古灵先生文集》二十五卷《附录》一卷,藏书甚多,其藏书室日华堂⑨,所藏书有"陈印祖范""见复"钤记。《陈司业集》十一卷由其子陈鋆日华堂而刻行之。

(二十二)沈　淑

沈　淑(1698—1730)　字季和,又字立夫,号颐斋,清常熟人。"自幼能遍读诸经,注疏宋元诸儒经解。雍正初元,联捷进士,选庶吉士,授编修。以峭直少合。又

① (清)郑钟祥、张瀛修,(清)庞鸿文等纂:《光绪常昭合志稿》卷二十六《人物五·耆旧·陈祖范》,见《中国地方志集成·江苏府县志辑》(22),江苏古籍出版社1991年版,第411页。

② (清)钱大昕著,吕友仁校点:《潜研堂文集》卷三十八《陈先生祖范传》,上海古籍出版社2009年版,第684页。

③ (清)郑钟祥、张瀛修,(清)庞鸿文等纂:《光绪常昭合志稿》卷二十六《人物五·耆旧·陈祖范》,见《中国地方志集成·江苏府县志辑》(22),江苏古籍出版社1991年版,第411页。

④ (民国)丁祖荫、徐兆玮总纂,常熟市地方志编纂委员会办公室标校:《重修常昭合志》卷二十《人物志·陈祖范》,上海社会科学院出版社2002年版,第1056页。

⑤ (清)郑钟祥、张瀛修,(清)庞鸿文等纂:《光绪常昭合志稿》卷二十六《人物五·耆旧·陈祖范》,见《中国地方志集成·江苏府县志辑》(22),江苏古籍出版社1991年版,第411页。

⑥ 按:陈逢午(生卒年不详),字方中,陈祖范父。笃行好学,终日教子读书,以立行为重,所著诗文甚富,兼工楷隶。

⑦ (清)钱大昕著,吕友仁校点:《潜研堂文集》卷三十八《陈先生祖范传》,上海古籍出版社2009年版,第684页。

⑧ (清)郑钟祥、张瀛修,(清)庞鸿文等纂:《光绪常昭合志稿》卷二十六《人物五·耆旧·陈祖范》,见《中国地方志集成·江苏府县志辑》(22),江苏古籍出版社1991年版,第411页。

⑨ 引叶瑞宝主编:《苏州藏书史》第三章《苏州私家藏书》,江苏古籍出版社2006年版,第336页。

善病，乞归养母，杜门著书”①。归里后，虽病仍手不释卷，惜早卒，年二十九。“其闳博精雠，所学尤长于《诗》《周礼》《仪礼》，撰《周官翼疏》，又辑《陆氏经典异文》《春秋三传异同》《分国地名职官器物》及《注疏琐语》，名曰《经玩制笺》，亦贯穿笺疏扶翼经传”②。

沈淑又好藏书，其藏书室名曰孝德堂，惜英年早逝，所藏无考。《常熟国家历史文化名城词典》及《历代藏书家辞典》录其名为藏书家。尝于雍正三年（1725）刻印自撰《经玩》四种十二卷。

（二十三）陈士林

陈士林（生卒年不详）　字杏村，常熟人。“登乾隆丁丑进士，任贵州瓮安、永从、施秉知县。……辛卯、甲午，两与分校，以病乞归后。优游林壑，与言如泗、赵王槐、邵齐熊、苏去病为五老会。”③

陈士林好藏书，“少从宗老陈祖范游，贫不能购书，恒手抄盈箧”④。

（二十四）吴泰来

吴泰来（1722—1788）　字企晋，号竹屿，清吴县木渎璜川人。吴铨孙，用仪子。清乾隆九年（1744）副贡，为宿松县教谕，以病免归。乾隆二十四年（1759）己卯科举人，“乾隆二十五年进士，授内阁中书，不赴。有《砚山堂诗集》十卷、《古香堂诗集》七卷《词集》二卷”⑤，又“有《净名轩集》”⑥。王昶云：“企晋襟期清旷，意致萧闲，咸谓东晋许元度、刘真长之比。少中副车，选校官，俯仰仕途，非其好也。特以松滋山水之佳，勾留竟岁，旋以病归。”企晋“虽成进士，以召试赐中书，而少无宦情，壮而弥甚，东南人士，望之如仙”⑦。“企晋才情明秀，尤嗜征君所注《精华录训纂》，故作诗大旨一本渔洋。吴中数十年来，自归愚宗伯外，无能分手抗行者。中年自定其诗十卷为《砚山堂集》，征君序之。馀稿皆藏于家。”⑧生平事迹参见《清史稿》卷四百八十五《列传二百七十二·文苑二·吴泰来传》。

吴县木渎璜川吴氏家族，是苏州著名的藏书世家，吴铨，吴用仪、吴佐成，吴泰

---

① （清）郑钟祥、张瀛修，（清）庞鸿文等纂：《光绪常昭合志稿》卷二十六《人物五·耆旧》，见《中国地方志集成·江苏府县志辑》（22），江苏古籍出版社1991年版，第412页。

② （清）郑钟祥、张瀛修，（清）庞鸿文等纂：《光绪常昭合志稿》卷二十六《人物五·耆旧》，见《中国地方志集成·江苏府县志辑》（22），江苏古籍出版社1991年版，第412页。

③ （清）郑钟祥、张瀛修，（清）庞鸿文等纂：《光绪常昭合志稿》卷二十七《人物六·耆旧·陈士林》，见《中国地方志集成·江苏府县志辑》（22），江苏古籍出版社1991年版，第424页。

④ （清）郑钟祥、张瀛修，（清）庞鸿文等纂：《光绪常昭合志稿》卷二十七《人物六·耆旧·陈士林传》，见《中国地方志集成·江苏府县志辑》（22），江苏古籍出版社1991年版，第424页。

⑤ （清）江藩纂，漆永祥笺释：《汉学师承记笺释》卷三，上海古籍出版社2013年版，第260页。

⑥ （清）王昶辑：《湖海诗传》卷二十三，上海古籍出版社2013年版，第257页。

⑦ （清）王昶著，周维德校辑：《蒲褐山房诗话新编》卷上，齐鲁书社1988年版，第89—90页。

⑧ （清）王昶著，周维德校辑：《蒲褐山房诗话新编》卷上，齐鲁书社1988年版，第89—90页。

来、吴元润、吴英,吴志忠等四代即皆藏书[①]。其祖父吴铨,字容斋,筑遂初园以藏书。吴志忠《璜川吴氏经学丛书缘起》云:“璜川者,吾曾祖容斋先生自题其书屋之名也。曾祖于雍正年守吉安。归田后居渎川遂初园,读书其中。架上万卷,皆秘笈也。”[②]其父吴用仪,号拙庵,清藏书名家。关于吴氏家族藏书,学者及文献亦多有记载。王昶记其家藏书故实云:“企晋大父吉安太守铨,归筑遂初园于木渎,云林杳蔼,花药参差,有柳堤莺啭、竹溪烟雨、平桥夏涨、爽台秋月、古堂晚香、莎村观刈、松门夕照、松阁听涛、岩东霁雪诸胜。”[③]又云:“君祖父以素封称,家有璜川书屋,别业在砚山下,园名遂初,有花木亭台之胜,藏书万余卷,书画古器称是吴下,多胜友。四方文士簪裾毕集,故君之才名日著。”[④]“其尊人用仪(拙庵),复购书数万卷其中,多宋元善本。遂与江、浙诸名士流连觞咏、坐无俗客。惟李布衣果、惠征君栋、王光禄鸣盛、钱詹事大昕、曹学士仁虎、赵少卿文哲、张舍人熙纯、朱明经方霭、上舍昂、凌孝廉应增、汪员外棣,张岗、沙维杓两布衣,及名僧逸云、念亭,画师则王存素、琴师则周紫芝,皆一时之选也。”[⑤]惠栋乾隆十四年(1749)《礼记正义》题记云其父用仪藏书故实:“拙庵行人购得宋椠《礼记正义》示余。余案《唐·艺文志》,书凡七十卷,此书卷次正同,字体仿石经,盖北宋本也。……拙庵适得此书,可谓希世之宝矣。拙庵家世藏书。嗣君博士企晋,尝许余造璜川书屋,尽读所藏,余病未能。息壤在彼,请俟他日。因校此本,并识于后云。”[⑥]《清稗类钞》云其父用仪“复购书数万卷”,且“多宋、元善本”[⑦]。《清史列传》亦载:其“家有遂初园,藏书数万卷,寝馈凡十余年”[⑧]。李元度云:“少由副榜选校官。襟期萧旷,爱松滋山水,勾留竟岁,寻病免归。大父吉安太守铨,归筑遂初园于木渎,饶水石之胜。父用仪,购书数万卷藏其中。君寝馈其间,凡十余年。乾隆庚辰成进士。召试,赐内阁中书。而君自少无宦情,壮益甚,遂不赴补。同年生毕沅招主关中书院,携家往。后有偕志开封,年六十余卒。著有《净名轩集》。”[⑨]从上述文献及学者所记,吴泰来藏书多承其祖父及父所藏。

---

① 吴氏家族四代藏书,即吴铨(一世),吴用仪(二世)、吴佐成(二世),吴泰来(三世)、吴元润(三世)、吴英(三世)、吴志忠(四世)等四世。

② (清)叶昌炽著,王欣夫补正,徐鹏辑:《藏书纪事诗》卷四,上海古籍出版社 1989 年版,第 451 页。

③ (清)王昶著,周维德校辑:《蒲褐山房诗话新编》卷上,齐鲁书社 1988 年版,第 89—90 页。

④ (清)王昶著,陈明洁、朱惠国、裴风顺点校:《春融堂集》卷三十九《吴企晋〈净名轩遗集序〉》,上海文化出版社 2013 年版,第 715 页。

⑤ (清)王昶著,周维德校辑:《蒲褐山房诗话新编》卷上,齐鲁书社 1988 年版,第 89—90 页。

⑥ 罗振常撰,汪柏江、方俞明整理:《善本书所见录》卷一《经部》,上海古籍出版社 2014 年版,第 10—11 页。

⑦ (清)徐珂编撰:《清稗类钞·鉴赏类·吴用仪藏书于遂初园》,第 9 册,中华书局 2010 年版,第 4237 页。

⑧ 王钟翰点校:《清史列传》卷七十二《文苑传三·曹文虎附吴泰来》,第 18 册,中华书局 1987 年版,第 5915 页。

⑨ (清)李元度著,易孟醇点校:《国朝先正事略》卷四十二《文苑·陆耳山先生事略·陆锡熊·吴泰来·程晋芳》,岳麓书社 1991 年版,第 1129 页。

吴泰来“藏书多宋、元善本。为‘吴中七子’之一”①。陈鳣《经籍跋文》载宋本《礼记注疏》七十卷，跋云：“宋本《礼记注疏》，向为吴门吴拙庵行人所藏，传于其子企晋博士。”②尝藏有御题影宋钞本《斑马字类》，据《天禄琳琅书目后编》载：“吴泰来，江苏吴县人，内阁中书，其家藏书处曰璜川书屋。卷首‘璜川吴氏藏书’朱文”③印。影钞宋本《诚斋集》一百三十三卷，卷中有“御史之章、季振宜印、沧苇、璜川吴氏收藏图书”诸朱记④；旧钞本《诚斋诗话》一卷，“卷首尾有‘槜李曹氏藏书印’‘曹蓉’‘璜川吴氏收藏图书’诸朱记”⑤。

其藏书处名曰砚山堂、净名轩。

关于吴氏家族藏书散佚，王昶云：“后兄弟数人争产，于是宅第园林之属皆废斥荡然。”⑥又云：“既而兄弟争析产，出藏书而货之，并售其园。”⑦叶德辉记云：京师陶氏“五柳多璜川吴氏藏书。嘉定钱先生云：‘即吴企晋舍人家物也，其诸弟析产，所得书遂不能守。’”⑧

（二十五）张敦均兄弟进士

张敦均（1736—1777） 字仲絜，号二闻，又号晓园，清昭文籍，常熟人。敦圻⑨弟。乾隆二十四年（1759）己卯科举人，“乾隆庚辰进士，授刑部主事，升郎中，详慎刑，纪勤于其官，选充乡会试同考官，擢山西道御史”⑩，父病告归，未抵里间，卒，年仅四十有二。

张敦均祖父张朝绩⑪及其父仁美⑫皆好藏书，其父仁美“博学工文，喜藏书，手自

---

① （清）江藩纂，漆永祥笺释：《汉学师承记笺释》卷三，上海古籍出版社2013年版，第260页。

② （清）陈鳣撰：《经籍跋文》，中华书局1985年版，第18页。

③ （清）彭元瑞等撰：《天禄琳琅书目后编》卷一，见《清人书目题跋丛刊十》，中华书局1995年版，第236页。

④ （清）瞿镛撰：《铁琴铜剑楼藏书目录》卷第二十一《集部三》，见《清人书目题跋丛刊三》，中华书局1990年版，第327页。

⑤ （清）瞿镛撰：《铁琴铜剑楼藏书目录》卷第二十四《集部六》，见《清人书目题跋丛刊三》，中华书局1990年版，第378页。

⑥ （清）王昶著，陈明洁、朱惠国、裴风顺点校：《春融堂集》卷三十九《吴企晋〈净名轩遗集序〉》，上海文化出版社2013年版，第716页。

⑦ （清）王昶著，周维德校辑：《蒲褐山房诗话新编》卷上，齐鲁书社1988年版，第89页。

⑧ （清）叶德辉撰：《书林清话》卷九《都门书肆之今昔》，上海古籍出版社2012年版，第253页。

⑨ 按：张敦圻（1733—1780），字伯载，号霭园，又号厚庵。张仁美子。据言朝楫撰《霭园张公墓志铭》载，敦圻曾卜筑城南，后又返故庐，构精舍，以余暇校勘经史。

⑩ （清）郑钟祥、张瀛修，（清）庞鸿文等纂：《光绪常昭合志稿》卷二十七《人物六・耆旧・张敦均传》，见《中国地方志集成・江苏府县志辑》（22），江苏古籍出版社1991年版，第425页。

⑪ 按：张朝绩，明弘治十八年（1505）乙丑科进士张文麟七世孙。候补州判，工吟咏，好读书、藏书，修葺先人常熟步道巷祖居，修复诗礼堂，堂西北有闻涛轩，创建传望楼，上下二十六楹，有照旷阁，为其后人藏书刻书场所。《南张世谱》卷四有《东岩公重构诗礼堂志喜》《修复闻涛轩志喜》《东岩公传望楼告竣集同人落成分韵》等，称“今兹建楼居，厥名日照旷”，“缥湘盈几案，室有诗书声”，“勤购书签充栋宇”，可见张朝绩藏书之富。长子张仁美、次子张仁济皆以藏书著名于世。

⑫ 按：张仁美，字迁里，号静谷，清常熟人。朝绩长子。藏书四万卷，藏书室名宝闲斋，有《宝闲斋藏书目》四卷，该书目有三个抄本，常熟市图书馆藏二种。

校雠,至老不倦"[①],藏书达四万余卷。敦均与弟敦培又广为收藏,藏书甲于邑中。其子张大鉴《闲居录跋》称:"先王父静谷公,藏书数万卷,手自校雠,寒暑无倦。而先大夫京华二十载,优游兰省,亦惟以载籍自娱。彭芸楣先生赠诗云:'琅嬛宛委穷皇娲',盖志实也。余承先泽,耕不税之田,一编一帙,罔敢失坠。右《闲居录》,映雪老人手抄,照旷从父梓入丛书。先人手泽,庶几与是刻常新也。癸亥六月,友柏张大鉴识。"[②]

张敦培(1745—1805) 字叔因,号息园,清昭文籍,常熟人。张仁美子,敦均弟。"乾隆乙未成进士,由四库馆分校授内阁中书,充军机处行走,至福建道监察御史,典湖北试,再与礼闱分校,乞养"[③]。著有《张息园自叙年谱》《张研樵玉溪梦隐园卷序雁联珠图卷合册》《蔚秀轩诗存》等。

关于张敦培藏书,吴锡麟撰《息园张公墓志铭》称其嗜学读书,"恒竟日夕"。曾于嘉庆三年(1798)抄《虞山先哲传记》一卷。所藏书有"张敦培印""叔因氏号息园"等藏印。

常熟张氏家族为藏书世家,远有端绪。据常熟学者曹培根教授的考证,张氏家族自元代常熟南张始祖张孚始,至张廷桂光绪十四年(1888)重刻《蔚秀轩诗存》,历500余年22代,代有藏书,特别是张海鹏的借月山房刻书、张金吾的爱日精庐藏书,在中国藏书史上具有重要地位。

(二十六)宋　镕

宋　镕(1749—1825) 字亦陶,又字奕岩,号悦研,清元和人。《吴门补乘》载:"宋镕,字亦陶,文恪公德宜四世孙,康熙乙丑进士大业曾孙。乾隆三十七年壬辰金榜。官刑部侍郎,改鸿胪寺正卿。"[④]以病归。

龚云瑞"幼蒙庭训,游庠后馆郡城少司马宋镕家。宋故多藏书,云瑞发箧披览,贯串笺疏之学。既馆淞南,得顾亭林先生遗书,益肆力于考据"[⑤]。

(二十七)杨复吉

杨复吉(1747—1820) 字列侯,一字列欧,号慧楼,吴江震泽人。清乾隆三十五年(1770)庚寅科举人,"乾隆壬辰中会试,以知县铨选 。居家博览子史,专意著

① (清)郑钟祥、张瀛修,(清)庞鸿文等纂:《光绪常昭合志稿》卷二十七《人物六·耆旧·张敦均传》,见《中国地方志集成·江苏府县志辑》(22),江苏古籍出版社1991年版,第425页。

② 引(清)叶昌炽著,王欣夫补正,徐鹏辑:《藏书纪事诗》卷六,上海古籍出版社1989年版,第619页。

③ (清)郑钟祥、张瀛修,(清)庞鸿文等纂:《光绪常昭合志稿》卷二十七《人物六·耆旧·张敦培传》,见《中国地方志集成·江苏府县志辑》(22),江苏古籍出版社1991年版,第425—426页。

④ 《吴门补乘》卷十《选举》,见(清)钱止庵辑,(清)孙鸣庵辑:《吴门补乘 苏州织造局志》,上海古籍出版社2015年版,第418页。

⑤ 郭秧全、蔡坤泉主编,昆山市地方志办公室编:《昆山历代艺文志》卷一《古代部分》,江苏科学技术出版社2012年版,第318页。

述”[①]。曾从著名学者王鸣盛游，工诗，善文，“以辑刊《昭代丛书》闻名。著有《慧楼诗文集》《乡月楼学古文》《梦阑琐笔》”[②]，又有《辽史拾遗补》《补辽史经籍志》《虞初余志》《元文选》《元稗类抄》等数种。续编《昭代丛书》五编，每编50种，历时40余年，吴骞、鲍廷博、卢文弨等曾为出其所藏以供摘录。其“终身楼居，著书甚多，有文集二十二卷，又有《辽史拾遗补》《昭代丛书新编》《虞初馀志》等书”[③]。生平事迹参见《疑年录汇编》卷十二、朱彭寿《清代人物大事纪年·乾隆十二年丁卯》。

杨复吉“好聚书，王鸣盛深推服之”[④]。所藏颇富，尤勤抄录，家富藏书，古文说部，观览数遍，文名为时所重。自称“仆耽书成癖，五十年来购藏颇不寂寞”[⑤]。慧楼自云：“自诸家专集，以及史传杂录，山经地志、稗官野乘、书画题识，无不网罗搜采，露钞雪纂，几二十载而后就绪，凡为卷三十，为篇一千有奇，其本诸《文类》者仅百二十首，余则皆从捃摭而得之。铢积寸累，颇极苦心。”[⑥]与王鸣盛、吴骞、鲍廷博、卢文弨、吴翌凤等互借有无，因见而未收藏杭世骏《历代艺文志》手稿，遗憾终身。吴骞《重刻罗昭谏谗书跋》云：“《谗书》刻于新城县。然近世部录中流传本绝少。往岁松陵杨慧楼进士抄得残帙四卷。”[⑦]吴翌凤云：余酷好藏书，“借钞于卢抱经学士、王西庄光禄、朱文游、鲍渌饮、吴槎客明经、杨列欧进士。阅三十年，积有万余卷，颇多善本”[⑧]。杨复吉尝传抄《人海记》一卷，卷中有朱墨校笔，卷末有杨复吉、吴骞两跋[⑨]；有旧写本《昭代丛书续编》五十卷，“钤有‘复吉字列欧’‘古之伤心人’‘壬辰进士’‘复吉慧楼字立欧’‘艺芸阁’‘花间隐月上楼’‘曾寄王临川插架’‘临川读过’”[⑩]诸印。又有杨复吉手编稿本《昭代丛书别编》五十卷[⑪]。《东湖丛记》载：“震泽杨慧楼进士编辑《元文选》，搜罗最富，惜未能刊行。”[⑫]徐珂云：“宋汪彦章《浮溪文粹》，明初板，以兰纸印之，颇工致，后附罗鄂州遗文二篇。乾隆庚辰，杨复吉购之于张损持太史之裔。又周霆震《石初集》，较他本几倍蓰，损持官兴国时所钞。壬寅，鲍渌饮访

---

① 引（清）叶昌炽著，王欣夫补正，徐鹏辑：《藏书纪事诗》卷五，上海古籍出版社1989年版，第488页。
② 陈文新主编，鲁小俊、苗磊主编：《中国文学编年史·清前中期卷》之《公元1747年》，湖南人民出版社2006年版，第344页。
③（清）叶昌炽著，王欣夫补正，徐鹏辑：《藏书纪事诗》卷五，上海古籍出版社1989年版，第488页。引张士元《杨列欧传》。
④ 引（清）叶昌炽著，王欣夫补正，徐鹏辑：《藏书纪事诗》卷五，上海古籍出版社1989年版，第488页。
⑤（清）杨复吉《昭代丛书别编》五十卷《自序》，见傅增湘撰：《藏园群书经眼录》卷十一《子部五》，中华书局1983年版，第958页。
⑥（清）蒋光煦撰，梁颖校点：《东湖丛记》卷二《元文选》，辽宁教育出版社2001年版，第44页。
⑦（清）吴骞撰：《愚谷文存》卷五《重刻罗昭谏谗书跋》，见《续修四库全书》编纂委员会、复旦大学图书馆古籍部编：《续修四库全书》第1454册，上海古籍出版社2003年版，第236页。
⑧（清）吴翌凤撰，吴格点校：《逊志堂杂钞》庚集，中华书局1994年版，第88页。
⑨ 傅增湘撰：《藏园群书经眼录》卷九《子部三》，中华书局1983年版，第769页。
⑩ 傅增湘撰：《藏园群书经眼录》卷十一《子部五》，中华书局1983年版，第948—949页。
⑪ 傅增湘撰：《藏园群书经眼录》卷十一《子部五》，中华书局1983年版，第958页。
⑫（清）蒋光煦撰，梁颖校点：《东湖丛记》卷二《元文选》，辽宁教育出版社2001年版，第43页。

杨,见而爱之,杨因持以为赠。后有《元文选》之役。向渌饮索之,久而无以报也。"①

有书楼名曰香月楼、艺芳阁,每日著述读书其中。

藏书印有复吉字列欧、古之伤心人、杨复吉印、复吉、列欧、曾寄王临川插架、临川读过、望天街观慧楼、花间隐月上楼、壬辰进士、慧楼、临川读过、艺芳阁等。

(二十八)席世臣

席世臣(约1756—1814前)　字邻哉,一字郢客,常熟人。启寓②之玄孙。清乾隆四十九年(1784)以国子监生充任四库三分书总校(议叙)之一,受到奖励,"乾隆五十一年钦赐举人,两年后成进士"③。与顾嗣立编有《元诗选》。

席世臣好藏书,喜刻书,其家藏书甚丰,其在京校书三载,当窥见内府所藏珍本善本书甚多,其中当有不少世间罕见之书,为其后藏书,创设扫叶山房并开雕秘籍积累文化资本,其所刻《宋辽元金别史》与《元诗选癸集》最具影响。谢启昆嘉庆三年(1798)所撰《宋辽金元别史》序云:"常熟席君世臣,博雅好古,藏书尤富。……一日,以所刻宋辽金元五书来质于予。《东都事略》《南宋书》者,宋别史也;《契丹国志》《大金国志》者,辽金别史也;《元史类编》者,元别史也。其为书,或先正史,或在史后。要其详赡典则,足与正史补苴参证,则一也。予以此叹席君之能识其大矣。近代刻书家,毛氏最盛,以经史有功于艺林甚巨。今毛氏《十七史》板,席君既购藏之,又将广搜别史开雕,为诸正史之附庸。吾知扫叶山房之名与汲古阁并寿于世,甚为席君期之。"④闵萃祥《元诗选癸集》序云:"席邻哉先生竟侠君顾氏未竟之绪,而重写纂辑者也。顾氏所编,自甲至壬,皆取诸有专集者,而以其无专书集者编为癸集。书未竟而卒。先生访求残剩,更十年之久,乃获成书,其用力亦勤矣。盖前九集既取专集,决择排比,以较癸集琐屑荟萃,其难易固不同。顾氏之不及成书,先生之历年续多缀,其职是故兴。席氏世好读书,多有述作,而校刊书尤富。"⑤

对席氏藏书刻书,地方志及学者多有记载及评述,据《常熟市志》载,席氏"家富藏书,史部居多,手校善本,尝刻宋、辽、金、元别史行世"⑥。耿文光称:"席孝廉世臣,好古媚学,凡汲古阁所刊经史版本皆聚其家,藏书甚富,苟得秘本及不甚习见之

---

① (清)徐珂编撰:《清稗类钞·鉴赏类·杨复吉藏浮溪文粹》,第9册,中华书局2010年版,第4250页。

② 按:席启寓(1650—1702),字文夏,号治斋。原籍江苏吴县洞庭东山,后卜居常熟虞山。虞山席氏承钱毛之风,多好藏书、刻书,尤以刻书著名。藏书处为琴川书屋,刻书处名曰扫叶山房。有雕本《十三经》《十七史》行于世,版心均有"扫叶山房"字样。又辑刻《唐人百家诗》二百二十六卷。子孙立志迈俗,继承刻书事业,发名成业者盖不少。扫叶山房之名,久世不衰。

③ 黄镇伟编著:《中国编辑出版史》第七章《明清时期·清代前期的刻书事业》,苏州大学出版社2014年版,第242页。

④ 《宋辽金元别史》书前谢启昆序,转引丽莹著:《扫叶山房史研究》,复旦大学出版社2013年版,第34页。

⑤ (清)顾嗣立,席世臣编,吴申扬点校:《元诗选癸集》卷首《闵萃祥序》,中华书局2001年版,第1页。

⑥ 江苏省常熟市地方志编纂委员会编:《江苏省常熟市志》第二十二编《藏书·著述》,上海人民出版社1990年版,第833页。

书，皆为刊行。”[①]闵萃祥云：“《元诗选癸集》者，席邻哉先生竟侠君顾氏未竟之绪，而重写纂辑者也。顾氏所编，自甲至壬，皆取诸有矣。……顾氏之不及成书，先生之历年续缀，其职是故舆。席氏好读书，多有述作，而校刊书尤富。”[②]瞿冕良《琴川书志》记云：“家富藏书，多手自雠校，藏书家每称道之。所得善本，多为梓行，以史部书籍居多。后设书铺于苏州，子孙仍世其业。世臣所刻书版心多印上‘扫叶山房’字样。”[③]旧钞本《契丹国志》十七卷，黄丕烈跋云：“《契丹国志》近时扫叶山房始有刻本，前此如元刻外无他刻，故自来藏书家皆储钞本。”[④]

藏书楼及刻书楼名曰扫叶山房。《藏园群书经眼录》有《五代外史》，嘉庆三年戊午扫叶山房刊本[⑤]。还刻有唐李林甫等奉敕注《大唐六典注》三十卷，唐吴兢《贞观政要》十卷，宋苏辙《古史》六十卷，宋王偁《东都事略》一百三十卷，明钱士升《南宋书》六十八卷，清邵远平《元史类编》四十二卷、张璐《千金方衍义》三十卷以及宋、辽、金、元《四朝别史》、《十七史》等三十四种。

（二十九）状元石韫玉

石韫玉（1756—1837）　字执如，一字琢如，号琢堂、花韵庵主、绿春词客、西碛山人、竹堂居士，晚号独学老人，吴县人。“乾隆五十五年一甲一名进士，授翰林院修撰。五十七年，充福建乡试正考官，旋奉命提督湖南学政。嘉庆元年，充日讲起居注官。三年，入直上书房。寻出为四川重庆府知府，兼护川东道，宽明敏断，有循绩。”[⑥]迁陕西潼商道，擢山东按察使。以事左迁，以足疾乞归。先后主讲杭州紫阳书院、江宁尊经书院、苏州紫阳书院；又曾与修《全唐文》，主持编纂《道光苏州府志》，著有《独学庐诗文集》。又有《竹堂类稿》十六卷、《竹堂文类》八卷，现藏北京图书馆。

石韫玉自谓：“余生平无他嗜好，惟喜于故纸堆中觅生活。”[⑦]里居后，以讲学、著述及藏书为事。陶澍撰其《墓志铭》记述石韫玉归后生活甚详：“公仕宦三十年，归乡时无田可耕。时长子同福，以知县需次浙江，公遂就养焉。浙中当事知公至，延主紫阳书院。辛未，勒公开府两江，招公作幕，又主金陵尊经讲席，复入扬州书局校勘《全唐文》。及丙子岁，归主苏州紫阳讲席，并修《苏州府志》，里居又二十二年。公闳览远识，所为文贯穿古今，尤长于经世之学。诗则破唐宋门户，风发泉涌，援笔立

---

① （清）耿文光著：《万卷精华楼藏书记》第6册，北京图书馆出版社1997年版，第4319页。

② 《闵萃祥序》，见（清）顾嗣立、席世臣编：《元诗选·癸集》，中华书局2001年版，第1页。

③ 宋远《辟于扫叶山房之席氏》，见钱伯城主编：《中华文史论丛》第54辑，上海古籍出版社1995年版，第284页。

④ （清）黄丕烈著，屠友祥校注：《荛圃藏书题识》卷二《契丹国志》，上海远东出版社1999年版，第96页。

⑤ 傅增湘撰：《藏园群书经眼录》卷十一《子部五》，中华书局1983年版，第963页。

⑥ 王钟翰点校：《清史列传》卷七十二《文苑传三·石韫玉》，第18册，中华书局1987年版，第5962页。

⑦ （清）石韫玉《古香林丛书十种》自序，引郑伟章著：《文献家通考》卷十，中华书局1999年版，第531页。

成。撰述甚富,所刊《独学庐诗文稿》若干卷,为海内所称。书院肄业二十年来,多得公陶淑成就。公和易近人,不立厓岸,而持论正大,侍其坐者,能使人鄙吝都消。即所居建'凌波阁',贮书四万余卷。集里中耆旧,结'问梅诗社'。凡乡中有善举,公必出为领袖,始终无倦。"[①]石韫玉自作诗《消寒杂咏》,咏其藏书生活之情景:"筑室亲题独学庐,光阴分寸惜三余。苦缘老至多忘事,爱读平身未见书。万卷经生穷祭獭,三笺博士尚亡驴。文章经世元非偶,满目秕糠孰扫除。"[②]藏有明洪武本《苏州府志》五十卷,此书经毛子晋、宋宾王、石琢堂、郁泰峰氏诸家递藏,钤有"西河""汲古阁""石韫玉印""琢堂""凌波阁藏书印""吴中石氏凌波阁藏书""田耕堂藏""泰峰所藏善本""庆余堂印"诸印,卷末有黄笔书"娄水宋宾王校补"。"此书《四库》不收,阮氏亦未进呈,此明初刻本最为罕见,诸家著录多属传钞,陆存斋藏本有朱竹垞跋,《曝书亭集》中无此跋。为荛圃旧物,今在日本静嘉堂文库"[③]。明活字本《秋崖先生小稿》三十八卷,丁丙跋云:"首有琢堂校藏小印,书面标题亦殿撰手笔,琢堂名韫玉,吴县人,乾隆庚戌第一人及第,官至四川布政使。"[④]明刻本《何氏语林》三十卷,今藏美国国会图书馆;石氏批校本《通鉴纪事本末》四十二卷,宋淳熙二年(1175)严陵郡庠刻本,今藏中国国家图书馆;清钞本《磨盾偶存草》不分卷,大连图书馆藏;明刻本《北虞先生遗文》六卷,北京大学图书馆藏;清康熙四十二年(1703)王廷灿刻本《汤子遗书》十卷《年谱》一卷《附录》一卷,南京图书馆藏。

藏书处为独学庐、凌波阁。独学庐位于京师(今北京)宣武门东,而苏州城南经史巷故居仍称独学庐。其《城南老屋记》云:"余家故寒素,城南经史巷有老屋一所,即余初生之地也。西邻为何翰林故宅,何名焯,学者所谓义门先生。"

所居之南有五柳园,其西有花韵庵,其东南有屋三间名曰微波榭,东北有斗室梦蝶斋,园东因何氏语古斋旧基,改筑楼五楹,名曰晚香楼。"楼北,曰'鹤寿山堂',则余先世云留书屋故地矣。余既受朝恩,通仕籍,不可袭希夷遁世之语,而往岁得焦山《瘗鹤铭》古本,宝而藏之,故摘铭首二字以名吾堂。又其北,曰'独学庐',藏书二万卷。其东北,曰'舒咏斋',童子读书之所。其北,曰'征麟堂',则先世之旧厅事也,室宇无多,聊以庇吾身焉。计余年三十五及第登朝,至五十二归田,其间一典福建乡试,一督湖南学政,守重庆者七年,晋阶潼商道,掌潼关之税务,迁山东按察使,三权

---

① (清)陶澍著:《陶澍集·诗文》之《文集·神道碑·墓志铭·恩赏翰林院编修前山东按察使司按察使琢堂石公墓志铭》,下册,岳麓书社1998年版,第204页。

② (清)石韫玉《独学庐三稿》诗卷一《消寒杂咏九首之八》,见《续修四库全书》编纂委员会、复旦大学图书馆古籍部编:《续修四库全书》第1466册,上海古籍出版社2003年版,第480页。

③ 傅增湘撰:《藏园群书题记》卷第四《史部三》,上海古籍出版社1989年版,第207页。

④ (清)丁丙撰:《善本书室藏书志》卷三十一《史部》,见《续修四库全书》编纂委员会、复旦大学图书馆古籍部编:《续修四库全书》第927册,上海古籍出版社2003年版,第530页。

山东布政使，凡官于中外者，十有八年，曾无寸田尺宅，几几乎并先人之敝庐而失之。"①花韵庵、凌波阁，其遗迹，今巷名犹存，在今苏州市饮马桥附近的金狮巷。

藏书印有石、韫玉、石韫玉印、石琢堂、琢堂、观我生、平江石氏图书、独学老人、翰林修撰、凌波阁藏书、琢堂校藏、凌波阁藏书印、吴中石氏凌波阁藏书等。

编有《凌波阁藏书目录》，又有《独学庐题跋》二卷，多为金石碑刻书画题跋。

《凌波阁藏书目录》今已佚，所幸其《凌波阁藏书目录序》收入其《笃学庐四稿二》中，可窥其藏书之倪端，自序云："余性淡漠无所好，惟好蓄书。自弱冠以来至今，积至四万余卷。其间聚而散，散而复聚，匪朝伊夕之力。今年过耳顺，虑聚者之将复散也，谋所以保守之者，乃于所居花间草堂之西涤山潭之上，筑小楼三间，以为藏书之所。楼向东背西，取其朝暮有日色入楼中，无朽蠹之患。书凡分十类，曰经、曰史、曰子、曰专集、曰总集、曰丛书、曰类书、曰地志、曰词曲小说、曰释道二藏，贮为二十橱，排为六行，两两相对，标其类于橱之阑。索其书检之即是。而法书名画、金石文字亦附于其中。於呼！余之有是书也，谈何容易。……翰林清暇，文史足用。及出守蜀中，时方兵戈载道，孑身独往，家人留止都门。乃有奴子吴寿者略识字，辄窃予架上书，鬻诸琉璃厂书肆。书贾遇余点勘之书，则倍其值以收之，于是余所读旧书略尽，余生平惟此一事所为叹息痛恨者也。其后稍稍购求，二十年来又得此四万余卷。凡此皆节衣食之费而置之者也。耄年心力疲惫，不能如向者之寻章而摘句，然每得一书，未尝不观其大略也。吾乡曩时颇多藏书之家，若钱氏绛云楼、徐氏传是楼，不及百年，其书皆消归乌有；而宁波范氏天一阁藏书，自明至今，岿然独存，共守之必有道焉；子弟虽然多，产可析而书不可析；健其户必子孙群集然后启，虽有显者不借，此范氏藏书之法也。……余藏书之意如此，子孙能读固佳，即不能读，慎毋视土苴而弃焉，是则余之厚望也夫。"②从此序得知，石韫玉好藏书得益于"中表黄氏（黄丕烈）之塾"藏书影响，经过多年努力藏书至四万卷，惜官四川时有所散佚。为保存图书，专建藏书楼以储之，设计是"楼向东背西，取其朝暮有日色入楼中，无朽蠹之患"。并编目分类，"书凡分十类，曰经、曰史、曰子、曰专集、曰总集、曰丛书、曰类书、曰地志、曰词曲小说、曰释道二藏"，标其类于储，索检甚易。效仿天一阁藏书"产可析而书不可析"，"虽有显者不借"，使之子孙永守之原则。

石韫玉藏书今未传，推测可能散佚于太平天国时期，而石氏点评之书早已散佚。刘声木云："吴县石琢堂方伯韫玉，其平日评点之书多半散出，恒于琉璃厂书肆中遇之。初不以为意，以为事所恒有者。后读《独学庐文存》，中有《凌波阁藏书目录

① （清）石韫玉《独学庐三稿》文卷一《城南老屋记》，见《续修四库全书》编纂委员会、复旦大学图书馆古籍部编：《续修四库全书》第1466册，上海古籍出版社2003年版，第553—554页。

② （清）石韫玉《独学庐四稿》文卷二《凌波阁藏书目录》序，见《续修四库全书》编纂委员会、复旦大学图书馆古籍部编：《续修四库全书》第1466册，上海古籍出版社2003年版，第694页。

序》”，始恍然大悟，“方伯点勘之书尽行散出，原因在此。”①

（三十）张　燮

张　燮（1743—1798）　字子和，号荛友，江苏昭文人，居常熟城区东言子巷。张蓉镜祖父。“乾隆五十八年进士，由庶吉士改刑部主事，历员外郎中，典试江西”②，官至宁绍台兵备道，告假归，掌绍兴蕺山书院。工骈体文，著有《晋书注》《小琅嬛福地随笔》《养方寸斋课本》《味经书屋诗稿》《三稿唱和集》等数种。《同治苏州府志》卷一百一《人物二十八》有其传。

张燮少以词章名世，下笔绳绳数千言，“生平自奉俭约，惟积书数万卷，丹黄杂施”③，颇多精品。《光绪常昭合志稿》亦载：张燮内行纯备，“自奉俭约，惟积书至万卷，少工骈文，著有《味经书屋集》”④。其在《寄黄荛圃同年丕烈》诗中自述“不惜挥金酬秘本，还教录副集抄胥。到今大半高阁置，人不好书传好利。寒士耽书叹少钱，富翁多钱不识字。间闻一二鹜虚名，南面居然拥百城。缄縢扃钥作家宝，此厄更甚烧秦嬴。吾生书癖消钱癖，卅年积书八千册。饥寒虽当饭兼衣，磨耗精神鬓且白”⑤。又有《印章诗》云：“平生减产为收书，三十年来万卷余。寄语儿孙勤洛诵，莫令弃掷饱鱼。”⑥抄有题梁任昉《述异记》二卷，元骆天骧《长安志》十卷，《骈体探珠》不分卷等。张燮又与黄丕烈友善，相聚搜访书籍，又精于校雠，与黄丕烈有“两书淫”之目。黄氏又有题影金本《萧闲老人明明秀集》诗：“琉璃厂里两书淫，荛友荛翁是素心。我羡小琅嬛福地，子孙世守到于今。”⑦《士礼居藏书题跋记》中黄丕烈跋云：“此影宋本《永嘉四灵诗》四卷一册，昭文同年张子和藏书也。余与子和相知，以同年；其相得，则彼此藏书。故犹忆癸丑同上春官，邸寓各近琉璃厂，每于暇日，即遍游书肆，恣览古籍，一时有两书淫之目。既而子和即于是科得翰林散馆改部，余下第归，连丁内艰，杜门不出，与子和踪迹殊疏，然彼此书札往还，无不以赏奇析疑为勖。是册于子和宦游京师时，从其家借读，故典籍者有细目一纸备考；及子和奉太夫人讳南还，便道过访，谈及是册，知余欲传录未果，欣然掇赠。此书遂为士礼居中物

---

① （清）刘声木《苌楚斋续笔》卷七《石韫玉评点书散出》，见（清）刘声木撰：《苌楚斋随笔续笔三笔四笔五笔》，《清代史料笔记丛刊》本，中华书局1998年版，第375—376页。

② （清）郑钟祥、张瀛修，（清）庞鸿文等纂：《光绪常昭合志稿》卷二十七《人物六·耆旧·张燮》，见《中国地方志集成·江苏府县志辑》(22)，江苏古籍出版社1991年版，第435页。

③ 引（清）叶昌炽著，王欣夫补正，徐鹏辑：《藏书纪事诗》卷五，上海古籍出版社1989年版，第581页。

④ （清）郑钟祥、张瀛修，（清）庞鸿文等纂：《光绪常昭合志稿》卷二十七《人物六·耆旧·张燮》，见《中国地方志集成·江苏府县志辑》(22)，江苏古籍出版社1991年版，第435页。

⑤ 钱仲联主编：《清诗纪事》十《乾隆朝卷》，江苏古籍出版社1989年版，第6863页。

⑥ 钱仲联主编：《清诗纪事》十《乾隆朝卷》，江苏古籍出版社1989年版，第6864页。

⑦ （清）黄丕烈著，潘祖荫辑，周少川点校：《士礼居藏书题跋记》卷六《集类》，书目文献出版社1989年版，第319页。

矣。”[①]影钞宋本《续谈助》五卷，“卷首有朱彝尊印、钱曾、虞山钱遵王藏书、汪释别字东山、小琅嬛福地秘籍”诸朱记[②]。

藏书处名曰小琅嬛福地、味经书屋。

藏书印有张燮、味经、张燮藏书、张燮荛友、琴川张氏、臣张燮印、癸丑词臣、张子和珍藏书画图记、张氏藏、张燮字子和号荛友、小琅嬛福地、小琅嬛福地秘籍、小琅嬛清秘精钞秘玩等。

张燮所藏书由子定球递藏。“定球字伯温，诸生，由国史馆誊录选与国场盐课大使，会缺裁授长庐石牌场大使……曩无赀，平生文史自娱，多蓄古金石及唐宋以来别集善本，每以顾裕愍自省。”[③]

其孙张蓉镜、蓉镜妻姚畹贞亦喜藏书。因蓉镜字芙川、畹贞号芙初女史，故其夫妇藏书处亦名为双芙阁。芙川藏有宋本《击壤集》。叶昌炽云：“余见宋刊《后村诗集》残本，有芙初诗云：‘墨林万卷劫灰余，古本流传此绝希。八十诗翁高格调，《伊川击壤》想依稀。泼茗薰香绣懒拈，芸编珍重展瑶签。好花明月原无主，自取猩红小印钤。’”[④]

其后人张鸿（《续孽海花》作者）曾有诗叙述其家藏书之源流甚详，诗云：“我家素有嗜书癖，琅嬛福地善本多[⑤]。子孙继起恣搜集，双芙阁上相吟哦[⑥]。咸同寇乱渡江去，焚香芦苇犹摩挲。乞米易薪苦相逼，巧取豪夺知奈何。同时施桥诸宗老，喁前于后声相和[⑦]。惜哉同付兵火劫，泪洒仙蠹空滂沱。剩有灵光巍然在，文选音交双嵯峨[⑧]。世间好物难永保，贪着况为佛所诃。展君此图三叹息，阅人成世如观河。陶斋既坠文字障，艺风亦复因缘魔。”[⑨]

（三十一）顾　莼

顾　莼（1765—1832）　字希翰，一字吴羹，号南雅，晚号息庐，吴县人，家住苏城玄妙观前碧凤坊。“嘉庆七年进士，选庶吉士，授编修。十七年，大考一等，擢侍读。

---

① （清）黄丕烈著，潘祖荫辑，周少川点校：《士礼居藏书题跋记》卷五《集类》，书目文献出版社1989年版，第245—246页。

② （清）瞿镛撰：《铁琴铜剑楼藏书目录》卷第十六《子部十四》，见《清人书目题跋丛刊三》，中华书局1990年版，第236页。

③ （清）郑钟祥、张瀛修，（清）庞鸿文等纂：《光绪常昭合志稿》卷二十七《人物六·耆旧·张燮》，见《中国地方志集成·江苏府县志辑》（22），江苏古籍出版社1991年版，第435—436页。

④ （清）叶昌炽著，王欣夫补正，徐鹏辑：《藏书纪事诗》卷五，上海古籍出版社1989年版，第580页。

⑤ 原注：子和公藏书室名为小琅嬛福地。

⑥ 原注：芙川公所居名双芙阁。

⑦ 原注：印川公伯霞居施家桥旧宅，藏书均甚富。

⑧ 原注：先伯霞公藏书仅存北宋本六臣注《文选》、《一切经音义》二书。

⑨ 仲伟行、吴雍安、曾康等编著：《铁琴铜剑楼研究文献集》第九章《古今吟咏集录·第三图浚之先生虹月归来图》，上海古籍出版社1997年版，第300页。

督云南学政。”“在云南,课士严而有恩,以正心术端行谊为首,次治经史、辨文体”[①],士风丕振。充日讲官,迁侍讲学士,官至通政司副使。顾莼为官正直不阿,学术深邃,诗文书画兼擅,“晚益负时盛,从游者众,类能砥砺自立,滇士尤归之,其秀异者至京师多就问业焉”[②],有文坛耆宿之誉。其“作文雅真,赋准唐贤,诗宗大苏,书法欧褚”[③]。陈康祺赞云:“吴县顾通副莼,世所称南雅先生者,为词臣三十年,文采照海内”,“砥砺学行,养士爱才,于公特小节;书画文赋,凌跨名辈,于公更绪余也已”[④]。著有《滇南采风录》《南雅诗钞》《思无邪堂诗文集》。

顾莼好藏书,所藏之书多承其父所藏,顾氏碧凤坊“一时藏书之盛,几与绛云、传是埒”[⑤]。其父顾应昌(1735—1796),字殿舍,号桐井,自号五痴。尤好藏书,且所藏甚精,藏有宋残本《白氏文集》十七卷,黄氏跋云:“东城顾五痴家藏书甚富,余曾购得数十种矣。”“越岁丙辰,五痴以老病终,厥子南雅昆季皆兢兢焉守其父书,而南雅与余亦颇投契。每一过访,必以是书为请,遂与元刻伯生诗续编以白金二十两易得,命工重加装潢,所以存旧物也。嘉庆二年丁巳四月己卯日立夏,荛圃黄丕烈识。”[⑥]《士礼居藏书题跋记》卷二载校宋旧钞本《东京梦华录》十卷,黄氏跋云:“余旧藏元刻本为顾五痴家物”[⑦];同卷又有校元本《梦华录》十卷,黄氏又跋:“余所收东城顾桐井家大板细字符刻幽兰居士《东京梦华录》十卷,楮墨精好,是明初印本。”[⑧]

藏书室名曰思无邪堂。

(三十二)孙原湘祖孙进士

孙原湘(1760—1829)　字子潇,一作子济,号心青(一作心清)、长真、蝯叟、始射仙人侍者、射姑仙侍者,江苏昭文人。“年才弱冠,名噪都下。嘉庆十年进士,改翰林院庶吉士,充武英殿协修官。假归,得怔忡疾,遂不出。历主毓文、紫琅、娄东、游文诸讲席,多所成就。”[⑨]工骈散文,兼擅书画,亦精校勘,著有《天真阁集》三十卷《续

① 赵尔巽等撰:《清史稿》卷三百七十七《列传一百六十四·顾莼传》,第38册,中华书局1977年版,第11580页。

② 赵尔巽等撰:《清史稿》卷三百七十七《列传一百六十四·顾莼传》,第38册,中华书局1977年版,第11581页。

③ (清)顾震涛撰:《吴门表隐》卷十九,江苏古籍出版社1999年版,第317页。

④ (清)陈康祺《郎潜纪闻三笔》卷十《顾莼奏疏之敢言》,见(清)陈康祺撰,晋石点校:《郎潜纪闻初笔二笔三笔》,中华书局1984年版,第817—818页。

⑤ (清)黄丕烈著,屠友祥校注:《荛圃藏书题识》附录一《汪刻衢本郡斋读书志跋》,上海远东出版社1999年版,第889页。

⑥ (清)黄丕烈著,屠友祥校注:《荛圃藏书题识》卷七《白氏文集》,上海远东出版社1999年版,第546—547页。

⑦ (清)黄丕烈著,潘祖荫辑,周少川点校:《士礼居藏书题跋记》卷二《史类》,书目文献出版社1989年版,第67页。

⑧ (清)黄丕烈著,潘祖荫辑,周少川点校:《士礼居藏书题跋记》卷二《史类》,书目文献出版社1989年版,第68页。

⑨ 王钟翰点校:《清史列传》卷七十二《文苑传三·舒位附孙原湘》,第18册,中华书局1987年版,第5970页。

集》及《古文骈体》三十二卷。生平事迹参见赵允怀《武英殿协修孙先生行状》、李兆洛《翰林院庶吉士孙君墓志铭》、李元度《国朝先正事略》卷四十三《孙原湘传》及《清史稿》卷四百八十五《列传二百七十二·孙原湘传》。

孙原湘喜藏书，其《长真阁藏书记》云："乾隆丙午夏四月，由城南老屋徙居城北，取先大父所藏书析而三之，余得其一，厘其卷帙，分插四架，庋诸长真阁。其中自经史外，子不过数十种，集不过百余家，扩而充之，将俟诸异日也。"[①]尝藏宋本《后村诗集残本》，"此集当是全集中分类录出，仅十五卷，而五六七八卷已阙，第十五卷亦未全，然古香溢于楮墨，零玑碎璧，弥足珍也。心青居士孙原湘记，孙印原湘，心青"[②]。《铁琴铜剑楼藏书目录》有影宋钞本《重校证活人书》十八卷，有"天真阁"朱记[③]；《涵芬楼烬余书录》有宋刊本《纂图互注扬子法言》十卷，在卷十后有"孙印原湘"印，有孙氏跋，跋下钤"心青居士"朱文方印[④]。

孙原湘与孙星衍、张燮、张蓉镜、陈揆等友善，得见善本甚多。门生张蓉镜曾出所藏请其鉴别题跋，《天真阁集》卷四十三载有跋文二十余篇。

其宅在常熟步道巷，有藏书室名为天真阁、长真阁。

藏书印有孙印原湘、心青居士、长真阁主人、天真阁、冰壶等。

其来孙孙雄承其业，亦藏书成癖，为清末一藏书名家。

孙　雄(1866—1935)　"原名同康，字师郑，号郑斋，晚号铸翁。江苏昭文人。……原湘，字子潇，乃君高祖，嘉庆乙丑进士，入词林，著有《天真阁诗文集》行世。"雄"魁光绪癸巳京兆试，联捷成进士，简翰林院庶吉士。戊戌，散官，授吏部文选司主事，奏任京师大学堂文科大学监督"[⑤]。辛亥革命后，参与北京人文科研究所续修《四库全书》编纂工作。晚年归居常昭会馆。孙雄"幼承家学，举念不离忠孝。长从俞曲园、黄元通两先生游，深探经窟，益服膺汉儒郑氏康成。其发为文章者，如《师郑堂集》《郑斋汉学文编》《荀子校释》《论语郑注集释》《眉韵楼诗话》《诗史阁壬癸诗存》《师郑堂骈文》《禹斋文存》《郑学斋文存》《名贤生日诗》《道咸同光四朝诗史》《甲乙集》《郑斋类稿》《郑斋感逝诗》《落叶集》《蝇尘酬唱集》《诗史阁丛刊》《读经救

---

① (清)孙原湘《天真阁集》卷四十七《长真阁藏书记》，见《续修四库全书》编纂委员会、复旦大学图书馆古籍部编：《续修四库全书》第1488册，上海古籍出版社2003年版，第367页。

② (清)黄丕烈著，屠友祥校注：《荛圃藏书题识》卷八《后村诗集残本》，上海远东出版社1999年版，第659页。

③ (清)瞿镛撰：《铁琴铜剑楼藏书目录》卷第十四《子部》，见《清人书目题跋丛刊二》，中华书局1990年版，第211页。

④ 张元济《涵芬楼烬余书录》史部《纂图互注扬子法言》，见张元济著：《张元济全集》第8卷《古籍研究著作》，商务印书馆2009年版，第304—305页。

⑤ 俞寿沧《常熟孙吏部传》，见卞孝萱、唐文权编：《辛亥人物碑传集》卷十四，团结出版社1991年版，第723页。

国论》等书,多有关于人心世道”[①]。其中《师郑堂经说》三卷,苏州图书馆有藏,其他大多藏于中国国家图书馆。

孙雄嗜藏书,俞寿沧云:“君性豁达,持躬接物,不立崖岸,尤不屑治家人生产,惟嗜书成癖,目有所接,必倾橐致之,庋藏不下十万卷。穷年矻矻,寝馈其间,箪瓢屡空,晏如也。”[②]聚清代诗人专集多至三千余家。郑逸梅记云:“孙师郑移居,检捆典籍,几十余车,装载不尽。乃用李越缦‘束装多半累图书’句,作轳辘体,索诸诗友和之。”[③]与邑中瞿氏友善,尝于壬戌(1922年)冬月朔,应瞿启甲(良士)之请,题《虹月归来图》十绝,其一云:“何年载得诗人集(原注:余藏有清一代诗人专集有三千余家),一叶扁舟返故乡。亲到琅嬛窥秘籍,城东烟水咏苍茫。”[④]

其藏室曰师郑堂、郑学斋、双红豆斋、朴斋、禹斋、念爱草堂、眉韵楼、诗史阁等,因推崇郑玄,故书斋多以此为名。

常用藏书印有“诗史阁”朱文小长方印。

(三十三)陶　梁

陶　梁(1772—1857)　字凫乡,一字凫香,长洲人。“嘉庆十三年进士,选庶吉士,授编修,纂修《皇清文颖》。”“二十一年,以知府发直隶,补永平,调正定。道光四年,擢清河道,署按察使。”[⑤]累迁甘肃按察使、江西布政使。入觐,授太常寺卿。咸丰二年,擢内阁学士。四年,迁礼部侍郎。六年,以病乞罢。著有《红豆树馆诗稿》《红豆树馆词》等,辑有《国朝畿辅诗传》六十卷、《词综补遗》二十卷等。

梁早有文名,曾从侍郎王昶助其纂述。历官所至,提倡风雅,宾接才俊,“晚登朝右,时值军兴,耆旧凋落,其犹见乾、嘉文物之盛者,惟大学士祁寯藻与梁二人,为士林所归仰云”[⑥]。喜藏书,所藏古籍今未考证,但从学者为其所著《词综补遗》序中可窥一二。孔昭仪《词综补遗序》云:“自四库以来,寓内新出之书不下千百种,多昔贤所未见者,此陶子凫乡所以有《词综补遗》之选也。”[⑦]丁绍仪云:“陶凫乡宗伯梁以竹垞太史《词综》采摭未广,竭数十年力搜罗荟萃,成补遗二十卷。”[⑧]又云:“自四库馆

---

① 俞寿沧《常熟孙吏部传》,见卞孝萱、唐文权编:《辛亥人物碑传集》卷十四,团结出版社1991年版,第724页。

② 俞寿沧《常熟孙吏部传》,见卞孝萱、唐文权编:《辛亥人物碑传集》卷十四,团结出版社1991年版,第723—724页。

③ 郑逸梅著:《艺林散叶续编》之第“1816条”,中华书局2005年版,第206页。

④ 仲伟行等编著:《铁琴铜剑楼研究文献集》第九章《古今吟咏集录·第三图浚之先生虹月归来图》,上海古籍出版社1997年版,第304页。

⑤ 赵尔巽等撰:《清史稿》卷四百二十二《列传二百九·陶梁传》,第40册,中华书局1977年版,第12192页。

⑥ 赵尔巽等撰:《清史稿》卷四百二十二《列传二百九·陶梁传》,第40册,中华书局1977年版,第12193页。

⑦ (清)陶梁撰:《词综补遗》,道光甲午刊本。

⑧ (清)丁绍仪撰:《听秋声馆词话》卷十三《词综补遗未经校正处》,见唐圭璋编:《词话丛编》,中华书局1986年版,第2744页。

开，宋金元词散见《永乐大典》中者，次第集出。天下遗书，亦渐流布，故多竹垞太史所未见。乃补遗一书，成于道光间，亦多未录。”①

陶梁又收藏书画，收藏甚富，且精于鉴赏。家有红豆树馆，著有《红豆树馆书画记》。

陶梁之收藏故实，见于内阁侍读同县潘曾绶《红豆树馆书画记序》，序云：“陶凫乡先生以嘉庆戊辰翰林领袖清秘少壮之日，即以文章名天下，尤精于词。后出守郡洊至监司，入历卿寺至少宗伯，年已八十，犹提倡风雅，奖掖后学。先生官内阁侍读学士时，绶为侍读，论诗读画，看花殆无虚日。先生服官中外垂三十年，偶有余闲即留心书画，收宋元明及国朝诸名家真迹不下三百余种，排比成编，分为八卷，惜乎未梓行而遽归道山也。钱竹汀先生尝云：‘古人以不朽之精神托于绢素，而绢素之有尽不如声名之无穷，然声名之传又必藉记载以永之伟。’”②时收藏名家归安吴云序云：“余性耽翰墨，自束发受书即耳闻苏州陶凫乡先生之名，知其庋藏之富，鉴赏之精，心窃向往，徒以从事举业，未有造访。及长服官江南时，先生扬历中外，勋望方隆，又不科，遂识荆之愿，惜苏子瞻以不得见范文正公为平生之憾。……余伏读（《红豆树馆书画记》）之，自唐宋至本朝都，计书画三百余种，分卷册立轴为三类，其体例略仿高詹事江村《销夏录》。”③

（三十四）杨希铨

杨希铨（7187—1855）　“字仲衡，号砚芬，张家港凤凰镇恬庄（原属常熟）人。父，杨景仁④。嘉庆十二年举人，嘉庆十六年辛未科二甲第七十八名进士，改翰林院庶吉士。”⑤分校乡会试，典河南、四川试，累迁陕西、广东、京畿道监察御史，权礼科、刑科给事中，出为四川潼川知府。丁父忧，服阕补广东惠州知府，署肇庆府，官至惠潮嘉道道员。在任时，察民情，平匪乱，修桥梁，息争斗救灾荒，“于惠州建黉宫，礼聘名士讲学，购捐赠图书六百册藏于丰湖书院，予士子阅读；修校场与西湖名胜及东坡

---

① （清）丁绍仪撰：《听秋声馆词话》卷七《词综补遗未收大典中词》，见唐圭璋编：《词话丛编》，中华书局1986年版，第2655页。

② （清）陶梁著：《红豆树馆书画记》序，见徐娟主编：《中国历代书画艺术论著丛编》（22），中国大百科全书出版社1997年版，第11页。

③ （清）陶梁著：《红豆树馆书画记》序，见徐娟主编：《中国历代书画艺术论著丛编》（22），中国大百科全书出版社1997年版，第5—6页。

④ 按：杨景仁（1768—1828），字育之，号静岩，凤凰镇恬庄人。清嘉庆三年（1798）举人，历官内阁中书协办、侍读，升刑部主事、员外郎。性至孝，因母老辞官归里，主讲安徽庐阳、仙源两书院，著有《诒砚斋诗存》。曾搜集古今有关救济灾荒之事例与经验，编辑《筹济编》三十二卷，林则徐为之序。是书受到朝廷推重，敕刊行各省，作为救荒赈灾的重要参考书。景仁父杨岱（1737—1803），字符嶂，号守默。拓建恬庄镇，疏镇区四周河道，使恬庄成为城堡式市镇，并开设店面、修建寺庙庵堂，增设义学，贫寒弟子免费就读，造福乡里，使恬庄成为虞西大镇。杨岱善学，尤善书画，事母尽孝，清政府敕建孝行牌坊于其住所，杨氏孝坊至今犹在。正厅嵌有状元姚文田书写《杨君孝行记》一文刻石。

⑤ 陈梅湖主纂，孙陈端度协纂：《岭东道·惠潮嘉道职官志》，山西省内部图书准印证（2012）字迪070号，第232页。

遗迹；主修《惠州府志》”[1]。后因母忧归，遂不复出。归田后，以文字自娱，著有《菘畦诗文稿》六卷[2]。

其妻方若蘅，字叔芷，号畹芳女士，安徽桐城人。直隶总督方维甸[3]之五女。工诗，著有《镜清阁诗钞》。与夫杨希铨同好藏书，藏书印有“若蘅”“畹芳”“畹芳女士”“心莲室”“桐城女史”“方氏若蘅曾观”“叔芷”“悟真仙馆”等。《藏园群书经眼录》载有《中州乐府》一卷，“金元好问辑。影写元至大三年庚戌平水曹氏进德斋刊本。十五行二十八字。末叶书：‘至大庚戌良月平水进德斋刊。’收藏印有‘佛桑仙馆’白、‘姚氏畹贞’白、‘芙初女史’朱、‘晴川张氏小琅嬛清闷阁精钞秘玩’朱、‘杨希铨印’白、‘砚芬’朱”[4]。又《木樨轩葳书题记及书录》著录清张芙川影元钞本元至大平水进德斋刻本。是书有“道光庚寅（十年，1830）清和八日，叔芷女士若蘅向芙川侄借读一过。下钤‘心莲室’朱文长印。收藏有‘琴川张氏小琅嬛清閟精钞秘帙’朱文长方印，‘杨希铨’白文、‘砚芬’朱两方印，‘友琴书屋’白文方印，‘芙初女史’朱文方印”[5]。

（三十五）榜眼冯桂芬

冯桂芬（1809—1874）　字林一，又字景庭，号景亭，晚号怀叟，又号邓尉山人，吴县人。道光八年（1828）戊子科乡试副榜，“道光二十年一甲二名进士，授编修，充广西乡试正考官，丁母忧。服阕，文宗御极，用大臣荐召见。旋丁父忧，服甫阕而金陵陷。诏募赀团练于乡，以克复松江府诸城功晋五品衔，擢右中允。赴京，期年告归。同治元年，以治团功加四品衔。乱定，复以耆宿著书禅治加三品衔”。尝“避居上海。时大学士曾国藩治军皖疆。苏州士大夫推钱鼎铭持书乞援，陈沪城危状，及用兵机宜，累数千言，其稿，桂芬所手创也。国藩读之感动，乃遣李鸿章率师东下。既解沪上围，进克苏州，皆辟以为助。桂芬立会防局，调和中外杂处者。设广方言馆，求博通西学之才，储以济变”。冯桂芬“性恬澹，服官仅十年，然家居遇事奋发，不避劳怨。凡浚河、建学、积谷诸举，条议皆出其手。先后主讲金陵、上海、苏州诸书院，与后进论学，昕夕忘倦。精研书数”，“著《说文解字段注考证》《弧矢算术细草图解》《西算新法直解》《校邠庐抗议》《显志堂诗文集》，都数十卷”[6]，另《使粤行记》《两淮盐法

---

① 陈梅湖主纂，孙陈端度协纂：《岭东道·惠潮嘉道职官志》，山西省内部图书准印证（2012）字迪070号，第234页。

② 参见梁一波主编：《张家港名贤·传略编》，凤凰出版社2008年版，第230页。

③ 按：桐城方氏家族，方式济、方观承、方维甸、方若蘅，祖孙四代皆好藏书，其中方维甸，累官至直隶总督，家有心兰适，藏书颇丰。乾隆中开四库馆，献家世三代（方式济、方观承、方维甸）著作。

④ 傅增湘撰：《藏园群书经眼录》卷十八《集部七》，中华书局1983年版，第1536页。

⑤ 李盛铎《木樨轩藏书书录》卷四《集部·此曲类》，见李盛铎著，张玉范整理：《木樨轩藏书题记及书录》，北京大学出版社1985年版，第384页。

⑥ 赵尔巽等撰：《清史稿》卷四百八十六《列传二百七十三·冯桂芬传》，第40册，中华书局1977年版，第13437—13438页。

志》等若干卷。生平事迹参加左宗棠撰《中允冯君景庭家传》及《清史列传》卷七十二《文苑三・冯桂芬传》。

冯氏嗜读书，好藏书，"平生于书无所不读，说经宗汉儒，亦不废宋。凡天文、舆地、兵制、刑法、盐铁、河渠、钱漕、食货诸书，靡不穷思极虑推究其本原，隐然有拨乱澄清之志"①。吴云《显志堂集序》云："先生秉资颖异，于书无所不窥，未达时即以文名，顾不屑以章句自囿。举凡天文、舆地、兵利、刑法、盐铁、河渠、钱漕、食货诸书，靡不极虑专精，务欲推究其本原，洞彻其微奥。"②李鸿章赞云："先生谓生平好读书，未尝一日废业，性迂，未尝与一曲宴。自谓无足奇，人辄交口称之。所自信者有二：操守第一，万种千驷，不能易吾节。少贱，通知民情，留意掌故，二者穷目自谓不居人下，乃人辄目为文学之士，不以吏事相许。"③先生归里后，"所居厌城市近嚣，筑室灵岩山下，疏池叠石，种竹栽花，建高楼。牙签万卷充满其中"④。冯氏尝自述云："余有田数椽，在西郊邓尉山下，藏书存焉，并请龚子韦主其事。"⑤叶昌炽《缘督庐日记》又载："偕管理耕等人整理冯桂芬藏书约二十架，自朝至暮仅得小半功夫，然已不胜其惫矣。"⑥据丁丙藏书目载，旧钞本《说文解字篆韵谱》为其所藏。日本岛田彦桢云："《三国志》手稿，则不知下落矣。尚有前后汉手稿，闻在冯景翁家。"⑦

藏书处显志堂、校邠庐。

藏书印有校邠庐、检校邠诗小经济、臣印桂芬、邓尉山人等。

（三十六）顾文彬

顾文彬（1811—1889）　字紫珊，一字蔚如，号子山，又号艮斋，晚号艮斋，又号眉绿老人、过云楼主，元和人。"乙未举人，辛丑进士，由庶常改刑部，以知府简发湖北，参楚督官秀峰揆伯军事。积功锡花翎，补武昌盐法道，加布政使衔。旋以忧归。时家陷贼中，挈眷侨居上海。咸丰庚申岁暮，粤寇侵逼，势濒于危。"咸丰四年（1854）擢福建司郎中，咸丰六年（1856），"授宁绍台道，三载即引疾归。其叔子司马，先于铁瓶巷宅后购地二十余亩，建武陵宗祠、春荫义庄。辟其东为园，以颐性养寿，颜之

① 徐世昌等编著：《清儒学案》卷一百七十三《校邠学案・冯先生桂芬》，第7册，中华书局2008年版，第6658页。

② （清）吴云《显志堂集》序，见（清）冯桂芬《显志堂稿》卷首，《清代诗文集汇编》编纂委员会编：《清代诗文集汇编》632，上海古籍出版社2010年版，第418页。

③ 徐世昌等编著：《清儒学案》卷一百七十三《校邠学案・冯先生桂芬》，第7册，中华书局2008年版，第6668页。

④ （清）吴云《显志堂集》序，见（清）冯桂芬《显志堂稿》卷首二，见《清代诗文集汇编》编纂委员会编：《清代诗文集汇编》632，上海古籍出版社2010年版，第418、420页。

⑤ （清）冯桂芬《显志堂稿》卷六《龚生传》，见《清代诗文集汇编》编纂委员会编：《清代诗文集汇编》632，上海古籍出版社2010年版，第586页。

⑥ 引范凤书著：《中国著名藏书家与藏书楼》，大象出版社2013年年版，第244页。

⑦ 〔日〕岛田彦桢《皕宋楼藏书源流考并购获本末》，见袁咏秋，曾季光主编：《中国历代国家藏书机构及名家藏读叙传选》第三编《中华文化古籍之源流故实》，北京大学出版社1997年版，第351页。

曰怡。骏叔胸藏丘壑,善于经营,各书家之秀石奇峰,悉为所得。园内有岁寒、草庐、拜石轩诸胜。因得东坡旧琴,又葺坡仙琴馆”①。是时,顾文彬退隐苏州,于怡园,以读书写字自娱。工书法,善诗词,“其为词集名眉绿楼,厚寸许,长调短令,无不丰神潇洒,出笔欲仙,不拘一格,而自能入律,且才气丰溢。每一题一调,辄叠赋不已”②。其《眉绿楼词》不分卷,稿本,今藏苏州图书馆。

顾文彬喜收藏,尤精鉴赏。顾氏收藏始于顾文彬其父顾大澜,至顾文彬时,藏宋元以来佳椠名钞、珍秘善本,明人小札甚多,其书画精品及碑版等闻名遐迩,其藏碑版卷轴,乌阑小字,题识殆遍。同治十年(1871)十二月二十三日,时任宁绍台道德顾文彬致信三子顾承云:“我年逾六旬,别无嗜好,惟于书画孜孜不倦,未免太痴,然趁此时,目能细审,手能精楷,寸阴是惜,尤觉不可错。人子以养志为先,汝宜仰体我志也。”③即可窥见其心志。杜文澜亦称:“观察素喜收藏,骏叔亦好古如饥渴。先有过云楼,藏庋已伙,数年来苦心招集,遂冠吴中。”④正如时人所称“江南收藏甲天下,过云楼收藏甲江南”⑤。

清同治十二年(1837),顾文彬所创建的藏书楼名曰过云楼,顾氏认为:“书画之于人,子瞻氏目为烟云过眼者也。余既韪其论以名藏秘之楼,则罗而储焉,记而存焉,适然之遇已耳,殆无容心。”⑥足见主人以淡泊平常之心看待其收藏,其目是“今此过云楼之藏,前有以娱吾亲,后有以益吾世世子孙之学”⑦。曾自云:“余家旧匙藏弆,先子暮年获名贤一纸,恒数日欢。余务以娱其心,先子务以牖余学,题躞赙褾,遂不胫而至。及次子廷熙、三子承长,余之教熙、承,熙、承之事余,一如谁音。则以是为韦氏籯经、仲氏菽水,亦既三世矣。先子于真伪工拙,审之又审,按款识岁月,核诸行事,以究所繇作。左卷轴、右故书,雅记恒不离。或进余隅坐,假以辞色,俾献一得。余于二子亦然,而二子颇不钝。熙能画,尤长于书,惜年不副志。承少时业从余友徐江帆、程序伯游;甫成人,何子贞、吴退楼亟称其书画。余学焉而无所成,为负先子,幸其能弥余憾焉。……余得斯乐于先子,二子得斯乐于余,将使嗣二子而兴者,

① (清)杜文澜撰:《憩园词话》卷三《顾子山观察词又二则》,见《续修四库全书》编纂委员会、复旦大学图书馆古籍部编:《续修四库全书》第1734册,上海古籍出版社2003年版,第357页。

② (清)杜文澜撰:《憩园词话》卷三《顾子山观察词又二则》,见《续修四库全书》编纂委员会、复旦大学图书馆古籍部编:《续修四库全书》第1734册,上海古籍出版社2003年版,第358页。

③ 《走进顾氏过云楼》,《姑苏晚报》2010年4月4日,第25版。

④ (清)杜文澜撰:《憩园词话》卷三《顾子山观察词又二则》,见《续修四库全书》编纂委员会、复旦大学图书馆古籍部编:《续修四库全书》第1734册,上海古籍出版社2003年版,第358页。

⑤ 陈滢《其身与竹化 无穷出清新——从元〈七君子图〉看文人的墨竹画》,见苏州博物馆编:《苏州文博论丛2011年·历史文人墨竹研究》总第2辑,文物出版社2011年版,第221页。

⑥ (清)顾文彬《过云楼书画记自叙》,见(清)顾文彬撰,顾麟士撰,顾荣木、汪葆辑点校:《过云楼书画记·过云楼续书画记》,江苏古籍出版社1990年版,第1页。

⑦ (清)顾文彬《过云楼书画记自叙》,见(清)顾文彬撰,顾麟士撰,顾荣木、汪葆辑点校:《过云楼书画记·过云楼续书画记》,江苏古籍出版社1990年版,第1页。

复于二子得斯乐，庶无拂乎余心。”①文彬孙顾麟士亦云：“予家自曾王父以来，大父及仲父，先子咸惟书画是好，累叶收藏，耽乐不怠。溯道光戊子，迄今丁卯，百年于兹。唐宋元明真迹入吾过云楼者，如千里马之集于燕市。帧轴卷册，郁郁古香，寝馈其中，恍友前哲，赏心乐事，于逾于此。陈后山云：‘晚知书画真有益。’予幸获益之非晚，何可不述祖德，重负云烟邪？”②真可谓一门世代风雅。

此外，又有鹤庐、眉绿楼。过云楼所藏书画珍品，部分收录于其所撰《过云楼书画记》及其孙顾鹤逸所撰《过云楼续书画记》，著录所珍藏的精品359件，其中有王羲之、释智永、吴道子、范仲淹、苏轼、米芾、朱熹、赵孟頫、吴镇、沈周、仇英、唐寅、祝允明、文徵明、李公麟、董其昌、萧云从、陈洪绶、朱耷、石涛、清初六家等名家真迹。顾文彬所录书画皆为个人所藏，考辨多精审。所撰《过云楼书画记》十卷，稿本；《鹤庐画学》不分卷，稿本；《集词楹帖》一卷，稿本；《百衲琴言》七卷，稿本。以上稿本皆藏于苏州图书馆，又辑有《过云楼帖》等。

藏印有子山、文彬之印、子山所作、艮庵、顾子山、过云楼主、子山墨缘、艮庵居士、过云楼藏、顾子山秘笈印等。

顾文彬有子廷熏、廷熙、廷烈（承），均好收藏，咸丰十年（1861），文彬妻、长子及次子罹丧于兵荒马乱。其卒后，所藏由三子顾承递藏。顾承（1833—1882），为第二代过云楼主人，喜书画、古籍善本、名人手札及玺印，尤精鉴赏，顾文彬言其子：“性爱骨董，别有神悟，物之真伪，一见即决，百不失一。因余素嗜书画，自唐宋元明迄于国朝，诸名迹力所能致者，靡不搜罗，如钟鼎彝尊古钱古印之类，亦皆精究。③”与父同建怡园，手定《过云楼书画记》，曾集拓新旧印章，刊印《画余庵印谱》，著有《过云楼初笔》（稿本）、《过云楼再笔》（稿本）、《吴门耆旧记》、琴曲《坡仙琴馆随笔》《钱谱》等。惜顾承在光绪八年（1882），因体弱多病先顾文彬而去，顾氏家族过云楼由文彬孙顾麟士递藏。

（三十七）庞钟璐父子三进士

庞钟璐（1822—1876）　乳名文龙，字蕴山，又字华玉，号宝生，常熟塘桥人。清道光二十四（1844）甲辰科乡试举人，“道光二十七年一甲三名进士，授编修。咸丰二年，大考一等，擢庶子，迁侍讲学士，署祭酒。明年，授光禄寺卿。八年，擢内阁学士，署工部侍郎，以父忧归”。“同治元年，迁礼部侍郎，迭署工、吏诸部，督顺天学政。四年，呈所纂《文庙祀典考》。六年夏，畿辅亢旱，疏陈荒政十事，下部议行。命偕大学士贾桢等督五城团防，历户、兵、吏诸部。九年，擢左都御史，署工部尚书。十年，

① （清）顾文彬《过云楼书画记自叙》，见（清）顾文彬撰，顾麟士撰，顾荣木、汪葆辑点校：《过云楼书画记·过云楼续书画记》，江苏古籍出版社1990年版，第1页。

② （清）顾麟士撰：《过云楼续书画记·自叙》，江苏古籍出版社1999年8年版，第1页。

③ （清）顾文彬《过云楼书画记》附录，见（清）顾文彬撰，顾麟士撰，顾荣木、汪葆辑点校：《过云楼书画记·过云楼续书画记》，江苏古籍出版社1990年版，第174页。

授刑部尚书。丁母忧,归。光绪二年,卒,谥文恪”[①]。庞氏治经守师法,兼善词赋,撰有《知非录》(又名《庞文恪公年谱》,此谱庞氏自撰止于同治十一年,后其子鸿文、鸿书续记至光绪二年)。著有《古文辞》、《奏议》、《文庙祀典考》五十卷首一卷(是书撰成后恭成御览,录副本藏于家)。

庞钟璐承其家学,其高祖彭鹏举[②],“好聚书,插架逾万卷”;其曾祖庞泓“亦好书,构步云楼插架逾万卷,辑《步云楼书目》”;祖其父庞清标,“继父业,复得数千卷”[③]。家传之书甚多,庞钟璐爱蓄书,且能守其祖业之藏书。其藏书处为琴韵轩、铜鼓斋。惜家传之藏书于咸丰庚申之时乃尽散。乱后,“曾将俸入悉数购书,多宋元善本,以红、绿线分别装订”[④]。又于道光二十四年(1844)甲辰刻《戴简恪公遗集》八卷行世。

庞钟璐父子宅第在常熟城望仙桥(今城区南泾堂24号庞熏琹故居第二进西厢),现存五进。1982年列为常熟县级文物保护单位。

庞钟璐有子二:“鸿文至通政司副使,鸿书至贵州巡抚。”[⑤]

庞鸿文(1845—1909)　庞钟璐长子。字伯絅,号絅堂,常熟塘桥镇人。鸿文,“光绪二年进士;鸿书,光绪六年进士;同官翰林院编修”[⑥],官至通政司副使。戊戌变法后,托病归里,居家期间,兴办学堂。著有《桂君日记》《鄂日记》《伯絅己卯北行日记》等。

庞鸿文喜藏书,藏书处为铜鼓斋、读均轩[⑦]。其搜书甚勤,经过多年搜集与采访县内的典故、典籍、传说、逸事等,加以考订制定,纂修成《光绪常昭合志稿》四十八卷首一卷末一卷。曾校扬州使院刻宋丁度《集韵》十卷,并录汪道谦、王振声、吴卓信、余萧客、赵宗德、董研樵、韩泰华校跋。

---

① 赵尔巽等撰:《清史稿》卷四百二十一《列传二百八·庞钟璐传》,第40册,中华书局1977年版,第12167—12168页。

② 按:彭鹏举,字南池。家饶于赀,好聚书,构筑步云楼,插架逾万卷。其曾祖庞泓(1710—1743),字复初,号玉泉,鹏举之子。辑有《挹翠山房稿》《步云楼诗文集》。日夜诵读,得善本必手自校勘,尤喜收藏唐宋碑帖,辑有《步云楼书目》,惜今未见。藏书印有海虞庞氏收藏图书等朱记。庞清标,之柏轩,泓子。在其父藏书基础上,又增益数千卷。庞大堃,字子方,号厚甫,嘉靖二十四年(1819)己科举人,官国子监志纂修官,以父忧归,遂不复出。其博通诸经,主讲游文书院,著有《等韵辑略》《形声辑略》《古韵辑略》等。

③ 参见江苏省常熟市地方志编纂委员会编:《江苏省常熟市志》第二十二编《藏书·著述》,上海人民出版社1990年版,第833页。

④ 参见江苏省常熟市地方志编纂委员会编:《江苏省常熟市志》第二十二编《藏书·著述》,上海人民出版社1990年版,第835页。

⑤ 赵尔巽等撰:《清史稿》卷四百二十一《列传二百八·庞钟璐传》,第40册,中华书局1977年版,第12168—12169页。

⑥ 赵尔巽等撰:《清史稿》卷四百二十一《列传二百八·庞钟潞传》,第40册,中华书局1977年版,第12168页。

⑦ 参见江苏省常熟市地方志编纂委员会编:《江苏省常熟市志》第二十二编《藏书·著述》,上海人民出版社1990年版,第836页。

庞鸿书(1848—1915)　庞钟璐次子。字仲劬,号劬庵,又号渠庵,晚号郦亭,常熟塘桥镇人。"鸿书,光绪六年进士"[①],授翰林院编修。官湖南大顺广道,迁湖南按察使,改布政使,擢巡抚,官至贵州巡抚[②]。著有《读水经注小识》《补元和郡县志四十七镇图说》等。

庞鸿书喜藏书,"继承藏书家风,收藏勿替,曾与其兄庞鸿文续撰其父《庞文恪公年谱》及校勘《集韵》等。后铜鼓斋藏书由庞鸿文之子庞树韡(出嗣给庞鸿书)继承,抗战沦陷期间,藏书几乎全部散失"[③]。极少部分由树韡长女庞和从常熟南泾堂庞家老宅取出,后全数寄给在北京的庞熏琹。"文化大革命"中,庞氏家藏书画作品多数被抄,仅存庞氏琴韵轩祖传少许藏书幸免于难,如水利书籍《行水金鉴》《直省释典礼学记》等书,皆为庞鸿书藏书,汲古阁仿宋刻本《李义山诗集》,则是庞树典批校本。2003 年元月,由庞夫人袁韵宜将家中尚存数十种 150 余册古籍全部捐赠于庞熏琹美术馆。

(三十八)杨庆麟

杨庆麟(生卒年不详)　字敬士,号振甫,吴江人。其"质敏力学,工鲁公书。年十九,举道光二十四年顺天乡试。三十年成进士,授编修,累官至顺天府府尹,出为广东布政使"[④]。著有《绛雪山房诗集》。

杨庆麟雅好藏书,王河《中国历代藏书家辞典》录其名。又能治印,克承家学,善画山水花卉。富收藏,家有瓶麓斋,专贮书画金石古玩,甲于吴下。后尽付其婿邵松年编修,邵编修将所受各物悉数编成《古缘萃录》一书。卷一为唐宋、卷二为元、卷三至七为明、卷八至十六为清、卷十七和十八为碑帖。现存有邵氏手书石印本传世。

(三十九)吴大澂

吴大澂(1835—1902)　初名大淳,避清穆宗讳改名为大澂,字止敬、清卿,号恒轩、窸斋,吴县人。同治三年(1864)甲子举于乡,"同治戊辰科进士,改庶吉士,授编修"[⑤],历官太仆寺卿、左副都御史至河东河道总督,广东、湖南巡抚。敢直言,先后上疏请裁减繁费,停止颐和园工程。光绪中,参加办理西北边防,中俄珲春边界交涉等事务,反对澳门归葡萄牙管辖。出使朝鲜,定朝内乱以抗日本。中日甲午战争起,自请率湘军抗战,战败被革职,获遣回籍。俞樾《墓志铭》云:"君少时曾从陈硕父先

---

① 赵尔巽等撰:《清史稿》卷四百二十一《列传二百八·庞钟潞传》,第 40 册,中华书局 1977 年版,第 12168 页。

② 梁一波主编:《张家港名贤·传略编》,凤凰出版社 2008 年版,第 90 页。

③ 戈炳根主编,常熟市文化局编:《常熟国家历史文化名城词典》七《藏书》,上海辞书出版社 2003 年版,第 446 页。

④ 《黎里续志》卷之十一,见(清)徐达源撰,黎里古镇保护开发管理委员会,吴江市档案局编:《黎里志》(两种),广陵书社 2011 年版,第 532 页。

⑤ 徐世昌辑:《晚晴簃诗汇》卷一百六十四《吴大澂》,见《续修四库全书》编纂委员会、复旦大学图书馆古籍部编:《续修四库全书》第 1632 册,上海古籍出版社 2003 年版,第 656 页。

生学篆书，中年以后又参以古籀文，书法益进，兼长丹青，喜收藏古金石，得宋微子鼎，有为周客之文，客字作愙，因自号愙斋，海内称愙斋先生。得其字画珍若拱璧。盖君虽以勋业者，而翰墨之长固不为所掩也。当事诸公慕君之学，聘为上海龙门书院山长”①，然君自归里即得风疾，久治不愈卒。《清史稿》卷四百五十《列传第一百九十二》有其传。

吴大澂“工篆籀行楷，纯朴郁茂，嗜古金石，研究鼎彝古匋，泥封印Ω文字，多得定论。获微子鼎，见锈文中，客字作愙，遂自号‘愙斋’，著《愙斋词文集》《愙斋集古录》《说文古籀补》《古玉图考》《恒轩金石录》等行世，赏鉴家莫不宗之”②。其友张鸣珂记曰：“吴清卿（大澂），江苏吴县人。同治戊辰翰林，官广东、湖南巡抚。工小篆，笔力清劲，一洗完白山人之习，酷爱杨濠叟，而秀逸微有不逮。与予合并于吴门即相契，后又遇于京师。其巡抚粤东时，介叶兰台先生衍兰，寄予《说文古籀补》及《字说》两种，皆手录付刊者也。……大澂笃嗜古文，童而习之，积三十年，‘搜罗不倦，丰岐京洛之野，足迹所经，地不爱宝。又获交当代博物君子，扩我见闻，相与折衷，以求其是。师友所遗，拓墨片纸，珍若球图，研精究微，辨及瘢肘。爰取古彝器文，择其显而易明，视而可识者，得三千五百余字，汇录成编，参以古训，附以己意，名曰《说文古籀补》’。”③又据《清儒学案》载：“长于文学，通训诂，酷嗜金石，有所见，辄手摹之，或图其形，存箧笥，积久得百数十器，编《恒轩吉录》。又尽取潘氏暨潍县陈氏、福山王氏诸家，合己所旧藏拓本，改而释之，都十四卷，仿宋欧阳公例，名曰《愙斋集古录》。”④并工书画。少从陈硕甫学篆书，兼长丹青，其字画得者珍若拱璧。“其外王父韩崇履卿先生宝铁斋，尊彝图籍甲于吴下，君濡染绪论，夙有神解。”⑤吴君亦“喜收藏吉金，富甲东南，又好藏书、遗文、拓片，搜罗精博”⑥。《晚晴簃诗汇》称其：“独于金石书画，致力颇深，尤工篆书，一时推独步。李越缦送其视学秦陇诗云：当代论金石，皤陈古癖推。翰林谁继起？吾子擅清才。余艺兼图绘，高齐足鼎罍。读书期有用，都赵等舆台。”⑦潘承弼有其手校藤花榭复宋本《说文解字》四册，潘氏

---

① （清）俞樾撰：《春在堂杂文六编》卷五《前湖南巡抚吴君墓志铭》，见《续修四库全书》编纂委员会、复旦大学图书馆古籍部编：《续修四库全书》第1551册，上海古籍出版社2003年版，第79页。

② 黄鸿初主编，丁翔熊编：《蜗牛居士全集·艺人小志下卷》，上海丁寿世草堂1940年版，第80页。

③ （清）张鸣珂著，丁羲元校点，唐金海复校：《寒松阁谈艺琐录》卷二，上海人民美术出版社1988年版，第69—71页。

④ 徐世昌等编著：《清儒学案》卷一百七十三《校邠学案·吴大澂》，第7册，中华书局2008年版，第6669页。

⑤ （清）叶昌炽《奇觚庼文集》之《外集·吴愙斋中丞六十寿行序》，见《清代诗文集汇编》编纂委员会编：《清代诗文集汇编》766，上海古籍出版社2010年版，第820页。

⑥ 蒋镜寰辑：《吴中藏书先哲考略》，见徐雁，王燕均主编：《国历史藏书论著读本》，四川大学出版社1990年版，第669页。

⑦ 徐世昌辑：《晚晴簃诗汇》卷一百六十四《吴大澂》，见《续修四库全书》编纂委员会、复旦大学图书馆古籍部编：《续修四库全书》第1632册，上海古籍出版社2003年版，第656页。

记云:“都校语百数十事。先生湛于文字之学,辨识古文奇字,别具神会。所成字说一卷,发前人所未发,然能确守古谊,不为穿凿,迥非近世耳食者流,专逞臆说妄释欺世者,所可同日而语焉。”①又有“《陕西碑目》钞本二册,吴愙斋先生抚陕录成待访者。先生以朱墨手校补,别以朱圈,标明所藏,以赠叶缘督先生。”②

其藏书处名曰愙斋、恒轩、两壶庵、十六金符斋、龙节虎符之馆等。

藏印有吴大澂、愙斋、白云山樵、吴印大澂、清卿临本、愙斋鉴藏书画、愙斋鉴藏等。

吴大澂卒后,因子早卒,由侄孙吴翼燕为嗣,所藏尽归其递藏。缪荃孙亦云:“清卿前辈金石书画靡不笃好,考订亦精。王事靡盐,著述罕传。身后萧条,所藏亦散,殊可悲已。”③

(四十)吴蔚光

吴蔚光(1743—1803)　字悊甫,一字执虚,自号竹桥,又自号湖田外史,“其先休宁人。祖宏祖钱塘商籍,诸生,始迁居昭文。父敬字文正,以商籍游庠,以勤学行善为务。邑中如浚赈饥诸事,皆慷慨乐施。蔚光乡举后,改归昭文籍,登乾隆庚子进士,选庶吉士,散馆改礼部主事,旋引疾归。终日居一楼,留心著述二十年如一日”④。著有《素修堂文集》二十卷《诗集》二十四卷《后集》六卷,《小湖田乐府》前集十卷、续集四卷及《洪范音谐》《毛诗臆见》《读礼知意》《求闲录》《方言考据》《闲居诗话》等数种。生平事迹参见清法式善《例授奉直大夫礼部主事吴君墓表》。

吴蔚光“性颖敏,汉魏乐府上口不忘”⑤。尤工诗,《光绪常昭合志稿》称其:“夙怡古文兼长骈体而于诗词尤推作手。生平爱才好士,后进以诗文来谒者获佳句妙语,逢人诵不绝口。”⑥王昶曰:“竹桥初登词馆,继改仪曹,志尚幽闲,即辞华朊。既而哲景总制湖湘,门盈兰锜,而向禽之志弥专,箕颖之情愈切,覃研文史,啸傲湖山,跌宕琴樽,搜罗书画,且与门人鲍叔治等,及女士席佩兰、屈宛仙,弦诗读画,粉墨淋漓。吾谷云深,尚湖春暖,人夸雅集。望比臞仙,故发为著撰,莫不刻羽引商,扬风扢雅。”⑦性嗜收藏图书、法帖、名画,退闲林下二十余载,勤搜访,购藏甚多,“书籍及法书名画,藏书以万卷计。尝得王元章梅花长卷,因以梅花一卷名楼。晚慕城西湖田

① 潘景郑著:《著砚楼书跋·吴愙斋先生手校〈说文解字〉》,上海古籍出版社2006年版,第20页。

② 潘景郑著:《著砚楼书跋·吴愙斋手校陕西碑目》,上海古籍出版社2006年版,第152页。

③ (清)缪荃孙著,黄明、杨同甫标点:《艺风藏书续记》卷五,上海古籍出版社2007年版,第363页。

④ (清)郑钟祥、张瀛修,(清)庞鸿文等纂:《光绪常昭合志稿》卷二十七《人物六·耆旧·吴蔚光》,见《中国地方志集成·江苏府县志辑》(22),江苏古籍出版社1991年版,第430页。

⑤ (清)法式善撰:《存素堂文集》卷四《例授奉直大夫礼部主事吴君墓表》,见《续修四库全书》编纂委员会、复旦大学图书馆古籍部编:《续修四库全书》第1476册,上海古籍出版社2003年版,第720页。

⑥ (清)郑钟祥、张瀛修,(清)庞鸿文等纂:《光绪常昭合志稿》卷二十七《人物六·耆旧·吴蔚光》,见《中国地方志集成·江苏府县志辑》(22),江苏古籍出版社1991年版,第431页。

⑦ (清)王昶著,周维德校辑:《蒲褐山房诗话新编》卷上,齐鲁书社1988年版,第140页。

之胜，欲治宅数楹为终老计，自号湖田外史"[1]。明刻本《殊域周咨录》二十四卷，有"蔚光太史小宗伯海虞吴氏雍书楼图书"诸印[2]；明刻本《仪礼注疏》十七卷，卷首、末有"吴印蔚光、湖田外史、汲古藏书之家"诸印记[3]。

其藏书室有梅花一卷楼，又有雍书楼、素修堂。又喜治金石，家有古金石斋，专贮金石古物，著有《古金石斋诗前后集》。

藏印有吴印蔚光、海虞吴氏拥书楼图史、蔚光太史小宗伯海虞吴氏雍书楼图书、湖田外史、竹桥等。

其遗书由子吴峻基递藏。吴峻基，字阜伯，一字迈堂，号古然，常熟人。例授同知官衔。喜藏书，嘉庆间辟建水吾园于九万圩明代钱岱的小辋川故址，建构壶隐园，筑三层楼，第二层藏贮书籍。著有《虞琴草堂诗文集》[4]。

（四十一）状元陆润庠

陆润庠（1841—1915）　字云洒，号字凤石，元和人。为康熙二十六年（1685）乙丑科状元陆肯堂冡孙，"陆肯堂，字邃升。才气磊落自喜。康熙乙丑，会试、殿试皆第一，由修撰迁侍读，卒官"[5]。陆润庠为同治甲戌科状元，亦是苏州科举史上最后一位状元。据《清史稿》载："陆润庠，字凤石，江苏元和人。父懋修，精医，见《艺术传》。润庠，同治十三年一甲一名进士，授修撰。光绪初，屡典试事，湖南、陕西皆再至。入直南书房，洊擢侍读。出督山东学政。父忧服阕，再迁祭酒，典试江西。以母疾乞养归。二十四年，起补祭酒，擢内阁学士，署工部侍郎。两宫西巡，奔赴行在，授礼部侍郎，充经筵讲官。擢左都御史，管理医局，典顺天乡试，充会试副总裁，署工部尚书。三十二年，充厘订官制大臣。已而工部裁省，以尚书兼领顺天府尹事。明年，授吏部尚书、参预政务大臣。""宣统元年，协办大学士，由体仁阁转东阁大学士，充弼德院院长。皇帝典学，充毓庆宫授读，兼顾问大臣。"[6]武昌起义后，反对时变，仇视革命，充宣统帝师傅，授太子太保。一生俭朴，衣如寒士，卒赠太傅，谥文端。陆润庠曾主讲上海蕊珠书院。光绪间入直南书房时，其奉敕审定内府经籍书画。著有《佩文诗韵释要》等。生平事迹参见唐文治《记陆文端公事》。

---

① （清）郑钟祥、张瀛修，（清）庞鸿文等纂：《光绪常昭合志稿》卷二十七《人物六·耆旧·吴蔚光》，见《中国地方志集成·江苏府县志辑》(22)，江苏古籍出版社 1991 年版，第 431 页。

② （清）丁丙撰：《善本书室藏书志》卷十二《殊域周咨录》，见《续修四库全书》编纂委员会、复旦大学图书馆古籍部编：《续修四库全书》第 927 册，上海古籍出版社 2003 年版，第 304 页。

③ （清）瞿镛撰：《铁琴铜剑楼藏书目录》卷第四《经部四》，见《清人书目题跋丛刊三》，中华书局 1990 年版，第 56 页。

④ （清）郑钟祥、张瀛修，（清）庞鸿文等纂：《光绪常昭合志稿》卷二十七《人物六·耆旧·吴蔚光》，见《中国地方志集成·江苏府县志辑》(22)，江苏古籍出版社 1991 年版，第 431 页。

⑤ （清）李元度著，易孟醇点校：《国朝先正事略》卷三十八《文苑·陆肯堂》，岳麓书社 1991 年版，第 1057 页。

⑥ 赵尔巽等撰：《清史稿》卷四百七十二《列传二百五十九·陆润庠传》，第 42 册，中华书局 1977 年版，第 12815 页。

陆润庠好藏书，宋余仁仲万卷堂家塾刻本《礼记注》，卷内钤有陆润庠朱方篆文印；藏印尚有凤石眼福、臣陆润庠、甲戌状元、臣润庠奉敕审定内府经籍书画、臣润庠奉敕审定内府经籍金石书画等，今中国国家图书馆藏。宋刻大字本《礼记》二十卷，有“元和陆氏藏”“臣润庠奉敕审定内府经籍金石书画”等各印[①]。汲古阁刊本《汉书注》一百卷，钤有“臣润庠奉敕审定内府经籍金石书画”诸印[②]。

（四十二）邵松年

邵松年（1848—1923）　字伯英，号息庵，常熟人。同治九年（1870）庚午科举人，授内阁中书，“清光绪九年二甲五名进士”[③]。授翰林院编修，官至河南学政。主政河南学政期间，关注嵩阳书院的发展，督促整修嵩阳书院，聘书院山长、邀名师以延续嵩阳书院的文化传承。其工小楷，能画，笔墨隽雅，为时人所好。编有《海虞文征》《虞山画志补编》《琴庐谈荟》《书画书录解题》等。

邵松年喜收藏，生平庋藏颇富。家藏《九歌》全，卷首有“松年所藏”等印记[④]。尤以藏碑帖字画为多。光绪二十九年（1903）所著《古缘萃录》十八卷，记述所藏书、画、碑帖，其兰雪斋藏神龙本《兰亭》，古鲸琴馆专藏古琴。

藏书画室名曰兰雪斋、澄兰堂。

藏印有邵松年印、伯英、长宜子孙、息庵、松年所藏、海虞邵氏珍藏金石书画之印、邵松年伯英父等。

（四十三）榜眼邹福保

邹福保（1852—1915）　字咏春，号芸巢，元和人。清“光绪五年乡试得中举人，光绪十二年会试中进士，殿试钦赐邹福保一甲第二名进士及第，授翰林院编修”[⑤]，官侍讲，历典江西、福建、顺天乡试。光绪三十三年（1907），称病归里，任江苏师范学堂监督，主讲苏州存古学堂。辛亥革命后，闭门不闻外事，著有《彻香堂经史论》《绅范》《褒孝文编》《墨林群玉》《儒家口头禅》《巢隐老人自祭文》。1909 年主讲苏州存古学堂词章科，先后排印自著《文钥》二卷、《读书镫》一卷。1910 年重刊宋人范仲淹《文正公集》和范纯仁《忠宣公集》，并作《重刻范文正忠宣公全集序》冠于首。

邹福保广读经史，又好藏书，曹允源《邹君家传》云：“邹福保于‘国变’后，闭门养病。藏书十余万卷，日惟焚香，手一编，与古人晤对。”[⑥]辛亥革命后，“闭门不参与世事，日常仅去玄妙观、护龙街建省古书铺中访书，闲暇则焚香诵读，吟古今体诗以

---

① 王文进撰，柳向春标点：《文禄堂访书记》卷第一，上海古籍出版社 2007 年版，第 23 页。

② 傅增湘撰：《藏园群书经眼录》卷三《史部一》，中华书局 1983 年版，第 189 页。

③ 潘荣胜主编：《明清进士录》之清光绪九年、光绪十二年，中华书局 2006 年版，第 1138 页。

④ 姜亮夫著：《楚辞学论文集》附《楚辞书目五种补逸·补文征明书离骚九歌》，《成均楼论文辑》第一种，上海古籍出版社 1984 年版，第 498 页。

⑤ 王鸿鹏等编著：《中国历代榜眼·清代榜眼》，解放军出版社 2004 年版，第 427 页。

⑥ （清）曹允源《复庵续稿》卷三《邹君家传》，引江庆柏著：《近代江苏藏书研究》第六章《近代苏州地区藏书》，安徽文艺出版社 2000 年版，第 328 页。

自遣。其藏书多至10万余卷”[①]。邹氏尝自撰《呻吟语》云:“闭门补辑残书帙,结习犹存炳烛时。更愿图书新馆拓,乡邦掌故遍搜罗。”[②]

其藏书处为芸巢,有《芸巢书目》一种,民国《吴县志·艺文考》著录。

(四十四)江　标

江　标(1860—1899)　字建霞,一作蒹葭,号师鄦、萱圃,又自署笘誃,元和人。光绪十四年(1888)戊子科举人,“戊子、己丑联捷成进士”[③],“由进士官翰林院编修,出汪郎亭侍郎之门。予癸巳入都,恒于侍郎所谈宴甚洽”[④]。“视学湖南时,以变士风开辟新治为己任”[⑤],选拔具有科学知识的人才。光绪二十三年,与陈宝箴、谭嗣同等创办时务学堂,出版《巷学新报》宣传变法维新。戊戌变法时以四品卿衔在总署章京行走,戊戌变法失败后,被革职禁锢于家,忧郁而卒,年仅39岁。其学识渊博,“工小篆,能刻画金石,又善作画。后视学湘中,画国朝诸名人著书之庐十六幅,楼板作诗笺行世,得者珍若球璧”[⑥]。著有《黄荛圃年谱》《宋元行格表》,辑刻《士礼居藏书题跋记补遗》一卷等,均有关目录之学。又撰有《灵鹣阁稿》《红蕉蔗词》《沅湘通艺录》等。曾汇刻印《灵鹣阁丛书》《唐贤小集五十家》等。生平事迹参见清叶昌炽《江标建赮事实》及《湖南省志》第三十卷《江标传》。

江标好藏书、刻书,精鉴别,“讲金石目录,自三代鼎彝秦汉六朝碑版,下至宋元明人书画,无不究心”[⑦]。叶昌炽云:“建霞童时读书外家,舅氏华篴秋先生,名翼纶,家富藏弆,耳濡目染,遂精鉴别。研精许学,酷嗜鼎彝文字,所作篆籀,皆有古法,书画篆刻,旁逮天算格致,一见辄能深造,殆有宿慧。家本寒素,不善治生,起居服御如豪贵家,屡讽之而不能改也。京秩本清苦,长安又不易居,所得古器及宋元精椠名画,辄以易米。余所见书画之精者,如郑元祐《侨吴集》,有黄荛翁跋,沈西雍《访碑图》,逾时问之,已寄诸外府矣。奉使三湘,不名一钱,归装惟有辑刊《灵鹣阁丛书》五集五十六种,仿宋陈解元书棚本《唐贤小集》五十家。”[⑧]加之江标“嗜书出于天性,真知笃好,宋元刻本、旧钞、旧校,源流真赝,了如指掌。辑《黄荛圃年谱》一卷,潘文

---

① 张耘田、陈巍主编:《苏州民国艺文志》上,广陵书社2005年版,第303页。

② 江庆柏著:《近代江苏藏书研究》第六章《近代苏州地区藏书》,安徽文艺出版社2000年版,第328页。

③ (清)叶昌炽《江标建赮事实》,见闵尔昌录:《碑传集补》卷九,台湾文海出版社有限公司1980年版,第568页。

④ (清)张鸣珂著,丁羲元校点,唐金海复校:《寒松阁谈艺琐录》卷五,上海人民美术出版社1988年版,第137页。

⑤ (清)胡思敬撰:《戊戌履霜录》卷四,见《续修四库全书》编纂委员会、复旦大学图书馆古籍部编:《续修四库全书》第446册,上海古籍出版社2003年版,第342页。

⑥ (清)张鸣珂著,丁羲元校点,唐金海复校:《寒松阁谈艺琐录》卷五,上海人民美术出版社1988年版,第137页。

⑦ (清)胡思敬撰:《戊戌履霜录》卷四《江标传》,见《续修四库全书》编纂委员会、复旦大学图书馆古籍部编:《续修四库全书》第446册,上海古籍出版社2003年版,第342页。

⑧ (清)叶昌炽著,王欣夫补正,徐鹏辑:《藏书纪事诗》卷七,上海古籍出版社1989年版,第716—717页。

勤师辑《士礼居藏书题跋记》，网罗极博，建霞又遍访藏书家，得《补遗》一卷。天假之年，昌其名位，名山之藏，未知观止。崔骃以不乐损年，范滂以清流被锢，其命矣夫”①。有《风雨楼秘籍留真十种广告》：“本社主人搜罗迭籍藏弆珍本历十载余，或得之穷摊僻壤，或借抄于藏书旧家，箧衍所储其旧钞传写，各本先后刊入《古学汇刊》中者不下数十种。然《古学汇刊》系用铅印，不能留原书之真面。今校刊已竣，惟箧中所存尚有名人手写原本真迹，及名人手校精本十种，改用金属版朱墨二色精印其图章印记及朱笔批校之处，皆照原样用朱印，其手写墨迹用墨印，务与原书面目丝毫无异，盖一可以流传古人之著作，一并可留存古人著书之精神，在读者既读古人之书，又得见古人之遗墨，其快可知。今先将出版两种列左。”②宋本《新刊诸儒批点古文集成》七十八卷，“卷首有‘江标建霞印’，则此即为《四库》著录本，当为海内孤本审矣”③。顾云美先生手写本《三吴旧语》和孙北海先生手写本《山居随笔》，可见江氏藏书质量甚精。其中所藏《三吴旧语》有邓实跋语，跋云：系顾苓手写真迹稿本，艺云精舍汪氏藏书，“云五十家美所著尚有《金陵野钞》一书，末附《东南杂记略》，藏余笥中已久，亦传写未刊稿。二书皆语多愤慨，故历清代二百余年无敢为之刊布者。然《金陵野钞》其目尚见于郡志，钱塘丁氏藏有旧钞本，惟是本向未见各家著录，今仅存真迹，向为汪阆源艺云书舍所藏，后归江建霞灵鹣阁，宝藏完好，斫楠为匣，人间孤本，信足珍秘。江氏故物此本，流落市上，余乃购得之，卷端有鬻髭生即叶昌炽题七律二首，叶鞠裳前辈手笔也。乙卯清明日邓实记于风雨楼。”④

江标为叶昌炽入门弟子，叶氏《缘督庐日记》记载江标所藏精本亦甚多，如元刊本《辅教编》、元刻《李翰林集》、元刻《礼记》巾箱本、元刻小字本《盐铁论》、元刻明印《艺文类聚》、明高氏妙赏楼旧藏宋本《近思录》、旧钞本《皇明通识》、钱氏绛云楼藏高丽钞本《虞山小史》、翁方纲校明钞本《测元海镜》、王子底《然脂集》手稿残本、王伯申校本《水经注》、马氏丛书楼藏明钞本《姑苏名贤小记》、蒋子遵手钞并跋《焦氏国史经籍志》、周香岩校及黄丕烈跋《唐语林》等。又明写本《天禄阁外史》八卷，有“江建霞标夫妇印”⑤。钞本《南唐书》十八卷，有“元和江标建霞之印信”“江标经眼”“师鄦室藏书”“师鄦乙酉岁暮检书记”“萧江书库”诸印⑥。

王欣夫云：昔年于悬桥老书贾杨馥堂处见建霞手书目录一纸，系当时托为代售者。灵鹣阁著录无考，得此可窥豹一斑，兹录于下：宋刻《通鉴》残本七十余卷，即常熟瞿氏所藏之半；宋刻宋印《读史管见》三十本；宋刻宋印《古文集成》二十本，明袁

---

① （清）叶昌炽著，王欣夫补正，徐鹏辑：《藏书纪事诗》卷七，上海古籍出版社1989年版，第717页。

② 邓实《三吴旧语》跋，见缪荃孙、邓实编：《古学汇刊》六，附录《广告》，广陵书社2006年版，第3836页。

③ 傅增湘撰：《藏园群书题记》卷第十八《总集类》，上海古籍出版社1989年版，第930页。

④ 邓实《三吴旧语》跋，见缪荃孙，邓实编：《古学彙刊》六，附录《广告》，广陵书社2006年版，第3836页。

⑤ 傅增湘撰：《藏园群书经眼录》卷八《子部二》，中华书局1983年版，第664页。

⑥ 张元济《涵芬楼烬余书录》史部《国朝名臣事略》，见张元济著：《张元济全集》第8卷《古籍研究著作》，商务印书馆2009年版，第272页。

潄六藏本,亦即《四库》所收原本,此书天下无第二部;罕见宝祐本《晋书》六十本,即九行十六字本;宋本《杨子》二本;宋本《盐铁论》二本;宋本《中说》三本;罕见宋巾箱本《论语注疏》廿四本,即廖莹中刻本;元本《李太白集》八本;元本《王右丞集》六本;陈仲鱼校钞《华阳国志》四本;黄校、周校《语林》一本;黄校《山窗小□》一本;屈翁山《崇祯宫词》;顾云美《三吴旧语》;元本《广韵》;元本《礼记集说》;元刻巾箱本《礼记集说》十六卷二十本,此刻尚在未改十卷本之前,罕见之本,刻印精致,无异宋槧。赵钞校本《疑年录》一本;《吴郡志》十本;《剡录》二本;黄校明钞《咸淳重修毗陵志》六本;毛、黄校本《洛阳伽蓝记》一本;钞书钞阁丛钞本《书钞阁藏书跋语》一本;钞本《西畇寓目编》六本;《唐摭言》二本;黄、顾校《渑水燕谈录》二本;明钞黄校《诗品》一本;钞校《张子野词》一本;明刊陆校《稼轩长短句》二本;旧钞《乐府雅词》四本;王评点本《三代词综》十八本等三十四种[①],以上皆为宋元刻本和名家抄校之精品。

其藏书处名曰灵鹣阁、四经四史四子四集斋。

藏书印有灵鹣图书、灵鹣藏书、标、书画翰林、师三达堂、吴郡江氏曾经审定、江建霞秘藏印、江标考藏、元和江标之章、建庵师鄦嗜好、师鄦乙酉岁暮检书记、萧江书库藏书、灵鹣阁夫妇所藏书画、江建霞、元和江建霞收藏之记、元和江氏灵鹣阁所藏书籍记、灵鹣阁、江标所读之书、建霞、建霞草堂藏过图书、萧江书库、如愿等数十枚。

又有一楷书朱文界格长方特殊印,中为佛像,周书"大清光绪十二年十二月朔三十日,书窟弟子江标敬造长恩像一区,愿留不散,啮蠹鱼不沾,永充供养"[②]。明张习刻《侨吴集》十二卷《附录》一卷,有"江标灵鹣""大清光绪十二年十二月朔三十日,书窟弟子江标敬造长恩像一区,愿留不散,啮蠹鱼不沾,永充供养"[③]。从此藏书印亦说明藏书不易,因无力使之留存,祈求佛祖保佑的既善良又愚昧的愿想。

编有《江氏灵鹣阁藏书残目》一卷,清末香影庵钞本,今藏复旦大学图书馆。关于江标藏书散佚,因其英年早逝,年未四十,由其子递藏。叶昌炽记云:"今遗书数十椟,其子孟聪茂才,尚能守之,然精本则寥寥无几矣。"[④]光绪二十五年(1899)其家遭回禄,藏书损失惨重。所剩余藏书归于盛宣怀愚斋图书馆,今华东师范大学图书馆有盛氏所藏江标灵鹣阁书150余种,书上有其亲笔题识手迹。吴昌绶云:"闻建霞遗藏,新近毁失,可为累叹。"[⑤]

(四十五)王同愈

王同愈(1855—1941) "字文若,号胜元,别署栩缘,江苏元和人。先世籍金华,

---

① 参见(清)叶昌炽著,王欣夫补正,徐鹏辑:《藏书纪事诗》卷七,上海古籍出版社1989年版,第717—718页。

② 刘尚恒著:《二馀斋文集·古籍文献》,天津古籍出版社2013年版,第119页。

③ 王文进撰,柳向春标点:《文禄堂访书记》卷第五,上海古籍出版社2007年版,第340页。

④ (清)叶昌炽著,王欣夫补正,徐鹏辑:《藏书纪事诗》卷七,上海古籍出版社1989年版,第717页。

⑤ 顾廷龙校阅:《艺风堂友朋书札》(下),《中华文史论丛》增刊,上海古籍出版社1981年版,第915页。

明初迁于吴，为郡望族。”①“乙酉，举顺天乡试。己丑，以魁选成进士，改庶吉士，散馆授编修。辛卯、癸巳，两充顺天乡试同考官，得士甚盛。寻派充出使日本参赞，以佐公使汪公凤藻。未满任归……充国史馆纂修、文渊阁校理。丁酉秋，简放湖北学政。”②后总办学务处，兼两湖大学堂监督。于学无所不窥，长算术，善书画、篆刻。著有《选砚刍言》《栩缘随笔》《栩缘日记》《栩缘诗文集》，稿藏于家。视学时，纂《校士算存》，刊《先正读书诀》《女子弟子职》，板储鹿门书院。生平事迹参见顾廷龙《王同愈先生事略》。

王同愈“于学无所不窥。客吴氏斋中，多见古器法物书画名迹。官京师后，与吴公郁生、叶公昌炽、费公念慈、江公标，上下议论于金石文字书画目录之学，赏奇析疑，极盍簪之乐”③。又好藏书，曾在山水画上题诗云：“室有图书富，门无车马临。翛然清世虑，溪必入山深。”④感叹“津津乎有味于藏书，而知天下最可宝贵、最可娱乐之事，无过于此事”⑤。尝自夸：“余蓄书六七万卷，率皆寻常版刻，惟取其备，不敢求其精，然已所费不赀矣。”⑥王謇有诗赞云：“栩栩蝶缘王太史，缥湘黄卷百箧存。”⑦

辛亥革命后，“退隐沪上。泛览图籍，间为撰述，度曲饮酒，以遣晨夕。念先人续纂宗谱遗稿，失之乱离，志切继述。迨从叔兄所访获副本，亟加增辑，写为定本，绵延世泽，贻之后人”。“平日深居简出，门无杂宾。当路之征勿应，即南北遗老之结集，亦未尝一与焉。屏绝人事，以书画自贻。卜筑槎南草堂于南翔仙槎桥边，临水柴门，后有小圃，略具花木之胜”⑧，藏书于槎南草堂中。王同愈尝叙述其藏书经历云：“吾家世守青毡，自明迄今，代传儒术，而仍世卷轴悉毁于庚申之劫。时吾年才六岁，菽麦犹不辨也。逮归井闾，百物荡然。年十六，遭先大夫之丧，重慈在堂，孤贫不能自振，课童蒙六七人，所入仅资饩鬻，插架无线装书。弱冠就与图馆之聘，束脩稍腆，堂上旨甘而外，节缩以为贮书地，遂岁月而置之。及游于幕、仕于朝、视学于鄂，有厚币、有诏糈、有廉俸，遂日月而置之矣。历二十余年，经史百家略有七万卷，视吾先生所藏未知盈朒，视吾少时可谓富矣。”⑨又云：“余插架无多，然积年搜罗，亦略有七万

① 顾廷龙《清江西提学使王公行状》，见卞孝萱、唐文权编著：《民国人物碑传集》卷四，凤凰出版社 2011 年版，第 210 页。

② 顾廷龙《清江西提学使王公行状》，见卞孝萱、唐文权编著：《民国人物碑传集》卷四，凤凰出版社 2011 年版，第 211 页。

③ 顾廷龙《清江西提学使王公行状》，见卞孝萱、唐文权编著：《民国人物碑传集》卷四，凤凰出版社 2011 年版，第 212 页。

④ 王同愈著，顾廷龙编：《王同愈集》之《栩缘诗存·题画》，上海古籍出版社 1998 年版，第 123 页。

⑤ （清）王同愈著，顾廷龙编：《王同愈集》之《栩缘随笔》，上海古籍出版社 1998 年版，第 499 页。

⑥ 王同愈著，顾廷龙编：《王同愈集》之《栩缘随笔》，上海古籍出版社 1998 年版，第 503 页。

⑦ 王謇著，李希泌点注：《续补藏书纪事诗》，书目文献出版社 1987 年版，第 20 页。

⑧ 顾廷龙《清江西提学使王公行状》，见卞孝萱、唐文权编著：《民国人物碑传集》卷四，凤凰出版社 2011 年版，第 212 页。

⑨ （清）王同愈著，顾廷龙编：《王同愈集》之《栩缘随笔》，上海古籍出版社 1998 年版，第 511 页。

余卷。旧刻精印之本，亦十有二三。斯架塞屋，需四五楹，始足分布行列。同好讨论椠本，时相过从，渐推渐广。亲友子弟，亦时来借阅。因于书室门框《规条》一纸，曰入室四忌：忌吸烟，忌执烛，忌携茗瓯于案，忌涕吐。曰看书七戒：戒指甲揭幅，戒汗手取携，戒随手抛置，戒侵折脑角，戒乱题款识，戒漫加丹黄，戒携出室外。曰看书七宜：入室宜先盥手，书签宜先抽出，揭幅宜遵温公，阅毕宜归原处，折角宜为舒平，残破宜即补好，抄摘宜防墨污。”①

其藏书处名曰栩栩庵、栩园。清逊国后，王氏退隐上海，卜筑槎南草堂于南翔仙槎桥边。

编有《栩园藏书目录》稿本，王謇云：“王胜之太史（同愈一字栩园）藏书百箧，有《栩园藏书目录》稿本，余尝见之。就中王家斋《金华金石志》稿本，余所梦寐不忘者也。”②又有《群籍书画题跋记》，王謇尝见之③。

藏书印有胜之、王同愈印、乙丑翰林、栩缘、栩栩庵、王胜之印、王氏书库、精本、栩园印信等。

王氏藏书，在抗日战争中，“兵戈俶扰，首当其冲，徙避靡常。丁丑之难，物宇沦毁，百物荡然”④，“故传世书画甚少”⑤。“抗战以还，国中不靖，迭经忧患，遗书之存其外孙顾氏辟疆园者，闻亦论秤而尽矣。”⑥周子美云：“王同愈之栩栩庵藏书善本，归之复旦大学图书馆。”⑦

（四十六）徐兆玮

徐兆玮（1867—1940）　字少逵，号虹隐，别署剑心，常熟县人，居常熟何市乡陈泾村。“由附贡生中式，光绪十四年戊子科本省乡试举人，十五年己丑科会试中式贡士，十六年庚寅恩科补行殿试，改翰林院庶吉士，十八年散官授职编修，二十年三月考试翰詹，钦定二等第四十名，奉旨照旧供职。三十年十二月，派充国史馆协修。”⑧戊戌政变失败后，息影家居，绝意仕进。在家乡创办桂村书院。1902 年徐兆玮将桂村书院改为蒙养学堂，后改桂村初级小学，首开本县乡镇办新学先河，任校长。1906 年东渡日本考察教育，回国后致力于教育，与邑中贤达创议设立常熟县立图书馆。工诗文词，著有《闰余集》《虹隐楼随笔》《黄车掌录》《虞乡琐记》《梦篸集异》《虹隐

---

① （清）王同愈著，顾廷龙编：《王同愈集》之《栩缘随笔》，上海古籍出版社 1998 年版，第 496—497 页。

② 顾廷龙《清江西提学使王公行状》，见卞孝萱、唐文权编著：《民国人物碑传集》卷四，凤凰出版社 2011 年版，第 212 页。

③ 王謇著，李希泌点注：《续补藏书纪事诗》，书目文献出版社 1987 年版，第 20 页。

④ 顾廷龙《清江西提学使王公行状》，见卞孝萱、唐文权编著：《民国人物碑传集》卷四，凤凰出版社 2011 年版，第 212 页。

⑤ 叶景葵著，顾廷龙编：《卷盦书跋·栩缘老人墨迹》，古典文学出版社 1957 年版，第 22 页。

⑥ 王謇著，李希泌点注：《续补藏书纪事诗》，书目文献出版社 1987 年版，第 20 页。

⑦ 周子美《近百年来江南著名藏书家概述》，上海《图书馆》杂志 1982 年第 1 期。

⑧ 秦国经主编，唐益年、叶秀云副主编：《中国第一历史档案馆藏·清代官员履历档案全编 8·宣统朝》，华东师范大学出版社 1997 年版，第 188 页。

楼日记》《芙蓉庄红豆录》《徐兆玮日记》稿本等。

徐兆玮居家读书，每日课读，从未间断。闻有时人珍藏好书，必借读方罢休。又好藏书，聚书万余卷。专搜明末清初史料，尤注重乡邦文献搜集，凡乡先辈诗文掌故，靡不网罗收集，据谢国桢撰《江浙访书记》载①，谢国桢在常熟访书时，徐兆玮手抄编写的三百多种书为最。谢氏记云："徐兆玮是前清翰林，家居读书，专治明末清初的史事，手钞乡邦掌故如瞿式耜、钱谦益、柳如是的遗事等，种类很多，约三百多种。"②钞本有元卢镇《重修琴川志》十五卷，清陈骙《琴川志注草》十二卷首一卷，《琴川续志草》十卷、清黄冈《梅里文献三志稿》一卷、清潘镐《新修梅里文献小草》不分卷、金鹤翀《金村小志》三卷等。稿本有《虹隐楼日记》六百余册。并辟专室收藏各类新小说和新文学期刊杂志。

其藏书处为虹隐楼、芙蓉庄。编有《虹隐楼藏近刊善本书目》一卷，今藏常熟市图书馆。又分类编有多种藏书目录，总辑为《虹隐楼书目汇编》四十七卷，三十一册，著录书籍一万二千多种。其著述部分散佚，部分捐给常熟市图书馆。常熟市图书馆接受清点后，编有《何市徐兆玮虹隐楼图书文物暂编目录》，计图书 3180 种，24000 多册，另著述 61 种，463 册，书画百余种，碑帖 238 种。

（四十七）叶昌炽

叶昌炽（1819—1917）　字颂鲁，一字鞠常，一作菊裳，号缘督，自号缘督庐主人，清长洲人。先世绍兴，后迁吴地，遂为长洲人，居苏州葛百户巷，徙至花桥乡。少时就学于正谊书院，为冯桂芬高足。清光绪二年（1876）丙子恩科举人，"光绪十六年进士，选庶吉士，授编修。累至侍讲，督甘肃学政，边地朴陋，昌炽校阅尽职"③。科举废除，叶昌炽归居乡里，任存古堂教授史学多年，著书终老，参修《苏州府志》，撰写公署、学校、坛庙、寺观、释道及职官等，"著有《藏书纪事诗》六卷，《语石》十卷，《邠州大佛寺题刻考》二卷，均考订精确"④。又有《奇觚庼诗文集》《邠州石室录》《寒山寺志》《辛臼簃诗讔》《滂喜斋藏书记》《五百经幢馆碑目》。生平事迹参见曹元弼《叶侍讲墓志铭》。

叶昌炽嗜藏书，且藏书癖甚深，不亚钱谦益及黄丕烈等人，尝自云："昌炽弱冠，即喜为流略之学，顾家贫不能得宋元椠，视藏家书目，辄有望洋之叹。因念古人爱书如命，山泽之癯，槁项黄馘。吾吴如孙道明、朱叔英、吴方山、沈与文，皆名不挂于通人之口，缥湘既散，蒿莱寂然，可为陨涕。顾涧薲先生尝欲举藏弆源流，汇所见闻，述

---

① 谢国桢著：《江浙访书记》之《常熟图书馆藏书·记常熟徐兆玮所编著之书》，上海古籍出版社 2004 年版，第 84—85 页。

② 谢国桢著：《江浙访书记·观感》，上海古籍出版社 2004 年版，第 5 页。

③ 赵尔巽等撰：《清史稿》卷四百八十六《列传二百七十三·叶昌炽传》，第 44 册，中华书局 1977 年版，第 13440 页。

④ 赵尔巽等撰：《清史稿》卷四百八十六《列传二百七十三·叶昌炽传》，第 44 册，中华书局 1977 年版，第 13440 页。

为一编,稍传文献之信。窃不自揆,肄业所及,自正史以逮稗乘、方志、官私簿录、古今文集,见有藏家故实,即裒而录之。光绪丙戌以后,度岭而南,暨客都门,见闻稍广,箧衍遂充。"[①]常因家甚贫,不能多购宋椠元刻而遗憾。若遇罕见之本,因价高财力不足未能购藏,归而失之交臂之事亦常有之。尝云:"余幼长里闬,寄食东陵。习闻治生之说,虽好书而不能不断断论价,精钞秘椠,交臂失之。每一回思,如象罔之珠,不可再得。"[②]又称,同治十年(1871)"购《骈体文钞》一部。此书为骈文家所必不可缺,余欲购数次矣! 囊匮而止,得之颇未易也"[③]。光绪九年(1883)"有明经厂本《名臣奏议》亦佳,惜价昂不能得"[④]。光绪十四年(1888)"《张氏医说》一函,前有嘉靖癸卯张子立序,称'南衡童先生按晋,刻以康晋之人',其书出自宋本,后附绍定改元诸葛兴旧序,及嘉定甲申彭方、李以制,开禧丁卯江畴,宝庆丁亥徐杲四跋。隆庆刻本增加至十余卷,此书十卷尚仍旧第,可宝也,惜索直昂,终不能得耳"[⑤]。光绪二十四年(1898)"午后独游厂肆……又见《彭芝庭集》,明刻《震泽长语》《震泽纪闻》《续纪闻》,谐价未成,《续纪闻》为王文恪后人所撰,流传甚少,明日当再物色之。"翌日,"饬僕至厂肆问文恪两种。已有所归矣,交臂失此佳籍,为之惘惘者累日"[⑥]。叶氏在《缘督庐日记》中记云:"晚至筱珊处,见旧钞本《麈史》《庶斋老学丛谈》,皆士礼旧物,有荛圃跋。……又从厂肆见北宋刻《嘉祐集》,精妙无比,比直三百余,未能得,仅录荛圃翁三跋。今日为荔裳弟殁之第七日,枯坐斗室,悲来填膺,因出破闷,而不意得见此也"[⑦]。是月其弟荔裳和三子叶恭彝相继夭亡,叶氏已是痛不欲生,但仍念念不忘藏书,其藏书癖实不亚钱谦益及黄丕烈等。

叶氏藏书甚多,"藏书约有三万卷"[⑧]。叶昌炽宣统二年(1910)庚戌九月九日记:"重阳日,位置箱架,整理签题,新旧都三十三箱。湖海投赠,坊肆雕造,并丛残不全之本,另置三架。又卧室精本一架,与旧拓装册本分上、下而居之,拓片九箱。二十年塾师、二十年宦游,十束之脡,五斗之俸尽于此矣!"[⑨]叶氏藏书可从其《缘督庐日记》大致窥知其全貌。

---

① 见(清)叶昌炽著,王欣夫补正,徐鹏辑:《藏书纪事诗》目录,上海古籍出版社1989年版,第30页。
② (清)叶昌炽著,王欣夫补正,徐鹏辑:《藏书纪事诗》卷六,上海古籍出版社1989年版,第697页。
③ (清)叶昌炽著:《缘督庐日记》卷一"同治十年(1871)辛未"条,台湾学生书局1964年版,第9页。
④ (清)叶昌炽著:《缘督庐日记》卷二"光绪九年(1883)癸未十一月廿三日"条,台湾学生书局1964年版,第72页。
⑤ (清)叶昌炽著:《缘督庐日记》卷五"光绪十四年(1888)戊子十一月廿六日"条,台湾学生书局1964年版,第164页。
⑥ (清)叶昌炽著:《缘督庐日记》卷七"光绪二十四年(1898)戊戌正月十三日、正月十四日"条,台湾学生书局1964年版,第244、244页。
⑦ (清)叶昌炽著:《缘督庐日记》卷三"光绪十一年(1885)乙酉六月十九"条,台湾学生书局1964年版,第98页。
⑧ 郑伟章、李万健著:《中国著名藏书家传略》,书目文献出版社1986年版,第207页。
⑨ (清)叶昌炽著:《缘督庐日记》卷十四"宣统二年(1910)戊戌九月九日"条,台湾学生书局1964年版,第487页。

1.叶昌炽藏书来源

《缘督庐日记》于清同治九年(1870)庚午冬开始记录,至民国六年(1917)丁巳九月十五止,跨四十八年,是记录叶氏一生学术活动的重要资料,包含其藏书、著书、藏碑、论碑等信息,与李慈铭的《越缦堂日记》、王闿运的《湘绮楼日记》、翁同龢的《翁同龢日记》同被誉为晚清四大日记。《缘督庐日记》的手稿本现存于苏州图书馆,存四十三册,民国时期入藏。在《缘督庐日记》中,叶昌炽对其藏书购置、抄录、友朋赠予及与人交换所得的详细信息都有记载,如有自己购书,或请友人代购之书,或书估推销之书,兹摘录其《日记》中所记部分购藏、抄书及赠书之故实,述其藏书因缘。

购书。同治九年(1870)“携归梦翁《焦桐小草》三卷。简端有王芾卿叔炳骈序一首,隶事属辞,俱极工炼,其格在尤展成、吴茵次之间,絜之乾嘉诸子,尚不及也”①。同治十年(1871)“购《吴江县志》一部,《路文贞公集》一部”②。光绪元年(1875)乙亥九月廿七“购《颜鲁公集》一部”,为无锡安氏刊本;十月十九日购“《经义杂志》一部,《石笥山房集》一部,嘉庆戊午镌,仅有诗四卷、文六卷”③。光绪二年(1876)八月初七日“购定方氏书,余分得九种,共洋三十二圆。祁刻《说文系传》《岱南阁丛书》《小玲珑馆丛书》《唐类函》《说文答问疏证》《说文述谊》《新附通谊》《汪子遗书》《二林居集》《彭秋士集》《韩文考异》《山中白云词》”;廿七日“过世经堂,携归《史汉字类》一部。又《五经文字》《九经字様》两种,即玲珑山馆本。楮墨精绝,较金陵所购丛书相去悬绝。方氏本决计售人矣”;十一月廿二又“购《六子全书》一部,尚是世德堂原刻。楮墨精好,是明代最佳之本,惜《荀子》有阙叶。袁似山物”④。光绪三年(1877)丁丑二月十一日“午后至琉璃厂购《扬州府志》一部”;十六日又“购《海运全案》一部,《慕天颜五种》一部,皆江南掌故也;又购《内传古注辑存》一部,平定张真斋旧藏物,书中有朱笔点勘处,皆其手迹”⑤。光绪四年(1878)戊寅四月初六日“购《淮南子》一部,浙江局翻庄刻。又从襄卿处携归巴陵方氏新刊元本《草堂诗笺》一部,宋嘉兴鲁訔编次,间建安蔡梦弼会笺,附赵子栎《草堂诗话》一卷,鲁、赵所

---

① (清)叶昌炽著:《缘督庐日记》卷一“同治九年(1870)庚午季冬十九日”条,台湾学生书局1964年版,第4页。

② (清)叶昌炽著:《缘督庐日记》卷一“同治十年(1871)辛未春季十一日”条,台湾学生书局1964年版,第5页。

③ (清)叶昌炽著:《缘督庐日记》卷一“光绪元年(1875)乙亥九月廿七、十月十九日”条,台湾学生书局1964年版,第19、19页。

④ (清)叶昌炽著:《缘督庐日记》卷一“光绪二年(1876)八月初七日、廿七日,十一月廿二日”条,台湾学生书局1964年版,第33、34、34、35页。

⑤ (清)叶昌炽著:《缘督庐日记》卷一“光绪三年(1877)丁丑二月十一日、十六日”条,台湾学生书局1964年版,第35页。

辑《工部年谱》各一卷。雕印极精”①。光绪五年(1879)己卯七月十五日又“购《古经解汇函》一部,粤中刻本。《春秋繁露》一种,原为江都凌曙注本,今以抱经堂校本易之”②。光绪八年(1882)壬午十二月初一日“购尤舜渔手钞《朱乐圃余稿》三册。又《刘敏中集》五册,后有陈仲鱼、顾涧宾、黄荛圃三跋,皆从传录中摹入,非真迹也”③。光绪九年(1883)癸未十一月廿三日“购定唐藩翻张伯颜本《文选》、弘治刻《止斋集》、元刻《音释柳先生集》、明刻《老庄口义》”,廿四日又购《柳集》四十一卷,“又购扬子《法言》两册,分卷与世德本同,纸墨甚古,狭行小字,非元刊即明初本也”④。光绪十一年(1885)乙酉六月初四日“购得宋《汪文定集》一部,十二卷,明程篁墩节录本。初不欲取,因有明善堂藏书印,出自怡府存之”;七月初一日“新从厂肆购得翻宋吴苹本《周易本义》。又《泰山道里记》,聂光剑复著有《翁覃溪》,题字在上方,署检五字亦其手迹。又购得破烂同门朱卷数册,中有许印林翰、龚定庵自珍文”⑤。光绪十五年(1889)己丑二月初八日“至翰文斋,携归新翻缪刻《李太白集》一部,又《苔岑集》一部,皆吾郡道光间人,其姓名半已闻如,吾不收更收之者矣”⑥。光绪十六年(1890)庚寅四月初七日“阅厂,购得汲古阁刻《三元人集》一部。三家者,倪瓒云林、马臻虚中、顾阿瑛仲瑛也。楮墨精好,尚是初印本。又顾侠君《秀埜草堂集》一部”;五月初九日“厂贾来,购戴叔能《九灵山房集》一部,乾隆间裔孙戴瀛之校刻。又吴江《周恭肃公集》一部”⑦。光绪二十年(1894)甲午十二月廿四日“游厂肆,得《绍熙云间志》一部,蔡复午《西碛山堂集》一部,钞本《盛青楼诗集》”⑧。光绪二十一年(1895)乙未三月三十日“阅肆,得吴江《金文通外集》一册,昆山葛芝《容膝居杂录》六卷”⑨。光绪二十二年(1896)丙申五月廿六日,“昨从厂肆取归抄本《三朝事案》一部,北宋一卷,题‘北宋遗民著’;南宋一卷,题‘郑思肖著’。《甲乙事案》则吾

① (清)叶昌炽著:《缘督庐日记》卷二“光绪四年(1878)戊寅四月初六日”条,台湾学生书局1964年版,第48—49页。

② (清)叶昌炽著:《缘督庐日记》卷二“光绪五年(1879)己卯七月十五日”条,台湾学生书局1964年版,第56页。

③ (清)叶昌炽著:《缘督庐日记》卷二“光绪八年(1882)壬午十二月初一日”条,台湾学生书局1964年版,第67页。

④ (清)叶昌炽著:《缘督庐日记》卷二“光绪九年(1883)癸未十一月廿三日、廿四日”条,台湾学生书局1964年版,第72—73页。

⑤ (清)叶昌炽著:《缘督庐日记》卷三“光绪十一年(1885)乙酉六月初四日、七月初一日”条,台湾学生书局1964年版,第97、99页。

⑥ (清)叶昌炽著:《缘督庐日记》卷五“光绪十五年(1889)己丑二月初八日”条,台湾学生书局1964年版,第172页。

⑦ (清)叶昌炽著:《缘督庐日记》卷六“光绪十六年(1890)庚寅四月初七日、五月初九日”条,台湾学生书局1964年版,第88—189页。

⑧ (清)叶昌炽著:《缘督庐日记》卷七“光绪二十年(1894)甲午十二月廿四日”条,台湾学生书局1964年版,第217、221页。

⑨ (清)叶昌炽著:《缘督庐日记》卷七“光绪二十一年(1895)乙未三月三十日”条,台湾学生书局1964年版,第224页。

吴文秉所著也”①。光绪二十三年(1897)丁酉六月初四日“从何估处得徐葆光《中山传信录》三册,又从谭估处携归《少室山房笔丛》一本,索价甚昂。内《经史会通》一种,有藏书故实,前此所未见”②。光绪二十四年(1898)戊戌正月十三文友堂取新刻《铁桥漫稿》一部,影宋《管子》一部,聊以解嘲而已”③。十二月初十日“在正文斋小坐,购定《晚香唱和诗》二册,并附集两册。光绪三十二年(1906)丙午十二月廿六日“得星台函,并代购《澍滋堂粤游诗》四册。又《三节妇诗》一册。《粤游诗》,蒯嘉珍铁厓著。三节妇者,董云鹤松筠《涵清阁诗稿》、顾佩芳韵仙《怀清书屋吟稿》、袁希谢去尘《素言集》,后《萱宦吟稿》,许珠蕊仙所作,皆松陵闺秀也”④。民国三年(1914)甲寅五月初一日“至有正书局(望平街),购《礼泉铭》石印本一册,题曰‘唐拓’,实则北宋拓或庶几耳。《宏明集》四册,《高僧传》初集四册。池州杨仁山居士以《宋高僧传》有唐五代人,《明高僧传》有宋元人,名实不相副,特于《高僧传》加‘初集’二字,而以《缵高僧传》为二集,宋、明两传为三、四集,可云师心妄作,但校椠尚精耳”⑤。民国六年(1917)丁巳四月十七日“购《白香山集》一部,八册汪西亭一隅草堂本,价六元四角”⑥。

从以上购书部分记述中知,《日记》记录清同治九年(1870)庚午至民国六年(1917)辛未,前后跨四十八年,而叶氏购书活动亦跨四十八年。在购书中,有的是自购,有的托友朋或门生及书估代购,有的是书估上门推销,叶氏购书是不遗余力,一直坚持到去世前,可见叶氏嗜书之深。

抄书。除购书外,叶氏亦抄书以增益其藏书。其中有自己抄写,亦有请人代抄,如自己抄写之书:同治十年(1871)辛未春季十九日“小峰以《上海县志》属钞。申季属校,钞难校易,不如助钞”⑦。同治十二年(1873)癸酉孟冬初十日至初十二日“补抄《吕览》,夜校《史记》”;孟冬十四日“夜校《史记》(王文恪《震泽长语》毕,接录《敬斋古今黈》)”;季冬二十日“整理架上书,颇览清爽豁目,影写《说文韵谱》两页(补空)”。同治十二年(1873)癸酉孟冬十六日“夜校《史记》。《敬斋古今黈》完,又接

---

① (清)叶昌炽著:《缘督庐日记》卷七“光绪二十二年(1896)丙申五月廿六日”条,台湾学生书局1964年版,第230页。

② (清)叶昌炽著:《缘督庐日记》卷七“光绪二十三年(1897)丁酉六月初四日”条,台湾学生书局1964年版,第239页。

③ (清)叶昌炽著:《缘督庐日记》卷七“光绪二十四年(1898)戊戌正月十三日、十二月初十日”条,台湾学生书局1964年版,第244页。

④ (清)叶昌炽著:《缘督庐日记》卷十二“光绪三十二年(1906)丙午十二月廿六日”条,台湾学生书局1964年版,第443、444、444页。

⑤ (清)叶昌炽著:《缘督庐日记》卷十五“民国二年(1914)甲寅五月初一日”条,台湾学生书局1964年版,第535—536页。

⑥ (清)叶昌炽著:《缘督庐日记》卷十六“民国六年(1917)丁巳四月十七日”条,台湾学生书局1964年版,第593页。

⑦ (清)叶昌炽著:《缘督庐日记》卷一“同治十年(1871)辛未春季十九日”条,台湾学生书局1964年版,第5页。

写《石笋山房集》。致樛园书,抄去《验方新编》数条”①。同治十三年(1874)甲戌仲秋廿三日“夜钞爰丈所集《说文检字》”,孟冬初一日“从申季借《商子》五卷(此书为严铁桥校《闻经堂》本),照录一本,即于是日始”,孟冬廿九日“借《太玄经》影钞一部”②。光绪二年(1876)丙子五月二十日“灯下钞《寒山志》,明赵宧光撰。其书虽山志,而所记皆一人一家之事。以世无传本,且卷帙不多,故录而存之”;闰五月初九日“钞《石湖志略》毕,续钞《文略》”③。光绪三年(1877)丁丑十二月廿九日“自钞孙从添《藏书纪要》”④。光绪四年(1878)戊寅正月十五“自钞《春秋徐氏音》,玉函山房辑本”;正月十八日“续写《毛诗徐氏音》,亦马辑本。《玉函山房辑佚书》,固城马国翰编定”;正月廿四日“续钞《周易李氏音》”;正月廿五日“续钞《古文尚书音》,亦徐邈撰”⑤;二月初六日“夹写《尔雅孙氏音》毕”;二月初九日“夹写郭璞《尔雅音义》”⑥。光绪七年(1881)辛巳三月初八日“从陶仲平借得《毛诗》,惠半农父子校本,录于别纸”⑦。光绪九年(1883)癸未十月初七日“阅《文选李善注》。将《文子》《新序》等书凡十余种别纸录出,以备校勘新刊本”⑧。光绪十七年(1891)辛卯四月廿八日“函致仲约前辈,借顾仲恭《炳烛斋随笔》,曲阜顾氏旧藏钞本。其书皆考论经史,深于漆园之学,又学墨子而抑孟子,虽不纯,在明人说部中,要为切实,切为乡先哲遗书,世间别无他本,拟录藏之”⑨;五月初二日“自写《炳烛斋随笔》,穷日之力,约得二万字”;五月初三日“写《炳烛斋随笔》竣,共四万字”⑩。光绪二十一年(1895)乙未五月廿三日“抄韩其武《补瓢存稿》毕,共诗四卷,词一卷,文一卷”。六

---

① (清)叶昌炽著:《缘督庐日记》卷一“同治十一年(1872)壬申仲冬初十日至初十二日、孟冬十四日、孟冬十六日、季冬二十日”条,台湾学生书局1964年版,第11、11、11、12页。
② (清)叶昌炽著:《缘督庐日记》卷一“同治十三年(1874)甲戌仲秋廿三日、孟冬廿九日”条,台湾学生书局1964年版,第15、15页。
③ (清)叶昌炽著:《缘督庐日记》卷一“光绪二年(1876)丙子五月二十日、闰五月初九日”条,台湾学生书局1964年版,第32、32页。
④ (清)叶昌炽著:《缘督庐日记》卷一“光绪三年(1877)丁丑十二月廿九日”条,台湾学生书局1964年版,第43页。
⑤ (清)叶昌炽著:《缘督庐日记》卷一“光绪四年(1878)戊寅正月十五、正月十八日、正月廿四日、正月廿五日”条,台湾学生书局1964年版,第45页。
⑥ (清)叶昌炽著:《缘督庐日记》卷一“光绪四年(1878)戊寅二月初九日”条,台湾学生书局1964年版,第46页。
⑦ (清)叶昌炽著:《缘督庐日记》卷二“光绪七年(1881)辛巳三月初八日”条,台湾学生书局1964年版,第62页。
⑧ (清)叶昌炽著:《缘督庐日记》卷二“光绪九年(1883)癸未十月初七日”条,台湾学生书局1964年版,第71页。
⑨ (清)叶昌炽著:《缘督庐日记》卷六“光绪十七年(1891)辛卯四月廿八日”条,台湾学生书局1964年版,第197页。
⑩ (清)叶昌炽著:《缘督庐日记》卷六“光绪十七年(1891)辛卯五月初二日、五月初三日”条,台湾学生书局1964年版,第198页。

月十六日“录袁胥台《世纬》二卷”[①]。光绪二十二年(1896)丙申正月廿三日“写《知止堂文集》八卷,《补遗》一卷”[②]。

又有请人代抄之书:如光绪二年(1876)丙子五月初三日“钞《石湖县略》始。托仰云补钞《吴越春秋》”[③];十二月十八日“康伯来缴所钞《吴邑志》,继以《续复古编》”[④]。光绪八年壬午四月三十日“薄暮新吾来,交节钞《玉函丛书》二种,后付《春秋》《礼记》《论语》《孝经》,子部、儒家计五本”[⑤]。宣统三年(1911)辛亥四月廿三日“以《唐六如集》《王百穀集》各二册,《南昀文录》《百城烟水》《鸥陂渔话》各一册。共七本,付仲番甥传录”;四月廿五日“得都门佩鹤函,寄《眉韵楼诗话初编》……康吉来,归书八册,尚留《南昀诗录》未返。又付以《陈季方诗集》《梅叶阁文集》各一册,吾宗《已畦集》、褚仙根《行素堂集》各二册,仍托仲蕃传录”[⑥]。民国二年(1913)癸丑十二月十九日“致芸巢函,借范翰尊来宗《洽园诗稿》两册,自卷六至十二止,前五卷已佚。翰尊为文正后裔,乾隆朝举鸿博制科,亦为吾乡作者。其集阅肆三十年未见,虽残本亦可珍。灯下即手录首叶。吾老矣,未知其能卒业否”[⑦]。民国三年(1914)甲寅六月十五日“写《杨无补诗》下卷毕。原稿四十一叶,缩为三十六叶。续写《黄山游记》,每叶仅十四行,行十六字。写本两行。适得刻本三行一叶,不止容两叶”;六月十九日“写《黄山游记》毕。原刻二十二叶,钞本适得半,即续钞序一叶弁首之。词有序,有传,有志铭,有寿文,有象赞”;六月廿四日“写《怀古堂诗》序及传赞诸文毕,共十三叶。其子明远先生诗十二卷,以次移录”[⑧]。

友朋馈赠及交换之书,或因财力不足而自己所撰之书。叶氏居家、应试、游幕、官京师、甘肃及晚年来往沪苏,所到之处无不遍搜书籍与金石书画。与友朋交游,互赠珍籍异本,赏奇析疑。据其《缘督庐日记》所载,每年收藏异书数百种及抄书几十部,所校之书几至几十部。又因自幼嗜书,弱冠即有文名,深得师长及友人厚爱,与

① (清)叶昌炽著:《缘督庐日记》卷七“光绪二十一年(1895)乙未五月廿三日、六月十六日”条,台湾学生书局1964年版,第225、226页。

② (清)叶昌炽著:《缘督庐日记》卷七“光绪二十二年(1896)丙申正月廿四日”条,台湾学生书局1964年版,第229页。

③ (清)叶昌炽著:《缘督庐日记》卷一“光绪二年(1876)丙子五月初三日”条,台湾学生书局1964年版,第31页。

④ (清)叶昌炽著:《缘督庐日记》卷一“光绪二年(1876)丙子十二月十八日”条,台湾学生书局1964年版,第35页。

⑤ (清)叶昌炽著:《缘督庐日记》卷二“光绪八年(1882)壬午四月三十日”条,台湾学生书局1964年版,第66页。

⑥ (清)叶昌炽著:《缘督庐日记》卷十三“宣统三年(1911)辛亥四月廿三日、四月廿五日”条,台湾学生书局1964年版,第493、493页。

⑦ (清)叶昌炽著:《缘督庐日记》卷十五“民国二年(1913)癸丑十二月十九日”条,台湾学生书局1964年版,第531—532页。

⑧ (清)叶昌炽著:《缘督庐日记》卷十五“民国三年(1914)甲寅六月十五日、六月十九日、六月廿四日”条,台湾学生书局1964年版,第538页。

其交游者皆愿赠书与之。而叶昌炽后来相继为蒋凤藻、潘祖荫、柯逢时、黄再同、刘承幹等名家及学者等人校书,每每得名家学者赠书。其《缘督庐日记》中亦多有记载叶氏与前辈、同年及朋友与门生所赠之书,如下:

潘祖荫郑盦赠书:"郑盦赠郝兰皋《尔疋异数》《山海经笺疏》各一部,其孙联薇所刻也"①;"郑盦丈赠《谪麟堂集》,德清戴子高著"②;"郑盦丈赠贝子木、张砚生诗集各一部"③;"郑盦丈赠《黎洲思旧录》一册,又《武陵山人遗书》六册,金山顾观光尚之著。凡《六秝通考》《九执秝解》《回回秝解》《算剩初编》《算剩续编》《算剩馀稿》《九数外录》《神龙本草经》《周髀算经校勘记》《伤寒论补注》《吴越春秋校勘记》《华阳国志校勘记》,共十二种"④;"郑盦丈购赠郝兰皋著述四函,凡《梅叟闲评》、《证俗文》、《骊书堂文集》《外集》《别集》《笔录》、时文、诗钞"⑤等。

曹元弼叔彦赠书:"叔彦赠《孝经六艺大道录》一册,《经学通议开宗》一册"⑥;"王捍郑太守已自鄂返苏,与叔彦同作一函来,并寄贻所著《正学编》一册,所辑《感应篇儒义》一册,《辽文萃》《西夏文缀》合一册"⑦;"得叔彦函,寄赠《存古讲义》二册、《经堂学文钞》二册,皆其所自撰"⑧。

邹福保芸巢赠书:"芸巢晨来一函报昨书,以段赤亭《山左金石目》二册见贻"⑨;芸巢"来函附至《绣谷亭熏习录》朱印二册密行小字,仿宋本式,精雅可爱,不啻获一珠船。古惟自沪寄赠"⑩。

---

① (清)叶昌炽著:《缘督庐日记》卷三"光绪十一年(1885)乙酉二月初一日"条,台湾学生书局1964年版,第92页。
② (清)叶昌炽著:《缘督庐日记》卷三"光绪十一年(1885)乙酉三月初一日"条,台湾学生书局1964年版,第93页。
③ (清)叶昌炽著:《缘督庐日记》卷三"光绪十一年(1885)乙酉三月十九日"条,台湾学生书局1964年版,第94页。
④ (清)叶昌炽著:《缘督庐日记》卷三"光绪十一年(1885)乙酉四月廿六日"条,台湾学生书局1964年版,第95页。
⑤ (清)叶昌炽著:《缘督庐日记》卷三"光绪十一年(1885)乙酉五月十九日"条,台湾学生书局1964年版,第96页。
⑥ (清)叶昌炽著:《缘督庐日记》卷十三"光绪三十三年(1903)丁未正月廿二日"条,台湾学生书局1964年版,第447页。
⑦ (清)叶昌炽著:《缘督庐日记》卷十三"光绪三十四年(1904)戊申三月廿三日"条,台湾学生书局1964年版,第464页。
⑧ (清)叶昌炽著:《缘督庐日记》卷十三"宣统元年(1909)己酉闰二月十九日"条,台湾学生书局1964年版,第476页。
⑨ (清)叶昌炽著:《缘督庐日记》卷十四"民国元年(1912)壬子五月廿九日"条,台湾学生书局1964年版,第514页。
⑩ (清)叶昌炽著:《缘督庐日记》卷十四"民国元年(1912)壬子七月廿九日"条,台湾学生书局1964年版,第515页。

徐乃昌积余[①]赠书：徐积余"赠新刻《小团乐室闺秀词》八集十六册。又《皖词纪胜》一册、《续方言》。又《补续后汉书儒林传补佚》《南陵县建置沿革表》合一册，皆其所辑述也"[②]；"邮局递至徐积余观察所赠《随庵丛书》共十种，皆仿宋元刻。《词林韵释》一，《吴越春秋》二，《金石例》三，《中朝故事》四，《云仙散录》五，《述异记》六，《离骚集传》七，《鱼元机诗》八，《箧中集》九，《乐府阳春白雪前后集》十，皆有'鄂省兰陵街陶子麟锓木'字，始知子麟为梓工。刘聚卿仿宋本亦皆出其雕造，精美相埒，吴中无此良工也"[③]；"得积余书，赠《随庵丛书初集》一部，又新刊《续集》样本一部，共九种。本有十种，除昨天所录五种外，尚有《补汉兵志》一卷；景宋钞本有《礼记》、《吕氏乡约》一卷、《乡仪》一卷，宋嘉定本《续幽怪录》四卷；宋太庙前尹家书铺本有《逸文》，《札记》，《广成先生玉函经》一卷，《忘忧清乐集》一卷，亦皆宋刻本，内缺《忘忧清乐集》，尚未刷样本也。其余皆朱印，班固、应劭二书独用蓝印，古雅可爱。《初集》先已赠一部，行箧失其首帙，昨面订赠一全书之外，又别以《吴越春秋》前一册（即所失本）谥缝前阙"[④]；"积余不期转至，携朱印《熏习录》两册见赠，即吴印臣所刊者……各以《巢隐诗》一册赠之。"[⑤]

瞿启甲良士[⑥]赠书："良士又赠其家藏书目（按：即《铁琴铜剑楼书目》）一部。又家集两种，合一册，一为《吹月填词馆稿》，瞿绍坚梦香著，其曾祖行；一为词，即其祖子雍先生作也"[⑦]；瞿良士"携张南祴新刊《佚丛甲集》四册，一为《牧斋集外诗》，后附《河东君诗》；一为《吾炙集》，亦牧翁选定同时诸子之作；一为《翁孺素兰集》；一为《龙川集》，李晴峰著[⑧]"；"得瞿良士函寄赠《秋影诗钞》一册，汪绎东山著，康熙中状

---

① 按：徐乃昌（1868—1943），字积余，号随厂，安徽南陵人。清光绪十九年（1893）举人，官淮安知府、江南盐法道。辛亥后久居上海。著有《积学斋藏书记》《续方言又补录》，辑刊《积学斋丛书》《随厂丛书》等。时为藏书大家，缪荃孙言："荃孙得国朝人文集千种，以此比积余所藏犹小巫也。"由此推想徐氏藏书之富。其藏书处为积学斋，编有《积学斋藏书目》，著录一百三十二箱，共达数千种。

② （清）叶昌炽著：《缘督庐日记》卷十三"光绪三十三年（1903）丁未正月廿二日"条，台湾学生书局1964年版，第447页。

③ （清）叶昌炽著：《缘督庐日记》卷十四"宣统二年（1910）庚戌二月十一日"条，台湾学生书局1964年版，第483页。

④ （清）叶昌炽著：《缘督庐日记》卷十六"民国五年（1916）丙辰六月十九日"条，台湾学生书局1964年版，第568页。

⑤ （清）叶昌炽著：《缘督庐日记》卷十五"民国二年（1913）癸丑二月初十日"条，台湾学生书局1964年版，第521页。

⑥ 按：瞿启甲（1873—1940），字良士，别号铁琴道人，常熟古里人，清代著名藏书楼"铁琴铜剑楼"第四代主人，常熟人。辛亥革命后创办了常熟公共图书馆，任筹办图书馆主任、首任馆长，并捐赠家藏图书。据不完全统计，从宣统三年（1911）至民国七年（1918），向常熟县立图书馆捐赠藏书42种649册。

⑦ （清）叶昌炽著：《缘督庐日记》卷十三"光绪三十四年（1904）戊申十二月廿一日"条，台湾学生书局1964年版，第473页。

⑧ （清）叶昌炽著：《缘督庐日记》卷十三"宣统元年（1909）己酉二月初四日"条，台湾学生书局1964年版，第475页。

元也。又《海虞文征》一部,共十六册,邵伯英前辈所辑。”[①]

蒋凤藻芗生赠书:“又得芗生(即蒋凤藻)书,附来《保越录》一册,大兴傅节子长恩阁钞本。又赠《夏小正戴氏传》一册,亦傅君所刻,以琉球绵纸印,楮墨极精。”[②]

袁昶爽秋赠书:“爽秋赠所著《浙西邨人诗》,自八卷至十六卷,七卷以上,尚在斟写俟刊。”[③]

缪荃孙筱珊赠书:“缪筱珊前辈自白下来访,可谓空谷之中跫然足音矣。携新刊所著《艺风集》七卷,所辑《藏书记》八卷,《辽文》六卷。仿宋大字体本《诗品》《茅亭客话》(穴砚斋)、《南朝史精语》(洪迈)、钱佃《荀子考异》见贻。仿宋朱印,字大悦目,不减黎莼斋日本刻也。”[④]

刘承幹翰怡[⑤]赠书:翰怡“以元《传与砺集》四册、吾吴贝子木《咄咄吟》一册见贻。《传集》十一卷,附录一卷;贝诗上下两卷,朱印白纸,皆其新刊《嘉业堂丛书》本”[⑥];“翰怡伻来,赍赠新刻《求恕斋丛书》三册,计《叶天寥年谱》一卷、《续》一卷、《别记》一卷、《甲行日注》八卷,题‘华桐流衲木拂纂’,皆朱印。又《嘉业堂丛书》五册,皆年谱。李申耆一,徐籀庄二,瞿木夫三,查初白四,最后《言旧录》,张月霄自叙其生平,亦年谱也。又同年杨芷姓太守《雪桥诗话》十二卷,一卷为一册,艺风、子培、益庵皆有序,亦翰怡为之付梓”[⑦];“益庵自海上解馆旋,午后来谈,赠《稷山段氏二妙年谱》两部,部一册,翰怡所刊”[⑧];“夜翰怡又赠书十三部三十五册,计《金石录》三十卷,《司空表圣诗集》三卷、《文集》十卷,《张燕公文集》二十五卷、《补遗》五卷,《刘宾客文集》三十卷、《外集》十卷。以上皆仁和朱氏结一庐所刊,翰怡得其板付印。又李申耆、查他山、瞿木夫、徐寿臧、张月霄五家年谱,家各一册。《张谱》别题曰‘言

---

① (清)叶昌炽著:《缘督庐日记》卷十三“宣统元年(1909)己酉闰月十二日”条,台湾学生书局1964年版,第476页。

② (清)叶昌炽著:《缘督庐日记》卷二“光绪八年(1882)壬午八月初十日”条,台湾学生书局1964年版,第67页。

③ (清)叶昌炽著:《缘督庐日记》卷六“光绪十六年(1890)庚寅八月初一日”条,台湾学生书局1964年版,第207页。

④ (清)叶昌炽著:《缘督庐日记》卷十二“光绪三十二年(1902)丙午九月廿七日”条,台湾学生书局1964年版,第442页。

⑤ 按:刘承幹(1881—1963),字翰怡,号贞一,浙江吴兴(今湖州)南浔镇人,清代遗老,藏书家。光绪三十一年(1905)中秀才。被鲁迅先生喻为“傻公子”。著有《绪皇朝文献通考》400册及《坚夸包庵诗文钞》等。清末民初藏书大家,嘉业堂主人。所谓“客居海上二十余年,斥资三十余万,共得书籍六十万卷”。曾刻印《嘉业堂丛书》《求恕斋丛书》等。

⑥ (清)叶昌炽著:《缘督庐日记》卷十五“民国三年(1914)甲寅十月初五日”条,台湾学生书局1964年版,第540页。

⑦ (清)叶昌炽著:《缘督庐日记》卷十五“民国三年(1914)甲寅十二月初二日”条,台湾学生书局1964年版,第544页。

⑧ (清)叶昌炽著:《缘督庐日记》卷十五“民国四年(1915)乙卯十二月二十日”条,台湾学生书局1964年版,第558页。

旧录'。以上皆刻入《嘉业堂丛书》。又别刊元《闻过斋集》八卷,闽吴海鲁客撰"①;"翰怡新刻丛书,嘉业堂又成《吴兴先哲》二种,一为《天隐堂文录》上下二卷,归安凌霞子舆撰;一为《易诗书礼四经正字考》,长兴钟麐纂。以印本见贻,各二部"②;"夔一《礼义》二卷,经世大文也,为礼学馆纂修时所撰。翰怡为付刊,亦以两部见贻"③。

叶德辉焕彬赠书:"焕彬赠新刻《世说新语》"④;"长沙宗人焕彬吏部,名德辉,精于流略之学,赠先石林公遗书七册,《石林燕语》二册,附《王应辰辨》一册,《严下放言》《玉涧杂书》合一册,《石林诗话》一册,《避暑录话》,皆新椠,尚精好。箧藏先集有《春秋考》《建康集》《石林词》《石林奏议》,得此所缺无几矣"⑤;"得焕彬函,自上海来,已由林屋径赴沪矣。寄赠《宋赵忠定奏议》一部、《别录》一部,皆其编辑。忠定遗文,宋以后无表章者,亦旷世之知也"⑥;"焕彬吏部自长沙寄赠家刻丛书,计《观古堂刻书》第一集十三种,第二集八种,皆八册;《观古堂所有书》八种八册;《丽楼丛书》八种八册;《鬻子》《郭氏玄中记》合一册;《淮南鸿烈间诂》《淮南万毕术》《傅子》《傅玄集》,各一本;焕彬自著《古泉杂咏》二本,《消夏百一诗》一本;又吴荷屋《辛丑销夏记》五本,《觉术要录》二本,《翼教丛编》三本,《三教搜神大全》二本,共五十二册。裒然巨帙,远道邮来,其意良可感"⑦;焕彬自长沙道沪,"赠新刻《元朝秘史》十卷、《续》二卷,共六册,《严东有诗集》二册,自撰《藏书十约》《游艺卮言》合一册"⑧。

张元济菊生赠书:"得张菊生函,以新刻家集见赠。《螺浮先生入告编》《退思轩诗集》,皆张惟赤撰。其余张皓(皜亭)《赋闲楼诗集》、张葭士(芳湄)《篔谷诗选》、张青在(宗松)《扪腹斋诗钞》、张咏川(宗橚)《藕村词存》,共六种,附诸家涉园题词,则张鹤征所辑也"⑨;"又赍到菊生一函,以《涵芬楼秘籍》第二集见贻,共五种。先以《蓬窗类记》五卷,明黄暐日升撰,又荛圃跋三则;次《山樵暇语》十卷,明俞弁

① (清)叶昌炽著:《缘督庐日记》卷十六"民国五年(1916)丙辰八月初五日"条,台湾学生书局1964年版,第573页。

② (清)叶昌炽著:《缘督庐日记》卷十六"民国五年(1916)丙辰十一月廿九日"条,台湾学生书局1964年版,第581页。

③ (清)叶昌炽著:《缘督庐日记》卷十六"民国五年(1916)丙辰十二月初三日"条,台湾学生书局1964年版,第581页。

④ (清)叶昌炽著:《缘督庐日记》卷七"光绪二十二年(1896)丙申八月初十日"条,台湾学生书局1964年版,第233页。

⑤ (清)叶昌炽著:《缘督庐日记》卷十四"宣统三年(1911)辛亥五月初四日"条,台湾学生书局1964年版,第493页。

⑥ (清)叶昌炽著:《缘督庐日记》卷十四"宣统三年(1911)辛亥五月初十四日"条,台湾学生书局1964年版,第493页。

⑦ (清)叶昌炽著:《缘督庐日记》卷十四"宣统三年(1911)辛亥六月廿九日"条,台湾学生书局1964年版,第497页。

⑧ (清)叶昌炽著:《缘督庐日记》卷十五"民国二年(1913)癸丑五月十四日"条,台湾学生书局1964年版,第525页。

⑨ (清)叶昌炽著:《缘督庐日记》卷十五"民国二年(1913)癸丑五月十二日"条,台湾学生书局1964年版,第525页。

撰，弁自号守约居士，亦吴恩，朱文石象玄钞本；次《霍渭厓家训》一卷，明霍韬撰，汲古阁精钞本；次黄尊素《说略》一卷，古香书屋项氏钞本；次《销夏闲记摘钞》上中下三卷，平江洒然道人顾公燮丹午撰，吾郡乾隆末诸生也。此五书皆秘帙可珍，第一、第二、第三种，皆为吾郡仅存硕果”①。

除以上友人赠书外，又“得金溎生②太守报书，寄贻所著《粟香随笔》二十册，新刻《江阴丛书》十八册。据函共三十八册，而封面四十册”③；“礼卿赠《姜璜溪诗》一册”④；“柳门赠《慎庵诗文集》四册”⑤；“屈师竹《烟霞万古楼文集》两册”⑥；“得纯卿丈（即蒋家域）⑦书，赠新著《通鉴校勘记》一部”⑧；“又得黻仲函，赠《古文四声韵》一部。又附来《清桐轩易纬》一部”⑨；“新刊《陆宣公奏议》郎注一部，姚公蓼属赠此书”⑩；“居停赠《茶香室杂钞》一部，俞荫甫先生著”⑪；“得质卿（即柳商贤）⑫丈书，以张石州《（白下刀）斋集》及《蒙古游牧记》见赠”⑬；“李木斋同年赠《木樨轩丛

① （清）叶昌炽著：《缘督庐日记》卷十六“民国六年（1917）丁巳闰二月十九日”条，台湾学生书局1964年版，第587页。

② 按：金溎生（1841—1924），字武祥，别名粟香。江阴璜土镇人。清末刻书家、藏书家。入两广总督曾国荃幕府，张之洞督两广时，曾让到署内办事。光绪二十二年（1896），金武祥倦归故里，从江阴乡间迁居常州城内，从事著述和刻书。辛亥革命以后，侨寓上海，购书、藏书、编书、印书，乐此不疲。光绪至民国年间编校、刻印的《粟香室丛书》五十四种。著有《粟香二笔》等。

③ （清）叶昌炽著：《缘督庐日记》卷十四“民国元年（1912）壬子五月廿五日”条，台湾学生书局1964年版，第513页。

④ （清）叶昌炽著：《缘督庐日记》卷一“光绪二年（1876）丙子八月十七日”条，台湾学生书局1964年版，第33页。

⑤ （清）叶昌炽著：《缘督庐日记》卷一“光绪三年（1877）丁丑三月十七”条，台湾学生书局1964年版，第36页。

⑥ （清）叶昌炽著：《缘督庐日记》卷二“光绪七年（1881）辛巳二月廿五日”条，台湾学生书局1964年版，第62页。

⑦ 按：蒋家域，字莼卿，江苏长州人。曾国藩幕僚，官至以道员记名。

⑧ （清）叶昌炽著：《缘督庐日记》卷二“光绪八年（1882）壬午八月初一日”条，台湾学生书局1964年版，第66页。

⑨ （清）叶昌炽著：《缘督庐日记》卷二“光绪八年（1882）壬午十一月廿二日”条，台湾学生书局1964年版，第67页。

⑩ （清）叶昌炽著：《缘督庐日记》卷二“光绪九年（1883）癸未十月十六日”条，台湾学生书局1964年版，第71页。

⑪ （清）叶昌炽著：《缘督庐日记》卷三“光绪十一年（1885）乙酉三月廿五日”条，台湾学生书局1964年版，第95页。

⑫ 按：柳商贤（1834—1900），字质卿，江苏元和（今苏州）人。同治九年（1870）举人，光绪二十二年（1896）官宁海知县。著《蘧盦诗钞》《文钞》。

⑬ （清）叶昌炽著：《缘督庐日记》卷四“光绪十二年（1886）丙戌七月初二日”条，台湾学生书局1964年版，第115页。

书》”[①]；“杨凤阿赠新刻《榅书偶录》”[②]；“孟朴赠所著及《汉书艺文志补考》六册”[③]；“携归孙仲容（即孙诒让）所著《墨子闲诂》一部，仲容所见诒”[④]；“蔚若（吴郁生）[⑤]赠《橘农小稿》一册，吾吴王世深艮甫著”[⑥]；“到馆，子丹已先在，赠广雅刻《大金集礼》四册。松珊赠自著《明诗纪事》四册”[⑦]；“邮政局送到日本岛田君寄赠《古文旧书考》四册，宋本《寒山诗》、永和本《萨天锡逸诗》合一册”[⑧]；“獬卿携赠张沦斋先生《筠心堂存稿》四册”[⑨]；“刘谦甫孝廉[⑩]赠其家刻《青溪旧屋文集》十卷共二册，《楚汉诸侯疆域志》三卷一册，皆太年丈孟瞻先生所著也。又《临川答问》一册，恭甫同年述临川李小湖大理论学之语，共四十则。孟瞻先生为谦甫之祖，恭甫则其伯兄也。仪征刘氏与宝应刘氏皆以经术显，名在国史，不减汉之欧阳夏侯矣”[⑪]；“居停赠《管子纂诂》一部，日本山井衡撰”[⑫]；从邮局“得星台函……赠顾子和丈济干《养心斋诗》一册，亡友虹玉孝廉之父也”[⑬]；又“得西泠印社书，寄至丁氏《善本书室藏书志》一部十六本，《武林往哲遗著前编》六十四本、《后编》三十二本，《十万卷楼丛书》三集、百十二本，《亭林遗书》一部二十四本，都二百四十八册，照前约，应换竹纸《藏书纪事

---

① （清）叶昌炽著：《缘督庐日记》卷六“光绪十六年（1890）庚寅十二月初八日”条，台湾学生书局 1964 年版，第 194 页。

② （清）叶昌炽著：《缘督庐日记》卷七“光绪二十一年（1895）乙未闰五月初一日”条，台湾学生书局 1964 年版，第 225 页。

③ （清）叶昌炽著：《缘督庐日记》卷七“光绪二十二年（1896）丙申四月十五日”条，台湾学生书局 1964 年版，第 230 页。

④ （清）叶昌炽著：《缘督庐日记》卷七“光绪二十二年（1896）丙申十二月十一日”条，台湾学生书局 1964 年版，第 235 页。

⑤ 按：吴郁生（1854—1940），字蔚若，号钝斋、钝叟，江苏元和（今苏州）人，居苏州白塔西路。清嘉庆戊辰科状元吴廷琛之孙，光绪三年（1877）进士，授翰林，曾为内阁学士，兼礼部尚书、四川督学，主考广东，康有为出其门下。戊戌变法，六君子被戮，西太后因康有为出其门下而贬钝斋。及至西太后薨，官至邮传部右侍郎、弼德院顾问大臣。

⑥ （清）叶昌炽著：《缘督庐日记》卷七“光绪二十三年（1897）丁酉六月初七日”条，台湾学生书局 1964 年版，第 239 页。

⑦ （清）叶昌炽著：《缘督庐日记》卷七“光绪二十三年（1897）丁酉十一月廿六日”条，台湾学生书局 1964 年版，第 243 页。

⑧ （清）叶昌炽著：《缘督庐日记》卷十二“光绪三十二年（1902）丙午二月廿八日”条，台湾学生书局 1964 年版，第 423 页。

⑨ （清）叶昌炽著：《缘督庐日记》卷十三“光绪三十三年（1903）丁未正月廿二日”条，台湾学生书局 1964 年版，第 446 页。

⑩ 按：刘富曾（1847—1928），字谦甫，江苏仪征人。刘毓崧三子。肄业钟山、惜阴书院。光绪十四年（1888），与季弟显曾同举于乡。尝为刘承幹典司校勘，其用力最勤者为《宋会要》。又为南陵徐乃昌延为《南陵县志》编辑。

⑪ （清）叶昌炽著：《缘督庐日记》卷十六“民国六年（1917）丁巳二月十二日”条，台湾学生书局 1964 年版，第 584 页。

⑫ （清）叶昌炽著：《缘督庐日记》卷三“光绪十一年（1885）乙酉正月十二日”条，台湾学生书局 1964 年版，第 91 页。

⑬ （清）叶昌炽著：《缘督庐日记》卷十二“光绪三十二年（1906）丙午十二月廿十六日”条，台湾学生书局 1964 年版，第 444 页。

诗》三部、《语石》十七部，共八十六部，即请振声作一函，先付邮，复之书，从信局寄”①。

2.叶昌炽藏书特色

叶昌炽藏书以藏明清文集及吴中先哲遗书为富。其中收吴地文献尤勤。为搜访乡先哲遗著，开列出苏州所属九县古今地名，交书贾某协助搜访。其乡先哲遗书之富，即使先哲之后人未曾守，成就吴地文献一专藏特色，其中尤以吴地先哲遗集为最富最精。其在《缘督庐日记》中记云：光绪庚子十一月初十日记：“昨日在书摊见吾乡韩桂舲司寇《还读斋诗》二十卷《续集》四卷，以五千文得之。韩氏一家三世之集，余皆得藏之。搜访之勤，过其孝子慈孙矣。”②光绪二十一年（1895）乙未五月初四日：“昨在厂见《申文定集》一部，亦为湘中公车持去。其人姓文，号雪鎣，喜收明人集部。余惩于《顾集》，啖以厚值，与前所见之《祝希哲集》，共许以十金，始克携归插架，当此阮囊羞涩，犹缩衣节食而为此，余之为乡先哲可谓不遗余力矣。”③光绪二十七年（1901）辛丑七月初五日：“在流厂阅肆，于谭估处选得吴江徐电发《词学丛谈》一部，昆山叶九来《经鉏堂集》八卷，皆吾乡先哲也。又香溪女子徐暎《至（玉）若永（冰）南楼吟稿》两册，系沈学子女弟子，前有沈所撰序传。又王莲泾《孝慈堂书目》一册，旧钞本，君未谐价。又曹墨琴女史《写韵楼小稿》一册。归视《渊雅堂集》，已付刻于后，可无须此骈拇指也。”④八月初五日：“昨开吾郡九属古今地名交谭估，属其搜访乡先哲遗著，今日即送八种来，可谓不负所托。可留者半：明项文康《平桥稿》十八卷，震泽翁天游《振绮类纂》四卷，吴县冯梦龙《麟经指月》四大册。项文康为明初昆山作者，其集当与宋元并重。冯、翁两书兔园册耳，然及今不网罗，将遂湮没矣。又王西庄所选《江浙十三家诗》，内李绳（勉百）、王廷魁（冈龄）、高景光（同春）、皆吾郡人，各有诗二卷，虽非全豹，聊胜于无。又冯起凤《云章吟香堂曲谱》二卷，有石琢堂序。”八月廿一日：“谭估送乡先哲书来，有三种可采：一为汪绸庵辑《骈体南钺》，尚不过采摭之本，一为王文恪《姑苏志》，一为徐昂发大临《畏垒山人兹乙未亭诗》，刻印精工，字在颜褚之间，墨光如漆，纸质如玉。惜索值过昂，炙手可畏。”九月十七日：“购定王文恪《姑苏志》一部，共四函二十四本。徐大临《畏垒诗集》《乙

---

① （清）叶昌炽著：《缘督庐日记》卷十四“民国元年（1912）壬子五月十四日”条，台湾学生书局 1964 年版，第 513 页。

② （清）叶昌炽著：《缘督庐日记》卷八“光绪二十六年（1900）庚子十一月初十日”条，台湾学生书局 1964 年版，第 292 页。

③ （清）叶昌炽著：《缘督庐日记》卷七“光绪二十一年（1895）乙未五月初四日”条，台湾学生书局 1964 年版，第 224 页。

④ （清）叶昌炽著：《缘督庐日记》卷九“光绪二十七年（1901）辛丑七月初五日”条，台湾学生书局 1964 年版，第 310 页。

耒亭诗》，汪䌹庵《骈体南铖》，磋磨市月，谐价十四两五钱，较平时厂肆之值尚不为昂。"[①]光绪三十二年所撰《乡先哲遗书目》，著录三百五十余种，集部居十之六七，集部中又以明人文集过半，丛书本尚不在其中，可见其搜罗之多。又尝致缪荃孙两函云："侍搜罗乡先哲遗书亦复不少，惜敝郡如杏翁者尚不能得，惟有浩叹而已。"[②]"侍窃不自量，留心吴中文献二十年矣。箧中亦颇有不传之本，惜举鼎绝髌，敝郡又无可语此者，徒有浩叹而已。"[③]光绪三十二年（1906）十二月，将吴中先贤书装七箱，金石、目录装三箱，甲乙丙部装五箱，局刻史部及集部、丛书均因书箱不足而插架，大部丛书或置几上。是月并写乡贤先哲遗书目，得三百五十余种。

叶昌炽除藏书外，亦好收经幢拓本，光绪十一年日记记云："十三日至琉璃厂购经幢二十种，熙年又购得四幢。[④]"部分得益于友朋的赠送，其中王颂蔚芾卿赠送最多，数次将大量经幢拓本赠予叶昌炽，最多的一次就有四十多种："得芾卿都中书，又觅得经幢四十种，从此辽金十得五六矣"[⑤]；"得芾卿函云盛伯希祭酒觅人至朝鲜拓碑，即托顺道访经幢，良友深情感何如之"[⑥]。藏金石处为五百经幢馆，所藏甚富，撰有《五百经幢馆碑目稿》五册，著录经幢3681种，加之碑版，共八千余通。

叶昌炽喜读汉魏六朝古文，少与王颂蔚、袁宝璜等以才名闻乡里，为晚清著名藏书、金石、目录、校勘大家。常熟瞿氏《铁琴铜剑楼宋元本书目》、蒋凤藻《铁花官丛书》《心矩斋丛书》、潘祖荫《功顺堂丛书》等均其所审订，潘祖荫《滂喜斋藏书记》《滂喜斋读书记》《滂喜斋宋元书目》均由其编辑成稿，尽窥潘氏藏书之精华。

其藏书处名曰治廧室，编有《治廧室书目》，潘景郑《著砚楼书跋》著录。宣统三年（1911）曾为自己藏书处取名曰明哲经伦楼。此外又有藏书室为奇觚庼、缘督庐、辛臼簃、邠州石室、双云阁等。

藏书印有昌炽、叶昌炽、缘督、菊常、鞠裳麋寿、八求三说一巧之斋、吴郡叶氏访求乡先哲遗书记、长洲叶氏所藏金石文字、鞠裳手校、鞠裳翰墨、五百经幢馆、治廧书库、可怜无益精神、双云阁、奇觚庼等数十枚。

叶氏有三部不朽之作。一为《藏书纪事诗》，王同愈赞云："《藏书纪事诗》，搜罗

---

① （清）叶昌炽著：《缘督庐日记》卷九"光绪二十七年（1901）辛丑八月初五日、八月初廿一日、九月十七日"条，台湾学生书局1964年版，第311、311、312页。

② 顾廷龙校阅：《艺风堂友朋书札》之"叶昌炽"条（二十九），《中华文史论丛》增刊，上海古籍出版社1981年版，第408页。

③ 顾廷龙校阅：《艺风堂友朋书札》之"叶昌炽"条（三十二），《中华文史论丛》增刊，上海古籍出版社1981年版，第410页。

④ （清）叶昌炽著：《缘督庐日记》卷四"光绪十一年（1885）乙酉六月十三日"条，台湾学生书局1964年版，第97页。

⑤ （清）叶昌炽著：《缘督庐日记》卷四"光绪十二年（1886）丙戌十一月廿四日"条，台湾学生书局1964年版，第123页。

⑥ （清）叶昌炽著：《缘督庐日记》卷四"光绪十三年（1887）丁亥六月廿三日"条，台湾学生书局1964年版，第134页。

五代以迄同、光近时贤士大夫之嗜书者，人系一时，其遗闻佚事，罗缀于下，既博且精，实为藏书家掌故渊海。读此如日与古人相接，风流文采，辉映周旋。又如游委宛、嫏嬛，引人入胜，虽素无书癖者，亦不能无动于中，且知藏书家实非细故。”①一为《语石》，为论述金石碑版之书，别开门径。为金石学奇书，沈羹梅《与张重威书》云：“《语石》纵横贯串，左右逢源，兴会之浓，文辞之美，为自来金石家独辟蚕丛，别开灵囿。昔与艺风谈及，赞叹以为必传之作，可知同道之推服矣。此书亟应一读。”②潘景郑赞誉：“先生所藏，虽不逮艺风之富赡，而所著《语石》一编，别树一帜，已堪。”吴郁生评价两书云：“余谓著书难，本朝嘉道后人则更难。独君之《藏书纪事诗》《语石》二编，乃二百数十年间无人荟萃之创作。文字一日不灭，此书必永存天壤。”③第三部为《缘督庐日记》，始于同治九年闰十月，迄于民国六年九月十五日，逐日记载四十八年间历史事件、读书、交游、见闻、金石、藏书等，有极高的学术与史料价值，稿本四十三巨册，今藏苏州图书馆。

3.叶昌炽藏书散佚

叶昌炽藏书因家贫，其藏书在生前已开始逐渐散佚，如辛巳（1881）闰七月初九日：“托襄卿售脱书三部《唐类函》《唐诗别裁》《十种唐诗选》，计洋九元。”④特别是在光绪二十六年（1900）八国联军攻占北京时，其藏书损毁甚大。尝云：“厂门无事，检点箧中长物，尽作金杯之羽化。五百金幢馆图两帧，一为子枞同年笔，一建赮所作，两君皆宜作古人，无从补绘。此等物，洋兵土匪视为土苴，必归去已氏之橐，毫无疑义，可恨已极。”⑤潘景郑言：“据先生日记，晚年以五百经幢归诸刘氏嘉业堂，而碑刻石墨，则以三千金归诸刘氏聚学轩。比孙君伯得刘氏石墨七千余通，叶藏亦在其中。”⑥

其余所藏书散佚，潘景郑记云：“叶氏藏书，身后归其女夫王心葵。王亦吾邑货殖家，绝无学问，闲置一室，迄未检阅。抗战后，家亦中落，其后人悉为斥售市廛。余逅诸文学山房，遂斥数百元收其乡邑文献数十种，多明以来乡贤著述，有为世所罕觏之帙。盖先生毕生留意邑中文献，故所得为多耳。至先生遗稿日记，遗命付其幕府汪星台表兄保存。星台曾佐幕事，诚悫为所器重。抗战前，星台下世，其夫人生计殊困，以先生遗稿求赡生计。先兄及余合斥重值得之。其日记四十余册，为王九君史

① （清）王同愈著，顾廷龙编：《王同愈集》之《栩缘随笔》，上海古籍出版社1998年版，第499页。
② 引郑伟章著：《文献家通考》卷二十一，中华书局1999年版，第1183—1184页。
③ 吴郁生《缘督庐日记钞序》，谭卓垣等撰，徐雁、谭华军译补：《清代藏书楼发展史 续补藏书纪事诗传》附录，辽宁人民出版社1988年版，第446页。
④ （清）叶昌炽著：《缘督庐日记》卷二“光绪七年（1881）辛巳闰七月初九日”条，台湾学生书局1964年版，第63页。
⑤ （清）叶昌炽著：《缘督庐日记》卷八“光绪二十六年（1900）庚子十月初三日”条，台湾学生书局1964年版，第290页。
⑥ 潘景郑著：《著砚楼读书记·五百经幢馆碑目稿本》，辽宁教育出版社2002年版，第285页。

借去，为之删节付印，经所传蟫隐廬影印之十二卷，实不过四之一耳。抗战胜利后，君九丈就商于余，为保全斯稿之计，遂捐诸苏州图书馆，幸今无恙。”[①]其遗稿亦为潘氏兄弟所得，《藏书纪事诗》及《语石》手稿已残缺不全，后捐诸合众图书馆，今藏上海图书馆。

（四十八）袁宝璜

袁宝璜（1846—1897）　号瓖禹，别字寄蛣，元和人，家居苏州木渎下沙塘。袁廷梼[②]从曾孙。宝璜“光绪壬午始登贤书，丙戌礼闱挑取謄录，供差方略馆。壬辰成进士，廷试二甲，钦点主事，签分刑部广西司兼福建行走。癸巳经驻日本领使汪公凤藻奏调，充任使署随员。甲午中日失和，随轺回国，目覩时局糜烂，愤懑成疾。养疴家居，主苏垣学古堂讲席”[③]。又“通经、小学，兼及算术”[④]，与王颂蔚、叶昌炽合称“苏州三才子”。其“遗著有《袁氏艺文》《金石录》二卷”，“其他著作及诗文集若干卷”[⑤]。《清史稿》卷四百八十六《列传二百七十三》有其传。

其父“泰生，元和县优廪生，咸丰已未恩科举人，拣选知县，诰赠中宪大夫，工诗古文词，精隶楷书，治经学、小学，遗稿经乱散佚”。宝璜幼受庭训，克绍家学，“补博士弟子员。时受知于冯林一、潘顺之、丁禹生诸师，居冯氏校邠庐者数年，襄助考正段氏《说文》，纂修《苏州府志》，与陆凤石、王芾卿、叶鞠裳、吴蔚若、柳质卿、王襄卿、管申季诸先哲结道义交，相互砥砺，学业大进，文名籍盛，先后出赞督学校士赣、粤，识拔真才靡有孑遗。时下士之执贽及门者踵相接，大府闻名，争相礼聘。宦游粤中者十余稔，一时碑志、寿言、巨篇宏著”，出自宝璜“手笔者居多，而《潮州府志》亦所纂修焉”[⑥]。宝璜又“喜治经学、小学、史学、目录、金石、舆地、算术，文章崇古，不趋时尚”，“书法北魏，兼工篆隶。性耽书画碑碣，收藏甚富”[⑦]。曾于旧书摊得钞本二十六卷《众经音义》，与通行二十五卷本字句有异同，而与段注《说文》所引完全吻

---

① 潘景郑著：《著砚楼读书记·跋蒋香生致叶鞠常手札》，辽宁教育出版社2002年版，第332页。

② 按：袁廷梼，字又恺，一字寿阶，号绶阶，曾更名廷寿，清吴县人。好读书，博览强记，尤精于小学。与钱大昕、王鸣盛等尤善，讨论经学，考据精当。以富藏书闻名于世，藏书达七万余卷，皆宋椠元刻及传抄秘本、金石碑版、法书名画之属。藏书楼名曰小山丛桂馆，又因收藏元代袁桷之砚与袁氏名人砚五方，改名曰五砚楼。又有真节堂，抄书用纸喜印绿格，版心下镌“贞节堂钞本”字样。

③ （清）袁文凤、袁泽凤《清赐进士出身诰授中宪大夫瓖禹府君行述》，见上海图书馆编，王铁整理：《中国家谱资料选编·传记卷》，上海古籍出版社2013年版，第855页。

④ 赵尔巽等撰：《清史稿》卷四百八十六《列传二百七十三·袁宝璜传》，第44册，中华书局1977年版，第13440页。

⑤ （清）袁文凤、袁泽凤《清赐进士出身诰授中宪大夫瓖禹府君行述》，见上海图书馆编，王铁整理：《中国家谱资料选编·传记卷》，上海古籍出版社2013年版，第856页。

⑥ （清）袁文凤、袁泽凤《清赐进士出身诰授中宪大夫瓖禹府君行述》，见上海图书馆编，王铁整理：《中国家谱资料选编·传记卷》，上海古籍出版社2013年版，第855页。

⑦ （清）袁文凤、袁泽凤《清赐进士出身诰授中宪大夫瓖禹府君行述》，见上海图书馆编，王铁整理：《中国家谱资料选编·传记卷》，上海古籍出版社2013年版，第856页。

合，为之狂喜不已[①]。王謇赞云："艺文金石一家言，触角蜗蛮寄蛣存。学殖未荒图南去，丹霞山志墨留痕。"注云："抗战前，余尝得有寄蛣藏印之释澹归《丹霞山志》抄本，今犹存故乡箧衍中。同时又得'寄蛣'藏印书数种，今不能举其名矣。"[②]

袁宝璜藏书渊源郑逸梅记其亦甚详："袁氏之先，仕元有功，赐宅吴中文德坊，遂世居于是，子孙蕃衍，蔚为大族。明文衡山与袁氏为葭莩亲，故袁氏至今犹多衡山真迹。清初，箨庵工度曲，著有《西楼记》一书，文采流映，名著艺苑。及传至绶阶，少孤好学，尝筑贞节堂、竹柏楼以奉母。后得五研，复题其枫桥旧居曰五研楼，为藏书之所，先世手泽，及古今典籍，收藏惟谨，并倩奚铁生作归研图以寄意。暇则出宋椠元刻，秘籍精钞，甲乙校雠，丹黄不去手。钱塘袁简斋每来吴，辄留宿五研楼，唱酬无虚日。袁氏多随园手笔，职是故也。更传至谓渔，镌有'家住吴中八百年'之印章，出仕四方，见先祖之遗物，不惜重值购之以还。兹归族中长者幼辛，什袭珍藏。以家住木渎下沙塘，乃悉辇载赴乡，明窗净几，偶出摩挲，足以忘世。学友蓉舫，亦袁氏后裔也，庋有文待诏所用砚，及袁爽秋手札五十通，朴学大师章太炎见之，叹为瑰宝。"[③]

其藏书处寄蛣庐，有藏书印寄蛣、家住吴中八百年等。

（四十九）沈　鹏

沈　鹏（1870—1909）　原名棣，更名鹏，字北山，字诵堂，清常熟人。为翁同龢门生。孙雄记云："沈君北山，与翁公同里闬，肄业国子监南学，为公所赏，旋拔中癸巳顺天乡试举人。出公门下，甲午联捷成进士，改庶吉士，散馆授编修，夙慕杨忠愍，史忠正之为人，平居目击时艰，常郁郁思有所建白。"[④]中日战争中主战派，并全力支持戊戌变法。变法失败后，依然上疏弹劾权臣刚毅、荣禄和显宦李莲英，翰林院掌院不敢代奏，沈拂衣归乡。翌年被捕，视死如归，两年后获释，由地方官监禁，忧愤而死。孙雄为其撰墓表。

沈鹏善画，"家富藏书"[⑤]，蒋一葵《尧山堂外纪》首册钤有"沈鹏"朱文长方印。

（五十）曹元弼

曹元弼（1867—1953）　"字谷孙，又字师郑，一字懿斋，号叔彦，晚号复礼老人，又号新罗仙吏。系出宋武惠王讳彬后，八世祖侍楼公，明诸生，清初自安徽歙县迁

---

① 《寄蛣庐文集》卷下《抄本二十六卷众经音义跋》。
② 王謇著，李希泌点注：《续补藏书纪事诗》，书目文献出版社1987年版，第18页。
③ 郑逸梅著：《郑逸梅选集》第五卷《逸梅闲话二种·吴中袁氏之文献》，黑龙江人民出版社2001年版，第175页。
④ 高阳著：《翁同龢传》第十七章《山中岁月·沈鹏事件》，吉林出版集团有限责任公司2013年版，第422页。
⑤ 梁战、郭群一编著：《历代藏书家辞典》，陕西人民出版社1991年版，第174页。

吴，遂占籍江苏吴县”[①]。与曹元忠为从兄弟[②]。曾入江阴南菁书院读书，“时大江南北才俊士，咸集南菁，朝夕切磋，而尤与娄张锡恭、太仓唐文治交笃，质疑问难，无虚日”。光绪十一年(1885)，选充拔贡生第一名，得瑞安学政黄体芳赏识，旋中式本省乡试第二十七名举人，“甲午，会试中式，以目疾未与廷试。乙未，补行殿试”[③]。授中书内阁。出张之洞门下，当张之洞督鄂时，尝聘往两湖书院主讲，后又任湖北存古学堂经学教习。辛亥革命后，以遗老自命，仍用宣统纪年。著有《复礼堂文集》十卷、《二集》及《三集》各八卷，《诗存》若干卷，又著有《孝经学》《礼经学》《礼经校释》《周易郑氏注笺释》《古文尚书郑氏注笺释》《复礼堂文集》《复礼堂述学诗》等书三十余种，二百余卷。

曹元弼好藏书，“藏书万余卷，多稿钞本。《笺注十三经》，甚为世称”。王謇有诗云：“瞢然一灶三格子，不数书名小楷工。万卷藏书填户牖，十三经注训蒙童。”[④]

刻书藏书印有深思远虑、曹元弼校藏经籍印记等，又有“入则小出则弟，守先王之道以待后之学者”之印。

其藏书散佚后，部分由顾颉刚购藏。清乾隆五年(1740)扬州马氏丛书楼刻本，各卷端钤有“曹元弼校藏经籍印记”章，山西师范大学图书馆有藏。清乾隆二十一年(1756)德州卢氏雅玉堂刻本《李氏易传》十七卷附《周易音义》一卷，雅玉堂藏书，后为曹元弼所得，钤有“曹元弼校藏经籍印记”印[⑤]；清乾隆中经训堂刻本《易汉学》八卷，钤有“曹元弼校藏经籍印记”印[⑥]；清嘉庆十五年(1810)镂恩堂刻本，钤有“曹元弼校藏经籍印记”印[⑦]；清曲阜孔氏敦本堂家塾校刻本《周礼》十二卷，钤有“曹元弼校藏经籍印记”印[⑧]；清乾隆二十一年(1756)刻本《考工记图》二卷，钤有“翰林院印”“邵氏二云”“晋涵之印”“曹元弼校藏经籍印记”等印[⑨]；清嘉庆十九年(1814)宋本重刻《仪礼》十七卷，钤有“曹元弼校藏经籍印记”印[⑩]；清乾隆六十年(1795)抱经

① 王大隆《吴县曹先生行状》，见卞孝萱、唐文权编著：《民国人物碑传集》卷七，凤凰出版社2011年版，第449页。

② 按：曹元忠(1865—1923)，字揆一，号君直，吴县人。清光绪二十年(1894)举人，官玉牒馆校对官，检阅内阁大库书籍，充国史馆校对官、礼学馆纂修官，任内阁侍读。著有《笺经室遗集》《丹邱先生集》《宋元古书考证》《笺经室所见宋元书题跋》《笺注十三经》等。曹元忠邃于经史，尤精校雠，旁通医经之业。早岁官翰林，得值内阁，遍览天府藏书，故最能鉴别宋元雕本。家建笺经室，所藏乡邦文献掌故为多，而宋辽金元医书遗籍尤为珍秘，若《伤寒百证歌铜人图》则视为枕中之秘，舟车必携。编有《笺经室书目》稿本四册，其藏书三十四大橱，橱各四箧，得一百三十六箧。

③ 王大隆《吴县曹先生行状》，卞孝萱、唐文权编著：《民国人物碑传集》卷七，凤凰出版社2011年版，第449、450页。

④ 王謇著，李希泌点注：《续补藏书纪事诗》，书目文献出版社1987年版，第18页。

⑤ 顾洪、张顺华编：《顾颉刚文库古籍书目》卷一《经部》，中华书局2011年版，第5页。

⑥ 顾洪、张顺华编：《顾颉刚文库古籍书目》卷一《经部》，中华书局2011年版，第7页。

⑦ 顾洪、张顺华编：《顾颉刚文库古籍书目》卷一《经部》，中华书局2011年版，第43页。

⑧ 顾洪、张顺华编：《顾颉刚文库古籍书目》卷一《经部》，中华书局2011年版，第47页。

⑨ 顾洪、张顺华编：《顾颉刚文库古籍书目》卷一《经部》，中华书局2011年版，第50页。

⑩ 顾洪、张顺华编：《顾颉刚文库古籍书目》卷一《经部》，中华书局2011年版，第51页。

堂刻本《仪礼注疏详校》十七卷,清道光十年(1830)汪氏艺芸书舍影宋刻本《仪礼疏》五十卷(原缺三十二至三十七),均钤有"曹元弼校藏经籍印记"印①;清光绪十七年(1891)广雅书局刻本《仪礼私笺》八卷,钤有"曹元弼校藏经籍印记"印②;清乾隆二十九(1764)孔继汾刻本《尔雅》三卷,钤有"曹元弼校藏经籍印记"印③;清乾隆中曲阜孔氏微波榭刻本《水经注》不分卷,钤有"曹元弼校藏经籍印记"印④;清乾隆四十一年(1776)戴殿海刻本《水道提纲》二十八卷,钤有"曹元弼校藏经籍印记"印⑤;清嘉庆二十三年(1818)乌程陈氏说剑楼刻本《求古精舍金石图》四卷,钤有"曹元弼校藏经籍印记"印⑥;清光绪中会稽章氏刻本《家语疏证》六卷,钤有"曹元弼校藏经籍印记"印⑦;清光绪十四年(1888)刻本《教士迩言》三卷,钤有"曹元弼校藏经籍印记"印⑧;清嘉庆道光间吴县黄氏刻本《焦氏易林》十六卷,钤有"曹元弼校藏经籍印记"印⑨;清光绪二十四年(1898)两湖书院重刻本,钤有"曹元弼校藏经籍印记"印⑩;明崇祯中虞山毛氏汲古阁刻本《古文参同契集解》三卷、《笺注集解》三卷、《三相类集解》二卷,钤有"曹元弼校藏经籍印记"印⑪;清雍正六年(1728)桐乡金氏文瑞楼刻本《青邱高季迪先生诗集》十八卷《首》一卷《补遗》一卷《诗余》一卷《附录》一卷、《凫藻集》五卷,钤有"曹元弼校藏经籍印记"印⑫;清道光五年(1825)金陵吴氏刻本《古文辞类纂》七十五卷(存卷一至三),钤有"曹元弼校藏经籍印记"印⑬;清道光十七年(1837)经训堂刻本《湖海文传》七十五卷,钤有"曹元弼校藏经籍印记"印⑭;清嘉庆二十一年(1816)扬州阮氏文选楼刻本《宋本十三经注并经典释文校勘记》,"曹元弼校藏经籍印记"印⑮;清吴江潘氏遂初堂刻本《亭林遗书》,钤有"曹元弼校藏经籍印记"印⑯;清乾隆中曲阜孔氏刻本《戴氏遗书》,钤有"乾隆五十有七年遂初堂氏记""曹元弼校藏经籍印记"印⑰;清嘉庆中刻本《灵芬馆集》,存四种,"曹元弼校

---

① 顾洪、张顺华编:《顾颉刚文库古籍书目》卷一《经部》,中华书局2011年版,第52页。
② 顾洪、张顺华编:《顾颉刚文库古籍书目》卷一《经部》,中华书局2011年版,第53页。
③ 顾洪、张顺华编:《顾颉刚文库古籍书目》卷一《经部》,中华书局2011年版,第98页。
④ 顾洪、张顺华编:《顾颉刚文库古籍书目》卷一《史部》,中华书局2011年版,第238页。
⑤ 顾洪、张顺华编:《顾颉刚文库古籍书目》卷一《史部》,中华书局2011年版,第240页。
⑥ 顾洪、张顺华编:《顾颉刚文库古籍书目》卷一《史部》,中华书局2011年版,第333页。
⑦ 顾洪、张顺华编:《顾颉刚文库古籍书目》卷一《子部》,中华书局2011年版,第371页。
⑧ 顾洪、张顺华编:《顾颉刚文库古籍书目》卷一《子部》,中华书局2011年版,第402页。
⑨ 顾洪、张顺华编:《顾颉刚文库古籍书目》卷一《子部》,中华书局2011年版,第418页。
⑩ 顾洪、张顺华编:《顾颉刚文库古籍书目》卷一《子部》,中华书局2011年版,第459页。
⑪ 顾洪、张顺华编:《顾颉刚文库古籍书目》卷一《子部》,中华书局2011年版,第484页。
⑫ 顾洪、张顺华编:《顾颉刚文库古籍书目》卷一《集部》,中华书局2011年版,第511—512页。
⑬ 顾洪、张顺华编:《顾颉刚文库古籍书目》卷一《集部》,中华书局2011年版,第589页。
⑭ 顾洪、张顺华编:《顾颉刚文库古籍书目》卷一《集部》,中华书局2011年版,第596页。
⑮ 顾洪、张顺华编:《顾颉刚文库古籍书目》卷一《丛书部》,中华书局2011年版,第632页。
⑯ 顾洪、张顺华编:《顾颉刚文库古籍书目》卷一《丛书部》,中华书局2011年版,第685页。
⑰ 顾洪、张顺华编:《顾颉刚文库古籍书目》卷一《丛书部》,中华书局2011年版,第688页。

藏经籍印记”印[1]。

(五十一)章　钰

章　钰(1865—1937)　字式之,又字坚孟、茗理,又谱名鸿钰,一字汝玉,别署蛰存、负翁、晦翁,晚自号霜根老人,长洲人。“弱冠补博士弟子员,肄业于紫阳书院学古堂,称高材生,己丑恩科中式举人,名闻日劭,乃益下帷攻苦”,“光绪癸卯始成进士,以主事用,签分刑部湖广清吏司行走”[2],京师图书馆纂修等职。参与《清史稿》纂修。讲学崇华学会十余年。晚年移居北平,寓北池子,故有“北池逸老”之自称。著有《四当斋集》《宋史校勘记》《钱遵王读书敏求记校证》《胡刻通鉴正文校字记》等。事迹见张尔田《先师章式之先生传》。

章钰幼即嗜学,养有余力,辄以购书。俞陛云记云:“君少孤,力学十余年,即佣书将母,日写蝇头细字万余,指骨僵痛至汉出如濯,握管不辍。故其右手拇指壮于左手,知其纸墨之瘁矣。”“有志于学,节衣缩食,稍稍购书,昕夕披诵不倦。弱冠后声誉日起,以课徒之束脩,书院之膏火,购经史集部,余过其寓斋,见书簏十二,标以十二字曰:‘得此书,费辛苦,后之人,其鉴我。’以见寒士读书之不易。”[3]通籍前已“聚书二万卷,遍读之,尤长于金石目录及乙部掌故之学,与人讲贯穷日夜不倦,从游者以曰众娄上”[4]。“晚年积书至百六十簏,丹黄校勘,务求精确,于《通鉴》致力尤多”[5]。章氏藏书近五十年,共收书“三千三百六十八部,七万二千七百八十二卷半,二万一千五百九十六册”[6]。这是章钰移赠燕京大学图书馆之数,尚有少数章钰手泽及善书数种以备传诸后人者未计在此数内。其中尤以藏史部、集部为多。且所藏书亦甚精。叶昌炽《缘督庐日记》卷十四记云:“章式之来,已由吏部改调外务部兼领图书馆,即刻进京,过此话别。述所藏秘册,有宋太宗《实录》残本一卷,又有《民钞纪略》,又有《大观录题》,又言黄荛翁《所见录》稿本十余册。”[7]

辛亥革命后,章钰久寓天津,以收藏、校书、著述为业。章氏嗜书,因购宋元本力不能达,却有不少名家校钞本或稿本。伦明言:“长洲章式之(钰)近岁居津门,以校

---

① 顾洪、张顺华编:《顾颉刚文库古籍书目》卷一《丛书部》,中华书局2011年版,第691页。

② 张尔田《先师章式之先生传》,见顾廷龙编:《章氏四当斋藏书目》首附,北京图书馆出版社2007年版,第5页。

③ 张尔田《先师章式之先生传》,见顾廷龙编:《章氏四当斋藏书目》首附,北京图书馆出版社2007年版,第5页。

④ 张尔田《先师章式之先生传》,见顾廷龙编:《章氏四当斋藏书目》首附,北京图书馆出版社2007年版,第5页。

⑤ 俞陛云《霜根四当斋集序》,见沈云龙主编:《近代中国史料丛刊二编》第18辑,章钰《四当斋集》首附,台湾文海出版社1966年版,第1页。

⑥ 《章氏四当斋藏书目目次》附,见沈云龙主编:《近代中国史料丛刊三编》第18辑,章钰《四当斋集》首附,台湾文海出版社1966年版,第16页。

⑦ (清)叶昌炽著:《缘督庐日记》卷十四“宣统三年(1911)辛亥五月十九日”条,台湾学生书局1964年版,第494页。

书遗日。自言假人旧校、旧钞本移录新本,一岁得六百余卷。余向自题《校书图》有句云:'千元百宋为吾有,眼倦灯昏搁笔初。'此中滋味,想君领之也。"故"所藏多秘本"①。章钰尤精校勘,尝发愤遍校群书,所居四当斋,"日坐其中,丹铅不去手,闻有孤椠异籍,必展转传录"②,"吴中最盛顾、黄,而后先生承其绪,益恢而大之。凡人间未见之书,经兵燹散出及流传海外者,比之珠船,一字千金。先生左采右获辅之,以博学渊识,慎思详择,遂以发诸老先辈未发之覆"③。如明钞本《皇明献宝》三十九卷,有"'汪士鋐考藏''小仓山房袁氏''韩小亭''石莲盦''章钰'"④等藏印。清鲍以文手钞本《一角编》不分卷,有"'吴昌绶''双照楼考藏记''长洲章钰''重熹鉴赏''克文'各印"⑤。清鲍以文手钞本《一角编》不分卷,有"'吴昌绶''双照楼考藏记''长洲章钰''重熹鉴赏''克文'各印"⑥。章氏藏书至民国元年(1912),章钰手校书达六百余卷,又十年校书达四五千卷,经其手校手抄之书有五百六十九部,近一万五千卷。所校最精者为《读书敏求记校记》、《胡刻通鉴正文校字记》三十卷。

其书斋名曰四当斋,另有藏书处为崇礼堂、茗理簃、不斗斋、算鹤量鲸室。

藏书印有四当斋、长洲章氏珍藏善本书籍、长洲章钰、茗理题记、章钰假观、章氏箧书、长洲章钰秘箧等,另有一印"得此书,费辛苦,后之人,其鉴我"。

章钰卒后,藏书全部寄赠燕京大学,顾廷龙主编成《章氏四当斋藏书目》。四当斋藏书卷册总计:卷上五百五十九部,一万四千三百六十三卷,四千一百二十三册,内十八部不分卷,卷上补遗十部四百四十六卷,一百六十一册;卷中三百八十部,九千八百三十九卷半,二千二百八十四册,内十五部不分卷,附录二部四卷二册;卷下二千四百八部,四万七千九百十二卷,一万四千九百七十七册,内五十八部不分卷;附录九部二百十八卷,四十九册,都三千三百六十八部,七万二千七百八十二卷半,二万一千五百九十六册。从此书目可窥其藏书所藏宋元本甚少,宋本仅四种:《晋书》《周书》《南齐书》《大般若波罗蜜多经》。元本仅一种:《唐贤三礼诗法》残一卷。

顾先生亦概括其藏书特点:"综其遗籍,可类别为三:一经丹铅者十之二:凡治一书必贯首尾点勘,多至六七周不倦,即数百卷之巨帙,不止一种,而亦校不一次,益为难能。拾遗补阙,阐扬数百年来未发之复覆,功在学术,不可没也。按程日课,新知创见,伤时感事,随书卷末。所作题识,可以越缦、缘督《日记》视之。至若蝇头细字,琳琅五色,妍舞行间,尤为校本生色,世难其俦,人间至宝。一可珍秘者十之一:宋元

① 伦明著,雷梦水校补:《辛亥以来藏书纪事诗》六七《章钰》,上海古籍出版社1990年版,第52页。
② 张尔田《先师章式之先生传》,见顾廷龙编:《章氏四当斋藏书目》首附,北京图书馆出版社2007年版,第6页。
③ 张尔田《先师章式之先生传》,见顾廷龙编:《章氏四当斋藏书目》首附,北京图书馆出版社2007年版,第6页。
④ 王文进撰,柳向春标点:《文禄堂访书记》卷第二,上海古籍出版社2007年版,第109页。
⑤ 王文进撰,柳向春标点:《文禄堂访书记》卷第三,上海古籍出版社2007年版,第176页。
⑥ 王文进撰,柳向春标点:《文禄堂访书记》卷第三,上海古籍出版社2007年版,第176页。

旧椠，明清精刻，虽不称富，足备一格。前哲遗稿，家传希籍，蓄之箧衍，有待流布。荛圃、渌饮，校勘名家。同叔、泖生，文行君子，剩墨遗翰，当同球璧。他如朋好之所评题，赏奇析疑，羽翼元书，皆一时名流之手笔，不尤可贵乎？一为通行者十之七：有清中翼之书，叠经沧桑，昔为寻常，今已难得。近时名家所刻，则插架甚备，又多出先生所校雠者，一代刊书之盛，实与有倡助之功。至四方故旧所贻则先集自著，皆试印新本，为晚清、国初驰誉艺林者，几毕萃于此。"①

（五十二）张　鸿

张　鸿（1867—1941）　初名澄，字隐南，号璚隐，别署蛮公、燕谷老人，常熟人。"光绪十五年（1889）举人，光绪三十年进士。历官内阁中书、户部主事、外务部郎中，记名御史。中日甲午之战时，萍乡文廷式集朝士于松筠庵，张鸿参与集议，具疏请战。"②戊戌政变失败后，参与沈鹏疏劾"三凶"（荣禄、刚毅、李英莲）。光绪三十二年后，出任驻日本长崎、神户及朝鲜仁川领事③。晚年居常熟燕园，致力于桑梓文献，尝任常熟县立图书馆长、私立孝友初级中学校长等，邑文人隐然奉为祭酒。著有《蛮巢诗词稿》《游仙诗》《续孽海花》等，编译《成吉思汗实录》，稿本今藏于常熟博物馆。

作为张燮、张蓉镜之后裔孙，性喜藏书，与藏书大家瞿氏友善。因曾题瞿秉清《浚之先生虹月归来图》，诗中叙述张氏小琅嬛福地及双芙阁藏书传递至源流。诗云："我家素有嗜书癖，琅嬛福地善本多（原注：子和公藏书室名为小琅环福地）。子孙继起恣搜集，双芙阁上相吟哦（芙川公所居名双芙阁）。咸同寇乱渡江去，焚香芦苇犹摩挲。乞米易薪苦相逼，巧取豪夺知奈何。同时施桥诸宗老，喁前于后声相和（印川公伯霞公居施家桥旧宅藏书均甚富）。惜哉同付兵火劫，泪洒仙蠹空滂沱。剩有灵光巍然在，文选音交双嵯峨（先伯霞公藏书仅存北宋本六臣注《文选》《一切经音义》二书）。世间好物难永保，贪着况为佛所诃。展君此图三叹息，阅人成世如观河。陶斋既坠文字障，艺风亦复因缘魔。愿君慎重择付托，他年载酒还相对。"④陈捷延有诗赞张氏云："世代书香久不衰，蛮公果然是通才。内政外交从容度，韬隐尤著万卷来。"⑤

三、清代太仓州进士藏书

《清史稿·地理志》载，"太仓直隶州：隶苏松太道。顺治初，因明制，属苏州府，

---

① 顾廷龙著：《顾廷龙文集》上编《章氏四当斋藏书目跋》，上海科学技术文献出版社 2002 年版，第 137 页。

② 江苏省地方志编纂委员会编：《江苏省志 90 · 人物志》之《人物传二》，凤凰出版社 2008 年版，第 874 页。

③ 参见江苏省常熟市地方志编纂委员会编：《江苏省常熟市志》第二十七编《人物·张鸿》，上海人民出版社 1990 年版，第 1096 页。

④ 仲伟行等编著：《铁琴铜剑楼研究文献集》第九章，上海古籍出版社 1997 年版，第 300 页。

⑤ 陈捷延著：《过客吟 捷延咏史诗存》卷十九《近代·张鸿》，中国文史出版社 2012 年版，第 1976 页。

县一。雍正二年，升直隶州，析州置镇洋县，又割苏州府之嘉定属之，析其地置宝山，同隶州。领县四”①，即镇洋、崇明、嘉定、宝山。

（一）王　恪

王　恪（1670—1739）　字蕙带，“初名虑，字愚千，世居嘉定，父梓②携恪至太仓，沈受宏见而器之，字以女，遂占籍焉。游京师，新城王士禛、长洲韩菼亟赏其诗文。康熙五十七年成进士，授唐县知县，多善政，以继母年老乞归”③。应聘主西江、豫章书院。王恪为政清廉，注重教育，曾两度主持修建教堂。其岳父沈受宏为吴伟业高足，将吴氏作诗为文之法再传于恪。寓居京师时，时文坛领袖王世祯、韩菼对其诗文甚为推重。汲古勤学，著述甚富，著有《苏啸轩文集》《长留诗集》《伫趣集》《周易衷孔》《霞绮诗余》，现均不存。

王恪外祖父徐与乔，顺治十八年（1661）辛丑科进士，好读书与藏书，每读一书，必参互考订。王恪受其影响，“沉静无嗜好，惟汲古勤学，终身无间，著作甚富”④。光绪四年版《唐县志》称其“文雅藻丽，才识明敏，善于听断，续修邑志，多所采访，百废具举，四境晏然”。

（二）程穆衡

程穆衡（1703—1793）　字惟淳，号迓亭，太仓镇洋人。“乾隆二年丁巳进士。官山西榆社知县”⑤。有惠政，以忤旨罢官归。其“学宏深渊博，无所不通，以著述系绝续之寄者五十年。诗古文俱卓然成家。尝订元以来娄人之诗，共二百十人，为三十六卷，仿《中州集》例，曰《舄吟》。又辑娄东诸贤，著《耆旧传》，分支别派，各系论断，时推文献”。又著《梅村祭酒诗笺》十二卷，《诗余附笺》一卷，分散各类，年经月纬，卓然成一家，诚可谓体大思精矣”⑥。又撰《据梧斋吟集》《瓜步山志》《燕程日记》《箕城杂缀》《阁帖考释》《夏小正疏》《释盘帨卮谈》《考定檀弓》等数十种。事迹见张慧剑《明清江苏文人年表》。

程穆衡好藏书，罢归后，“构屋三楹，贮书千卷，颜之曰据梧斋”⑦。又好抄书，抄

---

① 赵尔巽等撰：《清史稿》卷五十八《志三十三·地理五·江苏》，第 8 册，中华书局 1977 年版，第 1996 页。

② 按：王梓，字孝移，号岀林，幼时颖悟绝人，后入国子监，游公卿间，声誉斐然，为吴伟业称赏。后依例候选州同知，终未入仕途。晚年移家太仓，寓居吴伟业旧园，后筑宅苏啸轩于南门内，子孙遂落籍太仓。其诗雄深雅健，有唐代高适、岑参遗风，著有《岀林诗集》《岀林二集》。经籍中最精《易经》，著有《周易玩占》《周易管窥》。

③ 王祖畬纂修：《宣统太仓州镇洋县志》卷二十《人物四》，见《中国地方志集成·江苏府县志辑》（18），江苏古籍出版社 1991 年版，第 344 页。

④ 王祖畬纂修：《宣统太仓州镇洋县志》卷二十《人物四》，见《中国地方志集成·江苏府县志辑》（18），江苏古籍出版社 1991 年版，第 344 页。

⑤ 钱仲联主编：《清诗纪事》九《乾隆朝卷》，江苏古籍出版社 1989 年版，第 5013 页。

⑥ 钱仲联主编：《清诗纪事》九《乾隆朝卷》，江苏古籍出版社 1989 年版，第 5013 页。

⑦ 中国人民政治协商会议，江苏省太仓县委员会编印：《太仓地方小掌故》续集 1983 年版，第 42 页。

有程其谟《翼庵遗草》一卷《附录》一卷。尝撰《水浒传注略》二卷，稿本，藏于家，今入藏于中国国家图书馆。

（三）状元毕沅

毕　沅（1730—1797）　字缃蘅（一作湘蘅），一字秋帆，自号灵岩山人，太仓镇洋人，后居苏州环秀山庄，割其东部题名曰适园。少资性颖悟，从长洲沈宗伯德钱、惠征君栋游，学业益深邃。“乾隆十八年举人，授内阁中书，充军机处章京。二十五年一甲一名进士，授修撰。再迁庶子。三十一年，授甘肃巩秦阶道。从总督明山出关勘屯田，调安肃道。擢陕西按察使。上东巡，觐行在，备言甘肃旱。谕治赈，并免逋赋四百万。擢布政使，屡护巡抚”[①]，官至湖广总督。著有《传经表》《经典辨正》《音同义异辨》《续资治通鉴》《史籍考》，对《山海经》《晋书·地理志》皆有校注，又有《关中胜迹图记》《西安省志》之作[②]。其中“所撰《关中胜迹图志》三十二卷，录入四库馆书中”[③]，又有《灵岩山人诗集》四十卷《文集》八卷。钱泳回忆赞云：“镇洋毕秋帆先生，负海内重望，文章政绩，自具国史。……先生著作甚多，一时不能尽记。尤好法书名画，尝命余集刻《经训堂帖》十二卷，海内风行，至今子孙尚食其利云。”[④]生平事迹参见王昶《兵部尚书都察院右都御史湖广总督赠太子太保毕公神道碑》、洪亮吉《毕宫保遗事》、《清史列传》卷三十二《大臣传次编五·毕沅》。

毕沅与弟毕泷[⑤]皆好藏书，于经史、书画、小学、金石、诗文及地理之学，无不贯通。尝“谓金石可证经史，官迹所至，搜罗极博，有关中、中州、山左金石诸记”[⑥]。其“性恬淡，无他嗜好，独爱鉴别名人手迹，凡晋魏以来法书名画秘文秘简暨金石之文，抉剔搜罗，吴下诸藏家群推第一。勤学，富著述，从少至老无一日废书，每镂布一种，远近争求至为纸贵，今未刊者有《灵岩山人文集》八卷、《史籍考》一百卷、《河间书画录》四卷、《三楚金石记》三卷、《湖广通志》一百卷”[⑦]。“每遇古书善本，校而录之。若《山海经》《夏小正》《说文解字旧音》《释名疏证》《三辅黄图》《太康地志》《王隐地

---

① 赵尔巽等撰：《清史稿》卷三百三十二《列传一百十九·毕沅传》，第36册，中华书局1977年版，第10976页。

② （清）李元度著，易孟醇点校：《国朝先正事略》卷二十《名臣·毕尚书沅》，岳麓书社1991年版，第587页。

③ （清）王昶著，周维德校辑：《蒲褐山房诗话新编》卷上，齐鲁书社1988年版，第84页。

④ （清）钱泳撰，孟裴校点：《履园丛话》卷六《耆旧·秋帆尚书》，上海古籍出版社2012年版，第100页。

⑤ 按：毕泷，字涧飞，号竹痴，清太仓镇洋人。沅之弟。家富藏书，尤精鉴赏，且博综金石，酷嗜书画，凡遇善本名迹，不惜重赀购藏，故多宋元明人珍品。藏书处名曰广堪斋，藏书印有宝翰斋、娄东毕泷涧飞氏藏、毕泷之印等数十枚。

⑥ （清）李元度著，易孟醇点校：《国朝先正事略》卷二十《名臣·毕尚书沅》，岳麓书社1991年版，第587页。

⑦ （清）史善长《弇山毕公年谱》，见张爱芳选编：《中国古代史学家年谱》第八册，北京图书馆出版社2005年版，第134页。

道志》《晋书地理志新补正》《道德经考异》又若干卷,时贤皆为秘宝"[1]。《士礼居藏书题跋记》卷三北宋刻本《新序》十卷,黄氏跋云:"余遂究其所从来,云是太仓王氏物,渠与毕沅秋帆制府相友善,宋刻善本亦尝归之。"[2]又宋刻《乖崖集》十二卷附集一卷,"此本既为祖本,且首尾完好,椠印精美,诚足驾士礼居而上之。……盖毕秋帆、董蔗林两尚书皆有藏印"[3]。

毕沅又嗜书画,收藏甚富,因"仕宦日久,太仓旧宅倾圮,丁忧时移居苏州,又于灵岩山建御书阁,以奉赐书,故自号灵岩山人"[4]。是宅曰灵岩山馆,御书楼中藏御书墨宝及字画法帖,钱大昕为书《御书楼记》,钱泳称:"乾隆中,高宗深于赏鉴,凡海内得宋元明人书画者,必使苏工装潢。其时海内收藏家有毕秋帆尚书,陈望之中丞,吴杜村观察为之提奖"[5]。王昶云:"秋帆制府,少得诗法于其舅张郎中少仪。登大魁,入词垣,爱才下士,海内文人咸归幕府。凡有吟咏,信笔直书,天骨开张,无绘句绨章之习。又好刻书,惠定宇征君所著经说,悉为剞劂。"[6]辑有《经训堂丛书》,收书二十一种,是辑者注释、校订重要古籍的汇刻,由洪亮吉、孙星衍等共同校理,因名家所校,刻印质量高,被以善本收藏。其中《山海经》《吕氏春秋》《释名疏证》等校本,尤为精善。其他如《长安志》《晋泰康三年地记》,流传极少,是考证西北古史地所必备之书。刊刻图书数种。

毕氏家有经训堂,为藏书之所,编撰有《经训堂书目》。

藏印有灵岩山人书画记、毕沅审定、毕氏秘藏、秋帆珍赏、毕沅之章、娄东毕沅鉴藏、秋帆书画图章、毕秋帆书画记、娄东毕氏真赏、灵岩山人秘籍之印、经训堂珍藏印、毕沅一字湘衡等数种[7]。

(四)状元陆增祥

陆增祥(1816—1882)　字星农,一字魁仲,号莘农,太仓人。为太仓古代历史上有名的明清三状元之一。登"道光三十年一甲一名进士,授修撰"[8],"咸丰六年充会试同考官,历充国史功臣方略馆纂修、起居注协修、文渊阁校理、本衙门撰文奏办院

---

① (清)王昶著,陈明洁、朱惠国、裴风顺点校:《春融堂集》卷五十二《兵部尚书都察院右都御史湖广总督赠太子太保毕公神道碑》,上海文化出版社2013年版,第913页。

② (清)黄丕烈著,潘祖荫辑,周少川点校:《士礼居藏书题跋记》卷三《子类》,书目文献出版社1989年版,第70页。

③ (清)潘祖荫撰:《滂喜斋藏书记》卷三,见《续修四库全书》编纂委员会、复旦大学图书馆古籍部编:《续修四库全书》第926册,上海古籍出版社2003年版,第453页。

④ (清)王昶著,陈明洁、朱惠国、裴风顺点校:《春融堂集》卷五十二《兵部尚书都察院右都御史湖广总督赠太子太保毕公神道碑》,上海文化出版社2013年版,第913页。

⑤ (清)钱泳撰,孟裴点校:《履园丛话》卷十二《艺能·装潢》,上海古籍出版社版2012年版,第218页。

⑥ (清)王昶著,周维德校辑:《蒲褐山房诗话新编》卷上,齐鲁书社1988年版,第84页。

⑦ 参见那志良著:《鉥印通释》之四《使用》,(台湾)《"国立"故宫博物院自著丛刊》,台湾商务印书馆1970年版,第110页。

⑧ 赵尔巽等撰:《清史稿》卷四百八十六《列传二百七十三·陆增祥传》,第44册,中华书局1977年版,第13421页。

事、庶常馆提调。八年，京察一等”[1]。历仕广西庆远府知府、道员，署粮储道、盐法长、宝道，累官布政使。生平事迹参见俞樾《皇清赐进士及第通奉大夫布政使衔湖南辰永沅靖兵备道翰林院修撰陆君墓志铭》，此碑现藏太仓博物馆。

陆增祥少通篆籀之学，博学多闻，又性好金石文字，搜罗颇勤，聚汉魏以来古砖数千，择佳者手制为砚，拓墨本跋之，成《三百砖录》一卷。《清史稿》称其“踵王昶《金石萃编》成《金石补正》百二十卷，凡三千五百余通。又著《砖录》一卷。其订正金石款识名物，何绍基服其精”[2]。俞樾云：陆增祥“居官固不废学，至是益事撰述，成《金石补正》百三十卷、《札记》四卷、《元金石偶存》一卷、《砖录》一卷、《吴氏筠清馆金石记目》六卷、《篆墨述诂》二十四卷、《楚辞疑异释证》八卷、《红鳞鱼室诗存》二卷。晚年作《古今字表》，谓与《篆墨述诂》相表里，未卒业而君卒。”又赞云：“尤邃于学，金石渊海，摩挲鼎钟，下及甃瓿。文字光怪，俗目所骇，藏之名山，以俟千载。君于仕学，两无所负，我作铭词，传之永久”[3]。

收藏室名曰红鳞鱼室、八琼室、百砖砚斋。

少通六书，性好金石文字，搜罗遍天下，又喜诗擅书。

(五)王祖畬

王祖畬(1842—1918)　字岁三，一字紫翔，号漱山，晚号溪山老农，又号溪山饿叟，太仓人。同治十二年(1873)癸酉科举人，“光绪九年进士，改庶吉士。散馆选授山西崞县知县，改授河南汤阴知县，分校省闱得士称盛，有政声”[4]。丁父忧归，遂不复出。历主宿迁、崇明、宝山各书院及本县娄东、尊道、安道诸书院讲席，唐文治为其子弟中佼佼者。辛亥革命后忧愤而殁，门人私谥文贞。其学问淹博，著述甚富，著有《礼记经注校证》《读左质疑》《论语读本》《王文贞先生集》《别集》《制义》等数十余种。又主纂《光绪太仓直隶州志》四十卷、《宣统太仓州志》二十八卷、《民国镇洋县志》十一卷、《光绪季年志初稿》八卷等。自撰《溪山老农年谱》二卷(记至光绪二十年即1894年，时年53岁)，《续编》一卷由其子保譿撰。其事迹见《清代七百名人传》第五编《艺事・文学》。

王祖畬喜藏书，积书数万卷。其子王保譿称其父藏书非为炫耀，而是为了阅读，《家藏书目》称其：“为购书虽节衣缩食不以为苦。每遇佳书，必欲得之，书贾故昂其值，则虽倾囊借贷不少吝惜，惟恐失之交臂。家中所藏，大抵皆应用典籍，乏宋元旧

---

① (清)俞樾《皇清赐进士及第通奉大夫布政使衔湖南辰永沅靖兵备道翰林院修撰陆君墓志铭》，见苏州博物馆编：《苏州文博论丛2011年》总第2辑《石刻研究》，文物出版社2011年版，第126页。

② 赵尔巽等撰：《清史稿》卷四百八十六《列传二百七十三・陆增祥传》，第44册，中华书局1977年版，第13421页。

③ (清)俞樾《皇清赐进士及第通奉大夫布政使衔湖南辰永沅靖兵备道翰林院修撰陆君墓志铭》，此碑现藏太仓博物馆。

④ 张耕田、陈巍主编：《苏州民国艺文志》，广陵书社2005年版，第65页。

椠。藏书多以备读，非欲夸多斗靡也。此目著录，先父购藏五千余册。"①

王祖畲尤好校书，《年谱》1915年记云："府君归隐后手校书籍尤多，并以前手加丹黄，不下二三千卷。"②其弟子唐文治云："先生每校一书丹黄圈点，或勘定字句，或考证评论，细书眉端。迨晚年手校经史子集不下三千卷。尝谓：'读书所以养心者，非空虚之谈必实验之。于吾身一日不读书，则七情六欲之，足为吾身害。与凡境遇之足，累吾者憧憧焉，交战于中，惟读书则自然融化于无形。'以故先生壮岁无书不学不窥。说经贯穿汉、宋以其真知灼见。"③《年谱》附录"手校书目"凡五十三种，共二千五百五十七卷。如其校并跋的《汉书》一百卷（同治八年金陵书局刻本，存八十八卷），今藏南京图书馆。王祖畲亦好藏书，所抄太仓程穆衡撰《娄东耆旧传》八卷，今藏南京图书馆。

藏书处曰溪山书屋。

其藏书由其子王保譿（号慧言）继承，又多有增益。惜十分之三藏书毁于兵火，譿言竟抑郁而殁。王謇云：其藏书"抗日战争时，两遭寇弹，簏版多碎，而书尚无恙"。其藏书尚余有数万卷，由其夫人编目庋藏。"惜身后乏资，家人出以易粟，散失垂尽矣。就中太仓乡先哲遗著稿本特多，程迓亭（穆倩）《梅村诗注》稿本，其上驷也。又有荆石山民吴镐未刊稿，闻有《水浒传考证》未刻稿，甚精"④。其著作遗稿多藏于南京图书馆。

附：算学状元顾陈垿

顾陈垿（1678—1747）　字玉停，号宾阳，清太仓镇洋人。以算学应试，列为第一，称算学状元。"康熙乙酉举人。通知天文律历占算声韵之学。尤精于医。以大学士王掞荐入内府湛凝斋。纂修《律数渊源》《中和乐府》诸书。诚亲王胤祉总裁其事。颇被礼遇。叙行人司行人。未几告归。"⑤《本朝名家诗钞小传》亦载：其"康熙乙酉举于乡，以荐入湛凝斋纂修《律数渊源》《中和乐府》诸书，议叙补行人司行人。二年，移疾归。自是屡有荐辟，终其身不出矣。……其在湛凝斋也，所纂修半出其手。书上得温旨，王大臣雅重之，礼遇出诸同馆上。每试期，朝士皆属目，谓得此君作第一人乃称"⑥。又尝"得徐光启《历书》，精求一月，遂创造开方、句股诸法。在湛凝斋，外廷送算学三百余员候试，主者令陈垿与试，圣祖亲策之，得七十二人，陈垿为

---

① 引范凤书编：《中国著名藏书家与藏书楼》，大象出版社2013年版，第294—295页。

② 引江庆柏著：《近代江苏藏书研究》，安徽文艺出版社2000年版，第298页。

③ 唐文治著：《茹经堂文集三编》卷一《王文贞先生学案》，见《民国丛书》编纂委员会编：《民国丛书》第五编（95），上海书店1996年版，第13页。

④ 王謇著，李希泌点注：《续补藏书纪事诗》之《王保譿（慧言）》，书目文献出版社1987年版，第34页。

⑤ 邓之诚撰：《清诗纪事初编》卷三《甲编上·江南》，上海古籍出版社2013年版，第421页。

⑥ （清）郑方坤撰：《本朝名家诗钞小传》卷三《抱桐诗钞小传·顾陈垿》，见《丛书集成续编》第256册，（台湾）新文丰出版公司1988年版，第144页。

冠,内廷呼为'算学状元'"[1]。陈埢精字学、算学、乐律,时称三绝。所著有《钟律陈数》《旋宫知义》《无益之言》《读四书偶见》《读内则》《内则音释》《合注龙虎上经参同契》《注首楞严》《癸巳治疫记》《洗桐集》《抱桐集》等数十种,自撰《宾阳子年谱》。生平事迹参见清王昶《顾陈埢传》、《清史稿》卷四百八十四《列传二百七十一·顾陈埢传》及《宣统太仓州镇洋县志》卷二十《顾陈埢传》。

顾陈埢雅好藏书,王祖畬云:"蘅甫笃嗜乡邦著述,弆藏最富,将此种刊入《东仓丛书》。"[2]

四、清代常州府进士藏书

《清史稿·地理志》载,"常州府:隶常镇通海道。顺治初,因明制,县五。雍正二年,总督查弼纳以苏、松、常赋重事繁,疏请太仓等十三州县各析为二,析武进置阳湖,无锡置金匮,宜兴置荆溪。领县八"[3],即武进、阳湖、无锡、金匮、江阴、宜兴、荆溪、靖江。

(一)探花蒋超

蒋　超(1624—1673)　字虎臣,号绥和,自号无嗔道人、华阳山人等,江苏镇江金坛人。清"顺治丁亥,先生二十三,以一甲第三人及第,入翰林。二十余载率山居,仅自编修进编撰,终于史官。性好山水,遍游五岳及黄山、九华、匡庐、天台、武当,不避蛇虎。晚自史馆以病请告,不归江南,附楚舟上峡,入峨眉山,以癸丑正月卒于峨眉之伏虎寺"[4]。酷嗜书法,书法与沈绎堂齐名。今四川昭觉寺禅院尤其榜书。其文章称雄一时,尝修《四川通志》《峨眉县志》,"所著有《绥庵诗文集》若干卷,《论史百篇》《蒋说》等书,惟《儒宗辨统辑稿》未竟"[5]。《清诗纪事初稿》卷四有其传。

蒋超"性廉静,不嗜名利,尤勤抄录,手录书至数百卷"[6],其藏书亦甚精。尝藏有宋咸淳三年(1267)吴坚、刘震孙刻本《新编方舆胜览》七十卷,是书钤有"白沙贡氏""季振宜藏书""内翰金坛蒋超藏书印""竹泉陈士贤鉴定珍藏之章""世贤"等印,此本迭经季振宜、蒋超、陈士贤等递藏,今藏上海图书馆。又有元刊本《金陵新

---

① 王钟翰点校:《清史列传》卷六十八《儒林传下一·顾陈埢》,第17册,中华书局1987年版,第5475页。

② 王祖畬《王文贞文集·书无益之言后丙申》卷四,引第三章《苏州私家藏书》,江苏古籍出版社2006年版,第338页。

③ 赵尔巽等撰:《清史稿》卷五十八《志三十三·地理五·江苏》,第8册,中华书局1977年版,第1998页。

④ (清)王士祯撰,勒斯仁点校:《池北偶谈》卷八《谈献四·蒋虎臣》,中华书局1982年版,第179页。

⑤ (清)施闰章撰,何庆善、杨应芹点校:《施愚山集》之《文集》卷十九《墓志铭一·故翰林修撰蒋君墓志铭》,第1册,黄山书社1992年版,第380页。

⑥ (民国)吴宗慈编撰,胡迎建、宗九奇、胡克沛校注:《庐山志》纲之六《艺文》,下册,江西人民出版社1996年版,第348页。

志》十五卷,“此犹原本也,旧藏金坛蒋氏,卷首有内翰金坛蒋超藏书朱记”①。明刊本《绀珠集》十三卷,“宋时有刻本。此明天顺本间贺氏荣中刻本也。卷首有‘内翰金翰蒋超藏书印’朱记”②。有明正嘉间刊本《齐丘子》一卷,钤有“董嗣茂印”“霞阁”“臣曦”“内翰金坛蒋超藏书印”“虎林朱氏宝彝堂藏书画之记”各印③。又有明嘉靖丁亥年(1526)苏州徐焴万竹山房刻本姚铉撰《唐文粹》一百卷,共四十册,棉白纸、金镶玉,钤有“‘琴趣轩黄氏考藏’‘内翰金坛蒋超藏书印’‘复堂所藏’”诸印④。山东大学图书馆藏有明末吴惟明校刻本《天垢先生横浦心传录》三卷,《横浦日新》一卷,宋张九成撰,宋于恕编,有“内翰金坛蒋超藏书印”“楝亭曹氏藏书”“渠丘曹愚盦氏藏书”等藏印。《天禄琳琅书目后编》著录明版《事物纪原》二函十二册,记云:“蒋超字虎臣,金坛人,顺治丁亥进士,授编修。有‘内翰金坛蒋超藏书印’‘古朱林仙浦蒋氏图书’‘金坛蒋垞平安家报印’‘三峰樵隐’”⑤等藏印;又《册府元龟》一千卷,“宋王钦若、杨亿等奉敕撰,明崇祯壬午匡山黄国琦校刊本,有‘桐庵经史诗画图书章’‘金坛蒋超藏书印’‘雪苑宋氏兰挥藏书记’三印”⑥。

藏书处名曰绥庵,藏书印有内翰金坛蒋超藏书等。

(二)庄冏生

庄冏生(1627—1679)　一作冏生,字玉骢,号澹庵,武进人。庄应会次子。清顺治三年(1646)丙戌举人,“顺治四年进士,官至左庶子兼侍读”⑦。曾任顺治辛卯湖广乡试主考,诰授朝议大夫。负才名,善绘画,工诗古文词,著有《澹庵集》《长安春草》《黄山记游》《妒史》等。

庄冏生喜藏书,其家居今常州市西大街杨柳巷,“巷内建造赐瓯堂,发现阶石下刻有‘干元’二字,以为祥瑞,遂称其地为‘干元地’。干元地占地较广。园中池塘环绕,轩牖洞明,鞭石成桥,回廊曲折,花木掩映其间,并有万卷楼,玉山草堂等建筑。‘绮窗昼静,画栋朝晖’,擅一郡之胜。万卷楼为庄氏藏书楼,藏书甲于吴会太仓,与

---

① (清)瞿镛撰:《铁琴铜剑楼藏书目录》卷第十一《史部四》,见《清人书目题跋丛刊三》,中华书局1990年版,第171页。

② (清)瞿镛撰:《铁琴铜剑楼藏书目录》卷第十六《子部四》,见《清人书目题跋丛刊三》,中华书局1990年版,第244页。

③ 傅增湘撰:《藏园群书经眼录》卷八《子部二》,中华书局1983年版,第652页。

④ 姜寻编:《中国拍卖古籍文献目录》之《上海国际商品拍卖有限公司·上海博古斋(1997—2000)》,上海书店出版社2001年版,第684页。

⑤ (清)彭元瑞等撰:《天禄琳琅书目后编》卷十七,见《清人书目题跋丛刊十》,中华书局1995年版,第425页。

⑥ 浙江省公立图书馆编印:《浙江公立图书馆年报第1—4期》之《暂定保存类目录·子部》,见《近代著名图书馆馆刊荟萃》第10册,北京图书馆出版社1927年版,第351页。

⑦ 参见张惟骧辑,蒋维乔等增补:《清代毗陵名人小传稿》卷一《庄冏生传》,(台湾)明文书局1985年版,第14页。

钱牧斋的绛云楼并称而名闻一时”①。

庄同生除藏书外，尤喜收藏古印，为清初著名的古印收藏家，藏古印两千余，曾侍读，故其将所集古印定名为《漆园印型》。庄氏集印情况，及其后归属，见张廷济作的毗陵庄澹庵侍读所集《漆园印型》跋，及许梿作盛泽王旭楼先生藏《漆园印型》序。许梿跋云：“所集先秦、汉玉玺，次铜官印，次姓名私印，次未识古印，凡两千二百有奇，则又未始非多者，其诸善于博取者乎。集此者为毗陵庄澹庵侍读，古系以漆园，侍读既没，而话雨楼主人得之。一传而及旭楼，先生以先人之尤宝爱此也。”②张廷济对庄同生所藏之印甚为推崇，张氏跋云：“毗陵庄澹庵侍读所集《漆园印型》，先秦、汉玉玺印，次铜官印，次姓名私印，欠未识古印，凡十三卷，千二百八十二钮。盛泽王氏话雨楼藏品。余观秦、汉印谱，明上海顾氏所集印，印止二十部者，古玉印以百计，诚为古今独绝之品。顾后《稽古斋印谱》至五千零，天都汪氏《集占印存》，亦至数千。然《稽古》失之太密；汪氏晶石杂揉，失之太乱；查氏《铜鼓书堂》、张子原《师汉斋》、黄椒升《续古印式》精矣，然收录俱不盈千。此则精且富，当是顾研山后最胜之品，侍读集印后，诸印渐就零散。”③

（三）秦松龄祖孙三进士

秦松龄（1637—1714）　字汉石，又字次椒，号留仙，又号对岩，晚号苍岘山人，无锡人。其生父“讳德藻④，字以新，海翁其号也。系出宋淮海太虚公之后，太虚子湛为常州倅，因家于常。阅十传而徙无锡之胡埭，遂为无锡人。入明，累叶通显。嘉靖癸丑进士巡抚湖广右副都御史讳耀为曾祖考，太学生讳仲锡则显考也。妣金坛于孺人，褒甫公之女。子三人，先生居次”⑤。松龄登“顺治十二年进士，官检讨，罢归。后举鸿博，复授检讨。典试江西乡试，历左赞善，以谕德终。松龄为庶常，召试《咏鹤》诗，有句云：‘高鸣常向月，善舞不迎人。’世祖拔置第一，示阁臣曰：‘是人必有品！’”⑥“以逋粮案罣误归田。旋以博学弘词荐，侍从讲幄，纂修《明史》。里居二十

---

① 常州市地名委员会编：《江苏省常州市地名录》九《重要地名来历、含义和沿革》之《杨柳巷》，内部资料常州市地名委员会1983年，第332页。又注：千元地于民国二十年曾租与唐沅建筑公司，改建后称千元市场。抗战初期毁于火，其地即今常州地毯厂。

② （清）许梿《漆园印型序》，见韩天衡编订：《历代印学论文选》第二遍《印谱序记》，西泠印社出版社1999年版，第527页。

③ （清）张廷济《漆园印型跋》，见韩天衡编订：《历代印学论文选》第二遍《印谱序记》，西泠印社出版社1999年版，第528页。

④ 按：秦德藻（1617—1701），字以新，号海翁，恩贡生，无锡人。以松龄本生父赗赠文林郎、翰林院庶吉士。以蕙田本生曾祖父，赗赠光禄大夫、经筵讲官、刑部尚书、兼礼乐部大臣，加一级。并再次修筑曾祖南京兵部尚书秦金所建的寄畅园，又名秦园。现为全国文物保护单位，位于无锡惠山东麓。

⑤ （清）张玉书《张文贞集》卷十《秦海翁墓志铭》，见（清）永瑢、纪昀等编纂：《四库全书》第1322册，上海古籍出版社1987年版，第609页。

⑥ 赵尔巽等撰：《清史稿》卷四百八十四《列传第二百七十一·秦松龄传》，第44册，中华书局1977年版，第13341页。

余年,研精宋五子书,穷经,尤邃于《诗》,著《毛诗曰笺》。”[①]与陆楣友善,陆楣《秦对岩先生传》云:“吾乡自东林诸君子后数十年来,士大夫潜心理学者楣及见一人焉,曰秦对岩先生。先生讳松龄,字留仙,号对岩。幼有异禀,五岁塾师授中庸,辄闭目深思,师以夙慧称之。十八,举于乡,公车载籍自随,在涂暗诵,日以寸计。登进士……志在通典故,明义理”,“平生于书无不窥,以诗古文名世,晚益耽研经训”[②],先儒之书终身未尝释手。“经史诸书靡不贯串,纵横夹注,丹黄灿然。于《诗经》尤加意毛郑,以下及东莱《诗纪》、严氏《诗辑》,剪裁排纂,参以独见,补朱传未备……题曰《日笺》,凡四卷。在史馆辑明代儒臣,于理学多所阐发,稿并藏于家”[③]。又著《苍岘山人诗文集》《明史拟稿》等。沈德潜《清诗别裁集》卷四、《锡山秦氏文钞》卷四、《晚晴簃诗汇》卷四十一等有其传。

秦松龄有子六人:道然、实然、祖然、明然、寿然、易然。

秦松龄雅好藏书,《四库全书总目提要》云:“明高攀龙编,取《二程语录》择其精粹,先辨性,次论学,次治事,次释经,每类各为一卷,末载《文集抄》及《附录》各一卷。前有康熙癸未陆楣序,称攀龙官行人时为是书。其手抄本藏同邑秦松龄家,顾鳌欲刻之,未果。鳌子栋高,乃踵其父志刊行云。”[④]又云:“《池北偶谈》又记:末有万历丙午徐𤊹跋,此本无之。而别有跋曰:‘吴兴《文集》十二卷,义取艰深,字多舛脱,不可卒读。因从秦对岩先生借所藏季沧苇抄本,校阅一过,题曰辛卯仲夏。’有小印曰‘邦采’,不知为谁。然则此本校以季氏本,季氏本抄自钱氏宋刻,其源流固大概可见矣。”[⑤]《宋元金六十九家词》有毛扆跋云:“戊申重阳前四日,从锡山秦翰林留仙得抄本宋元词十四册,中有《秋涧词》一卷,即此册也,惜散逸其后三卷。”[⑥]

秦松龄藏书甚富,多秘籍、多精本,清初多名藏书大家、名家借抄秦氏藏书。朱彝尊尝借抄,朱彝尊云:“时曹侍郎洁躬、徐尚书原一皆就予传抄,予所好愈笃,凡束脩之入,悉以买书。及通籍,借抄于史馆者有之,借抄于宛平孙氏、无锡秦氏、昆山徐氏、晋江黄氏、钱塘龚氏者有之,主乡试而南还里门,合计先后所得约三万卷。”[⑦]又

---

① (清)赵宏恩等鉴修,黄之隽等编纂:《乾隆江南通志》卷一百六十三《儒林传》,见(清)永瑢、纪昀等编纂:《四库全书》第511册,上海古籍出版社1987年版,第683页。

② (清)裴大中、倪咸生修,(清)秦缃业等纂:《光绪无锡金匮县志》卷二十一《儒林·秦松龄》,见《中国地方志集成·江苏府县志辑》(24),江苏古籍出版社1991年版,第347页。

③ (清)陆楣《铁庄文集》卷五《秦对岩先生传》,见《清代诗文集汇编》编纂委员会编:《清代诗文集汇编》176,上海古籍出版社2010年版,第76—77页。

④ (清)永瑢、纪昀等编纂:《四库全书总目》卷九十五《二程节录》,第3册,上海古籍出版社1987年版,第79页。

⑤ (清)永瑢、纪昀等编纂:《四库全书总目》卷一百五十《沈下贤集》,第4册,上海古籍出版社1987年版,第64页。

⑥ 王文进撰,柳向春标点:《文禄堂访书记》卷第五,上海古籍出版社2007年版,第398页。

⑦ (清)朱彝尊《曝书亭集》卷三十五《曝书亭著录序》,见(清)永瑢、纪昀等编纂:《四库全书》第1318册,上海古籍出版社1987年版,第55页。

言："赵希弁《读书附志》称是书六卷。康熙壬戌，予抄自无锡秦氏，凡十卷，与马氏《经籍考》同。《宋史志艺文》云三十五卷，盖并门人增修之书合著于录也。序以藏之笥。"①"《大易辑说》十卷，元武昌路南阳书院山长邛州王申子巽卿撰。康熙庚申，借无锡秦氏本，录而藏之。"②"先生诗有体裁丽而不浮，奇而不僻，易而不俚。《诗话》：长史诗格爽朗，惜遗集罕传。予从秦对岩前辈购得，亟录其八首，犹未尽其蕴也。"③朱彝尊《经义考》卷十四"孔氏颖达等《周易正义》"条按语云："叶氏《菉竹堂书目》有长孙无忌《周易要义》五册，凡十八卷。无锡秦对岩前辈今有其书，大略与《正义》相同。考正义即系无忌刊定，非别一书也。"④王士祯记云："无锡张秋绍夏，老儒也，以理学名东南，与予未相识。特写浦舍人长源东海生集四卷相寄，并示所著孝经问业，予深愧其意。会同年秦谕德留仙松龄书来，亦许钞宋王质《诗总闻》及王舍人孟端集相寄。十峰山人钱础日肃润选予诗六卷亦至，皆梁溪人也。"⑤又"同年梁溪秦宫谕留仙松龄以写本《诗总闻》相寄，宋人汶阳王质撰。……王绂孟端《友石先生集》亦秦宫谕写寄，有曾棨、王琎二序"⑥。徐乾学亦云："余感竹垞之言，深惧今时所存十百之一，又复沦歉，责在后死，其可他诿。因悉予兄弟家所藏本覆加校勘，更假秀水曹秋岳、无锡秦对岩、常熟钱遵王、毛斧季、温陵黄俞邰及竹垞家藏旧版书若钞本，厘择是正，总若干种，谋雕板行世。门人纳兰容若怂恿是举，捐金倡始，次第开雕，经始于康熙癸丑，逾二年讫工，藉以表章先哲，嘉惠来学，功在发，予岂敢掠美，因叙其缘起，志之首简。"⑦此外，官京师时，纳兰性德编刊《通志堂经解》，也曾得秦松龄之帮助，纳兰性德在《经解总序》中云："惜乎其书流传日久，十不存一二。余向属友人秦对岩、朱竹姹购诸藏书之家，间有所得，雕版既漫漶断阙，不可卒读，钞本讹谬尤多，其间完善无讹者又十不得一二。间启于座主徐先生，先生乃尽出其藏本示余。"⑧从以上文献记载中，秦松龄所藏书颇有罕见之孤本秘籍，时藏书大家浙江秀水朱彝尊、苏州府昆山徐乾学、山东新城王世贞、京师纳兰性德等亦从其家借抄所

---

① （清）朱彝尊《曝书亭集》卷三十四《东莱吕氏书说序》，见（清）永瑢、纪昀等编纂：《四库全书》第1318册，上海古籍出版社1987年版，第34页。

② （清）朱彝尊《曝书亭集》卷四十二《王氏大易缉说跋》，见（清）永瑢、纪昀等编纂：《四库全书》第1318册，上海古籍出版社1987年版，第130页。

③ （清）朱彝尊辑录：《明诗综》卷十七《钱仲益》，中华书局2007年版，第830页。

④ （清）朱彝尊《经义考》卷十四《孔氏颍达等〈周易正义〉》，见（清）永瑢、纪昀等编纂：《四库全书》第677册，上海古籍出版社1987年版，第142页。

⑤ （清）王士祯《居易录》卷二十三，见（清）永瑢、纪昀等编纂：《四库全书》第869册，上海古籍出版社1987年版，第589页。

⑥ （清）王士祯《居易录》卷二十六，见（清）永瑢、纪昀等编纂：《四库全书》第869册，上海古籍出版社1987年版，第636页。

⑦ （清）徐乾学《憺园集》卷二十一《新刊经解序》，见《续修四库全书》编纂委员会、复旦大学图书馆古籍部编：《续修四库全书》第1412册，上海古籍出版社2003年版，第591页。

⑧ （清）纳兰性德《通志堂集》卷十《经解总序》，见《续修四库全书》编纂委员会、复旦大学图书馆古籍部编：《续修四库全书》第1419册，上海古籍出版社2003年版，第390页。

藏,或曾得秦松龄家钞本,或借其所藏校刊等,寄畅园收藏多且精可见一斑。

秦松龄所藏之书,后由其子秦道然及其孙蕙田所递藏。

秦道然(1658—1747) 秦松龄子。字洛生,号南沙,又号泉南山人,无锡金匮人。登“康熙己丑进士,官翰林院编修”①,充日讲起居注官、丁酉西江乡试副考官,改礼科给事中。雍正初,以藩邸事牵连,讼系十余年。乾隆初,因其子蕙田伏阙上书豁免,寄畅园始重归秦氏。著有《泉南山人存稿》《困知私记》《明儒学录》。《光绪无锡金匮县志》卷二十一《儒林》有其传。

道然承其家风,喜读史,守其家族藏书,工书及诗,书法出入李邕、颜真卿,尤工汉隶。尝作《咏史》云:“六籍委秦焰,圣学弃榛丛。董子乃崛兴,遗经究始终。”②

秦蕙田(1702—1764) 秦松龄孙。字树峰,号味经,无锡金匮人。蕙田“祖松龄,顺治十二年进士,官左春坊左谕德。本生父道然,康熙四十八年进士,官礼部给事中,与贝子允禟善,为其府总管。允禟得罪,逮下狱,蕙田往来省视。世宗贷道然死,而狱未解。乾隆元年一甲三名进士,授编修,南书房行走”③。累迁吏部侍郎,升工部尚书,刑部尚书,加太子太保。卒谥文恭。秦氏立朝三十年,刚介自守,不曲意徇物。其学以穷经为主,而不居讲学之名,故以经术笃行而知名海内。《清史稿》称:秦蕙田“通经能文章,尤精于《三礼》,撰《五礼通考》,首采经史,次及诸家传说儒先所未能决者,疏通证明,使后儒有所折衷。以乐律附吉礼,以天文历法、方舆疆理附嘉礼。博大闳远,条贯赅备。又好治《易》及音韵、律吕、算数之学,皆有著述”④。又“所著《味经窝集》亦多说经文字有已入通考者,故学者称味经先生”⑤。生平事迹参见钱大昕《光禄大夫经筵讲官太子太保刑部尚书秦文恭公墓志铭》、李元度《国朝先正事略》卷十七《名臣·秦文恭公事略》及《清史列传》卷二十《大臣画一传档正编十七·秦蕙田传》。

秦蕙田“少承家学,以经书笃行,为江阴杨名时所知。本生父道然以藩邸事久系县狱,蕙田既通籍,伏开陈情,乞以身赎父罪,道然竟得释。领西曹最久,遇事沉毅果断,退则闭户著书,其学以穷经为主”⑥。王昶回忆云:“文恭遵甫雒生先生,颂系日久。文恭既入翰林,即请以官赎父罪,蒙恩得释,故时与桐城方公宜田称二孝,盖以宜田每于秋日省其父于塞外戍所故也。生平覃心经术,尤熟礼经,因仿徐健庵尚书

① (清)沈德潜编:《清诗别裁集》卷二十二,上海古籍出版社2013年版,第890页。

② (清)沈德潜编:《清诗别裁集》卷二十二,上海古籍出版社2013年版,第892页。

③ 赵尔巽等撰:《清史稿》卷三百四《列传九十一·秦蕙田传》,第35册,中华书局1977年版,第10501页。

④ 赵尔巽等撰:《清史稿》卷三百四《列传九十一·秦蕙田传》,第35册,中华书局1977年版,第10502页。

⑤ (清)裴大中、倪咸生修,(清)秦缃业等纂:《光绪无锡金匮县志》卷二十一《儒林·秦蕙田》,见《中国地方志集成·江苏府县志辑》(24),江苏古籍出版社1991年版,第350页。

⑥ (清)裴大中、倪咸生修,(清)秦缃业等纂:《光绪无锡金匮县志》卷二十一《儒林·秦蕙田》,见《中国地方志集成·江苏府县志辑》(24),江苏古籍出版社1991年版,第350页。

《读礼通考》，广为《五礼通考》二百余卷，汇自来诸儒讼之说，为之疏通解驳，又附以历朝史志，使后来者折衷损益，可以坐言而起行，其有功于经义，良不鲜也。文恭博学多闻，穷经之外，凡河渠律历，下至医方数术，靡不通晰，故梁文庄云：'树峰如鹰隼横空，飞而食肉。又口若悬河，辩才无碍。'其为同曹畏服如此。……文恭常招予寓味经窝数月，予病为按脉定方，故得备闻其事。后镌刻《五礼通考》，方公已为直隶总督，与清河道宋宗元共出资刻之。"[①]秦氏又好藏书，其祖父及父辈皆以藏书、刻书名于世。秦氏收藏图书甚富，宋刊本《周易》九卷，秦氏跋云："此真北宋佳本，人世存者尠矣，宜董、文诸公钦爱而珍异之。吾家世有旧刻，久多散佚，此书得之王峰徐氏，吉光片羽，为味经窝藏书第一，子子孙孙其善守之。"[②]此本明代经文嘉、董其昌、文震孟、文从简诸名家所收藏，迄今书中皆有诸君题记可证，而诸公皆为明以工书画而享誉海内的名家。尚有"宋本、毛氏子晋、汲古主人、徐健庵、乾学、味经窝藏书记、蕙田之印、汪士钟印、瞿氏鉴藏金石记、铁琴铜剑楼、绍基秘籍"等印记，可见至清有毛氏、徐氏、秦氏、汪氏、瞿氏等递藏，是书递藏有绪，弥足珍贵，现藏中国国家图书馆。又中国国家图书馆所藏卫湜《礼记集说》，其版刻著录是"宋嘉熙四年新定郡斋刻本"。此本明代曾为华亭朱氏收藏，书中钤有"华亭朱氏珍藏"印记可证，入清后为秦蕙田所收藏，书中钤有"蕙田之印""秦蕙田味经氏""味经窝藏书记"等藏印，是书是版刻史上的稀世珍品，丁氏《善本书室藏书志》亦有其所藏。蒋汾功在《五礼通考序》中追忆道："予与秦氏世好。从父弱六出尊大夫对岩先生之门，药师又与同年友也。日往来寄畅园中，与其群从子弟游。素知其家多藏书，凡礼经疏义，外间绝少刊本，而庋贮缄题者数十笥。宗伯以绝人之姿，尽发而读之，早岁即洞其条理，综核纂注，汇为一编。"[③]此序说明秦蕙田之学问得益于家中藏书，其编纂的《五礼通考》亦因所藏之书中礼经文献甚丰而获其便利。

藏书处名曰味经窝、味经书屋。

藏书印有蕙田之印、秦蕙田味经氏、味经窝藏书记等。

（四）顾栋高

顾栋高（1679—1759）　"字复初，一字震沧，又自号左畲，无锡人。康熙六年成进士，补中书，坐公事免职归"[④]，遂不复出。"乾隆辛未，以经学征，赐官国子监司业，未就"[⑤]。顾栋高一生潜心研究经学，少时从舅父华学泉学经学，"少治《春秋》，

---

① （清）王昶著，周维德校辑：《蒲褐山房诗话新编》卷上，齐鲁书社 1988 年版，第 21—22 页。

② 中华再造善本工程编纂出版委员会编著：《中华再造善本总目提要·唐宋编》，国家图书馆出版社 2013 年版，第 2 页。

③ （清）蒋汾功《五礼通考序》，见（清）秦蕙田撰：《五礼通考》附卷首，（清）永瑢、纪昀等编纂：《四库全书》第 135 册，上海古籍出版社 1987 年版，第 58 页。

④ （清）王藻编，（清）钱林辑：《文献征存录》（十）卷五，见周骏富辑：《清代传记丛刊·学林类》（8），（台湾）明文书局 1985 年版，第 775 页。

⑤ （清）王昶著，周维德校辑：《蒲褐山房诗话新编》卷上，齐鲁书社 1988 年版，第 8 页。

笃好左氏学，昼夜研诵。每怀忿懥，家人以《左传》一卷置其几上，怡然诵之，不复问他事矣，晚遂博洽六艺”①。乾隆二十二年(1757)，“高宗南巡，召见行在，赐祭酒衔，并御书‘传经耆硕’四字”②。王昶称顾栋高“少与蔡进士晋德、吴孝廉鼐精心经术，尤长于《春秋》”③。以其穷经之功，名著一时。兼治史学及方志编纂，所著“《毛诗类释》二十一卷，《续编》三卷，采录旧说，发明经义，颇为谨严”。又著“《春秋大事表》百三十一篇，条理详明，议论精核，多发前人所未发”④，颇具史料价值。还著有《大儒粹语》二十八卷、《尚书质疑》二卷及《陶人心语》《万卷楼文集》《万卷楼笔记》等书。与秦蕙田等纂修《江南通志》，与华希闵、浦起龙等编纂《无锡县志》，协助秦编《五礼通经》。纂有《司马温公年谱》《王荆公年谱》等传于世。

顾栋高嗜读书，亦藏书，阮葵生云：“复初成进士，在康熙末年。性倨慢，不合时，官中书，与堂上官龃龉，仅三载即归田。生平以穷经著书为事，自幼至老，未尝一日不读书，于五经皆有所发明。掌教淮阴书院，从游者甚众。夏日不见一客，坚闭重门，解衣脱袜履，至寸丝不挂，匿帷后，手一卷不辍。辛未以经学授官者，惟先生一人无愧色耳。”⑤其读书及藏书之处为万卷楼，加之一生著述甚富，可参考之书甚多，推测其藏书亦不少，《中国藏书家通典》著录为藏书家。

(五)浦起龙

浦起龙(1679—1762)　字二田，又字起潜，晚号三山伧叟(或作伧父、老人)，无锡金匮人。“雍正八年进士，官苏州府教授”⑥。历主五华、紫阳书院讲席，弟子数百，被尊称“二田先生”。撰有《史通通释》《读杜心解》《酿蜜集》《不是集》《古文眉诠》等。生平事迹参见《国朝耆献类征》卷二百五十三《浦起龙传》。

浦起龙好藏书，“居邑之前，肆力于古，于书靡不窥，丹黄甲乙，积数十年。从学者质问经史，辄举某卷某页以告，检之无不合。其为文学唐人诸杂家，所著《读杜心解》。御选唐宋诗醇，多采其语，官教授，青浦王昶、钱大昕、王鸣盛辈方为诸生并游其门”⑦。《致李漪亭》：“惟老屋三间，坐拥五千余卷，资之作遣年之具而已。”《致王

① (清)王藻编，(清)钱林辑：《文献征存录》(十)，卷五，见周骏富辑：《清代传记丛刊·学林类》(8)(台湾)明文书局1985年版，第775页。

② (清)李元度著，易孟醇点校：《国朝先正事略》卷三十四《经学·顾震沧先生事略·顾栋高》，岳麓书社1991年版，第946页。

③ (清)王昶著，周维德校辑：《蒲褐山房诗话新编》卷上，齐鲁书社1988年版，第8页。

④ 赵尔巽等撰：《清史稿》卷四百八十《列传二百六十七·顾栋高传》，第43册，中华书局1977年版，第13149页。

⑤ (清)阮葵生撰，李保民校点：《茶余客话》卷九，《历代笔记小说大观》本，上海古籍出版社2012年版，第186页。

⑥ (清)裴大中、倪咸生修，(清)秦缃业等纂：《光绪无锡金匮县志》卷二十二《文苑·本传》，见《中国地方志集成·江苏府县志辑》(24)，江苏古籍出版社1991年版，第364页。

⑦ (清)裴大中、倪咸生修，(清)秦缃业等纂：《光绪无锡金匮县志》卷二十二《文苑·本传》，见《中国地方志集成·江苏府县志辑》(24)，江苏古籍出版社1991年版，第364页。

敛斋》:"独喜架上书未鬻,观书老眼未眊,与古人把臂入林,虚怀往复。"《与蔡敦复》:"近换得荀、袁前后《汉纪》廿本甚善,翻检援据殊不馁矣。仆每治一书,必有应期而至之助,亦一奇也。"①宋残本《普济方》六卷,有黄丕烈跋云:"近日书直昂贵,闻有无锡浦姓书贾,即浦二田之后,持残宋本《孟东野集》,索直每叶元银二两,故余戏以叶论价此书,犹贱之至者也。此书亦即出浦姓手,书有'锡山浦氏珍藏'印,又有'浦氏蕡菽赏鉴'印,当亦二田家藏者。二田故多宋本书,后人不知,尽皆散佚。余向年曾得杨倞注《荀子》、钱佃本《二程遗书》,俱由浦姓贱售于某坊,某坊以归余者也。"②明嘉靖九年庚寅黄焯刊本《淮南鸿烈解》二十八卷,钤有"锡山浦氏珍藏"印③。无锡王鉴《醉经草堂文集》致《与浦二田疏》称:"向闻尊府藏书甚富,不减刘家之墨庄、张氏之书楼。""珍藏秘本,定非一种,如《长源先生集》,亦人间所罕有……不意慨然见赐",二田"先生高怀雅致,诚超出庸流万万也"④。

藏书处为宁我斋。

藏书印有锡山浦氏珍藏、浦氏蕡菽赏印鉴等。

(六)状元于敏中

于敏中(1714—1779)　字叔子,又字重常,号耐圃,江苏金坛人。清"乾隆三年一甲一名进士,授翰林院修撰。以文翰受高宗知,直懋勤殿,敕书《华严》《楞严》两经。累迁侍讲,典山西乡试,督山东、浙江学政。十五年,直上书房。累迁内阁学士。十八年,复督山东学政。擢兵部侍郎。二十一年,丁本生父忧,归宗持服。逾年,起署刑部侍郎。二十三年,嗣父枋殁,回籍治丧"⑤。调户部郎中,调军机大臣,擢户部尚书,加太子太保,协办大学士。乾隆"三十八年,晋文华殿大学士,兼户部尚书如故。时下诏征遗书,安徽学政朱筠请开局搜辑《永乐大典》中古书。大学士刘统勋谓非政要,欲寝其议。敏中善筠奏,与统勋力争,于是特开四库全书馆,命敏中为正总裁,主其事。又充国史馆、三通馆正总裁。屡典会试,命为上书房总师傅,兼翰林院掌院学士"⑥。于敏中才学俱优,深受乾隆倚重,颇得帝宠。卒,优诏赐恤,祭葬如例,祀贤良祠,谥文襄。任《四库全书》总裁,主修《天禄琳琅书目》,著有《临清纪略》等。编纂有《日下旧闻考》一百六十卷、《西清砚谱》、《国朝宫史》等。《民国金坛县志》卷九《人物志·名宦》及《清史列传》卷二十一等有其传。

① (清)叶昌炽著,王欣夫补正,徐鹏辑:《藏书纪事诗》卷四,上海古籍出版社1989年版,第449页。

② (清)黄丕烈著,潘祖荫辑,周少川点校:《士礼居藏书题跋记》卷三《子类》,书目文献出版社1989年版,第88页。

③ 傅增湘撰:《藏园群书经眼录》卷八《子部二》,中华书局1983年版,第660页。

④ 引(清)叶昌炽著,王欣夫补正,徐鹏辑:《藏书纪事诗》卷四,上海古籍出版社1989年版,第449页。

⑤ 赵尔巽等撰:《清史稿》卷三百十九《列传一百六·于敏中传》,第35册,中华书局1977年版,第10749页。

⑥ 赵尔巽等撰:《清史稿》卷三百十九《列传一百六·于敏中传》,第35册,中华书局1977年版,第10750页。

于敏中亦藏书，尝得乾隆“敕书《华严》《楞严》两经”，钞本有《历代帝王统系纪年》不分卷，唐释地婆诃罗译《大乘显识经》二卷，唐释般刺密帝译《大佛顶首楞严经》十卷，《中国古籍版刻辞典》皆著录，可见其藏主要是佛经。《中国藏书家通典》亦以藏书家著录。

四库开馆时，于敏中献书数种，《四库全书总目》著录其家藏本十一种，二百八十卷，其中经部三种，一百六十五卷；史部二种，二十五卷；子部四种，六十二卷；集部二种，二十八卷，入存目二种。所藏医家类书甚精，尤以李时珍《本草纲目》等三种难得。

（七）状元钱维城

钱维城（1720—1772）　字宗磐，一字稼轩、幼安，号纽庵，又号茶山，江苏武进人。清乾隆三年（1738）戊午举顺天乡试，乾隆七年（1742）壬戌试为内阁中书，“乾隆十年一甲一名进士，授修撰”。十三年“八月，迁右中允，入直南书房，充日讲起居注官。十五年二月，擢侍讲学士。九月，转侍读学士。十六年，擢内阁学士”①。官至刑部侍郎，三十七年，丁父忧，归，以毁卒，“上闻轸悼，特赠尚书，赐谥文敏；且有‘学问素裕，勤劳夙昔’之褒”②。钱维城工文翰，画山水幽深沉厚，“所进画册，多蒙御题”③。王昶称其“奉敕进御之作，上亲为题咏者多至数十卷轴，盖世得其书画如圭璧”④。又工书法，画得元人笔意，落笔苍润。著有《茶山诗文集》二十八卷。生平事迹参见王昶《资政大夫刑部左侍郎赠尚书钱文敏公维城神道碑铭》、《清史稿》卷三百五《列传九十二·钱维城传》。

钱维城自幼敏悟，读书日千余言，十岁能诗，十二三能骚赋古文。又富收藏，藏印有“钱印维城”“臣钱维城”等，宋刊残本《新编方舆胜览》十一卷，“卷首有‘钱印维城’‘项氏珍藏’‘林佶’‘丕烈’诸朱记”⑤。

（八）探花赵翼

赵　翼（1727—1814）　字耘松，一字云崧，号瓯北，晚号三半老人，清阳湖（今常州）人。“幼聪颖，年十二学为文，一日成七艺，莫不异之。以直隶商籍入学。乾隆庚午中顺天举人，辛巳成进士，以第三人及第，由编修出守广西，民淳讼简，人民悦服。适缅甸用兵，奉命赴滇赞画军事，调广州监司，未几，擢贵州贵西兵备道，而以广州谳

① 王钟翰点校：《清史列传》卷二十三《大臣画一传档正编二十·钱维城》，第6册，中华书局1987年版，第1770—1771页。

② （清）王昶《资政大夫刑部左侍郎赠尚书钱文敏公维城神道碑铭》，见（清）钱仪吉纂，靳斯标点：《碑传集》卷三十三《乾隆朝部院大臣中之中·钱维城》，第3册，中华书局1993年版，第1013页。

③ 王钟翰点校：《清史列传》卷二十三《大臣画一传档正编二十·钱维城》，第6册，中华书局1987年版，第1773页。

④ （清）王昶《资政大夫刑部左侍郎赠尚书钱文敏公维城神道碑铭》，见（清）钱仪吉纂，靳斯标点：《碑传集》卷三十三《乾隆朝部院大臣中之中·钱维城》，第3册，中华书局1993年版，第1015页。

⑤ （清）瞿镛撰：《铁琴铜剑楼藏书目录》卷第十一《史部四》，见《清人书目题跋丛刊三》，中华书局1990年版，第166页。

事镌级，遂乞养。归田十年，母既终，不复出。”[①]晚岁，以著述自娱，主讲安定书院，两江总督费淳、漕运总督蒋兆奎，皆出翼门下，学者尊称之为瓯北先生。其“所撰《廿二史札记》三十六卷，钩稽同异，属词比事，其于前代弊政，一篇之中，三致意焉。又撰《陔馀丛考》四十三卷、《瓯北诗集》五十三卷、《皇朝武功纪盛》四卷、《檐曝杂记》六卷、《唐宋十家诗话》十二卷”[②]。生平事迹参见李元度《赵瓯北先生事略》、姚鼐《瓯北先生家传》、孙星衍《赵瓯北府君墓志铭》、赵怀玉《瓯北先生年谱》及《清史稿》卷四百八十五《列传二百七十二·赵翼传》。

《清史列传》称：“同时袁枚、蒋士铨与翼齐名，而翼高才博物，既历清要，通达朝章国典，尤邃于史学，家居数十年，手不释卷。”[③]“历历兴衰史册陈，古方今病辙相循。时当暇豫谁忧国，事到艰难已乏人。九仞山才倾篑土，一杯水岂救车薪。书生把卷偏多感，剪烛彷徨到向晨。”[④]可见其读书注重实际，所撰《廿二史札记》即为最好佐证。

赵翼利用家中所藏之书，辛勤笔耕，著书立说，“半篝残火听谯鼓，一楼名香袅博山，订罢史编翻自笑，干卿甚事苦增删”[⑤]，尝自云：“余自黔西乞养归，问视之暇，仍理故业。日夕惟手一编，有所得辄札记别纸，积久遂得四十余卷。以其为循陔时所辑，故名曰《陔余丛考》，藏篋衍久矣。”[⑥]

其书斋名曰萧斋，著名书法家王文治为题匾额曰“湛贻堂”，悬于居宅正梁上，故赵氏刻书，皆署湛贻堂之名。

（九）管幹贞

管幹贞（1734—1798）　初名翰，改名幹贞，赵怀玉云：“公讳幹贞，成进士时，礼部改为珍，乾隆六十年有旨，仍改原名，字阳复，号松崖。自南宋以来，世为武进人。”乾隆十九年“丙子，中副榜贡生。己卯，中顺天举人。丙戌，大挑举人，初以知县用，旋成进士，改翰林院庶吉士。己丑，散馆授编修”[⑦]。“考选贵州道御史。巡视西城，讼牒皆亲判；周行郊内外，捕治诸不法者。先后命巡漕天津、瓜、仪，凡十二年。累迁

---

① （清）钱泳撰，孟裴校点：《履园丛话》卷六《耆旧·耘松观察》，上海古籍出版社2012年版，第101—102页。

② 王钟翰点校：《清史列传》卷七十二《文苑传三·赵翼》，第18册，中华书局1987年版，第5913页。

③ 王钟翰点校：《清史列传》卷七十二《文苑传三·赵翼》，第18册，中华书局1987年版，第5913页。

④ （清）赵翼撰，李学颖、曹光甫校点：《瓯北集》卷四十二《读史》，上海古籍出版社1997年版，第1042页。

⑤ （清）赵翼撰，李学颖、曹光甫校点：《瓯北集》卷三十八《七十自述》，上海古籍出版社1997年版，第900页。

⑥ （清）赵翼《陔余丛考小引》，见（清）赵翼撰，曹光甫校点：《陔馀丛考》卷首，上海古籍出版社2011年版，第3页。

⑦ （清）赵怀玉《资政大夫兼兵部侍郎都察院右副都御史总督淮扬等处地方提督漕运海防军务兼理粮饷管公幹贞墓志铭》，见（清）钱仪吉纂，靳斯标点：《碑传集》卷七十四《嘉庆朝督抚·管幹贞》，第6册，中华书局1993年版，第2107页。

至光禄寺卿”[①]。累迁至光禄寺卿、迁内阁学士,擢工部侍郎,官至漕运总督。在总督漕运七年,重视吏治、关心水利,办事清正务实。罢官后隐居京城。事亲孝,居官廉,以清节著。工诗文,善画花鸟,尤精于着色牡丹。于经学、小学、史学著纂颇多,著有《五经一隅》《明史志》《松崖文钞》《松崖诗钞》《延陵志余》等十九种九十八卷。生平事迹参见赵怀玉《资政大夫兼兵部侍郎都察院右副都御史总督淮扬等处地方提督漕运海防军务兼理粮饷管公幹贞墓志铭》。

管幹贞亦藏书,《历代藏书家辞典》著录为藏书家,《中国文献学资料通检》著录其藏书印。“尝手录《鉴略》以课”[②],“身虽显,未尝一日去书,《五经》皆有著述,诸史于初明一代,尤称淹贯,诗文下笔立就,独得雄直之气”[③]。有《管松崖诗》一卷,手稿本,存亲笔行草手书诗十余首,钤有“管幹珍松崖”“古希天子”“乾隆御览之宝”“三希堂精鉴玺”等印,现藏湖南图书馆。又曾以大观楼、锡福楼之名刊《明史志》《黄门纂说义》,纸墨印刷均极考究。

藏书室名为锡福楼,藏印有阳复、管幹贞、管贞珍松崖等。

(十)邹炳泰

邹炳泰(1742—1820)　字仲文,号晓屏,无锡金匮人。其“父梦皋进士,历官户科给事中,巡视京城介不绝俗。炳泰乾隆三十七年进士,授编修转司业,援古礼请建辟雍,擢内阁学士,累官吏部尚书加太子少保,协办大学士,屡掌文衡”[④]。预纂修《四库全书》,为校勘《永乐大典》纂修兼分校官,尝充《四库全书》纂修官。其办事持正,王引之云:“公屡会审诸大案,精严律例吏不敢欺,矢慎矢公所平反者甚众。历主乡、会试,所得皆一时名士。”后因痰喘气急乞休致仕。王昶云:“晓屏清真廉介,素以名节自持,山东、江西两任学政,非特苞苴屏绝,即偶有承筐,亦必却也。诗喜明七子,而风格实在青邱、渔洋间,清妙之致,溢于楮墨。”[⑤]其“博物洽闻,为朋辈所推服。著《午风堂诗集》《文集》《外集》及《丛谈》行于世”[⑥]。“又撰《午风堂丛谈》,名公佳话,词林典实,多摭其中,足为史学之助。”[⑦]又有《纪听松庵竹炉始末》。《清史稿》卷

① 赵尔巽等撰:《清史稿》卷三百二十四《列传一百十一·管幹贞传》,第36册,中华书局1977年版,第10846页。

② (清)赵怀玉《资政大夫兼兵部侍郎都察院右副都御史总督淮扬等处地方提督漕运海防军务兼理粮饷管公幹贞墓志铭》,见(清)钱仪吉纂,靳斯标点:《碑传集》卷七十四《嘉庆朝督抚·管幹贞》,第6册,中华书局1993年版,第2107页。

③ (清)赵怀玉《资政大夫兼兵部侍郎都察院右副都御史总督淮扬等处地方提督漕运海防军务兼理粮饷管公幹贞墓志铭》,见(清)钱仪吉纂,靳斯标点:《碑传集》卷七十四《嘉庆朝督抚·管幹贞》,第6册,中华书局1993年版,第2109页。

④ (清)裴大中、倪咸生修,(清)秦缃业等纂:《光绪无锡金匮县志》卷二十《宦望》,江苏古籍出版社1991年版,第329页。

⑤ (清)王昶著,周维德校辑:《蒲褐山房诗话新编》卷上,齐鲁书社1988年版,第122页。

⑥ 莫伯骥《五十万卷楼群书跋文》集部二《新刊欧阳文忠公集考异残本》,见国家图书馆编:《国家图书馆藏古籍题跋丛刊》,第28册,北京图书馆出版社2002年版,第424页。

⑦ (清)王昶著,周维德校辑:《蒲褐山房诗话新编》卷上,齐鲁书社1988年版,第122页。

三百五十一《列传一百三十八》有其传。

邹炳泰博闻强记，工诗，王昶尤为推重，言："晓屏先生天才英特，以博闻强识之学裕，旁搜远绍之志发，而为诗必本于古之作者。……今春载京师，因得尽读其集，澹然以清，冲然以和，有时酣喜淋漓而不乖于法，盖风雅之传在是矣。""先生清修亮节，海内所称"，"为国朝诗家大宗无疑也"[①]。邹氏又嗜藏书，杨芳灿《午风堂丛谈》序云："先生行为士则，学本儒宗，著述思专，风云财大，早预石渠之选，遍窥延阁之藏。吉茂力学，耻一物之不知；董遇耽书得三余而自足。既而翱翔九列，揖让三雍，癖嗜缃缇，不殊寒素。休沐而未尝释卷，退食而便已下帷，蒲牒堆床，墨书盈掌，精力所聚，咫闻遂多，积有岁年，编成卷帙。"[②]"乾隆三十年诏求遗书，搜大典，金匮玉版之陈，充溢栋宇，以先生充纂修，读人间未见之书。"[③]手自抄录秘本数种。邹炳泰与编掌《四库》之役，《直斋书录解题》亦由其搜辑而成，这是乾隆间编修《四库全书》时取得的最重要的辑佚成果之一。邹炳泰无疑成为重辑《书录》的功臣，认为"宋吴兴陈振孙《直斋书录解题》，列经史子集，中分五十三类，视晁公武《读书志》议论较为精核，马氏《经籍考》多援之而作。其书久佚，《永乐大典》载之。余校纂成编，列入《四库》，曾以聚珍版印行，购者珍如星凤"[④]。并进呈四库全书馆图书有数种，《四库全书总目》集部著录有其家藏《刘随州集》十一卷。

藏书处名曰午风堂、听松庵，收藏书画甚富。

莫伯骥藏其《欧阳文忠公集考异》残本三十四卷，明洪武刻本，乃罕见秘本[⑤]。王重民师《提要补编》杂史类有其《姜氏秘史》一卷，后为聊城被杨绍和海源阁递藏，今藏中国国家图书馆。

（十一）庄述祖

庄述祖（1750—1816）　"字葆琛，所居室曰珍艺宧，学者称珍艺先生。先生自金檀迁常州府武进县，遂为常州望族。"[⑥]"乾隆四十五年进士，选山东昌乐县知县，调潍县，明畅吏治，刑狱得中，豪猾敛迹。"[⑦]有政绩，迁曹州府桃源同知，旋乞养归，以

---

① （清）邹炳泰撰：《午风堂集》卷首《王昶·午风堂集序》，《续修四库全书》编纂委员会、复旦大学图书馆古籍部编：《续修四库全书》第1462册，上海古籍出版社2003年版，第89页。

② （清）邹炳泰撰：《午风堂丛谈》，见《续修四库全书》编纂委员会、复旦大学图书馆古籍部编：《续修四库全书》第1462册，上海古籍出版社2003年版，第152页。

③ （清）邹炳泰撰：《午风堂集》卷首《王昶·午风堂集序》，《续修四库全书》编纂委员会、复旦大学图书馆古籍部编：《续修四库全书》第1462册，上海古籍出版社2003年版，第89页。

④ （清）邹炳泰撰：《午风堂集》卷一，《续修四库全书》编纂委员会、复旦大学图书馆古籍部编：《续修四库全书》第1462册，上海古籍出版社2003年版，第164页。

⑤ 莫伯骥《五十万卷楼群书跋文》集部二《新刊欧阳文忠公集考异残本》，见国家图书馆编：《国家图书馆藏古籍题跋丛刊》，第28册，北京图书馆出版社2002年版，第424页。

⑥ （清）宋翔凤《庄先生述祖行状》，见（清）钱仪吉纂，靳斯标点：《碑传集》卷一百八《乾隆朝守令下之下·庄述祖》，第9册，中华书局1993年版，第3108页。

⑦ 王钟翰点校：《清史列传》卷六十八《儒林传下一·庄述祖》，第17册，中华书局1987年版，第5543页。

著述终。述祖"原本家学,研求精密,于世儒所忽不经意者,覃思独辟,洞见本末。以为《连山》亡而尚存《夏小正》,《归藏》亡而尚有仓颉古文,略可稽求义类。乃著《夏小正经传考释》十卷"等十七种,又有《珍艺宧诗钞》。其"刊行者,《尚书今古文考证》七卷、《毛诗考证》四卷、《毛诗周颂口义》三卷、《五经小学述》二卷、《历代载籍足征录》一卷、《弟子职集解》一卷、《汉饶歌句解》一卷、《石鼓然疑》一卷、《文钞》七卷、《诗钞》二卷"①。生平事迹参见其外甥宋翔凤撰《庄先生述祖行状》、《清史稿》卷四百八十一《列传二百六十八·儒林二·庄述祖传》、《清代毗陵名人小传稿》卷五《庄述祖传》。

庄述祖治学实朴,考证笃实,《晚晴簃诗汇》载其:"葆琛治训诂,亦兼悦心性义理。乾、嘉之际,学者以沟通汉、宋为职志,葆琛亦其一也。斠释《夏小正》,简别科条,自成一家言。"②《夏小正经传考释》一依其伯父乾隆十年(1745)乙丑科殿试榜眼庄存与公羊学之法,重在阐发义例。是书刊行后,时为学者所推重,其外甥刘逢禄、宋翔凤继承其学并发扬光大,常州学派遂成为今文经学兴起的根基。其他著述亦甚富,除上述著述外,其目录学著述有《历代载籍足征录》一卷,可见家中藏书亦不少,梁战《历代藏书家辞典》著录其名。

庄氏刊书甚多,藏书与刻书室名曰珍艺宧,刻有《珍艺宧遗书》等十二种。又刊刻其父乾隆十九年(1754)甲戌科殿试状元庄因培《虚一斋集》。庄因培,"字本淳,乾隆间出举人考授中书,入军机房办事。十年一甲一名进士,授修撰,充日讲起居注。官晋中允,历侍讲学士,督学福建。……丁父忧,哀毁不食,甫到家一日,卒。闽士建祠奉之"③。才华横溢,为官勤勉,学术精湛,惜早卒,为庄氏家族最大遗憾。

(十二)顾敏恒

顾敏恒(1748—1792)　字立方,号笠舫,无锡金匮人。敏恒初与孙星衍、方澍读书江宁。"奎光④子,乾隆五十二年进士。天才俊拔,尝游贯池,撰《昭明太子庙碑》。钱塘袁枚见之,拊掌曰:'此文令我怀疑十年,今得之矣。'任苏州教授。"⑤"问字者屦满户外。著有《笠舫诗稿》《古文骈文》等集。"⑥工诗文,又著有《辟疆园遗集》,与同里杨芳灿齐名,时比之颜(延之)、谢(灵运)。事迹见《晚晴簃诗汇》卷一百五。

---

① 王钟翰点校:《清史列传》卷六十八《儒林传下一·庄述祖》,第17册,中华书局1987年版,第5543页。

② 徐世昌辑:《晚晴簃诗汇》卷一百二《庄述祖》,见《续修四库全书》编纂委员会、复旦大学图书馆古籍部编:《续修四库全书》第1631册,上海古籍出版社2003年版,第298页。

③ (清)王具淦、吴康寿修,(清)汤成烈等纂:《光绪武进阳湖县志》卷二十三,见《中国地方志集成·江苏府县志辑》(37),江苏古籍出版社1991年版,第594页。

④ 按:顾奎光(1719—1764),字星五,号双溪,金匮人。乾隆十年(1745)乙丑科进士,官湖南泸溪知县、桑植知县,卒于官。著有《双溪词》。

⑤ (清)裴大中、倪咸生修,(清)秦缃业等纂:光绪《光绪无锡金匮县志》卷二十一《文苑》,见《中国地方志集成·江苏府县志辑》(24),江苏古籍出版社1991年版,第367页。

⑥ (清)叶德辉撰,杨洪升点校:《郋园读书志》卷十三《集部·辟疆园遗集六卷》,上海古籍出版社2010年版,第633—634页。

顾敏恒亦藏书，今美国国会图书馆藏明万历间刻本《袁中郎先生批评唐伯虎汇集四卷纪事一卷外集一卷附唐六如先生画谱三卷》六册，卷内有"顾印启恒""立方"等印记。《历代藏书家辞典》亦载其藏书故实。

（十三）榜眼孙星衍

孙星衍（1753—1818）　字渊如，一字季逑，号伯渊，别署芳茂山人、季仇、薇隐，阳湖人，长期寓居江宁，"侨居旧内之五松园，园有古松五株，故名。后买皇甫巷司马河帅宅，亭馆池树，布置有法，名曰'冶城山馆'"①。"乾隆五十一年，始举于乡，明年成进士，对策称旨，以第二人及第，授编修，充三通馆校理，散馆以刑部主事用。旋升员外，除郎中，总办秋审处。每有疑狱。平反一核谳，全活甚多"，官至山东督粮道。"丁母难后，不复出，卖屋金陵，筑五松园，将为终老计。当道延为主讲，如扬州之安定、绍兴之蕺山、西湖之诂经精舍，造就后学，问字者千余人，一时推为学者"②。孙星衍少"与同里杨君芳灿、洪君亮吉、黄君景仁文学相齐。袁君枚品其诗曰：'天下清才多，奇才少，读足下之诗，天下之奇才也。'遂相与为忘年交。君雅不欲以诗名，深究经史、文字、音训之学，旁及诸子百家，皆心通其义"③。阮元称："君早年文辞华丽，继乃沉潜经术，博极群书，勤于著述。"④又从钱大昕游，精研汉学。官刑部时，撰集《古文尚书马郑注》十卷及《逸文》三篇。"归田后又为《尚书古今文义疏》若干卷，盖积二十余年而后成，其精专如此。其余撰集有《周易集解》十卷、《夏小正传校正》三卷、《魏三体石经残字考》一卷、《仓颉篇》三卷、《孔子集语》若干卷、《史记天官书考证》十卷、《寰宇访碑录》十二卷、《平津馆金石萃编》二十卷、《孙氏家藏书目内编》四卷《外编》三卷、《续古文苑》二十卷、《问字堂文稿》五卷、《岱南阁文稿》五卷、《五松园文稿》一卷、《平津馆文稿》二卷、古今体诗若干卷。其所校刊者，有《周易决义》六卷、《尚书考异》五卷、《春秋释例》十五卷、《孙子十家注》十三卷、《元和郡县志》四十卷、《景定建康志》五十卷、《唐律疏义》三十卷。其余片简小者，不可胜数。"⑤生平事迹参见李元度《孙渊如先生事略》、《清史稿》卷四百八十一《列传二百六十八·孙星衍传》。

孙星衍"尤好山水之游，金石之学，错综经义，泛览百家，以及释道诸书，莫不赅贯，原始要终。先达中如王西庄、朱竹君、钱辛楣、王兰泉、姚姬传、赵云松诸先生亦

① （清）甘熙撰：《白下琐言》卷一，南京出版社2007年版，第9页。

② （清）钱泳撰，孟裴校点：《履园丛话》卷六《耆旧·渊如观察》，上海古籍出版社2012年版，第103页。

③ （清）阮元《山东粮道孙君星衍传》，见（清）钱仪吉纂，靳斯标点：《碑传集》卷八十七《嘉庆朝监司·孙星衍》，第7册，中华书局1993年版，第2515页。

④ （清）阮元《山东粮道孙君星衍传》，见（清）钱仪吉纂，靳斯标点：《碑传集》卷八十七《嘉庆朝监司·孙星衍》，第7册，中华书局1993年版，第2520页。

⑤ （清）阮元《山东粮道孙君星衍传》，见（清）钱仪吉纂，靳斯标点：《碑传集》卷八十七《嘉庆朝监司·孙星衍》，第7册，中华书局1993年版，第2521页。

莫不赏异之也”[①]。又“好聚书，闻人家藏有善本，借钞无虚日。金石文字拓本、古鼎彝书画，靡不考其源委”[②]。元刊本《茅山志》十五卷，有孙氏手跋云：“余游武林，购得是本，真希世之宝”，藏印有“臣星衍印”“伯渊宋元秘籍”“孙忠愍侯祠堂藏书记”等[③]；明刊本《齐东野语》二十卷，钤有“臣星衍印”[④]；明嘉靖十三年（1534）开封刊本《事类赋注》三十卷，孙氏跋云：“按前后序为嘉靖十三年刊本，贾人每去之以充宋刻，故内府所得本亦无序也。五松居士。后钤‘星衍私印’一印。”钤印有“‘阳城张氏省训堂经籍记’‘张敦仁读过’‘阳城张氏与古楼收藏经籍记’‘臣星衍印’‘五松书屋’”等[⑤]。旧写本《建康宝录》二十卷，钤有“孙星衍印”“方伯监司之官”二印，有孙氏隶书题签[⑥]。《文禄堂访书记》著录《东皋子集》三卷，清孙星衍钞本[⑦]。嘉庆三年（1798）九月丁母忧，“启行之日惟载万卷书籍，士民感叹其清节”[⑧]。姚鼐有诗赞云：“自兴雕版易钞胥，市册虽多乱鲁鱼。君自石渠翻七略，复依官阁惜三馀。世推列架皆精本，我愿连墙借读书。政恐衡山承召起，牙签三万又随车。”[⑨]尝自云：“每年转粟东归，公事多暇，辄与同舍诸名士校订撰述，以销永日。于家园藏书才十之四五耳。曩余游苏杭及官京师时，所见秘府及市肆旧本甚多，既不能购写。及官外台，岁秩优厚，又以地僻无所得。先后从翰林院存贮底本及浙江文汇阁[⑩]写录难得之书。或友人远致古籍，酬以重值，颇有善本及秘府未收之本。阮抚院既补采四库遗书，进呈乙览，蒙御题《宛委别藏》以贮之。或从余写录世间未有古书以图续进。”[⑪]又“筑五松园于旧王府东北隅，极水木明瑟之致。隔道南为祠以藏书，所谓《孙祠书目》也。平津馆、岱南阁板庋其中，句曲山大徐篆书石皆衔于廊壁。”[⑫]其《孙祠书目》[⑬]名扬天下。王芑孙记其藏书逸事云：“吾友孙君渊观察东鲁，权陈臬事。其归也，行李无加

---

① （清）钱泳撰，孟裴校点：《履园丛话》卷六《耆旧·渊如观察》，上海古籍出版社 2012 年版，第 103 页。

② （清）阮元《山东粮道孙君星衍传》，见（清）钱仪吉纂，靳斯标点：《碑传集》卷八十七《嘉庆朝监司·孙星衍》，第 7 册，中华书局 1993 年版，第 2520 页。

③ 傅增湘撰：《藏园群书经眼录》卷五《史部三》，中华书局 1983 年版，第 438 页。

④ 傅增湘撰：《藏园群书经眼录》卷八《子部二》，中华书局 1983 年版，第 713 页。

⑤ 傅增湘撰：《藏园群书经眼录》卷十《子部四》，中华书局 1983 年版，第 809 页。

⑥ 傅增湘撰：《藏园群书经眼录》卷四《史部二》，中华书局 1983 年版，第 290 页。

⑦ 王文进撰，柳向春标点：《文禄堂访书记》卷第四《东皋子集》三卷清孙星衍钞本，上海古籍出版社 2007 年版，第 246 页。

⑧ （清）张绍南编撰，王德福续编：《孙渊如先生年谱》卷下，见四川大学古籍整理研究所编，吴洪泽，尹波，舒大刚主编：《儒藏·史部·儒林年谱》第四十二册，四川大学出版社 2007 年版，第 489 页。

⑨ （清）姚鼐《惜抱轩诗集》第十卷《孙渊如观察星衍万卷归装图》，见《清代诗文集汇编》编纂委员会编：《清代诗文集汇编》377，上海古籍出版社 2010 年版，第 619 页。

⑩ 注：序中为浙江文汇阁，误，应是浙江的文澜阁或江苏的文汇阁。

⑪ （清）孙星衍《平津馆鉴藏记书籍序》，见（清）孙星衍撰，焦桂美、沙莎标点：《平津馆鉴藏记书籍 廉石居藏书记 孙氏祠堂书目》，上海古籍出版社 2008 年版，第 3 页。

⑫ 夏维中编著：《南京通史·清代卷》第六章《清代江宁的文化》，南京出版社 2014 年版，第 268 页。

⑬ （清）蒋启勋、赵佑宸修，（清）汪士铎等纂：《光绪续纂江宁府志》（二）卷十四《人物·寓贤·孙星衍》，见《金陵全书》甲编·方志类·府志，南京出版社 2011 年版，第 393 页。

于旧,独聚书益多,好事者为作是图,一时士大夫题咏甚盛。后四年,将复出山,乃以示余于扬州。为之赞曰:'在官写书,古以为遇。我思其人,天下几个?谢公作郡,昌黎在县。还读我书,官亦可愿。君继其风,典训是服。以我书归,抵彼留椟。归拥百城,坐遭万镒。福此苍生,携书再出。作图纪事,申咏连篇。我为之赞,以谂后贤。'"①尝自述其藏书经历颇详:

> 家大人少孤贫,好聚书。易衣物购之,积数柜。旋以北试入都。予生四五龄时,既就傅。归,窃视柜中书,心好之。……既而西入关,校书于毕督部节署。毕氏藏书甲海内,资给予,使得竟其学。尝佣书都门,适开四库馆,所见书益宏多。又数年释褐入玉堂,充中秘详校官,并获睹翰林院所存《永乐大典》。回翔省闼者九年,所交士大夫皆当代好学名儒。海内奇文秘籍,或写或购,尽在予处。又流览释、道两《藏》,有子书古本及字书、医学、阴阳术数家言,取其足证儒书者,写存书簏。及官东鲁,由监司权臬事。往来曹南历下,防河折狱,所顿亭传,不废披览。遭母忧南旋,仓皇捆载,卷帙狼籍。时河南阳湖,遇风沈舟,损失大半。归里后,负米吴越,贫不自存,犹时时购补数十种。嘉庆甲子岁,再官东省,始从运道载古书,校以宋元善本书,稍完具如初,或有创获。盖藏书之难而聚书之不能免于厄者如是。予始购书,先求秦三代古籍,次及汉魏六朝隋唐,次及宋元明之最精要者②。

孙氏藏书极精,其搜书尤勤,一书版本甚多,据郑伟章先生考证,孙氏所藏《荀子》二十卷,有纂图互注宋巾箱本、宋巾箱别本、明世德堂刊本、明重刊小字本、卢文弨校刊本、严杰依惠校本;孙氏所藏的《老子道德经》有纂图互注宋巾箱本、明世德堂刊本、明重刊小字本、明朱重光中都四子本、明吴勉学刊本、易州石刻本等。孙星衍始以词章知名,后精研考据,卓然为乾嘉学派中一大家。王昶云:"毕秋帆抚军在西安刊刻惠征君《易汉学》《九经古义》《禘说》《明堂大道录》《古文尚书考》诸书,皆渊如为之校定。而秋帆撰《山海经校正》,亦藉其搜讨之力。故其学壹以汉、魏古训为宗,钩深致远,探赜索奥,孙谷、董悦所弗能逮。"③

尝编有《平津馆藏书籍记》《廉石居藏书记》《孙氏祠堂书目》三部藏书目录。陈宗彝《廉石居藏书记序》:"丙申二月,访阳湖孙公子竹庥于五松园,假归《廉石居藏书记》一卷,为其先渊如先生遗书也。取《孙祠书目》刊本勘校,乃先生于所藏宋元

---

① (清)王艺孙《孙渊如万卷归装图赞》,引(清)叶昌炽著,王欣夫补正,徐鹏辑:《藏书纪事诗》卷五,上海古籍出版社1989年版,第561—562页。

② (清)孙星衍《孙氏祠堂书目序》,见(清)孙星衍撰,焦桂美、沙莎标点:《平津馆鉴藏记书籍 廉石居藏书记 孙氏祠堂书目》,上海古籍出版社2008年版,第235页。

③ (清)王昶著,周维德校辑:《蒲褐山房诗话新编》卷上,齐鲁书社1988年版,第159页。

椠本及旧钞诸善本，多四库未得之秘。录其刊刻年代、人名、前后序跋，视宋晁氏《读书志》、陈氏《书录题解》更为精确，洵为可据之书。……先生官山东粮储时，有《平津馆鉴藏书记》四卷，例以刊版宋、元、明及影旧钞为类次。未经刊行，此题廉石居，五松园额也。"①钱泳记云："公事之余，惟与二三同志稽古论文、著书刻书为事。他如伏牺陵、阳陵，柳下惠、闵子、曾点、澹台灭明诸墓，以及季桓子井，皆搜求遗逸，立石表之，俾不失坠。又创建吴将孙子祠于虎丘，重建烈愍祠于金陵，于金坛九里镇拓得孔子延陵十字碑，于句容得三国吴《葛府君碑》及梁天监井栏文，于德州得北魏《高湛碑》，插架盈箱，神与古会。……公生平最喜刊刻古书籍，有《平津馆丛书》若干卷。"②

藏书处为平津馆、廉石居、岱南阁。

藏书印有孙星衍印、都官、丁未一甲进士、五松书屋、星衍私印、伯渊、臣星衍印、孙印星衍、臣星衍、太史之章、孙伯渊、平津馆鉴藏书籍记、廉石居藏书记、芳茂山人、孙氏祠堂、绿衣执法大夫印、谈如珍藏、丁未对策上第、清溪寓公、东方廉使、东方督漕使者、孙氏伯渊、东鲁观察使者、孙忠愍侯词堂藏书记、孙氏祠藏、孙忠愍侯祠藏书印等数十枚。

关于孙星衍藏书何时散佚，叶德辉《郎园读书志》著录明嘉靖庚子杨慎序刻本《宣和书谱》二十卷，首有"孙忠愍侯祠堂藏书记""臣星衍印""五松书屋""古潭州袁卧雪庐收藏"，叶氏跋云："盖本孙渊如观察五松书屋藏书，后移藏孙忠愍祠堂者。粤寇乱后，孙祠书尽散出，为县人袁漱六太守芳瑛所得，故又钤有袁氏印记。"③又"孙观察星衍平津馆、岱南阁、五松园，后均入金陵孙忠愍祠堂，著有《孙祠书目》。书前有印文曰'孙忠愍祠堂藏书记'。粤匪乱后，其书多归吾县袁芳瑛卧雪庐，吾见之甚多"④。徐珂亦称："渊如得《北堂书钞》原本，后为何梦华所获。梦华弃世，其子以售于陈兰邻大令征芝，后归蒋凤藻，颜其藏书之室曰书钞阁"⑤，可见是书甚为珍贵。

（十四）榜眼洪吉亮

洪亮吉（1746—1809）　初名莲，又名礼吉，字君直，又字稚存，号北江，又号藕庄、梦殊、对岩、华封，小字符，阳湖县左厢花桥里人。祖籍安徽黄山人，祖父洪采公娶康熙四十八年（1709）状元赵熊诏之女为妻，入赘常州赵氏，从此定居常州。其少"负异才。初以诗古文辞为先达所称，从大兴朱学士筠安徽学使幕，乃穷究经史，登

① （清）陈宗彝《廉石居藏书记序》，见（清）孙星衍撰，焦桂美、沙莎标点：《平津馆鉴藏记书籍 廉石居藏书记 孙氏祠堂书目》，上海古籍出版社2008年版，第161页。

② （清）钱泳撰，孟裴校点：《履园丛话》卷六《耆旧·渊如观察》，上海古籍出版社2012年版，第103页。

③ （清）叶德辉撰，杨洪升点校：《郎园读书志》卷六《子部》，上海古籍出版社2010年版，第307页。

④ （清）叶德辉撰：《书林清话》卷九《洪亮吉论藏书有数等》，上海古籍出版社2012年版，第206页。

⑤ （清）徐珂编撰：《清稗类钞·鉴赏类·孙渊如藏书于平津馆》，第9册，中华书局2010年版，第4242页。

乡举。游闽中，依毕抚部沅，与纂修《宋元通鉴》，益究心地理之学。乾隆庚戌成一甲二名进士，授翰林院编修，未散馆，充壬子乡试同考官，督贵州学政”[①]。嘉庆三年，大考翰詹，试征邪教疏，亮吉力陈内外弊政数千言，为时所忌。嘉庆四年（1799），以直言谏论斩，免死，遣戍伊犁，次年赦还回籍，改号更生居士，从此专意著述，“所著《左传诂》十卷、《公羊穀梁古义》二卷、《比雅》十二卷、《弟子职笺释》一卷、《六书转注录》八卷、《汉魏音》四卷、《乾隆府厅州县图》五十卷、《三国疆域志》二卷、《东晋疆域志》四卷、《十六国疆域志》十六卷，诗文集共六十四卷，行于世”[②]。生平事迹参见孙星衍《清故奉直大夫翰林院编修加三级洪君墓碑铭》、赵怀玉《奉直大夫翰林院编修洪君亮吉墓志铭》、谢阶树《洪稚存先生传》、恽敬《前翰林院编修洪君遗事述》及《清史稿》卷三百五十六《列传一百四十三·洪亮吉传》。

洪亮吉所“学无所不窥，诗文有奇气。少与武进黄景仁仲则齐名，江左号洪、黄。仲则客死汾州，千里奔其丧，世有巨卿之目”[③]。“后从安徽学政朱筠游，同幕戴震、邵晋涵、王念孙、汪中等皆通古义，乃立志穷经。家居，与孙星衍相研摩，学益宏博，时又称孙洪”[④]。生平好学博古，又好藏书，其外王父有藏书楼名为南楼，洪氏记云：“南楼者，外王母龚太孺人怡老之室也。予以髫年，过承识爱，别翼诸孙之列，策其凌绝之程。先是外王父嵋峨君喜贮书，有田十双，岁以半所入购积轴，历数十年，而仓粟未满，书签已盈。又赴洛之后，增蓄异书；校阁之余，兼存别本。每当朱明入序，赫日县庭，陈万卷于轩楹，散群函于室牖。……一日曝书之暇，外王母抽数册以授曰：‘吾家代衰矣，能读是者，其惟甥乎？’予时十岁，再拜受之。”[⑤]成年后，以敦厉实学，“不以所遇荣枯释卷帙，尝举荀子语为人戒有暇日。故其学于经、史、注、疏、《说文》、地理靡不参稽钩贯，穷日著书，老而不倦。[⑥]”王昶称其“经史注疏，说文地理，靡不参稽钩贯，盖非仅以词章名世者”[⑦]。又尝“购经史足本及《文选》《通典》等书”[⑧]，故其家藏书亦富，《滂喜斋藏书目录》有其手批校之葛刻《周易》《礼记》《礼仪》三种。

---

① 徐世昌等编著：《清儒学案》卷一百五《北江学案·洪先生亮吉》，第4册，中华书局2008年版，第4195页。

② （清）李元度著，易孟醇点校：《国朝先正事》卷三十五《经学·洪稚存先生事略·洪亮吉·赵怀玉》，岳麓书社1991年版，第994页。

③ （清）李元度著，易孟醇点校：《国朝先正事略》卷三十五《经学·洪稚存先生事略·洪亮吉·赵怀玉》，岳麓书社1991年版，第994页。

④ 王钟翰点校：《清史列传》卷六十九《儒林传下二·洪亮吉》，第18册，中华书局1987年版，第5559页。

⑤ （清）洪亮吉撰，刘德权点校：《洪亮吉集》之《卷施阁文乙集》卷四《南楼赠书图记》，第1册，中华书局2001年版，第315页。

⑥ 王钟翰点校：《清史列传》卷六十九《儒林传下二·洪亮吉》，第18册，中华书局1987年版，第5561页。

⑦ （清）王昶著，周维德校辑：《蒲褐山房诗话新编》卷上，齐鲁书社1988年版，第162页。

⑧ 徐世昌等编著：《清儒学案》卷一百五《北江学案·洪先生亮吉》，第4册，中华书局2008年版，第4195页。

藏书室名曰更生斋、卷葹阁、红豆山房、墨云轩、晓读书斋等。

藏书印有亮吉、洪印亮吉、稚存、蓬壶散仙、石经详复官、更生居士、藏书万卷、书直黄金三百两、君直一字稚存、对策上第、扫花使者、平生爱我无如酒凡事输人不但棋、当三皇五帝之书等数十枚。

洪亮吉除私人好藏书外,督贵州学政,"以古学教士,黔省僻远无书籍,为购经、史、《通典》、《文选》等,散置各府书院"①,黔士始治经史。论及藏书家,洪亮吉《北江诗话》云:"藏书家有数等,钱少詹大昕、戴吉士震,为考订家。卢学士文弨、翁阁学方纲,为校雠家。鄞县范氏天一阁、钱唐吴氏瓶花斋、昆山徐氏传是楼,为收藏家。吴门黄主事丕烈、邬镇鲍处士廷博,为赏鉴家。吴门书估钱景开、陶五柳,湖南书估施汉英,为掠贩家。按洪氏亦约略言之,吾谓考订。校雠是一是二,而可统名之著述家。若专以刻书为事,则当云校勘家。如顺康朝钱谦益绛云楼,王文简士祯池北书库,朱彝尊曝书亭,皆著述家也。毛晋汲古阁,校勘家,亦收藏家也。"②

(十五)薛玉堂

薛玉堂(1757—1835)　字又洲,号画水。其祖父薛景珏,字玉佩,四川苍溪人,康熙中领乡试第一(解元),历官河南光山知县,乾隆九年(1744)迁居无锡北乡寺头,遂为无锡人。"乾隆六十年进士,授中书,出为庐州同知"③,历官庆阳知府,以疾归。少即能文善画,著有《画水诗文集》《藏书阁诗稿》。与阳湖陆继辂合纂方苞以下桐城派诸家文集《七家文钞》等。

薛玉堂好藏书,归里时"载书数千卷,闭关却扫,足迹不入城市"④。

(十六)李兆洛

李兆洛(1769—1841)　字申耆,一字绅琦,号养一,晚号养一老人,阳湖人。据《畴人传合编校注》载,"嘉庆九年,举乡试第一,次年联捷成进士,改翰林院庶吉士,散馆授知县。官安徽凤台久,奉讳去,服阙,无意出山"⑤。"主讲江阴书院几二十年,以实学课士,其治经学、音韵、训诂,订舆图,考天官历术及习古文辞者辈出。如江阴承培元、宋景昌、缪尚诰、六承如等,皆其选也"。其"自著曰《养一斋集》。所辑有《皇朝文典》《大清一统舆地全图》《凤台县志》《地理韵编》"⑥。考订《恒星赤道经纬图》,铸造天球铜仪。日月行度铜仪,并行于世。生平事迹参见蒋彤《清李申耆先

① 王钟翰点校:《清史列传》卷六十九《儒林传下二·洪亮吉》,第18册,中华书局1987年版,第5559页。

② (清)叶德辉撰:《书林清话》卷九《洪亮吉论藏书有数等》,上海古籍出版社2012年版,第206页。

③ (清)裴大中、倪咸生修,(清)秦缃业等纂:《光绪无锡金匮县志》卷二十二《文苑·本传》,见《中国地方志集成·江苏府县志辑》(24),江苏古籍出版社1991年版,第368页。

④ (清)裴大中、倪咸生修,(清)秦缃业等纂:《光绪无锡金匮县志》卷二十二《文苑·本传》,见《中国地方志集成·江苏府县志辑》(24),江苏古籍出版社1991年版,第368页。

⑤ (清)阮元撰,冯立升等校注:《畴人传合编校注》第三编卷第三《国朝后续补一》,中州古籍出版社2012年版,第532页。

⑥ 赵尔巽等撰:《清史稿》卷四百八十六《列传二百七十三·李兆洛传》,第44册,中华书局1977年版,第13416页。

生兆洛年谱》、魏源《武进李申耆先生传》。

李兆洛“于学无所不窥，昔人通一艺以上，有为之而成书，或为之未及成书，补辑考订，谋梓而行之”。“藏书逾五万卷，皆手加丹铅。上自汉唐下及近世诸儒说，条别得失，不检故本，尝分日课，马氏《文献通考》比浃岁，首尾皆能默诵。尤嗜舆地学，备购各省通志，教互五千余年水地之书”。“所至访藏书之家，求先贤遗集，或得其手翰遗墨，则摩挲抚玩，不啻亲接颜色”[①]。《清史稿》称：兆洛“藏书逾五万卷，皆手加丹铅，尤嗜舆地学。其论文欲合骈散为一，病当世治古文者知宗唐、宋不知宗两汉，因辑《骈体文钞》”[②]。

包世臣云：“终日手口无停辍，而未尝有疾言遽色。幼聪慧好读书，日能熟百余行。予以嘉庆庚申识于白门，壬戌过访主其家七阅月，遍检其所藏书，卷逾五万，皆手加丹铅，校衍脱、正错牾，矢口举十三经辞无遗失。上自汉唐下及近世诸儒说，条别得失不检本。尤嗜舆地学，购各省通志，互校千余年来水地之书，证以正史。刊定顾祖禹《读史方舆纪要》之与原史不符者。”[③]蒋彤言：“江阴固僻邑，自子（李氏）主讲来，乃有数书肆可得古籍，有纸肆，可得佳笺，宾朋或万里而至，当代英哲刊其所著书以行世，必邮寄暨阳。”“子于书无不备，而必期其有用，四方来学者就其材之近而授以业，《三礼》《尚书》《毛诗》《春秋三传》《尔雅》，正史、编年、诗赋、骈体、古文、考据、推步、舆地、音韵、篆隶、钟鼎、碑刻、书画、杂艺，各示以古人成书而导之门径。雅不喜宋刊，惟假以校雠，或录存其副，有求者则转与之，丛书多至数百种，择取其十之二三而已。惟诸子别集，若《杂史义》《幽事晦》世人罕知，则亟收之。每得书必并本厚钉，细楷目录，夹以银杏木板，束以青绳，严整明便，望而知为辈学斋中物也。”[④]所藏元刊大字本《汉隽》十卷，有“养一”“申耆”藏书印[⑤]；明翻宋本《唐刘随州诗集》十一卷，“此本从南宋翻雕者，前后无序跋，以纸版度之，当为宏治所刊，有李兆洛印、申耆白事、养一斋诸印。兆洛字申耆者，武进人，嘉庆乙丑进士，官安徽凤阳知县，著书甚富，尤嗜地舆之学，有《养一斋集》”[⑥]；《迂斋先生崇古文诀》，元、明间覆宋板，钤有“申耆白事”一印[⑦]；明正统八年至十年刊本《汉书注》一百卷，“曾经李申耆收藏，有

① 王钟翰点校：《清史列传》卷七十三《文苑传四·李兆洛》，第19册，中华书局1987年版，第5993页。

② 赵尔巽等撰：《清史稿》卷四百八十六《列传二百七十三·李兆洛传》，第44册，中华书局1977年版，第13415页。

③ （清）包世臣《李凤台传》，见（清）缪荃孙纂录：《续碑传集》卷七十三，沈云龙主编：《近代中国史料丛刊》第九十九辑，（台湾）文海出版社1973年影印本。

④ （清）蒋彤《养一子述》，见（清）缪荃孙纂录：《续碑传集》卷七十三，沈云龙主编：《近代中国史料丛刊》第九十九辑，（台湾）文海出版社1973年影印本。

⑤ 罗振常撰，汪柏江、方俞明整理：《善本书所见录》卷二《史部》，上海古籍出版社2014年版，第53页。

⑥ （清）丁丙撰：《善本书室藏书志》卷二十四《唐随州诗集》，见《续修四库全书》编纂委员会、复旦大学图书馆古籍部编：《续修四库全书》第927册，上海古籍出版社2003年版，第442页。

⑦ （清）莫友芝《宋元旧本书经眼》卷二，见（清）莫友芝著，张剑点校：《宋元旧本书经眼录 郘亭书画经眼录》，中华书局2008年版，第79—80页。

‘申耆’‘养一老人收藏’两印”[①];四库未收之孙承泽《孔易》七卷,清康熙间刻本,“卷内有‘李印兆洛’‘申耆白事’‘养一’‘巴陵方氏碧琳琅馆藏书之印’”等印[②],今在美国国会图书馆;旧钞本《熊勿轩集》八卷,经张金吾校勘,前有至元许衡序,张月霄以成化本校正,有李兆洛、蒋因培两家跋语[③]。

藏书室名曰养一斋、冬读书斋、御香书屋等。

藏书印有申耆白事、兆洛鉴定、申耆、养一老人收藏、养一李兆洛印、李印兆洛、养一等。

(十七)孙尔準

孙尔準(1770—1832) 字平叔,一字莱甫,号戒庵,无锡人,后占籍金匮。其“幼读书一目十行,背诵如泻水。举止端重,器局英亮。少,随侍父巡抚公贵州广西官舍。弱冠,从王述庵侍郎、邵二云学士受业;丁外艰。后游岭南,与德清许周生、南海黎简民唱和”[④]。“乾隆六十年举于乡,嘉庆十年第进士,公之科名也;授翰林院编修、充武英殿纂修、文颖馆提调、《全唐文》总纂官、教习庶吉士、大考二等、京察一等,十九年出知汀州府,二十一年擢福建盐法道,二十四年授江西按察使仍调福建,甫两月迁布政使调广东,寻授安徽巡抚,中途调广东仍补安徽,道光三年调福建、五年授闽浙总督、六年晋太子太保、十二年赠太子太师,公之扬历也”[⑤]。平台匪有功,卒于官,谥文靖。著有《泰云堂集》。生平事迹参见《清儒学案》卷九十八《江南学案·孙先生尔準》、《国朝耆献类征初编》卷一百八十七《疆臣》、《清史稿》卷三百八十《列传一百六十七·孙尔準传》。

陈寿祺《孙公尔準墓志铭》云:“明万历甲戌进士第一人,官吏部左侍郎、赠礼部尚书、祀乡贤讳继皋者,公七世祖也;清赠中宪大夫、江南淮徐兵备道讳仁溥者,公高祖也;赠资政大夫、兵部侍郎广西巡抚、晋赠振威将军、安徽巡抚兼提督军门讳廷镛者,公大夫也;乾隆戊子举人、己丑钦取内阁中书、军机处行走、官广西巡抚、祀乡贤讳永清者,公考也。”[⑥]可见孙尔準出身名门,谙熟朝章典故,“通籍翰林,凡院中制词典册,悉以委公;公虽处承明,而研究朝章国政,务为经世之学。比拥节旄十余载,章奏皆自属草、文檄亦多手定,未尝假之幕宾。朝见庶僚、昼治官书、夕考政业,又以其

① 傅增湘撰:《藏园群书经眼录》卷三《史部一》,中华书局1983年版,第187页。

② 王重民撰:《中国善本书提要·经部·易类》,上海古籍出版社1983年版,第6页。

③ 潘景郑著:《著砚楼书跋·熊勿轩集》,上海古籍出版社2006年版,第247页。

④ (清)陈寿祺《赠太子太师谥文靖太子少保兵部尚书闽浙总督金匮孙公尔準墓志铭》,见孔昭明编:《碑传选集》,《台湾文献史料丛刊》第四辑(67),(台湾)大通书局1984年版,第598页。

⑤ (清)陈寿祺《赠太子太师谥文靖太子少保兵部尚书闽浙总督金匮孙公尔準墓志铭》,见孔昭明编:《碑传选集》,《台湾文献史料丛刊》第四辑(67),(台湾)大通书局1984年版,第604页。

⑥ (清)陈寿祺《赠太子太师谥文靖太子少保兵部尚书闽浙总督金匮孙公尔準墓志铭》,见孔昭明编:《碑传选集》,台湾文献史料丛刊第四辑(67),(台湾)大通书局1984年版,第604页。

闲缀诗笔，披囊帙；百务倥偬，措之裕如”[①]。兼工书法，笔意似赵孟頫。清杨熙之云：“尔準宅心平恕，学问淹贯，兼善诗词，虽兵事倥偬，诵读勿辍，恂恂如书生，所至必咨访疾苦，前后修举水利，成膏腴数万顷。以瘁卒官，赠太子太师，谥文靖。”[②]又好藏书，《附释音尚书注疏》二十卷，“宋刊本，有明正德六年、十二年补版。孙平叔冬生草堂藏书”，“序首有‘孙尔準读书记’‘好学为福’‘洪鲁轩读书记’，卷一有‘艳秋阁物’‘洪子份秘籍印’，卷二有‘振威将军’，卷六有‘冬生草堂’，卷十二有‘玉堂静暇’，卷十六有‘扫地焚香’，卷二十末有‘鲁轩曾读’等印”[③]。钞本《皇朝编年备要》三十卷，“宋陈均撰。按此本行款与宋本同，当从宋本出。卷内有‘海棠巢珍藏印’‘孙印尔準’‘振威将军’等印。按《孙文靖年谱》：‘道光元年十一月恭遇覃恩，三代俱蒙诰赠振威将军’是也”[④]。今藏中国国家图书馆。旧写本《纲山月鱼先生文集》八卷，“宋林亦之撰，有宋刘克庄序，林希逸序。钤有‘孙尔準读书记’朱文方印”[⑤]。旧钞本《志雅堂杂钞》一书卷内钤其藏书印；清写本《纲山月鱼先生文集》八卷，钤有“孙尔準藏印”[⑥]。《元方方壶仿米家山水卷》，纸本，有“孙尔準平生真赏”印[⑦]。

藏书室名曰泰云堂、碧梧院、冬生草堂等。

藏书印有孙印尔準、孙尔準藏、孙尔準鉴定印、史官、乙丑翰林、宫保之章、碧梧院主人、孙尔準平生真赏、孙尔準读书记等。

（十八）汪士侃

汪士侃（1774—1854）　字晋之，号写阮，无锡金匮人。嘉庆九年（1805）甲子科举人，“嘉庆十四年进士，知双流县，入赀为工部员外郎”[⑧]。修纂《双流县志》，嘉庆十九年（1814）刻本。

汪士侃“性耽读书，研究经术，改官时以俸钱买书数千卷，寝馈不离，尤精于氏族之学，邑中著姓均能道其所自出其子孙所不能知者”[⑨]。

---

① （清）陈寿祺《赠太子太师谥文靖太子少保兵部尚书闽浙总督金匮孙公尔準墓志铭》，见孔昭明编：《碑传选集》，《台湾文献史料丛刊》第四辑（67），（台湾）大通书局1984年版，第599页。

② （清）裴大中、倪咸生修，（清）秦缃业等纂：《光绪无锡金匮县志》卷二十《宦望》，见《中国地方志集成·江苏府县志辑》（24），江苏古籍出版社1991年版，第331页。

③ 王国维编：《大云书库藏书目》，见罗振玉撰述，萧文立编校：《雪堂类稿》之《戊长物簿录》戊之四《藏书目录题识》，辽宁教育出版社2003年版，第1006页。

④ 王重民撰：《中国善本书提要·史部·编年类》，上海古籍出版社1983年版，第104—105页。

⑤ 傅增湘撰：《藏园群书经眼录》卷十四《集部三》，中华书局1983年版，第1232页。

⑥ （清）莫友芝撰，傅增湘订补，傅熹年整理：《藏园订补郘亭知见传本书目》卷十三《集部四》，中华书局2009年版，第1204页。

⑦ （清）吴荣光撰，乐保群点校：《辛丑销夏记》卷四，浙江人民美术出版社2012年版，第271页。

⑧ （清）裴大中、倪咸生修，（清）秦缃业等纂：《光绪无锡金匮县志》卷二十二《文苑》，见《中国地方志集成·江苏府县志辑》（24），江苏古籍出版社1991年版，第370页。

⑨ （清）裴大中、倪咸生修，（清）秦缃业等纂：《光绪无锡金匮县志》卷二十二《文苑》，见《中国地方志集成·江苏府县志辑》（24），江苏古籍出版社1991年版，第370页。

(十九)丁嘉葆

丁嘉葆(1800—1848) 字诵孙,又字真甫,武进人。“道光十八年进士,选庶吉士,散馆授编,奉特旨召见,命在上书房行走,授瑞郡王读大考,擢侍读,充日讲起居注,官教习庶吉士,洊升左庶子,二十六,视学贵州”①,官至翰林院侍讲学士。师承家学,著有《澄园日札》、《历代金石分域编》两种,已佚。又撰《隶韵碑目考证补》。清江藩《汉学师承记笺释》附录三《赵之谦汉学师承续记评说》附笔有其小传。

丁嘉葆好学,尤嗜金石文字,《历代藏书家辞典》载其名。有批校并跋《逸周书》十卷,《校正补遗》一卷,丁嘉葆朱笔批校题记,有“臣嘉葆印”及“诵孙”“丁氏卢园审校读本”“诵孙审校书记”等印,今藏中山大学图书馆②。今美国国会图书馆藏明赵均撰旧钞本《金石林时地考》二卷,《寒山金石林部目》一卷(二册),为丁氏校藏,卷内有“真甫手书”“蜕学斋印”“诵学手编”等印记。潘祖荫《滂喜斋藏书记》记纪昀所藏正阳门外西河沿洪家刊本《顺治十八年缙绅册》有丁嘉葆等跋,是书甚为珍秘③。

(二十)何 栻

何 栻(1816—1873) 字廉昉,又作莲舫,号悔馀,别号壶园主人,“江苏常州府江阴县人。景山官学教习,道光二十一年考取内阁中书,二十五年中式进士,奉旨以主事用,签分吏部文选司验封司行走。二十八年五月内奏留”④。咸丰朝,累官建昌知府,以城陷夺职。之后入曾国藩幕,颇得赏识,尝得曾国藩力助,任吉安府知府,因受人排挤被罢官。去官后,曾国藩、李鸿章曾资助银元万两,寓居扬州经商,廉昉游走江西、浙江、安徽、江苏等地,致成巨富。著有《悔馀庵全集》。

何栻在扬州购得东圈门某氏宅,改换门庭,建造私家园林名曰壶园(一作瓠园),颇擅林亭之胜。何氏工古文,善书法,极受曾国藩、李鸿章赏识,曾国藩赞其:“才人之笔,人人叹之不置。”⑤又在壶园增筑精舍三楹,署为“悔馀庵”,“藏书达四万卷”⑥。民国时期,何氏藏书开始散佚,曾售于上海商务印书馆的涵芬楼。郑振铎亦云:“扬州何氏、无锡丁氏诸家藏书散出,予皆有所得。”⑦张元济登门观书,多精本,李滂云:“江阴何氏为滂之姊丈,工于词,藏书亦富,如其中《红盘州集》,实北宋今存

---

① 张维骧编纂:《清代毗陵名人小传》下册,常州旅沪同乡会1944年,第12页。

② 中山大学图书馆:《中山大学图书馆古籍善本书录》史部《杂史类》,1982年内部发行,第65页。

③ (清)潘祖荫撰,叶昌炽编,潘承弼增补:《滂喜斋藏书记》卷一,见《续修四库全书》编纂委员会、复旦大学图书馆古籍部编:《续修四库全书》第926册,上海古籍出版社2003年版,第437页。

④ 秦国经主编,唐益年、叶秀云副主编:《中国第一历史档案馆藏·清代官员履历档案全编3·咸丰朝》,华东师范大学出版社1997年版,第466—467页。

⑤ (清)曾国藩著:《曾国藩日记类钞》第六编《治学论艺记》,安徽人民出版社2013年版,第181页。

⑥ 张元济《涵芬楼烬余书录》自序,见张元济著:《张元济全集》第8卷《古籍研究著作》,商务印书馆2009年版,第146页。

⑦ 郑振铎著:《西谛书话》之《西谛题跋》摘录,生活·读书·新知三联书店2005年版,第367页。

孤本,今以三万金售于涵芬楼。”[①]张元济先生云:北伐时,“扬州何氏之书又有求估之讯。余溯江而上,登门乞观。察其书,多有用,且饶精本。市易既定,輂书而出。迨至镇江,而江浙之战又作。间关达沪,幸无遗佚。既入库,分别部居,急择其珍秘者登诸涵芬,并简其前所未及者续移之金城库中。部署甫竟,而倭寇遽至。‘一·二八’闸北之役遂肇兴于此时”[②],涵芬楼所藏四万余册尽毁。

(二十一)缪荃孙

缪荃孙(1844—1919)　字炎之,号筱珊,一作小山,晚榜所居堂曰艺风,世称艺风先生。晚号艺风,江阴人。“祖廷槐,嘉庆乙丑进士,甘肃平庆泾兵备道。父焕章,道光丁酉举人,贵州候补道。荃孙少随父居蜀,以华阳县籍举同治丁卯乡试,登光绪丙子进士第,授编修,记名以道府用,加四品卿衔。宣统中,以学部参议候补。”[③]曾“充国史馆纂修、总纂,辑《儒林》《文苑》《循吏》《孝友》《隐逸》五传,以续阮文达之所未竟”[④]。主讲南菁书院,与黄元同先生分任经学词章。又历主山东泺源,“主讲江宁、钟山书院。自丙申至辛丑主讲凡六年,复邀领常州龙城书院。课士之暇,一意刻书,日事校勘。丛书数集陆续告成”[⑤]。宣统二年(1910)任京师图书馆监督时,“分类清理书籍,内阁大库检出元明旧帙,其中宋本犹为元师平宋时由临安秘阁所收,一鳞片甲有自来藏书家所未睹者,集刻为宋元本留真谱、牒文、牌子、序跋述源流者均著之,加考一篇。又编《本馆善本书目》八卷,《各省志书目》四卷”。辛亥革命后,避居上海,“杜门不出,惟以书籍遣日,整理旧著。四方知旧大都避乱来沪,访书问字接踵于门”[⑥],致力于目录学研究。1915 年任清史馆总纂,“所自为书,有《艺风堂文集》八卷、《续集》八卷、《外集》一卷、《辛壬稿》三卷、《藏书记》八卷、《续记》八卷、《金石目》十八卷、《日记》若干卷、《读书记》若干卷。所撰刻有《常州词录》三十一卷、《续碑传集》八十六卷、《辽文存》八卷。所校即有《云自在龛丛书》五集百有五卷、《藕香零拾》九十卷。所纂地志有《顺天府志》若干卷、《湖北通志》若干卷、《江苏通志》若干卷,而《江阴县志》为最后,未及成”[⑦]。所刻古书还有《对雨楼丛书》《烟

① 郑伟章著:《文献家通考》卷十五《何栻》,中华书局 1999 年版,第 865 页。

② 张元济《涵芬楼烬余书录》自序,见张元济著:《张元济全集》第 8 卷《古籍研究著作》,商务印书馆 2009 年版,第 146 页。

③ 柳诒徵《缪荃孙传》,见卞孝萱、唐文权编著:《民国人物碑传集》卷七,凤凰出版社 2011 年版,第 462 页。

④ 徐世昌等编著:《清儒学案》卷一百八十八《南皮学案下·缪先生荃孙》,第 7 册,中华书局 2008 年版,第 7241 页。

⑤ (清)夏孙桐《缪艺风先生行状》,见闵尔昌录:《碑传集补》卷九,台湾文海出版社有限公司 1980 年版,第 589 页。

⑥ (清)夏孙桐《缪艺风先生行状》,见闵尔昌录:《碑传集补》卷九,台湾文海出版社有限公司 1980 年版,第 591 页。

⑦ 柳诒徵《缪荃孙传》,见卞孝萱、唐文权编著:《民国人物碑传集》卷七,凤凰出版社 2011 年版,第 463 页。

画东堂小品》诸书,其为朋好编刻者尤多①,详溯源委,剖析异同,具载于序跋。生平事迹参见缪禄保《四品卿衔学部候补参议翰林院编修缪府君行述》。

缪荃孙出身于书香门第、官宦人家②,五岁已"识字数千,并诵唐人小诗"③,其外祖父瞿敬邦④言:"是子口齿清,记性好,或能绍书香也"⑤。"年十二三,住申浦老屋。屋中存书四大橱,读经之暇,即取阅之。诸子杂家,尤所心喜"⑥。惜其家藏书在"庚申之难,只字不存"。但"喜购金石、书籍,虽典衣贷债,从无交谪"⑦。后"转徙江淮,流离琐尾,亦时购零本,以消永日。甲子游蜀,受知于李顺德师,勖以目录之学。三上春官,陆遵秦晋,水出楚豫,遇书辄购,所积遂多。通籍后供职十六年,搜罗群籍,考订版片。迩时谈收藏者:潘吴县师、翁常熟师、张南皮师、文冶庵丈、汪郎亭前辈、蔡松夫黄再同两同年、盛伯义王廉生两祭酒、周荟生编修、王弗卿徐梧生两户部、陆纯伯中翰。互出所藏,以相考订。旧刻旧钞、《四库》未收之书、名家孤传之稿,共十余万卷"⑧。其中"有《四库》未著录者,略举人之仕履,书之大意,得书六百二十七种,一万九百六十二卷"⑨。

1.缪荃孙与"艺风堂"藏书

缪荃孙在清末以藏书名世,购书、藏书、读书、校书、抄书、刻书、著述构成其生活的主要内容。其《艺风老人日记》记述了其光绪十四年(1888)至民国八年(1919)与书为伍的生活。尝自云:"荃孙好书,始自髫幼。初读《北江诗话》,区别考订、校雠、收藏、赏鉴、掠贩五家,概焉慕之。继读知不足斋、抱经堂各书,倾慕益甚。"⑩成年

① 参见徐世昌等编著:《清儒学案》卷一百八十八《南皮学案下·缪先生荃孙》,第7册,中华书局2008年版,第7241—7242页。

② 按:缪庭槐,字对扬,号荫轩,江苏江阴人。缪荃孙祖父。嘉庆九年(1804)甲子科举人,嘉庆十年(1805)乙丑科进士,曾官平凉府知府,署西宁、甘州等知府,平庆泾兵备道。父缪焕章,原名步青,字仲青,道光十三年(1837)丁酉科举人,官贵州候补道,学问渊博,著有《三朝北盟汇编节要》四十卷,《云樵诗话》二卷、《云樵诗草》不分卷。

③ (清)缪荃孙撰:《艺风老人自订年谱》道光二十八年(1848)条,见沈云龙主编:《近代中国史料丛刊》第五十一辑,(台湾)文海出版社1982年印行,第63页。又注:《艺风老人自订年谱》,第2页。

④ 按:瞿敬邦(1791—1852),字绶伯,常州人。嘉庆二十四年(1819)己卯恩科顺天经魁,历官工部虞衡司郎中,候选知府,尝于道光三十年(1850)前后掌教山东兖州书院。金陵城陷殉难,给云骑尉世职,恩骑尉世袭罔替。

⑤ (清)缪荃孙撰:《艺风老人自订年谱》道光三十年(1850)条,见沈云龙主编:《近代中国史料丛刊》第五十一辑,(台湾)文海出版社1982年印行,第64页。又注:《艺风老人自订年谱》,第3页。

⑥ (清)缪荃孙著,黄明、杨同甫标点:《艺风藏书记》卷首《藏书记缘起》,上海古籍出版社2007年版,第3页。

⑦ (清)缪荃孙著:《艺风堂文集》卷七《亡妇庄孺人事略》,见《续修四库全书》编纂委员会、复旦大学图书馆古籍部编:《续修四库全书》第1574册,上海古籍出版社2003年版,第149页。

⑧ (清)缪荃孙著,黄明、杨同甫标点:《艺风藏书记》卷首《藏书记缘起》,上海古籍出版社2007年版,第3页。

⑨ (清)缪荃孙著,黄明、杨同甫标点:《艺风藏书记》卷首《藏书记缘起》,上海古籍出版社2007年版,第3页。

⑩ (清)缪荃孙《艺风堂文续集》卷六《士礼居藏书题跋记书后》,见《续修四库全书》编纂委员会、复旦大学图书馆古籍部编:《续修四库全书》第1574册,上海古籍出版社2003年版,第249页。

后，自同治三年（1864）入蜀，先后从宋宝械、汤成彦读书，“翻阅《三通》《御览》《皇清经解》诸书，始为考订之学”[①]，开始真正意义上的藏书。从此与书为伍，每日“不看书则不能寐。每夕就枕，必读《通鉴》毕一卷，以为常课，周而复始。读书有得，辄笔录之”[②]。缪氏一生至十六省，足迹所至必以访书、搜书、购书为事。若遇心喜之珍本，无力购者，典衣以购，或穷其所能录副本以藏。所藏多善本，载于《艺风藏书记》《艺风藏书续记》《艺风藏书再续记》中。正如柳诒徵所记：“专攻考证碑板目录之学，旁罗山经地志，洽闻有清一代朝野人物政坛逸事，故其学博贯衡综，洪纤毕洞，继朱彝尊、全祖望、纪昀、阮元、王昶、黄丕烈、顾千里、钱仪吉之绪而恢溢之，收藏宋、元、明、清旧钞旧刻书十余万卷，周秦讫元刻一万八百余种，皆手自校勘题识。”[③]《清儒学案》赞其：“恪守乾、嘉诸老学派。治经以汉学为归，所藏清代经说，王葵园先生续刻《经解》，多所取资。而乙部致力最深，拾遗订误，悉循竹汀、西庄之轨，笔记当代掌故，积至数十册。”[④]其“毕生事业与书亲”[⑤]，“乾嘉宗派万流藏”[⑥]，章钰称缪荃孙为“书祖宗”[⑦]。

缪荃孙藏书经历大致可分为三个阶段：庚子事变之前（1900），庚子后至辛亥鼎革约十年（1911），辛亥革命后（1912 后）。

自光绪丙子（1876）通籍至庚子事变之前（1900）购藏活动：光绪三年（1877）丁丑，“汤文端（汤金钊）家藏书全出，以千金购之”[⑧]。光绪十五年（1889）己丑，缪荃孙初至金陵，“金陵为东南都会，故家藏庋，时时散出，苏沪密迩，估客奔辏，所收旧籍、金石、书画乃益富”[⑨]。是时“书院门人来谒甚多，时书坊云集贡院前，购书颇多”[⑩]。光绪二十年（1894）甲午，“到江宁时，举行甲午乡试，购书多种”[⑪]。夏孙桐云：艺风

---

① （清）缪荃孙撰：《艺风老人自订年谱》同治五年（1866）条，见沈云龙主编：《近代中国史料丛刊》第五十一辑，（台湾）文海出版社 1982 年印行，第 74 页。又注：《艺风老人自订年谱》，第 13 页。

② 邓之诚《云自在龛随笔序》，见邓之诚著，赵丕杰选编：《五石斋小品》第五辑《书籍序跋》，北京出版社 1998 年版，第 360 页。

③ 柳诒徵《缪荃孙传》，见卞孝萱、唐文权编著：《民国人物碑传集》卷七，凤凰出版社 2011 年版，第 462 页。

④ 徐世昌等编著：《清儒学案》卷一百八十八《南皮学案下·缪先生荃孙》，第 7 册，中华书局 2008 年版，第 7241 页。

⑤ 伦明著，雷梦水校补：《辛亥以来藏书纪事诗》四一《缪荃孙》，上海古籍出版社 1990 年版，第 32 页。

⑥ 柳曾符《柳诒徵与缪荃孙》，见柳曾符、柳佳编：《劬堂学记》，上海书店出版社 2002 年版，第 172 页。

⑦ 顾廷龙校阅：《艺风堂友朋书札》下册，《中华文史论丛》增刊，上海古籍出版社 1980 年版，第 589 页。

⑧ （清）缪荃孙撰：《艺风老人自订年谱》光绪三年（1877）条，见沈云龙主编：《近代中国史料丛刊》第五十一辑，（台湾）文海出版社 1982 年印行，第 87 页。又注：《艺风老人自订年谱》，第 26 页。

⑨ （清）夏孙桐《缪艺风先生行状》，见闵尔昌录：《碑传集补》卷九，台湾文海出版社有限公司 1980 年版，第 589 页。

⑩ （清）缪荃孙撰：《艺风老人自订年谱》光绪十五年（1889）条，见沈云龙主编：《近代中国史料丛刊》第五十一辑，（台湾）文海出版社 1982 年印行，第 101—102 页。又注：《艺风老人自订年谱》，第 40—41 页。

⑪ （清）缪荃孙撰：《艺风老人自订年谱》光绪二十年（1894）条，见沈云龙主编：《近代中国史料丛刊》第五十一辑，（台湾）文海出版社 1982 年印行，第 108 页。又注：《艺风老人自订年谱》，第 47 页。

先生自通籍后供职十六年,"在馆职殚心著述,暇即日涉海王村书肆,搜访异本,典衣购取,知交通假,钞校考订,日益博通"[①]。自称"搜罗群籍,考订版片","旧刻旧钞,四库未收之书,名家孤传之稿,共十余万卷"。"荃孙一鳞片甲,第与拜经楼、平津馆相伯仲也"[②]。现兹举《艺风老人日记》中所记光绪十四年(1888)三月至十二月期间缪氏购藏活动:三月购得明翻元西湖书院本《国朝文类》、新装《韩文考异》;四月购得《阁帖考证》《画史会要》《大雅集》,又得初印朱本《续复古编》;五月购得《国朝文类》七十卷及《朝野杂记》,在琉璃厂又购得明刻陈同甫《龙川集》及《西藏志》《毛传郑笺异议解》《全唐文姓氏韵编》《吕晚村家训》《质园集》;六月王雪丞寄广雅局刻《毛诗天文考》《两汉书辨疑》,金淮生寄所刻书来,托人觅《八朝御制诗集》;七月至宝华购得《浙江采集遗书总目》附闰集,至翰文处购得李竹懒说部、《明季稗史》十四种,《柚堂笔记》《南宋杂事诗》,至经香得《绥猺厅志》,至文友得《河内金石志》;八月购得明刻《图绘宝鉴》《佩觿》,在醉六堂购得全谢山《句余土音》《鲒埼亭诗集》《拜经楼题记》《陵阳小稿》《金石例》《祠部集》《牧庵集》《伊利总统事略》《泾渠志》《复社姓氏传略》《沙河逸老小稿》十一种;十月在尊古堂购得朱印《续复古编》各种,扫叶山房购得《甲乙事案》《行朝录》;十一月代购《湖州三先生集》;十二月在醉六堂购得初印《笠泽丛书》《古文苑》《元和郡县志》,影宋钞本《广陵文集》,又在双门底书铺购得《国朝诗人小传》四册[③]。从光绪十四年(1888)中的十个月记述,可窥缪氏嗜书至深,藏书之勤。

期间亦有因经济窘迫,无力购书而通过录副本增益其藏书,"光绪壬申[④],袁漱六前辈卧雪庐藏书辇来厂肆火神庙,名钞旧校,触目琳琅,而值极昂。荃孙境又极窘,无计得之,又不能自已,心跃跃然,目炯炯然,逐日蹒跚书城之侧,寝食俱废。见友人中能得者,则谨志之,为他日借阅地。一日,见《河南志》钞本一巨帙,无卷数,用《全唐文》格子,封面题'河南志',识是徐星伯先生手笔。城池宫阙,自周至唐悉具,知是宋次道《河南志》之首册,而星伯先生修《全唐文》时所录者。议价不成,次日即为人购去,懊恼欲绝。后探知归常熟师所,因乞归录副而细校之"[⑤]。缪氏嗜书之深跃然纸上,正如孙从添所言:"购求书籍是最难事,亦最美事、最韵事、最乐事。知有此书而无力购求,一难也。"[⑥]一语道破嗜书如命的缪氏购求书籍的酸甜苦辣,五味

① (清)夏孙桐《缪艺风先生行状》,见闵尔昌录:《碑传集补》卷九,台湾文海出版社有限公司 1980 年版,第 587—588 页。

② (清)缪荃孙著,黄明、杨同甫标点:《艺风藏书记》卷首《藏书记缘起》,上海古籍出版社 2007 年版,第 3 页。

③ (清)缪荃孙《艺风老人日记·戊子日记(1888 年)》,见(清)缪荃孙著,张廷银、朱玉麒主编:《缪荃孙全集·日记一》,凤凰出版社 2014 年版,第 8—48 页。

④ 按:按光绪无壬申,应为甲申,即光绪十年(1884)。

⑤ (清)徐松辑,高敏点校:《河南志》附录三《缪荃孙跋》,中华书局 1994 年版,第 228 页。

⑥ (清)孙从添著:《藏书纪要》第一则《购求》,中华书局 1991 年版,第 1 页。

杂陈。

光绪二十六年(1900)庚子之变(义和团运动)后,“阅十年,至庚戌,先后游日本东西京”,所访者有东京的池町琅阁、浅仓文渊堂、文求堂,西京的文求堂、主竹苞楼等,得宋、元、明刻及钞本、善本亦颇多。在池町琅阁,得宋本《千家诗选》、旧钞本《续资治通鉴》、明弘治本《黄山谷全集》、洪武本《理学类传》、活字本《五百家注昌黎集》、高丽本《草堂诗笺》等;在浅仓文渊堂小田氏家购得明万历本《翰墨大全》二十六册及旧钞医书十余种,钞校皆精;在文求堂,得元至大本《中州集》、旧钞本《杨诚斋集》一百卅三卷,活字本《左传》杜注,明刻本《古今游名山记》、梅鼎祚《乐苑》;西京文求堂得《日本古金石》五册,砖瓦拓本一册。缪氏所访之本皆为罕见之本,其最佳者是在竹苞楼得宋刊本《尚书》,“首尾完善,装潢精致,古香扑人,洵非易觏”①。又据《艺风老人自订年谱》记载,光绪二十五年(1904),“在沪市见蒋香生(蒋凤藻)太守书,在京见方柳桥(方功惠)太守书,购及千金”②。光绪三十四年(1908)三月十八日,“又观书于四明天一阁”,其阁所藏“皆嘉靖前书。刻本无方体字,钞本蓝格绵纸,令人不忍释手”③,从中抄得《宋刑统》,聊慰生平素愿。宣统元年(1909)五月缪荃孙任京师图书馆正监督,“领江南学部两图书馆,颇见异书。有购者,有易者,有传抄者,有影摹绝精者,所聚与前相埒”④。且品质比之前收藏有所提升,如宋刊本《窦氏联珠集》一册,“版刻清朗,楮印俱佳,宋刻中最精善之本”⑤。期间又雇佣饶心舫、丁绍裘、夏炳泉等抄手,影写和传抄善本亦颇多,如《草堂雅集》等影钞本最为精善。

辛亥革命后,“侨居海上,生计毫无,不得不出以易米。真有指明以索者,亦有待贾而沽者”⑥。尝自云:“予自国变,蠖居海隅,佳椠旧钞往往易米。经此大难,无心收拾。然遇心喜之书,相当之值,遂损衣食之费而置之。”⑦观其《艺风藏书再续记》,缪氏这一时期所得者不凡珍本及绝品,所得宋版十余种,元刻四种。期间又因生活窘迫,无力多购,为保护古籍,大力宣导有力者收藏,以嘉惠学林。刘承幹云:“近自辛亥而后,政柄骤移,故家旧族,抱其先业,寄寓沪滨,忧伤憔悴,无可发泄,则托迹嵇

---

① (清)缪荃孙著:《艺风堂文续集》外集《日本访书记》,见《续修四库全书》编纂委员会、复旦大学图书馆古籍部编:《续修四库全书》第1574册,上海古籍出版社2003年版,第284页。

② (清)缪荃孙撰:《艺风老人自订年谱》,见沈云龙主编:《近代中国史料丛刊》第五十一辑,(台湾)文海出版社1982年印行,第113页。又注:《艺风老人自订年谱》,第52页。

③ (清)缪荃孙《天一阁始末记》,见骆兆平编纂:《天一阁藏书史志》卷六《艺文志》,上海古籍出版社2005年版,第332页。

④ (清)缪荃孙《艺风藏书续记缘起》,见缪荃孙著,黄明、杨同甫标点:《艺风藏书续记》卷首,中国历代书目题跋丛书本,上海古籍出版社2007年版,第207页。

⑤ (清)缪荃孙著,黄明、杨同甫标点:《艺风藏书续记》卷六,《中国历代书目题跋丛书》本,上海古籍出版社2007年版,第379页。

⑥ (清)缪荃孙《艺风藏书续记缘起》,见缪荃孙著,黄明、杨同甫标点:《艺风藏书续记》卷首,中国历代书目题跋丛书本,上海古籍出版社2007年版,第207页。

⑦ (清)缪荃孙著,黄明、杨同甫标点:《艺风藏书再续记》卷首《艺风藏书再续记自序》,中国历代书目题跋丛书本,上海古籍出版社2007年版,第483页。

阮,以沉冥自遣,视明季诸贤固无以异也。时则有江阴缪艺风参议、金坛冯蒿庵中丞,叹时局之沦胥,悼斯文之将丧,相与搜辑旧闻,网罗散佚。”①陈乃乾评:“其引起上海富商兴趣,使分其一部分财力以从事于藏书,而造成一时风气,则艺风之功不可没。”②其时若刘承幹、张均衡、傅增湘、盛宣怀等受其影响与帮助,其中刘、张、盛三家请缪氏编写藏书目录,鉴定版本、校刻丛书,傅氏从缪荃孙影钞善本甚多。叶德辉称艺风“太夫子吴中文献,海内灵光,一字一珠,皆可宝贵,平生流传古籍如所刻《云自在龛丛书》《藕香零拾》之类,久已传诵艺林,奉为拱璧。晚遭鼎革,力不能支,则以秘籍分传友人同时刊布。与吾借瓻之使,终日在途,剩馥残膏,沾溉无尽。每慨往年宗室伯羲祭酒盛昱、徐梧生师傅坊酷好异书,力能奔走坊估,而长年闭户,视为犬马声色之娱,迄今人琴俱亡,无异秦火浩劫,以视太夫子高风盛德,不诚有天堂地狱之分耶”③!陈衍《艺风同年七十六岁双寿诗六十韵》诗云:“江阴有一老,儒林真丈人。著述为性命,何止高等身。德清与长沙,鼎足差比伦。顺德与南皮,师承当世贤。目录金石学,嗜好遂津津。通籍居史职,掌故遍讨论。置身想乾嘉,过眼见汉秦。百城渐坐拥,七略方精妍。丁陆与瞿杨,骎骎欲随肩。积为藏书记,沾溉殊纷纶。”“碑碣钟鼎彝,版本宋元明。熟若数家珍,悉若躬雕镌。朱吴翁钱王,毕阮严武孙。何卢纪顾黄,吴骞及陈鳣。凡此诸老翁,一人汇其全。”“一日不废书,书成陆续刊。诗余阳湖派,碑传嘉兴编。古籍数十种,校辑付写官。财力所不逮,借人广流传。”“过从登君楼,书床连屋椽。据案坐当中,手中日丹铅。由来好学人,得气天所致敦。羽陵探蠹书,穆满享百年。”④

关于缪氏藏书的具体数字,今已无法考证,其《艺风藏书记·续记·再续记》皆录其所藏善本,其他无记录。据《艺风藏书记》卷首《缘起》载,光绪庚子(1900)前所“得书六百二十七种,一万九百六十二卷”⑤;据《艺风藏书续记》统计,庚子(1900)至辛亥(1911)间所藏书凡七百二十九种,一万一千八百二十二卷;据《艺风藏书再续记》统计,辛亥(1911)至缪氏逝世(1919)间所藏书一百一十四种,一千一百五十一卷。邓之诚在上海亲见缪氏藏书,云:“艺风先生与予同为庄氏老少女婿。予自滇出蜀,顺江东下,丁巳秋始贽见于上海。所居在虹口,曰联珠楼,以得宋刊窦氏《联吟

---

① (清)缪荃孙《嘉业堂群书序跋》卷三《求恕斋丛书书序》,见(清)缪荃孙等撰,吴格整理点校:《嘉业堂藏书志》附录一,复旦大学出版社1997年版,第1318页。

② 陈乃乾《上海书林梦忆录》,见周越然等著:《蠹鱼篇》,辽宁教育出版社1998年版,第48页。

③ 叶德辉撰,杨洪升点校,杜泽逊审定:《郎园读书志》卷四《史部·天冢公年谱二卷、年谱别录一卷》,上海古籍出版社2010年版,第170—171页。

④ 陈衍《石遗石诗集》卷第九《艺风同年七十六岁双寿诗六十韵》,见(民国)陈衍撰,陈步编:《陈石遗集》上,福建人民出版社2001年版,第281—282页。

⑤ (清)缪荃孙著,黄明、杨同甫标点:《艺风藏书记》卷首《艺风藏书记自序》,上海古籍出版社2007年版,第3页。

集》而名。楼上下五楹,藏书十一万卷,三万余册,触目皆佳籍也。铭心之品,则置于卧内。”[①]“金陵倾覆。时在都门,妇孺踉跄窜上海,书籍四百簏,重资托东人转运至沪。有全失者,有失数帙者,有污损不堪者,有友人借阅未及收回者,十中约去其一。”[②]作为缪氏姻亲邓氏之言可信性应可靠的。

藏书处为艺风堂、云自在龛、丛钞堂、画烟东室、对雨楼、云轮阁、藕香簃、连珠楼等。

藏印有“江阴缪荃孙藏书印”“云自在龛”“丛钞堂”“画烟东室”“对雨楼”“云轮阁”“藕香簃”“联珠楼”“艺风过眼”“缪荃孙藏”“艺风堂藏书”“艺风堂审定”“曾经艺风勘读”“江阴缪荃孙字炎之”“云轮阁”“江阴缪氏藏书”“荃孙所得金石”“荃孙读过”“小珊”“小珊三十年精力所聚”等。

藏书目录有《艺文藏书记》八卷,著录皆古本,627 种,10962 卷的善本;《艺风藏书续记》八卷,兼有近代名人未刊稿本及罕见之本,为寓居上海时所收善本;《艺风藏书再续记》不分卷(原题《艺风堂新收书目》),未刊本,著录宋元明刻及钞校善本百十四种。另有《艺风读书记》四卷。

2.缪氏艺风堂藏书特色与金石收藏

缪荃孙藏书特色显著,明刻、旧钞、传钞为其藏书主体,宋元本为补充。其藏书目的在于治学,严佐之称其“代表着清末民初非超一流大藏书家重视抄、校、稿本的治书流派,对促进古籍整理研究的多层次发展起着良好的作用”[③]。据杨洪升先生统计,《艺风藏书记》《续记》及《再续记》三书所载,缪氏所藏宋刻本 46 种,元刻本 62 种,明刻本 519 种,旧钞本 377 种,传钞本 229 种,影钞本 74 种,校本 72 种,稿本 53 种,其他 47 种[④],合计 1479 种。其中经部 131 种,占所藏 8.9%;史部 398 种,占所藏 26.9%;子部 352 种,占所藏 23.8%;集部 598 种,占所藏 40.4%。从缪氏三本书目所载其藏书分布看,其经、史、子、集皆藏,以集部最多,经部最少。

缪荃孙除藏书外,“性嗜金石,所聚拓本万数千通,而四川、畿辅、江南久居之地,访拓略遍。又勤于目录,版刻秘籍、孤本,博识精校,矻矻穷年”[⑤]。“以校雠淹博名于时,著书满家,刊订古籍尤多,收藏碑拓至万四千种,自来金石家所未有也”[⑥]。缪

① 邓之诚《云自在龛随笔序》,见邓之诚著,赵丕杰选编:《五石斋小品》第五辑《书籍序跋》,北京出版社 1998 年版,第 359 页。

② (清)缪荃孙《艺风藏书续记缘起》,见(清)缪荃孙著,黄明、杨同甫标点:《艺风藏书续记》卷首,《中国历代书目题跋丛书》本,上海古籍出版社 2007 年版,第 207 页。

③ 严佐之著:《近三百年古籍目录举要》,华东师范大学出版社 1994 年版,第 149 页。

④ 按:含清刻一种,以及日本、朝鲜刻本和无考者。

⑤ 徐世昌等编著:《清儒学案》卷一百八十八《南皮学案下·缪先生荃孙》,第 7 册,中华书局 2008 年版,第 7241 页。

⑥ 徐世昌辑:《晚晴簃诗汇》卷一百七十一《缪荃孙》,见《续修四库全书》编纂委员会、复旦大学图书馆古籍部编:《续修四库全书》第 1633 册,上海古籍出版社 2003 年版,第 72 页。

氏收藏金石始于其居蜀之后，同治三年(1864)即“同治甲子荃孙得欧赵书，始为金石之学”①。同治辛未即十年(1871)，会试后自京返四川，途中“游大佛寺、龙兴寺、开元寺，搜拓旧碑”，至四川武连访“开元寺壁画，得唐宋刻数种”②。同治壬申即十一年(1872)，居四川后，“入川东道姚彦侍兵备觐元幕兵备，拟尽拓四川金石，编《四川金石记》……副本悉以遗余”。“冷摊故家，见即购得，所积益多，所嗜益笃，三上计车，陆则由栈道入秦晋，水则泛舟岷江，出夔门以达楚，每逢阴崖古洞，破庙古城，怀笔舐墨，详悉记录，或手自椎拓。虽极危险之境，甘之如饴”③。光绪丙子即二年(1876)，“成翰林，供职京师，厂肆所谓帖片者不甚贵重，当十钱数百即可购得一纸，而旧拓往往杂出其中。时韩小亭观察泰华、马砚孙封翁书奎、瑛兰坡棨、崇雨舲恩两中丞、樊文卿彬大令所藏悉归厂肆，典衣质物而悉收之”④。光绪丁丑即三年(1878)，以千金购得“汤文瑞(汤金钊)藏书全出，以千金购之，又购韩小亭(泰华)碑版拓本四大箱”⑤。光绪四、五年间(1879—1880)，缪氏受聘纂修《顺天府志》，任金石一门，遂命工大力搜拓。“又得打碑人故城李云从善于搜访，约潘文勤师祖荫、王茀卿户部颂蔚、梁杭叔礼部于渭、叶鞠裳编修昌炽纠资往拓。顺天、易州、宣化、定州、真定碑刻，大半前人所未见，即辽刻得一百六十种，其他可知”⑥。叶昌炽记其当时情景云：时“京都士大夫以金石相赏析，江阴缪筱珊、瑞安黄仲弢、嘉兴沈子培、番禺梁杭叔皆为欧赵之学，捐俸醵资，命工访拓，顺天二十四县⑦以逮完唐诸邑，西至蔚州，东至遵化，北至深、定、足迹殆遍。所得诸碑，视前贤倍蓰过之”⑧。光绪甲午即二十年(1894)返江南，光绪丙申即二十二年(1896)冬月，“主讲江宁之钟山，又得江宁聂明山为拓江宁、句容、溧水，上江之太平、当涂、潜山、桐城、贵池，下江之常熟、松江、太仓等处”的碑石。是年冬月，“游吴门，遇南汇沈均初澍镛家拓本三千余种，皆

① (清)缪荃孙《艺风堂金石文字目》卷首自序，见(清)缪荃孙著，张廷银、朱玉麒主编：《缪荃孙全集·金石一》，凤凰出版社2014年版，第7页。

② (清)缪荃孙撰：《艺风老人自订年谱》同治九年(1870)条，见沈云龙主编：《近代中国史料丛刊》第五十一辑，(台湾)文海出版社1982年印行，第80页。

③ (清)缪荃孙《艺风堂金石文字目》卷首自序，见(清)缪荃孙著，张廷银、朱玉麒主编：《缪荃孙全集·金石一》，凤凰出版社2014年版，第7页。

④ (清)缪荃孙《艺风堂金石文字目》卷首自序，见(清)缪荃孙著，张廷银、朱玉麒主编：《缪荃孙全集·金石一》，凤凰出版社2014年版，第7页。

⑤ (清)缪荃孙撰：《艺风老人自订年谱》，见沈云龙主编：《近代中国史料丛刊》第五十一辑，(台湾)文海出版社1982年印行，第87页。

⑥ (清)缪荃孙《艺风堂金石文字目》卷首自序，见(清)缪荃孙著，张廷银、朱玉麒主编：《缪荃孙全集·金石一》，凤凰出版社2014年版，第7页。

⑦ 按：据《京畿金石考·上》载顺天二十四县：清代顺天府辖区比今北京市范围大，包括大兴、宛平、良乡、固安、永清、东安、香河、通州、三河、宝坻、宁河、昌平州、顺义、密云、怀柔、涿州、房山、霸州、文安、大城、保定(府)、蓟州、平谷二十四州县。

⑧ (清)叶昌炽著，韩说校注：《语石校注》卷二《陕西石刻三则》，《北京石刻艺术博物馆丛书》(一)，今日中国出版社1995年版，第126页。

刘燕庭方伯故物，以重值收之”①。可谓“豪举快事，一时罕俦”②。至光绪戊戌(1898)，缪荃孙已搜得金石碑刻一万零八百余种，编成《艺风堂金石文字目》十八卷，后又续得，编为《艺风堂金石文字续目》三卷。

3.缪氏艺风堂藏书散佚及流布

缪氏藏书在其生前开始散佚，傅增湘云：“老人晚岁侨居上海，时鬻去储籍，为刊书之资。宋元善本多归刘翰怡(承幹)、张石铭(均衡)两家，余亦往往得其一二。……老人没后，遗书为杭估陈立炎以三万金捆载入市。”③缪氏去世后不到一年，其藏书即出贳。伦明云：“筱珊先生子寿，名禄保。己未岁，以所藏书售之上海古书流通处。所余抄校本及刻本之罕见者尚不少，并家稿携之入都。十余年来，零售略尽，并先生自撰《五代史方镇表》，亦售与北京大学。”④缪氏所藏金石之书多为闽县林钧所得，林钧所撰《箧书剩影录》自序云：“辛酉北上，归道淞滨，适值江阴缪氏艺风堂藏书出贳。艺老下世不久，后人弗守，所藏流散。迹其收藏，实为近代巨擘。肆主居奇，索价甚苛，曲尽措筹，以重金收得金石书及四部善本二百五十余种，如获至宝，捆载归舟。”林氏所得之书，均载于其所撰《石庐金石志》及《箧书剩影录》中。王謇《续补藏书纪事诗》亦提及林氏购藏缪氏所藏金石书之事：“林石庐耽癖翠墨，搜罗极富，又多藏金石书，大都为缪艺风故物，以三千金得之于缪氏后人，成《石庐金石书志》数十卷。”⑤缪禄保携入都之书，为李盛铎所购者甚多，约有七十七种之多。

缪氏散佚之书，多为递藏各家所珍爱，作为一代文献大家，缪荃孙藏书的文献价值为世人所公认，学者及藏书之家得之宝若拱璧。徐乃昌尝递藏缪氏所藏《东京梦华录》时兴奋云：“《幽兰居士东京梦华录》十卷，缪艺风先生以明弘治本手校。辛酉春，艺风堂藏书散出沪市，亟为收得。与旧校绿君亭本《洛阳伽蓝记》合装，时一展读，亦汲古微旨也。”⑥黄裳亦递藏缪氏所藏《姜西溟先生文钞》，记云：“西溟文二老阁刻未定稿传本不少，而此刻则颇罕见。刊刻亦精，堪与旧藏《苇间诗稿》并储也。书刊于武林，系艺风堂中旧物，余得之湖堧大观斋书肆。好春良夜，旅寓展阅，心目为爽。”⑦《艺风藏书记》卷六所载知不足斋钞本宋邓深《大隐居士集》二卷，后为林钧

---

① (清)缪荃孙《艺风堂金石文字目》卷首自序，见(清)缪荃孙著，张廷银、朱玉麒主编：《缪荃孙全集·金石一》，凤凰出版社2014年版，第7页。

② 顾廷龙校阅：《艺风堂友朋书札》上册，《中华文史论丛》增刊，上海古籍出版社1981年版，第90页。

③ 傅增湘撰：《藏园群书题记》卷第六《子部一·明涂桢刻本盐铁论跋》，上海古籍出版社1989年版，第283页。

④ 伦明著，雷梦水校补：《辛亥以来藏书纪事诗》四二《缪禄保》，上海古籍出版社1990年版，第113页。

⑤ 王謇著，李希泌点注：《续补藏书纪事诗》，书目文献出版社1987年版，第55页。

⑥ 郭立暄，陈先行，侯怡敏整理：《上海图书馆善本题跋选辑·史部(续三)》，见上海图书馆历史文献研究所编：《历史文献》第5辑，上海科学技术文献出版社2001年版，第26页。

⑦ 黄裳著：《来燕榭读书记》，下册，辽宁教育出版社，2001年版，第125页。

所得,林氏云:“此书从缪氏得来,旋与书估互易金石书,复流入上海,不无惋惜也。”①是书又为张元济所得,赠与吴兴蒋汝藻,蒋氏云:“先大父旧藏,海盐张君菊生得以见贻,有先大父藏印,及‘歙西长塘鲍氏知不足斋藏书印’‘抱经堂藏书印’‘缪荃孙印’‘荃孙’‘云轮阁’诸印。”②又《艺风藏书续记》卷三所载宋宾王校毛氏汲古阁刻本宋范成大《吴郡志》五十卷,“自绍定本而外,世称佳帙,以其据宋本行款摹刻也”③,是书散后经上元宗舜年收藏,流入厂肆后为吴兴蒋祖诒所得,后落入同里张珩之手,后经郑振铎之手售于中央图书馆,现藏于台北图书馆。张元济的涵芬楼在光绪三十年(1904)至民国二三十年,藏购得缪氏所散遗之书,张元济云:“于时湮阳端氏、江阴缪氏、巴陵方氏、荆州田氏、南海孔氏、海宁孙氏之书亦各星散。余辗转搜求,多有所获。”④惜涵芬楼藏书在抗日战争中遭日寇轰炸,其藏书多化为灰烬,其间缪氏藏书亦必然不少,究竟有多少化为灰烬者则不可知也。后来张元济撰写《涵芬楼烬余书录》,尚存明覆宋本宋徐积《节孝先生文集》三十卷、元至正本元苏天爵《国朝文类》七十卷、钞本元郝经《郝文忠公陵川文集》三十九卷。傅增湘《明涂桢盐铁论跋》云:艺风“老人晚岁侨居上海,时鬻去储籍,为刊书之资。宋元善本多归刘翰怡、张石铭两家,余亦往往得其一二。曾商及此书,老人殊有不忍之色。盖书为老人故里江阴所刊,且并世无两。骎骎为海内孤帙,其珍惜与宋元古本同,宜也。老人没后,遗书为杭估陈立炎以三万金捆载入市。其中精善小品,子受公子挟之入燕。余所见者有元本《尔雅》,为平水进德斋刊;元本《吴渊颖集》,为宋璲手写付刊;元本《伯生诗续编》,以行书上版,咸为友人分携以去。此书乃为吴江沈无梦所得。顷者,无梦参黑龙江戎幕,万里远征,瓶无储粟。余适新鬻明人集数十种,因以三百金为贶,无梦遂举此书见贻,亦夙知余之笃嗜也。十数年来萦神系梦者,至此乃入吾箧中。爰详书始末于册,以见古本之难遇,良友之多情,吾子若孙其善保之。”⑤

缪荃孙藏书流传知下落者有五百余种,据杨洪升先生多年考知,缪氏遗书颇多者藏中国国家图书馆、北京大学图书馆、中国社会科学院图书馆、中国社会科学院考古所、上海图书馆、台北图书馆、台湾“中央研究院”历史语言研究所傅斯年图书馆,等等。如中国国家图书馆藏有缪氏遗书四十一种;台湾“中央研究院”历史语言研究所傅斯年图书馆藏有缪荃孙旧藏二十余种,此外国内南京图书馆、浙江图书馆、天津

① 林钧《箧书剩影录》卷上“大隐居士集”条,引 杨洪升著:《缪荃孙研究》第四章,上海古籍出版社 2008 年版,第 180 页。

② 王国维《传书堂藏善本书志》下《集部·南宋别集·大隐居士集》,见谢维扬,房鑫亮主编:《王国维全集》第十卷,浙江教育出版社 2009 年版,第 266 页。

③ 潘景郑著:《著砚楼读书记·宋宾王校本吴郡志》,辽宁教育出版社 2002 年版,第 181 页。

④ 张元济《涵芬楼烬余书录》卷首自序,见张元济著:《张元济全集》第 8 卷《古籍研究著作》商务印书馆 2009 年版,第 145 页。

⑤ 傅增湘撰:《藏园群书题记》卷第六《子部一·明涂桢刻本盐铁论跋》,上海古籍出版社 1989 年版,第 283 页。

图书馆、陕西图书馆、青海省图书馆等，以及各大学图书馆，如清华大学图书馆、北京师范大学图书馆、人民大学图书馆、南京大学图书馆、复旦大学图书馆、浙江大学图书馆、中山大学图书馆等亦有收藏其散佚之书。

（二十二）缪祐孙

缪祐孙（1852—1895）　字孚民，一字稚鹄，别字柚岑，江阴申港镇人。缪荃孙弟。清光绪八年（1882）壬午科举人。《清代硃卷集成·缪祐孙》载："乡试中式第一百二十二名，保和殿复试二等第六名。"①官户部郎中。曾作为外交官出使欧美各国，官至总理各国事务衙门章京。惜卒年仅四十四岁，时人惜之。著有《俄游汇编》《俄罗斯源流考》等三十余卷，又撰《汉书引经考证》《文集》等。

缪祐孙亦富藏书，其书橱以《千字文》为序，自"天"字至"律、吕、调、阳"，又有"云、腾、致、雨、露、结、为、霜、金、生"等号。共约两千种。有《江阴缪氏藏书目》一卷，手稿本。李盛铎题识云："江阴缪氏书目，缪祐孙编，木樨轩藏。"②

（二十三）费念慈

费念慈（1855—1905）　字屺怀，号西蠡，晚署艺风老人，清武进人。清"光绪己丑进士，改庶吉士，授编修。有《归牧集》。屺怀博涉多通，工书法，精鉴赏，诗文不轻作，故传世甚稀。己丑殿试，潘文勤初拟以第一名呈进，因有误字，为同列所阻。辛卯典试浙江，务搜雅才，取卷多不中绳墨，揭晓后谤议份起"③。屺怀自经挫折，遂家居不出。张之洞奏保经济特科，后以事被劾，放归，寄居苏州。在词馆与文廷式、江标齐名，著有《归牧集》《松雪集补遗》等。《清代毗陵名人小传》卷九有其传。

费念慈笃学好古，博闻强识，又精金石目录之学。"与文廷式、江标年相若，才相伯仲，皆有声于时。退居苏州，富有藏书，精于鉴赏"④，工书法及山水，兼通魏晋各碑，得善本辄传写，藏古彝器百余件，研究古今文，曾手定《金文释例》条例。其家富藏书，其藏书处曰归牧庵。未有藏书目录，今国内图书馆亦多见其藏书，如所藏宋刻本《周礼》十二卷，今藏中国国家图书馆；孙诒让撰《周礼正义》稿本残卷，今藏温州图书馆；清乾隆八年刻本《仪礼郑注句读》十七卷、《监本正误》一卷、《石本误字》一卷（清张尔岐撰），今藏南京图书馆。

（二十四）董　康

董　康（1867—1947）　字授经，又字绶经、绶金，号诵芬室主人，武进人，世居区境内青果巷。"光绪十五年考取举人，次年中进士。任刑部主事。义和团运动兴起

---

① 顾廷龙主编：《清代硃卷集成》第117册《缪祐孙》，台北成文出版社1992年版，第102页。

② 参见郑伟章著：《文献家通考》卷二十二，中华书局1999年版，第1278页。

③ 徐世昌辑：《晚晴簃诗汇》卷一百七十六《费念慈》，见《续修四库全书》编纂委员会、复旦大学图书馆古籍部编：《续修四库全书》第1633册，上海古籍出版社2003年版，第174页。

④ 蒋镜寰辑：《吴中先哲藏书考略》，见徐雁，王燕均主编：《中国历史藏书论著读本》下卷《导读》，四川大学出版社1990年版，第672—673页。

时，升任刑部郎中，主理陕西刑狱”[①]。历刑部典簿、大理寺推丞、法律馆纂修。参与编修《钦定宪法大纲》，由清廷颁布施行。辛亥革命后，赴日留学，民国三年（1914）回国，历任北洋政府大理院院长、法制编纂馆馆长、司法总长、财政总长等职。抗日战争爆发后任伪华北临时政府委员、司法委员会员长、最高法院院长等职。董康喜诗词，精通法律，著有《书舶庸谭》《课花庵词》《曲目韵编》《词曲丛刊》《秋审制度》《中国法制史演讲录》《集成刑事证据法》《嘉业堂书目》（稿本）等，辑有《千秋绝艳图》《诵芬室丛刊》等。《天宁区志》第三十章《人物》有其传。

董康家富藏书。特别专注于搜购秘籍，搜购甚勤，尝自云：“弱冠通籍，观政云司，治牍余闲，流连厂肆阅二十年，未尝或间。于宋元暨明嘉靖以前明刻，略有所储。”[②]赵尊岳云：“聚图书于奎壁，美娆琳琅；分翰墨于青藜，情多缟纻。问字或资以载酒，假书无待于乞。”“盖其性娴乐道，志切藏书，积岁月以勤求，亦吐哺而无闲。躬监剞氏，不惜万本之传；手订残篇，必正一字之敚。”[③]曾在厂肆以八元廉价购得法式善手抄《宋元人小集》八十册，尤为珍贵。伦明云：“武进董绶经康，精究版本，而家少藏书。尝得周密《草窗韵语》，矜为海内孤本，未几以千五百金售之蒋孟苹，孟苹因自号密韵楼。近岁又为刘翰怡编《藏书志》。”[④]尝不惜以傅增湘叹为“奇昂”的三千元重价[⑤]购藏明代无锡华燧所印《会通馆校正宋诸臣奏议》，是书为已知中国最早的铜活字印本。傅增湘评论云：“诵芬主人与余缔交垂四五十年矣。弱冠同举孝廉，中岁同官京曹，晚年同隐燕京；而嗜古耽书，博通流略，老而不倦，与余尤有同好。”[⑥]又云：“君起自孤童，励精苦学。晚至荣贵，矢志不渝。频践台衡，依然寒素。惟好书之癖，殆出性生。拓以见闻，遂成绝诣。久宦长安，恒游厂市。岁时既积，采获益多。微闻光、宣之交，邺架所藏珍本蔚成大国。惊人秘籍，断种奇书，天假胜缘，时闻创获。其后居东山者累年，航欧洲者万里，唐僧之古抄，石室之秘宝，多人间所未见，吾国所久佚亡。或影写而载归，或摹刊以贻艺苑。”“如君之好书也，取之以鉴藏，用之以雠校，公之以传布。能殚毕世之功，卒成不朽之业者，同时朋辈殆鲜比伦。”[⑦]

董康又注重民间戏曲、小说收藏，其藏书中尤以藏戏曲、小说为最多，“尝聚工匠

① 江苏省地方志编纂委员会编：《江苏省志 90 · 人物志》之《人物传二》，凤凰出版社 2008 年版，第 993 页。

② 董康著，傅杰校点：《书舶庸谭》卷首《自序》，辽宁教育出版社 1998 年版，第 7 页。

③ 赵尊岳《书舶庸谭序》，见董康著，傅杰校点：《书舶庸谭》卷首《序二》，辽宁教育出版社 1998 年版，第 5—6 页。

④ 参见伦明著，雷梦水校补：《辛亥以来藏书纪事诗》，上海古籍出版社 1990 年版，第 113 页。

⑤ 张元济，傅增湘著：《张元济傅增湘论书尺牍 · 1938 年》，商务印书馆 1983 年版，第 367 页。

⑥ 傅增湘《庚辰重印本傅序》，见董康著，王君南整理：《董康东游日记》附四，河北教育出版社 2000 年版，第 402 页。

⑦ 傅增湘《庚辰重印本傅序》，见董康著，王君南整理：《董康东游日记》附四，河北教育出版社 2000 年版，第 404 页。

于法源寺刻书,数十年不辍,所刻词曲为多”①,如李卓吾批评《幽闺记》《浣纱记》《孔夫子周游大成麒麟记》、丽句亭评点《花筵赚乐府》,等等②。对民间戏曲、小说的访求为功甚巨,“如内阁所藏小说中,有《封神演义》,是明刻本,编者为许仲琳。此书作者的姓名,在中国久无可考,赖有此本可供考证。又如《岳武穆演义》,本子最多,最难考证;《内阁目》有明余应鳌编的八卷本,有明熊大木编的十卷本,又有十一卷的嘉靖三十一年本,前八卷为熊大木编,后集三卷为李春芳编。北京朱希祖先生藏有明刻本,编者为理学名儒邹元标,也和今本大不同。若合此本,将来定可以看出此书的演变的线索了。又《英烈传》也有种种不同的本子。内阁所藏也有三种明刻本,都可供比较的研究”③。故胡适称:“搜访小说,董先生是近几十年来搜罗民间文学最有功的人。”④曾与王国维、吴梅等校订《曲海总目提要》。

董康尤精版本目录之学,尝自云:“凡遇旧椠孤本,记其版式,存其题识。积时未久,居然成帙。七厄之余,得睹珍笈,以语同癖,谅深欣慨。”⑤所著《董康东游日记》又名《书舶庸谭》,记述了董康在日本访书及所见汉籍图书,是书记述董氏日本访书重点有三:手抄本,特别是敦煌卷子、手写本《文馆词林》等;宋元旧椠;民间戏曲、小说。每观一书则详记其版式、存其题识、踪其渊源。曾为刘承幹编撰《嘉业堂藏书提要》稿本十九册,提要钩玄,考订源流。

其藏书处名诵芬室、课花庵。

藏书印有“董康”。今中国国家图书馆藏明嘉隆间刻本《太平广记五百卷目录十卷》四十八册,又清顺治间刻本《雁楼集二十五卷》四册,卷内均有“董康”印记。

董康在辛亥革命后避往日本时,携其藏书随往,本拟开设书肆营生未成,乃将部分藏书“悉以归诸大仓氏”⑥,即日本巨富大仓氏。1913 年底董康将剩余精本载返上海,旋即散去,如宋刊本《吴郡志》经缪荃孙作介,以八百元让给刘承幹嘉业堂;宋刊本《东都事略》让给张钧衡的“适园”。又于 1931 年将部分藏书售与北平图书馆,在抗战中曾运部分藏书至美国,1965 年运至台湾,现藏台湾台北“中央图书馆”。

董康刻书印书之名甚于藏书。光绪三十三年(1907)刊成日本汉学家岛田翰撰的《皕宋楼藏书源流考》。三十年中先后刻成《诵芬室丛刊》三十余种及《敦煌石室遗书》《董解元西厢》,吴梅村家藏稿影元本《中州集》等。又为潘宗周宝礼堂监造、刊行《礼记正义》,装潢版式一如原书,仅印一百部,以枣木制成书板,甚精美。也曾

① 参见伦明著,雷梦水校补:《辛亥以来藏书纪事诗》,上海古籍出版社 1990 年版,第 113 页。

② 参见苏精著:《近代藏书三十家》(增订本),中华书局 2009 年版,第 66 页。

③ 胡适《书舶庸谭序》,见董康著,傅杰校点:《书舶庸谭》卷首《序一》,辽宁教育出版社 1998 年版,第 2 页。

④ 胡适《书舶庸谭序》,见董康著,傅杰校点:《书舶庸谭》卷首《序一》,辽宁教育出版社 1998 年版,第 1 页。

⑤ 董康著,傅杰校点:《书舶庸谭》卷首《自序》,辽宁教育出版社 1998 年版,第 7 页。

⑥ 董康著,傅杰校点:《书舶庸谭》卷首《自序》,辽宁教育出版社 1998 年版,第 7 页。

为吴昌绶双照楼、陶湘涉园、蒋汝藻密韵楼等家代刻书。除木刻版外,董康还从事新兴的影印和活字排印工作,影印的书大都寄往日本,由小林忠次郎制版,再寄回印刷。

(二十五)屠　寄

屠　寄(1856—1921)　原名瘐,字敬山,又字静山、归甫、师虞,号结一宧主人,晚号无闷居士,常州武进人。“光绪壬辰进士,改庶吉士,授淳安知县”①。历工部主事、京师大学堂正教习。尝至黑龙江为参将军寿山幕。辛亥革命后,任国史馆总纂。纂有《黑龙江典图志说》,编写《京师大学堂史学科讲义》。又善文辞雅令,尝辑《常州骈体文录》三十卷及《结一宧诗略》,颇为世所传。

屠寄雅好藏书,叶昌炽《缘督庐日记》辛丑六月十三日记:“答屠敬山,出其厂肆新得旧抄书籍,皆平平部帙,惟在太原所得《太平广记》一部,板心有‘吴郡沈氏’及‘野竹斋校录’字,吾郡沈人山辨之钞本也,为之摩挲久之。”吴则虞先生尝见其手校《孔子家语》及批点《唐文粹》多种。屠寄尤长于史地之学,曾在广雅书局与缪荃孙同校《宋会要》稿本。中年后尤究心蒙古史研究。所蓄书以西北、蒙古史地资料为多。积数十年功力,撰《蒙兀儿史记》一百六十卷,为世所重。为撰是书,其秉烛达旦,勤劬不休,采集旧籍极富,兼采外文资料,故其藏书亦富②。《晚晴簃诗汇》称:屠寄“中岁后,屏绝雕华,专意《蒙兀儿史》,已刊者十数巨册,未竟之绪尚多。孤学奄逝,致可惜已”③。

(二十六)夏孙桐

夏孙桐(1857—1942)　字闰枝,一字悔生,晚号闰庵,江阴人。其先自浙之会稽徙也,家世以文显儒。“弱冠能文,壬午举江南乡试,连遘闵凶,哀礼备至。服阕,纳赀为刑部主事,遵慈训也。曹司清简,日事读书。壬辰,成进士,选翰林院庶吉士。甲午,授编修。”④与修国史会典。试四川、广东乡试副考官。历官湖州、宁波、杭州知府,为官恪尽职守,有政绩。辛亥后弃官避居上海,民国初,入清史馆任总纂,参修《清史稿》,自述云:“自问学无根柢,第久官词曹,略谙掌故,手纂嘉道咸同四朝列传,及循吏艺术两汇传,共盈百卷。因当事迫欲汇稿印行,亦未尽修订惬意。史事既竣,又佐东海徐氏辑清诗及清儒学案。”⑤亦精医,曾为东方文化会撰《续四库全书医

---

① 徐世昌辑:《晚晴簃诗汇》卷一百七十八《屠寄》,见《续修四库全书》编纂委员会、复旦大学图书馆古籍部编:《续修四库全书》第1633册,上海古籍出版社2003年版,第211页。

② 谭卓垣等撰,徐雁、谭华军译补:《清代藏书楼发展史 续补藏书纪事诗传》,辽宁人民出版社1988年版,第406页。

③ 徐世昌辑:《晚晴簃诗汇》卷一百七十八《屠寄》,见《续修四库全书》编纂委员会、复旦大学图书馆古籍部编:《续修四库全书》第1633册,上海古籍出版社2003年版,第211页。

④ 傅增湘(傅岳棻代)《江阴夏闰庵先生墓志铭》,卞孝萱、唐文权编著:《民国人物碑传集》卷十一,凤凰出版社2011年版,第647页。

⑤ 夏孙桐《自述》,见沈俊鸿编:《江阴名人自述》上,上海古籍出版社2008年版,第29—30页。

书类》提要。著有《观所尚斋文存》七卷、《诗存》二卷、《补遗》及《悔龛词》各一卷。生平事迹参见傅增湘(傅岳棻代)《江阴夏闰庵先生墓志铭》。

夏孙桐自幼好读书,其“学问淹洽,文词雅赡,朝章国故,尤所研习,故承明著作,无役不从”①。尝自云:“弱冠后,渐疏帖括,涉猎群籍,粗知古今”②。其祖父夏子龄③“尝召诸孙,问所欲得,独愿购书,由时益钟爱焉,特绘《槐荫课孙图》”。通籍后,先生“澹于荣利,不殖生产,仕宦既成,而江阴故里曾无一椽半亩之增。耋学不倦,凡所揽观,丹黄皆满,尝谓徒过目而不涉笔,往往囫囵读过,不复澈解其所以然,此学者通患也,足为后生师法。下笔谨严,未敢稍涉空文”④。伦明《辛亥以来藏书纪事诗》载其藏书故实。今北京图书馆藏明天启间刻本《密庵先生诗稿五卷文稿五卷》六册,卷端有夏孙桐题记两则。

藏书处为室观所尚斋。

五、清代镇江府进士藏书

《清史稿·地理志》载,“镇江府:常镇通海道治所。顺治初,因明制,县三。雍正二年,以江宁府之溧阳来属。光绪三十年,又设太平厅,隶府。领厅,县四”⑤。厅一:即太平;县四:即丹徒、丹阳、金坛、溧阳。

(一)王　澍

王　澍(1668—1743)　字若霖,又字箬林,号虚舟,自署二泉寓客、恭寿先生,别号竹云等,金坛人,后徙无锡。“幼禀异姿,家贫无师,刻自钻研,弱冠以选贡入成均,康熙壬辰成进士,望重词垣书法尤冠一时,擢户科给事中,多所建白,升本科掌印”⑥,充五经篆文馆总裁官,累官迁至吏部员外郎,以乞假葬亲告归。其学深邃,著述甚多,所著“有《禹贡谱》、《学庸本义》、《学庸困学录》、《程朱格物辑要》、《朱子读书法》、《白鹿洞规》二十卷、《淳化阁帖考正》十二卷、《竹雪题跋》四卷,并辑有《兰亭》十二册、《积书岩帖》六十册”⑦。

王澍绩学工文,尤以书名,其退居无锡后,购屋曰金匮山房,以收藏古籍、碑帖、

① 傅增湘(傅岳棻代)《江阴夏闰庵先生墓志铭》,见卞孝萱、唐文权编著:《民国人物碑传集》卷十一,凤凰出版社 2011 年版,第 647 页。

② 夏孙桐《自述》,见沈俊鸿编:《江阴名人自述》上,上海古籍出版社 2008 年版,第 29—30 页。

③ 按:夏子龄,字百初,江苏江阴人。道光十六年,会试第一,成进士。初官礼部主事,任事果决,尚气节,官至易州直隶州知州,候补知府,循绩卓著,所去民思,崇祀饶阳,易州名宦祠,《清史》循吏有传。

④ 傅增湘(傅岳棻代)《江阴夏闰庵先生墓志铭》,卞孝萱、唐文权编著:《民国人物碑传集》卷十一,凤凰出版社 2011 年版,第 649 页。

⑤ 赵尔巽等撰:《清史稿》卷五十八《志三十三·地理五·江苏》,第 8 册,中华书局 1977 年版,第 1999—2000 页。

⑥ 冯煦等纂:《民国重修金坛县志》卷九之一《儒林》,见《中国地方志集成·江苏府县志辑》(33),江苏古籍出版社 1991 年版,第 100 页。

⑦ 冯煦等纂:民国《重修金坛县志》卷九之一《儒林》,见《中国地方志集成·江苏府县志辑》(33),江苏古籍出版社 1991 年版,第 100 页。

鉴定古碑自娱。元刊本《桯史》十五卷,"为吴文定藏书,又归传是楼。卷首有吴宽、乾学徐健庵、王澍印"[①]等朱记。《清史稿》称:王澍,"字若林,号虚舟,江南金坛人。绩学工文,尤以书名。康熙五十一年进士,入翰林,累迁户科给事中。雍正初,诏以六科隶都察院。澍谓科臣掌封驳,品卑任重,傥隶台臣,将废科参,偕同官崔致远、康五端抗疏力争。世宗怒,立召诘之,从容奏对,上意稍解,遂改吏部员外郎"。雍正初,"告归,益耽书,名播海内。摹古名拓殆遍,四体并工。于唐贤欧、褚两家,致力尤深,辄跋尾自道所得"。"自明、清之际,工书者,河北以王铎、傅山为冠,继则江左王鸿绪、姜宸英、何焯、汪士鋐、张照等,接踵而起,多见他传。大抵渊源出于明文徵明、董其昌两家,鸿绪、照为董氏嫡派,焯及澍则于文氏为近。澍论书尤详,一时所宗"[②]。

王澍藏书印有王澍印、恭寿、随园、虚舟子等。

(二)王步青

王步青(1672—1751)　字汉阶,又字罕皆,号已山,金坛人。因其居靠近已山,学界咸称之为已山先生。六岁诵小学,通其义,性颖敏,为文操笔立就。"康熙甲午领乡荐,雍正癸卯钦赐进士,授翰林院检讨。越二年,告归。"[③]王步青"少以文名,然覃心正学。张伯行抚吴,集十五郡知名士,讲学紫阳书院,课以《语录》。步青三试,皆第一,伯行称其能窥道之本原,契圣贤之旨趣。尝与桂林陈宏谋书十余通,皆以道义相勖,兴正学,整吏治,励风俗,期以一代名臣。宏谋谓步青以濂、洛、关、闽为宗传,以日用伦常为实际,躬心心得,不徒饰以空言。其教学者,一遵白鹿洞遗规"。"著《朱子四书本义汇参》四十五卷,又著有《已山文集》十卷、《别集》四卷"[④]及《维扬书院约》《王氏宗规》《敦复堂古文稿》。生平事迹参见陈宏谋《王检讨已山先生传》。

王步青嗜读书,"自为诸生,即潜心经学,精研理奥,入词馆年已逾艾,日手一编,道路舟中未尝稍辍。居京师屏迹一室"[⑤]。其晚年购别业一区,颜其斋曰无逸书屋,"键户课徒,郡县吏罕识其面"[⑥],利用家中所藏,撰述课徒所用之书。雷鋐云:"王太

---

① (清)瞿镛撰:《铁琴铜剑楼藏书目录》卷第十七《子部五》,见《清人书目题跋丛刊三》,中华书局1990年版,第255页。

② 赵尔巽等撰:《清史稿》卷五百三《列传二百九十·王澍传》,第46册,中华书局1977年版,第13887—13888页。

③ 冯煦等纂:《民国重修金坛县志》卷九之一《儒林》,见《中国地方志集成·江苏府县志辑》(33),江苏古籍出版社1991年版,第100—101页。

④ 王钟翰点校:《清史列传》卷六十七《儒林传上二·王步青》,第17册,中华书局1987年版,第5340—5341页。

⑤ 冯煦等纂:《民国重修金坛县志》卷九之一《儒林》,见《中国地方志集成·江苏府县志辑》(33),江苏古籍出版社1991年版,第101页。

⑥ 冯煦等纂:《民国重修金坛县志》卷九之一《儒林》,见《中国地方志集成·江苏府县志辑》(33),江苏古籍出版社1991年版,第101页。

史罕皆前辈，自翰林归家居二十余年，讲学论文，习举业者奉为圭臬，世所称已山先生者也。余自少即爱诵其文，及为馆后进先生已告归，不得一望其风采。”又云：“先生所著《四书朱子本义汇》，积数十年之精力，体会于身心而得其条理，故论说尤邃。”①其好书之深，从孙廷琬叙述甚详：“公复穷年，兀兀手一编，虽道路车马不辍。居京师屏迹一室，非素心契不相往来。既归里，键户课徒，执贽门下者，不远千里，随材拂拭成就之。居乡不轻入城市，郡县吏罕识其面。掌教维扬书院，所造士多知名，操选政二十余年，黜浮崇雅以端风尚，海内之士宗之，无不愿为已山弟子也。”“宅旁构别业一区，种梅数株，兰数本，悠悠自得之趣。……公以儒宗负海内重望，而冲怀若谷有孳孳，至老不倦，自颜其斋曰无逸所。又书座右云道脉，端須存夜气老，年尤务惜分阴，盖纪实也。”②

（三）蒋宗海

蒋宗海（1720—1796）　“字星岩，号春农，江苏丹徒人。体干魁梧，性资灵敏，识量不凡，望而知为栋梁之器。垂髫应童子试，辄冠其曹偶。乾隆壬申，以恩科举于乡，是年秋即成进士，出江右裘文达公之门，官内阁中书”③，“入军机。中年以母老告归终养，母卒即无意宦途，以造育后进为已任，主书院席，能文之士多出其门，学者称春农先生。幼好学，比长，无书不读，性率直，问字者终其身无虚日。乾隆癸巳诏求遗书，以扬州第一，皆经手选而后呈。嘉庆初修邑志，皆本所辑旧稿，志未成而卒”④。其友汪启淑称蒋君“驯雅该博，声誉噪日下。工古文，师家钝翁，隶书摹汉《桐柏庙碑》，精赏鉴，虽老骨董不及也。工篆刻，文秀静雅，盖专摹文国博而参汉印之纯整一灯者。不轻为人制，独许予为知音，曾镌赠数钮。又善丹青，颇有萧疏雅澹之趣，不屑蹈袭画家窠臼，与同邑梦楼王太守文治齐名，为时并重。尤笃内行，年仅四十，即乞养里居，历二十余年不出，或甘旨不继，卖文以自给”⑤。曾为皇帝校录《通鉴纪事本末》，著有《索居集》《南归丛稿》《蒋春农文集》《春农吟稿》若干卷等，王昶《湖海诗传》卷十五有其传。

蒋宗海尤笃学，每天读书至三更，自题居室名曰“一月得四十五日之室”。又“嗜书如命，家藏书籍三万多卷”⑥。宝山李保泰撰蒋氏传云：“春农先生字星岩，号冬民。乾隆十七年举于乡，后成进士，授内阁中书舍人，选入军机处行走。先世多藏

① （清）王步青撰：《已山先生文集》卷首《雷鋐·序》，见《清代诗文集汇编》编纂委员会编：《清代诗文集汇编》228，上海古籍出版社 2010 年版，第 407—408 页。

② （清）王步青撰：《已山先生文集》卷首《王廷琬·家传》，见《清代诗文集汇编》编纂委员会编：《清代诗文集汇编》228，上海古籍出版社 2010 年版，第 410 页。

③ （清）汪启淑《续印人传》卷五《蒋宗海》，见（清）周亮工等撰，于良子点校：《印人传合集》，浙江人民美术出版社 2014 年版，第 160 页。

④ 傅增湘撰：《藏园群书经眼录》卷四《史部二·战国策注附蒋氏小传》，中华书局 1983 年版，第 275 页。

⑤ （清）汪启淑《续印人传》卷五《蒋宗海》，见（清）周亮工等撰，于良子点校：《印人传合集》，浙江人民美术出版社 2014 年版，第 160 页。

⑥ 江苏省地方志编纂委员会编：《江苏省志 90·人物志》，凤凰出版社 2008 年版，第1166 页。

书,先生增购益富。余尝从先生乞假,丹黄历录,卷帙峻整。晚年犹矻矻不止,闻人家有秘本,必借录之而后已。读书不事浮华,力探根柢。今四库馆开,江浙藏书诸大家各为录目上之,馆阁诸公推扬州所进为第一,皆先生所别择手定者也。辑《丹徒县志》,未及成书。今存文集若干卷,诗集有《索居》《南归丛稿》各二卷。"①宋余仁仲本《公羊解诂》十二卷,后为黄丕烈所藏,黄氏跋云:"今春得此《春秋公羊经传解诂》十二卷,完善无缺,实为至宝,得之价白金一百二十两。不特书估居奇,亦余之爱书有以致此。初,是书出镇江蒋春农家,书估以贱直购之,携至吾郡,叠为有识者称赞,故索价竟至不减。余务在必得,惜书而不惜钱物,书魔故智,有如是者。"②《楹书隅录》著录"宋本《大戴礼记》十三卷,润州蒋氏藏书"③。影写宋刊本《战国策注》三十三卷,"钤有'季沧苇藏'印,又'丹徒蒋氏宗海星严氏校正经史子集之章'大印,又'润州蒋氏'方印"④。元刊本《诗人玉屑》二十卷,"元刊本,蒋冬友旧藏","卷首有'丹徒蒋氏一号冬民'朱文章,盖蒋春农之遗书也"⑤。明崇祯六年(1633)赵宧光小山堂仿宋刊本《玉台新咏》十卷,叶启发跋云:"明嘉靖中徐学谟海曙楼仿宋刻本,流传极稀,藏书家志目罕见著录,唯日本森立之《经籍访古者》有之,孤悬海外,吾由见也。""赵氏宋本后归虞山牧翁,绛云火后,为其从子遵王所得。述古之藏复散,乃不知流于何所。大兴徐星伯太史松有一本,有翁正三洗马方纲跋者,不知即其本否也。此本首有'虞山钱遵王(尊)(曾)藏书'朱文长方印,知为述古插架之副。虎贲中郎不让天水,旧椠自当益加珍视矣。递藏润州蒋宗海春农家,有'润州蒋氏藏书'朱文方印。"⑥《华阳贞素集》八卷《附录》一卷,"丹徒蒋氏藏旧钞本,卷端有'润州蒋氏藏书'及'百堤钱听默经眼'二印,乃丹徒蒋春农旧藏"⑦。钞本《颜子》五卷、《曾子》一卷、《言子》三卷,皆宋元人纂辑,润州蒋氏藏书。罗振玉跋云:"此三子焦弱侯《国史经籍志》均著录,惟《曾子》作二卷(《万卷堂》亦作二卷),此本则不分卷,其余著录者卷数均同。观其款式,实自宋元刊本移录。刊本久佚,存此钞本,至可珍贵。矧为沈四明遗墨,签题衣识,古雅绝伦,谓非珍秘之籍得乎?戊午春日得之润州。"⑧京口士

---

① 莫伯骥《五十万卷楼群书跋文》集部六《诗人玉屑》,见国家图书馆编:《国家图书馆藏古籍题跋丛刊》第29册,北京图书馆出版社2002年版,第90—91页。

② (清)黄丕烈著,屠友祥校注:《荛圃藏书题识》卷一《公羊解诂》,上海远东出版社1999年版,第47页。

③ (清)杨绍和撰:《楹书偶录》卷一,见《续修四库全书》编纂委员会、复旦大学图书馆古籍部编:《续修四库全书》第926册,上海古籍出版社2003年版,第569页。

④ 傅增湘撰:《藏园群书经眼录》卷四《史部二》,中华书局1983年版,第275页。

⑤ 莫伯骥《五十万卷楼群书跋文》集部六《诗人玉屑》,见国家图书馆编:《国家图书馆藏古籍题跋丛刊》第29册,北京图书馆出版社2002年版,第90页。

⑥ 叶启发《华鄂堂读书小识》卷四,见湖南图书馆编:《湖南近现代藏书家题跋选》第2册,岳麓书社2011年版,第289页。

⑦ 罗振玉撰述,萧文立编校:《雪堂类稿》之《戊长物簿录》戊之四《藏书目录题识》,辽宁教育出版社2003年版,第1217—1218页。

⑧ 罗振常撰,汪柏江、方俞明整理:《善本书所见录》卷三《支部》,上海古籍出版社2014年版,第77页。

大夫收藏之富推蒋宗海及张若筠。徐珂云：丹徒人张若筠“好学，于书无所不窥。闻有异书，辄重价购之。或手自誊校，矻矻不少休。同县蒋舍人宗海藏书三万余卷，多善本，若筠所藏逾二万卷，而法书名画吉金贞石之文，别为卷轴，不在此限。京口士大夫收藏之富推此两家”[①]。

蒋氏尤精校雠，学者翁方纲《蒋春农文集序》记云：“乾隆壬申礼部试同榜成进士者，以古文名家者二人。曰余姚卢绍弓、曰丹徒蒋春农。时予在诸君中年最少，辄与二君子往复，上下其议论，绍弓则同读中秘书，以校雠相与辨证……绍弓之文，得力于校勘诸经，贯串百家。每聊几赋咏，绍弓起步庭中，以手自拭其面。同人笑曰：‘此君胸中剖别同异，省却颓面脂药钱耳！’而春农每来座中，手簏椟快辨横飞。有与商古籍者，则屈指唐镌、宋椠，某书某板阙某处，某家鉴藏某帖，如贯珠，如数家珍。问者各得其意以去，而春农杂以谐谑，初若不经意也。”[②]

其藏书处名曰椒馨阁。

藏书印有丹徒蒋氏宗海海星严氏校正经史子集之章、润州蒋氏、丹徒蒋氏一号冬民等。

（四）戴三锡

戴三锡（1758—1830）　字晋藩，号羡门，“顺天大兴人，原籍江苏丹徒。乾隆五十八年进士，授山西临县知县。连丁父母忧，嘉庆六年，服阕，发四川，补南充。历马边、峨边两厅通判，署资州、眉州、邛州，并有政声”。“擢茂州直隶州知州。历宁远知府、建昌道、四川按察使。道光二年，迁江宁布政使，回避本籍，仍调四川。三年，署总督，五年，实授，兼署成都将军”。其在州县时，尤得民心，断狱甚简，盖庶几乎古循良之风焉。在蜀二十余年，兴复通省书院，增设义学三千余所。营四川义田，积储备赈，达三千至万石。宦蜀甚久，治绩颇著，屡被诏褒奖。道光九年，“因年老召来京，署工部侍郎。寻致仕，未几，卒。诏嘉其‘宣力有年，官声素好’，赠尚书衔，依赠衔赐恤”[③]。生平事迹参见《国朝耆献类征》卷一百九《戴三锡传》。

戴三锡“少刻苦为学，尝为人佣书自给”[④]。性清峻，不受馈献，事上唯谨，不阿从。性嗜翰墨，工行楷，尤工汉隶，汉隶擅绝一时，而收储古今名画尤众。其“手录书及雠校书盈簏。喜读薛瑄、吕坤书，不为无益之学”[⑤]。华阳谭石门曾被召置门下，纵览宋元真迹。笃好《读书录》《呻吟语》二书，终身不厌。

---

① （清）徐珂编撰：《清稗类钞·鉴赏类·张若筠精鉴赏》，第9册，中华书局2010年版，第4191页。

② （清）翁方纲《复初斋文集》卷四《蒋春农文集序》，见沈云龙主编：《近代中国史料丛刊》第43辑，（台湾）文海出版社1973年版，第171—172页。

③ 赵尔巽等撰：《清史稿》卷三百八十《列传一百六十七·戴三锡传》，第38册，中华书局1977年版，第11611—11612页。

④ 徐世昌撰：《大清畿辅先哲传》卷五《名臣传五》，北京古籍出版社1993年版，第163页。

⑤ 徐世昌撰：《大清畿辅先哲传》卷五《名臣传五》，北京古籍出版社1993年版，第163页。

(五)潘际云

潘际云(1763—?) 字人龙,号春洲,"江苏镇江府溧阳县进士,年四十六岁,由庶吉士散官以知县即用,选授湖南石门县知县,亲老题明,改补近省"[①],"由庶常改官安徽霍山知县,办茶宫。治行卓异,旋乞归养亲,遂不复出。著有《学海》百卷、《西夏备史》、《溧阳志》、《藏云阁书目》,《春洲札记》、《苔岑诗辑》、《清芬堂文集》、《清芬堂古今体诗》正续集"[②],又主修《霍山县志》。

潘际云"博通经史,长于考据,尤善诗古文辞"[③]。又喜聚书,藏书室为藏云阁、清芬堂。编有《藏芸阁书目》,《溧阳县续志》卷十五《艺文志》著录。

第三节　清代江南(今浙江)进士藏书

《清史稿·地理志》载,"浙江:禹贡扬州之域。明设布政使司。清初为浙江省,置巡抚,福建置总督。兼辖之。驻福州。顺治十五年,置浙江总督。雍正五年,改巡抚为总督。驻温州。康熙元年移驻杭州。十二年,仍为巡抚。乾隆元年,复置浙江总督。三年,改闵浙总督,自是为定制。顺治五年,遣固山额真金砺来杭驻防,掌平南将军印。康熙初年改将军,总督驻福州,将军、巡抚驻杭州。三十六年,舟山置定海县,以旧县改置镇海。雍正六年,增置温台玉环厅。道光二十一年,升定海为直隶厅。乾隆三十八年,升海宁县为州,降安吉州为县。领府十一,直隶厅一,州一,厅一,县七十五"[④]。府十一:即杭州、嘉兴、湖州、宁波、绍兴、台州、金华、衢州、严州[⑤]、温州、处州;直隶厅一:即定海[⑥];州一:即海宁。

今浙江境相当于清代浙江境,包括杭州、嘉兴、湖州、宁波、绍兴、台州、金华、衢州、温州、处州等地。

一、清代杭州府进士藏书

《清史稿·地理志》载,"杭州府:杭嘉湖道治所。顺治初,因明制。乾隆三十八

---

① 秦国经主编,唐益年、叶秀云副主编:《中国第一历史档案馆藏·清代官员履历档案全编24·嘉庆朝》,华东师范大学出版社1997年版,第391—392页。

② 冯煦等纂:《溧阳县续志》卷九《人物志·宦绩》,(台湾)成文出版社1983年版,第85页。

③ 冯煦等纂:《溧阳县续志》卷九《人物志·宦绩》,(台湾)成文出版社1983年版,第85页。

④ 赵尔巽等撰:《清史稿》卷六十五《志四十·地理十二·浙江》,第8册,中华书局1977年版,第2127—2128页。

⑤ 按:《清史稿·地理志》载:严州府,隶金瞿岩道。乾隆二十五年(1760)裁卫,并入杭州府。领县六:建德县、淳安县、桐庐县、遂安县、寿昌县、分水县。

⑥ 按:定海直隶厅康熙二十七年改县。道光二十一年(1841)升直隶厅。

年,升海宁县为州。领州一,县八"①。州一:即海宁;县八:即钱塘、仁和、富阳、余杭、临安、于潜、新城、昌化。

(一)黄　机

黄　机(1612—1686)　字次辰,一字澄斋,号雪台。钱塘金墩武林积善坊巷人。宋代福建莆田黄石金墩平海军节度判官、赠太尉谥清惠黄府十五孙。清"顺治四年进士,选庶吉士,授编修,迁侍读学士,洊擢礼部、户部、吏部尚书,康熙十一年以疾乞归。十六年召为刑部尚书,寻调吏部,晋文华殿大学士"②,"二十一年,拜文华殿大学士,兼吏部。逾年,复乞休,许以原官致仕"③。著有"《浥露堂诗文集》《枢镜录》《黄氏家鉴》"④。卒,赠太傅,谥文僖,赐祭葬于灵鹫山金墩武林白乐桥之南,崇祀乡贤。

黄机立朝四十余年,廉洁自爱,不积余资,笃好藏书,明刊本《印史》五卷,卷内有"黄机私印""澄斋"二印。

(二)胡　亶

胡　亶(生卒年不详)　字保叔,一字励斋,仁和人。"顺治六年进士,改翰林院庶吉士,散馆授编修。出为江苏常镇道","入为鸿胪寺卿,进右通政。以亲老乞养归。居官三十年,室无妾媵,橐无旨蓄,世称清白吏。归后不以寸牍干官府,然邑有利弊,则竭力争之。事父母以孝闻"⑤。生平事迹参见《两浙輶轩录补遗》卷一《胡亶传》。

胡亶"博综群书,古文辞亦典雅。尤精天官家言,日月薄蚀、星辰躔度,推测豪发无遗。在京师,与监中西洋专家发覆辨论,群皆叹服。尝著《中星谱》一卷,推论昼夜永短、寒暑循环、地殊势异,与所引经传记载,考定岁差,厘分昏旦,皆简明详切。"又"著有《周天现界图》《步天歌》行世。晚岁甘旨之余,闭门力学,不问家人生产。性谦下,不以行能骄人。著述甚富,末年毁于火。后人求留札梓之,曰《励斋文集》"⑥。

胡亶喜书,《郭西小志》载:励斋,"名亶,字保林,仁和人。己丑进士,历官右通政。性谦下,不以行能骄人。厚重不佻,终身无疾言遽色。聪明强记,于书无所不读,读已终身不忘。既杜门谢客,唯以古为欢。自经史子集以及老氏浮屠、天官形家

---

① 赵尔巽等撰:《清史稿》卷六十五《志四十·地理十二·浙江》,第8册,中华书局1977年版,第2128页。

② (清)陈璚修,(清)王棻纂;屈映光续修,陆懋勋续纂;齐耀珊重修,吴庆坻重纂:《民国杭州府志(三)》卷一百二十五《名臣三·黄机传》,见《中国地方志集成·浙江府县志辑》(3),江苏古籍出版社1991年版,第121页。。

③ 赵尔巽等撰:《清史稿》卷二百五十《列传三十七·黄机传》,第32册,中华书局1977年版,第9697—9698页。

④ (清)阮元、杨秉初辑,夏勇等整理:《两浙輶轩录》卷一《严沆》,浙江古籍出版社2012年版,第1页。

⑤ 王钟翰点校:《清史列传》卷七十《文苑传一·胡亶》,第18册,中华书局1987年版,第5715—5716页。

⑥ 王钟翰点校:《清史列传》卷七十《文苑传一·胡亶》,第18册,中华书局1987年版,第5716页。

医卜、字义音韵歌曲，无不手自裁定，勒为成书。在长安与坚中西洋专家反复辩论，群皆叹服”。后“归里居，恒端坐一室。左史右图而外。若声色货利、征逐游观之乐，去之若浼菽粟布被无异”[①]。

（三）汪继昌

汪继昌（1617—1683）　字征五，号悔岸。钱塘县人。清“顺治六年进士，累官广东琼州知府，擢广西左参议……乞假归，补湖广按察司副使”[②]。“官湖广下江防兵备道。著有《悔岸诗集》。”[③]

汪氏归里后，以收藏古籍、金石及书画为乐，汪氏好藏书，其藏书故实，顾景星称，其“既解官，浮家汉上，绝口不谈时务，布袍盛榼，往来山水。酷嗜书，集古金石文，日仿数纸，长于尺牍，并工诗，不以示人。居汉滨二十二年，而门无杂客”[④]。

（四）严　沆

严　沆（1617—1678）　字子餐，一字少卿，号颢亭，别号皋园、禹航学人，余杭人。“顺治十三年进士，授庶吉士，改兵科给事中，历户、刑、礼科给事中。十四年，充山东考官，故事，圣裔无举者，四氏子不得独隽。沆疏请，得每科举二人，着为令。是年江南科场舞弊，各省举人皆复试，惟山东奉旨不必复试。康熙初，擢吏科掌印给事中。”[⑤]“历升太仆少卿、佥都御史，擢副都御史。逾年，任总督仓场、户部右侍郎，乞养母归。”[⑥]严沆“幼读书，以孝闻。为诗古文，浸沉六经、史、汉，为西泠十子之冠。”“所著有《北行日录》二卷、《皋园诗文集》四卷、《奏疏》十二卷”[⑦]。严沆“敛退谦抑，虽跻九列，不殊寒素。有讥弹其诗者，应时改定。远近称为德人。著有《古秋堂集》《燕堂诗集》《皋园集》”[⑧]。又善书画，有《留山堂图》，后人评价较高。生平事迹参见《清史稿》卷四百八十四《列传二百七十一・严沆传》及李元度《国朝先正事略》卷四十《文苑・严沆传》。

---

① （清）姚礼撰辑，周膺、吴晶点校：《郭西小志》卷十《胡励斋》，浙江工商大学出版社2013年版，第186—187页。

② （清）陈璚修，（清）王棻纂；屈映光续修，陆懋勋续纂；齐耀珊重修，吴庆坻重纂：《民国杭州府志（三）》卷一百三十五《仕绩》，见《中国地方志集成・浙江府县志辑》（3），江苏古籍出版社1991年版，第292页。

③ （清）阮元、杨秉初辑，夏勇等整理：《两浙輶轩录补遗》卷一《汪继昌》，浙江古籍出版社2012年版，第2996页。

④ （清）顾景星撰：《汪公继昌家传》，见（清）钱仪吉纂：《碑传集》卷七十八《国初监司下・汪继昌》，第7册，中华书局1993年版，第2239页。

⑤ （清）陈璚修，（清）王棻纂；屈映光续修，陆懋勋续纂；齐耀珊重修，吴庆坻重纂：《民国杭州府志（三）》卷一百二十五《名臣三・严沆》，见《中国地方志集成・浙江府县志辑》（3），江苏古籍出版社1991年版，第125页。

⑥ （清）阮元、杨秉初辑，夏勇等整理：《两浙輶轩录》卷一《严沆》，浙江古籍出版社2012年版，第22页。

⑦ （清）阮元《严侍郎沆传》，见（清）钱仪吉纂，靳斯标点：《碑传集》卷十八《康熙朝部院大臣上之下・严沆》，第2册，中华书局1993年版，第579—580页。

⑧ （清）姚礼撰辑，周膺、吴晶点校：《郭西小志》卷四《皋园》，浙江工商大学出版社2013年版，第72页。

严沆雅好藏书，在杭州泥桥购得明金学曾别业金衙庄[1]，改称皋园。《郭西小志》载：皋园“一名奉母园，严颢亭司农奉母处也。又名城曲茅堂。原名金衙庄，明金中丞学曾别业。严氏割其半为皋园，中有梧月楼、沧浪书屋、跨溪、小太湖、墨琴堂、绿雪轩、芙蓉城、怡云亭诸生。颢亭名沆，字子餐，余杭人，顺治乙未进士，官户部侍郎”[2]。皋园中有清校阁为严沆藏书、读书、校书之所，编有《清校阁书目》十二卷，已佚。丁申记云：“余杭有三严先生者：长调御、次武顺、次敕明，嘉靖乙未进士，太常大纪之子也，最有名。三严各有才子，曰渡、曰津、曰沆，亦曰三严，而沆之名又著。沆字子餐，号颢亭。顺治乙未进士，由庶常拜谏官，历官户部侍郎。”“太常始居杭州，今呼为严衙衖者，旧第在焉。其后侍郎又割泥桥前明金中丞学曾别业之半为皋园，以志皋鱼之痛。有梧月楼、绿雪轩小太湖诸胜。宋荔裳、施愚山皆有题咏。若清校阁则藏书万卷处也。”[3]查义《选佛诗传》云：“先生善画，当为稽留山作《留山堂图》五，越月始成。筑别业曰皋园，中有清校楼，藏书万卷。又有丁公池，宋先贤故址也。诸子分居省城。康熙中，同日被火，先生文集遂无孑遗。今所传诗，皆从选得。”[4]可见严氏所藏万卷之书，于康熙年间遭火尽毁，其后人严鸥《题吕东莱大事记》有句云：“清校楼遗书，散失不可复。仅存目十二，怅触酸心腹。以知当日之所藏矣。”[5]

藏书印有子餐、颢亭等。

（五）杨雍建祖孙三进士

杨雍建（1627—1704）　字自西，号以斋，“海宁人，嘉兴籍，以府学生入太学，顺治十二年进士，知广东高要县”[6]。擢兵科给事中，“寻自刑科都给事中，累擢左副都御史。十八年，典会试，授贵州巡抚。疏请立营制，减徭役，招集流亡，禁革私派”。“二十三年，召授兵部侍郎。寻以亲老乞终养，许之。四十三年，卒，赐祭葬”[7]。所撰“有《黄门疏小稿》二卷、《抚黔奏疏》八卷、《政学编》一卷、《景疏楼诗文》十卷、《自怡集》一卷”[8]。其“生平一话一言，必准于古，和而介，刚而无谑，故风节独高一

---

① 按：金衙庄在今杭州解放路东端与环城东路交汇处，20世纪50年代尚存，后因拓路拆除。今路中古樟即为衙庄故物。明清时衙庄为杭州城东八景之一“太湖垂钓”。清人称其杭州园林之最。

② （清）姚礼撰辑，周膺、吴晶点校：《郭西小志》卷四《皋园》，浙江工商大学出版社2013年版，第72页。

③ （清）丁申著：《武林藏书录》卷下《皋园清校阁》，古典文学出版社1957年版，第55—56页。

④ （清）阮元、杨秉初辑，夏勇等整理：《两浙輶轩录》卷一《严沆》，浙江古籍出版社2012年版，第22页。

⑤ （清）丁申著：《武林藏书录》卷下，古典文学出版社1957年版，第56页。

⑥ （清）陈璚修，（清）王棻纂；屈映光续修，陆懋勋续纂；齐耀珊重修，吴庆坻重纂：《民国杭州府志（三）》卷一百二十五《名臣三》，见《中国地方志集成·浙江府县志辑》（3），江苏古籍出版社1991年版，第124页。

⑦ 赵尔巽等撰：《清史稿》卷二百七十四《列传六十一·杨雍建传》，第33册，中华书局1977年版，第10045页。

⑧ （清）王彬修，（清）徐用仪纂：《光绪海盐县志》卷十六《人物传》，见上海书店出版社编：《中国地方志集成·浙江府县志辑》（21），上海书店出版社2011年版，第866页。

时"[①]。以耿直敢谏、声震朝野著称。顺治十七年(1661),上书奏请严禁结社订盟,促使明清之际盛极一时的党社运动顿遭扼杀,"历三垣三载,疏前后三十上,尝一日而上九疏,于天下事独能见其大。新城王文简公称公为本朝谏官第一"[②]。戴璐曰:"黄门初上《谏猎疏》,又上《天变修省疏》,皆开天下大计,声震一时,王渔洋称为本朝谏官第一。"[③]生平事迹参见朱彝尊《光禄大夫兵部左侍郎杨公雍建神道碑铭》、《清史列传》卷六《杨雍建传》。

查慎行言:杨氏"先世自将乐迁居海宁,至司马公而族望始著。司马公讳雍建,字以斋,顺治乙未进士,历官兵部左侍郎"[④]。雍建性喜藏书,《中国藏书家通考》载其孙杨守知,"治学以诗名一时,书画皆能入品,平生嗜古,继承祖父旧有藏书,复又聚书万卷"[⑤]。据此推测杨氏家族藏书应始于杨雍建,惜其藏书详情无考。

杨忠讷(1649—1719)　杨雍建子。亦称中讷,字端木,号晚轩,海宁人。康熙十六年(1677)顺天丁巳科乡试,"康熙辛未二甲第一名进士,授编修,典试河南,升中允,出试江南学政。著《丛桂集》"[⑥]及《芜城校理集》《春帆别集》《药房心语》《拙宜唱和集》等。康熙间,尝与翰林彭定求、沈三曾、潘从律、汪士鋐、徐树本、车鼎晋、汪绎、查嗣瑮、俞梅等十人奉敕编修与校刊《全唐诗》。全书共九百卷,录唐代诗人2200多家,录诗48900多首,是部资料丰富、收罗甚为完备、规模空前的诗歌总集。生平事迹参见《国朝先正事略》卷四《名臣·杨忠讷传》、《光绪海盐县志》卷十六《杨中讷传》。

杨中讷"尝从黄宗羲游,尤深《易》《春秋》,入翰林典试河南,视学江左,归筑拙宜园于海盐,与许汝霖、查慎行、陈勋修香山洛社故事"[⑦]。《两浙輶轩录》载:杨中讷"试学江南,既罢官,筑园于武原,曰拙宜,与尚书许汝霖、编修查慎行、御史陈勋修香山洛社故事,赋诗饮酒于其间"。"学诗于朱彝尊,学书于范骧,各臻其奥,至今楮墨

---

① (清)李元度著,易孟醇点校:《国朝先正事略》卷四《名臣·杨侍郎雍建》,岳麓书社1991年版,第95页。

② (清)李元度著,易孟醇点校:《国朝先正事略》卷四《名臣·杨侍郎雍建》,岳麓书社1991年版,第93页。

③ (清)阮元、杨秉初辑,夏勇等整理:《两浙輶轩录》卷二《杨雍建》,浙江古籍出版社2012年版,第122页。

④ (清)查慎行撰,张玉亮、辜艳红点校:《查慎行集》第七册《敬业堂文集》下《敕授承德郎原任詹事府右春坊中允兼翰林院编修晚研杨先生墓志铭并序》,浙江古籍出版社2014年版,第133页。

⑤ 李玉安、黄正雨编著:《中国藏书家通典·清》,中国国际文化出版社2005年版,第371页。

⑥ (清)阮元、杨秉初辑,夏勇等整理:《两浙輶轩录》卷十一《杨中讷》,浙江古籍出版社2012年版,第821—822页。

⑦ (清)陈璚修,(清)王棻纂;屈映光续修,陆懋勋续纂;齐耀珊重修,吴庆坻重纂:《民国杭州府志(三)》卷一百二十五《名臣三》,见《中国地方志集成·浙江府县志辑》(3),江苏古籍出版社1991年版,第125页。

流传，人共宝之”[①]。《海宁州志稿》称中讷“读书外无他嗜好”，“湛深经术而尤精于《易》《春秋》，诗古文词各臻其妙，书模晋唐于纵横中具有法度”[②]。查慎行言：“余与先生同邑，长同学，仕于朝，以后进同官，老又同归田里，以余之迂疏无似，惟先生知之独沈，则世之知先生者，固宜莫余若也，虽不文，其敢辞？穷窥自壮及老，无非读书之时。自入仕讫归休，无非读书之地。故于书无所不读，而最深于经。于经无所不穷，而尤精于《易》《春秋》。”[③]

其藏书处拙宜园，曾书写楹联云：“家酝满瓶书满架，山花如秀草如茵。”[④]此联自喻自己家居生活中有诗、书、酒与美景相伴的闲适惬意，其中“书满架”反映其藏书亦富。

杨中讷有“子二，长即守知，庚辰科进士，历任陕西平凉府知府”[⑤]。

杨守知（1669—1730）　杨雍建孙。字次也，号致轩，别号晚研、稼亭、意园。海宁人。“中讷子。康熙庚辰进士”[⑥]，官平凉知府。“成进士后，历官平凉知府，以事左迁，终中河通判[⑦]。其擅长治理河道，曾权治河南河道事，为官深得民心，离任之时，百姓送匾称之曰“禹之传人”。著有《致轩集》二十卷。生平事迹参见《国朝先正事略》卷四《名臣·杨守知传》。

杨守知“工诗，与归安沈澍本、平湖陆奎勋、嘉善柯昱称‘浙西四才子’。咏物诗颇多佳句”[⑧]。“海宁诗派自陆辛斋、朱岷左父子、查韬荒为国初眉目，至初白、查浦兄弟，以五七字冠冕一时。致轩从诸人游，虽别自成家，而渊源可考”[⑨]。又雅好藏书，《海宁州志稿》卷二十九载，其“平生嗜古，承祖父之绪，聚书万卷，目数行下负诗

---

① （清）阮元、杨秉初辑，夏勇等整理：《两浙輶轩录》卷十一《杨中讷》，浙江古籍出版社 2012 年版，第 822 页。

② （清）李圭修，（清）许传霈纂；刘蔚仁续修，朱锡恩续纂：《民国海宁州志稿》卷二十九《人物志·文苑·杨中讷》，见上海书店出版社编：《中国地方志集成·浙江府县志辑》（22），上海书店出版社 2011 年版，第853 页。

③ （清）查慎行撰，张玉亮、辜艳红点校：《查慎行集》第七册《敬业堂文集》下《敕授承德郎原任詹事府右春坊中允兼翰林院编修晚研杨先生墓志铭并序》，浙江古籍出版社 2014 年版，第 133 页。

④ （清）吴石潜缩摹，郭亚南等注释：《明清名家楹联集萃》，华夏出版社 2004 年版，第 55 页。

⑤ （清）查慎行撰，张玉亮、辜艳红点校：《查慎行集》第七册《敬业堂文集》下《敕授承德郎原任詹事府右春坊中允兼翰林院编修晚研杨先生墓志铭并序》，浙江古籍出版社 2014 年版，第 136 页。

⑥ （清）阮元、杨秉初辑，夏勇等整理：《两浙輶轩录》卷十《杨守知》，浙江古籍出版社 2012 年版，第 754 页。

⑦ （清）阮元、杨秉初辑，夏勇等整理：《两浙輶轩录》卷十《杨守知》，浙江古籍出版社 2012 年版，第 754 页。

⑧ （清）阮元、杨秉初辑，夏勇等整理：《两浙輶轩录》卷十《杨守知》，浙江古籍出版社 2012 年版，第 754 页。

⑨ （清）阮元、杨秉初辑，夏勇等整理：《两浙輶轩录》卷十《杨守知》，浙江古籍出版社 2012 年版，第 754 页。

名，书画亦皆入能品”[①]。

（六）陈　论

陈　论（生卒年不详）　字丙斋，又字谢浮，号酉斋，“海宁人。顺治辛丑进士，甲辰选翰林院，历侍讲学士、副都御史，晋刑部侍郎。文学侍从三十余年，迁风纪之任。风度端凝，主试中州，所拔皆寒畯，揭晓日虽下第者，无不心折”[②]。以刑部侍郎致仕归，入祀乡贤，著有《归田录》。生平事迹参见《雍正浙江通志》卷一百七十八《文苑一 · 陈论传》及《杭州府志》卷一百二十五《名臣三 · 陈论传》。

其父陈之问，“字令升，号简斋，海宁人。陈氏科名冠两浙，而之问独不以华膴为念。好读书，自六经、三史以下，八家之集，唐宋之诗，丹铅殆遍。高会广坐，有所征引，长篇累牍，应口吟诵，以架上书覆之，不错一字。于书画古奇器，赏鉴精绝”[③]，可见陈氏家中藏古籍、名画及鼎彝亦甚富。陈论承其家风，雅好藏书，其藏书亦富，藏书处为春草堂。据《历代藏书家辞典》载，明刊本《何氏语林》三十卷，卷内有“春草堂”“谢浮父”“陈论”三印。

（七）俞　珄

俞　珄（约1630—？）　字吉人，号望屺，余杭人。俞“嘉言从子。初生时其母梦魁光绕室，因名曰魁。性介不随时俗，善读书，潜心性理大全，注疏诸书。顺治甲午领乡荐，与乙未状元史大成同门，一时有得人之誉。辛丑成进士，释褐得长沙令，有吏才，不畏强御，兴革皆独断，廉洁自持，上游咸称云如俞长沙，真不愧四知者”[④]。《两浙輶轩录》卷三有其传。

俞氏雅好藏书，归里后，家居“键户谢客，筑小楼，多蓄书史以为乐，后所藏书毁于火，郁郁不得志而卒”[⑤]。

（八）赵　昕

赵　昕（生卒年不详）　“字雍客，号雪嵊，余杭人。顺治辛丑进士，官嘉定知县”[⑥]，卒于官。工诗，著有《永和楼集》。

赵昕好藏书，藏书颇富，藏书室名为永和楼。《余杭县志》载：“性耽山水，时与

---

① （清）李圭修，（清）许传霈纂；刘蔚仁续修，朱锡恩续纂：《民国海宁州志稿》卷二十九《人物志文苑 · 杨守知》，见上海书店出版社编：《中国地方志集成 · 浙江府县志辑》（22），上海书店出版社2011年版，第854页。

② （清）嵇曾筠、李卫等修，（清）沈翼机等纂：《雍正浙江通志》（四）卷一百七十八《人物六 · 陈论传》，浙江省地方志编纂委员会编：《中国地方志集成 · 省志辑 · 浙江》（6），凤凰出版社2010年影印本，第677页。

③ （清）嵇曾筠、李卫等修，（清）沈翼机等纂：《雍正浙江通志》（四）卷一百七十八《人物六 · 陈之问传》，浙江省地方志编纂委员会编：《中国地方志集成 · 省志辑 · 浙江》（6），凤凰出版社2010年影印本，第675页。

④ （清）张吉安修，朱文藻纂：《余杭县志》卷二十七，（台湾）成文出版社1970年版，第399页。

⑤ （清）张吉安修，朱文藻纂：《余杭县志》卷二十七，（台湾）成文出版社1970年版。

⑥ （清）阮元、杨秉初辑，夏勇等整理：《两浙輶轩录》卷三《赵昕》，浙江古籍出版社2012年版，第252页。

名纳相过从。家有永和楼，藏书甚富，遭洪水漂没。”①

（九）何裔云

何裔云（生卒年不详）　字令名，号曾园，钱塘人。清“康熙丙辰进士，授内阁中书，改桂东知县，行取主事”。“请假归，杜门著书，不复出。曾园及子癸卯进士玉梁，皆以时文名世。孙陈调，丁巳进士”②。工诗文，善画，亦颇具画名，著《秋水堂诗集》。事迹参见《民国杭州府志》卷一百三十五《仕绩》。

何裔云于桂东县任上，曾“复开学舍，置书籍，遂闻弦诵声”③。《雍正浙江通志》称：桂东知县何裔云重视教育，因“邑无书籍，因发箧出所携经史诸书，召诸生晓文义者授之，辟学舍，聚徒讲习，请留贮学租佐膏火，邑中户闻弦诵声”④。曾有诗《楚江十二首》，诗中有“摊书数卷对焚香”“古剑奇书载一航”句⑤，又有“秦淮有书札，频寄到山城”⑥。可见亦好藏书，其藏书故实未见其他文献记载。

（十）许汝霖祖孙三进士

许汝霖（1638—1720）　原名汝龙，字时庵，号且然。海宁硖石人。唐睢阳太守许远之后裔，日章⑦子。汝霖“天性孝友，中康熙壬戌进士，选庶吉士，历赞善。督江南学政，厘正文体，整饬士风，所取试卷，脍炙人口，公明之声彻于远近。升工部侍郎，历户、礼两部侍郎，晋礼部尚书。予告归”。汝霖“未第时，四方生徒负笈从游。及典试四川，督学江左，癸未科为会试总裁，衡鉴不爽铢黍。在江南考试事竣，辄置酒君山，大会诸生，布席分题，或诗或赋，各展所长，至今传为盛事。所著有《德星堂文集》十二卷，诗集五卷，行世”⑧，又著有《易经说》《河工集》《四书大观》《钝翁文钞》《国朝三家文钞》。生平事迹参见《清史列传》卷十二《许汝霖传》及《两浙輶轩录》卷十一《许汝霖传》。

---

① （清）张吉安修，朱文藻纂：《余杭县志》卷二十七，（台湾）成文出版社1970年版，第399页。

② （清）阮元、杨秉初辑，夏勇整理：《两浙輶轩录》卷八《何裔云》，浙江古籍出版社2012年版第569页。

③ （清）陈璚修，（清）王棻纂；屈映光续修，陆懋勋续纂；齐耀珊重修，吴庆坻重纂：《民国杭州府志（三）》卷一百三十五《仕绩》，见《中国地方志集成·浙江府县志辑》（3），江苏古籍出版社1991年版，第297页。

④ （清）嵇曾筠、李卫等修，（清）沈翼机等纂：《雍正浙江通志》（四）卷一百六十七《人物三·何裔云》，浙江省地方志编纂委员会编：《中国地方志集成·省志辑·浙江》（6），凤凰出版社2010年影印本，第505页。

⑤ 引李雅主编.：《古人咏郴州·何裔云》，花城出版社2010年版，第345页。又有何裔云自注：“桂东为楚边邑，余莅任二载。百姓颇安拙政。岁丁卯，有事鄂州，抚时追昔，履境伤怀，述陈迹以摅幽抱。得诗十二首，归示父老，由湘涉楚江命篇。”

⑥ （清）阮元、杨秉初辑，夏勇整理：《两浙輶轩录》卷八《何裔云》，浙江古籍出版社2012年版，第570页。

⑦ 按：许日章，字昆生，汝明、汝益、汝稷、汝垂、汝夔、汝霖父。经史成诵，有义行。赠光禄大夫、礼部尚书。

⑧ （清）嵇曾筠、李卫等修，（清）沈翼机等纂：《雍正浙江通志》（四）卷一百七十八《人物六·虞淳熙》，浙江省地方志编纂委员会编：《中国地方志集成·省志辑·浙江》（6），凤凰出版社2010年影印本，第677页。

许汝霖“读书根柢六经，旁及子史，故发为文章，词醇理正”[①]。特别归里后，筑也园于东南湖，为读书、藏书、著述退养之处。藏书处有也园、德星堂。《海宁市志》载：“也园，位于今硖石镇东南河街，为清康熙二十一年进士许汝霖所建，所藏典籍后传于其孙许焞。”[②]“也园所藏典籍颇丰。所藏单宋元未刻之集就达 110 种。”[③]并在家乡创办东山书院，利用家中藏书，集当地文人学士讲学课艺以终。

许惟楷（1667—1744） 许汝霖从子。字端平，号宜斋。海宁人。清康熙四十四年（1705）举人，“康熙乙酉、丙戌联捷进士。兄惟枫病殁，力肩抚孤，遂息意仕进”[④]。著有《史端》《漱芳诗稿》等。

许惟楷亦好藏书，藏书颇富，其藏书处为一可堂。辞官归里后，“闭门矻矻，手不释卷，蓄书一可堂中，丹黄无虚帙。晚年文益简奥，史断百篇，不随人毁誉，诗亦畦径自辟”[⑤]。《海宁市志》载，“一可堂，为清康熙四十五年进士许惟楷所建，其子许勉焕扩建”[⑥]。许勉焕，字陶初，海宁人。惟楷子。藏书处一可堂，惜藏书书目失载。《海宁州志稿·孝友传》记：许勉焕，“父惟楷构一可堂于室西偏，广蓄典籍。勉焕复扩充之，邑中号藏书家。常取古今医学葬经编排手纂，成《名医类案》一百二十卷、《平详纂要》十卷”[⑦]。

许　焞（1696—1766） 许汝霖孙。字醇夫，号慕迂，海宁人。“宗伯汝霖孙，馆卿惟模子。幼秉奇姿，日诵数千言，稍长即能以余力作诗古文词，尤喜读洛闽书，慨然有志于圣贤之学，年十五补博士弟子，逾岁康熙辛卯即隽贤书，屡上公车，迨癸卯始捷南宫，改庶常，旋授编修”[⑧]。不久，辞官乞归，遂不出。许焞“官编修时，会直隶大水，奉命往保定督赈，驻雄县数月，活饥民二万余户。邑士能文者来谒，因材教

① （清）嵇曾筠、李卫等修，（清）沈翼机等纂：《雍正浙江通志》（四）卷一百七十八《人物六·虞淳熙》，浙江省地方志编纂委员会编：《中国地方志集成·省志辑·浙江》（6），凤凰出版社 2010 年影印本，第 677 页。

② 《海宁市志》编纂委员会：《海宁市志》之《第二十七编文化·私人藏书》，汉语大辞典出版社 1995 年版，第 977 页。

③ 李玉安、黄正雨编著：《中国藏书家通典·清》，中国国际文化出版社 2005 年版，第 392—393 页。

④ （清）李圭修，（清）许传霈纂；刘蔚仁续修，朱锡恩续纂：《民国海宁州志稿》卷二十九《人物志·文苑·许惟楷》，见上海书店出版社编：《中国地方志集成·浙江府县志辑》（22），上海书店出版社 2011 年版，第 855 页。

⑤ （清）李圭修，（清）许传霈纂；刘蔚仁续修，朱锡恩续纂：《民国海宁州志稿》卷二十九《人物志·文苑·许惟楷》，见上海书店出版社编：《中国地方志集成·浙江府县志辑》（22），上海书店出版社 2011 年版，第 855 页。

⑥ 《海宁市志》编纂委员会：《海宁市志》之《第二十七编文化·私人藏书》，汉语大辞典出版社 1995 年版，第 977 页。

⑦ 吴晗撰：《江浙藏书家史略》，中华书局 1981 年版，第 76 页。

⑧ （清）李圭修，（清）许传霈纂；刘蔚仁续修，朱锡恩续纂：《民国海宁州志稿》卷二十九《人物志·文苑·许焞》，见上海书店出版社编：《中国地方志集成·浙江府县志辑》（22），上海书店出版社 2011 年版，第 857 页。

之”①。著有《学稼轩诗文集》等十数种。

许焞归里后，闭户读书，肆力于诗古文辞。又好藏书，《海昌艺文志》卷十称：“自其祖汝霖以来藏书甚富，而焞尤笃嗜，搜拾遗文，故所藏宋元未刻之集多至百十种，尝汇辑汉唐以下迄于清代之诗、文各五十卷，卷百叶名曰《文海》《诗海》，手自丹黄而甲乙之，可谓勤矣。”②“藏书处‘叙楼’‘慕迂斋’，另有‘学稼轩’。”③《海宁市志》载：“学稼轩位于今海宁硖石东南河街，为清雍正元年进士许焞所建。许笃嗜典籍，披拾遗文，所藏宋元未刻之集多至百十种，又汇辑汉唐以下诗文各五十卷。纂有《学稼轩书目》三册”④，记载从他祖父许汝霖藏书以来所有图书。许焞尤好抄书，如《顾氏小石山房书目》有其手校旧抄本《南渡录》一卷、李盛铎木犀轩有其旧抄本《宾退录》十卷、旧抄本《胡仲子文集》十卷等。还抄有《说部新书》三十二种四十六卷等。

藏书印有许焞收藏、个是醇夫手种田、许焞考藏、长茎苦叶平生志等。

（十一）汪　煜

汪　煜（生卒年不详）　钱塘人，“字寓昭。父赓，顺治辛丑进士。煜少好武，挽强控马，胆力过人。后折节读书，披擿无虚日，行文兀傲，自成一家言。尤工诗，闲谈古雅。康熙乙丑进成士，授贵州镇远县。县故古大田溪峒，多苗民，难治，煜驭之有方。戊寅，擢吏科给事中，掌登闻院。在职未久，前后疏凡六上，号称敢言。煜初席丰饶，以锐学不问生产，家遂中落，及官黄门，无儋石储。卒之日，同官助殡焉。所著有《同岑草》《愿学堂集》《南归北征录》及《平斋偶存》诸稿”⑤。生平事迹参见《两浙輶轩录补遗》卷二《汪煜传》。

汪煜亦多藏书，其藏书故实见于《郭西小志》，其志载：汪氏“复园旧名北园，在城北谁庵侧，汪黄门煜之所居也。煜字禹贻，一字平斋，钱塘人，乙丑进士，官吏科给事中。幼颖悟，授书一通即能暗诵。稍长属意武事，挽弓盘马。年十八感激自奋，键户绝迹，挟册而咿唔者凡三历寒暑。家故多藏书，沉浸探讨，抉摘无余。既而忽入微悟，屏弃一切，澄思默观，恍然若有所得。由是发为文章，根极理要。尤工于诗，闲谈古雅，兼入唐宋之奥”。“黄门有子无人，季子名台，字抱朴，官天台县训导，汤西崖少宰之婿也。少承庭训，得外舅指授，故诗有宗旨。尝欲购园亭以承先人之志，后尽赎

---

① （清）阮元、杨秉初辑，夏勇等整理：《两浙輶轩录》卷十九《许焞》，浙江古籍出版社 2012 年版，第 1352 页。

② 吴晗撰：《江浙藏书家史略》，中华书局 1981 年版，第 75 页。

③ 李玉安、黄正雨编著：《中国藏书家通典·清》，中国国际文化出版社 2005 年版，第 392 页。

④ 《海宁市志》编纂委员会：《海宁市志》之《第二十七编文化·私人藏书》，汉语大辞典出版社 1995 年版，第 977 页。

⑤ （清）嵇曾筠、李卫等修，（清）沈翼机等纂：《雍正浙江通志》（四）卷一百七十八《人物六·汪煜》，浙江省地方志编纂委员会编：《中国地方志集成·省志辑·浙江》（6），凤凰出版社 2010 年影印本，第 677—678 页。

北园废圃重加修葺，遂得复还旧观，名曰‘复园’，即以自号。时与顾月田、金江声、周穆门、厉樊榭、朱鹿田诸前辈共联吟社，会于湖上”①，一时推极盛焉。《武林街巷志》载：同井巷昔有北园，《康熙府志》：“北园在天水桥，宋福王别业，今废。”“后汪台购入加以整修，改名复园。汪台，字复园，人称抱朴先生，为进士汪赓之孙，吏科汪煜之子，岁贡生，天台县教谕。一时名士常相过从”②。

（十二）查昇祖孙进士

查　昇（1650—1707）　榜姓丘。字仲韦，一字汉中，又字声山，海宁人。“先世由新安迁海宁之东乡里，因家焉。”“公少而颖异，读书一再过辄成诵，奉直公家贫。不能具束修延师，凡经史及制艺咸自课之。伯兄明经长十余年，从质疑义，文章法度尽以父兄为师友焉。年十八馆餐课业，自是夜以继晷，学讫大成，举丁卯乡试”③，“康熙戊辰科进士，选庶吉士，授编修。己卯江西主考，寻直内廷，分纂诸书，搜葺校雠，恒至夜分不寐。凡有御制御书，必命昇观览，而昇所进书诗，一一称旨。历谕德、侍读、庶子，晋少詹侍讲学士，宠锡稠叠”④。“时中贵人有气焰者，昕夕衔命至，君接之无加礼，人服其品”⑤。因其办事谨慎勤敏，备受器重，屡扈巡幸。查昇品行高洁，“诗笔清丽。尤工书，似董其昌”⑥。其“书法得董文敏之神，小楷尤精妙绝伦，入吴兴之室。圣祖屡称赏之。迭蒙书画及御笔之赐”⑦。康熙亲赐书、画、笔、砚，及“赐第西华门，御题其堂曰‘澹远’。又赐其父祠曰‘嘉瑞堂’。随驾幸浙，陈奏曾祖母许苦节，得赐‘节孝流徽’额”⑧。《浙江通志》赞查昇“负诗文盛名，尤工书法，片楮只字，人争宝贵”⑨。所著有“《姓氏谱》《静学斋诗稿》《尺牍偶存》《前扈从诗》《南巡五

---

① （清）姚礼撰辑，周膺、吴晶点校：《郭西小志》卷四《汪氏复园》，浙江工商大学出版社 2013 年版，第 82—83 页。

② 项永丹主编：《武林街巷志·同井巷》，杭州出版社 2008 年版，第 120 页。

③ （清）徐倬《詹事府少詹事查公墓志铭》，见洪永铿、贾文胜、赖燕波著：《海宁查氏家族文化研究》附录二《查氏家族人物传记资料》，浙江大学出版社 2006 年版，第 244 页。

④ （清）嵇曾筠、李卫等修，（清）沈翼机等纂：《雍正浙江通志》（四）卷一百七十八《人物六·查昇》，浙江省地方志编纂委员会编：《中国地方志集成·省志辑·浙江》（6），凤凰出版社 2010 年影印本，第 678 页。

⑤ （清）李元度著，易孟醇点校：《国朝先正事略》卷四十《文苑·查昇》，岳麓书社 1991 年版，第 1092 页。

⑥ 赵尔巽等撰：《清史稿》卷四百八十四《列传二百七十一·查慎行查昇传》，第 44 册，中华书局 1977 年版，第 13367 页。

⑦ （清）叶衍兰著，谢永芳校点：《叶衍兰集》之《清代学者象传·查昇》，上海古籍出版社 2015 年版，第 217 页。

⑧ （清）李圭修，（清）许传霈纂；刘蔚仁续修，朱锡恩续纂：《民国海宁州志稿》卷二十九《人物志·文苑·查昇》，见上海书店出版社编：《中国地方志集成·浙江府县志辑》（22），上海书店出版社 2011 年版，第852 页。

⑨ （清）嵇曾筠、李卫等修，（清）沈翼机等纂：《雍正浙江通志》（四）卷一百七十八《人物六·查昇》，浙江省地方志编纂委员会编：《中国地方志集成·省志辑·浙江》（6），凤凰出版社 2010 年影印本，第 678 页。

瑞诗》《塞北纪恩赋》。书法有《孝经》《兰亭考》《山居篇》《感应篇》刻石，余未刻”①。生平事迹参见清陈元龙《查宫詹墓表》、《清史列传》卷七十一《查昇传》及李元度《国朝先正事略》卷四十《文苑·查昇传》。

查昇亦富藏书，多宋椠旧钞，如宋刘仲吉刻本《类编增广黄先生大全文集》五十卷，有“沈廷芳、黄丕烈、荛夫、甫翁、百宋一廛、汪士钟、汪振勋、查昇”等各印②，是书递藏有绪，甚为珍贵；南宋刊本《黄山谷集》，“凡五十册，仁和沈椒园侍郎廷芳曾藏之。各册有‘查昇之印’‘仁和沈廷芳字畹叔，一字茮园，古柱下史’‘古杭忠清里沈氏隐拙斋藏书，购此书甚不易，遗子孙，弗轻弃’等印。椒园为查声山宫詹外孙，是书世无二本，乃查所藏而移于沈者也”③。校旧钞本《周此山诗集》四卷，有黄丕烈跋云：“《周此山诗集》二册，得诸余姻五砚楼，箧藏之久矣。顷书贾携秀野草堂所藏钞本求售，取对旧藏，知有脱落，拟收之，而议直未果。……前有‘海宁查声山名昇印’，又有‘顾印’‘嗣立侠君’二图记，末有‘闾丘小圃’‘秀野草堂顾氏藏书印’两章。”④手书《觉罗柯尔昆传》一册，首题有“日讲、起居注、詹事府詹事、海宁查昇谨书”等题字，有“查昇之印”“声山翰墨”等印⑤。又手稿《海宁查昇及子昌洵奏稿底稿本》一册，王欣夫跋云：“清海宁查昇、查昌洵⑥手写本。此查声山父子楷书奏稿底本，合装一册。声山以翰林入直南书房，官至少詹事，终身为文学侍从之臣。”⑦查昇亦好抄书，和查慎行得树楼藏书往借传抄，钞本有数种。钞本有：清陆奎勋辑《八代诗揆》一卷，《中国古籍善本书目》著录；宋郑伯熊《郑敷文景望书说》一卷，李来章《觉罗柯尔昆传》一卷，张玉书《绥德马如龙墓志铭》一卷等，《中国古籍版刻辞典》著录。

其藏书处为澹远堂、静学斋。

藏书印有查昇之印、声山翰墨、查声山章、海宁查声山名昇、臣昇、声山、吴下阿昇、一字仲韦、云亭、幻墨、石漾主人查仲韦、行藏独倚楼、仲韦一字声山、澹远堂图书印、澹远堂印、海宁查昇山图书等，另有一印为“门无剥啄松，影参差禽声上，下午睡初足”⑧。

关于查昇藏书散佚，因查氏家族遭文字狱，其藏书相继被查抄和典卖。乾隆二

---

① (清)徐倬《詹事府少詹事查公墓志铭》，见洪永铿，贾文胜，赖燕波著：《海宁查氏家族文化研究》附录二《查氏家族人物传记资料》，浙江大学出版社 2006 年版，第 246 页。

② 王文进撰，柳向春标点：《文禄堂访书记》卷第四，上海古籍出版社 2007 年版，第 288 页。

③ (清)徐珂编撰：《清稗类钞·鉴赏类·沈椒园藏宋刻黄山谷集》，第 9 册，中华书局 1986 年版，第 4234 页。

④ (清)黄丕烈著，屠友祥校按：《荛圃藏书题识》卷九，上海远东出版社 1999 年版，第 693 页。

⑤ 王欣夫撰，鲍正鹄、徐鹏标点整理：《蛾术轩箧存善本书录·甲辰稿》卷二，上海古籍出版社 2002 年版，第 1194 页。

⑥ 按：查昌洵，字且村，为查昇次子，官广东长宁知县。

⑦ 王欣夫撰，鲍正鹄、徐鹏标点整理：《蛾术轩箧存善本书录·甲辰稿》卷二，上海古籍出版社 2002 年版，第 1188 页。

⑧ 郑伟章著：《文献家通考》卷三《查昇》，中华书局 1999 年版，第 119 页。

十三年(1758)沈廷芳尝登澹远堂访查氏旧藏明钞《水经注》而不可得,获之书贾。

查　莹(1743—?)　字韫辉,号映山,别署竹南逸史、依竹居士,海宁人,寓居山东海丰。"原籍海宁,为声山曾孙,且村孙。迁山东海丰。乾隆三十一年丙戌进士"①,选庶吉士,散馆翰林院授编修,入四库馆为武英殿提调官。官文澜阁校理,吏部给事中,督贵州学政,科试苗疆。官至监察御史。

查莹继承其祖查昇藏书及书画,且精于鉴藏书画。性喜聚书,收藏图书颇富,"为乾隆间文献家。精鉴藏书画,日游琉璃厂延庆堂中"②,遇异书,必购至家,考校诸本,并题跋以记。藏其祖查昇手书《绥德马如龙墓志铭》一册,王欣夫跋云:"查昇以工书名,此志楷书精绝,神光四射。……旧经翁方纲、查莹收藏。多蓄名迹。姚衡《寒秀草堂笔记·幸福寺碑》跋云:'查映山侍御家世素封,收藏宏富。其嗣小山观察,于道光癸未岁,以亏公帑逮系。所藏书画图籍,一时散落、余得其宋椠宋拓极多。'然则能藏其先生遗墨为可尚也。有'苏斋墨缘'朱文方印,'查莹'龙虎白文方印,'映山珍藏'朱文方印,'戚'字朱文圆印,'荣寿之章'白文方印,'简庵审定'朱文长方印,'固始张氏镜菡榭印'白文长方印。"③缪荃孙《云自在龛随笔》载:"宋拓欧阳率更《醴泉铭》,查氏所藏宋拓本也,今归吾友屿桥工部。同首无一补字,完美可喜,与余家所蓄吴县缪氏本正同。懿荣半生所见此碑宋拓,不下五六十本。尚方所收为琦文勤家物,是有明库装。归安沈丈所藏,为宝鸡党氏本,皆北宋拓。小西安丈所藏,为诸城刘氏本,亦如之。至南海吴氏百衲本,内称有唐拓字者,谬也。屿桥属跋此本,并牵连记之。光绪乙未十月,懿荣记。此卷首有'查莹'名印,莹字映山,浙江海宁人,由吏科给事中督黔学。"④

查氏曾藏唐高闲《草书千字文卷》,是高闲⑤传世仅存的代表作,此卷宋米芾《宝章待访录》著录时尚未残缺,入元鲜于枢收藏,著《困学斋杂录》时已残缺,仅存后半卷。现藏上海博物馆。此卷钤印62枚:有元代鲜于枢之"箕子之裔",乔篑成之"乔氏篑成""乔氏真赏",有明代林佑之"林左民",清代卞永誉之"式古堂书画""式古堂书画印""式古堂""卞令之鉴定",安岐之"朝鲜人""安岐之印""安仪周家珍藏""安氏仪周书画之章",毕泷之"娄东毕氏家藏""毕涧飞珍藏印",查莹之"映山珍

---

① 王欣夫撰,鲍正鹄、徐鹏标点整理:《蛾术轩箧存善本书录·甲辰稿》卷二,上海古籍出版社2002年版,第1195页。

② 郑伟章著:《文献家通考》卷八《查莹》,中华书局1999年版,第409页。

③ 王欣夫撰,鲍正鹄、徐鹏标点整理:《蛾术轩箧存善本书录·甲辰稿》卷二,上海古籍出版社2002年版,第1195页。

④ 张小庄著:《清代笔记、日记中的书法史料整理与研究》,中国美术学院出版社2012年版,第731—732页。

⑤ 按:高闲,乌程(今湖州吴兴)人。约为唐宪宗元和至唐宣宗大中(806—859)时人。幼年出家开元寺,后入长安(今西安)荐福寺、四明寺为僧。书法学张旭,师怀素,擅草书。韩愈有赞其书法成就之《送高闲上人序》一文。宣宗(847—859)时,曾奉召在御前挥毫,得赐紫衣。

藏”“查映山氏收藏图书”，李滇之“李氏审定”“勤伯过眼”，宫尔泽之“宫尔泽审定”“农山欣赏”，沈秉成之“耦园至宝”，蔡世松之“蔡印世松”“听涛”“金陵蔡友石收藏图书”，景朴孙之“完颜景贤精鉴”，民国时有叶恭绰之“遐公”“叶恭绰”“莲社”“第一稀有”“番禺叶氏所藏”“番禺叶氏遐庵珍藏书画典籍之印记”“遐厂铭心之品”①。此外，尚有朱文花押“如庵秘籍”“邓郑靖观”“神品”“心赏”等。从印鉴和题跋所载，此卷曾为宋赵明诚，元鲜于枢、乔篑成，明方鸣谦，清卞永誉、安岐、毕泷、查莹、宫尔泽、沈秉成、蔡世松、景朴孙、叶恭绰等人收藏，由此亦可见其留传之端倪，可谓瑰宝也。又藏吴炳本《定武兰亭》，钤有“赐研堂图书印”“查莹之印”“竹南逸史”“依竹堂图书印”“映山珍玩”“查莹私印”等印，今藏于日本东京国立博物馆。

查莹收藏宋本、元本、钞本及明本亦多，其中以文集类为特色。尝从宋本抄写的《庆湖遗老诗集》九卷《拾遗》一卷《后集补遗》一卷，此为宋贺铸撰，有傅增湘跋语：“清写本，十行二十字。宋讳注庙讳御名，是从宋刊出者。钤有‘赐砚堂图书印’‘查氏映山珍藏图籍印’‘听雨楼查氏有谷赏图书’‘名余曰堂莹兮字余曰韫辉’‘依竹主人’‘北平翁方纲藏书印’。”②北宋刊小字本《说文解字》十五卷，“北宋真宗时刻本，间有南宋补刊之页，版心标‘重刊’二字，‘慎’字亦缺末笔。旧藏海虞毛氏、白堤钱氏、海宁查氏、独山莫氏。有‘毛扆之印’四字朱文、‘斧季’二字朱文小对方印，‘白堤钱听默经眼’七字朱文小长方印，‘吴越王孙’四字白文方印，‘慧海楼藏书印’六字白文大方印，‘莫友芝图书印’六字朱文长方印。盖历经名家藏庋，朱涂累累，更足为此书增色”③。宋刊宋印本《韵补》五卷，“序首有“‘慧海楼藏书印’六字白文大方印，卷五尾‘槚槚客印’四字白文方印，此为查映山编修印记”④。宋刻宋元递修本《陈书》三十六卷，此本钤有“礼部官书”“季振宜印”“沧苇”“慧海楼藏书印”诸印记，可知其流传有绪，今藏中国国家图书馆。元至正刊本《说文字原》一卷、《六书正讹》五卷，钤有藏印“名余曰莹兮字余曰韫辉”“映山鉴赏图书”“赐砚堂书画印”“慧海楼藏书印”⑤；元刊本《文粹》一百卷，查映山、刘麓樵旧藏。藏印有“查莹私印、圣雨楼查氏有圻赏图书、太史氏、海陵刘氏染素斋藏书印”⑥。旧钞《剡源集》，查映山太史藏书，附藏印“程万”“叶氏藏书”“听雨楼查氏有圻珍赏图书”“龙山查氏珍藏书

① 详见马承源主编：《上海文物博物馆志》之《第二章馆藏珍品》，上海社会科学院出版社 1997 年版，第 308—309 页。

② 傅增湘撰：《藏园群书经眼录》卷十三《集部二》，中华书局 1983 年版，第 1199 页。

③ （清）叶启勋《拾经楼紬书录》卷上，见湖南图书馆编：《湖南近现代藏书家题跋选》第 2 册，岳麓书社 2011 年版，第 12—13 页。

④ （清）叶启勋《拾经楼紬书录》卷上，见湖南图书馆编：《湖南近现代藏书家题跋选》第 2 册，岳麓书社 2011 年版，第 22 页。

⑤ 张元济《涵芬楼烬余书录》经部，见张元济著：《张元济全集》第 8 卷《古籍研究著作》，商务印书馆 2009 年版，第 222 页。

⑥ 张元济《涵芬楼烬余书录》集部《文粹》，见张元济著：《张元济全集》第 8 卷《古籍研究著作》，商务印书馆 2009 年版，第 440—441 页。

帖印记”“赐砚堂图书记查映山太史藏书”诸印①；明正德八年（1513）刻本《贾子》十卷，卷首钤有“翰林院典籍厅”及“查映山读书记”印②；明初刊本《剡源先生文集》六卷，钤有“查映山”印③；明弘治司礼监本《群书集事渊海》四十七卷，有“慧海楼藏书印”④；明写本《菽园杂记》十五卷，明陆容撰，存十一卷，钤有“慧海楼藏书印”⑤；明隆庆元年（1567）陈表撰及自刻本《奚囊琐言》四卷《艺苑钩玄》一卷，有“慧海楼藏书印”“璜川吴氏收藏图书”等印，今藏中山大学图书馆古籍善本室；明景泰间刻本《高太史大全集》十八卷，四册，卷内有“查莹之印”“圣雨楼查氏圻珍赏图书”“赐研堂”“圣雨楼”等印，今藏中国国家图书馆藏；明刻本《剡溪漫笔》六卷，有查氏藏书印，今藏中国国家图书馆；明刻本《宋史全文续资治通鉴》二十八卷，钤有“‘毛氏秘籍’‘戊戌毛晋’‘慧海楼藏书印’‘常熟翁同龢藏本’‘钱曾之印’‘遵王氏’‘毛晋秘籍汲古阁’”诸印⑥，虽是明刻本，却流传有绪，皆为名家所递藏，其版本之精不言而喻。清曹楝亭家影写宋刊本《分门纂类唐歌诗》一百卷，钤有“‘楝亭曹氏藏书’‘长水外史’‘听雨楼收藏书画印记’‘查莹藏本’‘慧海楼藏书印’‘竹南藏书’‘堇斋图书’‘长白敷槎氏堇斋昌龄图书印’‘查映山读书记’‘赐砚斋书画印’‘依竹堂章’‘学山堂印’”⑦。现中国国家图书馆藏明景泰间刻本《高太史大全集》十八卷，四册，卷内有“查莹之印”“圣雨楼查氏圻珍赏图书”“赐研堂”“圣雨楼”；现藏于日本东京国立博物馆《定武兰亭》吴炳本，钤有“赐研堂图书印”“查莹之印”“竹南逸史”“依竹堂图书印”“映山珍玩”“查莹私印”等。

乾隆时向四库馆进呈书多种，《四库全书总目》史部别史类存目著录其家藏本《读史纂图》一卷。

藏书处为听雨楼、圣雨楼、赐砚堂、慧海楼、依竹堂、学山堂等。

藏书印有查莹、一字映山、映山真赏、映山秘玩、竹南珍藏、竹南草堂、查映山太史藏书、赐砚堂图书印、查氏映山珍藏图籍印、听雨楼收藏书画印记、听雨楼查氏有谷珍赏图书、查莹藏本、查映山读书记、赐砚堂书画印、慧海楼藏书印、竹南藏书、依竹堂章、查莹图书、查莹之印、学山堂印、棣园居士、文渊阁校理、查莹龙虎、映山珍藏、莹寿之章、映山父印、听雨楼查氏有谷赏图书、竹南草堂珍藏、依竹主人、依竹居

① （清）潘祖荫撰，叶昌炽编，潘承弼增补：《滂喜斋藏书记》卷三，见《续修四库全书》编纂委员会、复旦大学图书馆古籍部编：《续修四库全书》第926册，上海古籍出版社2003年版，第461页。

② 西安市地方志编纂委员会：《西安市志》第六卷《科教文卫·文物志》，西安出版社2002年版，第532页。

③ 傅增湘撰：《藏园群书经眼录》卷十五《集部十》，中华书局1983年版，第1301页。

④ 罗振常撰，汪柏江、方俞明整理：《善本书所见录》卷三《子部》，上海古籍出版社2014年版，第121页。

⑤ （清）莫友芝撰，傅增湘订补：《藏园订补郘亭知见傅本书目》卷十一上《子部十二·小说家类》，第2册，中华书局2009年版，第847页。

⑥ 中国嘉德国际拍卖有限公司编：《常熟翁氏藏书图录》第19《宋史全文续资治通鉴》，上海科学技术文献出版社2000年版。

⑦ 傅增湘撰：《藏园群书经眼录》卷十八《集部七》，中华书局1983年版，第1514—1515页。

士鉴赏书画印、映山鉴赏藏书、竹南逸史、名余曰莹兮字余曰韫辉等。

（十三）翁嵩年

翁嵩年（1647—1728）　字康饴，号萝轩、梦轩，又号白沙山樵，仁和人。嵩年“生而颖异，年十三，即通六经大义。长于百家之言靡不探测，而尤精于《左氏》，以文章名东南。康熙戊辰成进士，授户部主事，历刑部郎中，督学广东，矢心慎恪，务得真才”①。翁嵩年居官期间，尽心为朝廷发掘与培养人才。周庆承曰：萝轩“先生分校庚辰礼闱，故相国张廷玉、尚书励廷议，皆分校时所得士也。巡视学粤东，讲明经术，振作士风”。归里后，“结庐西湖，号白云山房，于此终老焉”②。所著“《天香书屋稿》《白云山集》《友石居集》”③及《白云山房诗》十卷。生平事迹参见其门生张廷玉《奉直大夫原任广东学政按察使司佥事翁公墓志铭》、《道光琼州府志》卷三十一《官师志·翁嵩年传》。

翁氏家族为明时西泠望族，是当时钱塘的“四大（洪、黄、钱、翁）家族”之一，“出身望族的翁嵩年颇好古籍、碑帖、绘画，可谓“博综嗜古”。收藏亦甚富，名迹宝绘上多见其题跋、鉴藏印。清顺康年间，常熟绛云楼之钱谦益、汲古阁之毛晋、昆山传是楼之徐乾学、秀水曝书亭之朱彝尊等，俱为藏书大家；虽翁氏梦轩之藏书难与前述诸位比肩，亦有零星佳椠。晚清藏书家丁丙《善本书室藏书志》载，元刊本《文公先生小学明说便览》，卷首有“翁嵩年字康饴”朱文椭圆印。翁氏收藏名拓善本及原石的质量远过古籍，宋拓《定武兰亭》、王献之《小楷洛神赋》碧玉版原石、唐拓武梁祠像都曾归其箧中。《辛丑销夏记》著录《宋拓〈定武兰亭〉》，钤有项子京、王世贞、朱之赤、高士奇等鉴藏印，并有金琮、陆师道、董其昌、高士奇题跋。高士奇在康熙三十三年（1694）的题跋中言及，嵩年“于长安书肆以半岁俸购此帖，焚香评赏”④。王献之《小楷洛神赋》的宋刻本中有碧玉版和白玉版之别，碧玉版原石自明万历年间现身杭州葛岭，由泰和县令陆孟鹤、观桥叶氏、王氏收藏，康熙四十二年（1703）此石流入京师，翁嵩年出重价购得，此事见于杨宾题跋⑤。康熙末年贡入内府，咸丰十年（1860）

① （清）嵇曾筠、李卫等修，（清）沈翼机等纂：《雍正浙江通志》（四）卷一百七十八《人物六·翁嵩年》，浙江省地方志编纂委员会编：《中国地方志集成·省志辑·浙江》（6），凤凰出版社2010年影印本，第679页。

② （清）阮元、杨秉初辑，夏勇等整理：《两浙輶轩录》卷十《翁嵩年》，浙江古籍出版社2012年版，第768页。

③ （清）嵇曾筠、李卫等修，（清）沈翼机等纂：《雍正浙江通志》（四）卷一百七十八《人物六·翁嵩年》，浙江省地方志编纂委员会编：《中国地方志集成·省志辑·浙江》（6），凤凰出版社2010年影印本，第679页。

④ （清）吴荣光撰，栾保群点校：《辛丑销夏记》卷一《宋拓〈定武兰亭〉》，上海古籍出版社2015年版，第12页。

⑤ （清）李光瑛撰：《金石文考略》卷三《翁藏玉板十三行》，见（清）永瑢、纪昀等编纂：《四库全书》第684册，上海古籍出版社1987年版，景印文渊阁本，第233页。

英法联军攻占北京,此石流入民间,历经百余年磨难,终归首都博物馆收藏①。周中孚《郑堂读书记》载《唐拓五梁祠像》后有翁嵩年等人题跋②,此册今在故宫博物院,已被改定为宋拓。

藏书室名曰梦轩、天香书屋、白云山房、友石居等。

藏印有武林翁氏书画记、嵩年真赏、康饴、梦轩审定、白沙山樵、梦轩鉴藏、萝轩审定等。

(十四)陈邦彦

陈邦彦(1678—1752) 字世南、思南,号匏庐、墨庐、匏庐道人,又号春晖,晚号春晖老人,海宁盐官人。"少孤,伯世父文简公抚教之,总角即工楷法,康熙癸未进士,入词馆侍直内廷"③,"由庶吉士历官至礼部侍郎"④。俞宝华曰:"陈邦彦为大学士元龙侄,幼即工楷法。官编修,侍直内廷,缮写圣制碑版文章。历侍读学士,终礼部侍郎。笔意酷似董文敏,晚年几乱真,乞书者踵相接。诗多应制之作。"⑤《御制圆明园十景诗》《御制日讲礼记解义序》《御制康熙字典序》等御制诸作多出自其手笔,书名盛极一时。其书法有《春晖堂书课》传世。康熙四十六年(1707)尝奉敕编《历朝题画诗类》百二十卷。

陈氏性耽群籍,搜罗群书,故收藏古籍颇富。"凡内府书籍,秘殿珍藏,悉俾管钥"⑥。在盐官傅家桥西首旧居筑春晖堂以藏书。康熙五十二年(1713)曾御书赐陈家"春晖堂"匾额。据《海宁陈氏宗谱》卷二十五曰:"私藏亦可称东南一大家,与绛云楼是埒。"⑦法式善所收《全唐文》,抄本十六函,每函十册,约计其篇,盖万又几千矣。相传即是陈氏遗书。现知陈邦彦抄本有明贺复征编《文章辨体会选》七百八十卷、后秦释鸠摩罗什译《佛说阿弥陀经》一卷,又《妙法莲花经》七卷、魏释康僧铠译《佛说无量寿经》二卷,《中国古籍版刻辞典》著录。

《海宁市志》载:陈氏"春晖堂,位于今盐官镇傅家桥西,为清康熙四十二年进士陈邦彦所建,收藏颇丰,纂有《春晖堂书目》"⑧。有刘喜海抄本,中国国家图书馆善

---

① 参见田珊《王献之小楷〈洛神赋〉的复制与传承》,暨南大学2016年硕士论文,第11页。

② 周中孚撰:《郑堂读书记》卷三十四《唐拓武梁祠像》,上海书店出版社2009年版,第524页。

③ (清)李圭修,(清)许传霈纂;刘蔚仁续修,朱锡恩续纂:《民国海宁州志稿》卷二十九《人物志文苑·陈邦彦》,见上海书店出版社编:《中国地方志集成·浙江府县志辑》(22),上海书店出版社2011年版,第854页。

④ (清)阮元、杨秉初辑,夏勇等整理:《两浙輶轩录》卷十五《陈邦彦》,浙江古籍出版社2012年版,第1054页。

⑤ (清)阮元、杨秉初辑,夏勇等整理:《两浙輶轩录》卷十五《陈邦彦》,浙江古籍出版社2012年版,第1054页。

⑥ 范凤书著:《中国著名藏书家与藏书楼》,大象出版社2013年版,第148页。

⑦ 来新夏著:《来新夏谈书》,南开大学出版社2010年版,第69页。

⑧ 《海宁市志》编纂委员会:《海宁市志》之《第二十七编文化·私人藏书》,汉语大辞典出版社1995年版,第977页。

本室藏有此册。此目仅经部四橱，史部六橱，著录约三百余种，颇多宋元本及名家点校藏本，其书颇精。惜子、集二部之目已佚。又有《读书志》[①]。

藏书与读书室除春晖堂外，还有墨庐、芸苑。

藏书印有朝朝染翰、世南、陈邦彦、诹随近钵等。

（十五）查慎行兄弟三翰林

清海宁袁花镇“查氏，海宁望族，六世祖秉彝，明嘉靖进士，官给事中，以劾严嵩父子，廷杖谪边，终顺天府府尹，事迹载《明史》。高祖志文，明某府同知。曾祖允揆，明赠武库司主事。祖大纬，明武库司主事，皇赠礼部侍郎。父崧继，明县学生，皇赠礼部侍郎。自武库以下三世，皆负才，未显于时”[②]。清康熙一朝为查家鼎盛期，有10人中进士，先后任职翰林院的有5人，“兄弟三翰林”查慎行、查嗣理、查嗣庭更是闻名遐迩，其藏书成就斐然，查慎行之得树楼、查嗣庭之双遂堂、查嗣理之查浦书屋藏书影响极大，流传有序，泽被当今。

查慎行(1650—1727)　“初名嗣连，字夏重，后更名慎行，字悔馀，晚号初白，浙江海宁人。”[③]慎行“少受学黄宗羲，于经邃于《易》。性喜作诗，游览所至，辄有吟咏，名闻禁中。康熙三十二年，举乡试。其后圣祖东巡，以大学士陈廷敬荐，诏诣行在赋诗”[④]。“康熙四十一年荐试入直南书房修书。翌年成进士。寻授编修”[⑤]，选庶吉士，充武英殿书局校勘。供奉七年，以疾告归。查慎行“平生恬退，重名节。有在事者，待同僚以非礼，先生起争之。其人将构衅焉，遂告归。群公留之，不可，馈之赆，弗受。既归里，杜门著述”，“所著《敬业堂集》四十八卷，《续集》六卷，词二卷，已行于世。《周易辞集解》十卷，《苏诗补注》五十卷，文集八卷，《随猎日记》《人海记》《庐山记游》《得树楼杂钞》各若干卷，藏于家”[⑥]。查慎行“最深于经，诸经中于《易》尤邃。作《玩词集解》”[⑦]及《初白庵诗评》《经史正讹》《东坡先生年表》《初白外书》等诸书。后因“坐弟嗣庭得罪，阖门就逮。世宗识其端谨，特许放归田里”[⑧]。查慎

---

① 参见郑伟章著：《文献家通考》卷四《陈邦彦》，中华书局1999年版，第192页。

② （清）沈廷芳《翰林院编修查先生慎行行状》，见（清）钱仪吉纂，靳斯标点：《碑传集》卷四十七《翰詹中之中·查慎行》，第4册，中华书局1993年版，第1320页。

③ （清）李元度著，易孟醇点校：《国朝先正事略》卷四十《文苑·查初白先生事略》，岳麓书社1991年版，第1091页。

④ 赵尔巽等撰：《清史稿》卷四百八十四《列传二百七十一·查慎行传》，第44册，中华书局1977年版，第13366页。

⑤ 邓之诚撰：《清诗纪事初编》卷七《丙编·浙江》，上海古籍出版社2013年版，第788页。

⑥ （清）沈廷芳《翰林院编修查先生慎行行状》，见（清）钱仪吉纂，靳斯标点：《碑传集》卷四十七《翰詹中之中·查慎行》，第4册，中华书局1993年版，第1321页。

⑦ （清）嵇曾筠、李卫等修，（清）沈翼机等纂：《雍正浙江通志》（四）卷一百七十八《人物六·查慎行》，浙江省地方志编纂委员会编：《中国地方志集成·省志辑·浙江》(6)，凤凰出版社2010年影印本，第678—679页。

⑧ 赵尔巽等撰：《清史稿》卷四百八十四《列传二百七十一·查慎行传》，第44册，中华书局1977年版，第13366页。

行是清海宁查氏家族中最著名的诗人,名列"清初六大家"。吴骞称:"先生博学而志宏,少年足迹半宇内,于书无所不窥,卓然为当世儒宗。所著《周易玩辞集解》及《敬业堂全集》,并录《钦定四库全书》。而诗学尤为海内谈诗家首屈一指,长洲沈文悫公辑《别裁集》,亦极推许。近武进赵云松观察撰《十家诗话》,国朝惟推梅村、敬业二家,且谓先生直可继香山、剑南之后。"①又编有《江西通志》《鹅湖书院志》等。生平事迹参见清方苞《翰林院他山查公墓志铭》、清全祖望《翰林院编修初白查先生墓表》、《清史列传》卷七十一《文苑二查慎行传》、《雍正浙江通志》卷一百七十八《人物六・查慎行传》。

查慎行为清前期著名藏书家,家传有图籍。自归田后筑初白庵,潜心于藏书、著述。其"得树楼,位于今袁花镇西南横涨桥西,藏书甚富"②。学者朱彝尊为其题额,言"得树"者,有"百年计树人,十年计树木"之意。楼附近有芦塘放鸭。诗人董皓在其《花溪竹枝词》中对此楼作了描写:"绿树阴阴得树楼,楼边略约跨清流。前尘一去高风邈,无复芦塘放鸭舟。"③

藏书处除得树楼、初白庵外,又有窳轩、敬业堂等。至乾隆时,查慎行之孙查岐昌仍以得树楼名其藏书之所。其外曾甥陈敬璋称其"退休横溪之上,所居室曰'窳轩',贮书万卷,坐卧其中,记事纂言,惟日不足,殆不知老之将至云"④。管庭芬亦称:"国初吾邑东南藏书家,首推道古楼马氏、得树楼查氏,盖两家插架多宋刻元钞,而于甲乙两部,积有异本,其珍守已逾数世,不仅为充栋也。"⑤所藏宋本《新唐书纠谬》后入清廷禁中,有"得树楼藏书""南书房史官""海宁查慎行字夏仲又曰悔馀""蒋扬孙读书记""武陵世家""顾印汝修""顾蒙""蒋扬孙收藏记""困学斋""廷锡""扬孙""蒋印廷锡"诸印⑥;宋本《唐书直笔新例》,有"得书楼藏书""查慎行一字悔余"等藏书印⑦;宋江西刻本《鬳斋考工记解》二卷,附释音,有查慎行手识,有"'叶氏菉竹堂藏''得树楼藏''慧海楼'"等藏印⑧;元刻本《吕氏春秋》二十六卷、宋嘉泰四年刻本《双峰集》九卷及其手抄本《孝诗》一卷等流入同郡吴骞拜经楼⑨;旧钞本《传

① (清)吴骞撰:《初白先生年谱序》,见吴洪泽、尹波、舒大刚主编:《儒藏・史部・儒林年谱》第三十三册,(清)陈敬璋编撰:《查他山先生年谱》,四川大学出版社 2007 年版,第 413—414 页。

② 《海宁市志》编纂委员会:《海宁市志》之《第二十七编文化・私人藏书》,汉语大辞典出版社 1995 年版,第 977 页。

③ 韩逢华撰:《海宁查氏家族藏书文化简论》,见《上海高校图书情报工作研究》2007 年第 2 期(总第 66 期),第 22 页。

④ (清)陈敬璋编撰:《查他山先生年谱》,见吴洪泽、尹波、舒大刚主编:《儒藏・史部・儒林年谱》第三十三册,四川大学出版社 2007 年版,第 467 页。

⑤ (清)吴寿旸撰:《拜经楼藏书题跋记》卷首《管庭芬跋》,见《清人书目题跋丛刊十》,中华书局 1995 年版,第 597 页。

⑥ (清)于敏中等撰:《天禄琳琅书目》卷二,见《清人书目题跋丛刊十》,中华书局 1995 年版,第 32—33 页。

⑦ (清)于敏中等撰:《天禄琳琅书目》卷二,见《清人书目题跋丛刊十》,中华书局 1995 年版,第 34 页。

⑧ 王文进撰,柳向春标点:《文禄堂访书记》卷第一,上海古籍出版社 2007 年版,第 18 页。

⑨ 参见郑伟章著:《文献家通考》卷三《查慎行》,中华书局 1999 年版,第 121 页。

舆砺诗集》八卷,“卷首有‘查印慎行’‘悔馀’二朱记”[①];旧写本《天台林公辅先生文集》不分卷,明林右撰,藏印有“查慎行印”“南书房史官”“得树楼藏书”“拜经楼吴氏藏书”等[②];《东坡先生编年诗》五十卷,查慎行注,彭元瑞批,香雨斋刻本,彭元瑞跋曰:“悔馀是编附录唱和诗,搜撮极富。”[③]沈廷芳称其“卒之日,椸无新衣,囊无余储,唯手勘书万卷而已。先生品诣矫然,然学问困灏,文章丽则,而尤工于诗,汇韩白苏陆之长,以发扬性灵,海内咸宗之”[④]。

查氏抄甚勤,康熙二十三年(1684)游学京师时所作《题田纶霞少参山姜诗后》诗云:“得从京国数追随,真爱山姜一卷诗。佳处不嫌千遍读,识君翻恨十年迟。古人可作心相许,同调无多论稍卑。便欲借抄烦乞予,手弹红烛写乌丝。”[⑤]康熙三十七年(1698)查氏有诗云:“老夫抄书指生茧,怕搦人间管城管”[⑥],“秘籍借尔抄,籯金匪我宝”[⑦]。查慎行尝自咏《钞书诗三首》,句云:

人言冬是岁之余,自分生涯伴蠹鱼。
比似王筠犹有愧,白头方解手钞书。

无数空花乱眼生,摩挲细字欠分明。
西洋镜比传神手,八廓重开为点睛。

乌鸡已疗病风手,秋兔犹存见猎心。
炳烛余光吾若此,儿曹那不惜分阴[⑧]。

以上诗句可见其藏书中有部分是查氏所抄之书,如元傅若金撰《傅与砺诗集》八卷,有查慎行校并跋;明林右撰《天台林公辅先生文集》不分卷,查慎行跋,均为《中国古籍善本书目》著录。

查慎行为增益其藏书,亦刻书,如康熙五十二年(1713)刻清汪铎撰《秋影楼诗集》九卷,今华中师范大学有藏;康熙五十八年自刻自撰《敬业堂诗集》四十八卷《续

① (清)瞿镛撰:《铁琴铜剑楼藏书目录》卷第二十二《集部四》,见《清人书目题跋丛刊三》,中华书局1990年版,第345页。

② 傅增湘撰:《藏园群书经眼录》卷十六《集部五》,中华书局1983年版,第1397页。

③ 王文进撰,柳向春标点:《文禄堂访书记》卷第四,上海古籍出版社2007年版,第286页。

④ (清)沈廷芳《翰林院编修查先生慎行行状》,见(清)钱仪吉纂,靳斯标点:《碑传集》卷四十七《翰詹中之中·查慎行》,第4册,中华书局1993年版,第1321页。

⑤ (清)查慎行撰:《敬业堂诗集附续集》卷五《逾淮集·题田纶霞少参山姜诗后》,见王云五主编:《万有文库》第二集(七百种),第7册,(上海)商务印书馆1937年版,第107—108页。

⑥ (清)查慎行撰:《敬业堂诗集附续集》卷二十五《炎天冰雪集·仙游茅笔歌》,见王云五主编:《万有文库》第二集(七百种),第7册,(上海)商务印书馆1937年版,第459页。

⑦ (清)查慎行撰:《敬业堂诗集附续集》卷二十四《宾云集·观造竹纸联句五十韵》,见王云五主编:《万有文库》第二集(七百种),第7册,(上海)商务印书馆1937年版,第444页。

⑧ (清)叶昌炽著,王欣夫补正,徐鹏辑:《藏书纪事诗》卷四,上海古籍出版社1989年版,第422页。

集》六卷，今北京大学图书馆、海宁市图书馆有藏；康熙六十一年刻查嗣瑮撰《查浦诗钞》十二卷《诗余》一卷本，今浙江图书馆有藏，等等。查慎行刻书详情，参见《嘉兴刻书史》，此处不再赘述。

查氏生前未编书目，后人难以了解他的藏书内容。但从清代各家书目题跋中可以略见一斑。

钱曾在《读书敏求记》中将私家藏书分为藏书者之藏书、读书者之藏书、售书者之藏书三类。查慎行的藏书就是典型的"读书者之藏书"。查氏"深沉好古，于书无不窥"①，所藏书多数有题识，并考订作者生平，校订书中错误，增补缺漏，一丝不苟，见解不凡，令人慨叹。被《中国古籍善本书目》著录的查氏批校、题跋等经眼的古籍甚多。

关于查慎行藏书之散佚，其得树楼藏书也没有避免和历史上大多数藏书楼一样的命运。管庭芬在《拜经楼藏书题跋记》中曰："值马氏、查氏遗书散布人间，先生偶得其残帙，流连景慕，每系跋语，以寄其概。"②"余尝见寒中、初白二先生收藏之本，皆有跋尾，惜无人搜辑以传。兔床先生铅椠之余，得存此五帙，视道古、得树二家为无憾矣。"③

藏书印有查慎行印、查印慎行、初白庵主、得树楼藏书、南书房史官、海宁查慎行字夏重又曰悔馀、查慎行藏、初白庵老人、查夏重、得树楼、查田查慎行、查氏初白等数十枚。

查嗣瑮(1652—1733)　查慎行仲弟。字德伊，号郎山、查浦，又号晚晴，晚号清轩主人，海宁花溪人。其"弱冠，父命受业于梨洲先生，讲明六经指归及宋五子身心性命之学。秀水朱竹垞中表昆弟也，互切劘，益潜心风雅，晨夕吟咏不倦"④。清康熙十八年(1699)乙卯举于乡，"康熙三十九年进士，改翰林院庶吉士，散馆授编修，洊升侍讲"⑤，视学顺天。嗣瑮"性警敏，数岁即解切韵谐声。诗名与慎行相埒"⑥。"与兄初白酬唱，斐然可观，幞被囊琴，辙迹几遍天下。所至与贤豪长者游酒肆旗亭，传唱无虚日，海内称查氏两才子。庚辰、癸未俱成进士，同馆十年，先后归里。查浦即生平所作诗问世，初白叙之，谓：'夫古人唱酬之富，无若眉山苏公，顾二苏晚年一

① (清)郑方坤撰:《本朝名家诗钞小传》卷三《敬业堂诗钞小传·查慎行》，见《丛书集成续编》第256册，(台湾)新文丰出版公司1988年版，第152页。

② (清)吴寿旸撰:《拜经楼藏书题跋记》卷首《管庭芬跋》，见《清人书目题跋丛刊十》，中华书局1995年版，第597页。

③ (清)吴寿旸撰:《拜经楼藏书题跋记》卷首《管庭芬跋》，见《清人书目题跋丛刊十》，中华书局1995年版，第597页。

④ (清)陈世倌《翰林院侍讲顺天学政查浦先生墓志铭》，见洪永铿、贾文胜、赖燕波著:《海宁查氏家族文化研究》附录二《查氏家族人物传记资料》，浙江大学出版社2006年版，第242—243页。

⑤ 王钟翰点校:《清史列传》卷七十一《文苑传二·查嗣瑮》，第18册，中华书局1987年版，第5811页。

⑥ 赵尔巽等撰:《清史稿》卷四百八十四《列传二百七十一·查慎行传》，第44册，中华书局1977年版，第13366页。

存一没,欲寻对床风雨之乐,不可复得。余与弟乃获天幸,年皆七十以外,倡予和女不减儿时,较前贤反若有过之。'”[①]时人比海宁二查为宋代眉山之二苏。其“弟嗣庭,先后官禁近,以诗鸣。嗣庭以非罪诛,阖门就逮,慎行仅得放还,嗣瑮谪戍陕西”[②],后卒于关西戍所。“性警敏,数岁即解切韵谐声。随伯兄慎行学为诗,兄唱弟酬,斐然可观。生平游迹几遍天下。所至与贤豪长者往还,题咏无虚日”[③]。其“著述甚富,已刻者,有《查浦诗钞》十二卷,《辑闻》上、下卷;未刻者,有《识小录音韵通考》二十卷,手选《唐人绝句》六卷,《全唐万首长律》,藏于家”[④]。曾参与校刊《全唐诗》,生平事迹参见李元度《国朝先正事略》卷四十《文苑·查嗣瑮传》及《海宁州志稿》卷二十九《人物志·文苑·查嗣瑮传》。

查嗣瑮好藏书,名著一时。藏书甚富,惜藏书情况失载。藏书处为查浦书屋。《海宁市志》载:“查浦书屋,位于今袁花镇西南横涨桥,为清康熙三十九年进士查嗣瑮所建。”[⑤]

查嗣庭(1664—1727)　查慎行季弟。字润木,号横浦、横溪,又号查城,海宁人。杭州“府学廪膳生,康熙乙酉科举人,丙戌进士,改翰林院庶吉士。受职编修,甲午湖广副主考。戊戌提督河南学政,补授侍讲学士。雍正元年癸卯山西正主考。时隆科多荐举,特令在内廷行走,授内阁学士,兼礼部侍郎衔。蔡珽又复荐举,授礼部左侍郎,加经筵讲官”[⑥]。“雍正五年,以怨望讥刺死于狱中,仍戮尸枭。有《双遂堂遗集》四卷”[⑦]及《晴川阁诗钞》。其《双遂堂遗集》四卷为《中国古籍善本书目》著录。

嗣庭才思敏捷,有文名,工书法。据《清稗类钞》记云:“查君书名震海内,而不轻易为人书,琉璃厂贾人贿查侍者,窃其零缣剩墨出,辄得重价。”[⑧]又好藏书,亦以藏书名闻天下。其藏书处为双遂堂、晴川阁。

因政治大案的缘故,藏书难逃散失命运。查嗣庭藏书究竟多少,无藏书目录可考。然而,清史专家邓之诚从袁励准(珏生)侍讲处转抄了一份极为罕见的查抄清册。

---

① (清)阮元、杨秉初辑,夏勇等整理:《两浙輶轩录》卷十一《查嗣瑮》,浙江古籍出版社 2012 年版,第 828 页。

② 邓之诚撰:《清诗纪事初编》卷七《丙编·浙江》,上海古籍出版社 2013 年版,第 791 页。

③ 王钟翰点校:《清史列传》卷七十一《文苑传二·查嗣瑮》,第 17 册,中华书局 1987 年版,第 5811—5812 页。

④ (清)陈世倌《翰林院侍讲顺天学政查浦先生墓志铭》,见洪永铿;贾文胜;赖燕波著:《海宁查氏家族文化研究》附录二《查氏家族人物传记资料》,浙江大学出版社 2006 年版,第 242—243 页。

⑤ 《海宁市志》编纂委员会:《海宁市志》之《第二十七编文化·私人藏书》,汉语大辞典出版社 1995 年版,第 977 页。

⑥ (清)李圭修,(清)许传霈纂;刘蔚仁续修,朱锡恩续纂:《民国海宁州志稿》卷二十九《人物文苑·查嗣庭》,见上海书店出版社编:《中国地方志集成·浙江府县志辑》(22),上海书店出版社 2011 年版,第 873 页。

⑦ 邓之诚撰:《清诗纪事初编》卷七《丙编·浙江》,上海古籍出版社 2013 年版,第 792 页。

⑧ 徐珂编撰:《清稗类钞·狱讼类·查嗣庭以文字被诛》,第 3 册,中华书局 1986 年版,第 1040 页。

附:查抄查嗣庭海宁老家的查抄清册

查家家藏往来字札并手录书籍编后。计开:《二十一史》钞本19套,又7本,共140本;抄白《明史》2本,稿本《酉中集》1套8本,又《酉中集》8本;《宋翰林燕石集》4本,《罗亨信集》1本,《唐珣集》1本,《唐文粹》2本,《十七帖述》1本,《孝义》1本,《野获编》4本,《南渡大略》1本,《熊勿轩集》2本,《声画集》2本,《辛巳泣蕲录》1本,《汴围湿巾录》1本,《外篇香草》1本,《中兴御侮录》1本,《禹贡》2本,《后汉摘典》1本,《姚东泉集》1本,《唐诗》2本,《十七史蒙求》2本,《建炎朝野记》1本,《唐摭言》4本,《渔隐丛话》20本,《钱氏家宝》2本,《目科》2本,《青溪弄兵录》1本,《礼记》2本,《玉壶清话》2本,《东林点将录》1本,《幸存录》1本,《靖康孤臣录》1本,《杂录古典》2本,《陈子元书》1本,《东华集》1本,查前案学考试册24本,查氏自作诗文并帐目杂记10本,2帙作1包,《万寿颂奏疏》1本,《秋锦诗抄》1本,《尺牍》1本,拟《四书》题1本,书夹板号目1本,《丙申诗抄》1本,《秋兴集》1本,《戊戌诗抄》1本,瘦竹斋《公车新艺》1本,海汾日用账目一本,杂录诗文二帙,以上10本2帙1包。检搜查嗣庭一应字迹书札诗文开列于后:一应新旧来往书札共133件,一伊致他人字札共17件,一切新旧家书141件,伊戚友书札共148件,一众人托带京书14件,一诗文一杂稿109件,一零星杂录时文1包,一细字小文章65张,一纸绫字对共22件,一纸笺字对共17件,一杂抄共11本,一款扇10柄。册后署雍正四年十月,钤有巡抚浙江等处地方提督军务关防①。

(十六)邵锡章

邵锡章(生卒年不详)　字豫锺,仁和人。清康熙四十一年(1702)壬午科举人,康熙丙戌进士②,官长垣知县。

喜聚书,“明刊本《陶贞白》二卷,有‘邵锡章印’‘豫锺’‘荆华书屋’”③。藏书多钤有邵锡章印、豫锺、荆华书屋诸印记。

(十七)汪泰来

汪泰来(生卒年不详)　号后山,“字陛交,新安人,占籍钱塘。圣祖南巡试诗赋第一,著声于吴。康熙辛卯举人,壬辰钦赐进士,授中书,内廷纂修。善花草,在白阳

---

① 参见陈心蓉著:《嘉兴藏书史》第三章《清代繁盛的嘉兴藏书》,国家图书馆出版社2010年版,第165页。

② 参见浙江省通志馆编,浙江省地方志编纂委员会整理:《重修浙江通志稿·考选谱》(标点本),第13册,方志出版社2010年版,第4012页。

③ 《中华大典》编纂委员会编纂:《中华大典·文学典·魏晋南北朝文学分典》凤凰出版社2007年版,第658页。

青藤间尤长松石”①。《雍正浙江通志》载其事迹云：泰来，“字陛交，钱塘诸生。好学，工诗文。康熙乙酉，圣驾南巡，泰来迎銮于尹山桥，进诗册。钦擢第一，召入内廷与纂修。中辛卯顺天乡试，壬辰特赐进士出身，授广东潮州府同知”②。撰有《才舫集》。

汪泰来“善画花卉、松石。家多藏书。藏印‘武林汪泰来家图书’”③。

（十八）马翼赞

马翼赞（1672—1727）　字叔静，又字素村，号寒将，海宁灵泉乡插花山人。马端④后裔，与其兄思赞以诗书画著称。清“雍正癸卯进士，官观城知县。”⑤。翼赞书学苏轼，画笔秀润，诗亦清华。著有《宝颖堂诗钞》《康熙戊子科浙江乡试朱卷》。其所撰《诗序集说》不分卷，稿本，《中国古籍善本书目》著录。

其父马麟翔字次贞，号道微，海宁灵泉乡插花山人。明末藏书家。好聚书，喜校勘，藏书甚富。因家资殷实，博收古今书籍，上自经史，下收百家，以至裨编野乘，方技术数之学，无不搜讨讲贯。尝辑刻《剡源文钞》，惜未竟而卒。其兄马思赞（1669—1722），字仲安，又字寒中，号衎斋，又号南楼，清初藏书大家。其购书、抄书、藏书，不遗余力，故藏书极富。有道古楼、红药山房，鼎彝秘玩，充牣其中。思赞“所居道古楼，插架悉宋元旧本，为东南藏书之冠”⑥。著有《红药山房诗》《闲亭小啐诗》《道古楼藏书目》《道古楼历代钟鼎款识》《寒中诗集》《皆山堂集》《衎斋印谱》《剡源文钞》。思赞妻查惜，查慎行妹，《然脂余韵》载：“查氏，名惜，字淑英，海宁马寒中室也。马居插花山中，拥书万卷，筑道古楼，与查晨夕唱和。马尝游吴氏，经时始归，查谑以诗云：‘杨花岂向一人开，此去吴家笑几回。惆怅西山归棹后，问他可有阿谁来。’寒中和答云：‘杨花原是路旁开，且爱柔条看一回。假使春风恋个煞，可知今夜未归来。’”⑦

马翼赞受其父兄影响，性喜藏书与校勘，惜其藏书情况失载。《持静斋书目》著

---

① （清）冯金伯纂辑：《国朝画识》卷十《汪泰来》，见天津图书馆历史文献部编：《三十三种清代人物传记资料汇编》第42册，齐鲁书社2009年版，第503页。

② （清）嵇曾筠、李卫等修，（清）沈翼机等纂：《雍正浙江通志》（四）卷一百六十七《循吏一·汪泰来》，浙江省地方志编纂委员会编：《中国地方志集成·省志辑·浙江》（6），凤凰出版社2010年影印本，第506页。

③ 梁战、郭群一编著：《历代藏书家辞典》，陕西人民出版社1991年版，第128页。

④ 按：马端（1252—1318），字信卿，号宗启，元代藏书名家。建藏书楼曰看山楼，又曰复起楼，以聚书万卷而享誉江南。马氏藏书楼处位于今海宁黄湾乡藤墙里，是有文献可考的海宁历史上第一座藏书楼，元末楼被兵毁，惜藏书荡然无存。马端玄孙马絅，字公著，海昌（今海宁）人，元末诗人，马秩兄。至正己亥（1359）与弟同登进士。敦行乐善，卒后里人私谥正素先生。

⑤ （清）阮元、杨秉初辑，夏勇等整理：《两浙輶轩录》卷十八《马翼赞》，浙江古籍出版社2012年版，第1289页。

⑥ 引（清）叶昌炽著，王欣夫补正，徐鹏辑：《藏书纪事诗》卷四，上海古籍出版社1989年版，第407页。

⑦ （清）王蕴章辑：《然脂余韵》卷一《查惜》，见杜松柏主编：《清诗话访佚初编》，台湾新丰出版公司1987年版，第298页。

录《姜氏秘史》旧钞本，四册，惠栋旧藏。卷首有马翼赞及惠定宇手写诸印[1]。丁丙藏书目《姜氏秘史》一书卷内钤其藏书印。

藏书处为宝颖堂。

藏书印有古盐官州马素村书画印等。

（十九）传胪汪由敦

汪由敦（1692—1758）　字师茗，号谨堂、松泉，“浙江钱塘人，原籍安徽休宁。雍正二年进士，选庶吉士。遭父丧，以纂修《明史》，命在馆守制。丧终，三迁内阁学士，直上书房。……左授侍读学士。累迁工部尚书，调刑部，兼署左都御史”。乾隆“十七年，授工部尚书。十九年，加太子太傅，兼刑部尚书。二十年，准噶尔平，军机大臣得议叙。二十一年，调工部尚书。二十二年，授吏部尚书。二十三年，卒，上亲临赐奠，赠太子太师，谥文端”[2]。由敦学问渊深，文辞雅正，以文学著名，著有《松泉文集》《松泉诗集》，其《太仆寺卿范府君毓䄄墓表》，对研究清代黄商兴衰有重要的史料价值。生平事迹参见金天翮《汪由敦传》、《两浙輶轩录》卷二十《汪由敦传》。

汪由敦乾隆四年（1739），已官内阁学士，仍手不释卷，勤学孜孜，《清史稿》称：“由敦笃内行，记诵尤淹博，文章典重有体。内直几三十年，以恭谨受上知。”乾隆“谕称其‘老诚端恪，敏慎安详，学问渊深，文辞雅正’，并赋诗悼之。又以由敦善书，命馆臣排次上石，曰《时晴斋法帖》。上赋《怀旧诗》，列五词臣中，称其书比张照云”[3]。喜藏书，家藏书数十万卷，皆手自评校，楷法精良，丹黄灿然，陈浩《汪文端公文集序》称：“庙堂著作多出公手，论思草制几无晷刻之暇。下直端居左图右史，所藏数十万卷皆手自评校。楷法精妙，丹黄灿然，亦艺苑之鸿宝已。”[4]

（二十）梁诗正父子进士

梁诗正（1679—1763）　字养仲，号芗林，钱塘人，文镰子。性凝重，与兄启心[5]砥砺问学，登“雍正八年一甲三名进士，授编修，充山东考官，会试同考官，迁侍读，晋侍讲学士”[6]。“以母忧归。高宗即位，召南书房行走。乾隆三年，补侍读学士。累

① 赵春晨编：《丁日昌集》六《专著·持静斋书目二》卷一百十八，上海古籍出版社2010年版，第1400页。

② 赵尔巽等撰：《清史稿》卷三百二《列传八十九·汪由敦传》，第35册，中华书局1977年版，第10456—10458页。

③ 赵尔巽等撰：《清史稿》卷三百二《列传八十九·汪由敦传》，第35册，中华书局1977年版，第10457页。

④ （清）陈浩撰：《生香书屋文集》卷二《汪文端公文集序》，参见《清代诗文集汇编》编纂委员会编：《清代诗文集汇编》276，上海古籍出版社2010年版，第438页。

⑤ 按：梁启心（1695—1758），初名诗南，前缀存，一字蕺林，为文濂长子，诗正兄，梁同书嗣父。仁和籍，钱塘人。乾隆四年（1739）己未科进士，改庶吉士，授编修。著《南香草堂诗集》。官至侍讲。梁启心淡泊名利，精心计家，恪守孝道，并常解囊相助邻里。梁启心自幼便负才情，其学风扎实，文品峻洁，在同时期浙诗群体中占有一席。有《南香草堂诗集》传世。

⑥ （清）陈璚修，（清）王棻纂；屈映光续修，陆懋勋续纂；齐耀珊重修，吴庆坻重纂：《民国杭州府志（三）》卷一百二十五《名臣三》，见《中国地方志集成·浙江府县志辑》（3），江苏古籍出版社1991年版，第135页。

迁户部侍郎”，擢户部尚书，累迁兵部尚书，“加太子少师，兼刑部尚书、翰林院掌院学士、协办大学士”[①]。“拜东阁大学士，晋太子太傅。卒赠太保，谥文庄，入祀贤良祠”[②]。梁诗正为清中期著名书法家，深受高宗厚爱，曾预编校《秘殿珠林》《石渠宝笈》，成为馆阁体书家的代表人物。又受命编选《唐宋文醇》《续文献通考馆》《西湖志纂》等，著有《矢音集》。生平事迹参见清王昶《太子太保东阁大学士梁文庄公诗正行状》、《清史列传》卷二十、李元度《国朝先正事略》卷十七《名臣·梁文庄公事略》。

梁氏一门数代，累有奇才，其父梁文廉，其兄梁启心、弟梁梦善皆有文誉，皆得益家中藏书。诗正兄梁启心（1695—1758），梁同书嗣父。《江浙輶轩录》载：“初名诗南，后改今名，字首存，号蔎林，仁和籍，钱塘人。文濂子。乾隆己未进士，改庶吉士，授编修。著《南香草堂诗集》”[③]传世。“启心幼警敏，号为奇童。初濒江岸以居，老屋数椽，与弟诗正自相师友”[④]，其学风扎实，文品峻洁，在同时期浙诗群体中占有一席，有白文方印“梁启心印”、朱文方印“蔎林”二印，惜其藏书故实今无考。

梁诗正位极高官，又雅好藏书，所藏书有部分为赐书，甚为珍贵，其孙梁玉绳曾在《清白士集总序》中说道，“夙承祖、父风训，家有赐书，得以研诵为娱，是固不中之幸也，又何求焉”[⑤]。陈寿祺评曰：“青缃世业传卿相，伯仲山居精典藏。往来耆旧天下雄，杭（堇浦）陈（星斋）钱（竹汀）卢（抱经）暨孙（颖谷）翟（晴江）。”[⑥]可见梁履绳[⑦]藏书多承祖父梁诗正及父梁同书之所藏，藏书亦甚富。

梁诗正常随乾隆帝出巡，朝廷重要文稿多出其手。工书法，初学柳公权，继参赵孟頫，晚年师颜真卿，编历代名家书法真迹《三希堂法帖》。王昶云：梁公“居正阳门

① 赵尔巽等撰：《清史稿》卷三百三《列传九十·梁诗正传》，第35册，中华书局1977年版，第10490—10491页。

② （清）阮元、杨秉初辑，夏勇等整理：《两浙輶轩录》卷十九《梁诗正》，浙江古籍出版社2012年版，第1320页。

③ （清）阮元、杨秉初辑，夏勇等整理：《两浙輶轩录》卷十九《梁启心》，浙江古籍出版社2012年版，第1316页。

④ （清）阮元、杨秉初辑，夏勇等整理：《两浙輶轩录》卷十九《梁启心》，浙江古籍出版社2012年版，第1316页。

⑤ （清）梁玉绳《清白士集总序》，见南开大学古籍与文化研究所编：《清文海》第53册，国家图书馆出版社2010年版，第124页。

⑥ （清）梁玉绳著：《清白士集》卷二十八《蜕稿四》，第37页b面，清嘉庆间刻本，浙江图书馆藏。

⑦ 按：梁同书嗣子履绳，字处素，号夬庵，乾隆五十三年（1788）戊申科举人。《两浙輶轩录》卷三十三引卢文弨《传》略曰：夬庵，余益友也。善读书，既撷其精，并正其误。与其兄曜北相砻错，一时有元方、季方之目。君生官家，祖则相国文庄公，父则冲泉少司空，伯祖太史蔎林公，伯父山舟侍讲。君萧然若寒士，衣不求新，出则徒步，不以所能病人，不以所不知愧人。自其曾大父溪父先生以来，学问文章照耀海内。君克自奋厉，继承家学，于众经中尤精《左氏传》，盖其舅氏元和陈君澍华著《春秋内外传考证》，君复汇辑诸家之说，而折其衷，疏为六门。君诗清新越俗，向与曜北及所亲合刻《梅竹联吟》，亦可见其崖略。书法端谨，如其为人，且通《说文》，下笔鲜俗字。《清史稿》卷四百八十一《列传二百六十八》及潘衍桐《两浙輶轩续录》卷八等有其传。

外杨梅竹斜街内清勤堂，盖御赐也。堂左有味初斋，前隔墙，蒲萄累累，其斋因以青乳名之。公充《续文献通考》总裁，属予司编校，常宿其斋。每日庭户萧然，自诸司画诺外，更无停辙。进和御制诗，每逢剧韵，必蒙嘉奖。予异之，公曰：'昔苏文忠善次韵，每遇艰险处，恒以譬喻出之，是以信手驱驾，毫无窒碍。吾窥得此秘，故能游行自在，天然凑泊耳。'公归养时，与赵意林倡和；且手自书之，士人以为秘宝。巷堇浦编修跋云：'如瑶林玉树，高出云表。'洵然"[①]。

梁同书(1723—1815)　梁诗正子。"字元颖，晚号山舟，浙江钱塘人，大学士诗正子。乾隆十七年，会试未第，高宗特赐与殿试，入翰林，大考，擢侍讲。淡于荣利，未老，因疾不出。"[②]"嘉庆丁卯，重宴鹿鸣，加翰林院侍讲学士衔，祀乡贤。著《频罗庵稿》"[③]等。后归隐杭州湖上，因其无子，嗣履绳为后。同书尝得元人贯酸斋"山舟"二字，故自号山舟，世人亦称之为"梁山舟"，学者称为山舟先生。晚年自署不翁，九十岁后复号新吾长翁。生平事迹参见清许宗彦《学士梁公同书家传》、《清史列传》卷七十二《梁同书传》、李元度《国朝先正事略》卷十七《名臣·梁同书》。

梁同书系出名门，为人低调，其学问淹博，亦工诗，诗多雅意，文亦清峭，其书法名天下，其书法出入颜、柳、米之间，与翁方纲、刘墉、王文治并称"翁刘梁王"四大家。晚年纯任自然，冠绝时流，故为书名所掩。王昶云："元颖为我师文庄公长子，少入词馆。上适欲能书细楷者，公以书进，上深嘉之，特擢侍讲。后丁忧归，婴疾遂不复出。而老师宿儒、文人词客，踵门来见，必倒屣迎之。其浙、闽贵人，轩车过访，报以一刺之外，未尝往也。能诗，尤工书。东南士大夫碑版及琳宫梵字题额，有求辄应，而节镇属书，则屡年不报，海内益以此推重之。"[④]"年逾八帙，明镫矮纸，犹能运笔，认谓唐欧阳信本、明文衡山之比也。"[⑤]钱泳亦回忆云："钱塘梁山舟先生名同书，字叔颖。乾隆壬申恩科进士，官翰林侍讲。引疾归，以重宴鹿鸣，加四品衔。家居六十年，博学多文，而尤工于书。日得数十纸，求者接踵。至于日本、琉球、朝鲜诸国，皆欲得其片缣以为快。余少时游幕杭州，尝修士相见礼，谒先生于竹竿巷里第，必纵谭古今书法源流，以启迪后生，有董思翁老年风度。年九十余，尚为人书碑文墓志，终日无倦容。盖先生以书法见道者也。"[⑥]《清史稿》赞曰：其"好书出天性，十二岁能为擘窠大字。初法颜、柳，中年用米法，七十后乃变化。名满天下，求书者纸日数束，日本、琉

① (清)王昶著，周维德校辑：《蒲褐山房诗话新编》卷上，齐鲁书社1988年版，第17页。
② 赵尔巽等撰：《清史稿》卷五百三《列传二百九十·梁同书传》，第46册，中华书局1977年版，第13891页。
③ (清)潘衍桐编纂，夏勇、熊湘整理：《两浙輶轩续录》卷七《梁同书》，第2册，浙江古籍出版社2014年版，第403页。
④ (清)王昶著，周维德校辑：《蒲褐山房诗话新编》卷上，齐鲁书社1988年版，第55页。
⑤ (清)潘衍桐编纂，夏勇、熊湘整理：《两浙輶轩续录》卷七《梁同书传》，第2册，浙江古籍出版社2014年版，第404页。
⑥ (清)钱泳撰，孟裴校点：《履园丛话》卷六《耆旧·山舟侍讲》，上海古籍出版社2012年版，第97—98页。

球皆重之"[①]。其传世的书法集有《频罗庵法书》《青霞馆梁帖》《瓣香楼法帖》等。

梁同书尤善鉴别前人手迹，过眼辄判其真伪，收碑帖字画颇富。亦富藏书，所藏之书得之其父梁诗正。尝《题元郑彦英小楷黄庭经卷》云："吾家旧藏倪迂卷，出自宝笈颁先臣。内景全帙五千字，自首至尾无脱文。笔如游丝之轻飏，冉冉欲坠空凡尘。"[②]

其藏书室名曰频罗庵、日贯斋、匏卧室、山舟等。

藏书印有梁同书印、山舟、元颖、不翁、平地家居仙、两湖民、迷中倍人、频罗庵主等。

（二十一）汪振甲家族三进士

汪振甲（1682—1726）　字昆鲸，号紫峦，又号毅亭，钱塘县人。汪汝谦[③]曾孙，清康熙五十九年（1720），同汪德容、汪援甲兄弟三人同中庚子科举人，一时乡里传为佳话。登"雍正庚戌进士，官桐城知县。著有《詹詹集》"[④]。早年居乡教授，生徒多所成就。所作诗词杂文凡数卷，然不甚爱惜，多为朋徒取去，今所存者惟《詹詹集》而已。

其弟汪德容，"初名抡甲，改今名，字云尺，号重阆，钱塘人。汝谦曾孙，振甲弟。雍正甲辰进士及第的第三人，官编修。著有《重阆斋集》"[⑤]及《重阆斋文稿》。振甲与弟德容平生好读书与聚书，手不辍卷，尤嗜《汉书》，有手钞本。丁申《武林藏书录》卷下载其藏书故事。

汪师韩（1707—1774）　汪振甲子。字抒怀，号韩门，又号上湖，别署九曜山民，钱塘人。清"雍正癸丑进士，改庶吉士，授编修。乾隆元年，直起居注，记注之有协修，自先生始。张文敏公照为武英殿总裁，荐先生校勘经史。八年，充湖南学政，降调，旋被荐入上书房，复授编修，未几落职，主莲池书院讲席"[⑥]。落职后客游京畿，曾"主莲花池讲席甚久。桐城方待制惟甸陛见时，上犹称其学问，有《感恩述事诗》云：'白头荣遇过升仙'之句，掌莲花书院，尝请方待制拨银，委买书籍约四百函，经史大书咸备，录书目四册，分存备考。其自著书凡《观象居易传笺》《诗四家故训》《春

---

① 赵尔巽等撰：《清史稿》卷五百三《列传二百九十·梁同书传》，第46册，中华书局1977年版，第13891页。

② （清）潘衍桐编纂，夏勇、熊湘整理：《两浙輶轩续录》卷七《梁同书》，第2册，浙江古籍出版社2014年版，第404页。

③ 按：汪汝谦，字然明，号松溪道人，钱塘人，明季由歙徙杭。延纳名流，文采照映，有湖山主人之目。迨陵谷沧移，遂入闽为福庐武夷之游。比归，隐居东城，与李太虚、冯雲将、张卿子、顾林调订孤山五老之会。

④ （清）阮元、杨秉初辑，夏勇等整理：《两浙輶轩录》卷十六《汪振甲》，浙江古籍出版社2012年版，第1132页。

⑤ （清）阮元、杨秉初辑，夏勇等整理：《两浙輶轩录》卷十七《汪德容》，浙江古籍出版社2012年版，第1207页。

⑥ 徐世昌等编著：《清儒学案》卷一百十六《王先生绍兰》，第7册，中华书局2008年版，第4601页。。

秋三传注解补正》《孝经约义》《语孟疏注辨异》《文选理学权舆》《孙樵文志疑》《平于南雅》《清晖小志》《韩门缀学》《诗学纂闻》《坦桥脞说》《谈书录》，皆自为序”①。又著《上湖纪岁诗编》《上湖分类文编》等。生平事迹参见《清史列传》卷七十一《汪师韩传》、《民国杭州府志》卷一百四十五《文苑·汪师韩传》。

汪师韩“少以文名四方，中年以后，一意穷经，诸经皆有著述，于《易》尤邃，而赋诗为最工”②，为乾隆间著名学者。称“生平无他嗜好，暇辄观书，遇有疑惑，必博引旁搜，以求通其故”③。又好藏书，家有敬竹轩藏书。据丁申《武林藏书录》载：“其《上湖文编》中《敬行轩记》记云：‘先君为诸生时，卜居炭桥，嗣成进士，绾符皖桐，屋质他氏。忽忽十数年，始还故居，稍稍易朽治漏，补缺扶危，屋仍旧观，而发皤然白矣。堂以延客，轩以摊书，适舍弟自浮山归，相与启尘箧，检故籍，则其为鼠啮梅黰者十之三四，而况于姻戚之零落，时事之变更耶。于是悬签插架，暇辄雒诵于轩中，而并题曰敬行轩。’”④

师韩性耽考证，见碑铭石刻、名画鼎砚则吟咏考辨之，人或以金石拓本见赠，喜不自胜。荷花馆虽始建于万历年间，距师韩之时百六十余载，然其沿革建置等，志乘多所疏略。师韩因见书院内有碑版若干，壁上前代人诗文刻石颇多，遂博搜群籍，周咨旧闻，成《清晖小志》三卷，使清晖书院“儒肆之兴、登临之美、遗规轶事”⑤不至湮没。清乾隆二十三年（1758）汪师韩被延为清晖书院堂长，在清晖书院执教五年中，品课每有闲暇，多处搜采广平一郡之诗，久之集为《平于南雅》。乾隆三十年（1765）又应方观承之请，出任保定莲池书院院长。闻书院所贮藏之书皆为前人捆载连车以去，所剩无几。汪氏认为：“书院之设，悯贫士之艰难，预储群籍以供占毕，又恐其读焉不解而延师与解之。古经师所有事曰都授、曰都讲，苟无书，则何以授、何以讲乎？”⑥爰请方观承拨银三百两，购书四百函于京师，经史大书咸备。汪氏亲自为录书目四册，并刻印每书，以防后弊。

（二十二）状元金德瑛

金德瑛（1701—1762）　字汝白，一字慕斋，又号桧门。“其先世休宁程姓，入仁和商籍学，由举人中书荐博学鸿词，乾隆元年一甲一名进士，授翰林院修撰，入直南书房。累迁少詹事，内阁学士，擢礼部侍郎，操文衡者二十年，斥浮崇雅，充顺天同考

① （清）丁申撰：《武林藏书录》卷下《汪韩门先生》，古典文学出版社1957年版，第63页。

② （清）阮元、杨秉初辑，夏勇等整理：《两浙輶轩录》卷十八《汪师韩》，浙江古籍出版社2012年版，第1261页。

③ （清）汪师韩撰：《韩门缀学》卷一，见《续修四库全书》编纂委员会、复旦大学图书馆古籍部编：《续修四库全书》第1147册，上海古籍出版社2003年版，第443页。

④ （清）丁申撰：《武林藏书录》卷下《汪韩门先生》，古典文学出版社1957年版，第63页。

⑤ （清）汪师韩撰：《上湖分类文编·清晖小志序》，见《续修四库全书》编纂委员会、复旦大学图书馆古籍部编：《续修四库全书》第1430册，上海古籍出版社2003年版，第396页。

⑥ （清）汪师韩撰：《上湖分类文编·保定莲花书院藏书记》，见《续修四库全书》编纂委员会、复旦大学图书馆古籍部编：《续修四库全书》第1430册，上海古籍出版社2003年版，第401页。

官,江西、福建同考官,官江西、山东、顺天学政,会试总裁”①,擢“左都御史,入祀乡贤祠。著《桧门诗存》”②。生平事迹参见《清史稿》卷三百五《列传二百七十二·金德瑛传》。

金德瑛先世豪于财有百余年,“公故有富名以此,其实分张岁息,衣食粗足而已。性好古,下笔必力追作者,工书法,出入晋、唐,善鉴别金石摹本及古人手迹真赝,日以此自娱。顾其留意世务,所见闻,辄入告,不以非其识自诿。上因是贤之,寖至大用”③。亦好藏书,“家有经传子史百家之书”④,藏书室名为如心堂,蒋士铨《诗存序》略曰:“公寝馈经史,志老弗倦。斗室一灯,丹黄典籍,汲汲如不及。……通籍二十有七年,任斯文衡尺者无虚岁。”⑤

(二十三)汤　聘

汤　聘(?—1769)　字莘来,号稼堂,尝以号行文坛,诸暨人,仁和籍。雍正十三年(1735)乙卯科乡试举人。“曾祖辉兹侨寓杭州,遂隶籍仁和。乾隆丙辰成进士,授吏部考工司主事,历员外郎中,调文选司,转御史,遇事敢言”⑥,累“官湖北巡抚。著《稼堂漫存稿》”⑦。

汤氏“喜聚书,藏书多钤‘汤聘’印记”⑧。明钞本《仪象法纂》一卷,卷内有“汤聘”印,可窥知汤氏藏书之事。

(二十四)袁　枚

袁　枚(1716—1797)　字子才,号简斋,又号存斋、澹园、随园老人、石豆村人,祖籍慈溪,袁枚两岁时,其家迁居钱塘,曾居葵巷,晚居金陵。袁枚“幼有异禀。年十二,补县学生。弱冠,省叔父广西抚幕,巡抚金鉷见而异之,试以铜鼓赋,立就,甚瑰丽。会开博学鸿词科,遂疏荐之。时海内举者二百余人,枚年最少,试报罢。乾隆四年,成进士,选庶吉士。改知县江南,历溧水、江浦、沭阳,调剧江宁。时尹继善为总

---

① (清)陈璚修,(清)王棻纂;屈映光续修,陆懋勋续纂;齐耀珊重修,吴庆坻重纂:《民国杭州府志(三)》卷一百二十六《名臣四》,见《中国地方志集成·浙江府县志辑》(3),江苏古籍出版社1991年版,第138页。

② (清)阮元、杨秉初辑,夏勇等整理:《两浙輶轩录》卷二十三《金德瑛》,浙江古籍出版社2012年版,第1652页。

③ (清)陈兆仑《光禄大夫都察院左都御史仁和金公德瑛墓志铭》,见(清)钱仪吉纂,靳斯标点:《碑传集》卷三十一《乾隆朝部院大臣上之下·金德瑛》,第3册,中华书局1993年版,第980页。

④ (清)鲁士骥《故都察院左都御史前提督江西学政金公教思碑》,见(清)钱仪吉纂,靳斯标点:《碑传集》卷三十一《乾隆朝部院大臣上之下·金德瑛》,第3册,中华书局1993年版,第983页。

⑤ (清)阮元、杨秉初辑,夏勇等整理:《两浙輶轩录》卷二十三《金德瑛》,浙江古籍出版社2012年版,第1652页。

⑥ (清)陈遹声修,(清)蒋鸿藻纂:《光绪诸暨县志》卷三十三《人物列传七》,见《中国地方志集成·浙江府县志辑》(41),江苏古籍出版社1991年版,第535页。

⑦ (清)阮元、杨秉初辑,夏勇等整理:《两浙輶轩录》卷二十九《汤聘》,浙江古籍出版社2012年版,第2055页。

⑧ 王河主编:《中国历代藏书家辞典》,同济大学出版社1991年版,第97页。

督,知枚才,枚亦遇事尽其能。市人至以所判事作歌曲刻行四方。枚不以吏能自喜,既而引疾家居。再起发陕西,丁父忧归,遂牒请养母。卜筑江宁小仓山,号随园"①。正如丁申所言:子才"去官后,侨居小仓山下,名曰随园,德享林泉清福,几忘其为杭人矣"②。袁氏才华出众,诗文冠江南,与纪晓岚有"南袁北纪"之称。是乾隆、嘉庆时期代表诗人之一,与赵翼、蒋士铨合称为"乾隆三大家",其著述如山,名满天下。

《清史稿》称其:"尽其才以为文辞诗歌,名流造请无虚日,诙谐佚荡,人人意满。""天才颖异。论诗主抒写性灵,他人意所欲出,不达者悉为达之。士多效其体。著《随园集》,凡三十余种。上自公卿下至市井负贩,皆知其名。海外琉球有来求其书者。"③袁枚著有《小仓山房诗集》《小仓山房文集》《小仓山房外集》《袁太史稿》《小仓山房尺牍》《牍外余言》《子不语》《随园诗话》《随园随笔》《随园食单》《食谱》等数百卷。生平事迹参见清姚鼐《袁随园君墓志铭》、李元度《国朝先正事略》卷四十二《文苑·袁简斋先生事略》、《清史列传》卷七十二《袁枚传》及阮元《两浙輶轩录》卷二十二《袁枚传》。

袁枚幼即嗜书,每过书肆,垂涎翻阅,却之苦无力。正如《对书叹》所云:"我年十二三,爱书如爱命。每过书肆中,两脚先立定。苦无买书钱,梦中犹买归。"④尝去富藏书的邻居张氏家借阅,却无果而返。回忆云:"余幼好书,家贫难致。有张氏藏书甚富,往借不与,归而形诸梦,其切如是。"⑤故为官后致力藏书,自称"俸去书来,落落大满"⑥,"凡清秘之本约得十之六七,积书至四十万卷"⑦。袁枚归后,"卜筑于江宁之小仓山,号随园。聚书籍为诗古文,如是五十年,终不复仕"⑧。其随园成为清代南京著名的私家园林,其地池馆富丽,花草繁茂,"疏泉架石,厘为二十四景,窗牖皆用五色琉璃,游人阗集。时吴、越老成凋谢,子才来往江湖,从者如市"⑨。随园中心主要建筑是用来藏书的,因随园地处小仓山的缘故,袁枚将其藏书处取名曰书

---

① 赵尔巽等撰:《清史稿》卷四百八十五《列传二百七十二·袁枚传》,第44册,中华书局1977年版,第13383页。

② (清)丁申撰:《武林藏书录》卷下《小仓山房所好轩》,古典文学出版社1957年版,第80页。

③ 赵尔巽等撰:《清史稿》卷四百八十五《列传二百七十二·袁枚传》,第44册,中华书局1977年版,第13383页。

④ (清)袁枚撰,周本淳标校:《小仓山房诗文集》卷三十二《对书叹》,上海古籍出版社1988年版,第1865页。

⑤ (清)袁枚著,周本淳标校:《小仓山房诗文集》卷二十二《黄生借书说》,上海古籍出版社1988年版,第1620页。

⑥ (清)袁枚著,周本淳标校:《小仓山房诗文集》卷二十二《黄生借书说》,上海古籍出版社1988年版,第1620页。

⑦ 郑伟章著:《文献家通考》卷五,中华书局1999年版,第274页。

⑧ (清)孙星衍《故江宁县知县前翰林院庶吉士袁君枚传》,见(清)钱仪吉纂,靳斯标点:《碑传集》卷一百七《乾隆朝守令下之上》,第9册,中华书局1993年版,第3067页。

⑨ (清)王昶著,周维德校辑:《蒲褐山房诗话新编》卷上,齐鲁书社1988年版,第32页。

仓[①],其“聚书如聚谷,仓储苦不足。为藏万古人,多造三间屋”[②]。又因“插架琳琅万卷余,商盘周鼎镇相与。时时缥带琮琤响,风意如夸有异书”[③],因此将藏书处取名为所好轩。袁枚尝作《所好轩记》曰:“所好轩者,袁子藏书处也。袁子之好众矣,而胡以书名?盖与群好敌而书胜也。其胜群好奈何?曰:袁子好味,好色,好葺屋,好游,好友,好花竹泉石,好珪璋彝尊、名人书画,又好书。书之好无以异于群好也,而又何以书独名?曰:色宜少年,食宜饥,友宜同志,游宜晴明,宫室花石古玩宜初购,过是欲少味矣。书之为物,少壮、老病、饥寒、风雨,无勿宜也。而其事又无尽,故胜也。……余之他好从同,而好书从独,则以所好归书也固宜。余幼爱书,得之苦无力,今老矣,以俸易书,凡清秘之本,约十得六七。患得之,又患失之。苟患失之,则以‘所好’名轩也更宜。”[④]

袁枚买书、藏书、抄书、校书、读书、写书,是为精神寄托。袁枚的四十万卷书籍尽藏于随园,按经、史、子、集四类,分亭、轩、楼、阁四处庋藏。在亭、轩、楼、阁四个藏书之处,各放砚一具,各安笔数枝,以供其随时阅读做笔记。

袁枚虽好书如命,晚年却主动将其大量藏书散出赠与友朋者,其中珍本及善本捐献给朝廷,总共散掉了藏书的十之六七。作《散书记》《散书后记》详言所藏之书散出原因与经过。从袁枚《散书》两记中可知,其所散即知其所聚,亦可推测其当时藏书之富。据《散书》两记中所记,袁枚藏书必有数百十种。而汪启淑《水槽清暇录》记:“乾隆三十七年,开四库馆,征访天下遗书。武英殿移取九百种,在京各官进呈九百八十三种,直隶总督进呈二百三十八种,奉天府尹进呈三种,两江总督[⑤]进呈一千三百六十五种,安徽巡抚进呈五百二十三种,江苏巡抚进呈一千七百二十六种,浙江巡抚进呈四千五百八十八种,福建巡抚进呈二百零五种,江西巡抚进呈八百五十九种,河南巡抚进呈一百十三种,山东巡抚进呈三百七十二种,陕西巡抚进呈八十八种,湖南巡抚进呈四十六种,陕西巡抚进呈一百零五种,湖北巡抚进呈八十四种,广东巡抚进呈十二种,云南巡抚进呈四种,两淮监院进呈一千五百七十五种,共采访得书一万三千百八十一种。《永乐大典》重纂得三百二十一种。”[⑥]其中浙江进呈

① 按:小仓山房,遗址在今江苏南京大学与南京师范大学之间。

② (清)袁枚撰,周本淳标校:《小仓山房诗文集》卷十五《随园二十四咏·书仓》,上海古籍出版社 1988 年版,第 350 页。

③ (清)袁枚撰,周本淳标校:《小仓山房诗文集》卷二十《答人问随园》之九,上海古籍出版社 1988 年版,第 481 页。

④ (清)袁枚撰,周本淳标校:《小仓山房诗文集》卷二十九《所好轩记》,上海古籍出版社 1988 年版,第 1775 页。

⑤ 按:两江总督前身为顺治四年(1647)所设置,总督府驻江宁(今南京)。清初江苏(含今上海市)和安徽两省辖地同属江南省,初时该总督管辖的是江南和江西的政务,因此号两江总督。两江总督,清朝九位最高级的封疆大臣之一,总管江苏(含今上海市)、安徽和江西三省的军民政务,官秩从一品。

⑥ (清)汪启淑著,杨辉君点校:《水曹清暇录》卷五《乾隆三十七年征访遗书》,北京古籍出版社 1998 年版,第 65 页。

4588种,为各省之冠,江苏巡抚进呈1726种,两江总督进呈1365种。

藏印有“己未翰林”“百石山房”“道素之门”“华里神仙”“钱唐苏小是乡亲”“此间乐”“小仓山房”等。

(二十五)状元金甡

金　甡(1702—1782)　“字雨叔,号海住。先世由会稽迁杭,为仁和人。年二十一应县试,冠其曹,入仁和学,为诸生。明年癸卯,举于乡。”①“乾隆七年会试、殿试皆第一,授修撰,擢赞善,历左庶子、侍讲学士,充广东、江西、山西考官,督安徽学政。”②“丁丑,在上书房行走,公言养正之地,殚竭微忱,用资启导,不易膺斯任也。先后侍书十七年,自孝友大端至言动威仪之节,罔弗尽言,题咏皆寓言纳箴。升詹事,督学江西转内阁学士,晋礼部左侍郎。告归,主讲敷文书院。”袁枚“在都时,捐金醵资,创仁钱会馆于虎坊桥东,部署周备,至今乡士栖止如归”③。卒,入祀乡贤祠。金甡“生平廉俭方正,处事无巨细,井井有法度。诗文数千篇,无体不具”④,著有《静廉斋诗集》《清语录》《史汉平林订误》等。《清史稿》卷三百五《列传九十二》有其传。

金甡勤于学问,“偕兄虞砥砺问学,尤淹贯史事”,“穿穴诸经,时有窗解。诗宗韩、杜,骈体得南宋二李之遗”⑤,以时文名重当时。又雅好藏书,四库馆开,进六艺之一录稿本。室名曰静廉斋。袁枚称:“卷虽盈万,必手披而目及之。往往搜得遗珠,为幕府补过。或生童文字未协,代为改削,如训子弟然。有被黜之人,捧落卷而感泣者。”⑥大学士朱珪称金甡“益肆力于经史,自司马迁以下诸史,穷年点勘,数番不辍,旁及他子集,皆手录考订,故其根柢之学莫邃焉”,“读书万卷,老而不忘”⑦。据此推测,其家中藏书达数万卷之多。

(二十六)探花王际华

王际华(1717—1776)　字白斋,一字秋瑞(一作秋水),号梦舫,钱塘人。清“乾

---

① (清)朱珪《礼部左侍郎金公甡墓志铭》,见(清)钱仪吉纂,靳斯标点:《碑传集》卷三十五《乾隆朝部院大臣下之上·金甡》,第3册,中华书局1993年版,第1039页。

② (清)陈璚修,(清)王棻纂;屈映光续修,陆懋勋续纂;齐耀珊重修,吴庆坻重纂:《民国杭州府志(三)》卷一百二十六《名臣四》,见《中国地方志集成·浙江府县志辑》(3),江苏古籍出版社1991年版,第140页。

③ (清)阮元、杨秉初辑,夏勇等整理:《两浙輶轩录》卷二十五《金甡》,浙江古籍出版社2012年版,第1742页。

④ (清)袁枚《礼部侍郎海住金公传》,见(清)袁枚撰,周本淳标校:《小仓山房诗文集·补遗》卷三十二《小仓山续文集》,上海古籍出版社1988年版,第1866页。

⑤ (清)阮元、杨秉初辑,夏勇等整理:《两浙輶轩录》卷二十五《金甡》,浙江古籍出版社2012年版,第1742页。

⑥ (清)袁枚《礼部侍郎海住金公传》,见(清)袁枚撰,周本淳标校:《小仓山房诗文集·补遗》卷三十二《小仓山续文集》,上海古籍出版社1988年版,第1865页。

⑦ (清)朱珪《礼部左侍郎金公甡墓志铭》,见(清)钱仪吉纂,靳斯标点:《碑传集》卷三十五《乾隆朝部院大臣下之上·金甡》,第3册,中华书局1993年版,第1039—1041页。

隆十年一甲三名进士，授编修，分纂《续通考》，充顺天试、会试同考，擢侍读学士，协办内阁学士，入直南书房，充户内考官，督广东学政。丁父忧，服阕起原官，擢詹事”①，“三迁至侍郎，历工、刑、兵、户、吏诸部”。乾隆“三十四年，迁礼部尚书。三十八年，加太子少傅，调户部尚书。四十一年，卒，赠太子太保，谥文庄”②，祀乡贤祠。有《寒潭记事》。

王际华喜藏书，私人藏书甚丰，如《四库全书总目》载有《苏材小纂》六卷，署“户部尚书王际华家藏本”。又藏有金幼孜《北征录》一卷、杨荣《后北征记》一卷。尝充《四库全书》总裁，修《四库全书》时，奉诏进呈古籍百余种，《四库全书总目》著录其藏书 37 种 150 卷，“与孔昭焕、张若溎、郑大节、周永年、朱彝尊等藏书家之数相伯仲，当亦乾隆时又一藏书家，且其书大多为明代著名学者之著述，甚有价值”③。其所进呈书多为一卷、二卷之薄册书，多属难觅罕见之书。

藏书印有乙丑探花及第等印。

(二十七)汪　宪

汪　宪(1721—1771)　字千陂，号鱼亭，先世由安徽黔县雷岗之宏村迁钱塘，为杭郡人，居贺衙巷。乾隆九年(1744)甲子科中式举人，“乾隆十年进士，出嘉兴钱陈群门下，补刑部陕西司员外郎，乞养归。……居父忧，食粝服苴，逾期不变，陈群以荀觊谢贞比之”④。钱陈群言：鱼亭“为予主试南宫所得士，榜后来谒，儒众中德器温纯，予尤爱重之。顾年少澹于荣进，南归侍养者十五年。戊寅赴京以资补刑部陕西司员外郎，奉职勤慎，明年以父母俱周甲，后请急归里。自是一意循陔无复出山志矣，居定省”⑤。汪宪“博雅好古，笃好经学，亦善诗文，虽创作不多，但多精旨之作。据说其每作诗，一字未当，辄沉思良久，必至惬意始已。终其一生，著有《振绮堂稿》《振绮堂诗存》《苔谱》《易说存悔》《说文系传考异》等”⑥。“于经尤长于《易》，尝谓学《易》期于寡过，欲过之寡惟在知悔，悔存而凶吝渐消，可日趋于吉。因以‘存悔’颜其斋，又取《易》上下经为之说解，著《易说存悔》二卷”⑦。谭献亦记云：“少陂先

---

① (清)陈璚修，(清)王棻纂；屈映光续修，陆懋勋续纂；齐耀珊重修，吴庆坻重纂：《民国杭州府志(三)》卷一百二十六《名臣四》，见《中国地方志集成·浙江府县志辑》(3)，江苏古籍出版社 1991 年版，第 140 页。

② 赵尔巽等撰：《清史稿》卷三百二十一《列传一百八·王际华传》，第 36 册，中华书局 1977 年版，第 10781 页。

③ 参见郑伟章著：《文献家通考》卷五《王际华》，中华书局 1999 年版，第 257 页。

④ (清)陈璚修，(清)王棻纂；屈映光续修，陆懋勋续纂；齐耀珊重修，吴庆坻重纂：《民国杭州府志(三)》卷一百四十六《文苑三》，见《中国地方志集成·浙江府县志辑》(3)，江苏古籍出版社 1991 年版，第 480 页。

⑤ (清)钱陈群《刑部员外郎鱼亭汪君传》，见《清代诗文集汇编》编纂委员会编：《清代诗文集汇编》348，(清)汪宪撰：《振绮堂诗存》卷首，上海古籍出版社 2010 年版，第 330 页。

⑥ (清)鲍廷博撰，周生傑、季秋华辑：《鲍廷博题跋集》卷一《辑自知不足斋丛书(上)·知不足斋丛书序》，浙江古籍出版社 2012 年版，第 6 页。

⑦ 王钟翰点校：《清史列传》卷七十二《文苑传二·汪宪》，第 18 册，中华书局 1987 年版，第 5890 页。

生明经治六书，著书满家，有《易说存悔》《说文系传考异》之作，乃以绪余赋诗百篇为《振绮堂集》一卷”①，“又《苔谱》六卷”②。阮元《两浙輶轩录》卷二十三有其传。

1.进士汪宪振绮堂藏书

汪宪“耽蓄书，丹铅多善本，求售者虽浮其值不与较。集同志数人，昕夕讨论经史疑义。诗文不多作，作必精诣，一字未当，往往沈想经时，必惬意始脱稿”③。汪诚称其祖父：“博学能文，好储书。归田后日事校雠，居恒丹铅不释手。其时，推弆藏之家者，吾杭振绮堂汪氏与小山堂赵氏、瓶花斋吴氏，名相埒也。”④其藏书处名曰振绮堂，胡敬称“千陂公性耽书，插架多善本，甲乙编排，丹黄多所手定。吾乡藏书家若赵氏小山堂、吴氏瓶花斋，杭厉辈所借观珍惜者，今皆散佚不存。惟振绮堂所藏，岿然具在”⑤。

作为振绮堂藏书楼的创始人，汪宪为汪氏家族藏书的开创者，所建振绮堂是清代杭州藏书名楼，“振绮堂藏书，始于汪宪，乾隆三十七年高宗诏求遗书，宪子汝瑮以秘籍进，得赐《佩文韵府》一部、文绮二端，故称振绮堂”⑥。《民国杭州府志》载：“四库馆开，宪子汝瑮进呈家藏善本书六百余种蒙赐《佩文韵府》。弟璐撰《藏书目录》，录凡三千三百余种，六万五千余卷，藏书之富甲于郡城。”⑦汪宪逝世，鲍廷博有《挽汪鱼亭比部》诗：

整整牙签万轴陈，林间早乞著书身。
种松渐喜龙鳞者，埋玉俄惊马鬣新。
清白家声钦有素，丹黄手泽借还频。
西风谁送山阳笛，偏感春明僦宅人⑧。

鲍廷博于诗下自注：“先生既捐馆，余尚向邺架借书。”⑨从鲍氏挽诗可窥振绮堂藏书既精且富。

---

① （清）谭献《振绮堂诗存叙》，见《清代诗文集汇编》编纂委员会编：《清代诗文集汇编》348，（清）汪宪撰：《振绮堂诗存》卷首，上海古籍出版社2010年版，第329页。

② 王钟翰点校：《清史列传》卷七十二《文苑传二·汪宪》，第18册，中华书局1987年版，第5891页。

③ （清）钱陈群《刑部员外郎鱼亭汪君传》，见《清代诗文集汇编》编纂委员会编：《清代诗文集汇编》348，（清）汪宪撰：《振绮堂诗存》卷首，上海古籍出版社2010年版，第330页。

④ 郑伟章著：《文献家通考》卷五《汪宪》，中华书局1999年版，第286页，引汪诚《振绮堂书目·序》。

⑤ （清）胡敬《内阁中书小米汪君传》，见（清）丁丙著：《武林坊巷志》第4册，浙江人民出版社1987年版，第241页。

⑥ 洪业著：《洪业论学集》之《跋汪又村藏书簿记抄》，中华书局2005年版，第138页。

⑦ （清）陈璚修，（清）王棻纂；屈映光续修，陆懋勋续纂；齐耀珊重修，吴庆坻重纂：《民国杭州府志（三）》卷一百四十六《文苑三》，见《中国地方志集成·浙江府县志辑》（3），江苏古籍出版社1991年版，第480页。

⑧ （清）叶昌炽著，王欣夫补正，徐鹏辑：《藏书纪事诗》卷五，上海古籍出版社1989年版，第496页。

⑨ （清）叶昌炽著，王欣夫补正，徐鹏辑：《藏书纪事诗》卷五，上海古籍出版社1989年版，第496页。

藏书处除振绮堂外，又有存悔斋，汪宪“博雅好古，于经尤长于《易》。常谓学《易》期于寡过，欲过之寡，惟在知悔，悔存而凶吝渐消，可日趋于吉。因以存悔斋颜其斋”①。家中还有“静寄东轩，具花木水石之胜。朱文藻尝介严可均见宪，宪即馆之东轩，偕同志数人日夕讨论经史疑义”②。汪宪编“《振绮堂书目》四卷，著录图书3300余种”③。汪宪曾延请朱文藻编撰《振绮堂书录》十册，是目仅存六册，稿本后由叶揆初先生收藏。

藏书处除振绮堂外，又有静寄东轩、存悔斋。

藏书印有振绮堂兵燹后收藏书、桐轩主人藏书印、汪鱼亭藏阅书、振绮堂藏阅书等。汪氏藏有楷书木本记云：“聚书藏书，良匪易事，善观书者，澄神端虑，净几焚香。勿卷脑，勿折角，勿以爪侵字，勿以唾揭幅，勿把秽手，勿展食案，勿以作枕，勿以夹刺。随损随修，随开随掩。后有得吾书者，并奉赠此法。”④共71字。可见汪氏不仅藏书，且爱书至深。

2.振绮堂藏书特色及传承

在振绮堂藏书中有不少是汪氏所抄之书，汪宪与小山堂赵氏、飞鸿堂汪氏、知不足斋鲍氏、瓶花斋吴氏、春松堂孙氏、欣托山房汪氏，皆相往来，彼此互易，借钞借校，因得见宋椠元钞，不下数十百种。其藏书，“多影抄宋元精本，笔墨精妙”⑤，“皆珍秘之本也”⑥。

其振绮堂藏书以钞本为多，从《振绮堂书目》所著录的图书来看，明版居多，间有影抄宋本、坊间写本、精抄校本、元刊等，“皆珍秘之本也”⑦。“凡钞本书心上均标以‘金石录十卷人家钞书’”⑧。如五代南唐徐锴撰有《说文系传》四十卷，世罕传本，好事者秘相传抄，抄错、抄漏之处甚多，令人无法阅读。汪宪得影宋钞本，参考传世今本《说文》，连同徐锴著作中引证之书，证其同异，撰成《说文系传考异》四卷《附录》二卷。曾延聘严可均、朱文藻馆其家十余年，日夕讨论经史疑义，饮酒赋诗，与鲍廷博相互传借互抄经籍。尤其是鲍廷博，曾从振绮堂借抄古籍甚多。朱文藻为之编撰《振绮堂书录》十册，朱文藻《知不足斋丛书序》云：“浙东西诸藏书家若赵氏小山堂、汪氏振绮堂、吴氏瓶花斋、汪氏飞鸿堂、孙氏寿松堂、郑氏二老阁、金氏桐花馆，参合有无，互为借抄。至先哲后人家藏手泽，亦多假录，得则狂喜，如获重资，不得，虽积

---

① 吴晗撰：《江浙藏书家史略》，中华书局1981年版，第35页。

② 王钟翰点校：《清史列传》卷七十二《文苑传二·汪宪》，第18册，中华书局1987年版，第5890—5891页。

③ 胡适著，杜春和整理：《胡适全集》第十五卷，《史学·〈水经注〉疑案考证(二)·〈振绮堂书目〉摘记卡片》，安徽教育出版社2003年版，第158页。

④ (清)叶昌炽著，王欣夫补正，徐鹏辑：《藏书纪事诗》卷五，上海古籍出版社1989年版，第496页。

⑤ 吴仲强等著：《中国图书馆学史》，湖南出版社1991年版，第262—263页。

⑥ (清)汪曾唯《振绮堂书目》跋，见黄裳著：《来燕榭读书记》，辽宁教育出版社2001年版，第110页。

⑦ (清)汪曾唯《振绮堂书目》跋，见黄裳著：《来燕榭读书记》，辽宁教育出版社2001年版，第110页。

⑧ 郑伟章著：《文献家通考》卷九《汪诚》，中华书局1999年版，第478页。

思累岁月不休。余馆于振绮堂十余年,君借抄诸书皆余检集。君所刻书余尝预点勘。余与君同嗜好,共甘苦,君以为知之深者莫余若也。"①又据瞿冕良先生考云:"嗜书成癖,与同郡诸藏书家彼此互易,借抄借校,见宋椠元钞不下数百种。所抄书格纸版心下刻'振绮堂'三字,有:曹溶《刘豫事迹》一卷、《黑鞑事略》一卷、赵一清《水经注释》四十卷首一卷《附录》二卷、《水经注笺刊误》二卷、《皇元圣武亲征录》一卷、梁汾《帝陵图说》二卷等。"②

汪宪所藏多善本,多为自己点校之书,"点注丹黄,终日不倦"③。"又悉发所藏秘籍,相与校雠,稍暇则投壶赋诗为娱乐。尝以徐锴《说文系传》四十卷,世罕传本,好事者秘相传写,鱼鲁滋多,或至不可句读。宪所得虽属宋影钞本,然已讹不胜乙,因参以今本《说文》,旁考所引诸书,证其同异,著《说文系传考异》四卷。又属朱文藻采诸家评论《系传》之辞,及锴兄弟轶事,为《附录》二卷。其书缕析旧文,彻首彻末,论者谓其有功小学。诗文不多作,作必精诣,一字未当,往往沉想经时,必惬意始脱稿。"④

汪宪卒后,振绮堂藏书由其子汪汝瑮及汪璐继承。其裔孙汪康年云:"余家世以藏书为事,至鱼亭公加搜罗,于是振绮堂藏书之名始著。介思公二子,长即鱼亭公,次容谷公(讳宽),为余六世祖。鱼亭公有四子,长为涤源公(讳汝瑮),亦居馆驿后,堂名燕绥,余高伯祖也。次即春园公(讳璐),堂名振绮,余高祖也。……春园公平素嗜书,即举藏书畀之,以保守之责相属,故春园公于兄弟行,虽居次而袭振绮之名。"⑤"乾隆间,诏开四库馆,征求海内遗书,余家进呈善本百十种。因涤源公居长,故由公具名。今《四库书目提要》中各书目之下,有注曰'汪汝瑮藏本'者皆是也。当书藏书家,浙东称范氏天一阁,浙西称汪氏振绮堂,此外又有吴氏瓶花斋,赵氏小山堂。"⑥《杭郡诗续辑》亦载:"高宗纯皇帝诏求遗书,(汝瑮)恭呈家藏善本六百余种,蒙颁赐《佩文韵府》全部,士林荣之。"⑦

汪宪振绮堂藏书自汪宪,历汪汝瑮、汪璐、汪诚、汪远孙、迈孙、适孙等,数代连绵不断,俱有采抄。积至六万五千余卷。汪宪次子王璐编有《振绮堂藏书题跋》、璐子汪诚编有《振绮堂书目》,著录三千余部,六万余卷,四万册左右。汪宪所建振绮堂,

---

① (清)丁申著:《武林藏书录》卷下《知不足斋》,古典文学出版社 1957 年版,第 91 页。

② 瞿冕良编著:《中国古籍版刻辞典》,苏州大学出版社 2009 年版,第 690 页。

③ (清)叶昌炽著,王欣夫补正,徐鹏辑:《藏书纪事诗》卷五,上海古籍出版社 1989 年版,第 495 页。

④ 王钟翰点校:《清史列传》卷七十二《文苑传二·汪宪》,第 18 册,中华书局 1987 年版,第 5891 页。

⑤ (清)汪康年著,汪林茂编校:《汪康年文集》附《汪诒年校补·汪穰卿先生传记》卷一《自传》,浙江古籍出版社 2011 年版,第 668 页。

⑥ (清)汪康年著,汪林茂编校:《汪康年文集》附《汪诒年校补·汪穰卿先生传记》卷一《自传》,浙江古籍出版社 2011 年版,第 668 页。

⑦ (清)潘衍桐编纂,夏勇、熊湘整理:《两浙輶轩续录》卷十四《汪汝瑮》,第 3 册,浙江古籍出版社 2014 年版,第 840 页。

购藏、抄校古籍，择其优者刊刻行世，与天一阁齐名，百余年间汪氏一门六代之善藏、善守、善读、善刻，名著士林。咸丰庚申、辛酉之际太平军进驻杭州，振绮堂藏书化为劫灰，所幸其藏书题识与振绮堂藏书录辗转中仍存于世；振绮堂靠家藏编刻古籍百余种，至今仍在流传，嘉惠后人。黄云眉先生亦总结汪氏累世藏书云：汪氏"性耽蓄书，颜其室曰振绮。凡遇书求售者，不惜丰价以购，点注丹黄，竟日不倦。同时藏家，多彼此易借钞校，有振绮堂书目。著作有列传及说文系传考异十卷，附录一卷。乾隆三十七年，诏求遗书，子汝瑮，以家藏二百十九部进呈，卒著录三十三部，存目一百二十三部。次子璐，乾隆丙午举人，尝选家藏各书题记，为振绮堂藏书四卷，未刊，手稿本今存二卷，归杭州叶葵初藏。璐子诚，乾隆甲寅举人，刑部主事。以先世藏书浩瀚而未有目，乃取所藏书编为振绮堂书目五卷。目中详考作者，注明版本，所收书凡三千三百余部，都六万五千余卷。诚子远孙，嘉庆举人，官内阁中书。构别业曰借闲小筑。喜读先世藏书，有《汉书地理志校本》二卷，《借闲随笔》，《经典释文补续略例》，《国语发正》等著述。汪氏累世所藏，至咸丰庚辛时始散。仁和朱文藻尝为振绮堂辑书录十册，原稿未刊，今残存六册，起地志至集部。稿中有涂改者，为振绮堂主人手批。末有光绪十二年振绮堂后人汪唯曾跋。稿本亦归叶葵初藏。汪氏后裔有名康年者，与梁启超同时，尝辑《振绮堂丛书》二集"①。

（二十八）探花卢文弨

卢文弨（1717—1795）　初名嗣宗，后更名文弨，"字召弓②，号矶渔，又号檠斋，晚号弓父，抱经其堂颜也，人称曰抱经先生"③。其先自余姚迁杭州④，居批验所（今所巷）前。清"乾隆戊午举顺天乡试，壬戌考授内阁中书，壬申以一甲第三人成进士，授翰林院编修。丁丑，命尚书房行走，遂由左春坊左中允，洊升翰林院侍读学士。为乙酉广东正典试，旋提督湖南学政。戊子，以学政言事不当，例议左迁"⑤，乞归。告归后，"文弨历主江、浙各书院讲席，以经术导士，江、浙士子多信从之，学术为之一变"⑥，清著名学者孙星衍就出于卢文弨门下。其"所自著书有《抱经堂集》三十四卷，《仪礼注疏详校》十七卷，《锺山札记》四卷，《龙城札记》三卷、《广雅释天以下

---

① 黄云眉著：《史学杂稿续存·解放前公私图籍之聚散概况》，齐鲁书社 1980 年版，第 133—134 页。

② 按：《光绪余姚县志》引卢庆钟行状："绍"作"召"。

③ （清）丁申撰：《武林藏书录》卷下《抱经堂》，古典文学出版社 1957 年版，第 71 页。

④ 按：杨文杰《东城记余》亦曰："卢文弨先世居余姚，后迁杭老屋，在批验所前，所谓数间草堂者也。"卢氏先人居范阳，散居于浙江各地，明代时由余姚迁居于杭州东里坊，所以卢文弨有时自称"东里卢某"。

⑤ （清）段玉裁《翰林院侍读学士庐公墓志铭》，见（清）卢文弨撰：《抱经堂文集》卷首，中华书局 1985 年版，第 1 页。

⑥ 赵尔巽等撰：《清史稿》卷四百八十一《列传二百六十八·卢文弨传》，第 43 册，中华书局 1977 年版，第 13192 页。

注》二卷，皆使学者諟正积非，蓄疑涣释”①。乾隆六十年（1795），卒于龙城书院，葬于仁和芝芳桥之原。生平事迹参见翁方纲《抱经先生墓志铭》、李元度《国朝先正事略》卷三十五《卢抱经先生事略》、《清史列传》卷六十八《卢文弨传》、阮元《两浙輶轩录》卷二十三《卢文弨传》。

卢氏祖、父皆好藏书，读书与藏书处名曰数间草堂，卢氏《东城杂记跋》曰："吾祖居，即所谓数间草堂也。"②文弨承祖与父之志，笃好读书，"家有藏书楼抱经堂，藏书数万卷"③。徐珂云："余姚卢召弓学士文弨博学嗜古，喜蓄书，恒以重值购善本。贮书之处曰抱经楼，盖取昌黎赠玉川子语也。"④"闻有藏异书者，辄百出其计以借钞，精审无误，宋次道、刘原父皆莫能及也。时鄞人有字青崖者，召弓与之同宗，同嗜好，亦号抱经，于是浙中有东西抱经之称。"⑤乾隆十五年（1750），卢文弨已考授内阁中书，"官俸脯修所入，不治生产，仅以购书"⑥。其庚午年（1750）《重校经史题辞》云："少时贸贸不知学有本末，费日力抄诸子、《国策》、《楚辞》及唐、宋近人诗文，皆细字小本，满一簏。经则《周礼》《尔雅》，亦尝节录注疏一过。余经及诸史，未之及也。洎官中书，始一意经史，去冬卒业《周易》。《史记》以未见内府新校本为缺，然今割俸之所入，先购得数种，冀以次观其全焉。"⑦

卢文弨一生藏书印很多，有卢、绍弓、文弨、文弨读过、抱经、卢文弨印、绍弓氏、卢文弨绍弓印、卢氏藏书、弓父手校、武林卢文弨写本、抱经堂藏、数间草屋藏本、武林卢文弨手校、卢文弨字召弓、文弨校正、抱经堂印、武林卢文弨家经籍、精校善本得者珍之、东里抱经堂记、东里卢氏、弓父书册、白首尚钞书、臣印文弨、抱经堂校订本、范阳卢氏、文弨读过、不学便是面墙、弓甫所藏、抱经堂写校本、臣卢文弨、不学便老而衰、卢绍弓、东里、范阳、弓父、文弨之印、檠斋、弨弓氏、文弨借阅、卢文弨印、抱经堂藏书印、武林卢文弨校本、数间草堂藏书、数间草堂、弓父手校、抱经手校、抱经堂校定本、武林卢文弨手校、虎林卢文弨写本、虎林卢文弨校正、虎林卢文弨手校、文弨借观等。

---

① 赵尔巽等撰：《清史稿》卷四百八十一《列传二百六十八·卢文弨传》，第43册，中华书局1977年版，第13191页。

② （清）卢文弨著：《抱经堂文集》卷九《城东杂录跋》，见中华书局编辑部：《丛书集成初编》517，中华书局2011年影印本，第179页。

③ （清）鲍廷博撰，周生傑、季秋华辑：《鲍廷博题跋集》卷一《辑自知不足斋丛书（上）·知不足斋丛书序》，浙江古籍出版社2012年版，第14页。

④ 徐珂编撰：《清稗类钞·鉴赏类·卢召弓藏书于抱经楼》，第9册，中华书局1986年版，第4242页。

⑤ 徐珂编撰：《清稗类钞·鉴赏类·卢召弓藏书于抱经楼》，第9册，中华书局1986年版，第4243页。

⑥ （清）段玉裁撰：《翰林院侍读学士卢公墓志铭》，见中华书局编辑部：《丛书集成初编》517之《抱经堂文集》首附，中华书局2011年影印本，第5页。

⑦ （清）卢文弨著：《抱经堂文集》卷七《重校经史题辞》，见中华书局编辑部：《丛书集成初编》517，中华书局2011年影印本，第129页。

1.抱经堂藏书特色

抱经堂藏书多为钞本，尤以精善著称，且以校勘古籍称名于世，重要原因之一在于其得益于卢氏幼时所受到良好的教育。卢文弨“存心子，幼颖异，为冯景[①]外孙，又为桑调元[②]女夫”[③]。“冯、桑二公，皆浙中懋学之士，故其学具有原本”[④]。外祖父冯景，妇翁桑调元，对其一生影响甚大。冯景、桑调元是浙中较有影响的人物，段玉裁云：“公生而颖异，擩染庭训，又渐涵于外王父之绪论。长则桑先生调元婿而师之。冯、桑二公皆浙中懋学之士，故其学有本原。”[⑤]《文献征存录》亦云：“妇翁桑调元，时之胜德，甚推器之，以为风韵似其外祖冯景，其湛深乃过景也。”[⑥]“卢抱经学士少傅父业，敦笃玩古。妇翁桑调元，时之盛德，甚推器之，以为风韵似其外祖冯景，其湛深乃过景也。学士父藏景遗稿于家，有示学士诗云：‘外祖冯山公，文章惊在宥，衣钵无后人，瓣香落汝手。’”[⑦]卢氏在其父、外祖父及妇翁的影响下，一生潜心汉学，勤于藏书、校勘及著述，故成果颇丰。卢文弨在为官期间，仍抄书不辍。尝与弟文韶云：“吾弟当知得书之难，则家中所有零篇断简，皆当宝之。此皆吾祖手所置者，好学人不必整齐书方始可看可读也。”[⑧]又云：“父亲处馆于外，不能自教子。吾时读书，不知门径所从入，好抄书，亦非世间稀见之本，徒费日力于此，不知务乎其所当务。”[⑨]吴骞云：“尤癖嗜典籍，几忘寝馈。闻人有异书，必宛转假录，遇亥豕则为校正而归焉，人亦乐以借之，尝谓，士不可顷刻离书，譬鱼不可须臾离水，时以为名言。”[⑩]72 岁时为严杰撰《吴江严豹人二酉斋记》云：虽已“颓然老矣，然见一异书，眼犹为之明。思古

---

① 按：冯景（1652—1715），字山公，钱塘人。国子监生，善作文，讲求经世致用。与王士祯、宋荦、汪煜、汤右曾等友善，著述多佚失，存有《解春集》。《清史稿》卷四百八十四有其传。

② 按：桑调元（1695—1771），字弢甫，钱塘人。雍正四年（1726）顺天乡试举人，雍正十一年（1733）钦赐进士，授工部主事，先后主持九江濂溪书院及泺源书院，辟余山书屋，宣扬劳史学说。《清史稿》卷四百八十有其传。

③ （清）陈璚修，（清）王棻纂；屈映光续修，陆懋勋续纂；齐耀珊重修，吴庆坻重纂：《民国杭州府志（三）》卷一百三十八《儒林》，见《中国地方志集成·浙江府县志辑》（3），江苏古籍出版社 1991 年版，第 348 页。

④ （清）段玉裁《翰林院侍读学士庐公墓志铭》，见（清）卢文弨撰：《抱经堂文集》卷首，中华书局 1985 年版，第 1 页。

⑤ （清）段玉裁撰：《翰林院侍读学士卢公墓志铭》，见中华书局编辑部：《丛书集成初编》517 之《抱经堂文集》首附，中华书局 2011 年影印本，第 5 页。

⑥ （清）王藻编，（清）钱林辑，《文献征存录（一）》十卷，见周骏富辑：《清代传记丛刊·学林类》（8），明文书局 1985 年影印咸丰八年（1858）刻有嘉树轩藏版，第 010—649 页。

⑦ （清）陈康祺《郎潜纪闻二笔》卷九《卢抱经学士》，见（清）陈康祺撰，晋石点校：《郎潜纪闻初笔二笔三笔》，中华书局 1984 年版，第 473 页。

⑧ （清）卢文弨著：《抱经堂文集》卷二十一《与弟文韶书》，见中华书局编辑部：《丛书集成初编》517，中华书局 2011 年影印本，第 300 页。

⑨ （清）卢文弨著：《抱经堂文集》卷二十一《与弟文韶书》，见中华书局编辑部：《丛书集成初编》517，中华书局 2011 年影印本，第 299 页。

⑩ （清）吴骞撰：《愚谷文存续编》卷一《抱经堂文集序》，见《续修四库全书》编纂委员会、复旦大学图书馆古籍部编：《续修四库全书》第 1454 册，上海古籍出版社 2003 年版，第 328 页。

昔圣贤若孔墨，犹未尝须臾废书，而余何人，顾可弃秉烛之光而不自力乎。杨仪部尝有句云：‘岂待开卷看，抚弄亦欣然，此真爱人入骨髓语也。’又曰：‘自知身有病，不作长久计。偏好固莫捐，聊尔从吾意。’余今白首抄书，矻矻朝夕，亦正有自不可解者”[①]。傅增湘云：“《阴晋陵集》一卷，陈武威阴铿子坚撰，清周春兮辑，清写本。有吴骞跋：‘阴晋陵集为周春兮大令手辑，其后予从卢弨弓学士借得一旧钞本。’”[②]又《桐江集》四卷，卢文弨抄本，卷首有“卢文弨印”朱记[③]。卢氏所抄之书多集中于归田后主讲各书院期间。据赵鸿谦《卢抱经先生校书年表》载，乾隆三十九年(1774)主讲钟山书院一年间就抄书 13 部，其中集部就有《半亭诗稿》《贾长江集》《徐长侍集》《后山诗注》《刘后村集》《遗山乐府选》六部。乾隆四十二年(1777)丁酉一年钞书达 15 部。据《抱经堂文集》统计共录卢氏钞本 71 部。抱经堂藏书，多经卢氏校定并手加跋语，其《抱经堂文集》未必尽载。清嘉庆二年(1797)萧山徐鲲《抱经堂文集跋》言：“先生余稿尚多。”南京图书馆所藏卢文弨钞本《对床夜话》后有严元照跋云：“抱经先生嗜古好书，每觏罕见之本，辄课生徒分抄，抄竣亲以朱笔校勘。所钞之书，数以百计。”

卢氏藏书中亦有大量刻本，多以当时通行本为主，其中多为明刻本、清刻本，并多经其手校而成为后世所重之善本。如嘉靖六年(1527)刊刻《史记集解索隐正义》一百三十卷，钤有“卢氏藏书”“卢文弨印”“绍弓氏”“抱经堂印”“文弨读过”诸印[④]。丁丙《善本书室藏书志》录有卢氏旧藏二十部，其中标有明刊本者八部、清刊本者四部、旧钞本三部、抱经钞本五部。《江苏第一图书馆覆校善本书目》录有卢氏旧藏四十三部，明刊本十七部、清刊本十二部(其中聚珍本八部)、旧钞本五部、抱经钞本九部。卢文弨一生藏书数万卷，上所举十数部书远不能反映所藏全部，却亦可窥其藏书大略。

2.卢文弨校书故实

卢文弨作为清校勘古书大家，平生校书无数，其校书和藏书关联甚密，洪亮吉把藏书家分为数等，列卢文弨为藏书家中的校雠家。《贾浪仙长江》十卷，卢文弨钞校本，有何焯校、冯氏评并跋[⑤]。旧写本《侯鲭录卷》二卷，“清卢文弨朱笔校，首尾钤‘武林卢文弨手校’小印”[⑥]。又有“《能改斋漫录》十八卷，旧写本。卢文弨细校”[⑦]。

---

① (清)卢文弨著:《抱经堂文集》卷二十五《吴江严豹人二酉斋记》，见中华书局编辑部:《丛书集成初编》517，中华书局 2011 年影印本，第 390 页。

② 傅增湘撰:《藏园群书经眼录》卷十二《集部一》，中华书局 1983 年版，第 1002 页。

③ (清)瞿镛撰:《铁琴铜剑楼藏书目录》卷第二十二《集部四》，见《清人书目题跋丛刊三》，中华书局 1990 年版，第 337 页。

④ 傅增湘撰:《藏园群书经眼录》卷三《史部一》，中华书局 1983 年版，第 173 页。

⑤ 傅增湘撰:《藏园群书经眼录》卷十二《集部一》，中华书局 1983 年版，第 1084 页。

⑥ 傅增湘撰:《藏园群书经眼录》卷八《子部二》，中华书局 1983 年版，第 677 页。

⑦ 傅增湘撰:《藏园群书经眼录》卷八《子部二》，中华书局 1983 年版，第 699 页。

《东观馀论》二卷，"旧写本，卢文弨手校，有跋"①。《后村诗话》十四卷，"旧写本，卢抱经文弨以朱笔校正"②。洪吉亮曾云："藏书家有数等。得一书必推求本原，是正缺失，是谓考订家，如钱少詹大昕、戴吉士震诸人是也。次则辨其板片，注其错讹，是谓校雠家，如卢学士文弨、翁阁学方纲诸人是也。次则搜采异本，上则补石室金匮之遗亡，下可备通人博士之浏览，是谓收藏家，如鄞县范氏之天一阁、钱唐吴氏之瓶花斋、昆山徐氏之传是楼诸家是也。"③可见卢氏在乾隆诸子中以校勘古籍称名于世。

卢文弨"孝谨笃厚，潜心汉学，与戴震、段玉裁友善。好校书"④，自称家藏经籍大半经其手校，"藏书数万卷，无不手自校勘"⑤。"文弨校书，参合各本，择善而从，颇引他书改本书，而不专主一说，故严元照诋其《仪礼详校》，顾广圻讥其《释文考证》，后黄丕烈影宋刻书，各本同异另编于后，两家各有宗旨，亦互相补苴云。"⑥"余年十五六，从人借书读，即钞之，久之，患诸书文字多谬误，颇有志于校勘。"⑦又"至三十外，见近所刊经史，其改正从前之误，固大有功矣，而用意太过，则不能无穿凿之失，校者不一其人，则不能无差互之病。于是始因其考证而续成之，渐旁及诸子百家。今余家所藏者，大半经余手校者也"⑧。对于卢文弨校书之事，学者评价甚高。钱大昕云："予曩在京师，与君家召弓学士游，学士性狷介，与俗多忤，而于予独有水乳之投。学士藏书万余卷，皆手校精善，而以饱经自号。青崖与学士里居不远，而嗜好亦略相似，浙中有东、西抱经之目。"⑨"家藏图籍数万卷，皆手自校勘，精审无误。"⑩陈鳣云："比复至吴，忽从水关书肆获一钞本，乃抱经学士未刻此书时缮写手校底本，上作细楷书，朱墨杂陈，极为精致。不胜狂喜。学士校此书时在乾隆庚子春日，越七年内丙午始付诸梓，故校语与定本多有增损，所谓积数年校勘之功，盖其慎

---

① 傅增湘撰：《藏园群书经眼录》卷九《子部三》，中华书局 1983 年版，第 737 页。

② 傅增湘撰：《藏园群书经眼录》卷十九《集部八》，中华书局 1983 年版，第 1585 页。

③ （清）洪亮吉著：《北江诗话》卷三，中华书局 1985 年版，第 29 页。

④ 赵尔巽等撰：《清史稿》卷四百八十一《列传二百六十八·卢文弨传》，第 43 册，中华书局 1977 年版，第 13191 页。

⑤ （清）陈璚修，（清）王棻纂；屈映光续修，陆懋勋续纂；齐耀珊重修，吴庆坻重纂：《民国杭州府志（三）》卷一百三十八《儒林》，见《中国地方志集成·浙江府县志辑》（3），江苏古籍出版社 1991 年版，第 348 页。

⑥ 赵尔巽等撰：《清史稿》卷四百八十一《列传二百六十八·卢文弨传》，第 43 册，中华书局 1977 年版，第 13192 页。

⑦ （清）卢文弨著：《抱经堂文集》卷十一《书杨武屏先生杂诤后》，见中华书局编辑部：《丛书集成初编》517，中华书局 2011 年影印本，第 203 页。

⑧ （清）卢文弨著：《抱经堂文集》卷十一《书杨武屏先生杂诤后》，见中华书局编辑部：《丛书集成初编》517，中华书局 2011 年影印本，第 203 页。

⑨ （清）钱大昕著，吕友仁校点：《潜研堂集·文集》卷二十一《抱经楼记》，上海古籍出版社 2009 年版，第 350 页。

⑩ （清）钱大昕著，吕友仁校点：《潜研堂集·文集》卷二十五《卢氏群书拾补序》，上海古籍出版社 2009 年版，第 421 页。

也。"①"凡用朱笔皆学士手校,既正其异同,间改其事实,或书简端,或书卷尾,字字不苟,笔笔精工,前辈校阅之勤、用心之细,实堪钦慕。观其跋语,自是先有一钞本,即所谓删落甚多者。故以字少者添于行中,字多者别纸书之,缀于当卷当卷之后。既而重写是本,并钞原跋。重加精校,得此书者不益可宝重耶!……余之所得虽非宋刻,然以抱经学士精校,亦不啻珊瑚钩云。后人其护持之,勿轻与人,或饱蠹虫,斯大幸矣!"②阮元称:"先生无嗜欲之好,日事铅椠,读一书必多求善本,相互考订,于是家之所储数万卷,无俗本,无讹字。"③吴骞云:"卢绍弓学士,性敏达而好学,一生手不停披,凡经史百家之书,无不勾雠字勘,丹黄灿然,且无一懈笔。校刊汉魏诸儒书,皆有功学者。"④臧镛亦称:"笃学,耄而不厌。昧爽即起,夜分始寝。终日庄坐,读书遇疑义,则取别本勘;若有不当,又检视他书,卷帙繁杂,堆几盈之。"⑤劳格云:"抱经先生平生喜校书,所校不下万卷,其主意在爱惜古人,启迪来学,而于己之名望无与也。"⑥钱泳云:"卢抱经先生名文弨,余姚人。乾隆壬申恩科进士,以第三人及第,官至翰林学士。邃于经学,所著有《仪礼新校》《群经拾补》《钟山札记》诸书。平生最喜校正古籍,为钟山书院山长,所得馆谷,大半皆以刻书,如《春秋繁露》《贾子新书》《白虎通》《方言》《西京杂记》《释名》《颜氏家训》《独断》《经典释文》《孟子音义》《封氏见闻录》《三水小牍》《荀子》《韩诗外传》之类,学者皆称善本。"⑦陈寿祺云:"卢抱经学士性好校书,终身未尝废辍。……家藏数万卷,无不手勘者。客訾其勤,公正色曰:'吾以学政言事不当左迁,家居无补于世,以刊定之书惠学者,冀稍裨益右文之治也。'"⑧严元照云:"先生喜校书,自经传子史,下逮说部诗文集,凡经披览,无不丹黄。即无别本可勘同异,必为之厘正字画然后快。嗜之至老愈笃,自笑如猩猩之见酒也。"⑨丁丙称:"校勘之学,至乾嘉而极精。出仁和卢抱经、吴县黄荛圃、阳湖孙星衍之手者,尤校雠精深,朱墨烂然,为艺林至宝。"⑩傅增湘云:"集诸书而镂于版,因事立义,名之曰'丛书'。其例开自左圭,而繁于近代,行之且六七百年,为之者盖数百家。……惟卢绍弓先生《抱经堂丛书》尤精博矣。当乾隆盛世时,海内魁

---

① 傅增湘撰:《藏园群书经眼录》卷四《史部二》,中华书局 1983 年版,第 272 页。

② 傅增湘撰:《藏园群书经眼录》卷五《史部三》,中华书局 1983 年版,第 407 页。

③ (清)阮元《抱经堂丛书》序,引郑伟章著:《文献家通考》卷五,中华书局 1999 年版,第 276 页。

④ (清)吴骞纂:《拜经楼诗话》卷三,中华书局 1985 年版,第 43 页。

⑤ (清)臧镛《拜经堂文集》卷五《皇清故日讲官起居注前翰林院侍读学士卢先生行状》,见《清代诗文集汇编》编纂委员会编:《清代诗文集汇编》484,上海古籍出版社 2010 年版,第 129 页。

⑥ (清)劳格撰:《劳氏碎金》卷下《读史札记》,见《丛书集成续编》第 71 册,上海书店出版社 1994 年版,第 279 页。

⑦ (清)钱泳撰,孟裴点校:《履园丛话》卷六《耆旧·抱经学士》,上海古籍出版社版 2012 年版,第 97 页。

⑧ (清)陈康祺《郎潜纪闻三笔》卷二《卢抱经校书之勤》,见(清)陈康祺撰,晋石点校:《郎潜纪闻初笔二笔三笔》,中华书局 1984 年版,第 685—686 页。

⑨ 引(清)丁申撰:《武林藏书录》卷下《抱经堂》,古典文学出版社 1957 年版,第 72 页。

⑩ (清)丁丙《善本书室藏书志·编辑条例》,见严佐之著:《古籍版本学概论》,华北师范大学出版社 1989 年版,第 106 页。

儒，崇尚淹雅，先生以鸿材伟业，峙于其间，壮年无仕，言事左迁，乞养归田，校书终老。”“每校一书，必搜罗诸本，反复钩稽，扞格之词莫不通，晦僻之义莫不显。”①丁申云：“生平精于校雠，陆氏《经典释文》，尝取宋本参校，别为考证。又汇萃诸书校勘记，名曰《群书拾补》，其《小引》云：‘文弨于世间技艺，一无所能，童时喜钞书，少长渐喜校书，自壮至老，积累渐多，尝举数册付剞劂氏，年家子梁曜北语余曰：所校之书，势不能皆流通于世，其藏之久，不免朽蠹，则一生精神虚掷既可惜，而谬本流传，后来无从取正，虽自有余，奚裨焉。意莫若先生举缺文断简讹缪尤甚者，摘录以传诸人，则以传一书之力分而传数书，费省而功倍，宜若可为也。’余感其言，就余力所能，友朋所助，次第出之，名曰《群书拾补》，虽然，即一世之讹而欲悉为标举之，又复累幅难罄，约之又约，余怀终未快也。然余手校之书，将来必有散于人间，后有与余同好者，能公诸世，庶余之勤为不虚。”②金甡《题卢绍弓编修检书图》云：“卢郎温润乃如玉，独有校勘严仇雠。目劳手倦苦相角，授经余力间须偷。矧当退食百城拥，纵横穿穴资旁搜。寻踪宛转蛇赴壑，得隽掣曳鱼衔钩。后先佐证每连逮，新旧逋责期毕收。时时堆案碍双肘，正似獭祭陈沙洲。”③此诗正为文，是卢文弨校书之真实写照。

卢文弨校书之勤，段玉裁记其甚详：“公好校书，终身未尝废。在中书十年，及在尚书房，与归田后主讲四方书院，凡二十余年，虽耄孳孳无怠。早昧爽而起，翻阅点勘，朱墨并作，几间缤纷，无置茗盌处。日且冥，甫出户散步庭中，俄而篝灯如故，至夜半而后即安，祁寒酷暑不稍间。官俸脯脩所入，不治生产，仅以购书。闻有旧本，必借抄之；闻有善说，必谨录之。一策之间，分别移写诸本之乖异，字细而必工。今抱经堂藏书数万卷皆是也。校雠之事，自汉刘向、扬雄后至圣朝极盛。公自以家居无补于国，而以刊定之书惠学者，亦足以裨益右文之治。出所定《经典释文》《孟子音义》《逸周书》《贾谊新书》《春秋繁露》《方言》《白虎通》《荀卿子》《吕氏春秋》《韩诗外传》《独断》诸善本，镂版行世。又苦镂板难多，则合经史子集三十八种，如《经典释文》例，摘字而注之，名曰《群书拾补》以行世。”④从以上学者评价，可知卢文弨为校书而生，卢文弨在乾隆时，以校勘精审名世，后世将其与顾广圻合称“卢顾”。江藩云《师承记》述卢氏所校之书曰：“绍弓官京师，与东原交善，始潜心汉学，精于雠校。归田后二十余年，勤事丹铅，垂老不衰。所校之书，《大戴礼记》《左传》《经典释文》《逸周书》《孟子音义》《荀子》《方言》《释名》《贾谊新书》《独断》《春秋繁露》《白虎通》《吕氏春秋》《韩诗外传》《颜氏家训》《封氏闻见记》诸书。有取《易》《礼注疏》

---

① 傅增湘撰：《抱经堂汇刻书序》，见北京图书馆善本组编：《影印善本书序跋集录》(1911—1984)，中华书局1995年版，第667—668页。

② (清)丁申撰：《武林藏书录》卷下《抱经堂》，古典文学出版社1957年版，第71页。

③ (清)叶昌炽著，王欣夫补正，徐鹏辑：《藏书纪事诗》卷五，上海古籍出版社1989年版，第501页。

④ (清)段玉裁撰：《翰林院侍读学士卢公墓志铭》，见中华书局编辑部：《丛书集成初编》517之《抱经堂文集》首附，中华书局2011年影印本，第5页。

《吕氏读诗记》《魏书》《宋史》《金史》《新唐书》《列子》《申鉴》《新序》《新论》诸本脱漏者，荟萃一书，名曰《群书拾补》，《抱经堂文集》三十四卷，及《钟山札记》《龙城札记》刊行于世。”①卢庆钟《行状》述云：“念古书之在人间者，多讹脱不可读，学者未由通其义，因取旧时校正各书，择其尤要者，如《经典释文》《孟子音义》《逸周书》《贾谊新书》《春秋繁露》《方言》《白虎通》《西京杂记》《蔡邕独断》等书，次第授梓。是举也，府君发其端，同时名公巨卿与夫及门诸子，咸各出所藏，请府君编校，若嘉禾谢氏之《荀子》，镇洋华氏之《吕氏春秋》《释名疏证》，武进赵氏之《韩诗外传》，扬州秦氏之《封氏闻见记》，吴江严氏之《左传古义》，海宁吴氏之《谢宣城集》，皆经府君订定。府君更以手校之书，不能尽付铅椠，则又录其校语，为《群书拾补》。”②今学者郑伟章《文献家通考》云，卢氏“所校之书极多，如《颜氏家训》《輶轩使者绝代语释别国方言》《风俗通义》《墨子》《抱朴子》《仪礼注疏详校》《孟子音义》《贾子新书》蔡邕《独断》等书，一经其手，即成善书”③。卢文弨在二十余年主讲各书院生涯中，所校书数量相当惊人，就所存三百余部卢校本中，其间所校达二百多部，其间所刻《抱经堂丛书》为传世善本。叶德辉《书林清话》称其为著述、校勘兼而有之的学者。

赵鸿谦《陶风楼藏卢抱经校本述要》所著录五十六种古籍中，有卢文弨钞校本经部十三、史部七、子部二十八、集部八。这五十六种古籍大多为卢氏所藏，并皆经其手校而成善本。其中被赵鸿谦定为精校本（一校、再校至四五校，相距前后可廿余载，至耋而不衰，是为精校本）的就有二十三部。《陶风楼藏卢抱经校本述要》另附有抱经藏本无校文者七部：《诗考》六卷（传写本）、《东坡志林》五卷（朱文藻过录本）、《周礼详解》四十卷（藏本）、《汴京遗迹志》二十四卷（藏本）、《五行大义》五卷（藏本）、《顾华阳集》三卷（藏本）、《全唐诗话》三卷（藏本）。从《陶风楼藏卢抱经校本述要》著录可见卢氏抱经堂所藏遍及经、史、子、集四部。卢氏凡原书有脱漏的，必摘字而注其异同、衍脱，系以校文，后所校之书定名《群书拾补》，刊行以惠后学。

卢文弨校书繁多，不可胜数。据赵鸿谦《卢抱经先生校书年表》一文列为 182 种，仅为《抱经堂文集》所载题跋和当时江苏图书馆所藏的卢校本，远未反映卢校全部。学者许殿才又据《群书拾补》及补遗中考出赵未列的《晏子春秋》《鲍照集》等 27 种。吴骞《拜经楼藏书题跋记》、傅增湘《藏园群书经眼录》、丁丙《善本书藏书志》及邵懿辰、邵章《增订四库简明目录标注》，得《北海经学七录》《元经薛氏传注》等 179 种，去掉与前重复者，实得 48 种。以上两项加上赵氏所列，共计 257 种④。

---

① （清）江藩纂，漆永祥笺释：《汉学师承记笺释》卷六《卢文弨》，上海古籍出版社 2013 年版，第 566—567 页。

② （清）阮元、杨秉初辑，夏勇等整理：《两浙輶轩录》卷二十三《卢文弨》，浙江古籍出版社 2012 年版，第 1621 页。

③ 郑伟章著：《文献家通考》卷五《卢文弨》，中华书局 1999 年版，第 278 页。

④ 参见许殿才撰：《卢文弨校勘学的历史地位》，社会科学辑刊，1990 年第 1 期，第 102 页。

3.抱经堂藏书散佚

与诸多私人藏书一样，抱经堂的藏书也难以摆脱覆亡的命运。卢氏生前就充分认识到这一点。尝自云："余手校之书将来必有散于人间者，则虽无益于己，宁不少有益于人乎？后有与余同好者而且能公诸世，庶余之勤为不虚也已。"①卢文弨死后，其子庆钟、庆录严守其业。《卢公墓志铭》详细记载了这段故事："公之没也，无以为家。公之挚友为谋以抱经堂书数万卷归有力，有力佽助其家，待公子孙如约取归，如南阳井公与晁昭德故事。庆钟、庆录曰：'先人手泽存焉，虽贫安忍一日离也。'乌呼！公可谓有子矣。"②卢氏藏书虽然有其子暂时保护，但仍没能逃脱散亡的命运。最早记载其散亡情况的是严元照和陈鳣。严元照云："学士即没，藏书星散，尽落估人手。仁和宋助教大樽与估人约，凡学士手校书每一册易以银钱一饼。此书亦归助教，予以明钞本易得之。重是名儒手泽，珍秘不敢亵视。"③陈鳣云："是本为卢弓父学士抱经堂钞藏，学士既归道山，遗书散失。余以厚价收得数种，此其一也。"④

卢氏藏书在其去世后散亡殆尽，零零散散地被多家收存。除严元照、陈鳣外，吴骞的拜经楼、许宗彦的鉴止水斋、瞿镛的铁琴铜剑楼、丁丙的善本书室、邓邦述的群碧楼、近人周叔弢等都存有少量卢氏旧藏。傅增湘《藏园群书经眼录》收卢氏旧藏14种。现南京图书馆存卢氏钞、校、藏本63种。北京、上海、浙江、天津、台湾等各地图书馆都存有卢氏校辑、编著、刊印、钞藏的书籍。这些数字比起卢氏抱经堂当年所藏仅是凤毛麟角。

（二十九）周　春

周　春（1729—1815）　字芚兮，号松霭，又号内乐村叟，晚号黍谷居士，自署羲皇上人，海宁盐官镇人。明周明辅之后。乾隆十五年庚午（1750）乡试中式，"乾隆十九年进士，官广西岑溪县知县，修《梧州府志》，旋乞归。民思其政，建生祠与山阳刘信、金坛于烜合祀为三贤祠"⑤。其"官广西岑溪县知县。革陋规，几微不以扰民，有古循吏风。以忧去官，岑溪人构祠祀焉。嘉庆十五年，重赴鹿鸣"⑥。"有《松霭遗书》行世"⑦。生平事迹参见《清史稿》卷四百八十一《列传二百六十八·周春传》、

---

① （清）卢文弨著：《抱经堂文集》卷七《群书拾补小引》，见中华书局编辑部：《丛书集成初编》517，中华书局2011年影印本，第142页。

② （清）段玉裁撰：《翰林院侍读学士卢公墓志铭》，见中华书局编辑部：《丛书集成初编》517之《抱经堂文集》首附，中华书局2011年影印本，第6页。

③ 傅增湘撰：《藏园群书经眼录》卷二《经部二》，中华书局1983年版，第114—115页。

④ 傅增湘撰：《藏园群书经眼录》卷五《史部三》，中华书局1983年版，第407页。

⑤ （清）陈璚修，（清）王棻纂；屈映光续修，陆懋勋续纂；齐耀珊重修，吴庆坻重纂：《民国杭州府志（三）》卷一百三十八《儒林》，见《中国地方志集成·浙江府县志辑》（3），江苏古籍出版社1991年版，第348页。

⑥ 王钟翰点校：《清史列传》卷六十八《儒林传下一·周春传》，第17册，中华书局1987年版，第5549页。

⑦ 汪訚编著：《明清蟫林辑传·周春》，中华图书馆协会1932年《图书馆学季刊》抽印本，第114页；引《楹书隅录》。

潘衍桐《两浙輶轩续录》卷七《周春传》。

周春沉酣载籍，淹贯古今，通籍前，尝“里居十余年，笺经注史旁及百家，刻所著书六种行世”①。“既归潜心著述，淡于宦情”②。“自少究心字母，于西庵遍观藏六经百余函，悟彻等韵之学。及丙戌入都，座武进钱文敏纂修《音韵》疑属参定体例，自是殚精覃思积数十年成《十三经音略》十二卷，与旧所撰《杜诗双声叠韵谱括略》六卷、《小学余论》一卷合为音学三书……凡数十种。”③另撰有“《经腋》二卷、《诗略》四卷《续诗略》六卷、《古文尚书集说》、《尔雅广注》三十卷、《订阎》一卷、《外书订正》四卷、《中文孝经》一卷、《孝经外传》一卷、《小学余论》二卷、《归藏》一卷、《读经题跋》二卷《附录》二卷、《晳疑剩沛》一卷、《代北姓谱》二卷、《辽金元姓谱》一卷、《西夏书》十五卷、《佛尔雅》八卷、《大悲咒音义》一卷、《悉昙奥论》三卷、《海昌掌故录》十二卷、《海昌胜览》二十卷、《海昌拾遗》八卷、《宁邑艺文前编》四册、《补周志灵异传》一卷、《海神庙志》一卷、《碑帖偶笔》一卷、《类说》十五卷、《读书说》一卷、《岑政录》一卷、《桐阴随笔》一卷、《困学偶笔》一卷、《选材录》一卷、《诗双声叠韵括略》八卷、《辽诗话》二卷、《耆老诗话》十卷、《海湖说》三篇、《松霭吟稿》八卷、《松霭诗钞》十五卷、《叠花馆小稿》一卷、《觐乡草》二卷、《黄发集》一卷、《松霭文略》六卷、《骈体文》一卷、《修海宁志议》一卷”④。《清史稿》评其：“专考经音，以陆氏《释文》为权舆，参以《玉篇》《广韵》《五经文字》诸书音，字必审音，音必归母，谨严细密，丝毫不假。”⑤

周春与兄周莲⑥都嗜好藏书，精于鉴赏。其父周文在，字振之，号了闲，又号香山，海宁伊桥人。“擅治印，亦富收藏，有《懒庵印谱》一卷。毕生爱好书史，曾积书

① （清）李圭修，（清）许传霈纂；刘蔚仁续修，朱锡恩续纂：《民国海宁州志稿》卷二十九《人物志儒林·周春》，见上海书店出版社编：《中国地方志集成·浙江府县志辑》（22），上海书店出版社2011年版，第844—845页。

② （清）李圭修，（清）许传霈纂；刘蔚仁续修，朱锡恩续纂：《民国海宁州志稿》卷二十九《人物志儒林·周春》，见上海书店出版社编：《中国地方志集成·浙江府县志辑》（22），上海书店出版社2011年版，第844—845页。

③ （清）李圭修，（清）许传霈纂；刘蔚仁续修，朱锡恩续纂：《民国海宁州志稿》卷二十九《人物志儒林·周春》，见上海书店出版社编：《中国地方志集成·浙江府县志辑》（22），上海书店出版社2011年版，第845页。

④ （清）李圭修，（清）许传霈纂；刘蔚仁续修，朱锡恩续纂：《民国海宁州志稿》卷十四《艺林志十二·周春》，见上海书店出版社编：《中国地方志集成·浙江府县志辑》（22），上海书店出版社2011年版，第404—406页。

⑤ 赵尔巽等撰：《清史稿》卷四百八十一《列传二百六十八·周春传》，第43册，中华书局1977年版，第13224页。

⑥ 按：周莲，字予同，号玉井，周春兄。乾隆十八年（1753）乡试举人，曾官中书。惜早卒。家多藏书，偕弟春自为师友，以博学称。撰有《旧五代史钞》六卷，《五百罗汉志》十二卷，《玉井山樵诗钞》。徐珂《清稗类钞·鉴赏类·周玉井藏书于著书斋》中所述周莲藏书故实有误，应为周春藏书故实。据《民国海宁州志稿》卷二十九《人物志儒林》载，周春字芚兮，号松霭，非周莲字与号。

五万卷，手抄珍本逾千卷。后不戒于火，惋恨而殁。著有《长庆集选》《香山诗评》。”[①]周春继承其父遗书，又继续购求与抄书，手抄珍本千卷，藏于著书斋之中。《国朝杭郡诗辑》载，“玉井家多藏书，偕其弟春自为师友，皆以博学名”[②]。据《杭州府志》载，松靄“博学好古，两亲服阕，年未五十，不谒选。所居凝尘满室，插架环列，卧起其中者，三十余年。四部七略，靡不浏览”[③]。周春所藏以汤注《陶靖节先生诗注》宋刻真本及宋刻《礼书》最为珍贵，向张燕昌[④]（芑堂）强易宋刻真本《汤注陶诗》八卷，时人视为豪夺公案。此书传本绝少，有元人藏印及明金俊明、文彭藏印，系出毛氏汲古阁。黄丕烈记其事甚详：周氏“先生从芑堂借观，芑堂见书虽破碎，而装面用金粟笺，心疑其为秘册，索还甚急。赖张佩兼调停互易。初以书画铜瓷端砚，俱不可。芑堂适需古墨，先生因出叶元卿梦笔生花大圆墨易之。墨重一斤，值白金如数。至癸卯五月，阅两年而议始定，此书乃为先生所有，盖其得之之难如此。以文多方购览，丙午始得一钞本，芑堂怂恿葵里重行开雕，其忏悔觌面失宋刻公案，则此书之流通未始非先生功德也。余交先生久，知得书始末最详，兹备述之，以见先生嗜书之笃，赏鉴之精。而吴、鲍、张三君子之好事，亦流俗中所罕觏云”[⑤]。吴骞云：“此书传本绝少，顷吾友鲍君以文游吴门，归舟枉道过余小桐溪，出以见示，乃宋椠佳本也。……汤文清注靖节诗乃宋刻精本，渌饮得而赠于文渔（即张芑堂），予偶从文渔借观，约日即返。周松靄知之，即从余借观，竟干没，屡索不还。予无以对二君。幸初借时录出此本，因据之重刻陶诗以行世。其后干没者复以售于吴中黄荛圃主事，徒为艺林所嗤也。”[⑥]乾隆四十六年（1781）周氏自跋云：“是书乃世间所希有，宋刻之最精者也。流传日久，纸墨敝渝，偶从友人处得之，不胜狂喜，手自补缀，亟命工重加工装订，分为两册，完好如新。余家旧藏有东涧选本，妙绝古今，此更出其上矣。……此本大字端楷，作欧阳率更体，颇便老眼，且校雠亦鲜形夭庚钧之讹，装竟复阅

---

① 中国人民政治协商会议浙江省海宁市委员会文史资料委员会：《海宁艺苑人物》，《海宁人物资料》第3辑，1990年版，第118页，内部发行。

② （清）叶昌炽著，王欣夫补正，徐鹏辑：《藏书纪事诗》卷五，上海古籍出版社1989年版，第502页。

③ 王钟翰点校：《清史列传》卷六十八《儒林传下一·周春》，第17册，中华书局1987年版，第5549页。

④ 张燕昌（1738—1814），字芑堂，一作芑塘，手有文渔，因号文渔，别署金粟逸人、金粟山人，海盐大树村人。清藏书家、篆刻家、金石学家。嘉庆元年（1796）举孝廉方正。好古嗜学，一生所见古书甚多。尤嗜金石文献，搜罗甚富，藏书以精品见称。精篆刻，为浙派创始人丁敬入门弟子。尤精飞白，试以飞白书体入印，被誉为浙派篆刻的“负弩前驱”。善鉴别，凡商周铜器、汉唐石刻碑拓，潜心搜剔，不遗余力。曾自摹古文字为《金石契》，收录吉金贞石资料达数百种。对石鼓文研讨考释不倦，多所创见。著有《金石契》五卷，《金粟笺说》一卷，《飞白书》，《石鼓文释存》一卷附《释存补注》一卷，《芑堂印存》，《三吴古砖录》等，辑有《续鸳鸯湖棹歌》一百卷等。藏书处为娱老书巢、冰玉堂。

⑤ （清）黄丕烈著，屠友祥校注：《荛圃藏书题识》卷七《陶靖节诗注四卷〈宋刻本〉》，上海远东出版社1999年版，第503页。

⑥ 傅增湘撰：《藏园群书经眼录》卷十二《集部一》，中华书局1983年版，第997页。

数过,诚可宝爱。松霭。"[①]黄丕烈记云:"汤伯纪注《陶诗》宋刻本真本在海宁周松霭家,相传与宋刻《礼书》并储一室,颜之曰'礼陶斋'。其书之得,近于巧取豪夺,故秘不示人,并云欲以殉葬。"[②]"周公先去《礼》书,改颜其室曰'宝陶室',今又售去,改颜其室曰'梦陶斋'。余闻此言,益叹周公之好书,惓惓于心而不能去矣。……去书之日泣下数行。余虽未面询诸吴,然闻屡易颜室之名,亦可想见其情矣。"[③]

周春所藏还有日本域外之书,其《月墀遗稿·周松蔼师昙花馆所藏日本国人松贞文元泰古梅园墨谱歌》:

如此遗编不可寻,濂溪夫子最渊深。
中华以外书搜遍,第一人间翰墨林。

又云:

长崎馆外海云稠,造墨人还隔九州。
今日优昙花下见,胜他随月读书楼。

末句自注:"扬州江氏楼名,楼藏日本人所著《七经孟子考文补遗》。"[④]

藏书处有著书斋、昙花馆、松声山房及礼陶斋、梦陶斋等。《海宁市志》载:"礼陶斋,位于今盐官镇,为清乾隆十九年(1754)进士周春所建。后易名宝陶斋、梦陶斋。尝得宋刻《陶诗》《礼书》,并储一室。"[⑤]

藏书印有周春松霭、海宁周氏家藏、松声山房子孙世昌、自谓是羲皇上人、内乐村农、著书斋、周春、芚兮、松霭、松霭著书、松霭藏书、周春芚兮等,如旧钞本《广卓异记》二十卷,"旧为金坛王氏钞本,每叶板心有郁冈斋藏书五字,卷首有'周春、松霭'二朱记"[⑥]。

(三十)周嘉猷

周嘉猷(生卒年不详)　"字辰吉,号两塍,钱塘人。乾隆丁丑进士","谒选除青

---

① (清)黄丕烈著,屠友祥校注:《荛圃藏书题识》卷七《陶靖节诗注四卷(宋刻本)》,上海远东出版社1999年版,第502—503页。

② (清)黄丕烈著,屠友祥校注:《荛圃藏书题识》卷七《陶靖节诗注四卷(宋刻本)》,上海远东出版社1999年版,第502—504页。

③ (清)黄丕烈著,屠友祥校按:《荛圃藏书题识》卷七《陶靖节诗注四卷〈宋刻本〉》,上海远东出版社1999年版,第504页。

④ (清)叶昌炽著,王欣夫补正,徐鹏辑:《藏书纪事诗》卷五,上海古籍出版社1989年版,第521页。

⑤ 《海宁市志》编纂委员会:《海宁市志》之《第二十七编文化·私人藏书》,汉语大辞典出版社1995年版,第977页。

⑥ (清)瞿镛撰:《铁琴铜剑楼藏书目录》卷第十《史部三》,见《清人书目题跋丛刊三》,中华书局1990年版,第155页。

城知县，两充乡试同考，改益都县，权知膠州”①。摄运判，署知德州，卒于官。著有《两塍集》。王昶《湖海诗传》卷二十有其传。

杨峒云：“先生生有异禀，读书一过即背讽，无所遗。祖仪部公讳澂，手录经史课诵，不使为俗学。先生诗古文辞，每一篇出，辄惊其老宿。杭堇浦编修深爱重，呼为小友。”周氏“好学嗜古，虽治剧邑，未尝去书，从士大夫家得一秘本，傭钞审勘，如恐不及。文章尔雅，久为上官所知”②。利用家中藏书，所著有《南北史年表》《帝王世系表》《南北史捃华》，校注《五代史记》《左传》《文选》《东都事略》等书及金石文字跋尾，尤以南北史著称。张之洞《书目答问》附二《清代著述诸家姓名略总目》，周嘉猷被列入“史学家”。

（三十一）传胪董诰

董　诰（1740—1818）　字西京，一字雅伦，号蔗林，一号柘林，清富阳人。“父文恪公，讳邦达。雍正十一年进士，选庶吉士，授编修，充日讲起居注官，累迁中允、侍讲、侍读学士。乾隆十二年，命直南书房，擢内阁学士”，官至礼部尚书，“薨于位，赐祭葬，予谥文恪”③。“公登乾隆二十八年进士，与馆选，授编修，命入懋勤殿写《金字经》，为孝圣宪皇后祝嘏。三十四年，迁右中允。丁父忧。服阕，命直南书房，转左中允。先是，文恪公工绘事，御制诗题咏甚多，及是，公继武南斋，簪笔之暇，间涉艺事甚精，上深赏焉。寻以侍读充日讲起居注官，以侍读学士充经筵讲官”④。历官内阁学士、工部右侍郎、军机大臣，擢户部尚书，拜东阁大学士，文华阁大学士兼刑部尚书，病致政，卒赠太师，祀贤良祠，赐祭葬，谥文恭。工诗古文、善画，与其父董邦达有“大、小董”之称。其“进呈诸画，高宗纯皇帝、仁宗睿皇帝皆有题咏，并收入《石渠宝笈》三编”⑤。进呈诸本多有高宗题咏，今仅保藏在北京、台北两地故宫博物院的董氏父子书画作品就有500件左右。生平事迹参见刘逢禄《记董文恭诰遗事》、《清史稿》卷三百四十《列传一百二十七·董诰传》、潘衍桐《两浙輶轩续录》卷九《董诰传》。

董诰承其家学，尤“嗜学，工诗古文，好成就才俊。当官能举其职，出入禁闼数十年，进止皆有常度”⑥。其家富藏书，宋刊本《婺本点校重言重意互注尚书》十三卷，

---

① （清）阮元、杨秉初辑，夏勇等整理：《两浙輶轩录》卷二十三《周嘉猷》，浙江古籍出版社2012年版，第1631页。

② （清）阮元、杨秉初辑，夏勇等整理：《两浙輶轩录》卷二十三《周嘉猷》，浙江古籍出版社2012年版，第1631页。

③ （清）李元度著，易孟醇点校：《国朝先正事略》卷二十《名臣·董文恭公事略》，岳麓书社1991年版，第599页。

④ （清）李元度著，易孟醇点校：《国朝先正事略》卷二十《名臣·董文恭公事略》，岳麓书社1991年版，第599页。

⑤ 王钟翰点校：《清史列传》卷二十八《大臣传次编三·董诰》，第7册，中华书局1987年版，第2118页。

⑥ （清）李元度著，易孟醇点校：《国朝先正事略》卷二十《名臣·董文恭公诰》，岳麓书社1991年版，第599页。

卷中有其藏书印"'周印天球''文点''停云馆珍藏''彭城开国钱氏''季振宜印''沧苇''裘曰修审定''董诰印''蔗林'诸朱记"①;宋刻《乖崖集》十二卷附集一卷,"此本既为祖本,且首尾完好,椠印精美,诚足驾士礼居而上之。……盖毕秋帆、董蔗林两尚书皆有藏印。附藏印'蔗林藏书''秋帆'"②等;元刊本《汉唐事笺对策机要前集》十二卷《后集》八卷,旧为泰兴季氏藏本,"卷中有'周印天球''文点''停云馆珍藏''彭城开国钱氏藏''季振宜印''沧苇''裘曰修审定''董诰印''蔗林'诸朱记"③;《高宗纯皇帝御制句董诰书对联》,粉红绢本行书,无上下轴,上联右旁有"御制句"三字,下联款署"臣董诰敬书",下有"臣董诰印""内府供职"两印④。

藏书印有董诰印、蔗林、臣董诰印等。

(三十二)祝德麟

祝德麟(1742—1798)　字芷堂,一作芷塘、止堂,海宁人。乾隆二十八年进士"⑤,改庶吉士,授编修,官至监察御史。四库开馆时为翰林院提调官。曾充续三通馆纂修、翻译辽金元三史人地官名,施朝幹云:"止堂以弱冠登上第为天子儒臣,玉堂后进门墙林立,何其盛也。且如止堂质性坚定,果于任事,谓可坐致合鼎逡巡二十余年,乃犹以编修改御史。越二年,而以弹事不合锈级,遂挂冠归"⑥,主讲云间书院。王文治述其事云:"君未冠登第,官翰林,其间或典试,或视学,关中、天府、川中地险,以及八闽滨海之区,无不备历。及改官御史,以言事不合,镌级归里。侨居五湖三泖间,授徒自给。日以诗酒友朋之乐,宕漾其襟怀。"⑦著有《悦亲楼诗集》《离骚草木疏辨证》。生平事迹参见《国朝诗人征略》卷四十《祝德麟传》、《民国海宁州志稿》卷二十九《文苑·祝德麟》。

祝德麟早负文誉,尤善诗,吴锡麟称其为"学通五车际,才备九能"⑧。施朝幹《悦亲楼诗集序》云:"余同年友止堂前辈,以诗学称京师。自翰林诸公以逮求名取科之士,皆持所为诗就正是非,甲乙直道不苟。其于百氏之书,靡不诵习讨论,而皆以资为诗。其生平出处之节,身世交际,聚散升沉之故,有动于中,皆以诗写其情,而

---

① 姚伯岳著:《燕北书城困学集》卷三《书苑说书》,岳麓书社2010年版,第202页。
② (清)潘祖荫撰:《滂喜斋藏书记》卷三,见《续修四库全书》编纂委员会、复旦大学图书馆古籍部编:《续修四库全书》第926册,上海古籍出版社2003年版,第453页。
③ (清)瞿镛编纂,瞿果行标点,瞿凤起覆校:《铁琴铜剑楼藏书目录》卷十七,上海古籍出版社2000年版,第443页。
④ (清)金梁撰:《盛京故宫书画录·联之属》,浙江人民美术出版社2014年版,第419页。
⑤ (清)王昶辑:《湖海诗传》卷二十八《祝德麟》,上海古籍出版社2013年版,第330页。
⑥ (清)祝德麟撰:《悦亲楼诗集》卷首《施朝幹·悦亲楼诗集序》,见《续修四库全书》编纂委员会、复旦大学图书馆古籍部编:《续修四库全书》第1631册,上海古籍出版社2003年版,第533页。
⑦ 叶德辉撰,杨洪升点校:《郋园读书志》卷十二集部《悦亲楼集》,上海古籍出版社2010年版,第629页。
⑧ (清)祝德麟撰:《悦亲楼诗集》卷首《吴锡麟·悦亲楼诗集序》,见《续修四库全书》编纂委员会、复旦大学图书馆古籍部编:《续修四库全书》第1631册,上海古籍出版社2003年版,第534页。

不悖于义。""当于朱锡鬯、查悔馀二公后,卓然为浙中诗家一大宗,必传于后无疑也。"[①]张维屏亦称:"有《悦亲楼诗钞》,芷塘诗,以性灵为主,亦能驱遣故实。盖欲力追其乡先辈查初白,及其房师赵欧北两先生。"[②]

祝氏好读书与藏书,藏书颇多。四库开馆,其献书若干种。《四库全书总目》著录祝德麟家藏本《履坦幽怀集》二卷、《虚斋先生遗集》十卷,均入集部别集类存目二,一为明祝淇撰,一为明祝萃撰。

藏书室名曰悦亲楼、葆光居。

藏书印有祝德麟印、芷塘过眼等。明嘉靖刊本《集千家注杜工部诗集二十卷附文集二卷》卷内即有此二印[③]。

(三十三)孙志祖

孙志祖(1737—1801)　字诒谷,一作颐谷,号约斋。清仁和人。乾隆二十一年(1756)丙子举人,"乾隆丙戌进士,官刑部山东司主事,由员外升郎中,任坐粮厅,授历官江南道监察御史,告病回籍"[④]。既"乞养父母归里,复少宦情,不复出,以著书为事"[⑤],嘉庆六年(1801)掌紫阳书院教。又"不乐应接。然许与气类,名公巨儒造门问难者,必餍其疑而去。卢学士卒,为之编定遗文,勒成一集。汪明经中殁于西湖旅舍,集同志为文祭之,送其丧归。其笃于旧故类此。""晚年为阮元抚部元敦请主讲紫阳书院,辞不获命,乃应聘,多士宗仰"[⑥]。王昶云:"诒谷性情潇淡,清修自好,由西曹而擢监垣,即以病归湖上。中年后,留心经籍,作《家语疏证》六卷。盖王肃假此以难郑君,诒谷条分缕晰,解其症结,有功于郑学者甚大,其外如《文选理学权舆补》一卷,《考异》四卷,《李注补正》四卷,刻于桐乡顾氏《读书楼丛书》中,皆见详核。"[⑦]《清史稿》称其:"读经史必释其疑而后已,著《读书脞录》七卷,考论经、子、杂家,折衷精详,不为武断之论。又《家语疏证》六卷,谓王肃作《圣证论》以攻康成,又伪撰《家语》,饰其说以欺世。因博集群书,凡肃所剿窃者,皆疏通证明之。又谓《孔丛子》亦王肃伪托,其《小尔雅》亦肃借古书以自文,并作《疏证》以辨其妄。幼熟精《文选》,后乃仿《韩文考异》之例,参稽众说,正俗本之误,为《文选考异》四卷。又辑前

---

① (清)祝德麟撰:《悦亲楼诗集》卷首《施朝干·悦亲楼诗集序》,见《续修四库全书》编纂委员会、复旦大学图书馆古籍部编:《续修四库全书》第1631册,上海古籍出版社2003年版,第533页。

② (清)叶德辉撰,杨洪升点校:《郎园读书志》卷十二集部《悦亲楼集》,上海古籍出版社2010年版,第588页。

③ 梁战,郭群一主编:《历代藏书家辞典》,陕西人民出版社1991年版,第304页。

④ (清)阮元、杨秉初辑,夏勇等整理:《两浙輶轩录》卷三十二《孙志祖》,浙江古籍出版社2012年版,第2245页。

⑤ (清)阮元《孙颐谷侍御史传》,见(清)钱仪吉纂,靳斯标点:《碑传集》卷五十七《科道下之下·孙志祖》,第5册,中华书局1993年版,第1635页。

⑥ (清)孙星衍《江南道监察御史孙君志祖传》,见(清)钱仪吉纂,靳斯标点:《碑传集》卷五十七《科道下之下·孙志祖》,第5册,中华书局1993年版,第1634页。

⑦ (清)王昶著,周维德校辑:《蒲褐山房诗话新编》卷上,齐鲁书社1988年版,第115页。

人及朋辈论说，为《文选注补正》四卷。又有《文选理学权舆补》一卷，辑《风俗通逸文》一卷，补正姚之骃辑谢承《后汉书》五卷"[①]，又著《颐谷吟稿》。生平事迹参见《国朝先正事略》卷三十五《经学·孙志祖传》、焦循《里堂道厅录》卷九《孙志祖传》。

孙志祖嗜读书，"得《毛西河全集》，灯下读之，不寐累夕。凡读经史，必求释其疑而后已。同时全谢山、杭堇浦、厉樊榭、张曦亮诸君子，皆相与质难，以益所学"[②]。又好藏书，阮元记云：孙公"素无他好，暇即手一卷书，键户校勘，无间寒暑。所藏书籍，丹黄几遍"[③]。孙星衍云：先生"天性恬淡，不问产业。既家居奉亲，杜门著述，博物识古，书无不览，所藏卷帙，率皆校勘谬误，丹黄殆遍"[④]。所藏宋乾道、淳熙间刊本王弼注《周易》十卷，为其家五世藏本，后归丁氏善本书室。

藏书室名曰寿松堂、申郑轩、梅东书屋等。

（三十四）余 集

余 集（1738—1823） 字蓉裳，号秋室，清仁和人。"乾隆三十一年进士，候选知县。三十八年尚书裘曰修荐于朝，入翰林，同荐者邵晋涵、周永年、戴震、杨昌霖，称'五征官'。君集散馆第一，授编修，充四库、三通馆纂修，咸安宫总裁，本衙门撰文，湖北、四川考官，乡试同考官者，二会试同考官者，三迁至侍读学士"[⑤]，赐寻乞归，杨钟羲云："余秋室学士，乾隆丙戌进士，以修书内征，洊历华资，一典蜀试。后以大考左迁，出主大梁讲席者甚久。"[⑥]《履园丛话》载："仁和余秋室先生名集，乾隆丙戌进士，官至翰林学士。先生为人端雅修洁，工书画，尤精人物。历典乡、会试，以病告归，为大梁书院山长，既为娄东书院山长。年八十余尚能作蝇头小楷。"[⑦]道光二年（1822），重赴鹿鸣，惟余集与潘奕隽两人，时称吴越二老先生。《杭州府志》载，"生平吟咏甚富，惜皆散佚。殁后，龚丽正刊其《梁园归棹录》《忆漫庵剩稿》二册，诗

---

① 赵尔巽等撰：《清史稿》卷四百八十一《列传二百六十八·孙志祖传》，第43册，中华书局1977年版，第13204页。

② （清）阮元《孙颐谷侍御史传》，见（清）钱仪吉纂，靳斯标点：《碑传集》卷五十七《科道下之下·孙志祖》，第5册，中华书局1993年版，第1635页。

③ （清）阮元、杨秉初辑，夏勇等整理：《两浙輶轩录》卷三十二《孙志祖》，浙江古籍出版社2012年版，第2245页。

④ （清）孙星衍著：《孙渊如先生全集》之《平津馆文稿》卷下《清故江南道监察御史孙君志祖传》，见王云五主编：《万有文库》第二集（七百种），（上海）商务印书馆1936年版，第345页。

⑤ （清）陈璚修，（清）王棻纂；屈映光续修，陆懋勋续纂；齐耀珊重修，吴庆坻重纂：《民国杭州府志（三）》卷一百四十六《文苑三·余集》，见《中国地方志集成·浙江府县志辑》（3），江苏古籍出版社1991年版，第484页。

⑥ 杨钟羲《雪桥词话》，见张璋等编纂：《历代词话续编》，大象出版社2005年版，第168页。

⑦ （清）钱泳撰，孟裴校点：《履园丛话》卷六《耆旧·秋室学士》，上海古籍出版社2012年版，第102页。

词杂文皆载其中”①；又有《秋室学古录》。生平事迹参见《清史列传》卷七十二《余集传》、潘衍桐《两浙輶轩续录》卷十《余集传》。

余集博学多艺，诗、文、书画，有三绝之称。俞蛟云：“自幼神情萧散，读书之暇，留心绘事，以逸笔写生。凡丛兰、修竹、花草，禽鱼，无不入妙。而尤工士女，都下遂有‘余美人’之目。然颇矜重，不轻作。裙裾飘渺，低徊于黄沙衰草间，一胡奴鞚马作努力状，神情奕奕。又见《欠伸》《簪花》二图，俱绰有风致，不类凡工。画竟题诗，神韵闲远，不屑作庸俗语，而书亦古秀。三绝之称，殆无愧焉。为人和易，无达官气。……其文采风流之雅，冠于翰苑。”②又雅好藏书，其《秋室学古录》卷一《重刻九灵山房遗集》序云：“仆生平泊淡然寡所嗜好，喜读书，辄以病止；爱书画，亦颇惩于玩物之戒，惟于古人遗集笃嗜之勿衰，尤加意于未刊之本。区区之意，岂徒以矜储藏，亦欲延古人一线之绪耳。迩年来得宋元人遗集不下五百种，窃欲与同志约，创为刊书会以流通之，尚未果也。”③“所藏旧钞本《九灵山房集》三十卷，得于吴中，余氏重刻，刻手甚精，纸墨朴雅。”④叶德辉云：“余集，字蓉裳，号秋室，仁和人。……少习绘事，而有擅长者为仕女图，都下有余美人之目。小谱原刻为其手书，则是自撰自书，不知如何精妙，惜不得原本，一仿刻之。先生手书刻行者，有金元好问《夷坚续志》四卷、元周密《志雅堂杂钞》二卷、孙承泽《庚子销夏记》八卷，余皆有其书，而《小谱》独希见。”⑤丁丙《善本书室藏书志》卷二十五有其所藏《刘沧诗》，罗振常《善本书所见录》有其所藏鲍氏刻本《庚子销夏记》八卷。

藏书处名梁园、忆漫庵。

藏书印有余集、余氏秋室、余集之印、余氏蓉裳、校书余暇、达辞而已等。

（三十五）翟　灏

翟　灏（1736—1788）　字大川，后改字晴江，自号巢翟子。居仁和东乡杨嘉桥。王昶记云：灏“居杭城东北临江乡，附近有百年老棠树，遂取‘甘棠’名其村，村民咸以蚕桑为生，不知有习举子业者，自晴江读书取科第，于是其弟涵、心渊、瀚元、洲澍、傅霖皆以能诗称。临江淳闷之俗，变而泽于诗书矣”⑥。乾隆十八年（1753）考中浙江乡试第六名，“乾隆十九年进士，官金华、衢州府学教授。灏见闻淹博，又能搜奇引

---

① （清）陈璚修，（清）王棻纂；屈映光续修，陆懋勋续纂；齐耀珊重修，吴庆坻重纂：《民国杭州府志（三）》卷一百四十六《文苑三·余集》，见《中国地方志集成·浙江府县志辑》（3），江苏古籍出版社 1991 年版，第 484 页。

② （清）俞蛟著：《梦厂杂著》卷七《余秋室传》，北京古籍出版社 2001 年版，第 130—131 页。

③ （清）余集撰：《秋室学古录》卷一《重刻九灵山房遗集·序》，见《清代诗文集汇编》编纂委员会编：《清代诗文集汇编》395，上海古籍出版社 2010 年版，第 1 页。

④ 莫伯骥《五十万卷楼藏书目录初编》十八《九灵山房集》，见中国书店编著：《海王村古籍书目题跋丛刊》第 7 册，中国书店 2008 年版，影印 1936 年东莞莫培元等铅印本，第 570 页。

⑤ （清）叶德辉：《老子解二卷》之《跋》，见《丛书集成续编》第 76 册，子部，上海书店出版社 1994 年版，第 23 页。

⑥ （清）王昶著，周维德校辑：《蒲褐山房诗话新编》卷上，齐鲁书社 1988 年版，第 67 页。

僻，尝与钱塘梁玉绳论王肃撰《家语》难郑氏，欲搜考以证其伪。因握笔互疏，所出顷刻数十事。时方被酒，旋罢去，未竟稿，其精力殊绝人也”[①]。王昶云：“晴江见闻淹博，又能搜奇引癖，所撰《四书考异》《尔雅补郭》《通俗编》，贯穿精审，为世所推，又为《湖上便览》，亦有资于游者。”[②]又工诗，其“诗以清峭刻琢见长，盖与沆堇浦、金江声、厉樊榭辈为‘南屏诗社’，故风格似之”[③]。《清史稿》卷四百八十一《列传二百六十八·儒林》有其传。

翟灏丁忧在家十年，潜心治学，待人真诚友善，与梁同书、金江声、袁枚、郑筠谷、杭世骏等文人友善。其“性简讷，好读书，恒夜漏四下始寝，或竟不寐”[④]。“有质经史古书疑义者，如缫茧丝，反复数千言不竭”[⑤]。《碧溪诗话》云：“先生博览群书，精心考证，著《湖山便览》《尔雅补郭》《通俗编》，俱梓以行世。其诗先刻者，为《无不宜斋集》，未刻者尚数百首，藏于家。”[⑥]由此可见翟灏学识之渊博。杭世骏《四书考异》序称：“吾友翟晴江氏，穷经矻矻，九变复贯。以四书为童而诵习之书，穷巷掘门之士，不知此外更有何事，刺取一圣三贤之错见于他书者数千百条，为《四书考异》。”[⑦]

翟灏与弟翟瀚雅好藏书，藏书逾万卷，所藏多善本，亦为其著述所用，藏书处名书巢。丁申云：“其居室榜曰书巢。山经地志、稗史说部、佛乘道诰，靡不储庋。既渔猎之，又弗炙之。所著《四书考异》《尔雅补郭》《湖山便览》《艮山杂志》《通俗编》《无不宜斋诗集》可以征其渊博矣。自记曰：斋之东有轩三楹，周列庋阁，储书检阅，余不暇收拾，横斜累叠，有似乎鹊之巢，因自命曰‘书巢’。杭世骏记曰：‘翟子榜其斋曰书巢，规为图，环堵之室，而卷且盈万，属余为记。’……翟子无他嗜，亦无他营，慥慥乎排缵而编辑之，庄庄乎正襟危坐而雒诵之，忘忧忘食，勉焉日有孳孳，而不知老之将至。”[⑧]

其弟翟瀚，字莼江，居杭州东乡杨嘉桥。“好藏书，生平尤喜抄书，所收多善本。”[⑨]丁丙《明刊本孔丛子》题识云：“此册为东乡翟氏藏书，阅百年归书贾沈雨溥所得，未售于人。遭乱被贼，负载出城，论斤货于我，内有线订书八百捆，此其一也。”[⑩]

---

① 王钟翰点校：《清史列传》卷六十八《儒林传下一·翟灏》，第17册，中华书局1987年版，第5509页。

② （清）王昶著，周维德校辑：《蒲褐山房诗话新编》卷上，齐鲁书社1988年版，第67页。

③ （清）王昶著，周维德校辑：《蒲褐山房诗话新编》卷上，齐鲁书社1988年版，第66页。

④ （清）陈璚修，（清）王棻纂；屈映光续修，陆懋勋续纂；齐耀珊重修，吴庆坻重纂：《民国杭州府志（三）》卷一百三十八《儒林》，见《中国地方志集成·浙江府县志辑》（3），江苏古籍出版社1991年版，第348页。

⑤ 汪訚编著：《明清蟫林辑传·翟灏》，中华图书馆协会1932年《图书馆学季刊》抽印本，第115页。

⑥ （清）阮元、杨秉初辑，夏勇等整理：《两浙輶轩录》卷二十八《翟灏》，浙江古籍出版社2012年版，第1992页。

⑦ （清）杭世骏《道古堂文集》卷四，见（清）杭世骏著，蔡锦芳，唐宸点校：《杭世骏集》，浙江文丛本，浙江古籍出版社2015年版，第55页。

⑧ （清）丁申著：《武林藏书录》卷下《翟氏书巢》，古典文学出版社1957年版，第74—75页。

⑨ 郑伟章著：《文献家通考》卷五《翟瀚》，中华书局1999年版，第270页。

⑩ 陈登原著：《古今典籍聚散考·太平天国与杭州收藏》引，华东师范大学出版社2010年版，第183页。

有“翟瀚之印”。

（三十六）龚敬身祖孙三进士

钱塘龚氏先世居涿州，宋随宋南渡，迁山阴，明迁余姚，后定居钱塘东城马坡巷[①]，至龚自珍，龚氏住杭州已有四百余年。龚自珍有诗云：“家住钱塘四百春，匪将门阀傲江滨。”[②]其家族累代世宦，簪缨文史的江南名门，杭州望族。

1.龚氏祖孙三进士藏书

龚敬身（1735—1800）　龚自珍嗣祖父“字屺怀，号匏伯，乾隆己卯举人，己丑进士，由内阁中书转宗人府主事，迁吏部稽勋司员外郎，兼考功司事，充己亥顺天乡试同考官，迁礼部精善司郎中，兼祠祭司事，记名御史，出知云南楚雄府，卓异，擢迤南兵备道”。敬身“天性恬澹，而意气落落，胸膈间曾无俗事。早岁读书为文，皆刻意追古人，不甚摹仿举子业，后以老亲期望，乃以余力治八比，每一落笔，即出寻常蹊径外。官京师，虽皆闲曹，其中未尝无捷径，公夷然不屑，日惟俯首理案牍，不妄干人，人亦不敢妄干，退食则恒手一编，究订古义”[③]，著有《桂隐山房遗稿》。龚敬身好藏书，“笃好《汉书》之学，家藏批校本凡六七通，又有手抄本”[④]。据此推测龚氏家族藏书亦始于龚敬身。

龚丽正（1767—1841）　龚敬身子，龚自珍父，“字旸谷，又字赐泉，号闇斋，乾隆乙卯举人，嘉庆丙辰进士，官至江南苏松太兵备道，署江苏按察使，《国语注补》（一作《国语韦昭注疏》）、《三礼图考》、《两汉书质疑》、《楚词名物考》诸书”[⑤]。告老返乡后，主持杭州紫阳书院。丽正生性淡泊，嗜读书，《两浙輶轩续录》载其故事言：丽正为“敬身子，仁和人。嘉庆丙辰进士”，“为金坛段懋堂女夫，独得汉学之传。官祠部，入直枢垣。旋典试广西，出守徽州，调安庆，擢苏松太道，权臬司，督理沪关，所得尽瞻亲族。解组归田，敝貂粝食，处之晏如。主讲紫阳，每勖诸生，必曰先器识，后文艺。校课綦严，论题辄数百字”[⑥]。吴庆坻称：“龚闇斋观察以部曹直枢廷，屏绝华侈，退直辄闭户读书，时人有热官冷做之诮。”[⑦]龚丽正擅长考据之学，著有《国语注补》《三礼图考》《两汉书质疑》《楚辞名物考》等。曾主持重修《徽州府志》，龚自珍曾协助其父搜集徽州文献。事迹参见李元度《国朝先正事略》卷三十五《经学·龚丽正传》。

---

① 按：杭州市今在马坡巷小米园建有龚自珍纪念馆。

② （清）龚自珍撰，刘逸生按：《龚自珍己亥杂诗注》，中华书局2003年版，第217页。

③ 吴昌绶《定盦先生年谱》，见（清）龚自珍著，刘麒子整理：《龚自珍全集》附录，浙江古籍出版社2014年版，第537—538页。

④ 吴昌绶《定盦先生年谱》，见（清）龚自珍著：《龚自珍全集》，上海人民出版社1975年版，第573页。

⑤ 吴昌绶《定盦先生年谱》，见（清）龚自珍著，刘麒子整理：《龚自珍全集》附录，浙江古籍出版社2014年版，第545页。

⑥ （清）潘衍桐编纂，夏勇、熊湘整理：《两浙輶轩续录》卷十八《龚丽正》，第4册，浙江古籍出版社2014年版，第1048—1049页。

⑦ （清）吴庆坻撰，张文其、刘德麟点校：《蕉廊脞录》卷三《龚丽正鞫囚》，中华书局1990年版，第76页。

龚自珍(1792—1841)　龚丽正子。“字尔玉,又字瑟人。更名易简,字伯定。又更名巩祚,号定庵,又号羽琌山民,浙江仁和人。曾祖斌,字典瑞,晚号砚北老人。祖敬身,字匏伯,乾隆己丑进士,官至云南迤南兵备道。祖母陈运风先生文钊女。父丽正,字赐泉,又字旸谷,号闇斋,嘉庆丙辰进士,官江南苏松太兵备道。母[①]段金坛若膺先生玉裁女。”[②]龚自珍清嘉庆二十三年(1818)戊寅浙江乡试中式,“道光三十年进士,礼部主事,迁宗人府主事”[③]。“谒告归,遂不出。官中书时,上书总裁论西北塞外部落源流、山川形势,订《一统志》之疏漏,凡五千言。反复上书论礼部四司政体宜沿革者,亦三千言。其文字骜桀,出入诸子百家,自成学派。所至必惊众,名声藉藉,顾仕宦不达。年五十,卒于丹阳书院。著有《尚书序大义》《大誓答问》《尚书马氏家法》《左氏春秋服杜补义》《左氏决疣》《春秋决事比》《定庵诗文集》”[④]及《古史钩沉》《蒙古图志》等数十种,所著五种词为《无著词选》《怀人馆词选》《影事词选》《小奢摩词选》《庚子雅词》。

龚自珍自幼承家学渊源,“为金坛段玉裁外孙,幼从授经,故学有师承。于经通《尚书》《公羊》,于史长西北舆地,于文出入周秦诸子,奇倔渊懿,不可一世”[⑤]。为清之经、史、古文、经济家,精小学、舆地、文献与金石学,又兼擅诗词,博涉九流,为嘉、道间集众学于一身之通儒。《清史列传》载:自珍“自八岁得旧《登科录》读之,即有志为科名掌故之学。十二岁,段玉裁授以《说文》部目,即有志为以经说字、以字说经之学。十四岁,考古今官制,即有志为国朝官制损益之学。十六岁,读《四库提要》,即有志为目录之学。十七岁,见石鼓,即有志为金石之学。生平著作等身,出入于

---

① 按:段驯(1768—1823),字淑斋,能诗工篆,著有《绿华吟榭诗草》一册,其所手写,极娟秀可喜。吴振棫《国朝杭郡诗续辑》卷四十三选段驯诗十余首。段驯为段玉裁女,龚自珍幼时放学后随母读书,颇受吴伟业、方舟、宋大樽之诗文沾溉。可见此数十册书当经段驯批校过,或为其藏书。如此,龚家也应曾藏有一批段驯手抄本。段玉裁(1735—1815),字若膺,号懋堂,晚年又号砚北居士、长塘湖居士、侨吴老人,江苏金坛人。龚自珍外公。清雍正、乾隆年间皖派汉学大师戴震的嫡传弟子,为乾、嘉年间著名文字训诂学家、经学家、藏书家。乾隆二十五年(1760)举人,历任贵州玉屏,四川富顺、南溪、巫山等知县,46岁时以父老引疾归,卜居苏州枫桥,潜心著述和藏书。曾师事戴震,研究文字训诂音韵之学。著述宏富,著有《说文解字注》《六书音均表》《古文尚书撰异》《毛诗故训传定本》《经韵楼集》等30余种700余卷,对我国音韵学、文字学、训诂学、校勘学诸方面作出了杰出贡献。其家富藏书,同时的知名学者和藏书家如顾广圻、卢文弨、臧镛、顾之逵等,均有藏书和校书之记载。有藏书处晚翠轩、经韵楼等,藏书印有玉裁校正、平江段氏晚翠轩藏书、经韵楼等。

② 黄守恒《定庵年谱稿本》,见北京图书馆编:《北京图书馆藏珍本年谱丛刊》第145册,北京图书馆出版社1999年版,第365页。

③ (清)陈璚修,(清)王棻纂;屈映光续修,陆懋勋续纂;齐耀珊重修,吴庆坻重纂:《民国杭州府志(三)》卷一百三十八《儒林》,见《中国地方志集成·浙江府县志辑》(3),江苏古籍出版社1991年版,第351页。

④ 赵尔巽等撰:《清史稿》卷四百八十六《列传二百七十三·龚巩祚传》,第44册,中华书局1977年版,第13428—13429页。

⑤ (清)陈璚修,(清)王棻纂;屈映光续修,陆懋勋续纂;齐耀珊重修,吴庆坻重纂:《民国杭州府志(三)》卷一百三十八《儒林》,见《中国地方志集成·浙江府县志辑》(3),江苏古籍出版社1991年版,第351页。

《九经》、《七纬》、诸子百家，自成一家言"①。龚自珍平生志存改革，青年时代所撰《明良论》等文，对封建专制的积弊进行了揭露和抨击，为近代著名思想家，开一代风气者。

龚自珍出生于杭州马坡巷，杭州市有关部门在马坡巷小米园建有龚自珍纪念馆。

龚氏世代书香，多藏书，其藏书始于祖父龚敬身，家藏有批校本及手抄本，其父龚丽正"性无旁嗜，以书为生，以书为命"②。龚氏祖孙三代虽文章各异，于书则兼好嗜之。受家庭影响，龚氏自幼喜藏书，嗜书如命，其少读《四库提要》而有志于目录学，又致力科名掌故、金石及舆地之学，平生受佛学沾溉甚深。尝与师友父执同访异书古籍及互借抄录，亦曾向日本求古佚籍，或寻书于吴市；其与乾、嘉、道三朝之学者和藏书者如程同文、钮树玉、秦恩复、阮元、李筠嘉、顾广圻、徐松等人皆有往来，故多所借书录副书。又友人何元锡曾助阮元访求《四库》未收书一百七十三种进呈，龚自珍亦曾助力，故抄录之书颇多。龚家藏有一批段玉裁手校本、宋元人词集、《太常因革礼》等礼书、史地档册图志、佛书经典。

龚家积三代所藏甚富，富甲浙江，多为四库未收之书，约有五万卷。藏书处有十仞山房、宝燕阁、礼树斋、羽琌山馆等。

龚家先藏十仞山房，惜道光二年（1822），龚家上海藏书楼忽然起火，祸及藏书，所藏精校本、手抄善本及大部分藏书皆毁于火。一时藏书所存无几，劫后仅剩千余卷。吴昌绶《定盦先生年谱》道光二年（1822）壬午云："是冬，所居不戒于火，藏书烬者十八九。其后岁以酒醯奠亡书百种，皆绝无仅有之本也。丰顺丁氏《持静斋书目·西藏志四卷》，有先生是岁手跋。张石洲为灵石杨氏刻《连筠簃丛书·长春真人西游记》二卷，有程大理跋云：'此册为叶云素给谏所赠，龚定盦尝借抄，既而徐星伯复就抄于定盦，而为之跋。昌绶又见长洲陈硕甫征君家写本《畿辅水利集说》，有先生朱字手校，惜未获购。"③《己亥杂诗》有诗曰："十仞书仓郁且深，为夸目录散黄金。吴回一怒知天意，无复龙威禹穴心。"④龚自珍《致邓守之书》之三悲戚云："家藏五万卷尽矣。而行箧之携以自随者，尚不减千余卷，名之曰劫外藏书，编列五架，。其为我朝夕拂拭之，勿令虫鼠为祟。宝此丛残，殊为不达，苦恼之余，弥复惭愧，吾弟应怜而笑之也，珍再说如此，时鼓四下，寒日到窗。"⑤从此文可知龚自珍之著作与平日随

① 王钟翰点校：《清史列传》卷七十三《文苑传四·龚自珍》，第19册，中华书局1987年版，第6042页。

② 樊克政著：《龚自珍年谱考略》，商务印书馆2004年版，第201页。

③ 吴昌绶《定盦先生年谱》，见（清）龚自珍著，刘麒子整理：《龚自珍全集》附录一《年谱》，浙江古籍出版社2014年版，第554页。

④ （清）龚自珍撰，刘逸生注：《龚自珍己亥杂诗注》，中华书局2003年版，第98页。

⑤ 马美信《〈龚自珍佚札三篇〉辨伪》，见复旦大学中国语言文学系古典文学教研室、复旦大学中国语言文学研究所文学批评史研究室编：《中国古典文学丛考》第1辑，复旦大学出版社1985年版，第308页。

身携带之千余卷书(应藏于北京寓所),未藏于上海家中,故能幸免于难。

龚家藏书楼因遭火灾,故龚自珍藏书原貌若何,难以考证,然从《中国古籍善本书目》《藏园群书经眼录》等书与《龚自珍全集》中部分诗文、书札可窥其一二。

龚自珍亦关注佛教典籍,在丁母忧期间与江沅和贝墉一起校刻唐宗密的《圆觉经略疏》,其《助刊圆觉经略愿文》记云:"因先慈金坛段氏烦恼深重,中年永逝,愿以此功德,回向逝者,夙业顿消,神之净土。存者四大安和,尽此报身,不逢不若。命终之后,三人相见于莲邦,乃至一生补处。"①《定盦先生年谱外记》记载:"钱塘陈元禄曰:羽琌之山②,藏庋奇物不可胜记,而三秘、十华、九十供奉,尤为最。"③龚自珍在《西郊落花歌》中也自称:"先生读书尽三藏,最喜维摩卷里多清词。又闻净土落花深四寸,瞑目观赏尤神驰。"④足见龚自珍所藏古籍中有关佛教书籍的分量。现知在《龚自珍全集》中收录的藏书,归于佛书的有《八识规矩颂》《三千有门颂》《七佛偈》《达摩大师说四行》《六祖坛经》《禅波罗蜜门》《金刚錍》《天台传佛心印记》《原人论》《法界观》《四念处》《黄檗大师传心法要》《禅宗永嘉集》《禅源诸诠》《念佛三昧宝王论》《神不灭论》《觉意三昧》《大乘止观》等18种。

2.进士龚自珍藏书来源

其一是借抄友人善本、异书。龚氏藏书不仅多且极精,所藏八百余种,多秘本,其中钞本和宋、元本达20余种。曾托钮树玉、何元锡等人助力,曾曰:"忆在江左之岁,喜从人借书,人来借者尤盛。钮非石石树玉、何梦华元锡助其搜讨,凡文渊阁未著录者,及流传本之据善本校者,必辗转录副归。辛巳之京师,则有程大理同文、秦编修恩复两君,借与予约,每得一异书,互相借抄,无虚句。"⑤其抄书的依据是"异书",即文渊阁未著录者的善本。龚自珍曾为李筠嘉藏书志作序,李氏藏书多达四千七百种,"所藏宋刊六种,元刊二十种,明刊数百种"⑥。龚氏当录副本不少。如与王萱龄、何绍基、徐松、江沅等交游,相互通籍,辗转借抄录副,使其藏书日益以富。程文同跋文曰:"此册为叶云素给谏所赠,龚定盦尝借抄。既而徐星伯复就抄于定盦而为之跋。"⑦从中可窥当时藏书之家相互借抄录副之盛。

---

① 管林等著:《龚自珍研究》,人民文学出版社1984年版,第97页。

② 按:羽琌山馆,龚自珍于道光五年(1825)在苏州昆山买得西塘街徐乾学尚书第故宅园亭,改建成羽琌别墅(又名羽琌山馆、海西别墅),龚氏自称"羽琌三民"。是馆建峻楼三层,专储金石书画,曾撰《羽琌山典宝记》。道光九年(1829)中进士,任礼部主事,十年(1830)之后辞官南归,安顿家眷于羽琌山馆,并编印脍炙人口、传诵到今的《己亥杂诗》。

③ 张祖廉《定盦先生年谱外纪》,见(清)龚自珍著,刘麒子整理:《龚自珍全集》附录,浙江古籍出版社2014年版,第586页。

④ (清)龚自珍著,刘逸生等注:《龚自珍编年诗注》,浙江古籍出版社1995年版,第231页。

⑤ (清)龚自珍著,刘麒子整理:《龚自珍全集》卷八《述怀呈姚侍讲元之有序》,浙江古籍出版社2014年版,第406页。

⑥ 郑伟章著:《文献家通考》卷十一《李筠嘉》,中华书局1999年版,第600页。

⑦ 樊克政著:《龚自珍年谱考略》,商务印书馆2004年版,第191页。

其二是向域外寻求佚书古籍。龚自珍是晚清较早关注域外汉籍收藏的学者之一，龚氏曾通过日本船员向日本学者访求乾隆年间久已失传的皇侃《论语疏》，并随信附上隋唐《经籍志》目录，并将其所要访求的七十种书籍画上红圈，注明其亡佚的年代。作《与番舶求日本佚书书》曰："昔在乾隆之年，皇侃《论语疏》至；迩者，《佚存丛书》至；所著《七经孟子考文》亦至。……谨愿求先儒诂经之遗文，及文章家汉魏间作者。附上隋唐两朝史家簿录之言，计两册……如有存者，愿以家藏三代钟彝吉金之打本易，亦约七十事……"①龚自珍认为日本应存不少古籍，为求善本，曾不惜以龚家所藏三代金石拓本以易古籍，足见其爱书之深。

其三是吴市旧书肆搜购。吴市旧书肆是龚自珍访书地之一，曾在吴市购得明崇祯元年（1628）科举《题名录》一册，作《吴市得题名录》一册，乃明崇祯戊辰科物也，题其尾一律》云："朱衣点过无光气，淡墨堆中有废兴。资格未高沧海换，半为义士半为僧。"②次年又于此购得康熙三十年（1691）《旧制举人》刻本，亦赋《吴市得旧本制举之文，忽然有感，书其端》四绝，有云："家家饭熟书还熟，羡煞承平好秀才。"③

龚氏尤喜藏金石文字，所藏有八百余种，多秘本。自 17 岁，其父龚丽正带其拜谒孔庙，识读石鼓文始，终其一生收集金石碑版未断，甚至借贷收购。龚自珍《致江香札》记载甚详："倚卢中奉到手书，述及金石拓本一分，自珍昔年奉教于先外王父端先生，曰：金石不可不讲求古器款识，为谈经谈小学之助，石刻为史家记传之外编，可禅正史也。是以自幼搜罗，志在补兰泉王侍郎之阙。谷备种数，所购求者亦不下一千种，孤本颇多。"④据张祖廉《定庵先生年谱外纪》记载，龚氏收藏金石不可胜记。著有《说宗彝》《说石刻》《说碑》《说印》《商周彝器文录序》《秦汉石刻文录序》等考据学专论。据范凤书先生《中国著名藏书家与藏书楼》云：龚氏"另有羽陵山馆，藏金石古物甚富，有所谓三秘十华九卜供奉之说，其流亡散存亡已不明"⑤。

3.龚氏藏书之流布

龚家藏书楼因遭火灾，故龚自珍藏书原貌若何，难以考证，然从《中国古籍善本书目》《藏园群书经眼录》等书与《龚自珍全集》中部分诗文、书札可窥其藏书一二。

附一：龚氏部分藏书名录

《越绝书》十五卷，汉袁康撰，明嘉靖三十三张佳胤双柏堂刻本，龚自珍跋，现藏中国国家图书馆。

《大方广圆觉修多罗了义经略疏》一卷，唐释宗密撰，清江沅抄本，清龚自珍

① （清）龚自珍著，刘麒子整理：《龚自珍全集》卷六，浙江古籍出版社 2014 年版，第 314—315 页。
② （清）龚自珍著，刘麒子整理：《龚自珍全集》卷九，浙江古籍出版社 2014 年版，第 467 页。
③ （清）龚自珍著，刘麒子整理：《龚自珍全集》卷八，浙江古籍出版社 2014 年版，第 410 页。
④ 郭延礼著：《龚自珍年谱》，齐鲁书社 1987 年版，第 99 页。
⑤ 范凤书编：《中国著名藏书家与藏书楼》，大象出版社 2013 年版，第 228 页。

跋，现藏中国国家图书馆。

《数书九章》九章，宋秦九韶撰，清王萱龄抄本，清龚自珍署检，王萱龄临、李锐、罗士琳校注，现藏中国国家图书馆。

《邦畿水利集说》四卷、《九十九淀考》一卷，清沈聊芳撰，清抄本，清汪喜孙跋、龚自珍批校并跋，现藏中国国家图书馆。

《说文解字注》三十卷、《六书音均表》二卷、《说文部目分韵》一卷，清段玉裁撰，清乾隆、嘉庆间段氏经韵楼刻本，龚自珍批校，现藏上海图书馆。

《简学齐斋》一卷（本书原名《白石山馆诗》），清陈沆撰，清稿本，清魏源、龚自珍、吴嵩梁、包世臣批并跋，董桂敷、贺长龄、黄平黼、黄修存批，汪正荣、黄之骧、潘曾莹、陶澍、姚学爽、陆献跋，现藏上海图书馆。

《高王观世音经》一卷，清龚巩祚撰，清抄本，清黄奭编汉学堂知足斋丛书二百十五种二百十五卷，现藏中国国家图书馆。

《音点大字荀子句解》二十卷，清龚士契注，宋刻巾本，《善本书所见录》著录。

《大戴礼记补注》三十卷，清孔广森撰，清武英殿戴校本，《藏园群书经眼录》著录。

《平圃遗稿》十四卷，清张宸撰，清龚自珍家写本，《藏园群书经眼录》著录，现藏东方图书馆。

《一行居集》八卷《附》一卷，清彭绍升撰，清道光五年乙酉葆素堂刊本，《藏园群书经眼录》著录。

《太岁考》二卷，清王引之撰，清刻稿本，李锐注，现藏中国国家图书馆。有李锐、龚丽正、龚自珍同读一过之题字，《贩书偶记》卷九著录。

附二:《龚自珍全集》著录藏书名录

《尚书古文序写定本》，为孔氏本；《穆天子传》，元刘庭干本、明吴管本、何镗本、邵氏本、汪明际本、吴山、华阴道藏本、清洪颐煊本、孙星衍本，龚自珍补摭逸一篇；《列子》，明嘉靖顾春本；《司马法》，宋邢昺本；《春秋元命苞遗文》，赵在翰本；《汉旧仪》《四库全书》七阁本（四卷），龚自珍《补逸》一卷；《汉官仪》，据《藏园群书经眼录》所引写定四卷；《汉诗三种》，宋景祐刊《礼乐志》本（即《郊祀歌》《安世歌》《乐府诗十八曲》各一卷）；《急就篇》，宋王应麟写本；《中论》，明何镗写本；《归心篇》，清宛平胡叔琳本、卢文弨本（出于《颜氏家训》）；《李白集》，宋宋人家藏本、明许自昌本（龚自珍校定李白真诗百二十二篇）；《南唐五百字》，韩熙载奉敕集王羲之、王献之书撰并书（一卷）；《邦畿水利图说》，清抄本；《西藏志》，清乾隆刊本；《段先生定本许氏说文》，清乾隆嘉庆间段氏经韵楼刻本；《大乘止观》四卷，清单照刻本；《觉意三昧》六卷，龙泉寺六卷梵本；《四念处》四卷，明吴士龙从藏刻本；《法界观》一卷，清慈仁寺藏本；《原人论》，清钱林刻本；《禅源诸诠》四卷，明吴继勋刻本、清释频牧重刻本；《禅宗永嘉集》十章，魏静傅本；《黄檗大师传心法要》，清康熙六年楞严寺刻本；《念佛三昧宝王论》三卷，清衍法寺刻本；《神不灭论》一卷，清江沅藏宋椠本。

另有《易纬是类谋遗文》、《尚书考灵耀遗文》、《平定罗刹方略》四卷、《八识规矩颂》十卷、《三千有门颂》一卷、《七佛偈》一百八十八言，《达摩大师说四行》一卷、《六祖坛经》、《禅波罗蜜门》十卷、《金刚錍》一卷、《天台传佛心印记》一卷，刊本待考。

最录《穆天子传》云："今所据有元刘氏庭幹本、明吴氏琯本、何氏镗本、邵氏蕿古本、汪氏明际本、吴山、华阴两道藏本；国朝洪氏颐煊本、孙氏星衍本。洪氏、孙氏为善。"①是书其家藏元、明、清三朝九版本，龚氏藏书之精可见一斑。

附三：《龚自珍全集》诗篇与书札之藏书目录

明《题名录》一册，明崇祯年间刻本，450页著录；清《制举文》，清康熙三十年刻本，457页著录；《阴符经》，457页著录；《汉书》，汉班固撰，清龚敬身批校本，516页著录；《羽琌山馆墨本记》五卷，清龚自珍撰，龚自珍手稿本，484、516页著录；《羽琌之山典宝记》二卷，清龚自珍撰，龚自珍手稿本，516页著录；《布衣传》一卷，清龚自珍撰，龚自珍手稿本，516页著录；《师友小记》，清龚自珍撰，龚自珍手稿本，517页著录；《梅冶轩集》一卷，清段骧撰，龚自珍抄本，523页著录。

其《汉书》是龚家史部藏书之一，《已亥杂诗》第六十九首注曰："先祖匏伯公批校《汉书》，家藏凡六七通，又有手抄本。"②龚敬身喜治《汉书》，曾批校六七遍，又存手抄本。

龚自珍藏书除上述外，还有烬后残书数十册，为其母段驯手抄。还珍藏有其外祖父段玉裁生前一批手校本。据刘盼遂编《段玉裁年谱》曰："先生手校书甚多，身后以白镪三千金归诸婿家龚闇斋③观察。……道光甲申夏，（段骧）持先生墓志文往示黄丕烈，黄答拜时，骧以先生朱墨笔校《广韵》相假，黄录出副本，今藏乌程蒋氏。"④

① （清）龚自珍著，刘麒子整理：《龚自珍全集》卷五，浙江古籍出版社2014年版，第213—214页。
② （清）龚自珍著，刘麒子整理：《龚自珍全集》卷九，浙江古籍出版社2014年版，第430页。
③ 按：闇斋是龚自珍父龚丽正之号。
④ （清）段玉裁著，钟敬华校点：《经韵楼集附补年谱》，上海古籍出版社2008年版，第486页。

龚自珍卒后，由其长子龚澄递藏，龚澄[1]撰有《仁和龚氏旧藏书目》一册，手抄本，著录图书700余种[2]，今藏中国国家图书馆。龚澄有手稿《古文字学丛著》。

（三十七）吴锡麒

吴锡麒（1746—1818） 字圣征，号谷人，钱塘人。清鹏[3]、清皋[4]父。“乾隆四十年进士，选侍读，累官国子监祭酒”。以奉养母乞归，“主安定、爱山、云间诸书院。再入都补原官，寻告归。主扬州、安定书院”[5]，所拔多绩学砺品之士。“校刊《全唐文》。澹然荣利，不复出”[6]。《清史稿》称：“锡麒工应制诗文，兼善倚声。浙中诗派，前有朱彝尊、查慎行，继之者杭世骏、厉鹗。二人殂谢后，推锡麒，艺林奉为圭臬焉。著有《正山房集》。全椒吴鼒尝辑录齐焘、亮吉、锡麒及刘星炜、袁枚、孙星衍、孔广森、曾燠之文为《八家四六》云。此八家外，有金匮杨芳灿，与弟揆并负时名。”[7]李元度赞云：“浙中诗派，自竹垞、初白后，大宗、太鸿起而振之，及两公殂谢，嗣音者鲜。先生诗境超妙，为朱、查、杭、厉之后劲。既工骈体，兼善倚声，试律体尤能独开生面，馆阁风气为一变，名重中外。所著有《正味斋集》，高丽使臣出饼金争购，厂肆为一空。”[8]生平事迹参见叶衍兰《清代学者象传·吴锡麒传》。

吴锡麒生平尤好书，“性嗜饮，无下酒物，则以书代，少壮至老未尝离笔砚。”其“诗文集风行海内外，高丽、琉球使臣争以重金购归”[9]。法式善赞云：“先生名重中

① 按：龚澄（1817—1878），字公襄，以字行。一字孝拱，号昌匏（一作石匏），别号半伦。继室何氏所生，寓居上海。监生。喜藏书，尤嗜藏金石碑帖，于藏书无所不窥，为学浩博无涯，亦富藏书。与杨守敬交游，互相探讨金石目录之学，以家藏金石文献，纂成《金石文录识余》《石刻文字》《器铭文录》《秦汉金石刻录文》等诸书，所著有《元志》《诗本谊》《六典理董许书》等。

② 李玉安、黄正雨编著：《中国藏书家通典·清》，中国国际文化出版社2005年版，第559页。

③ 按：吴清鹏（1786—?），字程九，一字西谷，号笏庵，浙江钱塘人。锡麒第七子，吴清皋之弟。嘉庆二十二年（1817）丁丑科一甲第三名进士即探花。道光九年（1829）考选山西道御史，官至顺天府府丞。谢病归，主讲扬州安定书院。吴氏与魏源、龚自珍等友善。工诗，有《笏庵诗钞》二十四卷。辑录《吴氏一家稿》，其中收入《笏庵诗》二十卷、《笏庵试帖》一卷。

④ 按：吴清皋（1786—1849），字鸣九，号壶庵、小縠。锡麒第六子，与弟清鹏为孪生兄弟。嘉庆十八年（1882）举人，官内阁中书。道光十六年（1836）充军机章京，升侍读，擢抚州知府。著有《壶庵诗》二卷、《骈体文》二卷，辑入《吴氏一家稿》。

⑤ （清）陈璚修，（清）王棻纂；屈映光续修，陆懋勋续纂；齐耀珊重修，吴庆坻重纂：《民国杭州府志（三）》卷一百四十六《文苑三·吴锡麒》，见《中国地方志集成·浙江府县志辑》（3），江苏古籍出版社1991年版，第485页。

⑥ （清）潘衍桐编纂，夏勇、熊湘整理：《两浙輶轩续录》卷十一《吴锡麒》，第3册，浙江古籍出版社2014年版，第652页。

⑦ 赵尔巽等撰：《清史稿》卷四百八十五《列传二百七十二·吴锡麒传》，第44册，中华书局1977年版，第13386页。

⑧ （清）李元度著，易孟醇点校：《国朝先正事略》卷四十二《文苑·吴锡麒》，岳麓书社1991年版，第1122页。

⑨ （清）陈璚修，（清）王棻纂；屈映光续修，陆懋勋续纂；齐耀珊重修，吴庆坻重纂：《民国杭州府志（三）》卷一百四十六《文苑三·吴锡麒》，见《中国地方志集成·浙江府县志辑》（3），江苏古籍出版社1991年版，第485页。

外,高丽使至,出金饼购《有正味斋全集》,厂肆一空。”①都中厂肆为之一空,名重中外。

藏书处为正味斋。以手写书精美而著称,其手写本《湛然居士集》,《五十万卷楼藏书目录初编》著录。手抄本有《两汉文评》四卷,郑焯《南献征遗录》著录。

藏印有吴印锡麒、谷人等印。

(三十八)汪辉祖父子进士

汪辉祖(1730—1807)　字焕曾,号龙庄,晚号归庐,别署龙庄居士,萧山②昭东大义村人。汪辉祖“才识开敏,年十七,补县学生员,念习吏事。前后入诸州县幕,佐人为治,疑难纷淆,一览得要领。尤善治狱,平情静虑,侔境揣形,多所全活。以其暇读书,年三十九,举于乡”③,“乾隆乙未进士,官湖南宁远知县,祀乡贤名宦”④。汪氏曾言:“我汪氏始祖迁萧以来,传世二十,历六百余年未有科第。余以肤学开先,衰龄入仕,获免大戾。”⑤汪辉祖高中进士,可谓光宗耀祖。汪氏为官政绩斐然,“治事廉平,尤善色听,剖条发蕴,不爽轻重,及其援据比传,惟义所适,律之所穷,通以经术,所决狱辞,不可殚述,人藉藉颂神明,而君益欿然”⑥。尝“两署道州,又兼署新田县,皆有惠政”⑦,是声名远扬的清官良吏。汪氏律己甚严,幕品皆优,行谊、举止亦足为楷范。其“少尚气节,老而愈厉,持论挺特,不可屈撼,而从善如转圜”⑧。汪辉祖“为文质而有法,诗寄兴深远,尤邃于史,留意名姓之学。读书贯通大义,凡所论述,期实有济于用”⑨。“为史之助,董理繁碎,抄纂之功,亦非易也”⑩。著述宏富,“著有《元史本证》五十卷、《读史掌录》十二卷、《史姓韵编》六十四卷、《九史同姓名略》七十二卷、《二十四史同姓名录》百六十卷、《二十四史希姓录》四卷、《辽金元三史同名录》四十卷、《龙庄四六稿》二卷、《纪年草》《独吟草》各一卷、《题衫集》三卷、《辛辛草》四卷、《岫云初笔》二卷、《楚中杂咏》四卷、《归卢晚稿》六卷、《汪氏追远录》八卷、《越女表征录》七卷、《善俗书》一卷、《庸训》六卷、《过眼录》二卷、《诒谷燕谈》三卷,

---

① (清)潘衍桐编纂,夏勇、熊湘整理:《两浙輶轩续录》卷十一《吴锡麒》,第3册,浙江古籍出版社2014年版,第652—653页。

② 按:清代萧山为绍兴府,今属杭州,故萧山藏书家皆收入杭州。

③ (清)阮元撰:《研经室集》之《研经室二集》卷三《循吏汪辉祖传》,中华书局1993年版,第440页。

④ (清)潘衍桐编纂,夏勇、熊湘整理:《两浙輶轩续录》卷十一《汪辉祖》,第3册,浙江古籍出版社2014年版,第666页。

⑤ (清)汪辉祖《病榻梦痕录》卷下,见汪辉祖、万维翰、王又槐原著,崔人元等校按:《清朝官场那些事儿》(上),西南师范大学出版社2011年版,第268页。

⑥ (清)阮元撰:《研经室集》之《研经室二集》卷三《循吏汪辉祖传》,中华书局1993年版,第440页。

⑦ 赵尔巽等撰:《清史稿》卷四百七十七《列传二百六十四·汪辉祖传》,第43册,中华书局1977年版,第13030页。

⑧ (清)阮元撰:《研经室集》之《研经室二集》卷三《循吏汪辉祖传》,中华书局1993年版,第441页。

⑨ 吴晗撰:《江浙藏书家史略》,中华书局1981年版,第39页。

⑩ (清)李慈铭著,由云龙辑:《越缦堂读书记》十一《综合参考·九史同姓名略》,中华书局1963年版,第1113页。

其尤著者《学治臆说》四卷、《佐治药言》二卷，言吏治者多宗之。阮文达抚浙及豫，皆刻行其书，下有司，俾为法式”[①]。阮元尤为推崇其《学治臆说》《佐治药言》两书，阮氏言：“余读《学治臆说》《佐治药言》，未尝不掩卷太息，愿有司之治若汪君也。余抚浙，尝行其书于有司；权抚河南，复刊布之。士人初领州县，特持以为治。虽愚必明，虽柔必强。是故学与仕合，济于实用。”[②]《两浙輶轩续录》卷十一称“其书寇乱后唯《史姓韵编》、《学治臆说》《佐治药言》二书及《病榻梦痕录》有重刻本。《元史本证》有广雅书局校刊本，余稿传本极少”[③]。卒后，祀乡贤名宦。生平事迹参见李元度《国朝先正事略》卷五十三《循良 · 汪龙庄大令事略》、《清史稿》卷四百七十七《列传二百六十四 · 汪辉祖传》、《清史列传》卷七十五《汪辉祖传》。

汪辉祖“以足疾自勉，归而闭户，积书数万卷，不问外事。暇辄手书一编，丹黄铅椠，躬自校雠，以撰树课子孙”[④]。其藏书处为环碧山房，藏书甚丰，在浙颇有名气。除环碧山房外，又有撰美堂，其堂“奉先灵，藏书籍，下嵌石刻庋书版，余有约，毋许子孙为书塾、为客寝，非祭祀不得轻到。”[⑤]。其子汪继坊等亦记云：“府君生平略无嗜好，惟癖耽经籍。向幕游时，继坊尝侍左右，见府君治官书，每日三二时便了，暇即浏览书史；同幕诸君或以饮酒博奕相自娱，府君终不一过，诸君亦无敢以俗事慁府君。及宦湖南，读史日以卷计，有事不满数，必益烛补之。归里后，键户养疴，课继坊等读书，亦自读，往往至夜分不止。吾母苦谏，府君笑应之曰：‘吾依书为命。子但见吾废书，当为料理后事。’易箦前三日，犹坐堂中看书。数数折角，若将复阅者。”[⑥]嘉庆二年(1797)撰《藏书箴》曰：“诒孙有谷，书为良田。稽古有获，是谓丰年。可以用世，可以乐天。储藏非易，卖文之钱。来无不义，书难求全。勿散勿亵，庶永吾传。”[⑦]作《惜有》诗二首，示培、壕两儿曰：“昔有两间屋，晨昕西夕照。长夏苦炎威，炊烟杂茶灶。我依二母居，一经课后效。床前书几陈，蚊蚋常缭绕。摊书纺车旁，形影互相吊。庭闹乐复乐，宽窄那计较。即今扩新居，高爽向南曜。虽殊广厦观，幸免逼仄诮。是处可延伫，堂移随所到。谁云热难避，废书日坐啸。古贤容膝安，努力事雠

① (清)李元度著，易孟醇点校：《国朝先正事略》卷五十三《循良 · 汪龙庄大令事略》，岳麓书社1991年版，第1262页。

② (清)阮元撰：《研经室二集》卷三《循吏汪祖辉》，见中华书局编辑部：《丛书集成初编》471，中华书局2011年影印本，第443页。

③ (清)潘衍桐编纂，夏勇、熊湘整理：《两浙輶轩续录》卷十一《汪辉祖》，第3册，浙江古籍出版社2014年版，第666页。

④ (清)阮元撰：《研经室集》之《研经室二集》卷三《循吏汪辉祖传》，中华书局1993年版，第441页。

⑤ (清)汪辉祖撰：《病榻梦痕录》卷下，见《续修四库全书》编纂委员会、复旦大学图书馆古籍部编：《续修四库全书》第555册，上海古籍出版社2003年版，第683页。

⑥ (清)汪辉祖撰：《病榻梦痕录 · 录余》，见《续修四库全书》编纂委员会、复旦大学图书馆古籍部编：《续修四库全书》第555册，上海古籍出版社2003年版，第732页。

⑦ (清)汪辉祖撰：《病榻梦痕录 · 录余》，见《续修四库全书》编纂委员会、复旦大学图书馆古籍部编：《续修四库全书》第555册，上海古籍出版社2003年版，第688页。

校。”“昔有一束书，无多手泽在。洛诵功易殚，文章溯流派。一瓻偶借人，何处得津逮。勤勤克期钞，腕脱敢云惫。一隅以三反，周行问向背。揣摩颛且精，幸邀葑菲采。即今万牙签，经史颇荟萃。馀力罗百家，编辑及细碎。爱博情转疏，读多不求解。譬如宝山回，空手徒自慨。古贤惜分阴，青春可能再。”①

编有《环碧山房书目》一卷，《八千卷楼书目》、宋慈抱《两浙著述考》、来新夏《清代书目提要》均著录。据《病榻梦痕录》载，汪辉祖编家藏书目，为之序，记其藏书经历及藏书理念亦甚详：

积书贻子孙，子孙未必能读。人多信之，故蓄书者尠然。独不闻积财贻子孙，子孙未必能守乎，何求田问舍之？惟恐不广也。

余小孤露，先世手泽，仅坊刻《古文阶凤》《陈检讨四六》二书、《纲鉴正史》约一部，假诸舅氏，未几归焉。年十四五，见《五经类编》，如得琅嬛秘简。既补博士弟子，家奇贫，衣食出两母十手指，力不能具一卷书。间从友人借读经史古文选本，率意钞撮，不终卷辄索去。已而读律糊口，寄迹官中，主人有插架书，稍稍翻阅。官事不易了，未能卒读，读亦无所得也。忝赋鹿鸣，年已三十有九。游京师，侧闻大人先生绪论，甚愧向学之晚。亟走琉璃厂西门，市得《汉书》归寓读之。

南还佐幕，以馆脩益市正史昼夜读，其后稍市他书之涉史事者，旁及诸子，而于群经势尚不遑。及成进士，益惭枵馁，脩入较丰，先人遗事以次告竣，馆苕雪，间与书贾习者，七八年聚书数百种。谒选都门，增所欲备，约载一车。请急过里，汇录书目，都为二本，一随行箧，一庋书楼，手自钥扃携钥以行。罢官归来，启钥见书，幸无蠹敝。会移居城南，即于宅后隙地筑楼三楹，中奉神主，藏书左右，重加整比，略涉违碍，细意汰毁，因区门类，恭列御制钦定于首，余遵《四库总目》编次收贮。四库之例，缕分子目。余书本无多，不复析编。惟于史部立《备史》一门，纪掌故者入之；子部立《杂考》一门，记琐事者入之，以便检阅。榆荫衰促，家无余资，不能再聚书矣。

虽所聚之书类塾本，恒见绝无忱秘，然毕生心力尽此区区，得之不易，则思守之不失，世世子孙不得赠人，不得假人，即遇密交、懿戚、贵人、达官，不得违吾此训，私为赠假，度仁人孝子，罔有瑕疵。别具经史副本，留传家塾，非能考订著述，不必登楼启视，致有损失。坊、培、壕三房同守此规。……余薄宦未久，又不善治家人生业，惟望儿辈他日收稽古之益②。

① （清）汪辉祖撰：《病榻梦痕录》卷下，见《续修四库全书》编纂委员会、复旦大学图书馆古籍部编：《续修四库全书》第555册，上海古籍出版社2003年版，第683页。

② （清）汪辉祖撰：《病榻梦痕录》卷下，见《续修四库全书》编纂委员会、复旦大学图书馆古籍部编：《续修四库全书》第555册，上海古籍出版社2003年版，第678—679页。

汪继培(约1752—约1819)　汪祖辉四子。字厚叔,号苏潭,萧山人,居大义村中巷尚有堂。清"嘉庆乙丑进士,官吏部主事。澹于宦情,乞假言归。娴习子史,搜讨不倦。父辉祖晚年所著《辽金元三史同名录》《九史同名录》未成而逝,皆继培为续成之。辑有《尸子》三卷,较孙星衍所辑本为详,剌取各书,证释同异,厘订为上下二卷。语皆可证。其古本引用违舛者,别为存疑一卷"①。所校书收录于《湖海楼丛书》中。目录学著述有《周代书册制度考》等。继培精于校勘,谙熟子史,一生搜讨不倦。因《潜夫论》久无善本,遂荟萃群籍,网罗佚闻,著《潜夫论笺》九卷,世称善本。又尝笺释《盐铁论》。李慈铭云:"《元史本证》五十卷,嘉庆壬戌刊本,国朝汪辉祖撰,后十四卷其子继培所补也。"②

汪继培承其父所建藏书楼环碧山庄,搜讨藏书甚勤,"藏书颇富"③,与同里湖海楼主人陈春尤为契洽。每得善本,必与陈春同赏。乾隆五十八年(1793)后,继培与弟汪继壕分家,所藏之书归于其掌管。藏书喜收藏经部、集部,钱泰吉《曝书杂记》卷下记云:"萧山汪氏继培,从钱塘何梦华元锡得影宋钞本《列子张湛注》,又录释文专本于吴山道藏,刻于(陈氏)湖海楼,注及释文,各自为卷。"④又周中孚《郑堂读书记》卷五十记云:"《宣和北苑贡茶录》一卷附《北苑别录》一卷,读画斋丛书本……今馆臣以《永乐大典》校补,加以按语,并著录《四库全书》。萧山汪继培从文澜阁本写出,复详加按语并总跋其后,顾修为之刊入丛书焉。"⑤

辉祖五子汪继壕(生卒年不详),字后庄,国学生,别号萧山主人,萧山人。亦喜藏书,旧抄本《宣和北苑贡茶录》一卷附《北苑别录》一卷,有嘉庆庚申(1800)后记,有"萧山汪氏环碧山房珍藏印"⑥。并据之作《北苑贡茶录注》《北苑别录注》,另著《左传同名录》《南城笔记》《萧山县志刊误辩正》《萧山诗录》《后庄丛书》《后庄文集》《说文检字》《古今韵检》《余暨旧闻》《三续越女表微录》⑦等。

继壕尤喜类书和说部,汪辉祖《病榻梦痕录》评述二子云:"古人以书为良田,获且无算,达可以经世济物,穷亦不失为学人,如其不材,即与以田宅,其能长裕乎?癸

① 南开大学地方文献研究室、杭州市萧山区人民政府地方志办公室:《萧山县志稿》卷十八《人物五·汪继培》,南开大学出版社2010年版,第660页。

② (清)周中孚撰:《郑堂读书记》卷十五《元史本证》,上海书店出版社2009年版,第291页。

③ 汪訚编著:《明清蟫林辑传·汪继壕》,中华图书馆协会1932年《图书馆学季刊》抽印本,第144页;引《楹书隅录》。

④ (清)钱泰吉《曝书杂记》卷下《列子释文》,见中华书局编辑部:《丛书集成初编》013,中华书局2011年影印本,第335页。

⑤ (清)周中孚撰:《郑堂读书记》卷五十,上海书店出版社2009年版,第829页。

⑥ (清)丁丙撰:《善本书室藏书志》卷十八《宣和北苑贡茶录》,见《续修四库全书》编纂委员会、复旦大学图书馆古籍部编:《续修四库全书》第927册,上海古籍出版社2003年版,第369页。

⑦ 参见南开大学地方文献研究室、杭州市萧山区人民政府地方志办公室编:《萧山县志稿》,南开大学出版社2010年版,第660、943—946页。

丑[1]析产以来，培、壕过余所嗜书，辄以受分市产之资时时增益之，四年中续置不少，此即培、壕之田宅矣。两儿嗜好已不尽同，培喜收经集，壕喜收类书及说部，各得其性之所近，余亦不复强之使一，听其别立书目，附庋楼西，随时检阅，各从其便，不必援公书之例。两儿当奋志于学，毋自舍其田，余有厚望焉。”[2]

藏书处为环碧山房、撰美堂。藏书印有萧山汪氏环碧山房珍藏、萧山主人等。

(三十九)传胪关槐

关　槐(生卒年不详)　字桂生，号云岩，又号晋轩，别署曙笙，晚号青城山人，浙江仁和人，居骆驼桥。乾隆四十一年(1776)举人，“乡选后赴津门应召试，赐内阁中书，入直枢垣。以善画为纯庙垂赏，旋举庚子二甲一名进士，入翰林，直南书房，历充四库馆武英殿提调”[3]。后典试湖北、河南，督学广东，《清秘述闻》载湖北考官：“编修关槐字桂生，浙江仁和人。庚子进士”[4]，“官至礼部侍郎。有《青城山人诗集》”[5]。又著有《直庐奏议》《士林彝训》《粤东使轺纪闻》等，与厉荃同辑《事物异名录》。其词章翰墨，脱颖不群，“以善画受知纯庙、供奉内廷，旋入词馆。画山水，师董文恪，骎骎入宋、元室。诗境清旷，其写景寄情，尤具雅人之致”[6]。有《上塞锦林图》，现藏于故宫博物院，另有《溪山秋爽图》《群仙胪祝图》等。

关槐受父关涵影响，自幼喜好藏书，“少得赵氏小山堂天文遗书、筹算、笔算、奇门遁甲凡三百余种”[7]。家有藏书楼，储书及画甚富，不乏宋椠元雕，颇多异册。在翰林院及任《四库全书》、武英殿提调官时，所藏颇多宋椠元雕之秘册及皇家“内廷陈设退出之籍，白纸朱丝，庄书整订，非寻常所有”[8]。

藏书处名松下书寮。乾隆曾赐诗有“松下敞书寮”[9]之句，关槐遂恭篆“松下书寮”四字颜其读书处及藏书之所。

其子关炳，亦能守其藏书。《两浙輶轩续录》载，关炳，“字午亭，槐子，仁和人，官至云南大理知府。午亭以荫生应御试‘忠顺不失，以事其上’论，擢第一，用主事，分工部行走，摄营缮、都水二司，出守滇南。抚下以宽，循声卓著。恭刊《庭训格言》，

---

① 按：癸丑即乾隆五十八年(1793)。

② (清)汪辉祖撰：《病榻梦痕录》卷下，见《续修四库全书》编纂委员会、复旦大学图书馆古籍部编：《续修四库全书》第555册，上海古籍出版社2003年版，第679页。

③ (清)丁申著：《武林藏书录》卷下《关氏书楼》，古典文学出版社1957年版，第77页。

④ 《清秘述闻》卷八《乡会考官类八》，见(清)法式善撰：《清秘述闻三种》，中华书局1982年版，第274页。

⑤ 徐世昌辑：《晚晴簃诗汇》卷一百二十《关槐》，见《续修四库全书》编纂委员会、复旦大学图书馆古籍部编：《续修四库全书》第1631册，上海古籍出版社2003年版，第296页。

⑥ 徐世昌辑：《晚晴簃诗汇》卷一百二十《关槐》，见《续修四库全书》编纂委员会、复旦大学图书馆古籍部编：《续修四库全书》第1631册，上海古籍出版社2003年版，第296页。

⑦ (清)丁申著：《武林藏书录》卷下《关氏书楼》，古典文学出版社1957年版，第77页。

⑧ (清)丁申著：《武林藏书录》卷下《关氏书楼》，古典文学出版社1957年版，第77页。

⑨ (清)丁申著：《武林藏书录》卷下《关氏书楼》，古典文学出版社1957年版，第77页。

宣布所属学校，可谓治有本源矣。《墨林今话》称其写山水深得娄东正派，曾作《观瀑图》，酣润淋漓，咸生叹服”①。

关氏家族藏书于“咸丰初，其书次第散出，宋椠元雕，颇多异册。……余亦得其零编残简数百种，旋失于辛酉之劫，至今犹怃然思之”②。至于咸丰初，应为咸丰十一年(1861)太平军入杭，丁申所得关氏书即失于此时。

(四十)王宗炎父子进士

萧山王宗炎、王端履父子进士之十万卷楼藏书十万，为萧山三大藏书楼之一。

王宗炎(1755—1826)　原名宗琰，字以除，号谷塍，晚号晚闻居士，世居萧山西河里，后迁居城南苏家潭。“乾隆庚子进士，截取知县。著《晚闻居士遗集》九卷。”③王宗炎性尤淡退，终身不仕，毕生从事教育，主讲杭州紫阳书院，有“东南硕师”之誉。尤好奖掖后进，汤金钊等人皆从其游，积四十年，培养引荐人才颇多。汤金钊云：“先生之文盖精于义理，达于事情，根极经训，博综载籍，而能言所欲言以有补于世者也。金钊自年十五，从先生学举业，继以诗古文辞，又继而问政事。积四十年，先生随时指引善诱不倦。窥见先生于书无所不读也。”④尤精校勘之学，曾助章学诚编订《章氏遗书》。李慈铭记曰：先生“乾隆四十五进士，未授官而归，著书教授，垂五十年。至道光乙酉冬卒，年七十一。越东学者奉为魁艾，而萧山人至今犹以小进士呼之，盖先生登第时年甚少。先生聚书甚富，于《易》《诗》《书》《礼》《公羊》《春秋》《尔雅》《孟子》，皆有论撰，与同郡章进士实斋、同邑汪吏部厚叔，交最厚。实斋通史学，攻古文；厚叔精于诸子之学；而先生族弟福建巡抚南陔先生深研经义文字，互相淬厉，所得甚宏”⑤。“先生工于书法，旁及绘事，故所载题跋时有名论，笔墨亦雅洁，固吾乡先辈中一宏耳”⑥。“年八十余，犹孜孜不讫，著有《晚闻居士遗集》者也”⑦。《清史列传》卷七十二有其传。

王宗炎喜藏书，“聚书十余万卷，构楼以贮，世所称十万卷楼是也”⑧。沈豫称“萧邑藏书之富，谷塍王经师家筑十万卷楼、陆氏寓赏楼、陈氏湖海楼，此外王中丞南

---

① (清)潘衍桐编纂，夏勇、熊湘整理：《两浙輶轩续录》卷十八《关炳》，第4册，浙江古籍出版社2014年版，第1081页。

② (清)丁申著：《武林藏书录》卷下《关氏书楼》，古典文学出版社1957年版，第77页。

③ (清)潘衍桐编纂，夏勇、熊湘整理：《两浙輶轩续录》卷十三《王宗炎》，第3册，浙江古籍出版社2014年版，第731页。

④ (清)汤金钊《晚闻居士遗集序》，见《清代诗文集汇编》编纂委员会编：《清代诗文集汇编》第440册，上海古籍出版社2010年版，第599页。

⑤ (清)李慈铭著，由云龙辑：《越缦堂读书记》八《文学·晚闻居士遗集》，中华书局1963年版，第810页。

⑥ (清)李慈铭著，由云龙辑：《越缦堂读书记》八《文学·晚闻居士遗集》，中华书局1963年版，第811页。

⑦ (清)李慈铭著，由云龙辑：《越缦堂读书记》十一《综合参考·重论文斋笔录》，中华书局1963年版，第1208页。

⑧ 引郑伟章著：《文献家通考》卷十《王宗炎》，中华书局1999年版，第528—529页。

陔、汪吏部苏谭，俱大族，皆充栋盈车，不假南面百城”①。其“藏书甚富，号十万卷楼，校勘极精”②。十万卷楼与同里陈氏湖海楼、陆氏寓赏楼并称萧山三大藏书楼。王绍兰长子王曼寿③云：“族父晚闻先生……敬敏好学，尝聚书十余万卷，构楼以贮，世所称十万卷楼是也。”④丁丙《善本书室藏书志》著录旧藏极多，如明刊本《会稽三赋》一卷⑤；明正统刊本《经济文集》六卷⑥；正德刊本《石门洪觉范天厨禁脔》三卷⑦；明刊校影宋本《新刻广雅十卷》，顾广圻记云：“嘉庆壬戌，在西湖与萧山徐君北溟（即徐鲲）同住孤山，辱以嘉靖刊《韩诗外传》见赠，乃检此报之。北溟熟于此学者也。影宋本今藏黄荛圃处……”⑧《善本书室藏书志》著录多种王宗炎十万卷楼钞本：《绍兴十八年同年小录》⑨，洪朋⑩《洪龟父集》二卷⑪，蓝格钞本《陵阳先生集》四卷⑫，葛立方《侍郎葛公归愚集》十卷⑬，《格斋先生三松集》一卷⑭，罗公升《宋贞士罗

---

① （清）叶昌炽著，王欣夫补正，徐鹏辑：《藏书纪事诗》卷五，上海古籍出版社1989年版，第554页。

② （清）李慈铭著，由云龙辑：《越缦堂读书记》十一《综合参考·重论文斋笔录》，中华书局1963年版，第1208页。

③ 按：王曼寿，字恭甫，萧山人。王绍兰长子。能传其学，著有《易义述闻》一卷、《揲蓍说》一卷、《十三经音汇》十三卷、《唐人经说钩沈》二卷、《后汉记误字校》一卷、《三辅决录逸文考》一卷、《会稽典录逸文》一卷、《会稽先贤传逸文》附《王隐晋逸文》一卷、《灵素志疑》二卷、《甲乙经辑注》十二卷、《王叔和脉经校讹》一卷、《金匮要略脱简》附《尚友纪闻》三卷、《大苏诗文钞》二卷等。存稿外皆未刻。辛酉之乱，书颇散佚。

④ 转引郑伟章著：《文献家通考》卷十《王宗炎》，中华书局1999年版，第528—529页。

⑤ （清）丁丙撰：《善本书室藏书志》卷十二《会稽三赋》，见《续修四库全书》编纂委员会、复旦大学图书馆古籍部编：《续修四库全书》第927册，上海古籍出版社2003年版，第300页。

⑥ （清）丁丙撰：《善本书室藏书志》卷三十四《经济文集》，见《续修四库全书》编纂委员会、复旦大学图书馆古籍部编：《续修四库全书》第927册，上海古籍出版社2003年版，第567页。

⑦ （清）丁丙撰：《善本书室藏书志》卷三十九《石门洪觉范天厨禁脔》，见《续修四库全书》编纂委员会、复旦大学图书馆古籍部编：《续修四库全书》第927册，上海古籍出版社2003年版，第659页。

⑧ （清）丁丙撰：《善本书室藏书志》卷五《新刻广雅》，见《续修四库全书》编纂委员会、复旦大学图书馆古籍部编：《续修四库全书》第927册，上海古籍出版社2003年版，第216页。

⑨ （清）丁丙撰：《善本书室藏书志》卷九《绍兴十八年同年小录》，见《续修四库全书》编纂委员会、复旦大学图书馆古籍部编：《续修四库全书》第927册，上海古籍出版社2003年版，第268页。

⑩ 按：洪朋（1060—1104），字龟父，号清非居士，江西南昌人，与兄弟洪刍、洪炎、洪羽四人合称“豫章四洪”，为江西派诗人。黄庭坚之甥，曾向山谷学习诗法，举郡试第一，两举进士不第，终生不仕。黄山谷说：“龟父笔力可扛鼎，不无文字垂世，力学有暇，更精读千卷书，乃可毕兹能事。”《宋史翼》卷二七有传。清代据《永乐大典》辑为《洪龟父集》二卷。

⑪ （清）丁丙撰：《善本书室藏书志》卷二十八《洪龟父集》，见《续修四库全书》编纂委员会、复旦大学图书馆古籍部编：《续修四库全书》第927册，上海古籍出版社2003年版，第491页。

⑫ （清）丁丙撰：《善本书室藏书志》卷二十九《陵阳先生集》，见《续修四库全书》编纂委员会、复旦大学图书馆古籍部编：《续修四库全书》第927册，上海古籍出版社2003年版，第498页。

⑬ （清）丁丙撰：《善本书室藏书志》卷二十九《侍郎葛公归愚集》，见《续修四库全书》编纂委员会、复旦大学图书馆古籍部编：《续修四库全书》第927册，上海古籍出版社2003年版，第501页。

⑭ （清）丁丙撰：《善本书室藏书志》卷三十《格斋先生三松集》，见《续修四库全书》编纂委员会、复旦大学图书馆古籍部编：《续修四库全书》第927册，上海古籍出版社2003年版，第511页。

沧洲先生集》五卷[①]，张适《甘白先生张子宜诗集》六卷、文集五卷[②]，王氏书散后多归丁氏所得。

傅增湘也藏其钞本多种，傅氏集云："《靖康要录》十六卷，清萧山王氏万卷楼写本，竹纸蓝格，十二行二十字全书。以朱笔校过，各卷末有校书年月朱笔一行。……余以纸格及字迹考之，决为王宗炎手笔也。余别有跋详之。"[③]"《松漠纪闻》一卷、《补遗》一卷，宋洪皓撰。旧写本，蓝格，有清王宗炎跋，录后：'此系明嘉靖中顾元庆以宋本重雕于大石山房者，乃是足本，古今逸史所刊削去大半，非完书也，宗炎记。'钤有'萧山王氏万卷楼藏书印'。卷中朱笔校过，疑是宗炎笔。"[④]"《经锄堂杂志》八卷，宋倪思撰，存一至四卷。清王宗炎十万卷楼钞本，十一行二十字。"[⑤]影宋钞本《播芳大全文粹》一百二十六卷，有朱氏笔题"王宗炎校"四字，跋云：王氏"藏书甚富，与同邑湖海楼陈氏相埒。……百卷巨编，流传至百年之久，触手如新，宁不足珍乎"[⑥]？傅增湘还藏有王氏钞本《松漠纪闻》《吴中旧事》《吴中纪闻》三种，有"萧山王氏十万卷楼藏书"朱印，末有王宗炎手跋[⑦]。李盛铎《木犀轩藏书题记及书录》卷二地理类著录王氏钞本并校跋的《剡录》十一卷，卷四别集类著录王氏所藏明刊本《槎翁文集》十八卷。

藏书处名为十万卷楼、小学楼。

其藏书多钤有王宗炎、王宗炎所得书、王宗炎所见书、王宗炎手记、宗炎校读、宗炎图书、南阳善人里、王氏藏书之印、十万卷楼藏书、萧山王氏十万卷楼藏书记、十万卷楼钞本、小学楼、湖东不住住湖西等印。

王端履（1776—？）　王宗炎子。字太伯，一字福将、子临，号礼堂，又号小谷，世居萧山西河里，后迁居城南苏家潭。端履"恂恂德行，博通书传，嘉庆庚子举于乡"[⑧]，"乾隆癸丑进士，官至福建巡抚，兼闽浙总督"[⑨]。李慈铭记曰："小谷字子临，嘉庆甲戌庶吉士，告归，遂不出。其父谷人先生宗炎，乾隆庚子进士，未授官而归，藏书甚富，号十万卷楼，校勘极精……小谷濡染家学，又受业于其族父南陔中丞，早岁

---

① （清）丁丙撰：《善本书室藏书志》卷三十二《宋贞士罗沧洲先生集》，见《续修四库全书》编纂委员会、复旦大学图书馆古籍部编：《续修四库全书》第927册，上海古籍出版社2003年版，第544页。

② （清）丁丙撰：《善本书室藏书志》卷三十五《甘白先生张子宜诗集》，见《续修四库全书》编纂委员会、复旦大学图书馆古籍部编：《续修四库全书》第927册，上海古籍出版社2003年版，第588页。

③ 傅增湘撰：《藏园群书经眼录》卷三《史部一》，中华书局1983年版，第254页。

④ 傅增湘撰：《藏园群书经眼录》卷四《史部二》，中华书局1983年版，第295—296页。

⑤ 傅增湘撰：《藏园群书经眼录》卷八《子部二》，中华书局1983年版，第702页。

⑥ 傅增湘撰：《藏园群书题记》卷十九《集部九》，上海古籍出版社1989年版，第959页。

⑦ 傅增湘撰：《藏园群书题记》卷二《史部一》，上海古籍出版社1989年版，第115—116页。

⑧ 南开大学地方文献研究室、杭州市萧山区人民政府地方志办公室：《萧山县志稿》卷十八《人物五·汪继培》，南开大学出版社2010年版，第660页。

⑨ （清）潘衍桐编纂，夏勇、熊湘整理：《两浙輶轩续录》卷十六《王绍兰》，第4册，浙江古籍出版社2014年版，第987页。

归田,见闻颇广。"[①]"平居乡里,有大工役,辄输粟为之先。精许郑训诂之学,于经传疑滞多所条释。又精韵学,既耆老学不倦。著有《重论文斋笔录》十二卷、《明鼎盛甲分县备考》若干卷。"[②]潘衍桐《两浙輶轩续录》卷二十八有其传。

阮元称:"王进士宗炎,越中第一学人也。其弟绍兰文学并茂,为朱石君师所赏,其学实出于宗炎。宗炎子端履颇传家学,熟于经疏,有诗才。"[③]王端履承其家学,亦好藏书,除承继其父十万卷楼藏书外,多有增益。"奉父宗炎命,乞假归,不复出。事亲课子,隐居三十年,不交当世。俦侣多显贵,宦浙者亦不通书问。家有书十万卷。"[④]如"《河南穆先生文集》三卷,宋穆修撰,附录一卷,抄本[清光绪三十一年(1905)德化李氏木犀轩抄本《李木斋过录汪苏潭校文及王端履跋》]……末有'端履手抄'朱文方印。铎手录此跋并模王氏印志"[⑤]。"《剡录》十一卷,宋高似孙撰,黑格抄本(清抄本《王宗炎校跋》),旧人朱笔点校。末跋云:'右《剡录》十一卷,从鲍氏知不足斋本抄出,壬戌(嘉庆七年、1802)二月校阅一过,脱误不可读,当得善本校正之。是月十六日灯下,王端履记。是夕月蚀。'前有'萧山王氏十万卷楼藏书'朱文方印"[⑥]。明刊配钞本《诗经疏义会通》二十卷、钞本《济南集》八卷。

除继承其父藏书处十万卷楼、小学楼,还有藏书处重论文斋。"重论文斋,旧名悦我轩。平屋三楹,前绕花木,后俯清池,为先君晚闻公读书之处。端履幼亦肄业其中。后遭家难,鹊巢久被鸠居。嘉庆丙寅,始复故业。先君子爰易今名以志感。"[⑦]

藏书印有十万卷楼藏书、小谷、端履、端履图书、萧山王氏十万卷楼藏书、端履字福将号小谷、端履手钞、萧山王端履年四十岁后所见书、嘉庆甲戌进士官翰林院庶吉士、小学楼、重论文斋珍藏、昔者吾友尝从事于斯矣、惟丙申吾以降等。

(四十一)王绍兰

王绍兰(1760—1835)　字南陔,号畹馨,晚年自号思惟居士,世居萧山县西河里,后迁居城南苏家潭。宗炎从弟,端履从叔。清"乾隆癸丑进士,官至福建巡抚,兼

---

① (清)李慈铭著,由云龙辑:《越缦堂读书记》十一《综合参考·重论文斋笔录》,中华书局1963年版,第1208页。

② 南开大学地方文献研究室、杭州市萧山区人民政府地方志办公室:《萧山县志稿》卷十八《人物五·王端履》,南开大学出版社2010年版,第660页。

③ (清)阮元《定香亭笔谈》卷二,见《续修四库全书》编纂委员会、复旦大学图书馆古籍部编:《续修四库全书》之《子部·小说家类》,第1138册,上海古籍出版社2003年版,第493—494页。

④ 南开大学地方文献研究室、杭州市萧山区人民政府地方志办公室:《萧山县志稿》卷十八《人物五·王端履》,南开大学出版社2010年版,第660页。

⑤ 李盛铎《木樨轩藏书书录》卷四《集部·〈河南穆先生〉三卷》,见李盛铎著,张玉范整理:《木樨轩藏书题记及书录》,北京大学出版社1985年版,第277页。

⑥ 李盛铎《木樨轩藏书书录》卷二《史部·地理类·〈剡录〉十一卷》,见李盛铎著,张玉范整理:《木樨轩藏书题记及书录》,北京大学出版社1985年版,第277页。

⑦ (清)王端履辑:《重论文斋笔录》卷一,见《续修四库全书》编纂委员会、复旦大学图书馆古籍部编:《续修四库全书》第1262册,上海古籍出版社2003年版,第510页。

闽浙总督”[①],后以事罢官。王绍兰“少嗜学,究经史大义。去官后,一意著述,以许慎、郑康成为宗,于《仪礼》《说文》致力尤深,著书皆可传”[②]。“晚岁成书至二十六种,有《国朝八十一家三礼集义》四十二卷、《仪礼图》十七卷、《说文集注》一百二十四卷、《袁宏后汉记补证》三十卷,皆褒然巨帙,惜未行于世。其见刊本者,《周人经说》四卷、《王氏经说》六卷、《说文段订补》十四卷、《管子地员篇注》《汉书地理志注》各若干卷。又有《许郑学庐文集》”[③]。李慈铭亦叹曰:“所惜南陔中丞著书至二十六种,其中《国朝八十一家三礼集义》四十二卷、《仪礼图》十七卷、《说文集注》一百二十四卷、《袁宏后汉记补证》三十卷,皆褒然宏。闻其《仪礼》《说文》两书。尤一生心力所萃。其子曼寿亦传家学,著书八九种,俱以家贫未及刻。今经乱后,当已无有存者,可叹也!”[④]今上海图书馆藏有王绍兰残存杂稿《王南陔先生杂记》二册。《清史稿》卷三百五十九《列传一百四十六》有其传。

王绍兰“先生生平学务精博,无所不窥,著述多至数十种,积书百卷”[⑤]。藏书充栋盈车,其藏书处曰知足知不足馆,收藏之富与从兄王宗炎十万卷楼相埒。李慈铭云:王君“南陔穷心汉学,自闽归后,颜其斋曰许郑学庐”[⑥]。“生平学务渊博,无所不窥,精小学,为萧山藏书之大家。收藏之富,与其兄宗炎十万卷楼、陈氏湖海楼、陆氏寓赏斋同时著称于世”[⑦]。《槎翁文集》有王宗炎跋云:“嘉庆庚午二月十三日吴县钮树玉匪石同顾千里来访南陔家弟,淹留十日,谈谯极欢,见赠此书。因题其后以志良友之惠。晚闻居士识。下有‘湖东不住住西湖’白文长园印。”[⑧]“所藏有《诚斋文脍前集》十二卷,颇罕见。”[⑨]

家有藏书处名知足知不足馆、许郑学庐。

藏书印有绍兰寓目、知足知不足馆主人王绍兰记见等。

(四十二)韩文绮

韩文绮(生卒年不详)　字蔚林,号三桥,亦作山桥,浙江仁和人。乾隆五十一年

---

① (清)潘衍桐编纂,夏勇、熊湘整理:《两浙輶轩续录》卷十六《王绍兰》,第4册,浙江古籍出版社2014年版,第987页。

② 赵尔巽等撰:《清史稿》卷三百五十九《列传一百四十六·王绍兰传》,第37册,中华书局1977年版,第11362页。

③ 徐世昌等编著:《清儒学案》卷一百十六《王先生绍兰》,第7册,中华书局2008年版,第4602页。

④ (清)李慈铭著,由云龙辑:《越缦堂读书记》八《文学·晚闻居士遗集》,中华书局1963年版,第811页。

⑤ (清)潘衍桐编纂,夏勇、熊湘整理:《两浙輶轩续录》卷十六《王绍兰》,第4册,浙江古籍出版社2014年版,第987页。

⑥ (清)李慈铭著,由云龙辑:《越缦堂读书记》八《文学·晚闻居士遗集》,中华书局1963年版,第811页。

⑦ 郑伟章著:《文献家通考》卷十《王绍兰》,中华书局1999年版,第542页。引《文澜学报》第二卷第三、四合期。

⑧ 李盛铎著,张玉范整理:《木樨轩藏书题记及书录》卷四《集部·〈槎翁文集〉十八卷》,北京大学出版社1985年版,第326页。

⑨ 郑伟章著:《文献家通考》卷十《王绍兰》,中华书局1999年版,第543页。

(1786)丙午解元,“乾隆六十年进士,以部属用签分刑部。嘉庆二年,补主事。三年,充顺天乡试同考官。五年,丁父忧。八年,服阕补原官。九年,升员外郎。十年,充会试同考官,旋升郎中”①,历官直隶永平府知府,广东、贵州及四川按察使,升江西布政使,擢升刑部右侍郎,官至“左副都御史,以疾请退,悠然林下”②。仪征阮文达撰墓志铭,称宦迹,多著祥刑,“其治狱矜慎,得情法之平”③。著有《韩大中丞奏议》十二卷。生平事迹参见阮元《皇清诰授资政大夫晋封光禄大夫都察院左都御史前刑部左侍郎加二级仁和韩公墓志铭》。

韩文绮“好聚书,筑玉雨堂以储之”④。俞樾《武林藏书录》题辞云:“遥遥书藏访钱家,下逮瓶花兼玉雨。”所提“玉雨”指杭州玉雨堂,为当年韩文绮所建,俞樾将其与杭城著名藏书楼吴焯“瓶花斋”并列,足见其声望。韩氏藏书后由其孙韩泰华递藏。

其孙韩泰华⑤,字小亭,道光时由兵部郎中历官陕西粮储道,晚年侨寓金陵,著有《金石录》《无事为福斋笔谈》。其妻沈茉,字梦蘅,嘉兴人。沈曾植从姑。清末女诗人,著有《小停云馆诗稿》,上海图书馆有藏。泰华有祖之风,“公余搜访金石,忘其为风尘中吏也。又访求元朝各家之文,收罗十余年,得百数十家,半系传抄精本,或《四库》所无,而元刊尚在者,为元文选,以十家为一集”⑥。其所藏宋本《金石录》十卷为惊人秘籍,韩泰华尝言:“《金石录》,明以来多传抄,惟雅雨堂刻之。阮文达有宋椠本十卷,即《读书敏求记》所载者。文达自抚浙至入阁,恒携以自随……一日,书贾来售,惊喜欲狂。古香古色,真可宝贵。余得之,亦刻‘金石录十卷人家’小印。”⑦此宋椠本《金石录》为残本,清末辗转流传诸家之手,皆奉为至宝。据《清稗类钞》载:韩泰华,“尝官潼关道,晚年侨居江宁,筑玉雨堂以藏书,有元人集百余种,皆传抄精本,或《四库》所无而元刊仅存者。尝欲集元选以十家作一集,道光庚戌,首集成,即毁于兵”⑧。可见韩氏祖孙藏书的版本质量亦甚高。

韩泰华有书室名无事为福斋,藏书处为玉雨堂。玉雨堂筑于江宁,并非韩泰华始建,韩泰华由四川观察史罢居江宁后,承袭祖父藏书传统,致力于发扬光大祖业,

① (清)韩文绮《韩大中丞奏议》附录《列传》,见《续修四库全书》编纂委员会、复旦大学图书馆古籍部编:《续修四库全书》第498册,上海古籍出版社2003年版,第487—488页。

② (清)丁申著:《武林藏书录》卷下《玉雨堂》,古典文学出版社1957年版,第83页。

③ (清)丁申著:《武林藏书录》卷下《玉雨堂》,古典文学出版社1957年版,第83页。

④ (清)丁申著:《武林藏书录》卷下《玉雨堂》,古典文学出版社1957年版,第83页。

⑤ 按:其父韩绶章(1785—1827),字柯亭,号仰完。韩文绮次子,沈宗涵岳翁。嘉庆二十三年(1818)举人。候选知县,议叙主事。

⑥ (清)丁申著:《武林藏书录》卷下《玉雨堂》,古典文学出版社1957年版,第83页。

⑦ (清)韩泰华撰:《无事为福斋随笔》卷上,见《续修四库全书》编纂委员会、复旦大学图书馆古籍部编:《续修四库全书》第1181册,上海古籍出版社2003年版,第16页。

⑧ 徐珂编撰:《清稗类钞·鉴赏类·韩泰华藏书于玉雨堂》,第9册,中华书局1986年版,第4275—4276页。

复建玉雨堂藏书楼。潘承弼《著砚楼书跋》云，尝得玉雨堂韩氏所藏《华阴题名》四册，又有其明嘉靖本《钤山堂集》[①]。韩泰华称："陶谷在仪凤门内，为陶贞白隐居之所。有六朝梅，夭矫不群，匝地如古松，梅实迥异寻常，中有落梅山房。余借自张子春司马句留半载楼三楹，藏宋刻书数十厨。外为园，古木时花，牡丹最盛，亭台楼榭，各有命名。余偕内子梦蘅女史，竟日填词赋诗，长夏门外绿阴如洗，不知有红尘十丈也。"[②]韩泰华在侨居南京所贮藏书，一部分来自于祖父的旧藏，另一部分书籍为自己购藏则是明确的。

其藏书处曰玉雨堂、无事为福斋、金石录十卷人家斋。

韩氏祖孙藏书印有玉雨堂、玉雨堂印、韩氏藏书、泰华、韩泰华印、韩印泰华、小亭、小亭鉴定、小亭秘玩、小亭眼福、魏公后裔、金石录十卷人家等。

(四十三)汤金钊

汤金钊(1772—1856)　字敦甫，一字勖兹，萧山人。"乾隆五十九年，举省试第一。嘉庆四年进士，选庶吉士，授编修。朝贵争罗致之，谢不往，而时时徙习从大兴朱文正公游，请业督过，如古贤相为师友。十三年，入直上书房。母忧。服阕，迁侍讲，嗜学湖南。累迁祭酒、詹事、内阁学士"[③]，"官至吏部尚书、协办大学士，重宴鹿鸣，加太子太保。谥文端"[④]。汤金钊"历三朝，周历五部侍郎，再长风宪，历吏、户、礼、工四部尚书，典江南乡试者三，顺天乡试者一，提督学政者再，总裁会试者再，总裁武会试者一，知贡举者一，署掌院学士者三，教习庶吉士者三，命留京办事者四，奉命释奠文庙者三，其他朝考殿试与教阅者不可胜数"[⑤]。宦海浮沉四十余年。上疏反对增赋，主张疏浚运河，革除州县陋规，议订禁烟条例，是封建时代的"诤臣"。著有《寸心知室存稿》。生平事迹参见鲁一同《诰授光禄大夫太子太保衔头品顶戴致仕光禄寺卿汤文端公神道碑》、《清史稿》三百六十四《列传一百五十一·汤金钊传》、《清史列传》卷四十一《汤金钊传》。

汤金钊嗜读书，雅好藏书，昭梿云："汤敦甫金钊，浙江萧山人。成己未进士。出朱文正公门，公甚器之。敦甫性质朴，悃愊无华，不修边幅。在词林时，寓光明殿左廊，广授童蒙，无异冬烘。任祭酒时，尚居地安门外文昌宫，无安宅也。尝刊《文昌化书》《阴骘文》等书，劝人一如文正之学。视学江南时，仆从惟数人，公自司课卷。暇

---

① 参见郑伟章著：《文献家通考》卷十五《韩泰华》，中华书局1999年版，第859页。

② (清)韩泰华撰：《无事为福斋随笔》卷下，见《续修四库全书》编纂委员会、复旦大学图书馆古籍部编：《续修四库全书》第1181册，上海古籍出版社2003年版，第16页。

③ (清)李元度著，易孟醇点校：《国朝先正事略》卷二十四《名臣·汤文端事略》，岳麓书社1991年版，第706—707页。

④ 徐世昌辑：《晚晴簃诗汇》卷一百十四《汤金钊》，见《续修四库全书》编纂委员会、复旦大学图书馆古籍部编：《续修四库全书》第1631册，上海古籍出版社2003年版，第503页。

⑤ (清)李元度著，易孟醇点校：《国朝先正事略记》卷二十四《名臣·汤文端事略》，岳麓书社1991年版，第706—707页。

日携书卷至江阴君山上，诵读终日，自笑曰：‘此亦可谓玩物丧志矣。’今洊至少司农，俭素犹如故也。”[①]尝登天一阁为范生桂龄兄弟题册：“夙仰范司马，宝书贻子孙。朅来高阁上，不散古香存。贤哲多能读，丹铅好细论。殷勤堂构意，况荷赐题恩。”[②]

有藏书印臣汤金钊、敦甫、大学士章等。

（四十四）钱福林

钱福林（1762—1828）　后改名林，字东生，一字雅叔，号金粟，浙江仁和人。清“嘉庆十三年进士，由编修至侍读学士，左迁庶子”[③]。钱林“学问淹博，于书无所不览，每执笔，文不加点，如宿构然。阮文达督浙学时，叹为此邦翘楚。熟于汉、唐注疏，及近时经生家言。于《史记》诵尤博，论辽、元兵制，皆史志所阙。及官翰林，充国史馆总纂，于名臣言行及河漕、盐榷、仓储、平粜、海运、采买、灾赈、铜政、钱法、地丁、杂说诸大端，靡弗详究。不喜结纳，每夙兴在丑寅之交，炳烛读书，随即著录，无间寒暑。所辑当代名流纪事凡十一册，廿余年来，未成书也。生前以稿付汪孟慈，久之，王菽原索得，始为编刊，题曰《文献征存录》。诗集写定三十卷，将殁，以诒春海，今所存者，《玉山草堂集》十二卷，《续集》五卷”[④]。阮元赞曰：“金粟综览经籍，兼工词翰。下笔机速，刻晷可待。华宝并茂之士，此为翘楚。”[⑤]生平事迹参见汪喜孙《钱学士墓表》、《清史列传》卷七十三《钱林传》、《民国杭州府志》卷一百四十六《文苑三·钱林传》。

钱林喜聚书，“幼时兄弟析居，惟取书数簏而已”[⑥]。旧钞本《陆桴亭诗集》十卷，明太仓陆世仪撰，“有‘武肃世家’‘兰陵玉雨山房’‘钱林之印’‘武肃三十六世裔’诸印”[⑦]。清光绪八年（1882）钱福林抄本《针家要旨》不分卷，现藏于陕西中医学院图书馆。

藏书印有钱林之印、武肃后三十六世裔、武肃世家、兰陵玉雨山房等[⑧]。

（四十五）屠　倬

屠　倬（1781—1828）　“字孟昭，号琴坞，又号潜园，钱塘人。嘉庆戊辰进士，官

---

① （清）昭梿撰，何英芳点校：《啸亭杂录·续集》卷四《汤敦甫》，中华书局1980年版，第500页。

② 骆兆平编纂：《天一阁藏书史志》六《艺文志》，上海古籍出版社2005年版，第304页。

③ 赵尔巽等撰：《清史稿》卷四百八十五《列传第二百七十二·钱林传》，第44册，中华书局1977年版，第13397页。

④ 徐世昌等编著：《清儒学案》卷一百四十六《春海学案·钱先生林》，第6册，中华书局2008年版，第5707—5708页。

⑤ （清）潘衍桐编纂，夏勇、熊湘整理：《两浙輶轩续录》卷二十五《钱林》，第7册，浙江古籍出版社2014年版，第1686页。

⑥ （清）汪喜孙《钱学士墓表》，见闵尔昌录：《碑传集补》卷八，台湾文海出版社1980年版，第532页。

⑦ 北京图书馆出版社古籍影印室编：《明清以来公藏书目汇刊》第三十六册《江苏省立国学图书馆图书总目》卷三十四《明代之属四·诗》，北京图书馆出版社2008年版，第458页。

⑧ 蒋复璁《两浙藏书家印章考》，见殷梦霞，李强选编：《民国文献资料丛编·近代学报汇刊》第124册《文澜报第三卷第一期》，国家图书馆出版社2012年版，第639页。

江西袁州知府。著《是程堂集》"。"嘉庆戊辰进士,由庶常改知仪征县。廉明勤慎,与礼教,惩豪强,士习民风,蒸然丕变,以人才为循吏,论者为陆玉屏后一人"①。"道光元年,擢知江西袁州府,而倬先以疾乞休,遂不复出。"②任仪征知县期间,因当地无桑树,作《种桑诗》,劝民种植;还买棉花籽给民播种,促进了当地经济的发展。屠倬工诗古文,"诗与查梅史揆、郭频伽麐齐名"③。马履泰云:"昔见孟昭于京师,知其能诗。然彼方锐意于画,缥囊钿轴,沦溟欣赏。后出宰真州,阅其诗卷,多萧疏澹之趣,非其胸襟之高旷欤?"④又旁通书画、金石、篆刻,造诣无不精深。篆、楷、隶、行,都有绝妙之誉。著《是程堂集》。生平事迹参见《清史列传》卷七十三《屠倬传》。

屠倬雅好藏书,台湾"中央图书馆"藏钞本《诚意伯刘先生文集》,钤有"屠倬孟昭父印""屠孟昭""琴坞旧庐"等印;旧钞本《翰林珠玉》六卷,收藏有"屠倬之印"白文、"琴坞"朱文两方印⑤。

藏书室名曰是程堂、小檀栾室。

藏印有屠倬之印、先民是程、屠倬孟昭印章、小檀栾室、琴坞、潜园、孟昭父、旧史氏等。

(四十六)吴乙照兄弟进士

吴乙照(1775—1839)　字然青,号子校,海宁新仓人。吴"衡照弟。嘉庆丁卯举人"⑥,"嘉庆戊辰进士,官山东福山知县。乙照官福山知县,至之日,值岁饥且疫,施棺给药,发仓以振,故多盗,禽治尤桀黠者,城东河堤圮,捐廉重修。涖事逾年,称良吏。以母老乞归,遂不出。熟精周秦诸子,校录多精审"⑦,著有《经史质疑录》《庸言录》《医测》《晦园杂记》《晦园全集》《见山庐集》等,《晚晴簃诗汇》卷一百二十一有其传。

其父吴霦、叔父吴骞⑧皆好藏书,《海昌备志》称:吴骞"笃嗜典籍,遇善本倾囊购

---

① (清)法式善著,张寅彭,强迪艺编校:《梧门诗话合校》卷九,凤凰出版社2005年版,第286页。

② (清)陈璚修,(清)王棻纂;屈映光续修,陆懋勋续纂;齐耀珊重修,吴庆坻重纂:《民国杭州府志(三)》卷一百三十七《仕积六·屠倬》,见《中国地方志集成·浙江府县志辑》(3),江苏古籍出版社1991年版,第326页。

③ (清)法式善著,张寅彭,强迪艺编校:《梧门诗话合校》卷九,凤凰出版社2005年版,第286页。

④ (清)潘衍桐编纂,夏勇、熊湘整理:《两浙輶轩续录》卷二十五《屠倬》,第7册,浙江古籍出版社2014年版,第1678页。

⑤ (清)缪荃孙著,黄明、杨同甫标点:《艺风藏书记》卷七,上海古籍出版社2007年版,第170页。

⑥ (清)李圭修,(清)许传霈纂;刘蔚仁续修,朱锡恩续纂:《民国海宁州志稿》卷二十八《人物志循吏·吴乙照》,见上海书店出版社编:《中国地方志集成·浙江府县志辑》(22),上海书店出版社2011年版,第834页。

⑦ (清)潘衍桐编纂,夏勇、熊湘整理:《两浙輶轩续录》卷二十五《吴乙照》,第3册,浙江古籍出版社2014年版,第1689页。

⑧ 按:吴霦(1721—1791),字西台,号拙巢。好藏书,藏书处为赐锦堂,著《拙巢先生遗稿》一卷。吴骞(1733—1813),字槎客,一字葵里,又作字揆礼,号兔床山人,又号愚谷,晚署齐云采药翁、沧江漫叟、桐溪旅人,海宁长平乡人,居尖山之阳新仓里小桐溪。吴骞是清乾嘉间与黄丕烈、陈鳣、鲍廷博齐名之藏书大家。

之弗惜，所得不下五万卷，筑拜经楼藏之。晨夕坐楼中展诵摩挲，非同志不得登也”①。吴乙照受其家庭影响，雅好藏书，书室名曰见山庐。《海宁州志稿》载：乙照“生平熟于周秦诸子，求善本校录，世服其精。尤嗜陶诗及王孟韦柳四家，故所作时与之近。晚岁通岐黄术，亲族中无力延医者，必诊治不厌倦。弟春照亦通岐黄家，言精雠校”②。

吴衡照（1771—1829）　吴乙照兄。字夏治，号子律，自称“辛卯生”，海宁人，寓居仁和。“嘉庆辛未进士，官金华教授”③。善诗文，尤工填词，精熟倚声按谱之学。著《莲子居词话》、《辛卯生诗》四卷于世。徐世昌《晚晴簃诗汇》卷一百二十五有其传。

吴衡照天性淡泊，家居孝养，学而不仕，以藏书及诗词自娱，藏书处为莲子居。吴应和云：子律“成进士后，谒选得金华教授。坐万山中，日手一编，消磨壮志，绝去标榜结纳之习。世事纷华，仕途显赫，都不挂眼，惟尽心于文字间，以就必传之业，其志可谓笃矣”④。许宗彦云：“海宁吴君子律以名进士里居著述，辑《莲子居词话》四卷，于前哲及近人论次略备，持论尤雅。间有考订古韵，辨证轶事，无不精审详当。学者之津梁，谭者之园囿也。少寇昔撰《续词综》，于海内词家，收采靡遗。吾郡陈君銮《本事词》，道古宏富。子律此书，则兼而有之矣，余素稔子律博雅名，今观其书益信。嘉庆二十三年春正月德清许宗彦序。”⑤屠倬亦云：“吾友吴君子律深于词，撰《词话》十卷，其中有校正词律伪缺之处，有考订词韵分并之处，有评定词家优劣之处，有折衷古今论词异同之处。至于博征明辨，搜罗散佚，信足为词苑有功之书。间有遗闻轶事，偶记一二，不必尽有关乎词，要其所列皆词人也。此亦温公诗话载梅尧臣一条之例。读既竟，知子律于此事用力勤矣。”⑥从学者许宗彦及屠倬序文中，推测吴衡照藏书亦甚富，主要为诗词类藏书。因文献鲜有记载吴衡照之故实，惜今亦无考其藏书流布。

（四十七）赵　钺

赵　钺（生卒年不详）　原名春沂，后更名钺，“雩门，仁和人。嘉庆十六年进

---

① （清）吴骞著，张昊苏，杨洪升整理：《吴兔床日记》附录，凤凰出版社2015年版，第266页。

② （清）李圭修，（清）许传霈纂；刘蔚仁续修，朱锡恩续纂：《民国海宁州志稿》卷二十八《人物志循吏·吴乙照》，见上海书店出版社编：《中国地方志集成·浙江府县志辑》(22)，上海书店出版社2011年版，第834页。

③ （清）潘衍桐编纂，夏勇、熊湘整理：《两浙輶轩续录》卷二十七《吴衡照》，第7册，浙江古籍出版社2014年版，第1854页。

④ （清）潘衍桐编纂，夏勇、熊湘整理：《两浙輶轩续录》卷二十七《吴衡照》，第7册，浙江古籍出版社2014年版，第1854页。

⑤ （清）吴衡照撰：《莲子居词话》卷首《许宗彦·莲子居词话序》，见《续修四库全书》编纂委员会、复旦大学图书馆古籍部编：《续修四库全书》第1734册，上海古籍出版社2003年版，第1页。

⑥ （清）吴衡照撰：《莲子居词话》卷首《屠倬·莲子居词话序》，见《续修四库全书》编纂委员会、复旦大学图书馆古籍部编：《续修四库全书》第1734册，上海古籍出版社2003年版，第2页。

士，改庶吉士，散馆以知县发江苏，官泰州知州”[①]。“幼嗜学，于濂、洛、关、闽之书，尤能探奥赜。为政征忧柔之失，一意严明，后引疾去”[②]。主茗南书院，著有《国朝谥法考》传于世。潘衍桐《两浙輶轩续录》卷二十七有其传。

赵钺喜藏书，“家富收藏。以尝得明赵忠毅铁如意，疾棘时贻谢卜堂，云欲神物得所云”[③]。孙氏仿宋椠本《景定建康志》五十卷，“卷首有‘赵氏种芸馆藏书印’朱文方印、‘赵氏家藏本’朱文长印”[④]。明正德刻本《阙里志》十三卷，有其藏书印，今藏中国国家图书馆。乾隆五十年（1794）孔广廉刊本《大戴礼记补注》十三卷《叙录》一卷，清赵春沂校跋并录卢文弨、孙志祖、丁杰、王念孙、阮元、严元照校，清丁丙跋，有“赵春沂校”“雩门校过”“醉经楼赵氏家藏”“赵氏种芸仙馆藏书”印[⑤]；《司马法》一卷，莫友芝云：“赵雩门有合诸书校刊本。”[⑥]

藏书处名醉经楼、种芸仙馆等。

藏印有赵春沂校、雩门校过、醉经楼赵氏家藏、赵氏种芸仙馆藏书等[⑦]。

（四十八）榜眼许乃普

许乃普（1787—1866）　字季鸿，一字经崖，号滇生，别署观弈道人，钱塘人。嘉庆二十五年（1820）庚辰科榜眼。“其先富阳沈氏始祖显荣，与钱塘许氏为戚，恩义綦笃，命其子立承许姓，遂为钱塘人。少善书，以嘉靖十八年拔贡，改小京官，直军机处，二十五年一甲二名进士，授编修。兄乃安、乃济、乃谷，弟乃钊俱先后入翰林，时称五凤。充河南、湖北、山东、顺天考官，督江西、贵州学政，两充会试总裁，所得多魁杰士。入直南书房，以文字结主知”[⑧]，“三迁内阁学士。十八年，擢刑部侍郎，罢直南书房，专治部事。调吏部，又调户部。二十一年，擢兵部尚书。二十五年，坐事镌

① （清）陈璚修，（清）王棻纂；屈映光续修，陆懋勋续纂；齐耀珊重修，吴庆坻重纂：《民国杭州府志（三）》卷一百四十六《文苑三·赵钺》，见《中国地方志集成·浙江府县志辑》（3），江苏古籍出版社 1991 年版，第 491 页。

② 引（清）潘衍桐编纂，夏勇、熊湘整理：《两浙輶轩续录》卷二十七《赵钺》，第 7 册，浙江古籍出版社 2014 年版，第 1853 页。

③ （清）陈璚修，（清）王棻纂；屈映光续修，陆懋勋续纂；齐耀珊重修，吴庆坻重纂：《民国杭州府志（三）》卷一百四十六《文苑三·赵钺》，见《中国地方志集成·浙江府县志辑》（3），江苏古籍出版社 1991 年版，第 491 页。

④ （清）沈德寿撰：《抱经楼藏书志》卷二十五《地理类》，中华书局 1990 年版，第 280 页。

⑤ （清）丁丙撰：《善本书室藏书志》卷二《大戴礼记补注》，见《续修四库全书》编纂委员会、复旦大学图书馆古籍部编：《续修四库全书》第 927 册，上海古籍出版社 2003 年版，第 187—188 页。

⑥ （清）莫友芝撰，傅增湘订补：《藏园订补郘亭知见傅本书目》卷七《子部二·兵家类》，第 2 册，中华书局 2009 年版，第 530 页。

⑦ 汪訚编著：《明清蟫林辑传·赵钺》，中华图书馆协会 1932 年《图书馆学季刊》抽印本，第 155 页。

⑧ （清）陈璚修，（清）王棻纂；屈映光续修，陆懋勋续纂；齐耀珊重修，吴庆坻重纂：《民国杭州府志（三）》卷一百二十六《名臣四》，见《中国地方志集成·浙江府县志辑》（3），江苏古籍出版社 1991 年版，第 154 页。

五级，补太常寺少卿，迁光禄寺卿。三十年，文宗御极，命仍直南书房”①。咸丰二年（1852），授内阁学士，历礼部侍郎、左都御史、工部尚书，累官至吏部尚书。以重疾力肯谢事，遂以尚书、太子太保致仕。卒赐祭葬，谥文恪。许乃普嘉庆、道光、咸丰三朝三迁内阁学士，五度入直南书房，五充经筵讲官。著有《堪喜斋集》。生平事迹参见《清史列传》卷四十七《许乃普传》。

许乃普精校勘，“家多藏书，李滂为编《书目》一卷”②。近代藏书名家诸书目中，均著录其藏书。《苏诗补注》，纪文达批本，有“河间纪昀”“许乃普印”“慎（滇）生”“纪晓岚图书记”“徐氏（慎）‘滇’翁所藏”诸印③。旧写本《圭斋文集》十六卷，钤有“臣许乃普”“滇翁”二印④。莫友芝《郘亭知见传本书目》载其元刊本《笺注陶渊明集》十卷、明刊本《韦江洲集》，两书内均钤其印。王重民《中国善本书提要》集部别集类有其明刻本《集千家注杜工部诗集》二十卷《文集》二卷，又今美国国会图书馆藏明嘉靖刻本《集千家注杜工部诗集二十卷文集二卷》十二册，卷内亦有“许印乃普”“滇生”等印记。清初钞本《吴都文粹续集》五十六卷《补遗》一卷，有“许乃普”“滇生”印，又有许氏手跋⑤。精钞本《毛诗本义》十六卷，“此书是内阁精钞本，道光朝赐南书房翰林许乃普者”，收藏有“臣许乃普”“经筵讲官”“唐栖朱氏结一庐图书记”等印⑥。清厉樊榭钞本《咸丰临安志》一百卷，“附朱彝尊跋。有‘许乃普’‘滇生’‘黄冈刘氏绍炎校书堂藏书记’印。……‘卷后有朱竹垞、厉太鸿两先生识语，益足征此书之可宝，愿吾子孙世世守之勿失。咸丰甲寅长夏，许乃普’”⑦。《陈伯玉文集》十卷附录一卷，清咸丰三年（1853）许乃普校西圃蒋氏钞本，许乃普朱墨笔批校。钤“臣许乃普”“许乃普印”“墨簃珍藏”“西圃蒋氏手校钞本”“滇生所藏”“研樵读过”等印，武汉大学图书馆藏。

藏书处为堪喜斋。李滂曾为之编纂书目一卷，未刊。梁子涵在《中国历代书目总录》中，著录有《许文恪书目》一卷，梁氏慕真轩藏钞本。

藏书印有许印乃普、滇生、许氏滇翁所藏、观弈道人、臣许乃普、滇翁、翰林供奉、乃普、堪喜斋书画印等。

许氏家族多藏书，其家族藏书详情不详，有成员及文献见载于郑伟章《文献

---

① 赵尔巽等撰：《清史稿》卷四百二十一《列传二百八·许乃普传》，第40册，中华书局1977年版，第12153页。

② 项士元撰：《浙江历代藏书家考略》，《文澜学报》第三卷第一期，浙江省立图书馆编印，民国二十六年（1937）三月，第21页。

③ 罗振常撰，汪柏江、方俞明整理：《善本书所见录》卷四《集部》，上海古籍出版社2014年版，第148页。

④ 傅增湘撰：《藏园群书经眼录》卷十五《集部四》，中华书局1983年版，第1338页。

⑤ 王文进撰，柳向春标点：《文禄堂访书记》卷第五，上海古籍出版社2007年版，第379页。

⑥ （清）缪荃孙等撰，吴格整理点校：《嘉业堂藏书志》卷一《经部》，复旦大学出版社1997年版，第140页。

⑦ 王文进撰，柳向春标点：《文禄堂访书记》卷第二，上海古籍出版社2007年版，第125—126页。

家通考》。

(四十九)金应麟父子进士

金应麟(1793—1852)　字亚伯,世居钱塘马市街。其"以举人入赀为中书。道光六年,成进士,授刑部主事,总办秋审,先后从大臣谳狱四川、湖北、山西。累擢郎中,改御史,迁给事中"[①],擢太常寺少卿。"丁忧,服阕,补鸿胪卿,疏各省水师操演诸弊。及为直隶按察,平反甚众。内迁大理少卿,乞假省亲。丁内艰,宦情益淡,日与故交游息湖山。"[②]应麟"少聪颖,读书数行下,赵坦、汪家禧皆引为忘年交。道光六年进士,授刑部主事,擢员外郎,在秋曹六载,尚书庐阴溥、戴敦元皆倚重之。辑《可矜录》为谳庭法,时论以应麟宽恕,失之轻纵"[③]。应麟为官遇事敢言,不避权贵,曾疏请修改刑例,尤以疏劾琦善、吴邦庆,为时人所称道,在当时政界颇有威望。与龚自珍等人常有往来,议论时弊。上《水师操演废弛请饬查究折》《预计度支图》《火器图》《筹海战方略》等,对整顿水师,加强海疆防御献计献策。其"平居博极群书,为文多瑰玮绝特之作。《豸华堂文钞》八卷、《奏议》四卷,已刊行"[④],又有《金氏世德记》等。

金应麟"博极群书,骈文瑰玮"[⑤],喜藏书,所藏宋刊名钞甚多,藏书处称豸华堂。彭兆荪有《豸华堂记》,谓"豸华堂者,明嘉靖时佥事金公对峰罢归武林,卜居别墅也"[⑥]。其曾孙金元达曰:"溯吾族之藏书,发轫于先曾祖亚伯公手。""当时宋刊名钞积储不少。厄咸丰庚申之劫,颇多损失。"[⑦]。

金　修(生卒年不详)　金应麟长子。字少伯,世居钱塘马市街。清"同治十年进士,补起居注主事,兵部员外郎,军机章京,预纂方略,加道衔。久官内阁,博览朝

① 赵尔巽等撰:《清史稿》卷三百七十八《列传一百六十五·金应麟传》,第38册,中华书局1977年版,第11590页。

② (清)潘衍桐编纂,夏勇、熊湘整理:《两浙輶轩续录》卷三十二《王绍兰》,第8册,浙江古籍出版社2014年版,第2360页。

③ (清)陈璚修,(清)王棻纂;屈映光续修,陆懋勋续纂;齐耀珊重修,吴庆坻重纂:《民国杭州府志(三)》卷一百二十六《名臣四》,见《中国地方志集成·浙江府县志辑》(3),江苏古籍出版社1991年版,第155页。

④ (清)潘衍桐编纂,夏勇、熊湘整理:《两浙輶轩续录》卷三十二《王绍兰》,第8册,浙江古籍出版社2014年版,第2360页。

⑤ (清)陈璚修,(清)王棻纂;屈映光续修,陆懋勋续纂;齐耀珊重修,吴庆坻重纂:《民国杭州府志(三)》卷一百二十六《名臣四》,见《中国地方志集成·浙江府县志辑》(3),江苏古籍出版社1991年版,第155页。

⑥ (清)彭兆荪有《豸华堂记》,(清)丁丙著:《武林坊巷志》,第6册,浙江人民出版社1987年版,第277页。

⑦ 金元达编:《杭州金氏豸华堂珍藏珍藏善本图书目录》首附《函售珍藏善本书籍缘起启》,杭州图书馆藏本

章国典,通知天下之务。居官柴立无所唯阿,引疾归。主蕺山书院”①。

金修承其父豸华堂藏书,所藏甚富。与八千卷楼丁氏、丰华堂杨氏游,曾佐藏书,相与探讨。咸丰十年至十一年(1860—1961)太平军入杭,豸华堂藏书损失颇多,金修乃“收拾烬余,捆载去京”,“迨浙江底定,复将在京所购者,一并携以回杭”②,至杭州马市街故宅庋藏,由其子金承朴递藏。承朴县为诸生,精目录学,好藏书,每见善本而力不能致者,则每每向人借抄。金承朴子金元达回忆言:余“夙禀庭训,屹守遗书。幼小即精于目录学,兼通医理,喜蓄刊医籍。生平遇有善本力不能致者,情恳假抄。蹲伏书肆,埋头细阅,虽日影已西,犹恋恋不忍释手。曾佐八千卷楼丁氏、丰华堂杨氏,彼此讨论终朝,不生厌倦。所惜寒家累世清宦,乏力广搜,然数十年以来,吾祖吾父继续储藏,相沿勿替,迄今积有二百余箱,且其中不乏精刊名钞罕见之本”③。

其藏书处仍为豸华堂,有《杭州金氏豸华堂珍藏善本书目》一册。

(五十)戴　熙

戴　熙(1801—1860)　原名邦熙,字醇士,又字孟辛、莼溪,号枪庵、松屏、鹿床居士、井东居士。祖籍安徽休宁双溪,明末徙浙江钱塘(今杭州)。晚清著名画家。曾为官绅世家。嘉庆二十四年(1819)举人,“道光十二年进士,选庶吉士,授编修。大考二等,擢赞善,迁中允。十八年,入直南书房。督广东学政,任满,请终养。二十五年服阕,未补官,复督广东学政,累迁内阁学士。二十八年,授兵部侍郎,仍直南书房”④。后因直言粤事遭贬,道光二十九年(1849)被迫以病乞休。辞官归里,被推为崇文书院山长。咸丰十年(1860)太平天国攻陷杭城,戴投池自尽。“赠尚书衔,建专祠,予骑都尉兼云骑尉世职,谥文节”⑤。著有《习苦斋画絜》《习苦斋诗文集》《集外诗》《杂著》《古泉丛话》等。《清史列传》卷四十一有其传。

戴熙诗书画并有名于时,画尤入神品,其“雅尚绝俗,尤善画。当视学广东,陛辞,宣宗谕曰:‘古人之作画,须行万里路。此行遍历山川,画当益进。’其见重如此。后以直言黜。及殉节,遂益为世重。同时汤贻汾画负盛名,与熙相匹”⑥。清吴庆坻记曰:戴氏曾“为汪蓉坨先生画山水卷,长丈许,题识谓‘蓉坨赠书数种,画此为报’。

① (清)陈璚修,(清)王棻纂;屈映光续修,陆懋勋续纂;齐耀珊重修,吴庆坻重纂:《民国杭州府志(三)》卷一百二十六《名臣四》,见《中国地方志集成·浙江府县志辑》(3),江苏古籍出版社1991年版,第155页。

② 金元达编:《杭州金氏豸华堂珍藏善本书目》首附《函售珍藏善本书籍缘起启》,杭州图书馆藏本。

③ 金元达编:《杭州金氏豸华堂珍藏善本书目》首附《函售珍藏善本书籍缘起启》,杭州图书馆藏本。

④ 赵尔巽等撰:《清史稿》卷三百九十九《列传一百八十六·戴熙传》,第39册,中华书局1977年版,第11816—11817页。

⑤ 赵尔巽等撰:《清史稿》卷三百九十九《列传一百八十六·戴熙传》,第39册,中华书局1977年版,第11818页。

⑥ 赵尔巽等撰:《清史稿》卷三百九十九《列传一百八十六·戴熙传》,第39册,中华书局1977年版,第11818页。

盖晚年最经意之作，后为族侄锡侯所得，携至长沙，一睹名迹。庚戌冬，锡侯权宜章县事，明年秋乱作，仅以身免，此卷不知流落何所?”①

其父道峻(升甫)博学好古，“只字片纸，断金残碣无所不宝……所聚以千计”②，与张廷济、赵之深、徐问渠(楙)等金石书画、藏书家及学者多交往③。据《习苦斋诗集》卷三载：伯父道亨(笠人)亦擅书画，与奚冈为密友，商略画事，往来颇密。

戴熙受家庭影响，好古擅画，并好收藏古籍，亦富藏书。清戴熙手校本群玉书堂本《绝妙好词》七卷，戴熙(鹿床)以项氏群玉堂本为底本校过。卷内有“味经阁戴氏藏”印。该本后归丁丙善本书室，今藏南京图书馆。

藏书室名曰味经阁，又作味经室；另有赐研斋、习苦斋、吉祥止止室等。

藏印有戴熙、醇士、戴、松屏、鹿床、处士家风、醇士诗画、榆庵、何必见戴、井东居士、习苦、吉祥止止室、玉音古雅、三入承明庐、味经阁、井东、茶熟香温、赐研斋、味经阁戴氏藏、翰林供奉、醇士戴熙等④。

(五十一)沈映钤

沈映钤(?—1881)　字辅之，号退庵，钱塘人，居栖霞岭。徐树兰、徐友兰兄弟之外王父。“道光癸巳进士，历官韶州知府”。“退庵官粤东，蒋果敏公以循良特荐。性方鲠，居官廉介。集中《丁巳即事》，足称诗史”⑤。归里后，卜居东城葵巷，不与世接。著《退庵剩稿》。潘衍桐《两浙輶轩续录》卷三十四⑥有其传。

沈氏至映钤时，尤喜藏书和金石书画的购藏，唐宋以来的专集尚余数百种。其《随笔》云：“余家藏书颇富”，“自大父安伯公、春台公俱好购书，凡四库应有之书亦略备，而其中诗文集尤多。及余幼时已散失殆尽，所有唐宋至本朝人专集尚数百种”⑦。“后徐氏藏书散出，多归沈氏。其后人沈知方编有《粹芬阁善本珍藏书目》著录所得徐氏藏书数百种。多为徐氏自抄本”⑧。

沈氏亦刻书，山东省图书馆藏有《易卦变图说》，为清咸丰十年(1860)武林沈映钤刻本。

(五十二)许梿兄弟进士

许　梿(1787—1862)　初名映梿，字叔夏，号珊林，又号乐恬散人、古韵阁主人。

① (清)吴庆坻撰，张文其、刘德麟点校：《蕉廊脞录》卷七《戴熙晚年最经意之作》，中华书局1990年版，第212页。

② (清)张廷济撰：《戴道峻行状》(赵之深书、戴熙手录抄本)，浙江省博物馆有藏。

③ 《皇清文学徐问翁(楙)自撰墓志铭》，见(清)丁丙著：《武林坊巷志》第五册，浙江人民出版社1987年版，第125页。

④ 赵海明著：《碑帖鉴藏》，天津古籍出版社2010年版，第427—428页。

⑤ 徐世昌辑：《晚晴簃诗汇》卷一百三十七《沈映钤》，见《续修四库全书》编纂委员会、复旦大学图书馆古籍部编：《续修四库全书》第1632册，上海古籍出版社2003年版，第213页。

⑥ (清)潘衍桐编纂，夏勇、熊湘整理：《两浙輶轩续录》卷三十四《沈映钤》，第9册，浙江古籍出版社2014年版，第2576页。

⑦ 引郑伟章著：《文献家通考》卷十六，中华书局1999年版，第891页。

⑧ 王河主编：《中国历代藏书家辞典》，同济大学出版社1991年版，第192页。

海宁长安镇人。楣兄。“嘉庆二十四年举优行贡生遂举乡试，中道光十三年进士，直隶知县，未赴，官编修。《国子监金石志》书成，改知州”①，“迁山东平度州。居官廉介，兴革利弊必果锄恶”②。官至江苏粮储道，以吏事精敏、善决疑狱著称。许梿“笃志经术，精治六书，尤精律学”③，工书法，尤善篆隶，书势茂密，与其弟许楣齐名。博通文字学、医学。谭廷献评：“珊林先生儒林大师，以六书名其家者也。”④其所著《说文解字统笺》六十四卷，遭乱散佚。又著有《洗冤录祥义》《古韵阁遗著》《许氏集古印谱》《古韵阁宝刻录》等数十种，编有《六朝文絜》，此书选择精当，流传甚广。

许梿“生而绝慧，读书能推究民物”⑤。又嗜书成癖，所藏甚富。许梿尝自云：“旁搜古籍，而喜读生平未见之书，虽断简残编，人视之如唾余者，吾则宝若拱璧。频年从畿内及白下、金阊、虎林所已楚楚可观，置身环阁。”⑥其藏书多得自北京、南京、苏州、杭州等地。每宦游所至，所见善本，倾囊以购。许梿藏书甚精。今美国国会图书馆藏明嘉靖间刻本《书叙指南》二十卷二册，卷内钤有“海昌许氏古韵阁藏书”“许氏古韵阁印”“许梿”等印记。又据许梿《古韵阁书目》，古韵阁所藏多宋元旧版，如经部有宋咸平刊《古易音训》二卷、《群经音辨》七卷，宋刊元印本《书集传》六卷，元至正本《易裨传》二卷、《周易传义》及附录十四卷、《诗集传音释》二十卷、《周礼详解》四十卷、《春秋集注》十一卷、《春秋左传句解》七十卷，至元刊《春秋比事》二十卷，泰定刊《诗考》一卷等。史部有宋刊《东家杂记》二卷、《方舆胜质》七十卷、《会稽三赋》三卷，元刊《史记》一百三十卷、《隋书》八十五卷、《续宋编年资治通鉴》十五卷、《宋史全文》三十六卷等。此外尚有天一阁钞本、明初本、汲古阁本、闽刊本、内府本、影宋元钞本、旧钞本等。

藏书处为古韵阁、行吾素斋、红竹山馆、红竹草堂、澹吟仙馆、亨金宝石斋、黄武镜斋等。

藏书印有古韵阁、许梿珍赏印、臣梿私印、许氏珊林、珊林手校、古韵阁主人、海昌许氏古韵阁藏书、许氏古韵阁印、许梿、亨金宝石斋主、亨金宝石斋校本、黄武镜

① （清）谭廷献撰：《许府君家传》，见（清）缪荃孙纂录：《续碑传集》卷七十九，沈云龙主编：《近代中国史料丛刊》第九十九辑，（台湾）文海出版社 1973 年影印本。

② （清）陈璚修，（清）王棻纂；屈映光续修，陆懋勋续纂；齐耀珊重修，吴庆坻重纂：《民国杭州府志（三）》卷一百三十七《仕绩六》，见《中国地方志集成·浙江府县志辑》（3），江苏古籍出版社 1991 年版，第 329 页。

③ （清）陈璚修，（清）王棻纂；屈映光续修，陆懋勋续纂；齐耀珊重修，吴庆坻重纂：《民国杭州府志（三）》卷一百三十七《仕绩六》，见《中国地方志集成·浙江府县志辑》（3），江苏古籍出版社 1991 年版，第 329 页。

④ （清）谭廷献撰：《许府君家传》，见（清）缪荃孙纂录：《续碑传集》卷七十九，沈云龙主编：《近代中国史料丛刊》第九十九辑，（台湾）文海出版社 1973 年影印本。

⑤ （清）谭廷献撰：《许府君家传》，见（清）缪荃孙纂录：《续碑传集》卷七十九，沈云龙主编：《近代中国史料丛刊》第九十九辑，（台湾）文海出版社 1973 年影印本。

⑥ （清）许梿《古韵阁书目自序》，引郑伟章著：《文献家通考》卷十三《许梿》，中华书局 1999 年版，第 735 页。

斋、行吾素斋、木连理、许梿真赏等。

编有《古韵阁书目》二卷,清稿本。仅存经、史两部,子集未见。两部约千余种。

许梿为清一代小学名家,有关文字学的藏书尤多,《说文》一门多孤籍。谭廷献《许府君家传》:"府君吏事精敏,然日不废学,洞明古篆源流,研精《说文解字》,以为吾一家之学也。寝馈久,罗致海内已刻、未刻诸书,而以钮树玉、王筠释例,句读为绝诣,纂《说文解字统笺》,巨编高数尺,未写定,寇乱散佚。"[①]叶景葵亦称:"珊林先生遗书甚多,《说文》一门,尤多孤笈。孙耀先年丈与严容孙姑丈,草辑《说文汇纂》皆就许氏书库中取材。景葵曾与校字之役,故知其师承如此。"[②]叶景葵《卷盦札记》记云:"晋卿购得许珊林家书一批,有珊林抄校姚、严同辑《说文解字考异》十五卷、王菉友《说文系传校录》手稿三卷、王绍兰《说文段注订补》抄本,又惠定宇、王怀祖、何义门《校说文记》抄本"[③]等。谭廷献记亦曰:"献少交景福于京师,后与松鼎同举于乡,湝祥读书杭州尤相得。习闻遗书散失后,尚多校录善本,亦获读于二子也。"[④]从谭庭献记述中可知,谭氏从许梿后代得知,许梿的遗书散失以后,其家尚多校录善本。

许氏亦喜刻书,所刻书校订精审,世所推服。其刊刻之精、校订之勤以及纸墨装池,都极用心,为晚清一刻书大家。其中《金石存》《六朝文絜》《笠泽丛书》《字鉴》《洗冤录详义》《刑部比照加减》《产宝》《外科正宗》等均手书上板雕印,"许氏所刻书均以精刻著称"[⑤]。据钱泰吉在《曝书杂记》卷上言:"海昌许珊林梿,用十余年之力,校勘《笠泽丛书》七卷、《补遗》二卷、《附考》一卷,手写付梓,以印本见贻。字体仿欧阳率更良可悦心。"[⑥]咸丰间刻的《洗冤录详义》都精整可观,原书封面也一并刻成,详著门类,以便读者,可见其用心。咸丰八年(1858)所刻《古韵阁宝刻录》,是其手摹宋拓夏承碑并加释文之书,显示了其金石家的本色。许梿为师友所刊遗集尚有许谨身的《师竹轩词钞》和蒋夔的《青荃诗集》,都刊于兵火仓皇之际,但也一丝不苟,精整可观。

---

① (清)谭廷献撰:《许府君家传》,见(清)缪荃孙纂录:《续碑传集》卷七十九,沈云龙主编:《近代中国史料丛刊》第九十九辑,(台湾)文海出版社1973年影印本。

② 叶景葵著,顾廷龙编:《卷盦书跋·猬叟诗录》,古典文学出版社1957年版,第162页。

③ 郑伟章著:《文献家通考》卷十三《许梿》,中华书局1999年版,第734页。

④ (清)谭廷献撰:《许府君家传》,见(清)缪荃孙纂录:《续碑传集》卷七十九,沈云龙主编:《近代中国史料丛刊》第九十九辑,(台湾)文海出版社1973年影印本。

⑤ 瞿冕良编著:《中国古籍版刻辞典》之《古韵阁》,苏州大学出版社2009年版,第132页。

⑥ (清)钱泰吉撰:《曝书杂记》卷上,见中华书局编辑部:《丛书集成初编》013,中华书局2011年影印本,第276页。

许梿卒后，其藏书由幼子许溎祥[①]（晚号狷叟）递藏，叶景葵云："狷叟为珊林先生哲嗣，承其家学，曾刊行《许学丛刊》。其诗稿已选刊，名《狷叟诗存》。此为底稿，修改涂乙，均狷叟亲笔。内如《感旧诗》中小注，叙述朱又笏诗及严容孙姑丈学历，皆小子所未详者。"[②]

许　楣（1797—1870）　许梿弟。字金门，号辛木，海宁长安镇人。楣"生有异禀，读书目数行下。年十九，补郡庠生员。明年，嘉庆二十三年万寿恩科，登贤书。道光十三年，会试第一人，成进士，授户部主事……性和而介，处冠盖辐辏之地，落落常寡合。公余键户，只以文籍自娱"。咸丰十年（1860）避乱通州，"转运使乔公松年重其学行，聘主敦善书院讲席，士论翕服。生平于学无所不窥，凡经史、词章、金石、历算诸书，罔不毌弗。尤好为古文辞，晚年写有定本，毁于兵火，未及刊。诗稿亦轶。今所传《真意斋诗》，盖自辛酉始。其他艺事，工篆隶，与兄珊林先生齐名。别著《钞币论》一书，已锓版行世"[③]。又著有《真意斋随笔》《真意斋诗文集》《真意斋续诗》等，其中《钞币论》影响最大。

许楣"性冲澹，不慕荣利"，暇则"键户，只以文籍自娱"，"为学，覃精研思，与兄梿俱究心训诂、金石之学，时人以二难目之"[④]。经史、词章、金石、历算无不精通，精医理，尤长外科，治瘰疬有独到。与兄许梿同喜藏书，藏书处为真意斋。许楣尝校刊《订正外科正宗》十二卷；同治间许楣刊自撰《真意斋诗存》《诗外》，《民国重修浙江通志稿》著录。

（五十三）朱以升父子进士

朱以升（生卒年不详）　字升木，又作生木，号次云，仁和塘栖镇人。清"道光戊子科优贡，辛卯科副贡，壬辰科举人，庚子科进士。官顺天顺义县知县。居官廉洁，济以仁慈。所到之处兴利除弊，不遗余力，不求令名，历任宁河、平谷、香河等县，卸篆时，民皆遮道以送，有攀辕卧辙者。仕至昌平州知州，卒于官"[⑤]。著有《郑香室诗文钞》。

---

① 按：许溎祥（1841—1923），原名诵禾，字子颂，号介龛，自号祭酒后人，晚号狷叟。清经学家。同治九年（1870）优贡。官昭文知县。著有《说文徐氏未详说》《狷叟诗存》《介龛骈体文剩》《海宁乡贤录》《附录》等。溎祥承其父志，雅好藏书，尤好抄书，抄本有自辑《说文徐氏未详说》一卷，陈诗庭《读说文正疑》一卷，姚文田、严可均《说文解字考异》十五卷，《古韵阁读说文记》一卷《遗著》一卷，《海昌诗人遗稿》四种四卷，《中国古籍版刻辞典》均著录。

② 叶景葵著，顾廷龙编：《卷盦书跋·狷叟诗录》，古典文学出版社1957年版，第162页。

③ （清）潘衍桐编纂，夏勇、熊湘整理：《两浙輶轩续录》卷二十四《许楣》，第9册，浙江古籍出版社2014年版，第2571—2572页。

④ （清）潘衍桐编纂，夏勇、熊湘整理：《两浙輶轩续录》卷三十四《许楣》，第9册，浙江古籍出版社2014年版，第2572页。

⑤ （清）王同纂：《光绪塘栖志》卷十二《耆旧续》，浙江摄影出版社2006年版，第240页。

朱以升公事余暇,雅好藏书,“尤潜研经史,求假善本,手自勘校”①。

1.进士朱学勤与结一庐藏书

朱学勤(1823—1875) 字修伯,号复庐、结一庐主人、丁山湖钓师,仁和塘栖镇人。“朱氏其先随宋南渡,定居塘栖之丰田,介杭湖两郡间。五世祖讳荣领康熙乡荐,为南康令,有声;曾祖讳华,祖讳椿,均入仁和县学,故今为仁和人。考以升,道光二十年进士,顺天顺义县知县。公生三岁而母卓夫人即世,顺义远游,教授事师以泰。”②朱学勤“年十六,学使姚元之,即以唐陆贽、宋马端临初期之。咸丰三年进士,选翰林院庶吉士,散馆改户部,入直军机处,充江西考官,历官大理寺卿,博通国典,综核机务”③。以金陵克复功,赏戴花翎,平盛京马贼功,赏三代二品封典。曾国藩评其“学足论古,才足干时,后来之重器也”④。主持编修《钦定剿平捻匪方略》三百二十卷、《钦定剿平粤方略》,赏二品顶戴。第二次鸦片战争,英军侵犯天津,朱学勤计擒制造亚罗号事件挑起事端的英外交官巴夏礼,是同治中兴时期的重要人物。力谏修复圆明园,时人比作汉朝贾谊,以为官惠直著称。其生活俭朴,热心乡里公益事业,曾资助修建留婴堂,重建要路三分桥。卒葬于西湖龙井。其“遗著《岁入岁出总数考》一篇,杂文十余篇,定为上下二卷,有集三十卷,《读书杂志》二十卷,《枢垣日记》三十卷。今所存止此,虽篇帙无多,然先生学问淹雅,器识闳通,犹可窥见万一”⑤。所著书均未刻,朱学勤逝后,其子朱澄将其父遗文编为《结一庐遗文》,刊行于世,内仅存书跋数篇。光绪末年,朱学勤次子朱溍请缪荃孙校定,将原结一庐旧藏四种名家抄本雕印出版,是为《结一庐剩余丛书》。

朱学勤幼受其父朱以升、伯父朱以泰的开蒙,“童牙振采、弱冠蜚英”⑥,“学敏才赡,好书尤笃”⑦,少时“伯父朱以泰借里中劳氏藏书,昼夜抄诵,十年而学大成。……乃益事搜讨,积聚篇卷,最擅精博,为海内所推”⑧,其学问益进。尤潜研经

① (清)张佩纶撰:《涧于集·文》上《资政大夫二品顶戴大理寺卿军机处行走朱公神道碑》,见《清代诗文集汇编》编纂委员会编:《清代诗文集汇编》768,上海古籍出版社2010年版,第42页。

② (清)张佩纶撰:《涧于集·文》上《资政大夫二品顶戴大理寺卿军机处行走朱公神道碑》,见《清代诗文集汇编》编纂委员会编:《清代诗文集汇编》768,上海古籍出版社2010年版,第41页。

③ (清)陈璚修,(清)王棻纂;屈映光续修,陆懋勋续纂;齐耀珊重修,吴庆坻重纂:《民国杭州府志(三)》卷一百二十六《名臣四》,见《中国地方志集成·浙江府县志辑》(3),江苏古籍出版社1991年版,第160页。

④ (清)张佩纶撰:《涧于集·文》上《资政大夫二品顶戴大理寺卿军机处行走朱公神道碑》,见《清代诗文集汇编》编纂委员会编:《清代诗文集汇编》768,上海古籍出版社2010年版,第42页。

⑤ (清)缪荃孙《艺风堂续集》卷五《朱修伯大理结一庐文集序》,见《续修四库全书》编纂委员会、复旦大学图书馆古籍部编:《续修四库全书》第1574册,上海古籍出版社2003年版,第229页。

⑥ (清)张佩纶撰:《涧于集·文》上《祭外舅朱大理文》,见《清代诗文集汇编》编纂委员会编:《清代诗文集汇编》768,上海古籍出版社2010年版,第32页。

⑦ 吴晗撰:《江浙藏书家史略》,中华书局1981年版,第19页。

⑧ (清)张佩纶撰:《涧于集·文》上《资政大夫二品顶戴大理寺卿军机处行走朱公神道碑》,见《清代诗文集汇编》编纂委员会编:《清代诗文集汇编》768,上海古籍出版社2010年版,第41—42页。

史，搜讨精刻名抄且手自勘校，于经学颇有造诣。“政余喜搜罗古籍善本。家有结一庐藏书楼，藏宋元明三代刊本及精抄本数百种”①。缪荃孙云：“仁和朱修伯先生，自咸丰癸丑通籍，官户部，值枢廷，博通国典，综核机务，咸同之间有名于朝。先生生长杭州，夙闻吴瓶花、孙寿松、汪振绮之遗风，及官京秩，又值徐星伯、韩小亭、彭文勤公及怡邸之图书散落厂肆，不惜重值购藏，遂为京师收藏一大家。”②陆心源《仪顾堂续跋·宋椠婺州九经跋》云：“怡府之书，藏之百年，至端华以狂悖诛，而其书始散落人间。聊城杨学昭和、常熟翁叔平尚书、吴县潘文勤、钱塘朱修伯宗丞得之为多。”③叶德辉又称：“咸丰时东南士大夫藏书有名者三人，一仁和朱修伯侍郎学勤；一丰顺丁禹生中丞日昌；一吾邑袁漱六太守芳瑛。朱书多得之长洲顾氏艺海楼、仁和劳氏丹铅精舍。”④又云：“仁和朱修伯侍郎为道咸间浙中藏书家，洪杨之乱，江以南图书之厄酷于五季。其兵燹所残剩者，北归于聊城杨氏海源阁，南则归于侍郎结一庐、丰顺丁氏持静斋、湘潭袁氏卧雪庐、归安陆氏皕宋楼。同时，仁和丁氏八千卷楼则专收文澜阁官书及浙东故家所散失者，诸家皆有书目传世。……侍郎结一庐之藏，多出于仁和劳氏丹铅精舍、长洲顾氏艺海楼、南昌彭氏知圣道斋。”⑤可见朱氏藏书可谓称雄江南。

藏书处名曰结一庐。结一庐之名源自朱学勤所追求之理想的生活方式，即“矧承廷诰，业富缥缃。龙威灵宝，石室斯藏。假之闲福，俾老江乡。结庐五亩，买山一房。二分水竹，万轴琳琅。药炉茶灶，二子侍旁。经传刘向，说衍毛苌。针肓起废，神明以康。天胡吝此，悠悠彼苍”⑥。为留存所藏，“编有《结一庐书目》”⑦及《别本结一庐书目》。

藏书印有朱学勤、朱学勤印、朱印学勤、朱氏学勤、学勤、朱复庐鉴赏章结一庐主、结一庐藏书记、白修甫、臣印学勤、修伯、修伯读过、朱学勤修伯甫、朱学勤修伯印、结一庐主、结一庐藏书印、结一庐图书记、塘栖朱氏结、一庐图书记、朱氏文房、修

---

① 钟毓龙编著，钟肇恒增补：《说杭州》第十八章《杂说》，见王国平主编：《西湖文献集成》第 11 册，《民国史志西湖文献专辑》，杭州出版社 2004 年版，第 1096 页。

② （清）缪荃孙《艺风堂续集》卷五《朱修伯大理结一庐文集序》，见《续修四库全书》编纂委员会、复旦大学图书馆古籍部编：《续修四库全书》第 1574 册，上海古籍出版社 2003 年版，第 229 页。

③ （清）陆心源《仪顾堂续跋目录》卷一，见（清）陆心源著，冯惠民整理：《仪顾堂书目题跋汇编》，中华书局 2009 年版，第 257 页。按：怡府藏书，编有《怡府书目》，著录图书四千五百余种，皆为精善之本。钤有“怡府世宝”“赐额忠孝为藩”“安乐堂藏书记”“明善堂览书书印记”“纶音好书犹见性情醇”等印记。

④ （清）朱学勤撰：《结一庐书目》卷首《叶德辉序》，见《丛书集成续编》第 68 册，史部，上海书店出版社 1994 年版，第 1052 页。

⑤ （清）朱学勤撰：《别本结一庐书目》卷首《叶德辉序》，见《丛书集成续编》第 68 册，史部，上海书店出版社 1994 年版，第 1076 页。

⑥ （清）张佩纶撰：《涧于集·文》上《祭外舅朱大理文》，见《清代诗文集汇编》编纂委员会编：《清代诗文集汇编》768，上海古籍出版社 2010 年版，第 32 页。

⑦ （清）丁申著：《武林藏书录》卷下《朱氏结一庐》，古典文学出版社 1957 年版，第 87 页。

伯手校、修伯珍藏图籍、结一庐藏、西溪朱氏藏书小印、修伯秘藏、仁和朱复庐校藏书籍等①。

《结一庐书目》四卷本,按四部编排,收书八百种,凡经八十三种,史一百零一种,子一百四十一种,集四百七十五种。著录书名、卷数、作者、版本、旧藏。虽较《别本结一庐书目》收书少一百二十余种,然此本仅录宋、元、明版及旧钞,乃善本书目。而别本收入所谓通行本多至三百五十六种,实以此本为多。如宋刻,此录五六十种,《别本》仅二十种,且记载较其为详。光绪辛丑夏叶德辉作序云:"朱氏有《结一庐书目》四卷,编次极精,每书下注明板刻年月,抄藏姓名,惜只传钞本,不能与海内共读也。余因再三校阅,付之手民,并以江建霞太史所录《宋元目》数纸手书附后,俾侍郎一生心血得以有托。而传异日聚散分合,谈藏书者亦得有所稽考云。"②叶德辉所刊《别本结一庐书目》较四卷本更能体现朱氏的藏书面貌。叶德辉《别本结一庐书目序》云:"此目抄自吴门黄颂尧茂才,以余刻本校之,刻本分四部,为四卷。此本分宋、元、明版,抄本,通行本,为五类,通连一卷。通行本,皆刻本所不载,其宋、元、明钞本类亦有出入异同,必和两本参观而后可窥所藏之全豹。惟此本不逮刻本,刻本于各书刻工、时代、校勘,初次编排,非定本也。顾其中有多于刻本者,或者编目后随得随补,以故详略不同,今每类后皆有不相属之书,其踪迹固可寻索也。"③缪荃孙对此目评价极高,"即此一编,高出寻常收藏家万万"④。又北京大学图书馆所藏《仁和朱氏结一庐书目》⑤不分卷,抄本,一册,是道光至光绪间朱学勤及其子朱澄的藏书目录,为李盛铎木犀轩旧藏。不分卷本的成书晚于四卷本,其分类收录之书皆四卷本所不载,故不分卷本所收较之书远多于四卷本。

2.结一庐藏书特色

结一庐藏书甚精,"为海内所推"⑥,最大特色在于精钞本和精校本的收藏。《结一庐书目》,标明钞本、校本者,比比皆是,其中不乏汲古阁钞本,顾千里、何义门的精校本。如宋刻残本《文苑英华纂要》六十一卷《辨证》八卷,"附藏印'朱复庐鉴赏章'

---

① 其藏书印部分引郑伟章著:《文献家通考》卷十七《朱学勤》,中华书局1999年版,第942页。

② (清)朱学勤撰:《结一庐书目》卷首《叶德辉序》,见《丛书集成续编》史部,第68册,上海书店出版社1994年版,第1052页。

③ (清)朱学勤撰:《别本结一庐书目》卷首《叶德辉序》,见《丛书集成续编》史部,第68册,上海书店出版社1994年版,第1076页。

④ (清)缪荃孙著,黄明、杨同甫标点:《艺风藏书续记》卷五《结一庐书目》,上海古籍出版社2007年版,第356页。

⑤ 参见王天然撰:《读木犀轩旧藏抄本〈结一庐书目〉小识》,《文献》季刊,2012年4月第2期,第82—87页。

⑥ (清)张佩纶撰:《涧于集·文》上《资政大夫二品顶戴大理寺卿军机处行走朱公神道碑》,见《清代诗文集汇编》编纂委员会编:《清代诗文集汇编》768,上海古籍出版社2010年版,第42页。

‘结一庐藏书印’”①。宋庆元刊本《陆士龙文集》十卷，有“藏印‘玉兰堂’‘梅溪精舍’‘辛夷馆’‘翠竹斋’‘五峰樵客’‘项印元汴’‘天籁阁’‘季振宜字诜兮号沧苇’‘振宜之印’‘沧苇’‘徐健庵’‘乾学’‘朱学勤印’‘修伯读过’‘结一庐藏书印’”等②，是书藏印累累，自明以来，递藏有绪，甚为珍贵。朱氏所藏宋版有三十余种，元版有四五十种，明刊精抄，又数百种。“其中宋椠者，如咸淳间吴革大字本《周易本义》《吕氏读诗记》，绍熙间余仁仲《礼记》，庆元间沈中宾《周礼注疏》，巾箱本《附音重言重意互注周礼》，蔡梦弼本《史记》《晋书》《皇朝编年备要》《西汉会要》《东汉会要》《两汉诏令》《古史》《通鉴纪事本末》《通鉴总类》《五朝名臣言行录》《真文忠公读书记》《皇朝仕学规范》，巾箱本《刘子类编》《朱氏集验方》，咸淳镇江刻《说苑》《黄帝素问灵枢集注》《六甲天元气运钤》，麻沙刻《针灸资生经》《艺文类聚》《翻译名义集》《陆士龙文集》《杜荀鹤文集》《古灵先生文集》《赵清献公文集》《淮海集》《朱子大全文集》《皇朝文鉴》《才调集》《花间集》，元椠中如《周易启蒙翼传》《周易参义》《礼书读》《四书丛说》《诗童子问》《春秋属辞师说》《六书正讹》《两汉诏令》《陆宣公奏议》《金陀粹编》《十七史纂》《古今通要后集》《战国策校注》《古今纪略》《风俗通义》《读书分年日程》《纂图互注老子》《列子》《荀子》《杨子》《文中子》《吕氏春秋》《农桑辑要》《理学类编》《孙真人千金备急方》《永类钤方》《汲冢周书》《仁斋直指方论》《百川学海》《困学纪闻》《锦绣万花谷》《辍耕录》《黄氏日钞》《金石例》《难经本义》《释氏稽古略》《道院集要》《二程文集》《图绘宝鉴》《简斋先生诗集》《松雪斋集》《静修先生文集》《方是闲居小稿》《香溪先生文集》《汉泉漫稿》《国朝文类》《唐诗鼓吹》《文粹》《风雅翼》《乐府诗集》《诗人玉屑》《文心雕龙》《中州集》……”③余明刊精钞又数百种等。

3.结一庐藏书来源

其一，为朱学勤在旅居北京期间所获得的典籍。清咸丰之后，社会极为动荡，大批藏书散出，进入流通领域。朱学勤通籍后，供职于京师，正值1860年庚申之变，英法联军占领北京，“旧刻名抄，散落厂肆，不惜重值，所得独多”④。其从政余暇，“好书尤笃。当驾幸木兰之后，怡邸散书之时，供职偶暇，日至厂肆，搜获古籍，日增月

---

① (清)潘祖荫撰，叶昌炽编，潘承弼增补：《滂喜斋藏书记》卷三，见《续修四库全书》编纂委员会、复旦大学图书馆古籍部编：《续修四库全书》第926册，上海古籍出版社2003年版，第467页。

② 张元济、潘宗周撰：《宝礼堂宋本书录》之集部《陆士龙文集》，见张元济著：《张元济全集》第8卷《古籍研究著作》，商务印书馆2009年版，第103页。

③ 参见(清)朱学勤、朱澄藏编：《结一庐书目》，见《丛书集成续编》史部，第68册，上海书店出版社1994年版，第1052—1106页。

④ (清)缪荃孙著，黄明、杨同甫标点：《艺风藏书续记》卷五，上海古籍出版社2007年版，第356页。

盛,所获甚多"[①]。怡亲王[②]府乐善堂藏书是清代宗室藏书中最重要的一家,维系传承长达百年。始创怡贤亲王允祥,传至端华被诛,怡亲王府藏书才逐渐散出。其藏书极为精善,"绛云楼未火之前,其宋元精本大半为毛子晋、钱遵王所得。毛、钱两家散出,半归徐健庵、季沧苇。徐、季之书,由何义门介绍,归于怡府"[③]。怡亲王府藏书在纂修《四库全书》时并未呈进典籍,故藏书保存得非常完整。朱氏所得怡府旧藏最为珍贵,堪称结一庐藏书的精华部分。如宋本《施注苏诗》全本,乐善堂就藏有两本,其余世所罕见之书所藏亦多。据叶昌炽《藏书纪事诗》卷六云:"咸丰庚申,英人焚淀园,京师戒严,持朱提一笏,至厂肆即可载书兼两,仁和朱修伯先生得之最多。"[④]

其二,除怡亲王府藏书外,朱氏从北京所获藏书甚多。据缪荃孙所记,有彭元瑞、刘喜海、徐星伯、韩小亭等人的旧藏。如《结一庐书目》所载,标"南昌彭氏[⑤]藏书""南昌彭氏钞本"者亦不在少数。标注为"诸城刘燕庭藏书""诸城刘氏钞本",皆得自刘喜海[⑥],所藏十种宋刻唐人集,乃刘氏藏书中最精华的部分。据缪荃孙《结一庐文集序》记云:"仁和朱修伯先生,自咸丰癸丑通籍,官户部,值枢廷,博通国典,综核机务,咸同之间,有名于朝。先生生长杭州,夙闻吴瓶花、孙寿松、汪振绮之遗风,及官京秩,又值徐星伯、韩小亭、彭文勤公,及怡邸之图书散落厂肆,不惜重价购藏,遂为京师收藏一大家。公子子清尤工搜访,冷摊小市,无往不到,所得益多。……庚辰至沪访子清,得见宋十行本《晋书》、宋刊东西汉《会要》、宋《诸臣奏议》、元刻《农桑辑要》,皆世所罕见者。"[⑦]朱学勤利用仕途之便,搜罗南北旧籍,奠定了结一庐藏书的主体与精华。

其三,为江浙地区所得藏书,如同里劳氏丹铅精舍藏书和长洲顾沅艺海楼之所藏。劳氏为朱学勤同乡,亦居仁和塘栖古镇,朱学勤幼年"借里中劳氏藏书,昼夜抄诵"[⑧],十年而学大成。与同里劳权、格兄弟为友,相互借抄。劳格死后,藏书散出,

---

① (清)丁申著:《武林藏书录》卷下《朱氏结一庐》,古典文学出版社1957年版,第87页。

② 按:怡亲王府藏书始于雍正帝之子弘晓,家有乐善堂藏书楼,有楼九楹,积书皆满,其中颇多珍籍,有百余年历史,是清代北京著名王公贵族藏书楼之一。怡亲王府藏书价值甚高,实集江南藏书名楼之书,如常熟钱谦益绛云楼藏书,其未烬前部分宋元精华已归江苏毛晋汲古阁,原藏脉望馆旧本归钱曾述古堂,后经昆山徐乾学传是楼和泰兴季振宜递藏,归怡亲王府乐善堂。

③ (清)陆心源撰,冯惠民整理:《仪顾堂书目题跋汇编》,中华书局2009年版,第257页。

④ (清)叶昌炽著、王欣夫补正,徐鹏辑:《藏书纪事诗》卷六,上海古籍出版社1989年版,第691页。

⑤ 按:彭元瑞,江西南昌人,乾隆朝名臣,曾任四库全书馆副总裁,其藏书之处名曰"知圣道斋"。彭氏藏书以抄本著名,亦不乏宋元旧椠。见陈祺:《结一庐藏书考论》,《宁波大学学报(人文科学版)》第25卷第2期,2012年版,第70页。

⑥ 按:刘喜海,字燕庭,山东诸城人,嘉道间文献大家,以收藏古籍和金石著称,嗜搜奇书。见同上。

⑦ (清)缪荃孙《艺风堂续集》卷五《朱修伯大理结一庐文集序》,见《续修四库全书》编纂委员会、复旦大学图书馆古籍部编:《续修四库全书》第1574册,上海古籍出版社2003年版,第229页。

⑧ (清)张佩纶撰:《涧于集·文》上《资政大夫二品顶戴大理寺卿军机处行走朱公神道碑》,见《清代诗文集汇编》编纂委员会编:《清代诗文集汇编》768,上海古籍出版社2010年版,第42页。

朱所得劳氏藏书多为名家精校本。长洲顾沅艺海楼，其藏书在吴中首屈一指，据称“卷数逾十万卷，宋刻名校十居其二，而吴中历代文献方志俱备”[①]。人称其“收藏旧籍及金石文字甲于三吴”，“顾湘舟艺海楼藏书不及《四库》六百余种，而《四库》未收者二千余种，亦吴下嗜古之巨擘”[②]。

据《结一庐书目》可知朱学勤所得顾沅艺海楼藏书亦不在少数，朱氏所得以顾氏艺海楼抄本为多。朱氏在咸丰末年至同治初，藏书迅速上升，短短数年中，获得以上几大家藏书，一跃而成为南方藏书大家，其结一庐与丰顺丁日昌的持静斋、陆心源的皕宋楼、丁丙的八千卷楼齐名。

4.结一庐藏书传承

朱学勤卒后，结一庐藏书由朱学勤之长子朱澄、次子朱潘护持与发展。朱澄克承父业，继增家藏，搜访甚勤，聚书不辍，续写结一庐之辉煌。

朱　澄（？—1890）　字子清，号复庐，仁和塘栖镇人。同治元年（1862）贡生，官至江苏候补道。缪荃孙云：“仁和朱修伯先生广收图籍，藏彝甲于京师。其嗣子清观察搜罗更广，储庋益富。”[③]“修丈官京师时，正值庚申之变，旧刻名抄，散落厂肆，不惜重值，所得独多，子清家学涵濡，嗜古尤笃，即此一编，高出寻常收藏家万万”[④]，精本充牣，名甲江南。缪荃孙回忆说：“公子子清，尤工搜访，冷摊小市，无往不到，所得益多。荃孙辛未会试，与子清订交，书肆畅谈板本之得失，书籍之源流，四部七略，如瓶泄水。荃孙善问，子清亦善答，往往夜以继日、时寓绳匠胡同，与先生望衡对宇，而谭中修、张子虞、孙仲容三同年，皆客先生所，过从益密。迨荃孙丙子通籍，已不及聆先生声欬，子清改官江南。”“庚辰至沪访子清，得见宋十行本《晋书》、宋刊本东西汉《会要》、宋《诸臣奏议》，元刻《农桑辑要》，皆世所罕见者。”[⑤]惜“子清殁后，其家贱售之张幼樵前辈，价未清，书亦未全交。近得幼樵书目核之，朱有而张无者，或在子涵处，或系未交书；张有而朱无者，则子清在江南所得者。两目互勘，亦云美富，惜朱已无存，而张亦不免散失耳”[⑥]。叶昌炽亦云：“长子澄，字子清……亦好聚书，家藏既富，又裒益之，精本充牣，著《结一庐书目》。庚寅，子清殁，遗书八十柜，尽归张幼樵副宪（佩纶）。幼公，朱氏婿也。”[⑦]叶德辉云：“侍郎所藏，其后归其女夫丰润张

① 《近现代的私家藏书·朱学勤与结一庐》，见任继愈：《中国藏书楼》中编《中国藏书楼发展史》，辽宁人民出版社2010年版，第1599页。

② 顾志兴著：《浙江藏书家藏书楼》，浙江人民出版社1987年版，第229页。

③ （清）缪荃孙《云自在龛随笔》卷三，见（清）缪荃孙著：《缪荃孙全集·笔记》，凤凰出版社2013年版，第65页。

④ （清）缪荃孙著，黄明、杨同甫标点：《艺风藏书续记》卷五，上海古籍出版社2007年版，第356页。

⑤ （清）缪荃孙《艺风堂续集》卷五《朱修伯大理结一庐文集序》，见《续修四库全书》编纂委员会、复旦大学图书馆古籍部编：《续修四库全书》第1574册，上海古籍出版社2003年版，第229页。

⑥ （清）缪荃孙《云自在龛随笔》卷三，见（清）缪荃孙著：《缪荃孙全集·笔记》，凤凰出版社2013年版，第65页。

⑦ （清）叶昌炽著，王欣夫补正，徐鹏辑：《藏书纪事诗》卷六，上海古籍出版社1989年版，第691页。

幼樵副宪。副宪侨寓金陵,后人能读父书。至辛亥国变,尽其所有付之于狼烽马粪,顾犹有十之三四为浙人所收藏。楚弓楚得,固犹愈于皕宋子孙之转鬻海外也。”①在此期间,尚有部分结一庐旧藏散出,若《复堂日记》:“朱修伯京卿藏书目录,旧刻旧钞甚富。东南兵火,文献散落。每见收藏家辄劝其刻丛书以贶后人。”②上海图书所藏元杭州本《农桑辑要》。缪荃孙、刘承幹都有所得,甚至东传日本。20 世纪 80 年代,张氏后人将结一庐所有现存古籍全部捐献给上海图书馆。

朱澄所编的目录为《复庐书目》三卷,此目未见,相关信息仅见于张佩纶致朱潘的信札中。

朱澄藏书印有仁和朱澄、臣澄印、仁和朱澄长寿印信、臣澄私印、朱子清印、子清校读、子清真赏、子清校藏秘籍、子清、字曰子清、仁和朱澄长寿印信、仁和朱复庐校藏书籍、朱澄字子清号复庐等。

(五十四)王文韶

王文韶(1830—1908)　字夔石,又字耕虞(一作耕娱),晚号退圃,仁和人,所居杭州清吟巷大学士府,楼址至今仍存。“咸丰二年进士,改户部主事,十年补福建司主事,历员外郎、郎中”③,“出为湖北安襄郧荆道。左宗棠、李鸿章皆荐其才。擢按察使,迁湖南布政使”④。累官文渊阁大学士,授武英殿大学士,光绪三十一年(1905),免直军机。《清史稿》称其:“历官中外,详练吏职,究识大体,然更事久,明于趋避,亦往往被口语。三十四年,乡举重逢,赐太子太保。其冬,卒,年七十九,晋赠太保,谥文勤。”⑤王氏曾镇压贵州苗民起义,协助镇压捻军及回民起义,并曾参与过晚清一系列内政外交事务,是清末深获西太后及恭亲王奕䜣宠信、为朝廷所倚重的大臣。著有《王文韶日记》,原稿今藏杭州市图书馆,未刊日记共 28 册,每册记一年或数年之事,本子大小不一,未经统一装订。记事起同治六年(1867),迄光绪二十八年(1902),前后历时达三十六年,除缺同治十二年至十三年,光绪三年、八年、十八年、二十年、二十四年四月至二十五年外,其余大部分保持完整,总计约七八十万字。王文韶一生,宦海浮沉,足迹广泛,特别是在光绪朝,因其长期显赫的政治地位,与最高统治集团关系甚密,经历或参与了清季一系列重大事变。因而其日记,除记载其一生复杂的宦游生涯,亦是清季飘摇动荡政局的写照,广涉当时的政治、经济、外交、

① (清)朱学勤撰:《别本结一庐书目》卷首《叶德辉序》,见《丛书集成续编》第 68 册,史部,上海书店出版社 1994 年版,第 1076 页。

② 谭献著,范旭仑、牟晓朋整理:《复堂日记》卷二,河北教育出版社 2001 年版,第 49 页。

③ (清)陈璚修,(清)王棻纂;屈映光续修,陆懋勋续纂;齐耀珊重修,吴庆坻重纂:《民国杭州府志(三)》卷一百二十六《名臣四》,见《中国地方志集成·浙江府县志辑》(3),江苏古籍出版社 1991 年版,第 158 页。

④ 赵尔巽等撰:《清史稿》卷四百三十七《列传二百二十四·王文韶传》,第 41 册,中华书局 1977 年版,第 12375 页。

⑤ 赵尔巽等撰:《清史稿》卷四百三十七《列传二百二十四·王文韶传》,第 41 册,中华书局 1977 年版,第 12376 页。

制度、人物等各方面。清吴庆坻记云："余尝得文勤《日记》数十巨册，皆其官京师及鄂、湘时所纪，论人论事皆有识。在鄂臬、湘藩、湘抚任，公余无日不观书者，老辈固不可及。"①生平事迹参见王先谦《赠太保武英殿大学士王文勤公墓志铭》、《清史列传》卷六十四《王文韶传》。

王文韶为官勤于政事，闲暇雅好藏书。曾耗巨资兴建规模宏大的住宅，院内设有退圃园、红蝠山房等休闲寓所，建有藏书楼退圃藏书楼、清吟阁等，收藏各类图书万余册，楼址至今仍存。家藏御赐内府刻本、抄本甚多，均为外间不易见。盛怀宣得其孙王绳伯所藏其祖父"历蒙清廷颁赏各种方略及遗集图书"②。有"赐书臣武英殿大学士王文韶敬藏"印。王文韶故世后，其藏书由其子孙将全部藏书赠送给盛宣怀在上海所创办的"愚斋图书馆"。

王氏为官时重视教育，光绪十七年（1891）王文韶任云南总督时，与巡抚谭钧培奏请清朝廷批准设置的一所经古书院，地址在今翠湖公园内。据光绪志及续志载，经正书院原藏书共七十三部，主要是经史方面的典籍。此外，据李坤《经正书院藏书记》一文说："购书于沪、于粤、于楚、于金陵，先后凡数十万卷，栉庋之楼，纵人往观。"③其中有一些较为实用的新书和译著，如《万国史记》《海国图志》及一些丛书。经正书院创建虽晚，然因其慎选名师，严格条规，在较短时期内为云南培养了一大批人才，其中高材生共九十三人，如袁嘉谷、秦光玉、钱用中、李坤、李燮羲，等等，都是云南近现代史上有名的人物。

（五十五）高延佑

高延佑（生卒年不详）　字星岘，一字德夫，号亦仙，萧山人。咸丰"癸丑科进士，由翰林院编修补授山西道御史，官至内阁侍读学士"④。

《历代藏书家辞典》列其为藏书家，《中国文献学资料通检》载其藏书印。"今美国国会图书馆藏明张登云刻本《吕氏春秋》二十六卷，六册，卷内有'古越高延佑印''读书东观视草西台''癸丑翰林'"⑤等印记，另有一藏书印名曰"读书东观，视草西台"⑥。可窥高氏亦藏书。

（五十六）汪鸣銮

汪鸣銮（1839—1907）　字柳门、潜泉，号郎亭、郇亭。原籍安徽休宁，商于浙，遂

---

① （清）吴庆坻撰，张文其、刘德麟点校：《蕉廊脞录》卷三《王文韶》，中华书局1990年版，第80页。

② 盛氏愚斋图书馆编：《愚斋图书馆藏书目录·序》，见郑伟章著：《文献家通考》卷十八，中华书局1999年版，第1020页。

③ 李希泌、张椒华编：《中国古代藏书与近代图书馆史料（春秋至五四前后）》，中华书局1982年版，第67页。

④ 吴相湘著：《近代史事论丛》第一集《王湘绮〈录祺祥故事〉订误》，台北传记文学出版社1978年版，第220页。

⑤ 参见梁战、郭群一主编：《历代藏书家辞典》，陕西人民出版社1991年版，第337页。

⑥ 参见蔡贵华编著：《中国文献学资料通检》，中国文史出版社2004年版，第147页。

籍浙江钱塘,后寓居苏州阊门老槐树巷。鸣銮“少勖学。同治四年,成进士,选庶吉士,授编修。迁司业,益覃研经学,谓:‘圣道垂诸六经,经学非训诂不明,训诂非文字不著。’治经当从许书入手,尝疏请以许慎从祀文庙。历督陕甘、江西、山东、广东学政,典河南、江西、山东乡试,颛重实学,号得士。光绪三年,父忧归,服阕,起故官。历迁内阁学士,晋工部侍郎,兼管户部三库。十六年,赴吉林按事,与尚书敬信俱”①。行走总理各国事务衙门,调吏部右侍郎,并与翁同龢友善,反对后党掣肘,主张巩固帝位。罢归故里,主讲杭州诂经精舍、敷文书院。撰有《能自疆斋文稿》《万宜楼诗录》《诗联续录》《诗文目录》《书札》《联语》等数种。《民国杭州府志》卷一百四十六《文苑三》有其传。

汪鸣銮外祖父韩崇收藏颇富,所有藏书和金石器物为其所得。据其门人叶昌炽云:“外王父履卿先生,为桂舲尚书之介弟,富于藏弆,宝铁斋中金石图书充牣,韩太夫人携之归,靡不浏览,始有志于晁、陈、欧、赵之学。”②官山东学政时,曾得陈鳣向山阁旧藏和曲阜孔氏微波榭钞本数十种,收藏渐多,筑万宜楼以藏书。尝藏宋刊本《近思录》十四卷,“宋末建阳刊本,有‘建棍’‘师楚耆好’‘万宜楼藏善本书印’诸印”③。《国语》二十一卷,“吴韦昭注,明覆宋刊本,八册,段玉裁、顾抱冲、顾千里校,黄荛圃、汪阆源、汪柳门旧藏”。藏印有“顾千里印”“黄丕烈”“荛圃”“汪士钟藏”“万宜楼藏善本书印”等④;明钱穀辑手稿本《历代隐逸》不分卷,蒋香生、汪柳门旧藏,有“万宜楼藏善本书印”诸印⑤;明精钞本《杜工部诗集》二十卷,有“万宜楼藏善本书”一印⑥;钞本《南唐书》十八卷,韩履卿、江建霞、汪柳门旧藏,藏印有“韩履卿藏经籍金石书画之印”“元和江标建棍之印信”“江标经眼”“师许室藏书”“师许乙酉岁莫检书记”“萧江书库”“万宜楼藏善本书印”“山阴张氏收藏金石书画印信”等⑦。王颂蔚、叶昌炽曾登其楼观书,叶昌炽《祭汪郇亭师文》云:“导登书楼,周览图史,宋元旧椠,士礼艺芸。相视莫逆,镇库之珍。”⑧王謇云:“汪柳门侍郎(鸣鸾)善篆书,虽不甚留意版本收藏,而门生故吏书帕之馈,宋元本间亦有之,特非所好而已,亦不以

① 赵尔巽等撰:《清史稿》卷四百四十二《列传二百二十九·汪鸣銮传》,第41册,中华书局1977年版,第12429—12430页。

② (清)叶昌炽《奇觚庼文集》卷下《前吏部右侍郎总理各国事务大臣郇亭汪公墓志铭》,见《清代诗文集汇编》编纂委员会编:《清代诗文集汇编》766,上海古籍出版社2010年版,第793页。

③ 王国维撰,王亮整理,吴格审定:《传书堂藏书志》卷三,上海古籍出版社2014年版,第493页。

④ 张元济《涵芬楼烬余书录》史部《国语》,见张元济著:《张元济全集》第8卷《古籍研究著作》,商务印书馆2009年版,第259页。

⑤ 张元济《涵芬楼烬余书录》史部《历代隐逸》,见张元济著:《张元济全集》第8卷《古籍研究著作》,商务印书馆2009年版,第268页。

⑥ 王国维撰,王亮整理,吴格审定:《传书堂藏书志》卷四,上海古籍出版社2014年版,第865页。

⑦ 张元济《涵芬楼烬余书录》史部《南唐书》,见张元济著:《张元济全集》第8卷《古籍研究著作》,商务印书馆2009年版,第272页。

⑧ 陈建忠、孙迎庆撰:《苏州私家藏书楼寻踪》,见徐良雄主编,天一阁博物馆编:《天一阁文丛》第1辑,宁波出版社2004年版,第161页。

之挂齿，自亦不藉藉于人口。归道山后，遗书扫地以尽，卒易银币八千元售诸日人。或云售之书贾，疑莫能明也。然其价尚不及所值百分之一耳。”[①]叶昌炽《缘督庐日记》云：“得柳门学使寄赠武氏祠堂画像拓本，曲阜汉魏六朝石刻拓本，皆其亲督工人选纸精拓。……又陈仲鱼先生文孙尚守遗书百箧，流寓济南，宋本已化云烟，元刊及手校各本多有在者，柳门能得之矣。”[②]观此记载，汪鸣銮藏书及治学概况亦可略知一二。

藏书处为万宜楼，叶昌炽记云：“赴郎亭师之招，钱乙生明经、鼎孚、栩缘、云龕，子沂皆同集，导登万宜楼，藏书之所也。上下三楹，楼上四面列置书椟，中空以通天气，栏干绕之。又用辘轳以便取携，建霞之意匠也。开窗远眺，双塔在右，报恩、定光两浮图在左，携陇上所得写经卷，请亭师鉴定，颇许可，请留置文房。”[③]

编藏有《万宜楼善本书目》一册，收有宋本 13 种，元本 12 种，钞本 158 种，批稿本 67 种，明本 140 种，皆为善本。

藏书印有万宜楼藏善本书记、汪鸣銮藏书印、汪鸣銮印、郎亭、郎亭审定、郎亭写本、鸣銮印章、柳门小篆、柳门等。

汪氏藏书于光绪二十四年遇火焚去数十箧。叶昌炽亦记其事云：“得允之缄，知郎亭师亭事失火，焚去藏书数十箧”[④]，余所藏书在汪氏卒后，由其子汪春伯所卖。藏书家徐崇立亦言：“《元公姬氏二志》最初得残本，嗣得族父摹刻本，居京师时得石影印精本，几可乱真。在此影本之上，有汪鸣銮印，疑汪所影印。”[⑤]

（五十七）夏震武

夏震武（1853—1930）　原名震川，字伯定，号涤庵，富阳县灵峰十庄人。“世居邑之灵峰，学者称为灵峰先生，学宗程朱。同治十二年，举于乡，明年，成进士”[⑥]，光绪六年（1880）朝考二等，授工部营缮司主事。任工部营缮司主事时，“曾以中俄国新疆画界事，具疏劾沈桂芬、王文韶、恭亲王。复言俄事，陈战守十六策，皆言人所不能言”。弹劾权要亲贵，直言敢谏，震动朝野，为权贵不喜，遂告病回乡。宣统元年（1909）被选为浙江教育总会会长，旋兼任浙江两级师范学堂监督，后北京京师大学堂教席。入民国后，浙江都督朱瑞、吕公望以及袁世凯先后请其出山任职，均被严词拒绝。晚年在故里聚徒讲学，以孔、孟、程、朱之道为天下倡，慕名从学之士甚众。其

① 王謇著，李希泌点注：《续补藏书纪事诗》，书目文献出版社 1987 年版，第 8 页。

② （清）叶昌炽著：《缘督庐日记》卷三“光绪十年（1884）甲申九月三十日”条，台湾学生书局 1964 年版，第 89 页。

③ （清）叶昌炽著：《缘督庐日记》卷十二“光绪三十二年（1906）丙午七月初四日”条，台湾学生书局 1964 年版，第 439 页。

④ （清）叶昌炽著：《缘督庐日记》卷七“光绪二十四年（1898）戊戌十一月廿五日”条，台湾学生书局 1964 年版，第 255 页。

⑤ 徐崇立《瓻翁题跋》卷一《隋元公姬夫人二志跋》，见湖南图书馆编：《湖南近现代藏书家题跋选》第 2 册，岳麓书社 2011 年版，第 480 页。

⑥ 周邦道著：《近代教育先进传略·初集》，（台湾）中国文化大学出版部 1981 年版，第 82 页。

中有日本、朝鲜及越南学者。所著“《灵峰诗文集》《人道大义录》《资治通鉴后编校勘记》《夏氏丛刊四卷》《悔言辩证》《大学衍义讲授》《衰说考误》《孟子讲义》等二十余种”①传世。

夏震武南归故里，束发古装，足不入城市，读书聚书自娱，马叙伦云：“辛亥后，先生里居不复出。余往候之，先生束发冠儒冠，衣深衣，俨然如对古人。余宿其宅，内外不闻语声。先生有弟则剪发矣。设米店于江边，弟司其业。然闻里山人云：买卖斗升出入不同，未知何如？余荷先生青目，昔时庋藏其所遗书牍，经渐当付阙如矣。”②惜藏书书目无考。

（五十八）徐锡祉

徐锡祉（生卒年不详）　字小斋，号星舫，仁和人。其“世居萧山北乡井亭，乡试中式第一百三十七名，会试中式第一百四十三名，复试第三等第一百二十五名，殿试第三甲七十四名，朝考第二等第九十二名，钦点即用知县籤制福建”③。官“台湾知县。工诗，精刻婉切，置与查初白把臂入林。尤精世所谓目录之学。尝续阮元芸台《四库未收书总目》，又有《榕阴读书志》十六卷，皆论古书卷帙及文字异同，亦足资考证。当官咸惠并著，士民爱戴”④。

徐锡祉喜藏书，《历代藏书家辞典》《历代藏书家通典》均列其为藏书家。

（五十九）袁　昶

袁　昶（1846—1900）　原名振蟾，“字爽秋，浙江桐庐人。邑人薛春黎之婿，寓全椒，杜门谢客，手不释卷”⑤。“从刘熙载读，博通掌故。光绪二年进士，授户部主事，充总理各国事务衙门章京。十八年，以员外郎出任徽宁池太广道”⑥。其间“诫僚属，抑胥吏，多所兴革；扩中江书院斋舍，课以实学；建尊经阁，购书数万卷；汰常关耗费岁万八千金，悉还诸公；定专条，纳新关谷米出口税，岁羡数十万；督修芜湖西南滨江圩堤，自大关亭至鲁港，延袤十二里；更穿筑新缕堤三百七十丈，自是蓄泄有资，田庐完固，民歌诵之”⑦。光绪二十四年（1898），“迁陕西按察使，调直隶。未几，内

① 《浙江省教育志》编纂委员会编：《浙江省教育志》第十七篇《人物·夏震武》，浙江大学出版社2004年版，第1039页。

② 马叙伦著：《马叙伦自述·夏震武》，中国大百科全书出版社2012年版，第324页。

③ 顾廷龙主编：《清代硃卷集成》第40册《徐锡祉》，台北成文出版社1992年版，第118页。

④ 费行简著：《近代名人小传》之《文苑·徐锡祉》，见沈云龙主编：《近代中国史料丛刊》第8辑，台湾文海出版社1973年版，第407页。

⑤ 张其修，江克让、汪文鼎纂：《民国全椒县志》卷九《职官志·袁昶》，见《中国地方志集成·安徽府志县辑》（35），江苏古籍出版社1998年版，第124页。

⑥ 赵尔巽等撰：《清史稿》卷四百六十六《列传二百五十三·袁昶传》，第42册，中华书局1977年版，第12760页。

⑦ 赵尔巽等撰：《清史稿》卷四百六十六《列传二百五十三·袁昶传》，第42册，中华书局1977年版，第12761—12762页。

召,以三品京堂在总理衙门行走,授光禄寺卿,转太常寺卿"①。袁昶"忠节久在译署,周知四国。庚子之变,以不附和权贵,直言触忌,仓猝被祸,中外嗟惜"②。因反对与联军开战而和许景澄、徐用仪、立山、联元四人被处死,史称"庚子五大臣"。后"追谥忠节,江南人祠之芜湖"③。著有《渐西村人集》《袁忠节遗诗》《金陵杂事诗》《于湖文录》《春闱杂咏》《安般簃诗续钞》,辑有《袁氏艺文金石录》二卷等。生平事迹参见袁允橚《太常袁公行略》、《民国全椒县志》卷九《职官志·袁昶传》。

袁昶生平博极群书,尤通经史,吴庆坻云:"袁忠节公在京曹日,才名甚盛,而实笃志于身心性命之学。余尝闻其绪论,心折之。"④袁昶亦嗜藏书与刻书,《毗邪台山散人日记》云:"予素有买书之癖,二十年橐笔俸泉,大半耗于油素,插架虽不能富,心力却悴于此。一日昼寝,微闻两小儿切切私议,一云:'因心立事,何用书册,尽斥卖之如何?'一云:'惟六经有用,留着熟读,余卖之不妨。'予闻而惊起,既徐思之,一欲学捐书绝学之卢行者,胸无一物,但转经不欲被经转;一欲学董大夫,诸不在六艺之科绝其术,勿使并进。予思之亦颇具大解脱法,辛苦聚书何为?遂从此不置书。"又记云:"往客杭州,榜所居云:'田园一蚊睫,书卷百牛腰。'当归草堂主人见而喜之,手抄属人作擘窠字题其门。盖主人所居地名田家园,而藏书金石极富,甲于浙中,几突过天一阁、澹生堂。主人嗜好殊俗,仆性刚才拙,与物多忤。主人独嗜痂与予雅故也。顷奉书乞为予购田家园左近老屋三四楹,以践他日卜邻借书之约。癸辛,老人预买弁阳之水竹,颍滨遗老亦过嵩麓,以编茅且看机缘,若何敢期息壤在彼。"⑤

有《永慕堂藏书目录》六卷附《碑录》一卷,现藏于南京图书馆,中国国家图书馆同时藏有缩微胶卷一部。

藏书印有袁昶之印、爽秋、袁爽秋读书等。

袁昶在桐庐书室名曰渐西村舍,刻书亦甚多。光绪年间刻清张行孚《说文审音》十六卷,元耶律楚材《湛然居文集》十四卷,魏贾思勰《齐民要术》十卷,明姚夔《姚文敏公遗稿》及《渐西村舍汇刻》四十四种二百六十二卷,其中收自撰、自辑的著作即有十种。《清史稿》载:袁昶"尝慨士鲜实学,辑农桑、兵、医、舆地、治术、掌故诸书,

---

① 赵尔巽等撰:《清史稿》卷四百六十六《列传二百五十三·袁昶传》,第42册,中华书局1977年版,第12760页。

② 徐世昌辑:《晚晴簃诗汇》卷一百七十一《袁昶》,见《续修四库全书》编纂委员会、复旦大学图书馆古籍部编:《续修四库全书》第1633册,上海古籍出版社2003年版,第69页。

③ 赵尔巽等撰:《清史稿》卷四百六十六《列传二百五十三·袁昶传》,第42册,中华书局1977年版,第12761—12763页。

④ (清)吴庆坻撰,张文其、刘德麟点校:《蕉廊脞录》卷八《袁昶贻书》,中华书局1990年版,第236—237页。

⑤ 引吴则虞撰,吴受琚增补,俞震、曾敏整理:《续藏书纪事诗》卷六,国家图书馆出版社2016年版,第217页。

为《浙西村丛刻》”①。

关于袁昶藏书之散佚，叶昌炽在《缘督庐日记》中记云：“爽秋二子衰绖踵门来见，稽颡流涕，长字仲默，次字叔浑，英英露爽。谈次不忘家学，爽秋为不死矣。云藏书百余箱，当致命时，尽为乱军所劫，由内达外，门窗洞然，即以君九一函付之，蒿隐遗稿，忽检不得，为子沂带南矣。”②沈惟贤所撰《薛夫人家传》中载：“不数日，（袁昶）竟罹龙比之祸，或曰：端、刚辈矫伪命为之，寓庐被劫且毁，图书金石歼焉。间有一二本散见于崇文门市肆，则拳匪所遗也。”③由叶昌炽日记及沈惟贤所述，袁昶所藏之书遭此劫难，均毁。

（六十）王　同

王　同（1839—1903）　字同伯，号肖兰，晚号吕庐老人，仁和人。同治丁卯举人，清“光绪三年进士，官刑部主事”④、江西司部主事。后迄养归。又历主杭州诸书院。光绪八年（1882）至十四年（1888），协助丁丙补抄文澜阁《四库全书》，出力颇多。所作《文澜阁补书记》为详述丁丙护书、补抄的重要文献。文澜阁重建后，曾任书阁董事，为文澜阁功臣之一。著有《杭州三书院纪略》四卷又《补遗》一卷、《杭郡麈谈》不分卷，又辑有《塘栖志》二十卷及《武林风俗记》不分卷，均未刊刻。

王同工诗文，精小学，善书法，抚临篆、隶碑版不下百数十种，功力甚深，尤得神髓。又喜藏书，娴熟杭郡历史掌故，“长于校雠之学”⑤，尤好收藏碑帖。其“所藏汉魏六朝金石文字，均系全张拓片，未经装治藉以保存原有之形状。此为其特殊癖好，大有别树一帜之意。又辄喜在所得碑帖中，衬纸阐明碑文经历及其精髓”⑥。既详且备，甚为珍贵，时人传颂而折服不已。撰有《校勘金石随笔》《考释古泉录》等。

藏印有王同之印、同伯、王同伯之印、仁和王同同伯父篆隶长寿等。

王同卒后，所藏后由子王禔、王绮⑦所递藏。王禔（1878—1960）初名寿祺，字维季，号福庵，又号屈瓠，别署罗刹江民，晚号持默老人。同幼子。称其父志，好藏书，尤好搜藏印章，自称“印佣”。工书，凡钟鼎籀书隶书无所不能，精于治印，得浙派精髓，清光绪三十年（1904）与叶为铭、丁仁、吴隐共创设西泠印社，任副社长。著有

---

① 赵尔巽等撰：《清史稿》卷四百六十六《列传二百五十三·袁昶传》，第42册，中华书局1977年版，第12761—12763页。

② （清）叶昌炽著：《缘督庐日记》卷八“光绪二十六年（1900）庚子十月二十七日”条，台湾学生书局1964年版，第292页。

③ 沈惟贤《薛夫人家传》（稿本），引孔祥吉著：《晚清史探微》，巴蜀书社2001年版，第256页。

④ （清）俞樾著，张燕婴整理：《俞樾函札辑证·致王同》，凤凰出版社2014年版，第417页。

⑤ 李毅峰主编：《中国篆刻大辞典》，河南美术出版社1997年版，第24页。

⑥ 王松泉撰：《民国杭州藏书家》，见政协杭州市委员会文史委编：《杭垣旧事》，浙江省农科院科技印刷厂2000年，第11页。

⑦ 按：王绮，字定叔，同次子。除藏书外，其藏隋唐墓志尤富，且均是全张原拓，每种首有定叔藏印及原跋题记。所藏如《隋龙山公墓志》《唐故处士张君墓志》《唐萧府君墓志》等，藏品首有收藏印，署“定叔”。另收藏金石书画甚多，著有《杭州师范学堂展览书画经眼录》，又录有《百梅庵全韵梅花诗》。

《说文部首拾遗》《麋研斋作篆通假》等，并福庵藏印《麋研斋印存》二十卷，与秦彦冲编有《西泠印社志稿》行世。其所藏金石图书部分后归上海富晋书社，其余所藏，悉数献公①。王氏父子所藏书及墓志、碑帖金石书画等，在抗日战争时期，杭州沦陷时，被日军所窃。

（六十一）杨文莹

杨文莹（1838—1908）　字粹伯，号雪渔，钱塘人。“光绪三年进士，授编修。……充湖南考官，寻督贵州学政。”②督学贵州学政时，“黔本瘠区，士习媕陋，书肆中欲求班、范史不可得。文莹按部勖以经史，搜求隽异。若印江戴锡之、绥阳雷廷珍皆能绍其乡，郑、莫二氏之学特拔之以为朴学。劝士风丕变，任满假归，遂不复出。主学海堂及养正书塾甚久，成就者众。所谓诗数百篇殆所谓不得已作”③。亦善诗，著有《幸草亭诗集》。

杨文莹幼能属文，学能综览百家，又好藏书，嘉兴尝有杨氏诗碑记可证，有诗云：“花树锦纨池水玉，中结宜冬宜夏屋。坐拥图书老是乡，人间自有神仙福。”④惜咸丰十年（1860）太平军攻城后，杨家被焚。然纾难不毁家，“购藏书颇丰，共五千七百种，四万八千册，内有明板、精刊不少。后由其子复售归清华大学图书馆”⑤。

藏书处为丰华堂、幸草亭。

杨文莹子杨复（1866—1945），字剑星，又作见心，钱塘人，居崔家巷。曾官中书舍人。光绪三十年至宣统元年（1904—19019）任浙江藏书楼（浙江图书馆前身）监理之职。曾编《浙江藏书楼甲编书目》《乙编书目》，乃浙江图书馆最早之书目，光绪二十三年（1897）铅字排印三册。

杨复继承其父奉华堂藏书楼和旧藏外，购置古籍达二十余万卷。1921 年后收书量甚多，尤重全国府、县志书，共收善本 5700 多种.吴昌绶《丰华堂藏书记》曰：“杨子剑星承先德雪渔太史世学，雅好聚书，家风儒素，节衣缩食，求之者逾二十年，即居宅之东偏，辟屋五楹，榜曰丰华堂，中积书已充栋，力所能致者靡有遗。顷客京师，间以语昌绶，窃佩其用心之专。艺风所称美丁氏者，今将以期吾剑星。剑星虽旅食，顾

① 王松泉撰：《民国杭州藏书家》，见政协杭州市委员会文史委编：《杭垣旧事》，浙江省农科院科技印刷厂 2000 年，第 9—10 页。

② （清）陈璚修，（清）王棻纂；屈映光续修，陆懋勋续纂；齐耀珊重修，吴庆坻重纂：《民国杭州府志（三）》卷一百四十六《文苑三・杨文莹》，见《中国地方志集成・浙江府县志辑》（3），江苏古籍出版社 1991 年版，第 498 页。

③ （清）陈璚修，（清）王棻纂；屈映光续修，陆懋勋续纂；齐耀珊重修，吴庆坻重纂：《民国杭州府志（三）》卷一百四十六《文苑三・杨文莹》，见《中国地方志集成・浙江府县志辑》（3），江苏古籍出版社 1991 年版，第 498 页。

④ 嘉兴文化广电新闻出版局编，尤裕森撰：《嘉兴历代碑刻集》之《揽秀园碑》，群言出版社 2007 年版，第 50 页。

⑤ 梁战、郭群一主编：《历代藏书家辞典》，陕西人民出版社 1991 年版，第 240—241 页。

勤力于是,将穷岁月积累而未有竟,隐然绍杭州先哲之流风余绪,其所系不綦重哉!”①撰有《丰华堂旧藏浙江地方志目录》,著录5000余种。内有不少明版、精刊,计有宋版2种7册,元版6种24册,明版400余种4859册,抄稿本200余种2161册,清版及民国以后刊本4000余种,总共47546册。所藏颇多稀见之孤本。其中所藏浙江人著述稿本有《浙江政鉴》,乾隆裘瀛先竹溪撰,原稿本;《台山初稿》,天台齐召南手稿本;《四明文献集》五卷,明鄞县郑真、陈朝辅同辑,明抄本。“顾廷龙亦曾购得杨氏丰华堂藏书一批,有卢文弨校《傅子》、谭献校《词学丛书》本《词源》、塘栖老氏校方凤《存雅堂遗稿》及浙人诗集、文集六十余种,内有稿本、抄本、罕见本等。”②

藏书楼除丰华堂、幸草亭外,还有太玄洞天之读书亭,藏书颇具规模。

丰华堂又藏有文澜阁本燹余之书,即《诗经世本古义》《证类本草》《外台秘要》《玉山璞稿》等四种。

民国二十五年(1936)杭州举办浙江文献展览会,杨复选送展览会之书有:乾隆时裘瀛先著《浙江政鉴》(原稿本),明鄞县郑真、陈朝辅合编《四明文献集》(明抄本),明钱塘朱文治纂、明万历杭州刊本《文字会宝》,宋钱塘林逋著、明万历钱塘刊本《宋林和靖先生集》等。其中《浙江政鉴》属孤本;明刊《文字会宝》所选历代名文,皆请名手书写上板;明刊《宋林和靖先生集》写刻俱精。

杨氏家族于民国十八年(1929)五月,将家藏古籍以三万四千元之价让售清华大学图书馆,经清点其数为47546册,若按卷数,则至少20余万卷,仅宋元明版书就有5000余册,抄稿本216册,其金石、浙江文献、日本刻本等古籍尤具特色。清华大学图书馆编有《丰华堂藏书目录》。刘蔷博士撰文记云:“1929年清华大学一举买进杭州藏书家杨氏的丰华堂全部藏书47546册,使清华的古籍质量陡然上升。丰华与号称近代四大藏书家之一的丁氏八千卷楼同时,是浙杭私人藏书家中仅次于丁氏者。其藏书历经两代数十年的穷搜极访,苦心经营,仅宋元明版书就有5000余册,抄稿本216册,在金石、浙江文献、日本刻本等方面尤具特色。当时校内外对丰华堂藏书的购进大都欢欣鼓舞,认为此事不仅使清华图书馆在华北第一,即使在全国也将居于前列。”③

从杭州举办浙江文献展览会杨氏送展古籍和刘蔷文中可略见杨氏家族藏书之富。

---

① 吴昌绶撰:《松邻遗集》卷四《丰华堂藏书记》,见《清代诗文集汇编》编纂委员会编:《清代诗文集汇编》782,上海古籍出版社2010年版,第193页。

② 顾志兴著:《浙江藏书史》,杭州出版社2006年版,第653页。

③ 刘蔷:《战火劫难,古籍新生——记清华大学藏焚余古籍的修复及整理》,见天一阁博物馆编:《天一阁》第一辑,宁波出版社2004年版,第199页。

(六十二)陈夔麟

陈夔麟(1855—1928) 字少石,号少室山樵,以字行,贵州人,侨居杭州。陈夔龙[1]兄长。叶景葵记云:"少石方伯,由光绪庚辰进士,成庶吉士,散馆后,改湖北谷城县知县,历任汉阳蕲水等剧邑,升授荆宜施道,调补汉黄德道,擢江西臬司,转广东藩司。共和肇建,致仕而归,侨寓杭州。"又工诗,"随笔抒写,清隽流转,自与樊山实甫唱和往来,风格益遒,时有瑰丽裔皇巨制。所作诗钟,典雅工切,为同社所推重"[2]。撰有《宝迂阁日记》。

陈少石善书法,好藏书,尤精鉴赏,书画名迹收藏甚富,收藏斋室名曰宝迂阁。编有《宝迂阁书画录》,序云:"予幼孤,先人所藏书画往往为人巧取十不存一。逮长,应春明试,见厂肆名迹心窃慕之,然寒士修羊岂能供一猎。癸未改官楚北,历襄黄、江汉间,从政之暇,稍稍出俸余购一二,又浏览故家秘籍以资心镜,而于欧阳公所谓晚知有益者仍为领会也。岁丁,庚子拳祸肇兴,武汉为东南绾毂羽书交弛,中外视为安危。予适承乏夏口,昼应兵事,夜治簿书,又大府檄召,靡有定晷,炎天酷烈渡江日数次,奔命之疲,眠食几废,因思悦之法无过书画,早晚必休息片时,竹室蕉窗,卷轴罗列偶一展阅顿涤烦襟,如是者年余受益无穷,而所获亦多精品。癸卯北觐,留滞京师,东南珍秘又复辇致都,会拔奇选粹以得云林虞山林壑图为最铭心,莅荆后,建阁藏弆,名曰宝迂阁,继得巨师华原而帧,诧为'三绝'。……检箧中,所藏不下数百件,谨择其至精者、罕见者都为一录,计卷五十册六十三轴,一百有七附以屏联十五本,我心得略加评语以质大雅,窃维鉴古之难久矣。"[3]叶景葵《宝迂阁日记》跋云:"方伯先君一岁,皆由牧令擢至监司,服官皆三十余年,豫鄂邻省,闻声相思而已!方伯出生早于先君十年,还山亦早十年。民国壬戌,先君辞官归,筱石制军早居沪渎,方伯友于之爱,时往来杭沪之间。先君投分甚深,谈谦几无虚日。"其"官俸所余,喜聚法书名画,宝迂阁珍秘,今已散佚人间。日记中于收藏来历,评定价值,记之甚详,堪与书画录并重"[4]。又云:"陆世兄颂尧好蓄先哲日记,以重价购得此书,假读一过,忻感交集。方伯嗣子皆能世其家声,保其先泽,所佚书画及日记巨册,系杭乱时为市侩所攫,非同易米。"[5]

藏书印有少石鉴藏、古黔陈少石收藏名迹、宝迂阁书画记、夔麟等。

(六十三)吴庆坻父子进士

吴庆坻(1848—1924) 字子修,又字敬疆、稼如,别号悔馀生、蕉廊、补松老人。

---

① 按:陈夔龙(1857—1948),字筱石,一作小石、韶石,号庸庵、庸叟、花近楼主人。清光绪十二年(1886)丙戌科进士,历官直隶总督、北洋大臣等。辛亥革命后,寓居上海三十余年。喜诗文,善书法。

② 叶景葵著,顾廷龙编:《卷盦书跋·宝迂阁日记》,古典文学出版社1957年版,第32—33页。

③ (清)陈夔麟《宝迂阁书画录序》,见北京图书馆出版社影印室辑:《历代书画录辑刊》第13册,北京图书馆出版社2007年版,第295—296页。

④ 叶景葵著,顾廷龙编:《卷盦书跋·宝迂阁日记》,古典文学出版社1957年版,第32—33页。

⑤ 叶景葵著,顾廷龙编:《卷盦书跋·宝迂阁日记》,古典文学出版社1957年版,第33页。

姚诒庆《墓志铭》云:"公著籍浙江钱塘县,明万历中先世自新安迁于杭。世居同仁里,后移学官巷,并在庆春门。曾祖升,乾隆癸卯举人,四川夔州府知府,妣氏程。祖振棫,嘉庆甲戌翰林,云贵总督,妣氏姚、氏王。父春杰,二品荫生,署山西雁平兵备道。"①庆坻于"光绪丙子,举于乡。丙戌,成进士,改翰林院庶吉士。座主王祭酒先谦、祁文恪世长、孙文恪毓汶、房主张尚书人骏,并激赏公文,而行谊复至相契合。己丑,授编修,充会典馆帮总,纂中外图籍,悉心斠撷。""辛卯,充顺天乡试同考官。壬辰,公子士鉴以廷试第二人及第,父子同馆,士林称盛。"②"历官湖南提学使,先生后典云南乡试,任四川学政、湖南学政,直政务处。丙午,授湖南提学使,至日本考学制。辛亥乞休"③,退居上海,与冯煦、樊增祥等组织文学团体超社和逸社。"少治宋学,通籍后服官中外,蒿目时艰,深以世道人心为惧。记朝章、国故、轶事,为《蕉廊脞录》八卷。辛亥后,为《辛亥殉难记》八卷。"④其善诗文,工书法,又有《补松庐文录》《补松庐诗录》《悔馀生诗》等。修《杭州府志》《续修浙江通志》,有手札二通,均为浙江图书馆收藏。与八千卷楼主人丁氏交好,曾参加铁花吟社,与丁丙相唱和。其女归于丁丙之孙。

吴庆坻世居杭州岳官巷,其住宅为明、清建筑,现为杭州市重点文物保护单位。

吴庆坻出身于书香门第,承其家风,喜藏书,好金石。姚诒庆记云:庆坻"幼从祖制军公入蜀,留成都四载,繇是而陕而鄂而晋,舟车具行箧,不以在途废业,季至晋,善属文,益志于经世之学,自中兴名臣疏札,以及诸先正论治之书,与夫邸钞文字有关系者,靡不综贯。然性澹泊,无竞争。同治戊辰,公祖以防河年渐衰,公父陈情乞终养,乃侍奉还杭。虽席贵显,而两世清德,归装书兼两无余资,或有所需,尝冒雨行走以供厥事"⑤。吴庆坻亦回忆云:余"先曾王父夔州府君,博极群书,仕不废学,尝撰《酒志》二十八卷……稿本存道富书楼。比寇乱,群书散亡。同治初,余归自晋阳,捡拾残编,勮得卷十三稽典五、卷十四列事一、卷十五列事二,凡一册,至可痛惜。爰装治成帙,俾后人永宝之"⑥。"余尝得文勤(即王文韶)日记数十巨册,皆其官京师及鄂、湘时所记,论人论事皆有识"⑦。所撰《蕉廊脞录》所记"经籍""金石""书画"

① 姚诒庆《清故湖南提学使吴府君墓志铭》,见(清)吴庆坻撰,张文其、刘德麟点校:《蕉廊脞录》附录,中华书局1990年版,第261页。

② 姚诒庆《清故湖南提学使吴府君墓志铭》,见(清)吴庆坻撰,张文其、刘德麟点校:《蕉廊脞录》附录,中华书局1990年版,第262页。

③ 徐世昌等编著:《清儒学案》卷一百九十《葵园学案·吴先生庆坻》,第8册,中华书局2008年版,第7360—7361页。

④ 徐世昌等编著:《清儒学案》卷一百九十《葵园学案·吴先生庆坻》,第8册,中华书局2008年版,第7361页。

⑤ 姚诒庆《清故湖南提学使吴府君墓志铭》,见(清)吴庆坻撰,张文其、刘德麟点校:《蕉廊脞录》附录,中华书局1990年版,第262页。

⑥ (清)吴庆坻撰,张文其、刘德麟点校:《蕉廊脞录》卷五《酒志》,中华书局1990年版,第164页。

⑦ (清)吴庆坻撰,张文其、刘德麟点校:《蕉廊脞录》卷三《王文韶》,中华书局1990年版,第80页。

等,绝大多数是其收藏的,或经眼的,故对于古籍的版本、金石的考证、书画的鉴别,皆可资参证。如“笠泽丛书”条,吴氏又云:“余家藏《笠泽丛书》,为后至元五年十一世孙惠原刊于书院,不分卷,以甲乙丙丁为次,后一卷补遗,书法类赵松雪,纸墨精良,有‘辅国公如嵩印’‘怡情书室图书’‘素心人怡情书室珍藏书画图章’‘信郡王恬斋素心人珍藏’‘信邸珍藏’诸小印。……余家所藏至元刊本,正分为四卷,与《读书敏求记》合。”①又“章学诚事略及其遗书本末”一条,抄录桐城萧穆所记,于章氏遗书“一逃于水厄”“一逃于火厄”的经过有详细叙述②。《晚晴簃诗汇》载:吴庆坻“自湘中乞归,家居十余年,翛然清尚,竺意乡邦文献,有前辈梁、胡诸老风”③。

吴士鉴(1868—1933)　字公詧,号䌹斋,一号含嘉,别署式溪居士,钱塘人,世居杭城庆春门内忠清里学官巷。庆坻长子。“乡试中式第四十四名,复试一等第一名,会试中式第三十七名,保和殿复试一等第二名,殿试一甲第二名,赐进士及第,钦授翰林院编修。”④官南书房行走,翰林院侍讲,累迁至安徽提学使。宣统二年(1910)任翰林院侍读。朝鼎变革后,任清史馆纂修,后专事研究晋史。撰有《晋书斠注》一百三十卷、《补晋书经籍志》四卷,又撰《清宫词》《含嘉室诗集》《含嘉室文集》等。生平事迹参见其自撰《含嘉室自订年谱》⑤。

吴士鉴承其家学,以评骘金石、考订碑板、精研史籍而名重一时。服官之暇,不遗余力,搜购大量卷帙,其藏有日记近百册。其旧藏敦煌莫高窟藏经洞所出唐大历二年(1767)写本《释肇断序抄义》失题残卷,今归杭州市某氏所持有。撰有《吉轩经眼录》《敦煌庚子写本》《商周彝器文字释例》《商周彝器札记》等。

吴士鉴又尝得鲁原编钟九,遂以九钟精舍名其书室及藏书处。其九钟精舍藏书颇富,“藏书数万卷,多史地金石类。编有《吴氏藏书目录》七卷”⑥。其《九钟精舍金石跋尾》,收录金石题跋五十则,于疆域建置、官制沿革之考证,尤为精审。吴氏自序云:“余自弱冠酷嗜石墨,比至京师,闻顺德李侍郎师之绪谕,复从王文敏公、沈乙盦丈游,益网罗海内名拓,昕夕钩𨱓,积十余年,凡孙、赵二家访碑录未著录者,得数百通。每见一碑,辄参稽史事,为之跋尾,疏记别纸,朱墨交错,而于疆域之建置,宜制之沿革,尤再三致意焉。其前人已有考证,或未详赡者,则亦补订其疏阙。庚子之

① (清)吴庆坻撰,张文其、刘德麟点校:《蕉廊脞录》卷五《笠泽丛书》,中华书局1990年版,第127页。

② (清)吴庆坻撰,张文其、刘德麟点校:《蕉廊脞录》卷五《章学诚事略及其遗书本末》,中华书局1990年版,第159—161页。

③ 徐世昌辑:《晚晴簃诗汇》卷一百七十六《吴庆坻》,见《续修四库全书》编纂委员会、复旦大学图书馆古籍部编:《续修四库全书》第1633册,上海古籍出版社2003年版,第168页。

④ 顾廷龙主编:《清代硃卷集成》第74册《吴士鉴》,台北成文出版社1992年版,第212页。

⑤ 吴士鉴《含嘉室自订年谱》,见北京图书馆编:《北京图书馆藏珍本年谱丛刊》第192册,北京图书馆出版社1999年版,第139—222页。

⑥ 何槐昌《浙江近现代藏书家小传》,见浙江省政协文史资料委员会编:《浙江文史资料选辑》第64辑《史海钩沉》,浙江人民出版社1999年版,第78页。

乱,稍稍散佚,闲置箧衍,时一理董。近年搜集吉金,甄采日富,于群经古义之通假,百国宝书之阙遗,列邦文字之异同,篆籀形声之迁贸,冥悟遥契,偶有所得,思欲绍欧、赵、阮、吴诸家之作,而未有暇也。元冬长夜,检录旧稿,先成甲编,其乙丙丁以下诸编,当赓续裒辑,以质世之治金石学者。宣统己酉十一月吴士鉴。”①

藏书处除九钟精舍外,还有含嘉室。藏印有士鉴珍藏。有《含嘉室日记》四十册及《续记》二册,自清光绪十八年(1892)壬辰科会试之年,迄于辛亥(1911),凡毕生经眼之金石、碑帖、古籍,悉加考证入记,旁及读书札记、宫廷轶事、戊戌变法、义和团起义,记载綦详,惜未及梓行,今亦不存。

吴氏父子藏书,惜毁于20世纪60年代之“文革”中。其秘藏清初余姚郑氏“二老阁”藏书楼之绘图手卷,后有四明万斯大、万斯同兄弟题跋,为稀见之物,于“文革”中一同被焚②。吴氏记日记数十年不辍,积有四十余本之多,记述北京风土、历史掌故和亲友酬唱诗文(未刊),内容富赡,对研究近代文学极具参考价值,然“文革”中被付之一炬。

(六十四)夏曾佑

夏曾佑(1865—1924)　字穗卿,号别士,又号碎佛,钱塘人。曾佑“年廿四入泮,廿六举于乡,廿八入春闱以第一人成进士,入翰林,改礼部主事”③。历安徽祁门知县,任三年,政简刑清,祁民颂之。迁直隶州知州,官至迁知府。尝随五大臣出洋考察宪政,所称宪法大纲十法,出其手订。民国后,退居上海,继出任教育部社会司长,多有建树,迁调北平图书馆馆长,兼清史馆纂修。尝在上海同邑汪康年与梁启超辈设《时务报》。参与严复创《国闻报》,讲学于天津育才馆三年,因材施教,所成者亦甚多。有“遗文二百余篇,遗诗百余首,均待梓。曾撰有《中国古代史》为大学用书,刊行于世”④。生平事迹参见梁启超《亡友夏穗卿先生》、宋慈裒《夏曾佑先生小传》及袁英光《夏曾佑先生小传》。

夏曾佑博览群籍,宋慈裒称“与梁启超谈史学最契者,推夏曾佑先生”⑤。夏曾佑“少时读书,尝以数十巨册置案上,一二日读竟,一日可读二三部,及掩卷,书中要旨,能一一备述,以故博极群书,几无学不窥”。“作文,不起草,每得一题,端坐沉吟,移时而展卷录就矣。座客在,不为之问”。“癸巳甲午之际,言新学者渐起,自南海康

---

① 吴士鉴《九钟精舍金石跋尾序》,见桑椹编纂:《历代金石考古要籍序跋集录》卷一,浙江古籍出版社2010年版,第352—353页。

② 王松泉撰:《民国杭州藏书家》,见政协杭州市委员会文史委编:《杭垣旧事》,浙江省农科院科技印刷厂2000年,第33页。

③ 杨家骆《夏曾佑先生小传(一)》,见夏曾佑著,夏丽莲整理:《钱唐夏曾佑穗卿先生纪念文集》附录,(台北)文景书局1998年版,第258页。

④ 杨家骆《夏曾佑先生小传(一)》,见夏曾佑著,夏丽莲整理:《钱唐夏曾佑穗卿先生纪念文集》附录,(台北)文景书局1998年版,第259页。

⑤ 宋慈裒《夏曾佑先生小传(二)》,见夏曾佑著,夏丽莲整理:《钱唐夏曾佑穗卿先生纪念文集》附录,台北文景书局1998年版,第261页。

有为为师徒出，而公羊学风行”。“平素不习西文，未履欧美之地，而各邦之政治兴衰，与其学术变迁，能洞见其本原。尝语其门人曰：‘吾壮年读书，但事涉猎，以观大要，中年而后，一书之章节，靡不潜心细绎。即一句一字，未敢忽诸。’平居不事撰者，综其所作，惟诗文数十篇，然毕生学术，可得于篇中窥见其一二”。“严复晚年治旧学弥笃，尝就质于夏，其所译《天演论》，原富诸书，与夏反复商榷而后成篇。先生于古今中外术学宗教文艺之渊源派别，窥其微奥，得其会通，尤邃于佛典。与嘉兴沈曾植、同邑张尔田诸人谈佛，昕夕不倦，故自号碎佛。毕生讲学，无门户异同之私，若汉宋之纷争，释儒之异尚，以及新学唯心唯物之各相持而不下者，皆无所左右。凭其载籍所存，与事物所诧，一一平心剖别之，凡所评论，则与昔人之所未道。王修植尝言今之读书者多，读书而淹博者亦多，读书而不为古人所墨者，惟夏一人也”①。

（六十五）蒋廷黻

蒋廷黻（？—1911）　原名学焘，字雅鹤，一字直博，又字稚鹤，号山佣，又号盥庐，海宁硖石镇人。蒋光煦七子。清“光绪十八年进士。官吏部文选司郎中，记名御史。宣统三年授广东韶州知府，未履任殁于沪上”②。曾与冒鹤亭、吴仲怿、耆寿民等人唱和诗作。有《读左杂咏》《读史兵略缀言》《麻鞋纪行诗存》《盥庐遗著》《盥庐词》《看镜词》等各一卷，有《随沪纪行诗存》二卷。

海宁硖石蒋氏家族以藏书著称。最早有蒋楷，筑来青阁以聚书，多宋元善本及金石书画，可与同时著名的吴骞拜经楼、陈鳣向山阁媲美。蒋楷以后，蒋光煦之别下斋、蒋光焴之衍芬草堂及西涧草堂藏书闻名东南。蒋光煦为清末藏书名家，其藏书处别下斋以藏书名震江南。其子蒋廷黻承家学，善诗，雅好藏书，藏书处名曰盥庐。上元宗源瀚于光绪戊子《读书敏求记》题记云：光绪十九年“癸巳春，在杭州遇蒋君廷黻，别下斋后人也。谈及此书，始知姚氏（彦侍）所藏不全本，原书为蒋君之物③，曾于吴门写录以贻陈文简。后人之宦苏者，语石山房乃陈氏书斋名，不知写本如何传入姚氏也。蒋君世代藏书”④。又蒋廷黻《管氏汇钞残本读书敏求记题记》云：“此书为亡友朱君梅坪所赠，缺卷二之首数叶及第四卷，久庋敝箧。今年会稽章硕师卿丈过吴门，枉顾见而赏之，录副书寄，是书可谓得所归矣。甲申孟冬，写毕志此。海昌蒋廷黻。”⑤因其英年早逝，文献记其生平事迹及藏书故实亦甚少。

---

① 杨家骆《夏曾佑先生小传（一）》，见夏曾佑著，夏丽莲整理：《钱唐夏曾佑穗卿先生纪念文集》附录，台北文景书局 1998 年版，第 258—260 页。

② 海宁市政协文教卫体与文史委员会编：《海宁世家》23《硖石蒋氏》，人民日报出版社 2012 年版，第 886 页。

③ 按：原注：今存陈念藼舍人处。

④ （清）钱曾著，（民国）章钰校证：《钱遵王读书敏求记校证・序跋题记》，江苏广陵古籍刻印社 1987 年据长洲章氏丙寅年间本影印。

⑤ （清）钱曾著，（民国）章钰校证：《钱遵王读书敏求记校证・序跋题记》，江苏广陵古籍刻印社 1987 年据长洲章氏丙寅年间本影印。

(六十六)汤寿潜

汤寿潜(1857—1917)　原名震,字蛰先、蛰仙,杭州市萧山区进化镇大汤坞村人,原籍山阴。光绪十四年(1888)戊子科乡试举人,“中壬辰科二甲第十一名进士,授为翰林院庶吉士”①。先后在浙江金华丽正书院、湖州南浔浔溪书院、上海龙门书院任教,同时还在上海参办会文堂书局和《天铎报》,在杭州创办杭州初级师范学堂。辛亥鼎革成功,被推举为浙江都督。1912 年南京临时政府成立后,改任交通总长。与张謇组织统一党,任参事。其著作甚丰,撰有“《危言》四卷,《尔雅小辨》二十卷,《理财百策》二卷,《三通考辑要》若干卷”②,均梓行于世。其早期代表作《危言》与《理财百策》正是他在维新变法时期的作品。又编有《奏准商办浙省有限公司章程》《浙路輶轩表》。其生平事迹参见马孚《绍兴汤先生墓志铭》。

汤氏喜好藏书,居杭州姚园巷时,时常“至梅花碑‘文元堂’和‘天禄阁’书肆购古籍,每日下午前往,习以为常。有时书商挟书去姚园寺巷公馆供其选择。数年以来购书甚多,迨民国元年任浙江都督,方乏暇停购。由于夙耽秘册古椠,委秘书四出大量罗致珍本,耸动杭市书商,纷至衙署争揽生意,以是罕见古籍和名人手稿及秘册一时收获甚多”③。

汤氏藏书,自抗日战争时杭州沦陷后被窃。其散佚之书流通于杭州各书店,书首页均钤有“浙东汤氏拱执宧藏”印及“见即买有必借窘尽卖高阁勤晒国粹公器勿污坏”藏章两方。从其藏印可概见汤氏之开明,视私家藏书为“公器”,可谓高风亮节,令人敬仰。

汤寿潜有遗言告嗣子汤拙存,捐资二十万元于浙江教育事业,以遂其恢弘文化之愿。民国十六年(1927)其子唐拙存与婿马浮④建议浙江省政府,愿意以资建浙江图书馆新馆舍,民国十七年(1928)新馆建成。浙江图书馆此次建馆费及馆内设施费用,实耗银圆二十二万五百五十一元,皆汤寿潜遗命所捐。新馆雄伟轩敞,室内缥湘万轴,接屋连架,其建筑与藏书,其时在全国省级图书馆中堪称翘楚⑤。

(六十七)汪康年

汪康年(1860—1911)　初名颢年,字穰卿,一字梁卿,号毅伯,晚号恢伯,钱塘人。王宪来孙,曾学于翁同龢门下。清“光绪十五年,以优贡生中式乡试。十八年会

---

① 刘绍唐主编:《民国人物小传·汤寿潜》,上海三联书店 2016 年版,第 337 页。

② 浙江简志之二《浙江人物简志》下(内部发行),浙江人民出版社 1984 年版,第 17 页。

③ 王松泉撰:《民国杭州藏书家》,见政协杭州市委员会文史委编:《杭垣旧事》,浙江省农科院科技印刷厂 2000 年,第 27—28 页[浙江省新闻出版局准印证,浙内准字第(2001)第 114 号]。

④ 按:马浮(1883—1967),游名福地,改名浮,字一浮,又字一佛,号湛翁,绍兴人,寓居杭州。曾任浙江大学教授,创办四川乐山复性书院,任院长。中华人民共和国成立后,任中央文史馆副馆长、浙江省文史馆馆长等。马氏好藏书,收藏达十万余卷,注重宋椠元刊收藏,所购古籍以供学术研究为主。1957 年将所藏外文典籍及智林图书馆藏书共一万七千余册赠广东中山大学图书馆;还有七千五百册,交浙江文史馆收藏。

⑤ 参见顾志兴著:《杭州藏书史》,中国社会科学出版社 2011 年版。第 137 页。

议中式，格于事，以次补殿试朝考。三十年，授内阁中书。君中岁通籍，然澹惄荣利，不事干谒，每痛国势孱弱，务欲以辛词苦口牖启人群”。“服官朝省，复先后刊布《京报》《刍言报》，论列时政，侃侃罔所顾惮”①。尝于1895年参加上海强学会。1896年任《时务报》总理。1898年在上海创设东文学社，出版《时务日报》，为清末著名报人，于清末政局政情颇具影响。“辑有《振绮堂丛书》二十五种，有光宣间泉唐汪氏刊本；又有《汪穰卿先生遗文》三卷，民国杭州汪氏铅印本；《汪穰卿遗著》八卷附卷首，民国九年铅印本。”②卒后，葬于杭州西湖桃源岭。

汪氏家族的藏书兴起，始于乾隆年间的汪宪，衰落于咸同战乱之际的汪曾本。至光绪末年民国初年汪康年等，汪氏家族略有复兴。汪氏藏书传至曾本子康年、少年时，振绮堂百余年数世藏书因太平军入杭而尽毁，所存无几。如胡适在《考〈四库全书〉所收的赵一清〈水经注释〉》一文中引王重民的书信言：“振绮堂藏几部赵书的钞本（大约共有四部），后来有两部归了八千卷楼，今在南京国学图书馆。一钞本与刻本间有不同，咸丰间丢了一半，后用刻本补配。又一钞本版心有‘小山堂’三字，自序末题‘乾隆十九年仲冬上旬琼花街散人东潜自序’，也与刻本不同。这些本子若不毁于此次战事，都是解决这些问题的好史料（三十二年十二月二日《寄胡适书》）。”③小山堂则是同时赵昱之小山堂，可知振绮堂所藏赵一清《水经注释》钞本数部，且有较高的文献价值，散出后经八千卷楼丁丙收藏并题跋，但在抗日战争中再遭劫难。现据张桂丽博士考，现藏于各大图书馆的振绮堂旧藏，多经名家题跋，亦不过十余种而已。如《安禄山事迹》《刘豫事迹》《御览书苑菁华》有清卢文弨校正、题跋；《水云村泯稿》有叶景葵题跋；《吴兴沈梦麟先生花溪集》《世敬堂集》有清汪远孙题跋；《瓶笙馆修箫谱》《吹豳录》有清汪诚、汪璐题跋，振绮堂旧藏，今已难得一见。

汪康年闲暇时尤喜书肆搜觅秘本，某有何秘籍或秘籍出处，如数家珍。宋远有诗云：“家学传来振绮堂，晚年一出误瞿王。雅言小录多奇秘，历数遗书某某藏。”④宋远先生注云：殁后，“逾数年，有人刊其遗著中有《雅言录》一种，述所见遗著，皆载明现藏某家。如张石洲《延昌地形志》，祁韵皋《皇朝藩部要略》稿本，存陈士可处。纪文达《四库全书提要》稿本存河间张氏，钱辛楣《元史纪事》存翁叔平处，王船山《龙源夜话》存朱肯甫处。毛岳生《元史》在应敏斋处。按图索骥。又言江建霞有屈翁山《崇祯宫词》及《三吴纪》《五潘纪》，又有《测圆海镜》，与今本多异。又沈子良

① 徐珂《汪君穰卿家传》，见（清）汪康年著：《汪穰卿笔记》附录，上海书店出版社1997年版，第231页。

② 宋远《辛亥以来藏书纪事诗未刊稿笺注》，见钱伯城主编：《中华文史论丛》第49辑，上海古籍出版社1992年版，第95页。

③ 胡适著，杜春和整理：《胡适全集》第十四卷，安徽教育出版社2003年版，第9—10页。

④ 宋远《辛亥以来藏书纪事诗未刊稿笺注》，见钱伯城主编：《中华文史论丛》第49辑，上海古籍出版社1992年版，第94页。

家多写本野史，葛止水家有元裕之算书。所举之人或尚在，即殁亦未远，宜可指名以索也”[①]。虽振绮堂藏书所剩无几，然汪先生受家学影响，喜藏书与抄书，正如汪诒年《汪穰卿先生年谱》所言：“先生于书无所不览，自群经、诸子、历史、舆地、小学、天算以至古文骈文、诗词之学，靡不探讨而研究之。三十五岁以后，从事报馆，公私应酬，日不暇给，而就寝之顷，犹必阅书十数页以为常云。又好抄古籍秘本，非力所能蓄者，不惮辗转假借手自移录。课徒里中时，尝觅得沈氏《南北朝舆地表》，时方岁暮，得解课一月，即将原书手录一本，一字不遗。其后往来南北，随时搜购秘籍，又从交好中借抄。故生平所得罕见之书颇伙。屡欲刊刻行世，以拙于财力而止。晚年乃议用活字版，次第排印以六册为一集，名曰《振绮堂丛书》，惜初集甫竣，先生即逝矣，哀哉！身后（诒年）检点遗箧，得未刻书十余种，又得遗稿数册，皆杂记旧闻及时事复裒集。生平所作报论得数十篇拟为次第刊行，先生毕生辛勤所留遗，于身后者仅此而已。”[②]洪焕椿先生撰文记云：“汪氏后裔汪康年，字穰卿，与梁启超同时，光绪二十二年主办《时务报》。戊戌政变之前，《时务报》的名声很大，梁启超、黄遵宪等人，都是该报的发起人。他还办过《京报》等几种报纸，是我国新闻界最早而有相当影响的人物。汪康年亦好书，光绪、宣统间，辑刊《振绮堂丛书》两集，第一集十二种，五册；第二集十二种，八册。”[③]这可说是振绮堂最后对中国文化事业所作的贡献。

（六十八）陆懋勋

陆懋勋（1868—?）　字勉斋，号潜庐，又号屺潜，仁和人。光绪十五年（1889）“己丑恩科本省乡试中式三十九名，复试一等第十九名，会试中式一百六十四名，保和殿复试一等第七十九名，殿试二甲第二名，朝考一等第六十四名，钦点翰林院庶吉士”[④]。截取知府，分发江苏，署常州府知府，捐升道员，入江苏巡抚程德全幕。民国后回浙江，入巡按使屈映光幕为秘书，江巡按使署秘书、署理，江苏审判厅厅长。光绪二十六年（1900）任求是书院总理，光绪二十九年任浙江高等学堂监督。著有《武林山水记》《蠡测类存》《历代户口考略》《钱币考略》等[⑤]，曾应聘修《杭州府志》，成原稿凡三十三册藏于家，后归杨氏丰华堂所收。

陆懋勋与兄陆佐勋[⑥]齐力聚书，藏书颇丰，其藏书室为不忮求斋。叶景葵云：“兄弟勤读，所得嘉奖以购书，积其余力以黄椐木制书箱，每年添制一二箱。寒士聚

---

① 宋远《辛亥以来藏书纪事诗未刊稿笺注》，见钱伯城主编：《中华文史论丛》第49辑，上海古籍出版社1992年版，第94页。

② 汪诒年编：《汪穰卿先生年谱》（汪康年），见北京图书馆出版社影印室辑：《晚清名儒年谱》第十二册，北京图书馆出版社2006年版，第555—556页。

③ 洪焕椿著：《浙江文献丛考》，浙江人民出版社1983年版，第126页。

④ 顾廷龙主编：《清代硃卷集成》第87册《陆懋勋》，台北成文出版社1992年版，第154页。

⑤ 王松泉撰：《民国杭州藏书家》，见政协杭州市委员会文史委编：《杭垣旧事》，浙江省农科院科技印刷厂2000年，第42页（浙江省新闻出版局准印证，浙内准字第（2001）第114号）。

⑥ 按：陆佐勋，字饮和，懋勋兄。光绪十七年（1891）副榜。

书如此艰难。”①曾藏孙康侯《武林文献内外编》原稿三十二本。

陆懋勋殁后，遗有藏书七十余箱。因其子为纨绔儿，愚昧无知以每箱二元，七十箱以“打闷包”形式售与抱经堂书肆，其中多为浙江方志及清代杭郡人著述手稿。如懋循尝藏有自撰抄稿本《不忮求斋文存》四卷诗存一卷，卷首张寿镛墨笔题：“《不忮求斋文存》四卷《诗存》一卷，吾老友杭州陆勉斋懋勋作也。忆余需次吴垣，勉斋以编修分发江苏为知府，与余时相往返，文笔斐然，叹为不可及。辛亥余既离苏，而君亦归杭。至癸亥（1923），余再计（主）浙计，而君逝矣。后人潦倒，以遗书求售，于是《两浙耆旧传》《明遗献传》暨斯诗文存，咸归于我。文中关于朝章、国故、乡闻、学术，皆足以备采取，而登史志，如《汪穰卿康年传》，其尤精者也。诗亦清逸。倘有勉斋旧友，愿合力为之印行，余愿分任之。乙酉（1945）春，约园。”②

（六十九）陈叔通

陈叔通（1876—1966）　名敬弟，以字行，号云麋（麋），仁和人。为耆宿陈豪之哲嗣。政治活动家，爱国民主人士。光绪二十八年（1902）举人，光绪癸卯进士，授翰林院编修③。1894 年中日甲午战争后留学日本，参加过戊戌变法运动。辛亥革命后任第一届国会众议院议员。曾参加反袁护法斗争。以后长期担任商务印书馆董事和浙江兴业银行董事，从事实业活动。中华人民共和国成立后，任全国人民代表大会常委会副委员长、政协全国委员会副主席等职。著有《清史后妃序》《清史凡例商榷》《百梅书屋诗存》，辑有宣古愚、杨无恙、汤定之、姚茫父画选，共计 11 幅。

其父陈豪（1839—1910），字蓝洲，号迈庵，自称墨翁，仁和人。清同治九年（1870）优贡生，官湖北汉阳知县。清末杭州文坛耆宿，诗、书、画皆工。所画山水意境超逸，神似戴熙。又能画花卉，有更深工力，设色运笔能得罗南河的神韵，不仅貌似，人们以为浙江画家，自奚冈、黄易之后，当以豪为第一。尤喜收藏，有冬暄草堂、冬烟草堂等书斋，庋藏典籍、书画等。生于书香世家的陈叔通，幼承家学，对诗词古文造诣甚深。其熟读经史古籍，博学多识，尤喜藏古籍字画，其藏书处为百梅书屋，藏有《冬暄草堂诗稿》二卷，为其父蓝洲先生撰著之手稿本。叔通将其父所撰《冬暄草堂笺存原札》，捐赠上海图书馆，共装订二十四册。1936 年杭州举办文献展览会，清谭献手稿《汉饶歌十八曲集解》就是陈叔通所送展藏书之一，此手稿后赠与浙江图书馆。

叔通收藏书画之处称所不为斋、双汉罍斋。所藏历代名画甚多，曾藏有各朝名画家所绘之梅花精品百幅，冠名曰《百梅图》行世，由商务印书馆刊行，内有元王冕所

① 叶景葵著，顾廷龙编：《卷盦书跋·新纂杭州府志残稿》，古典文学出版社 1957 年版，第 48 页。

② 引苏晓君纂：《苏斋选目》八《近现代百五家抄稿本书目及留墨》，中国经济出版社 2013 年版，第 353 页。

③ 参见王余光、徐雁主编：《中国阅读大辞典》第六篇《社会组织与阅读推广案例》，南京大学出版社 2016 年版，第 1125 页。

画梅花立轴一幅尤为珍贵。该书凡娴于画艺者,莫不人手一册,以是洛阳纸贵,名倾全国,咸誉为画坛盛事。陈叔通又喜收藏自周秦迄宋元钵本印九百钮,以千印名斋。所藏其父手稿、信札亦多。陈叔通对杭州文教事业颇有贡献,创办杭州第一所女子学堂杭州女校及创办《杭州白话报》。并与叶景葵等共同创办上海合众图书馆。1953 年,陈叔通将几十年所搜集珍藏的"百家画梅",全部捐献给故宫博物院。20 世纪 60 年代,又将自己珍藏的四十万历代印章捐献给西泠印社。

(七十)刘　焜

刘　焜(1867—1931)　谱名振书,字藏香,又字治襄,号松盦,自号甓园居士,浙江兰溪人,居住杭州蔡官巷。清"光绪二十八年壬寅乡试辛丑、庚子恩正并科,列第一,中举人;时人称解元。闱墨传诵全省。次岁癸卯试,中进士,被点翰林院庶吉士"[①],翌年散馆授翰林院编修。历宝录馆纂修、国史馆协修、学部图书局总纂、记名提学使。刘焜倾心改良,戊戌变法失败,出任北京京师大学堂教授。民国后,曾任浙江省副议长,浙江巡按使公署秘书长,内务部总务厅厅长。刘焜雅博宏深,精于古文词,尤善骈体,以文著于时。著有《数律天根》《中国文学系说明》《庚子西狩丛谈》《豢龙小乘》《芷香吟草》等。

刘焜喜藏书,在杭时,广收古籍,其藏书亦富,然所聚之书只以数量为胜[②]。其孙刘起良先生回忆云:"祖父性格内向,平时沉默寡言,好读书,终日手不释卷,犹晚年勤学如故。虽出身科举,治学态度非常开明,不泥古而非今,不守旧而非新。博览群书,时获新旨。生平淡泊廉退,不慕荣利。宦游数十年,几居显要,一介未尝妄取,从未广置田园,所有俸收,恒喜购书贮藏。身后唯一遗产仅图书数千卷而已。"[③]

刘焜逝世后,其藏书由其家人出售,在抗战之前已散佚。

(七十一)探花孙智敏

孙智敏(1881—1961)　字勤斋,一字厘才,又号执庵,钱塘人。"乡试中式第一百九十一名,复试一等第六十六名,会试中式第一百六十五名,保和殿复试一等第十三名,殿试二甲第四十二名,朝考一等第三十八名,钦点翰林院庶吉士。"[④]清宣统元年(1909)任浙江图书馆会办。辛亥(1911)后任建德、龙游两县知县,杭州高等学校监督、之江大学文理学院教授、青岛市政府秘书等。擅书法,长骈文,善作诗。著有《知足居文存》《知足居诗存》《知足居联语录存》等。其早时曾和钱塘丁辅之,仁和叶为铭、王寿祺三人同辑《西泠印社志》,并由孙作序,惜散失。其著述尚多,惜均未

① 参见刘起良《我的祖父刘焜》,见政协兰溪县委员会文史资料工作委员会:《兰溪文史资料》第 6 辑,1988 年,第 72—73 页。

② 王松泉撰:《民国杭州藏书家》,见政协杭州市委员会文史委编:《杭垣旧事》,浙江省农科院科技印刷厂 2000 年,第 22 页。

③ 刘起良《我的祖父刘焜》,见政协兰溪县委员会文史资料工作委员会:《兰溪文史资料》第 6 辑,1988 年,第 74—75 页。

④ 顾廷龙主编:《清代硃卷集成》第 89 册《孙知敏》,(台北)成文出版社 1992 年版,第 220 页。

付印而遭散失。

喜藏书，整日爱不释卷，阅览古籍。据《杭垣旧事》载："早年常往清和坊文元堂书店选购喜爱之书，是文元堂书店之常客，后又至城战抱经堂书店求访古籍，数十年来家中藏书甚富。如人至其家拜谒，口叫孙老时，只听其在书房内回声，不见其人，因孙老坐在四面环抱之书房中，故自称'书巢主人'，可见其藏书之多。"①

孙智敏故世后，藏书由家人陆续售完。

（七十二）邵　章

邵　章（1872—1953）　谱名孝章，字伯絅，号倬盦，又署崇伯，仁和人。"光绪二十八年乡试中举，二十九年会试中式，赐进士出身，入翰林，任编修"②。后赴日本游学，曾毕业于日本政法大学速成科。曾任湖北法政学堂及江三省法政学堂监督，奉天提学使，北京法政专门学校校长，北京政府评政院评事兼庭长、院长等职。新中国成立后，被聘为中央文史馆馆员。邵氏精研碑帖，工书法，擅长行楷书、榜书、行草。与收藏名家如郑文焯、邵瑞彭、张尔田等人关系密切。字体古雅隽迈，浑厚庄重。其诗文亦名重一时，著《倬盦遗稿》《云淙琴趣词》《倬盦诗稿》《倬盦文稿》《古钱小录》《邵章遗墨》《云缪琴曲》等。

其祖父邵懿辰③博览群籍，雅好藏书，购书极多，所藏甚富，藏书处曰半岩庐，案头置《四库全书简明目录》一部，遇所见宋元旧本、抄本，手记于各书名之下，已备校勘。所编《四库简明目录标注》二十卷，是研究中国目录版本学的重要参考书。补充了《简目》所未收书及不同版本。附录有"善本书跋及其他""四库未收传本书目""东国（日本、朝鲜）书目"。惜邵懿辰于杭州遇难后，"家藏群籍荡然一空"④。

邵章承其祖风，好藏书，对藏书不遗余力，积数十年之功，累积藏书数万卷。倾俸所余，即购书册，居北京西城时藏书处称石灯盦，每书之后必有一"倬盦藏书"书签，书写有其卷数、价格、购自谁手等内容。在《四库简明目录标注》后序中尝自谓："通籍走四方，得诸故老传闻，及劫余遗墨，仅获考其崖略。而性嗜简编，清俸所余，

---

① 王松泉撰：《民国杭州藏书家》，见政协杭州市委员会文史委编：《杭垣旧事》，浙江省农科院科技印刷厂 2000 年，第 42 页。

② 《浙江省教育志》编纂委员会编：《浙江教育志》第十七篇《人物·邵章》，浙江大学出版社 2004 年版，第 1036 页。

③ 按：邵懿辰（1810—1861），字位西，仁和人。道光十一年（1831）举人，历官内阁中书、军机章京，由军机处奏保以员外郎升用，分刑部。其"尤谙谏国朝掌故，洞悉源流前直军机处，凡遇大典礼发诏谕每属稿，上必称旨"。懿辰"方年未冠时即期以著述传世，读书目数行下，博览群籍，研究义理，每谓汉宋诸儒学问不可偏废"。撰有《礼经通论》《尚书传授同异考》《杭谚诗》《孝经通论》《位西所见书目》《尚书通义》《孝经通义》《忱行录》《位西遗稿》《半岩庐文集》等。《清史列传》卷六十五《忠义传》有其传。又喜藏书，藏书甚富。

④ （清）邵懿辰撰，邵章续录：《增订四库简明目录标注·后序》，中华书局 1959 年版第 964 页。

辄易书册,冀复半岩庐[①]庋藏之旧。尤欲网罗咸丰后嗣出诸书。”[②]所藏清阮元亲笔所书《灵隐藏书记》手迹及“灵隐藏书印”,后赠西湖博物馆(今浙江博物馆)。曾为其祖邵懿辰校刊《四库简明目录标注》,编著《四库全书简明目录标注续录》,又编有“《杭州藏书楼书目》,光绪二十八年印行”[③]。

藏书处为石灯盦。

其藏书印有邵锐小记、阿章、邵章之印、倬盦填词、校人邵章、邵伯絅八十后作等。

邵氏还热心乡邦文化教育事业,参与创办杭州蚕学馆、养正书塾、杭州女学堂等,亦为浙江公立图书馆耆宿。光绪二十六年(1900)与胡焕共同创办杭州藏书楼,任监理之职,编《杭州藏书楼书目》,又与胡焕、杨复等创议将杭州藏书楼扩充改建为浙江藏书楼(今浙江图书馆前身),时收录藏书700余种、9499册,藏书就增加到七万卷、35000册,并向社会开放。为后来成立浙江图书馆,打下了基础。

(七十三)叶景葵

叶景葵(1874—1949)　字揆初,一作葵初,初号卷盦,晚号书寄生,别署存晦居士,仁和人。藏书家朱钟琪[④]之婿。光绪二十年(1894)中第二名举人,光绪癸卯进士,尝授大清银行监督。辛亥革命后,转入实业界,历任汉冶萍公司经理、浙江兴业银行上海董事长兼总经理垂三十年。顾廷龙记云:叶君景葵“清光绪癸卯进士。盛年抱负经世之志,尤醉心新学,其受实业救国之影响甚深。尝佐治督幕,经理厂矿,皆有所建树,而主持浙江兴业银行以终其身”[⑤]。著有《卷盦札记》《卷盦诗存》《卷盦联存》《卷盦文存》等。生平事迹参见顾廷龙《杭州叶公揆初行状》。

叶景葵出身仁和著族,“先其新州望族,世有隐德。至明万历中,仰湖公始迁杭。数传至古渠公讳蕃,清乾隆十六年辛未进士,改翰林院庶吉士,官至思恩府知府,学宗程朱,作育甚众,著有《敦怡堂文稿》,是为公六世祖。曾祖宣三公讳庆暄,道光十七年丁酉举人,官鄢陵县知县,著有《咏兰室诗文钞》。祖振甫公讳尔安,廪贡生,官商水县知县,署许州直隶州知州,所至有政声,事迹载《商水县志·名宦传》,嗜金石

---

① 按:半岩庐为邵章祖父邵懿辰藏书处。

② (清)邵懿辰撰,邵章续录:《增订四库简明目录标注·后序》,中华书局1959年版第965页。

③ 郑伟章著:《文献家通考》卷二十五《邵章》,中华书局1999年版,第1448页。

④ 按:朱钟琪(?—1916),字养田,号蜕庐,仁和人。历官寿张、招远、兰山、清平、历城、泰安县令及青州知府等,为官清明有政声,重气节。其博学通识,尤深南北史,著有《蜕庐钟韵》《蜕庐先生日记》《蜕庐剩稿》《蜕庐读书丛录九种》《南史节抄》等。曾于历城设泽古文社、于泰安创仰德书院,又于光绪三十二年(1906)奉命建立山东高等农业学堂(山东农业大学前身)。民国三年(1914)清史馆开馆,为纂修兼总纂之一,撰《拟修清史目例》。朱氏喜藏书,家有兰笑楼藏书,凡千余种数万册,大多为朱氏研治学问所用之书,除部分未明刻之外,多为清中期以后刻本。有《兰笑楼藏书目录》不分卷,四十册,稿本。

⑤ 顾廷龙《卷盦书跋后记》,见叶景葵著,顾廷龙编:《卷盦书跋》附录,古典文献出版社1957年版,第190页。

文字,著有《石墨证古》。考作舟公讳济,光绪二年丙子举人,官至郑州直隶州知州,鼎革后为郑县知事,德泽浃洽,民为立生祠,升任开封道伊"①。据此可知,叶氏世代为宦。据《两浙輶轩续录》载:其六世祖叶藩,"字登南,号古渠,晚号皋亭山农,仁和人。乾隆辛未进士,官广西思恩知府。归田后,主讲楚北江汉、新安紫阳、四明月湖诸书院"②,著有《敦怡堂文稿》。其家族好藏书,在杭州张卿子巷构木场巷屋,有藏书处称补藤花馆。先人藏有曹君直手校《三国志》《文选》《文选集释》。祖父叶尔安,官河南许州直隶知州,所至有政声,惜英年早逝,年仅四十四。尔安雅嗜金石文字,专研造像,所收碑拓多有河南马氏存古阁旧藏,著有《石墨证古》。其叔父叶浩吾收藏造像更甚其祖父,所藏更精更为精博。叶尔安藏品为叶景葵继承,后一并捐入合众图书馆。

叶景葵自幼受其家学濡染,自幼即好藏书,曾自云:"余弱冠前应经古月课,屡蒙拔厕前茅,月得膏奖,即至珠宝巷修本堂购书。生平蓄书自此始。饮水思源,尤应珍重。"③如曾以十元购得购藏的第一部书《小谟觞馆诗集注》,"光绪辛卯,余年十八,初应乡试。泖生先生长子毓盘字子庚亦来杭州与试,因旅费不足,出是书招售,定价银饼十元。先堂叔浩吾语余曰:'此书印本流传极少,且为泖生先生朱笔句读,殊便初学,汝盍留之?'时余得东城讲舍月课奖银七元,不足,向先母乞三元,遂得此书,是为余生平购书之第一次"④。其搜藏善本始于1917年,在《吴伯宛先生遗墨跋》记载此事:吴昌绶"喜购故籍及金石精本,整理刊印,不惜重资。性又豪迈,用度仍苦不足。民国六七年间,将嫁女蕊圆,检出所藏明刊及旧抄善本四十种,定价京钞一千元出售,以充嫁资。余请张君庾楼为介,如值购之,是为余搜罗善本之发轫"⑤。这四十部书中包括明刊本《吕氏春秋》《通史》,旧抄本《劫灰录》等,为叶氏卷盦善本的发端,从此年有所增,积书遂富。

叶景葵通过购买、借抄、互赠等方式多方求致,数十年的苦心经营,藏书颇具规模。其"藏书二千八百余部,三万多册。有唐写本两种,宋元本九种,稿本、抄校本六百多种,明刻善本四百余种"⑥。顾廷龙曾论述叶氏藏书:"综君所集,稿本抄本为全书之最,古人心血赖以不湮,后人钻研有所取法。昔章君式之序君所印武进张氏《谐声谱》有云:当今藏书家竞收宋元旧椠,揆初则重老辈稿本及未刊行者。……盖章君知君特深,故能道其苦心所在。至于名家校本,或订补原著,或题识掌故,亦皆学海

---

① 顾廷龙《杭州叶公揆初行状》,见卞孝萱、唐文权编:《民国人物碑传集》卷四,凤凰出版社2011年版,第215页。

② (清)潘衍桐编纂,夏勇、熊湘整理:《两浙輶轩续录》卷六《叶藩》,第2册,浙江古籍出版社2014年版,第398页。

③ 叶景葵著,顾廷龙编:《卷盦杂著·存雅堂遗稿》,古典文献出版社1957年版,第133页。

④ 叶景葵著,顾廷龙编:《卷盦书跋·小谟觞馆诗集注》,古典文学出版社1957年版,第151页。

⑤ 叶景葵著,顾廷龙编:《卷盦书跋·吴伯宛先生遗墨》,古典文献出版社1957年版,第165页。

⑥ 郑伟章著:《文献家通考》卷二十五《叶景葵》,中华书局1999年版,第1446页。

之珍闻,史料之上乘,所谓善本者此也,君之所以为重者亦在此。”①

叶景葵搜藏清代名人手稿及名人批校本,不遗余力,收得秘本佳椠甚多,缥缃万轴,罗而裒益。其所藏稿抄校本惠栋亲笔《周易本义辩证》手稿及定稿、钱大昕手稿《演易》、张惠言父子手稿《谐声谱》、钱仪吉稿本《南朝会要》等,尤以顾祖禹手稿《读史方舆纪要》、彭兆荪《辑全上古三代秦汉三国六朝文》底本最为珍贵。叶氏“每得异本,必手为整比,详加考订,或记所闻,或述往事,或作评骘,或抒心得,而以鉴别各家之笔迹,眼明心细,不爽毫黍”,“毕生手校及过校本,颇多要籍”②。如最著名且最有价值者为顾祖禹的《读史方舆纪要》稿本,《卷盦书跋》中最长的一则即是此篇,跋中叙其发现鉴定及收藏此本的经过,肯定其学术价值为世间孤本。其《卷盦书跋》记云:“杭州抱经堂主人朱遂翔告余:‘在绍兴收得《方舆纪要》稿本,因虫蛀不易收拾,愿以廉价出让。’余嘱取来,则故纸一巨包,业已碎烂,检出首册,见旧跋与陶心云年丈跋,均定为顾氏原稿,以七十二元得之。灯下排日整理,剔除蠹鱼蛀虫,不下数百,排列次序,残缺尚少。”③“顾氏手稿百十余册,破碎不能手持,乃历时两年,精心整理修补,使之完整如新。彭氏底稿④,初以为系严可均所辑,经鉴定字迹、体例与严氏均不同。全唐馆外有两家辑成是书,真是无独有偶。是书湮没无闻百数十年,终得见天日。”⑤所藏著名的批校本有王念孙、王引之父子合校的《管子》、顾千里校《列子冲虚至德真经》、卢文弨校《直斋书录解题》、黄丕烈等校《杨子法言》等。《杭州叶氏卷盦藏书目录》总计著录书籍 2878 部,其中稿抄校本 889 部(叶氏自己批校之书及自注稿本 242 部),占整个藏书数量的 31.0%。顾廷龙称其“尤笃好稿本、校本,以先贤精神所寄,不忍视其流散也。鉴别前人墨迹最精审,每见异本,手自校勘,工饬不苟,展览所及,辄加题识,或提撷英华,或评议体例,或考订版本,或叙述往事,皆足以津逮后学”⑥。

民国二十五年(1936)浙江省文献展览会,叶景葵送展以所藏浙江乡贤稿本为多,有清海宁陈鳣《经籍跋文》写定手稿本,有吴骞跋语,管庭芬藏印;清湖州周中孚《慈云楼藏书志》手稿本,有顾千里跋,卷前粘有钱泰吉致蒋光煦原札;清钱塘汪璐《藏书题识》手稿本;清仁和朱文藻《振绮堂手录》原稿本,稿中涂改处为振绮堂主人汪氏所改;清归安吴云《两罍轩校汉碑录》手稿,吴清卿蓝笔批校本,有张之洞、任道镕、叶昌炽、江标、柯逢时、端方、俞樾诸家题识;清钱塘葵鼎《翠云草堂金石存略》手

① 顾廷龙著:《顾廷龙文集》上编《杭州叶氏卷盦藏书目录跋》,上海科技文献出版社 2002 年版,第 141 页。

② 叶景葵著,顾廷龙编:《卷盦书跋·卷盦书跋后记》,古典文献出版社 1957 年版,第 190 页。

③ 叶景葵著,顾廷龙编:《卷盦书跋·读史方舆纪要稿本》,古典文献出版社 1957 年版,第 40—41 页。

④ 按:指彭兆荪辑《全上古三代秦汉三国六朝文》。

⑤ 郑伟章著:《文献家通考》卷二十五《叶景葵》,中华书局 1999 年版,第 1446 页。

⑥ 顾廷龙《叶公揆初行状》,见叶景葵著,顾廷龙编:《叶景葵杂著》之《附录一》,上海古籍出版社 1986 年版,第 422—423 页。

稿本。叶氏亦好收藏明精刻本，所藏明刻善本四百余种。

据《杭垣旧事》载，叶氏所藏还有《魏志》，宋衢州刊本，残存十三页，此书曾于民国二十五年(1936)在浙江省文献展览会展出；明杭州容与堂刊本《李卓吾批评琵琶记》二卷，元永嘉高明著，明晋江李贽评；明杭州容与堂刊本《李卓吾批评玉合记》二卷，明宣城梅鼎祚撰，明晋江李贽评；明杭州容与堂刊本《李卓吾批评红佛记》二卷，明长洲张凤翼著，明晋江李贽评；明杭州张氏刊本《彩笔情辞》二卷，明虎林张相选；明杭州张氏白云斋刊本《新镌出相乐府吴骚合编》四卷，明虎林张楚叔辑；明朝爽阁刊本《商子》二卷，旧题秦商鞅著；明万历杭州刊本《海内奇观》十卷，明钱塘杨尔曾著；明杭州刊本《赐闲堂稿》十卷，明贵溪夏言著；明万历杭州顾氏刊本《历代名公画谱》不分卷，明武林顾炳纂；明仁和郎氏刊本《风俗通义》十卷，汉南顿应劭著；明仁和郎氏刊本《白虎通德论》四卷，汉安陵班固著；明杭州横秋阁刻《鬼谷子》一卷，旧题周鬼谷子著；明杭州张氏刊本《论衡》三十卷，汉上虞王充著①。

有《杭州叶氏卷盦藏书目录》一册五卷行世，1953 年上海合众图书馆编印。撰有《卷盦书跋》，录题跋之作三百四十九篇，有《卷盦剩稿》，为读书笔札。

藏书处有卷盦，卷盦址即上海长乐路 746 号，原合众图书馆。还有紫藤花馆。

藏书印有叶景葵藏书印、景葵所得善本、杭州叶氏藏书、杭州叶氏藏、景葵秘籍印、武林叶氏藏书印等。

叶景葵作为清末民初的藏书大家，令人称道的是藏书不独为己，不以己私，在上海创办合众图书馆，将自己所藏图书尽数捐入馆中。曾云："自战事以后，公私藏书流转散佚，惨不忍言。余于是有发起私家图书馆之宏愿，誓当为死友保存之。"②叶氏痛恨战争，力保文化载籍的拳拳之心，张元济《杭州叶氏卷盦藏书目录序》中记云："日寇蹂躏东南，故家沦替，图籍散亡，吾友叶君揆初忧之，奋然而起，邀余与陈君陶遗共同创办合众图书馆于上海，当此干戈扰攘之日，独负此为而不有之宏业，不屈不挠为祖国保存此大宗文献，其毅力为何如耶？"可见合众图书馆的创立，源于叶氏对历史文献整理与保护的责任感和使命感。叶景葵尝言："古今藏书家，或供怡悦，或勤纂述，或贻子孙，终不免有自利之见存。若为利人之藏书，则整理研究，传抄刊印，事事与自利相反，其功更溥，其传更久。此即先哲所云'独乐不如众乐'，慎初其有意乎？"③正如顾廷龙《创办合众图书馆意见书》所记载叶景葵创办合众图书馆事业之理想："书籍专收旧本，秘笈力谋流布，当别设编目纂处。即就叶先生藏书而论，名人未刻之稿当为刊传，批本、校本当为移录，汇而刊之。罕见之本当与通行本互校，别撰校记，以便学者。编纂目的，专为整理，不为新作，专为前贤行役，不为个人张本。

---

① 王松泉撰：《民国杭州藏书家》，见政协杭州市委员会文史委编：《杭垣旧事》，浙江省农科院科技印刷厂 2000 年，第 18 页(浙江省新闻出版局准印证，浙内准字第(2001)第 114 号)。

② 叶景葵著，顾廷龙编：《卷盦书跋·抱朴子》，古典文献出版社 1957 年版，第 84 页。

③ 叶景葵著：《叶景葵杂著·朱遂翔以抱经堂藏书图属题》，上海古籍出版社 1986 年版，第 191 页。

图书馆之使命一为典藏,一为传布。”[①]合众图书馆“志在使先贤未刊之稿或刊而难得之作广其流传”。叶景葵倡立馆之旨即建设一专门国粹之图书馆,化身千百,嘉惠来学。

(七十四)金　梁

金　梁(1878—1962)　字息侯,又字锡侯,号东庐、瓜圃,晚号不息老人,杭州新龙巷之新衙人。按《增校清朝进士题名碑录》作正白旗满洲人。因先世长白正白旗满洲人。清初先人奉调浙江杭州,遂居杭州之乍浦。晚年自署其号为瓜圃老人。光绪二十七年(1901)中举,光绪甲辰恩科进士[②],曾任翰林院编修,历京师大学堂提调、监察御史、内阁中书、内城警厅知事、奉天旗务处总办等职。曾任《清史稿》“校刊总阅”。工书法,擅篆、籀。著述甚富,伦明言:“金息侯同年梁,同客沈阳校刊文渊阁《四库全书》,事成为人忌阻,唯续编书目,倍增旧目,余一手所成,息侯为张学良作序。息侯前在京提议校印四库文源、文渊两本,皆事败垂成。今文渊阁已出样本,国联秘书长艾文诺已定留百本,亦为人所阻,息侯与余同抱伤心。又同修《奉天通志》为最,亦以‘九一八’事变停顿。息侯著作颇多,以《清史稿》为最,又《黑龙江通志》《奉天通志》皆所总纂。余如《光宣列传》《四朝佚闻》《瓜圃丛刊叙录》等百十种,皆关国故。其所藏则有清史未刊稿,如《氏族散派》等志,及太平天国诸王将传,皆至奇变。又旧藏各地方志,府以上皆全,亦至难得者也。”[③]曾为《大公报》撰社评。

金梁出身于文献世家,金梁《瓜圃丛刊叙录·瓜圃藏书记甲编叙》则称:其父“嗜古好金石,藏至尤多,书画不多藏”。“家父所刊丛书,以关于掌故者为多,原拟名《国故零刊》,瓜圃为龙湫故园名”。受家庭影响,金梁嗜藏书,颇多收藏,筑瓜圃以储之。其《瓜圃藏书记·序》言:“吾家藏书凡数聚数散。先祖父所藏得自蜀中,颇多善本,道光壬寅、咸丰辛酉两遭兵燹。先父所藏皆江浙故家乱后余烬,亦有文澜阁本,辛亥之变尽归散失。予出游京奉,续有搜集,及南归以携带不易,奉人士请留吾书,特辟安东图书馆藏之。予再来京,适修《黑龙江通志》,所需图书随用随置,以地志为多,此外不论版本,见有名人批校,其佳者往往留之,所积渐增,以旧藏傅氏(青主)父子批校《汉书》为最。”中华人民共和国成立后,1951年曾以《永乐大典》一册及其所藏善本捐赠于北京图书馆(今中国国家图书馆)。

藏书处为瓜圃,撰有《瓜圃藏书记》《瓜圃藏画记》。

金氏对盛京书画、掌故以及满文老档、古籍多有涉及,并出版了《盛京故宫书画录》《满洲老档秘录》等介绍满族历史文化的书籍。关于《盛京故宫书画录》一书,李玉安等《中国藏书家通典》记述:“光绪三十四年典守沈阳故宫古物时,与余铁珊、金

① 顾廷龙著:《顾廷龙文集》下编《创办合众图书馆意见书》,上海科技文献出版社2002年版,第604页。

② 李凤民《东北三省博物馆始末》,见政协沈阳市委员会文史资料委员会编:《沈阳文史资料》第19辑,政协沈阳市委员会文史资料委员会1992年版,第102—103页。

③ 伦明著,雷梦水校补:《辛亥以来藏书纪事诗》,上海古籍出版社1990年版,第100页。

月洲等人，仅就宫内‘翔凤阁’收藏的书画，著录为《中国书画著录书》（即《盛京故宫书画录》），书前有徐世昌序及辑者 1913 年自序。分卷、轴、册、经（佛经抄本）、幅、额、联七类，收入作品 449 件。每类先书后画，刺绣附后，首冠弘历手笔，次以朝代为序，其中以康熙、乾隆两朝恭进之作为多。每种记述其纸绢、尺寸和书体、款识、题跋和图章，凡题签及款印方位或破损污秽之处，悉照原件备载，颇为详尽。”

《满洲老档秘录》旧藏于沈阳谟阁，埋没无闻，是研究满族兴起史最重要的原始素材，均用无圈点老满文书写。金梁对满文老档的搜集整理以及注释翻译，是一项颇有价值之事。此老档在乾隆年间曾经用新满文重抄，因年代久远，残缺不全，仅存天命前九年（1607）至清崇德元年（1636）百余册，整理翻译，尤为困难。金梁在《满洲老档秘录》序言中称：“盛京故宫旧藏《满洲老档》一百七十九册，分纪天命、天聪、崇德朝事，多三朝实录、开国方略、东华录所不载，见所未见，闻所未闻，诚三百年采之秘史也。原本为无圈点体文，其字近蒙古，与通用洲文字不同，翻译至难。经满、汉文学士十余人之手，费时二载，今始脱稿。尝分编百卷，以卷帙过多，校刊非易，遂择要摘录，名曰《满洲老档秘录》。”《满洲老档秘录》与坊间留传的实录、本纪多有不同，它的出版为研究清朝入关前之历史，提供了十分可信之史料，对研究满洲历史文化有重要史料价值。

金梁参与赵尔巽编纂《清史稿》的有关事务，曾负责办理史稿校刻事宜。后因赵尔巽身体欠佳，委托金梁负责校对之职。金梁则利用校对刊印之便，给自己冠以“总阅”的名义，并附刻其《清史稿校刻记》，又增加了《康有为传》《张勋传》《张彪附传》，将印成一千一百部中的四百部运往东北，形成《清史稿》关外本。伦明有诗云：

试从四库溯渊源，续目校刊久对论。
清史稿成清学录，辽阳旧梦待重温①。

二、清代嘉兴府进士藏书

《清史稿·地理志》载，“嘉兴府：隶杭嘉湖道。初治嘉兴府，今改驻。……乾隆十五年裁所，并海宁卫为嘉兴府。领县七”②，即嘉兴、秀水、嘉善、海盐、石门、平湖、桐乡。

（一）曹尔堪

曹尔堪（1617—1679）　“字子顾，号顾庵，嘉善人。顺治九年进士，入翰林。官

① 伦明著，雷梦水校补：《辛亥以来藏书纪事诗》，上海古籍出版社 1990 年版，第 100 页。

② 赵尔巽等撰：《清史稿》卷六十五《志四十·地理十二·浙江》，第 8 册，中华书局 1976 年版，第 2130 页。

至侍讲学士,以事罢归”[①]。尔堪“性强记,诸琐屑事,能举其原委,若与图要害、山川形势,指画纤悉,听者神竦。寻罢官归,悠游田园,偕二三老友,选胜赋诗,间为远游,篇什益富。为诗清丽可讽,与宋荔裳、施愚山、沈绎堂、王阮亭、王西樵、汪苕文、程周量诸公称‘海内八家’”[②]。尤“工填词。有南溪词传世。与曹申吉称南北二曹”[③]。著有《顾庵诗选》《南溪诗文略》。沈德潜《清诗别裁集》卷三、《雍正浙江通志》卷一百七十九《文苑二》等有其传。

尔堪嗜读书,过目不忘,学问渊博,多识掌故。又好藏书,家藏图籍颇富,惜藏书目失载。其利用家藏书籍,于康熙四年(1665)刊刻曹尔堪、王士禛、宋琬撰《三子倡和词》,《中国古籍善本书目》著录;与其兄合刻《三子诗余》二十卷,《光绪嘉善县志》著录。

《嘉禾古今藏书家》载其事迹,而藏书故实失载。

(二)张惟赤

张惟赤(1615—1676) 原名恒,字螺浮、君常、桐孩,海盐人,居城南三里之乌夜村,张元济九世祖。海盐张氏系浙西望族,自始族起,家风所染,代有学人,绵延不绝。张“奇龄仲子,博学有才识,丙戌中副车,例应绾县授不就,益肆力攻苦无少间,甲午、乙未联隽成进士,释褐授户曹郎,擢礼科给事中,改刑科”[④],迁工科掌印给事中,以直言敢谏称名于世,俞宝华曰:“螺浮官御史时,世祖方锐意向谏臣,公知无不言,每上封事辄报可,而请停圈占、革厂夫诸疏,尤开政本。”[⑤]后倦仕宦,由淮扬道引疾归田。惟赤简历其后裔张元济记之甚详:“顺治丙戌副榜,戊子拔贡,甲午顺天举人,乙未进士。历任礼科、刑科给事中,康熙癸卯山东正典,试丙辰会试同考官,迁湖广上荆南道按察司副使,工科掌印给事中。诰授中宪大夫,诰赠中奉大夫、刑部江西司郎中,崇祀郡邑乡贤,湖广名宦。著有《入告编》三集、《退思轩诗集》。”[⑥]

其父张奇龄“字符九,海盐人。年十二,补博士弟子,文誉鹊起,最为冯梦祯所器重。万历癸卯,举乡试,凡十上公车,不第。开讲席于西湖苕霅间,巡抚刘一焜聘之主虎林书院,学者称太白先生。尝训学者曰:‘与为赝经术,不若为真词章;与为赝理

---

① 邓之诚撰:《清诗纪事初编》卷七《丙编·浙江》,上海古籍出版社2013年版,第761页。

② (清)阮元、杨秉初辑,夏勇等整理:《两浙輶轩录》卷一《曹尔堪》,浙江古籍出版社2012年版,第11页。

③ 邓之诚撰:《清诗纪事初编》卷七《丙编·浙江》,上海古籍出版社2013年版,第761页。

④ (清)王彬修,(清)徐用仪纂:《光绪海盐县志》卷十六《人物传》,见上海书店出版社编:《中国地方志集成·浙江府县志辑》(21),上海书店出版社2011年版,第865页。

⑤ (清)阮元、杨秉初辑,夏勇等整理:《两浙輶轩录补遗》卷一《张惟赤》,浙江古籍出版社2012年版,第3006页。

⑥ 顾廷龙主编:《清代硃卷集成》第74册《张元济》,(台北)成文出版社1992年版,第366页。

学，不若为真训诂。’闻者叹为名言。著有《铁庵集》《藏笥集》《识大编》《问业纪事》等书”①。张惟赤承其家学，以书为友，又喜藏书，精鉴别，藏图书彝鼎甚富。又将其父张奇龄的城南书屋涉园拓大以藏书。学者徐珂云：“康熙时，海盐张螺浮给谏惟赤既倦仕宦，引疾归田，即城南三里之老屋，拓而充之，颜曰涉园，邑志所称乌夜村故址者是也。池亭林木之胜，甲于东南。”②撰有《涉园张氏书目》《涉园图卷》。卒后，其历代“谨守楹书，发扬世德”③，“子皜亭名皓④，孙葭士名芳湄⑤，皆秉承先志，通籍未久而先后归隐，增葺台榭，啸歌之暇，率族人读书其中”。“皜亭主政藏有影宋本甚多，书有‘涉园主人鉴藏’‘古盐张氏小白珍藏’‘古盐涉园张氏守白斋珍藏书画之章’‘张载华印芷斋图籍’‘古盐张氏松下图书’各印。惟所著书目四册，不著书籍原委，但列第几架、第几层、某函某书而已”。“是以藏书极富，积百数十年，未稍散佚”⑥。每逢贤客挚友到此，亦以秘藏诸书互相讨论。后得马思赞道古楼藏书，所藏倍增，至青在公⑦时最盛，据记载凡书一千五百五十七部，不下一万册，“涉园藏书与小山、潜采相伯仲”⑧。“嘉、道之际，如吴兔床、鲍渌饮、陈仲鱼、黄荛圃辈，犹屡至涉园，借书校雠。且尤喜刻书，剞劂流布，为世引重”⑨。惜“咸丰朝，粤寇扰浙，园圮而图籍亦失”⑩。张氏一门藏书至嘉庆、道光间散失殆尽，至九世孙张元济时，只继承了涉园之名，而无涉园之图书。张父森玉称：“自更洪、杨之役，名园废圮，图籍亦散佚罄尽，而先世所刻书，更无片板存焉！”⑪“给谏九世孙菊生副大巨元济，于光、宣间搜求数年，卷帙略备，而涉园自镌之书，亦渐有归于故主者矣。”涉园藏书后捐献给合众图书馆和海盐图书馆。张氏家族藏书绵延今三百年。

（三）彭孙遹

彭孙遹（1631—1700） “字骏孙，号羡门，海盐人。顺治己亥进士，官中书舍人。

---

① （清）嵇曾筠、李卫等修，（清）沈翼机等纂：《雍正浙江通志》（四）卷一百七十九《人物六·张奇龄》，浙江省地方志编纂委员会编：《中国地方志集成·省志辑·浙江》（6），凤凰出版社 2010 年影印本，第 686 页。

② 徐珂编撰：《清稗类钞·鉴赏类·张螺浮藏书于涉园》，第 9 册，中华书局 1986 年版，第 4223 页。

③ 叶景葵著，顾廷龙编：《卷盦书跋·涉园图咏》，古典文学出版社 1957 年版，第 106 页。

④ 按：张皓，字小白，一字皜亭，海盐人。康熙壬子举人，官刑部福建司主事。著《赋闲楼诗集》。杨瑄言“皜亭自朝谒外，惟日读书取友，发皇见闻。后长公芳湄仕农部，遂乞归，遇乡党有恩”。

⑤ 按：张芳湄，字葭士，一字贳谷，海盐人。康熙丁卯拔贡，官刑部江西司郎中。《两浙輶轩录补遗》卷二有其传。

⑥ 徐珂编撰：《清稗类钞·鉴赏类·张螺浮藏书于涉园》，第 9 册，中华书局 1986 年版，第 4224 页。

⑦ 按：张宗松，字青在，一字楚良，又字蠖庐，海盐人。国学生，以子谔贵，赠检讨。著《寒坪诗钞》。杨秉初曰：“赠君性耽吟咏，与马墨麟、朱笠亭先生相友善。曾记少时村居诗，有‘隔水一牛横笛去，盘云双鸽带铃归’之句，先曾叔祖性夫给谏公一见赏之，妻以女。家富藏书，凡图书彝鼎之属，鉴别最精。”见《两浙輶轩录补遗》卷四。

⑧ 叶景葵著，顾廷龙编：《卷盦书跋·涉园图咏》，古典文学出版社 1957 年版，第 106 页。

⑨ 徐珂编撰：《清稗类钞·鉴赏类·张螺浮藏书于涉园》，第 9 册，中华书局 1986 年版，第 4224 页。

⑩ 徐珂编撰：《清稗类钞·鉴赏类·张螺浮藏书于涉园》，第 9 册，中华书局 1986 年版，第 4224 页。

⑪ 顾志兴著：《浙江藏书史》，杭州出版社 2006 年版，第 719 页。

康熙己未举博学鸿词，召试擢第一，授编修。历官吏部侍郎兼翰林院学士"[①]，"充经筵讲官。《明史》久未成，特命为总裁，赐专敕，异数也。年七十，致仕归，御书'松桂堂'额赐之，遂以名其集"[②]。"著有《柏悦堂集》《南淮集》《香奁倡和集》《金粟词》《延露词》行世"[③]。生平事迹参见李元度《国朝先正事略》卷三十九《文苑·彭羡门先生事略》、《光绪嘉兴府志》卷五十六《彭孙遹》。

彭孙遹"少工诗，与王渔洋尚书齐名，时号彭王。南昌重建滕王阁落成，名流竞赋诗，推先生作为冠"[④]。陶元藻云称："羡门工诗词，与新城王阮亭齐名，时有'彭王'之称。尝步萧寺，寺僧方制琉璃长明灯，请为赋，羡门诺之。僧退煮茗以饷，茗未熟而赋就矣，其笔端敏捷类如此。"[⑤]《清史稿》称其："素工词章，与王士祯齐名，号曰'彭王'。"[⑥]"其《松桂堂集》，《提要》称其才学富赡，词才清华，馆阁诸作，尤瑰玮绝特。可谓定评矣。"[⑦]又嗜读书，好藏书，据其传载，其"出都之日，行李萧然，惟图书数辆而已。岁己卯，驾南巡，御赐'松桂堂'匾额，家居三载，门无杂客，惟与书卷自娱"[⑧]。

（四）陆陇其

陆陇其（1630—1693）　初名龙其，后改为陇其，字稼书，号世穮，嘉兴平湖新埭泖口人。因居嘉兴府当湖，明代当湖又析出平湖县，因此，学者称之为"平湖先生"或"当湖先生"。清"康熙庚戌进士，授嘉定知县，落职，举廉吏，复原官，补灵寿，擢四川道御史。雍正五年，从祀孔庙。乾隆初，追赠内阁学士，兼礼部侍郎，谥清献，赐专祠"[⑨]。其为官清正廉洁，多有政绩，是家喻户晓的清官，被誉为"天下第一清廉"，民呼为"青天"，其清廉故事历经三百年不衰。尝讲学洞庭东山，于东泖顾书堆建尔安

---

① （清）阮元、杨秉初辑，夏勇等整理：《两浙輶轩录》卷一《彭孙遹》，浙江古籍出版社2012年版，第43页。

② 赵尔巽等撰：《清史稿》卷四百八十四《列传二百七十一·彭孙遹传》，第44册，中华书局1977年版，第13339页。

③ （清）嵇曾筠、李卫等修，（清）沈翼机等纂：《雍正浙江通志》（四）卷一百七十九《人物六·彭孙遹》，浙江省地方志编纂委员会编：《中国地方志集成·省志辑·浙江》（6），凤凰出版社2010年影印本，第688页。

④ （清）李元度著，易孟醇点校：《国朝先正事略》卷三十九《文苑·彭羡门先生事略》，岳麓书社1991年版，第1067页。

⑤ （清）阮元、杨秉初辑，夏勇等整理：《两浙輶轩录》卷一《彭孙遹》，浙江古籍出版社2012年版，第42页。

⑥ 赵尔巽等撰：《清史稿》卷四百八十四《列传二百七十一·彭孙遹传》，第44册，中华书局1977年版，第13338页。

⑦ （清）陈康祺著，褚家伟、张文玲整理：《郎潜纪闻四笔》卷二《彭孙遹才学》，中华书局1990年版，第26页。

⑧ 钱仲联主编：《广清碑传集》卷五《（光绪）海盐县志·彭孙遹传》，苏州大学出版社1999年版，第303页。

⑨ （清）阮元、杨秉初辑，夏勇等整理：《两浙輶轩录》卷五《陆陇其》，浙江古籍出版社2012年版，第342页。

书院，专心著书，境内外学者群聚门下。陆陇其学识渊博，著述等身，《绛澍阁诗话》称："先生儒林冠冕，朝端麟凤。今读《三鱼堂全集》，不独文章似徽国，诗亦元次山之风则也。"[①]柯崇朴云："先生雅不喜以辞章自鸣，然经史淹贯，义理粹精，其发为文章，皆昌明博大，纯正有体。有德者必有言，非世之绨章绘句夸多斗靡者比也。所著述有《灵寿县志》《松阳讲义》及《评选国策去毒》五十篇。手定先正《一隅集》，已刊行。其箧中所遗有《问学录》一编，《日钞》二十卷；尚有语录若干，文集若干，方在汇辑，俱未授梓。"[②]又有《读朱随笔》《读礼志疑》《困勉录》《四书大全》等[③]，后人将陆陇其的著作汇集编为《陆子全书》七种一百二十卷。尝对《祁州志》《南皮县志》《武功县志》等志撰写评介，阐述修志理念。生平事迹参见张雲锦《陆陇其传》、彭绍升《故四川道监察御史陆清献公事状》、陈廷敬《监察御史陆君墓志铭》、李元度《国朝先正事略》卷九《名臣・陆清献公事略》及《雍正浙江通志》卷一百七十五《儒林一・陆陇其传》。

陆陇其喜藏书，去嘉定知县之日，"惟图书数卷及妻织机一具，民爱之比于父母"[④]。柯崇朴亦记云："去官之日，装一担，幞被外惟书籍及夫人纺车，萧然如贫士。"

其藏书处名曰三鱼堂，有藏书目《三鱼堂书目》（不分卷）存世，目中著录藏书500余种，间有旧本、抄本。

（五）传胪吴震方

吴震方（生卒年不详）　字清坛、青坛，号又超，石门人。清康熙己酉举人，"康熙丙辰进士，己未传胪，授编修，官陕西道监察御史。著《晚树楼诗稿》"[⑤]。康熙四十二年（1703），圣祖南巡，以所辑《朱子论定文钞》二十卷，进呈，得复职，且御书白居易诗以赐。吴氏以康熙赐以白居易诗"晚树"为其楼名。汪嘉谷称："侍御归田后，著书自娱，有《说铃》《读书政音》"[⑥]及《晚树楼诗稿》《岭南杂记》等。《雍正浙江通志》卷一百七十九《人物六》有其传。

其《晚树楼诗稿》《读书正音》《岭南杂记》等，均入四库总目并传于世。

---

① （清）阮元、杨秉初辑，夏勇等整理：《两浙輶轩录》卷五《陆陇其》，浙江古籍出版社2012年版，第343页。

② （清）柯崇朴《四川道监察御史陆先生陆陇其行状》，见（清）钱仪吉纂，靳斯标点：《碑传集》卷十六《康熙朝部院大臣上之上・陆陇其》，第2册，中华书局1993年版，第488页。

③ （清）汪师韩《陆清献公行状书后》，见（清）钱仪吉纂，靳斯标点：《碑传集》卷十六《康熙朝部院大臣上之上・陆陇其》，第2册，中华书局1993年版，第490页。

④ 赵尔巽等撰：《清史稿》卷二百六十五《列传五十二・陆陇其传》，第33册，中华书局1977年版，第9935页。

⑤ （清）阮元、杨秉初辑，夏勇等整理：《两浙輶轩录补遗》卷二《吴震方》，浙江古籍出版社2012年版，第3080页。

⑥ （清）阮元、杨秉初辑，夏勇等整理：《两浙輶轩录补遗》卷二《吴震方》，浙江古籍出版社2012年版，第3080页。

吴氏雅好藏书,书室名为聚秀堂。惜藏书未详。吴氏尤好刻书,利用家中藏书,校刻亦甚多,于康熙年间撰刻《晚树楼诗稿》五卷,《中国古籍善本书目》著录。

(六)汤右曾

汤右曾(1655—1721)　一名又曾,字西厓,海盐人,寓居仁和。"康熙二十七年进士,改庶吉士,授编修。三十五年充贵州考官,三十九年改刑科给事中",转户科掌印给事中,充河南学政,"升奉天府丞,历光禄太常寺卿、通政使、翰林院掌院学士。五十二年,擢吏部右侍郎仍兼掌院"①。为官公正清廉,勤于职守,"丙子典试贵州,丙戌分校礼部试,皆廉公,号得人。视学中州,杜苞苴请托,丝毫不取之官中。及贰吏部,侃侃持正议,忌者龁之。上最重其文学,尝索近诗,以所作《文光果》七言律进。御制诗赐之,目为诗公,闻者惊羡。著有《怀清堂集》。浙中诗派,前推竹垞,后推西涯。竹垞学博,故能变化;西厓才大,故能恢张。后有作者,莫能越两家之外也"②。著有《怀清堂集》,"《怀清堂诗集》,已刻者二十卷,谨案《钦定四库全书》已著录"③。又有"《未刻集》"④。生平事迹参见《清史稿》卷二百六十六《列传五十三·汤右曾传》。

汤右曾"性伉直,以文学重于时,与方望溪、李穆堂公善"。阮元称:"浙江诗派,论者皆前推竹垞,后推西厓,两家之间,莫有能越之者。今观二家之集,朱彝尊学问有余,而才力又足以运掉,故能镕铸变化,惟意所如。右曾才足肩随,而根柢深厚则未免稍逊,齐驱并驾,似未易言,然亦近人之卓然挺出出者也"⑤。陈康祺称:"仁和汤西厓少宰,《怀清》一集,与《曝书亭》齐名,世称浙派,论者多以诗人目之。考少宰尝以礼科给事中督河南学政,作誓词告天甚苦,居官三载,不名一钱,当时推为廉吏第一。清操至此,安得以诗名掩乎?"⑥

《嘉兴历代人物考略》载为藏书家,惜藏书详况未考。藏书室曰"怀清堂"⑦。

(七)榜眼吕葆中

吕葆中(?—1707)　原公名忠,字无党,号观稼,又号耻斋,石门人。吕留良长

---

① (清)陈璚修,(清)王棻纂;屈映光续修,陆懋勋续纂;齐耀珊重修,吴庆坻重纂:《民国杭州府志(三)》卷一百二十五《名臣三·汤右曾》,见《中国地方志集成·浙江府县志辑》(3),江苏古籍出版社1991年版,第130页。

② (清)李元度著,易孟醇点校:《国朝先正事略》卷四十《文苑·汤西厓先生事略》,岳麓书社1991年版,第1087—1088页。

③ (清)阮元、杨秉初辑,夏勇等整理:《两浙輶轩录》卷十《汤右曾》,浙江古籍出版社2012年版,第762页。

④ (清)阮元、杨秉初辑,夏勇等整理:《两浙輶轩录》卷十《汤右曾》,浙江古籍出版社2012年版,第761页。

⑤ (清)阮元、杨秉初辑,夏勇等整理:《两浙輶轩录》卷十《汤右曾》,浙江古籍出版社2012年版,第762页。

⑥ (清)陈康祺著,褚家伟,张文玲整理:《郎潜纪闻四笔》卷六《廉吏诗人汤右曾》,中华书局1990年版,第104页。

⑦ 傅逅勒撰:《嘉兴历代人物考略》,香港天马出版有限公司2005年版,第232页。

子。康熙四十五年(1706)丙戌科榜眼[①],官至翰林院编修。雍正十年(1732),文字狱兴时已卒。著有《竿木集》。吕氏父子俱嗜书,其藏书处南阳讲习堂蜚声江南。雍正间因庄氏史案受到牵连,在清初文字狱中遭遇最惨。南明讲习堂藏书现存者中不乏珍本、善本。如庄廷鑨《明史钞略》更是海内孤本。吕氏藏书中,宋元文集独多,明史料珍稀。现可考知,吕氏藏书约 117 种,其中宋元文集就有 60 种。

葆中承其父志,好藏书,《穆和南集》,“有‘吕氏藏书’‘耻斋’二图记”[②]。《鲁斋遗书》,“有‘不远复堂’‘难得几世好书人’‘无党’‘耻斋’诸图记”[③]。《读书敏求记》卷四,有赵谷林先生跋云:“雍正甲辰至月,蝉花居士取御儿吕氏明农草堂善本手校。”[④]《止斋先生文集》五十二卷,“宋陈傅良撰《附录》一卷,明弘治翻宋本,十三行二十三字,黑口,四周双栏,钤有‘御儿吕氏讲习堂经籍图书’印”[⑤]。

葆中又喜抄书以藏,一生抄书甚多。《士礼居藏书题跋记》:“宋刻《王黄州小畜集》流传郡中,既而遇诸冷摊,果宋刻,其缺者皆吾研斋补抄……见卷中遇‘留’字皆缺最后一画,以吕无党手钞他书证之,写‘留’字作‘留’也。……余信此书为吕无党手钞,以他书证之,始知之。其板心‘吾研斋补抄’,向未知此斋为何人斋名,后晤江铁君,举此问之,为余言其详,乃知即无党之斋名也。因有吾研斋小照,故知之。复举卷中‘光轮’‘耻斋’等印询之,云‘光轮’乃晚村原名,‘耻斋’似亦其号也。”[⑥]叶昌炽云:“余见钞本《洪文惠集》,留字亦缺末笔,有蒋子宣跋。知吾研藏书散后,皆归蒋氏。蒋,吾郡藏书故家,所谓赐书楼也。”[⑦]《后村居士集》五十卷,宋刘克庄撰。清吕无党手写本,版心有“讲习堂”三字,卷末有“辛卯年南阳讲习堂三月初二日始,九月晦日竣事,下钤‘葆采’‘无隐印’。卷中留字缺末笔”。辛卯年即康熙五十年(1711),距吕留良卒已有二十八年,距吕无党进士及第五年。书尾有黄荛圃、叶鞠裳跋,均称是本为无党手抄本。书卷前后钤盖清代历朝著名藏书家印记多方,鞠裳先生跋文曰:“……荛翁又述椒升言此集为吕无党手抄,无党名葆中,吕留良之子。余所见吕氏抄本遇留字皆缺笔,此集卷二挽陈潮州诗留字正缺末笔,版心又有讲习堂字,其为无党手抄亦无可疑也。卷端有马思赞、寒中、衎斋诸印,及古盐张氏、宗橚、咏川三印。知此集先归插花山马氏,又从马氏转入乌夜村张氏。其入张古余太守家

① 王鸿鹏等编著:《中国历代榜眼·清代榜眼》,解放军出版社 2004 年版,第 312 页。
② (清)吴寿旸撰:《拜经楼藏书题跋记》卷五《穆和南集》,见《清人书目题跋丛刊十》,中华书局 1995 年版,第 667 页。
③ (清)吴寿旸撰:《拜经楼藏书题跋记》卷五《鲁斋遗书》,见《清人书目题跋丛刊十》,中华书局 1995 年版,第 673 页。
④ (清)吴寿旸撰:《拜经楼藏书题跋记》卷三《读书敏求记》,见《清人书目题跋丛刊十》,中华书局 1995 年版,第 642 页。
⑤ 傅增湘撰:《藏园群书经眼录》卷十四《集部三》,中华书局 1983 年版,第 1234 页。
⑥ (清)黄丕烈著,潘祖荫辑,周少川点校:《士礼居藏书题跋记》卷五《集类》,书目文献出版社 1989 年版,第 222—223 页。
⑦ (清)叶昌炽著,王欣夫补正,徐鹏辑:《藏书纪事诗》卷四,上海古籍出版社 1989 年版,第 359 页。

则更在士礼居后矣。藏弆源流，历然可考。伯鸾其宝藏之。”①此抄本中之藏章除叶氏跋文列举之外，尚有“广圻审定”“黄印锡蕃”“曾在周叔弢②处”等印记。又《金石录》三十卷，宋赵明诚撰。’清吕无党手写本。吕氏跋云：“壬午八月诸弟及儿子入场，余于寓所抄得《金石录》二卷。因思闱中万三千手，使皆为余抄未见之书，岂非快事。无党记。”有“南阳吕公”“无党手钞”诸印③。据郑伟章先生考证：《持静斋书目》有其抄本《鸿庆居士集》；《黄荛圃藏书题识》卷八有其吾研斋补抄本《小畜集》三十卷，后归瞿氏铁琴铜剑楼；丁丙《善本书室藏书志》有其影抄洪武本《程雪楼集》；《仪顾堂续跋》有其旧抄本《春秋集传微旨》；傅增湘《藏园群书经眼录》卷十四有其手写本《后村居士集》五十卷；王欣夫有其手抄《宋遗民录》及旧抄本《唐子西集》。王国维见南林蒋氏有其手抄《梧溪集》七卷及《鼓枻稿》六卷；其抄本《金石录》，张元济刊入《四部丛刊》续编。

葆中所抄书中宋元刻本数十种，《梧溪集》七卷，元王逢撰，吕氏明农草堂抄本，《中国古籍善本书目》著录。《王黄州小畜集》三十卷并《小畜外集》七卷（为南宋绍兴十七年黄州郡斋刻本配吕葆中抄本），宋王禹偁撰；《金石录》十五卷，宋赵明诚撰；《栟榈集》二十五卷，宋邓肃撰；《盘洲集》八十卷，宋洪适撰；《东莱先生诗集》二十卷，宋吕本中撰；《三孔清江集》三十卷，宋孔文仲、孔武仲、孔平仲撰；《翰林珠玉》六卷，元虞集撰；《藏春集》六卷，元刘秉忠撰；《楚国文宪公雪楼程先生文集》三十卷《附录》一卷，元程巨夫撰；《梧溪集》七卷，元王逢撰；《圭塘小稿》十七卷，元许有壬撰；《建康古今记》十卷，清顾炎武撰；《绝域纪略》一卷，清方拱干撰；《明史钞略》八卷，清庄廷鑨撰，均为《中国古籍版刻辞典》著录。

另外，葆中还抄其父留良《吕晚村先生诗稿》八卷，所抄书“留”字皆缺最后一笔，为避父讳。中国国家图书馆所藏抄本《明史钞略》，有近人章炳麟、张元济、赵万里诸先生跋。为石门吕葆中抄庄廷鑨所撰《明书》之残本。《明史钞略》原书二册，不分卷第，墨格小字密行抄写，字行楷兼体，刚劲有致。册一内容首列《贞皇帝本纪》，次为《梃击、红丸、移宫三案总论》，末为《惫皇帝本纪》。册二前为《列传》，有李成梁、戚继光、朱光、杜松、呼良朋等传；其次有《显皇帝本纪》；末为《开国以后释教之传》，辑录姚广孝、怀信、薄洽、梵琦等传。《钞略》卷末有赵万里先生跋文一行曰：“此石门吕无党家抄本，卷中‘留’字缺末笔可证。”《明史钞略》虽影印收入《四部丛刊三编》，而知者不多。1936年历史学家孟森先生撰《书明史钞略》一文，对《钞略》做了详尽的考证和评论。

藏书处有吾研斋、耻斋、观稼楼、明农草堂、不远复堂、讲习堂、玉乳山房等。

---

① 傅增湘撰：《藏园群书经眼录》卷十四《集部三》，中华书局1983年版，第1268—1269页。

② 按：周叔弢先生是当代著名藏书家。曾将历年辛苦收集购买的大量珍贵善本悉数捐赠给北京图书馆和天津市图书馆。此抄本即新中国成立初期捐赠中的一种。

③ 傅增湘撰：《藏园群书经眼录》卷六《史部四》，中华书局1983年版，第489页。

藏书印有无党、吾研斋、善人里、无党校正图书、葆中、无党手钞、难寻几世好书人、吕公忠印、不远复堂、观稼、玉乳山房、南阳、吾研斋藏书印、吕氏藏书之印等。

（八）钱陈群

钱陈群（1686—1774）　字主敬，一字集斋，号香树、修亭，又号柘南居士，晚署东顺老人，嘉兴人。清"康熙辛丑成进士。雍正中，以编修典河南试，为陕西宣谕化导使，历侍读学士、直南书房、督学顺天，擢右通政。乾隆初，母丧，服除，仍视学顺天，累官刑部侍郎，充会试副总裁，两典江西乡试，以疾归"①，卒"加太傅，祀贤良祠，谥文端"②。陈群与南通沈德潜两人被乾隆称为"江南二老"。《光绪海盐县志》载：陈群"性和易，好汲引后进，立朝持大体，久任刑部，能持法，深于诗。……著有《香树斋集》行世。子孙世为嘉兴人，科第极盛"③。生平事迹参见《清史稿》卷三百五《列传九十二·钱陈群传》、于敏中《诰授光禄大夫内廷供奉经筵讲官太子太傅刑部尚书晋赠太傅入祀贤良祠谥文端钱公陈群墓志铭》及李元度《国朝先正事略·钱文端公事略》。

钱陈群出生于书香世家，"性颖敏，读书辄能贯穿经籍，下笔动与古会。同里前辈中若羡门、竹垞，一见并奇重焉。未冠入都，与诸老宿论文唱和，砥砺濯磨，学识才品，俱力争上流，于是名噪辇下，人咸以公辅器相期"④。其雅好古籍书画，并为乾隆收罗过项元汴旧藏书画⑤。又精于鉴赏，其《香树斋诗文集》记述自己鉴赏书画之经验言："同年徐君咸一读书，稽古雅好翰墨于名迹，赏鉴尤有深契。昨来京师，于市中得白描人物画一卷。脱落破坏，中无款识，后亦无跋，惟题签则有'李龙眠白描晋二十四友图真迹'十三字质之。赏鉴家谓晋代衣冠奕奕，皆有生致，真旧物也。曾见王百谷题龙眠维摩演教图云，白描易纤弱，柔媚最难，遒劲高逸。今观此卷如屈铁丝，又《江村销夏录》载，龙眠洛神赋卷，白描作廿五段。今观此图亦写七段，又《龙眠莲社图》《赤壁图》《番王礼佛图》，俱不书款织，与此正相吻合。至名人题识流传既久，定为人所攫去。而画以淳古淡泊独存。徐君欲得旧跋以缀于后，余以为惟无款识题

---

① （清）王彬修，徐用仪纂：《光绪海盐县志》卷十六《人物传二·钱陈群传》，见《中国地方志集成·浙江府县志辑》（21），上海书店出版社2011年版，第897页。

② 赵尔巽等撰：《清史稿》卷三百五《列传九十二·钱陈群传》，第35册，中华书局1977年版，第10510页。

③ （清）王彬修，徐用仪纂：《光绪海盐县志》卷十六《人物传二·钱陈群传》，见《中国地方志集成·浙江府县志辑》（21），上海书店出版社2011年版，第897页。

④ （清）于敏中《诰授光禄大夫内廷供奉经筵讲官太子太傅刑部尚书晋赠太傅入祀贤良祠谥文端钱公陈群墓志铭》，见（清）钱仪吉纂，靳斯标点：《碑传集》卷三十四《乾隆朝部院大臣中之下·钱陈群》，第3册，中华书局1993年版，第1022—1023页。

⑤ 叶梅著：《晚明嘉兴项氏法书鉴藏研究》，第一章《项氏法书鉴藏的家庭背景》第一节《源流述略》，第7页。

跋,故信为非后人赝作,特书数语以正之。"①钱仪吉在《钱文端公陈群年谱》记载钱陈群精于鉴赏之事迹:康熙"五十九年庚子,三十五岁。公如天津……仍客津门麓村,安氏精鉴赏,凡槜李项氏、河南卞氏、真定梁氏所蓄古迹均倾赀收藏,图书名绘甲于三辅。闻公至,悉出珍秘,求品第甲乙。且从公学诗授书法,公因得浏览签厨。遇前贤名翰,辄心摹手,追下笔神似"②。

陈群亦好刻书,尝于乾隆间刻自撰《香树斋诗集》十八卷《续集》十六卷,浙江图书馆有藏;乾隆二十四年(1759)辑刻沈德潜《嘉禾八子诗选》八卷。

(九)诸　锦

诸　锦(1686—1769)　字襄七,号草庐,秀水人。"少时家贫陋,辄就读书肆,主人敬其勤学,恣所观览。顾嗣立为之延誉,名大起。"③"雍正甲辰进士,官庶吉士,改金华府教授,乾隆丙辰举博学鸿词,授编修,转中允。"④参与编修《三礼》。乾隆六年(1741)充福建乡试正考官。乾隆十二年充山西乡试副考官,官"至左赞善,遂告归。著有《毛诗说》《飨礼补亡》《夏小正注》及《绛跗阁集》"⑤。生平事迹参见李元度《国朝先正事略》卷四十一《文苑 · 诸襄七先生事略》及《光绪嘉兴府志》卷五十二《诸锦》。

诸锦"生平浸淫典籍,寝食俱废,闳览博物,于笺疏考核尤精"⑥。《金华诗录》载:"先生博学好古,介然特立,居乡十余年卒。沉酣典籍,不问户外事,依然一老书生也。初官金华八年,士论翕然归之,至今犹有传其遗著,墨迹以为珍者。"⑦朱文藻曰:"草庐留心耆老著作,尝手辑诸家之诗,皆浙人作者,题曰'国朝风雅',凡十二册,未经编定付刊。今从曹广种梅处借得,采录入选。其所著《毛诗说》,谨案《钦定四库全书》已著录;《绛跗阁诗稿》十一卷,录入存目。其诗古今体分三十一集,自康熙甲申至乾隆壬午,五十九之作,共一千五百余篇。"⑧王昶言:"余甲戌春入都,请予相见,每日苦茗一瓯,薧鱼皛饭,杂谈经史,危坐相对,必至日下舂而许返。先生出临

① (清)钱陈群撰:《香树斋文集》卷十八《跋李龙眠画卷》,见《清代诗文集汇编》编纂委员会编:《清代诗文集汇编》262,《国家清史编纂委员会文献丛刊》,上海古籍出版社2010年版,第196页。

② (清)钱仪吉初编,钱志澄增订:《清钱文端公陈群年谱》,收录于《新编中国人名年谱集成》(10),(台北)台湾商务印书馆出版1970年版,第62—63页。

③ 赵尔巽等撰:《清史稿》卷四百八十五《列传二百七十二 · 诸锦传》,第44册,中华书局1977年版,第13372页。

④ (清)阮元、杨秉初辑,夏勇等整理:《两浙輶轩录》卷十七《诸锦》,浙江古籍出版社2012年版,第1197页。

⑤ 赵尔巽等撰:《清史稿》卷四百八十五《列传二百七十二 · 诸锦传》,第44册,中华书局1977年版,第13372页。

⑥ 王钟翰点校:《清史列传》卷六十八《儒林传下一 · 诸锦》,第17册,中华书局1987年版,第5480页。

⑦ (清)阮元、杨秉初辑,夏勇等整理:《两浙輶轩录》卷十七《诸锦》,浙江古籍出版社2012年版,第1197页。

⑧ (清)阮元、杨秉初辑,夏勇等整理:《两浙輶轩录》卷十七《诸锦》,浙江古籍出版社2012年版,第1198页。

川李公穆堂门下，生平博闻强识，诗法山谷、后山，而志节皦然，甘寂寞，守耿介，权贵之门，征逐之地。未尝一至。盖古人之闻人，而世之畸人也。”“《绛跗阁集》，殁后门人删定。郑玑尺江以为：‘掐擢胃肾，抉摘杳微’；陆堂奎勋以为：‘言近旨远，根柢深而英华自茂。’皆定论也。”①

诸锦兼好藏书与刻书，有绛跗阁。乾隆二十七年（1762）诸锦绛跗阁刻自撰本《绛跗阁诗稿》十一卷，南京图书馆有藏，《中国古籍善本书目》著录；其《绛跗阁诗稿》不分卷，稿本，《中国古籍善本书目》著录。乾隆间诸锦绛跗阁刻自撰本《诸草庐经说》三种五卷，见《中国古籍版刻辞典》。

藏印有诸草庐印、锦等。

（十）郑虎文

郑虎文（1714—1784）　字炳也，号诚斋，秀水人。清“乾隆七年进士，改翰林院庶吉士，散馆授编修。三充顺天乡试同考官，寻迁赞善，二十一年，充河南乡试正考官。二十二年，充会试同考官。二十三年，提督湖南学政。二十四年，提督广东学政”。“归后，主徽之紫阳书院十年，主杭之紫阳、崇文两书院五年。家有盛湖草堂”②。著有《吞松阁集》四十卷。生平事迹参见王太岳《皇清诰授奉直大夫左赞善兼翰林院检讨加二级郑君墓志铭》、《清史列传》卷七十二《文苑传三·郑虎文》、阮元《两浙輶轩录》卷二十五《郑虎文传》。

郑虎文少孤，有志行于学，“于学靡不通，衡文兼揽众长无遗美”③，尤工诗文，与朱筠、程晋芳、王太岳、张九钺唱和。郑氏亦藏书，惜藏书详情不详，藏书室为盛湖草堂④。

（十一）冯浩父子三进士

冯　浩（1719—1801）　亦作诰，一名学浩，字养吾，号孟亭，桐乡人。“幼即颖异，为祖所钟爱。既长好学深思，博通经史。乾隆丙辰举于乡，戊辰成进士，入翰林充国史馆纂修与续修《文献通考》，为总裁所推重。壬申秋会试，一岁两舆分校乡闱，有力争之主司而获隽者为吴江陆耀其。后巡抚湖南，以清节重当世。丙子典试江南，阅落卷至万余，穷日夜搜录恐不及”，旋升山东道御史，“以忧归。服阕赴补中途疾作而归，遂不复出”⑤。乾隆六十年（1795），重宴鹿鸣，封鸿胪寺卿。卒祀乡贤祠。

---

① （清）王昶著，周维德校辑：《蒲褐山房诗话新编》卷上，齐鲁书社1988年版，第23页。

② 王钟翰点校：《清史列传》卷七十二《文苑传三·郑虎文》，第18册，中华书局1987年版，第5888—5889页。

③ （清）许瑶光修，吴仰贤等纂：《光绪嘉兴府志》卷五十二《秀水列传·郑虎文》，见《中国地方志集成·浙江府县志辑》（13），上海书店出版社1993年版，第496页。

④ 傅逅勤撰：《嘉兴历代人物考略》，香港天马出版有限公司2005年版。第290页。

⑤ （清）严辰纂：《光绪桐乡县志》卷十五《人物下》，见上海书店出版社编：《中国地方志集成·浙江府县志辑》（23），上海书店出版社2011年版，第572页。

冯浩"著述甚富,《孟亭诗文集》之外,有《李商隐诗文全集详注》行世"①。生平事迹参见《碑传集补》卷十《冯浩传》。

冯浩"居家四十年,侨寓郡城,优闲养望,著述自娱"②,是乾嘉时期的著名学者。叶衍兰赞叹曰:先生"先后聘主书院。常州龙城、浙东西崇文、蕺山皆文人荟萃之区,鸳湖尤近在乡邦,先生雅意造就,群才蔚起。尝手自笺注李义山诗文集,凡数易稿,艺林并服其精审。先生辈渐高,海内文学之往来经过者,式庐造谒,苟有一长,无不被其容接,诱掖奖劝惟恐不及,巍然为东南之望"③。

冯浩好藏书,其藏书故实详见《嘉兴藏书史》。又喜抄书与刻书。抄本有《元和郡县志》三十六卷、《至元嘉禾志》三十二卷等。

书室名为德聚斋,亦作德聚堂。

冯应榴(1741—1801) 冯浩长子。字诒曾、贻曾,号星实,晚号踵息居士,桐乡人。冯氏"其先自湖州迁桐乡,明隆万时有官湖广左布政,讳孜者,君八世祖也。曾祖景夏,康熙中举人,历刑部左侍郎。祖锦,以君赠中宪大夫。父浩,乾隆十三年进士,由编修改监察御史"④。应榴"年十八,补诸生。乾隆二十五年,举乡试"⑤,"于乾隆庚辰、辛巳联捷成进士,归班铨选,乙酉南巡召试一等四名,授内阁中书,逾年入直军机处,随迁宗人府主事,庚寅典试湖北,辛卯分校京闱,皆称得人"⑥。"授四川学政,以事镌级。未几,复原官。累迁员外郎、郎中,充坐粮厅监督,擢山东道御史、通政使参议、鸿胪寺卿"⑦,出为江西布政使。平居为诗,尤嗜苏文忠,尝汇各家旧注,加以订误补阙,"著《苏文忠诗合注》《学语稿》"⑧及《金檀高青丘诗笺注》《湖上题襟集》《踵息居士诗文集》等。嘉庆五年(1800),参与纂修《嘉兴府志》八十卷首三卷。生平事迹参见秦瀛《鸿胪寺卿星实冯君墓表》及《清史列传》卷七十一《冯应榴》。

冯应榴自幼秉承家学,博闻强识,"为人沈毅智识,才情飙发,审机立断。直枢垣

① (清)阮元、杨秉初辑,夏勇等整理:《两浙輶轩录》卷二十三《冯浩》,浙江古籍出版社2012年版,第1679页。

② (清)严辰纂:《光绪桐乡县志》卷十五《人物下·经学·冯集梧》,见上海书店出版社编:《中国地方志集成·浙江府县志辑》(23),上海书店出版社2011年版,第572页。

③ (清)叶衍兰著,谢永芳校点:《叶衍兰集》之《清代学者象传·袁枚冯浩》,上海古籍出版社2015年版,第260页。

④ (清)秦瀛撰:《小岘山文集》卷五《鸿胪寺卿星实冯君墓表》,见《续修四库全书》编纂委员会、复旦大学图书馆古籍部编:《续修四库全书》第1465册,上海古籍出版社2003年版,第236页。

⑤ (清)叶衍兰著,谢永芳校点:《叶衍兰集》之《清代学者象传·冯应榴》,上海古籍出版社2015年版,第280页。

⑥ (清)严辰纂:《光绪桐乡县志》卷十五《人物下·宦绩·冯应榴》,见上海书店出版社编:《中国地方志集成·浙江府县志辑》(23),上海书店出版社2011年版,第540页。

⑦ (清)叶衍兰著,谢永芳校点:《叶衍兰集》之《清代学者象传·冯应榴》,上海古籍出版社2015年版,第280页。

⑧ (清)阮元、杨秉初辑,夏勇等整理:《两浙輶轩录》卷三十三《冯应榴》,第9册,浙江古籍出版社2012年版,第2377页。

时，制草多出其手，洒洒千言，援笔立就，机禁内臣甚倚重之”①。尤潜心于诗学研究。藏书颇丰，诗文、经义之类数百种。归里后，利用家中藏书，肆力于典籍整理，对苏诗考订尤勤。以《苏文公诗注》注本疏舛尚多，“尝汇辑各家旧注，加以订误不缺，为《苏诗集注》一书，刊刻行世”②。是书由嘉定钱大昕为之作序，称其注本兼有诸家注本之长，为清代佳注之一，其评价甚高，钱大昕称：“先生博览群书，与古为徒，沉酣于东坡诗者有年，精思所感，形于梦寐。又得宋椠五家注、元椠王状元集百家注旧本，稽其同异而辨证之。于宋代掌故人物，则采李仁父《长编》及各家文集，诸道石刻，一一增益，斯又足裨前人之阙漏而为论世之助者也。”③又王昶言：“星实英敏豁达，有干济才。既以江西布政使罢归，益肆力于典籍。尊人养吾侍御注李玉溪诗，最为精赡。君师其意，以苏文忠公诗注疏舛尚多，遂取王梅溪、施辅之、查初白诸本合抄之，以考其是非得失。所采正史而外，凡丛书脞说可为证据者，靡不搜讨。余撰《金石萃编》，载文忠石刻颇多，兼以后贤题跋，君亦猎取之以为助，亦可征其精审已。”④吴骞《拜经楼藏书题跋记》云：“桐乡冯星实太史补注苏诗，属其戚项根堂从余借宋刻《王状元苏诗》，不意为中阁，故冯刊所引王注亦多不全，未免遗憾。”⑤

书室名为梦苏草堂、踵息斋。

冯集梧（1757—1807） 冯浩少子。字轩圃，号鹭庭，桐乡人。史志称：集梧“父浩，见经学传，公其少子也。幼有神童之目，弱冠后即以拔贡生司慈溪。乾隆庚子、辛丑联捷成进士，入翰林。馆中有鸿篇巨制同官搁笔谢不能者，公纚纚千言下笔立就，当轴者叹为奇才也。己酉典云南试，得人甚盛，是年兄应榴亦典山东试，艺林传为佳话”⑥。旋以父浩春秋已高，与兄先后陈情归养。优游林下者十余年，历主东林、安定、云间讲席，诱掖生徒，多所成就。平生见义必为，官京师时，创办嘉兴会馆，移建育婴堂。南归后，改设府城育婴所。增修试院等皆赖其首创。著有《贮云居稿》，集梧纂有《桐乡冯氏重修支谱》六卷，稿本，四册，现藏苏州图书馆。潘衍桐《两浙輶轩续录》卷十二有其传。

集梧承父业，好藏书，其刻书亦甚丰，王昶云：“鹭庭为养吾侍御三子。多藏书，精校勘。尝刻《元丰九域志》、《杜樊川诗注》、惠定宇《后汉书补注》、盛庸三《礼仪集

---

① （清）叶衍兰著，谢永芳校点：《叶衍兰集》之《清代学者象传·冯应榴》，上海古籍出版社2015年版，第281页。

② （清）叶衍兰著，谢永芳校点：《叶衍兰集》之《清代学者象传·冯应榴》，上海古籍出版社2015年版，第281页。

③ （清）钱大昕著，吕友仁校点：《潜研堂集·文集》卷二十六《苏诗合注序》，上海古籍出版社2009年版，第431页。

④ （清）王昶著，周维德校辑：《蒲褐山房诗话新编》卷上，齐鲁书社1988年版，第98页。

⑤ （清）吴寿旸撰：《拜经楼藏书题跋记》卷五《苏诗补注》，见《清人书目题跋丛刊十》，中华书局1995年版，第669页。

⑥ （清）严辰纂：《光绪桐乡县志》卷十五《人物下·文苑·冯集梧》，见上海书店出版社编：《中国地方志集成·浙江府县志辑》(23)，上海书店出版社2011年版，第581页。

编》。又毕秋帆尚书《续资治通鉴》，刻未及半，赖鹭庭重校刻成之。”[1]工诗画，对唐杜诗详加校勘辨析，重作注释，嘉庆三年(1798)撰有《樊川诗集注》，《中国大百科全书·中国文学》誉此注本为“注释本中最通行的”一种，今有新版行世。

其藏书、刻书处为贮云居。其刻书甚丰，其刻书故实详见《嘉兴刻书史》。

(十二)钱载父子进士

钱　载(1708—1793)　字坤一，“又字坤根，号匏尊，又号萚石，再号复真，别署万苍翁、百福老人、万松居士，濒东居士，秀水人”[2]。“秀水副贡。乾隆丙辰举博学鸿词，壬辰进士，官至礼部左侍郎”[3]。“壬申，始联捷，年四十五矣。由翰林擢礼部左侍郎，充会试同考官者三，典江南、江西、广西乡试凡五。又视山东学，命往秦蜀祭告，上书房行走。癸卯，致仕”[4]。钱载“为人朴诚竭忠，贵而能下，贫而愈乐。文学侍从之选三十余年，受主知最深”[5]，尝历《续文献通考》纂修官及《四库全书》总阅，“立朝三十年，秉正不阿。终其身，食贫不知贫，有父风。性直，常折人过，而周人急如不及。画，其馀事，世珍之”[6]。钱载“归田后，寿跻大耋，广正之操，淹通之学，信于乡党，闻于朝宁”[7]。著有《万松居士词》《玉错集》《萚石钱先生十国词笺略》等，“所刊《萚石斋诗集》四十九卷，未梓者文集、别集、补集共若干卷”[8]。《两浙輶轩录》赞其“《萚石斋诗集》四十九卷，体以博大为宗，神景开辟，不愧作家巨手”[9]。钱载与励鹗、严遂成、袁枚、王又曾、吴锡麒等人齐名，被誉为“浙西六家”，是乾隆后期秀水派诗坛的旗帜，张维屏赞曰：钱“萚石先生清德雅才，卓然为一代传人”[10]。生平事迹参见《清史稿》卷三百五《列传九十二·钱载传》、《清史列传》卷二十五《钱载传》。

---

① (清)王昶著，周维德校辑：《蒲褐山房诗话新编》卷上，齐鲁书社1988年版，第144页。

② 倪禹功著：《嘉秀藏家集录》卷二《清·宝泽堂钱氏》，上海辞书出版社2011年据倪氏手稿影印，第48页。

③ (清)阮元、杨秉初辑，夏勇等整理：《两浙輶轩录》卷二十三《钱载》，浙江古籍出版社2012年版，第1625页。

④ (清)朱休度《礼部侍郎秀水钱公载传》，见(清)钱仪吉纂，靳斯标点：《碑传集》卷三十六《乾隆朝部院大臣下之中·钱载》，第3册，中华书局1993年版，第1051页。

⑤ (清)吴文溥《故礼部侍郎公传》，见(清)钱仪吉纂，靳斯标点：《碑传集》卷三十六《乾隆朝部院大臣下之中·钱载》，第3册，中华书局1993年版，第1052页。

⑥ (清)朱休度《礼部侍郎秀水钱公载传》，见(清)钱仪吉纂，靳斯标点：《碑传集》卷三十六《乾隆朝部院大臣下之中·钱载》，第3册，中华书局1993年版，第1051页。

⑦ (清)吴文溥《故礼部侍郎钱公传》，见(清)钱仪吉纂，靳斯标点：《碑传集》卷三十六《乾隆朝部院大臣下之中·钱载》，第3册，中华书局1993年版，第1053页。

⑧ (清)吴文溥《故礼部侍郎钱公传》，见(清)钱仪吉纂，靳斯标点：《碑传集》卷三十六《乾隆朝部院大臣下之中·钱载》，第3册，中华书局1993年版，第1053页。

⑨ (清)阮元、杨秉初辑，夏勇等整理：《两浙輶轩录》卷二十三《钱载》，浙江古籍出版社2012年版，第1625页。

⑩ (清)张维屏编撰，陈永正点校，苏展鸿审定：《国朝诗人征略·初编》卷四十五《钱世锡》，中山大学出版社2004年版，第665页。

钱载“学殖渊懋，品行修洁。诗取法于杜、韩、苏、黄，脱去町畦，自成一家。工书，善水墨画，得法于南楼老人，而间以新意出之，别饶天趣。写兰竹尤工，供奉南斋时，屡邀睿赏。特精考据之学，好古成癖”①。嗜读书，“尝读书丙舍中。冬夜夜长，每独饮村酒一壶，置书一二十册于案傍，且酌且观书，沉吟咀味，书有疑则合眼以思。一二十册书阅竟，杯干，壶亦罄，鸡已再号，夜达四更矣。盖府君读书精细，缜密之功，得力于空山静夜。如此有《溦上读书图》二，一为张瓜田征君所作，一为张农部篁村所作”②。又“善鉴别，法书名画，望之审其真伪，故尤工绘事。晚年致仕归，藉以给朝夕”③。其子钱世锡回忆云：府君致仕“归里后，深巷闭门，日翻阅旧书籍。秋草被阶，凝尘满席，庭树叶萧萧落。门无杂宾，并少送酒问字之彦，洒然独坐。时忆文史故事，则命子容锡寻检以呈，从容讽味。盖府君一生勤学，老而弥笃。摩挲古砚，得砚甚多。有携前人书画名迹求鉴定者，往往欣赏竟日。课诸孙作文，课曾孙识字。间命棹渡南湖，往九曲，栖迟墓屋中。进田夫村老，与之煮葵剪韭，酌醴焚枯，课桑麻，问晴雨。命二童舁篮与行田塍间，看菜花，看秧，看稻叶稻花”，不问时事，读书、绘画、藏书、鉴赏，“陶然以乐”④。

钱载又嗜收藏“书画、典籍、砖瓷”，居于嘉兴“郡城西大街之百福巷”。通籍后，尝得“御制《古稀说》《戒得堂记》《知过论》及《兰亭八柱帖》《快雪堂法帖》等，蒙赐什袭，敬藏于家”⑤。尤好收藏“名画、典籍、砖瓷，在郡城西大街之百福巷”⑥。“钱氏藏过名迹甚多，著录者有汉瓦当，明建文瓷笔架、杜琼画卷、沈同斋山水卷、明季高士丁元公枯木竹石图等，均属萚石斋旧物。其曾孙聚朝大令亦藏有元人剧迹赉石山农墨本”⑦。可见钱载藏书中尤为珍贵的是皇帝所赐之书。倪禹功《嘉秀藏家集录》载其收藏故实甚详，尝“勖子孙读书为善，其言曰：‘读书而为善可也，读书而不为善不可也；为善而读书可也，为善不读书不可也。’葺庐先人，墓侧，眷念徘徊，时与老农圃相款曲，率以半岁于此避喧著书。置义田，赡同父兄弟以下子侄辈。又时进其族从

① （清）叶衍兰著，谢永芳校点：《叶衍兰集》之《清代学者象传·钱载》，上海古籍出版社 2015 年版，第 263 页。

② （清）钱世锡等撰：《皇清诰授资政大夫尚书房行走礼部左侍郎恩予原品休致显先考萚石府君行述》，见潘中华著：《钱载年谱》附录，上海古籍出版社 2014 年版，第 432—440 页。

③ （清）王昶著，周维德校辑：《蒲褐山房诗话新编》卷上，齐鲁书社 1988 年版，第 56 页。

④ （清）钱世锡等撰：《皇清诰授资政大夫尚书房行走礼部左侍郎恩予原品休致显先考萚石府君行述》，见潘中华著：《钱载年谱》附录，上海古籍出版社 2014 年版，第 437 页。

⑤ （清）钱世锡等撰：《皇清诰授资政大夫尚书房行走礼部左侍郎恩予原品休致显先考萚石府君行述》，见潘中华著：《钱载年谱》附录，上海古籍出版社 2014 年版，第 437 页。

⑥ 倪禹功著：《嘉秀藏家集录》卷二《清·宝泽堂钱氏》，上海辞书出版社 2011 年据倪氏手稿影印，第 48—49 页。

⑦ 倪禹功著：《嘉秀藏家集录》卷二《清·宝泽堂钱氏》，上海辞书出版社 2011 年据倪氏手稿影印，第 48—49 页。

子弟于丙舍，亦各勉以读书为善而已”①。可见其所藏典籍主要为子孙读书而藏。

钱载收藏室有宝泽斋、九丰堂、萚石斋、益某斋、万花山馆、木鸡斋、坤一书屋等。

钱载藏印有萚石斋图书印、萚石斋、退密、馆臣、翰林学士、秀水弟钱载、少宗伯、詹事之章、坤一氏印、诗酒自娱等。

钱载喜交游，与其交游多博学鸿儒，尤关注与搜集这些先哲文献及遗集，并勘定行世，保存并传承这些先哲文脉。钱载在通籍前，“与同里张征君庚，万孝廉光泰，王秋曹又曾，汪吏部孟鋗、孝廉仲鈖，祝典籍维诰诸名宿相切劘”②。与桐乡藏书家汪筠③尤善，并馆于其华及堂，是时，钱载与汪氏兄弟于“偶圃、乳巢、豫堂、篁园、谷原诸先生及我从伯蕖塘先生，亦时桐溪，相与汲古研覃经史，讨论金石，奋笔为歌诗，积有成卷”④。尝与藏书家青浦王昶订交，王昶言：其“襟情萧旷，真率自如。乾隆甲戌初夏，从金桧门总宪一经斋，与余订交，遂成雅契。性豪饮，常偕朱竹君学士，金辅之殿撰，陈伯恭、王念孙两编修过余，冬夜消寒，卷波浮白，必至街鼓三四下”⑤。钱世锡回忆云：

府君少与朱、陈、祝、王诸生联吟社，而复请业于桑弢甫先生。至万孝廉晴初先生与府君同举宏博，尤相契。其后汪吏部厚石、孝廉桐石兄弟，陈明经匏村，皆交府君于师若友之间。而清溪徐氏昆季南墅、陶尊、谷函皆受业于府君。及诸君子身后，府君皆为收拾遗文，删定其诗以传。谷原先生有《丁辛老屋集》，谦谷先生《谦谷集》，晴初先生《柘坡集》，厚石吏部《厚石斋集》，桐石孝廉《桐石草堂集》，匏村明经《匏村集》，徐氏《南墅集》《绿杉野屋集》，皆经府君手为之裁定付梓。而《豫堂先生集》《朱梧剿先生集》，府君亦已整齐订存，尚未刊刻。盖自先王父受经于竹垞先生，府君秉承先王父教，偕同里诸君子，振起诗学于竹垞既没之后，古学复兴⑥。

---

① （清）吴文溥《故礼部侍郎钱公传》，见（清）钱仪吉纂，靳斯标点：《碑传集》卷三十六《乾隆朝部院大臣下之中・钱载》，第3册，中华书局1993年版，第1053页。

② （清）吴文溥《故礼部侍郎公传》，见（清）钱仪吉纂，靳斯标点：《碑传集》卷三十六《乾隆朝部院大臣下之中・钱载》，第3册，中华书局1993年版，第1051—1052页。

③ 按：汪筠（1715—?），字珊立，号谦谷，桐乡人。藏书名家汪森孙。诸生，以附贡生授光禄寺署正，官至长沙知府，有《谦谷集》六卷。汪筠幼耽吟咏，工于诗画，成年后诣益精进。对家族丰富的藏书及过往的文采风流备感自豪，汪筠《裘杼楼有述》回忆其祖父汪森云：“吾祖父万卷贮之裘杼楼，一生嗜奇古，来往俱英流。开樽座常满，拂笺句共酬。文章动海内，解组归林丘。到今蓍旧尽，寂寞四十秋。”尤为留心祖辈搜集和编刻的诗词文集，对汪森编选的《词综》《明词综》都作过精细的研读，先后撰有《读〈词综〉书后二十首》《书〈明词综〉三首》等。

④ （清）钱世锡等撰：《皇清诰授资政大夫尚书房行走礼部左侍郎恩予原品休致显先考萚石府君行述》，见潘中华著：《钱载年谱》附录，上海古籍出版社2014年版，第432—433页。

⑤ （清）王昶著，周维德校辑：《蒲褐山房诗话新编》卷上，齐鲁书社1988年版，第56页。

⑥ （清）钱世锡等撰：《皇清诰授资政大夫尚书房行走礼部左侍郎恩予原品休致显先考萚石府君行述》，见潘中华著：《钱载年谱》附录，上海古籍出版社2014年版，第438页。

钱世锡(1733—1795)　钱载长子。宝甫父,“字慈伯,号百泉,秀水人。乾隆戊戌进士,改庶吉士,授编修”①。世锡“生平孝友朴实,诗如其人。先从父清宦归田,饔飧常不足,兄大考罢归,尝授徒于外,以佐甘旨。乾隆乙卯,卒于家,年六十三。子宝已未翰林,官至山西布政使”②。世锡撰有《麂山老屋诗集》。王昶《湖海诗传》卷三十六有其传。

钱世锡自幼受家学教导甚深,“方数岁。冬夜温经,坐破毡,一灯如豆,满楼读书声。及冠,文压侪辈。九试乃得举,又十年成进士”③。《听松楼诗话》载:世锡“慈伯初入词馆,时萚石先生方奉命教习庶吉士,英文肃公谓慈伯曰:‘子入翰林,上命其父为之师,可谓至恩,考试之古籍,能多得否?’慈伯有《述德》诗云:‘瓌颋雄文苑,谈迁继史家。斯人能自树,古道岂终赊。樗栎材应弃,驽骀策亦加。槐庭频请业,犹忆夕阳斜。’此蓬瀛佳话,亦乔梓美谈也。”④又有“汉宋说异同,曾未细紬绎。便尔袒左右,不得通阡陌。强者夸记诵,缥缃广搜索”之句。

(十三)谢墉父子进士

谢　墉(1719—1795)　字昆城,号金圃,又号东墅,别署听钟居士,嘉善人。为“垣弟。乾隆辛未南巡,召试第一,钦赐举人,授内阁中书。壬申成进士,改翰林,南书房行走,屡充乡、会同考官。乙酉,以庶子典福建试,乞假省亲。升侍读学士,擢内阁学士兼礼部侍郎衔,迁工部左侍郎,入侍经筵。寻督学江苏,任满,调吏部。戊戌会试,知贡举。己亥,典江南乡试。庚子,复知贡举,调吏部。辛丑,会试正总裁、殿试读卷官。是科状元钱棨,乡、会榜首,出墉门下,艺林传为盛事。癸卯,复典江南乡试。留视江苏学政”⑤。其个性中怀坦白,无所瞻顾,致以浮言被议,降官编修。未几,时逢乾隆皇帝南下巡视,召见于行宫中,赐以御制诗章。谢墉“在上书房久,仁宗方典学,肄习诗文,高宗命墉讲授。嘉庆五年,加恩旧学,赠三品卿衔,赐祭葬”⑥。其治学以经史小学为本,著有《安雅堂集》、《四书义》、《六书正说》⑦、《安雅堂诗钞》、《食味诗》。生平事迹参见阮元《两浙輶轩录》卷二十七《谢墉传》、《清史列传》

---

① 徐世昌辑:《晚晴簃诗汇》卷一百一《钱世锡》,见《续修四库全书》编纂委员会、复旦大学图书馆古籍部编:《续修四库全书》第1631册,上海古籍出版社2003年版,第276页。

② (清)张维屏编撰,陈永正点校,苏展鸿审定:《国朝诗人征略·初编》卷四十五《钱世锡》,中山大学出版社2004年版,第665页。

③ (清)阮元、杨秉初辑,夏勇等整理:《两浙輶轩录补遗》卷七《钱世锡》,浙江古籍出版社2012年版,第3441页。

④ (清)张维屏编撰,陈永正点校,苏展鸿审定:《国朝诗人征略·初编》卷四十五《钱世锡》,中山大学出版社2004年版,第666页。

⑤ (清)许光墉、叶世熊辑,姜汉春、姜汉森标点:《重辑枫泾小志》卷五,上海社会科学院出版社2005年版,第162页。

⑥ 赵尔巽等撰:《清史稿》卷三百五《列传九十二·谢墉传》,第35册,中华书局1977年版,第10522页。

⑦ (清)阮元撰:《研经室二集》卷三《吏部左侍郎谢公墓志铭》,见中华书局编辑部:《丛书集成初编》471,中华书局2011年影印本,第430页。

卷二十五《谢墉传》。

谢墉少颖异,“读书不忘,究心实学,经史百家,靡不综览”①。“尤好钟鼎古文,独追象形、象事、象意之本,谓许慎篆文乃沿秦石刻结体,校以商周尊彝、岐阳石鼓,则形、事、意三者皆不及指微抉奥,令人解颐。形声、转注、假借三事,亦博探《苍》《雅》,出入经训,故公之为小学也,依据许氏而更溯其本。又尝校正《荀子》杨倞注,《逸周书》孔晁注合之卢学士文弨所校,锓板贻学者”②。清乾隆五十一年(1786)谢墉刻《荀子》二十卷,唐杨倞注,谢墉辑补,《校勘补遗》一卷,清卢文昭校,上海图书馆、天津图书馆、浙江大学图书馆、浙江图书馆、江苏吴江市图书馆有藏。其中吴江市图书馆所藏《荀子》二十卷,唐杨倞注,谢墉辑补,《校勘补遗》一卷,谢墉撰,清乾隆五十一年(1786)谢墉刻,顾广圻校并跋,入选第二批国家珍贵古籍(编号:04408)。

谢氏好藏书与抄书,《日藏汉籍善本书录》著录元刊元印本《书学正韵》三十六卷,共三十六册,静嘉堂文库藏本,原陆心源等旧藏,卷中有“枫溪谢墉”“谢墉印”“知心无涯”“嘉禾谢东墅藏”“东墅审定”“东墅墉印”“谢氏之学”“听钟居士”“当湖小重山馆胡民篴江珍藏”“篴江”“归安陆树声藏书之记”“归安陆树声叔桐父印”等印记③;明弘治年间(1488—1505)刊本《铁崖文集》五卷,亦静嘉堂文库藏,原系陆心源皕宋楼等旧藏,卷中有“朱象元氏”“太史氏印”“云间世家”“谢墉印”“东墅”等印记④;明钞本《建炎以来朝野杂记跋》,“此明钞残帙,存甲卷一、卷二、卷十四至二十,凡十卷。……有‘仁和吴任臣印’‘志伊父’‘嘉禾谢东墅藏’‘谢墉印’‘何文焕印’‘江邨高氏岩耕草堂藏书之印’各印记。余以聚珍本校之。”⑤乾隆刻大字本《金薤琳琅》二十卷《补遗》一卷,“谢金圃藏书。有‘谢墉印’‘东墅’‘谢东墅藏书印’‘枫桥谢墉’‘东墅审定’‘东墅墉印’‘听钟居士’”⑥。所校汉高诱注《吕氏春秋》二十六卷,《中国古籍善本书目》著录。

藏书处为安雅堂。

藏书印有谢墉印、东墅、枫桥谢墉、听钟居士、东墅审定等。

谢墉兄谢垣,“字东君,嘉善人。乾隆三十一年进士,官至刑部主事。有《壶领山房前后诗集》。东君家住枫溪,是水云深处,性情萧旷,雅尚清幽。能画,尤善琴。迹

---

① (清)阮元撰:《研经室二集》卷三《吏部左侍郎谢公墓志铭》,见中华书局编辑部:《丛书集成初编》471,中华书局2011年影印本,第430页。

② (清)阮元撰:《研经室二集》卷三《吏部左侍郎谢公墓志铭》,见中华书局编辑部:《丛书集成初编》471,中华书局2011年影印本,第430—431页。

③ 严绍璗编著:《日藏汉籍善本书录·经部·小学类》,中华书局2007年版,第310页。

④ 严绍璗编著:《日藏汉籍善本书录·集部·别集类》,中华书局2007年版,第1628页。

⑤ 傅增湘撰:《藏园群书题记》卷五《明钞本建炎以来朝野杂记跋》,上海古籍出版社1989年版,第257页。

⑥ 罗振常撰,汪柏江、方俞明整理:《善本书所见录》卷二《史部》,上海古籍出版社2014年版,第70页。

涉软红，志同外物。与其弟昆城少宰，比屋而居，一则丹毂盈门，一则青苔满院。披其帷，其人斯在，识者有殷、韩之别焉。诗近韩冬郎，录其佳者，以见一斑”①。

谢墉卒后，其藏书由子谢恭铭所递藏。

谢恭铭（生卒年不详）　谢墉次子。字寿绅，号石农，嘉善人。清“乾隆丁未进士，以庶吉士散馆改知县。父墉，追赠三品京堂。恭铭赴阙谢恩，特授内阁中书、文渊阁检校”②。因厌倦官场的尔虞我诈，乞假旋里。藏书楼里度余年，未再入仕。尝“博收名人遗迹，刻《望云楼法帖》”③行世，此帖所收自唐至清人书十八卷。计唐人书一卷、宋人书三卷、元人书二卷、明人书三卷、清人书九卷。刻书近一百八十种。该法帖刻法逼真精良，对传播古代书法艺术、保存书法文献具有重大意义，得到时人推崇。其传参《清史稿》卷三百五《列传九十二・谢恭铭传》。

谢恭铭承父志，藏书汗牛充栋，特筑望云楼以贮之。据《重辑枫泾小志》载：“望云楼，在适园后，太史谢恭铭藏古今碑帖处。刻有《望云楼法帖》行世。同治二年毁于兵，石刻为制军秉璋携去。按，制军于同治二年统兵克复枫泾，由土城中检得望云楼碑版，饬健卒载归无为州珍藏。曹相国振镛诗云：‘望云君名楼，吾以名吾轩。引领云起处，思亲无晨昏。吾师精鉴赏，真膺穷本源。泐石垂永久，赖有后贤昆。先公酷嗜古，卷轴手自翻。分藏俾合玩，易箦有遗言。嗟哉吾伯氏，寥落今安存。云聚易结影，云散难留根。白衣忽苍狗，新安江上村。钩摹十册辑，想见昔典型。唐贤仿旧迹，冠以《黄庭经》。幽宫表先德，殿以墓志铭。吾师盛文藻，献赋登天廷。光华勋卿月，声望转使星。好学老不卷，七十有七龄。我为门下士，惭愧野鹤形。相期渥清足，相誉凤凰翎。师恩感知遇，念及每涕零。幸有哲嗣在，尚记鲤过庭。他时若归去，扁舟访枫泾。’”④

（十四）王又曾

王又曾（1706—1762）　一名右曾，字受铭，号谷原，秀水人。清“乾隆十六年，高宗南巡，召试，授内阁中书。十九年成进士，改礼部主事，迁刑部。告归后十余年”⑤。王又曾“在都下，极为陈世琯、汪由敦所推许。释褐后，皆以为当得上第。既入三甲，人犹比之朱彝尊，以王仪曹称之。工诗，与钱载齐名，时号‘钱王’。其诗专务沉静，毕沅称其削肤廓而见性情，能自成一家”⑥。王又曾“与朱沛然、陈向中、祝

---

① （清）王昶著，周维德校辑：《蒲褐山房诗话新编・谢墉及弟谢垣》卷上，齐鲁书社1988年版，第115页。

② （清）许光墉、叶世熊辑，姜汉春、姜汉森标点：《重辑枫泾小志》卷六，上海社会科学院出版社2005年版，第170页。

③ （清）许光墉、叶世熊辑，姜汉春、姜汉森标点：《重辑枫泾小志》卷六，上海社会科学院出版社2005年版，第170页。

④ （清）许光墉、叶世熊辑，姜汉春、姜汉森标点：《重辑枫泾小志》卷三，上海社会科学院出版社2005年版，第69—71页。

⑤ 王钟翰点校：《清史列传》卷七十二《文苑传三・王又曾》，第18册，中华书局1987年版，第5889页。

⑥ 王钟翰点校：《清史列传》卷七十二《文苑传三・王又曾》，第18册，中华书局1987年版，第5889页。

维诰和之,号'南郭五子'","时目为秀水派"①。著有《丁辛老屋集》。《两浙輶轩录》卷二十七《王又曾传》及《光绪嘉兴府志》卷五十二《王又曾传》有其传。

王又曾"谷原在都下为陈文勤公、汪文端公称许。释褐后,皆以当得上第。既入三甲,人犹以秀水朱检讨为比。后用以为主事,观政礼部,又以王仪曹称之。至补刑部主事,谷原以律例向非素习,且病,遂乞假归"②。又"喜聚书,藏书多钤'丁辛老屋'"③,惜藏书详情不详。王氏卒后,"其子复④乞载定其诗,号《丁辛老屋集》。毕沅为之序,谓于汉、魏、六朝及唐、宋诸家外,能融会变化自成一家,取材于众所不经见,用意于前人所未发,尤又曾所独到云"⑤。现《丁辛老屋集》十卷稿本,为《中国古籍善本书目》著录。

(十五)周升桓

周升桓(1732—1801)　字稚圭,号晓沧、山茨,世居嘉善魏塘镇。清"乾隆癸酉同兄鼎枢举于乡,甲戌同父翼洙成进士,入翰林,擢侍讲,外补广西苍梧驿盐道"⑥,官终广西巡抚。"后以母老回籍养亲。曾主讲安定等书院"⑦。擅长吟咏,著有《皖游诗存》。

周升桓生平好收藏古籍,其藏书详情未考,尤好收藏书法碑帖,每日研究《通鉴》,临摹古帖,数年如一日。其"书法宗东坡,名闻海内。存《仁本堂墨刻》碑石54方,现为嘉善县博物馆所藏"⑧。

(十六)唐　淮

唐　淮(生卒年不详)　后更作槐,字晴川,号西园。秀水人,居郡城。唐淮"少贫苦学,受学于钱塘桑弢甫调元,成乾隆庚辰进士,由翰林转御史,出典云南试,以疾归家"⑨。著有《西园吟草》《出塞晚云》等,刻有《绿溪山庄帖》行世。《两浙輶轩录补遗》卷五有其传⑩。

---

① 赵尔巽等撰:《清史稿》卷四百八十五《列传二百七十二·王又曾传》,第44册,中华书局1977年版,第13384页。

② (清)王昶著,周维德校辑:《蒲褐山房诗话新编》卷上,齐鲁书社1988年版,第65页。

③ 于峰、周敏编著:《嘉禾古今藏书家》,2009年铅印本,第116页。

④ 按:王复,字敦初。官河南鄢陵知县。有《树萱堂》《晚晴轩》二集。毕沅采入《吴会英才集》。

⑤ 赵尔巽等撰:《清史稿》卷四百八十五《列传二百七十二·王又曾传》,第44册,中华书局1977年版,第13384页。

⑥ (清)许瑶光修,吴仰贤等纂:《光绪嘉兴府志》卷五十四《嘉善列传·周升桓》,见《中国地方志集成·浙江府县志辑》(13),上海书店出版社1993年版,第570页。

⑦ 嘉善县志编纂委员会编:《嘉善县志》第三十五编《人物》,生活·读书·新知三联书店1995年版,第1040页。

⑧ 嘉善县志编纂委员会编:《嘉善县志》第三十五编《人物》,生活·读书·新知三联书店1995年版,第1040页。

⑨ 倪禹功著:《嘉秀藏家集录》卷二清《唐淮》,上海辞书出版社影印稿本,第56页。

⑩ (清)阮元、杨秉初辑,夏勇等整理:《两浙輶轩录补遗》卷五《唐淮》,浙江古籍出版社2012年版,第3324页。

其喜藏典籍书画，藏书处为绿溪山庄。曾藏王时敏《仿董北苑山水》卷，有藏印“北枝生”“秀水唐氏”“荫北鉴藏”“壶公心赏”“绿溪山庄收藏之印”①等。

藏书印有秀水唐氏、归来草堂、绿溪山庄收藏之印等。

（十七）马俊良

马俊良（生卒年不详）　字嵰山，一字约堂，石门人。清“乾隆辛巳进士，官衢州府教授”②。因其学识广博，教导有方，各地争聘为书院院长。曾主持山东繁露、山西汾阳、江西白鹭、广西秀峰诸书院。晚年主持广东端溪、华越讲席，致力于学术研究，造就人才极众。著有《易家要旨》《春秋传说荟要》《禹贡图说》《嵰山诗钞》等，辑录丛书《龙威秘书》。

俊良亦藏书，惜藏书情况失载。藏书楼名曰大酉山房。

马氏利用家藏图书辑《晋唐小说畅观》五十九种、《古今丛说拾遗》二十六种、《说郛杂著》十种、《国朝丽体金膏》八卷、《荒外奇书》六种、《龙威秘书》十集一百六十八种等。尝于乾隆五十九年（1794）辑刻《龙威秘书》一百六十九种三百三十三卷，中国国家图书馆、上海图书馆有藏；《龙威秘书》一百六十八种三百八十卷，南京图书馆有藏；《龙威秘书》一百九十五种八十册，香港中文大学、香港“中央图书馆”有藏。

（十八）李　集

李　集（1727—1814）　初名集凤，字绎刍、绎初，号敬堂，晚号六忍老人，嘉兴人。其“少负绝异之才，下笔浩瀚，不可端倪，多雄伟奇傑之作，无纤靡佻巧之音，洵足上接杜韩，下继先征士朱、王诸公”③。登“乾隆二十八年进士，官郧县知县”④。李集“在郧多惠政，筑陂池，焚妖术，邑人颂之”⑤。归田后，讲学乡里。晚年尤“精研经学，以汉、唐为宗，尝为《学规论》以课穷经、课经济，著有《愿学斋文钞》”⑥及“《周易学编》《尚书信古录》《毛诗无邪训》《孝经玉律》《六忍居诗文集》”⑦，又有《鹤征录》等。辑有《梅会里诗选》。

---

① 吕晓著：《髡残绘画研究》之五十六，江西美术出版社2010年版，第1237页。

② （清）阮元、杨秉初辑，夏勇等整理：《两浙輶轩录补遗》卷五《马俊良》，浙江古籍出版社2012年版，第3329页。

③ （清）阮元、杨秉初辑，夏勇等整理：《两浙輶轩录》卷二十三《李集》，浙江古籍出版社2012年版，第1678页。

④ 赵尔巽等撰：《清史稿》卷四百八十二《列传二百六十九·李富孙传附李集》，第43册，中华书局1977年版，第13259页。

⑤ （清）许瑶光修，吴仰贤等纂：《光绪嘉兴府志》卷五十《嘉兴列传·李集》，见《中国地方志集成·浙江府县志辑》(13)，上海书店出版社1993年版，第404页。

⑥ 赵尔巽等撰：《清史稿》卷四百八十二《列传二百六十九·李富孙传附李集》，第43册，中华书局1977年版，第13259页。

⑦ （清）许瑶光修，吴仰贤等纂：《光绪嘉兴府志》卷五十《嘉兴列传·李集》，见《中国地方志集成·浙江府县志辑》(13)，上海书店出版社1993年版，第404页。

李集雅好藏书,“《甘泉乡人稿记》,两汉校本,初从李广文,遇孙假其大父敬堂手钞,义门校本”①。

书室名为六忍居、愿学斋。

(十九)榜眼沈初

沈　初(1729—1799)　字景初,号萃岩,又号云椒,平湖清溪人。“少有异禀,读书目数行下,同郡钱陈群称为异才。乾隆二十七年,南巡,召试,赐举人,授内阁中书。”②“乾隆壬午恭应召试,特赐举人,授内阁中书。明年以一甲二名进士,授编修,擢侍讲转右庶子,累迁礼部右侍郎,撰兵部复调吏部,迁左都御史,授军机大臣,转兵部尚书,调吏部,又调户部仍兼署吏部。赐紫禁城骑马,一主乡试,五任学政,一知贡举,一充会试副总裁,历充三通馆、实录馆副总裁,卒于官。”③《清史稿》称:“遭遇之隆,数十年如一日。入赞枢务,精白一心,不立异,亦不苟同。卒谥文恪,赐祭葬。”④续编《石渠宝笈》《秘殿珠林》,校勘太学石经,著有《兰韵堂诗文集》《御览集》《西清笔记》等。《清史列传》卷三百五十一有其传。

沈初性格宽厚廉和,淹贯博雅,善书法,其诗文书法卓绝一时,秀水钱陈群称其为奇才。陈鸿寿曰:沈氏“五岁即能辨四声,稍长,研究诸经,旁通子史、诗文,沿波讨源,为诸前辈推服。通籍后,命直内廷,赓歌矢音,殆无虚日”⑤。又好藏书,其藏书颇丰,乾隆二十八年(1763)开始建造别墅,历时十三年后建成,用作藏书和居住,名为书隐楼,是楼在上海巡道街天灯弄77号,计有房屋70余间,是沈初告老读书隐居之所。与宁波天一阁、南浔嘉业堂并称,有“明清江南三大藏书楼”之誉,藏古籍、书画富于一方。

《北京图书馆普通古籍总目·目录门》著录有“《书隐楼藏书目录》,(清)佚名编,清道光十年(1830)”。

书隐楼是上海市区仅存的较为完整的大型清代建筑。占地2000多平方米,建筑面积1000余平方米。1987年上海市人民政府定书隐楼为市级文物保护单位,它也是唯一被列为上海市文物保护的私宅,市文物管理委员会在门前勒石志记。

(二十)陆费墀

陆费墀(1731—1790)　本姓费,上祖嗣于陆,遂以陆费为复姓。字丹叔,一字砧

---

① 梁战、郭群一编著:《历代藏书家辞典》,陕西人民出版社1991年版,第157页。

② 赵尔巽等撰:《清史稿》卷三百五十一《列传一百三十八·沈初传》,第37册,中华书局1977年版,第11265页。

③ (清)彭润章等修,叶廉锷等纂:《光绪平湖县志》卷十六《人物·列传二·沈初》,见上海书店出版社编:《中国地方志集成·浙江府县志辑》(20),上海书店出版社2011年版,第388页。

④ (清)阮元、杨秉初辑,夏勇等整理:《两浙輶轩录》卷三十一《沈初》,浙江古籍出版社2012年版,第2169页。

⑤ (清)阮元、杨秉初辑,夏勇等整理:《两浙輶轩录》卷三十一《沈初》,浙江古籍出版社2012年版,第2169页。

士，号颐斋，晚号吴泾灌叟，桐乡人。清“乾隆三十年南巡，召试，赐举人，授内阁中书。三十一年，进士，改庶吉士。三十四年，散馆，授编修。三十五年，充顺天乡试同考官。三十八年二月，命儒臣校核明代《永乐大典》，诏求天下遗书，开四库全书馆，选翰林官专司纂辑，以墀充总校官，十月充日讲起居注官。三十九年谕曰：‘编修陆费墀承办四库全书，并荟要处缮录之事，一切综核稽查，颇能实心勤勉，且学问亦优，加恩以侍读升用。’四十年，擢侍读学士，寻升少詹事，四十一年，充文渊阁直阁事。四十三年，以纂办各书均能出力，赏缎匹、荷包、笔墨、纸砚等物”①。“累迁礼部侍郎。书有讹谬，上谓昀、锡熊、墀专司其事，而墀咎尤重。文澜、文汇、文宗三阁书面叶木匣，责墀出资装治。仍下吏议，夺职。旋卒。上命籍墀家，留千金赡其孥，余充三阁装治之用”②。著有《颐斋赋稿》《枝荫阁诗文集》。俞宝华曰：“颐斋侍郎初以献赋授中书，旋由传胪入翰林，历官清秘，四库书籍之役，校雠排纂，无不与焉，故不次超擢，甫十年，即至八座。所著诗集外，尚有《经典同文》《历代月朔考》《历代帝王庙谥年讳谱》。”③

陆费墀好古博学，好聚书，藏书室名曰枝荫阁。因在四库馆久，晚年多藏四库副本。“平生阅览博物，彝鼎、图书、碑刻、缣素，过目即能鉴别”④。其“落职家居，辟一阁曰枝荫，左图右史，匜鼎罗列庭中，富佳卉奇花，极享文雅之福”⑤。《光绪桐乡县志》评其“生平笃志好学，淹贯百氏，旁及医卜杂技之书，靡不通晓；尤精于鉴赏，凡历代彝鼎、图书、碑文、缣素，一见即辨其真赝，书画篆刻无不擅长”⑥。尝得朱碧山银槎，并作歌及序云：“吾乡汪柯亭氏古香楼旧藏物，流转吴门，或持以索米。余因易得之，底有文曰‘槎枑’，左曰‘至正乙酉年造’，右曰‘子孙永保’，唇曰‘岳寿无疆’，尾有诗曰：‘欲造银河隔上阑，时人浪说贯银湾。如何不觅天机锦，只带支机片石还。’印曰‘碧山子’，一人欹坐树腔，手持一物，文曰‘支机’，并篆书。”⑦

曾进呈四库馆数十种图书，著录于《四库全书总目》者九种一百一十卷，存目二种。

---

① 王钟翰点校：《清史列传》卷二十六《大臣传次编一·陆费墀》，第7册，中华书局1987年版，第2022—2023页。

② 赵尔巽等撰：《清史稿》卷三百二十《列传一百七·陆费墀传》，第36册，中华书局1977年版，第10772页。

③ （清）阮元、杨秉初辑，夏勇等整理：《两浙輶轩录补遗》卷六《陆费墀》，浙江古籍出版社2012年版，第3369页。

④ （清）阮元、杨秉初辑，夏勇等整理：《两浙輶轩录补遗》卷六《陆费墀》，浙江古籍出版社2012年版，第3369页。

⑤ （清）汪启淑《续印人传》卷二《陆颐斋传》，见（清）周亮工等撰，于良子点校：《印人传合集》，浙江人民美术出版社2014年版，第121页。

⑥ （清）严辰纂：《光绪桐乡县志》卷十五《人物下·宦绩·陆费墀》，见上海书店出版社编：《中国地方志集成·浙江府县志辑》(23)，上海书店出版社2011年版，第541页。

⑦ （清）阮元、杨秉初辑，夏勇等整理：《两浙輶轩录补遗》卷六《朱碧山银槎歌并序》，浙江古籍出版社2012年版，第3369—3370页。

陆费墀为《四库全书》名臣，在馆任事历十七年，各阁书籍装潢贮置事悉出一手。“《东华录》云，四库馆臣虽多，其全书相始终而实际任事最力者，只墀一人而已。墀在馆期间，晨入晚出，寒暑未尝稍懈。目无未见之书，每披阅会心之处，则手钞节录，若急饥渴。”①任如松评论云：“一切综核稽查，颇能实心勤勉，先后十有七年，辰入酉出，寒暑未尝稍懈。职员中与“四库全书”相终始，而实际任事最力，经理出自一手者，殆陆费氏一人也。”②后人对陆费墀一生勤于馆务有较为公允之评价。但陆费墀的结局很不幸，受累于馆务，被削官夺职，籍没家产，抑郁而死。

（二十一）汪孟鋗父子三进士

汪孟鋗（1721—1770）　字康古，号厚石。桐乡籍，迁居嘉兴郡城春波门外之角里街。森之曾孙，状元金甡婿。卢文弨记其家世云：“汪氏先世自休宁迁桐乡，至君考又迁秀水，遂占籍焉。曾祖森，户部郎中，阶中宪大夫，富著述，世称碧巢先生者也。以弟内阁中书，讳文桂，次子为后，讳继燝，由乡举历官吏科给事中，巡台湾，君祖也。考讳上堉③，大理府知府，两世阶皆奉直大夫。大理生四子，君为长。”④“乾隆庚午兄弟同举于乡，癸酉桐石（仲鈖⑤）公卒，年未及壮年。厚石公于壬午南巡献《龙井见闻录》，蒙缎匹恭应召试取一等，授内阁中书，丙戌成进士，乃官中书，转典籍，擢吏部主事，尝预修御批通鉴辑览，充方略一统志馆纂修，年五十卒。”⑥汪氏工诗，为秀水派重要诗人。精通术数。所著古文词经术金石杂稿甚多，少时从姑父状元金德瑛游，后与万光泰、王又曾、钱载等切磋，著有《厚石斋诗集》《考证金石文》《龙井见闻录》《厚石斋集》等。阮元《两浙輶轩录》卷二十五有其传。

汪孟鋗曾祖汪森、汪文桂、汪文柏三昆仲，其文名冠浙西，都是清代著名的学者。黄宗羲称之为“汪氏三子”，时称汪氏三昆仑，藏书闻名海内，收藏珍本秘籍数万卷，尤以汪森藏刻书为著，叶昌炽盛赞：“绥若安裘晏若杼，揽环结佩君子居。司城岂必为贫仕，本读司空城旦书。”⑦王昶云：“康古曾祖晋贤先生，读书好友。建裘杼楼以贮图史，有华及堂以延宾客。故子孙皆好学能文，而康古与都御史金德瑛亲戚，得其指教者多。又与万孝廉光泰、王西曹又曾、钱少宗伯载相劘切。大抵丛书稗说，考核精详，翘然自异于众。与其弟仲鈖，咸以诗名江、浙。仲鈖有《桐石草堂集》，横空排

---

① 引郑伟章著：《文献家通考》卷七《陆费墀》，中华书局1999年版，第364页。

② 任松如著：《四库全书答问》，天津市古籍书店1991年版，第27页。

③ 按：汪上堉，字绮岩，一字谢谷，给谏继燝子，秀水人。官云南大理知府。汪嘉谷曰：“先曾叔祖以道学名儒出守大理，其治行已著家传。诗不多见，子孟鋗、仲鈖两叔祖，并以诗文名倾海内。”见《两浙輶轩录补遗》卷四。

④ （清）卢文弨著：《抱经堂文集》卷三十四《奉直大夫吏部文选司主事汪君墓志铭》，见中华书局编辑部：《丛书集成初编》517，中华书局2011年影印本，第507页。

⑤ 按：汪仲鈖，字丰玉，号桐石，秀水人。孟鋗弟。乾隆庚午举人。

⑥ （清）严辰纂：《光绪桐乡县志》卷十五《人物下·文苑·汪孟鋗》，见上海书店出版社编：《中国地方志集成·浙江府县志辑》（23），上海书店出版社2011年版，第580页。

⑦ （清）叶昌炽著，王欣夫补正，徐鹏辑：《藏书纪事诗》卷四，上海古籍出版社1989年版，第409页。

槑，取径略与康古同。因先卒，未及与交，故不录。康古通内典，乾隆癸未，上欲删正续《藏经》，诸诚刘文正公属予与康古任之，考订去取，俱称上旨。兼精术数。自谓寿命不过五旬，届时而卒。子如藻、如洋，皆从予问业。如藻，字念孙，乾隆乙未进士，由翰林官至德州粮储道。”①

汪氏裘杼楼藏书，直至森曾孙孟鋗时，犹保存完好。汪森后于嘉兴甪里街筑小方壶别业。至孟鋗时裘杼楼万卷藏书仍在。而汪孟鋗与其二子如藻、如洋皆进士。

汪孟鋗幼颖悟，善属文，及长“益好古文辞。家有裘杼楼，藏书多先代善本，归里尽发篋读之，务为博综，又益购所未备，或钞写以足之”，其家藏书有增无减，裘杼楼藏书益富。又“好订金石文字，得古泉累累，时复携行笈中备考核”②，家中彝鼎图籍充列。现知《龙井见闻录》十卷首一卷末一卷附《宋龙井僧元净外传》二卷，汪孟鋗辑，乾隆二十七年（1762）自抄进呈本，故宫博物院有藏。

藏书楼除裘杼楼藏书外，还有古香楼、华及堂藏书亦富。

藏书印有裘杼楼珍籍等。

汪如藻（1741—1797）　汪孟鋗长子。字念孙、彦孙，号鹿园，秀水人。以“举人考授国子监学正，值四库馆开献家藏书一百三十七种，得褒旨充甲午顺天乡试同考官，以乙榜与选异数也。乙未成进士，入翰林，出知抚州府，终山东粮道”③。清乾隆年间开四库馆，为总目协勘官，署衔为文渊阁校理。著有《经进诗稿》。《两浙輶轩录补遗》卷六有其传④。

汪如藻“承先世累代藏书，裘杼楼、古香楼、摛藻堂、华及堂、小方壶、碧巢之旧藏尽为其所有”⑤。沈大成云：“君祖文桂，中书舍人。叔祖森，户部郎中，自号碧巢者也。藏书甲于浙西。中书子四，其次继燝，历官给事。为后于碧巢，君考也。君讳上堉，字绮岩。子孟鋗、仲鈖、季铿，其簉所生则彝铭也。孙二人：如藻、如洋。”⑥汪如藻除继承先世裘杼楼藏书外，自建拥书楼，为浙西大藏书名家之一。藏有宋版《春秋集注》一函二册，钤有“‘摛藻堂图书记’朱文、‘平阳季子之章’白文、‘平阳季子收藏图书’朱文”⑦等印；宋刻《周礼考工解》二卷，“卷首有‘古香楼’‘汪季子文柏柯庭

① （清）王昶著，周维德校辑：《蒲褐山房诗话新编》卷上，齐鲁书社 1988 年版，第 133 页。

② （清）卢文弨著：《抱经堂文集》卷三十四《奉直大夫吏部文选司主事汪君墓志铭》，见中华书局编辑部：《丛书集成初编》517，中华书局 2011 年影印本，第 507 页。

③ （清）许瑶光修，吴仰贤等纂：《光绪嘉兴府志》卷五十二《秀水列传》，见《中国地方志集成·浙江府县志辑》（13），上海书店出版社 1993 年版，第 499 页。

④ （清）阮元、杨秉初辑，夏勇等整理：《两浙輶轩录补遗》卷六《汪如藻》，浙江古籍出版社 2012 年版，第 3404 页。

⑤ 郑伟章著：《文献家通考》卷八《汪如藻》，中华书局 1999 年版，第 406 页。

⑥ （清）沈大成《大理府知府汪君墓志铭》，见（清）叶昌炽著，王欣夫补正，徐鹏辑：《藏书纪事诗》卷四，上海古籍出版社 1989 年版，第 409 页。

⑦ （清）彭元瑞等撰：《天禄琳琅书目后编》卷三，见《清人书目题跋丛刊十》，中华书局 1995 年版，第 260 页。

氏’‘双磎堂草堂图记’三印”[①]。明嘉靖刻本《西山先生真文忠文集》五十五卷,宋真德秀撰。“题‘后学常熟张文麟刊’。有‘摛藻堂藏书印’‘平阳季子收藏图书’‘古香楼’‘休宁汪季青家藏书籍’诸印”[②]。《欧阳詹集》,黄裳跋云:“此明刻欧阳詹集。何义门、严长明两家旧藏,绵纸初印精丽,颇罕传本,惜失去五、六两卷。旧有休宁汪氏古香楼故物,明抄此本,即从此本初出。”[③]黄丕烈校钞本《三十代天师虚靖真君集》一卷,“有‘汪文柏’‘休宁汪季青藏’‘古香楼’‘荛圃手校’‘彦合读书’‘海源阁’印”[④]。

乾隆三十八年(1773)四库开馆征书,如藻两次献家藏书二百七十一种,为全国献书最多的十家之一。朝廷对进书一百种以上的江苏周厚育、蒋曾蓥,浙江的吴玉墀、孙仰曾、汪汝瑮及朝绅、黄登贤、纪昀、励守谦、汪如藻等,赏赐《佩文韵府》各一部。《四库全书总目》著录汪如藻家藏本一百五十一种,一千九百九十二卷。其中经部六种,七十六卷;史部二十八种,一百九十八卷;子部十三种,一百七十五卷;集部九十八种,一千五百四十三卷。入存目五十六种。经、史、子部甚少,集部别集类极多,别集中宋集四十六种,元集二十种等。如《水云村泯稿》二卷本,《四库全书总目》入存目,标“编修汪如藻家藏本”。

藏书印有拥书楼收藏、梧桐乡汪氏拥书楼所藏等。

汪如洋(1755—1794)　汪孟鋗次子。字润民,号云壑。寄籍秀水。其“少侍所后母不获亲,孟鋗教而能自励,诗文雄骏无前”。中“乾隆庚子会试、廷试皆第一,授修撰。入直上书房,典山东试,视云南学政,年四十卒”[⑤]。王昶记其曰:“云壑为康古次子,与兄念孙,咸以文名。而云壑和平端雅,以状头直上书房,为公卿所器重,以为安州尚书之比。其诗清圆朗润,不袭槎枒梏瘦之习。年甫四十,遽归道山。成亲王哀遗诗,刻于京邸。”[⑥]叶衍兰记云:汪公“历志立学,状貌端凝,伟然经世之器。既通籍,家无担石。为人清梗,不苟取与。两掌文衡,所拔皆知名士。督滇学时,每命一题,必为程文以示,多士远近诵之。以故世皆称其制举文,而不知其诗才清绝。词笔尤妙,有题迦陵先生填词图《洞仙歌》二首极工。性宏于饮,千觞既空,未尝沾醉。年甫强仕,因病遽卒,士林惜之。所著有《葆冲书屋诗集》,成邸为刊而行之”[⑦],嘉兴

① (清)潘祖荫撰,叶昌炽编,潘承弼增补:《滂喜斋藏书记》卷一,见《续修四库全书》编纂委员会、复旦大学图书馆古籍部编:《续修四库全书》第926册,上海古籍出版社2003年版,第422页。

② 邓邦述《群碧楼善本书录》卷四,见邓邦述撰,金晓东整理,吴格审定:《群碧楼善本书录 寒瘦山房鬻存善本书目》,《中国历代书目题跋丛书》第4辑,上海古籍出版社2014年版,第145页。

③ 黄裳著:《梦雨斋读书记》,岳麓书社2005年版,第84页。

④ 王文进撰,柳向春标点:《文禄堂访书记》卷第三,上海古籍出版社2007年版,第237页。

⑤ (清)许瑶光修,吴仰贤等纂:《光绪嘉兴府志》卷五十二《秀水列传》,见《中国地方志集成·浙江府县志辑》(13),上海书店出版社1993年版,第499页。

⑥ (清)王昶著,周维德校辑:《蒲褐山房诗话新编》卷上,齐鲁书社1988年版,第138页。

⑦ (清)叶衍兰著,谢永芳校点:《叶衍兰集》之《清代学者象传·汪如洋》,上海古籍出版社2015年版,第293页。

市图书馆有藏本。卒后，葬于嘉兴南湖乡六万军港李花村，即汪家浜新联大队，世称“状元坟”，“文革”间被毁，今其后裔散居上海、嘉兴等地。阮元《两浙輶轩录》卷三十三有其传。

汪如洋外祖父金甡，雅好藏书，金甡雅好藏书，“自司马迁以下诸史，穷年点勘，数番不辍。旁及他子集，皆手录考订，故其根柢之学莫邃焉”[①]。是《清史稿》留名的浙江名士，乾隆七年（1742）会试会元，殿试状元而名噪一时。三十八年之后，其嫡亲外孙汪如洋，在乾隆四十五年（1780）的会试、殿试中，又连夺两个第一，戴上“会元”“状元”桂冠。是中国科举史上，外祖父与亲外孙同好藏书，又在同一朝代连中“二元”的唯一事例，一时成为科场佳话。如洋“通籍后，学益进，益冲淡”[②]，在祖父及外祖父影响下，亦好藏书，藏书颇丰，倪禹功《嘉秀藏家集录》载其藏书故实[③]。

（二十二）朱　炎

朱　炎（1713—1780）　初名琰，字桐川，号笠亭，又号樊桐山人，“海盐人。乾隆丙戌进士，官阜平知县”[④]。为政廉慎，曾捐俸重建学宫。曾历主金华、吴江诸书院。工诗文，其诗“置之宋、元人集中，亦为佳作”[⑤]。精小学，著书宏富。陈鸿寿曰：“笠亭先生为‘嘉禾七子’之一，宰阜平，以文术饰吏治。著述甚多，有《金华诗录》及《陶说》一刊行。”[⑥]还“著《枫江》《瀛洲》《湖楼》”[⑦]及《笠亭诗集》《学诗津逮》《金粟山人遗事》等数种。其《陶说》是在任江西巡抚幕僚时，对制瓷历史进行深入细致的研究后，撰写的我国第一部陶瓷史。全书分为“说今”“说古”“说器上”“说器中”“说器下”六卷，是书对研究中国陶瓷发展史具有重要的参考价值。

朱炎喜聚书，收藏甚富，“好古多闻”，“又抄明人诗十四卷，馀皆未经剞劂”[⑧]。旧钞本《法帖释文》十卷，卷内钤其藏书印[⑨]。

藏书处为樊桐山房。

藏书印有烟云供养、龙门百尺、一编文字、一炉香、琰、笠亭、樊桐山房、赤心

---

① （清）朱珪著：《知足斋文集》卷四《上书房行走礼部左侍郎加二级金公墓志铭》，见中华书局编辑部：《丛书集成初编》519，中华书局 2011 年影印本，第 109 页。

② （清）许瑶光修，吴仰贤等纂：《光绪嘉兴府志》卷五十二《秀水列传》，见《中国地方志集成·浙江府县志辑》（13），上海书店出版社 1993 年版，第 499 页。

③ 倪禹功著：《嘉秀藏家集录》卷二《清·小方壶汪氏》，上海辞书出版社 2011 年据倪氏手稿影印，第 50 页。

④ 徐世昌辑：《晚晴簃诗汇》卷九十三《朱炎》，见《续修四库全书》编纂委员会、复旦大学图书馆古籍部编：《续修四库全书》第 1631 册，上海古籍出版社 2003 年版，第 140 页。

⑤ （清）王昶著，周维德校辑：《蒲褐山房诗话新编》卷上，齐鲁书社 1988 年版，第 114 页。

⑥ （清）阮元、杨秉初辑，夏勇等整理：《两浙輶轩录》卷三十四《朱炎》，浙江古籍出版社 2012 年版，第 2457 页。

⑦ （清）阮元、杨秉初辑，夏勇等整理：《两浙輶轩录》卷三十四《朱炎》，浙江古籍出版社 2012 年版，第 2457 页。

⑧ （清）王昶著，周维德校辑：《蒲褐山房诗话新编》卷上，齐鲁书社 1988 年版，第 114 页。

⑨ 王河主编：《中国历代藏书家辞典》，同济大学出版社 1991 年版，第 73 页。

木等。

朱氏亦喜刻书，工摹印。乾隆二十五年(1760)所刻自辑《明人诗钞》十四卷《续集》十四卷，清华大学图书馆、上海图书馆、山东图书馆、天津图书馆、浙江图书馆有藏。乾隆三十八年(1773)所刻自撰《笠亭诗集》十二卷，中国国家图书馆、北京大学图书馆、上海图书馆、复旦大学图书馆有藏。还刻有自辑《学诗津逮》。

(二十三)沈可培

沈可培(1737—1799)　字蒙泉，号向斋，晚号厚庵，嘉兴人。“乾隆丁丑，学使窦东皋先生取入县学。辛卯，举于乡。壬辰会试，联捷第五名”，“廷试，赐同进士出身，以知县即用，选江西上高县”[①]，历直隶吴桥、宝坻、安肃、山东黄县知县。因政绩卓著，四十一年(1776)，乾隆帝赐恩荣宴，颁发铜章，钦赏彩缎两匹。他曾历主潞河、泺源、云门诸书院，受业者常数百人，成就甚众。晚年辞官归里后，任嘉兴鸳湖书院山长。“馀事兼能书画，所著更有《星度释略》六卷，《称名纪丽》四卷，取宋人所叙《陶靖节年谱》以编其诗，为《读陶纪年》四卷，及《依竹山房诗集》与制艺若干篇，藏于家。”[②]又撰有《泺源问答》《云门书院志》。辑有《旧事重提》，稿本，为上虞罗氏旧藏，是书钤印“旅大市图书馆所藏善本”，现藏大连图书馆；撰《泺源随笔》不分卷，稿本，祝廷锡朱笔校补，有“知非楼所藏书”“小雅珍爱之籍”“祝廷锡”等印，嘉兴市图书馆有藏。阮元《两浙輶轩录》卷三十五及《光绪嘉兴府志》卷五十有其传。

其父沈承勋[③]尤喜藏书，好读史鉴。受其父影响，沈可培与兄可均[④]，俱好收藏古籍、书画及金石文献。其中部分遗书得之其父所藏，如藏有商代父乙鼎。李廷芳《泺源问答》序云：可培“先生著述甚富，其《泺源问答》尤为精邃，自十三经、二十四史旁及诸子百家，靡不综贯源流、讨究得失，足为后学津逮”[⑤]。同邑钱樾云：“自其幼时，即能以阴阳不杂论乾坤二卦，长益笃学不倦，于诸经旨趣雪亮冰融，至于考义训辞，则必探源郑、贾。方其主山左泺源讲席时，生徒日盛，先学崇实学，戒谩闻，取古人嘉言懿行，以为英才敦勉讲明经学，立说皆以汉儒为宗，著《泺源问答》十二卷，上自十三经，兼综条贯，推阐无遗。其绪余更及于子史诸集，设疑辨难，融会贯通，所

① (清)冯浩《安肃县知县沈君可培传略》，见(清)钱仪吉纂，靳斯标点：《碑传集》卷一百七《乾隆朝守令下之上·沈可培》，第9册，中华书局1993年版，第3072页。

② (清)冯浩《安肃县知县沈君可培传略》，见(清)钱仪吉纂，靳斯标点：《碑传集》卷一百七《乾隆朝守令下之上·沈可培》，第9册，中华书局1993年版，第3072页。

③ 按：沈承勋(1715—1777)，字景周，一字儆舟，号遁甫，嘉兴竹李人。喜藏书，好读史鉴，爱吟咏，性仁慈，乐施予，远近皆称长者。

④ 按：沈可均(1735—1796)，字师衡，号雪鸿、半桐，晚号竹林村学究，海盐人，居新篁里东张下八圩。增广生。博通群书，通佛典经籍，嗜古金石刻，善古文词，工八分书，以汉人为宗。著有《唐隶辨》《夜台诗案》《半桐诗文集》等。

⑤ (清)李廷芳《泺源问答序》，见沈可培撰：《泺源问答》卷首，《续修四库全书》编纂委员会、复旦大学图书馆古籍部编：《续修四库全书》第1164册，上海古籍出版社2003年版，第593页。

以训示后学之意深且切矣。”[①]可见沈氏家藏书亦富。

其子沈彝铭[②]，“喜藏金石文字，隶书尤妙”[③]。

（二十四）陈　熷

陈　熷（生卒年不详）　字效曾，号梅轩，嘉兴人。清乾隆四十五年（1780）进士[④]，官湖北长阳知县。著有《梅轩稿》。钱仪吉《哀陈梅轩先生熷》云：先生“博学工文辞，以进士宰长阳，得心疾归，遂穷饿以死。当依朱氏《经义考》体例著《史考》，未就”[⑤]。有诗云：“饿死儒冠里当悲，箧中光气又谁知。程生纬史荀公簿，陶令休官谢述痴。太液柳深春拂佩，钟离岚翠书扬旗号。盖棺岂意成今日，一女长号义敛时。”[⑥]著有《梅轩稿》。

陈熷雅好藏书，与陈鳣友善，陈鳣曾借其所藏，校自所藏书籍。藏有《直斋书录题解》，有吴骞跋云：“《书录题解》二十二卷，武英殿聚珍本，庐学士借校，多所补正……先君曾得旧钞残本，手校于上。后以赠嘉兴陈梅轩进士。嘉庆乙丑，简庄得陈乡人从梅轩借录本一册，以示先君子。因后录于是本，并书十四卷后云。予向有旧钞书录题解残本，后以赠檇里陈进士效曾。效曾官楚中十余年，移疾而归，所患乃失心之疾。此书未有副，求前书一校此本，亦不可得。”[⑦]旧钞本《说文系传考异》二册，“旧钞本二十八篇，归安丁小匹学博锦鸿、秀水陈梅轩明经熷手校。锦鸿屡困场屋，日者占运谓须木火相扶，因改名杰，果登第。曲阜桂未谷馥曾有诗纪事，见《晚学集》。梅轩与锦鸿交好，同有书癖，相互借抄借校。官楚中十余年，得心疾返里，事载海昌吴葵里骞《拜经楼藏书题跋记》”[⑧]。

（二十五）程维岳

程维岳（生卒年不详）　字申伯，号爱庐，嘉善枫泾镇人，寓居金山朱泾。清乾隆三十三年（1768）举人，“乾隆四十五年进士，授内阁中书，累迁礼部郎中。丁未充会试同考官，军机处行走，颇为大学士阿文成公所知，升山东道御史，充万寿盛典馆提

---

① （清）钱樾《泺源问答序》，见沈可培撰：《泺源问答》卷首，《续修四库全书》编纂委员会、复旦大学图书馆古籍部编：《续修四库全书》第1164册，上海古籍出版社2003年版，第593页。

② 按：沈彝铭（1763—1837），字纪鸿，号竹岑、孟庐，嘉兴人。官教谕。博学工诗，著《听松阁诗集》《后汉书注又补》《孟庐札记》等数种。喜藏书，其藏书处曰听松阁、金鹅山馆。

③ （清）潘衍桐编纂，夏勇、熊湘整理：《两浙輶轩续录》卷二十一《沈铭彝》，第5册，浙江古籍出版社2014年版，第1381页。

④ 丁辉、陈心蓉著：《嘉兴历代进士研究》，黄山书社2012年版，第501页。

⑤ 徐世昌辑：《晚晴簃诗汇》卷一百十九《钱仪吉》，见《续修四库全书》编纂委员会、复旦大学图书馆古籍部编：《续修四库全书》第1631册，上海古籍出版社2003年版，第606页。

⑥ 徐世昌辑：《晚晴簃诗汇》卷一百十九《钱仪吉》，见《续修四库全书》编纂委员会、复旦大学图书馆古籍部编：《续修四库全书》第1631册，上海古籍出版社2003年版，第606页。

⑦ （清）吴寿旸撰：《拜经楼藏书题跋记》卷三《直斋书录题解》，见《清人书目题跋丛刊十》，中华书局1995年版，第639页。

⑧ （清）叶启勋《拾经楼紬书录》卷上，见湖南图书馆编：《湖南近现代藏书家题跋选》第2册，岳麓书社2011年版，第18页。

调兼方略馆总纂。《南巡盛典》《盛京通志》,辽、金、元史,萨拉尔、台湾、巴勒布等纪略,皆与编纂。"①丁艰归,遂不复出。后"主讲东林书院,著有《淞笠斋诗钞》《观我阁古文事类撮》"②及《东林课艺》等。清许光墉《重辑枫泾小志》卷四有其传。

程维岳归里后,不复出,"购书二万卷,日渔猎其间"③,其藏书之富,在江浙一带享有盛名。汪嘉谷称:"爱庐侍卿少以诗文负异侪辈。服官后,珥笔承明,纂排典籍,无不与事。后以内艰,归主东林书院。遗孤若容编其稿,得《淞笠斋诗钞》。"④

其藏书处为淞笠斋。

(二十六)沈叔埏祖孙四进士

沈叔埏(1736—1803)　字埴为,又字剑舟,号带湖,又号双湖居士,秀水人。维鐈嗣父。清"乾隆三十年,高宗纯皇帝南巡,召试一等,赐举人,授内阁中书,充方略馆、《一统志》《通鉴辑览》分校及《历代职官表》协修官,又充《四库全书》、武英殿分校。成五十二年进士,授吏部主事,诸总裁方引以自助,而叔埏以母老,到部未十日,即乞养归。筑室锦带、宝带两湖间,学者称双湖先生。主魏塘讲席尤久,教士多有成者"⑤。工诗古文,著有《颐彩堂文集》附《剑舟律赋》《颐彩堂诗钞》等。清徐达源《黎里志》卷首《题咏姓氏考》、《晚晴簃诗汇》卷一百五十等有其传。

沈叔埏自幼好书,其"生有异秉,喜书籍,及长屡受知于学使者列高等","筑室'锦带''宝带',两湖间学者称'双湖先生'。其主魏塘讲席尤久,教人必以法故,所成就皆可观。生平博综群书,选述诗古文集共若干卷,考录诸书凡若干种"。阮元称其"读书万卷,著书千篇,生平精力,尽于书焉"⑥。沈氏且勤于抄书。尝利用与四库馆臣接触及入馆任分校的机会,抄录四库书副本甚多。如"《老圃集》上下卷,宋洪刍撰,旧写本,十行二十一字。前录四库提要,是乃出于大典辑本也,卷末小识录如左:'乾隆己酉孟冬傅嘉兴沈比部叔埏本,并校。''乾隆乙卯八月初四日文澜阁四库全书本恭校。''嘉庆戊午四月十四日重抄完,次日校讫。'按:新刻西渡集后录有鲍廷博跋,亦借抄沈叔埏本对录"⑦。又如《守城录》《西陲笔略》《绍兴采石大战始末》等,均为沈氏入馆前所录副的四库书。

---

① (清)江峰青修,顾福仁纂:光绪《重修嘉善县志》卷二十四《文苑·程维岳》,见《中国地方志集成·浙江府县志辑》(19),上海书店出版社1993年版,第719—720页。

② (清)江峰青修,顾福仁纂:光绪《重修嘉善县志》卷二十四《文苑·程维岳》,见《中国地方志集成·浙江府县志辑》(19),上海书店出版社1993年版,第719—720页。

③ (清)江峰青修,顾福仁纂:光绪《重修嘉善县志》卷二十四《文苑·程维岳》,见《中国地方志集成·浙江府县志辑》(19),上海书店出版社1993年版,第719—720页。

④ (清)阮元、杨秉初辑,夏勇等整理:《两浙輶轩录补遗》卷七《程维岳》,浙江古籍出版社2012年版,第3447页。

⑤ 王钟翰点校:《清史列传》卷七十二《文苑传三·沈叔埏》,第18册,中华书局1987年版,第5889页。

⑥ (清)阮元《敕授承德郎吏部稽勋司主事沈君墓志铭》,见闵尔昌录:《碑传集补》卷十一,台湾文海出版社1980年版,第686—687页。

⑦ 傅增湘撰:《藏园群书经眼录》卷十四《集部三》,中华书局年1983年版,第1208页。

沈叔埏家藏善本书甚多。如复旦大学图书馆藏《云溪友议》十二卷钞本，此本原系嘉业堂旧藏，末页粘嘉业堂藏书牌记一纸，有“褚礼堂过劳季言校及补校，有跋”题记一行，有“吴兴沈氏万卷楼珍藏”“吴兴刘氏嘉业堂藏书记”等藏印，卷一、卷二、卷三末及全书末有题跋或跋尾五段，其中一条为“此帙在杭买之，嘉禾沈双湖吏部家书也”。又如“《东堂集》十卷，宋毛滂撰，传录旧写本，十行二十一字。秀水沈叔埏以朱笔校过”[①]。又尝抄有清俞长城辑《一百二十名家制义题辞》一卷，元毛应龙撰《周官集传》十六卷（存二卷：一至二），《中国古籍善本书目》著录。

藏书处为颐彩堂。

藏书印有叔埏、剑舟、梅石居等。

沈维鐈（1778—1849）　沈叔埏嗣子。字子彝，一字鼎甫，号梦醽，又号小湖，居嘉兴东门外熙春桥，称熙春沈氏。就读于叔父的经训堂。维鐈“少而刻厉自力于学问，然不敝敝为世俗科举之业独慨焉，欲有所造于圣人之遗经与古硕儒之诣。尝受学鸳湖书院，院长段茂堂（即段玉裁）先生一见深敬异之。嘉庆六年，举于乡”[②]，“嘉庆七年进士，选庶吉士，授编修。历司业、洗马。与修《全唐文》《西巡盛典》《一统志》，入直懋勤殿，纂辑《秘殿珠林》《石渠宝笈》。二十一年，督湖北学政，禁习邪教，以端士风。累迁侍读学士。道光二年，典福建乡试，留学政”[③]。历迁大理寺少卿、督顺天学政、太仆寺卿、宗人府丞、都察院左副都御史，督安徽学政，擢工部侍郎，致仕归。南归后，曾主讲杭州敷文书院、松江敬业书院。《清史稿》称：“维鐈居官廉，屡视学，所至弊绝风清，振拔多知名士。”“学以宋儒为归，谓典章制度与夫声音训诂当宗汉人，而道理则备于程、朱，务为身心有用之学。校刊宋儒诸书以教士，时称其醇谨焉。祀乡贤祠。”[④]沈维鐈尝五督学政，“为学政，所至尝侃侃自将，使表植则端人，士翕然向风，乃耨栉而长养之，莠者畏匿，秀者茁出”[⑤]。著有《张履祥年谱》《补读斋遗稿》《附外稿》。生平事迹参见清陈庆镛《诰皇清授荣禄大夫工部左侍郎兼署钱法堂事务加一级崇祀乡贤祠沈公墓志铭》及潘衍桐《两浙輶轩续录》卷二十一《沈维鐈传》。

---

① 傅增湘撰：《藏园群书经眼录》卷十三《集部二》，中华书局年1983年版，第1200页。

② （清）曾国藩《诰授荣禄大夫工部左侍郎沈公行状》，见（清）沈维鐈撰：《补读书斋遗稿》附卷首，《清代诗文集汇编》编纂委员会编：《清代诗文集汇编》525，上海古籍出版社2010年版，第288页。又按：此文是曾国藩为其老师撰写的行状，该文尽管文章落款为“门下士前史官曾国藩谨状”，又据曾国藩于《绵绵穆穆之室日记》中记咸丰元年廿二日，“未初至申正，改张廉卿所代作《鼎甫先生行状》”。此文系张裕钊代作。。

③ 赵尔巽等撰：《清史稿》卷三百七十六《列传一百六十三·沈维鐈传》，第38册，中华书局1977年版，第11574页。

④ 赵尔巽等撰：《清史稿》卷三百七十六《列传一百六十三·沈维鐈传》，第38册，中华书局1977年版，第11575页。

⑤ （清）曾国藩《诰授荣禄大夫工部左侍郎沈公行状》，见（清）沈维鐈撰：《补读书斋遗稿》附卷首，《清代诗文集汇编》编纂委员会编：《清代诗文集汇编》525，上海古籍出版社2010年版，第289页。

沈维鐈生平无他嗜，“喜读宋五子书，以为典章制度与夫声音、训诂、文字之学，必宗汉人，而道理则备于程、朱。自明薛敬轩、胡敬斋，以及国朝张杨园、陆稼书诸先生书，靡不沉潜玩索，求为身心有用之学”①。又喜藏书，斗室之内，“排签插架，坐拥百城”②。藏书处为补读书斋。对于维鐈读书藏书故实张裕钊记之甚详：“公既以笃学懿行伏天下，自少至老，未尝一日辍业。其后罢官居京师，益讲明学术，以风后起。于学无所不窥，人治之在，古今之变，典章沿革，声音训诂之繁，皆掇取其要旨。其治《通鉴》一书，旁考参稽，朱墨点勘，反复数过而不已。”又云：“晚归嘉兴，置田若干亩以赡族鄙，月给廪粟以赒贫穷，醵金以广体恤嫠之额数。凡可济于物者，倾身求之。其于一己之嗜好，泊然无所求也。间或喜藏书籍，多方购访，必致而后已。如程氏《读书分年日程》、罗氏《困知记》、汪氏《儒先晤语》诸书，世或不多有，与虽有而漫漶讹脱不可读者，旁罗旧本，手为订正，芟复刊误，付诸梓人，前后至十余种。又闻天门胡氏《读书说》放佚矣，有官其地者，属为访其后裔，刊以行世。盖深知笃好，抉发幽光而惠来者，亦不自知其力之勤也。”③若“所校刊有程畏斋《读书日程》、罗整庵《困知记》、祝人斋《淑艾录》、汪双池《（续）读近思录》、张杨园《年谱》、陈确庵《圣学入门书》、陆桴亭《思辨录》、方子春《读易日识》。最后订姚文僖公《古音谐》，序其书，谓与唐韵合。然则公之志向与其诱后进学，盖可知矣”④。

沈曾植（1850—1922）　沈维鐈孙，曾桐兄。字子培，别字乙庵，晚号寐叟，嘉兴人。“清同治二年顺天乡试举人，光绪六年进士，以主事分刑部，擢员外、郎中”⑤。“寻充总理衙门章京。中日和议成，曾植请自借英款创办东三省铁路，时俄之韦特西比利亚铁路尚未建议也，不果行。母忧归，两湖总督张之洞聘主两湖书院讲席”⑥。后官江西广信（今上饶）知府，擢安徽提学使、布政使、巡抚等。宣统二年（1910），移病归。清亡后，以遗老居沪上。其博古通今，学贯中西，以“硕学通儒”蜚振中外，誉称“中国大儒”。著有《海日楼文集》《汉律辑补》《晋书刑法志补》《蒙古源流笺证》《元朝秘史笺注》《岛夷志略广征》《海日楼札丛》等四十余种。

沈曾植是清末民初知名的学者，“在皖五年，重治人而尚礼治，政无巨细，皆以身

① （清）潘衍桐编纂，夏勇、熊湘整理：《两浙輶轩续录》卷二十一《沈维鐈》，第6册，浙江古籍出版社2014年版，第1399页。

② 《近现代私家藏书·沈曾植与海日楼》，见任继愈主编：《中国藏书楼》之中编《中国藏书楼发展史》，辽宁人民出版社2010年版，第1651页。

③ （清）曾国藩《诰授荣禄大夫工部左侍郎沈公行状》，见（清）沈维鐈撰：《补读书斋遗稿》附卷首，《清代诗文集汇编》编纂委员会编：《清代诗文集汇编》525，上海古籍出版社2010年版，第289—290页。

④ （清）潘衍桐编纂，夏勇、熊湘整理：《两浙輶轩续录》卷二十一《沈维鐈》，第6册，浙江古籍出版社2014年版，第1399页。

⑤ 王蘧常《嘉兴沈乙庵先生学案小识》，见卞孝萱、唐文权编著：《民国人物碑传集》卷六，凤凰出版社2011年版，第378页。

⑥ 赵尔巽等撰：《清史稿》卷四百七十二《列传二百五十九·沈曾植传》，第42册，中华书局1977年版，第12825页。

先。其任学使,广教育,设存古学堂。又兴实业,创造纸诸厂”①。治学严谨博大,“兼综汉、宋,而尤深于史学掌故,后专治辽、金、元三史及西北舆地,南洋贸迁沿革”②,开辟前人未窥的新领域,与李慈铭齐名,有“沈李”之称。所作诗,号“同光诗体”。王蘧常云:“先生书蚤精帖学,得笔于包安吴,壮嗜张廉卿,尝欲著文以明其书法之源流正变及得力之由。其后由帖入碑,融南北书流为一治,错综变化,以发其胸中之奇,几忘纸笔,心行而已。论者谓三百年来,殆难与辈。”③沈氏又嗜藏书,“自岐黄、历算、音律、目录、金石、图书、瀛谈、稗乘,亦莫不远绍旁搜,各究其极,惟不谈阴阳五行耳”④。郑逸梅记云:“沈寐叟居沪上新闸路,颜之为海日楼,屋数间,纵横皆书架。客至,不知主人何在,必高声呼之,叟自书丛中伛偻而出。”⑤据胡先骕《忆沈乙庵师》言:“入其书室则四壁皆书史,自地板直抵承尘,其数量之多,殆不胜指数。”⑥曾得萧穆敬止斋藏书甚多。“所藏多善本,手自批校,丹铅淋漓”⑦,其收藏及学术价值较高。“宋椠元刊近百种,方志和乡邦文献百余种。总藏达三十万卷”⑧。吴庆坻《悔馀生诗》有诗云:“中土图籍走海外,宋椠人间日稀少。眼明乍见《山谷集》,篇帙完具纸墨好。隐侯早脱利名缰,载书归隐长水长。豫章获此最初本,譬若《尚书》出大航。”⑨又有“君如王恭无长物,独有雄篇应钟律。摩抄古墨消百忧,浩歌四首《江西月》。海内藏书今几人,实兹秘籍垂千春。千元百宋那能有,莽莽乾坤只怀旧”⑩。王乃征《病山遗稿·挽沈寐叟诗》云:“一楼凌缥渺,隐几万书丛。人海知无匹,天倪见此翁。”

据其《海日楼书目》载,有宋元本及抄校本不少,清本以康乾间刻本为胜,自称有三十五箱近千种。如包括清初精印本《桃花扇》、元板黑口本《尔雅注疏》、旧抄本《雅翼》、孙星衍抄校本《说文解字》、批校本顾氏《说文解字》等;明刻草本《韵会》,明李叔渊弘治刻本《遗山先生文集》四十卷之后半部,明万历洗墨池刊《薛涛诗》,明

① 赵尔巽等撰:《清史稿》卷四百七十二《列传二百五十九·沈曾植传》,第42册,中华书局1977年版,第12826页。

② 赵尔巽等撰:《清史稿》卷四百七十二《列传二百五十九·沈曾植传》,第42册,中华书局1977年版,第12825页。

③ 王蘧常《嘉兴沈乙庵先生学案小识》,见卞孝萱、唐文权编著:《民国人物碑传集》卷六,凤凰出版社2011年版,第383页。

④ 王蘧常《嘉兴沈乙庵先生学案小识》,见卞孝萱、唐文权编著:《民国人物碑传集》卷六,凤凰出版社2011年版,第383页。

⑤ 郑逸梅著:《艺林散叶》之第“4241条”,中华书局2005年版,第347页。

⑥ 张忱石等编辑:《学林漫录》五集,中国书局1982年版,第24页。

⑦ 周连宽:《海上书林杂艺》,《广东图书馆学刊》1985年第11期,第21页。

⑧ 范凤书著:《中国著名藏书家与藏书楼》之《沈曾植·海日楼》,大象出版社2013年版,第308页。

⑨ (清)吴庆坻《悔余生诗》卷二,见《清代诗文集汇编》编纂委员会编:《清代诗文集汇编》770,上海古籍出版社2010年版,第324页。

⑩ (清)吴庆坻《悔余生诗》卷二,见《清代诗文集汇编》编纂委员会编:《清代诗文集汇编》770,上海古籍出版社2010年版,第325页。

何焯校本、蒋氏校本《陈后山集》，明初刻本《贾浪仙长江集》《倪云林先生诗集》，明刻本《河岳英灵集》，严嵩刻《云台编》，宋松江钱希武刻《白石道人歌曲》，汉阳关棠手稿本《师二宗斋读易札记》等善本书。

光绪末年至民国初年是沈曾植购置善本古籍最多的年份。其藏书多精善珍本，据《海日楼题跋》收录书目，宋刻本4种，元刻本5种，此外明刻本、影宋本、名人题跋本也较多。沈曾植尤其喜爱黄庭坚的诗。晚年客居上海时，数年即收有黄庭坚诗文集九种版本，其中宋刻本3种，元刻本1种，明刻本4种，还有一种为日本活字印本，均为世间罕传的珍本，其中一些是清代翻刻的祖本，学术价值甚高。

沈曾植收藏碑帖的时间较早，与王廉生"均喜收藏碑帖，价昂者归廉生，价廉者归沈曾植"[①]。据《海日楼题跋》所录，宋拓本有20余种，明拓本、名人题跋本也较多。最著名的有宋拓本《淳化阁帖》，宋拓王羲之书《乐毅论》《黄庭经》，王献之书《洛神赋》等，均为传世名帖。《淳化阁帖》是宋太宗淳化年间将秘阁所藏历代法书临摹刻石，然后拓成的法帖，共十卷，多为晋唐名家遗墨。"清康熙时，刑部尚书、书画家张照就收藏有宋拓《淳化阁帖》，此帖在清末时被工部尚书吕海寰以600元购藏，时称宋拓第一。"[②]沈氏所藏宋拓本与此帖同时，且拓的时间在张照藏本之前，可见沈氏帖学之精。

此外，沈曾植书画收藏始于光绪末年，其中多为明清著名书画家作品，如文徵明、董其昌、唐寅、陈洪绶、刘墉等作品。如民国五年（1916）购得董其昌书诗卷，视为珍宝。

藏书处为海日楼，其他还有全拙庵、逊斋、潜究室、护德瓶斋等。沈曾植生前未将自己的全部藏书编写成书目，沈氏只有《海日楼书目》一册，抄本。书名下注："全目一至三十五号，乙丑（1925）沪寓抄。"并钤"慈护"印。是目依三十五箱著录，不分类，约千余种。郑振铎收藏，后转归北京图书馆（今中国国家图书馆）。

又有《海日楼行笈书目》。又将善本书、名画、名帖撰写的题跋辑成《寐叟题跋》二集行世，1926年影印手稿本，第一集为碑刻书画跋，第二集有书籍跋六十九篇。

其藏书印甚丰，常用的有沈曾植印、乙庵、寐翁、东轩、癯、植、海日楼、寐叟、曾植、姚埭沈氏珍藏、沈印曾植、踵息轩印、子培甫、逊斋居士、象莲花未开形、知一念即无量劫等。

关于沈曾植的藏书归属问题，伦明亦记云："有《海日楼藏书目》，集中多题跋之作，曾影印手稿二册，首数篇即辨版本之作。所著《蒙古源流笺证》已刊成。他若《元朝秘史注》十五卷附《九十五功臣名》一卷、《蛮书校补》一卷、《岛夷志略笺》一

---

① 郑逸梅著：《艺林散叶》之第"2786条"，中华书局2005年版，第211页。

② 《近现代私家藏书·沈曾植与海日楼》，见任继愈主编：《中国藏书楼》之中编《中国藏书楼发展史》，辽宁人民出版社2010年版，第1652页。

卷、《蒙鞑备录》《黑鞑事略》《西游记》《异域说》《塞北纪程》《近疆西夷传》各一卷，皆由吾友张孟劬之校定。待刊尚有《诗文稿》《笔语》《杂俎》之类存于家，所藏书亦未散失。"[①]可证1935年时书尚存家中。郑逸梅云："沈曾植所遗藏书，在抗战时期，由其嗣子慈护以二十万金让与陈人鹤。"[②]叶景葵云：庚辰（1940）冬，"乙盦遗书尽出，精本为中央图书馆搜尽，喜其得所"[③]。谢兴尧《书林逸话》亦记云：去年（1942）"浙江嘉兴沈氏海日楼之书出售，由北京来熏阁、修文堂三数书店合购，数量不多，然皆佳选，且多外间所不经见者。其值之昂，较之上述广东一批，犹或过之。盈尺之籍，动需数百元，亦可想其贵重矣。沈氏固以长于史学及考据著名者，故其藏书，正为朝流趋尚，宜其视为奇货也。余购得清初精刊《明文选》，残本六册，价百十元，《古官制考》《征缅纪略》各一册，均四十元，他如《丹崖笔记》，焦理堂跋藏《白田草堂遗稿》《货币考》等，价亦称是。其书大半，不仅书商从未见过，即各图书目录亦不多载，相见其稀罕可贵矣。惜其价太昂，限于经济，不能多购，诚属憾事"[④]。

上述散佚藏书只是沈氏藏书的一部分，1957年，沈慈护与劳善文[⑤]将沈曾植所藏书画、瓷器、碑帖捐给浙江博物馆和嘉兴市博物馆。据统计，1957至1960年间捐给嘉兴博物馆的有书画、文献、拓片、铜器、印章、杂件共166件（组）。其中书画、文献、印章、杂件较多，嘉兴市博物馆藏有沈曾植书画及印章155件。如其祖父沈维鐈手校写本《道德经》，1991年被定为国家三级文物。此书纸本，是沈学阶原抄本《道德经》，共八十一章。首面开头写"道德经，先大夫抄本，维鐈手校"字样。墨书旁有沈维鐈的手校红圈记，封面墨书"先曾祖光禄公遗墨，宣统庚申（1920）曾孙植重裱"。钤朱文篆书"植"、白文篆书"海日楼"，扉页又盖朱文篆书"曾植印记"、白文篆书"海日楼"。

沈维鐈手校写本《道德经》，注明是沈维鐈先大夫抄本，流传至今也有200多年历史，经过了几辈人的眼目，几多人手的翻阅，由沈曾植传承并重裱，仍有虫蛀的痕迹，但墨书依然炯炯有神，正气盎然，正如此书最后一章："信言不美，美言不信。善者不辩，辩者不善。知者不博，博者不知。圣人不积，既已为人，己愈有；既已与人，己愈多。天之道，利而不害；圣人之道，为而不争。"

纵观近代儒林，沈曾植称得上是一位承前启后的大学者，一位有着强烈的社会责任心的传统大儒，一位有着精深造诣和多方面艺术成就的文化名人。

沈曾植故居在嘉兴城内姚家埭11号，建筑至今保存完好，建于清末，宣统二年

---

① 伦明著，雷梦水校补：《辛亥以来藏书纪事诗》，上海古籍出版社1990年版，第34页。

② 郑逸梅著：《艺林散叶》之第"863条"，中华书局2005年版，第65页。

③ 叶景葵著，顾廷龙编：《卷盦书跋·陈后山集》，古典文学出版社1957年版，第128页。

④ 谢兴尧著：《书林逸话·近年来图书之聚散》，见周黎庵著：《蠹鱼篇》，中国科学公司民国三十二年（1942）版，第67页。

⑤ 沈慈护乃沈曾植嗣子，从其兄沈子林过继，取名慈护。后娶劳乃宣之女劳善文为妻。

(1910),沈曾植告病归里,隐居于此藏书及研究著述。其墓在今嘉兴郊区马桥乡苄蔀村。

1958年,沈曾植后裔将故居四十余间房屋无偿捐献给国家,1992年,公布为嘉兴市文物保护单位。

沈曾植潜心于校勘考证,与湖州嘉业藏书楼主人刘承幹、校勘学家傅增湘、缪荃孙、张钧衡等相友善,过从甚密,每有好书及学术心得,则互相交流。刘承幹藏书刻书,曾植为之鉴定版本,推荐刻印书稿,为所刻印书撰序跋,出力颇多。

沈曾桐(1853—1921)　沈维鐈孙,曾植弟。字子封,又字同叔,号檗宧,世居嘉兴郡城,姚家埭人。清"光绪己卯科顺天乡试挑取誊录第六十七名,乙酉乡试中式第六十九名"①,"光绪丙戌进士,改庶吉士,授编修,历官广东提学使"②。后曾桐为总督张坚伯所劾,罢官而居京师。尝助兄沈曾植创办强学会,组织维新团体。为官广东期间,于宣统元年(1909),奏请在广雅书局旧址设立广东图书馆,拨款五万元兴建之;1910年广东图书馆将广雅书局和广雅书院等部分藏书向市民开放;1912年6月广雅书局广东图书馆更名为广东图书馆,是为广东省立中山图书馆前身。

沈曾桐嗜好收藏,官广东学政时,值清末广州孔广陶三十三万卷堂③书散,"购南海孔氏书甚多,凡新钞本皆归之"④。藏有旧抄本《陈仲遵校本〈河南邵氏闻见录〉跋》,傅增湘曾借此书校以己藏明汲古阁本,发现此本较明沈夷初本、沈辨之本,清黄荛圃本、周季贶本、缪艺风本为佳胜,称赞此本乃"孤本秘籍,宁非宇宙之瑰宝乎"。沈曾桐又尝赠傅氏校宋本《元氏长庆集》。叶景葵题《思益堂日札》云:"此册去年得之京友,初见笔迹极相熟,但欲确定为谁何之手笔,则苦思不得。庚辰初正,选购群碧楼书,得杨秋室手校本《鲒埼亭集》,内有沈子封先生签校,乃恍然悟此册亦先生手抄。盖杨校本在六年前,余曾详细过录也。先生冲和笃实,博极群书,为光绪朝一朴学。生平不以著述标榜,其闻亦为乃兄乙盦先生所掩。再阅数十年,恐无知之者矣。此从自庵原稿节抄,弥见前辈慎思明辨之精神,对之起敬。"⑤

藏书处为赖古堂、广严精舍、醉六堂。

对沈曾桐的藏书归属,傅增湘述其藏书散佚:"其后同叔殁,楹书星散,时时流落坊肆间,余频物色此书,竟渺不可得。今岁八月,有老媪持此诣文德坊中求售,人皆掉臂不屑一盼,余亟属韩估以善价收之。回忆一瓻雅故,忽忽已十五六年矣,展转迟回,竟入吾箧,读已见书,如逢故人,矧又为故人之遗籍乎?同叔闳识孤怀,高视一

---

① 顾廷龙主编:《清代硃卷集成》第58册《沈曾桐》,台北成文出版社1992年版,第206页。

② 徐世昌辑:《晚晴簃诗汇》卷一百七十六《沈曾桐》,见《续修四库全书》编纂委员会、复旦大学图书馆古籍部编:《续修四库全书》第1633册,上海古籍出版社2003年版,第168页。

③ 按:南海孔广陶三十三万卷堂为清末藏书名楼,所藏多宋元刻本,清殿本亦富。清光绪间杭州藏书家丁丙补抄文澜阁《四库全书》,曾向孔氏商借底本。

④ 伦明著,雷梦水校补:《辛亥以来藏书纪事诗》,上海古籍出版社1990年版,第34页。

⑤ 叶景葵著:《卷盦书跋·思益堂日札》,上海古籍出版社2006年版,第82页。

世，娴于朝章国故，雅善清谈。鼎革后屏居燕京，郁郁寡欢，视朋辈少所许可。藏书甚富，不轻以假人，顾独于余若有夙契。经岁往还，名抄秘校，常相论赏，频年传校之书殆百余卷。宋元古椠，或斥以易米，余为作缘者有宋拓《钟鼎款识》、宋大字本《中庸集注》、宋本《内简尺牍》，纸墨精好，世所希觏。余箧中有校宋本《元氏长庆集》，则公所辍赠者也。"[①]沈曾桐殁后，"某季子某设书店于后门大街，曰赖古堂，售所蓄，颇得善价，数年书尽，旋闭歇"[②]。伦明《辛亥以来藏书纪事诗·沈曾桐》言其藏书与散书，诗云：

赖古堂中无雪客，太邱门内愧元方。
一官换得书归去，即是千金陆贾装[③]。

（二十七）邢　澍

邢　澍（1759—1830）　字雨民，号佺山，阶州（今甘肃武都）安化驼子湾人，寓居秀水。清"乾隆庚戌进士，官长兴县，升南安知府，以病归寓，居郡城丁家桥十余年"[④]。邢澍好古博闻，与当时著名学者如章学诚、钱大昕、钱大昭、张澍、何梦华、瞿木夫、洪亮吉、孙星衍、阮元、秦瀛、张廷济、吴兰庭、陈物等关系甚笃，唱和之作不绝。其中"孙星衍辑《寰宇访碑录》，多资于澍"[⑤]。著有"《关右经籍考》《两汉希姓录》《金石文字辨异》《守雅堂集》"[⑥]及《十三经释天》《全秦艺文录》《宋会要辑本》《金石札记》《寰宇访碑录》《长兴县志》等十数种。因慕清初朱彝尊，并举家迁至秀水碧漪坊，与朱彝尊故宅相邻。生平事迹参见冯国瑞《邢全山先生事迹考》、潘衍桐《两浙輶轩续录》卷二十《邢澍传》。

邢澍一生节俭，"行端学邃"[⑦]，劬力收藏，收藏甚富，达三万余卷，其藏书处名曰守雅堂。搜购庋藏古籍万余卷，闻名江浙。其好友洪亮吉有诗云："吟诗不已复著书（君前著《全秦艺文录》，近又欲辑《宋会要》，官斋聚书至三万卷，多有藏书家所无者），万卷总为秦风储。精心复辑《宋会要》，俗吏百辈谁得知。迩来述作殊难说，往

① 傅增湘撰：《藏园群书题记》卷八《陈仲遵校本河南邵氏闻见录跋》，上海古籍出版社1989年版，第432—433页。
② 伦明著，雷梦水校补：《辛亥以来藏书纪事诗》，上海古籍出版社1990年版，第34页。
③ 伦明著，雷梦水校补：《辛亥以来藏书纪事诗》，上海古籍出版社1990年版，第34页。
④ （清）许瑶光修，吴仰贤等纂：《光绪嘉兴府志》卷五十一《嘉兴流寓·邢澍》，见《中国地方志集成·浙江府县志辑》（13），上海书店出版社1993年版，第462页。
⑤ 赵尔巽等撰：《清史稿》卷四百八十六《列传二百七十三·邢澍传》，第44册，中华书局1977年版，第13409页。
⑥ 赵尔巽等撰：《清史稿》卷四百八十六《列传二百七十三·邢澍传》，第44册，中华书局1977年版，第13409页。
⑦ （清）许瑶光修，吴仰贤等纂：《光绪嘉兴府志》卷五十一《嘉兴流寓·邢澍》，见《中国地方志集成·浙江府县志辑》（13），上海书店出版社1993年版，第462页。

往著书成顷刻。惟君毕力究经史，余事犹能及金石。家山忆在古陇西（君家在阶州），近间尚未歇鼓鼙。……昨来厉遍甘凉肃，荒翳从谁借书读。河西子弟多俊才，健笔尚须资卷轴。君驼万卷归秦阶，可作陇右藏书家。开门看山闭门读，课子暇日还咿哑。”①

邢澍与黄丕烈友善，黄丕烈曾数次造访其家，称其所藏宋元善本“俱有渊源”。所藏旧抄本《石门集》二册，有黄丕烈跋云：“辛未春闰月三日，有事至嘉禾，访寓公邢佺山于北门。因佺山与余同好古，面未识而神已交也。既晤，诘知所藏宋元人集甚富，如周益公、魏鹤山，皆有旧抄，其书俱有渊源。后于案头见其旧抄本《梁石门集》。②”《士礼居藏书题跋记》著录明钞校本《吴都文粹》为邢澍旧藏③。曾博考秦代图籍，竭数年之力，成《全秦艺文志》八十卷。又工于书法、金石、碑牌，曾与孙星衍同辑金石学名著《寰宇访碑录》行世，收录碑石 7706 种。

（二十八）朱为弼

朱为弼（1771—1840） 字右甫，号椒堂、茮堂、颐斋，平湖人。“朱氏上世籍安徽婺源县，迁休宁县，曾祖明仪岁贡生，候选内阁中书。肇迁浙江桐乡，祖英详《县志》孝友，传又迁平湖县。考鸿猷邑庠生。举乾隆庚子，南巡召试。三世皆以公贵。公少孤，人称其孝。嘉庆五年举庚申科乡试，先是学使者试秀才高等，拟明年辛酉科拔贡生，名噪甚。十年乙丑科成进士”④，“授兵部主事，迁员外郎。道光元年，授御史，迁给事中”⑤。“由主事擢御史，数上书言事，有直声。累官漕运总督，所至却供张，以清操著”⑥。因年老多病奏请免官回乡，殁后家无余资，乡人怀其勤慎清廉，入祀乡贤祠。嘉庆二年（1797）受浙江巡抚阮元之聘，编辑《经籍纂诂》，“为弼精研金石之学，佐阮元纂《钟鼎彝器款识》，所著有《蕉声馆诗文集》”⑦及《吉金文释》《锄经堂集》《古印证》等。刘世珩云：“平湖朱茮堂侍郎，为阮文达高第子，弟子居官用儒术，略师文达，而公余不废翰墨，兼工绘事，金石学尤为深造绝诣。文达之《积古斋钟鼎

---

① （清）洪亮吉撰：《洪亮吉集》第 3 册《更生斋诗》卷六《自吴江归取道宜兴舟次值同年邢大令话旧即席赋赠诗》，中华书局 2001 年版，第 1348 页。

② （清）黄丕烈著，屠友祥校按：《荛圃藏书题识》卷九，上海远东出版社 1999 年版，第 743 页。

③ （清）黄丕烈著，潘祖荫辑，周少川点校：《士礼居藏书题跋记》卷六《集类》，书目文献出版社 1989 年版，第 302 页。

④ （清）刘履芬《皇清诰授荣禄大夫兵部侍郎漕运总督朱公墓表》，见《清代诗文集汇编》编纂委员会编：《清代诗文集汇编》501，（清）朱为弼撰：《蕉声馆集》卷首，上海古籍出版社 2010 年版，第 388—389 页。

⑤ 赵尔巽等撰：《清史稿》卷三百七十六《列传一百六十三 · 朱为弼传》，第 38 册，中华书局 1977 年版，第 11575 页。

⑥ 张舜徽著：《爱晚庐随笔》之二《艺苑丛话 · 品书画第一 · 朱为弼书》，华中师范大学出版社 2005 年版，第 416 页。

⑦ 赵尔巽等撰：《清史稿》卷三百七十六《列传一百六十三 · 朱为弼人传》，第 38 册，中华书局 1977 年版，第 11576 页。

款识》半成于侍郎之手,海内所共知者。侍郎著有《茶省馆诗文集》,乱后板毁。”[①]潘衍桐《两浙輶轩续录》卷二十三有其传。

朱为弼好金石学及古籍,尤嗜钟鼎文,刘世珩撰文云:“公服官中外三十余年,一意孤行。逆物而不慑类负气者,然而恂恂读书人也。生平嗜金石,三代鼎彝、秦汉碑碣古文奇字。”[②]张舜徽亦称其:“一生留心金石及古印文字之考证,刻印酷似秦汉。又善画花卉,得白阳逸趣。篆隶有浑厚劲折之致。然不多作,传世者甚少。余惟见其所书《周公钟颂鼎铭辞》小幅,绢本,宽一尺,高一尺二寸。书法至工。盖由其讲求金石之学,泽古之功深,故下笔弥见其高雅耳。椒堂富收藏,精鉴赏,余所见名家书画,多有其藏印也。”[③]何绍基有诗云:“我读东湖别思诗,白华慈竹有余悲。宦成不觉霜双鬓,归梦空萦柳万丝。铅椠喜传遗集富,鬻彝无复古欢追。弄珠楼畔佳风物,扇底寒梅剩几枝。”[④]又藏周中孚《郑堂读书记》稿本,历经朱为弼、丁日昌、刘承干收藏,于1949年流入英国,今藏剑桥大学图书馆。

(二十九)钱仪吉

钱仪吉(1783—1850)　初名逵吉,字蔼人,号衎石,又号星湖、新梧,一作心壶,别署静读举人、定庐居士、杨山樵者等。先世居海盐甘泉乡之秦溪,后徙嘉兴府城南门内莲花桥。为“刑部尚书陈群曾孙,侍读学士福胙子。年十二选体,作山赋千言,张问陶见之,击节称赏”[⑤]。“登嘉庆辛酉乡试榜,戊辰成进士,庶常、散馆,授户部主事,升刑科给事中。遇事无徇庇,人惮其丰采,逮改官御史,科吏拊掌曰:‘钱公去此吾属无患矣。’”[⑥]其性耿介,皆能举其职,因公罢归,遂绝意仕途。归后“主讲粤东学海堂、河南大梁书院”[⑦],后卒于大梁书院。作为学者,仪吉博通群籍,尤精史学,治经求故训,读史长地理。学识淹博,著述宏富,精研儒家经典,与其弟泰吉[⑧](号警石)被远近称为嘉兴“钱氏二石”。其“于学无所不通,其治经先求故训,博考众说,

---

① (清)刘世珩《蕉声馆集序》,见《清代诗文集汇编》编纂委员会编:《清代诗文集汇编》501,(清)朱为弼撰:《蕉声馆集》卷首,上海古籍出版社2010年版,第385页。

② (清)刘履芬《皇清诰授荣禄大夫兵部侍郎漕运总督朱公墓表》,见《清代诗文集汇编》编纂委员会编:《清代诗文集汇编》501,(清)朱为弼撰:《蕉声馆集》卷首,上海古籍出版社2010年版,第389页。

③ 张舜徽著:《爱晚庐随笔》之二《艺苑丛话·品书画第一·朱为弼书》,华中师范大学出版社2005年版,第416页。

④ (清)何绍基著,曹旭校点:卷十四《壬子至甲寅·朱茮堂丈东湖草堂图为建卿作》,上海古籍出版社2012年版,第370页。

⑤ 王钟翰点校:《清史列传》卷七十三《文苑传四·钱仪吉》,第19册,中华书局1987年版,第6003页。

⑥ (清)许瑶光修,吴仰贤等纂:《光绪嘉兴府志》卷五十《嘉兴列传·钱仪吉》,见《中国地方志集成·浙江府县志辑》(13),上海书店出版社1993年版,第407页。

⑦ (清)许瑶光修,吴仰贤等纂:《光绪嘉兴府志》卷五十《嘉兴列传·钱仪吉》,见《中国地方志集成·浙江府县志辑》(13),上海书店出版社1993年版,第407页。

⑧ 按:钱泰吉(1791—1863),字辅宜,号警石,又号深庐,别号甘泉乡人、读旧书生。陈群曾孙,仪吉从弟。清道光七年(1827)廪贡生。清藏书名家、学者、文学家。居嘉兴府城南门内莲花桥。《清史稿》载,泰吉与仪吉以学行相磨,远近盛称嘉兴“钱氏二石”。

而折衷以本文大义”。著有《经典证文雅厌》，“其读史，则补《晋兵志》及《朔闰》诸表，又撰《三国会要》，博采见闻，旁罗散失，期拾遗于正史，不限断象，复手撰《皇舆图说》四十卷”，又著有《先正事略》、“《衎石斋记事稿》十卷、《续稿》十卷、《刻楮集》四卷、《旋逸小稿》二卷”①等数十种。编有《三国志证闻》《补良吏述》《学海堂二集》，辑有《经苑》丛书。其所撰《三国会要》，有“钱衎石”印，稿本，嘉兴市图书馆有藏。《清史稿》卷四百八十六《列传二百七十三》、《两浙輶轩续录》卷二十五有其传。

钱仪吉癖嗜书，亦富于藏书。其学生苏源生《书先师钱星湖先生事》亦云：“先生家无长物，笔砚器具取适用而已，惟癖嗜书。十四五岁时为父执拟进御文字，得金，学士公遂赐之，以觇所用。则之厂肆买《水经注》《高青丘集》读之。陈恭人奁中金，尽用以买书，更脱钗珥继之。斗室中连床寒屋无隙地。行役则缄藤自随，累累后车，多费无所惜。尝见《仙蝶斋藏书目录》，分贮南北中三处，犹各数千卷云。”②其从弟泰吉记云：“《舆地纪胜》，四库仅载其碑目。近时始有从宋本传钞者，吾兄衎石尝从何梦华钞一部，余尝寓目。”③“衎石兄曾藏宋巾箱本《九经》，后失之，时以为念。兄聚书数万卷，皆数十年节衣缩食而得之者。宋本岳倦翁《棠湖诗稿》，先世旧籍也，有跋在《纪事稿》中。”④现知钱仪吉藏有《棠湖诗稿》一卷，宋岳珂撰，宋临安府陈宅书籍铺刻本，有钱仪吉、钱骏祥、邓邦述、傅增湘等跋；《一切经音义》二十五卷，唐释玄应撰，乾隆五十一年（1786）庄炘刻本，清□宗济跋并录清钱仪吉、戚庸堂校跋；《遗山先生诗集》二十卷，金元好问撰，清初抄本，钱仪吉跋，以上《中国古籍善本书目》均著录。钱仪吉辑抄《韫玩集》十卷，《中国古籍善本书目》著录。

藏书处名有仙蝶斋、衎石斋、飏山楼、定庐。编有《仙蝶斋藏书目》。

藏书印有仙蝶斋、仪吉之印、使我怀古之情更深、本庐江何氏等。

（三十）传胪黄安涛

黄安涛（1777—1848）　字凝舆，号霁青，晚号葵衣老人，嘉善魏塘镇人。嘉庆十二年（1807）举人，“嘉庆己巳二甲一名进士，官广东潮州知府”⑤。历官贵州学政，充文渊阁校理、国史馆提调，并参与重修《嘉庆一统志·文苑传》。归里后，曾主讲鸳鸯书院、安澜书院。博学工诗，亦精医，“著作甚丰，有《真有益斋诗文集》十卷、《息耕草堂诗集》十八卷、《说经中义》一百卷、《诗娱室诗》二十四卷、《贤己编》六卷、《慰

---

① 王钟翰点校：《清史列传》卷七十三《文苑传四·钱仪吉》，第19册，中华书局1987年版，第6004页。

② （清）苏源生撰：《书先师钱星湖先生事》，见闵尔昌录：《碑传集补》卷十，台湾文海出版社1980年版，第626—627页。

③ （清）钱泰吉撰：《曝书杂记》卷上，见中华书局编辑部：《丛书集成初编》013，中华书局2011年影印本，第291页。

④ （清）钱泰吉撰：《曝书杂记》卷下，见中华书局编辑部：《丛书集成初编》013，中华书局2011年影印本，第343页。

⑤ （清）潘衍桐编纂，夏勇、熊湘整理：《两浙輶轩续录》卷二十六《黄安涛》，第7册，浙江古籍出版社2014年版，第1772页。

托集》十六卷、《权济录》、《岭南从政录》、《绿笺词钞》、《昭代词选》等”①。生平事迹参见沈日富《朝议大夫广东潮州府知府嘉善黄君墓志铭》。

黄氏富藏书，真有益堂乃藏书室名②，藏书目失载，《李星沅日记》记于道光二十二年（1842）十五日的日记记云：“黄霁青前辈安涛赠所刻诗及《吴谚集贤正录》，霁青己巳传胪，由翰林出守江西之广信、广东之潮州，现主讲上海县，浙江嘉善人。”③

《嘉禾古今藏书家》载其事迹，藏印有黄安涛印、己巳传胪等。

（三十一）朱壬林父子进士

朱壬林（1780—1859）　原名霞，字礼卿，号小云，平湖县人。清“嘉庆庚申举于乡，辛未以第一人成进士，改翰林院庶吉士，散馆授工部主事。道光壬午充云南副考官，历员外郎、郎中。戊子，擢山西监察御史，时值运输河道淤塞，疏请开浚徒阳运河。转掌京畿道，旋署给事中”④，擢永平府知府，旋歼清河道。鸦片战争期间，英军炮舰直逼天津，与绿营将领向荣共商军事，部署防务。旋署直隶按察使。二十四年，以亲丧归乡。“壬林服官中外三十余年，谨操守，勤职司，为同僚所推重。告归后，日读邸抄，凡关系时事者，必手自钞录，盖未尝一日忘天下也。”“著有《晚学文稿》八卷、《当湖朋旧遗诗》十卷、《当湖文系》二十四卷。”⑤又有《小云庐诗稿删存》五卷⑥。

朱壬林自奉俭约，周济贫乏，虽多金不吝，受到乡民称道。其“服官中外三十余年，谨操守勤职司，为同僚所推重告归后，日读邸抄，凡关系时事者必手自钞录”⑦。又“性嗜书，家藏书万卷，风晨雨夕辄手一编”⑧。《平湖经籍志》载其虽“喜聚书，然非滥于搜罗，故积书至五楹，所录皆谨严有法”⑨。马承昭《续当湖外志》卷六亦称：“迩来我湖藏书之富，邑中推陈氏简香斋，朱氏三万卷楼。”⑩晚年“尝慨吾湖先达遗文散佚，与邑中名士如顾广誉、叶廉锷、贾敦艮、陆潢辈远绍旁搜，悉心商榷，得文百

① 嘉善县志编纂委员会编：《嘉善县志》第三十五编《人物》，生活·读书·新知三联书店 1995 年版，第 1041 页。

② 参见池秀云编撰：《历代名人室名别号辞典》增订本，山西古籍出版社 1998 年版，第 774 页。

③ （清）李星沅撰，袁英光、童浩整理：《李星沅日记》，中华书局 1987 年版，第 430 页。

④ （清）彭润章等修，叶廉锷等纂：《光绪平湖县志》卷十六《人物·列传二·朱壬林》，见上海书店出版社编：《中国地方志集成·浙江府县志辑》(20)，上海书店出版社 2011 年版，第 392 页。

⑤ （清）彭润章等修，叶廉锷等纂：《光绪平湖县志》卷十六《人物·列传二·朱壬林》，见上海书店出版社编：《中国地方志集成·浙江府县志辑》(20)，上海书店出版社 2011 年版，第 392—393 页。

⑥ （清）潘衍桐编纂，夏勇、熊湘整理：《两浙輶轩续录》卷二十七《朱壬林》，第 7 册，浙江古籍出版社 2014 年版，第 1850 页。

⑦ （清）彭润章等修，叶廉锷等纂：《光绪平湖县志》卷十六《人物·列传二·朱壬林》，见上海书店出版社编：《中国地方志集成·浙江府县志辑》(20)，上海书店出版社 2011 年版，第 392—393 页。

⑧ （清）彭润章等修，叶廉锷等纂：《光绪平湖县志》卷十六《人物·列传二·朱壬林》，见上海书店出版社编：《中国地方志集成·浙江府县志辑》(20)，上海书店出版社 2011 年版，第 392—393 页。

⑨ （民国）陆惟鍌撰，郭杰光、陆松筠整理：《平湖经籍志》卷二十五《朱壬林》，平湖市史志办公室 2011 年编印，第 377 页。

⑩ 吴晗著：《江浙藏书家史略》，中华书局 1981 年版，第 52 页。

余家，录五百余首，汇为一编，名曰《当湖文系》。邑经兵燹，什一千百赖以长存焉"[①]。是书二十八卷，十二册，后由其子于光绪十九年(1893)刻行传世。其《当湖朋旧遗诗汇钞》有功地方文献，金鉎《当湖朋旧遗诗》序云："士君负瑰奇磊落之才，读破万卷书，一旦际遇，清时歌卿，云庚喜起，和声鸣盛，黼黻治平。呜呼！岂不伟哉！然而负瑰奇磊落之才，读破万卷书，而遭逢不偶，白首牖下，或蹭蹬一官，竟夭天年者，更不知凡几。其平日不得已，穷愁著书，呻吟仰屋，呕尽心肝，原冀不见知于斯世，求为可知于后世耳。"[②]

藏书处为小万卷楼，或称三万卷楼、小云庐。

编有《小万卷楼书目》三册，仅录其家藏书籍，"台湾省梁子涵《中国历代书目总录》有梁氏慕真轩藏本"[③]。

朱寿熊(1843—1884)　朱壬林子。字仲辛，号兰阶。平湖人。其"幼承庭训，聪颖好学，年十五补博士弟子员，旋食饩。同治丁卯举于乡，丁丑成进士，改兵部主事。勤慎奉公"[④]，为左宗棠所赏。在京供职八年，因病乞假归，遂卒。著有《宋贡举考略》《砚悦斋诗钞》，均为稿本。

朱寿熊喜藏书，其藏书多为其父壬林所遗藏。利用家中丰富藏书，考订宋科举文献，史载：寿熊"善读史，历朝掌故奇人佚事，所弗能举者，悉为津津道之，尝以赵宋一代科目最繁，因详考正史，杂取他书订《宋贡举考略》八卷，又未编者若干卷，亦足见其史学之甚深矣"[⑤]。光绪十五年(1889)朱寿熊刻其父朱壬林辑《当湖文系》二十八卷，十二册，香港"中央图书馆"有藏。此书是其父朱壬林与邑中名士顾广誉、叶廉锷、贾敦艮、陆潢等辈远绍旁搜，得文100余家，录500余首。

(三十二)韩维镛

韩维镛(1775—1845)　字配赍(黄丕烈误作配基)，号铜上，又号铜士，平湖人，居乍浦。嘉庆十二年(1807)丁卯科举人，"嘉庆甲戌进士，官至湖北武昌通判。著《金薤山房诗稿》十卷"[⑥]。其"子潮，字春卿，道光戊戌进士；韵海，字季卿，道光癸卯举人"[⑦]。

---

① (清)彭润章等修，叶廉锷等纂：《光绪平湖县志》卷十六《人物·列传二·朱壬林》，见上海书店出版社编：《中国地方志集成·浙江府县志辑》(20)，上海书店出版社2011年版，第392—393页。

② (民国)陆惟鋆撰，郭杰光、陆松筠整理：《平湖经籍志》卷二十五《朱壬林》，平湖市史志办公室2011年编印，第379页。

③ 郑伟章著：《文献家通考》卷十二《朱壬林》，中华书局1999年版，第685页。

④ (清)彭润章等修，叶廉锷等纂：《光绪平湖县志》卷十六《人物·列传二·朱寿熊》，见上海书店出版社编：《中国地方志集成·浙江府县志辑》(20)，上海书店出版社2011年版，第399页。

⑤ (清)彭润章等修，叶廉锷等纂：《光绪平湖县志》卷十六《人物·列传二·朱寿熊》，见上海书店出版社编：《中国地方志集成·浙江府县志辑》(20)，上海书店出版社2011年版，第399页。

⑥ (清)潘衍桐编纂，夏勇、熊湘整理：《两浙輶轩续录》卷二十八《韩维镛》，第8册，浙江古籍出版社2014年版，第1977页。

⑦ (清)叶昌炽著，王欣夫补正，徐鹏辑：《藏书纪事诗》卷五，上海古籍出版社1989年版，第583页。

韩维镛“生平博学好古，精于赏鉴，金石书画收藏甚富，人比之项氏天籁阁云”①。“家有金薤山房，金石书画，收藏甚富，人比之项氏天籁阁”②。所藏《舆地广记》三十八卷，校影宋本，黄丕烈跋云：“考《曝书亭·宋本舆地广记跋》，知竹垞所藏仁和吴志伊藏本，阙首二卷，复从文渊阁本补写。庚申春，余与海盐友谈及，云此本已于昨冬卖出，归乍浦韩配基，即竹垞旧物也。壬戌春，余计偕北行，配基亦以辛酉选拔朝考入都，把晤于京邸，许以十八卷以前钞写寄余。后余被黜还南，配基亦为得高第，闻亦回浙。……韩本所藏，带于行箧。应京兆试入都，中丁卯科举人。近年五柳主人以伊弟京邸来札示余，知在京邸求售”③，黄氏托人以百二十金购得此书。“喜甚，展卷一过，知竹垞藏本为确，而宋刻则未经淳祐重修者也”④。又藏《淳祐临安志》六卷，旧钞本，黄丕烈跋云：“今岁夏秋之交，贾人从乍浦韩氏得书数百种，盛称中多旧本。书大都皆余所有，不复过问。惟相传有《临安志》六卷本，余甚疑之。盖乾道则太多，咸淳则太少，遂就贾人处索观其书，卷中所志淳祐而止，余曰是必施谔《临安志》也。贾人初不知，因余言遂信之，拟与交易，云已售出，惜未归之。顷晤简庄，知是书在彼处，外府之藏也，当倩胥录其副。同人赋诗纪事，简庄（即陈鳣）倡而兔床（即吴骞）与余何之，洵为艺林佳话。”⑤

藏书处除金薤山房外，又有醉经楼。藏印有醉经楼等印。

（三十三）徐士芬

徐士芬（1791—1848）　一作士棻，字诵清，号辛庵，又号惺庵，平湖人。“举嘉庆戊寅乡试第一，明年成进士，改翰林院庶吉士。散馆一等，授编修，道光壬午充江南副考官，癸未充会试同考官，擢广东学政，历中允侍讲、庶子，充日讲起注官”，累迁内阁学士。“调户部右侍郎兼管钱法掌事务，擢顺天学政，因病告归”⑥。其为官颇有政绩，任职工部时，整顿钱法，尤其悉心畿辅的水利兴修；任科举官，有“方正严毅，弊窦肃清”之称⑦。归乡后又以学问优长、品行醇正入乡贤祠。著有《漱芳阁诗文稿》十卷、《漱芳阁时艺》一卷、《辛庵馆评诗抄》一卷等。曾为嘉兴冯登府刊行《金石综例》一书。《晚晴簃诗汇》卷一百二十八有其传。

---

① （清）彭润章等修，叶廉锷等纂：《光绪平湖县志》卷十六《人物·列传二·韩维镛》，见上海书店出版社编：《中国地方志集成·浙江府县志辑》（20），上海书店出版社 2011 年版，第 393 页。

② （清）叶昌炽著，王欣夫补正，徐鹏辑：《藏书纪事诗》卷五，上海古籍出版社 1989 年版，第 583 页。

③ （清）黄丕烈著，屠友祥校按：《荛圃藏书题识》卷三，上海远东出版社 1999 年版，第 153 页。

④ （清）黄丕烈著，屠友祥校按：《荛圃藏书题识》卷三，上海远东出版社 1999 年版，第 153 页。

⑤ （清）黄丕烈著，屠友祥校按：《荛圃藏书题识》卷三，上海远东出版社 1999 年版，第 172—173 页。

⑥ （清）彭润章等修，叶廉锷等纂：《光绪平湖县志》卷十六《人物·列传二·徐士芬》，见上海书店出版社编：《中国地方志集成·浙江府县志辑》（20），上海书店出版社 2011 年版，第 394 页。

⑦ 浙江省社会科学院编著：浙江简志之二《浙江人物简志》（中册），浙江人民出版社 1986 年版，第 376 页。

徐士芬“自幼苦学勤读，精通典籍”①，喜收藏图书，藏书颇丰，藏书处为漱芳阁。编有《漱芳阁书目》六册，是书为袖珍小册精写本，每面一目，著录千余种，其中明刻本甚多。

藏书印有臣徐士棻、漱芳阁之印、惺安藏书等。

(三十四)冯登府

冯登府(1783—1841)　原名鸿登，一作登甫，字柳东，号云伯、又号勺园、石经阁、杨柳官，别署小长芦旧史等，嘉兴梅里人。清“嘉庆戊寅顺天举人，庚辰进士，以庶常改授江西将乐县知县，不两月以亲病解绶去。服阕，宁波府教授，大吏重其才，将荐举之，力辞。后以告归时已得咯血疾，闻英人滋事，宁郡失守，病遂剧，寻卒”②。生平事迹参见其门生史诠所撰《冯柳东先生年谱》③。

据《远香诗话》记载：其父冯元曦④“笃伦纪，勇于趋义。汉唐诸儒经说，皆能通其意。诗文一宗苏氏，尝自定为《苏桥集》。书法得赵、董神髓”⑤。在其父影响下，“登府劬书媚学，于两汉、唐、宋诸儒之经谊，旁及诸子百家傳注，靡不强识博通，而声音训诂尤为深邃。尝从仪征阮元游，元重其学，契洽甚至”⑥。冯氏辞官后，闭门奉母，遂得媷一于读书。利用家中藏书资源，潜心撰述，“与同县李富孙交尤密，每著一书，辄与商榷。富孙以为钱大昕、全祖望之比”⑦。“所著有《三家诗异文疏证》六卷、《补遗》四卷。以《毛诗》多假借字，三家诗多本字，因即宋王应麟书为之疏证，与传笺互相发明。又著《三家诗遗说异证》二十卷。皆胜范家相书。又著《论语异文考证》十卷，搜罗遗佚，并援前人之说，稽其同异，以阐明古义，诠释最为精审。又著《十三经诂答问》十卷、《石经考异》十二卷、《金石综例》四卷，并见称于时。其自谢诗有‘新书难得故人刊’之语。熟于掌故，中岁游闽，修《盐法志》《福建通志》，名震海峤间。他著有《闽中金石志》十四卷、《金屑录》四卷、《石余录》四卷、《浙江砖录》一卷、《唐宋词科题名录》一卷、《玉堂书史补》六卷、《梵雅》一卷、《小谪仙馆摭言》十卷、《酉史岩摭谭》十卷。古文宗桐城，诗宗朱彝尊，兼工倚声，有《文集》八卷、《诗》

---

① 浙江省社会科学院编著：浙江简志之二《浙江人物简志》(中册)，浙江人民出版社 1986 年版，第 376 页。

② (清)许瑶光修，吴仰贤等纂：《光绪嘉兴府志》卷五十《嘉兴列传・冯登府》，见《中国地方志集成・浙江府县志辑》(13)，上海书店出版社 1993 年版，第 408 页。

③ (清)史诠编：《冯柳东先生年谱》，抄本，中国国家图书馆藏。

④ 按：冯元曦，字天衢，号花桥，嘉兴人。清嘉庆戊午举人。著有《花桥诗钞》。《梅里志》记载其“少间业于钱百泉太史、金樊圃学博。与里中诸子结文社，每一艺各树标帜，耻为雷同剿窃之学。后游山左，与修泰山志。客淮，为谢蕴山观察所重。戊午举于乡。性尚好施，敦睦宗族，诗嗜东坡，自定稿千余首”。

⑤ (清)潘衍桐编纂，夏勇、熊湘整理：《两浙輶轩续录》卷十九《冯元曦》，第 5 册，浙江古籍出版社 2014 年版，第 1132 页。

⑥ 王钟翰点校：《清史列传》卷六十九《儒林传下二・冯登府》，第 18 册，中华书局 1987 年版，第 5597 页。

⑦ 王钟翰点校：《清史列传》卷六十九《儒林传下二・冯登府》，第 18 册，中华书局 1987 年版，第 5597 页。

四卷、《词》四卷”[①]。其中《石经阁集》九种，清冯登府撰，稿本，秦更年跋，上海图书馆存二十二卷。

冯登府“尤熟金石、掌故，藏书万余卷”[②]。从其著述中，可知冯登府著述涉及经史、文学及金石、篆刻等，推测其藏书应多经史、文集及金石类等为主。清“道光十年登天一阁，校书五十种以备《闽志》采访”[③]。十一年(1831)又取天一阁兵书参究。积数年，藏书颇丰，宋元之本有多种。其《文集》卷六有藏书题跋数篇，可窥其藏书之精。如藏有宋本《六臣注文选》残本、《玉台新咏》、《隶释》、《隶续》、《隶韵》等，旧抄本《舆地纪胜》二百卷，四库未著录。藏写本《河南集》三卷附录一卷，宋穆修撰，冯氏跋云：“是书只有宋椠本，钞本流传绝少，海昌马药洲藏，曾入王西庄著录，戊子七月余有越峤之役，以此赠行。道光己丑春分日勺图记于闽督使院。收藏有‘登府手校’‘石经阁’藏印。”[④]所藏钞本《旗峰诗集》十卷，今在中国国家图书馆；又手书题记之钞本《经义考》残存十册，今在中国国家图书馆。丁丙《善本书室藏书志》卷二有其手校旧钞本《诗考》。冯氏藏书中，自抄书也甚多，有自撰《三家诗遗说》八卷《补》一卷，清李富孙校；抄校并跋清厉鹗撰《秋林琴雅》一卷；抄校并跋清孙涛撰《全宋诗话》十二卷等，《中国古籍善本书目》均著录。

藏书处为石经阁，孙星衍、阮元为书额。又有勺园，有树木花草之胜。又有小槜李亭。书斋名酌史岩、种园仙馆、柳斋、古欢阁等。

藏书印有登府手校、石经阁、云伯审定、一经传旧德、晚知书画真有益、柳东曾斠、勺园、柳斋、东越修史、柳东、小长芦旧史、冯史手校、冯十三登府、冯登府印、冯云伯父所见记、初画金石、金石文字、石经蛀虫、登府、小长芦旧史冯氏手校、某里冯氏勺园收藏印、古欢阁、小杨山人、木天仙史、复庵曾读、谨堂曾读、谨堂鉴赏、云伯审定、谨堂等。

据郑伟章先生《文献家通考》考证，冯氏有《石经阁藏书目录》一册，钞本，依橱、箱著录，橱三，箱六，又有小槜李亭书架、勺园沤舫，著录六百余种。有《石经阁已刻未刻书目》《勺园书目》。又其金石目有《闽中金石志》十四卷、《金屑录》四卷、《金余录》四卷、《金石综例》四卷、《石经考异》十二卷等。

冯氏十分仰慕同里学者朱彝尊，杨钟羲记云：“冯柳东，居秀州之梅里会[⑤]。有竹垞乡亲小印。阮文达重建曝书亭后三十年，垣墙倾圮。柳东谋于邑宰，创捐重葺

① 王钟翰点校：《清史列传》卷六十九《儒林传下二·冯登府》，第18册，中华书局1987年版，第5597页。

② 郑伟章著：《文献家通考》卷十三《冯登府》，中华书局1999年版，第707页。

③ (清)史诠编撰：《冯柳东先生年谱》，见四川大学古籍整理研究所编：《儒藏·史部》之《儒林年谱》，第44册，四川大学出版社2007年版，第573页。

④ 傅增湘撰：《藏园群书经眼录》卷十三《集部二》，中华书局1983年版，第1125页。

⑤ 按：梅里，又名梅会里，又名王店，距嘉兴三十里。康熙六年(1667)，朱彝尊自塘桥移居梅里，就此定居。嗣后买宅竹垞，结曝书亭，藏书、著书及刻书终老于是乡。

焉。[①]”邓实《史馆稿传》跋云：“朱竹垞先生手写本，在史馆所作，不能全用，乃自珍其手稿。是本为柳东冯氏旧藏。柳东生平最爱搜罗竹垞老人遗墨，尝辑《曝书亭外集》七卷。”[②]邓实《风雨楼秘籍留真》之三记云：“又得其旧藏朱彝尊手写《曝书亭文稿》。”嘉庆二十二年(1817)，朱彝尊五世孙朱墨林和冯登府辑刻有《曝书亭集外稿》八卷，收录了《竹垞文类》《腾笑集》删余的诗文和其他集外之作。

冯氏亦十分敬羡里中耆老之文献，“卜筑勺园，为顾咸三文学扶青阁故居。尝与金香谷葺清芬祠于梅溪禅院，祀里中诗人无后者。复荟萃其诗，附以小传，得八卷，曰《清芬集》，凡六十余家”[③]。如浙江图书馆藏有冯氏稿本《梅里词辑》，钤有“登府私印”“柳抒东畔渔师”“小长芦旧史冯氏手校”“老去填词”“竹垞乡亲”“小槜李亭”“西园小长芦之南曝书亭之北”“柳东”“旧史官”诸印。是书为乾隆五十一年(1786)薛廷文原辑，道光九年(1829)冯登府重编。冯氏以为薛廷文所辑，去取评骘，间有失当。故广搜遗稿，为之重编。凡采录86家，词423首，广为八卷，易名《梅里词辑》，以与许灿《梅里诗辑》配为合璧。冯氏自序曰：“浙西多词人，我里居六家之半，海内为倚声之学者必及焉。同里薛卤斋布衣，五十岁始学为诗，有《听雪斋集》。五言稚近韦、柳。间为词，亦清婉可诵。所辑《词绪》七十一家，都词三百六十五首。惟中间去取及评骘，间有失当。余广搜遗稿，重为增补润泽之，名曰《词辑》，共八十六家。盖窃愿附许晦堂先生《诗辑》之后也。”《梅里词辑》所收上起明清之际，下迄乾隆期间。一个半世纪内，梅里一地的词人多达90多人，是书辑存的资料，足以显示“词人荟萃之乡”的历史风貌。且更为重要的是《梅里词辑》还提供了浙派词的渊源所自，是一份难得的乡邦文献，对于了解浙西词派的形成及其地域人文背景有其重要的参考价值。

冯登府藏书流失，据杨钟羲云：“冯柳东官甬上校官，阅十年，戊戌立书，藏书石经阁，阮文达为题额。庚子舟山之变[④]，四明戒严，以阁中藏书万余卷寄藏天一阁，作诗三十二韵送之。”[⑤]旋殁，其石经阁藏书自鸳湖流入沪市。据《风雨楼秘籍留真》之三载，邓实所得不少。

(三十五)郁鼎钟

郁鼎钟(生卒年不详)　字声金，号彝斋，嘉善西塘人。清道光五年(1825)中举人，“道光丙戌成进士，入词林、散馆，授江西太和县知县”[⑥]。“鼎钟初选湖南宁远知

---

① 杨钟羲撰集，刘承幹参校：《雪桥诗话余集》卷七，北京古籍出版社1992年版，第416页。

② 引郑伟章著：《文献家通考》卷十三《冯登府》，中华书局1999年版，第707页。

③ 杨钟羲撰集，刘承幹参校：《雪桥诗话余集》卷七，北京古籍出版社1992年版，第416页。

④ 按：庚子舟山之变，即道光二十年(1840)鸦片战争爆发。

⑤ 杨钟羲撰集，刘承幹参校：《雪桥诗话余集》卷七，北京古籍出版社1992年版，第457页。

⑥ (清)许瑶光修，吴仰贤等纂：《光绪嘉兴府志》卷五十四《嘉善列传·郁鼎钟》，见《中国地方志集成·浙江府县志辑》(13)，上海书店出版社1993年版，第573页。

县，调泰和，下车即以惩盗安良为务，吏治风清。邑有萃和、储英两书院，捐俸振兴之”[①]，使之文望翕然，门下士人尝汇其苦论录为《课士随笔》，为士子读书入门之钥。鼎钟“性冲澹，苦案牍劳形，遂乞休。贫不能归，赣州守王藩重建阳明书院适落成，聘主讲席在赣五年，教有程序，士风丕振。归乡后，足不入城，键户著书，远近从学者踵至。有《平川旧闻》《心香阁诗钞》《彝斋文集》《平川诗征》《旧闻识余》《校补袁氏纪年类编》《注释王修竹论画诗》”[②]，惜均佚。“平川镇，鼎钟所居也”[③]。另郁鼎钟所撰《小题襟四十律》稿本，1936年浙江省文献展览会，嘉兴地区各图书馆送展。

郁鼎钟好藏书，“书斋曰‘心香阁’，藏书甚多”[④]。倪以埴“作诗百首，专咏斜塘（一名西塘、平川）一地风土民情。诗后有注。阅万卷楼藏书，查证地名。书后有清光绪十八年郁洪谟跋”[⑤]。这段文字可证郁氏“藏书甚多”之说。嘉善图书馆藏有郁氏抄本《乙元新咏》。郁洪谟[⑥]跋其父鼎钟《反游仙诗》云：“先君子生平之著作毁焉。所可惜者，裒辑《平川诗征》已数十卷，未及成编，从各旧家借抄镇上先哲诗集，咸遭一炬，连副本无存，尤为一生憾事。晚年虽亲加瞑写，存什一于千百，重以庚辛兵燹，家藏之书不下万卷，悉散帙荡然无存矣。此帙乃手授洪谟，命参校。藏之书箧，手泽犹新，乃将四十首及删余之作，一并抄录，以存吉光片羽云。”[⑦]从此跋语可知，郁氏家族曾藏书万卷，惜毁于丙丁，再毁于兵燹。

（三十六）吴仰贤

吴仰贤（1821—1887）　字鲁儒，号慕周，后改牧驺，别署文刍生，五十岁后复署曰文刍叟，嘉兴人。吴氏“其先楠泉公自明正德间，由休宁来禾，讲学居春波里，遂入籍也”[⑧]。清道光二十三年（1843）举人，“咸丰壬子进士，官云南迤东道”[⑨]。乞病归，居武水，主讲鸳湖书院二十年。“在官适值回乱，仰贤拊循安集，颇有政声”。朱庭珍记其历官甚详：“浙江吴牧驺仰贤以癸丑翰林、散馆改官吾滇。知罗次、昆明两县，迁牧武定州，擢守广南，权迤东兵备道，所至皆有惠泽及民。以忤上官，引疾归。

---

① （清）潘衍桐编纂，夏勇、熊湘整理：《两浙輶轩续录补遗》卷五《郁鼎钟》，第16册，浙江古籍出版社2014年版，第4551页。

② （清）许瑶光修，吴仰贤等纂：《光绪嘉兴府志》卷五十四《嘉善列传·郁鼎钟》，见《中国地方志集成·浙江府县志辑》（13），上海书店出版社1993年版，第573页。

③ （清）潘衍桐编纂，夏勇、熊湘整理：《两浙輶轩续录补遗》卷五《郁鼎钟》，第16册，浙江古籍出版社2014年版，第4551页。

④ 《傅逅勒撰：《嘉兴历代人物考略》，香港天马出版有限公司2005年版，第409页。

⑤ （清）倪以埴撰：《斜塘竹枝词》首页，见（清）王维德纂：《林屋民风》下，广陵书社2003年版。

⑥ 按：郁洪谟（生卒年不详），字少彝，号文水逸人。咸丰五年（1855）乙卯举人，官仙居训导，拣选知县。著有《乙元新咏》《琵琶冷艳》等。

⑦ 引韦力撰：《芷兰斋书跋续集》之《曹元忠批校郁洪谟钞本〈反游仙诗〉一卷》，国家图书馆出版社2013年版，第19页。

⑧ 倪禹功著：《嘉秀藏家集录》卷四《清·小匏庵吴氏》，上海辞书出版社影印稿本，第100页。

⑨ （清）潘衍桐编纂，夏勇、熊湘整理：《两浙輶轩续录》卷四十二《吴仰贤》，第12册，浙江古籍出版社2014年版，第3307页。

生平爱才如命。其诗宗法昌黎、香山、玉溪、东坡,卓有笔力,近日一作手也。"[①]其"子萃思,字聚泉,弱冠而卒。著有《南湖百咏诗》,先生为之点定刊行,自著《小匏庵诗存》六卷、《诗话》四卷,《续增广舆记》等行世"[②]。光绪初,知府许瑶光延聘其主纂《光绪嘉兴府志》,光绪四年(1878)刊本,嘉兴市图书馆有藏。徐世昌《晚晴簃诗汇》卷一百五十三有其传。

仰贤尤擅诗词,工力甚深。卫荣光称:"牧驺少好为诗,有幽燕壮士气,酣歌击筑,旁若无人。及由庶常改官滇南,壮游万里,所过多名都,边徼阻隘,形胜之地,登临吊古,其抑塞不平之气,一发之于诗,故其音节苍凉,与古作者颉颃。解组后,主讲鸳湖书院,惟有文字自娱。"[③]吴仰贤亦好藏书,其家族藏书达数万卷,据倪禹功先生云:"今见丙子春,浙江文献展览会中,所陈明本《大戴礼记》十三卷,即属吴氏旧物。又琎轩孝廉从父昌荣,字啸江,号苏门山人……性好读书,劬于诗,得赀购书,多至数万卷,丹黄点勘,手抄札记颇富。琎轩孝廉谓其不下数万册,尽毁于庚申之劫。"[④]又云:其"家有小匏庵以藏书画,曾得曹种水手抄书百余册,《水经注》本两册亦在其内。观察自云:经兵燹亡去,庚申城陷,故居荡然。劫后重集,渐见丰盈,殆至从弟孝贞先生殁后,又遭散佚"。"藏印有'牧驺手校''吴氏小匏庵珍藏图记''小梅花庵藏印''梅花草堂秘籍'"[⑤]等。

(三十七)沈善登

沈善登(1830—1902)　字谷成,亦作谷臣、谷人,号未还道人、豫斋,法号觉尘,桐乡炉头人。清同治六年(1867),沈善登与弟弟善经同举于乡。沈"炳垣孙,同治七年戊辰进士,由庶常授编修"[⑥]。辞官返里后,任桐溪书院山长多年,为家乡培养人才数年。沈善登早年受学于钟文烝;中年涉猎西方学说,又兼通佛学,信奉净土宗;晚年,专研《周易》。著述甚丰,著《需时眇言》《证心集》《论余适济编》等,编有《沈谷成易学》。

其祖父沈炳垣[⑦](1784—1857),陈奂《师友渊源记》记曰:"沈炳垣,字晓沧,浙江

---

① (清)朱庭珍《筱园诗话》卷四,见《续修四库全书》编纂委员会、复旦大学图书馆古籍部编:《续修四库全书》第1708册,上海古籍出版社2003年版,第59页。

② 倪禹功著:《嘉秀藏家集录》卷四《清·小匏庵吴氏》,上海辞书出版社影印稿本,第100页。

③ (清)潘衍桐编纂,夏勇、熊湘整理:《两浙輶轩续录》卷四十二《吴仰贤》,第12册,浙江古籍出版社2014年版,第3307页。

④ 倪禹功著:《嘉秀藏家集录》卷四《清·小匏庵吴氏》,上海辞书出版社影印稿本,第100页。

⑤ 倪禹功著:《嘉秀藏家集录》卷四《清·小匏庵吴氏》,上海辞书出版社影印稿本,第100页。

⑥ 严懋功著:《清代徵献类编》,台湾中华书局1968年版,第465页。

⑦ 商榷之处:《清史稿》载:沈炳垣,"字紫卿,浙江海盐人。道光二十五年进士,选庶吉士,授编修,迁中允。咸丰四年,督广西学政。广西自洪秀全北犯后,群匪迭起。炳垣至,与巡抚劳崇光议战守筑策,崇光器之"。咸丰七年(1857),以抵御太平军,城破,为太平军所俘,遇害。赠内阁学士,谥文节,建专祠桂林。见赵尔巽等撰:《清史稿》三百九十九《列传一百八十六·沈炳垣传》。《浙江人物简志》《盛湖志》及陈奂《师友渊源记》载:"沈炳垣,字晓沧,浙江桐乡人。"笔者以为,因同为嘉兴府,又同姓同名,容易混淆,而陈奂所记桐乡沈炳垣应为藏书家。

桐乡人。嘉庆庚午举人,江苏督粮水利同知。道光壬辰科分校秋闱,于某房见(陈奂)之弟烱闱艺,文过简淡,心知为积学士,因推荐得中式”①,历官至松江府海防同知,以廉惠著称。曾主讲海门书院、上海敬业书院。有《斫砚山房诗草》《祥止室诗钞》《读渔洋诗随笔》等数卷。炳垣政事之余,亦好藏书,尤精校雠之学。傅增湘《藏园群书题记》有其手校明初刊本《剡原先生文集》;王大隆《蛾簏术轩存善本书录》卷一有其手校本《班马字类》二卷,卷十七有其临尤侗、尤珍、尤世求三世所校《归震川先生全集》四十八卷等。嘉庆二十年(1815)沈炳垣家影抄明、手校并跋宋吴棫撰《韵补》五卷等。

其藏书处为斫砚山房、三千藏印斋、祥止室,在上海海防新署有华著身室。

浙江图书馆藏有《斫砚山房藏书目》稿本一卷,不全,仅经、史、子,无集部,三部著录藏书千余种。据《中国藏书家通典》载,聘请邹鸣鹤编《斫砚山房藏书目》四卷,稿本。沈善登承祖之遗书,亦喜藏书,藏书亦富,书室名曰豫恕堂。如沈氏豫恕堂抄本沈善登《证心集》八卷,沈善登自跋,沈垚撰《礼记熊皇异同》,今藏上海图书馆。

沈善登之孙沈愈将沈善登及祖上的一些遗物捐赠给了桐乡市,其《先考庶常公遗墨家书》一函,其中有沈善登与张之洞、许景澄等人来往书信,内容涉及沈参与筹办电报局、救灾等公益事。

(三十八)劳乃宣

劳乃宣(1843—1921)　字季瑄,号玉初,别署炬斋,晚号韧叟,嘉兴桐乡人。清“同治十年进士,以知县分直隶”②,尝任两江总督衙门幕僚,官江宁提学使。清“宣统三年,召为京师大学堂总监督,兼学部副大臣。逊位议定,乞休去,隐居涞水。时士大夫多流寓青岛,德人尉礼贤立尊孔文社,延乃宣主社事,著《共和正解》。丁巳复辟,授法部尚书,乃宣时居曲阜,以衰老辞”③。劳乃宣崇信程朱理学,笃学博览,“诵服儒先,践履不苟,而于古今政治,四裔情势,靡弗洞达,世目为通儒。著有《遗安录》《古筹算考释》《约章纂要》《诗文稿》”④。生平事迹参见柯劭忞《诰光禄大夫劳公墓志铭》。

作为为清末著名教育家之劳乃宣,“任蠡县,值谒陵事竣,赢支应钱千余缗,储库备公用。任完县,购书万余卷,庋尊经阁。任吴桥,创里塾,农事毕,令民入塾,授以

---

① (清)陈奂著:《师友渊源记》,见《丛书集成续编》史部,第36册,上海书店出版社1994年版,第108页。

② 蔡冠洛编著:《清代七百名人传》第一编《政治·政事·劳乃宣传》,北京市中国书店1984年版,第569页。

③ 赵尔巽等撰:《清史稿》卷四百七十二《列传二百五十九·劳乃宣传》,第42册,中华书局1977年版,第12824页。

④ 赵尔巽等撰:《清史稿》卷四百七十二《列传二百五十九·劳乃宣传》,第42册,中华书局1977年版,第12825页。

《弟子规》《小学内篇》《圣谕广训》诸书,岁尽始罢”[①]。回桐乡后,亦曾主讲桐溪书院。主张文学改革,编辑简字书籍,创办简字学堂于金陵,又设简字研究会,办简易识字学塾、简字讲习所等。曾设塾授读和书院课士;曾创办过畿辅大学堂;担任过清末三所著名新式学堂的“大学校长”——南洋公学、浙江大学堂和京师大学堂的总理、监督,有功于近代教育事业的发展。

劳氏重视图书馆建设,1914 年与德国人尉礼贤在山东尊孔文社内建立藏书楼,是为山东青岛第一座图书馆。楼内广收古籍,同时也收藏中外现代图书,外文图书以德文为多。撰有《青岛尊孔文社藏书楼记》。爱新觉罗·溥伟为该藏书楼题写匾额。藏书分类仿美杜威“十进分类法”,加以修订改编而成,读者多为尊孔文社的社友和礼贤书院师生。1937 年尊孔社解散,藏书归于礼贤中学。

劳乃宣还长期从事古代数学研究,著有《古筹算考释》《筹算浅释》《垛积筹法》等数学书 7 种,《合声简字谱》《简字丛录》《简字全谱》等简字书籍 5 种;另有《等韵一得》《遗安录》等。其著述后人辑为《桐乡劳先生遗稿》,《韧叟自订年谱》列于卷首。

(三十九)葛金烺

葛金烺(1837—1890)　字景亮,号毓山,又号煜珊,别署曼道人,世居乍湖镇今佳南门内鸣珂里。“乙丑补行(辛酉壬戌)科中式副榜第九名,己卯科乡试中式第七名,会试中式第一百六十七名”[②],授刑部主事,旋改户部郎中。急流勇退,辞官返里。“所著有《传朴堂诗文稿》《竹樊词》《鸥舫书画录》若干卷”[③]。生平事迹参见沈曾植《葛府君家传》。

金烺性好读书,博通经史,酷爱善本古籍及古今名人书画、金石,而品鉴书画,尤为精识。《两浙輶轩续录》卷五十称其:“少有才名,博通经史,藏书数万卷,樽酒之外,日手一编。所著有《传朴堂诗文稿》《竹樊词》《鸥舫书画录》若干卷。”[④]葛氏曾在其《爱日吟庐书画录·自序》中写道:“余自束发,癖耽于此,见即罗而致之。然距江邨(高士奇)、退谷(孙承泽)殆将二百五六十年,宋元名迹日远日湮。况中更兵燹,存者益复无几。偶有一二流传,又为强有力者负之而趋,岂窭人子所得而蓄之哉?计二十年来,南走闽,北走燕,物色于风尘,遇有赏心,辄不惜倾囊以购。惟是食

① 赵尔巽等撰:《清史稿》卷四百七十二《列传二百五十九·劳乃宣》,第 42 册,中华书局 1977 年版,第 12825 页。

② 顾廷龙主编:《清代硃卷集成》第 54 册《葛金烺》,台北成文出版社 1992 年版,第 111—120 页。

③ (清)潘衍桐编纂,夏勇、熊湘整理:《两浙輶轩续录》卷五十《葛金烺》,第 14 册,浙江古籍出版社 2014 年版,第 3976 页。

④ (清)潘衍桐编纂,夏勇、熊湘整理:《两浙輶轩续录》卷五十《葛金烺》,第 14 册,浙江古籍出版社 2014 年版,第 3976 页。

贫居陋，所得无多。若前人著录中之煊赫有名者，百不获一焉。”①在其长子嗣潆②以拔贡任京官时，因父子皆酷爱古籍及书画，同心协力广收宋元善本、明清名人著作及手笔书画，购书达数万卷。并急流勇退，辞官返里，归舟所载，图书数万卷而已，成为近代当湖藏书巨擘。至晚年在京居官时所购两批书籍及书画，合计藏有古籍十万卷、宋元以来名家书画 166 轴，此为传朴堂集藏基础。

藏书处为传朴堂，名传遐迩，建楼三楹凡二层，称守先阁，专藏书志；其画楼名爱日吟庐、鸥舫，为庋藏书画之所。葛氏传朴堂守先阁藏书楼和爱日庐书画楼为浙江三大藏书楼之一，与宁波天一阁、南浔嘉业堂齐名。

民国时谢刚主先生尝到过传朴堂，回忆云：“传朴堂善本，如宋版《范文正公别集》，《干禄字书》，残本《会稽志》，和精刻本的丛书，及明季小品文字。其中最精的，要算乡邦文献了，如《李蜃园文集》、朱为弼《茶坪诗集》等书。收藏不下百种，这是很值得钦佩的。”③

藏书印有平湖葛氏珍藏、传朴堂、平湖葛氏珍藏、煜珊审定真迹、平湖葛氏爱日吟庐入录之品等。撰有《传朴堂书目》二十卷。

其季子葛嗣浵④承续传朴堂集藏，以毕生之力增益藏书，其所藏多至 40 余万卷。其中宋版善本及海内孤本多达 4000 余种，尤以方志 2000 余种蔚为壮观，为海内罕见。光绪二十五年(1899)，在平湖城中宅第旁建起一座藏书楼，取名为守先阁，并请张元济先生题额。张题额同时，还撰有《为平湖葛氏守先阁题额识语》短文一则，叙述从传朴堂至守先阁的经过：“毓珊姻丈劬学嗜书。官京曹时。与哲嗣云威部郎网罗群籍藏弆之。富甲于一郡。稚威亲家仰承先恩。思有以光大之。光绪岁己亥。乃建斯阁。移书庋其中。名曰守先。所以凿楹之训也。越三十余年。积书逾四十万卷。稚翁复与犹子荫梧学部编订藏目。将一行世。兼示后人。洵可美已。稚翁

① (清)葛金烺、葛嗣彤撰，慈波点校：《爱日吟庐书画丛录》，浙江人民美术出版社 2012 年版，第 23—24 页。

② 葛嗣潆(1862—1890)，金烺长子，字弢甫，号云威，平湖人。清藏书家。光绪十一年(1885)拔贡生，是岁其父亦释褐，父子同时通朝籍，文采倾动辇下。光绪十四年戊子科顺天榜三十九举人，封赠为通仪大夫。座主翁同龢称其文类归震川，名益起。嗣潆生而颖慧，八岁能诗，治小学，通畴人术，尤殚心金石，书学率更，后法六朝，得其神髓。惜英年早逝，诗不多作，著有《弢华馆诗稿》一卷。与其父同好藏书，藏书处为弢华馆，家藏书綦富，居常流览不释手。陈宝琛《沧趣楼文存·葛君云威墓表》记云：“家居购书无虑数万卷，遇孤本精校，辄自移写。尝欲汇刻所藏书目，择尤异者为丛书未果”。“喜读宋五子书，旁及说文、天算、金石、碑版诸学，日记所心得，积至数巨帙”。光绪十六年因父病促归，归而闻丧大恸，以哀毁卒于同年。距父之丧祇五月，年仅 29 岁。

③ 谢刚主《三吴回忆录》，见周黎庵等著：《蠹鱼篇》，(上海)中国科学公司 1942 年版，第 96—97 页。

④ 按：葛嗣浵(1867—1937)，字季威，号词蔚，平湖人。秀才增生。其岳父徐用仪被慈禧冤杀后，弃官回乡，继承先德遗志，兴文办学，裨益桑梓。先创稚川小学，颇有声誉，曾获浙江教育厅奖状；继办稚川中学，计有三十余年，对至抗日战争停办。每年投入经费千余元。，对故乡教育事业贡献巨大。嗣浵尤嗜藏书，承续传朴堂集藏，以毕生之力，苦心经营，其购书之勤，胜于父兄。近到苏州、杭州，远至东北、陕西，每至一地，皆满载而归。日积月累，藏书充盈，使藏书从十余万卷增至四十余万卷。其中宋版善本及海内孤本多达 4000 余种，尤以方志 2000 数百种蔚为壮观，为海内罕见。

命书阁榜。谨志数言。以志钦仰。”[①]复旦大学文史专家王欣夫先生称:“葛氏之藏足与韩氏金釜山房、钱氏味梦轩、胡氏小重山馆同传不朽矣。”[②]

民国二十六年(1937)十一月日军侵华,进入平湖,葛家住宅及藏书楼等俱被毁,藏品亦大半随之散佚,“传朴堂之珍庋,至今为令裔世守焉”[③]。

(四十)金蓉镜

金蓉镜(1856—1928)　谱名义田,初名鼎元,字甸丞,一字闇伯,晚别署香严,秀水人。金德瑛曷孙[④]。居嘉兴东门外南堰之高士祠。蓉镜“少即贞直砥砺有志节。入县学,应乡试屡绌,出从先学士治河,叙劳当得官,君坚欲以科目进,谢不就。光绪十三年,同县陶勤肃公为直隶按察使,先学士荐君入幕,勤肃深器之。明年,迁陕西布政使,君别以国子监生应顺天乡试,试毕赴陕西,中途闻捷。又明年,遂成进士,以主事分工部”[⑤]。考取军机。改直隶州,后官湖南郴州、靖州直隶州知州等。师事同里沈曾植,助续修《浙江通志》,其“田赋”一门即出其手,以《田赋略》私资刊行。其“所著《郴游录》《靖州风土记》《潜书》《痰气集》《潜庐文钞诗钞》《滮湖遗老集续集》”[⑥]。

据《寒松阁谈艺琐录》载:“金甸丞(蓉镜),桧门总宪之裔,迁居禾城,遂为秀水人。由进士授工部主事,考取军机。丁父艰旋里,服阕改直隶州。曾权湖南郴州知州。诗文皆渊雅,尤究心舆地之学,尝以《水经注》,参考碑版文学,所题跋尾,皆有根据。又喜画山水,简略荒率,在大痴、仲圭间。”[⑦]卓然有近代百年嘉禾第一手之称。吴湖帆以金蓉镜、陈曾寿、夏敬观、宣古愚为近代四大文人画家。尝居上海,居周梦坡晨风庐多年,相与考订文史。辛亥革命后归居嘉兴南湖畔,作画于鸳鸯湖高士祠,家居不入城市,日以丹黄为事。高士祠于民国四年(1915)由金蓉镜创建,在小盐仓桥南堍,祀宋元以来嘉兴历代先贤,如乡贤王衷、陶菊隐等人。

金氏好藏书,在倦官归来时,“惟积书数万卷。陆续捐之县图书馆,前后不下万卷”[⑧]。高士祠之香岩庵为其藏书著述之所。编有《潜庐书目》,《河北师范大学古籍

---

① 张元济著:《张元济诗文·为平湖葛氏守先阁题额识语》,商务印书馆1986年版,第335页。

② 葛昌权撰:《葛嗣浵先生传略》,见《平湖文史资料第七辑》,1997年内部发行。

③ 参见郑伟章著:《文献家通考》卷十八《葛金烺》,中华书局1999年版,第1073页,引《文澜学报》第二卷第三、四合期。

④ 顾廷龙主编:《清代硃卷集成》第120册《金蓉镜》,台北成文出版社1992年版,第99页。

⑤ 金兆蕃《从兄永顺君事略》,见卞孝萱、唐文权编著:《民国人物碑传集》卷十,凤凰出版社2011年版,第612页。

⑥ 金兆蕃《从兄永顺君事略》,见卞孝萱、唐文权编著:《民国人物碑传集》卷十,凤凰出版社2011年版,第613页。

⑦ (清)张鸣珂著,丁羲元校点,唐金海复校:《寒松阁谈艺琐录》卷五,上海人民美术出版社1988年版,第136页。

⑧ 郑伟章著:《文献家通考》卷二十二《金蓉镜》,中华书局1999年版,第1235页。引《浙江省立图书馆月刊》第三卷第二期,第一卷第五、六合期。

书目》著录。

金蓉镜所藏丰富，印章亦多。现知印章有秀水金氏双桂堂藏、闇伯、闇伯游艺、闇伯真赏、闇伯题记、甸丞、甸丞画记、甸丞眼福、潜庐、潜庐长物、潜庐校理、潜庐校勘、金印蓉镜、蓉镜、蓉镜私印、金、金可、香严、香严盦、香严居士盘谭、就李乡民、渠阳军长、豹直馀闲、不堪流俗、忍默平直、小清凉旧主、读书养气、毗庐、镜仪天位，等等。

蓉镜不仅自己好藏书，还关心家乡公共图书馆事业的建设。光绪三十年（1904），与陶葆霖、沈进忠等发起捐书集款，筹办嘉郡图书馆。金蓉镜曾立下遗嘱，把在南湖盐仓桥堍高士祠内的藏书全部捐献嘉兴市图书馆，惜殁后，楹书尚满一楼，为其妾所盗卖，接收时仅 1364 部 6268 册，此外还有他的信札、手稿等。捐赠之书，不乏明版孤本、佳刻精抄。

（四十一）张元济

张元济（1867—1959）　原名元奇，字筱斋，号菊生。海盐人，居海盐西门虎尾浜。出身于书香门第、藏书世家，是我国藏书史上少见的家藏逾十代的嘉兴海盐藏书、刻书名家张氏家族的传人，涉园创建人张惟赤的九世孙。光绪“己丑恩科本省乡试中式第十名，保和殿复试一等第十五名，会试中式第四十七名，保和殿复试一等第十名，殿试二甲第二十四名，朝考一等第三十一名，钦点翰林院庶吉士”①。散馆改任刑部主事，后官总理各国事务衙门章京。光绪二十八年（1902）主持商务编译出版工作，先后任商务印书馆编译所所长、监理、董事长等职。1948 年 4 月任中央研究院院士。1949 年出席中国人民政治协商会议，中华人民共和国成立后当选为第一、第二届全国人大代表，历任华东军政会委员、上海市文史馆馆长。张元济是近代著名出版家、校勘家和藏书大家，一生致力于文化事业，被誉为商务之魂，中国近现代出版业的先驱者；在近代文献的搜集、保存、传播等方面影响卓著。特别是 20 世纪 30 年代创办了东亚最大的图书馆——涵芬楼、东方图书馆及合众图书馆，成为中国近代图书馆事业的开拓者之一。

张元济读书和藏书处为涉园。涉园一名起自明末他的十世祖张奇龄的书斋名，九世祖张惟赤将涉园扩建成海盐当地的林泉胜地，并着意搜藏图籍。绵延数代，到乾嘉之际张元济六世祖张宗松一辈时，藏书之富达到巅峰，除公有的涉园旧藏外，张宗松之清绮斋尤著名，所藏书有万册，宋元刊本有 50 部、抄本 290 部，与当时江南藏书名家黄丕烈、吴骞、鲍廷博齐名。张氏家族为海盐著姓、浙西望族，以儒名家，家风所染，代有学人。又为著名的藏书世家，自张奇龄创建涉园为藏书处始，绵延至张元济，涉园传承 11 代，近 300 年，在中国私家藏书史上实属凤毛麟角。其间在乾嘉之际，元济六世祖张宗松一辈时，藏书名家辈出，兄弟 9 人中至少 6 人以藏书著名。时

① 顾廷龙主编：《清代硃卷集成》第 74 册《张元济》，台北成文出版社 1992 年版，第 366 页。

吴骞、鲍廷博、陈鳣、黄丕烈等藏书大家，屡至涉园借书、抄书、校雠，一时名公名流交口称荐，成就书林一段佳话。

张氏一门藏书至嘉庆、道光间散失殆尽，至元济时，只继承了涉园之名，而无涉园之书。后来收藏的每部书，都是张元济一手获得的。张元济尝云："余幼时在粤东，闻先大夫言：'吾家世业耕读，自有明中叶族渐大，而以能文章掇科第者，首称符九公；然绝意仕进，潜心义理经济之学，门弟子极盛，咸称曰大白先生；尝筑屋城南，读书其中，今所谓涉园是也。入国朝，螺浮公官京师，直言敢谏，有奏议《入告编》行于世。汝年既长，宜取而习之。'又言：'螺浮公不乐仕宦，引疾归田，即城南书屋拓而充之，颜曰：涉园。既以体若考作室之心，且以示后人继述之义。历皜亭公暨篔谷公，皆秉承先志，未跻通显，遽辞簪绂，先后归隐，增葺故园，林泉台榭，极一时之胜；啸歌之暇，率族中子弟读书其中，盖犹是符九公之志也。'又言：'吾涉园藏书极富，积百数十年，未稍散失。嘉、道之际，江、浙名流，如吴兔床、鲍渌饮、陈简庄、黄荛圃辈，犹尝至吾家，借书校雠。青在公博通群籍，性耽吟咏，尤喜刻书；群季俊秀，咸有著述，剞劂流市，为世引重。自更洪、杨之乱，名园废圮，图籍亦散佚罄尽，而先世所刻书，更无片板存焉矣！'言次若不胜欷歔也者。余心感动，至今不能忘。"①继先世之志，致力于藏书，收藏的古本秘籍不少，尤其嗜好宋本，故其藏书亦颇多善本。因其从未为自己涉园中的宋本汇编目录，除刻入《四部丛刊》《续古逸丛书》等部分外，难以确知他究竟收藏有多少部宋本书。或从《涵芬楼藏书目录》《涵芬楼烬余书录》《涵芬楼原存善本草目》《海盐张氏涉园藏书目录》等书目中，可窥知一二。"目前，台湾有些学者已知曾经张元济旧藏宋本原书，是'中央图书馆'的写本《宋太宗实录》、黄庭坚的《山谷琴趣》、欧阳修的《醉翁琴趣》、杜预的《春秋经传集解》、权德舆的《权载之文集》等几部，数目虽不多，却每部都是连城珍贵。"②藏于台北"中央图书馆"的宋本有南宋馆阁钞本《太宗皇帝实录》八十卷，钱大昕定为理宗朝重录之书，存十二卷，可谓举世无双；宋刊本《山谷琴趣外编》三卷，源流同《醉翁琴趣外编》，四库馆臣不知的罕见秘籍；宋刊本《醉翁琴趣外编》残本，宋欧阳修撰，存后三卷，此本与《山谷琴趣外编》同为海盐张氏六世祖寒坪公之清绮斋藏书；宋刊本《春秋经传集解》三十卷，钤有"涉园""张载华应""芷斋图籍"诸印，此为张元济六世祖张载华原藏之书；宋蜀刊本《权载之文集》残本，全书五十卷，是本存八卷；宋刊本《欧阳文忠公集》残本，南宋覆周必大本，存一卷（一百五十三）；宋刊本《纂图分门类题注荀子》二十卷；宋刊巾箱本《广韵》五卷，是我国保存至今最早的一部韵书；宋明印本《真文忠公续文章正宗》；另有宋刻书棚本《唐李推官披沙集》，唐李咸用撰，是书极为罕

① 张元济著，顾廷龙编：《涉园序跋集录·海盐张氏涉园丛书刊》，上海古典文学出版社1957年版，第183—184页。

② 苏精著：《近代藏书三十家》（增订本），中华书局2009年版，第58页。

见,《四库》未收。据柳和城先生称,张元济得此书仅一年,即成人之美,让归邓邦述群碧楼。1927 年邓氏将其售予"中央研究院"历史语言研究所,今藏台北。张元济所藏宋本甚为珍贵,为学者视为珍宝,台北"中央图书馆"藏有张元济旧藏有元大德刊本《王荆文公诗笺注》五十卷及明嘉靖刻本《嘉靖十九年应天府乡试录》,原宁波天一阁藏书;明万历刊本《万历十四年会试录》,原宁波天一阁藏书;明正德十六年(1521)刻本《正德十六年登科录》,原宁波天一阁藏书;明钞本《学庵字要》一卷,1918 年夏张元济于北京书铺购此秘籍;日本古写卷子本《文选集注》一卷,梁萧统编,唐人集注,存一卷(九十八),张元济辛亥年得于北京。今藏中国国家图书馆有宋刊本《五朝名臣言行录》十卷、《三朝名臣言行录》十四卷;元建安余氏勤有堂刊本《书集传辑录纂注》六卷,钤有槜李项氏、秀水朱氏潜采堂各印;元谢应芳手书《佛经》六种,元写本为张元济母亲太夫人家传之物,共一百零六叶。1953 年 4 月,张元济将此祖传名人法书捐献给北京图书馆;明正统刊本《唐忠臣录》三卷;明弘治刊本《铁崖文集》;旧钞本《徂徕文集》二十卷;明钱穀手写本《吴郡图经续记》三卷;清翁心存手稿本《翁文端公日记》。日本内藤湖南重录钞本《溃痈流毒》,系中国鸦片战争时期文献汇编,共四册,国内早已失传。日本汉学家内藤湖南 1930 年 10 月将其赠与张元济,今藏上海图书馆。旧钞本《全芳备要》前集二十七卷后集三十一卷,今藏美国国会图书馆。

张元济喜藏宋本的同时,尤致力于搜罗张氏先世旧藏,凡获悉南北书肆出现钤有"涉园"印记的图书,便不惜高价购回,日积月累竟陆续收回善本 52 部之多,如将其访得之《琴趣外篇》收入《续古逸丛书》中。这些重返涉园的书中,最早可溯至他的八世祖张皓(康熙举人)旧藏。1936 年杭州举办浙江省文献展览会,送展的原为张氏涉园旧藏,有宋长乐陈櫄纂《负喧野录》二卷一册,明钞本,唐蒲卢纶《卢户部诗集》十卷二册,明钞本;唐代莫休符《桂林风土记》一卷一册,明抄本;参展时均标明"藏张菊生家""海盐张菊生藏"。

张元济私人藏书则以乡邦文献著称于世。1941 年,以所藏嘉兴府文献全部捐入上海私立合众图书馆。合众图书馆编成《海盐张氏涉园藏书目录》,叶景葵序记云:"菊生先生即以历年收藏旧嘉兴一府前哲遗著四百七十六部,一千八百二十二册;赠本馆,并海盐先哲遗征三百五十五部,一千一百十五册,又先世著述及刊印评校藏弆之书一百四部,八百五十六册及石墨图卷各一。"[①]"先生所藏,以表彰乡贤先世之精神,勤求博访,锲而不舍者数十载,始克臻此,其难能可贵为如何! 是目也,可以嘉兴艺文志视之,藉为先生永久纪念。"[②]

光绪三十二年(1906),张元济为商务印书馆创建涵分楼,大力收购国内私藏图

① 叶景葵著,顾廷龙编:《卷盦书跋·海盐张氏涉园藏书目录》,古典文学出版社 1957 年版,第 62 页。
② 叶景葵著,顾廷龙编:《卷盦书跋·海盐张氏涉园藏书目录》,古典文学出版社 1957 年版,第 62 页。

籍。至1931年时，涵芬楼（即东方图书馆的善本部）共收藏3745部、35083册的善本书，其中宋版129部，元版179部，方志2641部、25682册，在当时仅次于北京图书馆（还不包括江阴何氏悔余斋的4万册书）。1932年淞沪事变爆发，涵芬楼50余万册书毁于战火，劫余仅剩547部、5300余册，其中包括宋版93部、元版89部，元济为编《涵芬楼烬余书录》4卷，于1951年出版。书录中50多部珍本也于是年售与北京图书馆，其中《永乐大典》21册作为捐献。

顾廷龙《涉园序跋集录后记》赞云："菊生先生耆年硕德，经济文章，并为世重。余事致力目录、校勘之学，而尤以流通古籍为己任。数十年来巨编之辑印，孤本赖以不绝，其嘉惠后学，实非浅尠。综览先生行事，忠信笃敬，识胆具备，宜发为文章，词章并茂，语无空泛，洵足以信今而传后。生平所为诗文，如论政、宣教、碑记、序跋诸作，散布简策，荟萃有待。方今倡导百家争鸣之际，科学研究，欣欣向荣。举凡先生校印群籍，早播士林，读者于所撰各书跋文，咸谓探赜索隐，启发攸资。徒以分隶卷末，检阅不易。因谋之古典文学出版社辑为专集，以贻来者。窃谓校雠之学，自汉刘氏向、歆父子导夫先路，千载而下，文字形体之变迁，传写摹刻之讹讹，递演益形纷繁，自非殚见洽闻，无能为之疏通证明。先生既创建涵芬楼，广搜善本，间复留意乡邦文献及先世遗泽，专精毕力于丹黄楮墨间，积累蕴蓄，倾吐心得于题跋文辞中，往往发前人所未发。方诸前贤如义门、抱经、荛圃、千里辈，无以过之。抑且访书南北，留珍海外，过眼琳琅，会神应手，允宜征引众说，阐幽发微，拾遗补阙，洞中要窍，此更前贤所未逮。文字之福，金石同寿，盛世元音，胡可废乎！先生秉赋特厚，神明强固。曩岁承命佐理校印《涵芬楼烬余录》时，病偏左未久，偃仰床第，每忆旧作，辄口授指画，如某篇某句有误，应如何修正；又如某书某刻优劣所在，历历如绘。盖其博闻强识，虽数十年如一日；此岂常人所能企及，谓非耄耋期颐之征而何？犹忆抗战期间，先生与叶丈揆初等举办合众图书馆，艰难经始，励志不渝，涉园藏箧，溉泽群英，即今上海市历史文献图书馆之创基，先河之功，为不可及也。"①

（四十二）朱彭寿

朱彭寿（1869—1937）　别名小汀，号述庵、述叟，别署寿鑫斋主人，浙江海盐人。清光绪戊子（1888）二十岁中举人，光绪二十四年（1898）进士，官至内阁中书、职典礼院直学士、练兵处文案委员、陆军部右丞、湖南长沙关及湖北宜昌关监督等。入民国息影旧都，居西总布胡同十九号朱宅，著书自娱。应徐世昌之聘，总纂《清儒学案》。朱彭寿自述云："余之弱冠通籍后，浮沉人海，殆无日不与书籍相亲，涉猎既久，遂随时皆辑述。……录存其目，付后人知之，俾无散失云。《旧典备征》五卷、《丹铅璅录》十卷、《经籍属辞纂例》六卷、《诗学骈枝》九卷、《常谈讨原》五卷、《广四八目》

① 顾廷龙《涉园序跋集录后记》，见张元济著，顾廷龙编：《涉园序跋集录》，上海古典文学出版社1957年版，第297—280页。

五卷(以上诸书,原名《寿鑫斋丛记》,今分为六种)、《国朝人物考略》三十二卷《国朝宰辅小传》二卷、《国朝百将图传》二卷、《皇清纪年五表》三十二卷附《通检》二十四卷、《三国人生卒年月表》二卷、《三国志氏族表》四卷、《三国校勘记》四卷、《历代朔闰甲子考》四卷、《古今人生日考》十二卷、《古今人书室诸名考》四卷、《古今钱范》八卷、《寿鑫斋钱话》五卷《钱目》四卷、《寿鑫斋纪事稿》二卷、《述庵诗草》六卷。"[①]又有"《皇清记事五表》《古今人生日考》《古近缄范》《安乐康平室随笔》"[②]。

朱彭寿嗜读书,亦好藏书,又据《嘉禾古今藏书家》记云:"梅里忻氏'不暇懒斋'藏书散出,彭寿收购所得皆善本。藏书多至数十万卷。考订成书数十种,刊印有《旧典备征》五卷、《安乐康平室随笔》六卷,其余已刻未刻的有二十一种二百一十三卷。"[③]朱氏尝云:"余性甘淡静,自庚寅官中书后,公退多暇,惟以文史自娱,凡夫艺苑遗闻、中朝故事,涉猎所及,辄裁矮纸漫笔记之。岁月侵寻,忽忽廿载,聚书稍富,闻见日增,箧中丛稿所积遂亦尺许厚矣。"[④]金兆蕃称其:"晨抄夕纂,破万卷而得一字之安,孳孳矻矻,穷日夕不倦。"[⑤]叶景葵为其《寿鑫斋丛记》题辞云:"吾侪读书,病在忽略,历时数十年,校阅数千卷,往往一无所得,良用慨叹。筱汀前辈细心读书,随手疏记,写定《丛记》四十卷。举凡朝章国故,以及名物度数之赜,文字训诂之微,均能竟委穷原,确有依据,通才劬学,足为后进楷模,展览再四,钦佩无已。"[⑥]可见,朱彭寿是为读书、著书而藏书,应是叶德辉称之为"考订、校雠可统名之著述家","如顺、康朝钱谦益绛云楼、王文简士祯池北书库、朱彝尊曝书亭,皆著述家也"[⑦]。朱彭寿除藏书外,尤嗜收藏古钱,据其本人记载:"余自幼即嗜古钱,搜访历五十余年,箧衍所存,颇多精品。顾年来古钱日少,价亦奇贵,尝见豪商显宦,竟有以银币数百元或数千元购一枚者,风气所趋,寒士几无着手处矣。因忆前人钱话中,每遇佳品,或纪钱直,或志藏人,或借拓本传摹,或举家珍互易,遗闻逸事,具见先辈风流,爰荟萃记之,为泉苑中资谈助焉。"[⑧]

藏书处为寿鑫斋、安乐康平室,藏书甚精,约六百种。有《寿鑫斋书目》一册,分

---

① 《安乐康平室随笔》卷六,见(清)朱彭寿撰,何双生点校:《旧典备征·安乐康平室随笔》,中华书局1982年版,第283页。

② 姚继荣著:《清代历史笔记论丛》五《光绪至宣统朝历史笔记》,民族出版社2014年版,第517页。

③ 于峰、周敏编著:《嘉禾古今藏书家》,2009年铅印本,第196页。

④ (清)朱彭寿撰,何双生点校:《旧典备征·安乐康平室随笔》卷首《自序》,中华书局1982年版,第17页。

⑤ (清)金兆蕃《寿鑫斋丛书题辞》,见(清)朱彭寿撰,何双生点校:《旧典备征 安乐康平室随笔》卷首,中华书局1982年版,第15页。

⑥ (清)叶景葵《寿鑫斋丛书题辞》,见(清)朱彭寿撰,何双生点校:《旧典备征 安乐康平室随笔》卷首,中华书局1982年版,第15—16页。

⑦ (清)叶德辉撰:《书林清话》卷九《洪亮吉论藏书有数等》,上海古籍出版社2012年版,第206页。

⑧ 《安乐康平室随笔》卷五,见(清)朱彭寿撰,何双生点校:《旧典备征·安乐康平室随笔》,中华书局1982年版,第241页。

为明版、钦定诸书、丛书、清刻善本各书、集部等类。

藏书印有海盐朱氏寿鑫斋藏书印、武原朱彭寿印、筱汀一字述盦等。

1934 年夏,寿鑫斋藏书散出,售燕京大学图书馆,传录得藏目一卷。

三、清代湖州府进士藏书

《清史稿·地理志》载,"湖州府:隶杭嘉湖道。乾隆三十八年,改安吉为县。领县七"①,即乌程、归安、长兴、德清、武康、安吉、孝丰。

(一)状元严我斯

严我斯(1629—约 1701)　字就思,又字就斯,号存庵,归安人。自幼熟读四书五经,名闻乡里。清顺治十一年(1654)甲午举人,"康熙三年进士,殿试一甲第一名,授翰林院修撰,历官礼部左侍郎。立朝端介,绝党援趋附之习,致仕后,林居十载,杜门谢客,然寒素,以著述自娱,文章操行为时所重"②,"著《尺五堂诗删》"③。卒后赐葬,谥烈愍,崇祀乡贤祠。其墓在湖州黄龙洞鱼湾村。生平事迹参见《雍正浙江通志》卷一百七十七《儒林三·严我斯传》。

严氏雅好藏书,据《嘉业堂藏书纪略》载,宋刊本《帝学》为其旧藏。缪荃孙《艺风藏书续记》载:"《帝学》八卷,宋活字本。每半页十行,行十九字,高六寸,广五寸,白口单边,口上有大小字数,纸坚致,墨光润,宋本之至佳者。首篇有'邹振明卫民氏书画印'朱文大方印,'两京国子博士'朱文长方印。次页有'严我斯印'白文大方印。"④可见严氏藏书甚精。

藏书室为尺五堂。刻印过严有穀《嗜退庵语存》十卷。

(二)闵惇大

闵惇大(生卒年不详)　字闳大,一字裕仲,又号恬庵,湖州人。清"乾隆壬戌进士,官编修"。"在官十年。假归,主爱山书惇院,卒无后。集中咏冷布凉棚诗最佳"⑤。以书法见称于时,尝分校《四库荟要》。

其祖父闵嗣同好藏书,归里后,闵嗣同杜门力学,筑贯一精舍为藏书处,"藏书万卷,忧蓆于此"⑥。闵鸾有诗云:"忆昔我高祖,读书时稽古。小轩厂三楹,终日不出

① 赵尔巽等撰:《清史稿》卷六十五《志四十·地理十二·浙江》,第 8 册,中华书局 1976 年版,第 2132 页。

② (清)宗源翰、郭式昌修,(清)周学浚、陆心源纂:《同治湖州府志(二)》卷七十《人物传列传七》,见上海书店出版社编:《中国地方志集成·浙江府县志辑》(25),上海书店出版社 2011 年版,第 405 页。

③ (清)阮元、杨秉初辑,夏勇等整理:《两浙輶轩录》卷五《严我斯》,浙江古籍出版社 2012 年版,第 319 页。

④ 张秀民著:《中国印刷术的发明及其影响》之《宋活字板考》,上海人民出版社 2009 年版,第 209 页。

⑤ (清)阮元、杨秉初辑,夏勇等整理:《两浙輶轩录补遗》卷六《闵惇大》,浙江古籍出版社 2012 年版,第 3395 页。

⑥ (清)闵宝梁纂:《晟舍镇志》,载《中国地方志集成(乡镇志专辑)》第 24 册,上海书店 1992 年版,第 985 页。

户。讨论资友朋，校雠人三五。贯一解四书，字字皆辛苦。"①《晟舍镇志》亦载："贯一精舍，在敕一圩，达尊堂东，景宁教谕闵嗣同所居，同治三年毁。"②卒后，藏书部分归惇大。

闵惇大雅好藏书，《吴中旧事》一卷，"旧写本，蓝格，卷首有'闵裕仲太史手校本'八字。有王宗炎万卷楼藏印。余藏。余曾据以校光绪刊巾箱函海本"③。傅增湘《藏园群书经眼录》以著录此本④。

闵惇大给四库馆所进家藏本中有其祖闵嗣同所撰《四书贯一解》十二卷。

（三）丁　杰

丁　杰（1738—1807）　原名锦鸿，字升衢，号小疋，别号小山，归安下昂（今湖州南浔区菱湖镇）人。乾隆三十六年（1771）举人，"乾隆辛丑成进士，得县令，以亲老，改儒官，遂为宁波府学教授"⑤。其"所著曰《周易郑注后定》《大戴礼记绎》《小西山房文集》"⑥。嘉庆初，阮元召集两浙经古之士修《经籍籑诂》，延丁氏董理其事。生平事迹参见《清史稿》卷四百八十一《列传二百六十八·丁杰传》。

丁杰喜藏书，"自少笃志，贫不能得书，就读书肆中，自早至日稷，肆主闵其劳，为具食，辄却之"⑦。"乾隆乙未举于乡，入都，交朱竹君、卢召弓、戴东原、程易畴诸人，学益进，聚书益多"⑧。在京都，"入四库馆，佐校小学一门，与朱学士筠、编修（戴）震、卢学士文弨、金修撰榜、程孝廉瑶田等相讲习，诸君咸重之。在都十年，聚书至数千卷，手写者十二三。……为学长于校雠，与卢学士最相似。得一书必审定句读，博稽他本同异，用小纸覆细书。孙御史谓曰：君书颇不易读，遇风纸辄四散，不可诠次，奈何。于《大戴礼》用功尤深"⑨。其"肆力经史，旁及六书、音韵、算数，长于校雠。于胡氏《禹贡锥指》，摘误甚多。四库馆开，朱竹君、戴东原皆延之助校勘"⑩。傅增湘云："《夏文庄公集》三十六卷，宋夏竦撰。清写本。清孔继涵微波榭藏本。末叶

① 引王增清、龚景兴、李学功等著：《苕水悠悠芸香远——湖州藏书文化研究》，杭州出版社2010年版，第46页。

② （清）闵宝梁纂：《晟舍镇志》，载《中国地方志集成（乡镇志专辑）》第24册，上海书店1992年版，第985页。

③ （清）莫友芝撰，傅增湘订补：《藏园订补郘亭知见傅本书目》卷五下《史部十一·地理类》，第1册，中华书局2009年版，第401页。

④ 傅增湘撰：《藏园群书经眼录》卷五《史部三》，中华书局1983年版，第428页。

⑤ （清）徐珂编撰：《清稗类钞·鉴赏类·丁小疋藏书多黏纸》，第9册，中华书局1986年版，第4249页。

⑥ （清）李元度著，易孟醇点校：《国朝先正事略》卷三十五《经学·丁杰》，岳麓书社1991年版，第980页。

⑦ （清）许宗彦撰：《鉴止水斋集》卷十七《丁教授传》，见《清代诗文集汇编》编纂委员会编：《清代诗文集汇编》488，上海古籍出版社2010年版，第174页。

⑧ （清）徐珂编撰：《清稗类钞·鉴赏类·丁小疋藏书多黏纸》，第9册，中华书局1986年版，第4249页。

⑨ （清）许宗彦撰：《鉴止水斋集》卷十七《丁教授传》，见《清代诗文集汇编》编纂委员会编：《清代诗文集汇编》488，上海古籍出版社2010年版，第174页。

⑩ （清）李元度著，易孟醇点校：《国朝先正事略》卷三十五《经学·丁杰》，岳麓书社1991年版，第980页。

注云:‘乾隆辛丑三月丁杰小山自都中抄贴。’”①陈寿祺赞云:“八九十年来,吾郡教授以博雅著闻者,必推前丁后冯,冯即柳东先生。丁盖小疋先生杰也。归安人,少以清苦建志,家贫不能得书,日就书肆中读,自朝至晡以为常。肆主闵之,为具食,不食也。久之,博学多通。(乾隆乙未)应乡试,以策问《大戴礼》所对独精,遂中式。入都,交朱竹君、卢召弓、戴东原、程易畴诸君子,学益进,聚书益多。通籍得县令,以亲老乞为儒官,始来吾郡。先生所藏书,皆审定其句,博稽他本同异,以纸反复细书,下签其中。孙颐谷侍御志祖尝戏之云:‘君书颇不易读,遇风纸辄四散,不可复诠次,奈何?’乡先辈相传先生最宝爱其书,每厚糨黏纸八九层为面叶、底叶,见者辄笑曰:‘此丁氏藏书也。’”②

藏书处在京师宣南坊为北学斋,在归安为小酉山房。

丁杰博闻多识,考据精审,有声于时。在京师与翁方纲对门居,相与讨论经史疑义,无日不相过从。据翁方纲《丁小疋传》记云:时丁氏所居“君北学斋在京师宣南坊金氏家,与予对门而居,乾隆戊戌、己亥数年间,无日不相过从,共几展卷,审正罅漏……每竟一编,校签细字压黏,倍其原书,皆目光髯影栩栩飞动处所定”③。《清史稿》记云:“杰为学长于校雠,与卢文弨最相似。得一书必审定句读,博稽他本同异。于《大戴礼》用功尤深,著有《大戴礼记释》”,“杰尝与翁方纲补正朱彝尊《经义考序》年月,博采见闻,以相证合。又与许言彦阐释《墨子》上、下经,大有端绪。《方言》善本,始于戴震,杰采获裨益最多,卢文弨以为不在戴下。《汉隶字原考正》,钱塘谓得隶之义例”④。许宗彦言其:“为学长于校雠,得一书必审定句读,博稽他本同异,用小纸反复细书。”⑤张惠言谓小雅不拘著书,尝见所撰《周易郑注后定》稿本,凡“一字之异,必比附群书以考其合,往往列数十事,是故于义审”⑥。赵春沂称其校《大戴记》,“于世间所有大戴本,悉取而校之,盖数十年于此矣。最后得孔氏《补注》本,丹黄点勘,详加校正,益之评证,最善本矣”⑦。

由丁氏所校之书有《方言》《困学纪闻补笺》《字林考逸》《毛诗草木虫鱼鸟兽疏》《复古编》《汉隶字原》《苏诗补注》等,皆称精善之本,人戏称“丁氏藏书”。

---

① 傅增湘撰:《藏园群书经眼录》卷十三《集部二》,中华书局1983年版,第1126页。

② (清)陈康祺著,晋石点校:《郎潜纪闻初笔二笔三笔》之《二笔》卷八《丁氏藏书》,中华书局1984年版,第468—469页。

③ (清)翁方纲著:《复初斋文集》卷十三《丁小疋传》,见沈云龙主编:《近代中国史料丛刊》第四十三辑,(台湾)文海出版社1966年版,第532—534页。

④ 赵尔巽等撰:《清史稿》卷四百八十一《列传二百六十八·丁杰传》,第43册,中华书局1977年版,第13222—13223页。

⑤ 吴晗撰:《江浙藏书家史略》,中华书局1981年版,第6页。

⑥ (清)张惠言撰:《丁小疋郑氏易注后定序》,见王达津主编,南开大学古籍整理研究所选编:《清代经部序跋选》,天津古籍出版社1991年版,第23页。

⑦ (清)丁丙撰:《善本书室藏书志》卷二《大戴礼记补注三十卷》,见《续修四库全书》编纂委员会、复旦大学图书馆古籍部编:《续修四库全书》第927册,上海古籍出版社2003年版,第188页。

（四）吴五凤

吴五凤（生卒年不详）　字稚威，号竹巢，"湖州安吉县人。年五十八岁，乾隆五十二年丁未科进士"①，历官广东韶州府仁化知县，以"隆安知县告归。居郭吴山村中，闭户著述，家多藏书。德清陈斌、仁和宋咸常时过访焉"②。

（五）许宗彦

许宗彦（1768—1818）　原名庆宗，登第后改名宗彦，字积卿，号周生，湖州德清城东人。宗彦"九岁能读经、史。善属文，侍郎王昶爱其才，作积卿字说以赠。十岁即不从师，经史文章皆自习之。嘉庆四年成进士，授兵部主事"。"自入兵部后，两月即以亲老引病归，遂不复仕。居杭州杜门以读书为事"③。许宗彦"平生性孝友，神理澄淡"④。"其学无所不通，探赜索隐，识力卓然，发千年儒者所未发"⑤。嘉庆四年（1799）冬，入阮元所创立的诂经精舍，与阮元幕府及精舍中学人文士多有切磋，是当时浙江学者中极负盛名者。嘉庆十二年被聘为《德清县续志》复审，批校稿件，遗留手迹二册，现藏南京图书馆。又喜文词，与妻梁德绳⑥续写陈端生长篇弹词《再生缘》。许氏博览群籍，"于书无所不窥，旁及道藏释典、名物象数，必跻其奥而后已。独不取考订，以为无裨实学。尤精天文，得西洋推步秘法，自制浑金球，别具神解。所著《鉴止水斋文集》十二卷、《诗》八卷。集多说经之文，其学说能持汉、宋儒者之平。其《周庙祧考》《世室考》，能发韦元成、刘歆、郑康成、王肃所未能明，其他如'日行'诸解，能辨王寅旭、戴震之误。《礼论》《治论》诸篇，皆独具神识，未经前人道及，阮文达目为通儒，而陈恭甫谓足蹑梨洲而跨堇甫"⑦。生平事迹参见陈寿祺《驾部许君宗彦墓志铭》及《清史列传》卷六十九《许宗彦》。

---

① 秦国经主编，唐益年、叶秀云副主编：《中国第一历史档案馆藏·清代官员履历档案全编23·嘉庆朝》，华东师范大学出版社1997年版，第652页。

② （清）宗源翰、郭式昌修，（清）周学浚、陆心源纂：《同治湖州府志（二）》卷七十六《人物传文学三·吴五凤》，见上海书店出版社编：《中国地方志集成·浙江府县志辑》（25），上海书店出版社2011年版，第532页。

③ （清）宗源翰、郭式昌修，（清）周学浚、陆心源纂：《同治湖州府志（二）》卷七十六《人物传文学三·吴五凤》，见上海书店出版社编：《中国地方志集成·浙江府县志辑》（25），上海书店出版社2011年版，第532页。

④ （清）宗源翰、郭式昌修，（清）周学浚、陆心源纂：《同治湖州府志（二）》卷七十六《人物传文学三·吴五凤》，见上海书店出版社编：《中国地方志集成·浙江府县志辑》（25），上海书店出版社2011年版，第532页。

⑤ 赵尔巽等撰：《清史稿》卷四百八十二《列传二百六十九·许宗彦传》，第43册，中华书局1977年版，第13250页。

⑥ 按：梁德绳（1771—1847），字楚生。钱塘人。清作家、诗人、书法家及篆刻家。系工部左侍郎梁敦书女，"清四家"之一梁同书侄女，亦为一代才女。许宗彦卒后，整理许氏遗著，辑成《鉴止水斋集》二十卷。另著有《古春轩诗钞》二卷。

⑦ （清）李元度著，易孟醇点校：《国朝先正事略》卷四十四《文苑·许周生先生事略》，岳麓书社1991年版，第1156页。

许宗彦为书香门第，明清两代亦是德清巨族之一。其“父祖京[①]，乾隆戊子省元，己丑进士，官广东布政使”[②]。许宗彦“生平寡嗜好，惟喜购异书，不惜重值。”[③]《蒲褐山房诗话》载其：“周生年方就傅，颖悟非常，读书目数行下。稍长，遂博通坟典，自经史诗词而外，如小学、算术、医方、梵策，靡不涉猎。尤深于古文，本于宋之南丰、明之遵岩，理实而气空，学充而辞达，同时与戴金溪敦元，均以神童称。而金溪朴学，专工注疏，至于兼擅词章，其所不逮也。尝从其尊人方伯君遍历滇、黔、东粤山水之胜，故浏览之作，亦多超越。”[④]《清稗类钞》记云：“许周生兵部宗彦寡嗜好，惟喜购异书，不惜重价，藏弆满楼。于书无所不读，实事求是，旁及道经、释典，名物、象数，必殚其奥而后已。其藏书之室曰鉴止水斋。”[⑤]其藏书经部六橱，史部十橱，子部十一橱，集部九橱，共三十六橱，多精善之本。许氏所藏素为世所重，“儒家经典为重，旁及诸家和象数名物，数量之多，质量之高，名闻当世”[⑥]。如史部顾炎武《肇域志》原稿本二十册，尤为珍秘，系顾氏亲笔，细行密楷。“子部第九、十、十一橱皆释藏，得自吴焯瓶花斋中。尚有其他宋元本、稿本及四库未收之书”[⑦]。如所藏《太常因革礼》，严元照曾据以手录，严氏跋语称：此书“《四库全书》未收，予内兄许兵部宗彦，曾从杭州故家借抄副本，岁戊辰[⑧]，佣书于杭，始获见之”[⑨]。

关于其藏书来源，丁申云：“许氏书先得于粤东，又转得于瓶花斋零帙，实多秘籍。”[⑩]一为其父许祖京任广东布政使期间所购的异籍秘册；二是许宗彦从杭州吴焯瓶花斋购得其部分旧藏。如一部经由八千卷楼旧藏的《唐大诏令集》从海外回到杭州，此书为清初校勘家吴焯通篇批校题跋，又经许宗彦、丁丙、周大辅、沈曾植等数位江浙名家递藏、著录，尤为珍贵。

尝训诸子曰：“读书人第一须此心光明正大，澄清如止水，无丝毫苟且不可对人处。故名所居曰鉴止水斋。”[⑪]自撰《鉴止水斋集》卷十四记云：“嘉庆甲子岁（九年），始购书舍于杭城如松坊宅之东偏，筑堂五楹，曰鉴止水斋，斋后循廊西，得三楹

---

① 按：许祖京（1732—1805），字依之，号春岩。乾隆三十三年（1768）戊子解元，三十四年（1769）己丑联捷成进士，累迁广东布政使，忤总督孙士毅，挂冠归。著有《书经述》八卷。

② （清）李元度著，易孟醇点校：《国朝先正事略》卷四十四《文苑·许周生先生事略》，岳麓书社1991年版，第1155页。

③ （清）叶衍兰著，谢永芳校点：《叶衍兰集》之《清代学者象传·许宗炎》，上海古籍出版社2015年版，第342页。

④ （清）王昶著，周维德校辑：《蒲褐山房诗话新编》卷上，齐鲁书社1988年版，第164—165页。

⑤ 徐珂编撰：《清稗类钞·鉴赏类·许周生藏书于鉴止水斋》，第9册，中华书局1986年版，第4258页。

⑥ 王增清、龚景兴、李学功等著：《苕水悠悠芸香远——湖州藏书文化研究》，杭州出版社2010年版，第73页。

⑦ 引郑伟章著：《文献家通考》卷十一《许宗彦》，中华书局1999年版，第619页。

⑧ 按：岁戊辰，即清嘉庆十三年（1808）。

⑨ （清）叶昌炽著，王欣夫补正，徐鹏辑：《藏书纪事诗》卷六，上海古籍出版社1989年版，第598页。

⑩ （清）丁申著：《武林藏书录》卷末《鉴止水斋》，古典文学出版社1957年版，第91页。

⑪ （清）丁申著：《武林藏书录》卷末《鉴值止水斋》，古典文学出版社1957年版，第91页。

曰华藏室。”[①]编有《鉴止水斋藏书目》四卷，是目四部之下，各依橱著录，共约三千余种。《鉴止水斋书目》后归广东丁日昌的持静斋收藏。丁申云：“丰顺丁氏日昌《持静斋书目》中，有《鉴止水斋书目》一册，钞本，长洲顾沅于道光己酉三月客杭，从罗镜泉假录，见卷首手跋。”[②]今藏中国国家图书馆。

藏书处除鉴止水斋外，另有陔华堂、华藏室。

藏书印有臣宗彦印、德清许氏陔华堂藏书、德清许氏鉴止水斋藏书之印、鉴止水斋珍藏、许宗彦印、苕溪许氏等。

许氏卒后，因其子皆居官在外，其藏书无人看管，抵押给杭州许辛泉家。太平军攻杭州，遂流散于书肆，丁申记云：“余与其吉嗣双明府有旧，闻其书于兵燹后散亡殆尽，不胜怅然。”[③]

丁氏八千卷楼收购其部分遗书，丁氏八千卷楼全部藏书于清末售与南京国学图书馆（今南京图书馆），其余散佚。

（六）状元姚文田

姚文田（1758—1827）　字秋农，号海漪，归安人，世居湖州府东北乡姚家埭，明万历中徙居府城东，后徙居月河，谓月河姚氏。清“乾隆五十四年举于乡，五十九年献赋天津行在，召试第一，授内阁中书，嘉庆四年入直军机处，是科成进士，殿试以一甲第一人赐及第，授修撰，四迁至内阁学士，历户、工、兵三部侍郎，擢礼部尚书，三典乡试，一充会试总裁，三任学政”[④]。官至吏部尚书，卒，“遗疏上，宣宗轸悼，优旨赐恤，赐祭葬，谥文僖”[⑤]。姚氏学识渊博，通达治体，“持己方严，数督学政，革除陋例，斥伪体，拔真才，典试号得士。论学尊宋儒，所著书则宗汉学。博综群籍，兼谙天文占验”[⑥]。为翰苑名贤，文坛巨匠，著有“《邃雅堂文集》《易原》《春秋日月表》《说文声系》《说文考异》诸书”[⑦]。生平事迹参见李元度《国朝先正事略》卷二十四《姚文僖公事略》、《两浙輶轩续录》卷二十《姚文田传》。

姚文田好藏书，据《同治湖州府志》载，其“博综群籍，未尝一日废书”[⑧]，“于书无

---

① （清）许宗彦撰：《鉴止水斋集》卷十四《鉴止水斋记》，见《清代诗文集汇编》编纂委员会编：《清代诗文集汇编》488，上海古籍出版社2010年版，第149页。

② （清）丁申著：《武林藏书录》卷末《鉴值止水斋》，古典文学出版社1957年版，第91页。

③ （清）丁申著：《武林藏书录》卷末《鉴值止水斋》，古典文学出版社1957年版，第91页。

④ （清）宗源翰、郭式昌修，（清）周学浚、陆心源纂：《同治湖州府志（二）》卷七十《人物传列传七》，见上海书店出版社编：《中国地方志集成·浙江府县志辑》（25），上海书店出版社2011年版，第412页。

⑤ （清）李元度著，易孟醇点校：《国朝先正事略》卷二十四《名臣·姚文僖公事略》，岳麓书社1991年版，第711—712页。

⑥ 赵尔巽等撰：《清史稿》卷三百七十四《列传一百六十一·姚文田传》，第38册，中华书局1977年版，第11551页。

⑦ （清）宗源翰、郭式昌修，（清）周学浚、陆心源纂：《同治湖州府志（二）》卷七十《人物传列传七》，见上海书店出版社编：《中国地方志集成·浙江府县志辑》（25），上海书店出版社2011年版，第413页。

⑧ （清）宗源翰、郭式昌修，（清）周学浚、陆心源纂：《同治湖州府志（二）》卷七十《人物传列传七》，见上海书店出版社编：《中国地方志集成·浙江府县志辑》（25），上海书店出版社2011年版，第413页。

所不读,有邃雅堂藏书”[①]。

文田子姚晏[②]、孙姚觐元[③]、曾孙姚慰祖[④]皆好藏书。姚觐元编有《咫进斋善本书目》,藏书处仍为邃雅堂。

(七)俞　樾

俞　樾(1821—1907)　字荫甫,晚号曲园居士,德清县城人,家居东门外乌巾山麓南埭村鹊喜楼。后随家人迁居仁和县临平镇。道光十六年(1836)秀才,“年十六,补县学生。道光丁酉科副榜贡生,甲辰恩科举人,庚戌举礼部试,复试一等第一名,殿试二甲,赐进士出身,改翰林院庶吉士”[⑤]。咸丰三年(1853)受帝召见,授职翰林院编修。历国史馆协修、河南学政,遭御史曹泽弹劾罢职。俞樾归后,侨居苏州,业以讲学与著书自娱,遂不复出。其“历主苏州紫阳、上海求志、德清清溪、归安龙湖等书院,而主杭州诂经精舍至三十一年,为历来所未有。其课诸生,一禀阮文达公成法。王侍郎昶、孙观察星衍两先生之绪,至先生复起而振之。两浙知名之士承闻训迪,蔚为通材者不可胜数”[⑥]。《清史稿》亦载:“课士一依阮元成法,游其门者,若戴望、黄以周、朱一新、施补华、王诒寿、冯一梅、吴庆坻、吴承志、袁昶等,咸有声于时。”[⑦]“樾湛深经学,律己尤严,笃天性,尚廉直,布衣蔬食,海内翕然称曲园先生。光绪二十八年,以乡举重逢,诏复原官,重赴鹿鸣筵宴。”[⑧]卒后葬于杭州西子湖畔三台山东麓。

俞樾“自少至老,读书著述皆有常程”,以“博物闳览,称于辇下名辈”[⑨]。尤嗜藏书,尝自云:“余窭人也,素无藏书。同治四年自天津南还,无一卷之储,今则插架亦

---

① 郑伟章著:《文献家通考》卷十五,中华书局1999年版,第848页。

② 按:姚晏,字圣常,号婴斋。为二品荫生。官刑部主事。罗振常《善本书所见录》著录其旧藏《墨苑》二十一卷。李盛铎《木犀轩藏书题记及书录》天文算法类有其手校旧抄本《大唐开元占经》一百二十卷,王大隆《蛾术轩箧存善本书录》有姚衡、姚晏手校并跋本《绛帖平》六卷一册。

③ 按:姚觐元(1832—1888),字彦侍,又作念慈、子京,归安(今湖州)人,后侨居吴县。文田孙,慰祖父。清末学者、目录学家、藏书家。道光间举人,官至广东布政使。著有《大叠山房诗草》、《涪州石鱼文字所见录》二卷。

④ 按:姚慰祖,字公蓼,归安人。好藏书,藏书处为晋石厂。

⑤ (清)缪荃孙著:《艺风堂文续集》卷二《请诰授直奉大夫诰封资政大夫重宴鹿鸣翰林院编修俞先生行状》,见《续修四库全书》编纂委员会、复旦大学图书馆古籍部编:《续修四库全书》第1574册,上海古籍出版社2003年版,第180页。

⑥ (清)缪荃孙著:《艺风堂文续集》卷二《请诰授直奉大夫诰封资政大夫重宴鹿鸣翰林院编修俞先生行状》,见《续修四库全书》编纂委员会、复旦大学图书馆古籍部编:《续修四库全书》第1574册,上海古籍出版社2003年版,第180页。

⑦ 赵尔巽等撰:《清史稿》卷四百八十二《列传二百六十九·俞樾传》,第43册,中华书局1977年版,第13298页。

⑧ 赵尔巽等撰:《清史稿》卷四百八十二《列传二百六十九·俞樾传》,第43册,中华书局1977年版,第13299页。

⑨ (清)缪荃孙著:《艺风堂文续集》卷二《请诰授直奉大夫诰封资政大夫重宴鹿鸣翰林院编修俞先生行状》,见《续修四库全书》编纂委员会、复旦大学图书馆古籍部编:《续修四库全书》第1574册,上海古籍出版社2003年版,第180页。

收三万卷矣”①。罢官后，利用家中藏书，“专意著述，先后著书，卷帙繁富”②，缪荃孙言：“先生著书凡五百余卷，其有功经义诸子，则有《群经平议》五十卷、《诸子平议》五十卷、《第一楼丛书》三十卷、《曲园》《俞园杂纂》共一百卷、《茶香室经说》十六卷、《古书疑义举例》七卷，馀具先生自著《全书录要》中。”③而“《群经平议》《诸子平议》《古书疑义举例》三书，尤能确守家法，有功经籍”④。“所著《茶香室经说》，义多精确。古文不拘宗派，渊然有经籍之光。所作诗，温和典雅，近白居易。工篆、隶”。俞氏声名溢于海内，同时“如大学士曾国藩、李鸿章，尚书彭玉麟、徐树铭、潘祖荫，咸倾心纳交”⑤。“远自日本文士有寄书质证、赋诗相视者”⑥。又纂《上海县志》，并辑《东瀛诗选》四十四卷等，成为乾嘉派后期的代表著作。其著《春在堂随笔》《右台仙馆笔记》颇多学术史资料。

俞樾临终作《别所读书》诗云：“插架牙签万卷余，平生于此费居诸。儿孙倘念先人泽，莫乱书城旧部居。”⑦光绪二十四年（1898）其孙俞陛中进士参加殿试，以一甲三名赐探花及第，年近八十的俞樾题春在堂联两副，其一云：“念老夫毕世辛勤，藏书数万卷，读书数千卷，著述数百卷；看吾孙更番侥幸，童试第一名，乡试第二名，殿试第三名。”⑧此对联可窥俞氏藏书之富，读书之勤，著述之多。

春在堂是其藏书处之一，在苏州马医科巷 43 号。其名源于道光三十年（1850）庚戌复试，诗题为：“澹烟疏雨落花天。首句云：花落春仍在。为曾文正公所赏，谓咏落花而无衰飒意，与小宋《落花诗》意相类。言语同阅卷诸公，置第一。此先生受知文正公之始。后遂以春在堂名其全书，志知遇也。”⑨

光绪四年（1878）在杭州西湖孤山之麓建俞楼，又于山之阳凿一石室，名为曲园藏书，将曲园刊行的全部著作藏其中，并署刻“曲园书藏”额，有曝书台。有《曲园书藏诗》，自注云：“汪柳门侍读与花农、叔和、泽山同坐文石亭，见此四字之外，余石尚

---

① （清）俞樾撰：《春在堂杂文四编》卷七《丁葆书读书识余序》，见《续修四库全书》编纂委员会、复旦大学图书馆古籍部编：《续修四库全书》第 1550 册，上海古籍出版社 2003 年版，第 460 页。

② 赵尔巽等撰：《清史稿》卷四百八十二《列传二百六十九·俞樾传》，第 43 册，中华书局 1977 年版，第 13298 页。

③ （清）缪荃孙著：《艺风堂文续集》卷二《请诰授直奉大夫诰封资政大夫重宴鹿鸣翰林院编修俞先生行状》，见《续修四库全书》编纂委员会、复旦大学图书馆古籍部编：《续修四库全书》第 1574 册，上海古籍出版社 2003 年版，第 180 页。

④ 赵尔巽等撰：《清史稿》卷四百八十二《列传二百六十九·俞樾传》，第 43 册，中华书局 1977 年版，第 13296 页。

⑤ 赵尔巽等撰：《清史稿》卷四百八十二《列传二百六十九·俞樾传》，第 43 册，中华书局 1977 年版，第 13299 页。

⑥ 郑伟章著：《文献家通考》卷十七《俞樾》，中华书局 1999 年版，第 937 页。

⑦ 沈建中编著：《西湖名人墓葬·朴学宗师俞曲园墓》，杭州出版社 2005 年版，第 67 页。

⑧ 喻岳衡编：《增补乡党应酬精编》，岳麓书社 2000 年版，第 51 页。

⑨ （清）缪荃孙著：《艺风堂文续集》卷二《请诰授直奉大夫诰封资政大夫重宴鹿鸣翰林院编修俞先生行状》，见《续修四库全书》编纂委员会、复旦大学图书馆古籍部编：《续修四库全书》第 1574 册，上海古籍出版社 2003 年版，第 180 页。

多。乃谋凿其畔为石室，而纳余所著全书于中，署曰‘曲园书藏’。嗟乎！余书岂足藏之名山，诸君所为过矣。姑取以配右台山之书冢，故亦赋一诗。吾于右台筑书冢，一时竞作书冢歌。何意好事诸君子，又营石室孤山阿。汪子倡议诸子和，一议而定无媕婀。遂命匠石运斤斧，丁丁凿破青嵯峨。纳我全书入山腹，封以巨石加砻磨。署曰曲园之书藏，不知藏此将云何！古人著书藏名山，往往山壁出蚪蝌。如我岂足言制述，无乃谰语相訑詑。第思西湖有故事，稍可解我惭颜酡。不见龙井之石室，句曲外史手自剧。瘗埋所注道德经，并及平日诸吟哦。即如书冢亦有例，请观宝石山之坡。吾丘贞白文冢在，至今或未埋烟萝。自古文人例好事，谓我不可彼则那。作诗敬谢诸君子，且告山灵烦护呵。”①

越两年，曲园在杭州右台山构屋一区，命名“右台仙馆”，并将自著之手稿封埋在仙馆门外，名之曰“书冢”。此外，还有书室为茶香室、达斋、艮宧等。

俞樾亦好刻书，“每竟一岁，皆有写定之书刊布于世。晚年足迹不出江浙，声名溢于海内，远及日本”②。“东南遭赭寇之乱，典籍荡然，樾总办浙江书局，建议江、浙、扬、鄂四书局分刻《二十四史》，又于浙局精刻子书二十二种，海内称为善本”③。丁申称浙局刻书“皆觅善本，精校重刻，墨模线订，流传海内，后之藏书者，珍逾宋元而上矣”④。又建议“抄补浙江文澜阁旧藏《四库全书》，今阁重建，而书亦犄具，沾溉儒林，嘉惠尤非浅尠”⑤。

（八）沈秉承

沈秉成（1823—1895）　原名秉辉，字玉材，号仲复，又号听蕉，人称“沈中丞”，世居湖州府安吉县距城三十里竹墩村。据其《硃卷》载：“己酉顺天乡试第百十二名，充壬子科会试挑取誊录，充宝录馆汉誊录官。会试中式第一百十三名，复试二等第三十一名，殿试二甲第七名，朝考一等第二十四名，钦点翰林院庶吉士，补宝录馆协修，《宝录》全书告成，奉旨赏加五品衔。”⑥“入翰林，有声，由侍读外转监司，自常镇调任苏松太道，以周知外事著闻于时。所至道民蚕桑之利，金沪人祠祀之。”⑦历

① （清）俞樾《俞楼诗记·曲园书藏》，见王国平主编：《西湖文献集成·西湖诗词曲赋楹联专辑》，第27册，《民国史志西湖文献专辑》，杭州出版社2004年版，第663页。

② （清）缪荃孙著：《艺风堂文续集》卷二《诰授直奉大夫诰封资政大夫重宴鹿鸣翰林院编修俞先生行状》，见《续修四库全书》编纂委员会、复旦大学图书馆古籍部编：《续修四库全书》第1574册，上海古籍出版社2003年版，第180页。

③ 赵尔巽等撰：《清史稿》卷四百八十二《列传二百六十九·俞樾传》，第43册，中华书局1977年版，第13298页。

④ （清）丁申著：《武林藏书录》卷上，古典文学出版社1957年版，第29页。

⑤ （清）缪荃孙著：《艺风堂文续集》卷二《诰授直奉大夫诰封资政大夫重宴鹿鸣翰林院编修俞先生行状》，见《续修四库全书》编纂委员会、复旦大学图书馆古籍部编：《续修四库全书》第1574册，上海古籍出版社2003年版，第180页。

⑥ 顾廷龙主编：《清代硃卷集成》第20册《沈秉成》，台北成文出版社1992年版，第124页。

⑦ 徐世昌辑：《晚晴簃诗汇》卷一百五十五《沈秉成》，见《续修四库全书》编纂委员会、复旦大学图书馆古籍部编：《续修四库全书》第1632册，上海古籍出版社2003年版，第516页。

顺天府尹，累官安徽巡抚，署两江总督，所至皆有名绩。其为人和易，好奖掖后进。从政尚宽，而务持大体。在皖时创设经古书院，以课经史实学，皖人遂多通经之士。著有《蚕桑辑要》《夏小正传笺》，“与严夫人有《联吟集》一卷刊行，他作多不留稿，辑存一二，以见其概”①。参编《光绪顺天府志》，纂修《竹溪沈氏家乘》。生平事迹参见吴昌硕《沈秉成传略》。

沈秉成家学渊源，其高高祖沈炳震②始，至父沈功枚③皆学识渊博，及秉成时，尤好藏书，藏书甚富。苏州著名版本学家江澄波先生在其《搜求抢救古籍的郑振铎》一文中说：“他还购去耦园主人沈秉成旧藏二种珍本古籍：一部是明刊《绿窗女史》十四卷，明秦淮寓客辑，明启祯间刊本。卷首附有插图二十余幅，雕镂精绝，细如发丝，可称明刊版画中之代表作。还有一部是《书言故事大全》十二卷，为明代万历间写刊本。每卷附有插图二幅。这一种类书，传世不多。此两书见《西谛书目》著录，现藏于北京图书馆。”④其好友李鸿裔卒后，藏书名画一时星散，沈秉成得其部分。撰有《榕湖经舍藏书目录》二册，光绪十五年(1889)刊行。

沈秉成归里寓居苏州后，尝购得娄门陆锦所筑苏州涉园废址，于光绪二年(1876)扩建增筑成耦园，颇具山石池亭之胜，岁居苏州养老。俞樾记其事云：公“侨寓吴中，购得娄门某氏废园而修葺之，有泉石之胜”⑤。园分东西两部，西园以书斋织帘老屋为主，前后列山石，以藏书楼压其背，小轩隐其前。吴昌硕有诗云：“古城曲复曲，境闲心自遐。南面拥百城，不如书五车。”⑥其自题一楹联曰：“万卷图书传世富，双雏嬉戏志怀宽。”⑦刘墉手赠一联曰：“闲中觅伴书为上，身外无求睡自安。”⑧

从诗中可见，沈氏尝有一段“以园为乐”“以书为伴”的悠闲的隐居生活。耦园至今保存完好，其址在今苏州仓街小新桥巷7号。此园因在住宅东西两侧各有一

① 徐世昌辑：《晚晴簃诗汇》卷一百五十五《沈秉成》，见《续修四库全书》编纂委员会、复旦大学图书馆古籍部编：《续修四库全书》第1632册，上海古籍出版社2003年版，第516页。

② 按：沈炳震(1679—1737)，字寅驭，号东父。归安人。清学者、诗文家。康熙间岁贡生。自幼好学，后专攻史部，著述甚多，成绩斐然。《清史稿》载：少喜博览，读史于年月世系，人所忽者，必默识之。尝著《新旧唐书合钞》，纪传以《旧书》为纲，分注《新书》为目；《旧志》多舛略，则以《新书》为纲，分注《旧书》为目。又补列《方镇表》，拜罢承袭诸节目，积数十寒暑乃成。又著《二十四史四谱》。卒后侍郎钱陈群奏进其《唐书合钞》，诏付书局，采录《唐书考证》中。

③ 按：沈功枚(1788—?)，字桐川，号秋畬，归安人。国学生。县试取第一，适父病剧，辍弃去。嗣由军功保举，历知福建南平、同安等县。多惠政。卒于官。

④ 引费愉庆撰：《苏州藏书楼寻踪——鲽砚庐与耦园》，《图书馆杂志》2004年第9期，第23页。

⑤ (清)俞樾《安徽巡抚沈公墓志铭》，见孔昭明主编：《台湾文献史料丛刊》第四辑(68)《续碑传选集·清先正事略选(合订本)》，台湾大通书局1984年版，第130、134页。

⑥ 吴昌硕著，童音点校：《吴昌硕诗集·缶庐诗》卷二《耦园杂诗·城曲草堂》，华东师范大学出版社2009年版，第26页。

⑦ 马杰《从苏州园林看中国古代藏书家》，见徐良雄主编，天一阁博物馆编：《天一阁文丛》第1辑，宁波出版社2004年版，第53页。

⑧ 马杰《从苏州园林看中国古代藏书家》，见徐良雄主编，天一阁博物馆编：《天一阁文丛》第1辑，宁波出版社2004年版，第53页。

园,故名耦园。南北驳岸码头是耦园特色之一,尽显姑苏"人家尽枕河"的特色。耦园于2000年被联合国教科文组织列入世界文化遗产名录,2001年被列为全国重点文物保护单位。

藏书楼名曰鲽砚庐,公"始在京师,得汧阳石;剖之有鱼形,制为两砚,名之曰'鲽'。及与严夫人以诗酒唱随,乃以'鲽砚'名庐;名流题诗,咸称佳话"①。其楼藏书逾万卷,收藏有大量金石、书画珍品,名重一时。编有《鲽砚庐书目》稿本四卷。还著有《鲽砚斋金石款识》《所见书画录》。

《晚晴簃诗汇》载:沈君"生平雅爱金石书画,所蓄皆精绝,手自考识"②。尝收藏著名碑帖《淳熙秘阁帖》,与张之洞、潘祖荫、李眉生、顾子山、吴云等皆友善。俞樾撰文记曰:"公讳秉成,字仲复,浙江归安人,沈氏所居曰竹墩,湖郡巨族也。侨寓吴中,购得娄门某氏废园修葺之,有泉石之胜。时继配严夫人已归来,工丹青,娴词赋。公遂名其园曰耦园,相与啸咏其中,有终焉之志。性喜金石字画,所藏皆精绝。其居耦园也,南皮相国亦适寓吴,一时如潘文勤公及李眉生廉访,顾子山、吴平斋两观察,皆诗相过从。偶得一古器、一旧刊书籍,摩挲玩弄,以为笑乐。"③

藏书印有沈秉成、鲽砚庐、鲽砚庐藏、丙辰翰林、仲复珍秘之本等。

(九)沈家本

沈家本(1840—1913) 字子惇,号雪堂,吴兴人。《清史稿》载:家本"少读书,好深湛之思,于《周官》多创获。初援例以郎中分刑部,博稽掌故,多所纂述。光绪九年,成进士,仍留部。补官后,充主稿,兼秋审处。自此遂专心法律之学,为尚书潘祖荫所称赏"④。历官天津府知府,授光禄寺卿,擢刑部侍郎。尝与伍廷芳设法律学堂,毕业者近千人,一时称盛。补大理寺卿,旋改法部侍郎,充修订法律大臣。宣统元年(1909),兼资政院副总裁。所著《日南读书记》《枕碧楼偶存稿》《日南随笔》《枕碧楼诗稿》等数十种,共二百余卷。辑有《枕碧楼丛书》十二种传世,后人辑有《沈寄簃先生遗书》甲编二十二种、乙编十三种。生平事迹参见王式通《吴兴沈公子惇墓志铭》、《前法部首领沈君之碑》。

---

① (清)俞樾《安徽巡抚沈公墓志铭》,见孔昭明主编:《台湾文献史料丛刊》第四辑(68)《续碑传选集·清先正事略选(合订本)》,台湾大通书局1984年版,第134页。

② 徐世昌辑:《晚晴簃诗汇》卷一百五十五《沈秉成》,见《续修四库全书》编纂委员会、复旦大学图书馆古籍部编:《续修四库全书》第1632册,上海古籍出版社2003年版,第516页。

③ (清)俞樾《安徽巡抚沈公墓志铭》,见孔昭明主编:《台湾文献史料丛刊》第四辑(68)《续碑传选集·清先正事略选(合订本)》,台湾大通书局1984年版,第129页。

④ 赵尔巽等:《清史稿》卷四百四十三《列传二百三十·沈家本传》,第41册,中华书局1977年版,第12447页。

沈家本家学渊源，其父沈丙莹①为道光乙巳进士。在其父影响下，尤嗜藏书，亦家富藏书，又喜治目录学。其读书、藏书、著述伴其一生，“数亩薄田唯种秫，几间破屋只堆书”②。尝《自题癸丑日记》云：

> 颓龄住人海，闭户谢胶扰。蠖居斗室中，见闻遂简少。
> 典籍聊自娱，神荼畏勤讨。春归渐和煦，晴窗理旧稿。
> 故闻启新得，意解贵明了。说之不厌详，疑义乃通晓。
> 世事偶然书，亦足备参考。倦来便静坐，冥心谙物表③。

晚年有《小园诗二十四首》之一云：

> 与世无争许自由，蠖居安稳阅春秋。
> 小楼藏得书千卷，闲里光阴相对酬④。

其撰《枕碧楼丛书》自序曰：“天下之物以有用于世为贵。……今夫书，物之至贵者也；藏书，又名之至贵者也。挟至贵之名储至贵之物，天下称之，而其病则有二焉：一失之贪多，贪多则鉴别不清，真伪杂糅。……一、失之固秘。固秘则孤本旧钞视为希有，什袭唯恐有失，不以示人。即或著诸目录以炫他人，而原书则庋之深宫严宇之中，虽至友亦不获一睹。此正所谓有用之物置诸无用之地者。……夫私诸一人不若公诸天下人，此理之显然者也。私诸一人，而设遇刀兵水火之劫，归于无何有之乡……则何若公诸天下，或此亡而彼存，或彼亡而此存，犹可希冀长留于天壤。”⑤由此可见，沈家本视藏书为高尚的爱好及珍贵的享受，而藏书之最大的乐趣与目的是化私为公，嘉惠士林。

藏书与著述楼名为枕碧楼。

先后撰有《天一阁书目跋》《天一阁见存书目跋》《天禄琳琅书目跋》《书四库全书提要政书类后》等。著有《古书书目》四种，《续汉书志注所引书目》、《三国志注所

---

① 按：沈丙莹（1811—1870），字晶如，号菁士，归安人。清书法家。道光十二年（1832）举人。道光二十五年（1845）乙巳科进士，官刑部陕西司主事，迁广西司员外郎，江苏司郎中，历山西道监察御史、贵州安顺府知府、署理铜仁府知府。曾历主杭州诂经书院、湖州爱山书院，为士林所服。亦藏书，其详情无考。卒后，陆心源撰墓志铭。著有《春星草堂集》。事迹参见《晚晴簃诗汇》卷一百四十六《沈丙莹》。

② 按：沈家本自书手迹对联，引高勇年、张建智《沈家本纪念馆布展大纲征求意见稿》（梗概介绍）。

③ （清）沈家本撰：《枕碧楼偶存稿》卷十二《自题癸丑日记》，见《清代诗文集汇编》编纂委员会编：《清代诗文集汇编》743，上海古籍出版社2010年版，第530页。

④ （清）沈家本撰：《枕碧楼偶存稿》卷十二《自题癸丑日记》，见《清代诗文集汇编》编纂委员会编：《清代诗文集汇编》745，上海古籍出版社2010年版，第529—530页。

⑤ （清）沈家本编：《枕碧楼丛书》卷首《自序》，知识产权出版社2006年版，第1页。

引书目》、《世说新语所引书目》、《文选李善注所引书目》等,这些专科书目对古典目录学的研究留下了颇有价值的资料。

沈家本一生专治法学,曾收集我国历代法律文献与经史要籍两万余册。其利用藏书,系统整理和考订,又参考西方各国刑法,制定《大清新刑律》,著有"《读律校勘记》《秋谳须知》《刑案汇览》《刺字集》《律例偶笺》《历代刑官考》《历代刑法考》《汉律摭遗》《明大诰竣令考》《明律目笺》"①。《清史稿》论曰:"自变法议兴,凡新政特设大臣领之。百熙管学务,家本修法律,并邀时誉。景崇之主教育,谋沟通新旧;式枚之论宪政,务因时损益。而大势所趋,已莫能挽救。家鼐儒厚廉谨,常以资望领新政,每参大计,独持正不阿。贤哉,不愧古大臣矣!"②

(十)传胪朱祖谋

朱祖谋(1857—1931) "原名孝臧,字藿生,一字古微,号沤君,晚仍用原名,又号彊村。先世自明初居归安埭溪镇。""幼颖异,既长,博雅擅文学,声闻日起,举壬午乡试,明年成二甲一名进士,改庶吉士,授编修,历充国史馆协修,会典馆总纂总校,戊子科江西副考官,戊戌科会试同考官,教习庶吉士。擢侍讲,充日讲起居注官,迁侍读庶子,至侍讲学士。公居馆职,久遭世变,私忧深念,屡有章疏,皆识议明通维大体。"③后升内阁学士、擢礼部侍郎,出任广东学政,以引病退职,卜居苏州,后寄寓苏州耦园、鹤园。辛亥革命后寄迹上海,以遗老自居,卒于上海寓庐,葬于湖州道场山麓。尝与陈三立、沈曾植等组织"超社""逸社",应沈曾植之聘参与编纂《浙江通志》。生平事迹参见夏孙桐《清故光禄大夫前礼部右侍郎归安朱公行状》。

朱祖谋"少以诗名,孤怀独往,其蹊径在山谷、东野之间。四十始为词,与王半唐给谏最相契,同校《梦窗四稿》,词格一变,穷究倚声家正变源流,晚造益深。尝言半唐所以过人者,生平所学及抱负,尽纳词中,而他不旁及,公亦正与之相同,身世所历,忧危深痛,更过于半唐。清末词学,视浙西朱、厉,毗陵张、周诸家,境界又进者,亦时为之也。故公词遂为一代之结局"④。朱祖谋所辑校的《彊村丛书》,与毛晋《宋六十名家词》、王鹏云《四印斋所刻词》、吴昌绶《双照楼景刊宋元明本词》,为词籍中四大丛刻。《彊村丛书》"细大不捐,网罗最富,共收唐宋金元词集一百七十三种(总集五种,别集一百六十八种);而且自立义例,校雠精审,为同类的其他汇刊丛刻所不

① 赵尔巽等撰:《清史稿》卷四百四十三《列传二百三十 · 沈家本传》,第 41 册,中华书局 1977 年版,第 12448 页。

② 赵尔巽等撰:《清史稿》卷四百四十三《列传二百三十 · 沈家本传》,第 41 册,中华书局 1977 年版,第 12448 页。

③ 陈三立著,钱文忠标点:《散原精舍文集》卷十七《清故光禄大夫礼部右侍郎朱文直公墓志铭》,辽宁教育出版社 1988 年版,第 246 页。

④ 夏孙桐《清故光禄大夫前礼部右侍郎归安朱公行状》,见卞孝萱、唐文权编著:《民国人物碑传集》卷九,凤凰出版社 2011 年版,第 538 页。

及”[①]。《彊村丛书》汇集了南北藏书之家珍藏的名椠旧钞，辑录宋词别集一百二十家中，出自宋本有十一种，辑自《永乐大典》十七种，各种明钞、旧钞五十六种，多为常熟毛氏汲古阁、宁波范氏天一阁、钱塘丁氏善本书室、桐乡鲍氏知不足斋、南昌彭氏知圣道斋、江阴缪氏艺风堂等所庋藏，有些还经过毛扆、钱曾、黄丕烈、鲍廷博、劳权等名家手校，萃于一编，蔚为大观。朱祖谋比勘参校，择善而从，且续得佳本，即据以补校，愈校愈精。此外，朱氏还拾遗补阙，新增辑本和补编本甚多，亦为同时诸家丛刻所无。夏孙桐称：“半唐四印斋所刻词，风行一时，公赓续之，积年所得，遍求南北藏书家善本勘校，综宋、金、元凡总集五种，别集一百六十三家，既博且精，足补常熟毛氏、南昌彭氏搜集所未逮，即半唐亦不能不让继事之尽善。”[②]陈三立称其：“所辑《宋元明百六十三家词》取善本勘校，最完美。”[③]时论云：“盖词起晚唐，越三百余年而有南宋至刻《百家词》；又四百余年为明末造，而有常熟毛晋汲古阁之刻；又且三百年，而后有祖谋之校刻也。词苑于是为第三结集矣。”[④]

朱祖谋平生致力于词籍校勘，好收清初、近代诸家词集。王鹏运卒后，遗书尽归之[⑤]，其词集收藏成为朱氏藏书之特色。利用其所藏，“又辑《湖州词征》廿四卷、《国朝湖州词征》若干卷，他遗稿《语业》三卷、《弃稿》一卷、《词剪》一卷、《足本云谣集》一卷、定本《梦窗词》不分卷、《沧海遗音集》十二卷，又《集外词》一卷、《遗文》一卷，汇刊为《彊村遗书》，行于世”[⑥]。其中《梦窗词》笺校，前后历三十余年，至四校而成定本，也是词籍校勘中的典范。1929年易大厂为民智书局校印《北宋三家词》《伐檀集》《韦斋活叶词选》，常托朱孝臧的门生龙榆生向朱祖谋借书相助。

书室兼藏书处为无着庵、思悲阁。

（十一）刘锦藻

刘锦藻（1862—1934）　原名安江，字澄如，号橙墅，晚号坚匏盦，吴兴南浔镇人。南浔首富刘镛次子，刘承幹父。光绪十四年（1888）举人，光绪甲午恩科进士。授户部主事，工部都水司行走。以输金赈陕灾，以例授四品京堂候补衔。旋以进呈《清续文献通考》四百卷，赏内阁侍读学士衔。尝佐汤寿潜帮助建设沪杭铁路，设大达轮埠于沪上[⑦]。辛亥后避居青岛、大连，后居杭州、上海。在杭州西子湖畔置有坚匏别墅，

---

① 吴熊和著：《唐宋词通论》附录《〈强村丛书〉与词籍校勘》，上海古籍出版社2010年版，第413页。

② 夏孙桐《清故光禄大夫前礼部右侍郎归安朱公行状》，见卞孝萱、唐文权编著：《民国人物碑传集》卷九，凤凰出版社2011年版，第538页。

③ 陈三立著，钱文忠标点：《散原精舍文集》卷十七《清故光禄大夫礼部右侍郎朱文直公墓志铭》，辽宁教育出版社1988年版，第247页。

④ 蔡冠洛编著：《清代七百名人传》第五编《文学·朱祖谋》，北京市中国书店1984年版，第1838页。

⑤ 伦明手稿，见郑伟章著：《文献家通考》卷二十二《朱祖谋》，中华书局1999年版，第1253页。

⑥ 陈三立著，钱文忠标点：《散原精舍文集》卷十七《清故光禄大夫礼部右侍郎朱文直公墓志铭》，辽宁教育出版社1988年版，第247页。

⑦ 张西廷编写：《湖州人物志》，上海社会科学院出版社1990年版，第224页。

俞平伯作有散文《坚匏别墅的碧桃与枫叶》。在青岛建有静寄庐别墅。秉承乃父乐善好施美德,乐于扶贫帮困,曾创办南浔最早私立小学——孺嫠小学和孺嫠会、义仓、圩工局等慈善和公益机构。著有《新政附考》《坚匏盦集》《南浔备志》《陆放翁年谱》《尺牍与楹联》《南浔刘氏支谱》等。民国十二年(1923),时任浙江省教育厅厅长的张宗祥发起补抄文澜阁《四库全书》,曾向浙江籍实业界募款,刘锦藻慷慨认捐银圆五百,为补抄《四库全书》作出贡献。

嘉业堂藏书实始于刘锦藻,是清著名学者和刘氏家族藏书开创者。刘氏雅好藏书,在其《皇朝续文献通考序》自言:锦藻"少习占毕,辄好咨访旧闻","光绪甲午通籍后,始网罗典籍,锐意编纂"[①]。吴郁生称:刘君"髦而好学目记,皆亲自校录,出游载书自随,丹铅不去手"[②]。尝纂辑《续皇朝文献通考》四百卷一百册,始自乾隆五十一年(1786),迄于宣统三年(1911)辛亥,"网罗考订,一朝典章制度,灿然大备"[③]。谢国桢言:扬州图书馆"馆藏的善本书,有《续清文献通考》著者刘锦藻的藏书,刘氏在清朝曾做过内阁中书,颇得到内阁大库的藏书,虽多以出售,余留下来的书籍归到该馆,仍不乏善本"[④],如所藏明李言恭《青莲阁集》十卷,明万历二十年刻本等多种。

刘锦藻读书藏书处为坚匏庵,在杭州西湖北山街坚匏别墅,今存。

其遗书由其子刘承幹[⑤]递藏。刘承幹承其父家风,有志于藏书,为近代著名藏书、出版大家,冯煦《嘉业堂丛书》序云:"恂恂儒雅,无声色狗马蒱博之好,且洞大义,翛然物表,不为翕翕热,乐善不倦","顾独溺于书,藏书数十百万卷,多善本"。所藏书极精,"几萃北京、苏州、杭州等地明清藏书家之精华,其中珍本约计有宋、元刊本二百种,明刊本二千种,清刊本五千种,抄本二千种,其他一二千种;仅地方志一项就达一千二百种。此外,还有碑帖数千种"[⑥]。其中宋、元刊本,宋元递修本,主要来源于"缪荃孙'艺风堂'、莫友芝'影山草堂'、袁克文等家"[⑦]。刘承幹在其《嘉业堂善本书影跋》中自述云:"中间宋刻史部如蜀大字本《史记》、白鹭书院《汉书》,一经堂本《后汉书》,十行本《唐书》《皇宋中兴两朝圣政》,残本《诸葛忠武侯传》;子部

---

① 刘锦藻撰:《皇朝续文献通考·自序》,见《续修四库全书》编纂委员会、复旦大学图书馆古籍部编:《续修四库全书》第821册,上海古籍出版社2003年版,第265页。

② 吴郁生《刘澄如学士行状》,见汪兆镛辑:《碑传集三编》(卷四十至卷四十三·文苑·算学·孝友),卷四十《文苑》,台湾文海出版社1980年影印本,第2139页。

③ 刘锦藻撰:《皇朝续文献通考》,陆润庠《皇朝续文献通考·序》,见《续修四库全书》编纂委员会、复旦大学图书馆古籍部编:《续修四库全书》第815册,上海古籍出版社2003年版,第423页。

④ 谢国桢著:《浙江访书记·江、浙、成都访书观感》,上海书店出版社2005年版,第3页。

⑤ 按:刘承幹(1881—1963),字贞一,号翰怡,别署求恕居士,吴兴南浔镇人。刘锦藻长子。光绪三十一年(1905)贡生,因赈灾捐银三万余两,获候补四品京堂,补内务府卿。辛亥革命后,寓居上海。撰有《南唐书补注》《明史例案》,与章梫同撰《纶旅金鉴》等。

⑥ 顾志兴著:《浙江藏书史》,杭州出版社2006年版,第772页。

⑦ 《近现代私家藏·刘承幹与嘉业堂》,见任继愈主编:《中国藏书楼》之中编《中国藏书楼发展史》,辽宁人民出版社2010年版,第1767页。

则景定本《老子》《荀子》《东莱诗律武库》，嘉定本《帝学》；集部则抚州本《王荆文公诗》，宋刊残本《东坡后集》《施注东坡诗存》，淳祐本《后村居士集》《鹤山大全集》《东莱集注类编》《观澜文甲乙集》，淳熙本《窦氏联珠集》。元刻史部则有中统二年段子成本《史记》，子部则正元庆元路儒学本《玉海》附《词学指南》，集部则《香溪先生文集》，至元精刊《松雪斋全集》《马石田文集》。以上二十余种，皆其尤著者也。”所藏宋本中最珍贵当属宋刊“前四史”，即蜀大字本《史记》、白鹭书院本《汉书》、一经堂本《后汉书》、大字监本《三国志》，当为嘉业堂的镇库之宝。再如眉山刊本《宋书》残帙[①]，宋开庆一百卷本《鹤山先生大全集》、宋淳熙戊戌（1178）本《窦氏联珠集》皆为世所艳称的海内孤本、珍本。嘉业堂收藏明刻本亦甚为大观，“为嘉业堂菁华所萃”[②]，其中明人文集达六百种，多为《四库全书》所未收，如范钦《天一阁集》为海内孤本。抄本中有明抄《永乐大典》四十四册、明范守质《肖皇外史》、《国史》、《皇明献实》、《古今识略》、《万历邸钞》、《明实录》、《清实录》五百册、《清名臣列传》二千篇、徐乾学进呈副本李焘《资治通鉴长编》、徐松辑《宋会要》五百卷等，皆为人间珍秘。此外，刘氏还收藏有清代禁书，如屈大均《翁山文外》《安龙逸史》、蔡显《闲渔闲闲录》、李清《三垣笔记》、查继佐《罪惟录》等。

刘氏父子藏书楼嘉业堂誉满海内外，是我国近代著名的私家藏书楼。嘉业堂藏书楼亦称“嘉业藏书楼”，因清宣统帝赐赠“钦若嘉业”九龙金匾额而名。徐中《嘉业堂藏书楼游记》记云：“吴兴刘翰怡先生，世席丰华，雅嗜儒素，搜罗书籍，约六十万卷。于南浔镇之鹧鸪溪上，建嘉业堂藏书楼，占地二十亩，与第宅小莲庄毗连，四周有水，环水如带。西南向池，池中及四周，叠石为小山，有亭台、花木之胜。由池而上，有楼七楹。中一楹，为大门。东三楹，为‘四史斋’，以置宋椠四史。四三楹曰‘诗萃斋’，以置翰怡父子所编之《清朝正续诗萃》。斋室均北向，斋楼多旧钞精钞名本，室楼皆宋元椠本。再进亦有楼七楹，左右绕以两庑，庑各六楹，楼下为厅事，三楹分列甲乙两部。上为‘希古楼’，庋殿本官印，而内府秘籍，亦在其中。楼东西上下，各两楹，杂置书五百七十余箱，左右庑则有各省郡县志。庑楼均为丛书，缥箱满架，美不胜收。”其“藏书最多时，有 12459 部，16 万册，60 万卷以上”[③]。

刘氏藏书处除嘉业堂外，在上海名为求恕斋。

四、清代宁波府进士藏书

《清史稿·地理志》载，“宁波府：宁绍台道治所。康熙二十六年，改定海曰镇海，

---

① 按：出版大家张元济印《百衲本二十四史》曾采此本以补缺。

② 褚德彝《嘉业堂明善本书目》序。

③ 《近现代私家藏·刘承幹与嘉业堂》，见任继愈主编：《中国藏书楼》之中编《中国藏书楼发展史》，辽宁人民出版社 2010 年版，第 1767 页。

移置定海于舟山。宣统三年，增置南田。领县六”[①]，即鄞、慈溪、奉化、镇海、象山、南田。

（一）范光文与邦绥二进士

范光文与范邦绥分别为范钦之曾孙和十世孙，同为天一阁之传人。

范光文（1600—1672）　字潞公，一字甬憨，号耿仲，鄞县人。范钦“之曾孙，顺治六年进士，授礼部主事，主陕西乡试，迁吏部文选司。尝值诸曹乏人署四司事，剖决精敏，案无留牍”[②]。其为官兢慎自持，人高其义，“然以劲直，不合于大僚，罢官归。徜徉湖曲，与董德偁、林时跃唱和最多”[③]。著有《天一阁集》《七松游》《寤忆》《游闽随录》《试秦诗纪》等。阮元《两浙輶轩录》卷三有其传。

光文长期读书于阁中，披阅探索，且入仕清廷，为范氏藏书的继续发展创造新的机会。修葺诸屋，充实旧藏。如光文为官之余购买天一阁未备之书，续增藏书，其家“天一阁藏书甲于浙东，光文复购所未备，增储之。黄宗羲至甬上，光文导之登阁，读所未见书，一时称其不愧世家风流”[④]。又于康熙初年天一阁前增构池亭，环植竹木，作山石堆筑“九狮意一象”假山，使藏书楼更具江南园林特色。

藏书印有范光文印、光文、潞公等。

范邦绥（1817—1868）　字履之，号小酉，范钦十世孙。清道光二十六年（1846）举人，“咸丰六年进士，以知县分发四川。性廉介，耻于干谒需次，三年不得补充。已未，乡试同考官”[⑤]。后告归。

咸丰十一年（1861），太平军攻陷宁波，阁中部分藏书被窃，时邦绥避居山中，闻讯大惊，立即返城，闻部分藏书已为洋人传教士所得，或被卖至奉化棠岙造纸者之家，散于各地，邦绥急借资赎回，又偕族中宗老多方购求，不遗余力购求因太平天国之乱散失的藏书，使阁书稍稍复归。由此，“虽经战乱，阁中藏书赖以保存”[⑥]，邦绥功不可没。

天一阁藏书在不同时期亦各有散佚[⑦]，历来学者多有撰述，此处不再赘述，到1992年，阁中遗存图书一千五百多种、二万一千多卷，与原藏有五千余种、七万余卷相比，约仅及其五分之一。今天一阁尚存，已被列入全国文物保护单位。

---

① 赵尔巽等撰：《清史稿》卷六十五《志四十·地理十二·浙江》，第8册，中华书局1976年版，第2134页。

② （清）钱维乔修，（清）钱大昕纂：《乾隆鄞县志》卷十七《人物》，见《续修四库全书》编纂委员会、复旦大学图书馆古籍部编：《续修四库全书》第706册，上海古籍出版社2003年版，第360页。

③ 骆兆平编纂：《天一阁藏书志》，上海古籍出版社2005年版，第282页。

④ （清）钱维乔修，（清）钱大昕纂：《乾隆鄞县志》卷十七《人物》，见《续修四库全书》编纂委员会、复旦大学图书馆古籍部编：《续修四库全书》第706册，上海古籍出版社2003年版，第360页。

⑤ 骆兆平编纂：《天一阁藏书史志》，上海古籍出版社2005年版，第290页，引光绪《鄞县志·范邦绥传》。

⑥ 骆兆平编纂：《天一阁藏书史志》，上海古籍出版社2005年版，第290页。

⑦ 参见郑伟章著：《书林丛考》（增补本），岳麓书社2008年版，第455页。

(二)胡文学

胡文学(生卒年不详)　字卜言,号道南,鄞县人。顺治八年(1651)举于乡,"顺治壬辰进士,真定府推官"①。"擢福建道御史,巡视两淮盐政。捐俸建安书院,置山长以课生徒。休沐归里,未及,以四品俸起掌河南道,俄推升太仆少卿。行至济上,疾作,复乞假归"②。胡文学居家孝友,笃于情谊,与李邺嗣最契,得其诗法,文辞隽永,著有《适可轩文集》《敬义堂集》。《雍正浙江通志》卷一百六十八《循吏二》、《乾隆鄞县志》卷十七有其传。

胡文学好藏书,在其所居之西筑有小筑,曰适可轩、岸上船、隐心书屋等,传至子胡德迈③时,扩增,曰宝墨斋,其为当时甬城名园。清初康熙佑文而治,胡文学子德迈进宋刻《扬子法言》于朝廷,康熙赐书唐诗二绝句以赠之,并完璧归胡。胡德迈筑斋三础,以贮宸翰,并颜之曰"宝墨",宝墨斋由此得名。

胡氏家族经两代人收藏,"藏书颇精,尤以宋刻《扬子法言》为代表,其藏书达三万余卷"④。胡氏藏书一直延绵至文学曾孙胡云上时仍在,后于乾隆间散佚。

(三)钱　捷

钱　捷(生卒年不详)　字月三,一字陶云,象山人。其"父继闵,字翼圣,敦敏力学,贯串经史。捷承庭训。登顺治九年进士,授岳州推官"。"制府荐湖南循吏第一,内擢历吏、礼、刑部郎官,克勤厥职。典试粤东,旋督贵州学政。时兵燹后,力为鼓励,文风振起。进秩,以布政使司参议理江苏粮储,告归"⑤。撰有《陶云诗集》《山农药性解》,编有《台象汇集》等。阮元《两浙輶轩录》卷三有其传。

钱捷"博学工诗,精于医。为文奥衍清峭,有古作者风。晚年卜居甬上,与耆旧相唱和"⑥。钱捷亦藏书,"筑畅余堂藏书"⑦。

(四)左　岘

左　岘(生卒年不详)　字襄南,一字我庵,鄞县人。其"父应斗,有学行,以贡授平阳训导,辞不赴。岘中康熙九年进士,知龙岩县,承办军需为竣期,擢四川威州知

---

① (清)王国安等修,(清)黄宗羲、张衡纂:《康熙浙江通志(二)》卷三十二《人物·胡文学》,见凤凰出版社编选:《中国地方志集成·省志辑·浙江(2)》,凤凰出版社2010年版,第243页。

② (清)阮元、杨秉初辑,夏勇等整理:《两浙輶轩录》卷二《胡文学》,浙江古籍出版社2012年版,第2195页。

③ 按:胡德迈(生卒年不详),字卓人,号鹿亭,鄞县人。《两浙輶轩录》卷九载:德迈为"康熙丁巳举人,由中书擢御史,历官顺天府丞。著《适可轩近草》"。工诗文,擅书法。居家时以诗书与藏书自娱。其藏书处名曰宝墨斋,藏书达三万卷。

④ 虞浩旭著:《智者之香——宁波藏书家藏书楼》,宁波出版社2006年版,第69页。

⑤ (民国)陈汉章总纂,重刊民国《象山县志》整理委员会点校:《象山县志》卷二十五《先贤传四》,方志出版社2004年版,第1315页。

⑥ (民国)陈汉章总纂,重刊民国《象山县志》整理委员会点校:《象山县志》卷二十五《先贤传四》,方志出版社2004年版,第1315页。

⑦ 骆兆平著:《书城琐记》,上海古籍出版2000年版,第263页。

州，请招远方商人垦田俾为世业，累官工部都水司郎中，出为广东提学，试竣归里”①。官龙岩知县时，“时海氛未靖，赋役浩繁，羽檄星驰，岘一镇以澹定，民得安堵。捐俸修学官，课士先为文式。政简讼息，有古循吏风。升蜀威州知州。士民立祠于学官右”②。著有《蜀道吟》。

左岘喜聚书，尤勤于抄录手校。昆山徐乾学通志堂刊本，为其家藏善本。《续耆旧传》称：“先生读书，朴实有根柢，尤嗜经学。宋元钞本，手自校者，百数十种。昆山徐尚书通志堂所雕，皆先生书架中物也。笃喜黄公石斋之书。予常见先生说经之文。其于《易》，兼采王、程、邵三家；于《诗》不传主朱子，亦不传主古序；于《春秋》，力言夏时周月之谬，皆能融会诸家，和齐而出之。是时，以经学负名者。”③又“工书法，康熙三十六年曾为《张氏思修庵碑记》篆额。家有藏书数千卷，《通志堂经介》底本多为其家藏。其居宅在南大路司户巷，称左提学第，数年前尚有宅基遗存”④。《鄞县通志》亦称：“嗜经学，其宋元钞本自校者一百数十种，世传昆山徐氏通志堂所雕，皆岘书架中物也。”⑤岘无嗣，故其书亦不可问矣。

（五）仇兆鳌

仇兆鳌（1638—1717）　字沧柱，一字知几，自号章溪老叟，鄞县人。清“康熙二十四年成进士，廷试策问官方及海禁，兆鳌极言官方有保举徇庇之弊，开海宜捐利以与民，读卷官杨雍建大称赏之。选庶吉士，预修《一统志》，乞假归邑”⑥。《云居圣水寺志》载：“仇兆鳌，字沧柱。康熙乙丑进士，官至吏部侍郎，为时闻人。与韩慕庐菼、翁铁庵叔元、胡抑斋作梅、陈介眉锡嘏齐名。读书寺内，请业者甚众。”⑦“少从黄宗羲游，讲求性命之学，恬淡自安。有《四书说约》《杜诗详注》行世。”⑧仇兆鳌精研经学，以理学为宗。在朝廷与李光地、陈廷敬、张玉书等人相与讲贯，理学造诣更为精进，曾参修《方舆程考》，又著《四书讲义》《通鉴论断》《参同契悟真篇集注》等。清《乾隆鄞县志》卷十七有其传。

仇兆鳌尤好杜诗，其研究杜甫诗最精深，费二十余年之力，汇集历代各家注本，

---

① （清）钱维乔修，（清）钱大昕纂：《乾隆鄞县志》卷十七《人物》，见《续修四库全书》编纂委员会、复旦大学图书馆古籍部编：《续修四库全书》第706册，上海古籍出版社2003年版，第368页。

② 龙岩市地方志编纂委员会整理：《龙岩州志》卷五《秩官志·左岘传》，清乾隆三年镌，福建省地图出版社1987年版，第169页。

③ （清）阮元、杨秉初辑，夏勇等整理：《两浙輶轩录》卷九《左岘》，浙江古籍出版社2012年版，第705页。

④ 洪可尧主编：《四明书画家传》，宁波出版社2005年版，第41页。

⑤ 张传宝修，陈训正、马瀛纂：《民国鄞县通志·文献志》（二），见上海书店出版社编：《中国地方志集成·浙江府县志辑》（17），上海书店出版社2011年版，第127页。

⑥ （清）钱维乔修，（清）钱大昕纂：《乾隆鄞县志》卷十七《人物》，见《续修四库全书》编纂委员会、复旦大学图书馆古籍部编：《续修四库全书》第706册，上海古籍出版社2003年版，第371页。

⑦ （清）释淑湛、释明伦等撰：《云居圣水寺志》卷二，赵一新总编：《凤凰山圣果寺志·云居圣水寺志》，杭州出版社2007年版，第98页。

⑧ 赵子廉著：《桐柏仙域志》二《人物传》，中央编译出版社2012年版，第187页。

辑为《杜诗详注》，是书被《四库全书总目提要》目为“援据繁富，而无千家诸注伪撰故实之陋习。核其大局，可资考证者为多”[①]。桐城程师恭《读杜诗详注》题诗云：“甬上仇先生，拥书胜百城。石渠校中秘，月旦操评衡。剩馥馀脂泽艺苑，衣被寰宇先风声。耽吟尤嗜杜陵集，心摹口咏忘寝食。力拔鲸牙酌天浆，思穿溟涬推霹雳。顷刻挥毫手不停，经营濡墨迅无敌。豁目人惊杜再来，醒心不觉群疑开。作者待阐注者笔，注者已登作者台。广搜博采洵至矣，沿讹袭舛胡为哉！余生学杜苦难似，考辩差拟会其旨。每将愚臆质大方，谈言微中未见鄙。神倾意豁睹斯注，子美旷代逢知己。钩索字句枉称工，所取精诚为交通。杜陵遇啬甬江丰，家无儋石清况同。今日功成身退之名宿，依然留连风雅之宗公。”[②]仇兆鳌的《杜诗详注》以“援据繁富”著称，其资料极为详尽，流传至今，是杜诗研究中的经典之作。这正得益于其藏书的丰富。

其藏书处名为尚友堂。收藏有大量关于杜诗及杜诗研究，及与杜诗研究相关的书籍。其搜求前人及当世注家之著作，不下数百家，如赵次公、黄鹤、王嗣奭、钱谦益、朱鹤龄诸家论杜之著述。此外，凡涉及历代杜诗之别集、杂著、诗话、笔记皆收集。

（六）郑　梁

郑　梁（1637—1713）　“字禹梅，溱子，初号香眉，继号蝺庵，后号寒村。生而天姿高迈，长从南雷游”[③]，宁波慈溪鹳浦人，为郑氏藏书的第二代传人。清康熙八年（1669）中举，“康熙二十七年戊辰科进士，选庶吉士，乞假省亲。逾年入都改工部湖广司主事，旋升本司员外郎，刑部山西司郎中。……三十三年充文武会试同考官，所拔之多佳士”[④]。“由郎中出为高州府知府”，为政尚简，务与民休息。“未二年。请养归。晚得风疾。号半人”[⑤]。郑梁“素善画。病后以左手为之。益佳妙”[⑥]。其书画作品传世不多，有《山水》轴绫，墨笔，今藏北京市文物局。《枯树老屋图》轴纸，墨笔；《山水》轴纸，墨笔；《行书绝诗》轴纸等今藏宁波市天一阁文物保管所[⑦]。郑梁工诗，“学于宗羲，授以蕺山学言、圣学宗要诸书”[⑧]，是黄宗羲甬上证人书院的高座弟

---

① 浙江省通志馆编，浙江省地方志编纂委员会整理：《重修浙江通志稿·著述考》（标点本），第7册，方志出版社2010年版，第4201页。

② 张忠纲辑录《诸家咏杜》，见萧涤非主编：《杜甫全集校注》附录三，人民文学出版社2014年版，第6805—6806页。

③ （清）杨泰亨、冯可镛等纂：《光绪慈溪县志》卷三十一《列传八·国朝一·郑梁》，见上海书店出版社编：《中国地方志集成·浙江府县志辑》（35），上海书店出版社2011年版，第646页。

④ （清）杨泰亨、冯可镛等纂：《光绪慈溪县志》卷三十一《列传八·国朝一·郑梁》，见上海书店出版社编：《中国地方志集成·浙江府县志辑》（35），上海书店出版社2011年版，第646　647页。

⑤ 邓之诚撰：《清诗纪事初编》卷七《丙编·浙江》，上海古籍出版社2013年版，第858页。

⑥ 邓之诚撰：《清诗纪事初编》卷七《丙编·浙江》，上海古籍出版社2013年版，第858页。

⑦ 曹月堂主编：《中国文化世家·吴越卷》，湖北教育出版社2004年版，第575页。

⑧ 郑伟章著：《文献家通考》卷一《郑梁》，中华书局1999年版，第33页。

子,"生平笃于师友之事,南雷在往复质问无虚日"[①]。"尝学于黄宗羲,闻蕺山刘先生绪论,寓意于艺文。诗类江门、定山,文近震川,宗羲亟称之"[②],曾与浙西诗坛领袖朱彝尊唱和。郑梁曾自称:"始南雷师讲学甬上,屈指可与斯文者五人,先生与杲堂、怡庭、管村及余而已。"[③]黄宗羲盛赞其文:"吾友郑禹梅。深于经术。而取材于诸子百家。仁义之言。质而不枯。博而不杂。如水之舒为沦涟。折为波涛。皆有自然之妙。其于震川有不期合而合者矣。"[④]《清史列传》称其:"学有心得,诗近陈献章,文类归有光,宗羲极称之。尝以晓行诗得名。"[⑤]著有《寒村集》《寒村诗文集》等。阮元《两浙輶轩录》卷十等有其传。

郑梁父郑溱[⑥]好藏书,"生而颖慧,弱冠游庠,研究六籍,于诸史百家之书,无不手披口诵,钞纂等身"[⑦]。"喜藏书,积书至三万卷有余"[⑧]。建有半生阑亭、石叟阁等,为藏书、读书之所。郑梁承父溱之志,性好藏书,"家中藏书甚富,与范氏天一阁相埒"[⑨]。仍以其父半生阑亭、石叟阁为读书藏书之所。另有书室丈七间。康熙四十五年(1706)又治其西圃为室二十楹,颜曰大椿堂,裘琏为撰《大椿堂记》。又好刻书,书室名曰紫蟾山房,"刻印过自撰《寒村诗文选》十八种三十六卷、《寒村全集》四十一卷、明黄佐《乐典》三十六卷"[⑩]。郑梁现存书目及版本、藏所,详见李灵年等主编《清人别集总目》[⑪]。

郑氏家族藏书第三代传人,其藏书贡献最著者为清著名藏书家郑性[⑫]。郑性嗜藏书,其家藏书甚多,"郑氏自平子副使溱以来,家藏亦及其半,乃于所居之旁,筑二

---

① (清)杨泰亨、冯可镛等纂:《光绪慈溪县志》卷三十一《列传八·国朝一·郑梁》,见上海书店出版社编:《中国地方志集成·浙江府县志辑》(35),上海书店出版社2011年版,第647页。

② (清)嵇曾筠、李卫等修,(清)沈翼机等纂:《雍正浙江通志》(四)卷一百八十《人物六·郑梁》,浙江省地方志编纂委员会编:《中国地方志集成·省志辑·浙江》(6),凤凰出版社2010年影印本,第704页。

③ (清)郑梁《双云堂集序》,见(清)范光阳撰:《双云堂集》卷首,《清代诗文集汇编》编纂委员会编:《清代诗文集汇编》121,上海古籍出版社2010年版,第2页。

④ (清)黄宗羲著,陈乃乾编:《黄梨洲文集》之序类《郑禹梅刻稿序》,中华书局1959年版,第353页。

⑤ 王钟翰点校:《清史列传》卷七十一《文苑二·郑梁》第18册,中华书局1987年版,第5803页。

⑥ 按:郑溱(1612—1697),字平子,号兰皋,丙戌以后别号秦川,学者称秦川先生,慈溪鹳浦(又称半浦)村人。《四明谈助》卷四十二记云:郑溱"幼承家学,中崇祯己卯(1639)副榜。时愍帝心厌科目,思复祖制,储材太学中。因诏副榜尽贡入监,以六曹诸务及骑射试之。公入太学六年,大司成择十八人上荐,公与焉。帝将以异等擢用按察副使,为要人所持,不果,遂约同列拜疏归"。明亡,埋身江上,五十年不入城市,读书授徒以奉其亲,著述以自娱。与黄宗羲同学于刘宗周之门,又同为遗民,相契最深。传世著述有《书带草堂文选》《书带草堂诗选》《文选》《书带草堂文集》《补遗》等。

⑦ (清)杨泰亨、冯可镛等纂:《光绪慈溪县志》卷三十《列传七·郑溱》,见上海书店出版社编:《中国地方志集成·浙江府县志辑》(35),上海书店出版社2011年版,第626—627页。

⑧ 李玉安、黄正雨编著:《中国藏书家通典·清》,中国国际文化出版社2005年版,第343页。

⑨ 王钟翰点校:《清史列传》卷七十一《文苑二·郑梁》,第18册,中华书局1987年版,第5804页。

⑩ 瞿冕良编著:《中国古籍版刻辞典》之《紫蟾山房》,苏州大学出版社2009年版,第852页。

⑪ 李灵年、杨忠主编:《清人别集总目》中册,安徽教育出版社2000年版,第1490页。

⑫ 按:郑性(1665—1743),字义门,号南溪,慈溪岁贡。以明经贡太学应选,亦不赴。自署曰"五岳游人"。著有《仅真集》《南溪偶存》。黄宗羲的再传弟子。

老阁以贮之”①。“二老阁，其尊人寒村太守梁之命，以平子为父，以梨洲为师，二老交契甚厚，遗言欲为阁以并祀之。南溪自游五岳还，阁始成，因贮书于其下焉”②。二老阁藏书中三万卷书来之黄宗羲，与家藏书合计五万卷。全祖望有诗论郑氏藏书云：“浙东藏书家，首推天一阁。其后澹生堂，牙签最审确。于今有鹳浦，善在精且博。我观古著录，诸家亦纷错。藏书不择书，糠秕混精凿。藏书不读书，庋置怜寂寞。读之或不善，丧志恐作恶。南溪真书仓，万选钱在索。收拾南雷书，门墙幸有托。反疑过高妙，一切弃糟粕。我生苦谀闻，渔猎猎荒落。何时得假馆，疑义相弹搏。直溯西江波，以济枯鱼涸。”③陈登原在《古今典籍聚散考》称：“此阁藏书，在时间上则继余姚黄氏之绪；在空间，则与宁波范氏天一阁、卢氏抱经堂鼎足而立。”④郑性编有《二老阁书目》。

（七）探花姜宸英

姜宸英（1628—1699）　字西溟，号湛园，又号苇间，慈溪县城人。“明太常寺卿应麟⑤曾孙。少工举子业，兼善诗古文辞，屡踬于有司，而声誉日起。圣祖仁皇帝稔闻之，尝与秀水朱彝尊、无锡严绳孙并目为‘三布衣’。会开博学鸿儒科，翰林院侍读学士叶方蔼约侍讲韩菼连名上，适方蔼宣诏入禁中浃月，菼乃独牒吏部，已不及期，方蔼旋总裁《明史》，荐之入馆，充纂修官。食七品俸，分撰《刑法志》。……久之得举顺天乡试。康熙三十六年成进士，及廷对，进呈名稍殿”⑥，“上问：十卷中有浙人姜宸英乎？大臣有识其字迹者，谓第八卷当是。上云：宸英绩学能文，至老犹笃，可拔置一甲，为天下读书人勤。于是以第三人及第”⑦，授翰林院编修，年已七十矣。三十八年（1699）任顺天乡试副主考官，因康熙己卯顺天榜乡试诽谤案累及，罢官。一代古文领袖、文望甚高探花，卒于清廷，令康熙帝痛惜咨嗟不已。李元度称：先生“文雅健，有北宋人意。宁都魏叔子谓朝宗肆而不醇，尧峰醇而不肆，先生在醇肆之

---

① 徐珂编撰：《清稗类钞·鉴赏类·郑南溪藏书于二老阁》，第9册，中华书局1986年版，第4245页。

② 徐珂编撰：《清稗类钞·鉴赏类·郑南溪藏书于二老阁》，第9册，中华书局1986年版，第4245页。

③ 虞浩旭撰：《文献世家半浦郑家——兼谈二老阁藏书文化的历史轨迹》，见宁波市江北区慈城镇文联编：《慈城：中国古县城标本》之九《慈水人物名天下》，宁波出版社2007年版，第301页。

④ 陈登原著：《古今典籍聚散考》卷四《人事卷·二老阁藏书》，见《民国丛书》编纂委员会编：《民国丛书》第二编（50），上海书店出版社1990年影印本，第471页。

⑤ 按：《明史》卷二百三十三《列传第一百二十一·姜应麟传》记云：姜应麟，字泰符，慈溪人。父国华，嘉靖中进士。历陕西参议，有廉名。应麟举万历十一年（1593）进士，改庶吉士，授户科给事中。居官以直言称。应麟居广昌四年，量移余干知县。以父忧归。服阕，至京，会吏部数以推举建言诸臣得重谴，应麟遂不复补。家居二十年。光宗立，起太仆少卿。给事中薛凤翔劾应麟老病失仪，遂引疾去。崇祯三年（1630）卒，赠太常卿。姜应麟从子思睿，字颛愚。少孤，事母孝。举天启二年（1622）进士，授行人。崇祯三年擢御史。出视河东盐政。安邑有故都御史曹于汴讲学书院，思睿为置田构学舍，公余亲莅讲授。代还，乞假归里。未几卒。

⑥ 王钟翰点校：《清史列传》卷七十一《文苑二·姜宸英》，第18册，中华书局1987年版，第5806页。

⑦ （清）郑方坤撰：《本朝名家诗钞小传》卷三《苇间诗钞小传·吴伟业》，见《丛书集成续编》第256册，（台湾）新文丰出版公司1988年版，第142页。

间。时韪其论。诗宗浣花，而参之玉局，以尽其变。书法钟、王，入神品”①。“所著有《湛园未定稿》《苇间集》，皆行世。先生之文章最知名者为《明史稿刑法志》，极言明中叶厂卫之害，淋漓痛切，以为后王殷鉴。《一统志》中诸论序亦经世之文也。晚年尤笃经学，始多说经之作，未及编入集而卒。”②又著“《明史·刑法志》三卷，《列传》四卷，《土司传》二卷，《一统志·总论·江防海防》共六卷，留官中”③。生平事迹参见清方苞《记姜西溟遗言》、李元度《国朝先正事略》卷四十《文苑·姜西溟先生事略》及阮元《两浙𬨎轩录》卷十《姜宸英传》。

姜宸英“读书以经为根本，于注疏穷其精蕴，自二十一史及百家诸子之说，俱经批阅，为文必先立意而后下笔，略无凝滞”④。“绩学勤苦，至老犹笃。故其文闳博雅健，有北宋人意”⑤。又好藏书，其家所藏多为抄本，“抄本有《东林史料丛钞》十种：《东林籍贯》一卷、《盗柄东林伙》一卷、《伙坏封强录》一卷、《天监录》一卷、《钦定逆案》一卷、《钦定逆案分款全录》一卷、《拟故宫词》一卷、《东林同志录》一卷、《东林点将录》一卷、《东林朋党录》一卷”⑥，均属明末东林党史料。

姜宸英精鉴赏，有《湛园题跋》，清黄叔琳称：“湛园姜太史，博雅嗜古。以书法名当代，残碑遗拓，悉能溯其源流，品其甲乙。所存题跋数十条，适留故簏，为发而梓之。”⑦家藏《兰亭》石刻，拓本称“姜氏兰亭”。

书室名曰真意堂、老易斋、畦风阁等。

藏书印有西溟、宸英、白衣太史公、寒玉亭、姜宸英印苇仁、苇间、苇间姜宸英西溟氏别号湛园、恐于名之不立等。

（八）万　经

万　经（1659—1703）　字授一，号九沙，鄞县人。万斯大⑧子，后定居杭州。全祖望云：“公少随诸父读书南雷，黄子方移证人书院于鄞，申明蕺山之学，公择先生兄

---

① （清）李元度著，易孟醇点校：《国朝先正事略》卷四十《文苑·姜西溟先生事略》，岳麓书社1991年版，第1090—1091页。

② （清）全祖望《翰林院编修姜先生宸英墓表》，见（清）钱仪吉纂，靳斯标点：《碑传集》卷四十七《翰詹中之中》，第4册，中华书局1993年版，第13124页。

③ （清）嵇曾筠、李卫等修，（清）沈翼机等纂：《雍正浙江通志》（四）卷一百八十《人物六·姜宸英》，浙江省地方志编纂委员会编：《中国地方志集成·省志辑·浙江》（6），凤凰出版社2010年影印本，第704页。

④ （清）嵇曾筠、李卫等修，（清）沈翼机等纂：《雍正浙江通志》（四）卷一百八十《人物六·姜宸英》，浙江省地方志编纂委员会编：《中国地方志集成·省志辑·浙江》（6），凤凰出版社2010年影印本，第704页。

⑤ 王钟翰点校：《清史列传》卷七十一《文苑二·姜宸英》第18册，中华书局1987年版，第5807页。

⑥ 瞿冕良编著：《中国古籍版刻辞典》之《姜宸英》，苏州大学出版社2009年版，第653页。

⑦ （清）姜宸英撰，陈雪军、孙欣点校：《姜宸英文集》附录《杂著手稿书后二则·又》，浙江大学出版社2015年版，第612页。

⑧ 按：万斯大（1633—1683），字充宗，号褐夫，晚号跛翁。明末清初著名学者。其生逢丧乱，不事科举。湛思诸经，尤精《春秋》《三礼》。著有《学礼质疑》《周官辨非》《仪礼商》《礼记偶笺》《春秋》《丁灾》《甲阳草》《万氏家谱》等数种。

弟,最称高座。公剑负侍于席末,豫闻格物传心之教。诸父著书满屋,公不假外求,耳濡目染已成学海。一切世俗之占毕,不得至前,此固非下户小生之所能望也。于是受《三礼》说数十万言、《春秋》说数十万言于充宗先生,又受《三礼》说数十万言于季野先生,受《易》说数万言于世父正符先生斯祯,受《尚书》说数千言于从兄言,又受辟佛之说数万言于公择先生,此其经学也。受《明史》纪传三百卷,及列代史表数十卷于季野先生,受明史纲目,及崇祯长编于从兄言,此其史学也。"①"以康熙癸未进士选庶吉士,授编修。方先生苞时以《南山集》牵连下诏狱,莫敢保出之者。九沙奋然送状西曹,遂释之,举朝高其义。典试陕西,得孙公嘉淦,一见推挹,卒成魁儒"。康熙五十三年(1714),提学贵州学政,"还朝为忌者所中,有通州修城之役。家既罄,萧然如布衣时,卖所作隶字,得钱给朝夕。乃增补充宗先生《礼记集解》,凡数万言;以《春秋》定、哀二公未毕,续纂数万言;又取从兄言《尚书说》,辑成一编,以成万氏经学;又重修季野先生《列代纪年》,及从兄言《明史举要》,以成万氏史学"②。曾参编《康熙字典》,雍正八年(1730)纂修《宁波府志》,次年成,雍正十一年(1733)刊刻,内容详备,系宁波最后一部府志。亦好金石书法,所著十余种,仅存《六堂诗存》《续集》《分隶偶存》。生平事迹参见《清史稿》卷四百八十一《列传二百六十八·万经传》、阮元《两浙輶轩录》卷十五《万经传》。

万经从父斯同有名于世,为浙东史学代表人物,又为浙东一藏书大家,笃学,其学问渊博,"十四五岁,取家所藏遍读之,皆能得其大义"③。"长游四方,就故家长老求遗书,考问往事,旁及郡志邑乘、杂家志传之文,靡不网罗参伍,而要以实录为指归"④。故其藏书极富,全祖望称:"先生在京邸,即携书数万卷。及卒,旁吴亲属,钱翰林名世⑤以弟子故,衰经为丧主,取其书去,论者薄之。予入京,方侍郎灵皋谓予曰:'万先生真古人,予所见前辈,谆谆教人为有用之学者,惟万先生耳。'"⑥张恕《日采零编》云:"寒松斋万氏遗书归宗子世守,余尝见其书面红印,戒子孙不得出售。守

---

① (清)全祖望著:《鲒埼亭集》卷十六《碑铭·提督贵州学政翰林院编修九沙万公神道碑铭》,见王云五主编:《万有文库》第二集(七百种),(上海)商务印书馆1936年版,第197页。

② (清)李元度著,易孟醇点校:《国朝先正事略》卷三十二《经学·万充宗先生事略·子经》,岳麓书社1991年版,第909页。

③ (清)钱大昕著,吕友仁校点:《潜研堂集·文集》卷三十八《万先生斯同传》,上海古籍出版社2009年版,第681页。

④ (清)钱大昕著,吕友仁校点:《潜研堂集·文集》卷三十八《万先生斯同传》,上海古籍出版社2009年版,第682页。

⑤ 按:钱名世,字亮工,号䌹庵,江苏武进人。康熙四十二年(1703)进士,官编修,佐万氏撰明史。后至侍读,雍正四年(1726)坐投诗谄年羹尧而夺职回乡。

⑥ (清)全祖望著:《鲒埼亭集》卷二十八《万贞先生传》,见王云五主编:《万有文库》第二集(七百种),(上海)商务印书馆1936年版,第354页。

者不知宝惜，今所存者寥寥。”[①]万经受其从父影响至深，嗜书，清人彭维新[②]《题万授一前辈春日读书图》诗赞云：“官斋长闭门，六籍溯真源。遍识东风面，稀窥曲水园。铨金停击钵，连锦罢书裙[③]。草径少人迹，昔邪盈短垣。”[④]

万经雅好藏书，富藏书。袁钧曰：“经少承家学，又尝叩质于应撝谦、阎若璩，闻见日富。工隶书，得郑谷口之传。晚年修《宁波府志》，又续辑其父《礼记集解》《春秋明义》二书，烬于火，抱恨卒。”[⑤]李元度记云：“晚年，家毁于火，先世遗书皆烬焉。”[⑥]《清史稿》亦载其书散佚云：先生“年八十二，家遭大火，遗书悉焚。经终日涕洟，自以为负罪先人，逾年卒”[⑦]。

（九）传胪裘琏

裘　琏（1644—1729）　亦称连，字殷玉，一字蔗村，号废莪子，慈溪横山裘墅人。世居横山，学者称横山先生。兆锦[⑧]孙，永明[⑨]子。裘琏生于书香门第，早年从黄宗羲学，弱冠补弟子员，旋援例入太学，“未年壮著作等身，康熙二十六年，纂修大清《一统志》。……五十四年成进士，圣祖取连卷亲阅，对策甚好，字亦端楷之，褒列二甲第一名，改翰林院庶吉士。时琏年七十，遂乞身归，徜徉鸳湖、交溪、西泠、檇李间，以山水自娱，著作日益富”[⑩]。“撰《横山初集诗》十六卷。文一卷。刻于康熙二十年。姜宸英为之序。称其辞藻艳发。足以名家而不谐于俗”[⑪]。又有《复古堂集》《天尺楼古文》《述先录》《横山文集》《诗集》《玉海诗综》《明史崇祯长编》等，流传至今的杂剧有《昆明池》《集翠裘》《鉴湖隐》《旗亭馆》，合《四韵事》。传奇有《女昆仑》《混元盒》。

---

① 郑伟章著：《文献家通考》卷二《万斯同》，中华书局1999年版，第107页。

② 按：彭维新（1679—1769），字肇周，号石原，又号馀山。清茶陵县人。康熙四十五年（1706）进士，先为翰林院编修，累迁赞善谕德，后典山西、陕西乡试，督山东、浙江学政，迁少詹事，出为直隶、河南按察使，浙江布政使，调任礼部、刑部、吏部右侍郎。雍正改元，充日讲起居注官，累迁都察院左都御史，署刑部、户部尚书，升协办大学士。

③ 按：点校者袁庆述注，唐吕向工书，万亦工隶，故云。

④ （清）彭维新撰，袁庆述点校：《墨香阁集》卷之十一《题万授一前辈春日读书图，次仇沧柱先生韵》，岳麓书社2010年版，第181页。

⑤ （清）阮元、杨秉初辑，夏勇等整理：《两浙輶轩录》卷十五《万经》，浙江古籍出版社2012年版，第1055页。

⑥ （清）李元度著，易孟醇点校：《国朝先正事略》卷三十二《经学·万充宗先生事略·子经》，岳麓书社1991年版，第909页。

⑦ 赵尔巽等撰：《清史稿》卷四百八十一《列传二百六十八·万斯大子经》，第43册，中华书局1977年版，第13171页。

⑧ 按：裘琏祖父裘兆锦，曾官明广东惠潮总兵官、右军都督，鲁王监国封他为平波伯。

⑨ 按：裘永明（1607—1646），字德纯，明鲁王监国，授以特进光禄大夫、上柱国、都督府左军都督、同知提督九门禁旅军务事。裘永明抗清散尽家财，最终战死沙场。入清后因子裘琏授敕赠文林郎翰林院庶吉士。

⑩ 王钟翰点校：《清史列传》卷七十一《文苑二·裘琏》，第18册，中华书局1987年版，第5804页。

⑪ 邓之诚撰：《清诗纪事初编》卷七《丙编·浙江》，上海古籍出版社2013年版，第857页。

裘琏"博学嗜古,淹贯经史"[①],尤嗜读书与藏书,其藏书始于其父裘永明,裘永明实为一文学之士,"读书于玉湖楼,牙签万卷,不欲为制举所束缚"[②],"暇则投壶吟咏"[③],"因有《玉湖楼集》行世。书法得虞、褚笔意,当其应手疾书,有兔起鹘落之势"[④]。是时玉湖楼常有知名人士,相聚问难。

裘琏继承其父藏书楼藏书数千卷,并有所增益。尤其乞自归里后,徜徉鸳湖交溪西泠、檇李间,以山水自娱,以藏书、读书、著作为乐。《清史列传》载:"家故有玉海楼,藏书数千卷,罔不钩玄提要。"[⑤]裘氏藏书究竟几何,据裘琏《上黄梨洲书》云:"玉湖楼藏书过范氏天一阁。"[⑥]"天一阁藏书盛时仅七万卷,过天一阁是完全可能的。"[⑦]惜玉湖楼已毁,其原因不明,藏书详情也无从考证。

藏书处除玉湖楼外,还有天尺楼、复古堂、易皆轩等。

(十)全祖望

全祖望(1704—1755)　小字阿补,字绍衣,号谢山,曾自署鲒埼亭长、双韭山民、孤山社小泉翁,学者称谢山先生。鄞县洞桥乡沙港口村人,居白坛里月湖西岸(今桂井街8、9号),迁青石街胡御史第。袁钧云:鄞县"全祖望为元立六世孙,年十四,从董正国学。正国最持崖岸,祖望每与辩论经史,未尝不称善也。里中范氏天一阁、陈氏南轩、陈氏云在楼多藏书,遍读之。复从武林赵氏小山堂借所未见,学益沈博。以选贡入都,与侍郎方苞论理,苞大异之,由是声誉腾起。中顺天乡试,阁学李绂见其行卷,目为深宁、东发后一人。乾隆元年博学鸿词科,是年成进士,改庶常"[⑧]。"时张廷玉当国,与李绂不相能,并恶祖望,祖望又不往见,二年,散馆,置之最下等,归班以知县用,遂不复出"[⑨]。"主讲越之蕺、粤之端溪,亦时往来武林、维扬间"[⑩]。李元度亦称:"先生既归,贫且病,饔飧不给,而好学益厉。人有所馈,皆峻辞。屡主蕺山、端溪诸书院,成就人才甚众……南归后,修南雷黄氏《宋元儒学案》,七校《水经注》,

---

① (清)阮元、杨秉初辑,夏勇等整理:《两浙輶轩录》卷十二《裘琏》,浙江古籍出版社2012年版,第923页。

② (清)黄宗羲著:《南雷诗文集·都督裘君墓志铭》(上),见沈善洪主编:《黄宗羲全集》第十册,浙江古籍出版社2005年版,第497页。

③ (清)黄宗羲著:《南雷诗文集·都督裘君墓志铭》(上),见沈善洪主编:《黄宗羲全集》第十册,浙江古籍出版社2005年版,第497页。

④ (清)黄宗羲著:《南雷诗文集·都督裘君墓志铭》(上),见沈善洪主编:《黄宗羲全集》第十册,浙江古籍出版社2005年版,第497页。

⑤ 王钟翰点校:《清史列传》卷七十一《文苑二·裘琏》,第18册,中华书局1987年版,第5804页。

⑥ 童银舫、王孙荣主编:《慈溪旧闻》,浙江古籍出版社2009年版,第42页。

⑦ 虞浩旭著:《智者之香——宁波藏书家藏书楼》,宁波出版社2006年版,第044页。

⑧ (清)阮元、杨秉初辑,夏勇等整理:《两浙輶轩录》卷二十二《全祖望》,浙江古籍出版社2012年版,第1550—1551页。

⑨ 赵尔巽等撰:《清史稿》卷四百八十一《列传二百六十八·全祖望传》,第43册,中华书局1977年版,第13186页。

⑩ (清)阮元、杨秉初辑,夏勇等整理:《两浙輶轩录》卷二十二《全祖望》,浙江古籍出版社2012年版,第1550—1551页。

续选《甬上耆旧诗》，撰《丙辰公车征士小录》及《词科摭言》，先之一康熙己未百八十六征士，而接以乾隆丙辰，书未卒业。在端州，释奠礼成，祀白沙以下二十有一人，从前未有之典也。先后答弟子董秉纯、张炳、蒋学镛、卢镐等所问经史，录为《经史问答》，凡十卷，足启后学。卒后，秉纯等裒其文为《鲒埼亭集》。又所著有《汉书地理稽疑》《古今通史年表》。"[①]生平事迹参见李元度《国朝先正事略》卷三十四《全谢山先生事略》。

1.进士全祖望藏书与学术活动

全祖望归里后，于乾隆五年(1740)，迁居到青石巷胡御史适可轩旧第的宅后小屋，起名为双韭山房。双韭山房原是全氏家族祖先全元立在鄞县大雷山中大皎和小皎双溪间一座别墅，因山溪多野韭，故名双韭山房。全祖望的曾祖父全大程沿用此名为其书斋，到全祖望时依然沿用此名。《双韭山房藏书记》中全氏云："双韭山房者，亦先侍郎之别业，在大雷诸峰中，今已摧毁，而先赠公取以颜其斋者也。"[②]徐珂《清稗类钞》载："全谢山太史祖望家富藏书，非一世矣。其庋藏之处曰双韭山房。尝曰：'自先侍郎公藏书，大半钞之城西丰氏，其直永陵讲筵，赐书亦多，世所称阿育山房藏本者是也。侍郎身后，归于宗人公之手，以其为长子也。先和州公仅得其十之一，宗人子孙尽以遗书为故纸，权其斤两而卖之，无一存者。先宫詹平淡斋亦多书，诸孙各分而有之，遂难复集。和州春云轩之书，一传为先应山公，再传为先曾王父兄弟，日积月累，几复阿育王山房之旧。'而国难作，里第为营所踞，见有巨库，以为货也，发视皆书，大怒，付之一炬。先赠公授徒山中，稍稍以束脩之入购书。其力未能购者，或手钞之。先君偕仲父即以钞书作字课。已而予能举楮墨，先君亦课以钞书。吾乡诸世家遭乱，书签无不散亡。吾家以三世研田之力，复拥五万卷之储胥，其亦幸矣。"[③]可见全祖望自幼性嗜书，好藏书、钞书，是受其家族藏书传统之影响，"十六岁能为古文。讨论经史，证明掌故"[④]。穷其一生搜书、抄书和藏书与其好读书密不可分。徐珂记曰："谢山游京师，家藏宋椠四明开庆、宝庆二志，盖世所绝无，而为人所窃，归于有力者之手。杭堇浦闻之，为告谷林，亟以兼金四十锭赎归，仍钞副墨，以贻谢山。及谢山归，谷林取近年所得地志示之，其自明成化以前者，已及千种，而谢山所藏之宋椠，已褒然首列矣。"[⑤]

---

① (清)李元度著，易孟醇点校：《国朝先正事略》卷三十四《经学·全谢山先生事略》，岳麓书社1991年版，第956页。

② (清)全祖望著：《鲒埼亭集外编》卷十七《双韭山房藏书记》，见王云五主编：《万有文库》第二集(七百种)，(上海)商务印书馆1936年版，第888页。

③ (清)徐珂编撰：《清稗类钞·鉴赏类·全谢山藏书于双韭山房》，第9册，中华书局1986年版，第4228—4229页。

④ 赵尔巽等撰：《清史稿》卷四百八十一《列传二百六十八·全祖望传》，第43册，中华书局1977年版，第13186页。

⑤ (清)徐珂编撰：《清稗类钞·鉴赏类·赵谷林藏书于小山堂》，第9册，中华书局1986年版，第4236页。

藏书处除双韭山房外，还有鲒埼亭等。

有藏印全谢山所藏书画印、全谢山、祖望等。

全祖望所撰《小山堂祁氏遗书记》《小山堂藏书记》《二老阁藏书记》《天一阁藏书记》《双韭山房藏书记》《胡梅磵藏书窖记》等，为中国藏书史留下极为珍贵的第一手史料。

全祖望利用家中藏书以治学，尝"主蕺山、端溪书院讲席，为士林仰重"①。且专事治学，学术上推崇黄崇羲，尤精史学，研治宋末和南明史事，兼工诗词。其弟子董秉纯称："时方开明史馆，先生为书六通移之，其第一第二，专论艺文一门，见先生不轻读古人书。又谓本代之书必略及其大意，始有系于一代事故典则风会，而不仅书目，其论尤伟。第三第四，专论表，而于外蕃属国变乱，了如指掌，真经国之才也。第五第六，专言隐逸忠义两列传，所以培世教养人心，而扶宇宙之元气，不但史法之精也。初见江阴杨文定公，公称之曰博，而勉以为有用之学。先生谦言：以东莱止斋之学，朱子尚议之，何敢言博。公曰：但见及此，则进矣。"②其经学、史学、文学诸领域皆有卓越成就，是继黄宗羲、万斯同后浙东著名大学者。又据《清史稿》载，全祖望"生平服膺黄宗羲，宗羲表章明季忠节诸人，祖望益广修枌社掌故、桑海遗闻以益之，详尽而核实，可当续史。宗羲《宋元学案》甫创草稿，祖望博采诸书为之补辑，编成百卷。又七校《水经注》，三笺《困学纪闻》，皆足见其汲古之深。又答弟子董秉纯、张炳、蒋学镛、卢镐等所问经史疑义，录为《经史问答》十卷。仪征阮元尝谓经学、史才、词科三者得一足传，而祖望兼之。其《经史问答》，实足以继古贤，启后学，与顾炎武《日知录》相埒。晚年定文稿，删其十七，为《鲒埼亭文集》五十卷"③。《水经注》之校勘始于先辈且已取得一些成果，即所谓双韭山房校本。祖望自二十岁后有志在其祖传校本的基础上重校，到乾隆十五年（1750）完成五校本，为"大小字本"，五校稿本今藏天津图书馆。乾隆十七年（1752）在广东完成七校本四十卷，遂成为郦学考据学派中的一枝奇葩。全氏卒后130余年，先后经王梓材、董沛整理的七校本才刊行问世，七校本卷首，刊有五校本的题辞与序目。1996年五校本并七校稿本由全国图书馆文献微缩复制中心影印出版，书名为《全祖望校水经注稿本合编》。

全祖望所撰述人物碑传，其《鲒埼亭集》及其《外编》，保存较多的是宋元以来特别是明末清初的逸闻轶事；明清易代之际的忠臣烈士；自宋以来的乡邦贤哲；清初儒林的典型人物等，使浙东五百年文献之传大彰于世。其中对清初儒学如顾炎武、李

① 赵尔巽等撰：《清史稿》卷四百八十一《列传二百六十八·全祖望传》，第43册，中华书局1977年版，第13186页。

② （清）全祖望著：《鲒埼亭集》卷首之（清）董秉纯撰：《年谱》，见王云五主编：《万有文库》第二集（七百种），（上海）商务印书馆1936年版，第6页。

③ 赵尔巽等撰：《清史稿》卷四百八十一《列传二百六十八·全祖望传》，第43册，中华书局1977年版，第13186—13187页。

颙、傅山等，分撰碑传以详载之，皆足以补史传的缺憾。

续修增补《宋元学案》百卷。《宋元学案》由黄宗羲草创，黄白家、全祖望续修。全书九十一学案，全祖望创立有四十五个，修补十七个。黄宗羲原作二十五个学案中，也有经过全祖望修补。全氏从乾隆十年(1745)至乾隆十九年(1754)十年，广搜博采，修补此书，后又经多人辑补，由王梓材、冯云濠等人校定和刊刻。是书全氏投入精力与体力最大，正如全氏在《蕺山相韩旧塾记》中言："余续南雷《宋儒学案》，旁搜不遗余力，盖有六百来儒林所不及知，而予表而出之者。"[①]是符合实际的。

全祖望嗜书，与之交游甚密之士，皆为一时之著名学者或学者型藏书大家，如与武林厉樊榭(鹗)[②]、藏书名家杭世骏[③]、赵昱[④](谷林)、赵信(意林)来往甚密。并与杭、二赵同赴博学鸿词科，并与赵谷林子赵一清结为忘年之交。其中与扬州藏书名家马曰琯、马曰璐二兄弟之间的友谊甚为深厚，如乾隆元年(1736)，全氏入北京翰林院见到院藏《永乐大典》的副本，马氏兄弟立即怂恿全氏雇人抄写其中重要精华。由于和马氏兄弟友善，与扬州的本地名士寓贤亦有深厚的交往。因扬州有好书、好友，故全祖望一生几部大著作均成于扬州。如《宋元学案》《三笺困学纪闻》《水经注》等。据全祖望弟子董秉纯[⑤]言："先生自辛酉以后极贫，饔飧或至不给，冬仲尚衣袷衣，赖维扬诗社岁上庖廪。然典琴书数券，齿日皇皇也。"[⑥]在扬州时，与维扬诗社的

---

① (清)全祖望著:《鲒埼亭集》卷三十《蕺山相韩旧塾记》，见王云五主编:《万有文库》第二集(七百种)，(上海)商务印书馆1936年版，第386页。

② 按:厉鹗(1692—1752)，字太鸿，又字雄飞，号樊榭、南湖花隐等，钱塘(今杭州)人。康熙五十九年(1720)举人。性耽闲静，爱山水，尤工诗馀，擅南宋诸家之胜。著有《宋诗纪事》《樊榭山房集》等。清代著名诗人，浙西词派中坚人物。其诗富学者气，有诗史之誉，又为盛氏逸民，与全氏学人之诗与遗民史诗相契合。

③ 按:杭世骏(1695—1773)，字大宗，号堇浦，别号智光居士，仁和人。雍正二年(1724)举人，由浙江总督程元章推荐，乾隆元年(1736)举鸿博，授编修。于学无不贯通，所藏书拥榻积几，藏书10万卷。

④ 按:赵昱(1689—1747)，原名殿昂，字谷林，一作林谷，别字功千，仁和人。乾隆元年(1736)，与弟赵信同举博学鸿词科，昱无意功名，以母老辞归，筑春草园，在此读书自娱。赵氏嗜藏书，自题藏书楼为"小山堂"。历时30多年，广搜博采，达到数万卷。小山堂藏书量堪与秘书省相比，仅明成化以前地方志就达千余种。因此名声远扬，全祖望称之为"浙河东西文献大宗"。

⑤ 按:董秉纯，字小钝。乾隆十八年(1753)拔贡，补广西那地州州判，升秦安县知县。全祖望文内、外集，均秉纯一手编定。

⑥ (清)全祖望著:《鲒埼亭集》卷首之(清)董秉纯撰:《年谱》，见王云五主编:《万有文库》第二集(七百种)，(上海)商务印书馆1936年版，第11页。

朋友相互唱和，与厉鹗、马曰琯三人编纂有《韩江雅集》[①]，现藏扬州大学图书馆。全氏离开扬州后，将自己一些著作留在扬州，交给马曰琯，亦为扬州的对外学术交流一段佳话。

2.全祖望双韭山房藏书特色

全祖望所藏书中多为所抄之书，从其《双韭山房藏书记》《小山堂藏书记》《丛书楼记》《丛书楼书目序》中，可知全氏的藏书多由手抄得至。严可均云：先生"性好聚书，弱冠时，登范氏天一阁、谢氏天赐阁、陈氏云在楼，遇希有之本辄借抄"[②]。"雍正元年癸卯，先生尝再登天一阁借书，当始于是时，又杨诚斋《易传》，抄之天赐园谢氏，《草庐春秋纂言》，抄之云在楼陈氏，皆在是年，皆通志堂未刻之本，世所希有者"[③]。"入都，抄书不辍。"[④]通籍后，入庶常馆，亦为内阁学士李绂所赏识，移寓侍郎李绂的紫藤轩。与李绂共借《永乐大典》读之，凡欲见未见的珍籍佚本，俱予抄录。李元度称：先生"学渊博无涯涘，于书靡不贯穿。在翰林，与临川共借《永乐大典》读之，每日各尽二十册。时开明史馆，复为书六通遗之"[⑤]。其门生董秉纯记之甚详：乾隆元年(1736)，"与临川先生共借《永乐大典》读之，大典共二万二千七百七十七卷，取其所流传于世者置之，即近世无，而不开大义者，亦不录。但取欲见而不可得者，分其例为五，一经，二史，三志乘，四氏族，五艺，每日各尽二十卷而以所签分令人抄之。顾临川与先生皆力薄不能多畜写官。至次年，先生遽罢官归，遂未卒业。然先生所抄《高氏春秋义宗》、《荆公周礼新义》、《曹放斋诗说》、《刘公是文钞》、《唐说斋文钞》、《史真隐尚书》、《周礼》、《论语解》、《二袁先生文钞》(袁正献、正肃)、《永乐宁

---

① 按：韩(亦作邗)江吟社是清代雍正、乾隆年间扬州地区一个民间自由结合、不带政治色彩、无功利目的的文学群体。主持者是扬州盐商马曰琯、马曰璐兄弟，时称"扬州二马"。参加者为扬州本地人士、远方寓公及四方名士过邗上者。《韩江雅集》是诗社的一部唱和集，传世者12卷，陆续刻成。根据对《韩江雅集》所载的人和作品进行统计，诗社的成员约为41人。其中既有著名学者、诗词大家、画坛怪杰、仕宦、刻印名家，也有漂泊寒士、迁客谪臣、盐商富贾。人员构成不仅打破了士宦商的界限，也打破了学科的界限。诗社成员经常在一起讨论经史、考证掌故、吟诗唱和。马氏兄弟热情款待文人学士，大力资助文化事业，既促进了扬州地区文化的兴盛，也提高了他们自身的文化修养，得荐博学鸿词，跻身《清史列传·文苑传》。诗社人物有：胡期恒、唐建中、程梦星、马曰琯、马曰璐、汪玉枢、厉鹗、王藻、方士、陈章、闵華、杨述曾、陆锺辉、全祖望、张四科、方士庶、洪振珂、刘师恕、王文充、高翔、姚世钰、程士械、张世进、团升、陆锡畴、方正举、鲍辛甫、释明中、邵泰、杭世骏、楼锜、赵一清、戴文灯、赵信、赵昱、丁敬、金农、陈祖范、查祥、团冠霞、方西畴等。在此41人中，有西泠名家丁敬，藏书家兼盐商的马氏兄弟、赵氏兄弟，扬州八怪的高翔、金农，诗人厉鹗，学者杭世骏、全祖望等，可谓一件盛事。

② (清)严可均撰：《铁桥漫稿》卷七《全绍衣传》，见《续修四库全书》编纂委员会、复旦大学图书馆古籍部编：《续修四库全书》第1489册，上海古籍出版社2003年版，第27页。

③ (清)全祖望著：《鲒埼亭集》卷首之(清)董秉纯撰：《年谱》，见王云五主编：《万有文库》第二集(七百种)，(上海)商务印书馆1936年版，第2页。

④ (清)严可均撰：《铁桥漫稿》卷七《全绍衣传》，见《续修四库全书》编纂委员会、复旦大学图书馆古籍部编：《续修四库全书》第1489册，上海古籍出版社2003年版，第27页。

⑤ (清)李元度著，易孟醇点校：《国朝先正事略》卷三十四《经学·全谢山先生事略》，岳麓书社1991年版，第956页。

波府志》，皆世所绝无，而仅见之大典者也”①。特别是归里后，“益广修枌社掌故，桑海遗闻，表章节义如不及”②。“重登天一阁，借抄不辍”③。重登天一阁期间，“搜金石旧拓，编为碑目，且抄其秘书”④。又董秉纯记云：“先生既归，侍庭闱有间，益广修枌社掌故，并桑海遗闻，著作日富。重登天一阁，搜刮金石旧拓，编为《天一阁碑目》，又为之记。又抄黄南山《仪礼戴记附注》四卷、《王端毅公石渠意见》，皆阁中秘本，世所仅见者。”⑤

全抄书不仅辛苦，且要有所抉择。《清史稿》记云：“祖望为学，渊博无涯涘，于书无不贯串。在翰林，与绂共借《永乐大典》读之，每日各尽二十卷。时开明史馆，复为书六通移之，先论艺文，次论表，次论忠义、隐逸两列传，皆以其言为韪。”⑥全祖望在《钞永乐大典》记亦言：“所流传于世者概置之，即近世所无而不关大义者亦不录，但抄其所欲见而不可得者。而别其例之大者为五：一为经。诸解经之集大成者，莫如房审权之《易》，卫湜、王与之之《二礼》。此外莫有仿之者。今使取《大典》所有，稍为和齐而斟酌，则诸经皆可成也。其一为史。自唐以后，六史篇目虽多，文献不足，今采其稗野之作，金石之记，皆足以资考索。其一为志乘。宋元图经旧本，近日存者寥寥。明中叶以后所编，则未见古人之书而妄为之。今求之《大典》，厘然具在。其一为氏族世家系表。而事莫若夹漈《通略》，然亦得其大概而已，未若此书之该备也。其一为艺文。东莱《文鉴》不及南渡遗集之散亡者，《大典》得十九焉。其余偏端细目，信手荟萃，或可以补人间之缺本，或可以正后世之伪书。则信乎取精多而用物宏，不可谓非宇宙间之鸿宝也。会逢今上纂《三礼》，余始语总裁拥城方公，抄其《三礼》之不传者。惜乎其阙失二千册，余尝欲奏之今上，发宫中正本以补足之，而未遂也。夫求储藏于秘府，更番迭易，往复维艰，而吾辈力不能多畜写官，自从事于是书，每日夜漏三下而寝，可尽二十卷，而以所签分令四人抄之，或至浃旬未毕，则欲卒业业于此，非易事也。”⑦“抄出《高氏春秋义宗》一百五十卷、王安石《周官新义》十六卷、《曹放斋诗说》、《刘公是文钞》、《唐说斋文钞》、史真隐《尚书周礼论语解》、《二

① （清）全祖望著：《鲒埼亭集》卷首之（清）董秉纯撰：《年谱》，见王云五主编：《万有文库》第二集（七百种），（上海）商务印书馆1936年版，第5—6页。

② （清）李元度著，易孟醇点校：《国朝先正事略》卷三十四《经学·全谢山先生事略》，岳麓书社1991年版，第956页。

③ （清）严可均著：《铁桥漫稿》卷七《全绍衣传》，见《清代诗文集汇编》编纂委员会编：《清代诗文集汇编》470，上海古籍出版社2010年版。

④ （清）李元度著，易孟醇点校：《国朝先正事略》卷三十四《经学·全谢山先生事略》，岳麓书社1991年版，第956页。

⑤ （清）全祖望著：《鲒埼亭集》卷首之（清）董秉纯撰：《年谱》，见王云五主编：《万有文库》第二集（七百种），（上海）商务印书馆1936年版，第7页。

⑥ 赵尔巽等撰：《清史稿》卷四百八十一《列传二百六十八·全祖望传》，第43册，中华书局1977年版，第13186页。

⑦ （清）全祖望撰：《钞永乐大典记》，见袁咏秋、曾季光主编：《中国历代国家藏书机构及名家藏读叙传选》，北京大学出版社1997年版，第295—296页。

袁先生文钞》及《永乐宁波府志》"①诸书,尤甚精。可见全祖望抄书取舍有自己的原则:流传于世之书不抄;无关大义者不抄;事关经、史、志乘、氏族、艺文之书,可以补人间之缺本,或正后世之伪书者则在抄录之列。在"取精"之下,多抄录有用之书,以达到书籍"用物宏"的效果。

全氏尤喜地方文献,注重明清之际碑传史料收集,所藏极多,所藏地方文献是全祖望藏书的一大特色②。"喜雌黄人物,究心乡邦文献,尝续李邺嗣《耆旧诗》,仿其体,人各为传,搜采极博,别白品类极严。他所著书十数种,皆卓然可传,学者称谢山先生。"③传抄与整理天一阁藏乡邦文献,如传抄宋史浩《鄮峰真隐漫录》和明黄润玉《仪礼戴记附注》等,整理宋张津《乾道四明图经》、元袁桷《延祐四明志》、明李本《四明文献录》和戴鲸《四明雅选》等。所藏典籍中四明掌故较多,全氏尝云:"四明志乘,以吾家为最备。自胡尚书宝庆《志》,吴丞相开庆《志》,袁学士延祐《志》,王总管至正《志》,李孝廉永乐《志》,杨教授成化《志》,张尚书嘉靖《志》,无一佚失,足以豪矣。张制使乾道《志》则最初之作也,购之不得,乃过天一阁范氏,见《四明文献录》全引其书,为之狂喜,乃别为抄而出之。于是,扬之小玲珑馆马氏,杭之小山堂赵氏,皆来借抄。"④全祖望常去抄书的有范钦天一阁、郑性二老阁、陈自舜云在楼、丰氏万卷楼,等等,其中影响全祖望较大的有天一阁与二老阁。天一阁藏有许多方志与碑帖,全祖望为充分掌握天一阁图书,编有《天一阁碑目记》《天一阁藏书记》。郑性二老阁乃为纪念其父郑溱与黄宗羲之挚交所兴建,阁中保有黄宗羲著作手稿,后全祖望修补《宋元学案》并作《梨洲先生思旧录序》,都为郑性之请求。

全氏所著地方文献"若《四明洞天旧闻》《甬上望族表》《双湖小志》《句余土音》《湖语》等作,皆为志乘订讹舛,补缺佚。而最有功文献者,尤在《续耆旧集》一书,遍求之里中故家及诸人后嗣,或秘不肯出者,至为之长跪以请,其余片纸只字得之织筐尘壁之间者,编次收拾,俨成足本。传中各为表其大节、轶事,往往姓氏已沦狐貉之口,一经选录其诗传,而人亦与之俱传。至近时诸诗人,亦遍索其已刻、未刻之稿,点定而论次焉"⑤。

3.全祖望双韭山房藏书散佚

关于全氏藏书之散佚,徐珂《清稗类钞》载:"年来陆走软尘,水浮断梗,家书五万卷中,常捆载二万卷以为芒屩油衣之伴。舟车过关口,税司诸吏来胠箧者如虎,一见

---

① 参见郑鹤声、郑鹤春著:《中国文献学概要》,见《民国丛书》第二编(51),上海书店 1990 年影印本,第 178 页。

② 虞浩旭著:《智者之香——宁波藏书家藏书楼》,宁波出版社 2006 年版,第 72 页。

③ (清)阮元、杨秉初辑,夏勇等整理:《两浙輶轩录》卷二十二《全祖望》,浙江古籍出版社 2012 年版,第 1551 页。

④ 洪焕椿编著:《浙江方志考》卷五《宁波府县志》,浙江人民出版社 1984 年版,第 168—169 页。

⑤ 蒋学镛《樗庵存稿》,引郑伟章著:《文献家通考》卷五《全祖望》,中华书局 1999 年版,第 245 页。

索然，相与置之而去。雍正癸卯，留滞长安，米贵，居大不易，不能不出其书质之。适监仓西泠黄某闻有是举也，请归之于其邸。黄之邸与有十里之遥，过此以往，萧晨薄暮，偶有考索，策蹇驴而为剥啄之声者，非予也邪？鸡黍之请，自此殷矣。"[①]其门生董秉纯亦言：全氏寓京师"藤轩之东，长安米贵，以行箧书二万卷，质于仁和黄监仓，有《春明行箧当书记》"[②]。严可均亦记云：在京师时因"坐是困乏，以行箧书二万卷质于黄监仓"[③]。乾隆六年(1741)以后，全氏极贫，子昭德年十三，先五月卒，卒时葬具犹未备，不得已，族孙"尽鬻所藏书万余卷于卢姓(卢址抱经楼)，得白金二百为丧葬费"[④]。全祖望因丧子之痛，溘然去世。时家境十分困窘，竟无力安葬，其门生黄秉纯将老师葬于南郊祖关山荒冢滩上，剩余藏书则尽归其所有。

(十一)童　槐

童　槐(1773—1857)　字晋三，一字树眉，号萼君，晚号萼叟，鄞县人。嘉庆五年(1800)举人，"嘉庆乙丑进士，官至通政副使"[⑤]。《重修浙江通志》述："槐久居官都下，为诸公卿作进呈文字，沉博绝丽，足与邵南江抗行。视彭纪诸公，以宋四六为根柢者，殆有过之。诗亦不处落墨，不涉庸音。"[⑥]又工书善画，"至若八法工书，六钧善射。绘外藩之职贡，则立本新图，求泗磬之正声，则杜夔神解。亦非一二能详也"[⑦]。杨钟羲云："四明童萼君先生槐，薇研宗伯师华尊人也。阮文达抚浙，尝引居幕府。肄业成均时为法梧门所知。有《今白华堂诗录》八卷。癸酉之变，赋《新乐府》四首，皆纪实话。……先生字树眉，别号晋珊。嘉庆乙丑闱中，恩雨台得胡以庄卷，疑为先生。"[⑧]曾执教陕西关中书院、江西鹅湖书院、广东学海堂等，著有"《今白华堂文集》六十卷。公所著诗文集外，有《补雅》一卷、《过庭笔记》一卷、《从政笔记》四卷、《眉叟笔记》四卷"[⑨]。徐世昌《晚晴簃诗汇》卷一百十七有其传。

童槐告老返乡后，曾执教于月湖、慈湖书院，致力于研究四明地方方志文献。钱

---

① 徐珂编撰：《清稗类钞·鉴赏类·全谢山藏书于双韭山房》，第9册，中华书局1986年版，第4229页。

② (清)全祖望著：《鲒埼亭集》卷首之(清)董秉纯撰：《年谱》，见王云五主编：《万有文库》第二集(七百种)，(上海)商务印书馆1936年版，第7页。

③ (清)严可均撰：《铁桥漫稿》卷七《全绍衣传》，见《续修四库全书》编纂委员会、复旦大学图书馆古籍部编：《续修四库全书》第1489册，上海古籍出版社2003年版，第27页。

④ (清)严可均撰：《铁桥漫稿》卷七《全绍衣传》，见《续修四库全书》编纂委员会、复旦大学图书馆古籍部编：《续修四库全书》第1489册，上海古籍出版社2003年版，第27页。

⑤ (清)潘衍桐编纂，夏勇、熊湘整理：《两浙輶轩续录》卷二十三《童槐》，第6册，浙江古籍出版社2014年版，第1536—1537页。

⑥ 浙江省通志馆编，浙江省地方志编纂委员会整理：《重修浙江通志稿·著述考》(标点本)，第7册，方志出版社2010年版，第4211—4212页。

⑦ (清)钱振伦撰：《示朴斋骈文续存·通政使司副使童公传》(未刊稿)，见钱仲联主编，苏州大学中文系明清诗文研究室编辑：《明清诗文研究资料辑丛》，吉林文史出版社1990年版，第190—191页。

⑧ 杨钟羲撰集，刘承幹参校：《雪桥诗话三集》卷十，北京古籍出版社1991年版，第410页。

⑨ (清)潘衍桐编纂，夏勇、熊湘整理：《两浙輶轩续录》卷二十三《童槐》，第6册，浙江古籍出版社2014年版，第1536—1537页。

振伦《童公传》云：童公"好学为福，味经得腴。树骨于坚固之林，摅才于宏富之路。早岁官居秘省，熟谙当代典章；暮年则志在名山，殚讨四明文献。自非抱病，未或废书；间遇解官，即闻讲学。探幽揽胜，周游而文益奇；感事忧时，老去而诗倍细。其包涵闳大，根柢盘深"[①]。童槐特别羡慕天一阁藏书之富，尝作诗《天一阁怀范司马》诗云："藏书甲海内，天禄亦取资。文物重乡邦，想见龙鸾姿。还闻列朝宁，挺身抗凶威。南赣洗剧盗，咸慑上将旗。宏奖鉴人伦，鳞附归来时。我生惜太晚，但思借一瓻。"[②]其子童恩云："府君秉质清厚，素少疾病，家居卅载，亲课子孙之外，必手一卷，严寒酷暑皆终日危坐无倦容。"[③]其在月湖（今宁波市海曙区）北岸偃月堤边建有银台第，童槐为"银台第童氏"始祖[④]。道光时童氏改任通政司副使，因通政司别称"银台"，故其宅有"银台第"之称，宅之右有书楼，即得月楼，为藏书处，又有书室今白华堂，以读书课子为乐，"日与书为伴，惜所藏书不详，徒令猜想"[⑤]。

（十二）陈康祺

陈康祺（1840—1890）　字钧堂，一作均堂，号绍士，别号槃园居士，鄞城迎风桥（今宁波市迎凤街）人。张寿镛《鄞县陈钧堂先生墓表》云："先生给谏师也，讳康祺，姓陈，浙江鄞县人。曾祖讳寅；祖讳诏；父讳鉴，字镜山，三代封如先生官。……同治丁卯举于乡，弟清瑞、从弟寿祚、族弟守澜，赓年同岁得举，一时称为盛事。"[⑥]《鄞县通志》载："陈康祺字钧堂，同治十年进士，官刑部员外郎，改江苏昭文、江阴知县。"[⑦]罢官后寓居苏州，以读书、著述自娱。所著"《贻厘经庐笔记》《郎潜纪闻》《大清律例注释》《乡谚证古》《旧雨草堂诗文集》《蓬霜轮雪词》《先型录》《贻令堂家诰》《虞东文告》，总曰《旧雨草堂丛书》"[⑧]。又著有《郎潜纪闻》《燕下乡脞录》《壬癸藏札记》《判牍余沉》，又称之为《郎潜纪闻》初笔、二笔、三笔及四笔。康祺"子恩纶，后改名

---

① （清）钱振伦撰：《示朴斋骈文续存·通政使司副使童公传》（未刊稿），见钱仲联主编，苏州大学中文系明清诗文研究室编辑：《明清诗文研究资料辑丛》，吉林文史出版社1990年版，第190—191页。

② （清）童槐撰：《今白华堂诗录》卷三，见《续修四库全书》编纂委员会、复旦大学图书馆古籍部编：《续修四库全书》第1498册，上海古籍出版社2003年版，第314页。

③ 童恩《显考萼君府君年谱》，见北京图书馆编：《北京图书馆藏珍本年谱丛刊》第134册，北京图书馆出版社1999年版，第439页。

④ 童槐有子六人，其中童华为次子。童华早慧，二十岁即考中进士（二甲），选翰林院庶吉士，入值南书房行走26年，教授嘉庆第五子惠亲王绵愉和光绪帝，终礼部侍郎。童槐第四子童章，出嗣童祥熊。童祥熊光绪九年（1883）中进士，授翰林院编修。故童氏有"一门三进士"之称。童祥熊先后任安徽道台、山东劝业道道台，童家始迁居安徽。

⑤ 参见虞浩旭著：《智者之香——宁波藏书家藏书楼》，宁波出版社2006年版，第81页。

⑥ 张寿镛著：《约园杂著》卷六《鄞县陈钧堂先生墓表》，见《民国丛书》编纂委员会编：《民国丛书》第四编（95），上海书店出版社1996年版。

⑦ 张传宝修，陈训正、马瀛纂：《民国鄞县通志·文献志》人物类第三《文学·陈康祺》，见上海书店出版社编：《中国地方志集成·浙江府县志辑》（17），上海书店出版社2011年版，第132页。

⑧ 张寿镛著：《约园杂著》卷六《鄞县陈钧堂先生墓表》，见《民国丛书》编纂委员会编：《民国丛书》第四编（95），上海书店出版社1996年版。

麟蔚，光绪壬午举人，山东嘉祥，江西彭泽、浮梁县知县”①。

其父陈鉴，字镜三，好藏书，藏书处名曰诒砚室。鄞志载：“迎凤桥陈氏为鄞巨室，陈鉴诒砚室，购书数万卷，以古学为家教。弟政钟，清同治间纂修邑乘，出其藏书以佐考订，有裨文献。鉴子康祺侨寓苏台，建别墅曰洊园，储书亦富。”②康祺“弟清瑞，字清夫，一字颂叔，同治六年补科举人，官内阁中书。与康祺均以文学名，雅好古碑、前贤书画真迹，收藏极富”③。陈康祺受其家族影响甚深，尤嗜读书与藏书。其《郎潜纪闻初笔》自序云：“余家守藏书，性嗜杂览，童丱迄今，废读之日殆可指数。学未小成，辄喜弄翰。弱冠已前，坛坫角逐，摹揣韵格，捃猎华腴，夙所诵习。盖徒以自泽其文，而懵于大义，谬获名誉，旋亦悔之。既又研究训故，温习经谊。举凡乾嘉巨儒，东南耆硕，号为汉学，演邑奥旨者，什九泛览。搜残举碎，时有馔述，憾未能淹贯精博，寻复弃之。甲科通籍，自请为郎，妄意依流平进，枢垣台谏，尚非梦想。顾不可靡所储蓄，备官未闻，乃益练习吏治、兵制、河漕、盐法，寻讨利病，锐意世用。又尝默究天人，静念身世，始生之岁，海上兵起，坟墓之乡，岛夷错居，横流滔天，匪可坐视，则又罗列书史，旁逮杂家，盟聘和战，印证失得，渤澥形险，荒裔记载，敞门人海，目营心维，条件掇拾，牿可玩索。”④陈康祺在《贻令堂家告》记其藏书故实云：“刘君艺兰以一寒士，缩米聚书，凡经子单行善本及宋元以来乡先辈诗文集，收拾极多，吾家藏书十万卷，尚不及其精要。去岁余旋里，尝与君有各出旧藏并几读书之约，岁莫杂感诗所云‘异书互校青藜火，此约明年践得无’即指此也。”⑤据《重修浙江通志》载：“资禀瓌异，工词章，尤熟掌故。以忤权要罢官，侨居苏州，建别墅曰洊园，储书数十万卷，大半经丹黄。搜残举碎，时有撰述。四方贤大夫及问业者，座常满。”⑥

陈康祺除洊园藏书外，又有藏书处为旧雨草堂。其子陈麟蔚手订《壬癸藏剩简目录》，版心有“旧雨草堂”四字。光绪十七年(1891)，麟蔚奉慈返丧，其记云：“乘便舁归储于宅中，凡百有八厨，分贻□莽兄十八厨，给予公范弟十二厨，麟蔚行笈所携四十二厨。本年夏午读礼之余，手订书目二帙。”⑦其书目所载只是旧雨草堂藏书的一部分。卷首有陈麟蔚《壬癸藏剩简目录记》云：“余家世守藏书，先大夫尤笃嗜之，自回翔郎署以□，出宰吴中，俸钱所入，半供插架，古今图籍粲然大备，统计百八十

① 张寿镛著：《约园杂著》卷六《鄞县陈钧堂先生墓表》，见《民国丛书》编纂委员会编：《民国丛书》第四编(95)，上海书店出版社1996年版。

② 骆兆平著：《天一阁杂识》二《书城续记》，上海古籍出版社2016年版，第89页。

③ 张传宝修，陈训正、马瀛纂：《民国鄞县通志·文献志》人物类第三《文学·陈康祺》，见上海书店出版社编：《中国地方志集成·浙江府县志辑》(17)，上海书店出版社2011年版，第132页。

④ (清)陈康祺著，晋石点校：《郎潜纪闻初笔二笔三笔》卷首《郎潜纪闻初笔序》，中华书局1984年版，第3页。

⑤ (清)陈康祺撰：《乡谚证古》末附《贻令堂家告》，民国三十五年(1946)铅印线装本。天一阁有藏。

⑥ 钱仲联主编：《广清碑传集》卷十三《陈康祺传》，苏州大学出版社1999年版，第873页。

⑦ 骆兆平著：《天一阁杂识》二《书城续记》，上海古籍出版社2016年版，第90页。

厨,尝拟构室数楹收储卷帙,仿天一阁之例署曰壬癸藏,乃绌于资而未果行,盖惓惓于此者十余年矣。”“先大夫”为陈康祺,“壬癸藏”即旧雨草堂藏书。《目录》更有钤书印记云:“百年四传万卷储,辛苦曾益痴哉余。子孙世宝璠瑰如,毋令残损饱蠹鱼。耕可无田居无庐,万分不屑鬻祖书。”又据宁波学者骆兆平先生统计:此书目所录经部754种,1482册,6453卷;史部554种,4902册,15259卷;子部581种,1919册,6096卷;集部621种,3046册,8690卷;丛书51种,1500册,5301卷,合计2561种,12849册,41799卷,可见陈康祺藏书之富。

关于陈康祺藏书散佚,二十世纪三四十年代,张寿镛编纂《四明丛书》,宁波众多藏书家纷纷出示所藏乡贤著述以供采辑。冯贞群《编辑四明丛书纪闻》记载,是时旧雨草堂陈氏也在“闻风献书者”之列。此后,旧雨草堂藏书逐渐散佚,书楼因旧城改造而不存。

(十三)陆廷黼

陆廷黼(1835—1921)　初名霞,字渔笙,一字已云,号镇亭山人,鄞县人。同治三年(1864)顺天副贡,同治五年(1866)举人,“同治十年进士,诰授奉政大夫、翰林院编修、提督,甘肃省学政”①。官翰林院编修,尝视学甘肃,为官倡教兴学,口碑甚佳。归后主讲崇实、月湖两书院,造就后学甚众。著有《镇亭山房诗文集》三十卷。

陆廷黼“生平喜蓄书,有书数万卷,颜其室曰镇亭山房。后毁于火,间有流传者,罕见其藏书印”②。据《民国鄞县通志》载:其“镇亭山房藏书亦富,后毁于火灾。民国年间有时还见其书流传”③。与缪荃孙友善,有互赠藏书之谊,光绪三十四年(1908)四月七日缪荃孙记云:“派王成、王妈送春姬赴宁波,带去闰枝信两件、碑目一部,元板《礼经会元》一部、《续碑传集》两部,一赠陆渔笙,又一信;赠盛心泉《文集》一部;赠江咏芝《柳词》、陈定生三种。”④

(十四)董　沛

董　沛(1828—1895)　字孟如,号觉轩,学者称觉轩先生,鄞县人。清“同治六年举人,德宗光绪三年进士,以知县分发江西。历署清江、东乡县。所至修举废坠,甄陶士类,表章前哲,有古循吏风。补建昌,调上饶,以疾解官归”⑤。董沛为官勤敏

① 刘国强主编:《释敬安与湖南》第三章《释敬安师友录·陆廷黼》,湖南省佛教协会;岳阳市佛教协会2006年,第285页。

② 何槐昌《浙江近现代藏书家小传》,见浙江省政协文史资料委员会编:《浙江文史资料选辑》第64辑《史海钩沉》,浙江人民出版社1999年版,第89页

③ 邓大鹏主编,宁波图书馆志编纂委员会编:《宁波图书馆志》卷一《历代藏书楼》,宁波出版社1997年版,第80页。

④ (清)缪荃孙《艺风老人日记·戊申日记(1908年)》,见(清)缪荃孙著,张廷银、朱玉麒主编:《缪荃孙全集·日记二》,凤凰出版社2014年版,第500页。

⑤ 钱仲联主编:《广清碑传集》卷十三《董沛传》,苏州大学出版社1999年版,第873页。

精能，尽心民事。告归后，“历主崇实、辨志书院讲席。所识拔皆一时夕宿”[①]。后继任江西通志馆协辑官，协修《江西通志》一百八十五卷。同治七年（1868）至同治十三年（1874）助徐时栋修成《鄞县志》七十五卷，以钱大昕乾隆志为本，补疏辨误，考证精详。还主修有《慈溪志》五十六卷。董沛“虽以文学名，而其为政，以四语自励曰：‘御下贵严，治狱贵审，催科不求胜于前人，事上不苟同于流俗。’故历宰剧邑，皆著治绩，有循良之称”[②]。徐世昌《晚晴簃诗汇》卷一百七十一有其传。

1.董沛“六一山房”藏书

董沛喜藏书，据董缙祺《府君行状》记云：“府君家世儒学，生具异秉，精爽过人，四岁入塾客，七岁能诗，十一岁学古文，十九补博士弟子，逾年补增生，泛阅四部，遍读家藏书，复求之同县烟屿楼徐氏、抱经楼卢氏、天一阁范氏，继至杭州借文澜阁书阅之，学极淹贯”。[③] 陆廷黻《正谊堂文集序》亦记其“泛阅四部，遍读家藏书”，其“学极淹贯”。云：“吾友董君觉轩，与余同举于乡，先后成进士。出宰江右，其政绩多有可纪。自其少时，已有志于古文之学，发先人藏书数万卷，上自六经旁及历代诸史，下逮百家诸子，与夫杂家小说者，流过目而成于诵，故其文繁称博引，足以达难状之情，而秩然咸中于条理。今取其集读之，知其于吾言必有合也。始，余弱冠后馆陈氏之旧雨草堂，而君馆徐氏之城西草堂。是时，余与陈氏昆季方为科举之学，力务进取。而君与徐柳泉先生习，独好古文，岸然而负异。余尝语之曰：勤一世之力以侥幸于后世不可知之名，君之为古文是也。夫文之传于后者，未有不传以名位而声施远焉者也，且上之所求士与士之所以自待者，将第为后世之名计耶。君用其言，由是稍稍为科举之文，亦遂取科第以去，以循吏称今。”[④]光绪十一年（1885）以疾辞官归里，立志于藏书与讲学，“府君将归，令家人辟园地，筑屋三楹，颜曰‘六一山房’。既至，聚书五万卷，坐卧其中。观察吴公聘主崇实书院。太守胡公、钱公先后聘主辨志书院，课史学，究心甄别，所识拔者皆一时名宿，士论翕然”[⑤]。

董沛学识丰富，知识渊博，利用地方和家中所藏，著书立说，著作丰硕，尤留心地方文献，董缙祺记云：“归之，于前贤著作，尤所留意，全谢山先生《七校水经注》原本，为有力者窃据，乃搜求底稿，重加校勘，谋于观察无锡薛公付梓，复为完璧。辛卯，督学潘公续阮文达《两浙輶轩录》，府君辑《四明嘉道后诗》，凡九百余人上之，以

① 政协瑞安市文史资料委员会编：《瑞安文史资料》第19辑《孙诒让学记（选）》，（香港）天马图书有限公司2000年版，第139页。

② 钱仲联主编：《广清碑传集》卷十三《董沛传》，苏州大学出版社1999年版，第873页。

③ （清）董缙祺《知州衔封朝议大夫江西建昌知县董府君行状》，见（清）缪荃孙纂录：《续碑传集》卷八十一，沈云龙主编：《近代中国史料丛刊》990，台湾文海出版社1973年影印本。

④ （清）董沛《正谊堂文集》卷首《陆廷黻・正谊堂文集序》，见《续修四库全书》编纂委员会、复旦大学图书馆古籍部编：《续修四库全书》第1558册，上海古籍出版社2003年版，第237页。

⑤ （清）董缙祺《知州衔封朝议大夫江西建昌知县董府君行状》，见（清）缪荃孙纂录：《续碑传集》卷八十一，沈云龙主编：《近代中国史料丛刊》990，台湾文海出版社1973年影印本。

局于卷帙，所采仅四百余人。因复辑国初至今，别为《四朝诗》以益前后《輶轩录》所未备，甲午冬月将开雕，将开雕会病作不果。"①其他著述宏富，已刻者《明州系年录》七卷，"《两浙令长考》三卷，自秦汉迄唐季吴越浙中县令皆录其姓名，注其所本，凡八百人，旁洎丞簿官亦二百余人；《甲丁乡试同年录》三卷，府君以丁卯科兼补甲子科举于乡，而他省先有甲子科，最后则以己卯补丁卯是录，自同治三年至光绪五年采各省试录，凡属同年皆书其名籍，计四千余人，可备他日掌故；《甬上宋元诗略》十六卷，采光绪先辈之诗，各注所出，凡二百八十余人，较杲堂先生《耆旧集》宋元两代多至八倍；《若吴平赘言》八卷、《汝东判语》六卷、《南屏赘语》八卷、《晦闇斋笔语》六卷，皆官私文檄为当时所传钞者"②。未刻者"《韩诗笺》六卷、《周官职方解》十二卷、《唐书方镇表考证》二十卷、《竹书纪年拾遗》六卷、《西江靖寇录》六卷、《甬上明诗略》二十四卷、《甬上诗话》十六卷、《六一山房诗集正续》二十卷、《正谊堂文集》二十四卷、《外集》十卷。又拟纂《大戴礼疏》，未成而殁"③。

藏书处除六一山房外，还有正谊堂、晦闇斋。

藏书印有六一山房、鄞六一山房董氏藏书等。

2.六一山房藏书散佚及流布

董沛所藏书遗失于清末，据《鄞县通志·历代本县藏书纪事》记载："其遗书、手稿散失殆尽。今流转于坊肆估贩间者犹可见其印记也。"④

关于董沛藏书流向，据董氏所藏之书多钤有董氏藏书诸印，为后人提供了依据。我们可以透过各家藏书志及笔记等，追根寻源，可略知其藏书流布去向。其中《伏跗室藏书目录》及《抱经楼藏书志》等著录数十种。如沈德寿《抱经楼藏书志》著录董沛所藏之书有清康熙刊本《六壬大全》十三卷，董觉轩旧藏，卷首有"鄞六一山房藏书"印⑤；清聚珍版《文忠集》十六卷《别集类》，杨用霖旧藏，卷首有"六一山房藏书"朱文方印⑥；清聚珍版《攻媿先生文集》一百十二卷，董氏旧藏，卷首有"六一山房藏书"朱文方印、"鄞六一山房董氏藏书"朱文方印⑦；聚珍版《元和郡县志》四十卷，干元仲旧藏，卷首有"六一山房藏书"朱文方印⑧；聚珍版《舆地广记》三十八卷，干元仲

① （清）董缙祺《知州衔封朝议大夫江西建昌知县董府君行状》，见（清）缪荃孙纂录：《续碑传集》卷八十一，沈云龙主编：《近代中国史料丛刊》990，台湾文海出版社1973年影印本。

② （清）董缙祺《知州衔封朝议大夫江西建昌知县董府君行状》，见（清）缪荃孙纂录：《续碑传集》卷八十一，沈云龙主编：《近代中国史料丛刊》990，台湾文海出版社1973年影印本。

③ 徐世昌等编著：《清儒学案》卷一百九十二《籀庼学案·董先生沛》，第8册，中华书局2008年版，第7436页。

④ 郑伟章著：《文献家通考》卷十七，中华书局1999年版，第983页。

⑤ （清）沈德寿撰：《抱经楼藏书志》卷三十八，中华书局1990年版，第424页。

⑥ （清）沈德寿撰：《抱经楼藏书志》卷五十一，中华书局1990年版，第591页。

⑦ （清）沈德寿撰：《抱经楼藏书志》卷五十六，中华书局1990年版，第651页。

⑧ （清）沈德寿撰：《抱经楼藏书志》卷二十四，中华书局1990年版，第261页。

旧藏，卷首有“董氏六一山房藏书”朱文方印[①]；聚珍版《唐语林》八卷，千元仲旧藏，卷中有“六一山房藏书”朱文方印[②]；聚珍版《祠部集》三十五卷，董觉轩旧藏，卷首有“六一山房藏书”朱文方印、“鄞六一山房董氏藏书”朱文方印[③]；旧钞本《雪交亭文集》十二卷，董氏旧藏，卷中有“六一山房藏书”朱文方印、“董氏六一山房藏”朱文文印[④]。

《伏跗室藏书目录》著录董沛藏书有清康熙四十六年（1707）官纂，清刻本《全唐诗》九百卷，有“六一山房藏书”印[⑤]；乾隆十四年（1749）南昌使院刻本《两汉金石记》二十二卷，有“鄞六一山房藏书”印[⑥]；乾隆十七年（1752）白田草堂刻本《朱子年谱》四卷《考异》四卷《附录》二卷，有“六一山房藏书”印[⑦]；嘉庆二年（1797）浙江布政司使谢启昆刻本《钦定胜朝殉节诸臣录》十二卷，有“六一山房藏书”印[⑧]；嘉庆二年至六年（1797—1801）刻本《续资治通鉴》二百二十卷，有“六一山房藏书”印[⑨]；嘉庆十年（1805）经训堂刻本《金石萃编》一百六十卷，有“鄞六一山房藏书”印[⑩]；道光十三年（1833）上湖草堂刻本《疏影楼词》五卷，有“六一山房藏书”印[⑪]；道光十五年（1835）刻本《瞿忠宣集》十卷，有“六一山房藏书”印[⑫]；咸丰八年（1858）有嘉树轩刻本《文献征存录》十卷，有“六一山房藏书”印[⑬]；同治七年（1868）刻本《江西全省舆图》十四卷首一卷，有“吴中顾九茝草堂所藏”“稷侯手校”“六一山房藏书”诸印[⑭]；同治五年至九年（1866—1870）金陵书局刻本《史记集解索隐正义》一百三十卷，有“六一山房藏书”印[⑮]；同治八年（1869）刻本《试律丛话》八卷，有“鄞六一山房董氏藏书”印[⑯]；同治十二年（1873）宜黄官解廨刻本《明通鉴》一百卷，有“六一山房藏书”印[⑰]；同治十三年（1874）江西书局刻本《通鉴纪事本末》二百三十九卷，有“六一山房藏书”印[⑱]；同治十三年（1874）江西书局刻本《宋史纪事本末》一百九卷，有“鄞

① （清）沈德寿撰：《抱经楼藏书志》卷二十四，中华书局1990年版，第264页。
② （清）沈德寿撰：《抱经楼藏书志》卷四十七，中华书局1990年版，第522页。
③ （清）沈德寿撰：《抱经楼藏书志》卷五十三，中华书局1990年版，第522页。
④ （清）沈德寿撰：《抱经楼藏书志》卷六十一，中华书局1990年版，第730页。
⑤ 饶国庆等编：《伏跗室藏书目录·总集类》，宁波出版社2003年版，第463页。
⑥ 饶国庆等编：《伏跗室藏书目录·金石类》，宁波出版社2003年版，第196页。
⑦ 饶国庆等编：《伏跗室藏书目录·传记类》，宁波出版社2003年版，第134页。
⑧ 饶国庆等编：《伏跗室藏书目录·传记类》，宁波出版社2003年版，第123页。
⑨ 饶国庆等编：《伏跗室藏书目录·年类》，宁波出版社2003年版，第97页。
⑩ 饶国庆等编：《伏跗室藏书目录·金石类》，宁波出版社2003年版，第195页。
⑪ 饶国庆等编：《伏跗室藏书目录·词类》，宁波出版社2003年版，第499页。
⑫ 饶国庆等编：《伏跗室藏书目录·明别集类》，宁波出版社2003年版，第358页。
⑬ 饶国庆等编：《伏跗室藏书目录·传记类》，宁波出版社2003年版，第125—126页。
⑭ 饶国庆等编：《伏跗室藏书目录·地理类》，宁波出版社2003年版，第149页。
⑮ 饶国庆等编：《伏跗室藏书目录·传记类》，宁波出版社2003年版，第82页。
⑯ 饶国庆等编：《伏跗室藏书目录·诗文评类》，宁波出版社2003年版，第495页。
⑰ 饶国庆等编：《伏跗室藏书目录·年类》，宁波出版社2003年版，第98页。
⑱ 饶国庆等编：《伏跗室藏书目录·杂史类》，宁波出版社2003年版，第107页。

六一山房藏书”印[①]；同治十三年（1874）慈溪退补斋刻本《宋学士全集》三十二卷《补遗》八卷《附录》二卷，有“六一山房藏书”印[②]；光绪二至三年（1876—1877）味隽斋刻本《晋略》六十六篇，有“六一山房藏书”印[③]；光绪四年（1878）京都龙威阁书坊刻本《小腆纪年附考》二十卷，有“六一山房藏书”印[④]；光绪十二年（1886）刻本《瓶水斋诗集》十六卷《别集》二卷，有“鄞六一山房董氏藏书”印[⑤]；光绪十三年（1887）金陵刻本《西夏纪事本末》三十六卷，有“鄞六一山房董氏藏书”印[⑥]；光绪十三年（1887）铅印本《皇清开国方略》三十二卷，清乾隆三十八年（1773）官撰，有“鄞六一山房董氏藏书”印[⑦]；光绪四明提署刻本《明贤瑶笺》四卷，有“鄞六一山房藏书”印[⑧]；清刻本《南江札记》四卷《江南文钞》四卷，有“六一山房藏书”印[⑨]；清刻本《泽雅堂诗集》六卷《文集》八卷，有“鄞六一山房藏书”印[⑩]。

王重民《中国善本书提要》史部《记传类》有其所藏明嘉靖间刻本《史记题评》一百三十卷，卷内有“六一山房藏书”“鄞六一山房董氏藏书”等印记，为董沛故物，今藏美国国会图书馆。清光绪十年（1884）闽县陈氏刻本《青埵山人诗》十卷，有“鄞六一山房董氏藏书”朱文方印，今藏天一阁博物馆。冯贞群《伏跗室藏书题记》有其旧藏清康熙刻本《兼山堂集》，其先经万学诗、徐时栋递藏[⑪]。

此外，天一阁博物馆还藏有清乾隆武英殿聚珍本《絜斋集》二十四卷，清徐时栋批校并跋，有“六一山房藏书”朱文方印[⑫]；光绪十年（1884）刻本《广烈女传》二十卷，有“六一山房藏书”印[⑬]。

（十五）盛炳纬

盛炳纬（1855—1930）　原名炳耀，字省传，号养园，镇海城区人。其“始祖讳旻，宋建隆二年进士，官工部尚书，封康靖侯，谥肃敏。……父名植型，字蓉洲，咸丰乙卯科举人，丙辰科联捷进士”[⑭]。官湖北安襄郧荆兵备道，“兵备公清节循政播闻中外，

---

① 饶国庆等编：《伏跗室藏书目录·杂史类》，宁波出版社2003年版，第107页。
② 饶国庆等编：《伏跗室藏书目录·明别集类》，宁波出版社2003年版，第352—353页。
③ 饶国庆等编：《伏跗室藏书目录·杂史类》，宁波出版社2003年版，第107页。
④ 饶国庆等编：《伏跗室藏书目录·纪事本末类》，宁波出版社2003年版，第102页。
⑤ 饶国庆等编：《伏跗室藏书目录·清别集类》，宁波出版社2003年版，第419页。
⑥ 饶国庆等编：《伏跗室藏书目录·纪事本末类》，宁波出版社2003年版，第101页。
⑦ 饶国庆等编：《伏跗室藏书目录·年类》，宁波出版社2003年版，第100页。
⑧ 饶国庆等编：《伏跗室藏书目录·总集类》，宁波出版社2003年版，第472页。
⑨ 饶国庆等编：《伏跗室藏书目录·清别集类》，宁波出版社2003年版，第413页。
⑩ 饶国庆等编：《伏跗室藏书目录·清别集类》，宁波出版社2003年版，第436页。
⑪ 耿素丽编：《文献》杂志丛刊1979—1988，第18册，国家图书馆出版社2009年版，第544页。
⑫ 天一阁博物馆编：《别宥斋藏书目录·经史子集·宋别集类》上，宁波出版社2008年版，第398页。
⑬ 天一阁博物馆编：《别宥斋藏书目录·经史子集·总传》上，宁波出版社2008年版，第116页。
⑭ 顾廷龙主编：《清代硃卷集成》第268册《盛炳纬》，台北成文出版社1992年版，第175—176页。

维君绳前烈益发名于时"①。炳纬自幼聪慧,善属文,"光绪己卯举乡试,庚辰成进士,选庶吉士,授编修"②。光绪十一年(1885)督学四川,转督学江西,常勉励诸生研究经史,调各县高才生至省城经训书院肄业。后奉母辞官家居,热心公益事业,与宁波知府程稻村于光绪二十三年(1897)创办储才学堂,后更名为宁波中学堂,并主事达十余年。生平事迹参见袁思亮《前江西学政翰林院编修盛君行状》。

盛炳纬淡名利,尤喜藏书,任翰林院"授编修时,君声名籍甚。顾不务征,遂竞声气。日求书海王村,累十余万卷,夙夜披诵泊如也"。督学江西时"繝所藏书三万卷"③,置于南昌经训书院,以供士子课读。尝"日走海王村,求善本书,储藏甚富。下帷攻苦如未第时。乙酉督学四川,严考核杜冒滥,使署积学吏胥,届六年更替必缴纳顶参费④一人,辄数千金一无所受终任。丁父忧,去官复除,入都,辛卯督学江西。甲午,兼办江西乡试监临官按试,所至辄勉诸生以研究经史,调各邑高材生百数十人,同肄业省城。经训院又捐藏书二三万卷,置院以供探讨。经其识拔后皆知名于世"⑤。归里后,居宁波,购得林氏近性楼,并辟为书房,藏书、读书于其中,因其环境清静幽雅,后世俗称其为"盛氏花厅"。花厅在现海曙区镇明路南端的郁家巷,为区级重点文物保护单位。

(十六)严　修

严　修(1860—1929)　字范孙,别字梦扶,小字玉珏,晚年自号偍屚生,祖籍慈溪,移居天津,今西北城角文昌宫附近有严翰林胡同,即以范孙得名。严修"年十四,补郡庠生。十八,食廪饩。光绪壬午,举于乡。癸未,成进士,改庶吉士,散馆授编修。甲午,大考翰詹列二等,简授贵州学政"⑥。历官学务处总办、学部右侍郎、左侍郎等。假归,里居二年,值国家新制未颁,奏请朝廷,要求废除科举,开办经济特科。宣统三年(1911)曾任袁世凯内阁度支部大臣。辛亥革命后,派充南北议和北方大臣,为参政院参政。入民国后,累命出任教育总长及参政等职,均未就。严修"从政余闲,或行途旅邸,未尝释卷,而匡坐诵读可知。为学好博览,多识前言往行,而不骛

---

① (民国)陈三立《前江西学政翰林院编修盛君家传》,(民国)盛炳纬撰:《养园剩稿》卷首,见《丛书集成续编》集部,第144册,上海书店出版社1994年版,第2页。

② (民国)陈三立《前江西学政翰林院编修盛君家传》,(民国)盛炳纬撰:《养园剩稿》卷首,见《丛书集成续编》集部,第144册,上海书店出版社1994年版,第2页。

③ (民国)盛炳纬撰:《养园剩稿》卷首《陈三立·前江西学政翰林院编修盛君家传》,见《丛书集成续编》集部,第144册,上海书店出版社1994年版,第2页。

④ 按:1901年,清廷命令,改书院为学堂,1902年四川督府设立学务处,督办全川学堂事宜。各属察提庙产富余并革除户粮房典吏"顶参费"(户粮房典吏每五年满役一次,继之者叫"顶参",顶参应交顶参费,大县二、三万两,小县数千两),用以提供办学常费。以上款项全省每年共可得银200万两。

⑤ (民国)董祖义辑:《镇海县新志备稿》卷下《盛炳纬》,见《中国方志丛书·华中地方·第二一九号》,(台北)成文出版社1975年据民国二十年(1931)铅印本影印,第202—203页。

⑥ 卢弼《清故光禄大夫学部左侍郎严公墓碑》,见卞孝萱、唐文权编著:《民国人物碑传集》卷四,凤凰出版社2011年版,第339页。

著作。读经必究训诂，读史不遗表态，凡前代名家专集与宋元明儒学案，罔不寓目，而《近思录》诵尤勤”①。其著述丰硕，今可见者约二十余种，其中手稿甚多。已刊本有《严氏两世事略》《严范孙先生手札》《严范孙注广雅堂诗手稿》《同甲吟草》《严范孙遗墨》等十五种；未刊稿除四十余年所记日记数百万言外，尚有《严范孙文存》《蟫香馆尺牍》《宣统二年奏折》《严范孙先生信函底草》《家信粘存》《寿诗挽联底稿》等多种。又有《严范孙先生自定年谱》，1943 年行世。

严修受其父严克宽②的影响较深，好读书，喜藏书，积藏十余万卷。严修回忆云："吾父好宋五子书，其尤惬意者，则手自钞记，或自缉纸册，或即用方肆通行帐簿，自首至为尾，密行细书，纸尽则迭书于眉端，至无隙地乃已。如是者四十余册，倩他人细书，又十余册。吾父晨起，必朗诵经书或宋五子书两小时，声彻庭外。尤好诵《孟子・陈代章》，余未读《孟子》时，已耳熟此章之词。"③其所藏之书四部大都具备，书类广博，"藏书多实用者"④，虽不是珍本，却是精选刻本。据天津图书馆季秋华先生撰文介绍，严修部分藏书乾隆前共计 86 种，多藏于天津图书馆善本书库。另一部分为普通线装书，亦是严修常阅之书，如《数理精蕴》《九章算术》《代数术》《九数通考》《梅氏丛书》《白芙堂算学丛书》等均为严修精研之书。

其藏书处有蟫香馆、十万卷楼。其藏书多钤有"蟫香馆藏书"印。

严修一生爱书、读书、藏书，将其所藏之书以化私为公的形式，惠泽学林。任督学贵州时，知黔地僻远，士子得书不易，"诸生好学者苦不得书，而余行笥所携，一经出棚，便须束阁，日久丛积，将饱蟫蠹，商诸广文先生，存之学舍，以供多士讽览。虽不能备，聊胜无也"⑤。据《严修年谱》记载，清光绪二十年（1895），"先生出京，轻装简从，惟携书共十四大箱，抵贵阳后，即置学舍"⑥。此次所捐书 65 种，包括经史子集、丛书、类书等，九流四部，应有俱备。清光绪末年，创立天津教育品陈列馆，馆中附设图书室，此为天津最早的官办公众阅览室，严修捐书 1342 部。清光绪三十四年（1908），直隶图书馆开馆，藏书以严修先生原陈列在天津教育品陈列馆的 1342 部，继之，又捐赠图书 1200 余部等，此书后亦归入天津图书馆。民国十三年（1924），严修以《二十四史》及"九通"等数十种，捐赠南开大学图书馆。其门生高凌雯云：先生

① 高凌雯《诰授光禄大夫学部左侍郎严公行状》，见严修自订，高凌雯补，严仁曾增编，王承礼辑注，张平宁参校：《严修年谱》，齐鲁书社 1990 年版，第 485 页。

② 按：严克宽，字仁波，浙江慈溪人。少年治举业，应试未第，遂弃儒业佐父盐业。清同治庚午（1870）任长芦纲总十余年，治事公正持平，热心公益。《天津县新志》载：克宽"年二十三弃举业行盐，以才望推为总商，天津故有善举，向以总商董其役，克宽事必躬亲，不辞劳怨，成效昭然。"

③ 《先父仁波公事略》，见严修自订，高凌雯补，严仁曾增编，王承礼辑注，张平宁参校：《严修年谱》，齐鲁书社 1990 年版，第 16 页。

④ （清）谭卓垣、伦明、王謇等著，徐雁、谭华军译补：《清代藏书楼发展史・续补藏书纪事诗传》，辽宁人民出版社 1988 年版，第 226 页。

⑤ 严修自订，高凌雯补，严仁曾增编：《严修年谱》，齐鲁书社 1990 年版，第 52 页。

⑥ 严修自订，高凌雯补，严仁曾增编：《严修年谱》，齐鲁书社 1990 年版，第 52 页。

“积书充栋,天津图书馆立,捐五万卷实其中,而家尚藏千六百余种之多”[①]。卢弼称:“先生好学沉思,老而弥笃,藏书数万卷,悉归文馆。天津图书馆编目,注严捐二字者,皆蟫香馆旧藏也。”[②]

严修热心教育,任贵州学政四年间,“行部所至,勉士子读书,有熟于经者,使背诵;能无误者,优奖之。发题避纤仄,使得尽言以觇胸肊,随方施教,如课生徒,就省城学古学院,选高才生四十人,住斋肄业,广购书籍,恣其探讨。刊印先贤所著《先正读书诀》《𬨎轩语》《书目问答》,分饷远近,使识门径,辅训告所未及。黔人相庆,以为得贤宗师。减供张,禁需索,其有不足,分俸益之,薄己后人”[③]。辞职后,在天津从教,大力兴办教育,在家中兴办严氏家塾,聘请张伯苓[④]任教,后创办了“民立第一小学堂”“敬业中学”“严氏女学”及各类学校多所。在直隶学务处总办期间,主持建立了天津模范小学、天河师范学堂、北洋师范学堂、直隶女子师范学堂、直隶高等法政学堂等校。1904年偕张伯苓遍游日、美诸国考察教育,归国后致力于创办南开学校,先后创建了南开大学、南开女中、南开小学,成为近代著名的教育家和先驱者。

(十七)王荣商

王荣商(1852—1921)　一作容商,字友莱,镇海人。荣商“苦于学,词艺诗赋治之尤精。光绪八年举于乡,十二年成进士,翰林院庶吉士,十五年授编修,二十年大考升侍讲,二十四年转侍读。尝充顺天乡试同考官,官四川乡试证考官、四川乡试同考官。生平留心学务,疏请地方官广立乡塾,改大学堂总办提调”[⑤]。清祚告终,遂不复出。民国八年(1919)邑设局修志,任总纂,手订大事记和人物传两门,余未及审定而卒。著有《容滕轩诗文集》《蛟川耆旧诗补》等十余种。

王荣商嗜读书,其“年少时,好读《汉书》,奔走衣食,常以自随。稍稍加评点”。通籍后“及至京师,益从观诸家之说,而间参以己意。本纪、诸表,粗有绪端”。所读之书若“能取各本校勘,则善矣”[⑥]。由是搜集书籍,加以珍藏。鄞县黄家鼎曾馈赠残书一稛,凡数百卷,王荣商为此撰《黄俊生赠书记》,文中虽说“余之力不足以聚”,但经过不懈苦心搜集,其家藏书颇丰。其《澧儿生一男志喜》诗中云:“楹书荒闭久,

---

① 高凌雯《诰授光禄大夫学部左侍郎严公行状》,见严修自订,高凌雯补,严仁曾增编,王承礼辑注,张平宁参校:《严修年谱》,齐鲁书社1990年版,第485页。

② 卢弼《清故光禄大夫学部左侍郎严公墓碑》,见严修自订,高凌雯补,严仁曾增编,王承礼辑注,张平宁参校:《严修年谱》,齐鲁书社1990年版,第489页。

③ 高凌雯《诰授光禄大夫学部左侍郎严公行状》,见严修自订,高凌雯补,严仁曾增编,王承礼辑注,张平宁参校:《严修年谱》,齐鲁书社1990年版,第483—484页。

④ 按:张伯苓(1876—1951),名寿春,字伯苓,以字行。直隶省天津府天津县人。清末民初教育家、体育活动家、政治家,南开大学创建人、校长。

⑤ 民国董祖义辑:《镇海县新志备稿》卷下《王荣商》,见《中国方志丛书·华中地方·第二一九号》,(台湾)成文出版社1975年据民国二十年铅印本影印,第184—185页。

⑥ 张舜徽著:《清人文集别录》卷二十二《容滕轩文稿》,中华书局1963年版,第607页。

待尔理残丛。” 骆兆平先生称,王氏“原藏书约二万卷”,至“1972 年尚存数十箱”[①]。王荣商还十分重视乡邦文献整理,“故自弱冠以来,遇里中朋好其先世尝习儒者,往往求访其遗著,以庶几有助于乡邦文献”[②]。继而广搜先贤诗文而辑集为《蛟川耆旧诗补》等文集。

(十八)欧仁衡

欧仁衡(1857—1920)　字叔平,又字月坪,别号随鸥海客,象山西乡人。清光绪元年(1875)恩科举人,光绪十五年(1889)“己丑会试中式一百十三名,钦点主政签分工部”[③],历营缮司兼都水司行走,旋调户部洊升郎中。戊戌变法新政,改官度支部筦榷、田赋二司科长,兼财政处金银库库长,实录馆详校官、统计处帮办、优保道员,分省任用。辛亥革命后,遂归里,闭门读书,不闻国事。在家乡“增先世所立义庄田四百亩,改义塾为小学,创行小轮船,督修文庙。著有《读经卮言》、《延古室文存》二卷、《自怡轩吟草》四卷、《攻阙斋随笔》二卷”[④]。

欧仁衡祖父辈已有藏书,欧仁衡于 1914 年在家乡垟头筑藏书楼,名曰观海楼,“楼分四间,三间放书橱二十余只,一间放书箱,移藏书于其内,禁止闲人出入”[⑤]。观海楼藏书逾万卷,有初版《文献通考》等珍本。抗日战争时期,书籍移藏民家,胜利后返回原址,略有散佚。土改时四门洞开,藏书或丢或烧,无一留存。

(十九)孙　锵

孙　锵(1856—1932)　谱名礼锵,字仲鸣,一字高康,号玉仙,别号砚舫居士,宁波奉化市萧王庙镇建成区青云村人。“乙酉科选拔第一名,癸巳恩科乡试中式第二名,复试一等第五名,会试中式第九十二名,保和殿复试二等,殿试二甲,朝考二等,钦点内阁中书”[⑥],授通议大夫,官至越西厅同知。孙锵任越西期间,兴办教育,如创办“夷学”,吸收彝族青少年入学读书,为其解决生活及书籍费用,举办半日制学校,以解决贫困少年读书。光绪三十二年(1906),官金华府教授。光绪三十四年辞归,寓居杭州。民国初,任浙江省教育会副会长,并在杭州南屏山麓创办“两浙节孝总祠”,任总祠主任。著有《砚舫文钞》《砚舫诗话》等,修撰《越西厅全志》于光绪三十二年刊刻行世。

孙锵一生好聚书,尝“从仁和丁氏借得抄本《剡源集》四卷”[⑦]。又云:孙锵尝校

---

① 骆兆平著:《书城琐记》,上海古籍出版 2000 年版,第 267 页。

② 韩朝阳著:《海濡拾遗》之《人物传记 · 博学翰林王荣商》,宁波出版社 2015 年版,第 95 页。

③ 顾廷龙主编:《清代朱卷集成》第 263 册《欧仁衡》,台北成文出版社 1992 年版,第 82 页。

④ 象山县志编纂委员会编:《象山县志》第五十章《知名人物 · 欧仁衡》,浙江人民出版社 1988 年版,第 629 页。

⑤ 骆兆平著.《书城琐记》上海古籍出版社 2000 年版,第 268 页。

⑥ 顾廷龙主编:《清代硃卷集成》第 80 册《孙锵》,台北成文出版社 1992 年版,第 208 页。

⑦ (元)戴表元著,李军、辛梦霞校点:《戴表元集》附录《序跋 · 剡源佚诗佚文跋》,吉林文史出版社 2008 年版,第 630 页。

印王阳明先生《传习录集评》,时国内惟有武昌江汉书院藏板,且刷印未久,已风靡海内外。孙锵托友人"由日本留学界寄来云井龙雄氏之《传习录》手抄本,观所采用,有井上氏、吉村氏、三轮氏、高濑氏诸说……余于是就图书馆之目,求之其书肆,除井上、春日、高濑诸书各有购获外,又购有三轮希贤之《传习录标注》、佐藤坦之《传习录栏外书》、东敬治之《传习录讲义》与《王阳明要义》,又宫内默藏之《王学指南》、高濑武次郎之《阳明学新论》与《日本之阳明学》,凡一十二种,其所谓《养成谈》《王学阶梯》及《王阳明活眼》等目,则未见者尚多也。六月暑假,余第三子河环归自神户商校,又购有高濑氏新著之《王阳明详传》"①,可见孙锵藏书亦甚富。

孙锵有藏书楼名曰好古山房,其"积书数十箱,庋藏故居进士第(今萧王镇孙氏老大房附近),人称东初墙门。内设'七千卷藏书楼'"②。著名学者俞樾曾为其题额,该书楼实际藏书量竟达 8000 多卷。另收藏画帖甚多,孙氏晚年迁居上海,又于上海爱俪园筑有十二万卷楼,专以收藏古书、字画,所蓄之书皆四库未收秘籍③。

孙锵除藏书,因校刊书籍,抄书亦多。居杭州期间,校刊先贤遗著多种,校刊之书甚精,可称善本。如光绪二十一年辑刊的《剡源佚诗佚文》,孙锵《剡源佚诗佚文跋》云:宜稼堂本"《剡源集》未及编入者也。全集三十卷,四库著录。而吾乡所流传者,独钞本耳。自郁氏开雕,天下承学之士始以得读《剡源集》为快。戊子之秋,余就试杭垣,从仁和丁氏借得抄本《剡源集》四卷,文凡六十余首。内有集外佚文十三首,即昔年附刊《剡源文钞》后者也。嗣又从丁氏借钞剡源佚文诗,则十三首之外,尚多像赞一首,而诗三百余首,裒然一居帙"④。又如尝校印王阳明先生《传习录集评》,其《再版传习录集评序》云:"我去年校印王阳明先生《传习录集评》,其本文惟据武昌江汉书院藏板,刷印未久,颇已风行海内矣。……吾观日本所出之《传习录》,前后卷帙,大都循用旧本次第,仍分上中下三卷,而末卷之附录亦各择要采辑年谱,今并补入,则《明儒学案》之略传亦不复赘焉。世有维持国运,保存国粹之君子,将无于此而加之意耶?中华民国四年腊八前五日,后学奉化孙锵于杭垣南屏重建两浙节孝总祠事务所中。"⑤天一阁藏有明宋濂撰、孙锵增辑《宋文宪公全集》八十卷《年谱》三卷《潜溪录》七卷,此书是清宣统三年孙锵七千卷楼刻本。

关于孙锵藏书,在日本侵华战争期间,日寇入侵后,藏书散失殆尽。

---

① (明)王阳明著,陈恕编校:《王阳明全集》(五)卷三十九《辅录·序跋》,中国书店 2014 年版,第 146 页。

② 邓大鹏主编,宁波图书馆志编纂委员会编:《宁波图书馆志》卷一《历代藏书楼》,宁波出版社 1997 年版,第 76 页。

③ 参见李玉安、黄正雨编著:《中国藏书家通典·近现代》,中国国际文化出版社 2005 年版,第 723 页。

④ (元)戴表元著,李军、辛梦霞校点:《戴表元集》附录《序跋》,吉林文史出版社 2008 年版,第 630 页。

⑤ (明)王阳明著,陈恕编校:《王阳明全集》(五)卷三十九《辅录·序跋》,中国书店 2014 年版,第 146 页。

(二十)章　梫

章　梫(1861—1949)　初名桂馨,字一山,号海游居士、雨隐、抱冬等,世居宁海县海游乡。其“从师受经史,治举子业,遭乱,课徒自给。……补诸生,游学武林,肄业诂经书院。山长俞曲园太史,拔为高材生”①。“乡试中式第九十九名,会试中式第一百八十六名,保和殿试三甲第五十二名,朝考一等第二十名,钦点翰林院庶吉士”②。“由庶吉士授职检讨,历国史馆纂修,实录馆纂修,功臣馆总纂,兼充京师译学馆提调、监督,大学堂经文科提调,邮传部丞参上行走”③。辛亥革命后寓居上海卡德路高照里二十一号,一九四八年迁居杭州,寄居其宗人静轩翁所。章梫“为文春容渊雅,近宋潜溪,而务于考信,不为回枉”④。著述颇丰,“遗稿已梓行者,有《一山文存》十二卷,板捐于浙江图书馆,《王章合刻》若干卷、《一息吟》若干卷、《康熙政要》二十卷。未梓行者,有《旅纶金鉴》六卷、《明遗民传》若干卷。晚年诗文,编次未竣”⑤。译日文《小学校教授学管理法纲要》,校订辑刊《逊志斋集》等。

章梫尤嗜藏书,后因家贫,所藏书部分出售于书商,章乃羹记云:“壬戌,台州水灾,先生客海上,募巨金拯之,全活甚众。海游旧宅颇轩敞,先生曰:‘吾一子,商于外,他日未必归焉。’捐于乡校。藏书以窘于生,后尽售诸书贾,无所惜。太翁尝言,处贫最难,吾耻言贫,不愿人怜我。王玫伯赠诗,有‘釜中无米不言贫’句,人谓先生实录。”⑥惜所藏《旅纶金鉴》六卷,手稿诗文、笔记百数十册,手书对联、屏条、扇面以及收藏的众多名家书画手札,均毁于“文革”期间,印章投弃颐和园后湖。遗物《逊志斋集》,明清两朝出版书一大箱,碑帖四大箱及西安《碑林》全套拓片五十余包,字画数十件,文集的木刻版全套,于1950年由其子章以吴分赠浙江图书馆及浙江博物馆收藏。《康熙政要》抄稿一部及沈曾植诸名家题跋手书一卷,捐赠北京图书馆(今中国国家图书馆)收藏。

(二十一)虞铭新

虞铭新(1879—1944)　又名和钦,字自勋,镇海县人。家居柴桥,名其居曰“莳

---

① 章乃羹《清翰林院检讨学部左丞宁海章先生行状》,见卞孝萱、唐文权编:《辛亥人物碑传集》卷十二,团结出版社1991年版,第636页。

② 顾廷龙主编:《清代硃卷集成》第92册《章梫》,台北成文出版社1992年版,第220页。

③ 章乃羹《清翰林院检讨学部左丞宁海章先生行状》,见卞孝萱、唐文权编:《辛亥人物碑传集》卷十二,团结出版社1991年版,第636—637页。

④ 章乃羹《清翰林院检讨学部左丞宁海章先生行状》,见卞孝萱、唐文权编:《辛亥人物碑传集》卷十二,团结出版社1991年版,第639页。

⑤ 章乃羹《清翰林院检讨学部左丞宁海章先生行状》,见卞孝萱、唐文权编:《辛亥人物碑传集》卷十二,团结出版社1991年版,第639页。

⑥ 章乃羹《清翰林院检讨学部左丞宁海章先生行状》,见卞孝萱、唐文权编:《辛亥人物碑传集》卷十二,团结出版社1991年版,第639页。

熏精舍”,故人称莳熏先生。“父景璜[①],字澹初,以名孝廉居乡授徒。治经以《礼》为本,笃古而自信,睪然有望于古之作者,年三十三,遽以毁卒。和钦幼诵经史百家言,博闻强识,既乃致力格致,慨然以革新学术自任。既与钟观光等,创办科学仪器馆于上海,复东渡日本,习化学,三年毕业回国”[②],“旋入京,应部试,列最优等,诏赐格致科进士。宣统元年,殿试,列一等,钦授翰林院检讨,由学部奏调为图书局理科总编纂。宣统二年,被举为硕学通儒,充资政院候补议员。同年,由农工商部奏调为南洋劝业博览会审查官。归,复在学部复核”[③]。入民国,学部图书局理科总编撰、山西省教育厅厅长、热河省教育厅厅长等职。著述甚富,主要有《有机化学名草》《和钦全集》等。

虞铭新雅好藏书,其弟虞和寅言:“当其十余岁时,所学未偏尚儒术,曾搜集唐、宋诸贤辟老、佛诸说,作《黜惑崇正录》。”至晚年“当其病时,寂居一室,图书塞床,琴瑟悬壁”[④]。侨居上海时,“设华亭书屋,收售古今书籍,其家藏书善本,亦任售去,无所惜。且立润笔单,鬻书画,以自给。值‘八一三’事变,上海沦为战场,国际舞学社及华亭书屋,相继停办。先生更深居简出,日事吟咏”[⑤]。

虞铭新自“少好诗文,老而弥笃,其为诗,沉雄高亢,胎息少陵,曾梓其先人遗著诗文集若干卷,而自梓诗集十六卷。平居好琴擅书法”[⑥]。其《琴镜释疑》序云:“余幼好诗,凡古人之诗无不读;中岁兼好琴,闻有善弹者无不访。晚遇杨子时百,始得操缦之正,而知昔之所习者皆非也。杨子著有《琴镜》一书,择取古谱,定其板、注其音,而于吟猱转数、缓急进退,区别綦详。又恐初学之不易习也,复旁注弦数,使先唱弦拍板,而后人弹焉。故《琴镜》之要有四:日定板、日别吟、日唱弦、日注音,皆自杨子创之,古谱未尝有也。然音正则法严,转多则指繁,初学者病其难,已习者识其拘,余窃忧焉。乃取是四者,训而释之,名曰《琴镜释疑》,书成,呈杨子,杨子善之,为附刻于《琴镜》后。”[⑦]杨宗稷《琴镜补·自序》云:“《离骚》《胡笳》有词之曲最古雅者。惜词与曲分而为二。余既合之,恐其散佚。《胡笳》填词谱初成时,尚觉有十之一二

---

① 按:虞景璜(1862—1893),字澹初,因其读书处叫澹圃,人称澹圃先生,是清光绪八年(1882)举人。著有《澹圃诗文集》《澹圃杂录》《澹圃随笔》《说文琐言》等16种。

② 周利川撰:《虞和钦先生传》,见宁波市政协文史委员会编:《近代报刊上的宁波》第三编《文化与教育·“四明近代人物”选刊》,宁波出版社2016年版,第645页。

③ 虞和寅《亡兄莳熏先生述》,见卞孝萱、唐文权编:《民国人物碑传集》卷八,凤凰出版社2011年版,第501页。

④ 虞和寅《亡兄莳熏先生述》,见卞孝萱、唐文权编:《民国人物碑传集》卷八,凤凰出版社2011年版,第504页。

⑤ 虞和寅《亡兄莳熏先生述》,见卞孝萱、唐文权编:《民国人物碑传集》卷八,凤凰出版社2011年版,第504页。

⑥ 周利川撰:《虞和钦先生传》,见宁波市政协文史委员会编:《近代报刊上的宁波》第三编《文化与教育·“四明近代人物”选刊》,宁波出版社2016年版,第645页。

⑦ 杨宗稷纂辑:《琴学丛书》(14)卷首《虞铭新·琴镜释疑序》,中国书店1994年版,第1—2页。

未尽妥恰。壬戌冬月,余客太原,居虞君和钦园中。适虞君门人叶庋鸿邃于昆曲,善度箫。余与和钦及庋鸿琴箫和歌,逐字审定。于是全曲悉臻美善,是亟宜补《琴镜》所未备者也。”①其“书法精美,尤精魏碑,如《灵庙碑》《爨龙颜碑》字,均集联语成册。人有求之者,无不乐与之书。故海内缙绅之家,时见先生所书之楹联焉”②。

五、清代温州府进士藏书

《清史稿·地理志》载,“温州府:温处道治所。雍正六年,增置玉环厅,领厅一,县五”③。厅一:即玉环;县五:即永嘉、瑞安、乐清、平阳、泰顺。

(一)孙衣言兄弟进士

1.孙衣言与玉海楼藏书

孙衣言(1814—1894)　字劭闻,号琴西,晚号遁叟,瑞安县西北二十五都集善乡之演下(或称岘霞)村人。清“道光庚戌进士,改庶吉士,授编修,历官太仆寺卿”。“琴西庚戌廷试,曾文正读卷深赏之,入直上书房,擢侍读,履兵事。外任监司,所至以廉能自厉,不挠屈于权势。召用仆卿,已逾六十,遂不复出。以著书自娱”。晚年居乡讲学。在乡倡导永嘉经制之学,“补辑《永嘉学案》,编刊陈止斋、叶水心二先生集。平生论学宗宋儒,喜述乡先辈遗闻轶事。诗嗜山谷,所作又清隽之致”④。著有《逊学斋诗文钞》,辑有《瓯海轶闻》《永嘉集内外编》。手写稿《盘谷孙氏家谱》《逸老丛谈》及诗文手稿及日记等,今藏温州市图书馆。生平事迹参见姚永朴《孙太仆家传》。

作为晚清著名藏书楼——瑞安孙氏玉海楼创始者孙衣言,其出身于藏书世家,祖父孙祖铎“好聚图籍”,有藏书楼名为诒善堂。孙氏承其祖风,好藏书。自同治七年(1868)迄光绪五年(1879),历官江南盐法道,安徽按察使,湖北、江宁布政使,期间购求大量故家遗书。光绪五年(1879)以冏卿内召,有引退之意,是年十月十六日抵家。其“归装惟有缥缃甚富。盖自同治戊辰,衣言复出为监司江南,清俸节余,辄命诒让购求善本经籍。力不能得者,或假校异同,未有刻本者,则传写副帙,累十余年,积数万卷。时玉海楼未建,暂庋于诒善祠塾东之逊学斋。道、咸以来,瑞安藏书人家稍著者,有项雁湖霁之水仙亭及其弟几山傅霖之株树楼等。至是逊学斋插架之

---

① 杨宗稷纂辑:《琴学丛书》(9)卷首《琴镜补自序》,中国书店1994年版,第3页。

② 虞和寅《亡兄莳熏先生述》,见卞孝萱、唐文权编:《民国人物碑传集》卷八,凤凰出版社2011年版,第505页。

③ 赵尔巽等撰:《清史稿》卷六十五《志四十·地理十二·浙江》,第8册,中华书局1976年版,第2147页。

④ 徐世昌辑:《晚晴簃诗汇》卷一百五十《孙衣言》,见《续修四库全书》编纂委员会、复旦大学图书馆古籍部编:《续修四库全书》第1632册,上海古籍出版社2003年版,434页。

盛，乃称冠于温州一郡矣”①。其《玉海楼藏书记》记其藏书亦详：“宋时，深宁王先生，以词科官至法从。生平博极群书，著书至六百余卷。其最巨者为《玉海》二百卷。‘玉海’云者，言其为世宝贵，而无所不备也。予家自先大父资政府君，隐居种学，好聚图籍，儿时见先世旧藏，多前朝善本，丹黄殆遍，经乱无复存者。予初官翰林，稍益购书，以禄薄不能尽如所欲。同治戊辰，复为监司金陵，东南寇乱之余，故家遗书，往往散出，而海东舶来，且有中土所未见者。次儿诒让，亦颇知好书，乃令恣意购求。十余年间，遂致书约八九万卷。虽视深宁所见，未能十之四五，然颇自谓富矣”②。

藏书读书处，在瑞安城北门宋都桥南邵屿诒善祠塾，其东有逊学斋，莫友芝题篆匾额。光绪十四年(1888)春，孙衣言于城东虞池金带桥北建楼，因“旧居褊隘，苦不能容。今年春，为次儿卜筑河上，乃于金带桥北，别筑大楼，南北相向各五楹，专为藏书读书之所，尽徙旧藏，庋之楼上；所刊《永嘉丛书》四千余版，列置楼下，以便摹印。因取深宁叟所以名书者，以名斯楼，手书榜以表之”③。因极推崇宋代学者王应麟，尤为羡慕《玉海》二百卷，遂名其藏书楼为玉海楼，由潘祖荫书写额名。

藏书印有瑞安孙氏逊学斋藏书记、逊学斋考藏图籍等。

有《晒书目录》，著录图书一千五十二种，约一万三千册，现藏温州市图书馆。杨仲渔、何子浚为之编有《逊学斋书目》四册。

孙衣言亦好刻书，所刻《永嘉丛书》四十八册十种，多为罕传秘籍，校勘刻印精雅。

(1)玉海楼藏书来源

其一，购藏。据《玉海楼善本书目》所载，其时故家散出之书或多或少为其购得者，主要有四明范氏天一阁、绍兴祁氏澹生堂、会稽钮石溪世学楼、常熟毛氏汲古阁、钱氏绛云楼、长洲顾苓云阳草堂、金陵黄虞稷千顷堂、元和顾广圻思适斋、吴县黄丕烈士礼居、长洲汪士钟艺芸书舍、仁和卢文弨抱经堂、海宁吴骞拜经楼、陈鳣向山阁、歙县(歙县籍，桐乡人)鲍廷博知不足斋、长洲吴铨璜川书屋、钱塘吴焯瓶花斋、海盐马玉堂汉唐斋、新登罗以智吉祥宝、海盐马思赞道古楼、秀水朱光炘泽存楼、江都秦恩复石研斋、昭文张文虎爱日精庐及常熟秦四麟、泰兴季振宜、秀水曹溶、嘉兴王鸣盛、萧山汪辉祖、宝应成蓉镜、绍兴陆成栋、祥符周星贻、仁和邵懿辰、海陵张文梓、钱塘何元锡，等等。此外，尚有郭兰石、蒋子后、徐竹友、袁漱六、袁又恺、章紫伯等数十家。所得诸家之书，均钤有收藏印记。据张宪文先生撰文言：“凡得宋刻本《尹文子》《增广注释音辨唐柳先生文集》《客亭类稿》《新编方舆胜览》，元刻本《新唐书》《通鉴地理通释》《吕氏春秋》《乐府诗集》《国朝(元)文类》及影宋钞本《乖崖先生文

① 孙延钊撰，徐和雍、周立人整理：《孙衣言孙诒让父子年谱》，上海社会科学院出版社2003年版，第175页。

② (清)孙衣言撰：《玉海楼藏书记》，见潘猛补编：《温州历史文选》，作家出版社1998年版，第248页。

③ (清)孙衣言撰：《玉海楼藏书记》，见潘猛补编：《温州历史文选》，作家出版社1998年版，第248页。

集》《吴郡乐圃朱先生遗稿》等几十种。”[①]孙氏父子在求书中还特别注意搜集各名家批校本及未刊稿本，“如所得罗以智校本即有旧钞本《周易图说》二卷、嘉靖本《高士传》三卷、明刊本《华阳国志》十二卷等十四种及手稿本《宋太学石经考》《金石综例跋》《蔡中郎集举正》等三种”[②]。其得书经过，见《逊学斋文钞》、孙诒让所作书跋及延钊先生所编之《先征君籀公年谱》。

其二，抄录。孙衣言宦游京师期间，抄录阁本及诸家书藏。如咸丰间，孙衣言久官翰林，得觇中秘，簿书之余，间多抄录副本以藏之。同治七年(1868)，在京师借抄钱桂森藏书，得世罕传本之宋刘安上《刘给谏文集》、刘安节《左史集》、许景衡《横塘集》、周行己《浮址集》、薛季宣《浪语集》、许及之《涉斋集》、叶适《习学记言》《水心文集》、戴栩《浣川集》、刘黻《蒙川遗稿》，元王执中《针灸资生经》，明吴彦匡《花史》等书。孙氏自撰《逊学斋文续钞》，卷三有《玉海楼藏书记》。如孙衣言所抄本版心钤有“诒善祠塾钞本”六字，逊学斋钞本版心钤有“逊学斋校录”五字等。

(2)玉海楼藏书特色与传承

孙衣言又勤于抄录校勘，入藏之书多善本秘籍，由名家校勘批校甚多，尤以乡邦文献及先贤遗著为藏书特色。玉海楼藏书中以搜辑温州乡哲著述最全，宋元乡哲遗著即达三百种，其中不少抄自旧家谱牒。孙衣言云：“宋时吾乡前辈，皆能读书善著述，年久率多亡佚，其幸而存者，仅有秘府著录，人间绝少传本，乡人士往往不得见之。”[③]光绪三年(1877)，孙诒让随父宦江宁时，撰《征访温州遗书约》记其父搜求下迄明、清之乡贤遗著，谓：“家君纡绶名藩，殚心乡学，闵遗文之就坠，惜业之不昌，簿书之暇，不废丹铅，舟车所至，即增卷帙。……诒让仰承庭诰，博访奇觚……觊以广业甄微，拾遗补艺……吾乡文献，二百年来，散佚殆尽。无论宋元旧籍，百不存一；即前明及国初诸老所著，亦大半无传。其幸存者，多系旧椠秘抄，单本孤行，最易湮坠。更数百载，恐益无从采辑，甚可惜也。兹欲广为搜罗，以钩沉补逸。凡遇先哲著述，片纸只字罔不收拾。诸家倘有储藏，不论时代远近，卷帙多寡，均祈惠示，俾得抄存复本，甄其精良校椽，以广流传。”[④]据张宪文先生云：“现见玉海楼之原弆，仅仅有极少数加盖‘瑞安孙氏逊学斋藏书记’‘逊学斋考藏图籍’之阳篆方印，其余，即使是善本，甚至珍本、孤本，也很少留藏印记。惟乡贤之抄稿本，则卷面均有孙衣言手书之

---

① 张宪文:《瑞安孙氏玉海楼书藏考》,见陈翔华主编:《文献》1988 年第 3 期,书目文献出版社 1988 年版,第 190 页。

② 张宪文:《瑞安孙氏玉海楼书藏考》,见陈翔华主编:《文献》1988 年第 3 期,书目文献出版社 1988 年版,第 190 页。

③ (清)孙衣言撰:《逊学斋文续钞》卷　《记永嘉佚书》,见《清代诗文集汇编》编纂委员会编:《清代诗文集汇编》662,上海古籍出版社 2010 年版,第 549 页。

④ 中国人民政治协商会议浙江省温州市委员会文史资料委员会:温州文史资料(第五辑)《张宪文·孙诒让遗文辑存》,《征访温州遗书约》,浙江人民出版社 1990 年版,第 202 页。

书目、著者及乡里之标志。”[①]孙延钊特编有《瑞安孙氏玉海楼温州先哲著书目录》。黄云眉先生总结孙氏三代人玉海楼藏书特色甚详：

玉海楼创于清儒孙衣言琴西太仆，迨今垂七十余年，太仆子诒让征君，尽发楼中所藏，潜心著述，遂为皖派朴学之最后大师。太仆初官翰林，以禄薄不能尽如所欲购书，同治戊辰，复为监司金陵，时当东南丧乱之余，故家遗书，往往散出，而海舶东来，且有中土所未见者，征君以著述故，又恣意购求，十余年间，致书八九万卷。慕宋时深宁王应麟生平博极群书，著书至六百余卷，其最巨者为《玉海》二百卷，‘玉海’云者，言其为世宝贵，而又无所不备也。乃取深宁所以名书者名为玉海楼。复于宅边金带桥北别建大楼，南北相向各五楹，专为藏书读书之所，而以所刊永嘉丛书四千余版，列置楼下，以便摹印。楼中书籍，尽照《四库全书》之例，各按经史子集，纂成书目，每书之册数卷数，刊刻年月，钞本曾经何人收藏？何人批阅批校？有何题跋印章？皆一一载明。太仆并亲订藏书规约十六条。其约之严，有同四明天一阁，故能保存久远。然乡里后生，有读书之志，而能无缪其约，皆可以入其庐，读其书，盖太仆已谓天下之宝，我固不欲为一家之储也。太仆生平殚心文献，每观往哲遗书，必广讨旁搜，不遗余力。征君承父志，成《温州经籍志》，乃有博访奇觚之约，约后附刊当时收藏书目著于录者百八十部。而近来孟晋先生名延钊（诒让子）又尽发玉海楼庋箧，见有关桑梓文籍，别为目录，成瑞安孙氏玉海楼藏温州乡先哲遗书目录，凡得四百六十部，辄依类增编，略加校注，盖其书采获于作约之后，或一书数本，而原目仅列其一者，于此罔弗具焉。据孟晋先生自跋，谓以先世所蓄为限，比岁自置之乡先哲遗著尚不收云。可见其繁富矣。就中特可观者：有明刊本三十二种，明写本二种，钞本二百十种，稿本十种，传钞稿一种，日本刊本一种。以部类分，凡经部二十八种，史部五十二种，子部五十种，集部二百二十一种。大率多经先贤批校。至此目特色，除集部特富善本，写本之夥颐，尤属稀有。如明万历乙巳永嘉王光蕴等修《温州府志》原刊本共十六卷六册，《康熙瑞县志》十卷四册，北平图书馆仅存残本，而楼中所庋竟完善无恙。至于明永嘉张孚敬《文忠公集》及宋叶适《学习记言》二善本，亦属罕见。略要之此四百六十种之中，有向未剞劂者，有雕镌已久印本渐稀者，有曾经太仆征君手校为世人所未睹者，有经名家收藏印章尚新者，若斯之伦，宜甄辑而共谋所以广其传，讵宜长扃于玉海楼之秘笈耶[②]！

---

① 张宪文：《瑞安孙氏玉海楼书藏考》，见陈翔华主编：《文献》1988年第3期，书目文献出版社1988年版，第198—199页。

② 黄云眉著：《史学杂稿续存·解放前公私图籍之聚散概况》，齐鲁书社1980年版，第142—144页。

孙衣言所藏之书由次子孙诒让[①]继承,诒让子延钊[②]及孙皆嗜藏书。

据《清史稿》称,孙诒让“初读《汉学师承记》及《皇清经解》,渐窥通儒治经、史、小学家法。谓古子、群经,有三代文字之通假,有秦、汉篆隶之变迁,有魏、晋正草之混淆,有六朝、唐人俗书之流失,有宋、元、明校雠之羼改。匡违捃佚,必有谊据,先成《札移》十二卷”[③]。诒让继承其父孙依言之玉海楼藏书几近十万卷,孙延钊《籀公年谱》卷八记述了宣统三年(1911)孙氏后人曝书之事,记云:“夏秋之间,延晌、延炯等检曝玉海楼遗藏全部,略作统计,古籍计经部有三千七百二十五册,史部有一万另二百三十四册,子部有二千七百十二册,集部有四千五百十五册,丛书六千九百九十三册。都二万八千一百七十九册。此外,有新书(按:指铅印石印诸本,多为新学东来后之出版物)二千六百四十三册,杂志二十九种,一千四百七十七册,报纸十一种,合订为二百另五册。”[④]孙氏全藏连新书在内,共为书三万二千六百另四册,可云富矣。

有《经微室书目》一册,著录983种,12421册,现藏温州市图书馆。《玉海楼善本书目》二卷,著录533种,有宋版4种,元版7种,明版155种,其余皆影钞本、明钞本、精钞本,批校本尤多,手稿本13种,玉海楼以批校本著称于世。是目现存玉海楼。《瑞安孙氏玉海楼藏书目录》两册,著录约两千余种。

孙诒让殁后,“玉海楼牙签锦轴之藏,端赖延钊笃守珍护,得以无恙,百城之拥,弥足津逮后,甄微广艺”[⑤]。延钊承其家学,故其藏书特多钞本和批校本,富于学术研究价值,“穷年矻矻,惟整理先著并阐述地方文献是务”[⑥]。编有《玉海楼丛书细目》五册,现藏温州市图书馆。编有《瑞安孙氏玉海楼藏温州乡贤遗书目》,《浙江图书馆馆刊》第四卷第二期单行排印本。

中华人民共和国成立前后,延钊先生举楼藏分别捐赠给原浙江大学文学院和温州市图书馆,玉海楼的私家珍秘,遂归国家所有。1974年孙延钊复将随身珍藏多年的先人遗泽及自著手稿赠温州市图书馆。又将宋刊《尹文子》等书捐赠北京图书馆

---

① 按:孙诒让(1848—1908),字仲容,号籀庼,瑞安县人。藏书家。同治六年(1867)举人,光绪元年(1875)官刑部主事,旋引疾归。后辞官归里,家居三十载,潜心撰述,守护其父藏书,其藏书读书处除玉海楼、逊学斋外,尚有经微室、述旧斋、掸艺宦、邵屿山房、盘古谷堂等,另有百晋陶斋,藏温州晋宋以来古砖百种;五凤砖研斋,藏嘉兴姚氏旧藏汉五凤砖研。甲午战争之后,致力于兴办学校,先后创办算学书院、瑞安方言馆,创筹温州府学堂,并提倡女学,且从事实业于乡曲。是晚清的朴学宗师,也是戊戌前后著名的维新人物。《清史稿》卷四百八十三《列传二百六十九·儒林三》有其传。

② 按:孙衣言孙延钊(1893—1983),字孟晋,瑞安县人。为孙氏玉海楼第三代主人。早岁游学京师,曾任温州籀园图书馆和浙江图书馆馆长,浙江通志馆编纂,文史馆馆员。有《先祖考太仆公年谱》十卷、《先征君籀公年谱》八卷,著有《艺宦室检书小志》《重修浙江人物传稿》《温州历代学人表》《瑞安五黄先生系年合谱》等数十种。

③ 赵尔巽等撰:《清史稿》卷四百八十二《列传二百六十九·孙诒让传》,第43册,中华书局1976年版,第13302—13303页。

④ 孙延钊撰,徐和雍、周立人整理:《孙衣言孙诒让父子年谱》,上海社会科学院出版社2003年版。

⑤ 宋炎:《记瑞安孙氏玉海楼藏书及其与两浙人文之关系》,《图书展望》复刊第五期。

⑥ 张宪文著:《仰云楼文录》,(香港)天马图书有限公司2000年版,第110页。

(今中国国家图书馆)。

孙氏玉海楼创建于清光绪十四年(1888),历经三代一百年,现玉海楼之建筑尚保存完好,为浙江省文物保护单位,而其藏书则已非玉海楼之旧。

2.孙锵鸣与海日楼藏书

孙锵鸣(1817—1900)　字绍甫,号蕖田,晚号止园、止庵,瑞安人。孙衣言弟。孙诒让《先仲父侍郎公行述》:"先仲父侍郎公,天资亮直,神仪明秀,少与先父太仆公同就傅。先王父赠资政公督课之至严。道光癸巳,甫弱冠,与太仆公同受知学使新城陈侍郎用光,入县学。乙未,举浙江乡试。辛丑,成进士,入翰林。甲辰散馆授编修。丁未会试,充同考官,得士最盛,若侯官沈文肃、合肥李文忠,其尤著者也。己酉,充广西乡试正考官,旋留督学政。文宗御宇,以曾文正疏开经筵,未几复罢。公疏陈经筵有裨圣学,不当甫行旋止。疏语极切至,上意深为之动,召见华阳卓文端相国,垂询年貌、仕履甚悉。盖公之渥受简眷自此始。"[①]咸丰六年(1856)"丙辰擢侍讲。时太仆公亦以侍讲直上书房,兄弟同官馆阁,以为佳话。寻转侍读,擢左右庶子、侍讲学士"[②]。尝疏陈时政,严劾穆彰阿,人推其敢言。既罢归,家居四十年,不一至都门,"杜门撰述,笃志宋永嘉诸儒之学以启迪后进。凡郡邑贤士执经拜门下,即亲为教授,开明谆悉,士俗为之大变。李文忠抚吴,请主讲紫阳书院。沈文肃督两江,请主讲钟山、惜阴两书院,又历主上海龙门、求志,苏州正谊及本郡中山、玉尺、龙湖诸讲席,门下著录前后数千人,其显名当世者甚众"[③]。瑞安黄绍箕、黄绍第、孙诒燕,黄岩杨晨等均为瑞安从学之士。著有《止庵读书记》《吕氏春秋高注补正》《海日楼诗文集》《浮沚年谱》《止斋年谱》等数种,绝精审,又以乡先达家敬轩编修希旦所著《礼记集解训释》精博,手自校刊行世[④]。生平事迹参见缪荃孙《清故侍郎翰林院侍读学士孙先生墓碑》。

孙锵鸣雅好藏书,"生平嗜学,至老不倦,尤善书。书得东坡神髓,每日晨兴,率临二百字,虽甚寒暑,未尝或间。经史诸子皆手自点勘,丹黄杂沓"[⑤]。尤喜搜集乡哲遗著,均加题跋,晚年与兄孙衣言共治乡邦文献,成绩卓著。所筑藏书楼名曰海日楼,其藏书仅次于仲兄衣言之玉海楼。

(二)黄体芳父子进士

清道咸间,温州文献藏家有三家,其一即为黄氏父子进士之蔘绥阁,以精椠称。

---

① 见温州博物馆藏原件。参张编《孙诒让遗文辑存》第269—272页。(录自《经微室遗集》)。

② (清)孙锵鸣撰,胡珠生编注:《孙锵鸣集》附录上《孙诒让·先仲父侍郎公行述》,下册,上海社会科学院出版社2003年版,第710—711页。

③ (清)孙锵鸣撰,胡珠生编注:《孙锵鸣集》附录上《孙诒让·先仲父侍郎公行述》,下册,上海社会科学院出版社2003年版,第712页。

④ (清)孙锵鸣撰,胡珠生编注:《孙锵鸣集》附录上《孙诒让·先仲父侍郎公行述》,下册,上海社会科学院出版社2003年版,第712页。

⑤ (清)孙锵鸣撰,胡珠生编注:《孙锵鸣集》附录上《孙诒让·先仲父侍郎公行述》,下册,上海社会科学院出版社2003年版,第712页。

黄体芳(1832—1899)　字漱兰,号莼隐,别署瘦楠、东瓯憨山老人,瑞安县人,人称“瑞安先生”。清咸丰元年(1851)举人,“同治二年进士,选庶吉士,授编修。日探讨掌故,慨然有经世志。累迁侍读学士”①。同治“七年,迁内阁学士,督江苏学政。明年,授兵部左侍郎。中法事起,建索还琉球、经画越南议。十一年,还京,劾李鸿章治兵无效,请敕曾纪泽澨归练师,忤旨,左迁通政使。两署左副都御史”②。是同治、光绪年间清流派的重要代表人物,与张之洞、张佩纶、宝廷并称为“翰林四谏”。《晚晴簃诗汇》称:“漱兰朴学清修,尤以敢言著声。视学江苏,创南菁书院,集诸郡邑高材生肄业其中。晚岁迭主信陵、敬敷讲席。”③光绪二十一年(1895)归居瑞安,次年醵金筑话桑楼(后改名飞支阁)于小东门外莲湖左侧,为地方文士雅集之所。著述多部存稿,后人掇拾仅有《江南征书文牍》《司铎箴言》《漱兰诗辑》三种。《清史列传》卷五十八《新辨大臣传二》有其传。

黄绍箕(1854—1907)　黄体芳子。一作绍基,字仲弢,父亡后更字鲜庵,又号漫庵、潞舸、穆琴等,瑞安县罗阳镇人。清“光绪六年进士,以编修典试湖北。晋侍讲,擢庶子。京师立大学堂,充总办。究心东西邦学制,手订章条。迁侍读学士。历充编书局、译书局监督。出为湖北提学使。东渡日本,与其邦人士论孔教,辄心折。归,未几,卒”④。步入政坛后的黄绍箕,继承父辈清流遗风,同沈曾植、张謇等人被称为“后清流”,致力于经世致用之学。康有为未遇时,绍箕力为延誉,及戊戌政变作,绍箕闻信,奔告有为,遂脱于难。嗣为荣禄所恶,告归。寻起为湖北提学使,卒官。黄绍箕自幼仰承父训,于书无所不览,工骈体文。金石书画,皆精于鉴别,妙擅篆籀。其学识宏通,海内共仰,与孙诒让有“二仲”之目。撰有《乡土志例目》及《汉书艺文志辑略》《楚词补注》等,均因病未能成书。著有《鲜庵遗稿》《中国教育史》《广艺舟双楫评语》等,其诗文后编为《蔘绥阁文集》《潞舸词》等传世。墓在潘埭盖竹山。

1.黄氏父子与蔘绥阁藏书

黄体芳“喜藏书,多诗文。自幼仰承父训,于书无所不览,嗜蓄旧椠,精于鉴别,与缪荃孙、王懿荣、盛昱等藏书家往来甚密”⑤。黄体芳藏书以精椠本著称,其藏书处为蔘绥阁。张之洞致函黄体芳云:“‘《方言》“蔘绥”两字甚佳。尊意何为病之?

---

① 赵尔巽等撰:《清史稿》卷四百四十四《列传二百三十一·黄体芳传》,第41册,中华书局1976年版,第12449页。

② 赵尔巽等撰:《清史稿》卷四百四十四《列传二百三十一·黄体芳传》,第41册,中华书局1976年版,第12450—12451页。

③ 徐世昌辑:《晚晴簃诗汇》卷一百六十一《黄体芳》,见《续修四库全书》编纂委员会、复旦大学图书馆古籍部编:《续修四库全书》第1632册,上海古籍出版社2002年版,第614页。

④ 赵尔巽等撰:《清史稿》卷四百四十四《列传二百三十一·黄体芳子绍箕》,第41册,中华书局1976年版,第12451页。

⑤ 李玉安、黄正雨编著:《中国藏书家通典·近现代》,中国国际文化出版社2005年版,第721页。

但两字连用，其义方显，似不必用别号，拟为公题一斋馆，名曰蓼绥阁，令世人以之对广雅堂，岂不极妙？并当为撰《蓼绥阁记》，兼书一匾呈教。公元有憨山别号，其超逸，大似唐宋高僧，何不仍用之乎？'录之以见蓼绥阁命名之缘起，亦藏书家一掌故也。"①

其子黄绍箕为清末著名目录学家，与孙诒让、项霁称瑞安藏书三大家。《清史稿》称黄体芳"子绍箕、绍第，并能承家学，而绍箕尤赡雅"②。

黄绍箕一生究心经史百家，学问广博精深，对古今学派流别，深有研究。诗文、书法造诣甚高，精金石书画鉴赏。尤嗜藏书，"储蓄旧椠，视若性命，宦辙所经，辄以收罗古金石为事，颇得秘本，会稽何竟山所藏，大半归其所有"③。光绪九年(1883)，收购了袁方瑛④卧雪斋的部分藏书。袁方瑛湖南湘潭人，字漱六。与朱学勤、丁日昌并称，藏书之富足与瞿绍基恬裕斋、陆心源皕宋楼、杨以增海源阁相匹敌。官京师时，"与盛昱、李文田、江标、费念慈、王颂蔚、王懿荣诸人，当时以治金文学名于京师，因潘祖荫收藏的先秦铜器最富，且大都为积古斋、筠清馆所未著录，故他们经常雅集潘氏书斋，摩挲彝器，考证铭文"⑤。又常去琉璃厂，见有所好，即捆载而归。据俞天舒《黄绍箕先生年谱》记载：光绪十一年(1885)十二月购得宋刻本司马光《资治通鉴》残帙；光绪十四年六月，于厂市以银二百两购得宋刻《文选》一部；光绪十五年，得《明世宗实录》钞本，又得潘咏《宁寿古鉴》稿本；光绪十六年购得元刻郭茂倩《乐府诗集》；光绪十七年，从厂市购得丹邱道人何白(乐清人)临《怀仁集王圣教序》书谱；光绪二十九年得宋刻本《风俗通义》一部，书眉有朱筠校语与印记⑥。

温州市图书馆藏有杨嘉辑《黄氏蓼绥阁旧本书目》及孙延畛辑《蓼绥阁书目》四卷，又陈准编《瑞安黄氏蓼绥阁藏书目》，著录图书千余种，刊于《图书馆学季刊》第四卷。

黄氏家族的藏书楼位于瑞安市区小沙巷九曲弄，占地面积约 820 平方米，建筑

---

① 叶景葵著，顾廷龙编：《卷盦书跋古文尚书》，古典文学出版社 1957 年版，第 4 页。

② 赵尔巽等撰：《清史稿》卷四百四十四《列传二百三十一·黄体芳子绍箕》，第 41 册，中华书局 1976 年版，第 12451 页。

③ 杨作雨《瑞安藏书家》，见政协瑞安市文史资料委员会：《瑞安文史资料》第 7 辑，瑞安市文史资料委员 1996 年，第 27 页。

④ 按：袁芳瑛(约 1811—1859)，谱名袁世矿，字挹群，号伯刍，一号漱六。清著名藏书家。湖南长沙人。道光二十五年(1845)进士，散馆，授翰林院编修，充国史馆协修，实录馆协修纂修官，擢陕西道监察御史，官至苏州知府、松江知府。卒赠正二品资政大夫。袁芳瑛一生工书善文，酷好收藏书籍，为晚清著名藏书家，所藏十分之三得自孙星衍旧藏。晚清著名学者李盛铎称袁氏藏书之盛为"二百年所未有"，可见其藏书之多。北京大学图书馆因收藏有湘潭袁家流出来的众多善本，至今被认为是中国古籍善本之亚。可见"卧雪斋"藏书之品质。

⑤ 俞天舒《黄绍箕先生年谱》，见《瑞安文史资料》第 17 辑，政协瑞安市文史资料委员会 1998 年，第 370 页。

⑥ 俞天舒《黄绍箕先生年谱》，见《瑞安文史资料》第 17 辑，政协瑞安市文史资料委员会 1998 年，第 367—370、379 页。

面积595平方米。藏书楼以“蔘绥阁”命名，典出汉代扬雄《方言》：“荆扬之间，凡言广大者谓之恒概，东瓯之间谓之蔘绥”，取藏书宏富之意。

黄氏蔘绥阁与孙诒让玉海楼、项雾水仙亭并称浙南三大藏书楼。

藏书印有蔘绥阁藏，瑞安仲弢。

2.蔘绥阁藏书特色及留存

黄绍箕的蔘绥阁藏书特色有三种：其一，多藏宋元明善本。邑人杨嘉所辑《蔘绥阁旧本目录》，仅录其藏书一百多种，皆为宋椠元刻，明刊及日本刊本，计宋刊8种，元刊11种，明刊本80多种、日本刊8种，共计三千八百多卷[①]。其中宋版《王公四六话》《四六谈麈》《文房四友除授集》《樵渔对问》《前定录》《国老谈苑》《书史》俱百川学海本。明成化影宋本《尚书正义》、元文二年刊本慧琳《一切经音义》、延亨二年刻本《希麟一切经音义》等日本刊本，光绪三十二年(1906)六月黄绍箕受派赴日本考察学务时在日本购得，十分珍贵。又据张宋廎所述，“乃其散亡之余，盖善本中仅得十分之一二耳”。据此推断，蔘绥阁善本庋藏，当在两三万之间，蔘绥阁善本庋藏未必逊于玉海楼善本，或为有据之论[②]。

其二，据温州市图书馆谢智勇先生撰文介绍，黄氏收藏地方志有一定规模。蔘绥阁藏有地方志109部。收藏地方志有一定规模是蔘绥藏书的一大特色。有《正德兴宁志》《成化修河南总志》《三原志》《汴京遗迹志》《定严州续志》《康熙修秀水县志》《乾隆苏州府志》《乾隆修长洲县志》《安徽通志》《云南通志》《卫藏通志》《山东通志》等，其中《正德兴宁志》《成化修河南总志》《三原志》《汴京遗迹志》均为明刻本。尤其是《正德兴宁志》系海内孤本，现藏温州市图书馆，入选第一批国家珍贵古籍名录。

其三，金石类图书收藏较全。蔘绥阁藏有《金薤琳琅录》《真迹日录》《十二砚斋》《小蓬莱阁金石文字》《两汉金石记》《啸堂集古录》《严氏古砖存》等金石类六十二部。

1907年黄绍箕殁后，黄氏藏书部分由黄氏后人移庋沪上。叶景葵云：“庚辛之际，蔘绥阁遗书散出，购得此书。去岁又在沪见黄氏集存时贤墨札，检得杨星吾氏致仲弢学士书，与抄此书有关，黏附卷首。”[③]又云：“此瑞安黄漱兰先生及其喆嗣仲弢先后藏书。两公物故，逐渐星散。辛未(1931)秋以其残余数箱求售，余选购数种，以小圈为记。余所未选者流入书肆，目中所称宋刊如《陆士龙集》《白虎通》等，皆非上

---

① 杨作雨《瑞安藏书家》，参见《瑞安文史资料》第7辑，政协瑞安市文史资料委员会1989年发行，第27页。

② 杨作雨《瑞安藏书家》，参见《瑞安文史资料》第7辑，政协瑞安市文史资料委员会1989年发行，第27页。

③ 叶景葵著，顾廷龙编：《卷盦书跋·古文尚书》，古典文学出版社1957年版，第4页。

驷,其余未见者多,闻寄存杭州时,已为他人斥卖多种。”[①]留在瑞安“蔘绥阁”藏书交由下人打理。至杨嘉1919年检点编辑蔘绥阁书目时,已逾十二载,是时蔘绥阁藏书流失严重。杨嘉整理各类书目不及《书目》所载十分之一,其中价值较高的善本书就缺七种。邑人杨则刚(嘉)在编写《蔘绥阁善本书目》中云:“凡得宋刻本三部、元刻本十部、明刻本七十八部、元刻明补本一部、传录校本一部、日本刻本八部。”并书跋其后云:“乡先达黄仲弢提学,嗜蓄旧椠,精于鉴别,游宦所至,与王文敏(懿荣)、盛意园(昱)、缪艺风(荃孙)诸同志,搜讨甚勤。藏书之处颜曰蔘绥阁,与孙氏玉海楼、项氏水仙亭,称瑞安藏书三大家。林丈若川,提学之妹婿也,今年九月间,命嘉检点阁书,分类编目,嘉拟详为记录,纂辑藏书志,庶不负提学好书若渴之心,只以时间匆遽,不暇细检,仅略记其行款印记而已。连日苦雨,杜门无事,因将前所簿录,写出善刻一百余种,略为诠次如右,此目之成,仅当嚆矢焉耳。庚申十二月十三日,杨嘉记于钬宗鄦楼”[②]。其余黄曾延、黄曾铭兄弟所藏。奉母张夫人命,于1923年将其先人蔘绥阁藏书1101部9195册寄存籀园图书馆(温州市图书馆前身),后全数捐赠,开启了温州地区私家藏书楼捐书归公的时代风气。

张宪文先生记七捐书之事云:民国十三年(1924),“仲弢先生嗣君兰孙、厚卿昆仲移家苏州,其阁藏书籍,只随身携去宋元明刊善本数十种,其余悉数捐给了籀园图书馆,共为书9195册。自此,籀园馆藏,大为充实,平阳刘次饶先生喻之为‘贫儿骤富’,一时传为美谈”[③]。俞天舒《黄绍箕先生年谱》记其事云:民国十六年丁卯(1927),“黄曾延、曾铭兄弟,奉母张夫人命,把蔘绥阁藏书9195册,捐赠温属图书馆。士林感之,遂于馆中设神座供仲弢先生遗像并粟主,遗像上有楷书题识云:先生名绍箕,字仲弢,号鲜庵,瑞安人,光绪庚辰进士,翰林院编修,官侍讲(读)学士,外简湖北提学使,卒于任所。先生累业清华,收藏甚富,殁后,其嗣君曾延、曾铭兄弟奉母命,将蔘绥阁所藏书籍,悉数捐入温属图书馆。士林感之,于馆中堂设立奉祀,并绘遗像以志景仰。丁卯八月,温属图书馆敬志”[④]。刘厚庄《籀园笔记》云:“吾乡藏书家自孙氏玉海楼、黄氏蔘绥阁为最多。上年黄君厚卿因书籍散佚无人经理,特寄存图书馆为之保存。王君乃商之黄君,请将是书捐助馆内,并拟为孙黄合祀以报其德。”[⑤]孙延钊《二十年来之籀园图书馆》一文曾记有捐书之事。

---

① 叶景葵著,顾廷龙编:《卷盦书跋·瑞安黄氏蔘绥阁藏书目录》,古典文献出版社1957年版,第60页。

② 俞天舒《黄绍箕先生年谱》,见《瑞安文史资料》第17辑,政协瑞安市文史资料委员会1998年发行,第386页。

③ 张宪文著:《仰云楼文录》,(香港)天马图书有限公司2000年版,第192页。

④ 俞天舒《黄绍箕先生年谱》,见《瑞安文史资料》第17辑,政协瑞安市文史资料委员会1998年发行,第387页。

⑤ 刘厚庄《籀园笔记》,见苍南县政协文史资料委员会编:《苍南文史资料》第16辑《刘绍宽专辑》,苍南县政协文史资料委员会2001年,第353页。

温州市图书馆现存手稿本目录《蓼绥阁书目》及杨嘉辑编敬乡楼[1]稿本《黄氏蓼绥阁旧本书目初编》两种，有助于我们探究蓼绥阁的藏书概况。据民国《瑞安县志稿·文献·经籍》载，《蓼绥阁书目》为孙延畛[2]所辑。《蓼绥阁书目》卷前有杨嘉题识："此阁善本，多检出书送归杭州兰孙收藏，其余书籍送入永嘉图书馆，王俊卿馆长自能善为保护，不致放失，书目行将辑刻矣。刚识语"。《书目》著录图书1124部，其中经部197部，史部333部，子部283部，集部329部。

(三)项　崧

项　崧(1859—1909)　原名芳兰，字申甫，后改名崧，瑞安南堤街人。项崧"濡染家学，未冠补博士弟子员。孙衣言致仕归，于家词设塾，招后进肄业学文，崧与黄绍第、胡调元、林庆衍等并著籍为弟子。衣言独称崧文详整，有体安，得桐城文法。光绪已丑，中举人。甲午成进士，为户部主事，纳赀，以知府需次江西。上书柯逢时，论治教案，有卓识。榷厘三载，恤商旅之艰，绝需索之弊，政声著焉。乞假旋里，与同邑孙诒让、黄绍箕等首创学计馆及普通学堂，以开风气"[3]。以邑无中学堂，复与孙诒让等创立中学堂，以宏教育，被举为浙江教育会会长。倡导维新变革，创办新学教育，卓有成效。遗著有《午堤集》一卷。

项氏家世藏书，所蓄颇富。其祖父项傅霖(1798—1858)，字叔雨，号几山，项霁[4]弟。清道光二年(1822)举人，任富阳教谕。"自始学至疾革，未尝一日离书，但性谦退，不轻易著书，所遗《几山笔记》二卷，是其治学见闻札记，关于永嘉学派记载颇详，孙衣言《瓯海轶闻》多予采录。"[5]项傅霖"性好学，自经史外，天文历算诸书无不读。喜图籍，家藏书数万卷，每次外归，必多购古书，与兄雁湖辨证校勘，相与为乐。民国《县志稿》称瑞安藏书自项氏始也"[6]。"道咸以来，瑞安藏书人家稍著者，有项雁湖(霁)之水仙亭及其弟几山(傅霖)之株树楼等。至是逊学斋插架之盛，乃冠于温州

---

① 按：敬乡楼主人黄群(1883—1945)，原名冲，字旭初，后改名溯初，号朔门，又号小梦，温州人。民国期间政治活动家、藏书家，温州近代文化事业的先驱者。黄群生平致力于乡邦文献搜揽，尤为后人称道，并独资印行《敬乡楼丛书》四辑。

② 按：孙延畛(1873—1941)，字莘农，或作星农，孙诒燕次子，瑞安人。清末任大理寺评事，辛亥革命后，辞官后寝馈史学卅年，著有《止止斋韵语》稿本，存于温州市图书馆，《蓼绥阁书目》四卷钞本，存于温州市图书馆；《孙季子诗》四卷，抄本，存玉海楼。又参修民国《瑞安县志》，负责《瑞安县志·职官门》撰稿。

③ 《孙诒让学记(选)》之《交游考·项崧》，见政协瑞安市文史资料委员会编：《瑞安文史资料》第19辑，(香港)天马图书有限公司2000年版，第245页。

④ 按：项霁(1792—1841)，字叔明，号雁湖，瑞安人。项傅霖之兄。性喜藏书，藏书处为水仙亭。

⑤ 宋维远主编，瑞安市地方志编纂委员会编：《瑞安市志》卷三十三《人物》，中华书局2003年版，第1615页。

⑥ 宋维远主编，瑞安市地方志编纂委员会编：《瑞安市志》卷三十三《人物》，中华书局2003年版，第1615页。

一郡矣"[①]。

项崧承祖风,续藏书,"家有水仙亭,藏书甚富"[②],尤多秘籍。项氏株树楼,与孙氏玉海楼、黄氏蔘绥阁,被誉为晚清瑞安三大藏书楼。

项氏家族藏书处水仙亭、株树楼和耕读亭均位于南堤项家大院后园近草堂巷,可惜毁于抗日战争时期和"文革"期间。

六、清代绍兴府进士藏书

《清史稿·地理志》载,"绍兴府:属宁绍台道。领县八"[③],即山阴、会稽、萧山、诸暨、余姚、上虞、嵊、新昌。

(一)章平事

章平事(生卒年不详) 字大修,号无党,诸暨三都人。清"顺治壬辰进士,官永宁知县","以执法与势家忤,卒免官。巡按特疏起复,因亲老告养。家居四十余年,肆力读书,博极今古"[④]。著《受盠堂集》,与杨浣合纂《康熙诸暨县志》十二卷。

章平事好藏书,藏书楼名曰超然楼,其"楼址诸暨三都镇,初名'世香楼'[⑤]。其楼名著一时,惜藏书详情失考。

(二)韩 咸

韩 咸(生卒年不详) 字无我,号虚斋,晚署青琳,会稽人。清"康熙三十九年进士"[⑥]。工诗,善画,"以画负重名,诗亦有唐人风致"[⑦]。所居号青琳堂,晚年署款多押"青琳"二字。著有《青琳堂诗钞》。

亦喜藏书。《历代藏书家辞典》将其列为藏书家[⑧]。藏印有韩咸之印、无我、青琳等。

(三)张 钺

张 钺(生卒年不详) 号云岑,张天复玄孙。据《乾隆绍兴府志》载:"张钺,字鼎仲,会稽人。元汴曾孙。守家学,读书过目不遗,比长,博极群籍,覃思研究,究于必得,与同郡金赤莲烛、史华清许、宋白俊为文字之友,号越中四子。康熙丙戌成进

---

① 孙延钊撰,徐和雍、周立人整理:《孙衣言孙诒让父子年谱》,上海社会科学院出版社 2003 年版,第 175 页。

② 郑伟章著:《文献家通考》卷十四,中华书局 1999 年版,第 763 页。

③ 赵尔巽等撰:《清史稿》卷六十五《志四十·地理十二·浙江》,第 8 册,中华书局 1976 年版,第 2137 页。

④ (清)阮元、杨秉初辑,夏勇整理:《两浙輶轩录》卷二《章平事》,第 1 册,浙江古籍出版社 2012 年版,第 96 页。

⑤ 诸暨县地方志编纂委员会:《诸暨县志》二十二篇《文化》,浙江人民出版社 1993 年版,第 777 页。

⑥ 潘荣胜主编:《明清进士录》之《清康熙三十九年、康熙四十二年》,中华书局 2006 年版,第 846 页。

⑦ (清)阮元、杨秉初辑,夏勇整理:《两浙輶轩录》卷十四《韩咸》,第 4 册,浙江古籍出版社 2012 年版,第 1039 页。

⑧ 参见梁战、郭群一编著:《历代藏书家辞典》,陕西人民出版社 1991 年版,第 431 页。

士,授商水令,革浮税,减耗羡,着为额。有疑狱,经十余年不决,立白之。令商三年,邻邑捕蝗无虚日,独不入其境。去之日,民攀送不绝于途。归即杜门却轨,督学守令延主嵇山书院,固辞不获,乃出其先世南轩阳和论学之蕴以示人,多所造就焉。著有《春秋订传》《艺苑筌礁》及《会心楼文集》行世。"①《两浙輶轩录》卷十七有其传。

出生于藏书世家的张钺,与张岱为同一高祖——张复天。复天为明嘉靖丁未进士,是山阴著名的藏书家。张岱曾云:"余家自太仆公以下,留心三世,聚书极多。"②因明清易代,张氏家族的藏书逐渐散佚。入清后,张钺承其家学,"博极群籍","分校棘闱,所拔皆中州名隽"。"归即杜门却轨,凡同年之仕浙者,终岁不一识其面。以问字至者,则终日孜孜延纳无倦色。督学守令延主嵇山书院,固辞不获,乃出其先世南轩阳和论学之蕴以示人,多所造就焉。家极贫,然遇宗党中有不给者,辄周之。虽盛暑必肃衣冠,即燕居未尝跛倚。著有《春秋订传》《艺苑筌礁》及《会心楼文集》行世"③。从方志所载,可推测张钺亦藏书,只是至今无文献可考。

(四)章镳父子进士

章　镳(生卒年不详)　"字骧衢,亦曰双渠,号励堂,又号岩旂。乾隆丙辰举人,壬戌进士;辛未官湖北应城知县。丙子罢官,贫不能归,仍居应城。戊子卒。"④章镳喜藏书,有藏书三千卷。章学诚曰:"先人少孤力学,官应城令,以疑狱失轻免官。窭甚,久不能归,士民亲附如家人。……先人读书不为名声,为古文辞镵刻峭削,病唐宋野史、小说传记足辅正史,而文多芜漫,因以意节之,抄《江表志》《五国故事》《南唐马书》《北萝琐言》凡十数种。诗则唐体多于古风,遗命勿轻示人,故《绍兴志》与《越风》俱未采,今所抄不及百一,然亦可得其概焉。"⑤可窥章氏家族藏书始于章学诚父章镳。

章学诚(1738—1801)　章镳子。原名文敩,字实斋,号少岩,世居浙江会稽之道墟。其祖父以上,尝客游北方,遂入大兴籍。吴庆坻记云:"先生幼读书而资极鲁钝,其父颇以不能世其家为虑。顾先生资虽鲁,而好深湛之思,隆冬盛夏,读书恒至午夜不倦,每有所得,辄笔之于书。年十六,其父官湖北某县时,彼地有柯先生善教学,其父延入官斋督之学。先生自经柯先生指授,学乃大进,尤好读乙部之书,常有论说。

---

① (清)李亨特修,(清)平恕、徐嵩纂:《乾隆绍兴府志》卷五十世《文苑·张钺》,《中国地方志集成·浙江府县志辑》(40),上海书店出版社1993年版,第285页。

② 张岱《琅嬛文集》卷一《石匮书自序》,见(明)张岱著,栾保群点校:《琅嬛文集:张岱著作集》,浙江古籍出版社2013年版,第3页。

③ (清)嵇曾筠、李卫等修,(清)沈翼机等纂:《雍正浙江通志》(四)卷一百八十《人物六·张钺》,浙江省地方志编纂委员会编,《中国地方志集成·省志辑·浙江》(6),凤凰出版社2010年影印本,第713页。

④ 胡适《章实斋先生年谱》,见胡适著:《章实斋先生年谱 戴东原的哲学》,北京师范大学出版社2013年版,第169页。

⑤ (清)阮元、杨秉初辑,夏勇等整理:《两浙輶轩录》卷二十二《章镳》,浙江古籍出版社2012年版,第1584页。

年四十，应乾隆四十二年丁酉顺天乡试，乃改归会稽原籍，中式举人。”①“乾隆四十三年进士，官国子监典籍。”②后寓居京师，师事内阁学士、四库馆重臣朱筠。朱筠多藏书，好宾客，一时名流学者如戴震、钱大昕、程晋芳、任大椿、汪辉祖、邵晋涵、周永年、洪亮吉等多出其门，章学诚得以与他们论交。人们仅知朱筠上奏开四库，却不知实发自章学诚，沈元泰记云：学诚“因请搜访遗书，仿刘向《七略》，条别群书，各疏原委。学士遂有征书之奏，而《四库全书》之馆，自此开矣”③。“所撰《和州志》《永清县志》，简核可传。为毕秋帆尚书撰《湖北通志》、谢苏潭侍郎修《史籍考》，皆未就。遗文数百篇及《文史通义》《方志略例》《校雠通义》稿存于家”④。生平事迹参见谭献《文林郎国子监典籍会稽实斋章公传》。

章学诚“自少读书，不甘为章句之学。从山阴刘文蔚、童钰游，习闻蕺山、南雷之说”⑤。尝自云：“纵览群书，于经训未见领会，而史部之书，乍接于目，便似夙所攻习者。”⑥并“熟于明季朝政始末，往往出于正史外，秀水郑炳文称其有良史才。继游朱筠门，筠藏书甚富，因得纵览群籍，与名流相讨论，学益宏富”⑦。又“性耽坟籍，阅目日广，贯通史学，游心方志、校雠诸学”⑧。尝“主讲直隶莲池书院及永平府、河南归德府各处书院。中间又应安徽之和州，直隶之永清，湖北之天门、石首，安徽之亳州各州县聘修志书”⑨。“著《文史通义》《校雠通义》，推原《官礼》而有得于向、歆父子之传。其于古今学术，辄能条别而得其宗旨，立论多前人所未发”⑩。谭献称：“于书客故纸中搜得章实斋先生《文史通义》《校雠通义》残本，狂喜，与得《晋略》同。章氏之识冠绝古今，予服膺最深。往在京师，借叶润臣丈藏本，在厦门借孙梦九家抄本，读之不啻口沫手胝矣。不意中得之，良足快也。”⑪其“好辩论，勇于自信。有《实斋

---

① （清）吴庆坻撰，张文其、刘德麟点校：《蕉廊脞录》卷五《章学诚事略及遗书本末》，中华书局1990年版，第159页。

② 赵尔巽等撰：《清史稿》卷四百八十五《列传二百七十二·章学诚传》，第44册，中华书局1977年版，第13398页。

③ 沈元泰《章学诚传》，见闵尔昌录：《碑传集补》卷四十七，台湾文海出版社1980年版，第2573页。

④ （清）阮元、杨秉初辑，夏勇等整理：《两浙輶轩录补遗》卷七《章学诚》，浙江古籍出版社2012年版，第3444—3445页。

⑤ 赵尔巽等撰：《清史稿》卷四百八十五《列传二百七十二·章学诚传》，第44册，中华书局1977年版，第13398页。

⑥ （清）章学诚著，仓修良编注：《文史通义新编新注》外篇三《家书六》，浙江古籍出版社2005年版，第823页。

⑦ 赵尔巽等撰：《清史稿》卷四百八十五《列传二百七十二·章学诚传》，第44册，中华书局1977年版，第13398页。

⑧ 范凤书著：《中国著名藏书家与藏书楼》，大象出版社2013年版，第177页。

⑨ （清）吴庆坻撰，张文其、刘德麟点校：《蕉廊脞录》卷五《章学诚事略及遗书本末》，中华书局1990年版，第159页。

⑩ 赵尔巽等撰：《清史稿》卷四百八十五《列传二百七十二·章学诚》，第44册，中华书局1977年版，第13398页。

⑪ 谭献著，范旭仑、牟晓朋整理：《复堂日记》卷一，河北教育出版社2001年版，第17页。

文集》,视唐宋文体,夷然不屑。所修和州、亳州、永清县诸志,皆得体要,为世所推"①,使向来不大受重视的地方志从理论到实践建立起一整套体系,发展为专门的学问——方志学。王宗炎称:"实斋地产霸村,天挺史识。学古于朱笥河太史,沉雄醇茂,过于其师。"②

章学诚嗜藏书,除继承其父藏书外,藏书陆续有所增益,建有滃云山房。其撰《滃云山房乙卯藏书目记》(乙卯为乾隆六十年,1795)自述一生藏书之艰辛亦甚为详细:

先君子少孤,先祖遗书散失,家贫不能购书,则借读于人,随时手笔记录,孜孜不倦,晚年汇所札记,殆盈百帙。尝得郑氏《江表志》及五季十国时杂史数种,欲抄存之,嫌其文体破碎,随笔删润,文省而意义更周,仍其原名,加题为"章氏别本",熔裁亦费苦心。又喜习书,缮五经文,作方寸楷法。尤喜《毛诗》《小戴氏记》,凡写数本,手不知疲。尝恨为此二事所牵,不得专意札录所未见书。每还人所借,有札录未尽者,怅怅如有所失,盖好且勤也如是。然聚书无多,缘家贫为累。自授经馆谷,至仕宦俸余,未有可以为购书赀者。随身三数千卷,自乾隆辛未赴官湖北,比岁戊子,痛遭不禄,十许年间,检校箧藏,无甚增也。

小子旅馆京师,嗜书而力不能致。然戊子以前,未有家累,馆谷所入,自人事所需外,铢积黍累,悉以购书。性尤嗜史,而累朝正史计部二十有三,非数十金不能致,则层累求之,凡三年而始全。今检其书,则有仿宋板者,嘉靖南监板者,万历南监板者,北监板者,汲古阁刻本,庐陵刻本,及葛氏、徐氏刻本,凡七八种,会合而成,其函册大小,楮板新旧,刻画工拙,参差不一,殆于昔人所谓百衲琴者,非第寒俭可怜,当时数载辛勤,亦可念也。

自后馆谷渐丰,而家累亦渐以重。然计终岁之需,如增耗抽税,必约算律分,存买书资。三十年来,颇有增益,亦渐有古椠秘本、缮抄希觏之书,统计为书五千,为卷二万有盈,以子荆居室拟之,庶几其苟合欤。

然而是书之存,余滋感矣。当己丑居忧,举家扶柩附湖北漕艘北上,书箧为漏水所浸,先人随身所谓三数千卷者,失三之一。而余先于京师所购,补除尚有所余。辛卯壬辰之间,余游江浙都门,凡再徙家,其书颇有散失。先人札录多袭巾箱,偷儿不知为书,负之以去,尤为恨事。所幸先人著述草稿,别置一箱,得仅存耳。乙未,余自浙江,复还京师,虽稍有增补,检视手泽多亡,亦得不偿失矣。辛丑游河南,比之匪人,狼狈而返,尽失行李及生平撰述,而箧书亦有一二佳本,

① 赵尔巽等撰:《清史稿》卷四百八十五《列传二百七十二·章学诚传》,第44册,中华书局1977年版,第13398页。

② (清)阮元、杨秉初辑,夏勇等整理:《两浙輶轩录补遗》卷七《章学诚》,浙江古籍出版社2012年版,第3444—3445页。

尽为盗赀，可叹息也。壬寅主讲卢龙，自京师移家，远赴边关，适有季妹之丧，家人仓卒收书，捆载未牢，中途颇有损毁。甲辰移帐保定之莲池书院，自东徂西，去以千里，山程颠顿，书籍复有损毁如前。戊申则主归德讲座，家累，乃自保定南迁，检点前后存书，又亡三十之一，懊恨无已。其冬迁家亳州，侨居逼仄，鸡犬图书，杂置三楹唐舍，箱箧垒骈，无可展卷之地。雨淋湿蒸，饥鼠啮木格格作响，其为蠹耗鼠粮，未知何归，亦只顺听而已。癸丑家累，自亳归乡，水程安稳。余方游楚，私计卷轴从此著土，不复迁也。楚多材植，木器价廉，因制楠木书橱十二寄归，收藏精要诸书。而余楚中又有所增。比较先后，视先君子所存，殆十倍矣。木橱不足，接以长板，矮屋连栋，又局于地。盖四十余年，远道归来，葺居仅足容身，器用尚多不给。而累累书函，乃为长物，可慨也夫！

因命儿辈，稍分甲乙，登注簿籍，备稽检耳，未足为藏书目也。标题《瀫云楼书目》，存其志也①。

章学诚书稿由其朋友萧山王宗炎及其子王华绂整理，吴庆坻记云：章氏归里，“卜居于塔山之下。牙签万卷，明窗净几，乃取笥中逐年所著，分册命钞胥缮写为清本，凡三四十巨册。特造萧山晚闻太史宗炎家，托为细加编订。王公应命，精心钩稽，逾年乃就，时在嘉庆六年辛酉。书成而先生归道山，享年六十有四，王太史乃将所订本仍归先生长子华绂”②。1921 年由浙江图书馆印成。共十八册二十四卷。同年吴兴的刘承幹又多方收集章氏遗稿编为《章氏遗书》五十卷，1922 年由嘉业堂刊印发行。

（五）吴寿昌

吴寿昌（生卒年不详）　字泰交，号蓉塘，山阴柯桥州山人。清乾隆二十四年（1759）举人，“乾隆己丑进士，改庶吉士，授编修，历官侍讲”③，入直尚书房，预修《玉牒方略》，又多次受命分校乡、会试闱。曾典试广西，历贵州提学，督学黔中。为官俱以廉明称。杨秉初曰：“侍讲乾隆己卯举于乡，后奏赋行在，入薇省，列词馆，内廷供奉，历数十年。篇什盈箱，率皆温柔敦厚，得风人之旨。庚戌进八旬寿诗一百韵，特褒文藻可观。嗣以养疴请假归里，住崇文、蕺山两书院讲席，远近之士翕然宗之。”④寿昌学识广博，才思富捷，一生著述甚丰，尤工于山水咏物诗。著有《虚白斋诗文集》《馆阁诗赋稿》。王昶《湖海诗传》卷三十一有其传。

---

① （清）章学诚撰：《章学城遗书》卷二十二《瀫云山房乙卯藏书目记》，文物出版社 1985 年版，第 219 页。

② （清）吴庆坻撰，张文其、刘德麟点校：《蕉廊脞录》卷五《章学诚事略及遗书本末》，中华书局 1990 年版，第 160 页。

③ 徐世昌辑：《晚晴簃诗汇》卷九十三《吴寿昌》，见《续修四库全书》编纂委员会、复旦大学图书馆古籍部编：《续修四库全书》第 1631 册，上海古籍出版社 2003 年版，第 147 页。

④ （清）阮元、杨秉初辑，夏勇等整理：《两浙輶轩录补遗》卷六《吴寿昌》，浙江古籍出版社 2012 年版，第 3384—3385 页。

其父吴燏文①好藏书，其储书甚富，《嘉庆山阴县志》称："藏书十余万卷，建一楼贮之。"②寿昌幼承家学，亦好藏书，递藏其父十万余藏书。藏书与读书处曰虚白斋。四库馆开，进书多种。

（六）会元邵晋涵

邵晋涵（1743—1796）　字与桐，一字二云，别号南江，余姚人。"以《禹贡》三江，其南江从余姚入海，遂自号南江"③。其"祖向荣，康熙壬辰进士。父佳铳，增广生"④。乾隆三十年举于乡，"三十六年，会试第一，成进士，廷试二甲，归部铨选。三十八年诏开四库馆时，高宗崇奖实学，思得如刘向、扬雄者任之。大学士刘公统勋首荐先生，特旨改庶吉士，充纂修官。逾年，授编修。五十六年，迁中允，擢侍讲，转侍读，历左庶子、侍读学士，充日讲起居注官，直文渊阁，历充咸安宫总裁，万寿盛典、八旗通志、国史馆、三通馆纂修官，又为国史馆提调，兼掌进拟文字。典试广西者一，教习庶吉士者二"⑤。王昶云：二云"学问，经经纬史，包孕富有，而不以诗赋见长。在史馆最久，数十年，名卿列传，多出其手"⑥。阮元称赞其"以醇和廉介之性，为沈博邃精之学，经学、史学并冠一时，久为海内所推"⑦。所著"《孟子述义》《穀梁正义》《韩诗内传考》，并足正赵岐、范宁及王应麟之失，而补其所遗。又有《皇朝大臣谥迹录》《方舆金石编目》《輶轩日记》《南江诗文稿》"⑧，又有"《江南诗稿》"⑨。钱泳回忆云："邵二云先生名晋涵，余姚人，乾隆辛卯会元。五十七，余初入京师，谒见先生于横街寓第。时官翰林侍讲，为人朴野，德行恂恂，今之召伯春也。而经学之修明，文章之通达，实鲜其匹。是时萧山南陔中丞尚为秀才，常在先生坐中遇之，剧谈古今，每至竟日。所著《尔雅正义》，可补邢昺之陋略，又有《公羊传》《孟子义疏》诸书，未传于世。"⑩尝替毕沅审订《续资治通鉴》。乾隆四十三年（1778）编纂《乾隆余姚志》，乾隆四十九年（1784）编纂《乾隆杭州府志》。生平事迹参见王昶《翰林院侍讲

① 按：吴燏文（1706—1769），字朴存，一作璞存、璞庭，山阴人。国子监生，著有《朴亭诗集》《朴庭诗稿》等。

② 吴晗撰，《江浙藏书家史略》，中华书局1981年版，第27页。

③ （清）李元度著，易孟醇点校：《国朝先正事略》卷三十五《经学·邵二云先生事略》，岳麓书社1991年版，第979页。

④ （清）江藩纂，漆永祥笺释：《汉学师承记笺释》卷六《邵晋涵》，上海古籍出版社2013年版，第601页。

⑤ （清）李元度著，易孟醇点校：《国朝先正事略》卷三十五《经学·邵二云先生事略》，岳麓书社1991年版，第980页。

⑥ （清）王昶著，周维德校辑：《蒲褐山房诗话新编》卷上，齐鲁书社1988年版，第120页。

⑦ （清）阮元撰：《研经室二集》卷七《南江邵氏遗书序》，见中华书局编辑部：《丛书集成初编》471，中华书局2011年影印本，第539页。

⑧ 赵尔巽等撰：《清史稿》卷四百八十一《列传二百六十八·邵晋涵传》，第43册，中华书局1977年版，第13210页。

⑨ （清）阮元、杨秉初辑，夏勇等整理：《两浙輶轩录》三十一《邵晋涵》，浙江古籍出版社2012年版，第2159页。

⑩ （清）钱泳撰，孟裴校点：《履园丛话》卷六《耆旧·二云学士》，上海古籍出版社2012年版，第103页。

学士充国史馆提调官邵君晋涵墓表》、《清史列传》卷六十八《邵晋涵传》。

邵晋涵"为人朴野,德行恂恂","文章之通达,实鲜其匹"①。其"性耿介,僦居宣武门外,公退却扫,终日门无杂宾"②。为学"无所不通君",然其"才尤长于史,自其家传,乡习闻见,过异于人。及入馆阁,肆窥中秘,遂如海涵川汇,不可津涯当"③。晋涵"以生在浙东,习闻刘宗周、黄宗羲诸绪论,说明季事,往往出于正史之外。在史馆时,见《永乐大典》采薛居正《五代史》,乃荟萃编次,得十之八九,复采《册府元龟》《太平御览》诸书,以补其缺。并参考《通鉴长编》诸史及宋人说部、碑碣,辨证条系,悉符原书一百五十卷之数。书成,呈御览,馆臣请仿刘昫《旧唐书》之例列于《廿三史》,刊布学宫,诏从之。由是薛《史》与欧阳《史》并传矣"④。晋涵"善读书,四部、七录,靡不研究"⑤。又喜聚书,有明钞本《新刊履斋示儿编》二十三卷,"有'邵伯子'⑥'之椿''南昌彭氏知圣道斋藏书''遇读者善'印"⑦。《张文忠公文集》二十八卷附录一卷,"元张养浩撰。清邵二云钞本。首像赞。半叶十行,行十八字。邵氏手跋曰:'乾隆四十二年春,借汪氏振绮堂家藏本映钞。晋涵记。'……有'邵氏二云''晋涵''籍书园本''林汲山房藏书'印"⑧。明钞本《吴正传集》二十卷《附录》一卷,卷十七末有"侍书洪寿录"一行,有"重远书楼""晋涵""文澜阁校理""鸣野山房"印⑨。丁丙《善本书室藏书目》著录其藏书《金华子》等,罗振常《善本书所见录》有其藏书《书法勾玄》等,均载其藏书印"邵印晋涵"。

邵氏藏书中宋元善本甚多。章学诚云:"昨闻邵二云学士逝世,哀悼累日,非尽为友谊也,浙东史学自宋元数百年来,历有渊源,自斯人不禄,而浙东文献尽矣!盖其人天性本敏,家藏宋元遗书最多,而世有通人,口耳相传,多非挟策之士所闻见者。"⑩可见邵氏藏书之富。《四库全书》开馆征书天下,邵晋涵进呈其家藏本,《四库全书总目》著录五种,一百二十卷⑪。

---

① (清)钱泳撰,孟裴点校:《履园丛话》卷六《耆旧·二云学士》,上海古籍出版社 2012 年版,第 103 页。

② (清)钱大昕著,吕友仁校点:《潜研堂集·文集》卷四十三《翰林院侍读邵先生墓志铭》,上海古籍出版社 2009 年版,第 772 页。

③ (清)章学诚《邵与桐别传》,见(清)钱仪吉纂,靳斯标点:《碑传集》卷五十《翰詹下之中·邵晋涵》,第 4 册,中华书局 1993 年版,第 1416 页。

④ 赵尔巽等撰:《清史稿》卷四百八十一《列传二百六十八·邵晋涵传》,第 43 册,中华书局 1977 年版,第 13209—13210 页。

⑤ 赵尔巽等撰:《清史稿》卷四百八十一《列传二百六十八·邵晋涵传》,第 43 册,中华书局 1977 年版,第 13209 页。

⑥ 邵伯子名履涵,乃邵晋涵之兄。

⑦ 王文进撰,柳向春标点:《文禄堂访书记》卷第三,上海古籍出版社 2007 年版,第 197 页。

⑧ 王文进撰,柳向春标点:《文禄堂访书记》卷第五,上海古籍出版社 2007 年版,第 324 页。

⑨ 王文进撰,柳向春标点:《文禄堂访书记》卷第五,上海古籍出版社 2007 年版,第 334 页。

⑩ (清)章学诚编著:《章氏遗书》卷十三《与胡雒君论校胡稚威集二简》,文物出版社 1982 年影印吴兴刘氏嘉业堂刊本,朱孝藏。

⑪ 参见郑伟章著:《书林丛考》(增补本),岳麓书社 2008 年版,第 555 页。

邵晋涵校书亦甚精，李元度云：二云先生“所校官书，如薛居正《五代史》，则采自《永乐大典》中，参以《册府元龟》《太平御览》并《通鉴长编》诸书，辨正条系，悉符原书一百五十卷之数。书成奏御，馆臣请仿刘煦《旧唐书》之例，列于廿三史，刊布学宫。至分校《石经》，先生职《春秋三传》，所正字体，亦较他经独多。为文操笔立就，奥衍渊懿。学者宗之”①。

藏书处名曰重远楼。

藏书印有晋涵、臣晋涵印、晋涵笔记、文渊阁校理、邵氏二云正定经文、二云、二云长物、二云氏等。

（七）周永年

周永年（1730—1792）　字书昌，一作书仓，又字书愚，号林汲山人，山东历城人，祖籍余姚。其“博学贯通，为时推许。乾隆三十六年进士，与晋涵同征修《四库书》，改翰林院庶吉士，授编修。四十四年，充贵州乡试副考官。永年在书馆好深沉之思，四部兵、农、天算、术数诸家，钩稽精义，褒讥悉当，为同馆所推重”②。其“典试贵州，称得士。与程君晋芳、丁君杰、邵君晋涵善”③。桂馥称：先生“于经史百氏之言，览括略尽，观其大义，不雠章句。自谓文拙，不存稿，故殁后无传焉”④。李元度亦称：“先生之学，淹博无涯涘。于先正雅慕顾亭林、李榕村、阎潜丘、方望溪，于乡人称张稷若。自谓文拙不存稿，亦不著书。”⑤

周永年博古好学，喜藏书，“弱冠，肄业泺源书院，能读《通志堂经解》。时沈子大光禄主讲席，极奖誉之，尝为题《水西书屋藏书目录》，谓其百无嗜好，独嗜书”⑥。“尝借馆中书，属未谷为《四部考》，钞胥数十人昕夕校治，会禁借官书，遂止”⑦。所“积储近十万卷，古椠缮钞希观之本略具”⑧。其藏书故实文献多有记载。

章学诚《周书昌先生别传》云：“宋元遗收，岁久湮没，畸篇剩简，多见采于明成祖时所辑《永乐大典》。时议转从《大典》采缀，以还旧观。而馆臣多次择其易为功者，遂谓搜取无遗逸矣。书昌固执以争，谓其中多可录。同列无如之何，则尽举而委之

---

① （清）李元度著，易孟醇点校：《国朝先正事略》卷三十五《经学·邵二云先生事略》，岳麓书社 1991 年版，第 980 页。

② 赵尔巽等撰：《清史稿》卷四百八十一《列传二百六十八·周永年传》，第 43 册，中华书局 1977 年版，第 13210 页。

③ （清）叶衍兰著，谢永芳校点：《叶衍兰集》之《清代学者象传·周永年》，上海古籍出版社 2015 年版，第 289 页。

④ （清）桂馥《周先生永年传》，见（清）钱仪吉纂，靳斯标点：《碑传集》卷五十《翰詹下之中·周永年》，第 4 册，中华书局 1993 年版，第 1422 页。

⑤ （清）李元度著，易孟醇点校：《国朝先正事略》卷三十六《经学·周书昌先生事略》，岳麓书社 1991 年版，第 1006 页。

⑥ 徐珂编撰：《清稗类钞·鉴赏类·周书仓藏书于水西书屋》，第 9 册，中华书局 1986 年版，第 4247 页。

⑦ （清）叶衍兰著，谢永芳校点：《叶衍兰集》之《清代学者象传·周永年》，上海古籍出版社 2015 年版，第 290 页。

⑧ 支伟成著：《清代朴学大师列传》之《皖派经学家列传第六·周永年》，岳麓书社 1986 年版，第 167 页。

书昌。书昌无间风雨寒暑,目尽九千巨册,计卷一万八千有余,丹铅标识,摘抉编摩。于是永新刘氏兄弟公是、公非诸集以下,又得十有余家,皆前人所未见者,咸著于录。好古之士以为书昌有功斯文,而书昌自是不复任载笔矣。"①徐珂《清稗类钞》云:"历下书不易得,书仓故贫,见之,辄脱衣典质,务必得,得则卒业乃已。"②

其友桂馥记其藏书故实甚详:"先生于衣服饮食、声色玩好一不问,但喜买书。有贾客出入大姓故家,得书辄归先生,凡积书五万卷。先生见收藏易散,有感于曹石仓及释道藏,作儒藏说。约余买田筑'借书园',词汉经师伏生等,聚书其中,招致来学,苦力屈不就,顾余所得书悉属之矣。县令胡德琳延先生与青州李文藻同修《历城县志》,即出其书,肆力搜讨。既成,学士朱筠目以详慎。后成进士,欲入山治《仪礼》,被征纂修四库书,授翰林院编修,文渊阁校理。当是时,海内学人集辇下,皆欲纳交,投刺踵门。然深相知者,新安程晋芳、归安丁杰、余姚邵晋涵数人而已。借馆上书,属予为四部考,佣书工十人,日钞数十纸,盛夏烧邓校治。会禁借官书,遂罢。"③

李元度称:先生"生而好学,弃产营书,凡积五万卷。见藏书家易散,有感于释道藏,约桂君未谷筑借书园,祠祀汉经师伏生、叔重诸先生,聚书其中,以招致来学。与李君文藻同修《历城县志》,朱学士筠称其详慎"④。

《清史稿》载:"见宋、元遗书湮没者多见采于《永乐大典》中,于是抉摘编摩,自永新刘氏兄弟《公是》《公非集》以下,凡得十馀家,皆前人所未见者,咸著于录。又以为释道有藏,儒者独无。乃开借书园,聚古今书籍十万卷,供人阅览传抄,以广流传。"⑤

藏书处名为林汲山房、水西书屋、藉书园。关于藉书园,章学诚云:"予因与桐(即邵晋涵)往见书昌于'藉书'之园。'藉书园'者,书昌之志也。书昌故温饱,橐馁于书,积卷殆近十万,不欲自私,故以'藉书'名园。藉者,借也。"⑥

周氏藏书目录有《水西书屋藏书目录》,为早期读书时所购藏书之目,沈起元为之跋后;《藉书园目录》,章学诚为之撰序;今存之《藉书园藏书目》二册,刘喜海味经书屋钞本,首无章学诚所撰序,为藉书园书目之别一种,著录藏书三千余种。

藏书印有周印书昌、书昌一字书愚、林汲山房藏书、传之其人、藉书园、林汲山

① (清)章学诚撰:《周书昌先生别传》,见(清)周永年辑:《先正读书诀》,中华书局1985年版,第1—2页。

② 徐珂编撰:《清稗类钞·鉴赏类·周书仓藏书于水西书屋》,第9册,中华书局1986年版,第4247页。

③ (清)桂馥《周先生永年传》,见(清)钱仪吉纂,靳斯标点:《碑传集》卷五十《翰詹下之中·周永年》,第4册,中华书局1993年版,第1422页。

④ (清)李元度著,易孟醇点校:《国朝先正事略》卷三十六《经学·周书昌先生事略》,岳麓书社1991年版,第1006页。

⑤ 赵尔巽等撰:《清史稿》卷四百八十一《列传二百六十八·周永年传》,第43册,中华书局1977年版,第13210页。

⑥ (清)章学诚撰:《周书昌先生别传》,见(清)周永年辑:《先正读书诀》,中华书局1985年版,第1页。

人、济南周氏藉书园印等印。

关于周氏藏书散佚，王培荀记其甚详：先王“父在馆都时，寓舍比邻，朝夕过从，家仆田升亦代为经理。所刻书，多寄余家代为为消散。其家藏书最多，先生在馆时，蒙上垂问家藏书籍，刻有书目二部，遂以进呈。点出一千余部进之，后印以御宝发还。堂官某求暂留借观，未数日而其家籍没，书遂入大内矣。出门每以五车自随。在德州书院将归，以书寄朋好处，逮返，而其书尽为人窃去。在济宣时，留书某家，为水漂没。子东木，名震甲，为河南太康令。以二千金往江南卖书以归，家中无人，戚某守宅，书籍、古玩、字画尽为所鬻。及归里问所藏，则零篇断简，无一全者。先生在日，常以钞本三十种质于四川李雨村。雨村于逆匪之变，万卷楼被火焚，未尽者亦被人抢去”①。郑伟章先生考证并撰文云：所藏书亦“有为李调元借而不还者。直至其曾孙，藏书才散尽无存”，“惜永年殁后，渐就散佚，则未定经久之法也”②。

（八）传胪徐松

徐　松（1781—1848）　字星伯，号孟品。“其先上虞人，幼随父宦京师，遂入大兴籍。嘉庆乙丑进士，授编修，直南书房，简湖南学政。坐事戍伊犁”③。清“道光改元，起内阁中书，洊擢郎中，补御史，出知榆林府。未几，卒”④。徐松为嘉道间著名学者，“居京师为词臣，博综文献，为时流所推。仁和龚自珍赠诗，有‘笥河⑤寂寂覃溪⑥死，此席今时定属公’之语”⑦。其所辑《永乐大典》书，有《宋中兴礼书》二十四册、《宋元马政考》一册、《宋会要》五百卷、《河南志》三卷及《宋三司条例考》等。又“著有《新斠注地理志集释》十六卷、《汉书西域传补注》二卷、《唐两京城坊考》五卷、《唐登科记考》三十卷、《新疆赋》二卷，而《新疆赋》综贯古今，包举巨细，尤足与和宁《西藏赋》后先辉映云”⑧。

徐松学识渊博，“精析史事，尤长于地理之学。凡所著述，大都援古证今，得自亲

---

① （清）王培荀著，蒲泽校点：《乡园忆旧录》卷二，齐鲁书社 1993 年版，第 95—96 页。

② 赵尔巽等撰：《清史稿》卷四百八十一《列传二百六十八·周永年传》，第 43 册，中华书局 1977 年版，第 13211 页。

③ 徐世昌等编著：《清儒学案》卷一百四十一《星伯学案·徐先生松》，第 6 册，中华书局 2008 年版，第 5547 页。

④ 赵尔巽等撰：《清史稿》卷四百八十六《列传二百七十三·徐松传》，第 44 册，中华书局 1977 年版，第 13414 页。

⑤ 按：朱筠（1729—1781），字竹君，一字美叔，号笥河，祖籍浙江萧山，顺天大兴（今属北京）人。清乾隆十九年（1754）进士。由翰林院侍讲学士降编修，提督安徽学政。历充乾隆间《四库全书》等多种敕修专书之纂修官，为《日下旧闻考》总纂之一。好奖掖后进，承学之士，望为依归。博闻宏览，好金石文字，诸子百家皆考订是非同异。又好聚书，聚书至数万卷，尤精于经学、文字学。著有《笥河集》三十六卷及《椒花吟舫书目》。

⑥ 按：翁方纲（1733—1818），字正三，号覃溪，晚号苏斋，顺天大兴（今属北京市）人。乾隆十七年（1752）壬申恩科进士，官至内阁学士。为乾、嘉时期著名的金石学家、经学家、考据家、书法家、诗人。有《复初斋诗集》《文集》，论诗著作有《石洲诗话》。

⑦ 王钟翰点校：《清史列传》卷七十三《文苑传四·徐松》，第 19 册，中华书局 1987 年版，第 5991 页。

⑧ 王钟翰点校：《清史列传》卷七十三《文苑传四·徐松》，第 19 册，中华书局 1987 年版，第 5991 页。

历。与止凭图籍者不同”[①]。居伊犁时,留心新疆地方文献,尝亲历天山南北两路,“置开方小册,随所至图其山川曲折,成《西域水道记》,拟《水经》;复自为释,以比道元之注。又以新疆入版图数十年,视同畿甸,而未有专书,乃纂述成编,于建置、控扼、钱粮、兵籍,言之尤详。将军松筠奏进其书,赐名《新疆事略》”[②],御制序付武英殿刊行。《清儒学案》亦述其事迹云:“每携开方小册,置指南针,记山川道里,下马录之。至邮舍则进仆夫、驿卒、台弁、通事,一一舆之请求,风土备悉。尝以班固作西域传,颜师古注未能赅备,而后之考西域者,多未亲历其地,耳食相袭,讹误滋多。”[③]所著《新斠注地理志集释》《元史西北地理考》《西夏地理考》《西域水道记》《汉书西域传补注》等著述,“论者谓开辟新疆天山南北路,视同畿甸,为千古未有之事;其所作,亦千古未有之书”[④]。所著有关新疆著述,开清代研究西北历史地理之先河。

徐松所藏之书亦为藏书之家所重。元刊本《雍虞先生道德园类稿》五十卷,“抚州路总管詹天麟、经历黄天觉刊,前有欧阳玄序,又至正五年牒文。钤有‘大兴徐氏藏书籍印’‘梁蕉林印’,又‘翰林院’印”[⑤]。洪武刊《元史》亦为徐松藏书,明嘉靖后印本《吕氏家塾读诗记》为其钞本,楷法甚精。缪荃孙《艺风藏书记》有其所藏《河南志》残本四卷,此《河南志》残本乃“徐星伯先生从《大典》录出”[⑥]。莫伯骥《五十万卷楼藏书目录初编》卷十五有其道光十年手跋《张子寿文集》二十卷;李盛铎《木犀轩藏书题记及书录》宋别集类有其旧钞本《雪矶丛稿》;叶启勋《拾经楼细书录》有其手校并手录《说文解字注》三十二卷;王重民师《中国善本书提要》总集类有其明刻本《明文霱》二十卷十二册,今在中国国家图书馆。

徐松“又性好钟鼎碑碣文字,谓足资考证。在西域披榛剔莽,手拓《汉裴岑碑》《唐姜行本碑》以归,复于敦煌搜得唐索勋及李氏修功德两碑,皆向来著录家所无者。自塞外归,文名益噪,其时海内通人游都下者,莫不相见恨晚”[⑦],“故其所撰新疆、西域历史、地理诸书为当时及后代所重”[⑧]。缪荃孙评其称:“先生学识宏通,撰著精

---

① 徐世昌等编著:《清儒学案》卷一百四十一《星伯学案·徐先生松》,第6册,中华书局2008年版,第5547页。

② 赵尔巽等撰:《清史稿》卷四百八十六《列传二百七十三·徐松传》,第44册,中华书局1977年版,第13414页。

③ 徐世昌等编著:《清儒学案》卷一百四十一《星伯学案·徐先生松》,第6册,中华书局2008年版,第5547页。

④ 徐世昌等编著:《清儒学案》卷一百四十一《星伯学案·徐先生松》,第6册,中华书局2008年版,第5547页。

⑤ 傅增湘撰:《藏园群书经眼录》卷十五《集部四》,中华书局1983年版,第1324页。

⑥ (清)缪荃孙著,黄明、杨同甫标点:《艺风藏书记》卷三,上海古籍出版社2007年版,第58页。

⑦ 《畿辅通志·徐松传》,见(清)缪荃孙纂录:《续碑传集》卷七十八,沈云龙主编:《近代中国史料丛刊》990,台湾文海出版社1973年影印本。

⑧ 郑伟章著:《文献家通考》卷十三《徐松》,中华书局1999年版,第691页。

博，负重望者三十年。”[①]

徐松“所居在宣武门大街厅事前古槐一株，夭矫空际，颜之曰荫绿轩，读书处曰治朴学斋”[②]。谪戍伊犁时，所居老芙蓉庵戍馆，为其藏书处。

藏书印有大兴徐氏藏书籍印、星伯校读、深柳读书堂、忠节徐氏所藏书画印、汉军徐氏、星伯藏书印记、徐氏麟光、石甫又字云龛等。

徐氏殁后，“家道中落，万卷藏书，大半被斥卖”[③]。其子徐延祖“身后遗书散佚殆尽”[④]。其中“《宋中兴礼书》二十四册，此书稿本归瑞安孙太常衣言；《宋会典》五百卷，此书稿归荃孙，今归广雅书局；《河南志》三卷，此书稿本归常熟师；荃孙录其副；《宋元马政考》一册，此书稿归荃孙”[⑤]。

（九）何士祁

何士祁（生卒年不详）　字仲景，号竹芗，“山阴人。中式道光元年辛巳恩科顺天乡试举人，二年壬午恩科进士，引见奉旨以知县即用，签掣江苏补常熟县知县，调元和县知县，因病开缺。病愈引见，奉旨发往原省，坐补原缺元和县知县。十二年升松江府川沙同知”[⑥]。其性情平和，勤于为政，尝逢岁荒，倡捐廉俸，缓征地漕。捐建川沙观澜书院，培养人才。又开浚诸河，建置义仓，立义学，设恤孩局。创纂《川沙抚民厅志》，独立捐镌。道光二十九年（1849）重莅川沙，又值大水灾，复请赈，加意抚恤，仍官松江府同知。

何士祁博学多才，尤好藏书，《墨林今话》载：“何竹芗太守士祁，壬午进士，官知县，历任江苏，卓著循声，洊升海防同知。博学，工书，兼善绘事。藏书之富甲于江浙，三十年来所入清俸，尽付缥缃。曾见其自写《山居读书图》，萧疏澹远，得董华亭神韵，书法亦似之。太守家会稽山，闻于宅后隙地营大屋数椽，藏经、史、子、集。四面临空，冬则闭户，夏则启窗，日光四照。曝书之法，莫妙于此。”[⑦]

（十）平步青

平步青（1832—1895）　字景荪，号栋山，或号侣霞，亦署三壶佚史，别号栋山樵、

---

① （清）缪荃孙著：《艺风堂文集》卷一《徐星伯先生事辑》，见《续修四库全书》编纂委员会、复旦大学图书馆古籍部编：《续修四库全书》第1574册，上海古籍出版社2003年版，第26页。

② （清）缪荃孙著：《艺风堂文集》卷一《徐星伯先生事辑》，见《续修四库全书》编纂委员会、复旦大学图书馆古籍部编：《续修四库全书》第1574册，上海古籍出版社2003年版，第26页。

③ 郑伟章著：《文献家通考》卷十三《徐松》，中华书局1999年版，第692页。引缪荃孙撰：《徐星伯先生小集》识语（《烟画东堂小品》之七）。

④ （清）缪荃孙著：《艺风堂文集》卷一《徐星伯先生事辑》，见《续修四库全书》编纂委员会、复旦大学图书馆古籍部编：《续修四库全书》第1574册，上海古籍出版社2003年版，第26页。

⑤ 莫伯骥《五十万卷楼藏书目录初编》卷十五《张子寿文集》，见中国书店编著：《海王村古籍书目题跋丛刊》第7册，中国书店2008年版，影印1936年东莞莫培元等铅印本，第449—450页。

⑥ 秦国经主编，唐益年、叶秀云副主编：《中国第一历史档案馆藏·清代官员履历档案全编3·咸丰朝》，华东师范大学出版社1997年版，第285页。

⑦ （清）蒋宝龄撰，程青岳批注，李保民校点：《墨林今话》卷十七《山居读书图》，上海古籍出版社2015年版，第386页。

霞偶、常庸等。其“高伯祖圣台乾隆十九年翰林，官广东广州府同知。曾伯祖恕乾隆三十七年传胪，官兵部右侍郎。曾祖钦太学生。祖溶美。父元芳，江西雩都县兴仁司巡检。步青中咸丰五年举人，同治元年进士，官编修。甲子倭文端以品学兼优荐举入直上书房。丙寅，大考一等擢翰林院侍读。丁卯，授江西督粮道”①。累官江西布政使，引疾归。其“归田后足迹不入城市，惟以读书为事，自奉甚俭，布衣蔬食，仍守寒素家风”②。尝主讲宿迁书院时，于宿迁王氏池北书库博览群籍，治明清掌故。著述有《香雪庵丛书》十八册、《安越堂外集残稿十一种》稿本四十册、《两负堂札记稿本》二册、《栋山日记》稿本二十四册等，现藏于中国国家图书馆。

平氏好藏书，其先世亦有藏书，惜藏书毁于太平天国时期。其“早岁历馆藏书家，遂成奇博，尤娴熟掌故校勘之学，有《群书斠识》一百二十余种”③。“为辑《国朝文椒》一书，自是购之厂肆，假之友朋，所见清人文集无虑数千家。藏书至二万卷”④。尝自云：“咸丰庚申，春官再放，过夏京师，贫疾无俚，而主人十室中庋书多得以恣览。余性耆丁部，于国朝诸家，尤有鸡跖之合，始创意为《文椒》一书。自是购之厂肆，假之友朋，至丁卯，凡八年所见无虑数千家，国朝人文集亦逾千余家。手录文目，则于习见，及坊间易购者，置之。凡得数百家。……此生读书三十年，学无所得，著书又复奚望，惟此数百家之文，颇有世人鲜见之作。”⑤“出任江西粮道，月必倩人购书都中厂肆，为考订之用。”⑥李慈铭记云：“平步青景荪言平生不能买书，而所至辄有书可借，亦是幸事。主讲宿迁书院时，县有王氏藏国朝人文集甚富，得尽阅之，尤为奇福。琴严子莼言：每岁正月游厂市，见胡刻通鉴，辄不胜垂涎，而讫不得。”⑦弃官归里后，“不入城市，自号栋山樵，惟以读书为事”⑧。“杜门谢客，一意著书，稿本甚富。身后其家视作秘籍，绝不示人。有手订《香雪庵丛书》二十种，皆非所经意

① （民国）绍兴县修志委员会辑：《浙江省绍兴县志资料第一集》第一辑《人物列传·平步青》，见《中国方志丛书·华中地方·第五八三号》，（台湾）成文出版社1983年据民国绍兴县修志委员会辑，民国二十六年（1936）铅印本影印，第3042页。

② 《绍兴县志采访稿》卷十六杨越《平栋山传》，引郑伟章著：《文献家通考》卷十八，中华书局1999年版，第1031页。

③ （民国）绍兴县修志委员会辑：《浙江省绍兴县志资料第一集》第一辑《人物列传·平步青》，见《中国方志丛书·华中地方·第五八三号》，（台湾）成文出版社1983年据民国绍兴县修志委员会辑，民国二十六年（1937）铅印本影印，第3043页。

④ 郑伟章著：《文献家通考》卷十八《平步青》，中华书局1999年版，第1031页。

⑤ （清）平步青撰：《国朝文椒题辞·自序》，见国家图书馆编：《国家图书馆藏古籍题跋丛刊》，第19册，北京图书馆出版社2002年版，第291页。

⑥ 徐世昌辑：《晚晴簃诗汇》卷一百六十一《平步青》，见《续修四库全书》编纂委员会、复旦大学图书馆古籍部编：《续修四库全书》第1632册，上海古籍出版社2003年版，第605页。

⑦ 引挹彭著，谢其章编：《东西两场访书记·聚书脞谈录》，（北京）海豚出版社2011年版，第43页。

⑧ （民国）绍兴县修志委员会辑：《浙江省绍兴县志资料第一集》第一辑《人物列传·平步青》，见《中国方志丛书·华中地方·第五八三号》，（台湾）成文出版社1983年据民国绍兴县修志委员会辑，民国二十六年（1936）铅印本影印，第3043页。

者。有诗无多,吐属名隽"[1]。平步青文正如其人,文古朴而绌于词藻,秉性纯挚且性情率真,所交挚友皆为硕儒饱学之士,若江上蹇叟为当涂夏燮,荔墙蹇士则乌程汪曰桢刚木也。其日常生活以藏书、读书及校籍群书为业,治学严谨,读书极博,心细若发,每考一事,必列多证,积书至二万余卷,多校订斠补。所校之书亦不下百余种,所校之书大多是乡邦文献和笔记文集。谢国桢撰《事略》云:景荪"毕生精力,志在学术,研治乙部,精于搜讨,手校群书不下千卷。自成进士通籍后,值上书房,补授江西粮道,出登士版,未逾五载,即弃官归里,优游岁月,均为读书之时。故博极群书,手钞无间,藏之箱笥,不轻示人。其书为其门人杨越所编次,刻于清季,藏诸里门,未能大行于世。其后《香雪庵丛书》中零种如《霞外捃屑》等书,间流传于外,读者恒叹其淹博。于是鸿编既出,人相传诵,盖蕴蓄既深,故应之者若响也。迹其平生行事,见于其文集者,有《安越堂外集》卷七《楝山樵传》,及《樵隐昔寱》附录《楝山先生回籍历稿》"[2]。"景荪编录所著书,其《四部考》,皆考据古义,订补经籍凡百余种,高至数尺,而目录尚未肯出。近刻《葛园丛书》十余种,及《樵隐昔寱》,皆经籍书后之文。又《国朝文棷题辞》六百余首,皆论国朝人文集,目录至三千家"[3]。伦明称:平步青"惟《国朝馆选爵里谥法考续》三卷,《群书斠识》十一种,刊于生前。《樵隐昔寱》二十卷,《霞外捃屑》十卷,刊于民国初。未刊者《读经拾渖》一卷,《读史拾渖》一卷,《宋史叙录》一卷,《修明史史臣表》一卷,《文庙从祀议考略》二卷,《上书房行走诸臣考略》二卷,《南书房行走诸臣考略》二卷,《召试博学鸿儒考略》一卷,《荐举经学考略》一卷,《大考翰詹考略》一卷,《越中科第表》二卷,《浙江山阴平氏谱续》三卷,《司农公年谱》一卷,《群书斠识》七十六种,《楹帖摭谈》二卷,《山阴平氏捃残集》一卷。尚有无卷数者,《瓜庐拾遗》等二十余种,稿藏于家,可谓盛矣!其斠书也,不凭异本,但以书证书,识其刦误。《昔寱》中有《国朝文棷题跋》六卷,凡三百三十余家。或疑其滥,余则以为高隘。暇拟补之,所增当在二倍以上"[4]。陈觉民先生撰文回忆云:"焕卿先生对于晚近三百年来的学人,最佩服黄梨洲先生,他们为浙东学术,源远流长,梨洲先生的学术思想,对后人影响之大,远非顾亭林、王船山两先生所及。……当时绍兴有位平景荪先生,名步青,学问很是渊博,他家里藏有清朝一代文人的集子最多,达千余种,景荪先生曾有志于搜集《梨洲大全集》,所搜罗的黄氏作品甚多,但尚未完成,未曾杀青,焕卿先生知道了这回事,那时景荪先生已去世了,他数

---

① 徐世昌辑:《晚晴簃诗汇》卷一百六十一《平步青》,见《续修四库全书》编纂委员会、复旦大学图书馆古籍部编:《续修四库全书》第1632册,上海古籍出版社2003年版,第605页。

② 谢国桢著,谢小彬、杨璐主编:《谢国桢全集》附《平景孙事辑·事略》,第5册,北京出版社2013年版,第517页。

③ 谢国桢著,谢小彬、杨璐主编:《谢国桢全集》附《平景孙事辑·学术》,第5册,北京出版社2013年版,第530页。

④ 伦明著,雷梦水校补:《辛亥以来藏书纪事诗》,上海古籍出版社1990年版,第15页。

度上平氏门去借看《梨洲大全集》的底稿，并加以摘录。”[1]可见平步青日常生活以藏书、读书及校籍群书为业，治学严谨，读书极博，心细若发，每考一事，必列多证，富有钻研精神，传承了乾嘉朴学及浙东史学的优良传统。平步青曾自撰《栋山樵传》言其藏书、校书之嗜好亦甚详：

> 栋山樵，浙之山阴人，谈者佚其姓名。济州朱秋水为作《栋山樵隐图》，盖其自号云。性嫥愚，寡嗜好，园林声气之乐，饮馔服御之娱，与夫金石图书，泉磁珠玉，琴弈博簺，花药禽鱼，可以快耳目怿心意者，一无所解。惟好读书，劣通大义，于历算推步，壬遁奇侅，刀圭风角诸术，亦惮其难，不之习。蓄书二万卷，日夜读之，涉猎而已，实无所得也。而于群书讹文脱字，援引乖舛，辄刺取他籍，刊误纠谬，一书有斠至数年未已者。盛暑汗浃竟体，天寒皲瘃，不以为病。妇笑之曰："空费日力，胡不自著书，而耘人田为？"笑而不答。
>
> 樵拙于书，其所斠识，蛛丝蚊足，密缀行间，羼厕涂乙。岁久丹黄黦昧，波磔漫漶，憆不自省，无辨识传录者。为文孤行己意，人更鲜知之，故所作以考辨疏证为多。自谓貌寝，经年不窥镜，偶取视则扑之。不憙见贵要富人，间有物色者，辄惎辞婉转却之，触忤腾谤不之辨，甚欲中以奇祸，亦不之慑。尤不惯与名士游，人益憎之，交以寡，惟江上蹇叟、荔墙蹇士二人。蹇叟读其文曰："是学鲒埼亭长者，校雠可追步东里学人。"蹇叟与并世学人少许可，顾独谓樵记事匹衎石斋，考据精密，则理初流亚也，矍然曰："双韭、抱经何可当，钱、俞二集亦相去奚翅九牛毛。"其言如此。刻丛书十余种，最后出其《昔瘼纪事》，有怵以招人之过者曰："吾文本无所斥，然不能家置一喙；且底下书，徒酤楮椠，焉用充盖酱为。"遂毁之，嗜痂者百计丐其余，匿不出[2]。

藏书与刻书处为香雪崦、葛园、安越堂等。藏印有步青之印、景荪、栋山樵等。

有《葛园丛书初定总目》一册，稿本，扉页上有"苦雨斋藏书印"小红方印。现藏于中国国家图书馆。

所刻书有《葛园丛书》二函十六册十一种，有"光绪纪元山阴安越堂平氏刊"牌记。

平氏藏书，在中华人民共和国成立后，为杭州古籍书店所购，手稿多种亦散出。

---

① 陈觉民《陶焕卿轶事》，见浙江绍兴县文史工作委员会编：《绍兴文史资料选辑》第六辑《陶成章史料》，1987年版，第35页。

② 谢国桢著，谢小彬、杨璐主编：《谢国桢全集》附《平景荪事辑》，第5册，北京出版社2013年版，第517—518页。

（十一）余　坤

余　坤（生卒年不详）　字子容，号小坡，又号苎山，诸暨高湖人。余缙[①]六世孙。其《硃卷》述其："乡试中式第八十三名，会试中式第三十三名，殿试第二甲第六十二名，朝考入选，钦点主事签分户部"[②]，累官雅州府知府。著有《寓庸室遗稿》一册，《中国文学史》评其文："方在京曹，以诗古文与梅曾亮相切磋。文章学韩，未臻雄浑；而瘦硬拗折，逼真荆公，所造在邵懿辰之上。此为坤手稿，有梅曾亮、姚莹、朱琦、杨懿珍及吾邑秦缃业同时诸公圈点评语。"[③]潘衍桐《两浙輶轩续录》卷三十三、徐世昌《晚晴簃诗汇》卷一百三十五等有其传。

余坤笃嗜经史，居恒手不释卷，"官俸所入悉以购书，闭户丹铅不倦"[④]。筑藏书处寓庸室贮之，可推测藏书亦富，据《诸暨县志》载："寓庸室室址高湖。道光九年进士余坤藏书处。"[⑤]惜藏书详情未考。

（十二）朱兰父子进士

朱　兰（1799—1873）　"字久香，晚号耐庵，文治之。道光九年一甲第三名进士，授编修。散馆一等，考取御史。十一年大考二等，赐文琦。奉命入内赋诗，称旨，命书诗其上，以'朱兰非独学问好，人品亦好'宣谕朝臣。十四年充甲午科广东正考官，旋督湖北学政，授司业，迁侍讲，教习庶吉士。"历官少詹事，充讲官，咸丰朝，迁内阁学士，直文渊阁，充朝考阅卷大臣，署工部左侍郎，授太仆寺卿，督安徽学政。其为政皆有建树，如督学安徽时，"省中藏书散亡略尽。兰至，广购经籍，分庋学校，曲尽诱掖。不逾年，四十余州荆榛尽辟。居乡，遇地方利病、学校典祀及创建考棚，莫不历任兴举。自奉甚约，于饷军赈灾辄毁家以济，施及宗族乡党，无弗周给。兼笃于风谊，嘉兴李贻德为道谊交，贻德殁，为校勘所著《左传贾服注辑述》二十卷、《揽青阁集》若干卷，并李室吴氏《旱花集》刻之。皖中自著百余卷"[⑥]。孙德祖《朱兰传略》云："咸丰中，先生掌教蕺山书院，德祖以童子受知著门籍。同治丁卯，又与先生季子衍绪同举于乡，益荷引迪。……著有《补读室诗文》十六卷、《日记》十八卷、《群籍摭闻》十二卷、《孟晋录》四卷、《师友言行录》五卷，校刊先友李次白《左氏传贾服注辑述》二十卷，重订周莲塘《韵本释要》五卷，黄梨洲、邵二云两先生年谱各四卷，《余姚

---

① 按：余缙（1617—1689），字仲绅，号浣公，高湖人。顺治九年（1652）壬辰科进士，历官河南道监察御史，晋升承德郎，累赠荣禄大夫、刑部尚书，崇祀本府乡贤天津名宦。年五十七致仕。返里后与邑人共建三江闸。著有《大观堂集》《续保越录》等。

② 顾廷龙主编：《清代硃卷集成》第7册《余坤》，台北成文出版社1992年版，第368页。

③ 钱基博著：《中国文学史》附录《余坤·寓庸室遗稿一册》，中华书局1993年版，第1123—1124页。

④ 何槐昌《浙江近现代藏书家小传》，见浙江省政协文史资料委员会编：《浙江文史资料选辑》第64辑《史海钩沉》，浙江人民出版社1999年版，第78页。

⑤ 诸暨县地方志编纂委员会：《诸暨县志》二十二篇《文化》，浙江人民出版社1993年版，第777页。

⑥ 朱炯编：《朱兰文集》十二附录《朱兰传》，浙江大学出版社2015年版，第439—440页。

文数》若干卷。”[①]

朱兰雅好藏书，其藏书亦甚富。朱兰曷孙朱炯回忆云：“我一本堂朱氏自始祖廷碧公迁姚来，世恒习儒，代有著述。迄今舜水公《舜水先生文集》，亦中公《紫竹山房遗稿》、海昌公《绕竹山房诗稿》正续编等稿尚存，三百余年来，诗见采于《两浙輶轩录》《姚江诗存》《姚江诗录》。至炯六世祖讳兰，字心如，号久香，道光九年一甲三名及第，累官至内阁学士。文章、经济、道学三者兼而有之，为吾宗继舜水公后之佼佼者。先君子步云公在世时，每每述及先祖久香公业绩之著，家藏书稿之富，而叹读书之艰。盖先君子生于狼烟四起之际，长于鼎新革故之时，屡经兵燹，学业受阻，家藏典籍亦散失殆尽，虽有心蒐辑先祖遗稿，然未竟而殁。”[②]可见朱氏家族至朱兰时就富藏书，多藏家族历代先贤书稿为主，朱逌然之藏书部分来自于其父朱兰。

朱逌然(1836—1882)　朱兰子。字肯甫，一作肯夫，号味莲，余姚人。清“同治壬戌进士，改庶吉士，授编修，历官詹事”[③]。钱保塘《成都浙馆先贤祠小传》云：“余姚朱公逌然，字肯夫。咸丰九年举人，同治二年进士，光绪七年以翰林院侍读学士督四川。成都有尊经书院，向由学政调取阖省士有文学者肄业其中。公至，精选院士四人使为教习，量取新进士之聪颖者数十人，使随才分教之。增其廪饩，严其程课按试日，日坐堂。皇有犯者必绳之法，士以是畏而爱之。体素羸，积劳成疾，八年十二月十一日遽卒，年四十七。身后几无以为敛，当道为筹资归其丧，士设位院中，哭之有失声者。”[④]著有“《庄子辑注》《列子辑注》《急就章补注》《使湘日记》《孱守斋丛集》”[⑤]。

出身书香之家的朱逌然“幼承庭诰，学有根柢。督学湘、蜀，并崇尚朴学，多所造就。入川，当南皮张尚书师极盛之后，作养人才，几与之埒”[⑥]。其兄郎然，字韬夫，“博闻强识，通晓天算、舆地、壬遁、方药诸艺，兼工击刺……积功至三品衔，江苏候补道，赏戴花翎，居父忧，不复出，惟以文字自遣，自先秦逮晋唐名刻蒐葺甚富，日课临摹至十万余字，四体书并擅精能，工题跋，所品量多出人意表”[⑦]。可见朱逌然传承了家族藏书传统，雅好藏书，其藏书故实见于《越缦堂读书记》：“泾县朱兰坡先生藏有《红楼梦》原本，乃以三百金得之都门者，六十回以后与刊本迥异。壬戌岁余姚朱

① 朱炯编：《朱兰文集》十二附录《朱兰传略》，浙江大学出版社2015年版，第442页。

② 朱炯编：《朱兰文集》十二附录《跋》，浙江大学出版社2015年版，第443页。

③ 徐世昌辑：《晚晴簃诗汇》卷一百六十一《朱逌然》，见《续修四库全书》编纂委员会、复旦大学图书馆古籍部编：《续修四库全书》第1632册，上海古籍出版社2003年版，第604页。

④ (清)钱保塘《清风室文钞》卷十《成都浙馆先贤祠小传》，见《丛书集成续编》第143册，集部，上海书店出版社1994年版，第232页。

⑤ (清)潘衍桐编纂，夏勇、熊湘整理：《两浙輶轩续录》卷四十七《朱逌然》，第13册，浙江古籍出版社2014年版，第3678页。

⑥ (清)潘衍桐编纂，夏勇、熊湘整理：《两浙輶轩续录》卷四十七《朱逌然》，第13册，浙江古籍出版社2014年版，第3678页。

⑦ 朱炯编：《朱兰文集》十二附录《朱兰传》，浙江大学出版社2015年版，第440页。

肯夫编修于厂肆购得六十回钞本,尚名《石头记》。”[①]“解盦居士《石头记集评》卷下:‘山阴傅越石驾钟麟曰:同里朱味莲太史,名逌然,字肯甫,于都门厂肆购得抄本《红楼梦》原稿,与坊本迥异,卷数较少。平景荪太史步青所见另本抄稿,亦同。今之坊本,为曹雪芹所改,非原稿本也。’”[②]

(十三)顾家相

顾家相(1853—1917) 字辅卿,号勴堂,又号季敦,会稽人。燮光父。光绪元年(1875)举人,“由丙子恩科进士以知县即用,指分江西,光绪三年到省委署东乡县知县,历充乙酉科、甲午科同考官,题补萍乡县知县”[③]。历官河南彰德、归德知府。宣统初引疾辞官,侨居陕西,辛亥解组,隐居青门。顾氏为官期间,尤重地方教育,据民国《昭萍志略》卷五《官师志》载:顾家相为萍乡县令,注重文化,文学优长,喜谈制艺,理法精密,每月鳌洲课士必扃门而试,限即日纳卷,亲自评阅,从不假手幕宾,得佳卷评点外,加以勾乙删改,“又以邑境辽阔道远,艰于应课,檄士绅于邑东芦溪濂溪学舍改作书院,邑北栗市倡建栗江书院,兴月课而所以督课之者一如鳌洲”。此时,宗濂书院已更名为濂溪书院并首次具有课士功能。其著述有《越中金石录》《两浙金石知新录》《勴堂诗文集》《日记类钞》《五馀读书廛随笔》,及《浙江通志·厘金门》初稿三卷等,散曲有《勴堂乐府》。

顾家相喜藏书,藏书处为勴堂。有《勴堂读书记》十卷一册,著录以见《四库全书总目》者为多。顾燮光《勴堂读书记》跋:“家富藏书,分贮秦杭两寓,秦寓藏书悉化为虫沙。一九一三年返航,就读杭寓藏书,为避乱之计。”[④]卒后,刘大白为友人王余子代做挽顾家相:

> 读《哀思》一曲,似开府《端忧》;是书生结习未除,托之麦秀黍离,聊自安排作遗老。志《厘税》三篇,仿兰台《食货》;惜古刻搜奇犹缺,从此吉金乐石,更谁磨洗认前朝[⑤]。

又代绍兴县志采访处挽顾家相:

> 其经术,是儒林;其词章,是文苑;其考厘税,搜金石,又是史官。事事可师,

① (清)李慈铭著,由云龙辑:《越缦堂读书记》八《文学·红楼梦》,中华书局1963年版,第927页。

② 引欧阳健著:《明清小说采正·重评胡适的〈红楼梦〉版本考证》,(台北)贯雅文化事业有限公司1992年版,第498页。

③ 秦国经主编,唐益年、叶秀云副主编:《中国第一历史档案馆藏·清代官员履历档案全编7·光绪朝》,华东师范大学出版社1997年版,第150页。

④ 引郑伟章著:《文献家通考》卷二十三,中华书局1999年版,第1295页。

⑤ 李永鑫主编:《绍兴县越城区对联集成》,西泠印社出版社2012年版,第197页。引《世界杂志》第1卷第5期(1931年5月)。

草志尤资吾辈法。

于浙东，为耆旧；于秦中，为寓公；于江左右，河南北，并为循吏。洋洋盈耳，知名不独故乡多①。

顾氏所藏由其子顾燮光②递藏。父子俱好收藏，其藏甚富，以金石文字为多，集藏墓志达四千余通。其藏书处在杭州西湖名为金佳石好楼，在上海龙翔桥北一号为遁世无闷楼、非儒非侠斋。有《金佳石好楼碑帖书籍目录》一册。

(十四)陶方琦

陶方琦(1845—1884)　字子缜，一作子珍，号湘麋，会稽陶家堰人。同治六年(1867)补甲子科举人，“光绪二年进士，选庶吉士，授编修。督学湖南”③，得士颇多，以母丧归，服阕，湖北延聘总修《湖北通志》，游于武昌。后北上供职，染病卒于京邸，年四十。著有“《淮南许注异同诂》《许君年表》《汉孳室文钞》”④及《溭庐骈文选》《湘麋阁遗诗》《兰当馆词余》等。生平事迹参见孙诒让《陶方琦传略》。

陶方琦生于书香官宦之家，曾祖兆麟，直隶大城县典史；祖际尧，湖南永州知府；父良翰，福建兴化知府。先世在文学、吏治上有名声。幼受其祖贤熏陶，常寂坐于斗室之中，研究经史子集。与同志友人讨古辨疑。淡漠仕途，笃学好古，曾拜同乡李慈铭为师，为李之高足。陶方琦尤嗜书，好治学，“遍讨群书，重还古本”⑤。《清史稿》称：方琦“学有本末，汲汲于古，述造无间岁时。治《易》郑注，《诗》鲁故，《尔雅》汉注，又习《大戴礼记》。其治淮南王书，力以推究经训，搜采许注，拾补高诱。再三属草，矻矻十年，实事求是”⑥。谭献云：“综群籍避乱于山中，拥书吟讽，矻矻穷年。”⑦

---

① 李永鑫主编：《绍兴县越城区对联集成》，西泠印社出版社2012年版，第198页。引《世界杂志》第1卷第5期(1931年5月)。

② 按：顾燮光(1875—1949)，字鼎梅，别署非儒非侠斋，会稽人。近代藏书家、目录学家、金石学家。光绪间贡生，曾虽一度从政，然承其父之贻，笃好金石考订之学，与叶昌炽友善。燮光在父藏书基础上，又搜罗名椠佳刻，其碑版收藏为民国时杭州藏书家之冠。曾至河南搜罗金石，访得古人未著录的自汉迄元碑刻七百余种，所藏碑拓以墓志为最富。其中尤以在延津学舍访得的北宋后久已湮没的汉刘熊碑最为珍贵。著有《梦碧簃石言》《河朔新碑目》《刘熊碑考》《两浙金石别录》《袁州石刻记》《古志汇目》《比干庙碑录》《伊阙造像录》《译书经眼录》等金石目及书目。《石刻萃珍》三辑，选自所藏汉、唐碑刻精品三十种。

③ 赵尔巽等撰：《清史稿》卷四百八十六《列传二百七十三·陶方琦传》，第44册，中华书局1977年版，第13441页。

④ 赵尔巽等撰：《清史稿》卷四百八十六《列传二百七十三·陶方琦传》，第44册，中华书局1977年版，第13441页。

⑤ 徐世昌辑：《晚晴簃诗汇》卷一百七十一《陶方琦》，见《续修四库全书》编纂委员会、复旦大学图书馆古籍部编：《续修四库全书》第1633册，上海古籍出版社2003年版，第72页。

⑥ 赵尔巽等撰：《清史稿》卷四百八十六《列传二百七十三·陶方琦传》，第44册，中华书局1977年版，第13441页。

⑦ (清)谭献《陶编修家传》，见(清)缪荃孙纂录：《续碑传集》卷八十一，沈云龙主编：《近代中国史料丛刊》990，(台湾)文海出版社1973年影印本。

叶昌炽记云："建霞来，云陶子缜编修有大藏音义，为诸儒未见之本，共一百卷，从其中搜辑《仓颉篇》逸文，较孙伯渊刻者，多至两倍。许慎《淮南子注》亦一巨册，他可知矣。编修甚秘其书，不轻示人"[①]。

（十五）李慈铭

李慈铭（1830—1895）　"初名模，字式侯，后更名慈铭，字炁伯，号蓴客，会稽人。生有异才，长益覃思劬学，于书无所不窥。时越多高才生，咸推为职志。"[②]同治九年（1870）举人，"入赀为户部郎中。至都，即以诗文名于时。大学士周祖培、尚书潘祖荫引为上客。光绪六年，成进士，归本班，改御史。时朝政日非，慈铭遇事建言，请临雍，请整顿台纲。大臣则纠孙毓汶、孙楫，疆臣则纠德馨、沈秉成、裕宽，数上疏，均不报。慈铭郁郁而卒，年六十六"[③]。其学识渊博，著述宏富，有百数十卷。对史学功力尤深，所著经史之作，有《后汉书集解》《北史补传》《历史论赞补正》《历代史剩》《闰史》《唐代官制杂钞》《宋代官制杂钞》《元代重儒考》《明谥法考》《南渡事略》《国朝经儒经籍考》《军兴以来忠节小传》《绍兴府志》《会稽新志》等；于经学之作有《十三经古今文义汇正》《说文举要》《音字古今要略》《越缦经说》。其"日有课记，每读一书，必求其所蓄之深浅，致力之先后，而评骘之，务得其当，后进翕然大服"[④]。有《越缦读书录》《越缦笔记》《越缦堂日记》《柯山漫录》《孟学斋古文内外篇》等。其诗文颇负重名，与王闿运世称古文二大家，"为文沉博绝丽，诗尤工，自成一家"[⑤]。所作诗文有《湖塘林馆骈体文钞》《白华绛跗阁诗初集》《杏花香雪斋诗二集》《霞川花隐词》《桃花圣解庵乐府》。《清儒学案》评述云："越缦洞明《三礼》，尤精小学。博极群书，勤于考订，兼尊宋学，谓可治心。生前为词章之名掩殁，后遗书渐出，学者服其翔实，翕然称之。"[⑥]生平事迹参见平步青《掌山西道监察御史督理街道李君炁客传》。

李慈铭学识渊博而贯通，所著宏富，得益于其多藏书。藏有《一切经音义》，"此为李越缦传录藏拜经校本，后有跋语"，"下钤'越缦堂主'一印，'慈铭私印'一印，书

---

① （清）叶昌炽著：《缘督庐日记》卷二"光绪九年（1883）癸未六月廿八日条"，台湾学生书局1964年版，第70页。

② 徐世昌等编著：《清儒学案》卷一百八十五《越缦学案·李先生慈铭》，第7册，中华书局2008年版，第7143页。

③ 赵尔巽等撰：《清史稿》卷四百八十六《列传二百七十三·李慈铭传》，第44册，中华书局1977年版，第13440页。

④ 赵尔巽等撰：《清史稿》卷四百八十六《列传二百七十三·李慈铭传》，第44册，中华书局1977年版，第13441页。

⑤ 赵尔巽等撰：《清史稿》卷四百八十六《列传二百七十三·李慈铭传》，第44册，中华书局1977年版，第13440页。

⑥ 徐世昌等编著：《清儒学案》卷一百八十五《越缦学案·李先生慈铭》，第7册，中华书局2008年版，第7143页。

估欲伪充越缦自校本,故剜去所下一字,及跋后题名。殊不知越缦传校本固足珍贵也”[1]。《阎潜丘先生年谱》一卷一册,(清)张穆编,“清道光廿七年寿阳祁氏刊本,清陈倬、李慈铭手跋,钤潜丘居士、明善堂览书画印记、星鉴、东郡张生之裔、臣陈倬印、培之、慈铭私印、越缦堂印、纯客、渡泸人、张度之印、吉人等印记”[2]。又《三国志》六十五卷,崇祯十七年(1644)汲古阁刻本,有李慈铭校并跋,有“越缦堂藏书印”“会稽李氏困学楼藏书印”“李悉伯读书记”三方藏书印,现藏中国国家图书馆。又绍兴图书馆藏有《越风》三十卷,清商盘辑,乾隆三十七年(1772)王大治刻嘉庆十六年(1811)徐兆补刻本,李慈铭、李知白批校。首有同治元年(1862)李慈铭题记。钤“慈铭私印”“会稽李氏困学楼藏书印”等章。中国国家图书馆藏有《诗说解颐正释》三十卷《总论》二卷《字义》八卷,明嘉靖间刻本,卷内有“‘会稽李氏越缦堂鉴藏金石书画印’‘道光庚戌秀才,咸丰庚申明经,同治庚午举人,光绪庚辰进士’‘慈铭印信长寿’‘李悉伯读书记’”等印记[3]。对于书籍,“颇喜用印记,每念此物流转不常,日后不知落谁手,泥雪红爪,少留因缘,亦使后世知我姓名。且寒士得此数卷,大非易事,今日留此纪识,不特一时据为己有,即传之他人,亦或不即灭去,此亦结习难忘者也。呜呼,措大作此生活,不觉沾沾自喜,长安贵游,日夜奔走牛马间者,乌知世界中有此事耶”[4]。颇有坐拥百城、傲视王侯之概。晚年寓所门聊有“保安寺街,藏书十万卷”[5]之语,其书籍之富,可见一斑矣。

其《越缦堂读书记》十二札记中亦记:“前日博进钱二十二缗,今日尽以买书,亦一快也,尚欠二缗,借之叔之。日晚捆载而归,适奴子告炊乏,默无以应,据案纵阅,自憙而已。”又云:“自昨夕而今晨,整比书籍,甚费心力。以案头之书,必取其最要者以待相次而读。而书有常资考索者,尤宜置之群籍之前。斋中无书架,仅纵横置两案,故或簏或阁,或床或几,或近或远,或高或下,皆极费匠心。”郑伟章先生云:“观其《书目》,因境遇之艰,所藏宋元善本不多,然其手校、手批、手跋之书有二百余种,达二千七百余册,几占三分之一。予阅见其手批《问经堂丛书》,或朱笔批注,或点断句读,或校雠讹谬,一丝一毫不苟放过。其学之渊、读之勤,令人神往。”[6]

藏书处有越缦堂、困学楼等。撰有《越缦堂书目》,此目以箱著录,计二十七箱,共计八百余种,多为初印本、原刻本、清殿本、明汲古阁本等。又有《会稽李氏越缦堂书目录》,由云龙辑自《越缦堂读书记》,记其阅读古籍九百九十种。

---

① 叶景葵著,顾廷龙编:《卷盦书跋·一切经音义》,古典文学出版社1957年版,第116页。

② 汤蔓媛纂辑:《傅斯年图书馆善本古籍题跋辑录》第1册《释文·史部》,(台北)“中央研究院”历史语言研究2008年版,第53页。

③ 王重民撰:《中国善本书提要·经部·诗类》,上海古籍出版社1983年版,第13页。

④ 陶承杏《关于越缦堂藏书》,见《古今半月刊》(第四九期),1944年版,第17—18页。

⑤ 谢国桢著:《江浙访书记》,生活·读书·新知三联书店2007年版,162页。

⑥ 引郑伟章著:《文献家通考》卷十八《李慈铭》,中华书局1999年版,第1002页。

藏印有越缦堂主、莼客、李悉伯读书记、越缦堂藏书印、会稽李氏困学楼藏书印、会稽李氏越缦堂鉴藏金石书画印、白华绛跗阁清课、萝庵黄叶院落、李慈铭读书记、慈铭印信长寿、桃花圣解庵、李慈铭读、李慈铭读书记、慈铭私印等，还有一朱方大印“道光庚戌秀才，咸丰庚申明经，同治庚午举人，光绪庚辰进士”。

民国七年(1918)，其子承侯故后，全部遗书，经其友人徐惟则、族人李钟俊整理检点，抄目封藏，计二十八箱，九千一百余册，内有手批手校之书，共二百余种，二千七百余册，考证经史，殊可珍奇。1928 年北京图书馆全部购藏。伦明《辛亥以来藏书纪事诗》亦云：“其家以‘越缦堂遗书’九千余册，归北平图书馆。每书皆有校注，经史要书尤详。迩年杭州书店，屡以爰伯精校书标目，索重价，则馆中所收，似未全也。其《越缦堂日记》后六册之樊樊山，不可得。”①

(十六)吴道镕

吴道镕(1852—1936)　原名国镇，字玉臣，号用晦，一作永晦，晚号澹庵。“其先浙江会稽人，业咸于粤，遂家番禺。年十七，补县学生。中光绪乙亥恩科举人。家故贫，授徒养亲不亟求进取。顺德李文诚公(文田)雅重君，敦促赴试。以庚辰科成进士，入翰林，散馆授编修。君遽归，不复出。被服儒素，讲学终其身。历主潮州韩山、金山，惠州丰湖，三水肄江，广州应元书院。又尝与陈君石樵、石君惺庵于郡学设馆，从学者数百人。”②其曾任广东学务公所议长。辛亥革命后，杜门著述，翛然绝俗，以遗老自居。善书法，工诗，尤擅长古文辞，“所著书已刊者《明史乐府》八卷，续修《番禺县志》，手定条例成书四十四卷，未刊者《广东文征》二百四十卷，早辑著《公羊质疑》疑未成，《诗文稿》藏于家”③。

吴氏好藏书，“日夕手一编，博综经史，旁通算术，以及泰西政学诸书无所不览”④。据张学华《诰授通奉大夫翰林院编修吴君行状》记云：以屈大均《广东文选》、温汝能《粤东文海》“传本日少，惟故家间有收藏，遂根据二书而益加搜讨，前代散佚者辑补之，嘉道咸同光宣间诸人遗著，悉力甄录，汇为《广东文征》凡七百余家，文三千余篇，纂辑之勤，历二十年，病中犹校补弗辍也”⑤。为辑《广东文征》，“尝遍搜集粤东人文集已刻未刻者，续《粤东文海》，尚未写定。先生今年八十六，有小史年才二十余，检书磨墨，日待左右，有乞先生书者，辄为代笔，书法秀劲，凡者不能辨也”⑥。

---

① 伦明著，雷梦水校补：《辛亥以来藏书纪事诗》，上海古籍出版社 1990 年版，第 12 页。
② 大陆杂志社编：《中国近代学人象传·吴道镕先生小传》，(台湾)文海出版社 1971 年版，第 76 页。
③ 张学华《诰授通奉大夫翰林院编修吴君行状》，见沈云龙主编：《近代中国史料丛刊续编》第二十辑，(清)吴道镕撰：《澹庵文存》卷首附，(台湾)文海出版社 1975 年版，第 5 页。
④ 张学华《诰授通奉大夫翰林院编修吴君行状》，见沈云龙主编：《近代中国史料丛刊续编》第二十辑，(清)吴道镕撰：《澹庵文存》卷首附，(台湾)文海出版社 1975 年版，第 2 页。
⑤ 张学华《诰授通奉大夫翰林院编修吴君行状》，见沈云龙主编：《近代中国史料丛刊续编》第二十辑，(清)吴道镕撰：《澹庵文存》卷首附，(台湾)文海出版社 1975 年版，第 4 页。
⑥ 伦明著，雷梦水校补：《辛亥以来藏书纪事诗》，上海古籍出版社 1990 年版，第 92 页。

伦明有诗云：

南邦遗献最推君，八十高年秉烛勤。
续尾鸿文搜岭海，扫眉彩笔落烟云①。

（十七）陈遹声

陈遹声（1846—1920） 字蓉曙，号骏公，绍兴诸暨枫桥陈家村人。清"光绪十二年进士，改庶吉士，授编修，出为松江知府"，惩治盐匪，兴修水利，政绩卓然。升道员，入参政务。复为川东道，平盗寇，除煤霸，敢与英领事馆争利益，保民权。"治渝两载，大吏交章论荐，遽引疾归。当轴数招之，谢不出。著有《明逸民诗》《畸庐稗说》及《诗集》等。"②

其父陈烈新（1817—1899），字蕁斋，绍兴诸暨枫桥镇人。陈洪绶之裔孙，官嘉兴县学训导。其淡泊名利，嗜好藏书。历任所余俸钱悉以购书，元明椠本亦有收藏。俞樾撰其《墓志铭》云："陈君讳烈新，蕁斋其字也，浙江诸暨县人。……君历所任余俸钱，悉以购书，元明椠本往往存焉。于宅西建授经堂，藏所得书。"③陈遹声承其家学，雅好收藏，家藏古籍与名人字画数万卷，且多孤品、珍品。1949 年，张大千购得所藏王冕《墨梅图》，图中钤有陈遹声收藏之印"畸园珍藏"。题签"王元章梅花真迹，清宫旧藏。己丑（1949）得于香港"，并钤有"敌国之富"等鉴藏印。20 世纪 70 年代，此图被美国著名鉴藏家王己千收藏。

陈遹声在京师任职期间，每至琉璃厂书肆，遇有精椠旧钞，必购以奉其父（陈烈新）。贺涛云："诸暨蓉曙编修劬学嗜古，孜孜如不及。其先世当明嘉靖时有官广西布政使者，聚书五万卷，构授经堂，庋书其中。当时宿学皆借书其家，为之点勘。其孙章侯先生，国初时隐于禅，世称老莲先生者，有《授经堂诗文集》。康熙初，堂毁于兵火，书亦亡。蓉曙之祖既筑室藏书以复旧，而蓉曙之父课子于堂，遂绘《授经图》，征时贤题咏，士林盛传其事。粤贼之乱，东南骚动，陈氏独安居，讲诵于堂弗辍，余小颇观察赋诗称之，而堂与书又卒毁于兵火。蓉曙与其族子耐安俱以文著，大吏争迎聘，以其所得筑室故居，旁以积书，复得数万卷，俞曲园先生以旧额题之，而堂复兴。"④至"宣统元年藏书逾三万卷。抗日战争时期，汪伪军盘踞枫桥，大部图书付之

---

① 伦明著，雷梦水校补：《辛亥以来藏书纪事诗》，上海古籍出版社 1990 年版，第 92 页。

② 赵尔巽等撰：《清史稿》卷四百五十二《列传二百三十九 · 陈遹声》，第 41 册，中华书局 1976 年版，第 12582—12583 页。

③ （清）俞樾撰：《春在堂杂文六编》卷五《蕁斋陈君墓志铭》，见《续修四库全书》编纂委员会、复旦大学图书馆古籍部编：《续修四库全书》第 1551 册，上海古籍出版社 2003 年版，第 71 页。

④ （清）贺涛著：《贺先生文集》卷二《授经堂记》，见《续修四库全书》编纂委员会、复旦大学图书馆古籍部编：《续修四库全书》第 1567 册，上海古籍出版社 2003 年版，第 144 页。

一炬。上世纪五十年代初，藏书仍有万余卷，后运往浙江图书馆。藏书楼遂改他用”①。

（十八）孙廷翰

孙廷翰（？—1917）　字问清、问精，号晓帆，诸暨人，居上海。清“光绪十一年乙酉科举人，己丑进士。”②授翰林院检讨，历充国史馆纂修、文渊阁校理。曾出任浙江教育会会长。

孙廷翰善书法，尤癖嗜古书画及其旧版书籍，所藏颇多。王重民《中国善本书提要》别集类有其所藏明抄本《夷白斋稿》三十六卷，经鲍廷博、蒋氏传书堂递藏，现藏中国国家图书馆。藏有宋张栻撰《诸葛武侯传》一卷，宋刊本，黄丕烈跋。孙廷翰藏，后归刘承幹。此本已印入续古逸丛书中。③ 有关孙氏藏书，叶昌炽《缘督庐日记》记其藏书故实：丁酉六月二十五日记云：“问清同年招全浙馆出示新得旧拓《鲁公家庙碑》；宋刊《魏鹤山全集》，有荛圃两跋、竹汀题字三则；宋刻、元明两朝补刊《史记》；元大德丁未建康路明道书院刊《新唐书》，亦有明弘治补版，皆精。”④庚子五月初七日记云：“访孙闻清，在问清斋见元刻《柳州集》，与余所藏同一本，但楮墨稍精良耳；又《黄勉斋集》，宋板元修明印；又伊世珍《嫏嬛记》，旧抄本，后有荛圃手跋；又影抄本《汉泉漫稿》四册，亦均得自碧琳琅馆。”⑤辛丑六月初九日记云：“访孙问清，见新得宋本《观澜集》楮印俱精；又四库本《公是集》；丁南华绘《二十四应像》，仅存四幅；明拓《岳麓寺碑》。”⑥丙辰五月二十九日记云：“翰怡出示旧抄本……又言孙问清同年所藏宋本《魏鹤山集》与《诸葛武侯传》抵千五百金，亦在此间书库，但《武侯传》已为艺风影钞，傅沅叔又从而锓木。”⑦

（十九）蔡元培

蔡元培（1867—1940）　字鹤卿，号孑民，浙江绍兴县人。幼从叔父铭恩学为诗、古文辞，气体奇崛。性喜治经学、小学。又师事同县王懋修，服膺宋明理学。元培“年十七，补诸生。既冠，居同县徐氏藏楼，为校所刊书，因博览群籍，学益进。清光

---

① 诸暨县地方志编纂委员会：《诸暨县志》二十二篇《文化》，浙江人民出版社 1993 年版，第 777 页。

② 浙江省通志馆编，浙江省地方志编纂委员会整理：《重修浙江通志稿·考选谱》（标点本），第 14 册，方志出版社 2010 年版，第 9329 页。

③ （清）莫友芝撰，傅增湘订补：《藏园订补郘亭知见传本书目》卷五上《史部七·传记家类》，第 1 册，中华书局 2009 年版，第 310 页。

④ （清）叶昌炽著：《缘督庐日记》卷七“光绪二十三年（1897）丁酉六月二十五日条”，台湾学生书局 1964 年版，第 240 页。

⑤ （清）叶昌炽著：《缘督庐日记》卷八“光绪二十六年（1900）庚子五月初七日条”，台湾学生书局 1964 年版，第 270 页。

⑥ （清）叶昌炽著：《缘督庐日记》卷九“光绪二十七年（1901）辛丑六月初九日条”，台湾学生书局 1964 年版，第 310 页。

⑦ （清）叶昌炽著：《缘督庐日记》卷十六“民国五年（1916）丙辰五月二十九日条”，台湾学生书局 1964 年版，第 568 页。

绪乙丑、庚寅，联捷成进士。阅二年，殿试二甲。甲午，授编修。居馆职数年，耻奔走津要，惟务学殖”[①]。自戊戌至丁未历任绍兴中西学堂监督，代理上海澄衷学堂总理等职。辛亥革命后，任南京临时政府教育总长。1916 至 1927 年任北京大学校长，1920 至 1930 年同时兼任中法大学校长。国民政府成立后，历任国民政府大学院院长、“中央研究院”院长，日寇内侵，迁居香港九龙。著有《中国伦理学史》《哲学大纲》《石头记索引》《简易哲学纲要》《蔡元培全集》等。

《中国藏书家通典》载其藏书故实。蔡氏“孑民藏书”位于上海常熟路华山路口蔡元培故居内，为蔡元培藏书处。现陈列藏书数万册。

（二十）范迪襄

范迪襄（生卒年不详） 原名迪忠，字赞，号稷山，会稽人。“己丑恩科顺天乡试中式第九十九名，保和殿复试二等第四十四名，会试中式第五十九名，保和殿覆试三等第九名，殿试第二甲第一百一名，赐进士出身，朝考二等第一百四名，钦点主事签分工部。”[②]授总理衙门章京，调外交部主事，入民国后，退居归乡，以文史书画为娱。著《毛郑异同疏证》等，有《范赞臣日记》稿本。

范氏好藏书，且家富藏书。其《廉让闲居书录》自序云：“余先曾大父宦游数十年，廉俸咸以购书，已骎骎与天一阁埒。后捆载至武昌，竟以粤乱尽毁之。逮境稍裕，勤劬购置，益以外王父锡三先生所藏及友人见遗者，数十又年，始得若干卷，虽无古槧旧钞，应该之书亦略备。”[③]后因战乱，藏书运至武昌，损毁大半。经他又陆续购置，如手抄稿本有《类抄摘腴》。边首春《书范师近事》记云：“先生家无长物，冬一敝裘，逾五十年。顾藏书颇富。盖先世所积，于四部略备。逮官京曹，节衣缩食以求之，所得益赠。”[④]“尝因无以为炊，持之易米。然皆作官时自得之本。先世遗书则未尝使缺一卷。”[⑤]

藏书处原拟名后天一阁，后改名为廉让闲居，撰有《廉让闲居书目》五册，稿本，著录图书有千余种，1938 年王祖彝作序。

范氏藏书，在其卒后不到半载，皆散于厂肆各书贾，且多缺略不全。所剩藏书，其妾强氏将其《书录》数册，转归北京图书馆（今中国国家图书馆），使得范氏手泽稍得以保存。

---

① 夏敬观《蔡元培传》，见卞孝萱、唐文权编：《辛亥人物碑传集》卷一，团结出版社 1991 年版，第 29 页。

② 顾廷龙主编：《清代硃卷集成》第 69 册《范迪襄》，台北成文出版社 1992 年版，第 253—38 页。

③ 范迪襄撰：《廉让闲居书录》自序，稿本，国家图书馆有藏。

④ 范迪襄撰：《廉让闲居书录》第四册附《书范师近事》，稿本，国家图书馆有藏。

⑤ 范迪襄撰：《廉让闲居书录》第四册附《书范师近事》，稿本，国家图书馆有藏。

七、清代金华府进士藏书

《清史稿·地理志》载,“金华府:隶金瞿岩道。领县八”①,即金华、兰溪、东阳、义乌、永康、武义、浦江、汤溪。

(一)张作楠

张作楠(1772—1850) 字让之,号丹邨,金华潘村乡龙山村人。清“嘉庆戊辰进士,官处州府教授,前江苏桃原知县,移阳湖、擢太仓知州”②,历官徐州知府、淮徐海通兵备道等,“治事廉平,人称儒吏”③。因倦官场,“乞养归。乡居二十余年,足迹不入城市。三子皆令务农、工”④。张作楠“敦内行,学宗程、朱,好表扬人物,辑刻乡先贤遗书,尤嗜历算之学”⑤。“贯通中西。在官以工匠自随,制仪器,刊算书。所著书,汇刻曰《翠微山房丛书》,行于世,学者奉为圭臬焉。卒,祀乡贤祠”⑥。又著《四书同异》《乡党小笺》《翠微山房文集》《数学》《笔录识小录》《愈愚录》《东郭乡谈》等若干卷。徐世昌《晚晴簃诗汇》卷一百二十有其传。

作楠喜聚书,家亦富藏书,“卷帙虽多,半皆抄撮,世有目丹邨为算胥者”⑦。

藏书处名翠微山房。曾据家藏图书撰《翠微山房书目》五卷。

(二)朱一新

朱一新(1846—1894) 字鼎甫,号蓉生,金华义乌人,其故居位于义乌赤岸镇朱店村。曾就读于金华丽正书院、杭州西湖孤山诂经精舍,师从俞樾。“光绪丙子成进士,官翰林院编修,典试湖北,取士尚实学。补陕西道监察御史,上预防宦寺流弊疏,劾及内侍李莲英,降主事。旋以母疾请急归,台省同官祖送,京师士民皆目为真御史。”⑧回乡后,受两广总督张之洞邀请,曾任广东肇庆端溪书院主讲。光绪十五年(1889),“移掌广雅书院,与诸生讲求经史理文之学,娓娓不倦,闻者阅服”。“遗著有《无邪堂答问》五卷、《奏疏》一卷、《诗古文词杂著》八卷、《京师坊巷志》四卷、《汉

---

① 赵尔巽等撰:《清史稿》卷六十五《志四十·地理十二·浙江》,第8册,中华书局1976年版,第2142页。

② 徐世昌等编著:《清儒学案》卷一百二十八《丹邨学案·张先生作楠》,第5册,中华书局2008年版,第5055页。

③ 赵尔巽等撰:《清史稿》卷四百七十八《列传二百六十五·张作楠传》,第43册,中华书局1976年版,第13064页。

④ 赵尔巽等撰:《清史稿》卷四百七十八《列传二百六十五·张作楠传》,第43册,中华书局1976年版,第13065页。

⑤ 徐世昌等编著:《清儒学案》卷一百二十八《丹邨学案·张先生作楠》,第5册,中华书局2008年版,第5055页。

⑥ 赵尔巽等撰:《清史稿》卷四百七十八《列传二百六十五·张作楠传》,第43册,中华书局1976年版,第13065页。

⑦ (清)阮元撰,冯立升等校注:《畴人传合编校注》卷五十三,中州古籍出版社2012年版,第480页。

⑧ 徐世昌等编著:《清儒学案》卷一百八十五《越缦学案·朱先生一新》,第7册,中华书局2008年版,第7171页。

书管见》四卷,《德庆州志》《东三省内外蒙古地图考证》合若干卷"①。生平事迹参见廖廷相《奉政大夫陕西道监察御史朱君行状》、尹恭保《陕西道监察御史朱公一新传》、金武祥《陕西道监察御史朱君传》、《清史稿》卷四百四十五《列传二百三十二·朱一新传》。

朱一新"弱冠后研究经史,穷极精奥,而务求其通。嗜濂、洛、关、闽之书,六七百年来巨儒纂者,皆能言其得失"②。朱一新喜藏书,除书籍、衣被外,别无长物。"所居佩弦斋,在义乌朱店,为楼五间,藏书不下万余卷,古本收藏甚多。"③官翰林时,与袁昶、朱采、黄国瑾相友善。利用其藏书,潜心治学,著述甚富,光绪二十二年(1896),由其胞弟朱怀新主持编纂刻印《拙盦丛稿》,共十六册。

朱一新殁后,其藏书多有散佚。中华人民共和国成立后,朱氏后裔将所剩藏书全部捐赠国家。现部分保存在义乌市图书馆。

八、清代台州府进士藏书

《清史稿·地理志》载,"台州府:隶宁绍台道。领县六"④,即临海、黄岩、天台、仙居、宁海、太平。

(一)何纮度

何纮度(1628—1704) "字迹潘,号石湖,又号心斋,临海人。衡子⑤。顺治壬辰进士,历官晋临知县。"⑥陈倬言:"纮度官临晋,洁己爱民。途有贵人过,绝不迎谒。贵人嗾巡按中以事罢归。在林下五十年,意未尝稍怏怏也。究心伊洛,绪言开示后进,人尊心斋先生。著有《客言》《醉石稿》《心斋四逸合篇》。"⑦《民国临海县志稿》卷二十一等有其传。

何氏家族为明代临海著名的文化世家,从其高高祖何宠始至何纮度,其家族有5

---

① 宋慈抱《义乌朱一新传》,见钱仲联主编:《广清碑传集》卷十六,苏州大学出版社1999年版,第1068页。

② 徐世昌等编著:《清儒学案》卷一百八十五《越缦学案·朱先生一新》,第7册,中华书局2008年版,第7171页。

③ 项士元撰:《浙江历代藏书家考略》,《文澜学报》第三卷第一期,浙江省立图书馆编印,民国二十六年(1937)三月,第28页。

④ 赵尔巽等撰:《清史稿》卷六十五《志四十·地理十二·浙江》,第8册,中华书局1976年版,第2140页。

⑤ 按:何衡,字无颇,号峙湘,临海人。著有《忆焚草》《客游集》《鳌江杂著》。《两浙輶轩录》卷三载,何衡为前明运使舜龄仲子。定海任公大治任南刑曹,慕其才,招为馆甥。赋《白燕诗》,盛传白下。晚乃怡情山水。子纮度,国朝进士,官临晋,迎养,不赴,曰:"吾儿冰蘖自持,余不以与马、仆从累介节。"

⑥ (清)阮元、杨秉初辑,夏勇等整理:《两浙輶轩录》卷三《何纮度》,浙江古籍出版社2012年版,第167页。

⑦ (明)金贲亨撰,徐三见点校:《台学源流·增补》,见(清)宋世荣辑:《台州丛书》乙集(5),上海古籍出版社2013年版,第103页。

人登进士第[1]，亦得益于家族的藏书，如高叔祖何大缙，官贵州铜仁知府，“生平博极群书，钩贯纤悉。每阅一部，朱黄评定，镂数语于板，手自印记，谆谕子孙，以懒不读书及贫而鬻书者均不孝，其嗜学如此”[2]。由“每阅一部，朱黄评定”，可推测其家藏书应是供其子孙科举之用为主。

藏书楼名曰醉石堂，编有《何氏书目》。

（二）洪若皋

洪若皋（1624—1695）　字叔叙，一字虞龄，号南沙，临海人。清“顺治乙未进士，除户部主事，历郎中，出为福宁道佥事。连丁内外艰，遂不出”[3]。居乡里，与叶臣遇、洪钟、冯苏等均以诗名，诗才横溢，不可施以羁勒。其“一寓于著述，读者咸知为有用之文。其板行者《南沙文集》《文选越裁》《临海县志》。论定未梓者，有《明文琼液》《乐府源流》《诗韵》《四书汇谱》等书”[4]。邓之诚《清诗纪事初编》卷七等有其传。

洪若皋“酷嗜学，至耄，手不停披”[5]，所居东壁园，上有东壁楼为藏书之所。其“林居三十载，日以铅椠为事”[6]。洪氏《海寇记》中有杨复吉跋云：“南沙擅场辨论；其余诗、古文辞，粗旷之习，不免时露行间。然骨力伉爽，真色自存。兹暨闽杂二记，名家手笔，尤觉落落不群。先生需次里门时，不耐城居，尝筑居东壁园于城西二十里，山环水抱，聚书数千卷，吟啸其中。迄今过其地者，犹想见其风流余韵云。癸卯初夏，震泽杨复吉跋。”[7]

明清之际，战争频仍，文献消失殆尽，洪氏为保护乡邦文献，“博搜群书，凡桑梓一事一言之可传颂者，摭采而录之”[8]。施闰章在《南沙文集序》中云：“台城当屯兵

---

① 按：何宠（一世）中明嘉靖三十二年（1553）进士，何宽（一世）中明嘉靖二十九年（1550）进士，何舜岳（三世）中明万历四十一年（1613）进士，何舜龄（三世）中明万历四十一（1613）进士，何纮度（五世）。

② 孙熙鼎、张寅修，何奏簧纂：《民国临海县志稿》卷十九《人物传·何大缙》，见上海书店出版社编：《中国地方志集成·浙江府县志辑》（46），上海书店出版社2011年版，第395页。

③ （清）嵇曾筠、李卫等修，（清）沈翼机等纂：《雍正浙江通志》（四）卷一百八十《人物六·洪若皋》，浙江省地方志编纂委员会编：《中国地方志集成·省志辑·浙江》（6），凤凰出版社2010年影印本，第720页。

④ （清）嵇曾筠、李卫等修，（清）沈翼机等纂：《雍正浙江通志》（四）卷一百八十《人物六·洪若皋》，浙江省地方志编纂委员会编：《中国地方志集成·省志辑·浙江》（6），凤凰出版社2010年影印本，第720页。

⑤ （清）嵇曾筠、李卫等修，（清）沈翼机等纂：《雍正浙江通志》（四）卷一百八十《人物六·洪若皋》，浙江省地方志编纂委员会编：《中国地方志集成·省志辑·浙江》（6），凤凰出版社2010年影印本，第720页。

⑥ （清）嵇曾筠、李卫等修，（清）沈翼机等纂：《雍正浙江通志》（四）卷一百八十《人物六·洪若皋》，浙江省地方志编纂委员会编：《中国地方志集成·省志辑·浙江》（6），凤凰出版社2010年影印本，第720页。

⑦ （清）洪若皋著：《闽中纪略》附录《杨复吉跋》，见《甲申专信录 闽事纪略 遇变纪略 闽中纪略 甲乙日历合订本》，台湾文献史料丛刊第六辑（107），台湾大通书局1987年版，第169页。

⑧ 洪焕椿编著：《浙江方志考》卷二十《浙江文献志》，浙江人民出版社1984年版，第761页。

十余万,军人为搜士君子家藏书,拆毁编辑以裹甲铠,寇退后闾里无片纸之遗,先生所居东壁楼,牙签万轴,积架盈床,皆从变乱中潜运至杭越而复旋归者。”①洪氏搜求地方文献不遗余力,其功至伟。

(三)冯 苏

冯 苏(1628—1692) “字再来,号蒿庵,临海县人,顺治戊戌进士。由永昌推官历官至广东巡抚,晋刑部左侍郎。”②冯苏“优于智略,而著书尤富,凡天文、舆地、河渠、乐律,以及诗古文辞,靡不究。归田后,颜其堂曰‘知还亭’、曰‘芳叙’,日与友人觞咏其中。著有《滇考》《见闻随笔》《劫灰录》《抚粤日记》《奏议语》《石园稿》《南中集》《知还堂稿》,在滇时,尝修省郡各志。退休林下,又纂有《台州府志》,复为《台考》一卷”③。又有《蒿庵诗钞》,《清诗纪事》载:“苏官云南时,先刻有《南中集》。会吴三桂作乱,苏不屈被囚,遂毁于兵。归里后,诗文亦多散佚。此集乃其外孙洪承泽所刻。凡古今体诗三百八十余首,盖苏晚年掇残稿,以付其女,故承泽得而刊之页也。”④

冯苏藏书故实见于《见闻随笔序》中,序云:“苏生长东南,闻流贼之为祸,思得观其事实,游迹所至,每与楚、豫、秦、蜀士大夫游,悉心咨访,记之箧笥。他及郡志、野史、坊歌、巷说,咸为辨其真伪,核其先后,稍加诠次,为传二篇。”⑤从自序可知,冯苏著述资料即家藏书籍的来源主要是“悉心咨访”,次之是“郡志、野史、坊歌、巷说”等,用作著述之参考。

(四)戚学标

戚学标(1742—1824) 字翰芳,号鹤泉,太平“泽库人。天才高迈,既冠从齐侍郎召南于万松冈,内外生数百人推为高足,充乾隆乙酉拔贡,中顺天甲午举人,寻馆曲阜孔氏,尽发其藏书而读之。由是闻见益博,师友极一时之盛。居数年,丁外艰归。逾年孔氏来迎复,赴曲阜。辛丑成进士,归班需次十余年,始授河南涉县知县”。“在任十三年,以忤学使鲍公桂星罢归。丁丑,丁继母艰,服阕授宁波府教授,越三载归。历主省垣紫阳、崇文两书院讲席”⑥。《杭州三书院志略》载:戚学标,“号鹤泉,太平人。乾隆辛丑进士,官河南汲县知县,有政声。暇则著述自娱,有《四书偶谈》

---

① (清)洪若皋著:《南沙文集》卷首《施闰章·南沙文集序》,见《清代诗文集汇编》编纂委员会编:《清代诗文集汇编》91,上海古籍出版社2010年版,第299页。

② (清)阮元、杨秉初辑,夏勇等整理:《两浙輶轩录》卷一《冯苏》,浙江古籍出版社2012年版,第36页。

③ 孙熙鼎、张寅修,何奏簧纂:《民国临海县志稿》卷二十《人物传》,见上海书店出版社编:《中国地方志集成·浙江府县志辑》(46),上海书店出版社2011年版,第426页。

④ 钱仲联主编:《清诗纪事》四《顺治朝卷》,江苏古籍出版社1987年版,第2132页。

⑤ 冯苏与《见闻随笔》,见姚继荣著:《清代历史笔记论丛》二《顺治至雍正朝历史笔记》,民族出版社2014年版,第112—113页。

⑥ (清)陈汝霖修,(清)王棻等纂:《光绪太平县续志》卷五《仕进》,见上海书店出版社编:《中国地方志集成·浙江府县志辑》(50),上海书店出版社2011年版,第583页。

《内外编》《溪山讲授》《台州外书》《三台诗录》等书。尝主崇文书院讲席”[①]。《清史稿》称:其“精考证,著《汉学谐声》二十三卷、《总论》一卷”,“又有《毛诗证读》若干卷,《诗声辨定阴阳谱》四卷,《四书偶谈》四卷,《内外篇》二卷,《字易》二卷,《鹤泉文钞》二卷”[②]等数十种。生平事迹参见潘衍桐《两浙輶轩续录》卷十三《戚学标传》及徐世昌《清儒学案》卷一百八《戚先生学标》。

戚学标祖父戚鸣凤,“字启周,号亦厓,著《碧珊拾遗》二集,有诗见《方城遗献》,以孙学标,官知县,赠文林郎”[③]。其父戚振鸾,字陶章,号菊仙,进士。“意趣闲逸,受画法于樵石和尚,多闻前辈墨迹。工山水,兼善花鸟,棋酒之暇,聊以自娱,不轻为人作,故流传绝少”[④]。“以子学标任知县赠武信郎”[⑤]。据《台州经籍志》卷二十一有王诗《捃捃集》自序云:“执行之岁,丹崖戚子菊仙开九峰精舍,邀余与其嗣君鹤汀伴读焉。”“波斯船到,余知其非蒯也。既而启南楼,牙签充栋,未寓吾目者大半,饿眼人得一饱快已。顾血气就衰,精神滋耗,掩卷辄忘,因于百千笔其一二,颜曰《捃捃》,置案头便检阅也。”可知戚氏家族为藏书世家。

戚学标受祖与父影响,嗜读书,公暇之余,“惟以读书著述自娱”。归后,“台意著书,精于改订”[⑥],“年既耄,手不释卷,诗宗少陵,古文雅近柳州、半山,尤长于考证”[⑦]。“于乡邦文献尤所究心,所修《太平县志》,搜罗群籍,既博且精,所辑《台州外书》《三台诗录》《风雅遗闻》等书,皆考征文考献之作也。”[⑧]诸以谦《毛诗证读序》云:“公官知县,有政声。暇则著述自娱。”[⑨]

戚学标又建有藏书楼名曰景文堂,藏书甚多。其藏书故实见于《两浙著述考》:“王诗,号驷一,乾隆中恩贡,太平戚学标其弟子也。戚氏富藏图籍,诗馆其家,遍鉴

① (清)王同《杭州三书院志略》卷四,见王国平主编:《西湖文献集成》第20册,书院·文澜阁·西泠印社专辑,杭州出版社2004年版,第533页。

② 赵尔巽等撰:《清史稿》卷四百八十一《列传二百六十八·戚学标传》,第43册,中华书局1977年版,第13219—13220页。

③ (清)庆霖修,(清)戚学标等纂:嘉庆《太平县志》卷十《封赠》,见上海书店出版社编:《中国地方志集成·浙江府县志辑》(50),上海书店出版社2011年版,第219页。

④ 引(清)阮元、杨秉初辑,夏勇等整理:《两浙輶轩录》卷二十九,浙江古籍出版社2012年版,第2024页。

⑤ (清)庆霖修,(清)戚学标等纂:嘉庆《太平县志》卷十《封赠》,见上海书店出版社编:《中国地方志集成·浙江府县志辑》(50),上海书店出版社2011年版,第219页。

⑥ 徐世昌辑:《晚晴簃诗汇》卷一百四《戚学标》,见《续修四库全书》编纂委员会、复旦大学图书馆古籍部编:《续修四库全书》第1631册,上海古籍出版社2003年版,第333页。

⑦ (清)陈汝霖修,(清)王棻等纂:《光绪太平县续志》卷五《仕进》,见上海书店出版社编:《中国地方志集成·浙江府县志辑》(50),上海书店出版社2011年版,第583页。

⑧ (清)陈汝霖修,(清)王棻等纂:《光绪太平县续志》卷五《仕进》,见上海书店出版社编:《中国地方志集成·浙江府县志辑》(50),上海书店出版社2011年版,第583页。

⑨ (清)潘衍桐编纂,夏勇、熊湘整理:《两浙輶轩续录》卷十三《戚学标》,第3册,浙江古籍出版社2014年版,第777页。

藏书，分类纂录，以成是编。”①

（五）黄　浚

黄　浚（1779—1866）　亦作濬，一名学浚，字睿人，号壶舟，晚号四素老人，台州太平三都下黄村凤山（今温岭石桥头下黄村）人。“拔贡，际明子，领嘉庆戊辰乡荐，道光壬午成进士，以知县用，签分江西，历知萍乡、雩都、临川、东乡、赣县、彭泽六县，署南安府同知，所至振兴文教，得士人心。”②其学识渊博，为官清正，彭泽任上遭人所诬，罢归，“主讲黄岩萃华书院，戊申移主太平宗文书院，咸丰癸丑，移主鹤鸣书院”③。卒，葬故里凤山。

黄氏“善书翰，工诗能画。坐事谪伊犁，与林则徐同戍所，相与剪烛论文，交谊甚深”④。亦嗜藏书。四素堂不仅为寓斋，也是其藏书之所。知彭泽时，“购藏典籍十篋万余卷，归台时，托门弟子暂为保管，不料尽数为火所毁”⑤。其弟黄治咏其藏书诗云：“寒门读书十余世，万卷藏书手泽系。宝此欣未坠续经，我兄偶得仕俸入。积铢累寸近十年，料理付诸门弟子。曰汝藏之慎勿疏，吾将捆载还故居。子孙读否知何如，弟昆雠校老可娱。”⑥尝辑校《青紫秘书》五卷。

其藏书楼名曰知所止斋，藏书印有臣黄浚等。

黄浚“博览群书，兼通释老”⑦，利用其所藏之书，著述甚富，计有“《夏小丑注》一卷、《周穆纪传注》一卷、《衍仪》一卷、《漠事俚言》一卷、《倚剑诗谭》一卷、《三所录异》一卷、《琼曼笔谈》一卷、《红山碎叶》一卷、《东还纪程》一卷、《梅初录》一卷、《黄庭内景玉经玄解》一卷、《音韵集》一卷；诗集有《学佃集》《闻喜集》《东来集》《堂东集》《阳回集》《渡黄集》《听琴集》《倚剑集》《生入玉门集》《萃华山馆诗钞》《听松小隐诗草》《味青诗草》等十余种，后合《壶舟诗存》刊行；又有《壶舟文存》二册（不分卷）；并辑《萍乡县志》十六卷、《于都县志》三十二卷”⑧。

（六）杨　晨

杨　晨（1854—1922）　字定男（又作定孚、定甫），号蓉初，晚号定叟，台州黄岩

---

① 宋慈抱原著，项士元审定：《两浙著述考》之《诸子考·捃摭集十卷》，浙江人民出版社1985年版，第1755页。

② （清）陈汝霖修，（清）王棻等纂：《光绪太平县续志》卷五《仕进》，见上海书店出版社编：《中国地方志集成·浙江府县志辑》（50），上海书店出版社2011年版，第583页。

③ （清）陈汝霖修，（清）王棻等纂：《光绪太平县续志》卷五《仕进》，见上海书店出版社编：《中国地方志集成·浙江府县志辑》（50），上海书店出版社2011年版，第583页。

④ 李一，周琦主编：《台州文化概论》，中国文联出版社2002年版，第291页。

⑤ 徐三见撰：《台州藏书家传略》，见虞浩旭主编：《天一阁论丛》，宁波出版社1996年版，第254页。

⑥ 徐三见撰：《台州藏书家传略》，见虞浩旭主编：《天一阁论丛》，宁波出版社1996年版，第254页。徐三见撰：桃渚迁城考《默墨斋续集》，中国社会科学出版社2006年，第96页。

⑦ （清）陈汝霖修，（清）王棻等纂：《光绪太平县续志》卷五《仕进》，见上海书店出版社编：《中国地方志集成·浙江府县志辑》（50），上海书店出版社2011年版，第583页。

⑧ 参见辛夷撰：《黄浚年谱》，见政协温岭县委员会，文史资料研究委员会编：《温岭文史资料》第3辑，1987年，第62页。

路桥河西人。瑞安孙,锵鸣婿。“清同治四年举人,光绪三年进士,殿试二甲第八名,为本科浙江首位,授翰林院庶吉士,国史馆协修,光绪十年,考中御史。”[①]历顺天乡试同考官,山东、河南道御史。工书,善诗文,著作甚丰,撰有《三国会要》《三国志札记》《定兴县志》《临海县志(稿)》等数种。清宣统三年编刻《台州丛书后集》十六种,收集《三国会要》《台州艺文略》《台州金石略》《赤城别集》等,又有《敦书咫闻》(附《瀛洲咫闻》)、《崇雅堂诗稿》等数种。

杨氏雅好藏书,藏书处名崇雅堂,又有敦书乐古斋。杨绍翰《台州艺文金石略》题识言:杨氏“生平淡泊宁静,不慕荣利,喜聚书,无他嗜好。官翰林时,于院内瀛洲亭检乾隆朝进呈四库底本,得乡先哲遗书数十种,率外间所未见,录副以归,各家展转抄贩,稍获流传”[②]。项士元云:“杨晨字定旉,号蓉初,光绪丁丑翰林。官山东道,监察御史,藏书处曰崇雅堂,有古籍万余卷,并藏有宋岳武穆王忠文墨迹。”[③]

(七)葛咏裳

葛咏裳(1843—1905)　谱名葛寿司,字逸仙,一字叔霓,世居临海郡城师古巷,侨居巾山后新开巷。“凤喈子。高才博学,善属文,登同治庚午贤书,庚辰成进士,授兵部主事。”[④]其《硃卷》载:“乡试中式第二十一名,会试中式第十九名,殿试第二甲第九十四名,朝考二等,钦点主事,签分兵部武选司。”[⑤]善诗文,与诗友酬唱诗文为《宣南销夏集》抄稿本一册。曾任东湖书院山长,温岭宗文书院山长。著有“《辄囊丛稿》,凡《骈文》十卷、《古文》十卷、《今古题赋》四卷、《诗》十八卷、《诗余》二卷、《杂著》四卷、《日记》二十卷。兼攻史学,于《史记》《前后汉书》《三国志》均有批注”[⑥]。

葛咏裳父葛凤喈,喜藏书,建有藏书楼绿荫室,地址在今海龙须巷。然其绿荫室在太平天国时,毁于动乱,“缥湘万轴”“悉成焦土”[⑦]。葛咏裳受其父影响甚深,尤喜藏书,移居巾山北麓新开巷,重建藏书楼名曰忆绿室,以纪念其父。忆绿室中藏书达万余卷,且多善本、珍本。如藏有清代临海马承遂《紫薇吟榭诗草》六卷等。“在京时购书万余卷,丹铅不释手,于史汉三国,批注尤精,庚子拳乱兴,载书归,(闻其夫人

---

① 严振非总纂:《浙江省黄岩县志》第十九篇《人物·杨晨》,三联书店上海分店1992年版,第604页。

② 参见郑伟章著:《文献家通考》卷二十二《杨晨》,中华书局1999年版,第1275页。

③ 项士元撰:《浙江历代藏书家考略》,《文澜学报》第三卷第一期,浙江省立图书馆编印,民国二十六年(1937)三月,第27页。

④ 孙熙鼎、张寅修,何奏簧纂:《民国临海县志稿》卷二十二《人物传·文苑》,见上海书店出版社编:《中国地方志集成·浙江府县志辑》(46),上海书店出版社2011年版,第462页。

⑤ 顾廷龙主编:《清代硃卷集成》第46册《葛咏裳》,台北成文出版社1992年版,第164页。

⑥ 孙熙鼎、张寅修,何奏簧纂:《民国临海县志稿》卷二十二《人物传·文苑》,见上海书店出版社编:《中国地方志集成·浙江府县志辑》(46),上海书店出版社2011年版,第462页。

⑦ 项士元撰:《巾子山志》,中国文史出版社2005年版,第154页。

屈云珊[①]云：当时京寓所有各物，均未及运归，惟携古籍数十椟返台，）贮于巾山北麓之忆绿荫室。”[②]

其藏书印有臣咏裳、逸仙诗草、无赖酒徒、葛咏裳字叔霓、补绿荫室等。

葛氏藏书，在其“卒后，家况萧条，楹书尘封”[③]。其继室屈茝纕依旧坚守其藏书，1918年项士元（1887—1959）等创办临海县立图书馆，向屈云珊借旧藏千余卷，屈氏无偿提供葛氏部分藏书，民国二十八年（1939），“忆绿荫室”遭日机炸毁，藏书只剩一千余卷，其中有《辋囊丛稿》六册、《正觉林绢诗词手迹》十余纸。后来屈云珊将其劫后所藏图书，“尽将所藏归于东塍屈氏精一堂”[④]。屈映光精一堂藏书，由项士元为其编定了《精一堂藏书目录》四卷，惜屈映光的藏书除一部分在中华人民共和国成立以前由他拨交自己创办的振华中学（即今城西中学）外，其余的全部流散不存[⑤]。

（八）王咏霓

王咏霓（1839—1916）　原名蜕，字子裳，一字旎夫，号六潭，晚号鹤叟，学者称为六潭先生。“系浙江黄岩县人。由副贡生中式同治九年庚午科本省乡试举人，光绪六年庚辰科会试中式进士。奉旨以部属用籤分刑部河南司行走，十年四月经出使法德议和，奥国大臣许景澄奏调出洋随员，十三年十月回京供职。”光绪十七年（1891），“经安徽巡抚沈秉成以学问淹雅，通晓时务，历练中外事机体用兼备，堪胜道府之任保奏……以知府往安徽尽先即补”[⑥]。署安徽凤阳知府，复任安徽大学堂总教习，并于和州创设简易师范学堂；再署池州知府，建池州中学堂；1910年任太平府知府，辛亥革命后引疾返乡，从事著述，与同邑王舟瑶主持黄岩九峰图书馆，购藏于馆中。卒葬桐峙埠头堂高峰村。曾协助许景澄为北洋水师采购德国铁甲战舰，编辑《外国师船图表》。后经英赴美，再经日本抵上海，沿途考察各国政治习俗，辑《道西斋日记》纪行。著有《道西斋日记》《函雅堂集》《函雅堂集续集》《书序考异》《易说》等，重修《光绪黄岩县志》，补辑诗集。

王咏霓工诗属文，善书法、篆刻。又好藏书，项士元云：“王咏霓，字子裳，号六潭，光绪庚辰进士，官安徽太平知府，所居涵雅堂，聚书数万卷，殁后，善本多为其婿

---

① 按：屈茝纕（1854—1944），原名止湘，又名湘藻，字云珊，清末台州才女、著名诗人，著《同根草》，并与知县孙燕秋夫人创办临海女子两等小学，首创台州女子教育先河。

② 项士元撰：《浙江历代藏书家考略》，《文澜学报》第三卷第一期，浙江省立图书馆编印，民国二十六年（1937）三月，第27页。

③ 项士元撰：《浙江历代藏书家考略》，《文澜学报》第三卷第一期，浙江省立图书馆编印，民国二十六年（1937）三月，第27页。

④ 项士元撰：《浙江历代藏书家考略》，《文澜学报》第三卷第一期，浙江省立图书馆编印，民国二十六年（1937）三月，第27页。

⑤ 参见任林豪，马曙明编著：《临海文物志》，文物出版社2005年版，第415页。

⑥ 秦国经主编，唐益年、叶秀云副主编：《中国第一历史档案馆藏·清代官员履历档案全编5·光绪朝》，上海华东师范大学出版社1997年版，第337页。

陈烈性携去，余亦散鬻殆尽。”①

（九）金文田

金文田（1851—1924）　字子仁，号性山，天台县城人。光绪二十九年（1903）癸卯科进士②，官山东即用知县，因受新思潮影响，弃官创学，光绪三十一年（1905）在家乡筹办天台中学堂，任监督③。著有《骞谔堂诗文集》十四卷，编有《人道集行录》《国朝天台诗存》。

金文田好藏书，藏书处曰骞谔堂。

九、清代衢州府进士藏书

《清史稿·地理志》载，“衢州府：金瞿岩道治所，总兵驻。领县五”④，即西安、龙游、江山、常山、开化。

张德容（1820—1888）　字少薇，号松坪，衢州衢江区黄坛口人，因为黄坛口旧有古松坪，故自号“松坪”。咸丰二年（1852）壬子科举人，“咸丰癸丑进士”⑤，钦点翰林院庶吉士，授翰林院编修，“官湖南岳州知府，著《二铭草堂遗稿》”⑥，编有《衢州备志》《笺注唐赋》等。在岳州任上，编撰《岳州救生局志》，曾于1871、1879年两次官岳州知府，重教爱民，颇有惠政，影响深远。曾两次主持重修岳阳楼，成功创造了现代岳阳楼模式，对岳阳楼的建设和管理贡献巨大。其精通诗书画，衢州市博物馆珍藏其书法作品数幅和翁同龢赠之楷书八言联一对。

张德容久居京师，仕而优则学，喜聚书，尤酷好藏金石碑板，尤精鉴赏，为晚清大藏家。与晚清多名饱学之士交往甚密，如军机大臣潘祖荫、状元翁同龢、榜眼吴凤藻、探花吕朝瑞、金石家何昆玉等。据《翁同龢日记》记载，公暇时，张德容常与潘祖荫、翁同龢等去北京琉璃厂、海王村搜古觅奇。张德容尤嗜搜集碑帖，据张德容的女婿罗道源（晚清提督罗大春之子）回忆：“昔从京师，获唐人《石榴碑》拓本，颇为珍罕。”⑦张德容曾在京师的货郎担中觅得唐代陆庶的《烂柯山碑记》拓本。其珍藏的宋拓《石门颂》，名噪京华。张德容广收博采，将其所得拓本随手勾勒，以时代为序，

---

① 项士元撰：《浙江历代藏书家考略》，《文澜学报》第三卷第一期，浙江省立图书馆编印，民国二十六年（1937）三月，第27页。

② 许尚枢编著：《天台山诗联选注》卷六《万年福海》，西安地图出版社2004年版，第219页。

③ 台州地区地方志编纂委员会编：《台州地区志》第四十五章《人物·金文田》，人民出版社1995年版，第1215页。

④ 赵尔巽等撰：《清史稿》卷六十五《志四十·地理十二·浙江》，第8册，中华书局1976年版，第2144页。

⑤ （民国）郑永禧纂修：《衢县志》卷二十三《人物志三》，《中国方志丛书·华中地方·第五八四号》，（台北）成文出版社有限公司1984年据民国二十六年（1937）铅印本影印，第2411页。

⑥ （民国）郑永禧纂修：《衢县志》卷二十三《人物志三》，《中国方志丛书·华中地方·第五八四号》，（台北）成文出版社有限公司1984年据民国二十六年（1937）铅印本影印，第2411页。

⑦ 衢州市政协文史资料委员会编：《衢州文史资料》第29辑《衢州名人》，天马图书有限公司2003年版，第278页。

编为周秦至南朝，北魏至隋，唐至五代及南诏、大理、西夏、朝鲜等篇，编成《二铭草堂金石聚》十六卷，潘祖荫为之作序。清同治十一年（1872）在岳阳府署刊刻。衢州市博物馆藏有张德容的《二铭草堂金石聚》十六卷，为清同治十一年（1872）衢郡聚秀堂翻刻二铭草堂本。全书十六册。内封正中有“金石聚”三字，右上印“衢城郑聚秀堂刷印流通”，右下刊行章“衢郡聚秀堂印行”，左下注“二铭草堂著录”。下注“衢州张德容少薇著录”。全书字体整饬，纸墨精良，雍容端丽。有潘曾莹、陆增祥序，潘祖荫跋及自序、后序五篇。

郑永禧《西安怀旧录》云：“先师由选拔试京兆，联捷春闱，少年入词馆为名翰林，后肆力金石。出守安陆、荆州、岳州。公余之暇，辄搜罗六朝以上及周秦文字成《金石聚》十六卷，《海东金石苑》二卷，皆手自钩勒孜订精核。尝欲钩勒唐宋及南诏大理诸碑各为一集，惜未成书。晚年以母老乞养归，宦橐萧然如初仕时。”①所编著《海东金石苑》二卷刊刻，保存许多珍贵的金石文献资料，为金石界所称誉。

藏书室名为二铭草堂。

卒后，其所藏为西安县丞杨宝镛所得，后亦散去。

第四节　清代江南（今上海）进士藏书

《清史稿·地理志》载，“松江府：隶苏松太道。江南提督驻。顺治初，因明制，县三。十二年，析华亭置娄县。雍正二年，又析华亭置奉贤，析上海置南汇，析青浦置福泉，改金山卫为县。乾隆八年，福泉省。嘉庆十年，又析上海南汇地设川沙厅，隶府。领厅一，县七”②。厅一，即川沙；县七，即华亭、娄、奉贤、金山、上海、南汇、青浦。

今上海境相当于清松江府。

（一）榜眼王鸿绪家族四进士

王鸿绪（1645—1723）　“初名度心，字季友，江南娄县人。康熙十二年一甲二名进士，授编修。十四年，主顺天乡试。充日讲起居注官。累迁翰林院侍讲。”“二十一年，转侍读，充明史总裁。累擢内阁学士、户部侍郎。二十四年，典会试。二十五年，疏请回籍治本生母丧，遣官赐祭。二十六年，擢左都御史。”③寻授工部尚书，充经筵

---

① 引（民国）郑永禧纂修：《衢县志》卷二十三《人物志三》，《中国方志丛书·华中地方·第五八四号》，（台北）成文出版社有限公司1984年据民国二十六年（1937）铅印本影印，第2411页。

② 赵尔巽等撰：《清史稿》卷五十八《志三十三·地理五·江苏》，第8册，中华书局1976年版，第1994页。

③ 赵尔巽等撰：《清史稿》卷二百七十一《列传五十八·王鸿绪》，第33册，中华书局1977年版，第10011—10013页。

讲官，调户部尚书，充省方盛典总裁官。著有《赐金园集》《横云山人诗稿》，通医学，著有《王鸿绪外科》等。生平事迹参见张伯行《皇清诰授光禄大夫经筵讲官户部尚书加七级王公鸿绪墓志铭》、李元度《国朝先正事略》卷十《名臣・王鸿绪传》。

王广心（1615—1691）　王鸿绪父。“字农山，顺治六年进士，官御史，以文名。巡视京通二仓时，厘剔漕弊，疏凡三十余上，清操懔然，猾吏莫敢犯”①。王广心学识广博，所为诗与骈文，皆艳丽瑰奇，新人耳目。著有《兰雪斋诗稿》七卷。其尤擅八股文，是明末清初的八股高手，沈德潜评其：“先生雕镂襞绩，时作骈体；而韵语疏畅条达，不以一律拘，览者故不可测也。”②有《兰雪堂制义》存世。

王顼龄（1642—1725）　王鸿绪长兄。字颛士，号瑁湖。“康熙十五年进士，授太常博士。十八年，诏举博学鸿儒，郝尚书惟讷荐公诗词风雅，品谊端方。召试一等，授编修，纂修《明史》。二十年，充日讲起居注官”，“寻迁赞善侍讲，典试福建乡试，提督四川学政”。累官至工部尚书，拜武英殿大学士，卒谥文恭。“公初以文学进，荐历卿曹，谙练典故，在政府八载，恪诚纯一，以风度称”③。顼龄曾任《钦定书经传说汇纂》总裁，著有《画舫斋集》《西征草》《世恩堂集》等。

王九龄（？—1709）　王鸿绪仲兄。“字子武。恬静有雅量。康熙二十一年进士，由庶吉士授编修，累迁通政司参议、侍讲学士，充日讲起居注官，荐陟少詹事、佥都御史。三十九年，充会试副考官，擢内阁学士。寻擢礼部右侍郎。时兄顼龄亦贰礼部，公疏请回避，调兵部。寻调吏部，晋左都御史。四十八年十二月，卒于官。赐祭葬如例。”④九龄未第时即以诗词擅名于时，著有《艾纳山房集》《懒云书屋诗稿》等。

关于王广心三子，广心同年进士周茂源称羡云：“长公弱冠举孝廉，郗诜一枝，操券而竢。仲季并娴经术，工词赋，江以南推新阳济美之盛。一堂之上，燕许父子，机云弟昆，鸿笔世嬗，为国风雨。又闺门雍穆，相敬如宾。”⑤乾隆间学者杨际昌《国朝诗话》称王广心云：“绕膝三凤，黼绂升平，钟毓固有自云。”⑥从上述二位文中，可推测王氏家族藏书不少，现文献可考的有藏书故实的只有王鸿绪。

王鸿绪亦好藏书，其归里后，“尤以《明史》为念，编纂不去手。缮写列传，进呈御览，奉旨撰明史馆察收。及《诗经》总裁，奏请发内府之书，又访远近藏书家，得宋、

① （清）李元度著，易孟醇点校：《国朝先正事略》卷十《名臣・王文恭事略・弟九龄、鸿绪》，岳麓书社1991年版，第278页。
② （清）沈德潜编：《清诗别裁集》卷三，上海古籍出版社2013年版，第96页。。
③ （清）李元度著，易孟醇点校：《国朝先正事略》卷十《名臣・王文恭事略・弟九龄、鸿绪》，岳麓书社1991年版，第278页。
④ （清）李元度著，易孟醇点校：《国朝先正事略》卷十《名臣・王文恭事略・弟九龄、鸿绪》，岳麓书社1991年版，第280页。
⑤ （清）周茂源撰：《鹤静堂集》卷十八《代赠王农山侍御序》，见《清代诗文集汇编》编纂委员会编：《清代诗文集汇编》49，上海古籍出版社2010年版，第226页。
⑥ 引钱仲联主编：《清诗纪事》三《顺治朝卷》，江苏古籍出版社1989年版，第1764页。

元、明诸儒经解百余种。”又“精研书法，奄有魏、晋以来诸家之长，挥毫落纸，人争藏弆”[①]。可见其藏书亦不少。尝藏《啸堂集古录》二卷，王国维跋云：“此明景宋刊本，与陈仲鱼所藏钞本多同而与翁本多异，殆与陈本同源。有‘王鸿绪’‘鸿绪之印’‘华亭王氏珍赏’‘严斋秘玩’‘子孙保之’‘颜太初印’‘莫友芝经眼图书印’‘莫友芝图书印’诸印。”[②]

书室名曰赐金园、宝奎堂、点易斋、敬慎堂。

藏印有俨斋、鸿绪、鸿绪之印、子孙永宝、俨斋珍玩、横云山人、大司农章、王俨斋鉴赏法墨名书、御题敬慎堂、云间王俨斋收藏记、云间王鸿绪鉴定印等。

(二)赵　俞

赵　俞(1636—1713)　字文饶，号蒙泉，嘉定人。康熙二十七年(1688)戊辰科进士。“昆山徐乾学，座主也，得其文惊叹，以归有光目之。”官定陶知县，“平时课士最勤，亲为讲解指画，余间或挈之以游，士莫不鼓舞，共劝于学。修学宫，从祀位次，考之阙里志，自为为以记之、任五载，辞疾归”[③]。创“淡成社”，倡导后进。诗文淳古朴茂，卓然成家。卒祀定陶名宦。著有《绀寒亭诗文集》。沈德潜《清诗别裁集》卷十六、邓之诚《清诗纪事初编》卷三及徐世昌《晚晴簃诗汇》卷四十九等有其传。

赵俞博通经史，工制义及古文词。又好藏书，归里后，“发旧所藏书读之，司马光《通鉴》、杜甫诗、韩愈文及欧苏诸集，皆手自批注”[④]。尝自作诗云：“车马喧尘亦结庐，粗移家具未移书。十围试看便便腹，已载缥湘万轴馀。”[⑤]从诗得知其藏书达万余卷。

(三)张　照

张　照(1691—1745)　初名默，字得天，一字长卿，号泾南，别署天瓶居士，清华亭人。“集从子，父汇历官刑部郎中。照幼秉异质，读书日诵千言，八九岁能临摹历代诸名家碑帖，作擘窠大字。年十三，补诸生，随父京师入国子监，时祭酒孙岳颁擅书名，见照书击赏曰：‘华亭复得一思翁矣。’康熙四十七年领顺天乡荐”[⑥]，登“康熙四十八年进士，选庶吉士，授检讨。五十四年，入直南书房，迁赞善、侍讲，转侍读。

---

① (清)张伯行《皇清诰授光禄大夫经筵讲官户部尚书加七级王公鸿绪墓志铭》，见(清)钱仪吉纂，靳斯标点：《碑传集》卷二十一《乾隆朝部院大臣上之下·王鸿绪》，第2册，中华书局1993年版，第709—710页。

② 王国维撰，王亮整理；吴格审定：《传书堂藏书志》卷三，上海古籍出版社2014年版，第563页。

③ (清)王昶著，陈明洁、朱惠国、裴风顺点校：《春融堂集》卷六十五《赵俞传》，上海文化出版社2013年版，第1078页。

④ (清)王昶著，陈明洁、朱惠国、裴风顺点校：《春融堂集》卷六十五《赵俞传》，上海文化出版社2013年版，第1078页。

⑤ 王俭编著：《小秀野唱和诗抄》修订本，香港天马出版有限公司2004年版，第106页。

⑥ (清)谢庭熏纂修，(清)陆锡熊协纂：乾隆《娄县志》卷二十六《人物·张照》，见《中国地方志集成·上海府县志辑》(5)，上海书店出版社1991年版，第277页。

雍正元年,充福建副考官,迁左庶子。三年,晋侍讲学士,充日讲起居注官"[①]。雍正九年(1731),擢内阁学士,寻擢刑部左侍郎,署顺天尹。雍正十一年,授左都御史,迁刑部尚书。卒,加太子太保、吏部尚书,赐祭葬,谥文敏。乾隆九年(1744),与梁诗正等人主编《石渠宝籍目录》,共四十四卷。著有《天瓶斋集》若干卷。《清史列传》称:"张照虽不得谓醇儒,而其资学明敏,书法精工,实为海内所共推重。瑕瑜不掩,公论自在。"[②]生平事迹参见《清史稿》卷三百四《列传九十一·张照传》、《嘉庆松江府志》卷五十八《张照传》。

张照家富藏书,朱笔点评元本《集千家注批点杜工部诗集》二十卷《文集》二卷《附录》一卷,元至大元年(1308)云衢会文堂刊本,钤有"安乐堂藏书记""张照""得天"。"此本原藏怡府安乐堂,又归张得天照,张氏以朱笔点定,兰上间评定之语亦出张氏之手。卷十一第四叶缺,得天手写补入,尤精雅"[③];《宋元合璧本朱文公校昌黎先生集跋》,此华亭张文敏公藏书,以宋元刊本合配成书。首尾相衔,卷帙无阙,可题合璧本矣。末有"雍正辛亥四月初六句读,张照记"墨笔题记一行。其书后为文敏裔孙兴载所得,守护维谨,卷中钤印十余,知其宝爱至矣[④]。明弘治十五年(1502)李熙刻本《龟山先生集》十六卷,钤有"华亭梅氏藏书之印""张照之印""得天"及"康生"等印[⑤]。明成化二年(1466)张氏广东刊本《许白云先生文集》四卷《附录》一卷,"钤有季振宜、张照、扬州阮氏嫏嬛仙馆印"[⑥]。

其藏书处名曰天瓶斋。藏书印有张照、得天、张照之印等。

(四)钱大昕

钱大昕(1728—1804)　字晓徵,又字及之,号辛楣,又号竹汀,晚号潜研老人,嘉定人。早年以诗赋闻名江南,"乾隆十六年,召试举人,授内阁中书。十九年进士,改翰林院庶吉士。二十二年,散馆授编修。二十三年,大考二等一名,擢右春坊赞善"[⑦],历官武英殿纂修官、功臣馆纂修官、詹事府少詹事,提督广东学政。出任过会试同考官及山东、湖南、浙江、河南等地乡试考官,入直上书房。"先生淡于荣利,以识分知足为怀。慕邴曼容之为人,谓官至四品可休。奉讳归里后,即引疾不出。嘉庆四年,仁宗亲政,垂询先生里居状,廷臣寓劝还朝,皆婉言报谢。归田三十年,历主钟山、娄东、紫阳书院,而在紫阳至十有六年,门下士积二千人。其为台阁侍从,发名

① (清)李元度著,易孟醇点校:《国朝先正事略》卷十四《名臣·张文敏公事略》,岳麓书社1991年版,第426—427页。
② 王钟翰点校:《清史列传》卷十九《大臣画一传档正编十六·张照》,第5册,中华书局1987年版,第1456页。
③ 傅增湘撰:《藏园群书经眼录》卷十二《集部一》,中华书局1983年版,第1032页。
④ 傅增湘撰:《藏园群书题记》卷十二《集部二》,上海古籍出版社1989年版,第610—611页。
⑤ 吴希贤辑汇:《历代珍稀版本经眼图录》之《明代版本》,中国书店2003年版,第291页。
⑥ 傅增湘撰:《藏园群书经眼录》卷十五《集部四》,中华书局1983年版,第1311页。
⑦ 王钟翰点校:《清史列传》卷六十八《儒林传下一·钱大昕》,第17册,中华书局1987年版,第5499页。

成业者,不可胜计。"[①]王昶赞云:"君聪颖非常,髫丱时,即有神童之誉。以召试入内阁,再入词垣。覃研经史,根柢精深。诗赋之外,究心数理,精蕴历象考成,能通中西之学。秦文恭公修《五礼通考》,属以相助。自广东学政衔恤归家,有终焉之志。历主书院,辄以小学、《尔雅》授生徒。"[②]"沈德潜吴中七子诗选,大昕居一"[③],其"诗清而能醇,质而有法,古体文亦以震川为归"[④]。钱泳回忆云:"家竹汀先生名大昕,字晓徵,嘉定人。乾隆甲戌进士,官至詹事府少詹。自广东学政衔恤归里,掌教苏州紫阳书院者十余年。其学无所不通,所著有《廿二史考异》《金石文跋尾》《十驾斋养新录》《潜研堂诗文全集》《三统历述》诸书,精深纯粹,贯综百家,是合惠、戴两家之学而集为大成者也。余尝谒先生于书院中,听其言论,娓娓不倦。大江南北学者,莫不推尊先生为第一人。"[⑤]生平事迹参见王昶《詹事府少詹事钱君大昕墓志铭》、《清史稿》卷四百八十一《列传二百六十八·钱大昕传》及江藩《汉学师承记笺释》卷三《钱大昕传》。

钱大昕以辞章名,王昶称"以召试入内阁,再入词垣。覃研经史,根柢精深。诗赋之外,究心数理,精蕴历象考成,能通中西之学。秦文恭公修《五礼通考》,属以相助。自广东学政衔恤归家,有终焉之志。历主书院"[⑥],撰有《金石文跋尾》《金石文字目录》,"又撰《金石跋尾》四集,盖郑夹漈、王深宁之流亚也"[⑦]。为著述,曾广采博收宋元史料,年谱碑传、历代诗文集,多有题跋。《清史列传》评价钱大昕"研精经史,蔚为著述,于经义之聚讼虽决者,皆剖析源流,文字、音韵、训诂、天算、地理、氏族、金石以及古人爵里、事实、年齿,了如指掌"[⑧]。其自题画像赞云:"官登四品,不为不达;岁开七秩,不为不年;插架图籍,不为不富;研思经史,不为不勤;因病得闲,因拙得安。亦仕亦隐,天之幸民。[⑨]"

钱大昕家多藏书,元刊本《陈众仲文集》残本七卷,有黄丕烈跋云:"此元刻《陈众仲文集》七卷,潜研堂藏书也。辛楣先生于辛酉岁与明翻元刻本同以遗余。"[⑩]元

① (清)李元度著,易孟醇点校:《国朝先正事略》卷三十四《经学·钱竹汀先生事略·钱大昕·钱大昭》,岳麓书社1991年版,第969页。
② (清)王昶著,周维德校辑:《蒲褐山房诗话新编》卷上,齐鲁书社1988年版,第64—65页。
③ 王钟翰点校:《清史列传》卷六十八《儒林传下一·钱大昕》,第17册,中华书局1987年版,第5500页。
④ (清)王昶著,周维德校辑:《蒲褐山房诗话新编》卷上,齐鲁书社1988年版,第64—65页。
⑤ (清)钱泳撰,孟裴校点:《履园丛话》卷六《耆旧·竹汀宫詹》,上海古籍出版社2012年版,第98—99页。
⑥ (清)王昶著,周维德校辑:《蒲褐山房诗话新编》卷上,齐鲁书社1988年版,第65页。
⑦ (清)王昶著,周维德校辑:《蒲褐山房诗话新编》卷上,齐鲁书社1988年版,第65页。
⑧ 王钟翰点校:《清史列传》卷六十八《儒林传下一·钱大昕》第17册,中华书局1987年版,第5500页。
⑨ (清)王藻编,(清)钱林辑:《文献征存录》(二)卷八,见周骏富辑:《清代传记丛刊·学林类》(8),(台湾)明文书局1985年版,第372页。
⑩ (清)黄丕烈著,屠友祥校注:《荛圃藏书题识》卷九,上海远东出版社1999年版,第714页。

刊本《陈众仲文集》十三卷，“卷中有‘西厓’‘钱大昕’‘观荛翁申耆’诸朱记”[①]。元本校于马氏丛书楼本《困学纪闻》二十卷，“随文考辨，语多精确”，钤有“钱大昕印”“察臣孝廉”“臣大昕”“辛楣”“竹汀复校”“纶阁舍人”“瀛洲学士”“东宫亚相”“南海衡文”“钱东壁印”“饮石”“许乃普印”“滇生”“吴兴姚伯子观元鉴书画图籍之印”诸印[②]。《司马温公经进稽古录》二十卷，黄丕烈校明弘治刻本，“嘉庆庚申十月，‘竹汀居士钱大昕读’‘大昕’印。……袁氏手跋曰‘司马温公《稽古考》二十卷，明刊最善之本，宋刊外当推此刻”[③]。明刻本《陈众仲文集》残本十卷，黄丕烈跋云：“此《陈众仲文集》明翻元本，嘉定钱少詹与元刻本七卷同以遗余者也。少詹有夹片在此本第十卷首，记云：‘自此而下，皆予家本所无。《安雅堂集》凡十四卷，予家所藏乃元板，止有前七卷。此本周书昌所遗，则明初人翻刻。’”[④]明墨格写本《三孔先生清江文集》四十卷《孔氏杂说》一卷，“钤有‘华亭朱氏文石山房藏书印’‘文石朱象玄氏’‘泰峰所得善本’‘钱大昕印’”[⑤]等。旧钞本《巴西邓先生文集》，黄丕烈跋云：“嘉庆乙丑六月，从嘉定去木大借伊外舅钱辛楣先生所钞朱文游家藏毛汲古阁藏明人钞本手校一过。”[⑥]钱氏又好抄书，黄丕烈据宋校钱大昕手钞本《中兴馆阁录》十卷续录十卷[⑦]。旧写本《景定建康志》五十卷，“封面有‘嘉定潜研堂钱氏钞本’及印记，卷目皆竹汀先生手迹，盖钱氏钞本也”[⑧]。所藏传抄《永乐大典》本《元松乡先生文集》十卷，钤有“孱守斋”“小学斋”“潘氏桐西书屋之印”“潘菽坡”“介繁”“潘茮坡图书印”“崦西鱼隐”“次欧”“臣大昕”“辛楣”“竹汀”“宗室盛昱收藏图书”诸印[⑨]。《士礼居藏书题跋记》卷二有旧钞本《五代会要》三十卷，黄氏跋云：“《五代会要》向来有钞本行世，余于乾隆己酉仲冬储之，盖坊间传钞也。曾借嘉定钱少詹本手校之，多所是正。”[⑩]《文禄堂访书记》有钱大昕钞本《景定建康志》五十卷，“附叶题：‘潜研堂钞本。’有‘黄锡蕃’印”[⑪]。

藏书处名曰潜研堂、十架斋、孱守斋。

藏书印有钱印大昕、臣大昕、竹汀、辛楣、钱大昕印、钱大昕观、竹汀居士曾观、官

---

① （清）瞿镛撰：《铁琴铜剑楼藏书目录》卷第二十二《集部四》，见《清人书目题跋丛刊三》，中华书局1990年版，第345页。

② 傅增湘撰：《藏园群书题记》卷七《子部二·钱竹汀校本困学纪闻跋》，上海古籍出版社1989年版，第394页。

③ 王文进撰，柳向春标点：《文禄堂访书记》卷第二，上海古籍出版社2007年版，第81—82页。

④ （清）黄丕烈著，屠友祥校注：《荛圃藏书题识》卷九，上海远东出版社1999年版，第715—716页。

⑤ 傅增湘撰：《藏园群书经眼录》卷十八《集部七》，中华书局1983年版，第1529页。

⑥ （清）黄丕烈著，屠友祥校注：《荛圃藏书题识》卷九，上海远东出版社1999年版，第689页。

⑦ 王文进撰，柳向春标点：《文禄堂访书记》卷第二，上海古籍出版社2007年版，第137页。

⑧ 傅增湘撰：《藏园群书经眼录》卷五《史部三》，中华书局1983年版，第390页。

⑨ 傅增湘撰：《藏园群书经眼录》卷十五《集部四》，中华书局1983年版，第1306页。

⑩ （清）黄丕烈著，潘祖荫辑，周少川点校：《士礼居藏书题跋记》卷二《史类》，书目文献出版社1989年版，第62页。

⑪ 王文进撰，柳向春标点：《文禄堂访书记》卷第二，上海古籍出版社2007年版，第119页。

詹学士之章、文学侍从、游于盛世、年开七帙、年已七十矣、七十三年矣、平生一片心、大昕私印、竹汀复校、南海衡文等数十枚。

（五）王　昶

王　昶（1725—1806）　“字德甫，号述庵，以居兰泉书屋，学者称兰泉先生。先世居浙江兰溪县。高祖懋忠，迁江南青浦县，名在几社。”少颖异，博学，善属文，“乾隆癸酉，举于乡。甲戌，成进士，归选班。二十二年，南巡召试一等第一，赐内阁中书，协办侍读，直军机房，洊升刑部主事、员外郎、郎中”①。乾隆四十一年（1776），“擢鸿胪寺卿，仍充军机章京。三迁左副都御史，外授江西按察使。数月，以忧归。起直隶按察使，未上，移陕西按察使”。迁云南布政使，旋调江西布政使。乾隆“五十四年，内迁刑部侍郎。屡命如江南、湖北谳狱。五十八年，以老乞罢，上许之，方岁暮，谕俟来岁春融归里。昶归，遂以‘春融’名其堂”②。王昶“工诗古文辞，通经。读朱子书，兼及薛瑄、王守仁诸家之学。搜采金石，平选诗文词，著述传于世”③。清阮元称：“公之为学也，无所不通。早年以诗列吴中七子，名传海外。初学六朝、初唐，后宗杜、韩、苏、陆。侍谦赓歌，赐赉稠罍。词拟姜夔、张炎，古文力追韩、苏。”④在京师与朱筠互主文坛，时有“南王北朱”之称。著述甚多，钦定《通鉴辑览》《同文志》《大清一统志》《续三通》等书。奉敕与纂修事。又奉敕删定《三藏圣教经咒》。主修过《西湖志》《太仓州志》等。《文献征存录》载：“昶精力绝人，晚为诗益绮丽，有《春融堂诗文集》六十八卷，《金石萃编》一百六十卷，《明词综》十二卷，《国朝词综》四十八卷，《湖海诗传》四十卷，表潜德、备掌故、感旧集之亚也。续修《西湖志》《青浦县志》《太仓州志》《陕西旧案成编》《云南铜政全书》行于世。又有《滇行日录》三卷，《征缅纪闻》三卷，《蜀徼纪闻》四卷，《属车杂志》二卷，《豫章行程记》一卷，《商洛行程记》一卷，《重游滇诏记程》一卷，《雪鸿再缘》二卷，《使楚丛谈》一卷，《台怀随笔》一卷，《青浦诗传》三十六卷，《天下书院志》十卷，及《群经揭橥》稿，皆藏于家。”⑤生平事迹参见秦瀛《刑部侍郎兰泉王公墓志铭》及管同《资政大夫刑部右侍郎致仕王公行状》。

王昶喜藏书，所藏甚富，其藏书达“五万卷”⑥。若宋刊本《张氏集注百传》存十卷，有“徐氏传是楼藏书”“陈氏审定”两印，又有“‘青浦王昶字曰德甫’‘一字述庵

---

① （清）阮元《诰授光禄大夫刑部右侍郎述庵王公神道碑》，见（清）王昶著，陈明洁、朱惠国、裴风顺点校：《春融堂集》附录，上海文化出版社2013年版，第1182页。

② 赵尔巽等撰：《清史稿》卷三百五《列传九十二·王昶》，第35册，中华书局1977年版，第10524页。

③ 赵尔巽等撰：《清史稿》卷三百五《列传九十二·王昶》，第35册，中华书局1977年版，第10524页。

④ （清）阮元《诰授光禄大夫刑部右侍郎述庵王公神道碑》，见（清）王昶著，陈明洁、朱惠国、裴风顺点校：《春融堂集》附录，上海文化出版社2013年版，第1184页。

⑤ （清）钱林《文献征存录》卷九《王昶传》，见《续修四库全书》编纂委员会、复旦大学图书馆古籍部编：《续修四库全书》第540册，上海古籍出版社2003年版，第384—385页。

⑥ （清）阮元《诰授光禄大夫刑部右侍郎述庵王公神道碑》，见（清）王昶著，陈明洁、朱惠国、裴风顺点校：《春融堂集》附录，上海文化出版社2013年版，第1184页。

别号兰泉'两印"①。宋浙刻本《张氏集注百将传》一百卷,"有'嘉庆丁巳小寒日,王昶题于咏絮斋'。又南荣跋、邓邦述跋,均见《寒瘦山房》。有'徐氏传是楼藏书''青浦王昶字德述庵号兰泉'印"②。宋本《元丰类稿》五十卷《续附》一卷,有"徐健庵""乾学""季振宜号沧苇"等印。杨绍和言:"'经训堂王氏之印',琴德一字兰泉,青浦王昶印三,故刑部侍郎王兰泉先生与先大夫为乾隆甲戌同榜进士,相知最笃。……有'古吴王氏''王履吉印''玉兰堂''五峰樵客''江东竹坞''翠竹轩''曲水山房''照庵''蜀山草堂''拙讷隐者''季振宜读书''大兴朱氏竹君藏书之印''朱筠之印'"诸印③。宋巾箱本《春秋经传集解》二十二卷,"二册,此本向为青浦王德甫先生所藏,后归扬州汪孟慈太守"④。宋刊本《韩集举正》十卷《外集并叙录》一卷,"藏印如左:'横经阁收藏图籍印''玉峰珍藏''青浦王昶''琴德一字兰泉'"⑤。《南宋书增削定本》六十八卷,题明大学士寒庵钱士升增削,太学生固叟许重熙赞,亦钤有上述诸印⑥。旧钞本《两汉订误》四卷,有"青浦王昶""字曰德甫"藏书印⑦。

王昶又好抄书,所抄多精善,其《春融堂集》有跋陆师道隶书《周易本义后》:"《姑苏名贤小记》云:'子传师事文待诏,刻意为文章,工小楷及古隶,皆入能品。'阅是册信然。余家藏王雅宜《离骚》、何义门《周易观象》、汪退谷《赵闲闲滏水集》,皆录全部,盖前辈功力专精,自始迄终,无一懈笔,是以为艺林秘宝。后有文休承跋,前有钱叔宝印,其为两公欣赏可知。"⑧法式善《存素堂文集·南宋书画后》云:"明嘉善钱公士升撰《南宋书》六十八卷……王述庵侍郎家塾抄存之。"⑨

王昶尤好金石学、经学,精考证,宦游每到一地,访求金石、古籍。严可均云:"嘉庆初,王兰泉少司寇得宋版大字本。丙寅春,孙渊翁借得之以示余,余案头有徐本取与对勘……力得互异字累万,用丹笔悉注于徐本。"⑩《国朝先正事略》载:"公之学无所不通,早岁沈文悫选其诗,与王凤喈鸣盛、吴企晋泰来、钱竹汀大昕、赵升之文哲、

---

① 邓邦述《寒瘦山房鬻存善本书目》卷一,见邓邦述撰,金晓东整理,吴格审定:《群碧楼善本书录 寒瘦山房鬻存善本书目》,《中国历代书目题跋丛书》第4辑,上海古籍出版社2014年版,第269页。

② 王文进撰,柳向春标点:《文禄堂访书记》卷第三,上海古籍出版社2007年版,第163页。

③ (清)杨绍和撰:《楹书偶录》卷五,见《续修四库全书》编纂委员会、复旦大学图书馆古籍部编:《续修四库全书》第926册,上海古籍出版社2003年版,第7—8页。

④ (清)杨绍和撰:《楹书偶录》卷一,见《续修四库全书》编纂委员会、复旦大学图书馆古籍部编:《续修四库全书》第926册,上海古籍出版社2003年版,第571页。

⑤ 傅增湘撰:《藏园群书经眼录》卷十二《集部一》,中华书局1983年版,第1056页。

⑥ 傅增湘撰:《藏园群书经眼录》卷三《史部一》,中华书局1983年版,第223页。

⑦ (清)缪荃孙等撰,吴格整理点校:《嘉业堂藏书志》卷二《史部》,复旦大学出版社1997年版,第191页。

⑧ 引(清)叶昌炽著,王欣夫补正,徐鹏辑:《藏书纪事诗》卷五,上海古籍出版社1989年版,第509页。

⑨ (清)法式善撰:《存素堂文集》卷三《南宋书画后》,见《续修四库全书》编纂委员会、复旦大学图书馆古籍部编:《续修四库全书》第1476册,上海古籍出版社2003年版,第714页。

⑩ (清)严可均撰:《铁桥漫稿》卷八《书后二十六首·书初学记校宋本后》,见《续修四库全书》编纂委员会、复旦大学图书馆古籍部编:《续修四库全书》第1489册,上海古籍出版社2003年版,第49页。

曹来殷仁虎、黄芳亭文莲,为吴中七子,名传海外。晚宗杜、韩、苏、陆,侍宴赓歌,皆称旨。词拟姜夔、张炎,古文力宗昌黎、眉山。碑版之文照四裔,积金石文字数千通,书五万卷。所至朋旧文宴,提倡风雅。后进执经请业,舟车错互,户外屦恒满,士藉品藻以成名致通显者,不可胜数。"①据《郎潜纪闻四笔》:"王兰泉侍郎昶,世但称其清才雅尚,酷嗜金石文诗耳。其扬历中外,颇著衺勋。尝东至兴京,西南至滇、蜀,又从征缅甸有功。所至谦恭下士,闻人有一才一艺,辄录其姓名、籍贯,细书小折,盛以锦囊,各分门类。谦谈之顷,一闻佳士,即取锦囊补之。"②曾收罗商周铜器及宋、辽金石刻拓本1500种,以几十年之力,编为《金石萃编》一百六十卷。阮元称:"碑版之文,照于四裔。积金石文字数千通,书五万卷。"③

藏书楼除塾南书库外,还有书室名为经训堂、春融堂、述庵、兰泉书屋、履二斋、琴画楼等。

王昶编有《塾南书库目录初编》六卷一册,清刻本,题"青浦王昶德甫编",前后无序跋,首缺几页。"卷首又题'塾南书库目录初编'。分经、史、子、集、金石五部,卷一为经部,卷二为史部,卷三为子部,卷四为集部,卷五至卷六为金石。其中经、史、子、集四部有类序,扼要阐明该部收书大略、归类宗旨等。如'史部'类序云:'史有正史,有纪年,有纲目,有纪事,有志典,有列国之史,其余记载关于史事者,皆入史类。至十八省志亦与史事相发明,故附于末;此外府州县志,过于繁琐,不复收入,惟云间桑梓之地而先曾祖墓在吴县、先祖考墓在昆山,故二志亦各藏焉。"④可见此目不是王昶藏书的全部。

藏书印有青浦王昶字曰德甫、青浦王昶、琴田一字兰泉、经训堂王氏之印、一字述庵别号兰泉、琴德一字兰泉、青浦王氏宗祠家塾记、王昶德甫、别字兰泉、秋官侍郎、王昶之印等。据《东湖丛记》载:"王述庵司寇有一印云:'二万卷,书可贵,一千通,金石备。购且藏,剧劳勚。愿后人,勤讲肄。敷文章,明义理。习典故,兼游艺。时整齐,勿废置,如不材,敢卖弃。是非人,犬豕类,屏出族,加鞭箠。述庵传诫。'"⑤

罗振玉《俑庐日札》中亦记其藏书朱记,曰:"安世凤所著《墨林快事》,杂论碑帖,并及书法,考证甚少,然收采颇博,在明人金石著录中,自是佳制。顾传本至罕。昨于厂肆,见旧钞本,乃王兰泉先生旧藏,前有'青浦王昶字曰德甫'及'一字述庵别号兰泉'二印,'禾中汪伯子大经藏''好古''立庭藏玩''惜阴书屋'四印,又有'述

① (清)李元度著,易孟醇点校:《国朝先正事略》卷二十《名臣·王侍郎昶》,岳麓书社1991年版,第580页。
② (清)陈康祺著,褚家伟、张文玲整理:《郎潜纪闻四笔》卷一《王昶镜囊录人才》,中华书局1990年版,第7页。
③ (清)阮元《诰授光禄大夫刑部右侍郎述庵王公神道碑》,见(清)王昶著,陈明洁、朱惠国、裴风顺点校:《春融堂集》附录,上海文化出版社2013年版,第1184页。
④ 来新夏主编:《清代目录提要》之《清代部分》,齐鲁书社1997年版,第74页。
⑤ (清)蒋光煦撰,梁颖校点:《东湖丛记》卷六《藏书印记》,辽宁教育出版社2001年版,第158页。

庵传诫'朱记文。'"[①]另《善本书所见录》著录王昶所藏《史通通释》,有"青浦王昶"(白方)、"琴德一字兰泉"(朱方)、"青浦王昶曰德甫"(白方)、"一字述庵别号兰泉"(朱方)、"经训堂王氏之印"(朱方)各印。又有扁方木记正书十行,每行七字,末二行各四字,文曰:"二万卷,书可贵,一千通,金石备。购且藏,剧劳勚。愿后人,勤讲肄。敷文章,明义理。习典故,兼游艺。时整齐,勿废置。如不材,敢卖弃。是非人,犬豕类,屏出族,加鞭箠。述庵传诫。"[②]王昶殁后,藏书亦随之散佚。王惕甫曰:"述庵侍郎之殁,仆往吊其家,门墙萧飒,有诗纪事,今其遗宅入官,藏帙恐不免散亡,唯《王芥子文集》,仆尝钞取其副本,其余秘籍,殆难考索。即已刊之版本,恐亦不能保守。奈何,奈何!其乡人无好事者而仆又无力,浩叹而已。"[③]

(六)榜眼王鸣盛

王鸣盛(1722—1797)　字凤喈,号礼堂,又号西庄,晚年号西沚居士,别署耕养斋主人,嘉定人。"幼从长洲沈德潜受诗,后又从惠栋问经义,遂通汉学。乾隆十九年一甲二名进士,授翰林院编修。二十三年,大考,翰詹第一,擢侍讲学士,充日讲起居注官。二十四年,充福建乡试正考官。寻擢内阁学士,兼礼部侍郎衔。坐滥支驿马,左迁光禄寺卿,丁内艰,遂不复出。"[④]钱大昕记云:"西沚先生以笃学登巍科,入词馆,不数岁而参纶阁、班九卿,贵而显矣。甫逾强仕。奉讳星奔,服阕,遂不复出。里居三十余年,日以经史诗古文自娱,撰述等身,弟子著录数百人。尝取杜少陵诗句,以西庄自号,学者称西庄先生。西庄之名满海内。顷岁,忽更号西沚。"[⑤]王昶云:"鸣盛又有《江左十二子》《苔岑》诸集之刻,声气益广,名望益深。"[⑥]钱泳亦回忆云:"王西庄先生鸣盛,字凤喈,嘉定人。乾隆甲戌进士第二人,以内阁学士降光禄卿。寻丁艰归,遂不出,迁居苏州阊门外之闻德桥。余年十六七时,始识于金安安先生坐上。先生勤于著述,尝与元和惠栋、吴江沈彤研精经学,有《尚书后案》《周礼军赋说》《十七史商榷》《蛾术编》诸书,选生平交游之能诗者十二家为《苔岑集》,自刻所为诗文曰《西庄始存稿》。"[⑦]又有《耕养斋诗文集》《西沚居士集》等。生平事迹参见清李元度《国朝先正事略》卷三四《经学·王西庄先生事略》、《清史稿》卷四百八十一《列传二百六十八·王鸣盛传》。

---

① 罗振玉撰述,萧文立编校:《雪堂类稿甲》之《笔记汇刊·俑庐日札》,辽宁教育出版社2003年版,第371页。

② 罗振常撰,汪柏江、方俞明整理:《善本书所见录》卷二《史部》,上海古籍出版社2014年版,第70页。

③ (清)法式善撰:《存素堂文集》卷三《南宋书画后》,见《续修四库全书》编纂委员会、复旦大学图书馆古籍部编:《续修四库全书》第1476册,上海古籍出版社2003年版,第714页。

④ 王钟翰点校:《清史列传》卷六十八《儒林传下一·王鸣盛》,第17册,中华书局1987年版,第5498页。

⑤ (清)钱大昕著,吕友仁校点:《潜研堂集·文集》卷四十八《西沚先生墓志铭》,上海古籍出版社2009年版,第838页。

⑥ (清)王昶著,陈明洁、朱惠国、裴风顺点校:《春融堂集》卷六十五《王鸣盛传》,上海文化出版社2013年版,第1082页。

⑦ (清)钱泳撰,孟裴校点:《履园丛话》卷六《耆旧·西庄光禄》,上海古籍出版社2012年版,第98页。

1.王鸣盛颐志堂藏书

王鸣盛"性俭素,无玩好之储,无声色之奉,宴坐一室,左右图书,咿唔如寒士"①。"于空峒、大复、凤洲、卧子,及国朝渔洋、竹垞,咸服膺无间,故虽转益多师,终归大雅,兹所录者,皆其手自审定。"②其致仕后,迁居苏州阊门外闻德桥之庞家巷,"闭门读书,日夕探讨"③,"不与当事通谒,亦不与朝贵通音问,唯好汲引后进,一篇一句之工,奖赏不去口,或评选其佳者,刊而行之"④,"学者望风麇至"⑤。又建颐志堂为读书处,以藏书、著述自娱。王昶记其家居生活云:"键户读书,绝不于当事酬接。家本寒素,往往卖文谀墓以给用,馀则一介不取也。偃仰自得者,垂三十年。"⑥"老年因读书穷日夜不辍,目遂瞽。有吴兴医针之而愈,著书如常。乃自号西沚。"⑦王鸣盛以汉学鸣于时,博综善考据,利用家藏书治史,对十七史进行校勘,成《十七史商榷》百卷。晚年将考证所得,编为《蛾术编》百卷。对金石目录之学甚有研究,尝云:"目录之学,学中第一要紧事,必从此问途,方能得其门而入,然此事非苦学精究,质之良师,未易明也。"⑧"凡读书最切要者目录之学,目录明方可读书,目录不明终是乱读。"⑨"不通《汉艺文志》,不可以读天下书。艺文志者,学问之眉目,著述之门户。"⑩

王氏尤嗜藏书,尝自谓:"予虽孱陋,颇与以文(即鲍廷博)有同嗜,所见宋元旧刻,若学士所举足本《风俗通》十卷之类,多可宝者,行将尽出以佐以文之不足焉。"⑪吴翌凤云:余酷嗜好藏书,"借钞于卢抱经学士、王西庄光禄、朱文游、鲍以文、吴槎客明经、杨列瓯进士,阅三十年,积有万余卷,颇多善本"⑫。嘉兴陈其荣亦记云:"吴中吴牧庵先生,性好藏书,喜钞秘籍,尝与当时好古之儒游,若卢抱经学士、王西庄光

① (清)钱大昕著,吕友仁校点:《潜研堂集·文集》卷四十八《西沚先生墓志铭》,上海古籍出版社2009年版,第840页。
② (清)王昶著,周维德校辑:《蒲褐山房诗话新编》卷上,齐鲁书社1988年版,第62页。
③ (清)江藩纂,漆永祥笺释:《汉学师承记笺释》卷三《王鸣盛传》,上海古籍出版社2013年版,第262页。
④ (清)钱大昕著,吕友仁校点:《潜研堂集·文集》卷四十八《西沚先生墓志铭》,上海古籍出版社2009年版,第840页。
⑤ (清)王昶著,陈明洁、朱惠国、裴风顺点校:《春融堂集》卷六十五《王鸣盛传》,上海文化出版社2013年版,第1082页。
⑥ (清)王昶著,陈明洁、朱惠国、裴风顺点校:《春融堂集》卷六十五《王鸣盛传》,上海文化出版社2013年版,第1082页。
⑦ (清)江藩纂,漆永祥笺释:《汉学师承记笺释》卷三《王鸣盛传》,上海古籍出版社2013年版,第265页。
⑧ (清)王鸣盛撰:《十七史商榷》卷一《史记一·史记集解分八十卷》,中国书店1987年版,第1页。
⑨ (清)王鸣盛撰:《十七史商榷》卷七《汉书一·汉书叙例》,中国书店1987年版,第61页。
⑩ (清)王鸣盛撰:《十七史商榷》卷二十二《汉书十六·艺文志考证》,中国书店1987年版,第219页。
⑪ (清)王鸣盛《知不足斋丛书序》,见(清)鲍廷博辑:《知不足斋丛书》第一集首附,中华书局1999年版,第3页。
⑫ (清)吴翌凤撰,吴格点校:《逊志堂杂钞》之《庚集》,中华书局1994年版,第88页。

禄、吴槎客明经、杨列瓯进士以及朱文游、鲍渌饮诸君，凡说部别集未著人间者，善本所藏，辄为辗转构假，手自校录，积储至万余卷。”①可见，西庄先生为时人所公认的藏书名家之一。

藏书处为颐志堂、耕养斋。

藏书印有王鸣盛印、凤喈、通议大夫、光禄卿之章、光禄卿章、甲戌榜眼、光禄卿斋、西庄居士、西沚居士等。

2.颐志堂藏书散佚与流布

王鸣盛殁后，其藏书散出，黄丕烈曾得其遗书数本，《士礼居藏书题跋记》有校本《中吴纪闻》六卷，黄氏跋云："是书顷向骨董铺得来，为西沚家散出之书，人去而物亦去，可伤也夫！"又云："西沚即西庄王鸣盛之号也，嘉定人，侨居阊门外庞家弄，乙亥记。"②又有钞本《馋书》五卷，跋云："枚庵所钞，云钞自王西庄光禄家。光禄侨吴之庞家弄，今已下世，其所藏亦稍稍散出，可慨也。"③又旧钞本《五代会要》三十卷，嘉庆十六年(1811)四月四日黄氏跋云："旧藏王西沚光禄家，少詹亦经借校，中有夹签，遂装裱于后。末一条似西沚笔，并装之。"④

王氏散出之书，除长洲藏书名家黄丕烈收的数本外，后人根据其所钤藏书印，亦略知其藏书流布去向：宋刻残本《新编方舆胜览》存十六卷，有"王鸣盛印""西庄居士"两印⑤。宋刊本《张氏集注百传》存十卷，有"徐氏传是楼藏书""陈氏审定"两印，又有"'青浦王昶字曰德甫''一字述庵别号兰泉'两印"⑥。元至正丙午新刊《图绘宝鉴》五卷《补遗》一卷，有"王鸣盛印""西庄居士"等⑦；元刻《图绘宝鉴》五卷《补遗》一卷，附有"王鸣盛印""西庄居士""韩氏藏书""玉雨堂印"等藏印⑧。明刻本《杨氏易传》，钤有"王印鸣盛""凤喈"等印⑨；明刊本《临川吴文正公集》四十九卷

---

① (清)陈其荣《逊志堂杂钞序》，见(清)吴翌凤撰，吴格点校：《逊志堂杂钞》之《庚集》，中华书局1994年版，第1页。

② (清)黄丕烈著，潘祖荫辑，周少川点校：《士礼居藏书题跋记》卷二《史类》，书目文献出版社1989年版，第60页。

③ (清)黄丕烈著，屠友祥校注：《荛圃藏书题识》卷七《谗书》，上海远东出版社1999年版，第581页。

④ (清)黄丕烈著，潘祖荫辑，周少川点校：《士礼居藏书题跋记》卷二《史类》，书目文献出版社1989年版，第62页。

⑤ 邓邦述《寒瘦山房鬻存善本书目》卷一，见邓邦述撰，金晓东整理，吴格审定：《群碧楼善本书录 寒瘦山房鬻存善本书目》，《中国历代书目题跋丛书》第4辑，上海古籍出版社2014年版，第269页。

⑥ 邓邦述《寒瘦山房鬻存善本书目》卷一，见邓邦述撰，金晓东整理，吴格审定：《群碧楼善本书录 寒瘦山房鬻存善本书目》，《中国历代书目题跋丛书》第4辑，上海古籍出版社2014年版，第269页。

⑦ (清)潘祖荫撰，叶昌炽编，潘承弼增补：《滂喜斋藏书记》卷二，见《续修四库全书》编纂委员会、复旦大学图书馆古籍部编：《续修四库全书》第926册，上海古籍出版社2003年版，第442页。

⑧ (清)潘祖荫撰，叶昌炽编，潘承弼增补：《滂喜斋藏书记》卷二，见《续修四库全书》编纂委员会、复旦大学图书馆古籍部编：《续修四库全书》第926册，上海古籍出版社2003年版，第442页。

⑨ (清)缪荃孙等撰，吴格整理点校：《嘉业堂藏书志》卷一《经部》，复旦大学出版社1997年版，第128页。

《外集》三卷《学基学统》一卷,“卷首有‘蓝瑛’‘葛鼒’‘葛氏’‘翼鲁’‘王鸣盛’诸朱记”①。明成化刊本《贞观政要》十卷,莫伯骥跋云:“自收书以来,所见西庄藏书章不甚少。”②《五代史纂误》三卷,“宋吴缜撰。钞本。有‘王鸣盛印’‘西庄居士’‘凤喈’‘光禄卿之章’四印,又‘佳日堂’一印。乾隆乙未、丙申间,朝廷开四库全书馆,收访遗书。先取前明所遗《永乐大典》中古书,钞出有用者,命儒臣校而刊之。此《五代史纂误》,亦其一也。吾友邵编修名晋涵,字二耘,浙江余姚人,辛卯恩科会元。在馆中搜得薛居正《旧五代史》,闻其已经缮录清本,行将进御。因先呈总裁掌院相国于公,名敏中,字耐圃,江南金坛人,丁巳状元。公留阅未竟。己亥冬,于公卒,书遂浮沉不可复得,诚恨事也。予家居,闻此书将有刻本流传,翘其待之。今秋钱进士塘自都下归,为述如此,不禁怅然然?他日晤邵编修,宜再访之。庚子十月,王鸣盛记”③。钞本《清河书画舫》十一卷,有“西庄居士”“王鸣盛印”二印④。钞本《沈下贤文集》十二卷,有“王鸣盛印”“凤喈”“西庄居士”“光禄卿之章”等四印⑤。钞本《国朝名臣事略》十五卷,有“王鸣盛印”“西庄居士”二印⑥。旧写本《东皋子集》三卷,黄丕烈跋云:“余向藏《东皋子集》,系骨董铺收诸王西沚家者。”又跋云:“是书出西沚家,盖收诸郡西上津桥管董铺中,与王西沚所居近,故每出必至是也。”有“王鸣盛印”“西庄居士”“光禄卿之章”“凤喈”“通议大夫”⑦等印。又写本《南北识疑》,为王西庄藏书⑧。马刻原印《容斋五笔》,批校本,后有王西庄墨笔手跋,有“王西庄居士”“王鸣盛印”“凤喈”诸印⑨。王西庄校宋荦刻本《古今韵略》五卷,王鸣盛跋曰:“此书行世数十年矣,家置一编。即文章大家为众所推者,亦皆奉为律令,莫敢异议。”有“王鸣盛”“西庄居士”“光禄卿之章”⑩等藏印。从上述留有文献可考的藏书名录得知,王氏藏书甚精,宋椠元刻、旧钞明本为主特色。

(七)陆锡熊

陆锡熊(1734—1792)　字健男,又字耳山,号篁村,上海人。乾隆二十四年

---

① (清)瞿镛撰:《铁琴铜剑楼藏书目录》卷第二十二《集部四》,见《清人书目题跋丛刊三》,中华书局1990年版,第338页。

② 引郑伟章著:《文献家通考》卷六《王鸣盛》,中华书局1999年版,第288页。

③ 邓邦述《群碧楼善本书录》卷五,见邓邦述撰,金晓东整理,吴格审定:《群碧楼善本书录 寒瘦山房鬻存善本书目》,《中国历代书目题跋丛书》第4辑,上海古籍出版社2014年版,第157页。

④ 邓邦述《群碧楼善本书录》卷五,见邓邦述撰,金晓东整理,吴格审定:《群碧楼善本书录 寒瘦山房鬻存善本书目》,《中国历代书目题跋丛书》第4辑,上海古籍出版社2014年版,第181页。

⑤ 邓邦述《群碧楼善本书录》卷六,见邓邦述撰,金晓东整理,吴格审定:《群碧楼善本书录 寒瘦山房鬻存善本书目》,《中国历代书目题跋丛书》第4辑,上海古籍出版社2014年版,第194页。

⑥ 张元济《涵芬楼烬余书录》史部《国朝名臣事略》,见张元济著:《张元济全集》第8卷《古籍研究著作》,商务印书馆2009年版,第266页。

⑦ 傅增湘撰:《藏园群书经眼录》卷十二《集部一》,中华书局1983年版,第1004页。

⑧ (清)丁丙撰:《善本书室藏书志》卷六《南北识疑》,见《续修四库全书》编纂委员会、复旦大学图书馆古籍部编:《续修四库全书》第927册,上海古籍出版社2003年版,第235页。

⑨ 罗振常撰,汪柏江、方俞明整理:《善本书所见录》卷三《子部》,上海古籍出版社2014年版,第103页。

⑩ 王文进撰,柳向春标点:《文禄堂访书记》卷第一,上海古籍出版社2007年版,第66页。

(1759)己卯举于乡,“乾隆二十六年进士。召试,授内阁中书。累迁刑部郎中。与昀同司总纂,旋并授翰林院侍读。五迁左副都御史。旋以书有讹谬,令重为校正,写官所费,责锡熊与昀分任。又令诣奉天校正文溯阁藏书,卒于奉天”①。王昶称:“耳山博闻强记,资禀绝人。由中书入直军机、初与予奉敕编《通鉴辑览》。顷之命辑《永乐大典》。复求天下遗书,开四库馆以荟萃之,校对数百人,誊录至千馀人,历十年始成。而君与今大宗伯晓岚司其总。每进一书,仿刘向、曾巩例,作提要冠诸简首,上阅而辄善之。特旨由刑部郎中授翰林院侍讲,文学受知,骎骎响用。典试者三,督学政者一。后因奉天所储四库馆书中多脱落舛误,奏请自往覆校,比至而病殁。时论无不痛惜。平日进御之作,工而不秾,婉而能切,同人推为莫及。至诗文,随手散佚,殁后搜箧中,得数百首,皆应酬之作,非其称意者。”②其他奉敕编辑者有《契丹国志》《胜朝殉节诸臣录》《河源纪略》《历代职官表》诸书。所自著有《炳烛偶钞》《宝奎堂文集》《篁村诗钞宝》等。曾与纪昀辑印过《励志斋从书》八种钞本,有元张宪《玉笥集》十卷、清高宗弘历《御制文渊阁记》一卷等。生平事迹参见王昶撰《都察院左副都御史陆锡熊墓志铭》、《清史列传》卷二十五《陆锡熊传》。

陆锡熊博学,生平于读书外无所好,不问家人生产,所居日涉园,有竹素堂,方池老屋,不蔽风雨。王昶回忆云:“余与君同郡,先后同官内阁,同直军机处,文酒之会靡不同者。辑览之修,余先任其事,寻以从猎木兰,而君继之。余常至上海,过君竹素堂,方池老屋,不蔽风雨,清修旧德,久而弥著,然则知君之深,无逾于予者。”又云:“君冲和纯粹,其色温然,其言呐然,不出诸口;而颖悟明敏,读书一过,无不洞悉贯串。少时以词赋入中书,中年在词馆,宾朋酬赠,使节登临,四方仰重其名,率以缃素来请。所作繁富,阗溢箧笥,顾甚珍惜,辄为人取去。自以上蒙恩遇,逾于常格,不屑以词臣自画。晚年益覃心经济之学。”③陆锡熊亦藏书,李玉安《中国藏书家通典》录其为藏书家。四库开馆时,陆氏献其家藏书籍数种,《总目》著录陆氏藏本 21 种,342 卷,其中经部 3 种 40 卷;史部 4 种 57 卷;子部 4 种 186 卷;集部 10 种 85 卷,入《存目》九种,可见家中藏书亦富。

有藏印陆锡熊印、耳山等。

(八)吴省钦兄弟进士

吴省钦(1730—1803)　字冲之,一作仲止,号白华,南汇人。“乾隆二十二年,南巡召试,赐举人,授内阁中书。二十八年,成进士,改庶吉士。三十一年,散馆,授编

① 赵尔巽等撰:《清史稿》卷三百二十《列传一百七·陆锡熊》,第 36 册,中华书局 1977 年版,第 10771 页。

② (清)王昶著,周维德辑校:《蒲褐山房诗话新编》卷上,齐鲁书社 1988 年版,第 94 页。

③ (清)王昶《都察院左副都御史陆锡熊墓志铭》,见(清)钱仪吉纂,靳斯标点:《碑传集》卷三十五《乾隆朝部院大臣下之上·陆锡熊》,第 3 册,中华书局 1993 年版,第 1049 页。

修。三十三年，大考一等，擢翰林院侍读。"[①]历官提督四川、湖北、直隶诸省学政，历任礼部、工部、吏部侍郎，官至都察院左都御史。撰有《白华前稿》《后稿》百余卷。生平事迹参见王昶《都察院吴君墓志铭》及吴敬枢《吴白华年谱》。

吴省钦亦藏书，今北京大学图书馆藏明弘治间刻本《思轩文集》二十三卷，六册，卷内有"吴省钦印""仲止"等印记。藏旧钞本《水经注》四十卷，"此明人钞本，以世所传赵清常校本与柳大中钞本复之，字句悉合，盖从宋钞出者。郦序虽残阙，犹存其半也。旧为松江吴氏藏书。卷首有'吴省钦印''白华'二朱记"[②]。

吴省兰（？—1810） 字泉之，号稷堂，南汇人。吴省钦弟。曾是和珅老师。"乾隆二十八年，由举人考取咸安宫官学教习。三十二年，考补国子监学正。三十六年，升助教。三十九年，充《四库全书》馆分校官。""四十三年戊戌会试，未中式。谕曰：'国子监助教吴省兰学问尚优，且在《四库》馆校刊群书，颇为出力，着加恩准与本科中式举人，一体殿试。'寻列二甲，改翰林院庶吉士。四十五年四月，散馆，授编修。十二月，充文渊阁校理。"[③]历右、左春坊，右、左赞善，中允，侍讲，南书房直阁事，湖北、顺天、浙江提学使，内阁学士、礼部侍郎、工部侍郎，降补侍讲，升侍读学士。著有《五代宫词》《十国宫词》《听彝堂文稿》《奏折存稿》《谥略》《姓氏补注》《河源纪略》《楚南随笔》《楚峒志略》等十数种。

吴省兰少博闻多学。喜聚书，搜罗文献勤奋，藏书甚精，黄丕烈尝购得吴氏所藏宋本《毛诗传笺》二十卷，胜所见其他五种宋版，不得不以吴本为甲[④]。又于坊间购其明钞校宋本《茅亭客话》十卷[⑤]。明钞本《高丽史》一百三十九卷，"卷首有朱竹垞跋二首。跋见《曝书亭集》，此则其手迹也。印识宛然，盖曝书亭旧物。又有'吴省兰''稷堂''读史精舍''马玉堂''笏斋'等印。卷尾有'道光辛卯岁武原马氏汉唐斋收藏书籍'"[⑥]，是书递藏皆为名家，可见其钞本甚精。陈鳣曾从坐师吴稷堂处购得一旧钞本《珩璜新论》，有朱竹垞图记[⑦]。所藏明写本《程氏演繁露续集》六卷，末卷题云："乾隆壬寅八月廿七日校读一过，南汇吴省兰。"钤有"秦伯敦父""秦恩复

---

① 王钟翰点校：《清史列传》卷二十八《大臣传次编三·吴省钦》，第7册，中华书局1987年版，第2167页。

② （清）瞿镛撰：《铁琴铜剑楼藏书目录》卷第十一《史部四》，见《清人书目题跋丛刊三》，中华书局1990年版，第171页。

③ 王钟翰点校：《清史列传》卷二十八《大臣传次编三·吴省钦》，第7册，中华书局1987年版，第2170—2171页。

④ （清）黄丕烈著，屠友祥校注：《荛圃藏书题识》卷一，上海远东出版社1999年版，第3页。

⑤ （清）黄丕烈著，屠友祥校注：《荛圃藏书题识》卷六，上海远东出版社1999年版，第470页。

⑥ （清）李希圣《雁影斋题跋》卷四，见湖南图书馆编：《湖南近现代藏书家题跋选》第2册，岳麓书社2011年版，第355—356页。

⑦ （清）吴寿旸撰：《拜经楼藏书题跋记》卷四，见《清人书目题跋丛刊十》，中华书局1995年版，第653页。

印”“吴省兰印”“稷堂”各印①。藏书处为听彝堂。藏书印有吴省兰印、稷堂等。

（九）时　铭

时　铭（生卒年不详）　字子佩，号香雪，嘉定人。“乾隆五十四年中省试，嘉庆十年成进士，改知县，亲老乞选近，分发山东候补，历官齐东县知县。”“所著《笔算筹算图》一卷，别有《扫落叶斋诗稿》《文稿》《外集》《随笔》若干卷，《六壬录要》十卷，《唐宋诗选》十卷，藏于家。”②马国翰之师。徐世昌《晚晴簃诗汇》卷一百十八有其传。

时铭好藏书，其弟子马国翰《香雪先生遗诗》序云：先生因公罢职，侨寓郡城金橘巷，“数月，巷内有回禄之灾，先生囊箧服御及藏书数千卷，尽归烈炬，孑身徙蒋园。翰往问唁，先生涕零曰：‘一生心血都成焦土矣。’未几，先生以疾卒”③。

（十）陆廷桢

陆廷桢（1855—1917）　字干甫，先世吴江人，迁青浦县金泽镇。光绪“己丑恩科本省乡试中式第四十二名，复试二等第八十一名，会试中式第一百三十九名，复试二等第七十二名，殿试三甲第一百五十一名，朝考三等第四十六名，钦点即用知县签分河南”④。著有《诗剩》《思嗜斋遗集》《文剩》《溉釜家书》等，《苏州民国艺文志》有其传。

其先世富藏书，藏书处名曰思耆斋。陆廷桢解官归里，“取先世遗书万余卷，庋藏于斋，因名。德清俞樾隶额，并为之记”⑤。俞樾《陆干甫思耆斋记》云：“陆干甫大令以思耆名其斋，余既为题榜，并略述其所以命之意矣，乃今又乞余一言以为记。……大令自述其先德癖好藏书，所藏者不下数万卷，兵燹之后，所存者犹有万余卷。大令悉藏庋斋中，而朝夕坐卧其间，见书如见其亲焉。此斋所以名也。”⑥

---

① 傅增湘撰：《藏园群书经眼录》卷九《子部三》，中华书局1983年版，第742页。按：是书为涵芬楼所递藏。

② （清）阮元等撰，冯立升等校注：《畴人传合编校注》三编《时铭》，中州古籍出版社2012年版，第520页。

③ （清）马国翰撰：《玉函山房文集》卷三《香雪先生遗诗序》，见《清代诗文集汇编》编纂委员会编：《清代诗文集汇编》586，上海古籍出版社2010年版，第139页。

④ 顾廷龙主编：《清代硃卷集成》第76册《陆廷桢》，台北成文出版社1992年版，第378页。

⑤ （民国）张仁静修，钱崇威纂，金咏榴续纂：《江苏省·青浦县续志》卷十一《名迹》，见《中国方志丛书·华中地方·第一六七号》，（台湾）成文出版社1975年据民国二十三年（1934）刊本影印，第471页。

⑥ （清）俞樾撰：《春在堂杂文六编补遗》卷四《陆干甫思耆斋记》，见《续修四库全书》编纂委员会、复旦大学图书馆古籍部编：《续修四库全书》第1551册，上海古籍出版社2003年版，第268页。

第五节　清代江南（徽州）进士藏书

《清史稿·地理志》载，“禹贡扬及徐、豫三州之城。安徽，明属南京。清顺治二年，改江南省，置凤阳巡抚及安庐池太巡抚，兼理操江军务，并统于淮阳总督。六年，俱罢。十八年，设江南左、右布政使，以左布政使辖安庆、徽州、宁国、池州、太平、庐州、凤阳、淮安、扬州九府”[①]。“明，徽州府，属江南。顺治初因之，属江南左布政使司。康熙六年，分隶安徽省。”[②]领县六，即歙县、休宁、婺源、祁门、黔县、绩溪，其中歙县、休宁县、黟县、祁门县归今安徽黄山市管辖，绩溪县属今安徽宣城市管辖，婺源属今江西上饶市管辖。

（一）吴雯清

吴雯清（1614—1676）　“初名元石，字方涟，号鱼山，安徽休宁人”，寓居杭州。清顺治八年（1651）辛卯科中式，“顺治九年进士，官御史。有《雪啸轩集》。鱼山官浔州司李，峒寇薄城，民惊鼠，鱼山坚守不动，城赖以全”[③]。未几，巨寇复窥浔，两台将剿之，雯清持不可，单骑入贼营，晓以大义，寇遂来归。“郡有数人大狱久不决，立为剖断”[④]，以功擢江南道御史，曾疏请禁邪教。官至行人司司副。博览工诗，有诗名，惜诗集盖久佚矣。著有《雪啸轩集》《松轩随笔》《寒浔吟》《星槎草》《记游草》《劝善集》《闻见录》诸书，又纂修《古歙岩镇镇东磡头吴氏族谱》，不分卷，中国国家图书馆藏有钞本。阮元《两浙輶轩录》卷一、《安徽通志》卷二百八十六《人物志》及《清诗纪事·顺治朝卷》等有其传。

其喜藏书，且不乏精品。《天禄琳琅书目后编》著录有“《楚辞王注》一函六册，篇目见前宋版集部王逸章句，无洪兴祖补注。有‘元石’朱文印”[⑤]。尝与汪淇辑并评《分类尺牍新语广编》二十四卷《补编》一卷，康熙七年（1668）刻本，山东师范大学图书馆有藏。

---

① 赵尔巽等撰：《清史稿》卷五十九《志三十四·地理六·安徽》，第8册，中华书局1976年版，第2001页。

② 赵尔巽等撰：《清史稿》卷五十九《志三十四·地理六·安徽》，第8册，中华书局1976年版，第2009页。

③ （清）张维屏撰：《国朝诗人征略·二编》卷一《吴雯清》，见《续修四库全书》编纂委员会、复旦大学图书馆古籍部编：《续修四库全书》第1713册，上海古籍出版社2003年版，第152页。

④ （清）何治基等撰：《安徽通志》卷二百八十六《人物志·宦绩》，清光绪三年（1877）本，台湾京华书局1967年版，第2124页。

⑤ （清）彭元瑞等撰：《天禄琳琅书目后编》卷十八，参见《清人书目题跋丛刊》，中华书局1995年版，第429页。

(二)程梦星

程梦星(1678—1755)　字午桥,号洴江,又字伍乔,号香溪,歙县岑山渡人,占籍江都。少颖异,弱冠时即以诗名。《扬州画舫录》载,其"父名文正,字笏山,江都人。工诗古文词,善书法,康熙辛未进士,仕至工部都水司主事,著有诗文稿。公梦星,字伍乔,一字午桥,号洴江,一号香溪。康熙壬辰进士第"①,改庶吉士,授翰林院编修,康熙五十五年(1716)因母忧回扬,购筱园为家园,自此不复出。《扬州画舫录》载其园:"筱园本小园,在廿四桥旁,康熙间土人种芍药处也。……康熙丙申,翰林程梦星告归,购为家园。"②梦星"好朋友,喜著述,注《李义山诗》,成《平山堂志》,名流过维扬者,每定缟纻交。原字'伍乔',取《南唐书》'伍乔居庐山,僧梦大星旁一星,曰伍乔星也',后易曰'午桥'"③。著有《今有堂集》十卷附《茗科词》一卷,编有《扬州府志》四十卷、《江都县志》二十卷、《平山堂小志》十二卷、《重订李商隐年谱》一卷、《李商隐诗集笺注》三卷、《李商隐诗话》一卷等。《道光徽州府志》卷十一之四卷《人物志・文苑传》、《晚晴簃诗汇》卷五十八等有其传。

程梦星喜收藏古籍、书画,集图籍、书画甚多,藏书达万卷。其友张四科《宝闲堂集》有《哭程丈梦星》,可证其藏书万卷,诗云:

> 达人若藏器,及壮赋归休。久无玉堂梦,时为竹林游。
> 万卷老焉托,二顷贫未谋。翛然乘化去,清风满邗沟。
> 忆自谢公宅,弱龄奉高轩。既获载笔从,廿稔谊弥敦。
> 荷以忘年雅,申之知己言。自疚荒学殖,触绪惟声吞。
> 昨暮枉短札,相约泛蒲觞。如何一宵隔,遽成千载伤。
> 问讯已无及,抚榻空沾裳。从此文字饮,为公罢端阳④。

程梦星尝延方世举、韦谦恒至其家校书,又请张鉴为之鉴别书画,且主东南诗坛数十年。王昶亦记其事迹云:程先生"淡于荣利,自丁内艰归,终身不出,筑筱园并漪南别业,读书偃仰其中。竹西故南冲途,往来进谒者,文酒流连。主诗坛几数十年。诗兼法唐、宋,而雅好在玉溪生,以雪滩叟注未精,重为笺注"⑤。

---

① (清)李斗著,周光培点校:《扬州画舫录》卷十五《冈西录》,江苏广陵古籍刻印社1984年版,第327页。
② (清)李斗著,周光培点校:《扬州画舫录》卷十五《冈西录》,江苏广陵古籍刻印社1984年版,第325页。
③ (清)沈德潜编:《清诗别裁集》卷二十三,上海古籍出版社2013年版,第924页。
④ (清)张四科撰:《宝闲堂集》卷二《哭程丈梦星》,见《清代诗文集汇编》编纂委员会编:《清代诗文集汇编》331,上海古籍出版社2010年版,第545页。
⑤ (清)李斗著,周光培点校:《扬州画舫录》卷十五《冈西录》,江苏广陵古籍刻印社1984年版,第325页。

（三）黄之隽

黄之隽（1668—1748） 初名兆森，字若木、石牧，号吾堂，休宁高仓人，徙居华亭。“为诸生四十年。康熙五十九年始登乡举。翌年。成进士。选庶吉士。雍正初撰文称旨。特授编修。充日讲起居注。与修《明史》。擢赞善中允。督福建学政。为巡抚毛文铨所劾”。其“为学排陆王而尊程朱，持论甚正。而综览浩博，才华富赡，下笔不能自休，撰述甚富。手编《唐堂集》五十卷，又《补遗》二卷、《续集》八卷”[①]，又尝纂“修《江南浙江通志》。《两淮盐法志》。已刻者《香屑集》十八卷。《乐府》六卷”[②]。又喜戏曲，著有杂剧《四才子》。沈德潜《清诗别裁集》卷二十四、徐世昌《晚晴簃诗汇》卷六十一等有其传。

其兄黄兆长（1647—1718），字体仁，“好行仁义”，“性忠厚”，以善行著名乡里，尝疏浚河渠，造福百姓。“好行义周急”，导致家产损耗过半，晚年家徒四壁。其晚年“日蚤起，目挂叆，手抄经史、家语、地志、儒先格言暨《释氏语录》，皆细楷研朱点注……灯下辄袒衣扪虱，针纫补绽，如老头陀”[③]。黄之隽在其兄影响下，好藏书，“归田后。家不中资。唯藏书二万卷。后遂屡辞江宁钟山书院。福州龟峰书院。山阴淮阴书院。扬州安定书院。广州粤秀书院之聘”[④]。《清史列传》称其“倜傥自喜，初罢官归，囊无余赀，惟嗜蓄书，著目者二万余卷”[⑤]。有《前后书目》，未知存佚。杨钟羲云：“黄石牧中允后书目序云：岁丁未之十月，罢官归。囊箧无所蓄，独蓄书倍前。遂并前所贮合为目录。经史子集之正大者，共二万有余卷。余杂细者，八百八十余册，不计卷，附焉。曩梦中得句云：产业略添书数种者是已，而惜乎已老矣！江南通志开金陵馆，实主裁断。王中安为题拥书万卷图云：一区宅寄水云间，万卷书随杖履还。但有青箱映华发，便令黄浦似匡山。乌皮几上春风满，秋树根边落照闲。回首东堂悬典册，至今手笔忆杨班。谓其雍正初尝以撰文称旨也。”[⑥]

（四）方　骞

方　骞（生卒年不详） 字荫山，歙县岩寺人。登“清乾隆元年进士。任融县知县，兼摄罗城县事，后调凌云县。兴学校，振颓废，为政平恕，生平唯积书数万卷”[⑦]。《道光徽州府志》载：方骞“性孝友仁慈，喜读书，无田无庐，而积书几万卷”[⑧]。

---

① 王钟翰点校：《清史列传》卷七十一《文苑二·黄之隽》，第18册，中华书局1987年版，第5850页。

② 邓之诚撰：《清诗纪事初编》卷四《甲编中·江南》，上海古籍出版社2013年版，第471页。

③ （清）黄之隽撰：《（广吾）堂集》卷二十七《伯兄行述》，见《清代诗文集汇编》编纂委员会编：《清代诗文集汇编》221，上海古籍出版社2010年版，第285—286页。

④ 邓之诚撰：《清诗纪事初编》卷四《甲编中·江南》，上海古籍出版社2013年版，第471页。

⑤ 王钟翰点校：《清史列传》卷七十一《文苑二·沈叔埏》，第18册，中华书局1987年版，第5850页。

⑥ （清）杨钟羲撰集，刘承幹参校：《雪桥诗话余集》卷三，北京古籍出版社1992年版，第180页。

⑦ 黄山市徽州区地方志编纂委员会编：《黄山市徽州区志》第二十八章《人物》，黄山书社2012年版，第1089页。

⑧ （清）马步蟾纂修：《道光徽州府志》卷十二，见《中国地方志集成·安徽府县志辑》（49），江苏古籍出版社1998年版，第459页。

（五）状元洪莹

洪　莹（1780—1840）　字宾华，号钤庵，歙县人，居扬州。乾隆九年（1744）甲子举人。《先正事略》载：宾华，“名莹，为初堂族子。嘉庆己巳一甲一名进士，赐及第，授修撰”①。嘉庆十八年（1813），任顺天乡试同考官，累官至知府。因官场险恶，“恬于仕进”②，乞解甲归田隐居，以藏书与著述自娱。唐林宝所撰《元和姓纂》，经过洪莹与孙星衍研究、搜索，二人共同给此书补缀完成，并于嘉庆七年由洪莹刊印。生平事迹参见江藩《国朝汉学师承记》卷六《洪莹传》。

洪莹潜心学术，专意学问，尤长于经学，“淹通经史，五经皆有撰述”③，惜其著作散佚。又喜藏典籍，尤喜宋元旧刻，藏有宋本《广韵》，是书乃曹寅之旧物。尝于道光元年（1821），延名校勘家顾广圻校刻宋本《名臣言行录》。据《顾千里先生年谱》载：“道光元年辛巳，先生五十六岁。是岁应歙县洪宾华莹往扬州，为校刊宋本《名臣言行录》，并代为序，自作后序。夏为洪宾华作书宋椠《广韵》后。……是月往扬州，为洪宾华校刊《说文系传》。……六月为洪宾华作何义门校明万历张之象刻本《史通》跋。”④

（六）程晋芳

程晋芳（1718—1784）　初名廷璜，字鱼门，号蕺园、蕺园，祖居安徽歙县岑山渡，寄籍江都。清“乾隆二十七年，高宗纯皇帝南巡，召试，授中书。后十年，始成进士，改主事。旋授吏部员外，与修《四库全书》，钦命改翰林院编修”⑤。“岁壬午，应召试，列第一，授内阁中书。……癸巳岁，高宗纯皇帝允廷臣之请，特开四库全书馆，妙选淹通硕彦，俾司修纂，君与其列。旋以馆阁诸公校核讹错，皆罹薄谴，独君所手辑，毫发无疵。书成奏进，纯皇帝素稔君才，仰荷特达之知，改授编修。本朝自新城王文简公以部曹改官翰林，而后词林掌故，不复多见，洵异数也。”⑥尝任文渊阁校理，充《四库全书》纂修官，武英殿分校官，辛丑会试同考官。王昶云：“鱼门业传盐策，家本素封，而覃研典籍，虚怀求益。少问经义于从叔廷祚，学古文于刘海峰大魁，又与商宝意、袁子才唱和，故博闻闳览，而才情丰蔚，诗文并擅其胜。然游宦三余年，家益落，无以自给，为乞米计，至关中，病暑而殁。丧归。秋帆抚军留其著作，存于终南仙馆，凡十余年。”⑦“君学无所不窥，经、史、子、集，天星、地志、虫鱼、考据俱宣究，而尤

① （清）李元度著，易孟醇点校：《国朝先正事略》卷三十五《经学·洪莹》，岳麓书社1991年版，第994页。

② （清）李元度著，易孟醇点校：《国朝先正事略》卷三十五《经学·洪莹》，岳麓书社1991年版，第994页。

③ （清）江藩、方东树著，徐洪兴编校：《汉学师承记：外二种》，中西书局2012年版，第112页。

④ 汪宗衍撰：《清顾千里先生广圻年谱》，台湾商务印书馆1981年版，第28页。

⑤ （清）江藩纂，漆永祥笺释：《汉学师承记笺释》卷七《程晋芳》，上海古籍出版社2013年版，第694页。

⑥ （清）翁方纲《翰林院编修程君晋芳墓志铭》，见（清）钱仪吉纂，靳斯标点：《碑传集》卷五十《翰詹下之中·程晋芳》，第4册，中华书局1993年版，第1419—1420页。

⑦ （清）王昶著，周维德校辑：《蒲褐山房诗话新编》卷上，齐鲁书社1988年版，第119页。

长于诗。古文醇洁，有欧、曾遗意。”[①]所著有“《周易治旨编》三十卷、《尚书今文释义》四十卷、《尚书古文解略》六卷、《诗毛郑同异考》十卷、《春秋左传翼疏》三十二卷、《礼记集释》二十卷、《诸经答问》十二卷、《群书题跋》六卷、《桂宧书目》二卷、《勉行堂文集》六卷、《蕺园诗》三十卷”[②]。生平事迹参见《清史稿》卷四百八十五《列传二百七十一·程晋芳传》、徐书受《翰林院编修程鱼门先生墓表》。

程晋芳尤好读书，“嗜书籍若饥渴”[③]，“初与笥河先生交素笃，且长之十年，及会试，出门下，乃执弟子礼甚恭，益与讨论治经之学。”[④]“年六十，犹日有课程，温习经史，或几章，或几卷，流览古人诗文几册，以小盂贮红豆记其所读之数，夕则覆验之。”[⑤]“综严百家，出入贯串于汉、宋诸儒之说，故于学无所不窥。”[⑥]又好藏书，尝言："先君子好蓄古法书名画及鼎彝盉敦之类，后病目犹取古物摩挲之，或令人鉴赏博欢笑追。先君子卒，余三兄弟各有所分。”[⑦]除继承其父部分藏书外，又大力搜购增益其所藏。江藩称其：“喜读书，蓄书五万卷，丹黄皆遍。”[⑧]袁枚云：“乾隆初，两淮殷富，程氏尤豪侈，多蓄声色狗马。君独愔愔好儒，罄其资购书五万卷，招致方闻缀学之士，与共讨论。海内之略识字能握笔者，俱走下风，如龙鱼之趋大壑。”[⑨]自撰《桂宧藏书序》，记其藏书源流和经历，自称：“余十三四岁即好求异书，家所故藏凡五千六百余卷。有室在东偏，上下楼六间，庭前杂栽桂树，名之曰桂宧。四方文士来者，觞咏其中。得一书则置楼中，题识装潢，怡然得意。吾友秀水李情田知余所好，往往自其乡挟善本来。且购且抄，积三十年而有书三万余卷。其后，家益贫，不获已，则以书偿宿负，减三分之一。自来京师十年，坊肆间遇有异书，辄典衣以购，亦知玩物丧志之无益，而弗能革也。壬辰长夏，病卧一室，取旧时书目阅视，为之慨然。回顾江南，家无一椽片瓦，故书之寄在戚友家者，知能完整如旧否？而随身尚有万五千卷，足供循览。因就旧目详为编次，以志余畴昔之苦心。其存者，稍为别识，他日或

① （清）袁枚著，周本淳标校：《小仓山房续诗文集》卷二十六《翰林院编修程君鱼门墓志铭》，上海古籍出版社1988年版，第1715页。

② 徐世昌等编著：《清儒学案》卷八十五《大兴二朱学案·程晋芳》，第4册，中华书局2008年版，第3386页。

③ （清）翁方纲《翰林院编修程君晋芳墓志铭》，见（清）钱仪吉纂，靳斯标点：《碑传集》卷五十《翰詹下之中·程晋芳》，第4册，中华书局1993年版，第1420页。

④ 徐世昌等编著：《清儒学案》卷八十五《大兴二朱学案·程晋芳》，第4册，中华书局2008年版，第3386页。

⑤ （清）徐书受《翰林院编修程鱼门先生墓表》，见（清）钱仪吉纂，靳斯标点：《碑传集》卷五十《翰詹下之中·程晋芳》，第4册，中华书局1993年版，第1421页。

⑥ 徐世昌等编著：《清儒学案》卷八十五《大兴二朱学案·程晋芳》，第4册，中华书局2008年版，第3386页。

⑦ （清）程晋芳撰：《勉行堂文集》卷三《三长物斋记》，见《清代诗文集汇编》编纂委员会编：《清代诗文集汇编》343，上海古籍出版社2010年版，第465页。

⑧ （清）江藩纂，漆永祥笺释：《汉学师承记笺释》卷七《程晋芳》，上海古籍出版社2013年版，第694页。

⑨ （清）袁枚著，周本淳标校：《小仓山房续诗文集》卷二十六《翰林院编修程君鱼门墓志铭》，上海古籍出版社1988年版，第1715页。

幸有力，犹将补所未备。”[①]自撰《曝书》诗云：“鹿鹿从制科，计与读书左。牙签三万轴，书遗高阁锁。”[②]程晋芳在通籍前已积书三万余卷，亦包括其家所故藏五千六百余卷。通籍后在京师又积一万五千卷余，故程氏前后积书四五万余卷。

藏书楼名曰桂宧室，因其家庭前有桂树数株。乾隆十七年（1752），有诗作编为《桂宧集》，小序云：“余书屋前，频年种桂，淮浦地寒萎者……考《尔雅》，室东北隅谓之宧，而桂适在焉。因颜曰桂宧，且以编集。”[③]

编有《桂宧书目》，翁方纲言：“《桂宧书目》二卷。桂宧者，君读书室名。君家素饶于财，自少至壮积书三万余卷。”[④]

四库馆开，曾奉诏进献数百种，《四库全书总目》著录其献书有350余种。其中有183种书籍共332卷作为辑编《四库全书》的底本。有167种为《四库全书总目提要》所收，另26种为《四库》全文收录，所收书题“编修程晋芳家藏本”的书籍涉及经、史、子、集等，可证程晋芳藏书内容之丰富。李调元《童山诗集》卷十三《送程鱼门晋芳舍人奉召回南访求遗书》载其事。

关于程氏藏书散佚情况，因其弃商从文，罄资购书，疏财交友，至晚年家道逐渐衰落，尝自云：“三十年来，以贫故，易薪米，抵逋负，几不名一物矣。”[⑤]“中年已后家落，而书亦稍散失矣。”[⑥]先后散出万余卷。袁枚记云：“君耽于学，见长几阔案辄心开，铺卷其上，百事不理。又好周戚友，求者应，不求者或强施之。付会计于家奴，任盗侵，了不勘诘。以故虽有俸，有佽助，如沃雪填海，负券山积，势不能支。”[⑦]程晋芳于乾隆四十七年壬寅（1782）的《三长物斋后记》记云：“独念余以素封之家，日就折阅，朝齑暮盐，典琴质书，役役弗宁。”[⑧]尤其是乾隆三十九年（1774）遭遇洪水淹没甚多，损失惨重，其诗中记云：“自甲午秋水，故策沦于淮。凡十六纱橱，痛绝泥沙

---

① （清）程晋芳撰：《勉行堂文集》卷二《桂宧藏书序》，见《清代诗文集汇编》编纂委员会编：《清代诗文集汇编》343，上海古籍出版社2010年版，第453页。

② （清）程晋芳撰：《勉行堂诗集》卷十二《涉江前集·曝书》，见《清代诗文集汇编》编纂委员会编：《清代诗文集汇编》343，上海古籍出版社2010年版，第335页。

③ （清）程晋芳撰：《勉行堂诗集》卷六《桂宧集小序》，见《清代诗文集汇编》编纂委员会编：《清代诗文集汇编》343，上海古籍出版社2010年版，第286页。

④ （清）翁方纲《翰林院编修程君晋芳墓志铭》，见（清）钱仪吉纂，靳斯标点：《碑传集》卷五十《翰詹下之中·程晋芳》，第4册，中华书局1993年版，第1419页。

⑤ （清）程晋芳撰：《勉行堂文集》卷三《三长物斋记》，见《清代诗文集汇编》编纂委员会编：《清代诗文集汇编》343，上海古籍出版社2010年版，第465页。

⑥ （清）翁方纲《翰林院编修程君晋芳墓志铭》，见（清）钱仪吉纂，靳斯标点：《碑传集》卷五十《翰詹下之中》，中华书局1993年版，第1419页。

⑦ （清）袁枚著，周本淳标校：《小仓山房续诗文集》卷二十六《翰林院编修程君鱼门墓志铭》，上海古籍出版社1988年版，第1714页。

⑧ （清）程晋芳撰：《勉行堂文集》卷三《三长物斋后记》，见《清代诗文集汇编》编纂委员会编：《清代诗文集汇编》343，上海古籍出版社2010年版，第466页。

埋。”[1]卒后，藏书亦星散于民间。程氏密友袁枚《辛未壬申间余与鱼门太史广购书籍有无通共今鱼门亡仅十年其家欲卖以自赡属余检校已亡失十之七八矣感赋一律》云：“奇书交易两家抄，三十年前事未遥。只道尧编同骨葬，何图《论语》当薪烧！丹黄批抹人如在，鱼蠹丛残纸乱飘。我亦苦搜三万卷，不能自念不魂销。”[2]可见晋芳死后10年，其家藏书也只剩下不到十之二三。

（七）戴　震

戴　震（1724—1777）　字东原，一字慎修，休宁人。戴震“读书好深湛之思，少时塾师授以《说文》，三年尽得其节目”[3]。其“为汉儒之学，精于音韵律算，少与江慎修游，得其底蕴。后来扬州，为公座上客，惠栋、沈大成见之，目为奇人。游京师，秦大司寇蕙田延之纂《五礼通考》”[4]。“乾隆二十七年，举乡试，三十八年，诏开四库馆，征海内淹贯之士司编校之职，总裁荐震充纂修。四十年，特命与会试中式者同赴殿试，赐同进士出身，改翰林院庶吉士”[5]。官至编修，殁于京师，年五十有五。其“著书满家，半皆未成之作，曲阜孔荭谷刻其遗书《考工图注》《七经小记》《屈原赋注》《日编》《水经注》《水地记》《声类表》《孟子字义疏证》《方言疏注》《策算勾股割圆记》《东原文集》。在馆所校之书则为《水经注》、李如圭《仪礼集释文》。尝注《难经》《伤寒论》《金匮》诸书，亦未卒业”[6]。生平事迹参见段玉裁《戴东原先生年谱》、王昶《戴东原先生墓志铭》。

戴震稽古综核，博闻强识，而尤长于论述。洪榜称：先生“凡经之难明，有此数事。先生日夜孳孳，搜集比勘，凡天文、历算、推步之法，测望之方，宫室衣服之制，鸟兽、虫鱼、草木之名状、音和、声限古今之殊，山川、疆域、州镇、郡县相沿改革之由，少广旁要之率，钟实、管律之术，靡不悉心讨索，知不可以雷同剿说，瞻涉皮傅”[7]。《四库全书总目》经史、舆地、天算、楚辞等类提要多出其手，其余大部亦多经其商订。《清史稿》称：戴震“以文学受知，出入著作之庭。馆中有奇文疑义，辄就咨访。震亦思勤修其职，晨夕披检，无间寒暑。经进图籍，论次精审。所校《大戴礼记》《水经注》尤精核。又于《永乐大典》内得《九章》《五曹算经》七种，皆王锡阐、梅文鼎所未

---

① （清）李调元著：《童山诗集》卷二十三《和程鱼门索余所刻〈函海〉诗原韵》之后附诗，见《清代诗文集汇编》编纂委员会编：《清代诗文集汇编》384，上海古籍出版社2010年版，第325页。

② （清）袁枚著，周本淳标校：《小仓山房诗集》卷三十三，上海古籍出版社1988年版，第936页。

③ 赵尔巽等撰：《清史稿》卷四百八十一《列传二百六十八·戴震传》，第43册，中华书局1977年版，第13198页。

④ （清）李斗著，周光培点校：《扬州画舫录》卷十《虹桥录》，江苏广陵古籍刻印社1984年版，第220页。

⑤ 赵尔巽等撰：《清史稿》卷四百八十一《列传二百六十八·戴震传》，第43册，中华书局1977年版，第13198页。

⑥ （清）李斗著，周光培点校：《扬州画舫录》卷十《虹桥录》，江苏广陵古籍刻印社1984年版，第220页。

⑦ （清）洪榜《戴先生行状》，见（清）戴震著，赵玉新点校：《戴震文集》附录，中华书局1980年版，第253—254页。

见。震正讹补脱以进,得旨刊行”①。洪亮吉《北江诗话》分藏书家为五等,即考订、校雠、收藏、赏鉴、掠贩,藏书家中以戴氏与钱大昕等人为头等。《总目》中著录其家藏书集部两种,三十八卷,入存目两种②。

其藏书印有葺荷散人、白玉兮为镇疏石兰兮为芳等。

戴震所藏之书及遗稿,卒后皆归其婿孔广根,即戴氏挚友曲阜孔继涵之子。孔氏为之刻《戴氏遗书》。

(八)吴绍粲兄弟进士

吴绍粲(1744—1798)　“字澄埜,号苏泉,安徽歙县人。乾隆四十年乙未科第二甲第十名进士。”③内阁中书奏留武英殿行走,充任四库全书馆缮书处总校官,赐翰林院庶吉士,与于敏中等奉命纂修《四库全书荟要》。所著《声调谱说》《通韵谱说》刊行。授翰林院编修,充三通馆纂修官。卒葬仪征北洋山,挚友吴锡麒为撰《家编修苏泉传》,其玄孙吴保琳编有《吴苏泉编修年谱》,中国国家图书馆有钞本。

精于鉴古,亦好藏,《藏园群书题记》载《说文解字》十五卷,“大兴朱氏重雕宋本。前人以朱墨校定。所录何义门校本及翁覃溪、惠定宇、王襄祖诸家之说。……新安吴苏泉编修。所藏何义门先生校本手迹。借来校看一遍。中间以愚见补正何说。即录约苏泉本内。十一条凡二日而毕。丙午春二月廿三日方纲记。朱笔”④。《欧斋石墨题跋》有宋拓王晓本兰亭,何绍京藏有跋,记云:“宋初画士王晓橅刻定武兰亭,吴苏泉居士藏有断本,覃溪、荷屋二公均跋其后。”⑤中国国家图书馆又藏明崇祯二年(1629)冯班钞宋本《玉台新咏》十卷,有藏印“上党”“班”“吴绍粲字澄埜号苏泉藏书印”“翁同龢书”等,卷末有“宋本重录”。

吴氏尝选辑自汉迄明各家诗钞为《金薤集》三十二卷,仅刻二卷,其弟绍浣续刊,散佚于扬州兵燹。

吴绍浣(生卒年不详)　字秋岚,号杜村。祖籍歙县西溪南,寄籍仪征,吴绍粲弟。“乾隆三十九年甲午举人,乾隆四十三年戊戌进士,授庶吉士,改中书,充《四库全书》分校,丁母忧服阕,加升道员,签掣河南,两权粮盐道,一权河陕道,三权彰德府。署南汝光道”⑥,卒于官。时称其兄弟“同胞翰林”。

吴绍浣喜聚书,尤酷好何义门校本。钱泳云:绍浣“精于赏鉴,家藏甚富。尝爱

---

① 赵尔巽等撰:《清史稿》卷四百八十一《列传二百六十八·戴震传》,第43册,中华书局1977年版,第13199页。

② 郑伟章著:《文献家通考》卷六,中华书局1999年版,第291页。

③ (清)赵翼原诗,王起孙著,王迎建点校:《瓯北七律浅注》附录《澄埜编修名考》,苏州大学出版社2015年版,第829页。

④ 傅增湘著:《藏园群书题记》第二集,大公报出版部1932年,第74页。

⑤ 朱翼瑷著:《欧斋石墨题跋》附录《欧斋碑帖目录》,书目文献出版社1990年版,第117页。

⑥ (清)赵翼原诗,王起孙著,王迎建点校:《瓯北七律浅注》附录《澄埜编修名考》,苏州大学出版社2015年版,第830页。

虎丘之胜，买屋与短簿祠相对”①。又“嗜好书画，精于鉴赏，四方名家手迹多归其名下”②。《吴杜村藏江山雪霁卷》，“明董文敏尝称唐王右丞江山雪霁卷。为海内墨皇。初为华亭王氏嫁奁巾物。后归娄东毕涧飞部郎。值三千数百金。卷长六尺。绢光腻如纸。其色略带青画绝工细。有轮廓。不皴染。而微露刻画之迹。其笔意惟李成赵大年略相似。北宋后无此画法也。旧无题识。仅文衡山隶书引首及文敏冯开之朱元价诸跋涧飞之兄秋帆制军欲得之。靳不与。扬州吴杜村太史绍浣数往就观涧飞感其意。谓能固守勿失。即以付子。杜村颔之。遂偿值捧归。坐卧必舆俱”③。尝藏如颜真卿《竹山联句》墨迹，今藏故宫博物院，徐季海《朱巨川告身》、怀素小草《千字文》、王维《辋川图》、杜甫《送卫八处士诗》、贯休《十八应真象》，皆稀世之宝，“王杰、董浩、彭元瑞等名公巨卿交口推重，各省疆吏所贡书画、图籍，必招其鉴定高下后，再决定奏进与否”④。钱泳称：“乾隆中，高宗深于赏鉴，凡海内得宋、元、明人书画者，必使苏工装潢。其时海内收藏家有毕秋帆尚书、陈望之中丞、吴杜村观察为之提奖，故秦长年、徐名扬、张子元、戴汇昌诸工，皆名噪一时。”⑤

（九）榜眼江德量

江德量（1752—1793）　字量殊，一字成嘉，号秋史，歙县江村人，居仪征。其“父恂，好金石文字。伯父昱，通声音训诂之学。德量少承家学，及长，与汪中友，励志肄经，学益进”⑥。清“乾隆丁酉，选拔贡生。己亥举人，庚子榜眼，授编修”⑦。“逾六年，为顺天乡试同考官。以父忧归，服阕，迁江西道监察御史，转掌道御史”⑧。其博学多识，“著有《古泉志》三十卷。五十八年，卒，年四十二”⑨。《国朝先正事略》亦载：德量“著《泉志》三十卷，又撰《广雅疏》，未成而卒”⑩。生平事迹参见汪中《大清

① （清）顾禄著，王昌东译：《桐桥倚棹录》卷八《第宅·吴观察绍浣宅》，气象出版社 2013 年版，第 164 页。

② 黄山市徽州区地方志编纂委员会编：《黄山市徽州区志》第二十八章《人物》，黄山书社 2012 年版，第 1029 页。

③ （清）徐珂编撰：《清稗类钞·鉴赏类·吴杜村藏江山雪霁卷》，第 9 册，中华书局 2010 年版，第 4320 页。

④ 黄山市徽州区地方志编纂委员会编：《黄山市徽州区志》第二十八章《人物》，黄山书社 2012 年版，第 1029 页。

⑤ （清）钱泳撰，孟裴点校：《履园丛话》十二《艺能·装潢》，上海古籍出版社版 2012 年版，第 218—219 页。

⑥ 赵尔巽等撰：《清史稿》卷四百八十一《列传二百六十八·江德量传》，第 43 册，中华书局 1977 年版，第 13216 页。

⑦ （清）阮元辑录：《淮海英灵集》丙集卷四《舟中怀秋史第》，见中华书局编辑部：《丛书集成初编》407，中华书局 2011 年影印本，第 243 页。

⑧ （清）汪中《大清故奉直大夫掌江西道监察御史江君墓志铭》，见（清）汪中著，田汉云点校：《新编汪中集·文集》第 8 辑，广陵书社 2005 年版，第 484 页。

⑨ 赵尔巽等撰：《清史稿》卷四百八十一《列传二百六十八·儒林二·江德量》，第 43 册，中华书局 1977 年版，第 13216 页。

⑩ （清）李元度著，易孟醇点校：《国朝先正事略》卷三十六《经学·江德量》，岳麓书社 1991 年版，第 1018 页。

故奉直大夫掌江西道监察御史江君墓志铭》。

江德量父恂，歙县江村人，寄籍扬州，乾隆十八年(1753)拔贡，历清泉知县、亳州知州，仕至徽州府州府，著有《蔗畦集》《楮叶集》等。汪中《江君墓志铭》记云：德量“父恂，拔终徽州府知府，以才略称于时。君生有异禀。徽州故好金石之文，多所搜辑。君幼即世其学。徽州顾而曰：‘吾有此子，即此物之在江氏，得更多数十年矣。’”①江藩记云，德量先生父江恂，“字禹九，号蔗畦，官芜湖道。工诗画，收藏金石书画，甲于江南”②。其伯父江昱，“字宾谷，号松泉，江都诸生，读书好学，为声音训诂之学。又好碑版文字，考核精详。长于诗，著有《潇湘听雨录》二卷、《韵岐》五卷、《松泉集》六卷”③。德量受其家庭影响，“少承家学，励志肆经。既长，与同郡汪明经容甫为文字交，其学益进”④。通籍后“居朝多识旧闻，博通掌故。公余键户，以文籍自娱”⑤。尤“好金石，尽阅两汉以上石刻，故其隶书卓然成家。所书《五成王庙碑》，笔力遒劲。善书人物，得古法”⑥。其友王昶记云：“秋史为宾谷从子。父子九，好金石。秋史称其家学，苍雅篆籀，靡不综览，尤工八分。所书《武成王庙碑》，为时所贵。兼能人物花卉，以北宋人为法。卒时年四十余。曾注《广雅》，又辑《泉志》，未成。所蓄汉、唐碑旧拓，宋版书，甚富。尝以汉太尉《刘宽碑》贻予，览三日还之。殁后皆散佚。”⑦清学者阮元云：“秋史博学善属文。幼与汪容夫齐名。苍雅篆籀之文，靡不综览。尝注《广雅》，辑《泉志》，皆未成。兼能人物花草，以北宋为法。善八分书，所书《武成王庙碑》，一时重之。性情谦退，人乐与之亲，所蓄书秦汉碑，唐拓帖，宋板书最多。”⑧又“精于小学，收藏碑版、法书、名画、古钱”⑨。“博雅好古，著述未成，富于鉴藏，金石书画，多蓄精本”⑩。如《吉金古文释》，稿本，莫芝友跋云：“朱右甫先生《吉金古文释》四册，其喆嗣建卿同岁以先生手稿装好存者也。……其一册首有先生

---

① (清)汪中《大清故奉直大夫掌江西道监察御史江君墓志铭》，见(清)汪中著，田汉云点校：《新编汪中集·文集》第8辑，广陵书社2005年版，第484页。

② (清)李斗著，周光培点校：《扬州画舫录》卷十二《桥东录》，江苏广陵古籍刻印社1984年版，第263页。

③ (清)江藩纂，漆永祥笺释：《汉学师承记笺释》卷七《国朝汉学师承记·江德量》，上海古籍出版社2013年版，第708页。

④ (清)江藩纂，漆永祥笺释：《汉学师承记笺释》卷七《国朝汉学师承记·江德量》，上海古籍出版社2013年版，第710页。

⑤ 王钟翰点校：《清史列传》卷六十八《儒林传下一·江德量》第17册，中华书局1987年版，第5539页。

⑥ (清)李斗著，周光培点校：《扬州画舫录》卷十二《桥东录》，江苏广陵古籍刻印社1984年版，第263页。

⑦ (清)王昶著，周维德校辑：《蒲褐山房诗话新编》卷上，齐鲁书社1988年版，第138—139页。

⑧ (清)阮元辑录：《淮海英灵集》丙集卷四《舟中怀秋史第》，见中华书局编辑部：《丛书集成初编》407，中华书局2011年影印本，第243页。

⑨ (清)江藩纂，漆永祥笺释：《汉学师承记笺释》卷七《国朝汉学师承记·江德量》，上海古籍出版社2013年版，第710页。

⑩ 徐世昌辑：《晚晴簃诗汇》卷一百二《江德量》，见《续修四库全书》编纂委员会、复旦大学图书馆古籍部编：《续修四库全书》第1631册，上海古籍出版社2003年版，第296页。

癸亥中秋自记，谓手摹积古斋藏扬州江秋史侍御所摹三十六种，诠释题已名。”①尝藏有《提行提举帖》(即昭代亲友帖)二页，今故宫博物院藏，鉴藏印有“江德量鉴藏印”“江秋史”等。清学者焦循云：“宋拓《多宝塔》，江秋史侍御所藏也。巴慰祖得之汉皋，以赠江蔗畦太守，后有梁巘跋。”②又《敬史君碑》初出土拓本，“此本有‘江秋史’‘德量’‘秋史印信’‘瑞石斋’‘华岩’‘秋岳’‘新安项源汉泉氏一字曰芝房印记’‘小天籁阁’‘项芝房所藏金石文字’印九印，后有乾隆四十九年江秋史跋，乃初出土所拓”③。

钱泳与杨钟羲及徐珂皆记有江氏“一语成谶”之轶事：钱泳叙云：“扬州江秋史侍御，前安庆太守恂子，中乾隆庚子恩科进士第二人。博雅能诗，尤嗜古碑帖，自周、秦、两汉、魏、晋、六朝、唐、宋、元、明金石文字，搜罗殆遍。余于乾隆壬子年在京师始识之。时秋史丁太守公难，赋闲无事，时相过从，语必终日，不知谁为宾主也。忽以青田石一块，高二三寸许，琢为汉碑，式极古雅，上刻云：‘君讳德量，字量殊，江都人，太守君之元子也。举进士，官御史。世精古文，金石竹素，莫不甄综。乃于乾隆五十七年霜月之灵，刊兹嘉石，以传亿载。’其明年，将服阕，卒于京师，咸以为碑谶云。”④

书室名曰蟫藻阁。

藏印有“江郎”“德量私印”“秋史”“江秋史”“江德量鉴藏印”“蟫藻阁印”等。

(十)黄　钺

黄　钺(1750—1841)　“字台斋，祖居祁门左田村，因号左田，安徽当涂人。九岁，能作擘窠大字。弱冠补诸生。随学使朱笥河先生入京，挑取四库誊录。纯庙南巡，两次召试，并献诗册，均蒙选录，赏缎匹。朱文正公督学浙江，招入幕中。乾隆五十三年，举乡试。越一年，成进士。出吴縠人先生之门。”⑤“授户部主事。时和珅管部务，钺不欲趋附，乞假归，不出。嘉庆四年，仁宗亲政，朱珪荐之，召来京”⑥，“寻直懋勤殿。九年，改赞善，入直南书房，未补官，命与考试差，典山东乡试。十年，督山西学政，累迁庶子。十五年，差满，仍直南书房，迁侍讲学士。十八年，复典山东乡试，留学政，擢内阁学士”，户部侍郎，充秘殿珠林、《石渠宝笈续编》总阅、全唐文馆总裁，擢礼部尚书，加太子少保，为军机大臣，调户部尚书。道光四年(1824)，以年老

① (清)莫友芝《宋元旧本书经眼录》卷三，见(清)莫友芝著，张剑点校：《宋元旧本书经眼录 郘亭书画经眼录》，中华书局2008年版，第85页。

② (清)焦循《焦循忆书》，见张小庄著：《清代笔记、日记中的书法史料整理与研究》下编《凡例》，中国美术学院出版社2012年版，第450页。

③ 罗振玉撰述，萧文立编校：《雪堂类稿》之《戊长物簿录》(一)戊之二《金石文字目》，辽宁教育出版社2003年版，第190页。

④ (清)钱泳撰，孟裴校点：《履园丛话》卷六《耆旧·二云学士》，上海古籍出版社2012年版，第103页。

⑤ (清)叶衍兰著，谢永芳校点：《叶衍兰集》传记《清代学者象传·黄钺》，上海古籍出版社2015年版。第307页。

⑥ 赵尔巽等撰：《清史稿》卷三百五十一《列传一百三十八·黄钺传》，第37册，中华书局1977年版，第11269页。

罢直军机。累疏乞休致仕。卒赠太子太保，谥勤敏[①]。“著有《壹斋集》，并附《画友录》《画品》等”[②]。生平事迹参见《清史列传》卷三十七《黄钺传》。

黄钺习于掌故，受仁宗特达之知，久直内廷，又尝任《秘殿珠林》《石渠宝笈续编》总阅、全唐文馆总裁，精于鉴赏，“工书善画，其生平进御画幅，久邀睿赏，与富阳相国称董、黄二家。内府所藏名迹，俱经其鉴定，允为艺苑总持”[③]。道光初归休返里，“以书万卷先行，娄县张祥河为之绘《饯书图》”[④]。

（十一）鲍桂星

鲍桂星（1764—1826）　“字双五，一字觉生，安徽歙人。八岁，能诗文。十五，补诸生。嘉庆己未进士，选庶吉士，授编修，御试高等，迁中允。每撰进奉文字，辄拜文绮之赐。甲子，典试河南，遂督河南学政，擢洗马，晋侍读。戊辰，典试山西。庚午，擢侍讲学士，督湖北学政，迁少詹事。癸未，晋詹事，除内阁学士。……丙戌，擢工部右侍郎，充武英殿总裁，条奏武英殿事，劾提调及副管不职状。提调摭先生平日语，中之，遂落职，令闭门思过。越五年，复官编修。”[⑤]宣宗即位，“擢侍讲，又擢通政司副使，意颇向用。道光四年，擢詹事。未几”，卒于官[⑥]。所著“有《进奉文钞》二卷、《古今体诗》十卷、《咏物诗》四卷、《咏史诗》三卷、《怀旧诗》二卷”[⑦]及《毛诗注疏揽要》《诗解录》《诗解辨》《廉吏录》《廉士录》《唐诗品》《赋选》《如鸟数飞斋漫录》等数十余种。生平事迹参见陈用光《詹事鲍觉生先生墓志铭》、鲍桂星《觉生自订年谱》及《清史列传》卷三十二《鲍桂星传》。

鲍桂星“邃于文学，质厚性直，有明断才，敢任事”，皆为两朝所深知。“少从吴澹泉学诗古文，因以溯刘海峰，后师姚姬传，于为诗，力守师说”[⑧]。又“精于诗古文辞。家有清誉堂，藏书颇富”[⑨]。《明刻古文苑》二十一卷，附藏印“古歙鲍氏觉生藏书印”

---

① 赵尔巽等撰：《清史稿》卷三百五十一《列传一百三十八·黄钺传》，第37册，中华书局1977年版，第11269页。

② （清）蒋宝龄《墨林今话》卷七，见周骏富辑：《清代传记丛刊·艺林类》（9），（台北）明文书局1985年版，第073—184页。

③ （清）蒋宝龄《墨林今话一则》，见（清）黄钺撰，陈育德、凤文学校点：《壹斋集》下，安徽古籍丛书，黄山书社1999年版，第918页。

④ 刘尚恒、郑玲著：《安徽藏书家传略》，黄山书社2013年版，第99页。

⑤ （清）李元度著，易孟醇点校：《国朝先正事略》卷四十四《文苑·鲍觉先生事略》，岳麓书社1991年版，第1153页。

⑥ 赵尔巽等撰：《清史稿》卷三百七十七《列传第一百六十四·鲍桂星》，第38册，中华书局1977年版，第11579—11580页。

⑦ （清）叶衍兰著，谢永芳校点：《叶衍兰集》传记《清代学者象传·鲍桂星》，上海古籍出版社2015年版，第333页。

⑧ （清）李元度著，易孟醇点校：《国朝先正事略》卷四十四《文苑·鲍觉先生事略》，岳麓书社1991年版，第1154页。

⑨ 刘尚恒、郑玲著：《安徽藏书家传略》，黄山书社2013年版，第71页。

"清誉堂"等①。

(十二)朱 珔

朱 珔(1769—1850) "字玉存,学者称兰坡先生。先世自姑苏迁婺源,再迁泾,为泾右族。曾祖讳武勋②,敕祀乡贤,以曾孙理③贵,赠通奉大夫。祖讳庆霨,以孙理贵,赠资政大夫。理官贵州巡抚,公从兄也。""嘉庆七年进士,选翰林院庶吉士,授编修,充武英殿纂修,国史馆协修,实录馆校勘官。十二年,典山东乡试,充国史馆文颖馆纂修。十八年,充日讲起居注官,擢右春坊赞善。十九年迁中允,教习庶吉士,晋洗马,寻除侍讲,充国史馆总纂。二十一年,教习庶吉士,与修《明鉴》。明年,坐承纂官累,左迁编修,充国史馆提调。二十五年,分校礼部议。道光元年,直上书房,召对,褒勉有加,赐赉不胜纪。二年,复校礼部试,迁赞善。"④"以嗣母病乞养,及归已终,寻遭本生母忧,服阕不复出。前后主钟山、正谊、紫阳书院二十余年,以实学牖迪后进"⑤。所著"《小万楼斋文》二十四卷、《诗》三十二卷、《续稿》十二卷,《经进稿》二卷,辑《国朝古文汇钞初集》百七十二卷,《二集》百卷,《国朝诂经文钞》六十二卷,《文选集释》二十四卷,《经文广异》十二卷,《说文假借义证》二十八卷"⑥等,足为后学津逮。生平事迹参见《清史列传》卷六十九《儒林下·朱珔传》、《清史稿》卷四百八十二《列传第二百六十九·朱珔传》及梅曾亮《朱兰坡先生墓志铭》。

朱珔"爱书如命,学有本原"⑦。辞官后,"主讲钟山、正谊、紫阳书院,以教授著述为乐"⑧。关于朱珔主讲书院事迹,历代学者多有论述,甘熙云:"泾县朱兰坡先生珔,癸未、甲申间,主讲钟山书院,以经学勖士,成就者多。每月立小课,以经解诗赋

---

① (清)潘祖荫撰,叶昌炽编,潘承弼增补:《滂喜斋藏书记》卷三,见《续修四库全书》编纂委员会、复旦大学图书馆古籍部编:《续修四库全书》第926册,上海古籍出版社2003年版,第467页。

② 按:朱武勋(1662—1742),字燕侯,号东园,先居于安徽婺源,迁居于安徽泾县。国学生。重读书,喜藏书,并多有义举,如修建石桥、置义田百亩、接济族中贫困百姓等。开创藏书重教之家风,延及子孙数十人,以曾孙朱理、朱珩藏书著名于世。

③ 按:朱理(1761—1819),一名玗,字燮臣,号静斋。清乾隆五十二年(1787)二甲一名进士,散馆考试一等,授翰林院编修,历官浙江衢州府知府、福建兴泉永道、浙江按察使、山东布政使、光禄寺卿署都察院左副都御史、刑部右、左侍郎、江苏巡抚、仓场侍郎、贵州巡抚等,堪称能吏,入《国史列传》名臣类。其为文、治学皆通达,"平生不为章句而于经史能贯穿大意,遇近人诟宋儒者,必加斥",试帖诗文工细清畅,虽不以学问名世而自有才力内含。

④ (清)李元度撰,王沣华点校:《天岳山馆文钞》卷十二《右春坊右赞善前翰林院侍讲朱兰坡先生传》,岳麓书社2009年版,第313页。

⑤ 徐世昌等编著:《清儒学案》卷一百三十八《墨庄学案·朱先生珔》,第6册,中华书局2008年版,第5434页。

⑥ (清)李元度撰,王沣华点校:《天岳山馆文钞》卷十二《右春坊右赞善前翰林院侍讲朱兰坡先生传》,岳麓书社2009年版,第313页。

⑦ 赵尔巽等撰:《清史稿》卷四百八十二《列传第二百六十九·朱珔传》,第43册,中华书局1977年版,第13264页。

⑧ (清)梅曾亮《柏枧山房文集》卷十五《朱兰坡先生墓志铭》,见(清)梅曾亮撰,彭国忠、胡晓明点校:《柏枧山房诗文集》,上海古籍出版社2012年版,第357页。

试之。”[①]其主编《钟山课艺》体现出朱氏教学以治学树人、“经解诗赋”的摭拾标准，“用是次第甲乙，兢兢持择，外更旁搜释经之作，援汉为的。古今体诗赋视唐以前为衡，久乃披拣成编”[②]。在主讲苏州正谊书院及紫阳书院十余年间，其《小万卷斋诗稿》《文选集释》《国朝诂经文钞》《小万卷斋文稿》相继问世或刊行，主要体现其学术理念、治学成果及文学成就。其门下士冯桂芬评述云：先生“经学一宗汉儒，所著书盈数尺，多所发明，今海内论经术者莫之先生也。……其为教因文艺诱之以学古穷经，因学古穷经进之一行谊。因材相质而善道之，不务为高远，以绝人于不可跻，故士每乐就其教。所至翕然从之，文风科目为之一振”[③]。主讲钟山、正谊及紫阳书院席几三十年，教士以通经学古为先。李元度称：朱公“性孝友，内行纯竺，用文学置身，历清要，僳直三天，叠司文枋，所至皆得士。若许文恪乃普、文文端庆、季尚书芝昌、马抚部秀儒，其最也。尤留心文献，为文原本经术，教士以通经学古为先，与桐城姚姬传、阳湖李申耆，并负儒林宿望，盖鼎足而三云”[④]。

朱珔尤喜藏书，藏有数万卷。其“曾祖武勋，建培风阁，藏书数万卷”[⑤]。有《培风阁藏书目录》。胡韫玉《朱兰坡传》云：朱珔“先生曾祖建立培风阁，藏书三万三千卷有奇，松竹轩所藏亦复七千余卷，而先生兄静斋亦好藏书，合先生小万卷斋所藏共十万卷”[⑥]。洪亮吉《培风阁藏书记》记云：“培风阁者，黄田朱氏藏书之所也。朱氏旧自婺源徙泾，在宋为徽国文公近支。家有赐书。历世以来，并善搜藏，至静斋、兰坡两太史昆仲，裒辑益富。因仿秘阁之例，以经、史、子、集列作四厨分贮焉，今培风阁左右庋置者是矣。余尝谓天禄、石渠、宏文、资善，历代静苑所贮书也。至若千顷堂、传是楼、天一阁、瓶花斋等则又近世士大夫之所贮也。士大夫善贮书者，其广搜博采，亦几可埒秘阁。今朱氏不特善贮书，自两太史外，群从子弟能读书好古者，又不下数十人。……余故乐为记之。嘉庆八年在昭阳，大渊献夏四月阳湖洪亮吉撰。”[⑦]朱珔亦云：“培风阁，我族藏书授读之处也。……阁中书数万卷，并出乡贤公

① （清）甘熙撰：《白下琐言》卷三，南京出版社2007年版，第48页。

② （清）朱珔撰：《小万卷斋文稿》卷十三《钟山课艺序》，见《清代诗文集汇编》编纂委员会编：《清代诗文集汇编》494，上海古籍出版社2010年版，第236页。

③ （清）冯桂芬撰：《显志堂稿》卷二《朱兰坡宫赞师七十寿序》，见《续修四库全书》编纂委员会、复旦大学图书馆古籍部编：《续修四库全书》第1535册，上海古籍出版社2003年版，第510页。

④ （清）李元度撰，王沣华点校：《天岳山馆文钞》卷十二《右春坊右赞善前翰林院侍讲朱兰坡先生传》，岳麓书社2009年版，第314页。

⑤ 徐世昌等编著：《清儒学案》卷一百三十八《墨庄学案·朱先生珔》，第6册，中华书局2008年版，第5434页。

⑥ 吴受琚《清泾县几位著名藏书家故实》，见安徽省泾县地方志编纂委员会办公室编：《泾县史志资料选编》第1集，1987年，第143页。

⑦ 泾县地方志编纂委员会：《泾县志》第二十九《文化培风阁藏书记碑》，方志出版社1996年版，第711页。

钤之印，曰‘东园遗泽’，以杜私据。东园，公号也。”①又云：“余家从曾祖乡下公建培风阁而聚书，实其间渐增多积，缄守有年。癸卯冬群从告曰：‘是宜作目录备稽核，庶无放失之虞。’余曰：‘善。’爰集众力，循次胪列，属旬毕功，以十干为纪，阁贮九匮，凡三万三千卷有奇，而癸部庋松竹轩，别种暨重出复本七千卷而赢外，吾家自置者，先中丞兄(朱理)与余称最，余有差并而计，可得十万卷，目录亦附刊。可离可合。”“书中源委，早经前贤条晰昭彰。可无赘说，故只记书名并撰人朝代姓名”②，分经、史、子、集、丛五部。

从上文得知，朱珔藏书，除家族公有外，其私置藏书亦甚富，达万卷有余。其《小万卷斋记》记述其藏书概况：“余家东园公以下藏书共数万卷有奇，曩固尝寝馈而渔猎之。比通籍离乡土，手未触者六七年，梦寐间犹系不能去。……余虽词臣，亦未能取宫中而用之也。徒以癖嗜，随时采购。每过市，辄携数种归，如贫儿暴富，聊足以豪，有善本尤愉惬，累日久之，寓舍西偏屋三楹庋皆满，较旧所著录十之一，已几及万卷，而余得优其中。……昔宋朱遵度好读书，人目为朱万卷。朱昂继之，则曰小万卷，皆吾家故事也。”③“余在都门，喜购书，因取宋人称朱昂语，颜寓室曰‘小万卷斋’，丐同馆屠琴坞倬书八分体而自为之记。时维嘉庆己巳，今十五年矣。念薄宦以来家中落，独书积渐多。儿辈摒挡辄盈数十簏，百城坐拥，差可云富。既南归，居苦湫隘终日嬲不休，乃辟后舍，新其桷，藩以墙垣，才两楹，而廊庑粗备，西壁设匮二，藏所得卷帙十之三，馀者别庋松竹轩，旧额漫漶，则刻而悬之。……况吾家培风阁已有公贮之书，并各自私置，奇零稠积，合计之为卷颇繁，阁中取携既甚便外，则按录而假，初不烦一瓻之费。”④

其藏书处除公有培风阁外，在京师有小万卷斋，其家又有松竹轩、绿竹山房、式训堂、师范堂、症远堂、肄雅堂，在其《小万卷斋文稿》中，皆有记。

藏书印有东园遗泽等。

（十三）齐彦槐

齐彦槐(1774—1841)　字梦澍，一字梅麓，号荫三、罨书溪渔，“婺源人。嘉庆十三年召试举人，明年成进士，选庶吉士。散馆，授金匮令。毁淫祠，岁旱，勤赈务。擢苏州府同知，陈海运策，巡抚召诘之，条举以对，巡抚不能难，终以更张寝其事。后十余年，改行海运，仍仿其法焉。尝制浑天仪、中星仪，并各为之说，及龙尾、恒升二车，

① (清)朱珔撰：《小万卷斋文稿》卷十六《培风阁记》，见《清代诗文集汇编》编纂委员会编：《清代诗文集汇编》494，上海古籍出版社2010年版，第288—289页。

② (清)朱珔撰：《小万卷斋文稿》卷九《培风阁藏书目录序》，见《清代诗文集汇编》编纂委员会编：《清代诗文集汇编》494，上海古籍出版社2010年版，第163页。

③ (清)朱珔撰：《小万卷斋文稿》卷十六《小万卷斋记》，见《清代诗文集汇编》编纂委员会编：《清代诗文集汇编》494，上海古籍出版社2010年版，第292页。

④ (清)朱珔撰：《小万卷斋文稿》卷十六《小万卷斋后记》，见《清代诗文集汇编》编纂委员会编：《清代诗文集汇编》494，上海古籍出版社2010年版，第293—294页。

便民运水。又著《北极星纬度分表》《海运南漕丛议》《梅麓诗文集》"[①]。生平事迹参见《清史列传》卷七十三《齐彦槐传》及《清儒学案》卷一百二十八《丹邨学案·齐先生彦槐》。

方浚颐《金匮知县齐彦槐先生墓表》载：齐氏"精鉴古，工八法，藏弆既多。……所著诗、古文辞、律赋、试帖、制艺、书画录，凡百余卷，梓行于世"[②]。

有藏印"梦澍""高彦槐""彦槐之印""彦槐审定"等。

（十四）程恩泽

程恩泽（1785—1837）　字云芬，号春海，歙县人。"父昌期，乾隆四十五年一甲三名进士，累官至侍讲学士，直上书房。恩泽勤学嗜奇，受经于江都凌廷堪，廷堪勖之曰：'学必天人并至，博而能精，所成乃大。'嘉庆十六年，成进士，选庶吉士，授编修。道光元年，入直南书房，宣宗曰：'汝父兰翘先生昔年在上书房，朕敬其品学。汝之声名，亦所深悉，宜更守素行。'典试四川"[③]，督贵州学政、湖南学政、国子监祭酒、内阁学士、工部右侍郎、户部右侍郎。工诗，其诗"雄深博雅，与张度西、黄树斋先后相亚"[④]。《清史稿》称其："诗古文辞皆深雅。时乾、嘉宿儒多徂谢，惟大学士阮元为士林尊仰，恩泽名位亚于元，为足继之。所欲著书多未成，惟《国策地名考》二十卷、《诗文集》十卷传于世。"[⑤]生平事迹参见阮元《诰授荣禄大夫户部右侍郎兼管钱法堂事务春海程公墓志铭》。

程恩泽好藏书，博综经史，"学识超时俗，六艺九流，皆深思而得其意。工篆法。熟精许氏学。督学贵州时，劝士民育蚕，其利大行于民。又重刻岳珂五经以训士。及奉诏纂修《春秋左氏传》，推本贾、服，不专守杜氏一家言"。"诗文雄深博雅。于金石书画，考订有精审。尝谓近人治算法，由九章以通四元，可谓发明绝学，而仪器罕有传者，乃与郑君复光约修复古仪器"[⑥]。又"覃研朴学，六书训诂、九章算术，皆

---

① 赵尔巽等撰：《清史稿》卷四百八十六《列传二百七十三·齐彦槐传》，第44册，中华书局1977年版，第13418页。

② （清）方浚颐撰：《二知轩文存》卷三十《金匮县知县齐梅麓墓表·金匮知县齐彦槐先生墓表》，见《清代诗文集汇编》编纂委员会编：《清代诗文集汇编》661，上海古籍出版社2010年版，第521页。

③ 赵尔巽等撰：《清史稿》卷三百七十六《列传第一百六十三·程恩泽传》，第39册，中华书局1977年版，第11576页。

④ 徐世昌辑：《晚晴簃诗汇》卷一百二十五《程恩泽》，见《续修四库全书》编纂委员会、复旦大学图书馆古籍部编：《续修四库全书》第1631册，上海古籍出版社2003年版，第689页。

⑤ 赵尔巽等撰：《清史稿》卷三百七十六《列传第　百六十三·程恩泽传》，第39册，中华书局1977年版，第11576页。

⑥ （清）李元度著，易孟醇点校：《国朝先正事略》卷四十四《文苑·程恩泽》，岳麓书社1991年版，第1154—1155页。

好学深思,心知其意"[①]。梅曾亮云:"先生平居,无时去书,其学实事求是,而能创获新义。"[②]张穆赞叹云:"公负奇气,博观强诵,于经训、史策、天象、地舆、金石、书画、壬遁、太乙、脉经、格学,莫不究极要眇,究析发皇之。而精神所到,卓绝岸异,必然可传于后者。"[③]阮元在京师,与程恩泽所居相近,"常以暇相讲习"。阮元称:程公"所著述惟《国策地名考》二十卷已写定本,其余多未成书。实不自料其遽折。公诗文雄深博雅,稿亦盈箧。其孤方治丧,待录成卷帙,就有学者择之,当成佳集。公又多藏书,宋元以来子史杂录,博览强记,金石书画,亦多考订。苟有叩者,必举以应"[④]。

(十五)查日华

查日华(—1840—)　字子穆,又字体才,泾县人。《清代硃卷集成》载:查善长"生父日华,字子穆,号丽圃,一号霁亭。道光己亥科举人,庚子科进士,礼部精膳司郎中,掌仪制司印,工部宝源局监督,京察一等记名以道府用,钦授直隶河间府知府,历署大名府知府,并署大顺广兵备道"[⑤]。

查日华雅好藏书,所藏《程氏演繁露》十六卷《续集》六卷,明万历四十五年(1617)邓渼校刊本,钤有"济阳经训堂查氏图书""查日华""日华私印""樝子穆甫秘笈之印""查子穆阅过""子穆流鉴所及""古猷州查子穆藏书印""泾川樝氏紫藤华馆藏书之印"诸印[⑥]。藏有崇祯刻本《四书备考》、嘉靖刻本《方山先生文录》等,王重民《中国善本书提要》著录。

关于查日华有藏书之好,其好友梅曾亮《柏枧山房诗文集补遗》中亦有记载。梅氏记述了两人之间半赠半买藏书之事宜:"弟现在收拾书箱,颇有厌多之意。前八吊钱所买苏诗,吾兄若须者,即可奉让,亦不必原价。如已买得,祈示知也。此颂辰佳,不具。即候回示。子穆吾兄年大人。年弟梅曾亮顿。"[⑦]又阿英《爱书狂者之话》[⑧]第十则云:"十年前,购得《施注杜诗》,有'泾县查氏手校藏书''子穆读过''查日华'等章。归家翻阅,其间竟藏有梅曾亮名片及梅曾亮亲笔小简各一,喜出望外。"[⑨]可

① 徐世昌辑:《晚晴簃诗汇》卷一百二十五《程恩泽》,见《续修四库全书》编纂委员会、复旦大学图书馆古籍部编:《续修四库全书》第1631册,上海古籍出版社2003年版,第689页。
② (清)梅曾亮《程春海先生集序》,见(清)程恩泽撰:《程侍郎遗集》卷首,《清代诗文集汇编》编纂委员会编:《清代诗文集汇编》548,上海古籍出版社2010年版,第95页。
③ (清)张穆《程侍郎遗集初编序》,见(清)程恩泽撰:《程侍郎遗集》卷首,《清代诗文集汇编》编纂委员会编:《清代诗文集汇编》548,上海古籍出版社2010年版,第94页。
④ (清)阮元《诰授荣禄大夫户部右侍郎兼管钱法堂事务春海程公墓志铭》,见(清)程恩泽撰:《程侍郎遗集》卷首,《清代诗文集汇编》编纂委员会编:《清代诗文集汇编》548,上海古籍出版社2010年版,第97页。
⑤ 顾廷龙主编:《清代硃卷集成》第104册《查善长》,台北成文出版社1992年版,第346—347页。
⑥ 傅增湘撰:《藏园群书经眼录》卷九《子部三》,中华书局1983年版,第740页。
⑦ (清)梅曾亮《柏枧山房文集补遗·与查子穆简(拟)》,见(清)梅曾亮撰,彭国忠、胡晓明点校:《柏枧山房诗文集》,上海古籍出版社2012年版,第442页。
⑧ 按:原载一九三三年九月十二日、十五日、十七日、十八日、十九日《申报》副刊《自由谈》。
⑨ 转引(清)梅曾亮撰,彭国忠、胡晓明点校:《柏枧山房诗文集》,上海古籍出版社2012年版,第442页。

见梅、查之谊甚好。

藏书印有济阳经训堂查氏图书、查日华、查子穆甫秘籍之印、日华私印、查日华子穆父审定群籍金石书画之印、泾川查氏紫藤花馆等印。

（十六）倪望重

倪望重（1834—1904） 字仲荣，号愚山。祁门渚口人。“同治十二年举人，翌年成进士，浙江分水、淳安、诸暨、黄岩、临海知县”①。博学，工诗文，“著有《求我斋全集》，中分文集、诗集、笔记、祁门县志补、祁谚考、谕民纪要、锦城记略、锦城诗存暨外集、图书目录10种。又校刊婺源汪双池《戊笈谈兵》十卷、《读读书录》二卷、《读困知录》三卷”②。

倪氏“性嗜学，喜蓄书，于光绪十年建万卷楼于渚口，设求我斋书室，藏书一百五十余柜，多宋元旧本。后其子启佐以海运功，官至知府，又大量添购近代版本图书，使万卷楼藏书益富”③。中华人民共和国成立后，倪氏后人将其大部分藏书捐献给安徽省图书馆，有功于传统典籍的保护与传承。

（十七）吕佩芬

吕佩芬（1855—1913） “字烈英，号晓初，又号筱苏，外号季兰子，旌德人。光绪六年进士，授翰林院编修。历任福建、顺天、贵州、湖南乡试主考官，京城经济特科收掌官，国史馆、武英殿和起居注协修，编修处总纂、功臣馆纂修、文渊阁校理、直隶永定河道员、二品衔侍讲等职。”④《清秘述闻》亦载：“光绪十八年壬辰科会试同考官：编修吕佩芬字筱苏，安徽旌德，庚辰进士。”⑤“著有《东瀛参观学校记》《湘轺日记》《特科记事》等。”⑥。吕氏罢官后居天津，辛亥革命后归里，以藏书著述自娱，“岁入之资，稍余即悉以购书，南归后建书楼于敬亭山，藏书逾万卷，有《晚节香斋藏目录》。著有《东瀛参观学校记》《山海经分经表》等”⑦。吕佩芬重视家乡教育，光绪“三十三年，在家乡庙首倡办正蒙初等小学堂，为旌德县五所最早新学之一”⑧。

（十八）汪宗沂

汪宗沂（1837—1906） 字仲伊，一字咏春，号弢庐处士，安徽歙县人。“甲子补行辛酉优贡第三名，丙子科乡试中式第三十名，会试中式第四十名，殿试第三甲五十

---

① 万正中编撰：《徽州人物志》卷五，黄山书社2008年版，第265页。

② 祁门县地方志编纂委员会办公室：《祁门县志》卷三十《人物》，安徽人民出版社1990年版，第701页。

③ 万正中编撰：《徽州人物志》卷五，黄山书社2008年版，第265页。

④ 《安徽历史名人词典》编辑委员会编：《安徽历史名人词典》之《本籍人物·吕佩芬传》，安徽教育出版社2008年版，第857—858页。

⑤ 《清秘述闻再续》卷三，见（清）法式善等撰：《清秘述闻三种》，中华书局1982年版，第1020—1021页。

⑥ 《安徽历史名人词典》编辑委员会编：《安徽历史名人词典》之《本籍人物·吕佩芬传》，安徽教育出版社2008年版，第857—858页。

⑦ 刘尚恒、郑玲著：《安徽藏书家传略》，黄山书社2013年版，第123页。

⑧ 《安徽历史名人词典》编辑委员会编：《安徽历史名人词典》之《本籍人物·吕佩芬传》，安徽教育出版社2008年版，第857—858页。

七名,朝考第二等第二十九名,钦点即用知县,签掣山西”①,“即用知县。未几,以病归,遂专心著述。凡诸子百家、医学、兵事,靡不综贯;而平生致力,惟在治经,礼、乐最先,易为最后”。洞悉乐律,于时务亦极究心。主讲安徽敬敷,芜湖中江、申江,徽州紫阳、建德、祁门、婺县、黟县诸书院讲席。光绪二十一年(1895),安徽学政李端遇奏保学行,奉特旨,赏五品卿衔。“宣统元年,翰林院侍讲李经畲等进呈其书,请列入国史馆儒林传,奉旨交南书房阅看。寻谕汪宗沂潜研古训,笃守师承,着宣付史馆列传。著有《逸补大文论》六卷,《管乐元音谱》《五音声韵谱》各二卷,《律谱》《声谱》《尺谱》《旋宫十九调谱》各一卷,《读经读本》三卷,《诗说》一卷,《孝经十八章辑传》一卷,《尚书合订》六卷,《周易学统》九卷”②。《民国歙县志》卷七《人物志·文苑》有其传。

王氏好藏书,其家藏书,据其传载:“汪故歙巨族,世席丰厚。祖众数百人,建‘不疏园’以储书,即故婺源江永、休宁戴震读书地也。宗沂居园数年,手披口诵,以夜继昼……宗沂于九流百家学,下至吐纳炼丹,莫不旁推博涉,宣究得失。”③“覃研经史典籍。藏印曰‘天都老少年’。”④

(十九)许承尧

许承尧(1874—1946)　曾单名芚,字际唐,亦作霁塘,号疑庵,又号悔庵,晚号芚父、芚叟等,歙县唐模村人。光绪二十年(1894)甲午恩科举人,光绪三十年(1904)甲辰恩科进士⑤,授编修,钦点翰林院庶吉士。光绪三十一年科举制废除,成为清代最后一科的翰林。历国史馆协修。民国后任甘肃省秘书长、甘凉道尹、省政务厅厅长、渭州道尹。作为近代文献学家、方志学家的许承尧,一生为学不辍,博览群书,尤“工隶书,善诗文,一生著作不辍。诗集印行的有《疑庵诗》四卷本、六卷本、十卷本、十四卷本及《疑庵游黄山诗》。还编纂印行《西干志》七卷,遗稿有《歙故》《疑庵文集》《里乘》等”⑥。又有“《歙县志》十六卷,《歙事闲谭》三十一卷,以及《疑庵随笔》《疑庵文剩》《疑庵日记》《〈蕙愔阁诗集〉评点》《疑庵藏书画录》,还辑有《新安佚诗辑》《明季三遗民诗》等”⑦。

许承尧工书画,为近代书画名家,酷嗜收藏古籍与金石,如明末乡贤手迹,其任

① 顾廷龙主编:《清代硃卷集成》第47册《汪宗沂》,台北成文出版社1992年版,第10页。

② 董朴垞纂:《孙诒让学记(选)》之《交游考·汪宗沂传略》,见政协瑞安市文史资料委员会编:《瑞安文史资料》第19辑,香港天马图书有限公司2000年版,第132—133页。

③ 金天翮《汪宗沂传》,见钱仲联主编:《广清碑传集》卷十五,苏州大学出版社1999年版,第990页。

④ 刘尚恒、郑玲著:《安徽藏书家传略》,黄山书社2013年版,第59页。

⑤ 卞利主编:《徽州文化史·近代卷》第三章《民国初年的徽州文化·民国初年徽州的学术文化》,安徽人民出版社2015年版,第242页。

⑥ 安徽省地方志编纂委员会编:《安徽省志·人物志》,方志出版社1999年版,第867页。

⑦ 卞利主编:《徽州文化史·近代卷》第三章《民国初年的徽州文化·民国初年徽州的学术文化》,安徽人民出版社2015年版,第242页。

职甘肃期间倾其所有搜购散落民间的敦煌藏经，有几百卷古代写经，挑选四十卷精品装裱特藏，命其室名为“晋魏隋唐四十卷写经楼”。其法书宝绘，珍籍名笺，所藏甚富。关于许承尧藏书的具体数量，目前无法考知。据其孙许克定先生在《〈檀干书藏〉部分藏品回忆》一文中提到许承尧“二十余年间，专业致志于乡邦文献的收集、整理，所得甚多，并家藏书籍不下万余册”。又在文后抄录了一份《安徽省博物馆所藏歙人书目》，其中所列书籍130余种，370余册。又回忆说：“先祖有少数宋版书籍，储藏在卧室外间一个小红木书橱里，不轻易示人。”许氏万余册藏书中，所藏地方文献甚多，亦藏有宋椠明版。《疑庵所藏书画录》所著录的如：宋版《文选》《东都事略》残本（二本），明版《左传》《水经注》，精校本《水经注》残本，明刻《隋阳艳史》、崇顿《八家诗集》残本，明隆庆《南巡记》写本，明钞《何大复诗集》，等等。

《安徽省志》载，其“嗜好古玩，收藏名人字画、旧版书逾万。精鉴别，考古名家罗振玉自叹弗如。在唐模修葺‘檀干公园’，并发起修复西干渐江墓；对于保护文物古迹，特别是保护歙县太平桥作出了一定贡献。设立‘檀干书藏’，遗命子孙集体保管，不得分散，解放后归博物馆收藏”①。

许承尧晚年家居，乐在林泉，锐意收集与整理乡邦文献，所撰《歙县志》及《歙事闲谭》是其乡邦文献整理与研究之力作。认为“志乃史载，因时而作，务求真实详赡，以存陈迹，兼资来鉴”②，实乃传承了章学诚“志乃史体”的观点，其《歙县志》十六卷，六十七门，序例齐全，广征博览，考订精核。又采用近代实地测绘图表的方式收入大量徽州经济史料，记载精确，内容甚富，不仅有较高的史料和文献价值，又为研究徽商研究者提供了重要的参考资料。又《歙事闲谭》又名《歙故》，原为读书札记，后渐积而成帙并完善。尝自言：“垂老观书，苦难记忆，因消闲批吾县载籍，偶事副墨，以备遗忘。积而成帙，遂赓续为之。有得即书，前后无次，且多重出，姑为长编，以俟整理。”③全书31卷，共847篇，每卷之篇数、字数皆大致相等，全书主旨记歙人歙事，引书凡1000余种，其中徽州文献达700余种。记载徽州地区的世风、史事、人物、艺文、名胜等，搜采广博，内容丰富，为后世保存了徽州地区翔实的史料。

藏印有“许承尧印”“檀干村人”“晋魏隋唐四十卷写经楼”等。

---

① 安徽省地方志编纂委员会编：《安徽省志·人物志》，方志出版社1999年版，第867页。

② 许承尧《歙县志·例言》，见（民国）石国柱等修，许承尧纂：安徽省《歙县志》，中国方志丛书·华中地方·第二四六号，（台湾）成文出版社1975年据民国二十六年（1937）铅印本印行，第11页。

③ 许承尧撰，李明回等校点：《歙事闲谭·自序一》，黄山书社2001年版，第1页。

第五章 江南进士藏书的有利条件

明末清初大思想家黄宗羲说:"藏书非好之与有力者不能。"①简短的语言揭示了藏书家的形成要素,即主观爱好和自身条件。多年寒窗苦读后脱颖而出,入仕后凭读书而明理致君,致仕后常以读书自娱的江南进士,对于藏书的爱好不言而喻,而且具有多方面有利的藏书条件。

第一节 节俸置书

历代进士属于科举制度下的成功者和幸运者,登第意味着辉煌的仕途以及不菲的俸禄。对于得益于读书、有志于藏书的进士而言,登第使其具有了丰富其藏书的财力。历代江南进士都不乏攒积官俸以置书,甚至俸禄悉以购书者。孙从添《藏书纪要》称购求书籍有六难:"购求书籍是最难事,亦最美事、最韵事、最乐事。知有此书而无力购求,一难也。力足以求之矣,而所好不在是,二难也。知好之而求之矣,而必欲较其值之多寡大小焉,遂致坐失于一时,不能复购于异日,三难也。不能搜之于书佣,不能求之于旧家,四难也。但知近求,不知远购,五难也。不知鉴识真伪、检点卷数、辨论字纸,贸贸购求,每多缺轶,终无善本,六难也。有此六难,则虽有爱书之人,而能藏书者鲜矣。"②书籍对好书者则是天下至宝,资金窘迫则是购书第一难事。江南进士则享有俸禄,能够节俸以求购,甚至俸入悉以置书。

楼钥《赠金紫光禄大夫姜公墓志铭》载,宋绍兴十二年(1142)进士鄞县姜浩"最重儒学,藏书筑馆,延太学名士以训子弟。……入闽积俸置《大藏经》,归置家舍"③。

《光绪常昭合志稿》载,明弘治十二年(1499)进士常熟丁仁"以老致仕,居南都,日节其俸,入置书籍,日取以读,以博洽名"④。

---

① (清)黄宗羲撰:《天一阁藏书记》,见陈乃乾编:《黄梨洲文集·记类》,中华书局1959年版(2009年重印),第401页。

② (清)孙从添著:《藏书纪要》第一则《购求》,中华书局1991年版,第1页。

③ (宋)楼钥撰,顾大朋点校:《楼钥集》卷一百十四《赠金紫光禄大夫姜公墓志铭》,浙江古籍出版社2010年版,第1977—1980页。

④ (清)郑钟祥、张瀛修,(清)庞鸿文等纂:《光绪常昭合志稿》卷二十四《人物三·耆旧·丁仁传》,见《中国地方志集成·江苏府县志辑》(22),江苏古籍出版社1991年版,第358页。

明嘉靖二年(1523)进士鄞县丰坊,其《万卷楼遗集》自称“甫入仕籍,悉以俸入购书,又积万卷”①。

明嘉靖三十二年(1553)进士昆山顾章志曾孙顾炎武《抄书自序》称:“先曾祖历官至兵部侍郎,中间莅方镇三四,清介之操,虽一钱不以取诸官,而性独嗜书,往往出俸购之。”②

清代江南进士节俸置书的记载更多。

清乾隆四年(1739)进士钱塘袁枚,其《所好轩记》自称:“余幼爱书,得之苦无力,今老矣,以俸易书,凡清秘之本,约十得六七。”③

《无锡金匮县志》载,嘉庆十四年(1809)进士金匮汪士侃“以俸钱买书数千卷,寝馈不离”④。

《孙衣言孙诒让父子年谱》载,道光三十年(1850)进士瑞安孙衣言返乡时,“归装惟有缥缃甚富。盖自同治戊辰,衣言复出为监司江南,清俸节余,辄命诒让购求善本经籍”⑤。

清咸丰六年(1856)状元常熟翁心存俸入则购书,其子翁同龢云:“昔我先公好聚书,凡俸入必购书,甚至摽岁谷以易之。”⑥

清光绪二十九年(1903)进士仁和邵章在《四库简明目录标注》后序中尝自谓:“清俸所余,辄易书册。”⑦

一些清代江南进士甚至嗜书如命,将俸禄悉以购书。

《翰林院侍读学士卢公墓志铭》载,清乾隆十七年(1752)探花杭州卢文弨“官俸脯修所入,不治生产,仅以购书。闻有旧本,必借抄之;闻有善说,必谨录之。一策之间,分别移写诸本之乖异,字细而必工。今抱经堂藏书数万卷皆是也”⑧。

《江苏省常熟市志》载,清道光二十七年(1847)探花常熟庞钟璐“曾将俸入悉数

---

① (明)丰坊撰:《万卷楼遗集》卷一《世统本序》,参见北京图书馆古籍出版编辑组编:《北京图书馆古籍珍本丛刊》109《集部·明别集类》,书目文献出版社1989年据明万历四十五年(1617)丰建刻本影印,第5页。

② (清)顾炎武《抄书自序》,见(清)顾炎武著,张兵选注评点:《顾炎武文选》,苏州大学出版社2001年版,第39—40页。

③ (清)袁枚撰,周本淳标校:《小仓山房诗文集·补遗》卷二十九《文集·所好轩记》,上海古籍出版社1988年版,第1775页。

④ (清)裴大中、倪咸生修,(清)秦缃业等纂:《光绪无锡金匮县志》卷二十二《文苑·本传》,见《中国地方志集成·江苏府县志辑》(24),江苏古籍出版社1991年版,第370页。

⑤ 孙延钊撰,徐和雍、周立人整理:《孙衣言孙诒让父子年谱》,上海社会科学院出版社2003年版,第175页。

⑥ 仲伟行等编著:《铁琴铜剑楼研究文献集》第九章《古今吟咏集录》,上海古籍出版社1997年版,第293—294页。

⑦ (清)邵懿辰撰,邵章续录:《增订四库简明目录标注·后序》,中华书局1959年版第965页。

⑧ (清)段玉裁撰:《翰林院侍读学士卢公墓志铭》,见中华书局编辑部:《丛书集成初编》517之《抱经堂文集》首附,中华书局2011年影印本,第5页。

购书，多宋元善本”①。

《吴县潘氏攀古楼吴氏愙斋两家藏器目叙》载，清咸丰二年(1852)探花吴县潘祖荫尝云：“同治辛未、壬申年间，官农曹，以所得俸入，尽以购彝器及书。”②

清光绪二十九年(1903)进士兰溪刘焜俸入辄购书，其孙刘起良《我的祖父刘焜》称：“宦游数十年，几居显要，一介未尝妄取，从未广置田园，所有俸收，恒喜购书贮藏。”③

第二节　为官之利

历代江南进士登第入仕后的俸禄使其藏书活动具有了较厚的经济基础，而为官者还具有一般士人难以企及的种种藏书便利。

其一，进士入仕之后，历官的流动性为其搜藏到多个地区的书籍提供了方便。隋唐以来各个朝代程度不同地采取易地为官制度。例如，明太祖朱元璋在意识到严刑重典不足以根治腐败，拟从体制上解决问题。《明史》载：“洪武间，定南北更调之制，南人官北，北人官南。其后官制渐定，自学官外，不得官本省，亦不限南北也。”④

宋嘉泰二年(1202)进士临安洪咨夔入川为官时搜购数千卷蜀板书，《咸淳临安志》本传：“咨夔出蜀时，得书数千卷，藏萧寺，父子考论讽诵，学益闳肆。”⑤

明正统十年(1445)进士乐清章纶在多地为官期间聚书不倦，多至数万卷。谢铎《通议大夫南京礼部左侍郎赠南京礼部尚书谥恭毅章公纶墓志铭》记云：“历官南北，聚书几万卷。”⑥

《来新夏谈书》载，明嘉靖十一年(1532)进士鄞县范钦“历官各地，曾在江西、广西、福建、陕西、河南数省搜访、购买、传抄古籍，特别是浙江，几乎访遍藏家与坊肆”⑦。

---

① 参见江苏省常熟市地方志编纂委员会编：《江苏省常熟市志》第二十二编《藏书·著述》，上海人民出版社1990年版，第835页。

② 顾廷龙著：《顾廷龙文集》上编《吴县潘氏攀古楼吴氏愙斋两家藏器目叙》，上海科学技术文献出版社2002年版，第172页。

③ 刘起良《我的祖父刘焜》，见政协兰溪县委员会文史资料工作委员会：《兰溪文史资料》第6辑，1988年，第74—75页。

④ (清)张廷玉等纂修：《明史》卷七十一《志第四十七·选举三》，中华书局1974年版，第1716页。

⑤ (宋)潜说友纂：《咸淳临安志》卷六十七《人物八》，见浙江省地方志编纂委员会编：《宋元浙江方志集成》第3册，杭州出版社2009年版，第1147页。

⑥ (明)谢铎《通议大夫南京礼部左侍郎赠南京礼部尚书谥恭毅章公纶墓志铭》，见(明)焦竑辑：《焦太史编辑国朝献征录》卷三十七，《续修四库全书》编纂委员会、复旦大学图书馆古籍部编：《续修四库全书》第527册，上海古籍出版社2003年版，第4页。

⑦ 来新夏著：《来新夏谈书》，南开大学出版社2010年版，第34页。

清顺治十五年(1658)进士寓居江宁的熊赐履"自戊戌通籍,宦游京师,京师坊间书少,且价值特贵,以故十余年间,才积得二万余卷"①。

清康熙五十一年(1712)进士长洲顾嗣立在《闾丘先生自订年谱》记云:"乙未假还,南溯潇湘,北登嵩、岱,访求遗佚,裒益滋多。"②

清乾隆二十五年(1760)状元太仓毕沅,"官迹所至,搜罗极博"③。

《艺风藏书续记》载,清咸丰三年(1853)进士仁和朱学勤"官京师时,正值庚申之变,旧刻名抄,散落厂肆,不惜重值,所得独多"④。

清光绪二十九年(1903)进士仁和邵章谓:"通籍走四方,得诸故老传闻,及劫余遗墨,仅获考其崖略。"⑤

其二,对进士而言,为官而得到的藏书便利不仅在于宦游中搜藏书籍的机会,官员对于属下、吏卒的影响力、支配权,对官帑等资源的使用权客观上也助益其藏书活动。

宋嘉熙二年(1238)进士天台贾似道位居高位期间,门客主动为其谋取珍秘书画。《癸辛杂识后集》载,吴兴望族向氏,"其家三世好古,多收法书、名画、古物,盖当时诸公贵人好尚者绝少,而向氏力事有余,故尤物多归之"⑥。时长城人刘碹,多能而狡狯,为贾师宪门人。"闻向氏家多珍玩,因结交,首有重遗。向喜过望,大设席以宴之,所陈莫非奇品。酒酣,刘索观书画,则出画目二大籍示之,刘喜甚,因假之归,尽录其副。言之贾公,贾大喜,因遣刘诱以利禄,遂按图索骏,凡百余品,皆六朝神品。"⑦

《传是楼藏书记》载,清康熙九年(1670)探花昆山徐乾学"门生故吏遍于天下,随其所至,莫不网罗坠简,搜抉缇帙,而先生为之海若"⑧。郑伟章、李万键所著《中国著名藏书家传略》认为徐乾学搜集藏书最盛时期是其为官后的二十年,"徐乾学的学生、部属都知道他是个嗜书如命的人,深知能为他找到一部好书,要比给他送任何贵重的礼物都更为珍贵。所以,每年他都能收到从各地收集到的大批图书"⑨。

---

① (清)于成龙修纂:康熙《江宁府志》(四)卷三十四《国朝大学士熊赐履下学堂书目题词》,见《金陵全书》甲编《方志类·府志》,南京出版社2011年版,第223页。

② (清)顾嗣立《闾丘先生自订年谱》"五十九年(1720)庚子条",见张爱芳、贾贵荣选编:《清代民国藏书家年谱》,北京图书馆出版社2004年版,第316—317页。

③ (清)李元度著,易孟醇点校:《国朝先正事略》卷二十《名臣·毕尚书沅》,岳麓书社1991年版,第587页。

④ (清)缪荃孙著,黄明、杨同甫标点:《艺风藏书续记》卷五,上海古籍出版社2007年版,第356页。

⑤ (清)邵懿辰撰,邵章续录:《增订四库简明目录标注·后序》,中华书局1959年版,第965页。

⑥ (宋)周密撰,王根林校点:《癸辛杂识后集·向氏书画》,上海古籍出版社2012年版,第42页。

⑦ (宋)周密撰,王根林校点:《癸辛杂识后集·向氏书画》,上海古籍出版社2012年版,第42—43页。

⑧ (清)黄宗羲撰:《传是楼藏书记》,见陈乃乾编:《黄梨洲文集》之《记类》,中华书局1959年版,第404页。

⑨ 郑伟章、李万键著:《中国著名藏书家传略》之《以书传后的徐干学》,书目文献出版社1986年版,第88页。

《续补藏书纪事诗》载，同治四年（1865）进士钱塘汪鸣銮“虽不甚留意版本收藏，而门生故吏书帕之馈，宋元本间亦有之”①。

清光绪二年（1876）进士江阴缪荃孙所藏金石尤富，“收藏碑拓至万四千种，自来金石家所未有也”②。缪荃孙享誉华夏的金石收藏得益于其各地为官时搜购旧刻或手自椎拓，更有同僚或吏属投其所好，为其各地搜拓旧碑。光绪辛卯即十七年（1891），受山东巡抚张曜延请，主泺源书院讲席，其“门人尹竹年副贡彭寿为觅泰安黄士林，尽拓泰安、肥城、汶上、东阿、济宁、兰山、沂水、蒙阴十余县”③碑刻。

不过滥用权力增益藏书有时也招致属下不满，乃至造成悲剧。例如，宋太平兴国八年（983）进士，寓居临安府的姚铉，官“两浙课吏写书”④，事发被贬居连州。被贬谪居时，曾设专人为他写书、抄书。据《麈史》载，姚铉贬居连州，手抄其所著《文萃》一百卷，“好事者于县建楼贮之，官属多遣吏写录。吏以为苦，以盐水噗之，冀其速坏，后以火焚其楼”⑤。

第三节　职务之便

历代江南进士有不少人在登第后被授予国家藏书机构的管理职务，如大学士、学士、直学士、待制、修撰、校书郎、校理、正字、秘书监、秘书少监等。

唐代国家藏书机构有秘书省、弘文馆、昭文馆、史馆、崇文馆、集贤殿等。有史料记载在这些机构任职的江南进士有唐调露二年（680）进士丹徒马怀素、唐贞观十五年（799）进士吴县张籍、唐宝历二年（826）进士越州朱庆馀等。马怀素任昭文馆学士侍读、秘书监；张籍任秘书郎；朱庆馀任秘书省校书。

宋代国家藏书机构除承沿唐代者外，还有集贤院、崇文院以及多个馆阁，如龙图阁、天章阁、宝文阁、显谟阁、徽猷阁、敷文阁、焕章阁、华文阁、宝谟阁、宝章阁、显文阁、资政殿等。曾分昭文、史馆、集贤三馆之书万余卷，别为书库，贮禁中之籍，是为秘阁。不少江南进士曾在这些藏书机构任职。笔者根据各种史料统计，宋代江南进士在这些藏书机构任职且藏书有成者有 37 人。

① 王謇著，李希泌点注：《续补藏书纪事诗》，书目文献出版社 1987 年版，第 8 页。
② 徐世昌辑：《晚晴簃诗汇》卷一百七十一《缪荃孙》，见《续修四库全书》编纂委员会、复旦大学图书馆古籍部编：《续修四库全书》第 1633 册，上海古籍出版社 2003 年版，第 72 页。
③ （清）缪荃孙《艺风堂金石文字目》卷首自序，见（清）缪荃孙著，张廷银、朱玉麒主编：《缪荃孙全集·金石一》，凤凰出版社 2014 年版，第 7 页。
④ （元）脱脱等撰：《宋史》卷四百四十一《列传第二百·姚铉传》，中华书局 1977 年版，第 13055 页。
⑤ 王河、真理整理：《宋代佚著辑考》，江西人民出版社 2003 年版，第 99 页。

附一：宋代国家藏书机构任职且藏书有成的江南进士一览表

姓　名	生卒年	登科年	藏书机构任职
姚　铉	968—1020	宋太平兴国八年(983)	直史馆
盛　度	968—1041	宋端拱二年(989)	秘书省秘书郎
周启明	—1012—	宋大中祥符五年(1012)	秘书省秘书郎
刁　约	？—1082	宋天圣八年(1030)	直史馆
朱长文	1039—1098	宋嘉祐四年(1059)	秘书省正字
张　塈	？—1105	宋元祐四年(1089)	秘书省校书郎
叶梦得	1077—1148	宋绍圣四年(1097)	龙图阁直学士
李　光	1077—1159	宋崇宁五年(1106)	秘书少监、秘书监
赵子昼	1089—1142	宋大观元年(1107)	徽猷阁待制、徽猷阁直学士
孙　觌	1081—1169	宋大观三年(1109)	龙图阁待制
洪　皓	1088—1155	宋政和五年(1115)	徽猷阁待制、敷文阁直学士
钱观复	1090—1154	宋政和五年(1115)	秘书郎
沈　介	—1138—	宋绍兴八年(1138)	秘书省正字
史　浩	1106—1194	宋绍兴十五年(1145)	秘书省校书郎
洪　迈	1122—1202	宋绍兴十五年(1145)	龙图阁学士、焕章阁学士
李　衡	1100—1178	宋绍兴十五年(1145)	秘阁修撰
钱　佃	—1145—	宋绍兴十五年(1145)	秘阁修撰
程大昌	1123—1195	宋绍兴二十一年(1151)	秘阁修撰、龙图阁学士
陈　骙	1128—1203	宋绍兴二十四年(1154)	秘书少监、资政殿大学士
施元之	—1154—	宋绍兴二十四年(1154)	秘书省正字
陆　游	1125—1210	宋绍兴三十二年(1162)	秘书监、宝章阁待制
楼　钥	1137—1213	宋隆兴元年(1163)	资政殿大学士
倪　思	1147—1220	宋乾道二年(1166)	秘书郎、宝文阁学士
王厚之	1132—1204	宋乾道二年(1166)	秘书郎、直宝文阁
陈傅良	1137—1203	宋乾道八年(1172)	宝谟阁待制
赵崇宪	1160—1219	宋淳熙十一年(1184)	直华文阁
程　卓	1153—1223	宋淳熙十 年(1184)	资政殿大学士
赵汝谈	？—1237	宋淳熙十一年(1184)	秘书少监兼权直学士院

续表

姓　名	生卒年	登科年	藏书机构任职
张　攀	1154—1223	宋淳熙十二年(1185)	秘书丞
施　宿	1164—1222	宋绍熙四年(1193)	直秘阁
程　珌	1165—1242	宋绍熙四年(1193)	端明殿学士
赵　绀	—1202—	宋嘉泰二年(1202)	直宝章阁
洪咨夔	1176—1236	宋嘉泰二年(1202)	秘书郎
赵希瀞	1193—1251	宋嘉定十年(1217)	直秘阁、直龙图阁学士
王　扐	—1223—	宋嘉定十六年(1223)	直秘阁
王应麟	1223—1296	宋淳祐元年(1241)	秘书监
黄　震	1213—1280	宋宝祐四年(1256)	国史馆检阅

明代国家藏书机构有东阁、华盖殿、南京文渊阁、北京文渊阁等,内府书籍亦入翰林院典掌。不少江南进士曾在这些藏书机构任职。笔者根据各种史料统计出,明代江南进士在这些藏书机构任职且藏书有成者有 31 人。

附二:明代国家藏书机构任职且藏书有成的江南进士一览表

姓　名	生卒年	登科年	藏书机构任职
徐有贞	1407—1472	明宣德八年(1433)	华盖殿大学士
钱　溥	1408—1488	明正统四年(1439)	翰林院侍读学士
商　辂	1414—1486	明正统十年(1445)	文渊阁、谨身殿大学士
陈　鉴	1415—1471	明正统十三年(1448)	翰林院编修
陆　釴	1439—1489	明天顺七年(1463)	翰林院修撰
程敏政	1444—1499	明成化二年(1466)	翰林院侍讲学士
杨一清	1454—1530	明成化八年(1472)	华盖殿大学士
吴　宽	1435—1504	明成化八年(1472)	直东阁
王　鏊	1450—1524	明成化十一年(1475)	文渊阁大学士
丰　熙	1468—1537	明弘治十二年(1499)	出掌南京翰林院事
陆　深	1477—1544	明弘治十八年(1505)	翰林院侍读学士
孙承恩	1481—1561	明正德六年(1511)	翰林院侍读学士

续表

姓　名	生卒年	登科年	藏书机构任职
王同祖	1497—1551	明正德十六年(1521)	翰林院编修、春坊校书
严　讷	1511—1584	明嘉靖二十年(1541)	武英殿大学士
王锡爵	1534—1610	明嘉靖四十一年(1562)	东阁大学士
申时行	1536—1614	明嘉靖四十一年(1562)	掌翰林院事、中极殿大学士
余有丁	1526—1584	明嘉靖四十一年(1562)	武英殿大学士
周子义	1529—1586	明嘉靖四十四年(1565)	翰林院侍读学士
韩世能	1528—1598	明隆庆二年(1568)	掌翰林院事
沈懋孝	1537—1612	明隆庆二年(1568)	翰林院修撰
黄洪宪	1541—1600	明隆庆五年(1571)	掌翰林院事
焦　竑	1540—1619	明万历十七年(1589)	翰林院修撰
朱之蕃	1548—1624	明万历二十三年(1595)	掌南翰林院事
王　衡	1562—1609	明万历二十九年(1601)	翰林院编修
徐光启	1562—1633	明万历三十二年(1604)	进文渊阁
钱谦益	1582—1664	明万历三十八年(1610)	翰林院侍读学士(入清后授内秘书院学士)
文震孟	1574—1636	明天启二年(1622)	东阁大学士
谢三宾	1593—?	明天启五年(1625)	东阁大学士
吴伟业	1609—1672	明崇祯四年(1631)	翰林院编修(入清后授秘书院侍讲)
吴太冲	约1600—?	明崇祯四年(1631)	翰林院编修
孙嘉绩	1604—1646	明崇祯十年(1637)	东阁大学士

清代国家藏书机构情况从《清史稿・艺文志》序中可见大概：

清起东陲，太宗设文馆，命达海等翻译经史。复改国史、秘书、弘文三院，编纂国史，收藏书籍，文教始兴。世祖入定中原，命冯铨等议修《明史》，复诏求遗书。圣祖继统，诏举博学鸿儒，修经史，纂图书，稽古右文，润色鸿业，海内彬彬向风焉。高宗继试鸿词，博采遗籍。特命辑修《四库全书》，以皇子永瑢、大学士于敏中等为总裁，纪昀、陆锡熊等为总纂，与其事者三百余人，皆极一时之选，历二十年始告成。全书三万六千册，缮写七部，分藏大内文渊阁、圆明园文源阁、盛京文溯阁、热河文津阁、扬州文汇阁、镇江文宗阁、杭州文澜阁。命纪昀等撰《全书总目》，著录三千四百五十八种，存目六千七百八十八种，都一万二百四十

> 六种。复命于敏中、王际华撷其精华,别为《四库荟要》,凡一万二千册,分缮二部,藏之大内摛藻堂及御园味腴书屋。又别辑《永乐大典》三百八十五种,交武英殿以聚珍版印行。时大典储翰林院者尚存二万四千七十三卷,合九千八百八十一册。其宋元精椠,多储内府,《天禄琳琅》,备详《宫史》。经籍既盛,学术斯昌,文治之盛,汉、唐以来所未逮也①。

笔者根据各种史料统计,清代江南进士在这些藏书机构任职且藏书有成者有66人。

附三:清代国家藏书机构任职且藏书有成的江南进士一览表

姓　名	生卒年	登科年	藏书机构任职
熊赐履	1635—1709	清顺治十五年(1658)	弘文院侍读
徐元文	1634—1691	清顺治十六年(1659)	秘书院侍读
程晋芳	1718—1784	清乾隆元年(1736)	四库馆总目协勘
于敏中	1714—1779	清乾隆二年(1737)	四库馆正总裁、国史馆总裁
王际华	1717—1776	清乾隆十年(1745)	四库馆总裁
冯　浩	1719—1801	清乾隆十三年(1748)	国史馆纂修
谢　墉	1719—1795	清乾隆十七年(1752)	四库馆总阅
周升桓	1732—1801	清乾隆十九年(1754)	武英殿纂修
钱大昕	1728—1804	清乾隆十九年(1754)	武英殿纂修
陆锡熊	1734—1792	清乾隆二十六年(1761)	四库馆总纂
冯集梧	1757—1807	清乾隆二十六年(1761)	四库馆缮书处分校
祝德麟	1742—1798	清乾隆二十八年(1763)	四库开馆时为翰林院提调
韦谦恒	1715—1792	清乾隆二十八年(1763)	四库开馆时为武英殿提调
董　诰	1740—1818	清乾隆二十八年(1763)	四库馆副总裁
沈　初	1729—1799	清乾隆二十八年(1763)	四库馆副总裁
陆费墀	1731—1790	清乾隆三十一年(1766)	四库馆总校官、文渊阁直阁事
查　莹	1743—?	清乾隆三十一年(1766)	武英殿提调官、文澜阁校理
余　集	1738—1823	清乾隆三十一年(1766)	四库馆协勘

① 赵尔巽等撰:《清史稿》卷一百四十五《志第一百二十・艺文一・经部》,第13册,中华书局1977年版,第4219页。

续表

姓　名	生卒年	登科年	藏书机构任职
潘奕隽	1740—1830	清乾隆三十四年(1769)	文渊阁检阅、四库馆缮书处分校
吴寿昌	—1769—	清乾隆三十四年(1769)	四库馆总目协勘
邵晋涵	1743—1796	清乾隆三十六年(1771)	文渊阁直阁事、四库馆总目协勘
周永年	1730—1792	清乾隆三十六年(1771)	文渊阁校理、四库馆总目协勘
程晋芳	1718—1784	清乾隆三十六年(1771)	文渊阁校理、四库全书纂修官、武英殿分校
闵惇大	—1772—	清乾隆三十七年(1772)	四库馆缮书处分校
邹炳泰	1742—1820	清乾隆三十七年(1772)	四库馆总目协勘
汪如藻	？—1797	清乾隆四十年(1775)	四库馆总目协勘、文渊阁校理
吴锡麒	1746—1818	清乾隆四十年(1775)	四库馆缮书处分校
戴　震	1724—1777	清乾隆四十年(1775)	四库馆总目协勘
张敦培	1745—1805	清乾隆四十年(1775)	四库馆缮书处分校
关　槐	—1776—	清乾隆四十一年(1776)	武英殿提调
吴省兰	？—1810	清乾隆四十三年(1778)	文渊阁校理、四库馆总目协勘
吴蔚光	1743—1803	清乾隆四十五年(1780)	四库馆缮书处分校
汪如洋	1755—1794	清乾隆四十五年(1780)	四库馆总目协勘
席世臣	约 1756—1814	清乾隆五十三年(1788)	四库三分书总校
谢恭铭	—1787—	清乾隆五十二年(1787)	文渊阁检校
沈叔埏	1736—1803	清乾隆五十二年(1787)	四库馆缮书处分校
潘世恩	1769—1854	清乾隆五十八年(1793)	武英殿大学士、文渊阁领阁事、国史馆正总裁
孙原湘	1760—1829	清嘉庆十年(1805)	武英殿协修
徐　松	1781—1848	清嘉庆十年(1805)	全唐文馆提调兼总纂
钱福林	1762—1828	清嘉庆十三年(1808)	国史馆纂修官、文渊阁校理
黄安涛	1777—1847	清嘉庆十四年(1809)	文渊阁校理、国史馆提调
翁心存	1791—1862	清道光二年（1822）	国史馆总裁
龚自珍	1792—1841	清道光九年(1829)	武英殿校录
翁同书	1810—1865	清道光二十年(1840)	武英殿协修纂修、国史馆协修纂修
潘曾莹	1808—1878	清道光二十一年(1841)	国史馆协修纂修

续表

姓　名	生卒年	登科年	藏书机构任职
潘遵祁	1808—1892	清道光二十五年(1845)	国史馆协修
俞　樾	1821—1907	清道光三十年(1850)	国史馆协修
陆增祥	1816—1882	清道光三十年(1850)	文渊阁校理
翁同龢	1830—1904	清咸丰六年(1856)	文渊阁校理、宝实录纂修、武英殿协修纂修、国史馆协修
潘祖同	1829—1902	清咸丰六年(1856)	国史馆协修
沈秉成	1823—1895	清咸丰六年(1856)	武英殿总纂、文渊阁校理
平步青	1832—1895	清同治元年(1862)	国史馆纂修、文渊阁校理
翁曾源	1834—1876	清同治二年(1863)	国史馆纂修
缪荃孙	1844—1919	清光绪二年(1876)	国史馆纂修、总纂
翁斌孙	1860—1922	清光绪三年(1877)	国史馆总纂、武英殿纂修
王　同	1839—1903	清光绪三年(1877)	文澜阁董事
杨　晨	1845—1922	清光绪三年(1877)	国史馆协修
朱祖谋	1857—1931	清光绪九年(1883)	国史馆协修
孙廷翰	? —1917	清光绪十五年(1889)	国史馆纂修、文渊阁校理
王同愈	1855—1941	清光绪十五年(1889)	国史馆纂修、文渊阁校理
叶昌炽	1819—1917	清光绪十五年(1889)	国史馆提调
徐兆玮	1867—1940	清光绪十六年(1890)	国史馆协修
屠　寄	1856—1921	清光绪十八年(1892)	国史馆总纂
刘　焜	1867—1931	清光绪二十九年(1903)	国史馆协修、学部图书局总纂
许承尧	1874—1946	清光绪三十年(1904)	国史馆协修
章　梫	1861—1949	清光绪三十年(1904)	国史馆纂修

从各个朝代国家藏书机构任职的江南进士一览表中不难看出,历代统治者都很重视国家藏书,将掌管国家藏书机构的重任赋予这些科举有成、精于藏书的学者。江南进士在国家藏书机构任职者具有接触国家藏书机构典藏秘本的机会,其中有多少人用此良机手自抄录虽不可臆测,但利用此种职务之便抄录秘本,甚至私携官书至家雇数人批量抄录的例证并不鲜见。

宋淳祐元年(1241)进士庆元府王应麟曾任秘书监,其"长期在秘书监担任图书整理、承担著作之职。咸淳七年晋升为秘书监,主管南宋王朝图书、著作工作,这为他藏书提供了便利条件。他每入秘府,以小册纳袖中,凡见典籍遗文,则笔录之,复藏袖中出”①。

明成化十一年(1475)探花吴县王鏊曾任文渊阁大学士,其利用职务之便抄录皇室的秘阁藏书,毛晋《云台编》跋云:“吴中所传《云台编》,乃王文恪公从秘阁抄出,凡三卷,又补遗一十有三首,前有郑都官自序,后有祖刺史墓表,童参军后序,洵是善本。”②

明万历三十八年(1610)探花常熟钱谦益曾任翰林院侍读学士,明天启四年(1624),钱谦益以太子谕德兼翰林院编修充经筵日讲官,利用职务之便,抄录罕见之本甚多,自称“余于内阁抄李焘长编”③,又请典籍等内阁官员在阁中抄录内阁藏本,“托锦衣卫胡岐山于内阁典籍抄《昭示奸党三录》”④。钱氏《与吴江潘力田书》亦载此事:“天启乙丑,承乏右坊,欲抄《昭示奸党诸录》,而削夺之命骤下,踉跄出都门,属门下中书,代写邮寄。于时党禁戒严,标题有‘奸党’二字,缮写者援手咋指,早晚出入阁门,将抄书夹置裤裆中,仅而得免。”⑤入清,官南京时,“闻《清教录》刻成,圣祖旋命皮藏其版,不令广布。今从南京礼部库中抄得,内阁书籍中亦无之”⑥。

清乾隆三十一年(1766)进士桐乡陆费墀任四库馆总纂官、文渊阁直阁事。在馆任事历十七年,各阁书籍装潢贮置事悉出一手,得以抄录馆阁秘本。墀在馆期间,“目无未见之书,每披阅会心之处,则手抄节录,若急饥渴”⑦。

清乾隆三十六年(1771)进士余姚周永年利用四库馆总目协勘官、文渊阁校理等职务之便雇佣书工数人抄录馆阁藏书,其友桂馥称其“被征纂修四库书,授翰林院编修,文渊阁校理。当是时,海内学人集辇下,皆欲纳交,投刺踵门。然深相知者,新安程晋芳、归安丁杰、余姚邵晋涵数人而已。借馆上书,属予为四部考,佣书工十人,日抄数十纸,盛夏烧灯校治。会禁借官书,遂罢”⑧。

清嘉庆十年(1805)传胪上虞徐松曾任全唐文馆提调兼总纂。《影印宋会要辑稿缘起》载,“嘉庆十四年,大兴徐星伯(松)入全唐文馆,任提调兼总纂官。时《永乐大典》,已佚去一千余册,然所存尚得十之八九。徐氏签注《大典》时,遇有《宋会要》,即另纸标以“全唐文”三字。盖徐氏力不能置写官,不得不借公济私,假托《宋会要》写纂修《全唐文》之资料,以授写官为之录副也。如是日积月累,据俞正燮《宋会要

---

① 虞浩旭著:《智者之香:宁波藏书家藏书楼》,宁波出版社2006年版,第10页。
② (明)毛晋著,潘景郑校订:《汲古阁书跋》,上海古典文学出版社1958年版,第54—55页。
③ (清)钱谦益撰,潘景郑辑校:《绛云楼题跋》之《东都事略二》,上海古籍出版社2005年版,第16页。
④ (清)钱曾撰,管庭芬、章钰校证:《钱遵王读书敏求记校证》,中华书局1990年版,第231页。
⑤ (清)钱谦益著,(清)钱曾笺注,钱仲联标校:《牧斋有学集》卷三十八《与吴江潘力田书(一)》,上海古籍出版社1996年版,第1319页。
⑥ (清)钱谦益著,钱曾笺注,钱仲联标校:《牧斋初学集》卷八十六《跋清教录》,上海古籍出版社2009年版,第1803页。
⑦ 引郑伟章著:《文献家通考》卷七《陆费墀》,中华书局1999年版,第364页。
⑧ (清)桂馥《周先生永年传》,见(清)钱仪吉纂,靳斯标点:《碑传集》卷五十《翰詹下之中·周永年》,第4册,中华书局1993年版,第1422页。

辑本跋》引徐氏之言，所得无虑五六百卷。卷帙之巨大，可以想见。徐氏未及排比整理而卒。卒后其稿流落北平琉璃厂书肆，为江阴缪荃孙所得”①。

从上述数例史实可以看出，利用国家藏书机构任职之便抄出典藏秘本的江南进士历代有之，且其抄录行为可谓如饥似渴。这种行为属朝廷所严禁，无论是其自身还是其雇佣都承担着极大风险，甚至需要将抄本藏于裤裆中带出。今人戏谑为“雅赚”的这种行为，在当时不啻“偷窃”，至少有失体面，当事人讳莫如深当在情理之中。即便如此，还是有上述多个江南进士相关史实被记载在案，可知利用职务之便丰富私家藏书的江南进士不在少数。

第四节　皇家赐书

历代江南进士中，有些因其学识而受到皇帝的赏识，成为近臣，获得褒奖的机会相对较多。内府书籍是这类近臣的向往之物，皇帝赐书自然使其如愿以偿。

宋绍兴十五年(1145)进士鄞县史浩历仕高宗、孝宗、光宗三朝，获两朝皇帝赐书。《宋史》称其“晚治第于鄞之西湖上，建阁奉两朝赐书。又作堂，上为书‘明良庆会’名其阁、‘旧学’名其堂”②。《天禄琳琅书目后编》卷四著录宋版《四明志》二函十册，记云：“史浩字直翁，鄞县人。绍兴十四年进士，相孝宗，赠会稽郡王，谥文惠。浩初为孝宗建王府教授，又兼直讲。隆兴元年，拜尚书右仆射，旋予祠，淳熙五年复为右丞相，十年，除太保致仕，封魏国公。治第鄞之西湖，建阁奉两朝赐书，上为书‘明良庆会’名其阁，旧学名其堂，故有旧学印章，其曰复隐，盖在请老再归后也。有‘旧学史氏复隐书印’。”③

宋嘉熙二年(1238)进士天台贾似道搜藏图史、金石、书画宏富，甚至有富逾宋代秘阁之誉。其收藏中赐书颇丰，《悦生所藏书画别录一卷》载：“贾似道留心书画，家藏名迹多至千卷，其宣和、绍兴秘府故物，往往请乞得之。”④其所获赐书数量虽未考，但从清代丁丙《武林坊巷志》所述可略见端倪：“翰林国史院有世祖时所赐贾似道没官书数千卷，金石刻多宋渡江以前拓本。”⑤仅当时的翰林国史院就藏有其被查

---

① 北京图书馆善本组编：《影印善本书序跋集录·影印宋会要辑稿缘起》，中华书局1995年版，第155页。

② (元)脱脱等撰：《宋史》卷三百九十六《列传第一百五十五·史浩传》，中华书局1977年版，第12068页。

③ (清)彭元瑞等撰：《天禄琳琅书目后编》卷三，见《清人书目题跋丛刊十》，中华书局1995年版，第287页。

④ (宋)赵与懃等藏，(元)王恽等撰：《画画录》之《悦生所藏书画别录一卷》，上册，(台北)世界书局股份有限公司2009年版，第11—14页。

⑤ (清)丁丙著：《武林坊巷志》之《杭郡诗三辑》，第4册，浙江人民出版社1987年版，第232页。

没的赐书数千卷，而且，这些赐书多为北宋时的珍本。

明代江南进士获得赐书者亦多，状元商辂、榜眼王锡爵、探花王鏊都曾获赐书。王锡爵、叶盛、缪国维、祝以豳等进士还专为珍藏赐书建楼设堂。

明正统十年(1445)状元淳安商辂藏书甚富，亦藏有皇帝赐书。《少保吏部尚书兼谨身殿大学士赠太傅谥文毅商公辂墓志铭》称其"先后蒙赉金币、官服、鞍马、书籍、饮食之类"[①]。其门生王献《荣禄大夫少保吏部尚书兼谨身殿大学士赠特进光禄大夫太傅谥文毅商公行实》记云：辞官归里筑楼为藏书之处，"凡上所赐玺敕、书画、服饰之类，咸庋其中"[②]。

明正统十年(1445)进士昆山叶盛《菉竹堂书目》为世所重，目录为"其家藏书之目。首卷曰制，乃宫颁各书及赐书，赐敕之类，中为经、史、子、集各一卷，末卷曰后录"[③]。黄丕烈称叶盛建有赐书楼："'赐书楼，顾抱冲云是叶氏楼名。余得《张乖崖集》宋刻半部，是赐书楼抄本。'欣夫案：顾云叶氏，不知谁属？文庄显臣，宜有赐书，姑附于此。"[④]

明成化十一年(1475)探花吴县王鏊藏书中就包括赐书，明邵宝《大明故光禄大夫柱国少傅兼太子太傅户部尚书武英殿大学士致仕赠太傅谥文恪王公墓志铭》记云："赐玺书乘传以归。"[⑤]

明嘉靖四十一年(1562)榜眼太仓王锡爵尝藏宋本《六家注文选》六十卷，后由朱彝尊递藏。朱彝尊在其跋中论及王锡爵藏书处曰赐书堂，由此可知其有赐书。跋云："宋崇宁五年镂板，至正和元年毕工。墨光如漆，纸坚致，全书完好。序尾识云，见在广都县北门裴宅印卖。盖宋时蜀笺若是也。每本有吴门徐贲私印，又有太仓王氏赐书堂印记。"[⑥]

明万历十四年(1586)进士海宁祝以豳家有赐书堂，"位于今袁花镇东一市里处"[⑦]。

明万历二十九年(1601)进士吴县缪国维亦藏有赐书，其后人缪楷《经余随笔》

---

① (明)尹直《少保吏部尚书兼谨身殿大学士赠太傅谥文毅商公辂墓志铭》，见(明)焦竑辑：《焦太史编辑国朝献征录》卷十三，《续修四库全书》编纂委员会、复旦大学图书馆古籍部编：《续修四库全书》第525册，上海古籍出版社2003年版，第426页。

② (明)王献《荣禄大夫少保吏部尚书兼谨身殿大学士赠特进光禄大夫太傅谥文毅商公行实》，见(明)商辂著，孙福轩编校：《商辂集》附录一《传记》，浙江古籍出版社2012年版，第565页。

③ (清)永瑢、纪昀主编，周仁等整理：《四库全书总目提要》卷八十七《史部四十三·目录类存目》，海南出版社1999年版，第456页。

④ (清)叶昌炽著，王欣夫补正，徐鹏辑：《藏书纪事诗》卷二，上海古籍出版社1989年版，第119页。

⑤ (明)邵宝撰：《容春堂续集》卷十六《大明故光禄大夫柱国少傅兼太子太傅户部尚书武英殿大学士致仕赠太傅谥文恪王公墓志铭》，见(清)永瑢、纪昀等编纂：《四库全书》第1258册，上海古籍出版社1987年版，景印文渊阁本，第674页。

⑥ (清)朱彝尊《曝书亭序跋》卷十八《宋本六家注文选跋》，见(清)朱彝尊撰：《曝书亭序跋·潜采堂宋元人集目录·竹垞行笈书目》，上海古籍出版社2010年版，第266页。

⑦ 《海宁市志》编纂委员会：《海宁市志》第二十七编《文化》，汉语大辞典出版社1995年版，第977页。

载:“吴门世泽石桥头,家有赐书藏小楼。”①

丁申著《武林藏书录》载,明崇祯四年(1631)进士仁和吴太冲家“有赐书,轴带帙签,至与山阴祁氏、海虞钱氏埒”②。

清代,尤其是康乾年间藏书文化繁盛,江南进士藏书有成者众多,其中获皇家赐书者亦多,其中包括康熙状元彭定求、雍正探花梁诗正、乾隆状元毕沅。毕沅、蒋杲、邹炳泰等还专门建造御书阁、赐书楼以藏赐书。

《国朝先正事略》记有清康熙十五年(1676)状元吴县彭定求获赐御书事:“圣祖南巡,大吏称先生学行。首赐御书,命开局扬州,与诸词臣共校《全唐诗》。”③

清康熙五十二年(1713)进士长洲蒋杲,藏书处曰赐书楼。清雍正抄本《皇甫持正集》为蒋氏赐书楼钞本,沈津跋云:“赐书楼为蒋杲藏书楼名。蒋为长洲人,字子遵,号篁亭,灿四世孙,何焯弟子。康熙五十二年进士。富藏书。历户部郎中,出知廉州府,年四十九卒。”④潘景郑《蒋子遵手校弘治本陈后山集》云:“其藏书处曰赐书楼,在吾饮马桥北,俗称蒋司马宅者是。”⑤

清雍正八年(1730)探花钱塘梁诗正所藏书有部分属赐书,其孙梁玉绳曾在《清白士集总序》中说道:“夙承祖、父风训,家有赐书,得以研诵为娱。”⑥

《杭州府志》载,清乾隆十年(1745)进士钱塘汪宪“喜蓄书,丹铅多善本”⑦,“四库馆开,宪子汝瑮进呈家藏善本书六百余种蒙赐《佩文韵府》”⑧。

清乾隆二十五年(1760)状元太仓毕沅移居苏州时,“于灵岩山建御书阁,以奉赐书”⑨。是宅曰灵岩山馆,御书楼中藏御书墨宝及字画法帖,钱大昕为书《御书楼记》。

《协办大学士邹公墓志铭》载,清乾隆三十七年(1772)进士金匮邹炳泰“归家

---

① (清)缪楷撰:《经余随笔》卷二,见王德毅主编:《丛书集成续编》第25册,(台湾)新文丰出版公司1988年,第68页。

② (清)丁申著:《武林藏书录》卷中《宝名楼》,古典文学出版社1957年版,第50页。

③ (清)李元度著,易孟醇点校:《国朝先正事略》卷三十《名儒·彭南畇先生事略》,岳麓书社1991年版,第870页。

④ 沈津著:《书城挹翠录》,上海社会科学院出版社1996年版,第172页。

⑤ 潘景郑著:《著砚楼读书记·蒋子遵手校弘治本陈后山集》,辽宁教育出版社2002年版,第467页。

⑥ (清)梁玉绳《清白士集总序》,见南开大学古籍与文化研究所编:《清文海》第53册,国家图书馆出版社2010年版,第124页。

⑦ (清)钱陈群《刑部员外郎鱼亭汪君传》,见《清代诗文集汇编》编纂委员会编:《清代诗文集汇编》348,(清)汪宪撰:《振绮堂诗存》卷首,上海古籍出版社2010年版,第330页。

⑧ (清)陈璚修,(清)王棻纂;屈映光续修,陆懋勋续纂;齐耀珊重修,吴庆坻重纂:《民国杭州府志(三)》卷一百四十六《文苑三》,见《中国地方志集成·浙江府县志辑》(3),江苏古籍出版社1991年版,第480页。

⑨ (清)王昶著,陈明洁、朱惠国、裴风顺点校:《春融堂集》卷五十二《兵部尚书都察院右都御史湖广总督赠太子太保毕公神道碑》,上海文化出版社2013年版,第913页。

居，谢客，大吏罕识其面。构屋数楹奉安御书匾额及恩赐书籍、珍物以志异数”①。

清咸丰二年（1852）进士仁和王文韶家藏御赐内府刻本、钞本甚多，均为外间不易见者。其孙王绳伯所藏其祖父“历蒙清廷颁赏各种方略及遗集图书”②后归盛怀宣。

《藏书纪事诗》载：“乾隆三十九年，奉上谕：‘进书百种以上如江苏周厚堉、蒋曾莹，浙江吴玉墀、孙仰曾、汪汝瑮，以及朝绅中黄登贤、纪昀、励守谦、汪如藻等，俱藏书旧家。着每人赏给内府初印之《佩文韵府》各一部，俾珍为世宝，以示嘉奖。’”③这里提及的向四库馆进书的汪如藻为乾隆四十年（1775）进士，浙江嘉兴秀水人，同时获得乾隆皇帝赐书。

第五节　祖辈留存

历代江南进士能够登第入仕，往往离不开家族数代人的积累。尽管江南进士亦有早先贫不能得书，书多手抄强记者，而藏书有成的江南进士中具有祖辈旧藏者更为多见，这方面的史料记载颇多。

宋元丰二年（1079）进士归安沈偕好藏书，尤多国子监书，颇为珍贵。其父沈思嗜好藏书，尝在东林山和金盖山均建有别业，“藏书数万卷”④。

宋绍兴十五年（1145）进士钱塘洪迈考阅典故，渔猎经史，有《容斋五笔》《夷坚志》行于世，其他著述尤多。其藏书中就有手自抄写的《资治通鉴》二百九十四卷，380多万字，另有《目录》三十卷。其父洪皓即为藏书万卷进士，洪适《盘洲文集·先君述》称其父洪皓，好古籍书画，精鉴别，“见书画不计直必得之，乃已有书万余卷，名画数百卷”⑤。绍兴间，金人犯秀州时皆厄兵烬，居穷绝城。然洪皓藏书之志未泯，后仍续事搜求，被金国拘十五年间乃访求于廛市之间，换易于将帅之家。所得甚多，及放归，乃捆载以还。洪迈曾言：“先公自燕归，得龙图阁书一策，曰《贻子录》，有‘御书’两印存。……意必高从诲擅荆渚时，宾僚如孙光宪辈者所编，皆训儆

---

① （清）王引之撰：《王文简公文集》卷四《协办大学士邹公墓志铭》，《续修四库全书》编纂委员会、复旦大学图书馆古籍部编：《续修四库全书》第1490册，上海古籍出版社2003年版，第400页。

② 盛氏愚斋图书馆编：《愚斋图书馆藏书目录·序》，见郑伟章著：《文献家通考》卷十八，中华书局1999年版，第1020页。

③ （清）叶昌炽著，王欣夫补正，徐鹏辑：《藏书纪事诗》卷四，上海古籍出版社1989年版，第523页。

④ 王克文主编：《湖州市志》第九章《图书》，昆仑出版社1999年版，第1899页。

⑤ （宋）洪适著：《盘洲文集·先君述》，见（清）永瑢、纪昀等编纂：《四库全书》第1158册，上海古籍出版社1987年版，景印文渊阁本，第750页。

童蒙。”①

宋绍兴三十年(1160)进士义乌何恪性好古,藏书至万卷,博览而工于文,陈亮尝称其奇壮精致,反复开阖而卒能自阐其意。其父何渠,“为家教购置书籍数千卷”②。

宋绍兴三十二年(1162)进士山阴陆游自称藏书“列屋万牙签”③。其高祖陆轸即富藏书,且代有传人,其父陆宰一次献书就达万余卷,可见其藏书之富。陆游云:“我家释耒起。远自东封前。诗书守素业。蝉联二百年。”④《嘉泰会稽志》曰:“越藏书有三家:曰左丞陆氏、尚书石氏、进士诸葛氏。中兴府始建,尝于陆氏就传其书。而诸葛氏在绍兴初,颇有献焉,可以知其所蓄之富也。……三家图籍,其二氏尝更废迁,而至今最盛者惟陆氏。”⑤宋南渡后,国家更变,官府藏书丧亡略尽,绍兴十三年(1143),始建秘书省,“仍诏求遗书于天下,首命绍兴府录朝请大夫、直秘阁陆宰家所藏书来上,凡万三千卷有奇……先是有布衣诸葛行仁,亦会稽人,进所藏书八千五百四十六卷,赏以官,实绍兴五年六月也。陆氏书几倍之”⑥。可见陆游祖辈藏书宏富。

宋乾道二年(1166)进士平湖赵汝愚父辈皆嗜读书,家已有藏书三万卷,至赵汝愚,增益至五万卷。其父赵善应以藏书名世,朱熹所撰《笃行赵君彦远墓碣铭》载其藏书故实云:“好读书,所藏至三万卷。”⑦

元泰定四年(1327)进士山阴杨维桢博学多才,在文学、经学、史学、书法艺术上都卓有成就,所著《春秋大意》《左氏君子议》《史钺》《丽则遗音》及志、序、碑、铭、赞、颂、古乐府、近体、五七言诗、铙歌、鼓吹曲等若干卷行于世,是今存辞赋数量最多的大家之一。《明史》载,其“父宏,筑楼铁崖山中,绕楼植梅百株,聚书数万卷,去其梯,俾诵读楼上者五年,因自号铁崖”⑧,可见其父为杨维桢提供了数万卷藏书。

明正统十年(1445)进士昆山叶盛藏书之富甲于海内,所藏二万余卷,奇秘者仅亚于《册府》。其著有《菉竹堂稿》《泾东小稿》《水东诗文稿》《开封纪行诗》《西垣奏草》《边奏存稿》《两广奏草》《上谷奏篇》《水东日记》《卫族考》若干卷,《叶氏书目》

---

① (宋)洪迈著,鲁同群,刘宏起点校:《容斋续笔·贻子录》卷十三,中国世界语出版社1995年版,第240页。

② 李玉安、黄正雨编著:《中国藏书家通典·两宋》,中国国际文化出版社2005年版,第144页。

③ (宋)陆游撰:《陆游集》之《剑南诗稿》卷十二《初秋小疾效俳谐体》,中华书局1976年版,第349页。

④ (宋)陆游撰:《陆游集》之《剑南诗稿》卷三十一《岁暮感怀以余年谅无几休日怆已迫为韵》,中华书局1976年版,第831页。

⑤ (宋)施宿、张淏等撰,李能成点校:《南宋会稽二志点校》之《嘉泰会稽志》卷十六《藏书》,安徽文艺出版社2012年版,第318页。

⑥ (宋)施宿、张淏等撰,李能成点校:《南宋会稽二志点校》之《嘉泰会稽志》卷十六《求遗书》,安徽文艺出版社2012年版,第318—318页。

⑦ 郭齐、尹波点校:《朱熹集》卷九十二《笃行赵君彦远墓谒铭》,四川教育出版社1996年版,第4692—4693页。

⑧ (清)张廷玉等纂修:《明史》卷二百八十五《列传第一百七十三·杨维桢传》,中华书局1974年版,第7308页。

六卷《碑目》十卷等。其父叶春就极富藏书,《吴中叶氏族谱·醉耕公墓志铭》称其“建家塾,积书延师,以教诸子及里之子弟”①。

明嘉靖二年(1523)进士鄞县丰坊藏书数万卷,藏书处曰万卷楼。藏书多宋元两代珍贵的刻本、抄本和碑帖。从全祖望所撰《天一阁藏书记》可以看出,天一阁藏书也源自丰氏万卷楼,《天一阁藏书记》称丰氏“万卷楼之储,实自元祐以来启之”②。可知丰坊万卷楼藏书亦有祖辈所遗留的藏书基础,丰坊通籍后,悉以俸禄购书,其家藏书又积万余卷③。《藏书故事》称,丰坊“家藏书多是祖传,自北宋元祐年间十五世祖丰稷开始,到丰坊已传十六代,达470年,人称是传承最久的家族藏书”④。

明嘉靖二十六年(1547)进士太仓王世贞藏书名重一时,同为明代江南进士的范钦曾与其家藏以书目相较。其藏书最富,二典之外尚有三万余卷,其他即墓铭、朝报积之如山。仅以宋版善本而言,其收藏就超过二千余卷。王世懋亦进士,与兄世贞皆以藏书闻名于世,其藏室处有宝觯斋、澹园,又有鹞适轩,名画及经史图籍充轫其中,多藏宋版书。其父王忬为嘉靖二十年(1541)进士,其窥晓百家,尤笃精于经术,益以宏博而湛邃于理旨。王忬又雅好刻书,如刻印过宋曾巩《南丰先生元丰类稿》五十卷《附录》一卷,是书题“明嘉靖戊申王忬刻本……每卷大题后第二行结衔称‘明进士巡按湖广监察御史、后学姑苏王忬校刻’”⑤。王世贞承其父藏书,也为其后代藏书奠定了基础。其子士骐为万历十七年(1589)进士,好藏书且继承其父所遗之书。清初查慎行《人海记》云:“王元美所著《读书后》四本,捐馆后,公子吏部士骐于货郎担中重得,刻以行世。”⑥

明嘉靖三十二年(1553)进士昆山顾章志嗜读书,喜作文,俸禄多半购置图籍,其藏书不重装帧而重阅读内容。其曾孙顾炎武《抄书自序》称:“洎万历初,而先曾祖历官至兵部侍郎,中间莅方镇三四,清介之操,虽一钱不以取诸官,而性独嗜书,往往出俸购之,及晚年而所得之书过于其旧,然绝无国初以前之板。而先曾祖每言:‘余所蓄书,求有其字而已,牙签锦轴之工,非所好也。’”⑦此处所谓晚年所得之书过于其旧,旧藏当包括其父藏书。顾章志父顾济为明正德十二年(1517)进士,玄孙顾炎

① 引江庆柏著:《明清苏南望族文化研究》,南京师范大学出版社1999年版,第228页。

② (清)全祖望著:《鲒埼亭集外编》卷十七《天一阁藏书记》,见王云五主编:《万有文库》第二集(七百种),(上海)商务印书馆1936年版,第883页。

③ 参见(明)丰坊撰:《万卷楼遗集》卷一《世统本序》,见北京图书馆古籍出版编辑组编:《北京图书馆古籍珍本丛刊》109《集部·明别集类》,书目文献出版社1989年据明万历四十五年丰建刻本影印,第5页。

④ 余章瑞编著:《藏书故事》,北京出版社2001年版,第102页。

⑤ (清)叶德辉撰,杨洪升点校:《郎园读书志》卷八《集部·南丰先生元丰类稿》,上海古籍出版社2010年版,第377页。

⑥ (清)查慎行著:《人海记》卷下《毁论一炬》,北京古籍出版社1989年版,第61页。

⑦ (清)顾炎武《抄书自序》,见(清)顾炎武著,张兵选注评点:《顾炎武文选》,苏州大学出版社2001年版,第39—40页。

武称其有书六七千卷，《抄书自序》记曰："先高祖为给事中，当正德之末。其时天下惟王府官司及建宁书坊乃有刻板，其流布于人间者，不过《四书》《五经》《通鉴》《性理》诸书。他书即有刻者，非好古之家不蓄，而寒家已有书六七千卷。嘉靖间，家道中落，而其书尚无恙。"①

明秀水沈谧、沈启原、沈自邠三代皆为进士，均以藏书为世所重，其藏书幸得祖辈余绪。沈自邠为万历五年(1577)进士，生而韶秀，嗜学，尽读家所藏书，而好窥大旨，发为文章，清素冠冕，无险巇诘曲态，故自诸生至入馆试辄高等。为人恂恂雅饰如冰清玉润，颇似其文。于书无所不窥，为文辞援笔立就，不事搜讨而精意亹亹，深中尺度，诗不名一家，冲夷雅俊，类其为人，著作甚富。其父沈启原为嘉靖三十八年(1559)进士，嗜读书，所藏图籍甚富，包括许多法书字帖、金石遗文、图书卷轴、彝鼎器物等。其同邑明代进士过庭训称其"平生珍玩、货宝、声色、狗马略不屑，意而所笃好惟图籍，上自金匮石室之藏，以至古今集，悉购无遗，或少缺略，借之储家，务缮写完好乃已"②。沈启原藏书又是在其父沈谧万书楼基础上所建。沈谧为嘉靖八年(1529)进士，明人徐象梅《两浙名贤录》云：沈谧累官"山东右参议，未几迁陕西关南道副使。丁丑子邠成进士，以庶吉士第一读中秘书，原闻报叹曰：'予家世耕读，何修而受国恩三世哉，吾其归矣。'……平生珍玩货宝声色狗马略不屑，意而所笃好惟图籍，旧有万书楼为先人藏书处，至是所积滋多，复构楼贮之，名曰芳润"③。

明万历三十二年(1604)进士山阴祁承㸁嗜书成癖，藏书十万余卷，悉人间罕觏密册，富甲东南。其《澹生堂藏书约》中提及承先世藏书："通奉公在仕二十余年，有遗书五七架，庋卧楼上。……十余年来，馆谷之所得，饘粥之所余，无不归之书者。合之先世，颇逾万卷，藏载羽堂中。"④

明万历四十七年(1619)进士秀水项梦原有刻书处宛委堂，所刊之书被叶德辉目为明人刻书精品。其父明代江南进士项笃寿藏书甚富，为浙中藏书名家。清代藏书大家朱彝尊《曝书亭集》称项笃寿"性好藏书，见秘册辄令小胥传抄，储之舍北万卷楼"⑤。其万卷堂与其子项梦原宛委堂刻书在明代都享有盛名，被叶德辉《书林清话》列入明代刻书之精品⑥。作为嘉靖四十一年(1562)进士的项笃寿亦承有祖辈藏

---

① (清)顾炎武《抄书自序》，见(清)顾炎武著，张兵选注评点：《顾炎武文选》，苏州大学出版社2001年版，第39—40页。

② (明)过庭训撰：《本朝分省人物考》卷四十五《沈启源》，见《续修四库全书》编纂委员会、复旦大学图书馆古籍部编：《续修四库全书》第534册，上海古籍出版社2003年版，第205页。

③ (明)徐象梅撰：《两浙名贤录》卷四十二《恬裕·广西按察副使沈道初启原》，浙江古籍出版社2012年版，第1096—1097页。

④ (清)祁承㸁撰：《澹生堂藏书约》，中华书局编辑部：《丛书集成初编》013，中华书局2011年影印本，第491—492页。

⑤ (清)朱彝尊撰：《曝书亭集》卷五十三《书万岁通天帖旧事》，见(清)永瑢、纪昀等编纂：《四库全书》第1318册，上海古籍出版社1987年版，第245页。

⑥ 参见(清)叶德辉著：《书林清话》卷五，上海古籍出版社2012年版，第104页。

书,其父项铨即富收藏。《嘉兴历代人物考略》称项铨为“明收藏家。……富甲一方,收藏鸿富”①。

《清史列传》载,清康熙五十四年(1715)进士慈溪裘琏嗜藏书,读书于玉湖楼,牙签万卷。《清史列传》称其“家故有玉湖楼,藏书数千卷”②。裘琏《上黄梨洲书》云:“玉湖楼藏书过范氏天一阁。”③

清乾隆十七年(1752)进士丹徒蒋宗海号春农,嗜书如命,家藏书籍三万多卷。其在先世丰富藏书基础上又有增益。《五十万卷楼群书跋文·元刊诗人玉屑跋》载:“春农先生字星岩,号冬民。乾隆十七年举于乡,后成进士,授内阁中书舍人,选入军机处行走。先世多藏书,先生增购益富。”④

清乾隆二十五年(1760)进士吴县吴泰来藏书多宋元善本,藏书处曰璜川书屋,藏书多承其祖铨(字容斋)、其父用仪所藏。其祖、父均收藏万卷。《春融堂集》载:“君祖父以素封称,家有璜川书屋,别业在砚山下,园名遂初,有花木亭台之胜,藏书万余卷,书画古器称是吴下。”⑤“其尊人用仪(拙庵),复购书数万卷其中,多宋元善本。”⑥《木渎小志》卷三亦载:“吴泰来,字企晋,号竹屿。祖铨,吉安太守,归筑遂初园于木渎。父用仪,购书数万卷藏其中,多宋元善本。”⑦

清乾隆三十一年(1766)进士秀水汪孟鋗及其长子乾隆四十年(1775)进士汪如藻,均托祖辈藏书余荫。汪孟鋗“家故饶,至孟鋗时渐落,而先世裘杼楼万卷之藏书故在,孟鋗兄弟搜访其间”⑧。汪如藻“承先世累代藏书,裘杼楼……碧巢之旧藏,尽为其所有”⑨。

清乾隆三十六年(1771)进士歙县程晋芳嗜书籍若渴,藏书三十年,积至三万余卷。自称家有故藏五千余卷,在此基础上其劬力搜购抄录至数万卷:“余十三四岁即好求异书,家所故藏凡五千六百余卷。有室在东偏,上下楼六间,庭前杂栽桂树,名之曰桂宧。四方文士来者,觞咏其中。得一书则置楼中,题识装潢,怡然得意。吾友秀水李情田知余所好,往往自其乡挟善本来。且购且抄,积三十年而有书三万

---

① 傅逅勒撰:《嘉兴历代人物考略》,香港天马出版有限公司2005年版,第56页。

② 王钟翰点校:《清史列传》卷七十一《文苑二·裘琏》,第18册,中华书局1987年版,第5804页。

③ 童银舫、王孙荣主编:《慈溪旧闻》,浙江古籍出版社2009年版,第42页。

④ 莫伯骥《五十万卷楼群书跋文》集部六《诗人玉屑》,见国家图书馆编:《国家图书馆藏古籍题跋丛刊》第29册,北京图书馆出版社2002年版,第90—91页。

⑤ (清)王昶著,陈明洁、朱惠国、裴风顺点校:《春融堂集》卷三十九《吴企晋〈净名轩遗集序〉》,上海文化出版社2013年版,第715页。

⑥ (清)王昶著,周维德校辑:《蒲褐山房诗话新编》卷上,齐鲁书社1988年版,第89—90页。

⑦ 张干十辑:《木渎小志》卷二《人物四》,(台湾)成文出版社1983年版,第164页。

⑧ (清)严辰纂:《光绪桐乡县志》卷十五《人物下·文苑·汪孟鋗》,见上海书店出版社编:《中国地方志集成·浙江府县志辑》(23),上海书店出版社2011年版,第580页。

⑨ 郑伟章著:《文献家通考》卷八《汪如藻》,中华书局1999年版,第406页。

余卷。”①

清乾隆五十二年(1787)榜眼寓居江宁的孙星衍好聚书,闻人家藏有善本,借抄无虚日,金石文字拓本、古鼎彝书画,靡不考其源委。其父节衣缩食积下的数柜藏书为其童年所好之物。其《孙氏祠堂书目序》云:“家大人少孤贫,好聚书。易衣物购之,积数柜。旋以北试入都。予生四五龄时,既就傅。归,窃视柜中书,心好之。”②

清嘉庆十三年(1808)进士嘉兴钱仪吉号衎石,其从弟钱泰吉称其所藏宋本为先世旧籍:“兄聚书数万卷,皆数十年节衣缩食而得之者。宋本岳倦翁《棠湖诗稿》,先世旧籍也。”③

清嘉庆十九年(1814)进士萧山王端履俦侣多显贵,宦浙者亦不通书问,家有书十万卷。其父王宗炎即为藏书十万卷的进士,陆以湉称:“萧山王谷塍大令宗炎,学问淹博,性尤恬退。家有中产,仅足温饱。既通籍,遂杜门不出,筑十万卷楼,以文史自娱。子端履入词林,即贻之书曰:‘我已知足,汝当知止,毋恋浮名而失真乐也。’因亦乞病归。大令著有《晚闻居士集》,尝谓:‘宋艺祖以受禅开基,《通鉴》自不得以魏为篡;高祖以宗枝再造,《纲目》自不得以蜀为伪。’读书论世,其说至精。”④

清道光十八年(1838)进士江宁甘熙家有藏书数万卷,金石鼎彝充牣璀璨。其《白下琐言》记载其父甘福极嗜书且收藏甚富:“积至十余万卷,于宅之东筑津逮楼以藏之。”⑤“家大人留心掌故,凡此类之书,搜访尤殷。”⑥

清道光二年(1822)进士常熟翁心存以下连续四代登第,有两朝宰相、两朝帝师、叔侄状元,代有藏书名家,其藏书均承祖辈余荫。光绪三年(1877)进士翁斌孙雅好藏书,其笏斋藏书有其父同治二年(1863)状元翁曾源、其叔祖翁同龢旧藏。常熟市图书馆古籍部藏有其所著《笏斋所藏物》一册,著录收藏碑帖,每种帖下注明“家传旧物”“文勤公旧藏”“父亲藏”“叔祖赐”,或“购于某地”等。其为珍本不惜重金,曾以千五百金购得某宋本书。翁斌孙之父,状元翁曾源藏书蔚为大观,尝手抄黄宗羲《今水经》一卷,顾祖禹《读史方舆纪要总论》不分卷,《水心镜》六卷,光绪二年(1876)手抄其父稿本《宋诗纪事摘录》一百卷。其不仅谨守父亲翁同书藏书,还常与叔父翁同龢游览书肆,购藏得明刻、清初刻本达三百余种。潘祖荫称:“今常熟藏

---

① (清)程晋芳撰:《勉行堂文集》卷二《桂官藏书序》,见《清代诗文集汇编》编纂委员会编:《清代诗文集汇编》343,上海古籍出版社2010年版,第453页。

② (清)孙星衍《孙氏祠堂书目序》,见(清)孙星衍撰,焦桂美、沙莎标点:《平津馆鉴藏记书籍 廉石居藏书记 孙氏祠堂书目》,上海古籍出版社2008年版,第235页。

③ (清)钱泰吉撰:《曝书杂记》卷下,见中华书局编辑部:《丛书集成初编》013,中华书局2011年影印本,第343页。

④ (清)陆以湉撰,崔凡芝点校:《冷庐杂识》卷八《王谷塍》,中华书局1984年版,第453—454页。

⑤ (清)甘熙撰:《白下琐言》卷七,南京出版社2007年版,第120页。

⑥ (清)甘熙撰:《白下琐言》卷五,南京出版社2007年版,第80页。

书家,惟叔平及瞿君敬之。"①翁同龢自幼受父兄影响甚深,部分藏书来自父兄。其父翁心存藏书多半传给同书,而同书长同龢二十岁,长兄如父,感情甚笃,同书又转传同龢,翁同龢收藏印"文端文勤两世手泽同龢敬守"即可为证。同书、同龢昆仲部分藏书是其父翁心存旧藏。翁心存常年在外为官,其藏书一直藏于常熟故居彩衣堂内,藏书室名曰知止斋,又名陔华吟馆、震无咎斋。所藏甚富,尤多稿本、精钞本,藏书共四万余册。而其收藏亦受其父翁咸封影响。翁咸封尝创建石室书院,参修《海州志》,入祀海州名宦祠。著有《潜虚文钞》四卷《诗钞》三卷、《潜虚制义钞》、《翁咸封制艺》,终身"讽咏不绝于口,丹黄不辍于手"②,藏书于困学斋。

清光绪十二年(1886)进士诸暨陈遹声家藏古籍与名人字画数万卷,且多孤品、珍品。1949 年,张大千购得所藏王冕《墨梅图》,图中钤有陈遹声收藏之印"畸园珍藏"。题签"王元章梅花真迹,清宫旧藏。己丑(1949)得于香港",并钤有"敌国之富"等鉴藏印。其先世,至其祖、父均有藏书,虽屡遭兵火,其家族孜孜以求延续书香。俞樾为陈遹声父烈新撰《墓志铭》云:"陈君讳烈新,蓴斋其字也,浙江诸暨县人。陈故巨族,元末有玭者始建日新楼以藏书,其子黼又建曰宝书斋之。六世孙曰性学、曰心学;七世孙曰于朝、曰于京,代有增益。于朝之子洪绶裒其先世所藏建七章庵以庋之。七章庵陈氏藏书遂为越中冠。及君之生,稍稍散佚矣,然七章庵故物犹有存者。君孳孳于学,寝馈其中。"咸丰间,"粤寇初平,故家零落,倦圃、曝书亭所藏书籍流散人间,君以先世本藏书家笃好尤甚,暇日游书肆,偶得一二辄以重价购之,若获异宝"。咸丰"十二年,子遹声举于乡,君曰:吾可归而老矣。即引疾归,所居曰枫桥镇,故有见大亭乃明给谏缵亭骆公讲学处也。时已毁于火。君慕骆之为人醵资兴筑,以公所著万一楼集藏其中,使邑之后进读其遗书,有以兴起。君历所任余俸钱,悉以购书,元明椠本往往存焉。于宅西建授经堂,藏所得书。其后遹声成进士,官翰林。每至琉璃厂书肆,遇有精椠旧钞必购以奉君。君手为雠校,详告以版本之良楛,诸家之源流,孜孜焉以为颐老之一乐。于是陈氏藏书又富,虽不能复七章庵之旧,然已逾二万卷矣"③。"其授经堂,堂址枫桥镇。清咸丰间陈烈新藏书处"④。

清光绪十六年(1890)进士会稽范迪襄家无长物,冬一敝裘,逾五十年,然藏书颇富。其曾祖积有与天一阁相埒之藏书。其《廉让闲居书录》自序称:"余先曾大父宦游数十年,廉俸咸以购书,已骎骎与天一阁埒。"⑤

---

① (清)潘祖荫《稽瑞楼书目序》,见(清)陈揆编:《稽瑞楼书目》,中华书局 1985 年版,第 1 页。

② (清)翁心存《常熟璇洲里翁氏族谱序》,常熟市博物馆藏,第 13 页。

③ (清)俞樾撰:《春在堂杂文六编》卷五《蓴斋陈君墓志铭》,见《续修四库全书》编纂委员会、复旦大学图书馆古籍部编:《续修四库全书》第 1551 册,上海古籍出版社 2003 年版,第 71 页。

④ 诸暨县地方志编纂委员会:《诸暨县志》二十二篇《文化》,浙江人民出版社 1993 年版,第 777 页。

⑤ 范迪襄撰:《廉让闲居书录》自序,稿本,中国国家图书馆有藏。

第六章　江南进士藏书理念与特色

第一节　因读而藏 以书为伴

一、因读而藏

中国藏书文化源远流长,历代都不乏热衷藏书者。藏书目的各种各样,或为阅读,或为治学,或为逐利,或为守成,或为风雅,或为流芳等。江南进士藏书的主要目的在于阅读和治学。科举制度下,江南士人将进士及第视为人生重要目标,登第有赖于苦读,而苦读必须有书,藏书就成为科举的重要保证。

即便是寒族子弟也会通过手抄强记增加藏书,以便为科举或治学打下良好的基础。袁桷《袁氏旧书目序》记载了其曾祖,宋淳熙十四年(1187)进士四明袁韶为科举考试而聚书之事:“袁氏旧书之存于今者也,始曾大父越公举进士时,贫不能得书,书多手抄强记。”[①]不仅手抄,甚至强记,可见在江南进士漫漫应试之路上藏书的重要作用。

宋绍圣四年(1097)进士吴县叶梦得藏书甚富,其藏书逾十万卷,又嗜读书,终身手不释卷,《宋史》称其“嗜学蚤成,多识前言往行,谈论亹亹不穷”[②]。叶氏自称:“吾旧所藏,仅与宋氏等,而宋氏好书,人所未见者,吾不能尽得也。自六经、诸史与诸子之善者,通有三千余卷。读之固不可限以数,以二十年计之,日读一卷,亦可以再周,其余一读足矣。惟六经不可一日去手。吾自登科后,每以五月以后,天气渐暑,不能泛及他书,即日专诵六经一卷,至中秋时毕,谓之‘夏课’,守之甚坚。宣和后始稍废,岁亦必一周也。每读不唯颇得新意前所未达者,其先日差误所获亦不少,故吾于六经似不甚灭裂。《南史》记徐盛年过八十,犹岁读五经一遍,吾殆不愧此。”[③]“本朝公

---

① (元)袁桷撰:《清容居士集》卷二十二《袁氏旧书目序》,见中华书局编辑部:《丛书集成初编》451,中华书局2011年影印本,第553页。

② (元)脱脱等撰:《宋史》卷四百四十五《列传第二百四·叶梦得传》,中华书局1977年版,第13132页。

③ (元)马端临著,华东师范大学古籍研所标校:《文献通考·经籍考》卷一,上册,华东师范大学出版社1985年版,第33—34页。

卿家藏书，惟宋宣献最精好而不多。盖凡无用与不足观者，皆不取，故吾书每以为法也。”[①]至晚年仍好学不辍，其《避暑录话》卷一亦记载其晚年读书之情况：“因日取所喜观者数十卷，命门生等从旁读之，不觉至日昃。旧得酿法，极简易，盛夏三日辄成。色如湩醴，不减玉友。仆夫为作之。每晚凉即相与饮三杯而散，亦复盎然。读书避暑固一佳事，况有此酿。忽记欧文忠诗，有‘一生勤苦书千卷，万事消磨酒十分’之句，忾然有当于心。”[②]

叶梦得藏书数万卷，读万卷书，其著述繁富，据现有文献记载，冠其名的著述多达五十余种，现传世尚有二十余种，一百一十余卷，如著有笔记《避暑录话》二卷，《石林燕语》十卷，《石林词》一卷，《石林诗话》三卷，《石林居士建康集》等。王士祯《带经堂诗话》卷九《标举类》四：“《叶石林全集》一百卷，桑民怿家书目有之，今不可得。《建康集》八卷，则绍兴八年再帅建康作也。石林，晁氏之甥，及与无咎、张文潜游，为诗文笔力雄厚，犹有苏门遗风，非南渡以下诸人可望。又叶石林学有师承，笔力雄迈，犹有东京盛时风气，非南渡诸人所及。案《经籍志》《石林集》百卷，今所传止《建康集》八卷，余率湮没，幸《避暑录话》《燕语》《放言》《玉藻》等书犹存说部中。”[③]

宋绍兴十八年(1148)进士婺源朱熹特别注重为读书而藏书的理念，在《答廖子晦》书中云：“《论语集注》已移交两县，并作书属之矣。今人得书不读，只要卖钱，是何见识？苦恼杀人，奈何奈何！”[④]对于藏书牟利而非为读而藏的行为疾首蹙额而又无可奈何的神态跃然纸上。朱熹认为藏书是为读书与治学服务，是一种学习手段，是学习研究的需要，以更好地传圣贤之学，尝云：“所云筑室藏书，此亦恐枉费心力，不如且学静坐，闲读旧书，涤去世俗尘垢之心，始为真有所归宿耳。”[⑤]“其所以必曰读书云者，则以天地阴阳、事物之理、修身事亲、齐家及国，以至于平治天下之道，与凡圣贤之言行，古今之得失，礼乐之名数，下而至于食货之源流，兵刑之法制，是亦莫非吾之度内，有不可得而精粗者。若非考诸载籍之文，沉潜参伍，以求其故，则亦无以明夫明德体用之全，而止其至善精微之极也。”[⑥]指出图书载有天下万物之理、修

---

① (元)马端临著，华东师范大学古籍研所标校：《文献通考·经籍考》卷一，上册，华东师范大学出版社1985年版，第33页。

② (宋)叶梦得撰，田松青、徐时仪点校：《石林燕语·避暑录话》之《避暑录话》卷一，上海古籍出版社2012年版，第102页。

③ 曾枣庄、李凯、彭君华编：《宋文纪事》卷六十五《叶梦得》，下册，四川大学出版社1995年版，第926页。

④ (宋)朱熹《晦庵先生朱文公文集》卷四十五《答廖子晦》，见朱杰人、严佐之、刘永翔主编：《朱子全书》第22册，上海古籍出版社、安徽教育出版社2002年版，第2087页。

⑤ (宋)朱熹《晦庵先生朱文公文集》卷六十三《答甘道士》，见朱杰人、严佐之、刘永翔主编：《朱子全书》第23册，上海古籍出版社、安徽教育出版社2002年版，第3048页。

⑥ (宋)朱熹《晦庵先生朱文公文集》卷八十《福州州学经史阁记》，见朱杰人、严佐之、刘永翔主编：《朱子全书》第24册，上海古籍出版社、安徽教育出版社2002年版，第3813页。

齐治平之道、古之圣贤言行，故后来之人当通过读书寻其源，探其流，考证历史，获得知识。朱熹尝利用金石文字来考证历史，其《答巩仲至》载："焦山《瘗鹤铭》下有《冬日泛舟》诗一篇，句法既高，字体亦胜，与铭文意象大略相似，必是一手。作者自题王姓，而名逸。近世好事者亦少称之，独赵德夫《金石录》题识颇详，而以作者为王瓒，必是当时所传本其名尚完也。今《选》诗中有此名字，而此诗体制只似唐人，恐又或非一人。不知亦曾见之否？中间托陈安行子弟问之，云从来无问及者，独张机仲临镇时尝遣人摹之，因得数本。今往一通，幸试考之。"[①]还利用山壁所题，参以《金石录》和《文选》所记，来考证诗篇《冬日泛舟》的作者。后人编有《朱子金石学》一书，鲍鼎为其作序云："治宋学者恒讥诽金石学为玩物丧志，而金石学家每不能与之辨，虽愤之于心，终不克宣之于口。盖嗜金石者，大率只攻金石一门，其他学术俱未研讨，至多兼及文字学而已，况宋学乎？不知真正宋儒亦曾研求金石。宋儒之宗，首推朱子。而朱子于金石学上固大有发明，以之证经考古，靡不极其能事。旁及泉布钵印，无不兼甄博取。朱子克治之功，古今罕见，果使金石无助于学术，等之玩好，则朱子必不论列及之，可断言也。朱子论石刻而班班可纪者，如秦之罘刻石。"[②]朱熹还撰写《福州州学经史阁记》《建宁府建阳县学藏书记》《徽州婺源县学藏书阁记》《藏书阁书厨字号铭》《次韵傅丈题吕少卫教授藏书阁》《奉同张敬夫城南十二咏·书楼》等文，充分肯定藏书对于传承文化、效法先贤之重要、读书之必要。

宋绍兴三十二年(1162)进士山阴陆游《寒夜读书》诗中自称"书颠"："韦编屡绝铁砚穿。口诵手抄那计年。不是爱书即欲死。任从人笑作书颠。"[③]其痴迷藏书原因在于诵读，读书破万卷也助益了陆游的海量诗作，大大丰富了自身和他人藏书。"藏书充栋读至老，固愿少出苏黎元"[④]。陆游批评若藏书只为摆设、为装门面，是浅薄之人。人们应通过藏书以便读书，从书籍中寻求人生的追求及传承先贤的文化。认为"学必本于书。一卷之书，初视之，若甚约也。后先相参，彼此相稽，本末精粗，相为发明，其所关涉，已不胜其众矣。一编一简，有脱遗失次者，非考之于他书，则所承误而不知。同字而异诂，同辞而异义，书有隶古，音有楚夏，非博极群书，则一卷之书，殆不可遽通。此学者所以贵夫博也"。而"自先秦、两汉，讫于唐五代以来，更历大乱，书之存者既寡，学者于其仅存之中，又卤莽焉以自便，其怠惰因循"，如这样就"岂不陋哉！故善学者通一经而足，藏书者虽盈万卷，犹有憾焉。而近世浅士乃，谓

---

① (宋)朱熹《晦庵先生朱文公文集》卷六十四《答巩仲至》，见朱杰人、严佐之、刘永翔主编：《朱子全书》第23册，上海古籍出版社、安徽教育出版社2002年版，第3099—3100页。

② (清)鲍鼎《朱子金石学序》，见见朱杰人、严佐之、刘永翔主编：《朱子全书·附录》，第27册，上海古籍出版社、安徽教育出版社2002年版，第755页。

③ (宋)陆游撰：《陆游集》之《剑南诗稿》卷十九《寒夜读书(二)》，中华书局1976年版，第563页。

④ (宋)陆游撰：《陆游集》之《剑南诗稿》卷三十一《连日大寒夜坐复苦饥戏作短歌》，中华书局1976年版，第825页。

藏书如斗草，徒以多寡相为胜负，何益于学”①。陆游认为读书不仅要博而且要精，治学务求博学精通一致，要独立思考，尽力做到精中之博，博中之精，强调藏书当为阅读和运用，不能以多寡竞胜负。

宋绍兴十八年(1148)进士无锡尤袤，藏书富甲天下且善于读书，其挚友杨万里《益斋藏书目序》记有其读书及藏书故实：“既与延之还往且久，既同为尚书郎，论文讨古，则见延之于书靡不观，观书靡不记。至于字画之丛残，月日之穿漏，历历举之无竭，听之无疲也。余于是始解钦夫之云之意，然于延之有未解者焉。盖延之每退则闭户谢客，日计手抄若干古书，其子弟亦抄书，不惟延之手抄而已也。其诸女亦抄书，不惟子弟抄书而已也。且延之之于书腹之矣。奚所事于手之乎？此余之所未解者也。虽然，又有未解者焉。今年，余出守毗陵，盖延之之州里也。延之持淮南使者之节而归，一日入郭访余，余与之秉烛夜语，问其闲居何为？则曰：‘吾所抄书今若干卷，将汇而目之。饥读之以当肉，寒读之以当裘，孤寂而读之以当朋友，幽忧而读之以当金石琴瑟也。’余益疑焉。盖若延之者记之强，不必抄之富；学之就，不必读之劬。彼其渟之为道德，流之为文章，溥之为事业，深矣。而犹脱腕于传写、焦唇于诵数，此余之所疑而愈不可解者也。盖彼其不可解也。只其为不可及欤？延之属余序其书目，余既序之，且将借其书而传焉。”②尤袤好读书又善读书，以抄书促进读书，一生抄书三千余卷。不仅自己抄书，还带动子女及子弟抄书以增益藏书，以便家族人员读书之用。其总结“读书四当”即“饥读之以当肉，寒读之以当裘，孤寂而读之以当朋友，幽忧而读之以当金石琴瑟也”，代表了一些传统读书人的思想境界。尤袤之嗜读书、善读书对其后代产生重要影响，其子尤概登宋淳熙二年(1175)进士，从子尤栋登宋景定三年(1262)进士，孙尤焴登宋嘉定元年(1208)进士。

元泰定四年(1327)进士山阴杨维桢认为书籍藏而不读等于不藏：“夫书之能藏者不难，能读者难；能读者不难，能用者难也。书藏而不读，与无书等；读而不用，与不读等。”③

明正统十年(1445)进士昆山叶盛藏书之富甲于海内，所藏两万余卷，奇秘者仅亚于《册府》，其对藏书与读书的因果关系亦有自己的体会，其《菉竹堂书目》自序云：“夫天地间物，以余观之，难聚而易散者，莫书若也，如余昔日之所遇皆是也。今吾书之所以为目，此也，吾后之人不可不知也。昔之人有谓名臣子孙不识字为喜；又或以子孙未必能读书，此可为不幸者言。吾固不欲为尔后之人愿之也，而亦以告焉。吾后之人不可不知也。书积矣，徒能读之，而不能知其孰为醇疵得失，懵无所得于其心，不知孰为善而可行，孰为不善而不可行，非书也。得之而不能体之于身，不能见

① (宋)陆游撰：《陆游集》之《渭南文集》卷二十一《万卷楼》，中华书局1976年版，第2179页。

② (宋)杨万里《益斋藏书目序》，见(清)沐云叟撰：《锡金志外》(全)，(台湾)成文出版社1983年版，第168—170页。

③ (元)杨维桢《读书堆记》，见李修生主编：《全元文》卷一三一四，凤凰出版社2004年版，第510页。

之于行,非书也。或者志于衣服饮食之末,贫则至于鬻书而为之,甚而或假读书之名,以益其轻薄浮夸之过,使人见之曰'此故读书家不肖子弟,为书之累大矣'。是又不若不识字,不能读书者之为愈也。彼借非其人,置非其所,与夫所谓聚焉而散,散焉而不复留意者,皆过也,亦不可以不戒也。书为册四千六百有奇,为卷二万二千七百有奇,续有所得未已也。书目之成,吾晨子录之,因书以告晨,亦通以为吾家子弟告也。"①叶盛对其家族子弟就藏书进行训示,力诫不惜书籍,或借藏书附庸风雅等行为,提出藏书意义在于阅读,经阅读而明理,由明理而践行。

明弘治十八年(1505)进士嘉兴海盐吴昂满架储书,并非装点门面,而是为了遍读探究。为了跟随海宁祝萃读书而步行数十百里,《涌幢小品》载:"六岁而孤,性端颖,嗜书。闻海宁祝先生萃者,履方笃行,以员外郎予告,家居教授,往从之学,四方学者多从之。公短褐草鞋,从一老苍头,负书走数十百里。及其门,就江滨濯足,更儒衣冠以进,谒者以告,祝先生大惊曰:'此非可以常人目也。'既见。拜而请曰:'昂,鲁人,窃慕先生,不敢请,愿受高足弟子学。'……日夜诵不辍,其精悍深造,盖纨绮群弟子所不及也。"②自称曾不惜用其妻手饰易书:"不佞幸先人所遗宅一区,近水田数顷。他日,又尝破内子玑缟之饰,买书数千卷,簏贮其中,甚可饶吾岁时宾客伏腊之费,而与诸弟子诵说为乐也。"③

明正德三年(1508)进士昆山方鹏"生平好读书,以著述自娱,为文章典雅老成,敦修行谊,大负时望"④。告归后居南渎里,以藏书与著述为事。关于积书、守书、读书的论述体现出为读而藏的理念:"虽然积之非难,守之为难,读之尤难……是故能守又能读之上也,能守之不能读之次也,既不能读又不能守,或献诸人,或鬻诸人,或资糊壁覆瓿之用,斯为下矣。为吾子孙者将取法于上乎。"⑤可见方鹏不仅积书,还要守书,更要读书,以治学要求约束和鞭策自己。

明万历三十八年(1610)探花常熟钱谦益绛云楼藏书之丰不亚内府。其藏书并非摆设,读破万卷使其成为当时文坛泰斗级人物。《康熙常熟县志》称其"自及第后再朝,退食里居,杜门读书,寒暑无间,于书无不读,而尤熟于有明一代之文献"⑥。

---

① (明)叶盛编:《菉竹堂书目·自序》,商务印书馆1935年版,第1—2页。

② (明)朱国祯著:《涌幢小品》卷之十七《吴先生》,中华书局上海编辑所编:《明清笔记丛刊》,中华书局1959年版,第376—377页。

③ (明)茅坤撰:《茅鹿门先生文集》卷一《与董浔阳内翰书》,见《续修四库全书》编纂委员会、复旦大学图书馆古籍部编:《续修四库全书》第1344册,上海古籍出版社2003年版,第466页。

④ (明)过庭训撰:《本朝分省人物考》卷二十二《方鹏》,见《续修四库全书》编纂委员会、复旦大学图书馆古籍部编:《续修四库全书》第533册,上海古籍出版社2003年版,第446页。

⑤ (明)方鹏撰:《矫亭存稿》卷三《家藏书目序》,《四库全书存目丛书》编纂委员会编:《四库全书存目丛书》集部,第61册,齐鲁书社1997年版,第549页。

⑥ (清)高士鸃、杨振藻修,(清)钱陆灿等纂:《康熙常熟县志》卷十八《邑人·钱谦益传》,见《中国地方志集成·江苏府县志辑》(21),江苏古籍出版社1991年版,第442页。

王晫《今世说》称其“老而好学，每手一编，终日不倦。暑月夜读苦蚊，辄以足置两瓮中”[①]。金鹤冲云：“先生目下十行，老而好学，每手一编，终日不倦。自登第后，颠顿仕途，立朝不及五载。读书著述于林下者五十载，操海内文章之炳四十余年。出其门者，号有家法。没后百三十年，始遭乾隆之禁，著作沉埋。又百四十年清亡，而先生之书，复大行于世。”[②]对于钱谦益因读而藏，钱曾有言：“牧翁绛云楼，读书者之藏书也。”[③]

钱谦益不仅嗜读，而且善读。遇有善本，必悉心研读，详审精校、修补，整理所藏图书，“缺必补、讹必正、同异必校勘”，达到“护帙有道”。如《题道德经指归》：“嘉兴刻《道德经指归》，是吾邑赵玄度本。后从钱功甫得乃翁叔宝钞本，自七卷讫十三卷。前有总序。后有‘人之饥也’至‘信言不美’四章，与总序相合。其中为刻本所阙落者尤多。焦弱侯辑《老氏冀》，亦未见此本，良可宝也。但未知与道藏本有异同否，绛云馀烬乱帙中得之，属遵王遣人缮写成本，更参订之。”[④]虽得到此书已是绛云楼失火后，但钱氏仍辨别其书所藏源流，说明卷数及校勘，并命钱曾将其抄写成册并装订之。钱谦益认为学者之本在于多读书、不自是。读书的愿望导致其对于藏书的渴求和珍视，《赠别胡静夫序》表达了对藏书遭焚后痛心肺腑，魂牵梦绕之情：“余闻之，古之学者，莫先于不自是，不自是莫先于多读书。余自丧乱以来，旧学荒落，已丑之岁，讼系放还，网罗古文逸典，藏弆所谓绛云楼者。经岁排缵，摩挲盈箱插架之间，未遑于雒诵讲复也。而忽已目明心开，欣如有得。劫火馀烬，不复料理，蓬心茅塞，依然昔我。每谓此火非焚书，乃焚吾焦腑耳。”[⑤]又据清华亭宋征兴记云：“娄东王冏伯（名士骐，官吏部郎，弇州先生长子也）家有一书，乃编辑先朝名公卿碑志表传，如焦氏《献征录》之类。而益以野史，搜讨精备，卷帙颇富，冏伯甚秘惜。钱牧斋知其有是书，不得见也。冏伯殁，后人不肖，家渐落，先世所藏图籍次第流散。钱乃令人以微赀购得其书，欲攘为已有，乃更益以新稗及闻见所记，传会其中。尤喜述名贤隐过，每得一事，必为旁引曲证，如酷吏煅炼使成狱而后已。其意以为彼名贤实，然于已行乃便，以是捃摭十余年，书未就。漫题卷上曰《讳史》，俟成，择令名名之，如秦阿房宫云。庚寅，钱寿七十，欲于悬弧日成书，因置酒高会，竟以篇目繁多不能如期。后数月乃告成，书成之夕，其所居绛云楼灾，即编纂之地也。是夕大雨如注，而火势更猛，

---

① （清）王晫撰：《今世说》卷三，见《清代笔记小说大观》第 1 册，上海古籍出版社 2007 年版，第 136 页。

② （清）钱谦益著：《钱牧斋全集》附录《钱牧斋先生年谱附记》，第 8 册，上海古籍出版社 2003 年版，第 973 页。

③ （清）钱曾撰，丁瑜点校：《读书敏求记》卷二《杨衔之洛阳伽蓝记五卷》，书目文献出版社 1984 年版，第 57 页。

④ （清）钱谦益著，（清）钱曾笺注，钱仲联标校：《牧斋有学集》卷四十六《题道德经指归》，上海古籍出版社 1996 年版，第 1521 页。

⑤ （清）钱谦益著，（清）钱曾笺注，钱仲联标校：《牧斋有学集》卷二十二《赠别胡静夫序》，上海古籍出版社 1996 年版，第 898 页。

亦不旁延他所，惟此楼尽烬。于是所谓《讳史》者遂不可复见，而王氏旧本亦亡矣。钱意犹未已，乃取嘉定笔佣程孟阳所撰《列朝诗集》一书，于人名爵里下各立小传，就其烬馀所有及记忆所得，差次成之小传中。……丙申予在京师，吴梅村祭酒言如是。今观此书《序》曰：'庚寅阳月，融风为灾，插架盈箱，荡为煨烬，此集先付杀青，幸免于秦火汉灰之馀，于乎悕矣。'所言皆与祭酒合。且祭酒娄人，与冏伯同里，购书之说，必非诬也。并为记之。"①

钱谦益从读书、著述考虑，其藏书多有复本，钱氏云："余藏《列女传》古本有二，一得于吴门老儒钱功甫，一则乱后入燕，得于南城废殿中，皆仅免于劫灰，此则内殿本也。"②《道德经指归》亦然，一本出自赵琦美，一本出自钱叔宝、钱功甫父子。据徐珂《清稗类钞》载："钱牧斋极淹贯经史之能，其读书法，每种各有副本，凡遇字句新奇者，即从副本抉取，粘于正本上格，以便寻览，供采撷。盖以正本或宋元精刻，不欲轻用丹黄也。"③从史料看，钱氏藏书与读书在选择上有自己的考虑，把所藏之书分为正本、副本。正本选质佳、版本优良者，在读书时将自己想加注、辨析、赞叹甚至疑问都不用在正本上丹黄涂抹，特殊字句粘于正本上格，既校勘所读内容，又保护正本的完整性及外在的美观，可谓用心良苦。

此外，钱谦益亦以鉴赏书画作为其生活的乐趣。其《题郑千里画册》载："丁南羽、郑千里，皆与予善，而箧中无一缣片素。今王君藏千里小景百幅，装褫标识，卷帙精好。人之好事与不好事，相去若此。然君既善收藏，又乐与人赏鉴。晴窗棐几，焚香展玩，百幅中云舫烟海，时时与余共之。则余家画笥，故在金陵，安知非余一厨之寄，而徒以藏弃为有无也哉？"④再次佐证了钱谦益并不为藏书而藏书，而是通过图籍的收藏与学术研究相结合，通过阅读来促进其学识及涵养，以增加生活中的书香情趣。

明万历三十二年（1604）进士山阴祁承㸁认为藏书经常阅读才有用："置书不难，须常览阅乃有益。凡人积金玉，亦欲遗子孙。金玉之利有限，书籍之利岂有穷也。"⑤

清乾隆四十年（1775）进士萧山汪辉祖积书数万卷，藏书于环碧山房、撰美堂。其一生各个阶段劬力积书可谓均源于其如饥似渴的读书需求，即使登第入仕后，所

① （清）宋征舆撰：《林屋文稿》卷十五《书钱牧斋列朝诗选后》，见《清代诗文集汇编》编纂委员会编：《清代诗文集汇编》58，上海古籍出版社2010年版，第221—222页。

② （清）钱谦益著，（清）钱曾笺注，钱仲联标校：《牧斋有学集》卷四十六《跋列女传》，上海古籍出版社1996年版，第1519页。

③ （清）徐珂编撰：《清稗类钞》文学类《钱牧斋读书法》，第8册，中华书局2010年版，第3873页。

④ （清）钱谦益著，（清）钱曾笺注，钱仲联标校：《牧斋有学集》卷四十六《题郑千里画册》，上海古籍出版社1996年版，第1543页。

⑤ （明）祁承㸁《聚书训并序》，见（明）祁承㸁等撰：《澹生堂藏书约》外八种，上海古籍出版社2005年版，第10页。

购数百种书籍亦随身携带以便阅读，其《梦痕录余》载："余小孤露，先世手泽，仅坊刻《古文阶凤》《陈检讨四六》二书、《纲鉴正史》约一部，假诸舅氏，未几归焉；年十四五见《五经类编》，如得琅嬛秘简。既补博士弟子，家奇贫，衣食出两母十手指，力不能具一卷书，间从友人借读经史古文选本，率意抄撮，不终卷辄索去。已而读律糊口，寄迹官中，主人有插架书，稍稍翻阅，官事不易了，未能卒读，读亦无所得也。忝赋鹿鸣，年已三十有九，游京师，侧闻大人先生绪论，甚愧向学之晚，亟走琉璃厂西门市，得《汉书》，归寓读之。南还佐幕，以馆脩益市正史，昼夜读，其后稍市他书之涉史事者，旁及诸子，而于群经势尚不遑。及成进士，益惭枵馁。脩入较丰，先人遗事以次告竣，馆苕霅，间与书贾习者，七八年聚书数百种。谒选都门，增所欲备，约载一车。请急过里，汇录书目，都为二本，一随行箧，一庋书楼，手自编扃，携钥以行。罢官归来，启钥见书，幸无蠹敝。会移居城南，即于宅后隙地筑楼三楹，中奉神主，藏书左右，重加整比，略涉违碍，细意汰毁，因区门类，恭列御制钦定于首，余遵《四库总目》编次收贮。《四库》之例，缕分子目，余书本无多，不复析编，惟于史部立《备史》一门，纪掌故者入之，子部立《杂考》一门，记琐事者入之，以便检阅。"①可见汪辉祖视藏书与读书为一体，是其生活不可或缺的一部分。

汪辉祖在史学、文学、文献学等领域皆有建树，多得益于家中藏书宏富，读书贯通大义。其藏书成就为其吏治之名所掩盖，《国朝先正事略》《清史列传》《清史稿》等都将其列入《循吏传》，张之洞《书目答问・著述家姓名略》、支伟成《清代朴学大师列传》皆遗漏其名。直至民国年间，徐世昌将其列入《清儒学案》卷二百一《诸儒学案》。其"为文质而有法，诗寄兴深远，尤邃于史，留意名姓之学。读书贯通大义，凡所论述，期实有济于用。所交多老宿，以道谊文章相切劘。所有《元史本证》五十卷、《读史掌录》十二卷、《史姓韵编》六十四卷、《九史同姓名略》七十二卷、《二十四史同姓名录》一百六十卷、《二十四史希姓录》四卷、《辽金元三史同名录》四十卷、《龙庄四六稿》二卷、《纪年草》一卷、《独吟草》一卷、《题衫集》三卷、《辛辛草》四卷、《岫笔初笔》二卷、《楚中杂咏》四卷、《归卢晚稿》六卷、《汪氏追远录》八卷、《越女表微录》七卷、《善俗书》一卷、《庸训》六卷、《过眼录》二卷、《诒谷燕谈》三卷，尤其著者《学治臆说》四卷、《佐治药言》二卷，言吏治者多宗之"②。阮元尤为推崇其《学治臆说》《佐治药言》两书，阮氏言："余读《学治臆说》《佐治药言》，未尝不掩卷太息，愿有司之治若汪君也。余抚浙，尝行其书于有司；权抚河南，复刊布之。士人初领州县，特此以为治，虽愚必明，虽柔必强。是故学与仕合济于实用。"③《清史稿》称："所

---

① （清）汪辉祖撰：《病榻梦痕录》卷下，见《续修四库全书》编纂委员会、复旦大学图书馆古籍部编：《续修四库全书》第555册，上海古籍出版社2003年版，第678—679页。

② （清）阮元撰：《研经室集》之《研经室二集》卷三《循吏汪辉祖传》，中华书局1993年版，第441—442页。

③ （清）阮元撰：《研经室集》之《研经室二集》卷三《循吏汪辉祖传》，中华书局1993年版，第442页。

著《学治臆说》《佐治药言》，皆阅历有得之言，为言治者所宗。初通籍在京师待铨，主同郡茹敦和，论治最契。同时朱休度并以慈惠称。"[①]除以上著述外，陶浚宣曰：又有"《诊愁符词草》二卷、《舟见录》一卷，家传及序录皆不存目。先生长于史学，其书寇乱后，唯《史姓韵编》及《佐治》《学治》二书、《病榻梦痕录》有重刻本，余稿传本极少"[②]。

清光绪十六年(1890)进士钱塘夏曾佑喜好藏书，少时读书，尝以数十巨册置案上，一二日读竟，一日可读二三部，及掩卷，书中要旨，能一一备述，以故博极群书，几无学不窥。其甥朱义康称其外出常携带书籍数箱以备阅读，书籍对其而言并非为收藏，而是为阅读："夏先生中年驰驱江上，常见数行箧自随。读后置于沪寓或杭州余寓。藏书可数类：一曰集类。以清人诗集最多而注者，宋、清人注宋诗亦如此，唐宋人集少，而明人所集之唐宋人诗文并刻无注者更少。二曰史类。除二十四史外，以清初人有关史注之书最多。三曰相宗书最多。缘于中年在金陵幕府久，而此时杨仁山居士刻精最勤，与杨交甚密。此类之书盈屋充栋，日本精本亦不少。四曰新书。当时新杂志无不读，读后即置之高阁。自江南制造局、上海徐家汇格致书局，以至日本之小本无不备，总之为读而不为藏。"[③]叶景葵跋《志盦诗稿》称其读书之多以至无书可读，"入教育部任北京图书馆馆长，束书不观，只字不写，盖已读遍群书，最后喜究内典，尝自谓无书可读，无事可谈，惟沉湎于酒，卒以酒死"[④]。

清光绪二十九年(1903)进士长洲章钰藏书近五十年，其移赠燕京大学图书馆者就有3368部，72782卷半，21596册。章钰藏书是为阅读，将藏书当作生活之必需、精神之慰藉，田洪都先生《章氏四当斋藏书目序》赞云："吴郡章氏霜根老人，生平聚书二万余卷，取乡先哲尤延之'饥当肉，寒当衣，孤寂当友朋，幽忧当金石琴瑟'之语，名其所居四当斋，劬学终老。没后阅数月，其夫人及哲嗣秉承易箦遗言，辇其藏书，归诸燕京大学以惠学林，藉免散佚。其心志超旷，盖亦藏书家中不可多见者矣。"[⑤]顾廷龙先生亦赞其积书之劬力，更推崇其读书之勤奋与精到："先生家世儒素，求书匪易，节衣缩食以得之，卒业乃已。历数十年，积书万卷，虽不足与名藏家相颉颃，若掇其精而哜其胾，岂他人区区以多藏为富者哉！观其经丹铅者，一字未尝放过，即略

---

① 赵尔巽等撰：《清史稿》卷四百七十七《列传二百六十四·汪辉祖传》，第43册，中华书局1977年版，第13030页。

② (清)潘衍桐编纂，夏勇、熊湘整理：《两浙輶轩续录》卷十一《汪辉祖》，第3册，浙江古籍出版社2014年版，第666页。

③ 引吴则虞撰，吴受琚增补，俞震、曾敏整理：《续藏书纪事诗》卷七，国家图书馆出版社2016年版，第263页。

④ 叶景葵著，顾廷龙编：《卷盦书跋·志盦诗稿》，古典文献出版社1957年版，第167—168页。

⑤ 田洪都《章氏四当斋藏书目序》，见顾廷龙编：《章氏四当斋藏书目》序二，北京图书馆出版社2007年版，第11页。

加批点，亦复纸敝墨渝，浏览洽熟，读书之精且博如此，为吾家涧蒉而后一人也。"①

二、以书为伴

无论是科举考试准备阶段、登第入仕阶段，还是致仕归里阶段，历代进士往往都与藏书相依为伴。自宋代以来，江南文化的发达、江南士人科举的优势以及分地区取士政策下江南士人进士及第异常激烈的竞争，导致应试的江南士子视读书、藏书为本，积书胜于积财已成为众士子之共识。脱颖而出的江南进士是士人中的"得道"者，上达则为官，下行则修身，读书、藏书、著书几成其生活之必需。身为朝廷大臣，虽已满腹经纶，依然以拥书为荣，手不释卷，读书修心，练志展才，立德立言。即使致仕归里仍专注藏书，著述题跋、考订校勘，泽被后代，嘉惠学林。其中不乏"依书为命废书则命止""因毁书郁郁而终""拥书入墓陪伴"者。

科举考试准备阶段，江南士人鉴于分地区取士政策下金榜题名比其他地区者更为不易，则更要埋头苦读。读书则必须有书，在书籍稀少的古代，读书人多视书如命，担心有借无还而概不外借，甚至有"鬻及借人为不孝"②的训诫。因此，为读书而劬力搜购、抄录书籍是江南士人这一阶段的不懈追求。当然，不能说藏书、读书就是为了科举考试，但科举考试的成功实离不开藏书与读书，江南进士早年以书为伴刻苦攻读之例不胜枚举。

宋绍兴三十二年(1162)进士山阴陆游少年时即嗜读书与藏书，有诗云："我生学语即耽书。万卷纵横眼欲枯。莫道终身作鱼蠹。尔来书外有工夫。"③"吾年十三四时，侍先少傅居城南小隐，偶见藤床上有渊明诗，因取读之，欣然会心。日且暮，家人呼食，读诗方乐，至夜，卒不就食。今思之，如数日前事也。"④"儿时爱书百事废。饭冷齑干呼不来。一生被误终未醒。老作蠹鱼吁可哀。"⑤"少年志力强。文史富三冬。但喜寒夜永。那知睡味浓。庭树风淅淅。城楼鼓冬冬。自鞭不少贷。冻坐闻晨钟。探义剧攻玉。摛文笑雕龙。落纸笔纵横。围坐书叠重。"⑥

明万历十一年(1583)进士武进徐常吉登第前晨夕手录不辍，诵读书籍不息。其《事词类奇续语》自述："余生而颛蒙无他好，独嗜文典，年十五六，即手录经史，晨夕不辍，兀兀穷年，日无虚晷，宵则篝灯诵读，或漏下四十刻不寝。然性好忘，过目辄不

① 顾廷龙著：《顾廷龙文集》上编《章氏四当斋藏书目跋》，上海科学技术文献出版社2002年版，第137页。

② (清)彭元瑞《恩余堂辑稿》卷一，见《清代诗文集汇编》编纂委员会编：《清代诗文集汇编》374，上海古籍出版社2010年版，第675页。

③ (宋)陆游撰：《陆游集》之《剑南诗稿》卷六十八《解嘲》，中华书局1976年版，第1624页。

④ (宋)陆游撰：《陆游集》之《渭南文集》卷二十八《跋渊明集》，中华书局1976年版，第2252页。

⑤ (宋)陆游撰：《陆游集》之《剑南诗稿》卷七十九《初冬杂咏》，中华书局1976年版，第1840页。

⑥ (宋)陆游撰：《陆游集》之《剑南诗稿》卷二十《老病追感壮岁读书之乐作短歌》，中华书局1976年版，第588页。

能记忆。尝欲类叙一书,以为备忘之资,时方事举业,不能以隙驹余暇,为掇拾计,遂中止。及为博士,海上尚有背水之思,又无以探宛委之藏。及岁癸未,得通仕籍,在散局乃思竟前志。时京邸无书,假书于许座师及孙太史所穷搜博讨,手不停披,凡三更寒暑,纂为一编,名之曰《事词类奇》,盖事不奇则无以广闻见,词不奇则无以资藻缋故。"①

明嘉靖二年(1523)进士鄞县李循义少年时即嗜读书,李邺嗣《中宪大夫前侍御六峰公传》称其"生有异禀,读书五行下,容貌甚过绝人。年十四,补博士弟子举首。初,公既受父书,复闻里中大参刘君家有藏本多未布,乃自手刺往造门,欲借其书。刘君视公风器非庸人,因诡曰:'吾家书不传少年,但能造观,当不惜。'公如言,每晨往裹糒,及暮而归"②。

清乾隆五十五年(1790)状元吴县石韫玉在其《凌波阁藏书目录》序中尝论及,登第前劬力购书,登第时读书已达七千卷:"余家本寒微,先世藏书甚少。忆十四岁附学于中表黄氏之塾,主人有书二椟,先生方授科举之业,惟经义是训也。他书禁勿观。余于常课既毕之后,每窃一灯,私取其书翻阅之,如是者四年,椟中书读之殆遍。既,于甲午岁赴省试,在金陵市中购得《史记》一部,归而读之,大喜,每夕拥衾侧卧,然一灯于几,丹黄在手,乐而忘疲,往往达旦。阅十旬而卒业焉。其后年渐长,蓄书亦渐多,每得一书,必手加点勘。既举于乡,奔走四方者十年,谋衣食之计。尝游州郡幕府,每出门必携书一簏,刀笔之暇,藉以消日,岁终则归而易之。迨进士及第之年,则已读书七千卷矣。"③

清康熙四十八年(1709)进士吴县惠士奇不赴无准备之试,手不释卷且胸中有书,中解元次年即成功登第。江藩《惠吉士记·侍读士奇》称其"年十二,即能诗,有'柳未成荫夕照多'之句,为先辈激赏。二十一,为诸生,不就省试,或问之,曰:'胸中无书,焉用试为?'乃奋志力学,晨夕不辍,遂博通六艺、九经、诸子及史、汉、三国志,皆能暗诵。尝与名流宴集,坐中有难之者曰:'闻君熟于史、汉,试为《封禅书》。'先生朗诵,终篇不遗一字,众皆惊服。乡试第一,明年成进士,选庶吉士。散馆,授编修。癸巳、乙未会试,两充同考官"④。

登第入仕阶段,进士藏书的主要动机与登第前有所差异,但追求依然强烈。一方面,藏书成就了自己的科举愿望,也将助力其仕途顺利,是士人赖以安身立命、体

① (明)徐常吉《事词类奇续语》,见(明)徐常吉撰:《新纂事词类奇》书前,见《四库全书存目丛书》编纂委员会:《四库全书存目丛书》子部,第198册,齐鲁书社1995年版,第5页。

② 李邺嗣《杲堂文续钞》卷五《李氏家传·中宪大夫前侍御六峰公传》,见(清)李邺嗣著,张道勤校点:《杲堂诗文集》,浙江古籍出版社1988年版,第716页。

③ (清)石韫玉《独学庐四稿》文卷二《凌波阁藏书目录序》,见《续修四库全书》编纂委员会、复旦大学图书馆古籍部编:《续修四库全书》第1466册,上海古籍出版社2003年版,第694页。

④ (清)江藩《惠吉士记·侍读士奇》,见(清)钱仪吉纂,靳斯标点:《碑传集》卷四十六《翰詹中之上·惠周惕》,第4册,中华书局1993年版,第1294页。

现价值的基础；另一方面，藏书也是陶冶情操、完善自我的法宝，还是其自得其乐的伴侣。明代万历三十五年（1607）传胪永嘉王光经登第入仕后读书、藏书不辍的愿望和缘由在士大夫中颇具代表性，吴晗《江浙藏书家史略》称其“平生无他好，止藏书万卷，手不废卷，云：‘士大夫一日不读书，则性情疏散，义理荒错，致君将凭何术？’时以为名言”①。从一些江南进士登第入仕后的藏书活动和成就可以看出他们在这一阶段执着的藏书追求。

宋归安沈偕于元丰二年（1079）登第后，购买国子监各种藏书而归，让这些助其登第的监本书籍，在仕途上继续相伴相随。《齐东野语》卷十一载：“吴兴东林沈偕君与，即东老之子也……既而擢第，尽买国子监书以归。”②

明正统十年（1445）进士昆山叶盛官务之暇手不释卷。《侍郎叶文庄公神道碑》称其“门无杂客，公退，手不释卷，考古辨疑，殆忘寝食。而于世俗声色、财利之好，澹然不以经心”③。“公暇，典籍左右进呈，手披不释”④。吴宽称赞叶盛：“国之名臣，乡之老师。……公之文章，宜在馆阁。典雅浑成，不露圭角。南丰之纯，临川之约，而复劬书矻矻，穷年手不停披，以考以研。碑文鼎铭，竹简韦编。邺侯之富，欧公之全。”⑤

明成化二年（1466）进士太仓陆容字文量，尤嗜书，多所博综，积书至万卷，有《式斋藏书目录》。钱谦益、吴宽以及周世昌均称陆容政事之余手不释卷。钱谦益《列朝诗集小传》称其“文量好学，居官手不释卷，家藏万余卷，皆手自雠勘。所著《式斋集》三十八卷，《菽园杂记》十五卷。子伸，字安甫，亦举进士，能读父书。撰《式斋藏书目录》，桑悦、祝允明、徐祯卿为之序”⑥。吴宽《家藏集》称其“性喜聚书，政事之余，手不释卷。见于著述，率明切平。实为诗文，凡若干卷，外记录诸书又若干卷”⑦。周世昌《万历重修昆山县志》称其“气宇英特，志存经济……政事之余暇，手不释卷，所著有《式斋稿》《乙戊稿》《菽园杂记》《封事录》《太仓志》《水利集》共若干卷”⑧。

---

① 吴晗撰：《江浙藏书家史略》，中华书局1981年版，第11页。

② （宋）周密撰，张茂鹏点校：《齐东野语》卷十一《沈君与》，中华书局1983年版，第205—206页。

③ （明）程敏政编：《明文衡》之卷七十九《侍郎叶文庄公神道碑》，任继愈主编：《中华传世文选》，吉林人民出版社1998年版，第731页。

④ （明）文林撰：《文温州集》卷十《祭叶文庄公文》，见《四库全书存目丛书》编纂委员会编：《四库全书存目丛书》集部，第40册，齐鲁书社1997年版，第360页。

⑤ （明）吴宽撰：《家藏集》卷五十六《祭叶侍郎文》，见（清）永瑢、纪昀等编纂：《四库全书》第1255册，上海古籍出版社1987年版，第512页。

⑥ （清）钱谦益著：《列朝诗集小传》丙集《陆参政容》，上海古籍出版社1959年版，第280页。

⑦ （明）吴宽撰：《家藏集》卷七十六《明故大中大夫浙江等处承宣布政使司右参政陆公墓碑铭》，见（清）永瑢、纪昀等编纂：《四库全书》第1255册，上海古籍出版社1987年版，第761页。

⑧ （明）周世昌撰：《万历重修昆山县志》卷六《人物二·陆容传》，见刘兆佑主编：《中国史学丛书三编》第四辑，台湾学生书局1987年版，第574页。

清乾隆十七年(1752)探花杭州卢文弨为官至归田期间搜集、抄录、校雠图书不辍。《卢氏群书拾补序》载:"卢抱经先生,精研经训,博极群书,自通籍以至归田,铅椠未尝一日去手。奉廪修脯之余,悉以购书。遇有秘钞精校之本,辄宛转借录。家藏图籍数万卷,皆手自校勘,精审无误。凡所校定,必参稽善本,证以它书,即友朋后进之片言,亦择善而从之,洵有合于颜黄门所称者,自宋次道、刘原父、贡父、楼大防诸公,皆莫能及也。"①

清咸丰三年(1853)进士衢州张德容出守各地时,利用政事之余均用于搜集古文字,且手自钩勒考订。郑永禧《衢县志》称其"公余之暇,辄搜罗六朝以上及周秦文字,成《金石聚》十六卷、《海东金石苑》二卷,皆手自钩勒、考订、精核"②。

清光绪二十四年(1898)进士海盐朱彭寿公务之暇均用于读书和著述。《旧典备征·附录》载:"公退余闲,惟以经籍自娱,手不释卷,雪钞露纂,著作等身。"③

清光绪十八年(1892)进士钱塘汪康年于书无所不览,即使公私应酬繁忙,就寝前必有阅读。其藏书为阅读提供了便利,为有更多书籍可读又多方搜购、手自抄录,可谓藏读相长,终生与书为伴。汪诒年《汪穰卿先生年谱》称:"先生于书无所不览,自群经、诸子、历史、舆地、小学、天算以至古文骈文、诗词之学,靡不探讨而研究之。三十五岁以后,从事报馆,公私应酬,日不暇给,而就寝之顷,犹必阅书十数页以为常云。又好抄古籍秘本,非力所能蓄者,不惮辗转假借手自移录。课徒里中时,尝觅得沈氏南北朝舆地表,时方岁暮,得解课一月,即将原书手录一本,一字不遗。其后往来南北,随时搜购秘籍,又从交好中借抄。故生平所得罕见之书颇夥。履欲刊刻行世,以拙于财力而止。晚年乃议用活字版,次第排印以六册为一集,名曰《振绮堂丛书》,惜初集甫竣,先生即逝矣,哀哉!身后检点遗箧,得未刻书十余种,又得遗稿数册,皆杂记旧闻及时事复哀集。生平所作报论得数十篇拟为次第刊行,先生毕生辛勤所留遗,于身后者仅此而已。"④

致仕归里阶段,进士藏书动机往往少了些许自身功利的因素,但其对于藏书的追求依然执着,更加重视藏书的整理及传承,同时藉书怡情。

《新唐书》载,唐贞元八年(792)进士婺州东阳冯宿"命薄葬,悉以平生书纳墓中"⑤。可见藉书怡情,则是一些江南进士归里后的一大享乐,以至须臾不可或缺的

---

① (清)钱大昕著,吕友仁校点:《潜研堂集·文集》卷二十五《卢氏群书拾补序》,上海古籍出版社2009年版,第421页。

② (民国)郑永禧纂修:《衢县志》卷二十三《人物志三》,(台北)成文出版社有限公司1984年据民国二十六年(1937)铅印本影印,第2411页。

③ 《旧典备征·附录》,见(清)朱彭寿撰,何双生点校:《旧典备征·安乐康平室随笔》,中华书局1982年版,第148页。

④ 汪诒年编:《汪穰卿先生年谱》(汪康年),见北京图书馆出版社影印室辑:《晚清名儒年谱》第十二册,北京图书馆出版社2006年版,第555—556页。

⑤ (宋)欧阳修、宋祁撰:《新唐书》卷一百七十七《列传第一百二·冯宿传》,中华书局1975年版,第5278页。

乐事,甚至将藏书作为陪葬品。

宋绍兴十五年(1145)进士鄞县史浩古稀之年致仕归里后专门建楼藏书奉两朝赐书,读书之勤犹如老书生。《太师忠定王行略》载:"时王年逾七十矣。引年请老,进太保,致仕归。……王家居澹如也,不事华饰,布衣粝食,夷然自安。一如老书生,不知其三公者。"①

宋隆兴元年(1163)进士鄞县楼钥致仕后聚书逾万卷,且手自雠校,至成善本。《延祐四明志》卷五记云:"即致仕,居家凡十有三年……钥时聚书东楼,逾万卷,皆手校雠,号善本,客有愿传录者,辄欣然启帙以授。人有言太师语,子弟相顾,即索具纸笔,钥从庋中取《颜氏家训》,言士大夫晚岁名节事,置纸上,即人去。……嘉定元年,以翰林学士召拜参知政事。自号攻媿,文集百二十卷,谥宣献。钥性乐易,中原师友传授,悉穷其渊奥。经训小学,景据可信。尝定注《春秋》,未脱稿。守永嘉,见陈传良书已成,即焚己作,冠以叙引,其服善类此。"②

明景泰五年(1454)进士上海郁文博耄耋之年依然勤于校勘,《南岳志》载,"致仕归居万卷楼,丹铅校勘不去手,校刊陶九成《说郛》百二十卷"③。自赋诗云:"白头林下一耆儒,终岁楼间校《说郛》。目力心思俱竭尽,不知有益后人无。"④

明天顺八年(1464)进士嘉善姚绶归里后积书万卷以遗后代。其孙姚惟芹《东斋稿略》称,祖姚绶归里后,"放情丘壑,修辞染翰,人争重之。积书万卷,曰:'吾愿以是遗子孙也。'"⑤

明正德六年(1511)进士平湖赵汉归田后蓄书万卷自娱。郑晓《当湖里居记》云:"归,益辟后圃湖上……就中为序芳亭,亭中有书万卷。"⑥

明嘉靖二年(1523)进士上海潘恩致仕后仍以书史自娱,著述为乐。屠隆称"公既归,阖门谢事,一以经史自娱,著作日富。诗自唐开元大历以上,溯汉魏六朝,文自昌黎四子,而直追先秦两汉。才必就格,气必根理。泛滥百氏,而要归诸六经。……所著有《易经辑义》三卷、《诗经辑说》七卷、《诗韵辑略》五卷、《美芹录》二卷、《祁州

① 《太师忠定王行略》,见史美露著:《南宋四明史氏》之《庆传源流·四明史氏谱序》,四川美术出版社2006年,第194页。

② (元)袁桷撰:《延祐四明志》卷第五《楼钥》,见浙江省地方志编纂委员会编:《宋元浙江方志集成》第9册,杭州出版社2009年版,第4059页。

③ (清)李元度修纂,(民国)王香余,欧阳谦增补,(民国)王香余续增,刘建平校点:《南岳志》之《续增南岳志·诗集卷二·明》,岳麓书社2013年版,第978页。

④ 引(清)叶昌炽著,王欣夫补正,徐鹏辑:《藏书纪事诗》卷二,上海古籍出版社1989年版,第120页。

⑤ (明)姚惟芹撰:《东斋稿略》之《附录·范言·家传》,台北"中央研究院"藏明嘉靖三十六年(1557)嘉兴姚氏刊本。

⑥ (明)郑晓《端简郑公文集》卷七《当湖里居记》,见北京图书馆古籍出版编辑组编:《北京图书馆古籍珍本丛刊》109《集部·明别集类》、书目文献出版社1989年据万历四十五年(1617)丰建刻本影印原书,第513页。

志》八卷、《笠江集》若干卷,行于时”①。

明嘉靖八年(1529)进士长洲王穀祥晚年犹抱书癖,抄录校雠不辍。《明吏部文选清吏司员外郎王君墓表》称其“杜门却扫,委怀图史,绝念纷华。既五庐纲之婴,亦无山水之好,有田在东郭外课农自给。殷春阅耕,迨冬纳稼间,一往与田父老谈笑,移日不知为吏部郎也。……晚抱书癖,手自抄录无间寒暑,雠校鲁豕略无脱误,虽大亮之百卷缮写子孺三箧刊亡曷过焉。今张燕公、陆放翁、曾南丰三集,《南唐书》《野客丛书》手泽犹存,所慕郡学志并著诗若干卷行于世”②。《乾隆长洲县志》称,公“归卧里中,不与显者通,有田一顷在东郭,冬春曰耕纳稼,自衣褦襶与田夫,不知为士大夫也。……隆庆初,即家起南吏部不受。穀祥美姿容,善书画,词致清雅,抄录古文籍至数千百卷,咸精好,令人不忍触手。以书画求者,辄不应。一室之内琳瑯金薤谧如也”③。

清顺治十六年(1659)状元昆山徐元文致仕归里时身无长物,相伴者唯图书千卷。《同治苏州府志》载:“傅腊塔劾元文兄弟家人不法事,元文奏辨,遂力求罢,以原官致仕。舟过临清,榷关者欲构其罪,登舟大索,惟图史数千卷,光禄馔金三百两而已。”④

《余杭县志》则记载了清顺治十七年(1661)进士余杭俞珄归里后因广蓄藏书而乐,又因失去藏书而卒的往事,“键户谢客,筑小楼,多蓄书史以为乐,后所藏书毁于火,郁郁不得志而卒”⑤。

清乾隆十年(1745)进士钱塘汪宪致仕后每天手不释卷,以校雠为事。《文献家通考》称其“归田后日事校雠,居恒丹铅不释手”⑥。

清乾隆四十年(1775)进士萧山汪辉祖晚年以藏书为命,归里后键户读书,往往至夜分不止。其妻苦谏,而汪辉祖笑曰:“‘吾依书为命,子但见吾废书,当为料理后事。’易箦前三日,犹坐堂中看书。数数折角,若将复阅者。”⑦

清乾隆四十三年(1778)进士南汇吴省兰归里后搜罗秘籍,并汇集刊印。婿钱熙

① (明)屠隆《白榆集》卷十七《神道碑铭·资政大夫督察院左都御史进阶荣禄大夫赠太子太保谥恭定笠江潘公神道碑》,见(明)屠隆著,汪超宏主编:《屠隆集》,第4册,浙江古籍出版社2012年版,第541—542页。

② (明)皇甫汸撰:《皇甫司勋集》卷五十六《明吏部文选清吏司员外郎王君墓表》,见(清)永瑢、纪昀等编纂:《四库全书》第1275册,上海古籍出版社1987年版,景印文渊阁本,第878—879页。

③ (清)李光祚修,(清)顾诒禄纂:《乾隆长洲县志》卷二十四《人物三·王穀祥》,见《中国地方志集成·江苏府县志辑》(13),江苏古籍出版社1991年版,第281页。

④ (清)李铭皖、谭钧培修,(清)冯桂芬纂:《同治苏州府志(三)》卷九十五《人物二十二·徐元文》,见《中国地方志集成·江苏府县志辑》(9),江苏古籍出版社1991年版,第483页。

⑤ (清)张吉安修,朱文藻纂:《余杭县志》卷二十七,(台湾)成文出版社1970年版,第399页。

⑥ 郑伟章著:《文献家通考》卷五《汪宪》,中华书局1999年版,第286页。

⑦ (清)汪辉祖撰:《病榻梦痕录·录余》,见《续修四库全书》编纂委员会、复旦大学图书馆古籍部编:《续修四库全书》第555册,上海古籍出版社2003年版,第732页。

辅云：外舅吴省兰先生以“学士晚年解组归里，搜罗秘籍，辑为《艺海珠尘集》，随校随刊，起嘉庆乙丑（十年），讫于己巳（十四年），自甲至庚凡七集，其辛集刊而未竟，学士下世，后人就其已梓者，均为八集。嗣家中落，诸子以次邛世，板归余家，已残缺漫漶，为鸠工补苴，复得旧观。思为续辑，重访学士誊稿，已零落殆尽，仅得钞本《钱币考》，系其公门人嘉兴张解元叔未所校，书面题《艺海珠尘》，知为学士原辑本，因复收集秘籍，仍遵原例编次”①。钱熙辅乃复搜采古今人书籍，仍遵原例，续刻壬、癸二集。

清光绪十六年（1890）进士武进董康归里后，已无案牍之劳，但有藏书之积，继之以校雠，正鱼鲁之讹，期流传于后人，有益于来者。傅增湘评论云：“老而不倦，与余尤有同好。……如君之于书，始之以鉴藏，继之以校雠，终之以传布。”②

第二节　搜购抄录 海富山藏

历代进士所兼具的学者与官员属性，其应考、入仕、致仕各个人生阶段对于藏书的渴求，不菲的俸入及其对于搜购、抄录的种种便利条件，致使其海富山藏。历代，尤其是宋代以来，江南进士家乡富庶，供其长年读书应考的少有贫寒家族，往往为其搜购、抄录藏书提供了更为优厚的条件。

一、广购穷收

江南进士固然不乏因种种有利条件而广购穷收，藏书甚富者，但也有因广购书籍而倾其所有、东挪西借、典卖家产，甚至一贫如洗者，如唐杜荀鹤《书斋即事》中称“卖却屋边三亩地，添成窗下一床书”。

唐贞元十五年（799）进士吴县张籍有诗《送杨少尹赴凤翔》自嘲：“得钱只了还书铺。”③可知其俸入常用于购书，甚至用来偿还购书的欠账。

宋元丰二年（1079）归安沈偕，《齐东野语》载，其家饶于财，“既而擢第，尽买国子监书以归”④。一个“尽”字道出其购国子监藏书之全、之多。

宋绍兴二年（1132）进士金华郑刚中《自笑诗》亦自嘲为购书不惜借贷，以明藏

---

① （清）钱熙辅《续辑〈艺海珠尘〉》跋，引杜诗庭《金山钱圩守山阁钱氏藏书刻书》，《图书馆学研究》1981年第21—24期，第18页。

② 傅增湘撰：《藏园群书题记》附录二《藏园序跋选录·书舶庸谭序》，上海古籍出版社1989年版，第1072页。

③ （唐）张籍著，中华书局上海编辑所编辑：《张籍诗集》卷四《送杨少尹赴凤翔》，中华书局1959年版，第50页。

④ （宋）周密撰，张茂鹏点校：《齐东野语》卷十一《沈君与》，中华书局1983年版，第205—206页。

书之志，“他人将钱买田园，尚患生财不神速。我今贷钱买僻书，方且贪多怀不足。较量缓急堪倒置，安得瓶中有储粟。自笑自笑笑我愚，笑罢颓然取书读”①。

《嘉泰会稽志》载，宋绍兴三十二年(1162)进士山阴陆游，“尝宦两川，出峡不载一物，尽买蜀书以归，其编目日益巨”②。一“尽”字，道出宦两川归来时倾其所有，只购蜀书的状况。

明代江南进士广购穷收的典型人物当数会稽钮石溪和常熟钱谦益。《稗海·原序》称明嘉靖二十年(1541)进士会稽钮石溪“锐情稽古，广购穷收，藏书世学楼，积至数千函，百万卷”③。曹溶《绛云楼书目题词》称，明万历三十八年(1610)探花常熟钱谦益“更不惜重赀购古板本。书贾闻风奔赴，捆载无虚日，用是所积充牣，几埒内府”④。

像钮石溪、钱谦益般有购书实力者毕竟不多，但斥资购书万卷、收集珍本者并不鲜见。明代江南进士中不乏远赴数百里求购异书、购书无虚日、用尽家产以购书、变卖祖产以购书、借贷以购书、以美婢易书，甚至为购书而陷入窘境者。江南进士搜购藏书心无旁骛的史料不胜枚举。

《正德江宁县志》载，明成化十七年(1481)进士上元梅纯“生平嗜学不厌，见奇书，尝解衣购之”⑤。

明成化二十年(1484)进士吴县杨循吉因购书而赤贫，明祁承㸁《藏书训略》载：“闻杨仪部君谦性最嗜书，家本素封，以购书故，晚岁赤贫。”⑥《崇祯吴县志》称其：“性嗜异书，每节口食以购，晚岁益贫。……筑室支硎，修葺旧闻，朝夕所需惟藉笔耕。……所纂辽、金二史，镂版已成。《宋纪》未意外，《皇明文宝》暨《通志》俱散亡，类书曰《云峰广要》，亦未成，仅《奚囊手镜》尚存一二云。集曰《松筹》、曰《攒眉》等名五种，洎《金山志》俱梓行，《往哲记》《倚玉集》《故语》《苏谈》《谷应》诸刻别传于世最晚，藏书俱散，年八十九犹能著撰，未几卒。为文特长纂述，得提要钩玄之法。”⑦

明边贡称弘治十二年(1499)进士吴县都穆黄金散尽为买书，其《边华泉集》诗

---

① (宋)郑刚中著：《北山文集·自笑》卷之二，中华书局1985年版，第41页。

② (宋)施宿、张淏等撰，李能成点校：《南宋会稽二志点校》之《嘉泰会稽志》卷十六《藏书》，安徽文艺出版社2012年版，第318页。

③ (明)商浚辑：《稗海·原序》第1册，大化书局1985年据振鹭堂刻本影印，第2页。

④ (清)曹溶《绛云楼书目题词》，见(清)钱谦益藏并撰：《绛云楼书目》卷首，见《续修四库全书》编纂委员会、复旦大学图书馆古籍部编：《续修四库全书》第920册，上海古籍出版社2003年版，第321页。

⑤ (明)王诰、刘雨纂修：《正德江宁县志》卷七《冢墓·副留守梅公纯》，见北京图书馆古籍出版编辑组编：《北京图书馆古籍珍本丛刊》24《史部·地理类》，书目文献出版社1990年版，第767页。

⑥ (明)祁承㸁《藏书训略》，见(明)祁承㸁等撰：《澹生堂藏书约》外八种，上海古籍出版社2005年版，第16页。

⑦ (明)杨循吉等著，陈其弟点校：《吴中小志丛刊》之《掌故人物篇·苏谈》附《崇祯吴县志·杨循吉传》，广陵书社2004年版，第38页。

曰:“才高怜晚达,十载尚为郎。书买黄金尽,愁生白发长。夏曹分武库,秋殿别文昌。木脱霜皋冷,何人共采芳。”①《中国书文化要览》称都穆“一生好学不倦,博学多才,喜收藏图书,搜访金石遗文。其家产大都用以购书”②。

明嘉靖二年(1523)进士鄞县丰坊因购求书籍而不惜变卖祖产。《宁波市志·人物传略》载:“尽卖祖传田产千亩购求书帖。”③

明嘉靖五年(1526)进士长洲陆粲致仕归里后购书习读,校雠甚勤,《皇明词林人物考》称其“杜门无事,多购异书,习读之。于刘向所谓《七略》者,其校雠几遍”④。“闻有奇人异书,不远数十百里走求之,其笃好如此”⑤。

明嘉靖三十八年(1559)进士秀水沈启原别无所好,为书则不惜代价。同邑过庭训《本朝分省人物考》称其“平生珍玩、货宝、声色、狗马略不屑,意而所笃好惟图籍,上自金匮石室之藏,以至古今集,悉购无遗,或少缺略,借之储书家,务缮写完好乃已”⑥。《明故中宪大夫陕西按察司副使霓川沈公墓志铭》称其“性俭素服御,食饮不事华腆。酷嗜坟籍,若古法书名画及先代金石之遗,不惜重资必购之,日事披阅,以此忘老”⑦。

明万历二十三年(1595)状元金陵朱之蕃出使朝鲜时,当地人以貂、参作为向其乞书之馈赠,而朱之蕃则尽变卖以购法书、名画等。梁廷楠《朱之蕃传》称其“最工文翰,画山水花卉,好摹仿古人,辄得神似。作书尤擅精楷,日可作万字,运笔若飞。朝鲜人乞书,多出貂、参为贽。濒行,尽举以易法书名画归,故古珍收藏之富,甲于白下”⑧。

明代江南进士中甚至有变卖夫人陪嫁以购书者。

明代江南进士山阴祁承㸁《澹生堂藏书约》自述:“比束发就婚,即内子奁中物,悉以供市书之值。”⑨关于祁承㸁购书史略,黄裳论述甚详。现转引几条,约略可知

---

① (明)边贡撰:《边华泉集》卷三《送都玄敬二首》之一,《明代论著丛刊》,伟文图书出版社有限公司1976年版,第153页。

② 施金炎编著:《中国书文化要览·古代部分》,湖南教育出版社1992年版,第247—248页。

③ 宁波市地方志编纂委员会:《宁波市志·人物传略》,中华书局1995年版,第2929页。

④ (明)王兆云撰:《皇明词林人物考》卷之七《陆子馀》,见《续修四库全书》编纂委员会、复旦大学图书馆古籍部编:《续修四库全书》第532册,上海古籍出版社2003年版,第627页。

⑤ (明)陆粲撰:《陆子馀集》卷三《天池山人陆子玄墓志铭》,见(清)永瑢、纪昀等编纂:《四库全书》第1274册,上海古籍出版社1987年版,第619页。

⑥ (明)过庭训撰:《本朝分省人物考》卷四十五《沈启源》,见《续修四库全书》编纂委员会、复旦大学图书馆古籍部编:《续修四库全书》第534册,上海古籍出版社2003年版,第205页。

⑦ (明)陆可教撰:《陆学士先生遗稿》卷十二《明故中宪大夫陕西按察司副使霓川沈公墓志铭》,见《四库禁毁书丛刊》编纂委员会编:《四库禁毁书丛刊》集部,第160册,北京出版社1997年(据上海图书馆藏明万历刻本影印),第446页。

⑧ (清)梁廷楠撰,杨芷华点校:《艺文汇编》之《江南春词补传》卷上《朱之蕃传》,暨南大学出版社2001年版,第235页。

⑨ (明)祁承㸁《澹生堂藏书约》,见(明)祁承㸁等撰:《澹生堂藏书约》外八种,上海古籍出版社2005年版,第3页。

其购书大致面貌："万历四十六年正月七日。密云不雨。早至姚江，市书七种。内有宇文定公《读史漫录》，大有识力。《乔庄简集》，亦简令有体，舟中读之甚畅。午后雨甚。万历四十六年正月十日。风雪俱狂。舟泊四明邮亭，推篷四望，大雪弥漫无际，欲觅友人作白战不可得。呵雪水研墨作诗，复检甬东所市书二十余种。内有熊仁叔《象旨决录》，此我朝解经第一手，觅之数年，如渴得饮，急取读之。时雪从篷隙入，遍满几席间。余以一毡褥拥身，都忘风雪。因跋为《辟寒编》。万历四十六年二月二十二日。有贾人持蠹余残书来，市得三十余种。内有陈植《木钟台》，此宋人解经史语也，颇类王伯厚《困学纪闻》，不免作头巾气耳。他如杨铁崖《史义拾遗》及新刻张献公《曲江集》，皆佳本也。万历四十六年四月十五日。得范元辰年兄寄示《天一阁书目》，并见贻司马文正公《稽古录》。此书大约与吕成公《大事纪》相类，晦翁独称其简要有体，恐亦公编摩《通鉴》后所成也。万历四十六年八月初九日。晒书毕。……过书肆觅书，得十六种。内如宋人《方秋崖集》，极佳。又抄本《越峤书》，载交南古今事甚悉，得之欲舞。"①据黄裳称，《天一阁书目》是见于记录的最早本，也即著录于《澹生堂藏书目》中的一本，可惜已不见。

明弘治十八年（1505）进士嘉兴海盐吴昂自称："尝破内子玑缟之饰，买书数千卷，簏贮其中，甚可饶吾岁时宾客伏腊之费，而与诸弟子诵说为乐也。"②其夫人感受如何，未见史料详述，不可臆测。类似遭遇者有明嘉靖十七年（1538）进士归安茅坤的夫人，茅坤自称为购书而不惜变卖夫人陪嫁之物，且庆幸夫人颇豁达，茅氏云："予少不谙刀锥钱布，而独好贮古百家书。间破孺人所携始嫁者之玑翠、缟缯及他橐装以买之，孺人不吝也。"③

明嘉靖二十六年（1547）进士华亭朱大韶为了得到一宋椠，甚至不惜以美婢易之，吴翌凤记其藏书逸事："嘉靖中，华亭朱吉士大韶性好藏书，尤爱宋时镂板。访得吴门故家有宋椠袁宏《后汉纪》，系陆放翁、刘须溪、谢叠山三先生手评，饰以古锦玉签，遂以一美婢易之，盖非此不能得也。婢临行题诗于壁曰：'无端割爱出深闺，犹胜前人换马时。他日相逢莫惆怅，春风吹尽道旁枝。'吉士见诗惋惜，未几捐馆。"④清潘介祉亦记其事云：朱大韶"性好藏书，尤爱宋时镂板。访得吴门旧姓，有宋椠袁宏《后汉纪》，系陆放翁、刘须溪、谢叠山三先生手评，饰以古锦玉签，遂以一美婢易之，盖非此不能得也。婢临行题诗于壁，大韶见诗，为惋惜者久之"⑤。

清代江南进士亦不乏倾其所有，专以购书，甚至为购书而借贷、典质家当者。

---

① 参见黄裳著：《书林一枝·关于祁承爜》，山西古籍出版社1998年版，第77页。

② （明）茅坤撰：《茅鹿门先生文集》卷一《与董浔阳内翰书》，见《续修四库全书》编纂委员会、复旦大学图书馆古籍部编：《续修四库全书》第1344册，上海古籍出版社2003年版，第466页。

③ （明）茅坤著，张梦新、张大芝点校：《茅坤集》之《茅鹿门先生文集》卷二十四《敕赠亡室姚孺人墓志铭》，浙江古籍出版社2012年版，第691页。

④ （清）吴翌凤撰，吴格点校：《逊志堂杂钞》之《庚集》，中华书局1994年版，第88—89页。

⑤ （清）潘介祉纂辑：《明诗人小传稿》卷六，（台北）"中央图书馆"1986年版，第213页。

清顺治十五年(1658)进士寓居江宁的熊赐履节衣缩食以购书,其夫人颇有微词。其《下学堂书目题词》载:“予生平无他好,惟独嗜书,尝盎中无担石储,见有异书必买。虽典称贷弗,惜务得之而后已。室人或诟之曰:‘君尝累日不举火,亦备甚矣。’顾此架上物能食之而饱耶,脱不幸饥而死,谁为读此书者,予亦莫之顾。……合前共十万卷有奇。”①

《中国古代藏书与近代图书馆史料》载,清咸丰二年(1852)进士仁和王文韶“购书于沪、于粤、于楚、于金陵,先后凡数十万卷”②。《清史稿》载,清同治十年(1871)进士桐乡劳乃宣“购书万余卷,庋尊经阁”③。

《翰林院编修程君鱼门墓志铭》载,清乾隆三十六年(1771)进士歙县程晋芳“独好儒,罄其赀购书五万卷,招致方闻缀学之士,与共讨论”④。其《桂宦藏书序》自称:“自来京师十年,坊肆间遇有异书,辄典衣以购。”⑤

清乾隆四十三年(1778)进士会稽章学诚自称:“自后馆谷渐丰,而家累亦渐以重。然计终岁之需,如增耗抽税,必约算律分,存买书资。三十年来,颇有增益,亦闲有古椠秘本、缮抄希觏之书,统计为帙五千,为卷二万有盈。以子荆居室拟之,庶几其苟合欤。”⑥

清乾隆五十五年(1790)状元吴县石韫玉在其《凌波阁藏书目录(序)》中自述:“迨进士及第之年,则已读书七千卷矣。……其后稍稍购求,二十年来又得此四万余卷,凡此皆节衣食之费而置之者也。”⑦

王保譿《家藏书目》序中谈及其父清光绪九年(1883)进士太仓王祖畬“为购书虽节衣缩食不以为苦。每遇佳书,必欲得之,书贾故昂其值,则虽倾囊借贷不少吝惜,惟恐失之交臂。家中所藏,大抵皆应用典籍……先父购藏五千余册”⑧。

清嘉庆十三年(1808)进士嘉兴钱仪吉甚至用夫人私房钱和手饰购书,其学生苏源生《书先师钱星湖先生事》记云:“先生家无长物,笔砚器具取适用而已,惟癖嗜

① (清)于成龙修纂:康熙《江宁府志》(四)卷三十四《国朝大学士熊赐履下学堂书目题词》,见《金陵全书》甲编《方志类·府志》,南京出版社2011年版,第223页。

② 李希泌、张椒华编:《中国古代藏书与近代图书馆史料(春秋至五四前后)》,中华书局1982年版,第67页。

③ 赵尔巽等撰:《清史稿》卷四百七十二《列传二百五十九·劳乃宣》,第42册,中华书局1977年版,第12823页。

④ (清)袁枚著,周本淳标校:《小仓山房续诗文集》卷二十六《翰林院编修程君鱼门墓志铭》,上海古籍出版社1988年版,第1715页。

⑤ (清)程晋芳撰:《勉行堂文集》卷二《桂宦藏书序》,见《清代诗文集汇编》编纂委员会编:《清代诗文集汇编》343,上海古籍出版社2010年版,第453页。

⑥ (清)章学诚撰:《章学城遗书》卷二十二《瀹云山房乙卯藏书目记》,文物出版社1985年版,第219页。

⑦ (清)石韫玉《独学庐四稿》文卷二《凌波阁藏书目录》序,见《续修四库全书》编纂委员会、复旦大学图书馆古籍部编:《续修四库全书》第1466册,上海古籍出版社2003年版,第694页。

⑧ 引范凤书编:《中国著名藏书家与藏书楼》,大象出版社2013年版,第294—295页。

书。……陈恭人奁中金,尽用以买书,更脱钗珥继之。"①

清光绪二年(1876)进士江阴缪荃孙竟将买宅之钱购书,李桂林评此事云:"鞠裳言君以买宅钱市旧拓碑版三千余纸,豪举快事,一时罕俦。"②夏孙桐《缪艺风先生行状》称其"搜访异本,典衣购取,知交通假,钞校考订,日益博通"③。

翁同龢在题瞿浚之《虹月归来图》中,论及其父清道光二年(1822)进士常熟翁心存购书事:"凡俸入必购书。"④翁心存曾孙翁斌孙为光绪三年(1877)进士,购书之嗜与祖先如出一辙,"曾以千五百金购得某宋本书。若斌孙者,实克绳祖武,不陨先人之业者矣"⑤。

清光绪六年(1880)进士会稽李慈铭购书甚痴迷,典质絮被度日之资亦用于购书,甚至以书为妻孥。其《越缦堂日记》自云:"予性喜书,幼即私购之,乃苦家贫,迄今出所藏尚不能汗牛马。生平无他嗜好,出入起居,无非皇皇于书,一饮一食,亦非此不乐,有一必读之书未置者,即若为深耻之事,往往行之梦寐。"⑥又云:"日来贫甚,今晨命奴子卷絮被质钱十五千,适问月携武进臧玉林《经义杂志》一书来,遂以购之。……夜理味水楼书籍,扃之匮中。余四五年来,独居此楼寝兴,手一编不释。昔日以书为良友,余直以书为妻孥,今兹恝置,可谓无人心矣,然致余贫窭,实惟此君,去复谁怨。"⑦又云:"喜整理卷帙,有折角裂脑者怏怏数日不能置。"⑧其爱书之切,有如此者。

清光绪二十四年(1898)进士江宁邓邦述自述因购书而债台高筑:"余年二十二,始就婚于虞山。外舅能静赵先生筑天放楼,藏书数万卷,得读未见之籍,然于宋元板本,懵然未之觉也。年三十一,通籍翰林,佣书于外,不足以饩家。及光绪辛丑,入浭阳尚书幕中,尚书收藏金石书画甚富,始稍稍知考订鉴别之学,间及书籍,而余修脯日腆。甲辰居吴门,罄所入之馀,尽以买书,然其时虽贫,犹无债也。明年乙未,遍游环球。又明年,归居京师,始收宋、元钞本。归居京师不足一年,积书万余卷。厂肆书贾云集响应,昕夕候于门者常十数人。遇善本,往往出善价不吝,每用以自豪。自

---

① (清)苏源生撰:《书先师钱星湖先生事》,见闵尔昌录:《碑传集补》卷十,台湾文海出版社1980年版,第626—627页。

② 顾廷龙校阅:《艺风堂友朋书札》上册,《中华文史论丛》增刊,上海古籍出版社1981年版,第90页。

③ (清)夏孙桐《缪艺风先生行状》,见闵尔昌录:《碑传集补》卷九,台湾文海出版社有限公司1980年版,第587—588页。

④ 仲伟行等编著:《铁琴铜剑楼研究文献集》第九章《古今吟咏集录》,上海古籍出版社1997年版,第293—294页。

⑤ 李少微《近代藏书家概略》,引郑伟章著:《文献家通考》卷二十二,中华书局1999年版,第1284页。

⑥ 陶承杏《关于越缦堂藏书》,见《古今半月刊》(第四九期),1944年版,第17页。

⑦ 陶承杏《关于越缦堂藏书》,见《古今半月刊》(第四九期),1944年版,第17页。

⑧ 陶承杏《关于越缦堂藏书》,见《古今半月刊》(第四九期),1944年版,第17页。

丁未迄今，虽官于外，书友访余者，空谷足音，连岁不绝，而债负满前，豪情锐减。”①宗舜年亦称：其“改官鸡林，京师书贾走集，罄俸入不足以应，则举债巨万”②。邓氏嗜书以至举债购书，可见嗜书至深，时为书林佳话。

二、手自抄录

抄录书籍是增益藏书的重要途径，抄本向为历代藏书家和藏书爱好者所重，抄书是江南进士藏书的一项重要活动。在前印刷技术时代，抄书的作用自不待言，即使在雕版印刷、活字印刷技术广泛应用的时代，抄书依然有其不可替代的作用。抄书的缘由主要有三：因乏资而抄，因无售而抄，因完善而抄。不少江南进士正是借助抄书，积累了大量秘本、善本。

读书应考往往需要添置大量书籍，江南进士具有较好的家族经济条件者不在少数，但也有一些家族贫寒者，在购买乏资的情况下，抄书就显得极为重要。

宋淳熙十四年（1187）进士四明袁韶早年因家贫无力购书而手抄强记。登第为官直至归里，仍抄书、购书不辍。其曾孙袁桷《袁氏旧书目序》记曰：“袁氏旧书之存于今者也，始曾大父越公举进士时，贫不能得书，书多手抄强记，至用高祖妣齐国夫人鱼魫冠学书。后官中都凡二十有五年，乃务置书，以偿宿昔所志，其世所未有，则从中秘书及故家传录以归，于是书始备矣。”③

明万历十七年（1589）状元南京焦竑早年甚贫，曾在进士秀水沈启原家读书、抄书。《万历野获编》载：“焦久困公车，每岁必至吾家，留浃月，借观书籍。时焦贫窭，至手自节录，或遇巨函，则大父撤以贻之。”④

《光绪常昭合志稿》载，清乾隆二十二年（1757）进士常熟陈士林登第前，“贫不能购书，恒手抄盈箧”⑤。

历代皇家典籍、各种官藏，以及私家善本往往深锁禁地，常人难以一见，遑论购买。江南进士中多有在皇家藏书机构、各级官府藏书机构任职者，其具有常人难以企及的接触皇家典籍、官府藏书的机会，私下抄书即可获得。在有幸借到私家珍藏时，对于无法购买的书籍亦不会放过抄录之机。

宋元祐六年（1091）进士吴兴鲍慎由尤好抄书，据载：“夏卿修唐史，别著《兵志》

---

① 邓邦述《群碧楼书善本录旧序》，见邓邦述撰，金晓东整理，吴格审定：《群碧楼善本书录 寒瘦山房鬻存善本书目》，《中国历代书目题跋丛书》第4辑，上海古籍出版社2014年版，第9—10页。

② 宗舜年《群碧楼善本书录》序，见邓邦述撰，金晓东整理，吴格审定：《群碧楼善本书录 寒瘦山房鬻存善本书目》，《中国历代书目题跋丛书》第4辑，上海古籍出版社2014年版，第5页。

③ （元）袁桷撰：《清容居士集》卷二十二《袁氏旧书目序》，见中华书局编辑部：《丛书集成初编》451，中华书局2011年影印本，第553页。

④ （明）沈德符撰：《万历野获编》卷十四之《师弟相得》，《元明史料笔记丛刊》本，中华书局1959年版，第377页。

⑤ （清）郑钟祥、张瀛修，（清）庞鸿文等纂：《光绪常昭合志稿》卷二十七《人物六·耆旧·陈士林传》，见《中国地方志集成·江苏府县志辑》（22），江苏古籍出版社1991年版，第424页。

三篇，自秘之。戒其子弟勿妄传。鲍钦止吏部好藏书，苦求得之。”①吕夏卿对所著《兵志》三篇特别珍视，并不准其子弟妄传，鲍慎苦求之下终于得以借抄。

宋绍兴十八年（1148）进士无锡尤袤藏书之富甲天下，其藏书成就与其见异本即抄录的习惯不无关系。《江苏省志 90・人物志》记云：“辞职归无锡，在家乡梁溪河畔建别墅‘乐溪居’，在惠山造‘锡麓书堂’。诗作多数收入 50 卷的《乐溪集》。后该集散失。仅流传至今 67 首。嗜书，有‘尤书橱’之称，见未读之书，必借阅，遇难得之书，必抄录。家园内建有‘万卷楼’，藏书 3 万余卷。陆游描述其书室‘异书名刻堆满屋，欠身欲起遭书围’。藏书分经、史、子、集 4 部 44 类，编成《遂初堂书目》。”②

宋绍兴三十二年（1162）进士山阴陆游《寒夜读书》诗自称为口诵手抄不计其年的书颠：“韦编屡绝铁砚穿。口诵手抄那计年。不是爱书即欲死。任从人笑作书颠。”③

明嘉靖三十八年（1559）进士上海秦嘉楫归里后热衷抄书、校雠。《孙毓修序跋辑录》载：“秦嘉楫，字少说，号凤楼，嘉靖三十八年进士，历官南京工部主事。致仕家居，校辑群书，手自抄录。涵芬楼得旧钞本，版心题‘蔬香亭清课’五字，不审其为谁氏，当即从秦本移写。”④

明嘉靖四十一年（1562）进士秀水项笃寿，其藏书楼万卷楼因藏宋元明珍本甚富而名满天下，这与其见秘册即传抄有着密切关联。《天禄琳琅书目》称其“性好藏书，见秘册辄令小胥传抄，储之舍北万卷楼”⑤。

著名的澹生堂藏书不少来自明万历三十二年（1604）进士山阴祁承㸁亲自或组织人力抄录。《明代的私人藏书・祁承㸁与澹生堂》称澹生堂抄录了经史子集各类图书中同科举有关的书籍“共 1000 多卷。《国朝征信丛录》《澹生堂余苑》二书中，其中有 600 多卷是手抄本”⑥。

清乾隆元年（1736）进士鄞县全祖望，对宋进士史浩《鄮峰真隐漫录》评价甚高：“《鄮峰真隐漫录》五十卷，天一阁范氏藏本也。是在诸储藏家俱未之有，至予始抄而传之。吾乡宋人之集，由忠定以前皆无传，当以是集为首座矣。忠定深于经学，所著《尚书》《周礼》《论语》诸种，予皆从《永乐大典》中抄之，而惜其不完也，独是集无恙。至其《真翁外集》，则不可得矣。忠定最受横浦先生之知，故其渊源不谬。其为

---

① （清）永瑢、纪昀主编，周仁等整理：《四库全书总目提要》卷八十八《史部四十四・史评类存目・唐书直笔》，海南出版社 1999 年版，第 460 页。

② 江苏省地方志编纂委员会编：《江苏省志 90・人物志》之《人物传一》，凤凰出版社 2008 年版，第 193 页。

③ （宋）陆游撰：《陆游集》之《剑南诗稿》卷十九《寒夜读书（二）》，中华书局 1976 年版，第 563 页。

④ 参见柳和城著：《孙毓修评传》附录一《孙毓修序跋辑录》，上海人民出版社 2011 年版，第 396 页。

⑤ （清）于敏中等撰：《天禄琳琅书目》卷一，见《清人书目题跋丛刊十》，中华书局 1995 年版，第 14 页。

⑥ 《明代的私人藏书・祁承㸁与澹生堂》，见任继愈：《中国藏书楼》中编《中国藏书楼发展史》，辽宁人民出版社 2010 年版，第 1098 页。

相自属贤者……有昌明理学之功，实为南宋培国脉，而惜乎旧史不能阐也。”[①]全祖望为抄书而夜以继日，且选择珍稀和专题藏本抄录，在《钞永乐大典记》中自称：“所流传于世者概置之，即近世所无而不关大义者亦不录，但钞其所欲见而不可得者。而别其例之大者为五：其一为经。诸解经之集大成者，莫如房审权之《易》，卫湜、王与之之《二礼》。此外莫有仿之者。今使取《大典》所有，稍为和齐而斟酌，则诸经皆可成也。其一为史。自唐以来，六史篇目虽多，文献不足，今采其稗野之作，金石之记，皆足以资考索。其一为志乘。宋元图经旧本，近日存者寥寥。明中叶以后所编，则皆未见古人之书而妄为之。今求之《大典》，厘然具在。其一为氏族。世家系表而后，莫若夹漈《通略》，然亦得其大概而已，未若此书之该备也。其一为艺文。东莱《文鉴》不及南渡遗集之散亡者，《大典》得十九焉。其余偏端细目，信手荟萃，或可以补人间之缺本，或可以正后世之伪书。则信乎取精多而用物宏，不可谓非宇宙间之鸿宝也。会逢今上纂《三礼》，余始语总裁拥城方公，钞其《三礼》之不传者。惜乎其阙失二千册，余尝欲奏之今上，发宫中正本以补足之，而未遂也。夫求储藏于秘府，更番迭易，往复维艰，而吾辈力不能多畜写官，自从事于是书，每日夜漏三下而寝，可尽二十卷，而以所签分令四人钞之，或至浃旬未毕，则欲卒业业于此，非易事也。”[②]可见全祖望所抄书均非流传于世者，不是书肆有售者。

段玉裁称清乾隆十七年（1752）探花杭州卢文弨“闻有旧本，必借抄之；闻有善说，必谨录之。一策之间，分别移写诸本之乖异，字细而必工。今抱经堂藏书数万卷皆是也”[③]。

《孙渊如先生事略》称清乾隆五十二年（1787）榜眼孙星衍“尤好聚书，闻有善本，借抄无虚日。金石文字及古彝鼎书画，皆能穷竟源委”[④]。

江南进士藏书名家之间相互借抄以增加收藏，结合抄录和校雠来完善藏书，所抄之书多成稀世珍品。

明成化八年（1472）状元长洲吴宽钞本甚精，其校雠手抄者多有善本。叶德辉《明以来之钞本》盛赞道：“明以来钞本书最为藏书家所宝者。曰吴钞。”[⑤]钱谦益赞云：“先生经明行修，颀然长德，学有根柢，言无枝叶。最好苏学，字亦酷似长公。而其诗深厚酿郁，自成一家。少壮好学，老而弥笃。所藏书多手抄，有自署吏部东厢书

---

① （清）全祖望著：《鲒埼亭集外编》卷二十四《鄮峰真隐漫录题词》，见王云五主编：《万有文库》第二集（七百种），（上海）商务印书馆1936年版，第979页。

② （清）全祖望撰：《钞永乐大典记》，见袁咏秋、曾季光主编：《中国历代国家藏书机构及名家藏读叙传选》，北京大学出版社1997年版，第295—296页。

③ （清）段玉裁撰：《翰林院侍读学士卢公墓志铭》，见中华书局编辑部：《丛书集成初编》517之《抱经堂文集》首附，中华书局2011年影印本，第5页。

④ （清）李元度著，易孟醇点校：《国朝先正事略》卷三十五《经学·孙渊如先生事略》，岳麓书社1991年版，第991—992页。

⑤ （清）叶德辉撰：《书林清话》卷十《明以来之钞本》，上海古籍出版社2012年版，第226页。

者，盖六十以后笔也。”①

明万历三十八年(1610)探花常熟钱谦益绛云楼善本充栋，精于据宋本补抄完善藏书。《爱日精庐藏书志》载：“《张说之集》残本十卷，影写宋刊本，唐张说撰。……钱牧翁从宋本抄补。上方有毛扆题识云：‘此一叶世行本皆缺，牧翁先生从宋本手抄补，后之读此书者勿易视之。’”②

关于古代藏书虽有“借书一痴，还书一痴”之说，但不少江南进士相对开明，私家珍藏也可望相互借阅和抄录。

成化二十年(1484)进士吴县杨循吉倡导同道之间提供私藏秘籍，互相抄录。状元长洲吴宽、进士吴县都穆等均予响应，“尝咏书橱诗、钞书诗，传诵一时”③。若自撰《钞书》所述：

> 沉疾已在躬，嗜书犹不废。每闻有奇籍，多方必罗致。手录畏辛勤，数纸还投弃。贸人供所好，恒辍衣食费。往来绕案行，点画劳指视。成编亦艰难，把玩自珍贵。家人怪何用，推却从散离。亦蒙朋友笑，既宦安用是？自知身有病，不作长久计。偏好固莫捐，聊尔从吾意。有子虽二人，未知谁可遗？我但要披阅，岂复思后世。逢愚聚必散，贤必能添置。区区远虑心，何其错为地。不如供目前，一卷有真味④。

对于杨氏抄书之勤，藏书大家朱彝尊赞云：“是时，吴中藏书家多以秘册相尚，若朱性甫、吴原博、阎秀卿、都元敬辈，皆手自抄录，今尚有流传者。实君谦倡之也。”⑤可见朱彝尊记述了明弘、嘉时，吴中藏书之家多以秘册相尚，若吴宽、都穆等皆手自抄录，抄书之倡，实由杨循吉始之情形。

明嘉靖十一年(1532)进士鄞县范钦天一阁藏书收藏之富享誉中外，其得益于与同好相互抄录私藏珍稀之本，清胡文学《甬上耆旧诗·范钦传》云：“性喜藏书，于舍中起天一阁，尽购海内异本，列为四部，尤善收说经诸书及先辈诗文集未传世者。与吴门王凤洲家，岁以书目取较，各钞所未见相易，故浙东藏书家以范氏天一阁为第一。”⑥

---

① (清)钱谦益著：《列朝诗集小传》丙集《吴尚书宽》，上海古籍出版社1959年版，第275页。

② (清)张金吾撰，柳向春整理，吴格审定：《爱日精庐藏书志》卷二十九，上海古籍出版社2014年版，第465页。

③ 蒋镜寰辑：《吴中先哲藏书考略》，见徐雁、王燕均主编：《中国历史藏书论著读本》下卷《导读》，四川大学出版社1990年版，第648页。

④ (明)杨循吉《钞书》，见金性尧选注：《明诗三百首》，上海远东出版社2012年版，第151页。

⑤ (清)朱彝尊著，姚祖恩编，黄君坦校点：《静志居诗话》卷八，人民文学出版社2006年版，第227页。

⑥ (清)胡文学《甬上耆老旧诗·范钦传》，见(明)范钦著，袁慧点校：《范钦集》附录，浙江古籍出版社2012年版，第562页。

明嘉靖二十三年(1544)进士长洲刘凤与万历十七年(1589)状元南京焦竑、万历五年(1577)会元秀水冯梦祯、万历十一年(1583)进士抚州汤显祖、嘉靖二十年(1541)进士宣城梅鼎祚、嘉靖二十六年(1547)进士太仓王世贞等友善,并与焦竑、冯梦祯相约各出珍藏供互相传抄。梅鼎祚《答王元祯》曾记此事:“往尝与刘子威、焦弱侯两公言,书能一人读,不能一人藏。冯开之及海虞赵玄度曾约弟集海内藏书家,每三年则一会于南都或武林,各出所得,互相传抄。西北则须二三好事者,亦如我东南,而有力者择登诸梓,诚千载盛事也。”①又《答亭州王元祯》云:“尝记刘子威述昔人咏:天下今无读书者,世间唯有作诗人。相与慨赏。翁兄作述身兼,为日久矣。昨秋约以各抉其藏,互缀其阙,不作帐中之秘,更备乘后之遗,亦大快事,琼翰远颁,缥缃继出,敬拜登录,以仁吾兄之惠,乃损贻嘉贶,将不无过泰耶。”②

清乾隆十年(1745)进士钱塘汪宪与同郡诸同好互相提供宋椠元钞借抄,徐珂《汪鱼亭藏书于振绮堂》云:“钱塘汪氏有振绮堂,为藏书之所,自鱼亭员外宪至小米中翰远孙,四世矣,与同郡诸藏书家,若小山堂赵氏、飞鸿堂汪氏、知不足斋鲍氏、瓶花斋吴氏、寿松堂孙氏、欣托山房汪氏,皆相往来,彼此互易,借钞借校,因得见宋椠、元钞,不下数百种。”③

三、海富山藏

历代尤其是宋代以降,江南进士通过搜购、抄录等途径增益藏书,致使其海富山藏。宋元江南进士藏书万卷者达 42 人;明代江南进士中不乏藏书万卷者,其中藏书数万卷者就达 26 人;清代江南进士藏书万卷、数万卷者甚多,其中藏书逾十万卷者就达 13 人。

附一:宋元藏书万卷之江南进士一览表

姓名	籍贯	登科年	藏书万卷故实
楼　郁	鄞县	宋皇祐五年(1053)	家藏仅万卷,而手抄者居半④
王汝舟	婺源	宋皇祐五年(1053)	手所校书万余卷⑤

① (明)梅鼎祚撰:《鹿裘石室集》之《尺牍》卷十三《答王元祯·又》,见《续修四库全书》编纂委员会、复旦大学图书馆古籍部编:《续修四库全书》第 1379 册,上海古籍出版社 2003 年版,第 634 页。

② (明)梅鼎祚撰:《鹿裘石室集》之《尺牍》卷九《答亭州王元祯》,见《续修四库全书》编纂委员会、复旦大学图书馆古籍部编:《续修四库全书》第 1379 册,上海古籍出版社 2003 年版,第 581 页。

③ 徐珂编撰:《清稗类钞·鉴赏类·汪鱼亭藏书于振绮堂》,第 9 册,中华书局 1986 年版,第 4248 页。

④ 《鄞县志》卷二十六,引自吴晗撰《江浙藏书家史略》之《浙江藏书家史略》,中华书局 1981 年版,第 99 页。

⑤ (宋)罗鄂州《王提刑汝舟传》,参见(明)程敏政辑撰,何庆善、于石点校:《新安文献志》卷八十四,黄山书社 2004 年版,第 2031 页。

续表

姓名	籍贯	登科年	藏书万卷故实
莫君陈	归安	宋嘉祐二年(1057)	齐斋倪氏、月河莫氏、竹斋沈氏、程氏、贺氏皆号藏书之富,各不下数万余卷①
丰　稷	鄞县	宋嘉祐四年(1059)	藏书至数万卷②
朱长文	吴县	宋嘉祐四年(1059)	家徒藏书万卷③
陈贻序	临海	宋治平三年(1066)	累积万余卷④
陈贻范	临海	宋治平四年(1067)	累积万余卷⑤
章　甫	吴县	宋熙宁三年(1070)	藏书万卷,校雠精密⑥
沈　偕	吴兴	宋元丰二年(1079)	父沈思"藏书数万卷"⑦,"子沈偕,亦好藏书,尤多国子监书,颇为珍贵"⑧
慕容彦逢	宜兴	宋元祐三年(1088)	至老不倦。家藏书数万卷,手亲是正,不惮寒暑⑨
张　塈	常州	宋元祐四年(1089)	闭户读书四十年,手校数万卷,无一字舛。穷经著书,至夜分不寐⑩
叶梦得	吴县	宋绍圣四年(1097)	南渡以来,惟叶少蕴少年贵盛,平生好收书逾十万卷,置之川弁山山居,建书楼以贮之,极为华焕⑪
李　光	上虞	宋崇宁五年(1106)	予至上虞。闻李庄简公光。无书不读。多蓄书册与宋名册数万卷⑫

① (宋)周密撰,张茂鹏点校:《齐东野语》卷十二《书籍之厄》,中华书局1983年版,第217页。
② (清)叶昌炽著,王欣夫补正,徐鹏辑:《藏书纪事诗》卷二,上海古籍出版社1989年版,第176页。
③ (宋)范成大撰:《吴郡志》卷二十六《人物·朱长文传》,见(清)永瑢、纪昀等编纂:《四库全书》第485册,上海古籍出版社1987年版,景印文渊阁本,第195页。
④ 范凤书著:《中国著名藏书家与藏书楼》,大象出版社2013年版,第16页。
⑤ 范凤书著:《中国著名藏书家与藏书楼》,大象出版社2013年版,第16页。
⑥ (宋)范成大撰:《吴郡志》卷二十六《人物·章甫传》,见(清)永瑢、纪昀等编纂:《四库全书》第485册,上海古籍出版社1987年版,景印文渊阁本,第197页。
⑦ 王克文主编:《湖州市志》第九章《图书》,昆仑出版社1999年版,第1899页。
⑧ 王克文主编:《湖州市志》第九章《图书》,昆仑出版社1999年版,第1899页。
⑨ (宋)慕容彦逢撰:《摛文堂集·序》,见《丛书集成续编》集部,第102册,上海书店出版社1994年版,第243页。
⑩ (元)脱脱等撰:《宋史》卷四百五十八《列传第二百一十八·隐逸下》,中华书局1977年版,第13455页。
⑪ (宋)王明清撰,田松青点校:《挥麈录后录》卷七第242条《叶少蕴书火于弁山李泰发藏书火于秦》,上海古籍出版社2012年版,第112页。
⑫ (元)孔齐著:《至正直记》卷二《别业蓄书》,中华书局1991年版,第27页。

续表

姓名	籍贯	登科年	藏书万卷故实
赵子昼	迁居衢州	宋大观元年(1107)	酝藉该洽,蓄书近万卷,多所亲校,过江篆字为第一①
孙　觌	常州晋陵	宋大观三年(1109)	于是燔北堂万卷之钞,袖明光起草之手②
洪　皓	钱塘	宋政和五年(1115)	已有书万余卷,名画数百卷③
方　悫	桐庐	宋宣和元年(1119)	家置万卷书堂,虽老手不释卷④
汪　杞	婺源	宋建炎二年(1128)	聚书万卷,以教子弟⑤
史师雄	象山	宋绍兴五年(1135)	建楼名铁砚堂,藏书万卷,寝食其中⑥
陈　曦	鄞县	宋绍兴八年(1138)	滴露研朱点四经,佳儿聚书过万卷⑦
姜　浩	鄞县	宋绍兴十二年(1142)	藏书万卷⑧
李　衡	昆山	宋绍兴十二年(1142)	聚书逾万卷,名其堂曰"乐庵",学者称为乐庵先生⑨
王　淮	金华	宋绍兴十五年(1145)	聚书数万卷,无所不观⑩
李　庚	临海	宋绍兴十五年(1145)	聚书数万卷于楼上,闭门不与人通⑪

① (明)陶宗仪撰,徐美洁点校:《书史会要》卷六,浙江人民美术出版社2012年版,第182页。

② (宋)周必大撰:《鸿庆居士集》序,见孙觌纪念馆编纂:《孙觌纪念文集》附,上海古籍出版社2006年版,第14页。

③ (宋)洪适著:《盘洲文集·先君述》,见(清)永瑢、纪昀等编纂:《四库全书》第1158册,上海古籍出版社1987年版,景印文渊阁本,第750页。

④ (清)嵇曾筠、李卫等修,(清)沈翼机等纂:《雍正浙江通志》(四)卷一百七十七《人物五·方悫》,浙江省地方志编纂委员会编:《中国地方志集成·省志辑·浙江》(6),凤凰出版社2010年影印本,第657页。

⑤ (宋)韩元吉撰:《南涧甲乙稿附拾遗》卷二十二《韶州太守朝散大夫汪公墓志铭》,中华书局1985年版,第451页。

⑥ 罗士筠修,陈汉章等纂:《民国象山县志》卷二十二《先贤一》,见《中国地方志集成·江苏府县志辑》(33),江苏古籍出版社1991年版,第700页。

⑦ (清)全祖望著,朱铸禹汇校集:《全祖望集汇校集注》之《句余土音》卷中《陈文介公二灵山房》,上海古籍出版社2000年版,第2375页。

⑧ 曹之著:《中国印刷术的起源》第十章《唐代发明雕版的旁证(下)》,武汉大学出版社1994年版,第388页。

⑨ (明)周世昌撰:《万历重修昆山县志》卷五《人物一·李衡传》,见刘兆佑主编:《中国史学丛书三编》第四辑,台湾学生书局1987年版,第503页;(明)王鏊等纂:《正德姑苏志》卷五十《人物八·名宦》,台湾学生书局1986年版,第731页。

⑩ (宋)楼钥撰:《攻媿集》八十七《少师观文殿大学士鲁国公致仕赠太师王公行状》,中华书局编辑部:《丛书集成初编》444,中华书局2011年影印本,第140页。

⑪ (宋)楼钥撰:《攻媿集》卷五十二《诊痴符序》,见中华书局编辑部:《丛书集成初编》443,中华书局2011年影印本,第717页。

续表

姓名	籍贯	登科年	藏书万卷故实
莫　汲	归安	宋绍兴十八年(1148)	吾乡富于典籍者……宋元之际,月河莫氏、齐斋倪氏,寓公若资中三李、陵阳牟氏,皆不下数万卷①
尤　袤	无锡	宋绍兴十八年(1148)	晚年益嗜书,积至三万余卷②
史正志	丹阳	宋绍兴二十一年(1151)	其奉祠家居也,治圃所居之南,号乐闲居士、柳溪钓翁。藏书至数万卷③
程大昌	休宁	宋绍兴二十一年(1151)	程氏园,文简公别业也,去城数里,曰河口。藏书数万卷,作楼贮之④
何　恪	义乌	宋绍兴三十年(1160)	性好古,藏书至万卷⑤
赵彦逾	鄞县	宋绍兴三十年(1160)	插架三万牙签重,此身愿为书蠹虫⑥
沈　瀛	归安	宋绍兴三十年(1160)	齐斋倪氏,月河莫氏,竹斋沈氏,程氏,贺氏,皆号藏书之富,各不下数万余卷⑦
陆　游	山阴	宋绍兴三十二年(1162)	藏书万卷未为贫⑧
潘景宪	金华	宋隆兴元年(1163)	枢幼聪慧,外家潘氏(景宪)蓄书数万卷,枢尽取而读之,过目辄不忘⑨
赵汝愚	崇德	宋乾道二年(1166年)	好读书,所藏至三万卷⑩

---

① 李宗莲《皕宋楼藏书志·序》,见(清)陆心源著,冯惠民整理:《仪顾堂书目题跋汇编》,中华书局2009年版,第564页。

② (清)裴大中、倪咸生修,(清)秦缃业等纂:《光绪无锡金匮县志》卷二十一《儒林》,见《中国地方志集成·江苏府县志辑》(24),江苏古籍出版社1991年版,第337页。

③ (宋)卢宪修:《嘉定镇江志》卷十八《人物》,见《续修四库全书》编纂委员会、复旦大学图书馆古籍部编:《续修四库全书》第698册,上海古籍出版社2003年版,第534页。

④ (宋)周密撰,王根林校点:《癸辛杂识前集·程氏园》,上海古籍出版社2012年版,第7页。

⑤ (明)应廷育辑:《金华先民传》卷七《何恪》,见《四库全书存目丛书》编纂委员会编:《四库全书存目丛书》史部,第91册,齐鲁书社1996年版,第697页。

⑥ (宋)楼钥撰:《攻媿集》卷四《赵资政建三层楼中层藏书》,中华书局编辑部:《丛书集成初编》442,中华书局2011年影印本,第221页。

⑦ (宋)周密撰,张茂鹏点校:《齐东野语》卷十二《书籍之厄》,中华书局1983年版,第217页。

⑧ (宋)陆游撰:《陆游集》之《剑南诗稿》卷四十三《遣兴》,中华书局1976年版,第1095页。

⑨ (明)宋濂等撰:《元史》卷一百九十九《隐逸·张枢传》,中华书局1976年版,第4478页。

⑩ 郭齐、尹波点校:《朱熹集·笃行赵君彦远墓谒铭》卷九十二,四川教育出版社1996年版,第4692—4693页。

续表

姓名	籍贯	登科年	藏书万卷故实
倪　思	归安	宋乾道二年(1166)	齐斋倪氏,月河莫氏,竹斋沈氏,程氏,贺氏,皆号藏书之富,各不下数万余卷①
程　珌	休宁	宋绍熙四年(1193)	以四十年游宦,顾湏自安石屋之居,三万轴峥嵘②
洪咨夔	临安	宋嘉泰二年(1202)	闻履阁'为其藏书之所,有书凡一万三千卷③
赵　绋	昆山	宋嘉泰二年(1202)	读书至老不倦,藏书万卷,手自校雠④
赵浠瀞	衢州	宋嘉定十年(1217)	及解麾钺,惟书万卷自随,视他贵人独无厚藏⑤
王应麟	庆元	宋淳祐元年(1241)	蓄书万卷⑥
汪一龙	休宁	宋咸淳四年(1268)	家筑楼曰经畬,贮书万卷⑦
杨维桢	山阴	元泰定四年(1327)	会稽有铁崖山,其高百丈,上有绿萼梅数百株,层楼出梅花外,积书数万卷⑧

① (宋)周密撰,张茂鹏点校:《齐东野语》卷十二《书籍之厄》,中华书局1983年版,第217页。

② (宋)程秘撰:《程端明公洺水集》卷二十一《万卷堂上梁文》,参见四川大学古籍所编:《宋集珍本丛刊》第71册,线装书局2004年版,第193页。

③ 程炳卿主编,西天目山志编纂委员会编:《西天目山志》第五编,附录一《栖逸与檀贤》,浙江人民出版社1991年版,第217页。

④ (明)周世昌撰:《万历重修昆山县志》卷六《人物一·赵绋传》,见刘兆佑主编:《中国史学丛书三编》第四辑,台湾学生书局1987年版,第517页。

⑤ (宋)刘克庄撰:《安抚殿撰赵公墓志铭》,见曾枣庄、刘琳主编:《全宋文》卷七六三〇,第331册,上海辞书出版社2006年版,第326页。

⑥ 范凤书著:《中国私家藏书史》(修订本),大象出版社2009年版,第157页。

⑦ (元)方回《定斋先生汪公一龙墓铭》,参见李修生主编:《全元文》卷二百二十八,第7册,江苏古籍出版社1998年版,第441页。

⑧ 《铁笛道人杨维桢自传》,见(明)焦竑辑:《焦太史编辑国朝献征录》卷一百十五,《续修四库全书》编纂委员会、复旦大学图书馆古籍部编:《续修四库全书》第531册,上海古籍出版社2003年版,第503页。

附二:明藏书数万卷之江南进士一览表

姓　名	籍贯	登科年	藏书数万卷故实
章　纶	乐清	明正统四年(1439)	既历官南北,聚书几万卷,自六经子史以至星历医卜皆搜抉,务达其要①
叶　盛	昆山	明正统十年(1445)	公生平无他嗜好,顾独笃于书,手抄雠至数万卷,将为堂以藏之,意取卫风淇澳,学问自修之义,名之曰菉竹②
林　鹗	黄岩	明景泰二年(1451)	公博学好古,聚书几万卷③
黄孔昭	台州	明天顺四年(1460)	及至孔昭,嗜书尤甚,"访求遗帙至数万卷",时台州有"聚书必曰黄氏"之称④
谢　铎	台州	明天顺八年(1464)	以中秘图书以及四方所购藏置于阁中,分类藏之,藏书达数万卷⑤
杨一清	丹徒	明成化八年(1472)	收藏至数万卷。家有别墅"石淙精舍",专门辟藏书室为"邃庵"⑥
杨循吉	吴县	明成化二十年(1484)	闻杨仪部君谦性最嗜书,家本素封,以购书故,晚岁赤贫。所藏书十余万卷,纂其异闻为《奚囊手镜》⑦
陆　深	华亭	明弘治十八年(1505)	云间陆文裕公、娄江王大司马、吴门刘子威,此其家藏书皆不下数万卷⑧
陆　伸	太仓	明正德三年(1508)	自先世积书数万卷,悉按郑、马二氏例类分四部,编为目录⑨
钟　梁	嘉兴	明正德九年(1514)	亭中蓄书三万轴,夜则高眠昼还读⑩

① (明)谢铎《通议大夫南京礼部左侍郎赠南京礼部尚书谥恭毅章公纶墓志铭》,见(明)焦竑辑:《焦太史编辑国朝献征录》卷三十七,《续修四库全书》编纂委员会、复旦大学图书馆古籍部编:《续修四库全书》第527册,上海古籍出版社2003年版,第4页。

② (明)王世贞《菉竹堂记》,见(清)薛熙纂:《明文在》卷六十二,《中华传世文选》本,吉林人民出版社1998年版,第380页。

③ (明)谢铎撰著,林家骊点校:《谢铎集》卷七十六《读畏斋存稿》,《浙江文丛》本,浙江古籍出版社2012年版,第657页。

④ 徐三见撰:《台州藏书家传略》,虞浩旭主编:《天一阁论丛》,宁波出版社1996年版,第251页。

⑤ 李玉安、黄正雨编著:《中国藏书家通典》,(香港)中国国际文化出版社2005年版,第205页。

⑥ 李玉安、黄正雨编著:《中国藏书家通典》,(香港)中国国际文化出版社2005年版,第209页。

⑦ (明)祁承㸁《藏书训略》,见(明)祁承㸁等撰:《澹生堂藏书约》外八种,上海古籍出版社2005年版,第16页。

⑧ (明)祁承㸁《藏书训略》,见(明)祁承㸁等撰:《澹生堂藏书约》外八种,上海古籍出版社2005年版,第15—16页。

⑨ (清)王昶等纂修:嘉庆《直隶太仓州志》卷二十六《人物·列传一》,见《续修四库全书》编纂委员会、复旦大学图书馆古籍部编:《续修四库全书》第697册,上海古籍出版社2003年版,第428页。

⑩ (明)胡震亨撰:《海盐县图经》第十三卷《人物篇》,浙江古籍出版社2009年版,第346页。

续表

姓　名	籍贯	登科年	藏书数万卷故实
丰　坊	鄞县	明嘉靖二年(1523)	藏书至数万卷①。聚书五万卷,因名“万卷楼”②
唐顺之	武进	明嘉靖八年(1529)	突兀破屋官衢旁,囊者比禹宛委庄。插架充栋十万卷,天下争说毗陵唐③
范　钦	鄞县	明嘉靖十一年(1532)	聚书天一阁,至数万卷,尤多秘本,为四明藏书家第一④
钮石溪	会稽	明嘉靖二十年(1541)	吾乡黄门钮石溪先生,锐情稽古,广播穷搜,藏书世学楼者,积至数千函,百万卷⑤
刘　凤	长洲	明嘉靖二十三年(1544)	云间陆文裕公、娄江王大司马、吴门刘子威,此其家藏书皆不下数万卷⑥
方九叙	钱塘	明嘉靖二十三年(1544)	天性毅直,屡忤巨珰,罢归。益讨故业,聚书至数万卷⑦
王世贞	太仓	明嘉靖二十六年(1547)	王元美先生藏书最富。二典之外尚有三万余卷,其它即墓铭、朝报积之如山。其考核该博,固有自来⑧
沈自邠	秀水	明万历五年(1577)	自观察石云公(沈谧)、大参霓川公(沈启源)、编修几轩公(沈自邠)所积,与太学超宗君(沈凤)所续得,不下八万馀卷⑨
焦　竑	南京	明万历十七年(1589)	拥书数万卷,日哦咏其中,有若寒生⑩
李日华	嘉兴	明万历二十年(1592)	藏书不下八万余卷⑪
祁承㸁	山阴	明万历三十二年(1604)	澹生堂藏书十万卷,悉人间罕觏密册⑫

① (清)叶昌炽著,王欣夫补正,徐鹏辑:《藏书纪事诗》卷二,上海古籍出版社1989年版,第176页。

② 宁波市地方志编纂委员会:《宁波市志·人物传略》,中华书局1995年版,第2929页。

③ (清)唐元鼎撰:《明唐荆川先生年谱》,见北京图书馆编:《北京图书馆藏珍本年谱丛刊》第48册,北京图书馆出版社1999年版,第175页。

④《康熙宁波府志范钦传》,见(明)范钦著,袁慧点校:《范钦集》附录,浙江古籍出版社2012年版,第563页。

⑤ (明)商浚辑:《稗海·原序》第1册,大化书局1985年据振鹭堂刻本影印,第2页。

⑥ (明)祁承㸁《藏书训略》,见(明)祁承㸁等撰:《澹生堂藏书约》外八种,上海古籍出版社2005年版,第15—16页。

⑦ (清)丁申著:《武林藏书录》卷中《方承天》,古典文学出版社1957年版,第48页。

⑧ (明)谢肇淛《五杂俎》,见袁咏秋,曾季光主编:《中国历代国家藏书机构及名家藏读叙传选》第三编《中华文化古籍之源流故实》,北京大学出版社1997年版,第270页。

⑨ (明)李日华撰,屠友祥校著:《味水轩日记》卷一,上海远东出版社1996年版,第40页。

⑩ (明)过庭训撰:《本朝分省人物考》卷十三《焦竑》,见《续修四库全书》编纂委员会、复旦大学图书馆古籍部编:《续修四库全书》第533册,上海古籍出版社2003年版,第295页。

⑪ 梁战、郭群一主编:《历代藏书家辞典》,陕西人民出版社1991年版,第160页。

⑫ (清)赵昱撰:《爱日堂吟稿》卷十五《春草原小景分记·旷亭》,见《清代诗文集汇编》编纂委员会编:《清代诗文集汇编》265,上海古籍出版社2010年版,第553页。

续表

姓　名	籍贯	登科年	藏书数万卷故实
钱谦益	常熟	明万历三十八年(1610)	为筑绛云楼于半野堂之后,房栊窈窕,绮疏青琐,旁龛古金石文字,宋刻书数万卷①
张　溥	太仓	明崇祯四年(1631)	所度书不下数万卷,丹黄由释,无寒暑间,海内学者争及门②
吴伟业	太仓	明崇祯四年(1631)	小辈推能慧,新年料已长。吾家三万卷,付托在儿郎③
曹　溶	秀水	明崇祯十年(1637)	藏书至八万余卷,与山阴祁氏澹生堂、钮氏世学楼、禾中项氏、倦圃曹氏(曹溶)埒④
高承埏	嘉兴	明崇祯十三年(1640)	聚书万椟,多至七万卷⑤

附三:清藏书逾十万卷之江南进士一览表

姓　名	籍　贯	登科年	藏书逾十万卷故实
熊赐履	居江宁	顺治十五年(1658)	予遂极力购求,七年之中,积书有八万卷,合前共十万卷有奇⑥
汪由敦	钱塘	清雍正二年(1724)	下直端居左图右史,所藏数十万卷皆手自评校⑦
袁　枚	钱塘	清乾隆四年(1739)	凡清秘之本约得十之六七,积书至四十万卷⑧
王宗炎	萧山	清乾隆四十五年(1780)	藏书甚富,号十万卷楼,校勘极精,年八十余,犹孜孜不讫,著有《晚闻居士遗集》者也⑨
王端履	萧山	清嘉庆十九年(1814)	俦侣多显贵,宦浙者亦不通书问。家有书十万卷⑩

① (清)顾苓撰:《塔影园集》集一《河东君传》,见《丛书集成续编》集部,第123册,上海书店出版社1994年版,第514页。

② (明)张采撰:《知畏堂文存》卷八《庶常天如张公行状》,见《四库禁毁书丛刊》编纂委员会编:《四库禁毁书丛刊》集部,第81册,北京出版社1997年版,第642页。

③ (清)吴伟业著,李学颖集评标校:《吴梅村全集》卷十二《诗后集四·病中别孚令弟十首之十》,上海古籍出版社1990年版,第326页。

④ (清)杨钟羲撰集,刘承幹校:《雪桥诗话》卷二,北京古籍出版社1989年版,第77页。

⑤ (清)朱彝尊撰:《曝书亭集》七十二卷《前进士高公墓表》,见(清)永瑢、纪昀等编纂:《四库全书》第1318册,上海古籍出版社1987年版,第455页。

⑥ (清)章学诚《丙辰札记》,见(清)章学诚著,冯惠民点校:《乙卯札记 丙辰札记 知非日札》,《学术笔记丛刊》本,中华书局1986年版,第92页。

⑦ (清)陈浩撰:《生香书屋文集》卷二《汪文端公文集序》,参见《清代诗文集汇编》编纂委员会编:《清代诗文集汇编》276,上海古籍出版社2010年版,第438页。

⑧ 郑伟章著:《文献家通考》卷五,中华书局1999年版,第274页。

⑨ (清)李慈铭著,由云龙辑:《越缦堂读书记》十一《综合参考·重论文斋笔录》,中华书局1963年版,第1208页。

⑩ 南开大学地方文献研究室、杭州市萧山区人民政府地方志办公室:《萧山县志稿》卷十八《人物五·王端履》,南开大学出版社2010年版,第660页。

续表

姓　名	籍　贯	登科年	藏书逾十万卷故实
王文韶	仁和	清咸丰二年(1852)	购书于沪、于粤、于楚、于金陵,先后凡数十万卷,栉庋之楼,纵人往观①
陈康祺	鄞县	清同治十年(1871)	储书数十万卷,大半经丹黄搜残举碎,时有著述②
缪荃孙	江阴	清光绪二年(1876)	收藏宋、元、明、清旧钞旧刻书十余万卷,周秦讫元刻一万八百余种,皆手自校勘题识③
沈曾植	嘉兴	清光绪六年(1880)	宋椠元刊近百种,方志和乡邦文献百余种。总藏达三十万卷④
盛炳纬	镇海	清光绪六年(1880)	日求书海王村,累十余万卷,夙夜披诵洎如也⑤
邹福保	元和	清光绪十二年(1886)	藏书十余万卷,日惟焚香,手一编,与古人晤对⑥
孙　雄	昭文	清光绪二十年(1894)	惟嗜书成癖,目有所接,必倾橐致之,庋藏不下十万卷⑦
朱彭寿	海盐	清光绪二十四年(1898)	梅里忻氏"不暇懒斋"藏书散出,彭寿收购所得皆善本。藏书多至数十万卷⑧

第三节　擅于整理 长于编目

一、考订精审

清代江南榜眼洪亮吉对藏书家进行过分类:"藏书家有数等。得一书必推求本原,是正缺失,是谓考订家,如钱少詹大昕、戴吉士震诸人是也。次则辨其板片,注其

① 李希泌、张椒华编:《中国古代藏书与近代图书馆史料(春秋至五四前后)》,中华书局1982年版,第67页。

② 钱仲联主编:《广清碑传集》卷十三《陈康祺传》,苏州大学出版社1999年版,第873页。

③ 柳诒徵《缪荃孙传》,见卞孝萱、唐文权编著:《民国人物碑传集》卷七,凤凰出版社2011年版,第462页。

④ 范凤书著:《中国著名藏书家与藏书楼》之《沈曾植·海日楼》,大象出版社2013年版,第308页。

⑤ (民国)盛炳纬撰:《养园剩稿》卷首《陈三立·前江西学政翰林院编修盛君家传》,见《丛书集成续编》第144册,集部,上海书店出版社1994年版,第2页。

⑥ (清)曹允源《复庵续稿》卷三《邹君家传》,引江庆柏著:《近代江苏藏书研究》第六章《近代苏州地区藏书》,安徽文艺出版社2000年版,第328页。

⑦ 俞寿沧《常熟孙吏部传》,见卞孝萱、唐文权编:《辛亥人物碑传集》卷十四,团结出版社1991年版,第723—724页。

⑧ 于峰、周敏编著:《嘉禾古今藏书家》,2009年铅印本,第196页。

错讹，是谓校雠家，如卢学士文弨、翁阁学方纲诸人是也。次则搜采异本，上则补石室金匮之遗亡，下可备通人博士之浏览，是谓收藏家，如鄞县范氏之天一阁、钱唐吴氏之瓶花斋、昆山徐氏之传是楼诸家是也。”①洪亮吉在此将书籍考订定义为“推求本原”“是正缺失”，并将考订家列于各种藏书家之首，可见其对于考订这一书籍整理活动的重视。历代江南进士中不乏专注考订且考订精审者。

宋元祐三年（1088）进士宜兴慕容彦逢不分寒暑手自考订其万卷藏书。《摛文堂集·序》称其“家藏书数万卷，手亲是正，不惮寒暑”②。宋绍兴三十二年（1162）进士山阴陆游重视考订，认为“学必本于书。一卷之书，初视之，若甚约也。后先相参，彼此相稽，本末精粗，相为发明，其所关涉，已不胜其众矣。一编一简，有脱遗失次者，非考之于他书，则所承误而不知。同字而异诂，同辞而异义，书有隶古，音有楚夏，非博极群书，则一卷之书，殆不可遽通。此学者所以贵夫博也。自先秦、两汉，讫于唐五代以来，更历大乱，书之存者既寡，学者于其仅存之中，又卤莽焉以自便，其怠惰因循，曰‘吾惧博之溺心也’，岂不陋哉！故善学者通一经而足，藏书者虽盈万卷犹有憾焉。而近世浅士，乃谓藏书如斗草，徒以多寡相为胜负，何益于学”③。正如其《寄题吴斗南玩芳亭》所言：“读书不放一个字过。闭户忽惊双鬓秋。平生离骚读千遍。屈泥秭归要亲见。”④

明万历三十八年（1610）探花常熟钱谦益藏书宏富，藏本精善，其考订之专注值得称道。《钱遵王读书敏求记校证·佚文》载：“天启乙丑牧翁削籍南还，托锦衣胡岐山于内阁典籍抄《昭示奸党三录》。是时逆奄用命，标题有‘奸党’二字，缮写者摇手咋舌，早晚出入阁门，将抄书夹置裤裆中而出。丁卯四月始卒业，抄寄之难如此。予尝见丛书堂所藏止寥寥数叶，此则三厚本。圣祖御制序，特敕刑部条列乱臣，情词晓示中外者。不知三百年来何以失传。牧翁据此考定《开国功臣事略》。”⑤

考订之风盛行于清代，其时专注考订且考订精审的江南进士不胜枚举。清康熙四十二年（1703）进士长洲何焯，对藏书凡所持论，考之先正，考证《汉书》最有功，题识中论人论事必考其渊源。全祖望称何焯笃志于学，“其读书，茧丝牛毛，旁推而交通之，必审必核。凡所持论，考之先正，无一语无根据。吴下多书估，公从之访购宋元旧椠及故家抄本，细雠正之。一卷或积数十过，丹黄稠叠，而后知近世之书脱漏讹谬。读者沉迷于其中而终身未晓也”⑥。钱大昕评价云：“考证《汉书》最有功，凡有

---

① （清）洪亮吉著：《北江诗话》卷三，中华书局1985年版，第29页。

② （宋）慕容彦逢撰：《摛文堂集·序》，见《丛书集成续编》集部，第102册，上海书店出版社1994年版，第243页。

③ （宋）陆游撰：《陆游集》之《渭南文集》卷二十一《万卷楼》，中华书局1976年版，第2179页。

④ （宋）陆游撰：《陆游集》之《剑南诗稿》卷三十四《寄题吴斗南玩芳亭》，中华书局1976年版，第884页。

⑤ （清）钱曾撰，管庭芬、章钰校证：《钱遵王读书敏求记校证》，中华书局1990年版，第231页。

⑥ （清）全祖望《翰林院编修赠学士长洲何公墓碑铭》，见（清）何焯著，崔高维点校：《义门读书记》附录，中华书局1987年版，第1278页。

题识，论人必迹其世，彻其表里，论事必通其首尾，尽其变；论经时大略，必本其国势民俗，以悉其利病。其详审绝伦如此。所见宋元旧椠本，一一记其异同。又工于楷法，蝇头朱字，粲然盈帙。好事者得其手校本，不惜重价购之。其真行书，并入能品。吴人与汪士鋐并称'汪何'"①。

清乾隆十九年（1754）进士嘉定钱大昕被榜眼洪亮吉列为考订家代表人物。其博极群书，通晓古今，学贯中西，考据精审，《国朝先正事略》载："先生博极群书，不专治一经，而无经不通；不专攻一艺，而无艺不精。凡经史文义、音韵、训诂，历代典章制度、官制、氏族、年齿、古今地理沿革，金石、画像，篆隶，以及古九章算术，迄今中西历法，无不洞晰其是非疑似。少与王兰泉及妻兄王凤喈同肄业紫阳书院，负文名。""尤嗜金石文字，举经史子集以证其异同。同好如毕秋帆、阮云台、武虚谷、黄小松、孙渊如，咸有记撰，而先生熟于历代官制损益、地理沿革，以暨辽、金国语、蒙古世系，故其考据精审，多出数公之外。"②清乾隆二十五年（1760）状元太仓毕沅博稽群书，考证正史，《国朝先正事略》称其"性好著书，铅椠不去手。谓经义当宗汉儒，故有《传经表》之作；谓文字当宗许氏，故有《经典辨正》及《音同义异辨》之作；谓编年之史莫善于涑水。……乃博稽群书，考证正史，手自裁定，始宋讫元，为《续资治通鉴》二百二十卷，别为考异，附于本条下，凡四易稿而成。谓史学当究流别，故有《史籍考》之作。谓史学必通地理，故《山海经》《晋书·地理志》皆有校注，又有《关中胜迹图记》《西安省志》之作"③。

清乾隆四十年（1775）进士休宁戴震（字东原）亦为榜眼洪亮吉列为考订家代表人物。清王昶盛赞其稽古好学，博闻强识，对于流传的《水经注》《九章》《五曹算经》等书籍，正伪补脱、考订还其旧，使之成完书。王昶撰《戴东原先生墓志铭》云："东原之为学，自其早岁，稽古好学，博闻强识，而尤长于论述；晚窥性与天道之传，于老、庄、释氏之说，辞而避之，使与六经、孔、孟之书，截然不可以相乱，其见于《原善》《原象》及《与彭进士绍升书》，盖其学之本末次第，大略如此。""郦道元《水经注》，流传错简，东原寻其义例，按以准望，整之还其旧，俾诸水经支，川渠委纳，厘然就贯；旋于《永乐大典》内见郦氏《自序》，且获增益数事录之，始为完书。嗣又得《九章》《五曹算经》凡七种，自王寅旭、谢野臣、梅定九诸子，皆未之见。东原正伪补脱，如刘徽《注》内旧有图而今阙者，补之。书进，得旨刊行，而且古书之晦者以显。"④

清乾隆五十二年（1787）榜眼寓居江宁孙星衍对于古文字及书画等无不考订，

---

① 王钟翰点校：《清史列传》卷七十一《文苑传二·何焯》，第18册，中华书局1987年版，第5817页。

② （清）李元度著，易孟醇点校：《国朝先正事略》卷三十四《经学·钱竹汀先生事略·钱大昕·钱大昭》，岳麓书社1991年版，第969—970页。

③ （清）李元度著，易孟醇点校：《国朝先正事略》卷二十《名臣·毕尚书沅》，岳麓书社1991年版，第587页。

④ （清）王昶撰：《戴东原先生墓志铭》，参见（清）戴震著，赵玉新点校：《戴震文集》，中华书局1980年版，第262—263页。

《山东粮道孙君传》称其“金石文字拓本、古鼎彝、书画，靡不考其原委”①。

清光绪二年(1876)进士江阴缪荃孙曾专攻考证碑板目录之学，其考订成就常为中外学者引为范例。《缪荃孙传》载：“同光间，海内敉平，朝士盛说学，常熟翁同龢、吴县潘祖荫、南皮张之洞、顺德李文田，咸以博涉嗜古起翰林至大官。荃孙从之游，专攻考证碑板目录之学，旁罗山经地志，洽闻有清一代朝野人物政坛逸事，故其学博贯衡综，洪纤毕洞，继朱彝尊、全祖望、纪昀、阮元、王昶、黄丕烈、顾千里、钱仪吉之绪而恢溢之，收藏宋、元、明、清旧钞旧刻书十余万卷，周秦讫元刻一万八百余种，皆手自校勘题识，得一秘籍新碑，欣然忘饮馔，飞书千里诧朋好。馆阁故家孤本佚文，海内不经见者，必钩取移钞始快，都贾海客毡椎线装之匠，日奔走其门，举世服其赡博无异词。法兰西、日本人治汉学者，胥崇礼之，时时称举其所考订焉。”②

清光绪二十四年(1898)进士海盐朱彭寿考订精审，金兆蕃钦佩其为一字之确而读破万卷，叶景葵盛赞其竟委穷源、确有依据。金兆蕃为其《寿鑫斋丛记》题辞云：“曩客旧都，屡过从，辄见搜罗群籍，发箧陈几，晨钞夕纂，破万卷而得一字之安，孳孳矻矻，穷日夕不倦。其考经籍用助字之例，胪列诸书，佐证详确，深得《春秋》属辞比事之旨，纪前代故事，贯串翔实，拾遗补阙，无愧于多闻两端，其最荦荦大者。他所爬梳抉剔，皆平日读书有得于心，无一语拾前人旧说，或有所移录，皆别有用意，所谓采铜于山而加之以炉鞴。信于今，传于后，殆无可疑者。”③其私藏考订成书达数十种。

清光绪二十九年(1903)进士仁和叶景葵每得异本均详加考订，经其考订的书籍成为后世参阅之善本。顾廷龙《卷盦书跋后记》云：“先生年逾五十，始致力于珍本之搜集。每得异本，必手为整比，详加考订，或记所闻，或述往事，或作评骘，或抒心得，而以鉴别各家之笔迹，眼明心细，不爽毫黍。所撰跋语，精义蕴蓄，有如津逮宝筏，裨益后学者甚巨。毕生手校及过校者颇多要籍，他日当别谋汇印，以附于抱经、丹铅、存斋之列。综一人之心得，俾百世之取资，采撷果实，其效弥宏，前修之勤业，庶不负矣。”“先生晚年适丁丧乱，目睹江南藏书纷纷流散，文化遗产之沦胥，顑焉心伤，遂发愿创设文史专门图书馆，捐书捐赀，乃克有成。命名曰‘合众’，盖寓众擎易举之意，即今之上海市历史文献图书馆是也。十余年来利泽群众，为科学研究者所称便。”④

---

① (清)阮元《山东粮道孙君星衍传》，见(清)钱仪吉纂，靳斯标点：《碑传集》卷八十七《嘉庆朝监司·孙星衍》，第7册，中华书局1993年版，第2520页。

② 柳诒徵《缪荃孙传》，见卞孝萱、唐文权编著：《民国人物碑传集》卷七，凤凰出版社2011年版，第462页。

③ (清)金兆蕃《寿鑫斋丛书题辞》，见(清)朱彭寿撰，何双生点校：《旧典备征 安乐康平室随笔》卷首，中华书局1982年版，第15页。

④ 叶景葵著，顾廷龙编：《卷盦书跋·卷盦书跋后记》，古典文献出版社1957年版，第190页。

二、校勘勤慎

校勘是完善藏书的重要手段。关于校勘这一藏书整理活动，近代学者梁启超归纳出五种方法，并将其划分为狭义校勘学和广义校勘学：

> 校勘之意义及范围有多种，方法当然随之而异。第一种校勘法，是拿两本对照，或根据前人所征引，记其异同，择善而从。……第二种校勘法，是根据本书或他书的旁证反证校正文句之原始的讹误。……第三种校勘法是：发见出著书人的原定体例，根据它来刊正全部通有的讹误。……第四种校勘法是：根据别的资料，校正原著之错误或遗漏。……别有章实斋《校雠通义》里头所讨论，专在书籍的分类簿录法，或者也可以名为第五种。……前三种算是狭义校勘学，后两种算是广义校勘学[①]。

目录学家姚明达认为“私家善读书者，则广勘众本，考定异同，择善而从”[②]。私家校勘“其功不在整理而在于搜罗与比勘，搜罗之富，比勘之精亦有远胜于秘阁之敷衍了事者”[③]。而江南进士藏书者大多属于“善读书者”，多勤于校勘、精于校勘，经其校勘的藏书常常成为传世的善本、珍本，其整理藏书过程中形成的校勘方法亦为世所重。校勘精审、孜孜不讫的江南进士不胜枚举，其中不乏手自校勘藏书达万卷者。宋代，尤其是南宋时期江南科举发达、藏书文化崛起，手自校勘藏书达万卷的江南进士，史料查及者就有王汝舟、张壆、赵子昼、楼钥、赵琳等 5 人。

《新安文献志》称，宋皇祐五年（1053）进士婺源王汝舟“有文百卷，手所校书万余卷”[④]。《宋史》称，宋治平四年（1067）进士常州张壆“闭户读书四十年，手校数万卷，无一字舛”[⑤]。《书史会要》称，宋大观元年（1107）进士衢州赵子昼“蓄书近万卷，多所亲校”[⑥]。宋隆兴元年（1163）进士鄞县楼钥聚书“逾万卷，皆手校雠，号善本，客有愿传录者，辄欣然启帙以授”[⑦]。《咸淳玉峰续志》称，宋嘉泰二年（1202）进士昆山

---

① 梁启超著：《中国近三百年学术史》十四《清代学者整理旧学之总成绩（二）》，北京联合出版公司 2014 年版，第 228—230 页。

② 姚名达著，严佐之导读：《中国目录学史・校雠篇》，上海古籍出版社 2011 年版，第 143 页。

③ 姚名达著，严佐之导读：《中国目录学史・校雠篇》，上海古籍出版社 2011 年版，第 165 页。

④ （宋）罗鄂州《王提刑汝舟传》，参见（明）程敏政辑撰，何庆善、于石点校：《新安文献志》卷八十四，黄山书社 2004 年版，第 2031 页。

⑤ （元）脱脱等撰：《宋史》卷四百五十八《列传第二百一十八・隐逸下》，中华书局 1977 年版，第 13455 页。

⑥ （明）陶宗仪撰，徐美洁点校：《书史会要》卷六，浙江人民美术出版社 2012 年版，第 182 页。

⑦ （元）袁桷撰：《延祐四明志》卷第五《楼钥》，见浙江省地方志编纂委员会编：《宋元浙江方志集成》第 9 册，杭州出版社 2009 年版，第 4059 页。

赵𬘭"惟藏书万卷,手自校雠,则人所难"①。

宋代校勘精审而为世所重者除楼钥外还有宋元祐三年(1088)进士宜兴慕容彦逢,其"刊印三史,雠校精审,遂为善本,四方士大夫购求之鬻以养士"②。

明代江南进士不乏手自校勘藏书万卷者,史料查及的手自校勘数万卷者就有叶盛、陆伸、焦竑、张溥等4人。

明正统十年(1445)进士昆山叶盛以抄录与校雠相结合的方式增益和完善藏书,王世贞《菉竹堂记》称其"故吏部侍郎昆山叶文庄公,以学行政术高英、宪间,为世名臣。公生平无他嗜好,顾独笃于书,手抄雠至数万卷,将为堂以藏之,意取《卫风·淇澳》,学问自修之义,名之曰'菉竹'"③。《明诗人小传稿》称其"每见异书,虽残编蠹简,必依格缮写,储藏之目,为卷止二万余。多奇秘者,亚于册府"④。明正德三年(1508)进士太仓陆伸,《太仓州镇洋县志》载:"伸纵览群籍,日以修学著书为事,自先世积书数万卷,每书必疏其略于下方,间考证,亦随笔之。"⑤明万历十七年(1589)状元南京焦竑拥书数万卷且校勘精审,两楼藏书竟逐一经其校雠探讨。过庭训《本朝分省人物考》称其"拥书数万卷,日哦咏其中"⑥。祁承㸁《藏书训略》云:"金陵之焦太史弱侯,藏书两楼,五楹俱满,余所目见。而一一皆经校雠探讨,尤人所难。"⑦明崇祯四年(1631)进士太仓张溥,张采《庶常天如张公行状》称其"所庋书不下数万卷,丹黄由释,无寒暑间,海内学者争及门"⑧。

明代一些江南进士校勘的藏书不仅数量巨大,而且因其校勘精审而为世所重。如明嘉靖二十年(1541)进士无锡华云、明隆庆五年(1571)进士常熟赵用贤等校勘精审,经其手后多为完书。其中华云校雠之精密,以至其万卷藏书无一赝品,明王永积称其"藏书万余卷,皆手自校雠,法书名画,盈箱累牍,悉与文衡山、沈石田诸名家品题鉴赏,无一赝本"⑨。赵用贤为重刊《管子》时,面对十亡一二的《管子》,历时二

① (宋)谢公应修,边实纂,李勇先校点:《咸淳玉峰续志》。参见宋元珍稀地方志丛刊(乙编),四川大学出版社2009年版,第26页。

② (宋)慕容彦逢撰:《摛文堂集》附录《慕容彦逢墓志铭》,见《丛书集成续编》集部,第102册,上海书店出版社1994年版,第360页。

③ (明)王世贞《菉竹堂记》,见(清)薛熙纂:《明文在》卷六十二,《中华传世文选》本,吉林人民出版社1998年版,第380页。

④ (清)潘介祉纂辑:《明诗人小传稿》卷一,(台北)"中央图书馆"1986年版,第41页。

⑤ (清)王祖畬等纂:《宣统太仓州镇洋县志》卷十八《人物二·陆伸传》,见《中国地方志集成·江苏府县志辑》(19),江苏古籍出版社1991年版,第296页。

⑥ (明)过庭训撰:《本朝分省人物考》卷十三《焦竑》,见《续修四库全书》编纂委员会、复旦大学图书馆古籍部编:《续修四库全书》第533册,上海古籍出版社2003年版,第295页。

⑦ (明)祁承㸁《藏书训略》,见(明)祁承㸁等撰:《澹生堂藏书约》外八种,上海古籍出版社2005年版,第16页。

⑧ (明)张采撰:《知畏堂文存》卷八《庶常天如张公行状》,参见《四库禁毁书丛刊》编纂委员会编:《四库禁毁书丛刊》集部,第81册,北京出版社1997年版,第642页。

⑨ (明)王永积撰:《锡山景物略》卷七《菰川庄附剑光阁》,广陵书社2003年版,第573页。

十二年之久进行校勘，行求古本正其脱误，几为全书。万历十年(1582)，赵用贤作《管子书序》记云：“《管子》旧书凡三百八十九篇，汉刘向校。除其重复，定著为八十六篇。今亡十篇。近世所传，往往淆乱至不可读。予行求古善本，庶几遇之者。几二十年，始得之友人秦汝立氏。其大章仅完整，而句字复多纠错，乃为正其脱误者逾三万言，而阙其疑不可考者尚十之二，然后《管子》几为全书。”①明代王世贞为《管子》作序称：“悉其赀力，后先购善本凡数十，穷丹铅之用，而后授梓。”②

清代诸儒最重考据，对于古书字句之校勘，几成每位治学者必备之常识与必做的工作。江南进士手自校勘藏书万卷者甚多，史料查及的手自校勘数万卷乃至十余万卷之巨的清代江南进士就有何焯、缪荃孙等9人。

沈彤《何先生行状》称清康熙四十二年(1703)进士长洲何焯“先生蓄书数万卷，凡经传子史诗文集杂记小学，多参稽互证，以得指归于其真伪是非，密疏隐显，工拙源流，皆各有题识，如别黑白；及刊本之讹阙同异，字体之正俗，亦分辨而补正之”③。“是时，诸王皆右文，所聚册府，多资焯校之。世宗在潜藩，亦以《困学纪闻》嘱笺疏”④。《汪文端公文集序》称清雍正二年(1724)传胪钱塘汪由敦“所藏数十万卷皆手自评校。楷法精妙，丹黄灿然，亦艺苑之鸿宝已”⑤。《越缦堂读书记》称清乾隆四十五年(1780)进士萧山王宗炎“藏书甚富，号十万卷楼，校勘极精”⑥。《张子和墓志铭》称清乾隆五十八年(1793)进士昭文张燮“积书数万卷，丹黄杂施”⑦。《畴人传合编校注》称清嘉庆十年(1805)进士阳湖李兆洛“幼聪慧，好读书，日能熟百余行。藏书卷逾五万，皆手加校正。晚年校刻舆图、督造天球，为精心之作”⑧。《清故翰林院庶吉士潘君墓志铭》称清咸丰六年(1856)进士吴县潘祖同“蓄书至四万余卷，皆手自钩校，分部而处”⑨。《缪荃孙传》载，清光绪二年(1876)进士江阴缪荃孙对所收藏旧钞旧刻书十余万卷皆手自校勘题识：“收藏宋、元、明、清旧钞旧刻书十余万卷，周

---

① (明)赵用贤《管子书序》，见蔡元培著：《诸子集成》(6)，岳麓书社1996年版，第1页。

② 引潘承弼、顾廷龙纂：《明代版本图录初编》卷六《家刻》，《民国丛书》编纂委员会编：《民国丛书》第五编(100)，上海书店出版社1996年，第71页。

③ (清)沈彤《翰林院编修何先生焯行状》，见(清)钱仪吉纂，靳斯标点：《碑传集》卷四十七《翰詹中之中·何焯》，第4册，中华书局1993年版，第1325页。

④ 王钟翰点校：《清史列传》卷七十一《文苑二·何焯》，第18册，中华书局1987年版，第5816页。

⑤ (清)陈浩撰：《生香书屋文集》卷二《汪文端公文集序》，参见《清代诗文集汇编》编纂委员会编：《清代诗文集汇编》276，上海古籍出版社2010年版，第438页。

⑥ (清)李慈铭著，由云龙辑：《越缦堂读书记》十一《综合参考·重论文斋笔录》，中华书局1963年版，第1208页。

⑦ 引(清)叶昌炽著，王欣夫补正，徐鹏辑：《藏书纪事诗》卷五，上海古籍出版社1989年版，第581页。

⑧ (清)阮元撰，冯立升等校注：《畴人传合编校注》第三编卷第三《国朝后续补一》，中州古籍出版社2012年版，第532页。

⑨ 章炳麟著：《章太炎全集》(五)，《太炎文录续编》卷五之下《清故翰林院庶吉士潘君墓志铭》，上海人民出版社1985年版，第273页。

秦讫元刻一万八百余种，皆手自校勘题识。”[①]《广清碑传集》称清同治十年（1871）进士鄞县陈康祺“储书数十万卷，大半经丹黄搜残举碎”[②]。

清代私家藏书校勘之精审超越以往。校勘成就卓著者不少为江南进士，如清康熙四十二年（1703）进士长洲何焯、乾隆十七年（1752）探花杭州卢文弨、乾隆十九年（1754）榜眼嘉定王鸣盛、乾隆十九年（1754）进士嘉定钱大昕、乾隆四十年（1775）进士休宁戴震、乾隆四十三年（1778）进士会稽章学诚、乾隆四十五年（1780）进士萧山王宗炎、乾隆四十六年（1781）进士归安丁杰、道光三十年（1850）进士德清俞樾、同治元年（1862）山阴平步青、光绪二年（1876）进士江阴缪荃孙、光绪十八年（1892）进士海盐张元济等。

图书馆学家洪有丰《清代藏书家考》论及清代目录校勘家时称：“至私人藏书家，如卢抱经、何义门、鲍以文、黄荛圃、纪晓岚、翁覃溪、顾千里、王念孙、章实斋、钱雪枝、张啸山、莫郘亭、缪艺风诸藏书家，皆能勤于校雠，丹黄不倦，辨析义类，考订板本，卓然名家，成专门之学。盖训诂、考订清代特著之学风。则举例释词，匡谬正伪，必能详尽无遗也。而不可卒读之书，一旦文从字顺，使人共晓，有功学术，岂浅鲜哉。”[③]所列 13 人中卢文弨（抱经）、何焯（义门）、鲍廷博（以文）、黄丕烈（荛圃）、顾广圻（千里）、章学诚（实斋）、钱熙祚（雪枝）、张文虎（啸山）、缪荃孙（艺风）等 9 人为江南藏书家。其中卢文弨、何焯、章学诚、缪荃孙等 4 人为江南进士。

杭州卢文弨的校勘成就享誉藏书界，清代榜眼洪亮吉将卢文弨视为校雠家的典型人物，《北江诗话》云：“藏书家有数等。得一书必推求本原，是正缺失，是谓考订家，如钱少詹大昕、戴吉士震诸人是也。次则辨其板片，注其错讹，是谓校雠家，如卢学士文弨，翁阁学方纲诸人是也。”[④]鲍廷博盛赞其“喜藏书，精校勘，家有藏书楼抱经堂，藏书数万卷”[⑤]。江阴缪荃孙则有博识精校、校雠淹博之誉：“勤于目录，版刻秘笈、孤本，博识精校，矻矻穷。”[⑥]“以校雠淹博名于时，著书满家，刊订古籍尤多。”[⑦]

近代学者梁启超在《中国近三百年学术史》中较为详细地介绍了清代校勘名家。在论述了五种校勘法之后，指出第一种校勘法“最专门名家者，莫如卢抱经文弨、顾涧苹广圻、黄荛圃丕烈，次则卢雅雨见曾、丁叔衢杰、陈仲鱼鳣、吴兔床骞、鲍以文廷

---

① 柳诒徵《缪荃孙传》，见卞孝萱、唐文权编著：《民国人物碑传集》卷七，凤凰出版社 2011 年版，第 462 页。

② 钱仲联主编：《广清碑传集》卷十三《陈康祺传》，苏州大学出版社 1999 年版，第 873 页。

③ 洪有丰：《清代藏书家考》，《图书馆学季刊》第一卷第一期，第 43 页。

④ （清）洪亮吉著：《北江诗话》卷三，中华书局 1985 年版，第 29 页。

⑤ （清）鲍廷博撰，周生傑、季秋华辑：《鲍廷博题跋集》卷一《辑自知不足斋丛书（上）·知不足斋丛书序》，浙江古籍出版社 2012 年版，第 14 页。

⑥ 徐世昌等编著：《清儒学案》卷一百八十八《南皮学案下·缪先生荃孙》，第 7 册，中华书局 2008 年版，第 7241 页。

⑦ 徐世昌辑：《晚晴簃诗汇》卷一百七十一《缪荃孙》，见《续修四库全书》编纂委员会、复旦大学图书馆古籍部编：《续修四库全书》第 1633 册，上海古籍出版社 2003 年版，第 72 页。

博、钱警石泰吉、汪小米远孙、蒋生沐光煦、张叔未廷济、陆存斋心源、缪小山荃孙……”第二种校勘法，“清儒中最初提倡者为戴东原，而应用得最纯熟矜慎卓著成绩者为高邮王氏父子”。第三种校勘法，“例如郦道元《水经注》，旧刻本经文注文混乱的很多；戴东原研究出经注异同的三个公例”。第四种校勘法，“清儒这种工作的代表著述，其遍校多书者，则如钱竹汀《二十二史考异》、王西庄《十七史商榷》之类；其专校一书者，则如梁曜北玉绳《史记志疑》、施研北国祁《金史详校》之类”。第五种校勘法，“有章实斋《校雠通义》里头所讨论”①。

在此所列清代21位校勘名家中，江南就有卢文弨、顾广圻、黄丕烈、丁杰、陈鳣、吴骞、鲍廷博、钱泰吉、汪远孙、蒋光煦、张廷济、陆心源、缪荃孙、戴震、钱大昕、王鸣盛、梁玉绳、施国祁、章学诚等19位。其中，卢文弨、丁杰、缪荃孙、戴震、钱大昕、王鸣盛、章学诚均为江南进士。

梁启超还列出了清代一系列校勘精品：

> 校释诸子（或其他古籍）之书，荟萃成编最有价值者：其一，为卢抱经之《群书拾补》。抱经所校各书，有多种已将新校本刻出，（其目大概都见下文）剩下未刻者，有许多校语批在书眉，把它汇成此书。大率用第一种校法为多，用第二种者亦间有。其二，为王石臞之《读书杂志》，所校为《逸周书》《战国策》《史记》《汉书》《管子》《晏子春秋》《墨子》《荀子》《淮南内篇》，共九种，末附以《汉隶拾遗》。石臞应用第二种校法为最精最慎，随校随释，妙解环生，实为斯学第一流作品。其三，为俞荫甫之《诸子平议》，所校为管、晏、老、墨、荀、列、庄、商、韩、吕、董、贾、淮南、扬，共十五种。荫甫私淑石臞父子，刻意模仿，（《群经平议》模仿《经义述闻》，《洛子平议》模仿《读书杂志》）。但他并非蹈袭，乃应用王家的方法，补其所未及，所以这部书很足以上配石臞②。

此处所列校勘精品出自于江南探花卢文弨（抱经）、江南进士俞樾（荫甫）。

清乾隆十七年（1752）探花杭州卢文弨之《群书拾补》被梁启超列为“几部最精善之校勘家著作”之首，其群书包括“《五经正义表》《易经注疏》《周易略例》《尚书注疏》《春秋左传注疏》《礼记注疏》《仪礼注疏》《吕氏读诗记》《史记惠景间侯者年表》《续汉书志注补》《晋书》《魏书》《宋史孝宗纪》《金史》《资治通鉴序》《文献通考经籍》《史通》《新唐书纠谬》《山海经图赞》《水经序》《盐铁论》《新序》《说苑》《申鉴》《列子张湛注》《韩非子》《晏子春秋》《风俗通义》《刘昼新论》《潜虚》《春渚纪

① 梁启超著：《中国近三百年学术史》十四《清代学者整理旧学之总成绩（二）》，北京联合出版公司2014年版，228—230页。

② 梁启超著：《中国近三百年学术史》十四《清代学者整理旧学之总成绩（二）》，北京联合出版公司2014年版，231页。

闻》《啸堂集古录》《鲍照集》《韦苏州集》《元微之集》《白长庆集》《林和靖集》”①，可谓洋洋大观。

清道光三十年(1850)进士德清俞樾之《古书疑义举例》的末三卷则被其称为狭义校勘学之集大成者：“狭义校勘学经清儒一二百年的努力和经验，已造成许多百公认的应用规律，俞荫甫《古书疑义举例》的末三卷，便是这种公例的集大成。”②

江南进士萧山王宗炎和山阴平步青校勘亦以精审、勤慎著称。《越缦堂读书记》称王宗炎“藏书甚富，号十万卷楼，校勘极精，年八十余，犹孜孜不讫”③。《文献家通考》称平步青“校雠之精审，无殊卢文弨匹”④。

江南进士海盐张元济校勘精审而勤慎，在校勘辑印《二十四史》百衲本的过程中，遵循传统思想和方法，并运用近代技术，从纷繁杂错的版本中整理版本源流，爬梳剔抉，终使之付梓，做了乾嘉以来校勘学家想做而未做成之事，“是继清代学者王鸣盛、钱大昕之后，一百二十余年间唯一校过全史，并取得重大成就的人”⑤。

三、编目有成

图书之目录，“为学者所研究且成为一切学术之纲领”⑥，学者型藏书有成者亦看重目录，他们重视对历代公私藏书目录的利用的同时，又善于为自己的藏书编目。而对于古典目录，无论是官修目录、史志目录还是私家目录，历代江南进士中不乏勤于编目、成果卓著者。江南进士所编的书目的存世，是研究中国古籍发展与流通的直接资料，对研究中国出版、印刷及造纸史的发展及现存古籍价值的评定，均有重要的参考价值。

(一)官修目录与史志目录

官修目录，是由政府主持对国家藏书进行整理后所编制的一种目录。从西汉开始，几乎每个朝代都有在政府主持下进行的规模较大的图书整理工作，最后用文字记录下来的整理成果就是官修目录。官修目录在分类上对当代目录的编纂具有理论指导作用，唐代以来各朝代官修目录主要有：

唐《群书四录》，唐殷践猷撰，已佚。

① 梁启超著：《中国近三百年学术史》十四《清代学者整理旧学之总成绩(二)》，北京联合出版公司2014年版，247—248页。

② 梁启超著：《中国近三百年学术史》十四《清代学者整理旧学之总成绩(二)》，北京联合出版公司2014年版，230—231页。

③ (清)李慈铭著，由云龙辑：《越缦堂读书记》十一《综合参考·重论文斋笔录》，中华书局1963年版，第1208页。

④ 郑伟章著：《文献家通考》卷十八，中华书局1999年版，第1031页。

⑤ 王绍曾：《张元济校史十五例》，《文献》1990年第二期，第162页。

⑥ 姚名达著，严佐之导读：《中国目录学史》之《绪论篇·目录》，上海古籍出版社2011年版，第1页。

唐《古今书录》，唐毋煚撰，已佚。

北宋《崇文总目》，宋王尧臣撰，已佚。

南宋《中兴馆阁书目》，宋陈骙撰，已佚。

南宋《中兴馆阁续书目》，宋张攀撰，已佚。

明《文渊阁书目》，明杨士奇撰，今存。

清《四库全书总目》，清纪昀撰，今存。

清《天禄琳琅书目》正续，敕撰，今存①。

上述8部官修目录编撰者中有3人为江南进士。《中兴馆阁书目》，为宋绍兴二十四年(1154)进士临海陈骙撰，为南宋第一部官修目录；宋淳熙十二年(1185)进士常熟张攀撰《中兴馆阁续书目》；《天禄琳琅书目》主编修者为清乾隆二年(1737)状元金坛于敏中。

江南进士编撰的官修目录还有《秘阁书目》一卷。此为明正统四年(1439)进士华亭钱溥所撰。

史志目录，是指正史中的"艺文志""经籍志"和有些朝代的"国史经籍志"，历代史志目录有不少出自进士之手。来新夏先生在《古典目录学》中列举了各个朝代的这类目录，唐代以来主要的史志目录包括：《隋书·经籍志》、《旧唐书·经籍志》、《新唐书·艺文志》、《三朝国史艺文志》、《两朝国史艺文志》、《四朝国史艺文志》、《中兴国史艺文志》、《通志·艺文略》、《文献通考·经籍考》、《宋史·艺文志》、明《国史经籍志》、《明史·艺文志》、《清史稿·艺文志》等13部。其中由江南进士撰写者有3部：

明《国史经籍志》六卷，明万历十七年(1589)状元南京焦竑撰，"本书体例多遵《隋书·经籍志》，名类皆有小序，以明分类之旨。而其分类方法，又参考《通志·艺文略》，全书含经部11类、史部15类、子部17类、集部5类。附录'纠谬'1卷，条举汉、隋、唐、宋各史志及《崇文总目》等8部书目之分类错误"②。

《明史·艺文志》张廷玉进呈本，清康熙十二年(1673)榜眼华亭王鸿绪在前人基础上重分类例而成。"《明史·艺文志》之撰集，凡经五变。焦竑创始于前，不分存佚，通记古今。黄虞稷搜藏于后，兼补前朝，殆尽目睹。清人修史，傅维鳞但取殿阁所藏，不限朝代。倪灿、尤侗专收明人撰述，附拾前志所遗。王鸿绪抹去前代，重分类例，遂成张廷玉进呈之本"③。

《清史稿·艺文志》，清光绪二十九年(1903)进士长洲章钰在吴士鉴之长编基

---

① 来新夏著：《古典目录学》，中华书局1991年版，第27页。

② 葛怀东主编：《古文献学著录文选》，南京大学出版社2014年版，第62页。

③ 姚名达著：《中国目录学史》，吉林人民出版社2014年版，第162页。

础上进行分类比排,并由朱师辙加工定稿。“共著录四部书九千六百三十三种,十三万八千零七十八卷”①。

另外,江南进士编撰的史志目录还有《续文献通考·经籍考》《万卷堂艺文目》《全秦艺文志》等。《续文献通考·经籍考》十二卷,明嘉靖四十四年(1565)进士上海王圻撰;《万卷堂艺文目》,明崇祯十年(1637)进士秀水曹溶撰;《全秦艺文志》若干卷,清康熙三十六年(1697)会元长洲汪士鋐撰。

(二)江南进士私家目录

私家目录是由私人编纂,著录对象基本上是私人藏书。私家书目收录了历代大量的文献,不仅提供了这些文献的存佚情况与流传源流,而且其所著录的书名、著者、载体形态以及内容大意,为以后失传的古文献提供了大致概况。通过私家书目,可更多了解其著述旨趣、版本流传和业已亡佚的文献情况的大概。历代江南进士藏书丰富,不少江南进士善于将其藏书进行整理和编目,在著名私家目录中不乏江南进士编撰者。

1.宋代江南进士著名私家目录

唐宋时期的私人藏书目录与官修目录并行并互为补充,无论在当时还是今天,在藏书文化方面的价值都极大。“唐代藏书家编制私人藏书目录的风气比前一时期有所发展,到宋代就成为了普遍的风气,到了南宋末年竟超过了官修目录,使私人藏书目录在参考使用价值上,有的和官修目录并行,有的在著录分类与考订的方法理论上提出了新的意见,可以补足或修正官修目录的不足。”②可惜的是私家藏书目录大多亡佚,现存宋代藏书之家的著名目录有《郡斋读书志》《直斋书录解题》及《遂初堂书目》等。其中《遂初堂书目》为江南进士所撰。

《遂初堂书目》编撰者为宋绍兴十八年(1148)进士无锡尤袤。该书目共收录图书三千余种,分为四十四个类目。在分类体系方面具有独到之处,在经部书及部分史部书的书名下简记其版本,开创了我国古代书目著录版本的先例。

《遂初堂书目》的分类体系有独到之处。一、由袤崇奉理学,反映在分类思想上,是不设神仙类,将神仙、道书统入道家,而置诸杂家之后。二、史部增设国史、本朝杂史、本朝故事、本朝杂传四类,特别注重近代史书。宋代雕版印刷发达,当代史书大量出版当时只有尤袤做到这一点,这是他的卓识。从此中国图书分类法有了“现代史”的诸类目,这是有意义的,对后世也有很大影响。三、创置乐曲类,并《孟子》入《论语》类,反映当时唐宋词的发展和南宋重四书孔孟并提的现实。史部设史学类,使长期以来无所归属的这一类书籍有了合适的位置。子部设谱牒类,这比起郑樵在

① 张舜徽著:《爱晚庐随笔》,华中师范大学出版社2005年版,第13页。

② 王重民著:《中国目录学史论丛》第三章《古代中古后期我国图书目录事业的发展和繁荣》,中华书局1984年版,第113—114页。

《艺文略》以外专设《图谱录》,要妥善得多。所以《四库全书总目提要》称"为例最善"。能够根据学术思想的发展变化及时调整创设类目,这是尤袤的过人处。

《遂初堂书目》开版本目录专著的先例,对后世致力版本著录与版本研究贡献尤大,其传世本以元刊《说郛》为最早,尚有《常州先哲遗书本》与《丛书集成初编》本。

专门把种种异本,即一种书的多种版本作为著录专项的以宋尤袤所撰《遂初堂书目》为开端①。

《史略》《子略》也是宋代江南进士编撰的著名私家目录。《史略》六卷、《子略》四卷,由宋淳熙十一年(1184)进士鄞县高似孙编撰,具有史书专题目录的属性。

《史略》是史书专题目录。卷一、二著录自《史记》到新旧《五代史》的纪传体史书。卷三著录历代实录,起居注、时政纪和会要等。卷四著录史典、史表、史略、史抄、史详、史赞、史草、史例、史目和通史、通鉴等。卷五为霸史、杂史等。卷六为古代历史书籍。每一书下,都有解题和评论类的说明。有的详举版本,有的记述校勘整理过程。

《子略》《经略》《纬略》《诗略》《骚略》则是其他有关学科的专科书目。高似孙是目录学史上对专科目录学的发展有重大贡献的人。他所撰的各种专科目录是宋代目录学的重要成就之一②。

宋代江南进士编撰的著名私家目录还有《玉海·艺文》,宋淳祐元年(1241)进士庆元府王应麟所撰,二十八卷,是一部体例特殊的专门目录。

《艺文》有四十六个子目,不分四部,但基本上以经史子集为序。它按类书编排体例,在各目下有类题,类下再列图书,颇具主题目录的雏形③。

宋代江南进士不乏据其丰富藏书编撰书目者。如宋治平四年(1067)进士临海陈贻范据其庆善楼藏书编撰有《庆善楼书目》,藏中兴馆阁。《台学源流》称陈贻范"好聚书,有《颍川庆善楼藏书目录》二卷,在中兴馆阁"④。《临海县志稿》亦载:"居县西松里,作楼藏书,有《庆善楼藏书目录》二卷。"⑤《国史·经籍志》著录《庆善楼书目》为三卷,《通志·艺文略》著录《台州陈氏庆善楼书目》三卷,《宋史·艺文志》著录《陈贻范颍川庆善楼家藏书目》二卷。

2.明代江南进士私家藏书目录

《商文毅公家藏书目》,正统十年(1445)状元淳安商辂撰。

《菉竹堂书目》,正统十年(1445)进士昆山叶盛撰。

---

① 来新夏著:《古典目录学》,中华书局1991年版,第218—220页。

② 来新夏著:《古典目录学》,中华书局1991年版,第220页。

③ 来新夏著:《古典目录学》,中华书局1991年版,第221页。

④ (明)金贲亨撰,徐三见点校:《台学源流》卷一,见(清)宋世荦辑:《台州丛书》乙集(5),上海古籍出版社2013年版,第7页。

⑤ 孙熙鼎、张寅修,何奏簧纂:《民国临海县志稿》卷二十一《人物传·儒林》,见上海书店出版社编:《中国地方志集成·浙江府县志辑》(46),上海书店出版社2011年版,第433页。

《杨守陈家藏书目》,景泰二年(1451)进士鄞县杨守陈撰。

《朝阳阁书目》,天顺八年(1464)进士台州谢铎撰。

《式斋藏书目录》,成化二年(1466)进士太仓陆伸撰。

《丛书堂书目》《吴文定公藏书目录》,成化八年(1472)状元长洲吴宽撰。

《顾尚书书目》,弘治九年(1496)进士苏州顾璘撰。

《金陵罗氏书目》,弘治九年(1496)进士上元罗凤撰。

《都氏书目》《南濠居士文跋》,弘治十二年(1499)进士吴县都穆撰。

《江东藏书目录》,弘治十八年(1505)进士上海陆深撰。

《四明范氏书目》二卷,嘉靖十一年(1532)进士鄞县范钦撰。

《白华楼书目》,嘉靖十七年(1538)进士归安茅坤撰。

《会稽钮氏世学楼珍藏图书目》《世学楼藏书目录》,嘉靖二十年(1541)进士会稽钮纬撰。

《王世贞藏书目录》《读书后》,嘉靖二十六年(1547)进士太仓王世贞撰。

《好古堂书目》,嘉靖二十九年(1550)进士海盐胡宪仲撰。

《玩易楼藏书目录》二卷,嘉靖三十八年(1559)进士乌程沈节甫撰。

《存石草堂书目》,嘉靖三十八年(1559)进士秀水沈启原撰。

《项氏万卷楼书目》,嘉靖四十一年(1562)进士秀水项笃寿撰。

《黄葵阳家藏书目》,隆庆五年(1571)进士秀水黄洪宪撰。

《赵定宇书目》,隆庆五年(1571)进士常熟赵用贤撰。

《平湖沈氏书目》一卷,隆庆二年(1568)进士平湖沈懋孝撰。

《玄赏斋书目》,万历十七年(1589)传胪华亭董其昌撰。

《焦氏藏书目》二卷,万历十七年(1589)进士江宁焦竑撰。

《后林潘氏书目》,万历二十九年(1601)进士乌程潘承纮撰。

《澹生堂藏书目》《澹生堂明人集部目录》,万历三十二年(1604)进士山阴祁承㸁撰。

《绛云楼书目》《绛云楼书目补遗》《近古堂书目》《桓叟斋书目》《牧斋小楼书目》《牧斋书目》,万历三十八年(1610)探花常熟钱谦益撰。

《八求楼藏书目录》,天启二年(1622)进士山阴祁彪佳撰。

《静惕堂书目》《静惕堂藏宋元人集目》,崇祯十年(1637)进士秀水曹溶撰。

《稽古堂书目》,崇祯十三年(1640)进士嘉兴高承埏撰。

其中昆山叶盛《菉竹堂书目》,《四库全书总目提要》将其著录于史部四十六卷,称:"此其家藏书之目。首卷曰制,乃宫颁各书及赐书,赐敕之类,中为经、史、子、集各一卷,末卷曰后录。则其家所刊及自著书。前有成化七年自序,谓先之以'制',尊朝廷也。叶氏书独以为'后录',是吾一家之书也。其叙列体例,大率本之马端临

《经籍考》，然如集部别出举业类，而无诗集类，亦略有所增损矣。盛之书凡为册者四千六百有奇，为卷者二万二千七百有奇，在储藏家称极富，故于旧书著录为多。独其不载撰人姓名，颇伤阙略。又别有《新书目》一卷附于后，中载夏言、王守仁诸人集，皆不与盛同时，盖其子孙所续入也。”①据此可见，首类分为制，收官颁各书及赐书、赐敕之类，其次为经、史、子、集类。叙次体例，基本上依《文献通考・经籍考》体例，亦稍有变动。中国国家国书馆藏有经鉏堂钞本三册六卷。

太仓陆容据其藏书撰有《式斋藏书目录》，明末清初探花钱谦益和明代著名文人祝允明对此均有论述。钱谦益称“文量好学，居官手不释卷，家藏万余卷，皆手自雠勘。所著《式斋集》三十八卷，《菽园杂记》十五卷”②。明祝允明《甘泉陆氏藏书目录序》称：“故浙江参政式斋陆先生文量，以雅德硕学，伟才高识，立功、立言于宪、孝两朝间，平生蓄书甚富。既殁，其子乡贡进士安甫，汇列其目，并已所得者通系之。凡为经、史、子、集，合若干卷。”③

海盐胡宪仲藏书处曰好古堂，其《好古堂书目》，分经、史、子、集四类，已佚。《海盐县志》载：“有《好古堂书目》自立序，序曰：‘晋张华雅好书籍，多至三十乘，天下奇秘尽在华所，由是称为博洽君子，信乎书之有益于人也。予家世为塾师，自诚斋府君迄仰厓府君（胡宪仲）凡四世，虽隐显不同，而其雅好均类于华，以故藏书几至万卷，亦云盛矣！予不幸襁褓失怙，乃今读先世遗书，岂不痛哉！兹惧卷目烦多，易以散逸，敬分四类，曰经史子集贮之好古堂中，冀时取一二玩之以开此心茅塞，期无负祖父相传之意，然而未易能也。’”④

秀水进士沈谧、沈启原、沈自邠三代进士，藏书甚富，撰有《存石草堂书目》。清人盛枫称启原“归家居，尝手一编咿吾至丙夜，虽医药卜筮之书，无不探讨。著《麟经考》《鹦园近草》《巢云馆诗纪》《星卦论》等书，所藏经籍甚富，有《存石草堂书目》十卷”⑤。

山阴祁承㸁《澹生堂藏书目》较好地解决了学术分类与图书分类、图书内容与图书形式间的矛盾，对于古典目录学具有重要理论贡献。“为便于检索，采取分析著录与互见著录的方法，对同书而卷册板本有所不同，则以又字另著一条；对上下或正续编著作分条著录；对一书可见于两类的皆在两类著录。这是祁氏编目工作中的‘通’

① （清）永瑢、纪昀主编，周仁等整理：《四库全书总目提要》卷八十七《史部四十三・目录类存目》，海南出版社1999年版，第456页。

② （清）钱谦益著：《列朝诗集小传》丙集《陆参政容》，上海古籍出版社1959年版，第280页。

③ （明）祝允明著：《怀星堂集》卷二十七《甘泉陆氏藏书目录序》，西泠印社出版社2012年版，第578—579页。

④ （清）王彬修，（清）徐用仪纂：《光绪海盐县志》卷十八《人物四・孝义》，见上海书店出版社编：《中国地方志集成・浙江府县志辑》(21)，上海书店出版社2011年版，第929页。

⑤ （清）盛枫著：《嘉禾征献录》卷二《沈谧・启原》，己巳(1989)秋日江苏广陵古籍刻印社据清刊本影印本。

‘互’理论,主要为解决学术分类与图书分类、图书内容与形式间的矛盾,是古典目录学中的重要理论贡献。其目成以后续收各书皆续录各类之末,此目不是单纯的登录簿而是体现了编者目录思想的著述。”①

常熟钱谦益藏书甚丰,且所收必宋元版,藏书处有绛云楼,惜此藏书楼不幸毁于火。其《绛云楼书目》收录藏书只是绛云楼部分藏书。“从目录学发展的角度看《绛云楼书目》,其学术价值是不高的。但它仍受到后世藏书家的深切关注,其原因盖出于他们对不复存在的绛云楼珍秘原藏的深切关注。‘好事者人钞一册,为按图索骥之资’。这是《绛云楼书目》目录价值的主要所在。尽管它收录的只是绛云楼原藏的一部分,尽管它著录得那么简单,但它毕竟是反映辉煌一时的绛云楼藏书真相的主要书目文献。时至今日,研究者仍能从中汲取有用的史料和信息。”②

秀水曹溶有静惕堂藏书,撰有《静惕堂书目》。叶德辉云:“王文简《池北偶谈》云:‘曹秋岳侍郎好收宋元人文集,尝见其《静惕堂书目》所载宋自柳开以下,凡一百八十家,元自耶律楚材以下,凡一百十五家,可谓附矣。今按此本,宋自徐铉《骑省集》以下,凡一百九十六家;元自元好问《遗山集》以下,凡一百三十九家,较文简所见,共多四十家,盖后编最足之本。乾隆时修《四库全书》,此目所载十九著录,斯固两朝文人精爽之所凭依,故得长留于天地间也。’”③徐珂《清稗类钞》云:“曹秋岳好收宋、元人文集,尝见其《静惕堂书目》所载,宋集自柳开《河东集》以下,凡一百八十家,元集自耶律楚材《湛然集》以下,凡一百十有五家。静惕堂,在其别业倦圃中,入其门,皆书也。”④

3.清代江南进士私家藏书目录

清代私家藏书繁荣,自撰书目之风盛于前代,江南进士编撰藏书目录尤甚且为世所重,史料记载者如:

《含经堂藏书目》,顺治十六年(1659)昆山状元徐元文撰。

《三鱼堂书目》,康熙九年(1670)平湖进士陆陇其撰。

《传是楼藏书目》《传是楼宋元版书目》,康熙九年(1670)探花昆山徐乾学撰。

《培林堂书目》,康熙十二年(1673)探花昆山徐秉义撰。

《春晖堂书目》,康熙四十二年(1703)进士海宁陈邦彦撰。

《振绮堂书目》,乾隆十年(1745)进士钱塘汪宪撰。

《塾南书库目录初编》,乾隆十九年(1754)进士兰溪王昶撰。

《三松堂书目》,乾隆三十四年(1769)进士吴县潘奕隽撰。

---

① 来新夏著:《古典目录学》,中华书局 1991 年版,第 248 页。

② 严佐之著:《近三百年古籍目录举要》,华东师范大学出版社 1994 年版,第 4 页。

③ (清)叶德辉《静惕堂书目序》,(清)曹溶辑:《静惕堂书目宋人集一卷元人文集一卷》卷首,见《丛书集成续编》第 71 册,上海书店出版社 1994 年版,第 477 页。

④ 徐珂编撰:《清稗类钞·鉴赏类·曹秋岳藏书于静惕堂》,第 9 册,中华书局 1986 年版,第 4223 页。

《藉书园藏书目》,乾隆三十六年(1771)进士余姚籍周永年撰。

《环碧山房书目》,乾隆四十年(1775)进士萧山汪辉祖撰。

《孙氏祠堂书目》《廉石居藏书记》《平津馆鉴藏书籍记》,乾隆五十二年(1787)榜眼寓居江宁的孙星衍撰。

《须静斋云烟过眼录》,乾隆六十年(1795)探花吴县潘世璜撰。

《鉴止水斋藏书目》,嘉庆四年(1799)进士德清许宗彦撰。

《漱芬阁书目》,嘉庆二十四年(1819)进士平湖徐士芬撰。

《石经阁藏书目录》,嘉庆二十五年(1820)进士嘉兴冯登府撰。

《知止斋书目》,道光二年(1822)进士常熟翁心存编。

《古韵阁书目》,道光十三年(1833)进士海宁许梿撰。

《香雪草堂书目》和《西圃藏书目》,道光二十五年(1845)进士潘遵祁撰。

《滂喜斋宋元本书目》《滂喜斋藏书目录》,咸丰二年(1852)探花吴县潘祖荫撰。

《结一庐书目》,咸丰三年(1853)进士仁和朱学勤撰。

《江阴缪氏藏书目》,光绪二年(1876)进士江阴缪荃孙撰。

《瑞安黄氏蔘绥阁旧本书目初编》《瑞安黄氏蔘绥阁藏书目》,光绪六年(1880)进士瑞安黄绍箕撰。

《越慢堂书目》《会稽李氏越慢堂书目》,光绪六年(1880)进士会稽李慈铭撰。

《海日楼书目》,光绪六年(1880)进士嘉兴沈曾植撰。

《灵鹣阁藏书残目》,光绪十五年(1889)元和江标撰。

《栩园藏书目录》,稿本,光绪十五年(1889)进士元和王同愈撰。;

《五百幢馆藏书目录》《叶学使拟购甘肃学堂应用经史诸书书目》,光绪十五年(1889)进士长洲叶昌炽著。

《籀鄦簃书目》《拟汇刊周秦诸子校注辑补善本书录》,光绪十八年(1892)进士吴县王仁俊撰。

《涵芬楼原存善本草目》《海盐张氏涉园藏书目录》,光绪十八年(1892)进士海盐张元济撰。

《双沤居藏书目初编》《群碧楼书目初编》,光绪二十四年(1898)进士江宁邓邦述撰。

《杭州叶氏卷盦藏书目》,光绪二十九年(1903)进士仁和叶景葵撰。

其中昆山徐乾学《传是楼书目》八卷成书于清初,是据家藏大批珍秘书籍而编撰,从中可以考见古典文献在清初的流传情况。此书目除具登录簿册功能外,还具有便于检册的排架目录的性质。

《传是楼书目》不分卷,共收录图书三千九百余种,是传是楼藏书总目。各书按排架顺序编目,排架以千字文顺序编号,一字代表一橱,每橱四格,共五十六橱。因其排架基本上仍按四部分类序列，所以实际上书目也基本上按四部分类。各部细分子目，设类较详。著录内容十分简单，仅于书名下记卷册数而已，偶有著者名则附于书名前，与《绛云楼书目》《也是园藏书目》一致。从编排、著录情况来看，《传是楼书目》除属登录簿册外，还具有便于检册的排架目录的性质①。

《振绮堂书目》始创于钱塘汪宪，由其家族五代人不断完善。汪宪及其家族为后世留下了《振绮堂书目》，留给后世的更有《振绮堂书目》的成书过程，展现了江南进士世代藏书，勤于编目之一斑。汪宪玄孙汪曾唯有《振绮堂书目·跋》：

> 余家自明季迁杭，代有藏书。高大父鱼亭公嗜之尤笃。点注丹黄，插架甚富。朱朗斋茂才文藻为辑振绮堂书录，摭其要旨，载明某某撰述，何时刊本，某某抄藏，校读评跋，手编十册。曾大父春园公又本书录，手编藏书题识五卷，皆珍秘之本也。大父十村公凡以善本求售者，又不惜重赀，增益架上。年近始衰，于病中手编振绮堂书目五册，首录高宗纯皇帝恩旨，并御赐书御赐题书进呈书后，分为经史子集四部。先考昆弟六人，继承先志，遇有佳帙，购求又夥。伯父小米公、又村公，叔父子惠公、幼能公自道光丙申至丁未，先后谢世。伯父少洪公、先考蓉坨公恐子侄年幼，书籍散佚，重缮振绮堂简明书目二册，请长洲陈硕甫师奂检校一过，注明何人编撰，以便翻阅。至咸丰庚申辛酉，杭城两遭兵燹，散佚殆尽。同治甲子浙省恢复，于灰烬中获振绮堂书录五册，又于吴礼园司马宝俭处获一册，庚午夏遇朱子清上舍澄于故里，持书目二册以归余，即硕甫师检校之本也。光绪癸未冬堂侄康年自粤来鄂，谓大父手编书目五册，归安姚彦侍方伯觐元借钞未归，寓书索还。乙酉冬自鄂旋里，又得曾大夫题识二卷于丁松生大令丙家，惜下三卷佚去。合而观之，插架之书，百不存一，良可慨也。光绪十二年岁次丙戌六月二十六日，振绮堂后人汪曾唯识，曾学书②。

寓居江宁的孙星衍所撰《孙氏祠堂书目》为置存家祠的藏书所专门编制，是一部不依四部分类，直接分为十二属的私家目录。《孙氏祠堂书目》总分为十二大类（经学、小学、诸子、天文、地理、医律、史学、金石、类书、词赋、书画、说部），四十五小类。在改变图书分类上有其创新意义，且具有导读和推荐书目的特点。

孙星衍编定祠堂藏书目录，既为统计总藏，也为便利宗族子弟“循序诵习”。由于抱有这一目的，《孙氏祠堂书目》的编例就与一般藏书目录有所不同。

《孙氏祠堂书目》内编四卷外编三卷，共著录图书 2117 种，连同同书异本一并统计，则不下三千。其中内编收书 1442 种，外编收书 675 种。由此看来，《孙氏祠堂书

① 严佐之著：《近三百年古籍目录举要》，华东师范大学出版社 1994 年版，第 31 页。

② （清）汪曾唯《振绮堂书目》跋，见黄裳著：《来燕榭读书记》，辽宁教育出版社 2001 年版，第 110 页。

目》确是一部兼有导读、推荐书目性质的藏书目录，在清代藏书目录史上堪称奇葩一朵①。

孙星衍《平津馆鉴藏书籍记》是清代第一部具有真正、完整意义的私家善本藏书解题目录。

《平津馆鉴藏书籍记》三卷《补遗》一卷《续编》一卷。陈宗彝跋曰："叙言此书撰于参藩东省，驻节安德时，家园藏书，才十之四五，为记以备考。则前三卷也。言此外家藏旧版，尚有可观，俟归里后，续为后编。则后二卷也。"连同《补遗》《续编》在内，《藏书籍记》共收录各种版本图书 338 部。按版本类别分列次序。

《平津馆鉴藏书籍记》是清代第一部具有真正、完整意义的私家善本藏书解题目录。在它之前，虽有《读书敏求记》《拜经楼藏书题跋记》等，但都是"无目录之名"的"准目录"。《四库未收书提要》又不是阮元私藏目录。《平津馆鉴藏书籍记》的解题，充分吸收以往读书题跋记、书目著录和《四库全书总目提要》的撰作形式和内容，形成以著录和考订版本为主，兼及内容提要的解题特点②。

吴县潘祖荫撰有《滂喜斋书目》，其中宋元本即有 58 部。又有《滂喜斋宋元本书目》一卷，著录其收藏的宋元本 127 种③。潘祖荫曾手编《滂喜斋读书记》，后由其门人叶昌炽刊行传世，陈乃乾记云："吴县潘文勤公《滂喜斋藏书记》三卷，著录宋刻本五十八种，元明以下刻本五十二种，朝鲜、日本刻本十四种，钞本六种。每书详记行款、题跋、印记及卷数、册数作为题解，简要有法，盖叶鞠裳先生所撰也。……文勤图书之富，甲于吴中。其藏书印曰'分廛百宋移架千元'，意气之盛，可谓壮哉。"④

江宁邓邦述撰有《双沤居藏书目初编》一册，"为正闇邓丈手写之本，自题书衣云'丁未年后所得在他册'，则此目皆丈早岁所得。自录宋元本只十二种，附载题识，《群玉》《碧云》两集，亦在其中。所录明本一百二十种，仅著版本册数，不加题识；其钞校本六十五种，约略著其出处；外此则清代刻本三百六十二种，悉为初印精椠之本。今所传《群碧楼书目》，为丈晚年手订，后来增益善本甚夥，其通行本悉皆删落不入目中"⑤。

邓邦述又撰有《群碧楼书目初编》九卷，编订于宣统三年（1911），"所收之书为宋本八百十六卷，元本二千七百四十三卷，钞本五千三百三十八卷，明本一万五千四百八十八卷，批校本八百四十九卷，都二万四千九百六十四卷，盖竭十年之力，费银

① 严佐之著：《近三百年古籍目录举要》，华东师范大学出版社 1994 年版，第 78—79 页。
② 严佐之著：《近三百年古籍目录举要》，华东师范大学出版社 1994 年版，第 85—87 页。
③ 参见（清）潘祖荫撰：《滂喜斋宋元本书目》，见《丛书集成续编》史部，第 68 册，上海书店出版社 1994 年版，第 1107—1111 页。
④ 陈乃乾《滂喜斋藏书记序》，见（清）潘祖荫著，潘宗周编，畲彦焱、柳向春标点：《滂喜斋藏书记》附录，上海古籍出版社 2007 年版，第 113 页。
⑤ 潘景郑著：《著砚楼书跋·双沤居藏书目初编稿本》，上海古籍出版社 2006 年版，第 135—136 页。

七八万两，仅乃得之”①，为邓氏前期藏书之总结，后附《书衣杂识》一卷，仍邓氏置书后所写题跋。是书收录的明本亦甚为精彩，收明刊本至嘉靖，嘉靖本一百五十种左右，号称“百靖斋”。书目初编特辟嘉靖刊本专卷，亦为书目中一大特色。

四、精于题跋

题跋，又有跋文、书后、后记、题识等名称。明徐师曾《文体明辨序》中说：“题跋者，简编之后语也。凡经传子史诗文图书（字也）之类，前有序引，后有后序，可谓尽矣。其后览者，或因人之请求，或因感而有得，则复撰词以缀于末简，而总谓之题跋。”②“凡书经校过，及新得异本，必系以题跋，方为不负此书。”③题跋对于书籍本具有品鉴作用，清代江南进士尤精此道。光绪十八年（1892）进士海盐张元济因其涵芬楼购藏古籍善本著称，其善于利用避讳字、刻工、字体、序跋、碑记、藏印等各种方式鉴别古籍之源流，所写题跋甚多且精到。《析城郑氏家塾重校三礼图》二十卷，宋聂崇义集注，蒙古刊本十册，毛子晋旧藏。光绪十八年（1892）进士海盐张元济跋云：“首二卷，汲古阁毛氏钞补，写绘绝精。半叶十三行，行二十一字。首有窦俨序。序后目录、正文紧相衔接。各卷同。卷二十为总目。卷末有至道二年李至《记》及长南阳山昌元王履《重刊后跋》。跋文略谓久藏是图，欲刊之梓，家贫未能。丙午讲《易》于葛庐，王文举来过听讲，谓将谋之郑侯。文举不幸不起，郑侯不忘乎旧，能成故交之心，云云。郑侯未知何人。跋文称曰国家大将军，又著文举籍为潞城，连类而及者尚有辽东唐括、濮阳聂天佐。之数地者，皆非南宋疆域，而大将军亦非宋代官名，故人王君静安谓：‘履跋不著年号，但称丙午，当为蒙古定宗二年（据《元史》当元年），下距中统纪元尚有十三年，时尚有年号。“长南阳山”，即南阳书院山长；“葛庐”，即诸葛草庐。书名冠以“析城郑家塾重校”数字，“析城”当即淅川，亦南阳属地，疑郑侯即淅川人。时宋虽未亡，而诸地实辖于北朝，故此当为蒙古刊本而非宋刊本’云云。是本宋讳玄、敬、殷、贞、徵、让、桓、慎、敦、廓等字，均不阙笔，但恒、筐二字所避。语涉宋帝，亦各提行空格。履跋明言袭藏已久，是必以宋本翻刻，故宋讳偶有未尽删削之迹。毛氏补钞二卷，书名仅称《新定三礼图》，而无‘析城郑氏’等字，所据必为别一宋刻，故窦序‘恒’字，即注‘御名’，而玄、敬、殷字亦均阙末笔。以彼例此，则此之非宋刻本愈益可信。”④张元济据跋语考证了相关年号、官号、地名、讳名等，确认此本为蒙古刻本而非宋刻本。曹之先生评价张元济此跋时认为“这是通过古书题跋

---

① 邓邦述《群碧楼书善本录旧序》，见邓邦述撰，金晓东整理，吴格审定：《群碧楼善本书录 寒瘦山房鬻存善本书目》，《中国历代书目题跋丛书》第4辑，上海古籍出版社2014年版，第9页。

② （明）徐师曾著，罗根泽校点：《文体明辨序说·题跋》，见《文章辨体序说 文体明辨序说》，人民出版社1962年版，第136页。

③ （清）叶德辉《藏书十约·题跋八》，见（明）祁承㸁等撰：《藏书记》，广陵书社2010年版，第114页。

④ 张元济《涵芬楼烬余书录》经部《析城郑氏家塾重校三礼图》，见张元济著：《张元济全集》第8卷《古籍研究著作》，商务印书馆2009年版，第193—194页。

鉴别古籍版本的一个成功范例”[1]。而从张元济此跋亦可窥江南进士精于题跋之一斑。江南进士藏书具有学者藏书属性，善于考证、赏鉴，并归诸题跋。以下是清代江南进士的部分题跋类著述：

《平津馆鉴藏书籍记》，乾隆五十二年（1787）榜眼寓居江宁的孙星衍撰。

《八囍斋随笔》，咸丰二年（1852）探花吴县潘祖荫撰。

《国朝文椒题跋》，同治元年（1862）进士山阴平步青撰。

《艺风藏书记》《艺风藏书续记》《艺风藏书再续记》《艺风堂读书记》，光绪二年（1876）进士江阴缪荃孙撰。

《藹堂读书记》，光绪二年（1876）进士会稽顾家相撰。

《敦书思闻》，光绪三年（1877）进士台州杨晨撰。

《越慢堂读书记》，光绪六年（1880）进士会稽李慈铭撰。

《寐叟题跋》，光绪六年（1880）进士嘉兴沈曾植撰。

《书舶庸谭》《曲海总目提要》，光绪十六年（1890）庚寅恩科进士武进董康撰。

《廉让闭居书录》，光绪十六年（1890）进士会稽范迪襄撰。

《群碧楼善本书录》《寒瘦山房鬻存善本书录》《书衣题识》，光绪二十四年（1898）进士江宁邓邦述撰。

《卷盦书跋》，光绪二十九年（1903）进士仁和叶景葵撰。

---

① 曹之著：《中国古代图书史》第四章《古代图书的收藏》，武汉大学出版社 2015 年版，第 335 页。

第七章　江南进士藏书之贡献

第一节　善本良多 流布久远

一、善本良多

善本向为历代藏书者所重。宋代进士吉州欧阳修《唐田弘正家庙碑》云："余家所藏书万卷，惟《昌黎集》是余为进士时所有，最为旧物。自天圣以来，古学渐盛，学者多读韩文，而患集本讹舛，惟余家本屡更校正，时人共传，号为善本。"①宋代进士叶梦得言："唐以前，凡书籍皆写本，未有模印之法，人以藏书为贵。书不多有，而藏者精于雠对，故往往皆有善本。学者以传录之艰，故其诵读亦精详。"②宋进士衢州常山江少虞《事实类苑》载："宋嘉祐四年，仁宗谓辅臣曰：'宋、齐、梁、陈、后魏、北齐、北周书，罕有善本，可委编校官精加校勘。'"③周邦彦之子泰州周辉《清波杂志》云："国朝庆历间，命儒臣集四库为籍，名曰《崇文总目》，凡三万六百六十九卷。尔后于《总目》外日益搜补校正，皆为善本。"④清代张之洞《輶轩语·语学篇》"读书宜求善本"条云："善本非纸白版新之谓，谓其为前辈通人用古刻数本，精校细勘付刊，不讹不阙之本也。此有一简易之法，初学购书，但看序跋，是本朝校刻，卷尾附有《校勘记》，而密行细字、写刻精工者，即佳。"又云："善本之义有三：一、足本（无阙卷，未删削）；二、精本（一精校、二精注）；三、旧本（一旧刻、一旧钞）。"⑤钱塘丁丙《善本书室藏书志后记》列举善本书的四个内容："一曰旧刻：宋元遗刊，日远日尠，幸传至今，

---

① （宋）欧阳修原著，邓宝剑、王怡琳注释：《集古录跋尾》卷八《唐田弘正家庙碑》，人民美术出版社 2010 年版，第 185 页。

② （宋）叶梦得撰，田松青、徐时仪点校：《石林燕语·避暑录话》之《石林燕语》卷八，上海古籍出版社 2012 年版，第 70 页。

③ 转引吴仲强等著：《中国图书馆史》第七章《中国版本学史》，湖南出版社 1991 年版，第 252 页。

④ 转引张舜徽撰：《中国文献学》第三编《整理古代文献的基础知识之一——版本》，上海古籍出版社 2011 年版，第 60 页。

⑤ 转引张舜徽撰：《中国文献学》第三编《整理古代文献的基础知识之一——版本》，上海古籍出版社 2011 年版，第 61 页。

固宜球图视之。二曰精本：宋氏一朝，自万历后剞劂固属草草，然追溯嘉靖以前刻书多翻宋槧，正统、成化刻印尤精，足本孤本所在皆是。今搜集自洪武迄嘉靖，萃其遗帙，择其最佳者，甄别而取之。万历以后间附数部，要皆雕刻既工、世鲜传本者始行入录。三曰旧钞：前明姑苏丛书堂吴氏、四明天一阁范氏，二家之书半系钞本，至国朝小山堂赵氏、知不足斋鲍氏、振绮堂汪氏，多影钞宋元精本，笔墨精妙，远过明钞。寒家储藏，将及万卷，择其尤异，始著于编。四曰旧校：校勘之学，至乾嘉而极精，出仁和卢抱经、吴县黄荛圃、阳湖孙渊如之手者，尤雠校精审。他如冯巳苍、钱保赤、段茂堂、阮文达诸家手校之书，朱墨烂然，为艺林至宝。补脱文，正误字，有功后学不浅。"①

综上所述，"善本"包括旧刻旧钞、名家钞本及写本，或校勘精审，内容完具，卷帙完整，摹写精工，刊刻精致者。收藏善本者必须具有一双精于鉴别的慧眼且具有较大财力，出自人文渊薮，兼具学者和官僚属性的江南进士藏书有成者往往具备这一条件。由于他们多学识渊博，书籍经他们考订、校雠、题跋即成善本，因而也可增加其善本收藏。

宋代藏有秘府珍本，甚至藏有秘府未备之本的江南进士也不乏其人。宋嘉熙二年（1238）进士天台贾似道千卷书画皆系以往秘府旧藏，"贾似道留心书画，家藏名迹多至千卷，其宣和、绍兴秘府故物，往往请乞得之，今除显赫名迹，载悦生古迹记者不录，第录其稍隐者著于篇。宋贾似道藏法书计四十二卷，名画计五十八卷"②。宋绍兴十八年（1148）进士无锡尤袤"异书名刻堆满屋，欠身欲起遭书围"③，宋隆兴元年（1163）进士鄞县楼钥"聚书东楼，逾万卷，皆手校雠，号善本"④，宋宝庆二年（1226）进士平湖赵孟坚"多藏三代以来金石名迹"⑤。

明代江南进士广积宋槧元刊等各色善本者大有人在，如明嘉靖五年（1526）进士常熟杨仪、嘉靖十一年（1532）进士鄞县范钦、嘉靖二十六年（1547）进士华亭朱大韶、万历三十八年（1610）探花常熟钱谦益、崇祯十年（1637）进士秀水曹溶等。常熟杨仪"耽嗜古书，其书室七桧山房，别构万卷楼，多聚宋元旧本及法书名画鼎彝古器，江左推为博雅"⑥。范钦天一阁藏书闻名遐迩，不仅宋元以来刊本、钞本及稿本居

---

① （清）丁丙《善本书室藏书志后记》，见《中华大典》编纂委员会编纂：《中华大典 文献目录典 文献学分典·目录总部》，广西师范大学出版社2015年版，第459页。

② （宋）赵与懃等藏，（元）王恽等撰：《画画录》之《悦生所藏书画别录一卷》，上册，（台北）世界书局股份有限公司2009年版，第11—14页。

③ 江苏省地方志编纂委员会编：《江苏省志90·人物志》之《人物传一》，凤凰出版社2008年版，第193页。

④ （元）袁桷撰：《延祐四明志》卷第五《楼钥》，见浙江省地方志编纂委员会编：《宋元浙江方志集成》第9册，杭州出版社2009年版，第4030页。

⑤ （宋）周密撰，张茂鹏点校：《齐东野语》卷十九《子固类元章》，中华书局1983年版，第357—358页。

⑥ （清）郑钟祥、张瀛修，（清）庞鸿文等纂：《光绪常昭合志稿》卷三十二《人物·藏书家》，见《中国地方志集成·江苏府县志辑》（22），江苏古籍出版社1991年版，第557页。

多,而且多有海内孤本,“其所庋藏以宋元以来刊本、钞本与稿本为多,而明刻尤为突出。范钦藏书与一般只注重版本的藏书家不同。他比较重视明代人著述和明代新刊古籍的收藏,所藏明代方志、政书、实录、诗文集等尤多,而明代登科录和地方志的收藏成为阁藏的特色。其中明代方志原藏435种,超出《明志》著录,现存271种,有65%是海内孤本”①。朱大韶藏宋椠元刻珍本尤多,《天禄琳琅书目》及《后编》著录其罕见之本有十余部。常熟钱谦益绛云楼藏书中,仅宋刻书就高达数万卷,“绛云楼于半野堂之后,房栊窈窕,绮疏青琐,旁龛古金石文字,宋刻书数万卷”②。秀水曹溶好收宋元文集,杨钟羲云:“曹秋岳记诵淹博,收宋元人文集至三百余家,明三百祀,词学失传,搜集南宋遗集,表而出之。”③

清代江南进士所藏书精善者甚多,拥有成百上千善本的江南进士不乏其人。清顺治十六年(1659)状元昆山徐元文有《含经堂藏书目》,其藏书“依四库分部类,约五千种,有宋元本二百余种,钞本尤多”④。康熙九年(1670)进士鄞县左岘所藏的宋元钞本中经其手校者就达百余种,为卷之数则更多,《续耆旧传》称:“先生读书,朴实有根柢,尤嗜经学。宋元钞本,手自校者,百数十种。昆山徐尚书通志堂所雕,皆先生书架中物也。”⑤康熙四十二年(1703)进士常熟蒋廷锡曾一次出售随身所带的宋板书三百余册,可见其收藏宋板书之多,善本之富。“康熙初,公以下第滞京师,流落殆不能归,因出箧中宋板书三百余册,将藉措资斧”⑥。康熙四十二年(1703)进士海宁陈邦彦藏书与钱谦益绛云楼相当,《文献家通考》称其“有刘喜海钞本,国家图书馆善本室藏有此册。此目仅经部四橱,史部六橱,著录约三百余种,颇多宋元本及名家点校藏本,其书颇精。惜子集二部之目已佚。又有《读书志》”⑦。康熙五十一年(1712)进士长洲顾嗣立“因锐意搜辑元人诗集,自元遗山而下汇为百家未已也。又广之为三百家,凡四集,合千二百卷”⑧。乾隆四年(1739)进士钱塘袁枚“凡清秘之本约得十之六七,积书至四十万卷”⑨。乾隆十年(1745)进士钱塘汪宪振绮堂所藏“多影抄宋元精本,笔墨精妙”⑩。乾隆四十三年(1778)进士会稽章学诚精于校雠

---

① 来新夏著:《来新夏谈书》,南开大学出版社2010年版,第34—35页。

② (清)顾苓撰:《塔影园集》集一《河东君传》,见《丛书集成续编》集部,第123册,上海书店出版社1994年版,第514页。

③ (清)杨钟羲撰集,刘承幹参校:《雪桥诗话续集》卷一,北京古籍出版社1991年版,第62页。

④ (清)郑方坤撰:《本朝名家诗钞小传》卷三《秀野草堂诗钞小传·顾嗣立》,见《丛书集成续编》第256册,(台湾)新文丰出版公司1988年版,第157页。

⑤ (清)阮元、杨秉初辑,夏勇等整理:《两浙輶轩录》卷九《左岘》,浙江古籍出版社2012年版,第705页。

⑥ 傅增湘撰:《藏园群书题记》卷八《子部三》,上海古籍出版社1989年版,第408页。

⑦ 参见郑伟章著:《文献家通考》卷四,中华书局1999年版,第192页。

⑧ (清)郑方坤撰:《本朝名家诗钞小传》卷三《秀野草堂诗钞小传·顾嗣立》,见《丛书集成续编》第256册,(台湾)新文丰出版公司1988年版,第157页。

⑨ 郑伟章著:《文献家通考》卷五,中华书局1999年版,第274页。

⑩ 吴仲强等著:《中国图书馆学史》,湖南出版社1991年版,第262—263页。

学、目录学，藏书既丰且精。其自述："三十年来颇有增益。亦间有古椠秘本、缮抄希觏之书，统计为帙五千，为卷二万有盈。"①陈宗彝称乾隆五十二年（1787）榜眼寓居江宁的孙星衍先生"所藏宋元椠本及旧钞诸善本，多四库所未得之秘"②。其"购书，先求秦三代古籍，次及汉魏六朝隋唐，次及宋元明之最精要者"③。清咸丰三年（1853）进士仁和朱学勤与丰顺丁日昌、长沙袁芳瑛皆以士大夫藏书闻名于海内外。朱学勤藏书之处即结一庐，藏书甚丰，"其中宋元明椠以及精钞凡数百种"④。咸丰六年（1856）状元翁同龢为同治、光绪两代帝师，郑振铎称其藏书"没有一部不是难得之物"⑤。其所收藏的一批秘籍，被学界认为"学人仰望而不知其存否的有很高学术价值的善本，以国内标准论应属国宝级重要文物，是包括我国国家图书馆在内的国内外图书馆所无的珍籍"⑥。清光绪十五年（1889）进士元和王同愈自称："积年搜罗，亦略有七万余卷。旧刻精印之本，亦十有二三。"⑦光绪二十四年（1898）进士江宁邓邦述"光绪三十一年奉派出国考察，翌年回国后居北京，期间不惜高价搜购善本，所购宋、元刊本、钞本达万余卷。光绪三十三年任吉林民政使，时藏书达 4 万卷，多为珍本，其中 1000 余卷为宋刻本"⑧。光绪二十九年（1903）进士仁和叶景葵藏书数万卷，有唐写本、宋椠元刻及"稿本、钞校本六百多种，明刻善本四百余种"⑨。

清代进士叶德辉《书林清话》列举了明代以来为藏书家珍视的各家著名钞本："明以来钞本书最为藏书家所秘宝者，曰吴钞，长洲吴匏庵宽丛书堂钞本也。曰叶钞，先十八世族祖昆山文庄公赐书族钞本也。曰文钞，长洲文衡山徵明玉兰堂钞本也。曰王钞，金坛王宇泰肯堂郁冈斋钞本也。曰沈钞，吴县沈辨之与文野竹斋钞本也。曰杨钞，常熟杨梦羽仪七桧山房钞本也。曰姚钞，无锡姚舜咨咨茶梦斋钞本也。曰秦钞，常熟秦西岩四麟致爽阁钞本也。曰祁钞，山阴祁尔光承爜澹生堂钞本也。曰毛钞，常熟毛子晋晋汲古阁钞本也。曰谢钞，长乐谢肇淛在杭小草斋钞本也。曰冯钞，常熟冯已苍舒、冯定远班、冯彦渊知十兄弟一家钞本也。曰钱钞，常熟钱牧斋谦益绛云楼钞本，谦益从子钱遵王曾述古堂钞本，合之谦益从弟履之谦贞竹深堂钞

---

① （清）章学诚撰：《章学诚遗书》卷二十二《滃云山房乙卯藏书目记》，文物出版社 1985 年版，第 219 页。

② （清）陈宗彝《廉石居藏书记序》，见（清）孙星衍撰，焦桂美、沙莎标点：《平津馆鉴藏记书籍 廉石居藏书记 孙氏祠堂书目》，上海古籍出版社 2008 年版，第 161 页。

③ （清）孙星衍《孙氏祠堂书目序》，见（清）孙星衍撰，焦桂美、沙莎标点：《平津馆鉴藏记书籍 廉石居藏书记 孙氏祠堂书目》，上海古籍出版社 2008 年版，第 235 页。

④ 吴晗撰：《江浙藏书家史略》，中华书局 1981 年版，第 19 页。

⑤ 郑振铎著：《西谛书话》之《劫中得书续记·求书日录》，生活·读书·新知三联书店 2005 年版，第 409 页。

⑥ 中国出版年鉴社编辑：《中国出版年鉴 2001》之《纪事·常熟翁氏藏书转让入藏仪式在上海举行》，中国出版年鉴社 2001 年版，第 176 页。

⑦ （清）王同愈著，顾廷龙编：《王同愈集》之《栩缘随笔》，上海古籍出版社 1998 年版，第 496—497 页。

⑧ 江苏省地方志编纂委员会编：《江苏省志 90·人物志》之《人物传二》，凤凰出版社 2008 年版，第 833 页。

⑨ 郑伟章著：《文献家通考》卷二十五《叶景葵》，中华书局 1999 年版，第 1446 页。

本，皆谓之钱钞本。此外吾家二十五世祖石君公树廉朴学斋，秀水曹洁躬溶倦圃，昆山徐健庵乾学传是楼，秀水朱竹垞彝尊潜采堂，吴县惠定宇栋红豆斋，仁和赵功千昱小山堂，钱塘吴尺凫焯绣谷亭，海昌吴槎客骞、子虞臣寿旸拜经楼，歙县鲍以文廷博知不足斋，钱塘汪小米远孙振绮堂。皆竭一生之力，交换互借，手校眉批，不独其钞本可珍，其手迹尤足贵。”①叶德辉此处所列明清旧钞善本中，“吴钞”指明成化八年(1472)状元长洲吴宽，“叶钞”指明正统十年(1445)进士昆山叶盛，“王钞”指万历十七年(1589)进士金坛王肯堂，“杨钞”指嘉靖五年(1526)进士常熟杨仪，“祁钞”指万历三十二年(1604)进士山阴祁承㸁，“钱钞”指万历三十八年(1610)探花常熟钱谦益，还有崇祯十年(1637)进士秀水曹溶、清康熙九年(1670)探花昆山徐乾学。这些江南进士本身即为善本的生产者，其抄录所依之底本当非寻常之本，其收藏之精、善本之多不言而喻。

二、流布久远

历代江南进士藏书不仅精善，而且流布久远，惠及当今。其存世典籍浩如烟海，不胜枚举，而关于江南进士藏书流布的专题研究尚未查及。所幸借助地方志，各家藏书志、题跋、笔记、藏书印，可以大致了解江南进士之藏本流布情况。

《天禄琳琅》是清宫所藏版本极品，可称为中国古籍中的奇珍。从一些江南进士藏书被《天禄琳琅书目》《天禄琳琅书目后编》著录，以及被其他著名书目著录的史实可略知江南进士藏书流布情况。

(一)明叶盛“菉竹堂”藏书流布

明正统十年(1445)进士昆山叶盛家族藏书虽传承九代，然随着明清易代，逐渐散佚，令人惋惜。不过叶氏图籍之富，传承之久，几乎与明代国祚相埒，足为后世藏书之家所向往。又因叶氏藏书多钤有叶氏家族人员藏印，散佚之书亦尚有迹可寻。

《天禄琳琅书目后编》著录宋版《广韵》五卷，有“叶氏菉竹堂藏书”“项子京家珍藏”等印②；宋版《古史》二函十六册，记云“大字本，明叶盛家藏。有‘叶氏菉竹堂藏书’”印③；宋版《初学记》三十卷，记曰“叶盛谥文庄，其菉竹堂藏书也，亦藏云间朱氏，有‘文庄家学’‘邵以成氏藏书之记’‘文溪居士藏书图记’‘夫山许氏图书’‘昆辉氏’‘文石朱象元氏’‘侍御之章’‘高阳氏槐荣堂’‘太史公牛马走’”等藏印④；宋

---

① (清)叶德辉撰:《书林清话》卷十《明以来钞本》,上海古籍出版社2012年版,第226—227页。

② (清)彭元瑞等撰:《天禄琳琅书目后编》卷三,见《清人书目题跋丛刊十》,中华书局1995年版,第271页。

③ (清)彭元瑞等撰:《天禄琳琅书目后编》卷四,见《清人书目题跋丛刊十》,中华书局1995年版,第280页。

④ (清)彭元瑞等撰:《天禄琳琅书目后编》卷五,见《清人书目题跋丛刊十》,中华书局1995年版,第301—302页。

版《晏子春秋》一函二册,"明叶盛家藏本,有'叶氏菉竹堂藏书'"等藏印[①];宋版《班马字类》一函五册,"明叶盛家藏,后入泰兴季氏、秀水朱氏。盛字兴之,昆山人,正统乙丑进士,官吏部侍郎,谥文庄,有《菉竹堂书目》,今存。有'菉竹堂藏书''季振宜藏书''季振宜印''沧苇''曝书亭珍藏''朱彝尊印'"等印[②],后经名家递藏,尤为珍宝。

《读书敏求记》著录《东家杂记》二卷,钱曾抄书,"壬戌冬日,叶九来过访草堂云:'有宋椠本《东家杂记》。'因假借缮写,此书为先圣四十七代孙孔传所编。"[③]旧钞本《危素说学斋集》三十卷,"《太朴集》失传于世,世人搜访明初文献,以未见公集为憾。此稿为叶文庄公菉竹堂藏书。震川先生尝从公之乃孙求观而不可得。予与九来借抄,慨然不以一瓻见拒"[④]。《梁公九谏》一卷,"赐书楼藏旧钞本"[⑤]。

《铁琴铜剑楼藏书书目》著录叶氏家族宋椠元刻、旧钞及明版藏书数种,宋刻本《西汉诏令》十二卷、《东汉诏令》十一卷,"旧为叶九来、沈椒园藏书,卷中有'叶氏藏书''南阳讲习堂光轮印''玉峰徐氏藏书''沈廷芳印''椒园'诸朱印"[⑥];宋刊本《四书集成》二十卷,"旧为叶文庄藏书,卷首有'叶氏菉竹堂藏书'朱记"[⑦];影钞宋本《汉纪》三十卷,"旧为昆山叶氏藏书,卷首有'叶氏菉竹堂藏书'圆朱记"[⑧];元刊本《论语》一卷,"旧为叶文庄藏书。……此帙有'镇抚燕云关防'印。卷首有'巡抚宣府关防印''雄于南面百城''大树轩''文庄七世孙张栋之印''木雁轩图书印'诸朱记"[⑨];旧钞本《李相国论事集》六卷《补录》一卷,卷首有"叶文庄公家世藏""叶德荣父收藏"[⑩]二朱记;旧钞校本《揭文安集》十卷,"卷中有'叶氏菉竹堂藏书印''臣盛舆中''王印闻远''莲泾'诸朱记"[⑪];影钞宋本《汉书》三十卷,瞿氏跋云"旧为昆山

---

① (清)彭元瑞等撰:《天禄琳琅书目后编》卷十,见《清人书目题跋丛刊十》,中华书局1995年版,第352页。

② (清)彭元瑞等撰:《天禄琳琅书目后编》卷三,见《清人书目题跋丛刊十》,中华书局1995年版,第269页。

③ (清)钱曾撰:《读书敏求记》卷二《谱牒·东家杂记二卷》,书目文献出版社1984年版,第51页。

④ (清)钱曾撰:《读书敏求记》卷四《集·危素说学斋三十卷》,书目文献出版社1984年版,第130页。

⑤ (清)钱曾撰,丁瑜点校:《读书敏求记》卷四《总集·〈梁公九谏〉一卷》,书目文献出版社1984年版,第141页。

⑥ (清)瞿镛撰:《铁琴铜剑楼藏书目录》卷第九《史部二》,见《清人书目题跋丛刊三》,中华书局1990年版,第149页。

⑦ (清)瞿镛撰:《铁琴铜剑楼藏书目录》卷第六《经部六》,见《清人书目题跋丛刊三》,中华书局1990年版,第97页。

⑧ (清)瞿镛撰:《铁琴铜剑楼藏书目录》卷第九《史部二》,见《清人书目题跋丛刊三》,中华书局1990年版,第135页。

⑨ (清)瞿镛撰:《铁琴铜剑楼藏书目录》卷第六《经部六》,见《清人书目题跋丛刊三》,中华书局1990年版,第92页。

⑩ (清)瞿镛撰:《铁琴铜剑楼藏书目录》卷第十《史部三》,见《清人书目题跋丛刊三》,中华书局1990年版,第153页。

⑪ (清)瞿镛撰:《铁琴铜剑楼藏书目录》卷第二十二《集部四》,见《清人书目题跋丛刊三》,中华书局1990年版,第343页。

叶氏藏书,卷首有'叶氏菉竹堂藏书'圆朱印"[1];明刊本《元经薛氏传》十卷,"刻自成弘间,旧为叶文庄公所藏,卷首有'叶氏菉竹堂藏书'朱记"[2];明刊本《中吴纪闻》六卷,瞿氏跋云"……毛斧季于叶九来借得菉竹堂藏本"[3];旧钞本《类编长安志》十卷,"为昆山叶九来藏书,卷末有'南阳''叔子苞印''二泉''下学斋书画记'诸朱记"[4];旧钞本《李元宾文集》六卷补遗一卷,"旧为昆山叶九来藏书,每叶版心有'赐书楼'三字,叶有手跋"[5]。

《爱日精庐藏书志》著录叶氏家族旧钞本数种,旧钞本《金石录》三十卷,宋赵明诚撰,此叶文庄公旧藏本,后为叶公六世元孙叶国华所藏,叶公手跋云:"《金石录》余求之三十年不可得,壬辰冬始遇此善本于京师,如获宝玉。然钞毕略观一度,其于《集古录》正误最多,诚亦精审也。虽然,自昔著书家几尘风叶之喻,前后彼此,盖恒有之,不足怪也。吾安得欧阳棐《集古录目》、洪丞相《汉隶释》等书悉集于此,而又有间暇工夫稍尽心焉,亦平生之一适也。漫笔之以俟。成化九年二月朔旦,吴郡叶仲盛甫志。"[6]是书署有"吴郡叶仲盛",叶昌炽疑为叶公别号。又国华手跋云:"《金石录》近无刻本,是本为先文庄公钞藏,复经先大父手辑一过,不知何时散逸?顷从吴兴书贾高价售之,还我旧物。先公云'遇此善本,如获宝玉',今小子得之,则不啻传家之天球河图矣,后之人其□□□□。崇祯癸未仲秋晦日,六世元孙国华百拜识。上阙。及卷心次第数目,皆先公手迹。"[7]又何义门跋旧钞本《金石录》云:"《金石录》三十卷,昆山叶文庄公故物,首尾二纸则公手所自书。余收得吴文定公写本书亦皆然。知前贤事事必有体源,贵乎多见而识之也。康熙己丑五月,何焯记。"[8]《爱日精庐藏书志》著"《丰清敏公遗事》一卷,旧钞本,菉竹堂藏书,宋章贡李朴编次。卷首有'叶氏菉竹堂藏书'印记,板心有'怡颜堂钞书'五字"[9];又《类编长安志》十卷,

---

① (清)瞿镛撰:《铁琴铜剑楼藏书目录》卷第九《史部二》,见《清人书目题跋丛刊三》,中华书局1990年版,第135页。

② (清)瞿镛撰:《铁琴铜剑楼藏书目录》卷第九《史部二》,见《清人书目题跋丛刊三》,中华书局1990年版,第135页。

③ (清)瞿镛撰:《铁琴铜剑楼藏书目录》卷第十一《史部四》,见《清人书目题跋丛刊三》,中华书局1990年版,第175页。

④ (清)瞿镛撰:《铁琴铜剑楼藏书目录》卷第十一《史部四》,见《清人书目题跋丛刊三》,中华书局1990年版,第170页。

⑤ (清)瞿镛撰:《铁琴铜剑楼藏书目录》卷第十九《集部一》,见《清人书目题跋丛刊三》,中华书局1990年版,第284页。

⑥ (清)张金吾撰,柳向春整理,吴格审定.:《爱日精庐藏书志》卷二十,上海古籍出版社2014年版,第318页。

⑦ (清)张金吾撰,柳向春整理,吴格审定:《爱日精庐藏书志》卷二十,上海古籍出版社2014年版,第318页。

⑧ (清)张金吾撰,柳向春整理,吴格审定:《爱日精庐藏书志》卷二十,上海古籍出版社2014年版,第318页。

⑨ (清)张金吾撰,柳向春整理,吴格审定:《爱日精庐藏书志》卷十三,上海古籍出版社2014年版,第200页。

"旧钞本,菉竹堂藏书"[①]。

其他书目著录《杂志》二卷,"题签云'宋版校正'。卷上首叶题云:'玉峰菉竹堂珍藏。'末题:'崇祯壬午年,下学斋抄藏。'下末叶朱题云:'重九酒后,灯下校过一次。'又朱跋云:'此书昆山叶氏家藏本。乙未得之书贾,缺后四页。至冬借毛氏宋本校过,照宋补足,墨改者皆文庄公手笔也"[②];宋本《韵补》五卷,藏印有"菉竹堂藏书""毛晋之印""汲古主人""毛扆之印""斧季"等[③];宋江西刻本《鬳斋考工记解》二卷,附释音,有查慎行手识,有"叶氏菉竹堂藏""得树楼藏""慧海楼"等藏印[④];《贾浪仙长江集》,"明刊校宋本,叶氏菉竹堂藏书"[⑤]。《云间清啸集桂轩诗集》不分卷,"元陶振、谢常撰。清王莲泾校清昆山叶氏钞本。黑格,板心刊'叶氏小有堂钞本'七字。黄丕烈跋"[⑥]。《中国善本书提要》著录《傅忠肃公文集》三卷,明钞本,有"叶九来""奕苞""叶伯寅图书"等印记,今藏中国国家图书馆。

(二)明吴宽"丛书堂"藏书流布

明成化八年(1472)状元长洲吴宽藏书中宋椠元刻本甚多,尤为珍宝,《天禄琳琅书目》及《后编》著录宋版《帝学》八卷,"详阅是书,楮墨精好,洵属嘉定时所刊者。……题钤乾隆双玺。明吴宽藏本,宽字原博,长洲人,成化八年会试、廷试皆第一,授修撰,累官至礼部尚书,卒赠太子太保,谥文定,丛书堂印无考。有'丛书堂印'朱文、'吴宽'朱文"等印[⑦];宋版《春秋经传集解》四函,三十册,"明吴宽藏本,后入常熟钱氏、萧山毛氏……首卷有'吴宽'朱文"印[⑧];宋刻本《家语》,有"'太史氏印'朱文卷首,'长洲吴氏'朱文卷首"等印[⑨];宋刻本《淮海集》四十卷后集三卷,有"丛书堂印"朱文印[⑩];宋版《六家文选》六函六十册,有"吴宽"藏印[⑪];《六家文选》四函

---

① (清)张金吾撰,柳向春整理,吴格审定:《爱日精庐藏书志》卷十六,上海古籍出版社2014年版,第263页。

② (清)汪璐辑:《藏书题识》卷二《杂志二卷》,见《藏书题识·华延年室题跋·雁影斋题跋》,上海古籍出版社2009年版,第71页。

③ 张元济、潘宗周撰:《宝礼堂宋本书录》之经部《韵补》,见张元济著:《张元济全集》第8卷《古籍研究著作》,商务印书馆2009年版,第34页。

④ 王文进撰,柳向春标点:《文禄堂访书记》卷第一,上海古籍出版社2007年版,第18页。

⑤ (清)丁丙撰:《善本书室藏书志》卷二十五《唐贾浪仙长江集》,见《续修四库全书》编纂委员会、复旦大学图书馆古籍部编:《续修四库全书》第927册,上海古籍出版社2003年版,第451页。

⑥ 王文进撰,柳向春标点:《文禄堂访书记》卷第五,上海古籍出版社2007年版,第345页。

⑦ (清)于敏中等撰:《天禄琳琅书目》卷二,见《清人书目题跋丛刊十》,中华书局1995年版,第31页。

⑧ (清)彭元瑞等撰:《天禄琳琅书目后编》卷三,见《清人书目题跋丛刊十》,中华书局1995年版,第258—259页。

⑨ (清)彭元瑞等撰:《天禄琳琅书目后编》卷五,见《清人书目题跋丛刊十》,中华书局1995年版,第291页。

⑩ (清)彭元瑞等撰:《天禄琳琅书目后编》卷七,见《清人书目题跋丛刊十》,中华书局1995年版,第370页。

⑪ (清)彭元瑞等撰:《天禄琳琅书目后编》卷七,见《清人书目题跋丛刊十》,中华书局1995年版,第323页。

二十册,“摹印麻纸,浓墨极为古雅精工,后副叶康熙戊申庄虎孙行书跋,略云:‘宋椠《文选》二十册,得之外舅东山王氏,是吴文定公贻其五世祖文恪者,每册有丛书堂记,乃文定藏书之所也。’此跋虽近人作计,已阅百三十年矣。当明孝宗时,吴宽以赠王鏊,王氏子孙世守三百年而归于其婿,宋荦抚吴得之庄氏,可谓流传有迹矣。书首乌篆壶庐印一不可辨。有‘吴宽’‘高松堂鉴定书画记’‘商丘宋荦收藏善本’‘纬萧草堂藏书记’‘庄虎孙印’‘寅三’‘庄’‘虎孙’‘寅三父’‘虎儿藏书’‘家在吴城’‘丛书堂印’‘晴窗一日百回看’‘虎孙之印’”等藏印[①]。元版本《大广益会玉篇》三十卷,有“吴宽”“二泉”“钱印谦益”等藏印[②];元版本《博古图》,有“吴宽”“原博”朱文[③]印;元刻本《文心雕龙》十卷,有“‘原博’朱文,‘古太史氏’白文,‘长洲吴氏’朱文,‘太史氏印’”[④]诸印记;元版《文心雕龙》一函八册,彭元瑞跋云:“元赵孟頫、虞集,明徐有贞、吴宽,本朝耿藩递藏本,余无考,又一印不可辨。有‘真赏’‘虞集家藏’‘武功伯印’‘徐氏有贞’‘吴兴赵氏’‘原博’‘古太史氏’‘长洲吴氏’‘乐琴书’‘耿嘉祚印’‘字会侯’‘耿会侯鉴定书画之章’‘古柱史海山钱籍家藏书’‘以化子孙保之’‘胡杨瞿印’‘太史氏印’‘谦牧堂藏书记’”[⑤]等藏印;元刊本《程史》十五卷,“为吴文定藏书,又归传是楼。卷首有吴宽、乾学徐健庵”[⑥]诸朱记。

此外,其他书目著录宋本《皇朝文鉴》一百五十卷《目录》三卷,傅增湘跋云:“宋嘉泰四年新安郡斋刊……钤有明‘吴氏丛书堂’‘叶盛’‘韩世能’‘张丑’‘项乐师’‘毛晋’诸印。按:是书摹印精善,纸背有宋时纸坊朱记,宋椠宋印无疑。”[⑦]宋刊本《钱塘韦先生集》十八卷,傅增湘跋云:“昔传明吴匏庵宽藏宋刊本,缺第一、二卷,此本所缺正同,必为吴氏藏本无疑也。”[⑧]

(三)明王世贞、世懋昆仲藏书流布

明嘉靖二十六年(1547)进士太仓王世贞虽编有《王世贞藏书目录》,因已佚,无法考其藏书全面,王氏昆仲藏书散佚之况,文献未见记载。正如《荷香馆琐言》卷下:“贞元本唐德宗年号,明王弇州以恰符其名字,故所藏宋椠精本,往往摹‘贞元’二字

① (清)彭元瑞等撰:《天禄琳琅书目后编》卷七,见《清人书目题跋丛刊十》,中华书局1995年版,第324页。
② (清)于敏中等撰:《天禄琳琅书目》卷五,见《清人书目题跋丛刊十》,中华书局1995年版,第92页。
③ (清)于敏中等撰:《天禄琳琅书目》卷五,见《清人书目题跋丛刊十》,中华书局1995年版,第109页。
④ (清)彭元瑞等撰:《天禄琳琅书目后编》卷十一,见《清人书目题跋丛刊十》,中华书局1995年版,第319页。
⑤ (清)彭元瑞等撰:《天禄琳琅书目后编》卷十一,见《清人书目题跋丛刊十》,中华书局1995年版,第370页。
⑥ (清)瞿镛撰:《铁琴铜剑楼藏书目录》卷第十七《子部五》,见《清人书目题跋丛刊三》,中华书局1990年版,第255页。
⑦ 傅增湘撰:《藏园群书经眼录》卷十四《集部三》,中华书局1983年版,第1524页。
⑧ 傅增湘撰:《藏园群书经眼录》卷十三《集部二》,中华书局1983年版,第1138页。

钤之。又有‘伯雅’‘仲雅’‘季雅’三印,分印各本,以别甲乙。”[①]后人从王世贞及嘉靖三十八年(1559)进士世懋昆仲的印章,各家藏书志、书目及文献中亦可知藏书倪端,以宋椠精本尤著,其流布亦略知一二。

1.王世贞藏书流布

《天禄琳琅书目》及《后编》著录罕见之宋版:宋版《汉书》五函十四册,共一百卷,有“明王世贞跋:‘余平生所购《周易》《礼记》《毛诗》《左传》《史记》《三国志》《唐书》之类,过三千余卷,皆宋本精绝。最后班、范二《汉书》尤为诸本之冠。’”又有“王士骐跋:‘此先尚书“九友斋”中第一包也。’……《明史》载士骐,世贞子,字冏伯,举乡试第一,登万历十七年进士,终吏部员外郎,亦能文。钱谦益跋:‘赵文敏家藏,前后《汉书》为宋椠之本冠,前有文敏公小像,太仓王司寇得之吴中陆太宰家……’”有“鼎元”“伯雅”“钱谦益印”“潘印允端”“顾印从德”“黄印正宾”诸印[②];宋咸淳癸酉刊本《朱子章句注大学》一卷、《中庸》一卷、《论语》十卷、《孟子》十四卷、《朱子序说读法》,有“鼎”“元”“季雅”“毛晋”“毛晋之印”“汲古阁主人”诸印[③];宋版《后汉书》五函四十册,共一百二十卷,藏书印与《前汉书》皆同[④];宋版《六家文选》四函三十二册,记云:“朱氏、潘氏、顾氏皆云间收藏家。有‘文石朱象元氏’‘潘印允端’‘潘印硌如’‘坚耐之印’‘充庵’‘御史大夫章’‘唐至分封肇姓皇明科甲世家’‘从德’‘天然图书楼收藏书籍记’‘琅琊王氏珍玩’”等藏印[⑤];又一部宋版《六家文选》四函三十二册,记云:“明楚府藏本,又入于氏、王氏,其八字一印则徐氏也,元美王世贞字。有‘楚王之章’‘于氏家藏’‘琅琊王氏珍玩’‘琅琊王元美氏’”诸印[⑥];宋刻本《六臣注文选》六十卷,明王世贞跋云:“余所见宋本《文选》亡虑数种。此本缮刻极精,纸用澄心堂,墨用奚氏,旧为赵承旨所宝。往见于同年生朱太史家,云得之徐太宰所,几欲夺之,义不可而止。太史物故,有客持以见售,余自闻道束身团焦,五体外俱长物,前所得《汉书》已授儿辈,不复置几头,宁更购此,因题而归之,吾师得无谓余犹有嗜心耶。壬午春日,世贞书于昙阳观大参同斋中。”[⑦]又曹子念跋云:“予于万卷楼见弇州公所得两《汉书》,以为宋版第一。后复有持《文选》至者,楮色莹腻,似觉

① (清)丁国钧撰:《荷香馆琐言》卷下《贞元印》,见《丛书集成续编》子部,第91册,上海书店出版社1994年版,第1018页。

② (清)于敏中等撰:《天禄琳琅书目》卷二,见《清人书目题跋丛刊十》,中华书局1995年版,第23—25页。

③ (清)于敏中等撰:《天禄琳琅书目》卷二,见《清人书目题跋丛刊十》,中华书局1995年版,第20页。

④ (清)于敏中等撰:《天禄琳琅书目》卷二,见《清人书目题跋丛刊十》,中华书局1995年版,第26页。

⑤ (清)彭元瑞等撰:《天禄琳琅书目后编》卷七,见《清人书目题跋丛刊十》,中华书局1995年版,第324页。

⑥ (清)彭元瑞等撰:《天禄琳琅书目后编》卷七,见《清人书目题跋丛刊十》,中华书局1995年版,第324页。

⑦ (清)于敏中等撰:《天禄琳琅书目》卷三,见《清人书目题跋丛刊十》,中华书局1995年版,第56—57页。

更佳,从臾公购之,以为合璧。公以奉道,屏去一切玩好,犹为题数语,令客持去,念之常以为恨。”[①]宋版《周易》十卷,记云:“乃淳熙乾道年刊,字画圆匀,椠法净密,宋本中之佳者。明王世贞家藏,贞元、伯雅皆其家印,他书亦有仲雅、季雅印皆取三雅之义,以表书之品第也。有‘贞元’‘伯雅’”等藏印[②];宋巾箱本《吕氏家塾读诗记》三十二卷,“曾藏王世贞、毛晋家,其宗伯一印则钱谦益自志其官阀也。有‘贞元’‘仲雅’‘宗伯’”诸印[③];宋版《夏侯阳算经》三册,宋秘书省椠本,“太仓王氏,常熟钱氏、毛氏藏,有‘季雅’‘毛晋私印’‘晋子’‘吴中仲王氏伯静之印’‘宗伯’”等印记[④]。此外著录明版本《六家文选》六函六十一册,有“楚府藏书”“水村陆氏珍藏”“琅琊王氏珍玩”“九华山房”等藏印[⑤]。

其他书目著录宋椠、旧钞及明版等:宋本《证类本草》三十二卷,“卷末有‘王世贞印’‘天籁阁’‘檇李项子京鉴赏书画印’”等藏书印[⑥];宋庆元刻本《周益文忠公书稿》十五卷,严元照跋云:“余过乌镇,以文先生赠予《周益公书稿》首二卷残本,纸墨绝佳,有‘贞元’‘季雅’二记,知是凤洲藏书。……有‘宋本’印,‘甲’字印,‘贞元’‘季雅’‘严久能’‘元照’‘石溪严氏芳椒堂’”[⑦]诸印;宋蜀刻本《新刊国朝二百家名贤文粹》三百卷,“有‘鼎元’‘伯雅’‘筠生’‘普福’‘常住藏书’印”[⑧];宋本《晋书》,“此书为王弇洲先生所藏,‘贞元’本唐德宗年号,印恰符先生名字,故其秘册往往摹而用之。下必继以‘三雅’印,此属‘仲雅’者。向曾遭割裂,想经先生改。余全史中原本亦系宋刻,每多缺字,而此本特全,洵可宝也。湖南毛晋识”[⑨];又一部宋刊本《晋书》一百三十卷,大字阔版,钤有“王世贞印”“顾氏家藏”各印,傅增湘按:“江南图书馆藏南宋初建本,半叶十四行,行二十五字,细黑口,左右双栏,为王弇州世贞故

---

① (清)于敏中等撰:《天禄琳琅书目》卷三,见《清人书目题跋丛刊十》,中华书局1995年版,第58页。

② (清)彭元瑞等撰:《天禄琳琅书目后编》卷二,见《清人书目题跋丛刊十》,中华书局1995年版,第243页。

③ (清)彭元瑞等撰:《天禄琳琅书目后编》卷二,见《清人书目题跋丛刊十》,中华书局1995年版,第249页。

④ (清)彭元瑞等撰:《天禄琳琅书目后编》卷五,见《清人书目题跋丛刊十》,中华书局1995年版,第297页。

⑤ (清)于敏中等撰:《天禄琳琅书目》卷十,见《清人书目题跋丛刊十》,中华书局1995年版,第219页。

⑥ (清)杨绍和撰:《楹书偶录》卷三,见《续修四库全书》编纂委员会、复旦大学图书馆古籍部编:《续修四库全书》第926册,上海古籍出版社2003年版,第646页。

⑦ 王文进撰,柳向春标点:《文禄堂访书记》卷第四,上海古籍出版社2007年版,第306页。按:严元照(1773—1817),字修能,又字符能,一字久能,号悔庵,又号蕙榜,浙江归安(今湖州)人。藏书家、版本目录学家、文学家。字修能,一字久能,号悔庵居士。浙江归安人。贡生。工于诗词古文,又熟于小学,精治目录版本学。平生聚书数万卷,分别贮于“芳淑堂”“柯家山馆”“画扇斋”内,多宋椠元本。

⑧ 王文进撰,柳向春标点:《文禄堂访书记》卷第五,上海古籍出版社2007年版,第374页。

⑨ (清)莫友芝《宋元旧本书经眼》卷一,见(清)莫友芝著,张剑点校:《宋元旧本书经眼录 郘亭书画经眼录》,中华书局2008年版,第20页。

物。”[①]旧钞本《草莽私乘》一卷，“是书出南村手稿，藏王弇州家”[②]；旧钞本《重校类说》五十卷，“旧藏太仓王氏，卷首有弇山堂藏书朱记”[③]。

2.王世懋藏书流布

《天禄琳琅书目》及他书目著录宋版《春秋经传集解》三十卷，共十五册，“此书每卷末有木记曰‘世彩堂’廖氏刻梓……娄东王世懋藏本，世懋字敬美，世贞之弟”，有“敬美甫”“王印世懋”诸印[④]；南宋初年刊本，《史记集解》一百三十卷，“是书旧藏太仓王敬美，常熟毛子晋、奏叔家。敬美名世懋，为弇州弟；子晋为汲古阁主人；奏叔名表，子晋次子。印记累累，昔贤手泽至堪珍赏。……藏印‘王印世懋’‘王敬美父’‘敬美甫’‘琅琊王敬美氏收藏图书’‘损斋居士’……”等[⑤]；北宋蜀刻本《李太白文集》三十卷，“此本卷第一《草堂集序》页有藏印十五枚，其中可辨认者王杲、徐乾学、黄丕烈、汪士钟、王文琛、钱应庚、蔡廷桢等名家，殊属珍贵。卷中有‘宋本’‘王杲私印’‘王杲之印’‘王氏敬美’‘王彦惇印’‘王君复印’‘昆山徐氏家藏’‘乾学之印’‘健庵’‘丕烈’‘荛夫’‘百宋一廛’‘黄丕烈’‘士礼居’‘士钟’‘阆源父’‘卓如真赏’‘三十五峰园主人’‘王文琛印’‘镜汀书画记’‘钱氏南金’‘钱应庚印’‘金匮蔡氏醉经轩考藏印’‘蔡廷桢印’‘济阳蔡氏’‘翰墨缘’‘廷相’‘存斋读过’‘陆心源四十五岁小像戊寅二月某石并刊’‘子刚父’‘三品风宪一品天民’‘湖州陆氏所藏’‘陆氏伯子’‘十万卷楼’‘归安陆树声叔桐父印’等印记”[⑥]，从上述藏印可知，此本流传有序。今藏日本静嘉堂文库。

此外，其他书目明版及影印本：《杨太真外传》二卷，“史官乐史撰，明正嘉中翻宋本。十行，十八字。白口，左右双边。收藏有‘有明王氏图书之印’”[⑦]；《寒山子诗集》不分卷，“唐释寒山子撰，广州海幢寺重梓，八行，十七字，似明末刊本，写印甚精”[⑧]；王重民云：“今日影见印本《重广补注黄帝内经素问》，每卷卷端钤‘天历之宝’‘嘉福藏书’等印记，卷后钤‘戏鸿堂图书记’‘琅邪王敬美氏收藏图书’等印记。……《四

---

① 傅增湘撰：《藏园群书经眼录》卷三《史部一》，中华书局1983年版，第207—208页。
② （清）瞿镛撰：《铁琴铜剑楼藏书目录》卷第十《史部三》，见《清人书目题跋丛刊三》，中华书局1990年版，第157页。
③ （清）瞿镛撰：《铁琴铜剑楼藏书目录》卷第十六《子部四》，见《清人书目题跋丛刊三》，中华书局1990年版，第244页。
④ （清）于敏中等撰：《天禄琳琅书目》卷一，见《清人书目题跋丛刊十》，中华书局1995年版，第14—15页。
⑤ 张元济，潘宗周撰：《宝礼堂宋本书录》之《史部》，见张元济著：《张元济全集》第8卷《古籍研究著作》，商务印书馆2009年版，第35—36页。
⑥ 严绍璗著：《日本藏汉籍珍本追踪纪实——严绍璗海外访书志》之八《在静嘉堂文库访“国宝”》，上海古籍出版社2005年版，第255页。
⑦ 黄裳著：《来燕榭读书记》卷一，上册，辽宁教育出版社2001年版，第045页。
⑧ 傅增湘撰：《藏园群书经眼录》卷十二《集部一》，中华书局1983年版，第1014页。

部丛刊》亦据此翻宋本影印，北平图书馆藏此本。”①

（四）明朱大韶“经术堂”藏书流布

关于明嘉靖二十六年（1547）进士华亭朱大韶藏书散佚，文献少有记述，然陈继儒《偃暴余谈》有载：“吾乡自陶南村撰《辍耕录》及《说郛》有此一种气习，嗣后陆祭酒俨山最称博雅，徐长谷、何柘湖、张王屋、朱察卿、董紫冈继之。又与吴门文征仲、王履吉交，故能泛滥究讨。而莫廷韩又游于四公间，复得其外家常熟杨梦仪藏书尤多。朱太史文石广蓄宋板，而抄本书亦不下诸君。捐馆之后，散落人间，孙汉阳收得之。至今借读，皆朱氏收藏印记者。”②

朱氏藏书散佚后，据所钤藏书印所知，其藏书多为罕见之本，甚为珍贵，为清内府所藏宋本就有十余种。《天禄琳琅书目》及《后编》著录的宋刻《六臣注文选》，王稚登跋：“琅邪长公所藏《汉书》有赵魏公小像。此书有公手书，皆公邺架中本也。流传三百年，既免蠹鱼之腹，又不落雌黄之手，岂灵签秘籍，神物呵护之耶？今归朱司成象元，出示谛赏，视《汉书》亦犹蜀得其龙，吴得其虎矣。”③宋版《春秋繁露》十七卷，“尝藏皇甫冲、毛晋、徐乾学、季振宜家。……华亭朱氏乃明庶吉士朱大韶，嘉靖丁未进士，《静志居诗话》载其性好藏书，尤爱宋世镂版云”。有“皇甫子孙”“华亭阳山人皇甫冲印”“秋光何处堪消写，元晏先生满架书”“乾学”“徐健庵”“季印振宜”“沧苇”“经术堂印”“季振宜藏书”“华亭朱氏”“皇甫子孙”“其永保用”诸印记④；宋版《史记》一百三十卷，有“文石朱象玄氏”“天然图画楼收藏书籍印”“唐室分封肇姓皇明科甲世家”诸印⑤；《史记》一百三十卷，“上海人，嘉靖壬戌进士，官四川右布政使。即作豫园‘乐寿堂’以奉其父者，其父恩以南京工部尚书御史致仕，故有‘御史大夫章’”。钤有“旅蹊”“快阁主人”“清白堂印”“文石朱象玄氏”“天然圆画楼收藏书籍印”“唐室分封肇姓皇明科甲世家”“潘印允端”“御史大夫章”诸印⑥；宋版《诸臣奏议》一百五十卷，钤有“文石朱氏家藏图籍印”“水村陆氏珍藏”“徐氏学重藏书”“江左世家藏旧籍古画图书”“古吴书画之印”“解学士之印”诸印⑦；宋版《初学记》

---

① 王重民著：《冷庐文薮》之《善本书题跋八篇 · 跋影印本〈内经素问〉》，上海古籍出版社 1992 年版，第 552 页。

② （明）陈继儒撰：《偃暴余谈》卷下，见《四库全书存目丛书》编纂委员会：《四库全书存目丛书》子部，第 111 册，齐鲁书社 1995 年版，第 860—861 页。

③ （清）于敏中等撰：《天禄琳琅书目》卷三，见《清人书目题跋丛刊十》，中华书局 1995 年版，第 57 页。

④ （清）彭元瑞等撰：《天禄琳琅书目后编》卷三，见《清人书目题跋丛刊十》，中华书局 1995 年版，第 261—262 页。

⑤ （清）彭元瑞等撰：《天禄琳琅书目后编》卷四，见《清人书目题跋丛刊十》，中华书局 1995 年版，第 273 页。

⑥ （清）彭元瑞等撰：《天禄琳琅书目后编》卷四，见《清人书目题跋丛刊十》，中华书局 1995 年版，第 273 页。

⑦ （清）彭元瑞等撰：《天禄琳琅书目后编》卷四，见《清人书目题跋丛刊十》，中华书局 1995 年版，第 283—284 页。

三十卷，朱大韶得之藏书大家叶盛，“叶盛谥文庄，其菉竹堂藏书也，亦藏云间朱氏，有‘文庄家学’‘文石朱象元氏’”诸藏印①；宋版《重广补注黄帝内经素问》二十四卷，记云：“松江朱氏藏本，有‘文石朱氏家藏图籍印’白文、‘心同太虚’朱文”等藏印②；宋版《山谷老人刀笔》二十卷，“松江朱氏藏本，又六砚斋、鹤梦萝轩，乃嘉兴李日华家印，又山东按察使江南布政使永道州税务官印四，盖宋荦及子筠。‘六砚斋’‘嘉禾李氏鹤梦萝轩珍藏书画记’‘文石朱象元氏’”等藏印③；宋版《六家文选》四函三十二册，记云：“朱氏、潘氏、顾氏皆云间收藏家。有‘文石朱象元氏’‘潘印允端’‘潘印硌如’‘坚耐之印’‘充庵’‘御史大夫章’‘唐至分封肇姓皇明科甲世家’‘从德’‘天然图书楼收藏书籍记’‘琅琊王氏珍玩’”等藏印④；宋版《古文苑》一函六册，“宋椠之精工者，阙笔字特谨严，有‘华亭朱氏珍藏’‘顾晋之印’‘顾印从德’‘旅溪后乐园间得堂印’”⑤等藏印。

为其他藏书名家递藏或为藏书志等著录宋本甚多，宋庆元六年（1200）寻阳郡斋刊本《輶轩使者绝代语释别国方言解》十三卷，“钤印有‘横经阁收藏图籍印’‘华亭朱氏’‘顾仁效收藏图书’‘仁效’‘顾元庆鉴赏印’‘季振宜藏书’‘扬州季氏’‘沧苇’‘振宜之印’”⑥，“此书自明以来藏野竹斋沈氏，华亭朱氏、长洲顾氏、扬州季氏，皆有印记可证。然以余考之，即钱遵王《读书敏求记》所载之本也”⑦；宋绍定刻本《礼记集说》一百六十卷，有“汪士钟”“郁松年”“华亭朱氏珍藏”⑧等藏印；宋刊本《通鉴外纪详节》十卷，“卷首有‘横经阁收藏图籍印’，末有‘华亭朱文石史’诸朱记”⑨；又《资治通鉴》七十七卷，宋刊残本，有“文石”“朱象元氏”朱记⑩；《鸡峰普济方》二十四卷，“宋刊宋印本，天籁阁旧藏。每卷有‘贵我斋’朱文长印、‘墨林山人’白文方印……‘文石朱象元氏’白文长印、‘华斋朱氏’白文长印、‘昆山徐氏家藏’朱文长

① （清）彭元瑞等撰：《天禄琳琅书目后编》卷五，见《清人书目题跋丛刊十》，中华书局1995年版，第301—302页。

② （清）彭元瑞等撰：《天禄琳琅书目后编》卷五，见《清人书目题跋丛刊十》，中华书局1995年版，第296页。

③ （清）彭元瑞等撰：《天禄琳琅书目后编》卷七，见《清人书目题跋丛刊十》，中华书局1995年版，第318页。

④ （清）彭元瑞等撰：《天禄琳琅书目后编》卷七，见《清人书目题跋丛刊十》，中华书局1995年版，第324页。

⑤ （清）彭元瑞等撰：《天禄琳琅书目后编》卷七，见《清人书目题跋丛刊十》，中华书局1995年版，第328页。

⑥ 傅增湘撰：《藏园群书经眼录》卷二《经部二》，中华书局1983年版，第122页。

⑦ 傅增湘撰：《藏园群书题记》卷第一《经部》，上海古籍出版社1989年版，第48页。

⑧ 王文进撰，柳向春标点：《文禄堂访书记》卷第一，上海古籍出版社2007年版，第29页。

⑨ （清）瞿镛撰：《铁琴铜剑楼藏书目录》卷第九《史部二》，见《清人书目题跋丛刊三》，中华书局1990年版，第139页。

⑩ （清）瞿镛撰：《铁琴铜剑楼藏书目录》卷第九《史部二》，见《清人书目题跋丛刊三》，中华书局1990年版，第137页。

印、'乾学之印''健庵'"等印[①];宋刊本《杜工部草堂诗笺残三十三卷》,存卷四至十九,卷二十二至二十三,卷二十七至三十五,卷四十八至五十,有"'玉兰堂''华亭朱氏珍藏''大宗伯印''集庆堂''季振宜字诜兮号沧苇''古吴王氏'"[②]诸印;宋刊本《三国志魏书》三十卷,藏印有"华亭朱氏珍藏""大宗伯印""荣庆堂""朱氏家藏""季振宜印""沧苇""御史之章""季振宜藏书""旅溪草堂"等[③];《应氏类编西汉文章》十八卷,张元济记云:"全书镌刻极精,纸墨明润,审其笔意、雕工,当是南宋中叶建阳最佳坊刻。"有藏印"华亭朱氏珍藏"等[④];宋刻本《三国志》六十五卷,有"石史""横经阁收藏图籍印""宋氏图书""华亭朱氏葱石读书记"诸记[⑤];宋龙舒郡斋刻本《金石录》三十卷,存十卷。此书由朱大韶、余集、江藩、阮元、刘文如、洪颐煊、顾广圻、朱为弼、姚元之、汪喜孙、吴应溶、程同文、陈均、沈涛所藏并跋。朱大韶跋云:"丙辰秋,偶得古书数帙,中有《金石录》四册。然止十卷,后二十卷亡之矣。因勒乌丝,命侍儿录此序于后,以存当时故事。易安此序,委曲有情致,殊不似妇女口中语,文固可爱。予夙有好古之癖,且亦因以识戒云。丙辰七夕后再日,前史官华亭文石主人题于钦天山下学舍味道斋中。"[⑥]《宋刊本方言跋》,傅增湘跋云:"余旧藏扬子《方言》正是此本,而纸墨尤精好,纸是南宋枢府诸公交承启札,翰墨粲然。于今思之,更有东京梦华之感。"[⑦]宋乾道间绍兴学府刊本《诸史提要》十五卷,有"横经阁收藏图籍印、华亭朱氏、文石朱象玄氏、高阳君图书印、商丘宋荦书画府印、湘云馆"[⑧]等印记;宋刊本《帝王经世图谱》十卷,存卷一至八,钤有"'朱象玄印''经术堂印''中秘国学图籍之章'朱大长方等印,又有'季沧苇''徐健庵'各印"[⑨];宋刊本《韩集举正》十卷《外集并叙录》一卷,有"横经阁收藏图籍印、玉峰珍藏、青浦王昶、琴德一字兰泉"[⑩]诸印;宋蜀中刊本《盘洲文集》八十卷,是书"历经朱、项、徐、吕、宋、张诸家收藏,藏印记如后:'华亭朱氏''横经阁收藏图籍印''项元汴印''子京父印''项墨林

---

① (清)陆心源撰《皕宋楼藏书志》卷四十五《史部》,见《续修四库全书》编纂委员会、复旦大学图书馆古籍部编:《续修四库全书》第928册,上海古籍出版社2003年版,第500页。

② 张元济《涵芬楼烬余书录》子部《杜工部草堂诗笺》,见张元济著:《张元济全集》第8卷《古籍研究著作》,商务印书馆2009年版,第379页。

③ 张元济《涵芬楼烬余书录》史部《三国志魏书》,见张元济著:《张元济全集》第8卷《古籍研究著作》,商务印书馆2009年版,第232页。

④ 张元济、潘宗周撰:《宝礼堂宋本书录》之集部《应氏类编西汉文章》,见张元济著:《张元济全集》第8卷《古籍研究著作》,商务印书馆2009年版,第134页。

⑤ (清)缪荃孙等撰,吴格整理点校:《嘉业堂藏书志》卷二《史部》,复旦大学出版社1997年版,第192页。

⑥ (清)潘祖荫撰,叶昌炽编,潘承弼增补:《滂喜斋藏书记》卷一《宋刻金石录十卷》,见《续修四库全书》编纂委员会、复旦大学图书馆古籍部编:《续修四库全书》第926册,上海古籍出版社2003年版,第430页。

⑦ 傅增湘撰:《藏园群书题记》卷第一《经部》,上海古籍出版社1989年版,第51页。

⑧ 傅增湘撰:《藏园群书经眼录》卷六《史部四》,中华书局1983年版,第520页。

⑨ 傅增湘撰:《藏园群书经眼录》卷十《子部四》,中华书局1983年版,第825页。

⑩ 傅增湘撰:《藏园群书经眼录》卷十二《集部一》,中华书局1983年版,第1056页。

鉴赏章'‘天籁阁'‘墨林山人'‘项子京家珍藏'‘项墨林父秘籍之印'‘宋本'‘玉峰珍秘'‘乾学'‘徐健庵'‘臣筠'‘三晋提刑'‘沧苇'‘张敦仁读过'‘葆采私印'‘善养堂印'‘季振宜藏书'‘季振宜印'"[①]等;宋刊本《放翁先生剑南诗稿》六十七卷《目录》□卷,"钤有‘华亭朱氏'‘横经阁收藏图籍印'‘徐子容'‘汪士钟印'‘阆源真赏'。卷首有黄荛圃诗二首"[②];今上海图书馆藏有宋孝宗江西大字本《曹子建集》,乃为海内孤本,明代朱大韶、周良金秘藏于家,清代流入常熟瞿绍基铁琴铜剑楼,民国间经杭州王绶珊递藏,终归上海图书馆;宋刻本《王状元集百家注编年杜陵诗史》三十二卷,是书为朱大韶旧藏,至清由季振宜、徐乾学等名家递藏,现藏于苏州图书馆,从诸印记中,可证是书皆由名家递藏,亦所藏名家之所珍爱。

中国国家图书馆藏有宋刻《礼记集说》,据李致忠先生考证,其版刻是"宋嘉熙四年朴之叔新定郡斋刻本",书中钤有"华亭朱氏珍藏"印记,可证曾为朱大韶旧藏;广东省博物馆藏有宋版《重校添注音辨唐柳先生文集》二十至二十二卷,首页钤有"横经阁藏图籍印",末页钤"华亭朱氏"印;今藏中国国家图书馆《重修政和经史证类备用本草》三十卷,蒙古定宗四年(1249)平阳张存惠晦明轩刻本,此书纸墨莹吉,刻印精良。钤有"华亭朱氏珍藏""浙右项笃寿子长藏书""钱印谦益""东吴毛晋""海虞毛表奏叔图书记""徐健庵""袁印廷梼""苏州袁氏五砚楼藏金石图书""红蕙山房""汪印士钟""阆源真赏""季振宜藏书""沧苇""蒋印光焴""寅昉""盐官蒋氏衍芬草堂三世藏书"诸印;南宋绍兴十四年(1144)眉山井度刻元、明递修本《宋书列传》六十卷,四函二十册,钤有"云间朱太史图籍记""槜李尚德堂金珍藏书画图章""盱眙王氏十四间楼藏书印""田涛印信"诸印,2010 年 6 月,是书在北京德宝拍卖公司春拍中以二百五十万元成交。

此外,所藏元刻及明版有元大德九路本《三国志注》六十五卷,"钤有‘朱文石史'‘横经阁收藏图籍印'‘华亭朱氏'三印"[③];元刊本《北山录注》十卷,存卷一至六,卷六《附北山录注解随函二卷》,有熙宁元年沈辽序,"行题‘仪封县平城村干净住子比丘德珪撰',钤有‘华亭朱氏文石山房藏书'印"[④];元大德九路刻本《三国志》六十五卷,有"‘朱文石史'‘华亭朱氏'‘横经阁考藏'‘吴兴刘氏嘉业堂藏'印"[⑤];元刊本《北山录注解随函》二卷,□释德珪撰,题"仪封县平村净住子比丘德珪撰",钤明"华亭朱氏文石山房藏书印"[⑥];元延祐刻本《新笺决刻古今源流至论前集》十卷《后集》十卷《续集》十卷《别集》十卷,"目后王氏题曰:‘嘉靖三年春,在武陵赵氏书

---

① 傅增湘撰:《藏园群书经眼录》卷十四《集部三》,中华书局 1983 年版,第 1239—1240 页。

② 傅增湘撰:《藏园群书经眼录》卷十四《集部三》,中华书局 1983 年版,第 1245 页。

③ 傅增湘撰:《藏园群书经眼录》卷三《史部一》,中华书局 1983 年版,第 203 页。

④ 傅增湘撰:《藏园群书经眼录》卷十《子部四》,中华书局 1983 年版,第 874 页。

⑤ 王文进撰,柳向春标点:《文禄堂访书记》卷第二,上海古籍出版社 2007 年版,第 73 页。

⑥ (清)莫友芝撰,傅增湘订补,傅熹年整理:《藏园订补郘亭知见传本书目》卷十一下《子部十・补》,中华书局 2009 年版,第 882 页。

棚得此。保之王榖祥珍藏。'‘榖祥’印。‘嘉靖庚午六月,楞伽山人王芑孙观。'‘芑孙’印。有‘朱文石史’‘王子裕’‘王榖祥珍藏’‘项墨林秘籍’‘子京’‘贻典’‘曹溶鉴藏’‘虞山张蓉镜’‘芙川’‘方氏若衡’‘陈征芝’‘蒋凤藻’各印”[①];明刊本有明绵纸蓝格写本《新刊监本册府元龟》一千卷《目录》十卷,存七百九十四卷,明时藏印有“‘横经阁收藏图籍印’‘朱文石史’‘华亭朱氏’”[②]诸印;明墨格写本《三孔先生清江文集》四十卷《孔氏杂说》一卷,“钤有‘华亭朱氏文石山房藏书印’‘文石朱象玄氏’‘泰峰所得善本’‘钱大昕印’”[③]等。

(五)明项笃寿“万卷楼”藏书流布

关于明嘉靖四十一年(1562)进士秀水项笃寿藏书总量至今无文献可考,只知“万卷楼”名满天下,推测其藏书亦有万卷。据所钤藏书印追踪,得知藏书多宋椠元刻,多为后世所珍宝。至清流入内府及藏书名家亦不少。《天禄琳琅书目》及《天禄琳琅书目后编》著录项笃寿所藏宋椠元刻及明善本亦甚多,项氏所藏宋版书如下:

《春秋经传集传》三十卷,卷末有相台岳氏刻梓家塾或曰相台岳氏刻梓,“曾入明项笃寿万卷堂,后归季振宜家。今裒然成帙洵足宝也。笃寿字子长,秀水人。嘉靖壬戌进士入词林,性好藏书,见秘册辄令小胥传钞,储之舍北万卷楼。……钤有‘项氏万卷楼图籍印’朱文”诸印[④];《唐宋名贤历代确论》一百一卷,“每册首末有缉熙殿、文渊阁、御府内殿诸玺,则南宋明初,此书俱登中秘,后乃转入收藏家,有长洲文氏玉兰堂、新夷馆印,槜李项氏万卷堂、辽西郡诸印。本朝泰兴季氏亦有印记。有‘文渊阁印’‘内殿文玺’‘项印笃寿’‘万卷堂藏书记’‘项元汴氏’‘墨林山人’‘子京父印’‘梅溪精舍’‘玉兰堂’‘新夷馆印’‘季印振宜’‘沧苇’‘御史之章’‘沧苇’‘季振宜藏书’‘辽西郡图书印’‘缉熙殿书籍印’”等藏印[⑤];《农蚕书》,“槜李项氏、泰兴季氏藏本,有印记,有‘御史振宜之印’‘季振宜藏书’‘万卷楼藏书记’‘项靖之印’‘槜李项药师藏’”等藏印[⑥];《容斋三笔》十六卷,“临安府棚北大街陈氏书籍铺刊”,“此书历经长洲文徵明、槜李项笃寿、泰兴季振宜、昆山徐乾学收藏,俱有印记,余无考。有‘翠竹斋’‘玉兰堂’‘梅溪精舍’‘辛夷馆’‘沧苇’‘季振宜藏书’‘昆山徐氏藏书’‘项笃寿字子加’‘朱印子儋’‘东海徐氏’‘扬州季氏’‘振宜之印’”等藏印[⑦];《楚辞》一函四册,“右明文徵明自识藏本,其子文彭亦有印记,后入槜李项氏、泰兴季氏二家收藏。有‘季印振宜’‘槜李项药师藏’‘项氏万卷堂图籍印’‘沧苇’‘项印

---

① 王文进撰,柳向春标点:《文禄堂访书记》卷第三,上海古籍出版社2007年版,第205页。
② 傅增湘撰:《藏园群书经眼录》卷十《子部四》,中华书局1983年版,第821页。
③ 傅增湘撰:《藏园群书经眼录》卷十八《集部七》,中华书局1983年版,第1529页。
④ (清)于敏中等撰:《天禄琳琅书目》卷一,见《清人书目题跋丛刊十》,中华书局1995年版,第14页。
⑤ (清)于敏中等撰:《天禄琳琅书目》卷二,见《清人书目题跋丛刊十》,中华书局1995年版,第33页。
⑥ (清)于敏中等撰:《天禄琳琅书目》卷二,见《清人书目题跋丛刊十》,中华书局1995年版,第41页。
⑦ (清)于敏中等撰:《天禄琳琅书目》卷二,见《清人书目题跋丛刊十》,中华书局1995年版,第41—42页。

梦寿’‘少溪主人’‘万卷堂图籍章’‘衡山’‘梅溪精舍’‘玉兰堂’‘季振宜藏书’‘文彭之印’”等藏印[①]；《九家集注杜诗》三十六卷，“明秀水项笃寿、平湖陆启浤收藏，俱有印记”。有“‘项笃寿印’‘项氏子长’‘陆印启浤’‘叔度氏’‘桃花村里人家’‘项氏万卷堂图籍印’‘陆氏叔度’”等藏印[②]；《周易本义》十二卷，跋云：“秀水项氏藏本，后归毛氏汲古阁，两家印记甚多，项笃寿字子长，嘉靖壬戌进士，入翰林，万卷楼其舍北藏书处；毛氏所藏用宋本印更著甲字印，乃其最佳者。”藏印有“宋本”“项氏万卷楼图籍印”“子长”“项印笃寿”“少溪主人”“汲古主人”“毛晋私印”“吴氏沅宽”“吴氏中孚”等[③]；《周礼》十三卷，宋监本，有“项氏万卷堂图籍印”“子长”“万卷堂图籍印”诸多藏印[④]；《事类赋》二函十六册，有“项印笃寿”“项氏子长”“项氏万卷楼图籍印”“桃花村里人家”“墨林山人”诸多藏印[⑤]；《韦苏州》一函三册，跋云：“丞相观文魏公守平江镂版以传署曰重刊，盖葛繁所校本也。丞相魏公乃魏杞，乾道六年，以参知改事右仆射罢授观文殿学士知平江府，大字本，建安杨氏明大学士杨荣家，后为常熟毛氏、檇李项氏藏。”有“万卷堂藏书记”诸印[⑥]；《增广注释音辨唐柳先生集》一函四册，麻沙小字宋本，为檇李项氏藏本，有“芝秀堂”“梦原”“君画”“黄中氏”“睿谟”“项印睿谟”等藏印[⑦]。

《天禄琳琅书目》及《后编》著录影宋钞本《书传辑录纂注》二函八册，“元董鼎撰。后有建安余氏勤有堂刊墨记。是书椠手精工，虽宋本亦称佳者，以书中宋讳皆不阙笔，而勤有堂世守其业，至今不废，故列之元版。项笃寿万卷楼藏本。其李氏、岳氏[⑧]，又江夏应是黄氏均无考”，有“李氏”“万卷楼图籍”“江夏图书”“岳楞”“岳榆”“封”等藏印[⑨]；明版《南唐书》三十卷，“此书虽系坊刻梓，而字画清朗，纸墨精洁，亦足为插架之珍也。檇李项笃寿藏本”，有“公度”“寂惺居士”“万卷楼”“谭应徵印”“公度氏”“宜复”诸印[⑩]；明版《旧唐书》二百卷，明提督南畿学政御史闻人铨

① (清)于敏中等撰:《天禄琳琅书目》卷三，见《清人书目题跋丛刊十》，中华书局1995年版，第46页。
② (清)于敏中等撰:《天禄琳琅书目》卷三，见《清人书目题跋丛刊十》，中华书局1995年版，第47—48页。
③ (清)彭元瑞等撰:《天禄琳琅书目后编》卷二，见《清人书目题跋丛刊十》，中华书局1995年版，第244页。
④ (清)彭元瑞等撰:《天禄琳琅书目后编》卷二，见《清人书目题跋丛刊十》，中华书局1995年版，第250页。
⑤ (清)彭元瑞等撰:《天禄琳琅书目后编》卷五，见《清人书目题跋丛刊十》，中华书局1995年版，第302页。
⑥ (清)彭元瑞等撰:《天禄琳琅书目后编》卷六，见《清人书目题跋丛刊十》，中华书局1995年版，第310页。
⑦ (清)彭元瑞等撰:《天禄琳琅书目后编》卷六，见《清人书目题跋丛刊十》，中华书局1995年版，第312页。
⑧ 按:岳榆，字季坚，号计筹山人，宜兴人。刘基作诗《送岳季坚入计筹山》《次韵和岳季坚见寄》。
⑨ (清)彭元瑞等撰:《天禄琳琅书目后编》卷八，见《清人书目题跋丛刊十》，中华书局1995年版，第336页。
⑩ (清)于敏中等撰:《天禄琳琅书目》卷八，见《清人书目题跋丛刊十》，中华书局1995年版，第162页。

校刊，葛邦典、陈瓒俱常熟人，嘉靖丙辰同年进士，后归项笃寿万卷楼，有"万卷楼""河阳潘氏家藏""陈瓒""河阳潘氏图书""嘉靖丙辰进士直庵葛邦典""虞山潘氏家藏""默林潘氏宝藏"等藏印[①]；明版《初学记》四函三十二册，锡山安国校刊，有"澹园""桃花村里人家""万卷楼""范印大澈""范大澈图书记"诸印[②]。

此外，其他著录项笃寿所藏宋本有：《昌黎先生集》四十卷《外集》十卷，"宋廖莹中注刻本。半叶九行，十七字，注双行。线口。板心下刊'世彩堂'三字，上记大小字数，下记刊工姓名。卷末'世彩堂廖氏刻梓家塾'九字亚形木记。有'项氏万卷堂图籍'印"[③]；宋世彩堂本《韩昌黎先生集》五十一卷，后人也尝翻刻世彩堂本，莫友芝跋云："相传明东雅堂徐氏翻刻廖氏世彩堂韩文，一仍旧式，而不著其所从来。今观此本，信然，每叶中缝下截，悉有世彩堂字，徐氏悉以东雅堂易之，传目后有世彩堂廖氏刻梓家塾，篆字木印，徐氏各卷尾亦仿之。此初印本，纸墨精好，字体在欧褚间，徐氏犹未能毕肖也。有'项氏万卷堂图籍印'"[④]；宋建刻本《吕氏家塾读书记》三十二卷，有"毛晋""汲古阁""浙右项氏德枝希宪藏书""万卷楼""辽西郡图书"[⑤]等藏印；宋刻本《东观馀论》二卷，附藏印"宋本""竹坞""江左""玉兰堂""梅溪精舍""辛夷馆印""翠竹斋""铁研斋""五峰樵客""放情山水之间""王印履吉""项元汴印""墨林秘玩""墨林子""天籁阁""项氏万卷楼图籍印""子京父印""项墨林父秘籍之印""乾学""徐健庵""韩氏藏书""金石录十卷人家""韩印泰华""小亭"等[⑥]；又宋刻《名臣碑传琬琰集》一百七卷，"此旧为项药师藏书，近年鲍子年亦经收藏。附藏印'槜李项药师藏''浙西世家''万卷堂藏书记''鲍氏''鲍康读过''曾在鲍子年处''子年所藏''臆园主人''观古阁印'"[⑦]等；宋廖莹中注刻本《河东先生集》四十五卷《外集》二卷，"朱氏手跋曰：'廖氏世彩堂家塾经史，周公谨极言异精。今观漫堂中丞所藏《柳河东集》，信然。康熙壬午三月，秀水朱彝尊跋尾。'……有'项笃寿''项氏万卷堂图籍''项墨林鉴赏''天籁阁'"[⑧]等藏印；《魏书》一百十四卷，"北齐魏收撰。宋刊元修明印本，半叶九行，行十八字，白口左右双栏。版心上记字数，下记刊工人名，间有元时补版。每卷钤有'礼部官书'朱文大印亦同，又有'少溪主人'朱文

---

① (清)彭元瑞等撰：《天禄琳琅书目后编》卷十四，见《清人书目题跋丛刊十》，中华书局1995年版，第391页。

② (清)于敏中等撰：《天禄琳琅书目》卷九，见《清人书目题跋丛刊十》，中华书局1995年版，第195页。

③ 王文进撰，柳向春标点：《文禄堂访书记》卷第四，上海古籍出版社2007年版，第255页。

④ (清)莫友芝《宋元旧本书经眼》卷一，见(清)莫友芝著，张剑点校：《宋元旧本书经眼录 郘亭书画经眼录》，中华书局2008年版，第39页。

⑤ 王文进撰，柳向春标点：《文禄堂访书记》卷第一，上海古籍出版社2007年版，第13页。

⑥ (清)潘祖荫撰，叶昌炽编，潘承弼增补：《滂喜斋藏书记》卷二，见《续修四库全书》编纂委员会、复旦大学图书馆古籍部编：《续修四库全书》第926册，上海古籍出版社2003年版，第445页。

⑦ (清)潘祖荫撰，叶昌炽编，潘承弼增补：《滂喜斋藏书记》卷一，见《续修四库全书》编纂委员会、复旦大学图书馆古籍部编：《续修四库全书》第926册，上海古籍出版社2003年版，第428页。

⑧ 王文进撰，柳向春标点：《文禄堂访书记》卷第四，上海古籍出版社2007年版，第257页。

印及‘季振宜印’‘沧苇’等印，递藏明项笃寿、清季振宜家”①。宋本《后汉书》一百二十卷，有“藏印‘浙右项笃寿子长藏书’‘项笃寿印’‘少溪主人’‘汪士钟藏’‘汪厚斋藏书’‘汪振勋印’‘振勋私印’”等②；又宋本《迂斋标注诸家文集残本》六册，有“藏印‘槜李项药师藏’‘万卷堂藏书记’‘宝墨斋记’‘季振宜印’‘沧苇’‘御史之章’”等③；宋刻本《周易本义》十二卷《五赞》一卷《筮仪》一卷，宋朱熹撰，半叶七行十五字，小字双行，白口，左右双边，双黑鱼尾，钤有“项印笃寿”“子长”“项氏万卷堂图籍印”“少溪主人”“紫玉玄居宝刻”诸印，今藏辽宁省图书馆。

另外，又元刻明刊有元天历刻本《玉玉聚义》五卷，“项氏手跋曰：‘右陆氏《玉云聚义》五卷，装成二册。明项元汴家藏珍秘。时万历二年秋七月既望日重装，共计二册。原价一两。’有‘项元汴’‘项叔子’‘项子京藏’‘项墨林秘籍’‘墨林山人’‘天籁阁’‘嘉禾项氏瓶山鉴藏’‘楝亭曹氏藏书’‘长白敷槎氏堇斋昌龄图书’各印”④；“《白虎通德论》十卷，汉班固撰。元大德九年无锡州学刊本，九行十七字，黑口，四周双栏，版匡高六寸六分，阔四寸六分。前有大德乙巳严度序，半叶四行，行六字。又张楷序六行。钤嘉禾项笃寿万卷堂印记。”是书后为常熟瞿氏所递藏⑤；又《书传集解》十二卷，“明刊本，项氏万卷堂藏书，每卷首末俱有‘项氏万卷堂图籍印’及‘汲古阁’‘毛氏家藏’三印”⑥。

（六）明焦竑澹园藏书流布

明万历十七年（1589）状元南京焦竑撰有《焦氏藏书目》二卷，今未见传本，无法得知其藏书全貌，今从藏书印寻其流布，得知其殁后，遗书为昆山徐氏、泰兴季氏等藏家递藏，部分流入清廷内府，据《天禄琳琅书目》及《后编》检得宋椠元刻、明版精本数种。

宋版《程氏演繁露》，有“明焦竑藏本有印记，考明史竑，字弱侯，江宁人。万历十四年进士，殿试第一，官翰林院修撰。博极群书，自经史至稗官杂说，无不淹贯，善为古文，典丽驯雅，集名《澹园》，盖竑所自号也。……有‘澹园焦氏珍藏’朱文，‘子孙永保’白文，‘抱瓮轩’白文，‘竹浪斋品’白文”诸印⑦；宋版书《唐英歌诗》一函二册，“首有‘允文’‘枢密院之章’二印，盖宋虞允文家藏，至明入上元焦氏（注焦竑），又一

---

① 傅增湘撰：《藏园群书经眼录》卷三，中华书局1983年版，第212页。

② 张元济、潘宗周撰：《宝礼堂宋本书录》之史部《后汉书》，见张元济著：《张元济全集》第8卷《古籍研究著作》，商务印书馆2009年版，第39页。

③ 张元济、潘宗周撰：《宝礼堂宋本书录》之集部《迂斋标注诸家文集残本》，见张元济著：《张元济全集》第8卷《古籍研究著作》，商务印书馆2009年版，第133页。

④ 王文进撰，柳向春标点：《文禄堂访书记》卷第三，上海古籍出版社2007年版，第169页。

⑤ 傅增湘撰：《藏园群书经眼录》卷八《子部二·白虎通德论》，第3册，中华书局1983年版，第661页。

⑥ （清）张金吾撰，柳向春整理，吴格审定：《爱日精庐藏书志》卷二，上海古籍出版社2014年版，第37页。

⑦ （清）于敏中等撰：《天禄琳琅书目》卷二，见《清人书目题跋丛刊十》，中华书局1995年版，第42页。

印不可辨。有‘长宜子孙’白文，‘允文’朱文，‘枢密之章’白文，‘弱侯’白文”等藏印[①]，从以上两书看，皆由名家递藏有序，可证其为珍宝也。宋本《南轩先生文集》四十四卷，宋张栻撰，书“前有又淳熙甲辰朱熹序，集乃栻卒后熹所定也。上元焦氏藏本。有‘弱侯读书记’‘梁溪杨氏’‘杨永徽藏书印’”等藏印[②]；宋版《资治通鉴》二百九十四卷《目录》三十卷，钤有“乾学”“徐乾学”“子孙保之”“季振宜字诜兮号沧苇”“焦氏家藏”“季振宜藏书”“振宜之印”“季印振宜”“沧苇”“御史之章”“扬州季氏”“季振宜读书”[③]诸印；元版《宋名臣言行录》二十四卷，“为元时翻刻非宋椠也。明焦竑藏本有弱侯印”[④]。

焦竑所藏除宋椠元刻外，见于《天禄琳琅书目》及《后编》的还有：明版《春秋经传集解》三十卷，“明焦竑藏本有澹园印”[⑤]；明版《初学记》三十卷，有“澹园”“桃花村里人家”“万卷楼”“范大澈印”“字宣父”“西园”等藏印[⑥]；明版《事类赋》三十卷，“明焦竑藏本有澹园焦氏印”，钤有“澹园焦氏珍藏”“子孙永保”“竹浪斋品”“鲁国世家”诸印[⑦]；《唐文萃》十二册，“明焦竑藏本，有澹园印记”[⑧]；明版《元丰类稿》一函六册，上元焦氏藏本，有“澹园”藏印[⑨]，可见焦竑所藏明版亦多为精善之本。

（七）明钱谦益“绛云楼”藏书流布

明万历三十八年（1610）探花常熟钱谦益一生购屋藏书无数，有荣木堂、佛水山庄、半野堂、绛云楼、红豆山庄、含晖阁等藏书处，可惜最终绛云楼遭火而成灰烬。其后钱氏藏书散出，据钱氏所钤藏书印，亦有迹可循。藏书后迭经钱曾述古堂、毛扆汲古阁、季振宜静思堂、徐乾学传是楼所递藏。清中叶，钱氏旧藏北上流入弘晓怡王府，其后辗转南北，流入杨以增海源阁、瞿绍基铁琴铜剑楼、陆心源皕宋楼、丁丙八千卷楼、潘祖荫滂喜斋、王绶珊九峰旧庐。历时三百年，仍有显于世者，惠泽后学。

清廷内府收藏的宋椠元刻及珍稀明版的书籍，多见钱氏藏书印，宋版《汉书》一百卷，雕镌纸墨并精妙，实为宋本之冠。元时，为吴兴赵孟頫家旧藏，入明后为王世贞递藏，后归钱谦益。“王钱辈皆精于赏鉴而爱惜珍贵之，比之宝玉、大弓，良非虚

---

① （清）彭元瑞等撰：《天禄琳琅书目后编》卷六，见《清人书目题跋丛刊十》，中华书局1995年版，第313页。

② （清）彭元瑞等撰：《天禄琳琅书目后编》卷六，见《清人书目题跋丛刊十》，中华书局1995年版，第320页。

③ （清）彭元瑞等撰：《天禄琳琅书目后编》卷四，见《清人书目题跋丛刊十》，中华书局1995年版，第276—277页。

④ （清）于敏中等撰：《天禄琳琅书目》卷六，见《清人书目题跋丛刊十》，中华书局1995年版，第106页。

⑤ （清）于敏中等撰：《天禄琳琅书目》卷七，见《清人书目题跋丛刊十》，中华书局1995年版，第141页。

⑥ （清）于敏中等撰：《天禄琳琅书目》卷九，见《清人书目题跋丛刊十》，中华书局1995年版，第195页。

⑦ （清）于敏中等撰：《天禄琳琅书目》卷七，见《清人书目题跋丛刊十》，中华书局1995年版，第198页。

⑧ （清）于敏中等撰：《天禄琳琅书目》卷十，见《清人书目题跋丛刊十》，中华书局1995年版，第227页。

⑨ （清）彭元瑞等撰：《天禄琳琅书目后编》卷十八，见《清人书目题跋丛刊十》，中华书局1995年版，第437页。

语。每一翻阅楮墨犹香，古今之宝真有神物护持耶。乾隆甲子仲秋之月御题钤”①。有钱谦益跋：“赵文敏家藏，前后《汉书》，为宋椠本之冠，前有文敏公小像，太仓王司寇得之吴中陆太宰家，余以千金从徽人赎出藏弆二十余年。”②钤有“钱印谦益”之印；宋版《后汉书》一百二十卷，钤有“钱印谦益”之印③；宋版《古列女传》二函八册，汉刘向编，八卷，每传有图，晋顾恺之画，有“钱谦益跋余藏列女传古本有二，一得于吴门老儒钱功甫，一则丙戌入燕得于南城废殿中，皆仅免劫灰，此则内殿本也”④。《后编》著录宋巾箱本《吕氏家塾读诗记》三十二卷，记云“曾藏王世贞、毛晋家，其宗伯一印则钱谦益自≢其官阀也”，有“宗伯”等藏印⑤。又宋版《春秋经传集解》四函，三十册，记云：“明吴宽藏本，后入常熟钱氏、萧山毛氏”，卷末有“钱印谦益”白文、“牧翁”朱文等印记⑥；宋版《班马字类》一函五册，有‘钱印谦益’白文、‘牧翁蒙叟’朱文”等印记⑦；宋版《史记》一百三十卷，有“‘牧斋藏书’‘钱印谦益’”等印记⑧；宋版《后村居士集》五十卷，有“钱印谦益”⑨等印；宋版《夏侯阳算经》一函三册，宋秘书省椠本，太常王氏，常熟钱氏、毛氏藏。有“季雅”“毛晋私印”“子晋”“吴中仲王氏伯静之印”“海虞毛晋子晋图书记”“宗伯”等藏印⑩。

钱氏除宋版古籍有其藏印外，元版及明版亦钤有钱氏藏印，元版《唐国史补》三卷，“钱谦益藏本，有‘牧翁蒙叟’‘如来真子天子门生’二印”⑪；元版《大广益会玉篇》三十卷，有“吴宽”“二泉”“钱印谦益”等藏印⑫；元版《南唐书》一函十册，有“钱印谦益”“牧斋”等藏印⑬；明版《许氏说文解字五音韵谱》十二册，“文彭、钱谦益亦

---

① (清)于敏中等撰：《天禄琳琅书目》卷二，见《清人书目题跋丛刊十》，中华书局1995年版，第22—23页。
② (清)于敏中等撰：《天禄琳琅书目》卷二，见《清人书目题跋丛刊十》，中华书局1995年版，第24页。
③ (清)于敏中等撰：《天禄琳琅书目》卷二，见《清人书目题跋丛刊十》，中华书局1995年版，第26页。
④ (清)于敏中等撰：《天禄琳琅书目》卷二，见《清人书目题跋丛刊十》，中华书局1995年版，第36页。
⑤ (清)彭元瑞等撰：《天禄琳琅书目后编》卷二，见《清人书目题跋丛刊十》，中华书局1995年版，第249页。
⑥ (清)彭元瑞等撰：《天禄琳琅书目后编》卷三，见《清人书目题跋丛刊十》，中华书局1995年版，第258—259页。
⑦ (清)彭元瑞等撰：《天禄琳琅书目后编》卷三，见《清人书目题跋丛刊十》，中华书局1995年版，第269页。
⑧ (清)彭元瑞等撰：《天禄琳琅书目后编》卷四，见《清人书目题跋丛刊十》，中华书局1995年版，第274页。
⑨ (清)彭元瑞等撰：《天禄琳琅书目后编》卷七，见《清人书目题跋丛刊十》，中华书局1995年版，第322页。
⑩ (清)彭元瑞等撰：《天禄琳琅书目后编》卷五，见《清人书目题跋丛刊十》，中华书局1995年版，第297页。
⑪ (清)于敏中等撰：《天禄琳琅书目》卷五，见《清人书目题跋丛刊十》，中华书局1995年版，第102页。
⑫ (清)于敏中等撰：《天禄琳琅书目》卷五，见《清人书目题跋丛刊十》，中华书局1995年版，第92页。
⑬ (清)彭元瑞等撰：《天禄琳琅书目后编》卷九，见《清人书目题跋丛刊十》，中华书局1995年版，第348页。

俱收藏,有‘文彭之印’‘钱谦益印’‘虞山钱氏珍藏’”等印记①;明翻宋版《韦苏州》一函六册,有“钱印谦益”等藏印②;明版《集千家注杜工部诗集》一函七册,有“钱印谦益”白文印等印记③。

(八)清徐乾学“传是楼”藏书流布

清康熙九年(1670)探花昆山徐乾学“传是楼”散出善本多钤有徐氏藏书诸印,透过各家藏书志及笔记等,尚有迹可寻,部分藏书至今为各家图书馆所收藏。宋刻本《周髀算经》一函二册,“此本亦有徐健庵印,而季氏未经藏弆,可见东海散出时,其书已析越二百余年,而后为延津之合亦奇矣哉。前有君卿自序,后有元丰六年九月秘书监校进诸臣衔名,又有嘉定六年括苍鲍澣之仲祺序,盖南宋时以元丰监本覆刊,故字画至为精美云。附藏印‘徐乾学印’‘健庵收藏图书’‘传是楼’‘黄金满籯不如一经’”等印④。据笔者检《天禄琳琅书目》及《后编》,徐乾学藏书流入内府宋刻宋刊有 24 种:

宋版《监本纂图重言重意互注点校毛诗》十册,是书为“本朝御史季振宜藏书,仿毛晋汲古阁例,有宋本椭圆印以志善本;尚书徐乾学传是楼收藏书籍甚富,此书两家印记俱备,盖历经鉴藏家珍秘也。钤有‘宋本’、‘季印振宜’、‘沧苇’、‘昆山徐氏家藏’、‘憺园’白文、‘健庵真赏’、‘季振宜读书’、‘应召’、‘应召珍藏’、‘季印应召’”诸印记⑤;宋嘉定时兴国学刊本《春秋左传音义》,八册,“琴川毛氏、昆山徐氏两家藏本,有印记。‘毛晋之印’‘汲古阁主人’‘毛氏子晋’‘昆山徐乾学健菴藏书’”⑥;宋刊本《汉书》一百二十卷,卷首有“御史之章”“季振宜印”“沧苇”“汲古阁”“子晋秘籍”“乾学”“徐健庵”诸朱记⑦;宋杭州镂版《唐书》二百二十五卷,十函一百册,泰兴季氏、昆山徐氏藏本,有“‘宋本’‘乾学’‘徐健庵’‘季印振宜’‘沧苇’‘季振宜藏书’‘御史振宜之印’”诸印⑧;宋临安府棚北大街陈氏书籍铺刊本《容斋三笔》十六卷,先后为“长洲文徵明、槜李项笃寿、泰兴季振宜、昆山徐乾学收藏,俱有印记。有‘翠竹斋’‘玉兰堂’‘梅溪精舍’‘辛夷馆’‘沧苇’‘季振宜藏书’‘昆山徐氏藏书’‘项笃寿

---

① (清)于敏中等撰:《天禄琳琅书目》卷七,见《清人书目题跋丛刊十》,中华书局 1995 年版,第 150 页。

② (清)彭元瑞等撰:《天禄琳琅书目后编》卷十八,见《清人书目题跋丛刊十》,中华书局 1995 年版,第 433 页。

③ (清)彭元瑞等撰:《天禄琳琅书目后编》卷十八,见《清人书目题跋丛刊十》,中华书局 1995 年版,第 432 页。

④ (清)潘祖荫撰,叶昌炽编,潘承弼增补:《滂喜斋藏书记》卷二,见《续修四库全书》编纂委员会、复旦大学图书馆古籍部编:《续修四库全书》第 926 册,上海古籍出版社 2003 年版,第 441 页。

⑤ (清)于敏中等撰:《天禄琳琅书目》卷一,见《清人书目题跋丛刊十》,中华书局 1995 年版,第 11—12 页。

⑥ (清)于敏中等撰:《天禄琳琅书目》卷一,见《清人书目题跋丛刊十》,中华书局 1995 年版,第 16 页。

⑦ (清)瞿镛撰:《铁琴铜剑楼藏书目录》卷第八《史部一》,见《清人书目题跋丛刊三》,中华书局 1990 年版,第 121 页。

⑧ (清)于敏中等撰:《天禄琳琅书目》卷二,见《清人书目题跋丛刊十》,中华书局 1995 年版,第 27—28 页。

字子加’‘朱印子儋’‘东海徐氏’‘扬州季氏’‘振宜之印’”等藏印[①]；宋刊《新刊诂训唐昌黎先生文集》，“御题宋刊《昌黎集》五十一，卷首有‘乾学’‘徐健庵’诸印。想未收入御府之先为旧臣徐氏藏书，字画精好，纸墨细润，非坊贾貌为，旧刻者可比天禄琳琅所贮韩集，当以是本为第一，乾隆御题钤。……明李廷相藏本，凌迪知万姓统谱载，廷相字梦弼，濮州人巡抚顺天提督紫荆关李瓒之子，弘治壬戌进士第，历官礼部尚书，谥文敏。本朝尚书徐乾学亦曾收藏，俱有印记。有‘乾学’‘徐健庵’‘吴氏家藏’‘濮阳李廷相双桧堂书画私印’‘周印允元’‘元公印’”等藏印[②]；宋版《新刊诂训唐柳先生文集》四十八卷，“云间莫氏城南精舍藏书，后序末。右识语一系莫是龙书，此本历经明文徵明、王世懋、顾从礼、莫是龙至。本朝季振宜、徐乾学收藏，俱有印记。有‘玉兰堂’‘乾学’‘徐健庵’‘季振宜读书’‘季振宜字诜兮号沧苇’‘振宜之印’‘武陵郡图书记’‘周印允元’‘振宜之印’‘云乡’‘莫印是龙’‘江左’‘古吴王氏’‘金懋仁印’‘辛夷馆印’‘莫氏云乡’‘子先’‘翠竹斋’‘莫生秋水’‘城南精舍’‘摇城金氏’‘湘云馆’‘秋月’”等藏印[③]；宋金版《贞观要政》，“纸墨精良，乾隆乙未初夏御笔钤乾隆双玺，本朝徐乾学藏本，有‘乾学’‘徐健庵’”等藏印[④]；宋版《南轩先生张侍讲孟子详说》六册，为昆山徐氏藏本，钤有“乾学”“徐健庵”“毗邻周氏九松迂叟藏书记”诸印[⑤]；宋版《新唐书纠谬》二十卷，为明代苏州唐寅旧藏，“季振宜、徐乾学均有收藏图章。有‘吴郡唐寅藏书印’朱文，‘季振宜藏书’朱文，‘乾学’朱文，‘季振宜印’，‘徐健庵’白文，‘季振宜字诜兮号沧苇’朱文”诸印[⑥]；宋本《东坡先生和陶渊明诗》四卷，“昆山徐乾学藏本，有印记。有‘乾学’‘徐健庵’”等藏印[⑦]；北宋本《公是先生七经小传》，“为北宋本，传庋唐寅、曹溶、徐乾学、朱彝尊家，末有‘唐寅藏书’四字。……有‘唐伯虎’‘曹溶’‘乾学’‘徐健庵’‘竹垞藏本’”诸印记[⑧]；宋元祐杭州镂版《资治通鉴》一百十七册，有“‘长洲文氏’‘上元焦氏’‘松江顾氏’‘槜李项氏’‘常熟毛氏’‘扬州季氏’‘昆山徐氏’流传藏本，‘玉兰堂’‘辛夷馆’‘江左’诸印皆文徵明物”，有“‘乾学’‘徐乾学’‘子孙保之’‘季振宜字诜兮号沧苇’‘焦氏家

① （清）于敏中等撰：《天禄琳琅书目》卷二，见《清人书目题跋丛刊十》，中华书局 1995 年版，第 41—42 页。

② （清）于敏中等撰：《天禄琳琅书目》卷三，见《清人书目题跋丛刊十》，中华书局 1995 年版，第 49—50 页。

③ （清）于敏中等撰：《天禄琳琅书目》卷三，见《清人书目题跋丛刊十》，中华书局 1995 年版，第 50—51 页。

④ （清）于敏中等撰：《天禄琳琅书目》卷三，见《清人书目题跋丛刊十》，中华书局 1995 年版，第 68 页。

⑤ （清）于敏中等撰：《天禄琳琅书目》卷一，见《清人书目题跋丛刊十》，中华书局 1995 年版，第 20—21 页。

⑥ （清）于敏中等撰：《天禄琳琅书目》卷二，见《清人书目题跋丛刊十》，中华书局 1995 年版，第 32—33 页。

⑦ （清）于敏中等撰：《天禄琳琅书目》卷三，见《清人书目题跋丛刊十》，中华书局 1995 年版，第 55 页。

⑧ （清）彭元瑞等撰：《天禄琳琅书目后编》卷三，见《清人书目题跋丛刊十》，中华书局 1995 年版，第 265—266 页。

藏’‘季振宜藏书’‘振宜之印’‘季印振宜’‘沧苇’‘御史之章’‘扬州季氏’‘沧苇’‘季振宜读书’”诸印[①]；宋版《汉隽》十卷，记云“延陵张氏、泰兴季氏、北平邵氏藏本。有‘扬州季氏’‘沧苇’‘振宜之印’‘延陵张氏三凤堂印’‘北平邵氏家藏’‘江左’‘新夷馆印’‘石川张氏崇古楼珍藏印’‘芝园’‘宜斋文府’‘竹坞’‘古吴王氏’‘梅溪精舍’”诸印[②]；宋刻本《十一家注孙子》，“徐乾学、季振宜藏本。有‘昆山徐氏家藏’‘季印振宜’‘沧苇’”诸印[③]；宋版《春秋繁露》十七卷，明朱大韶、皇甫冲、毛晋、季、徐递藏，有“宋本”“乾学”“徐健庵”诸印记[④]；宋版《童溪王先生易传》三十卷，是书传流印记甚多，有“乾学”“徐健庵”诸印[⑤]；宋相台岳氏刻本《论语》一函二册，“昆山徐氏家藏”“乾学之印”“健庵”“季印振宜”“沧苇”诸印记[⑥]；宋版《御题易传》，有“乾学”“徐健庵”“臣㞐之印”“学山审定”诸印[⑦]；宋版《韵补》一函五册，钤有“‘乾学’‘徐健庵’”[⑧]等印；宋岳珂荆溪家塾刻本《孝经》一函一册，唐明皇御注附《音义书》一卷，有“晋府书画之印”“季振宜”“昆山徐氏家藏”“乾学之印”“健庵”诸印[⑨]；宋岳珂荆溪家塾所刻《孟子》十四卷，有“昆山徐氏家藏”“乾学”“健庵”“季振宜印”“沧苇”诸印[⑩]；宋刻本《横浦先生文集》二十卷，“昆山徐氏藏本。有‘徐健庵’‘乾学’‘萝轩审定’‘兼山堂图书’‘清白之遗’‘昆山徐氏鉴藏’‘传是楼’”等藏印[⑪]；宋余仁仲刊本《礼记》，有“传是楼”“章”“仲”“徐炯收藏书画”“徐章仲所读书”“臣炯”“徐仲子”“徐炯收藏秘籍”“东海渔人”“听松风阁”“别号自疆”诸印[⑫]。

---

① (清)彭元瑞等撰:《天禄琳琅书目后编》卷四，见《清人书目题跋丛刊十》，中华书局1995年版，第276—277页。

② (清)彭元瑞等撰:《天禄琳琅书目后编》卷四，见《清人书目题跋丛刊十》，中华书局1995年版，第286页。

③ (清)彭元瑞等撰:《天禄琳琅书目后编》卷五，见《清人书目题跋丛刊十》，中华书局1995年版，第292页。

④ (清)彭元瑞等撰:《天禄琳琅书目后编》卷三，见《清人书目题跋丛刊十》，中华书局1995年版，第261—262页。

⑤ (清)彭元瑞等撰:《天禄琳琅书目后编》卷二，见《清人书目题跋丛刊十》，中华书局1995年版，第245—246页。

⑥ (清)彭元瑞等撰:《天禄琳琅书目后编》卷三，见《清人书目题跋丛刊十》，中华书局1995年版，第262—263页。

⑦ (清)彭元瑞等撰:《天禄琳琅书目后编》卷一，见《清人书目题跋丛刊十》，中华书局1995年版，第233页。

⑧ (清)彭元瑞等撰:《天禄琳琅书目后编》卷三，见《清人书目题跋丛刊十》，中华书局1995年版，第271页。

⑨ (清)彭元瑞等撰:《天禄琳琅书目后编》卷三，见《清人书目题跋丛刊十》，中华书局1995年版，第263页。

⑩ (清)彭元瑞等撰:《天禄琳琅书目后编》卷三，见《清人书目题跋丛刊十》，中华书局1995年版，第263—264页。

⑪ (清)彭元瑞等撰:《天禄琳琅书目后编》卷七，见《清人书目题跋丛刊十》，中华书局1995年版，第320页。

⑫ (清)彭元瑞等撰:《天禄琳琅书目后编》卷二，见《清人书目题跋丛刊十》，中华书局1995年版，第254页。

（九）清顾嗣立“秀野草堂”藏书流布

关于清康熙五十一年（1712）进士长洲顾嗣立藏书之散佚之况，文献未见记载。据《闾丘先生自订年谱》及诸友人所留的诗文，可窥知一二，秀野先生晚年生活窘迫，所编《元诗选癸集》即无力付梓，其藏书逐渐散佚，或毁弃箧笥，结局是藏书难守。惜顾嗣立未编纂专门的藏书目录，亦无从考证其藏书全貌。顾嗣立藏过的图书，大多都是钞本且手自校雠，或加以点评，卷首钤有“秀野草堂”“顾嗣立”“侠君”等印章，散佚之后，若能留存于世的亦有迹可寻，得知其源流。顾氏逝世后，其藏书不时见于藏书志及各家书目著录，今各大图书馆亦有零星收藏。如清内府，长洲黄丕烈，钱塘何元锡、汪鱼亭，海宁陈鳣，吴县璜川吴氏等皆曾藏其书，今有文献可考的顾氏藏书及钞本留存有：

《天禄琳琅书目后编》宋版《重广补注黄帝内经素问》二十四卷，记曰：“长洲顾氏藏本，顾嗣立字侠君，其家有秀野草堂，以监生编纂《四朝诗选》，康熙壬辰钦赐进士，授翰林，所著有《元百家诗》三集、《韩昌黎温飞卿诗注》。有‘秀野草堂顾氏藏书印’‘顾印嗣立’‘侠君’”诸印[①]；宋刻本《权文公诗集》五十卷，“长洲顾氏藏本，有‘宋本’‘侠君’‘顾印嗣立’”等藏印[②]；《士礼居藏书题跋记》著录旧钞本《桂林风土记》一卷，黄荛圃跋云“右从顾氏秀野草堂藏本校一过并录竹垞跋”，此本即顾藏朱校本[③]；校钞本《江淮异人录》不分卷，黄荛圃跋云：“乙亥春，从李氏获见顾秀野草堂本，校于鲍校伍本上，兹复誊于吴枚庵手钞本云。”[④]旧钞本《珩璜新论》一卷，秀野草堂旧藏[⑤]；钞本《乐志园集》八卷，有黄丕烈跋云：“余取旧藏顾秀野抄本勘之。”[⑥]旧校钞本《周此山诗集》四卷，跋云：“书贾携秀野草堂所藏钞本求售……前有‘海宁查声山名升’印，又有‘顾印’‘嗣立侠君’二图记，末有‘闾邱小圃’‘秀野草堂顾氏藏书印’两章，并记。复翁。”[⑦]是书后归常熟瞿氏铁琴铜剑楼；《结一庐书目》著录《知非

① （清）彭元瑞等撰：《天禄琳琅书目后编》卷五，见《清人书目题跋丛刊十》，中华书局1995年版，第295页。

② （清）彭元瑞等撰：《天禄琳琅书目后编》卷六，见《清人书目题跋丛刊十》，中华书局1995年版，第310页。

③ （清）黄丕烈著，潘祖荫辑，周少川点校：《士礼居藏书题跋记》卷二《史类》，书目文献出版社1989年版，第56页。

④ （清）黄丕烈著，潘祖荫辑，周少川点校：《士礼居藏书题跋记》卷四《子类》，书目文献出版社1989年版，第163页。

⑤ （清）黄丕烈著，潘祖荫辑，周少川点校：《士礼居藏书题跋记》卷四《子类》，书目文献出版社1989年版，第138页。

⑥ （清）黄丕烈著，潘祖荫辑，周少川点校：《士礼居藏书题跋记》卷五《集类》，书目文献出版社1989年版，第238页。

⑦ （清）黄丕烈著，潘祖荫辑，周少川点校：《士礼居藏书题跋记》卷六《集类》，书目文献出版社1989年版，第262页。

堂稿》十七卷,“旧钞本,秀野草堂藏书”①;《傅忠堂书目》著录明弘治刊本《竹洲文集》二十二卷附录一卷,秀野草堂藏书②;旧钞本《淮阳集》一卷《附录》一卷③,南京图书馆藏清禹航校钞顾嗣立藏本④;《铁琴铜剑楼藏书目录》著录元刊本《琼管白玉蟾武夷集》八卷,卷首有“秀野草堂顾氏藏书印”⑤;元刊本《范德机诗集》七卷,卷首有“秀野草堂藏书印”⑥;明刊本《云笈七签》一百二十二卷,卷首有“秀野草堂顾氏藏书印”“顾嗣立印”“侠君”“金守熊印”诸朱记⑦;明祝允明手钞本《宁极斋稿》一卷附《慎独斋稿》一卷⑧;《金山卫志》六卷,明正德十二年刊本,顾氏秀野草堂旧藏,后归瞿氏铁琴铜剑楼⑨,今藏中国国家图书馆;明刻本《荆南唱和集》一卷,先后经顾嗣立、王闻远及汪士钟递藏,现藏南京图书馆;旧钞本《元和郡县图志》四十二卷,卷首有“秀野草堂顾氏藏书印”朱记⑩;旧钞本《北溪先生大全文集》五十卷,“卷首有‘秀野草堂顾氏藏书印’‘顾嗣立印’‘侠君’”诸朱记⑪;旧钞本《周此山诗集》四卷,跋云:“黄荛圃以秀野草堂旧钞订正伪缺”⑫。《善本书室藏书志》著录元刊本《吴越春秋》十卷,秀野草堂顾氏藏书,有“秀野草堂顾氏藏书印”“顾嗣立印”“侠君”诸印⑬;元至正刻本释至仁《澹居稿》二卷,有“秀野草堂顾氏藏书印”“顾嗣立印”“侠君”顾氏三印,别有“汪鱼亭藏阅书”一印⑭,今藏南京图书馆;明覆宋蜀大字本《元包经传》

---

① (清)朱学勤、朱澄藏编:《结一庐书目》卷四,见《丛书集成续编》第68册,上海书店出版社1994年版,第1071页。

② (清)朱学勤撰:《傅忠堂书目》卷四《集部》,见《丛书集成续编》,第68册,上海书店出版社1994年版,第1067页。

③ (清)朱学勤撰:《傅忠堂书目》卷四《集部》,见《丛书集成续编》第68册,上海书店出版社1994年版,第1070页。

④ (清)朱学勤撰:《傅忠堂书目》卷四《集部》,见《丛书集成续编》第68册,上海书店出版社1994年版,第1071页。

⑤ (清)瞿镛撰:《铁琴铜剑楼藏书目录》卷第二十一《集部三》,见《清人书目题跋丛刊三》,中华书局1990年版,第326页。

⑥ (清)瞿镛撰:《铁琴铜剑楼藏书目录》卷第二十二《集部四》,见《清人书目题跋丛刊三》,中华书局1990年版,第342页。

⑦ (清)瞿镛撰:《铁琴铜剑楼藏书目录》卷第十八《子部六》,见《清人书目题跋丛刊三》,中华书局1990年版,第267页。

⑧ (清)瞿镛撰:《铁琴铜剑楼藏书目录》卷第二十一《集部三》,见《清人书目题跋丛刊三》,中华书局1990年版,第334页。

⑨ 陈光贻著:《中国方志学史》,福建人民出版社1998年版,第117页。

⑩ (清)瞿镛撰:《铁琴铜剑楼藏书目录》卷第十一《史部四》,见《清人书目题跋丛刊三》,中华书局1990年版,第166页。

⑪ (清)瞿镛撰:《铁琴铜剑楼藏书目录》卷第二十一《集部三》,见《清人书目题跋丛刊三》,中华书局1990年版,第329页。

⑫ (清)瞿镛撰:《铁琴铜剑楼藏书目录》卷第二十二《集部四》,见《清人书目题跋丛刊三》,中华书局1990年版,第341页。

⑬ (清)丁丙撰:《善本书室藏书志》卷十《吴越春秋》,见《续修四库全书》编纂委员会、复旦大学图书馆古籍部编:《续修四库全书》第927册,上海古籍出版社2003年版,第276页。

⑭ (清)丁丙撰:《善本书室藏书志》卷三十四《澹居稿》,见《续修四库全书》编纂委员会、复旦大学图书馆古籍部编:《续修四库全书》第927册,上海古籍出版社2003年版,第564页。

五卷《附元包数总义》二卷，有“秀野草堂顾氏藏书印”①；明刊本《石屏诗集》八卷《附东野诗》一卷，有“顾嗣立印”“侠君”“秀野草堂顾氏藏书印”等印②；明嘉靖刻本《边华泉集》八卷，叶石君、顾侠君藏书，有“叶氏藏书印”，当是石君图记，又有“顾嗣立印”“侠君”“秀野草堂顾氏藏书印”“李伯雨印”诸印③；明刻本《荆南唱和诗》一卷，王莲泾、顾氏秀野藏书，有“莲泾”“太原叔子藏书记”“顾嗣立印”“侠君”“汪士钟藏”五印④，今南京图书馆藏；旧钞本《滹南集》四卷《诗话》三卷，有“顾嗣立印”“侠君”二印⑤；《汲古石屏诗集》八卷附《东野诗》一卷，明刊本，有“顾嗣立印”“侠君”“秀野草堂顾氏藏书印”“汪鱼亭藏阅”诸印，今藏南京图书馆；清钞本《滹南集》四卷、《诗话》三卷，顾侠君、陈仲鱼藏书，清宋宾王校并跋云：“此秀野草堂藏本，雍正五年四月二十又一日借校文瑞楼藏本于桃花岛。”乃娄东宋宾王手笔也，有“顾嗣立印”“侠君”“陈鳣收藏”“二槎藏本”“马氏收藏经籍之记”诸印⑥，今藏南京图书馆。《持静斋书目》著录《重修证类本草》三十卷，金泰和甲子刊本，“较之元刊为更上一层。如此巨编，历六七百年尚觉神明焕然，无丝毫污损，直医家之秘籍也。季振宜、顾嗣立、吴翌凤曾藏”⑦；旧钞本《资暇集》三卷，有“顾嗣立”“秀野草堂顾氏藏”诸印⑧；旧钞本《牛羊日历》一卷，“顾嗣立藏旧钞本。有‘秀野草堂顾氏藏书印’”⑨；又《南窗纪谈》一卷，“秀野草堂藏旧钞本。与《牛羊日历》同册”⑩。《传书堂藏书志》著录校钞本《来鹤草堂稿》一卷、《既白轩稿》一卷、《竹洲归田稿》一卷附《鹤亭唱和》一卷，“此顾氏秀野草堂藏本，即其选元诗时所据者。黄复翁以海昌吴氏藏本校，吴本题《乐志园诗集》，共八卷，补遗一卷，其诗无出此本外者”⑪。《嘉业堂藏书

---

① （清）丁丙撰：《善本书室藏书志》卷十七《元包经传》，见《续修四库全书》编纂委员会、复旦大学图书馆古籍部编：《续修四库全书》第927册，上海古籍出版社2003年版，第356页。

② （清）丁丙撰：《善本书室藏书志》卷三十《石屏诗集》，见《续修四库全书》编纂委员会、复旦大学图书馆古籍部编：《续修四库全书》第927册，上海古籍出版社2003年版，第519页。

③ （清）丁丙撰：《善本书室藏书志》卷三十六《边华泉集》，见《续修四库全书》编纂委员会、复旦大学图书馆古籍部编：《续修四库全书》第927册，上海古籍出版社2003年版，第614页。

④ （清）丁丙撰：《善本书室藏书志》卷三十九《荆南唱和诗》，见《续修四库全书》编纂委员会、复旦大学图书馆古籍部编：《续修四库全书》第927册，上海古籍出版社2003年版，第648页。

⑤ （清）丁丙撰：《善本书室藏书志》卷三十二《滹南集》，见《续修四库全书》编纂委员会、复旦大学图书馆古籍部编：《续修四库全书》第927册，上海古籍出版社2003年版，第545页。

⑥ （清）丁丙撰：《善本书室藏书志》卷三十三《滹南集》，见《续修四库全书》编纂委员会、复旦大学图书馆古籍部编：《续修四库全书》第927册，上海古籍出版社2003年版，第545页。

⑦ （清）丁日昌撰，路子强、王雅新标点：《持静斋书目》卷五（增续）之《子部》，上海古籍出版社2008年版，第568页。

⑧ （清）丁日昌撰，路子强、王雅新标点：《持静斋书目》卷三《子部》，上海古籍出版社2008年版，第322页。

⑨ （清）丁日昌撰，路子强、王雅新标点：《持静斋书目》卷三《子部》，上海古籍出版社2008年版，第369页。

⑩ （清）丁日昌撰，路子强、王雅新标点：《持静斋书目》卷三《子部》，上海古籍出版社2008年版，第377页。

⑪ 王国维撰、王亮整理：《传书堂藏书志》卷四《集部》，上海古籍出版社2014年版，第1081页。

志》著录旧钞本《皇王大纪》八十卷,此本"从万历本钞出。有'秀野草堂顾氏藏书印''何印元锡'"诸印[①]。《傅忠堂书目》卷四著录顾侠君钞本《滋溪文稿》三十卷[②]。《古籍善本经眼录》著录明刻本《玉茗堂尺牍》六卷、《绝句选》二卷,有"顾印嗣立""侠君""秀野草堂顾氏藏书印"[③]。《皕宋楼藏书志》著录《汉泉曹文贞公诗集》五卷,有宋宾王手跋云曰:"丁未春阅桃花坞文瑞楼所得秀野草堂顾氏藏书《汉泉集》五卷,元版元印,字画端楷,直出松雪手书……诚罕物也。"[④]旧钞本《小亨集》六卷,顾嗣立旧藏[⑤],今藏日本静嘉堂文库;旧钞本《翰林杨仲弘诗集》八卷,顾嗣立旧藏[⑥],今日本静嘉堂文库藏。《著砚楼读书记》著录康熙马寒中刻本《乌台诗案》,潘氏跋云:"康熙辛巳六月,花山马寒中识于衎斋。"此本又"秀野草堂顾氏藏书印""顾印嗣立""侠君"三印[⑦]。《群碧楼善本书录》著录元刻本《东莱先生博议句解》十六卷,有"秀野草堂顾氏藏书印""休宁黄氏珍藏书帖印记"二印[⑧]。《寒瘦山房鬻存善本书目》著录钞本《江月松风集》十二卷,有"顾嗣立印""侠君""秀野草堂顾氏藏书印""潘茮坡图书印""茮坡藏书"诸印,此集后附《补遗》为"顾侠君旧藏钞手,钞手极雅……此册必顾氏手所传钞"等跋语[⑨]。《大云书库藏书题跋》著录元至元间刊明初印本《唫呓集》一卷,有"顾嗣立印""侠君"诸印[⑩]。《艺风藏书续记》著录钞本杜本《清江碧嶂集》一卷,宋蔚如旧藏,宋氏手跋曰"雍正五年七月十日校钞顾侠君本"[⑪],上海图书馆藏宋宾王校钞顾侠君本。《藏园群书经眼录》著录传写元刊本《醉翁谈录》八卷,钤有"秀野草堂顾氏藏书印""歙西长塘鲍氏知不足斋藏书印""何元锡"诸

---

① (清)缪荃孙等撰,吴格整理点校:《嘉业堂藏书志》卷二《史部》,复旦大学出版社1997年版,第223页。

② (清)周星诒撰:《傅忠堂书目》卷四,见《丛书集成续编》第71册,上海书店出版社1994年版,第340页。

③ 《古籍善本经眼录》集部《别集类(明清)》,见王雨著,王书燕编纂:《王子霖古籍版本学文集》第2册,上海古籍出版社2006年版,第114页。

④ (清)陆心源撰《皕宋楼藏书志》卷九十八《集部》,见《续修四库全书》编纂委员会、复旦大学图书馆古籍部编:《续修四库全书》第929册,上海古籍出版社2003年版,第429页。

⑤ (清)陆心源撰《皕宋楼藏书志》卷九十六《集部》,见《续修四库全书》编纂委员会、复旦大学图书馆古籍部编:《续修四库全书》第929册,上海古籍出版社2003年版,第408页。

⑥ (清)陆心源撰《皕宋楼藏书志》卷一百《集部》,见《续修四库全书》编纂委员会、复旦大学图书馆古籍部编:《续修四库全书》第929册,上海古籍出版社2003年版,第451页。

⑦ 潘景郑著:《著砚楼读书记·马刻乌台诗案》,辽宁教育出版社2002年版,第130页。

⑧ 邓邦述《群碧楼善本书录》卷二,见邓邦述撰,金晓东整理,吴格审定:《群碧楼善本书录 寒瘦山房鬻存善本书目》,《中国历代书目题跋丛书》第4辑,上海古籍出版社2014年版,第72页。

⑨ 邓邦述《寒瘦山房鬻存善本书目》卷六,见邓邦述撰,金晓东整理,吴格审定:《群碧楼善本书录 寒瘦山房鬻存善本书目》,《中国历代书目题跋丛书》第4辑,上海古籍出版社2014年版,第500页。

⑩ 罗振玉《大云书库藏书题跋》卷四,国家图书馆编:《国家图书馆藏古籍题跋丛刊》第24册,北京图书馆出版社2002年版,第344页。

⑪ (清)缪荃孙著,黄明、杨同甫标点:《艺风藏书续记》卷七,上海古籍出版社2007年版,第432页。

印[①];旧写本《艾轩先生文集》九卷《附录》一卷,钤有“顾侠君、蒋西圃”诸家藏印[②]。《涵芬楼烬余书录》著录旧钞本《吕敬夫诗集》不分卷,黄荛圃、劳甫校,顾侠君旧藏[③]。《木樨轩藏书题记及书录》著录旧钞本《农经酌雅》二卷,“秀野草堂藏本。有‘顾嗣立印’‘侠君’‘秀野草堂顾氏藏书印’”等印[④]。《中国善本书提要》著录明嘉靖刻本《声承籍》二卷,有“顾印嗣立”“侠君”“秀野草堂顾氏藏书印”等印记[⑤];万历间刻本《杨铁崖先生文集》十一卷,卷内有“‘秀野草堂顾氏藏印’‘顾印嗣立’‘侠君’”诸印,中国国家图书馆藏[⑥]。《文禄堂访书记》著录清初刘燕庭钞本《默庵安先生文集》五卷《附录》一卷,“前有顾侠君收藏印,知为秀野草堂故物,即选元诗原本也。”有“燕庭藏书”“朱澄字子清号复庐”印[⑦]。《别宥斋藏书目录》著录《怀麓堂诗稿》二十卷《诗后稿》十卷《文稿》三十卷《文后稿》三十卷,明正德十一年(1516)熊桂刻本,有“秀野草堂顾氏藏书印”“四明袁氏静远仙馆珍藏书籍”等印[⑧]。《顾颉刚文库古籍书目》著录明文徵明撰《甫田集》三十五卷《附录》一卷,清六世孙文然重刻本,钤“秀野草堂顾氏藏书印”“顾嗣立”等印[⑨];明唐时升撰《三易集》二十卷,清康熙二十八年(1689)嘉定陆氏刻本,钤“秀野草堂顾氏藏书印”“顾嗣立印”等印[⑩]。《善本书所见录》著录《白乐天文集》三十六卷,有“万卷楼图籍”“璜川吴氏收藏图籍”“顾嗣立印”“侠君”诸印[⑪];《怀古堂诗选》十二卷,康熙写刻本,刊刻极精,旧为秀野草堂藏书,盖以中吴诗人重之也;有“顾印嗣立”“侠君”“秀野草堂顾氏藏书印”诸印[⑫];旧钞本《续复古编》(残),秀野草堂藏书,后经鲍廷博、何梦华递藏,仅存一卷[⑬],黄裳于新中国成立前见于上海旧书店。从以上诸目来看,顾氏藏书除了少数世所罕见的宋元精椠,如《权文公诗集》《汉泉曹文贞公诗集》外,其所藏主体是钞本,且多为宋、元别集。顾氏藏书特色,与其兴趣有关,其中选编《元诗选》一书,穷尽一生精力所萃,影响深远。《元诗选》编选的成功又得益于其所藏之书。

---

① 傅增湘撰:《藏园群书经眼录》卷九《子部三》,中华书局1983年版,第777页。

② 傅增湘撰:《藏园群书经眼录》卷十四《集部三》,中华书局1983年版,第1228页。

③ 张元济《涵芬楼烬余书录》集部,见张元济著:《张元济全集》第8卷《古籍研究著作》,商务印书馆2009年版,第433页。

④ 李盛铎《木樨轩藏书书录》卷三《子部·医家类》,见李盛铎著,张玉范整理:《木樨轩藏书题记及书录》,北京大学出版社1985年版,第165页。

⑤ 王重民撰:《中国善本书提要·集部》,上海古籍出版社1983年版,第588页。

⑥ 王重民撰:《中国善本书提要·集部》,上海古籍出版社1983年版,第544页。

⑦ 王文进撰,柳向春标点:《文禄堂访书记》卷第五,上海古籍出版社2007年版,第328页。

⑧ 天一阁博物馆编:《别宥斋藏书目录》之《集部·明别集类》,宁波出版社2008年版,第414页。

⑨ 顾洪、张顺华编:《顾颉刚文库古籍书目》卷一《集部》,中华书局2011年版,第512页。

⑩ 顾洪、张顺华编:《顾颉刚文库古籍书目》卷一《集部》,中华书局2011年版,第514页。

⑪ 罗振常撰,汪柏江、方俞明整理:《善本书所见录》卷四《集部》,上海古籍出版社2014年版,第141页。

⑫ 黄裳著:《来燕榭书跋》“怀古堂诗选”条,上海古籍出版社1999年版,第298—299页。

⑬ 黄裳著:《黄裳自述·书的故事》,大象出版社2002年版,第218页。

三、《四库全书总目》著录江南进士献书人及其藏本

《四库全书》献书人以及《四库全书总目》著录、入存目藏本,多为宋椠元刻、明版旧钞、清精刻与清钞本,由此可窥江南进士藏书流布情况之一斑。

《四库全书》是中国古代最大的一部官修书,也是中国古代最大的一部丛书。清乾隆时编纂,始于乾隆三十七年(1772),经十年编成,因此丛书分经、史、子、集四部,故名"四库",又因此书囊括了古代诸多图书,故称"全书"。据《清史稿》载:"高宗继试鸿词,博采遗籍。特命辑修《四库全书》,以皇子永瑢、大学士于敏中等为总裁,纪昀、陆锡熊等为总纂,与其事者三百余人,皆极一时之选,历二十年始告成。全书三万六千册,缮写七部,分藏大内文渊阁、圆明园文源阁、盛京文溯阁、热河文津阁、扬州文汇阁、镇江文宗阁、杭州文澜阁。命纪昀等撰《全书总目》,著录三千四百五十八种,存目六千七百八十八种,都一万二百四十六种。"①《四库全书》北四阁和南三阁均有藏,北四阁为北京紫禁城皇宫文渊阁、京郊圆明园文源阁、奉天故宫文溯阁、承德避暑山庄文津阁。南三阁即扬州文汇阁、镇江文宗阁和杭州文澜阁。《四库全书》从征书、献书,到编纂、校勘,到补书,江南进士做出了杰出的贡献,而"四库全书馆、三通馆副总裁"嘉兴平湖沈初,"四库全书馆总校官及副总裁"嘉兴桐乡陆费墀等均居功至伟。

《四库全书》成书过程中虽然存在大量珍贵史料被篡改或销毁的负面现象,但不可否认《四库全书》是对中国有文字记载以来所存文献的最大集结与总汇。

《四库全书》底本一大来源是私人进献本,即各省藏书之家主动或奉旨进呈的藏本。据郑伟章先生《书林丛考(增订本)》统计,《四库全书总目》著录献书人共 90 人,献书人藏本的著录总数和入存目总数分别为 3239 和 2186②。献书人中江南进士就有 30 人(4 人藏本由其后裔进呈),达 33.3%。献书人中江南进士藏本的著录总数和入存目总数分别为 1108 和 822,分别高达 34.2%和 37.6%。由此可见,《四库全书总目》著录的献书人中不乏江南进士,而且江南进士献书人被著录和入存目的藏本均超过平均数,说明其藏书多有善本。

---

① 赵尔巽等撰:《清史稿》卷一百四十五《志第一百二十·艺文一·经部》,第 13 册,中华书局 1977 年版,第 4219 页。

② 按照《书林丛考(增补本)》"《总目》著录各家藏本一览表"中数据统计得出此总数,原书中"总计 3229,2184"有误。

附:《四库全书总目》著录江南进士献书人及其藏本一览表①

姓名	籍贯	登科年	著录数(种)	入存目数(种)	备注
范钦	鄞县	明嘉靖十一年(1532)	475	379	其天一阁藏本由裔孙范懋柱呈献。
熊赐履	居江宁	清顺治十五年(1658)	1	1	其藏本由子熊志契呈献。
汪由敦	休宁	清雍正二年(1724)	1	0	其藏本由子汪承霈呈献。
于敏中	金坛	清乾隆二年(1737)	11	2	
程景伊	武进	清乾隆四年(1739)	2	1	
金甡	仁和	清乾隆七年(1742)	1	0	
王际华	钱塘	清乾隆十年(1745)	37	35	
汪宪	钱塘	清乾隆十年(1745)	152	122	其藏本由长子汪汝瑮呈献。
倪承宽	仁和	清乾隆十九年(1754)	1	1	
王昶	青浦	清乾隆十九年(1754)	3	1	
彭绍观	长洲	清乾隆二十二年(1757)	1	1	
许宝善	青浦	清乾隆二十五年(1760)	1	0	
陆锡熊	上海	清乾隆二十六年(1761)	21	9	
张焘	宣城	清乾隆二十八年(1763)	1	0	
祝德麟	海宁	清乾隆二十八年(1763)	2	2	
查莹	海宁	清乾隆三十一年(1766)	1	1	
陆费墀	桐乡	清乾隆三十一年(1766)	9	2	
徐天柱	德清	清乾隆三十四年(1769)	5	3	
吴寿昌	山阴	清乾隆三十四年(1769)	3	3	
顾葵	元和	清乾隆三十六年(1771)	1	1	
程晋芳	新安	清乾隆三十六年(1771)	183	167	
邵晋涵	余姚	清乾隆三十六年(1771)	5	3	

① 此表数据参考郑伟章著:《书林丛考(增补本)》,岳麓书社2008年版。

续表

姓名	籍贯	登科年	著录数（种）	入存目数（种）	备　注
周永年	余姚	清乾隆三十六年(1771)	32	29	
章　铨	归安	清乾隆三十六年(1771)	1	0	
闵惇大	湖州	清乾隆三十七年(1772)	1	1	
邹炳泰	无锡	清乾隆三十七年(1772)	1	0	
戴　震	休宁	清乾隆四十年(1775)	2	2	
严　福	吴县	清乾隆四十年(1775)	1	0	
汪如藻	嘉兴	清乾隆四十年(1775)	151	56	
祝　堃	海宁	清乾隆四十六年(1781)	2	0	
合　计			1108	822	

第二节　助益教育　嘉惠士林

一、助益家族教育

隋唐以来实行的科举取士制度,使得普通家庭的子弟可以通过科举改变自己的命运,登第入仕成为读书人的追求目标,也是家族对其子弟的殷切期待。科举制度下,一个家族科举的兴盛几乎决定了家族的兴盛,而家族科举的兴盛相当程度上依赖于家族藏书的兴盛。得益于藏书的江南进士深知"藏书万卷可教子,遗金满籝常作灾",多以伴其一生的藏书助益家族教育。

宋绍兴十五年(1145)进士鄞县史浩,《天禄琳琅书目后编》载其楼"明良庆会"藏书之故实。史浩尝云:"吾家每由儒业以兴,而忠孝世传,毋自懈怠。吾虽老矣,手不释卷,所撰《文集》五十卷、《外集》二十卷、《尚书讲义》、《论语口义》、《周礼天官地官讲义》等书传世。"[①]不仅有丰富藏书传与子孙,而且以自身的勤于读书,至老不倦为子孙垂范。为了家族教育,史浩还邀请宋乾道五年(1169)进士沈焕及宋淳熙二年(1175)进士孙应时等居住鄞县竹洲,课教子弟。全祖望《湖语》曰:"四先生之讲堂,俱在湖上,而竹洲一曲,为端宪之幽居。昼观妻子,夜省梦寐,书带之草,遍阶除

① (宋)史浩撰,俞信芳点校:《史浩集》附录一《家训》,浙江古籍出版社2016年版,第922—923页。

也。皎皎季子，高卧丘樊。道义之乐，长冲闲也。”①从史浩登第之后，其子弥大登宋乾道五年（1169）进士起，三子弥远登宋淳熙十四年（1187）进士，侄弥忠登宋淳熙十四年（1187）进士，弥愈登宋淳熙十四年（1187）进士，弥悆登宋淳熙十四年（1187）进士，弥逊登宋庆元元年（1195）进士，弥谨登宋庆元五年（1199）进士，弥忞登宋嘉定七年（1214）榜进士，弥应登宋嘉定七年（1214）进士，弥巩登宋嘉定十年（1217）进士，短短48年间，史氏家族这一代就有10人登进士第。

宋嘉定十六年（1223）进士鄞县王㧑广借典籍供二子抄读，后来其子王应麟登宋淳祐元年（1241）进士，又于宝祐四年（1256）中博学宏词科，且“蓄书万卷”②，学者尊称厚斋先生。应麟孪生兄弟应凤登宝祐四年（1256）进士，开庆元年（1259）举博学宏词科，时誉为“兄弟博学宏词（应麟、应凤）”③。袁桷记曰：王先生“应麟，字伯厚，年十九登进士第。父㧑，性严急，每授题，设巍坐，命先生与其弟应凤坐堂下，刻烛以俟，少缓辄叱怒，由是先生为文称敏捷”④。《延祐四明志》载，“余天锡参知政事属（王㧑）教其子弟，岁终致束脩以谢，坚不肯受。拱立言曰：‘二儿习词学，乡里无完书，愿从公求尺牍，往借周益公、傅内翰、番阳三洪公，暨往昔习词学者凡二十余家所藏书，余欣然许之，后二子果俱中科第。’”⑤王㧑拒收束脩而只求一纸“推荐信”，以为二子广为借阅书籍提供方便。

明万历三十二年（1604）进士山阴祁承㸁在《澹生堂藏书约》中自述：“及舞象而后，更沉酣典籍，手录古今四部，取其切近举业者，汇为一书，卷以千计，十指皆为裂。”⑥祁承㸁为家族子孙科举业抄书不惜“十指皆为裂”的可怜天下父母之心跃然纸上。

明弘治六年（1493）进士长洲皇甫録以藏书与刻书著名于正德间，不仅刻印祖先及名贤著作，以承续家族文脉，而且以藏书助益家族子弟的教育。据《皇明词林人物

---

① （清）全祖望著：《鲒埼亭集》卷四《湖语》，见王云五主编：《万有文库》第二集（七百种），（上海）商务印书馆1936年版，第54页。

② （清）全祖望著：《鲒埼亭集》卷四《湖语》，见王云五主编：《万有文库》第二集（七百种），（上海）商务印书馆1936年版，第57页。

③ （元）袁桷撰：《延祐四明志》卷六之《人物考》下，见浙江省地方志编纂委员会编：《宋元浙江方志集成》第9册，杭州出版社2009年版，第4086页。

④ （元）袁桷撰：《延祐四明志》卷四之《王先生》，见浙江省地方志编纂委员会编：《宋元浙江方志集成》第9册，杭州出版社2009年版，第4033页。

⑤ （元）袁桷撰：《延祐四明志》卷第五《王㧑》，见浙江省地方志编纂委员会编：《宋元浙江方志集成》第9册，杭州出版社2009年版，第4073页。

⑥ （清）祁承㸁撰：《澹生堂藏书约》，中华书局编辑部：《丛书集成初编》013，中华书局2011年影印本，第491页。

考》载,“公既谢守归,课儿曹日严,余兄弟互相摩砥”①,“兄弟四人皆有文彩”②。皇甫録“四儿”即皇甫冲、涍、汸及濂。皇甫冲(1490—1558),字子浚,号华阳山人,又号因是子、不庵叟,长洲人。嘉靖七年(1528)戊子科举人。善骑射,好谈兵。其博综群籍,留心世务,著有《几策兵统》《忱弋杂言》《三峡山水记》,有《皇甫华阳集》。刻印过其父《近峰闻略》八卷。《明史》卷二百八十七《列传第一百七十五·文苑三》及《乾隆长洲县志》卷二十四《人物三》均有其传。皇甫冲与弟汸为嘉靖八年(1529)进士,涍为嘉靖十一年(1532)进士,濂为嘉靖二十三年(1544)进士,并称“皇甫四杰”,或“四皇甫”。皇甫家族开办“世业堂”,既是学堂,又用于藏书和刊刻书籍,正德间声名卓著。

明嘉靖十七年(1538)进士常熟赵承谦辞官归里后,以读书藏书自娱,其藏书供家塾作为教材,以培养子弟,《光绪常昭合志稿》称其“取《司马通鉴》《朱子纲目》,手编成录以遗家塾”③。明万历二十六年(1598)探花江宁顾起元自称:“诸家之说,辀所涉览,乃窃取其义续之。已,又与诸弟参订,别为一编,存之家孰,用课儿辈。”④

清康熙九年(1670)探花昆山徐乾学,无意为子孙留下物质财富,而传之以藏书。汪琬《传是楼记》载:“昆山徐健庵先生,筑楼于所居之后,凡七楹间,命工斫木为橱,贮书若干万卷。区为经、史、子、集四种,经则传注义疏之书附焉,史则日录家乘、山经野史之书附焉,子则附以卜筮医药之书,集则附以乐府诗余之书。凡为橱者七十有二,部居类汇,各以其次,素标缃帙,启钥烂然。于是先生召诸子登斯楼,而诏之曰:‘吾何以传女曹哉?吾徐先世故以清白起家,耳目濡染旧矣。盖尝慨夫为人之父祖者,每欲传其土田货财,而子孙未必能世富也;欲传其金玉珍玩、鼎彝尊斝之物,而又未必能世宝也;欲传其园池台榭、舞歌舆马之具,而又未必能世享其娱乐也。吾方以此为鉴。然则吾何以传女曹哉?’因指书而欣然笑曰:‘所传者惟是矣。’遂名其楼为‘传是’,而问记于琬。”⑤其传子孙以藏书而非金玉珍玩、鼎彝尊斝之物,当然不希望子孙将其把玩或当摆设,而是希望子孙也能刻苦阅读。

清乾隆四十年(1775)进士萧山汪辉祖“积书数万卷,不问外事,暇则手书自雠校,以撰述课子孙”⑥。其子汪继培后亦登第,继承其父所建藏书楼环碧山庄,搜讨

---

① (明)皇甫汸撰:《皇甫司勋集》卷五十七《水部君墓志铭》,见(清)永瑢、纪昀等编纂:《四库全书》第1275册,上海古籍出版社1987年版,景印文渊阁本,第882页。

② (明)王兆云撰:《皇明词林人物考》卷八《皇甫子循》,见《续修四库全书》编纂委员会、复旦大学图书馆古籍部编:《续修四库全书》第532册,上海古籍出版社2003年版,第645页。

③ (清)郑钟祥、张瀛修,(清)庞鸿文等纂:《光绪常昭合志稿》卷三十二《人物四·耆旧》,见《中国地方志集成·江苏府县志辑》(22),江苏古籍出版社1991年版,第369页。

④ 刘毓庆,贾培俊著:《历代诗经著述考·明代》三《万历年间著述·尔雅堂家藏诗说序》,中华书局2008年版,第157页。

⑤ (清)汪琬《尧峰文稿》卷十《记·传是楼记》,见(清)汪琬著,李圣华笺校:《汪琬全集笺校》之《钝翁续集》卷十八,人民文学出版社2010年版,第1488页。

⑥ (清)阮元撰:《研经室集》之《研经室二集》卷三《循吏汪辉祖传》,中华书局1993年版,第441页。

藏书甚勤,“藏书颇富”①。

清嘉庆十九年(1814)进士萧山王端履,承其家学,归里后,在其父藏书基础上,多有增益,并“事亲课子,隐居三十年,不交当世。……家有书十万卷”②。

洪亮吉有诗称其好友清乾隆五十五年(1790)进士寓居秀水邢澍云:“君驼万卷归秦阶,可作陇右藏书家。开门看山闭门读,课子暇日还咿哑。”③

清道光三十年(1850)进士德清俞樾题春在堂联曰:“念老夫毕世辛勤,藏书数万卷,读书数千卷,著书数百卷;看吾孙更番侥幸,童试第一名,乡试第二名,殿试第三名。”④此联展示了俞樾藏书之富、读书之勤、著述之多,并且展示了对于其孙科场表现优异的得意之情。不难想象俞樾的万卷藏书对于其孙科举教育所发挥的作用。

二、助益地方教育

历代江南进士通过藏书活动助益教育并不局限于本家族,不少江南进士以其藏书助益地方教育。

宋绍兴十八年(1148)进士朱熹为资助地方教育,在淳熙三年(1176),婺源县学藏书阁建成后,朱熹将其所藏捐出,以充实县学藏书阁。明著名学者曹于汴《婺源朱氏藏书楼记》云:“宋朱文公故有楼藏书,自为碑记,既罹兵火夷为民居。胜国时建婺源学宫,适卜其地。今仍之皇朝崇重文公之学,其经书、传注等书,家传户诵……公遗书犹众,学士或未全睹。茂才崇沐公之十三世孙也,深虑散佚,将至学脉湮芜,乃尽搜遗书,为部若干,为卷若干,倾囊剞劂之。高义儒绅朱光禄吾弼、汪宪副国楠、吴中翰养春辈资助,竣业复建楼以贮。”⑤

明嘉靖二十六年(1547)进士王世贞藏书甚富,二典之外尚有三万余卷。其藏书活动并不仅为一己之收藏,更以藏书助益地方教育。在抚治郧阳时,见其地僻陋,藏书甚少,郧地诸生无书可读,于是辗转从燕赵吴越等地购回经史子集数千卷置郧府学,设立藏书楼贮书,以便士人阅读,由此改变了郧地诸生只知几种经书而不知子史百家的状况。乾隆《下荆南道志》卷十五记云:“万历甲戌,抚治郧阳,披卷读书,辟清美堂、牡丹亭,题春雪楼,出帑金购书于三吴、两浙、秦楚间,得数百卷,贮于清美堂中,俾士人肆习,文风丕变。”⑥《湖广通志》载其抚郧政绩道:“纠劾贪酷,咨访将才,

---

① 汪訚编著:《明清蟫林辑传·汪继壕》,中华图书馆协会1932年《图书馆学季刊》抽印本,第144页。

② 南开大学地方文献研究室、杭州市萧山区人民政府地方志办公室:《萧山县志稿》卷十八《人物五·王端履》,南开大学出版社2010年版,第660页。

③ (清)洪亮吉撰:《洪亮吉集》第3册《更生斋诗》卷六《自吴江归取道宜兴舟次值同年邢大令话旧即席赋赠诗》,中华书局2001年版,第1348页。

④ 苏渊雷主编:《分类名联鉴赏辞典》,上海辞书出版社2004年版,第455页。

⑤ (明)曹于汴撰:《仰节堂集》卷四《婺源朱氏藏书楼记》,见(清)永瑢、纪昀等编纂:《四库全书》第1293册,上海古籍出版社1987年版,第719页。

⑥ 陈文新主编:《中国文学编年史·明中期卷》,湖南人民出版社2006年版,第411页。

理军政,清屯田,郧境大治。又辟清美堂,购书数百种,贮以课士。”①《郧阳藏书记》记述了其在郧阳建立藏书楼的原委和经过:

> 郧阳,古一聚落也。强名之曰县,而至成化中强进之曰郡,又强以一都御史居之。余生有士安之癖,不能一日释书。前年冬,自太仆出镇郧,亦颇有挟册足读,而间欲有所雌黄。走一郡数邑,问他本,亡论不得,即不能举其名。而其为诸生,自经学数种外,间与语子史百家,则大怪骇,以为欺我。窃以今之仕郧者,虽不若寓公迁客之多暇,而赋讼稍简,自墨艾以上,往往足三余而不获究仕优之说。其诸生岂无卓异过目成诵者?竟白首而犹面墙。今天下号为同文,而郧以僻陋故,去嵩、洛图书之国不千里,而邻于鴂形鸟言之民,抑何其不幸也?
>
> 余既已悯之,而会有南北使,则出赎锾之羡以属郡。俾北走燕,南走建业,又南走吴郡,而购所谓《七略》之遗者,得《十三经》《二十一史》,衰周以至盛明诸文章计三千余卷,而典故比详之书亦与焉。印识其首尾,而归之郡,俾庋而钥之。诸宦游兹土者,若郡之为荐绅先生、博士弟子者,欲有所考诵,或就而翻,或请而诵。毕则仍居其所,期以有益毋损而已。
>
> 考之兹城之流寓,独有唐濮恭王泰。恭王之撰《志括地》,其蓄典籍逾于秘阁。及殁而施宅为寺,而遗书之存者无一也。岂其流离播迁之际有未易以自致者乎?余幸而当右文之代,力稍能得之。郡始有此书,以启异日文献之百一,庶几彬彬云尔。若乃侈大其事,而比于宛委二酉之藏,则有所不敢也。因劖之石,以告夫嗣余志者②。

此文较为详细地叙述了建藏书楼的缘起、购置图书资金及藏书的来源,所藏书的范围、藏书规模以及藏书管理与借阅图书的规则,已具备今日图书馆的借阅雏形。王世贞在郧阳创建的清美堂藏书楼,标度了自己希企后人继承自己的志向,不断扩大图书藏量的美好愿望。其清美堂藏书楼在公共藏书文化史上开先河的之创举,功在当代,利在千秋。

王世贞还根据郧阳士子读书应举的实际需求,除从外地收购书籍外,又编选刊刻及写定书籍多种,亲自编选科举切实之需的《四书文选》,序言云:“吾填郧所辖且六郡,而诸书生推其取科第,不能当吾吴之半。夫时义之为经五,而为书四。五经人各治其一,而四书则共治之。吾故择其精者以梓,而示诸书生。夫非欲诸书生剽其

---

① (清)迈柱等鉴修,夏力恕等编纂:《湖广通志》卷四十一《名宦志·王世贞》,见(清)永瑢、纪昀等编纂:《四库全书》第532册,上海古籍出版社1987年版,第597页。

② (明)王世贞《郧阳藏书记》,见王学范主编:《王世贞抚郧诗文集》,长江出版社2010年版,第358—360页。

语也，将欲因法而悟其指之所在也。”①

清道光三十年（1850）进士瑞安孙衣言藏书数万卷，有藏书处玉海楼。其藏书不拘旧律，极力倡导藏书服务地方教育。其亲自订立的《玉海楼藏书规约》约定，该藏书楼一则作为子孙后代读书之所，二则以供乡里人士借阅：“我子孙中如有得天隽敏，而加之以好学，能读终一书，而知其可好，则可以尽读他书，能尽读他书，则岂惟我楼所藏，虽深宁所未见，皆可以遍览而悉通也。异时词章之美，著述之富，庶几亦如深宁，斯不谓之可宝也乎？复取古人读书之法，及我今日藏书之意，具为条约，揭之堂壁，乡里后生，有读书之才，读书之志，而能无缪我约，皆可以就我庐，读我书。天下之宝，我固不欲为一家之储也。”②在光绪元年（1875）任安徽布政使时，曾向安庆府的敬敷书院捐赠古籍，达数百种之多，且多复本，以便学子诵习。所刻《永嘉丛书》四十八册十种，多为罕传秘籍，校勘刻印精雅。

清光绪九年（1883）进士慈溪严修藏书数万卷，且热心教育事业。任贵州学政四年间，曾捐资办学，为省城学古学院选高才生四十人住斋读书，广购书籍，恣其探讨，并刊印《輶轩语》《书目问答》《先正读书诀》等。卢弼记云：“黔省地处偏陬，民贫土瘠，苗蛮杂居，学风质朴，闳通淹雅之俦，恒不多觏。先生行部所至，以通经致用，励行敦品，训勉士林。随方施教，如课生徒，官而兼师，谆谆不倦。选高材生肄业省城学古书院，广购经籍，开启径涂，筚路蓝缕，功莫大焉。凡所经画，具见先生《使黔日记》中。”③

三、嘉惠士林

书籍稀少的古代，“借书一痴，还书一痴”之说有不少认同者，甚至有“鬻及借人为不孝”的训诫。然而，有一些江南进士在藏书利用方面相对开明，因其受益于藏书而期望藏书发挥更大作用，不仅满足自身阅读需要，而且乐于助益后学，嘉惠士林。

宋隆兴元年（1163）进士嘉兴闻人滋不仅藏书丰富而且乐于借人。《老学庵笔记》称其“喜留食客，然不过蔬豆而已。郡人求馆客者，多就谋之。又多蓄书，喜借人。自言作门客牙，充书籍行，开豆腐羹店”④。

明成化二十年（1484）进士吴县杨循吉喜聚书，致仕归里后尤勤于搜求奇籍、手自抄录不辍。为防止不知惜书的后代变卖其珍藏，其宁愿将藏书捐给愿意阅读之人。清人褚人获记之甚详：“杨君谦致仕归，读书支硎山南华寺。闻有奇籍，多方图致，手自抄录。尝题书橱云：‘吾家本市人，南濠居百年。自我始为士，家无一简编。

① 王学范主编：《王世贞抚郧诗文集》，长江出版社2010年版，第535页。

② （清）孙衣言撰：《玉海楼藏书记》，见潘猛补编：《温州历史文选》，作家出版社1998年版，第248页。

③ 卢弼《清故尤禄大夫学部左侍郎严公墓碑》，见卞孝萱、唐文权编著：《民国人物碑传集》卷四，凤凰出版社2011年版，第339页。

④ （宋）陆游撰：《老学庵笔记》卷一，见《陆放翁全集》上，中国书店1986年版，第4页。

辛勤一十载，购求心颇专。小者虽未备，大者亦略全。经史及子集，无非前古传。一一坚纸装，辛苦手自穿。当怒读则喜，当病读则痊。恃此用为命，纵横堆满前。当时作书者，非圣必大贤。岂待开卷看，抚弄亦欣然。奈何家人愚，心惟货财先。坠地不肯拾，坏烂无与怜。尽吾一生已，死不留一篇。朋友有读者，悉当相奉捐。胜遇不肖子，持去将鬻钱。'"①

明嘉靖十一年(1532)进士鄞县范钦藏书名满天下，对天一阁藏书守护甚严，但亦提供部分藏书的副本以飨同好。其同乡好友明隆庆二年(1568)进士鄞县沈一贯《范东明八十寿序》称："翁益购天下奇书藏之，而复取不经见者，副墨以广同好，于是四方又争受范司马嘉惠。"②

明万历三十二年(1604)进士山阴祁承㸁澹生堂藏书甚富，其《澹生堂藏书约》规定："子孙能读者，则以一人尽居之。不能读者，则以众人递守之。……亲友借观者，有副本则以应，无副本以辞，正本不得出家园外……"③在保存家族藏书的完整性上，实行有限的开放而惠及学林。

明末崇祯十年(1637)进士秀水曹溶明确提出藏书楼开放主张。遇有秘籍善本，并不限于独享。提倡古书应流通以广其传，书以致用，惠及后学。其《流通古书约》称："彼此藏书家，各就观目录，标出所缺者，先经注，次史逸，次文集，次杂说。视所著门类同，时代先后同，卷帙多寡同，约定有无相易，则主人自命门下之役精工缮写，校对无误，一两月间，各赍所钞互换。"④江南进士藏书大家缪荃孙评价《流通古书约》"为流通古书创一良法，藏书家能守此法，则单刻为千百化身，可以不致湮灭，尤为善计"⑤。

清乾隆四年(1739)进士钱塘袁枚在《黄生借书说》《散书记》《散书后记》等文中记述了自己借书、藏书、散书的经历。从中可以看出袁枚的书贵流通，嘉惠后学的开明理念。从其《黄生借书说》可以看出，袁枚设身处地为急需书籍的后学着想：

> 黄生允修借书，随园主人授以书而告之曰："书非借不能读也。子不闻藏书者乎？《七略》《四库》，天子之书。然天子读书者有几？汗牛塞屋，富贵家之书。然富贵人读书者有几？其他祖父积，子孙弃者，无论焉。非独书为然，天下

① (清)褚人获辑撰：《坚瓠集》丁集卷之四《题书橱》，上海古籍出版社2012年版，第309页。

② (明)沈一贯：《喙鸣文集》卷三《范东明八十寿序》，见《续修四库全书》编纂委员会、复旦大学图书馆古籍部编：《续修四库全书》第1357册，上海古籍出版社2003年版，第153页。

③ (明)祁承㸁《澹生堂藏书约》，见(明)祁承㸁等撰：《澹生堂藏书约》外八种，上海古籍出版社2005年版，第4—5页。

④ (明)祁承㸁《澹生堂藏书约》，见(明)祁承㸁等撰：《澹生堂藏书约》外八种，上海古籍出版社2005年版，第35页。

⑤ 缪荃孙《流通古书约跋》，见(明)祁承㸁等撰：《澹生堂书约》外八种，上海古籍出版社2005年版，第36页。

物亦然。非夫人之物而强假焉，必虑人逼取而惴惴焉，摩玩不已。曰：'今日存，明日去，吾不得而见之矣。'若业为吾所有，必高束焉，庋藏焉。曰：'姑俟异日观云尔。'余幼好书，家贫难致。有张氏藏书甚富。往借不与，归而形诸梦。其切如是。故有所览，辄省记。通籍后，俸去书来，落落大满。素蟫灰丝，时蒙卷轴，然后叹借者之用心专，而少时之岁月为可惜也。"今黄生贫类予，其借书亦类予。惟予之公书，与张氏之吝书，若不相类。然则予固不幸而遇张乎？生固幸而遇予乎？知幸与不幸，则其读书也必专，而其归书也必速。为一说，使与书俱①。

其《散书记》表示散书于众，可防止种种毁书之灾，虽散而实聚：

乾隆癸巳，天子下求书之诏。余所藏书传抄稍希者，皆献大府，或假宾朋，散去十之六七。人恤然若有所疑。余晓之曰：天下宁有不散之物乎？要使散得其所耳，要使于吾身亲见之耳。古之藏书人，当其手抄缣易，侈侈隆富，未尝不十倍于余。然而身后子孙有以《论语》为薪者，有以三十六万卷沉水者。牛弘所数五厄，言之慨然。今区区铅椠，得登圣人之兰台、石渠，为书计，业已幸矣。而且大府因之见功，宾朋因之致谢，为予计更幸矣。不特此也，凡物恃为吾有，往往庋置焉而不甚研阅。一旦漓然欲别，则郑重审谛之情生。予每散一帙，不忍决舍，必穷日夜之力，取其宏纲巨旨，与其新奇可喜者，腹存而手集之。是散于人，转以聚于己也。……此予散书之本志也②。

又有《散书后记》云：

书将散矣，司书者请问其目。余告之曰：凡书有资著作者，有备参考者。备参考者，数万卷而未足；资著作者，数千卷而有余。何也？著作者熔书以就己，书多则杂；参考者劳己以徇书，书少则漏。著作者如大匠造屋，常精思于明堂奥区之结构，而木屑竹头非所计也；考据者如计吏持筹，必取证于质剂契约之纷繁，而圭撮毫厘所必争也。二者皆非易也。

然而一主创，一主因；一凭虚而灵，一核实而滞；一耻言蹈袭，一尊事依傍；一类劳心，一类劳力。二者相较，著作胜矣。且先有著作而后有书，先有书而后有考据。以故著作者，始于《六经》，盛于周、秦，而考据之学，则自后汉末而始兴者也。郑、马笺注，业已回冗。其徒从而附益之，抨弹踳驳，弥弥滋甚。孔明厌

---

① 袁枚：《黄生借书说》，参见成绍宗选注：《列代名人诗文选注·袁枚文选》，北新书局1947年版，第109　110页。

② （清）袁枚撰，周本淳标校：《小仓山房诗文集·补遗》卷二十九《文集·散书记》，上海古籍出版社1988年版，第1776页。

之，故读书但观大略；渊明厌之，故读书不求甚解。二人者，一圣贤，一高士也。余性不耐杂，窃慕二人之所见，而又苦本朝考据之才之太多也，盍以书之备参考者尽散之①！

袁枚藏书、散书以利己利人之崇高境界，更令人敬佩。

清乾隆三十六年（1771）进士余姚籍周永年为公共藏书思想和实践者的代表，曾与同乡好友桂馥相约一起出资捐书筑藏书楼，取名为“借书园”。《清史稿》称周永年“见宋、元遗书湮没者多见采于《永乐大典》中，于是抉摘编摩，自永新刘氏兄弟《公是》《公非集》以下，凡得十余家，皆前人所未见者，咸著于录。又以为释、道有藏，儒者独无。乃开借书园，聚古今书籍十万卷，供人阅览传钞，以广流传”②。周永年藏书的目的之一是为学子学习提供方便，“借书园”的出现则标志着中国古代藏书思想发展到新的阶段，是中国传统封闭式藏书开始向近代开放式藏书转变的一个信号。

清光绪二年（1876）进士江阴缪荃孙1906年创办江南图书馆，任馆监督，促成丁丙八千卷楼藏书售与江南图书馆，是近代藏书史上具有积极意义之事。《缪艺风先生行状》称其曾“专办江南图书馆事，时江浙藏书家常熟瞿氏、归安陆氏、钱塘丁氏号为鼎足。陆氏书为日本购去，而丁氏亦中落，时论颇惧蹈陆氏覆辙，流落外邦，急赴浙与议，以七万金全购善本书室所藏”③。

清光绪六年（1880）进士镇海盛炳纬任编修间致力搜求善本，且如未第般苦读，同时助益地方书院。郑伟章《文献家通考》称其“名益显，而暗然不驰骛声气。日走海王村，求善本书归，下帷读攻苦，如未第时。久之，积书累十余万卷。督学江西时蠲所藏书三万卷于南昌经训书院”④。其藏书不仅供自己阅读，而且捐给南昌经训书院的藏书达到三万卷之巨，受益之后学当不在少数。

清光绪九年（1883）进士吴兴沈家本家富藏书、喜治目录学，提倡藏书之流通，使其为人所读，以有用于世，而不应束之高阁。其利用自己的藏书推动法律制度的进一步研究，以自己的实践为时人作出“藏以致用”的典范及惠及他人的行动。其在《枕碧楼丛书・自序》中云：“天下之物，以有用于世为贵。世苟知之，知而能用之，使物果足以副所用，则遂为有用之物矣。若有用之物而置诸无用之地，乌足贵？今夫书，物之至贵者也。藏书，又名之至贵者也。挟至贵之名，储至贵之物，天下称之。

① （清）袁枚撰，周本淳标校：《小仓山房诗文集・补遗》卷二十九《文集・散书记》，上海古籍出版社1988年版，第1777页。

② 赵尔巽等撰：《清史稿》卷四百八十一《列传二百六十八・周永年传》，第43册，中华书局1977年版，第13210—13211页。

③ （清）夏孙桐《缪艺风先生行状》，见闵尔昌录：《碑传集补》卷九，台湾文海出版社有限公司1980年版，第590页。

④ 郑伟章著：《文献家通考》卷二十一《盛炳纬》，中华书局1999年版，第1225页。

而其病则有二焉：一、失之贪多。贪多则鉴别不精，真伪杂糅。……一、失之固秘。固秘则孤本旧钞视为希有，什袭唯恐有失，不以示人。即或著诸目录以炫他人，而原书则废之深宫严宇之中，虽至友亦不获一睹。此正所谓有用之物置诸无用之地者，其病书受之，而人亦未尝不蒙其诟也。……窃谓藏书之家有二便焉：举藏本之精要者，叙厥源流，编成目录，风行于世；好学之士，得就目录中择其所必用者，乞代移写，不惮烦读，力任钞胥，由是一家之书可变为数家之书，且可为数十百家之书，流传遂广，则此书不第为世知并为世用矣。此其便一也。传写固佳，刊刻尤善，其为宏编巨帙，集资困难。若数卷之书以至十数卷之书，算字无多，匃工尚易。一付剞劂，则孤者不孤，秘者不秘，以一人好书之心，推之天下人好书之心，其心至公，其事斯溥，寻常之深藏固秘而等于无用者，如是则皆有用矣。此其便二也。夫私诸一人不若公诸天下人，此理之显然者也。私诸一人，而设遇刀兵水火之劫，归于无何有之乡，虽欲私之而不可得，此事之难料者也。则何若公诸天下，或此亡而彼存，或彼亡而此存，犹可希冀长留于天壤，岂非幸事哉！余抱此愿久矣，庚戌、辛亥之间，始检旧藏钞本陆续付刊，初意仿知不足斋之例，分若干集，世变猝来，此事多阻，蹉跎日月，仅成此编。凡得书十二种，皆旧钞世所罕见者，庶以免固秘之病。龄颓神衰，赓续无力，姑存此虚愿而已。岁在癸丑暮春之初，七十四叟沈家本。"[①]此心态气度充分展示了浙江进士藏书家把平生所聚书之书精华献给后人，为异日中华文化传承再尽心力，"以一人好书之心，推之天下人好书之心"，才能"其心至公"。刊刻己所藏秘籍而化身千万流布人间，是对藏以致用，惠泽学林沾溉学子的最好的诠释。

清光绪九年(1883)癸未科进士慈溪严修因爱书、读书而藏书，藏书达数万卷，作为研修学术之用。最后将大部分藏书捐赠出去，以化私为公，供众阅览，惠泽学林。严修在有生之年曾多次捐书，据《严修年谱》中记载，其督学贵州即光绪二十一年(1895)，"先生出京，轻装简从，惟携书共十四大箱，抵贵阳后，即置学舍。有记云：'诸生好学者苦不得书，而余行笥所携，一经出棚，便须束阁，日久丛积，将饱蟫蠹。商诸广文先生，存之学舍，以供多士之讽览。虽不能备，聊胜无也。凡书六十五种。'"[②]据目统计，经部 8 种、史部 15 种、子部 4 种、集部 34 种、丛部 3 种、类书 1 种，从此书目看所捐书纵贯古今，横及四部。至光绪末年，共捐图书 1342 部，给捐于天津教育品陈列馆内的图书室，此为天津最早的官办公众阅览室，后亦入天津图书馆[③]。《天津特别市市立第二图书馆概况》曾记：严修"侍郎又分馆之北楼(指玉皇

---

① (清)沈家本编：《枕碧楼丛书》卷首《自序》，知识产权出版社 2006 年版，第 1 页。

② 严修自订，高凌雯补，严仁曾增编，王承礼辑注，张平宁参校：《严修年谱》，齐鲁书社 1990 年版，第 51—52 页。

③ 黄立志、何建芬编著：《天津教育史六十年：1949—2009》第七章《解放后天津社会教育史》，中国物资出版社 2010 年版，第 250 页。

阁)，颜其额曰图书室，出图书 1342 种，列为其中，捐为津邑公有，供人阅览”①。1907 年 11 月，直隶提学使卢靖(字勉之，号木斋)以“保存国粹，宣传文化，辅助学校教育，增长社会知识”为宗旨，开始筹建直隶图书馆。又“鉴于津阜为南北交通、人文荟萃之区，民众约百万余户，急应设立图书馆，以飨学者。遂于是年十月，委任张公秀儒、储公毓轩筹备。翌年五月即正式成立”②，馆名为“直隶省图书馆”。严修“又捐家藏图书 1200 余种，5 万余卷(册)”③，奠定了该馆藏书基础。直隶省图书馆的藏书由后来的天津图书馆继承，成为该馆所藏古籍善本书的重要组成部分。《华北社会教育概览》中记载了严修捐赠图书的故实：“光绪三十一年(1905)，天津严侍郎将家藏图书一部分，计一千三百余种，捐赠于天津教育品陈列馆，以为日后开办图书馆之先声，名曰‘图书室’……嗣因捐赠图书者日众，遂于三十二年(1907)改隶于学务公所，名曰‘天津图书馆’。”④据此可知，严修率先捐出千余种私家藏书，设立公共图书馆，亦带动众多的捐书者，为建成天津历史上第一座公共图书馆奠定了良好的基础。又据《天津市图书馆志》记载，1919 年南开大学图书馆创立之初，严修捐赠 2000 美元，用于购书，并捐赠中文图书数百册；1924 年又捐赠《二十四史》《九通》等数十种古籍一万余卷，为南开大学图书馆初期建设作出重要贡献。严修逝世后，尚留有书籍约两千多册，天津解放后，由其后人联名将其藏书及个人诗文集、日记、杂记、函札等手稿，捐赠给天津图书馆。

清光绪二十九年(1903)进士仁和叶景葵，在抗战爆发后，图书文献大量沦亡或流落海外，尝约张元济、陈陶遗创设合众图书馆。张元济《杭州叶氏卷盦藏书目录序》云：“日寇蹂躏东南，故家沦替，图籍散亡，吾友叶君揆初忧之，奋然而起，邀余与陈君陶遗共同创办合众图书馆于上海，当此干戈扰攘之日，独负此为而不有之宏业，不屈不挠为祖国保存此大宗文献，其毅力为何如耶?”可见合众图书馆的创立，源于叶氏对历史文献整理与保护的责任感和使命感。叶景葵在《抱经堂藏书图》题记中言：“古今藏书家，或供怡悦，或勤纂述，或贻子孙，终不免有自利之见存。若为利人之藏书，则整理研究，传抄刊印，事事与自利相反，其功更溥，其传更久。此即先哲所云‘独乐不如众乐’，慎初其有意乎?”⑤顾廷龙描述叶景葵先生创办合众图书馆事业之理想时说：“书籍专收旧本，秘籍力谋流布，当别设编纂处。即就叶先生藏书而论，

---

① 天津市图书馆志编修委员会编著：《天津市图书馆志》第八篇《人物·严修》，天津人民出版社 1996 年版，第 330 页。

② 郭明杰编：《世界教育艺术大观·百年教育人物传记》之《严修·支持文化建设》，第 14 辑，远东出版社 2008 年版，第 47 页。

③ 天津市图书馆志编修委员会编著：《天津市图书馆志》第八篇《人物·严修》，天津人民出版社 1996 年版，第 331 页。

④ 章用秀著：《老天津善人善事》之《赈济救灾 不分你我》，天津人民出版社 2012 年版，第 166 页。

⑤ 叶景葵著，顾廷龙编：《叶景葵杂著》之《卷盦札记·朱遂翔以抱经堂藏书图属题》，上海古籍出版社 1986 年版，第 191 页。

名人未刻之稿当为刊传，批本、校本当为移录，汇而刊之。罕见之本当与通行本互校，别撰校记，以便学者。编纂目的，专为整理，不为新作，专为前贤行役，不为个人张本。图书馆之使命一为典藏，一为传布。"[①]合众图书馆"志在使先贤未刊之稿或刊而难得之作广其流传"。叶景葵倡立馆之旨即建设一专门国粹之图书馆，化身千百，嘉惠来学。

合众图书馆成立之初，叶景葵"搜残编于乱后，系遗献于垂亡，已将敝斋旧藏悉数捐赠"[②]。其后十三年间，共捐书3344种，34160册[③]。叶氏藏书目有《卷盦书目》五卷，该书目总计著录卷盦旧藏2878部，31567册。1956年，顾廷龙收集叶氏历年读书题记、序跋205篇辑成《卷盦书跋》并印行。合众图书馆藏书至新中国成立时达30万余册，新中国成立后更名上海市历史文献图书馆，后归入上海图书馆。顾廷龙于1956年12月总结叶景葵先生藏书云："先生年逾五十，始致力于珍本之搜集。每得异本，必手为整比，详加考订，或记所闻，或述往事，或作评骘，或抒心得，而以鉴别各家之笔迹，眼明心细，不爽毫黍。所撰跋语，精义蕴蓄，有如津逮宝筏，裨益后学者甚巨。毕生手校及过校者颇多要籍，他日当别谋汇印，以附于抱经、丹铅、存斋之列。综一人之心得，俾百世之取资，采撷果实，其效弥宏，前修之勤业，庶不负矣。""先生晚年适丁丧乱，目睹江南藏书纷纷流散，文化遗产之沦胥，爽焉心伤，遂发愿创设文史专门图书馆，捐书捐赀，乃克有成。命名曰'合众'，盖寓众擎易举之意，即今之上海市历史文献图书馆是也。十余年来利泽群众，为科学研究者所称便。"[④]

民国十三年（1924），张元济发起第三次补抄文澜阁《四库全书》，叶景葵捐资二百银元，对补抄文澜阁库书作出贡献。叶景葵逝世后，张元济作《挽诗》云：

> 万卷输将尽，豪情亦罕闻。君能成众志，天未丧斯文。
> 差比曹仓富，还防秦火焚。敢忘后死责，努力赴艰辛[⑤]。

---

① 顾廷龙著：《顾廷龙文集》下编《创办合众图书馆意见书》，上海科学技术文献出版社2002年版，第604页。

② 叶景葵著，顾廷龙编：《卷盦书跋·恬养斋文钞》，古典文献出版社1957年版，第154页。

③ 按：第一年：捐书1822种，19883册，359张，金石拓片1包，1幅。第二年：捐精本、普通本书籍945种，11999册；金石拓片80包。第三年：捐批校本和普通本95种，244册；金石拓本19轴，捐叶浩吾旧藏书籍拓本共53包（数量不清）。第四年：捐书35种，229册，2张，1卷；金石拓片8种，59张。第五年：捐书242种，1339册，7张，金石拓片6种，9张。第六年：捐书112种，197册，2张。第七年：捐书18种，19册。第八年：捐书32种，63册；金石拓片1种，2张。第九年：捐书53种，93册，1张；金石拓片1种，1包。第十年：捐书61种，84册，2张，4卷，3包；金石拓片15种，33张。第十一年：捐书3种，7册。第十三年：叶景葵逝世后，其家人继续捐书21种，3册；金石拓片6种，7张，1册。

④ 叶景葵著，顾廷龙编：《卷盦书跋·卷盦书跋后记》，古典文献出版社1957年版，第190页。

⑤ 张元济《挽诗四首》，见顾廷龙编：《叶景葵杂著》之《附录一》，上海古籍出版社1986年版，第424页。

附录:江南历代进士藏书家名录

一、唐代江南进士藏书家名录

(一)唐代江南(今苏南)

马怀素,唐调露二年(680)庚辰科进士。

陆馀庆,唐嗣圣元年(684)甲申科进士(按:商榷)。

张　籍,唐贞观十五年(799)己卯科进士。

(二)唐代江南(今浙江)

冯　宿,唐贞元八年(792)壬申科进士。

朱庆馀,唐宝历二年(826)丙午科进士。

二、宋代江南进士藏书家名录

(一)宋代江南(今苏南)

平江府

侍其玮,宋皇祐二年(1050)庚寅科进士。

朱长文,宋嘉祐四年(1059)己亥科进士。

章　甫,宋熙宁三年(1070)庚戌科进士。

曾　旼,宋熙宁六年(1073)癸丑科进士。

叶梦得,宋绍圣四年(1097)丁丑科进士。

钱观复,宋正和五年(1115)乙未科进士。

郑　时,宋宣和六年(1124)甲辰科进士。

严　焕,宋绍兴十二年(1142)壬戌科进士。

李　衡,宋绍兴十五年(1145)乙丑科进士。

钱　佃,宋绍兴十五年(1145)乙丑科进士。

钱　俣,宋绍兴二十一年(1151)辛未科进士。

张　攀,宋淳熙十二年(1185)乙巳科进士。

孔元忠,宋庆元二年(1196)丙辰科进士。

赵　绀,宋嘉泰二年(1202)壬戌科进士。

镇江府

刁　约,宋天圣八年(1030)庚午科进士。

史正志，宋绍兴二十一年（1151）辛未科进士。

汤修年，宋绍兴二十四年（1154）甲戌科进士。

常　州

张　嬖，宋治平四年（1067）丁未科进士。

慕容彦逢，宋元祐三年（1088）戊辰科进士。

孙　觌，宋大观三年（1109）己丑科进士。

无　锡

尤　辉，宋绍圣元年（1094）甲戌科进士。

尤　袤，宋绍兴十八年（1148）戊辰科进士。

尤　森，宋庆元五年（1199）己未科进士。

（二）宋代江南（今浙江）

临安府（杭州）

姚　铉，宋太平兴国八年（983）癸未科进士。

盛　度，宋端拱二年（989）己丑科进士。

关景仁，宋嘉祐四年（1059）己亥科进士。

关　注，宋绍兴五年（1135）乙卯科进士。

沈　括，宋嘉祐八年（1063）癸卯科进士。

方　蒙，宋治平四年（1067）丁未科进士。

洪　皓，宋政和五年（1115）乙未科进士。

方　悫，宋宣和元年（1119）己亥科进士。

洪　适，宋绍兴十二年（1142）壬戌科进士。

洪　迈，宋绍兴十五年（1145）乙丑科进士。

赵汝谈，宋淳熙十一年（1184）甲辰科进士。

洪咨夔，宋嘉泰二年（1202）壬戌科进士。

邵桂子，宋咸淳七年（1271）辛未科进士。

廖莹中，宋代进士，登科年不详。

嘉兴府

闻人滋，宋隆兴元年（1163）癸未科进士。

娄　机，宋乾道二年（1166）丙戌科进士。

赵汝愚，宋乾道二年（1166）丙戌科进士。

赵崇宪，宋淳熙十一年（1184）甲辰科进士。

赵孟坚，宋宝庆二年（1226）丙戌科进士。

安吉州（湖州）

莫君陈，宋嘉祐二年（1057）丁酉科进士。

沈　偕，宋元丰二年(1079)己未科进士。
鲍慎由，宋元祐六年(1091)辛未科进士。
沈长卿，宋建炎二年(1128)戊申科进士。
沈　介，宋绍兴八年(1138)戊午科进士。
莫　汲，宋绍兴十八年(1148)戊辰科传胪。
施元之，宋绍兴二十四年(1154)甲戌科进士。
沈　瀛，宋绍兴三十年(1160)庚辰科进士。
倪　思，宋乾道二年(1166)丙戌科进士。
施　宿，宋绍熙四年(1193)癸丑科进士。
赵与懃，宋嘉定十三年(1220)庚辰科进士。

庆元府

王　该，宋庆历六年(1046)丙申科进士。
楼　郁，宋皇祐五年(1053)癸巳科进士。
丰　稷，宋嘉祐四年(1059)己亥科进士。
陈　谧，宋嘉祐八年(1063)癸卯科进士。
王　欢，宋元丰五年(1082)壬戌科进士。
王　瓘，宋元丰五年(1082)壬戌科进士。
楼　异，宋元丰八年(1085)乙丑科进士。
陈　禾，宋元符三年(1100)庚辰科进士。
史　才，宋政和八年(1118)戊戌科进士。
王　勋，宋政和八年(1118)戊戌科进士。
史师雄，宋绍兴五年(1135)乙卯科进士。
陈　曦，宋绍兴八年(1138)戊午科进士。
姜　浩，宋绍兴十二年(1142)壬戌科进士。
史　浩，宋绍兴十五年(1145)乙丑科进士。
高文虎，宋绍兴三十年(1160)庚辰科进士。
赵彦逾，宋绍兴三十年(1160)庚辰科进士。
楼　钥，宋隆兴元年(1163)癸未科进士。
史弥大，宋乾道五年(1169)己丑科进士。
袁　章，宋乾道五年(1169)己丑科进士。
袁　燮，宋淳熙八年(1181)辛丑科进士。
高似孙，宋淳熙十一年(1184)甲辰科进士。
史弥忠，宋淳熙十四年(1187)丁未科进士。
袁　韶，宋淳熙十四年(1187)丁未科进士。

姜　柄,宋绍熙四年(1193)癸丑科进士。

楼　昉,宋绍熙四年(1193)癸丑科进士。

陈　概,宋庆元五年(1199)己未科进士。

袁　甫,宋嘉定七年(1214)甲戌科状元。

王　抟,宋嘉定十六年(1223)癸未科进士。

王应麟,宋淳祐元年(1241)辛丑科进士。

黄　震,宋宝祐四年(1256)丙辰科进士。

史蒙卿,宋咸淳元年(1265)乙丑科进士。

绍兴府

陆　轸,宋大中祥符五年(1012)壬子科进士。

石待旦,宋天禧三年(1019)己未科进士。

石亚之,宋庆历二年(1042)壬午科进士。

石牧之,宋庆历二年(1042)壬午科进士。

陆　佃,宋熙宁三年(1070)庚戌科探花。

石公弼,宋元祐六年(1091)辛未科进士。

李　光,宋崇宁五年(1106)丙戌科进士。

陆　游,宋绍兴三十二年(1162)赐进士出身。

石　塾,宋绍兴十五年(1145)乙丑科进士。

黄　度,宋隆兴元年(1163)癸未科进士。

赵师龙,宋隆兴二年(1164)甲辰科进士。

石宗昭,宋乾道八年(1172)壬辰科进士。

婺　州

郑刚中,宋绍兴二年(1132)壬子科进士。

王　淮,宋绍兴十五年(1145)乙丑科进士。

何　恪,宋绍兴三十年(1160)庚辰科进士。

潘景宪,宋隆兴元年(1163)癸未科进士。

王厚之,宋乾道二年(1166)丙戌科进士。

瑞安府(温州)

陈傅良,宋乾道八年(1172)壬辰科进士。

台州府

陈贻序,宋治平三年(1066)丙午科进士。

罗　适,宋治平三年(1066)丙午科进士。

陈贻范,宋治平四年(1067)丁未科进士。

李　庚,宋绍兴十五年(1145)乙丑科进士。

陈　騤，宋绍兴二十四年(1154)甲戌科进士。
蔡　镐，宋淳熙二年(1175)乙未科进士(武榜)。
谢采伯，宋嘉泰二年(1202)壬戌科进士。
丁　木，宋嘉定四年(1211)辛未科进士。
陈耆卿，宋嘉定七年(1214)甲戌科进士。
黄　石，宋嘉定十年(1217)丁丑科进士。
贾似道，宋嘉熙二年(1238)戊戌科进士。
胡三省，宋宝祐四年(1256)丙辰科进士。
王　所，宋咸淳元年(1265)乙丑科进士。

衢　州

赵子昼，宋大观元年(1107)丁亥科进士。
赵希瀞，宋嘉定十年(1217)丁丑科进士。

处　州

周启明，宋大中祥符五年(1012)壬子科进士。
胡　份，宋元丰八年(1085)乙丑科进士。

(三)宋代江南(徽州)

聂冠卿，宋大中祥符五年(1012)壬子科进士。
王汝舟，宋皇祐五年(1053)癸巳科进士。
汪　藻，宋宋崇宁二年(1103)癸未科进士。
汪　杞，宋建炎二年(1128)戊申科进士。
宋松年，宋绍兴八年(1138)戊午科进士。
朱　熹，宋绍兴十八年(1148)戊辰科进士。
程大昌，宋绍兴二十一年(1151)辛未科进士。
胡　博，宋绍兴二十一年(1151)辛未科进士。
胡　持，宋隆兴元年(1163)癸未科进士。
滕　璘，宋淳熙八年(1181)辛丑科进士。
程　卓，宋淳熙十一年(1184)甲辰科进士。
程　秘，宋绍熙四年(1193)癸丑科进士。
汪一龙，宋咸淳四年(1268)戊辰科进士。

三、元代江南进士藏书家名录

程端学，元至治元年(1321)辛酉科进士。
贡师泰，元泰定四年(1327)丁卯科进士。
杨维桢，元泰定四年(1327)丁卯科进士。
刘　基，元元统元年(1333)癸酉科进士。

四、明代江南进士藏书家名录

(一)明代江南(今苏南)

应天府

孙　本,明正统元年(1436)丙辰科进士。

张　瑄,明正统七年(1442)壬戌科进士。

金　绅,明景泰五年(1454)甲戌科进士。

梅　纯,明成化十七年(1481)辛丑科进士。

顾　璘,明弘治九年(1496)丙辰科进士。

罗　凤,明弘治九年(1496)丙辰科进士。

张　习,明成化五年(1496)己丑科进士。

顾　瑮,明正德九年(1514)甲戌科进士。

王　暐,明正德十二年(1517)丁丑科进士。

司马泰,明嘉靖二年(1523)癸未科进士。

谢少南,明嘉靖十一年(1532)壬辰科进士。

黄　甲,明嘉靖二十九年(1550)庚戌科进士。

胡汝嘉,明嘉靖三十二年(1553)己丑科进士。

姚汝循,明嘉靖三十五年(1556)丙辰科进士。

吴自新,明隆庆二年(1568)戊辰科进士。

王尧封,明万历十一年(1583)癸未科进士。

焦　竑,明万历十七年(1589)己丑科状元。

朱之蕃,明万历二十三年(1595)乙未科状元。

顾元起,明万历二十六年(1598)戊戌科探花。

丁明登,明万历四十四年(1616)丙辰科进士。

苏州府

陆子高,明洪武二十四(1391)辛未科探花。

徐有贞,明宣德八年(1433)癸丑科进士。

伊　侃,明正统元年(1436)丙辰科进士。

莫　震,明正统四年(1439)己未科进士。

刘　昌,明正统十年(1445)乙丑科进士。

叶　盛,明正统十年(1445)乙丑科进士。

陈　鉴,明正统十三年(1448)戊辰科榜眼。

程　宗,明景泰二年(1451)辛未科进士。

陆　釴,明天顺八年(1464)甲申科榜眼。

陆　容,明成化二年(1466)丙戌科进士。

徐　恪，明成化二年(1466)丙戌科进士。

瞿　俊，明成化五年(1469)己丑科进士。

姜　昂，明成化八年(1472)壬辰科进士。

吴　宽，明成化八年(1472)壬辰科状元。

王　鏊，明成化十一年(1475)乙未科探花。

王　侨，明成化十一年(1475)乙未科进士。

吴　瑞，明成化十一年(1475)乙未科进士。

徐　源，明成化十一年(1475)乙未科进士。

周　木，明成化十一年(1475)乙未科进士。

冯　玘，明成化十七年(1481)辛丑科进士

杨循吉，明成化二十年(1484)甲辰科进士。

陆　完，明成化二十三年(1487)丁未科进士。

苏　奎，明成化二十三年(1487)丁未科进士。

张安甫，明弘治三年(1490)庚戌科进士。

皇甫録，明弘治六年(1493)癸丑科进士。

王献臣，明弘治六年(1493)癸丑科进士。

顾　潜，明弘治九年(1496)丙辰科进士。

朱希周，明弘治九年(1496)丙辰科状元。

丁　仁，明弘治十二年(1499)己未科进士。

都　穆，明弘治十二年(1499)己未科进士。

钱仁夫，明弘治十二年(1499)己未科进士。

陈　察，明弘治十五年(1502)壬戌科进士。

陆　经，明弘治十五年(1502)壬戌科进士。

顾鼎臣，明弘治十八年(1505)乙丑科状元。

魏　校，明弘治十八年(1505)乙丑科进士。

徐　缙，明弘治十八年(1505)乙丑科进士。

丁　奉，明正德三年(1508)戊辰科进士。

方　鹏，明正德三年(1508)戊辰科进士。

陆　伸，明正德三年(1508)戊辰科进士。

周　坤，明正德三年(1508)戊辰科进士。

卢　雍，明正德六年(1511)辛未科进士。

周　震，明正德六年(1511)辛未科进士。

顾　济，明正德十二年(1517)丁丑科进士。

顾　溱，明正德十六年(1521)辛巳科进士。

陆　釴，明正德十六年（1521）辛巳科榜眼。
王同祖，明正德十六年（1521）辛巳科进士。
张　寰，明正德十六年（1521）辛巳科进士。
顾梦圭，明嘉靖二年（1523）癸未科进士。
陆　粲，明嘉靖五年（1526）丙戌科进士。
王　守，明嘉靖五年（1526）丙戌科进士。
杨　仪，明嘉靖五年（1526）丙戌科进士。
袁　袠，明嘉靖五年（1526）丙戌科传胪。
陈　儒，明嘉靖八年（1529）己丑科进士。
皇甫汸，明嘉靖八年（1529）己丑科进士。
王穀祥，明嘉靖八年（1529）己丑科进士。
皇甫涍，明嘉靖十一年（1532）壬辰科进士。
钱　籍，明嘉靖十一年（1532）壬辰科进士。
周复俊，明嘉靖十一年（1532）壬辰科进士。
陈　鎏，明嘉靖十七年（1538）戊戌科进士。
陆师道，明嘉靖十七年（1538）戊戌科进士。
赵承谦，明嘉靖十七年（1538）戊戌科进士。
金世龙，明嘉靖二十年（1541）辛丑科进士。
王　忬，明嘉靖二十年（1541）辛丑科进士。
严　讷，明嘉靖二十年（1541）辛丑科进士。
刘　凤，明嘉靖二十三年（1544）甲辰科进士。
缪　宣，明嘉靖二十三年（1544）甲辰科进士。
瞿景淳，明嘉靖二十三年（1544）甲辰科榜眼。
王世贞，明嘉靖二十六年（1547）丁未科进士。
钱之选，明嘉靖二十九年（1550）庚戌科进士。
周后叔，明嘉靖二十九年（1550）庚戌科进士。
顾章志，明嘉靖三十二年（1553）癸丑科进士。
陈　瓒，明嘉靖三十五年（1556）丙辰进士。
葛邦典，明嘉靖三十五年（1556）丙辰进士。
王世懋，明嘉靖三十八年（1559）己未科进士。
申时行，明嘉靖四十一年（1562）壬戌科状元。
王锡爵，明嘉靖四十一年（1562）壬戌科榜眼。
归有光，明嘉靖四十四年（1565）乙丑科进士。
王执礼，明嘉靖四十四年（1565）乙丑科进士。

周　铎，明嘉靖四十四年（1565）乙丑科进士。
顾大典，明隆庆二年（1568）戊辰科进士。
韩世能，明隆庆二年（1568）戊辰科进士。
赵用贤，明隆庆五年（1571）辛未科进士。
顾绍芳，明万历五年（1577）丁丑科进士。
马玉麟，明万历五年（1577）丁丑科进士。
邵　鏊，明万历十四年（1586）丙戌科进士。
孙文龙，明万历十七年（1589）己丑科进士。
王士骐，明万历十七年（1589）己丑科进士。
王禹声，明万历十七年（1589）己丑科进士。
顾天埈，明万历二十年（1592）壬辰科探花。
翁宪祥，明万历二十年（1592）壬辰科进士。
翁愈祥，明万历二十六（1598）戊戌科进士。
葛锡番，明万历二十九年（1601）辛丑科进士。
缪国维，明万历二十九年（1601）辛丑科进士。
瞿汝说，明万历二十九年（1601）辛丑科进士。
王　衡，明万历二十九年（1601）辛丑科榜眼。
钱时俊，明万历三十二年（1604）甲辰科进士。
钱谦益，明万历三十八年（1610）庚戌科探花。
顾天宠，明万历四十四年（1616）丙辰科进士。
瞿式耜，明万历四十四年（1616）丙辰科进士。
孙朝肃，明万历四十四年（1616）丙辰科进士。
顾锡畴，明万历四十七年（1619）己未科进士。
陈仁锡，明天启二年（1622）壬戌科探花。
文震孟，明天启天启二年（1622）壬戌科状元。
叶重华，明崇祯元年（1628）戊辰科进士。
孙朝让，明崇祯四年（1631）辛未科进士。
吴伟业，明崇祯四年（1631）辛未科榜眼。
张　溥，明崇祯四年（1631）辛未科进士。
归起先，明崇祯十六年（1643）癸未科进士。

常州府

盛　颙，明景泰二年（1451）辛未科进士。
邵　宝，明成化二十年（1484）甲辰科进士。
张　恺，明成化二十年（1484）甲辰进士。

秦　金，明弘治六年（1493）癸丑科进士。
谈　恺，明嘉靖五年（1526）丙戌科进士。
唐顺之，明嘉靖八年（1529）己丑科进士。
薛应旂，明嘉靖十四年（1535）乙未科进士。
华　云，明嘉靖二十年（1541）辛丑科进士。
万士和，明嘉靖二十年（1541）辛丑科进士。
蒋　孝，明嘉靖二十三年（1544）甲辰科进士。
秦　禾，明嘉靖三十二年（1553）癸丑科进士。
吴子义，明嘉靖四十四年（1565）乙丑科进士。
顾宪成，明万历八年（1580）庚辰科进士。
徐常吉，明万历十一年（1583）癸未科进士。
李应升，明万历四十四年（1616）丙辰科进士。
周诗雅，明万历四十七年（1619）己未科进士。

镇江府

杨一清，明成化八年（1472）壬辰科进士。
史　学，明成化二十三年（1487）丁未科进士。
王肯堂，明万历十七年（1589）己丑科进士。
贺世寿，明万历三十八年（1610）庚戌科进士。
贺王盛，明崇祯元年（1628）戊辰科进士。

（二）明代江南（今浙江）

杭州府

王　羽，明洪武二十四年（1391）辛未科进士。
洪　钟，明成化十一年（1475）乙未科进士。
田汝成，明嘉靖五年（1526）丙戌科进士。
张　瀚，明嘉靖十四年（1535）乙未科进士。
方九叙，明嘉靖二十三年（1544）甲辰科进士。
徐　桂，明隆庆五年（1571）辛未科进士。
陈与郊，明万历二年（1574）甲戌科进士。
虞淳熙，明万历十一年（1583）癸未科进士。
祝以豳，明万历十四年（1586）丙戌科进士。
翁汝进，明万历二十三年（1595）乙未科进士。
翁汝遇，明万历二十六年（1598）戊戌科进士。
何允中，明天启二年（1622）壬戌科进士。
吴太冲，明崇祯四年（1631）辛未科进士。

徐　灏，明崇祯七年（1634）甲戌科进士。
钱喜起，明崇祯十三年（1640）庚辰科进士。

嘉兴府

项　忠，明正统七年（1442）壬戌科进士。
姚　绶，明天顺八年（1464）甲申科进士。
项　经，明成化二十三年（1487）丁未科进士。
吴　昂，明弘治十八年（1505）乙丑科进士。
赵　汉，明正德六年（1511）辛丑科进士。
钟　梁，明正德九年（1514）甲戌科进士。
许相卿，明正德十二年（1517）丁丑科进士。
郑　晓，明嘉靖二年（1523）癸未科进士。
闻人诠，明嘉靖五年（1526）丙戌科进士。
沈　谧，明嘉靖八年（1529）己丑科进士。
钱　薇，明嘉靖十一年（1532）壬辰科进士。
胡宪仲，明嘉靖二十九年（1550）庚戌科进士。
包柽芳，明嘉靖三十五年（1556）丙辰科进士。
黄　錝，明嘉靖三十五年（1556）丙辰科进士。
沈启原，明嘉靖三十八年（1559）己未科进士。
严从简，明嘉靖三十八年（1559）己未科进士。
沈元华，明嘉靖四十一年（1562）壬戌科进士。
项笃寿，明嘉靖四十一年（1562）壬戌科进士。
郑履淳，明嘉靖四十一年（1562）壬戌科进士。
屠元沐，明嘉靖四十四年（1565）乙丑科进士。
沈懋孝，明隆庆二年（1568）戊辰科进士。
黄洪宪，明隆庆五年（1571）辛未科进士。
冯梦祯，明万历五年（1577）丁丑科进士。
沈自邠，明万历五年（1577）丁丑科进士。
马维铭，明万历八年（1580）庚辰科进士。
朱国祚，明万历十一年（1583）癸未科状元。
陈于王，明万历十四年（1586）丙戌科进士。
黄承玄，明万历十四年（1586）丙戌科进士。
袁　黄，明万历十四年（1586）丙戌科进士。
陈懿典，明万历二十二年（1592）壬辰科进士。
李日华，明万历二十二年（1592）壬辰科进士。

沈孚先，明万历二十六年(1598)戊戌科进士。
项鼎铉，明万历二十九年(1601)辛丑科进士。
过庭训，明万历三十二年(1604)甲辰科进士。
包鸿逵，明万历三十八年(1610)庚戌科进士。
贺万祚，明万历三十八年(1610)庚戌科进士。
黄承昊，明万历四十四年(1616)丙辰科进士。
高道素，明万历四十七年(1619)己未进士。
项梦原，明万历四十七年(1619)己未科进士。
袁　俨，明天启五年(1625)乙丑科进士。
陈龙正，明崇祯七年(1634)甲戌科进士。
项声国，明崇祯七年(1634)甲戌科进士
曹　溶，明崇祯十年(1637)丁丑科进士。
高承埏，明崇祯十三年(1640)庚辰科进士。

湖州府

陈　霆，明弘治十五年(1502)壬戌科进士。
唐　枢，明嘉靖五年(1526)丙戌科进士。
沈应龙，明嘉靖十四年(1535)乙未科进士。
施　峻，明嘉靖十四年(1535)乙未科进士。
茅　坤，明嘉靖十七年(1538)戊戌科进士。
徐中行，明嘉靖二十九年(1550)庚戌科进士。
凌迪知，明嘉靖三十五年(1556)丙辰科进士。
沈节甫，明嘉靖三十八年(1559)己未科进士。
臧懋循，明万历八年(1580)庚辰科进士。
茅国缙，明万历十一年(1583)癸未科进士。
骆骎曾，明万历二十六年(1598)戊戌科进士。
闵洪学，明万历二十六年(1598)戊戌科进士。
王继贤，明万历二十九年(1601)辛丑科进士。
潘曾纮，明万历四十四年(1616)丙辰科进士。
凌义渠，明天启五年(1625)乙丑科进士。
闵及申，明崇祯元年(1628)戊辰科进士。

严州府

商　辂，明正统十年(1445)乙丑科状元。

宁波府

杨守陈，明景泰二年(1451)辛未科进士。

丰　熙，明弘治十二年（1499）己未科榜眼。

孙　胜，明弘治十八年（1505）乙丑科进士。

张邦奇，明弘治十八年（1505）乙丑科进士。

丰　坊，明嘉靖二年（1523）癸未科进士。

李循义，明嘉靖二年（1523）癸未科进士。

张时彻，明嘉靖二年（1523）癸未科进士。

陈　束，明嘉靖八年（1529）己丑科进士。

范　钦，明嘉靖十一年（1532）壬辰科进士。

全元立，明嘉靖十四年（1535）乙未科进士。

杨美益，明嘉靖二十六年（1547）丁未科进士。

戴　琼，明嘉靖四十一年（1562）壬戌科进士。

余有丁，明嘉靖四十一年（1562）壬戌科探花。

屠　隆，明万历五年（1577）丁丑科进士。

全天叙，明万历十四年（1586）丙戌科进士。

范汝梓，明万历三十二年（1604）甲辰科进士。

陈朝辅，明万历四十四年（1616）丙辰科进士。

孙传能，明万历四十四年（1616）丙辰科进士。

朱　陛，明天启二年（1622）壬戌科进士。

谢三宾，明天启五年（1625）乙丑科进士。

温州府

章　纶，明正统十年（1445）乙丑科进士。

张　璁，明正德十六年（1521）庚辰科进士。

王光经，明万历三十五年（1607）丁未科传胪。

绍兴府

孙　陞，明嘉靖十四年（1535）乙未科榜眼。

钮石溪，明嘉靖二十年（1541）辛丑科进士。

胡　安，明嘉靖二十三年（1544）甲辰科进士。

祁　清，明嘉靖二十六年（1547）丁未科进士。

张天复，明嘉靖二十六年（1547）丁未科进士。

胡维新，明嘉靖三十八年（1559）己未科进士。

张元忭，明隆庆五年（1571）辛未科状元。

孙　鑛，明万历二年（1574）甲戌科进士。

孙如法，明万历十一年（1583）癸未科进士。

刘　毅，明万历十七年（1589）己丑科进士。

陶望龄，明万历十七年（1589）己丑科探花。

张汝霖，明万历二十三年（1595）乙未科进士。

祁承㸁，明万历三十二年（1604）甲辰科进士。

胡敬辰，明天启二年（1622）壬戌科进士。

倪元璐，明天启二年（1622）壬戌科进士。

祁彪佳，明天启二年（1622）壬戌科进士。

孙嘉绩，明崇祯十年（1637）丁丑科进士。

金华府

虞守愚，明嘉靖二年（1523）癸未科进士。

胡　僖，明嘉靖三十八年（1559）己未科进士。

台州府

郑　华，明洪武三十年（1397）丁丑科进士。

林　鹗，明景泰二年（1451）辛未科进士。

陈　选，明天顺四年（1460）庚辰科进士。

黄孔昭，明天顺四年（1460）庚辰科进士。

谢　铎，明天顺八年（1464）甲申科进士。

陈　绮，明成化十四年（1478）戊午科进士。

黄　俌，明成化十七年（1481）辛丑科进士。

叶良佩，明嘉靖二年（1523）癸未科进士。

王宗沐，明嘉靖二十三年（1544）甲辰科进士。

王士昌，明万历十四年（1586）丙戌科进士。

处州府

应　槚，明嘉靖五年（1526）丙戌科进士。

何　镗，明嘉靖二十六年（1547）丁未科进士。

衢州府

徐应秋，明万历四十四年（1616）丙辰科进士。

（三）明代江南（今上海）

钱　溥，明正统四年（1439）己未科进士。

郁文博，明景泰五年（1454）甲戌科进士。

陆　深，明弘治十八年（1505）乙丑科传胪。

沈　霁，明正德六年（1511）辛未科进士。

孙承恩，明正德六年（1511）辛未科进士。

李　儒，明正德九年（1514）甲戌科进士。

潘　恩，明嘉靖二年（1523）癸未科进士。

莫如忠，明嘉靖十七年(1538)戊戌科进士。
何良傅，明嘉靖二十年(1541)辛丑科进士。
陆树声，明嘉靖二十年(1541)辛丑科进士。
朱大韶，明嘉靖二十六(1547)丁未科进士。
秦嘉楫，明嘉靖三十八年(1559)己未科进士。
潘允端，明嘉靖四十一年(1562)壬戌科进士。
潘允哲，明嘉靖四十四年(1565)乙丑科进士。
王　圻，明嘉靖四十四年(1565)乙丑科进士。
董其昌，明万历十七年(1589)己丑科传胪。
陆彦章，明万历十七年(1589)己丑科进士。
范允临，明万历二十三年(1595)乙未科进士。
徐光启，明万历三十二年(1604)甲辰科进士。
张泰阶，明万历四十七年(1619)己未科进士。
黄淳耀，明崇祯十六年(1643)癸未科进士。

(四)明代江南(徽州)

程敏政，明成化二年(1466)丙戌科榜眼。
王献芝，明嘉靖十一年(1532)壬辰科进士。
汪道昆，明嘉靖二十六年(1547)丁未科进士。
胡　宥，明隆庆五年(1571)辛未科进士。
汪以时，明万历十七年(1589)己丑科进士。

五、清代江南进士藏书家名录

(一)清代江南(今苏南)

江宁府

笪重光，清顺治九年(1652)壬辰科进士。
熊赐履，清顺治十五年(1658)戊戌科进士。
张敦仁，清乾隆四十三年(1778)戊戌科进士。
唐仲冕，清乾隆五十八年(1793)癸丑科进士。
唐　鉴，清嘉庆十四年(1809)己巳恩科进士。
甘　熙，清道光十八年(1838)戊戌科进士。
陈　立，清道光二十一年(1841)辛丑科进士。
郑嵩龄，清同治七年(1868)戊辰科进士。
邓邦述，清光绪二十四年(1898)戊戌科进士。

苏州府

顾予咸，清顺治三年(1646)丙戌科进士。

钱朝鼎，清顺治四年（1647）丁亥科进士。

孙　鲁，清顺治九年（1652）壬辰科进士。

汪　琬，清顺治十二年（1655）乙未科进士。

许　虬，清顺治十五年（1658）戊戌科进士。

彭　珑，清顺治十六年（1659）己亥科进士。

徐元文，清顺治十六年（1659）己亥科状元。

叶方蔼，清顺治十六年（1659）己亥科探花。

蒋德埈，清顺治十八年（1661）辛丑科进士。

徐与乔，清顺治十八年（1661）辛丑科进士。

叶豹文，清康熙三年（1664）甲辰科进士。

缪　彤，清康熙六年（1667）丁未科状元。

徐乾学，清康熙九年（1670）庚戌科探花。

韩　菼，清康熙十二年（1673）癸丑科状元。

蒋　伊，清康熙十二年（1673）癸丑科进士。

徐秉义，清康熙十二年（1673）癸丑科探花。

彭定求，清康熙十五年（1676）丙辰科状元。

翁叔元，清康熙十五（1676）丙辰科探花。

彭宁求，清康熙二十一年（1682）壬戌科探花。

徐　炯，清康熙二十一年（1682）壬戌科进士。

尤　珍，清康熙二十一年（1682）壬戌科进士。

张如锦，清康熙二十四年（1685）乙丑科进士。

张尚瑗，清康熙二十七年（1688）戊辰科进士。

惠周惕，清康熙三十年（1691）辛未科进士。

汪士鋐，清康熙三十六年（1697）丁丑科传胪。

翁大中，清康熙三十六（1697）丁丑科进士。

严虞惇，清康熙三十六年（1697）丁丑科榜眼。

何　焯，清康熙四十二年（1703）癸未科进士。

蒋廷锡，清康熙四十二年（1703）癸未科进士。

宋　至，清康熙四十二年（1703）癸未科进士。

惠士奇，清康熙四十八年（1709）己丑科进士。

顾嗣立，清康熙五十一年（1712）壬辰科进士。

王世琛，清康熙五十一年（1712）壬辰科状元。

蒋　杲，清康熙五十二年（1713）癸巳恩科进士。

徐　骏，清康熙五十二年（1713）癸巳恩科进士。

缪曰藻，清康熙五十四年(1715)乙未科榜眼。

蒋恭棐，清康熙六十年(1721)辛丑科进士。

陈祖范，清雍正元年(1723)癸卯恩科进士。

沈　淑，清雍正元年(1723)癸卯恩科进士。

彭启丰，清雍正五年(1727)丁未科状元。

蒋　溥，清雍正八年(1730)庚戌科传胪。

蒋应焻，清乾隆四年(1739)己未科进士。

蒋元益，清乾隆十年(1745)乙丑科进士。

陈士林，清乾隆二十二年(1757)丁丑科进士

吴泰来，清乾隆二十五年(1760)庚辰科进士。

张敦均，清乾隆二十五年(1760)庚辰科进士。

彭绍升，清乾隆二十六年(1761)辛巳科进士。

潘奕隽，清乾隆三十四年(1769)己丑科进士。

宋　镕，清乾隆三十七年(1772)壬辰科进士。

杨复吉，清乾隆三十七年(1772)壬辰科进士。

张敦培，清乾隆四十年(1775)乙未科进士。

吴蔚光，清乾隆四十五年(1780)庚子科进士。

席世臣，清乾隆五十三年(1788)戊申恩科进士。

石韫玉，清乾隆五十五年(1790)庚戌恩科状元。

潘世恩，清乾隆五十八年(1793)癸丑科状元。

张　燮，清乾隆五十八年(1793)癸丑科进士。

潘世璜，清乾隆六十年(1795)乙卯恩科探花。

顾　莼，清嘉庆七年(1802)壬戌科进士。

孙原湘，清嘉庆十年(1805)乙丑科进士。

陶　梁，清嘉庆十三年(1808)戊辰科进士。

杨希铨，清嘉庆十六年(1811)辛未科进士。

翁心存，清道光二年(1822)壬午恩科进士。

彭蕴章，清道光十五年(1835)乙未科进士。

冯桂芬，清道光二十年(1840)庚子科榜眼。

翁同书，清道光二十年(1840)庚子科进士。

顾文彬，清道光二十一年(1841)辛丑科进士。

潘曾莹，清道光二十一年(1841)辛丑科进士。

潘遵祁，清道光二十五年(1845)乙巳科进士。

庞钟璐，清道光二十七年(1847)丁未科探花。

杨庆麟，清道光三十年（1850）庚戌科进士。
潘祖荫，清咸丰二年（1852）壬子科探花。
潘祖同，清咸丰六年（1856）丙辰科进士。
翁同龢，清咸丰六年（1856）丙辰科状元。
翁曾源，清同治二年（1863）癸亥恩科状元。
吴大澂，清同治七年（1868）戊辰科进士。
陆润庠，清同治十三年（1874）甲戌科状元。
庞鸿文，清光绪二年（1876）丙子恩科进士。
翁斌孙，清光绪三年（1877）丁丑科进士。
庞鸿书，清光绪六年（1880）庚辰科进士。
王颂蔚，清光绪六年（1880）庚辰科进士。
邵松年，清光绪九年（1883）癸未科进士。
邹福保，清光绪十二年（1886）丙戌科榜眼。
江　标，清光绪十五年（1889）己丑科进士。
王同愈，清光绪十五年（1889）己丑科进士。
徐兆玮，清光绪十六年（1890）庚寅科进士。
叶昌炽，清光绪十六年（1890）庚寅科进士。
王仁俊，清光绪十八年（1892）壬辰科进士。
袁宝璜，清光绪十八（1892）壬辰科进士。
沈　鹏，清光绪二十年（1894）甲午恩科进士。
孙　雄，清光绪二十年（1894）甲午恩科进士。
曹元弼，清光绪二十一年（1895）乙未科进士。
章　钰，清光绪二十九年（1903）癸卯科（经济）进士。
王季烈，清光绪三十年（1904）甲辰科进士。
张　鸿，清光绪三十年（1904）甲辰恩科进士。

太仓州

王　揆，清顺治十二年（1655）乙未科进士。
王　掞，清康熙九年（1670）庚戌科进士。
王原祁，清康熙九年（1670）庚戌科进士。
王奕清，清康熙三十年（1691）辛未科进士。
王　謩，清康熙四十五年（1706）丙戌科进士。
王　恪，清康熙五十七年（1718）戊戌科进士。
程穆衡，清乾隆二年（1737）丁巳恩科进士。
毕　沅，清乾隆二十五年（1760）庚辰科状元。

陆增祥,清道光三十年(1850)庚戌科状元。

王祖畬,清光绪九年(1883)癸未科进士。

常州府

蒋　超,清顺治四年(1647)丁亥科探花。

庄同生,清顺治四年(1647)丁亥科进士。

秦松龄,清顺治十二年(1655)乙未科进士。

顾栋高,清康熙六年(1667)丁未科进士。

秦道然,清康熙四十八年(1709)己丑科进士。

浦起龙,清雍正八年(1730)庚戌科进士。

秦蕙田,清乾隆元年(1736)丙辰科探花。

于敏中,清乾隆二年(1737)丁巳恩科状元。

钱维城,清乾隆十年(1745)乙丑科状元。

赵　翼,清乾隆二十六年(1761)辛巳恩科探花。

管幹贞,清乾隆三十一年(1766)丙戌科进士。

邹炳泰,清乾隆三十七年(1772)壬辰科进士。

庄述祖,清乾隆四十五年(1780)庚子恩科进士。

顾敏恒,清乾隆五十二年(1787)丁未科进士。

孙星衍,清乾隆五十二年(1787)丁未科进士。

洪亮吉,清乾隆五十五年(1790)庚戌恩科榜眼。

薛玉堂,清乾隆六十年(1795)乙卯科进士。

李兆洛,清嘉庆十年(1805)乙丑科进士。

孙尔準,清嘉庆十年(1805)乙丑科进士。

汪士侃,清嘉庆十四年(1809)己巳科进士。

丁嘉葆,清道光十八年(1838)戊戌科进士。

何　栻,清道光二十五年(1845)乙巳恩科进士。

缪荃孙,清光绪二年(1876)丙子恩科进士。

缪祐孙,清光绪十二年(1886)丙戌科进士。

费念慈,清光绪十五年(1889)己丑科进士。

董　康,清光绪十六年(1890)庚寅恩科进士。

屠　寄,清光绪十八年(1892)壬辰科进士。

夏孙桐,清光绪十八(1892)壬辰科进士。

镇江府

王　澍,清康熙五十一年(1712)壬辰科进士。

王步青,清雍正元年(1723)癸卯科进士。

蒋宗海，清乾隆十七年(1752)壬申恩科进士。
戴三锡，清乾隆五十八年(1793)癸丑科进士。
潘际云，清嘉庆十年(1805)乙丑科进士。

(二)清代江南(今浙江)

杭州府

黄　机，清顺治四年(1647)丁亥科进士。
胡　亶，清顺治六年(1649)己丑科进士。
汪继昌，清顺治六年(1649)己丑科进士。
严　沆，清顺治十二年(1655)乙未科进士。
杨雍建，清顺治十二年(1655)乙未科进士。
陈　论，清顺治十七年(1661)辛丑科进士。
俞　珄，清顺治十七年(1661)辛丑科进士。
赵　昕，清顺治十七年(1661)辛丑科进士。
何裔云，清康熙十五(1676)丙辰科进士。
许汝霖，清康熙二十一年(1682)壬戌科进士。
汪　煜，清康熙二十四年(1685)乙丑科进士。
查　昇，清康熙二十七年(1688)戊辰科进士。
翁嵩年，清康熙二十七年(1688)戊辰科进士。
杨中讷，清康熙三十年(1691)辛未科传胪。
查嗣瑮，清康熙三十九年(1700)庚辰科进士。
陈邦彦，清康熙四十二年(1703)癸未科进士。
查慎行，清康熙四十二年(1703)癸未科进士。
查嗣庭，清康熙四十五年(1706)丙戌科进士。
邵锡章，清康熙四十五年(1706)丙戌科进士。
许惟楷，清康熙四十五年(1706)丙戌科进士。
马翼赞，清雍正元年(1723)癸卯科进士。
许　焞，清雍正元年(1723)癸卯科进士。
汪德容，清雍正二年(1724)甲辰科探花。
汪由敦，清雍正二年(1724)甲辰科进士。
梁诗正，清雍正八年(1730)庚戌科探花。
汪振甲，清雍正八年(1730)庚戌科进士。
汪师韩，清雍正十一年(1733)癸丑科进士。
金德瑛，清乾隆元年(1736)丙辰科状元。
汤　聘，清乾隆元年(1736)丙辰科进士。

袁　枚，清乾隆四年(1739)己未科进士。

金　甡，清乾隆七年(1742)壬戌科状元。

汪　宪，清乾隆十年(1745)乙丑科进士。

王际华，清乾隆十年(1745)乙丑科探花。

梁同书，清乾隆十七年(1752)壬申恩科进士。

卢文弨，清乾隆十七年(1752)壬申恩科探花。

周　春，清乾隆十九年(1754)甲戌科进士。

周嘉猷，清乾隆二十二年(1757)丁丑科进士。

董　诰，清乾隆二十八年(1763)癸未科传胪。

祝德麟，清乾隆二十八年(1763)癸未进士。

查　莹，清乾隆三十一年(1766)丙戌科进士。

孙志祖，清乾隆三十一年(1766)丙戌科进士。

余　集，清乾隆三十一年(1766)丙戌科进士。

翟　灏，清乾隆三十一年(1766)丙戌科进士。

龚敬身，清乾隆三十四年(1769)己丑科进士。

汪辉祖，清乾隆四十年(1775)乙未科进士。

吴锡麒，清乾隆四十年(1775)乙未科进士。

关　槐，清乾隆四十五年(1780)庚子恩科进士。

王宗炎，清乾隆四十五年(1780)庚子科进士。

汪泰来，清康熙五十一年(1712)壬辰科进士。

王端履，清乾隆五十八年(1793)癸丑科进士。

王绍兰，清乾隆五十八年(1793)癸丑科进士。

韩文绮，清乾隆六十年(1795)乙卯科进士。

龚丽正，清嘉庆元年(1796)丙辰科进士。

汤金钊，清嘉庆四年(1799)己未科进士。

汪继培，清嘉庆十年(1805)乙丑科进士。

钱　林，清嘉庆十三年(1808)戊辰科进士。

屠　倬，清嘉庆十三年(1808)戊辰科进士。

吴乙照，清嘉庆十三年(1808)戊辰科进士。

吴衡照，清嘉庆十六年(1811)辛未科进士。

赵　钺，清嘉庆十六年(1811)辛未科进士。

许乃普，清嘉庆二十五年(1820)庚辰科榜眼。

金应麟，清道光六年(1826)丙戌科进士。

龚自珍，清道光九年(1829)己丑科进士。

戴　熙，清道光十二年(1832)壬辰恩科进士。

沈映钤，清道光十三年(1833)癸巳科进士。

许　梿，清道光十三年(1833)癸巳科进士。

许　楣，清道光十三年(1833)癸巳科进士。

朱以升，清道光二十年(1840)庚子科进士。

王文韶，清咸丰二年(1852)壬子科进士。

高延佑，清咸丰三年(1853)癸丑科进士。

朱学勤，清咸丰三年(1853)癸丑科进士。

金　修，清同治四年(1871)辛未科进士。

汪鸣銮，清同治四年(1871)辛未科进士。

夏震武，清同治十三年(1874)甲戌科进士。

徐锡祉，清光绪二年(1876)丙子恩科进士。

袁　昶，清光绪二年(1876)丙子科进士。

王　同，清光绪三年(1877)丁丑科进士。

杨文莹，清光绪三年(1877)丁丑科进士。

陈夔麟，清光绪六年(1880)庚辰科进士。

吴庆坻，清光绪十二年(1886)丙戌科进士。

夏曾佑，清光绪十六年(1890)庚寅科进士。

蒋廷黻，清光绪十八年(1892)壬辰科进士。

汤寿潜，清光绪十八年(1892)壬辰科进士。

汪康年，清光绪十八年(1892)壬辰科进士。

吴士鉴，清光绪十八年(1892)壬辰科榜眼。

陆懋勋，清光绪二十四年(1898)戊戌科进士。

陈叔通，清光绪二十九年(1903)癸卯科进士。

刘　焜，清光绪二十九年(1903)癸卯科进士。

邵　章，清光绪二十九年(1903)癸卯科进士。

孙智敏，清光绪二十九年(1903)癸卯科探花。

叶景葵，清光绪二十九年(1903)癸卯科进士。

金　梁，清光绪三十年(1904)甲辰恩科进士。

嘉兴府

曹尔堪，清顺治九年(1652)壬辰科进士。

张惟赤，清顺治十二年(1655)乙未科进士。

彭孙遹，清顺治十六年(1659)己亥科进士。

陆陇其，清康熙九年(1670)庚戌科进士。

吴震方，清康熙十八年（1679）己未科传胪。

汤右曾，清康熙二十七年（1688）戊辰科进士。

吕葆中，清康熙四十五年（1706）丙戌科榜眼。

钱陈群，清康熙六十年（1721）辛丑科进士。

诸　锦，清雍正二年（1724）甲辰科进士。

郑虎文，清乾隆七年（1742）壬戌科进士。

冯　浩，清乾隆十三年（1748）戊辰科进士。

钱　载，清乾隆十七年（1752）壬申科传胪。

谢　墉，清乾隆十七年（1752）壬申科进士。

王又曾，清乾隆十九年（1754）甲戌科进士。

周升桓，清乾隆十九年（1754）甲戌科进士。

唐　淮，清乾隆二十五年（1760）庚辰科进士。

冯应榴，清乾隆二十六年（1761）辛巳科进士。

马俊良，清乾隆二十六（1761）辛巳科进士。

李　集，清乾隆二十八年（1763）癸未科进士。

沈　初，清乾隆二十八年（1763）癸未科榜眼。

陆费墀，清乾隆三十一年（1766）丙戌科进士。

汪孟鋗，清乾隆三十一年（1766）丙戌科进士。

朱　炎，清乾隆三十一年（1766）丙戌科进士。

沈可培，清乾隆三十七年（1772）壬辰科进士。

汪如藻，清乾隆四十年（1775）乙未科进士。

钱世锡，清乾隆四十三年（1778）戊戌科进士。

陈　燸，清乾隆四十五年（1780）庚子科进士。

程维岳，清乾隆四十五年（1780）庚子科进士。

汪如洋，清乾隆四十五年（1780）庚子科状元。

冯集梧，清乾隆四十六年（1781）辛丑科进士。

沈叔埏，清乾隆五十二年（1787）丁未科进士。

谢恭铭，清乾隆五十二年（1787）丁未科进士。

邗　澍，清乾隆五十五年（1790）庚戌科进士。

沈维鐈，清嘉庆七年（1802）壬戌科进士。

朱为弼，清嘉庆十年（1805）乙丑科进士。

钱仪吉，清嘉庆十三年（1808）戊辰科进士。

黄安涛，清嘉庆十四年（1809）己巳科传胪。

朱壬林，嘉庆十六年（1811）辛未科进士。

韩维镛，清嘉庆十九年(1814)甲戌科进士。

徐士芬，清嘉庆二十四年(1819)己卯科进士。

冯登府，清嘉庆二十五年(1820)庚辰科进士。

郁鼎钟，清道光六年(1826)丙戌科进士。

吴仰贤，清咸丰二年(1852)壬子科进士。

沈善登，清同治七年(1868)戊辰科进士。

劳乃宣，清同治十年(1871)辛未科进士。

朱寿熊，清光绪三年(1877)丁丑科进士。

沈曾植，清光绪六年(1880)庚辰科进士。

葛金烺，清光绪十二(1886)丙戌科进士。

沈曾桐，清光绪十二年(1886)丙戌科进士。

金蓉镜，清光绪十五年(1889)己丑科进士。

张元济，清光绪十八年(1892)壬辰科进士。

朱彭寿，清光绪二十四年(1898)戊戌科进士。

湖州府

严我斯，清康熙三年(1664)甲辰科状元。

闵惇大，清乾隆三十七年(1772)壬辰科进士。

丁　杰，清乾隆四十六年(1781)辛丑科进士。

吴五凤，清乾隆五十二年(1787)丁未科进士。

许宗彦，清嘉庆四年(1799)己未科进士。

姚文田，清嘉庆四年(1799)己未科状元。

俞　樾，清道光三十年(1850)庚戌科进士。

沈秉成，清咸丰六年(1856)丙辰科进士。

沈家本，清光绪九年(1883)癸未科进士。

朱祖谋，清光绪九年(1883)癸未科进士。

刘锦藻，清光绪二十年(1894)甲午恩科进士。

宁波府

范光文，清顺治六年(1649)己丑科传胪。

胡文学，清顺治九年(1652)壬辰科进士。

钱　捷，清顺治九年(1652)壬辰科进士。

左　岘，清康熙九年(1670)庚戌科进士。

仇兆鳌，清康熙二十四年(1685)乙丑科进士。

郑　梁，清康熙二十七年(1688)戊辰科进士。

姜宸英，清康熙三十六年(1697)丁丑科探花。

万　经，清康熙四十二年(1703)癸未科进士。

裘　琏，清康熙五十四年(1715)乙未科进士。

全祖望，清乾隆元年(1736)丙辰科进士。

童　槐，清嘉庆十年(1805)乙丑科进士。

范邦绥，清咸丰六年(1856)丙辰科进士。

陈康祺，清同治十年(1871)辛未科进士。

陆廷黼，清同治十年(1871)辛未科进士。

董　沛，清光绪三年(1877)丁丑科进士。

盛炳纬，清光绪六年(1880)庚辰科进士。

严　修，清光绪九年(1883)癸未科进士。

王荣商，清光绪十二年(1886)丙戌科进士。

欧仁衡，清光绪十五年(1889)己丑科进士。

孙　锵，清光绪二十年(1894)甲午恩科进士。

章　梫，清光绪三十年(1904)甲辰恩科进士。

虞铭新，清光绪三十四年(1908)赐格致科进士。

温州府

孙锵鸣，清道光二十一年(1841)辛丑恩科进士。

孙衣言，清道光三十年(1850)庚戌科进士。

黄体芳，清同治二年(1863)癸亥科进士。

黄绍箕，清光绪六年(1880)庚辰科进士。

项　崧，清光绪二十年(1894)甲午恩科进士。

绍兴府

章平事，清顺治九年(1652)壬辰科进士。

韩　咸，清康熙三十九年(1700)庚辰科进士。

张　钺，清康熙四十五年(1706)丙戌科进士。

章　镳，清乾隆七年(1742)壬戌科进士。

吴寿昌，清乾隆三十四年(1769)己丑科进士。

邵晋涵，清乾隆三十六年(1771)辛卯科进士。

周永年，清乾隆三十六年(1771)辛卯科进士。

章学诚，清乾隆四十三年(1778)戊戌科进士。

徐　松，清嘉庆十年(1805)乙丑科传胪。

何士祁，清道光二年(1822)壬午科进士。

朱　兰，清道光九年(1829)己丑科探花。

余　坤，清道光九年(1829)己丑科进士。

平步青，清同治元年（1862）壬戌科进士。
朱逌然，清同治元年（1862）壬戌科进士。
顾家相，清光绪二年（1876）丙子恩科进士。
陶方琦，清光绪二年（1876）丙子恩科进士。
李慈铭，清光绪六年（1880）庚辰科进士。
吴道镕，清光绪六年（1880）庚辰科进士。
陈遹声，清光绪十二年（1886）丙戌科进士。
孙廷翰，清光绪十五年（1889）己丑科进士。
蔡元培，清光绪十六年（1890）庚寅恩科进士。
范迪襄，清光绪十六年（1890）庚寅科进士。

金华府

张作楠，清嘉庆十三年（1808）戊辰科进士。
朱一新，清光绪二年（1876）丙子恩科进士。

台　州

何纮度，清顺治九年（1652）壬辰科进士。
洪若皋，清顺治十二年（1655）乙未科进士。
冯　苏，清顺治十五年（1658）戊戌科进士。
戚学标，清乾隆四十六年（1781）辛丑科进士。
黄　浚，清道光二年（1822）壬午科进士。
杨　晨，清光绪三年（1877）丁丑科进士。
葛咏裳，清光绪六年（1880）庚辰科进士。
王咏霓，清光绪六年（1880）庚辰科进士。
金文田，清光绪二十九年（1903）癸卯科进士。

衢　州

张德容，清咸丰三年（1853）癸丑科进士。

（三）清代江南（今上海）

王广心，清顺治六年（1649）己丑科进士。
王鸿绪，清康熙十二年（1673）癸丑科榜眼。
王顼龄，清康熙十五年（1676）丙辰科进士。
王九龄，清康熙二十一年（1682）壬戌科进士。
赵　俞，清康熙二十七年（1688）戊辰科进士。
张　照，清康熙四十八年（1709）己丑科进士。
钱大昕，清乾隆十九年（1754）甲戌科进士。
王　昶，清乾隆十九年（1754）甲戌科进士。

王鸣盛，清乾隆十九年(1754)甲戌科榜眼。
陆锡熊，清乾隆二十六年(1761)辛巳科进士。
吴省钦，清乾隆二十八年(1763)癸未科进士。
吴省兰，清乾隆四十三年(1778)戊戌科进士。
时　铭，清嘉庆十年(1805)乙丑科进士。
陆廷桢，清光绪十八年(1892)壬辰科进士。

(四)清代江南(徽州)

吴雯清，清顺治九年(1652)壬辰科进士。
程梦星，清康熙五十一年(1712)壬辰科进士。
黄之隽，清康熙六十年(1721)辛丑科进士。
方　骞，清乾隆元年(1736)丙辰科进士。
洪　莹，清乾隆十四年(1749)己巳恩科状元。
程晋芳，清乾隆三十六年(1771)辛卯恩科进士。
戴　震，清乾隆四十年(1775)乙未科进士。
吴绍粲，清乾隆四十年(1775)乙未科进士。
吴绍浣，清乾隆四十三年(1778)戊戌科进士。
江德量，清乾隆四十五年(1780)庚子科榜眼。
黄　钺，清乾隆五十五年(1790)庚戌科进士。
鲍桂星，清嘉庆四年(1799)己未科进士。
朱　珔，清嘉庆七年(1802)壬戌科进士。
齐彦槐，清嘉庆十四年(1809)己巳科进士。
程恩泽，清嘉庆十六年(1811)辛未科进士。
查日华，清道光二十年(1840)庚子科进士。
倪望重，清同治十三年(1874)甲戌科进士。
吕佩芬，清光绪六年(1880)庚辰科进士。
汪宗沂，清光绪六年(1880)庚辰科进士。
许承尧，清光绪三十年(1904)甲辰恩科进士。

参考文献

一、《四库全书》《续修四库全书》

·(宋)罗浚撰:《宝庆四明志》,见(清)永瑢、纪昀等编纂:《四库全书》第487册,上海古籍出版社1987年版。

·(宋)俞松撰:《兰亭续考》,见(清)永瑢、纪昀等编纂:《四库全书》第682册,上海古籍出版社1987年版。

·(宋)叶梦得著:《避暑话录》,见(清)永瑢、纪昀等编纂:《四库全书》第863册,上海古籍出版社1987年版。

·(宋)葛胜仲撰:《丹阳集》,见(清)永瑢、纪昀等编纂:《四库全书》第1127册,上海古籍出版社1987年版。

·(宋)刘一止撰:《苕溪集》,见(清)永瑢、纪昀等编纂:《四库全书》第1132册,上海古籍出版社1987年版。

·(宋)周必大撰:《周文忠公全集》,见(清)永瑢、纪昀等编纂:《四库全书》第1147册,上海古籍出版社1987年版。

·(宋)舒璘撰:《舒文靖集》,见(清)永瑢、纪昀等编纂:《四库全书》第1157册,上海古籍出版社1987年版。

·(宋)洪适著:《盘洲文集》,见(清)永瑢、纪昀等编纂:《四库全书》第1158册,上海古籍出版社1987年版。

·(宋)孙应时撰:《烛湖集》,见(清)永瑢、纪昀等编纂:《四库全书》第1166册,上海古籍出版社1987年版。

·(宋)刘宰撰:《漫塘集》,见(清)永瑢、纪昀等编纂:《四库全书》第1170册,上海古籍出版社1987年版。

·(宋)魏了翁撰:《鹤山集》,见(清)永瑢、纪昀等编纂:《四库全书》第1172册,上海古籍出版社1987年版。

·(元)不著撰人:《排韵增广事类氏族大全》,见(清)永瑢、纪昀等编纂:《四库全书》第952册,上海古籍出版社1987年版。

·(元)危素撰:《说学斋稿》,见(清)永瑢、纪昀等编纂:《四库全书》第1226册,上海古籍出版社1987年版。

·(明)胡奎撰:《斗南老人集》,见(清)永瑢、纪昀等编纂:《四库全书》第1233册,上海古籍出版社1987年版。

·(明)倪谦撰:《倪文僖集》,见(清)永瑢、纪昀等编纂:《四库全书》第1245册,上海古籍出版社1987年版。

·(明)李东阳撰:《怀麓堂集》,见(清)永瑢、纪昀等编纂:《四库全书》第1250册,上海古籍出版社1987年版。

·(明)吴宽撰:《家藏集》,见(清)永瑢、纪昀等编纂:《四库全书》第1255册,上海古籍出版社1987年版。

·(明)王鏊撰:《震泽集》,见(清)永瑢、纪昀等编纂:《四库全书》第1256册,上海古籍出版社1987年版。

·(明)邵宝撰:《容春堂续集》,见(清)永瑢、纪昀等编纂:《四库全书》第1258册,上海古籍出版社1987年版。

·(明)文徵明撰:《甫川集》,见(清)永瑢、纪昀等编纂:《四库全书》第1273册,上海古籍出版社1987年版。

·(明)陆粲撰:《陆子馀集》,见(清)永瑢、纪昀等编纂:《四库全书》第1274册,上海古籍出版社1987年版。

·(明)皇甫汸撰:《皇甫司勋集》,见(清)永瑢、纪昀等编纂:《四库全书》第1275册,上海古籍出版社1987年版。

·(明)皇甫涍撰:《皇甫少玄集》,见(清)永瑢、纪昀等编纂:《四库全书》第1276册,上海古籍出版社1987年版。

·(明)王世贞撰:《弇州四部稿》,见(清)永瑢、纪昀等编纂:《四库全书》第1279册,第1280册,第1281册,第1282册,第1284册,上海古籍出版社1987年版。

·(明)曹学佺编:《石仓历代诗选》,见(清)永瑢、纪昀等编纂:《四库全书》第1392册,上海古籍出版社1987年版。

·(明)顾宪成撰:《泾皋藏稿》,见(清)永瑢、纪昀等编纂:《四库全书》第1292册,上海古籍出版社1987年版。

·(明)曹于汴撰:《仰节堂集》,见(清)永瑢、纪昀等编纂:《四库全书》第1293册,上海古籍出版社1987年版。

·(清)永瑢、纪昀等编纂:《四库全书总目》,第3册,第4册,上海古籍出版社1987年版。

·(清)秦蕙田撰:《五礼通考》,见(清)永瑢、纪昀等编纂:《四库全书》第135册,上海古籍出版社1987年版。

·(清)赵宏恩等鉴修,黄之隽等编纂:《乾隆江南通志》,见(清)永瑢、纪昀等编纂:《四库全书》第510册、第511册,上海古籍出版社1987年版。

·(清)迈柱等鉴修,夏力恕等编纂:《湖广通志》,见(清)永瑢、纪昀等编纂:《四库全书》第532册,上海古籍出版社1987年版。

·(清)永瑢,纪昀等奉敕撰:《钦定历代职官表》,见(清)永瑢、纪昀等编纂:《四库全书》第601册,上海古籍出版社1987年版。

·(清)朱彝尊撰:《经义考》,见(清)永瑢、纪昀等编纂:《四库全书》第677册,上海古籍出版社1987年版。

·(清)卞永誉撰:《式古堂书画汇考》,见(清)永瑢、纪昀等编纂:《四库全书》第827册,上海古籍出版社1987年版。

·(清)倪涛著:《六艺之一录》,见(清)永瑢、纪昀等编纂:《四库全书》第830册,上海古籍出版社1987年版。

·(清)王士祯撰:《居易录》,见(清)永瑢、纪昀等编纂:《四库全书》第869册,上海古籍出版社1987年版。

·(清)吴伟业撰:《梅村集》,见(清)永瑢、纪昀等编纂:《四库全书》第1312册,上海古籍出版社1987年版。

·(清)朱彝尊撰:《曝书亭集》,见(清)永瑢、纪昀等编纂:《四库全书》第1318册,上海古籍出版社1987年版。

·(清)张玉书撰:《张文贞集》,见(清)永瑢、纪昀等编纂:《四库全书》第1322册,上海古籍出版社1987年版。

·(宋)卢宪修:《嘉定镇江志》,见《续修四库全书》编纂委员会、复旦大学图书馆古籍部编:《续修四库全书》第698册,上海古籍出版社2003年版。

·(金)王朋寿撰:《重刊增广分门类林杂说》,见《续修四库全书》编纂委员会、复旦大学图书馆古籍部编:《续修四库全书》第1219册,上海古籍出版社2003年版。

·(明)薛应旂撰:《宪章录》,见《续修四库全书》编纂委员会、复旦大学图书馆古籍部编:《续修四库全书》第352册,上海古籍出版社2003年版。

·(明)焦竑辑:《焦太史编辑国朝献征录》,《续修四库全书》编纂委员会、复旦大学图书馆古籍部编:《续修四库全书》第525册、第526册、第527册、第529册、第530册、第531册,上海古籍出版社2003年版。

·(明)王兆云撰:《皇明词林人物考》,见《续修四库全书》编纂委员会、复旦大学图书馆古籍部编:《续修四库全书》第532册,上海古籍出版社2003年版。

·(明)过庭训撰:《本朝分省人物考》,见《续修四库全书》编纂委员会、复旦大学图书馆古籍部编:《续修四库全书》第533册、第534册,上海古籍出版社2003年版。

·(明)毛宪撰,吴亮增补:《毗陵人品记》,见《续修四库全书》编纂委员会、复旦大学图书馆古籍部编:《续修四库全书》第541册,上海古籍出版社2003年版。

·(明)张大复撰:《皇明昆山人物传》,见《续修四库全书》编纂委员会、复旦大学图书馆古籍部编:《续修四库全书》第 541 册,上海古籍出版社 2003 年版。

·(明)姜绍书撰:《无声诗史》,见《续修四库全书》编纂委员会、复旦大学图书馆古籍部编:《续修四库全书》第 1065 册,上海古籍出版社 2003 年版。

·(明)王肯堂撰:《郁冈斋笔麈》,见《续修四库全书》编纂委员会、复旦大学图书馆古籍部编:《续修四库全书》第 1130 册,上海古籍出版社 2003 年版。

·(明)孙传能撰:《剡溪漫笔》,见《续修四库全书》编纂委员会、复旦大学图书馆古籍部编:《续修四库全书》第 1132 册,上海古籍出版社 2003 年版。

·(明)陈龙正撰:《几亭外书》,见《续修四库全书》编纂委员会、复旦大学图书馆古籍部编:《续修四库全书》第 1133 册,上海古籍出版社 2003 年版。

·(明)张萱撰:《西园见闻录》,见《续修四库全书》编纂委员会、复旦大学图书馆古籍部编:《续修四库全书》第 1168 册,上海古籍出版社 2003 年版。

·(明)李绍文撰:《皇明世说新语》,见《续修四库全书》编纂委员会、复旦大学图书馆古籍部编:《续修四库全书》第 1173 册,上海古籍出版社 2003 年版。

·(明)李诩撰:《戒庵老人漫笔》,见《续修四库全书》编纂委员会、复旦大学图书馆古籍部编:《续修四库全书》第 1173 册,上海古籍出版社 2003 年版。

·(明)薛应旂撰:《方先生薛先生全集》,见《续修四库全书》编纂委员会、复旦大学图书馆古籍部编:《续修四库全书》第 1343 册,上海古籍出版社 2003 年版。

·(明)茅坤撰:《茅鹿门先生文集》,见《续修四库全书》编纂委员会、复旦大学图书馆古籍部编:《续修四库全书》第 1344 册,上海古籍出版社 2003 年版。

·(明)余有丁撰:《余文敏公文集》,见《续修四库全书》编纂委员会、复旦大学图书馆古籍部编:《续修四库全书》第 1352 册,上海古籍出版社 2003 年版。

·(明)沈一贯:《喙鸣文集》,见《续修四库全书》编纂委员会、复旦大学图书馆古籍部编:《续修四库全书》第 1357 册,上海古籍出版社 2003 年版。

·(明)沈德符撰:《清权堂集》,《续修四库全书》编纂委员会、复旦大学图书馆古籍部编:《续修四库全书》第 1377 册,上海古籍出版社 2003 年版。

·(明)梅鼎祚撰:《鹿裘石室集》,见《续修四库全书》编纂委员会、复旦大学图书馆古籍部编:《续修四库全书》第 1379 册,上海古籍出版社 2003 年版。

·(清)胡思敬撰:《戊戌履霜录》,见《续修四库全书》编纂委员会、复旦大学图书馆古籍部编:《续修四库全书》第 446 册,上海古籍出版社 2003 年版。

·(清)韩文绮撰:《韩大中丞奏议》,见《续修四库全书》编纂委员会、复旦大学图书馆古籍部编:《续修四库全书》第 498 册,上海古籍出版社 2003 年版。

·(清)徐开任辑:《明名臣言行录》,见《续修四库全书》编纂委员会、复旦大学图书馆古籍部编:《续修四库全书》第 520 册,第 521 册,上海古籍出版社 2003 年版。

·（清）钱林撰:《文献征存录》,见《续修四库全书》编纂委员会、复旦大学图书馆古籍部编:《续修四库全书》第540册,上海古籍出版社2003年版。

·（清）汪辉祖撰:《病榻梦痕录》,见《续修四库全书》编纂委员会、复旦大学图书馆古籍部编:《续修四库全书》第555册,上海古籍出版社2003年版。

·（清）许治修,（清）沈德潜、顾诒禄纂:《乾隆元和县志》,见《续修四库全书》编纂委员会、复旦大学图书馆古籍部编:《续修四库全书》第696册,上海古籍出版社2003年版。

·（清）王昶等纂修:《嘉庆直隶太仓州志》,见《续修四库全书》编纂委员会、复旦大学图书馆古籍部编:《续修四库全书》第697册,上海古籍出版社2003年版。

·（清）钱维乔等纂,钱大昕等撰:《乾隆鄞县志》,见《续修四库全书》编纂委员会、复旦大学图书馆古籍部编:《续修四库全书》第706册,上海古籍出版社2003年版。

·（清）刘锦藻撰:《皇朝续文献通考》,见《续修四库全书》编纂委员会、复旦大学图书馆古籍部编:《续修四库全书》第815册、第821册,上海古籍出版社2003年版。

·（清）钱谦益藏并撰:《绛云楼书目》,见《续修四库全书》编纂委员会、复旦大学图书馆古籍部编:《续修四库全书》第920册,上海古籍出版社2003年版。

（清）黄丕烈撰:《百宋一廛书录》,见《续修四库全书》编纂委员会、复旦大学图书馆古籍部编:《续修四库全书》第923册,上海古籍出版社2003年版。

·（清）潘祖荫,叶昌炽编,潘承弼增补:《滂喜斋藏书记》,《续修四库全书》编纂委员会、复旦大学图书馆古籍部编:《续修四库全书》第926册,上海古籍出版社2003年版。

·（清）杨绍和撰:《楹书偶录》,见《续修四库全书》编纂委员会、复旦大学图书馆古籍部编:《续修四库全书》第926册,上海古籍出版社2003年版。

·（清）丁丙撰:《善本书室藏书志》,见《续修四库全书》编纂委员会、复旦大学图书馆古籍部编:《续修四库全书》第927册,上海古籍出版社2003年版。

·（清）陆心源撰:《皕宋楼藏书志》,见《续修四库全书》编纂委员会、复旦大学图书馆古籍部编:《续修四库全书》第928册,第929册,上海古籍出版社2003年版。

·（清）姜绍书撰:《无声诗史》,见《续修四库全书》编纂委员会、复旦大学图书馆古籍部编:《续修四库全书》第1065册,上海古籍出版社2003年版。

·（清）吴升撰:《大观录》,见《续修四库全书》编纂委员会、复旦大学图书馆古籍部编:《续修四库全书》第1066册,上海古籍出版社2003年版。

·（清）王杰等撰:《钦定石渠宝笈续编》,见《续修四库全书》编纂委员会、复旦大学图书馆古籍部编:《续修四库全书》第1073册,上海古籍出版社2003年版。

·(清)英和等撰:《石渠宝笈三编》,见《续修四库全书》编纂委员会、复旦大学图书馆古籍部编:《续修四库全书》第1077册,上海古籍出版社2003年版。

·(清)梁清远撰:《雕丘杂录》,见《续修四库全书》编纂委员会、复旦大学图书馆古籍部编:《续修四库全书》第1135册,上海古籍出版社2003年版。

·(清)阮元《定香亭笔谈》,见《续修四库全书》编纂委员会、复旦大学图书馆古籍部编:《续修四库全书》第1138册,上海古籍出版社2003年版。

·(清)汪师韩撰:《韩门缀学》,见《续修四库全书》编纂委员会、复旦大学图书馆古籍部编:《续修四库全书》第1147册,上海古籍出版社2003年版。

·(清)沈可培撰:《泺源问答》,《续修四库全书》编纂委员会、复旦大学图书馆古籍部编:《续修四库全书》第1164册,上海古籍出版社2003年版。

·(清)梁维枢撰:《玉剑尊闻》,见《续修四库全书》编纂委员会、复旦大学图书馆古籍部编:《续修四库全书》第1175册,上海古籍出版社2003年版。

·(清)叶名丰撰:《桥西杂记》,见《续修四库全书》编纂委员会、复旦大学图书馆古籍部编:《续修四库全书》第1181册,上海古籍出版社2003年版。

·(清)王端履辑:《重论文斋笔录》,见《续修四库全书》编纂委员会、复旦大学图书馆古籍部编:《续修四库全书》第1262册,上海古籍出版社2003年版。

·(清)徐乾学撰:《憺园集》,见《续修四库全书》编纂委员会、复旦大学图书馆古籍部编:《续修四库全书》第1412册,上海古籍出版社2003年版。

·(清)纳兰性德撰:《通志堂集》,见《续修四库全书》编纂委员会、复旦大学图书馆古籍部编:《续修四库全书》第1419册,上海古籍出版社2003年版。

·(清)何焯撰:《义门先生集》,见《续修四库全书》编纂委员会、复旦大学图书馆古籍部编:《续修四库全书》第1420册,上海古籍出版社2003年版。

·(清)汪师韩撰:《上湖分类文编》,见《续修四库全书》编纂委员会、复旦大学图书馆古籍部编:《续修四库全书》第1430册,上海古籍出版社2003年版。

·(清)吴骞撰:《愚谷文存续编》,见《续修四库全书》编纂委员会、复旦大学图书馆古籍部编:《续修四库全书》第1454册,上海古籍出版社2003年版。

·(清)潘奕隽撰:《三松堂集》,见《续修四库全书》编纂委员会、复旦大学图书馆古籍部编:《续修四库全书》第1460册,第1461册,上海古籍出版社2003年版。

·(清)邹炳泰撰:《午风堂集》《午风堂丛谈》,《续修四库全书》编纂委员会、复旦大学图书馆古籍部编:《续修四库全书》第1462册,上海古籍出版社2003年版。

·(清)秦瀛撰:《小岘山文集》,见《续修四库全书》编纂委员会、复旦大学图书馆古籍部编:《续修四库全书》第1465册,上海古籍出版社2003年版。

·(清)石韫玉撰:《独学庐三稿》,见《续修四库全书》编纂委员会、复旦大学图书馆古籍部编:《续修四库全书》第1466册,上海古籍出版社2003年版。

·(清)石韫玉撰:《独学庐五稿》,见《续修四库全书》编纂委员会、复旦大学图书馆古籍部编:《续修四库全书》第1467册,上海古籍出版社2003年版。

·(清)法式善撰:《存素堂文集》,见《续修四库全书》编纂委员会、复旦大学图书馆古籍部编:《续修四库全书》第1476册,上海古籍出版社2003年版。

·(清)孙原湘《天真阁集》,见《续修四库全书》编纂委员会、复旦大学图书馆古籍部编:《续修四库全书》第1488册,上海古籍出版社2003年版。

·(清)严可均撰:《铁桥漫稿》,见《续修四库全书》编纂委员会、复旦大学图书馆古籍部编:《续修四库全书》第1489册,上海古籍出版社2003年版。

·(清)王引之撰:《王文简公文集》,《续修四库全书》编纂委员会、复旦大学图书馆古籍部编:《续修四库全书》第1490册,上海古籍出版社2003年版。

·(清)童槐撰:《今白华堂诗录》,见《续修四库全书》编纂委员会、复旦大学图书馆古籍部编:《续修四库全书》第1498册,上海古籍出版社2003年版。

·(清)彭蕴章撰:《松风阁诗钞》,《续修四库全书》编纂委员会、复旦大学图书馆古籍部编:《续修四库全书》第1518册,上海古籍出版社2003年版。

·(清)冯桂芬撰:《显志堂稿》,见《续修四库全书》编纂委员会、复旦大学图书馆古籍部编:《续修四库全书》第1535册,上海古籍出版社2003年版。

·(清)俞樾撰:《春在堂杂文四编》,见《续修四库全书》编纂委员会、复旦大学图书馆古籍部编:《续修四库全书》第1550册,上海古籍出版社2003年版。

·(清)俞樾撰:《春在堂杂文续编》《春在堂杂文六编》《春在堂杂文六编补遗》,见《续修四库全书》编纂委员会、复旦大学图书馆古籍部编:《续修四库全书》第1551册,上海古籍出版社2003年版。

·(清)董沛《正谊堂文集》,见《续修四库全书》编纂委员会、复旦大学图书馆古籍部编:《续修四库全书》第1558册,上海古籍出版社2003年版。

·(清)贺涛著:《贺先生文集》,见《续修四库全书》编纂委员会、复旦大学图书馆古籍部编:《续修四库全书》第1567册,上海古籍出版社2003年版。

·(清)缪荃孙撰:《艺风堂文集》《艺风堂文续集》,见《续修四库全书》编纂委员会、复旦大学图书馆古籍部编:《续修四库全书》第1574册,上海古籍出版社2003年版。

·(清)祝德麟撰:《悦亲楼诗集》,见《续修四库全书》编纂委员会、复旦大学图书馆古籍部编:《续修四库全书》第1631册,上海古籍出版社2003年版。

·(清)朱庭珍《筱园诗话》,见《续修四库全书》编纂委员会、复旦大学图书馆古籍部编:《续修四库全书》第1708册,上海古籍出版社2003年版。

·(清)杜文澜撰:《憩园词话》,见《续修四库全书》编纂委员会、复旦大学图书馆古籍部编:《续修四库全书》第1734册,上海古籍出版社2003年版。

·(清)吴衡照撰:《莲子居词话》,见《续修四库全书》编纂委员会、复旦大学图书馆古籍部编:《续修四库全书》第1734册,上海古籍出版社2003年版。

·徐世昌辑:《晚晴簃诗汇》,见《续修四库全书》编纂委员会、复旦大学图书馆古籍部编:《续修四库全书》第1631册、第1632册、第1633册,上海古籍出版社2003年版。

二、《四库全书存目丛书》《四库禁毁书丛刊》《四库未收书辑刊》

·(明)张溥撰:《春秋三书》,见《四库全书存目丛书》编纂委员会编:《四库全书存目丛书》经部,第125册,齐鲁书社1997年版。

·(明)应廷育辑:《金华先民传》,见《四库全书存目丛书》编纂委员会编:《四库全书存目丛书》史部,第91册,齐鲁书社1996年版。

·(明)焦竑辑:《焦太史编辑国朝献征录》,见《四库全书存目丛书》编纂委员会:《四库全书存目丛书》史部,第104册,齐鲁书社1996年版。

·(清)王崇炳撰:《金华征献略》,见《四库全书存目丛书》编纂委员会编:《四库全书存目丛书》史部,第119册。

·(清)申时行撰:《赐闲堂集》,见《四库全书存目丛书》编纂委员会编:《四库全书存目丛书》史部,第134册,齐鲁书社1997年版。

·(明)董穀纂修:《续澉水志》,见《四库全书存目丛书》编纂委员会:《四库全书存目丛书》史部,第186册,齐鲁书社1996年版。

·(明)萧彦等撰:《掖垣人鉴》,见《四库全书存目丛书》编纂委员会编:《四库全书存目丛书》史部,第259册,齐鲁书社1996年版。

·(明)马大壮撰:《天都载》,见《四库全书存目丛书》编纂委员会:《四库全书存目丛书》子部,第105册,齐鲁书社1995年版。

·(明)陈继儒撰:《偃暴余谈》,见《四库全书存目丛书》编纂委员会:《四库全书存目丛书》子部,第111册,齐鲁书社1995年版。

·(明)詹景凤撰《詹氏性理小辨》,见《四库全书存目丛书》编纂委员会:《四库全书存目丛书》子部,第112册,齐鲁书社1995年版。

·(明)陈继儒撰:《妮古录》,见《四库全书存目丛书》编纂委员会:《四库全书存目丛书》子部,第118册,齐鲁书社1995年版。

·(明)徐常吉撰:《事词类奇续语》,见(明)徐常吉撰:《新纂事词类奇》书前,见《四库全书存目丛书》编纂委员会:《四库全书存目丛书》子部,第198册,齐鲁书社1995年版。

·(明)陈继儒撰:《见闻录》,见《四库全书存目丛书》编纂委员会:《四库全书存目丛书》子部,第244册,齐鲁书社1995年版。

·(明)文林撰:《文温州集》,见《四库全书存目丛书》编纂委员会编:《四库全书存目丛书》集部,第 40 册,齐鲁书社 1997 年版。

·(明)屠勋撰:《屠康僖公文集》,见《四库全书存目丛书》编纂委员会编:《四库全书存目丛书》集部,第 40 册,齐鲁书社 1997 年版。

·(明)储巏撰:《柴墟文集》,见《四库全书存目丛书》编纂委员会编:《四库全书存目丛书》集部,第 42 册,齐鲁书社 1997 年版。

·(明)顾潜撰:《静观堂集》,见《四库全书存目丛书》编纂委员会:《四库全书存目丛书》集部,第 48 册,齐鲁书社年 1997 年版。

·(明)严嵩撰:《钤山堂集》,见《四库全书存目丛书》编纂委员会:《四库全书存目丛书》集部,第 56 册,齐鲁书社 1997 年版。

·(明)陆深撰,陆起龙编:《陆文裕公行远集》,见《四库全书存目丛书》编纂委员会编:《四库全书存目丛书》集部,第 59 册,齐鲁书社 1997 年版。

·(明)方鹏撰:《矫亭存稿》,《四库全书存目丛书》编纂委员会编:《四库全书存目丛书》集部,第 61 册,齐鲁书社年 1997 年版。

·(明)丁奉撰:《南湖先生文选》,见《四库全书存目丛书》编纂委员会:《四库全书存目丛书》集部,第 65 册,齐鲁书社年 1997 年版。

·(明)张璧撰:《阳峰家藏集》,见《四库全书存目丛书》编纂委员会编:《四库全书存目丛书》集部,第 66 册,齐鲁书社 1997 年版。

·(明)陆釴撰:《少石集》,见《四库全书存目丛书》编纂委员会编:《四库全书存目丛书》集部,第 76 册,齐鲁书社 1997 年版。

·(明)田汝成:《田叔禾小集》,见《四库全书存目丛书》编纂委员会编:《四库全书存目丛书》集部,第 88 册,齐鲁书社 1997 年版。

·(明)万士和撰:《万文恭公摘集》,见《四库全书存目丛书》编纂委员会编:《四库全书存目丛书》集部,第 109 册,齐鲁书社 1997 年版。

·(明)王宗沐撰:《敬所王先生文集》,见《四库全书存目丛书》编纂委员会编:《四库全书存目丛书》集部,第 111 册,齐鲁书社 1997 年版。

·(明)李春芳撰:《李文定贻安堂集》,见《四库全书存目丛书》编纂委员会:《四库全书存目丛书》集部,第 113 册,齐鲁书社 1997 年版。

·(明)唐汝楫撰:《小渔先生遗稿》,见《四库全书存目丛书》编纂委员会编:《四库全书存目丛书》集部,第 124 册,齐鲁书社 1997 年版。

·(明)徐学谟撰:《归有园稿》,见《四库全书存目丛书》编纂委员会编:《四库全书存目丛书》集部,第 125 册,齐鲁书社 1997 年版。

·(明)屠应埈撰:《屠渐山兰晖堂集》,见《四库全书存目丛书》编纂委员会编:《四库全书存目丛书》集部,第 132 册,齐鲁书社 1997 年版。

·(明)臣文烛撰:《二酉园续集》,见《四库全书存目丛书》编纂委员会:《四库全书存目丛书》集部，第 139 册，齐鲁书社 1997 年版。

·（明）王圻撰：《王侍御类稿》，见《四库全书存目丛书》编纂委员会：《四库全书存目丛书》集部，第 140 册，齐鲁书社 1997 年版。

·（明）项元淇撰：《少岳诗集》，见《四库全书存目丛书》编纂委员会编：《四库全书存目丛书》集部，第 143 册，齐鲁书社 1997 年版。

·（明）于慎行撰：《谷城山馆文集》，见《四库全书存目丛书》编纂委员会：《四库全书存目丛书》集部，第 147 册，齐鲁书社 1997 年版。

·（明）朱赓撰：《朱文懿公文集》，见《四库全书存目丛书》编纂委员会编：《四库全书存目丛书》集部，第 149 册，齐鲁书社 1997 年版。

·（明）李维桢撰：《大泌山房集》，见《四库全书存目丛书》编纂委员会：《四库全书存目丛书》集部，第 150 册，齐鲁书社 1997 年版。

·（明）冯梦桢撰：《快雪堂集》，见《四库全书存目丛书》编纂委员会编：《四库全书存目丛书》集部，第 164 册，齐鲁书社 1997 年版。

·（明）谢肇淛撰：《小草斋集》，见《四库全书存目丛书》编纂委员会编：《四库全书存目丛书》集部，第 176 册，齐鲁书社 1997 年版。

·（清）宋至撰：《纬萧草堂诗集》，见《四库全书存目丛书》编纂委员会编：《四库全书存目丛书》集部，第 225 册，齐鲁书社 1997 年版。

·（清）叶燮撰：《已畦集》，见《四库全书存目丛书》编纂委员会编：《四库全书存目丛书》集部，第 244 册，齐鲁书社 1997 年版。

·（清）顾嗣立撰：《闾丘诗集》，见《四库全书存目丛书》编纂委员会编：《四库全书存目丛书》集部，第 266 册，齐鲁书社 1997 年版。

·（明）王锡爵撰：《王文肃公文集》，见《四库禁毁书丛刊》编纂委员会编：《四库禁毁书丛刊》集部，第 7 册，北京出版社 1997 年版。

·（明）陈山毓撰：《陈靖质居士文集》卷五《陈氏藏书总序》，见《四库禁毁书丛刊》编纂委员会编：《四库禁毁书丛刊》集部，第 14 册，北京出版社 1997 年版。

·（明）董其昌撰：《容台集》，见四库禁毁书丛刊编纂委员会编：《四库禁毁书丛刊》集部，第 32 册，北京出版社 1997 年版。

·（清）邹漪纂：《启祯野乘》，见《四库禁毁书丛刊》编纂委员会编：《四库禁毁书丛刊》史部，第 40 册，北京出版社 1997 年版。

·（明）赵用贤撰：《松石斋集·文》，见《四库禁毁书丛刊》编纂委员会编：《四库禁毁书丛刊》集部，第 41 册，北京出版社 1997 年版。

·（明）黄汝亨撰：《寓林集》，见《四库禁毁书丛刊》编纂委员会编：《四库禁毁书丛刊》集部，第 42 册，北京出版社 1997 年版。

·（明）黄汝亨撰：《寓林诗集》，见《四库禁毁书丛刊》编纂委员会编：《四库禁毁书丛刊》集部,第 43 册,北京出版社 1997 年版。

·(明)欧大任撰:《欧虞部集十五种》,见《四库禁毁书丛刊》编纂委员会编:《四库禁毁书丛刊》集部,第 47 册,北京出版社 1997 年版。

·(明)李日华撰:《李太仆恬致堂集》,见《四库禁毁书丛刊》编纂委员会编:《四库禁毁书丛刊》集部,第 65 册,北京出版社 1997 年版。

·(明)陈继儒撰:《晚香堂集》,见《四库禁毁书丛刊》编纂委员会编:《四库禁毁书丛刊》集部,第 66 册,北京出版社 1997 年版。

·(明)陈懿典撰:《陈学士先生初集》,见四库禁毁书丛刊编纂委员会编:《四库禁毁书丛刊》集部,第 79 册,北京出版社 1997 年版。

·(明)张采撰:《知畏堂文存》。参见《四库禁毁书丛刊》编纂委员会编:《四库禁毁书丛刊》集部,第 81 册,北京出版社 1997 年版。

·(明)刘士鏻辑评:《明文霱》,见《四库禁毁书丛刊》编纂委员会编:《四库禁毁书丛刊》集部,第 93 册,北京出版社 1997 年版。

·(明)茅元仪撰:《石民四十集》,见《四库禁毁书丛刊》编纂委员会编:《四库禁毁书丛刊》集部,第 109 册,北京出版社 1997 年版。

·(明)陆可教撰:《陆学士先生遗稿》,见《四库禁毁书丛刊》编纂委员会编:《四库禁毁书丛刊》集部,第 160 册,北京出版社 1997 年版。

·(清)胡安著:《趋庭集》,见四库未收书辑刊编纂委员会编:《四库未收书辑刊》伍辑 · 贰拾册,北京出版社 1997 年影印本。

·(清)彭启丰撰:《芝庭诗稿》,见四库未收书辑刊编纂委员会编:《四库未收书辑刊》玖辑 · 贰拾叁册,北京出版社 1997 年影印本。

·(明)李培著:《水西集》,见四库未收书辑刊编纂委员会:《四库未收书辑刊》陆辑 · 贰拾肆册,北京出版社 1997 年影印本。

三、《丛书集成初编》《丛书集成续编》《丛书集成三编》

·(五代)王定宝撰:《唐摭言》,见中华书局编辑部:《丛书集成初编》555,中华书局 2011 年版。

·(宋)楼钥撰:《攻媿集》,见中华书局编辑部:《丛书集成初编》442,443,444,中华书局 2011 年版。

·(元)戴表元撰:《剡源集》,见中华书局编辑部:《丛书集成初编》450,中华书局 2011 年版。

·(宋)晁冲之著:《晁具茨先生诗集》,见中华书局编辑部:《丛书集成初编》480,中华书局 2011 年版。

·(宋)张端义著:《贵耳集》,见中华书局编辑部:《丛书集成初编》564,中华书局 2011 年版。

·（元）袁桷撰:《清容居士集》，见中华书局编辑部:《丛书集成初编》451、452，中华书局 2011 年版。

·（元）陆友人著:《研北杂志》，见中华书局编辑部:《丛书集成初编》581，中华书局 2011 年版。

·（明）陆楫撰:《蒹葭堂杂著摘抄》，见中华书局编辑部:《丛书集成初编》586，中华书局 2011 年版。

·（清）祁承㸁撰:《澹生堂藏书约》，见中华书局编辑部:《丛书集成初编》013，中华书局 2011 年版。

·（清）钱泰吉《曝书杂记》，见中华书局编辑部:《丛书集成初编》013，中华书局 2011 年版。

·（清）阮元辑录:《淮海英灵集》，见中华书局编辑部:《丛书集成初编》407，中华书局 2011 年影印本。

·（清）阮元撰:《研经室二集》，见中华书局编辑部:《丛书集成初编》471，中华书局 2011 年影印本。

·（清）卢文弨撰:《抱经堂文集》，见中华书局编辑部:《丛书集成初编》517，中华书局 2011 年版。

·（清）朱珪著:《知足斋文集》，见中华书局编辑部:《丛书集成初编》519，中华书局 2011 年版。

·（明）谢纯撰:《重葺杨文襄公事略》，见《丛书集成续编》史部，第 31 册，上海书店出版社 1994 年版。

·（明）董斯张撰:《吴兴备志》，见《丛书集成续编》史部，第 49 册，上海书店出版社 1994 年版。

·（明）顾起元撰:《说略》，见《丛书集成续编》子部，第 94 册，上海书店出版社 1994 年版。

·（明）黄淳耀撰:《陶庵集》，见《丛书集成续编》集部，第 121 册，上海书店出版社 1994 年版。

·（明）董说著:《丰草庵诗集》，见《丛书集成续编》集部，第 122 册，上海书店出版社 1994 年版。

·（清）陈奂撰:《师友渊源记》，见《丛书集成续编》史部，第 36 册，上海书店出版社 1994 年版。

·（清）佚名撰:《牧斋遗事》，见《丛书集成续编》史部，第 37 册，上海书店出版社 1994 年版。

·（清）赵经达撰:《归玄恭先生年谱》，见《丛书集成续编》史部，第 37 册，上海书店出版社 1994 年版。

·(清)朱学勤撰:《结一庐书目》《别本结一庐书目》,见《丛书集成续编》史部,第 68 册,上海书店出版社 1994 年版。

·(清)潘祖荫撰:《滂喜斋宋元本书目》,见《丛书集成续编》史部,第 68 册,上海书店出版社 1994 年版。

·(清)曹溶辑:《静惕堂书目宋人集一卷元人文集一卷》史部,见《丛书集成续编》第 71 册,上海书店出版社 1994 年版。

·(清)劳格撰:《劳氏碎金》,见《丛书集成续编》史部,第 71 册,上海书店出版社 1994 年版。

·(清)周星诒撰:《傳忠堂书目》,见《丛书集成续编》史部,第 71 册,上海书店出版社 1994 年版。

·(清)叶德辉撰:《老子解》,见《丛书集成续编》子部,第 76 册,上海书店出版社 1994 年版。

·(清)李玉棻撰:《瓯钵罗室书画过目考》,见《丛书集成续编》子部,第 84 册,上海书店出版社 1994 年版。

·(清)丁国钧撰:《荷香馆琐言》,见《丛书集成续编》子部,第 91 册,上海书店出版社 1994 年版。

·(宋)慕容彦逢撰:《摛文堂集》,见《丛书集成续编》集部,第 102 册,上海书店出版社 1994 年版。

·(清)顾苓撰:《塔影园集》,见《丛书集成续编》集部,第 123 册,上海书店出版社 1994 年版。

·(清)钱保塘撰:《清风室文钞》,见《丛书集成续编》集部,第 143 册,上海书店出版社 1994 年版。

·(民国)盛炳纬撰:《养园剩稿》,见《丛书集成续编》集部,第 144 册,上海书店出版社 1994 年版。

·(明)顾起元撰:《懒真草堂集》,见王德毅主编:《丛书集成续编》第 170 册,(台北)新文丰出版公司,1989 年版。

·(清)杨复吉撰:《梦阑琐笔》癸集,见王德毅主编:《丛书集成续编》第 23 册,(台北)新文丰出版公司 1988 年版。

·(清)缪楷撰:《经余随笔》卷,见王德毅主编:《丛书集成续编》第 25 册,(台北)新文丰出版公司 1988 年版。

·(清)郑方坤撰:《本朝名家诗钞小传》,见《丛书集成续编》第 256 册,(台北)新文丰出版公司 1988 年版。

·(清)冯可镛辑:《慈湖先生遗书补编》,见王德毅主编:《丛书集成续编》第 130

册,(台北)新文丰出版公司 1989 年版。

·(明)刘凤撰:《刘侍御集》,见《丛书集成三编》第 47 册、第 48 册,新文丰出版公司 1997 年版。

·(明)刘凤撰:《续吴录》,见《丛书集成三编》第 85 册,新文丰出版公司 1997 年版。

四、《清代诗文集汇编》《清代硃卷集成》

·(清)彭士望撰:《耻躬堂文钞》,见《清代诗文集汇编》编纂委员会编:《清代诗文集汇编》32,上海古籍出版社 2010 年版。

·(清)周茂源撰:《鹤静堂集》,见《清代诗文集汇编》编纂委员会编:《清代诗文集汇编》49,上海古籍出版社 2010 年版。

·(清)宋征舆撰:《林屋文稿》,见《清代诗文集汇编》编纂委员会编:《清代诗文集汇编》58,上海古籍出版社 2010 年版。

·(清)洪若皋著:《南沙文集》卷首,见《清代诗文集汇编》编纂委员会编:《清代诗文集汇编》91,上海古籍出版社 2010 年版。

·(清)张廷玉撰:《澄怀园文存》,见《清代诗文集汇编》编纂委员会编:《清代诗文集汇编》116,上海古籍出版社 2010 年版。

·(清)徐乾学撰:《憺园文集》,见《清代诗文集汇编》编纂委员会编:《清代诗文集汇编》124,上海古籍出版社 2010 年版。

·(清)徐釚撰:《南州草堂集》,见《清代诗文集汇编》编纂委员会编:《清代诗文集汇编》141,上海古籍出版社 2010 年版。

·(清)邵长蘅撰:《青门剩稿》,见《清代诗文集汇编》编纂委员会编:《清代诗文集汇编》145,上海古籍出版社 2010 年版。

·(清)韩菼撰:《有怀堂文稿》,见《清代诗文集汇编》编纂委员会编:《清代诗文集汇编》147,上海古籍出版社 2010 年版。

·(清)沈受宏撰:《白溇集》,见《清代诗文集汇编》编纂委员会编:《清代诗文集汇编》167,上海古籍出版社 2010 年版。

·(清)万斯同撰:《石园文集》,见《清代诗文集汇编》编纂委员会编:《清代诗文集汇编》161,上海古籍出版社 2010 年版。

·(清)陆楣撰:《铁庄文集》,见《清代诗文集汇编》编纂委员会编:《清代诗文集汇编》176,上海古籍出版社 2010 年版。

·(清)何焯撰:《义门先生集》,见《清代诗文集汇编》编纂委员会编:《清代诗文集汇编》207,上海古籍出版社 2010 年版。

·(清)顾嗣立撰:《秀野草堂诗集》,见《清代诗文集汇编》编纂委员会编:《清代诗文集汇编》214,上海古籍出版社 2010 年版。

·（清）范光阳撰:《双云堂集》,《清代诗文集汇编》编纂委员会编:《清代诗文集汇编》121,上海古籍出版社 2010 年版。

·（清）黄之隽撰:《（广吾）堂集》,见《清代诗文集汇编》编纂委员会编:《清代诗文集汇编》221,上海古籍出版社 2010 年版。

·（清）王步清撰:《巳山先生文集》,见《清代诗文集汇编》编纂委员会编:《清代诗文集汇编》228,上海古籍出版社 2010 年版。

·（清）赵昱撰:《爱日堂吟稿》,见《清代诗文集汇编》编纂委员会编:《清代诗文集汇编》265,上海古籍出版社 2010 年版。

·（清）陈浩撰:《生香书屋文集》,见《清代诗文集汇编》编纂委员会编:《清代诗文集汇编》276,上海古籍出版社 2010 年版。

·（清）彭启丰撰:《芝庭先生集》,《清代诗文集汇编》编纂委员会编:《清代诗文集汇编》296,上海古籍出版社 2010 年版。

·（清）程晋芳撰:《勉行堂诗集》,见《清代诗文集汇编》编纂委员会编:《清代诗文集汇编》343,上海古籍出版社 2010 年版。

·（清）谭献撰:《振绮堂诗存叙》,见《清代诗文集汇编》编纂委员会编:《清代诗文集汇编》348,上海古籍出版社 2010 年版。

·（清）汪宪撰:《振绮堂诗存》,见《清代诗文集汇编》编纂委员会编:《清代诗文集汇编》348,《国家清史编纂委员会文献丛刊》,上海古籍出版社 2010 年版。

·（清）彭元瑞撰:《恩余堂辑稿》,见《清代诗文集汇编》编纂委员会编:《清代诗文集汇编》374,上海古籍出版社 2010 年版。

·（清）姚鼐撰:《惜抱轩诗集》,见《清代诗文集汇编》编纂委员会编:《清代诗文集汇编》377,上海古籍出版社 2010 年版。

·（清）李调元撰:《童山诗集》,见《清代诗文集汇编》编纂委员会编:《清代诗文集汇编》384,上海古籍出版社 2010 年版。

·（清）余集撰:《秋室学古录》,见《清代诗文集汇编》编纂委员会编:《清代诗文集汇编》395,上海古籍出版社 2010 年版。

·（清）汪璐撰:《松声池馆诗存》,见《清代诗文集汇编》编纂委员会编:《清代诗文集汇编》414,上海古籍出版社 2010 年版。

·（清）汤金钊撰:《晚闻居士遗集序》,见《清代诗文集汇编》编纂委员会编:《清代诗文集汇编》440,上海古籍出版社 2010 年版。

·（清）臧镛撰:《拜经堂文集》,见《清代诗文集汇编》编纂委员会编:《清代诗文集汇编》484,上海古籍出版社 2010 年版。

·（清）许宗彦撰:《鉴止水斋集》,见《清代诗文集汇编》编纂委员会编:《清代诗文集汇编》488,上海古籍出版社 2010 年版。

·（清）陈用光撰：《太乙舟文集》，见《清代诗文集汇编》编纂委员会编：《清代诗文集汇编》489 上海古籍出版社 2010 年版。

·（清）彭兆荪撰：《小谟觞馆诗集》，见《清代诗文集汇编》编纂委员会编：《清代诗文集汇编》492，上海古籍出版社 2010 年版。

·（清）朱琦撰：《小万卷斋文稿》，见《清代诗文集汇编》编纂委员会编：《清代诗文集汇编》494，上海古籍出版社 2010 年版。

·（清）朱为弼撰：《蕉声馆集》，见《清代诗文集汇编》编纂委员会编：《清代诗文集汇编》501，上海古籍出版社 2010 年版。

·（清）沈维鐈撰：《补读书斋遗稿》附卷首，见《清代诗文集汇编》编纂委员会编：《清代诗文集汇编》525，上海古籍出版社 2010 年版。

·（清）程恩泽撰：《程侍郎遗集》，见《清代诗文集汇编》编纂委员会编：《清代诗文集汇编》548，上海古籍出版社 2010 年版。

·（清）马国翰撰：《玉函山房文集》，见《清代诗文集汇编》编纂委员会编：《清代诗文集汇编》586，上海古籍出版社 2010 年版。

·（清）潘遵祁撰：《西圃集》，见《清代诗文集汇编》编纂委员会编：《清代诗文集汇编》629，上海古籍出版社 2010 年版。

·（清）潘遵祁撰：《西圃集诗集补遗》，见《清代诗文集汇编》编纂委员会编：《清代诗文集汇编》629，上海古籍出版社 2010 年版。

·（清）冯桂芬撰：《显志堂稿》，见《清代诗文集汇编》编纂委员会编：《清代诗文集汇编》632，上海古籍出版社 2010 年版。

·（清）陈立撰：《句溪杂著》，见《清代诗文集汇编》编纂委员会编：《清代诗文集汇编》632，上海古籍出版社 2010 年版。

·（清）方浚颐撰：《二知轩文存》，见《清代诗文集汇编》编纂委员会编：《清代诗文集汇编》661，上海古籍出版社 2010 年版。

·（清）孙衣言撰：《逊学斋文续钞》，见《清代诗文集汇编》编纂委员会编：《清代诗文集汇编》662，上海古籍出版社 2010 年版。

·（清）李鸿裔撰：《苏邻遗诗》，见《清代诗文集汇编》编纂委员会编：《清代诗文集汇编》718，上海古籍出版社 2010 年版。

·（清）叶昌炽著：《奇觚庼文集》，见《清代诗文集汇编》编纂委员会编：《清代诗文集汇编》766，上海古籍出版社 2010 年版。

·（清）王颂蔚撰：《写礼庼遗著》，见《清代诗文集汇编》编纂委员会编：《清代诗文集汇编》767，上海古籍出版社 2010 年版。

·（清）张佩纶撰：《涧于集》，见《清代诗文集汇编》编纂委员会编：《清代诗文集汇编》768，上海古籍出版社 2010 年版。

·(清)吴庆坻撰:《悔余生诗》,见《清代诗文集汇编》编纂委员会编:《清代诗文集汇编》770,上海古籍出版社 2010 年版。

·(清) 吴昌绶撰:《松邻遗集》,见《清代诗文集汇编》编纂委员会编:《清代诗文集汇编》782,上海古籍出版社 2010 年版。

·顾廷龙主编:《清代硃卷集成》第 7 册《余坤》,第 12 册《潘曾莹》,第 17 册《潘祖荫》,第 19 册《蒋彬蔚》,第 20 册《沈秉成》,第 21 册《王咏春》,第 24 册《翁曾源》,第 40 册《徐锡祉》,第 43 册《翁斌孙》,第 46 册《葛咏裳》,第 46 册《葛咏裳》,第 47 册《汪宗沂》《王颂蔚》,第 54 册《葛金烺》,第 58 册《沈曾桐》,第 69 册《范迪襄》,第 74 册《王仁俊》《吴士鉴》《张元济》,第 76 册《陆廷桢》,第 80 册《孙锵》,第 86 册《彭泰士》,第 87 册《陆懋勋》,第 89 册《孙知敏》,第 90 册《王季烈》,第 92 册《彭希郑》《章梫》,第 104 册《查善长》,第 117 册《缪祐孙》,第 120 册《金蓉镜》,第 135 册《潘希甫》,第 165 册《王颂蔚》,第 184 册《蒋楙熙》,第 186 册《蒋东培》,第 188 册《蒋炳章》,第 201 册《王季烈》,第 263 册《欧仁衡》,第 268 册《盛炳纬》,第 382 册《蒋锡绶》,第 410 册《孙骐》,(台北)成文出版社 1992 年版。

五、史志、著作及书目等

·(后晋)刘昫等撰:《旧唐书》,中华书局 1975 年版。

·(宋)欧阳修、宋祁撰:《新唐书》,中华书局 1975 年版。

·(元)脱脱等撰:《宋史》,中华书局 1977 年版。

·(明)宋濂等撰:《元史》,中华书局 1976 年版。

·(清)张廷玉等撰:《明史》,中华书局 1974 年版。

· 赵尔巽等撰:《清史稿》第 8 册,第 13 册,第 33 册,第 35 册,第 37 册,第 38 册,第 39 册,第 40 册,第 41 册,第 42 册,第 43 册,第 44 册,第 45 册,第 46 册,第 47 册,第 48 册,中华书局 1977 年版。

· 王钟翰点校:《清史列传》第 3 册,第 6 册,第 7 册,第 8 册,第 15 册,第 16 册,第 17 册,第 18 册,第 19 册,第 20 册,中华书局 1987 年版。

·(宋)潜说友纂:《咸淳临安志》,见浙江省地方志编纂委员会编:《宋元浙江方志集成》第 3 册,杭州出版社 2009 年版。

·(宋)李景和等修,(宋)谈钥纂:《嘉泰吴兴志》,见浙江省地方志编纂委员会编:《宋元浙江方志集成》第 6 册,杭州出版社 2009 年版。

·(宋)张津等纂修:《乾道四明图经》,见浙江省地方志编纂委员会编:《宋元浙江方志集成》第 7 册,杭州出版社 2009 年版。

·(宋)陈耆卿纂修:嘉定《赤城志》,见浙江省地方志编纂委员会编:《宋元浙江方志集成》第 11 册,杭州出版社 2009 年版。

·(元)袁桷撰:《延祐四明志》,见浙江省地方志编纂委员会编:《宋元浙江方志集成》第 9 册，杭州出版社 2009 年版。

·（清）王国安等修，（清）黄宗羲、张衡纂：《康熙浙江通志》，见凤凰出版社编选：《中国地方志集成·省志辑·浙江（2）》，凤凰出版社 2010 年版。

·浙江省通志馆编，浙江省地方志编委会整理：《重修浙江通志稿》（标点本），第 4 册，第 6 册，第 7 册，第 13 册，第 14 册，方志出版社 2010 年版。

·（清）陈栻纂：《道光上元县志》，见《中国地方志集成·江苏府县志辑》（3），江苏古籍出版社 1991 年版。

·（清）李铭皖、谭钧培修，（清）冯桂芬纂：《同治苏州府志》，见《中国地方志集成·江苏府县志辑》（8）（9），江苏古籍出版社 1991 年版。

·（民国）曹允源、李根源纂：《民国吴县志》，见《中国地方志集成·江苏府县志辑》（12），江苏古籍出版社 1991 年版。

·（清）李光祚修，（清）顾诒禄纂：《乾隆长洲县志》，见《中国地方志集成·江苏府县志辑》（13），江苏古籍出版社 1991 年版。

·（清）张鸿、王汝缘修，王学浩等纂：《道光昆新两县志》，见《中国地方志集成·江苏府县志辑》（15），江苏古籍出版社 1991 年版。

·（清）赵惟嵛修，（清）石中玉、吴受福纂：《光绪嘉兴县志》，见《中国地方志集成·江苏府县志辑》（15），江苏古籍出版社 1991 年版。

·（清）李福沂、汪堃等纂修：《光绪昆新两县续修合志》，见《中国地方志集成·江苏府县志辑》（16），江苏古籍出版社 1991 年版。

·（民国）连德英修：《民国昆新两县续补合志》，见《中国地方志集成·江苏府县志辑》（17），江苏古籍出版社 1991 年版。

·（清）王祖畲等纂：《宣统太仓州镇洋县志》，见《中国地方志集成·江苏府县志辑》（18），江苏古籍出版社 1991 年版。

·（清）王祖畲纂修：《宣统太仓州镇洋县志》，见《中国地方志集成·江苏府县志辑》（18）（19），江苏古籍出版社 1991 年版。

·（清）高士鸃、杨振藻修，（清）钱陆灿等纂：《康熙常熟县志》，见《中国地方志集成·江苏府县志辑》（21），江苏古籍出版社 1991 年版。

·（清）郑钟祥、张瀛修，（清）庞鸿文等纂：《光绪常昭合志稿》，见《中国地方志集成·江苏府县志辑》（22），江苏古籍出版社 1991 年版。

·（清）沈彤等纂：《乾隆震泽县志》，见《中国地方志集成·江苏府县志辑》（23），江苏古籍出版社 1991 年版。

·（清）裴大中、倪咸生修，（清）秦缃业等纂：《光绪无锡金匮县志》，见《中国地方志集成·江苏府县志辑》（24），江苏古籍出版社 1991 年版。

·（清）姜璘等纂：《光绪丹阳县志》，《中国地方志集成·江苏府县志辑》（30），江苏古籍出版社 1991 年版。

·（民国）冯煦等纂：《民国重修金坛县志》，见《中国地方志集成·江苏府县志辑》（33），江苏古籍出版社 1991 年版。

·（清）王具淦、吴康寿修，（清）汤成烈等纂：《光绪武进阳湖县志》，见《中国地方志集成·江苏府县志辑》（37），江苏古籍出版社 1991 年版。

·（清）陈璚修，王棻纂；屈映光续修，陆懋勋续纂；齐耀珊重修，吴庆坻重纂：《民国杭州府志》，见《中国地方志集成·浙江府县志辑》（3），上海书店出版社 1993 年版。

·（清）魏𡷫修，（清）裘琏等纂：《康熙钱塘县志》，见上海书店出版社编：《中国地方志集成·浙江府县志辑》（4），上海书店出版社 2011 年版。

·（清）许瑶光修，吴仰贤等纂：《光绪嘉兴府志》，见《中国地方志集成·浙江府县志辑》（13），上海书店出版社 1993 年版。

·（民国）张传宝修，陈训正、马瀛纂：《民国鄞县通志·文献志》，见上海书店出版社编：《中国地方志集成·浙江府县志辑》（17）（18），上海书店出版社 2011 年版。

·（清）江峰青修，顾福仁纂：《光绪重修嘉善县志》，见《中国地方志集成·浙江府县志辑》（19），上海书店出版社 1993 年版。

·（清）彭润章等修，叶廉锷等纂：《光绪平湖县志》，见上海书店出版社编：《中国地方志集成·浙江府县志辑》（20），上海书店出版社 2011 年版。

·（清）王彬修，（清）徐用仪纂：《光绪海盐县志》，见上海书店出版社编：《中国地方志集成·浙江府县志辑》（21），上海书店出版社 2011 年版。

·（清）李圭修，（清）许传霈纂、刘蔚仁续修，朱锡恩续纂：《民国海宁州志稿》，见上海书店出版社编：《中国地方志集成·浙江府县志辑》（22），上海书店出版社 2011 年版。

·（清）严辰纂：《光绪桐乡县志》，见上海书店出版社编：《中国地方志集成·浙江府县志辑》（23），上海书店出版社 2011 年版。

·（清）宗源翰、郭式昌修，（清）周学浚、陆心源纂：《同治湖州府志》，见上海书店出版社编：《中国地方志集成·浙江府县志辑》（25），上海书店出版社 2011 年版。

·（明）李培修，（明）黄洪宪等纂：《万历秀水县志》，见《中国地方志集成·浙江府县志辑》（31），上海书店出版社 1993 年版。

·（清）任之鼎修，（清）范正辂纂：《康熙秀水县志》，见《中国地方志集成·浙江府县志辑》（31），上海书店出版社 1993 年版。

·（清）李前泮修，（清）张美翊等纂：《光绪奉化县志》，见《中国地方志集成·浙江府县志辑》（31），上海书店出版社 2011 年版。

·（民国）罗士筠修，陈汉章等纂：《民国象山县志》，见《中国地方志集成·浙江府县志辑》(33),江苏古籍出版社1991年版。

·(清)杨泰亨、冯可镛等纂:《光绪慈溪县志》,见上海书店出版社编:《中国地方志集成·浙江府县志辑》(35),上海书店出版社2011年版。

·(清)周炳麟修,(清)邵友濂、孙德祖纂:《光绪余姚县志》,见《中国地方志集成·浙江府县志辑》(36),上海书店出版社2011年版。

·(清)徐元梅修,(清)朱文翰等纂:《嘉庆山阴县志》,见上海书店出版社编:《中国地方志集成·浙江府县志辑》(37),上海书店出版社2011年版。

·(清)李亨特修,(清)平恕、徐嵩纂:《乾隆绍兴府志》,《中国地方志集成·浙江府县志辑》(39)、(40),上海书店出版社1993年版。

·(清)陈遹声修,(清)蒋鸿藻纂:《光绪诸暨县志》,见《中国地方志集成·浙江府县志辑》(41),上海书店出版社2011年版。

·(民国)孙熙鼎,张寅修,何奏簧纂:《民国临海县志稿》卷二十《人物传》,见上海书店出版社编:《中国地方志集成·浙江府县志辑》(46),上海书店出版社2011年版。

·(清)卿霖修,(清)戚学标等纂:《嘉庆太平县志》,见上海书店出版社编:《中国地方志集成·浙江府县志辑》(50),上海书店出版社2011年版。

·(清)陈汝霖修,(清)王棻等纂:《光绪太平县续志》,见上海书店出版社编:《中国地方志集成·浙江府县志辑》(50),上海书店出版社2011年版。

·(清)陈宝善、孙熹修,(清)王棻纂;(清)陈钟英、郑锡滜续修,(清)王咏霓续纂:《光绪黄岩县志》,见《中国地方志集成·浙江府县志辑》(51),上海书店出版社1993年版。

·(清)谢庭熏纂修,(清)陆锡熊协纂:《乾隆娄县志》,见《中国地方志集成·上海府县志辑》(5),上海书店出版社1991年版。

·(民国)张其修,江克让、汪文鼎纂:《民国全椒县志》,见《中国地方志集成·安徽府志县辑》(35),江苏古籍出版社1998年版。

·(清)马步蟾纂修:《道光徽州府志》,见《中国地方志集成·安徽府县志辑》(49),江苏古籍出版社1998年版。

·(清)陈至言纂,于炳炎重订:《信义志》,见《中国地方志集成·乡镇志专辑》(8),江苏古籍出版社1992年版。

·(清)诸世器撰:《菉溪志》,见《中国地方志集成·乡镇志专辑》(8),江苏古籍出版社1992年版。

·(清)闵宝梁纂:《晟舍镇志》,见《中国地方志集成·乡镇志专辑》(24),上海书店1992年版。

·(宋)范成大撰,陆振从校点:《吴郡志》,江苏古籍出版社1986年版。

·(宋)谢公应修,边实纂,李勇先校点:《咸淳玉峰续志》,见《宋元珍稀地方志丛刊(乙编)》(二),四川大学出版社 2009 年版。

(宋)施宿、张淏等撰,李能成点校:《南宋会稽二志点校》之《宝庆会稽续志》,安徽文艺出版社 2012 年版。

·(宋)王明清撰,朱菊如、汪新森校点:《投辖录 · 玉照新志》,上海古籍出版社 2012 年版。

·(宋)洪遵撰,杜斌校注:《泉志》,山东画报出版社 2013 年版。

·(元)俞希鲁编纂:《至顺镇江志》,江苏古籍出版社 1990 年版。

·(元)单庆修,(元)徐硕纂,嘉兴市地方志办公室编校:《至元嘉禾志》,上海古籍出版社 2010 年版。

·(明)田管撰:《万历新昌县志》,天一阁藏明代方志选刊,上海古籍出版社 1964 年版。

·(明)彭泽修:《徽州府志》,明弘治十五年刊刻,台湾学生书局 1965 年版。

·(明)张昶撰:《吴中人物志》,(台湾)学生出版社 1969 年版。

·(明)焦竑辑:《国史经籍志》,中华书局 1985 年版。

·(明)王鏊等纂:《正德姑苏志》,台湾学生书局 1986 年版。

·(明)何三畏:《云间志略》,台湾学生书局 1987 年版。

·(明)周世昌撰:《万历重修昆山县志》,见刘兆佑主编:《中国史学丛书三编》第四辑,台湾学生书局 1987 年版。

·(明)茅元仪撰:《武备志》第 1 册,见《中国兵书集成》编委会:《中国兵书集成》第 27 册,解放军出版社 1989 年版。

·(明)王诰、刘雨纂修:《正德江宁县志》,见北京图书馆古籍出版编辑组编:《北京图书馆古籍珍本丛刊》,书目文献出版社 1990 年版。

·(明)罗狂修,(明)黄承昊纂:《崇祯嘉兴县志》,书目文献出版社 1991 年版。

·(明)周季凤纂修:《正德云南志》,见方国瑜主编,徐文德等纂录校订:《云南史料丛刊》,云南大学出版社 2000 年版。

·(明)程敏政辑撰,何庆善、于石点校:《新安文献志》,黄山书社 2004 年版。

·(明)莫震撰:《石湖志》,见(明)杨循吉等著,陈其弟点校:《吴中小志丛刊》,广陵书社 2004 年版。

·(明)祝允明撰:《成化间苏材小纂》,见(明)杨循吉等著,陈其弟点校:《吴中小志丛刊》,广陵书社 2004 年版。

·(明)郭棐纂修,谢晖点校:《万历广东通志》,海南出版社 2006 年版。

·(明)李绍文著:《云间人物志》,见柳永翔等整理:《明清上海稀见文献五种》,人民文学出版社 2006 年版。

·(明)王瓒、蔡芳编,胡珠生校注:《弘治温州府志》,上海社会科学院出版社2006年版。

·(明)胡震亨撰:《海盐县图经》,浙江古籍出版社2009年版。

·(明)谈迁撰,《海宁珍稀史料文献丛书》编委会整理:《海昌外志》(点校本),方志出版社2009年版。

·(明)叶秉敬纂,韩章训标点:《天启衢州府志》,见衢州市地方志办公室编:《衢州府志集成》,西泠印社出版社2009年版。

·(明)田汝成著:《西湖游览志馀》,东方出版社2012年版。

·(明)萧良幹修,(明)张元忭、孙鑛纂,李能成点校:《万历绍兴府志》(点校本),宁波出版社2012年版。

·(明)刘应钶、沈尧中纂,嘉兴地方志办公室编校:《万历嘉兴府志》,上海古籍出版社2013年版。

·(明)文震孟撰:《姑苏名贤小记》,见陈其第点校:《吴中小志续编》,广陵书社2013年版。

·(清)陈作霖纂:《金陵通传》,(台北)成文出版社有限公司1970年版。

·(清)张吉安修,朱文藻纂:《余杭县志》,台北成文出版社1970年版。

·(清)董钦德辑:《浙江省康熙会稽县志》,见《中国方志丛书·华中地方·第五五三号》,(台湾)成文出版社1983年版。

·(清)沐云叟撰:《锡金志外》(全),台北成文出版社1983年版。

·(清)丁丙著:《武林坊巷志》第4册、第5册,浙江人民出版社1987年版。

·(清)洪若皋著:《闽中纪略》,见《甲申专信录 闽事纪略 遇变纪略 闽中纪略 甲乙日历合订本》,《台湾文献史料丛刊》第六辑(107),台湾大通书局1987年版。

·(清)温睿临著:《南疆逸史》,见《台湾文献史料丛刊》第132种,台湾大通书局1987年版。

·(清)张廷球修,徐铣撰,龙岩市地方志编纂委员会整理:《龙岩州志》,清乾隆三年镌,福建省地图出版社1987年版。

·(清)畲华瑞纂:《岩镇志草》,江苏古籍出版社1992年版。

·(清)徐松辑,高敏点校:《河南志》,中华书局1994年版。

·(清)王同《杭州三书院志略》,见王国平主编:《西湖文献集成》第20册,杭州出版社2004年版。

·(清)吴本泰撰,褚树青等标点:《西溪梵隐志》,见王国平主编:《西湖文献集成》第18册,《历代西湖文选专辑》,杭州出版社2004年版。

·(清)阮元总裁:《道光广东通志》,海南出版社2006年版。

·(清)王同纂:《光绪塘栖志》,浙江摄影出版社2006年版。

·(清)管庭芬原辑:《天竺山志》,杭州出版社2007年版。

·(清)释淑湛、释明伦等撰:《云居圣水寺志》,见赵一新总编:《凤凰山圣果寺志·云居圣水寺志》,杭州出版社2007年版。

·(清)陈作霖《凤麓小志》,见(清末)陈作霖、(民国)陈诒绂撰:《金陵琐志九种》,《南京稀见文献丛刊》本,南京出版社2008年版。

·(清)张宝琳修,王棻、戴咸弼总纂,王志邦、应海龙、徐顺旗标点:《永嘉县志》,中华书局2010年版。

·(清)蒋启勋、赵佑宸修,(清)汪士铎等纂:《光绪续纂江宁府志》,见《金陵全书》甲编《方志类·府志》,南京出版社2011年版。

·(清)徐达源撰,黎里古镇保护开发管理委员会,吴江市档案局编:《黎里志》(两种),广陵书社2011年版。

·(清)杨开第修,(清)姚光发等纂,郭时羽、李剑雄点校:《重修华亭县志》,见上海市地方志办公室、上海市松江区地方志办公室编:《松江县卷》中册,上海古籍出版社2011年版。

·(清)于成龙修纂:《康熙江宁府志》,见《金陵全书》甲编,南京出版社2011年版。

·(清)秦瀛《王芑孙惕甫墓志铭》,见苏州博物馆编著:《苏州博物馆藏历代碑志》之《清代碑志》,文物出版社2012年版。

·(清)褚亨奭撰:《姑苏名贤后记》,见陈其弟点校:《吴中小志续编》,广陵书社2013年版。

·(清)万斯同撰,张云、王盼整理:《二十五史艺文经籍志考补萃编》,清华大学出版社2014年版。

·(清)钱止庵辑,(清)孙鸣庵辑:《吴门补乘 苏州织造局志》,上海古籍出版社2015年版。

·(民国)董祖义辑:《镇海县新志备稿》,见《中国方志丛书·华中地方·第二一九号》,(台湾)成文出版社1975年版。

·(民国)石国柱等修,许承尧纂:安徽省《歙县志》,中国方志丛书·华中地方·第二四六号,(台湾)成文出版社1975年据民国二十六年(1937)铅印本印行。

·(民国)孙寿芝纂:《浙江省丽水县志》,见《中国方志丛书·华中地方·第二二□号》,(台湾)成文出版社1975年据民国李钟岳等修,孙寿芝纂,民国十五年(1926)铅印本影印。

·(民国)张仁静修,钱崇威纂,金咏榴续纂:《江苏省·青浦县续志》,见《中国方志丛书·华中地方·第一六七号》,(台湾)成文出版社1975年版。

·(民国)张寅等修,何奏簧纂:《临海县志》,(台北)成文出版社有限公司1975

年据民国二十三年(1934)重修铅印本影印本。

·(民国)绍兴县修志委员会辑:《浙江省绍兴县志资料第一集》第一辑,见《中国方志丛书·华中地方·第五八三号》,(台湾)成文出版社1983年版。

·(民国)郑永禧纂修:《衢县志》,《中国方志丛书·华中地方·第五八四号》,(台北)成文出版社有限公司1984年据民国二十六年(1937)铅印本影印。

·(民国)吴宗慈编撰,胡迎建等校注:《庐山志》,江西人民出版社1996年版。

·(民国)丁祖荫、徐兆玮总纂,常熟市地方志编纂委员会办公室标校:《重修常昭合志》,上海社会科学院出版社2002年版。

·(民国)周庆云撰:《灵峰志》,见王国平主编:《西湖文献集成·西湖山水志专辑》,第21册,杭州出版社2004年版。

·(民国)陈汉章总纂,重刊民国象山县志》整理委员会点校:《民国象山县志》,方志出版社2004年版。

·(民国)柯劭忞等撰,余大钧标点:《新元史》,吉林人民出版2005年版。

·(民国)陆惟鍌撰,郭杰光、陆松筠整理:《平湖经籍志》,平湖市史志办公室2011年编印。

·长垣县地方史志编纂委员会编:《明清民国长垣县志》整理本,长垣县地方史志编纂委员会1993年发行。

·秦国经主编,唐益年、叶秀云副主编:《中国第一历史档案馆藏·清代官员履历档案全编3·咸丰朝》,华东师范大学出版社1997年版。

·秦国经主编,唐益年、叶秀云副主编:《中国第一历史档案馆藏·清代官员履历档案全编5·光绪朝》,上海华东师范大学出版社1997年版。

·秦国经主编,唐益年、叶秀云副主编:《中国第一历史档案馆藏·清代官员履历档案全编7·光绪朝》,华东师范大学出版社1997年版。

·秦国经主编,唐益年、叶秀云副主编:《中国第一历史档案馆藏·清代官员履历档案全编8·宣统朝》,华东师范大学出版社1997年版。

·秦国经主编,唐益年、叶秀云副主编:《中国第一历史档案馆藏·清代官员履历档案全编23·嘉庆朝》,华东师范大学出版社1997年版。

·秦国经主编,唐益年、叶秀云副主编:《中国第一历史档案馆藏·清代官员履历档案全编24·嘉庆朝》,华东师范大学出版社1997年版。

·中国第一历史档案馆:《纂修四库全书档案》,上海古籍出版社1997年版。

·冯煦等纂:《溧阳县续志》,(台湾)成文出版社1983年版。

·张壬士辑:《木渎小志》,(台湾)台成文出版社1983年版。

·浙江省社会科学院编著:浙江简志之二《浙江人物简志》,浙江人民出版社1986年版。

·宁海城关镇志编纂办公室:《宁海城关镇志》,浙江人民出版社 1989 年版。

·江苏省常熟市地方志编纂委员会编:《江苏省常熟市志》,上海人民出版社 1990 年版。

·江苏省昆山县志编纂委员会编:《昆山县志》,上海人民出版社 1990 年版。

·祁门县地方志编纂委员会办公室:《祁门县志》,安徽人民出版社 1990 年版。

·上虞县志编纂委员会编:《上虞县志》,浙江人民出版社 1990 年版。

·张西廷编写:《湖州人物志》,上海社会科学院出版社 1990 年版。

·朱鸿伯主编:《上海市川沙县志》,上海人民出版社 1990 年版。

·浙江省温州市委员会文史资料委员会:《温州文史资料》第 5 辑,浙江人民出版社 1990 年版。

·程炳卿主编,西天目山志编纂委员会编:《西天目山志》,浙江人民出版社 1991 年版。

·桐庐县志编纂委员会编:《桐庐县志》,浙江人民出版社 1991 年版。

·黄岩县办公室编,严振非总纂:《浙江省黄岩县志》,三联书店上海分店 1992 年版。

·金华县志编纂委员会编:《金华县志》,浙江人民出版社 1992 年版。

·衢县志编纂委员会编:《衢县志》,浙江人民出版社 1992 年版。

·严振非总纂:《浙江省黄岩县志》,三联书店上海分店 1992 年版。

·张家港市地方志编纂委员会办公室编:《沙洲县志》,江苏人民出版社 1992 年版。

·刘浩然编著:《洛阳万安桥志》,香港华星出版社 1993 年版。

·余姚市地方志编纂委员会编:《余姚市志》,浙江人民出版社 1993 年版。

·诸暨县地方志编纂委员会:《诸暨县志》,浙江人民出版社 1993 年版。

·庄文生主编,浙江省平湖县县志编纂委员会编:《浙江省平湖县志》,上海人民出版社 1993 年版。

·杭州市教育委员会编纂:《杭州教育志》(1028—1949),浙江教育出版社 1994 年版。

·新昌县志编纂委员会编:《新昌县志》,上海书店出版社 1994 年版。

·《海宁市志》编纂委员会:《海宁市志》,汉语大辞典出版社 1995 年版。

·《丽水地区人物志》编辑部:《丽水地区人物志》,浙江人民出版社 1995 年版。

·嘉善县志编纂委员会编:《嘉善县志》,生活 · 读书 · 新知三联书店 1995 年版。

·宁波市地方志编纂委员会:《宁波市志》,中华书局 1995 年版。

·苏州市地方志编纂委员会:《苏州市志》,江苏人民出版社 1995 年版。

·台州地区地方志编纂委员会编:《台州地区志》,浙江人民出版社 1995 年版。

·缙云县志编纂委员会编:《缙云县志》,浙江人民出版社 1996 年版。

·泾县地方志编纂委员会:《泾县志》,方志出版社 1996 年版。

·任桂全总纂,绍兴市地方志编纂委员会编:《绍兴市志》,浙江人民出版社 1996 年版。

·邓大鹏主编,宁波图书馆志编纂委员会编:《宁波图书馆志》,宁波出版社 1997 年版。

·句容市地方志办公室:《句容茅山志》,黄山书社 1998 年版。

·安徽省地方志安徽省地方志编纂委员会编:《安徽省志·人物志》,方志出版社 1999 年版。

·王克文主编:《湖州市志》,昆仑出版社 1999 年版。

·浙江省政协文史资料委员会编:《浙江文史资料选辑》第 64 辑《史海钩沉》,浙江人民出版社 1999 年版。

·西安市地方志编纂委员会:《西安市志》,西安出版社 2002 年版。

·南京市建邺区地方志编纂委员会编:《建邺区志》,方志出版社 2003 年版。

·瑞安市地方志编纂委员会编:《瑞安市志》,中华书局 2003 年版。

·衢州市政协文史资料委员会编:《衢州文史资料》第 29 辑,香港天马图书有限公司 2003 年版。

·政协瑞安市文史资料委员会编:《瑞安文史资料》第 19 辑,香港天马图书有限公司 2000 年版。

·贵州省文史研究馆点校:《贵州通志》,贵州人民出版社 2004 年版。

·浙江省教育志编纂委员会:《浙江省教育志》,浙江大学出版社 2004 年版。

·金普森、陈剩勇主编:《浙江通史》,浙江人民出版社 2005 年版。

·项士元撰:《巾子山志》,中国文史出版社 2005 年版。

·张耕田、陈巍主编:《苏州民国艺文志》,广陵书社 2005 年版。

·《平江区志》编纂委员会编:《平江区志》,上海社会科学院出版社 2006 年版。

·杨镜如主编:《紫阳书院志(1713-1904)》,苏州大学出版社 2006 年版。

·《江西省志人物志》编纂委员会编:《江西省志人物志》,方志出版社 2007 年版。

·《浙江省出版志》编纂委员会编:《浙江省出版志》,浙江人民出版社 2007 年版。

·江苏省地方志编纂委员会编:《江苏省志 90·人物志》,凤凰出版社 2008 年版。

·江燕、文明元、王珏点校:《新纂云南通志》第 8 册,云南人民出版社 2007

年版。

·李春龙、江燕点校:《新纂云南通志》,云南人民出版社 2007 年版。

·新丰镇编纂办公室:《新丰镇志》,安徽美术出版社 2008 年版。

·政协大姚县委员会编:《妙峰山志》,云南人民出版社 2008 年版。

·张伟等著:《宁波通史·宋代卷》,傅璇琮主编:《宁波通史》,宁波出版社 2009 年版。

·南开大学地方文献研究室、杭州市萧山区人民政府地方志办公室:《萧山县志稿》,南开大学出版社 2010 年版。

·南开大学地方文献研究室:《萧山县志稿》,南开大学出版社 2010 年版。

·张振雄著,苏州地方志办公室编:《苏州山水志》,广陵书社 2010 年版。

·吴江市档案局主编:《同里志(两种)》,广陵书社 2011 年版。

·郭秧全、蔡坤泉主编:《昆山历代艺文志》,江苏科学技术出版社 2012 年版。

·黄山市徽州区地方志编纂委员会编:《黄山市徽州区志》,黄山书社 2012 年版。

·赵子廉著:《桐柏仙域志》,中央编译出版社 2012 年版。

·夏维中编著:《南京通史·清代卷》,南京出版社 2014 年版。

·卞利主编:《徽州文化史·近代卷》,安徽人民出版社 2015 年版。

·(汉)徐干著,钱培名校补并附札记:《中论》,中华书局 1985 年版。

·(唐)韦应物撰:《韦江州集》,(北京)商务印书馆 1929 年版本。

·(唐)张籍著:《张籍诗集》,中华书局 1959 年版。

·(唐)薛涛著,张篷舟笺:《薛涛诗笺》,人民文学出版社 1983 年版。

·(唐)杜佑撰:《通典》,中华书局 1984 年版。

·(宋)李昉等编:《文苑英华》,中华书局 1966 年版。

·(宋)王安石著,唐武标校:《王文公文集》,上海人民出版社 1974 年版。

·(宋)陆游撰:《陆游集》,中华书局 1976 年版。

·(宋)何薳撰,张明华点校:《春渚纪闻》,中华书局 1983 年版。

·(宋)周密撰,张茂鹏点校:《齐东野语》,中华书局 1983 年版。

·(宋)曾巩撰:《曾巩集》,中华书局 1984 年版。

·(宋)陆游撰:《陆氏南唐书》,上海书店出版社 1984 年版。

·(宋)程俱撰:《北山小集》,上海书店 1985 年版。

·(宋)董逌撰:《广川书跋》,中华书局 1985 年版。

·(宋)韩元吉撰:《南涧甲乙稿附拾遗》,中华书局 1985 年版。

·(宋)陆佃撰:《陶山集》,中华书局 1985 年版。

·(宋)陆游撰:《放翁家训》,中华书局 1985 年版。

·（宋）谢采伯撰:《密斋笔记·续记》,中华书局1985年版。

·（宋）尤玘撰:《万柳溪边旧话》,中华书局1985年版。

·（宋）袁文撰:《瓮牖闲评》,中华书局1985年版。

·（宋）袁燮撰:《絜斋集》,中华书局1985年版。

·（宋）郑刚中著:《北山文集》,中华书局1985年版。

·（宋）朱松、朱槔、吕本中撰:《韦斋集附玉澜集 东莱先生诗集》,见《四部丛刊续编(六四)》集部,上海书店出版社1985年版。

·（宋）陆游撰:《老学庵笔记》,见《陆放翁全集》,中国书店1986年版。

·（宋）苏颂著:《苏魏公文集》,中华书局1988年版。

·（宋）曾巩著,祝尚节译:《曾巩诗文选译》,巴蜀书社1990年版。

·（宋）姚宽、陆游撰:《西溪丛语 家世旧闻》,中华书局1993年版。

·（宋）洪迈著,鲁同群、刘宏起点校:《容斋续笔》,中国世界语出版社1995年版。

· ·（宋）朱熹著,郭齐、尹波点校:《朱熹集》,四川教育出版社1996年版。

·（宋）黎靖德编,杨绳其、周娴君校点:《朱子语类》,岳麓书社1997年版。

·（宋）汪洙编,(明)吕得胜编:《神童诗》,华龄出版社1997年版。

·（宋）陈骙、佚名撰,张富祥点校:《南宋馆阁录 续录》,中华书局1998年版。

·（宋）陈傅良著,周梦江点校:《陈傅良文集》,浙江大学出版社1999年版。

·（宋）李心传撰:《建炎以来朝野杂记》,中华书局2000年版。

·（宋）朱熹撰:《晦庵先生朱文公文集》,见朱杰人、严佐之、刘永翔主编:《朱子全书》第20册、第22册、第23册、第24册、第25册、第27册,上海古籍出版社、安徽教育出版社2002年版。

·（宋）程秘撰:《程端明公洺水集》,见四川大学古籍所编:《宋集珍本丛刊》第71册,线装书局2004年版。

·（宋）刘宰撰:《漫塘文集》,见四川大学古籍所编:《宋集珍本丛刊》第72册,线装书局2004年版。

·（宋）尤袤撰:《梁溪遗稿》,见四川大学古籍所编:《宋集珍本丛刊》第46册,线装书局2004年版。

·（宋）杨万里著,王琦珍整理:《杨万里诗文集》,江西人民出版社2006年版。

·（宋）欧阳修著:《欧阳修集编年笺注 8》,巴蜀书社2007年版。

·（宋）陆佃著,王敏红校注:《埤雅》,浙江大学出版社2008年版。

·（宋）司马光著,李之亮笺注:《司马温公集编年笺注》,巴蜀书社2009年版。

·（宋）汪应辰撰:《文定集》,学林出版社2009年版。

·（宋）张镃《南湖集》,见(明)解缙编:《永乐大典》,全新校勘珍藏版,第1卷,大众文艺出版社 2009 年版。

·(宋)楼钥撰,顾大朋点校:《楼钥集》,浙江古籍出版社 2010 年版。

·(宋)欧阳修原著,邓宝剑、王怡琳注释:《集古录跋尾》,人民美术出版社 2010 年版。

·(宋)叶适著,刘公纯、王孝鱼、李哲夫点校:《叶适集》,中华书局 2010 年版。

·(宋)王明清撰,田松青点校:《挥麈录》,上海古籍出版社 2012 年版。

·(宋)王楙、张邦基撰,孔一、丁如明校点:《燕翼诒谋录 · 墨庄漫录》,上海古籍出版社 2012 年版。

·(宋)魏了翁撰:《渠阳集》,岳麓书社 2012 年版。

·(宋)叶梦得撰,田松青、徐时仪点校:《石林燕语 避暑录话》,上海古籍出版社 2012 年版。

·(宋)周密撰,王根林校点:《癸辛杂识》,上海古籍出版社 2012 年版。

·(宋)陈振孙撰,徐小蛮、顾美华点校:《直斋书录解题》,上海古籍出版社 2015 年版。

·(宋)洪迈著:《容斋随笔》,上海古籍出版社 2015 年版。

·(宋)史浩撰,俞信芳点校:《史浩集》,浙江古籍出版社 2016 年版。

·(宋)岳珂撰,郎润点校:《愧郯录》,中华书局 2016 年版。

·(元)刘一清撰:《钱塘遗事》,上海古籍出版社 1985 年版。

·(元)马端临著,华东师范大学古籍研所标校:《文献通考 · 经籍考》,华东师范大学出版社 1985 年版。

·(元)宋无撰:《啽呓集》,中国书店 1990 年版。

·(元)孔齐著:《至正直记》,中华书局 1991 年版。

·(元)吾衍撰:《闲居录》,中华书局 1991 年版。

·(元)苏天爵著,陈高华、孟繁清点校:《滋溪文稿》,中华书局 1997 年版。

·(元)陶宗仪著,文灏点校:《南村辍耕录》,文化艺术出版社 1998 年版。

·(元)王恽等撰:《画画录》,(台北)世界书局股份有限公司 2009 年版。

·(明)叶盛编:《菉竹堂书目》,商务印书馆 1935 年版。

·(明)陈眉公著,襟霞阁主校阅:《陈眉公全集》,上海中央书店 1936 年版。

·(明)归有光著:《归震川全集》,国学整理社 1936 年版。

·(明)王鏊著:《震泽长语》,商务印书馆 1937 年版。

·(明)赵用贤著:《赵定宇书目》,上海古典文学出版社 1957 年版。

·(明)胡应麟著:《少室山房笔丛》甲部,中华书局 1958 年版。

·(明)毛晋著,潘景郑校订:《汲古阁书跋》,上海古典文学出版社 1958 年版。

·(明)谈迁撰:《国榷》,中华书局 1958 年版。

·（明）臧晋叔编:《元曲选》,中华书局 1958 年版。

·（明）沈德符撰:《万历野获编》,中华书局 1959 年版。

·（明）朱国祯著:《涌幢小品》,见中华书局上海编辑所编:《明清笔记丛刊》,中华书局 1959 年版。

·（明）祁彪佳撰:《祁彪佳集》,中华书局 1960 年版。

·（明）胡应麟著:《少室山房笔丛》,中华书局 1964 年版。

·（明）徐师曾著,罗根泽校点:《文章辨体序说 文体明辨序说》,人民出版社 1962 年版。

·（明）祝允明撰:《祝氏诗文集》,《明代艺术家集汇刊续集》,台北"中央图书馆"1971 年版。

·（明）姚绶撰:《穀庵集选》,台湾学生书局 1973 年版。

·（明）李贽著:《续藏书》第 5 册,中华书局 1974 年版。

·（明）边贡撰:《边华泉集》,（台北）伟文图书出版社有限公司 1976 年版。

·（明）唐时升撰:《三易集》,（台北）伟文图书出版社有限公司 1977 年版。

·（明）屠隆撰:《由拳集》,见《明代论著丛刊》第 3 辑,上册,（台北）伟文图书出版社有限公司 1977 年影印本。

·（明）焦竑撰,顾思点校:《玉堂丛语》,中华书局 1981 年版。

·（明）释方泽撰:《冬溪集外集》,见陆光祖撰:《禅门逸书初编》第 7 册,台北明文书局股份有限公司 1981 年版。

·（明）徐渭撰:《徐渭集》,中国古典文学基本丛书,中华书局 1983 年版。

·（明）张萱辑:《西园闻见录》第 6 册、第 10 册,杭州古旧书店 1983 年版。

·（明）陈霆著:《两山墨谈》,中华书局 1985 年版。

·（明）刘凤撰:《续吴先贤赞》,中华书局 1985 年版。

·（明）陆楫撰:《蒹葭堂杂著摘抄》,中华书局 1985 年版。

·（明）陆树声著:《耄馀杂识》,中华书局 1985 年版。

·（明）商浚辑:《稗海 · 原序》,第 1 册,大化书局 1985 年据振鹭堂刻本影印。

·（明）王世贞撰,魏连科点校:《弇山堂别集》,中华书局 1985 年版。

·（明）文嘉著,（清）刘体仁著:《钤山堂书画记》,中华书局 1985 年版。

·（明）杨慎著,王文才、张锡厚辑:《升庵著述序跋》,云南人民出版社 1985 年版。

·（明）张瀚著,盛冬铃点校:《松窗梦语》,中华书局 1985 年版。

·（明）叶盛著:《水东日记》,花山文艺出版社 1986 年版。

·（明）沈懋孝撰:《滴露轩藏书记》,见（清）黄宗羲编:《明文海》第 4 册,中华书局 1987 年版。

·（明）丰坊撰:《万卷楼遗集》,见北京图书馆古籍出版编辑组编:《北京图书馆古籍珍本丛刊》109,集部,书目文献出版社 1989 年版。

·（明）郑晓撰:《端简郑公文集》,见北京图书馆古籍出版编辑组编:《北京图书馆古籍珍本丛刊》109,集部,书目文献出版社 1989 年版。

·（明）张溥编:《汉魏六朝百三名家集叙》第 1 册,江苏广陵古籍出版社 1990 年版。

·（明）邓球编:《皇明泳化类编列传》,见周骏富辑:《明代传记丛刊·综录类(4)》,第 80 册,台北明文书局 1991 年版。

·（明）张岱纂:《明越人三不朽图赞》,见周骏富辑:《明代传记丛刊·综合类 48 和 51 合订本》之(51),(台湾)明文书局 1991 年印。

·（明）郁逢庆撰:《郁氏书画题跋记》,见《中国书画全书》第 4 册,上海书画出版社 1992 年版。

·（明）陆深撰:《俨山集》,上海古籍出版社 1993 年版。

·（明）汪砢玉撰:《珊瑚网》,见卢辅圣主编《中国书画全书》第 5 册,上海书画出版社 1993 年版。

·（明）徐应秋撰:《玉芝堂谈荟》,上海古籍出版社 1993 年版。

·（明）李日华撰,屠友祥校注:《味水轩日记》,上海远东出版社 1996 年版。

·（明）胡应麟撰:《石羊生小传》,见陈兰村编:《中国古代名人自传选》,中国青年出版社 1997 年版。

·（明）王肯堂著,吴唯等校注:《证治准绳》,中国中医药出版社 1997 年版。

·（明）程敏政编:《明文衡》,见任继愈主编:《中华传世文选》,吉林人民出版社 1998 年版。

·（明）孙承恩撰,杨豫生、董宜阳、朱大韶编辑:《孙文简公瀼溪草堂稿》,见北京图书馆古籍出版编辑组编:《北京图书馆古籍珍本丛刊》102 集部,书目文献出版社 1998 年版。

·（明）项鼎铉撰:《呼桓日记》,《北京图书馆古籍珍本丛刊》第 20 册,书目文献出版社 1998 年版。

·（明）王衡撰,王时敏补辑《王文肃公年谱》,见北京图书馆编:《北京图书馆藏珍本年谱丛刊》第 52 册,北京图书馆出版社 1999 年版。

·（明）卜大有辑:《明刻珍本史学要义》,中华全国图书馆文献缩微复制中心 1999 年版。

·（明）焦竑撰,李剑雄整理:《澹园集》,中华书局 1999 年版。

·（明）焦竑撰:《澹园集》,中华书局 1999 年版。

·（明）商振伦撰:《商文毅公年谱》,见《北京图书馆藏珍本年谱丛刊》第 39 册,北京图书馆出版社 1999 年版。

·(明)孙能传编撰,沈习康、张跃中、陈士彪等校译:《益智编》,见夏咸淳主编:《全译四大智书》,中州古籍出版社 1999 年版。

·(明)孙凤《孙氏书画钞》,见卢辅圣主编:《中国书画全书》第 3 册,上海书画出版社 2000 年版。

·(明)王世贞撰:《古今法书苑》,卢辅圣主编:《中国书画全书》第 5 册,上海书画出版社 2000 年版。

·(明)归有光著,赵伯陶选注评点:《归有光文选》,苏州大学出版社 2001 年版。

·(明)归震川著,段承校选注评析:《归震川诗文选》,江苏古籍出版社 2002 年版。

·(明)王永积撰:《锡山景物略》,广陵书社 2003 年版。

·(明)张璁撰,张宪文校注:《张璁集》,上海社会科学院出版社 2003 年版。

·(明)王弘诲著,王力平点校:《天池草》,海南出版社 2004 年版。

·(明)董其昌著,屠友祥校注:《画禅室随笔》,江苏教育出版社 2005 年版。

·(明)祁承㸁等撰:《澹生堂藏书约》外八种,上海古籍出版社 2005 年版。

·(明)陈继儒等撰,王永智等注译:《读书十六观》,三秦出版社 2006 年版。

·(明)丘浚著:《丘浚集》,海南出版社 2006 年版。

·(明)归有光著,周本淳点校:《震川先生集》,上海古籍出版社 2007 年版。

·(明)周晖撰:《金陵琐事 续金陵琐事 二续金陵琐事》,南京出版社 2007 年版。

·(明)胡应麟等著:《经籍会通》外四种,北京燕山出版社 2008 年版。

·(明)江盈科纂,黄仁生辑校:《江盈科集》,岳麓书社 2008 年版。

·(明)李东阳撰,周寅宾、钱振民校点:《李东阳集》,岳麓书社 2008 年版。

·(明)陈全之著,顾静标点:《蓬窗日录》,上海书店出版社 2009 年版。

·(明)解缙编:《永乐大典》,全新校勘简体横排珍藏本,第 8 卷,大众文艺出版社 2009 年版。

·(明)张岱著,夏咸淳、程维荣校注:《陶庵梦忆 西湖梦寻》,上海古籍出版社 2009 年版。

·(明)张元忭撰:《馆阁漫录》,见余来明、潘金英校点:《翰林掌故五种》,武汉大学出版社 2009 年版。

·(明)冯梦祯撰,丁小明点校:《快雪堂日记》,凤凰出版社 2010 年版。

·(明)李日华撰:《六研斋笔记 紫桃轩杂缀》,凤凰出版社 2010 年版。

·(明)祁承㸁等撰:《藏书记》,广陵书社 2010 年版。

·(明)张丑撰,徐德明校点:《清河书画舫》,上海古籍出版社 2011 年版。

·(明)范钦著,袁慧点校:《范钦集》,浙江古籍出版社 2012 年版。

·(明)茅坤著,张梦新、张大芝点校:《茅坤集》,浙江古籍出版社 2012 年版。

·(明)祁承㸁著:《澹生堂集》,第 3 册,第 4 册,国家图书馆出版社 2012 年版。

·(明)商辂著,孙福轩编校:《商辂集》,浙江古籍出版社 2012 年版。

·(明)陶宗仪、朱谋垔撰,徐美洁点校:《书史会要》,浙江人民美术出版社 2012 年版。

·(明)陶宗仪编:《说郛三种》,上海古籍出版社 2012 年版。

·(明)陶宗仪撰,徐美洁点校:《书史会要》,浙江人民美术出版社 2012 年版。

·(明)屠隆著,汪超宏主编:《屠隆集》,第 4 册、第 12 册,浙江古籍出版社 2012 年版。

·(明)谢铎撰,林家骊点校:《谢铎集》,浙江古籍出版社 2012 年版。

·(明)徐象梅撰:《两浙名贤录》,浙江古籍出版社 2012 年版。

·(明)徐中行著,王群栗点校:《徐中行集》,浙江古籍出版社 2012 年版。

·(明)叶子奇等撰,吴东昆等校点:《草木子》(外三种),上海古籍出版社 2012 年版。

·(明)祝允明著:《怀星堂集》,西泠印社出版社 2012 年版。

(明)金贲亨撰,徐三见点校:《台学源流》,见(清)宋世荣辑:《台州丛书》乙集(5),上海古籍出版社 2013 年版。

·(明)董其昌《容台集》,见严文儒、尹军主编:《董其昌全集》第 1 册,上海书画出版社 2013 年版。

·(明)王鏊著,吴建华点校:《王鏊集》,上海古籍出版社 2013 年版。

·(明)张岱著,栾保群点校:《琅嬛文集》,浙江古籍出版社 2013 年版。

·(明)郭棐撰,黄国声、邓贵忠点校:《粤大记》,广东人民出版社 2014 年版。

·(明)黄绾撰:《黄绾集》,上海古籍出版社 2014 年版。

·(明)王守仁著,谢延杰辑刊:《王阳明全集》,中央编译出版社 2014 年版。

·(明)文徵明著,周道振辑校:《文徵明集》,上海古籍出版社 2014 年版。

·(明)吕柟著,米文科点校整理:《吕柟集》,西北大学出版社 2015 年版。

·(明)张元忭撰,钱明编校:《张元忭集》,上海古籍出版社 2015 年版。

·(清)王士祯著:《香祖笔记》,商务印书馆 1934 年版。

·(清)钱大昕著:《潜研堂文集》,见王云五主编:《万有文库》第二集(七百种),(上海)商务印书馆 1935 年版。

·(清)全祖望著:《鲒埼亭集》,见王云五主编:《万有文库》第二集(七百种),(上海)商务印书馆 1936 年版。

·(清)孙星衍著:《孙渊如先生全集》,见王云五主编:《万有文库》第二集(七百种),(上海)商务印书馆 1936 年版。

·(清)吴伟业著:《吴梅村诗集笺注》,世界书局 1936 年版。

·(清)查慎行撰:《敬业堂诗集附续集》,见王云五主编:《万有文库》第二集(七百种),第 7 册,(上海)商务印书馆 1937 年版。

·(清)姜绍书著:《韵石斋笔谈》,商务印书馆 1937 年版。

·(清)曹元忠著:《笺经室所见宋元书题跋》,江苏省立苏州图书馆 1940 年版。

·(清)丁申撰:《武林藏书录》,古典文学出版社 1957 年版。

·(清)钱谦益著:《列朝诗集小传》上海古籍出版社 1959 年版。

·(清)杨守敬著:《藏书绝句序》,古典文学出版社 1957 年版。

·(清)郑元庆等著:《吴兴藏书录·皕宋楼藏书源流考》,上海古典文学出版社 1957 年版。

·(清)王士禛撰,陈乃乾校辑:《重辑渔洋书跋》,中华书局 1958 年版。

·(清)黄宗羲著,陈乃乾编:《黄梨洲文集》,中华书局 1959 年版。

·(清)邵懿辰撰,邵章续录:《增订四库简明目录标注》,中华书局 1959 年版。

·(清)李慈铭著,由云龙辑:《越缦堂读书记》,中华书局 1963 年版。

·(清)叶昌炽著:《缘督庐日记》,台湾学生书局 1964 年版。

·(清)翁方纲著:《复初斋文集》,见沈云龙主编:《近代中国史料丛刊》第 43 辑,(台湾)文海出版社 1966 年版。

·(清)缪荃孙纂录:《续碑传集》,见沈云龙主编:《近代中国史料丛刊》第 99 辑,(台湾)文海出版社 1973 年影印本。

·(清)翁心存辑,翁同龢辑定:《翁氏族谱》,同治十三年(1874)刊本,南京图书馆藏。

·(清)龚自珍著:《龚自珍全集》,上海人民出版,1975 年版。

·(清)吴道镕撰:《澹庵文存》,见沈云龙主编:《近代中国史料丛刊续编》第 20 辑,(台湾)文海出版社 1975 年版。

·(清)戴震著,赵玉新点校:《戴震文集》,中华书局 1980 年版。

·(清)昭梿撰,何英芳点校:《啸亭杂录·续集》,中华书局 1980 年版。

·(清)龚炜撰,钱炳寰点校:《巢林笔谈》,中华书局 1981 年版。

·(清)叶梦珠撰,来新夏点校:《阅世编》,上海古籍出版社 1981 年版。

·(清)戴璐著:《藤阴杂记》,北京古籍出版社 1982 年版。

·(清)法式善撰:《清秘述闻三种》,中华书局 1982 年版。

·(清)缪荃孙撰:《艺风老人自订年谱》,见沈云龙主编:《近代中国史料丛刊》第 51 辑,(台湾)文海出版社 1982 年版。

·(清)钱谦益撰,张德信、韩志远点校:《国初群雄事略》,中华书局 1982 年版。

·（清）全祖望原著，黄云眉选注：《鲒亭文集选注》，齐鲁书社 1982 年版。

·（清）王士禛撰，勒斯仁点校：《池北偶谈》，中华书局 1982 年版。

·（清）朱彭寿撰，何双生点校：《旧典备征 安乐康平室随笔》，中华书局 1982 年版。

·（清）陈康祺撰，晋石点校：《郎潜纪闻初笔二笔三笔》，中华书局 1984 年版。

·（清）李斗著，周光培点校：《扬州画舫录》，江苏广陵古籍刻印社 1984 年版。

·（清）梁章矩，（清）朱智撰，何英芳点校：《枢垣记略》，中华书局 1984 年版。

·（清）陆以湉撰，崔凡芝点校：《冷庐杂识》，中华书局 1984 年版。

·（清）钱曾撰，丁瑜点枚：《读书敏求记》，书目文献出版社 1984 年版。

·（清）徐松著：《登科记考》，中华书局 1984 年版。

·（清）朱祖谋著：《尊前集附金奁集》，《百花洲文库》第 3 辑，江西人民出版社 1984 年版。

·（清）陈揆编：《稽瑞楼书目》，中华书局 1985 年版。

·（清）陈鳣著：《经籍跋文》，中华书局 1985 年版。

·（清）窦镇撰：《国朝书画家笔录·顺治朝》，见周骏富辑：《清代传记丛刊·艺林类》（22），台北明文书局 1985 年版。

·（清）洪亮吉著：《北江诗话》，中华书局 1985 年版。

·（清）黄震撰：《黄氏日抄古今纪要逸编》，中华书局 1985 年版。

·（清）黄宗羲著，沈芝盈点校：《明儒学案》，中华书局 1985 年版。

·（清）黄宗羲著：《黄宗羲全集》第 1 册，浙江古籍出版社 1985 年版。

·（清）蒋宝龄撰：《墨林今话》，见周骏富辑：《清代传记丛刊·艺林类》（9），（台北）明文书局 1985 年版。

·（清）厉鹗撰：《东城杂记》，中华书局 1985 年版。

·（清）卢文弨撰：《抱经堂文集》，中华书局 1985 年版。

·（清）陆陇其撰：《三鱼堂日记》卷下，中华书局 1985 年版。

·（清）潘景郑著：《寄沤剩稿》，齐鲁书社 1985 年版。

·（清）钱曾撰：《述古堂藏书目》，中华书局 1985 年版。

·（清）王藻编，（清）钱林辑：《文献征存录》，见周骏富辑：《清代传记丛刊·学林类》（8）（台湾）明文书局 1985 年版。

·（清）翁方纲撰：《通志堂经解目录》，中华书局 1985 年版。

·（清）吴骞纂：《拜经楼诗话》，中华书局 1985 年版。

·（清）章学诚撰：《章学城遗书》，文物出版社 1985 年版。

·（清）周永年辑：《先正读书诀》，中华书局 1985 年版。

·（清）查继佐著：《罪惟录》，浙江古籍出版社 1986 年版。

·(清)黄宗羲原著,(清)全祖望补修,陈金生、梁运华点校:《宋元学案》,中华书局 1986 年版。

·(清)潘介祉纂辑:《明诗人小传稿》,(台北)"中央图书馆"1986 年版。

·(清)何焯著,崔高维点校:《义门读书记》,中华书局 1987 年版。

·(清)李星沅撰,袁英光、童浩整理:《李星沅日记》,中华书局 1987 年版。

·(清)厉鹗等撰,虞万里校点:《南宋杂事诗》,浙江古籍出版社 1987 年版。

·(清)邵廷采著,祝鸿杰点校:《思复堂文集》,浙江古籍出版社 1987 年版。

·(清)赵信等撰,虞万里校点:《南宋杂事诗》,浙江古籍出版社 1987 年版。

·(清)郑力坤撰:《东涧诗钞》,见上海师范大学图书馆编,陈金林、齐德生、郭曼曼编辑:《清代碑传全集·补集》,上海古籍出版社 1987 年版。

·(清)李邺嗣著,张道勤校点:《杲堂诗文集》,浙江古籍出版社 1988 年版。

·(清)谭卓垣、伦明、王謇等著,徐雁、谭华军译补:《清代藏书楼发展史·续补藏书纪事诗传》,辽宁人民出版社 1988 年版。

·(清)王昶著,周维德校辑:《蒲褐山房诗话新编》,齐鲁书社 1988 年版。

·(清)王士祯著,赵伯陶点校:《古夫于亭杂录》,中华书局 1988 年版。

·(清)袁枚撰,周本淳标校:《小仓山房诗文集》,上海古籍出版社 1988 年版。

·(清)张鸣珂著,丁羲元校点,唐金海复校:《寒松阁谈艺琐录》,上海人民美术出版社 1988 年版。

·(清)查慎行《人海记》,北京古籍出版社 1989 年版。

·(清)黄丕烈著,潘祖荫辑,周少川点校:《士礼居藏书题跋记》,书目文献出版社 1989 年版。

·(清)盛枫著:《嘉禾征献录》,己巳(1989)秋日江苏广陵古籍刻印社据清刊本影印本。

·(清)王士禛撰,张世林点校:《分甘馀话》,中华书局 1989 年版。

·(清)杨钟羲撰集,刘承幹校:《雪桥诗话》,北京古籍出版社 1989 年版。

·(清)叶昌炽著,王欣夫补正,徐鹏辑:《藏书纪事诗》,上海古籍出版社 1989 年版。

·(清)顾文彬撰,顾麟士撰,顾荣木、汪葆辑点校:《过云楼书画记·过云楼续书画记》,江苏古籍出版社 1990 年版。

·(清)陈康祺著,褚家伟、张文玲整理:《郎潜纪闻四笔》,中华书局 1990 年版。

·(清)黄宗羲著,宁波师范学院黄宗羲研究室编:《黄宗羲诗文选》,华东师范大学出版社 1990 年版。

·(清)钱振伦撰:《示朴斋骈文续存》(未刊稿),见钱仲联主编,苏州大学中文系明清诗文研究室编辑:《明清诗文研究资料辑丛》,吉林文史出版社 1990 年版。

·（清）瞿镛撰:《铁琴铜剑楼藏书目录》,见《清人书目题跋丛刊三》,中华书局1990年版。

·（清）沈德寿撰:《抱经楼藏书志》,中华书局1990年版。

·（清）沈家本辑:《枕碧楼丛书》,中国书店1990年版。

·（清）吴庆坻撰,张文其、刘德麟点校:《蕉廊脞录》,中华书局1990年版。

·（清）吴伟业著,李学颖集评标校:《吴梅村全集》,上海古籍出版社1990年版。

·（清）朱彝尊著,黄君坦校点:《静志居诗话》,人民文学出版社1990年版。

·（清）陈介祺著,陈继揆整理:《秦前文字之语》,齐鲁书社1991年版。

·（清）李元度著,易孟醇点校:《国朝先正事略》,岳麓书社1991年版。

·（清）孙从添撰:《藏书纪要》,中华书局1991年版。

·（清）朱彝尊著,叶元章、钟夏选注:《朱彝尊选集》,上海古籍出版社1991年版。

·（清）施闰章撰,何庆善、杨应芹点校:《施愚山集》第4册,黄山书社1992年版。

·（清）陈田辑撰:《明诗纪事》,上海古籍出版社1993年版。

·（清）顾复撰:《平生壮观》,见卢辅圣主编:《中国书画全书》第4册,上海书画出版社1993年版。

·（清）钱仪吉纂,靳斯标点:《碑传集》第1册、第2册、第3册、第4册、第5册、第6册、第7册、第8册、第9册,中华书局1993年版。

·（清）阮元撰:《研经室集》,中华书局1993年版。

·（清）王培荀著,蒲泽校点:《乡园忆旧录》,齐鲁书社1993年版。

·（清）曹溶辑,陶樾增订:《学海类编》,江苏广陵古籍刻印社1994年版。

·（清）吴翌凤撰,吴格点校:《逊志堂杂钞》,中华书局1994年版。

·（清）龚自珍著,刘逸生等注:《龚自珍编年诗注》,浙江古籍出版社1995年版。

·（清）于敏中、彭元瑞撰:《天禄琳琅书目》《天禄琳琅书目后编》,见《清人书目题跋丛刊十》,中华书局1995年版。

·（清）吴寿旸撰:《拜经楼藏书题跋记》,见《清人书目题跋丛刊十》,中华书局1995年版。

·（清）叶昌炽著,韩说校注:《语石校注》,《北京石刻艺术博物馆丛书》(一),今日中国出版社1995年版。

·（清）钱谦益著,（清）钱曾笺注,钱仲联标校:《牧斋有学集》,上海古籍出版社1996年版。

·（清）耿文光著:《万卷精华楼藏书记》第6册,北京图书馆出版社1997年版。

·（清）缪荃孙等撰,吴格整理点校:《嘉业堂藏书志》,复旦大学出版社1997

年版。

·(清)陶梁著:《红豆树馆书画记》,见徐娟主编:《中国历代书画艺术论著丛编》(22),中国大百科全书出版社 1997 年版。

·(清)赵翼撰,李学颖、曹光甫校点:《瓯北集》,上海古籍出版社 1997 年版。

·(清)郑燮著,吴可校点:《郑板桥文集》,巴蜀书社 1997 年版。

·(清)金友理撰,薛正兴校点:《太湖备考》,江苏古籍出版社 1998 年版。

·(清)刘声木撰:《苌楚斋随笔续笔三笔四笔五笔》,《清代史料笔记丛刊》本,中华书局 1998 年版。

·(清)孙衣言撰:《玉海楼藏书记》,见潘猛补编:《温州历史文选》,作家出版社 1998 年版。

·(清)陶澍著:《陶澍集》,岳麓书社 1998 年版。

·(清)汪启淑著,杨辉君点校:《水曹清暇录》,北京古籍出版社 1998 年版。

·(清)王懋竑撰,何忠礼点校:《朱熹年谱》,中华书局 1998 年版。

·(清)王同愈著,顾廷龙编:《王同愈集》,上海古籍出版社 1998 年版。

·(清)薛熙纂:《明文在》,《中华传世文选》本,吉林人民出版社 1998 年版。

·(清)鲍廷博辑:《知不足斋丛书》第一集,中华书局 1999 年版。

·(清)顾麟士撰:《过云楼续书画记》,江苏古籍出版社 1999 年版。

·(清)顾震涛撰:《吴门表隐》,江苏古籍出版社 1999 年版。

·(清)黄丕烈著,屠友祥校按:《荛圃藏书题识》,上海远东出版社 1999 年版。

·(清)梁启超著:《梁启超全集》,北京出版社 1999 年版。

·(清)唐元鼎撰:《明唐荆川先生年谱》,见北京图书馆编:《北京图书馆藏珍本年谱丛刊》第 48 册,北京图书馆出版社 1999 年版。

·(清)永瑢、纪昀主编,周仁等整理:《四库全书总目提要》,海南出版社 1999 年版。

·(清)全祖望著,朱铸禹汇校集:《全祖望集汇校集注》,上海古籍出版社 2000 年版。

·(清)佚名氏撰,陈广宽整理:《研堂见闻杂录》,见车吉心总主编:《中华野史·清朝卷》,泰山出版社 2000 年版。

·(清)顾嗣立、席世臣编:《元诗选·癸集》,中华书局 2001 年版。

·(清)顾炎武著,张兵选注评点:《顾炎武文选》,苏州大学出版社 2001 年版。

·(清)洪亮吉撰:《洪亮吉集》第 3 册,中华书局 2001 年版。

·(清)蒋光煦撰,梁颖校点:《东湖丛记》,辽宁教育出版社 2001 年版。

·(清)梁廷楠撰,杨芷华点校:《艺文汇编》,暨南大学出版社 2001 年版。

·(清)许承尧撰,李明回等校点:《歙事闲谭》,黄山书社 2001 年版。

·(清)俞蛟著:《梦厂杂著》,北京古籍出版社2001年版。

·(清)平步青撰:《国朝文椒题辞》,见国家图书馆编:《国家图书馆藏古籍题跋丛刊》第19册,北京图书馆出版社2002年版。

·(清)翁方纲撰,沈津辑:《翁方纲题跋手札集录》,广西师范大学出版社2002年版。

·(清)吴汝纶撰,施培毅、徐寿凯校点:《吴汝纶全集》,黄山书社2002年版。

·(清)龚自珍撰,刘逸生按:《龚自珍己亥杂诗注》,中华书局2003年版。

·(清)钱谦益著,(清)钱曾笺注,钱仲联标校:《牧斋外集》第8册,上海古籍出版社2003年版。

·(清)钱谦益著:《钱牧斋全集》,上海古籍出版社2003年版。

·(清)孙锵鸣撰,胡珠生编注:《孙锵鸣集》,上海社会科学院出版社2003年版。

·(清)王维德纂:《林屋民风》,广陵书社2003年版。

·(清)徐兆昺著,桂心仪、周冠明等点注:《四明谈助》,宁波出版社2003年版。

·(清)陈介祺著,陈继揆整理:《簠斋鉴古与传古》,文物出版社2004年版。

·(清)陈文述著:《西泠怀古集》,见王国平主编:《西湖文献集成》,第27册,杭州出版社2004年版。

·(清)范能浚编辑:《范仲淹全集》,凤凰出版社2004年版。

·(清)顾嗣立《闾丘先生自订年谱》,见张爱芳、贾贵荣选编:《清代民国藏书家年谱》,北京图书馆出版社2004年版。

·(清)永瑢等撰,张新奇等整理:《集部四库家藏:典籍概览》,山东画报出版社2004年版。

·(清)曾国藩著,王澧华校点:《曾国藩诗文集》,上海古籍出版社2005年版。

·(清)法式善著,张寅彭等编校:《梧门诗话合校》,凤凰出版社2005年版。

·(清)黄宗羲著:《南雷诗文集》,见沈善洪主编:《黄宗羲全集》第10册,浙江古籍出版社2005年版。

·(清)钱谦益撰,潘景郑辑校:《绛云楼题跋》,上海古籍出版社2005年版。

·(清)上彊村民重编,唐圭璋笺按:《宋词三百首笺注》,人民文学出版社2005年版。

·(清)史善长《弇山毕公年谱》,见张爱芳选编:《中国古代史学家年谱》第8册,北京图书馆出版社2005年版。

·(清)孙衣言撰:《瓯海轶闻》,上海社会科学院出版社2005年版。

·(清)汪中著,田汉云点校:《新编汪中集》,广陵书社2005年版。

·(清)翁方纲撰,吴格整理:《翁方纲纂四库提要稿》,文化局澳门“中央图书馆”2005年版。

·(清)许光墉、叶世熊辑,姜汉春、姜汉森标点:《重辑枫泾小志》,上海社会科学院出版社2005年版。

·(清)章学诚著,仓修良编注:《文史通义新编新注》,浙江古籍出版社2005年版。

·(清)潘祖年撰,薛贞芳点校:《潘文勤公年谱》,见薛贞芳主编:《清代徽人年谱合刊》下册,黄山书社2006年版。

·(清)陈敬璋编撰:《查他山先生年谱》,见吴洪泽、尹波、舒大刚主编:《儒藏·史部·儒林年谱》第33册,四川大学出版社2007年版。

·(清)邓显鹤编纂,沈道宽等校订,欧阳楠点校:《沅湘耆旧集》,第四册,岳麓书社2007年版。

·(清)甘熙撰:《白下琐言》,南京出版社2007年版。

·(清)顾广圻著,王欣夫辑:《顾千里集》,中华书局2007年版。

·(清)缪荃孙著,黄明、杨同甫标点:《艺风藏书记》《艺风藏书续记》,上海古籍出版社2007年版。

·(清)钱曾著,章珏、管庭芬校订;傗彦炎标点:《读书敏求记校证》,中国历代书目题跋丛书(第二辑),上海古籍出版社2007年版。

·(清)钱谦益著,(清)钱曾笺注,钱仲联标校:《牧斋杂著》,上海古籍出版社2007年版。

·(清)史诠编撰:《冯柳东先生年谱》,见四川大学古籍整理研究所编:《儒藏》史部《儒林年谱》第44册,四川大学出版社2007年版。

·(清)汪森编辑,吴中任、梁超然校注:《粤西丛载校注》,广西民族出版社2007年版。

·(清)王晫撰:《今世说》,见《清代笔记小说大观》第1册,上海古籍出版社2007年版。

·(清)朱彝尊辑录:《明诗综》,中华书局2007年版。

·(清)丁日昌撰,路子强、王雅新标点:《持静斋书目》,上海古籍出版社2008年版。

·(清)段玉裁著,钟敬华校点:《经韵楼集附补年谱》,上海古籍出版社2008年版。

·(清)莫友芝著,张剑点校:《宋元旧本书经眼录 郘亭书画经眼录》,中华书局2008年版。

·(清)全祖望原著,袁元龙点按:《甬上族望表》,宁波出版社2008年版。

·(清)孙星衍撰,焦桂美、沙莎标点:《平津馆鉴藏记书籍 廉石居藏书记 孙氏祠堂书目》,上海古籍出版社2008年版。

·（清）冯金伯纂辑：《国朝画识》，见天津图书馆历史文献部编：《三十三种清代人物传记资料汇编》第42册，齐鲁书社2009年版。

·（清）陆心源著，冯惠民整理：《仪顾堂书目题跋汇编》，中华书局2009年版。

·（清）莫友芝撰，傅增湘订补，傅熹年整理：《藏园订补郘亭知见传本书目》，中华书局2009年版。

·（清）钱大昕著，吕友仁校点：《潜研堂集》，上海古籍出版社2009年版。

·（清）钱谦益著，钱曾笺注，钱仲联标校：《牧斋初学集》，上海古籍出版社2009年版。

·（清）汪璐辑：《藏书题识·华延年室题跋·雁影斋题跋》，上海古籍出版社2009年版。

·（清）周中孚撰：《郑堂读书记》，上海书店出版社2009年版。

·（清）胡文学，李邺嗣编撰：《甬上耆旧诗》，宁波出版社2010年版。

·（清）汪琬著，李圣华笺校：《汪琬全集笺校》，人民文学出版社2010年版。

·（清）徐珂编撰：《清稗类钞》第2册、第3册、第5册、第8册、第9册、第10册，中华书局2010年版。

·（清）叶德辉撰，杨洪升点校：《郎园读书志》，上海古籍出版社2010年版。

·（清）朱彝尊撰：《曝书亭序跋·潜采堂宋元人集目录·竹垞行笈书目》，上海古籍出版社2010年版。

·（清）顾沅辑：《吴郡文编》第6册，上海古籍出版社2011年版。

·（清）金嗣献辑刊，徐三见点校：《赤城遗书汇刊》，巴蜀书社2011年版。

·（清）李希圣撰：《雁影斋题跋》，见湖南图书馆编：《湖南近现代藏书家题跋选》第2册，岳麓书社2011年版。

·（清）沈德潜著，潘务正、李言校点：《沈德潜诗文集》，人民文学出版社2011年版。

·（清）汪康年著，汪林茂编校：《汪康年文集》，浙江古籍出版社2011年版。

·（清）翁心存著，张剑整理：《翁心存日记》附录，第4册，《中国近代人物日记丛书》本，中华书局2011年版。

·（清）叶启勋撰：《拾经楼紬书录》，见湖南图书馆编：《湖南近现代藏书家题跋选》第2册，岳麓书社2011年版。

·（清）赵翼撰，曹光甫校点：《陔馀丛考》，上海古籍出版社2011年版。

·（清）鲍廷博撰，周生傑、季秋华辑：《鲍廷博题跋集》，浙江古籍出版社2012年版。

·（清）褚人获辑撰：《坚瓠集》，上海古籍出版社2012年版。

·（清）葛金烺，（清）葛嗣彤撰，慈波点校：《爱日吟庐书画丛录》，浙江人民美术出版社 2012 年版。

·(清)何绍基著，曹旭校点:《东洲草堂诗集》，上海古籍出版社 2012 年版。

·(清)江藩、方东树著，徐洪兴编校:《汉学师承记》外二种，中西书局 2012 年版。

·(清)钱泳撰，孟裴点校:《履园丛话》，上海古籍出版社版 2012 年版。

·(清)阮葵生撰，李保民校点:《茶余客话》，上海古籍出版社 2012 年版。

·(清)阮元、杨秉初辑，夏勇等整理:《两浙輶轩录》《两浙輶轩录补遗》，浙江古籍出版社 2012 年版。

·(清)阮元撰，冯立升等校注:《畴人传合编校注》，中州古籍出版社 2012 年版。

·(清)孙承泽撰，白云波、古玉清点校:《庚子消夏记》，浙江人民美术出版社 2012 年版。

·(清)翁同龢著，翁万戈编，翁以钧校订:《翁同龢日记》，中西书局 2012 年版。

·(清)吴楚材、吴调侯编，殷义祥按:《古文观止新注》，山东文艺出版社 2012 年版。

·(清)吴荣光撰，乐保群点校:《辛丑销夏记》，浙江人民美术出版社 2012 年版。

·(清)叶昌炽著:《叶昌炽诗集》，华东师范大学出版社 2012 年版。

·(清)叶德辉撰:《书林清话》，上海古籍出版社 2012 年版。

·(清)张穆撰，黄珅、徐德明校点:《顾炎武年谱》外七种，上海古籍出版社 2012 年版。

·(清)曾国藩著:《曾国藩日记类钞》，安徽人民出版社 2013 年版。

·(清)顾禄著，王昌东译:《桐桥倚棹录》，气象出版社 2013 年版。

·(清)江藩纂，漆永祥笺释:《汉学师承记笺释》，上海古籍出版社 2013 年版。

·(清)厉鹗辑，(清)桑调元勘定:《宋诗纪事》，上海古籍出版社 2013 年版。

·(清)缪荃孙著:《缪荃孙全集・笔记》，凤凰出版社 2013 年版。

·(清)沈德潜编:《清诗别裁集》，上海古籍出版社 2013 年版。

·(清)王昶辑:《湖海诗传》，上海古籍出版社 2013 年版。

·(清)王昶著，陈明洁、朱惠国、裴风顺点校:《春融堂集》，上海文化出版社 2013 年版。

·(清)王鸣盛撰，黄曙辉点校:《十七史商榷》，上海古籍出版社 2013 年版。

·(清)王应奎、瞿绍基编，罗时进、王文荣点校:《海虞诗苑 海虞诗苑续编》，上海古籍出版社 2013 年版。

·(清)王原祁等纂辑，孙霞整理:《佩文斋书画谱》，第 3 册，文物出版社 2013 年版。

·(清)周亮工等撰，于良子点校:《印人传合集》，浙江人民美术出版社 2014

年版。

·(清)金梁撰,祁晨越点校:《盛京故宫书画录》,浙江人民美术出版社 2014 年版。

·(清)缪荃孙著,张廷银、朱玉麒主编:《缪荃孙全集·金石一》《缪荃孙全集·日记二》,凤凰出版社 2014 年版。

·(清)潘衍桐编纂,夏勇、熊湘整理:《两浙輶轩续录》第 5 册、第 7 册,浙江古籍出版社 2014 年版。

·(清)俞樾著,张燕婴整理:《俞樾函札辑证》,凤凰出版社 2014 年版。

·(清)张金吾撰,柳向春整理、吴格审定:《爱日精庐藏书志》,上海古籍出版社 2014 年版。

·(清)杭世骏著,蔡锦芳、唐宸点校:《杭世骏集》,浙江古籍出版社 2015 年版。

·(清)姜宸英,陈雪军、孙欣点校:《姜宸英文集》,浙江大学出版社 2015 年版。

·(清)王澍著,李文点校:《虚舟题跋 竹云题跋》,浙江人民美术出版社 2015 年版。

·(清)吴骞著,张昊苏、杨洪升整理:《吴兔床日记》附录,凤凰出版社 2015 年版。

·(清)张金吾著,郑永晓整理:《爱日精庐文稿》,凤凰出版社 2015 年版。

·(清)赵翼原诗,王起孙著,王迎建点校:《瓯北七律浅注》,苏州大学出版社 2015 年版。

·(清)朱绪曾撰,宋一明整理,吴格审定:《开有益斋读书志》,上海古籍出版社 2015 年版。

·(清)陆心源撰,吴伯雄点校:《宋史翼》,上海古籍出版社 2016 年版。

·(民国)何煜纂:《内务部古物陈列所书画目录》,京华印书局 1925 年版。

·(民国)董康著,傅杰校点:《书舶庸谭》,辽宁教育出版社 1998 年版。

·(民国)吴士鉴撰:《含嘉室自订年谱》,见北京图书馆编:《北京图书馆藏珍本年谱丛刊》第 192 册,北京图书馆出版社 1999 年版。

·(民国)董康著,王君南整理:《董康东游日记》,河北教育出版社 2000 年版。

·(民国)天台野叟著,许朝元点校:《大清见闻录》,中州古籍出版 2000 年版。

·(民国)陈衍撰,陈步编:《陈石遗集》,福建人民出版社 2001 年版。

·(民国)徐世昌等编著:《清儒学案》第 4 册、第 5 册、第 6 册、第 7 册、第 8 册,中华书局 2008 年版。

·江安傅增湘先生著:《藏园群书题记》第二集,大公报出版部 1932 年版。

·黄宾虹、邓实编:《美术丛书》四集第 10 辑,神州国光社 1936 年版。

·傅抱石编译:《明末民族艺人传》,商务印书馆 1938 年版。

· 黄鸿初主编，丁翔熊编:《蜗牛居士全集》，上海丁寿世草堂 1940 年版。

· 谭正璧编:《叙述文范》，中华书局 1941 年版。

· 黄嗣艾编著:《南雷学案》，正中书局 1947 年版。

· 成绍宗选注:《列代名人诗文选注》，北新书局 1947 年版。

· 叶景葵著，顾廷龙编:《卷盦书跋》，古典文学出版社 1957 年版。

· 张元济著，顾廷龙编:《涉园序跋集录》，上海古典文学出版社 1957 年版。

· 商衍鎏著:《清代科举考试述录》，生活 · 读书 · 新知三联书店 1958 年版。

· 刘禺生撰，钱实甫点校:《世载堂杂忆》，中华书局 1960 年版。

· 吴其贞著:《书画记》，上海人民美术出版社 1963 年版。

· 俞陛云《霜根四当斋集序》，见沈云龙主编:《近代中国史料丛刊三编》第 18 辑，章钰《四当斋集》首附，台湾文海出版社 1966 年版。

· 章钰撰:《四当斋集》，见沈云龙主编:《近代中国史料丛刊三编》第 18 辑，台湾文海出版社 1966 年版。

· 严懋功著:《清代微献类编》，台湾中华书局 1968 年版。

· 那志良著:《鉥印通释》，台湾商务印书馆 1970 年版。

· 大陆杂志社编:《中国近代学人象传》，(台湾)文海出版社 1971 年版。

· 费行简著:《近代名人小传》，沈云龙主编:《近代中国史料丛刊》第 8 辑，台湾文海出版社 1973 年版。

· 沈云龙主编:《近代中国史料丛刊》第 64 辑《清代文谳纪略》，台湾文海出版社 1973 年版。

· 上海博物馆编:《中国书画家印鉴款识》，文物出版社 1978 年版。

· 吴相湘著:《近代史事论丛》第一集，(台北)传记文学出版社 1978 年版。

· 黄云眉著:《史学杂稿续存 · 解放前公私图籍之聚散概况》，齐鲁书社 1980 年版。

· 闵尔昌录:《碑传集补》，台湾文海出版社 1980 年版。

· 潘美月著:《宋代藏书家考》，(台北)学海出版社 1980 年版。

· 汪兆镛辑:《碑传集三编》，台湾文海出版社 1980 年影印本。

· 朱保炯、谢沛霖编:《明清进士题名碑录索引》，上海古籍出版社 1980 年版。

· 丁传靖辑:《宋人轶事汇编》，中华书局 1981 年版。

· 顾廷龙校阅:《艺风堂友朋书札》，上海古籍出版社 1981 年版。

· 汪宗衍撰:《清顾千里先生广圻年谱》，台湾商务印书馆 1981 年版。

· 吴晗撰:《江浙藏书家史略》，中华书局 1981 年版。

· 周邦道著:《近代教育先进传略》，(台湾)中国文化大学出版部 1981 年版。

· 雷敢选注:《中国历史要籍序论文选注》，岳麓书社 1982 年版。

·李希泌、张椒华编:《中国古代藏书与近代图书馆史料(春秋至五四前后)》,中华书局 1982 年版。

·张忱石等编辑:《学林漫录》,中国书局 1982 年版。

·陈正祥著:《中国文化地理》,三联书店 1983 年版。

·陈植、张公弛选注:《中国历代名园记选注》,安徽科学技术出版社 1983 年版。

·丁福保辑:《历代诗话续编》,中华书局 1983 年版。

·傅增湘撰:《藏园群书经眼录》,中华书局 1983 年版。

·王重民撰:《中国善本书提要》,上海古籍出版社 1983 年版。

·张元济、傅增湘著:《张元济傅增湘论书尺牍》,商务印书馆 1983 年版。

·中华书局编辑部编:《丛书集成初编目录·丛书百部提要·汉魏丛书》,中华书局 1983 年版。

·北京市历史学会主编:《吴晗史学论著选集》,人民出版社 1984 年版。

·蔡冠洛编著:《清代七百名人传》,中国书店 1984 年版。

·管林等著:《龚自珍研究》,人民文学出版社 1984 年版。

·洪焕椿编著:《浙江方志考》,浙江人民出版社 1984 年版。

·孔昭明编:《碑传选集》,《台湾文献史料丛刊》第四辑(67),台湾大通书局 1984 年版。

·孔昭明主编:《续碑传选集·清先正事略选(合订本)》,《台湾文献史料丛刊》第四辑(68),台湾大通书局 1984 年版。

·梁披云主编:《中国书法大辞典》,广东人民出版社 1984 年版。

·马宗霍辑:《书林藻鉴》,文物出版社 1984 年版。

·王重民著:《中国目录学史论丛》,中华书局 1984 年版。

·北京图书馆善本组辑录:《翁同龢书跋》,见北京图书馆文献丛刊编辑部编:《文献》第 19 辑,书目文献出版社 1985 年版。

·复旦大学中国语言文学系古典文学教研室编:《中国古典文学丛考》第 1 辑,复旦大学出版社 1985 年版。

·杭州大学宋史研究室编:《沈括研究》,浙江人民出版社 1985 年版。

·李盛铎著,张玉范整理:《木樨轩藏书题记及书录》,北京大学出版社 1985 年版。

·潘景郑著:《寄沤剩稿》,齐鲁书社 1985 年版。

·宋慈抱原著,项士元审定:《两浙著述考》,浙江人民出版社 1985 年版。

·孙星衍撰:《平津馆鉴藏记》,中华书局 1985 年版。

·张惟骧辑,蒋维乔等增补:《清代毗陵名人小传稿》,(台湾)明文书局 1985 年版。

·郑逸梅著:《梅庵谈荟》甲编,黑龙江人民出版社 1985 年版。

·支伟成著:《清代朴学大师列传》,见周骏富辑:《清代传记丛刊·学林类(9)》,台湾明文书局 1985 年版。

·顾廷龙编:《叶景葵杂著》,上海古籍出版社 1986 年版。

·唐圭璋编:《词话丛编》,中华书局 1986 年版。

·张元济著:《张元济诗文》,商务印书馆 1986 年版。

·郑伟章、李万健著:《中国著名藏书家传略》,书目文献出版社 1986 年版。

·顾志兴著:《浙江藏书家藏书楼》,浙江人民出版社 1987 年版。

·郭延礼著:《龚自珍年谱》,齐鲁书社 1987 年版。

·台北故宫博物院编辑委员会编辑:《兰千山馆名砚目录》,台北故宫博物院 1987 年版。

·黎皓经编:《许学考》,(台湾)文海出版社 1987 年版。

·麦群忠主编,王雪光等编撰:《中国图书馆界人名辞典》,南广西民族出版社 1987 年版。

·钱仲联主编:《清诗纪事》四《顺治朝卷》,江苏古籍出版社 1987 年版。

·王謇著,李希泌点注:《续补藏书纪事诗》,书目文献出版社 1987 年版。

·徐邦达编著:《古书画过眼要录》(晋隋唐五代宋书法),湖南美术出版社 1987 年版。

·杨立诚、金步瀛合编,俞运之校补:《中国藏书家考略》,上海古籍出版社 1987 年版。

·陈三立著,钱文忠标点:《散原精舍文集》,辽宁教育出版社 1988 年版。

·雷梦水著:《书林琐记古书业与近代几位藏书家》,人民日报出版社 1988 年版。

·申畅等编:《中国目录学家辞典》,河南人民出版社 1988 年版。

·张宪文:《瑞安孙氏玉海楼书藏考》,见陈翔华主编:《文献》1988 年第 3 期,书目文献出版社 1988 年版。

·傅增湘撰:《藏园群书题记》,上海古籍出版社 1989 年版。

·钱仲联主编:《清诗纪事》三《顺治朝卷》,江苏古籍出版社 1989 年版。

·钱仲联主编:《清诗纪事》十《乾隆朝卷》,江苏古籍出版社 1989 年版。

·容肇祖著:《容肇祖集》,齐鲁书社 1989 年版。

·严佐之著:《古籍版本学概论》,华北师范大学出版社 1989 年版。

·祝鹏著:《上海市沿革地理》,上海学林出版社 1989 年版。

·陈登原著:《古今典籍聚散考》,见《民国丛书》编纂委员会编:《民国丛书》第二编(50),上海书店 1990 年影印本。

· 曹景英,马明琴主编:《海源阁研究资料》,山东友谊出版社 1990 年版。

· 何建章注释:《战国策注释》,中华书局 1990 年版。

· 蒋镜寰撰:《吴中藏书先哲考略》,见徐雁、王燕均主编:《中国历史藏书论著读本》,四川大学出版社 1990 年版。

· 李国钧主编:《中华书法篆刻大辞典》,湖南教育出版社 1990 年版。

· 伦明著,雷梦水校补:《辛亥以来藏书纪事诗》,上海古籍出版社 1990 年版。

· 瞿冕良撰:《常熟先哲藏书考略》,见徐雁、王燕均主编:《中国历史藏书论著读本》下卷《导读》,四川大学出版社 1990 年版。

· 张潜超主编:《中国书法论著辞典》,上海书画出版社 1990 年版。

· 郑鹤声、郑鹤春著:《中国文献学概要》,见《民国丛书》编纂委员会编:《民国丛书》第二编(51),上海书店 1990 年影印本。

· 朱翼瑗著:《欧斋石墨题跋》,书目文献出版社 1990 年版。

· 卞孝萱、唐文权编:《辛亥人物碑传集》,团结出版社 1991 年版。

· 来新夏著:《古典目录学》,中华书局 1991 年版。

· 李春光著:《古籍丛书述论》,辽沈书社 1991 年版。

· 梁战、郭群一编著:《历代藏书家辞典》,陕西人民出版社 1991 年版。

· 潘祖荫等撰:《壬申消夏诗》,中华书局 1991 年版。

· 任松如著:《四库全书答问》,天津市古籍书店 1991 年版。

· 田光烈著:《佛法与书法》,河北人民出版社 1991 年版。

· 王达津主编,南开大学古籍整理研究所选编:《清代经部序跋选》,天津古籍出版社 1991 年版。

· 王河主编:《中国历代藏书家辞典》,同济大学出版社 1991 年版。

· 王绍曾、杜泽逊编:《渔洋读书记》,青岛出版社 1991 年版。

· 吴仲强等著:《中国图书馆学史》,湖南出版社 1991 年版。

· 杨钟羲撰集、刘承幹参校:《雪桥诗话三集》,北京古籍出版社 1991 年版。

· 杨钟羲撰集;刘承幹参校:《雪桥诗话续集》,北京古籍出版社 1991 年版。

· 刘虹著:《中国选士制度史》,湖南教育出版社 1992 年版。

· 欧阳健著:《明清小说采正》,(台北)贯雅文化事业有限公司 1992 年版。

· 施金炎编著:《中国书文化要览》,湖南教育出版社 1992 年版。

· 宋元强著:《清朝的状元》,吉林文史出版社 1992 年版。

· 宋远《辛亥以来藏书纪事诗未刊稿笺注》,见钱伯城主编:《中华文史论丛》第 49 辑,上海古籍出版社 1992 年版。

· 王重民著:《冷庐文薮》,上海古籍出版社 1992 年版。

· 杨钟羲撰集,刘承幹参校:《雪桥诗话余集》,北京古籍出版社 1992 年版。

· 周绍良主编:《唐代墓志汇编》,上海古籍出版社 1992 年版。

· 周振鹤:《释江南》,见钱伯城主编:《中华文史论丛》第 49 辑,上海古籍出版社 1992 年版。

· 邓实辑:《中国古代美术丛书》四集第 10 辑《悦生所藏书画别录》,国际文化出版公司 1993 年版。

· 罗树宝编著:《中国古代印刷史》,印刷工业出版社 1993 年版。

· 门岿主编:《二十六史精要辞典》,人民日报出版社 1993 年版。

· 钱基博著:《中国文学史》,中华书局 1993 年版。

· 徐世昌撰:《大清畿辅先哲传》,北京古籍出版社 1993 年版。

· 徐朔方著:《晚明曲家年谱》,浙江古籍出版社 1993 年版。

· 曹之著:《中国印刷术的起源》,武汉大学出版社 1994 年版。

· 严佐之著:《近三百年古籍目录举要》,华东师范大学出版社 1994 年版。

· 北京图书馆善本组编:《影印善本书序跋集录》,中华书局 1995 年版。

· 曾枣庄、李凯、彭君华编:《宋文纪事》下册,四川大学出版社 1995 年版。

· 傅增湘撰:《抱经堂汇刻书序》,见北京图书馆善本组编:《影印善本书序跋集录》(1911—1984),中华书局 1995 年版。

· 台北故宫博物院编辑委员会编辑:《故宫书画图录》第 15 册,台北故宫博物院 1995 年版。

· 钱伯城主编:《中华文史论丛》第 54 辑,上海古籍出版社 1995 年版。

· 蔡元培著:《诸子集成》(6),岳麓书社 1996 年版。

· 郭齐、尹波点校:《朱熹集》,四川教育出版社 1996 年版。

· 潘承弼、顾廷龙纂:《明代版本图录初编》,《民国丛书》编纂委员会编:《民国丛书》第五编(100),上海书店出版社 1996 年版。

· 沈津著:《书城挹翠录》,上海社会科学院出版社 1996 年版。

· 唐文治著:《茹经堂文集三编》,见《民国丛书》编纂委员会编:《民国丛书》第五编(95),上海书店 1996 年版。

· 徐雁、谭华军著:《南京的书香》,南京出版社 1996 年版。

· 虞浩旭主编:《天一阁论丛》,宁波出版社 1996 年版。

· 黄镇伟著:《中国圣贤论读书明志》,云南人民出版社 1997 年版。

· 江兆申著:《灵沤类稿》,台北世界书局 1997 年版。

· 来新夏主编:《清代目录提要》,齐鲁书社 1997 年版。

· 李毅峰主编:《中国篆刻大辞典》,河南美术出版社 1997 年版。

· 马承源主编:《上海文物博物馆志》,上海社会科学院出版社 1997 年版。

· 钱仲联、傅璇琮等主编:《中国文学大辞典》,上海辞书出版社 1997 年版。

·孙家振著:《退醒庐笔记》,上海书店出版社 1997 年版。

·汪康年著:《汪穰卿笔记》,上海书店出版社 1997 年版。

·袁咏秋、曾季光主编:《中国历代国家藏书机构及名家藏读叙传选》,北京大学出版社 1997 年版。

·仲伟行等编著:《铁琴铜剑楼研究文献集》,上海古籍出版社 1997 年版。

·朱德才主编:《增订注释全宋词》,文化艺术出版社 1997 年版。

·陈百刚、潘表惠主编:《新昌乡村文化研究——百姓寻根录》,民主与建设出版社 1998 年版。

·陈光贻著:《中国方志学史》,福建人民出版社 1998 年版。

·池秀云编撰:《历代名人室名别号辞典》增订本,山西古籍出版社 1998 年版。

·邓云乡著:《云乡丛稿·苏州"贵潘"四题》,河北教育出版社 2004 年版。

·邓之诚著,赵丕杰选编:《五石斋小品》,北京出版社 1998 年版。

·傅璇琮主编:《全宋诗》,北京大学出版社 1998 年版。

·黄裳著:《书林一枝》,山西古籍出版社 1998 年版。

·金沛霖主编:《四库全书》子部,天津古籍出版社中国世界语出版社 1998 年版。

·李致忠著:《肩朴集》,北京图书馆出版社 1998 年版。

·刘纬毅主编:《山西文献总目提要》,山西人民出版社 1998 年版。

·刘益国编著:《元曲熟语辞典》,四川大学出版社 1998 年版。

·夏曾佑著,夏丽莲整理:《钱唐夏曾佑穗卿先生纪念文集》,(台北)文景书局 1998 年版。

·谢俊美著:《翁同书传》,华东师范大学出版社 1998 年版。

·叶恭绰著,姜纬堂选编:《遐庵小品》,北京出版社 1998 年版。

·郑振铎著:《西谛书话》,生活·读书·新知三联书店 1998 年版。

·政协新昌县文史委员会编:《新昌乡村文化研究·百姓寻根录》,民主与建设出版社 1998 年版。

·周道振、张月尊纂:《文徵明年谱》,上海百家出版社 1998 年版。

·周越然等著:《蠹鱼篇》,辽宁教育出版社 1998 年版。

·《韩天衡编订:《历代印学论文选》,西泠印社出版社 1999 年版。

·陈先行、郭立暄整理:《上海图书馆善本题跋选辑(经部)》,见上海图书馆历史文献研究所编:《历史文献》第 1 辑,上海社会科学院出版社 1999 年版。

·韩天衡编订:《历代印学论文选》,西泠印社出版社 1999 年版。

·黄宾虹著,赵志钧编:《黄宾虹金石篆印丛编》,人民美术出版社 1999 年版。

·黄裳著:《来燕榭书跋》,上海古籍出版社 1999 年版。

·黄守恒撰:《定庵年谱稿本》,见北京图书馆编:《北京图书馆藏珍本年谱丛刊》第145册,北京图书馆出版社1999年版。

·江庆柏著:《明清苏南望族文化研究》,南京师范大学出版社1999年版。

·李毓芙注:《世说新语新注》,山东教育出版社1999年版。

·钱仲联主编:《广清碑传集》,苏州大学出版社1999年版。

·山东省图书馆编:《山东省图书馆藏海源阁书目》,齐鲁书社1999年版。

·孙殿起撰:《贩书偶记》,上海古籍出版社1999年版。

·童恩《显考萼君府君年谱》,见北京图书馆编:《北京图书馆藏珍本年谱丛刊》第134册,北京图书馆出版社1999年版。

·香港中文大学图书馆系统编:《香港中文大学图书馆古籍善本书录》,中文大学出版社1999年版。

·袁行霈主编:《中国文学史》,高等教育出版社1999年版。

·郑伟章著:《文献家通考》,中华书局1999年版。

·周维培著:《曲谱研究》,江苏古籍出版社1999年版。

·江庆柏著:《近代江苏藏书研究》,安徽文艺出版社2000年版。

·李灵年、杨忠主编:《清人别集总目》安徽教育出版社2000年版。

·陆兆平著:《书城琐记》,上海古籍出版社2000年版。

·骆兆平著:《书城琐记》,上海古籍出版2000年版。

·喻岳衡编:《增补乡党应酬精编》,岳麓书社2000年版。

·张宪文著:《仰云楼文录》,(香港)天马图书有限公司2000年版。

·中国嘉德国际拍卖有限公司编:《常熟翁氏藏书图录》,上海科学技术文献出版社2000年版。

·中华书局编辑部编:《文史》2000年第3辑(总第52辑),中华书局2000年版。

·陈贻焮主编:《增订注释全唐诗》,文艺出版社2001年版。

·陈寅恪著:《陈寅恪集》,生活·读书·新知三联书店2001年版。

·傅璇琮、谢灼华主编:《中国藏书通史》,宁波出版社2001年版。

·郭立暄、陈先行、侯怡敏整理:《上海图书馆善本题跋选辑)》,见上海图书馆历史文献研究所编:《历史文献》第5辑,上海科学技术文献出版社2001年版。

·黄裳著:《来燕榭读书记》,辽宁教育出版社2001年版。

·姜寻编:《中国拍卖古籍文献目录》,上海书店出版社2001年版。

·李万健主编:《开放的藏书楼 开放的图书馆》,浙江人民出版社2001年版。

·祁茗田、陈立旭等著:《文化与浙江区域经济发展》,浙江人民出版社2001年版。

·孔祥吉著:《晚清史探微》,巴蜀书社 2001 年版。

·束景南著:《朱熹年谱长编》,华东师范大学出版社 2001 年版。

·谭献著、范旭仑、牟晓朋整理:《复堂日记》,河北教育出版社 2001 年版。

·陶晋生著《北宋士族——家族·婚姻·生活》,“中央研究院”历史语言研究所 2001 年版。

·余章瑞编著:《藏书故事》,北京出版社 2001 年版。

·郑逸梅著:《郑逸梅选集》,黑龙江人民出版社 2001 年版。

·中国出版年鉴社编辑:《中国出版年鉴 2001》,中国出版年鉴社 2001 年版。

·周望森主编:《浙江古今人物大辞典·续编》,方志出版社 2001 年版。

·顾廷龙著:《顾廷龙文集》,上海科技文献出版社 2002 年版。

·黄裳著:《黄裳自述》,大象出版社 2002 年版。

·李一、周琦主编:《台州文化概论》,中国文联出版社 2002 年版。

·柳曾符、柳佳编:《劬堂学记》,上海书店出版社 2002 年版。

·罗振玉撰:《大云书库藏书题跋》,见国家图书馆编:《国家图书馆藏古籍题跋丛刊》第 24 册,北京图书馆出版社 2002 年版。

·莫伯骥撰:《五十万卷楼群书跋文》,见国家图书馆编:《国家图书馆藏古籍题跋丛刊》第 28 册,北京图书馆出版社 2002 年版。

·潘景郑著:《著砚楼读书记》,辽宁教育出版社 2002 年版。

·王绍曾、崔国光等整理订补:《订补海源阁书目五种》,齐鲁书社 2002 年版。

·王欣夫撰,鲍正鹄、徐鹏标点整理:《蛾术轩箧存善本书录》,上海古籍出版社 2002 年版。

·杨绍和辑:《楹书隅录续编》,见王绍曾、崔国光等整理订补:《订补海源阁书目五种》(上),齐鲁书社 2002 年版。

·仓修良著:《方志学通论》,方志出版社 2003 年版。

·陈伯海主编,查清华等编撰:《历代唐诗论评选》,河北大学出版社 2003 年版。

·方彦寿著:《建阳刻书史》,中国社会出版社 2003 年版。

·戈炳根主编:《常熟国家历史文化名城词典》,上海辞书出版社 2003 年版。

·胡适著,杜春和整理:《胡适全集》,安徽教育出版社 2003 年版。

·李之亮撰:《宋代京朝官通考》第四册,巴蜀书社 2003 年版

·罗振玉撰述,萧文立编校:《雪堂类稿》之《甲·笔记汇刊》,辽宁教育出版社 2003 年版。

·罗振玉撰述,萧文立编校:《雪堂类稿》之《戊长物簿录》,辽宁教育出版社 2003 年版。

·饶国庆等编:《伏跗室藏书目录》,宁波出版社 2003 年版。

·孙延钊撰,徐和雍、周立人整理:《孙衣言孙诒让父子年谱》,上海社会科学院出版社2003年版。

·王国维编:《大云书库藏书目》,见罗振玉撰述,萧文立编校:《雪堂类稿》,辽宁教育出版社2003年版。

·王国维著:《观堂集林》(外二种),河北教育出版社2003年版。

·王河、真理整理:《宋代佚著辑考》,江西人民出版社2003年版。

·王岚著:《宋人文集编刻流传丛考》,江苏古籍出版社2003年版。

·吴希贤辑汇:《历代珍稀版本经眼图录》,中国书店2003年版。

·张人凤编:《张元济古籍书目序跋汇编》,商务印书馆2003年版。

·蔡贵华编著:《中国文献学资料通检》,中国文史出版社2004年版。

·曹月堂主编:《中国文化世家·吴越卷》,湖北教育出版社2004年版。

·多洛肯著:《明代浙江进士研究》,上海古籍出版社2004年版。

·樊克政著:《龚自珍年谱考略》,商务印书馆2004年版。

·李修生主编:《全元文》第7册、第19册、第41册、第60册,凤凰出版社2004年版。

·刘海峰,李兵著:《中国科举史》,东方出版中心2004年版。

·鲁德俊编:《诗吟昆山》,凤凰出版社2004年版。

·苏渊雷主编:《分类名联鉴赏辞典》,上海辞书出版社2004年版。

·王国平主编:《西湖文献集成·西湖祠庙志专辑》,第25册,杭州出版社2004年版。

·王国平主编:《西湖文献集成·西湖诗词曲赋楹联专辑》,第27册,杭州出版社2004年版。

·王鸿鹏等编著:《中国历代榜眼》,解放军出版社2004年版。

·王俭编著:《小秀野唱和诗抄》修订本,香港天马出版有限公司2004年版。

·王世伟著:《历史文献论丛》,上海社会科学院出版社2004年版。

·韦力著:《书楼寻踪》,河北教育出版社2004年版。

·吴光主编:《中国文化世家·吴越卷》,湖北教育出版社2004年版。

·徐茂明著:《江南士绅与江南社会:1368—1911年》,商务印书馆2004年版。

·许尚枢编著:《天台山诗联选注》,西安地图出版社2004年版。

·袁行霈主编:《国学研究》,北京大学出版社2004年版。

·钟毓龙编著,钟肇恒增补:《说杭州》,见王国平主编:《西湖文献集成》第11册,《民国史志西湖文献专辑》,杭州出版社2004年版。

·朱端强著:《万斯同与〈明史〉修纂纪年》,中华书局2004年版。

·蔡文晋著:《古典文献研究辑刊初编》,花木兰文化工作坊2005年版。

· 蔡镇楚著:《中国文学批评史》,中华书局2005年版。

· 崔建英辑,贾卫民、李晓亚整理:《明别集版本志》,中华书局2005年版。

· 单国强主编:《中国书画投资与鉴藏》彩图版,大象出版社2005年版。

· 傅逅勒撰:《嘉兴历代人物考略》,香港天马出版有限公司2005年版。

· 洪可尧主编:《四明书画家传》,宁波出版社2005年版。

· 洪业著:《洪业论学集》,中华书局2005年版。

· 黄裳著:《梦雨斋读书记》,岳麓书社2005年版。

· 李玉安、黄正雨编著:《中国藏书家通典》,中国国际文化出版社2005年版。

· 骆兆平编纂:《天一阁藏书史志》,上海古籍出版社2005年版。

· 瞿良士辑:《铁琴铜剑楼藏书题跋集录》,上海古籍出版社2005年版。

· 任林豪、马曙明编著:《临海文物志》,文物出版社2005年版页。

· 沈建中编著:《西湖名人墓葬》,杭州出版社2005年版。

· 谢俊美编:《翁同龢集》,中华书局2005年版。

· 严绍璗著:《日本藏汉籍珍本追踪纪实——严绍璗海外访书志》,上海古籍出版社2005年版。

· 严倚帆:《祁承㸁及澹生堂藏书研究》,花木兰文化工作坊2005年版。

· 张舜徽著:《爱晚庐随笔》,华中师范大学出版社2005年版。

· 张璋等编纂:《历代词话续编》,大象出版社2005年版。

· 郑逸梅著:《艺林散叶续编》,中华书局2005年版。

· 曾枣庄、刘琳主编:《全宋文》第137册、第264册、第331册、第356册,上海辞书出版社2006年版。

· 陈文新主编:《中国文学编年史》,湖南人民出版社2006年版

· 戴光中著:《天一阁主——范钦传》,浙江人民出版社2006年版。

· 顾志兴著:《浙江藏书史》,杭州出版社2006年版。

· 洪永铿、贾文胜、赖燕波著:《海宁查氏家族文化研究》,浙江大学出版社2006年版。

· 黄裳著:《银鱼集》,安徽教育出版社2006年版。

· 马廉著:《马隅卿小说戏曲论集》,中华书局2006年版。

· 缪荃孙、邓实编:《古学汇刊》,广陵书社2006年版。

· 潘景郑著:《著砚楼书跋》,上海古籍出版社2006年版。

· 潘荣胜主编:《明清进士录》,中华书局2006年版。

· 申屠、丹荣编著:《桐庐与名人》,中国档案出版社2006年版。

· 石人和主编:《宁波历代书画集》,宁波出版社2006年版。

· 史美露著:《南宋四明史氏》,四川美术出版社2006年版。

· 孙觌纪念馆编纂:《孙觌研究文集》,上海古籍出版社 2006 年版。

· 汪诒年编:《汪穰卿先生年谱》,见北京图书馆出版社影印室辑:《晚清名儒年谱》第 12 册,北京图书馆出版社 2006 年版。

· 王雨著,王书燕编纂:《王子霖古籍版本学文集》,上海古籍出版社 2006 年版。

· 叶瑞宝主编:《苏州藏书史》,江苏古籍出版社 2006 年版。

· 叶哲明著:《台州文化发展史》,云南民族出版社 2006 年版。

· 虞浩旭著:《智者之香——宁波藏书家藏书楼》,宁波出版社 2006 年版。

· 张其凡、陆勇强主编:《宋代历史文化研究》,人民出版社 2006 年版。

· 张秀民著,韩琦增订:《中国印刷史》,浙江古籍出版社 2006 年版。

· (清)潘祖荫著,潘宗周编,畲彦焱、柳向春标点:《滂喜斋藏书记》,上海古籍出版社 2007 年版。

· 北京图书馆出版社影印室辑:《历代书画录辑刊》第 13 册,北京图书馆出版社 2007 年版。

· 陈冠至著:《明代的苏州藏书》,花木兰文化出版社 2007 年版。

· 顾廷龙编:《章氏四当斋藏书目》,北京图书馆出版社 2007 年版。

· 宁波市江北区慈城镇文联编:《慈城:中国古县城标本》,宁波出版社 2007 年版。

· 孙中旺编:《金圣叹研究资料汇编》甲编,广陵书社 2007 年版。

· 天一阁博物馆编:《天一阁文丛》第 5 辑,宁波出版社 2007 年版。

· 王文进撰,柳向春标点:《文禄堂访书记》,上海古籍出版社 2007 年版。

· 无锡市史志办公室主编:《梁溪古园》,方志出版社 2007 年版。

· 谢国桢著:《江浙访书记》,生活 · 读书 · 新知三联书店 2007 年版。

· 谢正光笺校,严志雄编订:《钱遵王诗集笺校增订版》,台北“中央研究院”中国文哲研究所 2007 年版。

· 严绍璗编著:《日藏汉籍善本书录》,中华书局 2007 年版。

· 尤裕森撰:《嘉兴历代碑刻集》,群言出版社 2007 年版。

· 袁长江主编,王开学辑校:《郭象升藏书题跋》,山西古籍出版社 2007 年版。

· 张勇主编,雷树德、寻霖副主编:《湖南图书馆古籍线装书目录 · 集部》,线装书局 2007 年版。

· 《浙江省出版志》编纂委员会办公室编:《浙江历代版刻书目》,浙江人民出版社 2008 年版。

· 北京图书馆出版社古籍影印室编:《明清以来公藏书目汇刊》第 36 册《江苏省立国学图书馆图书总目》,北京图书馆出版社 2008 年版。

· 陈爱平著:《浙江学术文化通史》,重庆出版社 2008 年版。

· 程华平著:《明清传奇编年史稿》,齐鲁书社 2008 年版。

· 顾志兴著:《南宋临安典籍文化》,杭州出版社 2008 年版。

· 梁一波主编:《张家港名贤》,凤凰出版社 2008 年版。

· 刘毓庆、贾培俊著:《历代诗经著述考》,中华书局 2008 年版。

· 莫伯骥撰:《五十万卷楼藏书目录初编》,见中国书店编著:《海王村古籍书目题跋丛刊》第 7 册,中国书店 2008 年影印本。

· 沈俊鸿编:《江阴名人自述》,上海古籍出版社 2008 年版。

· 汤蔓媛纂辑:《傅斯年图书馆善本古籍题跋辑录》,(台北)"中央研究院"历史语言研究 2008 年版。

· 天一阁博物馆编:《别有斋藏书目录》,宁波出版社 2008 年版。

· 万曼著:《唐集叙录》,河南大学出版社 2008 年版。

· 万正中编撰:《徽州人物志》,黄山书社 2008 年版。

· 徐炯明主编:《宁波历史文化名镇名村:走马塘》,宁波出版社 2008 年版。

· 杨洪升著:《缪荃孙研究》,上海古籍出版社 2008 年版。

· 杨维忠、薛利华主编:《东山大族》,广陵书社 2008 年版。

· 郑伟章著:《书林丛考》(增补本),岳麓书社 2008 年版。

· 朱焱炜著:《明清苏州状元与文学》,中国言实出版社 2008 年版。

· 白谦慎、陈斐蓉整理,薛龙春教读:《南禺书画目》,见上海图书馆历史文献研究所编:《历史文献》,第 13 辑,上海古籍出版社 2009 年版。

· 范凤书著:《中国私家藏书史》,大象出版社 2009 年版(修订)。

· 傅璇琮主编:《宁波通史 · 宋代卷》,宁波出版社 2009 年版。

· 耿素丽编:《文献杂志丛刊(1979—1988)》, 第 18 册,国家图书馆出版社 2009 年版。

· 何继英主编:《上海明墓》,北京文物出版社 2009 年版。

· 刘海峰主编:《科举学的形成与发展》,华中师范大学出版社 2009 年版。

· 茅子良著:《艺林类稿》,上海书画出版社 2009 年版。

· 瞿冕良编著:《中国古籍版刻辞典》,苏州大学出版社 2009 年版。

· 沈文泉编著:《湖州名人志》,杭州出版社 2009 年版。

· 苏精著:《近代藏书三十家》(增订本),中华书局 2009 年版。

· 唐力行主编:《江南社会历史评论(第一期)》,商务印书馆 2009 年版。

· 童银舫、王孙荣主编:《慈溪旧闻》,浙江古籍出版社 2009 年版。

· 王国平著:《苏州史纲》,古吴轩出版社 2009 年版。

· 无锡市锡山区委员会编:《锡山名人》,凤凰出版社 2009 年版。

· 吴爱云主编:《吉林省图书馆珍本图录》,吉林人民出版社 2009 年版。

· 吴昌硕著，童音点校：《吴昌硕诗集》，华东师范大学出版社2009年版。

· 吴小谦撰：《温岭乡贤传略》，社会科学文献出版社2009年版。

· 谢维扬、房鑫亮主编：《王国维全集》，浙江教育出版社2009年版。

· 张如安等著：《鄞县望族》，杭州古籍出版社2009年版。

· 张秀民著：《中国印刷术的发明及其影响》，上海人民出版社2009年版。

· 张元济著：《张元济全集》第8卷至第10卷《古籍研究著作》，商务印书馆2009年版。

· 陈恩黎著：《四明史氏家族》，宁波出版社2010年版。

· 陈心蓉著：《嘉兴藏书史》，国家图书馆出版社2010年版。

· 丁文江著：《丁文江集》，花城出版社2010年版。

· 关庆祯编著：《数字百科知识大全》，河北人民出版社2010年版。

· 何鸿著：《浙江历代书画鉴藏及鉴藏家印鉴》，中国美术学院出版社2010年版。

· 来新夏著：《来新夏谈书》，南开大学出版社2010年版。

· 李文海、夏明方、朱浒主编：《中国荒政书集成》第8册，天津古籍出版社2010年版。

· 李雅主编：《古人咏郴州 · 何裔云》，花城出版社2010年版。

· 吕晓著：《髡残绘画研究》，江西美术出版社2010年版。

· 南开大学古籍与文化研究所编：《清文海》第53册，国家图书馆出版社2010年版。

· 任继愈主编：《中国藏书楼》，辽宁人民出版社2010年版。

· 桑椹编纂：《历代金石考古要籍序跋集录》，浙江古籍出版社2010年版。

· 王学范主编：《王世贞抚郧诗文集》，长江出版社2010年版。

· 王增清、龚景兴、李学功等著：《苕水悠悠芸香远——湖州藏书文化研究》，杭州出版社2010年版。

· 吴熊和著：《唐宋词通论》，上海古籍出版社2010年版。

· 姚伯岳著：《燕北书城困学集》，岳麓书社2010年版。

· 袁同礼著，国家图书馆编：《袁同礼文集》，北京图书馆出版社2010年版。

· 张升著：《〈永乐大典〉流传与辑佚研究》，北京师范大学出版社2010年版。

· 赵春晨编：《丁日昌集》，上海古籍出版社2010年版。

· 赵海明著：《碑帖鉴藏》，天津古籍出版社2010年版。

· 祝尚书编：《宋集序跋汇编》，中华书局2010年版。

· 左洪涛、张恒著：《两宋浙东高氏家族研究》，海洋出版社2010年版。

· 卞孝萱、唐文权编著：《民国人物碑传集》，凤凰出版社2011年版。

· 陈从周，蒋启霆选编：《园综》，同济大学出版社 2011 年版。

· 陈德弟著：《先秦至隋唐五代藏书家考略》，天津古籍出版社 2011 年版。

· 顾洪、张顺华编：《顾颉刚文库古籍书目》，中华书局 2011 年版。

· 顾志兴著：《杭州藏书史》，中国社会科学出版社 2011 年版。

· 柳和城著：《孙毓修评传》，上海人民出版社 2011 年版。

· 倪禹功著：《嘉秀藏家集录》，上海辞书出版社 2011 年据倪氏手稿影印。

· 钱仲联，马亚中主编，钱仲联校注：《陆游全集校注》，浙江教育出版社 2011 年版。

· 沈慧瑛著：《君自故乡来 苏州文人文事稗记》，上海文艺出版社 2011 年版。

· 苏州博物馆编：《苏州文博论丛（2011 年）》总第 2 辑，文物出版社 2011 年版。

· 王重民《美国国会图书馆藏中国善本书录订补》，见范邦瑾编著：《美国国会图书馆藏中文善本书续录》，上海古籍出版社 2011 年版。

· 魏新河主编：《词学图录》第 7 册，黄山书社 2011 年版。

· 杨维忠、金本福编著：《东山进士》，广陵书社 2011 年版。

· 姚名达著，严佐之导读：《中国目录学史》，上海古籍出版社 2011 年版。

· 叶启发《华鄂堂读书小识》，见湖南图书馆编：《湖南近现代藏书家题跋选》第 2 册，岳麓书社 2011 年版。

· 挹彭编：《东西两场访书记》，（北京）海豚出版社 2011 年版。

· 鄞州区集士港镇镇史编纂委员会编：《罂湖沧桑集士港》，宁波出版社 2011 年版。

· 张舜徽撰：《中国文献学》，上海古籍出版社 2011 年版。

· 陈捷延著：《过客吟 捷延咏史诗存》，中国文史出版社 2012 年版。

· 丁辉、陈心蓉著：《嘉兴历代进士研究》，黄山书社 2012 年版。

· 范金民、杨国庆编：《南京通史》，南京出版社 2012 年版。

· 海宁市政协文教卫体与文史委员会编：《海宁世家》，人民日报出版社 2012 年版。

· 金性尧选注：《明诗三百首》，上海远东出版社 2012 年版。

· 李永鑫主编：《绍兴通史》，杭州出版社 2012 年版。

· 李永鑫主编：《绍兴县越城区对联集成》，西泠印社出版社 2012 年版。

· 马叙伦著：《马叙伦自述》，中国大百科全书出版社 2012 年版。

· 毛上文、温芳编著：《陈姓起名通典》，气象出版社 2012 年版。

· 牛苏放编著：《图说中国 300 幅绘画名作》，时代文艺出版社 2012 年版。

· 潘美英副主编：《荥阳墨韵 祖德传芳》，荥阳潘氏文化研究会 2012 年版。

· 孙克强、杨传庆，裴哲编著：《清人词话》，南开大学出版社 2012 年版。

· 童银舫著:《梦田集》,宁波出版社 2012 年版。

· 夏春锦著,朱晓剑等主编:《读者风景文丛系列 · 悦读散记 · 读者风景文丛系列》,天地出版社 2012 年版。

· 徐秋明著:《昆山历代登科录》,江苏科学技术出版社 2012 年版。

· 殷梦霞、李强选编:《民国文献资料丛编 · 近代学报汇刊》第 124 册《文澜报》第三卷第一期,国家图书馆出版社 2012 年版。

· 张小庄著:《清代笔记、日记中的书法史料整理与研究》,中国美术学院出版社 2012 年版。

· 张小庄著:《清代笔记、日记中的书法史料整理与研究》,中国美术学院出版社 2012 年版。

· 赵维平著:《尤袤年谱》,上海三联书店 2012 年版。

· 赵尊岳辑:《明词汇刊》,上海古籍出版社 2012 年版。

· 郑传杰、郑昕著:《楼氏家族》,宁波出版社 2012 年版。

·《中国典籍与文化》编辑部编:《中国典籍与文化论丛》第 15 辑《中国典籍与文化》,凤凰出版社 2013 年版。

·《中华大典》编纂委员会编纂:《中华大典 · 文献目录典 · 文献学分典 · 目录总部》,广西师范大学出版社 2013 年版。

· 陈心蓉著:《嘉兴刻书史》,黄山书社 2013 年版。

· 邓之诚撰:《清诗纪事初编》,上海古籍出版社 2013 年版。

· 范凤书编:《中国著名藏书家与藏书楼》,大象出版社 2013 年版。

· 方建新著:《南宋藏书史》,人民出版社 2013 年版。

· 冯晓霞:《浙东藏书史》,浙江工商大学出版社 2013 年版。

· 顾宏义、李文整理标校:《宋代日记丛编》,上海书店出版社 2013 年版。

· 黄华珍著:《日藏汉籍研究:以宋元版为中心》,中华书局 2013 年版。

· 昆明市地方志编纂委员会办公室编:《文明的步履——昆明历史文化简明读本》,云南人民出版社 2013 年版。

· 丽莹著:《扫叶山房史研究》,复旦大学出版社 2013 年版。

· 刘俊伟:《王鏊年谱》,浙江大学出版社 2013 年版。

· 刘尚恒、郑玲著:《安徽藏书家传略》,黄山书社 2013 年版。

· 刘尚恒著:《二馀斋文集》,天津古籍出版社 2013 年版。

· 欧明俊著:《宋代文学四大家研究》,人民出版社 2013 年版。

· 水赉佑编:《〈兰亭序〉研究史料集》,上海书画出版社 2013 年版。

· 苏晓君纂:《苏斋选目》,中国经济出版社 2013 年版。

· 王红蕾著:《钱谦益藏书研究》,南开大学出版社 2013 年版。

· 韦力撰:《芷兰斋书跋续集》,国家图书馆出版社 2013 年版。

· 吴炳棣著,徐泓译注:《明清社会史论》,联经出版事业股份有限公司 2013 年版。

· 谢国桢著:《谢国桢全集》第 5 册,北京出版社 2013 年版。

· 杨翼骧编著:《增订中国史学史资料编年 · 元明卷》,商务印书馆 2013 年版。

· 叶景葵著,柳和城整理:《卷盦藏书记》,见上海图书馆历史文献研究所编:《历史文献》第 17 辑,上海古籍出版社 2013 年版。

· 叶启勋、叶启发撰,李军整理:《二叶书录》,上海古籍出版社 2014 年版。

· 叶子著:《中国历代收藏家图表》,上海中西书局 2013 年版。

· 张连生编:《扬州名人传》,广陵书社 2013 年版。

· 赵榆著:《中国文物艺术品拍卖二十年(1992—2011)》,文物出版社 2013 年版。

· 郑克强总主编:《赣文化通典 · 方志卷》,江西人民出版社 2013 年版。

· 中华书局编辑部点校:《全唐诗》第 8 册,中华书局 2013 年版。

· 中华再造善本工程编纂出版委员会编著:《中华再造善本总目提要 · 唐宋编》,国家图书馆出版社 2013 年版。

· 陈伯海主编:《唐诗学文献集粹 · 宋代部分》,上海古籍出版社 2016 年版。

· 陈心蓉、丁辉著:《嘉兴历代进士藏书与刻书》,黄山书社 2014 年版。

· 邓邦述撰,金晓东整理,吴格审定:《群碧楼善本书录 寒瘦山房鬻存善本书目》,上海古籍出版社 2014 年版。

· 黄永年著:《古文献讲义》,中西书局 2014 年版。

· 黄镇伟编著:《中国编辑出版史》,苏州大学出版社 2014 年版。

· 李浚之编,毛小庆点校:《清画家诗史》,浙江人民美术出版社 2014 年版。

· 梁启超著:《中国近三百年学术史》,北京联合出版公司 2014 年版。

· 罗鹭著:《〈元诗选〉与元诗文献研究》,巴蜀书社 2014 年版。

· 罗振常撰,汪柏江、方俞明整理:《善本书所见录》,上海古籍出版社 2014 年版。

· 缪幸龙主编:《江阴东兴缪氏家集》,上海古籍出版社 2014 年版。

· 缪幸龙主编:《江阴东兴缪氏家集》,上海古籍出版社 2014 年版。

· 上海人民出版社编,黄耀先、饶钦农、贺庸点校:《章太炎全集》,上海人民出版社 2014 年版。

· 王国维撰,王亮整理,吴格审定:《传书堂藏书志》,上海古籍出版社 2014 年版。

· 王巍著:《中国考古学大辞典》,上海辞书出版社 2014 年版。

· 萧涤非主编:《杜甫全集校注》,人民文学出版社 2014 年版。

· 徐兆玮著,苏醒整理:《徐兆玮杂著》七种,凤凰出版社 2014 年版。

· 姚继荣著:《清代历史笔记论丛》,民族出版社 2014 年版。

· 姚名达著:《中国目录学史》,吉林人民出版社 2014 年版。

· 朱兴和著:《现代中国的斯文骨肉:超社逸社诗人群体研究》,上海三联书店 2014 年版。

· 曹之著:《中国古代图书史》,武汉大学出版社 2015 年版。

· 成岳冲主编:《明清两朝实录所见宁波史料集》,商务印书馆 2015 年版。

· 复旦大学中外现代化进程研究中心编:《近代中国的物质文化 · 域外专论》,近代中国研究集刊(5),上海古籍出版社 2015 年版。

· 郭皓政、甘宏伟编著:《明代状元史料汇编》,武汉大学出版社 2015 年版。

· 郭万金著:《明代科举与文学》,商务印书馆 2015 年版。

· 胡迎建主编:《鄱阳湖历代诗词集注评 · 清代》,江西人民出版社 2015 年版。

· 潘光旦撰:《中国伶人血缘之研究 · 明清两代嘉兴的望族》,商务印书馆 2015 年版。

· 施晓平著:《苏州城门城墙那些事》,古吴轩出版社 2015 年版。

· 王国强著:《中国古籍序跋史》,武汉大学出版社 2015 年版。

· 翟屯建主编:《徽州文化史 · 先秦至元代卷》,安徽人民出版社 2015 年版。

· 丁辉、陈心蓉著:《中国进士藏书家考略》,黄山书社 2016 年版。

· 刘绍唐主编:《民国人物小传》,上海三联书店 2016 年版。

· 王余光、徐雁主编:《中国阅读大辞典》,南京大学出版社 2016 年版。

· 吴则虞撰,吴受琚增补,俞震、曾敏整理:《续藏书纪事诗》,国家图书馆出版社 2016 年版。

· 陈心蓉、丁辉著:《浙江进士藏书史》,黄山书社 2018 年版。

六、刻、钞及稿本等

· (晋)释支遁撰:《支遁集二卷》,明杨仪七桧山房抄本,上海图书馆有藏。

· (宋)章樵注,(清)钱熙祚校勘:《古文苑》,清道光二十四年(1844)刊本。

· (元)萨都剌撰:《雁门集》,明成化二十年(1484)刻本。

· (元)陈基撰:《夷白稿》附录,明弘治八年(1495)刊本。

· (元)郑元祐撰:《侨吴集》,明弘治九年(1496)刻书牍印本。

· (明)陈龙正撰:《几亭全书》,清康熙四年(1665)陈氏云书阁刻本。

· (明)陈懿典《沈澄源先生传》,《陈学士先生初集》卷十一,明万历刻本。

· (明)高启撰:《槎轩集》卷首,明成化十三年(1477)刻本。

· (明)高启撰:《姑苏杂咏》卷首,明成化二十二年(1486)张习补刻本。

·(明)黄承玄撰:《盟鸥堂集》,上海图书馆藏明天启四年(1624)刻本。

·(明)陆树声撰:《陆文定公集》,(台北)“中央研究院”藏明万历四十四年华亭陆氏家刊本。

·(明)孙蕡撰:《西庵集》,明弘治十六年(1503)会兰馆铜活字印本。

·(明)王行撰:《半轩集》卷末,明弘治四年(1491)刻本。

·(明)项笃寿撰:《东观馀论》,万卷堂翻宋本,上海图书馆藏。

·(明)项圣谟等撰:《历代画家姓氏考》,清刻本,现藏国家图书馆。

·(明)徐贲撰《北郭集》卷首,明成化二十三年(1487)刻本。

·(明)杨基撰:《眉庵集》,明成化二十一年(1486)刻本。

·(明)姚惟芹撰:《东斋稿略》,台北“中央研究院”藏明嘉靖三十六年(1557)嘉兴姚氏刊本。

·(明)张岱撰:《有明于越三不朽名贤图赞》,清光绪十四年凤嬉堂刻本。

·(明)赵用贤撰:《松石斋文集》,见台北中央研究院藏清光绪二十八年(1902)赵氏承启堂重刊本,台北“中央研究院”藏。

·(清)范迪襄撰:《廉让闲居书录》,稿本,国家图书馆有藏。

·(清)梁履绳著:《清白士集》,清嘉庆间刻本,浙江图书馆藏。

·(清)楼孝谦等撰:《鄞县楼氏宗谱(七修本)》,影印光绪十九年(1893)塘楼氏家刻本。

·(清)秦彬撰:《锡山秦氏诗钞·前集》,清道光十九年(1839)刻本。

·(清)沈季友辑:《槜李诗系》十卷,清康熙四十八年(1709)敦素堂刻本,嘉兴市图书馆藏。

·(清)陶梁撰:《词综补遗》,道光甲午刊本。

·(清)翁同书纂:《翁氏家书》,未刊,国家图书馆善本部藏。

·(清)翁心存:《常熟璇洲里翁氏族谱序》,常熟市博物馆藏。

·(清)朱壬林辑:《当湖文系初编》,清光绪十五年(1889)刊本。

·(民国)陆振之修:《海昌鹏坡陆氏宗谱》,民国三年(1914)希贤祠刻本。

·(民国)彭文杰修,彭钟岱纂:《长洲彭氏宗谱》,民国十一年(1922)苏州彭氏刻本,苏州大学图书馆有藏。

·(民国)项乃斌纂修:《嘉禾项氏清芬录》,稿本,毛装,中国国家图书馆藏。

·(民国)金元达编:《杭州金氏豸华堂珍藏善本书目》,杭州图书馆藏本。

·丰顺朱氏族谱修编委员会编:《朱氏族谱》,1997 年印。

·冯贞群编:《鄞范氏天一阁书目内编》,1940 年铅印本。

·王信谦纂修:《鄞东菉村史氏支谱》,民国二十年(1935)印。

·张寿镛辑:《四明丛书》第 6 册,民国四明张氏约园刊本。

七、学术论文

· 洪有丰:《清代藏书家考》,《图书馆学季刊》1926 年第 1—4 期。

· 项士元撰:《浙江历代藏书家考略》,《文澜学报》第三卷第一期,浙江省立图书馆编印,民国二十六年(1937)三月。

· 郭翠轩:《淮南子注本考略》,《河南大学文学院学术丛刊》1941 年第 1 期。

· 陶承杏:《关于越缦堂藏书》,见《古今半月刊》(第 49 期),1944 年版。

· 宋炎:《记瑞安孙氏玉海楼藏书及其与两浙人文之关系》,《图书展望》1947 年复刊第 5 期。

· 张秀民:《南宋刻书地域考》,《图书馆》1961 年第 3 期。

· 杜诗庭:《金山钱圩守山阁钱氏藏书刻书》,《图书馆学研究》1981 年第 21—24 期。

· 周子美《近百年来江南著名藏书家概述》,上海《图书馆》杂志 1982 年第 1 期。

· 张宪文:《瑞安玉海楼书藏考》,《文献》1988 年第 3 期。

· 王绍曾:《张元济校史十五例》,《文献》1990 年第 2 期。

· 许殿才撰:《卢文弨校勘学的历史地位》,《社会科学辑刊》1990 年第 1 期。

· 李文衡撰《清代禁书版本丛谈——万历野获编专稿》,《四川图书馆学报》1990 年第 4 期(总第 56 期)。

· 方建新、金达胜:《元代私家藏书考析》,《文献》1996 年第 4 期。

· 韩茂莉、胡兆量:《中国古代状元分布的文化背景》,《地理学报》1998 年第 6 期。

· 李伯重:《明清江南的出版印刷业》,《中国经济史研究》2001 年第 3 期。

· 费愉庆:《苏州藏书楼寻踪——鲽砚庐与耦园》,《图书馆杂志》2004 年第 9 期。

· 郑丽军、何槐昌:《浙江宋代藏书家小传》,《图书馆研究与工作》2004 年第 4 期(总第 100 期)。

· 王立民:《叶昌炽〈缘督庐日记〉研究》,学位论文,复旦大学,2006 年。

· 董笑笑撰:《楼昉研究》,硕士论文,浙江大学 2009 年。

· 陈斐蓉:《〈丰南禺书画目〉卷初探》,《中国书画》2010 年第 10 期。

· 赵林平:《明代苏州藏书家抄书活动研究》,学位论文,扬州大学,2010 年。

· 范知欧:《沈德符家族藏书事迹始末钩沉》,《文献》2011 年第 4 期。

· 殷亚林:《明清江南家族与曲文化研究》,学位论文,苏州大学,2011 年。

· 王天然撰:《结一庐书目》小识,《文献》季刊,2012 年 4 月第 2 期。

· 赵会娟:《谢三宾小议》,《古典文学知识》2015 年第 3 期(总第 180 期)。

八、内部刊物

· 史良书等纂修:《余姚史氏宗谱》,1914 年印,上海图书馆家谱藏书。

· 汪訚编著:《明清蟫林辑传》,中华图书馆协会 1932 年《图书馆学季刊》抽印本。

· 教育部第二次全国美术展览会管理委员会编:《晋唐五代宋元明清名家书画集》,商务印书馆 1937 年。

· 张维骧编纂:《清代毗陵名人小传》,常州旅沪同乡会 1944 年。

· 王竟撰:《藏书印与版本鉴定概说》,见武汉大学图书馆系古籍整理小组:《古书整理参考资料》,1980 年。

· 中山大学图书馆:《中山大学图书馆古籍善本书录》史部,1982 年。

· 常州市地名委员会编:《江苏省常州市地名录》,内部资料常州市地名委员会 1983 年。

· 江苏省太仓县委员会编印:《太仓地方小掌故 · 续集》1983 年版。

· 南开大学图书馆编:《南开大学图书馆馆藏古籍善本书目》,南开大学图书馆 1986 年。

· 安徽省泾县地方志编纂委员会办公室编:《泾县史志资料选编》第 1 集,1987 年。

· 辛夷撰:《黄浚年谱》,见文史资料研究委员会编:《温岭文史资料》第 3 辑,1987 年。

· 浙江省余杭县委员会文史资料委员会:《余杭文史资料》第 4 辑《余杭历代人士选录》,1988 年。

· 政协兰溪县委员会文史资料工作委员会:《兰溪文史资料》第 6 辑,1988 年。

· 江省海宁市委员会文史资料委员会:海宁艺苑人物《海宁人物资料》第 3 辑,1990 年。

· 政协三门县文史资料委员会编:《三门文史资料》第 5 辑,1991 年。

· 政协沈阳市委员会文史资料委员会编:《沈阳文史资料》第 19 辑,政协沈阳市委员会文史资料委员会 1992 年。

· 常熟市政协文史资料委员会:《常熟文史》第 22 辑,1994 年。

· 江苏省无锡市政协南长区文史资料工作委员会编:《南长文史资料选编》第 2 辑,1994 年。

· 政协瑞安市文史资料委员会:《瑞安文史资料》第 7 辑,瑞安市文史资料委员 1996 年。

· 临海市诗词楹联学会合编:《诗词卷 · 中国历史文化名城临海》,浙江台州印刷厂 1997 年。

·俞天舒辑:《瑞安文史资料》第17辑,政协瑞安市文史资料委员会1998年。

·魏守馀辑:《秦淮夜谈》第14辑《秦淮人物志》,南京市秦淮区地方史志编纂委员会1999年。

·政协杭州市委员会文史委编:《杭垣旧事》,浙江省农科院科技印刷厂2000年。

·苍南县政协文史资料委员会编:《苍南文史资料》第16辑,苍南县政协文史资料委员会2001年发行。

·苏州市地方志编纂委员会办公室编:《苏州史志资料选辑》(总第28辑),《苏州史志资料选辑》编辑部2003年内部发行。

·刘国强主编:《释敬安与湖南》,岳阳市佛教协会2006年。

·宁波市鄞州区地方文献整理委员会编著:《鄞州文史》第8辑,2009年。

·广东通志馆编纂,陈梅湖主纂修,陈端度点校:《浙江诸暨嵝岣张氏家谱及浙粤逸史》,广东通志馆2014年。